Le Grand Livre du Monde

DICTIONNAIRE GÉOGRAPHIQUE
ILLUSTRÉ DES PAYS,
DES VILLES ET DES SITES

Le Grand Livre du Monde

DICTIONNAIRE GÉOGRAPHIQUE ILLUSTRÉ DES PAYS, DES VILLES ET DES SITES

Sélection du Reader's Digest

PARIS • BRUXELLES • MONTRÉAL • ZURICH

LE GRAND LIVRE DU MONDE

est l'adaptation de

GUIDE TO PLACES OF THE WORLD
publié par The Reader's Digest Association Limited, Londres

Nous remercions tous ceux qui ont contribué à la traduction,
à l'adaptation et à la réalisation de cet ouvrage.

Pour les articles consacrés aux pays et pour les encadrés de géographie physique :

Odile DANIEL, ingénieur de recherche à l'université de Paris-X,
chargée de cours à l'Institut national des langues et civilisations orientales.
François DURAND-DASTÈS, maître de conférences à l'université de Paris-VII.
Robert FERRAS, professeur à l'université Paul-Valéry (Montpellier).
Monique FORT, maître de conférences à l'université de Paris-VII.
Pierre LENORMAND, maître de conférences à l'université de Paris-VII.
Yann MENS, journaliste.
Anne-Marie MERGIER, journaliste.
Claude MOINDROT, professeur à l'université de Paris-VII.
Bernard NANTET, journaliste (Afrique, France).
Michelle PHARAND, maître ès lettres en géographie,
maître en traduction, professeur à l'université de Montréal.
Martine PILLEBOUE, maître de conférences à l'université de Toulouse-II.
Michel POINARD, professeur à l'université de Toulouse-II.
Jean RADVANYI, professeur de civilisation de l'U.R.S.S.
à l'Institut national des langues et civilisations orientales.
Michel ROUX, maître de conférences à l'université de Toulouse-II.
Lena SANDERS, chercheur au C.N.R.S., groupe P.A.R.I.S.
(Pour l'avancement de la recherche sur l'interaction spatiale).

Pour les articles du dictionnaire :

Louis de CAYEUX, Arnaud DUPIN de BEYSSAT, Micheline DUPRÉ,
Camille DUVIGNEAU, Fabienne DUVIGNEAU, Frédéric EL GUEDJ, Étienne de FENOYL,
Danièle FRIEDMAN, Sabine HARGOUS, Michèle JOORDEVANT,
Philippe LECLERC, Marie-Thérèse MÉNAGER, Hélène MISSERLY, Jean-Marc PATY.

Équipe éditoriale de Sélection du Reader's Digest :

Rédaction : Paule MEUNIER
Maquette : Claude RAMADIER, Didier PAVOIS
Cartographie : Claude PERRIN
Lecture-correction : Bernard LE GUEU, Rémy COTON-PÉLAGIE,
Béatrice OMER, Catherine DECAYEUX, Emmanuelle DUNOYER
Documentation : Nicole TESNIÈRE
Fabrication : Gilbert BÉCHARD, Marie-Pierre de SCEY

Nous remercions également pour leur collaboration :

Étienne de FENOYL (mises à jour et nouveaux articles),
Françoise FAUCHEUX, Béatrice HACQUARD, Michel SIMONGIOVANNI (lecture-correction),
Marie-Claude BACKE-AMORETTI, Yves GRETENER et Jacques SABLAYROLLES (cartographie).

SIXIÈME ÉDITION
Troisième tirage

ISBN 2-7098-0436-0

SOMMAIRE

Le Grand Livre du monde est un dictionnaire géographique qui recense, classés dans l'ordre alphabétique, tous les pays du monde, les régions géographiques, les villes principales, les montagnes, les mers et les océans, les fleuves, les rivières et les sites naturels, les grands phénomènes naturels et les records géographiques, l'ensemble représentant environ 8 000 entrées. L'actualisation des informations s'arrête au 31 juillet 1994.

LES PAYS DU MONDE

La plupart des articles consacrés aux pays du monde sont accompagnés d'une carte.

Les articles suivants sont aussi accompagnés d'une carte :

LES GRANDS PHÉNOMÈNES NATURELS

Leur origine, leur structure et leur importance dans la formation de notre environnement.

LES RECORDS DU MONDE

Ce qu'il y a de plus grand, de plus long, de plus large, de plus haut et de plus profond dans la nature comme dans ce que l'homme a construit.

Les nations du monde et leurs dépendances

M N O P Q R S T U V W X
15°E 30°E 45°E 60°E 75°E 90°E 105°E 120°E 135°E 150°E 165°E 180° 165°W 150°W
a b c d e f g h i j
75°N 60°N 45°N 30°N 15°N 0° 15°S 30°S 45°S
Terre du Nord
Terre François-Joseph
OCÉAN GLACIAL ARCTIQUE
Svalbard (Norvège)
MER DE BARENTS
Nouvelle Zemble
MER DE KARA
MER DE LAPTEV
Île de la Nouvelle-Sibérie
MER DE SIBÉRIE ORIENTALE
Île Wrangel
MER DE NORVÈGE
NORVÈGE
SUÈDE
FINLANDE
Lac Onéga
Lac Ladoga
Plateau Central de Sibérie
S I B É R I E
Ob'
Iénisseï
Lena
OURAL
ESTONIE
LETTONIE
LITUANIE
DANEMARK
BIÉLO RUSSIE
Plateau Central de Russie
Plaine de Sibérie occidentale
R U S S I E
MER DE BÉRING
MER D'OKHOTSK
Sakhaline
Lac Baïkal
POLOGNE
ALLEMAGNE
RÉP. TCH.
RÉP. SLOV.
AUTRICHE
HONGRIE
E U R O P E
UKRAINE
MOLD.
ROUMANIE
Volga
Alpes
SLOVÉNIE
CR.
BOS.
HERZ.
YOUG.
ITALIE
MONACO
ANDORRE
ST-MARIN
CITÉ DU VATICAN
ALBANIE
BULGARIE
Danube
MER NOIRE
GÉORGIE
Caucase
AZERB.
ARM.
MER CASPIENNE
KAZAKHSTAN
Lac Balkach
Altaï
MONGOLIE
A S I E
Désert de Gobi
Amour
Îles Kouriles
Hokkaido
MER D'ARAL
OUZBEKISTAN
KIRGH.
Tien-Chan (Tien Shan)
TADJ.
Kara Koum
TURKM.
Taklamakan
C H I N E
Hoang ho
CORÉE DU NORD
CORÉE DU SUD
MER DU JAPON
JAPON
Honshu
GRÈCE
TURQUIE
Mts Elbourz
AFGHANISTAN
Kunlun Shan
Xizang (Tibet)
MER JAUNE
MÉDITERRANÉE
TUNISIE
MALTE
CHYPRE
SYRIE
LIBAN
ISRAËL
IRAK
JORDANIE
Mts Zagros
I R A N
PAKISTAN
H I M A L A Y A
Indus
NÉPAL
Yangzi Jiang
MER DE CHINE ORIENTALE
O C É A N
Îles Bonin (Japon)
Okinawa (Japon)
ALGÉRIE
LIBYE
ÉGYPTE
KOWEIT
BAHREÏN
QATAR
E.A.U.
G. Pers.
G. d'Oman
BHOUTAN
Gange
TAIWAN
P A C I F I Q U E
S A H A R A
MER ROUGE
ARABIE SAOUDITE
OMAN
Rub al' Khali
I N D E
BANGLADESH
BIRMANIE
LAOS
VIÊT-NAM
Hong Kong (R.-U.)
Macao (Portugal)
Îles Mariannes du Nord (É.-U.)
NIGER
TCHAD
SOUDAN
ÉRYTHRÉE
YÉMEN
MER D'OMAN
Deccan
Golfe du Bengale
THAÏLANDE
Luçon
A F R I Q U E
G. d'Aden
DJIBOUTI
Plateau Éthiopien
Îles Laquédives (Inde)
Îles Andaman (Inde)
CAMBODGE
MER DE CHINE MÉRIDIONALE
PHILIPPINES
Guam (É.-U.)
ÎLES MARSHALL
BÉNIN
NIGERIA
CAMEROUN
CENTRAFRIQUE
GRAND RIFT
ÉTHIOPIE
SOMALIE
Îles Nicobar (Inde)
SRI LANKA
Mindanao
Îles Carolines
TOGO
GUINÉE ÉQUAT.
GABON
CONGO
OUGANDA
KENYA
MALDIVES
MALAYSIA
BRUNEI
MER DE CÉLÈBES
BELAU
ÉTATS FÉDÉRÉS DE MICRONÉSIE
SÃO TOMÉ PRÍNCIPE
G. de Guinée
ZAÏRE
Lac Victoria
RWANDA
BURUNDI
SINGAPOUR
Sumatra
Bornéo
Sulawesi
Moluques
KIRIBATI
NAURU
SEYCHELLES
I N D O N É S I E
PAPOUASIE-NOUVELLE-GUINÉE
Lac Tanganyika
TANZANIE
Îles Chagos
MER DE JAVA
Java
MER DE BANDA
Nouvelle-Guinée
Bougainville
Nouvelle-Bretagne
ÎLES SALOMON
TUVALU
ANGOLA
MALAWI
Lac Malawi
COMORES
Timor
MER D'ARAFURA
ZAMBIE
Zambèze
MOZAMBIQUE
Îles Cocos (Australie)
Îles Christmas (Australie)
MER DE TIMOR
MER DE CORAIL
VANUATU
FIDJI
O C É A N
NAMIBIE
ZIMBABWE
MADAGASCAR
Canal du Mozambique
MAURICE
Réunion (France)
Grand Désert de Sable
Nouvelle Calédonie (France)
BOTSWANA
Désert du Kalahari
I N D I E N
A U S T R A L I E
Grand Bassin artésien
Cordillère Australienne
SWAZILAND
AFRIQUE DU SUD
Orange
LESOTHO
Drakensberg
Grand Désert Victoria
Darling
Murray
Île Norfolk (Australie)
Grande Baie Australienne
MER DE TASMAN
Tasmanie
NOUVELLE-ZÉLANDE
Îles Kerguelen (France)
Î. Heard (Australie)

A

Aachen, ***Allemagne*** Voir AIX-LA-CHAPELLE

Aar ou **Aare,** ***Suisse*** Née des glaciers des Alpes bernoises, cette rivière (295 km) a creusé sur 1,4 km des gorges profondes avant de traverser le lac de Brienz, celui de Thoune, et de poursuivre son cours par Berne et le lac de Bienne jusqu'à son confluent avec le Rhin, à Waldshut.
Carte Suisse Aa

Aargau, ***Suisse*** Voir ARGOVIE

Aarhus, ***Danemark*** Voir ÅRHUS

Aba, ***Nigeria*** Ville industrielle à 450 km au S.-E. de Lagos. Elle a pris de l'importance avec la venue des grandes entreprises en provenance des centres industriels surpeuplés, comme Lagos. Aba est proche des champs pétrolifères du delta du Niger et de Port-Harcourt. Productions: textiles, plastiques, chaussures, produits chimiques et alimentaires.
Population 240 000
Carte Nigeria Bb

Abadan, ***Iran*** Port pétrolier sur l'ancienne île de Khodr, dans le Chatt el-Arab, à 50 km au N. du golfe Persique. C'est aussi un complexe pétrochimique qui produit des matières plastiques et du détergent. Autrefois le port le plus important pour l'exportation des produits pétroliers, Abadan a été sérieusement endommagé pendant le conflit Iran-Irak (1980-1988).
Population 296 000
Carte Iran Aa

Abakan, ***Russie*** Voir KHAKASSIE

Abbé (lac), ***Djibouti/Éthiopie*** Lac d'eau saumâtre aux reflets indigo à la frontière de l'Éthiopie et de Djibouti, dans la dépression de l'Afar. Site étonnant parsemé d'aiguilles calcaires acérées, son sol laisse échapper des fumerolles sulfureuses. Le lac Abbé est le domaine des flamants roses, mais son sol peu stable est très dangereux et s'effondre sous les pas et les véhicules.
Carte Éthiopie Ba

Abéché, ***Tchad*** Chef-lieu de la préfecture du Ouaddaï, à 650 km au N.-E. de Ndjamena. Situé dans une région semi-désertique, ce centre caravanier est aussi un marché important avec plusieurs mosquées. On y produit de la gomme arabique. Un projet chinois de culture de l'arachide n'a pas donné les résultats escomptés.
Population 54 000
Carte Tchad Bb

Abeokuta, ***Nigeria*** Ville industrielle à 75 km au N. de Lagos et capitale de l'État d'Ogun (16 762 km²). Les habitants de cette ancienne place forte fondée en 1830 contre les incursions en provenance de l'ancien royaume du Dahomey (Bénin) adoptèrent le mode de vie des Européens à la venue des missionnaires (1847). Elle fut un temps la plus grande ville d'Afrique occidentale.

Les artisans y sont nombreux (forgerons, charpentiers, potiers et teinturiers), et les industries importantes et variées (marbreries, matières plastiques, industries alimentaires et brasseries). L'huile de palme, utilisée dans la margarine, et le cacao sont les principales sources de revenus de la population.
Population (ville) 342 000 ; (État) 2 339 000
Carte Nigeria Ab

Aberdare (monts), ***Kenya*** Chaîne de montagnes au N. de Nairobi (mont Lesatima, 3 994 m) s'abaissant graduellement vers la grande vallée du Rift à l'O. Parc national (788 km²).
Carte Kenya Cb

Aberdeen, ***Hong Kong*** Petite cité industrielle sur la côte S.-O. de Hong Kong, réputée pour sa population flottante — Chinois vivant sur leurs jonques ou leurs sampans — et pour ses restaurants sur l'eau. Ces derniers sont parfois de véritables palais à étages embrasés de lumières dès la tombée du jour.
Population 92 500
Carte Hong Kong Cb

Aberdeen, ***Royaume-Uni*** Ville de la côte orientale d'Écosse, dans la région des Grampians. On l'appelle la «ville de granit», car elle a été construite avec le granit extrait des carrières voisines. Elle possède une université, fondée avant 1500, et trois cathédrales. La plus ancienne, Saint-Machar, remonte au XIVe s. C'est aussi un port de pêche, qui a pris de l'importance vers 1980 quand il est devenu la base arrière pour les exploitations de pétrole en mer du Nord.
Population 214 000
Carte Royaume-Uni Db

Abha, ***Arabie Saoudite*** Capitale de la province de l'Asir, à 575 km au S. de Djeddah, cette vieille ville arabe, très pittoresque, située à 2 100 m d'altitude, jouit d'un climat tempéré. Centre caravanier et agricole.
Population 31 000
Carte Arabie Saoudite Bc

UN MANHATTAN AFRICAIN. Bâti sur un promontoire qu'enserre la lagune Ébrié, le quartier du Plateau, centre économique et administratif d'Abidjan, ne pouvant s'étendre horizontalement, s'est développé en hauteur.

Abidjan, ***Côte-d'Ivoire*** Métropole moderne proche de la mer au milieu des forêts et des lagunes. Capitale depuis l'indépendance, Abidjan ne l'est plus officiellement depuis le transfert progressif à Yamoussoukro. Son importance grandit en 1950 avec l'ouverture du canal de Vridi qui lui donne un accès direct à la mer et fait d'Abidjan un port en eau profonde. Ces travaux stimulèrent l'économie du pays.

Aujourd'hui, Abidjan est une ville aux multiples aspects : gratte-ciel modernes du Plateau, le centre-ville commercial ; la Présidence, cœur administratif du pays avec sa merveilleuse vue sur la baie du Banco ; le quartier africain d'Adjamé ; l'élégant quartier de Cocody avec ses hôtels et ses ambassades au bord de la lagune ; Treichville avec son marché populeux et pittoresque. Au S., près du vieux faubourg de Marcory, se trouve le port et une zone industrielle, et au S.-E. le nouveau quartier de Koumassi. Le marché animé d'Adjamé propose des tissus et des produits alimentaires en abondance ; les boutiques artisanales se trouvent sur le Plateau.
Population 2 170 000
Carte Côte-d'Ivoire Bb

Abilene, ***États-Unis*** Ville du Middle West dans l'État du Kansas à 225 km à l'O. de Kansas City. Elle se développa au XIXe s. comme marché de bétail et nœud ferroviaire.
Population 6 400
Carte États-Unis Gc

Abkhazie, ***Géorgie*** République autonome de 8 600 km² au N.-O. du pays, qui vit essentiellement de l'agriculture (agrumes, thé, vignobles, tabac) et du tourisme par ses stations balnéaires sur la mer Noire, telle Soukhoumi, la capitale.

Colchide de l'Antiquité, la région, indépendante avant 978, devint géorgienne, puis à nouveau indépendante à partir du XVe s. Convertis à l'islam au XVIIe s., les Abkhazes furent conquis par les Russes en 1864.

Décimés et colonisés, ils ne représentent plus aujourd'hui que 17 % de la population de leur république.

Membre de la Transcaucasie en 1922, l'Abkhazie fut rattachée à la Géorgie en 1930 mais amputée de son versant nord (Russie). Dès 1989, les Abkhazes ont été à l'origine des premières manifestations nationalistes. Les combats ont longtemps fait rage entre nationalistes et partisans de l'opposition géorgienne, dont c'est le fief, alimentés par des combattants venus du Nord-Caucase (russe), notamment des Tchétchènes. Avec l'accord de l'O.N.U. et des belligérants, des troupes russes doivent assurer le maintien de la paix et le retour des réfugiés des deux camps.

Population 533 800

Carte Arménie Aa

Abomey, *Bénin* Centre commercial et administratif à 110 km au N. de Cotonou. Capitale du royaume du Dahomey fondée par les Fons en 1658, Abomey est riche en monuments historiques (palais des rois, musée) et abrite de nombreux artisans.

Population 53 000

Carte Bénin Ab

Abou Dhabi ou **Abu Dhabi, *Émirats arabes unis*** Le plus grand et le plus riche des sept émirats, sur la côte S.-O. du golfe Persique (67 350 km²). On estime ses réserves de pétrole à 30 000 millions de barils ; il a également d'énormes réserves de gaz naturel. La principale industrie est le pétrole. L'émirat contrôle un projet de liquéfaction de gaz à l'île de Das dans le golfe Persique. Les industries traditionnelles sont la pêche, le ramassage et la vente des perles.

La ville d'Abou Dhabi est la capitale de l'émirat et de la Fédération. Sortie des sables il y a vingt-cinq ans, c'est maintenant l'une des plus modernes cités du golfe avec de grandes avenues plantées d'arbres, des buildings de verre et d'innombrables minarets.

Population (émirat) 798 700 ; (ville) 363 500

Carte Émirats arabes unis Ba

Aboukir, en Arabe **Abu Qir, *Égypte*** Baie à 20 km au N.-E. d'Alexandrie en mer Méditerranée. Défaite de la flotte française de Bonaparte surprise dans la rade par l'amiral Nelson (1798) ; victoire de Bonaparte sur les Turcs soutenus par les Anglais (1799), puis victoire britannique sur les forces françaises, forçant celles-ci à quitter l'Égypte (1801).

Carte Égypte Bb

Abou Simbel ou **Abu Simbel, *Égypte*** Site de deux énormes temples creusés dans une colline de grès au bord du Nil, non loin du Soudan. Ces temples furent érigés par Ramsès II, qui régna durant soixante-six ans au XIIIᵉ s. av. J.-C. À l'intérieur de l'un des temples se trouvent quatre personnages debout représentant le pharaon sous les traits d'Osiris, le dieu de l'au-delà. L'entrée du temple est encadrée par quatre statues assises du roi, mesurant chacune 20 m de hauteur. En 1966, les temples et les statues furent découpés pour être hissés au-dessus du niveau du lac Nasser, créé par la construction du Haut barrage d'Assouan.

Carte Égypte Bd

abri (effet d') Versant abrité d'une chaîne de montagnes ou de collines où les précipitations sont relativement faibles, comme à l'E. des Rocheuses, en Amérique du Nord, ou dans l'est de l'Angleterre.

Abruzzes, *Italie* Région montagneuse de l'Italie centrale (10 794 km²) surplombant l'Adriatique, restée jusqu'à une période récente en dehors des circuits touristiques en raison de ses difficultés d'accès. De nouvelles routes mettent maintenant les Abruzzes à peu de temps de Rome. Les endroits favorables ont été aménagés pour les sports d'hiver et le tourisme d'été. La côte — stations balnéaires de Pescara, Francavilla al Mare, Ortona — est très fréquentée. Les Abruzzes comprennent le Gran Sasso (2 912 m) et le massif de Maiella (2 793 m), les plus hauts sommets de la chaîne des Apennins.

Le parc national des Abruzzes (292 km²), englobant le mont Petroso (2 247 m), fut créé en 1923 pour protéger certaines espèces animales comme l'ours de Marsican (une centaine de spécimens), le chamois des Abruzzes, le loup des Apennins et le chat sauvage.

Population (région) 1 246 000

Carte Italie Dc

Abuja, *Nigeria* Nouvelle capitale fédérale, sur un territoire (7 315 km²) situé au centre du Nigeria, hors de tout conflit ethnique ou religieux, à 525 km au N.-E. de Lagos. Sa construction a souffert de la chute des revenus pétroliers. Le transfert des administrations est toutefois bien engagé depuis 1992.

Population 200 000

Carte Nigeria Bd

Abyan, *Yémen* Région agricole sur la côte au N.-E. d'Aden, une des plus riches du pays (coton). Les projets d'irrigation et d'aménagement des terres ont été financés par le Koweït. Le barrage d'Abyan doit favoriser le développement de l'agriculture. D'importants dépôts calcaires sont utilisés pour la fabrication du ciment.

Carte Yémen Ab

Abydos, *Égypte* Ruines d'une ville ancienne et nécropole royale à 450 km au S. du Caire, sur la rive droite du Nil. Abydos fut un centre du culte d'Osiris, le dieu des morts égyptien. Entre 1600 et 1200 av. J.-C., les pharaons, considérés comme les incarnations du dieu, s'y étaient fait construire des temples et des sépultures. Le temple le plus remarquable est celui du pharaon Séthi Iᵉʳ, père de Ramsès II.

Carte Égypte Bc

abyssal Relatif aux grandes profondeurs océaniques (au-dessous de 2 000 m).

Acadia (parc national), *États-Unis* Région de forêts et de collines accidentées à Mount Desert Island, l'Isle au Haut, sur la côte du Maine, à 580 km au N.-E. de New York. Créé en 1919 sous le nom de Lafayette National Park — le premier parc national américain à l'E. du Mississippi —, il couvre 156 km².

Carte États-Unis Mb

Acadie, *Canada* Première colonie française d'Amérique du Nord, elle correspondait au territoire aujourd'hui occupé par le Nouveau Brunswick, la Nouvelle-Écosse et l'île du Prince-Édouard. D'abord installée dans l'île Sainte-Croix, la colonie s'établit en 1604 à Port-Royal. En 1713, les Français fondent la ville-forteresse de Louisbourg, dans l'île Royale (l'actuelle île du Cap-Breton). Au cours des XVIIᵉ et XVIIIᵉ s., la France et l'Angleterre rivalisent pour obtenir la domination du territoire canadien atlantique. En 1749, l'Angleterre victorieuse entreprend la colonisation du territoire et, en 1755, en réaction au refus des Acadiens de prêter le serment d'allégeance inconditionnelle, elle décide de les déporter (le Grand Dérangement). Ils trouvent refuge notamment en Louisiane. Leurs descendants ont en partie réintégré le territoire et se concentrent au Nouveau-Brunswick.

Acapulco, *Mexique* Port sur la côte pacifique dans l'État de Guerrero. Acapulco bénéficie du soleil toute l'année et d'une température moyenne de 27 °C. Ses plages s'égrènent sur 16 km de longueur. De luxueux hôtels se détachent sur un fond grandiose de montagnes et de végétation tropicale (cocotiers).

Entre 1565 et 1815, les galions reliaient chaque année Acapulco à Manille, aux Philippines, transportant du cuivre et rapportant des porcelaines, du fer, de la soie et des épices. De nos jours, la ville exporte du coton, des fruits, des cuirs et du tabac.

En 1985, un tremblement de terre (8,2 sur l'échelle de Richter) dévasta la côte, au N.-O., endommageant des centaines d'immeubles à Mexico, la capitale, 290 km au N. Acapulco fut relativement épargnée.

Population 800 000

Carte Mexique Cc

Accra, *Ghana* La capitale du pays. Elle se trouve sur une plaine côtière aride plus adaptée à l'élevage qu'à la culture. Le lieu est occupé depuis le XVIᵉ s. par les Gas. L'économie de ces pêcheurs, fermiers et commerçants était en plein essor lorsque débarquèrent, au XVIIᵉ s., des Anglais, des Hollandais et des Danois, qui s'établirent dans des fortins et des comptoirs. L'essor des activités commerciales entraîna, en 1876, le transfert du siège de l'administration coloniale de Cape Coast à Accra, 120 km au S.-O.

Le cœur de la vieille ville enserre le port, tandis que le quartier du commerce et des affaires se développe vers l'E. À l'O., les élégantes demeures coloniales, maintenant habitées par les Ghanéens aisés, forment un contraste saisissant avec les petites maisons des Africains plus démunis des autres quartiers.

Plusieurs monuments sont dédiés à l'unité et à l'indépendance, comme le State House, et la place de l'Indépendance, ou de l'Étoile noire. La ville possède une université, un musée et un zoo. Les hôtels et les restaurants sont nombreux. Les produits de luxe sont peu abondants, mais les petits marchés locaux sont colorés et bien approvisionnés (tissus, paniers, objets en bois sculptés, bijoux d'or et d'argent).

Population 950 000

Carte Ghana Ab

Achgabat, *ou* Achkhabad, *Turkménistan* Capitale et première ville du pays, au cœur d'une oasis fertile, à 40 km de la frontière iranienne. Industries : alimentation, soie, textiles, tapis, brasseries, verre, métaux. Très belle collection de tapis au musée des Beaux-Arts. Née en 1881, la ville a été largement reconstruite après le tremblement de terre de 1948.

Population 416 400

Carte Turkménistan Ab

acide (roche) Une roche est dite acide lorsque son pH est inférieur à 7 ; une telle roche est riche en silice (plus de 65 %), sous forme de quartz ou de silicates.

Aconcagua, *Argentine* Montagne des Andes située à 1 040 km à l'O. de Buenos Aires. Point culminant de l'hémisphère occidental, il s'élève à 6 960 m. Une partie se trouve au Chili, mais le point le plus élevé est argentin.

Carte Argentine Bb

Aconcagua, ***Chili*** Voir VALPARAISO

Açores, ***Portugal*** Archipel volcanique de l'Atlantique N., à 1 290 km des côtes O. du Portugal, qui a pour capitale Ponta Delgada (île de São Miguel). Il comprend les îles de Flores (148 km^2) et de Corvo (18 km^2), à l'O. ; Faial (165 km^2), Pico (430 km^2), São Jorge (104 km^2), Graciosa (46 km^2) et Terceira (545 km^2), au centre ; São Miguel (770 km^2) et Santa Maria (74 km^2) à l'E. Le point culminant est le mont Pico (2 351 m) dans l'île de Pico.

Les Açores furent colonisées par les Portugais au XVe s. Leur économie repose sur la pêche (autrefois pêche à la baleine) et sur l'agriculture. Autonomes depuis 1980, elles possèdent des stations balnéaires de plus en plus prisées.

Population 236 800
Carte Atlantique (océan) Dc

Acre, ***Brésil*** État à l'extrême ouest du pays, aux frontières du Pérou et de la Bolivie, lieu privilégié de la lutte entre les grands propriétaires et les *seringueros* qui récoltent l'hévéa. La capitale est Rio Branco.

Population (État) 412 000 ; (ville) 146 000
Carte Brésil Ab

Acre (Akko), anc. **Saint-Jean d'Acre,** ***Israël*** Port de la baie de Haïfa, à 13 km au N. de la ville de Haïfa. Port de commerce phénicien (IXe s. av. J.-C.), connu sous le nom de Ptolémaïs au début de l'ère chrétienne, Acre changea fréquemment de mains pendant les croisades et fut assiégé par Napoléon pendant la campagne de Syrie (1799). Des vestiges du XIIIe s. de l'époque des croisés sont encore visibles, comme la crypte des Chevaliers de Saint-Jean-de-Jérusalem, qui occupèrent la cité de 1191 à 1291.

Population 37 700
Carte Israël Ba

Adam (pic d'), ***Sri Lanka*** Un des sommets de l'île (2 243 m), à 72 km à l'E. de Colombo. Site sacré pour les bouddhistes, les hindouistes, les chrétiens et les musulmans du pays. Au sommet se trouve une dépression de 1,60 m de long ressemblant à l'empreinte d'un pied humain géant. Pour les bouddhistes, c'est le pied de Bouddha ; pour les hindouistes, celui de Çiva. Les musulmans l'attribuent à Adam, qui y serait resté mille ans sur un seul pied, après son expulsion du paradis. Pour les catholiques, c'est celui de saint Thomas, qui prêcha le christianisme dans la région.

Carte Sri Lanka Bb

Adamaoua (massif de l'), ***Cameroun*** Plateau en partie volcanique de 150 à 300 km de large au centre du pays, qu'il coupe en deux. Véritable château d'eau, il donne naissance à de nombreux cours d'eau et sépare les bassins du Niger, du Tchad et du Congo. Forêts dans les vallées ; pâturages sur les hauts plateaux, domaine des pasteurs peuls (foulanis) et de leurs troupeaux de zébus ; mais aussi région d'élevage moderne et de culture (igname, maïs, manioc, sorgho). Bauxite. Tourisme en expansion.

Carte Cameroun Bb

Adana, ***Turquie*** Ville de Cilicie, sur le Seyhan, à 400 km au S. d'Ankara, fondée par les Hittites vers 1400 av. J.-C. et conquise par Alexandre le Grand en 334 av. J.-C. Nombreux monuments anciens : pont romain bâti par Hadrien (IIe s.) ; mosquée des XIVe et XVIe s. ; bazar couvert (XVe s.). Centre commercial actif. Industries textiles et alimentaires. Université.

La province du même nom (17 253 km^2) produit coton, textiles, ciment, machines agricoles et huiles végétales.

Population (ville) 916 200 ; (prov.) 1 946 000
Carte Turquie Bb

Ad Dakhla, anc. **Villa Cisneros,** ***Sahara occidental*** Principal port de l'ex-Rio de Oro, créé en 1884 par les Espagnols. Tiris el-Gharbia pour les Mauritaniens, qui l'occupèrent de 1976 à 1979, province marocaine (Oued Ed-dahab) depuis 1979, l'ex-Rio de Oro fait l'objet d'un plan de développement et de colonisation, basé sur l'irrigation.

Population 12 000
Carte Sahara occidental Aa

Ad Diriyah, ***Arabie Saoudite*** Voir DARIYA

Addis-Abeba, ***Éthiopie*** Capitale située au centre du pays, à 2 500 m d'altitude ; foyer des Amharas qui ont longtemps gouverné le pays. Fondée par Ménélik II en 1887, elle devint capitale de l'Empire éthiopien en 1896. Elle est reliée à Djibouti par le chemin de fer depuis 1917. Siège de l'Organisation de l'unité africaine (O.U.A.). Université. Artisanat. Son célèbre Mercato est le plus vaste marché du continent africain.

Population 1 675 000
Carte Éthiopie Ab

Adélaïde, ***Australie*** Capitale de l'État d'Australie-Méridionale, sur le golfe Saint-Vincent. Au pied des monts Lofty (725 m), elle est traversée par le Torrens, aménagé pour former un lac dans l'un des nombreux parcs de la ville. Plusieurs édifices publics du XIXe s. Les industries sont surtout localisées à Port-Adélaïde, à 12 km. Depuis 1960, festival artistique international bisannuel.

Population 969 000
Carte Australie Fe

Adélie (terre), ***Antarctique*** Secteur de l'Antarctique de 900 000 km^2, dont le sommet est le pôle Sud, et administré par les Terres australes et antarctiques françaises, mais sous le régime du Traité international de l'Antarctique. Exploré par Dumont d'Urville (1840), il possède une petite façade maritime où est installée depuis le début des années 1950 la station scientifique française Dumont-d'Urville (ancienne Port-Martin), qui a accueilli de nombreux chercheurs. Une deuxième station est en projet plus près du pôle, alors qu'un aérodrome est en construction sur la première.

Carte Antarctique KLb

Aden, ***Yémen*** Port principal du pays et capitale de l'ancien Yémen du Sud, à 160 km du détroit de Bab el-Mandeb. Important centre d'échanges depuis l'Antiquité, tenu par les Arabes du VIIe au XVIe s., Aden tomba sous domination ottomane en 1538. Établis en 1802, les Britanniques annexent Aden en 1839, en font une escale sur la ligne des Indes après l'ouverture du canal de Suez (1869) puis une colonie de la Couronne en 1937. Importante base navale pendant la Seconde Guerre mondiale du fait de sa position stratégique, évacuée en 1968 (indépendance), elle fut développée par les Soviétiques. Raffineries de pétrole, matériaux de construction, industries alimentaires. Maison du poète Arthur Rimbaud.

La ville est depuis mai 1994 l'enjeu du conflit armé entre sudistes et nordistes.

Population 320 000
Carte Yémen Ab

Aden (golfe d') Route maritime joignant la mer Rouge et la mer d'Oman par le détroit de Bab el-Mandeb. De formation géologique récente, le golfe a tendance à s'élargir, ce qui a pour effet d'éloigner l'Arabie des côtes africaines. Principaux ports : Aden (Yémen), Djibouti et Berbera (Somalie).

Longueur 880 km
Largeur à l'embouchure 480 km
Carte Yémen Bb

Adige, ***Italie*** Deuxième fleuve du pays (410 km), il prend sa source dans les Alpes, au col de Resia, à la jonction des frontières suisse, autrichienne et italienne, arrose Trente et Vérone et se jette dans l'Adriatique.

Carte Italie Cb

Adige (Haut-), ***Italie*** Voir TRENTIN-HAUT-ADIGE

Adirondack (monts), ***États-Unis*** Chaîne de montagnes peu élevée (culminant à 1 629 m au mont Marcy), au N.-E. de l'État de New York. Forêt protégée ; plus de deux cents lacs et des centaines de torrents. Tourisme. Sports d'hiver à Lake Placid.

Carte États-Unis Lb

Adjarie, ***Géorgie*** République autonome sur la mer Noire, au S.-O. du pays, dont la capitale est Batoumi. Célèbre pour ses stations balnéaires et climatiques. Autres ressources : cultures maraîchères, thé, vergers.

Population 381 500
Carte Arménie Aa

Adour, ***France*** Par son trajet et son alimentation, ce fleuve (335 km) peut être considéré comme le plus grand des gaves pyrénéens. Né près du col du Tourmalet, il se dirige vers le N., arrose Tarbes, vire vers l'O. puis vers le S.-O. avant de se jeter dans le golfe de Gascogne. Par la grande boucle qu'il décrit, il draine 90 % des eaux des Pyrénées atlantiques.

Carte France Ce

Adrar, ***Algérie*** Ville du Sahara à 540 km au S. d'Aïn Sefra. Centre routier important au départ de la route du Tanezrouft, qui mène à Gao (Mali), l'une des plus difficiles du Sahara.

Population 7 500
Carte Algérie Ab

Adrar, ***Mauritanie*** Petite chaîne du nord du pays, orientée E.-O., qui s'allonge sur 200 km et ne dépasse guère 600 m, avec de spectaculaires reliefs tabulaires sculptés par l'érosion (passe d'Amojar). Elle se termine à l'E. par le Gelb er-Richat, curiosité géologique ayant l'aspect d'une immense bulle éclatée de 40 km de diamètre, habité par des nomades maures. L'Adrar abrite Atar et les anciennes villes caravanières de Chinguetti et de Ouadane.

Carte Mauritanie Ba

Adrar des Iforas, ***Mali*** Massif montagneux dans le nord-est du pays, culminant à 900 m. C'est la partie méridionale du Hoggar, au relief déchiqueté en pitons et en crêtes. Il est traversé par la vallée fossile du Tilemsi, riche en vestiges néolithiques.

Carte Mali Cb

Adriatique (mer) Bras de la Méditerranée qui s'étend entre l'Italie et les Balkans, avec, au N., le golfe de Venise, et, au S., le canal d'Otrante, qui sépare l'Italie de l'Albanie. Importante voie commerciale jusqu'au XVIIe s. De nos jours, la côte italienne est très touristique.

Superficie 160 000 km²

Carte Italie Ec

Adyghéens (R. des), ***Russie*** République du Caucase (7 600 km²) au S.-E. de Krasnodar, peuplée d'Adyghéens aussi appelés Tcherkesses occidentaux, musulmans depuis le XVIe s. Créée en 1922, la région a pour capitale Maikop.

Population 437 400

Carte Russie Cd

Afar (dépression de l'), ***Éthiopie/Djibouti*** Vaste dépression traversant le territoire de Djibouti et se continuant en Éthiopie. L'activité tellurique du globe peut y être observée facilement dans des manifestations spectaculaires, comme le lac Abbé, le lac Assal, le volcan de l'Ardoukoba et le Goubet al-Kharab (le Gouffre du Démon). Celui-ci est un petit lac presque fermé au fond du golfe de Tadjourah. Peuplé de ce qui semble être une faune sous-marine résiduelle, il est bordé de falaises impressionnantes, et ses eaux prennent la couleur de la lave qui tapisse ses rivages. Au milieu du Goubet, l'île du Diable est un ancien cratère sous-marin émergé.

Carte Éthiopie Ba

Afghanistan Voir p. 14-15

Afrique Par la taille, l'Afrique est le deuxième continent du monde, après l'Asie, coupé en deux parties à peu près égales par l'équateur. Du cap Bon, au N., au cap des Aiguilles, au S., elle s'étend au-delà des 30es degrés de latitude,

Voir suite p. 16

Afghanistan

OBJET DE COMBATS DEPUIS DES MILLÉNAIRES, CE PAYS MONTAGNEUX ET SAUVAGE EST DE NOUVEAU EN PROIE À DES TROUBLES. APRÈS UNE LONGUE INTERVENTION SOVIÉTIQUE, LA GUERRE CIVILE CONTINUE

L'Afghanistan, formé et entouré de montagnes majestueuses, constitue la charnière de l'Asie, sur laquelle tournent la grande porte de l'Inde, par la passe de Khayber, et une petite porte vers la Russie. C'est pourquoi, depuis les temps les plus reculés, le pays a été traversé et disputé par les armées d'invasion. Les Perses Cyrus et Darius (VIe-Ve s. av. J.-C.), Alexandre le Grand (329 av. J.-C.), les Arabes, les Tartares de Gengis Khan (1221), et de Tamerlan (1370-1405) ont occupé le pays. Les Anglais ont combattu à trois reprises pour maintenir leur contrôle sur la passe de Khayber. Et puis, en 1979, le jour de Noël, les Soviétiques sont arrivés pour une intervention de près de dix ans.

Venus pour soutenir un régime marxiste faible, ils sont restés pour faire face à une guérilla menée par des tribus résolues, des hommes habitués depuis l'enfance au maniement des armes, aux luttes sanglantes et aux conflits tribaux. Ces hommes n'avaient que deux choses en commun: ils étaient musulmans, et c'était leur pays. Malgré leur armement moderne, les Soviétiques n'ont jamais réussi à prendre le contrôle de tout le pays. À la suite de la Conférence de Genève, ils ont retiré leur troupes.

Après s'être maintenu au pouvoir pendant trois ans, le gouvernement prosoviétique chuta en 1992 sous la pression des moudjahidin.

L'Afghanistan s'étend sur plus de 650 000 km^2 et comptait en 1979 18 millions d'habitants. À la suite de l'invasion soviétique, plus de 3 millions de personnes ont traversé les frontières, surtout celle du Pakistan, et 2 millions se sont réfugiées dans les villes, à l'abri des bombes russes et de la guérilla.

L'Afghanistan est un pays de reliefs sauvages, de vallées verdoyantes et de villages aux maisons de pisé. Une faible partie du pays est à moins de 1 200 m d'altitude. Les montagnes de l'Hindou-Kouch forment une gigantesque barrière centrale. Ses sommets déchiquetés atteignent 7 690 m à l'E., dans un paysage lunaire dont les hauteurs désolées et les plateaux balayés par les vents ont fasciné les voyageurs. Au N. se trouve la région cultivée la plus productive, le long de l'Amou Daria, fleuve qui, sur 960 km, forme la frontière avec le Tadjikistan et l'Ouzbékistan. Une grande partie du Sud et du Sud-Ouest est désertique (désert du Seistan).

Le climat est extrême, le pays, complètement continental, n'étant tempéré par aucune influence maritime : les températures de l'été peuvent atteindre 49 °C dans le Sud ; celles de l'hiver peuvent tomber jusqu'à −26 °C dans les montagnes. Elles connaissent des sautes de 30 °C dans une même journée, et des vents violents provoquent de terribles tempêtes de sable. Les pluies tombent entre mars et mai, mais, pendant la plus grande partie de l'année, le ciel est clair et brillant.

C'est l'un des pays les plus pauvres du monde. 12 % seulement des habitants sont alphabétisés. La durée moyenne de vie est de trente-sept ans. Seuls 12 % de la superficie sont cultivables, et cependant 70 % des actifs sont agriculteurs. Il y a 2,5 millions de nomades, qui suivent leurs troupeaux de moutons et de chèvres.

Les Pathans (ou Pachtous) constituent le groupe ethnique le plus important — la moitié de la population. Avec les autres groupes, Tadjiks, Baloutches, Hazaras, Turkmènes et Ouzbeks, ils sont les témoins des armées d'invasion successives, chacune ayant laissé ses colons. Le résultat est un mélange complexe de peuples et de langues.

UNE GRANDE VARIÉTÉ DE PEUPLES ET DE LANGUES

Les rivalités tribales ont toujours rendu le pays difficile à gouverner. Chaque groupe est individualiste, prêt à se quereller avec ses voisins et rebelle à tout gouvernement central. Ce n'est que récemment que des tentatives ont été faites pour arracher le pays au féodalisme tribal. Un plan quinquennal, lancé en 1956 pour améliorer les routes et développer l'économie fut suivi d'un second qui ouvrit des parties du pays jusque-là inaccessibles.

Dans ce développement, l'Afghanistan prit soin de ne favoriser ni l'Est ni l'Ouest: ainsi, la route longue de 1 600 km qui va de Herat à Kaboul par Kandahar — et qui est un élément de la route transasiatique — a été construite en partie par les Américains et en partie par les Soviétiques, et entretenue par les Chinois.

L'Afghanistan moderne remonte au milieu du XVIIIe s., quand un chef de tribu, Ahmad Chah, qu'on connaît encore aujourd'hui sous le nom de « Père de l'Afghanistan », établit un État unifié couvrant l'essentiel de l'Afghanistan actuel (1747). Durant le XIXe s., le pays fut soumis à la pression des grandes puissances, la Russie tsariste au N., les Anglais des Indes au S. Les craintes de ces derniers devant une politique trop favorable aux Russes furent à l'origine des deux premières guerres afghanes (1838-1842, puis 1878-1879) ; à deux reprises, les forces britanniques connurent la défaite, mais elles revinrent en 1880 pour imposer un traité qui leur donna le contrôle de la passe de Khayber. En jouant de la rivalité russo-britannique, l'Afghanistan réussit à sauvegarder son indépendance, sous influence britannique cependant.

En 1919, Aman Allah Khan, qui devait être proclamé roi en 1926, envahit l'Inde quand il se vit refuser sa demande d'indépendance complète, qu'il obtint en 1921, après des combats indécis. L'Afghanistan demeura neutre pendant les deux guerres mondiales ; ses relations avec le Pakistan sont restées tendues depuis la formation de cet État en 1947: les Afghans revendiquent le rattachement à leur pays des Pathans de la province frontière du nord-ouest du Pakistan.

L'INVASION RUSSE

En 1973, le roi Mohammed Zahir fut renversé par un coup d'État qui mit fin à une monarchie cinquantenaire. L'Afghanistan devint une république. Cinq ans plus tard, un nouveau coup d'État vit l'assassinat du président Mohammed Daoud et l'établissement d'un gouvernement marxiste avec Mohammed Taraki. Celui-ci fut assassiné à son tour en septembre 1979, et remplacé par Hafizullah Amin. Se heurtant à l'opposition violente des paysans, le gouvernement comprit qu'il ne pourrait se maintenir qu'en appelant les Russes à l'aide. Ceux-ci furent trop heureux de répondre à cet appel, réalisant une ambition ancienne, le contrôle de l'accès au « ventre mou » de leur pays. En décembre 1979, ils envahirent l'Afghanistan, déposèrent Amin et installèrent à sa place Babrak Karmal, qui fut remplacé comme chef du parti communiste afghan par le général Najibullah en mai 1986.

La rivalité entre clans et leur disponibilité pour des conflits sanglants trouva un nouvel exutoire. Le pays se divisa entre soutiens du marxisme, appuyés par l'armée soviétique, et combattants de la résistance, offrant une opposition violente mais mal coordonnée, allant jusqu'à se combattre entre eux. Les 115 000 soldats russes, gênés par le relief montagneux et les routes médiocres, découvrirent une guerre brutale et pénible contre ces tribus renommées pour leur tactique de guérilla, qui se repliaient dans les montagnes, d'où elles pouvaient harceler et frapper.

Les Russes eurent surtout recours à des

offensives terrestres de grande ampleur et aux bombardements de régions cultivées comme de villages: champs, greniers et troupeaux furent arrosés de bombes. Impuissante à vaincre la guérilla, cette tactique échoua, entraînant le retrait des Russes en 1988.

Cependant, il apparut vite que la résistance, longtemps liée face à l'étranger, ne pouvait s'unir. Le gouvernement Najibullah put ainsi se maintenir au pouvoir jusqu'en 1992. La résistance obtint finalement son départ, mais de fortes rivalités internes demeurent.

Toutefois, la vie reprend peu à peu ses droits dans un pays meurtri dirigé par un gouvernement islamique et un parlement provisoire.

AGRICULTURE ET INDUSTRIE

En période favorable, l'Afghanistan est capable de produire assez de nourriture pour faire vivre sa population, bien que l'équilibre soit toujours précaire. Blé, orge, riz, maïs, légumes et betteraves à sucre, melons et pastèques, prunes, abricots et figues mûrissent par les chaudes journées d'automne ; les raisins et les pêches de Kandahar sont réputés. La plus importante des cultures industrielles est celle du coton. On trouve de nombreuses plantes médicinales, comme la belladone, la camomille, le safran ou la menthe, et d'autres inconnues en Occident. Le pays a trois animaux domestiques rares: le yack, le chameau de Bactriane à deux bosses et l'agneau karakul, dont la toison douce et frisée est utilisée pour produire les précieuses fourrures d'astrakan. Les tapis (tissés ou noués) et les peaux de mouton afghanes sont très prisés.

L'industrie est peu développée: textiles, cimenteries, maroquinerie, verreries, usines à bicyclettes. Il y a une assez vaste gamme de minerais (charbon, fer, cuivre), mais la plupart des gisements sont d'accès difficile, et leur exploitation n'est pas rentable. Cela ne vaut pas la peine, par exemple, d'extraire du fer à 3 600 m d'altitude... Une des rares exceptions est le gaz naturel de la région de Chebarrhan et de Sar-e Pol, tout au N., qui est exploité et exporté. Des lapis-lazulis parmi les plus fins viennent des hautes terres du Badakhchan et de la vallée du Panjchir.

Pour la plupart des Afghans, la vie est rude et simple. Certains vivent dans de hautes vallées isolées par la neige pendant des mois. Il arrive que des communautés migrent d'un village à l'autre, à la recherche de meilleures terres. Beaucoup d'Afghans vivent dans la pauvreté et souffrent de famine par temps de sécheresse. La majeure partie des Afghans habite dans des villages (environ 20 000) de taille variable, qui sont formés en moyenne de 40 à 80 familles. Les maisons les plus courantes sont carrées, en pisé, avec un toit plat, et se regroupent autour d'une cour.

Les populations sont musulmanes dans leur quasi-totalité et l'enseignement, lorsqu'il existe, est entre les mains des mollahs (chefs religieux). Les familles, nombreuses, sont patriarcales; près de la moitié des enfants meurent avant cinq ans. La société est dominée par les hommes. Les femmes sont voilées, et certaines ont l'interdiction de sortir. Il y a des régions où une épouse peut être achetée pour une trentaine de francs. Les jeunes filles se marient entre 14 et 18 ans, les jeunes gens entre 18 et 24 ans.

GUERRE SAINTE. Un chef résistant réunit ses hommes dans les montagnes à l'O. de Kaboul. Les moudjahidin musulmans menèrent une guerre sainte *(djihad)* contre le gouvernement en place et ses alliés soviétiques.

Le riz ou le nan (galette de blé), la viande de mouton et des fruits constituent l'essentiel de la nourriture ; la boisson favorite est le thé vert, servi très sucré. La maison de thé est le lieu d'élection pour la vie sociale: rencontres entre amis ou avec des étrangers. Même les plus démunis des Afghans sont très hospitaliers, et un visiteur étranger est souvent gêné lorsqu'une famille pauvre lui offre sa meilleure nourriture. Les bazars et les mosquées sont les vrais centres de l'activité ; les prix sont rarement fixés, et le marchandage habituel.

La grande attraction pour le visiteur réside dans la nature sauvage du pays: il en existe peu qui offrent autant de paysages montagneux, de cols élevés et de vues extraordinaires. Kaboul, possède quelques bâtiments et hôtels modernes, mais son intérêt provient des rues étroites et tortueuses du vieux quartier, avec ses bazars animés et son mélange d'ethnies. Ici coexistent Tadjiks de la région de Herat, Ouzbeks et Turkmènes du Nord-Est, notamment du Wakhan — l'étroite bande de territoire afghan qui s'avance en pointe entre le Tadjikistan et le Cachemire —, Hazaras d'origine mongole, venus des montagnes centrales, et Pathans du Sud et de l'Est.

Kaboul conserve, en héritage des conquérants, la tombe, la mosquée et les jardins de Babur, qui s'empara de la cité en 1504 et en fit la capitale de l'Empire moghol, la forteresse de Bala Hissar et le mausolée du Persan Nadir-Chah, qui prit la ville en 1738.

À l'E. du pays, la passe de Khayber (1 100 m d'altitude), étroite et escarpée, traverse les montagnes du Safed Koh pour relier Kaboul à Peshawar, au Pakistan.

À l'ouest, sur la vieille route commerciale de la Perse à l'Inde, s'élève Herat, connue pour sa citadelle, ses bazars et ses charrettes décorées. Sa grande mosquée (XIIe s.) est surmontée de minarets délicats. Au N.-O. de Kaboul, la petite ville de Bamiyan est un ancien haut lieu du bouddhisme, célèbre pour sa Vallée des Dieux, aux immenses statues de Bouddha taillées dans le roc. Les sept lacs suspendus de Band-e Amir, à 80 km à l'O. de Bamiyan, constituent une des merveilles naturelles les plus spectaculaires du pays. Le tunnel de Salang, à près de 3 400 m d'altitude, conduit à travers le massif de l'Hindou Kouch vers les plaines du Nord et vers le Tadjikistan, l'un de ses trois voisins du nord.

L'AFGHANISTAN EN BREF
Superficie 652 090 km^2
Population 20 270 000
Capitale Kaboul
Gouvernement République islamique
Monnaie Afghani = 100 puli
Langues Pachtou, dari (persan)
Religion Islam
Climat Continental ; température moyenne à Kaboul: de −8 à 2 °C en janvier, et de 16 à 33 °C en juillet
Ressources Moutons, chèvres, fourrures et cuirs, fruits, blé, coton, noix, légumes ; gaz naturel, fer, cuivre
Activités Agriculture, cuirs et peaux, tapis, textiles, ciment, verre, bicyclettes, industries alimentaires
Exportations Fruits, noix, gaz naturel, tapis, peaux d'agneau, coton
P.N.B. annuel par habitant 220 dollars
Croissance démographique 29 ‰ par an
Espérance de vie Hommes 44 ans, femmes 43

et les mêmes zones climatiques se retrouvent ainsi de part et d'autre de l'équateur : des forêts denses équatoriales aux savanes tropicales, et des steppes sèches aux déserts, jusqu'au climat de type méditerranéen du Nord et du Sud. Elle abrite près de 670 millions d'habitants ; son taux de croissance démographique est le plus fort du monde, mais elle est en fait peu peuplée (densité moyenne : 22 habitants au km^2) et l'espérance de vie y est faible en raison des maladies, de la pauvreté et de la famine, favorisées par la dureté des climats.

L'Afrique est formée de dépressions et de hauts plateaux dont les bords descendent de façon abrupte vers des côtes parfois très étroites. En Afrique centrale, les chutes et les rapides ont contribué à l'isolement du continent en empêchant tout accès par les fleuves. Les ports naturels sont peu nombreux et la longueur des côtes est faible par rapport à la masse continentale ; 15 des 54 pays du continent sont enclavés, sans débouché sur la mer. Quatre des plus grands fleuves du monde sont africains : le Nil, le Zaïre, le Niger et le Zambèze.

Il y a quelques grandes montagnes isolées au milieu de vastes plaines. Dans le Nord, la chaîne de l'Atlas (2 250 km de l'Atlantique à la Tunisie) culmine à 4 167 m. En Afrique orientale, le haut plateau éthiopien, massif formé de plusieurs chaînes, culmine à 4 620 m au Ras Dachan. Plus au S., le long de la vallée du Rift, on trouve le massif du Ruwenzori (5 110 m), aux neiges éternelles, le mont Kenya (5 200 m), le Meru (4 565 m) et le Kilimandjaro (5 895 m), la plus haute montagne d'Afrique. À l'O., le mont Cameroun (4 095 m) se dresse, isolé, au fond du golfe de Guinée. La vallée orientale du Rift est la dépression la plus spectaculaire du monde. Elle commence à Beira (Mozambique), dans le sud-est du continent, puis se divise en deux au N. du lac Malawi. Une branche s'enfonce vers le N. jusqu'au lac Mobutu (ancien lac Albert), tandis que la branche orientale, passant par la dépression de l'Afar, à Djibouti, continue pour former le fossé de la mer Morte. Tout au long de la vallée du Rift s'égrènent quelques-uns des plus grands lacs du monde : le lac Malawi (30 040 km^2), le lac Tanganyika (32 900 km^2) et le lac Victoria (plus de 69 500 km^2), véritable mer intérieure. Une grande partie de l'Afrique centrale est couverte par la forêt dense, avec des poches de forêt primaire. C'est le second couvert forestier du monde, après celui de l'Amazone. Bien que surexploitée dans de nombreuses régions, la forêt est encore importante sur la côte, de la Gambie au Cameroun, et couvre aussi le Gabon, le Congo et la moitié du Zaïre.

Le tiers du continent est désertique. Le Sahara, la plus vaste surface aride de la planète, couvre à lui seul le quart de l'Afrique avec 7 700 000 km^2. En raison des bouleversements climatiques et du surpâturage, on estime par endroits son avancée à 5 km par an. Au S., se trouvent les déserts de Namib et du Kalahari.

L'Afrique est le plus chaud des continents. Les deux tiers du continent subissent un climat tropical et subtropical. Tandis que les pluies diluviennes détrempent le sol des forêts ou emportent la mince couche de terre là où elle n'est pas protégée, d'autres régions reçoivent moins de 250 mm d'eau par an — limite au-dessous de laquelle le Sahel, avec ses maigres cultures de mil, devient le désert. En 1973, la sécheresse frappa durement le Sahel ; celle de 1983-1985 fut dramatique pour l'Éthiopie.

Superficie 30 334 592 km^2
Population 670 millions

Afrique du Sud Voir p. 18-21

Afsluitdijk, *Pays-Bas* Digue de 30 km de long, à 62 km au N. d'Amsterdam, construite en 1932 pour fermer un bras de la mer du Nord, le Zuiderzee, et créer l'IJsselmeer, une retenue d'eau douce.
Carte Pays-Bas Ba

Agacher, *Burkina* Région frontalière avec le Mali, longue de 160 km (sur 1 150 de frontière commune), large de 15 km environ, qui est depuis 1960 l'objet d'un conflit entre les deux pays. Malgré la prééminence des frontières héritées de la période coloniale, et reconnues par l'Organisation de l'unité africaine (O.U.A.), le Mali revendique cette zone, peuplée de Touaregs et de Bellahs, « population malienne par excellence » et recelant des richesses inexploitées (manganèse, titane, pétrole...).
Carte Burkina Aa

Agadez, *Niger* Ville saharienne, dans la région désertique et montagneuse de l'Aïr, à 380 km à l'E. de la frontière malienne et à 520 m au-dessus du niveau de la mer. Centre caravanier important fréquenté par les nomades touaregs depuis le XVIe s. Elle est connue pour la silhouette caractéristique de son minaret, représentatif de l'architecture soudanaise de terre. Artisanat du cuir et de l'argent ; tourisme.
Population 50 500
Carte Niger Ab

Agadir, *Maroc* Port sur la côte atlantique à 120 km au S. d'Essaouira, fondé par les Portugais au début du XVIe siècle. Au centre d'un incident franco-allemand en 1911, à la suite de l'envoi par l'Allemagne de la canonnière *Panther*. En 1960, la ville fut presque entièrement détruite par un tremblement de terre qui fit plus de 10 000 victimes. Avec 8 km de plage, la nouvelle ville, construite un peu plus tard au S., est très prisée des touristes. Elle est dominée par les ruines d'une forteresse du XVIe s.
Population 111 000
Carte Maroc Ba

Agana, *Guam* Capitale du territoire, sur la côte O., à 6 km d'Apra, le port principal.
Population 900

Agen, *France* Chef-lieu du Lot-et-Garonne, à 108 km au N.-O. de Toulouse. Située sur la Garonne, la ville est la patrie de Bernard Palissy, célèbre verrier potier. C'est aujourd'hui une ville essentiellement commerciale, vivant notamment des fruits et légumes, dont le pruneau qui fait sa célébrité. Cathédrale, maisons anciennes.
Population 30 400
Carte France Dd

Aggtelek, *Hongrie* Village à 40 km au N. de Miskolc, dans la région calcaire du Borsod, réputé pour sa magnifique grotte qui fait partie du réseau souterrain de la Baradla (25 km jusqu'à Domica, en Slovaquie).
Carte Hongrie Ba

Agios Nikolaos, *Grèce* Port animé et station balnéaire fréquentée sur la côte N. de la Crète, au fond du golfe de Mirabello. À 11 km au S., le village de Kritsa possède une église du XIIIe s. ornée de fresques. Tout près, ruines de l'antique Lato (VIIe s. av. J.-C.).
Population 8 100
Carte Grèce Dd

Agno, *Philippines* Fleuve de 205 km de long, dans le nord de l'île de Luçon, très poissonneux, dont le cours supérieur est aménagé pour fournir de l'électricité (barrages de Binga et d'Ambuklao).
Carte Philippines Bb

Agra, *Inde* Ancienne cité impériale moghole à 170 km au S.-E. de Delhi. Première ville touristique de l'Inde, elle abrite le Tadj Mahall, considéré comme le plus beau monument du monde. C'est un mausolée de marbre blanc, bâti de 1630 à 1652 par Chah Jahan, pour commémorer son amour pour son épouse, Mumtaz Mahall, prématurément disparue. Primitivement, le Tadj

UN MONUMENT IMPÉRISSABLE. L'empereur moghol Chah Jahan (1592-1666) construisit à Agra le mausolée du Tadj Mahall pour son épouse favorite. Il fit venir des artisans de tous les pays, y compris de France et d'Italie.

Mahall était incrusté de pierres précieuses et semi-précieuses, mais elles furent dérobées au XVIIIe s. Chah Jahan fut déposé par son fils Aurangzeb et enfermé dans le fort Rouge (XVIe s.), d'où il put toutefois continuer à contempler le Tadj Mahall. Les incrustations sur pierre continuent à être une spécialité d'Agra.

Population 900 000

Carte Inde Cb

Agram, ***Croatie*** Voir ZAGREB

Agrigente, en it. **Agrigento,** ***Italie*** Une des grandes villes de l'Antiquité classique, fondée en 581 av. J.-C. sous le nom d'Akragas, sur la côte S. de la Sicile. Avec une population de 200 000 habitants, selon Diodore, elle connut son apogée sous le règne de Théron, au Ve s. av. J.-C., au temps du philosophe grec Empédocle, qui en était originaire. Agrigente devint par la suite une ville romaine, mais la plupart de ses monuments sont d'origine grecque. Ils se trouvent dans la vallée des Temples, au milieu des oliveraies et des amandiers. Le mieux conservé est le temple de la Concorde.

La ville actuelle est dotée d'une cathédrale médiévale (XIe s.), d'un couvent (fin du XIII^{e}s.) et d'un musée archéologique.

Située dans l'une des régions les plus pauvres d'Italie (forte émigration), Agrigente a, de nos jours, une économie stagnante.

Population 53 400

Carte Italie Df

Aguascalientes, ***Mexique*** État du Nord-Ouest, sur le plateau central mexicain. Il tire son nom, les « eaux chaudes », des sources chaudes de sa capitale. Ses mines d'argent assurèrent la prospérité de la ville à l'époque coloniale. Raisin, fruits, vin.

Population (État) 720 000 ; (ville) 295 000

Carte Mexique Bb

Agung (mont), ***Indonésie*** Ce volcan au S.-E. de Bali, point culminant de l'île, est une montagne sacrée pour les hindous. En 1963, une éruption tua plus de 1 500 personnes au cours d'une cérémonie religieuse.

Carte Indonésie Ed

Ahaggar, ***Algérie*** Voir HOGGAR

Ahmadabad, ***Inde*** Ville industrielle (textiles, en particulier) du Goudjerat, à 440 km au N. de Bombay. Gandhi y fonda, en 1930, un *ashram* (communauté) devenu célèbre.

Nombreux édifices et monuments anciens remarquables, comme le tombeau d'Ahmed Shah, qui fonda la ville en 1411, la Grande Mosquée (XVe s.) à la salle de prière richement décorée et le temple jain de Hathi Singh (1848). Université.

Population 2 873 000

Carte Inde Bc

Afrique du Sud

MAINTENANT QUE L'APARTHEID A ÉTÉ SUPRIMÉ, IL IMPORTE AU NOUVEAU GÉANT DE L'AFRIQUE DE RÉUSSIR SON INTÉGRATION ÉCONOMIQUE

La riche et belle terre d'Afrique du Sud est, dans tous les sens du terme, en dehors de tout. Géographiquement, elle occupe un territoire à l'extrémité sud du continent africain. Politiquement, elle fut isolée du reste du monde en raison de l'insistance de son gouvernement à maintenir la suprématie blanche au moyen de l'apartheid.

L'océan Atlantique et l'océan Indien, qui baignent ses côtes à l'O. et à l'E., lui donnent une grande importance stratégique. Une grande partie du pétrole du Moyen-Orient destiné à l'Europe et aux États-Unis contourne le sud de l'Afrique, car les superpétroliers ne peuvent franchir le canal de Suez. De plus, son sol recèle des minerais indispensables à l'industrie mondiale, notamment dans le domaine militaire : or, diamants, uranium, argent, charbon, gaz naturel, amiante, chrome, cuivre, fer, magnésium, nickel et platine.

Bénéficiant de la force économique et de la position stratégique de l'Afrique du Sud, les grandes puissances sont très sensibles à l'évolution de sa politique intérieure et aux événements qui touchent les pays voisins.

Pendant longtemps, le monde n'a manifesté clairement son attitude envers l'apartheid qu'à travers la campagne de boycott de l'Afrique du Sud dans le domaine sportif.

LE PAYS

Le pays s'étale sur un vaste plateau ovale en forme de cuvette entouré d'une ceinture de plaines larges de 55 à 240 km, qui s'abaissent graduellement vers la mer. Ce plateau a une altitude moyenne de 1 200 m au-dessus du niveau de la mer. Les bords de cette cuvette, le Grand Escarpement, culminent à 3 482 m dans le Drakensberg (les montagnes du Dragon) à la frontière du Lesotho.

L'Afrique du Sud s'est constituée à partir de quatre provinces historiques (la province du Cap, le Natal, l'État libre d'Orange et le Transvaal), forgées chacune par une histoire n'ayant impliqué que les Blancs (Britanniques, Boers). Depuis l'instauration, en 1994, d'un État multiracial incluant les Noirs, les Métis et les Indiens, le découpage administratif, élaboré tout d'abord pour organiser les élections, comporte neuf provinces dont le degré d'autonomie vis-à-vis du pouvoir central reste encore à définir (Ouest-Cap, capitale : Le Cap ; Est-Cap, capitale : Bisho-King-William's Town ; Nord-Cap, capitale : Kimberley ; État libre d'Orange, capitale : Bloemfontein ; Nord-Ouest, capitale : Mmabatho ; PWV (Pretoria-Witwatersrand-Vereeniging), capitale : Johannesburg ; Nord-Transvaal, capitale : Pietersburg ; Est-Transvaal, capitale : Nelspruit ; Kwazulu-Natal, capitale Pietermaritzburg). Le royaume montagneux du Lesotho, château d'eau des fleuves d'Afrique australe, est enclavé entre l'État libre d'Orange, l'Est-Cap et le Kwazulu-Natal, et dépend économiquement de l'Afrique du Sud.

La plus grande partie de la frontière septentrionale de l'Afrique du Sud est formée par le Limpopo, fleuve imposant coulant dans une riche vallée. Le fleuve Orange, la voie d'eau la plus longue, avec 2 090 km, se jette dans l'Atlantique, drainant avec ses affluents une grande partie du plateau sud-africain. D'autres rivières dévalent du Grand Escarpement pour se jeter dans la mer, mais le pays dans son ensemble manque d'eau.

Sur la côte orientale, au climat subtropical, la saison des pluies va de novembre à avril pendant l'été austral, avec des précipitations atteignant 1 500 mm par an. Dans le Sud et sur le versant occidental de la province du Cap, les pluies tombent de mai à octobre, pendant les mois d'hiver. Dans les montagnes au N. du Cap et à l'O. du Drakensberg, les hauteurs annuelles ne dépassent pas 500 mm, et les précipitations décroissent à l'approche des déserts de Namib et du Kalahari à l'O. Les températures se répartissent sur l'ensemble du pays avec une moyenne annuelle de 17 °C. Le courant du Mozambique, qui descend le long de la côte orientale, élève dans cette région la température de quelques degrés, au contraire de la côte O., qui subit le courant froid de Benguela, venu de l'Antarctique. Tandis que le sud-ouest de la province du Cap est humide en hiver, avec une température moyenne de 12 °C, le centre est sec, avec des températures qui peuvent descendre jusqu'à −12 °C. En été, de lourds nuages orageux s'abattent sur le plateau.

La végétation est variée. Dans la région du Cap, au climat méditerranéen, la flore est extrêmement riche : on y a dénombré 12 000 espèces différentes, dont 450 propres à la région. Ces plantes, buissonnantes ou arborescentes, avec des fleurs en épi, sont étonnamment résistantes à la sécheresse et au feu (le protea géant est l'emblème de l'Afrique du Sud). On trouve aussi le long de cette côte quelques forêts tempérées.

Au N. du Cap, la région du Karoo, plate et couverte de touffes herbeuses, est parsemée de citernes, de pompes éoliennes, de troupeaux de moutons et de reliefs isolés. Le jour, elle est écrasée sous une chaleur accablante.

Les pâturages tempérés (veld) de l'État libre d'Orange sont favorables à la grande culture du maïs. Au N. se trouve la brousse à épineux du Transvaal, autrefois couvert de forêts tropicales à épineux. Mais les arbres ont été coupés pour fournir le bois nécessaire à l'étayage des galeries des mines d'or et de charbon. À la place, on a replanté des pins et des eucalyptus. Des falaises du Drakensberg à la côte orientale, une végétation arbustive subtropicale croît dans la vallée des Mille Collines.

Depuis l'établissement des Hollandais, au XVIIe s., jusqu'en 1994, les problèmes politiques de l'Afrique du Sud ont tenu à la domination politique et économique des Blancs sur les populations locales noires.

À la veille de la suppression de l'apartheid, la population, voisine de 36 millions d'habitants, se répartissait ainsi : 13 % de Blancs, 75 % de Noirs, 9 % de Métis et 3 % d'Indiens. À partir de données linguistiques simplifiées, les Noirs avaient été divisés en neuf groupes distincts considérés comme des ethnies. Leur identité culturelle était exacerbée par la création de foyers nationaux dont certains n'étaient même pas originaires. En réalité, à part les Bochimans et les Hottentots, les Noirs d'Afrique du Sud parlent des langues bantoues et sont pour la plupart issus d'un tronc commun, les Ngunis, qui s'est scindé lors de leur arrivée dans la région.

La politique gouvernementale, qui visait à séparer les populations entre Noirs et Blancs, opprimait les Noirs, mais aussi les Métis, ou *Coloured* (3 millions), et les Asiatiques (1 million). L'origine des Métis remonte à 1652, quand la Compagnie hollandaise des Indes orientales établit une colonie à l'emplacement de la ville actuelle du Cap. Les mariages entre les Hollandais qui quittèrent l'armée pour devenir fermiers, les Khoikhoi (Hottentots) habitant la région, les Sans (Bochimans), puis les huguenots fuyant les persécutions religieuses en France, et les esclaves importés de Malaisie, de Madagascar et des pays voisins, formèrent cette communauté métisse. Les Asiatiques descendent pour la plupart des Indiens venus travailler dans les plantations de canne à sucre vers 1860.

La population blanche d'Afrique du Sud est formée de Hollandais venus dès le XVIIe s. et de colons français, qui se sont donné le nom d'Afrikaners ou Boers (« fermier », en néerlandais), d'Anglais et d'Allemands venus par la suite. On constate cependant un clivage entre les afrikanophones (65 % de la population blanche) et les anglophones. Les Boers, dans leur majorité, appartiennent à l'Église réformée hollandaise, ferme partisan de la suprématie blanche.

L'hostilité entre les Boers et les anglophones remonte à l'occupation britannique du Cap en 1795. Les colons hollandais avaient commencé leur expansion à l'E. du Cap dès le début du XVIIIe s., implantant chacun leur ferme hors de vue de la cheminée de leurs voisins immédiats. Ils atteignirent la Fish River, où ils se heurtèrent aux Xhosas, poussés eux-mêmes vers le S. par les Zoulous. Dans le siècle qui suivit, Boers et Xhosas ne se livrèrent pas moins de neuf guerres sur les rives du fleuve (les guerres « cafres »).

Dans les années 1830, l'administration britannique s'oppose à l'esclavage des Noirs dans les fermes, instaurant notamment, comme dans toutes les colonies anglaises, la réparation financière de l'esclavage, lors de sa suppression, en 1834, ce qui entraînera la ruine de nombreux colons boers.

LE GRAND TREK VERS LE NORD

Les Boers réagirent avec vivacité aux mesures édictées par les Britanniques. Ce ressentiment, ainsi que les difficultés qu'ils avaient avec les Xhosas sur la Fish River, les incita à émigrer en masse vers le N. en quête d'une nouvelle Terre promise.

Dix mille Boers, conduisant leurs chariots à bœufs sur de vastes étendues peuplées de guerriers zoulous, prirent part à cet exode, connu sous le nom de Grand Trek (migration), de 1835 à 1838. Au cours d'un combat, le roi zoulou Dingaan massacra un groupe de 60 émigrants conduits par Piet Retief.

En 1838, 12 000 Zoulous attaquèrent le camp fortifié de Ncome River, défendu par 470 Boers. Trois mille Zoulous tombèrent

ENTRE DEUX OCÉANS. **À l'extrémité méridionale du continent africain, la ville du Cap, capitale législative de l'Afrique du Sud, s'étale au pied de la montagne de la Table, entre l'océan Atlantique (au premier plan et à droite) et l'océan Indien (en haut et à gauche).**

sous le feu des Boers. La rivière, dit-on, devint rouge du sang des Zoulous, donnant le nom de Blood River (Rivière de Sang) à cette bataille, dont l'anniversaire, appelé Jour du Serment — ou de Dingaan, le nom du chef zoulou —, est célébré le 16 décembre.

En 1841, la république boer de Natalia (l'actuel Kwazulu-Natal) fut créée en territoire zoulou, mais les Britanniques l'annexèrent deux ans plus tard. Deux autres républiques indépendantes sont alors créées, l'État libre d'Orange et la république d'Afrique du Sud (l'ancien Transvaal). Les intérêts anglais, stimulés par la découverte d'or et de diamants, poussèrent à l'annexion des gisements, puis de la totalité du Transvaal.

La première guerre anglo-boer (1880-1881) restaura la domination des Boers mais, en 1899, après une série de cuisants revers, les troupes britanniques s'emparèrent de Pretoria. Les Boers se lancèrent dans la guérilla avec succès, et les Anglais appliquèrent la politique de la terre brûlée (destruction de fermes, déportation des familles boers entraînant la mort de 26 000 femmes et enfants frappés par la famine et les épidémies).

Les Boers furent battus après trois ans de guerre. Les Anglais tentèrent alors de résoudre le problème nationaliste par une union des États d'Afrique du Sud (31 mai 1910), qui réunissait la colonie britannique du Cap, celle du Natal et les deux républiques boers du Transvaal et d'Orange. L'Union sud-africaine avait le statut de dominion britannique, mais tous les gouvernements furent dominés par les Boers. Ainsi, c'est un ancien général boer, Louis Botha, qui fut nommé Premier ministre de la nouvelle union. Aucun accord n'étant intervenu sur le choix de la capitale, Pretoria devint la capitale administrative et Le Cap la capitale parlementaire et législative. Quelques Boers apportèrent leur aide aux Anglais, comme Jan Smuts, d'abord chef militaire dans les rangs boers, avant de devenir un homme politique (Premier ministre de 1919 à 1924, puis de 1939 à 1948).

LES ORIGINES DE L'APARTHEID

Smuts et les modérés étaient méprisés par les extrémistes, qui prônaient le nationalisme, source de l'apartheid. La majeure partie des lois concernant le « développement séparé » furent votées par le Parti nationaliste, qui vint au pouvoir sous la direction de Daniel Malan en 1948. Malan se retira six ans plus tard, mais, en 1987, son parti était encore à la tête du pays. Celui-ci devint une république en 1961, après avoir quitté le Commonwealth sous la pression des autres membres, en particulier africains.

L'opposition internationale à la politique d'apartheid grandit dans les années 1970. En 1985, le gouvernement abolit les lois sur les mariages mixtes et les relations sexuelles entre Blancs et Noirs.

Le Group Areas Act (décret sur les regroupements) obligeait les Noirs, les Métis et les Asiatiques à vivre dans des cités séparées, les townships. Le Native Land Act de 1913 obligeait déjà les Noirs à s'installer loin des villes, dans des zones réservées. Depuis lors, une dizaine de ces zones, elles-mêmes fragmentées en secteurs parfois minuscules, furent affectées à des groupes ethniques homogènes. Ces homelands (« foyers nationaux ») ou bantoustans, auxquels est théoriquement rattachée toute la population noire, couvrent 13 % de la superficie totale du pays.

Les Noirs n'étaient pas autorisés à vivre en dehors de ces homelands s'ils ne remplissaient pas certaines conditions : être nés dans une ville ou avoir le même employeur depuis plus de dix ans. Les habitants des homelands pouvaient travailler au-dehors, mais avec un contrat inférieur à un an, qui empêchait tout recours aux lois sur le droit de résidence. Ce contrôle avait été renforcé par le Pass Law, qui obligeait tout Noir à porter en permanence un « laissez-passer » mentionnant le homeland d'origine et l'autorisation éventuelle de se déplacer en zone blanche. Depuis 1986, cette pièce avait été remplacée par une carte d'identité, obligatoire pour tout Sud-Africain âgé de 16 ans, indiquant le groupe ethnique (et par là même le homeland). Sa non-présentation entraînait des poursuites pouvant aller jusqu'à l'expulsion dans un homeland. Les homelands formaient un arc de

cercle de multiples zones surpeuplées, adossées aux frontières N. et E. du pays. Ainsi, le homeland du Kwazulu, alloué aux Zoulous, était composé de neuf territoires séparés, qui se trouvaient enclavés dans le Natal.

Le Transkei et le Ciskei, habités par les Xhosas, le Venda, pays des Vendas, et le Bophuthatswana, pays des Tswanas, avaient le statut de pays indépendants, mais cette indépendance n'était pas reconnue par la communauté internationale.

Depuis 1984, le Parlement d'Afrique du Sud compte deux chambres supplémentaires, réservées aux Métis (85 membres) et aux Asiatiques (45 membres). Mais les Blancs conservent les pouvoirs de décision à travers leur propre chambre (178 membres) aux statuts élargis. Ces chambres légifèrent dans des domaines relevant de leurs propres affaires, comme l'éducation ou la santé. Elles ont leur mot à dire dans les domaines de la défense et de la politique étrangère. Mais, en cas de désaccord, la décision reste aux mains des Blancs (et du gouvernement), en l'occurrence le Président.

LA RICHESSE DU SOUS-SOL

L'extraordinaire richesse en minerais de l'Afrique du Sud occulte souvent les autres ressources. L'exploitation minière procure plus de 14 % de l'ensemble du produit national brut et emploie 250 000 personnes, dont 98 % de Noirs.

La première grande découverte fut celle du diamant, dans le Griqualand, en 1867. On en trouva aussi le long de la rivière Vaal et dans les profondes mines argileuses de Kimberley, dont la Grande Mine est la plus vaste excavation creusée de main d'homme (15,5 ha de superficie pour 365 m de profondeur). L'Afrique du Sud devint alors le plus gros producteur de diamants du monde. Des dix plus gros diamants du monde, sept en proviennent, dont le Cullinan, extrait en 1905 de la mine Premier, à 40 km à l'E. de Pretoria : ce diamant de plus de 3 000 carats fut divisé en 100 morceaux, dont le plus gros, l'Étoile d'Afrique (530 carats), taillé en poire, orna le sceptre du roi d'Angleterre Édouard VII. L'Afrique du Sud demeure aujourd'hui le premier producteur de diamants du monde.

Les premières grandes mines de charbon du Transvaal furent ouvertes vers 1870. Le charbon servit d'abord à produire de l'énergie pour les mines d'or. Actuellement, on l'utilise surtout comme substitut du pétrole.

En 1886, on découvrit, sous les collines du Witwatersrand, le plus riche gisement aurifère du monde. Johannesburg, la plus grande ville d'Afrique du Sud, se dresse à cet emplacement, connu aussi sous le nom d'Egoli (« Ville de l'or ») par les Zoulous. Aujourd'hui, 67 mines d'or sont exploitées. Le pays reste le premier producteur mondial d'or.

Un large éventail de minerais apparut dans les soixante-dix ans qui suivirent. La dernière découverte, en 1970, est une vaste réserve de gaz naturel dans l'Atlantique, à 370 km au large de l'embouchure de l'Orange.

L'Afrique du Sud est le pays africain le plus développé économiquement, mais il dépend surtout de ses mines. Le pays vient de subir une forte récession en raison de la pauvreté du marché mondial du diamant et de l'or, et de plusieurs années de sécheresse.

L'Afrique du Sud essaie de diversifier ses exportations pour ne plus dépendre de la seule production minière. Les Noirs, qui reçoivent une formation technique plus poussée, sont employés dans les manufactures, dont la production entre pour 25 % dans le P.N.B.

Des prêts sont accordés aux entreprises des Noirs, et les entraves apportées à leur développement économique ont été assouplies. On assiste ainsi à l'essor d'un pouvoir économique noir qui commence à s'organiser.

L'agriculture suffit amplement aux besoins intérieurs du pays et à ses exportations: oranges Outspan, pommes et raisins du Cap sont vendus dans de nombreux pays. L'élevage est la seule activité agricole possible sans irrigation sur la plus grande partie du pays. Un grand projet hydroélectrique sur l'Orange vise à favoriser la culture irriguée sur de vastes superficies.

En reliant les ports et les grandes villes, le développement des voies de communication routières et ferroviaires stimule le commerce. Le pays ne compte pas moins de trois aéroports internationaux.

L'Afrique du Sud a des paysages extraordinaires le long de ses côtes et dans ses régions montagneuses. On peut faire de superbes excursions sur la côte S. (Otter Trail et Outeniqua Trail), et à l'E. du Cap, où la Côte sauvage est connue pour ses formations rocheuses creusées par les flots. Plus loin à l'E., Durban offre quelques-unes des plus belles plages de surf du monde. De Durban, les touristes gagnent les montagnes du Drakensberg, où les Sans, les premiers habitants du pays, ont laissé des peintures préhistoriques sur de fantastiques formations de basalte.

LA VILLE ET LA CAMPAGNE

Dans la province du Cap, on trouve une architecture originale, avec des bâtiments de style hollandais à véranda, montrant pignons sur rue et fenêtres à guillotine encadrées de chêne, de style géorgien. Leurs façades immaculées sont régulièrement repeintes.

Le Cap, capitale législative et siège du Parlement, s'enroule autour de la montagne de la Table, si souvent couverte d'un nuage de brume qu'on a surnommé celui-ci la Nappe. Cette ville attrayante abrite les Kirstenbosch Gardens, qui s'étagent sur les pentes de la montagne, et le quartier malais, avec son architecture originale.

Pretoria, la capitale administrative, est dominée par l'austère bâtiment de pierre rouge de l'Union Buildings — symbole de la foi des Boers dans leurs institutions —, qui se dresse sur une colline. Pretoria est célèbre pour ses jacarandas, qui fleurissent en octobre-novembre. À l'extérieur de la ville, le Voortrekker Monument rappelle l'œuvre des pionniers qui participèrent au Grand Trek.

Johannesburg conserve des vestiges remontant à la découverte des premiers gisements d'or. Les touristes peuvent visiter une mine d'or ou monter au sommet de la tour du Carlton pour avoir une vue panoramique de la cité. Les communautés noires offrent aussi d'intéressants témoignages de leurs traditions et de leur artisanat, comme les maisons peintes des Ndébélés du Transvaal, aux dessins géométriques éclatants.

Le parc Kruger, la plus grande réserve naturelle avec 20 700 km^2, se trouve à la frontière du Mozambique. Il abrite des léopards, des éléphants, des lions, des zèbres et des rhinocéros. Parmi les autres réserves, on peut citer celle d'Umfolozi, où l'on a sauvé le rhinocéros blanc. En dehors des réserves, une faune abondante peuple encore les régions sauvages du Drakensberg et les collines proches de Pretoria.

VERS LA FIN DE L'APARTHEID

La communauté noire a été la plus touchée par la récession des années 1980. C'est dans les townships et les homelands que ses effets se sont fait sentir, avec des taux de mortalité annuelle, due à la malnutrition, de 150 décès pour 1 000 habitants. On a assisté à des manisfestations contre la hausse des prix du riz et des loyers. Des affrontements violents avec la police ont eu lieu lors des manifestations écolières (boycott des écoles contre l'enseignement en afrikaans), puis des marches de protestation contre les brutalités policières en découlant. Il y eut plusieurs centaines de morts entre septembre 1984 et juin 1986, quand le gourvernement instaura l'état d'urgence (détention sans jugement, censure des informations). De nombreux pays ont réclamé une relance des sanctions économiques.

Les opposants étaient surtout regroupés dans l'African National Congress (A.N.C.), une organisation bantoue fondée en 1912 pour s'opposer à la réquisition des terres. Se définissant comme multiraciale, elle regroupait une majorité de Noirs, mais aussi des Blancs (surtout des intellectuels), des Métis et des Indiens, ainsi que des syndicats et des formations politiques comme le Parti communiste sud-africain. Jusqu'au massacre de Sharpeville, en 1960, le combat fut non violent (à l'exemple de l'action de Gandhi dans le Natal, au début du siècle, en faveur de la communauté indienne), mais la politique de discrimination raciale des nationalistes blancs, l'accession de l'Afrique noire à l'indépendance, et la création de mouvements de libération dans les pays encore colonisés aboutirent au déclenchement de la lutte armée. En raison d'une police efficace, il se produisit en réalité peu d'attentats, mais il y eut surtout des grèves, des manifestations et une action politique internationale. En 1965, les responsables de l'A.N.C. furent emprisonnés, parmi eux Walter Sisulu, le leader historique, et Nelson Mandela, qui refusa de renoncer à la lutte armée tant que les Noirs ne bénéficieraient pas des mêmes droits politiques que les Blancs : « un homme, une voix ». Le massacre de Soweto, en 1977 (manisfestations d'élèves noirs contre l'obligation d'étudier l'afrikaans), marqua le début d'une offensive généralisée contre l'apartheid (mouvements de masse, boycott voté par l'O.N.U. des produits sud-africains, distinctions internationales aux leaders non violents comme Albert Luthuli et Desmond Tutu).

Avec l'extension des troubles, les Blancs ont commencé à se rendre compte que le développement économique passait par les réformes politiques, et le président Botha a envisagé l'extension des droits politiques, tout en continuant à refuser le principe « un homme, une voix ».

A l'automne 1989, Frederick de Klerk succède au président Botha, qui a démissionné pour raisons de santé, tandis que Nelson Mandela voit ses conditions de détention adoucies. À la fin de l'année, des chefs de l'A.N.C., dont Walter Sisulu, sont libérés, puis Mandela lui-même, en février 1990. Cette année est marquée par le début d'affrontements sanglants entre partisans de l'A.N.C. — en grande partie des Xhosa — et Zoulous du mouvement Inkatha du chef Buthelezi. Ce dernier, qui a depuis longtemps accepté un compromis avec Pretoria, veut être partie prenante dans les négociations qui s'annoncent. Cette guerre civile, politique et tribale fait des centaines de morts. En octobre, l'apartheid est supprimé dans les lieux publics, ainsi que l'état d'urgence.

Au début de 1991, Mandela et Buthelezi lancent un appel pour l'arrêt de la violence. En février, un accord officiel est conclu entre Mandela, au nom de l'A.N.C., et le gouvernement sur la fin de la lutte armée. En avril, la C.E.E. lève partiellement les sanctions économiques. Le gouvernement supprime les grandes lois de l'apartheid (droits sur la terre, lieu de résidence, origine tribale). En 1992, les négociations aboutissent au principe du partage du pouvoir. L'année suivante, le président de Klerk présente ses excuses à la nation au nom de la communauté blanche et l'O.N.U. lève les dernières sanctions. Le démantèlement des bantoustans au début de 1994 est suivi d'une réforme administrative destinée à préparer les élections. Celles-ci, en avril, donnent 62,65 % des voix à l'A.N.C., 20,39 % au Parti national de Frederick de Klerk, 10,36 % à l'Inkatha de M. Buthelezi (Zoulous).

Nelson Mandela est élu président par la nouvelle Assemblée nationale. Il est assisté de deux vice-présidents : Thabo Mbecki (A.N.C.) et Frederick de Klerk (P.N.). Le régime, de type présidentiel, est doté d'une constitution intérimaire, qui doit définir le degré d'autonomie à accorder aux nouvelles provinces.

L'AFRIQUE DU SUD EN BREF

Superficie 1 225 116

Population 36 000 000

Capitales Pretoria (administrative) et Le Cap (législative)

Régime République parlementaire

Monnaie Rand = 100 cents

Langues Afrikaans et anglais (officielles), langues bantoues (surtout xhosa et zoulou)

Religions Chrétiens (70 %), Églises bantoues (26 %), hindous (2 %), musulmans (1 %), juifs (1 %)

Climat Tempéré ; chaud et ensoleillé. Température moyenne au Cap: 9-17 °C en juillet, 16-27 °C en février

Ressources Céréales, sucre, raisin, bétail, pommes de terre, agrumes, pommes, ananas, tabac, coton, bois d'œuvre, poisson ; or, charbon, minerai de fer, diamants, cuivre, manganèse, calcaire, chrome, argent, nickel, phosphates, amiante, étain, zinc, vermiculite

Activités Fer et acier, mines, industries alimentaires, moteurs de voitures, affinage des minerais, machines-outils, industries chimiques, raffinage du pétrole, agriculture, tabacs, habillement, papier, textiles, industries forestières, pêche

Exportations Or, produits alimentaires, charbon, fer et acier, diamants, pièces d'or, minerais métalliques

P.N.B. annuel par habitant 2 670 dollars

Croissance démographique 26 ‰ par an

Espérance de vie Hommes 61 ans, femmes 67

Ahmadi (Al-), ***Koweït*** Dans une oasis à 35 km au S. de la ville de Koweït, Ahmadi s'est développée dans les années 1950 avec la découverte de pétrole dans la région. Auparavant constituée d'un dédale de ruelles avec des petites maisons et des jardins, c'est maintenant une trépidante ville pétrolière et commerciale.
Population (ville) 27 000 ; (aggl.) 285 000
Carte Koweït Bb

Ahvaz, ***Iran*** Port sur le Karun à la limite de la navigation, à 150 km au N. du golfe arabo-persique. Le site fut autrefois dédié par les Sassanides (IIIe-VIIe s. apr. J.-C.) à Ahura-Mazda, divinité zoroastrienne du bien et de la lumière. La ville a souffert de la guerre Iran-Irak (1980-1988).
Population 580 000
Carte Iran Aa

Ahvenanmaa, ***Finlande*** Voir ÅLAND (îles)

Aigoual (massif de l'), ***France*** Massif boisé des Cévennes au S.-E. du Massif central, culminant au mont Aigoual (1 567 m), le second sommet des Cévennes, site d'un observatoire météorologique. C'est l'une des régions les plus humides de France malgré la proximité de la Méditerranée (70 km).

La forêt de l'Aigoual a fait l'objet d'un reboisement, entrepris par G. Fabre en 1875, et s'étend aujourd'hui sur plus de 10 500 ha. En 1944, ce fut le centre du maquis Aigoual-Cévennes.
Carte France Ed

Aiguilles (cap des) ou **Agulhas (cap),** ***Afrique du Sud*** C'est la pointe la plus méridionale de l'Afrique. Située à l'E. du cap de Bonne-Espérance, à 170 km au S.-E. du Cap, elle marque la séparation des eaux de l'océan Atlantique et de celles de l'océan Indien.
Carte Afrique du Sud Bc

Ain (01), ***France*** 1. Rivière qui prend sa source dans le Jura et se jette dans le Rhône après avoir parcouru 195 km.

2. Département de la région Rhône-Alpes, au N.-E. de Lyon (5 756 km^2), divisé par la rivière homonyme en deux secteurs distincts : à l'O., les plaines de la Bresse et de la Dombes, bordant la Saône, à l'E. le Bugey, partie méridionale des monts du Jura. En dehors de Bourg-en-Bresse, la préfecture, et du pays de Gex, la population est encore faiblement urbanisée. L'industrie s'est beaucoup développée autour de l'électricité du Bugey et des constructions mécaniques. Le tourisme se développe grâce notamment aux sports de montagne. L'agriculture est dominée par l'élevage, tant dans la Bresse que dans le haut Bugey.
Population 471 000
Carte France Fc

Ain (Al-), ***Émirats arabes unis*** Cité verdoyante en plein développement, à 160 km à l'E. de la ville d'Abou Dhabi, qui abrite le palais du prince président de la Fédération, ainsi que les forts de Jahili, d'Al-Ain et de Muwaiji. Un riche musée archéologique présente les découvertes faites dans les environs, dont certaines remontent à cinq mille ans. Le site de Hili, tout proche, contient des tertres funéraires et de vastes cercles mégalithiques de l'âge du bronze. Le zoo d'Al-Ain regroupe des espèces d'animaux du Golfe menacés d'extinction, comme l'oryx, le daim de Perse et l'âne sauvage d'Asie.
Population 103 000
Carte Émirats arabes unis Ba

Aïn-Salah, ***Algérie*** Voir IN-SALAH

Aïr, ***Niger*** Massif montagneux du Sahara dans le centre-nord du Niger. Formé de plateaux étagés de 800 à 1 000 m, il s'étend sur 400 km du N. au S. et 240 km de l'E. à l'O. et culmine au mont Greboun (1 944 m). Des gravures et des peintures rupestres révèlent une occupation humaine remontant à plus de cinq mille ans ; elles représentent une faune de savane et des troupeaux de bœufs qui montrent que la région était plus humide. Cultures et fruits, légumes et céréales dans les vallées méridionales ; centres miniers d'étain et d'uranium. Point de départ des caravanes.
Carte Niger Ab

CHAMEAUX DANS LE DÉSERT. Une caravane de Touareg traverse les montagnes de l'Aïr, dont les versants abrupts se dressent au-dessus des sables du Sahara, dans le nord du Niger.

Aisén, ***Chili*** Région de 109 025 km^2 dans l'extrême Sud, la moins peuplée et la moins développée du pays. Son économie repose essentiellement sur l'élevage de bœufs et de moutons. Coihaique, la capitale, est à 67 km de Puerto Aisén, le port principal.
Population 82 000
Carte Chili Ad

Aisne (02), ***France*** 1. Rivière (280 km) née en Champagne, qui rejoint l'Oise à Compiègne.

2. Département de la région Picardie (7 378 km^2), s'étendant de l'Île-de-France à la Belgique, au relief et au climat modérés. Ces conditions sont favorables à l'agriculture, dominée par le blé et surtout la betterave à sucre. L'industrie, métallurgie de transformation ou alimentaire (sucreries, laiteries), est concentrée essentiellement dans la vallée de l'Oise et l'agglomération de Saint-Quentin, la plus peuplée. Outre cette ville, les principales sont Laon, le chef-lieu, Soissons et Château-Thierry.
Population 538 000
Carte France Eb

Aitutaki, ***îles Cook*** Île de 18 km^2, à 225 km au N. de Rarotonga, la deuxième du groupe par le peuplement. Un récif-barrière entoure un vaste

lagon. Production de bananes exportées en Nouvelle-Zélande.
Population 2 400
Carte Pacifique (océan) Fc

Aix (île d'), ***France*** Île de l'Atlantique, au S. de La Rochelle, fortifiée par Vauban. En 1815, Napoléon s'y embarqua pour Sainte-Hélène. Musée napoléonien.
Carte France Cc

Aix-en-Provence, ***France*** Sous-préfecture des Bouches-du-Rhône, ville universitaire, thermale et touristique, à 30 km au N. de Marseille. Première implantation romaine au IIe s. av. J.-C., à l'emplacement d'une source thermale (d'où son nom d'Aquae Sextiae), elle devint au XIIe s. la capitale du comté de Provence et un foyer culturel, siège d'une université célèbre et d'une cour raffinée, qui vit son apogée sous le roi René. Rattachée à la France à la fin du XVe s., elle reçut le parlement de Provence jusqu'en 1789.

Une cathédrale, plusieurs églises, des fontaines et de nombreux hôtels particuliers, certains transformés en musées, témoignent de sa splendeur passée. Célèbre festival de musique.
Population 123 500
Carte France Fe

Aix-la-Chapelle, en all. **Aachen,** ***Allemagne*** Ville proche des frontières belge et néerlandaise, à 70 km de Bonn. Ancienne capitale de Charlemagne (768-814), qui conquit la majeure partie de l'Europe et y fut couronné empereur d'Occident en l'an 800. Le trône en marbre de l'empereur et un buste en or contenant ses reliques se trouvent dans la cathédrale construite autour d'une chapelle qui a donné son nom à la ville. De 1349 à 1531, trente empereurs y furent couronnés.

C'est une ville universitaire et une station thermale dont les sources, les plus chaudes d'Europe, étaient déjà utilisées à l'époque romaine. Aix-la-Chapelle est le cadre de grandes courses hippiques et possède de nombreuses industries d'équipement et de transformation alimentaire. Chaque année, la ville décerne un prix Charlemagne pour une contribution exceptionnelle à l'unité de l'Europe.
Population 250 000
Carte Allemagne Bc

Aix-les-Bains, ***France*** Station thermale et centre touristique de Savoie, à 260 m d'altitude sur la rive orientale du lac du Bourget. Vestiges romains, château du XVIe s. (hôtel de ville), musées d'archéologie et de peinture.
Population 24 700
Carte France FGd

Ajaccio, ***France*** Deuxième port et chef-lieu de la région Corse, et préfecture de la Corse-du-Sud sur la côte O. de l'île. La ville actuelle fut fondée par des colons génois en 1492 et devint française en 1768 quand Gênes vendit l'île à la France. C'est la ville natale de Napoléon (on visite sa maison), plusieurs membres de sa famille sont enterrés dans le palais Fesch, qui abrite également une belle collection de peintures italiennes. Citadelle et cathédrale du XVIe s.
Population 58 300
Carte France Hf

Ajanta, ***Inde*** Site archéologique à 350 km au N.-E. de Bombay où se trouve un ensemble de temples bouddhiques creusés dans le rocher : on compte 29 grottes (200 av. J.-C.-650 apr. J.-C.), dont certaines peuvent atteindre 20 m^2 et 10 m de hauteur. Les vestibules et les chambres de repos sont abondamment décorés de fresques et de gravures.
Carte Inde Bc

Ajman, ***Émirats arabes unis*** Le plus petit des émirats, en deux parties enclavées dans l'émirat de Sharjah : Musfat, au pied des monts Hadjar à la frontière de l'Oman (gisements de marbre, réserves d'eau minérale), et Ajman, la capitale, à 11 km au N.-E. de Sharjah, et le port principal, utilisé aussi par les autres émirats. Activités : petit chantier naval à Ajman, pêche, construction de boutres.
Population (émirat) 76 000 ; (ville) 27 000
Carte Émirats arabes unis Ba

Ajmer, ***Inde*** Ville industrielle à 340 km au S.-O. de Delhi, célèbre pour ses mosquées, ses forts et son lac artificiel, l'Ana Sagar (datant de 1135), paradis des ornithologues. À l'O., dans les monts Aravalli, se trouve le lac sacré de Pushkar, près duquel serait né le dieu Brahma ; en octobre, des centaines de milliers d'hindous y viennent honorer Brahma et assister à la foire aux bœufs et aux chameaux.

La ville compte de nombreux édifices religieux modernes, car les temples anciens ont été détruits par les souverains musulmans au XVIIe s. Ses activités industrielles sont diversifiées : sel, cotonnades, chaussures, huiles, savons et ateliers du chemin de fer.
Population 402 000
Carte Inde Bb

Akademgorodok, ***Russie*** Voir NOVOSSIBIRSK

Akhéloos, ***Grèce*** Deuxième fleuve de Grèce après l'Aliakmon. Il naît dans les montagnes du Pinde et se jette dans la mer Ionienne après un cours de 220 km. Le cours du fleuve a été domestiqué pour fournir de l'électricité.
Carte Grèce Bb

Akita, ***Japon*** Ville sur la côte N.-O. de l'île de Honshu, à 440 km de Tokyo. Ce fut d'abord une ville de garnison, fondée en 734. Actuellement, c'est un grand centre commercial et industriel (alimentation et bois d'œuvre).
Population 296 400
Carte Japon Dc

Akjoujt, ***Mauritanie*** Voir NOUAKCHOTT

Akko, ***Israël*** Voir ACRE

Akmola, ou **Akmolinsk,** anc. **Tselinograd,** ***Kazakhstan*** Ville à 190 km au N.-O. de Karaganda, appelée Akmolinsk jusqu'en 1961, puis Tselinograd entre 1961 et 1993. Le Parlement kazakh a décidé en 1994 de faire d'Akmola d'ici l'an 2000 la capitale du pays, en remplacement d'Almaty (Alma-Ata). Marché de bétail d'une région de steppe semi-aride, elle a été, dans les années 1950-1960, au centre d'un projet d'ouverture des terres vierges aux colons et à l'agriculture. Conserveries de viande, machines agricoles, engrais.
Population 281 000
Carte Kazakhstan Ca

Akosombo (barrage d'), ***Ghana*** Barrage construit sur les gorges de la Volta en 1966 pour fournir de l'électricité au sud du pays. Haut de 72 m, il retient les eaux du lac Volta. La petite ville d'Akosombo est un centre touristique.
Carte Ghana Bb

Akposso (massif de l'), ***Togo*** Haut plateau forestier du sud-ouest du pays, couvert d'une forêt primaire et de cultures industrielles sous ombrage (cacao et café) et lieu de colonisation pour les habitants de l'est du Togo qui s'y sont groupés en villages.
Carte Togo Ba

Akron, ***États-Unis*** Ville de l'Ohio à 45 km au S. de Cleveland, sur le canal joignant l'Ohio au lac Érié. C'est un centre mondial de l'industrie du caoutchouc. À 14 km au N.-E. se trouve l'université d'État de Kent, siège de violentes émeutes universitaires contre l'intervention américaine au Cambodge en 1970.
Population (ville) 226 900 ; (aggl.) 650 000
Carte États-Unis Jb

Akrotiri, ***Chypre*** Petit golfe à l'extrémité S. de l'île, bordé de falaises qui abritent les derniers spécimens du faucon d'Éléonore et le monastère de Saint-Nicolas-des-Chats, fondé en 325. Base militaire britannique.
Carte Chypre Ab

Akrotiri, ***Grèce*** Voir SANTORIN

Aksaï Chin, ***Inde*** Hautes et froides plaines désertiques de 37 550 km^2 au nord de l'Himalaya, objet de revendications de l'Inde qui en fait une partie du Jammu et Cachemire. Les Chinois occupent l'Aksaï Chin depuis 1950 et y ont construit une route ; la guerre sino-indienne de 1962 s'est soldée par la défaite de l'Inde.
Carte Inde Ca

Aksoum ou **Axoum,** ***Éthiopie*** Importante ville historique, dans la province du Tigré, à 500 km au N.-E. d'Addis-Abeba. La reine de Saba en serait partie pour rendre visite au roi Salomon au Xe s. av. J.-C., et on y aurait conservé l'Arche d'alliance des Juifs, enlevée du temple de Jérusalem par l'empereur Ménélik Ier, fils de Salomon et de la reine de Saba, ancêtre légendaire des empereurs d'Éthiopie. Historiquement, ce fut la capitale du royaume d'Aksoum à partir de 500 av. J.-C. et un centre de christianisme au IVe s. À proximité du bourg actuel, on trouve de nombreux obélisques dont certains atteignent 20 m de haut, gravés de maisons à étages telles qu'on en voit encore de l'autre côté de la mer Rouge, au Yémen, d'où les rois de Saba étaient originaires.
Population 28 000
Carte Éthiopie Aa

Akure, ***Nigeria*** Capitale de l'État d'Ondo (20 959 km^2) et grand marché cacaoyer à 210 km au N.-E. de Lagos. Centre touristique très prisé pour les chutes d'Olumirin dans la gorge d'Erinoke-Ijesha sur l'Osse, à l'E. de la ville.
Population (État) 3 885 000 ; (ville) 130 000
Carte Nigeria Bb

Akureyri, ***Islande*** Port au fond du fjord d'Eyja (60 km de long), principale ville d'Islande du Nord et troisième ville d'Islande après Reykjavik et Kópavogur. Conserveries de poisson, produits agricoles, textiles et réparation de bateaux. La ville est également un centre de sports d'hiver et un point de départ pour les excursions. Parc et jardin botanique.
Population 13 750
Carte Islande Bb

Akwa Ibom, ***Nigeria*** Voir UYO

Akyab, ***Birmanie*** Voir SITTWE

Alabama, *États-Unis* État du Sud intégré aux États-Unis après l'occupation successive des Français, des Britanniques et des Espagnols (133 667 km²) ; bastion de la Confédération pendant la guerre de Sécession (1861-1865), ce fut un centre de résistance aux droits civiques accordés aux Noirs. Autrefois riche État cotonnier, il produit aujourd'hui volailles, soja, arachide et maïs ; on y extrait du charbon, destiné à la sidérurgie (à Birmingham), du pétrole et du gaz naturel. Capitale : Montgomery.
Population 4 021 000
Carte États-Unis Id

Alagoas, *Brésil* Voir MACEIO

Alamein (El-), *Égypte* Localité à une centaine de kilomètres à l'O. d'Alexandrie. Montgomery, à la tête de la VIIIᵉ armée britannique, y arrêta les troupes allemandes de Rommel et les obligea à battre en retraite (octobre-novembre 1942). Cimetières militaires. Musée.
Carte Égypte Bb

Alamo, *États-Unis* Voir SAN ANTONIO

Alamut, *Iran* Voir QAZVIN

Åland (îles), en finnois **Ahvenanmaa, *Finlande*** Archipel formant une province finlandaise de 6 554 îles, dont une centaine sont habitées, à l'entrée du golfe de Botnie. Il recèle de nombreux vestiges des âges de la pierre, du bronze et du fer. Mise à part Maarianhamina, la capitale et le port principal, chaque paroisse a son église médiévale. Bormasund possède un château du XIIIᵉ s. (Kastelholm) et les ruines d'un système de fortifications construit par les Russes en 1830, lorsque la Finlande constituait un grand-duché de Russie, et détruit par la flotte franco-britannique en 1854, pendant la guerre de Crimée.

De langue suédoise, la population manifesta son intention d'être rattachée à la Suède en 1917, mais la Société des Nations confirma la souveraineté de la Finlande sur l'archipel en 1921. Celui-ci bénéficie d'une large autonomie : il a son propre drapeau et son propre représentant au Conseil nordique, comme le Danemark, la Finlande, la Suède, la Norvège et l'Islande. Activités : pêche, agriculture et tourisme.
Population 22 800
Carte Finlande Bc

Alaska, *États-Unis* État du nord-ouest de l'Amérique du Nord, séparé du reste des États-Unis par le Canada. Avec 1 530 693 km², c'est le plus grand État de l'Union ; il comprend les îles Aléoutiennes, dont la plus occidentale, Attu, est à moins de 100 km de la Russie. D'abord possession russe sous le nom de Russie d'Amérique, l'Alaska fut vendu aux États-Unis en 1867 par le régime tsariste pour 7,2 millions de dollars. La découverte d'or à la fin du XIXᵉ s. et d'hydrocarbures au XXᵉ s. a multiplié la population de ce vaste pays désolé, où la pêche et l'exploitation du bois et du quartz complètent l'activité économique. Capitale : Juneau. Villes principales : Anchorage, Fairbanks.

Au S., la chaîne de l'Alaska, qui culmine au mont MacKinley (6 194 m), le plus haut sommet d'Amérique du Nord, dans le parc national Denali, attire de nombreux touristes.
Population 550 100

Alaska (golfe d') Situé au N.-E. de l'océan Pacifique entre l'archipel Alexandre et la péninsule de l'Alaska, sa position au point de jonction des plaques du Pacifique et de l'Amérique du Nord est la cause de fréquentes éruptions volcaniques et de tremblements de terre. En 1964, une secousse tellurique particulièrement importante causa un tsunami (raz de marée), qui ravagea les ports d'Anchorage, de Seward et de Valdez, sur la côte S., faisant 178 victimes.
Superficie Plus de 5 200 km²
Carte Alaska Cc

Alassio, *Italie* Élégante station dotée d'une bonne plage sur la Riviera italienne, à 85 km au S.-O. de Gênes. Églises, magasins et cafés animés dans les allées ombragées de la partie ancienne de la cité.
Population 12 700
Carte Italie Bb

Alava, *Espagne* Une des trois provinces du Pays basque espagnol (appelée Vascongadas en basque), au nord du pays (3 047 km²). Chef-lieu : Vitoria. Province agricole (blé).
Population 260 600
Carte Espagne Da

Albacete, *Espagne* Chef-lieu de province à 225 km au S.-E. de Madrid ; industries chimiques, savonnerie, coutellerie. Son musée contient des poupées romaines du IIIᵉ s. aux membres articulés, trouvées dans la région. Albacete a donné son nom à la province qui l'entoure (moutons, céréales, vin, olives).
Population (ville) 135 900 ; (province) 348 000
Carte Espagne Ee

Alba Iulia, *Roumanie* Chef-lieu du district d'Alba près de Mures, au S.-O. de la Transylvanie. Alba Iulia fut la capitale de la Dacie romaine, puis celle de la Transylvanie aux XVIᵉ et XVIIᵉ s. En 1918, l'union de la Roumanie et de la Transylvanie fut proclamée dans le hall du casino, transformé depuis en musée de l'Union. En 1922, Ferdinand Iᵉʳ fut sacré roi dans la cathédrale orthodoxe. Citadelle du début du XVIIIᵉ s. bâtie par l'empereur Charles VI (1685-1740).
Population 71 600
Carte Roumanie Aa

Albanaises (Alpes), *Albanie/Yougoslavie* Voir ALPES ALBANAISES

Albanie Voir p. 26

Albano (lac d'), *Italie* Lac de 6 km², à 20 km au S. de Rome, formé par la réunion de deux anciens cratères et alimenté par des sources souterraines. Son déversoir fut aménagé par les Romains à la fin du IVᵉ s. Il est célèbre pour les activités nautiques et les manifestations internationales qui s'y déroulent. Vue magnifique sur le lac depuis Albano Laziale et Castel Gandolfo, résidence d'été du pape.
Carte Italie Dd

Albany, *Australie* Le plus vieux port de l'État d'Australie-Occidentale, à 390 km au S.-E. de Perth. Ancienne colonie pénitentiaire (1826) du nom de Frederickstown, ce fut aussi un port baleinier. Il vit aujourd'hui de la pêche et de conserveries de viande.
Population 15 200
Carte Australie Be

Albany, *États-Unis* Ville universitaire, capitale de l'État de New York, sur les bords de l'Hudson, à 210 km au N. de New York. Toujours régie par une charte de 1686, avec ses vestiges

d'architecture coloniale, elle a gardé son caractère original de cité ancienne.
Population (ville) 101 100 ; (aggl.) 874 500
Carte États-Unis Lb

Alberobello, ***Italie*** Ville de la Pouille, à 55 km au S.-E. de Bari, classée monument historique pour ses *trulli*, très anciennes maisons coniques en pierre, d'origine incertaine, aux murs peints à la chaux et aux toits de tuiles grisâtres surmontés de croix et autres figures symboliques.
Population 9 800
Carte Italie Fd

Albert (canal), ***Belgique*** Canal reliant Liège (sur la Meuse) à Anvers (sur l'Escaut) et long de 130 km.
Carte Belgique Ba

Albert (lac), ***Ouganda/Zaïre*** Voir MOBUTO SESE SEKO (lac)

Albert (parc national), ***Zaïre*** Voir VIRUNGA (parc national des)

Alberta, ***Canada*** La plus occidentale des provinces de la Prairie (661 190 km^2). Ses paysages vont des pics montagneux aux plaines. L'agriculture (céréales, viande et lait) y est très développée. On y exploite aussi la forêt, le pétrole, le gaz naturel et le charbon. Le Nord renferme de vastes réserves pétrolières ; l'Ouest, avec ses grandes forêts en bordure des Rocheuses, attire le tourisme. Les villes principales en sont Edmonton, la capitale, et Calgary.
Population 2 545 500
Carte Canada Dc

Albertville, ***Zaïre*** Voir KALÉMIÉ

Albi, ***France*** Préfecture du département du Tarn, sur le Tarn, à 70 km au N.-E. de Toulouse. Vieille cité commerçante bâtie sur le site d'un oppidum gaulois ; ce fut l'un des centres de l'hérésie cathare aux XIIe et XIIIe s. Surnommée la Ville rouge, Albi est célèbre pour sa cathédrale Sainte-Cécile (XIIIe-XVe s.), de style gothique méridional, et son palais épiscopal de la même époque, tous deux en brique rouge. La Berbie, transformée en musée, abrite une grande partie de l'œuvre du peintre Henri de Toulouse-Lautrec (1864-1901), originaire de la ville. C'est également la patrie du navigateur La Pérouse (1741-1788) et de l'écrivain Pierre Benoit (1886-1962). À signaler aussi le Pont-Vieux (1035), un des plus vieux ponts de France. Verrerie, chimie, textile.
Population 46 200
Carte France Ee

FLEUVE DE GLACE. Dans le parc national de Glacier Bay, situé dans le sud-est de l'Alaska, un glacier descend vers l'océan Pacifique à travers les monts Saint Elias.

Albanie

UN ANCIEN PAYS STALINIEN SUR LA VOIE DE LA DÉMOCRATISATION

L'Albanie, que l'on connaît à travers l'écrivain Ismaïl Kadaré, frappe par son particularisme. Les Albanais, « Shqipëtars » (Fils de l'Aigle), dont les ancêtres seraient les Illyriens, ont connu bien des vicissitudes historiques : invasions multiples et conquête ottomane qui imposa la domination de Constantinople pendant 500 ans jusqu'au 28 novembre 1912, date de l'indépendance. Ils gardent le souvenir du héros Skanderbeg qui organisa la résistance contre les Turcs au XVᵉ s.

Les frontières de l'Albanie furent fixées à la Conférence de Londres en 1913 et un prince, Guillaume de Wied, qui régna six mois, fut nommé par les Grandes Puissances en 1914. Le gouvernement démocratique de Fan Noli, instauré en 1920, fut renversé en 1924 par Ahmed Zogu, Premier ministre depuis 1922, président de la République en 1925, qui se proclama roi en 1928. Son alliance étroite avec l'Italie de Mussolini conduisit à l'invasion de l'Albanie par les troupes fascistes en avril 1939 et le roi Ahmed Zogu dut quitter le pays. Pendant la Seconde Guerre mondiale, les troupes albanaises organisèrent la résistance. En 1941 fut créé le parti communiste albanais avec l'aide des Yougoslaves sous la conduite d'Enver Hoxha, commandant en chef de l'armée. Il devint le président de la République populaire socialiste d'Albanie, fondée en 1945.

Observant une politique de fidélité absolue à l'idéologie marxiste-léniniste, Enver Hoxha prescrivit l'appui sur ses propres forces et le refus des crédits étrangers. Originaire de Gjirokastër, ville du Sud, premier secrétaire du parti communiste (le Parti du Travail d'Albanie), il s'entoura d'une équipe politique d'hommes du Sud et dirigea le pays jusqu'à sa mort en 1985 en faisant régner la terreur stalinienne. Son successeur, Ramiz Alia, fidèle d'Enver Hoxha, dut entamer une politique de réformes sous la pression populaire et internationale.

En 1948, les Albanais rompirent avec la Yougoslavie de Tito, accusé de révisionnisme, et firent appel à l'Union soviétique pour assurer le développement du pays. Quand, après la mort de Staline en 1953, Khrouchtchev dénonça le stalinisme en 1961, le gouvernement albanais, fidèle au dogme, se sépara de l'U.R.S.S., qui dut évacuer sa base militaire navale de Vlora, et coupa l'aide économique. L'Albanie se tourna vers la Chine et subit les soubresauts de la révolution culturelle chinoise. En 1968, l'État ferma toutes les églises et se déclara pays athée. Il proclama, après la rupture avec la Chine en 1978, qu'il assurerait seul son développement.

L'Albanie est un pays d'altitude. Les montagnes culminent à 2 694 m dans les Alpes du Nord. Au S., de larges bassins fertiles se prolongent jusqu'en Grèce, tandis que le littoral adriatique, autrefois marécageux, a été bonifié et mis en culture. Les montagnes méridionales avancent jusqu'aux rivages de la mer Ionienne. La population est homogène : 97 % d'Albanais et de faibles minorités (Grecs, Serbes, Tsiganes). Près de 2 millions d'Albanais vivent dans le territoire du Kosovo où ils représentent 90 % de la population et sont intégrés à la Serbie. Ils réclament le droit de former une République et leurs manifestations sont sévèrement réprimées par les Serbes. La langue albanaise est partagée en deux dialectes, guègue au N., tosque au S., mais les dirigeants communistes tosques ont forgé une langue littéraire officielle à partir du dialecte sud.

UNE VILLE HORS DU TEMPS. Dans le centre de Tirana, comme dans les autres villes albanaises, la traditionnelle promenade, qui rassemble la population sur le même parcours quotidien, dans les rues sans circulation automobile, est une occasion appréciée de distraction.

LE DÉVELOPPEMENT

Sur la place centrale de Tirana, traditionnelle promenade du soir, de nombreuses manifestations ont eu lieu.

La politique économique entreprise au prix de grands efforts et d'une intense propagande idéologique a échoué. Les mines de fer, chrome, cuivre, sources d'exportation, ne sont plus rentables. Les installations pétrolières sont à rénover. La sidérurgie ne fonctionne plus. Le pays, essentiellement agricole, qui se targuait d'assurer son autosuffisance alimentaire, souffre de graves pénuries. La distribution des marchandises est entravée par le manque de moyens de transports.

LES RÉFORMES

Le pays a été le dernier touché par la perestroïka. Pour s'intégrer à l'Europe, l'Albanie doit se transformer en un État de droit. Des réformes ont été votées : libéralisation du culte, octroi de passeports, autorisation de posséder du petit bétail et un lopin de terre, initiative privée dans l'économie, rôle du marché, acceptation de crédits et d'investissements étrangers. En matière politique : séparation des compétences Parti-État, rédaction d'une nouvelle constitution et d'un nouveau code pénal, création d'un ministère de la Justice et d'un barreau d'avocats. Le multipartisme autorisé (décembre 1990), des élections législatives ont eu lieu en mars 1991. Si le Parti communiste a gagné dans les campagnes, le Parti démocratique (récemment autorisé) l'a emporté dans les villes. Un gouvernement provisoire a été formé avec l'opposition. Mais la lenteur des réformes a accéléré l'exode.

Les élections libres de mars 1992 ont consacré la fin du communisme, portant à la présidence M. Sali Berisha, du Parti démocratique.

L'Albanie a renoué avec l'Allemagne, la Russie, l'Angleterre et les États-Unis. En septembre 1991, elle a été admise comme membre participant de la C.S.C.E.

Ses frontières doivent aussi s'ouvrir au tourisme individuel, offrant un pays de splendides montagnes, de plages vierges, de centres archéologiques et de pittoresques villes-musées.

Les relations avec le grand voisin grec se sont tendues en 1994 à propos de l'Épire.

L'ALBANIE EN BREF

Superficie 28 748 km²

Population 3 420 000

Capitale Tirana

Régime République, multipartisme

Monnaie Lek = 100 quindar

Langue Albanais

Religions 70 % de musulmans sunnites et de bektachis, 20 % d'orthodoxes, 10 % de catholiques

Climat Méditerranéen ; température à Tirana : 2 à 12 °C en janvier, 17 à 31 °C en août

Ressources Céréales, agrumes, raisin, olives, tabac, coton, bois, pétrole, gaz naturel, chrome, cuivre, asphalte

Activités Industries alimentaires et pétrolières, ciments, engrais, textiles

Exportations Métaux non ferreux, chrome, cuivre, produits pétroliers, énergie électrique, aliments, tissus, tabac, grenouilles

P.N.B. annuel par habitant 2 150 dollars

Croissance démographique 19,6 ‰ par an, la plus forte d'Europe

Espérance de vie Hommes 69 ans, femmes 75

Albion (plateau d'), ***France*** Haut plateau calcaire du Vaucluse, à 60 km au N. d'Aix-en-Provence, qui abrite les batteries françaises de missiles nucléaires.

Ålborg, ***Danemark*** Quatrième ville et troisième port du pays, dans le nord du Jutland, sur le Limfjord. On peut y admirer la vieille ville aux rues étroites, la cathédrale (reconstruite du XIVe au XVIIIe s.), la maison de Jens Bang, très belle demeure de style Renaissance, Helligåndskloster (cloître du XVe s., fresques du XVIe s.) et le célèbre musée des Beaux-Arts (Nordjyllands Kunstmuseum). Aéroport, université, cimenteries, manufacture de tabac, akvavit (eau-de-vie) de renommée mondiale. Aux environs, à Lindholm Høje, cimetière viking.
Population 115 000
Carte Danemark Ba

Albufeira, ***Portugal*** Petit port de pêche du sud de l'Algarve, à 30 km à l'O. de Faro, et station balnéaire très animée. Un tunnel creusé dans la falaise mène à une belle plage de sable dominée par un château d'origine arabe (VIIIe-XIIIe s.). Marché.
Population 25 600
Carte Portugal Bd

Albuquerque, ***États-Unis*** Centre de villégiature sur le rio Grande, la plus grande ville du Nouveau-Mexique, à 350 km au N. de la frontière mexicaine, fondée en 1706 par les Espagnols. Université du Nouveau-Mexique ; centre de recherches atomiques depuis 1949 ; base d'expérimentation de missiles à proximité.
Population (ville) 385 000 ; (aggl.) 480 600
Carte États-Unis Ec

Albury-Wodonga, ***Australie*** Double cité industrielle de part et d'autre du Murray et de la frontière entre la Nouvelle-Galles du Sud et le Victoria, sur l'axe Sidney-Melbourne. Ville de l'intérieur, elle prit son essor dans les années 1970, lorsqu'elle fut désignée comme centre de développement de la région agricole environnante. Services, briqueteries, industries de transformation, textile, équipement.
Population 63 600
Carte Australie Hf

Alcalá de Henares, ***Espagne*** Ville de la province de Madrid, à 29 km au N. de la capitale, dévastée pendant la guerre d'Espagne. Patrie de Miguel de Cervantès.
Population 142 900
Carte Espagne Db

Aldabra, ***Seychelles*** Atoll corallien de 155 km^2 dans l'océan Indien, au N.-O. de Madagascar. Isolé des autres terres habitées, il abrite quelque 150 000 tortues géantes ainsi que l'aldabran chanteur, dont il ne reste qu'une douzaine de spécimens au monde, et l'aldabran moqueur, survivant des oiseaux coureurs vivant sur l'atoll. Station de recherche écologique britannique.
Carte Indien (océan) Bc

Alderney, ***Manche*** Voir ANGLO-NORMANDES (îles)

Aleksandropol, ***Arménie*** Voir GOUMRI

Aleksandrorsk, ***Ukraine*** Voir ZAPOROJÏE

Alençon, ***France*** Préfecture de l'Orne, sur la Sarthe, dans la riante et fertile campagne d'Alençon, à 48 km au N.-E. du Mans. Célèbre pour sa dentelle à l'aiguille ou point d'Alençon. Beaux édifices anciens, en particulier, l'église Notre-Dame (XVe et XVIIIe s.), l'église Saint-Léonard (XVe et XVIe s.), de style flamboyant, et la maison Ozé (XVe s.). Centre industriel. Patrie du révolutionnaire J. Hébert et de Thérèse de l'Enfant-Jésus.
Population 30 000
Carte France Db

Alentejo, ***Portugal*** Région de 24 683 km^2 (un tiers du pays), à l'E. de Lisbonne, au S. du Tage, arrosée par le Tage, le Sado et le Guadiana. Siège de nombreuses batailles au Moyen Âge, contre les Maures puis les Espagnols. Plaine basse, au relief légèrement ondulé, domaine du chêne-liège et du blé. À l'E., les collines de la serra de São Mamede atteignent 1 025 m. Région de grandes propriétés, objet d'une réforme agraire après la révolution de 1974 ; élevage ; agriculture (olivier, riz, tomate). Découverte de grottes préhistoriques en 1963.
Population 511 600
Carte Portugal Bd

Aléoutiennes (fosse des) Grande fosse océanique (3 700 km de long ; profondeur maximale : 7 822 m) du Pacifique N. La plaque du Pacifique glisse sous la plaque nord-américaine le long de cette fosse et se dégrade en produisant du magma en fusion qui s'échappe par les volcans des îles Aléoutiennes, au N. de la fosse.
Carte Alaska Ac

Aléoutiennes (îles) Voir ALASKA

Alep (Halab), ***Syrie*** Ville industrielle et capitale de la province d'Alep, à 120 km au N.-E. de Lattaquié. Alep est une vieille cité qui remonte aux Hittites (2000 av. J.-C.). Ancien centre caravanier à l'arrivée de la route de la soie, Alep, comme Damas, n'a cessé d'être habitée au cours de l'histoire. Elle est entourée de remparts et surmontée d'une citadelle. Célèbre bazar couvert de 800 m de long.
Population 1 445 000
Carte Syrie Ba

Alès, ***France*** Sous-préfecture du Gard, en bordure des Cévennes, qui fut un important centre protestant aux XVIe et XVIIe s. La ville a longtemps vécu de l'extraction du charbon ; celle-ci ayant cessé, elle s'est recyclée dans les industries mécaniques et alimentaires. On verra la cathédrale Saint-Jean, le fort Vauban, le musée du Colombier et le musée de la Mine. À 16 km à l'O., le Mas-Soubeyran est un haut lieu du protestantisme (rassemblement annuel, musée du Désert).
Population 41 000
Carte France Fd

Alésia, ***France*** Voir ALISE-SAINTE-REINE

Alessandria, en français **Alexandrie,** ***Italie*** Ville industrielle du Piémont (chapellerie, confection), et chef-lieu de la province du même nom (3 042 km^2 ; céréales, vigne).
Population (ville) 96 050 ; (prov.) 441 225
Carte Italie Bb

Ålesund, ***Norvège*** Un des ports principaux du pays, bâti sur trois îles, reconstruit en 1904 après un incendie. Ville dynamique, dont les activités sont liées à la mer : pêche, conserveries, sécheries et fumeries de poisson.
Population 40 000
Carte Norvège Bc

Aletsch (glacier d'), ***Suisse*** Le plus grand glacier des Alpes, dans le massif de l'Aar. Longueur : 24 km ; superficie : 129 km^2. Il contourne la Jungfrau, à 60 km au S. de Lucerne, et se termine dans la vallée du Rhône, à Brigue. Il est dominé par l'Aletschhorn (4 195 m).
Carte Suisse Ba

Alexandrette, ***Turquie*** Voir ISKENDERUN

Alexandrie en ar. **Al-Iskandarîya,** ***Égypte*** Principal port et deuxième ville d'Égypte, au N.-O. du delta du Nil et à 185 km du Caire. C'est une ville moderne et un grand centre industriel dont les quais voient défiler 75 % du commerce égyptien. Située sur la plus belle rade de la Méditerranée orientale, c'est aussi une cité touristique recherchée pour ses longues plages de sable fin.

Fondée en 332 av. J.-C. par Alexandre le Grand, qui en fit la capitale de son empire, elle fut, pendant plus de six cents ans, l'une des plus prestigieuses cités du Proche-Orient antique. Considéré par les Anciens comme l'une des Sept Merveilles du monde, le premier phare, en marbre blanc, se dressait dans la baie, sur l'île de Pharos. Sa bibliothèque de manuscrits grecs (700 000 volumes) en faisait le centre intellectuel du monde gréco-romain. Elle fut incendiée lors de l'entrée de César dans la ville (47 av. J.-C.). Après la mort de Cléopâtre (30 av. J.-C.), Alexandrie devint la principale ville romaine d'Orient. En 330 de notre ère, elle fut supplantée par Constantinople, promue au rang de capitale par les empereurs romains, et son port déclina en raison de l'envasement du delta. Bonaparte y débarqua en 1798. La cité se réveilla au XIXe s. sous l'impulsion de Méhémet Ali, qui dégagea l'Égypte de l'emprise de l'empire ottoman et fit ouvrir (1847) le canal Mahmoudiah qui permet aux bateaux de haute mer d'accéder à la ville par le fleuve. En 1882, la ville fut bombarbée et occupée par les Anglais.

Tanneries, usines de chaussures, chaînes de montage automobile, raffinerie, industries chimiques. C'est également le centre d'exportation du coton égyptien.
Population 3 295 000
Carte Égypte Bb

Alföld (Grand) ou **Nagyalföld,** ***Hongrie*** Grande plaine monotone de 51 800 km^2 (plus de la moitié du pays), à l'est du Danube. Généralement couverte de terre noire fertile, elle est divisée en deux par la Tisza. La *puszta* (pâturages), qui en couvrait jadis la plus grande partie, était le domaine des bergers et des cavaliers, les célèbres *csikos*.

Mais de grands changements sont intervenus durant ces cent dernières années. La plus grande partie de la puszta, sauf la région de Hortobagy, a été scindée en vastes exploitations de culture intensive (blé, maïs, pomme de terre, fruits). Elle produit aussi de la betterave à sucre, du lin, du chanvre et du tabac. C'est une région de gros villages entourés de vergers et beaucoup de villes comme Békéscsaba, Cégled et Debrecen étaient déjà des bourgades au XIVe s. Szeged est habitée depuis le VIIIe s. Les liaisons routières et ferroviaires, bonnes avec Budapest, sont plus lentes dans les autres directions.
Carte Hongrie ABb

Alföld (Petit) ou **Kisalföld,** ***Hongrie*** Plaine triangulaire de 7 000 km^2 au N.-O. du pays, bordée au S.-E. par les monts Bakony. On y trouve les mêmes cultures que dans le Grand Alföld. Ville principale : Gyor.
Carte Hongrie Ab

UN PAISIBLE RIVAGE. Les vagues de l'Atlantique viennent mourir dans une petite crique coincée entre de hautes falaises, près de Lagos, dans l'Algarve, une région recherchée des touristes.

Algarve, ***Portugal*** Ancienne province (l'actuel district de Faro) étirée le long de la côte S., la dernière à avoir été enlevée aux Maures (1253). Avec son climat privilégié et ses belles plages, l'Algarve (4 960 km^2) voit le tourisme se développer rapidement. La côte est parsemée de villages de pêcheurs très pittoresques, tandis qu'à l'intérieur poussent amandiers, figuiers et citronniers.

Population 323 000
Carte Portugal Bd

Alger, en ar. **El-Djezaïr,** ***Algérie*** Capitale et port principal du pays, au centre de la côte africaine de la Méditerranée occidentale. C'est aussi la plus grande ville d'Algérie. Sa situation à la sortie de la riche plaine de la Mitidja explique son essor. D'abord comptoir phénicien (2000 av. J.-C.), établi sur quatre îlots rattachés depuis à la terre ferme, elle devint un port florissant à l'époque romaine, alors que l'Afrique du Nord était le grenier à blé de l'Empire. Au Xe s., les Arabes la tirèrent du sommeil dans lequel elle était plongée depuis l'époque byzantine. Tombée sous l'influence des Turcs ottomans, elle devint le repaire des corsaires barbaresques (XVIe-XVIIIe s.). En 1830, elle fut prise par les Français.

Alger est maintenant une grande ville moderne dont la population avoisine 1 500 000 habitants (2 550 000 pour le Grand Alger). Son port exporte de nombreux produits, en particulier du vin, des agrumes et du minerai de fer. Alger est dotée d'industries chimiques et d'industries de transformation. Elle est aussi le point de départ de la route transsaharienne du Sahara central vers l'Afrique noire.

La Casbah (la ville ancienne), avec son fort et ses ruelles tortueuses bordées de maisons habitées depuis des générations par les mêmes familles, date du temps des Turcs. Rendue célèbre par l'abri qu'offraient ses maisons enchevêtrées pendant la guerre d'indépendance, elle fait l'objet d'un projet de conservation et de rénovation. Au pied de la Casbah se trouve le musée des Arts et Traditions populaires (tapis, bijoux, poterie, broderie).

La ville conserve bien d'autres monuments célèbres, comme le musée d'Ethnographie et de Préhistoire, le musée des Antiquités classiques et musulmanes, la villa-musée du Bardo, de nombreux palais et mosquées, comme la grande mosquée malikite (XIe-XIVe s.). La magnifique baie d'Alger gagne à être vue de l'ancien Palais d'été et des hauteurs de la ville. Le port de pêche et le grand marché se trouvent dans la partie orientale.

Population (ville) 1 508 000 ; (aggl.) 2 550 000
Carte Algérie Ba

Algérie Voir p. 30-31

Algésiras, ***Espagne*** Port et station balnéaire d'Andalousie, fondé par des réfugiés espagnols de Gibraltar, lors de la prise du rocher par les Anglais (1704). Siège de la conférence internationale de 1906 sur l'avenir du Maroc. Exportation de liège.

Population 101 600
Carte Espagne Cd

Alghero, ***Italie*** Port et station balnéaire du nord-ouest de la Sardaigne. De l'occupation espagnole au XIVe s., il reste certains édifices comme la cathédrale et les remparts, et les habitants parlent catalan.

Population 36 400
Carte Italie Bd

Ali-Sabieh, ***Djibouti*** Gare et marché sur la ligne de chemin de fer Djibouti-Addis-Abeba. Submergée, à partir de 1980, par des dizaines de milliers de réfugiés de la famine et des conflits d'Éthiopie.

Carte Éthiopie Ba

Aliákmon, ***Grèce*** Le plus long fleuve de Grèce (297 km). Il prend sa source dans le Pinde et creuse d'étroites gorges dans le plateau de Macédoine avant de se jeter dans la mer Égée. Barrage hydroélectrique (1973).

Carte Grèce Ba

Alicante, ***Espagne*** Port méditerranéen à 125 km au S. de Valence. Exportation de vin, agrumes, huile d'olive et amandes. Principales industries : ferronnerie, textiles, tabac, produits chimiques, raffinage du pétrole, tourisme. La province homonyme (5 863 km^2), dans la communauté autonome de Valence, est en grande partie aride, mais l'irrigation permet de produire de la vigne et des agrumes.

Population (ville) 251 000 ; (prov.) 1 148 600
Carte Espagne Ec

Alice Springs, ***Australie*** Ville du Territoire du Nord, dans les monts MacDonnell, au cœur du grand désert central et presque au centre du continent. D'abord simple relais sur la ligne télégraphique transcontinentale, Alice Springs est devenue un centre d'élevage, d'extraction de minerais et de tourisme. Terminus de la voie ferrée venant d'Adélaïde, elle est également

située sur l'axe routier N.-S., Darwin-Port Augusta. Centre d'un service médical aérien et centre d'enseignement à distance par radio.
Population 20 400
Carte Australie Ec

Aligarh, ***Inde*** Ville à 115 km au S.-E. de Delhi. Célèbre université islamique, fondée en 1920. Métallurgie ; industries textiles (coton, tapis).
Population 480 000
Carte Inde Cb

Alise-Sainte-Reine, ***France*** Petit village bourguignon, à 55 km au N.-O. de Dijon, réputé comme le site probable de la bataille d'Alésia (52 av. J.-C.) qui vit la défaite de Vercingétorix face à César. Fouilles, vestiges gallo-romains. Sources thermales.
Population 670
Carte France Fc

alizés Vents qui soufflent de la zone de hautes pressions subtropicales vers la zone de basses pressions équatoriales. Ils soufflent du N.-E. dans l'hémisphère N. et du S.-E. dans l'hémisphère S. Voir CIRCULATION ATMOSPHÉRIQUE, p. 699

Alkmaar, ***Pays-Bas*** Ville à 33 km au N.-O. d'Amsterdam. Centre touristique sillonné de canaux avec de nombreux bâtiments du XIVe au XVIIe s. La ville est renommée pour son spectaculaire marché hebdomadaire aux fromages d'avril à septembre, avec des marchands habillés en costumes du XVIIe s. Fabrique de papier, de mobilier et de vêtements.
Population 90 800
Carte Pays-Bas Ba

Allada, ***Bénin*** Ville à 50 km au N.-O. de Cotonou. Agrumes, ananas, bananes. Ancienne capitale du royaume d'Adres, Allada envoya une ambassade à Louis XIV en 1670. Conquise par le royaume d'Abomey au XVIIIe s.
Carte Bénin Bb

Allahabad, ***Inde*** Ville au confluent du Gange et de la Yamuna, à mi-chemin de Delhi et de Calcutta. Un pèlerinage annuel et un autre, qui a lieu tous les douze ans, attirent des centaines de milliers de pèlerins venus se purifier dans les eaux des deux fleuves sacrés. Les origines de la ville remonteraient aux environs de 1500 av. J.-C. Siège de violents combats pendant la révolte des cipayes (1857). L'*Indian National Congress*, ancêtre du Parti du Congrès, y fut fondé en 1887. Grande Mosquée ; université. Nombreux monuments, dont le pilier d'Asoka (242 av. J.-C.) et le fort d'Akbar (XVIe s.). Minoteries, textiles, gros marché sucrier. Patrie de Nehru (1889-1964).
Population 807 000
Carte Inde Cc

Allegheny ou **Alleghany (monts),** ***États-Unis*** Partie de la chaîne des Appalaches s'étendant sur 800 km du sud-ouest de la Virginie au nord de la Pennsylvanie. Altitude : de 600 à 1 481 m au Spruce Knob en Virginie-Occidentale. Bois d'œuvre et mines de charbon.
Carte États-Unis Jc

Allemagne Voir p. 32-39

Allgäu, ***Allemagne*** Région montagneuse de Bavière, entre le lac de Constance et la haute vallée du Lech, touristique (sports d'hiver et alpinisme, notamment à Oberstdorf) et agricole (très importante production de fromage autour de Kempten). C'est aussi le seul accès à la vallée autrichienne du Kleinwalsertal.
Carte Allemagne De

Allier (03), ***France*** 1. Le plus long affluent de la Loire (410 km), drainant un bassin de 15 000 km². Prenant sa source dans la Lozère, à 1 503 m, il remonte vers le N., traversant la Haute-Loire, le Puy-de-Dôme, l'Allier, rejoignant la Loire au S.-O. de Nevers.
2. Département de la région Auvergne (7 327 km²), couvrant pour l'essentiel l'ancienne province du Bourbonnais. L'agriculture est dominée par l'élevage, très diversifié, et la culture des céréales. L'industrie (mécanique, pneumatiques, alimentation et travail des métaux) se concentre dans les centres urbains, Montluçon (le plus peuplé), sur le Cher, Vichy et Moulins (le chef-lieu), sur l'Allier, qui regroupent près de la moitié de la population, pratiquement stagnante depuis les années 1930.
Population 357 700
Carte France Ec

alluvial (gisement) Voir PLACER

alluviale (plaine) Basse plaine due au dépôt de matériaux divers sur les bords des cours d'eau, souvent inondable.

alluvions Dépôts meubles (gravier, sable, limon) laissés par les cours d'eau lorsque leur vitesse réduite n'en permet plus le transport. Une grande partie des terres les plus fertiles du monde sont constituées d'alluvions.

Almaty, anc. **Alma-Ata,** ***Kazakhstan*** Capitale, à 800 m d'altitude, à 75 km au N. du lac Issyk-koul, près de la frontière chinoise. Centre industriel et commercial au cœur d'une riche région agricole : blé, betterave à sucre, pommes, produits viticoles (« champagne »), tabac. Principales industries : construction mécanique, tanneries, scieries, filatures, industries alimentaires. Fondée par les Russes en 1854 sous le nom de Vernyï, elle prit de l'importance à partir de 1926, avec la construction du Turksib (chemin de fer Turkestan-Sibérie). Reconstruite après les séismes de 1887 et 1911, la ville reste menacée.
A cause de graves problèmes de pollution et des limites portées à son développement par une ceinture montagneuse, Almaty devrait perdre, d'ici l'an 2000, son statut de capitale au profit d'Akmola. C'est un centre intellectuel et scientifique.
Population 1 160 400
Carte Kazakhstan Cb

Almería, ***Espagne*** Port d'Andalousie, à 275 km au N.-E. de Gibraltar. Repaire de corsaires arabes jusqu'à la reconquête (1492), Almería fut dotée au XVIe s. d'une cathédrale fortifiée, contre les pirates. De nos jours, exportation de sel, raisin, agrumes, fer et plomb. Tourisme sur la côte.
Population (ville) 159 600 ; (prov.) 432 500
Carte Espagne Dd

Almourol, ***Portugal*** Château sur une île du Tage, à 105 km au N.-E. de Lisbonne, construit en 1171 par les Templiers, qui participèrent à l'expulsion des Maures au XIIIe s.
Carte Portugal Bc

Along (baie d'), en vietnamien **Vinh Ha Long,** ***Viêt-nam*** Baie du golfe du Tonkin, à l'E. de Haiphong, réputée pour son paysage de rochers karstiques surgissant de la mer.
Carte Viêt-nam Ba

SPECTACLE COLORÉ. Chaque vendredi, sur la place du Poids public, à Alkmaar, en Hollande du Nord, a lieu le traditionnel marché aux fromages, animé par la guilde des porteurs vêtus de blanc comme au XVIIe s.

Algérie

LE CHÔMAGE ET LES DIFFICULTÉS ÉCONOMIQUES ONT SONNÉ LE GLAS DU PARTI UNIQUE ET PLONGÉ LE PAYS DANS LA GUERRE CIVILE

Située au contact du bassin méditerranéen et du Sahara, au nord de l'Afrique, entre le Maroc et la Tunisie, pays avec lesquels elle forme le Maghreb, l'Algérie est un vaste pays: le dixième du monde par la superficie, le deuxième d'Afrique après le Soudan.

Le Sahara, le plus grand désert du monde, couvre les quatre cinquièmes du pays. C'est dans son sous-sol qu'ont été découverts, dans les années 1950, de riches gisements de pétrole et de gaz. L'Algérie est maintenant le deuxième pays africain producteur de pétrole, après le Nigeria et avant la Libye. Les réserves de brut sont estimées à 9 000 millions de barils. Le pays possède aussi les plus grandes réserves mondiales de gaz naturel (3 090 milliards de mètres cubes prouvés, et trois fois plus de réserves probables).

LE PAYS

L'Algérie se divise en deux grands ensembles géographiques: le massif de l'Atlas, au N., et le Sahara, au S. L'Atlas, constitué de chaînes montagneuses entrecoupées de vallées s'étirant d'E. en O., comprend trois parties: l'Atlas tellien, près de la côte, les hauts plateaux et l'Atlas saharien, au S.

L'Atlas tellien forme une ceinture de plateaux et de massifs. Entre ces étroites chaînes montagneuses se trouvent les meilleures terres du pays, avec les vallées fertiles du Cheliff — la plus longue rivière d'Algérie (700 km) —, de la Mitidja, où se trouve Alger, et d'Annaba. C'est aussi la région où l'on compte la plus forte densité de population, ainsi que les villes les plus peuplées: Alger, la capitale, Oran, Constantine, Ech-Cheliff, Blida, Annaba.

Au S. s'étalent de hauts plateaux semi-arides parsemés de dépressions désertiques et de marécages salés (Chott ech-Chergui, Chott el-Hodna).

L'Atlas saharien, dominé par le massif de l'Aurès, se dresse à l'E. du Chott el-Hodna. Une ligne d'oasis, dont Biskra est la plus importante et la plus peuplée, s'égrène le long du contrefort méridional (palmeraies, fruits, légumes). Au N. et à l'E., les grandes dunes de sable du Sahara algérien, appelées ergs, ondulent comme des vagues. Ailleurs, le désert est constitué de montagnes et de plaines de graviers, les hamadas. Au S., le massif du Hoggar culmine à 2 918 m au mont Tahat.

Sur la côte, le climat est méditerranéen — étés chauds et secs, hivers froids et humides. Les températures estivales peuvent atteindre 32 °C sous l'effet du sirocco, vent chaud et chargé de poussière qui souffle du Sahara. Les pluies tombent d'octobre à mars. Sur les reliefs, le climat est plus froid et décroît avec l'altitude; en hiver, la neige couvre les sommets. Au Sahara, il pleut très peu ou pas du tout; l'amplitude thermique y est considérable : la température, qui atteint facilement 49 °C dans la journée, peut descendre au-dessous de 10 °C la nuit. Un vent de sable violent, le simoun, y souffle parfois.

LE PEUPLEMENT DE L'ALGÉRIE

La présence de l'homme est attestée dès la période acheuléenne (Ternifine, – 400 000 ans). Les sites ibéro-maurusiens (– 10 000 ans) et capsiens (– 5 000 ans) dans le Nord sont fort nombreux, tandis que le néolithique saharien (à partir de – 3 000 ans) est remarquable par sa diversité et la finesse de son outillage.

À partir du IIIe s. av. J.-C., les royaumes berbères de Numidie tombent sous la domination carthaginoise, puis romaine. L'Algérie devient l'un des greniers à blé de Rome. Mais les Vandales s'y installent à leur tour en 431, puis Justinien la conquiert pour Byzance. Les invasions arabes du VIIe s. introduisent l'islam et la langue arabe (de nos jours, le berbère est encore parlé dans les régions montagneuses et chez les Touaregs). À partir de 1519, la présence des Turcs ottomans influence fortement la région côtière et les villes, mais ne dépasse guère les premières oasis.

La France intervient en Algérie pour faire cesser la piraterie prétexte du « coup d'éventail » donné par le dey d'Alger au consul de France (1827). Les relations diplomatiques sont alors rompues. Un corps expéditionnaire français débarque en 1830, prend Alger et occupe une partie du pays. En 1832, l'émir Abd el-Kader se soulève contre les Français. Le général Bugeaud organise la conquête du pays. Abd el-Kader est fait prisonnier en 1847. La conquête sera pratiquement terminée en 1870. La France encouragea la venue des colons.

La colonisation entraîne la transformation économique du pays, mais aussi l'assujettissement de la communauté musulmane. Le mouvement nationaliste algérien, né dans les années 1920, prend toute son importance après la Seconde Guerre mondiale. Le Front de libération nationale (F.L.N.) s'engage dans la lutte armée pour l'indépendance en 1954. Deux ans après, il contrôle une grande partie des campagnes et se lance dans le terrorisme urbain, entraînant l'envoi en Algérie d'un demi-million de soldats français. Mais la guerre s'éternise et les Français d'Algérie craignent d'être abandonnés par la métropole. En 1958, sous la pression des événements, le général de Gaulle arrive au pouvoir. Pourtant, les victoires militaires sur le terrain ne peuvent endiguer les succès politiques et diplomatiques des nationalistes. Malgré la violence du contre-terrorisme de l'O.A.S. (Organisation armée secrète) et la rébellion d'un « quarteron de généraux », le général de Gaulle entame des négociations, et l'Algérie devient indépendante en juillet 1962 (autodétermination). Près d'un million de Français établis dans le pays, les pieds-noirs, seront rapatriés en France.

Le premier président de la république algérienne est Ahmed Ben Bella. Il est déposé en 1965 par son ministre de la Défense, Houari Boumediene. Le pétrole est nationalisé. En 1976, l'Algérie, devenue un État à parti unique, adopte une Charte nationale dans

LES MONTAGNES DU DÉSERT. Rougeoyant au soleil couchant, la plus haute montagne du pays, le massif du Hoggar, situé dans le sud du Sahara algérien, culmine à plus de 2 900 m.

laquelle elle énonce son projet de construire une société socialiste. Une Assemblée nationale est élue l'année suivante. Boumediene meurt en 1981. Chadli Bendjedid, un militaire élu par un congrès du F.L.N., lui succède. Il réaménage l'économie (autorisation de petites entreprises privées) et libéralise la société. Mais l'arabisation mécontente les berbérophones (manifestations en Kabylie).

La victoire des fondamentalistes du Front islamique du salut (F.I.S.) aux élections locales de 1990 et au premier tour des législatives fin 1991 entraîne la démission du président Bendjedid et l'annulation des élections. Un haut comité d'État (H.C.É) est créé, présidé par Mohamed Boudiaf, et la répression des islamistes est sans faille. Le nouveau président est assassiné en juillet 1992 et le pouvoir est assumé par le H.C.É. En 1994, le haut comité de sécurité confie la « présidence de l'État » au général Lamine Zéroual, qui ne parvient pas à stopper l'islamisation forcée de la société sous la pression du terrorisme et de la guérilla.

UNE ÉCONOMIE FONDÉE SUR LE PÉTROLE

L'industrie (pétrole et gaz) constitue le principal secteur économique. En exportant son gaz naturel et en se lançant dans une politique de raffinage, l'Algérie a surmonté, plus que tout autre pays, la chute du prix du brut et la récession dans le domaine des hydrocarbures. Sa capacité de raffinage — 464 700 barils par jour — est, en effet, la plus grande d'Afrique. Couvrant la presque totalité des exportations, le pétrole et le gaz procurent à l'État les deux tiers de ses revenus. Mais, en 1985, le pays a dû faire face à une baisse conjoncturelle des cours du brut et du dollar. Les revenus pétroliers servent à financer l'industrialisation (aciéries, pétrochimie). Le minerai de fer est exploité dans les environs de Beni-Saf, et près de la frontière tunisienne (Ouenza, Bou-Khadra). Une grande aciérie est implantée à Annaba, une usine de liquéfaction de gaz à Arzew et Skikda ; il existe également plusieurs unités de raffinage et de produits pétroliers. L'Algérie possède une chaîne de montage automobile et produit le tiers de ses véhicules utilitaires. Industries alimentaires, matériaux de construction, textiles et produits chimiques tiennent une place importante. Si les petites entreprises appartiennent au secteur privé, les grandes industries sont aux mains de l'État. Le tiers de la population est affecté à l'agriculture, laquelle n'occupe que 3 % de la surface du pays. Le blé, le vin, les olives, ainsi que les fruits et les légumes destinés au marché européen poussent sur la côte. Les oasis donnent des dattes pour l'exportation (3e producteur mondial). Sur les hauts plateaux, un million de pasteurs, surtout des Berbères, élèvent des vaches, des chèvres et 13 millions de moutons.

L'essor de l'industrie a déclenché un exode rural vers les régions urbaines où vivent 60 % des Algériens (1980). Avec une population qui a doublé en vingt ans, l'Algérie doit affronter une crise du logement et un chômage importants dont le principal exutoire est l'immigration en Europe (en France surtout).

L'ALGÉRIE EN BREF
Superficie 2 381 741 km^2
Population 25 360 000
Capitale Alger
Régime République socialiste et parti unique
Monnaie Dinar = 100 centimes
Langues Arabe, berbère et français
Religions Musulmans (90 %), chrétiens (1 %)
Climat Méditerranéen sur la côte, chaud et sec dans le Sud. Température moyenne à Alger : 9 à 15 °C en janvier, 22 à 29 °C en août
Ressources Céréales, raisins, olives, agrumes, dattes, légumes, bétail, bois d'œuvre, poisson ; pétrole et gaz naturel, minerai de fer, zinc, phosphates, cuivre, plomb
Activités Production et raffinage de pétrole, production et liquéfaction de gaz naturel, pétrochimie, mines, ciment, fer et acier, engrais, matériel de transport, mécanique, agriculture, vins, industries alimentaires
Exportations Pétrole brut, gaz naturel, produits pétroliers, vins, fruits (dont dattes), légumes
P.N.B. par habitant 2 170 dollars
Croissance démographique 25 ‰ par an
Espérance de vie Hommes 65 ans, femmes 67

Allemagne

APRÈS LA DÉFAITE DE 1945, DEUX ALLEMAGNES SE TOURNENT LE DOS PENDANT QUARANTE-CINQ ANS : À L'OUEST, LA RÉPUBLIQUE FÉDÉRALE D'ALLEMAGNE, PARTIE INTÉGRANTE DE LA C.E.E. ET DE L'O.T.A.N. ; À L'EST, LA RÉPUBLIQUE DÉMOCRATIQUE ALLEMANDE, MEMBRE DU PACTE DE VARSOVIE. LE PROCESSUS DE RÉUNIFICATION COMMENCE EN 1990

Plus que toute autre en Europe, l'histoire de l'Allemagne révèle le double visage du destin, tour à tour glorieux et tragique. Les œuvres exceptionnelles des musiciens, des philosophes et des savants y ont connu un contrepoint d'horreurs: ravages des armées en marche, siècle après siècle; effondrement total de l'économie, quatre ans après la fin de la Première Guerre mondiale ; une dictature impitoyable et la destruction des principales villes au cours de la Seconde Guerre mondiale ; la mise en place de la plus terrible frontière du monde, le rideau de fer, et sa disparition en 1989-1990.

Pays aux frontières éternellement instables, l'Allemagne est devenue une nation au prix d'une succession dramatique de conquêtes et de déchirements. Après les premières tribus germaniques, Cimbres ou Teutons, les Alamans, les Lombards, les Goths et les Francs durent affronter la puissance romaine mais aussi leurs propres rivalités. Charlemagne, roi franc, parvenait à rassembler un incroyable puzzle politique en fondant — en 800 apr. J.-C. — le Saint Empire romain germanique. Les prétentions de la papauté et des princes locaux achevaient de le ruiner au XVe s. Dans le sillage de la Réforme, les guerres de religion atteignaient leur point culminant avec la guerre de Trente Ans (1618-1648) et laissaient l'Allemagne exsangue, morcelée en une multitude de petits États. C'est en 1848, « l'année des révolutions », qu'émergèrent les deux plus puissants d'entre eux, la Prusse et la Bavière. Ils formaient en 1871 avec 23 autres États un nouvel empire dirigé par Guillaume Ier de Prusse et dont Berlin devenait la capitale. Le territoire allemand occupait 540 858 km^2 de Metz en Lorraine à Memel (aujourd'hui Klaïpeda en Lituanie) et comptait 41 millions d'habitants à la veille de la Première Guerre mondiale. Le traité de Versailles le ramenait à 468 620 km^2 en 1919: l'Allemagne perdait ses colonies d'Afrique et du Pacifique et d'importants territoires à l'E. (entre autres la Prusse orientale) et à l'O. (Alsace, Lorraine, Sarre).

L'Allemagne s'agrandissait considérablement entre 1938 et 1943 en annexant l'Autriche, la Tchécoslovaquie, la Pologne, en occupant la majeure partie du continent européen, de la côte atlantique à Moscou, de la Norvège jusqu'en Grèce. Son territoire rétrécissait à nouveau en 1945 pour atteindre 357 000 km^2, soit 76 % de celui de 1914. Encore cet espace se partageait-il entre deux États, séparés par des barbelés et des champs de mines, puis par un mur fortifié. Peu de pays ont vu la superficie de leur territoire varier de façon aussi rapide et aussi considérable.

LE MUR DE BERLIN. En novembre 1989, pour la première fois depuis la construction du « mur de la honte » (1961), symbole de division des deux Allemagnes, la libre circulation était rétablie entre l'Est et l'Ouest.

L'ALLEMAGNE D'APRÈS-GUERRE

Se souvenant qu'ils avaient été incapables d'imposer à l'Allemagne le respect des conditions du traité de paix de 1919, les Alliés décidaient d'occuper en 1945 ce qui restait de son territoire. Le pays fut divisé en quatre zones, américaine, soviétique, britannique et française. Berlin, bien que située en zone soviétique, fut également divisée en quatre zones. Les tensions entre l'U.R.S.S. et les puissances occidentales apparurent très rapidement. Les Alliés occidentaux unirent leurs efforts pour contrer l'extension rapide du communisme dans les zones sous contrôle soviétique ; leurs limites occidentales, à l'origine simple démarcation des zones d'occupation, se transformèrent en une véritable frontière, isolant deux systèmes économiques et politiques contradictoires. Prévoyant cette évolution, l'homme d'État britannique Winston Churchill inventait l'expression « rideau de fer ». Constituée de zones d'occupation américaine, britannique et française, la République fédérale d'Allemagne (Bundesrepublik Deutschland) naissait en 1949 et se voyait reconnaître sa pleine souveraineté en 1955. La Sarre lui était rattachée en 1957, portant sa superficie à 248 708 km^2. Celle-ci incluait les 480 km^2 de Berlin-Ouest, divisé en trois secteurs et doté d'un statut spécial. Légalement, Berlin-Ouest ne faisait pas partie de la R.F.A. mais élisait des délégués qui siégeaient sans droit de vote au Parlement fédéral.

De son côté, la zone d'occupation soviétique (y compris Berlin-Est) se muait en une République démocratique allemande (R.D.A.). Elle adoptait une constitution en mai 1949 et rompait avec l'Occident. En 1952, elle mettait en place un véritable « rideau de fer » (une bande labourée large de 4 km avec grillages électrifiés, champs de mines, tours de guet et patrouilles militaires) tout le long de la frontière avec la R.F.A., pour empêcher la fuite de ses ressortissants. La dernière issue, entre Berlin-Est et Berlin-Ouest, fut obturée en août 1961 par la construction du mur de Berlin. Pourtant, 2 500 000 personnes réussirent à fuir d'Est en Ouest de 1949 à 1961.

À la différence de l'Allemagne de l'Ouest qui obtint une aide massive des États-Unis, la R.D.A. reçut peu de secours extérieurs après la Seconde Guerre mondiale. De 1945 à 1954, les Russes s'octroyèrent de substantielles réparations, démontant usines et centrales électriques, ne laissant qu'une seule voie en place sur tous les chemins de fer à double voie et enlevant les rares machines-outils des usines est-allemandes. L'étau soviétique se desserra un peu après les émeutes ouvrières de 1956 causées par les pénuries de nourriture, de textiles, chauffage et logement, à Berlin-Est, Magdebourg, Dresde et Leipzig. Il y eut aussi d'autres causes d'agitation, la persécution des Églises et la collectivisation forcée de l'agriculture.

La R.D.A. n'arrivera jamais à surmonter ces handicaps initiaux (manque de machines et de matériel roulant, fuite des jeunes vers l'Occident jusqu'à la construction du mur de Berlin, et même après, au prix de très grands risques) auxquels s'ajoutèrent bientôt la pénurie de main-d'œuvre qualifiée, de matériaux de construction, de devises convertibles, la chute de la fécondité et le vieillissement de la population. Faute de devises, impossible d'importer les machines modernes nécessaires à l'industrie. Faute de main-d'œuvre, de briques et de ciment, il faudra plusieurs décennies pour achever la reconstruction des villes dévastées par les bombardements alliés.

Par ailleurs, la division de l'Allemagne avait scindé les routes Est-Ouest et le Mittellandkanal et séparé la R.D.A. de ses anciens débouchés de Hambourg (désormais en R.F.A.) et de Stettin (devenu Szczecin, en Pologne). Il fallut donc développer à grand frais les ports de Rostock et de Stralsund et améliorer leur desserte routière et ferroviaire.

ÉVOLUTION SÉPARÉE

Les deux Allemagnes se sont donc tourné le dos pendant une quarantaine d'années. La R.F.A. adhérait aux organisations internationales de l'Occident (Union de l'Europe occidentale, OTAN, O.C.D.E., Communauté européenne du charbon et de l'acier, Marché commun) et comptait, pour la sécurité de son territoire, sur la présence de forces alliées, américaines, britanniques et françaises. La R.D.A., de son côté, liait étroitement son économie à celle des autres pays d'Europe orientale par son appartenance au Comecon, tandis que 360 000 soldats soviétiques stationnaient sur son territoire.

Alors que la R.D.A. socialiste se débattait dans d'insurmontables difficultés, l'économie ouest-allemande accumulait les succès. La reconstruction allait bon train, l'industrie se relevait rapidement de ses ruines, la formation de capital fixe atteignait des taux nettement plus élevés que dans les autres pays européens. Le produit national croissait de 4 à 5 % par an, et parfois plus. Grâce à leur réputation de fiabilité, les produits industriels se vendaient dans le monde entier, provoquant de spectaculaires excédents du commerce extérieur. Le *deutsche Mark* devenait la monnaie-pivot du Marché commun. Plusieurs pays européens (Danemark, Pays-Bas, France, Suisse, Italie, et même Grande-Bretagne) faisaient de la R.F.A. leur premier client et comptaient sur elle pour absorber une part croissante de leurs exportations. La R.F.A. faisait figure de « locomotive de l'Europe ».

Le « miracle allemand » ne se limitait pas à l'économie, mais s'étendait aussi à la société (fonctionnement correct des institutions démocratiques, rareté et brièveté des conflits du travail, consensus social, hausse régulière du niveau de vie, facile entrée des jeunes dans la vie active par la qualité de l'apprentissage).

La formidable puissance économique, bientôt la quatrième du monde après les États-Unis, l'ex-U.R.S.S. et le Japon, et les besoins croissants de main-d'œuvre facilitèrent l'intégration de nombreux immigrants. Il fallut d'abord accueillir en 1944-1945, au milieu des ruines, sur un territoire réduit, 9 000 000 de personnes expulsées de Prusse orientale, de Silésie, des Sudètes et d'autres pays d'Europe orientale par l'avance de l'Armée rouge. Puis 2 500 000 réfugiés qui fuyaient la R.D.A. La construction du mur de Berlin (1961) ayant tari l'émigration est-allemande, on dut faire appel à des « travailleurs invités » *(Gastarbeiter)* originaires d'Espagne, d'Italie, de Yougoslavie et, de plus en plus, de Turquie. Avec leurs familles, ces hôtes étrangers sont au nombre de près de 5 000 000 (8 % de la population totale), dont un tiers de Turcs. Le gouvernement mit fin à cette immigration en 1974 pour freiner la crise économique liée au premier choc pétrolier. L'immigration a repris en 1989-1990, avec l'effondrement du régime communiste en R.D.A. et l'afflux de 600 000 Allemands de l'Est.

LA RÉUNIFICATION

En dépit de la communauté de langue et de la multiplicité des liens familiaux, la séparation des deux Allemagnes semblait devoir durer toujours. La R.F.A. se résignait peu à peu à l'existence de « l'autre Allemagne ». Son chancelier, Willy Brandt, entamait une *Ostpolitik* (rapprochement avec l'Est) qui lui vaudra le prix Nobel de la Paix en 1973.

Le 21 décembre 1972, les deux États allemands signent un « traité fondamental » de reconnaissance mutuelle. Ils seront admis ensemble comme membres de l'O.N.U. en 1973. Tous deux signent les accords d'Helsinki en 1975. En 1983, le maire de Berlin-Ouest est invité par Erich Honecker, principal dirigeant de la R.D.A. Celui-ci vient à son tour pour la première fois en visite officielle en R.F.A. en 1987. Apparemment, la R.D.A. est devenue un pays comme les autres.

Pourtant, son régime et même son identité nationale vont s'effondrer en quelques mois. Soucieux d'entreprendre la restructuration (*perestroïka*) de l'économie soviétique, le président Gorbatchev souhaite alléger la charge que représente pour l'U.R.S.S. l'aide économique et militaire aux pays d'Europe orientale. Pour attirer les capitaux occidentaux, il est même disposé à y tolérer des élections libres. Le signal est immédiatement perçu dans tous les pays du glacis soviétique, et en particulier en R.D.A. Un coin du rideau de fer entre l'Autriche et la Hongrie ayant été cisaillé en mai 1989, des milliers de « touristes » est-allemands s'y engouffrent pour s'échapper en R.F.A. Des foules énormes rassemblées dans les grandes villes de R.D.A. exigent l'abolition du régime communiste et la réunification.

LA RÉSURRECTION D'UNE VILLE. L'Elbe coule sous le pont Charles (aujourd'hui Georges-Dimitrov) au cœur de Dresde reconstruite après les terribles bombardements aériens alliés de 1945.

Les événements se précipitent. Les 9 et 10 novembre 1989, dans un enthousiasme indescriptible, la jeunesse allemande commence la démolition du mur de Berlin. Le 18 mars 1990, des élections libres se déroulent pour la première fois en R.D.A. Les communistes sont battus, un gouvernement chrétien-démocrate se met en place. Les deux gouvernements (R.D.A. et R.F.A.) signent un traité (18 mai 1990) qui prévoit la fusion des deux États. On commence par l'unification monétaire (2 juillet 1990), la R.D.A. adoptant la monnaie ouest-allemande, le *deutsche Mark*. Puis c'est l'unification politique le 3 octobre ; le gouvernement de Bonn étend son autorité à toute l'Allemagne, en attendant un retour prochain à Berlin.

L'ex-R.D.A. est divisée en cinq *Länder* (sans compter Berlin réunifié) calqués sur le modèle des dix *Länder* de l'ex-R.F.A. Les Parlements des nouveaux *Länder* sont élus en octobre 1990. Enfin, le Parlement fédéral de l'Allemagne réunifiée se réunit en décembre.

DANEMARK
MER BALTIQUE
MER DU NORD
Helgoland
Baie d'Helgoland
Îles Frisonnes orientales
Harwich
Flensburg
Fehmarn
Kiel
Wagrien
SCHLESWIG-HOLSTEIN
Canal de Kiel
Rügen
Stralsund
Peenemünde
Kühlungsborn
Heiligendamm
Bad Doberan
Rostock
Greifswald
Lübeck
Wismar
Cuxhaven
Güstrow
HAMBOURG
Hambourg
BRÊME
Bremerhaven
Wilhelmshaven
FRISE ORIENTALE
Emden
Schwerin
MECKLEMBOURG-POMÉRANIE ANTÉRIEURE
Neubrandenburg
Lauenburg
Lünebourg
Oldenburg
Brême
Ravensbrück
Schwedt
Lande de Lünebourg
Elbe
POLOGNE
PAYS-BAS
BASSE-SAXE
Weser
BRANDEBOURG
Oranienburg
Canal de Dortmund à l'Ems
Ems
Celle
Steinhuder Meer
Canal Mittelland
Stendal
Spandau
BERLIN
Oder
Wolfsburg
Osnabrück
Minden
Hanovre
Brunswick (Braunschweig)
Brandebourg
Potsdam
Spree
Francfort-sur-l'Oder
Königs Wusterhausen
SAXE-ANHALT
Helmstedt
Magdebourg
Eisenhüttenstadt
Hameln
Hildesheim
Salzgitter
Bielefeld
Teutoburger Wald
Detmold
Münster
Rhin
Fläming
Goslar
Wernigerode
Stassfurt
Dessau
Wittenberg
Spreewald
Quedlinburg
RHÉNANIE DU NORD-WESTPHALIE
Xanten
Hamm
Paderborn
Harz
Cottbus
Basse-Lusace
Gelsenkirchen
Bottrop
Ruhr
Oberhausen
Duisbourg
Krefeld
Düsseldorf
Dortmund
Bochum
Essen
Hagen
Möhnestausee
Göttingen
Eisleben
Bitterfeld
Halle
Hoyerswerda
Mülheim an der Ruhr
Wuppertal
Solingen
Mönchengladbach
Cassel
Merseburg
Leuna
Leipzig
Reisa
SAXE
Haute-Lusace
THURINGE
Sauerland
Eder
Naumburg
Saale
Weissenfels
Meissen
Bautzen
Görlitz
Leverkusen
Cologne (Köln)
ALLEMAGNE
Roer
Colditz
Dresde
Suisse saxonne
Zittau
Siegen
Siegerland
Eisenach
Wartburg
Gotha
Buchenwald
Weimar
Erfurt
Iéna (Jena)
Altenburg
Gera
Glauchau
Freiberg
Augustusburg
Chemnitz
Aix-la-Chapelle (Aachen)
Bonn
Marbourg
Fulda
Forêt de Thuringe
Oberhof
Zella-Mehlis
Suhl
Rudolstadt
Saalfeld
Zwickau
Schneeberg
Aue
Mts Métallifères (Erzgebirge)
Plauen
Westerwald
Giessen
Vogelsberg
BELGIQUE
Eifel
Coblence (Koblenz)
HESSE
Hohe Rhön
Bad Homburg
Spessart
Taunus
RHÉNANIE-PALATINAT
Coburg
Hof
Forêt de Bohème
Hunsrück
Wiesbaden
Francfort-sur-le-Main
Offenbach
Schweinfurt
Main
RÉP. TCHÈQUE
Moselle
Bernkastel-Kues
Mayence (Mainz)
Aschaffenburg
Darmstadt
Bamberg
Bayreuth
LUXEMBOURG
Trèves (Trier)
Nahe
Würzburg
Worms
Odenwald
Franconie
Jura Franconien
Erlangen
Ludwigshafen
Mannheim
Kaiserslautern
SARRE
Sarrebrück
Spire (Speyer)
Heidelberg
Rothenburg ob der Tauber
Nuremberg (Nürnberg)
BAVIÈRE
Heilbronn
BADE
Altmühl
Ratisbonne (Regensburg)
Karlsruhe
Pforzheim
Ludwigsburg
Nördlingen
Stuttgart
Baden-Baden
Schwäbisch Gmünd
Esslingen am Neckar
Ingolstadt
Passau
Neckar
Tübingen
Reutlingen
Jura Souabe
Landshut
FRANCE
Ulm
Forêt Noire
Augsbourg
Dachau
WÜRTEMBERG
Altötting
Kaiserstuhl 567m
Fribourg-en-Brisgau
Souabe
Munich (München)
Sigmaringen
Ammersee
AUTRICHE
Starnberger See
Chiemsee
Constance
Mainau
Friedrichshafen
Neuschwanstein
Lindau
Allgäu
Lac de Constance (Bodensee)
Oberammergau
Garmisch-Partenkirchen
Zugspitze 2963m
SUISSE
Km 0 40 80 120
6°E
8°E
10°E
12°E
14°E
54°N
52°N
50°N
48°N
A
B
C
D
E
F
a
b
c
d
e

Il y a désormais une patrie unique *(Deutschland, einig Vaterland)* couvrant plus de 357 000 km² au cœur de l'Europe, peuplée de près de 78 000 000 d'habitants.

Un an a suffi (1990) pour effectuer la fusion politique. En revanche, l'unification économique et sociale prendra des années, en raison de l'écart qui s'est creusé pendant quarante ans entre les deux Allemagnes, tant sur le plan technique que sur celui des salaires et de la productivité. Ce sont évidemment les Allemands de l'Est qui auront à faire les plus grands efforts d'adaptation.

L'irruption de l'économie de marché se traduit d'abord par l'abolition des prix administrés et des subventions à la consommation (transports en commun, loyers, énergie domestique), la liberté des contrats, l'introduction de la propriété privée, l'adoption du système fiscal ouest-allemand, l'introduction de la politique agricole commune (soutien des prix agricoles) de la C.E.E.

La dissolution du Comecon entraîne un relâchement des liens avec les anciens clients et fournisseurs d'Europe de l'Est et d'U.R.S.S. et une réorientation du commerce extérieur vers les nouveaux partenaires du Marché commun.

Pour assurer la transition de l'économie centralisée à l'économie de marché, une société fiduciaire, la Treuhandanstalt, a été créée en juillet 1990. Elle est chargée de mettre en vente 25 000 établissements de commerce et 8 000 entreprises de l'ex-R.D.A. On estime que 1 000 de celles-ci devront fermer en raison du caractère obsolète de leurs techniques et de leur production et que 1 500 tout au plus trouveront un repreneur (le plus souvent originaire d'Allemagne de l'Ouest). La Treuhand est devenue le plus grand syndic de faillite de l'Histoire. Les premières fermetures d'entreprises entraînent de nombreux licenciements, une forte poussée du chômage, et la persistance d'un courant d'émigration vers l'Ouest.

L'ex-R.D.A. est un pays très industrialisé, mais ses techniques ont peu évolué depuis 1945, et certaines machines datent encore des années 1930.

Le lignite reste la première source d'énergie, l'extraction dépasse 300 000 000 tonnes par an, un quart de la production mondiale. Il fournit 85 % de l'électricité du pays, 10 % provenant de l'unique centrale nucléaire de Greisswald (dont il a fallu fermer d'urgence deux des quatre réacteurs par mesure de sécurité), et 5 % des centrales hydro-électriques. Les grands gisements de potasse (au sud de Magdebourg), de sel et de lignite sont à la base d'une puissante industrie chimique à Magdebourg, Caalbe, Halle, Leuna.

UNE PORTE OUVERTE SUR LE MONDE. Dans le port de Hambourg, le premier du pays et l'un des plus importants d'Europe, les installations portuaires modernes, qui s'étendent sur 70 km de quais des deux côtés de l'Elbe, abritent une activité incessante.

La sidérurgie d'Eisenhüttenstadt, restée fidèle à l'archaïque four Martin, donne un acier de qualité médiocre. L'industrie métallurgique et mécanique anime les grandes villes du sud : Dresde, Chemnitz (l'ex-Karl Marxstadt), Zwickau, Leipzig, Iéna, Erfurt. L'unique usine de construction automobile de Zwickau, qui fabriquait de petites voitures Trabant, a été fermée en 1991 et sera remplacée par une usine Volkswagen. L'industrie des instruments scientifiques de Iéna a perdu sa réputation d'antan.

Les spécialistes occidentaux dépêchés en Allemagne de l'Est ont été atterrés par le niveau très élevé de la pollution de l'air, du sol et des eaux. C'est une véritable catastrophe écologique que traverse le tiers sud du pays, le plus industrialisé ; le nord rural et forestier est heureusement moins touché.

La cause principale de la pollution de l'air réside dans la combustion d'énormes quantités de lignite (un combustible très riche en soufre) dans des centrales thermiques vétustes, dépourvues d'appareils de filtrage. Les émissions d'oxyde de soufre atteignent 300 kg par personne et par an (70 kg dans le reste de la C.E.E.). Les pluies acides qui en résultent ont ravagé 40 % des forêts du pays et exercent aussi leurs méfaits en Pologne. Les effluents des usines chimiques sont rejetés directement dans les cours d'eau où la vie animale a disparu. Les sols sont gorgés de substances nocives tout autour des usines chimiques, sur plusieurs mètres d'épaisseur. Le réseau de distribution de l'eau potable, non entretenu depuis 60 ans ou plus, doit être restauré d'urgence. Il faudra beaucoup de temps et d'argent pour remettre l'Allemagne de l'Est en état de marche.

L'ÉCONOMIE DE L'ALLEMAGNE DE L'OUEST

L'unification donne en revanche un stimulant supplémentaire à l'économie ouest-allemande, déjà la plus puissante d'Europe.

Certes, dans un premier temps, les équilibres budgétaires, monétaires et commerciaux ont été quelque peu bousculés. Le budget fédéral doit combler, directement ou par l'intermédiaire de la Treuhand, de nombreux gouffres financiers en Allemagne de l'Est, ceux des administrations publiques (postes, chemins de fer), des caisses de retraite et d'assurance-chômage, des entreprises en cours de privatisation, ainsi que les dettes des banques est-allemandes. Le déficit budgétaire de l'Allemagne réunifiée atteint des sommes colossales et le gouvernement a dû se résigner à augmenter les impôts. Pour attirer les capitaux étrangers dans les banques allemandes, la Bundesbank maintient des taux d'intérêt élevés qui se répercutent dans les autres pays de la C.E.E. L'énorme excédent du commerce extérieur (plus de 100 milliards de *deutsche Mark* pour la R.F.A. en 1989) a fortement diminué en raison du détournement des courants commerciaux vers l'Allemagne de l'Est.

Mais bientôt apparaissent les effets positifs de la réunification : la dilatation du marché intérieur grâce à 16 000 000 de nouveaux compatriotes avides d'adopter les modes de consommation de l'Occident après de longues années de frustration ; l'énormité des travaux publics à effectuer en Allemagne de l'Est pendant une quinzaine d'années (routes, ponts, voies ferrées, réseaux d'assainissement, centrales thermiques modernes, démolition d'usines vétustes, restauration d'ouvrages d'art, etc.) ; l'avantage que représente, face aux concurrents étrangers, la communauté de langue et de civilisation.

L'industrie allemande est capable de répondre aux besoins d'un marché intérieur tout en maintenant un haut niveau d'exportations. Elle a une position concurrentielle très forte dans de nombreux secteurs (construction automobile, moteurs électriques, matériel de mine et de génie civil, machines-outils pour les industries chimiques, alimentaires et métallurgiques, chaudronnerie, engrenages et roulements, matériel électroménager, machines agricoles, appareils médicaux). Elle a aussi quelques points forts dans les télécommunications, l'électronique grand public, le matériel ferroviaire, l'aéronautique, la céramique et les matériaux de construction. Les secteurs faibles sont relativement peu nombreux (textile et confection, matériel de bureau, informatique, chantiers navals). Plusieurs grandes sociétés industrielles (Daimler-Benz, Siemens, BASF, Volkswagen-Audi) comptent parmi les premières du monde.

L'industrie reste très puissante dans son ancien bastion de la Ruhr (Duisbourg, Essen, Gelsenkirchen, Bochum, Dortmund) et de sa bordure sud (Wüppertal, Remscheid), ainsi que dans la vallée moyenne du Rhin (Krefeld, Leverkusen, Mannheim-Ludwigshafen). Mais elle s'est largement diffusée dans le sud (Karlsruhe, Stuttgart, Nuremberg, Munich) et le nord-est (Wolfsburg, Hanovre, Brunswick). La proportion des travailleurs ayant un emploi dans l'industrie et la construction (40 %) dépasse largement les 30 ou 31 % de la France, la Grande-Bretagne, l'Italie ou l'Espagne. L'Allemagne de l'Ouest forme le premier pôle industriel de la C.E.E., un grand centre d'innovations, le premier exportateur mondial de machines-outils.

Pourtant, les services tertiaires marchands prennent une place croissante dans l'économie (assurances, banques, services aux entreprises, hôtellerie). Le secteur tertiaire l'emporte largement à Francfort-sur-le-Main, capitale financière et boursière du pays, à Düsseldorf qui rassemble de nombreuses organisations patronales, à Munich, dans les deux grands ports de Brême et de Hambourg, ainsi que dans les villes universitaires (Heidelberg, Tübingen, Giessen, Marburg, Mayence) et culturelles (Bayreuth).

L'agriculture aux structures menues et morcelées fait un curieux contraste avec la puissance des grands groupes industriels ; elle couvre 70 % des besoins alimentaires du pays. L'Allemagne du Nord a de grandes exploitations qui cultivent les céréales, la betterave à sucre et la pomme de terre et élèvent des bovins. Les petites exploitations du centre et du sud ont des productions intensives plus variées (lait, volaille, porcs, vigne, fruits et légumes).

DES ALPES À L'ALLEMAGNE CENTRALE

L'Allemagne ne comprend que le versant N. des Alpes, les montagnes calcaires qui culminent à la Zugspitze (2 963 m) : c'est assez cependant pour lui donner un paysage alpin et des stations de sports d'hiver, dont la plus connue est Garmisch-Partenkirchen.

Les vallées des Préalpes abritent de nombreux lacs glaciaires et certains des fantastiques châteaux de Louis II (1845-1886), roi de Bavière, qui fut le mécène du compositeur Richard Wagner.

Au centre de l'avant-pays se trouve Munich (München), capitale des anciens rois de Bavière et troisième ville du pays après Berlin-Ouest et Hambourg. Comme sa voisine Augsbourg ou les ports de Ratisbonne, de Passau, sur le Danube, Munich était déjà prospère et ancienne lorsque Berlin n'était encore qu'un village.

Au N. du Danube s'étendent les moyennes montagnes et les bassins de l'Allemagne centrale. La région semble formée de « pavés » lisses et inégaux, inclinés dans tous les sens, fissurés et séparés par des creux. Ces pavés représentent les fragments d'une ancienne surface d'érosion, soulevée longtemps avant l'orogénie alpine ; entre eux et autour d'eux se sont ajoutées des formations plus jeunes.

Les principaux massifs sont la Forêt-Noire et le Jura souabe au S.-O., la forêt de Bohême au long de la frontière tchèque, le Harz, massif traversé par la frontière entre les deux Allemagnes, les plateaux du bassin rhénan moyen : Eifel, Hunsrück, Taunus, Sarre, Westerwald, dans lesquels le Rhin creuse ses célèbres gorges. Les points culminants atteignent 1 493 m dans la Forêt-Noire, 1 142 m dans le Harz. Quelques-uns des sommets et des moyennes montagnes isolées (Vogelsberg) sont le produit de l'activité volcanique. Les niveaux les plus élevés sont très boisés, et les vallées profondément encaissées dans ces plateaux anciens.

Sur les pentes abritées croissent les vignobles qui donnent les célèbres vins du Rhin, de la Moselle et du Neckar. Entre les massifs, les bassins fertiles forment le cœur des anciens États allemands de Souabe, Franconie et Thuringe.

En fait, l'Allemagne moyenne est une région très complexe dans ses structures physiques aussi bien que politiques. La fragmentation politique des siècles passés a suscité une profusion de duchés, grands-duchés et margraviats, chacun farouchement jaloux de son statut, chacun centré sur une ou plusieurs villes. Quelques-unes de celles-ci sont devenues d'importantes cités commerçantes comme Nuremberg et Francfort-sur-le-Main ou épiscopales comme Wurtzbourg (Würzburg) ou Mayence (Mainz). Avec la disparition des petites unités politiques, plusieurs de ces villes n'ont guère plus d'autre rôle que touristique. La plupart des grandes villes actuelles sont au bord ou à proximité des voies fluviales : Ludwigshafen, Mannheim, Mayence, Karlsruhe dans la vallée du Rhin, Stuttgart sur le Neckar, Francfort-sur-le-Main, relié à Nuremberg par un canal.

Le bois et les minerais des plateaux fournirent les bases de l'industrialisation de l'Allemagne moyenne, mais à l'exception du charbon dans le cas de la Sarre, les matières premières de l'industrie lourde doivent être importées d'autres régions. Néanmoins, l'industrie doit beaucoup aux initiatives locales : le plus ancien chemin de fer relia Nuremberg à Fürth en 1835, Stuttgart fut le berceau de l'industrie automobile dans les années 1880 et l'Allemagne du Sud construisait des Mercedes et des BMW bien avant la création de Volkswagen en Basse-Saxe.

LA GRANDE PLAINE DU NORD

La transition des plateaux de l'Allemagne moyenne à la grande plaine de l'Allemagne du Nord est dans l'ensemble abrupte. Les mouvements sont difficiles dans les premiers, aisés dans la seconde. Aussi la ligne de contact entre plateaux et plaine est-elle longée par des voies importantes ; elle est également ponctuée d'une série de grands bassins houillers au-dessus desquels se sont développées les villes industrielles. Parmi les bassins importants, citons celui d'Aix-la-Chapelle (Aachen) et le plus grand d'Europe, celui de la Ruhr, à l'E. du Rhin, qui constitue le cœur industriel de l'Allemagne. Toujours le long de cette ligne, on trouve d'épais dépôts de lignite, à l'O. de Cologne. Les villes de cette zone sont parfois d'anciennes colonies romaines, comme Cologne ou Aix-la-Chapelle, mais aussi des villes issues de la révolution industrielle du XIXe s. comme Dortmund, Essen, Duisburg ou Düsseldorf. Les plus fortes densités de population se trouvent sur cette ligne de jonction entre les plateaux et la plaine du Nord, demeurée quant à elle profondément rurale.

Cette grande plaine est formée de matériaux déposés au quaternaire par les glaces venues du nord ou par les eaux de fonte et les vents pendant et après la dernière glaciation. Certains de ces apports sont très fertiles : la plaine du Nord est, avec la Bavière et le Bade-Wurtemberg, la principale zone agricole ouest-allemande. Mais sables et graviers n'y sont pas rares et de vastes tourbières occupent les fonds marécageux. À proximité de la côte, la conquête des polders se poursuit depuis des siècles, comme aux Pays-Bas voisins, par un lent processus de drainage et d'enclôture. Audelà du littoral, les îles de la Frise orientale allongent leur barrière côtière et offrent aux touristes d'agréables stations balnéaires.

La bonification des terres a eu lieu aussi dans l'intérieur. Le drainage des tourbières a agrandi l'espace agricole, les landes sableuses portent des récoltes ou des forêts. De la fin des années 1940 aux années 1960, ce processus a été accéléré en raison de l'afflux des réfugiés allemands d'Europe orientale, dont beaucoup ne connaissaient que la profession agricole : un programme de « colonisation intérieure » a été mené à bien sur les terres marginales de la plaine d'Allemagne du Nord. La transformation du paysage a été si radicale qu'il a été nécessaire de constituer en réserve naturelle la vaste étendue de la lande de Lüneburg, au S. de Hambourg.

Le vide d'une grande partie de la côte de la mer du Nord fait contraste avec la croissance des cités portuaires : Hambourg, de loin la plus importante, sur l'estuaire de l'Elbe, Brême et son avant-port, Bremerhaven ou Wilhelmshaven, ancienne base navale. Hambourg et Brême sont des cités-États : elles défendent jalousement leur statut de Land fédéral ainsi que leur titre traditionnel de cité hanséatique, qui rappelle leur appartenance à la Hanse, la grande association commerciale médiévale.

Au N. et à l'E. de Hambourg s'étend le Schleswig-Holstein, Land limité au N. par la frontière danoise, à l'O. et à l'E. par la mer. Ici, les dépôts glaciaires ont donné jour à un relief montueux, étoilé de nombreux lacs ; une partie de la côte E., riche terre agricole, a été nommée la « Suisse du Holstein ». Kiel, capi-

LE RÊVE D'UN ROI FOU. Perché sur son piton au-dessus de la vallée du Lech, Neuschwanstein fut élevé pour Louis II de Bavière. Cette fantaisie de marbre, ce caprice qui venait tout juste d'être achevé lorsque le roi se noya dans le lac de Sternberg, coûta plus de 6 millions de marks or.

tale du Land, et Lübeck, toutes deux villes hanséatiques, sont les principaux ports de la Baltique. Le canal de Kiel relie la Baltique à la mer du Nord. La pêche y demeure une activité importante, bien qu'en régression du fait de la diminution des prises hauturières. Bremerhaven et Cuxhaven sont les grands centres de l'industrie de la conserverie, mais ils traitent essentiellement du poisson importé.

UNE HISTOIRE ORAGEUSE

Depuis la fondation de la nation allemande moderne en 1871 sous la direction politique du chancelier Otto von Bismarck, le reste de l'Europe n'a jamais pu ignorer l'Allemagne. Bismarck affermit l'Allemagne face à sa grande rivale, la France, par une série d'alliances. L'essor commercial et l'expansion coloniale de l'Allemagne sous Guillaume II inquiétèrent vivement ses voisins et ouvrirent la voie à la Première Guerre mondiale et à ses conséquences catastrophiques. Au pouvoir à partir de septembre 1918 et poussé par la révolution populaire et les mutineries de novembre, le gouvernement à majorité social-démocrate précipitait en l'espace de quelques jours l'histoire allemande dans un nouveau siècle. Le Kaiser était contraint à l'abdication et à l'exil le 9 novembre 1918, la République allemande était aussitôt proclamée, tandis que Karl Liebknecht, chef des spartakistes, procommunistes, mobilisait les foules pour la création d'une « Libre République socialiste ». Le 11 novembre, la capitulation de l'Allemagne était ratifiée par l'armistice de Compiègne.

La parenthèse démocratique qui s'ouvre alors commence dans un bain de sang avec la répression de l'insurrection spartakiste et l'assassinat à Berlin de Rosa Luxemburg et de Liebknecht (janvier 1919) ; la démocratie durera à peine plus d'une décennie. Paralysée par d'importantes pertes territoriales, l'insoluble question des réparations de guerre — qui conduira la France à occuper la Ruhr en 1923 — et de graves problèmes sociaux, la politique de la République de Weimar parvenait à stabiliser la situation économique du pays à la veille de la grande dépression mondiale de 1929. L'effondrement de l'économie, une inflation qui fit descendre la valeur du papier-monnaie au-dessous de celle... du papier, un chômage sans précédent — 6 millions de chômeurs en 1932 — conduisirent l'Allemagne à la ruine et au bord de la guerre civile.

Exploitant la situation, Adolf Hitler, chef du parti nazi, la plus importante fraction politique du Reichstag depuis 1932, s'emparait du pouvoir, parvenant à ses fins neuf ans après le putsch manqué de Munich (1923). Nommé chancelier le 30 janvier 1933 par le maréchal von Hindenburg, président du Reich depuis 1925, il mit rapidement un terme à la première expérience démocratique de l'Allemagne. Au fil d'une série de coups de force, il se faisait octroyer les pleins pouvoirs et abolissait les libertés fondamentales : le parti nazi devenait parti unique dès le 14 juillet 1933. Il réduisit le chômage par une campagne de travaux publics (en particulier la construction des premières autoroutes), la conscription et le réarmement. Sa doctrine de la suprématie « raciale » des Aryens, idéalisant le type nordique aux cheveux blonds et aux yeux bleus, le conduisit à faire des juifs et d'autres peuples les boucs émissaires de tous les problèmes de l'Allemagne. Les opposants politiques, les syndicalistes, les minorités culturelles, les marginaux, les juifs furent rassemblés dans des camps de concentration, traités en esclaves et finalement massacrés en grand nombre. 6 millions de juifs européens périrent dans ce que l'on a appelé l'« *holocauste* ». Sa politique extérieure expansionniste, tout d'abord pour récupérer les territoires perdus au traité de Versailles (1919), puis pour rassembler tous les germanophones dans un grand empire allemand, entraîna l'annexion ou l'invasion des pays voisins. Au nom du principe de l'espace vital, le régime nazi plongea à nouveau l'Europe et le monde dans la guerre en 1939. La fin de l'aventure hitlérienne marqua pour l'Allemagne, réduite à un monceau de ruines, la destruction de ses villes, industries et moyens de communication. Sur les routes défoncées se croisaient des colonnes de réfugiés en haillons, les uns fuyant leur logis, les autres avec l'espoir de le rejoindre, tandis que les armées d'occupation s'efforçaient de rétablir un semblant d'ordre et de relancer les services essentiels. Les cigarettes et quelques autres marchandises constituaient la seule monnaie reconnue, le troc et le marché noir les seules sources d'approvisionnement. Jusqu'à la réforme monétaire de 1948 — le *deutsche Mark* remplaçait le *Reichsmark* déprécié —, les perspectives de renaissance économique de l'Allemagne paraissaient bien minces.

UN RICHE HÉRITAGE CULTUREL

Malgré la destruction d'un grand nombre d'édifices historiques au cours de la guerre, l'Allemagne plonge ses visiteurs dans l'embarras devant le nombre de cathédrales, palais ducaux, villes fortifiées soigneusement restaurés qu'elle peut offrir à leur curiosité : il n'y a pas moins de 370 châteaux, palais et résidences princières.

Jadis, grâce au mécénat de l'aristocratie, le goût de la musique et du théâtre se répandit dans toute l'Allemagne. Les petites villes ont un théâtre municipal, voire un opéra et les grandes leur orchestre. Tous les étés, Bayreuth fait de son festival wagnérien un événement international. Oberammergau joue la Passion tous les dix ans. Ces événements culturels sont moins connus que d'autres grandes manifestations, les foires commerciales de Francfort et de Hanovre ou bien les grands carnavals qui précèdent le Carême à Munich ou à Cologne.

Les gouvernements qui ont dirigé la R.F.A. jusqu'à la réunification étaient issus de majorités parlementaires constituées d'un seul ou d'une coalition de deux des trois grands partis politiques, social-démocrate (S.P.D.), chrétien-démocrate (C.D.U., et sa branche bavaroise, la C.S.U.) et libéral (F.D.P.). Le président élu représente la République dans les relations internationales. Les politiciens ouest-allemands d'après-guerre n'avaient que peu d'expérience du fonctionnement des institutions démocratiques : ils ont pourtant atteint une remarquable stabilité politique depuis trente ans. Les syndicats ont joué un rôle déterminant dans la renaissance du pays : ils n'ont pas constitué comme en France ou en Italie de groupes de pression politiques et ne sont pas fragmentés en dizaines de syndicats rivaux comme en Grande-Bretagne.

Les pressions les plus fortes s'exerçant sur le gouvernement ont deux origines. La première est celle du parti pacifiste des Verts (écologistes), antinucléaire et anticonsumériste, maintenant représenté au Parlement et dont le programme de lutte contre les nuisances modernes trouve un large soutien populaire. La seconde est celle du terrorisme, qui atteignit son paroxysme dans les années 1970 avec les assassinats, enlèvements et attentats perpétrés par le groupe Baader-Meinhof et la fraction armée rouge.

L'ex-R.D.A. et le nord de l'ex-R.F.A. sont en majorité protestantes, l'ouest et le sud en majorité catholiques ; l'immigration turque a apporté une importante minorité musulmane. La réunification affaiblit les oppositions religieuses, partisanes et régionales et consolide un sentiment puissant d'identité nationale.

L'ALLEMAGNE DANS LE MONDE

En un temps très court, l'Allemagne a donc réussi à recouvrer son unité et sa pleine souveraineté. Elle est redevenue un État-nation. Pour la première fois depuis 1871, elle n'a plus d'ennemis, plus de revendication territoriale. Sans doute, l'unité sociale reste à faire ; les Allemands de l'Est ont le sentiment d'être des parents pauvres, colonisés par l'industrie, la grande distribution et les media de l'Ouest. Des poussées de xénophobie se manifestent çà et là à l'encontre des immigrés que l'ex-R.D.A. avait fait venir du Viêt-nam, du Mozambique et des Balkans.

Mais la première année de l'unité s'est déroulée dans un calme relatif. L'Allemagne nouvelle doit se préoccuper de la place qui lui revient dans le monde.

Les rapports germano-soviétiques sont pour elle prioritaires. Elle a parfaitement conscience que la réunification n'aurait pu s'opérer aussi vite sans l'accord du Kremlin. Dès juillet 1990, le chancelier H. Kohl rencontrait le président soviétique dans le Caucase ; M. Gorbatchev accepta volontiers l'appartenance de l'Allemagne réunifiée à la C.E.E., mais exprima de vives réticences quant à son adhésion à l'OTAN. Néanmoins, les préventions soviétiques se dissipèrent rapidement.

La conférence « Deux plus Quatre » (les représentants des deux Allemagnes et de leurs quatre vainqueurs) tint sa quatrième et dernière séance à Moscou le 12 septembre 1990, pour la signature d'un traité qui rétablit pleinement la souveraineté de l'Allemagne sur ses affaires intérieures et extérieures. Elle aura le droit d'adhérer à des alliances (donc à l'OTAN). Ses quatre vainqueurs mettent fin à tous leurs droits et responsabilités sur le territoire allemand, y compris Berlin.

Toutefois, le Kremlin exige la limitation des troupes allemandes à 370 000 hommes. Dès que sera achevé le retrait des troupes soviétiques du territoire de l'ex-R.D.A. (fin 1994), celui-ci sera interdit à toute armée étrangère et à tout armement nucléaire. En revanche, des unités de l'armée allemande pourront être intégrées au dispositif militaire de l'OTAN à partir de 1995.

L'Allemagne confirme sa renonciation à tout armement nucléaire, chimique et bactériologique. Elle participera financièrement aux frais d'évacuation des troupes soviétiques et à la construction de 30 000 logements pour les soldats et leurs familles dans leur pays.

Ce traité a suscité un vif mécontentement dans la hiérarchie militaire soviétique. M. Gorbatchev a eu du mal à obtenir la ratification du Soviet Suprême, le 6 mars 1991.

Les rapports germano-polonais sont dominés depuis 1945 par la question de la frontière Oder-Neisse qui sépare les deux pays. Un traité de bon voisinage et de coopération, signé à Bonn le 17 juin 1991, met fin au contentieux territorial, les deux pays reconnaissant l'intangibilité de la frontière, en dépit des protestations véhémentes des associations de réfugiés allemands expulsés d'Europe centrale. La Pologne reconnaît les droits de sa minorité allemande et la possibilité pour les Allemands de s'établir en Pologne quand celle-ci fera partie de l'Union européenne.

AUJOURD'HUI COMME HIER. Contrairement aux grandes villes, pour la plupart détruites pendant la dernière guerre, la campagne allemande offre une multitude de villages et de petites villes qui sont autant de joyaux tout droit surgis du passé. Freudenberg, petite ville du Siegerland fondée au XVe s., est réputée pour ses maisons à colombage.

L'Allemagne s'efforce de rassurer ses partenaires de l'Union européenne, effrayés par l'accroissement de puissance qui sera à moyen terme une conséquence de la réunification, alors qu'elle est déjà de loin la première puissance économique européenne. « Nous voulons une Allemagne européenne et non une Europe allemande », répète le ministre des Affaires étrangères H. D. Genscher.

Les États-Unis sont un peu déçus par la nouvelle Allemagne, bien que M. Genscher ait réaffirmé la fidélité de son pays à l'OTAN, lors de sa rencontre avec le secrétaire d'État américain J. Baker à Washington le 10 mai 1991. Pendant la guerre du Golfe (janvier-février 1991), l'Allemagne est restée à l'écart du conflit, préférant consacrer ses forces financières à la reconstruction de l'ex-R.D.A. Elle doit aussi tenir compte d'un fort sentiment antimilitariste. Beaucoup d'Allemands aimeraient que leur pays devienne une grande Suisse, prospère, moderne et pacifiste. Elle tend cependant aujourd'hui à retrouver (comme le Japon) une meilleure place au travers de sa candidature comme membre permanent du Conseil de sécurité de l'O.N.U.

L'ALLEMAGNE EN BREF

Superficie 357 041 km²
Population 81 588 000
Capitale provisoire Bonn, à terme Berlin
Régime République fédérale
Monnaie Deutsche Mark = 100 pfennig
Langue Allemand
Religions Protestants 43 %, catholiques 35 %
Climat Continental ; les températures moyennes à Francfort vont de − 1 °C à + 20 °C
Ressources Céréales, pommes de terre, betterave à sucre, fruits et légumes, vigne, bétail, lait et produits laitiers, bois ; charbon, lignite, pétrole et gaz naturel, minerais de fer, zinc, plomb, cobalt, antimoine, bismuth, potasse, sel gemme
Activités Sidérurgie, métaux non ferreux, charbonnages, raffinage du pétrole, chimie, constructions automobiles, ferroviaires et aéronautiques, machines-outils, appareils électriques, optiques et électroniques, ordinateurs, textiles, verre, céramique, ciment, agriculture, industries agro-alimentaires, forestage, pêche
Exportations Machines, véhicules à moteur, produits chimiques, sidérurgiques et mécaniques, instruments scientifiques, filés et tissus, produits alimentaires, potasse, lignite
P.N.B annuel par habitant 26 180 dollars
Croissance démographique Statique
Espérance de vie Hommes 71 ans, femmes 77

Alpes, ***Europe méridionale*** Magnifique ensemble de montagnes, de lacs et de glaciers s'étendant sur l'Europe du Sud en un arc de 800 km de long et 160 km de large, et couvrant la plus grande partie du sud-est de la France, le nord de l'Italie, la Suisse, le sud-ouest de l'Allemagne, l'Autriche, le Liechtenstein et l'ex-Yougoslavie.

Des panoramas superbes, des stations de sports d'hiver et de multiples activités liées à la montagne ont attiré des générations de touristes et de sportifs du monde entier. Chamonix, Interlaken, Grindelwald, Saint-Moritz, Zermatt sont connus de tous. De nombreux lacs (Léman, lacs du Bourget, de Garde, de Côme, de Lucerne) sont comme des joyaux jetés entre les pics étincelants. Le plus haut sommet d'Europe, le mont Blanc, culmine à 4 807 m. D'autres sont tout aussi impressionnants, comme l'Eiger (3 970 m) et le Cervin (4 480 m).

Neuf cols importants, six longs tunnels, dont un sous le mont Blanc, et de nombreuses passes permettent la circulation à travers les Alpes. Le bétail et les chèvres paissent, en été, dans les alpages à la limite des neiges éternelles. Les laiteries produisent d'excellents fromages à pâte cuite (beaufort, emmenthal, fribourg). Sur les versants ensoleillés des basses vallées, les vignes donnent un vin de qualité. De gigantesques barrages ont été érigés, et des cours d'eau domestiqués pour fournir de l'électricité.

Les plissements, les chaînes et les pics des Alpes ont été formés par des mouvements telluriques il y a 25 ou 30 millions d'années, puis adoucis par les glaciations d'il y a 2 millions d'années. Les blocs rocheux arrachés par l'inexorable marche des glaciers ont formé des moraines — amas de rochers — retenant des lacs profonds. Les glaciers donnent naissance à de nombreux torrents qui forment des rivières rugissantes.

Carte Europe Dd

Alpes (Hautes-) (05), ***France*** Département (5 520 km ^{2}) de la région de Provence-Alpes-Côte-d'Azur, dans la partie la plus élevée des Alpes du Sud, avec pour point culminant la Barre des Écrins (4 102 m). Traversées par la Durance, les Hautes-Alpes bénéficient d'un climat estival favorisant largement le tourisme, les sports d'hiver se développant pour leur part régulièrement (Serre-Chevalier, Vars, Orcières, Dévoluy...).

L'agriculture, qui reste importante, est basée essentiellement sur l'élevage de montagne, tandis que l'industrie est surtout alimentaire (laiteries, fromageries).

Depuis les années 50, la population est en progression ; elle bénéficie en priorité aux villes : Gap, le chef-lieu, Briançon (12 000 habitants) et, dans une moindre mesure, la station climatique d'Embrun.

Population 113 200
Carte France Gd

Alpes albanaises, ***Albanie/Yougoslavie*** Montagnes aux pentes escarpées entre le Drin et la Yougoslavie, s'abaissant rapidement vers les terres basses de Shkodër. Les pentes, traversées par de courtes rivières, sont couvertes de forêts. Le Jezercë, le plus haut sommet, culmine à 2 693 m.

Carte Albanie Ba

Alpes apuanes, ***Italie*** Massif calcaire de l'Apennin toscan au N. de Pise, aux sommets aiguisés constitués de couches de marbre blanc, et culminant au mont Pisanino (1 946 m). On y exploite le marbre de Carrare.

Carte Italie Cb

Alpes australiennes, ***Australie*** Voir SNOWY MOUNTAINS

Alpes-de-Haute-Provence (04), ***France*** Département de la région de Provence-Alpes-Côte-d'Azur (6 944 km^2), partagé entre les hautes vallées de l'est (Ubaye, Bléone, Verdon), et les Préalpes à l'O., traversées par la Durance. Culminant à l'aiguille de Chambeyron (3 400 m), il subit un rude climat, qui explique en partie la faible population. Les villes principales (Digne, le chef-lieu, Sisteron, Manosque) bénéficient toutefois de l'accroissement actuel.

L'aménagement de la Durance a entraîné l'industrialisation (hydroélectricité, chimie) et favorisé l'agriculture (par irrigation), le tourisme et l'élevage de montagne dominant dans l'est du département.

Population 130 800
Carte France Gd

Alpes dinariques, ***Europe orientale*** Ensemble montagneux qui domine la côte adriatique, comprenant les chaînes calcaires du Karst, et les montagnes de Bosnie à l'E., où les affluents de la Save creusent de profondes vallées. Le point culminant est le Durmitor (2 530 m), dans le Monténégro.

Carte Bosnie-Herzégovine Bc ; Yougoslavie Ac

PANORAMA MAJESTUEUX. Du sommet de la Grande Rochette (2 505 m), près de la Plagne, dans la haute vallée de l'Isère (Tarentaise), la vue embrasse quelques-uns des plus hauts sommets des Alpes françaises ou italiennes, des versants S. des massifs du Mont-Blanc ou du Beaufortin jusqu'à la Vanoise.

Alpes du Zillertal, ***Autriche*** Massif des Alpes orientales entre le col du Brenner et les Hohe Tauern à la frontière italienne, culminant au Hochfeiler, en italien Gran Pilastro (3 510 m). Nombreuses stations de sports d'hiver dans le Zillertal (Meyrhofen).
Carte Autriche Bb

Alpes japonaises (parc national des), ***Japon*** Voir CHUBU SANGAKU

Alpes Juliennes, ***Slovénie*** Cette chaîne de montagnes du nord-ouest du pays doit son nom à Jules César. Ses 250 pics dépassent 2 000 m. Le plus haut, le Triglav (ou mont à Trois Têtes), est le point culminant du pays (2 863 m) ; il s'érige au milieu du parc national du Triglav, créé en 1924 (780 km² de pics, de forêts et de pâturages fleuris entourant sept petits lacs). Le massif est traversé par les vallées boisées du haut Soca et de la Save, qui naît du lac de Bohinj (310 ha), et d'où l'on peut accéder au parc national.

L'ensemble forme un immense domaine skiable dont les principales stations sont Bled, au bord du lac du même nom, Bohinjska Bistrica et le mont Vogel (1 923 m).
Carte Slovénie Aab

Alpes-Maritimes (06), ***France*** Département (4 294 km²) de la région de Provence-Alpes-Côte-d'Azur, constitué en 1860 ; réunion du comté de Nice, alors rattaché à la France, et de la région de Grasse, détachée du département du Var.

La bande côtière, partie orientale de la Côte d'Azur, est presque totalement urbanisée (60 % de la population), avec les villes de Cannes, Antibes, Nice, Menton, bien d'autres cités balnéaires, auxquelles s'ajoutent la principauté de Monaco. Presque réduite à la parfumerie (région de Grasse) et l'électronique, l'industrie est largement complétée par le tourisme, tant estival qu'hivernal (stations de sports d'hiver d'Isola, Auron, Valberg). L'agriculture se limite à l'arrière-pays: fleurs, destinées à la parfumerie, ou élevage montagnard.
Population 972 000
Carte France Ge

Alpilles, ***France*** Petit massif calcaire provençal, qui culmine à 387 m et dont le magnifique site des Baux-de-Provence est le principal attrait (20 km au N.-E. d'Arles). Carrières. Extraction de la bauxite.

Alsace, ***France*** Région et ancienne province de l'est du pays, entre le Rhin et les Vosges. Elle fut occupée par les Allemands de 1870 à 1918 et de 1939 à 1944, et son architecture et ses traditions reflètent la double influence française et allemande.

Région agricole (betterave à sucre, chou à choucroute, houblon, tabac), la fertile plaine d'Alsace fait partie de la vallée du Rhin. Le gewürztraminer, le riesling et le sylvaner sont des vins blancs réputés qui proviennent des vignobles (12 000 ha) situés sur les versants orientaux des Vosges. Mais l'Alsace est aussi une région industrielle, et l'aménagement du Rhin (grand canal d'Alsace et centrales hydroélectriques) a encore accru son potentiel industriel. C'est aussi l'un des trois grands producteurs mondiaux de potasse. Principales villes: Strasbourg, Mulhouse et Colmar. Les chiens alsaciens ou chiens de berger allemands sont originaires de cette région.
Population 1 624 000
Carte France Gb

Alsace (grand canal d'), ***France*** Ce canal latéral au Rhin, qui va de Bâle à Strasbourg, est jalonné de huit centrales hydro-électriques, dont celles de Kembs et de Fessenheim.

Altaï (mont de l'), ***Asie centrale*** Chaîne de montagnes aux confins de la Chine, de la Russie, du Kazakhstan et de la Mongolie, l'Altaï s'étale sur 1 600 km et culmine au mont Bieloukha (4 506 m).
Carte Asie Gd

Altaï, ***Russie*** Région du bassin supérieur de l'Ob, aux confins du Kazakhstan, de la Chine et de la Mongolie, aujourd'hui divisée entre la république et le territoire (kraï) de l'Altaï.

La république, ancienne région autonome du Haut-Altaï (92 600 km²), a pour capitale Gorno-Altaïsk, centre agricole à 450 km au S.-E. de Novonikolaïevsk. Elle est peuplée de Russes (75 %) et de Kalmouks des montagnes ou Oirats. Or, argent, plomb, zinc et cuivre dans les montagnes de l'Altaï au S.

Le territoire (169 100 km²) a pour chef-lieu Barnaoul. Blé, maïs, betterave à sucre, tournesol au N.
Population (rép.) 198 000 ; (terr.) 2 650 000
Carte Russie Ec

Altamira (grottes d'), ***Espagne*** Voir SANTANDER

Altiplano, ***Bolivie*** Plateau désolé des Andes de 102 300 km², à une altitude moyenne de 3 670 m, entre la Cordillère occidentale et la Cordillère orientale. Il couvre 9 % du pays et contient la moitié de la population bolivienne. Il est très aride, sauf autour du lac Titicaca, au N. L'animal providentiel est le lama, bête de somme qui fournit aussi le cuir, la laine et la viande. La pomme de terre, originaire de la région, est l'aliment de base des Indiens.
Carte Bolivie Bd

Altötting, ***Allemagne*** Ville de Bavière et l'un de ses plus anciens lieux de pélerinage, à 80 km à l'E. de Munich. La chapelle de la Grâce, qui abrite une « Vierge noire » du XIVᵉ s. exposée dans un tabernacle d'argent, attire chaque année plus de 700 000 pèlerins. L'église paroissiale possède également de belles pièces d'orfèvrerie (trésor).
Population 11 500
Carte Allemagne Ed

Altyn Tagh ou **Altun Shan,** ***Chine*** Chaîne de montagnes au N. du Tibet avec des sommets de 4 000 à 6 000 m.
Carte Chine Cd

Aluvihara, ***Sri Lanka*** Voir MATALE

Amager, ***Danemark*** Île plate et fertile de 65 km², dans l'Öresund, à 10 km au S. de Copenhague, asséchée et défrichée par les Hollandais à partir de 1521. Horticulture, jardinage, artisanat (broderie, tissage, céramique). Aéroport international de Kastrup. Ferry pour la Suède à Dragør (belle architecture ancienne).
Population 178 000
Carte Danemark Cb

Amalfi, ***Italie*** Ville chargée d'histoire, à 60 km au S.-E. de Naples. République maritime indépendante dès le IXᵉ s., elle connut son apogée au XIᵉ s. avant d'être conquise par les Normands. Magnifique cathédrale (IXᵉ-XIIIᵉ s.) de style arabo-normand, modifiée au XVIIIᵉ s. Tombe de saint André dans la crypte. Amalfi est devenue un centre touristique important, protégé de l'urbanisation par son environnement de falaises et de collines. On y arrive par une superbe route côtière considérée comme l'une des plus belles d'Italie.
Population 6 100
Carte Italie Ed

Amapa, ***Brésil*** Voir MACAPA

Amarillo, ***États-Unis*** Ville du Texas à 110 km à l'E. de la frontière du Nouveau-Mexique. Centre agricole (céréales, bétail) et industriel (pétrole, hélium).
Population 158 000
Carte États-Unis Fc

Amasya, ***Turquie*** Chef-lieu de la province du même nom, à 300 km à l'E. d'Ankara. Ce fut la capitale du royaume du Pont qui s'épanouit du IVᵉ au Iᵉʳ s. av. J.-C. On peut y voir la tombe de Mithridate, parmi les sépultures des souverains creusées dans les collines qui dominent la ville.

La province s'étend sur 5 452 km² et produit des pommes, du blé, des oignons, du tabac, de l'opium, du chanvre indien, de la laine, un peu d'or, de plomb, d'argent.
Population (ville) 57 300 ; (prov.) 365 000
Carte Turquie Ba

Amazonas, ***Brésil*** Voir MANAUS

Amazone, ***Amérique du Sud*** Le deuxième fleuve du monde en longueur après le Nil: plus de 6 500 km depuis sa source, dans les Andes péruviennes, jusqu'à son delta, dans le nord-est du Brésil. Il traverse la plus grande forêt tropicale du monde (6,5 millions de km^2) et, avec 7 millions de kilomètres carrés, son bassin est aussi vaste que l'Australie. La mise en œuvre des grands projets d'aménagements (routes, exploitation forestière et développement de l'agriculture, mines...) menacent à la fois l'équilibre écologique de la région, voire de la planète, ainsi que l'existence des Indiens (à peine 100 000 aujourd'hui, contre plus d'un million jadis), malgré les systèmes de protection mis en place.

Pour la plupart des géographes, le Marañón est la source principale (l'Apurímac, selon d'autres). Plusieurs gros affluents contribuent à grossir le débit du fleuve: Japurá et rio Negro sur la rive gauche, Juruá, Purus, Madeira, Tapajós, Xingu et Tocantins sur la rive droite. Le Marañón prend le nom de Solimões après sa rencontre avec l'Ucayali, puis d'Amazone après Manaus et sa jonction avec le rio Negro large de 18 km. Leurs courants respectifs sont alors si puissants qu'ils coulent parallèlement pendant plus de 6 km sans se mélanger, le rio Negro — qui doit sa teinte foncée à son passage, en Colombie, dans les marécages de dépôts végétaux en décomposition —, contrastant avec le Solimões à la couleur jaunâtre.

Le fleuve est navigable pour les bateaux de 6 000 t tout au long de son cours brésilien et jusqu'au port d'Iquitos (Pérou), à 3 200 km de son embouchure. Les difficultés de navigation proviennent surtout de la largeur du fleuve, du repérage des rives, et de leurs modifications pendant les périodes de crues. Le delta est constitué d'une série de bras créant des îles immenses dont la plus importante, l'île de Marajó, entre l'Amazone et le Tocantins, a la superficie de la Suisse. L'embouchure principale a une largeur de 50 km, et le volume d'eau limoneuse (190 000 m^3/s.) qui se déverse dans l'océan est si important que la couleur du fleuve se distingue encore à 300 km en mer.

Carte Brésil Cb

Ambato, ***Équateur*** Ville des Andes à 2 500 m d'altitude, à 140 km au S. de Quito, au pied du Chimborazo. Détruite par un tremblement de terre en 1949 (6 000 morts), elle a été entièrement reconstruite. Important centre textile et de tissage de tapis.

Population 124 600
Carte Équateur Bb

Ambès (bec d'), ***France*** Voir GIRONDE

Amboine, en indon. **Ambon,** ***Indonésie*** Île de 813 km^2 dans l'archipel des Moluques, au S. des Philippines. Comptoir portugais dès 1512, elle fut occupée en 1605 par les Hollandais qui y organisèrent le monopole des épices (poivre, clou de girofle, noix de muscade). Opposés à leur rattachement à l'Indonésie (1949), de nombreux Amboinais s'exilèrent aux Pays-Bas.

Population (ville) 112 000
Carte Indonésie Gc

FORÊT IMPÉNÉTRABLE. Un affluent tente de trouver son chemin vers la gigantesque Amazone, seule voie de communication possible à travers la vaste forêt brésilienne.

Amboise, ***France.*** Ville sur la Loire, à 25 km à l'E. de Tours, célèbre pour son château, qui accueillit en ses dernières années Léonard de Vinci. Le manoir du Clos-Lucé, non loin, est aujourd'hui un musée de l'œuvre du célèbre artiste (1452-1519).

Population 11 000
Carte France Dc

Amboseli, ***Kenya*** Lac à la frontière de la Tanzanie, au S. de Nairobi, à sec la majeure partie de l'année (fond recouvert de natron ou carbonate de soude). Parc national de 380 km^2, à l'E. du lac, et espace de 3 000 km^2, réservé aux safaris, où vivent des pasteurs masaïs.

Carte Kenya Cb

Ambre (parc national de la Montagne d'), ***Madagascar*** Parc de 18 200 ha constitué d'une forêt humide au S. de Diego-Suarez, dans l'extrême nord du pays. Sommets d'origine volcanique culminant à 1 475 m. Réputé pour ses orchidées et ses lémuriens.

Carte Madagascar Aa

Amer, ***Inde*** Palais du maharadjah de Jaipur, construits à partir de 1500, sur des hauteurs au N. de la ville. Ingénieux système de stockage de l'eau dans des cavités creusées dans la montagne et recouvertes d'un toit. Fonderie de canons.

Carte Inde Bb

Amérique centrale Isthme reliant l'Amérique du Nord et l'Amérique du Sud. Un millénaire avant l'arrivée des Européens dans le Nouveau Monde, les Mayas avaient développé en Amérique centrale une culture très élaborée, dans des domaines aussi divers que les arts, l'architecture, la technique, les mathématiques et l'astronomie. On peut encore voir des constructions impressionnantes dans le sud du Mexique, au Yucatán, dans la plus grande partie du Guatemala et à l'ouest du Honduras. Au Mexique, les Mayas bâtirent les splendides cités de Chichén Itzá et d'Uxmal, États s'appuyant sur l'agriculture, le commerce et l'artisanat. Mais la splendeur de la civilisation maya était déjà sur le déclin à l'arrivée des Espagnols en 1519.

Du golfe de Tehuantepec (Mexique) au golfe de Darién (Panamá), l'Amérique centrale, outre le sud du Mexique, comprend sept États. Le Belize, le Guatemala, le Honduras, le Salvador, le Nicaragua, le Costa Rica et le Panamá.

Une chaîne de montagnes d'origine volcanique, qui court le long de la côte O., fait la jonction entre la chaîne côtière californienne

et les Andes. De nombreux volcans sont actifs, comme le Tajumulco au Guatemala, le plus élevé (4 210 m). Toute la région est soumise à de fréquents tremblements de terre. Celui de Mexico, en 1985, fit plus de 10 000 victimes et détruisit des centaines d'immeubles. Depuis le début du siècle, les villes de Guatemala et Managua (Nicaragua) ont connu de terribles secousses telluriques (1917, 1918, 1931, 1972).

Le climat, généralement tropical, devient plus froid dans les montagnes et sur les plateaux. Les pluies du golfe du Mexique, amenées par les alizés, arrosent les versants septentrionaux, notamment en juillet. San Juan del Norte (Nicaragua), reçoit, en été, 3 632 mm. La côte pacifique, moins arrosée, a une saison sèche. La forêt tropicale domine, mais, selon l'exposition et l'altitude, on trouve aussi des zones de conifères et de végétation sèche (épineux, cactus).

Avec le coton, le café, le sucre, l'exploitation des bois durs, et la viande de bœuf, les productions locales n'ont guère changé depuis l'époque coloniale. Les mines d'or et d'argent, qui avaient attiré les colons espagnols, sont encore exploitées.

Superficie 2 500 680 km²
Population 120 910 000

Amérique du Nord Un des trois grands ensembles du continent américain, comprenant le Canada, les États-Unis et, selon les écoles, tout ou partie du Mexique. Du N. au S. et d'O. en E., de l'océan Arctique au golfe du Mexique et de l'Alaska à Terre-Neuve, l'Amérique du Nord forme un grand ensemble de 6 500 sur 8 000 km.

Malgré son développement spectaculaire et ses régions très peuplées, l'Amérique du Nord est relativement inoccupée. Les plaines, les montagnes et les déserts vierges et sauvages ne sont pas rares.

Les rivages de l'Atlantique, à l'E., sont bordés par une étroite plaine côtière, plus peuplée dans le Nord, où elle est plus échancrée. De Terre-Neuve à l'Alabama, à l'arrière de cette plaine, se succèdent, du N. au S., plusieurs chaînes de montagnes: les montagnes de la Nouvelle-Angleterre, les monts Catskill et les Appalaches, avec les Allegheny, les monts Cumberland et les Montagnes Bleues (Blue Ridge). De riches veines de charbon se trouvent sous la frange occidentale des Appalaches.

Au N. des montagnes bordant la plaine côtière, le bouclier canadien, plateau de collines usées de faible altitude, de 4,8 millions de km², occupe de vastes superficies du Canada oriental et du nord-est des États-Unis. Dans la partie S.-O. du bouclier, on trouve d'immenses forêts de conifères. Le sous-sol de la toundra, au N., est gelé en permanence ; seuls les mousses et les lichens peuvent s'y développer.

À l'O. des chaînes orientales, commence la grande plaine nord-américaine, qui s'étend du fleuve Mackenzie, dans l'Arctique canadien, au bassin subtropical du Mississippi, dans le sud des États-Unis. La partie orientale de cette plaine se compose d'une région laitière dans le nord, d'une ceinture de maïs, au centre, et d'une zone cotonnière dans le sud, où l'on exploite également l'arachide, certaines variétés de riz, et des arbres fruitiers. Plus à l'O., à cheval sur la frontière canadienne, se trouve la vaste région où pousse le blé de printemps et d'été sur ce qui fut autrefois la Grande Prairie. Encore plus loin à l'O., de l'Alberta au Texas, s'étendent des terres semi-arides vouées au bétail.

Loin au S., le système Mississippi-Missouri (6 019 km) se jette dans le golfe du Mexique, vaste baie ourlée de longues plages, protégées de l'Atlantique par la Floride, long bras de terres basses. Le fond du golfe du Mexique est un de ces immenses réservoirs de pétrole qui

font de l'Amérique du Nord un des plus gros producteurs de brut du monde. Le sud-ouest des États-Unis est aride et sec dans les déserts du Nevada et de la Californie du Sud. À travers cette région serpente la monstrueuse entaille, longue de 347 km et large de 29 km, du Grand Canyon du Colorado. Plus au N. se dressent les montagnes Rocheuses, avec, à l'O., des bassins désertiques, la sierra Nevada et la chaîne des Cascades. Les régions montagneuses de la Colombie britannique, de l'État de Washington et de l'Oregon sont couvertes de grandes forêts, tandis qu'en Californie centrale et méridionale, on cultive des fruits, des agrumes, du raisin, du coton et du riz.

L'Amérique du Nord est loin d'être dépourvue en phénomènes naturels. Ainsi, en 1980, le sommet du volcan du mont Helen, dans l'État de Washington, explosa. Le littoral oriental du golfe du Mexique est ravagé chaque année par de terribles cyclones, et à San Francisco, les pessimistes s'attendent à tout instant à être engloutis par la faille de San Andreas, point de rencontre de deux plaques continentales et l'une des grandes zones sismiques du globe.

Le climat, très varié, connaît de grandes amplitudes. Snag, au Yukon, bat les records des températures les plus basses, avec − 62 °C, et la vallée de la Mort, en Californie, les plus élevées, avec 56,6 °C. La grande Plaine est balayée par des tempêtes de poussière en été, et des blizzards en hiver. New York, comme Washington, peut être très chaud et humide en août, mais frappé par un vent coupant comme un rasoir en janvier. Montréal et Buffalo battent les records d'enneigement et, en hiver, les températures de Chicago sont celles d'une région continentale, avec un vent cinglant venu du lac gelé. L'île Ellesmere, proche du nord du Groenland, a un climat polaire, tandis que la Floride est marécageuse et tropicale.

Superficie 19 137 368 km²
Population 286 400 000

Amérique du Sud Ce continent — ou subcontinent, selon certains — englobe tous les pays au S. de la frontière méridionale du Panamá. On emploie aussi le terme d'Amérique latine pour désigner ces pays regroupés avec le Mexique et l'Amérique centrale.

Le relief de l'Amérique du Sud est indubitablement caractérisé par la longue cordillère des Andes qui court le long du Pacifique sur plus de 8 000 km, du Venezuela, dans le nord, à la Terre de feu, dans le sud. Les grands fleuves, comme l'Orénoque et l'Amazone, y prennent leur source. Cette chaîne aux sommets couverts de neige atteint 600 km de largeur en Bolivie et culmine en Argentine avec l'Aconcagua, volcan de 6 959 m. Au N.-N.-E., on trouve le massif des Guyanes et les plateaux du Brésil, au versant oriental souvent abrupt. Le vaste bassin de l'Amazone occupe une grande partie du Brésil (7 000 000 km², l'équivalent de l'Australie).

Les précipitations présentent de grandes variations. Elles atteignent 1 500 à 2 500 mm dans le bassin de l'Amazone, avec les alizés de l'Atlantique. Mais ces derniers ont déjà perdu toute leur humidité quand ils atteignent le Pérou ou le Chili : c'est ainsi que dans le désert d'Atacama au Chili, de mémoire d'homme, on n'a jamais vu tomber une goutte de pluie. Lima, au Pérou, ne reçoit pas plus de 40 mm par an.

La savane s'étale au N. et au S. de la forêt amazonienne. Les pluies sont plus importantes vers le S., les pâturages plus riches et le sol plus fertile. Le *campo limpo* de l'extrême sud du Brésil en fait partie, tout comme la *pampa* argentine. On y cultive surtout les céréales, et l'on y trouve quelques-unes des terres les plus riches du monde. Mais il y a aussi de vastes régions en voie de désertification, comme la zone intérieure du Nordeste brésilien, le « sertão », où le sol est fragilisé par la surexploitation et la déforestation.

Superficie 17 798 500 km²
Population 345 000 000
Carte voir p. 43

Amers (lacs), ***Égypte*** Ces deux lacs salés (le Grand et le Petit) de basse Égypte, entre Ismaïlia et Suez, par lesquels passe le canal de Suez, étaient, avant le percement de celui-ci, des dépressions marécageuses à une dizaine de mètres au-dessous du niveau de la mer.

Carte Égypte Cb

Amersfoort, ***Pays-Bas*** Ville industrielle à 42 km au S.-E. d'Amsterdam. Du centre-ville médiéval ne subsistent que les portes des remparts. Tour de Notre-Dame (95 m), érigée au XVᵉ s. Industries chimiques et de transformation.

Population 102 000
Carte Pays-Bas Ba

CHEF-D'ŒUVRE GOTHIQUE. La cathédrale Notre-Dame, à Amiens, la plus vaste des églises françaises, marque l'apogée de l'art gothique du XIIIᵉ s., dont sa façade abondamment décorée offre un bel exemple, avec ses portails sculptés et sa galerie ornée de 22 statues de rois.

Amiens, ***France*** Chef-lieu du département de la Somme, sur la rivière du même nom, à 148 km au N. de Paris. Unie à la Couronne de France en 1185, puis donnée à la Bourgogne en 1435, et revenue à la France en 1477, Amiens opta pour la Ligue pendant les guerres de Religion (1588). En 1802 fut signé le traité de la paix d'Amiens entre la France et l'Angleterre. La ville fut occupée en 1914 et en 1940, libérée par les Alliés en septembre 1944. Sa cathédrale gothique du XIIIᵉ s. est la plus grande de France ; maisons anciennes. Centre industriel : textiles, vêtements, pneus, produits chimiques. Université (1964). Amiens est la patrie des romanciers P. Bourget et R. Dorgelès.

Population 131 400
Carte France Eb

Amindives (îles) Voir LAQUÉDIVES (îles)

Amirantes (îles), ***Seychelles.*** Archipel d'une superficie de 10 km² au S.-O. du groupe principal, dont Saint-Joseph et Desroches sont les îles les plus importantes.
Carte Indien (océan) Bc

Amman, ***Jordanie*** Capitale du pays, centre administratif et financier, à 38 km au N.-E. de la mer Morte, Amman est une ville récente. Avant 1875, ce n'était que le site isolé de l'antique cité de Philadelphie, elle-même bâtie sur les ruines bibliques de Rabbat Ammon. Puis, lieu de refuge d'exilés musulmans de Russie, elle devint vite un centre d'échanges, surtout après la construction (1905) du chemin de fer du Hedjaz, qui passe à 5 km de la cité. Elle fut érigée au rang de capitale, en 1921, par l'émir Abdallah.

Construite sur sept collines, Amman grandit rapidement, profitant autant de la manne pétrolière de ses voisins que de la présence des nombreux réfugiés palestiniens et de leur dispersion, comme travailleurs, dans les autres pays arabes. C'est aussi un centre bancaire et un lieu de rencontres diplomatiques. Aéroport international (Reine Alya). Malgré sa modernité, on y trouve de nombreuses petites ruelles. La population est composée en grande partie de Palestiniens et de Bédouins. En 1970, une tentative de prise de pouvoir par les Palestiniens nationalistes fut durement réprimée *(Septembre noir)*. Amman abrite l'université de Jordanie.
Population (ville) 937 000 ; (aggl.) 1 625 000
Carte Jordanie Ab

Amou-Daria ou **Amu Dar'ya,** ***Asie centrale*** Fleuve de 2 620 km de long, qui prend sa source dans les montagnes du Pamir et coule vers l'O., formant la frontière entre le Tadjikistan et l'Afghanistan. Puis il oblique vers le N.-O. pour se jeter dans la mer d'Aral par un long delta de 160 km. À mi-parcours, il alimente le canal du Kara Koum et irrigue une partie des déserts d'Ouzbékistan et du Turkménistan.

Connu sous le nom d'Oxus par les Anciens, il est navigable sur 1 450 km à partir de son embouchure.
Carte Afghanistan Ba

Amour, en chinois **Heilong Jiang,** ***Russie/Chine*** Fleuve de 4 510 km formant la frontière russo-chinoise par la réunion de l'Argoun et de la Chilka. L'Amour coule d'abord vers le S.-E., le long de la frontière, puis remonte vers le N.-E., en territoire russe, avant de se jeter dans la mer d'Okhotsk, près du port de Nikolaïevsk. Des incidents entre l'U.R.S.S. et la Chine eurent lieu en raison de la nature changeante du lit du fleuve et de son affluent l'Oussouri.
Carte Chine Ja ; Russie Gcd

Amoy, ***Chine*** Voir XIAMEN

Amritsar, ***Inde*** Ville des Sikhs, à 380 km au N.-E. de Delhi, fondée en 1577. Bâti autour d'un lac sacré, son célèbre Temple d'or est le principal sanctuaire de la communauté sikh. Occupé en 1983 par des extrémistes, il fut pris par la police en 1984 lors d'un assaut sanglant (400 morts) qui aboutit à l'assassinat d'Indira Gandhi. La ville demeure aujourd'hui sous tension permanente. Elle est renommée pour son artisanat (tissage de laine fine, tapis).
Population 710 000
Carte Inde Bb

Amsterdam, ***Pays-Bas*** Capitale officielle du pays, n'abritant plus que l'intronisation du souverain ; toutes les autres institutions siègent à La Haye. Deuxième port et deuxième ville après Rotterdam. Construite sur pilotis à l'endroit où l'Amstel se jette dans l'IJsselmeer, ancien bras de mer protégé par une digue construite en 1240. L'accès des gros navires à la mer du Nord, au Rhin et à la Meuse se fait par des canaux.

La vieille ville, avec ses nombreux petits ponts enjambant les canaux, a été construite entre 1650 et 1720, alors qu'Amsterdam était au centre d'un vaste empire commercial. Les habitants souffrirent durement de l'occupation allemande (1940-1945), mais la ville fut peu touchée. C'est un centre mondial de la taille du diamant ; construction navale et mécanique ; textiles et édition.

Avec son site, ses maisons et monuments anciens, Amsterdam attire de nombreux touristes. Parmi ses musées : le Rijksmuseum, un des plus importants musées d'Europe, qui abrite la plus grande collection mondiale de peinture hollandaise ; la maison de Rembrandt ; le musée Van Gogh ; le Stedelijk Museum (art moderne) et la maison d'Anne Frank.
Population (ville) 715 000 ; (grand Amsterdam) 1 050 000
Carte Pays-Bas Ba

Amsterdam (île), ***océan Indien*** Île volcanique de 54 km², dans les Terres australes et antarctiques françaises, à 3 700 km au S.-E. de Madagascar. Point culminant : 911 m. Station scientifique et météorologique, avec un établissement permanent : Martin-de-Vivies (La Roche-Godon), où vivent une trentaine de chercheurs. Colonies d'otaries et de manchots ; bétail redevenu sauvage. Sans doute découverte par les Portugais en 1522, elle fut appelée Nouvelle-Amsterdam par le Hollandais Anton Van Diemen en 1633. Revendiquée par la France en 1843, elle devint française en 1893.
Carte Indien (océan) Cd

Amundsen (mer d') Située entre le cap Dart et l'île Thurston dans l'Antarctique, elle fait partie du Pacifique S. Le Norvégien Nils Larsen qui explora la région en 1929 lui donna le nom de son compatriote Roald Amundsen (1872-1928) qui atteignit, le premier, le pôle Sud.
Carte Antarctique Fc

Amundsen-Scott (station), ***Antarctique*** Base scientifique américaine et piste d'atterrissage au pôle Sud géographique, créée en 1957.
Carte Antarctique d

Anadyr, ***Russie*** Ville du nord-est de la Sibérie, sur l'estuaire de l'Anadyr (1 116 km). Charbon ; conserveries de poisson ; base aérienne. Chef-lieu de la république des Tchouktches (737 700 km², 155 000 habitants).
Population 17 100
Carte Russie Jb

Anambra, ***Nigeria*** Voir ENUGU

Anatolie, ***Turquie*** Nom employé pour désigner la Turquie d'Asie, et en particulier le plateau à blé central (800 à 2 000 m d'altitude) qui couvre 25 % du pays. Ce plateau, où se dressent des sommets volcaniques, est entrecoupé de ravins. Ce fut le champ de bataille de nombreux peuples, depuis les Hittites (2000 à 1180 av. J.-C.) jusqu'aux Turcs seldjoukides au XIᵉ s. On y trouve, entre autres, le site de Çatal Höyük, où vécurent les premiers agriculteurs, il y a 8 500 ans.
Carte Turquie Bb

Ancash, ***Pérou*** Département en bordure du Pacifique (35 041 km²), entre La Libertad et Lima. Son trait le plus remarquable est le Santa qui dévale en cascades depuis sa source, à 4 000 m, jusqu'au Pacifique, près de Chimbote. Le célèbre site archéologique de Chavin de Huantar se trouve à 64 km de la préfecture, Huarás. Lacs glaciaires de Llaca et de Llanganuco. Dans la basse vallée du fleuve, on remarque encore les restes de la Grande Muraille du Pérou, datant des Indiens Chimús (XIIIᵉ-XVᵉ s.).
Population 1 010 000
Carte Pérou Bb

Anchan, ***Chine*** Voir ANSHAN

Anchorage, ***États-Unis*** La plus grande ville d'Alaska, sur la côte S., au fond du golfe de Cook, à 465 km de la frontière canadienne. Exportation d'or, pétrole et minerais. Tourisme en expansion. Escale des lignes aériennes Europe-Japon par le pôle.
Population 226 700
Carte Alaska Cb

Ancône, en it. **Ancona,** ***Italie*** Port de l'Adriatique et capitale de la province du même nom (1 938 km², région des Marches) à 180 km à l'E. de Florence. Son nom vient du mot grec *ankon*, « coude », d'après la géographie du lieu. Fondée par les Grecs, elle devint un port important de l'époque romaine au Moyen Âge. Elle doit son essor industriel au XIXᵉ s. à la route et au chemin de fer. La pêche est son activité principale.

L'arc de Trajan (115 de notre ère), très bien conservé, se dresse au milieu des voies de triage. La cathédrale S. Ciriaco (XIᵉ-XIIIᵉ s.), qui intègre à merveille les influences byzantine, romane et gothique, est bâtie sur le plan d'une croix grecque. Le quartier médiéval, où l'on distingue encore des traces du tremblement de terre de 1972, est riche en églises et palais, dont Santa Maria della Piazza (XIIIᵉ s.) et la Loge des Marchands (XVᵉ s.).
Population (ville) 105 200 ; (prov.) 446 000
Carte Italie Dc

Andalousie, ***Espagne*** Région montagneuse du Sud couvrant 87 268 km². Ses côtes furent colonisées par les Phéniciens en 1000 av. J.-C. Elle tomba ensuite sous la domination de Carthage, puis de Rome, des Vandales, des Wisigoths et, en 711, des Arabes, qui y développèrent une brillante civilisation. Les rois chrétiens la reconquirent en 1492 après l'union des couronnes de Castille et d'Aragon.

Le sous-sol est riche en minerais — plomb, cuivre, cinabre (mercure). C'est une région agricole produisant des olives, du raisin, des citrons et des oranges (le Jardin des Hespérides de l'Antiquité). Séville est la capitale de cette communauté autonome, qui comprend les provinces de Cadix, Alméria, Cordoue, Grenade, Huelva, Jaen, Malaga et Séville.
Population 6 800 000
Carte Espagne Cd

Andaman (mer d') Bras de l'océan Indien, entre les îles Andaman et Nicobar, à l'O., la Birmanie et la Thaïlande à l'E., séparée de la mer de Chine par le détroit de Malacca. Rangoon est le principal port sur cette mer.
Superficie 777 000 km²
Carte Indien (océan) Db

Andaman et **Nicobar (îles),** ***Inde*** Territoire de l'Union indienne composé de deux archipels de

Andorre

DE PETITES STATIONS DE SKI ET DES BOUTIQUES DÉTAXÉES APPORTENT DES DEVISES À CET ÉTAT FÉODAL NICHÉ AU CREUX DES PYRÉNÉES

Là-haut dans les Pyrénées, au S. de l'Ariège, entre la France et l'Espagne, se cache le minuscule État d'Andorre, dont le système politique date de l'époque féodale. D'après la tradition, son indépendance lui fut accordée par l'empereur Charlemagne, en échange de son aide contre l'invasion des Maures. En 1278, il devint une coprincipauté, placée sous la suzeraineté du comte de Foix et de l'évêque espagnol de Seo de Urgel. Longtemps, Andorre fut gouvernée par une délégation française représentant le président de la République et une délégation espagnole représentant l'évêque de Seo de Urgel, et verse toujours tous les deux ans, alternativement, la somme de 960 francs à la France et de 460 pesetas à l'évêque. Un Conseil général élu localement par les Andorrans de vieille souche de plus de vingt et un ans et par les Andorrans de la première génération ayant plus de vingt-huit ans peut proposer des projets de loi. En fait, Andorre est sous le contrôle de quelques familles anciennes.

C'est un pays de hautes vallées glaciaires drainé par les affluents du Valira qui lui-même se jette en Espagne dans le Segre. Les sommets s'élèvent de 1 800 à 3 000 m ; le paysage, qui rappelle les Alpes suisses, est spectaculaire. Le climat est agréable, avec des hivers froids, des étés tièdes et ensoleillés. Six millions de touristes y affluent chaque année, pour le ski en hiver, la promenade en été, et aussi pour bénéficier des marchandises détaxées. En fait, le tourisme et le commerce détaxé sont les principales sources de devises, suivis par la vente des timbres-poste et la publicité sur la station de radio, Radio-Andorre, diffusée dans toute l'Europe.

Du fait d'une forte immigration pendant les décennies 1960 et 1970, un tiers seulement des 50 000 habitants sont andorrans de naissance. La langue officielle, et la plus utilisée, est le catalan, parlé aussi dans le nord-est de l'Espagne et en Roussillon. Mais on emploie aussi le français et l'espagnol.

Les Andorrans, en majorité catholiques, habitent six vallées, dont la principale est celle d'Andorre-la-Vieille. Quelques-uns élèvent des ovins et des bovins qu'ils accompagnent en été sur les pâturages d'altitude. D'autres cultivent céréales, légumes, pommes de terre et tabac dans de petits champs en terrasse. La contrebande entre la France et l'Espagne est aussi une source de revenus, illégale, certes, mais fructueuse.

Avec l'adoption, en 1993, d'une constitution démocratique, le pays a dû adapter ses institutions aux exigences de la démocratie (les femmes n'ont obtenu le droit de vote qu'en 1970, tandis que les partis ne sont légaux que depuis peu), ainsi que son économie et sa fiscalité pour faciliter ses relations avec l'Union européenne et le reste du monde. C'est ainsi que la Principauté a pu en juillet 1993 devenir le 184e membre de l'O.N.U.

ANDORRE EN BREF

Carte France De
Superficie 464 km^2
Population 61 900
Capitale Andorre-la-Vieille
Régime Coprincipauté parlementaire gouvernée par un Conseil exécutif responsable devant le Conseil général des vallées
Monnaies Peseta espagnole et franc français
Langues Catalan (langue officielle), français, espagnol
Religion Catholiques (99 %)
Climat Tempéré modifié par l'altitude ; températures moyennes aux Escaldes : de −1 à 6 °C en janvier, de 12 à 26 °C en juillet
Productions Ovins, bovins, tabac, pommes de terre, céréales (orge, seigle), légumes
Activités Tourisme, commerce détaxé
P.N.B. annuel par habitant 20 160 dollars
Croissance démographique 5 ‰ par an
Espérance de vie Hommes 74 ans, femmes 81

HORS DU TEMPS. Blottis au creux des vallées ou étagés sur les versants des Pyrénées, les petits villages andorrans — ici, Pal, au N.-O. d'Andorre-la-Vieille — regroupent leurs maisons patinées par les siècles.

8 249 km^2 dans la partie orientale du golfe du Bengale, face à la côte birmane. Capitale : Port Blair. Nombreuses îles montagneuses, couvertes de forêts, et faiblement peuplées. Bois, coprah. Visitées par Marco Polo au XIIIe s. Colonie pénitentiaire anglaise à partir de 1857.
Population 281 000
Carte Inde Ee

Andes, *Amérique du Sud* Chaîne de montagnes, véritable épine dorsale (7 250 km) du continent, de la Colombie à la Terre de Feu. Issue de la collision de la plaque de Nazca (Pacifique E.) et du continent sud-américain (voir TECTONIQUE DES PLAQUES), les volcans et les séismes y sont nombreux et violents. Ses deux principaux sommets sont : Aconcagua (6 959 m), Ojos del Salado (6 880 m), tous deux argentins.

De nombreux fleuves et rivières prennent leur source dans les Andes, dont l'Amazone et l'Orénoque.
Carte Amérique du Sud Bc, Bd

andésite Roche volcanique à grain fin, qui doit son nom à sa présence dans les volcans des Andes. Sa lave, moins fluide que celle du basalte, forme des volcans spectaculaires.

Andhra-Pradesh, *Inde* État du Sud-Est, confinant au golfe du Bengale (275 088 km^2), qui est une des plus riches régions de l'Inde. On y produit en effet beaucoup de riz, de tabac et de canne à sucre. Cet État, dont la langue dominante est le telugu, intégra en 1956 une grande part de la principauté d'Hyderabad dont le chef-lieu du même nom devint sa capitale.
Population 67 000 000
Carte Inde Cd

Andorre-la-Vieille, en esp. **Andorra la Vella, *Andorre*** Capitale de la principauté, à 1 059 m d'altitude au cœur de la principale vallée d'Andorre. Avec les Escaldes, ville aux sources d'eaux chaudes sulfureuses, elle constitue la seule vraie agglomération du pays, vivant essentiellement du tourisme et du commerce de produits détaxés.
Population 22 500
Carte France De

Andrinople, *Turquie* Voir EDIRNE

Andropov, *Russie* Voir RYBINSK

Andros, *Bahamas* La plus grande des îles à l'O. de Nassau (5 957 km^2), parmi les moins développées. L'île vit surtout de l'agriculture et du tourisme (plongée sous-marine). Une base anglo-américaine est installée près d'Andros, le chef-lieu de l'île.
Population 8 200
Carte Bahamas Bb

Aneto (pic d'), *Espagne* Voir PYRÉNÉES

Angara, *Russie* Affluent majeur (1 825 km) du fleuve Iénisseï. Émissaire du lac Baïkal, au-delà d'Irkoutsk, il rejoint l'Iénisseï à Strelka. Navigable sur une grande partie de son cours, il compte de nombreuses et puissantes usines hydroélectriques, notamment Bratsk, Irkoutsk et Oust-Llimsk.
Carte Russie Fc

Angel (Salto de), *Venezuela* Les plus hautes chutes d'eau du monde (979 m). Baptisées du nom de l'aviateur américain James Angel, qui les découvrit en 1937, les chutes plongent du rebord du plateau Auyan-Tepui, dans les hautes terres de Guyane — en escalier — depuis une corniche.
Carte Venezuela Bb

Angers, ***France*** Chef-lieu du Maine-et-Loire et de l'ancienne province d'Anjou, sur la Maine. C'est un pôle commercial et industriel, avec ses industries alimentaires, viticoles, textiles, mécaniques et électroniques. Parmi ses nombreux bâtiments historiques, un important château du XIIIᵉ s., construit pour Louis XI, abrite aujourd'hui un musée de la tapisserie.
Population 141 100
Carte France Cc

Angkor, ***Cambodge*** Vestiges de la riche civilisation khmère, qui domina le nord-ouest du Cambodge et l'est de la Thaïlande durant cinq cents ans, jusqu'au XVᵉ s. Ce vaste réseau de temples, lacs, douves et bassins fut découvert, caché par des siècles de jungle proliférante, en 1860. Plus de 600 temples hindous, pour certains aussi importants que des cathédrales, tous avec des tours savamment décorées et sculptées, furent exhumés et par la suite restaurés.

Les deux ensembles les plus importants sont Angkor Vat — « ville-temple », en langue khmère — et Angkor Thom. Au cœur de chaque complexe, il y a un temple-montagne aux cinq tours aériennes et ornées. Les lacs rectangulaires — réservoirs également nommés *barais* — et le réseau de canaux avaient surtout pour fonction de recréer une image sur terre de l'univers hindo-bouddhiste. Certaines effigies de Bouddha sont des portraits présumés de rois khmers.

Fermés aux visiteurs en 1975 en raison des conflits successifs, les temples d'Angkor furent progressivement rouverts à partir de 1988. Patrimoine mondial pour l'UNESCO, ils sont en cours de restauration.
Carte Cambodge, Ab

Anglesey, ***Royaume-Uni*** Ile de 715 km² au large des côtes de Galles, reliée à la grande île par deux ponts enjambant le détroit de Menai. Appelée Môn en gallois, c'est une ancienne place forte sacrée des druides, jusqu'à sa destruction par les Romains en 61 apr. J.-C. Intégrée au comté de Gwynedd, elle demeure un foyer de traditions celte et galloise.
Population 69 000
Carte Royaume-Uni Cd

Angleterre, ***Royaume-Uni*** C'est la partie la plus vaste (131 700 km²) et la plus peuplée de l'île de Grande-Bretagne. Elle est limitée au N. par l'Écosse et à l'O. par le pays de Galles. Sa capitale est Londres qui est aussi celle du Royaume-Uni, c'est-à-dire de l'ensemble que forment les trois pays de la Grande-Bretagne (l'Angleterre, l'Écosse, le pays de Galles) et l'Irlande du Nord. Les rois d'Angleterre ayant régné sur cet ensemble et sur l'Empire britannique, on emploie volontiers dans le langage courant, lorsqu'il s'agit de politique internationale, le terme d'Angleterre plutôt que ceux de Grande-Bretagne et de Royaume-Uni. Voir ROYAUME-UNI.
Population 47 100 000
Carte Royaume-Uni Ed

Anglo-normandes (îles), ***Manche*** Archipel autonome au N.-O. du Cotentin. Ces petites îles : Jersey (117 km²), Guernesey (78 km²), Aurigny (8 km²), Sercq (5 km²), sont les derniers vestiges du duché de Normandie, le roi Philippe Auguste ayant négligé de les reconquérir lors du rattachement de cette province au royaume de France en 1204.

Le français et le patois normand ont disparu à Guernesey, Sercq et Aurigny et ne sont plus

compris que par 15 % de la population à Jersey, bien que de nombreux patronymes et toponymes soient français.

Les deux îles principales vivent surtout des activités financières *offshore* (banques, sociétés d'assurance, fonds de placement, etc.) et du tourisme, loin devant l'artisanat et l'horticulture en serre (fleurs, tomates). L'activité urbaine et portuaire est concentrée à Saint-Hélier (Jersey) et à Saint-Pierre-Port (Guernesey).

L'immigration, encouragée par une fiscalité débonnaire, est strictement limitée à quelques familles par an.
Population Jersey : 80 500 ; Guernesey : 56 000 ; Aurigny : 2 150 ; Sercq : 550

Angola, Voir p. 50-51

Angoulême, ***France*** Ville historique fortifiée et chef-lieu de la Charente, sur une colline surplombant la Charente, à 105 km au N.-E. de Bordeaux. Ce fut un siège épiscopal à partir de 379 apr. J.-C. Maisons anciennes et cathédrale du XIIᵉ s., restaurée au XIXᵉ s. Papeteries.
Population 42 700
Carte France Dd

Anguilla, ***Antilles britanniques*** Une des îles Sous-le-Vent (Leeward), à 250 km à l'E. de Porto-Rico. Île de corail de 91 km², elle fut baptisée ainsi par son découvreur, Christophe Colomb (1493), probablement en raison de sa forme, allongée (anguille = *anguila* en espagnol). Colonisée par les Anglais à partir de 1690, rattachée d'abord à la colonie de Saint-Kitts-et-Nevis, elle est depuis 1980 une dépendance du Royaume-Uni, dotée d'un gouvernement autonome. L'îlot de Sombrero y est rattaché. Sa population est en majorité d'origine africaine. La capitale est The Valley. L'agriculture est pauvre — terre rare, pluies insuffisantes — mais on y pêche et on y extrait le sel marin. Une part importante des revenus provient en fait des quelque 20 000 Anguillans vivant aux États-Unis et au Royaume-Uni. Le tourisme tend à se développer grâce à de belles plages.
Population 8 700
Carte Antilles Cb

Angus, ***Royaume-Uni*** Voir TAYSIDE

Anhui, ***Chine*** Province de 139 900 km², au centre-est de la Chine, à cheval sur le fleuve Yang-tseu. Le nord de la province, dans la plaine de Chine du Nord, est sujet à des inondations. Le blé et le riz poussent dans la vallée. Le sud de la province est célèbre pour ses sites montagneux, notamment la chaîne de Huang Shan. Bien que l'Anhui soit d'abord une province agricole, elle a des réserves en charbon, minerai de fer et de cuivre. Les villes sont Hefei, la capitale, et Bengbu (industries mécaniques).
Population 57 000 000
Carte Chine He

Anjou, ***France*** Ancienne province dans la basse vallée de la Loire, avec Angers pour capitale. Au XIIᵉ s., elle faisait partie des terres des Plantagenêts, avec l'Angleterre, la Normandie et l'Aquitaine. Louis XI en hérita en 1481. Vantée par le poète Du Bellay (1522-1560) — la « douceur angevine » — c'est aujourd'hui une région réputée pour ses vins — anjou, saumur — blancs, mais aussi rosés ou rouges.
Carte France Cc

Anjouan (Ndzouani), ***Comores*** C'est la deuxième île de l'archipel des Comores (425 km²), réputée pour son exportation d'huile d'ylang-ylang, employée en parfumerie. Mutsamudu est la ville principale.
Population 198 000
Carte Madagascar Aa

Ankara, ***Turquie*** La capitale de la Turquie, située au centre du plateau d'Anatolie, à 350 km au S.-E. d'Istanbul. Elle fut fondée au VIIIᵉ s. par les Phrygiens, venus de Thrace en 1200 av. J.-C., qui occupèrent le centre de la Turquie. Deuxième ville après Istanbul, dominée par le mausolée de Kemal Ataturk (1881-1938), fondateur de la Turquie moderne.

Ses grandes industries sont les textiles, le ciment, le cuir et le mohair — fait avec la laine des chèvres angora, d'où la ville tire probablement son ancien nom (Angora).
Population 2 560 000
Carte Turquie Bb

Annaba, anc. **Bône,** ***Algérie*** Ville et port sur la côte méditerranéenne, proche de la frontière tunisienne. Troisième port d'Algérie après Alger et Oran, construit par les Arabes au VIIᵉ s. sur le site de l'ancien port romain d'Hippone (*Hippo Regius*), qui fut l'évêché de saint Augustin au Vᵉ s. Minerai de fer, phosphates, vin et liège en sont les grandes exportations. Des entreprises de produits chimiques sont implantées dans cette ville qui abrite l'unique usine sidérurgique d'Algérie. C'est un centre administratif et de transports, avec un aéroport. Le site romain d'*Hippo Regius*, se trouve à 2 km au S., et maintes découvertes archéologiques sont exposées au musée de la ville (mosaïques, statues).
Population 306 000
Carte Algérie Ba

An Najaf, ***Irak*** Voir NADJAF

Annam, ***Viêt-nam*** Appelé aujourd'hui Trung-Bo, c'est la région centrale du Viêt-nam entre le delta du fleuve Rouge et celui du Mékong. L'Annam est principalement constitué par la Cordillère annamitique (1 100 km) dont le versant oriental tombe sur la mer de Chine, ne laissant place qu'à d'étroites plaines côtières, très peuplées et vouées à l'agriculture (riz, thé, arachide, canne à sucre), tandis qu'à l'O. des pentes plus douces descendent vers la vallée du Mékong. La chaîne est faiblement peuplée de Moïs, populations malayo-polynésiennes vivant

de chasse et de cultures sur brûlis. Point culminant : Ngoc Linh (2 598 m).
Carte Viêt-nam Bb

Annamitique (cordillère), ***Viêt-nam*** Voir ANNAM

Annapolis, ***États-Unis*** Capitale du Maryland, sur la baie de Chesapeake, à 48 km à l'E. de Washington. Fondée en 1648, elle devint la capitale de la colonie de Maryland en 1694. Une école navale y fut fondée en 1845 et devint le noyau de l'Académie navale des États-Unis.
Population 31 900
Carte États-Unis Kc

Annapurna, ***Népal*** Montagne du Grand Himalaya, à 175 km au N.-O. de Katmandou. Avec 8 078 m, c'est le huitième sommet du monde. Il a coûté une vie pour chaque expédition qui en a atteint le sommet — 31 à ce jour (1984). Il a été conquis la première fois par une expédition française conduite par Maurice Herzog en 1950. L'immense et abrupte face S. du grand pic, Annapurna, ressemble à une tour dominant la ville de Pokhara, pourtant distante de 40 km. À l'O., au-delà de la gorge de la rivière Kali Gandak, se trouve le pic plus haut du Dhaulagiri (8 172 m).
Carte Népal Aa

Annecy, ***France*** Chef-lieu de la Haute-Savoie, à la pointe N. du lac d'Annecy, à 100 km à l'E. de Lyon. On y fabrique du lin, du fil, du papier et des instruments de précision. Un château massif, de vieilles demeures dans d'étroites rues, sur fond de sites montagneux, y attirent les touristes.
Population 49 700
Carte France Gd

Ansâriye (djebel el), ***Syrie*** Chaîne montagneuse parallèle à la côte sur 113 km, de 1 200 à 1 500 m d'altitude, avec un point culminant à 1 562 m, et jalonnée de nombreux forts en ruine datant des croisades.
Carte Syrie Bb

Anse-aux-Meadows (l'), ***Canada*** Lieu historique, dans le nord de Terre-Neuve où les Vikings venus du Groenland accostèrent à la fin du Xe s. Arrivés en drakkars, ils construisirent sept abris en terre et formèrent peut-être la première colonie européenne d'Amérique du Nord. Les ruines de leur établissement, découvertes dans les années 1960, sont ouvertes au public.
Carte Canada Jc

Anshan (Anchau), ***Chine*** Ville industrielle de la province de Liaoning, à 180 km de la frontière nord-coréenne. La fabrication de fer et d'acier y fut implantée sous l'occupation japonaise du Nord-Est (région de Dongbei, Mandchourie), en 1931-1932. Aujourd'hui, Anshan produit le cinquième de l'acier brut chinois, à concurrence de 37 millions de tonnes.
Population 1 200 000
Carte Chine Ic

Antakya, ***Turquie*** Voir ANTIOCHE

Antalya, ***Turquie*** Port et station balnéaire sur la Méditerranée, à 350 km au S.-O. de la capitale, Ankara. Fondée dans un site magnifique en 150 av. J.-C. par Attale II de Pergame, l'un des nombreux princes qui s'affrontaient pour le contrôle du pays. Sa porte de marbre décorée fut construite au IIe siècle pour commémorer la visite de l'empereur Hadrien.

Les principales ressources d'Antalya sont le blé, le bois, la farine ainsi que le tourisme.

Les basses terres de la province du même nom (20 815 km²) produisent blé et bois.
Population (ville) 379 000 ; (prov.) 1 147 000
Carte Turquie Bb

Antananarivo (Tananarive), ***Madagascar*** Capitale du pays, fondée au XVIe s., au centre de l'île sur une colline dominant une zone fertile de rizières. C'est le cœur industriel du pays, produisant tabac, denrées alimentaires, textiles et objets en cuir. Une université y fut ouverte en 1961.

Nombre de bâtiments publics datent de l'occupation française, à partir de 1895. Un vieux palais royal et le zoma (marché) coloré, qui se déploie le vendredi, et occupe presque tout le centre sont les principaux attraits de la ville.
Population 802 500
Carte Madagascar Aa

Antarctique Continent de l'hémisphère austral, s'étendant autour du pôle Sud. Nu, vide et d'une inhospitalité rigoureuse, l'Antarctique fut le théâtre de nombreuses explorations, parfois dramatiques. Ainsi, la course au pôle Sud, en 1912, vit la victoire de l'expédition norvégienne, conduite par Roald Amundsen, sur celle, britannique, de Robert F. Scott. Celle-ci, arrivée au pôle 34 jours plus tard, fut décimée à son retour (5 morts). C'est une expédition du Commonwealth, en 1957-1958, qui, la première, traversa le continent.

Aujourd'hui, de nombreux chercheurs de tous pays y travaillent dans des bases permanentes ou saisonnières. Au-delà des revendications territoriales (Argentine, Australie, Chili, France, Nouvelle-Zélande, Norvège, Royaume-Uni), le traité de l'Antarctique, signé en 1959

voir suite p. 52

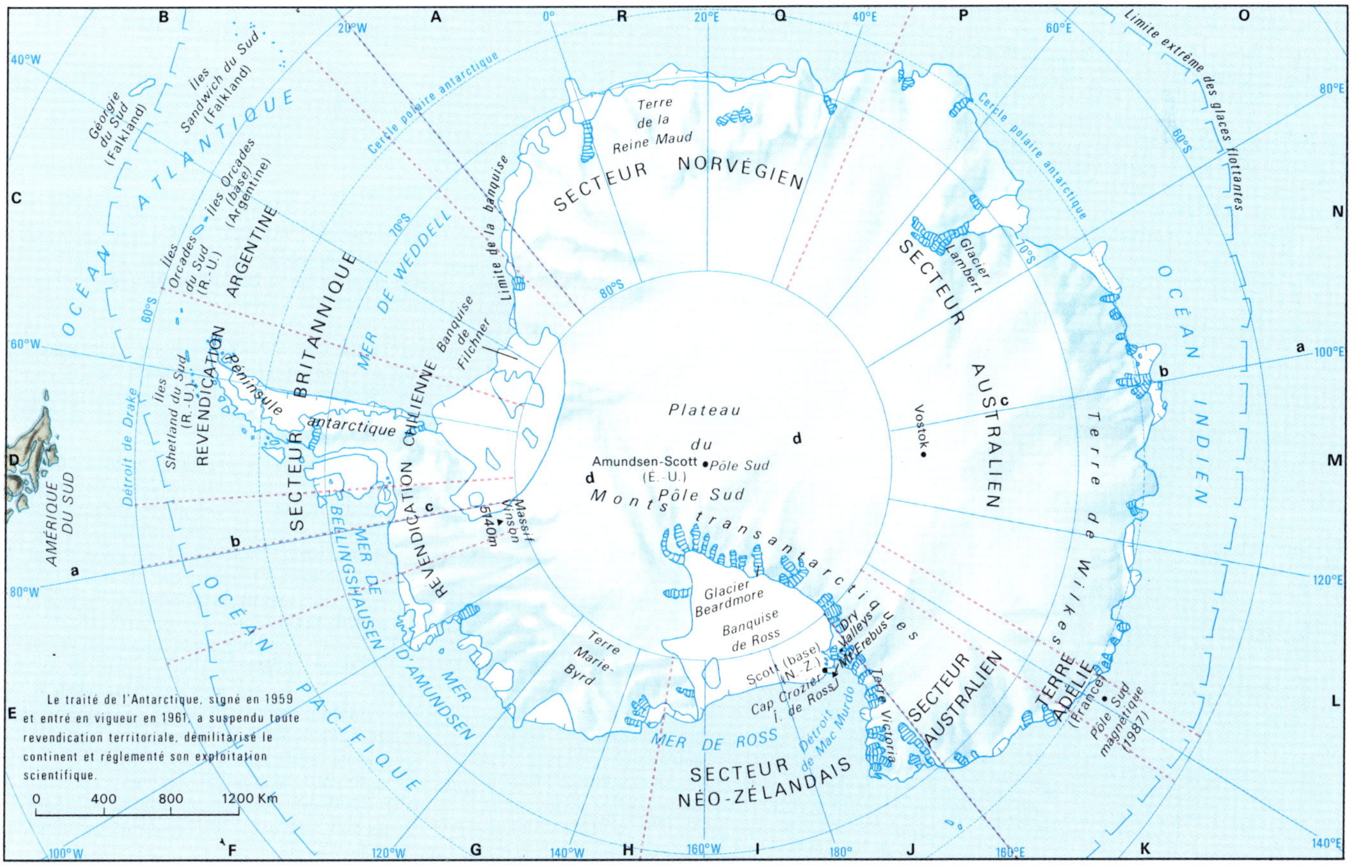

Angola

LES DIAMANTS, LE PÉTROLE ET LES MINÉRAUX PEUVENT APPORTER LA PROSPÉRITÉ À CE PAYS DÉVASTÉ PAR LA GUERRE CIVILE

L'Angola est à même d'assurer son développement économique grâce à son prodigieux potentiel minier et agricole. D'une superficie de 1 246 700 km^2, il est couvert de forêts équatoriales au N., et formé d'un plateau de savanes au S. Mais ce pays d'Afrique du Sud-Ouest de 9 millions d'habitants est, depuis vingt ans, en proie à une guerre civile qui n'a engendré que pauvreté et difficultés économiques.

Le conflit a éclaté au lendemain même de l'indépendance, en 1975. Il a mis aux prises les trois mouvements nationalistes qui avaient émergé de la lutte, engagée dès 1954, contre le Portugal.

Le Mouvement populaire de libération de l'Angola (MPLA) parvint à se maintenir à Luanda, la capitale, grâce à l'aide de 30 000 soldats cubains, de militaires venus d'U.R.S.S. et de R.D.A. comme « conseillers », ainsi que d'armes et de matériel soviétiques. Il repoussa les offensives de ses adversaires soutenus par les pays occidentaux : le Front national de libération de l'Angola (FNLA) et l'Union nationale pour l'indépendance totale de l'Angola (UNITA).

Le FNLA bénéficia de l'aide du Zaïre limitrophe, tandis que l'Afrique du Sud n'hésitait pas à intervenir directement aux côtés de l'UNITA. Le gouvernement de Pretoria voyait ainsi le moyen de combattre l'Organisation populaire du Sud-Ouest africain (SWAPO), mouvement nationaliste namibien.

Tandis que le FNLA voyait son influence décroître par suite de pressions diplomatiques et militaires sur le Zaïre — asile donné par les Angolais aux anciens « gendarmes katangais » —, l'UNITA, sous la direction de Jonas Savimbi, voyait s'étendre son influence grâce au soutien sud-africain. Aux raids de la SWAPO en Namibie répliquaient les « actions en profondeur » de l'armée de Pretoria sur le sud angolais. Celle-ci se retira officiellement de la région en 1985 en échange d'un retrait des troupes cubaines loin de la frontière et d'un meilleur contrôle de la SWAPO par l'Angola. Dix ans après l'indépendance, la guerre continue d'être désastreuse pour le pays. L'UNITA tient le plateau central, la région agricole la plus riche, mais le MPLA, installé sur la côte et dans la capitale, bénéficie des revenus pétroliers de l'enclave de Cabinda.

En juillet 1988, le principe est établi d'un « lien » entre la fin de l'aide de Cuba au MPLA — et à la SWAPO de Namibie — et l'abandon du soutien de l'Afrique du Sud à l'UNITA. Douze mois plus tard, Savimbi pour l'UNITA et le président Dos Santos pour le MPLA échangent une poignée de main à Gbadolite, la résidence du président Mobutu du Zaïre. Mais l'imminence d'un règlement entraîne une intensification des combats au profit de l'UNITA (bataille de Mavinga en automne 1990). Alors que l'U.R.S.S. continue de se dégager du continent africain, l'esprit de négociation fait, malgré tout, son chemin. En décembre, le congrès du MPLA se prononce pour le multipartisme.

Des conversations, entreprises à Évora (Portugal) sous l'égide de l'ancienne puissance coloniale, se concluent par un accord de paix entre les deux belligérants (Estoril, 1er mai 1991). À l'automne 1992, des élections libres, sous le contrôle de l'O.N.U. et assurant la victoire du MPLA, n'ont malheureusement rien résolu. L'UNITA n'a pas reconnu sa défaite, et s'est emparée de plusieurs grandes villes.

Depuis 1975, le conflit a fait des centaines de milliers de morts, 400 000 mutilés, et plus de trois millions de déplacés. Luanda, la capitale, a vu sa population doubler du fait de la guerre.

En 1994, 8 % des recettes du pays, essentiellement pétrolières, ont été destinées à l'effort de guerre.

L'HÉRITAGE COLONIAL

Les Portugais découvrent les côtes du pays en 1480. Ils s'y établissent vingt ans plus tard et construisent Luanda dans la plaine côtière.

C'est d'égal à égal qu'ont lieu les premières relations avec le royaume de Kongo, qui s'étend alors sur toute l'embouchure du fleuve Zaïre. Le roi Afonso du Kongo se convertit au catholicisme et un évêque indigène est même consacré. Mais, un demi-siècle plus tard, les pouvoirs locaux sont victimes des abus des gouverneurs portugais, tandis que l'essor de la traite atlantique touche les populations. On estime ainsi à près de 3 millions en trois siècles le nombre d'Africains emmenés d'Angola en esclavage vers le Nouveau Monde.

Le Portugal ne s'intéresse à la possession et au développement économique de l'intérieur du pays qu'à la fin du siècle dernier. Pendant ce temps, à Luanda et sur la côte, une influente communauté de métis s'est constituée. Les guerres de pacification, longues et meurtrières, ne prennent fin qu'au lendemain de la Première Guerre mondiale. Des voies de communication sont construites, dont le chemin de fer de Benguela qui joint le port de Lobito à la frontière zaïroise (1 350 km) et sert à exporter une partie du cuivre du Shaba. Dans la région de Luanda, on ouvre les mines de diamants dès 1920, et le pétrole entre en exploitation en 1950 (en 1960 dans l'enclave de Cabinda). À la veille de l'indépendance, 300 000 Portugais, tenant souvent des emplois modestes, vivent dans ce pays, habité par 2,7 millions d'Africains.

SOUVENIR DE L'ALLIANCE AVEC L'U.R.S.S. Dans le port méridional de Namibe, mur peint louant la paix, à la gloire de Marx, Engels et Lénine.

La complexité du problème angolais tient autant aux options politiques des adversaires qu'à leurs appuis régionaux et tribaux. La diversité des populations et, surtout, le degré inégal de développement des régions peuvent aussi expliquer les troubles qui ont succédé à l'indépendance et l'impossibilité des dirigeants à y mettre fin.

C'est chez les Bacongos, population du fleuve Zaïre, qu'est né le FNLA de Robert Holden à la fin des années 1950. Mais ce mouvement n'a pas su s'adapter militairement et politiquement à la lutte contre son adversaire, le MPLA.

Ce dernier s'appuie sur les métis et généralement sur les populations urbaines qui sont depuis longtemps en contact avec les Euro-

péens, notamment parmi les tribus du centre : Mbundus, Mbakas, Ndongos.

L'UNITA est solidement ancrée chez les Ovimbundus du plateau central qui constituent à eux seuls près de 40 % de la population. Avant l'arrivée des Européens, les Ovimbundus, qui occupaient une région dont le climat et les sols étaient les meilleurs, vivaient de l'agriculture traditionnelle, dominaient la région et contrôlaient les routes commerciales de la savane et de l'Afrique centrale vers la côte. L'arrivée des Européens, avec les réquisitions de terres et le travail forcé, bouleversa leur mode de vie. Nombre d'entre eux durent travailler pour les nouveaux arrivants (plantations, chemin de fer de Benguela). Les Ovimbundus, peu alphabétisés et imprégnés de culture traditionnelle, ont peu participé au combat pour l'indépendance. Comme l'UNITA, qu'ils soutiennent, ils luttent contre le MPLA par conviction nationaliste, estimant que le marxisme-léninisme professé par le pouvoir installé à Luanda est une idéologie étrangère importée par les Blancs.

Mais la guerre civile n'est pas la cause de tous les malheurs de l'Angola. Le brusque départ des Portugais (plus de 400 000 d'entre eux sont partis en 1975) et l'absence de cadres locaux, due à une politique coloniale restrictive en matière d'éducation, ont désorganisé une économie déjà affectée par les troubles de l'indépendance. Il faut compter également avec la nationalisation des mines de diamant et de l'industrie pétrolière — qui a cependant épargné la Gulf Oil Company.

Heureusement pour l'Angola, il y a le pétrole qui représente 90 % des recettes en devises avec 23 millions de tonnes en 1990 (la production a doublé en cinq ans). Elle provient essentiellement des gisements en mer au large de l'enclave de Cabinda à l'embouchure du fleuve Zaïre.

Nombreuses, les autres richesses du sous-sol sont peu exploitées : manganèse de Cassa-la-Quitungo près de Luanda, cuivre de Namibe, de Ngunza, de Cambambe, phosphates. L'Angola a un fort potentiel hydroélectrique (le barrage de Cambambe sur le Cuenza alimente la capitale). La réalisation, sur le fleuve Cunene, qui marque la frontière avec la Namibie, d'un barrage hydroélectrique lié à un vaste projet d'irrigation, a été arrêtée en raison des opérations militaires.

L'ANGOLA EN BREF

Superficie 1 246 700 km^2
Population 10 015 000
Capitale Luanda
Régime République, multipartisme lié à la tenue d'élections libres
Monnaie Kwanza = 100 Iwei
Langues Portugais (langue officielle) et langues bantoues
Religions Chrétiens (70 % de catholiques, 20 % de protestants), religions africaines
Climat Tropical ; pluies estivales. Températures moyennes à Luanda : 18-23 °C en août, 24-30 °C en mars
Ressources Maïs, manioc, bananes, huile de palme, café, coton, sisal, bois de construction, poisson ; pétrole, diamants, minerai de fer
Activités Mines, exploitation de la forêt, pêche, agriculture, tabac, industries chimiques, industries alimentaires
Exportations Pétrole brut et produits pétroliers, café, diamants, sisal, huile de palme, poisson
P.N.B. annuel par habitant 620 dollars
Croissance démographique 28 ‰ par an
Espérance de vie Hommes 45 ans, femmes 48

par 12 nations (les 7 précédentes plus l'Afrique du Sud, les États-Unis, le Japon, les Pays-Bas et la Russie) et auquel ont adhéré depuis 27 autres pays (dont 13 à titre d'observateurs), réglemente l'exploitation scientifique du continent. L'accord de 1991, qui renouvelle le traité de 1959, prévoit un moratoire d'au moins 50 ans sur l'exploitation minière du « continent blanc ». Le traité prévoit en outre un contrôle des activités scientifiques des bases installées sur l'Antarctique, mais aussi du tourisme, en développement, et de... la pollution.

Le climat antarctique est le plus dur au monde. Des températures de − 89,6 °C ont été relevées durant le sombre hiver, et des vents de 145 km/h y soufflent jusqu'à 24 heures d'affilée. Lorsque la neige masque tout, on peut se perdre à quelques mètres de son refuge. Les jours calmes et ensoleillés, malgré le risque d'insolation, la température dépasse difficilement zéro.

Le continent est recouvert par 90 % des neiges et des glaces du monde. La glace formée sur le plateau du pôle Sud s'écrase lentement sous son propre poids vers l'extérieur de la masse continentale. Sa surface apparaît comme un manteau glaciaire sans aspérités, mais parfois de grands glaciers se créent, comme le glacier Lambert, le plus grand du monde, ou le Beardmore, sur le trajet de beaucoup de voyages vers le pôle Sud. La quantité et la force des glaces en mouvement est telle que par endroits elles basculent du continent dans la mer. Là, elle flottent, telles des barrières de glace, comme dans les mers de Ross et de Weddell, se terminant en falaises abruptes d'où se détachent d'énormes icebergs qui dérivent dans l'océan.

Certains pics non couverts de glace pointent hors de la croûte blanche qui recouvre l'Antarctique ; le plus haut est le massif de Vinson (5 140 m). Une grande partie du Grand Antarctique — la grande masse continentale à l'E. du méridien de Greenwich — est un haut plateau continental, au-dessus du niveau de la mer sous la glace. À l'O., le Petit Antarctique fait suite aux Andes et deviendrait, si la neige fondait, une succession d'îles.

Superficie 14 000 000 km^2

Antarctique (cercle polaire) Parallèle terrestre à 66^0 33' de latitude S. sur lequel le soleil, à l'inverse du cercle Arctique, ne se couche pas au solstice d'été (21 décembre) et ne se lève pas au solstice d'hiver (21 juin).

Antarctique (océan) Voir AUSTRAL (océan)

Antarctique (péninsule), ***Antarctique*** Extension montagneuse de l'Antarctique, largement recouverte de glaces et longue de 1 300 km, orientée vers l'Amérique du Sud. La côte déchiquetée est flanquée de nombreuses îles, dont les Shetland du Sud. Partagée entre la terre de Graham et la terre de Palmer, la péninsule est disputée aujourd'hui par le Royaume-Uni, le Chili et l'Argentine. Elle abrite de nombreuses stations scientifiques de tous pays.

Carte Antarctique Db

Antequera, ***Espagne*** Ville industrielle (textile) à 110 km au N.-E. de Gibraltar, avec ses monuments et maisons anciennes. Non loin, vestiges préhistoriques: dolmens et grottes de Menga.

Population 38 800
Carte Espagne Cd

Antibes, ***France*** Port de mer et station balnéaire renommée de la Côte d'Azur, à 16 km au S.-O. de Nice. Sa région est un des grands centres européens de production de fleurs. La ville compte quelques vestiges d'une ancienne colonie romaine, ainsi qu'un important musée Picasso au château Grimaldi. Patrie du maréchal Reille et de l'écrivain J. Audiberti.

Population 70 000
Carte France Ge

anticlinal Partie d'un pli dont la convexité est tournée vers le ciel et dont les flancs divergent vers le bas. Lorsque, malgré l'érosion, l'anticlinal a conservé sa structure, il porte alors le nom de mont.

Anticosti (île d'), ***Canada*** Elle s'étend sur 7 943 km^2 dans le golfe du Saint-Laurent. Délimitée par de hautes falaises calcaires et sillonnée par d'imposants canyons, l'île est parcourue par une centaine de rivières entrecoupées de cascades et de chutes dont la plus spectaculaire est la chute Vauréal (76 m). La richesse en fossiles des strates datant de l'ordovicien supérieur et du silurien inférieur en fait un site géologique unique au monde. Concédée en 1680 à Louis Jolliet, l'île connaît diverses tentatives de colonisation et de mise en valeur. À la fin du siècle dernier, Henri Menier y aménage une chocolaterie et y introduit l'orignal et le chevreuil. En 1926, elle passe aux mains de l'industrie papetière. Propriété de l'État, elle est aujourd'hui le paradis de la chasse au cerf et de la pêche au saumon.

Population 335
Carte Canada Id

Antigua et Barbuda

ANTIGUA, OÙ JADIS RÉGNAIT LA FLOTTE DE L'AMIRAL NELSON, ATTIRE AUJOURD'HUI TOURISTES ET PLAISANCIERS

Sur la façade orientale des îles Sous le vent, dans les Petites Antilles, Antigua et Barbuda occupent une position stratégique depuis longtemps reconnue par les grandes puissances. Ce minuscule État comprend trois îles, Antigua, Barbuda et l'île inhabitée de Redonda.

Au XVIIIe s., Antigua était l'une des principales bases navales britanniques aux Antilles. Elle n'a rien perdu de son importance stratégique. Pendant la Seconde Guerre mondiale, les États-Unis y ont construit le grand aéroport Coolidge pour défendre les Caraïbes et le canal de Panamá. De nos jours, ils ont à Antigua deux bases militaires et une station de radiodiffusion de la Voix de l'Amérique.

Les plus anciens habitants étaient les Indiens Arawaks, qui ont tous disparu, tués ou emmenés en esclavage par les Indiens Caraïbes en Amérique du Sud. Christophe Colomb découvrit l'île en 1493 et lui donna le nom d'Antigua. Elle fut colonisée par les Anglais en 1632. Ils amenèrent d'Afrique des esclaves dont les descendants forment aujourd'hui la quasi-totalité des 80 000 habitants ; il existe aussi de petites minorités britannique et asiatique. En 1981, Antigua-Barbuda devint un membre indépendant du Commonwealth, avec le souverain britannique comme chef d'État.

Le tourisme est devenu la base de l'économie. Son essor date des années 1960 et a été discret. L'île offre à ses visiteurs d'exceptionnelles plages de sable blanc ou rose bordées de palmiers, des hôtels modernes et des casinos. La capitale, Saint John's, conserve d'élégants bâtiments administratifs du XVIIIe s. et une cathédrale baroque élevée en 1840. On remarque encore çà et là des moulins à sucre, dont certains ont été convertis en logements. Au S.-E. de l'île, on verra English Harbour et l'arsenal Nelson (magasins et logements du XVIIIe s.), qui doit son nom à l'amiral Nelson, dont les navires fréquentaient les parages.

Avant l'ère touristique, l'économie était presque exclusivement fondée sur la culture de la canne, le sucre fournissant les trois quarts des exportations. Mais, pendant la décennie 1960, confrontée aux bas prix mondiaux du sucre et aux exigences syndicales d'augmentation des salaires, les grands propriétaires, en majorité blancs, qui détenaient 60 % des terres agricoles, menacèrent de cesser leur activité. L'État racheta leurs entreprises en 1967 ; quatre ans plus tard, un autre gouvernement arrêtait l'industrie sucrière, ce qui portait le taux de chômage à 25 %.

Les gouvernements successifs ont encouragé les cultures vivrières, y compris celle de la canne pour les besoins locaux et celle du coton Sea Island pour l'exportation vers le Japon ; cette variété de haute qualité, à fibres longues et fines, est bien adaptée au climat relativement sec (1 000 mm de précipitations par an, nettement moins que dans la plupart des autres îles antillaises).

L'île basse et boisée de Barbuda ne compte que 1 500 habitants, dont la plupart vivent d'agriculture vivrière et de pêche (en particulier les langoustes pour l'exportation). Les touristes sont attirés par les plages et les récifs de coraux, dont certains sont responsables de spectaculaires naufrages de voiliers. La faune comprend des cochons sauvages et des daims, introduits par une famille anglaise qui loua l'île à la Couronne britannique de 1685 à 1870, en échange d'un porc gras par an.

ANTIGUA ET BARBUDA EN BREF

Carte Antilles Cb
Superficie 442 km^2
Population 66 000
Capitale Saint John's
Régime Monarchie parlementaire
Monnaie Dollar des Caraïbes orientales = 100 cents
Langue Anglais
Religion En majorité anglicane
Climat Tropical ; températures moyennes à Saint John's: de 21 à 30 °C
Ressources Coton, fruits et légumes, canne à sucre, poisson
Activités Tourisme, culture du coton, industrie alimentaire, confection, pêche
Exportations Coton, rhum, vêtements, langoustes
P.N.B. annuel par habitant 4 870 dollars
Croissance démographique Statique
Espérance de vie Hommes 70 ans, femmes 74

anticyclone Système de hautes pressions atmosphériques où les pressions vont décroissant du centre vers la périphérie. Au cœur des anticyclones, l'air est stable et le temps généralement beau. Un anticyclone subtropical (Açores, Hawaï) donne naissance à un temps chaud, un anticyclone arctique à un temps froid et clair. On appelle anticyclone de blocage un anticyclone relativement stationnaire empêchant le passage des dépressions.

Antigua ou **La Antigua,** ***Guatemala*** Ancienne capitale du pays, après Ciudad Vieja, la ville, située à 20 km de Ciudad Guatemala, fut ravagée par plusieurs séismes, notamment en 1773, où elle perdit son titre, et en 1976. Bâtie parmi les premières cités coloniales, elle conserve quelques bâtiments anciens, Renaissance ou baroques. Elle est aujourd'hui chef-lieu du département de Sacatepéquez.

Population 33 300

Carte Guatemala Ab

Anti-Liban (djebel ech-Charqui), ***Liban*** Chaîne montagneuse orientée N.-S. le long de la frontière syrienne et séparée de la chaîne du Liban par la plaine de la Bekaa. Elle se termine au S. par le mont Hermon, qui culmine à 2 760 m.

Carte Liban Bb

Antilles Archipel de l'Amérique centrale qui s'étend sur 2 500 km entre le golfe du Mexique et le Venezuela. Il comprend les Grandes Antilles (Cuba, Haïti, la Jamaïque et Porto Rico, auxquelles sont rattachées les îles Turks et Caïques) et les Petites Antilles, qui s'échelonnent sur une vaste courbe de Porto Rico au Venezuela et se divisent en îles du Vent (des îles Vierges à Grenade) et îles Sous le Vent, le long de la côte vénézuélienne.

L'île d'Haïti est partagée entre la république d'Haïti et la république Dominicaine, et Cuba et la Jamaïque forment des républiques indépendantes. Le reste des Antilles selon leur appartenance, ancienne ou actuelle, sont dénommées *Antilles américaines*: Porto Rico, État associé aux États-Unis, et îles Vierges américaines; *Antilles britanniques:* les Bahamas, la Barbade, Trinité et Tobago, indépendantes, et, dans les îles du Vent, Barbuda, Antigua et Redonda, Grenade et les Grenadines, Sainte-Lucie, Saint-Vincent, Saint-Christophe et Nevis (également indépendantes), Anguilla, Montserrat et îles Vierges britanniques; *Antilles françaises:* la Martinique, la Guadeloupe et dépendances (la Désirade, Marie-Galante, Saint-Barthélemy, nord de Saint-Martin, les Saintes), formant deux départements; *Antilles néerlandaises:* sud de Saint-Martin, Saint-Eustache et Saba dans les îles du Vent, et Bonaire et Curaçao dans les îles Sous-le-Vent, ainsi qu'Aruba.

Antilles (mer des) ou **mer des Caraïbes** Mer tropicale de l'Atlantique, comprise entre la côte N. de l'Amérique du Sud, l'Amérique centrale, les Grandes et les Petites Antilles. Découverte par Christophe Colomb (1451-1506), elle fut le théâtre de batailles entre les nations européennes et un refuge pour les pirates. Les peuples indigènes, dont les Caraïbes (ou Karibs), furent chassés ou cruellement exploités. Grâce au canal de Panama, la navigation y est intense. Le tourisme s'est développé, malgré les catastrophes naturelles (tremblements de terre, éruptions volcaniques, ouragans). Température de l'eau à la surface: environ 24 °C.

Superficie 1 943 000 km²

Profondeur maximale 7 680 m

Antilles néerlandaises, ***Antilles*** Territoire néerlandais des Caraïbes formé de deux groupes d'îles totalisant 800 km², distantes de 1 000 km: le sud de Saint-Martin (Sint Maarten), Saint-Eustache (Sint Eustatius) et Saba, dans les îles du Vent, et Curaçao et Bonaire, dans les îles Sous-le-Vent. Aruba bénéficie d'un statut séparé depuis 1986.

Les Hollandais s'y sont implantés au XVIIe s. et ont aboli le statut colonial en 1954. La population, d'ascendance africaine et hollandaise, vit du raffinage du pétrole importé du Venezuela à Curaçao et du tourisme. La langue officielle est le néerlandais, mais beaucoup de gens utilisent le papiamento, mélange de différentes langues (hollandais, espagnol, portugais).

Population 192 000

Carte Antilles Bc, Cb

Antioche, en turc **Antakya,** ***Turquie*** Chef-lieu de la province de Hatay, proche de la frontière syrienne, à 500 km au S. d'Ankara. Fondée vers 300 av. J.-C., elle fut la capitale de l'Empire séleucide avant d'être conquise par les Romains et connue comme la « reine de l'Est », ville de luxe et de plaisir. Au Ier s., saint Pierre en aurait été le premier évêque; sa grotte se trouve à l'entrée de la ville. Pendant les croisades, ce fut une principauté française. Intégrée à la Syrie en 1919, elle revint à la Turquie en 1939. Après avoir subi une série de séismes, la cité conserve peu de chose de ses anciennes splendeurs, mais

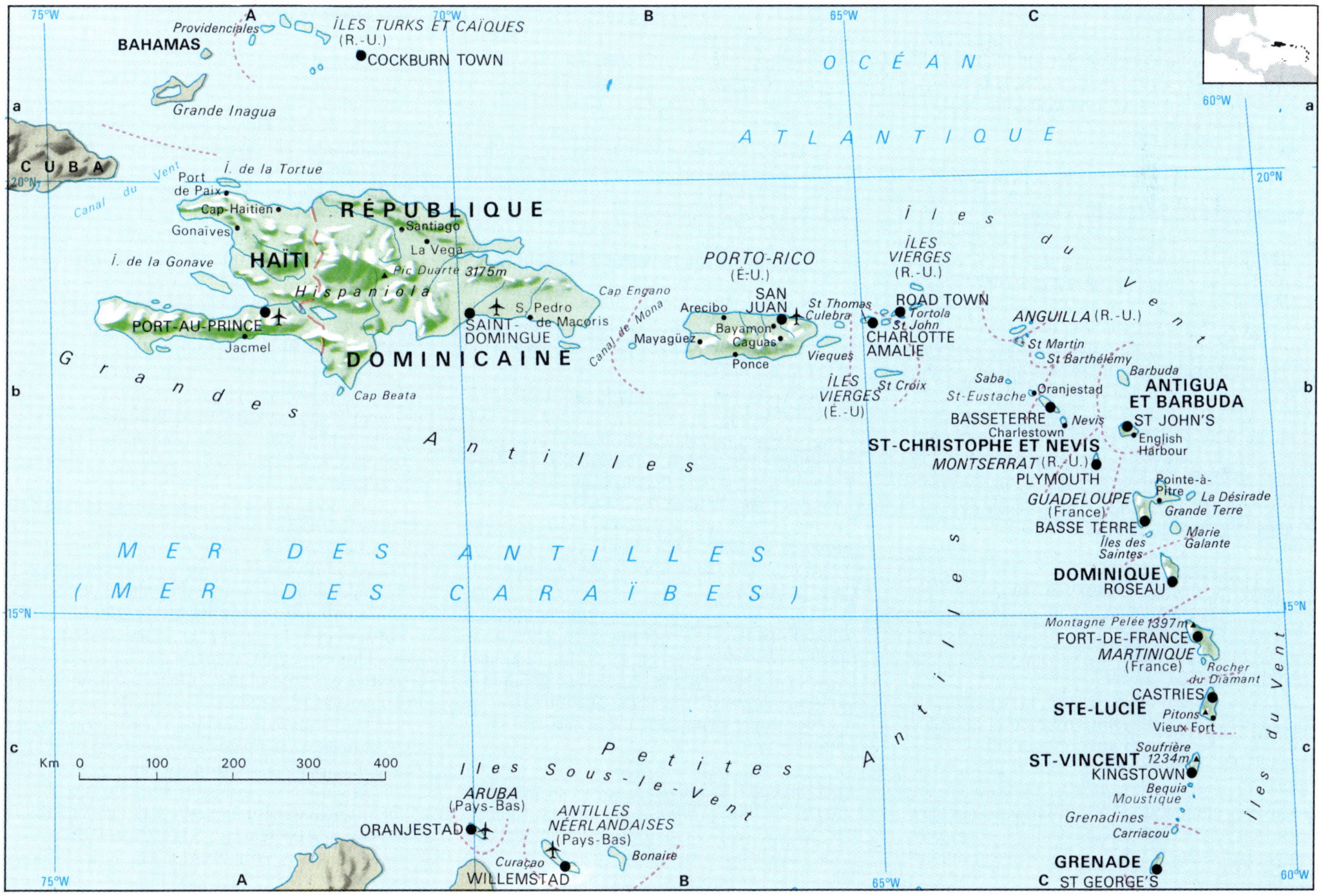

le musée d'Hatay abrite une superbe collection de mosaïques romaines.

Alentour, la province d'Hatay (5 570 km^2) produit du coton, du blé, et un peu de fer.

Population (ville) 124 000 ; (prov.) 1 140 000
Carte Turquie Bb

Antioquia, ***Colombie*** Département le plus peuplé du pays, au N.-O. (63 612 km^2), centré autour de Medellin. On y extrait du charbon et de l'or, on y cultive le café et la banane.

Population 4 540 000
Carte Colombie Bb

Antofagasta, ***Chili*** 1. Région du Nord, englobant une grande part du désert d'Atacama, dont l'économie repose essentiellement sur les nitrates et le cuivre. La mine à ciel ouvert de Chuquicamata, à 220 km au N.-E. d'Antofagasta, est la première du monde. Cette région fut cédée en 1883 par la Bolivie, à la suite de la « guerre du Pacifique » (voir BOLIVIE).

2. La capitale régionale, Antofagasta, est un centre ferroviaire d'exportation du cuivre.

Population (rég.) 407 500 ; (ville) 186 000
Carte Chili Ab

Antrim, ***Royaume-Uni*** Commune et comté d'Irlande du Nord. La ville, proche du lough Neagh, conserve une tour ronde du IXe s. et un palais de justice du début du XVIIIe s.

Le comté d'Antrim (2 831 km^2) se termine au N. sur l'océan Atlantique par de magnifiques falaises (Chaussée des Géants). Le chef-lieu en est Ballymena.

Population (commune) 45 500
Carte Royaume-Uni Bc

Antsiranana, ***Madagascar*** Ancienne Diégo-Suarez des Français, dont la présence dura jusqu'en 1975, avec le départ de la marine. Située à la pointe N. de la « Grande Île », Antsiranana vit, aujourd'hui difficilement, de son port de commerce et de la réparation navale.

Population 220 000
Carte Madagascar Ba

Anuradhapura, ***Sri Lanka*** Vieille cité cinghalaise à 100 km au N. de Colombo, fondée vers 500 av. J.-C., capitale royale jusqu'aux invasions tamoules au XIe s. Ses ruines, découvertes au milieu d'une jungle épaisse par les Anglais au XIXe s., sont riches en sculptures, temples et autres monuments bouddhistes, dont un grand stupa (représentation du tombeau de Bouddha), le Jetawanarama Dagoba, fait de briques (76 m de haut). On dit que l'arbre *bo* sacré de la cité, de plus de deux mille ans d'âge, est issu d'une greffe de l'arbre sous lequel, en Inde, le prince Siddartha Gautama, fondateur du bouddhisme, reçut la lumière au VIe s. av. J.-C.

Population 36 200
Carte Sri Lanka Ba

Anvers, en néerl. **Antwerpen,** ***Belgique*** Port principal du pays et chef-lieu de la province homonyme (2 867 km^2), à 45 km au N. de Bruxelles. C'est aussi la principale ville de la région flamande. Située sur l'estuaire de l'Escaut, à 88 km de la mer, la ville, la deuxième du pays après la capitale, fut durement bombardée lors de la Seconde Guerre mondiale.

C'est un des plus grands ports d'Europe. La taille du diamant, le montage automobile, les industries alimentaires, les raffineries de pétrole et la pétrochimie comptent parmi ses principales activités. Les ruelles de la vieille ville conduisent — notamment — à une cathédrale du XIVe s., à un château, le Steen, à un hôtel de ville du XVIe s. et au musée Plantin-Moretus aménagé dans l'imprimerie bâtie au XVIe s. par le fameux Plantin. C'est à Anvers que travailla et mourut le peintre Rubens.

Population (ville) 466 000 ; (aggl.) 950 000 ; (prov.) 1 606 000
Carte Belgique Ba

Anyang (Ngan-Yang), ***Chine*** Ville du Henan, à 470 km au S.-O. de Pékin, dans la vallée de Wei. De 1384 à 1111 av. J.-C., Anyang fut la dernière capitale de la civilisation Chang.

Population 500 000
Carte Chine Hd

Aomori, ***Japon*** Capitale du district septentrional de l'île de Honshu et port de voyageurs, la ville a été ravagée durant la Seconde Guerre mondiale. Reconstruite, elle abrite aujourd'hui le festival d'août de Nebuta, où les dragons de papier mâché paradent dans les rues.

Population 294 000
Carte Japon Db

Aoste, ***Italie*** Ville de l'acier et du fer, capitale du Val d'Aoste, à 80 km au N. de Turin, c'est une étape touristique importante.

Ancienne *Augusta Praetoria*, elle préserve fidèlement le dessin de ses rues romaines, ainsi que quelques monuments (théâtre, porte prétorienne, arche d'Auguste). Dans le centre, on verra la cathédrale romane, la collégiale et le prieuré Saint-Ours.

Population 39 200
Carte Italie Ab

Aozou ou **Aouzou (bande d'),** ***Tchad*** Territoire de 114 000 km^2 au N. du Tchad, à la frontière libyenne, dont la ville principale est Aozou. Revendiquée par la Libye, qui l'a occupée en 1973 en vertu d'un accord entre la France et l'Italie passé en 1935, mais jamais ratifié, la bande d'Aozou a été au cœur du conflit avec le Tchad. En 1994, son appartenance au Tchad a été reconnue par la Cour internationale de Justice de La Haye.

Carte Tchad Aa

Apatity, ***Russie*** Ville minière sur le lac Imandra, à 120 km au S. de Mourmansk, dans la péninsule de Kola, à proximité du plus grand gisement mondial d'apatite (phosphate de calcium naturel, utilisé pour la fabrication d'engrais), qui lui a donné son nom.

Population 88 000
Carte Russie Cb

Apennins, ***Italie*** Chaîne montagneuse qui forme la colonne vertébrale du pays, lui donnant son apparence de botte. Commençant derrière la Riviera génoise et se déroulant sur 1 280 km jusqu'à la Calabre, elle culmine au mont Corno (2 912 m), dans le massif du Gran Sasso.

Carte Italie Cb

Aphrodisias (Geyre), ***Turquie*** Cité romaine en ruines, à 500 km environ au S.-O. d'Ankara. Baptisée d'après Aphrodite, déesse grecque de l'amour, Aphrodisias resta pratiquement inconnue jusque dans les années 1960.

Carte Turquie Ab

Apia, ***Samoa occidentales*** Capitale et port de la côte N. de l'île d'Upolu. L'industrie du bois, l'artisanat et le traitement du coprah et du cacao pour l'exportation sont les principales activités. R.-L. Stevenson, l'auteur de *l'Île au trésor*, fut inhumé sur les pentes du mont Vaea, au S. d'Apia, en 1894.

Population 33 200
Carte Pacifique (océan) Ec

Apo (mont), ***Philippines*** Voir DAVAO

Apollonia, ***Libye*** Cité ancienne de Cyrénaïque (actuelle Marsa-Susah), à 30 km au N.-E. d'El-Beïda, et port de la ville grecque de Cyrène. L'astronome grec Eratosthène, qui y naquit en 276 av. J.-C., fut le premier à mesurer la circonférence de la Terre.

Carte Libye Ca

Appalaches, ***Amérique du Nord*** Ensemble montagneux long de 2 700 km, allant du S.-O. du Saint-Laurent (Canada) à l'Alabama (États-Unis), et culminant à 2 307 m au mont Mitchell (Caroline du Nord). Forêts (industrie du bois) et charbon par endroits. Plusieurs parcs nationaux.

Carte États-Unis Jc

Appenzell, ***Suisse*** Ville et canton de 415 km^2 divisé en deux demi-cantons : Rhodes-Extérieures (Ausser Rhoden, 243 km^2), dont la capitale est Appenzell (5 200 habitants), et Rhodes-Intérieures (Inner Rhoden, 172 km^2), qui a pour capitale Herisau, ville industrielle de 15 600 habitants. Cette division date des guerres de Religion du XVIe s., le premier demi-canton étant protestant, le second catholique.

Le canton est connu pour son fromage et pour une particularité institutionnelle, le « Landgemeinden », réunion annuelle de tous les « citoyens actifs », qui a lieu à Appenzell pour les Rhodes-Extérieures, et alternativement à Trogen ou Hundwill pour les Rhodes-Intérieures.

Population (Rhodes-Ext.) 52 300 ; (Rhodes-Int.) 13 700
Carte Suisse Ba

Apurímac, ***Pérou*** 1. Rivière descendant des Andes, de 890 km de long, et formant, avec l'Urubamba, l'Ucayali, un affluent de l'Amazone. Importantes plantations de café dans la vallée inférieure.

2. Département du sud des Andes (28 896 km^2), l'un des plus reculés et des plus pauvres, dont l'économie repose essentiellement sur une industrie (en déclin) de la canne à sucre. Le chef-lieu en est Abancay.

Population (département) 377 000
Carte Pérou Bb

Apuseni (montagnes de l'), ***Roumanie*** Chaîne de Transylvanie occidentale, culminant à 1 848 m, également connue sous le nom de montagnes de Bihor. On y trouve des gorges profondes, des grottes et des vallées boisées, creusées dans le calcaire tendre par la pluie et les cours d'eau.

Carte Roumanie Aa

Aqaba ou **Akaba,** ***Jordanie*** Le seul port du pays, à l'extrême S., à l'entrée du golfe d'Aqaba. De gros transits de marchandises s'y effectuent avec l'Irak depuis la guerre du Golfe (1980). C'est aussi le centre d'exportation de l'industrie jordanienne des phosphates. On projette d'étendre Aqaba sur trois plans : le port, la zone industrielle, la station touristique. Le climat tropical y procure neuf mois de beau temps par an.

Jadis, Aqaba se trouvait sur la route des caravanes arabo-égyptiennes, et les vestiges archéologiques voisins font état d'un peuplement important en 1000 av. J.-C. Après de brèves mainmises des empires romain puis byzantin, Aqaba fut prise en 639 par le calife Omar, qui convertit ses habitants à l'islam. Port florissant des pèlerins de La Mecque, elle fut occupée un temps par les croisés au XIIe s. Elle a perdu beaucoup de son importance avec l'ouverture du canal de Suez en 1869.

Population 35 000
Carte Jordanie Ab

Aqaba (golfe d') Bras de la mer Rouge et partie de l'ensemble de la Grande Vallée ou Rift qui sépare le Sinaï, péninsule égyptienne, de l'Arabie. Fermé au S. par le détroit de Tiran, il abrite le port israélien d'Eilat et celui, jordanien, d'Aqaba. Le golfe fut une voie maritime importante aux temps bibliques et romains. Le blocus égyptien de 1967 fut la cause première de la guerre des Six Jours, au cours de laquelle Israël occupa le Sinaï.

Dimensions 100 km de long, 19 à 27 km de large
Carte Égypte Cb

Aquila (L'), ***Italie*** Chef-lieu de la province du même nom (5 034 km^2, 300 000 habitants) et de la région des Abruzzes ; centre agricole et commercial. La ville, fondée au XIIIe s. par l'empereur Frédéric II, avec l'aigle impérial pour emblème, conserve de nombreux bâtiments anciens : églises, comme la basilique San Bernardino (XVe-XVIe s.), château du XVIe s., entouré de fossés et de bastions, qui abrite un musée, et curieuse fontaine des 99 tuyaux.

Population 65 000
Carte Italie Dc

Aquitaine, ***France*** Région historique, géographique et administrative du S.-O. du pays. Ce fut une des quatre provinces de la Gaule romaine, rattachée ensuite au royaume franc. Érigée en duché au IXe s., elle appartint aux comtes de Poitiers, à la maison d'Auvergne et à celle de Toulouse. En 1152, le mariage d'Aliénor d'Aquitaine avec Henri Plantagenêt marqua le début de trois cents ans de tutelle anglaise, qui finirent avec la victoire de Castillon (1453) à la fin de la guerre de Cent Ans.

C'est une région de plaines agricoles couvrant 41 407 km^2, traversée par la Garonne et ses affluents. Elle englobe cinq départements : Dordogne, Gironde, Landes, Lot-et-Garonne et Pyrénées-Atlantiques. Aujourd'hui, avec la Bourgogne, elle est l'une des deux plus importantes zones de production vinicole. Les vallées de la Garonne, du Lot et de la Dordogne concentrent les cultures fruitières et légumières ; le reste de la région, en dehors des zones forestières (Landes), est principalement consacré à la polyculture et à l'élevage, bien que le maïs domine parfois. L'industrie (raffinage, chimie, aluminium) se limite à la Gironde, aux régions de Lacq et de Bayonne ; ailleurs on trouve quelques industries dispersées (alimentaires, papeteries, cuir).

Population 2 796 000
Carte France Cd

Arabo-Persique ou **Persique (golfe)** On l'appelle aussi tout simplement le Golfe (233 100 km^2). Relié au golfe d'Oman par le détroit d'Ormuz, il est devenu une voie maritime essentielle pour les navires pétroliers et autres en raison de la vitalité économique des nations pétrolières alentour. En maints endroits, les fonds sont si peu profonds que les navires de plus de 5 000 t ne peuvent approcher à moins de 8 km du littoral, les récifs et les hauts-fonds de la côte de la péninsule arabique, connus pour leurs bassins d'huîtres perlières, étant dangereux pour la navigation. Plusieurs États du Golfe ont créé des « îles » artificielles au large, reliées par des pipe-lines sous-marins au continent ; ce qui permet aux pétroliers jaugeant jusqu'à 500 000 t de charger le pétrole brut des champs pétrolifères de l'intérieur des terres. Les guerres du Golfe successives (Iran-Irak de 1980 à 1988 et de libération du Koweït en 1990-1991) font de cette zone un enjeu stratégique international.

Profondeur maximale 91 m
Carte Arabie Saoudite Cb

Arafura (mer d') Extension de l'océan Pacifique vers le S.-O., entre l'Australie et la Nouvelle-Guinée. Elle se perd à l'O. dans la mer de Timor, tandis que le détroit de Torres mène à l'E. vers la mer de Corail.

Dimensions 1 290 km de long ; 560 km de large
Carte Indonésie Hd

Aragats, ***Arménie*** Point culminant (4 090 m) de l'Alaguez, massif volcanique qui domine Erevan et le lac Sevan.

Aragon, ***Espagne*** Région peu peuplée du N.-E. du pays (47 669 km^2), ancien royaume indépendant (1035-1469) intégré à la Castille au XVe s. Elle comprend les provinces actuelles de Huesca, Teruel et Saragosse.

Population 1 213 000
Carte Espagne Eb

Araïch (El-), ***Maroc*** Voir LARACHE

SOURCE D'ÉNERGIE ET ENJEU DE CONFLITS. Une plate-forme de forage pétrolier au large du port d'Abou Dhabi illustre le rôle du golfe Arabo-Persique dans l'économie mondiale.

Arakan, ***Birmanie*** État côtier (36 778 km^2) sur le golfe du Bengale, coupé du reste du pays par les montagnes du même nom, très boisées, qui culminant à 1 700 m. La capitale est Sittwe (l'ancienne Akyab).

Population 2 040 000
Carte Birmanie Bb

Aral (mer d'), ***Ouzbékistan/Kazakhstan*** Autrefois célèbre pour ses poissons, cette mer fermée est devenue synonyme d'une des plus grandes catastrophes écologiques. L'utilisation excessive des eaux de l'Amou-Daria et du Syr-Daria pour la culture du riz et du coton dans les deux pays a entraîné une réduction dramatique de sa surface (de 65 000 à 40 400 km^2) et l'assèchement de ses ports.

Carte Ouzbékistan Ab ; Kazakhstan Bb

Aran (îles d'), ***Irlande*** Îles calcaires de la baie de Galway, à 8 km de la côte irlandaise. Inishmore, Inishmaan et Inisheer, occupées dès la préhistoire par des pêcheurs, vivent toujours de la pêche (crustacés), mais aussi du tourisme, et de la culture de pommes de terre.

Population 1 380
Carte Irlande Bb

Arabie Saoudite

MALGRÉ LES CHANGEMENTS APPORTÉS PAR D'ÉNORMES RICHESSES PÉTROLIÈRES, L'ARABIE SAOUDITE RESTE UNE SOCIÉTÉ MUSULMANE STRICTE ET LE FOYER DE L'ISLAM

C'est le plus grand en superficie des pays arabes du Moyen-Orient, le lieu de naissance du prophète Mahomet et de la religion islamique. L'immense désert sableux de l'Arabie Saoudite contient plus de pétrole que n'importe quelle autre région au monde. Ses réserves sont estimées à 165 000 millions de barils. Une nation de nomades du désert devint l'une des plus riches du monde.

LE PAYS ET SES POPULATIONS

Avec une superficie de 2 150 000 km^2, l'Arabie Saoudite couvre l'essentiel de la péninsule arabique. Elle est faiblement peuplée, avec environ 13,9 millions d'habitants, et elle contient certains des déserts les plus chauds et les plus arides du monde : les températures y atteignent souvent 45 °C. Au N., le désert du Néfoud s'étend jusqu'en Jordanie et en Syrie. À l'O., la plaine humide et étroite qui longe la mer Rouge est adossée à des montagnes escarpées qui culminent à 2 600 m au N., dans le Hedjaz, et à 3 133 m au Djebel Abha, dans les monts Asir.

Au-delà de ces montagnes, une descente en plan incliné conduit à la plaine d'Ad Dahna, large de 250 km, qui borde le Golfe. Des vents violents et des tempêtes de sable fouettent les déserts rocheux du centre du pays. De vastes régions de l'intérieur demeurent inexplorées, et les frontières du S. avec le Yémen et Oman sont mal fixées.

Les populations de la péninsule descendent des premiers Arabes, qui quittèrent leur pays d'orgine pour se répandre à travers le Moyen-Orient et l'Afrique, en une conquête de deux siècles, après que Mahomet eut proclamé la nouvelle foi islamique, au VIIe siècle. Sur les côtes de la mer Rouge, les descendants d'esclaves africains se sont mêlés aux Arabes.

De nos jours, en raison de l'industrialisation rapide, deux millions d'immigrants sont venus travailler en Arabie Saoudite : 1,4 million d'Arabes et 600 000 du reste de l'Asie. L'invasion du Koweït par l'Irak et la crise du Golfe ont modifié la composition de cette population immigrée. Ainsi, les Yéménites qui formaient l'essentiel des travailleurs arabes ont été renvoyés chez eux à cause de l'alignement diplomatique de leur pays sur l'Irak. Le soutien accordé par l'O.L.P. (Organisation de Libération de la Palestine) au président irakien Saddam Hussein a eu également des conséquences néfastes pour les Palestiniens.

LE ROYAUME DU DÉSERT

Les Turcs ottomans dominèrent le pays pendant quatre siècles. Puis, pendant la Première Guerre mondiale, ils furent chassés par les Arabes, au cours d'une aventureuse série d'expéditions organisées par un colonel britannique, Thomas Edward Lawrence, le célèbre Lawrence d'Arabie. Mais le créateur de l'Arabie Saoudite moderne fut Ibn Séoud, qui unifia les principales régions du Nedjd, du Hedjaz, de l'Hassa et de l'Asir, en une succession de guerres tribales, entre 1902 et 1924. En 1932, sous le nom d'Abdul Aziz Ibn Séoud, il fonda le nouveau royaume d'Arabie Saoudite. Il mourut en 1953, et l'actuel roi Fahd Ibn Abdul Aziz est le quatrième de ses fils à gouverner le pays. C'est une monarchie absolue ; le roi est aussi Premier ministre et possède toute la terre non attribuée du royaume. Il n'y a ni élections ni partis politiques. Les princes de la famille royale sont près de 5 000, et beaucoup de charges importantes leur reviennent.

L'Arabie Saoudite est apparue au premier plan de l'actualité après l'invasion du Koweït par les troupes irakiennes en août 1990. Convaincu par les États-Unis que son pays était à son tour menacé, le roi Fahd l'a placé sous protection américaine. Un corps expéditionnaire formé essentiellement des 430 000 soldats dépêchés par Washington s'est déployé en Arabie Saoudite, appuyé par des éléments britanniques, français, arabes, africains... Après cinq mois de préparation (opération « Bouclier du Désert »), cette coalition a repoussé les troupes irakiennes hors du Koweït. La guerre (opération « Tempête du Désert ») s'est déroulée en deux temps. Elle a débuté en janvier 1991 par une phase de bombardements aériens qui a duré plus d'un mois et s'est poursuivie par une phase terrestre de quelques jours qui a vu la déroute des soldats de Bagdad. L'Arabie Saoudite, qui a servi de base à la coalition, a été peu touchée par le conflit, hormis les tirs de missiles SCUD irakiens qui ont causé des dommages relativement légers.

Le conflit a mis en évidence la faiblesse militaire du pays qui a pourtant dépensé des sommes considérables pour son armement. Il a aussi révélé la dépendance du royaume vis-à-vis des États-Unis auxquels les dirigeants saoudiens avaient toujours refusé le droit d'établir des bases militaires permanentes sur leur territoire.

La crise du Golfe a en outre attiré l'attention de l'opinion mondiale sur le fonctionnement interne de la société et du régime saou-

diens. Il est en effet fondé sur une interprétation ritualiste et puritaine des préceptes islamiques. Des citoyens saoudiens, et notamment des femmes, ont profité de la présence des média étrangers pour réclamer des réformes politiques et sociales. Par ailleurs, en dépit de ses options diplomatiques proaméricaines, l'Arabie Saoudite finance de nombreux mouvements islamistes à travers le monde qui dénoncent et combattent l'influence « corruptrice » du monde occidental. Certains d'entre eux ont pourtant pris position en faveur de l'Irak à l'occasion de la guerre du Golfe.

L'IMPORTANCE DU PÉTROLE

Les premières découvertes de pétrole datent de 1930, mais elles apportèrent peu de nouveautés au pays jusque bien après la Seconde Guerre mondiale : les pèlerins visitant La Mecque et Médine restèrent la principale source de revenus. Puis, à partir de 1973, sous la direction de l'Arabie, l'O.P.E.P. (Organisation des pays exportateurs de pétrole) réduisit la production et fit monter les prix du pétrole ; elle nationalisa aussi les réserves de pétrole possédées par les compagnies étrangères. Mais, depuis 1980, l'Arabie a eu une influence modératrice sur les marchés mondiaux en augmentant la production quand la guerre entre l'Iran et l'Irak a désorganisé l'approvisionnement, et en montrant le chemin de la réduction de l'extraction quand la surproduction et une baisse de la consommation de l'Occident ont fait baisser les prix.

Cependant, en 1985, les Saoudiens, lassés de porter le poids des réductions de production et de voir les autres pays de l'O.P.E.P. dépasser les quotas convenus et vendre autant de pétrole qu'ils le pouvaient, ont augmenté de nouveau les quantités extraites, ce qui a entraîné une chute temporaire des prix audessous de 10 dollars le baril en 1986.

Les champs pétrolifères qui sont la source de presque toute la richesse du pays sont situés à l'E., près du Golfe et sous ses eaux. Ghawar est le plus important champ de pétrole du monde ; long de 241 km et large de 35, il peut produire 5 millions de baril par jour, plus de deux fois la production des exploitations britanniques de la mer du Nord. Il y a quarante-six autres gisements, mais, en raison de la baisse de la demande, un tiers seulement est en exploitation.

Les plans de développement fondés sur le pétrole furent d'abord axés sur le logement, les écoles, et le ravitaillement en eau. À certains moments, on ouvrait deux écoles par jour ; il y a deux millions d'élèves et sept universités. L'éducation est gratuite, mais l'analphabétisme reste important — à peu près 60 %. Des terrains gratuits et des prêts sans intérêts sont fournis pour le logement, et on trouve maintenant des appartements vacants à Riyad et Djeddah.

Au cours des dix dernières années, 1 750 usines ont été construites. Moins de 1 % du sol convient à l'agriculture, mais des subventions massives ont permis de faire passer la production de grains de 3 000 à 1 300 000 tonnes annuelles. D'immenses jardins maraîchers irrigués ont été créés et le remorquage d'icebergs de l'Arctique jusqu'au Golfe — pour se procurer de l'eau douce — avait été envisagé.

LE LIEU LE PLUS SACRÉ DE L'ISLAM.
Les pèlerins se pressent en foule autour de la Kaaba, au centre de La Mecque. Elle contient la Pierre Noire, dont la tradition dit qu'elle est tombée du Paradis avec Adam.

GARDIENS DE L'ISLAM

Les Saoudiens se considèrent comme les gardiens de l'Islam et leur société est l'une des plus strictes au monde. En 622, le prophète Mahomet, chassé de sa ville natale, La Mecque, commença sa prédication à Médine. Un siècle plus tard, les Arabes avaient propagé l'Islam jusqu'en Espagne à l'O. et jusqu'en Inde à l'E. Puis, en 750, le centre du pouvoir islamique fut déplacé à Bagdad et l'Arabie retomba dans l'obscurité. Mais, au XVIIIe s., un nouveau prophète apparut, Mohammed Abdul Wahhab. Il prêcha un Islam austère ; ses partisans constituèrent la secte des Wahhabites, rigoriste et extrémiste, qui est à la base de la religion et de la loi dans l'Arabie contemporaine.

La possession d'alcool, de drogues, de publications pornographiques (qui peuvent inclure des magazines de mode) est strictement interdite, même pour les étrangers. Une haleine aux relents d'alcool peut coûter deux mois de prison et le fouet, et la conduite en état d'ivresse six mois de prison et le fouet. L'usage de drogues est puni de quinze ans de prison ; les personnes trouvées en possession de médicaments peuvent être détenues jusqu'à ce qu'ils aient été analysés.

Le vol est puni de prison, et la récidive de l'amputation de la main droite. Le meurtre, le viol, l'adultère, l'abandon de la foi musulmane sont passibles de la peine de mort.

La sentence est exécutée en public après la prière du vendredi, par lapidation pour l'adultère et par décapitation dans la plupart des autres cas.

La richesse pétrolière, le nombre croissant des immigrés, l'intégrisme musulman dans le reste de l'islam, les aspirations des jeunes au changement, tout cela pose des problèmes aux dirigeants de l'Arabie et à leur société conservatrice à dominante masculine.

Les femmes doivent sortir voilées, n'ont pas le droit de conduire et ne peuvent travailler que dans des établissements où tout le personnel est féminin. D'ailleurs, moins de 1 % occupent un emploi. Les filles vont à l'école primaire, mais leur nombre diminue beaucoup aux niveaux plus élevés. Dans les universités, elles ne peuvent assister aux cours donnés par des hommes que sur des circuits de télévision intérieurs. La richesse a cependant permis à certaines femmes d'Arabie de voyager en Europe ou aux États-Unis, et il y a forcément eu des remises en question des interdits.

Le régime alimentaire s'est diversifié par suite de l'afflux des migrants venus d'autres pays arabes, mais la viande et le riz sont les plats de base. Les viandes (mouton, volaille, chèvre ou chameau) sont souvent accommodées avec des noix ou des aromates, farcies, sur un lit de riz. Les invités se servent dans le plat commun, avec les doigts de la main droite. Ciboulette, coriandre et aneth agrémentent soupes et salades. Les régions côtières offrent une grande variété de poissons. Les dattes sont le dessert traditionnel, mais on prépare aussi un laitage sucré, le *muhallabiyah*, et le *bakhlava*, une pâtisserie pleine de miel et de noix. Un café épicé à la cardamome termine le repas.

POUR LE VISITEUR

L'hospitalité bédouine est proverbiale. Chez les nomades, il suffisait à l'étranger de boire avec eux du thé, du café ou de l'eau, ou d'embrasser leur tente, pour s'assurer durant trois jours et un tiers une protection totale. Les Bédouins d'aujourd'hui vont à la recherche de pâturages dans des voitures rapides, transportent leurs troupeaux en camions et leur apportent de l'eau en camions-citernes.

Les chameaux et les ânes gardés par leurs propriétaires nomades sont un spectacle très familier.

Bien qu'elle soit un pays de déserts, l'Arabie n'est pas dépourvue de végétation. Des fleurs sauvages apparaissent dans les monts Asir au printemps, et Taif est renommé pour ses roses et ses grenades. Des palmiers-dattiers ombragent les oasis, et les régions les plus hautes abritent genévriers, tamaris et acacias.

Le pays se couvre d'un réseau de routes nouvelles et la plupart des villes importantes sont reliées par des lignes aériennes. La capitale, Riyad, dans une oasis située à 400 km des côtes du Golfe, est le nœud des communications dans le désert. Il peut y faire froid en hiver, et les températures nocturnes tombent parfois au-dessous de 0 °C. Ses bâtiments mêlent le style arabe classique et les grandes constructions modernes. En fait, des exemples spectaculaires d'architecture moderne sont apparus dans bien des villes en plein essor.

Djeddah, capitale commerciale et diplomatique du pays, est hérissée de monuments colossaux en béton, en acier ou en aluminium, qui se dressent sur les places ou sur le front de mer. Cette ville vieille de 300 ans, entourée d'un mur, est aussi le port d'entrée des 2 millions de pèlerins qui viennent chaque année à La Mecque et à Médine.

La cité sainte de La Mecque est située dans une étroite vallée dominée par des montagnes et des châteaux. Elle renferme la grande Mosquée, qui inclut un petit édifice sacré, la Kaaba, où les pèlerins viennent baiser la Pierre Noire sacrée, une météorite tombée du ciel dans un passé immémorial. Médine, entourée d'une double enceinte avec neuf portes monumentales, possède une mosquée contenant les tombes de Mahomet, de sa fille Fatimah et du calife Omar, ainsi qu'une université islamique. Les musulmans doivent se rendre à La Mecque et à Médine au moins une fois dans leur vie, mais les non-musulmans s'en voient interdire l'accès. Le chemin de fer du Hedjaz, avec ses gares fortifiées datant de la Première Guerre mondiale, offre une curiosité pour les amateurs de chemins de fer. Ce sont sans doute les monts d'Asir, l'« Arabie Heureuse » des Romains, qui constituent la plus belle région.

L'ARABIE SAOUDITE EN BREF	
Superficie	2 150 000 km^2
Population	17 420 000
Capitale	Riyad
Régime	Monarchie absolue
Monnaie	Rial = 20 quirsh = 100 hallalas
Langues	Arabe (officiel), anglais
Religion	Musulmans (85 % sunnites, 15 % chiites)
Climat	Chaud et sec, hivers doux ; la température à Riyad va de 8-21 °C en janvier à 26-42 °C en juillet
Ressources	Bovins, chèvres, moutons, luzerne, dattes, raisins, pastèques, blé, sorgho ; pétrole brut et gaz naturel
Activités	Production et raffinage de pétrole, cimenteries, industrie chimique, engrais, acier
Exportations	Pétrole brut et raffiné, gaz
P.N.B. annuel par habitant	7 940 dollars
Croissance démographique	30,9 ‰ par an
Espérance de vie	Hommes 68 ans, femmes 71

Ararat (mont), en turc **Agrı Dagı,** ***Turquie*** Massif montagneux volcanique, à l'extrême E. du pays, proche des frontières de l'Iran et de l'Arménie. C'est là que, selon la Bible, s'échoua l'Arche de Noé. Les deux grands pics sont le Grand Ararat (Büjük Agrı Dagı, 5 165 m) et le Petit Ararat (Küçük Agrı Dagı, 3 925 m).
Carte Turquie Cb

Arauca, ***Colombie/Venezuela*** Affluent de l'Orénoque, prenant sa source en Colombie, long de 1 000 km, dont 790 km navigables. Il forme une partie de la frontière colombo-vénézuélienne.
Carte Venezuela Bb

Araucanie, ***Amérique du Sud*** Territoire des Indiens Araucans, ou Mapuches, partagé entre le Chili et l'Argentine, au sud des fleuves Bio-Bio (Chili) et Rio Negro (Argentine), jusqu'à la Terre de Feu. Dans les années 1860-1870, un Français, Antoine de Tounens, se fit proclamer roi d'Araucanie et de Patagonie sous le nom d'Orélie-Antoine Ier. Le prince Philippe d'Araucanie, son actuel successeur, s'est vu reconnaître son titre par la justice française.

Araucanie, ***Chili*** Région centrale (31 858 km²) parmi les plus pittoresques des régions lacustres du monde. Le lac le plus connu est celui de Villarrica, avec la station de villégiature de Pucon, au pied du volcan actif de Villarrica (2 840 m). Cette région vit essentiellement de l'industrie du bois. Sa capitale est Temuco.
Population 775 000
Carte Chili Ac

arc insulaire Ensemble d'îles disposées en arc aux abords d'un continent, comme les Aléoutiennes et le Japon, et associées aux marges destructives des plaques tectoniques ou zones de subduction. Voir LA TECTONIQUE DES PLAQUES p. 658

arc-en-ciel Phénomène lumineux représentant les couleurs du spectre (rouge, orange, jaune, vert, bleu, indigo, violet) dû à la réflexion et à la réfraction des rayons du soleil sur les nuages. Parfois la lumière passant sur les gouttes est réfléchie deux fois, formant un second arc dans le ciel, moins distinct que le premier et dont les couleurs sont dans l'ordre inverse.

Arc-et-Senans, ***France*** Commune du Doubs, au S.-O. de Besançon, où l'architecte Claude-Nicolas Ledoux construisit, entre 1775 et 1779, la « Saline royale de Chaux », ensemble remarquable de bâtiments disposés en demi-cercle.

archéenne ou archeozoïque (ère) Période la plus ancienne des temps géologiques au cours de laquelle apparurent les premières formes de vie et se sont formées les roches qui sont à la base du précambrien ; elles datent de plus de 2,5 milliards d'années.

Arcot, ***Inde*** Ville agricole à 100 km à l'O. de Madras, qui fut l'ancienne capitale du Carnatic. Au XVIIIe s., elle fut le théâtre de durs combats entre Français et Anglais et sa prise par ces derniers entraîna la fin des espérances de la France en Inde.
Population 38 800
Carte Inde Ce

Arctique Vastes territoires glacés, continentaux et insulaires, au-delà du cercle polaire arctique. Seuls les Inuits (Esquimaux) ont su s'établir dans la blanche et froide solitude du haut Arctique. Sur la banquise ne sont installées que quelques bases de recherche canadiennes, américaines ou russes. Mais les hommes ont de tous temps vécu le long des côtes et dans la toundra. Certaines populations polaires, comme les Inuits de l'Amérique du Nord et du Groenland et les Aléoutiens des îles Aléoutiennes, au large de l'Alaska, vivent traditionnellement de la chasse. D'autres, comme les Lapons du nord de la Scandinavie et les Tchouktches du nord-est de la Sibérie, élèvent des troupeaux de rennes dont ils tirent viande, lait, fourrure, cuir et, sous forme de bouse séchée, combustible.

La population la plus septentrionale du monde habite Thulé, dans le nord-ouest du Groenland, à moins de 1 600 km du pôle Nord. Plus au N. encore, au large du Groenland, se trouve la terre la plus septentrionale du globe : la petite île d'Oodaq.

Malgré la rigueur du climat, des explorateurs se sont rendus dans l'Arctique. Les premiers étaient à la recherche du passage du Nord-Ouest, qui aurait réduit de moitié la distance, par mer, entre Europe et l'Extrême-Orient. En 1906, l'explorateur norvégien Roald Amundsen franchit le premier le passage ; en septembre 1969, un pétrolier géant, le brise-glace *SS Manhattan*, est le premier navire à se frayer un chemin à travers la banquise.

La route, le chemin de fer et l'avion ont le plus contribué à ouvrir les terres arctiques à l'exploitation. Dans le nord de l'Alaska et du Canada, on découvre, en 1968, des nappes de pétrole. La région devient aussi accessible aux visiteurs. De l'autre côté, dans les îles désertes du Spitzberg, 3 000 mineurs russes et norvégiens extraient déjà quelque 800 000 tonnes de charbon par an. Des navires de forage russes et norvégiens sont à la recherche de pétrole et de gaz naturel dans les eaux glacées des mers de Barents et de Norvège.

Arctique (cercle polaire) Cercle imaginaire entourant le globe à 66° 32' de latitude N. et ayant pour centre le pôle Nord. Il limite les zones où l'on peut avoir 24 heures de jour, au solstice d'été le 21 juin, ou 24 heures de nuit, au solstice d'hiver le 21 décembre. Du cercle au pôle, le nombre de jours ou de nuits complets augmente.

Arctique ou **Glacial Arctique (océan)** Le plus petit océan du monde, entouré par le nord de l'Europe, de l'Asie et de l'Amérique du Nord. Le pôle Nord se trouve presque en son centre, et une banquise de 2 à 3 m d'épaisseur le recouvre toute l'année.

Il recueille les eaux de nombreux fleuves et sa teneur en sel est plus faible que celle des autres océans. Ses courants les plus forts sont ceux du Groenland et du Labrador : ils entraînent les icebergs du Groenland dans l'Atlantique N. Les eaux chaudes de l'Atlantique N. y pénètrent aussi entre l'Islande et l'Écosse, ainsi que dans le détroit de Béring, entre l'Alaska et la Russie. Les détroits sont d'importantes voies commerciales pour les navires marchands russes, l'été.
Superficie 14 056 000 km²
Profondeur maximale 5 570 m

Ardabil ou **Ardebil,** ***Iran*** Ville de commerce et de manufacture du tapis, à 56 km à l'O. de la mer Caspienne. Fondée au Ve s., détruite par les Mongols en 1220, elle devint un lieu de pèlerinage à la fin du XIIIe s., dédié au mystique chi'ite Safit al-Din, qui y naquit en 1253. En 1828, les

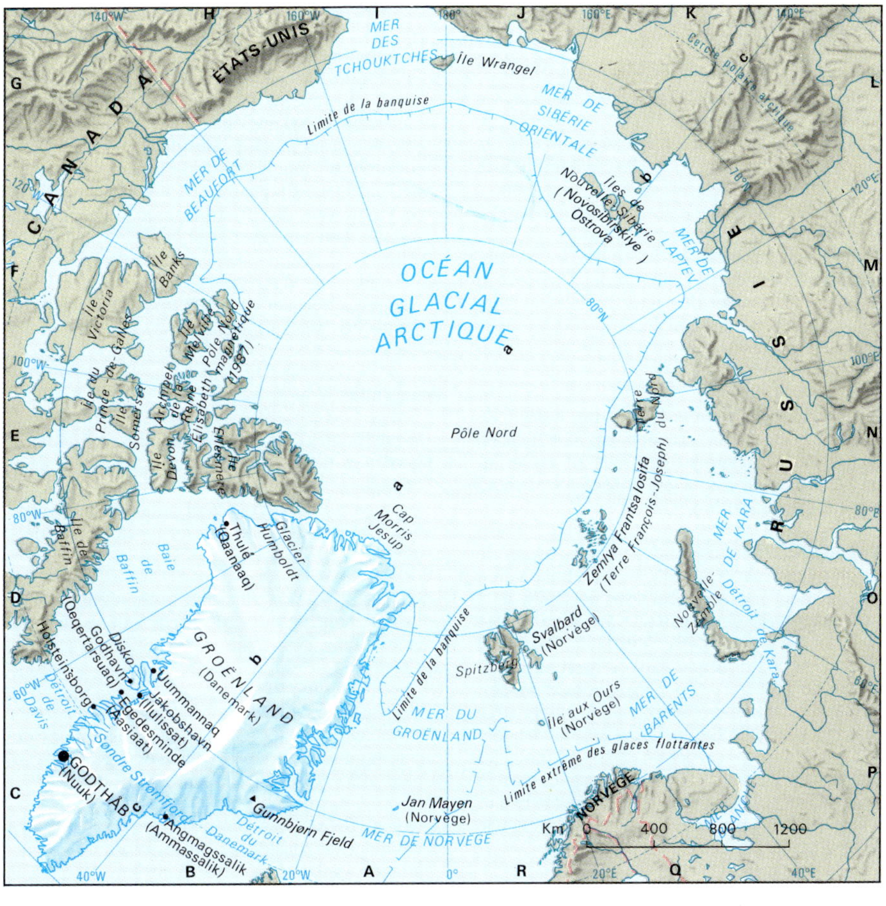

Russes occupèrent la ville et emportèrent sa splendide bibliothèque, jadis la première de Perse. Mausolée du Chah Ismaïl (1486-1524), fondateur de la dynastie des Séfévides.
Population 222 000
Carte Iran Aa

Ardèche (07), *France* 1. Rivière longue de 120 km prenant sa source dans les Cévennes et se jetant dans le Rhône, après 30 km de profondes gorges calcaires, dont la plus spectaculaire est au Pont-d'Arc, arche naturelle d'une portée de 59 m et d'une hauteur de 34 m.
2. Département de la région Rhône-Alpes, à l'O. du Rhône (5 523 km^2), correspondant pour l'essentiel à la région du Vivarais. Il culmine au mont Mézenc (1 723 m) et abrite la source de la Loire. La topographie accidentée limite l'occupation humaine. Principales villes: Privas, la préfecture, Aubenas, Tournon, Annonay. L'agriculture (vigne, cultures fruitières) est dominée par l'élevage, caprin essentiellement, tandis que l'industrie concerne surtout le textile et les constructions mécaniques.
Population 283 900
Carte France Fd

Ardenne ou **Ardennes, *Europe de l'Ouest*** Plateau forestier situé au S.-E. de la Belgique et qui se prolonge au Luxembourg et dans le N.-E. de la France. Il s'élève à l'E. de la Belgique pour former le plateau des Hautes Fagnes, réserve naturelle dont le signal de Botrange (694 m) est le point culminant. Peu peuplée et marquée par des hivers rudes, la région pratique la sylviculture, l'élevage et le tourisme. Lors de la Seconde Guerre mondiale, la bataille des Ardennes (Bastogne) fut une tentative désespérée des troupes allemandes pour enfoncer les lignes alliées.
Population 350 000
Carte Belgique Ba

Ardennes (08), *France* Département de la région Champagne-Ardenne (5 219 km^2) traversé par les vallées de la Meuse et de l'Aisne. Au N., le plateau de l'Ardenne, avec les agglomérations de Charleville-Mézières et de Sedan, toutes deux sur la Meuse, est un secteur essentiellement industriel (métallurgie, textile). Le sud, dominé par la plaine de Champagne et l'Aisne, est surtout consacré à l'agriculture. La faiblesse de la population est due pour partie à la forte émigration vers Paris ou Reims.
Population 302 900
Carte France Fb

ardoise Roche schisteuse formée par l'action de la chaleur et de la pression sur des pélites, roches détritiques très fines. Elle se débite facilement en minces feuillets utilisés pour la couverture des maisons.

Ardoukoba, *Djibouti* Dernier-né des volcans de la planète, l'Ardoukoba (« en pente », en langue afar) est sorti de terre en 1978 à la naissance de la Grande Faille africaine (vallée du Rift), à Djibouti. Ce jour-là, l'Afrique et l'Arabie se sont brusquement éloignées l'une de l'autre de 1,20 m (il y a 120 millions d'années, les deux continents étaient soudés). Dans ce paysage apocalyptique qu'est la partie occidentale de Djibouti, ce petit volcan de quelques dizaines de mètres de hauteur a surgi de terre à l'endroit même où la croûte terrestre est la plus mince (5 km); en même temps, s'ouvrait une faille d'une longueur de 12 km.
Carte Éthiopie Ba

Arecibo, *Porto-Rico* Port de mer de la côte N., à 70 km à l'O. de San Juan. On y distille le rhum. Radiotélescope géant.
Population (ville) 49 600; (aggl.) 160 500
Carte Antilles Bb

Arenal, *Costa Rica* Volcan (1 633 m), à 100 km au N.-O. de la capitale, San José. Une centaine de personnes y périrent lors de sa première éruption depuis 500 ans (1968).
Carte Costa Rica Ba

Arendal, *Norvège* Bâti sur plusieurs îlots, ce port, fondé au XIVe s. sur la côte du Skagerrak, au N.-E. de Kristiansand, est spécialisé dans le commerce du bois et la construction navale. Église et maisons anciennes. Liaison avec le Danemark.
Population 25 100
Carte Norvège Cd

Arequipa, *Pérou* Département du Sud (63 345 km^2), partagé entre la cordillère des Andes et une plaine fertile. La capitale du même nom, au pied du volcan assoupi Misti (5 822 m), au cœur d'une oasis isolée, fut une cité inca, prise par les Espagnols, qui la refondèrent le 15 août 1540, sous le nom de Villa Hermosa de Asunción; cependant, son nom inca prévalut et lui resta. Elle est également appelée la Ville Blanche, du fait de ses bâtiments construits en pierre volcanique blanche (dont le couvent de Santa Catalina, de 1580). La population du département est à plus de 40 % indienne.
Population (dép.) 940 000; (ville) 622 000
Carte Pérou Bb

Arezzo, *Italie* Ville de Toscane et chef-lieu de la province du même nom (3 232 km^2), à 60 km au S.-E. de Florence, patrie notamment de Mécène, du moine Guy d'Arezzo, inventeur de la notation musicale, du poète Pétrarque, de l'Arétin et du peintre Giorgio Vasari. Nombreux monuments intéressants, parmi lesquels l'église Santa Maria della Pieve, rare exemple de roman toscan intact, l'église San Francesco, qui conserve un magnifique ensemble de fresques de Piero della Francesca (1420-1492), la maison de Vasari, celle de Pétrarque, et le musée archéologique, bâti près de l'amphithéâtre romain. Industries: chaussures, vêtements, meubles.
La province d'Arezzo, agricole, est semée de villages perchés et de petits bourgs marchands.
Population (ville) 91 700; (prov.) 317 000
Carte Italie Cc

Argentine Voir p. 62

argile Roche sédimentaire meuble composée de particules de silicates d'alumine de moins de 2 microns et souvent avide d'eau. Certaines argiles, qui deviennent très plastiques par absorption d'eau, sont utilisées pour fabriquer la céramique.

argile à blocaux Formation morainique constituée d'argile, de sable, de graviers et de blocs de grande taille; consolidée dans un dépôt ancien, elle forme la tillite.

argiles bleues Dépôts océaniques sur le talus continental, composés de particules venues du continent et de micro-organismes. Leur couleur bleu ardoise est due au sulfure de fer.

Argos, *Grèce* Ville bâtie sur les ruines d'une antique cité, considérée par les Anciens comme la plus vieille de Grèce, à 10 km au N. de Nauplie. Elle aurait été fondée par Danaos, le père des Danaïdes. Quelques vestiges antiques subsistent, dont le théâtre mycénien (IVe s. av. J.-C.). Musée.
Population 20 700
Carte Grèce Cc

Argovie (Aargau), *Suisse* Canton du nord de la Suisse, couvrant 1 404 km^2, entre Bâle et Zurich. Ses fertiles vallées, coupées par les affluents de l'Aar, abritent des exploitations d'arbres fruitiers et de produits laitiers. Ses sources minérales et ses petites villes attirent les touristes. La capitale et la ville principale est Aarau (16 500 habitants), à 40 km de Zurich: instruments de précision, Défense nationale. Les habitants de ce canton sont des protestants de langue allemande.
Population 506 000
Carte Suisse Ba

Argyrokastron, *Albanie* Voir GJIROKASTER

Århus, ou **Aarhus, *Danemark*** Jadis comptoir viking, aujourd'hui seconde ville et port après Copenhague, c'est la capitale du Jutland. La vieille ville (Den Gamle By) abrite une série de demeures des XVIIe et XVIIIe s. reconstruites dans un musée à ciel ouvert au sein du jardin botanique. Århus offre aussi une belle cathédrale romane et gothique, la première université moderne du Danemark, fondée en 1934, une salle de concert, et un musée préhistorique abritant l'homme de Grauballe, vieux de 2 000 ans. Ses restes furent trouvés intacts dans la tourbière de Grauballe, à 40 km à l'O. d'Århus, dans les années 1950. Principales industries: vêtements, alimentation et papier.
Population 204 000
Carte Danemark Ba

Arica, *Chili* Port franc à la frontière du Pérou, relié par fer à la Bolivie, dont 50 % du commerce extérieur y transite. Ancien district péruvien cédé au Chili en 1884 à la suite de la guerre du Pacifique (voir BOLIVIE). Lieu de villégiature et station balnéaire, Arica attire les touristes par la douceur de son climat et ses plages de sable. Sa cathédrale repose sur une structure d'acier conçue par Gustave Eiffel (1832-1923).
Population 123 200
Carte Chili Aa

Ariège (09), *France* 1. Affluent de la Garonne (170 km), qui, né dans les Pyrénées, reçoit plusieurs torrents, arrose Aix-les-Thermes, Tarascon-sur-Ariège, Foix et Pamiers avant de confluer au S. de Toulouse.
2. Département de la région Midi-Pyrénées (4 890 km^2), surtout pyrénéen, d'où une faible population, en régression depuis 1850. Les villes, peu peuplées, sont Foix, Pamiers (15 000 habitants) et Lavelanet (8 400 habitants). L'industrie (textile, électrométallurgie, électrochimie) est dominante, mais l'agriculture (élevage, céréales) et l'exploitation forestière restent importantes. À Luzenac, principale carrière de talc d'Europe. Tourisme.
Population 136 450
Carte France De

Arizona, *États-Unis* État depuis 1912, parmi les derniers intégrés aux États-Unis, situé au S.-O. du pays (295 259 km^2). Ses canyons sont célèbres (Grand Canyon). Le sud est arrosé par les rivières Salt et Gila qui fournissent irrigation et hydroélectricité. Les pluies sont rares; les

zones désertiques ou broussailleuses, vastes. Les grandes productions agricoles sont l'élevage, les produits laitiers, le coton et les légumes. Premier État producteur de cuivre. Capitale : Phoenix. Au XVIe s., les Apaches descendirent en Arizona et au Nouveau-Mexique depuis leur terre originelle de l'ouest du Canada. De nombreuses réserves indiennes y sont installées.
Population 3 670 000
Carte États-Unis Dd

Arkansas, *États-Unis* 1. État du Centre-Ouest sur la rive O. du Mississippi, partie de l'ancienne Louisiane française. La vaste plaine du Mississippi en couvre tout l'est, d'où elle s'élève vers le plateau d'Ozark et les montagnes Ouachita très boisées. La superficie de l'État (dont le nom se prononce habituellement « Arkansaw ») est de 137 539 km^2. On y extrait du pétrole, du gaz et de la bauxite. Productions agricoles : poulets, soja, riz et coton. Capitale : Little Rock.
2. Rivière prenant sa source dans les montagnes Rocheuses du Colorado (profonds canyons) et qui traverse sur 2 335 km vers l'E. et le S.-E. le Kansas, l'Oklahoma et l'Arkansas, où elle rejoint le Mississippi.
Population (État) 2 352 000
Carte États-Unis Hc

Arkhangelsk, *Russie* Port important situé à l'embouchure de la Dvina du Nord, sur la mer Blanche. Fondé au XVIe s. pour commercer avec l'Europe occidentale (bois, fourrures), il doit son nom à un monastère consacré à l'archange saint Michel. Libre de glaces six mois de l'année, le port exporte surtout du bois ; chantiers navals, pâte à papier, cellulose, conserveries de poisson en sont les principales activités. Un corps expéditionnaire franco-anglo-américain y fut basé en 1918-1919 pour aider les armées blanches contre les forces soviétiques dans la guerre civile qui suivit la Révolution russe.
Population 428 200
Carte Russie Cb

Arlanda, *Suède* Voir STOCKHOLM

Arlberg, *Autriche* Massif formant la ligne de partage des eaux entre les bassins du Rhin et du Danube. Le col de l'Arlberg (1 793 m) relie le Vorarlberg et le Tyrol. Un tunnel ferroviaire (10 km), ouvert en 1884, est depuis 1978 doublé par un tunnel routier (14 km) qui permet de circuler été comme hiver.
Carte Autriche Bb

Arles, *France* Sous-préfecture des Bouches-du-Rhône, à 95 km au N.-O. de Marseille, Arles fut la capitale de la province romaine de Gaule du Sud, puis un important foyer religieux au Moyen Âge. Aujourd'hui, c'est un grand marché agricole et un centre touristique renommé. La ville a gardé de vastes arènes romaines, les vestiges d'un théâtre et de thermes antiques et une vaste nécropole (les Alyscamps). L'église Saint-Trophime est un bel exemple d'art roman provençal. Plusieurs musées (œuvres antiques, beaux-arts, vie provençale). « Capitale du riz », Arles est la plus vaste commune de France, incluant une grande partie de la Camargue (77 000 ha). Van Gogh y passa les deux dernières années de sa vie (1888-1890), les plus fécondes, y peignant plus de 200 toiles.
Population 52 600
Carte France Fe

Arlit-Akokane, *Niger* Région reculée à 275 km au N.-O. de l'oasis d'Agadès, qui doit son nom aux deux villes d'Arlit et d'Akokane. Depuis 1971, on y extrait de l'uranium.
Carte Niger Ab

Arlon, *Belgique* À 127 km au S.-E. de Namur, chef-lieu de la province de Luxembourg. Importante déjà à l'époque romaine, dont elle a conservé des vestiges. Musée gallo-romain.
Population 14 000
Carte Belgique

Armagh, *Royaume-Uni* Ville et ancien comté d'Irlande du Nord. Située à 16 km de la frontière de la république d'Irlande, dotée de deux cathédrales, la ville est la capitale religieuse du pays. Saint Patrick, patron de l'île, y fonda un évêché en 445 et on y relève des traces de peuplement dès 600 av. J.-C. Le fort Navan, à 3 km à l'O., fut probablement une place forte celte jusqu'au Ve s. L'ancien comté d'Armagh, le plus petit d'Irlande du Nord (1 254 km^2), possède une terre riche et favorable à la culture des fruits. Industries (textiles, alimentaires) autour des villes de Lurgan et Portadown.
Population (ville) 12 700
Carte Royaume-Uni Bc

Armagnac, *France* Plateau de 6 000 km^2 (comprenant le département du Gers ainsi qu'une partie des départements des Landes et du Lot-et-Garonne) s'abaissant des Pyrénées à la Garonne, traversé par de nombreuses vallées. On y produit des céréales, du fourrage, du vin rouge et blanc, et une eau-de-vie renommée, distillée aux alentours de la ville de Condom.
Carte France De

Armand (aven), *France* Gouffre du causse Méjean (Lozère), découvert en 1897. Un des joyaux du monde souterrain. La Grande Salle (100 m de long, 55 m de large, 40 m de haut) est hérissée d'une « Forêt Vierge » de 400 stalagmites, dont certaines atteignent 30 m de haut.

Arménie Vaste région d'Asie, à cheval sur la Turquie, l'Iran et le sud du Caucase, centrée sur le mont Ararat (5 165 m). Royaume indépendant proclamé au VIIIe s. av. J.-C., elle fut le premier État au monde à choisir officiellement la religion chrétienne au IVe s. À la division du territoire entre Perse et Empire romain en 387 succédèrent des siècles de guerres, de déportations et de massacres. Le génocide de 1915, par la Turquie, porta à 2 millions le nombre de disparus et força à l'exil une grande partie des rescapés. La population actuellement dispersée à travers le monde compte plus de 2 millions de personnes. De la partition de 1920 ne subsiste aujourd'hui que l'Arménie indépendante.
Carte

Arménie Voir p. 64.

Armero, *Colombie* Ville de la province de Tolima (Centre-Ouest), à 80 km au N.-O. de Bogotá. En novembre 1985, l'éruption du volcan Nevado del Ruiz déclencha une avalanche de boue qui ensevelit la ville, tuant la moitié de ses 21 000 habitants et détruisant la plupart des bâtiments et habitations.
Carte Colombie Ba

Armidale, *Australie* Ville universitaire et centre agricole de la Nouvelle-Galles du Sud à 370 km au N. de Sydney. Commerce de laines de haute qualité, de fruits et de bois.
Population 19 700
Carte Australie Ie

Armoricain (massif), *France* Région de l'Ouest (65 000 km^2) formée d'un massif ancien fortement érodé, culminant à 417 m au mont des Avaloirs, dans la forêt d'Écouves. Les hauteurs les plus marquées sont en Bretagne : monts d'Arrée et Montagne Noire.
Carte France Bb

Armorique (parc naturel régional d'), *France* Voir BRETAGNE

Arnhem, *Pays-Bas* Chef-lieu de la province de Gueldre, à 82 km au S.-E. d'Amsterdam, sur le bras N. du Rhin, le Lek. Théâtre, en septembre 1944, d'une bataille où parachutistes britanniques et polonais tentèrent de prendre le pont afin d'assurer le passage des Alliés en Hollande septentrionale. Mais ils furent écrasés par des forces allemandes puissantes, malgré une résistance courageuse. Reconstruite, la ville est devenue un centre touristique (musée néerlandais de plein air). Productions : rayonne, matériel électrique, navires.
Population (ville) 128 600 ; (aggl.) 290 700
Carte Pays-Bas Ba

Arnhem (terre d'), *Australie* Région septentrionale du Territoire du Nord, baignée par le golfe de Carpentarie. Baptisée du nom du navire hollandais *Arnhem* qui la découvrit en 1623. C'est la plus grande réserve aborigène d'Australie (96 089 km^2). Après la découverte de minéraux (manganèse, bauxite et uranium), des accords miniers ont été passés avec les aborigènes. Le parc national de Kakakdu, à l'O., abrite de beaux spécimens d'art aborigène ancien. Ses montagnes érodées et ses vastes plaines sont peuplées de crocodiles, de buffles, de kangourous et d'oiseaux variés.
Carte Australie Ea

Arno, *Italie* Fleuve principal de la Toscane (245 km), qui traverse l'Apennin parallèlement à la mer, décrit une large boucle (le val d'Arno), et à partir de Pontassieve, à 20 km à l'E. de Florence, qu'il arrose ainsi que Pise, coule vers la côte. Ses eaux débordèrent souvent, aux XIIe, XIVe et XVIe s., en emportant les ponts de Florence. Mais l'inondation la plus grave, en novembre 1966, noya les rues sous 6 m d'eau, endommageant de nombreux trésors artistiques.
Carte Italie Cc

aromates (routes des) Les aromates, substances végétales dégageant un parfum, sont utilisés comme épices, condiments et parfums. Les rives de la mer Rouge étaient autrefois considérées comme le pays des aromates. Les Égyptiens finançaient des expéditions qui se rendaient dans les pays de Pount — la Corne de l'Afrique — et sur les côtes de l'Arabie du Sud, pour chercher de l'encens, de la myrrhe, de la cinamome (cannelle), dont les prêtres et les embaumeurs faisaient une ample consommation. Le roi Salomon envoya des marins phéniciens chercher de l'encens et de la cannelle dans cette région.

Arras, *France* Préfecture du Pas-de-Calais, sur la Scarpe, à 40 km au S.-O. de Lille. Industries mécaniques, brasseries, raffinage du sucre, huiles végétales et équipement agricole. La vieille ville fut dévastée lors de la Première Guerre mondiale, mais l'hôtel de ville (beffroi) et de belles maisons anciennes évoquent son passé flamand (elle fit partie des Flandres durant le règne des Habsbourg aux XVIe et

Argentine

UN PAYS MAGNIFIQUE, AUX DIMENSIONS DÉMESURÉES, OÙ UNE SOCIÉTÉ RAFFINÉE VENUE DE TOUS LES PAYS D'EUROPE VIT AU-DESSUS DE SES MOYENS

La plus grande partie des Argentins pensent qu'ils sont différents des autres Sud-Américains. Ils s'estiment plus raffinés et possédant une meilleure éducation, et Buenos Aires, la capitale où vit le tiers de la population, ressemble à une ville européenne. L'Argentine a accueilli des immigrants originaires de tous les pays d'Europe ; la communauté britannique est venue avec la construction du chemin de fer, les Italiens ont apporté l'esprit et l'exubérance latine ; la France n'a pas donné naissance à un groupe important, mais sa langue est le symbole de la culture de la vieille Europe (25 000 Argentins fréquentent les écoles de l'Alliance française). Dans le passé, l'Argentine a été le plus prospère des pays d'Amérique latine. En 1914, la viande et le blé argentins ont nourri l'Europe ravagée par la guerre, et le pays a représenté l'espoir d'une vie meilleure pour des dizaines de milliers d'émigrants ; l'Argentine était alors bien placée pour figurer sur la liste des pays développés.

L'Argentine est le huitième pays du monde par sa superficie (cinq fois la France) ; en Amérique du Sud, seul le Brésil la dépasse. Elle s'allonge sur 3 700 km, du tropique du Capricorne jusqu'à la zone subpolaire de la Terre de Feu ; sa population dépasse les 30 millions d'habitants et sa capitale est l'une des plus grandes métropoles mondiales. Le premier prix Nobel de la paix latino-américain, Carlos Saavedra (1936), est argentin.

LA RICHESSE DE LA PLAINE ARGENTINE

La grande plaine fertile — la pampa — qui s'étale au centre du pays assure la prospérité de l'Argentine. Elle a d'abord fourni de la laine et des moutons, puis de la viande et des cuirs pour les mineurs de l'Altiplano péruvien, puis pour l'exportation ; actuellement c'est l'une des grandes régions céréalières du monde (blé, maïs).

Pourtant, à l'arrivée des conquérants espagnols (en 1515, Diaz de Solis découvrait le Rio de la Plata et, en 1520, Magellan reconnaissait la Patagonie et le détroit qui aujourd'hui porte son nom), rien ne prédestinait l'Argentine — vaste espace hostile et dépourvu de mines d'or ou d'argent — à devenir un grand pays. Jusqu'à 1713, elle fut administrée à partir de Lima, capitale du vice-royaume du Pérou. Au début du XIXe s., l'Espagne s'avère impuissante à porter secours à la vice-royauté de La Plata, installée au siècle précédent et soumise aux incursions britanniques. L'aristocratie et la bourgeoisie locales en profitent pour destituer le vice-roi et proclamer l'indépendance (1810). La nouvelle république englobait des parties du Paraguay, de l'Uruguay et de la Bolivie actuels. Dès lors, le pays se trouve partagé entre les « unitaires », partisans d'un État centralisé qui regroupe surtout la bourgeoisie de Buenos Aires tournée vers le commerce, et les créoles éleveurs de la Pampa, attachés à leurs particularismes régionaux. Cette opposition entre le « port » — aujourd'hui une ville tentaculaire de 10 millions d'habitants, avec ses nombreuses industries — et une campagne conservatrice peu disposée à subir la domination économique et politique de Buenos Aires, se remarque tout au long de l'histoire mouvementée du pays.

Jusqu'en 1853, date d'adoption d'une constitution démocratique du type fédéral, la vie politique et économique est dominée par le dictateur Rosas, qui, allié des milieux d'affaires britanniques, s'emploie à développer l'intérieur du pays (dépossession des Indiens au profit de grands domaines où sont introduites des techniques pastorales modernes). La Constitution de 1853 et la volonté des dirigeants successifs vont faire de l'Argentine un pays moderne ; l'économie s'ouvre au commerce international et une immigration massive aboutit au quadruplement de la population (6 millions de personnes) entre 1870 et 1930. Une politique d'éducation dynamique est menée pour intégrer métis locaux et nouveaux venus, originaires d'Espagne, d'Italie ou d'Europe centrale pour la plupart. Buenos Aires devient capitale fédérale (1880). Entre-temps, l'Argentine a fixé ses frontières — guerre contre les Indiens de la Pampa (1879), annexion de la Patagonie (naissance des problèmes territoriaux avec le Chili, réglés en 1983 pour le canal de Beagle, en Terre de Feu, après une médiation du Vatican), participation à la guerre de la Triple-Alliance contre le Paraguay (1865-1870).

En 1914, la guerre en Europe est une occasion pour l'Argentine d'associer au boom économique sur la viande, la laine et les céréales, la construction d'une industrie de transformation. Mais la prospérité est de

courte durée, et la crise des années 30 touche aussi le pays. Depuis un demi-siècle, l'Argentine vit dans la nostalgie de sa grandeur passée et se débat dans d'insolubles problèmes politiques, économiques et sociaux.

DE PERÓN À MENEM

Travaillée par les influences autoritaires ayant cours dans les pays d'origine des nombreux immigrants (Espagne, Italie), la société argentine traverse la Seconde Guerre mondiale en observant une neutralité bienveillante envers les pays de l'Axe. Aussi le colonel Perón — soutenu par sa femme Evita, idole des *descamisados,* « sans-chemise » — n'a-t-il aucun mal à s'installer au pouvoir, à la suite d'élections libres, en s'appuyant sur les chômeurs et les ouvriers, contre les démocrates de gauche et de droite et les chefs traditionnels de l'armée (1946). Sa popularité est immense dans les régions urbaines (le décès d'Evita Perón en 1952 est l'occasion de funérailles populaires grandioses), moindre dans les campagnes, car il néglige l'agriculture ; il commet l'erreur de se brouiller avec l'Église catholique ; il est déposé par un coup d'État militaire en 1955.

Les régimes militaires se succèdent jusqu'au retour du général Perón en 1973. Sa seconde femme, « Isabelita », qui accède au pouvoir après sa mort en 1974, n'a pas le charisme d'Evita et ne bénéficie d'aucun soutien populaire lorsqu'elle est évincée par une junte militaire en 1976, après une période de troubles (attentats, enlèvements).

Malgré les pouvoirs qu'elle s'est arrogés et le libéralisme sauvage qui régit l'économie, la dictature ne parvient pas à résoudre les problèmes fondamentaux du pays (2 millions de personnes ont quitté le pays). Tenue en quarantaine par les démocraties, elle bénéficie de la neutralité de l'U.R.S.S. en lui livrant des céréales (l'Union soviétique est soumise à un embargo occidental sur le blé en raison de son intervention en Afghanistan).

En 1982, la junte présidée par le général Galtieri tente de rompre son isolement intérieur en s'emparant des îles Falkland. Appelées Malouines par les Argentins qui la peuplèrent au début du siècle dernier (elles furent d'abord habitées par des marins de Saint-Malo), ces îles furent annexées par les Britanniques en 1832.

Les Britanniques reprennent pied sur l'archipel et infligent une défaite cuisante à la junte, qui est obligée de se retirer. Des élections libres amènent un civil au pouvoir, le radical Raúl Alfonsín. La dette internationale est énorme et l'inflation atteint des sommets. Mais le problème essentiel aux yeux des Argentins est la condamnation des militaires responsables des disparitions (10 000 personnes), des tortures et des morts pendant la dictature.

En 1987, la dégradation de l'économie et l'hyperinflation (plus de 200 %) ont ramené les péronistes au gouvernement lors des élections législatives. Les présidentielles du 14 mai 1989 ont porté au pouvoir le candidat péroniste Carlos Menem.

La fin de la législature Alfonsín a été marquée par des « émeutes économiques » dans les grandes villes, causées par l'application stricte des recommandations du F.M.I. et des rébellions militaires pour obtenir l'amnistie totale, finalement octroyée par Menem.

Dans une optique de décentralisation et de développement de la Patagonie, le gouvernement a décidé le transfert de la capitale fédérale à Viedma, 980 km au S.

LA TERRE DES GAUCHOS

L'Argentine est un pays démesuré. Elle est séparée du Chili et de la Bolivie, à l'O., par la cordillère des Andes ; elle se partage avec le Chili les plus hauts sommets d'Amérique latine (Ojos del Salado, Aconcagua). Au S. s'étalent les vastes espaces du plateau de Patagonie balayé par les vents, ainsi que les montagnes et les lacs recherchés par les amateurs d'air pur aux environs de Bariloche. Les plaines du Centre sont mieux connues ; ce sont les fameuses pampas où vit la majeure partie de la population rurale.

Les pampas sont le royaume des gauchos (généralement des métis) : ils les parcourent sur des chevaux qui ne connaissent ni enclos ni palissades. Seuls les pylônes électriques et les éoliennes parsèment ces plaines désespérément plates ; quelques bouquets d'arbres trahissent la présence d'un village, tandis que des alignements d'eucalyptus annoncent l'apparition d'un ranch.

Mais la pampa n'est pas toute l'Argentine. Dans le Nord-Ouest, le style de vie est voisin de celui de l'altiplano bolivien ; c'est la terre des Indiens et des métis. La végétation est luxuriante et subtropicale ; cette région où l'on ressent encore le charme suranné de l'époque coloniale avec ses églises espagnoles, est le jardin de l'Argentine.

Le Nord-Est, le Gran Chaco, est voué au bétail et au coton. Plus à l'E. encore, entre les rivières Paraná et Uruguay, on cultive le maté, la boisson favorite des gauchos. En pleine jungle, au point de rencontre des frontières de l'Argentine, du Paraguay et du Brésil, se trouvent les gigantesques chutes de l'Iguaçu (64 m de hauteur, 4 km de largeur). La région de Mendoza, au pied des Andes, est connue pour ses vignobles, ses oliveraies et ses produits maraîchers.

Au S., le plateau de Patagonie, où se sont installés en 1865 des Écossais éleveurs de moutons, se prolonge par la Terre de Feu, île froide et désolée, dont l'intérêt économique réside dans l'extraction du gaz naturel. Les habitants, les Fuégiens, n'ont pas résisté aux maladies apportées par les Européens.

L'HOMME ET SES CHIENS. L'élevage des moutons a été la principale activité sur le plateau désolé de Patagonie depuis l'arrivée des premiers colons écossais au début du XIXe s.

L'ARGENTINE EN BREF
Superficie 2 766 889 km²
Population 33 500 000
Capitale Buenos Aires
Régime République fédérale
Monnaie Peso = 100 centavos
Langue Espagnol
Religions Chrétiens (catholiques, 90 %, protestants, 2 %), juifs (2 %)
Climat Subtropical dans le Nord, subarctique dans le Sud. Température moyenne à Buenos Aires : 5 à 14 °C en juin à 17-29 °C en janvier
Ressources Blé, maïs, pommes de terre, sorgho, sucre, vignes, pommes, agrumes, soja, tournesol, coton, bétail, moutons, poisson, bois ; charbon, pétrole et gaz naturel, uranium, minerai de fer, plomb, zinc
Activités Aciéries, industries alimentaires, textiles, industries chimiques, chaînes de montage d'automobiles, industries mécaniques, raffineries, mines, pêche, industries forestières, pâte à papier, papier, vin
Exportations Blé, maïs, viande, soja, huile, produits animaux, produits chimiques, fruits et légumes, cuirs, mécanique, sucre, laine
P.N.B. par habitant 6 050 dollars
Croissance démographique 11 ‰ par an
Espérance de vie Hommes 67 ans, femmes 74

Arménie

PEUT-ÊTRE LE PLUS FRAGILE DES ÉTATS ISSUS DE L'EX-U.R.S.S., QUI CHERCHE VERS QUI SE TOURNER

Indépendante entre le VIIIe s. av. J.-C. et le IVe s. après J.-C., puis dominée par la Perse et l'Empire ottoman, l'Arménie fut intégrée à l'U.R.S.S. en 1920. Soixante et onze ans plus tard, les Arméniens retrouvent leur autonomie sur leurs terres, ou du moins ce qu'il en reste : un territoire historique diminué de moitié par la Turquie après les massacres de 1915 et malgré le traité de Sèvres (1920), qui ne fut jamais appliqué. Quant aux territoires arméniens de Nakhitchevan et du Haut-Karabakh, Staline eut la bonne idée de les attribuer à l'Azerbaïdjan. De là une grande partie des problèmes de l'Arménie.

Le conflit du Karabakh, relancé en 1988, n'a fait qu'envenimer des relations déjà tendues entre les peuples arméniens et azéris. Terre arménienne enclavée en pays hostile, le Karabakh a entraîné un afflux de réfugiés de part et d'autre, des pogroms, et enfin une guerre de position meurtrière. Avec, au N., une Géorgie en majorité chrétienne mais elle-même empêtrée dans des conflits internes, à l'O., la Turquie, à l'E., l'Azerbaïdjan, au S., l'Iran, tous trois terres d'islam, l'Arménie tente de trouver sa voie.

Le conflit perdure, les forces arméniennes occupant désormais tout le Sud-Ouest de l'Azerbaïdjan, permettant ainsi l'établissement d'un cordon ombilical entre le Haut-Karabakh et la « mère patrie ».

DES CAPACITÉS ÉCONOMIQUES CERTAINES

Pays au relief montagneux dépassant souvent 3 000 m et culminant au mont Aragats (4 090 m), un ancien volcan, la plus petite des anciennes républiques de l'ex-U.R.S.S. bénéficie de faibles précipitations. Les vallées de l'Araxe (aux frontières turque et iranienne) et de la Zanga sont les principales régions économiques profitant de l'irrigation, rendue possible par les aménagements hydrauliques du lac Sevan et de la Zanga.

La principale ressource du pays est sans conteste le cuivre, mais il dispose aussi de matériaux de construction (marbre, ponce et tuf). Métallurgie du cuivre et industrie chimique sont les plus développées. Les principaux centres industriels sont Erevan et Goumri (ex-Leninakan), qui fut très touchée par le tremblement de terre meurtrier qui fit en décembre 1988 plus de 50 000 morts.

L'agriculture, privatisée depuis 1991, est en nette amélioration, puisqu'elle permet maintenant l'autosuffisance alimentaire, hormis pour le blé. L'élevage est aussi très présent.

Alors que l'approvisionnement énergétique dépend à 80 % de l'Azerbaïdjan, ainsi qu'une bonne part des transports, le blocus de l'Arménie, imposé par ce dernier, ne peut être contourné que par une ouverture vers la Turquie et l'Iran. Le président Ter Petrossian, élu en 1991, s'y essaie, en faisant appel également à la solidarité internationale. La communauté arménienne à travers le monde, forte de près de 2 millions de personnes, est aussi mise à contribution.

L'ARMÉNIE EN BREF
Superficie 29 800 km²
Population 3 550 000
Capitale Erevan
Régime République parlementaire
Monnaie Tram (ou dram), introduit progressivement en remplacement du rouble
Langue Arménien
Religion Arménienne
Climat Continental
Ressources Vignes, fruits, tabac, élevage, cuivre, zinc, plomb
Activités Constructions mécaniques, électriques, conserveries
P.N.B. annuel par habitant 2 150 dollars
Croissance démographique 15,1 ‰ par an
Espérance de vie Hommes 67 ans, femmes 73

XVIIe s.). Au Moyen Âge, sous les comtes de Flandre, elle était célèbre pour ses tapisseries.
Population 38 600
Carte France Ea

Arthur (col), ***Nouvelle-Zélande*** Col des Alpes néo-zélandaises, reliant par route et voie ferrée la côte O. à Christchurch. On y accède à l'O. par la gorge d'Otira.
Carte Nouvelle-Zélande Ce

Artois, ***France*** Ancienne province du Nord (département du Pas-de-Calais), qui appartint notamment aux maisons de Bourgogne, d'Autriche et d'Espagne, et fut acquise par la France en 1659. Elle occupe un plateau calcaire compris entre la Picardie et la Flandre, et a pour capitale Arras. Entre septembre 1914 et octobre 1915 s'y déroulèrent trois importantes batailles (nombreux cimetières et monuments militaires).
Carte France Ea

Aruba, ***Petites Antilles*** Cette île des Antilles néerlandaises (193 km²) est située à l'O. de Curaçao et à 30 km de la côte N. du Venezuela. Industries : raffineries de pétrole, pétrochimie, engrais et tourisme. Capitale : Oranjestad. Depuis le 1er janvier 1983, elle a adopté un statut d'autonomie. L'île devrait être complètement indépendante en 1996.
Population 65 000
Carte Antilles Dc

Arunachal Pradesh, ***Inde*** État du Nord-Est (83 743 km²), voisin du Tibet. Capitale : Itanagar. Malgré ses montagnes et sa jungle épaisse, la Chine en fit sa voie d'invasion lors de la guerre sino-indienne de 1962. La population tribale (Naga) vit de la terre et entretient peu de relations avec le monde extérieur.
Population 865 000
Carte Inde Eb

Arunta (désert d'), ***Australie*** Voir SIMPSON (désert de)

Arusha, ***Tanzanie*** Capitale régionale du Nord-Est, à 100 km au S. de la frontière kenyane. Centre touristique, au pied du mont Meru (4 565 m), au cœur d'une région riche en café.
Population 69 000
Carte Tanzanie Ba

Arzew, off. **Arziw,** ***Algérie*** Port de la Méditerranée, à 35 km à l'E. d'Oran, l'un des points de débarquement des armées américaines en novembre 1942. Terminal des gazoducs et oléoducs du Sahara. Pétrochimie et liquéfaction du gaz naturel.
Population 21 000
Carte Algérie Aa

Ascension (île de l'), ***océan Atlantique*** Possession anglaise (depuis 1815) située dans l'Atlantique S. à 1 126 km au N.-O. de Sainte-Hélène dont elle dépend administrativement. Elle fut découverte par Juan de Nova en 1501, le jour de l'Ascension. Chef-lieu : Georgetown.

Les habitants de cet îlot volcanique de 88 km², pauvre en végétation, cultivent fruits et légumes et élèvent du bétail. Les États-Unis ont sur l'île un relais de satellite.
Population 1 700
Carte Atlantique (océan) Ee

Aschaffenburg, ***Allemagne*** Port de Bavière sur le Main, à 35 km au S.-E. de Francfort. Le vaste palais de Johannisburg, bâti de 1605 à 1615, fut la résidence d'été, deux cents ans durant, des gouverneurs locaux, les Électeurs de Mayence. Sur l'autre rive du Main, charmant parc de Schönbusch, aménagé au XVIIIe s. Industries: papier, textiles et confection, machines-outils.

Population 60 000

Carte Allemagne Cd

Ascoli Piceno, ***Italie*** Ville touristique, chef-lieu d'une province des Marches (2 087 km^2) à 160 km au N.-E. de Rome. Nombreux vestiges romains. Cathédrales des XVe-XVIe s. (crypte du XIe s., façade Renaissance).

Population (ville) 53 500 ; (prov.) 360 000

Carte Italie Dc

Ashdod, ***Israël*** Port et centre industriel (fibres synthétiques), à 30 km au S. de Tel-Aviv. Ancien port philistin. Selon l'historien grec Hérodote, il s'y tint au VIIe s. av. J.-C. le plus long siège du monde: on y résista 29 ans à l'envahisseur égyptien.

Population 84 000

Carte Israël Ab

Ashqelon, ***Israël*** Port et station balnéaire, à 50 km au S. de Tel-Aviv. Cette ancienne satrapie philistine fut conquise par les Romains puis, au XIIe s., par les croisés. Terminal d'un oléoduc de la mer Rouge. On y trouve des vestiges archéologiques d'époques diverses et une ancienne synagogue.

Population 54 700

Carte Israël Ab

Asie Dans l'histoire des hommes, c'est le « vieux continent », une terre de légendes, longtemps placée entre la réalité et le mythe. Bien des merveilles et de grands contes y virent le jour. Marco Polo, découvreur de l'Asie à la fin du XIIIe s., chroniqueur avisé, déclara sur son lit de mort: « Je n'ai pas raconté la moitié de ce que j'ai vu. » De peur, sans doute, d'être l'objet des railleries de ses contemporains incrédules.

L'Asie, le plus grand des continents, comprend un tiers des terres émergées, environ 60 % de la population mondiale. Reliefs et climats de tous genres y sont représentés, du permafrost sibérien aux jungles malaises, des déserts de l'Arabie aux volcans du Japon. On y trouve le sommet le plus élevé du monde (l'Everest, 8 848 m) et le point le plus bas de la surface du globe (la mer Morte, 396 m au-dessous du niveau de la mer). Près des deux tiers du continent asiatique sont occupés par la Russie, le plus grand pays du monde, et la Chine, le plus peuplé. La Mésopotamie, l'Assyrie, Babylone, la Perse, l'Arabie, le Levant, la vallée de l'Indus, l'Inde et la Chine y furent des berceaux de civilisations d'où émergèrent les grandes religions: bouddhisme, hindouisme, judaïsme, christianisme et islam.

Si l'on excepte l'ex-U.R.S.S., l'Asie peut être divisée en quatre régions caractéristiques: l'Extrême-Orient (Asie orientale) avec la Chine et le Japon; l'Asie du Sud-Est (péninsule indochinoise et archipels du Pacifique), l'Asie méridionale (subcontinent indien) et le Moyen-Orient (Asie occidentale) en bordure de la Méditerranée et de la mer Rouge.

Superficie 43 549 924 km^2

Population 3 450 000 000

Asie méridionale C'est le subcontinent indien, qui forme un triangle dont la pointe s'avance dans l'océan Indien ; il est long de 3 000 km, large d'autant à sa base. Il comprend à l'O. le Pakistan, au centre l'Inde et les États himalayens du Népal et du Bhoutan, à l'E. le Bangladesh, et au S. l'État insulaire de Sri-Lanka (Ceylan). C'est la région du monde où la population est le plus dense : un mélange foisonnant de peuples, avec dix-huit langues officielles, d'innombrables dialectes et de nombreuses religions.

Géographiquement, on peut la découper en trois parties : les montagnes du Nord ; les plaines du Brahmapoutre, du Gange et de l'Indus ; la péninsule méridionale, à laquelle s'ajoute Sri-Lanka.

L'Himalaya, chaîne encore jeune, soulevé par la dérive continentale, possède plus de trente sommets dépassant 8 600 m. Au-dessous de ces déserts de neige, de glaces et de roches à nu, on trouve alpages, forêts de conifères, bambous et rhododendrons, et végétation tropicale.

Au S. des contreforts himalayens s'étendent de vastes plaines : à l'E. et au centre, soumises à la mousson d'été, les plaines du Brahmapoutre et du Gange, deux fleuves qui convergent et se jettent dans le golfe du Bengale ; à l'O., arrosée par irrigation, la plaine de l'Indus (Pendjab pakistanais et, au S., Rajasthan semi-désertique). Là est le cœur de l'Inde : les terres agricoles les plus fertiles, les industries les plus productives.

La péninsule méridionale, le Deccan, est un pays de collines vallonnées et de larges vallées fluviales, bordé à l'O. par les pics spectaculaires des Ghats occidentaux et à l'E. par la chaîne moins élevée des Ghats orientaux. Grâce à l'irrigation, les riches sols basaltiques produisent coton, haricots et autres récoltes. Au S., l'île de Sri-Lanka, fragment du Deccan, est géologiquement rattachée à l'Inde. Ses montagnes centrales s'entourent d'étroites plaines côtières.

Malgré des régions relativement peu habitées (les contreforts du Nord par exemple, avec moins de 10 habitants au kilomètre carré), la densité moyenne de population du subcontinent indien est de plus de 200 habitants au kilomètre carré. Cette population est essentiellement rurale (à 90 % au Bangladesh), mais les villes sont surpeuplées et la croissance démographique est très forte.

Superficie 4 488 638 km^2
Population 1 180 760 000
Carte Asie

Asie orientale Voir EXTRÊME-ORIENT

Asie du Sud-Est Le terme « Asie du Sud-Est » fut inventé vers 1900 pour définir commodément une aire de marché, mais Chinois et Japonais usaient depuis longtemps d'un nom similaire, « les Mers du Sud ».

Zone très complexe, commençant à la frontière de l'Inde et de la Birmanie, elle comprend : la Birmanie, la Thaïlande, le Laos, le Cambodge, le Viêt-nam, la Malaysia, Singapour, Brunei, l'Indonésie et les Philippines. Le cœur en est constitué par un réseau de mers et de détroits — le détroit de Malacca, entre la péninsule de Malaisie et Sumatra, les mers de Java et de Chine méridionale, le détroit de Macassar (ou d'Ujungpandang) entre Bornéo et Sulawesi, et les mers de Banda, de Sulu et des Célèbes. Les nations du continent possèdent chacune une grande vallée fluviale : l'Irrawaddy en Birmanie, le Menam (Chao Phraya) en Thaïlande, le Mékong au Laos, au Cambodge et dans le sud du Viêt-nam, et le fleuve Rouge (Song Kôi) dans le nord du Viêt-nam. Leurs cours traversent des montagnes boisées et se terminent dans de vastes plaines deltaïques sujettes à de fréquentes inondations.

Cet ensemble de péninsules et d'îles est bordé par des fosses océaniques vertigineuses : la fosse de Mindanao (−10 670 m) à l'E. des Philippines et celles de la Sonde, ou de Java. 70 % des sommets volcaniques de Sumatra, de Java et des petites îles de la Sonde ont fait éruption au cours des deux cents dernières années.

Les climats d'Asie du Sud-Est sont de deux types : chaud et humide toute l'année, à Bornéo et à Sumatra (traversés par l'équateur), ainsi que dans les îles de même latitude ; soumis à l'influence de la mousson, de part et d'autre de l'équateur. Les pays du continent, au N., reçoivent leurs pluies de mai à octobre ; les îles, au S., de novembre à avril. Dans la zone équatoriale, la forêt vierge fait place, à partir de 1 000 m d'altitude, à des arbres nains et à des buissons, sur les côtes, à la mangrove. Là où la mousson fait alterner saisons sèches et saisons humides, on trouve des forêts de tecks, de pins en altitude, et des savanes boisées.

Les peuples de l'Asie du Sud-Est sont aussi divers que leurs pays. Les îles de l'Indonésie, étendues sur plus de 5 000 km d'océan, abritent 300 groupes ethniques parlant 250 langues. Partout, les religions diffèrent. Le bouddhisme prédomine en Thaïlande et en Birmanie, comme autrefois au Viêt-nam, au Laos et au Cambodge pré-communistes. L'islam est la religion officielle de la Malaysia, de Brunei et de l'Indonésie, tandis que les Philippines sont surtout catholiques, Bali hindou, et que les peuples des montagnes adorent des divinités tribales.

Excepté dans l'État de Singapour, l'un des plus grands centres commerciaux du monde, l'économie de l'Asie du Sud-Est repose sur l'agriculture. Agriculture souvent itinérante, faisant vivre douze millions de familles. Les grandes cultures commerciales sont le palmier à huile, le riz, la canne à sucre, le café et le caoutchouc. Maïs, thé, coton, coprah et épices composent les exportations, ainsi que les bois durs. La Malaysia et l'Indonésie fournissent la moitié de l'étain mondial, et possèdent tungstène et nickel. Le Viêt-nam dispose de charbon, les Philippines de cuivre en abondance ; la Birmanie et la Thaïlande produisent la plupart des saphirs et rubis du monde. Le pétrole et le gaz naturel favorisent le développement de l'Indonésie, et constituent la principale richesse du Sultanat de Brunei.

Superficie 3 939 498 km^2
Population 462 857 000

Asir, *Arabie Saoudite* Région côtière montagneuse, au S.-O. du pays. La chaîne de l'Asir longe la côte sur 370 km (hauteur moyenne : 1 800-2 000 m). Malgré des cols difficiles d'accès, cette contrée autrefois quasi inaccessible est reliée par route à La Mecque et à Médine. C'est la région la plus pluvieuse d'Arabie Saoudite (370 mm par an). On y cultive du maïs, du blé et du sorgho (utilisé comme fourrage). Le potentiel agricole a été encore accru après la construction du barrage de Djizza. Cuivre et nickel dans la montagne.

Carte Arabie Saoudite Bc

Asmara ou **Asmera, *Érythrée*** Capitale du pays, à 100 km de la mer Rouge, elle fut occupée par les Italiens de 1889 à 1941. Les États-Unis y construisirent en 1950 le plus grand centre militaire de communications d'Afrique. Cette belle ville à l'italienne avec des maisons à arcades a servi de camp retranché aux Éthiopiens dans leur lutte contre les indépendantistes. Nombreuses petites industries.

Population 343 000
Carte Éthiopie Aa

Asnam (El-), *Algérie* Voir CHÉLIFF (Ech-)

Aso, *Japon* Parc national (731 km^2) dans l'île de Kyushu, à 60 km au S.-O. de Beppu. Il abrite le plus grand cratère volcanique du monde, sur le mont Aso. La caldeira, hérissée de cinq sommets, mesure 24 km du N. au S. et 18 km d'E. en O.

Carte Japon Bd

Assab, *Érythrée* Port et deuxième ville du pays sur la mer Rouge, à 60 km au N. de la frontière avec Djibouti. Il possède la seule raffinerie de pétrole du pays. Assab doit être ouvert au trafic commercial éthiopien.

Population 40 000
Carte Éthiopie Ba

Assad (lac), *Syrie* Lac créé par la construction du barrage de l'Euphrate (1968-1978), au S.-E. d'Alep. Long de 80 km, il permet d'irriguer jusqu'à 640 000 ha. Le barrage fournit 70 % de l'énergie hydroélectrique du pays.

Carte Syrie Ba

Assal (lac), *Djibouti* Lac d'eau saumâtre de 54 km^2, recouvert aux trois quarts d'une banquise de sel et de gypse d'une blancheur éclatante, situé à l'E. du golfe de Tadjourah, à 153 m au-dessous du niveau de la mer. Les nomades Afar viennent s'y approvisionner en sel. On peut rouler sur la banquise en voiture ou, en louant un petit avion, s'offrir la curieuse sensation de voler au ras du lac avec l'altimètre

BANQUISE DE SEL. Point le plus bas du continent africain (153 m au-dessous du niveau de la mer), le lac Assal est aussi le lac le plus salé du monde, recouvert d'une banquise de sel.

au-dessous du niveau marin. Une exploitation industrielle de ce gigantesque gisement de sel est envisagée.

Assam, ***Inde*** État du Nord-Est. (99 680 km²), borné par le Bhoutan et l'Arunachal Pradesh au N., le Nagaland et le Manipur à l'E., et le Meghalaya au S. Traversé par le Brahmapoutre, il est sujet à de fréquents séismes. Le nord de l'État est la région la plus arrosée du monde (11 000 mm par an). L'immigration massive de Bengalis y provoque de fortes tensions. Capitale: Dispur. Productions: huile, thé, riz, soie, coton, bois d'œuvre, jute.
Population 22 415 000
Carte Inde Eb

Assekrem, ***Algérie*** Dans le massif du Hoggar, sommet (2 918 m) au pied duquel se trouve l'ermitage où le père Charles de Foucauld vécut une dizaine d'années avant d'être assassiné (1916).

Assen, ***Pays-Bas*** Ville commerçante à 130 km au N.-E. d'Amsterdam, fondée au XIIIe s. autour d'un couvent qui abrite aujourd'hui des services publics. Non loin se trouvent de nombreux mégalithes, les « Grottes des Géants », déjà mentionnées par l'historien romain Tacite.
Population 45 900
Carte Pays-Bas Ca

Assise, en it. **Assisi,** ***Italie*** Ville à flanc de coteau, à 130 km au N. de Rome, et centre de pèlerinage. C'est la patrie de saint François (1182-1226), patron des animaux et fondateur du plus grand ordre monastique de l'Église catholique, les Franciscains. La vie de saint François d'Assise a été représentée en fresques par Giotto en 1296 dans la partie supérieure de la basilique San Francesco.

Le couvent de San Damiano (XIIe s.), à 2 km au S., fut bâti sur le site où le crucifix parla à saint François. Dans une forêt de chênes, à 4 km à l'O., l'Eremo delle Carceri, lieu de retraite du saint, est marqué par une simple église creusée dans le roc. À 5 km au S. de la ville, l'église décorée de Santa Maria degli Angeli (fresque, polyptyque) fut édifiée sur la chapelle de la Portioncule, endroit où mourut saint François.
Population 24 400
Carte Italie Dc

Assouan ou **Aswan** ***Égypte*** Ville de la rive E. du Nil, à 700 km au S. du Caire, à proximité des carrières d'où les anciens Égyptiens tirèrent le granit des obélisques et statues de Louxor et Karnak. Important centre touristique. Industries: acier, textile, carrières de granit.

À cet endroit, le Nil coule en cataractes entre des îlots rocheux. L'île des Plantes abrite une forêt d'essences rares et étrangères. Sur l'île Éléphantine se trouve le célèbre nilomètre dont se servaient les anciens Égyptiens chaque année au mois de juin pour mesurer la crue du Nil.
Population 200 000
Carte Égypte Cc

Assouan (haut barrage d') ou **Sadd-El-Ali,** ***Égypte*** L'un des plus grands barrages du monde, terminé en 1971. Long de 3 600 m, haut de 114 m, il retient le lac Nasser (5 180 km² en Égypte et au Soudan), et permet l'irrigation pérenne de la vallée du Nil, au N.
Carte Égypte Cd

Assyrie, ***Moyen-Orient*** Ancien empire de haute Mésopotamie (capitale: Ninive), sur la rive orientale du Tigre. Fondé il y a près de cinq mille ans, il domina presque toute l'Asie occidentale. Malgré sa puissance militaire, il fut soumis aux empires babyloniens et romains. Il fait aujourd'hui partie de l'Irak.

asthénosphère Partie du manteau de l'intérieur de la Terre située sous la lithosphère, et peu rigide, sans doute à cause de la chaleur et d'une fusion partielle. Voir COURANTS DE CONVECTION

Asti, ***Italie*** Chef-lieu d'une province du Piémont, à 40 km au S.-E. de Turin (1 511 km²). La ville conserve plusieurs monuments médiévaux: cathédrale gothique du XIVe s., église de San Secondo (XIIIe-XVe s.) et baptistère San Pietro (XIIe s.). La province d'Asti produit un vin mousseux célèbre: l'asti.
Population (ville) 63 600; (prov.) 209 500
Carte Italie Bb

Astrakhan ou **Astrakan,** ***Russie*** Port du delta de la Volga, près de la mer Caspienne, à 375 km au S.-E. de Volgograd. Commerce du bois, du coton, des fruits, des céréales, du riz. Pêche (esturgeon, prisé pour son caviar). Industries: textiles, chantiers navals, tanneries (fourrure de l'agneau caracul, ou « astrakan »).

La ville, fondée par les Tatars au XIIe s., fut conquise en 1556 par Ivan le Terrible, qui y bâtit une forteresse.
Population 511 900
Carte Russie Cd

Asturies, ***Espagne*** Région historique et administrative (10 565 km²) sur le golfe de Gascogne, dont le chef-lieu est Oviedo. C'est une terre montagneuse, qui vit de l'agriculture, de la pêche, et surtout de l'industrie, liée à la richesse de son sous-sol: charbon, fer, plomb, cuivre.
Population 1 135 000
Carte Espagne Ba

Asunción, ***Paraguay*** Capitale et seule grande ville du pays, fondée en 1537 par des colons espagnols, au confluent des rivières Paraguay et Pilcomayo, et ainsi baptisée car sa construction commença un 15 août, jour de la fête de l'Assomption (*Asunción* en espagnol).

La ville actuelle, bien qu'essentiellement postérieure au XIXe s., est dessinée selon un plan colonial fait d'avenues plantées d'arbres se coupant à angle droit. Le palais gouvernemental et les bâtiments de la Plaza de Los Héroes sont copiés sur des modèles parisiens. Les joueurs de harpe traditionnelle abondent aux terrasses des restaurants. Industries: textiles, alimentaires.
Population 502 500
Carte Paraguay Bb

Aswan, ***Égypte*** Voir ASSOUAN

Atacama, ***Chili*** Région du Nord comprenant la partie méridionale du désert d'Atacama. Sa prospérité, autrefois fondée sur ses mines d'argent de Chañacillo, repose aussi sur l'exploitation de ses ressources agricoles. Le cuivre (Potrerillos et El Salvador) est exporté depuis les ports de Barquito et de Chañaral; le fer des mines d'Algarrobo, dans la vallée vinicole du Huasco, depuis Huasco et Los Lozes. Le port de Caldera dessert le chef-lieu, Copiapo. Ces deux villes furent les premières de l'hémisphère S. à être reliées par une ligne ferroviaire, dès 1852.
Population 230 800
Carte Chili Ab

Atacama (désert d'), ***Chili*** Région désertique de 132 000 km², au N. du pays, l'une des plus sèches de la terre — à certains endroits, il n'a pas plu pendant quatre cents ans, de 1570 à 1971. Riche en nitrates de sodium (engrais), et en iode (industrie pharmaceutique).
Carte Chili Bb

Atakora (chaîne de l'), ***Afrique de l'Ouest*** Massif montagneux qui traverse le Togo et occupe le nord-ouest du Bénin et le sud-est du Burkina (ancienne Haute-Volta). Ses sommets sont les points culminants du Togo (850 m) et du Bénin (835 m). On y trouve gorges, cataractes, lacs et fleuves spectaculaires.
Carte Bénin Aa

Atbara, ***Soudan*** Ville industrielle à 350 km au N. de la capitale, Khartoum, située au croisement de deux importantes voies routières et ferroviaires qui relient Khartoum à Ouadi Halfa et à Port-Soudan, sur la mer Rouge. Elle se trouve au confluent du Nil et de l'Atbara, le Nil Noir. Ce dernier prend sa source 1 120 km au S.-E., en Éthiopie. Principales industries: construction de matériel ferroviaire, ciment.
Population 73 100
Carte Soudan Bb

Athabasca, ***Canada*** Rivière prenant sa source dans les Rocheuses et parcourant 1 231 km vers le N. jusqu'au lac Athabasca. C'est en Alberta, le long de ses rives, que se trouvent d'importantes réserves pétrolières de sables bitumineux.
Carte Canada Dc

Athènes, en grec **Athína,** *Grèce* Capitale de la Grèce, dans la plaine de l'Attique, sur le golfe Saronique. Cette ville animée et bruyante, avec ses hautes tours et ses rues embouteillées, entoure l'Acropole paisible et majestueuse. Elle doit son nom à la déesse Athéna. Athènes, construite sur le rocher de l'Acropole à 156 m d'altitude, fut une puissante cité hellénique au VIIIe s. av. J.-C. Durant presque mille ans, elle demeura le centre de la civilisation occidentale, avant d'être anéantie par le général romain Sylla en 86 av. J.-C. Contrairement à Sparte, sa rivale, grande cité guerrière, Athènes fut la capitale incontestable des arts, de la philosophie, des sciences, de la littérature et du théâtre.

La plupart des magnifiques vestiges architecturaux de l'Acropole datent de l'époque classique de Périclès, l'âge d'or du Ve s. av. J.-C. Ils comprennent: le Parthénon (447-438 av. J.-C.), les Propylées (437-432 av. J.-C.), le temple d'Athéna Niké (427-424 av. J.-C.), l'Erechthéion (395 av. J.-C.), le théâtre de Dionysos (IVe s. av. J.-C.) et les temples du Théséion (Ve s. av. J.-C.) et de Zeus Olympien (IIe s. av. J.-C.). Athènes fut la patrie de nombreux philosophes, dont les plus connus sont Socrate, Platon et Aristote.

Ravagée par les Goths en 267 apr. J.-C., Athènes ne cessa de décliner sous l'Empire byzantin. C'est une ville d'importance secondaire que les Turcs occupèrent de 1458 à 1822. Après la guerre de l'indépendance grecque, elle devint capitale de la Grèce en 1834, et se transforma en ville moderne.

Centre politique, économique, culturel de la Grèce, Athènes en est aussi la principale ville industrielle, avec son port: Le Pirée.

Population (ville) 748 200; (aggl.) 3 097 000
Carte Grèce Cc

Athens, ***États-Unis*** Ville de l'État de Géorgie, à 100 km au N.-E. d'Atlanta. Siège de l'université de Géorgie, la plus ancienne université publique du pays (1785).

Population (ville) 45 750 ; (aggl.) 156 300
Carte États-Unis Jd

Atherton (plateau d'), ***Australie*** Plateau du nord du Queensland (à l'O. de Cairns) qui s'étend sur 32 000 km^2, jusqu'à l'extrémité N. de la Cordillère australienne. Son altitude oscille entre 600 et 900 m, et ses forêts vierges sont une attraction touristique. Il produit de la viande, des cacahuètes, du tabac, du maïs et des laitages.

Carte Australie Gb

Athlone, ***Irlande*** Principale ville du comté de Westmeath, sur le Shannon, à 113 km de Dublin, presque au centre de l'Irlande. Château du XIIIe s. Industries textiles.

Population 9 400
Carte Irlande Cb

Athos (mont), en grec **Haghion Oros,** ***Grèce*** Communauté administrative autonome composée d'une vingtaine de monastères byzantins, autour du mont Athos (2 033 m), à l'extrémité S. de la péninsule la plus orientale de la Chalcidique. Fondé en 963, Athos est exclusivement habité par des hommes (environ 1 500). Les femmes et les adolescents « imberbes » n'y sont pas admis, et le nombre des visiteurs étrangers est limité à dix par jour. Les moines respectent le calendrier julien (365,25 jours). Les archives des couvents comprennent des œuvres de l'art byzantin et des manuscrits.

Carte Grèce Da

DU VIN AU THÉÂTRE. À Athènes, dans le théâtre de Dionysos, dieu de la vigne et du vin, se déroulaient des fêtes où se mêlaient mime, danse et chœurs, et qui devaient donner naissance au théâtre grec.

Atitlán, ***Guatemala*** Lac situé à 80 km à l'O. de la capitale, Guatemala, et au N. du volcan Atitlán (3 453 m), à 1 562 m d'altitude. Longueur : 18 km; largeur maximale: 10 km; profondeur 300 m. Les sources chaudes des alentours et les courants thermaux font constamment changer les teintes bleues et vertes de ses eaux. Une traversée du lac en bateau conduit au village de Santiago. De Sololá (2 113 m), on a une vue spectaculaire sur le lac.

Carte Guatemala Ab

Atlanta, ***États-Unis*** Ville principale et capitale de la Géorgie, à 90 km à l'E. de la frontière avec l'Alabama. Fondée en 1837 près de la ligne de chemin de fer, cette petite ville devint rapidement un centre de communications et de manufacture du coton. Principal arsenal des Confédérés durant la guerre de Sécession (1861-1865), elle fut incendiée par les troupes nordistes du général Sherman. De nos jours, c'est la capitale industrielle et financière du sud-est des États-Unis, et un centre commercial et intellectuel. Son aéroport est l'un des plus importants et des plus modernes du pays. L'écrivain Margaret Mitchell (1900-1949) y vécut et y situa l'action de son roman *Autant en emporte le vent*. C'est la patrie de Martin Luther King. Atlanta doit accueillir en 1996 les Jeux olympiques d'été.

Population (ville) 394 100 ; (aggl.) 2 834 000

Carte États-Unis Jd

Atlantique (océan) D'une superficie totale d'environ 100 000 000 km², c'est le deuxième après le Pacifique. Il tire son nom des monts Atlas, au N.-O. de l'Afrique, que les Grecs considéraient comme la frontière occidentale entre le monde connu et l'inconnu. Il s'étend entre l'Europe et l'Afrique de l'E. et les deux Amériques à l'O., entre l'océan Arctique au N. et l'océan Antarctique au S. Il comprend le golfe du Mexique et la mer des Antilles, et se prolonge par la Méditerranée, la mer du Nord et la Baltique.

Formé il y a 175 millions d'années par la séparation des continents, l'Atlantique continue à s'élargir de 10 à 20 mm par an, à partir de la chaîne montagneuse sous-marine qui le traverse (dorsale médio-atlantique). Un seuil très encaissé en occupe la partie centrale du N. au S., et de nouvelles roches s'y forment à mesure que les plaques continentales s'éloignent. Certains sommets de la chaîne atlantique percent la surface : îles volcaniques d'Islande, des Açores, de Sainte-Hélène, de Tristan da Cunha. L'Atlantique renferme aussi des plaines abyssales et des plates-formes littorales peu profondes dont les parties émergées forment des îles : Terre-Neuve, îles Britanniques, Antilles, Canaries.

La profondeur moyenne de l'Atlantique est de 3 330 m, sa profondeur maximale de 9 200 m (fosse de Porto Rico). Ses eaux sont plus chaudes et plus salées que celles des autres océans. Dans l'Atlantique N., elles circulent dans le sens des aiguilles d'une montre (courant Nord-Équatorial, Gulf Stream, courant des Canaries) ; dans l'Atlantique S., elles circulent dans le sens inverse (courants Sud-Équatorial, du Brésil et de Benguela). À l'intérieur de ces systèmes de circulation, on trouve des zones d'eaux plus calmes, comme la mer des Sargasses. La dérive Nord-Atlantique, prolongement du Gulf Stream, déverse des eaux chaudes dans l'océan Arctique, tandis que les courants du Groenland oriental et du Labrador répandent les eaux froides de l'Arctique dans l'Atlantique.

L'océan Atlantique fournit le tiers des poissons et des crustacés du monde. Les principales zones de pêche sont situées sur le plateau continental de l'Atlantique N. : côtes de Terre-Neuve, Dogger Bank (mer du Nord). D'importantes réserves de pétrole ont été découvertes dans le golfe du Mexique et la mer du Nord.

Atlas, *Afrique du Nord* Système montagneux s'étendant sur 2 250 km, de la côte atlantique au S.-O. du Maroc au N. de la Tunisie. Il comprend plusieurs chaînes parallèles, de structure variée : au Maroc, le Haut Atlas, bordé au S. par l'Anti-Atlas et au N. par le Moyen Atlas ; en Algérie, l'Atlas saharien, l'Aurès et l'Atlas tellien.

Carte Afrique Ca

Atlas (Haut), *Maroc* Massif montagneux de plus de 750 km orienté du S.-O. au N.-E. entre l'Atlantique et les hautes plaines du Maroc oriental et formé de chaînes parallèles dépassant presque toutes 2 000 m et culminant au djebel Toubkal (4 167 m), le plus haut sommet d'Afrique du Nord. Au S., le massif volcanique du djebel Siroua le rattache à l'Anti-Atlas, dont il est séparé par les vallées du Sous et du Dadès ; au N., il est prolongé par les plissements du Moyen Atlas (djebel Bou Naceur : 3 254 m). La partie orientale, très sèche, est peu peuplée et tournée vers l'élevage, tandis que l'O., plus arrosé, est favorable à la forêt et à une agriculture intensive dans les vallées.

Carte Maroc Ba

Atlas saharien, *Algérie* Chaîne de massifs plissés entre le S. du Maroc et l'Aurès : monts des Ksour, djebel Amour, monts des Ouled Naïl et monts du Zab, dont l'altitude va de plus de 2 000 m à l'O. à 1 000 m à l'E. Très peu peuplé et voué à l'élevage nomade et semi-nomade, il est jalonné au S. par des oasis comme Laghouat et, au N., par quelques localités, dont Aïn Sefra et Aflou. La région est aujourd'hui en cours de reboisement.

Carte Algérie Ba

Atlas tellien, *Algérie* Ensemble presque continu de montagnes plissées et de plaines intérieures le long de la côte, de la frontière marocaine à Annaba. Il est formé de deux alignements séparés par un sillon : au N., les monts d'Oran, le Dahra, les massifs de Miliana et de Kabylie, dont la chaîne du Djurdjura (Lalla Khadidja : 2 308 m), et, au S., les monts de Tlemcen, de Saïda, le massif de l'Ouarsenis (1 985 m), les monts du Titteri et du Hodna.

L'Atlas tellien, ou Tell, a toujours été la zone vitale de l'Algérie. Ses plaines sont l'objet d'une agriculture moderne, tandis que l'élevage et une agriculture traditionnelle se maintiennent dans les montagnes.

Carte Algérie Ba

atmosphère Voir encadré p. 70

atoll Récif corallien en forme d'anneau entourant un lagon, et communiquant par des passes avec le large.

Attock, *Pakistan* Ville du Pendjab, à 80 km à l'O. d'Islmabad, près d'un gué de l'Indus, avec une forteresse bâtie par l'empereur moghol Akbar le Grand, qui régna de 1556 à 1605. Le pont ferroviaire et routier construit sur le fleuve au XIXᵉ s. a survécu à plusieurs crues gigantesques, le niveau de l'eau pouvant s'élever de 30 m. La

LES DIFFÉRENTES COUCHES DE L'ATMOSPHÈRE

L'atmosphère terrestre est formée d'un mélange stratifié de gaz, rendus solidaires du globe par la force de gravité. Elle offre une protection contre des rayonnements solaires nocifs, contre les débris venus des espaces interstellaires et contre les rayons cosmiques (dont l'origine est inconnue), rendant ainsi la vie possible sur la Terre. Les radiations solaires et cosmiques sont absorbées ou rendues inoffensives par la dispersion ; les météorites brûlent à cause de la chaleur du frottement lors de leur entrée dans l'atmosphère. Sans cette protection, la planète serait en outre sujette à des variations de température extrêmes, car l'atmosphère dissipe la radiation solaire le jour et empêche les pertes de chaleur la nuit.

L'atmosphère comporte cinq couches principales : de bas en haut, la troposphère, la stratosphère, la mésosphère, la thermosphère et l'exosphère. Des zones d'activité nucléaire, chimique et électrique s'individualisent dans chacune des couches ; certaines limites entre couches varient selon la latitude et selon la saison. Parmi les couches incluses dans les couches principales, on note surtout l'ionosphère et la magnétosphère.

Les gaz atmosphériques comprennent l'azote (78 %), l'oxygène (21 %), l'argon (0,9 %) et le gaz carbonique (0,03 %), avec des traces d'hélium, d'hydrogène, de krypton, de méthane, de néon d'ozone et de xénon. En général, ces gaz sont mélangés dans ces proportions jusqu'à 60-80 km, mais il y a une concentration de l'ozone dans la stratosphère vers 25-27 km aux basses latitudes, et plus bas aux latitudes plus élevées. L'atmosphère inférieure contient une proportion variable de vapeur d'eau, presque totalement absente au-dessus de 8 à 18 km.

Au-dessus de la mésosphère, on trouve surtout de l'oxygène et de l'azote, mais, au-dessus de 200 km, l'oxygène prédomine. Dans l'exosphère, l'oxygène, l'hélium et l'hydrogène constituent une partie très ténue de l'atmosphère. Les particules ionisées deviennent abondantes et, au-dessus de 2 000 km, il ne reste plus que des électrons. C'est la magnétosphère, avec des concentrations relatives d'électrons à 3 000 et 15 000 km — les ceintures de radiations de Van Allen. Cette partie de l'atmosphère est influencée par le champ magnétique terrestre.

L'ensemble de l'enveloppe atmosphérique pèse environ 5 millions de tonnes, mais les trois quarts de cette masse sont concentrés au-dessous de l'altitude des plus hautes montagnes (8 848 m à l'Everest). Cette masse d'air exerce une pression d'environ une tonne sur le corps humain au niveau de la mer.

La pression de l'air augmente quand de l'air froid descend et devient plus dense, et s'abaisse quand de l'air chaud se détend et s'élève. Ces variations de pression commandent les systèmes de circulation atmosphérique. La densité de l'atmosphère diminue aussi considérablement avec l'altitude : à 16 km, elle n'est plus égale qu'à 1/10 de sa valeur au niveau de la mer, et à 32 km elle n'a plus que 1/10 de sa valeur à 16 km.

A l'intérieur de l'ionosphère, il y a plusieurs couches distinctes de particules électrisées, les ions. Les ondes radio, qui se déplacent en ligne droite, peuvent être transmises le long de la courbure du globe parce qu'elles sont réfléchies par les couches ionisées. La plus haute, et la plus fortement ionisée, est la couche F2, juste au-dessus de 300 km. Plus bas, on trouve la couche F1, à 150 km. C'est là le niveau le plus bas où l'on puisse placer des orbites de satellites, parce qu'au-dessous l'atmosphère est trop dense pour permettre les vols libres. À 90-160 km se trouve la couche E, fortement ionisée le jour, mais qui se dissipe au coucher du soleil. Dans la mésosphère, autour de 50-90 km, se trouve la couche D, où l'ionisation est faible, et qui réfléchit mal les ondes radio.

EXOSPHÈRE. Commence à environ 500 km au-dessus de la Terre et atteint 2 000 km à travers la magnétosphère. Dans l'atmosphère très raréfiée, au-dessus de 2 100 km, l'hydrogène prédomine. En descendant, jusqu'à environ 960 km, hydrogène et hélium sont à parts égales, alors que, plus bas encore, il y a un peu d'oxygène. Les radiations solaires lourdes et les rayons cosmiques atteignent l'ionosphère située au-dessous.

THERMOSPHÈRE. S'étend de 80 km jusqu'à l'exosphère. Les particules de gaz (surtout oxygène et azote) sont dissociées par les rayonnements produisant des particules chargées électriquement, les ions. Des luminescences, les aurores boréales, résultent de perturbations électriques dues à l'impact des électrons et protons émis par le Soleil sur les molécules d'oxygène et d'azote. Les couches ionisées (de 100 à 300 km environ) réfléchissent les ondes radio.

MÉSOSPHÈRE. S'étend sur 30 km entre l'ionosphère et la stratosphère. Les températures s'abaissent rapidement de 10 °C à 50 km à −80 °C à 80 km.

STRATOSPHÈRE. Contient une bande d'ozone essentielle pour la vie sur Terre. Elle absorbe et filtre la plus grande partie des rayons ultraviolets, mortels pour les organismes vivants. Ici, au-dessus de la tropopause, les températures s'élèvent de −55 °C à 15 km à 10 °C à 50 km. Les météorites se consument à ce niveau en raison de la chaleur du frottement. Les poussières météoriques forment des nuages lumineux la nuit. Ici aussi, les rayons cosmiques sont absorbés et dispersés.

TROPOSPHÈRE. Couche inférieure de l'atmosphère, la plus dense, atteignant 15 km en moyenne, et où se forment nuages et canevas de circulation atmosphérique. Les températures diminuent d'environ 2 °C tous les 300 m et se stabilisent à −55 °C au sommet, où les vents horizontaux, très rapides, forment les courants-jets dont les avions de ligne utilisent les accélérations.

région possède des puits de pétrole, et la ville une raffinerie.

Population 40 000
Carte Pakistan Da

Aube (10), ***France*** 1. Affluent de la Seine (248 km), ayant sa source au plateau de Langres, et dont la régulation sera assurée prochainement par le réservoir Aube, en forêt d'Orient.

2. Département de la région Champagne-Ardenne (6 002 km²), traversé par la Seine et l'Aube, et partagé entre la Champagne crayeuse à l'O. (cultures) et la Champagne humide à l'E. (élevage et vignoble). L'industrie est la principale activité du département (textile principalement), dont la population est concentrée pour moitié dans l'agglomération de Troyes.

Population 296 900
Carte France Fb

Auch, ***France*** Capitale de l'Armagnac et préfecture du Gers, Auch est aussi la ville de d'Artagnan, rendu célèbre par Alexandre Dumas. Peu industrialisée, essentiellement commerçante et administrative, Auch possède une cathédrale gothique avec des stalles qui fourmillent de plus de 1 500 personnages en bois.

Population 23 100
Carte France De

Auckland, ***Nouvelle-Zélande*** Ville principale, premier port et ancienne capitale. Située sur un isthme étroit entre les ports de Manukau et de Waitemata, au N. de l'île du Nord, elle s'étend entre des volcans éteints. Fondée en 1840 par les Anglais sur un site maori, elle rassemble la plus importante population polynésienne du monde (57 000 personnes). Son musée de la Guerre abrite une très belle collection d'art maori.

La ville exporte des produits laitiers, de la laine, des peaux et du bois ; elle importe des machines, du pétrole et des engrais. Industries textiles, chimiques, alimentaires, métallurgiques, construction mécanique et assemblage automobile.

Population 317 000
Carte Nouvelle-Zélande Eb

Aude (11), ***France*** 1. Fleuve pyrénéen (220 km) qui, après un cours S.-N., rejoint Carcassonne et infléchit son cours vers l'E. jusqu'à la Méditerranée.

2. Département du Languedoc-Roussillon, au carrefour des Pyrénées et du Massif central, du Bassin aquitain et de la Méditerranée. L'agriculture, dominée par la vigne (Corbières, blanquette de Limoux) et l'industrie, modeste, sont aujourd'hui dépassées par le tourisme, fortement développé sur la côte (Gruissan, Port-la-Nouvelle, Leucate). Carcassonne et Narbonne sont les principales villes d'un département peu peuplé, qui ne progresse pas.

Population 298 700
Carte France Ee

Audenarde, ***Belgique*** Voir OUDENAARDE

Augsbourg, en all. **Augsburg,** ***Allemagne*** Ville bavaroise à 56 km au N.-O. de Munich, fondée en 15 av. J.-C. par les Romains, qui lui donnèrent le nom de l'empereur Auguste. En 1555 y fut signée la paix d'Augsbourg, qui accordait la liberté de culte aux protestants européens. La ville s'enrichit grâce au commerce entre l'Italie et le Nord, et devint un grand centre bancaire de l'Europe du Nord au XVIe s. Elle vit l'essor des Fugger, financiers des Habsbourg aux XVe et XVIe s., et des Welser, à qui l'empereur Charles Quint, endetté, donna la souveraineté virtuelle sur le Venezuela. C'est la patrie des peintres Holbein le Vieux (1465-1524) et Holbein le Jeune (1497-1543), dont les œuvres sont exposées au palais Schaezler, et du dramaturge Bertolt Brecht (1898-1956).

La cathédrale, construite du IXe au XIVe s., renferme des vitraux du XIe s., qui sont peut-être les plus anciens d'Europe. Grand centre textile depuis près de cinq cents ans, la ville est devenue l'un des principaux centres industriels de l'Allemagne méridionale (industries mécaniques et chimiques).

Population 245 000
Carte Allemagne Dd

Augusta, ***États-Unis*** Ville de Géorgie, sur la Savannah, frontière naturelle avec la Caroline du Sud. Poste de commerce dès sa fondation (1736), elle est aussi un centre textile et un port fluvial important.

Population (ville) 46 000 ; (aggl.) 368 000
Carte États-Unis Jd

Augusta, ***Italie*** Ville de l'est de la Sicile (province de Syracuse), fondée par l'empereur germanique Frédéric II en 1232. C'est aujourd'hui l'un des plus grands centres pétroliers de la Méditerranée (raffinage et pétrochimie).

Population 38 900
Carte Italie Ef

Augustów, ***Pologne*** Centre de navigation de plaisance, à 200 km au N.-E. de Varsovie, et à 45 km à l'O. des frontières lituanienne et biélorusse, dans la région lacustre de Mazurie. Le canal d'Augustów fut construit de 1824 à 1839, durant l'occupation russe, pour relier la Vistule au Niemen en évitant la Prusse.

Population 28 000
Carte Pologne Eb

Aurangabad, ***Inde*** Centre textile à 240 km au N.-E. de Bombay. Au XVIIe s., ce fut la capitale du Deccan sous l'empereur moghol Aurangzeb (1658-1707), dont témoignent plusieurs monuments. La ville est célèbre pour ses temples bouddhiques troglodytiques.

Population 572 500
Carte Inde Bd

Aurès, ***Algérie*** Massif montagneux à l'E. du pays, entaillé par des vallées souvent en gorge, comme à El-Kantara ; il culmine au djebel Chélia (2 326 m). Le versant N. a été de longue date une région agricole prospère dont témoignent les ruines romaines de Lambèse et de Timgad, aujourd'hui siège d'un festival culturel. Les Chaouïas qui le peuplent l'ont toujours rendu difficile d'accès aux conquérants : Romains, Vandales, Arabes ; ce fut aussi un bastion rebelle pendant la guerre d'Algérie. Villes principales : Batna, Khenchela, Arris.

Carte Algérie Ba

Aurigny, ***Manche*** Voir ANGLO-NORMANDES (îles)

Aurillac, ***France*** Capitale de la haute Auvergne, chef-lieu du Cantal, à 120 km au S.-O. de Clermont-Ferrand. Aurillac abrite une maison des Volcans, qui est aussi un centre de recherches en sciences de la Terre. La ville vit essentiellement du commerce, de la petite industrie (mobilier, pharmacie) et de sa vocation agricole.

Population 30 700
Carte France Ed

aurore polaire Phénomène lumineux (appelé aurore boréale dans l'hémisphère N. et australe dans l'hémisphère S.) se produisant dans le ciel sous de hautes latitudes et dû à des particules électrisées en provenance de l'espace, déviées par le champ magnétique vers les pôles, où elles donnent naissance à des éclairs multicolores, à des altitudes de 80 à 300 km.

Auroville, ***Inde*** Voir PONDICHÉRY

Auschwitz, en pol. **Oswiecim,** ***Pologne*** À 54 km à l'O. de Cracovie, le plus grand camp de concentration nazi, connu sous le nom allemand d'Auschwitz, fut aménagé en juin 1940 et fonctionna jusqu'à sa libération par l'Armée rouge, le 27 janvier 1945. L'ensemble comportait trois camps principaux — Auschwitz, Birkenau (Brzezinka), Monowitz-Buna — et 39 camps plus petits, sur 42 km², et était organisé pour l'extermination à l'échelle industrielle (chambres à gaz, fours crématoires). Plus de 4 millions de personnes, essentiellement des juifs venus d'Allemagne, de Pologne et d'autres pays occupés d'Europe, y périrent (gazés, mais aussi fusillés ou morts de faim). Aujourd'hui, le camp, transformé en musée, est devenu un lieu de pèlerinage.

La ville d'Oswiecim (40 000 habitants) est un centre industriel actif (chimie, caoutchouc, matières synthétiques).

Carte Pologne Cc

Austerlitz, ***Rép. tchèque*** Voir SLAVKOV

Austin, ***États-Unis*** Capitale du Texas, au centre de l'État, à 370 km au N.-O. de Houston, dans une région d'agriculture et d'élevage, c'est une ville industrielle et culturelle (université).

Population (ville) 465 700 ; (aggl.) 781 600
Carte États-Unis Gd

Austral ou **Antarctique (océan)** Nom donné à la partie méridionale des océans Atlantique, Indien et Pacifique qui entourent l'Antarctique.

Australasie Ensemble comprenant l'Australie, la Nouvelle-Zélande, et la Papouasie-Nouvelle-Guinée, qui appartiennent à l'Océanie.

Australes (îles), ***Polynésie française*** Voir TUBUAÏ (archipel des)

Australes et Antarctiques françaises (terres), ***océan Indien*** Situées dans l'océan Indien (au S. de 37° de latitude S.), elles comprennent la terre Adélie, les Kerguélen, les îles Crozet, Saint-Paul et Amsterdam. Administrées par Paris, elles ne sont habitées que par les chercheurs des stations scientifiques et météorologiques.

Australie Voir p. 72-75

Australie (Territoire de la Capitale de l'), ***Australie*** Région de 2 432 km² entourant la capitale, Canberra, à 250 km au S.-O. de Sydney. Elle fut achetée à la Nouvelle-Galles du Sud en 1911 par le gouvernement du Commonwealth d'Australie, après la fédération des colonies en 1901. Principale activité : élevage de moutons.

Population 298 300
Carte Australie Hf

Australie-Méridionale, ***Australie*** État occupant 984 380 km² dans le sud du centre du pays. Fondé en 1836, il fut la quatrième colonie britannique établie en Australie.

Voir suite p. 78

Australie

UN CONTINENT INSULAIRE VASTE ET PEU PEUPLÉ OÙ UNE SOCIÉTÉ JEUNE ET DYNAMIQUE VIT DANS L'ABONDANCE ET LA LIBERTÉ

Pendant les années 1960, l'Australie était surnommée « le continent chanceux » — non sans malice, d'ailleurs, car on insinuait par là que sa prospérité était due plus à la chance qu'à des choix judicieux. Cette chance n'a pas totalement disparu, bien que l'Australie soit peut être entrée dans une période plus difficile, avec un taux de chômage relativement élevé, une demande extérieure moins soutenue pour ses produits d'exportation et une monnaie affaiblie. Mais, malgré ces problèmes, c'est encore à bien des égards un pays fortuné, puisque la plupart de ses 16 millions d'habitants jouissent d'un niveau de vie et de liberté rarement égalé ailleurs dans le monde.

Cette bonne fortune provient d'importantes ressources minérales et d'un secteur agricole qui produit presque tous les ans de gros excédents exportables. La richesse ainsi créée se déverse sur une population relativement peu nombreuse et permet un style de vie décontracté où se retrouvent bien des traits européens ou américains (en particulier californiens), mais d'autres aussi qui appartiennent en propre à l'Australie. Néanmoins, un groupe reste à l'écart de cette abondance et de cette liberté : les aborigènes, qui habitaient le pays bien avant l'arrivée des Européens.

LA GRANDE TERRE AUSTRALE

Que l'Australie, la « Terre du Sud », soit la plus grande île du monde ou le plus petit continent, c'est de toute évidence un pays de superlatifs. En dépit de son étendue et de l'importance de la production rurale, c'est l'un des pays les plus urbanisés du monde : les deux tiers des habitants vivent dans les huit principales villes qui sont toutes, à l'exception de Canberra, la capitale fédérale, situées sur la côte.

Pour la plupart des Européens, il est difficile d'apprécier l'immensité et la vacuité de l'Australie. Perth, la capitale de l'Australie-Occidentale, mérite sans doute le titre de ville la plus isolée du monde ; elle est à 2 700 km de sa plus proche voisine, Adélaïde, capitale de l'Australie-Méridionale, soit la distance approximative de Paris à Moscou ; dans l'intervalle, il n'y a qu'une seule ville d'à peine 20 000 habitants. Une grande partie du « centre rouge » du pays, en particulier dans sa moitié O., est une étendue de déserts et de brousse à épineux (« scrub »), où la population est rare ou absente. Même dans les régions de pacages semi-arides situées plus au N. et à l'E., les plus proches voisins peuvent être éloignés d'une centaine de kilomètres ; la densité du bétail se mesure en hectares par tête de bovin plutôt que l'inverse. Dans ces régions d'habitat très dispersé, le « docteur volant » assure les services médicaux, l'enseignement est diffusé par radio et les éleveurs contrôlent leur bétail par hélicoptère.

Les superlatifs s'appliquent aussi au climat. Dans le Centre et même dans la partie intérieure du Sud-Est tempéré, les sécheresses sont fréquentes ; des années peuvent passer sans qu'il tombe une goutte de pluie ; puis soudain s'abattent des trombes d'eau qui causent d'immenses inondations, en général peu destructrices. Dans le Nord et le Nord-Est, ces inondations se produisent tous les ans pendant la période humide (octobre à mai) ; les routes sont alors impraticables ; des cyclones tropicaux frappent les stations littorales, comme le cyclone Tracy à Darwin, en 1974. Ce n'est que sur de petits espaces, en particulier le long de la côte S.-E., qu'on peut être assuré d'une pluviosité régulière.

Le Queensland (l'État ensoleillé) détient le record de température du pays (53,1° sous abri à Cloncurry) et le record mondial peu enviable d'occurrence de cancers de la peau. Pourtant, il y a aussi des stations de ski dans les Snowy Mountains, qui font partie de la Cordillère australienne, à moins de 400 km de Sydney et de Melbourne.

C'est dans cette partie S.-E. du pays, en général bien arrosée et tempérée, que vivent la majorité des Australiens, à l'intérieur d'un large croissant qui va de Brisbane, capitale du Queensland, à Adélaïde, en passant par Sydney, capitale de la Nouvelle Galles-du-Sud, Canberra et Melbourne, capitale du Victoria.

Sur le plan géologique, l'Australie est une vieille terre rigide, longuement usée par l'eau et le vent, dont 13 % seulement s'élèvent au-dessus de 500 m. La principale chaîne de montagne — la Grande Cordillère, qui court tout le long de la côte E., culmine à 2 230 m au mont Kosciusko, au S. de Canberra. Il y a de nombreuses autres chaînes plus petites (chaîne Hamersley en Australie-Occidentale, monts Macdonnell dans le Territoire du Nord, monts Musgrave et monts Flinders en Australie-Méridionale), mais elles ne dépassent pas 1 000 ou 1 500 m.

La côte de l'Australie, dont on évalue la longueur à plus de 36 000 km et qui comprend de superbes plages de sable, offre aussi des paysages spectaculaires, comme les récifs coralliens de la Grande Barrière, les plus longs du monde (2 000 km).

Bien que la plus grande partie du continent consiste en de vastes plaines et en basses collines arrondies — un paysage assez monotone —, il existe aussi de remarquables forêts, notamment le long de la côte E., en Tasmanie et dans l'extrême Sud-Ouest. Les régions les plus arrosées, tempérées au S. ou tropicales au N., ont des forêts pluviales denses, aux frondaisons serrées. Les régions sèches ont des formations plus ouvertes, xérophiles, dont les arbres luttent contre l'évaporation grâce à leurs feuilles épaisses et dures (acacias, eucalyptus). Souvent les feuilles d'eucalyptus donnent des gouttelettes d'huile aromatique dont les vapeurs bleuâtres enveloppent certaines régions comme les Montagnes Bleues à l'O. de Sydney. Beaucoup d'espèces sont protégées grâce à une écorce épaisse et dure capable de résister aux feux de brousse qui constituent presque partout un risque permanent. D'autres s'adaptent pour survivre, comme le baobab dont le tronc emmagasine de l'eau, ou les nombreuses espèces éphémères du centre désertique dont les semences restent inertes pendant des années jusqu'à ce que la pluie leur donne l'occasion de germer, de croître et de couvrir le sol de fleurs, le tout en quelques jours.

UNE VIE ANIMALE UNIQUE

Le long isolement de l'Australie a ralenti l'évolution, ce qui lui vaut d'uniques merveilles zoologiques. Il y a environ 200 millions d'années, l'Australie faisait partie du grand continent austral de Gondwana ; de petits animaux primitifs à sang chaud y vivaient ; ils subsistèrent et évoluèrent sur place après la fragmentation du Gondwana qui isola l'Australie. Ils furent les ancêtres des monotrèmes ovipares et des marsupiaux d'aujourd'hui ; presque partout ailleurs, ils ont été éliminés par les mammifères placentaires dont les petits naissent plus développés.

Les espèces de marsupiaux présentent une grande diversité : l'opossum arboricole, le koala qui ressemble à un ours en peluche, le wombat qui creuse des terriers, le kangourou à l'arrière-train puissant, et le wallaby plus petit ; il y aussi des « chats » et des « souris » qui ressemblent superficiellement au chat et à la souris mammifères.

Parmi les monotrèmes, dont les œufs ont la consistance du cuir, on note l'échidné, un insectivore muni de piquants, et le curieux ornithorynque au bec de canard, aux pattes palmées et au corps couvert de fourrure.

On trouve en Australie deux espèces de grands oiseaux aptères, l'émeu et le casoar, mais aussi le bel oiseau-lyre et de très nombreuses espèces de perroquets.

Bien que les grands prédateurs soient absents du pays (les carnivores marsupiaux sont petits et médiocres chasseurs), les créatures dangereuses abondent : de grands crocodiles dans le Nord, des araignées venimeuses et des serpents, certains très dangereux, dans toutes les régions. Les requins apparaissent tout le long des côtes ; les plages les plus fréquentées sont protégées par des filets et surveillées par des patrouilles.

Les animaux redevenus sauvages (ânes, porcs, chats et chiens) prospèrent dans l'intérieur. Les lapins, introduits par les immigrants en 1858, devinrent un fléau, jusqu'à ce que la myxomatose ainsi que les chats sauvages et les renards ne réduisent leur effectif. Les chiens sauvages indigènes, ou dingos, sont redoutés par les éleveurs, car un seul dingo peut massacrer cent moutons en une nuit, mais ils sont sans doute moins dangereux que les chiens domestiques redevenus sauvages. Pour lutter contre les déprédations des dingos et des chiens hybrides, il a fallu construire la plus longue clôture du monde (8 500 km) en Australie-Méridionale et au Queensland.

L'Australie a les seuls chameaux sauvages du monde, descendants de ceux qui furent introduits au XIXe s. pour l'exploration et la mise en valeur de l'intérieur. Certains sont maintenant exportés au Moyen-Orient comme reproducteurs. Le grand crapaud venimeux, importé dans les années 1930 pour éliminer les scarabées des plantations de cannes à sucre, pullule maintenant dans le Nord-Est.

CONDAMNÉS ET COLONS LIBRES

Le peuplement du sud-est de l'Australie commença après le grand voyage du capitaine anglais James Cook à travers le Pacifique. Déjà au XVIIe s., les marins hollandais Janszoon et Tasman avaient découvert les côtes du golfe de Carpentarie et le territoire de Van Diemen, aujourd'hui Tasmanie. L'Anglais

VOILE AU SOLEIL. Un véliplanchiste isolé glisse devant les ailes déployées de l'Opéra de Sydney, non loin de l'endroit où débarquèrent les premiers Européens. La vie au grand air côtoie le symbole de l'éveil culturel du pays.

Dampier reconnut la côte O. en 1699, mais tous ces explorateurs déclarèrent la Nouvelle-Hollande (c'est ainsi qu'on appelait alors l'Australie) de peu d'intérêt pour le commerce ou la colonisation. Cook eut la chance de toucher une partie plus hospitalière de la côte. En 1770, revenant en Angleterre après une expédition scientifique à Tahiti et une reconnaissance de la Nouvelle-Zélande, il jeta l'ancre dans une anse de la côte E. qu'il nomma Botany Bay à cause de sa profusion de végétaux peu communs. Il reconnut presque toute la côte orientale, en prit possession pour la Grande-Bretagne et l'appela Nouvelle-Galles du Sud.

Peu après, la Grande-Bretagne perdait ses colonies d'Amérique. Pour vider ses prisons surpeuplées, elle décida de créer une colonie pénitentiaire à Botany Bay. La première flottille arriva en 1788 et toucha terre un peu au nord de Botany Bay, à un endroit qu'on appela la rade de Sydney.

La vie des premiers colons fut extrêmement dure. Pendant cinquante ans, d'autres établissements pénitentiaires furent installés à l'île Norfolk et à proximité des actuelles Hobart et Brisbane. Des colons libres arrivèrent à leur tour et l'emportèrent en nombre sur les convicts dès 1830 ; ils fondèrent Perth, Adélaïde, Melbourne. Ces groupes humains restèrent très attachés à la mère patrie, leur principal partenaire commercial. Les ports devinrent les seuls points d'entrée en Australie et les principales bases de communication entre eux, puis les points de convergence des voies continentales qui reliaient la côte aux petits établissements agricoles et miniers de l'intérieur. Tout naturellement, l'industrie de transformation se concentra dans ces ports, futures capitales d'État.

L'agriculture se pratique au-delà des limites urbaines, hors de la vue de la plupart des Australiens. La plus grave sécheresse du XXe s., qui s'est terminée en 1983 après avoir gravement affecté le secteur agricole, n'a aucunement concerné 90 % de la population. Une forte proportion de la production agricole est exportée, par exemple la moitié des 1 300 000 t. de viande de bœuf produites annuellement et 95 % de la tonte annuelle de 730 000 t de laine. Le charbon a dépassé la laine comme première exportation, bien que l'Australie ait 140 millions d'ovins et produise à elle seule le quart de la laine mondiale ; celle-ci fournit 9 % du total des exportations.

D'immenses stations d'élevage s'étendent dans l'intérieur, mais souvent la pauvreté des pâturages n'autorise que de faibles densités de bétail. Comme beaucoup de stations dépassent 500 000 ha (la plus grande atteint 3 000 000 ha, presque la superficie de la Belgique), elles ont d'énormes troupeaux, même avec des densités de 3 ha pour un ovin ou 50 ha pour un bovin. Dans les régions humides aux pâturages plus abondants, l'élevage est beaucoup plus intensif, surtout dans le Sud-Est et l'extrême Sud-Ouest. Près de la moitié des 22 000 000 de têtes sont élevées dans le Queensland et le Territoire du Nord ; les effectifs, naguère beaucoup plus importants, ont diminué de 10 millions de têtes pendant la grande sécheresse de 1979-1983. L'est de la Nouvelle-Galles du Sud et le Victoria ont un troupeau laitier de 2 800 000 têtes.

Le blé est la céréale la plus cultivée, presque entièrement dans une large bande qui va du sud du Queensland au Victoria et dans le Sud-Ouest. L'essentiel de la production annuelle (15 à 20 millions de tonnes) est exporté. Les autres céréales cultivées sont l'orge, le sorgho, l'avoine et le riz. La large gamme de climats entraîne une variété des récoltes. Les régions les plus chaudes de Nouvelle-Galles du Sud et du Queensland produisent le coton, la canne à sucre, les ananas, les bananes, les arachides, avocats et noix de macadamia. Les fruits réussissent bien, surtout les pêches, abricots, raisins et agrumes dans les vallées du Murray et du Murrumbidgee, et les pommes en Tasmanie. Le vignoble est partout en pleine expansion. Enfin, le pays produit du bois, particulièrement en Tasmanie.

UNE ÉNORME RICHESSE MINIÈRE

Les exportations de l'agriculture, qui fournissaient en 1946 75 % des recettes de l'Australie, sont aujourd'hui largement dépassées par celles des produits miniers. D'énormes gisements houillers d'exploitation facile fournissent le premier produit d'exportation, le charbon, vendu surtout au Japon. L'hydroélectricité (Snowy Mountains, Tasmanie), les modestes réserves de gaz naturel et de pétrole, ainsi que le charbon permettent l'autosuffisance en énergie.

Le pays est aussi un grand producteur de minerai de fer, de cuivre, plomb, zinc, manganèse, nickel, tungstène, uranium, étain et bauxite ; ce « gâteau » minier a enfin un glaçage d'or, d'argent, de platine et de minerais stratégiques (zircon, titane, cobalt). L'extraction du minerai de fer a énormément progressé depuis les années 1960, en particulier dans la chaîne Middleback (Australie-Méridionale) et dans les régions de Kimberley et de Pilbara (Australie-Occidentale). Malgré la récession de la sidérurgie mondiale, l'Australie reste le principal fournisseur du Japon et de la Corée du Sud, et vend des millions de tonnes à la Chine. L'uranium, dont l'Australie détient le tiers des réserves mondiales prouvées, est difficile à vendre, du fait de pressions politiques et écologiques en Australie, et de la réduction des programmes nucléaires tant en Europe qu'en Amérique du Nord.

Le minerai qui a fait surgir l'Australie sur la carte du monde, c'est l'or. La première grande découverte eut lieu en Nouvelle-Galles du Sud en 1851, suivie de trouvailles plus importantes à Ballarat et Bendigo. On accourait du monde entier vers les gisements aurifères ; la petite ville de Melbourne devint une cité florissante. Quarante ans plus tard, on découvrit l'or à Kalgoorlie, en Australie-Occidentale ; on l'exploite encore de nos jours. La poussée du prix de l'or a provoqué la réouverture de mines abandonnées ; mais l'Australie ne produit plus que 1,5 % de l'or mondial.

LES AUSTRALIENS OUBLIÉS

Une bonne partie des richesses minières récemment découvertes se trouvent dans des régions très éloignées des principaux centres de peuplement « européen », dans l'intérieur, l'Outback, souvent même en des lieux que peu de Blancs ont visités et que le plupart des Australiens n'ont vus que sur leurs écrans de télévision. L'Outback, c'est la patrie ancestrale de beaucoup d'Aborigènes, les oubliés, les déshérités de l'Australie. Le conflit entre leurs revendications sur leurs terres et le désir des sociétés minières d'exploiter celles-ci a suscité l'une des questions les plus controversées de l'Australie contemporaine, celle des droits fonciers.

Quand le capitaine Cook déclara en 1770 que l'Australie était vide, il y avait en fait au moins 300 000 aborigènes et, à la pointe N. du cap York, un groupe mélanésien, les insulaires du détroit de Torres. Les aborigènes occupent l'Australie sans interruption depuis 50 000 ans environ, comme l'indiquent notamment les sites funéraires. Les peintures rupestres d'Obiri Rock, à l'E. de Darwin, ont 10 000 ans de plus que les pyramides d'Égypte et sont

même plus anciennes que celles de Lascaux. Quand la Grande-Bretagne fonda ses colonies australiennes, tout le sol devint propriété de la Couronne, sans aucune compensation pour les aborigènes.

Les Européens apportèrent avec eux leurs maladies qui décimèrent la population indigène. Une autre tragédie plus grande encore fut la persécution des aborigènes par les colons: beaucoup furent assassinés, d'autres contraints au travail forcé. On confisqua leurs terres en arguant qu'ils ne les exploitaient pas efficacement ; 250 000 peut-être moururent de 1788 à 1920 du seul fait de la colonisation. Il faut inclure parmi les victimes, la totalité des aborigènes de Tasmanie, de race pure, qui formaient un groupe ethnique distinct.

En 1930, il ne restait plus que 70 000 aborigènes, mais leur effectif actuel de 160 000 augmente rapidement. Pourtant, ils souffrent encore de discrimination et de pauvreté, avec un revenu inférieur de moitié à celui de l'Australien moyen, un taux de mortalité infantile qui est plus du double du taux national, un taux de chômage quadruple et une espérance de vie de vingt ans plus courte.

Jusqu'aux années 1940, la moitié environ des aborigènes des régions tropicales et désertiques menaient leur ancien genre de vie de chasse et de cueillette. Sauf en Nouvelle-Galles du Sud, Tasmanie et Victoria, beaucoup vivaient dans des réserves à l'écart des Australiens blancs. Depuis vingt ans, la pression économique et démographique a poussé beaucoup d'aborigènes à migrer vers les villes, mais, manquant d'une solide structure sociale, beaucoup succombent à l'alcoolisme et à la petite délinquance. 40 % seulement vivent encore dans les zones rurales.

On verra si la campagne pour les droits fonciers renversera cette tendance. Plus du tiers du Territoire du Nord (y compris Ayers Rock) et près d'un cinquième de l'Australie-Occidentale ont été transférés à titre inaliénable aux aborigènes. Néanmoins, beaucoup de non-aborigènes n'acceptent pas ce transfert ; les avis divergent sur la question de savoir si les propriétaires fonciers aborigènes peuvent opposer leur veto à la mise en valeur minière de leur territoire. Les partisans des droits fonciers font valoir la relation profonde, quasi mystique, qui unit les aborigènes à la terre qui les nourrit depuis des millénaires.

L'IMMIGRATION

Depuis la fin de la Seconde Guerre mondiale, on observe de grands changements dans la composition de la population. En 1945, sur 7 500 000 habitants, la moitié de l'effectif actuel, plus de 90 % étaient d'origine britannique ou irlandaise. Depuis, de gros contingents d'immigrants italiens, grecs, yougoslaves, néerlandais, polonais, turcs, allemands, maltais et autres ont commencé à faire de l'Australie une société pluriculturelle. Il y a maintenant d'importantes communautés de Libanais, Cambodgiens, Vietnamiens, ainsi que des Chypriotes, Égyptiens, insulaires du Pacifique et Néo-Zélandais. Enfin, depuis la ruée vers l'or de 1851, le pays compte un certain nombre de Chinois.

Les liens avec la Grande-Bretagne sont maintenant beaucoup plus faibles, bien que le fond britannique et irlandais l'emporte encore. Jadis, l'accent était mis sur l'intégration des « nouveaux Australiens » au mode de vie national. Depuis vingt ans, les « vieux Australiens » apprécient de plus en plus la façon dont les immigrants non anglophones peuvent enrichir la vie australienne, que ce soit en matière de cuisine, d'art ou de littérature. Depuis les festivals folkloriques jusqu'aux journaux et à la radio, la politique officielle encourage le multiculturalisme. On parle de nos jours une centaine de langues en Australie, dont beaucoup peuvent être lues dans les quotidiens ou les hebdomadaires ou entendues à la radio ou à la télévision.

Mais à mesure qu'augmente la diversité humaine, une certaine tension raciale augmente aussi — due largement à la compétition pour l'emploi. Avec la montée du chômage, il a fallu réduire l'immigration et beaucoup d'immigrants récents, asiatiques, notamment, réussissent moins bien que ceux de la génération précédente.

UN ÉTAT FÉDÉRAL

Comme nation, l'Australie a moins d'un siècle d'âge. Les six États avaient chacun leur gouvernement, les plus anciens depuis les années 1850, le dernier-né, l'Australie-Occidentale, depuis 1890, quand ils formèrent le Commonwealth, c'est-à-dire la fédération d'Australie, en 1901. La Constitution sépare nettement le Parlement fédéral (composé d'un Sénat représentant les États à part égale et d'une Chambre des représentants élue au suffrage proportionnel) et ceux des États. La reine Élisabeth II est le chef de l'État ; elle est représentée par un gouverneur général et un gouverneur dans chaque État. Le gouvernement travailliste actuel de Paul Keating envisage de proclamer la république en 2001. Le Territoire de la capitale de l'Australie, où se trouve Canberra, a été délimité en 1911. Le Territoire du Nord est sous le contrôle direct du gouvernement fédéral, mais il a une certaine autonomie interne depuis 1978.

Le pouvoir fédéral à Canberra alterne entre le parti travailliste et une coalition formée par le parti libéral (centriste) et le parti national (jadis parti rural), dont l'électorat est surtout rural. Après huit ans dans l'opposition, le parti travailliste a gagné toutes les élections législatives de 1983 à 1993. Sa politique économique est plus centriste que celle des précédents gouvernements travaillistes. La montée du féminisme, celle du mouvement en faveur du désarmement nucléaire et des questions écologistes ont compliqué la scène politique, avec l'apparition de petits partis.

Le gouvernement fédéral et ceux des États ont à faire face à des problèmes sociaux pressants (drogue, progression de la criminalité organisée, corruption). En revanche, les bonnes relations entre gouvernement fédéral et syndicats ont permis la réduction des grèves et de l'inflation, ainsi que l'essor de l'économie en dépit de taux d'intérêt élevés.

Les relations entre le gouvernement fédéral et le gouvernement d'un État sont souvent tendues, en particulier quand des partis différents sont au pouvoir à Canberra et dans l'État en question. Les principaux sujets de discorde sont actuellement la « sécurité sociale » et l'« éducation » qui est en partie financée par Canberra, mais gérée par les États. La scolarité est obligatoire jusqu'à l'âge de quinze ou seize ans selon les États. Près d'un quart des écoles sont privées ; ce sont surtout des écoles catholiques.

LA VIE AU GRAND AIR

Sur le plan matériel et culturel, l'Australie fait partie du monde occidental. La voiture individuelle est considérée comme une nécessité (il y a plus de voitures par habitant que dans tout autre pays, à l'exception des États-Unis). Plus des deux tiers des familles sont propriétaires ou accèdent à la propriété de leur logement, souvent dans d'immenses banlieues à basse densité.

Les Australiens aiment la vie au grand air. Les dimanches ensoleillés, ils sont des millions sur les plages ou autour d'un barbecue dans les parcs. Le climat se prête bien à la pratique des sports, du ski au surf, du football à la pêche, où les Australiens peuvent satisfaire leur appétit de compétition. On s'enthousiasme pour le cricket, le rugby, le football australien (qui se pratique sur un terrain ovale et avec un ballon ovale), le football, le tennis, les courses de chevaux (les Australiens sont des parieurs acharnés : chacun mise en moyenne par an 400 dollars australiens sur les résultats sportifs, les loteries ou autres paris).

Le monde des arts n'est pas ignoré pour autant, en dépit de la vieille réputation de désert culturel que serait l'Australie. La plupart des grandes villes ont des centres culturels multifonctionnels, comprenant théâtre, galerie d'art, salle de concert. Les orchestres nationaux, les compagnies de théâtre, ballet et opéra, une industrie cinématographique florissante offrent aux créateurs australiens des débouchés croissants. Pourtant, des traces du vieux complexe d'infériorité culturelle subsistent encore, en dépit de l'affirmation plus agressive de l'identité culturelle australienne.

L'AUSTRALIE EN BREF

Superficie 7 682 000 km²

Population 17 730 000

Capitale Canberra

Régime Monarchie parlementaire fédérale

Monnaie Dollar australien = 100 cents

Langues Anglais, langues aborigènes, nombreuses autres chez les groupes d'immigrés

Religions Protestants 52 %, catholiques 25 %, orthodoxes grecs 3 %

Climat Large gamme depuis le climat tropical de mousson au N. jusqu'au climat tempéré frais au S. De vastes espaces ont un climat subtropical ou tempéré chaud. Une grande partie du Centre est désertique ou semi-aride. Températures moyennes à Sydney: de 8-16 °C en juillet à 18-26 °C en janvier

Ressources Ovins, bovins, porcs, blé, orge, avoine, sorgho, riz, canne à sucre, fruits, légumes, tabac, poisson ; charbon, minerai de fer, bauxite, cuivre, plomb, zinc, nickel, uranium, tungstène, étain, manganèse, or, diamants, opales, pétrole et gaz naturel

Activités Agriculture, mines, sidérurgie, raffinage et fonderie d'aluminium, véhicules, machines, industries alimentaires, traitement de la laine et des peaux, forestage, pêche, production et raffinage des hydrocarbures, chimie, ciment, mécanique légère

Exportations Charbon, laine, blé, minerai de fer, alumine et aluminium, viande (surtout du bœuf), autres produits miniers, produits pétroliers, produits manufacturés

P.N.B. annuel par habitant 17 070 dollars

Croissance démographique 8 ‰ par an

Espérance de vie Hommes 74 ans, femmes 80

Autriche

JADIS PIVOT D'UN EMPIRE QUI DOMINAIT L'EUROPE CENTRALE, CETTE RÉPUBLIQUE ALPINE SERT DE TAMPON POLITIQUE ENTRE L'EST ET L'OUEST

Le mur montagneux qui traverse l'Autriche de part en part domine son économie comme son paysage. Le pays de l'edelweiss, des traditionnelles robes *dirndl* et des culottes de cuir (*lederhosen*) attire environ 14 millions de visiteurs par an, faisant du tourisme un des principaux secteurs d'activité. Ils viennent en été pour se promener à travers forêts, pâturages et montagnes, au bord de centaines de lacs étincelants et de torrents impétueux. Ils viennent aussi en hiver, prenant d'assaut une cinquantaine de stations de ski comme Sankt Anton, Zell-am-See, Kitzhühel et Innsbruck, qui hébergea deux fois les jeux Olympiques d'hiver.

Pour les Autrichiens eux-mêmes, un peuple conservateur en grande majorité catholique, les montagnes sont une richesse irremplaçable, jalousement conservée et protégée contre l'excès de modernité. Ainsi, l'État subventionne les agriculteurs pour les inciter à maintenir la qualité visuelle de leurs terres. Et beaucoup de villages édictent des règlements contraignants pour que les constructions nouvelles ne jurent pas avec le style traditionnel du chalet de bois à toit débordant. De plus, 3 000 km² des Alpes ont été déclarés zones protégées.

Même pour les citadins autrichiens, les montagnes présentent un attrait irrésistible. Il existe en Autriche environ 300 000 résidences secondaires, une pour 25 habitants, et la plupart sont des chalets de montagne où l'on se rend pour les week-ends et les vacances. Les montagnes représentent aussi une source d'énergie pour les villes et les usines ; les barrages hydroélectriques nourris par les torrents issus des neiges alpines fournissent environ les deux tiers de l'électricité du pays.

L'INTÉRÊT D'ÊTRE PETIT

Sur le plan économique, l'Autriche met en pratique le précepte *Small is beautiful* de l'économiste contemporain d'origine allemande Ernst Schumacher. Dans tout le pays, 77 entreprises seulement emploient plus de 1 000 personnes ; le nombre moyen d'employés par usine ne dépasse pas 20. Les exploitations agricoles aussi sont petites ; en dépit de nombreuses concentrations depuis quelques années, il existe encore 124 000 exploitations, la plupart familiales. La formule fonctionne bien. Les produits laitiers, le bœuf, l'agneau des exploitations de montagne alimentent la consommation citadine et l'exportation ; des chargements de blé et d'autres récoltes des plaines orientales circulent dans tout le pays. Les vignobles, surtout en Basse-Autriche (Niederösterreich) et dans le Burgenland, donnent d'abondantes vendanges, surtout de vin blanc.

L'une des principales difficultés d'un petit pays ne disposant que d'un marché national restreint est de savoir comment faire face à la concurrence des grands conglomérats ; l'Autriche, après tout, n'a que deux fois la dimension de sa voisine la Suisse. Elle a trouvé la solution : la spécialisation et la qualité de ses produits.

L'industrie sidérurgique, par exemple, pourrait difficilement concurrencer les grands producteurs allemands. La réponse autrichienne a été de mettre au point des techniques de fabrication plus économiques. C'est pourquoi les villes sidérurgiques de Linz et de Donawitz ont donné leur nom à l'un des procédés les plus récents, le procédé Linz-Donawitz.

Près de la moitié de la production annuelle de fonte (3,4 millions de tonnes) et d'acier brut (4,6 millions de tonnes) est exportée. Autres productions qui ont un grand succès à l'exportation : les instruments d'optique assemblés près de Salzbourg, le papier fabriqué près de Graz à partir de l'abondante production nationale de bois. Les forêts couvrent plus de 37 % de l'Autriche, une proportion très forte pour l'Europe, à l'exception de la Suède et de la Finlande.

DES ATTRAITS POUR L'INDUSTRIE

Les multinationales ont été aussi attirées récemment par la faible fréquence des grèves. Il n'y en eut que deux en 1982, le plus faible total d'Europe après la Suisse. Mais les grandes firmes telles que General Motors et Philips préfèrent souvent expédier les pièces détachées en Allemagne plutôt que de construire des usines d'assemblage en Autriche.

Le taux de chômage est très bas, comparé à celui d'autres pays ouest-européens ; seules la Suisse, l'Islande, la Norvège et la Suède ont un taux plus bas ; cela est dû en grande partie à la brièveté de la semaine de travail, en moyenne 36 à 37 heures.

Malgré le modernisme de l'industrie autrichienne, l'attachement aux coutumes locales demeure très fort. Dans les régions rurales, les hommes portent encore des culottes de cuir ainsi que des vestes et des manteaux de loden. Les costumes féminins régionaux comme la robe dirndl, longue et serrée à la taille, apparaissent encore les jours de fête.

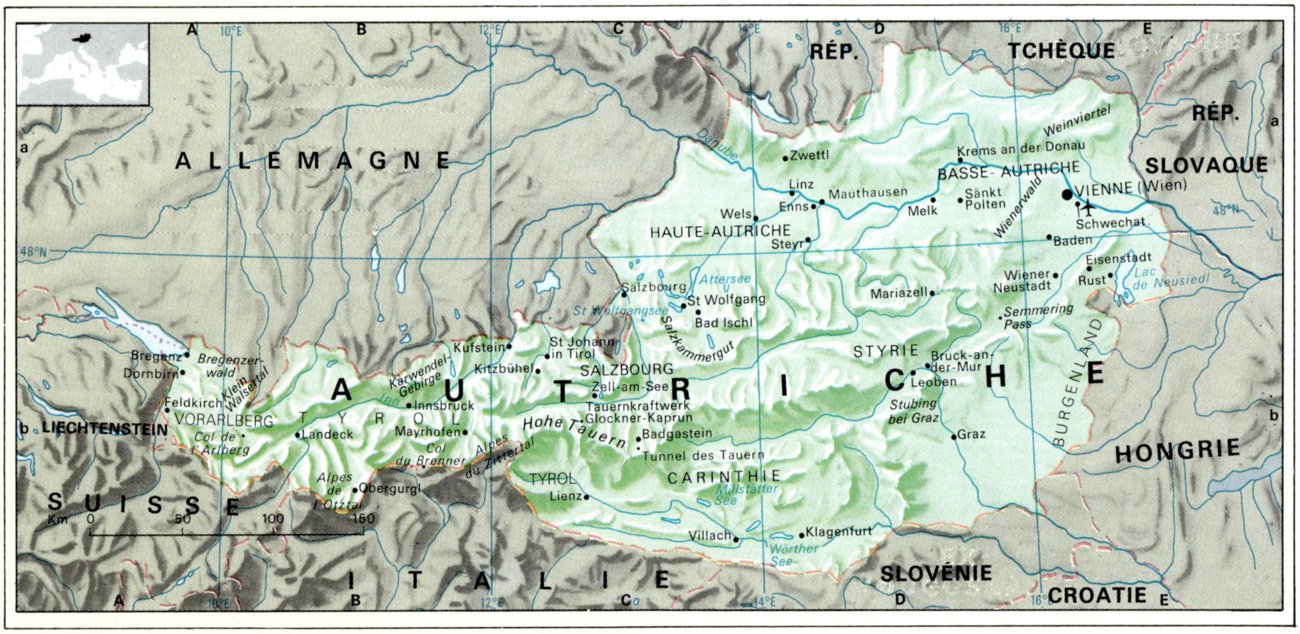

L'INFLUENCE DE L'ÉGLISE

88 % de la population étant catholique, l'Église exerce toujours une forte influence. Partout on peut voir des crucifix, des statues de la Vierge, surtout dans les villages de montagne. Les régions rurales renferment aussi les plus beaux types d'architecture agricole traditionnelle ; des exemples de chaque région sont exposés au musée autrichien de plein air (Österreichisches Freilichtmuseum), situé près de Graz en Styrie.

L'importance du régionalisme, typique d'un pays montagnard, où chaque vallée s'est développée à l'écart de ses voisines, se retrouve dans la structure politique de l'Autriche. C'est une fédération de neuf Länder (ou États), chacun ayant son gouvernement. Chaque État est représenté au Conseil fédéral qui est responsable des affaires d'intérêt national et international. Le gouvernement national est aux mains du Parti socialiste autrichien depuis 1970. Il est fortement impliqué dans la politique du logement et dans la gestion de 82 entreprises publiques rentables qui vont de l'acier et de la chimie aux transports et à la banque.

L'Autriche, fermement neutre, a longtemps formé un tampon entre les pays membres de l'OTAN à l'O. et les pays de l'Est. Membre de l'Association européenne de libre-échange, elle sera intégrée à l'Union européenne dès le 1er janvier 1995. Celle-ci devra tenir compte de la volonté autrichienne de limiter les transits routiers au travers des Alpes par la création d'« autoroutes ferroviaires » pour transporter les poids lourds.

Vienne est un grand centre de rencontres : troisième complexe de l'O.N.U. après New York et Genève, siège de nombreuses organisations internationales telles l'Organisation pour le développement industriel, l'Agence internationale de l'énergie atomique, l'Organisation des pays exportateurs de pétrole.

Par sa neutralité, l'Autriche attire beaucoup de réfugiés, en particulier d'ex-Yougoslavie et de Roumanie. Elle abrite nombre d'agences humanitaires telles que le Comité intergouvernemental européen pour les migrations et l'Agence des Nations Unies pour l'Aide aux réfugiés palestiniens.

La neutralité, de même que la brillante élégance de Vienne, est un produit de la turbulente histoire autrichienne. Peuplée d'abord de Celtes vers 500 av. J.-C., le pays a été disputé par les Romains, les Vandales, les Wisigoths, les Huns, les Magyars de Hongrie, les tribus germaniques. Puis, en 1246, une remarquable famille suisse-alémanique, les Habsbourg, arriva au pouvoir.

Ils firent de Vienne leur capitale et édifièrent autour d'elle un empire qui, en 1530, englobait la Hongrie, la Bohême, le nord de l'Italie, les Pays-Bas et toute l'Espagne. À chaque génération, le chef de famille était élu saint empereur romain ; le pouvoir des Habsbourg a duré plus de six cents ans.

UN COUP DE FEU QUI DÉCLENCHA UNE GUERRE

Les conflits et les haines qui opposaient les différentes nationalités de l'empire aboutirent le 28 juin 1914 à l'attentat de Sarajevo ; l'héritier du trône, l'archiduc François-Ferdinand, tombait sous les balles d'un nationaliste serbe ; les forces austro-hongroises envahirent la Serbie. D'autres pays européens prirent parti dans le conflit. La Première Guerre mondiale commençait.

Le pouvoir des Habsbourg n'a pas survécu au bouleversement. En 1919, par les traités de Saint-Germain-en-Laye, les sept huitièmes de l'empire austro-hongrois furent morcelés et attribués à de nouveaux pays. Ce qui en restait devint la République d'Autriche. Ce fut un désastre économique (la République était constamment au bord de la faillite) et social (chômage, instabilité politique). Les luttes de factions entre conservateurs et socialistes aboutirent à la guerre civile de 1934 et à une brève dictature de droite dirigée par le chancelier Dollfuss. Il fut assassiné peu de temps après par des sympathisants nazis et, en 1938, Adolf Hitler, lui-même autrichien de naissance, occupait militairement le pays et l'annexait à l'Allemagne (*Anschluss*).

Les Alliés le libéraient en 1945 et, en 1955, l'Autriche reçut la permission de se gouverner elle-même et la promesse qu'elle resterait strictement neutre. La garantie de neutralité des Alliés tient toujours.

UN PARADIS DU SKI. Ces maisons colorées du XVIe s. bordent la rive N. de l'Inn à Innsbruck au pied de la Nordkette, l'un des nombreux domaines skiables du Tyrol. La ville, fréquentée aussi bien en hiver qu'en été, a accueilli les Jeux olympiques d'hiver en 1964 et 1971.

UNE MAGNIFIQUE CAPITALE

Vienne, de part et d'autre de la grande voie d'eau du Danube, se berce toujours de souvenirs. Reconstruite avec grandeur et magnificence par les empereurs Habsbourg à la fin du XVIIIe s. et au XIXe, la ville a d'impériales dimensions tout à fait disproportionnées à sa richesse et à sa puissance actuelles. Plus de 4,5 millions de personnes la visitent chaque année, plus de deux fois son effectif de population. Beaucoup viennent d'Europe orientale, en particulier de Hongrie, l'ancien partenaire impérial de l'Autriche. Les attractions ne manquent pas : le palais de la Hofburg et le château de Schönbrunn, la cathédrale Saint-Étienne, la grande église Saint-Charles-Borromée, le somptueux Opéra, patrie de la valse viennoise que rendirent célèbre les Johann Strauss père et fils. Cette capitale de la musique a aussi inspiré Mozart, Beethoven, Brahms, Schubert, Haydn et Mahler, qui tous y vécurent de longues années. Mais Vienne présente aussi d'autres attraits : de confortables terrasses de cafés, des brasseries, d'agrestes Heurigen, petits débits de boisson souvent installés dans des bâtiments de fermes suburbaines et où l'on vend le vin nouveau.

En dehors de la capitale et des stations de sports d'hiver, l'Autriche offre encore au tourisme la beauté de ses paysages, l'intérêt de multiples souvenirs historiques et artistiques, comme à Graz, capitale de la Styrie, riche en monuments anciens, ou à Eisenstadt, où le château des princes Esterhazy conserve le souvenir du compositeur Joseph Haydn, sans oublier le célèbre Festival de Salzbourg, consacré à Mozart, natif de la ville, ni, dans tout le pays, le charme de l'accueil et la gentillesse souriante des Autrichiens.

L'AUTRICHE EN BREF
Superficie 83 853 km²
Population 7 935 000
Capitale Vienne
Régime République parlementaire
Monnaie Schilling = 100 Groschen
Langues Allemand (99 %), hongrois et slovène (1 %)
Religion Catholiques (88 %)
Climat Continental tempéré ; températures moyennes à Vienne : de −4 à + 1 °C en janvier, de 15 à 25 °C en juillet
Ressources Bovins, ovins, blé, maïs, pommes de terre, foin et fourrages, orge, betterave à sucre, vins, fruits, bois ; pétrole et gaz naturel, lignite, minerai de fer, magnésite, graphite
Activités Agriculture, sidérurgie, machines, forestage et industries du bois, produits chimiques, textiles, extraction et raffinage du gaz et du pétrole, vins, brasseries, industries alimentaires
Exportations Produits sidérurgiques, machines, bois et produits du bois, produits chimiques, textiles, viande, produits laitiers
P.N.B. annuel par habitant 20 380 dollars
Croissance démographique Statique
Espérance de vie Hommes 72 ans, femmes 79

Seul le Sud-Est reçoit des pluies importantes ; dans l'intérieur et vers l'O., les terres cultivables cèdent la place aux broussailles, puis au désert qui couvre les deux tiers de l'État. Plus de 60 % de la population habite la capitale, Adélaïde. Riches gisements de fer, uranium, argent, plomb et or. Blé, bétail et fruits, dans la vallée du Murray, sont les principales ressources agricoles. Vigne dans la vallée de Barossa.

Population 1 460 200
Carte Australie Ed

Australie-Occidentale, ***Australie*** Le plus grand État du pays (2 525 500 km^2). Fondé en 1829, ce fut la deuxième colonie britannique d'Australie. Plus de 60 % de ses habitants vivent dans la capitale, Perth. C'est une région plate et aride, sauf au N.-O. où se trouvent les plateaux de Pilbara (riche en minerai de fer) et de Kimberley. L'agriculture repose sur l'élevage ovin, mais le Sud-Ouest « méditerranéen » produit du blé et des fruits. On essaie d'irriguer le Nord pour y cultiver du riz et du coton.

Population 1 673 000
Carte Australie Bc

australienne (Cordillère), en anglais **Great Dividing Range,** ***Australie*** Chaîne montagneuse traversant presque tout l'Est australien en arc de cercle, du Queensland au Victoria. Elle comprend les monts Snowy, les Montagnes Bleues et le plateau d'Atherton. Le mont Kosciusko est le plus haut de la chaîne et du pays (2 230 m).

Carte Australie Gb, Hf

Autriche Voir p. 76-77

Autriche (Basse-), en all. **Niederösterreich,** ***Autriche*** Le plus grand État de la République autrichienne. La Basse-Autriche occupe 19 172 km^2 dans une région montagneuse du N.-E., que traverse la vallée du Danube. Vienne, bien que constituant une ville-État spécifique, est à la fois la capitale nationale du pays et de la Basse-Autriche. Parmi les villes de cet État fédéré, Saint-Pölten est la plus importante. Productions : bois de charpente, bétail, céréales et vin.

Population 1 474 000
Carte Autriche Da

Autriche (Haute-), en all. **Oberösterreich,** ***Autriche*** État du nord du pays (11 978 km^2), vallonné et boisé. Riche agriculture dans la vallée du Danube. L'industrie, variée, est concentrée à Linz, la capitale de l'État, à Steyr et à Ranshofen.

Population 1 334 000
Carte Autriche Ca

Autun, ***France*** Ancienne ville romaine *(Augustodunum)*, dont il reste encore quelques vestiges (théâtre, portes), à 65 km au S.-O. de Dijon. Elle est réputée aujourd'hui pour sa cathédrale Saint-Lazare (tympan du XIIe s.) et le musée Rolin. Industrie (meubles, bonneterie).

Population 17 800
Carte France Fc

Auvergne, ***France*** Ancienne province et région administrative (26 000 km^2) du Massif central, qui comprend les départements du Cantal et du Puy-de-Dôme, ainsi qu'une partie de l'Allier, de l'Aveyron et de la Haute-Loire. L'hiver y est rude. Le relief est constitué de hauts plateaux érodés, de puys volcaniques et de plaines d'effondrement. Le point culminant est le puy de Sancy (1 885 m). Agriculture et tourisme sont encore les principales activités des régions montagneuses dépeuplées. Dans la plaine de Limagne, l'industrie s'est développée (textile, caoutchouc, industries électriques et mécaniques). L'Auvergne abonde en sources minérales : la Bourboule, le Mont-Dore, Vichy. Elle abrite deux parcs naturels régionaux : le parc des Volcans d'Auvergne (345 000 ha), qui englobe la chaîne des Puys et une partie du Cantal, et celui du Livradois-Forez (300 000 ha), qui s'étend sur le Puy-de-Dôme et la Haute-Loire.

Population 1 321 200
Carte France Ed

Auxerre, ***France*** En bordure de l'Yonne et chef-lieu du département du même nom, cette ville, voisine du vignoble de Chablis, bénéficie d'une situation privilégiée. Outre la cathédrale gothique et quelques beaux monuments, Auxerre abrite de nombreuses maisons anciennes d'un grand intérêt. Constructions mécaniques et électriques.

Population 38 600
Carte France Ec

Auyuittuq, ***Canada*** Parc national de 21 470 km^2, créé en 1972 dans la péninsule de Cumberland, à l'extrémité orientale de l'île de Baffin. En pleine toundra, il renferme des glaciers et des fjords impressionnants.

Carte Canada Ib

avant-pays Zone rigide ou faiblement plissée de la croûte terrestre et sur laquelle se déversent les nappes de charriage d'un goésynclinal. Ainsi, la partie orientale du Massif central est l'avant-pays des Alpes.

Avarua, ***îles Cook*** Voir RAROTONGA

Avebury, ***Royaume-Uni*** Cercle de pierres levées dans le comté de Wiltshire, à 120 km à l'O. de Londres. C'est le plus grand d'Europe : 410 m de diamètre. Il s'agit probablement d'un centre religieux construit vers 2500 av. J.-C. Il entoure aujourd'hui le village d'Avebury. On trouve à proximité d'immenses tumulus dont certains abritent des sépultures.

Carte Royaume-Uni Ee

Aveiro, ***Portugal*** Situé au bord d'une lagune (ria d'Aveiro), à 60 km au S. de Porto, ce port, prospère avant d'être ensablé par une tempête en 1575, ressuscita au XIXe s. avec la construction d'un canal relié à la mer. On y pêche la morue. Marais salants et rizières constituent les ressources principales, ainsi que l'aciérie d'Ovar, à 30 km au N. Musée régional.

Population 29 200
Carte Portugal Bb

Aveyron, ***France*** 1. Rivière longue de 250 km née dans les Causses, qui traverse le département du même nom d'O. en E. avant de se jeter dans le Tarn.

2. Département (8 735 km^2) de la région Midi-Pyrénées, où l'agriculture est importante (élevage ovin, céréales, fourrage) et l'industrie peu représentée (houillères de Decazeville en difficulté, travail du cuir et du bois). Outre Rodez et Millau (22 300 habitants), peu d'urbanisation dans ce département resté rural, où la population est en chute libre depuis 1900. Entaillé de nombreuses vallées (Aveyron, Lot, Tarn...) mais à l'écart des grandes voies de communication, l'Aveyron est peu servi par le tourisme.

Population 270 100
Carte France Ed

Avignon, ***France*** Chef-lieu du Vaucluse, près du confluent du Rhône et de la Durance, à 85 km au N.-O. de Marseille. Sept papes y siégèrent au XIVe s., et les antipapes s'y installèrent pendant le grand schisme d'Occident (1378-1417). Avignon vota son annexion à la France en 1790. Aujourd'hui l'une des villes les plus animées de France, Avignon accueille chaque année en juillet un festival de théâtre, créé en 1947 par Jean Vilar. Commerce et tourisme y sont florissants. On peut y admirer le palais des Papes (architecture gothique du XIVe s., construit par les papes Benoît XII, Clément VI et Innocent VI), et des remparts du XVIIe s. Trois arches du pont Saint-Bénezet, le « pont d'Avignon » de la chanson populaire, existent encore.

Population (ville) 87 000 ; (aggl.) 181 000
Carte France Fe

Ávila, ***Espagne*** Chef-lieu de la province du même nom, à 95 km à l'O. de Madrid. Patrie de sainte Thérèse (1515-1582), qui, après une vision extatique, y fonda l'ordre des Carmélites Déchaussées. La ville possède de nombreuses églises anciennes. Fondée en 1090, elle est encore entourée de ses 2,5 km de remparts surmontés de 88 tours rondes. La province d'Ávila, la plus haute d'Espagne (1 000 m), est essentiellement agricole.

Population (ville) 49 900 ; (aggl.) 187 000
Carte Espagne Cb

Avon, ***Royaume-Uni*** Comté de 1 338 km^2 dans l'O. de l'Angleterre, du nom du cours d'eau qui le traverse et débouche sur le canal de Bristol. Villes principales : Bristol, Bath.

Population 920 000
Carte Royaume-Uni De

Awash, ***Éthiopie*** Fleuve qui prend sa source à 80 km à l'O. de la capitale, Addis-Abeba, et se jette dans le lac Abbé. Long de 600 km, il alimente la capitale en hydroélectricité et permet d'irriguer les terres orientales.

Carte Éthiopie Bb

Axoum, ***Éthiopie*** Voir AKSOUM

Ayacucho, ***Pérou*** Ville des Andes (2 760 m), au S.-E. de Lima, fondée en 1539 par Pizarro. Le 9 décembre 1824, le général Sucre y vainquit les Espagnols et conquit l'indépendance du Pérou. La ville a conservé son aspect colonial. Sa semaine sainte est célèbre. Son université, fondée en 1677, a vu naître la guérilla du Sentier lumineux dont les affrontements avec l'armée endeuillent la région. Le site de Huari présente d'importantes constructions datant du VIIIe s.

Le département d'Ayacucho (44 181 km^2) produit textiles, vin et poteries.

Population (ville) 57 500 ; (dép.) 587 000
Carte Pérou Bb

Ayers Rock, ***Australie*** Un des plus grands monolithes du monde, situé dans le Territoire du Nord, à 310 km au S.-O. d'Alice Springs. Il domine la plaine environnante de 867 m et sa base mesure plus de 8 km de périmètre. La colline de grès qu'il couronne est un site sacré aborigène ; ses grottes sont décorées de peintures murales. Le rocher doit son nom à Henry Ayers, Premier ministre d'Australie-Méridionale au XIXe s. En 1985, on restitua le rocher aux aborigènes qui l'appellent Uluru.

Chaque année, 50 000 personnes viennent admirer le rocher rouge, particulièrement spectaculaire au coucher du soleil. Il ressemble alors à un charbon incandescent au milieu du désert.

Azerbaïdjan

ANCIEN TERRITOIRE ARMÉNIEN, LA TATARIE DU CAUCASE VEUT RETROUVER UNE CERTAINE PROSPÉRITÉ, PERDUE AVEC LE DÉCLIN DU PÉTROLE

L'Azerbaïdjan, aujourd'hui indépendant, ne doit rien à la province iranienne du même nom, très tôt intégrée à la Perse. L'Azerbaïdjan, situé au N. du fleuve Araxe, véritable frontière naturelle, faisait quant à lui partie de la Grande Arménie, et les Russes s'en emparèrent en 1828, le dénommant alors « Tatarie du Caucase ».

Ce n'est qu'après les combats de 1920 entre Turcs, Arméniens et Azéris que l'Azerbaïdjan fut intégré à la nouvelle république fédérative de Transcaucasie, membre de l'U.R.S.S. Il devint, au même titre que l'Arménie et la Géorgie, une république socialiste soviétique à part entière. Lui avaient été rattachés auparavant le Nakhitchevan et le Haut-Karabakh.

Dès la libéralisation en U.R.S.S., le nationalisme azéri s'exacerba face aux menaces arméniennes sur le Haut-Karabakh. Les luttes internes furent rudes, portant d'abord au pouvoir, en 1992, les nationalistes d'Aboulfaz Eltchibey, puis, en 1993, les anciens communistes de Gaïdar Aliev. Le conflit avec l'Arménie s'est aggravé, cette dernière prenant le contrôle de toute la région S.-O. du pays autour du Haut-Karabakh, des villes d'Agdam et de Fizouli, ainsi que de la frontière de l'Araxe avec l'Iran.

LANGUE ET RELIGION, SYMBOLE DU RAPPROCHEMENT AVEC SES VOISINS

Christianisé au IIIe s., le peuple azéri dut se convertir à l'islam au VIIe s., lors de la conquête par les Arabes. Ce n'est qu'après le passage des hordes turques (XIe s.) que les peuples de la région, de langues diverses, devinrent turcophones. Si les Azéris sont aujourd'hui chi'ites, ils ne sont pas pour autant des fanatiques. Aussi sont-ils plus proches de la Turquie, par la langue notamment. C'est ainsi que l'azéri, écrit d'abord avec l'alphabet arabe, puis le cyrillique sous la domination soviétique, fut très vite latinisé, comme le turc, depuis l'indépendance. Il reste toutefois une importante minorité de nationalistes qui souhaitent un rattachement à l'Azerbaïdjan iranien.

COTON, CAVIAR ET PÉTROLE

Vaste dépression au sud des monts du Caucase, s'ouvrant sur la mer Caspienne, l'Azerbaïdjan profite cependant peu de cette influence, contrebalancée par les vents chauds venus d'Iran. Hors des montagnes, l'agriculture est impossible sans irrigation. Aussi le drainage des marais du delta commun à la Koura et à l'Araxe favorise-t-il la culture du coton et du riz en plaine. Au pied du Caucase, la vigne, les vergers et les céréales se développent, tandis que l'on élève moutons, chèvres et même chameaux.

Les activités industrielles sont essentiellement tournées vers le pétrole, omniprésent autour de Bakou et de la mer Caspienne. Si son exploitation débuta au milieu du XIXe s. (50 % de la production mondiale en 1901), et fit du pays le premier État producteur de l'ex-U.R.S.S., il est malheureusement en déclin, les réserves s'amenuisant. Aussi l'Azerbaïdjan tente-t-il de se diversifier en développant les industries d'équipements de forage et d'exploitation (plates-formes pétrolières par exemple). Sa troisième richesse est le caviar. La mer Caspienne, poisssonneuse, voit s'activer les pêcheurs, qui en ramènent esturgeons et saumons.

UNE TERRE MEURTRIE

La première plaie du pays est d'être l'un des plus pollués, non seulement du fait de l'industrie chimique et pétrolière mal contrôlée, mais aussi par l'utilisation intensive de pesticides et d'insecticides. Le travail des enfants sur des terres polluées, imposé par Staline, n'a rien arrangé. Ce sont aussi les répressions staliniennes qui handicapèrent la culture azérie, autrefois pilote dans le monde islamique.

L'AZERBAÏDJAN EN BREF

Carte Arménie Bab
Superficie 86 600 km²
Population 7 400 000
Capitale Bakou
Régime République parlementaire
Monnaie Manat = 100 giapiks
Langues Turc, iranien (15 %)
Religion Musulmans chi'ites
Climat Continental
Ressources Riz, coton, céréales, vignes, ovins, caprins, pétrole, poisson
Activités Agriculture, élevage, industries mécaniques, pétrolières, pêche ; chimie
Exportations Pétrole et dérivés
P.N.B. annuel par habitant 870 dollars
Croissance démographique 20 ‰ par an
Espérance de vie Hommes 67 ans, femmes 75

Le parc national d'Uluru (1 325 km²) entoure Ayers Rock et les monts Olga, à proximité.
Carte Australie Ed

Ayodhya, ***Inde*** Ville sainte d'Uttar-Pradesh, à 100 km à l'E. de Laknau, symbole des relations difficiles entre les communautés musulmane et hindoue du pays. Le conflit a éclaté en 1990 lorsque des fanatiques hindous voulurent reconstruire le temple sacré remplacé en 1528 par une mosquée.

Ils finirent par détruire la mosquée fin 1992, laissant un champ de ruines, et entraînant des violences et de nombreuses manifestations anti-hindoues tant en Inde que dans les pays musulmans.
Carte Inde Cb

Ayorou, ***Niger*** Important marché à 140 km au N.-O. de Niamey sur le Niger. Lieu de « rencontre de la pirogue et du chameau », le marché d'Ayorou réunit toutes les ethnies du pays: les Touaregs venus vendre leurs chameaux, les Peuls, leurs bovins; les négociants sont les Haoussa, qui acheminent les troupeaux vers le Nigeria et sa forte population. On peut voir des girafes à Tillabéry, sur la route de Niamey.
Carte Niger Ab

Ayoun (El-), ***Sahara occidental*** Voir LAAYOUNE

Ayr, ***Royaume-Uni*** Port et centre de villégiature au S.-O. de l'Écosse, à 50 km au S.-O. de Glasgow. Patrie du poète Robert Burns.
Population 49 000
Carte Royaume-Uni Cc

Ayutthaya ou **Ayuthya,** ***Thaïlande*** Ville à 80 km au N. de Bangkok, dans la plaine deltaïque du Menam (Chao Phraya). Capitale d'un royaume thaï de 1350 à 1367, date à laquelle elle fut détruite par les Birmans.

Au XVIIe s., plusieurs comptoirs européens s'y installèrent. On y achetait du bois de teck, de santal, du sucre, de l'ivoire, des peaux, des soieries et des articles venant du Japon et de la Chine. À la fin du XVIIe s., un visiteur hollandais raconta que la lumière reflétée par les toits dorés des temples et des pagodes était telle que l'on était ébloui à des kilomètres.

La plupart des monuments de la ville et des manuscrits relatant l'histoire ancienne du royaume de Siam furent détruits au cours de l'invasion birmane. Les temples qui subsistent et les remparts de la vieille ville sont une attraction touristique. On vend à Ayutthaya le riz cultivé dans la province du même nom.
Population 113 300
Carte Thaïlande Bc

Azad Kashmir, ***Pakistan*** Voir CACHEMIRE

Azerbaïdjan, ***Iran*** Région montagneuse du N.-O. de l'Iran, séparée de l'Azerbaïdjan indépendant par l'Araxe et culminant à 4 811 m au volcan Savalan, à l'E. de Tabriz.

La région est divisée en trois provinces: l'Azerbaïdjan occidental (capitale: Ourmia, anciennement Rezaiyeh), bordé à l'O. par la Turquie et l'Irak; l'Azerbaïdjan central (capitale : Tabriz) et l'Azerbaïdjan oriental (capitale: Ardabil), baigné à l'E. par la mer Caspienne. Blé, coton, tabac, moutons sont les principales productions agricoles. La langue dominante est l'azéri, qui vient du turc et que l'on parle aussi en Azerbaïdjan indépendant. La population est formée d'Arméniens au N. et de Kurdes au S.
Population 6 090 000
Carte Iran Aa

Azov, ***Russie*** Port de pêche sur la mer d'Azov, près de l'embouchure du Don. Située près de l'ancienne colonie grecque de Tanaïs, la ville fut fortifiée par les Génois au XIIIe s. et devint un port de commerce. Elle fut conquise par les Turcs en 1471 et annexée par la Russie en 1739. Industries: conserveries, textiles, machines agricoles.
Population 81 000
Carte Russie Cd

Azov (mer d') Mer peu profonde qui communique avec la mer Noire par le détroit de Kertch, et riche en poissons : hareng, mulet, anchois et esturgeon (caviar). On y pêche beaucoup au S., mais les marécages et les lagons malodorants de son extrémité occidentale lui ont valu le surnom de Sivach (« lac putride »). Les principaux ports : Azov, Rostov-sur-le-Don, Taganrog, en Russie, Kertch et Marioupol, en Ukraine.
Superficie 36 260 km²
Profondeur maximale 15 m
Carte Russie Cd

Azuay, ***Équateur*** Province de la Sierra méridionale comprenant le fertile bassin de Cuenca. Chef-lieu: Cuenca.
Population 506 100
Carte Équateur Bb

B

Baalbek, ***Liban*** Ville située dans la plaine de la Bekaa, à 64 km au N.-E. de Beyrouth. Consacrée dans l'Antiquité au dieu du Soleil sémitique Baal, elle fut colonisée par les Grecs qui la nommèrent Héliopolis (Ville du Soleil), puis par les Romains. Important centre archéologique. Le Grand Temple de Jupiter conserve encore six imposantes colonnes de 27 m de haut et de 7 m de circonférence, vestiges de ses cinquante-quatre colonnes originelles. On y admire aussi le temple de Bacchus (presque intact), celui de Vénus, et les plus grosses pierres taillées du monde (1 500 t, 18,2 m de long).
Carte Liban Ba

Bab el-Mandeb (détroit de), ***mer Rouge*** Large de 30 km, il fait communiquer la mer Rouge avec le golfe d'Aden, entre le Yémen et Djibouti. L'activité du détroit de Bab el-Mandeb (la « Porte des Larmes » que franchissaient sans espoir les esclaves africains emmenés en Arabie) dépend de celle du canal de Suez et de la tension politique. Les fonds marins y sont parmi les plus beaux du monde.
Carte Yémen Ab

Babia Góra (Babia Hora), ***Slovaquie/Pologne*** Voir BESKIDES

Babylone, ***Irak*** Ville ruinée de Mésopotamie sur l'Euphrate, à 80 km au S. de Bagdad, remontant au XVIIIe s. av. J.-C., capitale de royaumes successifs et grand centre culturel. Plusieurs fois pillée, elle fut reconstruite au VIe s. av. J.-C. par Nabuchodonosor II. Vestiges des jardins suspendus, une des Sept Merveilles de l'Antiquité, des palais royaux, la porte d'Ishtar ornée de briques émaillées ainsi que les fondations d'une ziggourat (pyramide à étages), possible source d'inspiration de la tour de Babel. Alexandre le Grand en fit sa capitale en 331 et y mourut en 323 av. J.-C. Sa restauration a permis que s'y déroule en 1987 un festival international de musique.
Carte Irak Cb

Bac Bô, ***Viêt-nam*** Voir TONKIN

Bachkortostan, anc. **Bachkirie,** ***Russie*** Riche république fédérée (143 600 km^2) sur le versant occidental de l'Oural. Principales industries : pétrole, acier, produits chimiques, bois, papier et constructions électriques. Agriculture : betterave, pomme de terre et céréales. La population est composée principalement de Russes, de Tatars et de Bachkirs (anciens nomades musulmans). La capitale est Oufa.
Population 3 983 900
Carte Russie Dc

Bacolod, ***Philippines*** Voir NEGROS

Badacsony, ***Hongrie*** Volcan éteint de 464 m sur la rive N. du lac Balaton. Des colonnes de basalte pouvant atteindre 60 m de haut et d'impressionnantes formations de lave ornent ce sommet plat. Les riches terres basaltiques de la région produisent un excellent raisin de table et les vins blancs de Badacsony. Le petit centre de villégiature de Szigliget, au bord du lac, est dominé par un château baroque du XVIIIe s.
Carte Hongrie Ab

Badajoz, ***Espagne*** Chef-lieu de la province de Badajoz (la plus grande d'Espagne : 21 657 km^2), au S.-O. de Madrid près de la frontière portugaise. Principales activités : brasserie, distillerie, industrie alimentaire. La ville compte de nombreux vestiges romains, dont deux aqueducs. Capitale d'un royaume maure au XIe s., elle fut prise par les Français en 1811, puis par les Britanniques commandés par Wellington, en 1812, au moment de la guerre d'Espagne.
Population (ville) 130 200 ; (prov.) 661 000
Carte Espagne Bc

Badakhchan (Haut-), ***Tadjikistan*** Région autonome (63 700 km^2) au S.-E. du pays, théâtre de nombreux mouvements de populations au cours du conflit afghan. Région très montagneuse, au pied des monts Pamir, elle est réputée pour ses pierres semi-précieuses (lapis-lazuli par ex.) Peuplée de Tadjiks et de Kirghizes, sa capitale est Khorog (15 000 habitants).
Population 164 000
Carte Tadjikistan Bb

Baden, ***Autriche*** Station thermale à 26 km au S.-O. de Vienne, qui fut la résidence d'été de la famille impériale d'Autriche. Ses sources chaudes sulfureuses ont été utilisées à des fins thérapeutiques dès l'époque romaine, en particulier dans le traitement des affections rhumatismales. Beethoven y séjourna au début du XIXe s. et un musée est consacré à sa vie et à son œuvre. Après la Seconde Guerre mondiale, Baden fut le quartier général des troupes d'occupation soviétiques, de 1945 à 1955.
Population 23 300
Carte Autriche Ea

Baden-Baden, ***Allemagne*** Ville de la vallée du Rhin, sur les pentes de la Forêt-Noire, et station thermale connue déjà des Romains, qui construisirent les premiers thermes sur ses eaux chaudes radioactives. L'établissement actuel date de 1824. Le célèbre casino, que fréquenta notamment Dostoïevski, fut élevé en 1854. Au milieu du XIXe s., Baden-Baden était la capitale estivale de l'Europe, fréquentée par toutes les personnalités de l'époque : têtes couronnées, hommes politiques, aristocratie, musiciens et écrivains.
Population 50 000
Carte Allemagne Cd

Bade-Wurtemberg, en all. **Baden-Württemberg,** ***Allemagne*** État industriel et agricole (35 750 km^2) au S.-O. du pays, s'étendant notamment sur le bassin de Souabe, le Jura souabe et la Forêt-Noire, dont la capitale est Stuttgart.
Population 10 002 000
Carte Allemagne Cd

Badgastein, ***Autriche*** Petite station thermale et de sports d'hiver sur le versant N. des Tauern, à 76 km au S. de Salzbourg. À 8 km au N. se trouve la source chaude de Bad Hofgastein, qui était déjà connue des Romains et très fréquentée au XIXe s.
Population 5 600
Carte Autriche Cb

Bad Hombourg, en all. **Bad Homburg,** ***Allemagne*** Station thermale à 14 km au N. de Francfort. Ancien château des landgraves de Hesse (1680) où vécut le landgrave Frédéric II, le « prince de Hombourg », immortalisé en 1810 par Heinrich von Kleist.
Population 50 700
Carte Allemagne Cc

Bad Ischl, ***Autriche*** Station thermale sur la Traun à 45 km au S.-E. de Salzbourg. Ce fut la résidence d'été de l'empereur François-Joseph (1830-1916) dont la cour comptait d'éminents compositeurs tels que Johann Strauss et Franz Lehár. La maison de Lehár est ouverte au public et chaque année la ville organise une semaine de l'opérette.
Population 13 100
Carte Autriche Cb

Bad Lands (parc national), ***États-Unis*** Région marquée par l'érosion s'étendant sur 985 km^2 au S.-O. du Dakota du Sud. Ses ravins, sculptés dans des argiles aux couleurs vives, séparent des collines aplaties. Le parc recèle de nombreux ossements d'animaux préhistoriques.
Carte États-Unis Fb

Baegdu Son, ***Chine/Corée du Nord*** Voir PAEKTU SAN

Bafatá, ***Guinée-Bissau*** Centre commercial de l'intérieur du pays situé à l'endroit le plus navigable du Geba, à 110 km de Bissau, dans une région qui produit de l'arachide, du bétail, du coton et du tabac. Ce fut l'un des derniers bastions du Portugal avant l'indépendance.
Population (région) 116 000
Carte Guinée Ba

Baffin (baie de) Baie qui sépare, dans l'Atlantique, l'île de Baffin du Groenland. Elle doit son nom au navigateur William Baffin qui l'explora en 1616. Le courant froid du Labrador la parcourt et y entraîne de dangereux icebergs. Sauf en été, elle est prise par les glaces. Elle mesure 1 130 km de long, et 110 à 640 km de large.
Carte Canada Ia

Baffin (île de), ***Canada*** Cinquième île du monde par sa superficie (507 451 km^2), elle est située dans l'archipel arctique et habitée par les Inuits, qui vivent principalement de chasse et de pêche dans des villages dispersés le long de ses côtes.
Carte Canada Ha

Bafing, ***Guinée/Mali*** Voir SÉNÉGAL (fleuve)

Bafoussam, ***Cameroun*** Ville industrielle et capitale de la province de l'Ouest, à 220 km au N.-O. de Yaoundé. Cultures vivrières, exportations de café, sculptures sur bois. Le barrage de Bamenda avec son lac tranquille est une attraction touristique.
Population 118 000
Carte Cameroun Bb

Bagamoyo, ***Tanzanie*** Port à 60 km au N.-O. de la capitale, Dar es-Salaam, en face de l'île de Zanzibar. Ancien centre du commerce arabe des esclaves et de l'ivoire, il servit de base aux explorateurs européens. Il est maintenant éclipsé par Dar es-Salaam.
Population 25 000
Carte Tanzanie Ba

Bagdad ou **Baghdad,** ***Irak*** Capitale du pays, située sur le Tigre. Fondée en 762 apr. J.-C., c'est la ville des contes des Mille et Une Nuits. Malgré son ancien surnom de Madinat al-Salam (Ville de la Paix), Bagdad connut une histoire violente. Prospère sous le règne du calife Haroun al-Rachid (766-809), elle fut mise à sac en 1258 par les Mongols, détruite à nouveau par Tamerlan, dernier envahisseur mongol, prise par le sultan Süleyman le Magnifique, chef de l'empire ottoman, en 1534, et conquise par les

Bahamas

LIEU DE DÉTENTE TRÈS PRISÉ DES AMÉRICAINS DU NORD, CET ARCHIPEL CARAÏBE CONNAÎT UN FABULEUX ESSOR TOURISTIQUE

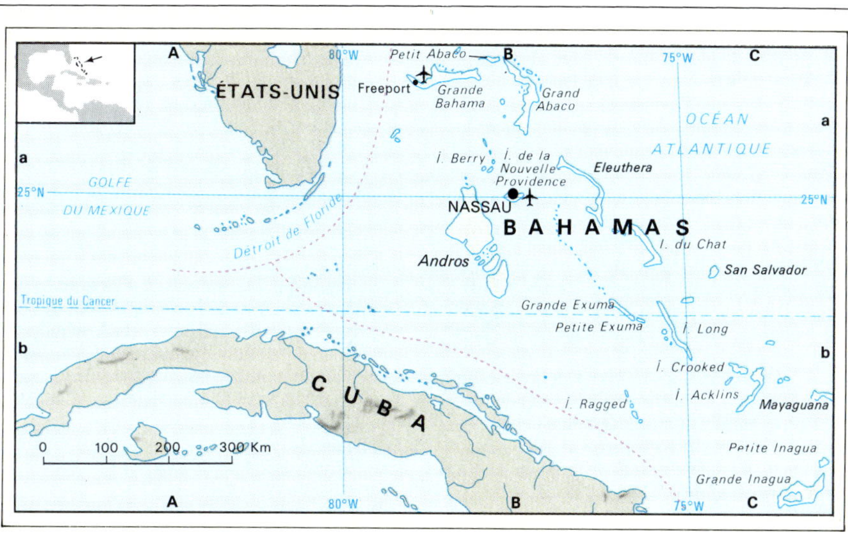

Il y a cinq siècles, en 1492, Christophe Colomb abordait le Nouveau Monde pour la première fois à San Salvador (appelé aussi île Watling) aux Bahamas ; mais où exactement ? San Salvador ne compte pas moins de quatre monuments dont chacun prétend marquer l'endroit exact où le grand explorateur mit pied à terre.

San Salvador n'est que l'une des 700 îles et 2 000 îlots (ou cayes) coralliens qui composent les Bahamas. L'ensemble forme un arc long de 1 200 km depuis un point situé à 80 km au S.-E. de la Floride jusqu'à l'extrémité orientale de Cuba ; les éléments en ont toutes les tailles depuis l'île d'Andros (4 144 km^2) jusqu'aux petits îlots inhabités qui émergent à peine de l'océan. Les deux îles les plus peuplées sont New Providence (150 000 habitants), où se trouve la capitale, Nassau, et la Grande Bahama (plus de 27 000 habitants). Ensemble, elles abritent 75 % de la population des Bahamas.

Sur une population totale de 245 000 habitants, 80 % sont les descendants d'esclaves amenés d'Afrique, surtout au XVIIIe s. Les premiers occupants étaient des Indiens Arawaks, que les Espagnols emmenèrent tous comme esclaves à Hispaniola. Mais les Espagnols ne s'installèrent jamais aux Bahamas. Les premiers Européens furent un curieux mélange de puritains qui fuyaient la persécution religieuse de l'Angleterre au XVIIe s. et de pirates qui bénéficiaient de la protection de milliers d'ancrages bien abrités. Plus tard arrivèrent des loyalistes pendant la Révolution américaine (1775-1783), puis des sudistes fuyant la guerre civile (1861-1865). Colonie britannique jusqu'en 1973, les Bahamas devinrent alors indépendantes et membres du Commonwealth.

Les Bahamiens ont peu de ressources naturelles. Ils durent longtemps compter sur la mer pour une partie au moins de leur subsistance (pêche en mer, pêche aux éponges dans les récifs coralliens qui entourent les îles). Mais, depuis les années 1950, l'économie du pays a radicalement changé. Profitant des avantages de la proximité de l'Amérique du Nord, d'un climat chaud, ensoleillé (mais humide), de plages de sable blanc et d'eaux marines réchauffées par le Gulf Stream, les hommes d'affaires bahamiens et étrangers ont développé le tourisme sur une grande échelle. Aujourd'hui, 2 millions de touristes étrangers, en majorité nord-américains, visitent les Bahamas chaque année et le tourisme est devenu la base même de l'économie, employant les deux tiers des travailleurs.

Une des réalisations les plus remarquables de ces dernières années est, sur la Grande Bahama, le complexe touristique de Freeport City-Lucaya, le plus grand de toutes les Antilles (hôtels, casinos, plages, bazar international), avec un port en eau profonde et une zone industrielle.

Aux Inagua, les plus méridionales des îles habitées, on trouve l'un des plus grands complexes mondiaux de production de sel par évaporation solaire. Le gouvernement encourage l'agriculture sur certaines îles, comme Andros, pour que le pays se suffise davantage à lui-même sur le plan alimentaire. En même temps, comme les Bahamas n'ont ni impôts sur le revenu, ni impôts sur les sociétés, ni droits de succession, elles ont attiré plus de 360 banques et sociétés d'investissement. Comme centre de recyclage des eurodollars, Nassau peut se comparer à Londres.

En dehors de New Providence et de la Grande Bahama, les autres îles, dites îles Extérieures ou îles de la Famille, ont été peu affectées par tous ces changements. Au large d'Eleuthera, par exemple, se trouve la petite île de Spanish Wells dont les habitants blancs, descendants de puritains, ont réussi à maintenir leur identité séparée pendant trois siècles. Dans le groupe des îles Abaco, les artisans continuent à construire des barques comme leurs ancêtres l'ont fait depuis des générations. George Town, dans les îles Exuma, garde son caractère de petite capitale insulaire.

Parmi les autres îles, citons la Longue Caye (33 habitants en 1980) et le petit groupe des Bimini, le plus proche de la Floride, où l'écrivain Ernest Hemingway vécut quelque temps, ou l'île du Chat, où s'élève le mont Alvernia, point culminant de l'archipel (63 m). Pêcheurs et plongeurs sous-marins fréquentent Andros, pour ses « trous bleus », grands tunnels aux bords abrupts où s'engouffre l'océan, et pour les récifs coralliens de sa Grande Barrière, la plus longue du monde (200 km) après la Grande Barrière australienne.

LES BAHAMAS EN BREF

Superficie 13 935 km^2
Population 266 000
Capitale Nassau
Régime Monarchie parlementaire
Monnaie Dollar bahamien = 100 cents
Langue Anglais
Religions 47 % chrétiens non-conformistes, 25 % catholiques, 21 % anglicans
Climat Subtropical ; températures moyennes à Nassau : de 18-25 °C en février à 24-32 °C en août
Ressources Bois, poisson, crustacés
Activités Tourisme, raffinage du pétrole, pêche, forestage
Exportations Pétrole brut (réexporté), produits pétroliers raffinés, produits chimiques, fruits de mer, rhum, sel, aragonite (calcaire)
P.N.B. annuel par habitant 11 990 dollars
Croissance démographique 14,6 ‰ par an
Espérance de vie Hommes 68 ans, femmes 75

Britanniques pendant la Première Guerre mondiale. Elle devint la capitale de l'Irak indépendant en 1921.

Principales activités : industries alimentaires, textiles, mécaniques et métallurgiques, tanneries, tabac, cimenterie, distilleries d'alcool (pour les touristes), et surtout, raffineries de pétrole.

Bagdad offre de multiples curiosités : bazars, université musulmane du XIIIe s. (collège de droit Mustansiriya), vestiges des remparts et des portes de l'ancienne ville, et Khan Murjan (auberge du XIVe s.).

Population 3 845 000
Carte Irak Cb

Baguio, *Philippines* Centre de villégiature de l'île de Luçon, situé au S. de la Cordillère centrale, à 210 km au N. de Manille, au milieu de forêts de pins. Les températures fraîches permettent la culture de fruits et légumes de climat tempéré. À 75 km au N.-E., à Banaue, on trouve d'immenses rizières en terrasses datant de plus de deux mille ans.

Population 183 000
Carte Philippines Bb

Bahariya (oasis de), *Égypte* Oasis du désert de Libye, située dans une dépression, autour de la petite ville de Bawiki, à 280 km au S.-O. du Caire. La terre irriguée grâce à des puits artésiens donne de bonnes récoltes de dattes. Le manganèse et le fer découverts dans la région ne sont pas encore exploités.

Population env. 6 000
Carte Égypte Bb

Bahawalpur, *Pakistan* Ville et province traversée par le Sutlej, à 345 km au S.-O. de Lahore. La majeure partie de la région est occupée par le désert de Thar. On y cultive du coton près du fleuve.

Population 178 000
Carte Pakistan Cb

Bahia, ***Brésil*** Voir SALVADOR

Bahía Blanca, ***Argentine*** Baie et port sur l'océan Atlantique, à 550 km au S.-O. de Buenos Aires. Important débouché commercial pour les céréales et les fruits qui arrivent par bateau de la pampa du Sud.

Population 225 000

Carte Argentine Cb

Bahr el-Ghazal, ***Soudan*** Province au S.-O., de 200 894 km², près de la frontière avec la République centrafricaine. Capitale : Ouaou (Wau). Région d'élevage et de culture (millet, oléagineux, bananes, etc.). Le parc national du Sud abrite une grande variété d'espèces animales. On y trouve des terrains couverts de savane ou de bois d'acajou et autres essences exotiques.

Le fleuve Bahr el-Ghazal (240 km) arrose la province et se perd dans les marécages du Sud. Les années de fortes pluies, il rejoint le Nil Blanc à la hauteur du lac Nô, à 700 km au S.-O. de Khartoum.

Population 2 266 000

Carte Soudan Ac

Bahreïn (île de), ***Bahreïn*** La plus grande des trente-trois îles qui constituent l'émirat indépendant de Bahreïn. Située dans le golfe Persique, à 25 km au large de la côte de la province d'Hasa, en Arabie Saoudite, à laquelle elle est reliée par une chaussée de 26 km. Capitale : Manama. L'île est un plateau calcaire aride (point culminant : Djabal al Dukhan, 137 m) mais un système d'irrigation permet l'agriculture. Surtout, on y découvrit du pétrole, en 1931.

Population 280 000

Carte Bahreïn Ba

Baia Mare, ***Roumanie*** Ville du Nord, chef-lieu de la région des Maramures, à 40 km au S. de la frontière russe. Située à proximité d'un lac, dans une zone boisée des Carpates. Beffroi du XVᵉ s., cathédrale du XVIIIᵉ s. Le quartier des artistes et son école de peinture sont célèbres en Roumanie depuis le XIXᵉ s. Fonderies de zinc et de plomb.

Population 147 500

Carte Roumanie Aa

Baïkal, ***Russie*** Lac de 31 500 km², au S.-E. de la Sibérie, près de la frontière mongole, entouré de montagnes qui dépassent 2 500 m d'altitude. C'est le lac le plus profond du globe (1 940 m), et la plus grande concentration d'eau douce : 23 000 km³, soit l'équivalent des cinq grands lacs américains réunis. Il reçoit 336 fleuves et n'en alimente qu'un, l'Angara. Plusieurs ports jalonnent ses rives. Pêcheries.

Carte Russie Fc

Baïkonour, ***Kazakhstan*** Principal complexe de lancement d'engins spatiaux de l'ex-U.R.S.S., au N.-E. de la mer d'Aral, aujourd'hui exploité par la Russie, qui poursuit les activités spatiales.

Carte Kazakhstan Bb

Bakhtaran, anc. **Kermanshah,** ***Iran*** Ville située à 400 km au S.-O. de Téhéran, sur l'ancienne route des caravanes qui reliait cette dernière à Bagdad, capitale de l'Irak.

Centre commercial d'une région productrice de céréales, habitée en majorité par des Kurdes. Raffinage du pétrole.

Population 531 400

Carte Iran Aa

Bakony, ***Hongrie*** Chaîne de collines boisées au N.-O. du lac Balaton, dont le point culminant est le Körishegy (704 m). Ses jolies vallées et ses châteaux en ruine, ses villages au bord du lac et ses volcans éteints (Badacsony) en font un lieu de villégiature très apprécié en été.

Carte Hongrie Ab

Bahreïn

TOURNÉ VERS LE FUTUR, BAHREÏN CHERCHE À ATTIRER DE NOUVELLES INDUSTRIES POUR NE PLUS DÉPENDRE DES SEULS REVENUS DU PÉTROLE

Connu dans l'histoire par les habitants du golfe Persique comme l'« île aux millions de palmes » en raison de l'abondance des sources d'eau douce, Bahreïn a été le premier pays arabe où a été trouvé du pétrole — en 1931. Aujourd'hui, il a l'ambition de devenir le Singapour du Golfe et de diversifier son économie avant que le pétrole ne s'épuise. Déjà, il possède un port franc et des zones industrielles (Mina Sulman et Sitra nord) où l'on ne prélève pas de droit de douane sur les marchandises en transit ou sur les matières premières transformées dans la zone tranche. Il y a aussi une usine de fabrication et de transformation de l'aluminium, le plus grand complexe industriel du Golfe qui ne soit pas lié au pétrole — en dehors du fait qu'il est alimenté en énergie par du gaz naturel local ; une industrie pétrochimique ; un grand chantier naval pour les pétroliers géants et un centre de réception des messages de satellites. L'accent a été mis également sur la transformation de Bahreïn en centre bancaire international ; plusieurs grandes banques en ont fait une base d'opérations.

L'émirat comprend 33 îles basses, dont la plus grande est l'île de Bahreïn (562 km²). Elle est réunie à l'île de Muharraq par une chaussée de 2,4 km de long, et à l'île de Sitra par une chaussée neuve partant de la côte E. En dehors d'une bande fertile au N., l'île de Bahreïn est constituée de calcaires couverts de sables plus ou moins épais, qui sont trop pauvres pour porter autre chose que des plantes de désert. Des travaux de drainage ont été entrepris pour réduire la salinité. Une ceinture verte fertile a été créée dans la partie N., grâce au transport de sols de qualité à partir des autres parties de l'île, et à l'emploi de fumures et d'engrais. Bien que Bahreïn ait des sources souterraines, surtout au N., l'essentiel de son eau lui vient d'une usine de désalinisation.

La chaleur est oppressante entre mai et septembre, avec des températures dépassant souvent 35 °C durant le jour, et une humidité très forte. Mais le temps se rafraîchit rapidement à partir d'octobre ; la période la plus fraîche va de décembre à mars, avec 21 °C en moyenne.

La plus grande partie de la population habite sur les îles de Bahreïn et de Muharraq ; on compte près d'un tiers d'immigrés, attirés par des revenus non imposés (Omanais, Indiens, Pakistanais, Iraniens). Les gens de Bahreïn eux-mêmes sont musulmans arabes, à 60 % chiites. Ils sont gouvernés par un émir, conseillé par ses ministres.

Le tiers des revenus du pays provient du pétrole. Une large part est dépensée pour la construction d'écoles, de collèges, d'hôpitaux et d'autres services publics. L'éducation et les soins sont gratuits, et une grande partie des logements est subventionnée.

Les activités traditionnelles survivent, à côté des nouvelles industries, mais elles ont moins d'importance qu'autrefois. Elles comprennent la pêche aux perles — Bahreïn fut célèbre pour la qualité de ses perles —, la construction de felouques, le tissage, la vannerie, la poterie. Avec l'irrigation, l'agriculture s'est renforcée : non seulement on cultive des dattes autour des oasis, mais des terres nouvellement mises en valeur produisent des figues, des grenades, des bananes et une grande variété de légumes.

Comme les autres petits États du Golfe, Bahreïn maintient des relations étroites avec l'Arabie Saoudite, considérée comme la garante de sa sécurité. Un lien matériel a même été établi entre les deux pays, avec l'ouverture d'une chaussée de 25 km qui les relie. Mais la récession de la production pétrolière du Golfe atteint le pays, où le chômage devient un problème significatif.

BAHREÏN EN BREF

Superficie 691 km²

Population 486 000

Capitale Manama

Gouvernement Monarchie

Monnaie Dinar de Bahreïn = 1 000 fils

Langues Arabe ; l'anglais est très parlé

Religion Musulmans

Climat Très sec, été chaud avec très forte humidité. Températures moyennes : de 14 à 20 °C en janvier, de 29 à 38 °C en août

Ressources Dattes, légumes, bétail, poisson, pétrole brut

Activités Production et raffinage de pétrole, fonderie d'aluminium, construction et réparation navales, pétrochimie, banque

Exportations Pétrole brut, produits pétroliers, aluminium

P.N.B. annuel par habitant 6 310 dollars

Croissance démographique 24,2 ‰ par an

Espérance de vie Hommes 71 ans, femmes 76

Bakou, ***Azerbaïdjan*** Port et capitale du pays sur la côte O. de la mer Caspienne. Centre d'un important bassin pétrolier. Industries: équipement pétrolier, raffineries, produits chimiques, construction navale, textiles et cimenterie. Un oléoduc transporte le pétrole destiné à l'exportation jusqu'à Batoumi, sur la mer Noire. Bakou fut fondée au IXe s. Ses palais et ses mosquées datent des XIVe et XVe s.
Population (ville) 1 080 500 ; (aggl.) 1 780 000
Carte Azerbaïdjan Ba

Bakwanga, ***Zaïre*** Voir MBUJI-MAYI

Balaklava, ***Ukraine*** Voir SÉBASTOPOL

Balaton (lac), ***Hongrie*** Le plus grand lac d'Europe centrale (601 km^2), à 110 km au S.-O. de la capitale, Budapest. Centre de villégiature important. La rive N. est bordée de collines volcaniques boisées et viticoles, de criques sablonneuses et de villages pittoresques. La rive S., plus plate, est aussi plus fréquentée. Réputé en été pour ses sports nautiques (mais les canots à moteur y sont interdits). En hiver, on y fait du patin, de la voile sur glace, et l'on y pêche.
Carte Hongrie Ab

Balatonfüred, ***Hongrie*** La plus ancienne ville d'eaux, et la plus élégante, de la côte N. du lac Balaton, à 110 km au S.-O. de Budapest; ses rues s'accrochent à une colline couverte de vignobles. On y soigne les troubles nerveux et cardiaques. L'une des onze sources thermales jaillit d'une fontaine construite en 1800 sur la Place des Eaux (Gyógy Tér) au centre de la ville. En été, des spectacles équestres et des joutes sont organisés dans le parc du château de Zichy (XVe s.), dans la vieille ville de Nagyvazsony à 16 km à l'O.
Population 12 000
Carte Hongrie Ab

Balboa, ***Panamá*** Voir PANAMÁ (zone du canal de)

Bâle, en all. **Basel,** ***Suisse*** Ville germanophone, au point de rencontre de la Suisse, de la France et de l'Allemagne, dans une région de vignobles et de cerisiers. Son port fluvial marque le début de la navigation sur le Rhin. Fondée par les Romains (colonie d'Augusta Raurica), Bâle est aujourd'hui la deuxième ville de Suisse après Zurich. Centre mondial des industries pharmaceutiques et importante place bancaire, Bâle possède la plus vieille université suisse (1459). La ville est renommée pour son Carnaval et abrite tous les ans la Foire Suisse d'échantillons. Outre une belle cathédrale gothique, elle compte de nombreux musées et galeries d'art, ainsi qu'un important parc zoologique.

Bâle est parfois appelée Tcherno-Bâle (en référence à Tchernobyl), du fait des pollutions dues à ses laboratoires pharmaceutiques.

Le canton de Bâle (465 km^2) est divisé depuis 1833 en deux demi-cantons: Bâle-ville (37 km^2) et Bâle-campagne (Basel-Land, 428 km^2, capitale Liestal).
Population (ville) 171 000; (canton Basel-Land) 231 200; (canton Basel-Stadt) 194 000
Carte Suisse Aa

Baléares (îles), ***Espagne*** Archipel de la Méditerranée à l'E. de l'Espagne, l'un des principaux lieux de vacances d'Europe. Il comprend: Majorque (Mallorca), Minorque (Menorca), Ibiza, Formentera, Cabrera (classée Parc Naturel en 1988) et de nombreux îlots, l'ensemble formant la région autonome des Baléares (5 014 km^2). La capitale est Palma de Majorque. Le point culminant de l'archipel, Puig Mayor (1 445 m), se trouve à Majorque. Les belles étendues de plages et un climat tempéré encouragent le tourisme. Autres activités: pêche, travail du métal, poterie. Culture de la vigne, céréales, olives et amandes.

Sous la domination carthaginoise au Ve s. av. J.-C., puis romaine, vandale, byzantine et arabe, les Baléares devinrent espagnoles avec le roi d'Aragon qui les prit aux Maures au XIIIe s. Elles doivent leur nom aux guerriers surnommés dans l'Antiquité « lanceurs de pierre » (en latin Balearii).
Population 685 000
Carte Espagne Fc

Bali, ***Indonésie*** Île volcanique de 5 591 km^2 et province de l'Indonésie, à l'E. de Java. Capitale: Denpasar. Lieu de prédilection des touristes qui viennent y admirer les trésors de la civilisation hindoue, ses traditions artistiques, architecturales et musicales. La principale station balnéaire est la plage de Kuta.
Population 2 780 000
Carte Indonésie Ed

DANSEURS DE BALI. Le Barong (lion-chien balinais) lutte contre la Rangda (veuve-sorcière) dans cette danse symbolisant l'éternel conflit entre le Bien et le Mal.

Balikpapan, ***Indonésie*** Port et ville à l'E. de Bornéo (Kalimantan indonésien). Centre pétrolier. Enjeu de nombreuses batailles entre les États-Unis et le Japon pendant la Seconde Guerre mondiale.
Population 280 700
Carte Indonésie Ec

Balkan (mont), en bulg. **Stara Planina,** ***Bulgarie*** Chaîne de montagnes de Bulgarie centrale qui s'étend sur 320 km, de la frontière yougoslave à la mer Noire. Nombreux défilés, dont le col de Sipka et les gorges de l'Iskar. Point culminant: pic de Botev (2 375 m).
Carte Bulgarie Ab

Balkans, ***Europe*** Péninsule montagneuse limitée au N. par le Danube, à l'O. par les mers Adriatique et Ionienne, à l'E. par les mers Noire et Égée. Elle comprend l'Albanie, la Bulgarie, la Grèce, la Turquie d'Europe et l'ex-Yougoslavie. (Env. 550 000 km^2.)
Population Env. 54 500 000

Balkh, ***Afghanistan*** Ruines d'une ville à 20 km à l'O. de Mazar-i Sharif, au N. du pays. Ancien relais, sur la route des caravanes qui reliait la Chine à Rome. Elle devint un centre de la civilisation islamique au VIIe s. apr. J.-C., mais fut détruite par le souverain mongol Gengis Khan, au début du XIIIe s. Reconstruite par Tamerlan (1335-1405), elle déclina rapidement jusqu'à ne plus être, au XVIIIe s., qu'un bazar où s'arrêtaient les caravanes.
Carte Afghanistan Ba

Balkhach, ***Kazakhstan*** Lac aux eaux douces à l'O., saumâtres à l'E., près de la frontière chinoise. Sa superficie varie entre 17 000 et 22 000 km^2 selon la saison. Bien qu'il soit gelé cinq mois par an, on y pêche la grande majorité des truites du pays. Le cuivre extrait à proximité est traité dans la ville de Balkhach, sur la rive N.
Population 87 000
Carte Kazakhstan Cb

Ballarat, ***Australie*** Ville de l'État de Victoria, à 112 km à l'O. de Melbourne, fondée en 1851 au début de la ruée vers l'or, comme le montre le Sovereign Hill Memorial Park. Le monument d'Eureka Stockade commémore la rébellion des mineurs contre les percepteurs de l'impôt sur l'or, en 1854, qui devint le symbole de la résistance australienne à la domination britannique

(l'État de Victoria obtint l'autonomie en 1855).
Population 62 600
Carte Australie Gf

Ballons des Vosges (parc naturel régional des), ***France*** Voir VOSGES

Ballymena, *Royaume-Uni* Bourg du comté d'Antrim, dans une région fertile d'Irlande du Nord. Industries : construction mécanique, textile. Sa population, en grande partie écossaise depuis le XVIIe s., est restée presbytérienne.
Population 55 400
Carte Royaume-Uni Bc

Baloutchistan, Baluchistan ou **Béloutchistan, *Pakistan/Iran*** Région aride au S.-O. du Pakistan et au S.-E. de l'Iran (347 190 km^2). La partie iranienne forme, avec le Séistan, la province du Séistan-et-Baloutchistan. La partie pakistanaise, rattachée au Pakistan en 1947 à la division de l'Empire indo-britannique, constitue une province (capitale : Quetta). L'économie nomade repose sur l'élevage de chèvres et de moutons. Culture de vignes, blé et coton dans des vallées irriguées. Du pétrole et du gaz naturel y ont été découverts.
Population (Pakistan) 4 615 000
Carte Pakistan Bb

Balsas (rio de las), *Mexique* Fleuve qui prend sa source dans la sierra Madre orientale (État de Puebla), à l'E. de Mexico. Il parcourt la vallée de Mexico, traverse les États du Guerrero et du Michoacan, et se jette dans la baie de Petacalco (océan Pacifique). Longueur : 700 km. Grâce au barrage d'El Infiernillo (1966), il fournit de l'hydroélectricité et permet l'irrigation.
Carte Mexique Cc

Baltimore, *États-Unis* La plus grande ville du Maryland, sur un estuaire au fond de la baie de Chesapeake, à 60 km au N.-E. de Washington. Fondée par l'Assemblée provinciale en 1729, elle devint un port actif et un centre de construction navale. En 1830, ce fut la première ville du pays à ouvrir une gare de voyageurs. Activités principales : sidérurgie, industries chimiques. Belle cathédrale. Université Johns Hopkins fondée en 1876, centre de recherche médicale réputé. Malgré le grand incendie de 1904, on peut y admirer des bâtiments du début du XIXe s.
Population (ville) 737 000 ; (aggl.) 2 383 000
Carte États-Unis Kc

Baltique (mer) Mer d'Europe septentrionale, comprise entre la Suède, la Finlande, la Russie, la Lettonie, la Lituanie, l'Estonie, la Pologne, l'Allemagne et le Danemark. Elle communique avec la mer du Nord par les minces détroits qui séparent le Danemark et la péninsule scandinave. Ancien lac d'eau douce formé par la fonte des glaciers à la fin de l'ère glaciaire, il y a dix mille ans, elle reste peu salée, surtout à l'E. où elle reçoit de nombreux fleuves. Ses marées de faible amplitude facilitent la navigation, mais en hiver la circulation des bateaux requiert l'utilisation de brise-glaces. Les Vikings pillèrent ses côtes aux IXe et Xe s. À la fin du Moyen Âge, le commerce y était soumis au contrôle de la Hanse, association de villes marchandes d'Europe du Nord.

La mer Baltique forme plusieurs golfes : les golfes de Botnie, de Finlande, de Riga, et la baie de Gdansk.
Superficie 422 000 km^2
Profondeur maximale 439 m
Carte Europe Ec

Bamako, *Mali* Capitale sur le Niger, au S. du pays. Elle devint la première ville du Mali en 1908, après la construction de la ligne de chemin de fer qui la reliait à Kayes, près de la frontière avec le Sénégal. Cette ligne fut prolongée jusqu'à Dakar en 1923. Les rues du centre-ville, larges et spacieuses, sont bordées d'arbres et d'immeubles datant de l'époque coloniale française. La Grande Mosquée, où affluent chaque vendredi des milliers de fidèles, bien que moderne et construite avec des fonds arabes, respecte le style traditionnel. Les maisons de torchis de la majorité des Maliens, entassées les unes sur les autres et mal équipées, contrastent avec les immeubles européens. Bamako est le principal marché de bétail et de noix de kola. L'industrie légère se développe autour des routes de Sotuba et de Koulikoro où le Niger devient navigable.
Population 660 000
Carte Mali Bb

Bamberg, *Allemagne* Port sur la Regnitz à 50 km au N. de Nuremberg, rattaché à un réseau naval de 3 500 km qui, une fois terminé, reliera la mer du Nord à la mer Noire grâce à des canaux construits entre le Rhin, le Main et le Danube. Nombreux monuments médiévaux et baroques. Cathédrale gothique à quatre flèches du XIIIe s., où est enterré le pape Clément II. La bible d'Alcuin (735-804), le théologien de Northumbrie qui devint conseiller de Charlemagne, est conservée dans la bibliothèque de la ville.
Population 70 000
Carte Allemagne Dd

Bambouk, *Mali* Région accidentée de l'extrême Ouest du pays. Elle fut autrefois riche en mines d'or, ce qui valut à l'Afrique occidentale le surnom de « Terre de l'or » chez les historiens arabes du Moyen Âge et à la région l'intérêt que lui portèrent les Français dès le XVIIe s.
Carte Mali Ab

Bamenda, *Cameroun* Capitale de la province du Nord-Ouest, à 270 km au N.-O. de Yaoundé et important carrefour routier. On y vend du thé, du café, des bananes et des objets artisanaux (masques traditionnels, figurines, instruments de musique, poteries). Les chutes de Bamenda fournissent de l'hydroélectricité.
Population 72 000
Carte Cameroun Bb

Bamingui-Bangoran (parc national du), *République centrafricaine* Plateau couvert de savane, au N. du pays (40 000 km^2), et peuplé d'antilopes, de lions, de léopards et de rhinocéros.
Carte République centrafricaine Ab

Bamiyan, *Afghanistan* Vallée des montagnes de l'Hindou-Kouch, surnommée la « Vallée des Dieux ». Située à 112 km au N.-O. de Kaboul et à 2 583 m d'altitude, elle abrite la petite ville de Bamiyan. Deux statues géantes du Bouddha (35 m et 53 m) ont été sculptées dans le roc, au N. de la vallée. Des centaines de moines bouddhistes vécurent jadis à cet endroit, dans les grottes de la falaise.
Carte Afghanistan Ba

Banaba ou **île Océan, *Kiribati*** Petit atoll surélevé (5 km^2), à 450 km au S.-O. de Tarawa. Riche en phosphates.
Carte Indien (océan) Dc

Banana, *Zaïre* Port maritime situé sur la côte atlantique, à l'embouchure du Zaïre. Il est relié par une voie ferrée à Boma et à Kinshasa, la capitale.
Carte Zaïre Ab

Bananal (île do), *Brésil* À 480 km au N.-O. de Brasilia, sur l'Araguaia dont elle divise le cours sur 500 km. C'est la plus grande île de fleuve du monde (20 000 km^2). Elle possède ses propres rivières, dont certaines dépassent 300 km.
Carte Brésil Cc

Ban Chiang, *Thaïlande* Village où l'on tisse la soie, à 480 km au N. de Bangkok. Il bouleversa le monde archéologique en 1974 lorsque les spécialistes thaïs et américains y découvrirent des outils en bronze remontant à 3 600 av. J.-C. On pensait jusqu'alors que le travail du métal avait débuté des centaines d'années plus tard, en Mésopotamie.

Banco (parc national du), *Côte-d'Ivoire* Parc naturel de 300 km^2 au N.-O. d'Abidjan. Créé en 1926 pendant la période coloniale française, il devint parc national en 1953. Forêt vierge tropicale, arboretum, école forestière.

Banda (mer de) Fosse marine de l'océan Pacifique (environ 7 000 m de profondeur), au S.-E. de l'Indonésie. Les mouvements des plates-formes continentales y provoquent de fréquents séismes. Les îles Banda, au N.-E., sont d'origine volcanique.
Superficie 738 150 km^2
Carte Indonésie Gd

Bandama, *Côte-d'Ivoire* L'un des quatre grands fleuves du pays, qui se jette dans l'Atlantique, à Grand Lahou. Longueur : 1 050 km. Ses deux bras, le Bandama blanc et le Bandama rouge (ou Marahoué), arrosent 50 % du pays. Le Bandama blanc prend sa source dans les hautes terres, à l'O. de Korhogo, et rejoint le Bandama rouge à l'E. de Bouaflé. Le barrage de Kossou, au N. du confluent, fournit de l'énergie électrique au centre du pays, et permet d'irriguer de vastes régions rurales.
Carte Côte-d'Ivoire Bb

Bandar Abbas, *Iran* Port sur le détroit d'Ormuz, entre le golfe Persique et la mer d'Oman. Il fut fondé en 1623 par le chah Abbas Ier pour remplacer le port de l'île d'Ormuz pris par les Portugais en 1614. Principal port de la Perse au XVIIe s., Bandar est aujourd'hui le centre des échanges commerciaux du sud de l'Iran. Industries : conserverie, pêche, coton.
Population 202 000
Carte Iran Bb

Bandar-e-Bushehr ou **Bandar Bouchir, *Iran*** Port sur le golfe Persique, au S. de Téhéran. Il assure les exportations de tapis et de coton. Les gigantesques gisements de gaz naturel de Kangan (sur la côte, au S.-E.) et de Pars (off-shore) ne sont pas encore exploités.
Population 121 000
Carte Iran Bb

Bandar Seri Begawan, anc. **Brunei, *Brunei*** Capitale du sultanat de Brunei, au centre d'une plaine côtière alluviale. La ville moderne est dominée par la mosquée d'Omar Ali Saiffudin, la plus grande mosquée du Sud-Est asiatique, à côté de laquelle s'élève le nouveau palais royal. Le village de Kampong Ayer, construit sur pilotis, fait aujourd'hui partie de la capitale.
Population 50 000
Carte Brunei Ab

AU CŒUR DU PAYS DOGON. Le plateau gréseux de Bandiagara, au Mali, se termine brusquement à l'E. par une falaise aux parois presque verticales, contre laquelle se pressent les villages de pisé des Dogons.

Bandiagara (falaises de), ***Mali*** Au S.-O. de la boucle du Niger, le plateau de Bandiagara est limité à l'E. par une ligne de falaises, longue de près de 200 km. C'est au pied de ces falaises que vit le peuple Dogon, dont les villages en pisé sont construits contre les parois rocheuses (pour ne pas empiéter sur les terres arables). Ses mythologie et cosmogonie ont retenu l'attention des ethnologues et tout d'abord celle de Marcel Griaule lors de la mission Dakar-Djibouti (1931-1933). L'écrivain Michel Leiris, qui participait à la mission, fait une description très vivante de ce peuple dans *l'Afrique fantôme*. La sculpture traditionnelle dogon figure parmi les expressions artistiques les plus fameuses de l'Afrique noire.

Carte Mali

Bandipur, ***Inde*** Parc naturel, à 80 km au S. de Mysore, réputé pour son jardin zoologique. Ancienne réserve de chasse privée du maharajah de Mysore au XIXe s. et au début du XXe s.

Carte Inde Be

Bandjarmasin, ***Indonésie*** Capitale provinciale et port de pêche au S. du Kalimantan, à Bornéo. Centre d'une région agricole qui produit de la noix de coco, du caoutchouc et du riz.

Population 425 000

Carte Indonésie Dc

Bandundu, anc. **Banningville,** ***Zaïre*** Capitale de la province de Bandundu (295 658 km^2), à 145 km de la frontière congolaise. Centre commercial actif, situé sur le Kwilu, au S. du confluent avec le Kasai. Les terres du N. sont basses et couvertes de forêts denses, de marécages autour du lac de Mai-Ndombé. Le relief est relevé au S., domaine des savanes. Les habitants parlent des langues bantoues. Populations: Batékés, Kwangos, Lundas.

Population (ville) 65 000 ; (prov.) 4 620 000

Carte Zaïre Ab

Bandung, anc. **Bandoeng,** ***Indonésie*** Ville de l'île de Java, centre administratif et universitaire. Industries textiles. En 1955, les Premiers ministres indien (Nehru) et chinois (Chou En-lai) et le président indonésien Sukarno y créèrent le mouvement des pays non alignés.

Population 1 635 000

Carte Indonésie Cd

Banff, ***Canada*** Le plus ancien parc national du pays, créé en 1885 au S.-O. de l'Alberta (6 640 km^2). Vues spectaculaires des montagnes Rocheuses. Le lac Louise en est la principale attraction, et Banff le plus grand centre touristique.

Carte Canada Dc

Banfora, ***Burkina*** Bourg commerçant du Sud-Ouest situé au bord de la Comoé, au pied des falaises de Banfora, et sur la ligne de chemin de fer qui va de Ouagadougou, la capitale, à Abidjan, en Côte-d'Ivoire. La région produit de l'arachide et des légumes. Elle est riche en minerai de fer, mais les coûts de transports trop élevés retardent encore l'exploitation. Raffinerie de sucre.

Carte Burkina Aa

Banfora (falaises de), ***Burkina*** Escarpement de grès blanc (hauteur: 170 m) qui forme la bordure méridionale du plateau de Sikasso, au S.-O. du pays. Cataractes spectaculaires.

Carte Burkina Aa

Bangalore, ***Inde*** Chef-lieu de l'État du Karnataka, au S. de l'Inde, à 260 km à l'O. de Madras. C'est une ville moderne, au climat agréable, avec des espaces verts. Dotée d'industries de pointe en pleine essor (aéronautique et électronique), elle produit aussi des machines-outils, du matériel agricole, des textiles (soieries), des chaussures et du papier. Bangalore est également une ville universitaire renommée, dotée d'un centre de recherche scientifique nucléaire.

Population 2 651 000

Carte Inde Be

Bangkok, en thaï **Krung-thep,** ***Thaïlande*** Capitale du royaume, sur le Menam (Chao Phraya), à 30 km du golfe de Siam. Ville moderne et bruyante dont les rues semblent embouteillées 24 heures sur 24, et dont le centre illuminé par les enseignes des clubs de strip-tease lui a valu la réputation de « capitale mondiale du sexe ».

Autrefois surnommée Venise de l'Orient, à cause des canaux (*klongs*) et des 300 temples ou monastères (*wats*) de la vieille ville, elle s'entoure aujourd'hui d'une métropole où vivent 6 millions de personnes. C'est le centre culturel du pays, le seul port important, où se concentre la quasi-totalité des industries thaïlandaises ; mais l'essor de la ville ne peut suffire à employer tous les immigrés des vingt-cinq dernières années. La ville est riche en exemples de la culture thaï. Le Grand Palais, résidence royale commencée en 1782, abrite le temple de Wat Phra Keo où se trouve le Bouddha d'Émeraude de 60 cm de haut. La date et le lieu de réalisation de cette statuette en jaspe translucide demeurent inconnus. Le temple de Wat Po renferme le Bouddha allongé (50 m de long), et le Wat Trimitr le Bouddha doré, statue dont on prétend qu'elle serait constituée de cinq tonnes d'or. On admirera au jardin des Roses les danses traditionnelles et la boxe thaïe.

Le nom « Bangkok », adopté par les étrangers et qui signifie Village des Prunes Sauvages, est en fait le nom d'un quartier près du fleuve. Les Thaïs appellent leur ville Krung-thep, la Ville des Anges.

Population 5 620 000

Carte Thaïlande Bc

Bangladesh

L'ELDORADO DE L'HISTOIRE A ÉTÉ DÉPOUILLÉ DE SES RICHESSES ET RAVAGÉ PAR DES DÉSASTRES NATURELS

Jadis terre d'une richesse fabuleuse, le Bangladesh a été pendant des siècles nommé le Bengale doré. Mais des souverains rapaces l'ont trop pressuré, et c'est aujourd'hui l'un des pays les plus pauvres du monde.

Le Bangladesh – de 1947 à 1971, c'était le Pakistan oriental – est incroyablement plat. En dehors des collines boisées au S.-E., le pays est à peu près entièrement constitué par un immense delta formé par le Gange, le Brahmapoutre et la Meghna. Il est si plat que, vu d'avion, il est souvent impossible de savoir où finit la terre et où commence la mer. Le pays est soumis à des inondations catastrophiques, et des cyclones tropicaux qui viennent du golfe du Bengale causent d'immenses pertes humaines. En 1970 et en 1991, des cyclones et des ondes de tempête ont fait plusieurs centaines de milliers de morts.

Grandes et petites rivières serpentent dans le paysage ; elles sont souvent instables et de cours changeant. Des villages entiers peuvent être emportés du jour au lendemain par les crues du Brahmapoutre. La plupart d'entre eux, construits sur des bourrelets de boue, avec des maisons sur pilotis, doivent faire face à de brusques hausses du niveau des rivières, de 6 m et plus.

La pluie, l'ensoleillement et les sols limoneux rendent la terre hautement productive : il est souvent possible de faire trois récoltes par an. L'irrigation pourrait permettre des récoltes supplémentaires dans certaines régions, pendant la longue saison sèche d'octobre à mars, mais l'énergie manque pour actionner les pompes d'irrigation.

UN COTON MONDIALEMENT CÉLÈBRE

Le Bangladesh devint célèbre pour son coton au XVIIIe siècle, notamment pour la mousseline (en anglais *muslin*), ainsi nommée d'après les Musulmans de Dhaka qui la portaient. Le pays est aussi réputé pour son jute, produit par de petits paysans, qui cultivent aussi du riz comme culture vivrière. Les récoltes de riz étaient lourdement taxées par les empereurs mongols (1526-1857), puis par les Britanniques quand ils gouvernaient le pays, alors intégré à l'empire des Indes (1857-1947).

Le Bangladesh est un pays essentiellement musulman, et on rencontre rarement les femmes hors de chez elles. Ainsi les rizières sont strictement le domaine des hommes. Autour des maisons, il y a beaucoup de buissons et d'arbres qui abritent de minuscules jardins, où les femmes cultivent fruits, légumes et épices (turmeric, ail, piments).

Les fermes peuvent sembler pittoresques, avec les vaches ruminant à l'ombre d'un abri de bambous couverts des tiges grimpantes des citrouilles, mais tout est prévu pour servir. Les arbres fournissent du fourrage avec leurs feuilles, du bois de feu ou de construction, des fruits comme les mangues, de la sève qui sert à protéger les filets de pêche contre le pourrissement ou à produire du sucre de palme. Les bambous sont utilisés dans la construction comme piquets ou poutres, comme manches de charrues ou de houes ; fendus, ils peuvent être tressés pour faire des filets, des cloisons ou des écopes. La bouse de vache est très importante : on l'utilise comme engrais ou comme combustible, mais plus encore pour damer les aires à battre. Une surface de boue ordinaire se fendillerait et les grains se perdraient, aussi la recouvre-t-on d'un mélange de boue et de bouse, qui devient lisse et dur en séchant, sans une seule fente.

C'est un travail pénible pour les hommes que de nettoyer les champs de leurs mauvaises herbes (bien que, dans les rizières, l'eau stagnante gêne leur développement), mais même ces mauvaises herbes sont utilisées – comme fourrage. Autrefois, le riz fournissait l'essentiel du fourrage, mais les variétés modernes ont des tiges plus courtes et n'en produisent plus autant. Ces variétés modernes nécessitent aussi des engrais, qui tuent les poissons des rizières.

On cultive le jute pour gagner de l'argent, mais on utilise aussi les tiges ligneuses pour les brûler ou en faire des clôtures, et les jeunes pousses comme légumes. Les fibres de l'écorce sont vendues pour en faire des sacs, des cordes et des trames de tapis.

UN PAYS DIVISÉ

Du point de vue linguistique, culturel et géographique, le Bangladesh et l'État indien du Bengale occidental forment une seule région. Dans le passé, ils furent réunis en un seul royaume ou en une seule vice-royauté de l'un des empires des Indes. Mais, au temps des empires islamiques, les deux Bengales se divisèrent du point de vue religieux, la majorité des habitants de l'Est devenant musulmans, tandis que ceux de l'Ouest demeuraient pour la plupart hindous.

Les Britanniques firent du Bengale une seule province, sauf pendant une brève période au début du XXe siècle. Mais il fut divisé au moment de l'indépendance, et la moitié orientale, en majorité musulmane, forma le Pakistan oriental. L'union entre le Pakistan occidental et le Pakistan oriental fut de courte durée et se termina dans la violence. Lors de l'indépendance, en 1947, le jute était la ressource essentielle du Pakistan oriental, mais on ne lui laissa qu'une faible part de ce revenu. Le gouvernement du Pakistan était dominé par des hommes du Pakistan occidental, notamment des Pundjabis, durant des années de dictature militaire. Une des grandes provocations contre l'Est fut une campagne pour imposer l'urdu comme langue nationale et éliminer le bengali des usages officiels.

Un mouvement en faveur de l'autonomie du Pakistan oriental fut dirigé par Sheik Mujibur Rahman. Aux élections de 1970, qui rétablirent un gouvernement civil au Pakistan, sa ligue Awami obtint le plus grand nombre de sièges, tous dans l'Est. Le second parti était celui de Zulkikar Ali Bhutto, le Parti du peuple du Pakistan, qui dominait dans l'Ouest.

Les deux dirigeants ne purent s'entendre pour négocier l'établissement d'une Constitu-

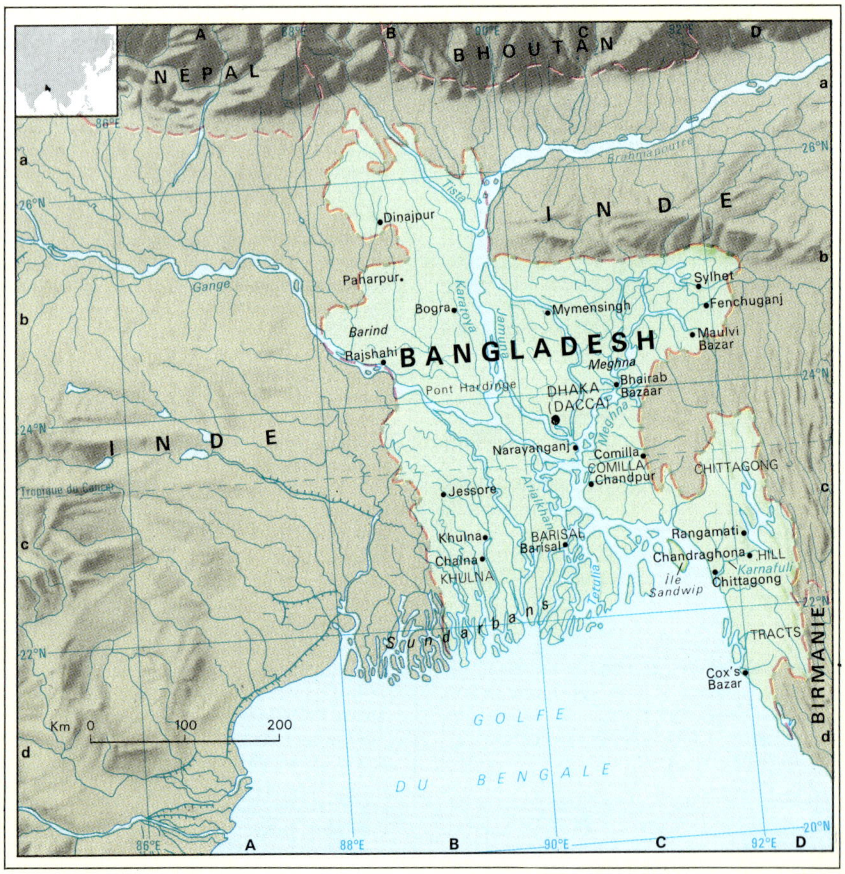

FLEUVE DE VIE. Des bateaux à fond plat, dont la forme n'a pas changé depuis des siècles, parcourent le Gange, apportant à Dhaka le grain et les autres produits indispensables à l'alimentation de la capitale.

tion, et il y eut une rébellion dans la partie orientale. L'armée de l'Ouest entreprit une répression sans pitié, faisant plus d'un million de victimes ; des millions de réfugiés s'enfuirent vers l'Inde pour échapper au massacre. L'Inde intervint dans le conflit et battit l'armée d'occupation du Pakistan occidental. Après l'assassinat de Mujibur Rahman en 1975, le pays connut plusieurs dictatures militaires ; mais depuis 1990, un retour à la démocratie s'est esquissé avec des élections qui ont porté au pouvoir la Begum Zia.

Bien des problèmes actuels du Bangladesh avaient été prévus par Mohammed Ali Jinnah, fondateur et premier dirigeant du Pakistan. Il pensait que son pays aurait dû englober le Bengale tout entier, y compris le port et la métropole de Calcutta, et non sa seule partie orientale. Il croyait que, sans Calcutta, qui concentrait l'essentiel de la richesse du Bengale, le territoire deviendrait une sorte de taudis rural paupérisé. Aujourd'hui, bien des gens pensent que c'est justement ce qu'est devenu le Bangladesh.

C'est encore un pays avant tout rural — moins de 10 % de la population vit dans les villes. Il a un fort taux d'analphabétisme (67 %) et un fort taux de croissance démographique (près de 3 % par an). Très peu de villages sont desservis par des routes, et plus de 60 % du commerce intérieur se fait par bateau. Néanmoins, il y a un peu d'industrie moderne — une aciérie et une raffinerie de pétrole à Chittagong, de l'industrie textile à Dhaka. Un gisement considérable de gaz naturel sous le delta produit de l'énergie et les matières premières pour des usines d'engrais. On fabrique aussi du ciment.

L'état sanitaire des régions rurales est médiocre. Les principaux fléaux sont la malnutrition et les maladies digestives, la plus redoutable étant le choléra.

La pauvreté frappe les villes comme leur environnement. La capitale, Dhaka (autrefois Dacca), qui atteint plus de 3 millions d'habitants, est envahie d'une masse de pauvres, qui cherchent de quoi vivre. Beaucoup tirent des rickshaws, d'autres sont vendeurs des rues, faisant commerce de ce que l'on considérerait comme du rebut dans bien des villes : bouteilles vides, pièces de briquets inutilisables, vieilles lunettes. Ceux qui n'ont rien à vendre, ou qui sont invalides ou aveugles, mendient au long des rues.

Malgré tout cela, le Bangladesh est renommé pour sa culture, et a donné naissance à des intellectuels de haut niveau. Malheureusement, nombre de ceux-ci vivent à l'étranger.

Une élite urbaine de bonne formation détient le pouvoir, bien que les villages élisent des représentants à des assemblées de développement dans chaque district. Les villes fournissent une bureaucratie, souvent trop complexe pour être vraiment utile. Les programmes de développement ont apporté une certaine aide, sous forme de puits d'irrigation et d'introduction de nouvelles variétés de blé et de riz.

L'avenir du Bangladesh dépend largement de ses rapports avec ses voisins, surtout l'Inde et le Népal. Les trois pays ont eu besoin de se mettre d'accord pour aménager le bassin du Gange et du Brahmapoutre, pour contrôler les crues, produire de l'électricité et améliorer l'alimentation en eau. L'avenir dépend aussi des progrès de l'agriculture pour des millions de métayers et de petits paysans, et de la réduction du taux de natalité.

LE BANGLADESH EN BREF
Superficie 148 393 km^2
Population 115 100 000
Capitale Dhaka
Gouvernement République islamique multipartiste
Monnaie Taka = 100 paisa
Langue Bengali
Religions Musulmans (83 %), hindous (16 %), bouddhistes, chrétiens
Climat Tropical ; mousson de juin à septembre, saison sèche d'octobre à mars. Températures moyennes à Chittagong : de 13 à 26 °C en janvier, de 25 à 31 °C en juin
Ressources Riz, jute, canne à sucre, thé, blé, tabac, bovins, bois, poisson ; sel, kaolin, verre, gaz naturel
Activités Filatures de jute, textiles, raffineries de sucre, thé, engrais, papier, cuir, pêche
Exportations Jute, cuir, thé
P.N.B. annuel par habitant 220 dollars
Croissance démographique 20,6 ‰ par an
Espérance de vie Hommes 56 ans, femmes 55

Bangor, ***Royaume-Uni*** La plus grande station balnéaire de l'Irlande du Nord, à 20 km au N.-E. de Belfast. L'abbaye de Bangor (VIe s.) envoya des missionnaires en Europe jusqu'au IXe s. pour y consolider le christianisme. La ville possède quelques industries (constructions mécaniques), mais elle est surtout un quartier résidentiel de Belfast et un important port de plaisance.
Population 70 800
Carte Royaume-Uni Cc

Bangui, ***République centrafricaine*** Capitale sur l'Oubangui, fleuve dont elle tire son nom, fondée en 1889. Le port exporte le bois et le coton du pays. Marché, centre-ville moderne. Université créée en 1970.
Population 452 000
Carte République centrafricaine Ab

Bangweulu ou **Bangouélo,** ***Zambie*** Lac de 9 800 km^2, à 500 km au N.-E. de la capitale Lusaka. Le missionnaire et explorateur écossais David Livingstone mourut dans les marais situés au S.-E. du lac au cours d'une expédition en 1873.
Carte Zambie Bb

Baniyas, ***Syrie*** Port et terminal de l'oléoduc irakien de Kirkouk, à 144 km au S.-O. d'Alep. La forteresse en basalte noir de Marqab (14 tours) était un bastion important des croisés. Elle fut refortifiée en 1140, par les chevaliers hospitaliers de Saint-Jean de Jérusalem (ordre fondé au XIe s. pour venir en aide aux pèlerins dans le besoin à Jérusalem). Elle pouvait accueillir plus de mille personnes, et soutenir un siège de cinq ans. Les jardins de Baniyas sont connus depuis l'Antiquité.
Population 11 000
Carte Syrie Ab

Baniyas, ***Syrie occupée par Israël*** Village à 65 km au S.-O. de Damas, dans le Golan, occupé par Israël depuis 1967. Site de l'ancienne cité grecque de Paneas, rebaptisée Caesarea Philippi par les Romains (temple construit par Hérode le Grand, sanctuaire consacré au dieu Pan). Près du Kibboutz Dan, au S.-O., se trouvent les sources du Jourdain.
Carte Syrie Ab

Banja Luka, ***Bosnie-Herzégovine*** Ville à 148 km au N.-O. de Sarajevo. Située sur l'axe routier et ferroviaire Zagreb-Sarajevo, près des gorges du Vrbas, qui traversent les Alpes dinariques et s'ouvrent sur la plaine de la Save. Ce fut une station thermale dès l'époque romaine. Cathédrales catholique et orthodoxe, nombreuses mosquées du XVIe s., époque où les Turcs fortifièrent la ville. En 1969, la ville a beaucoup souffert d'un séisme. Capitale de la Bosanska-Krajina, région autonome serbe autoproclamée en 1992, elle est toujours au cœur du conflit.
Population 142 600
Carte Bosnie-Herzégovine Bb

Banjul, anc. **Bathurst,** ***Gambie*** Capitale de la Gambie et centre commercial, sur l'estuaire de la Gambie. Des négriers anglais y construisirent un fort en 1816 pour contrôler la traite des Noirs. Commerçants et missionnaires vinrent alors s'y installer. Dans les années 30, les inondations et la surpopulation engendraient dysenterie, fièvre jaune et malaria. Aujourd'hui le centre-ville a été réaménagé, mais les habitations restent pauvres pour la plupart, et les installations hydrauliques et électriques insuffisantes. La nouvelle station balnéaire attire des Européens avides de soleil en hiver, ou de tourisme dans une région d'Afrique encore peu développée. La saison des pluies dure de juin à octobre.
Population 42 000
Carte Gambie Ab

banquise Épaisse couche de glace provenant de la congélation de l'eau de mer ; elle peut être rattachée à la côte (banquise côtière) ou non (banquise dérivante).

Banska Bystrica, ***Slovaquie*** Chef-lieu de la Slovaquie centrale, à 165 km au N.-E. de Bratislava. Ville prospère au Moyen Âge (cuivre et argent). Églises gothiques, bel hôtel de ville. Industries textiles, du bois et du métal. La ville fut le centre du soulèvement slovaque contre les nazis (29 août-27 octobre 1944).
Population 73 300
Carte Slovaquie Db

Bantry, ***Irlande*** Bourg, centre touristique et port de pêche sur la baie de Bantry, à 72 km au S.-O. de Cork. Les Français pénétrèrent dans la baie au cours de deux tentatives malheureuses de débarquement : en 1689 pour aider Jacques II, et avec Wolfe Tone, le nationaliste irlandais exilé, pendant la rébellion de 1798. On visite Bantry House (meubles, tapisseries, objets d'art). L'île de Widdy est un terminal pétrolier.
Population 2 960
Carte Irlande Bc

Baotou, ***Chine*** Capitale industrielle de la Mongolie intérieure. Très important centre sidérurgique. Nœud ferroviaire.
Population 1 070 000
Carte Chine Ie

Baqubah, ***Irak*** Ville de la province agricole de Diyala (oléagineux, fruits), à 45 km au N.-E. de Bagdad.
Population 115 000
Carte Irak Cb

Bar, ***Yougoslavie*** Port de pêche du Monténégro, sur la mer Adriatique, à 48 km de la frontière albanaise, reconstruit après un tremblement de terre en 1979. Départ du ferry pour Bari (Italie) et Corfou (Grèce), terminus de la ligne de chemin de fer Belgrade-Bar qui traverse les paysages spectaculaires des Alpes dinariques. Ulcinj, vieille ville située à 18 km seulement de l'Albanie, est entourée de 15 km de plages bordées de palmiers.
Population 11 100
Carte Yougoslavie Ac

Barbade Voir p. ci-contre.

Barbuda (île), ***Antigua et Barbuda*** Île des Antilles de 160 km^2 à 43 km au N. d'Antigua. Belles plages, récif corallien. Capitale et seule ville de l'île : Codrington. Colonie anglaise jusqu'en 1981. Voir ANTIGUA et BARBUDA, p. 52.
Population 1 500
Carte Antilles Cb

Barcelone, ***Espagne*** Port (le troisième d'Espagne) sur la Méditerranée, capitale de la Catalogne, premier centre industriel d'Espagne (textiles, constructions automobiles, raffineries de pétrole, produits chimiques, plastique, cuir et tourisme). La ville, célèbre pour ses promenades, les Ramblas, avec leurs étalages de livres et de fleurs, et leurs oiseaux en cage, recèle des vestiges romains, des églises gothiques et des palais du XIVe s. Les quartiers les plus modernes sont dominés par les réalisations innovatrices de l'architecte Antonio Gaudí y Cornet (1852-1926). Sa création la plus éblouissante à Barcelone est l'église de la Sagrada Familia (Sainte Famille), commencée en 1883. La ville est un foyer culturel et artistique dynamique, qui reçut les Jeux olympiques d'été de 1992.

La province de Barcelone, la plus peuplée et la plus industrialisée d'Espagne, fut un bastion républicain durant la guerre civile (1936-1939).
Population (ville) 1 681 100 ; (prov.) 4 720 000
Carte Espagne Gb

Barcelos, ***Portugal*** Bourg sur le Cavado, à 40 km au N. de Porto. Les vestiges d'un palais du XVe s. dominent la rivière. La ville est connue pour ses poteries peintes et ses coqs multicolores, emblème national.
Population 10 800
Carte Portugal Bb

Barcoo, ***Australie*** Voir COOPER CREEK

Barents (mer de) Partie de l'océan Arctique recouvrant la plate-forme continentale au N. de la Norvège et de la Russie. La dérive nord-atlantique empêche ses eaux méridionales de geler, mais les brouillards y sont fréquents. Elle doit son nom à l'explorateur hollandais Willem Barents (1550-1597). Pêche importante ; réserves de pétrole. Longueur : 1 290 km ; largeur : 1 050 km ; profondeur maximale : 180 m.
Carte Russie Ba, Ca

Bari, ***Italie*** Port de l'Adriatique, à 240 km à l'E. de Naples. Centre industriel important : raffineries de pétrole, construction mécanique. Ancienne capitale byzantine de l'Italie méridionale, la ville fut conquise par les Normands qui y construisirent un grand château carré, la cathédrale, et une église, modèle des églises normandes de la région. Mussolini (1883-1945) en fit le quartier général de ses expéditions coloniales dans la Méditerranée orientale et y éleva de nombreux édifices pompeux.
Population 370 800
Carte Italie Fd

Bari Doab, ***Pakistan*** Région autrefois semi-désertique entre le Sutlej et le Ravi, dans le Pendjab. Le canal construit par les Britanniques en 1857 permit d'irriguer les terres et favorisa la croissance de Lahore.
Carte Pakistan Db

Bariloche, ***Argentine*** Voir SAN CARLOS DE BARILOCHE

Barind, ***Bangladesh*** Région peu fertile située dans le delta du Gange, entre le Gange et la Jamuna. Le sol, surélevé de 50 m (ainsi qu'au Madhupur, au N. de Dhaka), protège la région des crues.
Carte Bangladesh Bb

Barisal, ***Bangladesh*** Port et district très peuplé du golfe du Bengale (7 299 km^2). Un tiers des paysans sont des ouvriers agricoles sans terre, au bord de la famine. Le port, situé sur une des bouches du Gange, la Tétulia, exporte du poisson et produit du riz. La ville est célèbre à cause du phénomène naturel des « canons de Barisal », bruits semblables à des détonations provoqués par des mouvements souterrains très profonds.
Population (ville) 174 000
Carte Bangladesh Cc

Barbade (la)

CETTE ÎLE CARAÏBE DU RHUM ET DU CRICKET EST UN AVANT-POSTE DE LA GRANDE-BRETAGNE SOUS LES TROPIQUES

La Barbade a une atmosphère très britannique. À Bridgetown, capitale de l'île, il y a un Trafalgar Square, comme à Londres, avec, au centre, protégée par une grille, une statue de l'amiral Nelson, érigée en 1813. Les églises qui ponctuent le pays semblent sorties de la campagne anglaise. Comme les Anglais, les Barbadiens (ils s'appellent eux-mêmes les Bajans) ont un respect instinctif pour la tradition ; la police du port de Bridgetown, par exemple, porte toujours le costume marin et le chapeau de paille.

La Barbade, l'île la plus orientale des Antilles, située tout à fait à l'extérieur de l'arc principal des Petites Antilles, a eu une histoire peu troublée. Les premiers colons, arrivés en 1627, fondent Holetown sur la côte O. et, douze ans plus tard, l'Assemblée de la Barbade s'y réunit pour la première fois. L'île est restée colonie britannique jusqu'en 1966, date à laquelle elle devint un pays indépendant du Commonwealth, avec le souverain britannique comme chef d'État.

L'île, qui a 34 km de long sur 23 de large, est relativement plate ; son point culminant, le mont Hillaby, proche du centre, a seulement 340 m. Les alizés du N.-E. se font sentir partout et égalisent les températures, qui vont rarement au-dessous de 22 °C ou au-dessus de 30 °C. Il n'y a que deux saisons, la saison sèche, de décembre à mai, et la saison humide, de juin à novembre.

La Barbade est densément peuplée, avec, en moyenne, 600 habitants au kilomètre carré (France : 100 habitants au km^2). Aussi beaucoup de Barbadiens, dont la plupart descendent des esclaves amenés d'Afrique aux XVIIe et XVIIIe s. pour travailler sur les plantations de canne, ont-ils depuis longtemps l'habitude d'émigrer.

Pour ceux qui restent au pays, le niveau de vie est relativement stable et élevé. Bien que l'économie soit toujours dirigée par une petite minorité blanche, qui comprend les descendants des planteurs, longtemps les maîtres de l'île, le pouvoir est maintenant aux mains de la majorité noire. Le système politique bipartisan fonctionne bien ; les services sociaux sont bien gérés ; l'éducation a un niveau relativement élevé.

L'économie de la Barbade repose presque entièrement sur la production du sucre et de ses sous-produits, le rhum et la mélasse ; elle a nettement décliné depuis quelque temps, mais le sucre est presque toujours la principale exportation ; 60 % des terres agricoles sont toujours livrées à la culture de la canne. Pour réduire les importations, le gouvernement encourage l'agriculture vivrière, en particulier celle des aliments de base, l'igname et la patate douce.

Le tourisme est désormais le pilier de l'économie. À vrai dire, l'île attire des visiteurs depuis deux cents ans, notamment des malades désirant profiter de son agréable climat. En 1968, pour la première fois, les revenus du tourisme ont dépassé ceux du sucre comme première source de devises. Aujourd'hui, elle accueille en moyenne 370 000 visiteurs par an, surtout nord-américains.

L'île est entourée presque de tous côtés par de spectaculaires plages de sable blanc ou rose et par des récifs coralliens. La principale zone touristique est la côte de Platine, sur la côte O., au N. de Bridgetown.

Le gouvernement s'efforce aussi de promouvoir l'industrie. Il y a plus de cent usines, la plupart rassemblées en neuf parcs industriels. Quelques-unes produisent du matériel électrique pour l'exportation ; pourtant, le taux de chômage reste élevé.

UNE PASSION NATIONALE : LE CRICKET. Des enfants en récréation, pendant la saison de coupe de la canne à sucre. À la Barbade comme dans les autres Antilles anglophones, nombreux sont les amateurs de cricket.

LA BARBADE EN BREF
Carte Trinidad et Tobago Ba
Superficie 430 km^2
Population 260 000
Capitale Bridgetown
Régime Monarchie parlementaire
Monnaie Dollar de la Barbade = 100 cents
Langue Anglais
Religion Anglicans (70 %)
Climat Tropical maritime ; à Bridgetown, températures moyennes : de 21 à 28 °C en janvier et de 23 à 30 °C de juin à septembre
Ressources Canne à sucre, produits d'élevage (ovins, porcs, chèvres, volaille), poisson et crustacés
Activités Tourisme, agriculture, raffinage du sucre, mélasse, rhum, conserves ; textiles, matériel électrique
Exportations Sucre, mélasse, rhum, vêtements, matériel électrique
P.N.B. annuel par habitant 6 630 dollars
Croissance démographique 7,1 ‰ par an
Espérance de vie Hommes 73 ans, femmes 78

barkhane Dune mobile en forme de croissant, dont les cornes et le versant concave se trouvent sur côté abrité du vent. Les barkhanes peuvent dépasser 30 m de haut et se déplacer de 20 à 30 m par an.

Bar-le-Duc, ***France*** Préfecture de la Meuse, sur l'Ornain. Centre administratif et commercial (foires et marchés), peu industrialisé, renommé pour ses confitures de groseilles épépinées à la plume d'oie. La ville haute a gardé des hôtels des XVIe, XVIIe et XVIIIe s., et l'église Saint-Étienne (célèbre statue funéraire de Ligier Richier, de 1545) ; la ville basse, plusieurs églises et l'ancien collège Gilles de Trèves (XVIe s.).
Population 17 500
Carte France Fb

Barletta, ***Italie*** Ville et station balnéaire sur la côte adriatique, à 50 km au N.-O. de Bari. Port important à l'époque byzantine et normande. L'empereur Frédéric II (1194-1250) y construisit un château que les Espagnols agrandirent au XVIe s. À l'extérieur de l'église San Sepolcro se trouve une statue en bronze d'empereur romain du IVe s. (5 m) surnommée « le Colosse ».
Population 83 700
Carte Italie Fd

Barnaoul ou **Barnaul,** ***Russie*** Chef-lieu de la République de l'Altaï, sur l'Ob, à 175 km au S. de Novonikolaïevsk. Construction mécanique, textile, bois, industries chimiques et alimentaires.
Population 606 800
Carte Russie Ec

Barnsley, ***Royaume-Uni*** Ville du Yorkshire, à 18 km au N. de Sheffield, qui domina l'industrie charbonnière de l'Angleterre durant un siècle. Aujourd'hui les mines et le réseau ferroviaire qui les desservait sont fermés.
Population 74 000
Carte Royaume-Uni Ed

Baroda, ***Inde*** Voir VADODARA

Baroghil (col), ***Pakistan/Afghanistan*** Col stratégique de l'Hindou Kouch, reliant le N. du Pakistan et de l'Azad Kashmir à la région du Wakhan en Afghanistan, et fermé depuis l'invasion de l'Afghanistan par l'U.R.S.S. en décembre 1979.
Carte Pakistan Da

Barossa (vallée de), ***Australie*** Région du S. de l'Australie, à 50 km au N. d'Adélaïde. Développée par les immigrants allemands au XIXe s., c'est la principale région d'Australie à produire du vin sans irrigation.
Carte Australie Fe

Barquisimeto, ***Venezuela*** Chef-lieu de l'État du Lara, au N. de la Cordillère de Merida et à 270 km à l'O. de Caracas. Fondé au XVIe s., c'est aujourd'hui un centre industriel (conserveries, raffineries de sucre, café, cimenterie).
Population 600 000
Carte Venezuela Ba

barrage Obstruction artificielle d'un cours d'eau pour créer une retenue destinée à l'irrigation ou à éviter les crues. Dans un barrage hydroélectrique, la force motrice produite par la retenue (lac-réservoir) est convertie en électricité.

Barranquilla, ***Colombie*** Port important sur la mer des Caraïbes, à l'embouchure du Magdalena, fondé en 1649. Son récent essor industriel (industries alimentaires, chimiques et textiles) en fait l'une des principales villes de la Colombie. C'est aussi une ville universitaire qui chaque année, pendant le carnaval, devient une *ciudad loca* (ville folle).
Population 1 200 000
Carte Colombie Ba

barre 1. Haut-fond de boue, sable ou galets à l'entrée d'un estuaire ou d'une anse, à peu près parallèle à la côte. 2. Zone de déferlement de vagues causée par la remontée brusque des fonds sous-marins. L'énorme vague permanente ainsi produite interdit aux navires l'accès à la côte.

Barrow (île), ***Australie*** Île de 250 km^2 au large de la côte N.-O. de l'Australie, à 1 200 km au N. de Perth. Champ de pétrole important.
Carte Australie Bc

Barumini, ***Italie*** Village du centre de la Sardaigne, à 60 km au N. de Cagliari. Site du Nuraghe Su Nuraxi, le nuraghe le plus important de Sardaigne (habitations et tours rondes mégalithiques de l'âge du bronze). La tour centrale, construite entre le XIIIe et le IXe s. av. J.-C. avec des blocs volcaniques superposés, est entourée de 50 maisons datant du VIIe s. av. J.-C.
Population 1 530
Carte Italie Be

Bas, Basse Pour les noms composés commençant par Bas ou Basse, se reporter au nom principal. Exemple: Autriche (Basse-).

basalte Roche volcanique basique de structure microlithique et de couleur sombre, dont la densité est proche de 3. En fusion, le basalte forme des coulées de lave très fluides, qui s'épanchent en fissures volcaniques. Quand il se refroidit brusquement, il forme souvent des prismes hexagonaux comme dans les orgues d'Espaly, en France, ou la Chaussée des Géants, en Irlande.

LES PLUS GRANDS BARRAGES DU MONDE

L'un des plus anciens barrages du monde fut construit dans la vallée de l'oued Garawi, en Égypte, environ 3 000 ans av. J.-C. Utilisé pour régulariser les inondations, il était fait en pisé avec des murs de pierre et mesurait 106 m de long. C'est en Égypte aussi que se trouve aujourd'hui l'un des ouvrages modernes en béton les plus beaux du monde : le haut barrage d'Assouan (114 m de haut, 3,6 km de long). La plus grande structure en béton du monde, de 8 092 000 m^3, est celle du barrage de Grand Coulée, sur la Columbia, dans l'État de Washington (États-Unis). Le barrage d'Itaïpu (Brésil/Argentine/Paraguay) alimente, depuis 1990, l'usine la plus puissante du monde : 12 600 MW.

Barrages	Pays	Chiffres
Grand Coulée	États-Unis	longueur : 1 272 m hauteur : 167 m
New Cornelia Tailings (le plus massif)	États-Unis	volume : 209 501 000 m^3
Yacireta-Apipé (le plus long)	Paraguay-Argentine	longueur : 72 km
Grande-Dixence	Suisse	hauteur : 285 m

basaltique (couche) Couche de roches volcaniques formant le fond des océans. Ce nom est aussi donné au niveau inférieur de la croûte continentale dont la composition est voisine de celle des basaltes.

Basel, ***Suisse*** Voir BÂLE

Basilan, ***Philippines*** Île d'environ 1 280 km^2 dans l'archipel de Sulu, au S.-O. de Mindanao dont elle dépend administrativement. Population essentiellement musulmane. La ville de Basilan, anciennement Isabela, est un port de pêche et de commerce (bois, caoutchouc, huile de palme, noix de coco).
Population (ville) 171 000
Carte Philippines Bd

Basilicate, anc. **Lucanie,** ***Italie*** Région de montagnes et de collines désolées dans la « botte », qui comprend les provinces de Potenza et de Matera. Assez pauvre, à l'exception de la plaine côtière, plus irriguée (9 992 km^2).
Population 618 200
Carte Italie Ed

basique (roche) Roche éruptive noire n'ayant pas de quartz libre. Elle contient en général peu de silice, au maximum 55 %, contrairement à une roche acide.

Baska, ***Croatie*** Voir KRK

basque (Pays), ***France/Espagne*** Région du sud-ouest de la France et du nord de l'Espagne centrée sur les Pyrénées occidentales et formée d'une partie du département des Pyrénées-Atlantiques et de la Communauté autonome espagnole du même nom (provinces d'Alava, de Guipuzcoa et de Biscaye et Navarre: 17 682 km^2). Villes principales: Bayonne, Saint-Sébastien et Bilbao. Région de moyennes montagnes portant quelques forêts, des prairies (élevage ovin et bovin) et peu de cultures (maïs). L'industrie (hydroélectricité, bois, fer) et le tourisme sont plus développés en Espagne, où le pays est plus étendu et plus peuplé qu'en France. Ayant conservé vivants leurs traditions (danses, costumes, jeu de la pelote) et le particularisme de leur langue (sans lien connu avec une autre langue européenne), les Basques éprouvent un fort sentiment d'indépendance. Un mouvement séparatiste, dont le but est de créer un État basque indépendant, est à l'origine des attentats qui se sont produits ces dernières années, en Espagne principalement.
Carte Espagne Da; France Ce

Basra, ***Irak*** Voir BASSORAH

Bass (détroit de) Entre l'Australie et la Tasmanie, ce détroit de tempêtes recèle des gisements de pétrole off-shore.
Dimensions 290 km de long sur 130 à 240 km de large
Carte Australie Hf

Bassar, anc. **Bassari,** ***Togo*** Capitale des Bassaris, à 350 km au N. de Lomé et marché agricole important (bétail, mil, sorgho). À proximité, les réserves de Fazao et de Malfakassa abritent phacochères, singes, antilopes, buffles, guépards et léopards. Gisements de fer non exploités.
Population 17 800
Carte Togo Bb

Bassas da India, ***France*** Une des îles du canal de Mozambique, française depuis 1897. Déserte, elle est aujourd'hui revendiquée par Madagascar.
Carte Indien (océan) Ad

Bassein, ***Birmanie*** Deuxième port du pays, après Rangoon, sur le delta de l'Irrawaddy. Centre national du commerce du riz (moulins et silos).
Population 145 000
Carte Birmanie Bc

Basse-Terre, ***Guadeloupe*** Chef-lieu de la Guadeloupe et port bananier situé sur la côte S.-O. de l'île du même nom, au pied de la Soufrière. La vieille ville, construite en 1643, possède encore quelques bâtiments de style colonial et le fort Saint-Charles de la même date. Marché animé; jardin botanique créé en 1881.

L'île volcanique de la Basse-Terre, montagneuse, couvre 843 km^2 et culmine à la Soufrière (1 467 m); ses côtes découpées abritent des anses et des plages. Très arrosée, elle est cou-

verte d'une riche forêt tropicale, bordée de bananeraies sur la côte E., tandis que la côte O. est plus sèche. Parc national créé en 1989.
Population (ville) 14 000 ; (île) 141 000
Carte Guadeloupe Ab

Basseterre, ***Saint-Christophe et Nevis*** Capitale du pays, sur la côte S.-O. de Saint-Christophe. L'industrie et le commerce sont principalement orientés vers le sucre (raffinerie). Fondée en 1627, la ville dut être reconstruite après un incendie, en 1867. À 13 km à l'O. se trouve Brimstone Hill, forteresse bâtie à 215 m d'altitude, l'un des principaux monuments historiques des Antilles. Il fallut un siècle pour l'édifier et il fut abandonné en 1852.
Population 16 000
Carte Antilles Cb

bassin océanique Vaste dépression dans la croûte terrestre formant le fond des océans, limitée par les marges continentales, les dorsales ou les seuils. Voir aussi LES FONDS OCÉANIQUES, p. 493.

Bassorah ou **Basra,** ***Irak*** Principal port du pays (inutilisable depuis la guerre Iran-Irak) sur le Chatt al-Arab, à 550 km au S.-E. de Bagdad. Fondé en 638 apr. J.-C. par le calife Omar Ier, la légende le désigne comme point de départ des voyages de Sindbad le Marin. Exportation de dattes, céréales, laine et pétrole. La raffinerie de pétrole date de 1974.
Population 618 000
Carte Irak Cc

Bastia, ***France*** Chef-lieu de la Haute-Corse et principale ville commerciale et industrielle de Corse, à 105 km au N.-E. d'Ajaccio. La vieille cité est un labyrinthe de ruelles. Bateaux de pêche et yachts s'abritent dans le vieux port tandis que car-ferries et cargos utilisent le nouveau. Exportation de vin et de poisson.
Population 37 800
Carte France He

Bastogne, ***Belgique*** Ville des Ardennes située à 69 km au S. de Liège. Théâtre d'une héroïque résistance des Américains lors de la contre-offensive allemande de 1944.
Population 11 000
Carte Belgique Ba

Bata, ***Guinée équatoriale*** Voir MBINI

Bataan, ***Philippines*** Péninsule et province de l'île de Luçon (50 km sur 25), formant la limite occidentale de la baie de Manille. Corregidor est à la pointe S. En partie montagneuse et très boisée, Bataan fut le théâtre de la violente résistance des troupes américaines et philippines aux Japonais, en 1942. Aujourd'hui, Bataan est une zone industrielle et de libre-échange avec pour chef-lieu Balanga ; base américaine de Subic Bay au N.
Population (prov.) 263 300
Carte Philippines Bc

Batam (île), ***Indonésie*** Île de l'archipel de Riau (415 km^2), en face de Singapour. Auparavant village de pêcheurs de 5 000 habitants, elle est en plein développement, destinée à devenir un important centre industriel (pétrochimie, électronique, textiles, services) et commercial entre Singapour, la Malaisie et l'Indonésie. L'île est aussi très appréciée pour son dépaysement. Aéroport.
Population 100 000

Batangas, ***Philippines*** Province montagneuse et cité du sud-ouest de l'île de Luçon, à 96 km au S. de Manille, en face de l'île de Mindoro. Au N., le volcan de Taal, situé au milieu d'un grand lac (lac Taal), est encore actif. Connue autrefois pour ses plantations de café, la province possède aujourd'hui un important centre sidérurgique et une raffinerie de pétrole.
Population (province) 1 032 000 ; (ville) 143 700
Carte Philippines Bc

Batanghari ou **Hari,** ***Indonésie*** Le plus grand fleuve de Sumatra (980 km), navigable sur presque toute sa longueur.
Carte Indonésie Bc

Batavia, ***Indonésie*** Voir DJAKARTA

Batéké (plateaux), ***Congo*** Vaste région de plateaux s'étendant jusqu'à plus de 200 km au N. de Brazzaville. Ils sont profondément entaillés par des gorges et des vallées et présentent d'impressionnants amphithéâtres creusés sur les flancs escarpés des collines par des glissements de terrain. La région, couverte de savanes parcourues par des galeries forestières le long des rivières, est en grande partie improductive ; elle est peuplée par les Tékés, un groupe bantou.
Carte Congo Ab

Bath, ***Royaume-Uni*** Superbe cité sur l'Avon, au S.-O. de l'Angleterre, à 20 km de Bristol. Elle doit sa renommée aux Romains qui exploitèrent ses eaux chaudes et l'appelèrent Aquae Sulis ; au XVIIIe s., elle devint une station thermale à la mode où l'on construisit une cité aux jardins et aux rues en courbes ordonnées, la plus belle de l'Angleterre. Une partie de la ville géorgienne a été démolie pour faire place à des maisons modernes et à des bureaux ; les faubourgs sont accrochés sur les collines escarpées qui surplombent le centre. Cependant, il subsiste de nombreux monuments : les thermes romains qui ont été dégagés ; la Pump Room, rénovée en 1796, où jaillit une source thermale ; le Royal Crescent ; le musée du costume de l'Assembly Room. Université à l'extérieur de la ville.
Population 85 000
Carte Royaume-Uni De

batholite Massif de roches intrusives, généralement granitiques, dont les racines descendent à

VILLE EN GUERRE. Le portrait du président Saddam Hussein trône au-dessus des sacs de sable, à Bassorah, sur le Chatt al-Arab, grandement endommagé par les guerres du Golfe successives (1980-1988 et 1991).

de grandes profondeurs ; il tranche les roches aux dépens desquelles il se met en place en les modifiant sur une faible épaisseur par métamorphisme de contact.

Bathurst, *Australie* Ville sur le Macquarie dans la Nouvelle-Galles du Sud, à 160 km à l'O. de Sydney. Centre commercial (ovins, bovins, fruits) ; tourisme et pêche. Fondée en 1815, c'est la plus ancienne ville de l'intérieur du pays.
Population 24 700
Carte Australie He

Bathurst, *Gambie* Voir BANJUL

Batina, *Oman* Étroite plaine côtière sur le golfe d'Oman, de 20 km de large et 350 km de long, protégée par les monts Hadjar. C'est la région la plus fertile du pays, grâce à la présence de réserves d'eaux souterraines dans les oasis : dattiers, agrumes, arbres à pain. En raison de sa fertilité et de sa richesse en poissons, la côte a attiré de nombreux envahisseurs. Vestiges de civilisations anciennes dont certaines remontent au IIIe millénaire av. J.-C.
Carte Oman Aa

Baton Rouge, *États-Unis* Capitale et port de la Louisiane sur le Mississippi, à 240 km de son delta, là où les navires de haute mer peuvent remonter facilement. Siège des universités de Louisiane et du Sud, grand centre d'affaires, centre industriel (raffinerie de pétrole). La ville fut fondée par les Français en 1719 sur un site où un cyprès rouge marquait la limite entre deux tribus indiennes, d'où son nom.
Population (ville) 238 900 ; (aggl.) 538 000
Carte États-Unis Hd

Batoumi ou **Batoum, *Géorgie*** Port, ville balnéaire et base navale sur la côte E. de la mer Noire, à 20 km de la frontière turque. C'est aussi la capitale de la république autonome d'Adjarie. La ville est reliée par chemin de fer et oléoduc à Tbilissi et à Bakou, sur la mer Caspienne. Activités principales : raffinage de pétrole, industries chimiques, constructions mécaniques, meubles, conserveries de fruits et de légumes. Batoumi exporte du pétrole, du manganèse et des agrumes.
Population 137 500
Carte Géorgie Aa

Battambang, *Cambodge* Chef-lieu de province de l'ouest du pays sur la voie ferrée Bangkok-Phnom Penh, à l'O. du lac Tonlé Sap. Vestiges de monuments du VIIe au XIIIe s. La province du même nom fut longtemps disputée entre le Siam (actuelle Thaïlande) et le Cambodge ; c'est la région principale de production de riz du pays. La ville est toujours fortement touchée par les heurts entre factions cambodgiennes rivales.
Population (ville) 45 000 ; (prov.) 837 000
Carte Cambodge Ab

Batu (grottes de), *Malaysia* Ensemble de grottes spectaculaires dans les contreforts de la chaîne principale, à 11 km au N. de Kuala-Lumpur. C'est l'une des attractions touristiques les plus fréquentées de la Malaisie ; on les atteint par un escalier de 272 marches taillées dans la montagne : grottes brillamment éclairées aux stalagmites colorées, temple souterrain dédié au dieu hindou Subrahmanya, Grotte noire, Galerie d'art, grottes décorées de sculptures et de peintures hindoues. Festival de Thaïpuram les deux premiers mois de l'année.
Carte Malaysia Bb

UNE PETITE VILLE EN BAVIÈRE.
Au pied du Watzmann (2 713 m), le bourg de Berchtesgaden a conservé son aspect d'antan. Tout près, Hitler avait installé son fameux « nid d'aigle ».

Batz (île de), *France* Île du Finistère (3 km^2) à 1 km au large de Roscoff, avec phare et ceinture de récifs au N.
Population 750
Carte France ABb

Bauchi, *Nigeria* État du N.-E. du pays, producteur de tabac et d'étain (18 750 km^2). La capitale du même nom (à 820 km au N.-E. de Lagos) doit son développement à la voie ferrée qui la relie à Port Harcourt.
Population (ville) 69 000 ; (État) 4 295 000
Carte Nigeria Ba

Baule-Escoublac (La), *France* Créée en 1879, La Baule est une des plus célèbres stations balnéaires de la côte atlantique. Plage de 8 km entre Le Pouliguen et Pornichet ; port de plaisance. Climat doux.
Population 14 800
Carte France Bc

Bautzen, *Allemagne* Ville historique, à l'E. de Dresde, centre des Slaves Sorabes, qui portent encore en certaines occasions le costume traditionnel coloré aux fines collerettes de dentelle et aux chapeaux brodés. Industries : acier, matériel ferroviaire, appareils électriques.
Population 51 200
Carte Allemagne Fc

bauxite Principal minerai d'aluminium composé essentiellement d'hydroxyde d'alumine. Il résulte de l'altération du sol sous un climat tropical humide : les minéraux argileux sont décomposés et la silice mise en solution laisse une roche riche en alumine. Le nom vient des Baux-de-Provence où ce minerai a été découvert.

Bavière (Bayern), *Allemagne* Le plus grand des États (Länder), au S.-E. du pays (70 553 km^2), bordé par l'Autriche et par la Tchécoslovaquie. C'est une région de montagnes, de lacs et de forêts, avec des fermes, des villes médiévales et des églises baroques. L'industrie se regroupe dans deux villes importantes : Nuremberg, au N. et Munich, capitale historique, au S. Jouets, textiles, automobiles, papier, produits chimiques, porcelaine, verre et instruments de musique y sont fabriqués.

La Bavière resta indépendante de 1180 à 1918, sous la dynastie des Wittelsbach, d'abord comme duché puis, à partir de 1806, comme royaume. État profondément catholique, où l'on trouve une université catholique à Munich et à Würzburg. Capitale : Munich.
Population 11 600 000
Carte Allemagne Dd

Bay (Laguna de), *Philippines* Lac peu profond, le plus grand des Philippines (980 km^2), au S.-E. de Manille. Il est entouré de basses plaines fertiles souvent inondées à la saison humide. La rive S. du lac forme la province de Laguna, où l'on produit noix de coco, riz, sucre de canne et maïs. Institut international de recherche sur le riz à Los Banos sur la côte S.
Carte Philippines Bc

Bayamon, *Porto Rico* Deuxième ville de l'île après San Juan et, selon la tradition, premier établissement européen (Espagnols, 1508). Située dans une plaine fertile au S.-O. de San Juan (ananas, agrumes, tabac, sucre, café).
Population 202 500
Carte Antilles Bb

Bayeux, ***France*** Évêché et ville-marché du Calvados, sur l'Aure, à 27 km à l'O. de Caen, en Basse-Normandie. On peut y voir la célèbre tapisserie de Bayeux (XIIIe s.), longue de 70 m et large de 50 cm, qui retrace la conquête de l'Angleterre par Guillaume le Conquérant, duc de Normandie, en 1066. Première ville à être libérée le 7 juin 1944.
Population 15 100
Carte France Cb

Bayonne, ***France*** Capitale du Pays basque français et ville principale du bassin de l'Adour sur le golfe de Gascogne. Sa cathédrale et ses rues à arcades contrastent avec l'activité portuaire (exportation de soufre et de maïs, importation de phosphates) et les industries modernes (agroalimentaires, aéronautiques). La baïonnette tire son nom de la ville où elle fut inventée au XVIIe s. Musée basque.
Population (ville) 40 000 ; (aggl.) 136 000
Carte France Ce

bayou Terme employé principalement aux États-Unis, dans le bas Mississippi, pour désigner un bras secondaire du fleuve ou un lac dans un ancien méandre abandonné.

Bayreuth, ***Allemagne*** Ville du nord de la Bavière, à 65 km au N.-E. de Nuremberg. Le compositeur Richard Wagner (1813-1883) y fit construire en 1876 le Festspielhaus pour y faire jouer ses opéras (la Tétralogie). Ses œuvres y sont représentées chaque année (festival). Wagner et sa femme Cosima, fille du compositeur Franz Liszt (1811-1886), sont enterrés dans le jardin de leur villa. Activités : porcelaines, textiles et manufacture de tabac (la moitié de la production de cigarettes allemandes).
Population 71 800
Carte Allemagne Dd

Bcharré, ***Liban*** Petite ville à 32 km au S.-E. de Tripoli, à 1 828 m dans les monts du Liban, où naquit le poète mystique Kahil Gibran, (1883-1931), auteur du best-seller international *le Prophète*. Elle est située à proximité du bois des Cèdres géants, un des rares endroits où subsistent ces arbres. C'est en cèdres du Liban que le roi Salomon construisit le Temple de Jérusalem (969-962 av. J.-C.).
Carte Liban Ba

Beardmore (glacier), ***Antarctique*** L'un des plus grands glaciers connus (200 km sur 15). Il avance d'environ 1 m par jour, du plateau du pôle Sud vers la banquise de Ross, entre la chaîne de la Reine-Maud et celle de la Reine-Alexandra.
Carte Antarctique d

Béarn, ***France*** Ancienne province du Sud-Ouest du pays, qui occupe les deux tiers des Pyrénées-Atlantiques. Des vallées aux pentes pyrénéennes s'étagent prairies et labours, arbres fruitiers et vigne, landes et forêts. Constituée au IXe s., la vicomté de Béarn eut comme capitales d'abord Lescar, puis Moorlas, ensuite Orthez au XIIe s., puis Pau au XVe s. Au XIIIe s., une alliance l'unit au comté de Foix ; le Béarn dépendit ensuite de la maison d'Albret au XVIe s., puis de celle de Bourbon-Vendôme, ce qui l'amena dans l'héritage de Henri, surnommé le Béarnais, le futur Henri IV. Le Béarn fut réuni à la Couronne sous Louis XIII.

Beauce, ***France*** Plateau calcaire du Bassin parisien recouvert d'une épaisse couche de limon, limité par l'Eure au N., le Val de Loire au S., le Perche à l'O. et le Hurepoix à l'E. C'est le type même de la région de grande culture céréalière ; 97 % de la superficie agricole sont en labours et 80 % environ des cultures sont consacrées aux céréales ; les exploitations sont grandes (de 80 à 100 ha) et dotées de matériel moderne. Les quelques villes de la région se développent à sa périphérie : Chartres, Dreux, Étampes.
Carte France Dc

Beaufort (échelle de) Échelle de 12 degrés, conçue en 1805 par l'amiral britannique sir Francis Beaufort (révisée en 1926) pour définir la vitesse du vent d'après effet sur la mer (par exemple, 5 : fraîche brise avec formation de « moutons » à la surface de la mer). Aujourd'hui, l'échelle de Beaufort se rapporte à la vitesse exacte du vent. 0 : mer calme avec peu ou pas de vent ; 1 : vent léger soufflant entre 1 et 5 km/h ; 12 : ouragan avec des vents d'environ 120 km/h. Voir tableau ci-dessous.

Beaufort (mer de), ***océan Arctique*** Mer en grande partie prise par les glaces, située au N. de l'Alaska. Elle doit son nom à l'amiral britannique sir Francis Beaufort (1774-1857), inventeur de l'échelle de Beaufort. Elle reste en grande partie inexploitée malgré la présence de pétrole ; en effet, les sévères conditions atmosphériques en rendent difficiles l'extraction et le transport. Au N., on a mesuré des profondeurs de plus de 3 660 m.
Carte Canada Aa

Beaujolais, ***France*** Région du nord-est du Massif central, entre Loire et Saône. Elle se partage entre la Montagne, culminant au mont Rigaud (1 012 m), où la polyculture et l'élevage sont associés à l'artisanat textile, et le versant oriental au-dessus de la vallée de la Saône, la Côte, dont le vignoble fait la célébrité grâce à ses grands crus : morgon, brouilly, chiroubles, juliénas, etc., et à ses vins jeunes (beaujolais nouveau).
Carte France Fc

Beaune, ***France*** Sous-préfecture de la Côte-d'Or, à 35 km au S. de Dijon. Centre de la région vinicole de Bourgogne où se commercialisent les vins de la région, principalement ceux de la côte de Beaune, et qui fabrique tonneaux et matériel viticole. La ville est entourée de remparts du XVe s. et a conservé plusieurs monuments, en particulier l'hôtel-Dieu (hospices de Beaune), fondé en 1443 et dont le fonctionnement est assuré par la vente des vins aux enchères (novembre).
Population 21 300
Carte France Fc

Beauvais, ***France*** Préfecture de l'Oise, sur le Thérain, à 65 km au N.-O. de Paris. Ville industrielle : chimie, textiles, brosserie, meubles, industries mécaniques et alimentaires. Beauvais fut rendue célèbre par la résistance de Jeanne Hachette à Charles le Téméraire en 1472. Sa cathédrale du XIIIe s. aux contreforts massifs, la plus haute de France, échappa aux bombardements allemands de 1940, qui

L'ÉCHELLE DE BEAUFORT

Degré de l'échelle	Type de Vent	Vitesse (km/h)	Effet produit par le vent
0	calme	0	La fumée s'élève verticalement.
1	très légère brise	1-5	La direction du vent est donnée par la fumée, mais non par la girouette.
2	légère brise	6-11	On perçoit le souffle du vent sur le visage ; les feuilles bougent ; la girouette tourne.
3	petite brise	12-19	Feuilles et branches agitées ; le vent déploie les pavillons légers.
4	jolie brise	20-28	Le vent soulève la poussière et les papiers ; les petites branches sont agitées.
5	bonne brise	29-38	Les arbustes balancent ; vaguelettes crêtées sur les lacs ou les étangs.
6	vent frais	39-49	Les grandes branches bougent ; le vent siffle dans les fils téléphoniques.
7	grand frais	50-61	Les arbres entiers sont agités.
8	coup de vent	62-74	Les petites branches sont brisées.
9	fort coup de vent	75-88	Cheminées et ardoises arrachées.
10	tempête	89-102	Arbres déracinés ; dommages importants aux constructions.
11	violente tempête	103-117	Ravages étendus.
12	ouragan	+ 117	Dévastation.

détruisirent la plus grande partie de la vieille ville, déjà bombardée pendant la Première Guerre. Beauvais fut renommée également pour ses vitraux, sa céramique (depuis le XVe s.) et ses tapisseries (XVIIIe s.), dont les métiers sont aux Gobelins, à Paris.

Population (ville) 54 100 ; (aggl.) 58 000
Carte France Eb

Béchar, anc. **Colomb-Béchar,** ***Algérie*** Chef-lieu de wilaya au N.-O. du Sahara algérien et à environ 650 km au S.-O. d'Oran. Rues en damier et ksar pittoresque. Nœud de communication entre les routes d'Oran et d'Alger et les grandes transsahariennes vers les oasis du Touat et le Tanezrouft, et vers Tindouf et la Mauritanie, Béchar est aussi desservie par avion et chemin de fer. À l'O., Kenadsa est une ancienne cité charbonnière. Sur l'oued Guir, le barrage de Djorf Torba permet la mise en valeur de la plaine d'Abadla, plus au S.

Population 108 000
Carte Algérie Aa

Bedford, ***Royaume-Uni*** 1. Ville située sur la Great Ouse, à 70 km au N. de Londres. 2. Comté (1 235 km^2) tourné principalement vers l'agriculture, mais qui possède aussi de grandes tuileries, des industries mécaniques et, à Luton, des usines de construction automobile. Le château de Woburn Abbey (XVIIIe s.), avec sa réserve africaine, est l'une des grandes attractions touristiques de l'Angleterre.

Population (ville) 75 000 ; (comté) 517 000
Carte Royaume-Uni Ed

Beersheba ou **Béer Sheva,** ***Israël*** Moderne capitale du Neguev, à 72 km au S.-O. de Jérusalem. D'après la tradition, Abraham s'y établit il y a 3 800 ans. Il subsiste des vestiges de l'époque romaine. Université Ben Gourion, marché bédouin, verre et poterie.

Population 114 300
Carte Israël Ab

Beijing, ***Chine*** Voir PÉKIN

Beira, ***Mozambique*** Capitale de la province de Sofala et port en eau profonde à 190 km au S.-O. de l'embouchure du Zambèze. Fondé en 1891 sur le site de l'ancien comptoir arabe de Sofala, il doit son essor à son rôle de débouché maritime. Il est relié par chemin de fer au Zimbabwe et au Malawi.

Population 292 000
Carte Mozambique Ab

Beira, ***Portugal*** Région du centre du pays, au S. de Porto et du Douro, correspondant aux districts d'Aveiro, Castelo Branco, Coimbra, Guarda et Viseu. On y cultive du riz sur le littoral, de la vigne (vins de Dao), des oliviers, des céréales. Les villes principales sont Coimbra et Covilhao, centre de filatures lainières.

Population 1 900 000
Carte Portugal Bb

Beitbridge, ***Zimbabwe*** Localité située à la frontière de l'Afrique du Sud, sur le Limpopo. Un pont ferroviaire et routier, construit en 1929, constitue le point de passage des marchandises entre le Zimbabwe et l'Afrique du Sud.

Population 1 900
Carte Zimbabwe Bb

Beit el-Din, ***Liban*** Ancienne capitale du Liban sous l'administration des Turcs ottomans, dans les monts du Liban, à 48 km au S.-E. de Beyrouth et à 792 m d'altitude. Le palais de l'émir turc Bachir, souverain du Liban de 1788 jusqu'à sa mort en 1840, sert aujourd'hui de résidence d'été au président du Liban.

Carte Liban Ab

Beit Guvrin, ***Israël*** Ancienne cité des contreforts de Judée, à 40 km au S.-O. de Jérusalem. Vestiges romains, byzantins et des croisés. A proximité, ville biblique de Maresha et grottes funéraires du IIe s. av. J.-C.

Carte Israël Ab

Bejaïa, anc. **Bougie,** ***Algérie*** Ville et port important, sur le golfe de Bejaïa, à 152 km au N.-O. de Constantine. Petit port à l'époque carthaginoise puis romaine, capitale fortifiée du Vandale Genseric au Ve s., la ville devint, au XIe s., grâce à la dynastie berbère des Hammadides, une capitale prospère, un port fréquenté et un marché actif, et resta un centre culturel important jusqu'au XIVe s. Le port, bien abrité, est à la fois un port de commerce (exportations de fruits, céréales, huile d'olive, minerai de fer et phosphates), un port pétrolier (terminal de l'oléoduc venant d'Hassi Messaoud), en même temps qu'un port de pêche et de passagers.

Population 150 000
Carte Algérie Ba

Bekaa ou **Beqaa,** ***Liban*** Plaine fertile située entre les monts du Liban et l'Anti-Liban, d'environ 16 km de large sur 120 km de long. Les deux plus importants fleuves du pays y prennent leur source : au N., l'Oronte, qui va arroser la Syrie ; au S., le Litani, qui coule vers le S. puis l'O. Fortement arrosée (380 mm de pluie par an), la Bekaa est la principale zone agricole du Liban, où poussent le coton et les agrumes. Autrefois l'un des greniers de l'Empire romain, elle est connue aujourd'hui pour ses vignes. Actuellement sous contrôle syrien, elle fut le théâtre de nombreux combats.

Carte Liban Ab

Békéscsaba, ***Hongrie*** Chef-lieu de la province de Békés, à 178 km au S.-E. de Budapest. Ville typique de la plaine du Grand Alföld et centre de la culture slave ; les descendants des colons slovaques du XVIIIe siècle peignent leur maison en bleu pour se distinguer. Les industries de mécanique et de machines-outils s'ajoutent aux usines traditionnelles de filature et à l'industrie agro-alimentaire.

Population 71 000
Carte Hongrie Bb

Belait, ***Brunei*** Fleuve du Brunei occidental (160 km), qui a donné son nom au plus grand district administratif du pays (2 727 km^2). La pétrole est exploité sur la côte alors que l'intérieur, aux basses collines boisées, reste peu développé.

Population (district) 53 000
Carte Brunei Ab

Bélarus Voir BIÉLORUSSIE

Belém, ***Brésil*** Capitale de l'État de Para et principal port fluvial de l'Amazone, à près de 200 km de l'océan Atlantique. Dans la cathédrale se célèbre en octobre la fête du Cirio, où l'on honore une statue de la Vierge. Carnaval renommé.

Principales productions : caoutchouc, noix, bois tropicaux, poisson et huiles végétales.

Population (ville) 1 247 000 ; (État) 5 085 000
Carte Brésil Db

Belau

ÉPAVES ET CORAUX FONT DE CETTE ÎLE UN PARADIS POUR LES AMATEURS DE PLONGÉE SOUS-MARINE

Des navires de guerre hantent les récifs coralliens et les lagons de Belau ; des bombardiers et des chasseurs reposent sur le fond, couverts d'algues marines. Des batailles terribles ont fait rage dans ce paradis pacifique pendant la Seconde Guerre mondiale, durant dix semaines sanglantes de 1944 au cours desquelles les Américains prirent d'assaut les plages, les sommets et les bastions souterrains tenus par les Japonais à Peleliu et Angaur, les deux îles du sud de l'archipel. Les Japonais combattirent presque jusqu'au dernier homme : 13 600 d'entre eux périrent ; les Américains perdirent près de 2 000 hommes, et tout cela pour quelques îlots qui gardent un passage stratégique entre les océans Indien et Pacifique.

En 1947, ces îles, appelées aussi Palau ou Palaos, firent partie du territoire des Îles du Pacifique que l'O.N.U. confia à la tutelle des États-Unis. L'autonomie interne leur fut accordée en 1981. Un contrat de libre association avec les États-Unis fut signé en 1986 pour cinquante ans. Ces derniers fournissent une aide économique bien nécessaire et en assurent la défense, en échange du droit d'usage de bases militaires. Un nouvel accord, approuvé par référendum en 1993, a fixé l'indépendance au 1er octobre 1994.

La capitale, Koror, sur l'île du même nom (10 km^2), a l'un des rares ports en eau profonde du Pacifique. L'île la plus vaste est Babelthuap (396 km^2), formée d'une plaine côtière entourant une jungle centrale. Peleliu et Angaur sont les autres îles principales. La population est en majorité micronésienne.

Le coprah est le principal produit d'exportation. Le tourisme connaît une importance croissante. Les champs de bataille attirent les visiteurs, moins pourtant que la plongée sous-marine ou les belles plages de sable blanc.

BELAU EN BREF

Carte Pacifique Bb
Superficie 494 km^2
Population 15 000
Capitale Koror
Régime République
Monnaie Dollar américain = 100 cents
Langues Dialectes locaux, anglais
Religion Chrétiens
Climat Tropical
Ressources Poisson, noix de coco, manioc, fruits et légumes, volaille, porcs
Activités Pêche, agriculture, tourisme
Exportations Coprah, huile de noix de coco, poisson
P.N.B. annuel par habitant 210 dollars
Croissance démographique 27 ‰ par an

Belfast, *Royaume-Uni* Capitale et port principal d'Irlande du Nord (Ulster), à l'embouchure de la Lagan. Son nom celte Beal Feirside (« Bouche de la Sablière »), apparaît pour la première fois au XVᵉ s., mais ce n'est qu'après 1613 que la ville reçoit sa première charte. Au début du XIXᵉ s., elle se développe grâce à l'essor de l'industrie du coton, remplacée ensuite par celle du lin. Après l'aménagement de l'estuaire de la Lagan, de grands chantiers navals s'installèrent. Constructions mécaniques et aéronautiques.

Depuis l'arrivée des colons anglais et écossais au XVIIᵉ s., et encore de nos jours, la ville est divisée entre deux groupes religieux farouchement opposés : protestants (minoritaires et riches) et catholiques (majoritaires et pauvres). Le conflit perdure entre eux.

La plupart des monuments et bâtiments de la ville datent des XIXᵉ et XXᵉ s. : Queen's University (1849), Opéra du XIXᵉ s., hôtel de ville de 1906, Palais du Gouvernement (1928), cathédrale néo-romane.

Population (ville) 304 000 ; (aggl.) 686 000
Carte Royaume-Uni Cc

Belfort, *France* Préfecture du Territoire de Belfort, sur la Savoureuse, à 40 km au S.-O. de Mulhouse. En 1870, la ville, défendue par Denfert-Rochereau, résista au siège des Prussiens, ce qui lui valut de rester française. Belfort connut alors un formidable développement industriel (industries mécaniques, textiles, électriques). La citadelle du XIIIᵉ s., fortifiée par Vauban au XVIIᵉ, ainsi que le Lion de Belfort, sculpté par Bartholdi en hommage aux assiégés de 1870, en sont les principaux attraits.

Population 50 000
Carte France Gc

Belfort (Territoire de) [90], *France* Constitué en département en 1922, ce territoire de la région de Franche-Comté (624 km^2) vit essentiellement des industries installées dans l'agglomération de Belfort. L'agriculture, dominée par l'élevage, n'occupe que 3 % de la population active.

Population 134 000
Carte France Gc

Belgique, Voir p. 96-97

Belgrade, en serbe **Beograd, *Yougoslavie*** Capitale de Yougoslavie et de Serbie, fondée par les Celtes sur un site stratégique, un tertre de 60 m dominant le confluent de la Save et du Danube, permettant la défense du couloir de Morava — qui conduit à la mer Égée — contre les envahisseurs du Nord. Son nom signifie « ville blanche ». Elle se développe successivement avec les Romains, les Slaves, les Byzantins, les Turcs, les Autrichiens et les Serbes. La puissante forteresse Kalemegdan témoigne de cette histoire mouvementée (donjon, musée militaire, musée de la Chasse, parc).

Un nouveau centre administratif (Novi Beograd) s'est développé vers le S. entre les deux guerres. Après 1945, Belgrade est devenu un centre économique international très actif. Parmi les principales industries, citons une raffinerie de pétrole, des constructions mécaniques et électriques, des industries alimentaires et la production de biens de consommation.

Il reste peu de chose de la vieille ville. Belgrade a été en grande partie détruite par les Allemands, qui l'occupèrent d'avril 1941 à octobre 1944. L'ancienne cathédrale néobaroque, du XIXᵉ s., abrite de belles icônes et des tombeaux. La nouvelle cathédrale Saint-Sava, consacrée en 1989, est la plus grande église orthodoxe du monde. L'église Saint-Marc se dresse à proximité du parc Tasmadjan. L'université date des années 1860, et le Musée national possède de riches collections.

Population 1 137 000
Carte Yougoslavie Bb

PORT TRANQUILLE. Au N.-O. de Belle-Île, Sauzon est un port pittoresque qu'animent barques de pêcheurs colorées et bateaux de plaisance.

Belize Voir p. 98

Belize ou **Belize City, *Belize*** Ancienne capitale, proche de la mer des Antilles et centre commercial, où vit près d'un tiers de la population du pays. C'est le port principal du Belize et de certaines régions du Mexique, où s'exportent sucre, bois, fruits et maïs. La ville est un ensemble de maisons en bois sur pilotis, bâties dans des mangroves. Après les ravages causés par un cyclone, en 1961, le gouvernement s'installa à Belmopan en 1970. À l'intérieur se trouvent les vestiges d'un établissement maya un peu antérieur au Xᵉ s. Altun Ha, à 50 km au N. de Belize, est un important site maya.

Population 55 000
Carte Belize Bb

Belle-Île, *France* Au S. de la presqu'île de Quiberon, c'est la plus grande des îles bretonnes (90 km^2). Son climat tempéré et ses paysages variés de falaises, de plages et de petits ports de pêche en font un lieu privilégié pour les artistes et les touristes. Pêche.

Population 4 500
Carte France Bc

Bellingshausen (mer de) Mer du Pacifique S., à l'O. de la péninsule Antarctique, explorée en 1821 par une expédition russe conduite par le capitaine Fabian von Bellingshausen.

Largeur 1 130 km
Carte Antarctique Ec

Belluno, *Italie* Ville et province de Vénétie, à 80 km au N. de Venise. La province s'étend au N. vers les Alpes et les Dolomites, avec plusieurs pics de plus de 3 000 m et des stations de ski réputées, comme Cortina d'Ampezzo. La ville est bâtie sur une falaise au-dessus de la Piave, qui forme le couloir central de cette province montagneuse. D'une architecture de style vénitien, elle abrite le palais des Recteurs, à arcades (1491), et une cathédrale du XVIᵉ s.

Population (ville) 37 000 ; (prov.) 217 800
Carte Italie Da

Belmopan, *Belize* Nouvelle capitale à 75 km au S.-O. de Belize City, où le gouvernement s'installa en 1970 pour éviter la zone des cyclones. La ville, aux nombreux bâtiments administratifs de style maya, est peuplée principalement de fonctionnaires.

Population 5 000
Carte Belize Bb

Belo Horizonte, *Brésil* Troisième plus grande agglomération après São Paulo et Rio de Janeiro, à 720 km au S.-E. de Brasília. Capitale du Minas Gerais — un État de 583 250 km^2 et de 15 750 000 habitants, riche en or et en pierres précieuses. On y traite l'acier, le textile, le ciment ; on y fabrique des automobiles et des locomotives électriques.

Population (ville) 2 050 000 ; (aggl.) 3 462 000
Carte Brésil Dc

Belgique

CONTRE TOUTE ATTENTE, LE CHAMP DE BATAILLE DE L'EUROPE S'EST TOUJOURS RELEVÉ DE SES RUINES. IL BÉNÉFICIE MAINTENANT DE SA POSITION CENTRALE DANS L'EUROPE EN CONSTRUCTION

Parmi les pays d'Europe, la Belgique surprend. Non pas à cause de son paysage (souvent monotone), de sa population (des « Européens moyens ») ou de son étendue (30 500 km² seulement). Ce qui étonne, c'est son existence, c'est la persistance d'un royaume de Belgique.

Le pays naquit en 1830 d'une rupture avec le royaume des Pays-Bas, dont il faisait partie depuis 1815. Il dut se choisir un roi: ce fut Léopold Ier, de souche allemande, qui régna de 1831 à 1865. Le nouvel État englobait deux groupes linguistiques très différents (français et néerlandais) et ceux-ci ne cohabitent aujourd'hui qu'au prix de tensions incessantes. Devenue fédérale avec trois régions, Flandre, Wallonie et Bruxelles, sans oublier les cantons germanophones de l'Est, la Belgique survit ainsi depuis plus d'un siècle et demi.

UNE HISTOIRE MOUVEMENTÉE

Les Pays-Bas (c'est-à-dire, pour les historiens, la Belgique, les Pays-Bas proprement dits et le Luxembourg) ont connu une existence plus heurtée que bien des régions d'Europe de dimensions comparables. N'appartinrent-ils pas, successivement, aux Bourguignons, aux Espagnols, aux Autrichiens, aux Français? Les catholiques et les protestants s'y affrontèrent, les révolutionnaires français y semèrent la ruine, puis les soldats des armées napoléoniennes y combattirent le reste de l'Europe. De tout temps, la Belgique fut ainsi le champ de bataille où les autres nations venaient vider leurs querelles.

Les trois derniers conflits, dans cette arène de l'Europe, méritent un arrêt. Il y eut d'abord, en 1815, la fameuse campagne de Waterloo qui vit Britanniques et Prussiens s'opposer aux Français. Puis, lors de la Grande Guerre, ces combats où, dans des tranchées boueuses, Britanniques, Français et Belges s'unirent pour venir à bout des Allemands. Et enfin la bataille des Ardennes lorsque les Américains, s'illustrant à Bastogne, repoussèrent définitivement les Allemands, à l'issue de la Seconde Guerre mondiale, en 1945.

Les territoires et les frontières de la Belgique furent longs à se fixer: les limites d'aujourd'hui datent de 1919. Mais, comme bien souvent, elles n'accordent guère d'attention à la répartition des peuples. Mis à part les 60 450 germanophones de la région d'Eupen-Malmédy (Belges depuis les modifications de frontières de 1919), les 10 075 000 habitants de ce pays se divisent en deux groupes principaux: les francophones (qu'on appelle souvent les Wallons) et les Flamands. Le rapport numérique est de 4 contre 6: c'est là un des faits les plus importants de la Belgique moderne.

La limite linguistique entre ces deux groupes, ancienne et stable, court d'ouest en est à travers le pays. Au N., c'est-à-dire en Flandre, on parle le néerlandais (le flamand, comme on dit en Belgique) et la région reproduit les traits culturels et religieux du sud des Pays-Bas. Le Sud, c'est-à-dire la Wallonie, parle le français et tend à nouer des liens culturels avec la France.

L'UNITÉ NATIONALE

Apparemment, il serait simple de couper le pays en deux le long de cette frontière linguistique... et d'attribuer une moitié aux Pays-Bas et l'autre à la France. Pourtant, après plus de cent cinquante ans, et en dépit des difficultés croissantes qu'ils rencontrent, depuis la Première Guerre mondiale, pour maintenir l'unité nationale, les Belges restent hostiles à ce partage.

Lorsque, en 1830, la Belgique devint indépendante, le français, même en Flandre, était la langue du gouvernement, de la bonne société, de l'enseignement supérieur; le flamand était considéré comme la langue des paysans. D'autre part, le fer de lance de l'économie belge était alors ce gisement charbonnier qui, en Wallonie, s'étire de Mons à Liège en passant par Charleroi: une des régions les plus anciennement industrialisées d'Europe.

Les temps ont changé. Tandis que les Wallons assistaient au lent déclin de leurs bassins houillers, de nouvelles industries trouvaient en Flandre de vastes espaces pour se développer. Longtemps, les deux régions ont enregistré des taux de natalité inégaux, faibles en Wallonie, très élevés en Flandre. En outre, un mouvement culturel flamand se donna pour tâche de préserver et de répandre la langue. Une tâche couronnée de succès puisque, par une loi de 1932, le gouvernement devenait officiellement bilingue.

La majorité flamande entreprit alors de consolider sa position. Après des années d'agitation, une loi de 1970 divisa le pays en quatre: à l'est, dans les territoires cédés par l'Allemagne en 1919, la langue officielle est l'allemand; les 19 communes de l'agglomération bruxelloise sont bilingues: toutes les inscriptions officielles sont rédigées en néerlandais et en français; les quatre provinces flamandes du Nord et les quatre provinces francophones du Sud sont unilingues; la neuvième province, enfin, le Brabant, est divisée en deux.

Les Flamands s'opposèrent aussi à l'avantage dont bénéficiait le français dans le domaine des sciences, de la littérature et de l'enseignement supérieur. Ils craignaient en effet de rester exclus des postes clés dans l'industrie et dans les universités. C'est ainsi qu'aujourd'hui, dans les usines et dans les bureaux des provinces flamandes, toute notification, depuis les factures jusqu'aux interdictions de fumer, est obligatoirement — et exclusivement — rédigée en néerlandais. En même temps, toutes les universités sont désormais unilingues. Ainsi la vieille université de Louvain fut-elle divisée en deux: l'université flamande resta sur place (Leuven) et la partie francophone s'établit un peu plus au sud, en région wallonne: c'est Louvain-la-Neuve.

La Belgique entretient aujourd'hui quatre gouvernements: un gouvernement fédéral avec des budgets séparés dans certains départements comme l'éducation, un gouvernement régional wallon, un gouvernement régional flamand et un gouvernement local allemand.

LE PAYS

La Belgique est aussi coupée en deux par un énorme sillon, naturel celui-là, où ont pris place la Meuse et son affluent, la Sambre. Au S. s'étendent les hautes terres, notamment l'Ardenne qui s'élève doucement jusqu'à atteindre près de 700 m. C'est une région de forêts, d'élevage et de tourisme, faiblement peuplée, aux hivers rudes et où, bien souvent,

UN JOYAU ARCHITECTURAL. La célèbre Grand-Place reste le cœur de la capitale belge. Richement sculpté, l'hôtel de ville gothique flamboyant (à gauche) a été construit de 1402 à 1454. La maison du Roi (à droite) lui fait face. Au fond, les étonnantes façades baroques des maisons des Corporations, du XVIIe s., complètent ce décor exceptionnel.

d'anciennes fermes ont été converties en résidences secondaires ou en centres de vacances.

Du versant N. de ce sillon, à 200 m d'altitude, un plan incliné long de 150 km descend sans interruption jusqu'à la mer. Souvent couvert de limons fertiles, mais parfois aussi de sable et de graviers, il se termine par une basse plaine côtière. C'est la Belgique des fortes densités de population, des villes anciennes, des fermes côtoyant des usines modernes, des canaux et des bicyclettes.

Entre les deux, dans les vallées de la Meuse et de la Sambre, a longtemps battu le cœur de la Belgique industrielle. Aujourd'hui, tous les charbonnages wallons sont fermés et la sidérurgie (surtout concentrée à Liège et à Charleroi) a connu une crise aiguë. En pleine reconversion, l'industrie wallonne fait maintenant venir son charbon de Campine, en pays flamand. Mais les usines, les cheminées et les fumées grises composent toujours le paysage traditionnel du vieil axe industriel.

Le nord de la Belgique compte les villes les plus anciennes d'Europe. Des villes qui, au Moyen Âge, tiraient leur richesse du commerce et du textile : elles ont gardé de ce temps-là des rues pittoresques, des grand-places qui sont des merveilles d'architecture, de majestueuses cathédrales. Quelques-unes de ces villes, Gand et Anvers par exemple, sont devenues des métropoles modernes ; d'autres, comme Bruges, conservent précieusement des quartiers qui ont peu changé depuis le Moyen Âge.

L'agriculture belge est centrée sur l'élevage ; bien des cultures, d'ailleurs, sont destinées aux productions animales. Gros producteur de froment et de betterave sucrière, le pays se spécialise aussi dans les fruits, le houblon ou les cultures maraîchères. Mais beaucoup d'agriculteurs ont quitté la terre : moins de 3 % des travailleurs ont encore un emploi dans l'agriculture et les ouvriers agricoles se font rares.

L'industrie belge a hérité d'une longue tradition : une constatation d'autant plus remarquable qu'elle doit tenir compte de l'étroitesse du marché national. Sortie presque intacte de la Seconde Guerre mondiale, elle s'est mise alors, selon le mot d'un Belge, à fabriquer des veaux à cinq pattes, c'est-à-dire des biens pour lesquels l'ingéniosité compte plus que la grande série. Dans les vieilles villes lainières de Flandre, les nouvelles industries textiles, souvent reconverties dans les synthétiques, fournissent une gamme de produits qui va des tapis à la confection. Longtemps peu peuplée, la Campine s'est orientée vers les industries chimiques et les constructions automobiles. Dans la vallée de la Meuse, autour de Liège, survivent les industries traditionnelles de la mécanique et des armes. Le grand port d'Anvers transforme les produits tropicaux d'importation, raffine le pétrole, construit et répare les navires, taille le diamant.

Bruxelles n'est pas seulement une ville millénaire, riche en vieilles pierres et agréable à habiter. C'est aussi l'une des capitales de l'Europe. L'unité, si fragile à l'intérieur du pays, a existé paradoxalement dans le cadre plus vaste de la C.E.E. et se poursuit dans celui de l'Union européenne. L'Europe a en effet bénéficié à Bruxelles, pôle administratif où siège la Commission, « gouvernement supra-national » européen.

De nos jours, la capitale de la Belgique n'a plus rien de provincial. La première agglomération du pays est une active métropole politique et économique, un centre industriel, un important centre d'affaires et de services.

LA BELGIQUE EN BREF
Superficie 30 513 km²
Population 10 075 000
Capitale Bruxelles
Régime Monarchie parlementaire fédérale
Monnaie Franc belge = 100 centimes
Langues Néerlandais, français, allemand
Religion Catholiques (90 %)
Climat Tempéré océanique ; températures moyennes à Bruxelles : de − 1 à 4 °C en janvier, de 14 à 18 °C en juillet
Ressources Céréales, betterave sucrière, pommes de terre, fruits, cultures maraîchères, bétail ; bois, charbon
Activités Sidérurgie, mécanique lourde, mécanique légère, textiles, raffinage du pétrole, industrie chimique, ciment, verre, industries alimentaires, taille des diamants, charbonnages
Exportations Produits chimiques, automobiles, produits alimentaires, produits sidérurgiques, produits pétroliers raffinés, machines, diamants taillés
P.N.B. annuel par habitant 19 300 dollars
Croissance démographique Statique
Espérance de vie Hommes 72 ans, femmes 79

Belize

LES SOLDATS BRITANNIQUES GARDENT SES FRONTIÈRES. ILS FONT AUSSI LA CHASSE À LA CONTREBANDE DE LA DROGUE ET DES ARMES

Les troupes britanniques sont stationnées à Belize depuis que le pays a obtenu son indépendance, en 1981. Auparavant, c'était le Honduras britannique, colonie depuis 1862, mais disposant de l'autonomie interne depuis 1964. Cette présence militaire était destinée au départ à protéger le pays contre les prétentions territoriales que son voisin le Guatemala soutenait depuis 1821. Aujourd'hui, les patrouilles frontalières réduisent la contrebande de marijuana, une des ressources principales de Belize, encore qu'illégale et non comptabilisée dans le revenu national. Elles opposent enfin un obstacle à la contrebande des armes que Cuba expédie au Salvador à travers Belize. Ces deux formes de contrebande fournissent argent et emploi dans un pays qui manque de l'un comme de l'autre. Une autre source de revenu et de travail, bien qu'encore modeste, prend une importance croissante: le tourisme, attiré à Belize par les splendides plages caraïbes et par les temples mayas (IVe-Xe s.) en ruine, profondément enfouis dans la forêt tropicale.

La côte est précédée par 550 km² d'îlots et de récifs coralliens. La bande côtière et la moitié N. du pays sont basses et marécageuses. En arrière de la côte, le relief forme des chaînons, les uns couverts de brousse, les autres densément boisés. Le sud de Belize est un plateau bordé par les monts Maya, chaînes escarpées culminant à 1 100 m.

La nouvelle capitale, Belmopan, fondée en 1970 dans l'intérieur montagneux et couvert de jungle, a remplacé Belize, très endommagée par un cyclone en 1961.

Le climat, chaud et humide, est rafraîchi par la brise de mer. Il pleut beaucoup, surtout dans le Sud; il y a une saison relativement sèche de février à mai. Des ouragans peuvent se produire à la fin de l'été. La forêt tropicale dense couvre les plaines et les sommets les plus arrosés, la brousse les endroits les plus secs. La forêt donne des bois durs appréciés (acajou, bois de campêche, gaïac, cèdre).

Le pays fut peuplé au XVIIe s. par des pirates et des bûcherons anglais de la Jamaïque. Plus tard, on fit venir des esclaves africains pour travailler dans les plantations de canne à sucre. De nos jours, 81 % de la population sont constitués de Noirs, de mulâtres et de métis de Blancs et d'Indiens. Une minorité indienne existe dans l'intérieur, et une minorité européenne dans les villes.

Un tiers environ des actifs est dans l'agriculture, produisant pour l'exportation la canne à sucre, les agrumes (le pamplemousse), les bananes ou la noix de coco. D'autres sont pêcheurs ou bûcherons. Le pays éprouve de grandes difficultés économiques. Il existe peu d'industries. Beaucoup de gens émigrent, en particulier aux États-Unis, en quête de travail.

BELIZE EN BREF

Superficie 22 963 km²
Population 205 000
Capitale Belmopan
Régime Monarchie constitutionnelle
Monnaie Dollar de Belize = 100 cents
Langues Anglais, créole, maya, espagnol
Religions Catholiques (58 %), protestants (28,5 %)
Climat Subtropical; températures moyennes à Belize: de 19 à 27 °C en janvier, de 24 à 31 °C en août
Ressources Canne à sucre, agrumes, maïs, riz, bananes, bois, noix de coco, poisson
Activités Agriculture, raffinage du sucre, rhum, forestage, pêche, confection
Exportations Sucre, agrumes, bois, bananes, mélasse, conserves de poisson, vêtements
P.N.B. annuel par habitant 2 050 dollars
Croissance démographique 33 ‰ par an
Espérance de vie Hommes 67 ans, femmes 72

Belt (Grand et **Petit),** ***Danemark*** Détroits reliant le Kattegat à la mer Baltique. Le Grand Belt, large de 16 à 30 km, sépare les îles de Fionie (Fyn) et de Sjaelland. Le Petit Belt, dont la largeur varie de 600 m à 15 km, sépare la Fionie et le Jylland (ou Jutland).
Carte Danemark Bb

Belvoir (Val de), ***Royaume-Uni*** Basse plaine du centre de l'Angleterre, de 20 km sur 10, s'étendant sur le Leicestershire et le Nottinghamshire. Le château médiéval de Belvoir (prononcer « Beaver ») qui la domine a été complètement restauré au XIXe s. Le val, réputé pour son fromage de Stilton, est aussi le site du plus récent gisement de charbon britannique, encore en exploitation.
Carte Royaume-Uni Ed

Bénarès ou **Varanasi,** ***Inde*** Cité antique et ville sainte hindoue sur le Gange, au N.-E. du pays, à 230 km au S. de la frontière népalaise. Selon la croyance hindoue, ceux qui meurent dans cette ville vont directement au ciel, si bien que de nombreux hindous viennent à Bénarès pour y passer leurs derniers jours. Bénarès est aussi la destination annuelle de plus d'un million de pèlerins venus se baigner dans les eaux du fleuve le plus sacré de l'hindouisme. Ce qui provoque d'ailleurs des problèmes de pollution.

La ville est faite d'un dédale de ruelles et de centaines de temples. Sur la rive du Gange se trouvent les ghâts, escaliers qu'empruntent les fidèles pour se baigner dans le fleuve et où sont brûlés les morts, afin que les cendres rejoignent les eaux sacrées. Industries et artisanat: soieries (saris), produits chimiques, dinanderie, jouets laqués, bijoux. La ville possède une université hindoue qui fut fondée en 1915, à l'emplacement du Collège central hindou créé en 1896.
Population 928 000
Carte Inde Cc

Bendel, ***Nigeria*** Voir BENIN CITY

Bendigo, ***Australie*** Ville de l'État de Victoria, à 130 km au N.-O. de Melbourne. Fondée en 1851 sous le nom de Sandhurst, à l'époque de la ruée vers l'or, elle devint rapidement l'une des villes les plus riches du pays. Elle prit le nom de Bendigo en 1891. La Central Deborah Mine, fermée en 1954, est aujourd'hui un musée.
Population 57 400
Carte Australie Gf

Bénévent, en it. **Benevento,** ***Italie*** À 50 km au N.-E. de Naples, en Campanie, ville antique et chef-lieu de la province du même nom (2 071 km²). Théâtre romain de 20 000 places, arc de Trajan (IIe s.), basilique Sainte-Sophie, fondée en 700.

Le duché de Bénévent, qui appartint à la papauté, fut érigé en principauté par Napoléon, en 1806, en faveur de Talleyrand.
Population (ville) 54 500; (prov.) 294 000
Carte Italie Ed

Bengale (golfe du) Partie de l'océan Indien limitée par le Sri Lanka, l'Inde, le Bangladesh, la Birmanie, les îles Andaman et Nicobar. Connue pour la violence de ses cyclones tropicaux, qui ont causé de nombreux naufrages et de terribles inondations dans le delta du Gange et du Brahmapoutre. Voir BANGLADESH.
Largeur 1 600 km
Carte Inde Dd

Bengale-Occidental, ***Inde*** Partie occidentale de l'ancien État indien du Bengale, qui fut divisé au moment de l'indépendance en 1947. Le Bengale oriental est devenu le Pakistan oriental, puis le Bangladesh. Le Bengale-Occidental est un État de l'Inde qui s'étend sur 88 752 km² dans la plaine et le delta du Gange. La plupart des Indiens d'expression bengalie y vivent. La région produit du riz, du jute, du blé et du charbon. Principales fabrications industrielles : acier, aluminium, automobiles et engrais, surtout autour de Calcutta, la capitale, et dans la vallée de la Damodar.
Population 68 100 000
Carte Inde Dc

Benghazi, ***Libye*** Port principal et capitale de la Cyrénaïque, à l'extrémité orientale du Golfe de Syrte, sur une langue de terre séparée du continent par une lagune d'eau de mer et des marécages. Important centre routier et ferroviaire, elle possède l'un des deux aéroports internationaux du pays. Benghazi était l'une des deux capitales libyennes de la monarchie jusqu'en 1969.

Les colons grecs avaient établi une colonie, Euhesperides, aux environs de la ville, qui fut abandonnée au IIIe s. av. J.-C. La moderne Benghazi se trouve à l'emplacement de la ville gréco-romaine de Bérénice. Les Italiens entreprirent de grandes constructions pendant leur occupation coloniale, de 1912 à 1943. La ville fut durement touchée au cours de la campagne d'Afrique du Nord (1941-1942). Beaucoup d'immeubles italiens et turcs furent détruits (il en reste encore quelques-uns dans la vieille ville). Industries: tanneries, fabrique de chaussures, objets en cuir, textiles, tapis, ciment,

huile d'olive, pâtes alimentaires. Université.
Population 447 000
Carte Libye Ca

Benguela, ***Angola*** Port, à 410 km au S. de Luanda, et capitale de la province du même nom. Fondée en 1617, elle a aujourd'hui une raffinerie de sucre et une conserverie de poisson. Reliée par voie ferrée au port de Lobito, à 29 km. Lobito est le terminus d'une ligne de chemin de fer de 1 415 km de long qui relie le Zaïre et la Zambie à la mer. Cette voie est vitale, et pour l'Angola en raison des revenus tirés du transport des marchandises, et pour le Zaïre et la Zambie du fait même que cette ligne est leur principal moyen d'exportation. Depuis 1975, le train est la cible régulière des rebelles de l'UNITA.
Population (ville) 155 000 ; (prov.) 672 000
Carte Angola Ab

Benguela (courant de), ***Atlantique S.*** Courant froid océanique longeant en direction du N. la côte O. du sud de l'Afrique, et qui tient son nom du port angolais de Benguela. Voir L'ORIGINE DES COURANTS OCÉANIQUES, p. 185.

Beni Abbès, ou **Beni Abbas,** ***Algérie*** Oasis à 160 km au S. de Béchar, située au milieu d'une palmeraie à l'entrée de la route de Tanezrouft. Les grandes dunes de sable qui l'entourent en ont fait un centre important de l'étude du désert, du mouvement des dunes et du défrichement. Ermitage du père de Foucauld qui y séjourna avant de s'établir au Hoggar.
Population 4 300
Carte Algérie Aa

Benidorm, ***Espagne*** Station balnéaire de la Méditerranée, développée à la fin de la Seconde Guerre mondiale autour d'un petit hameau de pêcheurs, à 100 km au S. de Valence. Pendant l'été, la population peut atteindre 1 million d'habitants.
Population 75 300
Carte Espagne Ec

Bénin (golfe du) Baie du golfe de Guinée, longeant l'ancienne côte des Esclaves, entre le Ghana et le delta du Niger.
Carte Nigeria Ab

Benin City, ***Nigeria*** Capitale de l'ex-État de Bendel et du peuple Bini (ou Edo), à 240 km à l'E. de Lagos. Fondée au xe s., elle fut la capitale du royaume du Bénin (xve-xvie s.), qui s'étendait de l'actuel Bénin jusqu'au Niger. Découverte par les Portugais en 1485, la ville servit bientôt à la traite des esclaves, au commerce des peaux de léopard, des défenses d'éléphant, du poivre et du corail en échange de fusils et de poudre. C'est actuellement un marché important (huile de palme, caoutchouc). La vieille ville, à l'architecture fortement influencée par les Yoroubas, produit de superbes bronzes et des ivoires sculptés, et compte des centaines d'artisans, tailleurs, graveurs sur bois et fabricants de meubles.
Population (ville) 184 000
Carte Nigeria Bb

Beni Souef, en ar. **Bani Suwayf,** ***Égypte*** Chef-lieu de la province du même nom et ville commerçante à proximité du Nil, à 100 km au S. du Caire. On y traite entre autres le coton en provenance du Fayoum.
Population 152 000
Carte Égypte Bb

Ben Nevis, ***Royaume-Uni*** Voir GRAMPIAN (monts)

Bénoué, ***Cameroun/Nigeria*** Principal affluent du Niger (1 390 km), prenant sa source dans l'Adamaoua (Cameroun) et se dirigeant au N. puis à l'O. vers le Nigeria. Le projet du barrage de Lagdom, près de Garoua, au Cameroun, per-

Bénin

L'ESCLAVAGE ET LE VAUDOU FONT PARTIE DE L'HISTOIRE. MAIS DE BELLES PLAGES ET UNE NATURE SPLENDIDE ATTIRENT LES TOURISTES

Le Bénin a la forme d'un cornet de glace posé sur la côte N. du golfe de Guinée. S'il est l'un des plus petits pays d'Afrique, il est aussi l'un des plus contrastés. Sa côte étroite et battue par les grandes vagues du golfe de Guinée est formée de superbes plages de sable blanc qui se détachent sur fond de cocotiers. Derrière cette étroite ligne côtière s'étalent de paisibles lagunes, comme celles de Nokoué et de Porto-Novo, bordées de pittoresques villages aux maisons carrées, souvent montées sur de hauts pilotis.

Au N. des lagunes, la riche Terre de barre couverte de forêts tropicales a été défrichée pour y planter des cultures vivrières. Le plateau échancré qui s'élève en arrière-plan est le domaine des cultures industrielles : palmiers à huile, caféiers, orangers, champs de tabac. Au N.-O., les montagnes de l'Atacora s'étalent de Natitingou au parc de la Pendjari. Le parc du W, que le Bénin partage avec le Niger et le Burkina, est riche en hippopotames, crocodiles, éléphants, lions et antilopes.

La majeure partie de la population vit dans le Sud au climat chaud et humide. Les Fons et les Yorubas, les plus nombreux, pratiquent une agriculture de subsistance. Ils font pousser des ignames, des patates douces, du manioc, du maïs, du riz, des arachides et des légumes. Les pluies (1 500 mm par an) sont réparties sur neuf mois et assurent à cette région méridionale des récoltes abondantes et régulières. Dans les savanes de l'Atacora, la saison des pluies ne dépasse pas six mois. Les habitants y sont regroupés en villages et cultivent mil, patates douces, coton et arachide.

Les Baribas et les Sombas sont les principales tribus du Nord et du Centre. Les uns élèvent des chevaux et les autres sont célèbres pour leurs maisons fortifiées. Avec leurs bovins, les Peuls parcourent tout le nord du pays.

Jusqu'en 1975, le Bénin s'appelait le Dahomey, nom de l'ancien royaume d'Abomey, connu comme plaque tournante de la traite destinée aux trafiquants d'esclaves européens. Les Fons et les Yorubas, qui vivent dans le Sud, pratiquent le vaudou.

La traite a avivé les conflits entre les royaumes côtiers dès le xviiie s. En 1892, la France occupe le pays, qui devient en 1904 un territoire de l'Afrique-Occidentale française.

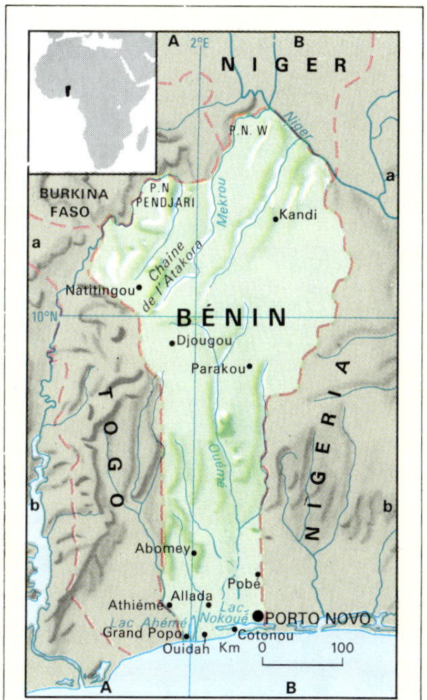

Le Bénin accède à l'indépendance en 1960. Les querelles politiques et régionales amènent le coup d'État du commandant Kérékou (1972), qui instaure un régime marxiste-léniniste. En réaction à la faillite économique, une Conférence nationale est convoquée, début 1990, pour mettre en place un gouvernement de transition devant déboucher sur le multipartisme.

Le pays est pauvre ; son économie s'appuie sur la culture du coton, du palmier à huile, et sur un gisement de pétrole en mer, productions qui sont exportées par le port de Cotonou, recevant aussi le minerai d'uranium nigérien par une voie ferrée qui traverse la moitié du pays.

Alors le multipartisme est rétabli, une nouvelle Constitution adoptée en décembre 1990 institue un régime présidentiel. En mai 1991, Nicéphore Soglo, le Premier ministre du gouvernement de transition institué par la Conférence nationale, est élu président du Bénin avec 67,6 %.

LE BÉNIN EN BREF

Superficie 112 622 km²
Population 4 076 000
Capitale Porto-Novo (officielle), Cotonou (économique et diplomatique)
Régime République, multipartisme
Monnaie Franc C.F.A.
Langues Français, mais aussi fon, yoruba et autres langues africaines
Religions Chrétiens (23 %), musulmans (13 %), animistes-fétichistes (62 %)
Climat Tropical ; température moyenne à Cotonou : de 23 °C en août à 28 °C en mars
Ressources Manioc, patates douces, ignames, maïs, sorgho, café, coton, palmiste, arachides
Activités Agriculture, huileries, textiles, égrenage du coton, brasserie
Exportations Coton, huile de palme, cacao (produit en partie au Nigeria), pétrole
P.N.B. annuel par habitant 380 dollars
Croissance démographique 33 ‰ par an
Espérance de vie Hommes 49 ans, femmes 52

mettra d'irriguer 80 000 ha pour cultiver céréales, riz et canne à sucre et produire de l'électricité. Son cours nigérian permet également l'irrigation et la production d'électricité.
Carte Cameroun Bb

Benue, ***Nigeria*** État au S.-E. du pays (45 174 km²) dont la capitale est Makurdi.
Population 2 781 000
Carte Nigeria Bb

Benxi ou **Pen-ki,** ***Chine*** Ville industrielle de la province de Liaoning, à 175 km de la Corée du Nord. Importante production de fer et d'acier.
Population 860 000
Carte Chine Ic

Beograd, ***Yougoslavie*** Voir BELGRADE

Beppu, ***Japon*** Ville balnéaire et thermale sur la côte N.-E. de l'île de Kyushu. Ses 3 000 sources chaudes et piscines de boues attirent chaque année des millions de visiteurs.
Population 134 800
Carte Japon Bd

Berbera, ***Somalie*** Second port du pays après Mogadishu, situé sur le golfe d'Aden. On y charge du cuir, de la gomme et des animaux, à destination principalement des pays arabes. En 1980, la population de la ville, fondée avant le XIIIe s., s'augmenta des réfugiés de l'intérieur fuyant la sécheresse. Berbera, qui a beaucoup souffert de la guerre civile depuis 1990, est la principale ville du Somaliland.
Population 40 000 à 70 000
Carte Somalie Aa

Berchtesgaden, ***Allemagne*** Petite ville de l'extrémité S.-E. du pays rendue tristement célèbre par Hitler. Dès 1923, il installa non loin de là, sur l'Obersalzberg, le « Berghoff », théâtre, en particulier, des accords de Munich en septembre 1938, et au sommet du Kehlstein son fameux « nid d'aigle ».

C'est aujourd'hui une station touristique importante.
Population 7 800
Carte Allemagne Ee

Bergame, en it. **Bergamo,** ***Italie*** Ville de Lombardie, à 50 km au N.-E. de Milan, et chef-lieu de la province du même nom (2 759 km²). Bergame est divisée en deux parties: la ville basse, consacrée au commerce et à l'industrie (textile) et, sur les hauteurs, la Città Alta, plus petite, protégée par une enceinte vénitienne, qui abrite de nombreux monuments: Piazza Vecchia, avec le palais Renaissance de la Ragione, basilique Sainte-Marie-Majeure et somptueuse chapelle Colleoni (1476), en marbre rouge et blanc. Les œuvres des peintres de l'école de Bergame sont exposées à l'Accademia Carrara, au bas de la vieille ville. Le théâtre porte le nom du compositeur Donizetti, (1797-1848), né et mort à Bergame. La ville est le berceau de la Commedia del Arte (XVIe s.).
Population (ville) 120 000; (prov.) 944 000
Carte Italie Bb

Bergen, ***Belgique*** Voir MONS

Bergen, ***Norvège*** Sur la côte S.-O. de Norvège, ville la plus importante du pays jusqu'au XIXe s. C'est aujourd'hui la deuxième ville après Oslo. Fondée par le roi Olaf III vers 1070, c'est un port actif et un centre touristique. Bergen fit partie de la Ligue hanséatique — une association commerciale de villes de l'Allemagne du Nord — jusqu'en 1560. La vieille ville est centrée autour du port médiéval, bordé par les riches demeures des commerçants hanséatiques et le palais du roi Haakon IV (1204-1263). On y voit également une cathédrale du XIIIe s., quelques églises médiévales, des musées et des galeries d'art. Le compositeur Edvard Grieg, né et mort à Bergen (1843-1907), y avait sa maison, Troldhaugen. La ville lui consacre chaque année un festival de musique. Le théâtre de Bergen, construit en 1850, devint célèbre sous la direction de Henrik Ibsen (1828-1906), auteur de *Hedda Gabler*.

Parmi les principales industries de la ville: constructions navales, production d'acier, équipements électriques, mécanique, textiles, raffineries de pétrole et conserveries de poisson. Bergen est aussi au centre de l'industrie pétrolière de la mer du Nord. Le Bergensbanen (chemin de fer de Bergen) conduit à Oslo à travers les montagnes.
Population 209 300
Carte Norvège Bc

Bergen op Zoom, ***Pays-Bas*** Ville du Nord-Brabant à proximité de la frontière belge, autrefois port maritime fortifié. Elle est protégée de la mer par une digue, dans le cadre du plan Delta

HAVRE MÉDIÉVAL La ville de Bergen, avec son église du XIIe s. et les demeures des commerçants hanséatiques, se regroupe autour du vieux port.

de récupération des terres, et reliée par des canaux au Rhin, à la Meuse et à l'Escaut. Une grande partie du centre médiéval subsiste encore. Industries sucrières et sidérurgie. Culture d'asperges. Carnaval réputé.
Population 45 200
Carte Pays-Bas Bb

Bergerac, ***France*** Sous-préfecture de la Dordogne, fondée sur une terrasse dominant la Dordogne. Marché agricole et centre commercial (vins, tabac), avec quelques industries (tabac, allumettes, constructions mécaniques, poudrerie). Maisons anciennes. Musée du Tabac.
Population 26 900
Carte France Dd

Béring (détroit de) Séparant la Russie de l'Alaska, il relie les mers de Béring et des Tchouktches. Pendant le pléistocène (qui débuta il y a 1,75 million d'années et se termina il y a environ 10 000 ans), le niveau de la mer descendit, créant un gué entre les continents. Franchissant ce passage, il y a peut-être 25 000 ans, les ancêtres des Indiens d'Amérique descendirent en Amérique du Nord. Au milieu du détroit, distantes de seulement 4 km, se font face la Petite Diomède (É.-U.) et la Grande Diomède (Russie).
Largeur 88 km
Profondeur maximale 52 m
Carte Alaska Ab

Béring (mer de) Située dans l'océan Pacifique N. et limitée au S. par les îles Aléoutiennes et du Commandeur, elle doit son nom au Danois Vitus Béring (1681-1741), qui, financé par le tsar Pierre le Grand (1672-1725), explora la région. Il franchit le détroit de Béring en 1728 et prouva que l'Asie et l'Amérique du Nord étaient deux continents distincts.
Superficie 2 269 000 km^2
Profondeur maximale 5 121 m
Carte Alaska Ac

Berkshire, ***Royaume-Uni*** Comté du sud de l'Angleterre (1 256 km^2), au S. de la Tamise, appelé également Royal Berkshire, car il abrite le château royal de Windsor. Contrastant avec les prairies et les falaises crayeuses de l'ouest, l'est s'est industrialisé autour de Reading, le chef-lieu, pour devenir la Silicon Valley anglaise.
Population 708 000
Carte Royaume-Uni Ee

Berlin, ***Allemagne*** Berlin, fondée il y a 750 ans sur la Sprée, fut successivement capitale du Brandebourg, à partir du XVe s. (princes de Hohenzollern), de la Prusse en 1704 (les rois Frédéric-Guillaume Ier et Frédéric II en firent une magnifique cité), puis de l'Allemagne en 1871. Durement touchée par les bombardements en 1945, elle fut partagée (selon les accords de Yalta) en quatre secteurs : les trois occidentaux (du N. au S. : français, anglais, américain) deviendront Berlin-Ouest ; le secteur oriental — soviétique — deviendra Berlin-Est. Chaque puissance maintient une présence militaire dans son secteur.

De juin 1948 à octobre 1949, les communistes fermèrent toutes les frontières entre Berlin-Ouest et les secteurs occidentaux de l'Allemagne ; mais ce blocus fut rompu grâce à un gigantesque pont aérien des Alliés. En août 1961, les Allemands de l'Est construisirent le Mur, séparant les secteurs O. du secteur soviétique, pour enrayer les fuites massives de l'Est. Pendant 28 ans, les non-Allemands se rendant à l'Est devaient passer par Checkpoint-Charlie, près de la porte de Brandebourg. Les relations intra-familiales furent longtemps pratiquement interrompues, mais s'améliorèrent pendant les années 1980. Les événements de l'Europe de l'Est et de R.D.A., en particulier en 1989, menèrent à la chute du mur le 9 novembre 1989, et à la réouverture de la frontière. Cet événement demeure un des principaux symboles de la libéralisation à l'Est.

Le traité de réunification de l'Allemagne, effectif depuis octobre 1990, stipule que Berlin est la capitale de l'Allemagne. Cependant, la répartition des différentes administrations définitivement fixée, leur transfert, décidé en juin 1991, prendra quelques années.

Bien que longtemps enclavée au milieu de l'ex-Allemagne de l'Est, et malgré les problèmes de communications, Berlin-Ouest était une ville vivante, servant de vitrine du système capitaliste. Totalement reconstruite après la Seconde Guerre mondiale, Berlin abrite aujourd'hui toutes sortes d'industries (chimiques, mécaniques, machines-outils, électriques et électroniques, textiles, alimentaires...).

La présence du « mur de la honte », avec son espace dégagé de tout immeuble et miné, surveillé en permanence par les Vopos, donnait à la ville une certaine allure de camp retranché. À l'Est, la plupart des monuments de l'avenue Unter der Linden — dont les superbes tilleuls ont été coupés sous le régime hitlérien — ont été restaurés (Opéra, Galerie nationale, musée de Pergame — possédant des trésors de la Grèce classique, tel l'autel de Zeus — et l'université Humbolt). À l'Ouest, à proximité du Tiergarten, un ancien parc royal de 255 ha, près du mur, se trouve le Reichstag, ancien Parlement incendié en 1933 après l'arrivée d'Hitler au pouvoir. Le Kurfürstendamm, décrit par le romancier américain Thomas Wolfe (1900-1938) comme le plus grand café d'Europe, constitue le cœur de la ville avec ses nombreuses boutiques.

La première autoroute du monde, Avus Autobahn, ouverte en 1921, est toujours en service. Presque accolée au mur, la porte de Brandebourg, arc de triomphe en partie restauré, érigé au XVIIIe s., reste le symbole de l'Allemagne retrouvée (avant la Seconde Guerre mondiale comme aujourd'hui). Quand au mur, tristement célèbre, il a disparu.

Par ses nombreux musées, théâtres, opéras, Berlin est un très important centre culturel. Berlin constitue un Land de 883 km^2.
Population 3 433 700
Carte Allemagne Eb

Bermudes, ***océan Atlantique*** Groupe de 150 petites îles, dont 20 seulement sont habitées, situé dans l'Atlantique O., à 920 km à l'E. du cap Hatteras, le point le plus proche sur la côte nord-américaine. La plus grande, la Grande Bermude (21 km de long), où se trouve la capitale, Hamilton, est reliée aux autres îles par des ponts. Leur superficie totale est de 53 km^2.

Découvertes inhabitées en 1503 par l'Espagnol Juan Bermúdez, elles furent colonisées à partir de 1609 par des Britanniques. En 1684, la Couronne britannique en prit possession. La nouvelle Constitution, adoptée en 1968, fait des Bermudes un État autonome possédant l'un des plus vieux parlements du Commonwealth (1620). Plus de la moitié des habitants descendent d'esclaves africains, amenés dans les îles jusqu'à l'abolition de l'esclavage, en 1834.

Ces îles aux collines calcaires sont en fait l'émergence d'anciens volcans sous-marins. Grâce à leur climat, réchauffé par le Gulf Stream, et à la proximité des États-Unis, une florissante industrie touristique s'est développée. Mais les bases navales et aériennes américaines des îles, louées pour 99 ans en 1941, leur procurent également d'importants revenus. Les banques et les organismes financiers étrangers qui y sont installés bénéficient de faibles taux d'imposition.
Population 55 000
Carte Atlantique (océan) Bc

Berne, ***Suisse*** 1. Ville bâtie sur un étroit promontoire dans les gorges de l'Aar, siège des autorités fédérales (elle n'a pas le titre de capitale). Bien qu'elle ait été fondée au XIIe s., la vieille ville possède surtout des immeubles du XVIIIe s. Du XVe s., il reste cependant l'église abbatiale, la tour de l'Horloge, des arcades et des fontaines, et la fameuse fosse près de l'Aar où les ours distraient les touristes. Cet animal est l'emblème de Berne, dont le nom vient du mot allemand *Bär*, qui signifie « ours ».

2. Canton (6 050 km^2), qui produit surtout des céréales, des pommes de terre et de la betterave à sucre, et pratique l'élevage laitier. Industries principales : constructions métalliques, horlogerie. Tourisme (Oberland, lac de Bienne). La population du canton est en majorité protestante et germanophone. En 1978 fut extrait du canton de Berne celui du Jura.
Population (ville) 150 000 ; (canton) 926 900
Carte Suisse Aa

Berre (étang de), ***France*** Situé dans les Bouches-du-Rhône, tout proche de Marseille, cet étang peu profond (moins de 9 m), de 155 km^2 et de 75 km de tour, est relié au golfe de Fos par le canal de Caronte. Les industries qui se sont installées sur ses rives en font un très important complexe industriel (raffineries de pétrole, industries pétrochimiques, sidérurgie, constructions mécaniques).
Carte France Fe

Berry, ***France*** Ancienne province située au N. du Massif central, correspondant aux départements du Cher et de l'Indre. Gaulois (pays des Bituriges Cubi), puis romain, le Berry devint un comté indépendant au VIIIe s. Il connut une époque fastueuse sous le duc Jean de Berry (1340-1416), fils du roi de France Jean II le Bon. À sa mort, le Berry retourna à la couronne de France.

Pays de plateaux et de collines (Sancerrois), arrosé par le Cher, l'Indre et la Creuse, c'est l'un des plus vieux terroirs agricoles de France (blé, fourrage, vignoble, fruits, élevage bovin et caprin). Bourges en est la ville principale.
Carte France Ec

Besançon, ***France*** À 75 km à l'E. de Dijon, cette ville fortifiée, fondée à l'âge du fer dans un méandre du Doubs, sur les flancs du Jura, est la préfecture du Doubs et la capitale de la Franche-Comté. La massive citadelle, édifiée par Vauban (1674), défendait l'est de la France. Outre quelques vestiges romains (Porte Noire, square archéologique), on peut aussi voir de nombreux musées (palais Granvelle, musée des Beaux-Arts). Un festival international de musique a lieu au mois de septembre. La ville a vu naître Victor Hugo, Charles Nodier, Pierre-Joseph Proudhon, les frères Lumière et Tristan Bernard. Industries textiles (c'est à Besançon qu'a été découverte la rayonne) et horlogère sont les principales activités.
Population 123 000
Carte France Gc

Beskides, ***Slovaquie/Pologne*** Ensemble montagneux formant l'arc extérieur des Carpates, le long de la frontière polono-slovaque, et culminant à Babia Gora (1 725 m), à cheval sur la frontière. Les Pieniny, chaîne calcaire boisée, au N. de Zakopane, culminent à 982 m aux Trois-Couronnes (Trzy Korony). Ils sont traversés par les gorges de la Dunajec. Un parc national a été créé des deux côtés de la frontière. Le tourisme s'est développé depuis une vingtaine d'années avec la construction d'une route circulaire de 137 km, le « Nœud des Beskides », qui part de Lesko, en Pologne.
Carte Slovaquie Db ; Pologne Dd

Beskra, ***Algérie*** Voir BISKRA

Bessarabie Voir MOLDAVIE

Beth Shearim, ***Israël*** Site archéologique de Galilée, à 15 km à l'O. de Nazareth. Restes d'une synagogue du IIe s. et de catacombes du IIIe s.. Sous les Romains, la ville fut le siège du Sanhédrin (cour de justice juive) après la destruction du temple de Jérusalem, en l'an 70 de notre ère.
Carte Israël Ba

Bethléem, en araméen **Bayt Lahm,** ***Israël-Cisjordanie occupée*** Ville à 8 km au S.-O. de Jérusalem, sur une colline au milieu d'une contrée verte et fertile, tournée vers la mer Morte. Pour les chrétiens, Bethléem est le lieu de naissance de Jésus-Christ. De ce fait, la ville est devenue un important centre de pèlerinage.

C'est de cette petite ville de Judée que le roi David commença la conquête des terres qui devaient former plus tard le royaume d'Israël, faisant de Jérusalem la capitale et le centre religieux du nouvel État. Bethléem a décliné, oubliée de tous sauf de ceux qui y espèrent la venue du Messie. L'endroit fut profané par l'empereur romain Hadrien, qui fit planter à proximité un bosquet consacré au dieu Adonis. L'empereur byzantin Constantin, chrétien, supprima le bosquet païen en 315 et construisit à la place la basilique de la Nativité. L'église, remaniée au VIe s., est aujourd'hui desservie par des moines d'ordres latins, grecs et arméniens. Jésus serait né dans la grotte que surmonte l'église.
Population 30 000
Carte Jordanie Ab

Béthune, ***France*** Sous-préfecture du Pas-de-Calais et port fluvial au cœur d'une plaine fertile, à 27 km au N.-O. d'Arras. La vieille ville, détruite pendant la Première Guerre mondiale, a été reconstruite (Grand-Place, avec beffroi du XIVe s.). Industries principales : chimiques, plastiques, pneumatiques.
Population (ville) 33 300 ; (aggl.) 260 000
Carte France Ea

Beyrouth, ***Liban*** Capitale et port principal du pays, sur la petite rivière de Beyrouth, adossée à la chaîne du Liban. La ville contrôle les voies de communication routières et ferroviaires de la côte, ainsi que celles de l'Est, vers la Syrie et Damas.

Fondée par les Phéniciens aux environs du XIVe s. av. J.-C., Beyrouth devint un important centre de commerce pour les Grecs et les Romains, connu également pour son enseignement (ruines d'une école romaine de droit). Cette tradition se poursuit dans ses quatre universités : université libanaise, université arabe, américaine et Saint-Joseph. Prise à l'époque des croisades par le sultan Saladin (1138-1193), puis par les Turcs Ottomans au XVIe s., elle devint française en 1918 et, en 1920, la capitale du nouvel État du Liban.

Beyrouth dut sa prospérité à sa position de centre financier et commercial du Moyen-Orient. Mais, depuis 1975, le conflit libanais a largement fait péricliter ces activités — une grande partie de la cité a été détruite et les combats continuels opposant les factions rivales, tant à l'Ouest musulman qu'à l'Est chrétien ont nui au commerce et au tourisme. L'insécurité était grande dans toute la ville, notamment pour les Occidentaux, dont certains furent enlevés et gardés en otages pendant de longues années parfois. Il en reste malheureusement encore.

Malgré cela, Beyrouth a conservé son statut de port franc et possède toujours un marché libre de l'or, de l'argent et des devises. Il semble que depuis les accords de Taëf en 1989, puis la chute du général Aoun et la réunification du Grand-Beyrouth en 1990, la ville doive retrouver à la fois le calme et un peu de sa prospérité d'antan. De par sa situation géographique, elle permet, entre décembre et mars, d'aller skier le matin dans les montagnes proches et de se baigner dans la Méditerranée l'après-midi.
Population 1 500 000
Carte Liban Ab

Béziers, ***France*** Sous-préfecture de l'Hérault, bâtie sur une colline au-dessus de l'Orb, à 60 km au S.-O. de Montpellier, c'est le centre du commerce des vins du Languedoc. La massive église Saint-Nazaire, autrefois cathédrale fortifiée (XIIIe-XIVe s.), domine la ville. La plupart des activités de Béziers sont liées au vin.
Population 70 800
Carte France Ee

Bhadgaon ou **Bhatgaon,** ***Népal*** Ville à 16 km à l'E. de Katmandou. La plupart des maisons de bois et de brique datent du Moyen Âge et sont sculptées de dieux et d'animaux. Nombreux temples et monastères bouddhistes, musée de peintures népalaises. La ville est célèbre pour ses poteries.
Population 40 100
Carte Népal Ba

Bhairab Bazaar, ***Bangladesh*** Ville construite près d'un gué de la Meghna. Le pont du Roi George VI, qui porte la voie ferrée Dhaka-Chittagong, est l'un des deux grands ponts du pays, l'autre étant le Hardinge.
Population 63 700
Carte Bangladesh Cb

Bhakra (barrage de), ***Inde*** Barrage sur la Sutlej au pied de l'Himalaya, à 205 km à l'E. d'Amritsar. Achevé en 1963, de 226 m de haut et 518 m de long, il fait partie du projet d'alimentation en eau du canal de Rajasthan, le plus long canal d'irrigation du monde, qui arrose le désert de Thar. Le barrage hydroélectrique de Nangal a été achevé en 1952.
Carte Inde Bb

Bhamo, ***Birmanie*** À 30 km de la frontière chinoise, sur l'Irrawaddy, au N.-E. du pays. Point extrême de la navigation sur le fleuve, Bhamo est un centre important d'échanges avec la Chine, grâce à la route de Birmanie, construite dans les années 1930.
Population 65 000
Carte Birmanie Cb

Bhilai, ***Inde*** Ville du Madhya Pradesh (Inde centrale), à 210 km à l'E. de Nagpur. Ses vastes usines sidérurgiques, les plus importantes du pays, furent construites avec l'aide des Soviétiques dans les années 1950.
Population 390 000
Carte Inde Cc

Bhopal, ***Inde*** Capitale de l'ancien royaume du même nom jusqu'en 1956, aujourd'hui de l'État de Madhya Pradesh, à 300 km au N.-O. de Nagpur. Le palais princier, sur le lac Nawab, est une attraction. Ville industrielle (matériel électrique lourd, chimie), Bhopal connut en décembre 1984 le plus grave accident chimique du monde ; près de 3 000 personnes périrent et 300 000 furent affectées par une fuite de gaz mortel à l'Union Carbide.
Population 1 065 000
Carte Inde Bc

Bhoutan Voir p. ci-contre.

Bhubaneshwar, ***Inde*** Capitale de l'État d'Orissa et ville de pèlerinage, à 320 km au S.-O. de Calcutta. Elle possède près de cinq cents temples hindous, dont le Grand Temple de Parashurameshwar (VIIe s.) où se trouve une statue du dieu Çiva, le Seigneur de l'Univers, baignée quotidiennement d'eau, de lait et de *bhang* (un dérivé de la marijuana).
Population 412 000
Carte Inde Dc

Bhumipol (barrage de), ***Thaïlande*** Premier barrage du pays (1964) sur la Ping, il fournit de l'électricité (550 mégawatts) et de l'eau pour l'irrigation.
Carte Thaïlande Ab

Biafra, ***Nigeria*** Voir IBO (pays)

Biala Podlaska, ***Pologne*** Ville à 145 km à l'E. de Varsovie et à 40 km de la frontière biélorusse. Elle possède de belles demeures gothiques et baroques, datant des XVIe et XVIIe s., époque où, appartenant à la puissante famille Radziwill, elle prospéra grâce à la fabrication de tapis, de vêtements et de verre.
Population 50 000
Carte Pologne Eb

Bialowieza, ***Pologne/Biélorussie*** Forêt située sur la frontière biélorusso-polonaise (580 km^2 en Pologne et 700 km^2 en Biélorussie), à l'E. de Varsovie, devenue parc national en 1921. Bisons européens, élans, poneys sauvages, cerfs, sangliers et lynx y vivent au milieu de chênes, de sapins, de pins, d'épicéas et de charmes de plus de 40 m de hauteur.
Carte Pologne Eb

Bialystock, ***Pologne*** Ville de filatures du N.-E. de la Pologne à 55 km de la frontière biélorusse, dans la vieille province de Podlasie. On y voit le « Versailles de Podlasie », palais du XVIIIe s. construit par la famille Branicki à l'imitation du château de Versailles. Patrie de L. Zamenhof (1859-1917), créateur de l'espéranto.
Population 260 000
Carte Pologne Ab

Biarritz, ***France*** Port de pêche et station balnéaire réputée, sur le golfe de Gascogne, à 8 km au S.-O. de Bayonne. Lancée par l'impératrice Eugénie en 1854, c'est aussi une station climatique, avec de grandes plages, le célèbre rocher de la Vierge et le musée de la Mer.
Population 28 700
Carte France Ce

Bhoutan

LE ROI DRAGON RÈGNE SUR UN PAYS PERDU DANS LES MONTAGNES, QUE PEU D'ÉTRANGERS PEUVENT VISITER

D'après les critères habituels de nos civilisations soi-disant avancées, les populations du Bhoutan sont parmi les plus pauvres de la terre. Mais on ne meurt pas de faim dans leur pays reculé de l'Himalaya ; il n'y a pas de chômage, pas de mendicité, à peu près pas de crimes. Elles se méfient de la richesse à cause des dégâts qu'elle pourrait causer à leurs traditions culturelles.

Bien que la monnaie existe au Bhoutan — des pièces d'argent jusqu'à la récente introduction de billets —, la plupart des échanges sont fondés sur le troc.

Le Bhoutan, le pays du Dragon, se développe depuis les collines du piémont couvertes de jungle que longe le Brahmapoutre jusqu'aux pentes méridionales neigeuses de l'Himalaya. Les altitudes varient entre 2 000 et 7 500 m. Un État existe depuis le xe s., mais, en dehors de conflits pour la défense du territoire, il a eu peu de contacts avec l'extérieur. Par bien des aspects, le Bhoutan est resté enfermé dans le Moyen Âge.

Dans ce pays de 1,4 million d'habitants, on compte 1 300 monastères fortifiés, les dzongs, qui le dominent comme autrefois les châteaux forts en Europe. La plupart des habitants sont bouddhistes, bien que des croyances païennes influencent leur religion. Les fils les mieux doués sont envoyés pour vivre dans les dzongs, parfois dès l'âge de trois ans, et deviennent moines. Au cours de fêtes pleines de couleurs, des danseurs masqués miment des récits légendaires où des héros bouddhistes écrasent les forces du mal.

Les moines ont gouverné le pays jusqu'en 1907, date de leur remplacement par un monarque absolu, le Roi Dragon. Le souverain actuel, le jeune Jigme Singye Wangchuk, suit les coutumes royales, rendant la justice et donnant même des conseils matrimoniaux à tous les porteurs de suppliques.

Le roi entrouvre lentement la porte sur le pays et permet au monde extérieur de commencer à l'apercevoir. Un contingent de touristes limité à 1 500 par an est admis, et un nouveau sommet rendu accessible aux grimpeurs tous les deux ans, à condition qu'ils n'utilisent pas de porteurs bhoutanais. Ces quelques touristes et la vente de timbres fournissent l'essentiel des ressources en monnaie étrangère. On a commencé à exploiter le potentiel hydro-électrique (barrage de Chuka) pour vendre du courant à l'Inde. On envisage aussi de l'utiliser pour développer quelques industries exportatrices.

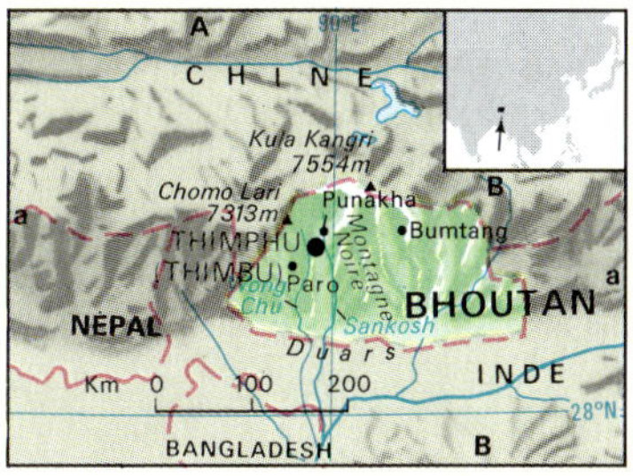

95 % des Bhoutanais vivent de l'agriculture. Sur les hauts pâturages, les yacks fournissent lait, fromage, viande, poils (utilisés pour faire des cordes, servant à construire de nombreux ponts). Plus bas poussent les pommes de terre, le blé, l'orge ; plus bas encore, le riz. Mais 9 % seulement du pays sont cultivés, 70 % restant couverts de forêts. Les besoins de défrichement sont limités, notamment parce que beaucoup de jeunes gens deviennent moines. C'est pourquoi les montagnes du Bhoutan ne sont pas exposées à l'érosion du sol, comme c'est le cas ailleurs dans l'Himalaya.

LE BHOUTAN EN BREF
Superficie 47 000 km²
Population 1 400 000
Capitale Thimphu
Régime Monarchie constitutionnelle
Monnaie Ngultrum (papier), tikehung (argent), roupie indienne
Langues Dzongkha, nepali, anglais (trois langues officielles)
Religions Bouddhistes (70 %), hindous (20 %), musulmans (5 %)
Climat Tempéré ; température moyenne à Thimphu : de 4 °C en janvier à 17 °C en juillet
Ressources Riz, millet, blé, orge, maïs, pommes de terre, oranges, pommes, cardamome, bois, yacks ; dolomie (calcaire), charbon
Activités Agriculture, sylviculture, mines, artisanat
Exportations Timbres-poste, riz, dolomies, produits artisanaux, fruits, charbon
P.N.B. annuel par habitant 170 dollars
Croissance démographique 20 ‰ par an
Espérance de vie Hommes 50 ans, femmes 49

Bichkek, ***Kirghizistan*** Capitale du pays, au pied de monts enneigés (4 400 m), appelée de 1926 à 1991 du nom de Mikhail Frounzé (1885-1925), commandant de l'armée rouge, qui y est né. Industries alimentaires, textiles, électriques, machines agricoles. Université, Académie des sciences, musées. Nombreux parcs.

Population 631 300

Carte Kirghizistan Ba

Bicol, ***Philippines*** Péninsule montagneuse du S.-E. de Luçon (volcans en activité), qui connut jusqu'à ces dernières années un développement économique lent, en raison de son isolement et du peu de voies de communication. Elle produit néanmoins depuis longtemps du coprah et du chanvre de Manille, et possède d'importants gisements de cuivre, plomb et zinc.

Les villes principales sont Legazpi, chef-lieu de la province d'Albay au S.-E., et Naga, chef-lieu des Camarines Sur au N.-E. Naga fut une des premières colonies espagnoles des Philippines (cathédrale). Larap (Camarines Norte) est le plus grand centre de traitement du minerai de fer des Philippines. À Tiwi (45 km au N. de Legazpi), centrale géothermique et sources thermales.

Carte Philippines Bc

Bidar, ***Inde*** Ville fortifiée au N. de l'État du Karnataka, qui fut capitale du royaume musulman de Bidar aux xve et xvie s. Artisanat réputé : objets de métal incrustés d'or et d'argent.

Population 109 000

Carte Inde Bd

Bielefeld, ***Allemagne*** Grand centre industriel à 90 km au S.-O. de Hanovre : industries textiles, mécaniques, chimiques et alimentaires.

Population 310 000

Carte Allemagne Cb

Biélorussie Voir p. 104

Bielsko-Biala, ***Pologne*** Ville industrielle du Sud, au pied des Carpates, à 42 km au S. de Katowice. Industries textiles (laine) de haute qualité et mécaniques (équipement pour l'industrie textile, moteurs de voiture pour Polski Fiat, appareils électriques).

Population 178 000

Carte Pologne Cd

Bienne, en all. **Biel,** ***Suisse*** Ville du canton de Berne, au bord du lac auquel elle a donné son nom et sur la frontière linguistique séparant la Suisse romande de l'alémanique. La vieille ville a conservé son caractère médiéval. Principales industries : horlogerie, machines-outils. Le lac (39,2 km²) présente sur sa rive O. de beaux paysages de vignobles. J.-J. Rousseau séjourna, en 1765, dans l'île Saint-Pierre, qui lui inspira les *Rêveries du promeneur solitaire*.

Population 53 000

Carte Suisse Aa

Big Bend National Park, ***États-Unis*** Dans un des coudes du rio Grande, à la frontière du Mexique, région du Texas de 2 866 km² qui offre au visiteur montagnes, déserts et canyons.

Carte États-Unis Fe

Bigorre, ***France*** Région du Sud-Ouest correspondant au département des Hautes-Pyrénées. Comté dès le ixe s., et l'un des principaux fiefs de Gascogne, elle passa au xve s. aux comtes de Foix, puis à la maison d'Albret ; Henri IV, héritier de cette maison par sa mère, Jeanne d'Albret, la rattacha à la France en 1607.

Bihar, ***Inde*** État du Nord-Est (173 877 km²). Bien que riche en minéraux (charbon, fer, cuivre, etc.) et en ressources hydrauliques, et pourvu de centres industriels récents (sidérurgie à Jamshedpur notamment), l'État est l'un des plus pauvres de l'Union indienne. C'est aussi l'un des plus peuplés ; on compte dans sa moitié S., qui englobe une part de la plaine du Gange, de 400 à 600 habitants au kilomètre carré. Les rendements de l'agriculture (riz, blé, maïs) ne sont pas à la mesure d'une telle densité. L'État connaît une importante agitation agraire et d'épisodiques disettes. Villes principales : Patna (capitale), Gaya, Ranchi, Bihar Sharif (lieu de pèlerinage musulman).

Population 86 375 000

Carte Inde Dc

Bijapur, ***Inde*** Ville du Deccan, à 380 km au S.-E. de Bombay. Capitale d'un royaume musulman de 1489 à 1686. Nombreux forts, mausolées et belles mosquées. Le tombeau de Gol Gumbad est célèbre pour son dôme central, l'un des plus grands du monde (38 m de diamètre ; coupole de Saint-Pierre-de-Rome : 42 m).

Population 187 000

Carte Inde Bd

Bikini, ***îles Marshall*** Atoll à 750 km au N.-O. de Majuro où, entre 1946 et 1962, les États-Unis expérimentèrent 23 armes atomiques, dont la première bombe H.
Carte Pacifique océan Db

Bilbao, ***Espagne*** Capitale de la province basque de Biscaye. Port au fond de l'estuaire du rio Nervión, à 11 km de l'océan Atlantique. L'un des plus importants centres industriels espagnols : sidérurgie, métallurgie lourde (constructions mécaniques, matériel ferroviaire, chantiers navals), industrie chimique et pétrochimie, verrerie, cimenterie. Le port n'a cessé de s'étendre vers le N. et la côte. Les vieux quartiers sur la rive droite du Nervión témoignent de la prospérité de la ville aux XVe et XVIIIe s. Bilbao fut l'un des hauts lieux de la résistance des troupes républicaines lors de la guerre civile.
Population (ville) 372 100 ; (aggl.) 985 000
Carte Espagne Da

Billings, ***États-Unis*** Ville du Montana, sur la rivière Yellowstone, à 85 km au N. de la frontière du Wyoming. Centre commercial ; industries alimentaires.
Population (ville) 81 200 ; (aggl.) 114 000
Carte États-Unis Ea

Billund, ***Danemark*** Voir VEJLE

Binche, ***Belgique*** Ville de la province du Hainaut, à 16 km à l'E. de Mons, célèbre pour ses remparts bien conservés (XIIIe-XIVe s.) et son carnaval du Mardi gras (Gilles de Binche).
Population 9 500
Carte Belgique

Binga (mont), ***Mozambique*** Voir CHIMOIO

Bingerville, ***Côte-d'Ivoire*** Ville de style colonial dominant la lagune Ébrié, à 16 km d'Abidjan, qui fut la capitale de la Côte-d'Ivoire de 1900 à 1934. Elle tient son nom du premier gouverneur général français du pays, Louis Binger. Jardins botaniques et centre de recherche agricole.
Population 20 000
Carte Côte-d'Ivoire Bb

Bintan ou **Bintang,** ***Indonésie*** Île de l'archipel des Riau, au S.-E. de Singapour (1 075 km^2). Importants gisements de bauxite.
Carte Indonésie Bb

Bintulu, ***Malaysia*** Port sur la côte de Sarawak, à 350 km au N.-E. de Kuching. Industrie pétrochimique de transformation du gaz naturel provenant des gisements off shore de Luconia.
Population 59 000
Carte Malaysia Db

Bíobío, ***Chili*** 1. Le plus grand fleuve du pays (380 km). Né dans les Andes au centre du Chili, près de la frontière argentine, il coule du S. vers le N.-O. et se jette dans le Pacifique près de Concepción. Il constitue une division naturelle entre le Chili central et austral. Centrales hydroélectriques sur les affluents supérieurs.

2. Région centrale du Chili (36 939 km^2) fortement industrialisée autour d'Arauco et de Concepción (mines de charbon à Lota, Lebu et Coronel ; aciérie à Huachipato).

Près de Los Angeles, dans les contreforts des Andes, région d'une extraordinaire beauté naturelle : lac de Laja, rivières, cascades, volcans d'Antuco, de Tolhuaca et de Copahue (2 969 m).
Population 1 730 000
Carte Chili Ac

Bioko, anc. **Fernando Poo,** ***Guinée-Équatoriale*** Île volcanique de 2 017 km^2, dans le golfe de Guinée. Rattachée à la Guinée espagnole en 1904, l'île fait aujourd'hui partie de la Guinée-Équatoriale indépendante depuis 1968. Capitale : Malabo. Production de cacao, bananes, café, sucre ; exploitation forestière, palmiers.
Population 70 000
Carte Guinée-Équatoriale Aa

Biratnagar, ***Népal*** Ville du Sud-Est proche de la frontière du Bihar (Inde), à 120 km au S.-O. de Darjeeling. Industries chimiques et textiles (jute), sucrerie ; l'un des centres du commerce clandestin avec l'Inde.
Population 90 000
Carte Népal Ba

Birim (vallée du), ***Ghana*** Gisement de diamants à 80 km à l'O. de l'extrémité S. du lac Volta ; découvert en 1919, il fournit 90 % de la production totale de diamants du Ghana.
Carte Ghana Ab

Birkenau, ***Pologne*** Voir AUSCHWITZ

Birmanie Voir p. 106-107

Birmingham, ***États-Unis*** Principale ville de l'Alabama, au centre de l'État, dans une vallée des contreforts des Appalaches, qui connut un rapide développement pendant la guerre civile

Biélorussie

UN PAYS PLAT BALLOTTÉ PAR L'HISTOIRE ET QUI EST AUJOURD'HUI À LA RECHERCHE D'UNE CERTAINE IDENTITÉ

Peuplée au Ve s. par des Slaves orientaux, la région fit partie du premier État russe, la principauté de Kiev (862). C'est au XIIIe s. que le pays, appelé Russie Blanche — le blanc étant chez les Slaves le symbole de l'Occident —, est rattaché à la grande Lituanie. Cette période voit apparaître le particularisme culturel des Biélorusses, leur langue se différencie de celles des Russes et des Ukrainiens (respectivement le russe et le petit-russe). À partir de 1385, la Biélorussie appartient à la Pologne. Le dépeçage de celle-ci, en 1772, l'attribue à la Russie, qui lui impose sa culture. Proclamée indépendante par les bolcheviks en 1919, elle adhère à la nouvelle U.R.S.S. en 1922.

Les territoires perdus en 1921 au profit de la Pologne seront récupérés en 1945, mais ceux cédés alors à la Lituanie par Staline font aujourd'hui l'objet de revendications de la part des autorités de Minsk. L'occupation allemande (1941-1944), la dure répression qu'elle entraîna et les combats meurtriers (plus de 2 millions de victimes) valurent à la Biélorussie de disposer d'un siège de membre fondateur de l'O.N.U. (comme l'Ukraine).

Depuis son indépendance, en décembre 1991, la Biélorussie, qui a repris son nom de Belarus, était dirigée par Stanislas Chouchtkevitch, ancien spécialiste de physique nucléaire. Mais, en juillet 1994, les élections ont porté à la présidence Alexandre Loukochenko, un populiste qui ne rassure ni les nationalistes ni le puissant voisin russe.

UNE ÉCONOMIE DYNAMIQUE

Immense dépression marécageuse de plus de 20 000 cours d'eau, dont les canaux de liaison entre le Dniepr d'une part, le Bug, la Vistule et le Niémen d'autre part, et 11 000 lacs (dont le lac Narotch de 80 km^2), ce pays plat — il culmine au mont Chauve à 346 m —, couvert de forêts (1/3 du territoire), manque cruellement de terres.

La catastrophe de Tchernobyl, qui se trouve situé juste de l'autre côté de la frontière ukrainienne, a rendu inutilisables 20 % des terres et en a contaminé 30 % à divers degrés. De plus, l'armée ex-soviétique occupe encore 500 000 ha.

Les autorités biélorusses souhaitent tout à la fois réduire l'arsenal et les effectifs militaires, comme elles ont su renoncer au nucléaire (armements transférés en Russie) et récupérer des terres pour développer une agriculture dont les rendements sont plus qu'honorables au regard du contexte soviétique.

L'agriculture occupe près du tiers de la population. Lin, pommes de terre, tabac, pommes et plantes médicinales sont les premières cultures. L'élevage, quant à lui, fournit de la viande, du lait, des graisses animales et du cuir.

Le sous-sol est pauvre, en dehors de la potasse, qui fournit des engrais (le pays en est le premier producteur en Europe), de la tourbe et d'un peu de pétrole. Mais l'industrie est performante, le pays étant notamment le premier de l'ex-U.R.S.S. en matière de matériel informatique. La construction mécanique, les industries alimentaires, du bois, du bâtiment et du textile représentent une part importante du potentiel industriel.

Le grand défi des années à venir sera sans doute de réussir la reconversion des industries d'armement. En outre, une importante coopération avec la Pologne se développe (plus de 400 000 Polonais vivent en Biélorussie). Enfin, le pays s'est récemment ouvert au tourisme.

LA BIÉLORUSSIE EN BREF
Carte Ukraine BCab
Superficie 207 600 km^2
Population 10 321 000
Capitale Minsk
Régime République parlementaire
Monnaie Rubel
Langue Biélorusse (apparenté au russe, à l'ukrainien et au polonais)
Religions Chrétiens orthodoxes, juifs (9 %)
Climat Continental humide ; températures moyennes de − 4 à − 8 °C en janvier et de 17 à 19 °C en juillet
Ressources Céréales, oléagineux, pommes de terre, lin, bois ; tourbe, potasse
Activités Agriculture, sylviculture, élevage, industries pétrolière, mécanique, informatique
Exportations Potasse, matériel informatique
P.N.B. annuel par habitant 2 920 dollars
Croissance démographique 1,7 ‰ par an
Espérance de vie Hommes 66 ans, femmes 76

(1861-1865) avec l'exploitation des gisements de charbon et de fer. Centre sidérurgique, industries textile, chimique. Les Noirs y constituent un fort pourcentage de la population (40 %).
Population (ville) 279 000 ; (aggl.) 895 000
Carte États-Unis Id

Birmingham, ***Royaume-Uni*** Deuxième ville du royaume par sa population, à 180 km au N.-O. de Londres ; ville principale de la conurbation des West Midlands. Elle connut au XIXe s. un essor considérable grâce à la proximité de mines de charbon et de fer. Malgré le déclin de la sidérurgie, elle demeure l'un des principaux centres industriels du pays : production de métaux non ferreux, construction automobile (British Leyland), moteurs d'avion, machines-outils, appareillage électrique, électronique, armes, cycles, caoutchouc synthétique, pneus (Dunlop) et produits alimentaires (Cadbury).
Birmingham est aussi un centre culturel et commercial (universités, Institut de technologie travaillant en étroite relation avec les entreprises, important musée d'art, centre national d'expositions près de l'aéroport).
Population 1 015 000
Carte Royaume-Uni Ed

Birr, ***Irlande*** Bourg datant de Georges V, à 113 km au S.-O. de Dublin. Château des Parsons (XVIIe s.), avec un télescope qui était, à l'époque de sa fabrication en 1845, le plus grand du monde, et des haies de buis vieux de 200 ans et hauts de 9 m (réputés les plus hauts du monde).
Population 3 680
Carte Irlande Cb

Biscaye, en esp. **Vizcaya,** ***Espagne*** L'une des provinces du Pays basque espagnol (2 217 km^2), limitée au N. par le golfe de Gascogne (ou de Biscaye). Relief accidenté. Forêts, mines de fer. Capitale : Bilbao.
Population 1 220 000
Carte Espagne Da

Bisho, ***Afrique du Sud*** Voir CISKEI

Biskra, auj. **Beskra,** ***Algérie*** Oasis, centre administratif et carrefour au S. des Aurès, à 190 km au S.-O. de Constantine. Depuis l'époque romaine, Biskra, alors Vescera, a été un centre touristique prisé : climat favorable, station thermale (Hammam Salahine) aux eaux riches en sulfate de sodium et qui sont les plus chaudes du monde après celles d'Islande. Non loin de la ville, ruines de la cité romaine et dolmens. Immenses palmeraies (dattes).
Population 130 000
Carte Algérie Ba

Biskupin, ***Pologne*** Une des cités lacustres préhistoriques les mieux conservées d'Europe, découverte en 1933 dans la tourbe sur une péninsule du lac Biskupin, à 84 km au N.-E. de Poznan. Le village de forme ovale (40 ha) construit par les Lusaciens, précurseurs des Slaves, date de 550 av. J.-C. Un rempart de terre et de bois (plus de 35 000 piquets) entoure 12 rues construites en bois, le long desquelles se répartissent 105 huttes et ateliers. Musée.
Carte Pologne Bb

Bismarck, ***États-Unis*** Capitale de l'État du Dakota du Nord, sur le Missouri, à 240 km au S. de la frontière canadienne. Centre agro-alimentaire et d'entretien du matériel agricole.
Population (ville) 47 600 ; (aggl.) 86 100
Carte États-Unis Fa

Bismarck (archipel), ***Papouasie-Nouvelle-Guinée*** Ensemble d'îles volcaniques au large des côtes N.-E. de la Nouvelle-Guinée comprenant la Nouvelle-Bretagne, la Nouvelle-Irlande et les îles de l'Amirauté (dont la principale est Manus). Ressources principales : agriculture et pêche. Grandes plantations de cocotiers et cacaoyers. La population est surtout mélanésienne, mais aussi chinoise et européenne. Ville principale : Rabaul, en Nouvelle-Bretagne.
Population 432 000
Carte Papouasie-Nouvelle-Guinée Ba

Bismarck (mer de) Partie du Pacifique, entourée par l'archipel de Bismarck et la Nouvelle-Guinée. L'aviation américaine y remporta une victoire sur les forces navales japonaises en 1943.
Largeur 800 km
Carte Papouasie-Nouvelle-Guinée Ba

Bismarck (mont), ***Papouasie-Nouvelle-Guinée*** Chaîne montagneuse de Nouvelle-Guinée. Point culminant au mont Wilhelm (4 509 m).
Carte Papouasie-Nouvelle-Guinée Ba

Bisotun ou **Béhistoun,** ***Iran*** Ville à l'E. de Bakhtaran. Raffinerie de sucre. À l'extérieur de la ville, un bas-relief, vieux de plus de deux mille ans et sculpté dans une falaise à 60 m au-dessus du sol, commémore le triomphe du roi de Perse Darius Ier (522-486 av. J.-C.) sur ses ennemis. L'inscription en trois langues (persan, akkadien et élamite) qui y figure a permis l'étude de l'écriture babylonienne cunéiforme. En dessous, deux bas-reliefs parthes du IIe s. av. J.-C. et du Ier s. de notre ère.
Carte Iran Aa

Bissau, ***Guinée-Bissau*** Capitale, principal port et centre commercial, sur la rive droite de l'estuaire du Geba. Fondée par les Portugais en 1692 (place militaire et comptoir), la ville devint en 1941 la capitale administrative de la Guinée portugaise, et connut un rapide essor à partir de 1945, grâce à son équipement portuaire. Elle rassemble la plupart des rares industries de transformation du pays et contrôle 85 % du commerce extérieur. Ville pleine d'attraits, Bissau a conservé certains aspects de son passé colonial : avenues bordées d'arbres, promenade sur la mer et fort São José (1693). Important musée des arts traditionnels africains.
Population 109 000
Carte Guinée Aa

Bitola ou **Bitolj,** anc. **Monastir,** ***Macédoine*** Ville à 110 km au S. de Skopje, dans la fertile vallée de Pélagonie. Site stratégique et ville de garnison aux temps de la domination ottomane. Le jeune Kemal Atatürk y fit ses études à l'école des cadets. Les troupes françaises du général Sarrail y défirent les Bulgares en novembre 1916.
Important centre agricole : blé, maïs, betteraves à sucre, tabac, pavot. Industries alimentaires (raffinerie de sucre, brasserie), textiles ; travail artisanal du cuir. Centre touristique : lacs de Préspa, d'Ohrid ; parc national du mont Pelister (forêt de pins laricios, torrents, ours, daims) ; ruines du site antique d'Heraclea Lyncestis (IVe s. av. J.-C).
Population 83 100
Carte Macédoine Ab

bitume Mélange d'hydrocarbures solides ou liquides qu'on trouve dans la nature sous forme d'asphalte (Pitch Lake de l'île de la Trinité) ou de pétrole.

Biu (plateau de), ***Nigeria*** Plateau granitique à 700 m d'altitude, au N.-E. du pays. Plusieurs volcans éteints. Les fermiers y cultivent du millet et des légumes. Élevage de bétail.
Carte Nigeria Ca

Biwa, ***Japon*** Le plus grand lac du pays (675 km^2), dans l'île de Honshu au N.-E. de Kyoto. Ses eaux claires, ses paysages calmes et gracieux en ont fait un haut lieu de l'inspiration poétique nipponne.
Carte Japon Cc

Bizerte, ***Tunisie*** Port et base navale de la côte N., sur le goulet du lac de Bizerte, à l'emplacement d'une des plus anciennes cités puniques (800-700 av. J.-C.). Colonie romaine sous le nom d'Hippo Diarrhytus. La ville fut conquise par les Arabes au VIIe s. Les Espagnols la prirent en 1535. Sous le protectorat français y fut aménagée, dès 1881, une importante base navale. Enjeu de premier plan lors de la Seconde Guerre mondiale, elle fut livrée par Vichy aux Allemands en 1942, puis libérée en 1943 par les Américains. En 1961, cinq ans après l'accession à l'indépendance de la Tunisie, elle fut l'objet d'une intervention des forces françaises et fut finalement évacuée en 1963.
Centre industriel : sidérurgie, raffinage du pétrole, cimenterie.
Population 96 000
Carte Tunisie Ad

Björneborg, ***Finlande*** Voir PORI

Björnøya, ***Norvège.*** Voir OURS (île aux)

Blackburn, ***Royaume-Uni*** Ville du Lancashire, à 32 km au N.-O. de Manchester. Ancien centre de l'industrie textile (cotonnades) ; c'est là que fut mise au point, en 1761, la *spinning jenny*, machine à filer qui transforma cette industrie. Musée du textile.
Population 109 600
Carte Royaume-Uni Dd

Black Country (en français **Pays Noir**), ***Royaume-Uni*** Région industrielle des Midlands, dont le centre est Birmingham et qui doit son nom à la forte concentration de mines de charbon et d'usines. Aujourd'hui, toutefois, du fait des mesures prises pour assainir l'atmosphère et du déclin des industries minières et de la sidérurgie, le paysage s'est un peu égayé, mais il s'en dégage une impression d'abandon.
Carte Royaume-Uni Ed

Black Hills, ***États-Unis*** Collines situées à la frontière du Dakota du Sud et du Wyoming, culminant au Harney Peak (2 207 m). Lieu sacré des Indiens ; des Blancs s'y sont installés vers 1870 quand on y découvrit de l'or, encore exploité aujourd'hui.
Carte États-Unis Fb

Black Mountains, ***Royaume-Uni*** Chaîne montagneuse à la frontière de l'Angleterre et du pays de Galles, comprise entre la vallée de l'Usk et celle de la Wye, culminant à 811 m. Région touristique, promenades à poney.
Carte Royaume-Uni De

Blackpool, ***Royaume-Uni*** La plus grande station balnéaire de Grande-Bretagne, très populaire, sur la côte du comté de Lancashire, à 65 km au N. de Manchester.
Population 147 000
Carte Royaume-Uni Dd

Birmanie

L'ISOLATIONNISME ET UNE VARIÉTÉ RIGIDE DE SOCIALISME ONT RÉDUIT CE PAYS BOUDDHISTE, ENFONCÉ COMME UN COIN ENTRE L'INDE ET LA CHINE, À LA PAUVRETÉ. MAIS DES PROGRÈS SONT SANS DOUTE EN VUE

Annexée par la Grande-Bretagne en 1886 après deux guerres frontalières, la Birmanie (ou Myanmar) devint une province de l'Inde. Elle acquit le statut de colonie de la Couronne avec une assemblée élue, en 1937. Pendant la guerre, des forces birmanes, sous la conduite du général Aung San, combattirent d'abord aux côtés des Japonais, qui leur avaient promis l'indépendance, puis des Britanniques. L'indépendance fut accordée en 1948, mais Aung San fut assassiné avant d'avoir pu être Premier ministre. La Birmanie quitta le Commonwealth ; une dictature militaire suivit en 1962, un système à parti unique en 1974.

Ce parti est le parti birman du programme socialiste, dirigé jusqu'en 1981 par Ne Win. La combinaison de socialisme, de bouddhisme et d'isolationnisme qui fonde la politique de ce parti a fait de la Birmanie l'un des dix pays les plus pauvres du monde. Cela malgré des richesses naturelles en forêts de teck (le pays possède 75 % environ des réserves mondiales de ce bois), charbon, pétrole, gaz, fer, étain, tungstène, zinc, plomb, nickel, rubis, saphirs et émeraudes. Des contrôles économiques rigides ont créé de graves pénuries de toutes sortes, et fait proliférer le marché noir. Depuis que Ne Win a cédé la place à San Yu, une politique plus libérale a été graduellement adoptée, l'aide étrangère et les investissements ont été encouragés. En conséquence, la croissance économique s'est accélérée, avec une augmentation du produit national brut de 6 à 7 % par an. Mais pénurie et marché noir n'ont pas disparu. Le trafic de l'opium est un problème majeur, et le gouvernement doit combattre des groupes rebelles qui contrôlent le tiers du pays.

UN CROISSANT MONTAGNEUX

La Birmanie, avec ses 676 000 km², est le second pays de l'Asie du Sud-Est en superficie, après l'Indonésie. Le cœur du pays est la vallée de l'Irrawaddy, région d'origine des Birmans qui forment les deux tiers des 41 millions d'habitants. Des populations tribales vivent dans les collines bordières d'un croissant montagneux géant qui forme une barrière entre la Birmanie et ses voisins.

L'Irrawaddy, long de 2 010 km, coule vers le S. à travers des gorges semées de rapides, jusqu'à Mandalay puis Rangoon, la capitale. Son delta, encore en progression dans la mer d'Andaman, fournit des terres basses et marécageuses, idéales pour la culture du riz. Jusqu'en 1964, la Birmanie était le premier exportateur mondial de riz, et le riz constitue encore la moitié des exportations du pays. Avec le poisson salé, il fournit la base de l'alimentation.

En amont du delta, la vallée est abritée de la mousson par les bordures montagneuses, et, dans cette « zone sèche », les champs de coton, de sésame et de légumineuses alternent avec des rivières irriguées, notamment autour de Mandalay. À Kyaukse, un système d'irrigation établi il y a neuf cents ans par le roi Anawratha, conquérant du delta, est toujours en usage. Ce roi établit sa capitale, Pagan, dans la « zone sèche » au XIe s. C'est la dynastie de Pagan qui introduisit le bouddhisme en Birmanie. Pagan se couvrit alors de temples et de pagodes. En 1550, les Birmans avaient pris le contrôle du pays actuel, et en 1850 ils avaient étendu leur influence en Assam et en Thaïlande. Le dernier des rois birmans, Thibaw, fut déposé par les Britanniques en 1885.

La « zone sèche » fut aussi le foyer de la compagnie Burmah Oil, grâce aux champs pétrolifères qui firent un temps de la Birmanie le second producteur de pétrole de l'Empire britannique. Leurs ressources sont suffisantes aujourd'hui pour les besoins du pays en pétrole et en gaz. Au nord du confluent de la Chindwin et de l'Irrawaddy, près de Mandalay, se trouvent les principaux gisements de pierres précieuses du pays.

Des arbres couvrent près des deux tiers de la Birmanie : en plus des forêts de teck, il y a des plantations d'hévéas, de palmiers à huile, et d'autres arbres utiles. Au N., les montagnes atteignent 5 881 m au Hkakabo Razi, et de puissantes rivières comme l'Irrawaddy et la Chindwin y creusent leurs profondes gorges torrentielles. À l'O., les monts Chin et Naga (3 800 m) bordent la côte d'Arakan, le long du golfe du Bengale.

À l'E., les montagnes entre Birmanie et Thaïlande dépassent 3 000 m, s'élargissant au N. pour former le plateau Shan. Il n'est toujours pas possible de traverser ces montagnes autrement qu'à pied ou à dos de mulet ou d'éléphant ; le tristement célèbre Chemin de fer de la mort, construit à travers le col des

LA « VILLE AUX MILLE TEMPLES ». Des temples bouddhistes entourent l'antique capitale de Pagan, fondée en 849.
La ville, jadis centre essentiel du bouddhisme, ne se remit jamais de sa mise à sac par les Mongols en 1287.

Trois Pagodes par des prisonniers de guerre des Japonais, a été abandonné.

Rangoon, avec son agglomération, a une population de 4 millions d'habitants. En arrivant en avion, on aperçoit le reflet du soleil sur le globe doré de la grande pagode de Shwe Dagon, haute de plus de 100 m. Outre un nombre incalculable de monastères et de temples, Rangoon s'enorgueillit de posséder la plus grande statue de Bouddha couché du monde (78 m de long).

Au-delà de Rangoon, la route de Mandalay est encore en partie une piste étroite et pleine d'ornières. À Mandalay, on trouve la pagode d'Arakan et les ruines du palais doré et finement sculpté du roi Thibaw, détruit par des obus en 1945.

Le pays compte environ 70 groupes ethniques différents. Les plus importants, après les Birmans (68 %), sont les montagnards Karens (11 %), Shans (8,5 %) et Kachins (3,5 %). Après l'indépendance, en 1948, certaines des tribus montagnardes refusèrent la domination des Birmans et prirent les armes.

En 1986, pour la première fois, les forces d'opposition combattant sur les marges passèrent des accords pour coordonner leurs actions. Et surtout, des manifestations puissantes, animées par les étudiants, eurent lieu dans les régions centrales, notamment à Rangoon. Les promesses de libéralisation politique qui furent arrachées au pouvoir n'ont pas encore été tenues, mais ces mouvements ont accéléré la réorganisation de la vie économique.

NEUTRALISME ET NATIONALISATIONS

La voie birmane vers le socialisme a été conçue comme un système économique autarcique qui rejette l'aide étrangère dès l'indépendance, malgré les destructions de la guerre. L'agriculture, vitale pour la prospérité du pays, fut planifiée par le gouvernement, et le prix du riz fixé. On adopta une politique étrangère neutraliste.

En 1958, des divisions au sein du gouvernement causèrent la chute du Premier ministre U Nu, remplacé par le général Ne Win, qui fomenta un coup d'État militaire en 1962. Des mesures de nationalisation des mines, des forêts, des usines et du commerce suivirent immédiatement.

Cette stratégie fut un échec. Les paysans, peu enclins à investir pour des productions d'un rapport insuffisant, ne livraient pas leurs produits au gouvernement. Les industries ne recevaient plus de matières premières agricoles, les rébellions bloquaient l'arrivée des produits des montagnes.

Les exportations de riz tombèrent de 1,7 million de tonnes à 177 000 t., si bien que le pays manqua de ressources financières pour réparer une grande partie des destructions de la guerre. En 1975, les émeutes provoquées par le manque de produits alimentaires obligèrent la Birmanie à demander des aides étrangères ; celles-ci ont amené des améliorations. Les prix des produits ont été augmentés, et l'introduction de variétés de riz à haut rendement a fait croître la production de 60 % en huit ans. Les industries minières et forestières reçoivent des fonds plus importants. De nouvelles découvertes de pétrole et de gaz assurent l'autosuffisance du pays pour ces sources d'énergie.

L'enseignement a été réorganisé, et le taux d'alphabétisation des adultes atteint 68 %. Les populations ont encore peu de libertés. La junte militaire n'a pas tenu compte des élections de 1990, gagnées par une opposition dont les chefs (Mme Aung San Suu Kyi, prix Nobel de la paix 1991, en tête) sont emprisonnés ou au secret.

LA BIRMANIE EN BREF
Superficie 676 552 km^2
Population 44 600 000
Capitale Rangoon
Régime République socialiste à parti unique
Monnaie Kyat = 100 pyas
Langues Birman et langues tribales
Religion Bouddhistes
Climat Tropical ; pluies de mousson de mai à septembre. Température moyenne à Rangoon : de 18-32 °C en janvier à 24-36 °C en avril
Ressources Riz, canne à sucre, arachides, jute, coton, caoutchouc, bois ; pétrole et gaz naturel, plomb, zinc, tungstène, nickel
Activités Sylviculture, pétrole et gaz, mines, pêche, industries alimentaires et textiles
Exportations Riz, teck, jute, caoutchouc
P.N.B. annuel par habitant 400 dollars
Croissance démographique 21 ‰ par an
Espérance de vie Hommes 56 ans, femmes 60

Blagoevgrad, anc. **Gorna Džumaja,** ***Bulgarie*** Principale ville de la Macédoine bulgare, ou Pirin, sur la Struma, à 70 km au S. de Sofia. Elle fut rebaptisée en 1950 du nom de l'homme politique et écrivain qui introduisit le marxisme en Bulgarie, Dimităr Blagoev. Industries : céramique, textile, bois, tabac. À proximité : la petite ville de Melnik, forteresse féodale, et les ruines de la ville thermale romaine de Sandanski (où serait né Spartacus).
Population 79 100
Carte Bulgarie Ab

Blagovechtchensk, ***Russie*** Chef-lieu de l'oblast de l'Amour, sur la Zeïa, près de son confluent avec l'Amour. Industries : agro-alimentaire, minoterie, scierie, meubles, outillage. La proximité de la frontière chinoise et la normalisation entre les deux pays a fait se développer un important commerce sino-russe.
Population 208 000
Carte Russie Gc

Blanc (cap), ***Mauritanie/Sahara occidental*** Voir NOUADHIBOU

Blanc (mont), ***France*** Point culminant de l'Europe occidentale (4 807 m), situé dans les Alpes de Savoie, sur la frontière franco-italienne, à l'extrémité de la vallée de l'Arve (côté français) et du val d'Aoste (côté italien). À son pied, stations de sports d'hiver et alpinisme : Chamonix en France, Courmayeur et Entrèves en Italie. Un tunnel routier de 11,6 km le traverse, reliant Chamonix à Courmayeur.
Carte France Gd

Blanche (mer), Bras de mer de 95 000 km^2 appartenant à la mer de Barents, au large de la Russie. Elle gèle en hiver mais, grâce à des brise-glace, ses principaux ports peuvent rester ouverts. Elle fut utilisée pendant la Seconde Guerre mondiale pour ravitailler l'U.R.S.S. Riche en poissons. Son principal port, Arkhangelsk, exporte surtout du bois. La Dvina et l'Onega viennent s'y jeter.
Carte Russie Cb

Blantyre, ***Malawi*** Chef-lieu de la région septentrionale et plus grande ville du pays, à 1 100 m d'altitude, dans les Shire Highlands. Ancien village africain abandonné suite à des luttes intestines ; des missionnaires y fondèrent une mission en 1876 et lui donnèrent le nom du lieu de naissance de l'explorateur écossais David Livingstone. En 1956 est rattachée à la ville l'agglomération de Limbe située à 8 km, le long de la voie ferrée reliant le lac Malawi à Beira (Mozambique). Centre commercial et industriel : agro-alimentaire, textiles, cimenterie.
Population 333 800
Carte Malawi Ac

Blato, ***Croatie*** Voir KORČULA

Bled (lac de), en slovène **Bledsko Jezero,** ***Slovénie*** Lac glaciaire des Alpes Juliennes, à 48 km au N.-O. de Ljubljana. La beauté des paysages naturels, le pittoresque de l'église Sainte-Marie-au-Lac, construite sur un îlot, et le château baroque accroché au flanc de la montagne ont fait la réputation touristique du site. Station de sports d'hiver à Bled.
Carte Slovénie Aa

Bledow (désert de), en pol. **Pustynia Bledowska,** ***Pologne*** Seul vrai désert de sable d'Europe, situé dans le S. du pays, à 40 km à l'E. de Katowice.

GLACES ET NEIGES ÉTERNELLES. Le mont Blanc fait partie d'un massif qui possède les plus hauts sommets des Alpes. Il est lui-même, avec 4 807 m d'altitude, le point culminant de l'Europe occidentale. Le glacier des Bossons (à droite) descend lentement vers Chamonix.

Pendant la Seconde Guerre mondiale, le général allemand Rommel y entraîna les troupes de l'Afrika Korps dans les dunes mouvantes (32 km^2), où les mirages sont communs.

Blida, auj. **El-Boulaïda,** ***Algérie*** Centre administratif et commercial à 48 km au S.-O. d'Alger, au bord de la plaine de la Mitidja ; culture des agrumes ; industries alimentaires. Haras.
Population 195 000
Carte Algérie Ba

blizzard Vent violent accompagné de froid intense et de violentes chutes de neige dans les régions polaires.

bloc erratique Rocher de grandes dimensions transporté loin de son origine par un glacier et abandonné quand la glace a fondu. Sa composition diffère de celle des roches qui l'entourent.

Bloemfontein, ***Afrique du Sud*** Capitale de l'État libre d'Orange et siège de la Cour Suprême de l'Afrique du Sud, fondée en 1846 autour d'un fort. Bâtiments historiques, dont le vieux Raadsaal (1849) où les premiers Volksraad (conseils) de l'État d'Orange se réunissaient. Centre intellectuel (université), commercial et industriel (textiles, meubles, verre).
Population (ville) 104 500 ; (aggl.) 240 000
Carte Afrique du Sud Cb

Blois, ***France*** Préfecture du Loir-et-Cher, sur la Loire, à 55 km au S.-O. d'Orléans. Industries variées : construction aéronautique, instruments de précision, chocolaterie, imprimerie. Ville d'art et de tourisme. Lieu de séjour des rois de France (du XVe au XVIIe s.), elle possède un château célèbre où se trouvent réunis les différents styles de l'architecture civile française, du gothique finissant (aile Louis XII) à l'époque classique (aile Gaston d'Orléans de l'architecte François Mansart) en passant par la Renaissance (aile François Ier, avec son escalier monumental). C'est à Blois que fut assassiné le duc de Guise, en 1588.
Population 49 200
Carte France Dc

Blood River, en français **Rivière Sanglante,** ***Afrique du Sud*** Court affluent du fleuve Buffalo, au centre du Natal, où le 16 décembre 1838, les Zoulous du roi Dingaan furent battus par les Boers. L'anniversaire de la bataille est fêté chaque année par les Blancs sous le nom de Jour de l'Alliance ou Jour de Dingaan.
Carte Afrique du Sud Db

Bluefields, ***Nicaragua*** Port de la mer des Antilles, à 320 km à l'E. de la capitale, Managua. Exportations : bois durs tropicaux (acajou, bois de rose, noyer). La population essentiellement créole, issue d'Africains et de colons européens venus de la Jamaïque, parle l'anglais. Un cyclone a dévasté la ville en octobre 1988.
Population 20 000
Carte Nicaragua Ba

Blue Mountains, en français, **Montagnes Bleues,** ***Australie*** Plateau de la Cordillère australienne dans la Nouvelle-Galles du Sud, à 65 km à l'O. de Sydney (1 100 m d'altitude), découpé de vallées profondes qui furent longtemps un obstacle à l'expansion coloniale vers l'ouest. Elles doivent leur nom à la brume bleutée que dégagent les forêts d'eucalyptus. Haut lieu touristique. Parc national de 1 113 km^2, créé en 1959.
Carte Australie Ie

Blue Mountains, en français **Montagnes Bleues,** ***Jamaïque*** Chaîne de montagnes boisées, longue de 50 km, à l'extrémité E. du pays. Plusieurs pics émergent d'une ligne de crêtes haute de 1 500 m ; le Blue Mountain Peak culmine à 2 256 m. Plantations de café de haute qualité sur les pentes inférieures.
Carte Jamaïque Ba

Bluff, ***Nouvelle-Zélande*** Localité industrielle à la pointe méridionale de l'île du Sud.
Population 2 720
Carte Nouvelle-Zélande Bg

Bo, ***Sierra Leone*** Chef-lieu de la province du Sud, à 180 km au S.-E. de Freetown, à la lisière des marais du Sewa. Centre agricole et commercial (huile de palme, savon, gingembre).
Population 60 000
Carte Sierra Leone Ab

Boa Vista, ***Brésil*** Voir RORAIMA

Bobigny, ***France*** Préfecture de la Seine-Saint-Denis, au N.-E. de Paris. Centre industriel et administratif. Bâtiments modernes.
Population 44 600
Carte France Eb

Bobo-Dioulasso, ***Burkina*** Seconde ville du pays après la capitale, Ouagadougou, située à 310 km au S.-O. de cette dernière, sur la ligne de chemin de fer reliant la capitale à Abidjan (Côte-d'Ivoire). Centre commercial et industriel traitant les produits agricoles de la région : coton, arachides, noix de karité. Autres industries : brasserie, petite métallurgie, chimie. Important marché traditionnel.
Population 148 000
Carte Burkina Aa

bocage Paysage rural formé de champs ou de prairies entourés de haies, d'arbres ou de murs de pierres sèches, répandu surtout dans l'ouest de la France.

Bochum, ***Allemagne*** Ville industrielle de la Ruhr, à 20 km à l'O. de Dortmund. Elle dut tout d'abord son essor au charbon ; elle est aujourd'hui l'un des grands centres de la métallurgie allemande (construction automobile, notamment les usines Opel). Il s'y est établi la très importante université de la Ruhr. Musée de la Mine.
Population 410 000
Carte Allemagne Bc

Bodensee, ***Allemagne*** Voir CONSTANCE (lac de)

Bodh-Gayā ou **Bouddha-Gayā,** ***Inde*** Le plus vénéré des lieux saints du bouddhisme, au S. de Gayā, dans l'État de Bihār. C'est là que Gautama, méditant sous le figuier, parvint au suprême et complet Éveil (vers 500 av. J.-C.).

Les différentes sectes bouddhistes du monde entier y ont leurs temples, si bien que l'on peut entendre et voir officier côte à côte des moines tibétains, chinois, japonais, thaïs, et sri-lankais.

La ville est petite et aucune industrie n'est venue troubler la paix des temples.
Population 15 700
Carte Inde Dc

Bodø, ***Norvège*** Port à 80 km au N. du cercle arctique, chef-lieu du Nordland. Le port exporte surtout du minerai de cuivre et du marbre, extraits des mines de Sulitjelma et des carrières de Faukseidet. Port de pêche. Tourisme (soleil de minuit).
Population 27 600
Carte Norvège Db

Bodrum, ***Turquie*** Petit port de la côte O., au S. d'Izmir, à l'emplacement de l'ancienne Halicarnasse. Station touristique. Le mausolée d'Halicarnasse, un édifice construit à la mémoire du roi de Carie, Mausole, fut l'une des Sept Merveilles du monde antique. Il n'en reste à peu près rien, sur place du moins. Sa décoration sculptée, conservée au British Museum, figure parmi les chefs-d'œuvre de l'art hellénistique. Halicarnasse fut la patrie de l'historien Hérodote (484-425 av. J.-C.).
Population 20 900
Carte Turquie Ab

Bog of Allen, ***Irlande*** Grande tourbière (950 km^2) dans les comtés orientaux de Kildare, Offaly, Laoighis et Westmeath. Ses gisements profonds, faciles à exploiter, alimentent des centrales électriques, notamment celle d'Allenwood, à l'O. de Dublin.
Carte Irlande Cb

Bogazkale ou **Boğazköy,** ***Turquie*** Village de Cappadoce, à 145 km à l'E. d'Ankara, sur le site de l'ancienne ville d'Hattousas, capitale de l'empire hittite (1400-1200 av. J.-C.). Ruines de palais, de temples et des fortifications complexes qui entouraient la ville (portes des Lions, des Sphinx, du Roi) ; le spectaculaire Yerkapi est une poterne voûtée en encorbellement qui passait sous la muraille. Musée.
Carte Turquie Ba

Bogor, ***Indonésie*** Ville résidentielle à 80 km au S. de Djakarta, autrefois station d'altitude coloniale hollandaise. Son jardin botanique est réputé ; parmi les plantes qui y figurent, la rafflésie (*Rafflesia arnoldi*), parasite des racines d'arbres, à système végétatif très réduit et dont la fleur peut atteindre 1 m de diamètre et peser jusqu'à 7 kg : c'est la plus grande fleur du monde.
Population 250 000
Carte Indonésie Cd

Bogotá (off. **Santa Fé de Bogota**), ***Colombie*** Capitale du pays, sur un plateau fertile (2 800 m) des Andes orientales. En 1538, le conquistador espagnol Gonzalo Jiménez de Queseda, en quête de l'Eldorado, vainquit sur leur territoire les Indiens Chibchas et fonda la ville, la baptisant Santa Fé de Bogotá, nom hispanisé de l'ancienne Bacatá des Chibchas.

La ville comptait 100 000 habitants en 1905, près de 1 700 000 en 1964 ; depuis cette date, elle a plus que doublé. C'est le centre principal de l'économie du pays (industries textiles, mécaniques, chimiques, alimentaires, etc.). À côté des anciens quartiers coloniaux, les gratte-ciel marquent le centre des affaires. La ville a conservé plusieurs très beaux spécimens d'architecture coloniale espagnole des XVIe, XVIIe et XVIIIe s. Le musée de l'Or présente de remarquables collections d'orfèvrerie et de bijoux précolombiens.

À 30 km au S.-O. de Bogotá, spectaculaires chutes de Téquendama : le rio Bogotá, affluent du Magdalena, franchit une barre rocheuse haute de 150 m.
Population 3 985 000
Carte Colombie Bb

Bogra, ***Bangladesh*** Chef-lieu du district du même nom (3 888 km^2), au centre du pays. Les parties du district situées le long du Brahmapoutre subissent à la fois les inondations et l'érosion du fleuve et plusieurs villages ont ainsi perdu leurs terres. Depuis 1963, 217 km de berges, sur la rive droite du fleuve, ont été aménagés, mais ces mesures sont insuffisantes.
Population (ville) 68 200 ; (district) 2 728 000
Carte Bangladesh Bb

Bohai ou **Po-Hai (golfe du),** anc. **golfe du Petchili** Golfe de la mer Jaune, que ferme au N. la péninsule rocheuse de Liaodong et au S. celle du Shandong (Chine du Nord-Est).
Dimensions 480 km de long sur 290 de large
Carte Chine Hc

Bohême, en tchèque **Čechy,** ***République tchèque*** Partie occidentale du pays, constituée d'un quadrilatère (53 000 km^2) formé d'un pourtour montagneux (monts métallifères au N.-O., forêt de Bohême au S.-O., Sudètes au N.-E. et hauteurs tchéco-moraves au S.-E.), encadrant les bassins de Plzeň et de l'Elbe avec Prague, la capitale, au centre. C'est la région la plus peuplée (6 millions d'habitants) et la plus développée du pays. Prague et les bassins de l'Elbe et de Plzeň concentrent l'activité agricole et les industries de la province : mines de charbon, métallurgie (automobiles Skoda, matériel ferroviaire, appareillage électrique), industrie textile, fabriques de porcelaine, verreries, cristalleries, brasseries, etc.

La région comprend de nombreux châteaux, de vieilles villes et des stations thermales.

L'histoire de la Bohême est marquée par la rivalité entre Slaves et Germains. Dès la fin du XIIe s., les rois bohémiens Premyslides sont reconnus souverains héréditaires et autonomes par l'empereur romain germanique ; au XIVe s., sous les rois de la dynastie de Luxembourg, la Bohême est l'un des grands foyers de civilisation de l'Europe centrale. Mais à la fin du siècle se fait jour une réaction nationale et religieuse, bientôt dirigée par Jan Hus contre les Allemands et les catholiques. En 1526, Ferdinand, frère de Charles Quint, est élu roi : avec lui, la Bohême passe à la maison de Habsbourg, qui la conservera jusqu'en 1918. Cependant, la Réforme avait conquis la noblesse du pays et, en 1618, la Diète bohémienne prononce la déchéance des Habsbourg et choisit pour roi l'électeur protestant du Palatinat (défenestration de Prague), ce qui déclenche la guerre de Trente Ans. La défaite des protestants en 1620 marque la fin de l'indépendance de la Bohême, qui fut dès lors profondément germanisée. Le XIXe s. verra cependant le réveil national tchèque.

La Bohême constitue, avec la Moravie, la nouvelle République tchèque, née de la partition, au 1er janvier 1993, de la République tchèque et slovaque.

Carte République tchèque Ab, Bb

Bohol, ***Philippines*** Île volcanique de l'archipel des Visayas, à l'E. de Cebu (3 862 km²). Ses Chocolate Hills, monts de forme arrondie et de couleur brune à la saison sèche, sont des sites touristiques. Ressources : noix de coco et riz.

Population 759 370

Carte Philippines Bd

Bois (lac des), ***Canada/États-Unis*** Lac irrégulier d'un grand attrait touristique, qui comprend 17 000 îles (4 390 km²). Il s'étend à la frontière canadienne sur trois États : l'Ontario, le Manitoba et l'État américain du Minnesota. Il alimente le lac Winnipeg au N.-O.

Carte Canada Fd

Boise, ***États-Unis*** Capitale de l'Idaho sur la rivière Boise, au S.-O. de l'État, fondée à la suite de la découverte de l'or dans la région. Centre minier, industrie alimentaire. Sources chaudes.

Population (ville) 107 000 ; (aggl.) 189 300

Carte États-Unis Cb

Bois-le-Duc, en néerl. **'s Hertogenbosch,** ***Pays-Bas*** Chef-lieu du Brabant-Septentrional (Noord-Brabant) à 80 km au S.-S.-E. d'Amsterdam. Industries mécaniques, textiles, pharmaceutiques, alimentaires, pneumatiques. Son nom remonte à Henri Ier, duc de Brabant, qui, au XIIe s., lui conféra les droits de cité. La cathédrale Saint-Jean (XIVe-XVIe s.) est la plus grande église catholique du pays. Hôtel de ville des XIVe et XVIIe s. Patrie de Jérôme Bosch.

Population (ville) 89 500 ; (aggl.) 186 600

Carte Pays-Bas Bd

Bokaro, ***Inde*** Centre houiller et métallurgique de l'État de Bihar, au N.-E. de Ranchi. Son aciérie construite par les Soviétiques devrait être la plus importante de l'Union indienne.

Population 264 500

Carte Inde Dc

Boksburg, ***Afrique du Sud*** Ville minière à 21 km à l'E. de Johannesburg, où est exploitée la plus grande mine d'or du monde (4 900 ha).

Population 156 800

Bol, ***Tchad*** Localité sur la rive N.-E. du lac Tchad et région agricole productrice de céréales (sorgho, millet, blé) et de coton ; une part importante des récoltes est vendue clandestinement au Nigeria, où les prix sont plus élevés.

Carte Tchad Ab

Bolama, ***Guinée-Bissau*** Ville située sur l'île du même nom, au S. de l'embouchure du Geba. Capitale de la Guinée portugaise jusqu'en 1941, elle n'a cessé de décliner depuis, en dépit de ses plantations de palmiers.

Population 2 000

Carte Guinée Aa

Bolgatanga, ***Ghana*** Chef-lieu du Haut-Ghana (au N. du pays). Nœud routier et centre commercial (élevage, céréales, arachides) ; industrie alimentaire (conserverie).

Population 20 000

Carte Ghana Aa

Bolívar, ***Venezuela*** Le plus vaste État de la république (239 250 km²), situé entre l'Orénoque, la Guyana et le Brésil. Élevage et mines : fer, bauxite, manganèse ; gisements de pétrole non exploités. Capitale : Ciudad Bolívar.

Population 750 000

Carte Venezuela Bb

Bologne, ***Italie*** Capitale de l'Émilie, au S. du Pô et au pied de l'Apennin. Son rôle économique, politique et culturel en fait une des cités les plus vivantes de l'Italie. Centre bancaire et industriel (équipement agricole, construction mécanique) ; importante université.

Colonie latine fondée au IIe s. av. J.-C. sur le site étrusque de Felsina, elle devint république au Moyen Âge et fut l'un des grands foyers intellectuels et artistiques de l'Europe. L'université, fondée en 1088, serait la plus vieille d'Europe ; elle compta parmi ses étudiants Dante et Pétrarque et fut fameuse, notamment, pour son enseignement du droit et de la médecine. La ville présente un ensemble très remarquable de monuments : les célèbres tours penchées (l'une atteint près de 100 m ; panorama) les églises San Stefano, San Francesco, San Domenico (qui abrite la tombe de saint Dominique, le fondateur de l'ordre des Dominicains), la basilique San Petronio, les palais (Palazzo del Podestà, Palazzo communale, Palazzo Poggi, Palazzo Bevilacqua) illustrent l'architecture médiévale et renaissante. À la Pinacothèque, les peintres de l'école bolonaise des XVIIe et XVIIIe s. : les Carrache, G. Reni, le Dominiquin et le Guerchin, occupent la première place.

Bologne fut la patrie du Primatice (1504-1570), peintre, sculpteur et architecte qui contribua à la décoration du château de Fontainebleau, et du pape Grégoire XIII, auteur, en 1582, du calendrier grégorien.

Population 455 900

Carte Italie Cb

Boloven (plateau des), ***Laos*** Plateau basaltique fertile au S. du pays, s'élevant au-dessus des plaines du Mékong jusqu'à 1 570 m. C'est la région la plus humide du Laos (elle reçoit 4 064 mm de pluie par an). Cultures du café, du thé, du tabac et du coton.

Carte Laos Bc

Bolsena, ***Italie*** Lac de cratère, à 80 km au N.-O. de Rome, riche en poissons (surtout des anguilles). Il a une superficie de 114 km² et atteint une profondeur de 151 m.

Carte Italie Cc

Bolton, ***Royaume-Uni*** Ville cotonnière à 16 km au N.-O. de Manchester. Dépendante autrefois du comté anglais de Lancashire, elle est aujourd'hui rattachée au Grand Manchester. On la considère comme le berceau de la révolution industrielle depuis que Samuel Crompton (1753-1827) y inventa en 1779 la mule-jenny, un des métiers à filer qui révolutionnèrent l'industrie du coton.

Population 147 000

Carte Royaume-Uni Dd

Bolu, ***Turquie*** Petite ville industrielle (cuir et bois) à 135 km au N.-O. d'Ankara. La province du même nom (11 575 km²) comprend les monts Bolu couverts de forêts. Ressources de la province : céréales, lin, tabac et opium (utilisé dans la fabrication de la morphine).

Population (ville) 61 000 ; (prov.) 538 000

Carte Turquie Ba

Bolzano, en all. **Bozen,** ***Italie*** Ville montagnarde du haut Adige, à 55 km au S. de la frontière autrichienne. Important nœud routier où convergent les routes des cols du Brenner, de Resia et du Stelvio. Site touristique et industriel (métallurgie de l'aluminium, aciers spéciaux).

La province de Bolzano (7 400 km²) est en majorité de langue allemande, mais s'y mêlent partout des signes des cultures latine et germanique. Vignobles, vergers.

Population (ville) 104 600 ; (prov.) 430 000

Carte Italie Ca

Boma, ***Zaïre*** Port sur la rive N. de l'estuaire du Zaïre, à 80 km de la côte atlantique. Important marché aux esclaves du XVIe au XVIIIe s., il exporte maintenant du bois et des produits agricoles : oléagineux, café, coton, caoutchouc. La ville fut la capitale de l'État indépendant du Congo (contrôlé par le roi Léopold II de Belgique) de 1885 à 1908, puis la capitale du Congo belge jusqu'en 1926.

Population 100 000

Carte Zaïre Ab

Bombay, ***Inde*** Ville et port sur l'océan Indien. Capitale de l'État de Maharashtra ; deuxième ville du pays par la population. Elle se nomme aujourd'hui Mombay.

D'abord colonie portugaise au début du XVIe s., elle devint anglaise à la suite du mariage de Catherine de Bragance avec Charles II d'Angleterre en 1661. À partir de 1850, la ville, qui n'avait été jusqu'alors qu'un comptoir colonial, connaît un essor considérable grâce à la construction de routes et de chemins de fer à travers les Ghats de l'Ouest (1855-1870), puis à l'ouverture du canal de Suez (1869) ; elle s'industrialise (industrie textile surtout) et devient véritablement la Porte de l'Inde.

Elle est aujourd'hui le premier port, la première place financière et le centre industriel et commercial le plus important de l'Union. L'industrie est toujours dominée par le textile, mais des secteurs plus modernes se sont développés : chimie et pétrochimie, construction mécanique (automobile), industrie nucléaire (Trombay), cinématographique, alimentaire, etc.

Le développement économique n'est cependant pas aussi rapide que l'augmentation de la population, due en partie à une forte migration rurale. Dans les quartiers surpeuplés, les cabanes en carton, bois, pisé, bidons s'insèrent de plus en plus entre les maisons en dur. Et de nombreux quartiers aisés datant de la fin de l'époque coloniale vont en se dégradant.

Voir suite p. 112

Bolivie

UN PAYS ENCLAVÉ OÙ LA RICHESSE DU SOUS-SOL N'A PU APPORTER LA PROSPÉRITÉ AUX POPULATIONS

La Bolivie est le pays des records: celui de la plus haute capitale du monde (3 700 m), de la plus forte inflation (jusqu'à 15 000 %), de ses recettes à l'exportation provenant de la vente clandestine de la cocaïne ; seul pays latino-américain, avec le Paraguay, à ne bénéficier d'aucun débouché maritime, la Bolivie est, aussi, l'une des nations les plus pauvres du continent ; l'instabilité politique atteint, elle aussi, des records — 190 gouvernements en cinquante ans. Pendant de nombreuses années, les principales sources de revenus du pays ont été l'étain et le gaz naturel ; la chute des cours de l'étain a entraîné la fermeture d'une grande partie des mines et le licenciement de deux mineurs sur trois.

Les Indiens constituent près de 53 % de la population ; il y a 32 % de métis, mais le pouvoir est détenu par une minorité de Blancs (15 %). Les Indiens — Aymaras sur l'*altiplano*, Quechuas dans les basses vallées — sont les descendants des Incas qui développèrent une brillante civilisation (Tiahuanaco, IVe-XIIe s.). Ils vivent chichement d'une économie basée sur le maïs, l'orge et la pomme de terre ; l'analphabétisme touche la plus grande partie de la population dont une minorité, seulement, parle l'espagnol.

À l'arrivée des Espagnols en 1538, les Indiens sont dépossédés de leurs terres et envoyés comme esclaves dans les mines d'argent. Après une révolte indienne durement réprimée, en 1781, l'accession à l'indépendance intervient en 1825, au terme d'une lutte d'une quinzaine d'années menée par les métis et les créoles qui en sont les premiers bénéficiaires ; le pays se donne alors le nom de l'émancipateur de l'Amérique latine, Bolivar. Mais la Bolivie ne peut s'entendre avec le Pérou pour former un grand ensemble régional. En cinquante ans, elle perd la moitié de sa superficie dans des guerres avec ses voisins: la guerre du Pacifique contre le Chili (1879-1883) lui fait perdre sa façace atlantique et ses fabuleux dépôts de nitrates ; après la perte d'autres territoires aux confins brésiliens (1904), l'atroce guerre du Chaco contre le Paraguay (1932-1935) l'ampute d'une grande partie de cette région pétrolifère.

Entre-temps, un sentiment nationaliste très fort, issu des frustrations passées, s'est développé tandis qu'est créée une industrie minière. En 1952, le Mouvement national révolutionnaire (M.N.R.) accède au pouvoir, nationalise les compagnies minières (le cours de l'étain est à son point culminant) et met en place une puissante centrale syndicale ; une réforme agraire libère les Indiens du servage au détriment des grands domaines privés.

SUR L'ALTIPLANO Espaces désolés, climat glacial et pluies irrégulières sont le lot quotidien des Indiens Aymaras qui amènent, ici, leurs moutons au marché.

L'éclatement du M.N.R., une décennie plus tard, ramène l'armée sur le devant de la scène (1964). En 1967, Che Guevara tente, en vain, d'implanter une guérilla dans le centre du pays. Cette période est marquée par la dictature du général Banzer et la revendication sur le « couloir d'Arica » arraché par le Chili après la guerre du Pacifique. Le cours mondial de l'étain chute de façon spectaculaire dans les années 1980 alors que les civils sont revenus au pouvoir. La politique libérale mise en place en 1985 diminue l'inflation et augmente le chômage. Le trafic de cocaïne, substitut à la baisse des exportations, gangrène la vie politique et sociale du pays.

La moitié de la population est concentrée sur l'altiplano. La Paz, la capitale, se situe au S.-E. du lac Titicaca, le plus élevé des lacs navigables du monde. Mais la Bolivie est aussi un pays de forêts tropicales où l'on exploite la quinine et la noix du Brésil ; 70 % du territoire se trouvent au-dessous de la Cordillère et n'abritent qu'un cinquième de la population ; le Chaco est formé de savanes boisées et de pâturages où vit un bétail en semi-liberté.

Entre l'altiplano, aux violents contrastes climatiques, et les basses plaines, les riches vallées des Yungas reçoivent les influences subtropicales et constituent la grande région agricole du pays ; dans les vallées du Nord, on cultive les agrumes, l'ananas, la banane, l'avocat et la plupart des fruits tropicaux ; c'est aussi une source de bois précieux et utiles (acajou, cèdre, noyer, quinquina et bois de teinture). Dans les Yungas méridionales, on exploite la canne à sucre, le café, le tabac, le cacao et les feuilles de coca (cocaïne).

LA BOLIVIE EN BREF
Superficie 1 098 581 km^2
Population 7 739 000
Capitale La Paz, Sucre (constitutionnelle)
Régime République parlementaire
Monnaie Boliviano = 100 centavos
Langues Espagnol, quechua, aymara
Religion Chrétiens (95 %)
Climat Tropical ; froid en altitude ; température moyenne à La Paz de 1-17 °C en juillet à 6-19 °C en novembre
Ressources Pommes de terre, maïs, sucre de canne, riz, manioc, lamas, alpagas ; étain, pétrole et gaz naturel, cuivre, plomb, zinc, antimoine, bismuth, tungstène, argent, or, fer, soufre
Activités Mines et affinage des minerais, pétrole brut et gaz, textiles, artisanat, industries alimentaires, ciment
Exportations Étain, antimoine, tungstène, zinc, argent, plomb, cuirs, gaz naturel
P.N.B. annuel par habitant 650 dollars
Croissance démographique 28,7 ‰ par an
Espérance de vie Hommes 51 ans, femmes 55

Le centre des affaires (le Fort), toutefois, a conservé son allure victorienne, et les nombreux édifices néogothiques qu'on y remarque ne sont pas la moindre surprise du visiteur sous ces latitudes.
Population 8 243 000
Carte Inde Bd

Bon (cap), en arabe **Ras el-Tib,** ***Tunisie*** Extrémité de la péninsule montagneuse du même nom, longue de 80 km, à l'E. de Tunis, qui sépare le golfe de Tunis de celui d'Hammamet. Vestiges puniques — Carthage est très proche. Au XIVᵉ s., des Arabes d'Andalousie s'établirent dans la région. Grâce à la douceur de son climat, la péninsule est devenue un vaste jardin ; les plantations d'orangers, de citronniers, le vignoble, les cultures maraîchères, fruitières et florales ont été développées par les colons italiens au temps du protectorat français.
Carte Tunisie Ba

Bondoukou, ***Côte-d'Ivoire*** Petite ville du N.-E. du pays, proche de la frontière avec le Ghana, fondée en 1466 par des marchands sur la route des caravanes menant au fleuve Niger. Centre commercial (cacao, dont la culture fut introduite en 1914 par les Français, riz, coton) et touristique du pays d'Abron.
Population 22 000
Carte Côte-d'Ivoire Bb

Bône, ***Algérie*** Voir ANNABA

Bong Range, ***Libéria*** Monts au centre-ouest du pays, culminant à 645 m, riches en minerai de fer. La ville de Bong Town (12 000 habitants) s'est développée depuis la mise en exploitation, en 1965, d'une mine de fer.
Carte Libéria Ba

Bonifacio, ***France*** Pittoresque petite cité de Corse-du-Sud, à l'extrême pointe méridionale de l'île, sur une haute falaise surplombant la mer, et entourée de remparts ; le quartier de la Marine est un petit port de pêche et de voyageurs (vers la Sardaigne).
Population 2 700
Carte France Hf

Bonin (îles), en jap. **Ogasawara,** ***Japon*** Archipel volcanique s'étendant sur 800 km au S. de Tokyo.
Population 2 300
Carte Pacifique (océan) Ca

Bonn, ***Allemagne*** Vieille cité sur le Rhin, résidence des princes-électeurs de Cologne (depuis le XIIIᵉ s.), ville universitaire (depuis le XVIIIᵉ s.), et attribuée à la Prusse en 1815. Devenue capitale (provisoire) de la République Fédérale d'Allemagne en 1949, elle est encore aujourd'hui le siège principal des institutions de l'Allemagne réunifiée, en attendant leur transfert à Berlin. La station thermale de Bad Godesberg lui a été rattachée. Elle a conservé un aspect provincial qui fait une part de son charme, et plusieurs de ses vieux monuments : la cathédrale romane, le palais des princes-électeurs et leur résidence d'été, le château de Poppelsdorf. La maison natale de Beethoven (1770-1827) est devenue un musée.
Population 292 200
Carte Allemagne Bc

Bonne Espérance (cap de), ***Afrique du Sud*** Pointe tempétueuse de la péninsule du Cap, à 50 km au S. du Cap. Le navigateur portugais Bartolomeu Dias, premier Européen à croiser au large en 1488, l'appela cap des Tempêtes. Mais le roi Jean II de Portugal le rebaptisa « de Bonne Espérance », car « porteur de la promesse de découvrir les Indes ».
Carte Afrique du Sud Ac

Bonsa Valley, ***Ghana*** Second gisement de diamants du pays après celui de la vallée du Birim, situé à 200 km à l'O. d'Accra, souvent exploité de façon artisanale.
Carte Ghana Ab

Bophutatswana, ***Afrique du Sud*** Ancien homeland des Tswanas (44 109 km^2, 1 935 000 habitants) qui, dans le cadre de la politique d'apartheid, avait été déclaré indépendant en 1977 mais non reconnu par l'ensemble de la communauté internationale. Formé de sept régions disséminées, il recèle des mines de chrome et de platine (deuxième producteur mondial) et pratique l'élevage. Une sorte de Las Vegas africain est installé à Sun City. La capitale, Mmabatho, est devenue celle de la province du Nord-Ouest au sein de la nouvelle Afrique du Sud.
Carte Afrique du Sud Bb

bora Vent du N. et N.-E., froid, violent, soufflant le long de la côte dalmate et en Italie du

DÉPART POUR LE TRAVAIL. À Bombay, la foule des employés regagnant leurs bureaux et leurs boutiques se presse dans une rue étroite festonnée d'enseignes.

Nord. Il se manifeste surtout en hiver quand la pression atmosphérique est élevée sur l'Europe centrale et basse sur la Méditerranée.

Bora-Bora, ***Polynésie française*** Île volcanique au relief déchiqueté appartenant au groupe des Îles-sous-le-Vent, à 225 km au N.-O. de Tahiti. Entourée d'un récif corallien percé de nombreuses passes et réservant un vaste lagon, la Perle du Pacifique a fasciné les navigateurs (Alain Gerbault y a sa tombe) et de nombreux écrivains, comme Jack London. Base aérienne américaine pendant la guerre du Pacifique.

Population 2 500

Carte Pacifique (océan) Fc

Borås, ***Suède*** Ville fondée en 1622 à 69 km à l'E. de Göteborg. Centre de l'industrie textile du pays. Constructions mécaniques.

Population 100 000

Carte Suède Bd

Bordeaux, ***France*** Chef-lieu de la région Aquitaine et préfecture de la Gironde, sur la Garonne. Sixième port français ; le trafic portuaire se concentre désormais à Bassens (phosphate, minerais, céréales, bois), Ambès (pétrole), Blaye (céréale) et Pauillac (pétrole).

Si le port a connu un certain déclin après la fin de l'époque coloniale, il faut noter le renouveau industriel de sa région: aéronautique (Mérignac, Saint-Médard), électronique et mécanique (Blanquefort), chimie et pétrochimie (Ambès, Pauillac).

Cité gallo-romaine, *Burdigala* dut sa fortune à la création d'un vignoble et au commerce du vin. Capitale du duché d'Aquitaine depuis 1032, elle passe aux Plantagenêts après le mariage d'Aliénor avec Henri II d'Angleterre en 1152. Bordeaux devient alors un port anglais et le restera pendant trois siècles. C'est une époque de prospérité: le vignoble est restauré et se développe un grand commerce du vin encouragé par les privilèges étendus dont jouissent les marchands et la ville elle-même. Son rattachement, en 1453, à la France qui prétend lui retirer ses libertés ne se fera pas sans mal.

Il faut attendre le XVIIIe s. pour que la ville renoue avec la fortune ; elle est alors l'un des grands centres du commerce colonial avec les Antilles et les Amériques. Dans les années 1780, elle figure même au deuxième rang des ports européens, après Londres. Son active bourgeoisie prétendra du reste à un rôle politique à la hauteur de ses moyens, comme le montreront les Girondins lors de la Révolution. Elle s'embellit au XVIIIe s. de monuments et de réalisations d'urbanisme qui font encore aujourd'hui son cachet: allées de Tourny, quai de la Garonne, place Dauphine (actuelle place Gambetta), Pavé des Chartrons, nombreux hôtels particuliers, place Royale (actuelle place de la Bourse), due aux frères Gabriel, Grand Théâtre, de l'architecte Victor Louis, et palais de Rohan. Bordeaux a vu naître notamment le poète latin Ausone, le roi d'Angleterre Richard II, François Mauriac et Jean Anouilh.

Population (ville) 210 000 ; (aggl.) 685 000

Carte France Cd

Bordelais (vignobles du), ***France*** Voir GIRONDE

Borders, ***Royaume-Uni*** Région du sud de l'Écosse, sur la frontière avec l'Angleterre, qui fut pendant des siècles le théâtre de heurts sanglants entre les deux royaumes jusqu'à leur union, en 1707. Pays de collines, réputé pour son élevage du mouton. Ruines des abbayes de Melrose, Jedburgh et Dryburgh (tombeau du romancier Walter Scott).

Population 101 000

Carte Royaume-Uni Dc

Bordhighera, ***Italie*** Station balnéaire et hivernale de la Riviera, à 10 km de la frontière française. Routes de corniche panoramiques, luxueuses villas, végétation subtropicale.

Population 18 000

Carte Italie Ac

Borgå, ***Finlande*** Voir PORVOO

Borkou-Ennedi-Tibesti (BET), ***Tchad*** Vaste territoire désertique au N. du pays (600 350 km²) et préfecture dont le chef-lieu est Faya-Largeau. Population noire, islamisée, de pasteurs nomades (Toubous du Tibesti) ou semi-sédentarisés dans les oasis (culture du millet, dattes). Conquis par la France au début du XXe s., sa pacification ne s'achèvera qu'au lendemain de la Première Guerre mondiale. Peu après l'indépendance du Tchad, en 1960, les Toubous se rebelleront contre le pouvoir central.

Population 120 000

Carte Tchad Ab

Borkum, ***Allemagne*** Voir FRISONNES (îles)

Borma (El-), ***Tunisie*** Principal gisement pétrolier du pays, à l'extrême S., relié par un oléoduc au port pétrolier de Skhira sur le golfe de Gabès.

Carte Tunisie Aa

Bornéo, ***Insulinde*** Grande île de 751 900 km², bordée au N. et à l'O. par la mer de Chine, au S. par la mer de Java, à l'E. par la mer des Célèbes. L'île est partagée en quatre entités distinctes : au N. et à l'E. le Sabah et le Sarawak (Malaysia), Brunei (indépendant), au S. le Kalimantan (Indonésie). De hauts plateaux (de 2 000 à 3 000 m) plus que de véritables montagnes occupent le centre et le nord. La grande forêt équatoriale recouvre presque toute l'île dont l'intérieur est très peu peuplé (Punans et Dayaks nomades principalement). Les activités économiques et la population se concentrent sur les côtes fréquemment basses et marécageuses.

Carte Indonésie Db

Bornholm, ***Danemark*** Île granitique (587 km²) au S. de la Baltique. On y trouve de belles églises médiévales fortifiées, de plan circulaire, et les ruines de l'impressionnant château féodal de Hammershus. La petite île de Christiansø, au large de la côte N.-E., était aussi fortifiée. Ville principale: Rønne. Ressources: agriculture (céréales), élevage, kaolin, pêche, tourisme. Spécialité de l'île : le fumage des harengs.

Population 47 300

Carte Danemark Cb

Bornou, ***Nigeria*** Le plus grand État du pays (116 400 km²), au N.-E., formé de vastes plaines sableuses de la zone sahélienne. On y passe de la steppe subdésertique au N. à la savane arborée au S. Haoussas et Foulbés y cultivent millet et sorgho, coton et arachides, et y élèvent du bétail. Capitale: Maiduguri.

Le Bornou forma avec le Kanem, du XIe s. au XVIIe s., un vaste empire centré sur le lac Tchad qui connut son apogée au XIIIe s., s'étendant alors jusqu'au Fezzan au N., au Ouaddaï à l'E., et aux royaumes haoussas à l'O. Foyer d'islamisation pour les peuples de la savane, le Kanem-Bornou contribua, avec les empires du Mali et du Songhaï, à la formation au Soudan d'une civilisation originale, très distincte à la fois de celle d'Afrique du Nord et de celles des peuples de la zone guinéenne au S.

Population 4 000 000

Carte Nigeria Ca

Borobudur ou **Barabudur,** ***Indonésie*** Grand temple bouddhique à 40 km au N.-O. de Djokjakarta, au centre de Java, qui, menacé par la végétation, a été récemment restauré par l'UNESCO. Construit entre 750 et 850, il est formé de quatre étages de galeries sur plan carré et de deux terrasses circulaires et concentriques portant des stoûpas ; galeries et terrasses sont ornées d'une riche décoration sculptée illustrant les vies du Bouddha.

Carte Indonésie Dd

Borovec, ***Bulgarie*** C'est la plus vieille station de montagne du pays, sur les pentes N. du mont Rila. Base de départ pour le Musala (2 925 m), pic culminant des monts Rhodope, et pour des randonnées à travers les forêts de pins. Fréquentés par les rois et les aristocrates avant 1939, ses palais et villas (aujourd'hui résidences de vacances) témoignent de sa gloire passée.

Carte Bulgarie Ab

Borsod, ***Hongrie*** Plateau calcaire couvert de belles forêts, s'étendant le long de la frontière avec la Slovaquie, au N. de la ville de Miskolc. Les grottes d'Aggtelek, à proximité de la frontière, sont un des attraits du pays. Sárospatak (15 300 habitants), à 70 km au N.-E. de Miskolc, est une pittoresque cité dont il faut signaler le château médiéval, l'église gothique et l'ancien collège calviniste. Mines de fer de Rudabánya et aciéries de Miskolc et d'Ozd.

Carte Hongrie Ba

Bosanski Brod, ***Bosnie-Herzégovine*** Ville industrielle et port fluvial sur la Save. Raffinerie de pétrole. Sur l'autre rive de la Save, en Croatie, Slavonski Brod (39 000 habitants ; marché agricole, équipement ferroviaire).

Population 14 000

Carte Bosnie-Herzégovine Bb

Bosnie-Herzégovine Voir p. 114

Bosphore, ***Turquie*** Détroit faisant communiquer la mer Noire et la mer de Marmara ; il est long de 29 km et d'une largeur maximale de 4 km. Istanbul, qui est établie sur sa rive européenne, est reliée à ses banlieues asiatiques par un pont suspendu ouvert en 1973. Le détroit est d'une grande importance stratégique, étant la seule voie d'accès à la Méditerranée de la flotte ex-soviétique depuis la mer Noire.

Carte Turquie Aa

Boston, ***États-Unis*** Capitale et port actif de l'État du Massachusetts. Fondée en 1630, la ville tint vite un rôle essentiel parmi les treize colonies américaines. Foyer du puritanisme, elle fut aussi l'un des centres de l'opposition à la « tyrannie » de Londres. En 1773, les « fils de la liberté » s'emparent des navires chargés de thé et jettent leur cargaison par-dessus bord — c'est la *Boston tea party* — pour protester contre la domination économique anglaise ; trois ans plus tard, les treize colonies proclameront leur indépendance.

Boston est aujourd'hui le noyau d'une conurbation qui s'étend jusqu'au New Hampshire. Les industries qui ont fait son renom (textile, construction navale) ont décliné, par contre les

Bosnie-Herzégovine

PEUPLES DÉCHIRÉS, PAYS MEURTRI, ATROCITÉS D'UN AUTRE ÂGE AU CŒUR D'UNE EUROPE QUI SE RÉVÈLE IMPUISSANTE

Sarajevo, encore ! La Première Guerre mondiale commença ici, et c'est ici que le monde entier, et l'Europe en particulier, se retrouve pour constater son impuissance. La fin de la guerre froide, en 1989, avec l'aboutissement tant espéré de la perestroïka du président soviétique Gorbatchev, aura eu ici des effets désastreux.

La Bosnie-Herzégovine fut sous domination turque jusqu'en 1878, année où elle est rattachée à l'Autriche-Hongrie. L'annexion pure et simple, en 1908, est mal acceptée, et le 28 juin 1914, à Sarajevo, l'archiduc François-Ferdinand est assassiné par un nationaliste serbe de Bosnie.

Le pays est essentiellement montagneux. À l'O., les Alpes dinariques dominent la Dalmatie croate ; au N., en revanche, des terres arables onduleuses bordent la rive droite de la Save. L'Herzégovine, au S.-O., est une région de plateaux calcaires, entaillés de vastes dépressions fertiles.

L'occupation turque apporta en Bosnie la culture islamique dont l'empreinte est partout sensible (mosquées, bazars). 40 % de la population est de religion musulmane. Le maréchal Tito, qui dirigea la Yougoslavie de 1948 à sa mort, en 1980, a accordé aux musulmans le statut de nationalité. Ceux-ci sont en fait des Slaves islamisés, parlant le serbo-croate. Associée dès 1918 à la Yougoslavie, la Bosnie-Herzégovine y avait toute sa place. Symbole du prestige national, les Jeux olympiques d'hiver se sont déroulés en 1984 à Sarajevo.

Après les proclamations d'indépendance de la Slovénie et de la Croatie, en 1991, et les guerres qui s'ensuivent, la Bosnie organise elle-même, pour prendre ses distances, un référendum sur l'indépendance. Mais c'était compter sans les populations serbes du pays (près de 38 %), qui ne l'entendaient guère ainsi. Une république autonome serbe de Bosnie est proclamée début 1992, et la guerre fait rage à partir d'avril de cette année. Déjà en difficulté dans le conflit croate, l'Europe ne peut faire cesser les hostilités. Malgré les tentatives de médiation, la guerre devient plus horrible que jamais. Croates et musulmans affrontent les Serbes, mais des combats les opposent parfois pour le contrôle de territoires « ethniques ». Réapparaît alors ce que l'on espérait ne plus revoir : l'épuration ethnique. Des camps inavouables sont installés de part et d'autre, que la communauté internationale a bien du mal à faire ouvrir.

Partout les populations sont confrontées aux privations, aux bombardements, à la violence quotidienne et permanente. Dès le début, la présence des Casques bleus de l'O.N.U. avait pour objectif de permettre la distribution de l'aide humanitaire. Mais, le conflit s'aggravant, ils durent faire face à de nombreuses difficultés.

Aucun cessez-le-feu n'ayant jamais été respecté, l'O.N.U. puis l'OTAN renforcèrent leur présence. Si Sarajevo a vu son sort s'améliorer avec l'arrêt des bombardements sous la menace de frappes aériennes contre les forces serbes, elle n'en subit pas moins toujours le blocus.

Et ce sera au tour de Gorazde d'être sous le feu des Serbes, avant que de nouvelles menaces internationales ne fassent baisser la pression. La situation des Bosniaques ne va pas en s'améliorant. Toutes les villes déclarées zones de sécurité par l'O.N.U. (outre Sarajevo, Gorazde, Bihac, Srebrenica, Tuzla et Zepa) demeurent sous la pression serbe.

A Genève, en juin 1994, les trois factions de Bosnie se sont rencontrées pour tenter de trouver un accord sur un partage du pays. Déjà, Croates et musulmans se sont mis d'accord pour la création d'une fédération croato-musulmane, elle-même liée à la Croatie indépendante.

LA BOSNIE-HERZÉGOVINE EN BREF

Superficie 51 129 km²
Population 4 370 000
Capitale Sarajevo
Monnaie Dinar
Langue Serbo-croate
Religions Musulmans, orthodoxes, catholiques
Climat Continental
Ressources Bois, cellulose, fer, charbon, lignite
Activités Forêt, sidérurgie
P.N.B. annuel par habitant Sans objet
Croissance démographique Difficile à chiffrer dans la situation actuelle

secteurs de pointe se sont développés : électronique, télécommunications, aérospatiale ; et Boston demeure une place financière et un centre commercial important. Elle est le siège de l'université Harvard (fondée en 1636) et de l'Institut de technologie du Massachusetts (M.I.T.). Boston a su préserver ses quartiers anciens et possède un très riche musée des Beaux-Arts. La ville a vu naître Benjamin Franklin, Edgar Allan Poe et John F. Kennedy.
Population (ville) 574 500 ; (conurb.) 4 172 000
Carte États-Unis Lb

Bosumtwi (lac), ***Ghana*** Mystérieux lac circulaire (largeur : 10 km ; profondeur : plus de 72 m), à 21 km au S.-E. de Kumasi. On pense généralement que l'explosion d'une météorite ou d'un volcan, suivie d'un affaissement de terrain, est à l'origine de sa formation. Il est entouré de nombreuses légendes et superstitions.
Carte Ghana Ab

Botnie (golfe de), ***Suède*** Bras septentrional de la mer Baltique, pris par les glaces cinq mois par an. La déglaciation du Bouclier scandinave est à l'origine du rehaussement progressif du littoral, depuis la fin de la dernière ère glaciaire, il y a 10 000 ans.
Dimensions : 640 km de long, 140 km de large.
Carte Suède Cc

Botosani, ***Roumanie*** Chef-lieu du département du même nom, à 40 km à l'O. des frontières moldave et ukrainienne. Fondée au XVIe s., la ville est le centre commercial d'une riche région agricole. Industries textiles, alimentaires.
Population 116 500
Carte Roumanie Ba

Bottrop, ***Allemagne*** Ville industrielle de la Ruhr : houille, acier, constructions mécaniques.
Population 118 900
Carte Allemagne Bc

Bouaké, ***Côte-d'Ivoire*** Deuxième ville du pays, chef-lieu de département du même nom, à

Botswana

PAYS AU SOL INGRAT MAIS FABULEUSEMENT RICHE PAR SES MINES, LE BOTSWANA RESTE TRÈS DÉPENDANT DE L'AFRIQUE DU SUD

L'explorateur David Livingstone fut l'un des nombreux Anglais partis prêcher la bonne parole qui explorèrent l'Afrique australe au XIXe s. La piste qu'ils empruntèrent — la Route des missionnaires — traversait les terres des Tswanas. Les relations amicales qui s'étaient instaurées poussèrent le chef de ce grand groupe ethnique à demander la protection britannique face aux Boers du Sud et de l'Est qui faisaient des incursions dans le territoire. En 1885, les Britanniques établirent un protectorat sur la région, qui prit le nom de Bechuanaland (puis celui de Botswana depuis l'indépendance).

Malgré les pressions sud-africaines, le pays resta lié à la Grande-Bretagne jusqu'à l'indépendance en 1966. Le Botswana fut gouverné jusqu'à sa mort en 1948 par le chef Sereste Khama, le « grand unificateur » des Tswanas, mort en 1980. Son mariage en 1948 avec une femme blanche souleva une violente opposition en Afrique du Sud.

Ce vaste pays enclavé, peu peuplé, et au faible potentiel économique, ne semblait pas avoir été favorisé par la nature. En effet, une large étendue sablonneuse parsemée d'herbe et de buissons — le désert du Kalahari — en couvre une grande partie.

La frontière orientale avec l'Afrique du Sud est la partie la plus peuplée. La terre y est fertile et les pluies suffisantes pour élever du bétail et permettre l'agriculture.

Dans le Nord, le paysage est totalement différent. Le vaste delta intérieur de l'Okavango, alimenté par la Kavango qui prend sa source dans l'Angola voisin, est très arrosé. C'est un refuge de la vie animale. Éléphants, lions, léopards, buffles, kobs, zèbres et crocodiles y vivent librement au milieu d'une multitude d'oiseaux. Le delta forme un ensemble inextricable de canaux et d'îlots recouverts de palmiers. Quand la saison des pluies est abondante, les eaux du delta se jettent dans les marais de Makgadikgadi, attirant des nuages de pélicans et de flamants roses.

Les habitants du Botswana vivent de l'agriculture (le statut social et la richesse des Tswanas est en relation directe avec la taille des troupeaux). La population dépasse à peine 1 000 000 d'habitants. Quelques éleveurs blancs ont développé de grands domaines.

L'indépendance, en 1966, marque le début d'une ère nouvelle avec l'exploitation des ressources minières. Le diamant devient rapidement la principale source de devises (16 millions de carats en 1980), avec le cuivre et le nickel. Les exportations de bétail vers l'Afrique du Sud maintiennent le niveau de vie des agriculteurs, et l'exploitation des mines de charbon complète des recettes qui ont plus que décuplé depuis l'indépendance. Mais, à partir de 1980, la sécheresse a touché les exploitations et on a dû stocker le diamant en raison de sa mévente.

Des pluies abondantes et de bons pâturages sont essentiels à l'équilibre des populations rurales (il y a huit grands clans) et au maintien des structures agricoles. Quelques milliers de Boschimans, chasseurs et cueilleurs, habitent le désert du Kalahari.

L'habitat est dispersé, mais on trouve de gros villages, comme Serow et Mochudi dont la population atteint 20 000 personnes. Il était autrefois fréquent d'avoir trois domiciles : un dans le village, un sur les terres familiales, parfois distantes d'une cinquantaine de kilomètres, et un troisième sur les lointains pâturages où les jeunes gens passaient la plus grande partie de l'année à garder les troupeaux. L'irrégularité des pluies force les gens à chercher des revenus moins aléatoires que l'agriculture, comme la construction ou le commerce.

Le centre du village est le *kgotla*, le lieu de rassemblement, où les chefs et les responsables donnent des consignes pour les semailles et les récoltes. Les familles pauvres peuvent emprunter du bétail au chef, à charge pour elles de lui réserver le premier veau. Mais la puissance des chefs s'est estompée, car beaucoup de personnes quittent le village pour aller vivre sur leurs terres, en raison, notamment, de l'augmentation de la population ou pour échapper aux réquisitions des responsables du village.

Les principales villes sont Gaborone, promue, après l'indépendance, au rang de capitale, Francistown, la vieille cité coloniale, Lobatse, dotée d'un grand abattoir, et les villes minières de Selebi-Pikwe et Orapa.

Le gouvernement actuel est une démocratie parlementaire présidée par Quett Masire. Ce dernier n'avait pas hésité à s'élever contre la politique d'apartheid de son voisin sud-africain, quitte à encourir ses foudres économiques et militaires (raids anti-A.N.C.). Mais l'Afrique du Sud est le passage obligé des exportations et des importations, et elle emploie 40 000 travailleurs botswanais.

LE BOTSWANA EN BREF

Superficie	582 143 km²
Population	1 350 000
Capitale	Gaborone
Régime	République parlementaire
Monnaie	Pula
Langues	Anglais (officielle), setswana
Religions	Chrétiens (15 %), religions africaines
Climat	Subtropical et sec ; température moyenne à Francistown : de 5 à 23 °C en juin, de 18 à 31 °C en décembre-janvier
Ressources	Bovins, moutons, maïs, sorgho ; diamants, nickel, cuivre
Activités	Élevage intensif, mines, conserverie de viande, tourisme
Exportations	Diamants (3e rang mondial), viande de bœuf, nickel, cuivre
P.N.B. annuel par habitant	2 375 dollars
Croissance démographique	27 ‰ par an
Espérance de vie	Hommes 53 ans, femmes 59

300 km au N. d'Abidjan, en pays baoulé. À l'origine, poste militaire fondé par les Français en 1899, sur le site d'un ancien marché d'esclaves. Carrefour commercial et nœud routier sur la voie ferrée Abidjan-Ouagadougou, la ville est un marché animé pour les productions locales et ses industries traitent coton, sisal, riz et tabac. Cacao et café y sont entreposés avant d'être expédiés à Abidjan pour l'exportation. On y trouve la plus ancienne usine textile ivoirienne (1922). Nombreuses mosquées ; siège d'un évêché, université.

Population (ville) 275 000 ; (aggl.) 640 000
Carte Côte-d'Ivoire Bb

Bouba Ndjida (parc national de), ***Cameroun*** Situé à la frontière du Tchad (2 200 km²), le parc abrite girafes, buffles, lions, léopards, guépards, rhinocéros, éléphants, et de nombreuses espèces d'antilopes.

Carte Cameroun Bb

Bouches-du-Rhône (13), ***France*** Département de la région Provence-Côte-d'Azur (5 112 km²). Chef-lieu : Marseille. Il comprend à l'O. les plaines du bas Rhône : l'extrémité méridionale du comtat Venaissin couverte de cultures irriguées, au S. des Alpilles la Crau, caillouteuse (c'est l'ancien delta de la Durance), mais peu à peu mise en valeur, enfin la Camargue — c'est le delta du Rhône — avec ses marécages, ses étangs et aussi ses rizières, vignobles et manades. À l'E. s'étendent les reliefs calcaires des Préalpes de Provence — les Alpilles en font partie — dont les petites chaînes, la Sainte-Victoire, la Trévaresse, l'Étoile, sont séparées par des bassins couverts de vignes (celui de Touloubre), de cultures maraîchères (celui d'Aix-en-Provence). Mais l'agriculture n'emploie qu'une part très faible de la population active (environ 3 %).

L'essentiel de l'activité industrielle est regroupé dans le port de Marseille et le complexe Fos-Étang de Berre (sidérurgie, raffinerie de pétrole, traitement du gaz, pétrochimie, constructions mécaniques), mais le secteur tertiaire emploie 65 % environ de la population active du département.

Population 1 777 000
Carte France Fe

Bouclier canadien, ***Canada*** Vaste pénéplaine constituée de terrains précambriens, s'étirant en demi-cercle sur 5 000 000 de km² (plus de la moitié de la superficie du Canada) depuis les Grands Lacs jusqu'à l'océan Arctique. Il s'étend sur presque tout le Labrador, le Québec, l'Ontario et les Territoires du Nord-Ouest, ainsi que sur une partie du Manitoba. Il renferme d'abondantes richesses minières et ses innombrables chutes et cours d'eau favorisent l'exploitation hydroélectrique. Il est en grande partie couvert de forêts.

Carte Canada Eb

boue Dépôt sédimentaire constitué de très fines particules terrigènes (argile, colloïde) ou organiques, qui se forme dans les océans, et dont la couleur varie en fonction des composants: les boues bleues ou noires contiennent des sulfures de fer et des matières organiques, les boues rouges des oxydes de fer.

Boug ou **Boug occidental,** en polonais **Bug,** ***Europe orientale*** Rivière prenant sa source en Ukraine, près de Lvov. Formant la frontière entre la Pologne et l'Ukraine, puis la Biélorussie, elle pénètre ensuite en Pologne. Elle rejoint, après un parcours de 813 km, le Narew et la Vistule au lac de retenue de Zegrzynek, au N. de Varsovie.
Carte Pologne Eb

Boug méridional, ***Ukraine*** Fleuve né à l'O. de Vinnitsa qui se jette, après 806 km, dans la mer Noire, au S. de Nikolaiev.
Carte Ukraine Bc, Cc

Bougainville, ***Papouasie-Nouvelle-Guinée*** Bien que faisant partie géographiquement des îles Salomon, Bougainville, ainsi que Buka, située plus au N., est rattachée administrativement à l'État de Papouasie-Nouvelle-Guinée.

Île la plus orientale du pays, Bougainville dispose d'une grande richesse grâce à la mine de cuivre à ciel ouvert de Panguna, située au S.-O. du chef-lieu Arawa. Mais c'est aussi cette mine qui est à l'origine, depuis 1975, de graves troubles séparatistes. Les tenants de l'indépendance font état des dommages écologiques qu'entraînent l'exploitation de la mine par une société australienne qui en est propriétaire et emploie des travailleurs australiens. Ils dénoncent également les retombées financières négatives pour l'île elle-même.

En dépit de l'intervention de troupes australiennes et de plusieurs tentatives de négociations, le conflit perdure.

Couverte de forêts denses, montagneuse, Bougainville culmine à 2 743 m au volcan Balbi, toujours en activité. Ses autres ressources sont le coprah et le cacao. Avec Buka, Bougainville constitue la province de Nord-Salomon (9 300 km^2), qui pourrait obtenir un jour une certaine autonomie.
Population 130 000
Carte Papouasie-Nouvelle-Guinée Ca

Bougie, ***Algérie*** Voir BEJAÏA

Bouillon, ***Belgique*** Ville proche de la frontière française, à 110 km au S. de Liège, sur la Semois, dominée par un magnifique château qui évoque le souvenir du croisé Godefroy de Bouillon (prise de Jérusalem en 1099).
Population 5 500
Carte Belgique Bb

Boukhara ou **Bukhârâ,** ***Ouzbékistan*** Une des plus anciennes villes de l'Asie centrale, à 225 km à l'O. de Samarkand. Centre islamique depuis le VIIIe s. jusqu'à sa prise par le chef mongol Gengis Khan, au début du XIIIe s., c'est une ville de mosquées et de minarets (X^e-XIIe s.), en même temps qu'un centre commercial (industries de la soie, de la laine et du coton) et touristique. Ses tapis sont célèbres.
Population 249 600
Carte Ouzbékistan Bb

Boukraa, ***Sahara occidental*** Région au S. d'El-Ayoun, au N. du territoire, et contenant les plus riches gisements de phosphates du monde. Les réserves sont estimées à 600 millions de tonnes. L'exploitation, commencée par les Espagnols et provisoirement interrompue par la guerre entre le Maroc et le Front Polisario, mouvement pour l'Indépendance du Sahara occidental, a été reprise en 1982 par le Maroc qui a annexé la région.
Carte Sahara occidental Aa

Boulaïda (El-) ***Algérie*** Voir BLIDA

Boulogne-Billancourt, ***France*** Ville de la banlieue S.-O. de Paris (Hauts-de-Seine), seconde ville d'Île-de-France après la capitale. Haut lieu de l'industrie automobile, Boulogne-Billancourt abritait en particulier les usines Renault, dont elle est le berceau (1898). Symbole de cette entreprise, et en même temps du syndicalisme ouvrier, les ateliers de l'île Seguin, sur la Seine, ont toutefois été fermés en 1992.

Jardins Albert-Kahn, reproduisant différents types de paysages, proximité du bois de Boulogne (appartenant à la ville de Paris).
Population 102 600
Carte France Eb

Boulogne-sur-Mer, ***France*** Sous-préfecture du Pas-de-Calais, premier port de pêche du pays, sur la Manche, à 115 km à l'O. de Lille. C'est aussi le deuxième port pour le transport de passagers, après Calais. Mais l'ouverture du tunnel sous la Manche, fin1993, risque de porter préjudice à cette activité, déjà affaiblie depuis quelques années.

Forte de quelque 91 500 habitants, l'agglomération est très industrialisée (métallurgie, industries électrique et alimentaire, conserveries, produits de la pêche).

Le tourisme bénéficie d'édifices importants (vieux quartier de la ville haute enserré de remparts, hôtel de ville du XVIIIe s., cathédrale Notre-Dame, beffroi, château des gouverneurs).

L'arrière-pays, ou Boulonnais, constitue une partie du parc naturel régional du Nord-Pas-de-Calais.
Population 43 700
Carte France Da

Bounty (îles), ***océan Pacifique*** Petit groupe d'îlots inhabités à 750 km au S.-E. de la Nouvelle-Zélande, à laquelle elles appartiennent. D'une superficie totale de 1,3 km^2, elles furent découvertes en 1788 par le capitaine Blight, sur son célèbre navire, le *Bounty*.

Bourbonnais, ***France*** Ancienne province du centre de la France, au N. du Massif central, traversée par l'Allier (7 340 km^2). Les seigneurs de Bourbon, partis de l'abbaye de Souvigny et du château de Bourbon-l'Archambault, étendirent leur domaine ; au XIIIe s., il correspondait à l'actuel département de l'Allier; il devint un duché-pairie en 1327, et fut rattaché à la Couronne de France en 1531.

C'est un pays de bocages, de prairies et d'étangs. Élevage bovin. Principales villes: Moulins, Vichy, Montluçon.
Population 370 000
Carte France Ec

Bourgas ou **Burgas,** ***Bulgarie*** Port important et chef-lieu de la province du même nom, sur la mer Noire, à 60 km au N. de la frontière turque. Ce village de pêcheurs fondé au XVIIIe s. sur le site médiéval de Pyrgos devint un port de commerce et une ville industrielle lorsque la Bulgarie s'affranchit de la domination turque en 1878. Il s'est beaucoup développé depuis l'abolition de la monarchie par les communistes, en 1946.

Industries alimentaires (minoteries), mécaniques, raffineries de pétrole.
Population (ville) 205 000 ; (prov.) 851 000
Carte Bulgarie Cb

Bourg-en-Bresse, ***France*** Préfecture de l'Ain, à 60 km environ au N.-E. de Lyon. Important marché agricole (volaille, beurre, fruits et légumes) et centre industriel (constructions mécaniques, meubles, maroquinerie, émaux). Église gothique du XVIe s., maisons anciennes ; somptueuse église de Brou, du XVIe s. (tombeaux), monastère, musée de l'Ain.
Population 43 000
Carte France Ec

Bourges, ***France*** Préfecture du Cher et capitale du Berry, au confluent de l'Yèvre et de l'Auron, dans la Champagne berrichonne, à 65 km à l'O. de Nevers. Capitale gauloise (*Avaricum*), puis centre important au Moyen Âge, elle connut une période brillante sous le duc Jean de Berry (1340-1416) ; capitale passagère de Charles VII, le « roi de Bourges », en 1422, elle vécut de nouvelles heures de gloire avec Jacques Cœur, grand argentier du roi.

La cathédrale Saint-Étienne est l'un des plus vastes édifices gothiques de France (portails sculptés, vitraux). Le palais Jacques-Cœur est un bel exemple de l'architecture civile du XVe s. La ville abrite nombre de monuments et bâtiments anciens (églises, maisons, hôtels). C'est aussi un centre industriel (métallurgie, aéronautique, armement, confection, pneus). Bourges a vu naître notamment Louis XI, Jacques Cœur, le prédicateur Bourdaloue et le peintre Berthe Morisot.
Population 75 500
Carte France Ec

Bourget (lac du), ***France*** Le plus grand lac de France (45 km^2), situé dans une vallée des Alpes du Nord (cluse de Chambéry, département de Savoie), a une profondeur maximale de 145 m. Sur sa rive orientale se trouve la station d'Aix-les-Bains. Il inspira Lamartine dans une de ses *Méditations poétiques*, « le Lac ».
Carte France Fd

Bourgogne, ***France*** Région naturelle, administrative et historique du centre-est de la France, entre le Bassin parisien et le Sillon rhodanien (31 582 km^2), qui s'étend sur les quatre départements de Côte-d'Or, Nièvre, Saône-et-Loire et Yonne.

Ensemble de pays variés, plateaux et collines, plaines et vallons, où l'agriculture est orientée essentiellement vers la polyculture intensive, en plaine, l'élevage, dans le Charolais et le Morvan, et surtout la viticulture (plus de 5 000 vignobles en Côte-d'Or et Saône-et-Loire). L'industrie est elle aussi très diversifiée (industrie lourde au Creusot et à Montceau-les-Mines, industries variées à Chalon-sur-Saône, Mâcon, Autun, Clamecy, Auxerre, Sens).

Peuplée à l'époque gauloise par les Éduens, puis au Ve s. par les Burgondes, qui lui ont donné son nom, la Bourgogne, après différents partages, devint un duché dont la puissance s'accrut au XVe s., sous Philippe III le Bon (1396-1467), puis Charles le Téméraire (1433-1477). En 1477, le duché de Bourgogne tomba sous la tutelle espagnole par le mariage de Marie de Bourgogne avec Maximilien d'Autriche.

Louis XI en annexa une partie (Bourgogne ducale) en 1482. En 1529, Charles Quint, par le traité de Cambrai, renonçait à la Bourgogne. Dijon, capitale de la Bourgogne, conserve de nombreuses traces du glorieux passé de la province.

Population 1 609 000
Carte France Ec

Bourgogne (canal de), ***France*** Long de 242 km, il fut construit de 1775 à 1832. Suivant le cours de l'Ouche, il joint l'Yonne (Laroche) à la Saône (Saint-Jean-de-Losne), mettant ainsi en communication la Seine et le Rhône. Il a un faible trafic en raison de ses nombreuses écluses (189).

Bouriatie, ***Russie*** République de l'Extrême-Orient russe, entre le lac Baïkal et la Mongolie. D'une superficie de 351 300 km^2, c'est une région agricole (culture de céréales, élevages bovin et ovin) et riche en minerais (fer, or). Les Bouriates, peuple mongol de Sibérie orientale, ont pour religions dominantes le bouddhisme et le chamanisme.

Ils sont aussi présents dans les arrondissements autonomes d'Aginskoï (à l'E. du lac Baïkal) et d'Oust-Ordynski (à l'O.).

Créée en 1923, la république autonome de Bouriatie est peuplée à 72 % de Russes et à 23 % seulement de Bouriates. Capitale : Oulan-Oudé.

Population 1 056 000
Carte Russie Fc, Gc

Bourke, ***Australie*** Ville de la Nouvelle-Galles du Sud, sur le Darling, à 625 km au N.-O. de Sydney. Cet ancien entrepôt fortifié, fondé en 1835, est le centre de l'une des régions productrices de laine les plus riches du monde.

Population 3 300
Carte Australie He

Bournemouth, ***Royaume-Uni*** Ville balnéaire renommée du comté de Dorset, sur la Manche, à 150 km au S. de Londres. Mary Shelley et Robert Louis Stevenson y séjournèrent. Le port de plaisance de Poole, à l'O., date du XIIIe s.

Population 145 000
Carte Royaume-Uni Ee

Bou-Saâda, ***Algérie*** Ville-oasis dans la région montagneuse des Ouled Naïl, à 250 km au S.-E. d'Alger, sur la route de Bieskra. Important centre touristique : vieilles rues, citadelle, mosquées des Ouled Attig et des Cheurfa et nombreuses boutiques d'artisanat.

Population 66 700
Carte Algérie Ba

Boyacá, ***Colombie*** Province montagneuse (23 189 km^2) dans la partie orientale des Andes, au N. de Bogotá. Capitale : Tunja. Dans les vallées plus chaudes de l'O., vers le Magdalena, on cultive du blé et des oliviers.

La plus grande mine d'émeraudes du monde occidental se trouve à Muzo, à 80 km à l'O. de Tunja. Au N.-E., Paz de Río regroupe les principales usines sidérurgiques de Colombie.

Population 1 287 000
Carte Colombie Bb

Boyne, ***Irlande*** Fleuve d'Irlande orientale qui prend sa source à l'O. de Dublin et se jette dans la mer d'Irlande, à Drogheda. Longueur : 115 km. Célèbre pour son saumon.

Sur ses rives, le protestant Guillaume d'Orange vainquit le catholique Jacques II en 1690, assurant la succession protestante au trône britannique.

Carte Irlande Cb

Brabant, ***Belgique*** Province centrale recouvrant 3 358 km autour de la capitale Bruxelles. Ce plateau de limons fertiles favorables à l'élevage du bétail, aux cultures maraîchères, au froment et à la betterave sucrière, possède la plus forte densité de population du pays. L'historique duché de Brabant, fondé en 1190, s'étendait jusqu'aux Pays-Bas du Sud. Au Moyen Âge, sa prospérité était fondée, notamment, sur l'industrie lainière.

La réforme en cours des institutions belges (mise en place du fédéralisme) fait du Brabant une province divisée. La partie N. est en effet rattachée aux Flandres, tandis que la zone S. fait partie de la région wallonne. Quant à Bruxelles, étant donné son bilinguisme et son rôle de capitale, elle a obtenu un statut de région à part entière.

Population 2 246 000
Carte Belgique Ba

Brabant-Septentrional, ***Pays-Bas*** Province du sud du pays, couvrant 5 107 km^2, en bordure de la frontière belge, surtout formée de lande et de forêts, et où l'élevage est la principale activité. Le récent développement industriel, en particulier autour d'Eindhoven, a permis un accroissement de la population et de la prospérité. La capitale est Bois-le-Duc. La province faisait partie de l'ancien duché de Brabant, dont la zone S. est maintenant comprise dans les provinces du nord de la Belgique, Brabant Belge inclus.

Population 2 225 500
Carte Pays-Bas Bb

Brač, ***Croatie*** La plus grande île de l'archipel dalmate (394 km^2), au large de la station balnéaire de Split. Célèbre pour son marbre d'une blancheur de lait, qui fut utilisé pour construire le palais de Dioclétien (à Split), et la Maison-Blanche, à Washington. On y cultive en terrasses des olives, des figues, des amandes et du raisin. La pêche demeure importante malgré la rareté de la main-d'œuvre due au départ des jeunes vers le continent. Le tourisme s'est développé sur l'île (plages de Bol), mais la guerre serbo-croate l'a stoppé. Ville principale : Supetar.

Population 13 850
Carte Croatie Bc

Bracciano (lac de), ***Italie*** Lac de cratère volcanique à 30 km au N.-O. de Rome (57 km^2), alimenté par des torrents et par des sources souterraines, et se déversant dans le Tibre.

Profondeur maximale 165 m
Carte Italie Dc

Bradford, ***Royaume-Uni*** Ville du Yorkshire, en Angleterre, à 50 km au N.-E. de Manchester. Quartier général du commerce de la laine depuis le XIXe s. Hôtel de ville gothique. Église St.-Peter (XVe s.), cathédrale depuis 1919. Université.

Population 281 000
Carte Royaume-Uni Ed

Bragance, en port. **Bragança,** ***Portugal*** Ville médiévale à 170 km au N.-E. de Porto, non loin de la frontière espagnole. Les anciens remparts et le château dominent la ville moderne.

La dynastie de Bragance régna sur le Portugal de 1640 à 1910 (à partir de 1644, le titre de duc de Bragance fut donné à l'héritier du trône du Portugal).

Population 16 600
Carte Portugal Cb

Brahmapoutre, en chinois **Zangbo,** ***Tibet/Inde/Bangladesh*** Fleuve de 2 900 km de long, né sur le plateau tibétain (où il se nomme Zangbo). Il coule d'abord vers l'E. jusqu'aux gorges de Dihang, puis vers l'O., dans l'Assam, et vers le S., au Bangladesh (où son bras principal est connu sous le nom de Jamuna). Il rejoint alors le Gange dans son delta. Son débit moyen, le plus important de tous les fleuves indiens, varie extrêmement entre saisons sèches et saisons humides. À Gauhati, dans l'Assam, où il mesure déjà 1,5 km de large, son niveau peut atteindre 5 m pendant les moussons. Son cours très changeant charrie vers le delta d'énormes quantités de limon, provenant des glissements de terrains causés par les tremblements de terre. Sa partie navigable de 640 km de long, au Tibet, coule à une altitude de 3 650 m. Le développement de son bassin inférieur dépendra de la coopération entre l'Inde et le Bangladesh.

Carte Inde Eb

Braïla, ***Roumanie*** Deuxième port de Roumanie et capitale de la province du même nom, sur le Danube, à 140 km du port de Sulina (mer Noire). Port important depuis le XIVe s., la ville fut occupée par les Turcs pendant trois cents ans. Industries alimentaires, textiles, métallurgiques, matériel roulant. Le centre de la ville est dominé par la flèche d'une église du XIXe s. Patrie de l'écrivain Panaït Istrati.

Population 228 200
Carte Roumanie Ba

Brandebourg, en all. **Brandenburg** ***Allemagne*** 1. Région historique du N. de la plaine centrale allemande, dont le margrave, à partir de 1356, était l'un des quatre électeurs laïcs du Saint Empire romain germanique. Sa capitale était Berlin. L'union entre le Brandebourg et la Prusse en 1618 marquera le début de l'ascension de cette dernière. En 1945, la partie orientale (à l'E. de l'Oder) devient polonaise. La partie occidentale appartient à la R.D.A.

La réunification de l'Allemagne en 1990 en fait un Land de 26 976 km^2, englobant les anciens districts de Potsdam, Cottbus et Francfort-sur-l'Oder.

Agriculture pauvre (collines sableuses et dépressions tourbeuses). Industries importantes : lignite, aciéries, raffineries de pétrole, textile. Capitale : Potsdam.

2. Port et ville industrielle sur la Havel, à 60 km à l'O. de Berlin. Jadis prospère grâce au commerce et à la draperie, la ville, qui donna son nom au Land, vit aujourd'hui de la métallurgie, des industries mécaniques, textiles et navales. La cathédrale Saint-Pierre-et-Saint-Paul est réputée pour ses retables gothiques et sa crypte, qui abrite un mausolée à la mémoire des religieux victimes du nazisme.

Population (ville) 89 900 ; (Land) 2 543 000
Carte Allemagne Eb

Brandon, ***Canada*** Deuxième ville du Manitoba, sur l'Assiniboine, à 200 km à l'O. de Winnipeg. Fondée en 1881 par la Canadian Pacific Railway, elle possède une université et un internat pour les Indiens. Centre d'une riche région agricole. Industries : raffineries de pétrole, produits chimiques et matériel agricole.

Population 36 240
Carte Canada Fd

COURONNE D'ÉPINES. Le toit de la cathédrale de Brasília fut conçu pour représenter la couronne du Christ; la vaste nef circulaire se trouve au-dessous du niveau du sol.

Brasília, ***Brésil*** Capitale, à 970 km au N.-O. de Rio de Janeiro. Fondée en 1960, cette ville audacieusement moderne fut construite sur un plateau désertique de l'État de Goías. Elle se déploie en forme d'avion, les ailes étant constituées par les immeubles des quartiers résidentiels, le fuselage par l'avenue des Ministères, et le nez par les impressionnants bâtiments de la place des Trois-Pouvoirs: palais de Justice, palais du Planalto (palais présidentiel), et Congrès. Les principaux bâtiments sont l'œuvre de l'architecte Oscar Niemeyer, et le plan directeur fut établi par l'urbaniste Lucio Costa. Seule l'industrie légère est autorisée. L'aéroport assure un grand nombre de vols intérieurs, mais Rio de Janeiro est le principal aéroport international.

Population (aggl.) 1 804 000
Carte Brésil Dc

Braşov, ***Roumanie*** Ville située dans une vallée encaissée de Transylvanie, dominée par le mont Tampa (957 m), à 140 km au N.-O. de la capitale, Bucarest. C'est aujourd'hui la deuxième ville du pays après Bucarest. Industries: tracteurs, camions, outillage, ciment, verre, papier, produits chimiques. Fondée en 1211 par les Chevaliers teutoniques, la ville conserve beaucoup de monuments médiévaux. L'église orthodoxe date de 1392. Communautés hongroises et allemandes importantes.

Population 304 700
Carte Roumanie Ba

Bratislava, anc. en all. **Pressburg,** en fr. **Presbourg,** ***Slovaquie*** Capitale et première ville du pays. Centre commercial, carrefour ferroviaire et routier et port sur le Danube, près des frontières hongroise et autrichienne. Elle appartint à la Hongrie de sa fondation au Xe s. jusqu'à la création de la Tchécoslovaquie en 1918, et fut la capitale de la Hongrie habsbourgeoise après les invasions turques, en 1541, sous le nom de Pressburg. De nombreux rois hongrois furent couronnés dans la cathédrale gothique Saint-Martin des XIVe et XVe s. L'université Komensky date de 1467.

Le développement industriel est récent: produits chimiques, raffinage de pétrole, industries mécaniques, électriques. À environ 16 km au N. se trouve le village de Stupava, près d'un camp romain.

Population 444 500
Carte Slovaquie Cb

Bratsk, ***Russie*** Ville industrielle de Sibérie sur l'Angara, au S. d'un immense lac de retenue et à environ 460 km au N.-O. d'Irkoutsk. À proximité se trouve l'une des plus importantes centrales hydroélectriques du monde (capacité: 4 500 MW). Scieries, industries du papier et de l'aluminium, cimenteries.

Population 258 000
Carte Russie Fc

Braunschweig, ***Allemagne*** Voir BRUNSWICK

Brazzaville, ***Congo*** Capitale du pays au bord du Pool Malebo (anc. Stanley Pool), section du fleuve Zaïre qui forme un lac de 450 km^2. Sur la rive gauche se trouve la capitale zaïroise, Kinshasa. Fondée en 1880 par l'explorateur et colonisateur français Pierre Savorgnan de Brazza, Brazzaville devint capitale de l'Afrique-Équatoriale française en 1910 et s'étendit rapidement après la Seconde Guerre mondiale (elle fut le quartier général des Forces françaises libres d'Afrique). En 1944, à l'initiative du général de Gaulle, s'y tint une conférence pour déterminer l'avenir des territoires français d'outre-mer après la guerre.

Ce port fluvial important, situé en aval du réseau navigable Zaïre-Oubangui, est relié au port de Pointe-Noire, sur l'Atlantique, par le chemin de fer Congo-Océan. Près de la moitié du transit est destiné aux autres pays d'Afrique centrale. Industries principales: réparation de matériel de chemin de fer, chantiers navals, produits de consommation. Aéroport international à Maya-Maya. Université de Marien-Ngouabi, fondée en 1972. À proximité de la ville se trouvent les rapides du Zaïre inférieur, les Plateaux batéké, et le village de Linzolo, où fut construite en 1883 la première église chrétienne du Congo.

Population 937 000
Carte Congo Bb

brèche Conglomérat formé de fragments anguleux de roches, différentes ou non, réunis par un ciment. Voir aussi CONGLOMÉRAT

Brecon Beacons, ***Royaume-Uni*** Hautes collines au S. du pays de Galles (point culminant: Pen y Fan, 886 m). Le nom « Beacons » (en français « fanaux ») rappelle que jadis on les utilisait pour envoyer des signaux lumineux.

Carte Royaume-Uni De

Breda, ***Pays-Bas*** Ville à 88 km au S. d'Amsterdam. Carrefour de voies de communication, c'est une ancienne cité fortifiée qui résista à plusieurs sièges du XVIe au XVIIIe s. Le château médiéval abrite aujourd'hui l'Académie militaire hollandaise. Constructions mécaniques, chocolat, soie artificielle.
Population (ville) 118 800 ; (aggl.) 153 500
Carte Pays-Bas Bb

Bregenz, ***Autriche*** Capitale du Vorarlberg, port de commerce et de plaisance, à l'extrémité E. du lac de Constance, à 125 km à l'O. d'Innsbruck. D'abord colonie celte, elle devint plus tard un important camp romain. Son musée abrite des vestiges celtiques et romains. Au Moyen Âge, elle était sous l'autorité des comtes de Bregenz et devint possession des Habsbourg, au XVIe s. Festival d'été.
À proximité, la forêt de Bregenz (Bregenzerwald) s'étend entre le lac de Constance et le col de Hochtannberg (altitude 1 679 m). Les pics les plus élevés de la région sont le Hoher Ifen (2 232 m) et le Kanisfluh (2 047 m).
Population 24 800
Carte Autriche Ab

Bréhat (île de), ***France*** Île des Côtes-d'Armor (3 km^2), à 2 km de la côte au N. de Saint-Brieuc, très fleurie et jouissant d'un climat très doux. Elle possède deux phares.
Population 460
Carte France Bb

Breidamerkurjökull, ***Islande*** Glacier de la côte S.-E. couvrant 250 km^2. C'est une partie du plus grand glacier d'Europe, le Vatnajökull.
Carte Islande Cb

Brela, ***Croatie*** Voir MAKARSKA

Brême, ***Allemagne*** Ville sur la Weser, à environ 60 km de la mer du Nord, et à 95 km au S.-O. de Hambourg. Importante cité commerciale dès le IXe s., elle devint membre de la puissante Ligue hanséatique en 1358. C'est aujourd'hui le deuxième port d'Allemagne après Hambourg. Constructions navales, industries alimentaires, textiles, électroniques et automobiles, raffinage du pétrole.
Les remparts et les douves du Moyen Âge, transformés en jardins, entourent la cathédrale, l'hôtel de ville et la place du marché de la vieille ville. Près de l'hôtel de ville se dresse une statue haute de 9 m, datant de 1400 et représentant Roland, neveu de Charlemagne.
Son passé hanséatique vaut à Brême de constituer depuis 1947, avec Bremerhaven, un Land à part entière de 404 km^2.
Population (ville) 551 000 ; (État) 639 000
Carte Allemagne Cb

Bremerhaven, ***Allemagne*** Port de la mer du Nord à l'embouchure de la Weser, à 55 km au N. de Brême, dont il tire son nom et à laquelle il est rattaché administrativement. Il peut accueillir de très gros navires (lignes transatlantiques). C'est aussi un grand port de pêche.
Population 135 000
Carte Allemagne Cb

Brenne, ***France*** Région du département de l'Indre (800 km^2), à l'O. de Châteauroux, parsemée d'étangs, visitée par de nombreuses espèces d'oiseaux et de mammifères. Le parc naturel régional de la Brenne (près de 180 000 ha) y a été créé en 1989.
Carte France Dc

Brenner (col du), ***Autriche/Italie*** Le moins élevé des passages transalpins (1 380 m) qui relie Innsbruck (Autriche) à Bolzano (Italie). Traversé par un chemin de fer et une route, il marque la frontière entre l'Autriche et l'Italie depuis la Première Guerre mondiale. Hitler rencontra souvent Mussolini dans le village de Brennero (côté italien), entre 1933 et 1945.
Carte Autriche Bb, Italie Ca

Brescia, ***Italie*** Ville de Lombardie, chef-lieu de la province homonyme, à 40 km à l'E. de Milan. Cathédrales du IXe s. et du XVIIe s., palais du XIIe au XVIe s., plusieurs églises anciennes. Principales industries : soie, lin, armes à feu, outils.
Population 206 500
Carte Italie Cb

Brésil Voir p. 120-123

Breslau, ***Pologne*** Voir WROCLAW

Bresse, ***France*** Région agricole fertile à l'E. de la vallée de la Saône, couvrant les départements de l'Ain et une partie de la Saône-et-Loire. Capitale : Bourg-en-Bresse. Nombreux pâturages, lacs et bois. Production laitière, élevage de volaille (poulardes) et fromageries.
Carte France Fc

Brest, ***France*** Sous-préfecture et première ville du Finistère, à l'extrémité occidentale de la Bretagne. Depuis la reconstruction de son centre-ville, bombardé pendant la Seconde Guerre mondiale, c'est la ville la plus moderne de Bretagne. C'est aussi l'un des premiers ports militaires français et un port de commerce important. Chantiers navals, industries mécaniques et chimiques. Université. Sa forteresse des XVe et XVIe s. abrite le Musée naval. On peut encore admirer les fortifications du XVIIe s.
À quelques kilomètres au sud, l'île Longue est une base de sous-marins nucléaires.
Population 201 000
Carte France Ab

Brest, jusqu'en 1921 **Brest-Litovsk,** ***Biélorussie*** Port sur le Boug occidental, à l'endroit où la rivière sert de frontière avec la Pologne. Nœud ferroviaire. Commerce de bois, grain, bétail. Industries alimentaires, de bois et de textiles.
Fondée par la Pologne au XIe s., Brest fut annexée par la Russie en 1795. En mars 1918, on y signa un traité de paix russo-germanique, par lequel les Russes sacrifièrent une grande partie de leur territoire. Ce traité (de Brest-Litovsk) fut annulé par le gouvernement soviétique en novembre 1918. Rendue à la Pologne de 1921 à 1939, occupée par les Russes (1939), puis par les Allemands pendant toute la Seconde Guerre mondiale, la ville fait partie de la Biélorussie depuis 1945.
Population 269 000
Carte Biélorussie Ab

Bretagne, ***France*** Péninsule historique (anc. Armorique) de l'O. de la France, bordée par la Manche et l'Atlantique. Ses côtes, découpées au N., sablonneuses au S., s'étendent sur 3 500 km. Aux Ve et VIe s., les Bretons, peuple celte qui fuyait l'invasion anglo-saxonne de la Grande-Bretagne, s'y réfugièrent et lui donnèrent leur nom. La Bretagne fut rattachée à la France en 1532. Le breton est toujours parlé dans l'ouest (basse Bretagne), où subsistent de nombreuses traditions populaires (festivals de musique, danses folkloriques, port de la coiffe).
La région administrative de Bretagne comprend aujourd'hui quatre départements : Côtes-d'Armor, Finistère, Morbihan, Ille-et-Vilaine. Superficie totale : 27 000 km^2. Les principales activités sont l'agriculture et la pêche, mais avec l'essor industriel (automobiles, électronique), la modernisation des structures et le développement du secteur tertiaire, cette région autrefois isolée et affaiblie par l'exode de sa population s'oriente vers un nouvel équilibre économique. Rennes, Brest et Lorient sont les villes les plus importantes.
Le parc naturel régional d'Armorique, créé en 1969, couvre près de 110 000 ha dans le Finistère, sur le continent et dans les îles de Molène, Ouessant et Sein.
Population 2 793 600
Carte France Bb

Briansk, ***Russie*** Ville sur la Desna, à 340 km au S.-O. de Moscou. Fabrication de locomotives, usines métallurgiques, minoteries, scieries, distilleries et verreries.
Population 458 900
Carte Russie Cc

Bridgeport, ***États-Unis*** Ville côtière du Connecticut, à 100 km au N.-E. de New York, en face de Long Island. Industries très variées : électronique, matériel électrique, hélicoptères, montgolfières, décors de théâtre pour Broadway. Banlieue résidentielle de New York.
Population (ville) 142 100 ; (zone urbaine) 441 500
Carte États-Unis Lb

Bridgetown, ***la Barbade*** Capitale, centre commercial et principal port de l'île dont elle exporte le sucre, le rhum et la mélasse. Escale des lignes aériennes et des navires de croisière.
Population (aggl.) 115 000
Carte Trinité et Tobago Ba

Brie, ***France*** Importante région agricole à l'E. de Paris, entre la Marne et la Seine, formée par un plateau couvert de limon (lœss). Elle couvre la presque totalité du département de la Seine-et-Marne et une partie des départements voisins. L'agriculture, très mécanisée et pratiquée dans de grandes propriétés, produit principalement du blé, du maïs et de la betterave à sucre. L'élevage est important (bovin, poulets), et la région est réputée pour ses fromages : brie de Meaux, de Coulommiers et de Melun. Villes principales : Meaux, Melun, Provins.
Carte France Eb

Brière ou **Grande Brière,** ***France*** Entre la Loire et la Vilaine, région de marais tourbeux dont émergent quelques « îles » rocheuses, avec des chaumières aux toits de roseaux. Le marais briéron (6 600 ha) est indivis entre les habitants de 21 communes. Le parc naturel régional de Brière (40 000 ha) a été créé en 1970 pour protéger la flore et la faune des marais.
Carte France Bc

Brighton, ***Royaume-Uni*** Ville côtière sur la Manche (East Sussex), à 75 km au S. de Londres. Le prince régent, futur roi George IV (1762-1830) et bienfaiteur de la ville, y fit construire le Pavillon royal, fantaisie architecturale dans le style indo-mongol. Brighton devint une station balnéaire en vogue, où fleurit la mode des bains de mer. L'université moderne du Sussex se trouve à proximité.
Population 149 000
Carte Royaume-Uni Ee

Brijuni ou **Brioni,** ***Croatie*** Voir PULA

Brésil

NÉ DU BOOM DU CAFÉ, CE PAYS DÉMESURÉ TENTE DE TROUVER UN SECOND SOUFFLE AVEC LE SUCRE ET LE SOJA. SA DETTE EST LA PLUS IMPORTANTE DU MONDE, MAIS SON POTENTIEL EST ÉNORME

Si le Brésil fait rêver, ce n'est pas, pour autant, un pays de rêve. Il y a, bien sûr, Rio de Janeiro et son fameux Pain de Sucre, son fabuleux carnaval, et ses plages de Copacabana et d'Ipanema. Il y a, aussi, le bassin de l'Amazone, et l'étendue démesurée de sa forêt primaire, Brasília, la capitale fédérale, et ses monuments futuristes érigés au centre du pays. Ses régions désertiques, ses savanes luxuriantes et ses montagnes sauvages voisinent avec des collines de café et une population de plus de 140 millions d'habitants, dont la moitié a moins de vingt-cinq ans.

La richesse du Brésil dépasse l'imagination, mais c'est un pays pauvre. La dette internationale du pays est la plus importante du monde (plus de 100 milliards de dollars) et l'inflation est voisine de 200 %.

Sur cette immense masse territoriale, les distances sont énormes — 4 320 km du N. au S. et un peu moins d'E. en O. ; il y a 7 400 km de côtes et plus de 43 000 km de voies navigables. Le Brésil est le cinquième pays du monde en superficie ; avec 8 511 965 km^2, il couvre près de la moitié du continent sud-américain. Il doit son étendue à sa découverte par les Portugais : contrairement aux Espagnols, qui divisèrent le reste de l'Amérique latine en vice-royaumes, ils imposèrent une administration coloniale directe et unitaire au XVIe siècle, si bien qu'aujourd'hui, malgré des rivalités internes, c'est une nation unie, de langue portugaise.

Le Brésil est un pays relativement homogène ; le métissage y a toujours été largement pratiqué par les Portugais, tant vis-à-vis des Indiens que des Noirs, arrachés à leur terre et réduits à l'esclavage pour compenser le peu de résistance des indigènes au contact des maladies apportés par les Blancs et le refus suicidaire des Indiens d'entrer dans le système du travail forcé. Plus de 4 millions de Noirs furent amenés des pays du golfe de Guinée et de l'Angola entre le XVIe s. et l'abolition de l'esclavage au Brésil en 1888. Entre 1820 et 1939, une immigration massive en provenance d'Europe, du Proche-Orient et d'Asie acheva de constituer le fond du peuplement du pays. Des colonies allemandes s'établirent dans le Sud ; des Japonais essaimèrent autour des bouches de l'Amazone et furent à l'origine de l'essor commercial de São Paulo. Une deuxième vague d'immigrants arriva après la dernière guerre. Aujourd'hui, 85 % de la population est constituée de Blancs et de métis, le reste est composé de Noirs, d'Asiatiques et d'Indiens. Il n'y a pas de discrimination raciale, mais le pouvoir politique et économique a toujours été entre les mains des Blancs.

Un monde sépare une petite minorité richissime de la masse des pauvres et des très pauvres. Les uns et les autres se rencontrent à l'occasion du carnaval annuel que chacun célèbre avec le maximum de faste, et qui permet aux plus pauvres d'oublier, pour un temps, leur condition. Bien des pays catholiques célèbrent la période qui précède le Carême, mais nul ne le fête comme Rio.

Rio de Janeiro, une métropole de 9 millions d'habitants, s'étale sur un site magnifique — 20 km de plages entre le ciel et des montagnes verdoyantes — et confirme le dicton : « Dieu a créé le monde en six jours et réservé le septième à Rio » ; au Corcovado, une statue du Christ, gigantesque, étend ses bras sur la cité.

Première capitale du pays, Rio est une grande ville sur la côte orientale, entre Salvador, dans le N., et Pôrto Alegre, dans le S. Cette côte, bordée d'une plaine atteignant parfois 100 km de largeur, s'élève rapidement jusqu'aux contreforts d'un plateau où 30 % de la population vit sur 7,7 % de la superficie du territoire.

L'histoire et le terrain expliquent cette situation. Les premiers colons portugais qui accostèrent mirent immédiatement en culture le riche sol alluvial, couvert, à l'origine, d'une épaisse forêt tropicale qui a presque totalement disparu. Cette région est le cœur politique et économique du pays ; c'est l'une de ses cinq grandes régions naturelles ; elle comprend les États de Minas Gerais, Espirito Santo, São Paulo et Rio de Janeiro ; ces deux derniers États abritent les deux grandes villes du même nom. Le plateau côtier s'élève à 790 m (2 130 m pour les plateaux de l'intérieur).

L'« ENFER VERT »

Le bassin de l'Amazone, dans le Nord et l'Est, est la plus vaste des régions du Brésil ; elle couvre le tiers du pays. C'est une immense dépression, couverte d'une forêt tropicale, drainée par les 6 570 km du fleuve et par ses nombreux affluents dont les principaux sont le Xingu et le Negro. La forêt brésilienne n'a pas reçu gratuitement son surnom d'« enfer vert » : durant toute l'année, la température se maintient à 27 °C et le degré d'humidité est toujours très élevé ; les précipitations atteignent 3 000 mm en moyenne. La route Transamazonienne avec ses différentes bretelles, ainsi que des voies ferrées, ont ouvert cette région au développement mais souvent, hélas ! au détriment des derniers Indiens et de l'équilibre écologique.

De vastes secteurs de la forêt ont été déboisés au bénéfice des cultures et de l'élevage, conformément à la politique de développement économique visant à attirer les paysans des régions déshéritées du Nord-Est pour les installer dans les zones ainsi ouvertes. Mais ces projets se sont souvent révélés désastreux. Les sols forestiers sont en général trop minces pour supporter les labours et les pluies diluviennes que nulle végétation ne peut plus freiner ; il suffit de quelques années pour les mettre à nu. Les petits paysans pauvres qui pensaient disposer d'une terre bien à eux ont été incorporés dans de vastes ranchs appartenant à de grandes compagnies (assassinat du militant écologiste Chico Mendès en 1988).

La situation est plus dramatique pour les Indiens, dont beaucoup vivaient encore à l'âge de la pierre avant l'arrivée de la Transamazonienne. Ils ont été entraînés dans le flot du modernisme qui a modifié leur vie dans tous ses aspects ; ils sont à l'image de la forêt dont l'écologie a été bouleversée. Les Indiens du Brésil étaient plus d'un million à l'arrivée des Portugais. Depuis, beaucoup ont été tués, capturés et réduits en esclavage ; plus nombreux sont ceux qui ont succombé aux maladies amenées par les Européens, comme le simple rhume, la rougeole et la petite vérole. De nos jours, encore, ils sont à la merci d'aventuriers ou d'entrepreneurs sans scrupules qui les enrôlent pour exploiter le caoutchouc ou simplement les assassinent pour leur voler leurs terres. Le Service de protection des Indiens a entrepris plusieurs actions en leur faveur ; mais les intérêts en jeu sont trop importants et l'empêchent de s'opposer efficacement aux exactions de toutes sortes contre les quelque 100 000 Indiens qui vivent encore dans cet immense pays. Certains groupes refusent désormais tout contact avec les Blancs et se sont réfugiés dans les dernières régions inexplorées.

La région du Nord-Est, à l'extrémité orientale du pays, est parsemée de larges zones semi désertiques couvertes d'épineux appelés *caatinga* ; des années peuvent s'écouler sans que tombe une goutte de pluie, sauf sur la côte où croît une végétation toujours verte.

La quatrième grande région du Brésil est le plateau méridional, avec les États de Parana, Santa Catarina et Rio Grande do Sul, à la frontière de l'Uruguay. Les conifères et les feuillus couvrent le plateau du Nord ; au S. règne la prairie, semblable à la *pampa* argentine ; c'est aussi le domaine des gauchos, avec ses riches terres propices à l'établissement de ranchs, dans l'Ouest, et de vastes plantations de café dans le Nord et le Nord-Est. L'Ouest du vaste plateau central, couvert de savane arborée, est une autre région bien à part ; trois États pleins d'avenir, le Matto Grosso, le Matto Grosso do Sul et le Goiás, y attirent ceux qui rêvent d'une vie nouvelle. Le président Juscelino Kubitschek a choisi l'État sauvage et sous-peuplé de Goiás pour y implanter Brasilia, la capitale de ses rêves, qui a remplacé Rio en 1960.

Malgré les bidonvilles qui la ceinturent, Brasília fait figure de cité modeste avec son million d'habitants, à côté de São Paulo, la plus grande ville du pays. Celle-ci a le plus fort taux de croissance urbaine du monde ; c'est aussi le centre financier qui présente le plus de vitalité. La population de São Paulo dépasse les 15 millions d'habitants ; son accroissement est estimé à 150 000 personnes par an.

DES SOUVERAINS ÉCLAIRÉS

Les robustes et entreprenants Paulistes (les habitants de São Paulo) ne manquent pas une occasion de fréquenter les plages superbes qui agrémentent leur ville, ainsi que le port de Santos qui bénéficie d'un climat frais et tempéré. Là les jésuites, qui fondèrent un petit établissement en 1554, construisirent un édifice religieux à l'image de leur église d'origine. La région alentour était particulièrement riche, le sol rouge et fertile se prêtant à la culture du café sur une grande échelle. L'expansion de la ville date du siècle dernier, quand l'industrialisation prit la suite du café. De nombreux immigrants arrivèrent d'Europe avec leur savoir-faire et leur esprit d'entreprise. Actuellement, la ville représente 40 %

LA RUÉE VERS L'OR Les mineurs grouillent sur cette fourmilière humaine de la Serra Pelada, dans l'État de Pará. Beaucoup sont venus du Nord-Est déshérité dans les années 1970 à l'annonce de la découverte de ce filon d'or.

du potentiel industriel du Brésil. L'État de São Paulo a une superficie de 247 898 km^2, et une population de 25 millions d'habitants ; il produit 65 % des exportations du pays, 62 % de son sucre, 50 % de son coton, 33 % de son café et 90 % de ses véhicules à moteur.

C'est de São Paulo que partit le mouvement des Brésiliens pour l'indépendance en 1822. L'histoire de ce peuple est étonnante. Les côtes furent aperçues pour la première fois en 1500 par Pedro Alvares Cabral, un marin portugais qui revendiqua le pays au nom du roi du Portugal ; mais il fallut attendre quarante-neuf ans avant que le souverain nomme un gouverneur général pour le représenter sur cette terre nouvelle. En 1572 la colonie fut divisée en deux, le Nord, avec Salvador — dans l'actuel État de Bahia — pour capitale, et Rio, au Sud. Des esclaves furent « importés » d'Afrique en masse sur la plaine côtière pour travailler dans les plantations. D'autres esclaves furent utilisés pour exploiter les mines d'or et les pierres précieuses de l'intérieur (régions de São Paulo et de Minas Gerais). Des attaques hollandaises contre Recife et Salvador furent repoussées au milieu du XVIIe s., et une tentative révolutionnaire, sans lendemain, éclata en 1789 dans le Minas Gerais.

La campagne napoléonienne dans la péninsule Ibérique, en 1808, eut une influence déterminante sur la décolonisation du Brésil. La famille royale portugaise s'était, en effet, réfugiée dans le pays et, pendant quelque temps, Rio devint le siège de l'empire. Le roi Joao VI resta dans le pays jusqu'en 1821 (date à laquelle Napoléon mourut à Sainte-Hélène), puis retourna dans son pays, laissant la régence à son fils Pedro. L'année suivante, ce dernier proclama l'indépendance du Brésil et devint empereur le 12 octobre 1822, sous le nom de Pedro Ier. Pendant une grande partie du XIXe s., il va imprimer au Brésil une politique libérale, tandis que des révoltes régionales tenteront sans succès d'ébranler la cohésion de ce pays qui reste encore à explorer.

Pedro Ier abdiqua en 1831 — après avoir perdu l'Uruguay — quand il souhaita regagner le Portugal pour succéder à son père. Son fils

de cinq ans, Pedro, lui succéda sur le trône du Brésil avec un régent. Il accéda à la réalité du pouvoir à l'âge de quinze ans sous le nom de Pedro II et engagea rapidement des réformes libérales. On développa les communications, les écoles furent multipliées, la corruption pourchassée. Les immigrants affluèrent par milliers. Pedro II gagna la guerre contre le dictateur du Paraguay (1865-1870) et déclara qu'il préférait perdre sa couronne plutôt que de voir l'esclavage se perpétuer.

C'est ce qui arriva en 1888. La princesse Isabelle, sa fille, qui faisait office de régente lors de ses déplacements, abolit l'esclavage. Mais les gros propriétaires terriens, les planteurs de café et les militaires le forcèrent à abdiquer et proclamèrent la république en 1889. Il se réfugia en France et mourut à Paris en 1891.

Une Constitution fut votée en 1891 ; elle porte la devise du philosophe positiviste français Auguste Comte, « Ordre et Progrès », que l'on retrouve aussi sur le drapeau.

LE BRÉSIL MODERNE

L'effondrement des cours du café en 1929-1930 marque la fin de ce que l'on appellerait, aujourd'hui, le miracle brésilien. Dans la foulée des fascismes européens, le docteur Getúlio Vargas prend le pouvoir et gouverne le pays jusqu'à sa déposition en 1945. Comme il l'avait fait pendant la Première Guerre mondiale, le Brésil s'engage dans le conflit aux côtés des Alliés dans la Seconde Guerre mondiale (des troupes brésiliennes ont combattu en Italie en 1944-1945). En 1950, Vargas est réélu légalement; il s'attire l'hostilité des États-Unis en créant une compagnie pétrolière nationale et se suicide quatre ans après, à la suite d'une campagne de presse qui l'implique dans un scandale. Kubitschek lui succède en 1955. Pour ouvrir l'intérieur du pays au développement et freiner le poids des régions côtières, le nouveau président décide la construction d'une nouvelle capitale, Brasília, dans l'État de Goiás. Brasília construite en cinq ans est inaugurée en 1960 ; mais pendant longtemps, les fonctionnaires freinent le transfert de leurs services dans cette « cité du XXIe siècle » aux bâtiments futuristes.

Un nouveau président, Janos Quadros, est élu la même année ; il déconcerte les forces politiques traditionnelles et inquiète les États-Unis pour sa sympathie envers la cause cubaine ; il démissionne pour des raisons mal élucidées un an et demi plus tard. Le vice-président João Goulart, un travailliste lié aux syndicats, lui succède, malgré la sourde opposition des grands propriétaires et de l'armée qui finit par prendre le pouvoir (1964). En 1979, le général Figueiredo, dernier d'une série de présidents issus de l'armée, se retire après avoir mis en place un processus de retour progressif à la démocratie. En janvier 1985, les 686 membres du collège électoral élisent Tancredo Neves, le candidat officiel de l'opposition, âgé de soixante-quatorze ans.

Neves se fait l'avocat passionné des réformes politiques, économiques et sociales. Il meurt quatre mois plus tard après avoir caché l'ampleur d'une maladie qu'il savait inéluctable, et dont la révélation aurait stoppé le processus de démocratisation. Le vice-président José Sarney s'installe dans le fauteuil du « martyr de la démocratie » et fait voter par le Congrès une loi sur l'élection présidentielle au suffrage universel, et la liberté de création des partis politiques, y compris le parti communiste. Un vaste programme d'aide aux classes défavorisées est lancé, comportant, entre autres, une aide alimentaire aux 13 millions de laissés-pour-compte, des repas gratuits à 20 millions d'écoliers, la construction de 250 000 logements et l'extension des services municipaux à 500 000 autres.

Malgré les plans de relance, l'inflation et la baisse du pouvoir d'achat ont entraîné de fortes réactions populaires (grèves et émeutes). Le plan contre l'inflation du nouveau président, Fernando Collor, entré en fonction en mars 1990, a provoqué une brusque chute de l'activité économique.

DE GIGANTESQUES PROJETS

Les premières exportations furent un bois rouge utilisé au XVIe s. comme colorant, le *brasil*, auquel le pays doit son nom. Ensuite, ce fut l'introduction de la canne à sucre, apportée de Madère. L'exploitation des mines d'or, d'argent et de pierres précieuses du Minas Gerais fut la grande aventure du XVIIe s. Le café fait son apparition au Brésil en 1727 ; de nos jours, le pays en est encore le plus gros producteur mondial. Le caoutchouc sauvage a été exploité dans le bassin de l'Amazone entre 1880 et 1920 ; l'aventure du caoutchouc s'est terminée lorsque les plantations de Malaisie, créées avec des graines d'hévéa sorties clandestinement du Brésil par un Anglais, ont pris la relève.

Les efforts gouvernementaux visent à développer simultanément l'industrie et l'agriculture. Si le Brésil n'a pas de pétrole, il a mieux encore : l'inépuisable richesse de ses fleuves. Le grand barrage de Tucuri, le quatrième complexe hydroélectrique du monde, avec une puissance de 8 000 megawatts, doit permettre l'exploitation des mines de Carajas, où se trouve la plus grande concentration de richesses minérales du Brésil, avec notamment les plus grandes réserves de minerai de fer du monde, ainsi que d'importants gisements de bauxite, d'or, de nickel, de cuivre et de manganèse ; une voie de chemin de fer, qui traverse une zone propice à l'élevage, favorisera l'évacuation de ces minerais vers Sao Luis, un port sur l'Atlantique. Un autre projet, le barrage d'Itaipu sur le Paraná, exploité en commun avec le Paraguay, est encore plus titanesque ; il devrait être terminé en 1988 et sera le plus grand du monde, avec une puissance de 12 600 MW.

On a beaucoup investi dans la mécanisation de l'agriculture, surtout dans le Centre et le Sud, où l'élevage bovin est en expansion. Les travaux gigantesques entrepris dans le bassin de l'Amazone ont insufflé une vie nouvelle à l'extraordinaire ville de Manaus.

Le « Paris des tropiques », avec son opéra construit au cœur de l'Amazone au siècle dernier, à l'époque du boom des diamants et du caoutchouc, est de nouveau un pôle de développement. Situé sur le rio Negro, à 1 450 km de l'océan, Manaus est, depuis peu, relié par une route au reste du pays. Les cargos peuvent remonter le cours du fleuve et charger dans ce port franc toutes les richesses de la région et du haut Amazone : caoutchouc, bois précieux et bois divers, viande et peaux, jute, et même du pétrole venant de la frontière péruvienne. C'est un lieu rêvé pour les touristes qui y trouvent un jardin botanique et un parc zoologique montrant la faune amazonienne. La population avoisine 630 000 habitants et la température s'élève à 27 °C environ. La ville est à cheval sur le rio Negro et est parcourue de nombreux ruisseaux qu'enjambent de petits ponts. Mais le coup de pouce à l'extension de Manaus viendra probablement du pétrole qu'on vient d'y découvrir.

Pour compenser sa faible production pétrolière (le cinquième de ses besoins), le Brésil a mis au point une solution alternative avec la production d'alcool à partir de végétaux. Cette carence dans les ressources énergétiques traditionnelles s'étend au gaz et au charbon (un tiers des besoins). Le Brésil s'approvisionne en pétrole du Moyen-Orient ; aussi, son industrie lourde, ses projets agricoles et même ses industries de pointe ont durement ressenti les effets de la crise des années 1970. C'est pourquoi l'accent a été mis sur la production d'énergie hydroélectrique et la construction de centrales nucléaires, dont la première a été mise en service en 1983, près de Rio (le Brésil a de grosses réserves d'uranium et de thorium). La recherche de pétrole et de charbon a été intensifiée.

Malgré l'accroissement continu de la population urbaine, due à un exode rural que l'on ne peut freiner, 30 % de la population active vit encore de l'agriculture, de l'exploitation de la forêt ou de la pêche dans les nombreux cours d'eau. Mais la situation sociale n'est guère brillante : un Brésilien sur quatre ne sait pas lire, 2 millions d'enfants de sept à quatorze ans n'ont pas de place à l'école et, quand ils en ont une, 60 %, seulement, y restent suffisamment longtemps pour apprendre à lire.

D'après le Vatican, le Brésil est le plus grand pays catholique du monde. Mais les croyances locales y sont nombreuses et mêlent en un syncrétisme audacieux la croix et le fétiche vaudou.

LE BRÉSIL EN BREF

Superficie 8 511 965 km^2

Population 147 404 300

Capitale Brasília

Régime République fédérale

Monnaie Real = 1 dollar US

Langue Portugais

Religions Chrétiens (88 % de catholiques, 12 % de protestants), vaudou

Climat Principalement tropical et subtropical, frais sur la côte S. et les hauts plateaux ; température moyenne à Rio de 17-24 °C en juillet à 23-29 °C en février

Ressources Céréales, manioc, soja, sucre, orange, cacao, café, riz, coton, tabac, bananes, caoutchouc, bois, poisson ; minerai de fer, bauxite, manganèse, pétrole brut et gaz naturel, charbon, chrome, nickel, étain, zinc, or, argent, diamants, phosphates, sel, cristal de quartz, béryl, graphite, titane, tungstène, amiante

Activités Cultures industrielles, mines, fer et acier, moteurs, raffinage du pétrole et affinage des minerais, produits chimiques, pâte à papier et papier, mécanique, textiles, préparation du caoutchouc, engrais

Exportations Machinerie, sous-produits animaux, café, cacao, minerai de fer, moteurs, sucre, soja et huile de soja, oranges, fer et acier, produits chimiques, métaux non ferreux

P.N.B. annuel par habitant 2 770 dollars

Croissance démographique 18,6 ‰ par an

Espérance de vie Hommes 63 ans, femmes 69

Brindisi, ***Italie*** Port de l'Adriatique, au S.-E. de l'Italie, départ des liaisons maritimes avec la Grèce. Pétrochimie. La vieille ville, située sur un promontoire, entre deux petites baies, possède un château construit par l'empereur germanique Frédéric II en 1227 et une cathédrale baroque du XVIIIe s. (mosaïques du XIIe s.)

Population 92 000

Carte Italie Fd

Brisbane, ***Autralie*** Capitale et port actif de l'État du Queensland sur l'océan Pacifique. Fondée en 1824 comme colonie pénitentiaire, elle devint la capitale de l'État lors de sa création en 1859. Elle fut en grande partie détruite par un incendie en 1864, mais il y subsiste quelques constructions d'origine, dont un moulin à vent édifié par les bagnards en 1829. Centre commercial et industriel (textiles, matériel agricole, raffineries de sucre et de pétrole, construction navale). Université du Queensland (1909).

Population 1 145 500

Carte Australie Id

brise Vent périodique alternatif, d'origine thermique, soufflant sur le littoral, de la mer vers la terre et réciproquement (brise de mer et brise de terre) ou dans les vallées de montagne (brise de vallée et brise de montagne ou d'amont).

Dans l'échelle de Beaufort, c'est un vent situé entre le degré 1 (très légère brise, de 1 à 5 km/h) et le degré 5 (bonne brise, de 29 à 38 km/h).

Bristol, ***Royaume-Uni*** Chef-lieu du comté d'Avon (1 346 km^2), à environ 170 km à l'O. de Londres. Port actif et centre commercial. Nombreuses industries (métallurgiques, chimiques, aéronautiques, pétrochimiques, alimentaires). Bien que sérieusement endommagé pendant la Seconde Guerre mondiale, Bristol conserve de belles églises anciennes (cathédrale du XIIe s., église St. Mary Redcliffe, construite entre les XIIIe et XVe s.) et de belles maisons des XVIIIe et XIXe s. L'université date de 1909. Le pont suspendu de Clifton, à 80 m au-dessus des gorges de l'Avon, est l'œuvre de l'ingénieur I. K. Brunel (1806-1859) et fut terminé après sa mort.

Population (ville) 399 000; (comté) 920 000

Carte Royaume-Uni De

Bristol (canal de), ***Royaume-Uni*** Golfe de l'océan Atlantique, entre le pays de Galles et le sud-ouest de l'Angleterre, où débouchent l'Avon et la Severn. La marée peut y monter de 12 m, et les mascarets s'y produisent périodiquement par la rencontre du flux et du reflux. Longueur: 137 km; largeur: de 8 à 69 km.

Carte Royaume-Uni De

Brive-la-Gaillarde, ***France*** Préfecture de la Corrèze, située dans une région fertile, le bassin de Brive. Carrefour routier et ferroviaire, marché agricole (primeurs, truffes, noix) et centre industriel (constructions électriques et mécaniques, agro-alimentaire). Maisons et hôtels des XVIe et XVIIe s.

Population 49 700

Carte France Dd

Brno, anc. en all. **Brünn,** ***République tchèque*** Chef-lieu de la Moravie méridionale, à environ 190 km au S.-E. de Prague. Ville industrielle (textiles, machines, produits chimiques, armes). Carrefour ferroviaire et routier. Foire internationale chaque automne. La ville, autrefois capitale de la Moravie, abrite la forteresse du Špilberk (XIIIe s.), une université et un opéra du nom du compositeur tchèque Leos Janacek (1854-1928). La bataille d'Austerlitz (1805) se déroula dans les environs.

Population 381 000

Carte République tchèque Cb

Broken Hill, ***Australie*** Ville de la Nouvelle-Galles du Sud, à 420 km au N.-E. d'Adélaïde, la capitale de l'Australie-Méridionale. Centre d'une région d'élevage, au cœur d'une des plus riches zones minières d'Australie (argent, plomb, zinc).

Population 26 900

Carte Australie Ge

Bromberg, ***Pologne*** Voir BYDGOSCZ

Broome, ***Australie*** Port sur la côte d'Australie-Occidentale. À la fin du XIXe s., on y découvrit des huîtres perlières qui fournirent alors 80 % de la nacre mondiale. L'industrie de la nacre et des perles de culture est encore aujourd'hui la principale richesse.

Population 3 600

Carte Australie Cb

Brotonne (parc naturel régional de), ***France*** Voir SEINE-MARITIME

brouillard Amas de gouttelettes d'eau et de fumée ou de particules de poussière près du sol rendant la visibilité inférieure à 1 km. Les brouillards se forment lorsque l'air se refroidit au-dessous de son point de rosée et sont de trois types: 1. les brouillards d'advection, qui apparaissent lorsque de l'air chaud et humide passe sur une surface froide, terre ou mer ; 2. les brouillards de rayonnement au contact du sol refroidi par rayonnement nocturne ; 3. les brouillards préfrontaux, lorsque l'air chaud et humide rencontre l'air froid d'un front.

brousse Formation végétale arbustive xérophile des régions tropicales résultant de la dégradation de la forêt ou due à l'action du feu. On emploie le terme dans les expressions « champ de brousse » (champ dégagé à la machette ou par le feu pour les cultures vivrières) et « feu de brousse » (pratiqué surtout dans les régions tropicales sèches pour l'élevage). Le mot est aussi employé en Afrique tropicale francophone pour désigner tout ce qui est en dehors des villes.

Brousse, en turc **Bursa,** ***Turquie*** Station thermale et de sports d'hiver, à 100 km au S. d'Istanbul; célèbre mosquée. Elle fut la première grande capitale ottomane (1326-1365). Industries: textiles, soie, tapis, vin. La province de Bursa (10 990 km^2) produit des fruits, du grain, du raisin, du coton et du tabac.

Population (ville) 844 600; (prov.) 1 602 700

Carte Turquie Aa

Bruce (mont), ***Nouvelle-Zélande*** Réserve d'oiseaux à environ 100 km au N.-E. de la capitale Wellington, dans l'île du Nord. Des espèces très rares, telles que l'oiseau coureur takahé et le kokako, s'y reproduisent.

Carte Nouvelle-Zélande Ed

Bruges, en néerl. **Brugge,** ***Belgique*** Ville historique à 90 km au N.-O. de Bruxelles. Chef-lieu de la province de Flandre-Occidentale, Bruges vit prospérer aux XIIIe et XIVe s. une importante industrie lainière. Elle tomba ensuite en décadence, à la suite de l'ensablement du Zwin, l'estuaire qui lui donnait accès à la mer du Nord. Un canal, long de 11 km et terminé en 1907, permit le renouveau économique de la ville. À l'ancienne production de dentelles s'ajoutent aujourd'hui d'autres industries, parmi lesquelles l'électronique et les produits chimiques. Ses demeures médiévales, les paisibles canaux de la vieille ville, ses monuments historiques en font une des premières villes touristiques du pays.

Population 120 000

Carte Belgique Aa

Brugh Na Boinne, ***Irlande*** Série de tumulus préhistoriques dans la vallée de la Boyne (à 11 km au S.-O. de Drogheda). Le dolmen à couloir de Newgrange (85 m de diamètre, 13 m de haut), datant d'environ 2 500 av. J.-C., est constitué d'un tumulus circulaire de 180 000 t de pierre. Le couloir, long de 20 m, conduit à la chambre funéraire centrale couverte d'une voûte en encorbellement haute de 6 m, gravée de spirales.

Carte Irlande Cb

brume Brouillard léger où la visibilité est supérieure à 1 km. Voir BROUILLARD

Brunei Voir p. 126

Brünn, ***République tchèque*** Voir BRNO

Brunswick, en all. **Braunschweig,** ***Allemagne*** Ville à environ 55 km à l'E. de Hanovre. Fondée en 861, ce fut la capitale des ducs de Saxe et l'une des principales villes de la Hanse. Le château, la cathédrale, et le lion de bronze qui se dresse sur la place centrale furent construits par Henri le Lion au XIIe s. Important centre commercial et industriel (automobiles, matériel optique et photographique, pianos, papier).

Population 259 000

Carte Allemagne Dd

Bruxelles, en néerl. **Brussel,** ***Belgique*** Capitale fédérale et de la région de Bruxelles, bilingue. Située au centre du pays, elle est aussi, depuis 1958, le siège administratif de la C.E.E., devenue aujourd'hui Union européenne.

La ville s'est développée à la fin du Xe s. sur une île marécageuse de la Senne, un site appelé Bruocsella, « la maison dans les marais ». La plupart des constructions actuelles sont cependant postérieures au XVe s. Dans la ville basse, des rues étroites conduisent à une des plus belles grand-places du monde: parmi les monuments prestigieux qui la bordent, l'hôtel de ville du XVe s. domine la ville de sa flèche haute de 96 m. C'est de Bruxelles que partit, en 1830, la révolte dirigée contre l'autorité hollandaise et qui devait aboutir à l'indépendance du pays. Le Bruxelles moderne, où chaque indication est — conformément à la loi — rédigée en français et en néerlandais, est le siège du gouvernement central, des fonctionnaires de l'Union européenne et des ambassades. On y trouve aussi, outre des musées d'un grand intérêt, le palais des Beaux-Arts, la bibliothèque royale (Albertine), le palais royal, le palais de la Nation (Parlement) et le palais de Justice. Principales industries: textiles, produits chimiques, équipement électrique, machines, articles de caoutchouc, dentelle.

Population (ville) 136 924; (région) 951 500

Carte Belgique Ba

Bryce Canyon (parc national de), ***États-Unis*** Zone de 144 km^2 au S.-O. de l'Utah. Le fond du canyon, véritable dentelle de pierre sculptée par l'érosion, constitue un ensemble spectaculaire de formes et de couleurs.

Carte États-Unis Dc

Bubiyan (île), ***Koweït*** Grande île au fond du golfe Persique, revendiquée depuis toujours par l'Irak. C'est l'un des principaux litiges qui ont provoqué la crise puis la guerre du Golfe en 1990-1991.
Carte Koweït Bb

Buçaco, ***Portugal*** Forêt à 30 km au N. de Coimbra. Siège d'un monastère de Carmes, fondé au VIe s., dont on expulsa les moines en 1834, date de l'abolition de tous les ordres religieux portugais. Les 105 ha de forêt contiennent aujourd'hui environ 700 espèces végétales.
Carte Portugal Bb

Bucaramanga, ***Colombie*** Chef-lieu du département de Santander, à 310 km au N.-E. de Bogotá. Ville spacieuse aux nombreux parcs. Fabriques de cigares, de cigarettes et de chapeaux de paille, sidérurgie.
Population (ville) 352 500 ; (aggl.) 555 000
Carte Colombie Bb

Bucarest, en roum. **Bucureşti,** ***Roumanie*** Capitale de l'État roumain depuis sa formation en 1861. Ville agréable, avec des parcs spacieux, de larges boulevards bordés d'arbres, des cafés à terrasses, des restaurants et d'élégants bâtiments publics des XIXe et XXe s. La rue principale du quartier « parisien » est la Calea Victoriei (rue de la Victoire), qui date de 1702. On y trouve le théâtre national, l'église Stavropoleos aux murs décorés et aux portes sculptées, le musée de la République de Roumanie, avec sa superbe collection de bijoux, de pierres précieuses, d'assiettes et d'armes (certaines pièces datent du IVe s. av. J.-C.), l'église Cretulescu (XVIIIe s.) et l'ancien Palais royal, aujourd'hui musée d'art. À proximité, dans le parc de la Culture et des Loisirs (210 ha), le musée du Village abrite environ 70 fermes, moulins à eau et à vent, et des exemples d'architecture traditionnelle de tout le pays. La vieille ville conserve les ruines d'un palais princier (XVe s.) et l'église Curtea Veche (XVIe s.).

Située sur un sous-affluent du Danube, Bucarest aurait été fondée au XVe s. par un berger nommé Bucur. En 1659, elle devint capitale de la province ottomane de Valachie, succédant à Tirgovişte. La ville s'est considérablement développée et transformée depuis la fin de la Seconde Guerre mondiale. De hauts immeubles s'élèvent dans la banlieue moderne, tandis que le centre a été défiguré par la mégalomanie tyrannique du dictateur Ceausescu, avec la destruction d'églises du XVIIIe s. notamment, et la construction d'un palais colossal, aujourd'hui inachevé. Bucarest est le centre économique, culturel et industriel du pays. Industries mécaniques, alimentaires, chimiques, textiles, fabrication de meubles, centrales électriques.
Population 1 907 300
Carte Roumanie Bb

Bucegi (monts), ***Roumanie*** Massif montagneux à l'extrémité S.-E. des Carpates, aux sommets érodés (2 505 m). On y pratique le ski.
Carte Roumanie Aa

Buchenwald, ***Allemagne*** Camp de concentration nazi, à environ 80 km au S.-O. de Leipzig, où passèrent 250 000 personnes entre 1937 et 1945, dont plus de 55 000 moururent. D'inhumaines expériences scientifiques s'y déroulèrent.
Carte Allemagne Dc

Buckingham, ***Royaume-Uni*** Ville d'Angleterre, dans le Buckinghamshire, qui abrite le château des ducs de Buckingham (XVIIIe s.) et la seule université privée d'Angleterre.
Population (ville) 6 700 ; (comté) 619 500
Carte Royaume-Uni Ed

Budapest, ***Hongrie*** Capitale sur les rives du Danube, à 40 km de la frontière tchécoslovaque. L'agglomération, qui compte un cinquième de la population hongroise, domine la vie culturelle, intellectuelle, politique et économique du pays, et fabrique 40 % de ses produits manufacturés. Les deux villes qui la composent (Buda, sur la rive O. du Danube, et Pest, sur la rive E.) furent réunies en 1872.

Buda, ancien camp romain, devint la capitale de la Hongrie au XVe s. lorsque le roi Mathias Ier Corvin (1458-1490) y installa sa cour. Les curiosités touristiques y sont nombreuses : édifices romans, gothiques et baroques, restaurés après la destruction de la Seconde Guerre mondiale. Ses rues étroites et en pente abritent l'ancien château royal, aujourd'hui musée et bibliothèque, l'église Mathias (ou du Couronnement), le bastion des pêcheurs, et de beaux hôtels médiévaux. Au S., sur le mont Gellert, d'où l'on découvre la ville, le monument de la Libération (32 m de hauteur) commémore les batailles de la Seconde Guerre mondiale. La rue principale de Buda fut le théâtre de l'insurrection hongroise de 1956, écrasée par les troupes soviétiques.

Pest, à l'E., connut un essor rapide après sa réunion à la capitale. Ses boulevards concentriques bordés d'arbres sont traversés par des avenues commerçantes issues du centre de la vieille ville. On y admire les vestiges des vieux remparts, une église paroissiale du XIIe s. qui servit de mosquée sous l'occupation turque (1541-1686), la salle de concert Vigado où jouèrent Liszt, Brahms, Bartok et Kodaly, et des hôtels modernes au bord de la rivière. Au N., le Parlement, immense édifice à coupole de style néogothique, domine le fleuve, à proximité des ministères et des palais de justice. Le métro de Pest, commencé en 1895, est le plus vieux du monde après celui de Londres.

Plusieurs ponts relient Buda à Pest (pont des chaînes, pont Marguerite). Pest s'entoure de banlieues industrielles (industries mécaniques, chimiques, pharmaceutiques, alimentaires,

DIMANCHE À BUCAREST Les fidèles orthodoxes affluent vers l'église de Saint-Jean sur le boulevard 1848, qui doit son nom à une année fertile en révolutions en Europe.

Brunei

DANS CE SULTANAT PÉTROLIER PROSPÈRE D'EXTRÊME-ORIENT, LES RICHES VIVENT ENCORE DANS DES MAISONS PRIMITIVES SUR PILOTIS

Le pétrole a tant contribué à la richesse de Brunei qu'on l'a surnommé l'État Shell, du nom de la compagnie qui a dominé son économie. Avant la baisse des prix du pétrole en 1985-1986, ce pays musulman, situé au N.-E. de Bornéo, avait un revenu par tête de 21 000 dollars, l'un des plus élevés du monde. Dans ce pays, il n'y a pas d'impôt sur le revenu, l'enseignement est gratuit et on peut obtenir des prêts immobiliers au taux de 0,5 % !

Brunei est divisé en deux par une avancée de l'État malais de Sarawak. De larges marais littoraux couvrent les plaines bordières des deux parties. À l'intérieur, le pays est accidenté et couvert de forêts tropicales : la pluviosité est forte (entre 2 500 et 5 000 mm par an).

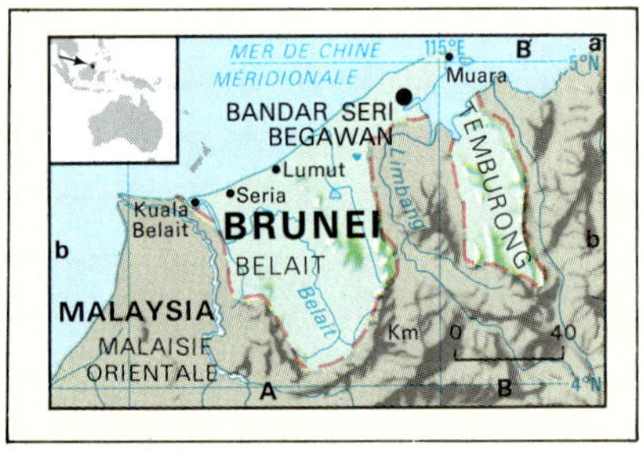

Au XVIe s., les sultans de Brunei contrôlaient tout le nord de Bornéo, mais leur influence déclina et, en 1847, ils signèrent un traité avec la Grande-Bretagne pour obtenir son aide contre les pirates. Brunei devint autonome en 1959 et indépendant en 1984. Aujourd'hui, le pays est gouverné par le sultan Hassanal Bolkiah. Les élections ont eu lieu en 1962 : le Parti du peuple de Brunei emporta tous les sièges, mais le Parlement ne fut pas réuni, et une rébellion fut écrasée. Le sultan et ses frères continuent à gouverner au nom de droits héréditaires séculaires.

La production de pétrole a commencé dans les années 1920 ; le pétrole et le gaz naturel fournissent aujourd'hui la quasi-totalité des exportations. Jusqu'à la baisse des prix, Brunei dépensait moins de la moitié de son revenu annuel — les réserves investies à l'étranger s'élèvent à 13 milliards de dollars.

Des efforts importants sont faits pour rendre le pays autosuffisant du point de vue alimentaire et moins dépendant des ressources pétrolières, qui seront épuisées vers 2015. On voudrait créer un centre financier régional et développer les exportations de verre et de puces électroniques, grâce aux ressources en silice.

65 % environ des habitants sont malais, et 20 % chinois. Ces derniers détiennent l'essentiel du commerce. Dans les forêts, les tribus iban vivent dans de « longues maisons », qui abritent jusqu'à cent personnes sous le même toit, d'où pendent parfois des crânes humains datant du temps de la chasse aux têtes. La capitale, Bandar Seri Begawan, a 58 000 habitants et une mosquée au dôme d'or, à côté de laquelle s'élève le palais royal.

Beaucoup de Malais, qui conduisent des voitures de prix et des bateaux à moteur, choisissent de vivre dans des *kampongs* (villages amphibies), dans des maisons primitives sur pilotis. Les canaux qui serpentent entre les maisons sont sillonnés sans cesse de bateaux qui amènent les enfants en classe, les femmes au marché, les hommes au travail.

Dans ce pays strictement musulman, l'alcool est servi uniquement dans les hôtels pour Européens, les plages ne sont pas mixtes et la vie nocturne est pratiquement inexistante, même dans la capitale.

BRUNEI EN BREF
Superficie 5 765 km^2
Population 275 000
Capitale Bandar Seri Begawan
Gouvernement Sultanat héréditaire
Monnaie Dollar de Brunei = 100 cents
Langues Malais, chinois, anglais
Religions Musulmans (62 %), bouddhistes (13 %), chrétiens (8 %)
Climat Tropical ; très humide et pluvieux ; températures moyennes de 24 à 30 °C
Ressources Riz, manioc, bananes, bovins, poisson ; bois, pétrole et gaz naturel
Activités Raffinage et production de pétrole et de gaz naturel
Exportations Pétrole brut, gaz naturel, produits pétroliers raffinés
P.N.B. annuel par habitant 15 650 dollars
Croissance démographique 26 ‰ par an
Espérance de vie Hommes 72 ans, femmes 76

textiles, raffineries de pétrole). Dans les collines aux environs de Buda, on trouve au contraire villas, résidences secondaires, stations d'été et de ski, et la petite localité de Budafok, au S., où l'on a creusé des caves à vins dans les coteaux qui bordent la rivière.

Population 1 934 900
Carte Hongrie Ab

Budva, *Yougoslavie* Port de pêche et station balnéaire sur la riviera du Monténégro, à 40 km au S.-O. de Podgorica. La vieille ville fortifiée conserve un campanile et des bâtiments à toits rouges dont beaucoup datent du XVe s. La ville moderne, construite après un tremblement de terre en 1979, regroupe des hôtels bâtis sur les superbes plages de sable de l'Adriatique. Le site est dominé au N. par le mont Lovcen (1 749 m). À environ 5 km au S.-O., et relié au continent par une digue, l'ancien village de pêcheurs de Sveti Stefan (Saint-Stéphane) a été transformé en complexe hôtelier.

Population 9 000
Carte Yougoslavie Ac

Buea, *Cameroun* Ville et centre touristique près de la côte, sur les flancs méridionaux du mont Cameroun. Capitale du protectorat allemand du Cameroun jusqu'en 1919, puis du Cameroun britannique jusqu'en 1961. La ville, d'où l'on a vue sur la plaine de Tiko, conserve de beaux spécimens de l'architecture allemande.

Population 16 000
Carte Cameroun Ab

Buenaventura, *Colombie* Premier port sur la côte pacifique, à 330 km au S.-O. de Bogotá. Bien relié à Cali et à la vallée du Cauca, il exporte du sucre et le café des Andes et reçoit la plupart des importations colombiennes.

Population 190 000
Carte Colombie Bb

Buenos Aires, *Argentine* Capitale, chef-lieu d'un district fédéral (199 km^2) et port de première importance sur le Rio de la Plata. Fondée par des colons espagnols en 1536, la ville devint capitale fédérale en 1880, et se sépara de la province du même nom. À la fin du XIXe s., elle s'augmenta d'une forte immigration italienne, et la migration rurale constante contribue à sa croissance prodigieuse. Avec son agglomération, elle concentre aujourd'hui près du tiers de la population argentine. C'est le centre commercial du pays (le port assure 75 % des exportations), au cœur du réseau routier et ferroviaire. C'est aussi la deuxième ville industrielle du continent sud-américain après São Paulo (automobiles, constructions mécaniques, produits chimiques, textiles, industries alimentaires, produits dérivés du pétrole, papier, etc.), en même temps que la capitale culturelle et intellectuelle du pays (patrie de J.-L. Borges et d'Eva Perón). Son architecture, inspirée du style français de la fin du XIXe s., lui a valu son surnom de Paris de l'Amérique latine. Elle a pour centre la célèbre place de Mai (plaza de Mayo), où s'élève la Casa Rosada, siège de la Présidence.

La province de Buenos Aires (307 750 km^2), qui borde l'Atlantique au S. du Rio de la Plata, a pour chef-lieu La Plata, et pour villes principales Bahia Blanca, Junín et Mar del Plata. Agriculture (céréales, oléagineux, légumes), élevage intensif (bovins), et importante activité industrielle.

Population (ville) 2 961 000 ; (aggl.) 12 540 000 ; (prov.) 12 583 000
Carte Argentine Db

Buffalo, *États-Unis* Port important et ville industrielle, à l'extrémité E. du lac Érié, dans l'État de New York. Université. Musée renommé (Albright-Knox Gallery). Le canal Érié, ouvert en 1825, relie la ville à l'Hudson et à New York, à 465 km au S.-O. Industries : minoteries, produits chimiques, acier. Les chutes du Niagara se trouvent à 25 km au N.

Population (ville) 339 000 ; (aggl.) 1 205 000
Carte États-Unis Kb

Bugac, *Hongrie* Voir KISKUNSAG

Buganda, *Ouganda* Ancien royaume des Bagandas (peuple bantou), sur la rive N. du lac Victoria. Il formait le noyau de ce qui devint en 1894 le protectorat britannique de l'Ouganda. Le *kabaka* (roi) fut le premier président du pays à l'indépendance en 1962. Déposé en 1966 par Milton Obote, il fut exilé et la monarchie abolie, le royaume fut morcelé en régions.

En 1993, la chefferie fut rétablie par le président Yoveri Museveni avec à sa tête le fils du *kabaka*.

Carte Ouganda Bb

Büjuk Agri Dagi, *Turquie* Voir ARARAT (mont)

Bujumbura, anc. **Usumbura, *Burundi*** Capitale et port de pêche et de commerce au N. du lac Tanganyika. Fondée par les Allemands en 1899,

elle exporte du café, du coton et du thé. Industries alimentaires et textiles. Université.
Population 236 500
Carte Tanzanie Aa

Bukavu, anc. **Costermansville,** ***Zaïre*** Ville située à l'extrémité S. du lac Kivu, près de la frontière du Rwanda. Aéroport international. Centre commercial, universitaire et touristique qui rappelle les stations thermales européennes. À 30 km au N., le parc national de Kahuzi-Biega (70 000 ha) abrite l'espèce rare du gorille de montagne.
Population 209 000
Carte Zaïre Bb

Bukidnon, ***Philippines*** Province et plateau du N. de Mindanao, longtemps isolé à cause du manque de voies d'accès et des forêts denses. Sa population a augmenté de plus de 25 % depuis 1975. Pâturages; production agricole: maïs, canne à sucre, ananas.
Population 532 800
Carte Philippines Cd

Bukit Timah, ***Singapour*** Zone centrale de Singapour, du nom du point culminant de l'île (176 m). Une route relie la ville de Singapour au N. de l'île et à la digue qui mène à la presqu'île de Malacca (Malaysia).
Population 124 000
Carte Singapour Ab

Bükk, ***Hongrie*** Massif calcaire culminant à 959 m, situé à l'O. de Miskolc, qui s'abaisse en pente raide jusqu'à Eger et la Grande Plaine (Alföld), au S. La petite ville touristique de Szilvasvarad, à 28 km au N. d'Éger, est connue pour ses chutes d'eau et ses haras de chevaux lipizzans, race qui fait la renommée de l'école espagnole de Vienne.
Carte Hongrie Ba

Bukoba, ***Tanzanie*** Capitale régionale sur le lac Victoria, à 40 km au S. de la frontière ougandaise. Centre d'une région productrice de café.
Population 30 000
Carte Tanzanie Ba

Bulacan, ***Philippines*** Province du centre de l'île de Luçon, au N. de Manille. Culture du riz, fabrication de ciment. La capitale, Malolos, fut la capitale de l'éphémère république philippine pendant la révolution manquée (1896-1899).
Population 1 050 000
Carte Philippines Bc

Bulawayo, ***Zimbabwe*** Deuxième ville du pays après la capitale, Harare. Chef-lieu de la province de Matabeleland, fondé en 1894, c'est aussi le plus grand centre industriel du pays (textiles, pneus, matériaux de construction, denrées alimentaires, machines agricoles, meubles). À 21 km à l'O., ruines de Khami, vestiges d'une civilisation des XIIIe et XVe s.
Population 414 000
Carte Zimbabwe Bb

Bulembu, anc. **Havelock,** ***Swaziland*** Ville proche de la frontière avec la province sud-africaine du Transvaal, à 40 km au N. de la capitale, Mbabane. On y exploite l'une des plus grandes mines d'amiante du monde (ouverte en 1939). L'amiante est exporté au moyen d'un câble aérien de 20 km de long qui franchit les montagnes, jusqu'à Barbeton, en Afrique du Sud.
Population 4 900
Carte Swaziland Aa

Bulgarie Voir p. 128

Bumtang, ***Bhoutan*** Le plus ancien et le plus grand établissement monastique du Bhoutan central. Situé à 3 000 m d'altitude, il comprend deux monastères et une école. C'est aussi la résidence de plusieurs membres de la famille royale du Bhoutan.
Population 1 000
Carte Bhoutan Ba

Bundi, ***Inde*** Petite ville fortifiée du Rajasthan, à 390 km au S.-O. de Delhi. L'auteur anglais Rudyard Kipling (né en Inde en 1865, mort en 1936) décrivit son magnifique palais rajpute.
Population 65 100
Carte Inde Bc

Bungoma, ***Kenya*** Centre commercial d'une région à forte densité de population, dans le Kenya occidental, à proximité de la frontière avec l'Ouganda. Situé à 90 km au N.-E. du lac Victoria, sur une voie ferrée qui relie les deux pays.
Population 35 000
Carte Kenya Ba

Burayda ou **Boraïda,** ***Arabie Saoudite*** Ville située dans une oasis, à 450 km au N.-O. de Riyād. C'est le plus grand marché chamelier du monde. On y trouve de jolies constructions arabes anciennes. La population y étant particulièrement puritaine, les touristes doivent se vêtir décemment et ne pas prendre de photographies.
Population 75 000
Carte Arabie Saoudite Bb

Burgan, ***Koweït*** Le plus grand gisement pétrolier du pays (entre 40 et 72 millions de barils), découvert en 1938 à l'O. de Mina al-Ahmadi, port auquel il est relié par pipe-line.

La forte pression qui fait monter le pétrole permet une exploitation peu coûteuse, mais a avivé également les incendies dus aux sabotages irakiens pendant la guerre du Golfe en 1991, et provoqué un épais brouillard noir sur tout le pays.
Carte Koweït Ab

Burgas, ***Bulgarie*** Voir BOURGAS

Burgenland, ***Autriche*** État fédéral de l'E. (3 966 km^2), connu pour ses richesses agricoles (céréales, fruits, tabac) et ses vignobles. Il fit partie de la Hongrie jusqu'en 1918, puis fut rattaché à l'Autriche par le traité de Trianon (1920). La région conserve son cachet hongrois. Capitale: Eisenstadt.
Population 272 200
Carte Autriche Eb

Burgos, ***Espagne*** Chef-lieu de la province du même nom, à 210 km au N. de Madrid (Vieille-Castille). Ville industrielle aux ressources variées (farine, pneus). Patrie du héros national espagnol le Cid (Rodrigo Díaz de Bivár, 1043-1099), qui conduisit la lutte chrétienne contre les Maures et dont les restes reposent dans la célèbre cathédrale gothique Sainte-Marie (XIIIe s.). Siège du gouvernement nationaliste de 1936 à 1939.

La province de Burgos (14 269 km^2) est une région d'élevage et de forêts.
Population (ville) 156 500; (prov.) 363 500
Carte Espagne Da

Burkina-Faso ou **Burkina** Voir p. 129

Burren, ***Irlande*** Région calcaire et aride de la côte O., au S. de la baie de Galway, qui s'élève en terrasses jusqu'au Slieve Elva (345 m). Les cours d'eau souterrains y ont creusé de belles grottes. Chambres funéraires préhistoriques près de Lisdoonvarna.
Population 3 000
Carte Irlande Bb

Bursa, ***Turquie*** Voir BROUSSE

Buru, ***Indonésie*** Île de l'archipel des Moluques, au S. des Philippines (8 800 km^2). Elle est utilisée comme colonie pénitentiaire pour prisonniers politiques.
Carte Indonésie Gc

Burundi Voir p. 130

Burutu, ***Nigeria*** Port dans la mangrove du delta du Niger, créé par la Royal Niger Company au XIXe s. On y exporte l'arachide et le coton du Cameroun et du Tchad, acheminés par bateau sur la Bénoué. Installations pétrolières offshore.
Carte Nigeria Bb

Bury Saint Edmunds ou **St. Edmundsbury,** ***Royaume-Uni*** Ville épiscopale, dans le comté anglais de West Suffolk, à 100 km au N.-E. de Londres. Ruines d'une abbaye fondée en 1020. Église du XVe s., belles constructions anciennes (hôtel de ville de 1770).
Population 29 000
Carte Royaume-Uni Fd

bush Formation végétale constituée d'arbres isolés et de buissons épineux adaptés à la sécheresse, qu'on rencontre en Australie et en Nouvelle-Zélande, en Afrique du Sud et aux États-Unis.

Bushmanland, ***Namibie*** Ancien Bantoustan créé par l'Afrique du Sud au N.-E. du territoire pour le peuple boschiman. La seule population de cette savane boisée qui s'étend sur 18 468 km^2 se concentre à Tsumkwe, devenu chef-lieu de district.
Population 3 000
Carte Namibie Aa

Busia, ***Kenya*** Ville sur la frontière ougandaise, à 45 km au N. du lac Victoria. L'agriculture est pratiquée dans la région environnante, mais l'activité principale reste le commerce frontalier.
Population 35 000
Carte Kenya Ea

Busto-Arsizio, ***Italie*** Ville industrielle de Lombardie, à 30 km au N.-O. de Milan. Église du XVe s. Production de coton, rayonne et outillage pour l'industrie textile.
Population 79 800
Carte Italie Bb

Butare, ***Rwanda*** Deuxième ville du pays après la capitale, Kigali, à 20 km de la frontière du Burundi. C'est le siège de l'unique université du Rwanda.
Population 30 000
Carte Rwanda Ab

Butha Buthe, ***Lesotho*** Bourg administratif et commerçant, en même temps que district montagneux le plus septentrional du pays (1 767 km^2). C'est là que le roi Moshoeshoe

Voir suite p. 129

Bulgarie

APRÈS QUARANTE ANNÉES DE DÉVELOPPEMENT RÉPONDANT AU MODÈLE SOCIALISTE, UNE NOUVELLE BULGARIE SE CHERCHE

Comme tous les pays de l'Est européen, la Bulgarie est entrée dans une période de mutations profondes : remise en cause du modèle socialiste, mais aussi repositionnement dans un cadre balkanique et danubien à nouveau en ébullition.

Entre Grèce, Turquie, Roumanie et Yougoslavie, ce petit pays a su tirer parti d'une nature assez peu prodigue : le Balkan sépare les plaines et bas plateaux de la Bulgarie septentrionale, tournée vers le Danube, domaine des cultures annuelles (blé, betterave, maïs, tournesol) des plaines du bassin de la Maritsa, aux hivers moins rigoureux, où s'imposent vigne, légumes et vergers, jusqu'aux vallées méridionales, ouvertes aux influences méditerranéennes (fruits, tabac).

Avec 65 % de citadins en 1985 (moins de 25 % en 1946) la croissance urbaine a été rapide. L'urbanisation a successivement touché la capitale, Sofia (1 115 000 habitants en 1985 contre 500 000 en 1946), les métropoles régionales — neuf régions ont été formées en 1987 —, les chefs-lieux des anciens départements et enfin une partie des centres des 300 communes agrandies, redessinées en 1979.

UNE HISTOIRE NATIONALE MOUVEMENTÉE

Après une riche période thrace (ve s. av. J.-C.), le pays est soumis à la colonisation romaine, subit les Huns et les Ostrogoths, puis les assauts des peuples slaves. C'est en 681 que le khan bulgare Asparuh, chef d'une tribu venue des steppes du Dniepr et installée sur les bouches du Danube, impose à Byzance la reconnaissance du premier État bulgare, de culture et de langue slaves. Après une longue éclipse byzantine (1018-1186), s'ouvre pour deux siècles une nouvelle période de prospérité, interrompue par la conquête ottomane : pendant près de cinq siècles (1388-1878), la Bulgarie connaît l'oppression commune aux peuples balkaniques.

Le soulèvement de 1876, dont la sanglante répression indigne une partie de l'opinion européenne, puis, en 1878, l'intervention militaire de la Russie aboutissent à la défaite turque et jettent les bases d'une Bulgarie indépendante, renforçant du même coup l'amitié bulgaro-russe. Mais, jusqu'en 1944, l'histoire de la Bulgarie est liée aux choix diplomatiques de la famille royale de Saxe-Cobourg. À partir de 1947, avec la « démocratie populaire » théorisée par Georges Dimitrov, et sous la direction du parti communiste (la fidélité à l'égard de l'Union soviétique coexistant avec l'affirmation d'une forte identité nationale), son développement s'est fait dans le cadre d'un modèle socialiste aujourd'hui contesté.

L'une des fiertés de la Bulgarie socialiste a été sa politique agraire : la production agricole a quadruplé depuis la collectivisation, opérée progressivement durant les années 50. Au million d'exploitations (12 millions de parcelles) se sont substituées dans un premier temps 3 500 coopératives et quelques centaines de fermes d'État. À partir de 1956, une grande impulsion est donnée à l'agriculture à travers d'importants investissements (machines, engrais, irrigation). Depuis 1982, 300 complexes agro-industriels (12 000 ha en moyenne) ont assuré la majeure partie de la production, relayés, pour le petit élevage, les légumes et les fruits, par de très nombreuses exploitations individuelles de moins d'un demi-hectare mais fort productives. La loi prévoyant la restitution des terres aux anciens propriétaires a été votée, mais on ignore encore les formes, sans doute diverses, que devrait connaître une agriculture confrontée à de graves déséquilibres écologiques et à des débouchés extérieurs incertains.

Incontestable aussi avait été le développement industriel en dépit de ressources limitées : divers gisements de métaux non ferreux, du lignite plutôt que du charbon, pratiquement pas de pétrole ni de gaz (la centrale nucléaire de Koslodui sur le Danube assure 25 % de la production électrique). Avec l'aide de l'U.R.S.S., le pays s'est doté des industries de base (sidérurgie à Pernik et à Kremikovci, complexes chimiques de Burgas, Devnia, Dimitrovgrad, Vraca, textile à Sliven, Gabrovo, Sofia) et a développé diverses spécialisations dans le cadre du C.A.E.M. : machines agricoles, chariots électriques, électronique, agro-alimentaire.

La privatisation et la restructuration d'un appareil de production vétuste et mal adapté à la concurrence internationale ont commencé, mais l'appel au capital privé et la volonté de réorienter les échanges rencontrent des difficultés.

UNE NOUVELLE VOIE ?

Le ralentissement de la croissance, la perte d'efficacité, l'absence de véritables réformes ont, durant les années 80, révélé les limites d'un mode de développement planifié étatique et centralisé, le déficit démocratique du système ayant conduit à son rejet massif.

Après avoir provoqué le départ de Todor Jivkov, l'ancien P.C.B., reconverti en parti socialiste, s'est fait le défenseur de l'économie de marché, terrain sur lequel il trouve de nombreux concurrents désormais majoritaires dans une opinion inquiète de la hausse des prix et du chômage.

Issu des manifestations de l'automne 1990, le nouveau pouvoir, dont sont exclus les anciens communistes, est dirigé par le président Jelian Jelev. La production a chuté, le lev a été dévalué, l'émigration augmente. Pour sortir d'une crise dont l'issue paraît aujourd'hui imprévisible, la Bulgarie saura-t-elle trouver les formes originales d'un nouveau développement ?

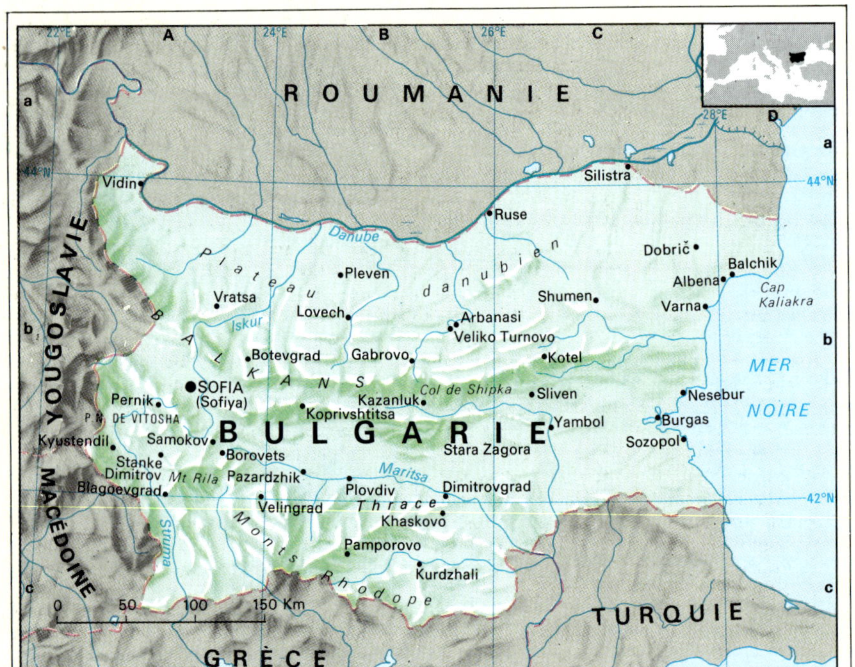

LA BULGARIE EN BREF

Superficie 110 912 km^2

Population 8 985 000

Capitale Sofia

Régime République parlementaire

Monnaie Lev = 100 stotinki

Religions Orthodoxes bulgares, musulmans

Climat Continental dans les montagnes et le Nord ; influences méditerranéennes dans le Sud ; température moyenne à Sofia : de − 4 à 2 °C en janvier et de 16 à 27 °C en juillet

Ressources Blé, maïs, orge, raisins, tournesol, pommes, tabac, bovins, ovins, bois ; charbon, lignite, cuivre, manganèse, uranium

Activités Agriculture, industries du tabac, élevage, ciment, sidérurgie, métallurgie, industries mécaniques, textiles, chimiques, alimentaires, raffinage de pétrole

Exportations Machines et matériel de transport, produits chimiques, textiles et confection, fruits, légumes, viandes, vins, tabac

P.N.B. annuel par habitant 1 884 dollars

Croissance démographique − 2,2 ‰ par an

Espérance de vie Hommes 68 ans, femmes 75

Burkina-Faso

LA CROISSANCE DÉMOGRAPHIQUE ET LE SURPÂTURAGE ONT TRANSFORMÉ L'ANCIENNE HAUTE-VOLTA EN UNE TERRE ARIDE ET POUSSIÉREUSE

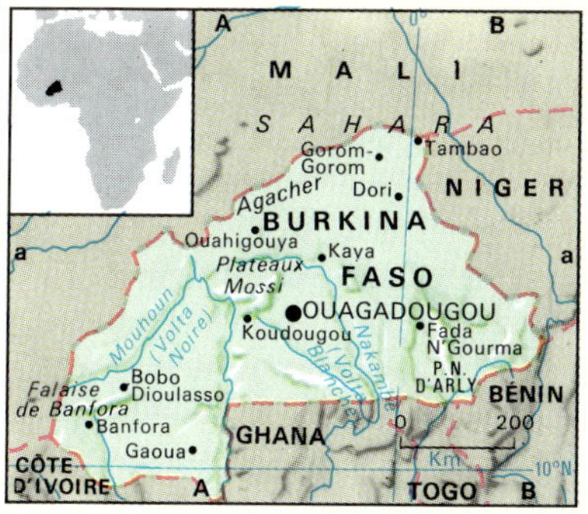

La nature semble s'acharner sur le Burkina. Les bonnes intentions des dirigeants de cet État enclavé de l'Afrique de l'Ouest n'ont pu avoir raison de la nature du terrain et des caprices du climat. Et, surenchérissant à la dureté de l'environnement, le chômage et la sécheresse ont provoqué des manifestations de mécontentement. Mais le gouvernement révolutionnaire, qui a changé en 1984 le nom de Haute-Volta en celui de Burkina-Faso — la Patrie des hommes intègres —, a beaucoup de difficultés à s'attaquer à des problèmes que l'honnêteté seule ne peut résoudre. L'analphabétisme touche 95 % de la population, et le taux démographique est l'un des plus élevés du monde.

Une partie de ces problèmes a la colonisation (1890-1960) pour origine. C'est au cours de cette période que le travail forcé, instauré dans les plantations de la Côte-d'Ivoire voisine, commença à drainer vers le Sud les forces vives du Burkina. À l'exemple des autres pays sahéliens agricoles, la longue saison sèche annuelle chasse également vers les pays côtiers — Côte-d'Ivoire et Ghana — les jeunes à la recherche d'un travail.

Depuis l'indépendance, il y eut alternance des pouvoirs civil et militaire. Mais le coup d'État d'août 1983 qui porta au pouvoir le capitaine Thomas Sankara était d'une facture toute différente. Les jeunes cadres de l'armée et les syndicalistes concrétisaient leur volonté de rompre avec l'ancienne classe politique en changeant le nom du pays, le drapeau et l'hymne national, symboles de l'identité de la nation. Le gouvernement s'est en outre lancé dans une campagne d'émancipation des femmes (campagne contre l'excision).

En 1987, le président Sankara a trouvé la mort dans un coup d'État organisé par le numéro deux du régime, Blaise Compaoré, d'origine mossi, qui a déclaré vouloir poursuivre la politique de son prédécesseur. Le régime s'est peu à peu libéralisé et une gestion plus saine de l'économie, servie par de meilleures récoltes, a redonné confiance aux bailleurs de fonds. La nouvelle Constitution, promulguée en juin 1991, a entériné le retour au multipartisme et institué un Parlement bicamériste.

L'année suivante, les élections législatives ont été remportées par le parti du président, face à une opposition divisée.

La plus grande partie du Burkina se trouve en zone sahélienne, notamment le Nord, proche de la vallée du Niger et le plateau central au sol de latérite pauvre et aride où vit la majeure partie de la population.

La détérioration du sol ne cesse de s'étendre. À Ouagadougou, la capitale, au centre du plateau Mossi, on se souvient encore de l'époque où la savane arborée couvrait la région. Actuellement, seuls les arbustes parsèment un paysage devenu aride.

Les cours d'eau du plateau central sont les Volta noire, blanche et rouge, qui forment le fleuve Volta. La Volta blanche et la Volta rouge, aux eaux particulièrement basses en période de sécheresse, se transforment en marécages près de la frontière du Ghana. Le paysage devient alors beaucoup plus vert, le plateau de latérite rouge faisant place à la forêt-galerie et à la savane arbustive. Pourtant, ces vallées propices à la culture, mais foyers d'onchocercose (la « cécité des rivières »), de bilharziose et de paludisme, ont toujours été désertées des populations. Cette région fait l'objet d'un plan de développement, qui intéresse également les pays voisins, et vise à l'installation d'un million d'agriculteurs. La première phase de ce grand projet, actuellement en cours, est l'éradication des maladies endémiques par la lutte contre les moustiques et le drainage.

Le potentiel touristique est important. Dans le Sud vivent des éléphants, des hippopotames et de multiples animaux sauvages. À l'O., le plateau Mossi est subitement rompu par la falaise de Banfora où les eaux de la Volta noire dévalent brusquement dans la plaine d'une hauteur de 150 m.

90 % de la population vit de l'agriculture. Le mil, le sorgho, le maïs et les haricots sont les principales cultures vivrières. 70 % des exportations sont constituées par le coton, l'huile (arachide et karité), et le bétail destiné à la Côte-d'Ivoire et au Ghana.

Les grandes villes du Burkina sont situées sur la voie de chemin de fer qui relie Ouagadougou à la Côte-d'Ivoire. Ouagadougou n'est pas seulement la capitale du Burkina, c'est aussi le centre du royaume des Mossis qui constituent la majorité de la population. Leurs royaumes, à la tête desquels se trouvaient les nabas, se sont solidement implantés dans la région depuis le XVe s.

De nombreuses communautés habitent le Burkina. À côté des Mossis du Centre, on trouve les Bobos et les Dioulas qui pratiquent l'agriculture dans les régions plus fertiles du Sud-Ouest. Vivant en symbiose avec les sédentaires, les Peuls, pasteurs semi-nomades, vivent sur l'ensemble du pays, tandis que quelques Touaregs viennent faire du commerce sur les marchés du Nord.

90 % des Burkinabés (les habitants du Burkina) vivent en zones rurales. L'habitat est le plus souvent dispersé en « concessions » d'une dizaine de cases, dont la forme dépend de l'origine ethnique, notamment en pays mossi. Ces concessions abritent souvent des familles élargies de plusieurs dizaines de personnes. Pour ces populations, connues dans toute l'Afrique de l'Ouest pour leur ardeur au travail et leur ingéniosité, la longue saison sèche du mois de novembre au mois d'avril engendre l'inactivité dans le travail de la terre et l'incertitude dans les récoltes. Malgré les efforts de ses habitants, le Burkina ne survit que par l'aide internationale et les migrations temporaires de ses travailleurs vers les industries et les plantations des pays côtiers.

LE BURKINA-FASO EN BREF

Superficie 274 400 km^2
Population 9 760 000
Capitale Ouagadougou
Régime République et multipartisme
Monnaie Franc C.F.A.
Religions Animistes (65 %), musulmans (25 %), catholiques (10 %)
Climat Tropical ; saison des pluies entre mai et novembre. Température moyenne à Ouagadougou : 16 à 33 °C en janvier, 26 à 39 °C en avril
Ressources Mil, sorgho, maïs, riz, bétail, arachide, noix de karité, sésame, coton
Activités Agriculture, textiles, mines, fabrication de chambres à air
Exportations Coton, bétail, sésame, arachide, beurre de karité, cuirs, peaux, chambres à air
P.N.B. annuel par habitant 310 dollars
Croissance démographique 29,9 ‰ par an
Espérance de vie Hommes 47 ans, femmes 51

fonda la nation basotho au début du XIXe s.
Population (ville) 2 500 ; (région) 92 200
Carte Afrique du Sud Cb

butte Petite colline isolée. On appelle *butte-témoin* un fragment isolé de cuesta, séparé de son front par l'érosion, et qui atteste l'ancienne extension de la côte. Ainsi, en France, de nombreuses buttes-témoins jalonnent le front des Côtes de Meuse et de Moselle.

Butte, *États-Unis* Ville minière des montagnes Rocheuses, au S.-O. du Montana, à 110 km de la frontière de l'Idaho et à plus de 1 700 m d'altitude. Sa production de cuivre, de zinc, de manganèse, de plomb, d'argent et d'or figure parmi les plus importantes du pays. École et musée des Mines. Visite d'une mine à ciel ouvert dans les environs.
Population 34 500
Carte États-Unis Da

Butterworth, *Afrique du Sud* Ville de l'ancien Transkei, au cœur d'une région d'élevage et de production laitière, à 80 km au N.-E. d'East London, dans la province du Cap-Est.
Population 29 000
Carte Afrique du Sud Cc

Butterworth, *Malaysia* Port sur la côte N.-O. de la péninsule malaise, en face de l'île de Penang. Des ferry-boats et le pont de Penang (ouvert en 1985, longueur : 13,5 km, troisième du monde) le relient à George Town, chef-lieu de Penang. Raffinerie de pétrole, fonderies d'étain, zone industrielle de Mak Mandin.
Population 78 000
Carte Malaysia Ba

Buzau, *Roumanie* Ville de Valachie, sur le Buzau, à 100 km au N.-E. de Bucarest. Centre commercial et agricole (foire annuelle en juin). Importants gisements de pétrole et de gaz dans

Burundi

AU CŒUR DE L'AFRIQUE CENTRALE, DANS UN PAYS DE HAUTES COLLINES SURPEUPLÉES, DEUX COMMUNAUTÉS RESTENT FACE À FACE APRÈS UNE SANGLANTE GUERRE CIVILE

Ce conflit, dont les origines tiennent à la structure sociale du pays, s'est manifesté à plusieurs reprises depuis l'indépendance, entraînant chaque fois de nouveaux massacres. Aujourd'hui les suspicions et les ressentiments sont restés très vifs. En effet, les Tutsis (15 % de la population), pasteurs à l'origine, veulent conserver leur suprématie traditionnelle sur les Hutus. Ceux-ci, des agriculteurs bantous, ont défriché la forêt il y a un millénaire aux dépens des pygmées Twa, les premiers habitants de la région (moins de 1 %). Tutsis et Hutus ne constituent cependant pas, à proprement parler, des tribus différentes : leurs langues et leurs coutumes sont semblables.

Les Tutsis n'arrivèrent qu'au XVIe s. et mirent en place un système féodal sous l'autorité des *mwami* (rois), instituant peu à peu un système de castes. Ils appliquèrent aux Hutus des relations de servage basées sur le bétail qu'ils avaient amené — des petites vaches aux longues cornes —, que les agriculteurs hutus entretenaient (fumure des champs) mais dont ils n'étaient pas autorisés à utiliser à leur guise les sous-produits (viande, lait, etc.). Territoire de l'Afrique orientale allemande en 1890, le Burundi devint, avec le Rwanda voisin, un territoire sous mandat administré par la Belgique (1919). Celle-ci gouverna les deux pays, qui constituaient déjà des entités politiques très structurées, en s'appuyant sur les mwami.

Devenu indépendant en 1962, le pays connut sept gouvernements en quatre ans et fut la proie de sanglantes querelles dynastiques. Le mwami Ntare V fut déposé en 1966 par le capitaine Michel Micombéro, un Tutsi. Ce coup d'État, pourtant, ne satisfit pas les aspirations démocratiques des Hutus : les Hutus du Rwanda voisin n'avaient-ils pas pris le pouvoir depuis plusieurs années déjà ? L'explosion de violence de 1972 fit plus de 200 000 morts parmi lesquels une partie de l'élite hutue, et un millier de Tutsis.

Le général Jean-Baptiste Bagaza, un autre Tutsi, accéda au pouvoir en 1976. Il se lança dans une politique de réconciliation nationale, abolissant notamment le servage et les distinctions d'origine dans les manuels scolaires. En 1987, il fut déposé par un autre officier tutsi, le major Buyoya. Une nouvelle Constitution, entrée en vigueur en 1992, institua le multipartisme. Le nouveau président, d'origine hutue, fut assassiné, déclenchant des massacres réprimés par l'armée à majorité tutsie (100 000 morts). Son successeur, un Hutu, fut également assassiné, en même temps que le président du Rwanda.

Cultivé, malgré son caractère montagneux, par 90 % de la population, le Burundi est un petit pays surpeuplé (180 habitants au kilomètre carré). L'Ouest s'étend jusqu'à la vallée de la Ruzizi qui se jette dans le lac Tanganyika. La majeure partie du pays est constituée de collines (1 500 m d'altitude en moyenne) couvertes de pâturages, et où se trouve la source du Nil la plus méridionale. Malmené par l'érosion et le surpâturage, le sol nourrit néanmoins une population qui vit dispersée sur de petits lopins de terre.

Les principales cultures vivrières sont, dans les collines, la banane, la patate douce, le haricot et dans la plaine lacustre, la canne à sucre, qui suffit à la consommation locale. Le café, ainsi que le thé et le coton procurent 90 % des ressources à l'exportation. Le bétail est d'un faible poids économique.

La seule grande ville est Bujumbura, la capitale, sur le lac Tanganyika. Le Burundi est un pays enclavé au cœur de l'Afrique centrale, à 2 000 km de l'océan Atlantique et à 1 400 km de l'océan Indien. Ses voies de communication sont aussi mauvaises que celles des pays voisins. Des pays qu'il doit pourtant traverser pour accéder à la mer.

LE BURUNDI EN BREF

Carte Tanzanie Aa
Superficie 27 816 km^2
Population 5 460 000
Capitale Bujumbura
Régime République multipartiste
Monnaie Franc burundi
Langues Kirundi, français, swahili
Religions Catholiques (64 %), animistes (20 %), protestants (10 %), musulmans (6 %)
Climat Équatorial ; température moyenne annuelle à Bujumbura : 24 °C
Ressources Canne à sucre, patates douces, maïs, bananes, haricots, café, thé, coton ; nickel et uranium (inexploités), étain
Activités Agriculture, forêt, pêche, brasseries
Exportations Café, thé, coton, bananes
P.N.B. annuel par habitant 220 dollars
Croissance démographique 32 ‰ par an
Espérance de vie Hommes 50 ans, femmes 54

les environs. Industries métallurgiques, chimiques, textiles, alimentaires.
Population 136 000
Carte Roumanie Ba

Byblos, ***Liban*** Voir DJEBAIL

Bydgoszcz, en all. **Bromberg,** ***Pologne*** Ville à 235 km au N.-O. de Varsovie, sur la Brda. Nombreux monuments médiévaux (hôtel de la Monnaie), églises gothiques et restes d'anciennes fortifications. La ville moderne, industrielle, est un carrefour ferroviaire et fluvial.

La première exécution massive de civils polonais par les nazis (20 000 hommes, femmes et enfants) commença sur la place du marché, en octobre 1939 (le « dimanche sanglant »).
Population 381 500
Carte Pologne Bb

Byron (cap), ***Australie*** Pointe la plus orientale du pays, en Nouvelle-Galles du Sud, à 50 km au S. de la frontière du Queensland.
Carte Australie Id

Bytom, en all. **Beuthen,** ***Pologne*** Ville industrielle à 13 km au N.-O. de Katowice. Fondée en 1055, elle conserve encore ses rues médiévales et une église du XIIIe s. restaurée. Centre minier important (houille). On y extrait aussi de la calamine, minerai de zinc employé dans certains produits cosmétiques.
Population 231 200
Carte Pologne Cc

Byzance, ***Turquie*** Voir ISTANBUL

Caacupé, ***Paraguay*** Chef-lieu du département de La Cordillera, à 50 km à l'E. de la capitale, Asunción. Fondée en 1770 par les Espagnols, la ville est un centre touristique et de pèlerinage, surtout en décembre (fête de la Vierge Bleue). Productions : oranges, tabac, sucre, tuiles.
Population 10 000
Carte Paraguay Bb

caatinga Formation végétale caractéristique des régions semi-arides du Nordeste brésilien. Elle comprend des steppes, des forêts basses à épineux et des savanes arborées dont les arbres perdent leurs feuilles à la saison sèche, avec, à leur partie inférieure, des herbes dures et des plantes épineuses (cactées).

Cabañas, ***Salvador*** Département montagneux producteur de café, au N.-E. de San Salvador. Chef-lieu : Sensuntepeque (10 000 habitants).
Population 137 000

Cabinda (enclave de), ***Angola*** Province côtière (7 270 km^2) séparée du reste du pays par un couloir large de 30 km appartenant au Zaïre (chef-lieu : Cabinda). Elle produit 75 % du pétrole angolais depuis la découverte de gisements sous-marins en 1966. Autres ressources : gaz naturel, bois durs, cacao, café et huile de palme.
Population (ville) 13 500 ; (prov.) 174 000
Carte Angola Aa

Cabo Delgado, ***Mozambique*** Voir DELGADO (cap)

Cabora Bassa (barrage de), ***Mozambique*** Barrage hydroélectrique sur le Zambèze, à 210 km en amont de Tete. L'Afrique du Sud consomme 98 % de sa production. Le Portugal en est financièrement responsable jusqu'à la fin du siècle. Le Mozambique, qui prendra la relève lorsque les capitaux auront été amortis, perçoit une part des bénéfices réalisés sur les ventes d'électricité à l'Afrique du Sud. Le lac de Cabora Bassa (240 km de long, 1 600 km^2) s'étend du barrage jusqu'à la frontière de la Zambie.
Carte Mozambique Ab

Cacahuamilpa, ***Mexique*** Importantes grottes naturelles dans une vallée près de Taxco, à 150 km au S.-O. de Mexico, découvertes en 1835. Elles ont été creusées par un réseau de rivières souterraines dans le sol calcaire. L'une des galeries, en partie explorée, mesure 1 380 m de long.

Cacérès, ***Espagne*** Ville commerçante d'Estremadure, à 240 km au S.-O. de Madrid, et chef-lieu de la province du même nom. Enceinte médiévale et nombreuses maisons des XVe et XVIe s. Industries : liège, cuir, textiles et engrais.

La province de Cacérès (19 945 km^2) produit de la laine, des céréales et des saucisses rouges renommées, les *embutidos*.
Population (ville) 84 300 ; (prov.) 432 700
Carte Espagne Bc

Cachemire (Kashmir), ***Inde/Pakistan*** Ancien royaume indien du Nord-Ouest, dominé par les

sommets de l'Himalaya (K2, 8 611 m), et divisé depuis 1949 entre l'Inde et le Pakistan. La partie S.-E. constitue l'État indien de Jammu-et-Cachemire. Le Pakistan occupe à l'O. l'Azad Kashmir (« Cachemire libre ») et au N. le Balistan et l'Agence de Gilgit (avec Hunza et le Dargistan). Au conflit indo-pakistanais s'ajoutent les revendications internes de part et d'autre, notamment depuis 1992, faisant craindre une nouvelle guerre. La route du Karakoram, construite avec l'aide chinoise, relie l'Azad Kashmir à la région du Sinkiang, en Chine.
Carte Inde Ba, Pakistan Da

Cacheu, ***Guinée-Bissau*** Fleuve de 200 km de long, ville et région du nord du pays. La ville, fondée par les Portugais à l'embouchure de l'estuaire en 1630, fut la capitale de la Guinée portugaise jusqu'en 1879, date à laquelle celle-ci devint colonie séparée. C'est aujourd'hui un centre de commerce et un port de pêche.
Population (région) 127 600
Carte Guinée Aa

Cadix, en esp. **Cádiz,** ***Espagne*** Port d'Andalousie sur la côte atlantique, au N. du détroit de Gibraltar et chef-lieu de la province du même nom (7 385 km²). Exportation: xérès, huile d'olive, sel et liège. Chantiers navals. Pêche.

Comptoir commercial fondé en 1100 av. J.-C. par les Phéniciens, puis cité prospère à l'époque romaine (sous le nom de Gades), la ville déclina après la chute de Rome en 476. Elle connut un nouvel essor avec la découverte du Nouveau Monde et devint le centre du commerce espagnol avec les Amériques. Elle fut en partie détruite par plusieurs attaques anglaises (notamment celle de Drake, en 1587).
Population (ville) 157 800; (prov.) 1 040 000
Carte Espagne Bd

Caen, ***France*** Préfecture du Calvados, en Normandie, à 110 km à l'O. de Rouen. Port important, relié à la Manche par le canal de Caen. Centre sidérurgique. Industries textiles, alimentaires. Très gravement endommagée pendant le débarquement allié en 1944, la ville conserve pourtant ses principaux monuments : église Saint-Pierre (XIIe-XIVe s.), château, églises et abbayes du XIe s. construits par Guillaume le Conquérant. Centre universitaire.
Population 115 600
Carte France Cb

Cagayan, ***Philippines*** Le plus long fleuve de l'île de Luçon (350 km). Il prend sa source dans le S. de la sierra Madre, traverse une large vallée bordée à l'O. par la Cordillère centrale, et se jette au N. dans le détroit de Babuyan, près d'Aparri. Son bassin (10 000 km²) produit du riz et du tabac, mais l'irrigation est insuffisante. Son cours inférieur forme la province du Cagayan.
Carte Philippines Bb

Cagayan de Oro, ***Philippines*** Ville de la côte N. de Mindanao, à l'embouchure du Cagayan, capitale du Misamis oriental, c'est un centre administratif, commercial et de communication. Port très actif.
Population 255 000
Carte Philippines Bd

Cagliari, ***Italie*** Capitale de la Sardaigne, sur la côte S. Fondée par les Carthaginois, puis colonie romaine, elle conserve les ruines d'un amphithéâtre taillé dans le roc. Cathédrale du XIVe s. Université. Le port moderne, sur un canal, dessert une vaste zone industrielle (pétrochimie). Marais salants.
Population 232 800
Carte Italie Be

Caguas, ***Porto Rico*** Ville commerçante et industrielle à 25 km au S. de San Juan, au centre d'une région agricole fertile qui produit du tabac, du sucre, et fabrique des articles de cuir, des cigares et des cigarettes.
Population 205 000
Carte Antilles Bb

Cahors, ***France*** Ancienne capitale du Quercy et préfecture du Lot, insérée dans un cingle du Lot, à 100 km au N. de Toulouse. Ville natale de Léon Gambetta (1838-1882), Cahors, peu industrialisée (constructions mécaniques et électriques), conserve de son passé la cathédrale Saint-Étienne (XIe-XIVe s.) et le pont Valentré (XIVe s.).
Population 19 700
Carte France Dd

Caïmans (îles), en angl. **Cayman Islands,** ***Antilles*** Colonie britannique au N.-O. de la Jamaïque, formée par les trois îles du Grand Caïman, Petit Caïman et Caïman Brac, d'une superficie totale de 260 km². Autrefois tournées vers la pêche et l'agriculture, elles sont devenues dans les années 1960 un centre financier et touristique international, des lois particulièrement avantageuses y ayant attiré en 1983 plus de 17 500 sociétés et 450 banques. En même temps, le tourisme, qui représente aujourd'hui 70 % du P.N.B. annuel, s'est beaucoup développé, entraînant une flambée des prix des terrains situés en bord de mer, qui sont parmi les plus élevés du monde.

LOIN DE TOUT. Plus de 300 000 touristes visitent chaque année les îles Caïmans. Malgré ce nombre, et en raison de l'étendue des plages, notamment celle des Sept Milles, sur l'île du Grand Caïman, l'archipel demeure un paradis des Caraïbes.

Les immigrants récents, venus de la Jamaïque et d'Amérique du Nord, représentent 1/5 de la population ; le reste se compose de descendants d'Européens (1/5), d'Africains (1/5) ou de races mélangées.
Population (Grand Caïman) 17 000 ; (Petit Caïman) 100 ; (Caïman Brac) 2 000
Carte Cuba Ab

Caire (Le), en ar. **Al-Qahirah,** ***Égypte*** Capitale, centre politique et intellectuel du pays, en amont du delta du Nil, à 160 km au S. de la côte méditerranéenne. C'est la première ville d'Afrique, bruyante, cosmopolite et encombrée de véhicules, carrefour entre l'Orient et l'Occident. Une forêt de minarets proclame la prédominance de l'islam, mais la population rassemble Arabes, Turcs, Coptes, Juifs, Noirs d'Afrique et Européens. Le vieux Caire, au S., est une enclave fortifiée où les maisons et les bazars s'entassent dans des rues étroites (certaines non pavées), au son des prières quotidiennes de quatre cents mosquées. Sur le mont Muqattam, la Citadelle construite en 1177 par le sultan Saladin sépare la vieille ville du Caire moderne, au N.-O. : centre actif, troué de larges avenues où s'élèvent des immeubles modernes (bureaux, banques, hôtels, ministères, Opéra).

En 969, les Fatimides (musulmans venus de Libye) conquirent l'Égypte et construisirent, sur le site d'un camp militaire, une ville fortifiée qu'ils appelèrent « Al-Qahirah » (la Victorieuse). Elle s'agrandit sous Saladin au XIIe s. et devint capitale des sultans mamelouks jusqu'à l'arrivée des Ottomans en 1517. L'Égypte et Le Caire retrouvèrent leur indépendance sous Muhammad Ali (1769-1846). Vice-roi de 1805 à 1846, il fit de l'Égypte un pays autonome et moderne.

Centre universitaire et intellectuel (avec plusieurs universités, dont l'université musulmane Al-Azhar, fondée en 972, est l'une des plus anciennes du monde), Le Caire est aussi un foyer culturel et artistique de premier plan, qui abrite de très nombreux musées, dont le Musée

égyptien, aux fabuleuses richesses, le Musée islamique et le Musée copte. C'est également un centre industriel majeur (industries alimentaires et textiles, tabac, cuir, industrie cinématographique, sidérurgie à Hélouan, dans la banlieue S.). À 10 km au S., se trouve Guizeh.
Population (ville) 6 665 000 ; (aggl.) 9 300 000
Carte Égypte Bb

Cairns, ***Australie*** Station touristique et port sur la côte N.-E. du Queensland (péninsule du cap York). Centre d'une région productrice de canne à sucre. Point d'accès à la partie des récifs de la Grande Barrière en bordure de la côte.
Population 64 400
Carte Australie Hb

Cajamarca, ***Pérou*** Ville et département du Nord (34 023 km^2) traversé par la large vallée d'un affluent du río Marañon. L'industrie laitière y est prospère. À Cajamarca, la capitale, le conquistador espagnol Francisco Pizarro captura et tua le roi inca Atahualpa, en 1532. Les seuls vestiges incas sont la Chambre des rançons et les bains. La cathédrale et les églises des villes de Belén et de San Francisco sont de beaux spécimens de l'architecture coloniale.
Population (ville) 62 500 ; (dép.) 1 250 000
Carte Pérou Ba

Calabar, ***Nigeria*** Ville de l'extrême S.-E. du pays, dans l'ex-Biafra, capitale de l'État de Cross River (27 237 km^2). Important centre industriel au cœur d'une région pourvue en gaz et en pétrole. Électricité, menuiserie.
Population (ville) 140 000 ; (État) 1 900 000
Carte Nigeria Bc

Calabre, en it. **Calabria,** ***Italie*** Région formant la pointe de la botte italienne (15 080 km^2) qui comprend les provinces de Cosenza, Catanzaro, Reggio di Calabria, Vibo Valencia et Crotone. C'est la plus pauvre d'Italie, avec une population en migration constante vers le Nord industrialisé. Les industries modernes y sont presque inexistantes, et l'agriculture pauvre (l'olive constitue la principale ressource), du fait du terrain montagneux. Le tourisme joue un rôle de plus en plus important dans l'économie.
Population 2 121 700
Carte Italie Fe

MÉTROPOLE MUSULMANE. Le soleil se couche sur les minarets de la mosquée du sultan Hassan (à gauche). Lors de sa construction, en 1361, la ville comptait déjà près de 500 000 habitants.

Calais, ***France*** Sous-préfecture du Pas-de-Calais, premier port français de voyageurs (4 millions de passagers et 1 million de voitures y transitent chaque année entre la France et la Grande-Bretagne). Industries : constructions navales, vêtements, dentelles, produits alimentaires. La vieille ville, fondée au VIIe s. lorsqu'on creusa un canal dans les dunes pour relier une lagune à la mer, fut détruite pendant la Seconde Guerre mondiale. Il en reste pourtant l'église Notre-Dame (XIVe-XVIe s.), la tour du guet (XIIIe s.) et les remparts de Vauban. Devant l'hôtel de ville, le monument des Bourgeois de Calais, par Rodin, commémore le sacrifice de six citoyens qui sauvèrent la ville tombée aux mains d'Édouard III en offrant leur vie (1347). Calais ne revint à la France qu'en 1558.

À 10 km à l'O. de Calais, à Coquelles, se trouve le terminal français du tunnel sous la Manche, mis en service en 1994. La région en attend d'importantes retombées économiques.
Population 75 400
Carte France Da

Calais (pas de), ***France*** Voir PAS DE CALAIS

Calanques, ***France*** Voir CASSIS

Calbayog, ***Philippines*** Voir SAMAR

calcaire Roche sédimentaire très répandue, blanche ou grise, stratifiée, essentiellement composée de carbonate de chaux (plus de 80 %), pouvant renfermer des impuretés sous forme de silice, d'argile ou de dolomie. Le calcaire peut être d'origine détritique (calcaire lithographique, constitué de fines particules de calcite), organique (calcaire corallien, calcaire coquillier) ou chimique (calcaire oolithique, meulière). On l'utilise comme pierre de construction, pour fabriquer de la chaux ou du ciment, et dans la sidérurgie. Les régions calcaires ont un relief typique, dit relief calcaire ou karstique, dû à une double action de l'érosion : mécanique, par usure de la roche, et chimique, par dissolution de celle-ci dans l'eau courante plus ou moins chargée de gaz carbonique. Voir CAUSSE, CAVERNES et KARST

calcite Carbonate de calcium à l'état cristallin. Constituant du marbre, du calcaire et de la craie, des stalactites et des stalagmites.

Calcutta, ***Inde*** Capitale de l'État du Bengale-Occidental, port et première ville de l'Inde par la taille, située au N.-E. du pays, sur un bras du Gange, l'Hooghly, à 145 km du golfe du Bengale. Comptoir commercial fondé par la Compagnie des Indes orientales en 1690, sous contrôle britannique à partir de 1757, Calcutta fut la capitale des Indes britanniques de 1774 à 1911, date à laquelle Delhi la supplanta. Sa prospérité reposa sur le commerce des cotonnades et des soieries, de l'indigo, de l'opium (avec la Chine), et plus tard du thé et du jute. Mais en 1947, elle perdit le commerce traditionnel avec le Bengale oriental (aujourd'hui Bangladesh), et dut faire face à l'arrivée de millions de réfugiés. Un quart de la population de la ville est misérable et habite des huttes de terre battue, beaucoup sont sans abri, dormant sur les trottoirs. En outre, l'Hooghly, progressivement ensablé par les alluvions du Gange, ne fournit plus assez d'eau à la ville, et la navigation y est devenue impraticable. Pourtant, Calcutta est le premier port de l'Inde (exportations de jute, riz, thé, textiles, produits chimiques, papier). Elle reste un grand centre intellectuel et artistique (université, célèbre musée). Immense parc de Maidan, autour du Fort William (1773), ancienne résidence des gouverneurs anglais, et mémorial de la reine Victoria. Calcutta a vu naître notamment le romancier anglais W.M. Thackeray, le poète indien Rabindranath Tagore (prix Nobel de littérature en 1913) et le philosophe Aurobindo.
Population (ville) 4 388 000 ; (aggl.) 9 195 000
Carte Inde Dc

Caldas, ***Colombie*** Voir MANIZALES

caldeira Cratère volcanique de grandes dimensions, plus ou moins circulaire, dû soit à des explosions, soit à des effondrements. La plus grande caldeira connue est celle du mont Aso, au Japon.

Caledon, ***Lesotho/Afrique du Sud*** Rivière de 480 km de long qui prend sa source au N. du Lesotho et se jette au S.-O. dans l'Orange (Afrique du Sud). Elle sert de frontière occidentale au Lesotho. Sa vallée fertile (maïs), autrefois habitée par les Bochimans, abrite des peintures rupestres.
Carte Afrique du Sud Cc

calédonien Qualifie le plissement qui s'est produit à l'ère primaire, à la fin du silurien et au début du dévonien, et qui a vu la formation de la chaîne calédonienne, qu'on trouve en Écosse et en Scandinavie.

Calgary, ***Canada*** Deuxième ville de l'Alberta, au confluent des rivières Bow et Elbow. Les Rocheuses, à 80 km à l'O., forment un décor majestueux. Fondée en 1875, la ville est devenue le siège de l'industrie pétrolière ainsi que le centre agricole, industriel et commercial de l'Alberta. Située dans une région propice à l'agriculture et à l'élevage, elle renferme aussi des gisements de pétrole et de gaz naturel. Les raffineries de pétrole et les minoteries ainsi que le bois, le ciment et la brique comptent parmi ses principales industries. Chaque année s'y tient un célèbre rodéo, le Calgary Stampede.
Population 636 100
Carte Canada Dc

Cali, ***Colombie*** Chef-lieu du département du Valle del Cauca, sur le versant E. de la Cordillère occidentale, à 300 km au S.-O. de Bogotá. Fondée par les Espagnols en 1536, cette paisible ville coloniale au centre d'une région productrice de coton et de canne à sucre fut transformée par le chemin de fer, au début du siècle. Troisième ville du pays dès les années 50, c'est un grand centre industriel : papier, textile, industries alimentaires et pharmaceutique, mais aussi un bastion du trafic de cocaïne.
Population 1 755 000
Carte Colombie Bb

Calicut, auj. **Kozhikode,** ***Inde*** Port du Sud-Ouest, à 400 km à l'extrémité méridionale de l'Inde. Outre l'étoffe de coton à qui elle a donné son nom (calicot), la ville fabrique des cordages et des petits tapis. Elle exporte du thé, du café, de la noix de coco et des épices.
Population (ville) 419 600 ; (aggl.) 810 000
Carte Inde Be

Californie, ***États-Unis*** État le plus peuplé du pays, qui s'étend sur 411 015 km^2 le long de la côte du Pacifique. Découverte au XVIe s. par les Espagnols, colonisée au XVIIIe s. et annexée par le Mexique en 1822, la Californie fut le premier État à être créé dans l'Ouest, en 1850, deux ans seulement après le traité de Guadalupe Hidalgo, par lequel le Mexique la cédait aux États-Unis. La découverte de gisements d'or dans la sierra Nevada provoqua une ruée d'immigrants et amorça le développement économique de la région.

À l'E., la chaîne de la sierra Nevada culmine au mont Whitney (4 418 m). Au centre s'étend la Grande Vallée (Central Valley), langue de terre fertile longue de 600 km, et à l'O., la chaîne côtière (Coast Ranges), qui se prolonge au N. par la chaîne des Cascades. La Californie est une zone sismique (San Francisco et Los Angeles sont construites sur la faille de San Andreas). Le climat est méditerranéen, doux et humide. Grâce à l'irrigation de la Grande Vallée, la Californie fournit le dixième de la production agricole du pays (oranges, raisin, laitues, coton, riz, produits laitiers). Elle se classe parmi les premiers États producteurs de pétrole.

Ses industries électroniques et informatiques réputées sont groupées dans la Silicon Valley, au S. de San Francisco. Villes principales : Los Angeles (métropole mondiale du cinéma), San Francisco, San Diego, Sacramento (capitale de l'État). Nombreuses universités et centres de recherche renommés.
Population 29 830 000
Carte États-Unis Bc

Californie (Basse-), en esp. **Baja California,** ***Mexique*** Presqu'île montagneuse désertique et semi-désertique au S. de la Californie américaine, qui s'avance dans l'océan Pacifique, séparée du reste du Mexique par le golfe de Californie. Longueur : 1 300 km ; largeur : 80 km. Culmine à 3 096 m dans la sierra San Pedro Martir. Elle est divisée en deux États : la Basse-Californie du Nord (capitale : Mexicali) et la Basse-Californie du Sud (dont la capitale, La Paz, fut fondée en 1535 par Hernán Cortés). La Basse-Californie du Sud comprend le désert de Vizcaino et les marais salants de Guerrero Negro. L'agriculture n'est possible que dans une zone irriguée du Nord et dans les vallées. On y cultive coton, maïs et blé. Depuis 1973, la nouvelle route qui traverse toute la presqu'île, depuis Tijuana, au N., jusqu'au cap San Lucas, au S., et longe des kilomètres de côte sablonneuse, permet l'essor du tourisme.
Population (Nord) 1 661 000 ; (Sud) 320 000
Carte Mexique Ab

Californie (golfe de) Partie de l'océan Pacifique comprise entre la presqu'île de Californie (Basse-Californie) et le Mexique. D'abord appelée mer de Cortès, en souvenir du conquistador Fernand Cortez (1485-1547), puis mer Vermillon. Ressources : huîtres, perles, éponges, gros poissons (requins, raies). Les tempêtes soudaines rendent la navigation risquée.
Superficie 161 870 km^2
Profondeur maximale 3 000 m
Carte Mexique Ab

Callao, ***Pérou*** Port de Lima, et premier port exportateur du pays. Pêche (anchois). Usines de farine de poisson. Raffinerie de pétrole.
Population 265 000
Carte Pérou Bb

Callejón de Huaylas, ***Pérou*** Vallée fertile du río Santa, dans le département d'Ancash, entre la cordillère Noire et la cordillère Blanche qui culmine au Nevado de Huascaran (6 768 m). Des avalanches dévastatrices (la plus récente fut provoquée par un séisme en 1970) ont détruit de nombreux villages et villes de la vallée.
Carte Pérou Ba

calmes équatoriaux Des zones de vents faibles apparaissent aux basses latitudes sur les océans. L'une correspond à la présence des anticyclones subtropicaux, qui viennent se centrer vers 20-25° de latitude. Le ciel y est généralement clair. Le long de l'équateur, les vents sont également faibles, mais l'air connaît des ascendances très fortes, qui entraînent la formation de nuages et de précipitations, si bien que l'on a donné à cette zone le nom de « pot au noir ».

Caloocan, ***Philippines*** Voir MANILLE

Calvados (14), ***France*** Département de Basse-Normandie, en bordure de la Manche (5 693 km^2). Essentiellement agricole, il offre des paysages et des sols variés, avec le pays d'Auge, à l'E. (plateau argileux, vallée alluviale), la riche campagne de Caen, dont les sols limoneux permettent la céréaliculture, et, à l'O., le bas plateau du Bessin et les collines du Bocage normand. Le Calvados est un pays d'élevage ; il est renommé aussi pour son cidre et l'eau-de-vie de pomme à laquelle il a donné son nom. Les troupes alliées débarquèrent sur ses plages en 1944. Préfecture : Caen.
Population 628 300
Carte France Cb

Camargue, ***France*** Région de marais et d'étangs du delta du Rhône, délimitée par le Grand Rhône à l'E. et le canal du Rhône à l'O., et séparée en deux par le Petit Rhône. Dans la partie N., drainée et irriguée, on produit du riz, du blé, de la vigne, des fruits et des plantes fourragères. Au S. se trouve l'étang de Vaccarès (6 000 ha), englobé dans le parc naturel régional de Camargue, créé en 1970 pour protéger le milieu naturel, à la flore et à la faune caractéristiques (taureaux noirs, chevaux blancs, flamants roses). Importants salins à l'E. Deux villes à visiter : Aigues-Mortes, cité médiévale ceinte de remparts, et les Saintes-Maries-de-la-Mer, dont les pèlerinages gitans sont renommés.
Carte France Fe

Camarines, ***Philippines*** Voir BICOL

Ca Mau (pointe de), ***Viêt-nam*** Extrémité de la péninsule de terres basses à l'O. du delta du Mékong. Les sédiments fluviaux balayés par les courants côtiers dessinent un littoral instable dont l'avance est parfois estimée à 75 m par an. Les terres marécageuses de la péninsule, sillonnées de canaux et de rivières et bordées de mangliers, sont vouées à la riziculture.
Carte Viêt-nam Ad

Cambodge Voir p. 134

Cambridge, ***Royaume-Uni*** Ville et comté d'Angleterre, à 80 km au N.-E. de Londres. Son université, célèbre dans le monde entier, fut fondée en 1281 (collège de Peterhouse) par des étudiants d'Oxford fuyant les émeutes de cette ville. Elle compte 21 collèges autonomes, merveilles d'architecture groupées sur la rive E. de la Cam. La ville est aussi un centre administratif et commercial. Industries de transformation des produits agricoles de la région, informatique, technologies de pointe.

Le comté (3 409 km^2), essentiellement agricole, comprend l'ancien comté d'Huntingdon, une grande partie des Fens du Sud, l'évêché d'Ely et le centre industriel de Peterborough.
Population (ville) 96 000 ; (comté) 640 700
Carte Royaume-Uni Fd

cambrien Première période de l'ère primaire ou paléozoïque. Voir ÉCHELLE DES TEMPS GÉOLOGIQUES, p. 268

Cambriens (monts), ***Royaume-Uni*** Chaîne du centre du Pays de Galles, qui s'étend sur 140 km du N. au S. Avec son relief accidenté, ses lacs profonds et ses nombreuses vallées, elle servit autrefois de formidable rempart contre les invasions anglaises. Point culminant : pic d'Aran Fawddwy (905 m).
Carte Royaume-Uni Dd

Cameron Highlands, ***Malaysia*** Station de montagne de la presqu'île de Malacca, à 50 km au S.-E. d'Ipoh. Son climat tempéré séduit les Européens. On y cultive les légumes et du thé.
Population 21 500
Carte Malaysia Bb

Cameroun Voir p. 135

Cameroun (mont), ***Cameroun*** Volcan actif situé près de la côte N., point culminant de l'Afrique occidentale (4 095 m). Les plaines environnantes, fertilisées par ses éruptions, produisent de l'huile de palme, du caoutchouc, du thé, des bananes et du poivre.
Carte Cameroun Ab

Cambodge

ENTRAÎNÉ DANS LA GUERRE DE SES VOISINS, CE GRAND EMPIRE DES TEMPS ANCIENS EST PEUT-ÊTRE AUJOURD'HUI LE PAYS LE PLUS PAUVRE DU MONDE

La nuit est tombée sur le Cambodge, le 17 avril 1975, quand Pol Pot, avec son armée de Khmers rouges, entra dans Phnom Penh et inaugura le règne de la terreur. Il proclama qu'il était un sauveur, créateur d'un cas unique d'économie fondée sur une société agricole coupée du capitalisme mondial. Mais cette expérience sociale plongea dans la mort et la famine une terre qui fut jadis le grenier à riz de l'Indochine.

Sous le régime de Pol Pot, les villes furent évacuées et tous leurs habitants durent aller travailler la terre. Cette tentative de créer une société paysanne autonome reçut l'appui de la Chine, mais elle fut poussée à des extrémités brutales. On estime qu'un million de personnes furent exécutées, qu'un demi-million moururent de faim et de maladie, et qu'environ 600 000 s'exilèrent vers le Viêt-nam ou la Thaïlande.

LE RÔLE PRIMORDIAL DU MÉKONG

Le Cambodge est dominé par le Mékong. Ses crues de la saison des pluies, d'avril à octobre, créent de magnifiques rizières. Au centre, le Tonlé Sap (Grand lac) voit sa superficie quadrupler pendant les pluies. La plus grande partie de la population vit dans les plaines centrales, entourées de montagnes boisées. Le riz et le maïs sont les principales cultures, avec des plantations d'hévéas au N. de Phnom Penh. Les températures vont en moyenne de 27 à 32 °C et les précipitations de 1 300 mm en plaine à 5 000 mm dans le Sud-Ouest.

Le Cambodge fut envahi au VIe s. par les tribus khmers venues du N., dont l'empire fut florissant jusqu'aux environs de 1450, et qui construisirent le grand temple bouddhiste d'Angkor Vat. Ensuite, le pays fut dominé alternativement par ses voisins d'Annam et de Thaïlande, mais les Khmers constituent encore actuellement 90 % de la population. En 1863, le Cambodge devint un protectorat français, qui fut occupé par les Japonais pendant la Seconde Guerre mondiale. Norodom Sihanouk proclama l'indépendance en 1944, mais les Français revinrent, et elle ne fut acquise qu'en 1954.

Sihanouk, chef de l'État à partir de 1960, chercha à maintenir la neutralité du pays pendant la guerre du Viêt-nam, mais les Nord-Vietnamiens passèrent par le Cambodge pour ravitailler leurs forces au Sud-Viêt-nam. Ainsi, il se trouva impliqué dans le conflit, et Sihanouk fut déposé en 1970 par le général Lon Nol, soutenu par les États-Unis, ce qui provoqua le soulèvement des Khmers rouges dirigés par Pol Pot, et finalement la chute de Phnom Penh.

En 1979, l'entrée de l'armée vietnamienne mit fin au règne de Pol Pot. Un nouveau gouvernement commença à rétablir l'économie et réussit à instaurer un contrôle précaire sur l'ensemble du pays. Cédant à la fois au désir des Cambodgiens et à des pressions internationales, les Vietnamiens se sont retirés en octobre 1989.

Après de longues négociations internationales sous l'égide de l'O.N.U., un Conseil national suprême fut mis en place avec, à sa tête, le prince Norodom Sihanouk. Regroupant toutes les factions rivales, il parvint en octobre 1991 aux accords de Paris, mettant ainsi fin à 21 ans de guerre. Une administration provisoire de l'O.N.U. est alors instituée. Après des élections libres et malgré l'hostilité des Khmers rouges, une nouvelle constitution est adoptée, qui rétablit la monarchie et désigne comme roi le prince Sihanouk et comme Premier ministre son fils Ranariddh.

UNE ÉCONOMIE BOULEVERSÉE

Les récoltes ont toujours été incertaines, dépendant des pluies et des crues du Mékong et du Tonlé Sap, mais de surcroît la production a été bouleversée par la guerre contre les Khmers rouges, puis par le régime de Pol Pot. Les rendements en riz et en maïs sont faibles, et la production de caoutchouc s'est effondrée. Les villes, mal reliées aux campagnes par des routes défoncées, dépendent largement de l'aide internationale.

L'industrie est handicapée par le manque d'énergie et de matières premières. Il reste peu de boutiques, et l'essentiel du commerce se fait dans la rue. Grâce à des stocks d'or et aux envois des Cambodgiens installés à l'étranger, le pays peut importer des produits de consommation japonais et thaïlandais, en partie en contrebande.

Phnom Penh, ville blessée, retrouve une partie de son activité et de son charme, mais elle reste sous-équipée et surpeuplée. Le tourisme (temples d'Angkor) reprend peu à peu.

LE CAMBODGE EN BREF

Superficie	181 916 km^2
Population	9 287 000
Capitale	Phnom Penh
Régime	Monarchie parlementaire
Monnaie	Riel = 100 sen
Langues	Khmer (officiel), français
Religions	Bouddhistes (90 %), musulmans (2 %), catholiques (moins de 1 %)
Climat	Tropical ; mousson d'avril à octobre. Température moyenne annuelle à Phnom Penh : 27 °C
Ressources	Riz, maïs, bananes, caoutchouc, bétail, tabac, jute, bois, poisson
Activités	Agriculture, pêche, sylviculture
Exportations	Caoutchouc, légumes
P.N.B. annuel par habitant	130 dollars
Croissance démographique	25 ‰ par an
Espérance de vie	Hommes 49 ans, femmes 52

UNE RÉOUVERTURE AU MONDE. Après les années terribles, où il servit de base à la guérilla et fut gravement endommagé, Angkor Vat retrouve ses visiteurs.

Cameroun

UNE GRANDE DIVERSITÉ DE PAYSAGES, DE TRIBUS ET DE LANGUES, UNE DÉMOCRATISATION CONTESTÉE

SENTINELLES VOLCANIQUES. Émergeant de la plaine, les pitons de lave des monts Mandara semblent veiller sur les cultures et les villages des paysans kapsikis.

Au Cameroun, les coutumes traditionnelles et la société moderne se font face. Dans les zones forestières, le culte des ancêtres se manifeste par des offrandes de nourriture aux défunts, et la confection de statuettes de bois, de métal, de pierre, ou de terre cuite.

Le Cameroun est avant tout un pays de relief dont les montagnes couvrent toutes les variétés de zones climatiques. Dans le Nord, où le Sahel, avec sa longue saison sèche, fait partie du bassin du lac Tchad, les pics effilés des Kapsiki parsèment la région au N. de Garoua. On trouve au centre les riches pâturages du massif de l'Adamaoua, puis la forêt tropicale, avec ses plantations industrielles de caféiers, de cacaoyers, d'hévéas, de bananiers, et ses exploitations de bois précieux. Au S.-O., les montagnes, d'origine volcanique, sont plus spectaculaires, avec le mont Cameroun, toujours actif, qui culmine à 4 095 m. Cette région est parsemée de lacs de cratères qui sont parfois la cause d'accidents dramatiques (plus d'un millier de victimes en 1986 à la suite d'émanations de gaz toxiques). Les côtes sont bordées de cocotiers. Le climat, tropical dans le Sud et sur les côtes, avec des pluies particulièrement abondantes d'avril à novembre (10 m par an sur le mont Cameroun), devient plus sec quand on se rapproche du lac Tchad.

Le Cameroun abrite plus de 130 groupes ethniques : dans le Nord, des Foulbés, musulmans, et les montagnards Fali et Kirdi, animistes : dans le Sud, les Bamilékés, communauté commerçante et dynamique ; et, dans la forêt, des groupes de Pygmées.

L'histoire du Cameroun est d'abord celle des premiers royaumes bantous du Sud-Ouest, où cette région est donnée comme le berceau de la dispersion des peuples parlant la langue bantoue, au début de notre ère. Le bassin du lac Tchad, de son côté, a vu éclore la civilisation encore mal connue des Saos qui enterraient leurs morts dans de grandes urnes de terre cuite (XIIIe-XIVe s.).

Les Portugais touchent les côtes en 1471. Mais, jusqu'à l'établissement du protectorat allemand en 1884, les Européens n'aborderont les côtes que pour faire du troc et se livrer à la traite des esclaves. Après la défaite allemande de 1918, le Cameroun est partagé en deux territoires, confiés à la France (la plus grande partie) et à l'Angleterre par la Société des Nations.

Le Cameroun français accède à l'indépendance en 1960 et devient la république du Cameroun. L'année suivante, le West Cameroon britannique, que les Anglais voulaient joindre au Nigeria, est séparé en deux après référendum, le Nord, musulman, étant intégré au Nigeria ; le Sud, animiste, qui avait demandé son rattachement à l'ancien Cameroun français, formait avec celui-ci la république fédérale du Cameroun qui devint un État unitaire en 1972 sous la présidence d'un homme du Nord, Ahmadou Ahidjo.

Ce dernier s'est appliqué, par une politique souvent autoritaire, à museler l'opposition et à combattre le tribalisme. Démissionnaire en 1982 pour raisons de santé, il est remplacé par un homme du Sud, Paul Bya, qui a dû faire face à une rébellion militaire et à la volonté de son prédécesseur de revenir au pouvoir, et, depuis 1990, à l'aspiration des Camerounais au multipartisme (manifestations de Bamenda en mai 1990). Une violente répression, en avril 1991, répondit à un fort mouvement de contestation de la population. En 1992, des élections démocratiques furent remportées d'extrême justesse par le parti au pouvoir.

La majorité des Camerounais vit dans les zones rurales. Dans le Sud, le maïs et les légumes des régions forestières constituent les produits des cultures vivrières. Cette région, bien mise en valeur, et dotée en voies de communication par les Allemands, produit du caoutchouc, du café, du cacao, de l'huile de palme, des bois durs (50 % des exportations). Le Nord est tributaire des conditions climatiques. Néanmoins, on y cultive le coton et l'arachide pour l'exportation (le mil et le sorgho sont destinés à la consommation locale) ; le bétail qu'on y élève est envoyé dans le Sud.

Le Cameroun est sur la voie de l'industrialisation grâce à ses minerais et à l'aménagement hydroélectrique qui fournit une énergie renouvelable (usine d'Edéa). On y exploite la bauxite (production doublée en 1982), le pétrole off-shore et le gaz naturel.

Le pays, qui a eu un départ difficile (unification des deux Camerouns, guérilla de l'Union des populations du Cameroun dans le Sud), est gouverné par un parti unique et une direction soucieuse de réprimer toute opposition et toute vélléité d'atteinte à l'unité nationale (tension avec le Nigeria à propos de la péninsule de Bakassis, particularisme anglophone, opposition entre le Nord musulman et le Sud animiste et chrétien).

LE CAMEROUN EN BREF
Superficie 475 439 km^2
Population 11 540 000
Capitale Yaoundé
Régime République
Monnaie Franc CFA
Langues Français et anglais (officiel), langues soudanaises et bantoues
Religions Chrétiens et sectes (33 %), animistes (25 %), musulmans (17 %)
Climat Tropical ; température moyenne à Yaoundé : de 18 à 29 °C
Ressources Mil, sorgho, maïs, ignames, manioc, bananes, plantains, cacao, café, patates douces, arachide, coton, huile de palme, bétail ; bois de construction, bois précieux, hévéas, pétrole, gaz naturel, bauxite
Activités Agriculture, mines, raffinage de produits pétroliers, affinage de l'aluminium, bois, industries alimentaires, huileries, textiles
Exportations Pétrole, aluminium, caoutchouc, café, cacao, huile de palme, coton, bois
P.N.B. annuel par habitant 1 010 dollars
Croissance démographique 34 ‰ par an
Espérance de vie Hommes 53 ans, femmes 56

Campanie, ***Italie*** Région de l'Italie méridionale (13 595 km^2) dont la principale ville est Naples. Des plaines côtières fertiles et très peuplées entourent les villes de Caserte et de Salerne, et les pentes du Vésuve. Entre Amalfi et Sorrente s'étire un très beau littoral. L'intérieur, pauvre et montagneux, essentiellement rural, a été très durement touché en 1980 par un tremblement de terre. Les industries se concentrent dans les villes côtières (surtout à Naples): acier, constructions navales, voitures, matériel électrique, industries alimentaires.
Population 5 626 000
Carte Italie Ed

Campeche, ***Mexique*** Port pittoresque du golfe du Mexique, sur la côte O. du Yucatán, capitale de l'État homonyme (50 812 km^2), couvert de forêts. C'est là que les Espagnols mirent pied sur le sol mexicain pour la première fois, en 1517. La ville connut une prospérité exceptionnelle grâce à ses bois de teinture (bois de campêche), et dut se protéger contre les assauts constants des pirates à la fin du XVIIe s. Ses deux portes principales et sept de ses huit forteresses subsistent encore. L'économie locale repose sur la pêche, le travail du bois et l'artisanat.
Population (ville) 130 000; (État) 535 200
Carte Mexique Cc

Campina Grande, ***Brésil*** Ville commerçante du Nordeste (État du Paraíba), à 160 km au N.-O. de Récife. Porte du *sertão*, plateau intérieur semi-aride du nord-est du Brésil. Productions industrielles : cuir, textiles, huiles végétales, constructions mécaniques légères.
Population 280 000
Carte Brésil Eb

Campinas, ***Brésil*** Ville champignon, à 75 km au N.-O. de São Paulo. Une vingtaine de sociétés multinationales (d'électronique pour la plupart) y sont implantées. Productions industrielles: papier, textiles, machines, coton, maïs, sucre.
Population 947 000
Carte Brésil Dd

Campine, en néerl. **Kempen,** ***Belgique*** Plateau de bruyères et de pinèdes (6 000 km^2) situé à 45 km au N. de Liège et possédant le seul gisement de charbon encore en exploitation en Belgique. Région industrielle grâce au canal Albert qui la relie à Anvers, où arrivent les matières premières (métaux non ferreux) qu'elle transforme.
Population 200 000
Carte Belgique Ba

campo Terme brésilien désignant la savane à graminées qui s'étend au centre du Brésil au S. de la forêt équatoriale, sur une surface de 2 400 km sur 2 750 km. Lorsqu'il inclut des plantes arbustives, il s'appelle *campo serrado* ou *campo sujo*.

Campo Grande, ***Brésil*** Voir MATO GROSSO

Campos, ***Brésil*** Ville industrielle, à 230 km au N.-E. de Rio de Janeiro. Gisements pétroliers off-shore. Marbre, ciment, cachaça (alcool tiré de la canne à sucre). Les forêts tropicales à proximité de la ville abritent l'espèce rare du singe-lion doré.
Population (ville) 188 000; (aggl.) 367 000
Carte Brésil Dd

Cam Ranh, ***Viêt-nam*** Port naturel situé dans une baie du Viêt-nam du Sud, à 290 km au N.-E. de Hô Chi Minh-Ville. Il servit de base américaine pendant la guerre du Viêt-nam (1965-1975) et est maintenant utilisé par les forces aéronavales russes.
Carte Viêt-nam Bc

Cana (Kafr Kanna), ***Israël*** Village de Galilée à 4 km au N.-E. de Nazareth, où le Christ accomplit son premier miracle en changeant l'eau en vin. Patrie de Nathanaël, que l'Évangile selon saint Jean identifie avec saint Barthélemy. Église du VIIe s. et église grecque du VIIIe s.
Carte Israël Ba

Canada Voir p. 137-141

canadien (Bouclier), ***Canada*** Voir BOUCLIER CANADIEN

Cañar, ***Équateur*** Province du Centre-Ouest, dans les Andes. Le climat, sec et froid sur la majeure partie du territoire, permet pourtant une culture intensive autour de la capitale provinciale, Azogues (13 500 habitants). Cette ville est le centre de fabrication de chapeaux de paille. À 25 km au N., à proximité du bourg de Cañar, se trouve la forteresse inca d'Ingapirca.
Population 190 000
Carte Équateur Bb

Canaries (îles), ***Espagne*** Archipel de l'Atlantique, constitué de sept îles principales et d'îlots, à une centaine de kilomètres des côtes du Sahara occidental. Haut lieu touristique, surtout en hiver. Le relief est montagneux, et le climat généralement doux mais parfois soumis à la sécheresse et à des tornades. L'irrigation permet la culture des céréales, des bananes, des agrumes, des légumes et de la vigne. Principales industries: pêche et conserveries.

Connues dans l'Antiquité sous le nom d'îles Fortunées, elles furent redécouvertes en 1402 par les Portugais, qui les cédèrent aux Espagnols en 1479. Les îles de Lanzarote, Grande Canarie et Fuerteventura forment la province orientale de Las Palmas, et les îles de Tenerife, La Palma, Gomera et Hierro, la province occidentale de Santa Cruz de Tenerife. Elles couvrent une superficie totale de 7 242 km^2. Les villes principales, Las Palmas (Grande Canarie) et Santa Cruz (Tenerife), sont deux ports francs. Le point culminant de l'archipel, et de l'Espagne, est le pic du Teide, cône volcanique de 3 718 m, sur l'île de Tenerife.
Population 1 443 000
Carte Atlantique (océan) Ab

Canaveral (cap), ***États-Unis*** Langue de sable sur la côte E. de la Floride, à environ 300 km au N. de Miami, sur laquelle est installé le centre aérospatial John F. Kennedy. Il fut autrefois appelé cap Kennedy. Toutes les fusées américaines y sont lancées.
Carte États-Unis Je

Canberra, ***Australie*** Capitale du pays située sur le Territoire fédéral de la capitale, à 250 km au S.-O. de Sydney. Construite d'après le projet d'un architecte américain, Walter Burley Griffin, en 1913, elle abrite le Parlement australien depuis 1927 (siège précédent: Melbourne). Sa population a été multipliée par huit depuis les années 1950, avec l'arrivée des diplomates étrangers et des représentants fédéraux venant de Melbourne et de Sydney. Le nom de Canberra proviendrait d'un mot aborigène, *canberry*, « lieu de rendez-vous ».
Population 255 900
Carte Australie Hf

Cancún, ***Mexique*** Minuscule île des Caraïbes, longue de 22 km, reliée à la côte N.-E. du Yucatán par une route étroite. Son climat chaud et ensoleillé, ses belles plages et ses eaux claires en font une station balnéaire très fréquentée. Non loin, sur le continent, se trouvent les magnifiques ruines mayas de Tulúm et de Xel-Ha. Une conférence internationale sur la coopération Nord-Sud y eut lieu en octobre 1981.
Population 33 500
Carte Mexique Db

Candie, ***Grèce*** voir IRAKLION

Canée (La), ***Grèce*** Ville de la côte N.-O. de Crète, ancienne capitale de l'île dans l'Antiquité (Cydonia). Elle fut occupée par les Vénitiens (1252-1645) qui la rebaptisèrent Canea, puis par les Turcs (1645-1898). La ville conserve un vieux quartier fortifié (rempart du XIVe s.), des églises vénitiennes et un phare turc. Kastélli, cité vénitienne du XVIe s. protégée par une citadelle, s'élève au bord d'une plage de sable, à 42 km à l'O. de La Canée.
Population (ville) 47 500; (aggl.) 62 000
Carte Grèce Dd

Cango (grottes de), ***Afrique du Sud*** Grottes calcaires situées à 26 km au N. de la ville d'Oudtshoorn et à environ 355 km à l'E. du Cap. Elles étaient habitées à l'âge de la pierre. Découvertes en 1780, elles sont classées monument national, et des concerts ont lieu dans la grotte extérieure. Leur taille exacte demeure inconnue, mais les passages explorés atteignent une longueur de 3 km.
Carte Afrique du Sud Bc

Çankırı, ***Turquie*** Ville à environ 100 km d'Ankara. Sa vaste mosquée du XVIe s. fut construite par Sinan, considéré comme l'un des plus grands architectes ottomans. Les principales ressources de la province de Çankırı sont la culture des fruits et des céréales, et l'extraction de l'amiante.
Population (ville) 45 500; (prov.) 281 800
Carte Turquie Ba

Cannes, ***France*** Ville de la Côte d'Azur (Alpes-Maritimes) à 28 km au S.-O. de Nice. Station balnéaire mondialement réputée, qui possède deux ports de plaisance. On y admire l'église Notre-Dame-de-l'Espérance (XVIe-XVIIe s.), le quartier du vieux Cannes, le front de mer (la Croisette). Un festival international du cinéma s'y déroule chaque année. L'observatoire du Super-Cannes, à l'E. de la ville, offre un superbe panorama sur la côte et les îles de Lérins. Au N. de Cannes, sur le plateau de Valbonne, est implantée Sophia Antipolis (activités de recherches et industries non polluantes).
Population 68 600
Carte France Ge

Cantabrie, anc. **Santander,** ***Espagne*** Région autonome comprenant une seule province, qui s'étend autour de Santander sur le golfe de Gascogne. Activités principales: extraction de fer, zinc et plomb, pêche, élevage.
Population 526 300
Carte Espagne Ca

Cantabriques (monts), ***Espagne*** Chaîne du nord-ouest du pays qui prolonge les Pyrénées sur environ 480 km, le long du golfe de Gascogne. Elle traverse le Pays basque, le nord de la Vieille Castille, les Asturies et le nord du León. Le

Voir suite p. 142

Canada

LE DEUXIÈME PAYS DU MONDE PAR SA SUPERFICIE, UN PAYS D'UNE REMARQUABLE DIVERSITÉ, FAIT DE DÉSERTS GLACÉS, DE PRAIRIES FERTILES, D'EAUX ABONDANTES ET DE RÉGIONS SAUVAGES QUE HANTENT LES LOUPS ET LES OURS

Pays d'énormes contrastes climatiques et géographiques, et de grande diversité humaine, le Canada est, après la Russie, le deuxième pays du monde par sa superficie. La Transcanadienne, la nationale la plus longue au monde, déroule ses 8 000 km de Terre-Neuve à la Colombie britannique ; la traversée du pays en train prend quatre jours et cinq nuits.

Les températures d'hiver peuvent descendre à −62 °C dans l'Arctique ; et pourtant, des températures estivales de 27 °C sont habituelles dans le Sud. De fait, l'extrémité méridionale du pays, entre les Grands Lacs, se trouve à la même latitude que Rome ou le N. de la Californie. La majorité des 26,6 millions d'habitants vit à faible distance de la frontière américaine, et près de deux sur cinq en Ontario et au Québec.

Dans cet immense pays aux quatre cinquièmes inhabités, les amis de la nature peuvent aisément explorer de vastes étendues vierges et dresser leur tente là où leurs seuls voisins seront l'ours noir ou le grizzly. L'orignal, le caribou et le loup errent aussi dans ces solitudes sauvages. Les eaux douces abondent en saumon, en truite et en brochet. Aucun pays n'a autant de lacs que le Canada.

La police la plus célèbre du monde, véritable symbole du Canada, est la Gendarmerie royale (Police montée). Elle compte 8 000 hommes placés sous l'autorité fédérale ; elle n'en avait que 300 quand elle fut créée en 1873 avec la mission d'assurer l'ordre dans l'Ouest.

Elle intervint dans l'un des épisodes les plus houleux de l'histoire du Canada, la Ruée vers l'or, au Klondike. En 1896, on découvrit des pépites dans la vallée de la Chance, un affluent du Klondike, dans le Yukon. Quand le reste du monde eut vent de la découverte, 100 000 hommes et quelques rares femmes se ruèrent vers cette région sauvage du Nord-Ouest. En six ans, le Klondike produisit une quantité d'or valant à l'époque plus de 100 millions de dollars américains. Beaucoup de gens s'enrichirent ; d'autres, accablés par la fièvre de l'or et les privations, sombrèrent dans la folie ; d'autres encore moururent, victimes d'une société de risque-tout, de joueurs et de voleurs d'or. L'ordre n'était assuré que par quelques « polices montées ».

UN PAYS AUX VISAGES MULTIPLES

Le Canada est un pays souverain, membre du Commonwealth. La majorité des habitants est d'origine britannique (environ 10 millions) ou française (environ 7 millions) ; il y a aussi 466 000 Amérindiens, 25 000 Inuits (Esquimaux) et des immigrants de nombreuses nationalités. La plupart des francophones vivent au Québec. De fortes influences culturelles et économiques traversent les 4 200 km de frontière canado-américaine.

La majorité de la population et la plupart des industries se trouvent dans la région des Grands Lacs et les basses terres du Saint-Laurent. Ce territoire commence près de la ville de Québec par une plaine étroite qui s'élargit dans le sud du Québec et se prolonge à l'O., en Ontario. Le fleuve Saint-Laurent emprunte ce couloir des Grands Lacs à l'océan Atlantique.

Dans l'Est, la chaîne des Appalaches s'étend en Gaspésie, au Québec, ainsi qu'au Nouveau-Brunswick, en Nouvelle-Écosse, dans l'Île-du-Prince-Édouard et à Terre-Neuve ; elle appartient à un vieux système montagneux qui se prolonge, au S., aux États-Unis et qui dépasse rarement 1 000 m d'altitude. L'Île-du-Prince-Édouard, dans le golfe

GRANDEUR MAJESTUEUSE. Une profonde vallée des montagnes Rocheuses, dans le parc national de Banff, en Alberta. Créé en 1885, ce parc est le plus ancien du Canada. Célèbre pour ses sources chaudes, ses névés, ses lacs glaciaires, c'est un refuge d'animaux sauvages et, hiver comme été, un paradis pour les sportifs.

du Saint-Laurent, est exempte de reliefs montagneux ; c'est la province orientale la plus favorisée pour l'agriculture.

Le Bouclier canadien, qui est constitué de roches anciennes très dures, couvre plus de 4 650 000 km^2 et forme le soubassement de la moitié du Canada. C'est une région de roc, de forêts et de lacs qui s'étend du Labrador aux Territoires du Nord-Ouest et qui comprend la plus grande partie du Québec et de l'Ontario, ainsi que le nord du Manitoba et de la Saskatchewan. Le Bouclier renferme d'abondantes ressources minérales, forestières et hydroélectriques.

L'Alberta, le Manitoba et la Saskatchewan, bordés au S. par les États-Unis et à l'O. par les montagnes Rocheuses, constituent la plus vaste région agricole du Canada ; des forêts en couvrent le nord.

Une bonne partie de l'Ouest a une altitude supérieure à 2 000 m ; le point culminant du pays, le mont Logan (Yukon), atteint 5 951 m. Une série de chaînes de montagnes, la Cordillère, s'étire sur toute la côte O. et traverse la Colombie Britannique, le Yukon et une partie de l'Alberta et des Territoires du Nord-Ouest. Les montagnes Rocheuses en forment la bordure orientale et s'élèvent à plus de 3 000 m, tandis que la chaîne côtière culmine à 4 042 m au mont Waddington, en Colombie britannique.

La côte O. offre des paysages spectaculaires, avec ses fjords, ses montagnes et des îles comme l'île de Vancouver et l'archipel de la Reine-Charlotte. La ville de Vancouver se trouve dans les basses terres de la côte O., dans la vallée du Fraser inférieur.

L'extrême nord du Canada est habité par de petites communautés inuites. C'est un pays sauvage, inhospitalier, peu arrosé, aux arbres rares et au sol presque partout gelé en permanence. Mais il renferme de grandes richesses minérales, y compris du gaz et du pétrole. Quelque 25 000 Inuits vivent dans le delta du Mackenzie, dans les îles de l'Arctique et sur la côte du Labrador. Quelque 368 000 Amérindiens habitent, pour la plupart, les 2 250 réserves (totalisant 2,6 millions d'hectares) réparties dans tout le pays ; ils parlent 60 langues différentes.

La température diurne moyenne de la plus grande partie du Canada dépasse 24 °C en juillet ; mais, en hiver, presque tout le pays est couvert de neige et les températures sont inférieures à 0 °C. Le fleuve Saint-Laurent est fermé à la navigation pendant trois ou quatre mois, et la plupart des cours d'eau sont gelés.

LA NAVIGATION SUR LES LACS ET COURS D'EAU

Le Saint-Laurent est depuis longtemps une importante voie commerciale que confirma l'aménagement, de 1954 à 1959, de la Voie maritime, qui permet à des navires de 28 000 tonneaux de remonter son cours jusqu'aux Grands Lacs. Les principaux fleuves de l'Ouest, le Fraser et le Thompson, se jettent dans le Pacifique mais sont peu navigables. La plupart des autres fleuves aboutissent aux côtes à peu près inhabitées de la baie d'Hudson et de l'océan Arctique, et sont gelés une bonne partie de l'année.

Néanmoins, l'immense réseau de lacs et de cours d'eau joua un rôle considérable dans la pénétration du pays par les premiers explorateurs, trappeurs et négociants en fourrures. Il leur était possible, au prix de quelques portages, de naviguer en canot du Saint-Laurent jusqu'au centre de l'Alberta, à l'O., et au delta du Mackenzie, au N.

Les Français furent les premiers colons européens. En 1605, sur la côte de la Nouvelle-Écosse, ils fondèrent l'établissement Port-Royal qui s'appelle maintenant Annapolis Royal ; en 1608, ils remontèrent le Saint-Laurent jusqu'au site de l'actuelle ville de

Québec. La colonisation anglaise débuta deux ans plus tard à Terre-Neuve. Dès les années 1670, les explorateurs, missionnaires, trappeurs et négociants français avaient atteint, dans l'Ouest, les sources du Mississippi et le Manitoba. Les Anglais fondaient la Compagnie de la Baie d'Hudson pour effectuer le commerce des peaux et des fourrures. La rivalité entre les deux puissances allait bientôt commencer.

AFFRONTEMENTS ENTRE PREMIERS COLONS

Les Français et les Anglais s'allièrent, chacun de leur côté, à des tribus indiennes et détruisirent les établissements de l'adversaire: la marine anglaise s'attaqua aux forts français de la côte, et les troupes françaises assaillirent les garnisons et les comptoirs anglais. La querelle fut définitivement réglée par la guerre de Sept Ans (1756-1763). En 1759, l'armée anglaise, commandée par le général Wolfe, mit en déroute les Français du général Montcalm à la bataille des Plaines d'Abraham et prit Québec. En 1760, les Français perdirent Montréal et, en 1763, ils cédèrent leurs colonies.

En dépit de la victoire militaire des Anglais, le pays continuera d'abriter deux cultures, deux langues et des institutions séparées. Les colons français l'emportaient largement en nombre sur les Anglais au Québec et dans les régions voisines; aussi fut-il décidé de reconnaître la religion catholique ainsi que la langue et la loi civile française (Acte de Québec, 1774). Ce double système est toujours en vigueur.

Après la guerre d'Indépendance (1775-1782), plus de 30 000 loyalistes quittèrent les États-Unis pour s'établir au Nouveau-Brunswick, en Nouvelle-Écosse, au Québec et en Ontario. En 1815, le gouvernement britannique encouragea la colonisation: dans les années suivantes, plus de 1 million d'immigrants anglais débarquèrent à Halifax, à Saint-Jean et à Québec.

VERS UN CANADA MODERNE

Après la guerre de Sécession (1861-1865), on put craindre que les États-Unis ne tentent d'annexer des fragments du territoire canadien. En 1867, pour se défendre contre cette menace, le Nouveau-Brunswick, la Nouvelle-Écosse, l'Ontario et le Québec signèrent l'Acte de l'Amérique du Nord britannique, qui créait le dominion du Canada. À l'époque, une grande partie de l'Ouest appartenait à la Compagnie de la Baie d'Hudson. Mais, en 1869, le dominion en acheta les possessions territoriales, triplant ainsi du jour au lendemain la superficie du Canada.

Deux nouvelles provinces s'unirent au Canada: le Manitoba, en 1870, et la Colombie britannique, en 1871. Le premier chemin de fer transcontinental, le Canadien-Pacifique, reliant le centre au Pacifique, fut inauguré en 1885; dans l'Est, la liaison Montréal-Halifax était assurée depuis 1876.

L'Île-du-Prince-Édouard se joignit au Canada en 1873, la Saskatchewan et l'Alberta, en 1905. Grâce au chemin de fer, l'immense Prairie s'ouvrit à la colonisation et à l'agriculture, et attira en grand nombre les immigrants européens.

De 1900 à 1930, la population doubla. Beaucoup de nouveaux venus arrivaient d'Europe centrale et méridionale. Ils se fixèrent nombreux dans les villes en pleine croissance et contribuèrent à l'enrichissement sur le plan ethnique.

Pendant la Première Guerre mondiale, le Canada envoya plus de 600 000 combattants en Europe, sur une population qui ne comptait pas encore 8 millions d'habitants. En 1939, les Canadiens se rangèrent de nouveau au côté des Alliés. Ils participèrent aussi à la guerre de Corée.

Beaucoup d'institutions politiques sont d'origine britannique. Le Canada, sous l'autorité de la reine Élisabeth II, est une monarchie constitutionnelle ; la Couronne est représentée par le gouverneur général, qui est maintenant toujours un Canadien. Ce sont cependant le Premier ministre et son Cabinet qui détiennent le pouvoir exécutif. Le Parlement fédéral siège à Ottawa et se compose de deux Chambres : la Chambre des communes, formée de 295 députés élus pour cinq ans et le Sénat, formé de 104 membres nommés par le gouverneur général sur la proposition du Premier ministre. Les deux Chambres ont des pouvoirs similaires, mais les projets de loi les plus importants sont d'abord présentés et débattus à la Chambre des communes. Le Sénat peut opposer son veto à tout projet de loi, mais n'exerce que rarement ce droit.

Chacune des dix provinces a son propre parlement élu, composé d'une seule chambre ; quant au Yukon et aux Territoires du Nord-Ouest, ils n'ont encore qu'une autonomie limitée. Les lois provinciales ne s'appliquent que dans les provinces qui les ont votées, tandis que les lois fédérales s'appliquent à tout le Canada. Des conflits naissent parfois entre les gouvernements fédéraux et provinciaux.

AGRICULTURE ET RESSOURCES NATURELLES

La Prairie, qui s'étend du Manitoba à l'Alberta, renferme plus de 80 % des terres agricoles du Canada et fournit les deux tiers du revenu agricole total. Malgré l'importance de ce secteur, 1 Canadien sur 80 seulement travaille dans l'agriculture ; une exploitation-type compte environ 225 ha.

Les céréales occupent les trois quarts des terres arables. Le Canada exporte environ 80 % de sa production de blé, ce qui représente 20 % des exportations mondiales. Les hauts silos à élévateurs font partie du paysage de la Prairie. La plupart jalonnent les voies ferrées : presque tout le grain est expédié vers les marchés par rail.

Dans la Prairie, on consacre aussi de vastes étendues à l'élevage bovin. Par endroits, des sols d'excellente qualité sont accaparés par les villes et l'industrie en expansion, ce qui suscite quelques inquiétudes, notamment dans la péninsule du Niagara, au S. de l'Ontario, réputée pour ses cultures maraîchères.

La forêt, principale ressource naturelle renouvelable du Canada, s'étend d'un océan à l'autre sur une largeur de 500 à 2 000 km et couvre plus de la moitié du pays. Elle se compose essentiellement de conifères : sapins, pins et épinettes. Le Canada est le plus grand exportateur mondial de pâte à papier et de papier : d'énormes usines transforment le bois en papier journal destiné aux marchés mondiaux, et un emploi sur dix dépend de la forêt. Dans l'ensemble, la forêt est la propriété du gouvernement fédéral ou des provinces.

La pêche attira aussi les premiers Européens au Canada ; elle demeure une activité importante. Les quelque 30 000 pêcheurs de la côte atlantique s'adonnent à une pêche très diversifiée ; les 12 000 de la côte du Pacifique se consacrent essentiellement à la pêche au saumon. On exporte beaucoup de poisson, principalement aux États-Unis.

On trouve au Canada tous les minéraux ; les plus précieux sont le pétrole, le gaz naturel, le charbon et le fer. L'Alberta produit 90 % du pétrole et plus du tiers des 39 millions de tonnes de charbon extraites annuellement au pays ; il renferme aussi du gaz naturel et d'abondantes réserves de pétrole dans les sables bitumineux de l'Athabasca. La deuxième province productrice de charbon est la Colombie britannique, qui fournit environ le tiers de la production nationale. Le Canada exporte du gaz naturel et du charbon, mais il importe un peu de pétrole.

On trouve du minerai de fer sur la rive N.-O. du lac Supérieur et de part et d'autre de la frontière qui sépare le Québec du Labrador. Le gisement de nickel le plus important au monde se trouve à Sudbury, en Ontario, le principal centre aurifère du pays à Timmins. On extrait l'amiante au Québec, et le cuivre en Ontario et en Colombie britannique. Le Canada est l'un des grands pays producteurs de zinc et de titane ; il produit aussi de l'uranium, de l'argent et du molybdène.

LA BLANCHE IMMENSITÉ DE L'HIVER. Une harde de caribous traverse la toundra gelée près de Repulse Bay, dans les Territoires du Nord-Ouest. Le lichen est alors leur seule nourriture.

Environ 70 % de l'électricité est d'origine hydraulique. Le gigantesque complexe hydroélectrique de la Grande Rivière, au Québec, est l'un des plus importants du monde. Mais les sites propices à l'aménagement de centrales se trouvent dans le Nord, loin des centres de consommation ; aussi le Canada a-t-il récemment construit quatre grandes centrales nucléaires.

INDUSTRIE ET TOURISME

L'industrie fournit près du cinquième des emplois. Hautement mécanisée, elle comprend la pétrochimie, la construction automobile, la transformation des métaux et le traitement des aliments. L'Ontario concentre l'industrie automobile et les secteurs de l'électronique et de la machinerie électrique ; cette province vient au premier rang dans le secteur de la sidérurgie. Le Québec compte, outre les secteurs du papier, de l'aéronautique et des produits pharmaceutiques, ceux des produits chimiques, du textile, de l'ingénierie et de la transformation du bois.

Les États-Unis sont évidemment le premier partenaire commercial du Canada, et près de la moitié de l'industrie canadienne appartient à des sociétés américaines. Comme le disait J. F. Kennedy, ancien président des États-Unis, au Parlement canadien en 1961 : « La géographie a fait de nous des voisins, l'histoire, des amis, l'économie, des partenaires, et la nécessité, des alliés. »

L'essor récent du tourisme tient surtout à un afflux d'Américains. Cette activité fournit un emploi sur dix et se place parmi les huit principales sources de devises. Les grands espaces attirent les pêcheurs, les chasseurs, les campeurs et canoéistes, souvent originaires des États-Unis, mais aussi de Grande-Bretagne, d'Europe continentale et du Japon. La nécessité de sauvegarder les sites les plus beaux est reconnue depuis longtemps ; le premier parc national fut créé à Banff, en 1885.

Les chutes du Niagara et les Rocheuses ont une renommée mondiale. Les touristes sont aussi attirés par la ville historique du Québec, par Montréal, son quartier historique et son réseau souterrain de boutiques et de services unique au monde, par la moderne Toronto et sa Tour du C.N. et par les ports de pêche des provinces de l'Atlantique.

On voyage principalement en automobile et en avion. Les marchandises sont surtout acheminées par chemin de fer. Les trains de voyageurs sont rares en dehors du corridor Montréal-Toronto-Windsor, sauf ceux qui, comme sur la ligne Banff-Vancouver, assurent les itinéraires touristiques des Rocheuses.

Les trois quarts des 26,6 millions de Canadiens sont des citadins ; plus de la moitié vivent dans des villes de plus de 100 000 habitants. Trois villes seulement comptent plus de 1 million d'habitants : Toronto (3 450 000), Montréal (2 950 000) et Vancouver (1 400 000). Comme aux États-Unis, les centres des grandes villes du Canada sont dominés par les gratte-ciel.

LE CANADA EN BREF
Superficie 9 976 139 km^2
Population 28 150 000
Capitale Ottawa
Régime Monarchie parlementaire fédérale
Monnaie Dollar canadien = 100 cents
Langues anglais, français
Religions Catholiques (45 %), protestants (36 %)
Climat Continental ; arctique au N., maritime près des côtes (notamment en Colombie britannique). Température moyenne à Ottawa : de −15 à −6 °C en janvier, de 15 à 26 °C en juillet
Ressources Céréales, fruits et légumes, bétail, colza, tabac, lin, bois, poisson ; pétrole et gaz naturel, charbon, cuivre, zinc, titane, fer, plomb, amiante, nickel, sel, uranium, potasse
Activités Agriculture, sylviculture, exploitation du bois, pâtes et papiers, industries alimentaires, sidérurgie, mécanique, extraction minière, matériel de transport, produits chimiques, engrais, raffinage du gaz et du pétrole, ciment
Exportations Automobiles, machines, céréales et autres produits alimentaires, gaz naturel, produits chimiques, papier, pétrole brut et produits pétroliers, charbon, minerais, bois, pâte à papier
P.N.B. annuel par habitant 20 600 dollars U.S.
Croissance démographique 8 ‰ par an
Espérance de vie Hommes 74 ans, femmes 80

sous-sol est riche en minerai (charbon et fer). Point culminant: Pena Cerredo (2 648 m).
Carte Espagne Ba

Cantal (15), ***France*** 1. Ensemble volcanique du Massif central, en Auvergne, au S.-O. de Clermont-Ferrand; point culminant: le Plomb du Cantal (1 855 m).

2. Département occupé en grande partie par le massif du même nom et à plus de 700 m d'altitude pour l'essentiel de sa superficie (5 741 km^2). Les conditions climatiques rudes et le relief favorisent l'élevage et la forêt, qui dominent le secteur agricole, très important, auquel est liée la faible industrie du département (alimentation, travail du bois). Le tourisme n'est ici que local et saisonnier. Cette situation aggrave encore l'émigration traditionnelle vers Clermont-Ferrand et la région parisienne, la population étant en constante régression depuis plus d'un siècle. Seuls Aurillac, le chef-lieu, et Saint-Flour dépassent les 5 000 habitants.
Population (département) 159 000
Carte France Ed

Canterbury, anc. en français **Cantorbéry,** ***Royaume-Uni*** Ville épiscopale du comté de Kent, à 90 km au S.-E. de Londres. Centre de l'Angleterre chrétienne depuis la nomination du premier archevêque en 601, c'est aujourd'hui le siège du primat de l'Église anglicane. Le tombeau de Thomas Becket (1118-1170), archevêque assassiné dans la cathédrale, attira pendant des siècles les pèlerins. Ces pèlerinages inspirèrent à Chaucer le chef-d'œuvre poétique du XIVe s., les *Contes de Canterbury*. La ville conserve son caractère médiéval, avec ses rues étroites, ses maisons, et le mur d'enceinte. La cathédrale, commencée en 1070, achevée en 1400, se dresse au milieu d'un parc entouré d'anciens monastères. L'université moderne du Kent se trouve à l'extérieur de la ville.
Population 36 000
Carte Royaume-Uni Fe

Canterbury (baie de), ***Nouvelle-Zélande*** Anse de l'océan Pacifique S., sur la côte E. de l'île du Sud. Port principal: Timaru. Largeur: 185 km.
Carte Nouvelle-Zélande Cf

Canterbury (plaines de), ***Nouvelle-Zélande*** Prairies où paissent des troupeaux (ovins, bovins) sur la côte E. de l'île du Sud. Elles s'étendent sur plus de 150 km, des monts Kaikoura à la rivière Waitaki. Ville principale: Christchurch.
Carte Nouvelle-Zélande Cf

Can Tho, ***Viêt-nam*** Port fluvial sur le delta du Mékong, à 140 km au S.-O. de Hô Chi Minh-Ville. Un réseau de voies d'eau le relie aux rizières du delta.
Population 290 600
Carte Viêt-nam Bc

Canton ou **Guangzhou** ou **Kouang-tchéou,** ***Chine*** Capitale de la province de Guangdong et sixième ville du pays, dans le delta fertile du fleuve Zhu Jiang. Pôle commercial maritime sous la dynastie Han (206 av. J.-C.-220 apr. J.-C.), les marchands portugais y parvinrent en 1514, suivis par les Anglais au XVIIe s. Puis la ville devint un marché de l'opium, encouragé par les Anglais, mais interdit par le gouvernement chinois dont la tentative de stopper le trafic citadin en 1839 conduisit à la guerre de l'Opium avec l'Angleterre. Après trois ans, les Chinois la perdirent et les trafiquants prospérèrent. Aujourd'hui, Guangzhou est l'une des cités chinoises les plus cosmopolites. Industries: alimentation, papier, chimie et textile.
Population (ville) 3 100 000; (aggl.) 5 670 000
Carte Chine Gf

canyon Vallée profondément encaissée à parois verticales, creusée dans des terrains calcaires ou dans des grès par un cours d'eau généralement né dans une région plus humide (canyon du Tarn, Grand Canyon). Son nom vient du mot espagnol *cañon*. Un canyon sous-marin est une longue dépression sous-marine en forme de vallée aux versants raides recoupant le talus continental.

Canyonlands (parc national des), ***États-Unis*** Région au paysage spectaculaire de montagnes au sommet plat (mesas), de profonds canyons et d'arches naturelles dans le sud-est de l'Utah. Superficie: 1 365 km^2.
Carte États-Unis Ec.

Cap (Le), ***Afrique du Sud*** Ville fondée en 1652 par les Hollandais au pied de la montagne de la Table, proche du cap de Bonne-Espérance. Son château est la plus ancienne construction d'Afrique du Sud (1666). À Groote Schuur (banlieue S.-E.), où habita l'homme d'État britannique Cecil Rhodes, se trouve le musée de l'université du Cap. Les jardins botaniques nationaux de Kirstenbosch, créés en 1913 sur les pentes orientales de la montagne de la Table, rassemblent de très beaux spécimens de la flore sud-africaine. Capitale de la nouvelle province du Cap-Ouest, c'est un centre industriel et ferroviaire, le principal port d'exportations du pays et le siège du Parlement.
Population 776 700
Carte Afrique du Sud Ac

Cap (péninsule du), ***Afrique du Sud*** Péninsule au S. du Cap. Nombreux villages de pêcheurs et stations balnéaires. Réserve naturelle du cap de Bonne-Espérance (77 km^2).
Carte Afrique du Sud Ac

Cap (provinces du), ***Afrique du Sud*** L'ancienne province du Cap (645 767 km^2) est, depuis les élections libres de 1994, divisée en trois nouvelles provinces : Ouest (Le Cap), Est (Bisho et King-Williams-Town) et Nord (Kimberley). L'extrême N. (dont l'ex-Bophutatswana) constitue avec une partie de l'ex-Transvaal la province du Nord-Ouest.

Les premiers colons, des fermiers et des huguenots français, s'y installèrent en 1652. En 1806 l'Angleterre s'en empara et créa la colonie du Cap, qui devint une province de l'Union sud-africaine en 1910. Le littoral est fertile (culture des céréales, fruits, tabac, vigne). Sur les plateaux de l'intérieur, on pratique l'élevage. Gisements miniers (diamants, cuivre, charbon). Villes principales: Le Cap, East London et Port Elizabeth.
Population 5 515 000
Carte Afrique du Sud Bc

Cap-Breton (île du), ***Canada*** Partie de la Nouvelle-Écosse couvrant 10 349 km^2 et reliée au continent par une chaussée traversant le détroit de Canso. La route panoramique de Cabot fait le tour de l'île. Au N. s'étendent les 950 km^2 de forêts et de falaises du parc national des Hautes Terres du Cap-Breton.
Carte Canada Id

Cape Coast, ***Ghana*** Ville du littoral, à 120 km à l'O. de la capitale, Accra. Capitale de l'ancienne colonie britannique jusqu'en 1876. L'économie repose essentiellement sur la production de citrons et sur la pêche.
Population 89 000
Carte Ghana Ab

Cape Town, ***Afrique du Sud*** Voir CAP (LE)

Cap-Haïtien, ***Haïti*** Port de la côte N., deuxième ville après Port-au-Prince. Fondée en 1670 par les Français sous le nom de Cap-Français, la ville conserve les ruines du palais du Sans-Souci, construit par le roi Henri Christophe (1767-1820) en 1813 et détruit par un tremblement de terre en 1842. La Citadelle, forteresse massive bâtie sur une falaise, compte 200 canons, et ses murs mesurent 4 m d'épaisseur. Commencée en 1804, sa construction dura treize ans et coûta la vie à 20 000 esclaves.
Population 75 000
Carte Caraïbes Ab

Capharnaüm (Kefar Nahum), ***Israël*** Ruines d'une cité antique sur la rive N. du lac de Tibériade, où Jésus passa la plus grande partie de son sacerdoce. Une synagogue du IIIe s. indique l'emplacement de ses prédications, et des fouilles archéologiques révèlent la maison de saint Pierre. Selon l'Évangile, le Christ prêcha son *Sermon sur la montagne* sur la colline voisine dite mont des Béatitudes (91 m), où s'élève un sanctuaire franciscain.
Carte Israël Ba

Capitol Reef (parc national du), ***États-Unis*** Désert de 979 km^2, au S. de l'Utah. Dominant la Fremont River, une falaise de grès longue de 32 km abrite d'anciennes habitations indiennes.
Carte États-Unis Dc

Capo d'Istria, ***Slovénie*** Voir KOPER

Cappadoce, ***Turquie*** Plateau de tuf volcanique qui s'étend entre la capitale, Ankara, et la ville de Kayseri, à 250 km au S.-E. L'érosion y a sculpté un fantastique paysage de colonnes, pyramides et cheminées des fées, tantôt isolées, tantôt groupées. Les versants sont criblés de trous et de grottes, dont certaines ont été habitées dès 400 av. J.-C., et qui sont encore utilisées aujourd'hui. Ces habitats troglodytiques, qui, tout au long du Moyen Âge, ont servi de refuge aux populations chrétiennes, ont été transformés en sanctuaires souterrains, souvent décorés de fresques, comme à Göreme (plusieurs églises et chapelles byzantines souterraines). Kaymakali et Derinkuyu sont de véritables villes souterraines creusées sur plusieurs étages.
Carte Turquie Bb

Capri, ***Italie*** Très belle île de la mer Tyrrhénienne, au S. du golfe de Naples (10,4 km^2). Aux côtes échancrées de baies et au relief accidenté. Ses collines et plateaux sont plantés de vignobles, d'arbustes et de jardins exotiques. Villes principales: Capri, Anacapri. L'île est célèbre pour la douceur de son climat et ses grottes marines (la grotte d'Azur). Ce fut la résidence favorite de l'empereur romain Tibère, et de nombreux écrivains et artistes. Elle continue d'attirer les touristes du monde entier.
Population 16 500
Carte Italie Ed

Caprivi (couloir de), ***Namibie*** Bande de terre de 450 km de long, sur 30 à 100 de large, comprise entre l'Angola, la Zambie et le Botswana. Acquise en 1893 par le chancelier allemand

Cap-Vert

LOIN DES CÔTES AFRICAINES, CETTE JEUNE RÉPUBLIQUE INSULAIRE EST HANDICAPÉE PAR SON ISOLEMENT

La quinzaine d'îles de l'archipel du Cap-Vert correspondent, à première vue, à l'image qu'on se fait des îles tropicales: de merveilleuses plages de sable sur fond de pics volcaniques. Mais ce n'est pas le paradis. L'archipel du Cap-Vert se trouve, en effet, dans la bande climatique sahélienne et, malgré les 645 km qui le séparent des côtes africaines, il en subit, parfois, les effets dévastateurs (75 000 morts de la sécheresse en 1900), et même un certain type d'isolement, comme les pays africains les plus défavorisés. Aucune rivière ne court sur ses terres, et le sol volcanique laisse s'infiltrer l'eau des rares pluies. La grande sécheresse de 1968-1972 a donné un coup d'arrêt brutal au développement agricole, même dans les fonds de vallée, plus humides, et sur les hauteurs, plus fraîches; 40 000 Cap-Verdiens ont été ainsi obligés d'émigrer au Portugal. Utilisés autrefois par la puissance colonisatrice pour occuper les petits emplois administratifs dans les possessions portugaises africaines, ils ont constitué plus tard le fer de lance de la lutte anticoloniale au Portugal et dans certains pays lusophones africains, comme la Guinée-Bissau.

Le Cap-Vert est l'une des plus petites nations du monde avec 4 033 km^2, et aucune ressource miracle ne semble lui permettre de surmonter ses difficultés naturelles. Les principales îles de l'archipel sont Santo Antão, Bao Vista, Fogo, São Nicolao, Maio, Sal et São Tiago (Santiago), qui abrite la moitié de la population et où se trouve la capitale, Praia. Les côtes sont arides. Les meilleurs sols se trouvent en altitude, et les montagnes sont recouvertes d'une forêt claire en voie de disparition. Les sommets sont élevés; le Fogo, un volcan en activité dans l'île du même nom, culmine à 2 829 m. La surpopulation et des siècles de surexploitation ont gravement endommagés les sols. Le climat est tropical, tempéré par les vents du N.-E., mais cette agréable température est parfois contrariée par la proximité du Sahara et ses vents desséchants.

Les îles ont été découvertes par le Portugais Diogo Gomes en 1460, et colonisées deux ans plus tard par des colons portugais qui introduisirent des esclaves du continent. L'archipel — et son île principale São Tiago — devint rapidement une base de départ pour l'exploration des côtes africaines, puis une escale sur la route du Brésil, et un point de regroupement d'esclaves du golfe de Guinée, avant leur envoi en Amérique. Jusqu'à une date récente, les îles du Cap-Vert ont été utilisées comme station de ravitaillement sur la route maritime Europe-Amérique du Sud. La population, pour la plus grande partie métissée d'anciens esclaves et d'Européens, pratique essentiellement la pêche et l'agriculture.

Après l'indépendance, une réforme agraire a supprimé le métayage qui s'exerçait sur les deux tiers des terres cultivables. Les productions minérales sont le conditionnement du sel et l'exploitation de la pouzzolane, pierre volcanique utilisée dans les cimenteries. Le pays possède une flottille d'une vingtaine de petits navires marchands. Le Cap-Vert est devenu indépendant en 1975, après cinq siècles de domination portugaise, conjointement avec la Guinée-Bissau, sous la houlette de la même direction politique, à prédominance cap-verdienne. En 1981, chaque pays a créé son propre parti, et le Cap-Vert est retourné à son isolement insulaire. L'économie est très dépendante de l'aide internationale et des Cap-Verdiens émigrés à l'étranger. En août 1990, le président Aristides Pereira quitte son poste en prévision de l'instauration du multipartisme. Les élections de janvier 1991 portent au pouvoir le candidat de l'opposition Antonio Mascarenhas Monteiro, avec 72 % des voix.

LE CAP-VERT EN BREF

Carte Atlantique (océan) Dd
Superficie 4 033 km^2
Population 369 000
Capitale Praia
Régime République multipartiste
Monnaie Escudo du Cap-Vert = 100 centavos
Langues Portugais (officiel), créole
Religions Catholiques (96 %), protestants (2 %)
Climat Tropical, influencé par la mer; températures moyennes à Praia: de 19-25 °C en mars à 25-29 °C en octobre
Ressources Maïs, haricots, patates douces, ignames, bétail, sucre, bananes, café; sel, roches volcaniques
Activités Agriculture, pêche, conserveries, ciment
Exportations Poisson, café, bananes, sel
P.N.B. annuel par habitant 760 dollars
Croissance démographique 38 ‰ par an
Espérance de vie Hommes 60 ans, femmes 64

Leo von Caprivi pour donner à l'Afrique du Sud-Ouest allemande accès au Zambèze.

Elle est traversée notamment par le Zambèze et l'Okavango et constitue, en partie, un parc national où vivent éléphants, hippopotames et crocodiles.
Carte Namibie Ba

Cap-Vert (îles du) Voir ci-dessus

Carabobo, ***Venezuela*** État du Nord (4 650 km^2), sur la mer des Antilles, avec pour villes principales: Valencia, la capitale, et Puerto Cabello. Ce fut le théâtre d'une bataille qui assura au Venezuela, alors colonie espagnole, son indépendance (1821). Principales productions: sucre, citrons et café.
Population 1 559 000
Carte Venezuela Ba

Caracas, ***Venezuela*** Capitale et première ville du pays, fondée en 1567 par les Espagnols. Patrie de Simón Bolívar, grâce à qui le Venezuela fut la première colonie à s'affranchir de la domination espagnole. Libérée en 1821, Caracas devint capitale en 1829. La ville étale ses autoroutes, ses gratte-ciel et ses bidonvilles sur plusieurs vallées (altitude: 900 m). Le port de La Guaira est son débouché sur la mer des Antilles. Caracas regroupe près de 1/5 de la population vénézuélienne. Centre en pleine expansion grâce à l'industrie pétrolière; industries alimentaires, plastiques, automobiles, chimiques, textiles, ciment. Nombreux musées (Casa natal del Libertador: maison de Bolívar), le Panteón nacional, qui abrite le tombeau de Bolívar. La cathédrale a été construite par les Espagnols en 1614.
Population (ville) 1 817 000; (aggl.) 3 600 000
Carte Venezuela Ba

Caraïbes (mer des) Voir ANTILLES (mer des)

carbonifère Cinquième des six périodes de l'ère primaire ou paléozoïque, qui vit la formation de la plupart des couches de charbon.

Carcassonne, ***France*** Préfecture de l'Aude, à 73 km au N.-O. de Perpignan. Cette antique cité, verrou de la province romaine de Narbonnaise, fut toujours une forteresse. Restaurée au XIXe s. par Viollet-le-Duc, la Cité constitue le plus bel ensemble fortifié subsistant en Europe. Bâtie sur la rive droite de l'Aude, cette ville haute est entourée d'une double ceinture de remparts, avec 48 tours et 5 barbacanes, dont certains éléments remontent aux Wisigoths (Ve s.). On y verra le Château comtal (XIIe-XIIIe s.) et l'église Saint-Nazaire, bel exemple de l'âge d'or gothique. La ville basse, sur la rive gauche de l'Aude, a été construite au XIIIe s. sur le plan en échiquier des bastides méridionales (église Saint-Vincent, musée). Carcassonne est un haut lieu du tourisme français.
Population 42 500
Carte France Ee

Cardamomes (chaîne des), ***Cambodge*** Massif gréseux boisé (cardamomes, poivriers) du Sud-Ouest qui culmine au Phnom Aural (1 813 m). Les fortes pluies (3 500 mm/an) en font la région la plus humide du pays.
Carte Cambodge Ab

Cardiff, en gallois **Caerdydd,** ***Royaume-Uni*** Principale ville du pays de Galles, dans le comté du Glamorgan, fondée par les Romains, sur le canal de Bristol. Depuis le XIXe s., c'est le plus grand port charbonnier gallois, près des bassins houillers du sud du pays. Métallurgie lourde, mécanique, industries alimentaires. Université du pays de Galles; cathédrale de Llandaf (XIIe-XIIIe s.), reconstruite depuis la Seconde Guerre mondiale; château du XVIe s.; stade de rugby.
Population 281 000
Carte Royaume-Uni Dd

Cardigan (baie de) Anse de la mer d'Irlande, à l'O. du pays de Galles. Limitée au N. par la péninsule de Lleyn, au S. par la pointe Saint-David, elle est large de 56 km et longue de 105 km.
Carte Royaume-Uni Cd

Carélie, ***Finlande/Russie*** Région boisée du nord de l'Europe, longtemps zone-tampon entre l'U.R.S.S. et la Finlande, qui l'annexèrent à tour de rôle. La Finlande dut en abandonner aux Russes la majeure partie, qui devint la république de Carélie (voir ci-dessous), quand sa frontière fut rectifiée en 1944, et ne conserva que la province de Carélie du Nord (en finnois Pohjois Karjala), dont la capitale est Joennsuu.
Population (Carélie du Nord) 177 800
Carte Finlande Dc

Carélie, en russe **Karelija,** ***Russie*** République située au S. du cercle arctique, couvrant 172 400 km^2 entre la Finlande, la mer Blanche et le lac Ladoga. Elle est essentiellement constituée

— à l'image de la Finlande — d'épaisses forêts (60 % de la superficie), de marais, de cours d'eau et de quelque 50 000 lacs. Sa partie orientale appartient à la Russie depuis le XIIe s. Sa partie occidentale, qui fit partie de la Finlande entre 1920 et 1939, fut cédée en 1944 aux Soviétiques, qui l'occupaient depuis qu'ils avaient remporté la guerre finno-russe de 1939-1940. Créée en 1923, la République Autonome de Carélie a été la première à proclamer sa souveraineté en 1990, en entraînant quelques autres à sa suite.

Ressources principales : chasse, pêche, bois, mines de cuivre et de fer. Transport fluvial par le canal de la mer Blanche au lac Onega, qui rejoint la voie fluviale Volga-Baltique. Villes principales : Petrozavodsk, capitale et centre de réparation navale, Bielomorsk, ports de Kem sur la mer Blanche et de Sortalava sur le lac Ladoga.

Population 799 400
Carte Russie Cb

Carinthie, en all. **Kärnten,** ***Autriche*** État fédéré du sud de l'Autriche, touchant l'Italie et la Slovénie. Région montagneuse, culminant au Grossglockner (3 797 m). Culture de céréales, élevage, exploitation de la forêt. Minerai de plomb, fer. La capitale, Klagenfurt, est un centre industriel important, établi dans un bassin entouré de montagnes.

Population 548 000
Carte Autriche Cb

Carletonville, ***Afrique du Sud*** Ville du Witwatersrand, au S.-O. de Johannesburg. Créée vers 1940 par la réunion de plusieurs exploitations aurifères. La mine de Western Deep Levels est la plus profonde du monde (3 777 m).

Population (ville) 98 000 ; (aggl.) 121 000
Carte Afrique du Sud Cb

Carlisle, ***Royaume-Uni*** Chef-lieu de la Cumbrie, à 16 km au S. de la frontière écossaise, près de l'extrémité occidentale du mur d'Hadrien. Cathédrale (XIIe-XIVe s.) ; château (XIe s.) ; hôtel de ville (XIVe s.). Au XIXe s., la ville devint un centre textile et ferroviaire important.

Population 72 000
Carte Royaume-Uni Dc

Carlow, en irl. **Ceatharlach,** ***Irlande*** Comté du sud-est de la république d'Irlande (896 km^2), occupé par une large plaine où l'on cultive des céréales et du fourrage. Le chef-lieu, Carlow, est situé à 70 km au S.-O. de Dublin. À Browne's Hill se trouve le plus grand dolmen d'Irlande. Sa dalle de couverture pèse 100 tonnes.

Population (comté) 41 000 ; (ville) 11 700
Carte Irlande Cb

Carlsbad, ***République tchèque*** Voir KARLOVY VARY

Carlsbad Caverns (parc national de), ***États-Unis*** Réseau de gigantesques grottes calcaires renfermant de grandioses formations rocheuses du Nouveau-Mexique, à 5 km de la frontière du Texas.

La plus grande des grottes mesure 1 300 m de long, 200 m de large et 100 m de haut. Superficie du parc : 189 km^2.

Carte États-Unis Fd

Carlsruhe, ***Allemagne*** Voir KARLSRUHE

Carmel (mont), ***Israël*** Chaînon qui s'étend sur 22 km au S.-O. de Haïfa et culmine à 528 m. Au S.-O. se trouve le col de Megiddo. Dans la Bible, le prophète Élie y triompha des prêtres des Baals. L'ordre mendiant des Carmes y fut fondé au XIIe s.

Carte Israël Aa

FÉERIE SOUTERRAINE. Les grottes de Carlsbad, au Nouveau-Mexique, constituent l'un des plus grands réseaux de cavernes du monde. Ici, le Palais Royal (King's Palace) et son merveilleux décor de stalactites.

Carnac, ***France*** Commune du Morbihan, au N. de la baie de Quiberon, abritant de célèbres alignements mégalithiques, avec les 2 935 menhirs des champs du Ménec, qui s'étendent sur 1 167 m de long et 100 m de large, de Kermario et de Kerlescan, et le tumulus Saint-Michel. À voir également : l'église Saint-Cornély (XVIIe s.), le musée préhistorique Miln-Le-Rouzic et Carnac-Plage.

Population 4 250
Carte France Bc

Carnatic, ***Inde*** Région littorale sur le golfe du Bengale. Elle était gouvernée par le nabab de Carnatic (capitale : Arcot) lorsque les Anglais s'en emparèrent en 1751. La région est partagée aujourd'hui entre deux États : le Tamil Nadu et le sud de l'Andhra Pradesh.

Carte Inde Ce

Caroline du Nord, ***États-Unis*** État couvrant 136 198 km^2 le long de l'Atlantique, au S. de la Virginie. Son relief s'élève de la plaine côtière, basse et marécageuse, vers le piémont appalachien et le versant O. des monts Appalaches qui culminent au mont Mitchell (2 037 m), à l'extrême O. Production de tabac, soja, volailles, maïs et arachides ; principal minerai : le phosphate. La Caroline du Nord est le premier producteur de textiles et de cigarettes du pays et possède des industries électroniques, chimiques et mécaniques.

Elle fut l'un des treize premiers États des États-Unis. Capitale : Raleigh ; ville principale : Charlotte.

Population 6 629 000
Carte États-Unis Kc

Caroline du Sud, ***États-Unis*** État du sud-est du pays couvrant 80 582 km^2 entre les montagnes Bleues (Blue Ridge) et l'océan Atlantique, à l'E. de la Géorgie. Colonisé en 1670, il fut l'un des treize premiers États des États-Unis. Culture de soja, haricots, tabac et élevage de bétail ; industries textiles, chimiques et mécaniques. Le tourisme est la deuxième source de revenus après le textile. Capitale : Columbia ; port principal : Charleston.

Population 3 487 000
Carte États-Unis Jd

Carolines (îles), ***Océan Pacifique*** Archipel le plus étendu de la Micronésie, dans le Pacifique occidental, au N. de l'équateur. Administrées par les États-Unis après 1947 (U.S. Trust Territory of the Pacific Islands), les îles, environ 500, sont aujourd'hui indépendantes, partagées entre Belau et les États fédérés de Micronésie.

Carte Pacifique (océan) Bb

Carpates, ***Europe centrale*** Chaîne de montagnes formant un arc de plus de 980 km de long et dont la largeur atteint 290 km. Frontière entre la Slovaquie et la Pologne, elles traversent l'ouest de l'Ukraine et la Roumanie (Alpes de Transylvanie), jusqu'aux Portes de Fer, à la frontière roumano-yougoslave. Elles sont arrosées par de nombreux fleuves et couvertes de magnifiques forêts (Carpates occidentales et moldaves). On y pratique l'élevage. D'importants gisements pétroliers y ont été découverts. Le point culminant est le Gerlachovsky (2 663 m), en Slovaquie.

Carte Europe Fd

Carpentarie (golfe de) Golfe peu profond, au N.-E. de l'Australie, prolongement de la mer d'Arafura. La faune y est riche et variée (tortues, crocodiles, dugongs).

Dimensions : 480 km (est-ouest), 600 km (nord-sud)

Carte Australie Fa

Carrare, ***Italie*** Ville de Toscane, au S.-E. de Gênes. Centre de production d'un marbre mondialement réputé, provenant de plus de 500 carrières des Alpes apuanes. Il est exporté à l'état brut ou travaillé sur place par des artisans locaux ou étrangers. Connu depuis l'époque romaine, il servit à Michel-Ange (1475-1564) pour son célèbre *David*, aujourd'hui à la galerie de l'Académie, à Florence.

Population 70 000

Carte Italie Cb

Carrickfergus, ***Royaume-Uni*** Vieux port de mer de l'Irlande du Nord et station balnéaire, sur la rive N. du Belfast lough. Château normand du XIIe s. et église paroissiale du XVIe s.

Population 19 000

Carte Royaume-Uni Cc

Carrowmore, ***Irlande*** Cimetière de l'âge du bronze, à 3 km au S. de Sligo (côte N.-O.) Le site (60 tombes environ) est dominé par le mont Knocknarea (328 m) ; le tumulus qui couronne le sommet serait le tombeau de la reine Maeve de Connaught (Ier s.).

Carte Irlande Ba

Carso, ***Slovénie*** Voir KRAS

Carson City, ***États-Unis*** Capitale du Nevada, au S.-O. de l'État, à 20 km de la frontière californienne. La ville tient son nom de Kit Carson (1809-1869), qui se distingua pendant la conquête de l'Ouest et la guerre de Sécession. Les montagnes et les lacs avoisinants (lac Tahoe), ainsi que les casinos de la ville, en font une station touristique très fréquentée.

Population 40 450

Carte États-Unis Cc

Cartagena, ***Colombie*** Chef-lieu du département de Bolívar, sur la mer des Antilles, à 95 km au S.-O. de Barranquilla. Fondée par les Espagnols en 1533, cette place forte devint le plus grand port d'exportation d'or et d'argent vers l'Europe. Malgré ses quatre forts (celui de San Felipe de Barajas est construit sur une falaise qui domine la mer de 42 m), elle fut saccagée par les Français et les Anglais. La vieille ville fortifiée et ses rues étroites sont bien conservées. À l'extérieur de ses murs s'étend un paysage moderne de docks et d'usines pétrochimiques.

Population 548 000

Carte Colombie Ba

Cartago, ***Costa Rica*** Capitale jusqu'en 1823, à 25 km à l'E. de San José (actuelle capitale). Dans la basilique Notre-Dame-des-Anges se trouve la Negrita, représentation indienne de la Madone, qui attire les pèlerins de toute l'Amérique centrale. La province de Cartago, productrice de café et de produits laitiers, fut la première région du Costa Rica occupée par les Espagnols en 1563. Les exploitations agricoles se concentrent autour du volcan Irazú.

Population (ville) 75 500 ; (prov.) 349 000

Carte Costa Rica Bb

Carthage, ***Tunisie*** Ruines d'une cité antique, à 16 km de Tunis. La ville fut fondée en 814 av. J.-C. par des colons phéniciens venus du royaume de Tyr, avec à leur tête la reine Didon célébrée par Virgile. Au VIe s. av. J.-C., elle établit des comptoirs en Afrique du Nord, conquit la Sicile et la Sardaigne, et, grâce à sa puissance maritime, imposa sa domination à toute la Méditerranée occidentale. Elle aurait compté plus de 700 000 habitants à son apogée. Mais le conflit avec Rome (les guerres puniques) conduisit à sa défaite, et à sa destruction en 146 av. J.-C. La Cité romaine édifiée sur le site connut un rayonnement intellectuel et religieux pendant plusieurs siècles, mais elle fut saccagée par les Arabes en 698. Il en reste surtout des décombres (thermes d'Antonin, ruines du port).

Carte Tunisie Ba

Carthagène, ***Espagne*** Port militaire et commercial au S. de Murcie, sur la Méditerranée. On y exporte le plomb et le fer de la région. Fonderies, métallurgie, chantiers navals, raffinage du pétrole, produits chimiques. La ville fut fondée par les Carthaginois en 223 av. J.-C. Cathédrale gothique ; vieux château en ruine.

Population 172 800

Carte Espagne Ed

Casablanca, en ar. **Dar el-Beïda,** ***Maroc*** Première ville et principal port du pays, sur l'Atlantique, à 100 km au S. de Rabat. Centre économique et commercial où s'effectue 75 % du commerce extérieur. La ville, ancienne cité berbère, fut pillée par les Portugais en 1468 et rebâtie au XVIIIe s. Elle comptait 600 habitants en 1830, et seulement 27 000 en 1900. C'est pendant la période coloniale française (à partir de 1907) qu'elle connut un développement intense. La médina (vieux quartier musulman) renferme de nombreux magasins et échoppes. Le centre moderne, troué de larges artères commerçantes et résidentielles, s'étale entre des parcs et des plages. La nouvelle mosquée Hassan II, inaugurée en 1990, est la plus grande du monde. Mais les bidonvilles où s'entassent des milliers de sans-emploi se multiplient à la périphérie.

Population 2 140 000

Carte Maroc Ba

Casamance, ***Sénégal*** Partie du pays au sud de la Gambie, véritable « grenier » (riz, arachides, forêts...), aujourd'hui divisée en deux régions : celles de Ziguinchor (7 339 km^2), port fluvial de Basse-Casamance (façade maritime), et de Kolda (21 011 km^2), où perdure depuis 1982 un conflit indépendantiste opposant l'ethnie locale (Diola) chrétienne ou animiste aux Ouolofs musulmans.

La Basse-Casamance, française depuis 1886 (auparavant portugaise), abrite le parc national du même nom (5 000 ha), qui s'étend jusqu'à 12 km en mer. Il est spécialisé dans la préservation d'espèces menacées, telles que phacochères, babouins, hyènes, poules de Guinée.

Population 1 000 000

Carte Sénégal Ab

cascade Chute d'eau d'une faible hauteur due à une rupture de pente dans le lit d'un cours d'eau, lorsqu'une roche dure surplombe une roche tendre, dans une vallée suspendue, ou quand le cours d'eau arrive au bord d'un plateau ou d'une falaise. Voir tableau ci-dessous.

LES PLUS GRANDES CHUTES D'EAU DU MONDE

Les chutes d'eau font partie des phénomènes naturels les plus impressionnants, qu'elles soient hautes et relativement étroites ou basses mais larges, comme les chutes du Niagara ou les chutes Victoria. En dehors des chutes de Guaira sur le haut Paraná en Amérique du Sud, lors des inondations de 1982, les plus importants débits annuels sont ceux des chutes de Khône au Laos et de Tshungu au Zaïre.

Chutes	Pays	Hauteur (en mètres)
Angel	Venezuela	980
Tugela (hauteur totale)	Afrique du Sud	848
Yosemite (hauteur totale)	États-Unis	739
Mardalsfoss	Norvège	655
Utigård	Norvège	600
Sutherland	Nouvelle-Zélande	580
Gavarnie	France	422
Trummelbach	Suisse	400
Krimml	Autriche	396

Cascades (chaîne des), ***États-Unis*** Chaîne montagneuse du nord-ouest de l'Amérique du Nord, qui s'étend sur 1 125 km depuis le sud de la Colombie britannique (Canada), jusqu'au nord de la Californie, et traverse les États d'Oregon et de Washington, s'élevant de 1 600 à 2 500 m. Point culminant : mont Rainier (4 392 m), dans l'État de Washington.
Carte États-Unis Bb

Cascais, ***Portugal*** Port de pêche et station balnéaire, à 25 km à l'O. de Lisbonne. À proximité se trouve la Boca do Inferno (« Bouche de l'Enfer »), gouffre d'eau bouillonnante. Une légende raconte qu'un pêcheur des environs, Afonso Sanches, atteignit l'Amérique en 1482, dix ans avant Christophe Colomb, et que ce dernier aurait utilisé ses journaux de bord.
Population 30 000
Carte Portugal Bc

Caserte, en it. **Caserta,** ***Italie*** Ville de Campanie, à 30 km au N. de Naples. Elle doit sa réputation à son château, le Palazzo Reale, construit entre 1752 et 1774 pour Charles de Bourbon. Cet édifice de six étages, qui compte 1 200 pièces et 1 970 fenêtres, s'entoure de splendides jardins à la française. À proximité, ville médiévale de Caserta Vecchia (cathédrale romane).
Population 66 800
Carte Italie Ed

Cashel, en irl. **Caiseal,** ***Irlande*** Ville à 79 km au N.-E. de Cork. Ancienne résidence des rois de Munster. Sur le Rocher de Cashel (61 m) s'élève la célèbre croix du XIIe s., à l'endroit où saint Patrick aurait brandi un trèfle, symbole de la Trinité, aujourd'hui l'emblème de l'Irlande. On y admire de belles ruines médiévales : tour du Xe s., cathédrale des XIIe et XIVe s.
Population 2 540
Carte Irlande Cb

Caspienne (mer) Située dans une dépression (28 m au-dessous du niveau de la mer) dans l'ex-U.R.S.S. et en Iran, c'est la plus vaste mer fermée du monde : 1 200 km du N. au S., 352 km en son point le plus large. Reliée à la mer Blanche, à la mer Baltique, à la mer Noire et à la mer d'Azov par des canaux, à Moscou par la Volga, elle joue un rôle économique important. Malgré de nombreux tributaires, dont l'Oural et la Volga, la forte évaporation ainsi que les retenues pratiquées sur les fleuves provoquent une baisse constante du niveau de l'eau ; le golfe peu profond de Kara-Boga, à l'E., est en voie de dessèchement, et la teneur en sel y est dix fois supérieure au reste de la mer. Il n'y a pas de marée, et la partie septentrionale de la mer est gelée pendant deux ou trois mois en hiver. Les eaux sont riches en saumons et esturgeons (première région productrice de caviar).
Superficie 424 000 km^2
Carte Russie Cd, Dd

Cassel, en all. **Kassel,** ***Allemagne*** Ville industrielle et commerçante, sur la Fulda, à 155 km au N.-E. de Francfort-sur-le-Main. Château baroque du XVIIIe s. Industries mécaniques, chimiques et textiles, instruments de précision, électronique. Les frères Grimm y furent bibliothécaires de 1805 à 1828, époque pendant laquelle ils publièrent leurs contes.
Population 190 400
Carte Allemagne Cc

Cassino, ***Italie*** Petite ville à mi-chemin entre Rome et Naples. L'abbaye bénédictine du mont Cassin, fondée au VIe s. par saint Benoît sur une colline dominant la ville, fut entièrement détruite par les durs combats entre les forces de l'Axe et les Alliés, qui durèrent six mois, en 1944. Depuis, elle a été reconstruite.
Population 31 100
Carte Italie Dd

Cassis, ***France*** Petit port de pêche des Bouches-du-Rhône, dans un joli site au fond de la baie de Cassis. Il est réputé pour la qualité de ses poissons, de ses fruits de mer et de son vin blanc, et aussi pour ses petites plages très fréquentées l'été. Des peintres comme Derain, Dufy, Matisse et Vlaminck y séjournèrent.

Entre Cassis et Marseille, la côte est découpée en calanques, pittoresques criques étroites et allongées, aux versants rocheux escarpés, taillées dans des calcaires : calanques d'En-Vau, de Port-Miou, de Sugiton, de Morgiou, de Sormiou, etc.
Population 8 000
Carte France Fe

cassitérite Oxyde d'étain naturel, pratiquement le seul minerai d'étain exploité, que l'on trouve dans des roches ignées acides et dans les dépôts alluviaux qui en proviennent.

Castel Gandolfo, ***Italie*** Ville nichée dans les collines dominant le lac d'Albano, à 20 km au S.-E. de Rome. Centre touristique et résidence d'été du pape.
Population 6 000
Carte Italie Dd

Castellammare di Stabia, ***Italie*** Port et station balnéaire du golfe de Naples. Site archéologique d'une cité antique (Stabiae), qui fut successivement grecque, étrusque et romaine.
Population 70 300

Castille, en esp. **Castilla,** ***Espagne*** Vaste région aride du centre et du centre-nord de l'Espagne, couvrant environ 138 000 km^2. Ancien royaume qui s'étendit au XIe s. grâce à la conquête de plusieurs royaumes maures, elle comprend la Vieille-Castille au N. et la Nouvelle-Castille au S., séparées par les sierras de Gredos et de Guadarrama. Elle a formé le noyau de l'Espagne moderne et l'espagnol de Castille est considéré comme la forme la plus pure de la langue. Région de plaines et plateaux entourés et coupés de montagnes, vouée à l'agriculture (céréales, vigne, olivier, cultures irriguées dans le Sud) et à l'élevage du mouton.

La Castille est divisée aujourd'hui en deux communautés autonomes, la Castille-León, qui s'étend sur 94 190 km^2 (18,7 % du pays) et comprend les provinces d'Avila, Burgos, León, Palencia, Salamanque, Ségovie, Soria, Valladolid et Zamora, avec pour capitale Burgos, et la Castille-Manche, qui couvre 79 230 km^2 (15,6 % du pays) et comprend les provinces d'Albacete, Ciudad Real, Cuenca, Guadalajara et Tolède, avec Tolède pour capitale. Madrid est située en Castille, mais forme une communauté autonome.
Population (C.-León) 2 650 000 ; (C.-Manche) 1 690 000
Carte Espagne Cb

Castres, ***France*** Sous-préfecture du Tarn, bâtie au bord de l'Agout, et centre industriel important (laine, bois, mécanique). Demeures anciennes, hôtel de ville du XVIIe s. (ancien évêché) aménagé en musée Goya (beaux jardins), cathédrale Saint-Benoît (XVIIe s.) et église Notre-Dame (XVIIIe s.). Patrie de Jean Jaurès.
Population 44 000
Carte France Ee

Castries, ***Sainte-Lucie*** Capitale et port de mer sur la côte N.-O. de l'île. Elle fut colonisée par les Anglais en 1605 et possède encore des fortifications dans la région de Vigie, au N. de la ville, et, au S., sur le Morne Fortune. Industries alimentaires : citrons verts, sucre, huile de coco, cacao. Centre de recherche botanique.
Population 55 000
Carte Antilles Cc

catabatique (vent) Désigne un vent descendant d'un sommet vers une vallée.

Çatal Höyük, ***Turquie*** Site de l'âge de la pierre, découvert au début des années 1960 par l'archéologue anglais James Mellaart, à 250 km au S. d'Ankara. C'est l'une des plus vieilles cités connues dans le monde (6700 av. J.-C.). Ses habitants pénétraient dans leurs maisons en briques crues, décorées de peintures murales et de reliefs en plâtre, par un trou dans le toit.
Carte Turquie Bb

Catalogne, ***Espagne*** Région historique du nord-est du pays s'étendant au S. des Pyrénées le long de la côte méditerranéenne (Costa Brava au N., Costa Dorada au S.). Sa capitale historique est Barcelone ; elle a sa propre langue, le catalan. Colonisée par les Phéniciens, Grecs, Romains, Wisigoths et Arabes, elle devint une marche vassale du royaume franc, puis fut réunie à l'Aragon au XIIe s., époque de son expansion jusqu'en Roussillon, Béarn et, temporairement, Bigorre. Au XVe s., elle s'unit à la Castille. La paix des Pyrénées lui fit perdre le Roussillon et une partie de la Cerdagne. Durant la guerre civile de 1936-1939, elle eut un gouvernement autonome qui combattit les forces de Franco ; elle recouvra son autonomie en 1979. La communauté autonome de Catalogne comprend les provinces de Barcelone, Gérone, Lérida et Tarragone (31 934 km^2). Industries chimiques, métallurgiques et textiles ; huile d'olive, vin, amandes et fruits.
Population 6 080 000
Carte Espagne Fb

Catamarca, ***Argentine*** Centre de villégiature fondé en 1863 dans les collines à 900 km au N.-O. de Buenos Aires. La ville attire les visiteurs pour son site, ses sources d'eaux chaudes et son artisanat local (ponchos). Chef-lieu de la province homonyme (100 967 km^2), à la frontière chilienne.
Population (ville) 60 000 ; (province) 265 000
Carte Argentine Ca

Catane, en it. **Catania,** ***Italie*** Port et deuxième ville de Sicile après Palerme, située sur la côte E. de l'île, au bas des pentes de l'Etna. Son histoire est liée au volcan qui l'a détruite deux fois lors de tremblements de terre (en 1169 et 1693) et couverte de laves en 1669. Catane est aujourd'hui le centre des industries légères et alimentaires de l'île. Son plan quadrillé date de 1700 et plusieurs monuments de lave sont dus à l'architecte Vaccarini. Les jardins Bellini sont ainsi nommés en l'honneur du compositeur né à Catane en 1801. Un musée est installé dans le château Ursino, construit par l'empereur Frédéric II et restauré après sa destruction par la coulée de lave de 1669.
Population 378 500
Carte Italie Ef

Catbalogan, ***Philippines*** Voir SAMAR

Catskill (monts), ***États-Unis*** Massif de 900 m d'altitude moyenne à l'O. de la vallée de l'Hudson et à 120 km au N.-O. de New York. Magnifiques paysages, rivières poissonneuses, aires de pique-nique et stations de sports d'hiver recherchés par les citadins. Point culminant : Slide Mountain (1 281 m).
Carte États-Unis Lb

Cattaro, ***Yougoslavie*** Voir KOTOR (bouches de)

Caucase, en russe **Kavkaz,** ***Europe/Asie*** La chaîne du Caucase (399 500 km^2), généralement considérée comme la frontière naturelle entre l'Europe au N. et l'Asie au S., s'étend entre la mer Noire et la mer Caspienne. Elle comprend le Caucase du N. (bassin du Kouban et du Terek, plateau de Stavropol), assez plat et tourné vers la culture de céréales et de coton ; le Grand Caucase, où se trouvent les massifs les plus élevés et qui culmine avec le mont Elbrouz (5 642 m), le plus haut sommet d'Europe ; la Transcaucasie (bassins du Rion et de la Koura) et les monts d'Arménie, ou Petit Caucase. Elle possède des gisements de pétrole, manganèse et autres minéraux et un grand potentiel touristique. Au S., la Géorgie, l'Arménie et l'Azerbaïdjan, au N., la Russie. Depuis l'éclatement de l'U.R.S.S., les conflits se multiplient de part et d'autre du massif, les différents peuples caucasiens souhaitant s'affranchir de leurs tuteurs respectifs, et notamment les Ossètes, les Tchetchènes, les Ingouches, les Kabardes... en Russie, les Ossètes et les Abkhazes en Géorgie. Sans oublier le conflit Arménie-Azerbaïdjan.
Carte Russie Cd

causse Plateau calcaire qui présente des formes de karstification (dolines, lapiés, grottes) et une absence d'écoulement superficiel et est entaillé par des gorges profondes ou canyons.

Causses ou **Grands Causses,** ***France*** Région calcaire du S. du Massif central, entre l'Aubrac et le Languedoc, formée de plateaux séparés par les vallées du Tarn et de ses affluents. Ce sont les causses du Comtal et de Séverac, le causse de Sauveterre, le causse Méjean, le causse Noir et celui du Larzac. Étés chauds et hivers rudes. Population faible, fixée dans les vallées et dans les dépressions. Élevage de moutons dont le lait sert à fabriquer le roquefort. Tourisme dans les vallées et les grottes. Villes principales : Millau, Mende, Florac.
Carte France Ed

Cauvery ou **Kaveri,** ***Inde*** Fleuve de l'Inde du Sud, né dans les Ghâts occidentaux (O. du plateau du Deccan), qui se jette dans le golfe du Bengale, au S. de Pondichéry. Ses rives fertiles permettent la culture du riz. Le grand barrage de Mettur, construit en 1925, mesure 2 150 m de long et 94 m de haut. Le plus grand barrage du monde à sa construction, ce fut le premier barrage indien à assurer en même temps la production d'électricité et l'irrigation.
Carte Inde Ce

Cavan, ***Irlande*** Ville et comté rural (1 890 km^2) du N.-E. du pays. La ville, détruite en 1690 par les partisans de Guillaume d'Orange après la bataille de Boyne, a conservé une belle enceinte du IIIe s. Lacs et rivières du comté en font un lieu de pêche renommé.
Population (ville) 3 200 ; (comté) 53 900
Carte Irlande Cb

LES CAVERNES LES PLUS PROFONDES DU MONDE

Une grande partie de la surface terrestre est criblée de cavités naturelles souterraines. Ce sont des cavernes remplies d'air qui communiquent par des boyaux ou des galeries longues et étroites reliées par des puits. Les plus profondes renferment souvent des rivières, des cascades et des lacs, sous lesquels existent des réseaux complexes. Celui qui s'étend sous le parc national de Mammoth Cave, dans le Kentucky (États-Unis), est le plus grand du monde ; près de 484 km de couloirs y ont déjà été relevés.

Cavernes	Pays	Profondeur (en mètres)
Gouffre Jean-Bernard (réseau de Foillis)	France	1 535
Atea Kananda	Papouasie - Nouvelle-Guinée	1 500
Snejnaïa	Russie	1 470
Gouffre de la Pierre-Saint-Martin	France	1 342
Las Puertas de Illamina	Espagne	1 338
Sistema Huautla	Mexique	1 246
Schwersystem	Autriche	1 219

caverne Cavité de grande taille, plus ou moins ouverte sur l'extérieur et située dans des terrains calcaires. Synonyme : grotte. Voir tableau ci-dessus et LA FORMATION DES CAVERNES, p. 148

Cavite, ***Philippines*** Base navale espagnole au sud de la baie de Manille, au large de laquelle la flotte espagnole fut coulée par l'armée américaine le 1er mai 1898, lors de la guerre hispano-américaine. La ville, fortifiée, fut gravement endommagée pendant la guerre 1939-1945.

La province de Cavite (capitale Trece Martires) s'étend au S. jusqu'à Tagaytay City qui domine le lac Taal.
Population (ville) 92 000 ; (prov.) 628 400
Carte Philippines Bc

caye Îlot bas constitué de sable cimenté, émergeant d'un large platier corallien près d'une côte sous le vent.

Cayenne, ***Guyane*** Chef-lieu de la Guyane, situé sur une île de l'estuaire du fleuve Cayenne, qui regroupe plus de la moitié de la population du territoire. Centre de pêche et port de commerce (exportation des produits de la pêche, de bois, rhum, peaux, cuirs). Les Français s'y installèrent définitivement en 1664 et en firent par la suite le principal centre de déportation pour travaux forcés. Fort Diamant, construit en 1652, et la préfecture du XVIIIe s. comptent parmi les curiosités architecturales de la ville qui a su garder son aspect colonial avec ses maisons de bois ornées de balcons.
Population 40 700
Carte Guyane Bb

Ceara, ***Brésil*** Voir FORTALEZA

Cebu, ***Philippines*** L'une des îles centrales des Visayas à l'E. de Negros (5 088 km^2). Longue et étroite (environ 225 km sur 40), elle porte une chaîne centrale culminant à 1 013 m. Autrefois boisées, les hautes terres sont maintenant défrichées et parfois gravement érodées. Cela est en partie dû au fait que ce fut la première île des Philippines colonisée par les Espagnols en 1565 ; cependant, elle était très peuplée et prospère avant cette date. Sa principale ville, Cebu, sur la côte E., fut la première capitale du pays, et aujourd'hui encore seule Manille est plus importante sur le plan commercial. Premier port du pays pour le coprah, Cebu commercialise aussi le maïs, le riz et le poisson et d'autres produits en tant que port régional des Visayas et du nord de Mindanao. La petite île de Mactan, où se trouve l'aéroport, protège le port de Cebu ; c'est sur cette île qu'est mort l'explorateur portugais Magellan, tué par les habitants en 1521.
Population (ville) 610 000 ; (île) 2 092 000
Carte Philippines Bc

C.E.I. Voir Ex-U.R.S.S.

Ceiba (La), ***Honduras*** Port sur la mer des Antilles. Exportations (bananes, pamplemousses).
Population 68 900
Carte Honduras Aa

ceinture de feu du Pacifique Guirlande insulaire et volcanique qui borde l'océan Pacifique, coïncidant avec la limite externe des plaques du Pacifique, Nazca et Cocos. On y trouve les fosses les plus profondes du monde (fosses des Kouriles, des Mariannes et des Philippines, toutes trois dépassant 10 000 m de profondeur). Les fréquents séismes et l'activité volcanique intense de cette zone provoquent de nombreux raz de marée (tsunamis), qui causent des ravages sur les côtes. Voir LA TECTONIQUE DES PLAQUES, p. 658.

Celaque (Sierra de), ***Honduras*** Chaîne de montagnes à 160 km à l'O.-N.-O. de la capitale, Tegucigalpa. Le sommet le plus élevé est le Cerro de las Minas (2 849 m).
Carte Honduras Ab

Célèbes, ***Indonésie*** Voir SULAWESI

Célèbes (mer de ou **des)** Mer bordière de l'océan Pacifique entre Bornéo, les îles Sulu, Mindanao (Philippines), les îles Sangihe et Sulawesi (Célèbes). Des mouvements de plaques dans la fosse de Mindanao à l'E. provoquent des tremblements de terre et sont à l'origine de l'activité volcanique de la région. Dimensions : 800 km de l'E. à l'O., 640 km du N. au S. ; la profondeur dépasse 5 000 m dans la partie méridionale.
Carte Indonésie Fb

LA FORMATION DES CAVERNES

Les hommes sont fascinés par les cavernes depuis qu'ils en firent leur habitat. Les célèbres grottes peintes de Lascaux, en Dordogne, étaient déjà occupées il y a 20 000 ans. Mais leur découverte puis leur ouverture en 1940 furent le début d'une lente détérioration des peintures, qui nécessita leur fermeture. La cause première de ces dégâts est le contact direct avec l'atmosphère externe — sa température, son humidité et sa composition chimique. Ces grottes sont en effet calcaires : leur existence est due à l'action lente mais régulière de l'eau et des substances chimiques qu'elle contient.

Le calcaire affleure souvent en surface de la planète. Lorsque l'eau de pluie arrive au sol, elle s'infiltre et se charge de gaz carbonique : l'acide faible ainsi formé dissout le calcaire. Les pluies pénètrent dans les fissures de la roche, les élargissent jusqu'à créer des dolines, dépressions de surface. Des galeries horizontales se forment au contact de deux couches calcaires. Elles s'agrandissent parfois en salles par effondrement de leur toit.

C'est ainsi qu'au cours des millénaires la roche se creuse de labyrinthes, mettant en communication cheminées et salles, puits et galeries. Les rivières se perdent dans des gouffres pour réapparaître plus loin (résurgence). Les gouttes d'eau ont une double action : elles attaquent le calcaire, mais créent des concrétions ornementales. Dissolvant les minéraux sur leur passage, elles suintent des plafonds, s'épanchent sur les parois, puis s'évaporent en abandonnant les minéraux sur place. Les dépôts prennent toute une gamme de couleurs selon la nature des minéraux précipités. Les stalactites pendent du plafond, les stalagmites s'élèvent du sol, la rencontre des deux pouvant aboutir à une colonne.

Le long des côtes, les marées incessantes et les coups de boutoir des vagues agissent sur les divers types de roches. Le sel accélère l'érosion ; les mollusques et autres organismes marins trouent le substrat ; les algues sécrètent des substances chimiques nocives. Mais le déferlement des vagues accomplit le plus gros du travail : la mer s'engouffre dans les fissures et les cavités, attaque les points faibles, aspire vers le large les blocs et débris arrachés avant de les projeter à nouveau et de sculpter grottes et surplombs spectaculaires.

Les grottes peuvent aussi résulter de l'activité volcanique. Les pahoehoes, par exemple, naissent lorsque la lave se refroidit en surface et qu'à l'intérieur la lave encore en fusion s'épanche vers l'extérieur et laisse un trou béant. De même, une grotte se forme lorsque de la lave se consolide au-dessus d'une masse de glace, qui fond ensuite. D'autres cavités sont ouvertes par le passage de laves en fusion au travers de murs de lave consolidés.

La plus grande cavité du monde est la Grande Salle de la grotte de Carlsbad, aux États-Unis : 1 300 m de long, 200 m de large, 100 m de haut à 400 m sous terre. Deux des gouffres les plus profonds du monde se trouvent en France : le gouffre Jean-Bernard, en Haute-Savoie, et le gouffre de la Pierre-Saint-Martin, dans les Pyrénées-Atlantiques (ils ont respectivement 1 490 et 1 332 m de profondeur).

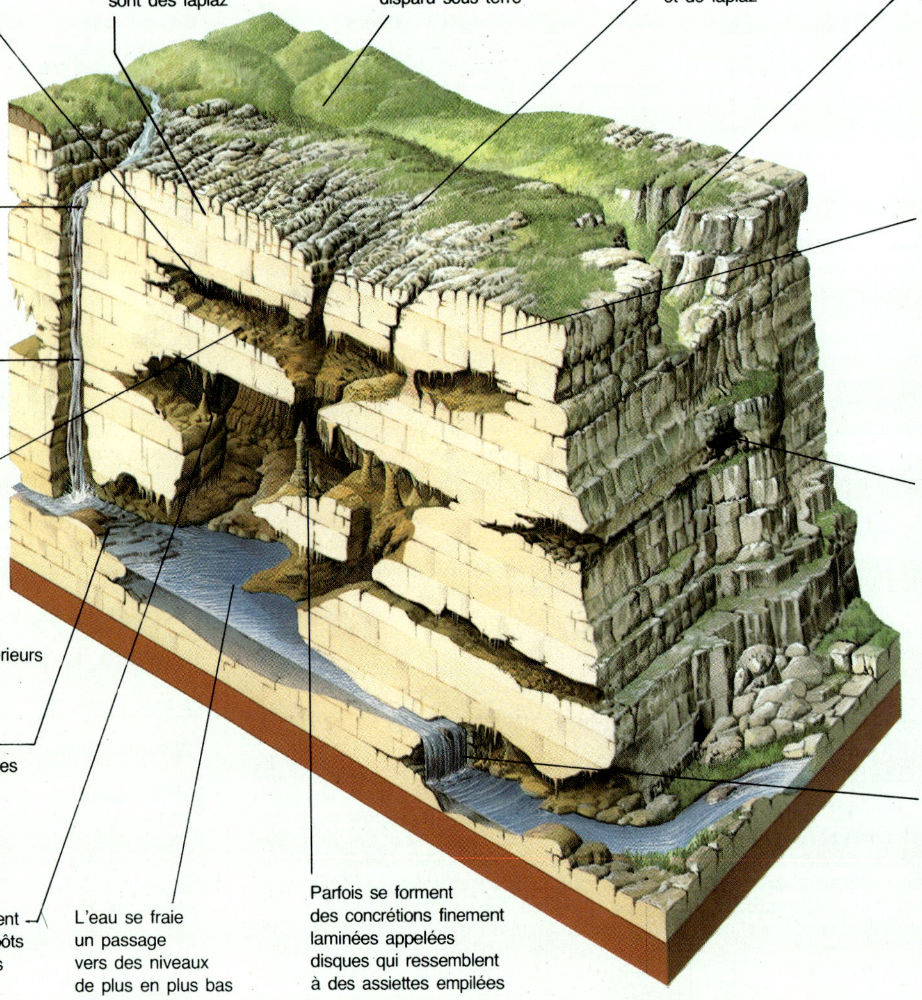

Centrafrique

APRÈS LE RÈGNE D'UN EMPEREUR MÉGALOMANE, LE CENTRAFRIQUE SE RELÈVE AVEC DIFFICULTÉ

Jusqu'en 1977, la république de Centrafrique (ou République centrafricaine), perdue au cœur du continent et enclavée, était ignorée du plus grand nombre. Mais le couronnement, le 4 décembre 1977 — un an après s'être proclamé empereur —, du colonel Jean-Bedel Bokassa a plongé le monde dans l'amusement et la stupéfaction. Cette cérémonie, au goût plus que douteux, aurait coûté près de 140 millions de francs, alors que chaque habitant de ce pays ne disposait guère, pour vivre, de plus de 7 francs par jour!

Le pays, constitué par l'ancien territoire de l'Oubangui-Chari (qui faisait partie de l'Afrique-Équatoriale française), est devenu indépendant en 1960, deux ans après la proclamation de la république. En 1959, son leader, Barthélemy Boganda, qui, depuis 1946, avait œuvré pour la formation d'un ensemble fédéral d'Afrique centrale, périssait dans un accident d'avion. Son cousin, David Dacko, accédait alors à la présidence de la République. En 1965, lors du coup d'État dit « de la Saint-Sylvestre », son chef d'état-major, le colonel Jean-Bedel Bokassa, prenait le pouvoir.

La plus grande partie du pays est constituée par un plateau de faible altitude (600-900 m), couvert d'une savane arbustive, montagneux, à l'E. et à l'O., près de ses frontières avec le Soudan et le Cameroun. Dans le Nord, au climat plus sec, le plateau centrafricain s'abaisse vers la vallée du Chari, qui lui sert en partie de frontière avec le Tchad. Au S., il descend vers l'Oubangui (un affluent du fleuve Zaïre), qui fait office de frontière avec l'État du Zaïre. La population se concentre dans l'Ouest et les régions chaudes et humides du Sud et du Sud-Ouest, en particulier dans les forêts, où il pleut quotidiennement de mars à novembre. La forêt est en effet, avec ses bois durs, une des richesses du pays. L'autre provient du sous-sol (uranium, or) et des diamants industriels qui assurent plus de 25 % des exportations. Dans l'est du pays, peu habité, se trouvent des parcs nationaux, à la faune riche et variée.

La population, essentiellement rurale, cultive sur de petites parcelles (5 % des terres) le manioc, le maïs, le mil, le sorgho, l'igname et la patate douce. Il y a peu de bétail à cause de la mouche tsé-tsé. Le pays est dépourvu de chemin de fer et de grandes voies de communication, mais bien doté en rivières navigables (7 000 km), notamment l'Oubangui, praticable presque toute l'année. Bangui, la capitale et le port principal, se trouve sur la rive droite de l'Oubangui, à 1 200 km par bateau de Brazzaville, au Congo, et, de là, à 500 km de Pointe-Noire sur l'Atlantique, par le rail. En plus du diamant, le Centrafrique aimerait exploiter le minerai d'uranium de Bakouma, à 480 km à l'E. de Bangui.

La formation du peuple centrafricain actuel date des migrations, au siècle dernier, de plusieurs ethnies, en majorité de langues soudanaises, fuyant les chasseurs d'esclaves au service des Arabes ou des Européens. Les profondeurs de la forêt, où vivaient déjà d'autres groupes, comme les Babingas — des Pygmées —, leur servit de refuge, plus que les savanes accessibles aux razzias et aux chevaux. Parmi les huit principaux groupes qui peuplent le pays, les Bandas et les Bayas forment la moitié de la population. Commerçants et employés dans l'ancienne administration coloniale, les Oubanguiens (5 %) ont diffusé leur langue, le sango, qui est maintenant la langue véhiculaire du pays.

La France pénètre dans le territoire vers 1890, et des « sociétés concessionnaires » se font confier de vastes zones de cultures (caoutchouc). En 1925, la culture extensive du coton est introduite. Les structures traditionnelles se transforment avec la création de villages pilotes, tandis que le développement de la culture du manioc fait régresser celle du mil.

Les quatorze années de pouvoir sans partage de Bokassa ont été catastrophiques pour le pays. La situation a dégénéré après la cérémonie du sacre, quand le chef de l'État a voulu prendre ses distances avec la France en nouant des relations avec la Libye. Entre-temps, le pillage des ressources naturelles, la baisse de la production agricole et les trafics en tous genres (diamants, ivoire) ont fait du Centrafrique un pays de plus en plus assisté. Des manifestations de lycéens, noyées dans le sang, ont entraîné la chute du monarque et le retour de l'ex-président Dacko (1979). Mais, ne pouvant mettre en place des réformes et procéder à une épuration des anciens cadres du régime, il est remplacé, deux ans plus tard, par un militaire, le général André Kolingba.

En 1986, une nouvelle Constitution est établie ainsi qu'un régime présidentiel. Après un retour inopiné, l'ancien empereur Bokassa est jugé, condamné à mort puis gracié par Kolingba. Après s'être opposé dans un premier temps à l'instauration du multipartisme — « une cacophonie de factions rivales » —, le président Kolingba a accepté la tenue d'élections démocratiques. Celles-ci ont porté au pouvoir en octobre 1993 un opposant, Ange-Félix Patassé.

LE CENTRAFRIQUE EN BREF

Superficie	622 984 km^2
Population	3 040 000
Capitale	Bangui
Régime	République, multipartisme
Monnaie	Franc CFA
Langues	Français, sango
Religions	Animistes (57 %), chrétiens (35 %), musulmans (8 %)
Climat	Tropical; températures moyennes à Bangui: de 21-29 °C en juillet-août à 21-34 °C en février
Ressources	Manioc, arachide, bananes, bananes plantains, patates douces, maïs, mil, café, coton, bois; diamants, or, uranium (inexploité)
Activités	Agriculture, mines, forêt
Exportations	Bois, café, coton, arachide, diamants, or
P.N.B. annuel par habitant	390 dollars
Croissance démographique	28,8 ‰ par an
Espérance de vie	Hommes 48 ans, femmes 53

Celje, ***Slovénie*** Voir KARAWANKEN

Celle ou **Zelle,** ***Allemagne*** Ville industrielle à 35 km au N.-E. de Hanovre (raffinage de pétrole, équipement, textile, électronique). Centre de haras, elle organise en octobre un défilé d'étalons dans ses rues. Épargnée par la Seconde Guerre mondiale, elle a conservé sa vieille ville pittoresque avec des maisons à colombage, un château gothique avec des éléments Renaissance et baroques, une église des XIVe et XVIIe s. et un hôtel de ville fin Renaissance.
Population 75 000
Carte Allemagne Db

Celtique (mer) Mer couvrant le socle continental entre le sud de l'Irlande et le sud du pays de Galles, le sud-ouest de l'Angleterre et l'extrémité de la Bretagne, ainsi nommée par des prospecteurs pétroliers pour éviter les frictions politiques.
Carte Royaume-Uni Be

cénozoïque (ère) La plus récente des ères géologiques, qui va de la fin du crétacé à nos jours (tertiaire et quaternaire) où apparurent les mammifères et les plantes à fleurs. Voir ÉCHELLE DES TEMPS GÉOLOGIQUES, p. 268.

Central Region, ***Royaume-Uni*** Région administrative d'Écosse au N.-O. d'Édimbourg, créée en 1975 (2 700 km^2). Villes principales: Stirling, Falkirk et le centre industriel de Grangemouth sur la Forth (raffineries de pétrole, usines chimiques). La région s'étend jusqu'aux Highlands d'Écosse (Ben More : 1 171 m).
Population 268 000
Carte Royaume-Uni Cb

Centre, ***France*** Région comprenant six départements (39 150 km^2), de part et d'autre de la Loire: Cher, Eure-et-Loir, Indre, Indre-et-Loire, Loir-et-Cher et Loiret. C'est une région de faible relief mais qui offre une grande diversité de paysages et de cultures ; plaine céréalière de la Beauce, paysages vallonnés et boisés du Gâtinais favorables à l'élevage, plateaux céréaliers de la Champagne berrichonne, pays d'étangs de la Sologne ou d'herbages du Boischaut et des Gâtines, etc. Céréales, vigne, cultures industrielles (betterave, colza, tournesol), fourragères, légumières, fruitières et florales; industries diverses, centrales nucléaires. Villes principales: Orléans (chef-lieu de la région), Tours, Bourges, Chartres, Dreux. Parc Régional de la Brenne.
Population 2 371 000
Carte France Dc

Céphalonie, en grec **Kefalonia,** ***Grèce*** La plus grande île ionienne (737 km²). Elle a été dévastée par un séisme en 1953. Sa campagne vallonnée couverte de pins, de vignes et d'oliviers et ses côtes découpées en petites baies attirent les touristes, comme les stalagmites de la grotte de Mélissani. Vestiges mycéniens ; musée archéologique. Vin blanc local et parfums à base de fleurs. Ville principale : Argostoli.
Population 33 700
Carte Grèce Bb

Céram, ***Indonésie*** Voir SERAM

Céram (mer de) Voir SERAM (mer de)

Cergy-Pontoise, ***France*** Agglomération nouvelle à 25 km au N.-O. de Paris, pôle de développement créé en 1966 autour de Cergy, Pontoise, préfecture du Val-d'Oise, et treize autres communes. La base de loisirs de Cergy-Neuville occupe le dernier méandre de l'Oise.
Population (ville nouvelle) 161 000
Carte France Eb

Cernauti, ***Moldavie*** Voir TCHERNOVTSY

Cërrik, ***Albanie*** Principal centre de raffinage pétrolier albanais depuis 1950, relié au port de Durrës par un chemin de fer construit par les Italiens durant la Seconde Guerre mondiale et achevé avec l'aide soviétique.
Population 12 500
Carte Albanie Bb

Cerro de Pasco, ***Pérou*** Ville des Andes située à 160 km au N.-E. de Lima, et chef-lieu du département de Pasco. Fondée en 1771 près d'une mine d'argent, elle possède aussi des gisements de cuivre, zinc, bismuth et tungstène qui en font le premier centre minier du pays.
Population (ville) 56 000 ; (dép.) 299 000
Carte Pérou Bb

Cerveteri, ***Italie*** Ville du Latium, à 30 km au N.-O. de Rome. Vestiges de murs étrusques dans le château médiéval et importante nécropole étrusque, avec de nombreux et splendides mausolées du VIIe au Ier s. av. J.-C.
Population 12 000
Carte Italie Dd

Cervin (mont), en it. **Cervino,** en all. **Matterhorn,** ***Italie/Suisse*** L'un des cinq sommets européens dépassant 4 000 m (4 478 m), à la frontière italo-suisse, à 5 km au S. de Zermatt (Suisse) et à quelques kilomètres au nord de la station italienne de Breuil-Cervinia. L'érosion glaciaire lui a donné une forme pyramidale caractéristique, et une face E. particulièrement abrupte. Son sommet fut atteint pour la première fois en 1865 par l'équipe anglaise d'Edward Whymper, dont quatre équipiers se tuèrent pendant la descente. Whymper et ses deux guides ne durent la vie qu'à la rupture de la corde qui les reliait à leurs compagnons.
Carte Suisse Ab

Césarée (Horvat Qesari), ***Israël*** Port et station touristique, à 35 km au S. de Haïfa. Cité fondée par Hérode le Grand au Ie s. av. J.-C. Saint Paul y fut emprisonné en 57-59 de notre ère. Bien que détruite par les musulmans en 1265, elle conserve de l'époque romaine le port, un aqueduc, un théâtre, et les murs et douves d'une ville édifiée par les croisés.
Population 37 000
Carte Israël Aa

České Budějovice, ***République tchèque*** Chef-lieu de la Bohême méridionale sur la Vltava, à 125 km au S. de Prague. On y fabrique la bière Budvar depuis le Moyen Âge (Budweiser est sa version américaine). Au nord de la ville se dresse le château Hluboka, construit au XIXe s. sur le modèle du château de Windsor, en Angleterre. Le village de Husinec, au N.-O., a vu naître Jan Hus (1369-1415), héros tchèque et réformateur religieux, brûlé comme hérétique.
Population 99 500
Carte République tchèque Bb

Český Ráj ou **Paradis bohémien,** ***République tchèque*** Région du nord de la Bohême, transformée en réserve naturelle en raison de la beauté de ses sites. Il s'agit d'un plateau de grès très découpé et modelé par l'érosion en un immense labyrinthe de roches aux formes fantastiques (« ville de rochers », tours, silhouettes humaines ou animales), entre lesquelles serpentent vallons et ravins. Belle forêt de conifères, où vivent en liberté cerfs, chevreuils et sangliers. Forteresses en ruine, châteaux et villages pittoresques ajoutent à l'intérêt de cette région, bien équipée pour le tourisme. Les villes de Turnov (taille des pierres précieuses) et Jičin en sont les portes d'accès.
Carte République tchèque Ba

Český Těšin, ***Pologne*** Voir CIESZYN

PYRAMIDE NATURELLE. À la frontière italo-suisse, le Cervin — ou Matterhorn — dresse au-dessus des alpages sa silhouette d'une pureté géométrique qui se reflète dans les eaux tranquilles du lac Noir.

Cetinje, ***Yougoslavie*** Centre touristique à 600 m d'altitude, situé à 18 km au N.-O. du lac de Shköder ; capitale du Monténégro jusqu'en 1945, il l'est à nouveau depuis 1993. Le monastère fortifié, demeure des princes-évêques de la ville de 1515 à 1851, possède une collection d'icônes et de livres, dont l'un des premiers imprimés dans une langue slave (1493). Le palais Biljarda, construit en 1836 par le poète évêque Pierre II Njegoš, est devenu un musée. Musée d'État dans l'ancien palais de Nicolas Ier, dernier souverain indépendant du Monténégro (1860-1918).
Population 12 100
Carte Yougoslavie Ac

Ceuta, ***enclave espagnole au Maroc*** Port franc espagnol (18,5 km²), situé sur une étroite presqu'île rocheuse au N. du Maroc et revendiqué par ce pays. Le mont Hacho (842 m), au centre de la presqu'île, offre une vue splendide sur le détroit de Gibraltar et la Méditerranée, qui baigne les deux côtés de la ville ; c'était, selon les Grecs, l'une des colonnes d'Hercule qui gardaient l'entrée de la Méditer-

ranée, l'autre étant le rocher de Gibraltar.
Population 69 000
Carte Maroc Ba

Cévennes, ***France*** Massif schisto-cristallin au S.-E. du Massif central, dont les plus hauts sommets sont les monts Lozère (1 702 m) et Aigoual (1 567 m). Les hivers y sont froids, et la pluviosité forte. Les activités traditionnelles: cultures en terrasses, arbres fruitiers, mûrier, châtaignier, ont régressé, sauf l'élevage ovin, au profit du tourisme et des résidences secondaires. Le parc national des Cévennes, créé en 1970, couvre 84 000 ha ; zone périphérique : 237 000 ha. Ville principale : Alès.
Carte France Ed

Ceylan Voir SRI LANKA

Chagos ou **Tchagos (îles)** Atolls coralliens de l'océan Indien (52 km^2), au S. des îles Maldives. Dépendance de la Grande-Bretagne. L'île Diego Garcia, où se trouve la capitale, abrite une base navale américaine depuis 1970 revendiquée par l'île Maurice.
Carte Indien (océan) Cc

Chaillu (monts du), ***Gabon*** Chaîne de montagnes du sud-est du Gabon, appelée ainsi du nom de l'explorateur américain d'origine française Paul du Chaillu, qui explora la région en 1855-1865 ; son point culminant, le mont Ibounji, est le plus haut sommet du Gabon (1 575 m). Elle forme une ligne de partage des eaux entre le bassin de la N'Gounié et celui de l'Ogooué, qui se réunissent en amont de Lambaréné.
Carte Gabon Bb

Chainat, ***Thaïlande*** Ville-marché à 175 km au N. de Bangkok. La province du même nom est une fertile région de rizières.
Population (ville) 67 700 ; (prov.) 335 400
Carte Thaïlande Bb

Chaînes côtières, en angl. **Coast Ranges,** ***États-Unis*** Chaîne de montagnes longeant sur plus de 1 600 km la côte pacifique du pays du Puget Sound, près de la frontière canadienne, aux abords de Los Angeles, où elles rejoignent la sierra Nevada. D'altitude le plus souvent modeste (entre 500 et 1 000 m), elles culminent dans les San Jacinto Mountains, au S.-O. de Los Angeles, où elles atteignent 3 301 m.
Carte États-Unis Bc

Chalcidique, ***Grèce*** Presqu'île boisée de Macédoine se terminant dans la mer Égée par trois péninsules : Kassandra, Sithonia et le mont Athos. De longues plages de sable en ont fait une région touristique avec de bons emplacements de camping. À 8 km à l'O. de Gerakini, au fond du golfe de Kassandra, s'étend l'ancienne ville d'Olynthe, détruite par Philippe II de Macédoine en 348 av. J.-C.
Population 79 000
Carte Grèce Ca

Challenger (fosse) Voir MARIANNES (fosse des)

Châlons-sur-Marne, ***France*** Chef-lieu de la région Champagne-Ardenne et préfecture de la Marne, à 150 km à l'E. de Paris. Capitale de l'ancienne tribu des Catalauni, la localité fut occupée et fortifiée par les Romains qui battirent Attila, roi des Huns, à la bataille des Champs catalauniques (451 av. J.-C.). Au Moyen Âge, elle fut un grand centre commercial. Aujourd'hui, la ville est un nœud de communications, un marché agricole et une ville industrielle : brasseries, sucreries, vins de Champagne, industries électroniques, métallurgiques, mécaniques, produits chimiques. On y verra la cathédrale Saint-Étienne, gothique (vitraux), plusieurs églises intéressantes (du XIe au XVIe s.) et des hôtels anciens.
Population 48 100
Carte France Db

Chalon-sur-Saône, ***France*** Port fluvial sur la Saône, cette sous-préfecture de Saône-et-Loire est surtout un centre industriel (mécanique, électricité, verrerie, photographie) et commercial, aux foires réputées. Ville natale de Nicéphore Niepce (1765-1833), c'est aussi la capitale de la photographie. Ancienne cathédrale Saint-Vincent, romane et gothique, hôpital du XVIe s. (pharmacie), maisons anciennes.
Population 54 500
Carte France Fc

Chambéry, ***France*** Préfecture de la Savoie à 45 km au N. de Grenoble. Usines d'aluminium, de fibre de verre, de confection. La vieille ville, avec ses « portiques » et ses maisons imposantes, est dominée par un château des XIVe-XVe s., remanié au XIXe s., ancienne résidence des ducs de Savoie. Cathédrale Saint-François-de-Sales (XVe s.), musée savoisien ; célèbre fontaine des Éléphants (1838). À 2 km au S.-E. : les Charmettes, demeure de Mme de Warens, où séjourna J.-J. Rousseau.
Population 54 000
Carte France Fd

Chambord, ***France*** Ce chef-d'œuvre de la Renaissance, le plus vaste des châteaux de la Loire, élève sa masse de pierre blanche couronnée d'ardoise au milieu d'un parc, à 18 km à l'E. de Blois. Construit pour François Ier à partir de 1519, il fut la propriété des rois de France jusqu'à Louis XV, qui en fit don au maréchal de Saxe. L'État l'a acheté en 1932. Le château compte 440 pièces, dont la plupart sont malheureusement vides, et un célèbre escalier de pierre en double spirale. La terrasse et les toits offrent un spectacle fantastique, avec leurs cheminées, lanternes, lucarnes, pignons et clochetons sculptés. Le parc de Chambord (5 500 ha) est devenu réserve de chasse en 1948.
Carte France Gd

chambre magmatique Réservoir situé dans l'écorce terrestre où se trouve emmagasiné le magma venant de zones plus profondes. Les volcans reliés à ces réservoirs y puisent le matériel qu'ils projettent lors de leurs éruptions.

Chamonix, ***France*** Station touristique et centre de sports d'hiver dans la vallée de l'Arve (vallée de Chamonix), à 1 037 m d'altitude, au pied du mont Blanc. Capitale de l'alpinisme en France avec son École nationale de ski et d'alpinisme et centre d'excursions proche du tunnel du mont Blanc. C'est à Chamonix que se déroulèrent les premiers Jeux olympiques d'hiver en 1924.
Population 9 700
Carte France Gd

Champagne, ***France*** Province historique et région géographique à l'E. du Bassin parisien. Après avoir été partagée, selon l'antique limite entre la Gaule Celtique et la Gaule Belgique, sous les Mérovingiens et les Carolingiens, la région commença à se former sous Robert Ier, qui légua à Herbert de Vermandois les comtés de Meaux et de Troyes, auquel seul le nom de Champagne était attribué. Après leur rattachement au Blésois sous Eudes de Blois, les comtés furent réunis au XIIe s., leur fortune étant basée sur les foires de Champagne. Le mariage de Jeanne de Champagne avec Philippe le Bel (1284) entraîna l'incorporation de la province au domaine royal dont elle suivit le sort.

La Champagne géographique comprend la Côte champenoise, domaine du célèbre vignoble, avec Reims et Épernay, les basses collines de craie et la Champagne crayeuse, autrefois appelée Champagne pouilleuse, séparées par de larges vallées (Marne, Seine, Aube) où se trouvent les villes principales, et la plaine de Champagne humide, pays de forêts (forêt d'Orient), de grande culture et d'élevage laitier.
Carte France Fb

Champagne-Ardenne, ***France*** Région administrative de 25 606 km^2, regroupant quatre départements : Ardennes, Aube, Marne et Haute-Marne, et traversée par l'Aisne, l'Aube, la Marne et la Meuse. Son chef-lieu est Châlons-sur-Marne. C'est une région agricole prospère et diversifiée : céréales, betterave à sucre, élevage laitier et viticulture, célèbre par le champagne dont la particularité de vin mousseux fut perfectionnée par dom Pérignon au XVIIe s., puis par d'autres ensuite. Industries agro-alimentaires, textiles, métallurgiques, verreries, matériaux de construction viennent en tête d'une production industrielle très variée.
Population 1 348 000
Carte France Fb

Champassak, ***Laos*** Province du Sud à cheval sur le Mékong. Produisant plus de riz qu'elle n'en consomme, elle le commercialise en contrebande à la frontière thaïlandaise.
Population 470 000
Carte Laos Bc

Chan Chan, ***Pérou*** Capitale de l'empire pré-inca de Chimú, à 5 km au N. de Trujillo. Les ruines d'adobe (terre séchée) couvrent 20 km, englobant neuf citadelles entourées d'un mur de 10 m et distantes l'une de l'autre de 300 m. Chacune comporte temples, maisons, ateliers, magasins et la plupart ont un puits. Des reliques, vêtements et poteries sont exposés dans les musées de Lima.
Carte Pérou Ba

Chandernagor ou **Chandannagar,** ***Inde*** Ville située sur le fleuve Hooghly, au N.-O. de Calcutta. Comptoir de la Compagnie française des Indes créé en 1686, elle fut intégrée à l'Inde, nouvel État indépendant auquel elle avait voté son rattachement en 1951.
Population 123 000
Carte Inde Dc

Chandigarh, ***Inde*** Ville située à environ 230 km au N. de Delhi. Elle fut capitale des États du Pendjab et de l'Haryana, sans leur avoir appartenu, après la division du Pendjab britannique entre l'Inde et le Pakistan en 1947. Chandigarh fut édifiée sur les plans de Le Corbusier (1887-1965), qui construisit à partir de 1951 le Parlement, le palais des Ministères, la maison du Gouvernement et le palais de la Haute-Cour. Le Pendjab et l'Haryana revendiquant la ville, elle devint territoire de l'Union indienne, propriété du gouvernement fédéral jusqu'en 1986, où elle fut cédée au Pendjab sikh ; mais ce transfert ne put s'accomplir.
Population 642 500
Carte Inde Bb

Changchun (Tch'ang-tch'ouen), ***Chine*** Centre industriel et capitale de la province de Jilin à 900 km au N.-E. de Pékin: moteurs, matériel ferroviaire, industrie chimique. Dans les années 1930, ce fut la capitale de l'État japonais du Mandchoukouo.
Population 1 825 000
Carte Chine Ic

Changaï, ***Chine*** Voir SHANGHAI

Chang-hua, ***Taiwan*** Vieille ville de la côte occidentale proche de T'ai-chung, dans une riche région agricole qui produit riz, asperges et ananas. Sur une colline dominant la ville se dresse un bouddha de 20 m de hauteur.
Population 165 000
Carte Taiwan Bb

Changi, ***Singapour*** Site du nouvel aéroport international de Singapour construit en 1981 à l'E. de l'île, sur des terrains pris en partie sur la mer. Prison de sinistre réputation parmi les Alliés prisonniers des Japonais durant la Seconde Guerre mondiale.
Carte Singapour Ab

Chang Jiang, ***Chine*** Voir YANG-TSEU-KIANG

Changsha (Tch'ang-cha), ***Chine*** Capitale de la province du Hunan, à 550 km au N. de Guanzhou (Canton). Ancienne capitale féodale, (200-100 av. J.-C.) au riche patrimoine archéologique (sépultures) et artistique (peintures sur soie, laques). Centre artisanal (céramique, broderies, sculpture sur bambou) et industriel. Mao Zedong (Mao Tsé-toung), né dans un village voisin, y fut étudiant et enseignant de 1913 à 1923.
Population 1 230 000
Carte Chine Ge

Chanthaburi, ***Thaïlande*** Ville et centre minier (pierres précieuses) à 200 km au S.-E. de Bangkok. La province du même nom produit des fruits tropicaux.
Population (ville) 93 250; (prov.) 381 950
Carte Thaïlande Bc

Chantilly, ***France*** Ville de l'Oise, à 42 km au N. de Paris, célèbre pour son château et son hippodrome. Centre touristique important, en bordure de la forêt de Chantilly (6 300 ha). Le château, construit au XVIe s., fut la propriété des princes de Condé. Son musée (musée Condé) abrite une très belle collection de peintures (école italienne, portraits du XVIe s., miniatures). Grandes écuries du XVIIIe s.
Population 11 400
Carte France Eb

Chao Phraya ou **Menam,** ***Thaïlande*** Le plus grand fleuve du pays (1 200 km). Il coule du N. au S., traverse Bangkok et se jette dans le golfe du Siam. Sa plaine d'inondation est la zone des rizières la plus riche du pays.
Carte Thaïlande Bc

Chaouen, ***Maroc*** Voir CHECHAOUEN

Chapala (lac de), ***Mexique*** Le plus grand lac du Mexique (2 460 km^2), à 1 500 m d'altitude, dans l'État de Jalisco, près de Guadalajara. Pêche, voile, chasse du gibier d'eau.
Carte Mexique Bb

chaparral Végétation analogue au maquis, composée de buissons, de plantes épineuses et de chênes verts, que l'on trouve surtout dans le sud-ouest des États-Unis et au Mexique.

charbon Combustible brun foncé ou noir composé de restes de végétation convertis à l'état solide par la pression des roches accumulées au-dessus de lui. Une fois la végétation compressée, eau et gaz furent expurgés, laissant surtout du carbone. La tourbe, le lignite, le charbon et l'anthracite représentent les stades de cette transformation.

Chardja (Sharjah), ***Émirats arabes unis*** L'un des six Émirats arabes (2 600 km^2) dont la capitale, Chardja, est située sur le golfe Persique, à 13 km au N.-E. de la principauté de Dubaï. Peu riche en pétrole, l'Émirat encourage le commerce (port de containers à Khaled, port de Khor Fakkan), l'installation de compagnies internationales et le tourisme. Industries chimiques, ciment, plastiques.
Population (Émirat) 314 000; (ville) 126 000
Carte Émirats arabes unis Ba

Charente (16), ***France*** 1. Fleuve qui prend sa source dans le Limousin et se jette dans l'Atlantique après un cours de 360 km aux nombreux méandres. Il traverse les villes d'Angoulême, Cognac, Saintes et Rochefort.
2. Département du Poitou-Charentes (5 953 km^2) formé principalement de l'Angoumois et de la Saintonge méridionale. L'extrême nord-est, fragment du Limousin, ainsi que le sud sont voués à l'élevage, tandis que céréales et prairies occupent l'est ; l'ouest et le centre sont le domaine de la vigne (cognac). L'industrie, peu dynamique (alimentation, papeterie, matériel électrique), est surtout concentrée à Angoulême (chef-lieu) et à Cognac, deux villes dont la population s'accroît régulièrement.
Population 341 700
Carte France Dcd

Charente-Maritime (17), ***France*** Département comprenant la Saintonge au S. et une partie de l'Aunis au N. et s'étendant sur 6 848 km^2. La population est en progression constante, surtout dans les quatre agglomérations principales (La Rochelle, Rochefort, Saintes et Royan). Culture du blé. Élevage bovin (beurre). Vigne au S.-E. (Cognac). Le littoral est dominé par le tourisme estival (Royan, Oléron), la pêche et l'ostréiculture (Marennes, Oléron). L'industrie (constructions mécaniques) reste peu développée.
Population 526 000
Carte France Cd

Chari, ***Tchad*** Fleuve de 1 100 km formé par la réunion de plusieurs rivières nées en République centrafricaine. Il arrose N'Djamena et se jette dans le lac Tchad. Seul fleuve permanent du pays, navigable en saison des pluies, il joue un rôle primordial pour l'irrigation.
Carte Centrafrique Aa; Tchad Ab

Charleroi, ***Belgique*** Ville industrielle à 50 km au S. de Bruxelles. Principales industries: acier, matériel électrique et verreries.
Population 213 000
Carte Belgique Ba

Charleston, ***États-Unis*** Principal port de la Caroline du Sud, l'une des plus vieilles villes du pays, fondée en 1670. La guerre de Sécession éclata au tout proche Fort Sumter en 1861. Vestiges de forts du XVIIIe s.; belles maisons de planteurs ; musées. La ville donna son nom à une danse populaire des années 1920, le charleston.
Population (ville) 80 500; (aggl.) 507 000
Carte États-Unis Kd

Charleston, ***États-Unis*** Capitale de la Virginie-Occidentale, fondée en 1794, à 50 km de la frontière de l'Ohio. Charbon, hydrocarbures, produits chimiques, verre.
Population (ville) 59 400; (aggl.) 267 000
Carte États-Unis Jc

Charlestown, ***Saint Kitts et Nevis*** Chef-lieu de Nevis, sur la côte S.-O. L'amiral Nelson s'y maria en 1787. Sources chaudes.
Population 1 800
Carte Antilles Cb

Charleville-Mézières, ***France*** Chef-lieu du département des Ardennes, sur la Meuse, à 12 km de la frontière belge. Charleville fut fondée au XVIIe s. en face de la cité fortifiée de Mézières. Les deux villes fusionnèrent en 1966. Place Ducale et Vieux-Moulin (XVIIe s.). Métallurgie. Patrie d'Arthur Rimbaud.
Population 59 500
Carte France Fb

Charlotte Amalie, ***îles Vierges*** Capitale des îles Vierges américaines sur l'île de Saint Thomas. Quelques jolis bâtiments du XIXe s. Tourisme.
Population 11 800
Carte Antilles Cc

Charlottetown, ***Canada*** Capitale de l'île du Prince-Édouard, sur la côte S., dominant la baie Hillsborough. Centre commercial, pêche, tourisme, industrie lainière, produits laitiers, conserverie d'aliments, bois.
Population 15 776
Carte Canada Id

Chartres, ***France*** Chef-lieu de l'Eure-et-Loir, sur la rive gauche de l'Eure, dans la Beauce, à 90 km au S.-O. de Paris. Lieu de pèlerinage depuis le Moyen Âge. Sa cathédrale Notre-Dame (XIIe-XIIIe s.), chef-d'œuvre de l'art gothique, possède le plus bel ensemble de vitraux (XIIIe s.) de France. Leur bleu (« bleu de Chartres ») est mondialement connu. Églises (XIe-XVIIe s.) et maisons anciennes. Centre international du vitrail. Industries de transformation (agro-alimentaire).
Population (ville) 39 500 ; (aggl.) 85 000
Carte France Db

Chartreuse (massif de la Grande-), ***France*** Massif des Préalpes entre Chambéry et Grenoble, culminant à 2 082 m. Traversé par les gorges du Guiers Vif et du Guiers Mort et en grande partie couvert par une forêt de sapins et d'épicéas, il abrite le couvent de la Grande-Chartreuse, fondé en 1084 par saint Bruno.

Châteauroux, ***France*** Capitale du bas Berry, chef-lieu de l'Indre. La ville s'est développée au S. de Déols, antique cité romaine avec une abbaye du Xe siècle. Ancienne église des Cordeliers (XIIIe s.). Centre de fabrication de cigarettes, Châteauroux est surtout une ville administrative et commerciale.
Population 51 000
Carte France Dc

Châtellerault, ***France*** Sous-préfecture de la Vienne et centre industriel (constructions mécaniques et électriques) sur la Vienne. Nombreuses demeures de la Renaissance (dont la maison de Descartes) et du XVIIe s. Pont Henri-

IV, flanqué de deux tours. Château du XVe s. (musée municipal). Ancienne priorale Saint-Jacques (XIIe-XIIIe s.).
Population 34 700
Carte France Dc

Chatham (îles), ***Nouvelle-Zélande*** Archipel du Pacifique (963 km^2) à 850 km à l'E. de Christchurch. Ville principale: Waitangi. Élevage.
Population 750
Carte Pacifique (océan) Ed

Chatham, ***Royaume-Uni*** Voir MEDWAY TOWNS

Chatt al-Arab, ***Irak/Iran*** Fleuve (170 km) formé à Al-Qurnah (Irak), à 400 km au S.-E. de Bagdad, par la confluence du Tigre et de l'Euphrate, qui se jette dans le golfe Persique. Son cours inférieur constitue la frontière litigieuse entre l'Iran et l'Irak, provoquant la première guerre du Golfe (1980-1988).
Carte Irak Cc

Chattanooga, ***États-Unis*** Ville industrielle, nœud ferroviaire et port, au S. du Tennessee, sur le Tennessee. C'est là que débuta la mise en bouteilles du Coca-Cola. Victoire décisive de l'Union sur les confédérés (1863).
Population (ville) 154 000; (zone urbaine) 433 500
Carte États-Unis Ic

chaud (secteur) Masse d'air chaud comprise entre un front chaud et un front froid, au centre d'une dépression atmosphérique.

Chaumont, ***France*** Chef-lieu de la Haute-Marne, à 250 km du S.-E. de Paris. Nœud routier et ferroviaire. Manufactures de gants, bas et textiles. En 1814 l'Angleterre, l'Autriche, la Prusse et la Russie y signèrent le traité de Chaumont, qui les unissait dans la guerre contre Napoléon. Églises, maisons et hôtels anciens du XIIIe au XVIIIe s.
Population 27 000
Carte France Fb

Chausey (îles), ***France*** Archipel granitique d'une cinquantaine d'îlots, au large du Cotentin, dont seule la Grande Île est habitée et visitable (phare, fort, église).
Population (hiver) 6; (été) 100
Carte France Cb

Chaussée des Géants, en angl. **Giant's Causeway,** ***Royaume-Uni*** Site touristique d'Irlande du Nord, à 80 km au N.-O. de Belfast. Des colonnes basaltiques alignées sur 275 m le long de la côte s'enfoncent sur 150 m dans l'océan. On découvrit un trésor à cet endroit, dans l'épave d'un des navires de l'Invincible Armada. Pièces de monnaies et bijoux d'or et d'argent sont exposés au musée de l'Ulster à Belfast.
Carte Royaume-Uni Bb

Chaux-de-Fonds (La), ***Suisse*** Ville à 50 km à l'O. de Berne. Centre de l'industrie horlogère suisse. Musée de l'horlogerie, école d'horlogers. Patrie de l'architecte Le Corbusier (1887-1965) et de Blaise Cendrars (1887-1961).
Population 33 000
Carte Suisse Aa

Chaves, ***Portugal*** Ville thermale à 120 km au N.-E. de Porto, anc. Aquae Flaviae romaine. Ruine d'un pont de dix-huit arches. Belles églises et château des ducs de Bragance. Centre agricole et textile.
Population 11 900
Carte Portugal Cb

Chavín de Huantar, ***Pérou*** Temple-forteresse en ruine, à 3 200 m d'altitude, dans la cordillère Blanche (Andes). Centre de la civilisation Chavín (800 à 200 av. J.-C.) On y trouve de grandes pyramides tronquées (El Castillo), et une place autour de laquelle s'organisent plates-formes et temples. Celui du Lanzon renferme un monolithe noir en forme de couteau. Les sculptures nombreuses représentent un dieu félin aux attributs parfois humains.
Carte Pérou Ba

Cheb, en all. **Eger,** ***République tchèque*** Ville de fabrication de cycles, à 5 km de la frontière allemande, à l'O. de Prague. Son centre-ville médiéval demeure intact. La station thermale de Frantiskovy Lázne, au N., possède une source minérale très riche en sel de Glauber (sulfate de soude), utilisé comme laxatif.
Population 31 300
Carte République tchèque Aa

Chébéli ou **Shebelle, (Ouébi),** ***Éthiopie/Somalie*** Fleuve qui prend sa source au centre de l'Éthiopie et rejoint au S. le Djouba (Juba), après avoir longé l'océan Indien sur 350 km. Longueur: 1 700 km. Le Chébéli et le Djouba, jamais asséchés, permettent l'irrigation.
Carte Somalie Ab

Chechaouèn ou **Chaouen,** ***Maroc*** Jolie petite ville perchée sur un rocher dans la chaîne du Rif, à 60 km au S. de Tétouan. Nombreuses

PUR GOTHIQUE. La cathédrale de Chartres — construite pour l'essentiel en moins de trente ans — domine la ville et la plaine environnante. Ses vitraux sont parmi les plus beaux du monde.

sources d'eau minérale. La ville fondée au XVe s. est un lieu saint de l'islam très fréquenté par les pèlerins. Mosquées, sanctuaires. Fabriques de couvertures.
Population 24 000
Carte Maroc Ba

Cheju (île de), ***Corée du Sud*** Île semi-tropicale de 1 828 km^2 à 90 km de la côte S. de la Corée. Point culminant: le Halla san (1 950 m), le plus haut sommet de la Corée du Sud. Agrumes, élevage (bétail et chevaux mongols).
Population 515 000
Carte Corée Cf

Cheliff (Ech-) ou **Chlef,** anc. **Orléansville,** puis **El-Asnam,** ***Algérie*** Centre administratif et nœud routier important de la vallée du Cheliff, à mi-chemin entre Alger et Oran, dans une région agricole en pleine expansion. Fondée en 1843 par les Français sur l'emplacement de la ville romaine de Castellum Tingitanum. On y découvrit la plus ancienne basilique chrétienne d'Afrique, construite sous Constantin. La ville, devenue poste militaire, fut très éprouvée par les tremblements de terre de 1954 et de 1980.
Population 130 000
Carte Algérie Ba

Chéliff ou **Chélif (oued),** ***Algérie*** Fleuve le plus long d'Algérie (700 km). Formé dans les Hauts Plateaux par la réunion des oueds Nahr Ouessel et Touil, il franchit l'Atlas tellien en direction du N.-N.-O. au défilé de Ksar el-Boukhari; il fait ensuite un coude vers l'O. et suit le sillon tellien où il traverse une série de petites plaines et arrose El-Khémis, Miliana et Chlef (ou Ech-Cheliff), avant d'aller se jeter dans la Méditerranée un peu au N. de Mostaganem. Des barrages d'irrigation régularisent son cours (barrages de Boghzoul, du Ghrib).
Carte Algérie Ba

Chelly (canyon de), ***États-Unis*** Réserve d'Indiens Navajo (335 km^2) dans le nord-est de l'Arizona. On y trouve des vestiges indiens remontant à 350 apr. J.-C., et des habitations troglodytiques creusées dans la roche rouge. Belvédères. Musée archéologique.
Carte États-Unis Ec

Chelm, ***Pologne*** Ville industrielle en plein essor du S.-E. du pays, à 25 km de la frontière ukrainienne. Fondée au XIIIe s. Le Comité polonais de libération nationale, embryon du gouvernement communiste de la Pologne d'après-guerre, y fut créé en juillet 1944.
Population 66 400
Carte Pologne Ec

Chelmno, ***Pologne*** Cité médiévale perchée audessus de la Vistule, à 220 km au N.-O. de Varsovie. Ses remparts du XIIIe s. (17 bastions), ses églises gothiques de brique rouge, son hôtel de ville Renaissance et sa place du marché existent toujours.
Population 21 600
Carte Pologne Cb

cheminée Sillon à forte inclinaison, dans les hautes montagnes (souvent utilisé par les alpinistes). Conduit par lequel montent les laves d'un volcan. En spéléologie, désigne un canal débouchant verticalement au plafond d'une cavité souterraine.

cheminée des fées Colonne de sable ou d'argile sculptée par l'érosion et coiffée d'un gros bloc rocheux qui en protège la partie supérieure. Cette formation, aussi appelée *« demoiselle coiffée »*, peut atteindre 60 m de hauteur.

Chemnitz, ***Allemagne*** Ville du Land de Saxe (ex-R.D.A.), appelée Karl-Marx-Stadt de 1953 à 1990. Productrice de textiles depuis le XIIIe s. et de machines depuis le XIXe (première machine-outil et première locomotive d'Allemagne). Autres industries : produits chimiques et électronique. Plusieurs bâtiments du XIIe s. ; hôtel de ville médiéval (salle voûtée de 1557).
Population 295 000
Carte Allemagne Ec

Chendu (Tch'eng-tou), ***Chine*** Capitale du Sichuan, l'une des régions agricoles les plus riches de Chine. Industries électroniques, transformation du bois, soie.
Population (ville) 1 885 000; (aggl.) 2 965 000
Carte Chine Fe

Chengde (Tch'eng-tö), ***Chine*** Ville du Hebei, à 270 km au N.-E. de Pékin. Résidence d'été des empereurs mandchous (1644-1912). Nombreux palais, pavillons et temples (XVIIIe s.), certains de style tibétain.
Population 227 000
Carte Chine Hc

Chenonceaux, ***France*** Village d'Indre-et-Loire réputé pour son château de la Renaissance sur un pont au-dessus du Cher. Commencé en 1515 par Thomas Bohier, receveur général des finances, il fut plus tard agrandi par Diane de Poitiers et Catherine de Médicis, respectivement maîtresse et épouse du roi Henri II. Chaque année, 800 000 visiteurs viennent admirer ses peintures et ses tapisseries, et se promener dans ses jardins.
Carte France Dc

Cher (18), ***France*** 1. Rivière née dans la Creuse à 717 m d'altitude, affluent de la Loire qu'il rejoint près de Langeais, à l'O. de Tours. Il traverse Montluçon et Vierzon.

2. Département de la région Centre (7 228 km^2) dont la plus grande partie est occupée par le Berry. Élevage bovin. Pisciculture et chasse dans le nord. Culture de vigne dans l'est (collines du Sancerrois). L'activité industrielle est très diversifiée: aéronautique, armement, machines-outils, confection, matériel électrique, travail des métaux. Mais le chômage important, l'exode de la population jeune et la faible densité du peuplement placent la région en situation difficile. Préfecture: Bourges. Villes principales: Vierzon, Saint-Amand-Montrond.
Population 321 300
Carte France Dc

Cherbourg, ***France*** Port sur la Manche, dans le nord du Cotentin, qui devint port militaire en 1858, après l'achèvement d'une digue de 3 700 m commencée en 1776. Ce fut l'un des verrous du « mur de l'Atlantique » pendant la Seconde Guerre mondiale, qui joua un rôle important dans le débarquement. La ville fut libérée par les Alliés le 27 juin 1944. Arsenal, chantiers navals (sous-marins nucléaires), commerce avec l'Angleterre et l'Amérique.
Population 27 000
Carte France Cb

Cherchell, ***Algérie*** Ville côtière et port de pêche à 95 km à l'O. d'Alger. Bâtie sur le site d'une colonie carthaginoise, qui devint la ville romaine de Julia Caesarea (25 av. J.-C.), elle possède de beaux vestiges romains (théâtre, arènes).
Population 17 000
Carte Algérie Ba

Cherrapunji, ***Inde*** Village réputé pour être le plus humide de la planète. Situé sur le versant S. des monts Khasi dans l'État de Meghalaya, il reçoit de plein fouet les pluies de la mousson. Moyenne annuelle des précipitations: 10,8 m.
Carte Inde Ec

Cher-Si, ***Chine*** Voir SHAANXI

Chesapeake (baie de), ***États-Unis*** La plus grande baie (314 km de long; 5 à 48 km de large) de la côte E., où les colons anglais débarquèrent en 1607. Elle est accessible aux gros navires et bien abritée; de nombreux ports, comme Baltimore, Norfolk et Portsmouth, s'y sont développés. Un pont de 12 km de long (l'un des plus longs du monde) la traverse. Huîtres, fruits de mer; navigation de plaisance.
Carte États-Unis Kc

Cheshire, ***Royaume-Uni*** Comté de 2 322 km^2 au N.-O. de l'Angleterre. Région d'élevage (fromage). Maisons à colombage. Chef-lieu: Chester. Mines de sel à Nantwich et à Northwich.
Population 933 000
Carte Royaume-Uni Dd

Chester, ***Royaume-Uni*** Chef-lieu du Cheshire, sur la Dee, à 55 km au S.-O. de Manchester. Ville pittoresque, aux remparts (Xe-XIVe s.) bien conservés, maisons à colombage et galeries marchandes à deux étages (les Rows) datant du Moyen Âge. Tourisme actif.
Population 88 000
Carte Royaume-Uni Dd

Cheviot (monts), ***Royaume-Uni*** Chaîne de 60 km de long, entre l'Écosse et le Northumberland, culminant au mont Cheviot (816 m). Élevage de moutons (laine). Parc national. Au S.-O. s'étend l'une des plus grandes forêts plantées d'Europe.
Carte Royaume-Uni Dc

Chevreuse (parc régional de la haute vallée de), ***France*** Voir ÎLE-DE-FRANCE

Cheyenne, ***États-Unis*** Capitale du Wyoming, au S.-E. de cet État et à 15 km de la frontière du Colorado. Fondée en 1867, elle fut un carrefour ferroviaire qui joua un rôle clé dans la pénétration de l'Ouest. Festival annuel.
Population 50 900
Carte États-Unis Fb

Chiang Mai ou **Chieng Mai,** ***Thaïlande*** Deuxième ville du pays, au N.-O., à 120 km de la frontière birmane. Point de départ d'excursions en pays karen, hmong et yao, cette ancienne capitale du Nord (fondée en 1292), avec ses monuments, ses pagodes et son artisanat (soie, laque, orfèvrerie), attire de nombreux touristes. Ressources de la province du même nom: teck, ail, tabac, fruits.
Population (ville) 165 000; (prov.) 1 261 000
Carte Thaïlande Ab

Chiang Rai, ***Thaïlande*** Province et ville du Nord, à 60 km des frontières de la Birmanie et du Laos. Culture du riz. Les échanges frontaliers et le trafic d'opium et d'héroïne avec le Triangle d'Or constituent les principales ressources.
Population (ville) 194 000; (prov.) 980 000
Carte Thaïlande Ab

LES AILES DU PHÉNIX. Les gratte-ciel de Chicago, dont le John Hancock Center (100 étages), bordent le lac Michigan. La ville renaquit de ses cendres après l'incendie de 1871 qui fit 90 000 sans-abri.

Chianti, ***Italie*** Région viticole (vin rouge corsé), à 40 km au S. de Florence.
Carte Italie Cc

Chiapas, ***Mexique*** État du Sud-Est, à la frontière du Guatemala, sur le golfe de Tehuantepec. Jadis centre de la civilisation maya (1500 av. J.-C. - 1100 apr. J.-C.). Les Indiens Chamulas, Zinacantèques et Huistèques conservent leur langue, leurs coutumes et leurs vêtements traditionnels. Bois dur, fruits, café, coton, cacao, caoutchouc. Capitale : Tuxtla Gutiérrez. Superficie : 74 211 km^2.
Population 2 560 000
Carte Mexique Cc

Chiba, ***Japon*** Cité industrielle de l'île de Honshu, à 35 km à l'E. de Tokyo. Construite en partie sur des polders de la baie de Tokyo. Aciéries et raffineries de pétrole.
Population 830 000
Carte Japon Dc

Chicago, ***États-Unis*** Troisième ville du pays après New York et Los Angeles ; deuxième foyer industriel, situé sur la rive S.-O. du lac Michigan (Illinois). La ville est surnommée la Cité des Vents. Grand centre de communications (principal port des Grands Lacs, nœud ferroviaire, premier aéroport du monde). Industries métallurgiques, constructions ferroviaires, machines agricoles, électronique, aéronautique, automobile. Industrie alimentaire (célèbres abattoirs). Industrie du pétrole. Après le grand incendie de 1871, Chicago vit la naissance d'une école d'architecture novatrice. La ville s'orne aujourd'hui de gratte-ciel remarquables par leur modernisme et par leur originalité (John Hancock Center, Marina City). L'Art Institute, fondé en 1882, est l'un des plus riches musées américains. Important musée de Sciences. Chicago fut célèbre durant la Prohibition (1919-1933) pour ses gangsters (Al Capone) qui s'y livraient au trafic clandestin de l'alcool.
Population (ville) 2 784 000 ; (zone urbaine) 8 066 000
Carte États-Unis Ib

Chichén Itzá, ***Mexique*** Important site archéologique du Yucatán réunissant les génies des constructeurs mayas et toltèques. Nombreux monuments : pyramide à quatre faces dite El Castillo, où, aux équinoxes, se projette l'ombre du dieu serpent à plumes toltèque, Quetzalcóatl ; Caracol, ancien observatoire maya ; temple toltèque des Guerriers, vaste ensemble de colonnes serpentiformes.
Carte Mexique Db

Chichester, ***Royaume-Uni*** Évêché, chef-lieu du West Sussex, à 90 km au S.-O. de Londres. Cathédrale (XIIe-XIIIe s.). À Fishbourne Palace se trouvent les ruines d'une villa romaine.
Population 25 000
Carte Royaume-Uni Ee

Chichicastenango, ***Guatemala*** Centre religieux et touristique à 90 km au N.-O. de la capitale, Guatemala, dans les monts Quiché. Altitude : 2 071 m. Des milliers d'Indiens en costume descendent des villages pour le marché (jeudi et dimanche). Cérémonies chrétiennes et précolombiennes devant l'église du XVIe s.
Population 56 000
Carte Guatemala Ab

Chiclayo, ***Pérou*** Capitale du département de Lambayeque à 640 km au N. de Lima. Centre d'une agglomération qui comprend les villes de Lambayeque et Ferreñafe. Industries alimentaires. Scieries.
Population 214 000
Carte Pérou Ba

Chicoutimi, ***Canada*** Centre administratif, religieux et culturel, situé au confluent des rivières Chicoutimi et Saguenay, à 190 km au N. de Québec. La ville abrite un évêché, un important centre hospitalier et une université. Étape importante sur la route de Tadoussac à l'époque de la traite des fourrures, elle connut par la suite un essor lié à l'exploitation du bois. Les vestiges des usines de pâte à papier sont d'excellents témoins du patrimoine industriel du Canada.
Population 61 080
Carte Canada Hd

Chiemsee, ***Allemagne*** Le plus grand lac (80 km²) de Bavière, à 65 km au S.-E. de Munich. Sur l'une de ses trois îles se trouve un palais construit (1878-1885) par Louis II de Bavière sur le modèle du château de Versailles. En été, concerts le samedi dans la salle de bal.
Carte Allemagne Ee

Chieng Mai, ***Thaïlande*** Voir CHIANG MAI

Chieti, ***Italie*** Ville médiévale des Abruzzes, à 145 km au N.-E. de Rome. Vestiges romains ; musée archéologique.
Population 55 600
Carte Italie Ec

Chihuahua, ***Mexique*** 1. Le plus grand État du pays (244 938 km²) en bordure du Nouveau-Mexique et du Texas (États-Unis). Connu pour une race de chiens nains. Élevage. Mines (zinc, plomb, argent).
2. Capitale de l'État de Chihuahua, à 1 524 m d'altitude. Depuis les temps coloniaux, sa richesse provient du bétail et du minerai d'argent. C'est à Chihuahua qu'est mort le chef révolutionnaire Pancho Villa (1877-1923).
Population (État) 2 442 000 ; (ville) 386 000
Carte Mexique Bb

Chili Voir p. 158-159

Chillán, ***Chili*** Chef-lieu de la province de Nuble, à 360 km au S. de Santiago, dans la Grande Vallée centrale. Important centre agricole. En partie détruite par les tremblements de terre de 1835 et 1939, la ville conserve quelques édifices datant de l'époque coloniale espagnole. Patrie du révolutionnaire Bernardo O'Higgins, qui libéra le Chili des Espagnols en 1817. Cathédrale moderne. Marché d'artisanat.
Population 118 200
Carte Chili Ac

Chiltern Hills, ***Royaume-Uni*** Chaîne de collines crayeuses au N.-O. de Londres.
Carte Royaume-Uni Ee

Chimborazo, ***Équateur*** Province centrale (chef-lieu: Ríobamba) dans les Andes (5 556 km²). Le Chimborazo, volcan éteint couvert de neige, est le point culminant (6 310 m) du pays. Première ascension en 1880 par l'alpiniste anglais Edward Whymper.
Population 365 000
Carte Équateur Bb

Chimbote, ***Pérou*** Le plus grand port de pêche du pays, à l'embouchure du río Santa, à 400 km au N. de Lima. Ce fut le premier centre sidérurgique (1958) à traiter le minerai du sud du Pérou. Il est alimenté par l'énergie hydroélectrique captée au canyon du Pato, dans la vallée du Santa.
Population 225 000
Carte Pérou Ba

Chimoio, ***Mozambique*** Capitale de la province intérieure de Manica, sur la voie ferrée Beira (190 km au S.-E.)-Harare (capitale du Zimbabwe). La province (61 661 km²) est montagneuse à la frontière du Zimbabwe, à l'O. (mont Binga, 2 436 m). Cultures vivrières. Élevage.
Population (ville) 5 000 ; (prov.) 610 000
Carte Mozambique Ab

Chindwin, ***Birmanie*** Affluent de l'Irrawaddy, qui prend sa source au N. du pays et coule parallèlement à l'Irrawaddy qu'il rejoint à Myingyan, au S. Plus de la moitié de son cours de 1 130 km est navigable aux petits bateaux.
Carte Birmanie Bb

Chine Voir p. 160-164

Chine (mer de) Partie de l'océan Pacifique de part et d'autre du détroit de Formose. La mer de Chine orientale (Tung Hai) s'étend de la côte N. de la Chine aux îles japonaises de Kyushu et de Ryukyu. La mer de Chine méridionale (Nan Hai) est comprise entre le sud de la Chine, l'Asie du Sud-Est, les Philippines et Bornéo. Autrefois infestée de pirates, la mer de Chine est une zone de pêche et de commerce active, avec des ports comme Shanghai, Hong Kong, Manille, Bangkok et Singapour.
Superficie (mer de Chine orientale) 1 248 000 km² ; (mer de Chine méridionale) 2 318 000 km²
Carte Asie de l'Est Kf ; Asie du Sud Jg

Chingola, ***Zambie*** Ville commerçante à 300 km au N.-O. de Lusaka. Elle fut fondée en 1943 à proximité de la mine de cuivre de Nchanga.
Population 131 000
Carte Zambie Bb

Chinguetti, ***Mauritanie*** Ancienne ville caravanière de l'Adrar de Mauritanie, sur la route transsaharienne qui conduisait du Maroc à l'ancien Soudan. Elle aurait été créée au XIIIe s. et devrait sa croissance à l'exploitation du sel de la sebkha (dépression salée) de l'Idjil, plus au N. Point de regroupement des pèlerins se rendant à La Mecque, puis centre religieux du pays, elle a aujourd'hui perdu de son importance (création de villes sur la côte, ouverture de nouveaux circuits commerciaux). La sécheresse et l'exode rural l'ont dépeuplée. La ville est inscrite en priorité pour le sauvetage de ses maisons anciennes et de sa mosquée.
Population 2 400
Carte Mauritanie Ba

Chinhae, ***Corée du Sud*** Port de la côte S., à 310 km au S.-E. de Séoul. Base navale.
Population 120 250
Carte Corée De

Chinhoyi (Sinoia), ***Zimbabwe*** Ville à 100 km au N.-O. de Harare. À 8 km au N.-O., les grottes de Chinhoyi abritent les eaux bleues d'un lac à 50 m sous terre. Leur nom africain signifie « lac des victimes » (vers 1830, les Ngonis qui émigraient vers le nord attaquèrent les habitants et jetèrent leurs corps dans ces grottes).
Population 24 000
Carte Zimbabwe Ca

Chinnampo, ***Corée du Nord*** Voir NAMPO

Chinon, ***France*** Sous-préfecture d'Indre-et-Loire, dominée par un puissant château bâti sur une colline au-dessus de la Vienne. C'est dans l'une des trois forteresses qui constituent le château que Jeanne d'Arc rencontra Charles VII en 1429. En ville, nombreuses demeures et églises anciennes (du Xe au XVIe s.). Chinon produit un vin rouge réputé. Dans les environs, domaine de la Devinière, où François Rabelais naquit et passa son enfance, et centrale nucléaire d'Avoine.
Population 8 700
Carte France Dc

Chio, en grec **Khios,** ***Grèce*** Île de la mer Égée, à 8 km de la côte turque. Patrie légendaire d'Homère. Habitée depuis l'âge du bronze, florissante au Ve s. av. J.-C., elle fut la proie de divers envahisseurs jusqu'à son occupation par les Turcs (1566). Le massacre de ses habitants par les Turcs en 1822, pendant la guerre d'Indépendance grecque, inspira le peintre Delacroix (Les *Massacres de Scio*) et Victor Hugo (*Les Orientales*). Libérée par les Grecs en 1912, Chio fut intégrée à la Grèce en 1923.
Nombreux vestiges antiques et médiévaux, en particulier, le monastère de Nea Moni, du XIe s. (belles fresques et mosaïques). Les femmes de Mesta portent encore le costume traditionnel de l'île. Production de *mastic* (résine servant à fabriquer la gomme à mâcher et le vernis), vin, olives, agrumes.
Population 49 900
Carte Grèce Db

Chipata, ***Zambie*** Ville près de la frontière du Malawi, à 520 km au N.-E. de Lusaka. Poste militaire fondé au XIXe s. pour lutter contre le commerce des esclaves. Centre d'une région productrice de tabac.
Population 15 400
Carte Zambie Cb

Chiraz, ***Iran*** Voir SHIRAZ

Chirripó ***Costa Rica*** Le plus haut sommet du pays (3 820 m) à 50 km au S.-E. de San José.
Carte Costa Rica Bb

Chisimayo, ***Somalie*** Voir KISMAYU

Chisinau, ***Moldavie*** Capitale fondée en 1466, qui appartint à la Roumanie jusqu'en 1812 et entre 1918 et 1940. Reconstruite après la Seconde Guerre mondiale, elle a porté le nom russe de Kichinev jusqu'en 1991. Belle cathédrale orthodoxe (XIXe s.). Industries alimentaires, métallurgiques et textiles.
Population 677 000
Carte Moldavie Bc

Chitipa, anc. **Fort Hill,** ***Malawi*** Village du N., à 9 km de la Zambie. Centre d'un projet lancé en 1977 avec l'aide de la Banque mondiale, pour accroître les récoltes et améliorer les services sanitaires et sociaux.
Population 1 400
Carte Malawi Aa

Chittagong, ***Bangladesh*** Deuxième ville du pays, sur le Karnafuli, à 20 km de l'embouchure, et port principal, régulièrement frappée par les cyclones. Industries pétrolières, textiles (jute), mécaniques. Contreplaqué, tabac, exportations (jute, thé). Reliée par chemin de fer à Dhaka. Base militaire.
Population (aggl.) 2 041 000
Carte Bangladesh Cc

Chittagong Hill Tracts, ***Bangladesh*** District de jungle vallonnée (8 679 km²), à l'E. de Chittagong, près de la frontière indo-birmane. Une grande partie de la population (tribus bouddhistes ou animistes vivant de cultures sur brûlis et de cueillette) fut déplacée lors de la construction du barrage de Karnafuli (1961).
Population 580 000
Carte Bangladesh Cc

Chitwan (parc national de), ***Népal*** Première réserve naturelle du pays, créée en 1973, près de la frontière indienne (932 km²). Tigres et rhinocéros figurent parmi les animaux protégés.
Carte Népal Ba

Chlef, ***Algérie*** Voir CHELIFF (ECH-)

Chobe (parc national de), ***Botswana*** Parc de 1 160 km², créé en 1968 à l'extrême nord-est du pays. Nombreuses espèces animales: antilopes, éléphants, hippopotames, lions, léopards, guépards. Le Chobe, affluent du Zambèze, traverse la réserve, qu'il vaut mieux visiter en saison sèche (avril à novembre), car les animaux se rassemblent alors sur les rives du fleuve.
Carte Botswana Ba

Cholet, ***France*** Sous-préfecture de Maine-et-Loire, à 58 km au S.-O. d'Angers, connue pour ses mouchoirs et ses fabriques de chaussures. Cholet, que se disputèrent âprement royalistes et révolutionnaires en 1793-1794, abrite aussi un musée des guerres de Vendée.
Population 57 000
Carte France Cc

Cho Lon, ***Viêt-nam*** Faubourg de Hô Chi Minh-Ville dont il est séparé par un étroit cours d'eau. Quartier commercial et industriel de la ville fondé en 1778 par les immigrants chinois.
Carte Viêt-nam Bc

Cholula, ***Mexique*** Ville construite à 2 150 m d'altitude sur un vaste site archéologique précolombien (500 av. J.-C.), à 8 km de Puebla, dans le centre du pays. Elle est dominée par la plus grande pyramide du monde, dont la base couvrait 18 ha, ancien temple dédié au dieu toltèque Quetzalcoátl (serpent à plumes).
Population 160 000
Carte Mexique Cc

Ch'onan, ***Corée du Sud*** Ville à 85 km au S. de Séoul, sur la ligne de chemin de fer Séoul-Pusan. Marché des fruits et légumes locaux.
Population 211 500
Carte Corée Cd

Ch'ongjin, ***Corée du Nord*** Port sur la mer du Japon, au S.-O. de Vladivostok. Industries métallurgiques, chimiques, textiles, alimentaires.
Population 490 000
Carte Corée du Nord Db

Ch'ongju, ***Corée du Sud*** Ville à 160 km au S.-E. de Séoul. Cigarettes, soie, laine.
Population 193 000
Carte Corée Cd

Chongqing, ***Chine*** Voir TCH'ONG-Q'ING

Chonju, ***Corée du Sud*** L'une des plus anciennes villes de la péninsule coréenne, dans le Sud-Ouest fertile, à 200 km au S. de Séoul. Soie, papier, ombrelles, articles de bambou.
Population 367 100
Carte Corée Ce

Chontales, ***Nicaragua*** Département du nord du pays. Région de hauts plateaux et d'élevage dont le chef-lieu, Juigalpa (20 000 habitants), est situé à 95 km à l'E. de Managua.
Population 141 700
Carte Nicaragua Aa

Chorzów, ***Pologne*** Ville manufacturière et charbonnière faisant partie de la conurbation de Katowice, au S. du pays. Le centre-ville, bâti au XIXe s., est dominé par les aciéries de Kosciuszko, anciennes fonderies royales de Prusse inaugurées en 1795.
Population 132 000
Carte Pologne Cc

chott Zone de sols salés à végétation de steppe halophile, autour d'une dépression fermée, ou sebkha, couverte parfois d'une pellicule d'eau qui s'évapore en période de sécheresse.

Christchurch, ***Nouvelle-Zélande*** Ville principale de l'île du Sud, sur la côte E., dans les riches plaines agricoles de Canterbury. La ville fut fondée par des colons anglicans en 1851 sur des terres appartenant à l'Église d'Angleterre. Elle comprend environ 400 ha de parcs qui l'ont fait surnommer la « ville-jardin ». La plus grande partie de sa population active travaille dans le secteur tertiaire: Christchurch est surtout un centre administratif et commercial.
Population (ville) 169 000; (aggl.) 320 000
Carte Nouvelle-Zélande De

Christiania, ***Norvège*** Voir OSLO

Christmas (île), ***océan Indien*** Île située à 400 km au S. de Java (135 km²). Elle fut annexée en 1888 par la Grande-Bretagne, puis passa sous contrôle australien en 1958. Ses habitants, en majorité malais et chinois, exploitent de grands gisements de phosphates.
Population 1 000
Carte Océan Indien Ec

Christmas (île), ***océan Pacifique*** Voir KIRITIMATI

Chubu Sangaku ou **Alpes japonaises (parc national),** ***Japon*** Parc national des montagnes du centre de Honshu, à 200 km environ au N.-O. de Tokyo, couvrant 1 698 km². Ses paysages évoquent ceux des Alpes européennes; le mont Hotaka culmine à 3 190 m.
Carte Japon Cc

Chulung (col de), ***Inde/Pakistan*** Situé à 4 000 m d'altitude, dans la chaîne du Karakoram sur la ligne de cessez-le-feu négociée par les Indiens et les Pakistanais en 1949, et partageant le Cachemire en deux. A proximité, le mont Gasherbrum culmine à 8 068 m.
Carte Pakistan Da

Chungyan Shanmo, ***Taïwan*** Principale chaîne de montagnes de l'île. Plusieurs sommets dépassent les 3 000 m. Le Yu Shan culmine à 3 997 m.
Carte Taïwan Bc

Chuquicamata, ***Chili*** Ville minière des Andes située sur un plateau aride à près de 3 000 m d'altitude, au N.-O. d'Antofagasta. On y trouve la plus grande mine de cuivre à ciel ouvert du monde. Le minerai est traité sur place, puis acheminé jusqu'au port d'Antofagasta d'où il est exporté.
Population 22 100
Carte Chili Bb

Churchill, ***Canada*** 1. Port de mer et ville ferroviaire sur la baie d'Hudson, à l'embouchure du fleuve Churchill, dans le Manitoba. Centre administratif et touristique.
2. Fleuve long de 1 600 km qui prend sa source non loin de la frontière entre le Saskatchewan et l'Alberta.
Population 1 180
Carte Canada (ville) Fc, (fleuve) Ec

Chypre Voir p. 165

L'OURS QUI VENAIT DU FROID. Chaque automne, la migration des ours blancs à Churchill, le port le plus important de la baie d'Hudson, constitue une attraction touristique unique au monde.

Chili

COINCÉ ENTRE LA CORDILLÈRE DES ANDES ET L'OCÉAN PACIFIQUE, LE CHILI EST L'UN DES PLUS BEAUX PAYS D'AMÉRIQUE LATINE, MAIS LA DÉMOCRATIE EST ENCORE FRAGILE

Le Chili étonne par sa forme ; il s'allonge démesurément sur 4 200 km dans le sens N.-S., comme la colonne vertébrale d'un gigantesque animal ; sa largeur — 200 km en moyenne — n'excède jamais 400 km. C'est un pays relativement froid qui a les pieds dans les brumes glacées du cap Horn et la tête sous le tropique du Capricorne. Le centre du pays est la région la plus hospitalière, avec une plaine côtière et une grande vallée qui s'étale entre deux bras de la cordillère des Andes ; c'est ici que se trouve Santiago, la capitale. Au N., le désert d'Atacama est une vaste étendue hostile de 1 000 km de pierres et de sable ; au S., les vents balaient 1 000 km de montagnes volcaniques, de forêts et d'îles désolées.

L'isolement politique du pays est à l'image de son isolement géographique. Alors que les autres pays d'Amérique latine ont renoué avec la démocratie, le Chili sort lentement d'une dictature militaire de quinze ans. Les grandes figures du Chili ne sont ni des hommes politiques ni des militaires, mais des prix Nobel de littérature : le poète Pablo Neruda (1971) et la poétesse Gabriela Mistral (1945), pour qui « le Chili est une synthèse de la planète », commentaire qui rend bien compte de l'étonnante variété des paysages chiliens.

Si les climats sont aussi divers que les régions, ils sont plus froids qu'ailleurs aux mêmes latitudes ; mais ils sont régularisés par la proximité de l'océan, qui adoucit quelque peu les températures du littoral, tandis que l'intérieur est soumis à rude épreuve par la proximité de la cordillère.

LE NORTE GRANDE

Le Norte Grande, la zone la plus septentrionale, a été autrefois l'enjeu d'un conflit de cinq ans avec la Bolivie (1879-1884) ; cette guerre du Pacifique visait les fabuleux dépôts de nitrates du désert d'Atacama, à partir desquels on fabrique les engrais et les explosifs. Les exportations de nitrates ont assuré la majeure partie des revenus de l'État jusqu'au début de ce siècle. Ce boom du nitrate a vu, dans le désert, la création de villes-champignons comme Iquique et Pisagua, qui eurent, chacune, leur propre opéra, mais le désert avait pour autres trésors des gisements de minerais de cuivre, qui ont pris la relève du nitrate et assurent actuellement 45 % des revenus du pays. Chuquicamata est la plus vaste mine à ciel ouvert du monde ; elle est flanquée d'une ville de 30 000 habitants ; le cuivre est exporté par le port d'Antofagasta.

Les bancs de poissons grouillent le long des côtes, et des conserveries traitent sur place les thons et les sardines. Le courant froid du Pérou est la cause des conditions désertiques de la région, car c'est un obstacle à la formation des nuages. Sur les pentes des Andes, on cultive les agrumes.

LE NORTE CHICO

La zone broussailleuse du Norte Chico s'étend de Copiapo jusqu'à Illapel, sur 470 km, tandis que le désert fait place insensiblement aux riches vallées fertiles du Chili central. Il y a encore quelques mines de cuivre et de fer, mais c'est surtout une riche région agricole — olives, arbres fruitiers, avoine et luzerne.

Quatre mille Indiens Atacama et Calchaqui vivent dans le Norte Chico ; ils habitent des villages de pierre, cultivent le maïs, les haricots et le tabac. Certains sculptent des petits bijoux en argent et en cuivre.

LA VALLÉE CENTRALE

Les 800 km de la région centrale, qui s'étale des vallées de la province d'Aconcagua à la rivière Bio-Bio dans la province de Concepción, abritent 66 % des habitants du pays. C'est le cœur du Chili, avec un climat méditerranéen semblable à celui du sud de la Californie. La campagne est constellée de vergers, de pâturages, de champs de céréales et de vignobles.

À Lota et Schwager, au S. de Concepción, les veines des mines de charbon se prolongent de plusieurs kilomètres sous la mer. À l'intérieur, la mine de cuivre d'El Teniente, l'une des plus grandes du monde, emploie 12 000 mineurs qui habitent sur le versant de la montagne avec leurs familles. Les grandes cités industrielles se trouvent dans cette région, comme Concepción et le port de Valparaíso. Santiago est située à 90 km de la mer, au pied des Andes. Cette vallée centrale du Chili, fertile et agricole, constitue aussi un pôle d'attraction pour ceux qui cherchent du travail et qui viennent s'agglutiner dans les bidonvilles autour de Santiago.

La désaffection des campagnes tient autant à l'attrait irréversible des grands centres qu'à la situation foncière qui a concentré entre les mains de quelques propriétaires la majorité des terres.

Cette inégalité remonte aux origines de la colonisation espagnole au XVIe siècle. Les descendants des cent cinquante cavaliers, conduits par Valdivia et envoyés par Charles Quint en 1540 pour prendre possession des terres au S. de l'Empire inca conquis, se partagèrent les nouvelles régions et se gardèrent bien de fractionner leurs domaines ; des opérations exterminatrices contre les Indiens Araucans achevèrent la mainmise sur les terres. Tout au long des siècles, ils firent bloc contre les nouveaux immigrants, confinant le représentant du roi dans des responsabilités formelles. La Révolution française allait éveiller les velléités indépendantistes des colons, tandis que le blocus de l'Europe par les Anglais coupait la péninsule Ibérique de ses possessions dans le Nouveau Monde.

Après l'indépendance, en 1810, le Chili participa à la libération du Pérou, gage de son autonomie, mais entra en conflit avec lui et la Bolivie lors de la guerre du Pacifique en 1879. Les gouvernements successifs se sont attachés à maintenir des institutions démocratiques et à garder l'armée dans son rôle de gardienne de l'unité territoriale. Les mouvements réformistes sont apparus au début du siècle (adoption d'une constitution en 1925), tandis que l'émergence d'une classe ouvrière entre les deux guerres a débouché, en 1938, sur la victoire d'un Front populaire.

L'après-guerre est marquée par un retour des libéraux, puis des conservateurs, sous l'étiquette de la démocratie chrétienne. Une réforme agraire, qui avait timidement fait ses débuts un demi-siècle auparavant sous la forme d'une modification de la législation sur l'héritage, est votée en 1962, tandis que les terres non exploitées sont expropriées. Mais le président démocrate-chrétien Eduardo Frei ne peut satisfaire les ouvriers et les pauvres des bidonvilles. Les élections de 1970 portent à la présidence le leader socialiste Salvador Allende ; il est élu avec un tiers des voix, seulement, grâce au système électoral à la majorité simple.

LA VALLÉE DE LA LUNE. Décharnée et constellée de pics acérés, la vallée de la Lune s'étend dans une zone isolée et aride du nord du Chili, le désert d'Atacama, une des régions les plus sèches du monde.

L'opposition qui lui fait face est majoritaire et s'appuie sur de puissants intérêts soutenus par les États-Unis, inquiets du programme du nouveau président. Une mauvaise situation économique, amplifiée par une grève politique des camionneurs, débouche sur le coup d'État de 1973. Allende est tué et la répression s'abat sur les militants de gauche. Un million de personnes quittent le pays. Le général Pinochet, chef d'une junte, accède au pouvoir ; il va progressivement écarter les autres responsables de l'armée et faire renouveler son mandat présidentiel sans laisser entrevoir le retour à la démocratie dans un avenir proche.

Les terres distribuées sous Allende sont retournées à leurs anciens propriétaires ; les entreprises nationalisées sont privatisées. Les programmes sociaux sont amputés — voire supprimés — pour diminuer les dettes de l'État ; l'application de mesures ultra-libérales encourage les investisseurs étrangers. Mais, si l'inflation a diminué, le chômage est toujours aussi élevé et la pauvreté touche une partie notable de la population. Alors que les autres pays du cône sud opèrent un retour vers la démocratie, les partis politiques chiliens restent interdits. En 1988, sous la pression populaire, le régime accepte la tenue d'élections libres gagnées par l'opposition. Le démocrate-chrétien Aylwin succède en décembre 1989 au général Pinochet, qui reste cependant à la tête des armées. En décembre 1993, le fils du président Eduardo Frei, démocrate-chrétien également, est élu à son tour.

DES LACS ET DES ÎLES

Ces événements n'affectent, en général, que le Chili central, où se concentre toute l'activité humaine. Au S. du Bio-Bio, jusqu'à la ville de Puerto Montt, on aborde le Pays des lacs. Mais avant d'y pénétrer, on traverse une zone intermédiaire, la Frontière, où se sont réfugiés les derniers Araucans qui ont quitté leurs terres du Nord au XIXe s. ; ils vivent en communautés et parlent leur propre langue. Le Pays des lacs est une magnifique région volcanique couverte de forêts, de rivières, de lacs et de chutes d'eau.

Au sud de Puerto Montt s'étend la région la plus dépeuplée du Chili, la plus dure aussi. Les pluies sont froides et fréquentes ; on y élève du bétail et des moutons et on y exploite le pétrole et le gaz naturel, découverts après la dernière guerre. La capitale de la province, Punta Arenas, la ville la plus méridionale du monde, est née d'un port de ravitaillement pour les bateaux passant le détroit de Magellan au siècle dernier. Les anciens habitants de la Terre de Feu, les Fuégiens, ne sont plus très nombreux.

La plus grande des îles de la région, Chiloé, à 50 km au S.-E. de Puerto Montt, est grande comme la Corse. Ses habitants — des pêcheurs et des cultivateurs — vivent le plus souvent dans le brouillard et la tempête.

Le Chili possède d'autres îles dans le Pacifique : Juan Fernandez, à 640 km des côtes — où l'aventure d'un marin naufragé aurait inspiré l'auteur de *Robinson Crusoé* —, et l'île de Pâques, à 3 780 km au large, terre aux étranges statues que la NASA voudrait utiliser pour l'atterrissage de ses navettes spatiales.

LE CHILI EN BREF

Superficie 756 945 km^2

Population 13 599 000

Capitale Santiago (Parlement à Valparaiso)

Régime République

Monnaie Peso = 100 centavos

Langue Espagnol

Religion Chrétiens (90 % de catholiques)

Climat Varie du désert aride dans le nord au climat subarctique dans le sud ; température moyenne à Santiago : de 3-15 °C en juillet à 12-29 °C en janvier

Ressources Blé, maïs, riz, betterave à sucre, pommes de terre, haricots, bois, fruits, raisins, poisson ; cuivre, charbon, fer, nitrates, molybdène, zinc, manganèse, plomb, pétrole

Industries Acier, cellulose et pâte à papier, ciment, industries alimentaires, céramiques, verreries, industries forestières, pêche

Exportations Cuivre, papier et pâte à papier, minerai de fer, nitrates, vin, fruits, poisson, conserves de poisson

P.N.B. annuel par habitant 2 160 dollars

Croissance démographique 17,3 ‰ par an

Espérance de vie Hommes 68 ans, femmes 75

Chine

APRÈS DES SIÈCLES D'ISOLEMENT ET DES DÉCENNIES DE LUTTES INTESTINES, LE PAYS LE PLUS PEUPLÉ DU MONDE INVITE MAINTENANT LES OCCIDENTAUX À FRANCHIR LA MURAILLE ET À L'AIDER À METTRE SON ÉCONOMIE EN MOUVEMENT

Peu de gens crurent Marco Polo lorsque, à son retour de Chine à Venise, en 1295, il affirma qu'il avait vu un pays encore plus riche et plus cultivé que le sien. Pourtant, il ne disait que la vérité. La civilisation chinoise est l'une des plus anciennes du monde : en 1500 av. J.-C., déjà, la dynastie Shang régnait sur une société qui travaillait le bronze, connaissait l'art de l'écriture et faisait vivre nombre de villes importantes. Au VIe s. av. J.-C., les Chinois se considéraient comme un peuple très particulier, qui habitait l'empire du Milieu, au centre de l'Univers.

Pendant des siècles, la Grande Muraille, qui serpente sur 3 460 km depuis la côte au N.-E. de Pékin (Beijing) jusqu'aux déserts de Mongolie intérieure, tint en respect les barbares voisins. De nos jours, alors qu'elle est devenue un monument historique qui attire les touristes, ce sentiment de splendide isolement survit, et entretient bien des malentendus.

DES DIFFÉRENCES MARQUÉES

La Chine n'est pas la nation du conformisme en bleu de chauffe décrite par la propagande communiste de la Révolution culturelle. Troisième pays du monde par sa superficie, après la Russie et le Canada, c'est une terre de paysages, de populations et de genres de vie contrastés. Même sa cuisine, considérée comme l'une des plus raffinées du monde, est beaucoup plus variée que ne le croient les Occidentaux, avec au moins quatre styles régionaux majeurs. Bien qu'officiellement athée, la Chine compte un grand nombre de bouddhistes, de musulmans et de chrétiens, ainsi que des fidèles de deux religions indigènes, le confucianisme et le taoïsme.

Sa population de 1 milliard d'habitants (le cinquième de l'humanité) comprend 55 minorités officiellement reconnues, telles que Mongols, Tibétains, Kazakhs, Ouïgours, Zhuangs, Yis et Miaos. La langue chinoise elle-même incorpore beaucoup de dialectes oraux, qui s'écrivent cependant avec les mêmes idéogrammes et peuvent être compris par tous ceux qui lisent le chinois.

On peut diviser le pays en deux parties, l'Ouest et l'Est, puis en quatre quadrants.

La Chine occidentale comprend la moitié de la superficie du pays, mais, en raison de sa nature inhospitalière, elle n'abrite que 5 % de la population. Dans le nord, les steppes et les déserts du Xinjiang (Sinkiang) s'étendent jusqu'à la Mongolie intérieure et aux républiques soviétiques d'Asie centrale. Des nomades (Ouïgours, Kazakhs, Tadjiks) élèvent des bovins, des moutons et des chevaux ou s'installent près des oasis de la bordure du Taklamaklan désertique ; fidèles à l'islam, ils prient dans des mosquées, menant un type de vie resté le même depuis des siècles.

Dans le sud-ouest, les cimes englacées du Xizang (Tibet), dont beaucoup dépassent 6 000 m, forment une des régions sauvages les plus reculées du monde, faiblement occupée par des peuples qui pratiquent un bouddhisme spécifique.

La Chine orientale se divise en deux régions très différentes de chaque côté d'une ligne qui court d'O. en E. des monts Qin Ling (près de la ville de Xian) jusqu'à la mer. Au N., une partie importante du pays est comparativement peu accueillante, avec une pluviosité faible et des températures qui s'élèvent jusqu'à 30 °C en été et chutent en hiver bien au-dessous de zéro. Ces extrêmes sont particulièrement sensibles à Pékin, la capitale, qui étouffe pendant l'été, est balayée par des vents soufflant des déserts glacés de Mongolie et de Sibérie en hiver, et se recouvre au printemps d'un tapis de poussière jaune venue du désert de Gobi.

C'est dans la plaine du nord de la Chine, de part et d'autre du Huang He (le fleuve Jaune), que se trouve la plus forte concentration de population. Sur une superficie à peu près égale à celle de la France vivent 250 millions de personnes, près de cinq fois la population française. Dans tout ce Nord, les pluies sont faibles, et la saison agricole trop courte pour permettre la culture du riz à une grande échelle. La culture de base est le gaoloiang, variété locale de sorgho.

Alors que le Nord est en général brun, poussiéreux et quadrillé par les traces des charrettes, le pays au S. de la ligne est verdoyant et bien arrosé, émaillé de lacs et traversé par un canevas compliqué de rivières, de ruisseaux et de canaux. C'est ici la Chine qui correspond le mieux à l'image que s'en font les Occidentaux, une terre de rizières et de collines aux versants en terrasses, de buffles d'eau et de paysans aux larges chapeaux. La fertile province du Sichuan (Sseu-tch'ouan), bordée de montagnes, fait vivre elle aussi 100 millions d'habitants, tandis que les monts du Yunnan, région d'origine de beaucoup de plantes uniques au monde, sont un paradis pour les botanistes.

Le riz est la culture de base du Sud, mais une combinaison heureuse du sol et du climat favorise aussi la culture d'une vaste gamme de plantes secondaires, comme le thé, les oléagineux, des légumes très divers, la canne à sucre et des agrumes. En contraste avec le Nord, qui ne produit qu'une récolte par an, ou trois récoltes tous les deux ans, de grandes parties du Sud produisent deux, trois et même quatre récoltes dans une même année.

Les terres basses et bien arrosées de la vallée du Yang-tseu-kiang (Chang Jiang) et les plaines humides qui bordent le delta du Zhu-Jiang (Rivière des Perles) contiennent deux des plus grandes villes de Chine, Shanghai et Canton (Guangzhou). Mais, plutôt que ces villes, ce sont les campagnes, avec leurs villages foisonnants et leurs champs soigneusement cultivés, qui symbolisent cette partie de la Chine. Même de nos jours, les paysans et leurs familles forment 75 % de la population.

L'histoire des cent dernières années de la Chine a été dramatique. Après mille ans de splendide isolement, sous le règne de dynasties impériales (y compris un siècle de domination mongole instituée par Kublai khan), le pays réagit avec une lenteur désespérante à la menace des puissances occidentales, au XIXe s.

FORÊTS DE PIERRES. Les collines calcaires de Guilin, dans le sud-ouest de la Chine, dominent la ville de Yangshuo, isolée par des rizières inondées. Des croisières sur la rivière Li Jiang permettent aujourd'hui de traverser ce paysage fantastique qui a inspiré des générations d'artistes chinois.

En 1838, l'empereur tenta d'éliminer le très profitable trafic d'opium pratiqué par des marchands européens, dont les conséquences étaient désastreuses. La Chine fut humiliée par les Britanniques lors de la guerre de l'Opium qui s'ensuivit (1839-1842) et dut céder Hong Kong. Ainsi commença une période longue et catastrophique pour le sort de la nation. Non seulement la Chine tomba de plus en plus sous le contrôle des Occidentaux et plus tard des Japonais, mais elle connut aussi des divisions internes.

LES ANNÉES DE TURBULENCE

En 1911-1912, l'échec d'une tentative de Sun Yat-sen, leader du parti nationaliste chinois, pour unifier la Chine sous un gouvernement républicain, la laissa sans gouvernement central effectif ; et, pendant trente-sept ans, nationalistes, communistes et seigneurs de la guerre menèrent un combat violent et destructif pour la prise du pouvoir. Au bord de la défaite, en 1934, l'armée rouge communiste se fraya un chemin à travers l'encerclement des troupes nationalistes et entreprit une retraite de 9 500 km, la Longue Marche. Environ 100 000 personnes (85 000 combattants et leur encadrement) prirent le départ, mais 8 000 seulement survécurent au calvaire.

La confusion interne fut portée à son comble par l'invasion japonaise, en 1937. La défaite et le retrait des Japonais à la fin de la Seconde Guerre mondiale laissèrent en présence les mêmes groupes — nationalistes et communistes —, s'affrontant pour le pouvoir. Tchang Kaï-chek et le parti nationaliste, ou Kuomintang, comptaient sur l'appui d'une classe moyenne que dominaient propriétaires fonciers, généraux, industriels et banquiers. Le Parti communiste chinois, mené par Mao Zedong (Mao Tsé-toung), faisait appel aux paysans qui, alors, comme maintenant, composaient la grande majorité de la population.

Quand la guerre civile entre communistes et nationalistes éclata en 1947, l'issue était inévitable, mais elle coûta 11 ou 12 millions de vies humaines. Balayant tout devant eux, les communistes occupèrent rapidement la totalité de la Chine continentale. Tchang et ses partisans s'enfuirent dans l'île de Taïwan et, le 1er octobre 1949, la République populaire de Chine fut proclamée.

De 1949 à 1976, la Chine fut dominée par le génie capricieux de Mao. Sous sa direction charismatique, elle se tourna d'abord vers l'U.R.S.S. pour trouver la recette de la construction d'un nouvel État socialiste, par la nationalisation de l'industrie et la collectivisation de l'agriculture. Cette extension de l'autorité du parti communiste à tous les aspects de la vie chinoise fit aux Occidentaux l'effet d'une menace. La prise du Tibet en 1950, l'intervention militaire chinoise en Corée et les incidents de frontière avec l'Inde ne firent rien pour dissiper l'impression que le régime maoïste était inquiétant pour la paix du monde.

L'alliance entre la Chine et l'U.R.S.S. fut de courte durée. Mao abandonna la voie soviétique vers la modernisation et lança en 1958 le Grand Bond en avant, tentative de mobilisation totale et rapide de la population et des ressources de la Chine pour une croissance économique accélérée. Les paysans furent organisés en communes autosuffisantes et soumis à de fortes pressions pour la réalisation des objectifs de production fixés par le Parti.

Le Grand Bond fut un désastre. Les ravages qu'il causa furent en partie réparés par l'abandon de quelques-uns des idéaux de Mao. Les incitations économiques furent réintroduites et les communes, l'essence de son paradis paysan, imposées avec moins de rigueur. Cependant, ce pragmatisme économique ne fut pas étendu au domaine politique. Mao craignait qu'une bureaucratie autonome et une élite intellectuelle n'émergent en Chine, comme il pensait qu'elles l'avaient fait en U.R.S.S. Pour cette raison, il lança la Grande Révolution culturelle prolétarienne en 1966 — un gigantesque soulèvement qui devait transformer la Chine en une véritable société sans classes.

Professeurs et techniciens, artistes et ingénieurs, et plus encore cadres modérés de l'État et du Parti furent dénoncés comme « ennemis de classe », chassés de leur travail et envoyés à la campagne pour travailler aux champs. Des bandes de jeunes fanatiques furent mobilisées et transformées en « gardes rouges ». Errant de ville en ville, ils exerçaient une justice sommaire contre ceux qu'ils considéraient comme les « éléments bourgeois » de la contre-révolution. Un de leurs buts était de créer autant de désordre que possible ; en 1968, cependant, Mao en eut assez. Il ordonna à l'armée de rétablir l'ordre, et ce fut le tour de millions de gardes rouges de connaître la rééducation par le travail forcé. Mais la révolution culturelle continua, avec moins de violence, jusqu'à la mort de Mao.

Aujourd'hui, le gouvernement fait référence à la révolution culturelle comme à la « décennie de destruction », dont la responsabilité est attribuée à la « bande des quatre », un groupe d'extrémistes dirigé par la femme de Mao plutôt que par Mao lui-même.

De façon assez surprenante, la révolution culturelle eut peu d'effets sur la conduite de la politique extérieure de la Chine, qui devint pour le moins plus diplomatique dans la forme. L'hostilité à l'U.R.S.S. demeura aiguë et, malgré leur opposition à la politique américaine en Asie du Sud-Est, les dirigeants chinois commencèrent à faire des ouvertures aux États-Unis. En 1972, le président Nixon se rendit à Pékin: la voie de la détente était ouverte. Les relations avec le Japon et les pays d'Europe occidentale s'améliorèrent régulièrement, et le commerce entre la Chine et les pays capitalistes commença à progresser. Comme on le dit de nos jours en Chine : « Nos esprits sont à gauche, mais nos portefeuilles sont à droite. »

Dans les temps anciens, les tremblements de terre étaient considérés comme des signes annonciateurs de la fin d'une dynastie ; c'est exactement ce que fut le séisme de Tangshan qui précéda la mort de Mao en 1976. Le pouvoir passa entre les mains des modérés dirigés par Deng Xiaoping, vice-président du Parti. La nouvelle direction jeta par-dessus bord les obsessions idéologiques qui avaient ravagé la politique intérieure chinoise depuis vingt ans, et, faisant volte-face, engagea le pays dans une voie de modernisations. Pour la première fois depuis 1949, on demanda aux Occidentaux et aux Japonais de fournir la technologie et le capital nécessaires à la croissance économique. En même temps, on accueillait de nouveaux des touristes étrangers et les incitations matérielles furent introduites pour augmenter la productivité.

UNE ÉCONOMIE EN MOUVEMENT

Depuis la fin des années 1970, la production agricole a pris son essor, le commerce extérieur a décollé et des tentatives ont été faites pour améliorer l'organisation de l'industrie. La Chine espère atteindre le statut de pays avancé en 2049, pour le centième anniversaire de la révolution.

L'éducation est une des clés de cette avance. Aujourd'hui, presque tous les enfants vont à l'école, et il y a un million d'étudiants dans les 700 universités et écoles supérieures. Malgré cela, l'analphabétisme est répandu, spécialement chez les gens âgés.

La Chine a assez de réserves de combustibles et de minerais pour soutenir la croissance à long terme de l'économie. Mais la nécessité d'investissements colossaux freine dans l'immédiat l'exploitation de ces ressources. Bien des mines de charbon manquent de machines modernes ; les exploitations pétrolières coûtent cher, et beaucoup de gisements les plus précieux se trouvent dans les solitudes glacées du Tibet.

La principale ressource de la Chine est incontestablement sa population, mais le taux de sa croissance est devenu une préoccupation majeure. En 1949, la population était de 542 millions ; en 1969, elle atteignait 807 millions, et croissait de plus de 2 % par an, un taux qui l'aurait amenée à être multipliée par plus de 7 pendant les cent années à venir. Aussi, en 1979, le gouvernement fixa-t-il un quota de un enfant par couple, qu'il imposa par des sanctions comme la réduction des rations alimentaires et par un recours quasi obligatoire à l'avortement. Il espère ainsi maintenir la population au-dessous de 1 200 millions jusqu'à l'an 2000. Une conséquence imprévue de cette politique a été l'apparition d'une génération d'enfants uniques, gâtés et suralimentés.

Grâce à des programmes sanitaires massifs, l'espérance de vie a plus que doublé depuis 1949 (64 ans au lieu de 32). Un million de médecins pratiquent une médecine de type occidental et 300 000 praticiens utilisent les méthodes traditionnelles. Les uns et les autres emploient largement l'acupuncture.

Il est probable que le niveau de vie va augmenter à court terme, autant à cause de la politique agricole qu'en raison du contrôle de la croissance démographique. Déjà, le revenu paysan a doublé depuis le début de la politique de réforme. Depuis 1979, la production agricole élaborée dans le cadre des communes a laissé place peu à peu au « système des responsabilités », qui a transformé les paysans chinois en tenanciers. Individuellement ou par petits groupes, les paysans doivent remplir un quota de production, mais ils peuvent vendre leurs surplus sur les marchés, où porcs, volailles, fruits font l'objet de transactions actives, alors que tous ces produits étaient rares du temps du président Mao. La diversification des cultures a eu pour conséquence une baisse de production des cultures moins rentables (céréales, par exemple). Une partie des produits de l'activité agricole est investie dans la création d'ateliers ou de petites usines rurales fabriquant des tissus, des parapluies et de

RUSSIE
MONGOLIE
MONGOLIE INTÉRIEURE
CHINE
MANDCHOURIE
HEILONGJIANG
JILIN
LIAONING
HEBEI
SHANXI
SHAANXI
SHANDONG
HENAN
JIANGSU
ANHUI
HUBEI
SICHUAN
ZHEJIANG
JIANGXI
HUNAN
GUIZHOU
YUNNAN
FUJIAN
GUANGDONG
GUANGXI-ZHUANG
NINGXIA-HUI
QINGHAI
CORÉE DU NORD
CORÉE DU SUD
MER DU JAPON
MER JAUNE
MER DE CHINE ORIENTALE
MER DE CHINE MÉRIDIONALE
TAIWAN
PHILIPPINES
VIÊT-NAM
LAOS
THAÏLANDE
IRMANIE
HONG KONG (R.-U.)
MACAO (Portugal)
PÉKIN (Beijing)
Tianjin
Shanghai (Chang-hai)
Nanjing
Wuhan
Chengdu
Chongqing
Xi'an
Lanzhou
Xining
Kunming
Guiyang
Nanning
Canton (Guangzhou)
Shenzhen
Harbin
Qiqihar
Daquing
Changchun
Shenyang
Fushun
Anshan
Dalian
Lüda
Qingdao
Jinan
Zhengzhou
Kaifeng
Luoyang
Taiyuan
Datong
Baotou
Hohhot
Yinchuan
Baoji
Yichang
Shashi
Changsha
Hangzhou
Ningbo
Wenzhou
Fuzhou
Xiamen
Shantou
Haikou
Hainan
Zhanjiang
Guilin
Dunhuang
Yumen
Plaine de Chine du Nord
Plaine de lœss de Chine
Golfe de Po Hai
Golfe de Corée
Golfe du Tonkin
Détroit de Taiwan
Détroit de Qiongzhou
Péninsule de Lei Tchéou
Péninsule du Shandong
Grande Muraille
Dépression de Qaidam
Lac Qinghai
Lac Dongting
Lac Poyang
Qin Ling
Qilian Shan
Daba Shan
Emei Shan 3099m
Huang He
Yang-tseu kiang
Xi Jiang
Zhu Jiang (Rivière des Perles)
Mu Us Shamo
Lob Nor
Tropique du Cancer
Km 0 200 400 600 800

l'outillage agricole. Le système des responsabilités a entraîné des gains de productivité considérables, mais il semble difficile d'aller beaucoup plus loin sans un développement important de la mécanisation.

Le système des responsabilités a aussi été appliqué à l'industrie. Il en est résulté une diversification et une amélioration de la qualité des produits. La Chine dépasse tous les pays européens pour la production d'acier, et elle est au premier rang mondial pour les textiles.

TRAVAIL DE FEMMES. À deux par pelle — l'une tire, l'autre pousse —, une équipe de femmes étale des cailloutis pour construire une nouvelle route près de Lhassa. Depuis la prise du pouvoir par les Chinois en 1950, un réseau de routes modernes a été construit au Tibet.

Les industries de biens de consommation, négligées sous Mao le puritain, se développent aussi. On fabrique chaque année plus d'un million de postes de télévision en couleur, et les machines à laver, les montres électroniques et les magnétoscopes fabriqués en Chine ont fait leur apparition dans les magasins des grandes villes. Mais l'immobilisme de l'administration et l'hostilité des conservateurs aux réformes économiques ralentissent le développement des entreprises.

Seuls des investissements massifs permettront de résoudre le problème des transports. La plupart du fret emprunte le chemin de fer à vapeur ; mais, même avec l'aide du transport fluvial, le réseau ferré est incapable de faire face à un trafic de marchandises grandissant au rythme de l'expansion économique.

Les voitures sont rares. La plupart sont des voitures officielles ou des taxis. Jusque récemment, la production chinoise était faible, et les importations plus faibles encore. Mais une usine associée à Volkswagen produit maintenant 20 000 unités par an. La bicyclette est le mode de transport le plus répandu — on estime qu'il y en a plus de 100 millions —, mais on a introduit les cyclomoteurs.

Malgré les réformes libérales de Deng Xiaoping, il reste vrai que la Chine moderne est un pays marxiste, avec un gouvernement central fort, qui contrôle l'économie, la politique et même les activités individuelles de plus d'un milliard de personnes.

L'introduction d'éléments de culture occidentale — de Mozart au Coca-Cola, interdits comme décadents pendant la révolution culturelle — constitue une révolution sociale. Mais la limitation des libertés d'action et d'expression, bien que moins marquée que sous Mao, est de plus en plus mal supportée par une large part de la population, notamment par les jeunes générations urbaines. Un vaste mouvement de protestation, symbolisé par l'occupation de la place Tien An Men à Beijing, s'est développé dans tout le pays au printemps 1989. Des centaines de milliers de manifestants réclamèrent le départ de la « vieille garde » et le rétablissement de la démocratie. Les contrôles sociaux portant sur tous les aspects de la vie quotidienne et le pouvoir de la bureaucratie sont d'autant plus mal acceptés que la politique économique rend plus de place à l'initiative individuelle. À ce mouvement pour la démocratie viennent s'ajouter les revendications des minorités de l'Ouest, au Xinjiang, comme au Tibet. Après quelques semaines d'hésitation, le gouvernement décide d'avoir recours à la répression et met fin — pour combien de temps ? — au « printemps de Pékin ».

Bien que le niveau de vie d'ensemble se soit amélioré depuis les années 1970, les modernisations ont tendu à accentuer les différences régionales existant en Chine.

La Chine du Sud, aux sols fertiles et au climat favorable, a le mieux bénéficié de la réforme agricole et de la politique de la « porte ouverte » vers l'Occident. Les gens du Sud qui ont des parents à Hong Kong sont assurés d'en recevoir régulièrement de l'argent et des biens de consommation. Juste à côté de Hong Kong, de l'autre côté de la frontière, se trouve Shenzen, une des « zones économiques spéciales » établies avec l'aide des investissements étrangers. Les ouvriers y perçoivent des salaires qui font l'envie des travailleurs chinois du reste du pays. Mais, dans les provinces de l'Ouest et du Nord, la vie quotidienne est un combat contre un sol difficile et peu productif.

Les changements de la dernière décennie expliquent en partie la croissance récente de la criminalité, depuis les petits larcins jusqu'aux vols avec violence.

La réaction du gouvernement a été très dure et des milliers d'exécutions capitales ont eu lieu. Il est probable que beaucoup d'entre elles ont concerné en réalité non des criminels de droit commun mais des opposants politiques.

Dans l'ensemble, la plupart des changements survenus ont eu des résultats plus heureux. L'économie se transforme et la population chinoise est mieux nourrie, mieux logée et probablement plus satisfaite qu'elle ne l'a jamais été depuis la révolution. Les relations avec les pays capitalistes se sont régulièrement améliorées — de nouvelles mesures ayant été prises pour rassurer et aider les investisseurs étrangers — en même temps que se produisait un dégel dans les rapports avec l'U.R.S.S. et les pays d'Europe de l'Est.

La lutte entre factions dirigeantes s'est traduite par l'éviction de Hu Yaobang en 1987, puis par celle de son successeur, Zhao Ziyang lors des événements de 1989, au profit de Li Peng. Autour de Deng Xiaoping, une « vieille garde » de dirigeants âgés s'oppose à l'évolution politique et réprime la contestation tout en poursuivant la libéralisation de l'économie.

L'avenir de la Chine demeure incertain du point de vue politique et économique.

LA CHINE EN BREF
Superficie 9 596 961 km²
Population 1 179 500 000
Capitale Beijing (Pékin)
Régime République populaire à parti unique
Monnaie Yuan = 100 fens
Langues Chinois (mandarin et autres dialectes), tibétain, ouïgour, mongol, zhuang, miao, yao
Religions Confucéens (20 %), bouddhistes (8 %), taoïstes (2 %), musulmans (2 %), chrétiens (1 %)
Climat Continental avec températures extrêmes : tempéré ou subtropical humide dans le sud-est et le centre-sud, sec au nord-est et au nord. Température moyenne à Shanghai : de 1-8 °C en janvier à 23-32 °C en juillet-août
Ressources Blé, riz, coton, canne à sucre, betterave, soja, jute, chanvre, tabac, thé, bétail, bois, poissons ; pétrole et gaz naturel, charbon, fer et autres minerais
Activités Métallurgie et sidérurgie, engrais, cimenteries, agriculture, machines-outils, textile
Exportations Pétrole brut et raffiné, minerais, produits alimentaires, fils et tissus, vêtements, produits chimiques, machines, charbon
P.N.B. annuel par habitant 370 dollars
Croissance démographique 11,6 ‰ par an
Espérance de vie Hommes 69 ans, femmes 72

Chypre

UNE ÎLE MÉDITERRANÉENNE
QU'ON AIME VISITER,
DOMAINE DES DIEUX ET DES CROISÉS,
DES SAINTS ET DES HÉROS...,
PARADIS DES AGENCES DE VOYAGES

Aphrodite, la déesse grecque de l'Amour, est née de l'écume que la mer pousse sur la plage d'Achni, sur la côte méridionale de Chypre. Les mortels, eux, connaissent Chypre depuis longtemps. Les statuettes qu'on y a déterrées datent de l'âge de la pierre, il y a 8 000 ans de cela. Les mines — qui sont encore en activité — fournissaient toute la Méditerranée orientale en cuivre. Celui-ci — *Kypros* en grec — a donné son nom à l'île.

Située à la croisée des routes maritimes entre l'Europe, l'Asie et l'Afrique, Chypre ne pouvait que tenter les visiteurs et les conquérants. Les Mycéniens y créèrent des cités en 1500 av. J.-C., avant que l'Égypte, l'Assyrie, la Perse, Rome et Byzance ne s'y établissent à leur tour. Saint Paul et saint Barnabé y introduisirent le christianisme, au Ier s. de notre ère. Il s'y développa très vite, entraînant la création dans l'île d'une dizaine d'évêchés. Rattachée à l'Empire byzantin en 395, Chypre est ravagée par les raids et les razzias arabes du VIIe au Xe s. Lors de la Troisième Croisade, elle est occupée par Richard Cœur de Lion, le roi d'Angleterre. Limassol, sur la côte S. de l'île, voit son mariage avec Bérangère, princesse de Navarre, en 1191. Richard vend l'île aux Templiers, à charge pour eux de la défendre et de protéger les pèlerins sur le chemin de la Terre sainte. Mais les Templiers, en butte à l'hostilité de la population, rendent l'île à Richard, qui la cède en 1192 à un seigneur français, Gui de Lusignan, qui venait d'être couronné roi de Jérusalem.

La dynastie française des Lusignan gouverna l'île du XIIe au XVIe s., jusqu'à son expulsion par les Vénitiens, qui furent à leur tour chassés par les Turcs. Ceux-ci rétablirent l'autorité de l'archevêque orthodoxe. En 1878, à la suite d'un marchandage diplomatique, le sultan donna l'île à l'Angleterre, qui en fit une colonie de la couronne (1925). Mais la situation du pays, pris entre la Grèce et la Turquie, constitua bientôt un imbroglio juridique insoluble.

LA GUERRE CIVILE

La majorité de la population est, en effet, d'origine grecque, et il y a 18 % de Turcs. À partir de 1900, il y eut un très fort mouvement de la communauté grecque pour un rattachement avec la Grèce (*Enôsis*). Dans les années 1950 naquit une organisation terroriste, l'EOKA (Organisation nationale du combat pour Chypre), qui entreprit une campagne d'assassinats contre les Britanniques et les Chypriotes turcs. Elle rentra dans l'ombre après l'accession de l'île à l'indépendance, en 1960, et la nomination de l'archevêque Makarios comme président de la République (le vice-président étant, de droit, un membre de la communauté turque).

Trois années plus tard éclata la guerre civile entre Chypriotes grecs et turcs. Les Nations unies envoyèrent des « Casques bleus », mais à la suite d'un coup d'État fomenté par des Chypriotes grecs partisans du régime des colonels, alors au pouvoir en Grèce, la Turquie intervint, prétextant du danger couru par la communauté turque. 40 % du territoire de l'île, le Nord, fut occupé, y compris les villes de Kyrénia et de Famagouste. Plus de 200 000 personnes durent fuir vers le Sud, tandis qu'arrivaient des paysans d'Anatolie pour les remplacer. Des centaines de Chypriotes grecs furent tués ou blessés, et 1 600 portés disparus. En 1975, la partie turque, soutenue par la Turquie, se déclara indépendante.

Depuis, le président de la partie grecque et le leader des Turcs se réunissent pour évoquer l'avenir de l'île. Les négociations achoppent sur le retrait des troupes turques, le retour des réfugiés grecs dans leur secteur et la remise aux Grecs de la ville de Famagouste.

DE LA NEIGE ET DES OLIVIERS

L'île a la forme d'une casserole avec un long manche. Elle est divisée, d'E. en O., par deux chaînes de montagnes parallèles séparées par une plaine centrale ouverte sur la mer des deux côtés. Au S.-O., les montagnes du Troödos, couvertes de pins, de cyprès et de cèdres, culminent à 1 951 m au mont Olympe. À cette altitude, il y a suffisamment de neige pour faire du ski en janvier et février. Ailleurs, les étés sont chauds et secs, les hivers tempérés et humides. Grâce à la douceur du climat, l'île a une production agricole étonnamment variée : pommes de terre nouvelles, légumes, céréales, tabac, olives, caroubes, bananes, raisin de table, vins lourds et sucrés, cognac local, qui faisaient déjà la réputation de Chypre à l'époque classique. Les bases britanniques de Dhékélia et d'Akrotiri assurent des revenus substantiels.

Chypre dépend, avant tout, de ses visiteurs. Mais, en raison de la situation politique, il n'est pas possible de passer du secteur grec au secteur turc — où se trouvent les fameuses ruines de Salamine, près de Famagouste —, et vice versa. La partie grecque, la plus visitée par les touristes, connaît un développement certain.

FORTERESSE IMPRENABLE. À Kyrénia, dans la partie N. de l'île, se dresse l'imposant château des Lusignan. Bâti au XIIe s., il a soutenu victorieusement six sièges.

CHYPRE EN BREF
Superficie 9 251 km^2
Population 756 000
Capitale Nicosie
Régime République parlementaire
Monnaie Livre chypriote = 1 000 mils
Langues Grec, turc, anglais
Religions Grecs orthodoxes (77 %), musulmans (18 %)
Climat Méditerranéen ; température moyenne à Nicosie : de 5-15 °C en janvier à 21-37 °C en juillet
Ressources Pommes de terre et légumes, raisin, citrons, blé, caroubes, olives ; minerai de chrome, cuivre, amiante, fer
Activités Agriculture, mines, textiles et habillement, ciment, raffinage du pétrole, viticulture, tourisme, pêche
Exportations Vêtements, pommes de terre, ciment, cigarettes, vins, citrons, chaussures
P.N.B. annuel par habitant 8 640 dollars
Croissance démographique 9,8 ‰ par an
Espérance de vie Hommes 74 ans, femmes 78

Čičmany, ***Slovaquie*** Village pittoresque des montagnes de Slovaquie, à 137 km au N.-E. de Bratislava. Les habitants portent un costume traditionnel richement brodé. Les façades des maisons en bois sont décorées de sculptures et de peintures.
Carte Slovaquie Db

Ciéchanów, ***Pologne*** Ancienne ville marchande, au N. de Varsovie, chef-lieu de la voïévodie du même nom. Son château, dont la construction débuta au XIe s., en partie démoli par les Suédois en 1650, domine la ville ; il est en cours de restauration.
Population 44 000
Carte Pologne Db

Cienfuegos, ***Cuba*** Province (4 178 km^2) et port sur la mer des Caraïbes, à 160 km au S.-E. de La Havane. Raffinage du sucre, manufacture de tabac (cigares), traitement du café. Le port exporte ces divers produits.
Population (ville) 136 500 ; (prov.) 359 000
Carte Cuba Aa

Cieszyn, ***Pologne*** Partie polonaise de la ville de Teschen (Tesin), sur la rivière Olza qui marque la frontière avec la République tchèque. La ville, ancienne capitale culturelle de la haute Silésie (Silésie autrichienne), est située à 64 km au S.-O. de Katowice. Elle conserve une tour du XIVe s. et une chapelle romane du XIe s. (l'une des plus anciennes constructions en pierre de la Pologne). Industries principales : métallurgie, matériel électrique, produits chimiques.
Population 37 000
Carte Pologne Cd

Cilicie, ***Turquie*** Ancienne région du sud-est de l'Asie Mineure située entre les monts du Taurus et la Méditerranée, qui commandait les Portes du Taurus et l'accès à la Syrie. Successivement dominée par les Hittites, les Assyriens et les Perses, elle fut hellénisée après la conquête macédonienne (333 av. J.-C.). Prise par Pompée, elle devint province romaine en 63 av. J.-C. et fut gouvernée par Cicéron en 51-50 av. J.-C. Saint Paul, natif de Tarse, la capitale, l'évangélisa au début du Ier siècle de notre ère. Des Arméniens y fondèrent le royaume de Petite Arménie (XIIe-XIVe s.). La France l'occupa entre 1919 et 1920. Elle devint turque en 1921.

Cimpulung Moldovenesc, ***Roumanie*** Ville à 50 km au S. de la frontière ukrainienne. Centre de l'industrie du bois et du travail du fer. Fabrique de meubles. Jolis chalets traditionnels. Station climatique réputée.
Population 20 000
Carte Roumanie Ba

Cincinnati, ***États-Unis*** Ville du sud-ouest de l'Ohio, sur la rivière Ohio. Centre commercial, au carrefour de voies navigables. De nombreux immigrés allemands et irlandais s'y établirent au XIXe s. C'est aujourd'hui le plus grand port charbonnier du pays et un grand centre industriel où domine la métallurgie de transformation (automobiles, moteurs d'avion, électromécanique). Son université, fondée en 1819, est l'une des plus anciennes à l'O. des Appalaches.
Population (ville) 370 500 ; (aggl.) 1 745 000
Carte États-Unis Jc

Cinque Ports, ***Royaume-Uni*** Groupe de cités anglaises sur la Manche, dans le Kent et le Sussex, auxquelles le roi Édouard le Confesseur accorda des privilèges spéciaux au XIe s. parce qu'elles assuraient la défense des côtes. Elles étaient cinq à l'origine : Douvres, Sandwich, Romney, Hastings et Hythe. On leur adjoignit plus tard Winchelsea et Rye.

Circeo (parc naturel du), ***Italie*** Parc de 84 km^2 situé sur la côte du Latium, à 75 km au S.-E. de Rome. Il a été créé en 1934 pour protéger la faune et la flore des marais pontins asséchés à partir de 1928.
Carte Italie Dd

cirrus Nuages élevés (8 km en moyenne au-dessus de la Terre) apparaissant sous la forme de traînées blanches dans le ciel bleu. Ils annoncent souvent une dépression.

Cisjordanie, ***Israël/Territoires occupés*** Zone située à l'O. du Jourdain et de la mer Morte, de 5 858 km^2, occupée par Israël depuis la guerre des Six Jours, en 1967. Elle comprend les régions les plus fertiles de Jordanie, ainsi que ses plus grandes villes (Jérusalem-Est, Hébron, Naplouse). Jérusalem-Est en est la seule partie officiellement annexée par Israël, mais le reste du territoire s'est progressivement intégré à l'économie du pays, et la population juive s'y élève à plus de 100 000 personnes. Toutefois, l'agriculture stagne et le développement industriel est peu avancé. Depuis 1967, Israël, considérant ce territoire comme une partie de la « Terre promise », était en conflit avec les États arabes. Ceux-ci, réunis en octobre 1974 au sommet de Rabat, acceptèrent l'Organisation de libération de la Palestine (O.L.P.) comme seul représentant du peuple palestinien, et se prononcèrent pour la création d'un État palestinien indépendant. La Jordanie a quant à elle renoncé à recouvrer ce territoire.

Après d'âpres négociations, les accords de Washington (13 septembre 1993) et du Caire (4 mai 1994) ont permis la création, autour de Jéricho (62 km^2) et à Gaza, d'un territoire autonome palestinien.
Carte Jordanie Ab

DENTELLE SUR FOND DE BOIS. Čičmany, petit village de Slovaquie, a su préserver un folklore original, qui se manifeste notamment dans la décoration peinte et sculptée de ses maisons de bois à étage.

Ciskei, ***Afrique du Sud*** Ancien bantoustan « indépendant » à l'E. de l'ancienne province du Cap. Peuplé de Xhosas, d'une superficie de 8 300 km^2, il est surtout agricole. L'université de Fort-Hare se trouve sur son territoire, à Alice.

Les nombreux conflits de pouvoirs lui ont fait demander dès 1991 son rattachement à l'Afrique du Sud. Celui-ci fut effectif dès avril 1994, après l'arrivée d'un nouveau pouvoir dans le pays.

Il est désormais intégré dans la nouvelle province du Cap-Est et sa capitale, Bisho, est devenue, conjointement avec King-Williams-Town, celle de cette province.
Carte Afrique du Sud Cc

Cîteaux, ***France*** Hameau du département de la Côte-d'Or, au S.-E. de Dijon. L'ordre cistercien, fondé par Robert de Molesme en 1098, qui se proposait de revenir à une observance stricte de la règle de saint Benoît, prit son essor avec l'arrivée, en 1112, de Bernard de Fontaine, futur saint abbé de Clairvaux.
Cet énergique défenseur de l'ascétisme chrétien, aux talents de poète et de polémiste, tenant d'une spiritualité de cœur, fut l'adversaire véhément d'Abélard et du rationalisme naissant. L'ordre comptait 19 abbayes en 1119 et 343 à sa mort, en 1153.

Citlaltépetl ou **Orizaba (pic),** ***Mexique*** Volcan de la sierra Madre orientale (État de Veracruz), point culminant du pays (5 699 m). Il est inactif depuis 1687. Il est sacré aux yeux des Indiens mexicains, qui le croient habité par l'esprit du dieu Quetzalcóatl.
Carte Mexique Cc

Citta Vecchia, ***Malte*** Voir MDINA

Ciudad Bolívar, ***Venezuela*** Ville de la rive S. de l'Orénoque, à 400 km environ au S.-E. de Caracas. Appelée Angostura jusqu'en 1846, elle reçut le nom du libérateur du Venezuela, Simón Bolívar qui en 1819 y avait déclaré l'Indépendance de la Grande Colombie (formée de l'Équateur, du Venezuela et de la Colombie). Région d'élevage et minière (or et diamants). Un pont relie la ville à la rive N. de l'Orénoque depuis 1967.
Population 200 000
Carte Venezuela Bb

Ciudad del Este, ***Paraguay*** Ville touristique sur le Paraná, à la frontière brésilienne. À 320 km à l'E. de la capitale, Asunción, la ville s'appela, de 1954 à 1989, Puerto Presidente Stroessner, du nom du général-dictateur qui gouverna le pays durant cette période. Centre commercial détaxé, casinos. À proximité, le barrage géant d'Itaipu.
Population 64 000
Carte Paraguay Bb

Ciudad Guayana, ***Venezuela*** Complexe urbain au confluent de l'Orénoque et du río Caroní à 500 km au S.-E. de Caracas. Créé en 1961, il regroupe Puerto Ordaz (au centre), San Felix (le port), Mantazas (aciérie), Caruachi (centre minier) et Macagua (barrage). Les principales unités sidérurgiques et de métallurgie de l'aluminium du pays s'y concentrent.
Population 325 000
Carte Venezuela Bb

Ciudad Real, ***Espagne*** Ville et province (19 749 km^2) de Castille-Manche, au S. de Madrid. La ville, fondée au XIIIe s., présente d'intéressants monuments : Puerta de Toledo (architecture mudéjare), cathédrale Santa Maria del Prado (XVe s.). La région est agricole (blé, vigne, oliviers) et minière (mercure à Almadén, charbon à Puertollano).
Population (ville) 60 100 ; (prov.) 486 500
Carte Espagne Dc

Civitavecchia, ***Italie*** Port des anciens États pontificaux, dans le Latium, à 75 km au N.-O. de Rome. Il est défendu par un fort dont la construction fut achevée par Michel-Ange (1557). La ville eut pour consul, de 1831 à sa mort, l'écrivain français Stendhal (1783-1842). Elle assure les liaisons avec la Sardaigne.
Population 48 000
Carte Italie Cc

Clare, ***Irlande*** Comté de la côte O., dans la province de Munster, limité au S. et à l'E. par le Shannon et sa vallée fertile, et au N. par les monts Burren. Région d'élevage (moutons et bovins). Chef-lieu : Ennis.
Population 87 500
Carte Irlande Bb

clastiques (roches) Roches formées de débris de minéraux ou d'autres roches.

Clermont-Ferrand, ***France*** Préfecture du Puy-de-Dôme, depuis toujours principale ville de l'Auvergne. Capitale des Arvernes à l'époque gallo-romaine, siège d'un évêché fondé dès les temps mérovingiens, où le pape Urbain II, lors du concile de 1095, prêcha la première croisade. Ville de consulat au XVe s., Clermont fut rattachée à la France en 1551. La ville doit son essor récent (début du XXe s.) à l'industrie du caoutchouc (pneus Michelin), qui est encore aujourd'hui sa principale activité.
L'église Notre-Dame-du-Port est un remarquable exemple d'architecture romane auvergnate (XIe et XIIe s.). La cathédrale Notre-Dame, en pierre noire de Volvic, est l'un des principaux édifices du gothique rayonnant français (milieu du XIIIe s.).
Population (ville) 136 000 ; (aggl.) 254 000
Carte France Ed

Cleveland, ***États-Unis*** Port et ville industrielle de l'Ohio, sur la rive S. du lac Érié. C'est l'un des plus anciens centres de la sidérurgie et de la métallurgie du pays. Siège de nombreux organismes de recherche (dont le Centre Lewis de la NASA), de trois universités et d'un institut de technologie.
Population (ville) 506 000 ; (aggl.) 2 760 000
Carte États-Unis Jb

Cleveland, ***Royaume-Uni*** Comté du nord-est de l'Angleterre, ancien centre sidérurgique. Superficie : 583 km^2. Chef-lieu : Middlesbrough.
Population 541 100
Carte Royaume-Uni Ec

Clifden, ***Irlande*** Chef-lieu du Connemara, sur la côte O., à 66 km au N.-O. de Galway. Centre de pêche et de tourisme.
Population 1 380
Carte Irlande Ab

climat Selon le géographe français Max Sorre, on appelle climat d'un lieu « la série des états de l'atmosphère au-dessus de ce lieu dans leurs successions habituelles ». Il est commode de décrire les climats en utilisant les moyennes mensuelles de grandeurs comme la température, les précipitations, l'humidité et l'ensoleillement. Mais il faut aussi tenir compte des écarts à ces moyennes.
CLIMAT ARIDE. Il est caractérisé par une saison sèche très longue, de l'ordre de neuf à dix mois. Pour l'ensemble de l'année, les précipitations sont inférieures à la quantité d'eau qui pourrait retourner à l'atmosphère par l'effet de l'évaporation et de la transpiration (évapotranspiration potentielle). On distingue les climats arides chauds, avec des hivers peu marqués (où la moyenne de tous les mois est supérieure à 15 °C), et les climats arides froids où l'hiver peut être très froid.
CLIMAT CONTINENTAL. Toute région située au centre d'un continent tend à présenter des contrastes importants entre les températures de l'hiver et celles de l'été. Mais il est d'usage courant de réserver le terme de « climat continental » aux régions non arides situées entre 50 et 65° de latitude à peu près. Les hivers y sont froids à très froids, avec peu de précipitations, les étés chauds et relativement pluvieux. On rencontre ces climats sur d'immenses régions, qui atteignent les côtes orientales des continents. Le type végétal qui les caractérise est la grande forêt de conifères (taïga).
CLIMAT ÉQUATORIAL. Dans une bande large d'une quinzaine de degrés de latitude, axée sur l'équateur, on rencontre des climats aux saisons peu contrastées. Les températures varient très peu d'un mois à l'autre, et il pleut toute l'année. Les totaux pluviométriques annuels sont élevés (plus de 1 500 mm) : ces conditions sont favorables à la vie d'une puissante forêt toujours verte (sempervirente).
CLIMAT MÉDITERRANÉEN. Il est caractérisé par des hivers doux et des étés chauds et secs. On le rencontre sur les façades occidentales des masses continentales, vers 30 à 35° de latitude. Il est particulièrement étendu tout autour de la Méditerranée. L'activité végétative s'interrompt pendant l'hiver et aussi pendant la sécheresse estivale, si bien que la végétation naturelle est constituée de forêts basses ou de fourrés.
CLIMATS MONTAGNARDS. Dans toutes les zones climatiques, les montagnes ont des climats plus froids et plus arrosés que les plaines environnantes ; la température diminue en moyenne de 0,6 °C tous les cent mètres.
CLIMATS POLAIRES. Les climats des hautes latitudes (au-delà de 65° à peu près) sont froids et les précipitations assez faibles. L'hiver est long et très froid. Les étés restent inférieurs à 10 °C. Leurs températures moyennes dépassent cependant 0 °C dans les climats subpolaires, qui peuvent avoir une végétation basse (toundra), mais elles restent inférieures à 0 °C dans les climats polaires proprement dits, domaines des banquises et des calottes glaciaires.
CLIMATS TEMPÉRÉS. Ils doivent leur nom à leurs hivers doux (tous les mois ont des températures supérieures à −3 °C) et à des étés modérément chauds. Les climats tempérés océaniques se situent sur les façades occidentales des continents, entre 45 et 55° de latitude. Les étés sont tièdes et il pleut toute l'année.
Sur les façades orientales des continents, de 25 à 35° de latitude, les climats tempérés de « type chinois » ont des hivers assez secs et des étés chauds et pluvieux.
On qualifie parfois de « zone tempérée » la bande des latitudes moyennes, entre 40 et 55°, mais elle comporte des climats continentaux ou arides froids qui n'ont rien de tempéré, et sont même particulièrement contrastés.
CLIMAT TROPICAL. Il est défini par l'opposition entre une saison sèche, qui se situe pendant l'hiver cosmique, mais qui garde des températures assez élevées, très élevées même à la fin, et une saison des pluies, en été. Il succède au climat équatorial vers 10° de latitude, et les températures peuvent atteindre 25 °C. Les formations végétales associent des étendues herbeuses et des arbres dispersés (savanes).

climax Association végétale correspondant aux conditions physiques d'une région, en l'absence d'intervention humaine.

Clipperton (îlot de), ***océan Pacifique*** Atoll inhabité à 1 300 km du Mexique. Il devint possession française en 1857, américaine en 1897, et fut revendiqué par le Mexique jusqu'à ce qu'un arbitrage de la cour internationale de La Haye, en 1931, reconnaisse la souveraineté de la France. L'îlot relève des autorités de la Polynésie française. Ses dépôts de guano, exploités au début du siècle, sont épuisés.
Carte Pacifique (océan) Hb

Clonmacnoise, ***Irlande*** Importante cité monastique du comté d'Offaly, sur la rive gauche du Shannon, au S. d'Athlone. Ce fut au IXe s. un centre intellectuel réputé, abandonné après la mise à sac par les Anglais en 1552. Ses remarquables vestiges (églises, cathédrale, château, etc.) sont classés monuments historiques.
Carte Irlande Cb

Cluj-Napoca, ***Roumanie*** Deuxième ville de Roumanie, capitale historique de la Transylvanie. Fondée par les Daces, puis romaine, la ville fut à la tête de la principauté indépendante de Transylvanie au XVIe s. et passa, avec le reste de la province, aux Habsbourg au début du XVIIIe s. Elle échut, en 1920, à la Roumanie. Ses monuments témoignent de l'influence de la Hongrie (qui longtemps revendiqua la possession de la province): église Saint-Michel commencée en 1320 (bel exemple de gothique transylvain), maison natale de Mathias Ier Corvin (roi de Hongrie de 1458 à 1490), édifices baroques des XVIIe et XVIIIe s. La ville est aujourd'hui un important centre industriel. Université.
Population 260 000
Carte Roumanie Aa

Cluny, ***France*** Pittoresque bourgade de Saône-et-Loire, l'un des hauts lieux de la vie monastique au Moyen Âge. Son abbaye bénédictine, fondée en 910, directement rattachée à la papauté, et ne dépendant donc ni d'un seigneur local ni d'un évêque prit la tête au XIe s. d'un vaste mouvement de réforme monastique. Sous son autorité furent rassemblés un très grand nombre de monastères, en France et dans toute l'Europe occidentale.

La grande église, commencée en 1088, sous saint Hugues, mesurait plus de 180 m de long. Les voûtes de la nef principale en berceau brisé atteignaient 30 m de hauteur. Il ne reste que le bras S. du grand transept.
Population 4 700
Carte France Fc

cluse Percée transversale dans un relief plissé qui traverse un anticlinal et réunit ainsi deux synclinaux. Une cluse est vive ou morte selon qu'elle est empruntée ou non par un cours d'eau.

Clutha, ***Nouvelle-Zélande*** Rivière de l'île du Sud prenant sa source au lac Wanaka et se jetant après 320 km dans le Pacifique, près de Balclutha, au S. de l'île. On y trouvait de l'or dans les années 1860. Installations hydroélectriques.
Carte Nouvelle-Zélande Bf

Clwyd, ***Royaume-Uni*** Comté du N.-E. du pays de Galles, limité au N. par l'estuaire de la Dee et la mer d'Irlande, à l'O. par le comté de Gwynedd, et par celui de Powys au S. Région de landes et d'élevage (moutons). La vallée de la Dee possède de riches terres agricoles. Rhyl, Colwyn Bay et Prestatyn sont des stations balnéaires réputées.
Population 395 000
Carte Royaume-Uni Dd

Clyde, ***Royaume-Uni*** Fleuve du S.-O. de l'Écosse, qui naît dans les Lowther Hills, traverse le bassin houiller de Lanarkshire, puis Glasgow. Son estuaire, le Firth of Clyde, est long de 100 km. Il abrite de nombreux chantiers navals.
Carte Royaume-Uni Cc

Clydebank, ***Royaume-Uni*** Voir GLASGOW

Cnossos, en grec **Knossós,** ***Grèce*** Ville de Crète, à 5 km au S.-E. d'Iraklion, qui fut le centre culturel et économique de l'une des premières civilisations de la Méditerranée (3000-1000 av. J.-C.). Son palais, construit entre 1950 et 1700 av. J.-C., sur un plan rectangulaire, s'organise sur quatre niveaux autour d'une cour de 1 325 m². L'archéologue britannique Arthur Evans commença les fouilles en 1899. Sur les 20 000 m² mis au jour apparaissent de nombreuses salles, dont la salle du trône, avec le trône d'albâtre du roi Minos (dans la mythologie, maître du Minotaure, créature humaine à tête de taureau enfermée dans un labyrinthe construit par Dédale). Les objets découverts à Cnossos sont exposés à Iraklion.
Carte Grèce Dd

Coast Ranges, ***États-Unis*** Voir CHAÎNES CÔTIÈRES

Cóbh, ***Irlande*** Bourg de la grande île de la baie de Cork. Ancienne escale des transatlantiques. C'est aujourd'hui une station balnéaire.
Population 6 600
Carte Irlande Bc

Coblence, en all. **Koblenz,** ***Allemagne*** Ville au confluent du Rhin et de la Moselle, à 53 km au S.-E. de Bonn. Fondée par les Romains, prise par les Francs au Ve s., elle fut rattachée à l'archevêché de Trèves en 1018. À la Révolution, centre de l'émigration française autour de Condé. Occupée par les troupes françaises en 1794, la ville deviendra le chef-lieu du département de Rhin-et-Moselle en 1798. Elle fut donnée à la Prusse en 1815. Centre commercial (vins) et point de départ de croisières sur le Rhin et la Moselle.
Population (ville) 108 000 ; (aggl.) 170 000
Carte Allemagne Bc

Cobourg, en all. **Coburg,** ***Allemagne*** Pittoresque petite ville bavaroise sur l'Itz, au pied du Thuringerwald. Elle fut pendant près de six siècles (de 1353 à 1918) la cité des margraves de Meissen qui prirent, après 1826, le titre de ducs de Saxe-Cobourg-Gotha. La forteresse, la *Veste Coburg*, date en partie du XVIe s. ; la résidence ducale, l'Ehrenburg, fut construite entre 1543 et 1549, mais ses intérieurs ont été redécorés au XIXe s. dans le style néo-gothique.

La ville abrite des industries variées: travail du bois, papier, matière plastique, textiles, machines-outils.
Population 45 000
Carte Allemagne Dc

Cochabamba, ***Bolivie*** Ville et département sur les pentes de la cordillère orientale, au S.-E. de La Paz. De fertiles vallées très peuplées (plus de 120 habitants au kilomètre carré) produisent du café, de la canne à sucre, du tabac. Le département produit aussi du zinc, de l'or, de l'argent, du tungstène et du cuivre. La ville, située dans un bassin intérieur de la cordillère, à plus de 2 500 m d'altitude, fut fondée par le conquistador Sebastián Barba de Padilla. Elle conserve son centre de style espagnol. Université (1832). Musée des Antiquités précolombiennes provenant notamment des sites d'Incallacta et de Tiahuanaco. Centre industriel actif: raffinerie de pétrole, assemblage d'automobiles, cimenterie, etc.
Population (ville) 413 300 ; (département) 1 094 000
Carte Bolivie Bb

Cochin, ***Inde*** Principal port de l'État de Kerala (sur la mer d'Oman) et important centre industriel au S. du pays. Ville pittoresque, établie aux bords de lagunes. Vasco de Gama y fonda un comptoir en 1502 (il y mourra en 1524). Le navigateur portugais Albuquerque y construisit un fort. Saint François-Xavier y créa une mission en 1544 ; les Hollandais s'y installèrent en 1663, puis les Anglais en 1795. Exportation de coprah, caoutchouc, thé et noix. Industries pétrochimiques. Constructions navales.
Population (ville) 565 000 ; (aggl.) 1 140 000
Carte Inde Be

Cochinchine, auj. **Nam Bo,** ***Viêt-nam*** Nom de la région du delta du Mékong lorsqu'elle était colonie française.

Cochons (baie des), en esp. **bahía de Cochinos,** ***Cuba*** Baie de la côte S., à 175 km au S.-E. de La Havane. Le 17 avril 1961, des exilés cubains soutenus par la C.I.A. tentèrent d'y débarquer pour provoquer la chute de Fidel Castro. L'opération fut un échec.
Carte Cuba Aa

Cockburn Town, ***îles Turks et Caïques*** Capitale et centre financier de cette colonie britannique des Antilles, dans l'île de Grand Turk.
Population 3 200
Carte Antilles Aa

Cockpit Country, ***Jamaïque*** Région de collines calcaires du centre-ouest de l'île. Des rivières souterraines y forment des marmites de géant et des cuvettes aux bords à pic, profondes parfois de 150 m (« cockpits »). La région servit de refuge aux esclaves en fuite au temps de la colonisation espagnole. Lorsque les Anglais prirent l'île en 1655, ces esclaves menèrent une guérilla victorieuse contre les nouveaux maîtres qui durent accepter un cessez-le-feu en 1739. Leurs descendants, les « Maroons », jouissent, aujourd'hui encore, de différents privilèges, et sont notamment exemptés d'impôts.
Population 5 000
Carte Jamaïque Ba

Cocos (îles) ou **Keeling,** ***océan Indien*** Archipel de l'océan Indien formé de 28 petites îles (superficie totale: 14 km²) à environ 1 000 km au S.-O. de Java. Les îles furent découvertes en 1609 par William Keeling, un officier de la Compagnie des Indes orientales. Possession britannique à partir de 1857, elles dépendent de l'Australie depuis 1955. L'aéroport est une escale importante entre l'Australie et l'Afrique du Sud.
Population 700
Carte Indien (océan) Dc

Cod (cap), ***États-Unis*** Presqu'île longue et étroite en forme de crochet au S.-E. de Boston, dans l'État du Massachusetts. Zone de dunes de sable, de lacs et de marais salants. Des stations balnéaires et de petites villes résidentielles s'y sont établies. Mais la plus grande part de la presqu'île est un parc national, le Cape Cod National Seashore.
Carte États-Unis Mb

Cognac, ***France*** Ville ancienne sur la Charente (demeures médiévales et Renaissance, ancien château de Valois, où naquit François Ier), dont l'économie est tout entière tournée vers la distillation du cognac, eau-de-vie d'appellation d'origine contrôlée, produite à partir des vins de la région. On distingue plusieurs qualités de cognac selon la nature du sol qui a produit le raisin. Seule a droit à l'appellation de fine champagne l'eau-de-vie du vignoble de la Grande et de la Petite Champagne. La première est située immédiatement au S. de Cognac et de Jarnac, et sa limite méridionale est marquée par le cours du Né ; la seconde entoure la première ; une ligne passant par Barbezieux, Jonzac et Pons marque approximativement sa limite S.
Population 19 600
Carte France Cd

Coihaique, ***Chili*** Chef-lieu de la région d'Aisén, dans le sud du pays, fondé en 1931 dans une vallée des Andes. Tourisme en plein essor.
Population 35 700
Carte Chili Ad

Coimbatore, ***Inde*** Ville de l'État du Tamil Nadu, dans le Deccan. Centre industriel important: filatures de coton et construction mécanique.
Population (ville) 853 500 ; (aggl.) 1 136 000
Carte Inde Be

Coimbra, ***Portugal*** Ville située entre Porto et Lisbonne, capitale du royaume portugais de 1139 à 1260. Nombreux monuments: cathédrale romane de la seconde moitié du XIIe s. ; monastère de Celas (XIIe s.) ; églises de São Salvador (XIIe s.) et de Santa Cruz (XVIe s.) ; nouvelle cathédrale (début du XVIIe s.). Célèbre université (XIVe s.).
Population 74 700
Carte Portugal Bb

col Passage au travers d'une arête ou d'une chaîne de montagnes permettant l'accès d'un versant à l'autre.

Colditz, ***Allemagne*** Bourgade à 40 km environ au S.-E. de Leipzig. De son sinistre château, les nazis firent une prison pour les officiers alliés de 1939 à 1945. Hôtel de ville du XVIe s. Fabrique de porcelaine.
Population 6 300
Carte Allemagne Ec

Coleraine, ***Royaume-Uni*** Port d'Irlande du Nord sur l'estuaire du Bann, à 76 km au N.-O. de Belfast. Centre commercial et industriel, la ville est aussi le siège de l'université nouvelle de l'Ulster.
Population 16 000
Carte Royaume-Uni Bc

Colima, ***Mexique*** 1. Petit État (5 191 km^2) sur la côte du Pacifique, dans le sud-ouest du pays. Ses ressources sont surtout agricoles: canne à sucre, riz, maïs, huile de palme ; son café est réputé pour être le meilleur du pays. Des mines de fer et de cuivre y sont exploitées. Manzanillo, le port, est un centre industriel et touristique qui compte 82 000 habitants.
2. Capitale de l'État. Cette petite cité d'allure coloniale a été fondée en 1522 par les Espagnols. Université.
Population (État) 429 000 ; (ville) 86 100 ;
Carte Mexique Bc

Colima (Nevado de), ***Mexique*** Volcan actif de 4 328 m, dans l'État de Jalisco dominant au N. la riche plaine où est située Colima. Son éruption en 1941 fit de nombreuses victimes.
Carte Mexique Bc

Colmar, ***France*** Chef-lieu du département du Haut-Rhin, sur la Lauch, au cœur du vignoble alsacien. Ville impériale au XIIIe s., elle s'affranchit de ses tutelles ecclésiastiques et se donna un statut municipal en 1278. Protestante au XVIe s., elle devint française après le traité de Nimègue en 1678. C'est aujourd'hui une charmante ville aux maisons à colombage. Son musée Unterlinden, installé dans un ancien couvent, conserve le retable d'Issenheim, chef-d'œuvre de la peinture rhénane. Nombreuses maisons anciennes (XVe au XVIIe s.). Patrie du sculpteur Bartholdi, auquel un musée est consacré, et du dessinateur Hansi. Les filatures de la région sont en déclin, mais de nouvelles industries se sont développées (constructions mécaniques et électriques).
Population 63 300
Carte France Gb

Cologne, en all. **Köln,** ***Allemagne*** Ville et port de Rhénanie-du-Nord-Westphalie, sur le Rhin. Colonie romaine fondée en 50 apr. J.-C., siège d'un évêché dès le IVe s., ville libre impériale en 1212, elle eut, du XIIIe s. au XVe s., un rôle économique (membre de la Ligue hanséatique) et intellectuel considérable. Les plus grands noms de la scolastique médiévale enseignèrent dans ses écoles: Albert le Grand, Thomas d'Aquin et Duns Scot. La ville déclina après la guerre de Trente Ans (1618-1648). Prise par la France en 1794, par la Prusse en 1815, elle connut, au début de l'ère industrielle, un nouvel et formidable essor (la ville est située à proximité de la Ruhr), et figure aujourd'hui parmi les principales villes allemandes. Konrad Adenauer, qui fut son maire, fut aussi le premier chancelier de la R.F.A. Son université est la deuxième du pays. Siège de nombreuses banques, compagnies d'assurances, firmes industrielles (Klöckner-Humboldt), commerciales (la Lufthansa) et médiatiques (la Westdeustcher Rundfunk). Presque entièrement détruite pendant la Seconde Guerre mondiale, elle conserve cependant quelques beaux monuments: églises Saint-Pantaléon (Xe s.), Sainte-Marie-du-Capitole et des Saints-Apôtres (XIIe s.). La cathédrale, construite à partir de 1248 sur le modèle de celles d'Amiens et de Beauvais, est un splendide exemple d'architecture gothique, heureusement épargné par les bombes.
Population 932 400
Carte Allemagne Bc

Colombey-les-Deux-Églises, ***France*** Village de la Haute-Marne, à 27 km au N.-O. de Chaumont. La maison du général de Gaulle (1890-1970), qui y mourut et y est inhumé, est devenue un musée. Un mémorial (immense croix de Lorraine en granit) fut élevé à sa mémoire sur une colline voisine.
Population 660
Carte France Fb

Colombie Voir p. 170-171

Colombie britannique, ***Canada*** Province montagneuse, d'une superficie de 947 800 km^2, sur la côte du Pacifique. La population se concentre dans les vallées, surtout celle du Fraser inférieur où se trouve Vancouver. Les fourrures, le poisson et l'or y attirèrent les premiers colons. On y extrait du cuivre, de l'or, de l'argent et du charbon. La production agricole se limite aux fruits, aux légumes et aux produits laitiers ; la pêche au saumon y est importante. L'énergie hydroélectrique a favorisé l'essor de l'électrométallurgie. La beauté des paysages et la douceur du climat attirent les visiteurs. Capitale : Victoria.
Population 3 300 000
Carte Canada Cc

Colombo, ***Sri Lanka*** Capitale et plus grande ville du pays, sur la côte S.-O. de l'île. Grand port (par où transitent 90 % du trafic maritime srilankais). Important marché du thé. Fondée par des marchands arabes, la ville fut successivement occupée par les Portugais à partir de 1517, par les Hollandais à partir de 1658, et par les Anglais à partir de 1796. Elle se développa
Voir suite p. 172

AU CŒUR DE LA VILLE. Ces édifices imposants, bâtis par les Anglais au centre de Colombo, abritent bureaux administratifs, courtiers, banques et compagnies d'assurances.

Colombie

D'ABORD ELDORADO ET SOURCE D'ÉMERAUDES, PUIS TERRE DE DROGUE ET DE VIOLENCE, LA COLOMBIE EST À LA RECHERCHE D'UN DIFFICILE ÉQUILIBRE

En Colombie, le crime et la violence vont de pair avec le trafic des stupéfiants et jettent une ombre de scandale sur cette république sud-américaine. Ses habitants ont appris à vivre au milieu des dangers et, autant que possible, à les éviter ; seuls les touristes s'étonnent encore d'être la proie des pickpockets et de subir des agressions plus sérieuses. Mais, pour ceux qui veulent en courir le risque, la Colombie est un pays superbe et fascinant. Chez les Indiens, les traditions ne sont pas mortes, pas plus que chez les Espagnols, qui colonisèrent le pays, ni chez les Noirs, importés comme esclaves par les Européens ; la nourriture, la musique, l'art, l'architecture et la littérature en témoignent. Récemment, l'industrialisation est venue donner un coup de fouet à l'économie ; mais rien ne changera vraiment sans la mise en application des projets de réforme agraire.

DE L'OR ET DES ÉMERAUDES

La Colombie a donné naissance au rêve de l'Eldorado — le pays de l'Or — qui a jeté à travers l'Atlantique des générations de conquistadors. Au musée de l'Or de Bogota, la capitale, trente-cinq mille objets témoignent de cette richesse qui émerveilla tant les Espagnols lorsqu'ils arrivèrent dans le pays au XVIe s. Parmi les Indiens qui habitaient alors la région, les Chibchas étaient des orfèvres réputés ; leurs bijoux et objets rituels en or étaient incrustés d'émeraudes — ces pierres précieuses sont encore extraites de la mine de Muzo, près de Chiquinquira, et l'une des plus grosses émeraudes brutes du monde se trouve au musée de l'Or. Les Indiens d'aujourd'hui créent toujours de très beaux objets en or ou en argent.

Les chefs chibchas étaient l'objet d'un rituel au cours duquel ils étaient enduits de résine puis roulés dans de la poudre d'or ; ils étaient ensuite lavés cérémonieusement et la précieuse poudre jetée dans le lac sacré de Guatavita. Les Espagnols eurent vent de cette coutume et, aiguillonnés par la soif de l'or, arrivèrent dans la région ; ils y trouvèrent l'or tant convoité, et aussi une terre belle et fertile.

La Colombie a une grande variété de climats de types tropicaux et de paysages. Les sommets couverts de neige des Andes, à l'O., dominent les pâturages du centre, qui se prolongent par la forêt tropicale à l'E. et au S. Il y a même une petite zone désertique entre les Andes et la côte du Pacifique. La conjonction du climat et de l'altitude permet un large éventail de cultures, limitées, néanmoins, par une forte pluviométrie et, dans les régions élevées, par les faibles températures.

Le relief des Andes est marqué par trois grandes chaînes orientées vers le N. — les cordillères Occidentale, Centrale et Orientale — qui disparaissent progressivement à l'approche de la mer des Antilles. Elles sont coupées de vallées fertiles, comme celles que traversent les rivières Cauca et Magdalena, qui se rejoignent avant de se jeter dans la mer des Antilles à Barranquilla, le grand port du pays. Ces vallées au riche sol volcanique, partagées en grands domaines, sont une bénédiction pour les cultures industrielles : canne à sucre dans la vallée du Cauca, coton dans le Magdalena et la plaine côtière ; on y élève aussi des troupeaux. Le célèbre café de Colombie est produit sur les pentes des montagnes, dans de petites exploitations, ainsi que le riz, le maïs, l'avoine, les pommes de terre et les fruits.

La moitié du pays se trouve à l'E. des Andes ; ces plaines, où l'on pratique l'élevage extensif, sont constituées de savanes tropicales — les llanos — vers le bassin de l'Orénoque. Au S.-E., la forêt tropicale commence à l'approche du bassin de l'Amazone. Une partie de la côte pacifique est chaude et moite, parfois bordée de mangroves et de marécages.

Ici, pas de saisons ; le climat dépend de l'altitude. Ainsi, une partie du littoral pacifique est désertique, alors que les pentes des Andes offrent un perpétuel printemps et que les hauts sommets sont le domaine des neiges éternelles. Au N., le long de la côte, l'été règne toute l'année.

La faune et la flore sont favorisées par les conditions climatiques. On trouve plusieurs espèces d'orchidées — l'une d'elles est la fleur nationale de la Colombie — et un grand nombre d'espèces d'oiseaux, 1 500, dit-on, en comptant les oiseaux migrateurs venus d'Amérique du Nord.

Les drogues, qui donnent de la Colombie une image dont elle se passerait bien, sont cultivées dans le Nord, pour la marijuana, tandis que la cocaïne est produite à partir de plants de coca exploités localement — il existe une grosse importation de feuilles de coca en provenance du Pérou et de la Bolivie. Cette contrebande prend place au rang des principales exportations du pays — elle serait aussi importante, sinon plus, que le café. Le Bureau

américain de la lutte contre les stupéfiants collabore avec le gouvernement colombien pour stopper ce trafic en détruisant les cultures clandestines de marijuana et les laboratoires clandestins de transformation de cocaïne dans les Caraïbes, ou en pourchassant les réseaux de trafiquants.

COHABITATION À LA COLOMBIENNE

La Colombie est un pays fortement métissé ; il y avait, pense-t-on, 1 million d'habitants à l'arrivée des Espagnols, qui introduisirent, comme ailleurs, des esclaves noirs d'origine africaine. Maintenant, les Indiens sont 2,5 % (les autres ont été absorbés au cours des siècles) ; les Noirs — plus de 6 % — habitent surtout près de la mer des Antilles. La démographie est l'une des plus élevées du continent.

Le pays est né dans la violence. L'ancienne colonie de la Nouvelle-Grenade accède à l'indépendance en 1810 ; mais la réaction de l'Espagne est vive, et c'est avec l'aide de Simón Bolívar qu'est proclamée en 1819 la république de Colombie. Mais Bolívar échoue dans son projet d'une Grande-Colombie regroupant la Colombie, le Venezuela et l'Équateur. De 1899 à 1902, une guerre civile, appelée la guerre des Mille Jours, qui a laissé le pays exsangue (100 000 morts), vient à peine de se terminer que le territoire de l'actuel Panamá, soutenu par les États-Unis, fait sécession. En 1948, l'assassinat du leader libéral Jorge Gaitan déclenche de gigantesques émeutes à Bogotá et une guerre civile, qui se perpétue encore, fait 300 000 morts. Elle oppose les conservateurs et les propriétaires terriens, qui lèvent des milices, aux libéraux. La venue au pouvoir du général Rojas Pinilla amène un retour progressif de la paix (1953), mais nombre de guérilleros ne rendent pas les armes, car les règlements de comptes se poursuivent.

Conservateurs et libéraux concluent un pacte de partage du pouvoir doublé d'un partage des postes de responsabilité à tous les niveaux de l'administration. Mais la « Violence » (ainsi nomme-t-on la guerre civile) continue, avec les maquis castristes dans les années 1960 (le prêtre Camilo Torres est tué en 1966), puis les guérillas régionales, le banditisme pur et simple, et enfin le trafic de drogue. L'alliance institutionnelle prend fin officiellement en 1974, mais son esprit imprègne encore la vie politique. Le conservateur Belisario Betancur gouverne le pays de 1982 à 1986, puis les libéraux accèdent au pouvoir sous la bannière de Virgilio Barco.

UNE AGRICULTURE DE MONTAGNE. Les paysans indiens font pousser des haricots, de l'avoine, du blé et des pommes de terre dans des champs aménagés sur les pentes d'un haut plateau aride, près de la ville de Pasto, au S.-O. de la Colombie. Pasto est le grand marché de cette région agricole qui se trouve à 2 560 m au-dessus du niveau de la mer.

De 1984 à 1991 le gouvernement engage des négociations et signe des trêves avec la majorité des mouvements de guérilla. Alors que les guérilleros s'intègrent peu à peu au processus démocratique, le trafic de cocaïne se développe (Medellín, Cali). Sous la pression des États-Unis, qui obtiennent un accord d'extradition, les gouvernements de Betancur et Barco lancent de vastes opérations contre les trafiquants qui déclarent à leur tour la guerre urbaine.

En mai 90 le nouveau président César Gaviria lance la guerre totale contre la mafia. Plusieurs « parrains » meurent dans des affrontements avec l'armée. En juin 91, la nouvelle Assemblée constituante abroge l'accord d'extradition. Le « parrain » le plus recherché se rend aux autorités. La violence due au trafic de drogue diminue, mais celle due aux inégalités sociales subsiste. La réforme agraire se fait toujours attendre et les paysans continuent à immigrer vers les villes.

Le pétrole, découvert près de la frontière vénézuélienne, n'est pas encore pleinement exploité ; il y a aussi des poches de gaz naturel. D'autres richesses minérales contribuent à renforcer la balance des exportations, comme le charbon, exploité près de la ville de Riohacha, sur la mer des Antilles, et le nickel du département de Córdoba.

Les richesses de la Colombie sont loin d'être exploitées : le tourisme avec la vieille ville fortifiée de Cartagena, au bord de la mer des Antilles, les nombreuses fêtes et les festivals, comme celui de Medellín, capitale des orchidées, où encore le carnaval de Barranquilla, célèbre dans toutes les Caraïbes, sans oublier les corridas, souvenirs de la lointaine Espagne. Dans les llanos, les vastes savanes à l'est de la cordillère des Andes abritent des jaguars, des pumas, des daims, des boas et des tapirs.

LA COLOMBIE EN BREF

Superficie 1 138 914 km^2
Population 33 951 000
Capitale Santa Fe de Bogotá
Régime République
Monnaie Peso = 100 centavos
Langue Espagnol
Religion Chrétiens (97 % de catholiques, 1 % de protestants)
Climat Tropical sur la côte, tempéré sur les plateaux. Température moyenne à Bogotá : de 10-18 °C en juillet à 9-20 °C en février
Ressources Café, riz, pommes de terre, manioc, sucre, bananes, maïs, bétail, bois ; pétrole et gaz naturel, émeraudes, platine, or, argent, minerai de fer, charbon
Activités Cultures industrielles, mines, industries du fer et de l'acier, industries alimentaires, cimenteries, raffinage, papeteries, industries textiles
Exportations Café, textiles et habillement, fruits et légumes, sucre, produits chimiques, coton, mécanique
P.N.B. annuel par habitant 1 290 dollars
Croissance démographique 21 ‰ par an
Espérance de vie Hommes 66 ans, femmes 72

rapidement à la fin du XIXe s. lorsque le rail la relia aux nouvelles plantations de thé de l'intérieur, après le réaménagement de la rade. Le centre administratif et commercial de la ville, le Fort, comporte des parcs et des édifices à colonnades. Le Pettah, haut en couleur, est le quartier des bazars où se concentre l'activité artisanale de la cité. Autour de la ville et sur les terres humides prolifèrent les bidonvilles. Le nouveau siège du gouvernement est en construction à Kotte, ancienne capitale des rois cinghalais de 1415 à 1565, au S.-E. de Colombo.
Population 683 000
Carte Sri Lanka Ab

Colón, *Panamá* Deuxième ville du pays, sur la mer des Caraïbes, à l'extrémité orientale du canal. Elle porte le nom du découvreur de l'Amérique (Colomb en français), tandis que Cristobál, sa voisine et son port, en a reçu le prénom (Christophe). Les aménagements portuaires et les docks construits par le gouvernement américain à Cristobál font de Colón l'un des premiers ports des Caraïbes. Les Noirs qui forment la majorité de la population sont originaires des Antilles britanniques ; on les fit venir, à la fin du XIXe s., lors de la construction du canal.
Population (ville) 54 500 ; (aggl.) 96 000
Carte Panamá Ba

Colón (archipel de), *océan Pacifique* Voir GALÁPAGOS (îles)

Colonial National Historical Park, *États-Unis* Voir JAMESTOWN, WILLIAMSBURG, YORKTOWN

Colorado, *États-Unis* État de l'Ouest, dans les Rocheuses. Espagnol au début du XVIIIe s., puis mexicain, le territoire fut annexé par les États-Unis en 1848 et devint État en 1876. Région de montagnes verdoyantes et boisées à l'O. (le mont Elbert culmine à 4 399 m), occupée à l'E. par de hautes plaines arides où l'on pratique l'élevage extensif. L'agriculture est possible grâce à l'irrigation. Le sous-sol est riche : pétrole, gaz, charbon, argent, plomb et molybdène. La beauté des sites et le climat ensoleillé attirent les touristes, et les immigrants. Des industries de haute technologie s'y sont implantées, et l'État a l'une des plus fortes croissances démographiques du pays. Capitale : Denver.
Population 3 300 000
Carte États-Unis Ec

Colorado, *États-Unis/Mexique* Fleuve de 2 230 km de long, qui prend sa source dans les montagnes Rocheuses, au N.-O. de Denver, dans l'État du Colorado. Il traverse des plateaux arides en formant parfois des gorges très profondes — celles du Grand Canyon en Arizona sont les plus spectaculaires — pour se jeter dans le golfe de Californie, au Mexique. Plusieurs barrages, dont le Hoover Dam, ont été aménagés sur son cours.
Carte États-Unis Dd, Ec

Colorado (plateau du), *États-Unis* Zone de sites spectaculaires dans le Colorado, l'Utah, le Nouveau-Mexique et l'Arizona. Le plateau, de 610 à 3 660 m d'altitude, est composé de roches sédimentaires, profondément creusées par les canyons du fleuve Colorado et de ses affluents.
Carte États-Unis Dc

Colorado Springs, *États-Unis* Ville de l'État du Colorado, au pied du Pikes Peak (4 300 m). Le quartier général de la défense aérienne de l'Amérique du Nord (base aérienne d'Ent) et l'Académie de l'armée de l'air des États-Unis y ont leur siège et ont contribué à l'essor de la ville, qui est aussi une station thermale et un centre touristique, à proximité de stations de sports d'hiver dans les Rocheuses.
Population 397 100 ; (aggl.) 281 140 ;
Carte États-Unis Fc

Columbia, *Canada/États-Unis* Fleuve long de 1 950 km, qui prend sa source dans l'est de la Colombie britannique, remonte vers le N., puis redescend vers l'État de Washington (É.-U.) et se jette dans le Pacifique, à Portland. Il est aménagé à des fins d'irrigation et de production d'hydroélectricité.
Carte Canada Dd ; États-Unis Ba

Columbia, *États-Unis* Capitale de la Caroline du Sud. La ville fut rasée en 1865 lors de la guerre de Sécession. Centre manufacturier (textiles, fibres synthétiques, matériel aéronautique). Siège de l'université de Caroline du Sud.
Population (ville) 98 600 ; (aggl.) 453 300
Carte États-Unis Jd

Columbia (District de), *États-Unis* Voir WASHINGTON D.C.

Columbia (champ de glace), *Canada* Le plus grand glacier hors de l'Arctique et de l'Antarctique. Il s'étend sur 300 km^2, dans les Rocheuses. On y accède par la Promenade des Champs-de-Glace (Icefields Parkway) qui longe les parcs nationaux de Banff et de Jasper. On y organise des excursions en motoneige.
Carte Canada Dc

Columbus, *États-Unis* Capitale de l'État de l'Ohio, située au cœur de l'État. Centre industriel (imprimeries, construction automobile, aéronautique) et universitaire (trois universités, dont celle de l'Ohio).
Population (ville) 633 000 ; (aggl.) 1 378 000
Carte États-Unis Jb

Comayagua, *Honduras* Chef-lieu du département du même nom (5 196 km^2), au N.-O. de Tegucigalpa. Fondée par les Espagnols en 1537, capitale du pays jusqu'en 1880, cette petite ville est riche en monuments de style colonial. Églises du XVIe s., cathédrale du XVIIIe s. Centre d'une région d'élevage.
Population (ville) 28 120 ; (départ.) 257 000
Carte Honduras Ab

combe Dépression creusée par l'érosion au sommet d'un anticlinal, plus ou moins profonde selon la nature du sol. Les reliefs jurassiens et préalpins en comportent de nombreux exemples.

Côme, en it. **Como, *Italie*** Centre touristique et industriel (textile, mécanique) sur le lac du même nom, en Lombardie. Ville pittoresque dotée de très beaux édifices : cathédrale du XIVe s. ; Palais communal (XIIIe s.) ; église romanes (XIe s.) : San Abbondio, à cinq nefs, et San Fedele, qui combine le plan basilical et celui de la rotonde. Mussolini fut exécuté près de la ville par des partisans communistes, le 28 avril 1945.
Population 95 200
Carte Italie Bb

Côme (lac de), *Italie* Lac alpin au N. de Milan d'une superficie de 146 km^2, en forme de Y renversé. À l'extrémité de sa branche occidentale se trouve la ville de Côme. La ville de Lecco occupe la pointe de sa branche orientale. Bellagio, jolie station touristique, est sise sur un promontoire à la fourche de l'Y.
Carte Italie Ba

Comilla, *Bangladesh* 1. District de la province de Chittagong, à l'E.-S.-E. de Dhaka. Plaine alluviale bordée à l'E. par des collines boisées, aux ressources principalement agricoles : riz, jute, oléagineux, coton et thé.
2. La ville de Comilla, chef-lieu du district, est le siège de l'Académie de développement rural depuis 1965. C'est aussi un centre industriel (métallurgie).
Population (district) 6 881 000 ; (ville) 184 100
Carte Bangladesh Cc

Communisme (pic du), en russe **pic Kommunizma, *Tadjikistan*** Point le plus élevé de l'ex-U.R.S.S. (7 495 m), situé dans les monts du Pamir, près de la frontière afghane ; auparavant pic Staline (jusqu'en 1957).
Carte Tadjikistan Bb

Comodoro Rivadavia, *Argentine* Voir PATAGONIE

Comoé, *Côte-d'Ivoire* L'un des trois grands fleuves du pays, qui prend sa source près de la frontière du Burkina et se jette dans l'Atlantique à Grand Bassam. Longueur : 600 km. Il n'est pas navigable, mais permet l'irrigation de l'est du pays. Son cours inférieur marque la limite occidentale du territoire des Agnis.
Carte Côte-d'Ivoire Bb

Comoé (parc national de la), *Côte-d'Ivoire* Immense réserve naturelle (1 150 000 km^2) créée en 1926 dans les savanes du Nord-Est, près des sources de la Comoé. On y trouve éléphants, buffles, cerfs et sangliers. Le parc culmine à 640 m.
Carte Côte-d'Ivoire Bb

Comores Voir page ci-contre

Comorin (cap), *Inde* Pointe extrême du sud de l'Inde. Ce cap tire son nom de celui de la déesse vierge hindoue Kumari, à qui un temple est consacré.
Carte Inde Be

Compiègne, *France* Ville des bords de l'Oise. Jeanne d'Arc y fut faite prisonnière en 1430. Le château, commencé sous Louis XV, devint la résidence favorite de Napoléon III. La ville fut en 1917 et 1918 le siège du grand quartier général français. Les armistices de 1918 et de 1940 furent signés non loin, dans la forêt de Compiègne, à Rethondes. La ville est aujourd'hui un centre résidentiel et universitaire, et abrite l'École d'état-major. Musées (du Second Empire, de la Voiture, Vivenel).
Population 41 700
Carte France Eb

Compostelle, *Espagne* Voir SAINT-JACQUES-DE-COMPOSTELLE

Comtat venaissin, *France* Ancienne région du Midi, correspondant à une partie du département du Vaucluse. Elle tient son nom de la ville de Venasque, qui en fut longtemps la capitale. Le roi de France Philippe III la céda au pape Grégoire X en 1274, et la capitale devint Carpentras en 1320. Le Comtat resta propriété du Saint-Siège jusqu'en 1791, date à laquelle il fut

Comores

ENTRE MADAGASCAR ET L'AFRIQUE, DES ÎLES TROPICALES DONT L'INDÉPENDANCE ÉCONOMIQUE RESTE ENCORE À CONQUÉRIR

A l'entrée du canal de Mozambique, les Comores constituent l'un des derniers États devenus indépendants. Cet archipel est composé de quatre îles volcaniques : la Grande Comore (Ngazidja), Anjouan (Nzwani), Mohéli (Mwali), qui constituent la République fédérale islamique des Comores, et Mayotte (Maore), au statut mal défini, qui reste une possession française, ses habitants ayant refusé l'indépendance.

Le volcanisme est encore actif à la Grande Comore (1 025 km^2), où le volcan Kartala, qui possède l'un des plus grands cratères du monde, culmine à 2 361 m. Sur les îles, toutes montagneuses, les zones de végétation s'étagent avec l'altitude. La zone côtière, aux températures annuelles élevées, ne dépasse guère 400 m. C'est celle des plantations de cocotiers, de plantes à parfum (ylang-ylang), d'épices (vanille, clou de girofle, poivre, muscade) et, en général, des autres espèces d'origine tropicale (bananiers, avocatiers, cacaoyers, etc). Les cultures vivrières (manioc, igname, taro, bananes, riz pluvial) et les agrumes poussent de 400 à 800 m. Les altitudes supérieures à 800 m sont favorables à la forêt primaire et aux fougères arborescentes. Comme Madagascar, les Comores sont très riches en insectes (papillons recherchés pour leur rareté) et abritent quelques lémuriens.

Les Antalotes, les anciens Comoriens, seraient issus des premiers Africains, Malais, Indiens et Arabes arrivés dans les îles. Les Comores furent très tôt intégrées au commerce à longue distance de l'océan Indien. Elles reçurent ainsi : les Chirazis, habitants de Chiraz (Iran), arrivés aux Comores en 922, fuyant les persécutions religieuses ; les Portugais, qui s'installèrent dans la Grande Comore en 1500 ; les Arabes, qui s'établirent durablement sur des comptoirs de la côte africaine. Ces échanges donnèrent aux Comores sa langue, le kiswahili, langue véhiculaire de toute la frange africaine de l'océan Indien. Mais les îles, où s'étaient implantés des sultanats indépendants, furent ravagées par les incursions malgaches. La France et l'Angleterre s'y intéressèrent au milieu du XIXe s. (le négociant français Lambert s'installa à Mohéli en 1865). Le protectorat français fut installé en 1886. Les sociétés coloniales suivent aussitôt, développant les cultures de la canne à sucre, des épices et des plantes à parfum. L'indépendance est déclarée unilatéralement le 6 juillet 1975, sous l'impulsion d'Ahmed Abdallah, mais l'île de Mayotte demande à rester intégrée à la France. Après un coup d'État organisé par des mercenaires européens et trois ans d'intermède révolutionnaire (1975-1978), le président est rétabli dans ses fonctions par les mêmes mercenaires. Le président Abdallah est assassiné en décembre 1989, et les mercenaires doivent quitter l'archipel. Mohamed Djohar, chef de l'État par intérim, remporte les élections présidentielles trois mois plus tard.

L'archipel a adhéré à la ligue arabe en 1993, et l'opposition a contesté la victoire du parti de Mohamed Djohar aux élections législatives de la même année.

LES COMORES EN BREF

Carte Madagascar Aa
Superficie 1 862 km^2
Population 503 000
Capitale Moroni (Grande Comore)
Régime République fédérale
Monnaie Franc CFA = 100 centimes
Langues Kiswahili, français, arabe
Religions Musulmans (99 %), chrétiens (1 %)
Climat Tropical avec de fortes pluies de mousson ; température moyenne à Moroni : de 19-27 °C en août à 24-31 °C en mars
Ressources Vanille, clous de girofle, noix de coco, riz pluvial, maïs, patates douces, manioc, bois
Activités Cultures industrielles, pêche, forêt, industries alimentaires, extraction de base de parfum (ylang-ylang)
Exportations Vanille, clous de girofle, épices, essences de parfums, coprah, fibres de coco
P.N.B. annuel par habitant 460 dollars
Croissance démographique 34,5 ‰ par an
Espérance de vie Hommes 50 ans, femmes 54

rattaché à la France. Les villes d'Avignon, Carpentras, Cavaillon, Apt et Orange sont situées dans le Comtat venaissin.

Conakry, ***Guinée*** Capitale du pays et port sur la côte atlantique. La ville fut fondée en 1884 par les Français en territoire soussou, sur la presqu'île de Tumbo, au bord d'une rade naturelle profonde abritée par les îles de Los. Elle s'est développée grâce à la construction du chemin de fer de Guinée et surtout, dans les années 1950, à l'exploitation des mines de fer de Kaloum et de la bauxite des îles de Los. Toutefois, le trafic du port a diminué depuis l'aménagement du port minéralier de Kamsar. Le centre administratif et commercial de la ville conserve son caractère colonial, avec ses vieilles villas à véranda et ses avenues bordées de flamboyants.
Population 763 000
Carte Guinée Bb

Concepción, ***Chili*** Chef-lieu de la région du même nom, sur l'estuaire du Bíobío, à 420 km environ au S. de Santiago. Fondée par Pedro de Valdivia en 1550, la ville fut plusieurs fois victime de séismes (en 1730, 1751, 1835, 1939 et 1960). Elle est le centre d'une des régions les plus industrialisées du pays, à proximité des mines de charbon de Lota, de Lebu et de Coronel, des aciéries de Huachipato, du complexe chimique de San Vicente. Son port s'est développé vers le N. (Talcahuano). Industries textiles (coton et laine) et alimentaires, verrerie, cimenterie. San Pedro, non loin, est une station touristique.
Population 268 000
Carte Chili Ac

Concord, ***États-Unis*** Capitale de l'État du New Hampshire, fondée au XVIIIe s. sur le Merrimack. Petite ville prospère et centre commercial actif, au S.-O. de l'État, qui acquit sa richesse grâce à ses imprimeries et à ses carrières de granit au XIXe s.
Population 30 900
Carte États-Unis Lb

Condamine (La), ***Monaco*** Quartier commerçant du centre de la principauté, sur la rive N.-O. du port. Église Sainte-Dévote.
Population 12 500

condensation Phénomène par lequel une substance passe de l'état de vapeur à l'état liquide. Les nuages se forment par la condensation, dans l'atmosphère, de la vapeur d'eau en gouttes d'eau. Le refroidissement réduit la capacité de l'air à retenir la vapeur d'eau, et provoque la saturation, puis la condensation. Il arrive que la condensation ne se produise pas ; l'air est alors dit saturé.

cône de déjection Accumulation de débris déposés dans une vallée par un torrent lorsque sa pente diminue.

cône volcanique Relief formé de projections volcaniques (lave, cendres) autour de la cheminée d'un volcan.

congère Amas de neige ou de sable accumulé par le vent.

conglomérat Caillou composé de fragments rocheux ronds (poudingues) ou anguleux (brèches) supérieurs à 2 mm de diamètre, liés par un ciment de nature variable (silice, oxyde de fer, argile, carbonate de calcium).

Congo Voir p. 174

Congo, ***Afrique équatoriale*** Ancien nom du fleuve Zaïre, toujours utilisé en République populaire du Congo.
Carte Congo Bb

Connaught, ***Irlande*** Province historique comprenant les comtés de Mayo, Sligo, Leitrim, Galway et Roscommon. Elle forma l'un des cinq royaumes de l'Irlande médiévale et fut rattachée à la couronne anglaise au XVe s.
Population 423 900
Carte Irlande Bb

Connecticut, ***États-Unis*** État du Nord-Est, sur la côte atlantique, l'un des treize États originels de l'Union. Superficie : 13 000 km^2. Le territoire, occupé par les Anglais dans les années 1630, se donna un statut politique en 1639 (Fundamental Orders of Connecticut) confirmé par la Charte royale de 1662. L'État fut le cinquième à ratifier, en 1788, la constitution fédérale. C'est une région vallonnée, aux vastes forêts (60 % de sa superficie), très urbanisée (80 % de la population vit dans les villes) et dont l'industrialisation est ancienne. La technologie aérospatiale, la production d'armement et de machines-outils constituent aujourd'hui une part importante de ses activités. Ville principales : Hartford (capitale), qui forme avec New Britain une conurbation, New Haven sur l'Atlantique. Banlieue résidentielle de New York.
Population 3 290 000
Carte États-Unis Lb

Connemara, ***Irlande*** Région peu peuplée du nord-ouest du pays (comté de Galway), sur l'Atlantique. Paysages montagneux aux landes trouées de lacs, aux côtes sauvages et découpées. Élevage de poneys. Chef-lieu : Clifden.
Carte Irlande Bb

Congo

ANCIEN ÉTAT MARXISTE-LÉNINISTE, LE CONGO S'EST CONVERTI À LA SOCIAL-DÉMOCRATIE

À cheval sur l'équateur, la République populaire du Congo, en Afrique centrale, connaît la stabilité politique depuis 1979. Les années qui ont suivi l'indépendance, en 1960, de cette ancienne colonie de l'Afrique-Équatoriale française, ont été marquées par la présidence haute en couleur de l'abbé Fulbert Youlou, renversé en 1963, son remplacement par Alphonse Massemba-Débat, le renversement de ce dernier par des militaires en 1968 et la venue au pouvoir d'un Conseil national de la révolution, présidé par le capitaine Marien Ngouabi. L'assassinat de celui-ci, en 1977, a entraîné l'exécution de l'ancien président Massemba-Débat et l'instauration d'un régime intérimaire présidé par le général Yhombi Opango, auquel a succédé en 1979 le colonel Denis Sassou Nguesso, qui a fait voter une quatrième Constitution.

La venue au pouvoir de Sassou Nguesso marque la fin des surenchères (départ de soldats cubains), l'arrivée des pragmatiques et le resserrement des liens avec la France.

En septembre 1990, sous la pression des syndicats et des Églises, l'ancien parti unique abandonne le marxisme-léninisme et adopte un programme social-démocrate. En juin 1991, cette « révolution tranquille » débouche sur une nouvelle Constitution. Un opposant, Pascal Lissouba, est élu président en 1992. À la fin de 1993, des affrontements meurtriers opposent pendant trois mois, à Brazzaville, les partisans de Pascal Lissouba à ceux de l'ancien président Denis Sassou Nguesso dont le parti a remporté les élections législatives.

L'histoire du Congo est celle des groupes linguistiques présents dans le pays : ceux de langue bantoue, les plus nombreux, comprenant les ethnies de l'ancien royaume de Loango, sur la côte, l'ensemble Loki-Kongo (45 % de la population), dans la région de Brazzaville, la plus peuplée, et, dans le Nord, le groupe Loki, de langue soudanaise ; une dizaine de milliers de Bingas (Pygmées) vivent dans les forêts du Nord-Est. Les grandes langues véhiculaires (téké et lingala) sont parlées sur les bords du Zaïre et de l'Oubangui.

À la fin du XIXe s., l'embouchure du Zaïre, alors appelé Congo, est l'objet d'intenses rivalités entre les puissances européennes. L'histoire de la colonisation commence avec Savorgnan de Brazza, qui signe, au nom de la France, un traité d'amitié avec Makoko, roi des Tékés (1880). Mais Brazza se heurte aux intérêts des grandes compagnies concessionnaires et parvient à réduire leurs prétentions sur le territoire. Au lendemain de la Grande Guerre, un scandale, évoqué par Gide dans son *Voyage au Congo*, entoure la construction du chemin de fer Congo-Océan, reliant Brazzaville à Pointe-Noire : « Un mort congolais par traverse », dira-t-on. Ces événements contribuèrent, à travers les mouvements messianiques apparus dans la région dans les années 1930, à mettre en cause, plus tôt qu'ailleurs, le régime colonial. Capitale de l'Afrique-Équatoriale française depuis 1910, Brazzaville se rallia à la France libre avec l'appui des leaders congolais. Dans le discours de Brazzaville (1944), le général de Gaulle posait les bases de l'Union française et promettait aux colonies justice et liberté.

La géographie épouse celle de la rive droite du Zaïre. L'étroite plaine côtière est séparée de la vallée fertile du Niari par la chaîne du Mayombe, escarpée, mais peu élevée. Audessus de Brazzaville, le plateau Batéké domine une vaste cuvette drainée par la Sangha, la Likouala et les autres affluents de l'Oubangui et du Zaïre. C'est une région presque vide d'habitants dans un pays déjà sous-peuplé.

CRÉPUSCULE SUR LE CONGO. Trois négociants rentrent chez eux en pirogue après avoir échangé des marchandises.

Le bois — dur (limba) ou tendre (okoumé) — constitue la deuxième richesse du pays après le pétrole. Le sous-sol est aussi riche en phosphates, uranium et fer. On produit du café, du cacao, de l'huile de palme. L'agriculture de subsistance (maïs, manioc) couvre juste la consommation locale. Le Congo mise sur le développement du chemin de fer (bretelle pour évacuer le minerai gabonais de Franceville, prolongation en Centrafrique).

La faune est nombreuse et variée (réserves de Léfini et de Divenie, parc national d'Odzala), mais le tourisme est peu développé. Éléphants, rhinocéros, girafes et guépards vivent dans la savane, tandis que la forêt abrite des gorilles, des boas et une espèce particulière d'antilope, le bongo.

LE CONGO EN BREF
Superficie 342 000 km²
Population 2 260 000
Capitale Brazzaville
Régime République et multipartisme
Monnaie Franc CFA
Langues Français (officiel), lingala, téké, kongo, sango
Religions Chrétiens et sectes (79 %), religions africaines (14 %)
Climat Tropical ; température moyenne à Brazzaville : de 17-28 °C en juillet à 22-33 °C en avril
Ressources Manioc, patates douces, canne à sucre, arachides, ananas, café, cacao, bois ; pétrole brut, plomb, cuivre, zinc, or
Activités Extraction et raffinage du pétrole, mines, sylviculture, industries alimentaires, textiles, chimiques, cimenteries
Exportations Pétrole brut, bois et produits du bois, café, cacao, diamants (d'origine zaïroise)
P.N.B. annuel par habitant 930 dollars
Croissance démographique 30 ‰ par an
Espérance de vie Hommes 52 ans, femmes 57

Conques, ***France*** Village de l'Aveyron (arr. de Rodez). Le Jugement dernier qui figure au portail de son église est l'un des chefs-d'œuvre de la sculpture romane (premier tiers du XIIe s.). L'église (XIe s.) était celle de l'abbaye bénédictine de Sainte-Foy, célèbre aux temps du pèlerinage à Saint-Jacques-de-Compostelle.
Carte France Ed

Constance, en all. **Konstanz,** ***Allemagne*** Ville universitaire, touristique et industrielle (usines chimiques, pharmaceutiques, textiles et de construction mécanique), mais aussi station climatique et de villégiature, sur la rive S. du lac de Constance, en bordure de la frontière suisse. Le concile de Constance, qui se tint dans la ville de 1414 à 1418, mit fin au Grand Schisme d'Occident.
Population 75 100
Carte Allemagne Ce

Constance (lac de), en all. **Bodensee,** ***Suisse/Allemagne/Autriche*** L'un des plus grands lacs d'Europe (540 km^2), dont les eaux sont partagées entre les trois pays et traversé d'E. en O. par le Rhin. Les collines qui dominent la rive allemande sont couvertes de vergers et de vignobles ; les pittoresques villes de Lindau (Allemagne) et de Bregenz (Autriche) sont d'importantes stations touristiques. La ville de Constance (station climatique et de villégiature) est située sur la rive S. (Allemagne).
Carte Allemagne Ce

Constantine, en arabe **Qacentina,** ***Algérie*** Chef-lieu de wilaya, la plus importante ville de l'Est algérien. Les profondes gorges du Rummel qui l'entourent en font une forteresse naturelle. La ville fut la capitale des Numides sous le nom de Cirta, puis une colonie romaine s'établit sur le site. Les Arabes l'occupèrent au VIIe s., les Français la prirent en 1837. C'est aujourd'hui la troisième ville du pays, un centre administratif, industriel (textiles, construction mécanique) et universitaire.
Population 452 500
Carte Algérie Ba

Constantinople, ***Turquie*** Voir ISTANBUL

Constantza, en roumain **Constanța,** ***Roumanie*** Port principal du pays, sur la mer Noire. Colonie grecque fondée au VIe s. av. J.-C., puis romaine (le poète Ovide y passa plusieurs années et y mourut en 17 ou 18 de notre ère), reconstruite sous Constantin, elle fut conquise, au début du XVe s., par les Turcs, qui la gardèrent jusqu'en 1878. Le port assure aujourd'hui la presque totalité du trafic maritime roumain. Il est relié par pipelines aux champs pétrolifères de Ploieşti. Le musée d'histoire et d'archéologie présente d'intéressantes pièces de la statuaire grecque. Un aéroport international facilite le développement des grandes stations balnéaires voisines.
Population 283 000
Carte Roumanie Bb

Contadora (île de), ***Panamá*** L'une des plus petites îles de l'archipel des Perles (ou de Las Perlas) qui compte 227 îles, pour la plupart inhabitées (la plus grande est l'île del Rey), à 75 km au large de Panamá, dans l'océan Pacifique. On y pêchait des huîtres perlières jusqu'au début du XXe s. Contadora est aujourd'hui un centre de pêche sous-marine et sportive.
Carte Panamá Ba

continent Vaste surface de terres entourées par des océans. On distingue habituellement six continents : Europe, Afrique, Asie, Amérique, Océanie et Antarctique. Voir LA DÉRIVE DES CONTINENTS, p. 199, et LA STRUCTURE DES CONTINENTS, ci-dessous.

convergence intertropicale Zone de basse pression et d'ascendance d'air humide à la rencontre des alizés austral et boréal de part et d'autre de l'équateur. Elle forme une ligne discontinue et se déplace d'un hémisphère à l'autre au cours de

LA STRUCTURE DES CONTINENTS

L'enveloppe externe de la croûte solide sur laquelle nous vivons est composée à 92 % de roches ignées et métamorphiques (parmi lesquelles prédomine le granit) et à 8 % de roches sédimentaires. Elle repose sur un niveau plus dense dont la composition n'est pas définitivement établie, mais qui semble correspondre, d'après les quelques affleurements visibles çà et là sur la planète, à la forme métamorphisée de la croûte des fonds océaniques. L'épaisseur des continents, en comptant ces deux enveloppes, peut atteindre 60 km, alors que celle du plancher océanique, constituée d'une seule couche de basalte plus dense, n'excède pas 5 km.

La structure des continents est de loin la plus ancienne, la plus complexe. Pour simplifier, disons qu'elle associe trois objets géologiques : les Boucliers, les plates-formes continentales et les chaînes de montagnes. Les Boucliers, comme le Bouclier canadien ou la majeure partie de l'Australie intérieure, sont des régions de faible relief, où affleurent des terrains très vieux et très érodés. Les plates-formes, plaines ou plateaux qui occupent ce qui reste de l'intérieur des continents sont des régions de boucliers recouvertes de sédiments dont l'épaisseur peut atteindre plusieurs milliers de mètres. Les chaînes montagneuses résultent de la collision de deux plaques et des plissements et volcanisme associés. Volcanisme et tremblements de terre sont toujours actifs dans les montagnes jeunes comme les Andes, alors que les vieux massifs plissés comme les Highlands occidentales (Écosse) sont aujourd'hui considérés comme stables.

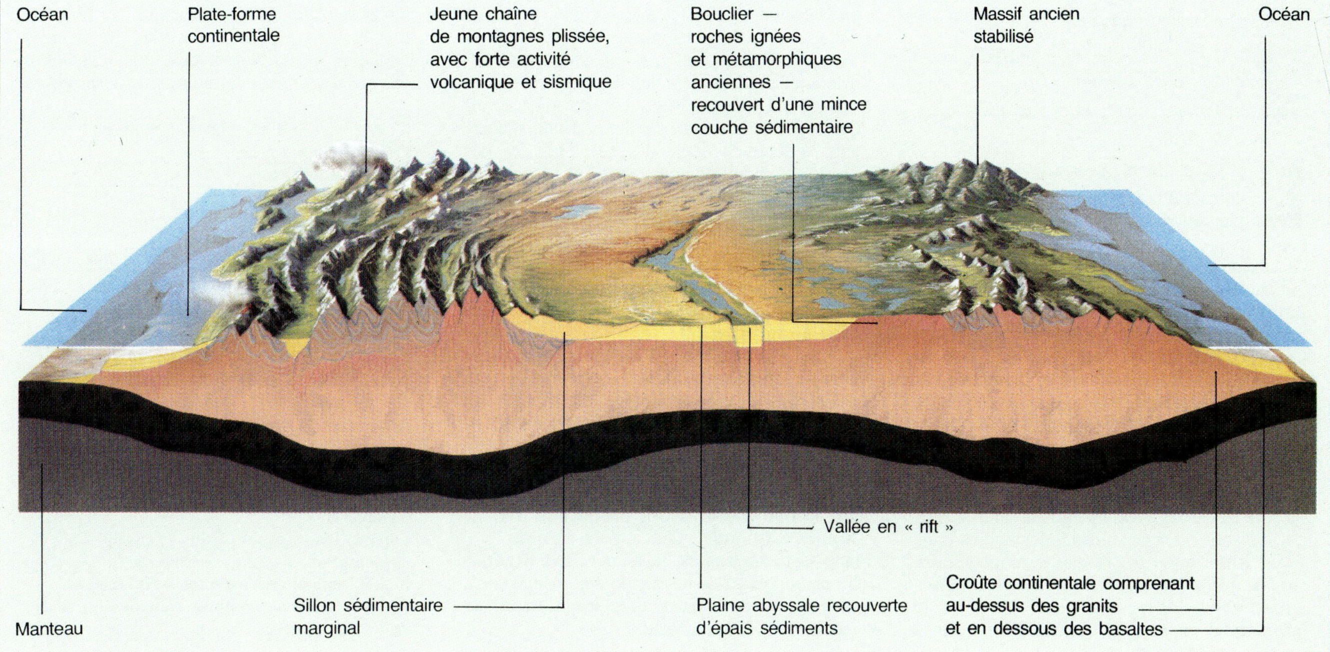

l'année. Elle se caractérise par la présence de nuages épais et d'orages ; les pluies de la mousson d'été de l'Inde et de l'Asie du Sud-Est lui sont associées. On la connaissait autrefois sous le nom de front intertropical.

Coober Pedy, ***Australie*** Ville minière (opale) au S. et au pied du Stuart Range, au centre de l'Australie méridionale. Habitations troglodytiques (protection contre le soleil du désert).
Population 2 000
Carte Australie Ed

Cook (détroit de), ***Nouvelle-Zélande*** Détroit entre l'île du Nord et l'île du Sud, de 26 km de large ; il est réputé pour ses forts courants et ses violentes tempêtes.
Carte Nouvelle-Zélande Ed

Cook (mont), ***Nouvelle-Zélande*** Point culminant des Alpes néo-zélandaises et du pays (3 764 m), dans l'île du Sud, à 200 km à l'O. de Christchurch. Parc national du mont Cook. Ski et alpinisme.
Carte Nouvelle-Zélande Ce

Coolgardie, ***Australie*** Voir KALGOORLIE

Cooper Creek, ***Australie*** Fleuve qui prend sa source dans le Queensland central et a un cours intermittent ; en saison humide, il coule vers le S.-O. jusqu'au lac Eyre, en Australie-Méridionale. Sa partie supérieure s'appelle Barcoo, nom donné autrefois au fleuve tout entier.
Carte Australie Gd

Coorg, ***Inde*** Voir KODAGU

Copacabana, ***Bolivie*** Petite ville pittoresque, aux toits de tuiles rouges, sur les bords du lac Titicaca, qui fut un centre religieux précolombien. L'église, consacrée à la Vierge noire du lac, date du début du XVIIe s. Quant à la statue de la Vierge qu'elle abrite, on l'attribue à un artiste inca, Tito Yupanqui ; on la date du XVIe s.
Population 14 200

Copacabana, ***Brésil*** Voir RIO DE JANEIRO

Copán, ***Honduras*** Site maya remarquablement conservé, à 225 km au N.-O. de Tegucigalpa, près de la frontière guatémaltèque. Il date de l'époque classique (300-900). Il est fameux pour ses temples pyramidaux, l'escalier de pierre aux cinquante-trois marches ornées d'hiéroglyphes et la décoration sculptée des portes, des autels et des stèles.
Carte Honduras Ab

Copenhague, en danois **Kobenhavn,** ***Danemark*** Capitale et principal port du pays, sur le détroit du Sund, entre la mer du Nord et la Baltique. La ville est établie sur la rive orientale de l'île de Sjaelland et la petite île d'Amager. Résidence royale sous Erik de Poméranie, capitale du royaume danois en 1443, siège d'une université en 1479, elle passe au protestantisme au XVIe s. Contrôlant le Sund après l'élimination de Lübeck, à la tête d'un empire colonial florissant (les Danois ont des comptoirs en Inde, en Chine et aux Antilles), siège de puissantes compagnies de commerce maritime, la ville connaît des heures de prospérité jusqu'à la fin du XVIIIe s. En 1807, elle est bombardée et en partie détruite par les Anglais. Elle a conservé cependant des monuments nombreux et de style varié ; cela va du style renaissant d'influence hollandaise de la Bourse (Borsen) et du château de Rosenborg, au rococo du palais d'Amalienborg (milieu du XVIIIe s.) et au néoclassique des hôtels de la fin du XVIIIe s. et de la cathédrale (début XIXe s.), en passant par le baroque de l'église de Notre-Sauveur et du château de Charlottenborg (1672). La ville possède de très importants musées (la Glyptothèque Carlsberg et le musée des Beaux-Arts notamment).
La zone urbaine de Copenhague concentre le tiers des usines danoises ; il faut citer parmi les plus importantes celles de construction mécanique et les chantiers navals (Burmeister & Wain), les brasseries Carlsberg et Tuborg, sans oublier la fameuse Manufacture royale de porcelaine.
Population (ville) 467 000 ; (aggl.) 1 685 000
Carte Danemark Cb

Copiapó, ***Chili*** Chef-lieu de la région d'Atacama, au S. du désert, sur les rives du fleuve Copiapó. Après la découverte de mines d'argent en 1832, puis de cuivre, la ville devint l'une des plus prospères du pays. La première voie ferrée de l'Amérique du Sud fut construite dans la province en 1852, pour relier le port de Caldera aux mines de cuivre.
Population 70 000
Carte Chili Ab

Copperbelt, ***Zambie*** Au N. de Lusaka, c'est la plus petite province du pays (31 328 km^2). Elle détient l'une des plus importantes réserves de cuivre du monde (plus de 882 millions de tonnes), à proximité des villes de Ndola, Kitwe-Nkana, Chingola et Chililabombwe. La région est aussi riche en cobalt, plomb et zinc.
Population 1 580 000
Carte Zambie Bb

Coquilhatville, ***Zaïre*** Voir MBANDAKA

Coquimbo, ***Chili*** Région du centre du pays (40 656 km^2), entre le désert d'Atacama et Valparaíso. Son économie repose sur l'élevage et l'exploitation des mines de cuivre et de manganèse. Les villes principales sont La Serena (chef-lieu), Coquimbo (port) et Ovalle. Pèlerinage célèbre au sanctuaire de la Vierge du rosaire d'Andacollo, à 16 km au S.-O. de Coquimbo.
Population 502 500
Carte Chili Ac

Cook (îles)

CES PETITES ÎLES DISPERSÉES, QUI PORTENT LE NOM DU PLUS CÉLÈBRE EXPLORATEUR DU PACIFIQUE, SONT ENCORE TRÈS LIÉES AVEC LA NOUVELLE-ZÉLANDE

Le capitaine James Cook découvrit et cartographia la plupart des îles qui portent son nom au cours de son second voyage dans le Pacifique, en 1773. Il eut de la chance de ne pas les manquer, car ces quinze îles, dispersées sur une étendue maritime de 2 200 000 km^2 à l'E. des Tonga et des Samoa, n'ont ensemble que 240 km^2 : Rarotonga, la plus grande — et pourtant Cook ne l'a pas vue — n'a que 10 km de diamètre. Un Espagnol, Alvaro de Mendana, avait aperçu le premier l'île de Pukapuka en août 1595.

Les îles Cook forment deux groupes principaux distants de 1 100 km. Le groupe Nord se compose de sept îles basses coralliennes, dont six sont des atolls avec un lagon central. Celles du Sud sont presque toutes volcaniques, mais seule Rarotonga est vraiment montagneuse (652 m au Te Manga) ; ce sont les plus importantes (90 % de la superficie, 85 % de la population) et les plus fertiles.

En 1888, les îles Cook devinrent protectorat britannique, et en 1901 territoire néo-zélandais. Mais les relations avec la Nouvelle-Zélande sont beaucoup plus anciennes — et de sens inverse —, car les îles Cook servirent d'étape aux Polynésiens qui colonisèrent la Nouvelle-Zélande il y a six cents ans ; les insulaires des Cook sont en fait des cousins des Maoris. La plage de Muri, à Rarotonga, aurait été le point de départ de l'expédition maorie vers la Nouvelle-Zélande. En 1965, les îles devinrent indépendantes en libre association avec la Nouvelle-Zélande, et leurs habitants ont les mêmes droits que les Néo-Zélandais. La Nouvelle-Zélande s'occupe des Affaires étrangères et de la Défense et fournit une aide matérielle et humaine importante, mais le Parlement des îles Cook peut modifier ces liens à tout moment.

Ainsi, il a décidé que l'archipel n'appartient plus au Commonwealth.

En fait, il y a davantage d'insulaires en Nouvelle-Zélande (environ 25 000) que dans les îles Cook elles-mêmes. L'argent qu'ils envoient consolide l'économie locale. Celle-ci repose surtout sur l'agriculture, qui exporte une bonne partie de sa production vers la Nouvelle-Zélande. Les fertiles îles du Sud cultivent les agrumes, les ananas (exportations de conserves et de jus d'ananas), les tomates, les bananes. La noix de coco est la principale récolte des îles du Nord.

Le tourisme, bien qu'en progrès, est encore modeste et limité à Rarotonga (aéroport international) et à Aitutaki. Ce n'est certes pas faute d'attraits naturels (Rarotonga est une des plus belles îles de Polynésie) ni d'accueil amical, bien au contraire. Mais les heureux insulaires ne souhaitent pas voir leurs petites îles envahies par des milliers de visiteurs.

LES ÎLES COOK EN BREF
Carte Pacifique (océan) Fd
Superficie 240 km^2
Population 20 000
Capitale Avarua
Régime République parlementaire
Monnaies Dollar des îles Cook et dollar néo-zélandais
Langues Anglais, maori des îles Cook
Religion Protestants (70 %)
Climat Tropical ; températures moyennes à Avarua : de 18 à 25 °C en juillet, de 23 à 29 °C en janvier
Ressources Noix de coco, agrumes, ananas, tomates, bananes, ignames, taro, manioc, poisson.
Activités Agriculture, conserves de fruits, confection
Exportations Coprah, fruits tropicaux frais et en conserve, légumes, vêtements
P.N.B. annuel par habitant 2 000 dollars
Croissance démographique Négative en raison de l'émigration.

BLEU PROFOND. La mer de Corail baigne les récifs de la Grande Barrière qui s'étirent sur 1 900 km, le long de la côte N.-E. de l'Australie. Les bateaux traversent le banc corallien par d'étroits chenaux.

Corail (mer de), ***océan Pacifique*** Partie de l'océan Pacifique que limitent les côtes N.-E. de l'Australie (récifs de la Grande Barrière), la Papouasie-Nouvelle-Guinée, les îles Salomon, le Vanuatu et la Nouvelle-Calédonie. Elle fut le théâtre d'une bataille aéronavale entre les forces américaines et japonaises, du 4 au 8 mai 1942.
Carte Pacifique (océan) Cc

corail, coraux Polypiers marins sécrétant du calcaire et vivant en colonies dans les mers tropicales. Leurs squelettes calcaires, aussi appelés coraux, prennent des formes diverses en se regroupant et constituent souvent des récifs et des îles. Le terme est aussi employé pour désigné la structure lithoïde qui naît de l'accumulation de ces squelettes.

corallien (récif) Chaîne de rochers marins formée le long des côtes par des polypiers coralliens. Les récifs frangeants longent le littoral ou en sont séparés par un lagon peu profond. Les récifs barrières (comme la Grande Barrière australienne) sont séparés du rivage par une étendue d'eau profonde. Voir aussi ATOLL.

Corcaigh, ***Irlande*** Voir CORK

cordillère Grand ensemble montagneux allongé, comme la cordillère des Andes, en Amérique du Sud. Le terme désigne aussi les chaînes de montagnes à structure plissée.

Cordillère centrale, ***Philippines*** Ensemble montagneux au N. de Luçon, compris entre la vallée du Cagayan et la mer de Chine méridionale. Il est formé de trois chaînes parallèles : la chaîne Malayan, la chaîne Centrale et la chaîne Polis (où culmine à 2 928 m le mont Pulog). Dans certaines zones d'accès difficile vivent de petits groupes de montagnards, les Igorots, ethniquement différents des Philippins malais. Baguio, capitale estivale des Philippines, est installée au S. de la cordillère.
Carte Philippine Bb

Córdoba, ***Argentine*** Deuxième ville du pays, à 660 km environ au N.-O. de Buenos Aires. Centre industriel important (automobiles, avions, textiles et produits alimentaires). La ville, fondée en 1573, conserve quelques beaux monuments de la période coloniale. La cathédrale et l'église des Jésuites datent du XVIIe s.
Population 1 179 100
Carte Argentine Cb

cordon littoral Formation due à la sédimentation marine littorale qui varie selon la forme du rivage, les courants marins et les matériaux charriés par la mer. Lorsque l'apport de sable est important, le cordon littoral se constitue en dunes qui régularisent les côtes (côte landaise, en France). Un cordon littoral oblique par rapport au rivage peut donner naissance à une *flèche littorale*, qui dans le cas d'une côte concave isolera une lagune. La plage sablonneuse qui borde ce cordon du côté de la mer est nommée *lido* en Italie (Venise). Si la flèche littorale rejoint une île rocheuse, il se forme une presqu'île dite *tombolo* (Quiberon). Voir aussi L'ÉROSION LITTORALE, p. 182.

Cordoue, en esp. **Córdoba,** ***Espagne*** Chef-lieu de la province du même nom, en Andalousie. Ce fut une cité romaine, capitale de la Bétique, puis, du VIIIe au XIe s., la capitale de l'Espagne musulmane. La Grande Mosquée, remarquable vestige de cette époque, est aujourd'hui une cathédrale. La ville produisait autrefois des cuirs renommés. Industries alimentaires, tourisme.

La province de Cordoue (13 718 km^2) est surtout agricole (céréales, oliviers, vigne), mais on y exploite aussi des mines de charbon (Peñarroya), de cuivre et d'argent.
Population (ville) 310 500 ; (prov.) 758 000
Carte Espagne Cd

Corée (détroit de), ***Corée/Japon*** Détroit qui sépare la Corée du Sud du Japon, entre la mer de Chine et la mer du Japon. L'île de Tsushima le divise en deux, la partie orientale étant parfois appelée détroit de Tsushima. Le chenal Ouest est large de 97 km, le chenal Est de 64 km. En 1905, lors de la bataille navale de Tsushima, les Japonais infligèrent une défaite à la flotte russe venue de la Baltique.
Carte Corée De

Corée du Nord Voir p. 178

Corée du Sud Voir p. 179

Corfou, anc. **Corcyre,** en grec **Kérkira,** ***Grèce*** Île de la mer Ionienne qui fut, de 1386 à 1797, le principal arsenal des Vénitiens en Grèce. On y parle encore l'italien. Les fortifications et la citadelle vénitiennes dominent le petit port de Kérkira. Les plages de Paléokastritsa, sur la côte O., sont bien aménagées (hôtels, terrains de camping, port de plaisance). Corfou produit du vin rouge, des fruits et des olives.
Population 97 100
Carte Grèce Ab

Corinthe, en grec **Korinthos,** ***Grèce*** Ville du nord-est du Péloponnèse, à proximité du canal

Voir suite p. 180

Corée du Nord

ÉTAT ISOLÉ VOUÉ À LA GLOIRE DU CHEF COMMUNISTE KIM IL SUNG, LA CORÉE DU NORD A UN GRAND RETARD ÉCONOMIQUE SUR SON VOISIN DU SUD

Isolée, fermée et hostile aux contacts avec l'Ouest, la Corée du Nord est une dictature de fait, sous le contrôle de Kim Il Sung. Cet État communiste de l'école stalinienne semble voué à deux tâches: la réunification, sous contrôle communiste, avec son voisin du Sud, et la glorification et la perpétuation de la dynastie de Kim. Depuis l'armistice du 27 juillet 1953 (fin de la guerre de Corée), la réunification a peu progressé, la propagande abusive et des incidents sporadiques dans la zone démilitarisée étant entrecoupés de moments de répit assez longs. Pour ce qui est de la seconde tâche, il semble que le fils de Kim, Kim Jong Il, est préparé à devenir le prochain chef d'État.

Mais toute certitude semble impossible en ce qui concerne le pays. Peu de visiteurs y sont admis, et même les contacts avec les pays communistes frères sont réduits au minimum.

PLANIFICATION ET RIGIDITÉ

Quelles que soient ses insuffisances, la Corée du Nord a fourni à sa population des logements corrects, une éducation de base et des soins médicaux, mais l'économie stagne. La planification insiste sur la production de minerais, de munitions, d'acier et de produits chimiques aux dépens des biens de consommation; les dépenses d'une armée de 750 000 hommes absorbent 15 % du budget et réduisent les disponibilités pour l'investissement productif. Les fermes collectives ont prouvé leur manque de souplesse et d'efficacité. La société nord-coréenne est rigide, autoritaire et étroitement disciplinée. Depuis quelque temps, le fils et dauphin de Kim, Kim Jong Il, a entrepris de restructurer l'administration économique de son pays.

La Corée du Nord comprend environ 55 % de la superficie de la péninsule coréenne. Elle s'étend des fleuves Yalu et Tumen, qui forment sa frontière avec la Chine (et, sur 18 km à l'E., avec la Russie), jusqu'à la ligne démilitarisée le long du 38e parallèle. C'est un pays montagneux, particulièrement escarpé au N., où un sommet dépasse 2 500 m. Les trois quarts du pays sont boisés, et 18 % seulement sont cultivés. Comme en Corée du Sud, les principales plaines se trouvent à l'O.

Le climat ressemble aussi à celui du Sud, avec des étés un peu plus frais et moins humides, et des hivers encore plus froids. À l'intérieur, des arrivées d'air de l'Asie centrale peuvent faire tomber les températures au-dessous de −18 °C; les rivières et les lacs gèlent. Il pleut moins qu'au Sud, mais encore assez pour permettre la production de riz.

La Corée du Nord est bien dotée en ressources minérales : pas de pétrole, mais du charbon (70 % des besoins d'énergie); hydroélectricité, le long du Yalu, fer autour de Musan et de Pyongyang ainsi que d'autres minerais (cuivre, plomb, zinc, tungstène, graphite). Les filatures sont les principales industries légères.

GUERRES ET RECONSTRUCTION

Une grande partie de l'industrie coréenne a été développée par les Japonais, qui ont occupé la péninsule de 1910 à 1945. À la défaite du Japon, en 1945, les troupes d'occupation soviétiques ouvrirent la voie à un gouvernement communiste, installé en 1948 sous la direction de Kim Il Sung, un ancien partisan. La guerre de Corée commença avec une attaque du Nord contre le Sud en juin 1950. Les villes de Corée du Nord furent dévastées et un million de Nord-Coréens furent tués ou s'enfuirent vers le Sud. L'armistice fut signé en 1953 à Pan Mun Jon. Après la guerre, la reconstruction fut centrée sur l'industrie lourde et les fermes collectives. La prospérité du pays culmina au milieu des années 60, mais déclina ensuite, bien au-dessous de celle du Sud. Parallèlement, Kim Il Sung mettait en place le culte de la personnalité, de nature à faire paraître modestes ceux de Staline et de Mao Zedong.

Quelques signes d'une attitude moins isolationniste apparaissent. La Corée du Nord a grand besoin de contacts pour se procurer la technologie indispensable. Mais la communauté internationale reste vigilante face aux menaces que fait peser le nucléaire dans un pays dont les dirigeants soufflent jour après jour le chaud et le froid. Les relations avec le voisin du Sud étaient malgré tout moins tendues depuis leur admission conjointe à l'O.N.U. en 1991. Mais le décès en juillet 1994 de Kim Il Sung laisse le pays, son voisin du Sud et toute la région dans l'incertitude.

LA CORÉE DU NORD EN BREF

Superficie 122 000 km²
Population 22 647 000
Capitale Pyongyang
Régime République populaire
Monnaie Won nord-coréen = 100 chon
Langue Coréen
Religions Chamanistes, bouddhistes, Chundo Kyo
Climat Continental; température moyenne à Pyongyang: de − 8 °C en janvier à 24 °C en août
Ressources Riz, charbon, minerai de fer
Activités Agriculture, fer et acier, industries mécaniques et chimiques, ciment
Exportations Métaux et minerais (fer surtout), produits chimiques
P.N.B. annuel par habitant 1 100 dollars
Croissance démographique 18 ‰ par an
Espérance de vie Hommes 68 ans, femmes 74

Corée du Sud

INSPIRÉE PAR L'UN DE SES VOISINS, MENACÉE PAR UN AUTRE, LA CORÉE DU SUD A UNE ÉCONOMIE EN PLEIN ESSOR, TROUBLÉE PAR DES CONFLITS POLITIQUES

La Corée était connue comme le pays du Matin Calme, mais il y a bien peu de calme de nos jours dans ce pays industriel dynamique. Depuis Séoul, la capitale, dans le Nord-Ouest, jusqu'au port de Fusan, dans le Sud-Est, les usines crachent leurs fumées, tandis que bulldozers et excavatrices cahotent à travers le pays, préparant les emplacements de nouvelles usines, de logements, et le passage d'autoroutes. On peut encore découvrir la beauté de la Corée rurale, surtout dans l'Est montagneux, ou des sites historiques, comme à Kyongju, qui datent de plus de mille ans, mais les signes de changements spectaculaires sont présents partout, car l'économie connaît une expansion qui fait paraître lente celle du Japon...

Comme celui du Japon, le miracle économique coréen est fondé sur des ressources naturelles bien maigres. À peine plus grand que le Portugal, mais quatre fois plus peuplé, le pays occupe la moitié S. de la péninsule coréenne, depuis le détroit de Corée jusqu'à la zone démilitarisée de la frontière avec la Corée du Nord. Il est montagneux, constituant un grand bloc basculé vers l'O., si bien que les montagnes les plus hautes suivent la côte orientale, selon une direction N.-S. 23 % seulement de la superficie sont cultivés, les plaines s'étendant surtout à l'E. et au S. Les densités de population y sont très fortes, plus élevées même qu'au Japon.

Le charbon local et l'hydroélectricité aident à faire face aux énormes besoins en énergie, mais il n'y a pas de pétrole, et les trois quarts de ces besoins sont couverts par des importations. En dehors du tungstène, le pays a peu de ressources minérales, et l'industrie, en croissance rapide, dépend largement des matières premières importées.

Les agriculteurs doivent s'accommoder d'un climat de mousson qui associe des hivers glaciaux — où les vents venus d'Asie centrale fouettent la péninsule — et des étés chauds et pluvieux (les températures d'été à Séoul atteignent souvent des maxima inconfortables de 31 °C). La période végétative est assez longue et humide pour permettre de bons rendements de riz, la culture de base du pays.

ENTRE DEUX VOISINS PUISSANTS

En tant qu'entité politique, la Corée du Sud ne remonte qu'à la fin de la Seconde Guerre mondiale. De 1910 à 1945, elle était simplement la partie la plus méridionale — et la plus agricole — d'une colonie japonaise qui comprenait toute la péninsule coréenne. La position de celle-ci, formant un pont entre la Chine et le Japon, lui a toujours conféré un rôle central dans les affaires de l'Asie orientale ; la domination japonaise a simplement été une étape dans une longue progression. Pendant la plus grande partie de l'histoire de la Corée, la Chine a été le voisin dominant, mais la culture coréenne elle-même a fait preuve de résistance au cours des siècles.

La Corée a été unifiée pour la première fois au VIIe s., sous les empereurs Silla, qui, basés à Kyongju, conquirent, avec l'aide des Chinois, les royaumes de Kogyuro (au N.) et de Paekche (au S.). La culture, l'art et le bouddhisme furent florissants sous les Silla. Les rois Koryo, dont la capitale était Pyongyang — actuellement en Corée du Nord —, chassèrent les Silla en 935 et gouvernèrent jusqu'aux invasions mongoles du XIIIe s.

En 1392, la dynastie des Yi, alliée à celle des Ming en Chine, rétablit l'autonomie du pays, avec Séoul pour capitale. Une nouvelle floraison culturelle s'ensuivit, avec l'introduction du confucianisme, l'invention d'un alphabet phonétique, de caractères d'imprimerie mobiles et de vaisseaux de guerre munis de blindages métalliques. Mais, aux XVIIe-XVIIIe s., des luttes internes en Chine, puis l'expansion japonaise, ramenèrent la domination extérieure.

Après les guerres sino-japonaises (1894-1895) et russo-japonaise (1904-1905), le Japon annexa la Corée en 1910 et la gouverna tout entière jusqu'au débarquement des troupes américaines dans le Sud en 1945. L'U.R.S.S. occupa le Nord, et la Corée fut divisée en deux zones d'occupation, dont la limite fut fixée le long du 38e parallèle. Cette division devait être provisoire, mais l'aggravation de la guerre froide amena l'établissement de deux États différents — une démocratie libérale et un État communiste — qui perpétua le clivage.

En juin 1950, les armées du Nord lancèrent une attaque surprise massive contre le Sud. Les Nord-Coréens furent tenus en échec par les forces des Nations unies (surtout américaines), mais aidés par les Chinois. Le résultat fut un armistice, et la fixation d'une ligne de cessez-le-feu proche de la limite d'origine.

LE MIRACLE CORÉEN

Avec son économie, agricole pour l'essentiel, et ses villes dévastées par la guerre, la Corée du Sud de 1953 était épuisée et appauvrie. L'aide américaine permit au pays de survivre, mais ce n'est que vers 1960 que son sort commença à s'améliorer. Une politique de promotion des exportations orienta les énergies vers le développement d'industries légères (textiles, confection, matériel électrique et électronique bon marché). À partir des années 1970, la croissance de l'industrie lourde fut rapide, faisant de la Corée un producteur important d'acier, de navires, d'automobiles et de produits chimiques.

Les investissements et la technologie japonaise aidèrent ce développement. Par bien des aspects, le miracle industriel coréen reflète l'expansion japonaise d'après guerre, dont il s'inspire (bien que, du point de vue politique et social, il y ait eu des tensions entre les deux pays, datant des expériences de la guerre). Comme au Japon, la population est bien formée, dure au travail et fidèle à ses employeurs. Les grèves sont rares, et le pays a un avantage certain sur bien des concurrents pour le coût de la main-d'œuvre. Dans la construction navale, par exemple, les salaires sont environ un tiers de ceux pratiqués au Japon.

LES DEUX CORÉES

La planification gouvernementale a aidé à mener l'économie vers le succès, mais le facteur le plus important est sans doute l'attitude de la population vis-à-vis des rivaux nord-coréens. Les Sud-Coréens sont non seulement décidés à mieux faire qu'eux dans tous les domaines, mais ils ont aussi un sens très fort de la discipline face à la menace toujours présente d'une invasion.

Pour s'opposer aux ambitions du Nord, la Corée du Sud entretient une armée bien équipée de 540 000 hommes, appuyés sur 40 000 Américains. La Corée est longtemps restée un pays peu démocratique, gouvernée depuis 1961 par une série de chefs militaires autoritaires et puissants.

La modernisation économique a renforcé le rôle des intellectuels, des étudiants, des ouvriers et des classes moyennes urbaines, qui ont constitué peu à peu une opposition de plus en plus forte, longtemps réprimée avec brutalité. En juillet 1987, de violentes manifestations ont entraîné le départ du Premier ministre, un ancien militaire, et l'organisation d'élections présidentielles au suffrage universel direct, qui ont porté au pouvoir le chef d'un parti modéré (le parti démocratique de la Justice), Roh Tae Woo. Le désir d'une poursuite de la démocratisation a conduit, en février 1993, à la prise de fonctions à la tête de l'État du premier civil depuis 30 ans, M. Kim Young-sam.

L'endettement extérieur et la menace des mesures protectionnistes contre les exportations coréennes, les grèves et les hausses de salaires rendent nécessaire une réorientation de l'économie vers des productions de plus haut niveau technologique pour compenser les difficultés des constructions navales et de la confection.

Malgré ces problèmes, le pays offre un exemple particulièrement spectaculaire de passage de la pauvreté à la richesse. La population jouit d'un niveau de vie dont elle n'aurait pu rêver il y a une génération. Leur dur travail a mené les Sud-Coréens fort loin sur le chemin qui peut leur permettre de rejoindre les pays les plus avancés du monde.

Les relations avec la Corée du Nord se sont améliorées (accord de 1985 sur le rapprochement des familles, admission conjointe à l'O.N.U. en 1991). Mais la mort, en juillet 1994, du dictateur nord-coréen laisse toutefois la région dans l'incertitude. La Corée du Sud a réussi à développer ses relations avec les autres pays communistes.

LA CORÉE DU SUD EN BREF

Superficie 98 992 km²
Population 44 050 000
Capitale Séoul
Régime République
Monnaie Won sud-coréen = 100 chon
Langue Coréen
Religions Bouddhistes, chrétiens, confucéens, religions locales
Climat À l'extrême S. : tempéré ; dans le reste du pays, continental. Température moyenne à Séoul : − 9 à 0 °C en janvier, 22 à 31 °C en juillet
Ressources Riz, poisson, tungstène
Activités Agriculture, textiles, confection, fer et acier, constructions navales, matériel électrique et électronique
Exportations Tissus et vêtements, équipement électrique et électronique, navires, fer, acier
P.N.B. annuel par habitant 6 340 dollars
Croissance démographique 9 ‰ par an
Espérance de vie Hommes 69 ans, femmes 76

percé entre 1882 et 1893 dans l'isthme de Corinthe. Centre commercial actif (raisins secs). Corinthe, qui fut l'une des grandes cités de l'Antiquité, connut son apogée aux VIIe et VIe s. av. J.-C. Ses marins et marchands en firent la première puissance commerciale du monde grec, suprématie qu'elle perdit au cours du Ve s. au profit d'Athènes. Le site archéologique est situé à 5 km au S.-O. de la ville moderne. Il reste assez peu de vestiges de l'époque archaïque (VIe s. av. J.-C.) et classique (Ve s. av. J.-C.). Les fouilles ont surtout dégagé la cité romaine. On y admire toutefois les remarquables temples de Déméter et d'Esculape, très bien conservés, et les ruines de celui d'Apollon, l'un des premiers édifices doriques.

Population 22 700
Carte Grèce Cc

Coriolis (force de) Force qui dévie tout fluide en mouvement (air, eau) par suite de la rotation de la Terre. Les vents et les courants de l'hémisphère N. sont déviés vers la droite, ceux de l'hémisphère S. vers la gauche. L'effet est d'autant plus marqué qu'on s'éloigne de l'équateur. Ainsi les alizés ou les courants océaniques s'écoulent dans le sens des aiguilles d'une montre au N. de l'équateur, dans le sens inverse au S. Voir CIRCULATION ATMOSPHÉRIQUE, p. 699

Cork, en irlandais **Corcaigh,** ***Irlande*** Chef-lieu du comté du même nom, au S.-O. de Dublin, sur les rives de la Lee. La vieille ville est établie sur une île de la rivière. Forteresse danoise au XIe s., elle fut conquise par les Anglo-Normands en 1172. Elle devint en 1919-1920 un foyer actif de résistance. Les industries, qui se sont développées grâce à son très bon port naturel (raffineries de pétrole, assemblage d'automobiles, produits alimentaires), les activités traditionnelles (vêtements en tweed), le tourisme et l'université font de Cork la deuxième ville du pays. Le comté est une région d'élevage, et l'industrie laitière y est florissante.

Population (ville) 133 300 ; (comté) 410 000
Carte Irlande Bc

Corne de l'Afrique, ***Djibouti/Éthiopie/Somalie/Érythrée*** Région de l'est de l'Afrique, connue sous le nom de pays de Pount par les anciens Égyptiens, qui venaient y chercher des aromates – encens et cannelle. La région, peuplée de pasteurs nomades somalis, connaît de graves problèmes politiques créés pour certains par leur désir d'unité (guerre de l'Ogaden, tensions lors de l'indépendance de Djibouti, conflit entre Somalie et Kenya pour les territoires au N.-E. de ce dernier). Mais la corne de l'Afrique fut aussi le lieu de guerres civiles en Éthiopie (Érythrée, Tigré...) et l'est encore en Somalie.

Carte Afrique GHcd

Cornouailles, en angl. **Cornwall,** ***Royaume-Uni*** Comté de l'extrémité O. de l'Angleterre, à l'O. de la rivière Tamar. Région de landes et de dolmens, qui appartient à la frange celtique de l'Europe occidentale et présente des points communs avec le pays de Galles et, en France, avec la Bretagne ; mais le celte n'y est pratiquement plus parlé depuis le XVIIIe s.

Elle fut célèbre dans l'Antiquité pour ses mines d'étain. Son économie repose aujourd'hui sur l'élevage. Le tourisme s'y développe grâce à son climat très doux, ses plages et la beauté de ses côtes (Lizard Point, Land's End). Chef-lieu : Truro.

Population 432 000
Carte Royaume-Uni Ce

Corogne (La), en esp. **La Coruña,** ***Espagne*** Port sur la côte N.-O. du pays, en Galice, et centre industriel (métallurgie de l'aluminium, raffinerie de pétrole, engrais). Troisième port de pêche d'Espagne. La vieille ville conserve une partie de ses remparts, quelques belles églises romanes (Santiago, Santa Maria del Campo) et baroques, et sa célèbre Torre de Hercules, ancien phare romain restauré au XVIIIe s.

Population 232 400
Carte Espagne Aa

Coromandel (côte de), ***Inde*** Littoral oriental de la péninsule indienne compris entre l'embouchure de la Krishna au N. et Nagappattinam au S. La côte, basse et sablonneuse, est constamment fouettée par des mers déchaînées, surtout pendant la mousson (d'octobre à avril). Elle ne possède pas de bons ports naturels. Principaux ports : Madras, Pondichéry.

Carte Inde Ce

Coromandel (presqu'île de), ***Nouvelle-Zélande*** Presqu'île montagneuse et boisée, à 75 km à l'E. d'Auckland, dans l'île du Nord. Elle attira les Européens dès 1890, avec son or et ses kauris (conifères au bois jaune et très léger utilisé pour les charpentes). Région d'élevage, d'exploitation forestière et de tourisme. Ses côtes sont plantées de pohutukawa, arbres dont les fleurs rouges s'épanouissent à Noël.

Carte Nouvelle-Zélande Eb

Coronet (pic), ***Nouvelle-Zélande*** Montagne de l'île du Sud, à proximité de Queenstown, à 160 km au N.-O. de Dunedin. Altitude : 1 646 m. Célèbre station de sports d'hiver du pays.

Carte Nouvelle-Zélande Bf

Corpus Christi, ***États-Unis*** Port et ville industrielle sur la côte du Texas (raffineries de pétrole, pétrochimie). Siège d'une université, d'une importante base aéronavale et du Centre aéronautique de l'armée américaine. C'est aussi une station touristique (Padre Island National Seashore).

Population (ville) 258 100 ; (aggl.) 361 300
Carte États-Unis Ge

Corregidor, ***Philippines*** Îlot de 5 km^2 à l'entrée de la baie de Manille, à l'extrême S. de la péninsule de Bataan. Il fut fortifié par les Espagnols au XVIIIe s. pour protéger Manille. En 1900 l'armée américaine y construisit à son tour d'importants ouvrages de défense. Les troupes du général Mac Arthur y résistèrent plusieurs mois aux Japonais en 1942.

Carte Philippines Bc

Corrèze (19), ***France*** 1. Rivière du Limousin qui prend sa source au plateau de Millevaches, arrose Tulle et Brive, et se jette dans la Vézère. Longueur : 85 km.

2. Département de la région Limousin (5 860 km^2). Chef-lieu : Tulle. Située dans l'O. du Massif central, c'est, pour la plus grande part, une région de plateaux granitiques. S'élevant au N. à plus de 900 m (plateau de Millevaches) et de 400 à 500 m au S., ces plateaux sont entaillés par de profondes vallées : celles de la Corrèze et de la Vézère notamment. On y pratique surtout l'élevage (bovins, ovins). Au S.-O., le bassin de Brive-la-Gaillarde, aux terres fertiles, allie cultures maraîchères, tabac et élevage laitier. La population du département reste principalement rurale.

Population 237 900
Carte France Dd ; Ed

Corse, ***France*** Île de la Méditerranée (8 680 km^2), divisée administrativement en deux départements : Corse-du-Sud (2A), 4 014 km^2, chef-lieu Ajaccio, et Haute-Corse (2B), 4 666 km^2, chef-lieu Bastia. L'intérieur du pays, dont le point culminant est le mont Cinto (2 710 m), est couvert de maquis et de forêts. Un parc naturel, le parc régional de Corse, occupe 200 km^2 sur la côte O. On y admire le golfe de Porto et un beau littoral aux rochers rouges (Piana). La plaine orientale est essentiellement agricole. Ports de pêche et stations balnéaires se succèdent le long de la côte.

Très anciennement habitée (IIIe millénaire), la Corse fut abordée successivement par les Phéniciens, les Étrusques, les Carthaginois et les Romains. Ces derniers établirent des colonies. L'île échappa aux Vandales, mais connut une douloureuse domination byzantine aux VIe et VIIe s. Elle devint propriété des papes au VIIIe s., et c'est à Pise (en 1077), puis à Gênes (en 1133) qu'en incomba l'administration. À partir de 1729, un mouvement de révolte s'organisa. Gênes fit appel à la France pour rétablir l'ordre, puis lui céda l'île en 1768 (traité de Versailles). Les troupes françaises défirent les forces indépendantistes corses en 1769. Province française, puis département en 1791, la Corse deviendra un bastion du bonapartisme (Napoléon Bonaparte est né à Ajaccio en 1769). La propagande irrédentiste du régime mussolinien dans les années 1930 y trouvera peu d'audience. Occupée par les Italiens en 1942, puis par les Allemands, elle fut le premier territoire libéré de la France métropolitaine, en octobre 1943.

Dès la fin du XIXe s., la Corse connut une grave crise. Dépourvue de ressources industrielles et d'équipement agricole moderne, elle se dépeupla, et l'immigration massive (vers le continent et vers les colonies) s'accompagna d'une réduction des surfaces cultivées. L'intérieur de l'île est aujourd'hui presque vide (7 habitants au kilomètre carré dans les communes de montagne). Les années 1960 furent pourtant marquées par l'afflux des rapatriés d'Afrique du Nord et par la mise en culture, grâce à la Somivac (Société pour la mise en valeur agricole de la Corse), des plaines du littoral, notamment à l'E. : cultures commerciales (arbres fruitiers) et viticulture. Les années 1970 virent le développement du tourisme (314 000 touristes en 1967, 1 million en 1977), mais aussi celui des mouvements autonomistes et séparatistes.

Dotée d'un statut spécifique en 1982, puis de nouveau en 1991, l'île cherche à se libérer de ses tensions internes et du terrorisme. Toutefois, les rouages de la vie politique traditionnelle (esprit de clan, clientélisme électoral) continuent de fonctionner en marge.

Population (2A) 118 200 ; (2B) 131 600
Carte France He

Corse (Haute-) (2B), ***France*** Voir CORSE

Corse-du-Sud (2A), ***France*** Voir CORSE

Corte, ***France*** Petite ville de Haute-Corse, au centre de l'île ; de 1755 à 1769, elle fut le siège du gouvernement de Paoli, qui y fit ouvrir une université, de 1762 à 1765 ; elle a retrouvé depuis 1981-1982 ses fonctions universitaires.

Population 5 700
Carte France He

Cortina d'Ampezzo, ***Italie*** Station de sports d'hiver au N. de Venise, à 1 210 m d'altitude. Les sommets voisins dépassent 3 200 m. Elle ac-

cueillit les Jeux olympiques d'hiver en 1956.
Population 7 810
Carte Italie Da

Corubal, *Guinée/Guinée-Bissau* Fleuve long de 400 km environ, prenant sa source dans le Fouta-Djalon en Guinée et décrivant de nombreux méandres dans le sud de la Guinée-Bissau avant de se jeter dans l'estuaire du Geba. C'est une voie de communication active.
Carte Guinée Ba

Coruña (La), *Espagne* Voir COROGNE (La)

Cos (Kos), *Grèce* L'une des plus grandes îles du Dodécanèse (290 km^2), dans la partie orientale de la mer Égée. Patrie d'Hippocrate (env. 460-380 av. J.-C.), père de la médecine, qui y fonda une école. Le port de Mandraki, gardé par le château des Chevaliers (XIVe s.), possède une mosquée datant de 1786. Sur la place, un platane au tronc de 13,5 m de circonférence, dont quelques branches sont soutenues par des étais, ombrage une fontaine. À 4 km au S.-O. de la ville, un temple, l'Asklepieion, est dédié à Esculape, dieu de la médecine. L'île volcanique de Nisyros (sources sulfureuses), située au S. de Kos, serait, selon la mythologie, un morceau de Kos que Poséidon, le dieu de la mer, aurait lancé au Titan Polybotès.
Population 20 300
Carte Grèce Ec

Cosenza, *Italie* Vieille cité du sud de l'Italie, en Calabre, au confluent du Busento et du Crati. On dit qu'Alaric, le roi des Wisigoths, après avoir pillé Rome, y mourut en 410 et qu'il fut enterré dans le lit du Busento dont le cours avait été, pour la circonstance, détourné par les compagnons d'armes du roi. Parmi les nombreux monuments médiévaux de la ville, il faut citer la cathédrale (1185-1212) et le château normand agrandi à l'époque de l'empereur Frédéric II et sous la dynastie angevine. Industries textiles (laine) et alimentaires, meubles.
Population 106 000
Carte Italie Fe

Costa Brava, *Espagne* Littoral de la Catalogne compris entre Blanes, au N.-E. de Barcelone, et la frontière française ; la côte est souvent rocheuse et profondément découpée en calanques pittoresques et sauvages (*brava* signifie « sauvage » en espagnol) ; de nombreuses stations balnéaires s'y sont installées : Lloret de Mar, Tossa de Mar, San Feliú de Guixols, Palamós.
Carte Espagne Gb

Costal del Sol, *Espagne* Partie du littoral comprise entre le cap de Gata et Tarif, au S.-E. du pays. À proprement parler, la Costa del Sol est plus restreinte et va de Malaga à Estepona. Ses stations balnéaires les plus connues sont Torremolinos, Fuengirola et Marbella.
Carte Espagne CDd

Costa Smeralda, *Italie* Au N.-E. de la Sardaigne, la « côte d'Émeraude » est la partie granitique du littoral très découpé de la Gallura. À partir de 1961, elle a été équipée pour un tourisme de luxe par l'Aga Khan. Ses principales stations balnéaires sont Baia Sardinia, Porto Cervo et Cala di Volpe.
Carte Italie Bd

Costermansville, *Zaïre* Voir BUKAVU

Cotabato, *Philippines* Province du sud-ouest de Mindanao comprenant les basses terres marécageuses des rives du Mindanao et de ses affluents, et les hautes terres boisées des alentours. Inaccessible et infectée par la malaria pendant longtemps, elle a connu depuis 1930 un brusque développement et une croissance rapide de sa population après l'arrivée de Philippins chrétiens des îles Visayas, dont le nombre dépasse aujourd'hui celui de la population d'origine, le peuple Maguindanao, de confession musulmane. Les ressources de la province sont l'agriculture (les cultures commerciales s'y développent, notamment la culture irriguée du riz) et l'exploitation forestière. Le chef-lieu de la province est Cotabato.
Population (ville) 127 000
Carte Philippines Bd

côte Zone de contact de la terre et de la mer. Une côte d'émersion est due à une régression de la mer, ou à un soulèvement du continent : c'est le cas des côtes suédoises, qui se soulèvent depuis la disparition de l'inlandsis. Une côte de transgression reflète une transgression marine ou un affaissement du littoral ; c'est le cas des côtes bretonnes et espagnoles de Galice (côtes à rias) ou des côtes norvégiennes (côtes à fjords). Une côte de type accumulatif est composée de dépôts accumulés, sables, vase ou galets ; une côte de type érosif provient de l'attaque du rivage par les eaux marines, combinée avec l'érosion subaérienne (côtes à falaises). Voir L'ÉROSION LITTORALE : DES CÔTES EN ÉVOLUTION PERPÉTUELLE, p. 182.

Costa Rica

EXCEPTION EN AMÉRIQUE CENTRALE : UNE DÉMOCRATIE STABLE ET PACIFISTE QUI A DÉMANTELÉ SON ARMÉE POUR PRÉSERVER LA PAIX

Dans cette région politiquement instable qu'est l'Amérique centrale, le Costa Rica est connu pour la stabilité de sa démocratie et sa tradition de neutralité. Le pays est gouverné par des civils depuis 1902. À partir de dix-huit ans, hommes et femmes doivent voter. La dernière guerre civile, qui remonte à 1948, ne dura que deux mois. L'armée fut ensuite démantelée, rendant ainsi impossible tout coup d'État.

Pont entre l'océan Pacifique et les Caraïbes, le Costa Rica fait tampon entre des pays plus agités : le Panamá au S. et le Nicaragua, déchiré par la guerre, au N.

L'ancien président, Oscar Arias Sanchez, a proposé un plan de paix en Amérique centrale qui lui a valu le prix Nobel en 1987 mais n'a pas empêché le Parti de libération nationale de perdre les élections présidentielles, remportées le 4 février 1990 par Rafael Angel Calderón, candidat du Parti de l'unité social-chrétienne.

Le pays est surtout formé de chaînes de volcans allant du N.-O. au S.-E. et dont le point culminant est le Chirripo (3 820 m). Plus de la moitié de ses habitants vivent dans la Vallée centrale, un bassin montagneux où s'établirent tout d'abord les Espagnols au XVIe s. Les sols volcaniques des hautes terres conviennent à la culture du café, et leurs versants offrent de riches pâturages au bétail.

Les deux côtes sont presque entièrement couvertes de marais. La côte pacifique est plus humide et plus fraîche que celle des Caraïbes. Forêt et savane se partagent la région du Nord-Ouest. Un nombre croissant d'habitants s'installent le long des fleuves et des vallées montagneuses. Près des 4/5 du pays sont couverts de forêts.

Autre différence entre le Costa Rica et ses voisins : 80 % de ses habitants sont blancs, le reste est *mestizo* (métis européen-indien). Lorsque les Européens arrivèrent au XVIe s. dans ce pays, ils introduisirent des maladies comme la rougeole contre lesquelles les Indiens n'avaient aucune résistance.

Le Costa Rica fut le premier pays d'Amérique centrale à cultiver du café et des bananes à des fins commerciales. Au XIXe s., un gouvernement avisé offrit des terres gratuites à toute personne désireuse de cultiver du café pour l'exportation. Cette politique assura la prospérité du pays et lui permit d'échapper au schéma classique en Amérique centrale : quelques grands propriétaires terriens face à une masse de paysans misérables.

Jusqu'à la récente récession, presque toute la population bénéficia de la croissance. Aujourd'hui, l'économie est touchée par une forte inflation et une importante dette extérieure.

Il y a cependant des richesses potentielles : dépôts de bauxite et de fer, industrie touristique en plein essor et hydroélectricité assurant l'autonomie électrique du pays.

LE COSTA RICA EN BREF

Superficie 51 000 km^2
Population 3 200 000
Capitale San José
Régime République parlementaire
Monnaie Colón = 100 céntimos
Langue Espagnol
Religion Catholiques
Climat Tropical ; tempéré dans les hautes terres ; température moyenne à San José : 14-14 °C en décembre, 17-27 °C en mai
Ressources Café, bananes, maïs, riz, bétail, oranges, canne à sucre, cacao ; or, argent, soufre, bauxite, fer
Activités Agriculture, aluminium, pêche, produits chimiques et alimentaires, engrais, textiles, bois
Exportations Café, bananes, bovins, sucre, cacao, textiles (tissus et fils)
P.N.B. annuel par habitant 2 010 dollars
Croissance démographique 22,7 ‰ par an
Espérance de vie Hommes 73 ans, femmes 77

L'ÉROSION LITTORALE : DES CÔTES EN ÉVOLUTION PERPÉTUELLE

Le littoral est l'endroit où les forces destructrices et constructrices de la mer se retrouvent, où la terre à jamais disparaît pour renaître sans cesse. Certains littoraux offrent de profondes indentations (rias), qui sont en fait d'anciennes vallées noyées sous la mer lors de la fonte des glaciers du dernier âge glaciaire. Ailleurs, la mer s'est retirée à perte de vue, car le continent s'est lentement bombé après la subsidence qu'il avait subie pendant la glaciation. Mais les changements les plus spectaculaires et les plus rapides sont dus à la mer, qui peut en une nuit faire disparaître une falaise, mais aussi construire une nouvelle plage sableuse.

La houle est l'une des machines les plus puissantes de la Terre. Engendrée par le vent, la houle qui frappe l'Europe occidentale naît à la pointe de l'Amérique du Sud et se renforce au cours des 10 000 km de trajet. Ce qui se passe en fin de parcours dépend beaucoup du relief. Le long d'une côte en faible pente, le mouvement des vagues se transforme en courants dont le principal converge vers les promontoires tandis que les autres, plus faibles, viennent accumuler dans les baies sables et limons prélevés au fond de la mer.

La nature des roches a une grande influence sur les paysages littoraux. Les roches dures — les granits et certains calcaires, par exemple — reculent lentement, même lors de grosses tempêtes, mais la mer arrive néanmoins à les saper, en creusant des grottes, des arches, des piliers et des falaises qui peuvent atteindre plus de 600 m de haut. Les effets sur les roches tendres sont très différents. La mer use constamment les galets et rochers, provoque des glissements de terrain et excave les baies. Les falaises basses s'effondrent, leurs débris sont redistribués le long de la côte pour former des plages, des bancs de sable, des cordons de galets. Les végétaux s'y installent de façon précaire, car, à moins d'un exhaussement rapide de sédiments ou de berges protectrices, ils sont à la merci de la tempête suivante.

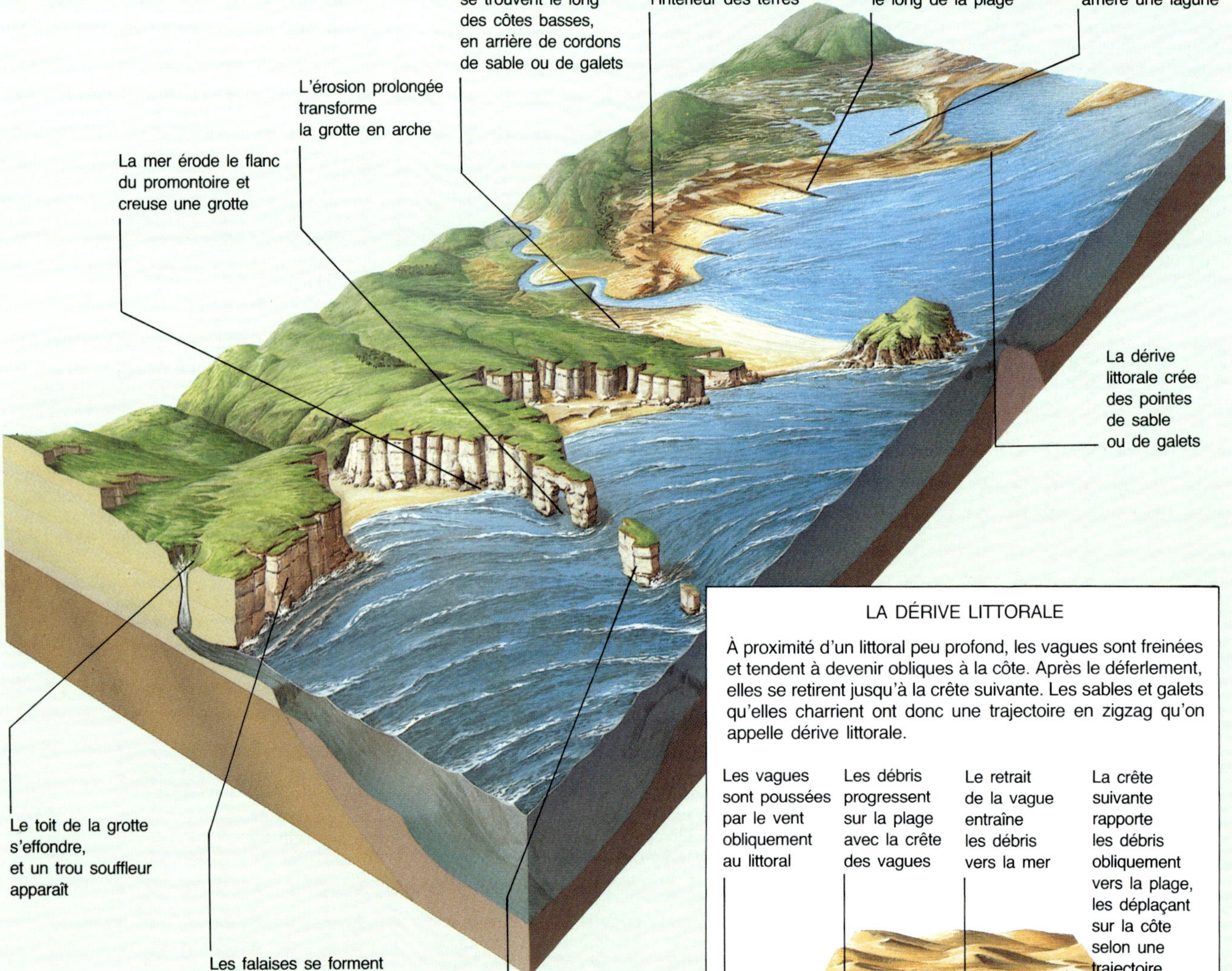

LA DÉRIVE LITTORALE

À proximité d'un littoral peu profond, les vagues sont freinées et tendent à devenir obliques à la côte. Après le déferlement, elles se retirent jusqu'à la crête suivante. Les sables et galets qu'elles charrient ont donc une trajectoire en zigzag qu'on appelle dérive littorale.

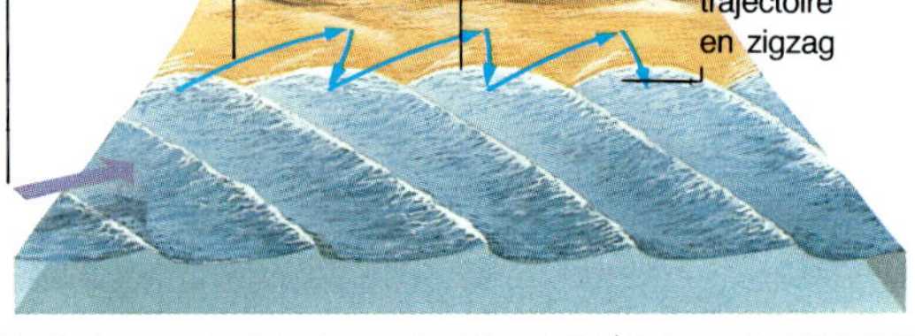

Côte d'Azur, ***France*** Autrefois limitée au littoral du département des Alpes-Maritimes, avec Cannes, Nice, Monaco et Menton pour centres, et réservée à une clientèle touristique très riche, elle s'est démocratisée et comprend toute la côte entre Cassis et la frontière italienne. Toutefois, la région de Nice, du fait de son ensoleillement exceptionnel, à l'abri des Alpes provençales, et du caractère luxueux de ses installations, demeure un haut lieu du tourisme mondial.
Carte France Ge

Côte-d'Ivoire Voir p. 184

Côte-d'Or (21), ***France*** Département de la région Bourgogne (8 765 km^2). Chef-lieu : Dijon. Les plateaux du nord-ouest sont le prolongement du plateau de Langres : c'est une région de forêts (Duesmois), d'élevage et de céréaliculture (Châtillonnais). À l'O., la dépression argileuse de l'Auxois, en bordure du Morvan, se consacre à l'élevage. Le rebord occidental des plateaux forme la Côte qui porte, à mi-pente, entre Dijon et Santenay, le célèbre vignoble bourguignon (côtes de Nuits et côtes de Beaune). Enfin, à l'E., s'étend la plaine de la Saône aux vastes forêts avec, dans le val de Saône, de riches cultures maraîchères. Le secteur tertiaire emploie plus de la moitié de la population active du département, l'agriculture 12 % seulement. Les industries sont surtout alimentaires (dans les villes principales) et métallurgiques (à Montbard). Principaux sites touristiques (hormis Dijon et Beaune) : l'abbaye de Fontenay, Semur-en-Auxois, Châtillon-sur-Seine (vase de Vix).
Population 493 300
Carte France Fc

Cotentin, ***France*** Presqu'île du N.-O. du pays, en Normandie, correspondant approximativement au département de la Manche et appartenant au Massif armoricain ; c'est un pays de landes, de bocage et d'élevage. Parc régional des marais du Cotentin et du Bessin créé en 1991.
Carte France Cb

Côtes-d'Armor (22), ***France*** Département de Bretagne (6 878 km^2) anciennement nommé Côtes-du-Nord. Chef-lieu : Saint-Brieuc. C'est le moins peuplé et le moins industrialisé de la région. Il est formé de deux régions distinctes par la langue : pays breton à l'O. d'une ligne Saint-Brieuc-Loudéac, pays gallo à l'E. D'autre part, l'intérieur, sans grandes ressources agricoles (collines des monts d'Arrée et des landes du Mené), s'oppose aux plateaux du littoral (Trégorrois, Penthièvre) où se développent la culture des légumes et primeurs (région de Paimpol surtout), l'élevage (porcs, bovins, volailles) et des industries agro-alimentaires (charcuterie, salaisons, conserveries, abattoirs). La pêche n'y est désormais plus qu'une activité secondaire. Sur la côte, très découpée, stations balnéaires : Perros-Guirec, Pléneuf-Val-André, Saint-Cast, île de Bréhat, etc. À Lannion est installé le Centre national d'études des télécommunications.
Population 538 200
Carte France Bb

Cotonou, ***Bénin*** Ville principale du pays, située sur le cordon littoral entre l'océan et le lac Nokoué. Les Français y établirent un comptoir commercial en 1863. Bien qu'elle ne soit pas la capitale du Bénin, elle en est le centre administratif (siège du gouvernement, des représentations diplomatiques) et économique. Son port en eau profonde assure non seulement le trafic national, mais aussi une part de celui du Niger. Les industries sont surtout alimentaires (brasseries), textiles, de construction mécanique, de cimenterie et traitent les produits agricoles (huile de palme) du pays. Marchés colorés. Belles plages.
Population 487 000
Carte Bénin Bb

Cotopaxi, ***Équateur*** Province située au centre du pays, au S. de celle de Pichincha, dans les Andes. Le mont Cotopaxi y culmine à 5 896 m ; c'est le plus haut volcan en activité du monde ; son éruption de 1877 provoqua des coulées de boue dévastatrices qui atteignirent le chef-lieu de la province, Latacunga, situé à 30 km au S. du volcan.
Population 280 000
Carte Équateur Bb

Cotswold Hills, ***Royaume-Uni*** Chaîne de collines calcaires au S.-O. de l'Angleterre culminant à 329 m entre Bath et Stratford-upon-Avon. C'est l'une des plus belles régions d'Angleterre, avec ses paysages d'une grande douceur, aux sommets largement ondulés et dégagés, aux vallées profondes et boisées, ses charmants villages et ses monuments (abbaye de Malmesbury, petites villes de Burford et Bibury).
Carte Royaume-Uni De

couche Ensemble sédimentaire présentant les mêmes caractéristiques pétrographiques et paléontologiques. Synonymes : assise, strate. On appelle plan stratigraphique, inférieur ou supérieur, le plan qui sépare une couche des assises entre lesquelles elle est comprise.

couches D, E, F Voir ATMOSPHÈRE

courant atmosphérique Mouvement d'air dû à une différence de pression ou de température. Un *courant ascendant* est un mouvement local d'air résultant d'un contraste de température à la surface de la terre : par effet de densité, l'air s'élève sur les sols chauds et descend sur les sols froids. Ce courant est utilisé par les planeurs et les oiseaux.

Un *courant-jet* est un vent d'ouest, très rapide, soufflant le long d'un axe horizontal, qu'on observe dans les couches élevées de la stratosphère (entre 10 et 15 km), aux latitudes subtropicales des deux hémisphères. Voir CIRCULATION ATMOSPHÉRIQUE, p. 699.

courant de convection Courant circulant dans l'air, l'eau ou le manteau terrestre, dû à une différence de densité ou de température. L'échauffement entraîne un transport de matière : le matériel chaud se répand et s'élève, le matériel froid afflue et prend sa place.

courant fluvial Mouvement de l'eau d'une rivière s'écoulant de l'amont vers l'aval.

courant océanique Déplacement de masses d'eau individualisées dans les océans et les mers. Selon le lieu de ces déplacements, leurs causes et la nature des masses d'eau, on distingue notamment des *courants littoraux*, liés au mouvement des vagues sur les côtes, des *courants de marée*, mouvements d'oscillation des eaux océaniques, particulièrement sensibles sur le littoral et caractérisés par la montée progressive (flot ou flux) et la baisse (jusant ou reflux) du niveau de la mer, et des *courants d'impulsion*, dus aux vents qui entraînent les eaux superficielles, celles-ci étant remplacées soit par des courants de compensation de surface, soit par des contre-courants. Voir L'ORIGINE DES COURANTS OCÉANIQUES, p. 185

courbe de niveau Ligne fictive joignant sur une carte tous les points ayant la même altitude. Les courbes hypsométriques, ou isohypses, figurent un relief, les courbes bathymétriques, ou isobathes, une profondeur.

Courmayeur, ***Italie*** Dans le Val d'Aoste, sur la Doire Baltée, au pied du mont Blanc, à 100 km au N.-E. de Turin. Fréquenté dès le début du XIXe s. par la noblesse piémontaise, c'est le plus ancien centre de tourisme alpin du pays, et le point de départ de nombreuses courses dans le massif du Mont-Blanc.
Population 2 700
Carte Italie Ab

Courtrai, en néerl. **Kortrijk,** ***Belgique*** Ville textile très dynamique à proximité de la frontière française, à 80 km à l'O. de Bruxelles, sur la Lys. Au Moyen Âge, elle dut sa première prospérité au tissage de la laine. Au XVIIIe s., l'industrie drapière fit place à celle du lin, cultivé sur place. Centre industriel et universitaire, la ville accorde aujourd'hui une place importante aux textiles synthétiques.
Population 76 000
Carte Belgique Aa

Coutances, ***France*** Sous-préfecture de la Manche, dans le bocage normand. Marché agricole. Belle cathédrale romane et gothique.
Population 9 700
Carte France Cb

Coventry, ***Royaume-Uni*** Ville industrielle des West Midlands, au S.-E. de Birmingham ; c'est l'un des grands centres de la construction automobile britannique ; la construction aéronautique et de matériel agricole figure aussi parmi ses activités. La ville fut fondée par les Saxons au VIIe s. et immortalisée par la légende de lady Godiva. Celle-ci, au XIe s., obtint de son époux, le comte Leofric, qu'il diminuât les impôts qui accablaient les habitants de Coventry en chevauchant nue dans les rues de la ville. La tradition industrielle de Coventry est longue ; la ville était déjà célèbre à la fin du Moyen Âge pour ses draps et ses vêtements. Elle a été dévastée lors des bombardements de la Seconde Guerre mondiale, en 1941 et 1942.
Population 315 900
Carte Royaume-Uni Ed

Cox's Bazar, ***Bangladesh*** Petite ville de pêcheurs et station balnéaire près de la frontière birmane. La plage, l'une des plus longues du monde, s'étend sur 90 km, mais est peu mise en valeur. Les îlots au large sont régulièrement touchés par les cyclones et les raz de marées.
Population 29 800
Carte Bangladesh Cd

Cozumel (île de), ***Mexique*** Île de la mer des Antilles, à 16 km au large de la côte du Yucatán, couverte d'une végétation tropicale, avec des plages bordées de cocotiers. Centre touristique et de pêche sportive, proche du grand récif corallien de Palancar. Cozumel fut un lieu de pèlerinage pour les Mayas (vestiges).
Carte Mexique Db

Cracovie, en pol. **Kraków,** ***Pologne*** Troisième ville du pays après Varsovie et Lodz. Fondée

Côte-d'Ivoire

UN PAYS STABLE ET PROSPÈRE DEPUIS L'INDÉPENDANCE EN 1960 MAIS VICTIME DU MARCHÉ DES MATIÈRES PREMIÈRES

Les rares Européens qui touchèrent les rivages de l'actuelle Côte-d'Ivoire entre les XVe et XIXe siècles venaient y troquer des esclaves et des défenses d'éléphant — d'où le nom du pays. Pendant ce temps, les savanes du Nord étaient parcourues par des chasseurs d'esclaves tandis que les forêts de l'intérieur protégeaient des groupes ethniques, parfois en conflit les uns avec les autres, mais peu soumis aux influences extérieures. La conquête française a été tardive (1893), même sur la côte, et encore plus dans le Nord et en zone forestière.

UNE OCCUPATION ANCIENNE

Le sol de la Côte-d'Ivoire a été occupé depuis des temps très anciens. La présence de poterie est attestée 1 000 ans avant notre ère et des occupations néolithiques ont été découvertes dans la région des lagunes. Des 80 groupes ethniques vivant dans le pays, on remarque surtout les Sénoufos, arrivés dans le Nord au XIe s., les groupes d'Akans venus de l'O. à partir du XVe s., et dont l'un formera l'importante tribu des Baoulés, les Dans, les Gouros, les Anyis et les nombreuses ethnies côtières groupées autour des lagunes. Au N., la ville de Kong, animée par les marchands diaoulas, participera au commerce transsaharien, mais les heurts entre le conquérant Samory et les troupes françaises, à la fin du XIXe s., amèneront la ruine durable de la région. La Côte-d'Ivoire est formée dans ses frontières actuelles en 1904. De 1932 à 1947, elle intègre une grande partie de la Haute-Volta. La période coloniale, marquée par le développement des plantations et l'exploitation du bois, entraîne l'effacement des régions septentrionales au profit du littoral (création en 1950 du port en eau profonde d'Abidjan) et de la forêt.

Les premiers Européens ont été découragés par les falaises escarpées du sud-ouest, mais, plus à l'E., les plaines côtières et la zone des lagunes sont devenues l'une des régions les plus riches du pays. Le port — et la capitale (jusqu'en 1983) — d'Abidjan, construit sur la lagune Ebrié, est devenu l'un des centres les plus modernes du golfe de Guinée avec ses gratte-ciel, son centre administratif commercial et financier au cœur du quartier européen (le Plateau). Bouaké est la grande ville du centre, avec Yamoussoukro, qui a été érigée en nouvelle capitale (1983).

La stabilité politique explique en partie ce qu'on a appelé le « miracle ivoirien ». Le président Houphouët-Boigny, l'ancien leader du Rassemblement démocratique africain (R.D.A.), qui organisa les petits planteurs contre les grands domaines européens dès la fin de la dernière guerre, est au pouvoir depuis l'indépendance en 1960. Il a encouragé l'investissement étranger — surtout français — et introduit une économie libérale contrôlée par l'État. L'effondrement des cours du cacao et le blocage politique — la succession du président — ont entraîné au début de 1990 de violentes contestations contre le régime et la corruption, ainsi que la revendication du multipartisme. En septembre de la même année, l'inauguration à Yamoussoukro par le pape Jean Paul II de la plus grande basilique d'Afrique a suscité bien des polémiques.

Pourtant, aux élections présidentielles du mois suivant, le président ivoirien a été réélu avec 81,68 % des voix. Son décès, le 7 décembre 1993, n'a pas entraîné les troubles que l'on craignait pour sa succession qui a été assumée par Henri Konan Bédié.

FORÊTS ET SAVANES

Passé la zone lagunaire, domaine du cocotier, on aborde la forêt tropicale humide où poussent le teck, l'acajou, l'iroko, ainsi que les palmiers à huile et à raphia qui procurent des produits destinés à l'exportation.

La Côte-d'Ivoire est un pays agricole. L'agriculture en effet emploie les trois quarts de la population active et fournit 60 % des exportations. La Côte-d'Ivoire a aménagé une partie de sa vaste région forestière pour y produire du cacao, du café, du caoutchouc, des bananes, ainsi que des ananas. Le pays est le premier producteur mondial de cacao et le cinquième de café. Avec le bois, ces produits couvraient généralement les deux tiers des exportations. Pourtant, au-delà de ces petites plantations, se trouvent des villages qui pratiquent toujours une agriculture de subsistance.

La plaine humide fait place, peu à peu, à un plateau de savane arborée peu élevé au climat plus sec. Dans le Nord, les arbres se font plus rares avec l'allongement de la saison sèche. On y cultive le mil et le sorgho, avec une seule récolte annuelle. Les cultures industrielles sont le coton et l'arachide. Korhogo, près du Mali et du Burkina, a un climat soudanais avec une longue et chaude saison sèche. Les montagnes de Man, à l'O., bordent les frontières de Guinée et du Liberia.

La région des lagunes, autour d'Abidjan, a été aménagée pour les touristes qui peuvent accéder à de longues plages de sable blanc bordées de cocotiers. Le Nord abrite une faune nombreuse et variée (buffle, hippopotame). Avec le train qui traverse le pays du S. au N., on peut se rendre à Ouagadougou, capitale du Burkina.

Malgré ses routes, ses barrages et ses usines hydroélectriques qui la mettent à l'abri des besoins énergétiques, la Côte-d'Ivoire est loin d'avoir développé toutes ses potentialités. Elle a connu un grand bond en avant avec l'aménagement du canal de Vridi, permettant aux grands bateaux d'accéder au port d'Abidjan. Un autre pôle de développement a été créé à l'O., avec la construction du port de San Pedro destiné à la mise en valeur de la forêt. Mais la Côte-d'Ivoire est tributaire des cours du café et du cacao (ils ont fortement baissé sur le marché international depuis 1980) et la déforestation de son arrière-pays ne la met plus à l'abri des grandes sécheresses.

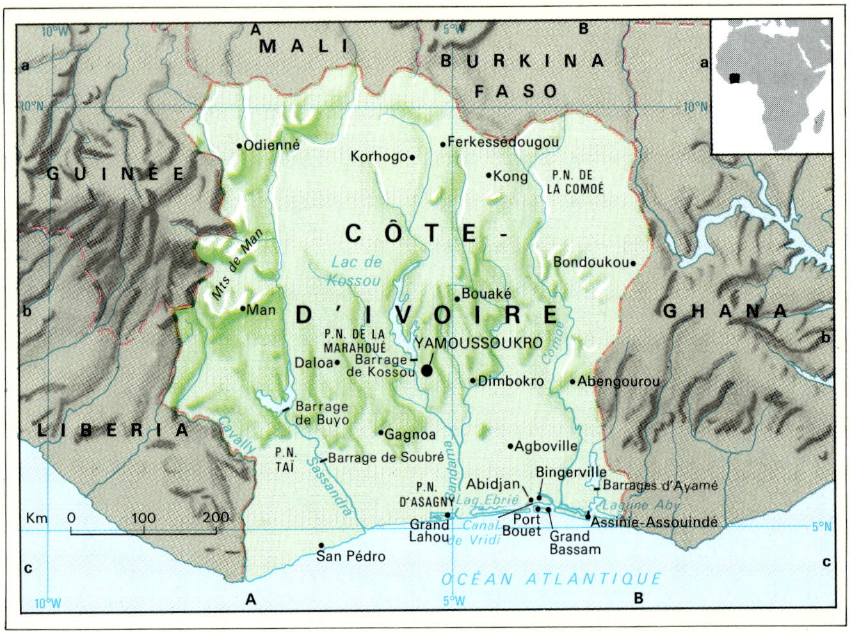

LA CÔTE-D'IVOIRE EN BREF	
Superficie	323 463 km²
Population	12 100 000
Capitale	Yamoussoukro (depuis 1983)
Régime	République et multipartisme
Monnaie	Franc CFA
Langues	Français, langues locales (dioula, baoulé)
Religions	Animistes (63 %), musulmans (23 %), catholiques (12 %)
Climat	Tropical ; température moyenne à Abidjan : de 22 à 32 °C
Ressources	Cacao, café, coton, bananes, ananas, caoutchouc, sucre de canne, riz, manioc, ignames, bois ; pétrole brut, diamants, cobalt, uranium
Activités	Cultures industrielles, industries alimentaires, textiles, travail du cuir, sylviculture, mines, raffinage du pétrole
Exportations	Cacao, café, bois, produits pétroliers, coton, arachides
P.N.B. annuel par habitant	790 dollars
Croissance démographique	36,8 ‰ par an
Espérance de vie	Hommes 53 ans, femmes 56

dès le VIIe s. (selon la légende), sur la butte du Wawel dominant la Vistule, siège d'un évêché dès le début du XIe s., ruinée au XIIIe s. par les invasions tatares, reconstruite autour du Rynek Glówny, la Grand-Place du Marché, elle est, de 1320 (sous Ladislas Ier) à 1596, la capitale du royaume de Pologne, et elle demeurera la ville du couronnement et de la sépulture des rois.

Cracovie est le siège de la fameuse université Jagellon, fondée en 1364 sous Casimir le Grand et qui fut jusqu'au XVIIIe s. l'un des centres majeurs de la vie intellectuelle de l'Europe orientale. Le collège où Copernic fit ses études de 1491 à 1494 est aujourd'hui un musée. Quant à la cathédrale (dont le cardinal Wojtyla fut l'archevêque avant d'être élu pape), c'est non seulement l'un des hauts lieux de la vie religieuse et politique du pays, mais aussi une sorte de panthéon national. La ville est donc chère au cœur des Polonais, et ses très nombreux monuments historiques (58 églises, 30 couvents, pour s'en tenir aux édifices religieux) font l'objet de restaurations attentives. Il faut citer, à proximité de la Grand-Place, l'église de Notre-Dame (XIVe s.), les halles aux draps (reconstruites au XVIe s.), l'église des Dominicains et celle des Franciscains. Le château du Wawel, sur sa butte, fut transformé à partir de 1507 en une somptueuse résidence par l'architecte italien Francesco Fiorentino.

La ville forme de nos jours, avec sa cité-satellite de Nowa-Huta, un grand centre industriel. C'est à Nowa-Huta (« la nouvelle fonderie ») que fut créé en 1950 le premier grand complexe sidérurgique de la République populaire (combinat Lénine). Cracovie n'en a pas perdu pour autant ses fonctions culturelles et artistiques ; s'y tiennent chaque année des festivals de cinéma et des expositions d'art.

Population 745 000
Carte Pologne Cc

craie Calcaire tendre, blanchâtre, presque entièrement formé de carbonate de calcium, qui provient essentiellement des résidus de micro-organismes marins.

Craigavon, ***Royaume-Uni*** Voir LURGAN

L'ORIGINE DES COURANTS OCÉANIQUES

Deux moteurs créent les courants océaniques : le vent et les contrastes de densité. En soufflant sur les mers, les vents entraînent les eaux de surface en de vastes dérives. Les variations de température et de salinité modifient la densité des eaux, qui remontent en surface ou plongent vers les profondeurs, créant des courants verticaux de convection. La rotation de la Terre, la forme et la position des continents déterminent la direction des courants.

L'effet de Coriolis est la déflection de tout corps en mouvement par suite de la rotation de la Terre. Les courants de l'hémisphère N. sont déviés vers la droite, ceux de l'hémisphère S. vers la gauche. L'effet est d'autant plus marqué que l'on s'éloigne de l'équateur. Il en résulte des cellules de courants océaniques, s'écoulant dans le sens des aiguilles d'une montre au N. de l'équateur, dans le sens inverse au S.

La densité de l'eau de mer augmente avec la salinité et l'abaissement de la température. Le soleil échauffe les eaux équatoriales et les rend moins denses, mais l'évaporation accentue leur salinité. La glace et l'air polaire refroidissent les mers polaires ; la pluie, la fonte des glaces et les rivières abaissent leur salinité par dilution.

Le Gulf Stream illustre bien l'influence qu'exercent les continents sur les courants. Les courants chauds Nord-Équatorial et des Caraïbes se joignent au large des côtes de Floride : forcés par le tracé du littoral d'obliquer vers le N.-E., ils s'élancent au travers de l'océan pour former la dérive Nord-Atlantique, qui baigne d'une eau encore chaude les rivages nord-européens.

Lorsque les vents soufflent vers l'océan, les eaux de surface sont entraînées vers le large. Pour compenser se produisent des remontées d'eaux profondes riches en produits nutritifs accumulés au fond des mers. Ceci explique la productivité des pêcheries des côtes du Pérou et de la Namibie.

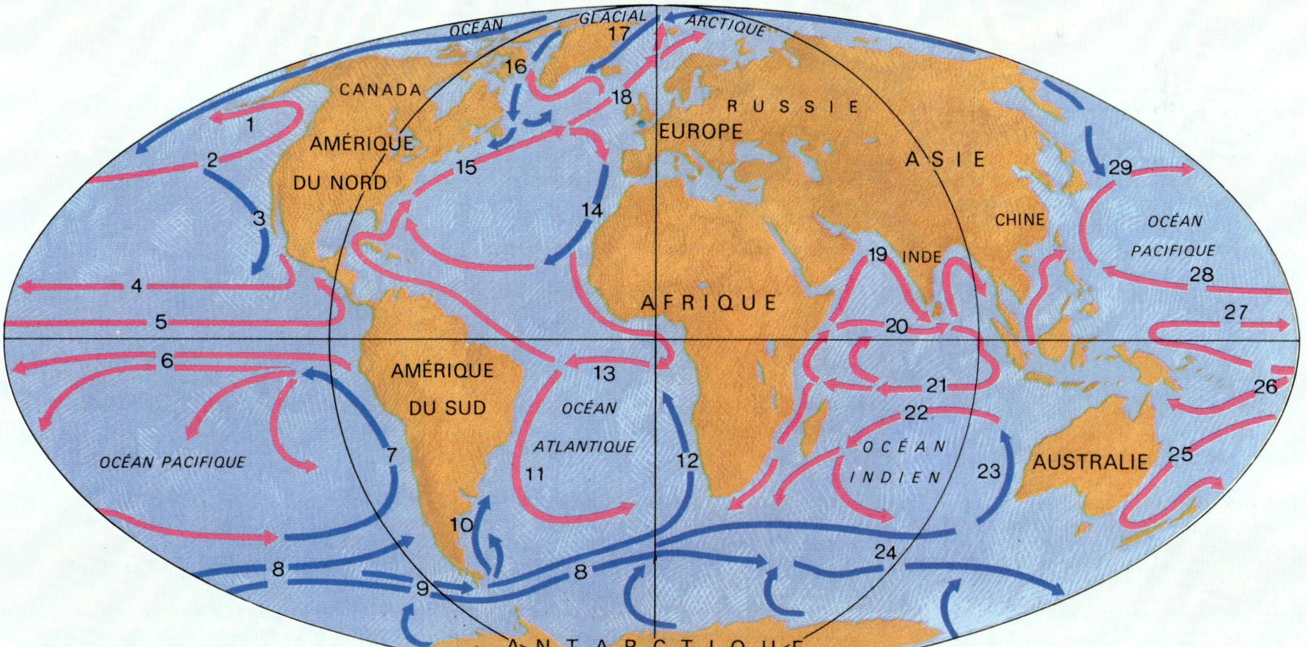

1. COURANT D'ALASKA
2. DÉRIVE NORD-PACIFIQUE
3. COURANT DE CALIFORNIE
4. COURANT NORD-ÉQUATORIAL
5. CONTRE-COURANT ÉQUATORIAL
6. COURANT SUD-ÉQUATORIAL
7. COURANT DE HUMBOLDT (OU DU PÉROU)
8. DÉRIVE DES VENTS D'OUEST
9. COURANT DU CAP HORN
10. COURANT DES MALOUINES
11. COURANT DU BRÉSIL
12. COURANT DE BENGUELA
13. COURANT DE GUINÉE
14. COURANT DES CANARIES
15. GULF STREAM
16. COURANT DU LABRADOR
17. COURANT DU GROENLAND (OU D'IRMINGER)
18. DÉRIVE NORD-ATLANTIQUE
19. DÉRIVE DE MOUSSON SUD-OUEST ET NORD-OUEST
20. CONTRE-COURANT INDIEN
21. COURANT NORD-ÉQUATORIAL
22. COURANT SUD-ÉQUATORIAL
23. COURANT OUEST-AUSTRALIEN
24. DÉRIVE DES VENTS D'OUEST
25. COURANT D'AUSTRALIE ORIENTAL
26. COURANT SUD-ÉQUATORIAL
27. CONTRE-COURANT ÉQUATORIAL
28. COURANT NORD-ÉQUATORIAL
29. KOURO SHIVO

Croatie

DES MILLIERS D'ÎLES DE RÊVE, DES CÔTES RAVISSANTES, DES VILLES SÉCULAIRES, CETTE CROATIE-LÀ EST BIEN LOIN AUJOURD'HUI

Disposée en arc de cercle, la Croatie est occupée à l'E. par la grande plaine pannonienne, et à l'O. par la Dalmatie. Celle-ci constitue la bordure occidentale des Alpes dinariques. La côte dalmate (plus de 2 000 km) est très découpée, parsemée d'îles, dont plus de soixante sont habitées, et propice aux ports, depuis Rijeka, qui est le premier port de l'ancienne Yougoslavie, jusqu'à Dubrovnik, en passant par Zadar, Sibenik et Split.

Depuis l'indépendance croate et le début de la guerre dans l'ancienne Yougoslavie, cette région, autrefois très touristique — elle apportait une partie importante des devises du pays —, est surpeuplée de réfugiés venus de Croatie, mais surtout de Bosnie, ainsi que d'étrangers, membres des organisations internationales, ou de Casques bleus de l'O.N.U. En dehors des bouches de Kotor, appartenant au Monténégro, la Dalmatie était la seule façade maritime de la Yougoslavie. Au N.-O., la presqu'île d'Istrie protège le port de Rijeka.

Bordée à l'E. par la Drave, traversée par la Save, toutes deux affluents du Danube, la plaine pannonienne jouit d'un climat plutôt continental, tandis que la Dalmatie bénéficie d'un climat méditerranéen, propice aux stations thermales et climatiques.

UNE RÉPUBLIQUE YOUGOSLAVE

La première organisation politique croate remonte au Xe s., quand le roi Tomislav (910-928) réunit ce qui est aujourd'hui la Croatie et la Bosnie. La côte fut l'objet d'une lutte constante contre Byzance, puis Venise. En 1102, la Croatie passa sous le contrôle de la Hongrie puis, plus tard, sous celui de l'Empire des Habsbourg. Ayant pu garder leur langue, malgré les diverses influences étrangères, les Croates parlent aujourd'hui le serbo-croate, écrit ici en caractères latins, alors qu'il l'est en cyrillique en Serbie.

Comme une bonne partie de l'Europe orientale, la Croatie est occupée par les Turcs de 1526 (bataille de Mohács) à 1669. De 1809 à 1813, Napoléon Ier prend possession du pays, incorporé aux provinces Illyriennes. Pour sa part, l'Autriche prend directement en main les destinées croates de 1849 à 1868, ignorant l'union personnelle qui lie la Croatie à la Hongrie. Rattachée à la Serbie et à la Slovénie à la fin de la Première Guerre mondiale pour former la Yougoslavie, la Croatie connaît d'importants mouvements nationalistes, en particulier celui des Oustachis. Ceux-ci se perpétueront même après la Seconde Guerre mondiale, sous forme d'attentats terroristes notamment.

En 1941, devant l'avance germano-italienne, la Yougoslavie doit capituler. La Croatie, amputée par l'Italie d'une partie de ses côtes, devient un État indépendant, englobant la Bosnie, mais étroitement contrôlé par les Allemands. Les nationalistes, conduits par le chef de l'État, Ante Pavelic, et ses Oustachis, mènent une lutte foncièrement antiserbe. De nombreuses exactions ont lieu : conversions forcées au catholicisme, massacres de populations, persécutions.

La libération de toute la Yougoslavie s'achève en 1945, sous la direction de Tito, un Croate, qui organise pour plus de trente ans un État fédéral. Mais le régime ne survivra pas longtemps à sa mort, en 1980. L'unité du pays, maintenue par la « force » pendant tout ce temps, n'était qu'artificielle, et les rivalités se font à nouveau jour. D'autant que la Croatie est habitée par 80 % de Croates, mais aussi par plus de 14 % de Serbes. Et ceux-ci sont majoritaires dans quelques régions bien déterminées.

En 1990, les premières élections libres ont lieu en Croatie (comme en Slovénie), et les communistes sont battus. Commence alors un conflit politique entre les partisans d'une confédération d'États souverains (Croatie, Slovénie) qui sauverait la Yougoslavie, et ceux qui, coûte que coûte, veulent maintenir la fédération (Serbie, Monténégro). Devant l'impasse, la Croatie proclame en juin 1991 son indépendance. Mais les minorités serbes, soutenues par la Serbie et les troupes fédérales, ne l'entendent pas ainsi. En Krajina, le long de la frontière de Bosnie-Herzégovine, depuis le S. de Zagreb jusqu'à la hauteur de Split, et en Slavonie, autour d'Osijek, la guerre civile s'installe. La C.E.E. propose sa médiation, mais le conflit demeure. Il sera mis en sommeil dès le début de la guerre en Bosnie, après l'installation de Casques bleus de l'O.N.U. Mais la tension demeure, et des combats reprennent en janvier 1993 pour le contrôle des accès à la Dalmatie (autour de Split notamment). Au S. du pays, la région de Dubrovnik, isolée, est toujours menacée.

La guerre en Bosnie voit aussi les Croates intervenir, d'abord en alliés des musulmans bosniaques puis peu à peu pour leur profit personnel, en renforçant leurs positions dans les régions où ils sont majoritaires. Ainsi en Herzégovine occidentale (Mostar) et à l'O. de Sarajevo, le long de la Dalmatie, et, dans le Nord, au voisinage de la Slavonie.

En 1994, après de longues tractations et devant l'ampleur du conflit et des menaces, Serbes, Croates et musulmans se sont accordés pour créer entre eux (en Bosnie) et avec la Croatie une confédération qu'il faut maintenant concrétiser. De nouvelles négociations, entamées en juin 1994 à Genève entre les trois factions, tentent d'arrêter le conflit.

LA CROATIE EN BREF

Carte Bosnie-Herzégovine Abc, Bbc
Superficie 56 538 km²
Population 4 820 000
Capitale Zagreb
Régime République parlementaire
Monnaie Kuna (dinar croate)
Langue Serbo-croate
Religions Catholiques (76 %), orthodoxes
Climat Continental tempéré, méditerranéen
Ressources Céréales, viande, pétrole, gaz naturel
Activités Agriculture, élevage, industries alimentaires, textiles, chantiers navals
Exportations Pétrole
P.N.B. annuel par habitant 7 000 dollars
Croissance démographique Sans objet
Espérance de vie Hommes 67 ans, femmes 74

Craiova, ***Roumanie*** Ville principale d'Olténie, dans le sud-ouest du pays, à 55 km de la frontière bulgare. Siège d'une université et d'un institut agronomique et important centre industriel: construction de matériel ferroviaire (locomotives), d'automobiles, de machines-outils et d'appareillages électriques.
Population 267 000
Carte Roumanie Ab

Crater Lake (parc national de), ***États-Unis*** Parc de 641 km² entourant un lac d'une dizaine de kilomètres de diamètre dans la chaîne des Cascades, dans le sud-ouest de l'Oregon. Le lac occupe le fond du cratère d'un immense volcan et est cerné de parois abruptes de 650 m de haut.
Carte États-Unis Bb

cratère (lac de) Lac occupant le cratère d'un volcan éteint.

Craters of the Moon National Monument, ***États-Unis*** Zone volcanique de 217 km² dans le sud-est de l'Idaho, à 145 km au N. de la frontière avec l'Utah. Ses coulées de lave, ses fissures, ses cônes de cendre et ses cratères évoquent la surface de la Lune.
Carte États-Unis Db

craton ou **bouclier** Partie étendue de l'écorce terrestre constituée de terrains anciens, granitisés et métamorphisés, restée stable et immobile pendant des millions d'années.

Crémone, en ital. **Cremona,** ***Italie*** Ville au bord du Pô, à 75 km environ au S.-E. de Milan. C'est la patrie de Monteverdi et de célèbres luthiers (les Amati, les Guarneri, les Stradivari) ; on continue d'y fabriquer des violons, et la ville est le siège d'une école internationale de lutherie.

En son centre, la cathédrale (XIIe-XIIIe s.), le baptistère octogonal, la Loggia dei Militi (fin du XIIIe s.) et le Palais communal (commencé au XIIIe s.) forment un très remarquable ensemble monumental.
Population 80 000
Carte Italie Cb

crétacé Troisième et dernière période de l'ère mésozoïque dans l'histoire de la formation de la Terre, durant laquelle se développa la craie. Voir tableau ÉCHELLE DES TEMPS GÉOLOGIQUES, p. 268.

crête Ligne de faîte étroite et longue entre deux versants escarpés d'une montagne.

crête barométrique Région de hautes pressions prolongeant un anticyclone.

Crète, en grec **Kriti,** ***Grèce*** La plus grande île du pays (8 331 km²), au S. de la mer Égée. Son relief est montagneux (le mont Ida culmine à 2 456 m), sa végétation et son climat méditerranéens (vignoble, agrumes, oliviers, maïs, tabac, élevage d'ovins). La côte N., très découpée, abrite de nombreuses stations balnéaires. La ville principale est Iráklion.

L'île fut le centre, dès le IIIe millénaire avant notre ère, de la brillante civilisation minoenne (composante de la civilisation égéenne), dont l'existence fut révélée par les extraordinaires découvertes de l'archéologue anglais Arthur Evans en 1900. Cette civilisation atteignit son apogée à l'époque dite des palais (1900-1400 av.

J.-C.) ; la cité de Cnossos était alors à la tête d'un empire maritime qui s'étendait jusqu'à la Grèce et Chypre.

Après avoir été byzantine, l'île passa, en 1204, aux Vénitiens, qui en firent une base de leur empire oriental ; elle connut alors une renaissance artistique. Les Vénitiens s'y maintinrent jusqu'en 1669, date à laquelle ils furent chassés par les Turcs. L'île fut rattachée à la Grèce en 1913.

Population 537 000
Carte Grèce Dd

Créteil, ***France*** Chef-lieu du Val-de-Marne, à 7 km au S.-E. de Paris, récemment développé autour de la préfecture et d'un important centre hospitalier.

Population 82 000
Carte France Eb

Creuse (23), ***France*** 1. Rivière de 255 km de long qui prend sa source au plateau de Millevaches et conflue avec la Vienne au N. de Châtellerault. Des centrales hydroélectriques ont été installées sur son cours (Éguzon).

2. Département (23) de la région Limousin, dans le nord-ouest du Massif central (5 571 km^2). Chef-lieu : Guéret. Ses plateaux cristallins et métamorphiques présentent des paysages vallonnés couverts de bocage et parsemés d'étangs. Ils culminent au S.-E. au plateau de Gentioux (800 m). Les ressources du département sont surtout agricoles : élevage dans les plateaux de la Marche, à l'O., cultures diverses à l'E., dans la Combraille.

Population 131 300
Carte France DEc

Creusot (Le), ***France*** Ville industrielle de Saône-et-Loire, cœur d'un bassin houiller. C'est l'un des plus anciens centres de la métallurgie française, le principal sous Napoléon III. Dès les années 1780, Ignace de Wendel y créait une usine. Les frères Schneider y fondèrent en 1836 la Société des forges et ateliers du Creusot (d'où sortirent en 1838 les premières locomotives françaises). À la fin du XIXe s., la société s'orienta vers la métallurgie fine et les aciers spéciaux, spécialité qui demeure aujourd'hui celle de Creusot-Loire (société formée en 1970 par la réunion des Forges et ateliers du Creusot et des Forges et ateliers de la Loire). Creusot-Loire construit, entre autres, des éléments de centrales nucléaires. L'écomusée du Creusot-Montceau-les-Mines (château de la Verrerie) retrace le passé industriel de la région.

Population 29 000
Carte France Fc

Crewe, ***Royaume-Uni*** Ville industrielle active et centre ferroviaire du Cheshire, à 45 km au S. de Manchester. Construction mécanique et automobile.

Population 59 100
Carte Royaume-Uni Dd

Crimée, en russe **Krym,** ***Ukraine*** Presqu'île séparant la mer Noire et la mer d'Azov. Son littoral méridional, bordé par les monts de Crimée, de type méditerranéen, forme la riviéra soviétique. De nombreuses stations balnéaires (Yalta, Feodossia) s'y sont installées. Au N. s'étend une plaine steppique qui occupe la majeure partie de la presqu'île et où se sont développés, grâce au canal d'irrigation de Kakhovka, la culture du blé et l'élevage (ovins).

Dans l'Antiquité, la Chersonèse taurique (son nom grec), occupée par les Scythes, vit s'installer des comptoirs et colonies grecs (VIIe-VIe s. av. J.-C.). Elle fit partie de l'Empire byzantin jusqu'en 1238, où elle fut conquise par les Tatars (Khanat). Les Génois y établirent des comptoirs florissants jusqu'en 1475. Elle fut annexée en 1783 par la Russie et fut le théâtre d'un sanglant conflit (1853-1856) entre la coalition menée par la France et la Russie, qui visait le contrôle des détroits vers la Méditerranée. Le traité de Paris en mars 1856 neutralisa la mer Noire. En 1944, Staline fit exiler les Tatars, près du tiers de la population. Enfin réhabilités, ils tentent de regagner la Crimée.

En 1954, Khrouchtchev cède la Crimée à l'Ukraine, bien que la population soit majoritairement russe. Devenue République autonome en 1991, elle est encore l'objet de disputes avec la Russie, parallèlement au conflit sur la flotte de la mer Noire. Son président et son Parlement, prorusses, l'ont même proclamée « indépendante » au printemps 1994. La capitale est Simferopol.

Population 2 596 000
Carte Ukraine CDcd

Cristal (monts de), ***Gabon/Guinée-Équatoriale*** Chaîne de montagnes peu élevées (leur altitude varie entre 600 et 900 m), bordant le socle précambrien qui domine les bassins sédimentaires du Gabon et de la Guinée-Équatoriale. Les cours d'eau y creusent des vallées étroites où se forment des rapides.

Carte Gabon Ba

Cristobál, ***Panamá*** Voir COLÓN et PANAMÁ (zone du canal de)

Crna Gora, ***Yougoslavie*** Voir MONTÉNÉGRO

Crnojevica, ***Yougoslavie*** Voir SHKODËR (lac de)

Croagh Patrick, ***Irlande*** Montagne située au S. de la baie de Clew, sur la côte O. Chaque année, en juillet, des milliers de pèlerins (beaucoup sont pieds nus) escaladent le sommet (765 m), où une messe est célébrée dans une petite chapelle moderne. Saint Patrick, patron de l'Irlande, y aurait prié et jeûné pendant les quarante jours du carême, en 441 apr. J.-C.

Carte Irlande Bb

Croatie, Voir p. ci-contre

Crocodile, ***Afrique du Sud*** Voir LIMPOPO

Crocodilopolis, ***Égypte*** Voir FAYOUM

Croissant fertile, ***Moyen-Orient*** Région d'Asie occidentale qui s'étend de la vallée du Nil au golfe Persique en passant par la Palestine, le nord de la Syrie et de l'Irak. Son nom désigne surtout les anciens empires de Babylonie, d'Assyrie et de Phénicie. Cette région ne reçoit que 203 à 381 mm de pluies annuelles, mais depuis l'Antiquité l'agriculture est possible grâce à l'irrigation, en particulier dans les vallées du Nil, du Tigre et de l'Euphrate.

Carte Moyen-Orient Ba

Cronstadt, ***Russie*** Voir KRONSTADT

Crotone, ***Italie*** Ville et port de Calabre, sur le golfe de Tarente. Fondée en 710 av. J.-C. par les Achéens, elle devint vite l'une des plus importantes cités de la Grande-Grèce. Le philosophe et mathématicien Pythagore de Samos vint y enseigner vers 530 ; ses disciples occupèrent les différentes magistratures de la ville et étendirent leur influence à Tarente et en Sicile. Patrie de l'athlète Milon. C'est aujourd'hui une petite ville industrielle (métallurgie du zinc, chimie) et une station balnéaire.

Population 51 000
Carte Italie Fe

Crownest Pass, ***Canada*** Défilé situé à 1 357 m d'altitude, dans les montagnes Rocheuses, au S.-E. de la Colombie britanique. En 1897, les Chemins de fer canadiens du Pacifique y construisirent une voie ferrée grâce à des fonds gouvernementaux.

Carte Canada Dd

Crozet (îles), ***océan Indien*** Archipel de l'océan Indien austral, à mi-chemin entre Madagascar et l'Antarctique. Il fait partie des terres australes et antarctiques françaises. Sa superficie est de 500 km^2. Il comprend les îles des Apôtres, des Cochons et des Pingouins, à l'O., les îles de l'Est et de la Possession, à l'E. La France a installé une station scientifique sur cette dernière. Les îles furent découvertes en 1772 par Marion-Dufresne et Crozet.

Carte Indien (océan) Be

Crozier (cap), ***Antarctique*** Extrémité orientale de l'île de Ross, touchant à la grande barrière de Ross, falaise de glace qui domine l'océan. Le cap abrite d'importantes colonies de manchots empereurs et de manchots Adélie.

Carte Antarctique Jc

Ctésiphon, ***Irak*** Ancienne ville de la rive gauche du Tigre, au S.-E. de Bagdad. Capitale des Parthes arsacides en 129 av. J.-C., puis des Perses sassanides (224-631). Ruines du gigantesque palais perse, le Taq Kisra.

Carte Irak Cc

Cuando Cubango, ***Angola*** District au S.-E. du pays (199 049 km^2), dont les ressources sont surtout agricoles (arachides, millet, haricots). Depuis l'indépendance du pays, en 1975, il est contrôlé par les troupes rebelles de l'UNITA. Il a pour chef-lieu Menongue.

Population 135 000
Carte Angola Bb

Cuango, ***Angola/Zaïre*** Fleuve de 1 100 km de long qui prend sa source dans les plateaux du centre de l'Angola, trace une partie de la frontière de l'Angola et du Zaïre, et se jette dans le Kasai, près de Bandundu. La majeure partie de son cours au Zaïre est navigable.

Carte Zaïre Ab

Cuanza (Coanza, Kuanza, Kwanza), ***Angola*** 1. Fleuve de 1 000 km de long environ qui prend sa source au plateau de Bié et se jette dans l'Atlantique au S. de Luanda ; un barrage hydroélectrique a été aménagé sur son cours à Cambabe.

2. La province de Cuanza Norte, dans le nord du pays, produit du café, du sisal, de l'huile de palme, du tabac et du coton. Gisements de fer et de manganèse. Chef-lieu : Ndalatando.

3. Cuanza Sul, dans le centre-ouest du pays, produit du café, des arachides, du tabac, des céréales, du coton. Chef-lieu : Sumbe.

Population (Cuanza Norte) 394 000 ; (Cuanza Sul) 668 000
Carte Angola Aa, Ab

Cuba Voir p. 188-189

Cubango, ***Afrique méridionale*** Voir OKAVANGO

Cuba

POUR CET ÉTAT MARXISTE DES ANTILLES, LES GRANDES PUISSANCES ONT ÉTÉ À DEUX DOIGTS DE LA GUERRE

En 1962, l'antagonisme Est-Ouest à propos de Cuba a failli mettre le monde au bord de la guerre nucléaire. Fidel Castro, en effet, qui présidait depuis trois ans aux destinées de la plus grande île des Caraïbes, avait accepté l'offre soviétique d'installer une base de missiles nucléaires à 145 km de la côte de Floride.

Les États-Unis mirent en place un blocus de l'île tandis que John Kennedy et Nikita Khrouchtchev engageaient une partie de bras de fer, se menaçant chacun de l'emploi de l'arme nucléaire. Les Russes cédèrent et retirèrent leurs fusées. Mais le régime communiste cubain avait gagné la neutralité américaine et s'employa, dès lors, à exporter sa révolution dans le reste du tiers monde — des contingents militaires cubains seront envoyés en Angola et en Éthiopie, et des conseillers au Nicaragua.

Lorsque Christophe Colomb débarqua à Cuba, en 1492, celle-ci était habitée, selon le missionnaire Las Casas, par un million d'Indiens Caraïbes. Moins d'un siècle plus tard, ils avaient complètement disparu, victimes d'un génocide dont les raisons n'étaient pas seulement les mousquets, mais le travail forcé et les maladies des Européens. Des esclaves noirs importés d'Afrique les remplaceront pour travailler dans les plantations de canne à sucre et de tabac et s'occuper du bétail (Cuba était aussi un grand centre de construction navale). Les Noirs seront plus d'un million lors de l'occupation anglaise à la fin du XVIIIe s.

La domination espagnole sur l'île dura jusqu'à la fin du XIXe s. Une première guerre d'indépendance (1868) fut un échec ; en 1898, l'explosion du croiseur américain *Maine* dans le port de La Havane entraîne l'intervention de Washington ; l'Espagne renonce à Cuba, Porto Rico et les Philippines (traité de Paris, 1898). Les États-Unis gardent un droit de regard sur l'île (base à Guantanamo, système sanitaire, impôts) et débarquent à plusieurs reprises ; les betteraviers américains tentent d'étouffer la production locale de canne à sucre. L'île devient un lieu de villégiature pour les touristes tandis que les présidents se succèdent (entre 1933 et 1948, Grau San Martin et Fulgencio Batista se partagent alternativement le pouvoir). En 1952, Batista renverse le président Socarras, et installe un régime corrompu à La Havane, qui devient une ville de jeux et de plaisirs où la pègre tient le haut du pavé.

C'est en 1959 que l'ancien étudiant en droit Fidel Castro et ses partisans — Che Guevara est l'un d'eux — entrent à La Havane après une guérilla de deux ans. La nationalisation des industries, l'expropriation des grands propriétaires fonciers entraînent la rupture avec les États-Unis (les intérêts étrangers, essentiellement américains, contrôlent 75 % des terres cultivables, 90 % des mines et 40 % de l'industrie du sucre). Cuba se tourne alors vers l'U.R.S.S. qui trouve une occasion inespérée de mettre pied dans l'hémisphère américain (1960). Le régime se radicalise ; de nombreux Cubains fuient vers les États-Unis. Une opération montée par des exilés cubains soutenus par les États-Unis échoue dans la baie des Cochons (1961). La « république démocratique socialiste » est proclamée (1962) et Cuba entre dans le bloc socialiste dont dépend 70 % de son commerce.

Les changements politiques à l'Est depuis 1989 ainsi que le rapatriement du corps expéditionnaire d'Afrique sont à l'origine d'une crise économique sans précédent et d'une grave crise de confiance.

À cela s'ajoute une crise politique et morale lorsqu'en juillet 1989 sont fusillés le général Arnaldo Ochoa et trois officiers du ministère de l'Intérieur — tous très proches de Castro — accusés de trafic de drogue. La purge s'étend au sommet de l'État et de l'armée. Impassible, Castro réaffirme sa « foi communiste » au cours du IVe Congrès du parti communiste cubain en octobre 1991.

Avec 114 524 km², Cuba est aussi grande que toutes les autres 3 700 îles des Caraïbes réunies. Sa population est égale au tiers de celle des Antilles. Elle mesure 1 250 km de long, 30 à 190 km de large ; la majeure partie de l'île est constituée de plaines.

Le climat est chaud, mais, dans le Nord-Ouest, les températures hivernales peuvent descendre à 10 °C. Les typhons y font de fréquents passages, mais généralement sans grands dommages. Le sol de Cuba est fertile et bien arrosé (1 140 mm annuels) ; les forêts couvrent le quart de l'île.

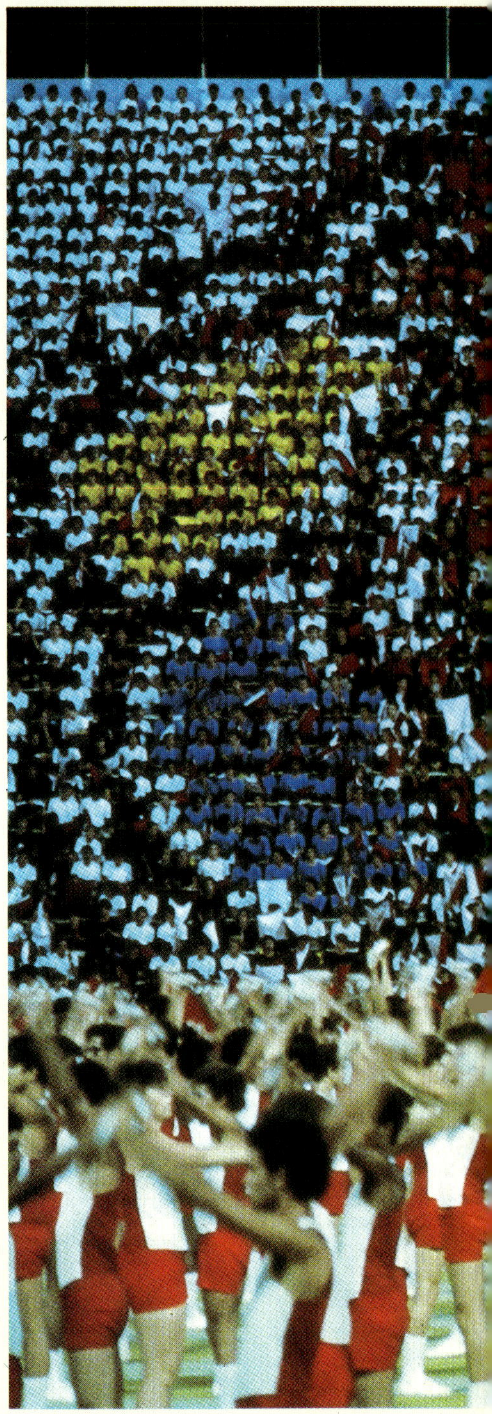

LE FESTIVAL MONDIAL DE LA JEUNESSE. Des jeunes, parmi les 18 000 venus de 140 pays à La Havane en 1978, forment un immense portrait de Che Guevara, le compagnon charismatique de Fidel Castro.

Le grand thème du régime est la diversification de l'agriculture. Les agrumes ont pris la place du tabac, la culture du riz a été développée ainsi que l'élevage du bétail — pour la viande en boîte et les produits laitiers — et la

flotte de pêche a été modernisée. Le nickel, dont Cuba possède la quatrième réserve mondiale, arrive à la deuxième place pour les exportations. Le tourisme est fonction du degré de libéralisation.

Les Cubains sont un peuple métissé, et il y a une petite minorité chinoise. Les deux tiers de la population vivent dans les villes, où l'on ne voit pas autant de misère que dans les autres pays latino-américains ; l'éducation est gratuite pour tous, ainsi que les services de santé ; un salaire minimum est garanti à tous.

CUBA EN BREF

Superficie 114 524 km^2
Population 10 890 000
Capitale La Havane
Régime République socialiste à parti unique
Monnaie Peso = 100 centavos
Langue Espagnol
Religion Chrétiens (essentiellement catholiques)
Climat Tropical ; température moyenne à La Havane : de 18-26 °C en janvier à 24-32 °C en juillet
Ressources Sucre de canne, riz, patates douces, manioc, maïs, oranges, tabac, café, bétail, poisson ; nickel, cuivre, cobalt, chrome
Activités Cultures industrielles, mines, industries alimentaires, industries du tabac, affinage des minerais, produits chimiques, cimenteries, engrais, textiles, pêche
Exportations Sucre, nickel, cuivre, poisson, agrumes et légumes, tabac, café, produits chimiques
P.N.B. annuel par habitant 1 580 dollars
Croissance démographique 11 ‰ par an
Espérance de vie Hommes 73 ans, femmes 78

Cúcuta, *Colombie* Chef-lieu du département du Norte de Santander, au pied du versant O. de la Cordillère orientale, à proximité de la frontière vénézuélienne. C'est là qu'en 1813 Simón Bolívar lança ses troupes contre les Espagnols pour libérer la Colombie. La ville est au centre d'une région agricole (élevage, tabac, café). Gisements de pétrole au N. du département.
Population 379 500
Carte Colombie Bb

Cuelap, *Pérou* Ruines d'une ville fortifiée découvertes en 1843 près de Tingo, dans le département d'Amazonas (région de Chachapoyas). Il s'agirait d'une sorte de refuge, bâti par une mystérieuse civilisation pré-inca, dont on ne trouve aucune trace dans les récits des premiers chroniqueurs espagnols.
Carte Pérou Ba

Cuenca, *Équateur* Chef-lieu de la province d'Azuay, situé dans un bassin des Andes, à 2 580 m d'altitude, à 330 km environ au S. de Quito. Centre commercial, siège d'une université. Fondée en 1557 par le conquistador Gil Ramírez Davalos sur les ruines incas de Tomebamba, la ville présente quelques-uns des plus beaux édifices de l'architecture coloniale espagnole : les couvents de La Concepción (fondé en 1599) et des Carmelitas Descalzas (fondé en 1682). Le marché indien qui s'y tient chaque semaine, outre son importance pour l'économie locale, est l'un des principaux attraits touristiques de la région.
Population 195 800
Carte Équateur Bb

Cuenca, *Espagne* Chef-lieu de la province de Cuenca en Castille-la-Manche, au confluent du Jucár et du Huécar. La ville haute, très pittoresque, est célèbre pour ses *casas colgadas*, maisons suspendues construites en encorbellement au-dessus du Huécar, et pour sa cathédrale des XIIe-XIIIe s.

La province de Cuenca, vaste mais peu peuplée, comprend au S.-O. une partie de la plaine de la Manche. Céréale. Élevage du mouton.
Population (ville) 46 000 ; (prov.) 221 500
Carte Espagne Db

Cuernavaca, *Mexique* Capitale de l'État de Morelos, à 80 km au S. de Mexico. Siège d'une université et centre touristique réputé, aux somptueuses résidences entourées de végétation et de fleurs tropicales. La ville conserve le palais du conquistador Hernán Cortés (XVIe s. mais remanié postérieurement) et une cathédrale baroque (commencée au XVIe s.) À proximité de la ville se trouve le site aztèque de Xochicalco, et à 70 km environ au S.-O. les grottes de Cacahuamilpa.
Population 192 800
Carte Mexique Cc

cuesta Terme espagnol empoyé pour désigner un relief dissymétrique dû au recul d'une couche tendre surplombée par une couche dure en corniche. On distingue le *front* (pente abrupte) et le *revers* (pente douce). Ce type de relief est fréquent sur les bords relevés d'un bassin sédimentaire, par exemple les côtes de Lorraine.

Culebra (île de), *Porto Rico* Petite île de 26 km^2 dans la mer des Antilles, à l'E. de Porto Rico. Réputée pour ses plages et la vie sous-marine de ses récifs. Port profond et abrité.
Population 1 300
Carte Antilles Bb

Culiacán, *Mexique* Capitale de l'État de Sinaloa, au N.-O. du pays, au pied de la sierra Madre occidentale. Centre d'une région agricole qui produit du tabac, de la canne à sucre et du maïs, et qui fournit au pays la majeure partie de ses légumes d'hiver.
Population 305 000
Carte Mexique Bb

Culloden, *Royaume-Uni* Localité d'Écosse, à 8 km à l'E. d'Inverness. En 1746, l'armée anglaise commandée par le duc de Cumberland écrasa les forces du prince Charles, mettant fin aux prétentions des Stuarts sur la couronne britannique.
Carte Royaume-Uni Cb

Cumaña, *Venezuela* Port et chef-lieu de l'État de Sucre, s'étendant sur les deux rives du Manzanares, à 320 km à l'E. de la capitale, Caracas. Ce fut la première ville fondée par les Espagnols en Amérique du Sud (1520). On y exporte du tabac, du cacao, du poisson, des cotonnades et du café.
Population 200 000
Carte Venezuela Ba

Cumberland Gap, *États-Unis* Défilé dans le plateau de Cumberland au S. des Appalaches, à la frontière de la Virginie, du Kentucky et du Tennessee. Altitude : 500 m. Il fut le théâtre de combats pendant la guerre de Sécession. Le parc national environnant couvre 82 km^2.
Carte États-Unis Jc

Cumberland (massif du), *Royaume-Uni* Voir LAKE DISTRICT

Cumberland, *Royaume-Uni* Voir CUMBRIE

Cumbrie, en angl. **Cumbria, *Royaume-Uni*** Comté du nord-ouest de l'Angleterre s'étendant sur 6 809 km^2 à la limite de l'Écosse. Formé à partir des anciens comtés du Cumberland, du Westmoreland et de la partie du Lancashire appelée district de Furness, il comprend aussi la région des Lacs (Lake District). Sur le littoral se trouvent l'ancien bassin houiller du Cumberland, les villes industrielles de Whitehaven et Workington et le centre de constructions navales de Barrow-in-Furness ; à l'intérieur, exploitations agricoles et tourisme dans la région des Lacs. Chef-lieu : Carlisle.
Population 483 000
Carte Royaume-Uni Dc

cumulo-nimbus Masse de nuages bourgeonnants qui se forment à partir d'une base horizontale et s'élèvent très haut dans le ciel ; la cime se déploie souvent en enclume. Les cumulo-nimbus sont dus à de forts courants verticaux et provoquent des averses de grêle et des orages.

cumulus Nuage vertical formé, sur une base horizontale, de masses duveteuses ressemblant à des choux-fleurs. On voit ces nuages souvent en milieu ou en fin de journée, généralement associés à des périodes ensoleillées. Ils se distinguent des cumulo-nimbus par leurs sommets arrondis.

Cundinamarca, *Colombie* Département central autour de la capitale, Bogotá. Les zones climatiques très variées, chaudes et tropicales, ou froides, permettent un large éventail de cultures (café, maïs, bananes, pommes de terre).
Population 1 690 000
Carte Colombie Bb

Cunene ou **Kunene, *Angola/Namibie*** Fleuve qui prend sa source en Angola (centre-ouest), sert de frontière entre l'Angola et la Namibie, et se jette dans l'océan Atlantique. Longueur : 970 km. Il fournit de l'électricité : barrage de Matala, en Angola, et chutes Ruacaná (107 m de haut), à la frontière des deux pays.
Carte Namibie Aa

Curaçao, *Antilles néerlandaises* La plus grande île et la plus développée des Antilles néerlandaises, au large de la côte N. du Venezuela, entre les îles Aruba et Bonaire : 444 km^2. Les rochers laissent peu de place à l'agriculture. Principales industries : raffinage du pétrole, électronique et tourisme. Port en eau profonde (Schottegat) près de Willemstad, capitale de l'île et des Antilles néerlandaises. Curaçao a donné son nom à la liqueur d'oranges que l'on y inventa.
Population 170 000
Carte Antilles Bc

Curepipe, *île Maurice* Ville, station thermale et centre de production sucrière, située au milieu de l'île, à une altitude de 500 m.
Population 70 000
Carte Maurice (île) Bb

Curitiba, *Brésil* Capitale de l'État de Paraná, à 330 km au S.-O. de São Paulo. Fondée en 1693, c'est aujourd'hui une ville en pleine expansion. Principales productions : thé, tabac, meubles, métaux.
Population 1 280 000
Carte Brésil Dd

Curtea-de-Arges, *Roumanie* Ville sur l'Arges, à 150 km au N.-O. de Bucarest. Capitale de la principauté de Valachi au XIVe s., elle renferme les ruines du palais princier. L'église Saint-Nicolas-Donnesce est le plus vieux monument féodal du sud de la Roumanie (XIVe s.). L'église épiscopale, construite au XVIe s. par l'un des princes régnants et restaurée en 1875, contient les tombes des premiers monarques roumains.
Population 30 200
Carte Roumanie Aa

Cuscatlán, *Salvador* Département situé à l'E. de San Salvador : coton, canne à sucre, bétail. Chef-lieu : Cojutepeque (35 000 habitants).
Population 167 290

Cuttack, *Inde* Ville de la côte orientale de l'Inde, à 325 km au S.-O. de Calcutta. Construite sur le delta de la rivière Mahanadi, elle est sujette aux inondations. Fabrication d'argenterie fine et de bijoux en or filigrané. Commerce des oléagineux et du riz.
Population 402 500
Carte Inde Dc

Cuzco ou **Cusco, *Pérou*** Chef-lieu de département et département des Andes méridionales. La ville de Cuzco, à 3 500 m d'altitude, fut le centre administratif et religieux du vaste empire inca entre le XIe s. et le début du XVIe. Dans le centre de la ville où, sur la place principale, se déroulaient de nombreuses cérémonies, la magnifique cathédrale baroque et l'église de la Compania, construite en 1668, s'élèvent sur l'ancien emplacement du Temple de Viracocha et d'un palais inca. Fidèle à son double héritage (inca et colonial), Cuzco célèbre conjointement la Fête-Dieu catholique (deuxième jeudi après la Pentecôte) et la fête inca du Soleil, *Inti Raymi*.

La région porte les traces de son riche passé inca : ruines de Sacsahuamán et de Salamancu, célèbre piste inca qui conduit de Ollantaytambo à Machupicchu (la « Cité perdue des Incas »). Les hauts pâturages nourrissent moutons et alpagas (animaux à toison longue, voisins des lamas), tandis que les vallées fertiles sont plantées de maïs, d'orge et de pommes de terre.
Population (ville) 89 600 ; (dép.) 1 056 000
Carte Pérou Bb

Cyclades, ***Grèce*** Îles de la mer Égée, dont les plus connues sont : Délos, Ios, Milo, Mykonos (la plus touristique), Naxos (la plus grande), Paros, Santorin, Syros. Chef-lieu : Ermoupolis, à Syros. Relais des premières routes de commerce maritime vers l'Est, patrie de marins dès 2600 av. J.-C., elles furent occupées par les Vénitiens en 1204, puis par les Turcs au XVIe s. Elles font partie de la Grèce indépendante depuis 1832. Le sol est pauvre, et l'agriculture presque inexistante, mais le littoral et le décor enchantent les vacanciers.
Population 88 400
Carte Grèce Dc

cycle de l'eau Transfert continu de l'eau entre les océans, l'air et la terre. L'eau de mer s'évapore et devient de la vapeur d'eau qui se condense en nuages, puis retombe sur la terre en pluie ; celle-ci alimente les rivières dont les eaux retournent à la mer.

cycle d'érosion Voir COMMENT LES ROCHES SE FONT ET SE DÉFONT, p. 568

cyclone Masse d'air accompagnée de vents violents tournoyant autour d'un centre de basses pressions, dans le sens des aiguilles d'une montre dans l'hémisphère N. et dans le sens inverse dans l'hémisphère austral. Dans les régions tempérées, il est plutôt qualifié de dépression ou dépression cyclonique. Le cyclone tropical correspond à des zones de basses pressions de 80 à 160 km de rayon et est caractérisé par sa grande violence ; au centre, « l'œil du cyclone » correspond à une zone calme. Les cyclones tropicaux prennent le nom de hurricanes (ouragans) aux Antilles et en Amérique du Nord, de cyclones aux Indes, de typhons en Asie du Sud-Est, et de willy-willy en Australie.

Cyrénaïque, ***Libye*** Région occupant la moitié orientale du pays (855 000 km^2) et s'étendant de la Méditerranée (au N.) au Tibesti (au S.). Ville principale : Benghazi. Constituée surtout par un désert (désert de Libye), elle possède aussi des terres fertiles le long de la côte méditerranéenne, et quelques forêts sur les versants N. de la chaîne côtière. On y trouve les principaux gisements pétrolifères du pays.

Au XIXe s. y fut fondée la Senoussya, confrérie musulmane dont les adhérents sont encore nombreux dans la région. Les Senoussis combattirent aux avant-postes de la résistance durant l'occupation italienne (1912-1943).

La population demeure en majorité nomade ou semi-nomade : élevage du bétail, agriculture et pêche (thon). Les principaux produits agricoles, cultivés surtout dans le djebel Akhdar, au N., sont l'orge, le blé, la vigne, les olives et les dattes. 23 % de la population libyenne vivent en Cyrénaïque.
Carte Libye Cb

Cyrène, ***Libye*** Voir SHAHHAT

Cythère, en grec **Kithira,** ***Grèce*** La plus méridionale des îles Ioniennes, à 14 km au S. du Péloponnèse. Lieu de naissance mythologique de la déesse Aphrodite (Vénus). En 1537, la population fut réduite en esclavage et vendue par le pirate turc Barberousse. Château vénitien. Importantes grottes à proximité. Activités principales : tourisme et agriculture (miel).
Population 3 350
Carte Grèce Cc

Czestochowa, ***Pologne*** Ville industrielle (fer, acier, textile, papier) et centre de pèlerinage, à 64 km au N. de Katowice. Les pèlerins visitent le monastère richement orné de Jasna Gora, fondé en 1382, aujourd'hui symbole du nationalisme polonais. Sa tour domine la ville de 105 m. Parmi ses trésors se trouve la Vierge noire, peinture byzantine de Notre-Dame de Czestochowa, douée de pouvoirs miraculeux.
Population 253 000
Carte Pologne Cc

VU DE L'ESPACE. Les cyclones (ici « Gladys » depuis un vaisseau spatial) portent aujourd'hui alternativement un nom féminin ou un nom masculin. Celui-ci apparaît comme une grande spirale de nuages au-dessus du golfe du Mexique.

D

Dabrowa Gornicza, *Pologne* Centre minier et métallurgique du sud de la Pologne, à 13 km au N.-E. de Katowice. La première mine ouverte en 1796 révéla la veine de charbon la plus épaisse du monde (20 m). C'est aujourd'hui un site géologique touristique.
Population 140 000
Carte Pologne Cc

Dacca, *Bangladesh* Voir DHAKA

Dachau, *Allemagne* Ville de Bavière, à 20 km au N.-O. de Munich. Premier camp de concentration ouvert en 1933 par les nazis, où périrent 32 000 personnes.
Population 35 000
Carte Allemagne Dd

Dafni, *Grèce* Monastère des Vᵉ et VIᵉ s., sur une colline à 11 km à l'O. d'Athènes. Son église byzantine du XIᵉ s. renferme de très belles mosaïques. Une fête du vin s'y déroule chaque année en automne.
Carte Grèce Cb

Daghestan (Rép. du), *Russie* Voir MAKHATCHKALA

Dahlak (archipel des), *Érythrée* Îles de corail de la mer Rouge, au large de Massaoua (950 km^2 pour 130 îles et îlots environ). Récoltes de corail et de perles ; possibilité de gisements de pétrole aux alentours.
Carte Éthiopie Ba

Dakar, *Sénégal* Capitale du pays, à l'extrémité de la presqu'île du Cap-Vert. Fondée par les Français en 1857 sur l'emplacement d'un village de pêcheurs, en face de l'île de Gorée, elle devint la capitale de l'Afrique-Occidentale française en 1902, du Sénégal en 1958 (à la place de Saint-Louis). La ville possède une rade en eau profonde, l'une des plus belles d'Afrique, sur l'Atlantique. L'activité portuaire y est intense (près de 6 millions de tonnes), et la pêche très active. Dakar et sa région groupent près de 90 % des entreprises sénégalaises. Industries alimentaires (huileries, conserveries de poisson, brasseries), textiles, chimiques (raffinerie de pétrole). La ville est le centre politique, économique et culturel du Sénégal, et le siège d'organismes internationaux. Aéroport international de Yoff. Liaisons ferroviaires avec Saint-Louis et Bamako. Le tourisme est l'une des grandes ressources de cette superbe métropole où se mêlent cultures française et africaine.

La région de Dakar (550 km^2), la plus petite du pays, englobe également Rufisque.
Population (ville) 1 793 000
Carte Sénégal Ab

Dakota du Nord, *États-Unis* État du Midwest (183 022 km^2) limité au N. par le Canada, à l'E. par la vallée de la Red River et le Minnesota, au S. par le Dakota du Sud, à l'O. par les hautes plaines du Montana. L'agriculture (blé, avoine, orge) et l'élevage bovin sont les principales ressources. Gisements de charbon, de pétrole et de lignite. Ancien territoire des Indiens Dakotas, la région devint État en 1889. Capitale : Bismarck.
Population 638 000
Carte États-Unis Fa

Dakota du Sud, *États-Unis* État du Midwest (199 552 km^2) traversé par le Missouri, limité au N. par le Dakota du Nord, à l'E. par le Minnesota et l'Iowa, au S. par le Nebraska, et à l'O. par le Montana et le Wyoming. Région agricole (blé, maïs) et d'élevage (bovins, moutons, porcs). Les massifs aurifères des Black Hills (« collines noires »), culminant à 2 207 m au S.-O., en font la première région productrice d'or des États-Unis. Industries alimentaires, machines industrielles. Le Dakota du Sud devint État en 1889. Capitale : Pierre.
Population 700 000
Carte États-Unis Fb

Dal (lac), *Inde* Lac himalayen situé au Cachemire, à 645 km au N.-O. de Delhi. Station touristique déjà appréciée sous l'Empire britannique pour la fraîcheur de ses températures. Les estivants séjournent dans des maisons flottantes richement sculptées et sont approvisionnés par *shikaras*, petites embarcations ressemblant aux gondoles vénitiennes. Des jardins flottants, aménagés sur des lits de roseaux, fournissent légumes et produits frais à la ville de Srinagar. Le lac est bordé de jardins mongols et de mosquées.
Carte Inde Ba

Dalécarlie, en suéd. **Dalarna, *Suède*** Région boisée du centre du pays, au N.-O. de Stockholm. Industries de transformation du bois et des métaux. Région touristique du lac Siljan. Les habitants sont fidèles à leurs costumes et à leur artisanat traditionnels.
Population 284 400
Carte Suède Bc

Dallas, *États-Unis* Ville du N.-E. du Texas (deuxième de l'État), à 110 km au S. de la frontière de l'Oklahoma. Elle partage avec Fort Worth l'un des aéroports les plus fréquentés du monde. La ville, étendue sur 860 km^2, est un centre commercial et industriel (pétrole, électronique). Le président John F. Kennedy y fut assassiné en novembre 1963.
Population (ville) 1 007 000 ; (aggl.) 3 885 500
Carte États-Unis Gd

Dallols (les), *Niger* Larges vallées sèches, au N.-O. du pays, creusées par les rivières il y a cinq mille ans environ, avant que le Sahara devienne un désert. Là où l'eau affleure, acacias et palmiers redessinent les anciennes berges.
Carte Niger Ab

Dalmatie, *Croatie* Région de la côte adriatique qui s'étend sur 375 km depuis le golfe de Kvarner, au N.-O., jusqu'à celui de Kotor, au S.-E. L'intérieur est limité par les Alpes dinariques. Au pied de ces montagnes s'étire une étroite bande côtière plantée de vignes, d'oliviers, de noyers et d'agrumes. Principales productions : ciment, marbre, aluminium, vin, huile d'olive. Sur le littoral, plages, anses et îles abondent entre de petites bourgades pittoresques dont beaucoup furent jadis sous la domination de Venise (Rab, Trogir, Losinj, Kerk, Split, Dubrovnik), et sont autant de ports aujourd'hui. Le conflit yougoslave a fortement touché la région, vers Zadar et le pont de Maslenica, qui donne accès au Sud, en Krajina et autour du barrage de Peruca qui alimente le pays en électricité, et à Dubrovnik. Le tourisme, très prisé avant le conflit, tente de reprendre.
Carte Bosnie-Herzégovine ABbc

Daloa, *Côte-d'Ivoire* Chef-lieu de département en pays bété, à environ 400 km au N.-O. d'Abidjan, dans une région rurale : agriculture, pêche, exploitation forestière. Ville commerçante née d'un ancien petit village de chasseurs où fut installé un poste français en 1905.
Population 120 000
Carte Côte-d'Ivoire Ab

Damanhúr, *Égypte* Ville de la région cotonnière du delta du Nil, sur le canal el Mahmudiya, qui relie le Nil à Alexandrie. Industries textiles.
Population 191 000
Carte Égypte Bb

SENTEURS D'AFRIQUE. Le marché Kermel de Dakar, près du port, où l'on vend surtout des fleurs et des paniers. Au marché Sandaga, l'odeur des poissons séchés se mêle à celle des épices.

Damaraland, ***Namibie*** Région au N.-O. du pays peuplée de Damaras (7,5 % de la population). Désertique à l'O., couvert de savanes à l'E., le Damaraland fut jusqu'à l'indépendance un homeland de 46 560 km^2.
Carte Namibie Ab

Damas, en ar. **Dimashq,** ***Syrie*** Capitale située au S. du pays, près de la frontière du Liban, dans une oasis riche en cultures maraîchères, fruits, céréales, vigne et oliviers, la Ghutah. Ville active, avec des hôtels et des immeubles modernes, des universités, de larges boulevards et des jardins arrosés par la Barada. Centre commercial et industriel en pleine expansion. Carrefour routier et ferroviaire, relié à Amman, Bagdad et Beyrouth. Aéroport international. Principales industries: travail de l'argent et des métaux, tissage de la soie, verre, cimenterie et raffinage du sucre.

Le nom de Damas est mentionné dans la Genèse. Elle serait la ville de Cham, fils de Noé. Construite sur des collines à environ 690 m au-dessus de la mer, la ville ancienne renferme la Grande Mosquée ou mosquée des Omayyades, édifiée en 708 sur les ruines d'un temple romain consacré à Jupiter. Elle abrite le mausolée du sultan Saladin (1137-1193). La salle de prière mesure 130 m de long. À l'intérieur des remparts du XIIIe s. se trouvent plusieurs églises chrétiennes. Les musées principaux de Damas sont le musée national de Syrie, et le musée d'épigraphie, installé dans une école religieuse du XVe s. (madrassa).
Population 1 450 000
Carte Syrie Bb

Damiette, en ar. **Dumyat,** ***Égypte*** Ville du delta du Nil, sur la branche orientale du fleuve, à 10 km environ de la mer. Industrie du coton. Un nouveau complexe portuaire est en cours de construction.

Au Moyen Âge, la ville fut prise par deux fois par les croisés: en 1219, puis en 1249 par Saint Louis qui dut la rendre en 1250 pour payer sa rançon.
Population 110 000
Carte Égypte Bb

Damman, ***Arabie Saoudite*** Port sur le golfe Persique (le deuxième du pays après Djeddah), à 400 km au N.-E. de Riyad. Après la découverte de pétrole dans la région en 1940, Damman devint la capitale pétrolière de l'est du pays. Le centre de la ville conserve son cachet arabe, avec ses *shisha* (fumeries), son bazar où l'on peut acheter des pipes Shisha, des bijoux et des antiquités. Des femmes voilées, que l'on voit rarement en d'autres lieux publics, y vendent des vêtements.
Population 200 000
Carte Arabie Saoudite Cb

Damodar, ***Inde*** Rivière qui descend du plateau de Chota Nagpur, traverse les plaines du Bengale, et se jette dans l'Hooghly (bras du Gange). Longueur: 519 km. Les très importants barrages et les usines hydrauliques construits sur son cours fournissent de l'énergie aux États du Bihar et du Bengale-Occidental.
Carte Inde Dc

Dampier, ***Australie*** Centre sidérurgique et port, sur la côte N.-O. de l'Australie-Occidentale. Un gazoduc y achemine le gaz naturel provenant de gisements off-shore.
Population 2 400
Carte Australie Bc

Danakil (désert), ***Érythrée/Éthiopie*** Région aride de 500 km du N. au S. et 150 km d'E. en O., entre les hauts plateaux éthiopiens et la mer Rouge. Les seuls habitants sont des nomades (Danakils-Afars) qui élèvent moutons et chèvres et récoltent le sel dans la région du lac Assal.
Carte Éthiopie Ba

Da Nang (Tourane), ***Viêt-nam*** Port principal du centre du Viêt-nam, à 600 km au N.-E. d'Hô Chi Minh-Ville. Importante base militaire américaine pendant la guerre du Viêt-nam (1965-1975), transformée en aéroport international.
Population 370 000
Carte Viêt-nam Bb

Danemark Voir p. 194-195

Danemark (détroit de) Bras de mer qui sépare le Groenland et l'Islande, dans lequel circule le courant froid du Groenland oriental. Longueur: 480 km; largeur 290 km.
Carte Atlantique (océan) Bc

Dantzig, ***Pologne*** Voir GDANSK

Danube, ***Europe*** Deuxième fleuve d'Europe après la Volga (2 850 km), qui prend sa source en Forêt-Noire et se jette dans la mer Noire par un delta (voir DOBROUDJA), après avoir traversé huit pays : Allemagne, Autriche, Slovaquie, Hongrie, Yougoslavie, Roumanie, Bulgarie, Ukraine. Il arrose quatre capitales : Vienne, Bratislava, Budapest et Belgrade.

Depuis longtemps l'une des principales voies de transport fluvial d'Europe au départ d'Ulm (Allemagne), il est aujourd'hui relié au Rhin par le canal Rhin-Main-Danube. Il reçoit environ 300 affluents. Ses divers aménagements (dont le barrage de Gabcikovo, la centrale nucléaire bulgare de Kozlodui...) font craindre à la fois pour l'environnement et pour la stabilité de la région.
Carte Europe Ed, Fd

Danubien (plateau), ***Bulgarie*** Région vallonnée située au N. du pays, entre le Danube au N. et les collines prébalkaniques au S., s'étendant sur 450 km d'O. en E., depuis la Yougoslavie à la mer Noire. Elle est traversée à l'O. et au centre par des rivières qui coulent vers le Danube. À l'E. de la province de Veliko Turnovo, le relief s'élève et la végétation devient de type steppique. Le plateau danubien (ou prébalkanique) est la principale région agricole de Bulgarie. On y cultive blé, maïs, betterave sucrière, tournesol, arbres fruitiers et vigne. Les villes (Vratsa, Lovech, Razgrad, Sumen, Dobrič) sont moins industrialisées que celles du reste du pays: produits alimentaires, équipement agricole. Au N., les ports fluviaux de Vidin, Ruse et Silistra jalonnent la rive S. du Danube.
Carte Bulgarie Ab

Dapsang, ***Chine/Pakistan*** Voir K2

Daqing, ***Chine*** Le plus grand gisement pétrolifère de Chine, dans la province de Heilongjiang. Découvert en 1956, il fournit plus d'un million de barils par jour, presque la moitié de la production du pays.
Carte Chine Ib

Dar'a, ***Syrie*** Voir DERAA

Dardanelles (détroit des), ***Turquie*** Détroit reliant la mer Égée et la mer de Marmara, et séparant les péninsules des Balkans et d'Asie Mineure. Appelé Hellespont par les Grecs, ce fut une voie d'une grande importance stratégique et commerciale. La ville de Troie (Asie Mineure) prospéra à son entrée occidentale, et le roi perse Xerxès Ier tenta de la faire franchir à son armée sur un pont de bateaux. C'est aujourd'hui une position clé pour le contrôle de la mer Noire, et un débouché pour les flottes russe et ukrainienne. La ville de Gallipoli, sur la rive N., fut le théâtre d'âpres combats entre les Alliés et les Turcs, en 1915-1916. Longueur: 72 km; largeur: 1,2 à 8 km.
Carte Turquie Aa

Dar el-Beïda, ***Maroc*** Voir CASABLANCA

Dar es-Salaam, ***Tanzanie*** Première ville et port principal sur l'océan Indien, ancienne capitale, située à 45 km au S. de l'île de Zanzibar. Son nom, d'origine arabe-swahili, signifie « la maison de la paix ». La ville fut fondée en 1862 par le sultan de Zanzibar, et prise par les Anglais en 1916. Le port, relié par chemin de fer aux lacs Tanganyika et Victoria, et à la Zambie, assure la plupart des exportations de la Tanzanie (coton, sisal, café, maïs, pétrole) et de la Zambie, qui n'a pas de débouché sur la mer. Industries nombreuses: alimentaires, textiles, raffineries de pétrole, chaussures. Équipement touristique.
Population 1 360 000
Carte Tanzanie Ba

Darfour ou **Dar Fur,** ***Soudan*** Région occidentale du pays (508 684 km^2), le long de la frontière tchadienne. Capitale: El Facher. Ses plateaux aux sommets volcaniques, qui culminent au Djebel Marra (3 022 m), sont couverts de savane. La population est constituée surtout de cavaliers nomades aux visages enveloppés à la façon des Touareg. Élevage de moutons et de chameaux. Production principale: la gomme arabique, résine utilisée comme épaississant dans la fabrication des gelées et des colles.
Population 3 094 000
Carte Soudan Ab

Dar'han, ***Mongolie*** Deuxième ville du pays, dans la vallée du Haraa Gol sur la ligne de chemin de fer qui traverse toute la Mongolie, à 188 km au N. de la capitale Oulan-Bator. Elle doit sa prospérité au charbon que l'on y extrait depuis 1960. Centre industriel important (ciment, briques réfractaires, textiles, métallurgie). Sa centrale électrique alimentée au charbon approvisionne en électricité le nord et le centre de la Mongolie.
Population 80 100
Carte Mongolie Db

Darién, ***Panamá*** Province orientale de la république de Panamá, couverte d'une jungle humide et chaude, habitée seulement par quelques Indiens Chocós. C'est le seul point d'interruption de la route panaméricaine entre l'Alaska et le Chili. Le tronçon manquant est en cours de construction. Le golfe de Darién, dans la mer des Antilles, baigne les côtes du Panamá et de la Colombie.
Population 36 000
Carte Panamá Ba

Dariya (Ad Diriya), ***Arabie Saoudite*** Ville en ruine, ancienne capitale, située à 30 km au N.-O. de Riyad. En 1818, Dariya, centre de la secte musulmane puritaine (les wahhabites), fut détruite par les forces alliées égyptiennes et

Voir suite p. 196

Danemark

BASE DE DÉPART DES VIKINGS, LE PAYS DE HANS CHRISTIAN ANDERSEN EST AUJOURD'HUI CÉLÈBRE POUR SES DESIGNERS, SES ARCHITECTES... ET SON JEU DE LEGO

Le Danemark a dans le monde la réputation d'un pays confortable, géré par un État-Providence, où les gens vivent heureux et longtemps. Il a une société égalitaire, mais qui reste attachée à la monarchie. Il aime la paix, mais impose à tous les hommes un service militaire de deux ans.

Ce pays fortuné, qui s'allonge entre la mer du Nord et l'entrée de la Baltique, est l'un des plus petits d'Europe. Au Moyen Âge, du IXe au XIIe s., c'était une grande puissance européenne. L'Angleterre lui versait un tribut (le *Danegeld*) afin de prévenir l'invasion de ses redoutables guerriers vikings. À l'époque de sa plus grande extension, il embrassait la Suède, la Norvège (cédée à la Suède en 1814), le Schleswig-Holstein (cédé à la Prusse en 1864) et l'Islande, devenue indépendante en 1944. Les îles Féroé et l'immense île du Groenland, en grande partie couverte de glace, restent danoises, mais jouissent d'une large autonomie.

LA TERRE ET LA MER

Le Danemark proprement dit se compose à l'O. de la péninsule du Jutland et à l'E. d'un archipel de 406 îles dont 89 sont peuplées. C'est un pays de plaines et de basses collines (le point culminant est de 171 m), extrêmement découpé ; il a 7 300 km de côtes.

Le Danemark est habité depuis la fin de l'âge glaciaire, il y a dix mille ans environ. Ses musées exposent de nombreux objets de l'âge de la pierre ; en 1950, on a trouvé le corps d'un homme de l'âge de fer, parfaitement conservé depuis deux mille ans dans une tourbière à Tollund, dans le Jutland.

Le pays manque de sites grandioses et de ressources naturelles. Mais il a de bons sols reposant sur un soubassement crayeux et un climat tempéré frais qui convient à de nombreuses cultures. C'est le Sud-Ouest qui reçoit les précipitations les plus abondantes (750 mm par an).

Les vastes plages qui bordent la mer du Nord sont les plus grandes d'Europe. Les ports comme Esbjerg au S. ou Hanstholm au N. ont dû être créés de toutes pièces car la côte n'offre guère d'abris naturels. Derrière le rempart des dunes côtières s'étendent des plaines sableuses couvertes de landes en partie conquises sur la mer et de tourbières drainées artificiellement. Des plantations de pins et d'épicéas servent de coupe-vent qui brisent la puissance des vents d'ouest.

L'est du Jutland offre un paysage accidenté de collines aux pentes raides couvertes de hêtres et une indentation de nombreux fjords sur la côte, au fond desquels se trouvent une multitude de villages anciens, de vieux ports et des villes-marchés importantes comme Randers, Århus et Ålborg.

Un puzzle d'îles s'étend à l'E. du Jutland. La Fionie, la deuxième en superficie, est reliée au Jutland par des ponts ; on l'appelle le « Jardin du Danemark » à cause de ses villages fleuris. De là, on gagne la plus grande île, Sjaelland, par des ferries ; mais, d'ici 1998, un lien fixe rail-route par ponts et tunnels sera ouvert sur le Grand Belt.

La capitale, Copenhague, sur la côte E. de Sjaelland, est très éloignée du Jutland, mais bien placée sur le détroit d'Öresund qui sépare le Danemark de la Suède ; à l'extrémité N. de ce détroit, le port d'Elseneur (Helsingor) a été immortalisé par Shakespeare dans sa tragédie *Hamlet*. L'île de Bornholm, la plus isolée, en pleine mer Baltique, est à plusieurs heures de bateau de la capitale.

SUCCÈS AGRICOLES

Le Danemark est un pays agricole. Les cultures couvrent les trois quarts du pays, alternant herbe, orge, avoine, betterave à sucre et betterave fourragère. Mais c'est l'élevage qui depuis un siècle constitue le pilier de l'économie rurale. Les 12 000 000 de porcs et les 2 800 000 vaches fournissent les deux produits les plus connus, le bacon et le beurre. Les fermes sont en majorité petites (de 15 à 30 ha), souvent en faire-valoir direct, et à main-d'œuvre familiale.

L'agriculture danoise doit ses succès à la coopération, à la mécanisation et à la compétence de ses fermiers. Depuis un siècle, les coopératives transforment et vendent les produits agricoles, procurent les fournitures et le matériel, financent les équipements. Le Danemark a diminué le coût de la mécanisation en développant la construction de tracteurs, moissonneuses, machines à traire adaptés à ses petites exploitations et aux moyens limités des agriculteurs ; cette industrie de la machine agricole a ensuite conquis les marchés d'exportations.

La terre est considérée comme une richesse nationale. Tous les jeunes agriculteurs doivent obtenir une « licence verte » sans laquelle ils ne peuvent posséder de terres agricoles. Le petit agriculteur est protégé contre les investisseurs urbains ; la possession de plus de 5 ha est interdite à quiconque n'a pas l'agriculture comme occupation principale. Même la progression des résidences secondaires en milieu rural est maintenant sévèrement contrôlée.

L'INDUSTRIE

En dépit de l'image d'un Danemark rural, 5 % seulement des actifs ont un emploi dans l'agriculture. L'immense majorité des Danois sont des citadins qui travaillent dans l'industrie et les services. Beaucoup d'usines sont petites, situées en milieu rural et emploient moins de 100 personnes, mais les exportations de ces petites usines dépassent celles de l'agriculture.

En dépit de la rareté des matières premières, le Danemark exporte une large gamme de produits manufacturés, en partie grâce à une forte tradition de créativité, marquée par exemple dans le mobilier, la faïence, l'argenterie de Georg Jensen ou la porcelaine de Copenhague.

Des industries inattendues ont jailli des landes du Jutland ; là où jadis les paysannes tricotaient à domicile des bas de laine pour l'exportation, leurs descendants travaillent peut-être dans l'une des plus grandes fabriques de chemises, à Herning. C'est l'atelier d'un charpentier qui a inventé le jeu de construction « Lego », vendu dans le monde entier. Une importante industrie pharmaceutique s'est développée ; le Danemark est le premier exportateur mondial d'insuline.

On exporte aussi des services, des idées. La construction de ponts, de bassins portuaires, les usines clés en main, les maisons préfabriquées ont trouvé de nombreux marchés, en particulier au Moyen-Orient, en Asie du Sud-Est, en Afrique, en Amérique du Sud. Des architectes danois ont une célébrité mondiale, comme Jörn Utzon, qui a dressé les plans de l'Opéra de Sydney.

Ces succès économiques vont de pair avec la stabilité politique. Les gouvernements de coalition, émanation de la représentation proportionnelle, mettent l'accent sur la liberté individuelle. Le Danemark appuie fortement les agences internationales ; il apporte une aide généreuse au tiers monde. Membre du Conseil nordique, il collabore étroitement avec ses voisins, Suède, Norvège, Islande et Finlande, sur le plan social, économique et culturel.

CHÂTEAUX ET BICYCLETTES

Le paysage reflète bien ce tableau heureux, avec ses terres agricoles et ses bois soigneusement entretenus, ses fermes en briques avec leurs vastes granges, ses églises blanchies à la chaux, ses manoirs élégants, ses magnifiques châteaux. Dans les villes, les jardins publics regorgent de fleurs ; des drapeaux aux couleurs nationales — rouge et blanc — flottent sur les principaux bâtiments ; les brillantes vitrines ont un air de calme prospérité. Des flots de cyclistes s'écoulent dans les rues ; le Danemark compte 400 000 cycles, et une automobile pour deux ou trois personnes. La nourriture, elle aussi, est l'occasion d'expériences heureuses, avec ses *smörrebröd* (canapés garnis de viande, charcuterie, poissons, œufs), ses pâtisseries renommées, arrosées d'akvavit ou de bières blondes.

Le Danemark a aussi une riche tradition culturelle où brillent les noms de Sören Kierkegaard, un philosophe influent, membre de l'Église luthérienne, à laquelle appartiennent presque tous les Danois, du physicien atomiste Niels Böhr, de Carl Nielsen, dont les sombres compositions musicales contrastent avec la chorégraphie légère d'August Bournonville.

En dépit de tous ces attraits, le pays pose de nombreux problèmes à ses dirigeants. Le plus aigu est le manque de ressources naturelles, en particulier énergétiques. Depuis les années 1950, l'expansion économique reposait largement sur l'importation de pétrole bon marché ; les chocs pétroliers des années 1970 ont complètement modifié la situation. Néanmoins, le secteur danois de la mer du Nord renferme des hydrocarbures ; les premiers pipe-lines sous-marins aboutissent à la côte du Jutland depuis 1985. Le charbon importé d'Allemagne et de Pologne alimente les centrales électriques de Copenhague et d'Esbjerg. Avec ses grandes raffineries de pétrole, ses chantiers navals spécialisés dans la construction de pétroliers géants, une puissante marine marchande, le Danemark est soucieux des prix du pétrole et plus généralement du niveau du commerce mondial.

L'agriculture elle-même ne pourra échapper aux changements économiques. Les agriculteurs danois contribuent par leurs excédents à la surproduction de la C.E.E. Comme les autres pays, ils ont dû réduire leur production laitière, ce qui a entraîné la diminution de leurs revenus.

L'expansion urbaine et industrielle et les méthodes agricoles modernes soulèvent des problèmes écologiques. Le Danemark a un ministère de la Pollution ; les ressources en eau, la conservation de la nature sont des sujets d'inquiétude permanents.

Les parcs nationaux, les aires de conservation préservent les habitats naturels — mais il est aujourd'hui trop tard pour les cigognes, jadis symboles du Danemark ; quelques douzaines de couples seulement y font halte maintenant au cours de leur migration annuelle, car le drainage des tourbières a considérablement réduit leur aire d'alimentation.

La gestion du pays devient de plus en plus coûteuse ; on pourrait peut-être réduire le réseau ferroviaire nationalisé, mais la desserte des îles par ferry n'est guère économique.

Les dépenses militaires (le Danemark appartient à l'OTAN) pèsent lourdement, de même que de fortes indemnités de chômage.

L'État-Providence ne va pas sans une lourde fiscalité, laquelle ne peut que susciter des oppositions.

DES BATEAUX AU CŒUR DE LA VILLE. En plein centre de Copenhague, tout près du Théâtre royal, Nyhavn, vieux port de la capitale danoise, est un quartier animé et pittoresque aux quais bordés de maisons anciennes gaiement colorées.

LE DANEMARK EN BREF
Superficie 43 100 km²
Population 5 167 000
Capitale Copenhague
Régime Monarchie constitutionnelle
Monnaie Couronne danoise = 100 øre
Langue Danois
Religion Luthériens
Climat Maritime tempéré ; température moyenne à Copenhague : de − 3 à 2 °C en février, de 14 à 22 °C en juillet
Ressources Bovins, porcs, volaille, céréales, pommes de terre et autres cultures sarclées, fourrage, poisson ; pétrole, gaz naturel
Activités Agriculture, industries alimentaires, pêche, mécanique, chantiers navals, raffinage de pétrole, meubles, industrie chimique
Exportations Viande, produits laitiers, aliments pour le bétail, poisson, machines, équipement électronique, produits chimiques, cuir, mobilier
P.N.B. annuel par habitant 23 660 dollars
Croissance démographique 1,3 ‰ par an
Espérance de vie Hommes 72 ans, femmes 77

FORÊT ROYALE. Des rochers parsèment Yellowmead Down, dans le Dartmoor. Ancienne forêt royale, réserve de chasse des rois saxons, elle servit de décor au récit de Conan Doyle, *le Chien des Baskerville*.

turques sous le commandement d'Ibrahim Pacha (fils de Méhémet Ali, souverain d'Égypte). Vestiges du fort et du palais.

Carte Arabie Saoudite Bb

Darjeeling (Darjīling), ***Inde*** Ville du nord du Bengale-Occidental, près de la frontière du Népal, et située à 2 150 m d'altitude, au pied du Chomolungma (Everest) et du Kangchenjunga (8 598 m). On y accède par un chemin de fer. Elle fut la capitale d'été du Bengale, sous la domination britannique. Son thé est renommé dans le monde entier.

Population 74 000

Carte Inde Db

Darling, ***Australie*** Rivière du S. du Queensland et de l'O. de la Nouvelle-Galles du Sud. Principal affluent du Murray (confluent: Wentworth), avec lequel elle forme le plus long réseau fluvial du pays (3 000 km).

La dépression du Darling, arrosée par les tributaires du Darling, est une riche région agricole du Queensland, à l'O. de la Cordillère australienne. Céréales, élevage bovin et ovin. Le sous-sol renferme du pétrole, du gaz naturel et du charbon. Villes principales: Warwick, Toowoomba.

Carte Australie Ge, Hd

Darmstadt, ***Allemagne*** Ville de Hesse, ancienne capitale du grand-duché de Hesse-Darmstadt, à 27 km au S. de Francfort. Centre industriel important, situé au cœur d'une région vinicole. Château ducal du XVIe s. Après la Seconde Guerre mondiale, Wiesbaden devint la capitale de la Hesse.

Population 140 000

Carte Allemagne Cd

Darnah, ***Libye*** Voir DERNA

Dartmoor, ***Royaume-Uni*** Massif granitique couvert de landes dans le comté du Devon, au S.-O. de l'Angleterre. Point culminant: High Willhays (621 m). Élevage ovin. Mines de granit. Ville principale: Princetown.

Carte Royaume-Uni De

Darwin, ***Australie*** Capitale et port principal du Territoire du Nord. Quartier général des forces alliées pendant la Seconde Guerre mondiale, bombardée par les Japonais en 1942, la ville fut ravagée par un cyclone le jour de Noël 1974. Reconstruite depuis, elle exporte les minerais et la viande de l'arrière-pays.

Population 67 900

Carte Australie Ea

Datong (Tatung), ***Chine*** Ville industrielle et charbonnière de la province du Shanxi, à 280 km à l'O. de Pékin. Centre ferroviaire important, où l'on assemble des locomotives.

Population 800 000

Carte Chine Gc

Daugavpils, ***Lettonie*** Ville et port à 220 km au S.-E. de Riga, sur la Dvina occidentale (en letton Daugava). Centre de commerce de blé, lin et bois de construction. Industries mécaniques, textiles et alimentaires.

Population 128 000

Carte Lettonie Bb

Dauphiné, ***France*** Ancienne province du sud-est du pays, correspondant aux départements actuels de l'Isère, des Hautes-Alpes et de la Drôme. En 1343, le dauphin Humbert II, sans héritier, laissa ses biens au roi de France, et le fils du roi porta désormais le titre de dauphin. Le Dauphiné conserva son autonomie jusqu'au règne de Louis XI (1461-1483). Les ressources modernes sont l'agriculture et l'exploitation de la forêt, les industries métallurgiques et électroniques. Ville principale: Grenoble.

Carte France Fd

Davao, ***Philippines*** Province agricole au S. du centre de Mindanao, qui produit du maïs, du chanvre de Manille, des ananas, des bananes et du bois de construction. Sa capitale, Davao, est la deuxième zone urbaine des Philippines, l'une des villes les plus étendues du monde (1 937 km^2). C'est un centre commercial prospère et un port actif. D'âpres combats s'y déroulèrent en 1945 entre les troupes américaines et japonaises. À 30 km au S.-O. se trouve le mont Apo (2 954 m), volcan en repos, point culminant des Philippines.

Population (ville) 540 000 ; (province) 1 825 000

Carte Philippines Cd

Davis (détroit de) Large détroit qui sépare la terre de Baffin et le Groenland, du nom du navigateur anglais John Davis qui le découvrit en cherchant un passage maritime au N.-O. de l'Amérique en 1587. Malgré les glaces que le courant du Labrador charrie le long de sa rive

occidentale, il est navigable à la fin de l'été et en automne. Longueur: 640 km; largeur: 290 à 640 km.
Carte Canada Jb

Davos, ***Suisse*** L'une des plus importantes stations de montagne suisses, centre de sports d'hiver renommé, à 115 km au S.-E. de Zurich. Altitude: 1 500 m. Son climat sec et ensoleillé est spécialement recommandé pour les tuberculeux. Très belle patinoire. Un lac (le lac de Davos) ferme la vallée.
Population 12 500
Carte Suisse Ba

Dawha (Al-) ***Qatar*** Voir DOHA

Dawson, ***Canada*** Agglomération située dans le territoire du Yukon, au confluent du Yukon et du Klondike. En 1896, la ruée vers l'or du Klondike en fit une ville prospère dont la population atteignit rapidement 20 000 habitants. Malgré son déclin actuel, elle demeure un centre minier et touristique.
Population 896
Carte Canada Bd

Da Yunhe (Grand Canal), ***Chine*** Canal qui relie le fleuve Yang-tseu-kiang et le port de Tianjin (Tientsin) au N.-E. C'est le plus long de Chine (1 200 km). Il fut creusé pendant les dynasties Tang (618-906) et Song (960 -1270).
Carte Chine Hd

Dean (forêt de), ***Royaume-Uni*** Très vieille forêt d'Angleterre (110 km^2), entre la Severn et la Wye, au S.-O. de Gloucester. On y extrayait du fer jusqu'au XVIIIe s. Parc national depuis 1938.
Carte Royaume-Uni De

Death Valley, ***États-Unis*** Voir MORT (Vallée de la)

Deauville, ***France*** Élégante station balnéaire de réputation internationale dans le Calvados, près de l'estuaire de la Seine, en face du port du Havre. Plages de sable doré, casino, port de plaisance, champ de courses, centre de thalassothérapie. L'animation des « planches » et la présence de célébrités attirent de nombreux touristes pendant la grande saison qui se termine par le Grand Prix de Deauville.
Population 4 380
Carte France Db

débit Volume d'eau écoulé en une seconde en un point donné d'un cours d'eau. Il est exprimé en mètres cubes par seconde.

déboisement Processus qui consiste à abattre des arbres et à défricher des zones boisées, généralement pour étendre l'agriculture ou obtenir du bois de chauffage. L'extension du déboisement entraîne une érosion accrue du sol, en particulier dans les montagnes et les régions tropicales et subtropicales, qui peut aller jusqu'à la désertification. Pour y remédier, un certain nombre de pays ont lancé des programmes de reboisement.

Debrecen, ***Hongrie*** Foyer économique et culturel du N.-E. de la Hongrie, chef-lieu du département du Hajdu-Bihar, à 190 km à l'E. de Budapest. C'est la plus grande ville de l'Alfold (grande plaine), riche région agricole et d'élevage. Industries alimentaires, chimiques, électriques. Université. La ville médiévale a survécu aux menaces turques et à la domination catholique des Habsbourg d'Autriche, et devint la capitale de la Hongrie protestante (surnommée la Rome calviniste). Elle conserve de nombreux bâtiments anciens : hôtel de ville néo-classique, décoré de majoliques ; collège réformé (XVIe s.), église catholique Sainte-Anne, hôtel Arany Bika (le Taureau d'Or), construit dans le style Art Nouveau.
Population 217 400
Carte Hongrie Bb

Deccan, ***Inde*** Partie de la péninsule indienne formée de plateaux rocheux relevés à l'O. et à l'E. (Ghats occidentaux et Ghats orientaux). Les terrains basaltiques fertiles, où l'on cultive coton, blé, millet, alternent avec des régions semi-arides que la mousson n'arrose pas. Un centre de recherche international sur les cultures tropicales semi-arides a été créé à Hyderabad. L'irrigation n'est pas très développée, et les barrages peu nombreux. Mais les richesses minières abondent (charbon, cuivre, fer, bauxite, manganèse).
Carte Inde Bb

Découverte (baie de la), ***Australie*** Baie de la côte S., à la frontière des États de Victoria et d'Australie-Méridionale. Elle fut découverte en 1802 par le navigateur français Nicolas Baudin et par l'Anglais Matthew Flinders.
Carte Australie Gf

Dedza, ***Malawi*** Ville du centre du pays, à 80 km au S.-E. de la capitale, Lilongwe, près de la frontière du Mozambique. Centre d'une région agricole qui produit du tabac, du maïs et du bois de construction. Elle est située au pied du mont Dedza (2 170 m), d'où l'on jouit d'une belle vue sur le lac Malawi.
Population 2 300
Carte Malawi Ab

Deganya, ***Israël*** Premier kibboutz créé en 1909, près de la rive S.-O. du lac de Tibériade, à 25 km à l'E. de Nazareth. À proximité se trouvent les ruines de Bet Yerah, ancienne ville cananéenne.
Carte Israël Ba

dégel Fonte des neiges et des glaces par suite de l'élévation de la température. Le dégel provoque une augmentation du volume des rivières et peut causer des inondations.

déglaciation Phase de retrait des glaciers. Une déglaciation rapide peut faire apparaître des formes de relief particulières : eskers, canyons sous-glaciaires, moraines. Voir COMMENT LES GLACIERS TRANSFORMENT LE PAYSAGE, p. 276.

Dehra Dun, ***Inde*** Ville de l'Uttar Pradesh, située dans une vallée au pied de l'Himalaya, à 210 km au N.-E. de Delhi. Altitude: 700 m. La légende en fait la patrie de Siva, dieu hindou de la destruction et de la reproduction. Académie militaire.
Population (ville) 270 000; (aggl.) 368 000
Carte Inde Cb

Deir ez-Zor, ***Syrie*** La plus importante ville de la Syrie orientale, située sur l'Euphrate, à 272 km au S.-E. d'Alep. Carrefour routier, reliée au S. de la Turquie et à l'Irak. Elle connaît une prospérité nouvelle depuis la réalisation du barrage de l'Euphrate (1978). Principales industries: minoterie, tannerie.
Population 112 000
Carte Syrie Cb

Delaware, ***États-Unis*** État de la côte atlantique (5 328 km^2), partie orientale de la péninsule comprise entre les baies de la Delaware, à l'E., et de Chesapeake, à l'O. C'est le plus petit État des États-Unis après le Rhode Island, et l'un des treize États fondateurs. L'agriculture et l'élevage en sont encore les ressources principales. Industries chimiques, automobiles, raffineries de pétrole. Capitale: Dover; ville principale: Wilmington.
Population 622 000
Carte États-Unis Kc

Delaware (baie de la), ***États-Unis*** Large estuaire compris entre l'État du Delaware à l'O. et le New-Jersey à l'E., sur la côte atlantique, il fut découvert par l'Anglais Henry Hudson en 1609. D'accès facile, il devint un important point de mouillage au début de la colonisation européenne. Longueur: 84 km; largeur: 19 km. La rivière Delaware forme la frontière entre les États de Pennsylvanie et de New York, puis de Pennsylvanie et du New Jersey. Elle arrose Trenton, Philadelphie et Wilmington.
Carte États-Unis Kc

Delft, ***Pays-Bas*** Ville située à 55 km au S.-O. d'Amsterdam, renommée depuis la fin du XVIe s. pour ses faïences vernissées, de camaïeu bleu (bleu de Delft). Patrie du peintre Vermeer (1632-1675). La vieille ville, avec ses églises, sa place du marché et son hôtel de ville du XVIIe s., ressemble encore à certains des tableaux du maître. Université. Industries alimentaires et chimiques. Constructions mécaniques et électriques. Chantiers navals.
Population 86 300
Carte Pays-Bas Ba

Delgado (cap), ***Mozambique*** Promontoire situé au N. du Mozambique, à l'entrée du canal de Mozambique. La province du Cabo Delgado, au N.-E. du pays, en bordure de l'océan Indien, couvre 82 625 km^2 et compte 1 202 000 habitants. Chef-lieu: Pemba (anc. Porto-Amelia).
Carte Mozambique ABb

Delhi, ***Inde*** Capitale de l'Union indienne, située à la limite de l'Uttar Pradesh et de l'Haryana, sur le Yamuna. La ville est construite à la rencontre des vallées de l'Indus et du Gange, entre les monts Aravalli au S. et l'Himalaya au N. ; c'est un nœud routier et ferroviaire. Grand centre de commerce, de tourisme et de vie intellectuelle. Industries chimiques, textiles et du caoutchouc. Artisanat ancien important.

L'ancienne ville (Old Delhi), fondée au XIe s. et prise par les musulmans en 1193, capitale d'un sultanat de 1206 à 1526, fut marquée par l'occupation musulmane et conserve des restes de l'architecture moghole. Ses rues étroites et animées contrastent avec le calme des cours intérieures. En 1911, les Anglais proclamèrent la ville capitale de l'Empire des Indes et construisirent New Delhi, spacieuse et élégante, au S. de l'ancienne ville. Elle est restée capitale de l'Inde en 1947, lors de l'indépendance du pays, et on y voit surgir maintenant des tours de verre et d'acier. Nombreux bâtiments officiels, ambassades, grands hôtels. Curiosités: l'avenue Rajpath, le palais du vice-roi, le Fort-Rouge (époque moghole), la mosquée de Jami Majid, l'observatoire du maharajah de Jaipur et le Qutb Minar, le minaret le plus haut du monde.

Gandhi y fut assassiné en 1948, Indira Gandhi en 1984.
Population 7 207 000
Carte Inde Bb

Délos, ***Grèce*** Île de la mer Égée, la plus petite de l'archipel des Cyclades, lieu de naissance légendaire du dieu Apollon et de la déesse Artémis. Le site archéologique mis au jour est l'un des plus étendus de Grèce : sanctuaires, temples, colonnades et monuments de toutes sortes (terrasse des Lions), sur une aire de 1 200 m de long. L'île fut un centre politique et religieux important du monde hellénique dès le VIIe s. av. J.-C., mais, prise et pillée par Mithridate en 88 av. J.-C., elle déclina rapidement.
Carte Grèce Dc

Delphes, en grec **Delphoi,** ***Grèce*** Ville de la Grèce antique, sur les pentes du Parnasse (2 457 m d'altitude), à 166 km au N.-O. d'Athènes. Elle abrite le temple d'Apollon, fondé au VIIe s. av. J.-C., et le siège de son oracle, qui devint le plus important de la Grèce antique. On le consultait avant d'entreprendre des guerres, pour des affaires politiques, et les prêtres, par l'intermédiaire de la pythie (la prêtresse d'Apollon), en donnaient une interprétation d'une ambiguïté légendaire. Ruines des temples d'Apollon et d'Athéna, théâtre antique, stade, place du marché (agora), accrochés à la montagne, dominent la grande plaine couverte d'oliviers autrefois consacrée à Apollon et qui se déploie jusqu'à la baie d'Itéa. Le musée renferme de nombreux objets dont le fameux aurige en bronze datant du Ve s. av. J.-C. On fabrique des tapis et des broderies à Arakhova, à 9 km à l'E.
Carte Grèce Cb

delta Construction fluviale triangulaire née à l'embouchure des cours d'eau lorsque l'accumulation des matériaux déposés par ceux-ci, due à une chute brutale de leur vitesse, est plus puissante que l'érosion marine. Les deltas se construisent de préférence sur les côtes basses des mers qui ont peu ou pas de marées (deltas du Rhône et du Nil en Méditerranée, du Pô dans l'Adriatique). Mais certains fleuves gros transporteurs peuvent construire des deltas importants, même si la marée a une certaine amplitude (deltas du Mississippi, de l'Amazone). Les deltas ont la forme d'un cône plus ou moins incliné, ouvert en direction de la mer, enserré entre des bras fluviaux en nombre variable, plus ou moins actifs, qui donnent à l'accumulation des tracés divers, lobés (Rhône), arrondis (Nil) ou palmées (Mississippi). Les deltas sont presque toujours des régions très fertiles.

Demerara, ***Guyana*** Rivière de 320 km de long qui se jette dans l'océan Atlantique à Georgetown, la capitale. Culture de la canne à sucre sur ses rives. Production de bauxite dans sa vallée.
Carte Guyana Ba

Denali (parc national de), ***États-Unis*** Parc de 24 413 km^2, dans le sud de l'Alaska. Le mont MacKinley (que les Indiens de l'Alaska appellent Denali), au centre du parc, est le point culminant de l'Amérique du Nord (6 194 m). Le parc renferme de nombreux lacs et glaciers, et de magnifiques paysages de montagne et de toundra. Ours, élans et caribous y vivent à l'état sauvage.
Carte Alaska Bb

Den Haag, ***Pays-Bas*** Voir HAYE (La)

Denpasar, ***Indonésie*** Port maritime et capitale de l'île de Bali. Marché, centre d'industrie légère. Son musée renferme de nombreux trésors artistiques. À l'extérieur de la ville se trouve le centre culturel de Bali (musée d'art, théâtre en plein air). Stations touristiques de Kuta et Sanur à proximité.
Population 159 300
Carte Indonésie Ed

MÉTROPOLE DES ROCHEUSES. Au contact des grandes plaines du Middle West et des montagnes Rocheuses, Denver, la capitale du Colorado, s'est beaucoup développée et joue aujourd'hui un rôle économique majeur.

Denver, ***États-Unis*** Capitale du Colorado, située à 1 610 m d'altitude, au pied des Rocheuses, à 140 km au S. de la frontière du Wyoming. Fondée en 1858 pendant la ruée vers l'or, la ville est un nœud ferroviaire et routier majeur et possède un aérodrome international. Elle est le siège de nombreux organismes fédéraux (Monnaie) et de plusieurs universités, en même temps que le centre commercial et financier le plus actif des Rocheuses. Industries : matériel d'exploitation minière, matériel aéronautique et aérospatial, armes, caoutchouc, matières synthétiques (bagages), agro-alimentaire, industrie graphique. La ville s'est beaucoup développée depuis une quinzaine d'années (espaces verts, larges avenues, gratte-ciel modernes). Important musée (art précolombien, indien et d'Extrême-Orient).
Population (ville) 467 000 ; (aggl.) 1 848 500
Carte États-Unis Ec

dépression En géomorphologie, désigne une forme de relief en creux, qui est dite ouverte quand les eaux qui s'y accumulent s'écoulent vers l'extérieur, et fermée quand il n'y a pas d'écoulement possible à l'air libre.

En climatologie, une dépression est un centre de basse pression atmosphérique, dans lequel la pression décroît de l'extérieur vers le centre et qui est le siège de mouvements ascendants. À l'intérieur de la dépression, les vents soufflent en spirale dans le sens des aiguilles d'une montre dans l'hémisphère S., dans le sens inverse dans l'hémisphère N. (ils se déplacent en sens contraire dans les anticyclones). Les dépressions se déplacent plus rapidement que les anticyclones, apportant un temps instable, des vents forts, un temps couvert et des précipitations. Voir aussi CYCLONE et LA CIRCULATION ATMOSPHÉRIQUE, p. 699.

Deraa (Dar'a) ***Syrie*** Ville située à 96 km au S. de Damas. Carrefour routier et ferroviaire et centre d'une région agricole (céréales). La frontière jordanienne se trouve à 8 km au S., et les deux pays ont établi une zone de franchise au S. de la ville.
Population 49 600
Carte Syrie Bb

Dera Ismail Khan, ***Pakistan*** Ville et carrefour stratégique sur la rive occidentale de l'Indus, à 330 km à l'O. de Lahore. Elle fut dévastée par des inondations et reconstruite en 1823. Centre commercial pour le blé et les oléagineux, la ville possède un bazar animé. Principales productions : ébénisterie fine, ivoire, verrerie.
Population 65 000
Carte Pakistan Cb

Derby, ***Australie***. Voir KIMBERLEY (Plateau de)

Derby, ***Royaume-Uni*** Ville et comté du centre-nord de l'Angleterre. La ville, à 55 km au N.-E. de Birmingham, est renommée depuis le XVIIIe s. pour ses soieries et ses porcelaines. C'est aussi un centre de constructions aéronautiques (Rolls-Royce).

Le comté (2 631 km^2) renferme les bassins houillers de la région de Chesterfield, ainsi que la partie méridionale des Pennines. C'est une région touristique (parc national du Peak District, stations thermales de Buxton et de Matlock Bath, châteaux).
Population (ville) 218 500 ; (comté) 915 000
Carte Royaume-Uni Ed

dérive des continents Voir p. ci-contre

LA DÉRIVE DES CONTINENTS EXPLIQUE LES ANCIENS MYSTÈRES DE LA TERRE

Au cours de nos brèves vies, l'emplacement des terres et des mers apparaît comme le symbole même de la permanence. Être le premier à concevoir que ceci pourrait ne pas être vrai suppose une imagination et un esprit exceptionnels : Francis Bacon, philosophe et homme d'État anglais du XVIIe siècle, possédait ces deux qualités au plus haut point : remarquant que la côte O. de l'Afrique pouvait s'accoler comme une pièce de puzzle à l'est de l'Amérique du Sud, il en déduisit qu'autrefois les deux terres devaient être unies.

En 1858, le savant français Antonio Snider émit l'hypothèse d'une division des masses continentales, en soulignant que les fossiles trouvés dans les mines de charbon d'Europe et d'Amérique étaient identiques et avaient dû évoluer dans le même environnement. En 1915, toutes ces observations furent rassemblées par un météorologue allemand, Alfred Wegener, en une théorie cohérente, la dérive des continents: autrefois, tous les continents étaient jointifs ; ils se séparèrent il y a plusieurs centaines de millions d'années, et dérivèrent chacun de leur côté.

Cette thèse allait très loin dans l'explication de coïncidences troublantes — roches de formation et structure identiques, nombreux fossiles trouvés dans des régions maintenant séparées par un large océan. De plus, elle élucidait le mystère d'anciens changements climatiques: ainsi de ces régions continentales autrefois façonnées par des glaciers, aujourd'hui couvertes de déserts à la suite de leur rapprochement vers l'équateur.

Aussi plausible que parût cette hypothèse, la question fondamentale subsistait: les continents, solides, pouvaient-ils se mouvoir sur les océans et, si oui, quel en était le moteur? Les géophysiciens apportèrent une réponse nouvelle dans les années 1950-1960.

Au lieu d'être solidement ancrée, la croûte terrestre — le plancher des continents et des océans — flotte au-dessus d'une matière en partie fondue, l'asthénosphère. Celle-ci, qui serait entièrement fondue sans les fortes pressions auxquelles elle est soumise, remonte à l'état semi-fluide le long des rides et fossés du plancher océanique, l'élargissant sans cesse. Cette expansion repousse les continents et les oblige à se mouvoir très lentement au-dessus de l'asthénosphère (voir aussi VOYAGE AU CENTRE DE LA TERRE, p. 657).

À l'aide de cette théorie, et en s'appuyant sur le tracé actuel des continents, on a pu concevoir qu'il y a 200 millions d'années n'existait qu'un seul supercontinent, baptisé Pangée. Il se scinda en deux morceaux, séparés par l'océan Téthys, la Laurasie et le Gondwana, qui à leur tour se divisèrent pour former les continents actuels (voir les illustrations ci-contre). Ce processus n'est en aucun cas achevé, comme le révèlent les fractures gigantesques du grand Rift africain. Mais pourquoi la Pangée se fragmenta-t-elle au lieu de se mouvoir en une masse unique, cela reste encore un mystère.

LA PANGÉE: LE SUPERCONTINENT D'IL Y A 200 MILLIONS D'ANNÉES

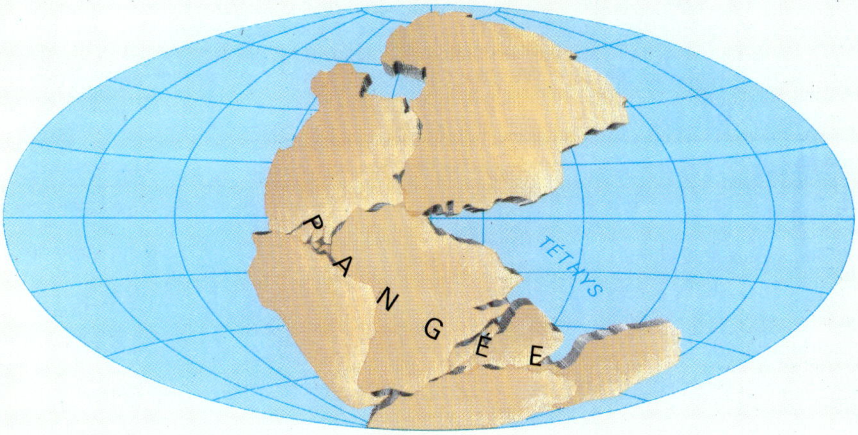

Les scientifiques pensent qu'il y a plus de 200 millions d'années les masses terrestres ne formaient qu'un seul continent, la Pangée. Il se scinda à la suite de mouvements d'âges et de rythmes variés, qui sont à l'origine de la géographie actuelle des terres et des mers.

LES FORCES SUBOCÉANIQUES FONT DÉRIVER LES CONTINENTS

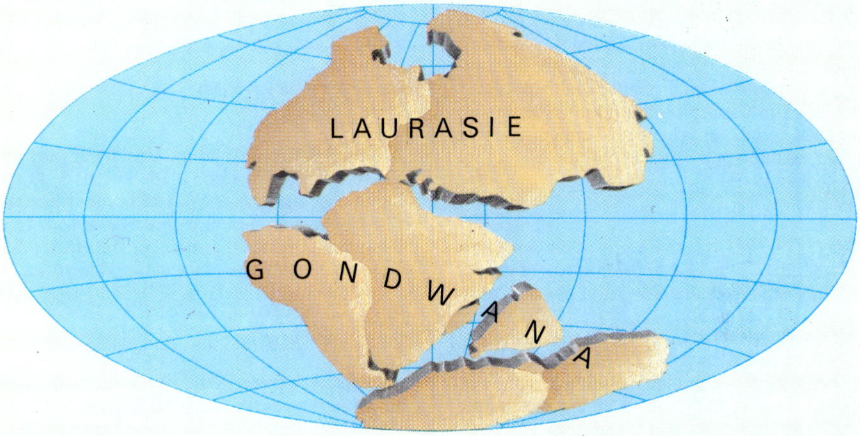

Il y a 180 millions d'années environ, la Pangée se divisa en deux morceaux, la Laurasie et le Gondwana, séparés par l'océan Téthys. La Laurasie comprenait l'Amérique du Nord, l'Europe et l'Asie, tandis que le Gondwana se composait de l'Amérique du Sud, l'Afrique, l'Australie et l'Antarctique.

LA PLANÈTE DEMAIN, DANS 50 MILLIONS D'ANNÉES

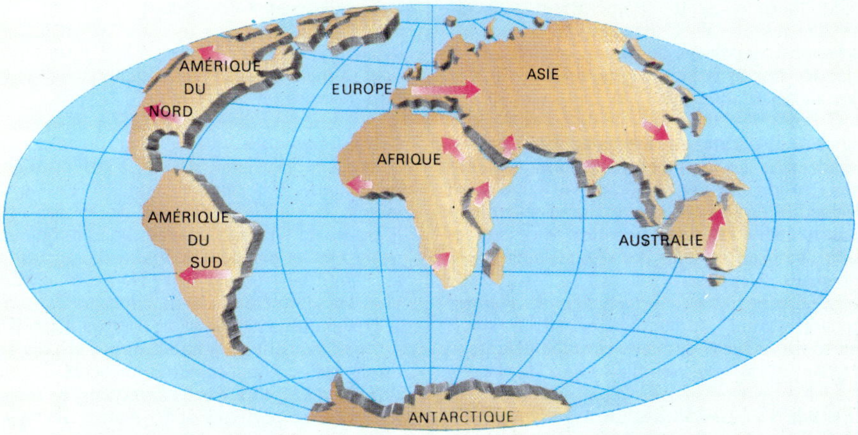

Si les mouvements continuent au rythme actuel — pas plus de quelques millimètres par an —, la planète aura dans 50 millions d'années l'aspect ci-dessus: l'océan Atlantique sera plus large, un grand fossé se sera creusé dans l'Est africain et l'Australie se rapprochera de l'Asie.

LES PLUS GRANDS DÉSERTS DU MONDE

Environ 1/3 des terres émergées se compose de déserts, chauds (Sahara) ou froids (régions polaires), où l'aridité est parfois totale. Dans le Rub'al-Khali (Arabie Saoudite), chaud et aride, la sécheresse peut durer plusieurs années. Le désert froid des Dry Valleys, à l'E. du détroit de MacMurdo, en terre Victoria (Antarctique), n'a reçu aucune pluie depuis 2 millions d'années.

Désert	Localisation	Superficie (km²)
Sahara	Afrique	9 100 000
Grand Désert de Victoria	Australie	3 830 000
Gobi	Asie	1 295 000
Rub'al-Khali	Arabie Saoudite	650 000
Kalahari	Afrique du Sud	520 000
Karakoum	Turkménistan	340 000
Takla Makan	Chine	327 000

Derna (Darnah), ***Libye*** Deuxième port de la Cyrénaïque après Benghazi, situé au N.-E., à 100 km à l'E. de El-Beida. Il a été modernisé au cours des dernières années. Pendant la Seconde Guerre mondiale, la ville fut le théâtre de nombreux combats et changea de mains plusieurs fois. L'oasis voisine produit des dattes et des bananes. Industries principales : ciment, alimentation, textile (prêt-à-porter).
Population 65 000
Carte Libye Ca

désert Zone où les chutes de pluie sont très faibles, inférieures à l'évaporation potentielle, la végétation peu abondante, sinon absente, et la densité de population très basse. Il existe des déserts chauds (Sahara), des déserts tempérés (Gobi) et des déserts froids (Antarctique). Le terme de désert s'applique essentiellement aux régions arides. Voir LES FORMES DE RELIEF DANS LES DÉSERTS, p. ci-contre et LES PLUS GRANDS DÉSERTS DU MONDE, ci-dessus.

Dans les déserts chauds, les hautes températures provoquent une forte évaporation. Les cieux sans nuages font monter la chaleur que la Terre perd rapidement par rayonnement dès le coucher du soleil, provoquant de fortes amplitudes thermiques : les températures peuvent monter jusqu'à 37 °C pendant la journée et descendre au-dessous de zéro la nuit. Il arrive que des averses isolées se produisent, parfois à des années d'intervalle.

Certains déserts, comme le désert de Namib ou celui d'Atacama, se forment sur les franges occidentales des continents où circulent des courants froids. Les vents locaux du large sont réchauffés en passant sur la côte et retiennent leur humidité. D'autres, comme le désert de Gobi, se trouvent dans des régions intérieures éloignées de la mer.

Les déserts froids se forment dans des régions polaires comme l'Antarctique et le Groenland. Ce sont des zones de haute pression d'air descendant et de vents soufflant toute l'année.

Désirade (La), ***Guadeloupe.*** Île et commune (20 km²) de ce département d'outre-mer, sèche et rocailleuse. Le chef-lieu est Grande-Anse. L'île vit surtout de l'élevage.
Population 1 610
Carte Guadeloupe Ba

Des Moines, ***États-Unis*** Capitale de l'Iowa, sur la rivière Des Moines, à 190 km à l'E. du Missouri. Centre commercial, financier et culturel, au centre d'une région agricole (maïs, produits laitiers).
Population (ville) 190 800 ; (zone urbaine) 377 100
Carte États-Unis Hb

Dessau, ***Allemagne*** Ville industrielle et port fluvial sur la Mulde, située à 100 km au S.-O. de Berlin. Elle fut dévastée par les bombardements alliés durant la Seconde Guerre mondiale à cause de ses usines d'armement. Industries mécaniques et chimiques, fabrication d'instruments de précision.
Population 103 800
Carte Allemagne Ec

Detmold, ***Allemagne*** Ville située sur le flanc N. du Teutoburger Wald, à 80 km au S.-O. de Hanovre. Capitale de l'ancienne principauté de Lippe (château du XVIᵉ s.). Centre touristique.

À 6 km au S. de la ville, sur une colline, Hermannsdenkmal, monument rappelant la victoire d'Arminius (Hermann) sur trois légions romaines en l'an 9 de notre ère.
Population 66 600
Carte Allemagne Cc

détroit Bras de mer plus ou moins étroit entre deux terres, faisant communiquer deux étendues marines ou lacustres.

Detroit, ***États-Unis*** Ville de l'État du Michigan, dont elle fut la capitale de 1807 à 1847, surnommée parfois la « capitale mondiale de l'automobile ». Fondée en 1701 par des Français sur la rivière de Detroit, l'une des voies intérieures navigables les plus actives du monde, qui unit le lac Saint-Clair et le lac Érié. De l'autre côté de la rivière se trouve la ville de Windsor (Canada). L'expansion économique de Detroit s'accéléra grâce à l'industrie automobile qui s'y installa à la fin du XIXᵉ s. C'est aujourd'hui encore le siège de General Motors, Ford et Chrysler, en même temps qu'un port très actif. Autres activités : sidérurgie, industries chimiques. Université. Musée (Detroit Institute of Arts). Detroit est la patrie de l'aviateur Charles Lindbergh. Les bords de la rivière ont été réaménagés (hôtels, bureaux, centre commercial Renaissance). Le taux de criminalité y est l'un des plus élevés du monde occidental (plus de 500 meurtres par an).
Population (ville) 1 028 000 ; (aggl.) 4 666 000
Carte États-Unis Jb

Deva, ***Roumanie*** Ville historique, centre métallurgique, carrefour routier et ferroviaire important de l'ouest du pays sur le Mureş, à 145 km au N. de la frontière yougoslave. Château de Magna Curia (XVIIᵉ s.), musée archéologique (vestiges daces et romains).
Population 71 000
Carte Roumanie Aa

Deventer, ***Pays-Bas*** Ville fondée au VIIIᵉ s. sur l'IJssel, à 87 km au S.-E. d'Amsterdam. Centre intellectuel et religieux au Moyen Âge, elle possède plusieurs églises anciennes et une bibliothèque contenant des manuscrits du Xᵉ s. Principales productions : tapisseries, tapis, textiles, briques et le fameux *Deventerkoek* (pain d'épice).
Population 64 500
Carte Pays-Bas Ca

Devon, ***Royaume-Uni*** Comté du S.-O. de l'Angleterre (6 715 km²) baigné par le canal de Bristol au N., par la Manche, au S. Chef-lieu : Exeter ; ville principale : Plymouth. Région d'élevage et de tourisme (station balnéaire de Torbay, parcs nationaux du Dartmoor et de l'Exmoor).
Population 980 000
Carte Royaume-Uni De

dévonien Quatrième période de l'ère paléozoïque ou primaire, du nom du Devon, comté anglais où les roches marines de cette période furent tout d'abord étudiées. Voir ÉCHELLE DES TEMPS GÉOLOGIQUES, p. 268

Dhahran, ***Arabie Saoudite*** Centre commercial et financier situé à 5 km au S. de Damman, au centre de la zone pétrolière de la côte occidentale du golfe Persique. Université du pétrole et des minerais ; ministère du Pétrole ; siège de la société de commercialisation du pétrole saoudien, Petromin. Aéroport international. La ville est reliée par voie ferrée à Riyād. Importante base alliée lors de la guerre du Golfe (1991).
Population 25 000
Carte Arabie Saoudite Cb

Dhaka, anc. **Dacca,** ***Bangladesh*** Capitale du pays depuis 1971, ancienne capitale du Bengale oriental moghol (1608-1639 et 1660-1704). De nombreux monuments datent de cette époque (fort Lal Bagh, caravansérails, mosquées). La ville fut aussi la capitale du Bengale oriental sous le gouvernement britannique, puis du Pakistan oriental après la partition de l'Inde en 1947. Elle connaît depuis 1971 un développement rapide. Située sur la Buriganga (delta du Gange), elle est sujette aux inondations. Les vélos-pousse sont le moyen de transport le plus utilisé. Industries textiles (mousselines et dentelles célèbres), cuir. Université et université des sciences et de la technologie (1961). Aéroport international.
Population (ville) 2 400 000 ; (aggl.) 6 106 000
Carte Bangladesh Cc

Dhanbad, ***Inde*** Ville industrielle et houillère dans la vallée de la Damodar, à 230 km au N.-O. de Calcutta. Une école d'exploitation houillère y fut fondée en 1926.
Population (ville) 151 500 ; (aggl.) 818 000
Carte Inde Dc

LES FORMES DE RELIEF DANS LES DÉSERTS

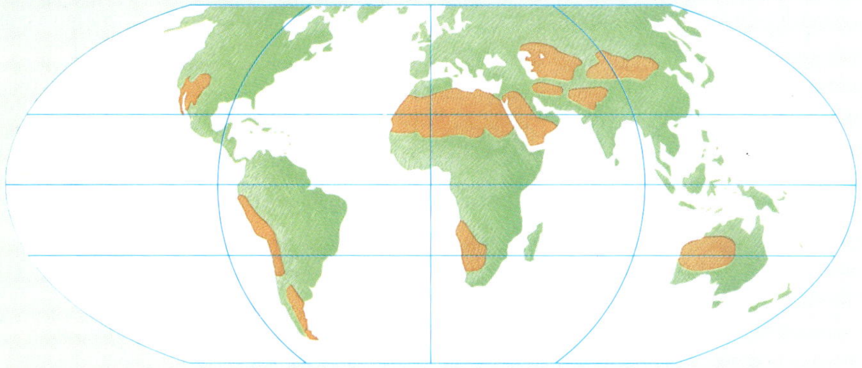

Deux bandes désertiques entourent la Terre de part et d'autre de l'équateur. L'une, au N., s'étend du Mexique au Sud-Ouest américain, traverse le nord de l'Afrique, le Moyen-Orient jusqu'au désert de Gobi en Asie centrale. L'autre, au S., passe par la côte du Pacifique de l'Amérique latine, au travers de l'Afrique du Sud-Ouest jusqu'à l'Australie centrale. Les vents armés de sable sculptent la face des déserts, donnant aux rochers corrodés des formes bizarres ou accumulant des dunes sableuses aux contours toujours changeants.

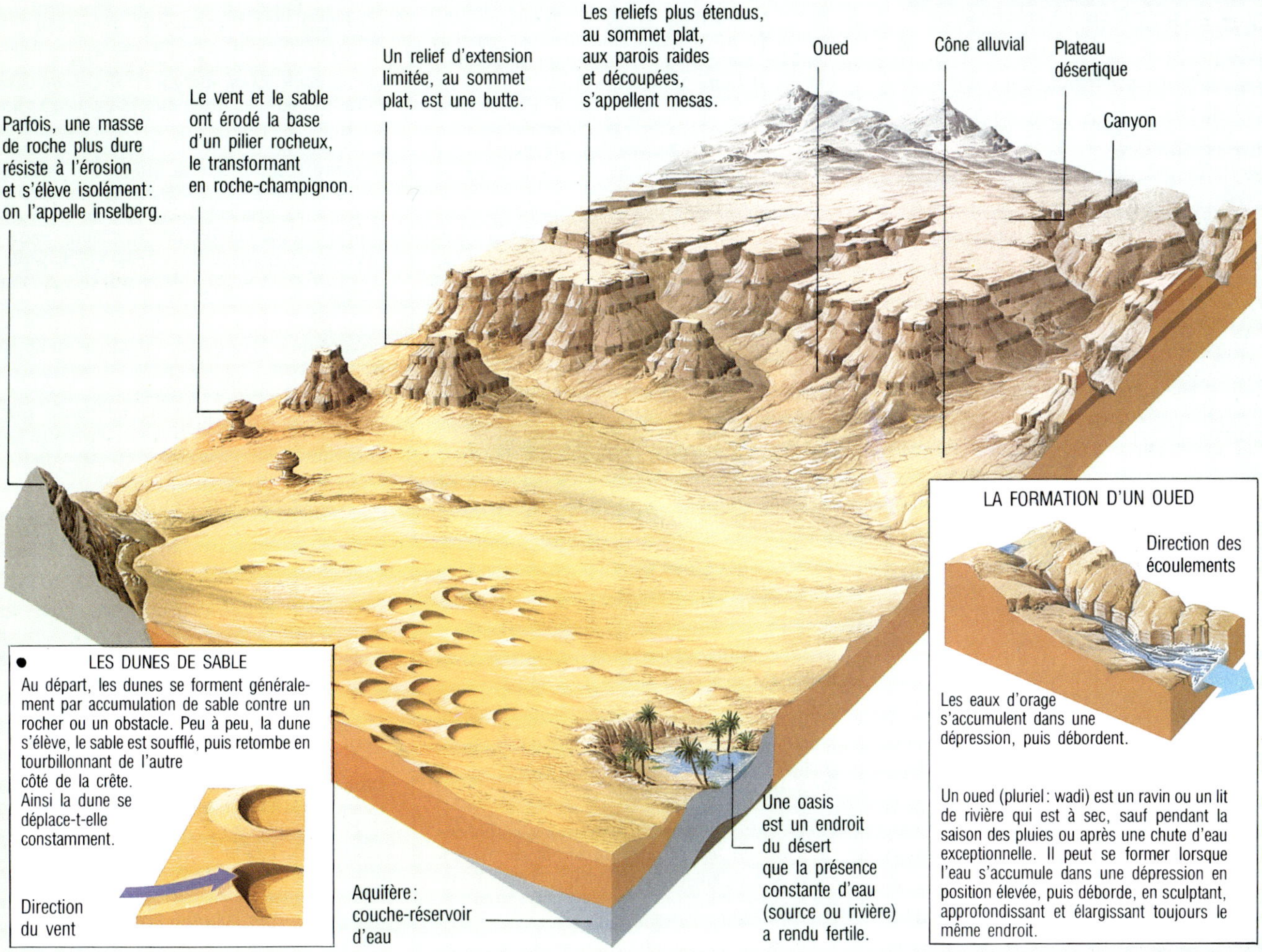

Dhaulagiri, ***Népal*** Voir ANNAPURNA

Dhofar, ***Oman*** Province méridionale du sultanat, seule région de la péninsule arabique à bénéficier de pluies de mousson, de la fin juin à septembre. Une chaîne montagneuse qui culmine à 2 000 m borde la fertile plaine littorale. La région produit de l'encens et de la myrrhe dont elle fait le commerce avec le Yemen du Nord depuis le Xe s. av. J.-C., avec l'Inde surtout aujourd'hui. Plus de la moitié des 70 000 habitants de la province vivent dans la capitale, Salalah. C'est la seule région sunnite de la principauté.
Carte Oman Ab

diaclase Fissure dans une roche dure.

diagenèse Processus par lequel un sédiment meuble se transforme en roche dure.

diamant Forme cristalline du carbone que l'on trouve dans certaines roches magmatiques et dans des dépôts d'alluvions. C'est une pierre précieuse, le plus souvent incolore, utilisée en joaillerie et employée aussi, à cause de son extraordinaire dureté, pour tailler d'autres roches ou comme abrasif.

Diamantina, ***Brésil*** Ville de l'État de Minas Gerais, à 190 km au N. de Belo Horizonte. L'industrie du diamant y est prospère depuis 1729. La ville a conservé son décor du XVIIIe s. Patrie de Juscelino Kubitschek (1902-1976), président du Brésil de 1955 à 1960, fondateur de la capitale, Brasília.
Population 37 000
Carte Brésil Dc

diapir (pli) Pli dit « à noyau perçant », dans lequel une couche de roches plastiques, sel ou gypse, traverse les couches supérieures sous l'effet de la pression. On parle de diapir granitique quand une masse de magma de granit traverse des terrains sédimentaires dans lesquels elle se met en place.

diatomées Algues brunes unicellulaires à coquille siliceuse, vivant en colonies dans les eaux douces, saumâtres ou salées. La diatomite, appelée aussi terre à diatomées, est une roche composée essentiellement de ces algues, utilisée pour ses propriétés absorbantes et abrasives ; c'est le cas du tripoli.

Diego Suarez, *Madagascar* Voir ANTSERANANA

Diên Biên Phu, *Viêt-nam* Petite ville commerçante située près de la fontière du Laos, à 275 km au N.-O. de Hanoi. La cuvette de Diên Biên Phu fut l'enjeu de durs combats de novembre 1953 à mai 1954 entre le corps d'armée viêtminh et les troupes françaises ; la défaite de ces dernières mit fin à une guerre de huit ans et à la présence française en Indochine. Le champ de bataille est devenu un site historique.
Carte Viêt-nam Aa

Dieng (plateau), *Indonésie* Plateau volcanique au centre de Java, à 60 km au S.-O. de Semarang. Nombreux monuments mégalithiques.
Carte Indonésie Dd

Dieppe, *France* Sous-préfecture de la Seine-Maritime à l'embouchure de l'Arques. C'est un port de pêche, un port de commerce (port bananier) et un port de voyageurs, où transitent chaque année 500 000 passagers pour la Grande-Bretagne. Constructions électriques, industries textiles et pharmaceutiques. La ville fut gravement endommagée durant la Seconde Guerre mondiale. Église des XIIe, XIVe et XVIe s., très beau château du XVe s., musée (collection d'ivoires).
Population 35 800
Carte France Db

Digne-les-Bains, *France* Préfecture des Alpes-de-Haute-Provence, à 115 km au N.-E. de Marseille. La campagne environnante est plantée d'arbres fruitiers et de champs de lavande. Vieux quartiers, église du XIIIe s., cathédrale du XVe s., musée. À proximité, station thermale.
Population 17 500
Carte France Gd

digue Obstacle de terre ou de rochers édifié pour protéger des eaux les zones inférieures au niveau de la mer. Les digues de protection des polders aux Pays-Bas ont 1 300 km de long.

Dijon, *France* Préfecture du département de la Côte-d'Or, située au cœur de la Bourgogne, entre la plaine de la Saône à l'E., et les coteaux viticoles aux crus renommés à l'O. La ville conserve de belles maisons anciennes du XVe s., des hôtels des XVIIe et XVIIIe s. Cathédrale Saint-Bénigne (XIe et XIVe s.). Églises romanes et gothiques. Le musée des Beaux-Arts renferme de très belles collections de peintures et de sculptures. Centre universitaire, carrefour ferroviaire, Dijon est une ville en plein développement, aux industries nombreuses et variées. Une foire internationale s'y tient en novembre. Spécialités locales : moutarde, pain d'épice, liqueur de cassis.
Population (ville) 146 300 ; (aggl.) 226 000
Carte France Fc

Dilmoun, *Bahreïn* Voir QALAT EL BAHREÏN

Dimitrovgrad, anc. **Rakovski, *Bulgarie*** Ville industrielle sur la Maritza, à 16 km au N. de Khaskovo. Fondée en 1947, la ville fut baptisée en l'honneur du leader communiste Georgi Dimitrov (1882-1949). Principales industries : produits chimiques (engrais), ciment, poterie, industries minières (lignite) et alimentaires.
Population 51 000
Carte Bulgarie Bb

Dinajpur, *Bangladesh* Ville et district du nord du pays, près de la Tista. Le district (6 566 km^2), région isolée située au pied de l'Himalaya, est constitué de terrains alluviaux secs et sableux. L'agriculture y a fait des progrès considérables grâce à l'irrigation souterraine mise en place depuis l'indépendance.
Population (ville) 96 300 ; (district) 3 200 000
Carte Bangladesh Bb

Dinant, *Belgique* Ville touristique à 80 km au S.-E. de Bruxelles. Bâtie sur un site défensif au pied d'un escarpement de la Meuse, elle est couronnée, à 100 m au-dessus du fleuve, par une citadelle dont l'origine remonte au XIe s., mais qui fut détruite puis reconstruite à plusieurs reprises. Son aspect actuel date de l'occupation hollandaise (1820). En 1914, Dinant fut presque entièrement anéantie par les Allemands. Elle subit à nouveau de grands dégâts en 1940.
Population 12 000
Carte Belgique Ba

Dinder (parc national de), *Soudan* Réserve naturelle de savane, le long de la frontière éthiopienne (6 400 km^2), à 520 km au S.-E. de la capitale, Khartoum.
Carte Soudan Bb

Dingaan's Kraal, *Afrique du Sud* Emplacement de la capitale de Dingaan, roi zoulou du XIXe s., dans le Kwazulu-Natal, à 145 km au N. de Durban. Le 5 février 1838, le chef Voortrekkers, Piet Retief, et une soixantaine de ses hommes furent massacrés sur les ordres de Dingaan dans le kraal royal. Dix mois plus tard, les huttes originelles furent brûlées en représailles ; nombre d'entre elles ont été reconstruites pour les besoins d'un film.
Carte Afrique du Sud Db

Dinosaur National Monument, *États-Unis* Grand parc dans une zone désertique semi-aride au N.-O. de l'Utah et au N.-E. du Colorado, où furent découverts de nombreux restes de dinosaures, préservés dans les alluvions d'une rivière préhistorique. Superficie : 827 km^2.
Carte États-Unis Eb

diorite Roche éruptive à gros grains, composée de feldspath, de silicates de fer et de magnésium. Les cristaux de la diorite orbiculaire de Corse, ou corsite, ont une disposition circulaire qui lui a valu son nom.

Diosso (falaise de), *Congo* Falaise dominant l'océan Atlantique, à 23 km au N. de Pointe-Noire. Hauteur : 50 m. Fer et oxydes variés ont donné à la pierre de belles teintes rouges, blanches et jaunes. L'impressionnant cirque de Diosso a été sculpté par l'érosion.
Carte Congo Ab

Diourbel, *Sénégal* Ville commerçante située au cœur d'une région productrice d'arachide, à 140 km à l'E. de Dakar. Centre religieux islamique. Industries alimentaires et artisanales. La ville est reliée à Dakar et au Mali par voie ferrée, depuis 1905. À proximité, centre de recherche agronomique de Bambey.
Population 73 000
Carte Sénégal Ab

Dir, *Pakistan* District du N.-O. du pays, à la frontière de l'Afghanistan. Il formait une principauté qui fut annexée par le Pakistan en 1947, mais resta semi-autonome. En 1948, elle entra en conflit avec la principauté voisine de Chitral et l'armée pakistanaise dut intervenir. En 1960, prétextant la menace d'une invasion afghane, le gouvernement pakistanais déposa le roi en faveur de l'un de ses fils. La vallée du Kunar, à proximité, fut l'un des centres de la résistance afghane à l'invasion soviétique de 1979.
Population 500 000
Carte Pakistan Ca

Dire Dawa ou **Dirédaoua, *Éthiopie*** Ville à 350 km à l'E. d'Addis-Abeba, sur la ligne de chemin de fer d'Addis-Abeba à Djibouti. Filatures et cimenteries.
Population 107 000
Carte Éthiopie Bb

discontinuité Zone marquée par des modifications brutales des propriétés physiques à l'intérieur du globe terrestre. On distingue la discontinuité de Conrad, à l'intérieur de l'écorce terrestre (vers 17 km de profondeur) ; la discontinuité de Mohorovicic, entre la croûte terrestre et le manteau (vers 30 km de profondeur) ; la discontinuité de Gutenberg, entre le manteau et le noyau (vers 2 900 km de profondeur). Voir VOYAGE AU CENTRE DE LA TERRE p. 661.

discordance Disposition selon laquelle des couches géologiques supérieures reposent sur des couches inférieures érodées. La discordance peut être simple si les couches inférieures sont à peu près parallèles aux couches supérieures, ou angulaires si les couches inférieures ont été tranchées en biseau par l'érosion.

Disko, *Groenland* L'île la plus importante au large de la côte O. du Groenland (8 580 km^2).
Carte Groenland Cc

Disneyland, *États-Unis* Parc d'attractions situé dans la banlieue de Los Angeles, à Anaheim (Californie). Il fut ouvert en 1955 par Walt Disney qui l'organisa en pays : Adventureland (pays de l'aventure), Fantasyland (pays du fantastique), etc.
Carte États-Unis Cd

Disney World, *États-Unis* Gigantesque parc d'attractions (113 km^2) situé au centre de la Floride, à 25 km au S.-O. d'Orlando. Il est équipé d'hôtels, de lacs et lagons artificiels. Parmi les attractions, EPCOT (Experimental Community of Tomorrow) est une représentation d'un monde futuriste contrôlé par ordinateur.
Carte États-Unis Je

Diu, *Inde* Voir GOA

Diyarbakir, *Turquie* Capitale de la province du même nom, au S.-E. du pays, sur le Tigre. Centre céréalier, lainier (mohair) ; filatures et travail des peaux. Le mur d'enceinte de la vieille ville, en basalte, mesure près de 5 km de long. La province (15 355 km^2) produit des céréales, des fruits, du coton et du tabac.
Population (ville) 381 100 ; (prov.) 941 500
Carte Turquie Cb

Djakarta ou **Jakarta,** anc. **Batavia, *Indonésie*** Capitale du pays, sur la côte N. de Java. Ancienne métropole des Indes néerlandaises (fondée en 1619). L'architecture des alentours de la

place Merdeka ou du Menteng conserve l'empreinte hollandaise. Les *kampongs* (« villages »), quartiers suburbains d'aspect rural, et les *gubuks* (bidonvilles) se multiplient autour de la ville, la plus peuplée du Sud-Est asiatique. Djakarta est aussi le plus grand port du pays (à Tanjungpriok), et le principal centre commercial et industriel.

Population (district métrop.) 8 260 000
Carte Indonésie Cd

Djakovo, ***Croatie*** Voir SLAVONIE

Djalalabad, ***Afghanistan*** Voir JALAI-KUT

Djamboul, en kazakh **Jamboul,** ***Kazakhstan*** Chef-lieu de l'oblast du même nom, au sud du pays. Nommée Taraz aux temps de la route de la soie, détruite au XIIIe s. par les Mongols, la ville est un centre administratif et industriel (phosphate, raffinerie de sucre, travail du cuir).

Population 311 000
Carte Kazakhstan Cb

Djanet, ***Algérie*** Voir TASSILI N'AJJER

Djarach, ***Jordanie*** Voir JERASH

Djayapura, ***Indonésie*** Port et centre administratif sur la côte N. de l'Irian Jaya.

Population 61 000
Carte Indonésie Jc

Djazirah (Al-), ***Soudan*** Voir GEZIREH

Djebail ou **Jubail,** ***Liban*** Port maritime à 29 km au N. de Beyrouth, sur le site de la Goubla (ou Gebal) phénicienne. Les Grecs la baptisèrent Byblos et donnèrent son nom au papyrus égyptien qui y transitait. Le mot *byblos* devint synonyme de livre et on en tira le mot bible.

Les fouilles successives, entreprises depuis le XIXe s., auxquelles Renan participa en 1860, ont révélé de nombreuses richesses: vestiges de l'âge de la pierre et de l'âge du bronze ; nécropole du IVe millénaire av. J.-C. renfermant 1 450 urnes funéraires ; murs du IIIe millénaire av. J.-C., tombes princières (XVIIIe s. av. J.-C.) contenant des bijoux en or et en argent, temple grec. Le sarcophage d'Ahiram (Xe s. av. J.-C.), aujourd'hui au musée de Beyrouth, porte la plus ancienne inscription phénicienne (alphabétique) connue. La ville moderne a beaucoup souffert de la guerre civile.

Population 1 200
Carte Liban Aa

Djeddah (Jeddah), ***Arabie Saoudite*** Grand port sur la mer Rouge, à 70 km à l'O. de La Mecque, principal point de débarquement des visiteurs de la ville sainte. Son port en eau profonde abrite plus de 40 mouillages et son aéroport international ultramoderne accueille chaque jour des milliers de pèlerins. Sur la côte se dressent de nombreux gratte-ciel (bureaux) et une nouvelle ville est en construction. La Corniche s'orne de sculptures d'artistes de renommée internationale. Une partie de la vieille ville subsiste, à l'abri de murs qui datent de trois cents ans. On y admire des maisons aux façades de corail et aux balcons de bois, souvent ouvragés, comme la Maison de l'Arbre, de 1850.

Population 1 500 000
Carte Arabie Saoudite Ab

Djelfa ou **El-Djelfa,** ***Algérie*** Chef-lieu de wilaya dans l'Atlas saharien, sur le versant N. des monts des Ouled Naïl, à 1 153 m d'altitude. C'est le principal marché de la région.

Population 85 000
Carte Algérie Ba

Djem (El-) ou **Jem (El-),** ***Tunisie*** Bourg situé entre Sousse et Sfax, sur l'emplacement de la ville romaine de Thysdrus. L'amphithéâtre, mieux conservé que le Colisée de Rome, est le troisième du monde par sa taille : il peut accueillir 30 000 personnes.

Population 12 800
Carte Tunisie Ba

LE CHARME DE DJERBA. Si la côte est le domaine du tourisme international, l'intérieur de l'île a su préserver son caractère traditionnel, avec ses jardins clos et ses mosquées coiffées de coupoles.

Djenné, ***Mali*** Ville sur le Bani, fondée aux XIIIe-XIVe s. par des marchands Soninkés. Elle appartint à l'Empire du Mali, puis aux Songhaïs. Située au départ des routes vers les mines d'or du Birou, entrepôt de sel au débouché de pistes caravanières du Sahara, ce fut un important centre commercial, et jusqu'au XVIIIe s. un foyer religieux de l'islam au Soudan.

Population 7 000
Carte Mali Bb

Djerba, ***Tunisie*** Île du golfe de Gabès reliée à la terre par une route, à 67 km au S. de Sfax. Ulysse y aurait rencontré les mangeurs de lotus au cours de son Odyssée. Centre touristique en vogue, doté d'un aéroport, d'hôtels agréables, de belles plages, de souks. Des ruines romaines surgissent un arc de triomphe et deux forts. On y récolte des olives, des dattes, des oranges. Autres ressources: filatures et poterie.

Population 92 300
Carte Tunisie Ba

Djerid (chott el-), ***Tunisie*** Bas-fonds boueux et salés du Sud tunisien, d'une superficie de 5 000 km^2 ; le sel y forme parfois une croûte qui cache les eaux ; quatre oasis sont établies en bordure du chott: El-Hamma, El-Oudiane, Tozeur, et Nefta (palmeraies, vergers).

Carte Tunisie Aa

Djibouti

UNE OASIS DE PAIX DANS UNE RÉGION TROUBLÉE

La république de Djibouti se trouve à l'entrée de la mer Rouge, au début de la grande faille africaine. Pays sans ressources, elle accueille un grand nombre de réfugiés somaliens et éthiopiens. Les nomades sont de moins en moins nombreux à sillonner ce petit territoire désertique de 23 200 km^2, car Djibouti, port principal et capitale, est devenu un puissant pôle d'attraction. Ancien territoire français, le pays est devenu indépendant en 1977.

Il a la forme d'un arc de cercle enserrant le golfe de Tadjourah, ouvert à l'E. sur le golfe d'Aden. Le sol, d'origine volcanique, est constitué de petites plaines basaltiques, de dépressions spectaculaires (lac Assal, lac Abbé), et de montagnes culminant à 2 020 m au mont Moussa Ali. Un petit volcan, l'Ardoukoba, est né en 1978 dans la faille à moins 153 m. Le climat est l'un des plus chauds du monde avec une moyenne de 30 °C, mais dépassant souvent 40 °C. Les pluies, souvent inexistantes à l'intérieur, ne dépassent guère 130 mm sur la côte. 10 % seulement de la surface sont cultivables; le reste est utilisé comme pâturage pour les chèvres et les moutons (en 1982, on ne recensait que 90 ha de terre cultivée). Le grand problème est en effet le manque de réserves d'eau douce. Djibouti ne produit pas la nourriture nécessaire à sa population (565 000 habitants) et à ses nombreux réfugiés.

La population, de religion musulmane, se compose de deux groupes principaux: les Afars, chez lesquels subsiste un vieux fonds de croyances traditionnelles, habitants des montagnes du Nord et des régions arides et désolées de l'Ouest, et les Issas — ou Somalis — dans le Sud et à Djibouti. Les premiers ont leurs aires de nomadisme qui débordent en Éthiopie et en Érythrée, les autres appartiennent aux clans somalis à cheval sur la frontière somalienne. Ce clivage n'est pas sans se manifester lors des conflits régionaux ou à l'occasion d'événements politiques locaux.

De tout temps, Djibouti a été une terre d'échanges. Située dans le pays de Pount des anciens Égyptiens, qui venaient y chercher l'encens, elle est placée sur la route qui relie la Corne de l'Afrique à l'Arabie par le détroit de Bab el-Mandeb. Très tôt islamisée, la côte a été le siège de petits royaumes, puis de sultanats tournés vers l'Arabie. Le port de Tadjourah, sur la rive N. du golfe du même nom, était devenu un comptoir qui drainait les marchandises et les esclaves d'Afrique.

Les Européens s'intéressèrent à la région avec l'ouverture du canal de Suez, et la France signa un traité avec les chefs d'Obock (1862), en face d'Aden, puis ceux de Tadjourah, en pays afar. La rade de Djibouti, sur la côte S. du golfe, plus vaste, plus sûre et mieux pourvue en eau, fut aménagée ; une nouvelle ville fut créée, attirant les nomades issas (1884). Peu de temps après, on entreprit la construction du chemin de fer franco-éthiopien qui fit de Djibouti le port du royaume du négus. Par ailleurs, Djibouti, face à Aden aux mains des Anglais, devint une escale idéale pour les navires se rendant dans les colonies françaises d'Extrême-Orient et du Pacifique. Érigée en zone franche en 1945, Djibouti conserva son rôle de plaque tournante et attira les nomades de la région venus chercher du travail, ainsi que les commerçants yéménites. L'antagonisme séculaire entre Afars et Somalis culmina lors des événements qui ensanglantèrent les pays voisins à la fin des années 1970 (révolution éthiopienne, conflit somalo-éthiopien), et pendant la période qui précéda l'accession de Djibouti à l'indépendance (1977). Le maintien d'un fort contingent français, souhaité par tous les protagonistes, fit de Djibouti une oasis de paix dans une région en crise.

Pendant la crise du Golfe (1990-1991), Djibouti joua le rôle de base arrière des forces françaises en Arabie Saoudite face à l'Irak.

L'effondrement des régimes éthiopien et somalien en 1991 n'a pas été sans effet sur les relations locales, déjà très tendues entre Somalis et Afars. Attentats, rébellion et répression se succèdent.

Pour son développement, Djibouti joue de sa position stratégique, à mi-chemin entre l'océan Indien et la Méditerranée, l'Asie, le monde arabe et l'Europe. Son port, érigé en zone franche, est devenu un gigantesque entrepôt de conteneurs, que d'énormes navires spécialisés débarquent d'Extrême-Orient. Des bâtiments plus petits, au gabarit suffisant pour franchir le canal de Suez, viennent ensuite charger leur cargaison de conteneurs destinés aux pays européens.

DJIBOUTI EN BREF
Carte Éthiopie Ba
Superficie 23 200 km^2
Population 565 000
Capitale Djibouti
Régime République et parti unique
Monnaie Franc Djibouti
Langues Français et arabe (officielles), somali, afar
Religion Musulmans
Climat Chaud et sec ; température moyenne dans la ville de Djibouti: de 23-29 °C en janvier à 31-41 °C et plus en juillet
Ressources Moutons, chèvres, bétail en transit, dattes, poisson, sel
Activités Stockage de marchandises, préparation des cuirs et peaux, pêche
Exportations Animaux en transit de Somalie destinés à l'Arabie (bovins, camelins, caprins)
P.N.B. annuel par habitant 1 300 dollars
Croissance démographique 29,4 ‰ par an
Espérance de vie Hommes 47 ans, femmes 51

Djibouti, ***Djibouti*** Capitale du pays et port sur le golfe d'Aden, à l'entrée de la mer Rouge. Fondée par les Français en 1888, la ville devint en 1896 la capitale de la Côte française des Somalis, et servit d'escale sur la route de l'Indochine. Elle se développa avec la construction de la voie ferrée qui la reliait à Addis-Abeba (achevée en 1917). Port franc en pleine expansion dans les années 1960 (8e port franc du monde en 1966), Djibouti a perdu de son importance lors de la fermeture du canal de Suez (1967-1975), puis avec la révolution éthiopienne et la guerre de l'Ogaden.

Population 450 000
Carte Éthiopie Ba

Djimma, ***Éthiopie*** Voir JIMMA

Djokjakarta ou **Jogjakarta,** ***Indonésie*** Ville et ancien sultanat du centre de Java. Elle fut le théâtre de la révolution indonésienne contre les Hollandais (1825-1830) et du combat pour l'indépendance (1945-1949). Centre intellectuel. Artisanat (batik, marionnettes Wayang, travail de l'argent). Le Kraton (Palais du Sultan) possède une très belle collection d'objets d'art. Nombreux temples à proximité, dont celui de Borobudur.

Population 400 000
Carte Indonésie Dd

Djouba (Juba, Giuba), ***Éthiopie/Somalie*** Fleuve (1 200 km) né sur le plateau éthiopien, qui s'écoule vers le S., irrigue les terres arables par ses crues, et se jette dans l'océan Indien, près de Kismayu.

Carte Somalie Ab

Djubail ou **Al Jubayl,** ***Arabie Saoudite*** Port et complexe industriel sur le golfe Persique, à 85 km au N. de Damman. Ancien village de pêcheurs, Djubail se développa à partir de la fin des années 1970 autour des industries pétrochimiques et énergétiques. Fonderie d'aluminium, aciéries, usines de dessalement d'eau de mer et de fertilisants.

Population 50 000
Carte Arabie Saoudite Bb

Dniepr, ***Europe*** Troisième fleuve d'Europe, après la Volga et le Danube, long de 2 200 km. Il prend sa source dans le plateau des Valdaï, à l'O. de Moscou, arrose Smolensk, draine la Biélorussie et l'Ukraine (Kiev, Dniepropetrovsk, Zaporojie, Nikopol) et se jette dans la mer Noire. Les aménagements de son cours en font une voie de communication importante, presque entièrement navigable pendant huit mois de l'année et reliée par canaux à la Dvina occidentale et au Boug. Production d'hydroélectricité (centrales de Zaporojie, Krementchoug, Dnieprodzerjinsk, Kiev et Kanev).

Carte Russie Cc

Dniepropetrovsk, ***Ukraine*** Ville fondée en 1783, sur le Dniepr. Proche du bassin houiller du Donetz et des mines de fer de Krivoï-Rog, disposant de l'énergie électrique des centrales installées sur le Dniepr, c'est un très grand centre sidérurgique et de métallurgie de transformation (machines lourdes, locomotives électriques, machines agricoles, etc.). Industries chimiques et de défense. Matières plastiques. Pneumatiques. La ville est le siège d'une université et d'instituts technologiques.

Population 1 189 300
Carte Ukraine Cc

Dniestr, ***Europe*** Fleuve long de 1 411 km qui prend sa source dans les Carpates, en Ukraine occidentale, traverse l'Ukraine et la Moldavie, et se jette au S.-E. dans la mer Noire, à 30 km au S.-O. d'Odessa. De 1918 à 1940, il forma la frontière entre l'U.R.S.S. et la Roumanie.

Carte Ukraine Bc

Doab, ***Inde*** Région située entre le Gange et la Yamunā. Berceau de la civilisation indienne (vers 1700-1000 av. J.-C.). La construction de canaux par les Moghols, puis du réseau de chemin de fer, permit le développement de

l'agriculture, et contribua à la prospérité de cette partie du pays.
Carte Inde Cb

Dobreta-Turnu-Severin, ***Roumanie*** Ville et port sur le Danube, à la frontière de la Yougoslavie. À 8 km au N.-E. se trouvent les « Portes de Fer », gorges spectaculaires dont les rapides alimentent une puissante station hydroélectrique. Usines agro-alimentaires, chantiers navals, industrie du bois. À proximité subsistent des vestiges de la cité romaine de Turris Severis (port, thermes et pont sur le Danube construit par l'empereur Trajan au IIe s. apr. J.-C.).
Population 104 000
Carte Roumanie Ab

Dobrič, ***Bulgarie*** Ville et capitale de la province homonyme, sur la voie ferrée Varna-Constanta, à 40 km au N. de Varna. Elle fut appelée Tolbukhin de 1944 à 1992, du nom du maréchal soviétique qui libéra la ville des Allemands. Centre commercial de la fertile région de la Dobroudja, ses activités sont liées à l'agriculture (industries alimentaire, textile, machines agricoles). La plus grande ferme (anciennement d'État) du pays et un complexe agro-industriel y sont implantés.
Population 115 800
Carte Bulgarie Cb

Dobroudja, en roum. **Dobrogea,** en bulg. **Dobrudža,** ***Roumanie/Bulgarie*** Vieille province des Balkans sur la mer Noire, limitée au N. et à l'O. par le Danube et au S. par les plateaux de Ludogorie (en Bulgarie). Elle fut longtemps disputée entre Bulgares et Turcs (ces derniers finirent par l'emporter en 1396), puis, aux XIXe et XXe s., entre Bulgares et Roumains, qui se la partagent aujourd'hui. La part roumaine, de loin la plus importante (23 258 km^2 sur 29 000 km^2 au total), est traversée par le canal Danube-mer Noire, l'une des œuvres pharaoniques du dictateur Ceaucescu ; chef-lieu Constanţa. C'est une région agricole dont les sols (*tchernozems*) sont favorables à la culture des céréales, fruits et légumes. Le tourisme s'y développe rapidement (stations balnéaires de Mamaia et de Mangalia). Importante réserve de faune et de flore dans le delta du Danube.
Carte Roumanie Bb

Dodécanèse, en grec **Dodekanesos,** ***Grèce*** Archipel de la mer Égée, à proximité du littoral S.-O. de la Turquie. Les îles les plus grandes sont celles de Samos au N. de celle de Rhodes au S. La petite ville de Rhodes est le chef-lieu de l'archipel. Le tourisme s'y est développé. Les îles furent cédées aux Italiens en 1920 puis rattachées à la Grèce en 1947.
Population 145 000
Carte Grèce Ec

Dodoma, ***Tanzanie*** Capitale administrative située à 400 km environ à l'O. de Dar es-Salaam, sur la voie ferrée reliant Dar es-Salaam à Kigoma (sur le lac Tanganyika). Elle a été choisie en raison de sa situation centrale pour devenir la capitale du pays.
Population 54 000
Carte Tanzanie Ba

Dogger (banc du), ***mer du Nord*** Haut-fond de la mer du Nord, à 180 km au large de la côte N.-E. de l'Angleterre. Sa profondeur varie de 15 à 40 m. Il est très poissonneux (morue, hareng) ; *dogger* signifie morue en néerlandais.
Carte Royaume-Uni Fc

Doha ou **Al-Dawha,** ***Qatar*** Capitale et port sur le golfe Persique. Ville moderne en plein développement, dont les différents quartiers portent le nom des tribus qui s'y établirent lorsqu'elle devint capitale en 1971. Le vieux port de pêche, avec ses *dhaws* (embarcations traditionnelles, à voile), contraste avec le complexe portuaire moderne. Musées.
Population (ville) 218 000 ; (aggl.) 310 000
Carte Qatar Ab

Doi Inthanon, ***Thaïlande*** Le plus haut sommet du pays (2 590 m), à 40 km à l'O. de la ville de Chiangmai. Site touristique.
Carte Thaïlande Ab

doline En pays calcaire, dépression fermée, ovale ou circulaire, d'un diamètre de 20 à 200 m, et d'une profondeur de 2 à 100 m, due à l'érosion. La nature et la structure des calcaires expliquent la variété des formes des dolines.

Dolomites, ***Italie*** Massif calcaire des Alpes situé entre les vallées du Haut Adige et de la Piave. L'érosion y a sculpté des formes fantastiques : flèches, tours, falaises vertigineuses et crénelées, gorges profondes, qui en font un domaine de choix pour les alpinistes réputés. Point culminant : La Marmolada (3 342 m). Stations de sports d'hiver (Cortina d'Ampezzo, Madonna di Campiglio, Val Gardena).
Carte Italie Ca

Dominicaine (république)

APRÈS DES ANNÉES DE RÉVOLUTION ET DE DICTATURE, LA DÉMOCRATIE EST ARRIVÉE, MALGRÉ LA PAUVRETÉ QUI AFFECTE TOUJOURS CETTE NATION CARIBÉENNE

Pauvreté, révolution et dictature caractérisent cet État, qui occupe avec Haïti l'île d'Hispaniola dans les Grandes Antilles depuis le partage de l'île entre la France et l'Espagne au traité de Ryswick, en 1697. Contrairement aux Noirs francophones d'Haïti, la population métissée de ce pays partage la langue, la religion et le style de vie du reste de l'Amérique latine.

Des marins que Christophe Colomb laissa derrière lui après le naufrage de l'un de ses vaisseaux, au cours de son premier voyage en 1492, fondèrent La Navidad, premier établissement européen des Amériques.

Cette colonie espagnole connut une longue période de violences et de troubles (invasions française et haïtienne, puis de nouveau domination espagnole) avant d'accéder finalement à l'indépendance en 1865. Pendant les cinquante années qui suivirent, il y eut 28 révolutions et 35 gouvernements. Les États-Unis occupèrent l'île à deux reprises (de 1916 à 1924 et en 1966). Des dictateurs gouvernèrent le pays jusqu'en 1966. Depuis, c'est une démocratie. Une Constitution libérale avait été votée en 1963 par le président Juan Bosch, rapidement chassé par un coup d'État. En 1965, un soulèvement populaire bénéficiant de l'appui de jeunes militaires réclama le retour à la légalité. Craignant d'être débordés par un régime castriste, les États-Unis intervinrent. En 1990, le président Joaquin Balaguer a devancé de justesse son adversaire Juan Bosch.

L'ouest du pays est dominé par quatre chaînes de montagnes parallèles. Dans la Cordillère centrale, le pic Duarte (3 175 m) est le point culminant des Grandes Antilles. La vaste vallée fertile de Cibao se trouve entre les deux chaînes montagneuses du Nord. Le Sud-Est est occupé par des plaines fertiles.

Bien que la terre soit riche, seul le tiers de la surface est exploité. Le sucre est le pilier de l'économie. Les plantations sucrières se trouvent surtout dans les plaines du Sud. Le café, deuxième produit d'exportation, est cultivé dans de petites exploitations. Dans les deux cas, on fait appel à la main-d'œuvre haïtienne. On cultive également le cacao et le tabac.

Le pays a les plus importantes mines d'or des Caraïbes. On y exploite aussi des mines d'argent, de platine, de nickel et d'aluminium. Certains métaux sont traités sur place. Il existe des industries alimentaires et l'on fabrique des produits de consommation pour le marché intérieur. Quelques industries nouvelles appartenant à des étrangers ont fait leur apparition dans les zones franches où abonde une main-d'œuvre à bon marché. On y transforme des produits semi-manufacturés importés pour les réexporter. Mais la pauvreté subsiste.

L'île est dotée de belles plages et le gouvernement développe le tourisme. Il a créé de nouvelles stations balnéaires à La Romana, Punta Cana et Puerto Plata. À l'E. de La Romana tout un village a été construit dans le style espagnol du XVIe s. Saint-Domingue est le port principal et la capitale. Pendant de nombreuses années, on l'appela Ciudad Trujillo, du nom du dictateur Rafaël Trujillo, qui gouverna de 1930 jusqu'à son assassinat en 1961. Les quartiers coloniaux de la ville ont été reconstruits et restaurés. La cathédrale Santa Maria la Menor (1512-1540) abrite le tombeau de Christophe Colomb.

LA RÉPUBLIQUE DOMINICAINE EN BREF
Carte Antilles Ab
Superficie 48 442 km^2
Population 7 640 000
Capitale Saint-Domingue
Monnaie Peso = 100 centavos
Religion Catholiques (95 %)
Langue Espagnol
Climat Tropical ; plus frais sur les hauteurs ; températures moyennes à Saint-Domingue : de 19-29 °C en janvier à 23-31 °C en août
Ressources Sucre, café, cacao, tabac, riz, maïs ; bauxite, or, argent, platine, nickel, sel
Activités Agriculture, tourisme, textiles, ciment, produits alimentaires (sucre, rhum, mélasse), tabac, mines et affinage de métaux, produits pétroliers
Exportations Sucre, or, argent, nickel, café, cacao, bauxite, tabac
P.N.B. annuel par habitant 1 040 dollars
Croissance démographique 20 ‰ par an
Espérance de vie Hommes 65 ans, femmes 69

Dominique

BOISÉE, ACCIDENTÉE ET MONTAGNEUSE, C'EST L'ÎLE CARIBÉENNE QUE CHRISTOPHE COLOMB DÉCOUVRIT UN DIMANCHE

Située entre la Guadeloupe et la Martinique, cette île des Petites Antilles est celle qui a le moins changé depuis que les Européens se sont installés dans la région. Christophe Colomb l'a baptisée Dominique, car il la découvrit un dimanche (*domingo*, en espagnol) en 1493. Anglais et Français se disputèrent âprement cette île. En 1805, les Français la cédèrent aux Britanniques pour un montant de 12 000 livres.

La Dominique devint un État indépendant membre du Commonwealth en 1978, avec, à sa tête, un président élu. De nombreux noms de lieux sont restés français, et certains habitants, en majorité des descendants d'esclaves africains, parlent encore un patois français.

Au N.-E. de l'île se trouve une réserve où vivent quelques centaines d'Indiens Caraïbes. Ce furent les premiers habitants de toutes ces îles, et ils leur ont donné leur nom. Ils ont cependant perdu leur culture et leur langue et vivent comme leurs voisins noirs.

TROIS JEUNES VOLCANS

La Dominique est l'île la plus accidentée des Antilles orientales. Seuls 3 % de sa superficie sont plats, le reste est formé de trois volcans relativement jeunes, mais éteints, dont le morne Diablotin est le plus élevé (1 447 m). On trouve des sources thermales dans la vallée de la Désolation, au S. La pluviosité de l'île est supérieure à 2 500 mm par an, et même sur la côte abritée, il pleut deux jours sur trois.

Les versants abrupts des montagnes sont difficiles à cultiver et les trois quarts de l'île sont encore couverts de forêts. La Dominique n'a pas attiré autant de colons que les autres îles des Caraïbes. Elle est encore faiblement peuplée et le niveau de vie de ses habitants est le plus bas de la région. L'aide britannique est importante et, au début des années 1980, elle était de 80 millions de dollars par an.

L'île exporte surtout des produits agricoles. C'est le premier fournisseur de bananes du Royaume-Uni. Coprah, agrumes (surtout citrons verts), cacao, laurier et vanille sont d'autres sources de revenus. L'industrie se limite au traitement, à petite échelle, des produits agricoles.

La Dominique n'est pas une île touristique classique, mais sa beauté sauvage et ses forêts touffues attirent les amateurs d'aventure. Jusqu'en 1982, la petite capitale, Roseau, se trouvait à deux heures de voiture du seul aéroport de l'île, mais aujourd'hui le nouvel aérodrome de Canefield se trouve à cinq minutes en voiture de la ville. Des liaisons aériennes sont assurées avec la Martinique et la Guadeloupe. Le vieux fort qui défendit autrefois la capitale est devenu un hôtel. Les bateaux se rendant à Roseau doivent jeter l'ancre au large. Portsmouth, au N.-O., dispose d'un meilleur port, mais les marais qui l'entourent ont freiné son développement.

LA DOMINIQUE EN BREF

Carte Antilles Cb
Superficie 751 km^2
Population 74 000
Capitale Roseau
Régime République parlementaire
Monnaie Dollar des Caraïbes de l'Est = 100 cents
Langues Anglais, patois français
Religion Catholiques (80 %)
Climat Tropical ; températures moyennes : de 20-29 °C en janvier à 23-32 °C en juin
Ressources Bananes, noix de coco, agrumes, cacao, bovins, porcs ; pierre ponce
Activités Agriculture, produits alimentaires, savon, huiles essentielles
Exportations Bananes, coprah, agrumes, huiles essentielles, cacao, épices, savon
P.N.B. annuel par habitant 1 940 dollars
Croissance démographique 12,5 ‰ par an
Espérance de vie Hommes 73 ans, femmes 79

dôme de sel Massif formé par la montée de roches salifères au milieu de terrains sédimentaires sus-jacents. La montée du sel est due à sa faible densité et à sa plasticité.

Dôme (monts), ***France*** Voir PUYS (chaîne des)

Domrémy-la-Pucelle, ***France*** Village des Vosges à 45 km au S.-O. de Nancy, où Jeanne d'Arc naquit en 1412.
Carte France Fb

Don, ***Russie*** Fleuve de 1 870 km qui prend sa source dans la région de Toula au S. de Moscou et draine la partie méridionale de la plaine russe. Il se jette dans la mer d'Azov à l'O. de Rostov. Grâce à d'importants travaux d'aménagement, il est navigable jusqu'à la hauteur de Voronej, mais pris par les glaces pendant quatre mois en hiver. Il est relié par un canal à la Volga.
Carte Russie Cd

Donbass, ***Ukraine/Russie*** Voir DONETZ (bassin du)

Doncaster, ***Royaume-Uni*** Important centre minier d'Angleterre, à 28 km au N.-O. de Sheffield, dans le Yorkshire. Nœud ferroviaire. Ateliers de construction et de réparation du matériel roulant. Course hippique annuelle.
Population 82 000
Carte Royaume-Uni Ed

Dondra (cap de), ***Sri Lanka*** Cap situé à l'extrême S. de l'île. Le temple en ruine consacré à Vishnu-Krishna, qui servait d'amer aux navires, a été détruit par les Portugais au XVIe s.

Donegal, en irl. **Dún na Ngall,** ***Irlande*** Comté du N.-O. du pays, aux côtes sauvages et déchiquetées. Ses montagnes et ses lacs attirent de nombreux touristes. C'est une région d'élevage, réputée pour le tweed qu'on y fabrique. La langue et la culture gaéliques restent solidement implantées sur la côte O. Chef-lieu : Lifford.
Population 125 100
Carte Irlande Ca

Donetsk, ***Ukraine*** Ville à 225 km environ au S.-E. de Kharkov. Fondée en 1872 par John Hugues, un industriel britannique qui y créa une usine fabriquant des rails (à l'époque de la construction du chemin de fer russe), elle s'appela tout d'abord Iouzovka, puis Stalino. C'est aujourd'hui une grande ville industrielle, au centre du bassin du Donetz. Sidérurgie, construction de machines-outils, industrie chimique, confection.
Population 1 160 700
Carte Ukraine Dc

Donetz ou **Donets (bassin du)** ou **Donbass,** ***Ukraine/Russie*** Vaste bassin houiller (60 000 km^2), dans la boucle du Don, que se partagent l'Ukraine et la fédération de Russie (la majeure partie est en Ukraine). Proche des mines de fer de Krivoï-Rog, c'est l'une des plus importantes régions industrielles du pays. Elle fournissait le tiers (environ 200 millions de tonnes) du charbon soviétique, 40 % du coke et de 18 à 20 % de l'acier. Centre de la métallurgie de transformation : gros outillage industriel, agricole, équipement minier, matériel ferroviaire. 16 villes y ont plus de 100 000 habitants. Les principales sont Donetsk et Lougansk.
Carte Ukraine Db, Russie Cd

Doornik, ***Belgique*** Voir TOURNAI

Dorchester, ***Royaume-Uni*** Chef-lieu du comté du Dorset au S. de l'Angleterre, à 38 km à l'O. de Bournemouth. Les Romains s'y établirent en 70 apr. J.-C. (Durnovaria). À 3 km au S.-O., les massives fortifications en terre de Maiden Castle, qui datent de la fin de l'âge de la pierre (environ 2000 av. J.-C.), enfermaient une cité de quelque 5 000 habitants, prise par les Romains en l'an 43 de notre ère.
Population 15 000
Carte Royaume-Uni De

Dordogne (24), ***France*** 1. Rivière longue de 472 km, prend sa source au puy de Sancy, dans le Massif central, et rejoint la Garonne au bec d'Ambès. Son cours supérieur a été aménagé : centrales hydroélectriques de Bort-les-Orgues, de Marèges, de L'Aigle et de Chastang.

2. Département de la région Aquitaine (9 184 km^2). Chef-lieu : Périgueux. Hormis les parties granitiques du nord-est et les argiles tertiaires de la Double à l'O., le département est formé de plateaux calcaires secs et pauvres (Périgord blanc au N., noir au S.) entaillés de fertiles vallées (vallée de la Dordogne et de l'Isle) où se concentrent les activités et la population. Les principales ressources agricoles sont les céréales, les fruits, le tabac (Bergerac), le vignoble (Monbazillac) et l'élevage (bovin dans les vallées, ovin sur les plateaux). Les activités industrielles se regroupent dans la région de Périgueux (chaussures, cimenteries, industries alimentaires), de Terrasson (construction mécanique, caoutchouc, matière plastique, papeterie) et de Sarlat (conserveries). Le tourisme estival constitue une importante source de revenus. Plus de 40 % de la population active est employée dans le secteur tertiaire (1/3 dans l'industrie, 1/4 dans l'agriculture).

Le département compte quelques-uns des plus célèbres sites préhistoriques d'Europe : les Eyzies, Cro-Magnon, Chancelade, la Madeleine, Lascaux.
Population 385 000
Carte France Dd

Dordrecht, ***Pays-Bas*** Ville industrielle et port médiéval, à l'embouchure du Rhin et de la Meuse, à 19 km du S.-E de Rotterdam. Chantiers navals, métallurgie lourde, constructions

mécaniques et électriques, chimie (engrais, explosifs), verrerie, textiles.
Population (ville) 107 600 ; (aggl.) 198 600
Carte Pays-Bas Bb

dorsale océanique Chaînes de montagnes volcaniques du fond des océans, s'étirant sur plusieurs milliers de kilomètres. Elles sont créées par la montée du basalte de l'asthénosphère à travers la croûte terrestre fissurée. Le fossé médian, ou rift, est une zone soumise à des séismes et à une activité volcanique intense. Les dorsales forment parfois des îles, comme l'île Jan Mayen (océan Arctique) ou l'île Bouvet (Atlantique S.).

Dorset, ***Royaume-Uni*** Comté du sud de l'Angleterre, sur la Manche (2 654 km^2). Région de collines crayeuses coupées de vallées boisées. La côte, décrite par le poète et romancier Thomas Hardy (1840-1928), est très variée : basse à Bournemouth et à Poole, rocheuse autour des Purbeck Downs (Lulworth Cove, Weymouth), bordée de falaises, de Chesil Beach à Lyme Regis. Chef-lieu : Dorchester.
Population 618 000
Carte Royaume-Uni De

Dortmund, ***Allemagne*** Ville industrielle de la Ruhr et port fluvial relié au Rhin et à l'Ems. Figure parmi les plus grands centres houillers et sidérurgiques d'Europe. L'industrie s'y est toutefois diversifiée : chimie, construction mécanique, brasseries. Elle a été entièrement reconstruite après la Seconde Guerre mondiale. De nombreux sièges d'entreprises et une université y sont établis.
Population 620 000
Carte Allemagne Bc

Dortmund-Ems (canal), ***Allemagne*** Canal ouvert en 1899, qui relie le bassin de la Ruhr à l'Ems (rejoint à Meppen, à 115 km au N. de Dortmund) et ainsi, au port d'Emden et à la mer du Nord.
Carte Allemagne Bb

Douai, ***France*** Ville du département du Nord, sur la Scarpe. Elle fut longtemps un centre d'extraction du charbon. Le déclin de cette activité n'a été compensé qu'en partie par l'industrie automobile.

Prospère aux XIIe s. et XIIIe s. — ce fut une importante ville drapière de Flandre —, puis au XVIIIe s. — elle devint le siège du parlement de Flandre et d'une université (fondée dès 1562) —, la ville a conservé quelques monuments intéressants : l'hôtel de ville gothique et Renaissance, le beffroi (XVe et XVIe s.), les églises Notre-Dame et Saint-Pierre, l'ancienne chartreuse et les portes des remparts.
Population 41 600
Carte France Ea

Douala, ***Cameroun*** Port principal et centre industriel (industries alimentaires, chimiques et textiles), relié à Yaoundé par voie ferrée. Ville de contrastes où l'on vend amulettes et potions dans les pittoresques marchés indigènes, haute couture parisienne dans les boutiques de luxe. Les bâtiments modernes du complexe portuaire tranchent avec les masures et les ruelles étroites. Les touristes pourront échapper à la chaleur humide en se réfugiant sur les pentes du mont Cameroun ou sur les plages de basalte noir de Limbe (Victoria).
Population 800 000
Carte Cameroun Ab

Doubaï ou **Dubai,** ***Émirats arabes unis*** L'un des émirats arabes unis et sa capitale, sur le golfe Persique. Le pétrole en est de loin la ressource principale (environ 15 Mt par an). La ville, qui n'était encore au début des années 1960 qu'une petite agglomération sans eau courante ni électricité, aux maisons basses et rouges, est aujourd'hui prospère et résolument moderne. Son port est le deuxième des Émirats. Pêche. Aéroport international.
Population (émirat) 501 000
Carte Émirats arabes unis Ba

Doubossary ou **Dubossary,** en roumain **Dubosaru,** ***Moldavie*** Ville sur le Dniestr, à fortes minorités russe et ukrainienne, et au cœur du conflit de la Transnistrie. Les combats entre Moldaves

TRADITION ET MODERNITÉ. Cette mosquée récemment construite, en pierre et dans le style arabe traditionnel, se dresse dans un quartier moderne de Doubaï, ville qui doit sa prospérité au pétrole.

et russophones pourraient menacer le barrage hydroélectrique voisin.
Population 25 000
Carte Moldavie Bc

Doubs (25), ***France*** 1. Rivière longue de 430 km, née dans le Jura français ; elle alimente le lac de Saint-Point, arrose Pontarlier et Morteau, forme la frontière avec la Suisse, sort du lac de Chaillexon par le Saut du Doubs (27 m), passe en Suisse, s'oriente vers l'O., puis vers le N., puis enfin vers le S.-O., avant de traverser Besançon, Dole, de recevoir la Loue et de rejoindre la Saône à Verdun-sur-le-Doubs.

2. Département de la région Franche-Comté (5 228 km^2). Préfecture: Besançon. C'est le plus peuplé et le plus industrialisé des trois départements francs-comtois. Il est formé pour l'essentiel des plateaux et des chaînons du Jura. Le haut Doubs, en bordure de la frontière suisse, est une région d'exploitation forestière (sapins) et d'élevage bovin (fromages). Coopératives fruitières. Horlogerie. Dans l'avant-pays jurassien se concentrent les principales activités industrielles du département: construction automobile (Peugeot) à Sochaux-Montbéliard. Besançon (horlogerie, textile) a connu une période de crise dans les années 1970. Tourisme estival et sports d'hiver dans les stations du Jura: Les Hopitaux-Neufs, Jougne, lac de Saint-Point, Mouthe.
Population 484 800
Carte France Fc

Douchanbé ou **Dushanbe,** ***Tadjikistan*** Capitale du pays, située au S.-O., à 150 km au N. de la frontière afghane. La ville, baptisée Stalinabad de 1929 à 1961, est un centre industriel moderne et prospère. Construction mécanique, matériel électrique, industries textiles (coton, soie) et alimentaires.

Le barrage hydroélectrique de Nourek, à 68 km au S.-E., alimente en électricité tout le pays, ainsi qu'une partie de l'Ouzbékistan voisin.
Population 582 400
Carte Tadjikistan Ab

Dougga, anc. **Thugga,** ***Tunisie*** Très beau site archéologique à 110 km environ au S.-O. de Tunis. Établie sur l'emplacement d'une ville numide, la cité romaine de Thugga connut son apogée au IIe s. apr. J.-C. Théâtre, capitole, ruines de temples, de thermes et d'arcs de triomphe.
Carte Tunisie Aa

Doura-Europos, ***Syrie*** Ancienne ville de la rive droite de l'Euphrate, construite par les Séleucides, occupée pendant un siècle par les Romains (165-256), et détruite par les Perses en 256 apr. J.-C. Les fouilles ont permis l'étude de la vie des premières communautés chrétiennes en Orient. La synagogue, datant du IIIe s. apr. J.-C., aux parois revêtues de scènes de l'Ancien Testament (conservées au musée de Damas), est l'un des rares exemples d'art figuratif juif.

Douro, en esp. **Duero,** ***Espagne/Portugal*** Fleuve de 895 km de long, qui prend sa source au centre de l'Espagne, dans la sierra d'Urbión, traverse le nord du Portugal, et se jette à l'O. dans l'Atlantique, à Porto. Au Portugal, il alimente de nombreuses installations hydroélectriques. Les vignobles cultivés dans sa vallée, entre Pêso da Régua et la frontière espagnole, produisent le vin de Porto.
Carte Portugal Cb

Douvres, en angl. **Dover,** ***Royaume-Uni*** Ville et port du comté de Kent, à 105 km au S.-E. de Londres, sur la Manche. La ville conserve les ruines d'un phare romain, une église saxonne et un impressionnant château médiéval. Ses falaises blanches sont célèbres.
Population 33 000
Carte Royaume-Uni Fe

Dover, ***États-Unis*** Capitale de l'État du Delaware, à 135 km au N.-E. de Washington. Fondée en 1683 par le quaker William Penn, qui donna son nom à la colonie de Pennsylvanie, la ville est située au cœur d'une riche région agricole, productrice de fruits et de légumes.
Population 27 650
Carte États-Unis Kc

Down, ***Royaume-Uni*** Comté du Sud-Est de l'Irlande du Nord, sur la mer d'Irlande (2 248 km^2). Les Mourne Moutains (852 m) en sont le point culminant. Vestiges préhistoriques sur la côte. Les monastères de Bangor et de Movilla furent fondés au Ve s.
Population 362 100
Carte Royaume-Uni Cc

Downs, ***Royaume-Uni*** Collines crayeuses du sud-est de l'Angleterre formant deux lignes parallèles, les North et les South Downs, qui encadrent la riche région agricole du Weald.
Carte Royaume-Uni Ee

Draguignan, ***France*** Sous-préfecture du Var, (préfecture jusqu'en 1974). Centre commercial et siège de l'École d'application de l'artillerie. Ancien palais d'été des évêques de Fréjus (XVIIIe s.).
Population 29 600
Carte France Ge

Drake (détroit de), ***Antarctique*** Large passage (plus de 700 km) entre le cap Horn et les Shetlands du Sud, faisant communiquer le Pacifique et l'Atlantique. Il fut découvert par sir Francis Drake, lors de son périple autour du monde (1577-1580).
Carte Antarctique Da

Drakensberg, ***Afrique du Sud/Lesotho*** Chaîne de montagnes de 1 125 km de long qui forme le tronçon oriental du Grand Escarpement, et s'étend de l'E. du Transvaal à l'E. de la province du Cap. Elle traverse l'État libre d'Orange, le Natal et le Lesotho. Le Thabana-Ntlenyana, au Lesotho, culmine à 3 482 m (point culminant de l'Afrique australe).
Carte Afrique du Sud Cc

Drave, en all. **Drau,** ***Europe centrale*** Rivière de 718 km de long. Elle prend sa source dans le Tyrol oriental, passe à l'E. de Villach (Autriche) et pénètre en Slovénie, à Dravograd. Elle marque la frontière entre la Hongrie et la Croatie, avant de se jeter dans le Danube, à 23 km à l'E. d'Osijek. Elle alimente de nombreuses centrales hydroélectriques en amont de Maribor (Slovénie).
Carte Slovénie Aa, Yougoslavie Ab

Drenthe, ***Pays-Bas*** Province du nord-est du pays. Chef-lieu: Assen. Région aux sols pauvres, sableux, mais dont l'économie a été transformée par l'utilisation massive d'engrais et l'installation récente d'usines textiles et de métallurgie légère.
Population 424 700
Carte Pays-Bas Ca

Dresde, en all. **Dresden,** ***Allemagne*** Chef-lieu du nouveau land de Saxe, dans l'ancienne R.D.A. La ville appartint aux margraves de Meissen au XIIIe s. ; au cours du XVIe s. elle devint la résidence des électeurs de Saxe qui en firent aux XVIIe et XVIIIe siècles un grand foyer artistique ; elle fut la capitale du royaume de Saxe sous Napoléon. La ville fut aux trois quarts détruite par l'un des plus terribles bombardements aériens de la Seconde Guerre mondiale: 130 000 civils y trouvèrent la mort (plus qu'à Hiroshima). C'est aujourd'hui une grande ville industrielle (électronique, mécanique de précision, optique et verrerie, construction mécanique et aéronautique, industries chimiques) et un centre de recherche nucléaire et médicale. On y admire l'un des plus beaux ensembles d'architecture baroque allemande du XVIIIe s. (soigneusement reconstruit ou restauré): le Palais Zwinger (1711-1722), l'église Notre-Dame (Frauenkirche) commencée en 1722, l'église de la Cour (Hofkirche) construite de 1738 à 1746. Enfin la Gemäldegalerie, l'un des grands musées d'Europe, conserve d'importantes œuvres de Cranach, Holbein, Dürer, Raphaël, Titien, Poussin, Rubens, Rembrandt, et Vermeer.
Population 522 000
Carte Allemagne Ec

Drin, ***Europe centrale*** Fleuve formé du Drin Noir (132 km), émissaire du lac d'Ohrid, et du Drin Blanc (128 km). Il trace une partie de la frontière entre l'Albanie et la Yougoslavie, et se jette dans la mer Adriatique au S. du lac Shkoder. Son cours supérieur traverse des gorges encaissées et pittoresques. Il alimente de nombreuses usines hydroélectriques.
Carte Albanie Ca

Drina, ***Europe centrale*** Rivière de 346 km de long, formée par la Piva et la Tara qui naissent dans le massif monténégrin et se rejoignent à Sutjeska. Elle creuse des gorges spectaculaires aux nombreux rapides. Elle arrose Foča et Visegrad, puis coule vers la Save en marquant la frontière entre la Serbie et la Bosnie-Herzégovine.
Carte Bosnie-Herzégovine Bb

Drogheda, en irl. **Droichead Átha,** ***Irlande*** Port sur l'estuaire de la Boyne, à 40 km au N. de Dublin. Ancien siège du Parlement irlandais. En 1649, la ville, qui était un centre de la résistance royaliste, fut prise par Cromwell, ses défenseurs furent massacrés et les survivants déportés aux Antilles.
Population 22 200
Carte Irlande Cb

Drôme (26), ***France*** 1. Rivière des Alpes du Sud (110 km), qui draine le Diois et se jette dans le Rhône en aval de Valence.

2. Département de la région Rhône-Alpes (6 525 km^2), situé à l'E. du Rhône. Chef-lieu: Valence. Il s'étend sur les massifs des Préalpes (Vercors, Diois, Baronnies) et les plaines (coupées de collines) du bas Dauphiné (Tricastin, Montélimar, Valence, Valloire). Cultures maraîchères, fruitières et vignobles en sont les principales ressources agricoles. Le cours du Rhône constitue l'axe économique du département. Plusieurs centrales hydroélectriques y ont été aménagées: Bourg-lès-Valence, Montélimar, Donzère-Mondragon. Les usines nucléaires de Pierrelatte et du Tricastin (à proximité de la centrale de Donzère-Mondragon) fournissent de l'uranium enrichi (utilisé à des fins militaires). Valence, Montélimar et Romans regroupent les autres activités indus-

UNE VILLE RICHE EN SOUVENIRS. Le soleil se couche sur Dublin et sur les eaux miroitantes de la Liffey. La ville sécrète un charme puissant dont témoignent de nombreuses œuvres littéraires. À droite se dresse le dôme des Four Court, siège de la Cour Suprême.

trielles. Tourisme estival et de sports d'hiver dans le Vercors.
Population 414 100
Carte France Fd

drumlin Colline étroite et allongée formée des restes d'une ancienne moraine quaternaire. Après la fonte des grands glaciers, les moraines frontales ont été découpées en lanières plus ou moins bien conservées, ou drumlins, par l'érosion des rivières post-glaciaires. La plupart des drumlins mesurent entre 400 et 800 m de long, et 30 m de haut. Voir COMMENT LES GLACIERS TRANSFORMENT LE PAYSAGE, p. 276.

Druze (djebel), ***Syrie*** Massif volcanique du S.-O. du pays, culminant à 1 801 m. Cultures de céréales ; oliviers et vignes ; élevage (moutons et chèvres). Les Druzes, qui occupent la région depuis le XVIIIe s., sont arabophones et musulmans. Ils formaient à l'origine une secte religieuse apparentée au mouvement ismaïlien. En Syrie, au Liban et dans le N. d'Israël (et notamment sur le plateau du Golan), les Druzes constituent des minorités dont les gouvernements ont à tenir compte en raison de leur esprit d'indépendance.
Carte Syrie Bb

Drvar, ***Bosnie-Herzégovine*** Petite ville à l'O. du pays, sur la Una, dans une région forestière. Son nom complet (Titov Drvar) rappelle qu'elle abrita le quartier général du maréchal Tito pendant la Seconde Guerre mondiale. Elle se situe aujourd'hui dans une zone à prédominance croate.
Population 8 000 (avant le conflit)
Carte Croatie Ab

Dry Valleys ou **Mac Murdo (oasis de),** ***Antarctique*** Nom donné à une région de l'Antarctique, libre de glace, d'une superficie d'environ 3 000 km². Dans ces vallées désertiques, proches du détroit de Mac Murdo, aucune pluie n'est tombée depuis au moins 2 millions d'années. Mais on y trouve plusieurs lacs, dont le lac Vanda, d'où le nom d'oasis de Mac Murdo.
Carte Antarctique Jc

Duars, ***Inde/Bhoutan*** Région de plaines située à la frontière de l'Assam (Inde). La plus grande partie du territoire, annexée par les Anglais en 1854, appartient aujourd'hui à l'Inde. La savane et la jungle y ont fait place aux plantations de thé. Bien que moins développée, la portion restée au Bhoutan regroupe près du quart de la population de ce pays.
Population 300 000
Carte Bhoutan Aa

Duarte (pic), ***république Dominicaine*** Point culminant du pays (3 175 m) et des Antilles, ancien pic Trujillo.
Carte Antilles Ab

Duarte, ***république Dominicaine*** Province du N. du pays (1 292 km²), dont le chef-lieu est San Francisco de Macoris.
Population (province) 261 000

Dubai, ***Émirats arabes unis*** Voir DOUBAÏ

Dubbo, ***Australie*** Ville de la Nouvelle-Galles du Sud, à 285 km au N.-O. de Sydney. Centre économique d'une région d'élevage d'ovins et de bovins.
Population 24 000
Carte Australie He

Dublin, en irl. **Baile Átha Cliath,** ***Irlande*** Capitale et port sur la côte E., à l'embouchure de la Liffey. Les Vikings s'y établirent au IXe s. et y restèrent jusqu'à ce que le roi irlandais Brian Boru les en chasse en 1014. Au XIIe s., Dublin servit de base aux Normands pour la conquête de l'Irlande (1170).

La vieille ville est dans son ensemble de style géorgien (XVIIIe s.). Leinster House, où se réunit le Dail (Parlement irlandais), fut construite à partir de 1744. Custom House et Four Courts datent de la seconde moitié du XVIIIe s. C'est dans Mansion House, résidence du lord maire depuis 1715, que fut prononcée la déclaration d'indépendance en 1919. La cathédrale Saint-Patrick (tour du XIVe s.) est surmontée d'une flèche du XVIIIe s.

Dublin est le centre économique du pays, son premier port de commerce (il assure les 4/5 de ses exportations), un important port de pêche et de voyageurs (terminal de car-ferries). C'est

aussi son principal centre industriel : construction mécanique, confection de vêtements, industries alimentaires (conserveries, minoteries, biscuiteries, distilleries de whisky, brasseries). La plus importante brasserie d'Europe (Guinness) est installée près de Hueston Station. Dublin est enfin le centre religieux et intellectuel du pays, le siège d'une célèbre université (Trinity College). Patrie de Jonathan Swift, de G.B. Shaw, d'Oscar Wilde, de James Joyce. Le comté de Dublin s'étend sur 922 km^2.
Population (ville) 525 000 ; (comté) 1 002 000
Carte Irlande Cb

Dubosaru ou **Dubossary,** ***Moldavie*** Voir DOUBOSSARY

Dubrovnik, anc. **Raguse,** ***Croatie*** Port médiéval et ville touristique située sur un promontoire rocheux de Dalmatie, à 145 km au S. de Sarajevo. Fondée dès le VIIe s. av. J.-C. par les Grecs, Raguse fut longtemps un point de rencontre entre Latins et Grecs, Byzantins et Slaves, Turcs et Européens, et l'un des grands centres commerciaux de l'Adriatique. Sous la suzeraineté de Venise aux XIIIe et XIVe s., de la Hongrie, puis de la Turquie à partir de 1526, elle parvint à maintenir son autonomie politique. Elle fut donnée à l'Autriche en 1814, et intégrée à la Yougoslavie en 1919. La vieille ville, défendue à l'E. par la forteresse Revelin (XVIe s.) et entourée de remparts, est réservée aux piétons. Elle conserve des édifices gothiques, Renaissance et baroques.

Malheureusement, le conflit dans l'ex-Yougoslavie a porté un dur coup à Dubrovnik, classée site du patrimoine mondial par l'UNESCO. Les bombardements et les combats aux abords de la ville ont toutefois préservé le cœur historique, mais la menace subsiste.
Population 31 200
Carte Croatie Bc

Duchcov, ***République tchèque*** Voir TEPLICE

Duero, ***Portugal/Espagne*** Voir DOURO

Duisbourg, en all. **Duisburg,** ***Allemagne*** Le plus grand port fluvial d'Europe, au confluent du Rhin et de la Ruhr. Sidérurgie, pétro et carbochimie. Métallurgie des métaux non ferreux. Construction mécanique. Siège d'une université. Les activités tertiaires s'y développent.
Population 541 800
Carte Allemagne Bc

Dukhan, ***Qatar*** Centre pétrolier à 80 km à l'O. de Doha, sur un gisement qui fournit la moitié de la production annuelle totale du pays. Son exploitation commença en 1949 et ses réserves sont estimées à 2,4 milliards de barils. Usine de liquéfaction du gaz naturel pour l'exportation.
Carte Qatar Ab

Duluth, ***États-Unis*** Ville industrielle et port du Minnesota à l'extrémité O. du lac Supérieur et à proximité d'un gisement de minerai de fer. Trafic céréalier et minéralier (fer et charbon).

Au XVIIe s., la région occupée par les Sioux fut explorée par des Français ; le sieur Duluth ou Deluth donna son nom à la ville.
Population (ville) 93 000 ; (aggl.) 258 000
Carte États-Unis Ha

Dumaguete, ***Philippines*** Chef-lieu et principale ville de la province de Negros oriental. Un des rares centres de développement de l'île.
Carte Philippines

Dumbier, ***Slovaquie*** Sommet des Basses-Tatras, au centre du pays (2 043 m), au cœur de la région touristique de la vallée de Demanova.
Carte Slovaquie Db

Dumfries and Galloway, ***Royaume-Uni*** Région du S.-O. de l'Écosse (comtés de Dumfries, Kirkcudbright et Wigtown). La côte S., sur le Solway Firth, est entaillée de baies où se nichent de pittoresques villages. Le port de Stanraer, sur le loch Ryan, est en relation avec l'Irlande du Nord. Dans l'intérieur, aux paysages vallonnés, sont installées de nombreuses exploitations forestières.
Population 146 000
Carte Royaume-Uni Cc

Dumyat, ***Égypte*** Voir DAMIETTE

Dunajec, ***Pologne*** Rivière du S. du pays, de 247 km de long. Elle naît de la confluence de torrents descendus des Tatras, et se dirige vers le N. pour se jeter dans la Vistule à 60 km au N.-E. de Cracovie. Dans le massif calcaire des Pieniny, elle creuse des gorges spectaculaires (profondes de 300 m).
Carte Pologne Dd

Dunaújváros, ***Hongrie*** Ville industrielle sur la rive O. du Danube, à une soixantaine de kilomètres au S. de Budapest. Sa construction débuta en 1950, sous le nom de Sztálinváros. C'est le principal centre sidérurgique du pays ; charbon et coke y arrivent du bassin de Pécs et le minerai de fer d'Ukraine par le Danube.
Population 62 400
Carte Hongrie Ab

Dundee, ***Royaume-Uni*** Port de la côte E. de l'Écosse, sur le Firth of Tay. Ce fut au XIXe s. le centre mondial de l'industrie du jute. Aujourd'hui les filatures de jute ont presque toutes disparu et de nouvelles industries se sont installées. Construction de matériel de forage en mer (pour les plates-formes de la mer du Nord). La ville est célèbre pour ses confitures d'orange.
Population 180 000
Carte Royaume-Uni Db

dune Monticule ou frange de sable sans végétation. Voir aussi LES FORMES DE RELIEF DANS LES DÉSERTS, p. 201.

Dunedin, ***Nouvelle-Zélande*** Port de l'île du Sud sur sa côte S.-E. et chef-lieu de la province d'Otago. Fondée en 1848 par des presbytériens écossais, elle se développa lors de la ruée vers l'or de la région, à partir de 1861. Son port exporte de la viande congelée, des produits laitiers, de la laine. Industries alimentaires, chimiques, métallurgiques et textiles. Siège de l'université d'Otago.
Population 110 000
Carte Nouvelle-Zélande Cf

Dunfermline, ***Royaume-Uni*** Voir FIFE

Dunkerque, ***France*** Port sur la mer du Nord (département du Nord). C'est le troisième port de marchandises français, au premier rang pour les importations de minerai de fer et de charbon. C'est aussi un important centre industriel : sidérurgie (Usinor), métallurgie lourde (chantiers navals), raffineries de pétrole, pétrochimie, cimenterie, huilerie.

L'importance stratégique et commerciale du port date du XVIe s. Âprement disputé aux Espagnols, il fut conquis par Turenne en 1658. Ses corsaires, Jean Bart notamment, se rendirent célèbres. En 1940, il fut le port d'évacuation des 225 000 hommes du corps expéditionnaire britannique et de 110 000 soldats des armées françaises du Nord encerclés par la Wehrmacht. La ville fut très endommagée pendant la Seconde Guerre mondiale.
Population (ville) 70 300 ; (aggl.) 196 600
Carte France Ea

Dún Laoghaire, ***Irlande*** Port de voyageurs et station balnéaire sur la rive S. de la baie de Dublin.
Population 54 500
Carte Irlande Cb

Dun na Ngall, ***Irlande*** Voir DONEGAL

Durance, ***France*** Rivière des Alpes du Sud et de Provence, (324 km), née à 1 854 m au Montgenèvre, en amont de Briançon. Traversant successivement les villes de Briançon et de Sisteron, la Durance, dernier affluent de la rive gauche du Rhône, atteint celui-ci à Avignon.

Ses nombreux affluents (Guisane, Ubaye, Bléone...) lui donnent d'abord un régime torrentiel, peu à peu domestiqué par les nombreux ouvrages qui jalonnent son cours. Le plus important est le barrage-réservoir de Serre-Ponçon (retenue d'eau de 1 200 millions de mètres cubes ; production annuelle de 700 millions de kilowattheures). Outre la production d'électricité, la Durance alimente par de nombreux canaux l'étang de Berre et l'irrigation des plaines de la Crau et du Comtat.
Carte France Fe

Durango, ***Mexique*** Capitale de l'État du même nom (centre-ouest du pays). Centre religieux et politique prospère sous la domination espagnole (cathédrale baroque du XVIIIe s.), la ville possède des industries agro-alimentaires (minoterie, raffinerie de sucre), textiles et métallurgiques. L'État, qui s'étend sur les deux versants de la sierra Madre occidentale et les hauts plateaux centraux, est doté d'un riche sous-sol : gisements de fer, de cuivre, d'or et d'argent.
Population (ville) 258 000 ; (État) 1 352 150
Carte Mexique Bb

Durazzo, ***Albanie*** Voir DÜRRES

Durban, ***Afrique du Sud*** Ville et port de la province du Natal sur l'océan Indien. C'est l'un des grands ports de commerce mondiaux (desservant le Witwatersrand) et un centre industriel important (construction navale, raffineries de pétrole, industries alimentaires [sucre], textiles). Siège d'une partie de l'université du Natal et grande station balnéaire de la « riviera » sud-africaine. Sa population compte environ 40 % d'Indiens et 30 % de Bantous ; ces derniers se regroupant surtout dans les faubourgs de Kwa Masha et d'Umlazi.
Population 960 800
Carte Afrique du Sud Db

dureté Résistance relative d'un minéral à la rayure, mesurée par l'échelle de Mohs.

Durham, ***Royaume-Uni*** Ville et comté du N.-E. de l'Angleterre. La ville, à 22 km au S. de Newcastle, occupe un site défensif remarquable, choisi par Guillaume le Conquérant dans un méandre de la Wear, et fut une place forte contre les incursions écossaises. Sa cathédrale commencée en 1093, l'une des grandes cathédrales de l'Europe médiévale, est un chef-

d'œuvre de l'architecture romane normande ; la chapelle Galilée abrite le tombeau de Bède le Vénérable. Le comté, dont l'économie au XIXe s. reposait sur le charbon, voit ses mines se fermer les unes après les autres et la sidérurgie a presque disparu.

Population (ville) 26 000 ; (comté) 607 000
Carte Royaume-Uni Ec

Durmitor, ***Yougoslavie*** Plateau calcaire du Monténégro, entre la Piva et la Tara, parsemé de lacs et de forêts. Il culmine au mont Durmitor ou Bobotov Kuk (2 522 m), et est classé parc national. Žabljak, à 1 450 m d'altitude, était une station climatique et touristique très fréquentée avant la guerre en ex-Yougoslavie et l'embargo décrété depuis sur le pays.

Carte Yougoslavie Ac

Durrës, en ital. **Durazzo,** ***Albanie*** Port principal et l'un des centres industriels du pays, sur l'Adriatique, à la tête des voies ferrées vers l'intérieur. Industries alimentaires (minoteries), constructions navales et mécaniques.

L'antique Épidamme (fondée par les Grecs au VIIe s.), devenue la Dyrrachium des Romains, connut au Moyen Âge une histoire très mouvementée : les Byzantins, Bulgares, Normands, Angevins, Serbes, Vénitiens se la disputèrent âprement du XIe au XVe s. Les Turcs la prirent en 1501 et la conservèrent jusqu'en 1912. Les Italiens, en 1939, en firent la base de départ de leur invasion de l'Albanie.

Population 75 900
Carte Albanie Bb

Düsseldorf, ***Allemagne*** Capitale du Land de Rhénanie-du-Nord-Westphalie, sur le Rhin, à 34 km au N.-O. de Cologne. Les vieux quartiers et la luxueuse Königsallee sur la rive droite du fleuve sont le centre d'une ville qui est aussi la capitale traditionnelle de la Ruhr bien qu'elle en soit située légèrement à l'écart. Métropole commerciale et financière (Bourse, nombreux sièges sociaux de banques, firmes [Thyssen, Mannesmann, Henkel], syndicats patronaux et ouvriers). Foyer intellectuel et artistique. Université. Institut Max-Planck (pour la métallurgie). Opéra. Célèbre école des beaux-arts. Plusieurs foires et salons s'y tiennent chaque année. L'industrie, qui emploie le tiers de la population active, s'étend sur la rive gauche du Rhin.

Population 600 000
Carte Allemagne Bc

Dvina occidentale, en letton **Daugava,** ***Europe*** Né au N.-O. de la plaine russe (plateau du Valdaï), sous le nom de Zapadnaïa Dvina, ce fleuve, long de 1 020 km, arrose les villes biélorusses de Vitebsk et de Polotsk, avant de traverser la Lettonie en passant par Daugavpils et Riga et de se jeter dans la mer Baltique.

Carte Biélorussie Ba, Ca, Lettonie Bb

Dvina septentrionale, en russe **Severnaïa Dvina,** ***Russie*** Née près de Veliki Oustioug, de la confluence de la Soukhona et du Ioug, la Dvina septentrionale (744 km) se jette après Arkhangelsk dans la mer Blanche (baie de la Dvina).

Carte Russie Cb

Dwarka, ***Inde*** Ville de l'État du Goudjerat, dans la presqu'île de Kathiawar, sur la mer d'Oman. La légende veut que Krishna y soit mort ; le temple qui lui est consacré est l'un des sept lieux saints de l'Inde hindouiste.

Population 21 400
Carte Inde Ac

Dyfed, ***Royaume-Uni*** Comté du S.-O. du pays de Galles, créé en 1974 par la réunion des anciens comtés de Cardigan, Carmarthen et Pembroke.

AU CŒUR DES ALPES DU SUD. Non loin de Digne, la large vallée creusée par la Durance ouvre une trouée vers le monde provençal et constitue un important axe de communication.

Les collines et les landes des monts Cambriens forment la majeure partie de la région dont les ressources sont surtout agricoles. Villes principales : Pembroke, Llanelly, Milford Haven, Carmarthen, Aberystwyth et Tenby ; ces deux dernières sont aussi des stations balnéaires.

Population 342 000
Carte Royaume-Uni Cd

dyke Filon de rocher volcanique mis en relief par érosion des formations encaissantes plus tendres.

Dzerjinsk, ***Russie*** Ville industrielle sur la rivière Oka. C'est l'une des villes satellites de Nijni-Novgorod et un centre important de l'industrie chimique (phosphate, engrais, textiles synthétiques et matière plastique, chimie du pétrole).

Population 286 000
Carte Russie Cc

Dzierzoniów, anc. **Reichenbach,** ***Pologne*** Ville au S.-O. de Wroclaw, au pied des Góry Sowie. Avec sa voisine Bielawa, centre d'industries textiles (laine et coton), machines textiles et équipement électrique.

Population 38 000
Carte Pologne Bc

Dzoungarie ou **Djoungarie (bassin de),** ***Chine*** Vaste étendue de steppes et de déserts de la région autonome du Xinjiang Ouigoure. 880 000 km^2. Le sous-sol de cette région isolée et peu hospitalière contient de riches gisements de pétrole, exploité dans la ville de Karaway.

Carte Chine Cb

E

East Anglia, ***Royaume-Uni*** Région naturelle et historique de l'Angleterre comprenant les comtés de Norfolk, Suffolk, et une partie du Cambridgeshire et de l'Essex. Cette plaine basse autrefois marécageuse est aujourd'hui une importante région céréalière. Pêche et ostréiculture sur la côte.
Carte Royaume-Uni Fd

East London, ***Afrique du Sud*** Port de la province du Cap-Est, à l'embouchure du Buffalo, sur l'océan Indien. Il dessert la province, dont les anciens Ciskei et Transkei (exportation de laine et de produits agricoles). Industries alimentaires (conserveries de poisson). Belles plages à proximité.
Population 164 200
Carte Afrique du Sud Cc

Ebolowa, ***Cameroun*** Chef-lieu de la province du Sud (47 110 km^2). Centre agricole (commerce du cacao et plantations expérimentales), à proximité du mont Akoakas et du gouffre du Mbilebekon.
Population (ville) 30 000 ; (prov.) 374 000
Carte Cameroun Bb

Èbre, en esp. **Ebro,** ***Espagne*** Fleuve du nord-est du pays, long de 928 km, qui naît dans les monts Cantabriques, traverse Logroño, Tudela, Saragosse, Tortosa, et se jette dans la Méditerranée en formant un vaste delta. Sa vallée, irriguée dès les XVIe et XVIIe s. (Canal impérial), est une riche région agricole. La bataille de l'Èbre, en 1938, fut une victoire décisive des nationalistes sur les républicains.
Carte Espagne Eb

Écosse, ***Royaume-Uni*** Partie septentrionale de la Grande-Bretagne, baignée au N. et au N.-E. par l'Atlantique, à l'E. par la mer du Nord. 78 762 km^2. On distingue au S. les monts Cheviot et les hauteurs des Southern Uplands, au centre les plaines et les collines des Lowlands, au N. les Highlands, culminant au Ben Nevis (1 343 m). Les hautes terres, entaillées de lacs (loch Ness et loch Lomond) et de fjords le long des côtes, sont la grande région touristique de l'Écosse. L'agriculture se concentre dans les basses terres, tandis que les Highlands sont le domaine de l'élevage ovin. Les industries se sont développées surtout autour de Glasgow et dans la basse vallée de la Clyde. Pêche importante sur les côtes de la mer du Nord. Capitale : Édimbourg. Principales villes industrielles : Glasgow, Aberdeen, Dundee.

Le royaume d'Écosse, peuplé de Pictes, de Scots venus d'Irlande et de Scandinaves, fut formé au IXe s. Le roi Jacques VI devint Jacques Ier d'Angleterre en 1603, et les deux royaumes s'unirent en 1707. L'indépendantisme grandissant, refusé par les électeurs en 1992, devrait toutefois imposer des réformes, renforçant ainsi le statut spécifique de la région.
Population 5 650 000
Carte Royaume-Uni Cb

Écouen, ***France*** Bourg du Val-d'Oise, à 20 km au N. de Paris. Son château, bâti de 1538 à 1555 pour le connétable Anne de Montmorency, abrite un musée de la Renaissance.
Population 4 900
Carte France Eb

écoulement Quantité d'eau générée par la pluie ou la neige qui aboutit à la mer, directement ou non, par voie subaérienne ou souterraine. L'écoulement peut aussi tarir avant d'atteindre la mer, ou se terminer dans une dépression fermée ou un lac.

Écrins (parc national des), ***France*** Le plus grand parc national de France (918 km^2), à 60 km au S.-E. de Grenoble, dans les Alpes du Dauphiné (Isère et Hautes-Alpes). Il renferme de splendides glaciers, lacs et gorges. La barre des Écrins, dans le massif du Pelvoux, y culmine à 4 102 m, le Grand Pic de la Meije à 3 983 m.
Carte France Gd

Edfou (Idfu), ***Égypte*** Ville de la province d'Assouan (haute Égypte), sur la rive gauche du Nil, célèbre pour son sanctuaire consacré à Horus (commencé en 237 av. J.-C. et achevé en 57 av. J.-C.).
Population 27 000
Carte Égypte Cc

Édimbourg, en angl. **Edinburgh,** ***Royaume-Uni*** Capitale historique, administrative, intellectuelle et artistique de l'Écosse, sur la rive S. du Firth of Forth. Aux XIIe et XIIIe s. la ville se développa autour de l'abbaye de Holyrood. Elle supplanta, au XVe s., sa rivale Perth et devint capitale du royaume d'Écosse. L'Acte d'Union de 1707 lui fit perdre son importance politique.

La ville médiévale avec son château du XIe s. (Edinburgh Castle) et la résidence royale de Holyrood (XVIIe s.) fut construite sur un piton volcanique. Au pied de celui-ci s'étendent les quartiers du XVIIIe s. de style géorgien (autour de Prince's Street), aux maisons en lave grise, austères et résidentielles. Édimbourg est essentiellement une ville d'activités tertiaires. Siège du secrétariat d'État pour l'Écosse, de banques, de compagnies d'assurances. Deux universités. Cathédrales. Musées. Bibliothèque nationale d'Écosse. Festival annuel de musique.
Population (ville) 433 500 ; (aggl.) 630 000
Carte Royaume-Uni Dc

Edirne, anc. **Andrinople,** ***Turquie*** Chef-lieu de la province du même nom, en Turquie d'Europe, non loin des frontières bulgare et grecque ; ses industries sont surtout textiles (coton, laine). La mosquée Selimiye construite à partir de 1569 est un chef-d'œuvre de l'architecture ottomane.

La province (2 626 km^2) est principalement agricole (blé, riz, arboriculture).
Population (ville) 102 300 ; (prov.) 403 600
Carte Turquie Aa

Edmonton, ***Canada*** Capitale de l'Alberta, elle fut fondée en 1795 comme comptoir par la Compagnie de la Baie d'Hudson. Elle est, outre un centre de distribution agricole, un centre culturel, éducatif et financier. Elle doit son essor à la découverte du pétrole en 1947.
Population 574 000
Carte Canada Dc

Edo, ***Japon*** Voir TOKYO

Édouard (lac) ou **lac Rutanzige,** ***Ouganda/Zaïre*** Il s'étend sur 2 150 km^2, à 915 m d'altitude, au S. des monts Ruwenzori. Son émissaire au N., le Semliki, le relie au lac Mobutu Sese Seko (anc. lac Albert) et donc au Nil, dont il est ainsi l'une des sources. Il fut exploré par l'Anglais Stanley, qui le baptisa du nom du prince de Galles. Il s'appela un temps lac Idi Amin Dada.
Carte Zaïre Bb

Éfaté (île), ***Vanuatu*** Voir PORT-VILA

Égée (mer) Partie de la Méditerranée entre la Grèce, la Turquie et la Crète, communiquant au N.-E. avec la mer de Marmara par le détroit des Dardanelles. La mer Égée est constellée d'îles dont l'histoire et les légendes sont en relation avec le passé de la Grèce ; trois archipels principaux couvrent une surface de 9 122 km^2 : les Cyclades, les Sporades, et le Dodécanèse, vestiges d'un plateau submergé. Petites villes blanches sur le rivage, monastères byzantins accrochés à la montagne. Vie maritime, tourisme et culture (vigne, olives, fruits). Les tremblements de terre et les volcans, comme à Santorin, rappellent l'instabilité de la croûte terrestre dans la région.
Superficie 179 000 km^2
Carte Grèce Db

Eger, ***Hongrie*** Chef-lieu du département de Heves, au N.-E. du pays, et pittoresque petite cité baroque au pied du massif du Bükk, dans une région de vignobles ; elle présente un bel ensemble d'édifices des XVIIe et XVIIIe s., dominé par un minaret qui rappelle que les Turcs l'ont occupée de 1596 à 1687 ; forteresse conservant des éléments gothiques ; cathédrale néoclassique. C'est aussi une station thermale.
Population 67 000
Carte Hongrie Bb

Égine, en grec **Egina,** ***Grèce*** Île de 83 km^2 dans le golfe Saronique, à 30 km au S.-O. du Pirée. Forêts de pins descendant jusqu'à de superbes plages de sable fin. Le temple d'Athéna Aphaia (Ve s. av. J.-C.) est un exemple classique de l'architecture dorique. On peut voir ses célèbres marbres à la glyptothèque de Munich et aux musées d'Égine et d'Athènes. Égine est également renommée pour ses pistaches.
Population 11 200
Carte Grèce Cc

Egmont (mont), ***Nouvelle-Zélande*** Volcan éteint (2 518 m) de l'île du Nord, à 220 km au N.-O. de Welligton. Site touristique du pays.
Carte Nouvelle-Zélande Ec

Égypte Voir p. 213-215

Eifel, ***Allemagne*** Plateaux situés à l'O. du Rhin et de la basse Moselle, qui font partie du massif schisteux rhénan ; les hauteurs, modestes (747 m au Hohe Acht), sont d'origine volcanique, de même que les dépressions circulaires appelées *maare*, dues à des cratères d'explosion. Les paysages sont variés : ce sont des régions tantôt de tourbières, de forêt ou d'élevage, tantôt, dans les zones volcaniques, de vignoble et de thermalisme, tantôt de riches cultures dans les dépressions (tabac, orge de brasserie).
Carte Allemagne Bc

Eiger, ***Suisse*** Sommet de l'Oberland bernois au S.-E. d'Interlaken (3 970 m). L'ascension de sa face N. figure parmi les courses les plus difficiles de l'alpinisme européen.
Carte Suisse Ba

Eilat ou **Élat** ou **Elath,** ***Israël*** Petit port de commerce et station balnéaire au fond du golfe d'Aqaba et donc sur la mer Rouge. Israël ne possède qu'une part très étroite du littoral qu'occupe presque en entier la petite ville entre les territoires jordanien et égyptien. L'importance stratégique du site s'est confirmée en

Voir suite p. 216

Égypte

DON DU NIL COMME AUX TEMPS DES PHARAONS, L'ÉGYPTE EST UN ÉTONNANT CONTRASTE ENTRE RICHESSE ET PAUVRETÉ, ANTIQUITÉ ET MODERNISME

En Égypte, dans l'ancien royaume des pharaons, apparut l'une des plus anciennes civilisations du monde. Si l'on retrouve des traces d'occupation humaine remontant à plus de 15 000 ans av. J.-C., ce n'est qu'au IVe millénaire que se sont formés deux grands royaumes: la Basse-Égypte (ou Bouto), au N., région la plus riche, englobant tout le delta du Nil, et la Haute-Égypte (ou Nékhen), qui s'étendait au S. jusqu'à la frontière soudanaise actuelle. Vers 3200 av. J.-C., le pays fut unifié par Narmer (Ménès), qui porta symboliquement une double couronne représentant les deux anciens royaumes. Il fonda la première des trente dynasties qui se succédèrent sous l'Ancien, le Moyen et le Nouvel Empire, avant l'occupation par les Perses au VIe s. av. J.-C. et la domination d'Alexandre le Grand (332-323 av. J.-C.). Les dynasties pharaoniques ont laissé de fabuleuses richesses monumentales, qui attirent toujours les touristes du monde entier. Mais on trouve aussi en Égypte les grands travaux de notre époque, comme le Haut barrage d'Assouan, sur le Nil. L'Égypte est aussi la porte entre l'Afrique et l'Asie, avec une façade sur la Méditerranée et une autre sur la mer Rouge, ce qui n'a pas manqué de tenter les envahisseurs. Récemment, l'importance stratégique du canal de Suez a projeté le pays au premier plan de l'actualité internationale.

L'Égypte présente de saisissants contrastes entre la richesse et la pauvreté, la luxuriance de la vallée du Nil et le désert qui l'environne, les misérables bidonvilles et les monuments grandioses du passé. Le Caire est une cité gigantesque, surpeuplée et tentaculaire, de plus de 10 millions d'habitants, une des plus cosmopolites du monde. Alexandrie, sur la côte méditerranéenne, compte plus de 4 millions d'habitants.

L'historien grec Hérodote, qui vivait il y a 2 500 ans, qualifia l'Égypte de « don du Nil », car son existence dépend entièrement des alluvions, que le fleuve le plus long du monde (6 695 km) lui apporte chaque année. Le delta du Nil est l'une des plus riches régions agricoles de la planète. 96 % de la population vit dans le delta et sur la bande d'une vingtaine de kilomètres de large qui borde le fleuve du Caire jusqu'au Soudan, avec une densité de population qui avoisine les 1 300 habitants au kilomètre carré.

LA TERRE ET SON PEUPLE

Une partie seulement des 1 002 000 km^2 que compte le pays est habitée ou cultivée — en fait, 36 000 km^2 le long du Nil et autour des oasis. Le pays peut se résumer en deux déserts séparés par la vallée du Nil.

Le désert Occidental — le nord-est du Sahara — est, hormis la région montagneuse du sud-ouest, bas et sans grand relief. On y trouve de vastes oasis — Baharya, Dakhla, Farafra, El-Kharga et Siouah — et de grandes dépressions balayées par le vent, comme celle de Qattâra, dont le point le plus bas se situe à 133 m au-dessous du niveau de la mer.

La petite Arabie, ou désert Oriental, s'élève progressivement, à partir de la vallée du Nil, pour former un plateau nu et escarpé. Ses versants constituent une haute chaîne de montagnes en bordure de la mer Rouge. À l'extrémité N. de la mer Rouge, la péninsule du Sinaï relie l'Égypte et l'Afrique à Israël et à l'Asie. On y trouve l'un des plus hauts sommets d'Égypte, la montagne Sainte-Catherine (2 637 m).

L'Égypte est un pays chaud et sec, peu arrosé, sauf sur la côte méditerranéenne. En été, la température maximale au Caire est de 36 °C, et de 18 °C en hiver ; à Assouan, dans le Sud, respectivement de 40 °C et 24 °C. Deux types de vents caractérisent le climat : un vent du N. qui souffle toute l'année et a favorisé, depuis toujours, la navigation sur le Nil en permettant aux bateaux de remonter le courant, et, entre avril et juin, le khamsin, un vent de sable très chaud venu du S., et formant un nuage jaunâtre qui obscurcit l'horizon pendant des jours, tandis que la température peut monter brusquement de 17 °C en quelques heures.

Ces dernières années, l'Égypte a fait de gros progrès dans le domaine industriel ; elle est aujourd'hui le deuxième pays industrialisé du continent après l'Afrique du Sud. Mais la population croît, chaque année, plus vite que le développement économique. Avec 1,25 million de personnes de plus par an, elle devrait compter 70 millions d'habitants à la fin du siècle. Le pays a toujours dû compter avec sa croissance démographique.

L'Égypte est l'un des plus pauvres pays du monde, et les différences de niveau de vie sont très marquées. Ainsi, le fellah — le paysan — ne dispose que du dixième des revenus de l'artisan. Au sommet de l'échelle, on trouve, dans les villes, les hommes d'affaires, les industriels et les membres du gouvernement.

Constitués d'un peuple d'origine africaine et asiatique, les Égyptiens ont absorbé les conquérants arabes. Les Bédouins, issus des grandes tribus venues d'Arabie, ainsi que des groupes de Berbères, vivent dans le désert. Le Sud est habité par les Nubiens, un peuple issu du long brassage des anciens Égyptiens, des Arabes et des Noirs.

Les fellahs, qui vivent au bord du Nil et dans le delta, constituent les deux tiers de la population. C'est leur travail tout au long des siècles qui a fait de l'Égypte ce qu'elle est. Beaucoup n'ont jamais quitté le village où ils sont nés. Leurs méthodes de culture n'ont pas évolué depuis des siècles. Leur vie, leur pauvreté, leur état sanitaire (la bilharziose, notamment, causée par un ver minuscule qui se

développe dans les eaux stagnantes), ont peu changé, même s'ils ont maintenant accès à la radio et à la télévision. Leur nourriture est simple : essentiellement du riz, du pain et des haricots. L'analphabétisme est grand, malgré un vaste effort d'éducation entrepris depuis vingt-cinq ans.

L'islam est pratiqué par 90 % de la population. Pourtant, l'Égypte n'est pas un pays extrémiste, malgré l'essort du fondamentalisme depuis une décennie. Sur la terre de Cléopâtre, les femmes sont les plus émancipées du monde arabe. Elles s'habillent à l'occidentale, ne portent pas le voile, et travaillent en dehors de chez elles, occupant parfois des postes élevés dans les entreprises d'État. Trente d'entre elles siègent à l'Assemblée populaire, le Parlement égyptien, où la moitié des 458 sièges est détenue par des représentants des ouvriers et des paysans. La polygamie est pratiquement absente, pour des raisons économiques et sociales.

À côté des musulmans, vivent 3 à 5 millions de chrétiens coptes, descendants des habitants du pays avant l'arrivée des Arabes. Bien que minoritaires, ils représentent une force politique, mais, comme les femmes, ils sont la cible des fondamentalistes musulmans.

LA MONTÉE DU NATIONALISME

L'Égypte a toujours attiré les étrangers. De nos jours, ils viennent seulement comme touristes, hommes d'affaires ou experts des organisations internationales, mais pendant des siècles, ils arrivèrent en conquérants. Depuis 525 av. J.-C., date de l'occupation perse, le pays n'a cessé d'être dominé par les étrangers. Vinrent ensuite les Grecs, avec Alexandre le Grand, les Romains et les Arabes. En 1517, l'Égypte fut intégrée à l'Empire ottoman. La campagne d'Égypte de Napoléon Bonaparte en 1798 focalisa l'attention de l'Europe sur le pays.

En 1854, l'ingénieur français Ferdinand de Lesseps obtint une concession pour ouvrir le canal de Suez (160 km) et raccourcir ainsi la route maritime vers l'Extrême-Orient. Ces travaux ne faisaient que réactualiser un antique projet, qui avait déjà été réalisé, avec la construction d'un premier canal (2100 av. J.-C.), à l'époque pharaonique. Ce canal, prévu pour les bateaux égyptiens à fond plat, joignait le Nil au lac Timsah, puis à la mer Rouge. Il fut abandonné après l'arrivée des Arabes en raison de son ensablement. Les Britanniques occupèrent l'Égypte en 1882, mais leurs relations, de type semi-colonial, avec les Égyptiens furent toujours difficiles. Malgré l'accession officielle du pays à l'indépendance en 1922, les troupes anglaises restèrent dans le pays pour contrôler le canal qui se trouvait sur la route des possessions européennes d'Orient. Une des plus grandes batailles d'artillerie de la dernière guerre eut lieu en 1942 à El-Alamein, dans le désert Occidental.

Dans les années 1950, le cri des nationalistes « l'Égypte aux Égyptiens » amena l'abdication du roi Farouk (1952). Quatre années plus tard, après le départ des Anglais, le président Nasser nationalisa le canal de Suez. Une attaque conjointe anglo-franco-israélienne pour recouvrer le contrôle de cette artère vitale fut stoppée sous la pression des Russes et des Américains. L'Égypte restait son propre maître.

LES TOMBES DES PHARAONS. **Le soleil se lève derrière les pyramides de Guizèh. Celle de droite, construite en 2570 av. J.-C. pour Khephren, mesurait 143,50 m de hauteur à l'origine ; elle était faite de blocs de calcaire dont certains pesaient 15 t. Elle se dresse près de la grande pyramide de son père Kheops.**

Au sommet de la vague nationaliste, le président Nasser avait lancé un grand programme de modernisation, symbolisé par la construction du Haut barrage d'Assouan. Ouvert en 1970, le barrage a créé le plus vaste lac au monde fait par l'homme, le lac Nasser. En régularisant les eaux du Nil, le barrage a permis d'arracher au désert de grandes étendues et de produire de l'énergie électrique renouvelable pour l'industrialisation. Les populations vivant sur les bords du Nil, et qui étaient soumises aux aléas de la crue annuelle, peuvent maintenant compter, grâce à l'irrigation, sur deux récoltes annuelles.

Mais le barrage n'a pas rempli toutes ses promesses. De vastes secteurs gagnés sur le désert sont redevenus arides, car des erreurs ont été faites dans le choix des techniques agricoles, comme l'insuffisance de drainage entraînant une remontée de la salinité. L'usage de fertilisants a parfois été néfaste pour le sol, et la terre argileuse s'est avérée impropre à la fabrication de briques destinées à la construction. Par ailleurs, la grande crue annuelle, qui inondait et balayait les bords du fleuve, ne draine plus suffisamment les petits canaux d'irrigation secondaires, provoquant ainsi une extension des maladies endémiques comme la bilharziose et le paludisme.

Le développement de la Nouvelle Vallée et de la province de Tahrir (Libération) sont les deux autres grands projets de l'Égypte. Celui de la Nouvelle Vallée consiste à créer une ligne d'oasis dans le désert Occidental, parallèlement à la vallée du Nil, en pompant l'eau douce d'une grande nappe à 900 m de profondeur. Le projet de Tahrir se trouve sur la partie occidentale du delta, à mi-chemin du Caire et d'Alexandrie, et doit utiliser les eaux du Nil et des réserves souterraines.

Le sol fertilisé par le Nil donne du maïs, du

riz, du blé, des légumes et des fruits. La végétation y est abondante : dattes, palmiers à huile, tamaris, mimosa, eucalyptus, cyprès et jasmin. La culture industrielle est celle du coton, dont l'exportation fournit des devises.

Le bœuf, le buffle, le mouton, la chèvre, l'âne et le chameau sont les animaux domestiques les plus employés. Les chameaux, utilisés comme bêtes de somme, peuvent vivre plusieurs jours sans boire ni manger, porter des charges de 250 kg et parcourir quotidiennement une cinquantaine de kilomètres. Peu d'animaux dans le désert : chats et chiens sauvages, lièvres, hyènes, chacals. On trouve des sangliers dans le delta et une grande variété d'oiseaux dans la vallée du Nil.

L'Égypte a un secteur industriel complexe et en extension. Elle produit de l'acier, du fer, de l'aluminium, des substances chimiques, de l'outillage, du mobilier, du verre et des textiles. L'économie a été stimulée par la découverte de pétrole dans le Sinaï et en bordure de la dépression de Kattara, permettant, au moins, à l'Égypte de se libérer de la facture pétrolière et, même, d'exporter des surplus. Les taxes retirées de l'usage du canal de Suez par les flottes marchandes rapportent plus de 5 milliards de francs par an.

De par sa situation géopolitique, l'Égypte a attiré l'aide internationale et bilatérale. Nasser avait assigné à son pays un statut de non-alignement. Mais l'essor démographique et quatre guerres avec Israël, puis l'indépendance de ce pays en 1948 (Nasser n'était pas encore au pouvoir lors du premier conflit), ont constitué un sérieux facteur de ralentissement économique. Son successeur, Anouar el-Sadate, fit les gestes indispensables : négociation avec Israël, et signature des Accords de Camp David (1979) pour obtenir le retrait israélien du Sinaï.

Mais Sadate fut assassiné par des musulmans extrémistes. Hosni Moubarak, qui lui succéda en 1981, continua la politique de son prédécesseur et œuvra pour une solution du problème israélo-arabe. Il s'est aussi employé à faire rentrer l'Égypte dans la communauté arabe (1987) et à contenir la montée de l'intégrisme dans les centres urbains et industriels. Les élections de décembre 1990, boycottées par l'opposition, ont été remportées par le Parti national démocrate du président Moubarak au pouvoir. L'Égypte, qui a pris parti contre l'Irak dans la guerre du Golfe (1990-1991), en a retiré les dividendes sous la forme de prêts, la remise de plus de la moitié de sa dette (14 milliards de dollars) et un prêt de 6 milliards de dollars (1994-1995). Mais le tourisme a chuté de 40 % en 1993 en raison du terrorisme islamique, et les revenus des travailleurs égyptiens dans les pays du Golfe ont baissé d'autant.

Les villes présentent des aspects occidentaux : les Égyptiens des classes aisées ajoutent le français ou l'anglais à l'enseignement de l'arabe, et la presse offre un large éventail d'opinions. Le Caire est le second centre du Proche-Orient pour l'édition, avec Tel-Aviv.

POUR LES VISITEURS

Les touristes viennent nombreux pour voir les pyramides et les autres trésors historiques. Les pyramides, construites de la IIIe à la XVIIIe dynastie (2680-1570 av. J.-C.), sont les tombes des anciens rois, dont les corps, momifiés, ont été préservés pour l'éternité.

Les trois pyramides de Guizèh (Kheops, Khephren, Mykerinos) sont les plus spectaculaires. La grande pyramide de Kheops (2590 av. J.-C.) était l'une des Sept Merveilles du monde de l'Antiquité. Cette pyramide à quatre faces, le plus grand monument jamais construit par l'homme, est faite de blocs de calcaire. Elle mesure 147 m de hauteur sur 230 m de largeur. Le sphinx, tout proche, est un animal mythique avec une tête d'homme et un corps de lion. De Louxor à Karnak, on peut voir de nombreux temples et sépultures, comme celles de la Vallée des Rois.

Mais l'Égypte est aussi un pays grouillant de modernisme où la débrouillardise et la vitalité vous étonnent constamment. Le marchandage est une composante essentielle du monde des affaires, que ce soit pour les courses en taxi ou les achats dans les bazars. Et les touristes sont les proies rêvées pour ceux qui veulent leur faire payer des prix exorbitants ou verser un pourboire élevé. Le Caire est riche en mosquées et en musées, et Alexandrie possède d'anciennes catacombes chrétiennes.

L'ÉGYPTE EN BREF

Superficie 1 002 000 km^2
Population 57 110 000
Capitale Le Caire
Régime République parlementaire
Monnaie Livre égyptienne = 100 piastres
Langues Arabe (officielle), berbère, nubien, béja
Religions Musulmans (90 %), chrétiens coptes
Climat Chaud et sec ; température moyenne au Caire : de 8-18 °C en janvier à 21-36 °C en juillet
Ressources Riz, coton, blé, maïs, sucre de canne, orge, haricots, lentilles, mil, oignons, trèfle égyptien ; bovins, buffles, chèvres, moutons ; pétrole et gaz naturel, fer, phosphates, sel marin
Activités Raffinage du pétrole, cimenterie, industries textiles, fer et acier, engrais, industries alimentaires
Exportations Pétrole brut, coton, textiles, riz, fruits, légumes
P.N.B. annuel par habitant 630 dollars
Croissance démographique 23,3 ‰ par an
Espérance de vie Hommes 59 ans, femmes 60

1967: la fermeture du détroit de Tiran par l'Égypte fut l'une des causes de la guerre des Six Jours. Le port est relié par oléoduc à Haïfa (sur la Méditerranée) et à proximité d'une région minière (cuivre, chrome, phosphate). La ville elle-même est une station balnéaire (fréquentée en hiver). De nombreuses familles juives originaires d'Afrique du Nord y sont établies.
Population 25 000
Carte Israël Ac

Eindhoven, ***Pays-Bas*** Centre urbain et industriel le plus important de la province du Brabant-Septentrional : électrotechnique (la firme Philips est née ici en 1891 et y a son quartier général), construction automobile (DAF), textile (lin), papeteries, etc. Université technique. Musée municipal Van Abbe (Braque, Picasso, Zadkine, Mondrian, Miró) ; musée Philips des Sciences et Techniques.
Population (ville) 194 600 ; (aggl.) 373 900
Carte Pays-Bas Bb

Eisenach, ***Allemagne*** Ville industrielle (construction mécanique, chimie, textiles, électronique) de Thuringe. Jean-Sébastien Bach y est né en 1685 ; Martin Luther y fit ses études à la fin du XVe s. et y trouva refuge en 1521. Au XIXe s., à l'époque de la mode néogothique et du style troubadour, Wagner fait se dérouler son Tannhaüser dans le château de la ville, la fameuse Wartburg, moyenâgeuse et germanique à souhait, où selon une tradition quasi légendaire se tenaient au XIIe s. des joutes poétiques de *minnesänger*, et qui fut en fait la résidence des landgraves de Thuringe. Musées Luther, Bach et Wagner.
Population 51 000
Carte Allemagne CDc

Eisenach, ***Allemagne*** Ville industrielle (construction mécanique, chimie, textiles, électronique) du district d'Erfurt. Jean-Sébastien Bach y est né en 1685 ; Martin Luther y fit ses études à la fin du XVe s. et y trouva refuge en 1521. Au XIXe s., à l'époque de la mode néogothique et du style troubadour, Wagner fait se dérouler son Tannhaüser dans le château de la ville, la fameuse Wartburg, moyenâgeuse et germanique à souhait, où selon une tradition quasi légendaire se tenaient au XIIe s. des joutes poétiques de *minnesänger*, et qui fut en fait la résidence des landgraves de Thuringe. Musées Luther, Bach et Wagner.
Population 51 000
Carte Allemagne CDc

Eisenstadt, ***Autriche*** Capitale du Burgenland (au S. de Vienne) et charmante petite cité dans une région de vergers et de vignobles. C'est la ville des princes Esterházy, de leur cour très brillante aux XVIIIe et XIXe s., leur château date du XVIIe s., construit de 1663 à 1672 dans le goût italien. Joseph Haydn, qui leur était attaché, y a un musée : la maison où il vécut de 1766 à 1778 ; la tombe du compositeur est à la Kalvarienbergkirche, église surmontée d'un beau calvaire.
Population 10 200
Carte Autriche Eb

Eisleben, ***Allemagne*** Petite ville de Saxe-Anhalt, à l'O. de Halle, au pied du Harz. Martin Luther y est né (1483) et revint y mourir (1546). Une partie de ses ressources lui viennent des industries minières de la région et de la métallurgie du cuivre.
Population 25 900
Carte Allemagne Dc

Ekaterinbourg (Iekaterinbourg), ***Russie*** Fondée sur le versant E. de l'Oural en 1721 par Pierre le Grand (1672-1725), cette ville minière (fer) se développa avec la route de Grande-Sibérie (1783) et le Transsibérien (1878). Le tsar Nicolas II (1868-1918) y fut fusillé avec sa famille par les bolcheviks, sous les ordres de Sverdlov, qui lui donna son nom (Sverdlovsk) jusqu'en 1991. Principal nœud ferroviaire et centre industriel de l'Oural : machineries lourdes, équipement électrique, cuivre, chimie, roulements à bille.
Population 1 375 400
Carte Russie Dc

El Tous les noms commençant par El sont classés au nom propre. Ex. : pour El-Alamein, voir ALAMEIN (El-).

Elaziğ, ***Turquie*** Chef-lieu de la province du même nom, dans l'est du pays ; gros marché agricole et ville renommée pour son vin. À l'O., le barrage hydroélectrique de Keban sur l'Euphrate est la plus grande réalisation du genre en Turquie ; il a permis l'irrigation de la région.
Population (ville) 204 600 ; (province) 500 800
Carte Turquie Bb

Elbe, ***Europe centrale*** Fleuve long de 1 165 kilomètres, dont 800 navigables, l'une des grandes voies fluviales d'Europe, reliée par canaux à l'Oder, la Weser, le Rhin et la Baltique. Né dans le mont des Géants, il arrose la plaine de Bohême, traverse la Suisse saxonne et, de Dresde à Hambourg, toute la grande plaine allemande avant de se jeter dans la mer du Nord. Avec la réunification de l'Allemagne, le trafic devrait reprendre et bénéficier de l'apport touristique.
Carte Allemagne Db, Ec

Elbe (île d'), en it. **Elba,** ***Italie*** La plus grande des îles de l'archipel toscan (223 km^2) dans le détroit de Piombino, entre les mers Tyrrhénienne et Ligurienne. Chef-lieu : Portoferraio. L'intérieur de l'île est montagneux (1 010 m au mont Capane) et la côte très découpée. Les principales ressources sont la vigne, les oliviers, la pêche et le tourisme. Napoléon y séjourna après son abdication (mai 1814-février 1815).
Population 28 400
Carte Italie Cc

Elblag, en all. **Elbing,** ***Pologne*** Port et chef-lieu de la voïvodie homonyme, sur l'Elblag, à 50 km au S.-E. de Gdańsk. Centre industriel : construction mécanique (turbines et équipements de navires destinés aux chantiers navals de Gdańsk), appareillage électrique. Fondé au XIIIe s. par des marchands de Lübeck et de Brême sous la protection de l'Ordre teutonique, le port fit partie de la Hanse au XIVe s.
Population 126 100
Carte Pologne Ca

Elbourz (monts), ***Iran*** Massif montagneux du nord du pays, culminant au Demavend (5 671 m), et s'étendant sur 980 km environ, au S. de la mer Caspienne.
Carte Iran Ba

Elbrouz (mont), ***Russie*** Volcan éteint, point culminant de la chaîne du Caucase et de l'Europe (5 642 m).
Carte Géorgie Aa

Eldoret, ***Kenya*** Ville située à 2 090 m d'altitude, à l'O. du pays et sur la ligne de chemin de fer reliant Nairobi à l'Ouganda. Centre agricole. Industries alimentaires et textiles. Université.
Population 18 000
Carte Kenya Ca

Éleusis, ***Grèce*** Port sur le golfe d'Éleusis, à 30 km au N.-O. d'Athènes. Métallurgie, cimenteries. Ruines du sanctuaire de Déméter et de Perséphone, l'un des plus célèbres de la Grèce antique. Chaque année s'y déroulaient les fêtes d'initiation aux Mystères d'Éleusis, dont les rites secrets provenaient d'un culte agraire primitif (XIVe-XIIe s. av. J.-C.).
Population 14 000
Carte Grèce Cb

Eleuthera, ***Bahamas*** Île de l'archipel, à l'E. de Nassau, l'une des premières à avoir été occupées par les Anglais au XVIIe s. Centre touristique.
Population 9 500
Carte Bahamas Ba

Elgon (mont), ***Kenya/Ouganda*** Vaste volcan éteint qui culmine à 4 321 m. Son cratère mesure environ 8 km de diamètre. Au bas de ses pentes s'étalent de riches cultures de café, cacao, bananes, millet.
Carte Ouganda Ba

Élisabethville, ***Zaïre*** Voir LUBUMBASHI

Ellesmere (île d'), ***Canada*** Île montagneuse, couverte de neige et de glace, située dans l'archipel arctique et séparée du Groenland par un simple détroit. Seuls quelques Inuits (Esquimaux) y vivent en dehors du personnel des stations de recherche américano-canadiennes d'Eureka et d'Alert. Le cap Columbia, point le plus septentrional du Canada, est à 756 km du pôle Nord. C'est de là que partit Robert Peary en 1909 pour conquérir le pôle.
Superficie 212 000 km^2
Carte Canada Ga

Ellice (îles) Voir TUVALU (îles)

Elmina, ***Ghana*** Petite ville sur le golfe de Guinée. Sa forteresse, São Jorge da Mina à l'origine, fut édifiée en 1482 pour protéger le commerce portugais sur la « Côte de l'Or » ; elle était située non loin des gisements aurifères du pays ashanti. Prise par les Hollandais en 1637, elle fut très remaniée et devint leur principale base dans cette région de l'Afrique, le port de leur commerce des esclaves.
Carte Ghana Ab

Elseneur, en danois **Helsingør,** ***Danemark*** Ville de la côte E. de l'île de Sjaelland, sur le Sund. L'actuel château de Kronborg fut construit de 1577 à 1585 (sur les plans de Tycho Brahe) à l'emplacement du château plus ancien où Shakespeare situa l'action de *Hamlet*. C'est aujourd'hui un centre commercial, industriel (construction navale), un port de voyageurs pour la Suède et une station balnéaire.
Population 65 200
Carte Danemark Ca

Elvas, ***Portugal*** Ville fortifiée de l'Alentejo, située sur une colline, à 180 km à l'E. de Lisbonne, près de la frontière espagnole. C'était une importante place forte que les Portugais prirent aux Maures en 1226. Château romano-mauresque. Cathédrale de style manuélin (début XVIe s.).
Population 15 000
Carte Portugal Cc

EN BASSE ENGADINE. **Sommets rocheux, terrasses et versants boisés, ciel lumineux et climat sec font de la région de Tarasp, près de Ftan, une villégiature recherchée, hiver comme été.**

Ely, ***Royaume-Uni*** Ville du Cambridgeshire, à 22 km au N.-E. de Cambridge. Sa cathédrale est l'une des plus belles d'Angleterre (nef et transept romans, chevet et chœur gothiques du premier tiers du XIIIe s., tour-lanterne à la croisée du transept du XIVe s.).
Population 10 000
Carte Royaume-Uni Fd

Emden, ***Allemagne*** Ville de Basse-Saxe, près de l'embouchure de l'Ems et du canal Dortmund-Ems. Port actif et centre industriel : construction navale, automobile (Volkswagen), raffinage de pétrole.
Population 50 000
Carte Allemagne Bb

Emi Koussi, ***Tchad*** Voir TIBESTI

Émilie-Romagne, en it. **Emilia-Romagna,** ***Italie*** Région du nord du pays, limitée au N. par le Pô, à l'E. par l'Adriatique, au S. par l'Apennin et à l'O. par la vallée de la Trebbia. 22 123 km^2. Capitale : Bologne. Elle réunit les anciens duchés de Parme et de Modène et les terres pontificales de Romagne (Forli, Ravenne). La partie montagneuse, dans l'Apennin, dépasse rarement 2 000 m ; les terres situées dans la plaine du Pô rassemblent les deux tiers de la population. L'Émilie-Romagne est l'une des grandes régions agricoles de l'Italie (blé, pommes de terre, cultures maraîchères, betteraves à sucre, riz, vin). Le sous-sol enferme des gisements de pétrole et de méthane (Ravenne, Cortemaggiore). Industries agro-alimentaires, automobiles à Modène (Ferrari, Maserati), pétrochimie à Ravenne et à Ferrare. Les stations balnéaires de l'Adriatique et les villes aux riches patrimoines artistiques de Bologne, Ferrare, Parme, Modène et Ravenne attirent de nombreux touristes.
Population 3 943 000
Carte Italie Cb

Émirats arabes unis Voir p. 218

émissaire Cours d'eau qui évacue les eaux d'un lac, ou langue de glace issue d'une calotte glaciaire.

Emmental, ***Suisse*** Vallée de la Grande Emme, dans les Préalpes bernoises, à l'E. de Berne, réputée pour ses fromages. Région d'élevage et d'exploitation forestière.
Carte Suisse Aa

Ems, ***Allemagne*** Fleuve du N.-O. du pays, de 371 km de long. Il prend sa source dans le Teutoburgerwald, traverse le bassin de Münster et se jette dans la mer du Nord. Son cours, en grande partie canalisé, est relié à la Ruhr, à la Weser et à la Saale.
Carte Allemagne Bb

endoréisme État d'une région dont le réseau hydrographique n'atteint pas la mer. Les eaux se perdent, par infiltration ou par évaporation, ou aboutissent à un lac sans émissaire.

énergie sismique Énergie émise par un tremblement de terre.

Engadine, ***Suisse*** Partie du canton des Grisons comprenant la haute vallée de l'Inn ; on y parle le romanche et l'allemand. Important tourisme estival et hivernal dans les stations thermales et de sports d'hiver de la région qui bénéficient d'un climat sec et très ensoleillé : Saint-Moritz, Pontresina, Sils-Maria, Samedan (en haute Engadine). Le parc national suisse, en basse Engadine, est un vaste domaine (143 km^2) où sont protégées la flore et la faune des Alpes rhétiques.
Carte Suisse Ca

Engels, ***Russie*** Ville sur la Volga à 320 km au N. de Volgograd. Elle fut la capitale de la République autonome des Allemands de la Volga (déportés par Staline) de 1924 à 1941. Centre industriel : construction mécanique (matériel ferroviaire), industries chimiques, alimentaires, du bois, etc.
Population 183 000
Carte Russie Cc

Eniwetok, ***îles Marshall*** Atoll corallien du N. de l'archipel. Les États-Unis y procédèrent à plusieurs essais nucléaires jusqu'en 1956.
Carte Pacifique (océan) Db

Enna, ***Italie*** Ville du centre de la Sicile, à 931 m d'altitude, sur un plateau des monts Erei, dans une riche région agricole. Forteresse médiévale et cathédrale du XVIe s. Le sous-sol de la région contient du soufre ; présence de sel gemme.
Population 28 900
Carte Italie Ef

Ennis, ***Irlande*** Voir CLARE

Enns, ***Autriche*** Ville de Haute-Autriche au confluent de l'Enns et du Danube, au S.-E. de Linz. Belle église paroissiale gothique. Hôtel de ville et château du XVIe s.
Population 9 700
Carte Autriche Da

Enschede, ***Pays-Bas*** Ville industrielle de l'Overijssel, à l'E. d'Amsterdam, proche de la frontière allemande. Centre de l'industrie cotonnière du pays ; industries du caoutchouc, du pneu ; machines-outils.
Population (ville) 144 900 ; (aggl.) 248 000
Carte Pays-Bas Ca

Émirats arabes unis

LA PÊCHE AUX PERLES, LA PIRATERIE, LES ESCLAVES ET LE BOIS DE SANTAL ONT CÉDÉ LA PLACE AU PÉTROLE ET À L'ALUMINIUM, AU CIMENT ET À L'ACIER COMME SOURCES DE RICHESSE

La côte des Émirats arabes unis, longue de 600 km, a longtemps été connue sous le nom de « côte des Pirates ». Armés de poignards recourbés et de cimeterres, les corsaires arabes s'attaquaient aux navires européens commerçant dans le golfe Persique. Forts et tours de guet en ruine sont encore visibles le long de la côte. La piraterie prit fin au XIXe s., lorsque les Britanniques imposèrent une trêve *(truce)* — la côte fut alors connue en Europe sous le nom de « côte de la Trêve » (Trucial Coast). De nos jours, le sifflement des vents dans les gréements et les cris des batailles ont cédé la place au vrombissement des machines des pétroliers faisant route vers le Golfe.

SEPT CHEFFERIES

Les Émirats arabes unis (E.A.U.) sont une fédération de sept chefferies, formée en 1971 quand la Grande-Bretagne abandonna la région: Abou Dhabi, Doubaï, Chardjah, Ras al-Khaimah, Fujairah, Oumm al-Qaïwaïnn et Ajman. Depuis 1962, le pétrole a apporté des ressources inimaginables aux Émirats, naguère encore voués au commerce des épices, du bois de santal, des perles et des esclaves. Abou Dhabi, le plus grand des sept, est le pays le plus riche du monde avec un revenu par habitant équivalant à 26 000 dollars. Doubaï est aussi un gros producteur de pétrole.

Le pays, qui va au N.-E. jusqu'au golfe d'Oman, est bordé au N. par le golfe Arabo-Persique. Il est plat et sableux, sauf au N., dans la péninsule de Musandam, où les monts Hajar atteignent 2 080 m. Pendant l'été, chaud et humide, les températures peuvent atteindre 49 °C, mais d'octobre à mars, le temps est très agréable, avec des journées ensoleillées et des soirées fraîches. Les rares pluies sont apportées par des perturbations hivernales. L'émirat de Ras al-Khaïmah, la plaine côtière de Fujairah et les oasis sont fertiles, mais la plus grande partie du reste du pays est faite de déserts.

80 % des habitants sont des immigrés, principalement des Pakistanais, des Indiens et d'autres originaires d'Asie orientale. 15 % seulement des actifs sont originaires des Émirats ; le développement financé par les revenus du pétrole a attiré les migrants comme un aimant. Il y a deux fois plus d'hommes que de femmes ; aussi la moitié des hommes épousent des femmes étrangères à la région du Golfe (Indiennes, Égyptiennes).

Depuis 1974, date à laquelle ils ont supprimé leurs ministères séparés, les sept Émirats sont gouvernés par un seul Conseil des ministres. Le cheikh d'Abou Dhabi est le président de la Fédération, celui de Doubaï le vice-président et Premier ministre. Cheikh Zayed règne sur Abou Dhabi depuis 1966, date à laquelle il a renversé son frère qui était hostile aux intrusions du monde moderne. En 1990, Cheikh Maktoum a succédé à son père décédé, Cheikh Rashid, comme émir de Doubaï. Le pays est musulman sans fanatisme : par exemple, la vente d'alcool aux non-musulmans est autorisée.

Les Émirats arabes unis sont membres du Conseil de coopération du Golfe. La présence d'une forte communauté d'origine iranienne, à Doubaï notamment, a permis aux Émirats de jouer un rôle d'intermédiaire entre les pays du Golfe et l'Iran lors du conflit entre Téhéran et Bagdad. Les échanges n'étaient pas uniquement politiques. Le commerce de Doubaï avec l'Iran était florissant.

L'ENTRÉE DANS LE MONDE MODERNE

Depuis la découverte du pétrole et du gaz, les Émirats ont utilisé leur richesse pour développer l'économie avec une rapidité étonnante, financer des améliorations sociales et investir à l'étranger. Abou Dhabi et Doubaï sont les principaux centres industriels. Entre les antiques forts, le long de la côte, on trouve aujourd'hui une raffinerie de pétrole, des usines de liquéfaction du gaz, des laminoirs, une fonderie d'aluminium, des usines d'engrais, des cimenteries. Une industrie du bâtiment très active a transformé les minuscules ports de pêche en terminaux pétroliers et en ports pour cargos lourds.

Dans les villes, des immeubles de bureaux ont remplacé bien des constructions traditionnelles. Le centre de commerce international de Doubaï, avec ses 39 étages, est le plus haut bâtiment de la région du Golfe, et quatre aéroports modernes accueillent les longs-courriers internationaux. Hôpitaux, cliniques, écoles et universités se sont multipliés. De belles routes modernes relient les Émirats entre eux.

Des travaux d'irrigation, basés sur des usines de désalinisation de l'eau de mer, ont étendu l'agriculture en dehors des oasis. Des champs de blé, de tabac et de luzerne s'étalent entre les dunes, tandis que des jardins produisent tomates, aubergines et melons pour le marché local. Les palmiers-dattiers abondent dans les oasis. Ils avaient jadis de nombreux usages: les dattes fournissaient la base de l'alimentation, les fibres des feuilles servaient à édifier les cabanes légères, démontables (les *barastis*) et à tresser des paniers.

Le poisson fournissait autrefois l'essentiel des protéines ; la pêche reste une activité importante : les eaux claires du Golfe sont riches en crevettes, thons, maquereaux, anchois et sardines, et en requins et espadons pour les amateurs de pêche sportive.

La cuisine est de type international, et le visiteur peut trouver de tout, depuis le traditionnel *kabsa* (mouton entier farci de riz, d'épices et d'amandes) jusqu'au *fish and chips* londonien. Une autre spécialité locale très répandue est le *chwarma*, qui se compose de morceaux d'agneau rôtis à la broche, accompagnés de tomates, de persil et d'autres herbes, servi avec une sauce aux pois chiches. Dans les souks, on peut acheter des produits exotiques, des épices, des bijoux d'argent traditionnels, des objets d'artisanat, des tapis, du matériel hi-fi, des caméras, des gadgets électroniques et des objets en or — en fait, la richesse de Doubaï était fondée naguère sur le commerce (et la contrebande) de l'or.

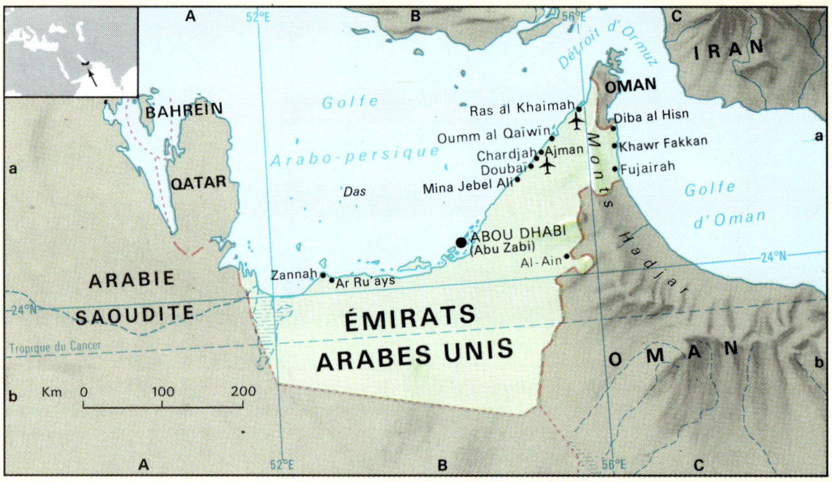

LES ÉMIRATS ARABES UNIS EN BREF
Superficie 83 600 km²
Population 1 989 000
Capitale Abou Dhabi
Régime Fédération d'émirats
Monnaie Dirham = 100 fils
Langues Arabe, anglais
Religion Musulmans
Climat Chaud, doux en hiver. Température moyenne à Chardjah: de 12-23 °C en janvier à 28-38 °C en août
Ressources Chèvres, moutons, chameaux, bétail, fruits, légumes, poissons et crustacés ; pétrole et gaz naturel
Activités Production de pétrole, liquéfaction de gaz, aciéries, cimenteries, fonderies d'aluminium, pêche, conserveries de poisson
Exportations Pétrole brut, gaz, crevettes, conserves de poisson
P.N.B. annuel par habitant 19 870 dollars
Croissance démographique 16,4 ‰ par an
Espérance de vie Hommes 70 ans, femmes 74

ensellement Dépression entre deux reliefs aux pentes douces. À une échelle plus réduite, ce terme désigne un abaissement du relief au sommet d'un pli.

Entebbe, *Ouganda* Ville située à 1 146 m d'altitude dans une presqu'île du lac Victoria, au S. de Kampala. Elle fut la capitale du pays jusqu'à l'indépendance, en 1958. Sur son aéroport, en juillet 1976, des commandos israéliens libérèrent cent juifs pris en otages par des militants arabes armés.

Population 30 000
Carte Ouganda Ba

Entre-Deux-Mers, *France* Région du Bordelais à la jonction de la Dordogne et de la Garonne, réputée pour son vin blanc sec.

Carte France Cd

Enugu, *Nigeria* Capitale de l'État homonyme, au pied du plateau d'Udi, à 440 km à l'E. de Lagos. Centre commercial et industriel, à proximité d'un bassin houiller et sur la voie ferrée reliant Port-Harcourt au N. du pays.

Population (ville) 252 500 ; (État) 3 152 000
Carte Nigeria Bb

eocène Seconde époque de la période tertiaire de l'ère cénozoïque, sur l'échelle chronologique terrestre. Voir ÉCHELLE DES TEMPS GÉOLOGIQUES, p. 268

éolien Se dit des processus et des formes dans lesquels intervient le vent. Parmi les dépôts éoliens figurent le sable des déserts et des dunes, le loess (fines particules de quartz, d'argile et de calcaire).

Éoliennes ou **Lipari (îles)**, en it. **Isole Eolie**, ***Italie*** Archipel de la mer Tyrrhénienne, au N. de la Sicile, rattaché administrativement à la province de Messine, et d'une superficie totale de 115 km². Il comprend 7 îles volcaniques, dont les principales sont Lipari et Salina. Vulcano attire les touristes pour ses bains de boues, Panarea pour ses paysages, et Stromboli pour son volcan encore en activité.

Population 12 500
Carte Italie Ee

épaulement Sorte de palier en pente douce dominant un versant escarpé.

Épernay, *France* Sous-préfecture de la Marne. L'un des principaux centres de préparation et de commerce des vins de Champagne. Visite des caves ; musée du vin.

Population 26 700
Carte France EFb

Éphèse, *Turquie* Ancienne ville de l'Asie Mineure, sur sa côte O. Ce fut l'une des grandes cités grecques de l'Antiquité (son temple d'Artémis, l'une des Sept Merveilles du monde, fut incendié en 356 av. J.-C.). Elle devint, à l'époque romaine, un foyer du christianisme naissant. Saint Paul fonda l'Église d'Éphèse vers 54 de notre ère. Saint Jean, l'évangéliste, y séjourna ; la Vierge Marie y serait morte ; le troisième concile œcuménique s'y tint en 431. Nombreux vestiges de la ville hellénistique et romaine.

Carte Turquie Ab

épicentre Point de la surface terrestre situé au-dessus du foyer d'un tremblement de terre. L'intensité de la secousse y est maximale.

Épices (routes des) Pour le poivre, le clou de girofle, la cardamome, la cannelle ou la muscade, les hommes sont allés au bout de la Terre, et l'économie du monde en a été transformée. Les épices ont été à l'origine des premières grandes explorations : Égyptiens de l'époque des pharaons dans la corne de l'Afrique, commerçants arabes dans l'océan Indien, Vénitiens avec Marco Polo, Portugais à la découverte de l'Extrême-Orient. Sur les routes commerciales ainsi tracées se sont développées de grandes cités comme Tyr, Bagdad, Bassorah et de nombreuses villes sur les côtes de l'océan Indien.

Épidaure, en gr. **Epidauros**, ***Grèce*** Ancienne ville d'Argolide, sur le golfe Saronique (N.-E. du Péloponnèse). Son sanctuaire d'Asclépios (dieu médecin de la mythologie grecque) fut très célèbre dans l'Antiquité. Vestiges des temples d'Asclépios, d'Artémis, de la tholos de l'architecte Polyclète le Jeune et du théâtre, le mieux conservé de Grèce. Festival de tragédie et de comédie en été.

Carte Grèce Cc

Épinal, *France* Chef-lieu du département des Vosges, sur la Moselle. Célèbre au XVIIIe s. pour sa céramique, et au XIXe s. pour sa fabrique d'images populaires, la ville connut un renouveau économique avec l'installation en 1871 d'industriels alsaciens et de filatures de coton. Centre industriel actif : textile, caoutchouc, construction mécanique, meubles, industries alimentaires. École supérieure de filature et de tissage de l'Est. Foire internationale forestière.

Population 36 500
Carte France Gb

MAJESTÉ ANTIQUE. Les ruines d'Éphèse témoignent de la grandeur de cette cité grecque d'Asie où saint Paul séjourna.

Épire, *Grèce/Albanie* Région de la péninsule balkanique comprenant le nord-ouest de la Grèce et le sud de l'Albanie. Elle est limitée au N.-E. par le Pinde et bordée au S. et à l'O. par la mer Ionienne. Elle fut longtemps à l'écart du modernisme, et victime d'une émigration outre-Atlantique et vers l'Allemagne. En Épire grecque, la population se regroupe à Ioánnina, le chef-lieu, et dans quelques secteurs agricoles modernisés (région d'Arta).

Dans l'Antiquité, l'Épire connut son apogée sous le roi Pyrrhus II, qui menaça Rome au début du IIIe s. Occupée par les Turcs depuis le XVe s., elle fut en partie annexée par la Grèce en 1881. L'Albanie en reçut la part septentrionale en 1912, autour de Gjirokaster.

Le conflit latent entre les deux voisins à propos de cette région, revendiquée par la Grèce, a éclaté en 1994 avec l'introduction en Albanie d'un commando venu du S. Les déclarations de part et d'autre de la frontière ajoutent à la tension dans les Balkans.

Population 324 500
Carte Grèce Bb

époque géologique Troisième catégorie de subdivisions du temps géologique – ère, période, époque, âge. Voir ÉCHELLE DES TEMPS GÉOLOGIQUES, p. 268

Équateur Voir p. 220

Erbil, *Irak* Voir KURDISTAN

Ercolano, *Italie* Voir HERCULANUM

Erdenet, *Mongolie* Ville minière à 220 km au N.-O. de la capitale, Oulan-Bator, entre les fleuves Selenga et Orhon. La mine d'Erdenetiyn-Ovoo produit du cuivre et du molybdène (utilisé comme alliage dans les aciers). Ouverte

Équateur

UNE PETITE RÉPUBLIQUE ANDINE SAISIE PAR LA FOLIE DU PÉTROLE, MAIS LES INDIENS RESTENT À INTÉGRER

En Équateur, la vie politique est presque aussi explosive que l'environnement, caractérisé par une trentaine de volcans dont les éruptions font pleuvoir des scories brûlantes sur les villages de montagne. Les coups d'État militaires renversent les pouvoirs civils, tiennent les rênes du pays pendant quelque temps, puis les remettent aux mains d'une nouvelle équipe de civils.

Ces explosions politiques sont aussi à l'image de la diversité géographique du pays. Il existe en réalité deux types de région, avec des climats et des sols différents, des coutumes et des manières différentes d'être. L'Ouest, une chaude plaine côtière s'ouvrant sur le port de Guayaquil, est une région industrielle et le centre de la vie économique ; c'est aussi une zone agricole productrice de la richesse traditionnelle du pays, les bananes, le cacao et le café. Guayaquil est la plus grande ville du pays ; c'est elle qui bénéficie du boom pétrolier né dans les années 1970.

Dans le sens N.-S., une double chaîne de montagnes — la cordillère des Andes — traverse le pays en son milieu, enserrant un plateau central (2 800 m), la Sierra, divisée en petits bassins isolés où vit la majeure partie de la population, principalement des Indiens. Ici, dans cette région de montagnes, la tradition l'emporte sur la modernité, et le progrès économique est loin d'être une réalité. La capitale, Quito, a les allures d'une petite ville coloniale espagnole, et les villages indiens des environs ne semblent pas avoir bougé depuis la conquête.

L'Oriente, à l'est du pays, diffère totalement de la côte comme de la Sierra ; 2 % seulement de la population l'habitent, et le sous-développement y côtoie l'exploitation toute récente du pétrole ; on exploite aussi d'autres minerais et, depuis longtemps, les produits de la forêt — bois de balsa et caoutchouc. L'Oriente est couvert de savanes et de forêts tropicales à l'approche des affluents de l'Amazone. À l'E. de Baños s'étend une des régions les plus sauvages du monde.

Le grand problème est la pauvreté. L'Équateur a toujours été l'un des pays les plus misérables d'Amérique du Sud. La découverte du pétrole, dans les années 1970, avait fait espérer un progrès. Son exploitation a bien entraîné un développement rapide, mais elle a surtout profité à la bourgeoisie de Guayaquil. Les paysans, qui avaient déserté les campagnes pour la côte dans l'espoir d'une vie meilleure, s'entassent dans les bidonvilles du grand port. Car le réveil a été dur, comme partout en Amérique latine ; la récession des années 1980 a eu pour conséquence une énorme dette extérieure et une politique économique drastique imposée par le Fonds monétaire international.

L'Équateur faisait partie de l'Empire inca depuis peu de temps à l'arrivée du conquistador Francisco Pizarro en 1532 ; les Indiens sont alors réduits à l'état de servage tandis que se forme un groupe métis — les *mestizos*, descendants des conquérants —, de plus en plus important ; ils constituent maintenant plus de la moitié de la population ; les Indiens (25 %) continuent à vivre comme par le passé, parlant leur langue, le quetchuan. L'Équateur proclame son indépendance en 1809, mais celle-ci ne devient effective qu'en 1822, après la victoire du général Sucre sur les Espagnols ; l'Équateur fait alors partie du rêve de Simón Bolívar de former une Grande-Colombie (Colombie, Équateur, Venezuela). Depuis l'échec du « libérateur de l'Amérique latine », le pouvoir se partage entre libéraux et conservateurs, tandis que révolutions et coups d'État se succèdent.

La découverte du pétrole et la naissance d'une industrie ont entraîné l'apparition d'une classe ouvrière syndiquée ; l'accession de Jaime Roldos, leader de la Concentration des forces populaires (C.F.P.), à la présidence, en 1979, a été marquée par le droit de vote accordé aux illettrés et la réforme agraire. En effet, 40 % des terres sont aux mains de 1 % de propriétaires, alors que les petits paysans, dont les Indiens, disposent de moins de 5 ha chacun — superficie insuffisante pour une agriculture de montagne soumise à l'érosion ; de plus, le système de l'*huasipongo* hérité de l'esclavage — salaire dérisoire et corvées obligatoires pour le propriétaire — fait du paysan indien un serf à vie. Dans certains territoires montagneux, la vie est particulièrement dure ; chez les Indiens, la mortalité infantile est très élevée (9 %) et l'espérance de vie assez basse (moins de 50 ans).

Mais Roldos, qui doit à la pression du président Carter sur les militaires la possibilité d'appliquer son programme réformiste, est victime d'un accident d'avion (1982). L'armée intervient de nouveau avec ses successeurs, mais ne peut empêcher l'élection, en 1988, d'un président social-démocrate, Rodrigo Borja, qui entreprend de nationaliser le pétrole, de renégocier le service de la dette extérieure avec le F.M.I. et de lutter contre la mafia de la cocaïne.

L'ÉQUATEUR EN BREF

Superficie	272 045 km^2
Population	10 990 000
Capitale	Quito
Régime	République parlementaire
Monnaie	Sucre = 100 centavos
Langues	Espagnol, quetchuan
Religion	Chrétiens
Climat	Tropical ; froid en altitude. Température moyenne à Quito (2 850 m) : de 8 à 21 °C
Ressources	Riz, maïs, manioc, bananes, oranges, café, cacao, sucre de canne, poisson ; pétrole brut, gaz naturel
Activités	Cultures industrielles, production de pétrole brut et raffinage, cimenteries, pétrochimie, industries alimentaires
Exportations	Pétrole brut, cacao et produits du cacao, café, conserves de poisson
P.N.B. annuel par habitant	1 070 dollars
Croissance démographique	25,5 ‰ par an
Espérance de vie	Hommes 63 ans, femmes 67

FEMMES AU TRAVAIL. Chez les Indiens des Andes, les femmes gardent les moutons. Sur le plateau équatorien, la vie est dure, et beaucoup d'Indiens mâchonnent des feuilles de coca — d'où l'on tire la cocaïne — pour apaiser leur faim.

en 1976, elle fournit une part importante des exportations de la Mongolie.
Population 48 500
Carte Mongolie Db

ère géologique La principale division du temps géologique, lui-même divisé en périodes et époques. Voir ÉCHELLE DES TEMPS GÉOLOGIQUES, p. 268

Erebus (mont), ***Antarctique*** Volcan actif de l'est de l'île de Ross ; c'est le plus élevé (3 794 m) des trois volcans qui forment l'île.
Carte Antarctique Jc

Erevan, ou **Erivan,** ***Arménie*** Capitale de la république, à 12 km de la frontière turque, bâtie à l'emplacement d'un fort construit en 783 av. J.-C. La ville est entourée de vergers et de vignobles. Industries principales : produits chimiques, caoutchouc synthétique, pneumatiques, cuivre, aluminium, mécanique, machines électriques, produits alimentaires, vin et cognac. Centre culturel. Nombreux musées et monuments historiques.
Population 1 283 000
Carte Arménie Aa

Erfoud, ***Maroc*** Oasis du Tafilalet et porte du Sahara, à 280 km au S.-O. de Meknès, sur l'oued Ziz qui creuse de pittoresques gorges plantées de palmiers. La ville est dominée par une forteresse. À proximité, ruines de Sidjilmasa, ancienne capitale d'un royaume berbère et cité caravanière florissante jusqu'au XVe s.
Population 5 400
Carte Maroc Ba

Erfurt, ***Allemagne*** Capitale de Thuringe, sur la Gera, au cœur du pays. Important centre commercial et industriel (métallurgie, chimie, électrotechnique, informatique) de Thuringe. La vieille ville a conservé de son riche passé médiéval un bel ensemble de monuments : cathédrale des XIIe et XVe s. (l'évêché fut fondé par l'apôtre de la Germanie, saint Boniface, en 742), église Saint-Sever (XIIIe et XIVe s.), couvent des Augustins (où Luther fut moine de 1505 à 1511), Krämerbrucke (« pont des Épiciers »), aux maisons à colombage. En 1808, Napoléon y rencontra le tsar Alexandre Ier et plusieurs souverains allemands pour renforcer l'alliance de Tilsit (entrevue d'Erfurt).
Population 215 000
Carte Allemagne Dc

erg Nom arabe des étendues de dunes de sable, au Sahara. Le terme désigne aujourd'hui tout désert de sable.

Érié, ***États-Unis*** Ville et port de l'État de Pennsylvanie, sur le lac Érié, à 185 km au N. de Pittsburgh. La ville s'est édifiée sur le site de Fort-Presque-Isle, construit par les Français dans les années 1750. Principales activités industrielles : construction mécanique, chantiers navals, matériel ferroviaire, métallurgie de l'aluminium, pétrochimie, caoutchouc, papeterie.
Population (ville) 117 500 ; (aggl.) 282 100
Carte États-Unis Jb

Érié (canal de l'), ***États-Unis*** Canal qui relie Buffalo, sur le lac Érié, avec l'Hudson, à Albany. Longueur : 590 km. Ouvert en 1825, il permit l'expansion vers l'Ouest. Il fut modernisé au début du XXe s., et est surtout utilisé aujourd'hui pour le transport des produits pétroliers.
Carte États-Unis Kb

LE FEU SOUS LA GLACE. Dans l'Antarctique, la banquise entoure l'île volcanique de Ross. Du mont Erebus, toujours en activité, s'échappent laves en fusion et fumerolles que le froid durcit.

Érié (lac), ***États-Unis/Canada*** L'un des Grands Lacs américains, d'une superficie de 25 900 km². Il fut exploré vers 1669 par le Français Louis Jolliet. Il communique avec le lac Huron par la rivière et le lac Saint-Clair et par la rivière de Detroit, et s'écoule vers le lac Ontario, plus bas que lui de 100 m, par le Niagara (dont le cours est interrompu par les célèbres chutes). Le canal de Welland, qui le relie au lac Ontario et donc au Saint-Laurent et à l'Atlantique, permet aux navires de mer d'y accéder. Sa rive S. est très industrialisée. Les villes de Toledo, Cleveland et Buffalo y sont établies.
Carte États-Unis Jb

Erlangen, ***Allemagne*** Ville de Bavière à 20 km au N. de Nuremberg. Son essor dès la fin du XVIIe s. s'explique en partie par l'arrivée de protestants français à la suite de la révocation de l'édit de Nantes. Nombreux édifices baroques, dont le château des margraves et l'hôtel de ville. Importante université depuis 1743. Industrie textile, construction mécanique, appareils électriques et médicaux (usines Siemens). Patrie du physicien Georg Ohm.
Population 100 000
Carte Allemagne Dd

érosion Ensemble des phénomènes qui contribuent à l'usure des formes du relief. Les agents d'érosion sont nombreux: l'eau, le vent, la glace, les variations de température et les alternances de gel et de dégel, les processus chimiques, et l'homme. La puissance de l'érosion et ses différentes formes sont fonction du climat et de la nature et de la structure des roches. Parmi les processus d'érosion, on distingue les processus mécaniques, qui interviennent sans modifier la composition chimique des roches (fragmentation, déblayage des argiles, enlèvement des roches meubles par ravinement ou raclement glaciaire) ; et les processus chimiques, qui modifient la nature des matériaux (par hydratation et décomposition, par dissolution et par corrosion). Selon le modelé qui résulte de l'érosion, on oppose l'érosion linéaire (dite normale, ou verticale, ou fluviale, ou fluviatile) et l'érosion latérale (ou aréolaire), qui s'exerce sur de vastes surfaces à la fois. L'érosion marine est l'attaque du littoral par l'action de la mer. Voir p. 182 et 249.

Er-Rachidia, anc. **Ksar es-Souk,** ***Maroc*** Petite ville au pied du versant méridional du Haut Atlas, dans la vallée de l'oued Ziz. Marché agricole commandant une vaste palmeraie.
Population 45 700
Carte Maroc Ba

Er-Roseires, ***Soudan*** Ville sur le Nil Bleu, près de la frontière éthiopienne. Au S. de la ville un vaste barrage permet l'irrigation de la région agricole de la Gezireh.
Population 16 400
Carte Soudan Bb

Erzgebirge, ***Allemagne/République tchèque*** Voir MÉTALLIFÈRES (monts)

Erzurum ou **Erzeroum,** ***Turquie*** Chef-lieu de la province du même nom, à l'est du pays, sur la voie ferrée reliant Ankara au réseau soviétique. La ville, qui occupe une position stratégique au carrefour de routes vers le Caucase et la Perse, fut toujours convoitée. Elle fut rattachée à l'Empire ottoman en 1514. C'est aujourd'hui une importante ville de garnison, un centre universitaire (université Ataturk) et un gros marché agricole. Grande mosquée du XIIe s., mausolées royaux des XIIe et XIIIe s., *medrese* (écoles musulmanes) des XIIIe et XIVe s.

La province (25 066 km^2) produit des betteraves à sucre, du blé et de l'orge.
Population (ville) 242 400; (province) 848 900
Carte Turquie Cb

Esbjerg, ***Danemark*** Port de la côte O. du Jutland, en face de l'île de Fanø. C'est le plus important port de pêche du pays, un port de commerce, exportateur de viande et de produits laitiers, et un port de voyageurs à destination de l'Angleterre.
Population 80 300
Carte Danemark Bb

Escaut, en néerl. **Schelde,** ***France/Belgique/Pays-Bas*** Fleuve qui prend sa source dans le N.-O. de la France et coule sur 435 km en traversant les villes belges de Tournai, Gand et Anvers. Il se jette dans la mer du Nord, aux Pays-Bas, sous la forme d'un estuaire: l'Escaut occidental.
Carte Belgique Aa

Esch-sur-Alzette (Esch), ***Luxembourg*** Ville minière (fer) près de la frontière française, à 16 km au S.-O. de Luxembourg. Deuxième ville du pays et grand centre sidérurgique.
Population (ville) 24 050; (canton) 116 400
Carte Belgique Bb

Esclaves (Grand Lac des), ***Canada*** Le plus profond des lacs d'Amérique du Nord (614 m), il s'étend sur 28 570 km^2 dans le sud des Territoires du Nord-Ouest. On découvrit de l'or sur sa rive N. dans les années 1930, ce qui donna naissance à la ville minière de Yellowknife.
Carte Canada Db

Escuintla, ***Guatemala*** Chef-lieu du département du même nom, au S.-O. de Guatemala City. Gros marché agricole dont les activités industrielles sont liées à la production des plantations (canne à sucre, coton, café, maïs, fruits tropicaux) et à l'élevage (bovins, volaille) du département (4 384 km^2).
Population (ville) 60 700; (département) 575 700
Carte Guatemala Ab

Escurial, en esp. **el Escorial,** ***Espagne*** Palais-monastère d'architecture grandiose et austère à 40 km au N.-O. de Madrid, au pied de la sierra Guadarrama en Nouvelle-Castille. Il fut construit de 1563 à 1584 pour le roi Philippe II. Ses architectes Juan Bautista de Toledo et Juan de Herrera figurent parmi les grands noms de l'art ibérique.
Carte Espagne Cb

Esequibo, ***Guyana*** Fleuve long de 1 000 km environ, qui naît dans les monts Kamoa à la frontière du Brésil et se jette dans l'Atlantique par un profond estuaire à l'O. de Georgetown. Gisements de bauxite dans son bassin.
Carte Guyana Bb

Eskilstuna, ***Suède*** Ville proche du lac Mälar, à l'O. de Stockholm. Important centre métallurgique: aciers spéciaux, construction mécanique.
Population 89 800
Carte Suède Cd

Érythrée

CETTE ANCIENNE COLONIE ITALIENNE A TOUJOURS REFUSÉ DE DEVENIR CELLE DE L'ÉTHIOPIE

Porte de l'Éthiopie sur la mer Rouge jusqu'à l'avènement de l'islam, l'Érythrée est formée au N.-O. d'un vaste plateau culminant à plus de 3 000 m dominant une étroite plaine côtière, et au S.-E. d'une bande côtière de 50 à 60 km de large entre la chaîne volcanique éthiopienne et Djibouti.

Peuplé de pasteurs semi-nomades musulmans sur la côte, de nomades afars et de Tigréens, peuple éthiopien copte, sur les plateaux, le pays est à majorité islamique.

Dépendance de l'empire d'Axoum à partir du XVe s. av. J.-C., le plateau restera dans l'orbite éthiopienne, la côte passant sous le contrôle des Turco-Égyptiens.

Par le traité de 1887, signé à Ucciali, l'Éthiopie concède un « territoire de repos » aux Italiens, que ceux-ci, dès 1889, transforment en colonie d'Érythrée. Elle le restera jusqu'à la Seconde Guerre mondiale. Avec la Somalie voisine, elle deviendra la base de départ de l'invasion de l'Éthiopie en 1936.

Après le départ des Italiens, en 1941, le problème de l'Érythrée demeure. Un référendum, organisé par l'O.N.U. en 1952, approuve la fédération des deux pays. L'Érythrée aura son parlement, son gouvernement, son drapeau, sa langue. Mais, en 1962, l'empereur Haïlé Sélassié proclame l'annexion totale du pays. Ce sont alors trente ans de conflits et de guerre qui commencent, menés par le Front de libération de l'Érythrée (F.L.E.), à prédominance islamiste.

Dès 1970 l'état d'urgence est décrété. La chute de l'empire en 1974 renforcera la détermination du Front populaire de libération de l'Érythrée (F.P.L.E.), un mouvement socialiste et laïque qui a évincé le F.L.E. Allié dans la lutte contre le régime marxiste avec celui du Tigré et du pays oromo, il finira par remporter la victoire en mai 1991.

INDÉPENDANCE

Refusant de s'engager dans le renouveau de l'Éthiopie, privilégiant sa préparation à l'indépendance, l'Érythrée proclamera celle-ci en avril 1993 après un référendum sous le contrôle de l'O.N.U.

Après avoir considéré, à l'exemple d'Israël, l'Éthiopie copte comme une garantie contre le contrôle de la mer Rouge par l'islam, les Occidentaux voient dans l'Érythrée d'aujourd'hui un rempart contre la dérive islamiste. Si le pays est musulman, les dirigeants, et le président Afeworki en tête, sont en majorité chrétiens.

Le pays est à reconstruire. S'il était, après le départ de l'Italie et la transition, le plus développé d'Afrique, les installations industrielles et portuaires ont beaucoup souffert des conflits qui ont suivi.

L'espoir de développement passe par l'aide étrangère, la prospection minière (or au N.-O.), pétrolière, notamment en mer Rouge, et saline (Massaoua possédait autrefois les plus importantes salines de la mer Rouge). La présence des ports de Massaoua et d'Assab et le fait que l'Éthiopie ait perdu sa façade maritime devraient générer de nouvelles ressources. Le principal centre industriel du pays est Asmara, la capitale. Les îles Dahlak, au large de Massaoua, autrefois réputées pour leur récolte perlière, devraient faire l'objet d'une infrastructure touristique.

L'ÉRYTHRÉE EN BREF
Carte Éthiopie Aa
Superficie 117 400 km^2
Population 3 670 000
Capitale Asmara
Régime République (gouvernement intérimaire)
Monnaie Birr éthiopien = 100 cents
Langues Tigré, tigrina, arabe, afar
Religions Musulmans, chrétiens (coptes)
Climat Tempéré en altitude, chaud ou très chaud ailleurs.
Ressources Céréales, oléagineux, sel, sable
Activités Agriculture, élevage, industries pétrolière, alimentaire, textile; tabac, verre
Exportations Produits pétroliers, tabac
P.N.B. annuel par habitant 115 dollars
Croissance démographique 26 ‰ par an

Eskisehir, ***Turquie*** Chef-lieu de la province du même nom, sur le Porsuk, à l'O. d'Ankara. Ville thermale et l'un des grands centres industriels du pays : industries textiles, chimiques, métallurgiques (équipement ferroviaire, agricole), alimentaires (raffineries de sucre).

La province (13 477 km^2) comprend la plaine fertile du Porsuk (betterave, céréales).

Population (ville) 367 300 ; (province) 597 200
Carte Turquie Bb

Esméraldas, ***Équateur*** Chef-lieu de la province du même nom, au N.-O. du pays, et port du Pacifique, exportateur des produits agricoles de la région (bananes). Raffineries de pétrole.

La province qui s'étend sur les plaines côtières (15 239 km^2) tire ses revenus de l'exploitation des forêts tropicales et de ses plantations (bananes, cacao, tabac, noix de coco, etc.).

Population (ville) 98 100 ; (province) 306 700
Carte Équateur Ba

Espagne Voir p. 224-227

Espirito Santo, ***Brésil*** Voir VITÓRIA

Espiritu Santo, ***Vanuatu*** La plus grande île de l'archipel de Vanuatu (4 860 km^2), au N.-O. de Port-Vila. D'origine volcanique, elle culmine à 1 880 m. Plantations de copra, de café et de cacao. Chef-lieu : Luganville.

Population 25 600
Carte Pacifique (océan) Dc

Espoo (Esbo), ***Finlande*** Ville de la grande banlieue d'Helsinki, à l'O. de la capitale. Le district d'Espoo comprend Tapiola, cité-jardin d'après-guerre dans un cadre de verdure, et le siège de l'université technique d'Helsinki.

Population 168 000
Carte Finlande Cc

Essaouira, anc. **Mogador,** ***Maroc*** Chef-lieu de province et port sur l'Atlantique, entre Safi et Agadir. La ville fut fondée en 1765 par le sultan Muhammad ibn Abd Allah pour rivaliser avec Agadir et fournir un port bien abrité à ses corsaires. Elle fut construite par l'ingénieur français Cornut selon un plan régulier, et entourée de fortifications. Bâtie sur une presqu'île, sur l'emplacement d'anciens comptoirs carthaginois, romains et portugais, Essaouira la blanche attire les touristes. C'est aujourd'hui un centre administratif et commercial, une station balnéaire et un port de pêche (conserveries).

Population 42 000
Carte Maroc Ba

Essen, ***Allemagne*** Grande ville industrielle de la Ruhr, au cœur du bassin houiller. Métallurgie, aciéries, industries chimiques, électriques et électroniques. Centre commercial. Son essor date de la révolution industrielle ; elle comptait environ 3 000 habitants vers 1802, guère plus lorsqu'y naquit, en 1812, Alfred Krupp, le fondateur de la puissante firme dont la ville est encore aujourd'hui le siège (Krupp mit au point vers 1840 une nouvelle technique de fabrication des canons et introduisit en Allemagne, dans les années 1860, le procédé de l'Anglais Bessemer pour produire de l'acier). Durement touchée par les bombardements de la Seconde Guerre mondiale, la ville a été reconstruite. Université. Le musée Folkwang conserve une importante collection de peintures des XIXe et XXe s. Cathédrale des XIe et XIIe s.

Population 635 200
Carte Allemagne Bc

Essex, ***Royaume-Uni*** Comté de l'est de l'Angleterre, s'étendant de la banlieue N. de Londres jusqu'à la Stour (3674 km^2). Chef-lieu : Chelmsford. À l'O., ses paysages d'origine, des vallons boisés, ont été quelque peu modifiés du fait de l'extension de la métropole anglaise ; le nord-est du comté conserve toutefois son caractère rural. C'est dans son ensemble une région de plaines fertiles et de cultures maraîchères. Les industries se concentrent à proximité de Londres (à Basildon et Harlow), et à Chelmsford et Colchester. Centrales nucléaires à Bradwell-on-Sea et à Chelmsford. Southend-on-Sea est une station balnéaire fréquentée. Colchester, la ville principale du comté (parcs à huîtres réputés), est le siège de son université.

Population 1 492 000
Carte Royaume-Uni Fe

Esslingen am Neckar, ***Allemagne*** Vieille ville du Bade-Wurtemberg, proche de Stuttgart. Plusieurs monuments intéressants : l'église Saint-Denis du XIIIe s., la Frauenkirche des XIVe et XVe s., deux anciens hôtels de ville, l'un du XVe s., l'autre baroque. Centre viticole. Industries : matières plastiques, construction mécanique.

Population 87 300
Carte Allemagne Cd

Essonne (91), ***France*** Département de la région Île-de-France (1 811 km^2). Chef-lieu : Évry. Créé en 1964, il comprend une partie de la Brie française (forêt de Sénart), les plateaux limoneux du Hurepoix et, au S., une partie de la Beauce. L'agriculture y est en constant recul (la population rurale ne constitue plus que 5 % de la population totale). L'Essonne est, en effet, profondément marquée par l'extension de l'agglomération parisienne, à laquelle son extrémité N. appartient : création de villes nouvelles (Évry et Melun-Sénart, en partie dans le département) ; développement du secteur tertiaire avec l'installation dans la vallée de l'Yvette et à proximité de centres universitaires (Orsay), grandes écoles (Polytechnique, près de Palaiseau), organismes et laboratoires de recherches (C.N.R.S., C.E.A.).

Population 1 100 000
Carte France Eb

Esterel, ***France*** Massif cristallin de Provence, en bordure de la Méditerranée (Var et Alpes-Maritimes) ; littoral pittoresque aux escarpements de porphyre rouge, plantés de pins et de chênes-lièges.

Carte France Ge

Estonie Voir p. 228

Estoril, ***Portugal*** Station balnéaire réputée à l'O. de Lisbonne. Casino, parcs, belles plages et terrain de golf.

Population 24 300
Carte Portugal Bc

estran Partie du littoral comprise entre le niveau des hautes et des basses mers. Il peut être vaseux, sableux ou rocheux ; dans ce cas, il s'agit souvent d'une plate-forme d'abrasion.

Estrela (serra d'), ***Portugal*** Massif montagneux le plus élevé du pays, à 120 km au S.-E. de Porto (Torre : 1 991 m) ; il est formé par un horst granitique. Des troupeaux de chèvres et de moutons estivent encore dans la montagne, où se développe le tourisme. Station de ski à Penhas da Saúde.

Carte Portugal Cb

Estrémadure, en esp. **Extremadura,** ***Espagne*** Région historique du pays, au S.-O. de Madrid, comprenant les provinces de Cáceres et de Badajoz. Elle forma au Xe s. un royaume arabe (indépendant du califat de Cordoue) dont s'emparèrent au XIIIe s. Alphonse IX de León et son fils Ferdinand III de Castille. S'étendant sur la partie occidentale de la Meseta, c'est un pays aux vastes paysages de pâturages ras, parsemés de chênes verts, terrains de parcours de troupeaux de moutons, un pays aussi de grands domaines, les *dehesas*, pratiquant une agriculture extensive. L'Estrémadure figure parmi les terres les plus déshéritées d'Espagne, mais elle n'est pas la moins impressionnante, et elle est la patrie des plus fameux conquistadores, des frères Pizarro, de Cortés, de Balboa, le découvreur du Pacifique, de Valdivia, capitaine général du Chili.

Population, 1 065 000
Carte Espagne Bc

Estrémadure, en port. **Estremadura,** ***Portugal*** Ancienne province en bordure de l'Atlantique, s'étendant sur une partie des districts de Lisbonne, Santarém et Leiria. Elle comprend, outre la plaine littorale, les serras calcaires des Candieiros, d'Aire et de Montejunto, que prolonge au S. le massif cristallin de Sintra. C'est une région de polyculture au N., de vignobles et de céréales au S. L'histoire de l'Estrémadure portugaise se confond, certes, avec celle de Lisbonne, mais la métropole lusitanienne n'a pas encore vidé de leur vie campagnes, villages et villes de la charmante province qui l'environne. Les ports de pêche (Nazaré), stations balnéaires (Estoril) et vieilles cités (Sintra, Tomar, Alcobaça, Batalha) de l'Estrémadure attirent un tourisme très important. Pèlerinage à Fatima le 13 de chaque mois.

Population 2 656 180
Carte Portugal Bc

Estremoz, ***Portugal*** Dans l'Alentejo, au N.-E. d'Evora, c'est une pittoresque cité gothique, manuéline et baroque. Les puissantes fortifications qui l'entourent rappellent qu'elle fut une importante place forte au XVIIe s., lors des guerres avec l'Espagne. Poteries, carrières de marbre dans la région.

Population 7 800
Carte Portugal Cc

estuaire Embouchure évasée d'un fleuve où la marée se fait sentir.

Esztergom, ***Hongrie*** Vieille ville de la rive droite du Danube, au pied des monts de Pilis (N.-O. de Budapest). Siège de l'archevêque primat de Hongrie (l'archevêché date du XIIe s.) et résidence de saint Étienne Ier, premier roi de Hongrie (couronné vers l'an 1000), c'est l'un des centres historiques du catholicisme magyar. L'ancien palais du cardinal primat abrite un musée d'art chrétien. Cathédrale du XIXe s.

Population 32 500
Carte Hongrie Ab

États-Unis Voir p. 229-235

Etchmiadzine, ***Arménie*** Petite ville de la frontière turque. C'est le siège du primat de l'Église arménienne depuis 1441, sur le site de Vagharchapat, l'une des très anciennes capitales de l'Arménie. Cathédrale du VIIe s., remaniée après 1441. Monastère du VIe s. Institut de théologie et lieu de pèlerinage.

Population 37 000
Carte Arménie Aa

Espagne

DESTINATION PRIVILÉGIÉE DES TOURISTES, L'ESPAGNE EST DEVENUE UN PAYS MODERNE QUI AFFRONTE À TRAVERS SON « GRAND DÉFI » SON ENTRÉE À PART ENTIÈRE DANS L'EUROPE ET SA VOCATION À L'UNIVERSEL

Chaque année, près de 45 millions de touristes gagnent l'Espagne, l'essentiel d'entre eux vers les rives de la Méditerranée, et pour un total qui dépasse le nombre d'habitants (39 millions). C'est en effet un des pays les plus fascinants d'Europe, extrêmement varié dans ses régions tant au plan physique que culturel, et mis à la mode par les romantiques français, qui furent de grands voyageurs, comme Théophile Gautier, Victor Hugo, George Sand et Frédéric Chopin aux Baléares, ou encore Prosper Mérimée, qui y a puisé l'inspiration de sa *Carmen*.

UN ASPECT MASSIF

Les Pyrénées, barrière aux sommets dépassant les 3 000 m, isolent un plateau aux altitudes moyennes élevées ; cette Meseta est bordée de chaînes montagneuses, le système Cantabrique dans le Nord, la sierra Morena, qui domine la vallée du Guadalquivir, dans le Sud. Elle est surmontée du système central (sierra de Gredos, sierra de Guadarrama) ; mais le point culminant est le Mulhacén (3 478 m), dans la sierra Nevada, enneigée malgré sa latitude et sa proximité de la Méditerranée (cordillère Bétique).

Le climat souligne une diagonale de plus en plus aride depuis le Nord-Ouest galicien, pluvieux, jusqu'au Sud-Est murcien, avec ses allures sahariennes (autour de 200 mm d'eau). Essentiellement méditerranéen, il se caractérise donc par son aridité de saison chaude, très marquée déjà dans le bassin de l'Èbre, ce qui implique le recours à l'irrigation et la distinction fondamentale dans le monde rural entre terres de *regadio*, largement valorisées, et de *secano*, aux cultures extensives. Sur le plateau la continentalité joue, donnant, selon le dicton, « trois mois d'hiver et neuf mois d'enfer ». L'Espagne climatiquement privilégiée est en fait réduite à la côte méditerranéenne, qui voit la canne à sucre pousser à Motril (Andalousie) et les vergers d'agrumes envahir les *huertas* du Levant au S. du delta de l'Èbre.

DATES ET REPÈRES

L'histoire est fort ancienne, jalonnée de quelques grandes dates et de diverses occupations : maritimes d'abord, avec les comptoirs phéniciens et grecs ; terrestres ensuite, avec la colonisation romaine et ses voies de liaison. Mais ce qui a profondément marqué le pays, c'est, à partir de 711, une longue présence musulmane arabo-berbère de plus de sept siècles qui s'est tout d'abord manifestée par la disparition du brillant royaume wisigothique. Toutefois, la date mondialement connue, qui dépasse l'histoire de l'Espagne, est celle de 1492, avec la découverte de l'Amérique par Christophe Colomb, aidé par les rois catholiques Isabelle de Castille et Ferdinand

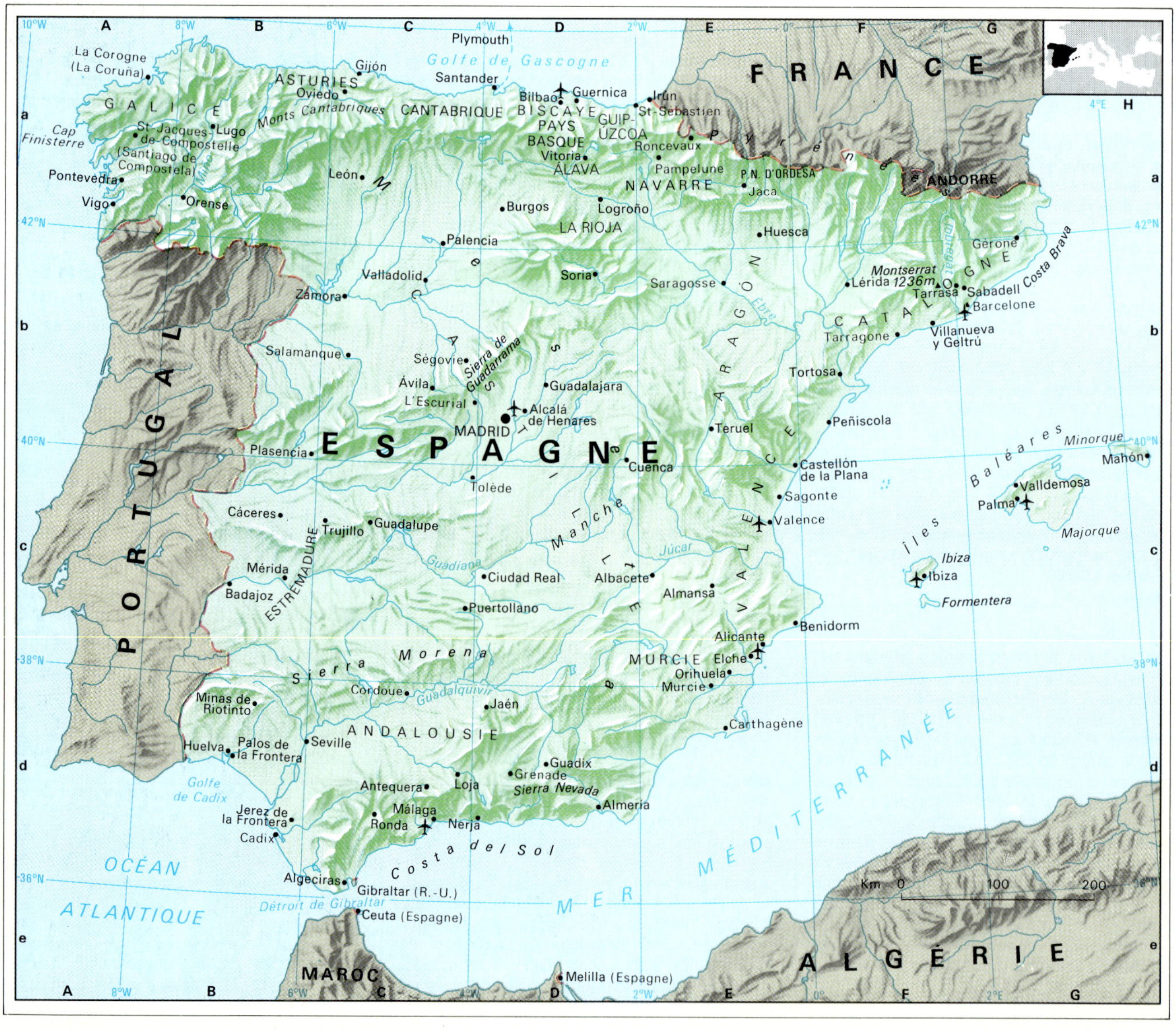

d'Aragon, la fin du royaume de Grenade et de huit siècles de présence musulmane. Marquée par l'Inquisition, la fin du Moyen Âge espagnol l'est surtout par la Reconquista, cette reconquête du sol, toujours plus au sud, qui s'est traduite par l'attribution de fiefs aux serviteurs de la monarchie. Il en résultera un esprit durable, un paysage particulier aussi, qui est celui de la Castille et de ses ouvrages militaires.

1898, marquée en littérature par la « Génération de 98 », qui saura glorifier la Castille, est la date de la fin de l'empire colonial espagnol, avec la guerre de Cuba, et le début d'un repli qui ira croissant.

La dictature franquiste, inaugurée en 1939 après un soulèvement militaire contre la République, qui a commencé en 1936, durera jusqu'en 1975, proposant à l'Espagne quelques timides ouvertures sur l'extérieur à l'issue de la Seconde Guerre mondiale. À l'autarcie succédera en quelques années l'arrivée croissante de flux touristiques, porteurs de devises mais aussi d'idées différentes ; et aussi de capitaux, d'abord investis dans l'industrie : on connaît, parmi bien d'autres, l'exemple de la SEAT, implantée à Barcelone, avec son siège social à Madrid et son origine chez Fiat à Turin. De même, des courants migratoires importants, venus d'Andalousie, d'Estrémadure, de Galice, de toutes les provinces en proie au chômage et au manque de terre, répondent largement aux besoins de main-d'œuvre de l'Europe industrialisée et des villes les plus dynamiques du pays, pour l'essentiel la capitale, Madrid, et les deux pôles industriels, Barcelone et Bilbao.

Le roi Juan Carlos, monté sur le trône en 1975, à la mort du général Franco, est désormais le garant d'une monarchie dont le chef du gouvernement (Felipe Gonzalez) est actuellement socialiste ; alors que, « miracle » économique, l'Espagne a accédé au 10e rang des grandes puissances mondiales tout en devenant membre de la Communauté économique européenne. Cette démocratie retrouvée, qui a doublé son produit intérieur brut par habitant entre 1980 et 1990, s'est préparée à relever le grand défi de 1992 qui doit marquer son retour au sein de la communauté mondiale. La commémoration du 500e anniversaire de la découverte du Nouveau Monde lui a donné les arguments nécessaires pour accueillir les Jeux olympiques de 1992 et surtout, la même année, l'Exposition universelle de Séville dont les grands travaux donneront un souffle nouveau au développement du sud. 1993 aura été, pour l'Espagne et l'ensemble de la C.E.E., l'année du marché unique et de l'Union européenne prévue par le traité de Maastricht.

QUELQUES ESPAGNES

L'essentiel de la péninsule Ibérique est occupé en superficie par la Meseta, d'allure continentale et à l'altitude moyenne élevée. Symboliquement et fonctionnellement, au centre, Madrid est la capitale devenue grande ville. Cette fondation royale, qui a succédé à Tolède et Valladolid, est restée longtemps artificielle, ses productions manufacturières n'étant dues qu'à la faveur royale. Peu à peu, le poids des services, de niveau national et international, l'industrialisation créatrice de banlieues, la position même de Madrid ont donné une agglomération de plus de 3 millions d'habitants sur une région qui en compte 5 millions.

À la périphérie proche se situent des sites touristiques tels le grandiose monastère de l'Escurial, les montagnes et plans d'eau de la sierra de Guadarrama, les vieilles villes castillanes. Les dénominations officielles actuelles sont Castille-León et Castille-Manche pour les anciennes Vieille et Nouvelle Castille. La première évoque les grandes surfaces découvertes des emblavures et des cultures extensives, la deuxième un vignoble fameux et le personnage clé de la littérature espagnole, Don Quichotte. C'est là le cœur de l'Espagne, tel qu'on se l'est longtemps représenté, dont le dialecte, le castillan, est devenu la langue officielle.

On ne doit pas se représenter les vieilles villes de Castille telles que les montrent encore les anciens guides. Certes, il est difficile d'évoquer Ségovie sans son aqueduc, Ávila sans son enceinte, Cuenca sans ses maisons suspendues, et bien d'autres choses pour Burgos, Salamanque, Valladolid ou Tolède, enfin. Mais toutes ces villes connaissent une croissance qui les fait sortir de leur vieux cadre historique et de leur Plaza Mayor ou de leur Gran Via, celles-là même qui ont été largement détaillées par le cinéma espagnol de ces dernières décennies. Madrid ne fait plus figure d'île principale dans un archipel urbain ; peu à peu, un réseau structuré émerge des larges horizons de la Meseta.

L'essentiel de la puissance économique de l'Espagne n'est plus localisé dans une périphérie qui s'opposerait à ce centre un peu vide encore hors de sa capitale. L'Espagne de la fin du XXe s. s'organise selon un quadrilatère dont les sommets sont Madrid, Bilbao, Barcelone et Valence. C'est là une nouveauté, puisque au cours du siècle les pôles économiques ont d'abord été deux, Madrid et Barcelone, pour former un triangle avec Bilbao, un quadrilatère enfin depuis peu avec l'accès de Valence au rang de grande ville active. Au centre même, Saragosse, de moins en moins vouée au pèlerinage (Nuestra Señora del Pilar en octobre), et de plus en plus à l'industrie (sucre, fibres textiles), s'inscrit aussi parmi les villes les plus dynamiques de la nouvelle Espagne, et se sent de moins en moins aragonaise, de plus en plus à mi-chemin du Pays basque et des provinces catalanes. Ce quart N.-E. de l'Espagne est en continuité avec la France, les deux communautés basque et catalane se retrouvant d'ailleurs au-delà de la frontière ; la France, c'est-à-dire l'Europe. Là se concentrent les industries de la ria du Nervion en Biscaye, les centres touristiques du littoral (San Sebastián) et des Pyrénées navarraises et aragonaises, les productions agricoles et industrielles de qualité, du bassin de l'Èbre, de la Catalogne et du Levant, les huertas de Castellón et de Valence, prodigues de primeurs et d'agrumes. La personnalité historique, culturelle, linguistique fort ancienne de ces régions s'épanouit sous le régime des autonomies, mais le Pays basque connaît de grandes difficultés politiques et économiques. La grande ville, brillante, jamais « espagnole », au moins catalane et bien souvent européenne, est Barcelone, l'une des premières portes d'entrée du pays. Montjuich, les ramblas, l'architecture et les musées en font un point touristique obligé, largement remodelé à l'occasion des Jeux olympiques de l'été 1992.

Face à ce « Nord » se perpétue un « Sud » bien moins brillant, et que souligne d'abord une population importante, une démographie au taux élevé. La fécondité moyenne est ici largement au-dessus de la moyenne nationale et dans la tradition des pays aux bas niveaux de vie et aux enfants nombreux. C'est là le

CITÉ DE L'ACIER. La ville du Greco, Tolède, couronnée par la forteresse de l'Alcazar, s'inscrit dans un méandre du Tage (El Tajo, en castillan *tajar*, signifie « entailler »). Cette ville-musée, haut lieu du tourisme, est aussi un centre d'artisanat: armes, travail du métal.

réservoir démographique du pays, avec l'Estrémadure voisine, encore plus misérable sur les confins portugais, et dont les habitants ont été de tous les voyages vers les Amériques depuis la découverte. L'Andalousie reste une région mal développée, dans la mesure où l'accroissement de population précède toujours celui des ressources, elles-mêmes bien mal réparties entre ses habitants. Région dont l'image encombre le florilège de tout ce qui fait la fausse Espagne de la guitare, qui se veut flamenca, à partir des mois chauds chaque année. Elle reste la plus peuplée, en marche vers les 7 000 000 d'habitants, et conserve les héritages prestigieux d'époques brillantes, souvent raffinées sous l'occupation islamique, ou du temps du monopole de Séville sur le commerce américain, qui dura jusqu'en 1717.

Séville, qui reste la métropole du Sud et sa seule grande ville ; Cadix et Huelva, Cordoue et Grenade, toutes les autres manifestent moins de dynamisme, alors que l'agglomération sévillane atteint le million d'habitants, qu'un métro est en projet, et que (à la même échéance que pour Barcelone) l'on prépare l'Exposition universelle de 1992, pour le 500e anniversaire de la découverte de l'Amérique.

La périphérie concentre sur une frange réduite tout ce qui attire les visiteurs en Espagne ; elle recoupe les régions envisagées, garante d'un exotisme méditerranéen sur des rivages de plus en plus encombrés par le béton des constructions.

Naguère, les pionniers rejoignaient de préférence en hiver San Sebastián sur la côte atlantique, S'Agaró en Catalogne, Alicante et Malagá dans le Sud, et les Anglais préféraient déjà les Baléares ou les Canaries. Cette préhistoire de la fréquentation se termine dans les années 1950, laissant place au tourisme de masse, balnéaire, méridional et estival. Le résultat en est la multiplication des « Costas », chapelets de stations établies souvent à partir de rien.

La Costa Brava se localise au N. de Barcelone, la Costa Dorada au S., l'une et l'autre très fréquentées par les Français proches. Le littoral levantin, un lido sablonneux pour l'essentiel, le dispute aux cultures de primeurs et aux vergers d'agrumes sur la Costa del Azahar (la fleur d'oranger). Alicante, Murcie, Almeria ouvrent les côtes du Sud, nettement plus chaudes, d'où une saison plus longue et plus animée par les Britanniques et ressortissants de l'Europe du Nord qui aiment la Costa Blanca (Benidorm) ou la Costa del Sol (Marbella, Torremolinos, Malagá, Almería) ; là, le camping est inconnu, au profit de l'accueil en hôtels et locations, selon les formules organisées du « tout compris » et des vacances à forfait.

L'énormité des stations, comme à Torremolinos, qui compte des dizaines de milliers de lits en location, conditionne une occupation hôtelière massive que complètent les *urbanizaciones*, lotissements pavillonnaires multiples qui défigurent la côte.

La côte atlantique comprend au S. la Costa de la Luz, bien lointaine et malaisée d'accès à

AU CŒUR DU PAYS. ***Castillo*, le château, a donné son nom à la terre: Castilla (la Castille), peu à peu reprise à l'Islam. Ici, Alarcón, sur la Meseta, présente le double symbole de l'ancienneté (XIIe s.) et de la rénovation (c'est actuellement un hôtel).**

partir de Huelva et jusqu'à la frontière du Portugal. Au N., sur la mer Cantabrique, les conditions climatiques sont bien différentes, mais les paysages souvent magnifiques sur la Costa de Galicia et ses rias profondes, la Costa de Santander, et, entre les deux, la Costa Verde, dont la dénomination souligne bien la tonalité d'ensemble. Les stations les plus anciennes sont les plages célèbres de Santander (el Sardinero) et de San Sebastián (la Concha), mises à la mode à la fin du XIXe s. par la famille royale et l'aristocratie. Au total, ce tourisme balnéaire dépend pour une trop large part des formules de « tour operator » mises au point à l'étranger, Allemagne, Grande-Bretagne et Scandinavie en tête ; peu de clients échappent à ces organisations... qui échappent par leurs structures aux Espagnols. Ce type de tourisme contribue à concentrer une bonne part des dynamismes économiques sur les façades de la péninsule, et les bénéfices réellement obtenus compensent mal la destruction d'un milieu.

L'archipel des Canaries (7 240 km^2 au total) compte sept îles : Tenerife (2 053 km^2), Fuerteventura (1 680 km^2), la Grande Canarie (1 532 km^2), Lanzarote (813 km^2), La Gomera, La Palma, Hierro. Les deux provinces de Las Palmas de Gran Canaria et de Santa Cruz de Tenerife se situent entre 29° et 27° N., à une centaine de kilomètres au large du continent africain. Le climat subtropical est sec, mais les sommets volcaniques (le Teide, dans l'île de Tenerife, culmine à 3 718 m) procurent quelques pluies. Les îles ont connu des conquérants qui ont introduit successivement la canne à sucre, la vigne, la graine d'écarlate, le tabac, la banane, la tomate, la pomme de terre, contribuant à modeler des paysages soigneusement construits par l'homme. Le tourisme d'hiver, avec les Britanniques, date de la fin du XIXe s., mais prend toute son importance avec les transports aériens ; la quasi-totalité des touristes arrive en charters pour des séjours organisés.

Majorque, Minorque et les Pityuses (Ibiza, Formentera) composent l'archipel des Baléares, profondément méditerranéennes par leurs paysages, leur climat, leurs activités agricoles... Jusqu'à la multiplication d'implantations touristiques qui ont porté les îles en tête de toute l'Espagne pour les équipements et l'accueil, faisant de Palma le premier aéroport du pays en raison, là aussi, du nombre des charters. La vie rurale traditionnelle est en voie de disparition, dans des paysages qu'il aurait fallu préserver. Palma est devenue une grande ville de 300 000 habitants.

L'ESPAGNE AUJOURD'HUI

La densité touristique moyenne par habitant place l'Espagne au troisième rang mondial, derrière l'Autriche et la Suisse, au cinquième pour les rentrées de devises — 380 millions de dollars au début des années 1960, plus de 8 milliards de dollars à l'heure actuelle. Derrière les deux pays nommés s'intercalent, pour le nombre de places en hôtel par habitant, la Grèce et l'Italie, proches. Malgré ce rôle fondamental, l'Espagne est bien loin de n'être qu'un pays touristique. Encore peu peuplée (densités moyennes de 74 habitants au kilomètre carré), mais en croissance constante, elle enregistre toute une série de mutations, qui voient la part du secteur primaire diminuer, les services se multiplier, des productions industrielles émerger dans le domaine de l'agro-alimentaire, de la chimie, de la construction métallurgique, sans compter les vieilles industries traditionnelles rénovées, textile, arts graphiques, cuir. L'entrée dans la Communauté économique européenne ne fera que confirmer les orientations préférentielles des échanges commerciaux avec l'Europe du Nord-Ouest. Il n'y a pas eu de « miracle » économique espagnol, mais simplement, après des années d'autarcie et de dirigisme, l'ouverture de l'Espagne aux capitaux étrangers, de préférence sur les pôles madrilène et barcelonais, en provenance de Suisse et de l'Europe communautaire, des États-Unis et du Japon. La géographie intérieure s'en trouve modifiée, d'abord par l'effet de concentration sur les centres urbains les plus dynamiques, ensuite par l'amortissement net de phénomènes migratoires qui avaient très largement affecté le pays ces dernières années.

Quatre provinces accueillent l'essentiel des migrants : Madrid, Barcelone, Valence et Séville ; et quatre, presque les mêmes, les redistribuent : Barcelone, Madrid, Bilbao et Valence. Parmi les secteurs toujours en déficit au plan des soldes migratoires au cours de la dernière décennie, on note les Castilles, avec Ávila, Burgos, Zamora et Albacete, Ciudad Real ; l'Aragon, avec Huesca et Teruel ; et encore la Galice (La Corogne) et l'Andalousie (Huelva).

La société elle-même est en pleine mutation, comme le montrent les courbes, en baisse accélérée, du nombre de mariages et de naissances ; des taux de mortalité aussi, surtout infantile. À l'inverse, on enregistre un certain nombre de courbes en hausse : le nombre de bacheliers et de médecins, le niveau moyen des revenus, malgré des inégalités encore flagrantes, les taux de consommation d'électricité, d'engrais, les achats d'équipement ménager et d'outillage.

Au plan administratif, cela se marque par la mise en place des communautés autonomes, selon la constitution de 1978, en rupture avec les institutions précédentes. Certaines ne comptent qu'une province : Madrid, Asturies, Cantabrie, Murcie, Baléares, Rioja, ou deux : Canaries, Estrémadure, ou trois : Valence, Pays basque, Aragon ; les autres retrouvent les vieilles dénominations historiques : Catalogne, Galice, Andalousie, Castille-León et Castille-Manche ; mais sous le nom ancien, chargé d'héritages, de plus en plus le contenu est nouveau, et l'Espagne nouvelle.

L'ESPAGNE EN BREF

Superficie 504 750 km^2, plus Ceuta et Melilla (32 km^2)

Population 39 100 000

Capitale Madrid

Régime Monarchie parlementaire

Monnaie Peseta = 100 centimos

Langues Espagnol castillan (officielle), catalan, galicien, basque

Religions Catholiques 99 %, protestants 90 000

Climat Méditerranéen sur le littoral méridional et oriental, tempéré ailleurs ; température moyenne à Madrid : de 1-8 °C en janvier à 17-31 °C en juillet

Ressources Céréales, fruits, légumes, sucre de canne, raisin, tabac, coton, amandes, olives, bois, liège, poisson ; charbon, lignite, fer, plomb, cuivre, étain, zinc, mercure, tungstène

Activités Agriculture, industries alimentaires, vin, fils et textiles, fer et acier, mines, raffinage du pétrole, industries chimiques, construction mécanique, matériel de transport, sylviculture et produits dérivés du bois, pêche, cimenteries, métallurgie

Exportations Machines, véhicules à moteur, fruits et légumes, vin, huile d'olive, fer et acier, produits chimiques, produits pétroliers, pièces détachées, chaussures, textiles

P.N.B. annuel par habitant 14 030 dollars

Croissance démographique 1,2 ‰ par an

Espérance de vie Hommes 74 ans, femmes 80

Estonie

LE PLUS NORDIQUE, LE PLUS PETIT ET LE PLUS OUVERT DES ÉTATS BALTES, LE PREMIER QUI SE SOIT AFFRANCHI DU ROUBLE

Pays de plaines et de basses collines, culminant à 318 m, le point le plus haut des trois pays baltes. De nombreuses dépressions marécageuses couvrent 10 % de son territoire. Très largement ouvert sur la mer Baltique, dont il inclut les îles Saaremaa (Ösel) et Hiiumaa (Dago), c'est le plus petit des États baltes et le plus au N. Sa capitale, Tallinn, est à la latitude de Stockholm (Suède).

C'est aussi le plus proche des pays scandinaves, tant par son histoire que par sa langue. L'estonien est en effet une langue non pas balte, mais finno-ougrienne, proche du finnois au même titre que le hongrois ou le lapon.

Dès avant l'an 1000, Varègues (Suédois) et Danois sont parmi les premiers à entrer en contact avec les populations baltes au cours de leurs expéditions vers la Russie. Ce sont ensuite les marchands allemands, venus de Hambourg et de Brême, et les missionnaires qui s'y intéressent. Les peuples baltes ne furent cependant christianisés qu'à partir du XIIe s. Tallinn (« ville des Danois ») fut fondée en 1219 par les Danois venus au secours des religieux. En 1223-1224, les chevaliers Porte-Glaive et les Danois, après avoir défait les Estoniens, se partageront le pays avec les évêques indépendants.

La frontière de l'E., au lac Peipous, fut fixée en 1242 par Alexandre Nevski, qui arrêta la progression des chevaliers germaniques. En 1557, le pays est conquis par la Russie d'Ivan le Terrible. Les Suédois lutteront contre l'avance russe et prendront l'Estonie en 1626, tandis que Saaremaa sera cédée par le Danemark. La lutte reprend à nouveau en 1701, jusqu'à la paix de Nystad (1721), qui rend le pays à la Russie.

UNE PÉRIODE HANSÉATIQUE QUI NE PROFITE PAS À TOUT LE MONDE

Entre-temps, l'économie de l'Estonie allait bon train. Les cités baltes du XIIIe s. adhérèrent à la ligue hanséatique sous l'impulsion des marchands allemands. Les villes les plus concernées sont Tallinn (Reval), Pärnu, Narva et Tartu (Dorpat). Elles profitent aussi de l'apparition d'une nouvelle puissance commerciale, la Hollande, dont les besoins en matière de marine sont importants. Celle-ci fait venir de Russie bois, chanvre et goudron qui transitent par les ports baltes. Mais le peuple reste dans une grande misère.

La présence russe, à partir du XVIIIe s., met fin à la « libéralisation » à la suédoise. La réforme agraire est remise en cause et la condition paysanne empire. Ce n'est qu'en 1816 que les barons abolissent l'esclavage, mais cela ne change pas grand-chose.

C'est à cette époque que naît la volonté nationaliste, au travers notamment de la langue. La langue este est parlée ; des grammairiens édictent les premières règles qui structureront la langue nationale.

Épargnée par la guerre germano-russe jusqu'en 1918, l'Estonie s'organise dès 1917 sous l'impulsion du nouveau pouvoir russe (mencheviks). Les bolcheviks mettent fin à ces velléités d'indépendance, mais les Allemands occupent le pays en février 1918. La défaite allemande laisse le champ libre aux Soviétiques. Cependant, la résistance est la plus forte. La paix est signée le 2 février 1920 à Tartu, et l'indépendance proclamée le 21 février 1918 devient effective. Le pacte germano-soviétique (secret) de 1939 entraînera d'abord l'occupation par l'U.R.S.S. (juin 1940), puis par l'Allemagne (juin 1941). L'Estonie sera de nouveau incorporée à l'U.R.S.S. en 1944, après le retrait allemand.

UNE ÉCONOMIE HANDICAPÉE PAR PLUS DE 40 ANS DE SOVIÉTISATION

Et pourtant, ce pays était, après la Lettonie voisine, le plus riche (par son P.N.B.) de l'ex-U.R.S.S. Ses ressources naturelles sont faibles, limitées aux schistes bitumineux dans le N. Sa richesse reste sans conteste ses installations portuaires, notamment Tallinn où d'importants investissements sont en cours.

L'agriculture, encore très présente, consiste essentiellement dans la culture de la pomme de terre et du lin, dans l'élevage de bovins et de porcins. L'industrie agro-alimentaire est importante. Mais le problème fondamental pour ce pays est l'énergie. S'il atteint presque l'autosuffisance alimentaire, il manque cruellement de livraisons de produits énergétiques, importés de Russie, aujourd'hui freinées par les prix, mais également par les réticences russes face au problème de la citoyenneté. Cependant les industries laissées par le régime soviétique sont revitalisées et deviennent un atout non négligeable.

Le commerce aussi est un atout (ports). L'Estonie est un point de passage obligé depuis et vers la Russie. Finlandais et Suédois (souvent d'origine estonienne) investissent beaucoup. Malgré ses difficultés, le pays s'est doté en juin 1992 d'une nouvelle monnaie indépendante de la zone rouble, la première de l'ex-U.R.S.S., la couronne, ou Korus.

Des trois pays baltes, l'Estonie est le moins homogène, comptant 30 % de Russes et 12 % de résidents d'origines diverses, que la loi sur la citoyenneté, très controversée à l'étranger, écarte en grande partie de toute vie politique. Ce qui durcit encore des relations déjà tendues avec la Russie.

Les élections de septembre 1992 ont porté au pouvoir le président Lennart Meri, ancien ambassadeur en Finlande.

L'ESTONIE EN BREF
Carte Lettonie ABb
Superficie 45 100 km²
Population 1 589 000
Capitale Tallinn
Régime République parlementaire
Monnaie Couronne (Korus)
Langue Estonien
Religion Chrétiens
Climat Continental tempéré
Ressources Pommes de terre, lin, élevage, schiste bitumineux
Activités Agriculture, industries agro-alimentaires, textiles, commerce
P.N.B. annuel par habitant 3 830 dollars
Croissance démographique Stable
Espérance de vie Hommes 64 ans, femmes 75

étésiens (vents) Vents forts soufflant périodiquement du N. en été sur la Méditerranée orientale. Ils se renforcent l'après-midi et faiblissent souvent en fin de soirée. Ils apportent un temps chaud et sec.

Éthiopie Voir p. 236-237

Etna, ***Italie*** Au N.-E. de la Sicile, dominant la plaine de Catane, c'est le plus grand volcan actif de l'Europe. Il culmine à 3 345 m et présente plus de 200 cônes secondaires ; son périmètre à la base est d'environ 210 km. Parmi ses éruptions les plus graves, il faut citer celles de 476 et 396 av. J.-C. pour l'Antiquité, celle de 1381 pour le Moyen Âge, celle de 1669 pour les temps modernes. Au XXe s., celle de 1950-1951 a duré plus d'un an.

Son activité se poursuit sous nos yeux et ses éruptions fréquentes menacent régulièrement les villages environnants, comme en 1992. Le bas de ses pentes présente de riche vignobles, jardins et vergers.

Carte Italie Ef

Etosha Pan, ***Namibie*** Vaste dépression de 4 000 km² contenant un lac souvent à sec, dont les zones marécageuses et les trous d'eau attirent éléphants, girafes, antilopes, léopards, gazelles et zèbres. Il est englobé dans le parc national d'Etosha (22 270 km²), créé en 1958.

Carte Namibie Aa

Étretat, ***France*** Station balnéaire sur la côte du pays de Caux (Seine-Maritime) et site célèbre pour ses falaises en forme d'arche et d'aiguille, et ses plages de galets.

Population 1 600

Carte France Db

Eubée, en gr. **Evvoia,** ***Grèce*** Île de la mer Égée à proximité de la Grèce continentale (3 775 km²). Chef-lieu : Khalkis. Elle fut l'un des grands foyers de l'expansion coloniale de la Grèce archaïque (VIIIe-VIe s. av. J.-C.), vers le S. de l'Italie et la Sicile (Grande-Grèce), la Chalcidique et les Cyclades. Au Moyen Âge, croisés et Vénitiens l'occupèrent ; enfin les Turcs (1470) la gardèrent jusqu'en 1821. Paysages variés de montagnes boisées de pins et de petites plaines plantées de figuiers, d'oliviers et de vignobles, parsemées de villages tout blancs et de vestiges byzantins, francs et vénitiens. Belles plages.

Population 188 400

Carte Grèce Cb

Eupen, ***Belgique*** Ville industrielle située sur la Vesdre, à 45 km à l'E. de Liège. Allemande jusqu'en 1919, elle fut alors cédée à la Belgique par le traité de Versailles (en même temps que Malmédy et Saint-Vith). Brasseries, fabriques d'aiguilles et de fils de fer, appareils ménagers et produits alimentaires. Important barrage au confluent de la Vesdre et de la Getzbach.

Population 15 000

Carte Belgique Ca

Euphrate, en turc **Firat,** en ar. **Al-Furat,** ***Turquie/Syrie/Irak*** Fleuve de l'Asie occidentale, long de 2 780 km. Ses deux branches mères, le Kara et le Murat, prennent leur source en Arménie turque et confluent au N.-O. d'Elazig ;

Voir suite p. 238

États-Unis

IL Y A UN PEU PLUS DE DEUX SIÈCLES, LES ÉTATS-UNIS SONT NÉS DE QUELQUES-UNS DES PLUS NOBLES IDÉAUX QUE LES HOMMES AIENT JAMAIS FORGÉS, ET AUXQUELS, DANS L'ENSEMBLE, ILS ONT SU RESTER FIDÈLES

Ce pays est vôtre/ Ce pays est mien/ De la Californie jusques à Manhattan/ Des bois de séquoias jusqu'aux eaux du Gulf Stream/ Ce pays fut créé pour nous

C'est ainsi que le chanteur folk Woody Guthrie commence son interprétation du rêve américain, un rêve qui a séduit des millions d'hommes depuis que la Déclaration d'indépendance, rédigée à Philadelphie, lui a donné des ailes pendant l'été torride de 1776. En un peu plus de deux siècles, cette vision a été critiquée, mais son essence est indestructible ; elle reste l'un des plus beaux concepts de l'humanité.

Quelle est donc l'essence de l'Amérique? Beaucoup d'Américains (le peuple le plus avide de dialogue du monde) pourraient seulement vous dire ce qu'elle n'est pas.

Ce n'est pas New York, avec les cavernes d'Ali Baba de ses boutiques, les canyons de verre et de béton de ses grandes avenues, tantôt brûlantes, tantôt glacées, et ses ghettos. Ni Los Angeles, « quelques douzaines de banlieues en quête d'une ville », ni la côte enchanteresse de Californie. San Francisco est trop « branché », La Nouvelle-Orléans, qui pourtant a donné au monde moderne sa musique, le jazz, est trop coloniale ; tandis que le Nevada, où Las Vegas et Reno brillent de tous les feux de leurs néons, est trop clinquant. Personne ne sait au juste que faire de la Floride, avec ses mers d'émeraude et de saphir, ses marécages, ses navettes spatiales, son Disneyworld, ses stations balnéaires populaires, ses hôtels et villas de luxe et son énorme taux de délinquance.

Ce n'est pas non plus Chicago, la « ville du vent », et son image hollywoodienne de gangsters, de bas-fonds agités et d'intrigues politiques — une image périmée, car la ville offre maintenant tant d'art, de musique, de théâtre, qu'elle rivalise avec New York sur le plan culturel.

Pas davantage le Texas, pays du pétrole et des barons de l'élevage (c'est du moins l'image qu'en donne le feuilleton télévisé *Dallas*) ; le Texas, annexé par le Congrès en 1845 après neuf ans d'indépendance, a une personnalité à part, qui rappelle que le Sud souhaitait jadis ne dépendre que de lui-même. Vaste comme une fois et quart la France, le Texas est, de l'avis du romancier John Steinbeck, un « état d'esprit ». Le Vieux Sud essaie tardivement de se constituer une identité à partir de ce que lui a laissé la guerre civile — la guerre de Sécession — du siècle dernier.

Même la Nouvelle-Angleterre, berceau des États-Unis, ne peut être considérée comme typiquement américaine. Les universités aux murs couverts de vigne vierge, les petits ports, les églises et les villages du XVIIe s., en brique ou en bardeaux blancs, semblent trahir une certaine nostalgie de l'Ancien Monde, bien qu'ils exaltent aussi les vertus très yankees d'épargne et de travail acharné.

Pourtant, les Américains se reconnaissent dans deux images complémentaires bien que contradictoires. La première est celle d'une petite ville qui les attend quelque part, une vraie petite ville avec la grand-rue, le tribunal, l'église, le monument aux morts, le coiffeur, le drugstore et de jolies maisons entourées de pelouses ; avec aussi peut-être une pièce d'artillerie datant de la guerre civile ; et, pour faire bonne mesure, un supermarché, un fast food et un vaste parking. Il y a des chances qu'elle soit dans le Midwest, et c'est une Amérique à laquelle beaucoup aspirent.

L'autre vision qui s'impose aux Américains, c'est tout simplement l'immensité du pays, ses grandes distances qui donnent à chacun le sentiment d'être libre, de pouvoir respirer. Qui en doute n'a qu'à prendre l'autoroute fédérale 80 qui déroule ses 4 700 km du New Jersey jusqu'à San Francisco sans un seul feu de croisement ; ou encore la US 1, plus ancienne, qui s'étire de la frontière canadienne à la Floride. Et que dire des terres à maïs, reflet doré du ciel, de l'immensité des hautes pleines de l'Ouest, ou du puissant Mississippi, qui draine la moitié du continent avec ses 3 779 km qui séparent sa source, dans le Minnesota, de son delta, dans le golfe du Mexique.

Si vastes sont les États-Unis qu'à l'extrême

RAYONS D'ESPOIR. « Miss Liberté », qui depuis 1886 a accueilli tous ceux qui arrivaient à New York, touristes millionnaires ou immigrants faméliques, a été nettoyée et restaurée pour son centième anniversaire. Derrière elle se dressent les tours jumelles du World Trade Center.

pointe de l'archipel de l'Alaska l'aube naît huit heures plus tard que sur la côte du Maine ; même la Californie a trois heures de retard sur la côte E. L'hiver, des vents glacés soufflent sur le Nord alors que dans le Sud on cultive les palmiers et on taille les haies d'hibiscus.

Entre ces extrêmes s'étend le grand continent, qui englobe presque tous les climats et les types de végétation qu'offre la planète, la toundra polaire du nord de l'Alaska comme les sables brûlants des déserts californiens. L'Oregon et le Washington ont de vastes forêts de conifères, la Floride des marécages à mangrove ; les bisons erraient jadis dans les steppes apparemment infinies des États du Centre et de l'Ouest. Il y a de puissantes chaînes de montagnes aux sommets neigeux comme les majestueuses montagnes Rocheuses ou la belle sierra Nevada.

Les climats sont aussi variés que le relief ou la végétation. Autour du golfe du Mexique, le climat est humide, subtropical, alors que l'Alaska arctique est aride et froid. Le long de la côte O., la pluviométrie diminue du N. au S. ; mais la plus grande partie se déverse sur les montagnes côtières alors que l'intérieur proche est désertique, comme le désert Mohave. La Californie littorale, en revanche, jouit d'un climat méditerranéen ; la Nouvelle-Angleterre et ses environs ont un climat maritime frais, les hautes plaines de l'Ouest des climats continentaux rigoureux.

Durant les deux siècles de sa brève histoire, la nation a exploité au maximum tous ces domaines géographiques, en partie pour satisfaire une population sans cesse croissante, mais aussi pour produire pour l'exportation.

Les plaines côtières atlantiques sont les jardins maraîchers des villes de l'Est ; les plaines herbeuses au S.-O. des Grands Lacs produisent en abondance le maïs (*corn* en américain) et le soja, qui nourrissent non seulement les hommes, mais aussi d'énormes troupeaux de porcs et de bovins. Plus à l'O., il y a la zone du blé, puis la zone du grand élevage extensif d'ovins et de bovins sur les Hautes Plaines jusqu'au pied des Rocheuses. Les États du Nord-Ouest pacifique produisent environ la moitié du bois d'œuvre nécessaire au pays, ainsi que les pommes et les petits fruits, tandis que la grande vallée centrale de Californie cultive les agrumes, les fruits tempérés, le riz et le raisin. La Floride et les autres États du Sud-Est produisent aussi les agrumes, le riz et le coton, et aussi la canne à sucre, l'arachide et le tabac.

Les États-Unis viennent en tête du palmarès de nombreuses denrées agricoles. Ils produisent la moitié du maïs mondial, les deux tiers du soja, un septième des tomates, un quart des oranges, un cinquième des pêches, un quart des noix et noisettes. Ils sont aussi les premiers pour le bois d'œuvre, la volaille, la viande de bœuf, le fromage, et de loin le premier exportateur mondial de blé (mais était le second producteur après l'U.R.S.S.).

En dépit de volumes de production étonnants, les États-Unis ne sont pas d'abord une nation agricole. Il y a un siècle, 40 % des actifs travaillaient dans l'agriculture, pour moins de 3 % aujourd'hui. Si ce petit nombre de travailleurs obtient une telle production, c'est grâce au génie technologique de l'Amérique contemporaine, génie que l'on retrouve dans l'industrialisation du pays.

Les matières premières sont abondantes ; le pays vient en tête du classement mondial pour la production de cuivre, gypse, kaolin, mica, sel gemme, soufre et phosphate, et n'est pas loin du premier rang pour le plomb et la fonte. L'aluminium fournit un autre record mondial, bien que la matière première, la bauxite, doive être importée.

L'énergie est un des points forts des États-Unis. Les barrages produisent l'hydroélectricité en abondance. Le pays est l'un des premiers producteurs mondiaux de charbon. Bien que ses réserves de pétrole ne soient que les quatrièmes du monde, après celles de l'Arabie Saoudite, de l'ex-U.R.S.S. et du Mexique, il était le second producteur après l'U.R.S.S., avec 9 millions de barils par jour (contre 12 millions pour l'U.R.S.S.) ; mais, en raison de la structure différente de la propriété, les puits étaient cinq fois plus nombreux qu'en U.R.S.S. et les raffineries au nombre de 191, contre 38 en U.R.S.S. ; en fait, les États-Unis gardent la plus forte capacité de raffinage du monde. Ils viennent au troisième rang mondial pour les réserves de gaz naturel et au premier pour l'uranium ; ils ont 80 centrales nucléaires et d'autres en projet si on arrive à surmonter les objections des écologistes. Les États-Unis produisent (par tous les procédés possibles) et consomment un quart environ de l'électricité mondiale.

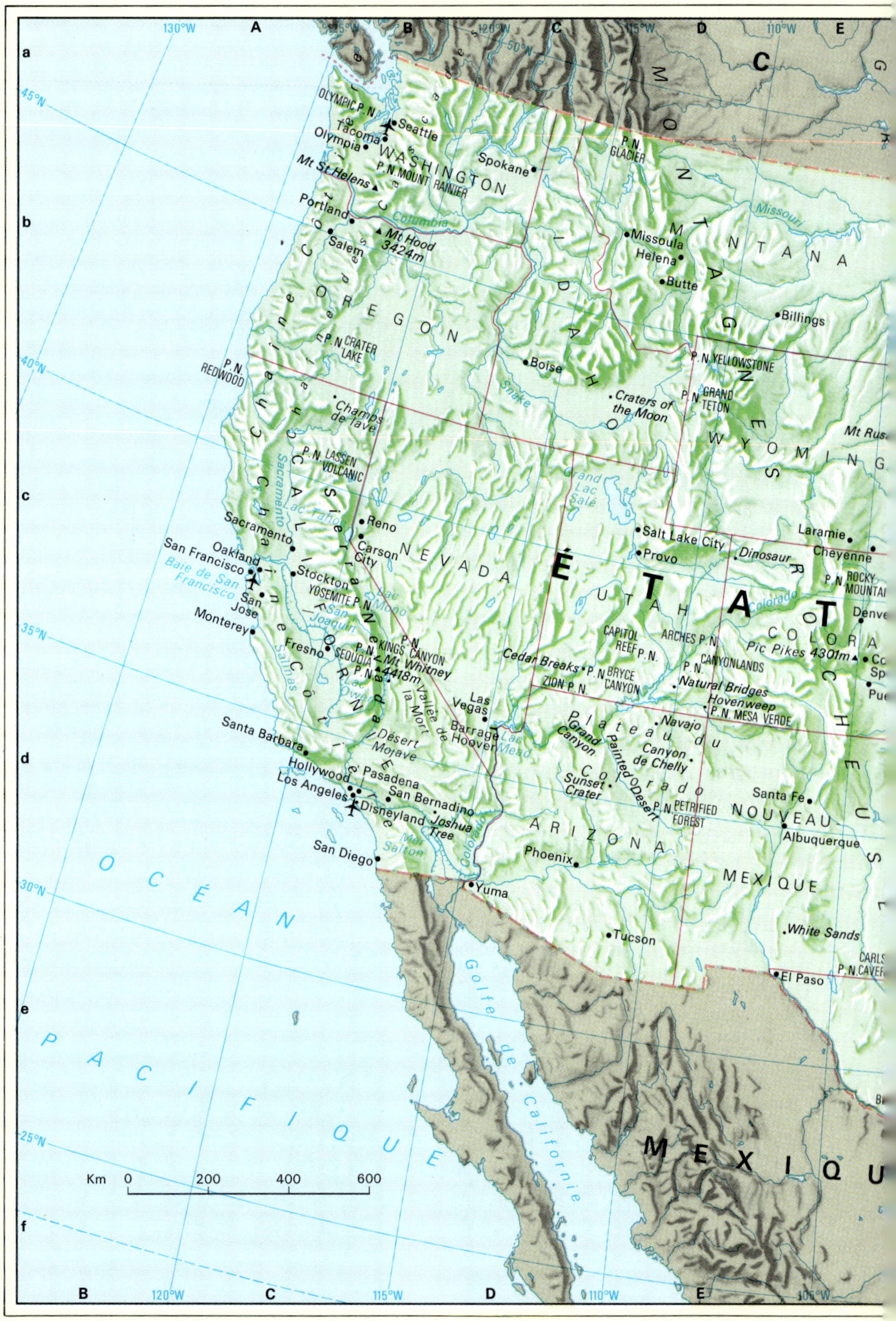

Mais ces taux élevés de consommation ne vont pas sans poser de problèmes. Malgré leurs énormes ressources, les États-Unis importent du pétrole et ont été durement touchés par le choc pétrolier de 1973. La crise pétrolière, mais aussi la concurrence des autres pays industriels et les nouvelles données du commerce international ont eu une incidence néfaste sur l'emploi ; en 1982, le taux de chômage a presque atteint 11 % ; en 1983, il était encore à 9,6 % ; et de 5,4 % en 1988. Les industries lourdes ont particulièrement souffert, ainsi que les ouvriers peu qualifiés des villes centrales du Nord. Mais le capital américain se redresse plus vite que celui de beaucoup de pays européens ; il s'est mis à diffuser les nouvelles industries de haute technologie, telles que celles de la Silicon Valley de Californie, dans d'autres régions de l'Ouest et du Sud profond. Au début des années 1980, beaucoup de travailleurs du Nord sont partis pour les pays du soleil, vers le Sud et l'Ouest.

L'Amérique, montrant la voie comme toujours en matière de sociologie du travail, semble se diriger vers un futur « postindustriel » fondé sur l'automation et l'éclatement de l'habitat en petites communautés urbaines. Déjà plus de 70 % des actifs ont un emploi dans le secteur tertiaire (communications, commerce de gros et de détail, soins médicaux, banque et finance, restauration, loisirs et autres services).

NAISSANCE D'UNE NATION

Le continent qui doit son nom au navigateur Amerigo Vespucci fut d'abord peuplé par des hommes d'origine asiatique, qui traversèrent le pont continental du détroit de Béring il y a environ 25 000 ans ; ils étaient les ancêtres des « Indiens » d'Amérique du Nord et du Sud et des Inuits (Eskimos).

Ensuite, des Vikings aperçurent l'Amérique du Nord et s'y fixèrent quelque temps aux Xe et XIe s. Christophe Colomb ne vit

jamais l'Amérique du Nord continentale, mais John Cabot y aborda en 1497. Le continent accueillit ensuite une multitude de peuples. Les Espagnols fondèrent Saint-Augustin en Floride en 1565, le plus ancien établissement européen fixe en Amérique du Nord ; un siècle plus tard, les Français commencèrent à exploiter la basse vallée du Mississippi, lui donnant le nom de Louisiane en l'honneur du roi Louis XIV. Mais ce sont surtout les Britanniques, les Hollandais et plus tard les Allemands qui furent les colonisateurs les plus ardents de l'Amérique du Nord. Les uns fuyaient la pauvreté ou la persécution religieuse, d'autres arrivaient en quête de fortune ou d'aventure. Jamestown, le plus ancien établissement anglais permanent, fut fondé en Virginie en 1607 ; treize ans plus tard, les Pères Pèlerins débarquaient du *Mayflower* à Plymouth, dans le Massachusetts, apportant avec eux l'éthique puritaine du travail qui de nos jours encore anime l'activité et l'ambition américaines. On trouva les colonies du Sud idéales pour la culture du coton, du tabac et d'autres plantes de pays chauds ; à partir de 1619, des esclaves africains furent amenés en quantités croissantes pour travailler sur les plantations ; ils furent les ancêtres des Américains noirs d'aujourd'hui.

La détermination farouche des colons de prendre en main leur destinée est à l'origine de l'incident du port de Boston, en 1773, la Boston Tea Party, au cours de laquelle un groupe de patriotes déguisés en Indiens jetèrent à la mer 342 caisses de thé appartenant à la Compagnie britannique des Indes orientales ; il y avait là une double protestation contre une tentative de monopole commercial et contre la fiscalité britannique. Cet acte de rébellion fut l'un des premiers de la guerre d'Indépendance. Désormais, les colons étaient d'abord et avant tout américains. Le 4 juillet 1776, les treize colonies anglaises se proclamèrent les États-Unis d'Amérique par la Déclaration d'indépendance. Après un conflit long et sanglant, l'armée britannique capitulait à Yorktown en 1781 devant les soldats de la jeune république.

Les Articles de Confédération de 1781, qui rendaient les treize États solidaires, annonçaient la constitution de 1787 et ses dix premiers amendements dont l'ensemble forme la Déclaration des droits (1791). La Constitution établit une république fédérale

MERVEILLE DE LA NATURE. Algues multicolores et bactéries prospèrent dans les eaux chaudes et riches en substances nutritives de la Grande Source prismatique du parc national de Yellowstone, le plus ancien des centaines de parcs et sites protégés dont les Américains sont légitimement fiers.

avec un équilibre des différents pouvoirs (exécutif, législatif et judiciaire), afin qu'aucun ne puisse l'emporter sur les autres. George Washington devint le premier président (Chief Executive) en 1789.

Élu tous les quatre ans, le président des États-Unis est sans aucun doute l'homme le plus puissant du pays, capable d'initier les lois, d'y mettre son veto, et surtout de guider le sentiment national. Il est aussi commandant en chef des forces armées. Mais il est impossible que son pouvoir devienne absolu, car il est limité par les deux autres: le pouvoir législatif du Congrès, formé de deux Chambres, le Sénat et la Chambre des représentants, et le pouvoir judiciaire de la Cour suprême, dont les neuf juges nommés à vie peuvent annuler toute décision du pouvoir exécutif ou du législatif qu'ils estiment contraire à l'esprit de la Constitution.

Il a fallu presque cent quatre-vingts ans pour que le nombre des États passe de 13 à 50, et la superficie des États-Unis de 2 301 692 à 9 372 614 km^2. Les étapes les plus importantes furent l'achat de la Louisiane (le bassin du Mississippi) à la France et l'acquisition du Sud-Ouest, y compris la Californie, après la guerre contre le Mexique, en 1846-1848.

Au cours du XIXe s., l'expansion des États-Unis se fit vers l'O., à mesure que les pionniers peuplaient de nouvelles terres qui, tôt ou tard, étaient admises dans l'Union en qualité d'États de plein exercice. Cette expansion entraîna des conflits entre les colons (comme ceux qui reçurent gratuitement des terres par la loi de 1862 dite Homestead Act), les éleveurs (qui revendiquaient le droit de paître librement leurs troupeaux sur les espaces non enclos) et les Indiens, établis longtemps avant les deux autres groupes et vivant de la chasse aux bisons sauvages. Les Indiens furent éliminés ou parqués dans des réserves.

Les premiers pionniers de l'Ouest traversaient le pays en convois de chariots; mais l'achèvement du premier chemin de fer transcontinental en 1869 stimula fortement la croissance de l'Ouest. La population du pays doublait presque de 1870 (38,6 millions) à 1900 (76 millions). Fondés sur le principe inaliénable selon lequel « tous les hommes naissent égaux », les États-Unis sont fiers d'avoir offert un refuge aux émigrés depuis plus de deux siècles.

À l'entrée du port de New York se dresse la statue de la Liberté éclairant le monde, hommage de la France à l'Amérique ; sur le socle figure l'inscription suivante: « Laissez venir à moi la foule des pauvres, des humiliés, ceux qu'on pousse comme un troupeau et qui rêvent de respirer librement... je dresse ma lampe au seuil de la porte d'or. » Ces mots résument bien les espoirs des millions d'immigrants qui débarquèrent en Amérique au tournant du XXe s.

Faute d'argent pour aller plus loin, beaucoup de nouveaux venus restèrent dans l'Est, mais pas tous, loin de là. Cleveland, dans l'Ohio, est la seconde ville hongroise du monde après Budapest. Chicago a presque autant de patronymes polonais que Varsovie. Beaucoup d'immigrants irlandais et italiens se fixèrent à Boston. Quant au district de Columbia, ce n'est pas un État, mais un territoire prélevé sur les États voisins pour recevoir la capitale fédérale, Washington.

Au S. et à l'O. de la capitale s'étendent les anciens États esclavagistes (Mississippi, Louisiane, Alabama, Floride, Georgie, Caroline du Nord et du Sud, Virginie); ils furent les piliers de la Confédération qui se sépara du reste des États-Unis de 1861 à 1865. Les quarante comtés occidentaux de la Virginie, peuplés de petits fermiers qui n'avaient pas d'esclaves, refusèrent de faire sécession et formèrent un nouvel État, la Virginie occidentale, en 1861.

La cause principale de la sécession du Sud et de la guerre civile ne fut pas la question de l'esclavage, mais bien celle du droit des États — la doctrine selon laquelle chaque État est maître de sa destinée, quoi qu'en pense le gouvernement fédéral ; en l'occurrence, les États esclavagistes du Sud refusèrent la décision fédérale d'empêcher l'extension de l'esclavage aux nouveaux territoires de l'Ouest ; ils décidèrent de quitter l'Union. Pour les États fédéralistes, cette décision était inconstitutionnelle, c'était une rébellion qu'il fallait mater. Le conflit fut l'un des plus sanglants de l'histoire ; il y eut un demi-million de morts, soit un combattant sur six.

La guerre civile ruina l'économie du Sud, dont certains États, parmi lesquels le Mississippi, le Tennessee, la Virginie, sont encore désespérément pauvres.

D'autres ont su renaître de leurs cendres, au sens propre dans le cas d'Atlanta, et compenser par de nouvelles fonctions commerciales et industrielles la destruction de l'ancienne économie de plantation. Le Sud a un énorme succès touristique, car partout on y respire le nostalgique parfum de Dixie, des vieilles plantations, des *mintjuleps* (mélange de bourbon et de menthe), avec, pour les amateurs de musique, les orchestres de jazz de La Nouvelle-Orléans ou le rock and roll et le blues de Memphis.

Les derniers entrés dans l'Union, l'Alaska, 49e État, et les îles Hawaï, le 50e, furent admis en 1959. L'Alaska, conquis par les Russes sur les Indiens vers 1800, fut acheté pour 7 200 000 dollars en 1867 par les États-Unis. Ce fut une des meilleures affaires de l'histoire, car l'Alaska est très riche en bois et en gisements minéraux (or, pétrole, charbon).

Bien que situé à 3 700 km à l'O. de San Francisco, l'archipel des Hawaï n'a aucun doute sur son américanisme, et pourtant ses 130 îles formaient encore en 1893 un royaume polynésien. Appelées d'abord îles Sandwich, elles furent découvertes par le capitaine Cook en 1778 ; il fut assassiné par les indigènes l'année suivante. Depuis, Hawaï a été plus accueillant pour les marins et autres errants. De nos jours, sa population est un mélange polyglotte de Polynésiens, d'Asiatiques et d'Européens.

LA DÉMOCRATIE EN ACTION

Le point essentiel qu'il faut bien comprendre aux États-Unis d'Amérique est inhérent à leur nom. Chaque État est une entité séparée qui défend jalousement ses droits et ses pouvoirs, bien qu'elle soit unie à chacun des autres États par la conviction que la Constitution est « la loi suprême du pays ». Chaque État a définitivement délégué à l'Union le pouvoir de faire la guerre, de conduire la politique extérieure, lever les impôts fédéraux, réguler le commerce international et inter-États. Bien que le pouvoir fédéral tende à augmenter au XXe s., les États gardent beaucoup de pouvoirs essentiels, en particulier ceux de lever les taxes d'État et de faire des lois sur des questions aussi importantes que la propriété privée, les affaires, la santé publique, l'éducation, les travaux publics, pourvu que de telles lois ne soient pas contraires à la Constitution.

Les États-Unis sont un pays de multiples gouvernements, car, en plus du gouvernement fédéral et de ceux des États, il y a aussi ceux des comtés, cités, villes et villages, et d'autres pouvoirs locaux tels que les commissions scolaires. Mais les Américains ne se laissent nullement intimider par les autorités ; plus que les citoyens des autres pays, ils sont toujours prêts à contester leurs décisions devant les cours de justice.

Par exemple, sur les 241 842 plaintes déposées en 1983 devant les tribunaux de district (c'est-à-dire fédéraux), plus de la moitié l'étaient par des particuliers mécontents de l'application des lois sur le travail, la sécurité sociale, la fiscalité, les brevets commerciaux, la concurrence ou les droits civils.

Ce sont les mêmes tribunaux qui jugent au civil et au criminel ; depuis quelque temps, du fait de la fantastique montée de la délinquance, ils n'ont pas chômé. En 1960, on a recensé aux États-Unis 3 384 200 délits et, en 1983, 12 070 213 délits, dont 1 237 979 avec coups et blessures et 18 673 meurtres (au lieu de 9 110 en 1960). La haute fréquence des crimes est souvent attribuée à la facilité avec laquelle on peut se procurer légalement des armes à feu dans de nombreux États ; mais celle-ci est souvent considérée comme un droit constitutionnel.

37 États maintiennent la peine de mort, mais il n'y eut aucune exécution capitale de 1968 à 1976. En 1977, un condamné à mort de l'Utah a revendiqué le droit d'être exécuté ; après un long débat juridique, il a été fusillé par un peloton d'exécution. L'affaire a servi de précédent à d'autres exécutions capitales.

La drogue est certainement la principale cause de l'augmentation de la délinquance. Son commerce est très lucratif ; en 1984, la police démantelait un réseau dirigé par la Mafia sicilienne, qui avait introduit clandestinement 1 650 millions de dollars d'héroïne aux États-Unis et la revendait par l'intermédiaire d'une chaîne de pizzerias.

Chaque État a son système d'éducation, mais tous ont en commun douze ans de scolarité obligatoire, plus l'école maternelle. En outre, la plupart des États offrent quelques années d'études supplémentaires gratuites dans des écoles publiques jusqu'à vingt et un ans. La scolarité varie beaucoup, mais les deux types les plus répandus sont les suivants : six ans d'école élémentaire, trois ans de premier cycle secondaire et trois ans de second cycle ; ou encore huit ans d'école élémentaire suivi de quatre ans d'études secondaires.

En général, la scolarité se termine à seize ans (un ou deux ans plus tard dans quelques États), mais on encourage les élèves à rester à l'école jusqu'à dix-sept ou dix-huit ans. D'après la loi fédérale, toutes les écoles publiques doivent être mixtes (garçons et filles) et multiraciales.

Une éducation supérieure est très appréciée ; elle facilite de futures promotions dans de nombreux secteurs.

En dehors des établissements d'État, tels que les collèges municipaux, qui offrent deux ans d'études techniques ou de gestion, ou les collèges de premier cycle, qui préparent les étudiants les moins bien formés aux quatre années d'études universitaires proprement dites, il y a quantité d'universités privées célèbres, telles que Harvard, Yale ou Princeton. La région de Boston abrite 24 universités de deuxième et troisième cycles, dont Harvard, l'université de Boston et l'Institut de technologie du Massachusetts (M.I.T.). Pendant l'année universitaire 1984-1985, 27 % des Américains âgés de dix-huit à vingt-quatre ans étaient inscrits dans un établissement d'enseignement supérieur.

Les qualités du système éducatif américain sont illustrées par les nombreuses innovations nées aux États-Unis, dont témoignent le succès des industries de haute technologie et le fait que les Américains ont gagné deux fois plus de prix Nobel que n'importe quel autre pays. Qu'ils n'en aient eu que huit en littérature ne rend pas justice à leurs réalisations artistiques ; que ce soit en musique, en littérature, au théâtre, au cinéma, en architecture, peinture ou sculpture, les États-Unis sont un puissant foyer de création.

ÉTÉ INDIEN EN NOUVELLE-ANGLETERRE. Au début de l'automne, les somptueuses couleurs des arbres forment un magnifique écrin, qui fait ressortir la blancheur des maisons et des églises de bois de ce petit village du Vermont, Strafford, typique d'un État resté rural et forestier.

SANTÉ ET SÉCURITÉ SOCIALE

Depuis quelques années, les Américains sont devenus beaucoup plus attentifs à leur poids, leur alimentation, leur forme physique. Le nombre des fumeurs, dans ce pays qui compte parmi les principaux producteurs de tabac, a sensiblement diminué ; beaucoup de gens font de l'exercice (jogging, cyclisme, gymnastique, que l'on suit à la télévision). Aussi les chiffres des maladies cardio-vasculaires ont-ils notablement décru (40 % de moins d'attaques cardiaques mortelles qu'en 1972, par exemple), une bénédiction pour la santé publique, mais aussi pour les fonds publics.

Les services médicaux sont extrêmement chers aux États-Unis ; la naissance d'un bébé coûte de 2 000 à 3 000 dollars. Pour atténuer le choc financier, beaucoup de gens contractent des assurances dont les primes sont payées surtout par les employeurs. Mais rares sont les régimes d'assurance qui paient plus de 80 % des frais médicaux, et un grand nombre d'Américains n'ont aucune assurance médicale ; pour ceux-là, les honoraires d'un médecin peuvent entraîner la ruine. Néanmoins, les pauvres peuvent recevoir une assistance médicale grâce au système Medicaid ; de même, les personnes âgées et les handicapés, grâce au système Medicare.

Un des facteurs qui ont le plus contribué à augmenter les coûts depuis quelques années, c'est la tendance croissante des patients à poursuivre leur médecin en justice si le traitement n'a pas réussi. Les tribunaux ont accordé en dommages et intérêts des sommes tellement énormes que les primes d'assurance professionnelle des médecins ont monté en flèche et, en conséquence, ceux-ci ont fortement augmenté leurs honoraires. Quelques médecins ayant menacé d'abandonner la profession, le gouvernement fédéral a dû intervenir pour limiter le montant des indemnités accordées par les tribunaux.

Le système de sécurité sociale, fondé pendant la grande dépression économique des années 1930 dans le cadre du New Deal du président F. D. Roosevelt, a été très étendu pendant les années 1960. Il comporte un système fédéral de remboursements médicaux et de pensions pour les personnes âgées et les infirmes, ainsi que des indemnités de chômage. En plus de versements en espèces, certains bénéficiaires peuvent aussi recevoir des bons d'alimentation, l'assistance Medicaid et des subventions au logement. En 1984, d'après l'Institut démographique américain, 33 700 000 Américains vivaient au-dessous du seuil de pauvreté défini par les critères suivants : 10 609 dollars par an pour une famille de quatre personnes ou 5 278 dollars pour une personne seule. Toutefois, le déficit croissant du budget fédéral au cours des années 1980 met en péril ce niveau d'assistance.

VIVRE EN AMÉRIQUE

Plus que toute autre nation, les États-Unis maîtrisent bien les techniques de contrôle d'un vaste pays. Le système routier (plus de 6 millions de kilomètres d'autoroutes, voies rapides fédérales, voies rurales et urbaines) porte 160 millions de véhicules ; c'est à lui que revient la grande masse des transports de marchandises et de passagers sur courtes et moyennes distances : trajet vers le lieu de travail, vers la ville voisine, vers la banque ou le cinéma *drive-in*, vers le supermarché pourvu d'un vaste parking et d'aires de service.

D'excellents services de bus bon marché couvrent tout le pays. Mais, pour les longues distances, on utilise beaucoup les services aériens intérieurs, qui relient non seulement les métropoles, mais aussi les villes moyennes.

Les chemins de fer n'ont plus le prestige qu'ils avaient avant guerre à l'époque des grands trains transcontinentaux, tels que le Super Chief, le California Zephyr ou le Royal Palm. Peu de gens les utilisent sur de grandes distances, mais les services de banlieue, surtout autour de New York ou de Chicago, sont encore très fréquentés. Néanmoins, depuis quelques années, les sociétés ferroviaires ont fait des efforts en direction du public avec les trains « spécial vacances » et les services touristiques avec wagon panoramique à travers des régions pittoresques comme les Rocheuses.

En raison des grandes distances et de la surabondance du courrier publicitaire, les services postaux sont de qualité médiocre ; aussi, pour les envois urgents, on a recours à des services exprès privés. On fait aussi un grand usage du téléphone ; il y a environ un poste téléphonique par habitant, enfants compris.

La distance aussi explique qu'il y ait si peu de journaux d'audience nationale ; mais il y a de nombreux journaux locaux de réputation nationale ou internationale ; beaucoup d'Américains liront toujours le *New York Times* quel que soit leur lieu de résidence ; le *Wall Street Journal* est indispensable à tous les hommes d'affaires. Une gamme étendue de magazines est en vente dans les supermarchés.

Le véritable dispensateur des nouvelles locales, nationales et internationales, c'est la télévision, à raison de six heures environ par jour. Les 83 millions de foyers américains ont pratiquement tous au moins un poste de télévision. Presque tous les programmes sont financés par la publicité, sauf les programmes éducatifs payés par les abonnements et les subventions de l'État ; en dehors de ceux-ci, il existe trois grands réseaux nationaux, ABC, CBS et NBC, et plus de 700 stations locales.

Il y a aussi 5 000 réseaux câblés qui desservent 36 millions d'abonnés. Un citadin a souvent le choix entre plusieurs douzaines de canaux différents ; certains ne diffusent que de la musique classique, ou du jazz, ou du sport, ou de vieux westerns, ou seulement des nouvelles et des émissions religieuses, ou tout autre sujet ; on retrouve cette variété sur la radio GO ou MF.

Dans ce pays qui possède Broadway et Hollywood, le spectacle est une industrie de premier plan, capable d'infinie variété, depuis le plus banal feuilleton jusqu'au drame classique ou à la comédie populaire ; les États-Unis sont un des principaux exportateurs de culture du monde entier.

On ne s'étonnera pas de l'existence de canaux exclusivement religieux dans ce pays où, selon les dernières statistiques (1983), 139 603 059 personnes, soit 59,6 % de la population, appartiennent à une Église. Et pourtant, les États-Unis n'ont pas de religion officielle, comme le veut le premier amendement de la Constitution : « Le Congrès ne fera aucune loi concernant l'établissement de la religion et n'interdira pas l'exercice de celle-ci. » Cette décision a toujours été fermement maintenue.

LES ÉTATS-UNIS DANS LE MONDE

Au début du XXe s., après seulement cent vingt ans d'existence, les États-Unis étaient déjà passés d'une économie coloniale pionnière à celle d'un pays exportateur de produits industriels. Ensuite, en moins d'un siècle, ils sont devenus l'État le plus riche et le plus puissant que le monde ait jamais connu, et pourtant, ils ne sont pas très sûrs du rôle qu'ils doivent jouer aujourd'hui dans les relations internationales.

« Les États-Unis ne peuvent pas être une autruche qui se cache la tête dans le sable », déclarait le président Woodrow Wilson en 1917. Il eut du mal à persuader ses compatriotes d'intervenir dans la Première Guerre mondiale. La politique officielle était alors l'isolationnisme (doctrine de Monroe). Les Américains étaient trop absorbés par la mise en valeur de leur Terre promise pour s'intéresser vraiment aux affaires étrangères, en particulier aux guerres étrangères.

Ce sentiment s'affirma à nouveau après la Première Guerre mondiale, renforcé par les problèmes intérieurs liés à la dépression des années 1930. Il fallut l'attaque japonaise à Pearl Harbor, en décembre 1941, pour faire pencher la balance en faveur de l'intervention dans la Seconde Guerre mondiale. Depuis lors, bon gré, mal gré, les États-Unis sont une grande puissance mondiale, pas seulement au sens économique, mais aussi au sens politique, comme le montre le largage des premières bombes atomiques sur deux villes japonaises en août 1945.

L'alliance victorieuse des États-Unis avec l'U.R.S.S. en 1945 était une alliance de convenance qui se transforma vite en hostilité. Les deux géants s'affrontent sur le plan économique, dans la course aux armements, dans l'espace, par la propagande, et sur de nombreux champs de bataille, en particulier en Corée (1950-1953) et au Viêt-nam (1964-1973). La défaite au Viêt-nam relança les sentiments isolationnistes, mais la poursuite de la confrontation avec le communisme et la montée du terrorisme international qui aboutit à l'action contre la Libye en 1986 montrent bien que l'Amérique ne peut se dérober aux grands principes — « la vie, la liberté et la recherche du bonheur » — sur lesquels est fondée la Déclaration d'indépendance du 4 juillet 1776.

LES ÉTATS-UNIS EN BREF

Superficie 9 372 614 km^2

Population 258 240 000

Capitale Washington D.C.

Régime République fédérale

Monnaie Dollar = 100 cents

Langues Anglais, nombreuses autres langues parlées

Religions Protestants (32 %), catholiques (22 %), orthodoxes (2 %), juifs (3 %), musulmans (1 %)

Climat Tempéré dominant ; subtropical dans le Sud, de type méditerranéen dans le sud de la Californie. Le Nord a des étés chauds et des hivers très froids. Températures moyennes à Washington D.C. : de −3 à 6 °C en janvier, et de 20 à 31 °C en juillet

Ressources Céréales, soja, coton, tabac, pommes de terre, agrumes, canne à sucre, oléagineux, légumes, fruits tempérés, bois, bétail, poisson ; charbon, pétrole et gaz naturel, minerai de fer, cuivre, plomb, zinc, or, argent, molybdène

Activités Sidérurgie, chimie, automobile, constructions aéronautiques, électronique, textiles, équipement pour télécommunications, forestage, papier, mines, pêche

Exportations Machines, appareils électriques et électroniques, produits chimiques, automobiles et autres véhicules, avions, instruments de mesure, produits pétroliers, mécanique, textiles, céréales, soja, tabac, fruits et légumes, charbon

P.N.B. annuel par habitant 23 150 dollars

Croissance démographique 7,1 ‰ par an

Espérance de vie Hommes 70 ans, femmes 77

Éthiopie

LE RÉGIME DE MENGISTU S'EST EFFONDRÉ, MAIS LES PROBLÈMES DEMEURENT

La famine en Éthiopie a focalisé l'attention sur ce pays. La famine est d'ailleurs une constante de l'histoire éthiopienne. Celle de 1973 a entraîné la chute du régime du négus Hailé Sélassié, et amené la révolution.

En 1985, plus de 250 000 personnes sont mortes de faim, particulièrement des enfants. Cette catastrophe, couverte par les médias venus sur place avec les organisations humanitaires, remua l'opinion publique.

Il existe plusieurs raisons à la famine en Éthiopie. La plus courante résulte de la situation climatique et géographique du pays. Si des régions sont bien arrosées et alimentées en eau, dans d'autres la sécheresse est endémique, le sol dégradé par la déforestation et l'érosion; et la configuration du terrain empêche tout approvisionnement de la population. De plus, le paysan éthiopien est si pauvre qu'il se trouve souvent contraint de consommer les semences destinées aux cultures de l'année suivante. La guerre civile qui ensanglante plusieurs parties du pays a provoqué l'abandon et la destruction des cultures, et détourné vers les opérations militaires les énergies et les crédits qui auraient pu être employés plus utilement. D'autre part, la politique agricole du gouvernement révolutionnaire (réforme agraire, nationalisation) a parfois eu des résultats néfastes. Les autorités avaient, semble-t-il, décidé d'abandonner les zones traditionnellement sinistrées (sécheresse, guérilla), et de transférer leur population dans des régions du Sud plus clémentes et plus sûres. Ainsi, d'octobre 1984 à mai 1986, 2 800 000 personnes ont été déplacées. Mais les habitants des hauts plateaux abyssins supportent mal la transplantation dans les climats plus humides du Sud.

LE BERCEAU DE L'HUMANITÉ

L'Éthiopie tient une place importante parmi les pays africains, et son histoire est liée à celle de l'Égypte et des pays riverains de la mer Rouge. Elle est traversée par la grande faille africaine, la vallée du Rift, dont les vestiges paléontologiques en font le berceau de l'humanité. Des restes d'hominidés, trouvés dans la région de l'Afar (Lucy) et dans la vallée de l'Omo, remontent à plusieurs millions d'années, et les vestiges d'habitats de Melka Kontouré témoignent des premières formes de civilisation (outillage acheuléen).

Les traditions font remonter la période historique au voyage de la reine de Saba chez le roi Salomon: le fruit de leur rencontre aurait donné le fondateur de la première dynastie éthiopienne, Ménélik Ier. Le premier royaume constitué est celui d'Aksoum (Ier-Xe s.) — avec son port Adoulis, près de Massaoua —, à partir duquel se forge la personnalité éthiopienne. Christianisée au début de notre ère, l'Abyssinie, constituée par les hauts plateaux au N. de la vallée de l'Awash, se trouve isolée au VIIIe s. par l'essor de l'Islam, qui contrôle la mer Rouge et la vallée du Nil. Le pays est vraiment menacé quand les Arabes assujettissent les populations côtières et les convertissent (XIIIe s.), mais les petits royaumes musulmans font allégeance au négus. Aidés par les Turcs, les Arabes de Mohamed Gragne envahissent le pays, et le négus se voit contraint de faire appel aux Portugais, qui ont pénétré dans l'océan Indien (1541). Puis le royaume doit faire face aux invasions des Gallas, populations noires du Sud-Ouest.

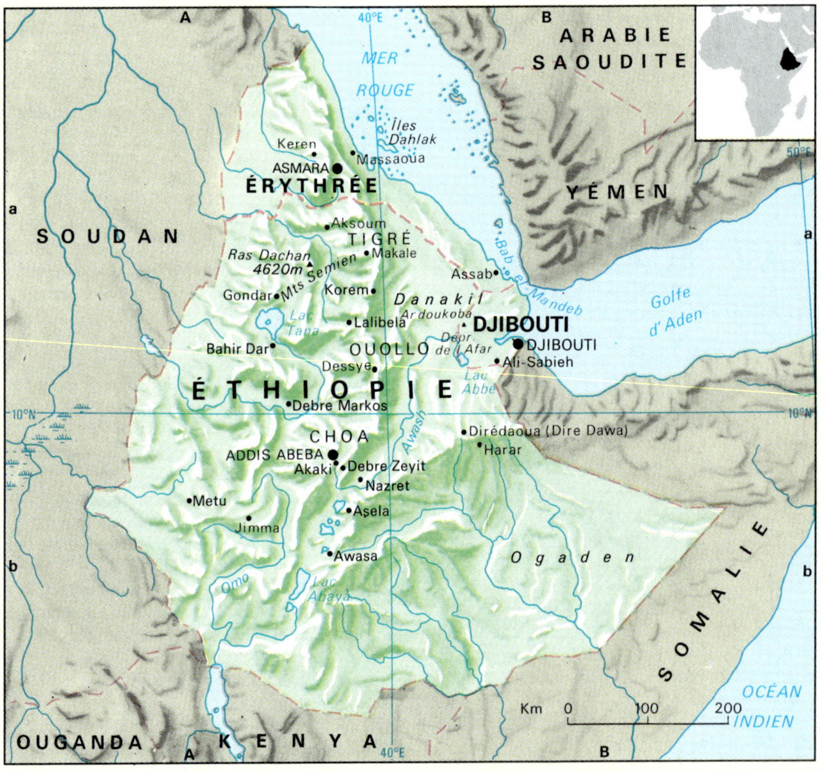

Après Théodoros II, qui réorganisa le pays, ce fut le règne de Ménélik (1889-1907), le créateur de l'Éthiopie moderne. Il entreprit d'annexer les provinces du Sud et de l'Est (Ogaden) et d'ouvrir son pays au monde (construction du chemin de fer franco-éthiopien, de Djibouti à Addis-Abeba, au début du siècle). Il résista à l'invasion italienne et sortit vainqueur de la bataille d'Adoua (1896), victoire qui préserva l'Éthiopie de la colonisation. Mais l'Italie resta en Érythrée. L'Italie de Mussolini occupa le pays de 1935 à 1941. En 1928, le petit-neveu de Ménélik II était devenu négus, et, en 1930, il avait été proclamé empereur sous le nom d'Hailé Sélassié. L'Érythrée, administrée par les Britanniques, constitua, selon une recommandation de l'O.N.U., une fédération avec l'Éthiopie (1952). Mais celle-ci l'annexa dix ans plus tard, déclenchant une guerre avec les populations locales, en grande partie musulmanes. Le négus Hailé Sélassié fut renversé en 1974, et une guerre éclata avec la Somalie, qui voulait récupérer l'Ogaden, dont les habitants, des nomades musulmans, sont de culture analogue. Le régime révolutionnaire a institué une république populaire (1987).

UN PAYS DE HAUTS PLATEAUX

L'Éthiopie est l'un des plus vastes pays d'Afrique, malgré la perte en 1993 de sa façade maritime avec l'indépendance de l'Érythrée. La majeure partie est à plus de 2 000 m d'altitude. C'est un plateau qui descend brusquement aux frontières soudanaise et érythréenne; il est traversé par le sillon de la vallée de l'Awash, partie N. de la grande faille africaine, parsemée de dépressions (lac Abbé, désert Afar) ; il descend en pente douce vers le Kenya et, à l'E., vers la Somalie. L'Abbai, ou Nil Bleu, émissaire du lac Tana (1 830 m d'altitude), coule vers le Soudan pour rejoindre le Nil Blanc. Plus que celui-ci, le Nil Bleu, avec ses affluents chargés du limon éthiopien, est le grand fertilisateur de l'Égypte. Le pays est bien arrosé dans l'Ouest, peu ou pas du tout dans le désert Danakil. Ailleurs, sur un sol mis à nu par la déforestation, les pluies accélèrent le processus de désertification.

UNE ABSENCE DE RESSOURCES

La majeure partie de la population vit sur le haut plateau, en petits hameaux d'une vingtaine de maisons isolés de leurs voisins et de toutes les facilités (écoles, centres médicaux, etc.) par des vallées profondes. Les exploitations ne dépassent guère 1 ha, et les champs sont de petites dimensions en raison de la configuration du terrain. Les paysans les moins démunis possèdent une paire de bœufs et une araire — ou seulement des houes chez les Gallas, en basse altitude. Si le *tef* (céréale locale) pousse à peu près partout, le blé et l'orge croissent en altitude, le maïs et le sorgho sur les terres plus basses, ainsi qu'une variété de banane dans les parties humides.

Le café est la principale culture d'exportation. Il pousse surtout dans les provinces occidentales du Caffa (région qui lui a donné son

FUITE DEVANT LA FAMINE. Des milliers de réfugiés mourant de faim, chassés de leurs villages par la sécheresse, ont trouvé refuge au camp de Korem, au N. de l'Éthiopie. Les famines ont toujours dispersé les populations d'Éthiopie.

nom), du Sidamo, de l'Illubador et du Wollega. Dans ces provinces, on produit aussi du coton et de la canne à sucre.

Le potentiel hydroélectrique est considérable, mais le développement industriel est très insuffisant pour un pays de cette importance, en raison, notamment, de l'absence de ressources minières. On trouve quelques entreprises de matériaux de construction, de chaussures, de pneus, de produits alimentaires et de textile. Le tourisme est peu développé, bien que le pays offre en ce domaine des possibilités considérables. Addis-Abeba, la capitale et ville la plus importante du pays, compte 1 500 000 habitants ; elle concentre toutes les administrations ainsi qu'un grand nombre d'industries et de commerces. On trouve des petites usines sur la route de Nazareth, située à 100 km au S.-E. Les autres villes ne dépassent pas 80 000 habitants. L'ensemble des villes regroupe environ 15 % de la population éthiopienne. Comme partout, les habitants affluent vers les villes pour trouver du travail, de la nourriture, ainsi que les services d'éducation et de santé.

Classée parmi les pays les plus pauvres du monde, l'Éthiopie, qui ne compte qu'un médecin pour 72 000 habitants, a dû faire face à la guerre d'Érythrée (les nationalistes y revendiquaient le respect par l'Éthiopie des frontières issues de la colonisation italienne), aux guérillas du Tigré et du pays oromo (dans le Sud). Un accord de paix signé le 4 avril 1988 avec la Somalie a mis fin à la tension dans l'Ogaden. En 1989, les pays du groupe socialiste (Cuba, U.R.S.S. et Allemagne de l'Est) ont mis fin à leur aide militaire.

La victoire du Front populaire de libération de l'Érythrée (F.P.L.E.) à Afabet (fin 1990) puis la prise du port de Massaoua ont fait définitivement pencher la balance en faveur des indépendantistes. De leur côté, les guérilleros tigréens du Front démocratique révolutionnaire du peuple éthiopien (F.D.R.P.E.) entreprenaient une marche décisive sur Addis-Abeba (28 mai 1991), abandonnée par le président Mengistu à un gouvernement intérimaire. Avec l'effondrement du régime, le problème de l'éclatement de l'Éthiopie en régions autonomes se pose de nouveau, comme il s'est posé au cours de l'histoire. En effet, il faut aussi compter, du point de vue éthiopien, avec les Oromos, qui représentent 40 % de la population.

L'Érythrée, devenue indépendante, ne se montre pas rancunière et a proposé à l'Éthiopie des accords sur l'utilisation des ports sur la mer Rouge, en particulier le port d'Assab.

Le gouvernement intérimaire, dirigé par Meles Zenawi (ancien marxiste), paraît sur la bonne voie dans le domaine économique, malgré les nombreuses difficultés auxquelles il doit faire face — croissance démographique importante, déboisement intensif, délabrement des réseaux de transport, sécheresses successives —, avec l'aide des organisations internationales.

L'ÉTHIOPIE EN BREF
Superfice 1 133 882 km^2
Population 45 000 000
Capitale Addis-Abeba
Régime République
Monnaie Birr = 100 cents
Langues Amhara, galla, sidamo, arabe
Religions Musulmans (45 %), chrétiens (40 %), animistes (15 %)
Climat Tempéré en altitude, chaud ou très chaud ailleurs. Température moyenne à Addis-Abeba : de 5 à 25 °C
Ressources Blé, orge, maïs, sorgho, mil, café, coton, sucre de canne, haricots et pois, bovins, bois ; sel
Activités Cultures industrielles, industries alimentaires, textiles, ciment
Exportations Café, cuirs et peaux, coton, haricots, sésame
P.N.B. annuel par habitant 110 dollars
Croissance démographique 7 ‰ par an
Espérance de vie Hommes 39 ans, femmes 43

le fleuve franchit alors, en d'étroites gorges, l'Anti-Taurus, arrose le désert de Syrie et pénètre en Irak où, dans son cours inférieur, il s'étale en lacs et zones marécageuses avant de confluer avec le Tigre pour former le Chatt al-Arab, et de se jeter dans le golfe Persique.

C'est, selon la Bible, le quatrième des quatre fleuves du Paradis ; c'est, en tout cas, sur ses rives (et sur celles du Tigre) que se sont formées les vieilles civilisations mésopotamiennes : Sumer, Our, Babylone, Mari. Il constitua, dès la plus haute Antiquité et jusqu'à des périodes récentes, la grande voie de communication entre le golfe Persique et, par l'intermédiaire de la Syrie, la Méditerranée. Son cours permet aujourd'hui l'irrigation de vastes zones désertiques et la production d'électricité, en Syrie (barrage de Tabqa et lac Assad) ou en Turquie (barrage Atatürk mis en eau en 1990).

Carte Moyen-Orient Ba

Eure (27), ***France*** 1. Rivière du Bassin parisien, longue de 225 km, affluent de la Seine, qui prend sa source dans les collines du Perche.

2. Département de la région Haute-Normandie (6 004 km²). Chef-lieu : Évreux. Il présente, d'une part, des paysages d'openfield, zones limoneuses propices à la culture des céréales et de la betterave à sucre (plaines de Neubourg, de Saint-André, Lieuvin et Vexin normand), d'autre part des pays bocagers (Roumois et pays d'Ouche) tournés vers l'élevage. La vie industrielle se concentre autour d'Évreux, de Bernay et surtout dans la vallée de la Seine ; elle a été marquée par le déclin d'activités traditionnelles, du textile dans la région de Louviers, et de la métallurgie du Perche.

Population 513 000
Carte France Db

Eure-et-Loir (28), ***France*** Département de la région Centre (5 876 km²). Chef-lieu : Chartres. Occupant le centre-ouest du Bassin parisien, il comprend au S.-E. une large part des plateaux limoneux de la Beauce (grande culture céréalière), à l'O. les collines humides et bocagères du Perche (élevage laitier et de boucherie, volailles), enfin au N. les vallons boisés du Thymerais et du Drouais, qui se sont mis à la céréaliculture. Il figure aux tout premiers rangs des départements français producteurs de blé, colza, maïs. Il a d'autre part bénéficié de la décentralisation parisienne ; ses industries appartiennent à des secteurs modernes : mécanique de précision, équipement automobile, électronique, radio-télévision, etc.

Population 396 000
Carte France Db

Euro Disneyland, ***France*** Parc d'attractions à l'E. de Marne-la-Vallée, relié au réseau T.G.V., comprenant un parc à thèmes, des hôtels, un camping, un golf résidentiel, et devant se développer au-delà de l'an 2000. Un des « pays » rappelle Jules Verne et Léonard de Vinci, les autres sont sur le modèle de Disneyland et Disneyworld, aux États-Unis.

Carte France Eb

Europa, ***Océan Indien*** Île du canal de Mozambique, française depuis 1892 et aujourd'hui revendiquée par Madagascar. Presque circulaire (6 km sur 7), Europa est une station météorologique reliée à la Réunion par voie aérienne. Elle est considérée comme réserve naturelle.

Carte Madagascar Ab

Europe Le plus petit des continents (10 000 000 de km²). Ses 32 États furent divisés idéologiquement après la Seconde Guerre mondiale. Mais la libéralisation a changé bien des choses — l'Europe compte aujourd'hui 43 États.

L'Europe présente une grande variété de paysages et de reliefs. Au N., les vieux socles précambriens (Écosse, Scandinavie, Finlande...) et les grandes plaines arrosées par de grands fleuves (Meuse, Rhin, Elbe, Vistule, Dniepr, Don, Volga). Au centre, des massifs anciens (Massif central, Vosges, Massif schisteux rhénan) et des bassins (de Paris, de Londres), et plus au S., des chaînes alpines au relief vigoureux (cordillère Bétique, Pyrénées, Alpes, Jura, Alpes dinariques, Carpates et Caucase), enfin, à l'extrême E., l'Oural.

Les climats sont également très variés. À l'O., climat généralement doux, de type atlantique ou méditerranéen (Espagne, S.-E. de la France, Italie), à l'exception du climat arctique du nord de la Norvège, de la Suède ou de la Finlande, et du climat continental de la plaine d'Allemagne du N., aux étés chauds et hivers froids. En Europe orientale, de la Pologne à la Russie, le climat est continental, avec des hivers plus froids à l'E. Plus au S., les régions de la mer Noire connaissent des étés chauds, tandis que l'Adriatique jouit d'un climat méditerranéen.

Berceau de civilisations anciennes ayant profondément marqué le monde entier (Grèce, Rome), l'Europe subit au cours des premiers siècles après J.-C. une série de bouleversements (conquêtes, invasions...) avant de trouver une certaine stabilité au cours de ce millénaire. Malgré les guerres successives à alliances changeantes au cours des siècles et les révolutions, les États se forment peu à peu avant que n'éclate la Première Guerre mondiale (1914-1918), puis la Seconde (1939-1945).

L'Europe centrale, comme l'U.R.S.S., fut très éprouvée (plus de 30 millions de victimes civiles et de nombreux déportations et déplacements forcés de populations). Cependant, l'ancienne structure ethnique de ces nations demeure pratiquement intacte. Les Slaves de l'E. (Russes), de l'O. (Polonais, Tchèques et Slovaques), ou du S. (Bulgares, Slovènes, Croates et Serbes) constituent 60 % de la population. Les 40 % restants sont formés d'Albanais, de Hongrois (Magyars), de Roumains, d'Allemands et d'importantes minorités baltes, tsiganes, juives, turques, etc. Les Slaves, bien que leurs langues présentent beaucoup de similitudes, ne se comprennent pas nécessairement entre eux. Les Bulgares, comme les Russes, ont adopté l'alphabet cyrillique, tandis que le serbo-croate s'écrit, chez les Serbes, en caractères cyrilliques, en Croatie, en caractères romains. Parmi les langues non slaves, l'allemand est la plus répandue, et résiste à l'avancée du russe. L'albanais est un rameau isolé des langues indoeuropéennes, le roumain dérive du latin, et le hongrois appartient au groupe des langues finno-ougriennes.

Depuis 1989, la libéralisation à l'Est n'a pas eu que des effets bénéfiques. C'est ainsi que se sont développés plusieurs conflits plus ou moins graves : Moldavie, Tchécoslovaquie, aujourd'hui pacifiquement divisée, mais surtout l'ex-Yougoslavie, où la guerre en Croatie et en Bosnie menace de s'étendre à la Macédoine, au Kosovo...

Depuis la dernière guerre, la priorité a été donnée en Europe de l'E. aux industries de biens d'équipement, et de nombreuses aciéries et usines chimiques se sont installées. La Pologne et l'ex-Tchécoslovaquie restent les premiers producteurs de fer et d'acier, l'ex-U.R.S.S. mise à part. La Hongrie s'est spécialisée dans la mécanique et l'électronique tandis que l'ex-Yougoslavie cherche à l'O. des marchés pour ses vêtements, automobiles, meubles, son matériel ménager et ses produits alimentaires. L'ex-R.D.A., pour sa part, dévastée par la guerre, a depuis longtemps reconstruit ses usines, mais, compétitive à l'Est, elle est aujourd'hui bien dépassée au sein de l'Allemagne réunifiée. Malgré une croissance remarquable depuis 1945, l'Albanie, la Roumanie et la Bulgarie sont en retard. Outre l'Albanie et la Yougoslavie (cette dernière associée), les pays de l'Europe de l'E. étaient regroupés au sein du Comecon (Conseil d'assistance économique mutuelle) qui, sous la forte impulsion soviétique, coordonnait les politiques des États membres. Le Comecon a été dissous en 1991, constatant ainsi son retard face à l'Europe occidentale.

Celle-ci, profitant d'un climat doux, consacre 50 à 75 % de son territoire aux cultures et à l'élevage. Les vignobles du S. (France, Italie, Espagne) représentent 60 % du vin mondial. L'abondance de sources d'énergie, de matières premières et de main-d'œuvre a fait très tôt de l'Europe de l'O. une grande région industrielle. La révolution industrielle, du reste, y est née. Commencée en Angleterre, elle a touché, au cours du XIXᵉ s., l'Allemagne, la Belgique et la France, avant de s'étendre au reste du continent et du monde. La première source d'énergie, toujours utilisée, fut le charbon, complétée aujourd'hui par l'énergie hydro-électrique, le pétrole d'importation, l'énergie nucléaire, le pétrole de la mer du Nord et le gaz naturel. Mais les matières premières minérales sont insuffisantes, il faut importer du minerai de fer, de cuivre, de plomb, de zinc, de bauxite.

La Communauté économique européenne — devenue Union européenne après le traité de Maastricht —, de 12 membres (Allemagne, Belgique, France, Italie, Luxembourg, Pays-Bas, Danemark, Irlande, Royaume-Uni, Grèce, Espagne et Portugal), pourrait passer à 16 en janvier 1995, avec l'Autriche, la Finlande, la Norvège et la Suède. Le grand projet européen est le rapprochement entre cette Union européenne et l'A.E.L.E. (Association européenne de libre-échange), qui réunit l'Autriche, la Norvège, la Suède, la Suisse, l'Islande, la Finlande et le Liechtenstein, presque tous candidats à l'Union européenne. Mais le référendum négatif de 1992 en Suisse sur cet Espace économique européen (E.E.E.) freine les ardeurs. Et il faut en même temps faire face aux besoins des pays de l'est de l'Europe, tout en évitant la contagion de l'éclatement de l'ex-Yougoslavie.

Population 730 000 000

Europoort, ***Pays-Bas*** Port et complexe industriel créé en 1959 sur le Nieuwe Waterweg, à l'O. de Rotterdam. Il peut recevoir les très gros cargos pétroliers, minéraliers ou céréaliers. Raffineries de pétrole et de métaux non ferreux, chantiers navals, industries chimiques, mécaniques et alimentaires.

Carte Pays-Bas Bb

évaporite Roche sédimentaire constituée de minéraux comme le sel gemme ou le gypse, formée par l'évaporation de l'eau salée.

évapotranspiration Ensemble des processus qui transfèrent l'eau à l'atmosphère, et quantité d'eau transférée pendant une période donnée (« évapotranspiration réelle »). L'évapotranspiration « potentielle » est la quantité d'eau qui peut être transférée en fonction de l'état de l'atmosphère (température, humidité, vitesse du vent). Si les précipitations sont supérieures à l'évapotranspiration potentielle pendant une période donnée, l'évapotranspiration réelle est égale à l'évapotranspiration potentielle, et il reste de l'eau disponible pour l'écoulement fluvial et la formation de réserves dans les sols. La période est considérée comme humide. Si au contraire les précipitations sont inférieures à l'évapotranspiration potentielle, toute l'eau qu'elles apportent est transférée vers l'atmosphère, les plantes se flétrissent, et il n'y a ni écoulement ni alimentation des nappes. La période est dite « sèche » ou « aride ».

Everest (mont), ***Népal/Chine*** Le plus haut sommet du globe (8 848 m), à l'E. de l'Himalaya, en bordure du Tibet chinois. Les Tibétains l'appellent Chomolungma (« Déesse mère du Monde »). Mesuré pour la première fois en 1852, il prit le nom de sir George Everest, alors géomètre en chef de l'Inde. Depuis, les variations d'épaisseur de la neige du sommet en modifient sans cesse la hauteur.

Gravi pour la première fois en 1953 par le Néo-Zélandais Hillary et le guide sherpa Tenzing Norgay, il a depuis été vaincu plus de cent trente fois, dont quatre par des femmes, et cinq sans l'aide d'oxygène. Cinquante alpinistes y ont trouvé la mort. Pourtant, la durée d'attente pour les candidats en lice est de sept ans. Deux expéditions seulement sont autorisées en même temps, et sur des voies différentes. De plus l'ascension n'est possible que durant trois périodes de l'année : en avril-mai, avant la mousson ; en octobre, après les pluies ; en décembre-janvier.

Carte Népal Ba

Everglades (les), ***États-Unis*** Région marécageuse subtropicale de la Floride, au S. du lac Okeechobee. Son existence a souvent été menacée par le pompage de ses eaux (pour l'irrigation ou l'usage urbain). Riche vie animale et végétale (mangrove) que protège l'Everglades National Park, à l'extrémité S.-O. de la péninsule.

Carte États-Unis Je

Évian-les-Bains, ***France*** Station thermale sur la rive méridionale du lac Léman, en Haute-Savoie. Eau de table réputée.

Population 6 900
Carte France Gc

Évora, ***Portugal*** Capitale de l'Alentejo, à 110 km à l'E. de Lisbonne, l'une des plus importantes villes du royaume au Moyen Âge où la cour séjourna fréquemment au XVIe s. Elle conserve de nombreux monuments antiques, médiévaux et de la Renaissance : aqueduc et temple de Diane de l'époque romaine, cathédrale des XIIe-XIIIe s., restaurée au début du

AU PARADIS DES OISEAUX. De gracieux ibis, mais aussi des flamants, des pélicans, des pumas et des alligators habitent les Everglades, marais de Floride à la végétation tropicale.

XVe s., monastère São Francisco (XVe s.), palais archiépiscopal (XVIe-XVIIe s.). Commerce et industrie du liège.
Population 34 000
Carte Portugal Cc

Évreux, ***France*** Chef-lieu du département de l'Eure en Haute-Normandie, à 90 km à l'O. de Paris. Vestiges gallo-romains. Cathédrale des XIIe, XIIIe et XVe s. Église de l'ancienne abbaye de Saint-Taurin des XIe et XVe s. Ancien évêché et tour de l'Horloge du XVe s. Industries: construction électrique, mécanique, produits pharmaceutiques. Base aérienne militaire.
Population 49 000
Carte France Db

Évros, ***Europe du Sud-Est*** Voir MARITZA

Évry, ***France*** Préfecture de l'Essonne, à 30 km au S.-E. de Paris. L'une des villes nouvelles de la région parisienne, fondée en 1970. Industries alimentaires, construction mécanique.
Population 45 600
Carte France Eb

Evvoia, ***Grèce*** Voir EUBÉE

Exeter, ***Royaume-Uni*** Ville portuaire sur l'Exe, chef-lieu du comté du Devon, dans le sud-ouest de l'Angleterre, à 250 km de Londres. La ville, dont les murs datent de l'époque romaine, résista deux ans à la conquête normande avant de succomber à un siège de dix-huit jours. Elle abrite une cathédrale romano-gothique (XIIe-XIVe s.), un hôtel de ville médiéval et un beau musée maritime.
Population 88 250
Carte Royaume-Uni De

Exmoor, ***Royaume-Uni*** Région de landes et de pâturages au N. du Somerset et du Devon, sur le canal de Bristol, culminant à 520 m (Dunkery Beacon) et bordée de falaises abruptes sur la côte. Cerfs, poneys, moutons et grouses. Parc national de 685 km^{2}.
Carte Royaume-Uni De

expansion des fonds océaniques Théorie supposant que la croûte terrestre (litosphère) est divisée en plaques en mouvement sur l'asténosphère. Dans les zones d'écartement, la lave liquide, ou magma basaltique, remonte, et en se solidifiant crée une nouvelle couche océanique. Ce phénomène expliquerait la naissance et l'expansion des bassins océaniques. Voir LA TECTONIQUE DES PLAQUES, p. 658

Extrême-Orient C'est l'Asie orientale. En dépit des communications modernes, le terme « Extrême-Orient » reste le synonyme, dans la conscience européenne, du lointain absolu; de contrées dont les habitants, jusqu'à la fin du XIXe s., n'avaient qu'une notion schématique de l'Occident et de ses « barbares ».

L'Extrême-Orient comprend la Chine, la Mongolie, la Corée, Taïwan, le Japon, Macao et Hong Kong. À l'E., sa limite se perd dans les îles au large de Taïwan et du Japon ; à l'O., elle se heurte au Pamir, énorme fronce montagneuse qui soutient les cieux. Les plateaux du Tibet sont enfermés entre deux grandes chaînes, l'Himalaya, au S., et le Kunlun, au N., qui s'étend jusqu'en Chine.

Le climat d'Asie orientale est aussi excessif que son relief: 1 220 mm d'eau sur Tokyo de juin à septembre, moins de 20 mm sur certaines parties de la Mongolie et de la Chine pour toute l'année. Ainsi, on ne trouve que des bergers nomades dans les déserts de Gobi et de Taklamakan, tandis que les régions bien arrosées par la mousson (bandes côtières, plaines et vallées de Taïwan, Corée et Chine) produisent de prodigieuses quantités de riz. Le nord de la Chine, plus froid, donne du blé et d'autres céréales. Les hautes terres sont peu cultivées. En Chine orientale, certaines collines autrefois très boisées ont été érodées par une agriculture trop intensive.

L'Asie orientale compte des régions à densité de population très forte (Macao: 18 750 habitants au kilomètre carré) ou très faible (Mongolie: 1 habitant au kilomètre carré). Elle abrite quelques-unes des plus grandes métropoles du monde, en Chine et surtout au Japon, où 76 % de la population vit dans les villes.
Superficie 11 790 302 km^{2}
Population 1 400 000 000
Carte Asie

extrusion Émission d'une lave visqueuse qui refroidit très rapidement et ne donne pas de coulée mais une aiguille ou un dôme à versants abrupts.

Exuma (îles), ***Bahamas*** Groupe d'îles au centre des Bahamas, comprenant Grande Exuma, Petite Exuma et des cayes voisines (récifs et bancs de sable à fleur d'eau), et totalisant 335 km^{2}. Activités: pêche, agriculture, tourisme.
Population 3 600
Carte Bahamas Bb

Eyre (lac), ***Australie*** Lac salé de 8 900 km^{2} en Australie-Méridionale, à 700 km au N.-O. d'Adélaïde, découvert en 1840 par Edward Eyre. C'est le plus grand lac d'Australie, et, à 16 m au-dessous du niveau de la mer, l'endroit le plus bas du continent. Cette étendue salée aride ne s'est remplie d'eau que trois fois au cours de ce siècle, en 1950, 1974 et 1984. En 1964, Donald Campbell y battit un nouveau record de vitesse sur terre (701,030 km/h) avec son engin à turbine, le *Bluebird*.
Carte Australie Fd

Eyzies-de-Tayac-Sireuil (Les), ***France*** À 21 km à l'O. de Sarlat, la « capitale de la préhistoire » est bâtie au confluent de la Vézère et de la Beune, dans un site de falaises calcaires percées de multiples cavernes très anciennement habitées. Grottes et abris sous roche ont livré des vestiges humains, des outils de pierre, bois et os, ainsi que des gravures, peintures et sculptures datant du paléolithique moyen et supérieur. Le musée national de la Préhistoire, l'un des plus importants du monde, est installé pour partie dans le château des barons de Beynac, qui domine le bourg. Un vaste ensemble de bâtiments modernes accrochés à la falaise abrite les salles ouvertes en 1992.

Autour des Eyzies, on trouve de nombreux gisements et grottes remarquables: Laugerie-Basse, Laugerie-Haute, Cro-Magnon, Font-de-Gaume, les Combarelles, le Cap-Blanc, le Moustier et la Madeleine.
Population 860

Ezulwini Valley, ***Swaziland*** Belle vallée entre Mbabane et Manzini, qui est la plus importante région touristique du pays. Dans les environs, on visite les chutes de Mantenga sur le Petit Usutu, et le sanctuaire animalier de Mlilwane (44 km^{2}) où sont protégés rhinocéros blancs, girafes, zèbres, buffles, crocodiles, élans et autres antilopes.
Carte Swaziland Aa

Fada, ***Tchad*** Oasis sur le plateau de l'Ennedi, à 1 000 km au N.-E. de la capitale, N'Djamena. Fief des nomades toubous, elle a été plongée dans la guerre civile de 1980 et dans le conflit avec la Libye.
Carte Tchad Bb

Faenza, ***Italie*** Ville de la province de Ravenne qui donna son nom au XIIe s. à la faïence. Elle abrite aujourd'hui un musée international de la céramique.
Population 56 000
Carte Italie Cb

Faeroe (îles), ***Danemark*** Voir FÉROÉ

Fagatogo, ***Samoa américaines*** Voir PAGO PAGO

Fagnes (Hautes), ***Belgique*** Voir ARDENNE

Fahaheel, en arabe **Al-Fuhayhil,** ***Koweït*** Port en pleine expansion à 30 km au S. de la ville de Koweït, dont il constitue une banlieue. C'était un village de pêcheurs bédouins jusqu'à ce que, dans les années 1960, un vaste projet de liquéfaction du gaz y amène la prospérité ainsi que de très nombreux ouvriers étrangers, surtout coréens et philippins.
Population 50 100
Carte Koweït Bb

Failakka (île), ***Koweït*** Île à 19 km à l'E. de la baie de Koweït, principal centre touristique du pays avant la guerre du Golfe (1991) où elle a beaucoup souffert de bombardements.

Des vestiges archéologiques témoignent de l'existence sur l'île d'une communauté prospère (entre 3 000 et 1 200 ans av. J.-C.) en relation étroite avec les villes de Mésopotamie, ainsi qu'avec Dilmoun.
Carte Koweït Bb

faille Rupture ou dislocation de l'écorce terrestre le long de laquelle des blocs rocheux se sont déplacés l'un par rapport à l'autre. Voir LA TERRE EN MOUVEMENT, p. 242

Fair (île), en anglais **Fair Isle,** ***Royaume-Uni*** Île située à 40 km de la pointe S. de l'île principale des Shetland. Ses habitants sont agriculteurs et pêcheurs, et les femmes fabriquent encore les traditionnels tricots de l'île avec leurs motifs en couleur.
Population 75
Carte Royaume-Uni Gh

Fairbanks, ***États-Unis*** La plus grande ville du centre de l'Alaska, au cœur de l'État, à 190 km au S. du cercle arctique, sur le passage de l'oléoduc trans-Alaska. Centre commercial, touristique et universitaire.
Population 26 600
Carte Alaska Cb

Faisalabad, anc. **Lyallpur,** ***Pakistan*** Troisième ville du pays, à 120 km à l'O. de Lahore, cet important marché agricole est situé dans une région de blé et de coton dont la fertilité est menacée par la montée de la nappe phréatique et l'accroissement de la salinité du sol.
Population 1 092 000
Carte Pakistan Dd

LA TERRE EN MOUVEMENT

Les reliefs et leur modelé, la répartition des collines et des vallées, des montagnes et des lacs sont le reflet de l'action conjuguée des forces créatrices et destructrices qui agissent de l'intérieur de la terre. Collines, montagnes et vallées correspondent à des plis ou des failles de l'écorce terrestre. Plissements et cassures créent des reliefs, immédiatement attaqués par les rivières.

Les plis sont comme les vagues de l'écorce terrestre, les failles en sont les fractures : les deux résultent des pressions intenses développées par le mouvement des plaques continentales (voir LA TECTONIQUE DES PLAQUES, p. 654). Les pressions les plus fortes s'exercent en bordure des plaques, là où celles-ci convergent : des montagnes s'élèvent alors. Mais là où les plaques se fragmentent, les continents s'écartent, ouvrant des dépressions, comme le Grand Rift africain. Généralement, les terrains récents sont affectés de plis simples, alors que les plis complexes sont le fait de terrains plus anciens qui ont subi de nombreuses déformations et plusieurs phases de plissement. Plus on s'éloigne des marges continentales, plus les plis s'amortissent, comme au pied de l'Himalaya.

Lorsque les roches ne peuvent plus se ployer, elles cassent et des failles apparaissent. S'il s'agit d'un simple étirement, une faille normale se crée. Mais si ces fractures sont ensuite soumises à des compressions, des failles inverses ou des chevauchements se forment alors. Failles et plis coexistent souvent dans une même région. Dans ces secteurs, les risques sismiques sont aussi très élevés, en particulier lorsque de nouvelles failles se développent à l'emplacement d'anciens accidents masqués en surface.

PLIS ET FAILLES

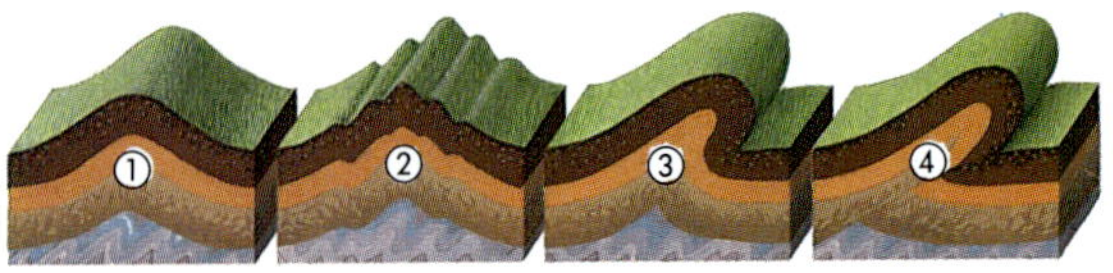

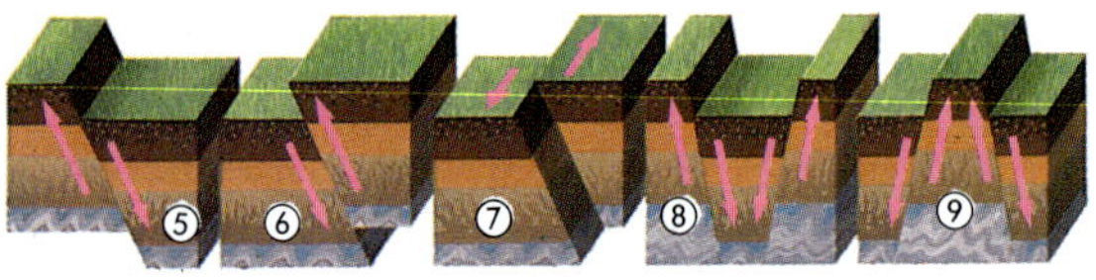

Un pli simple qui exhausse les terrains est un anticlinal (1). Un anticlinorium (2) est un vaste anticlinal formé de très nombreux petits plis. Les plis déjetés (3) sont des anticlinaux qui ont subi une pression latérale. Parfois, le flanc inférieur de ces plis a été laminé, et le flanc supérieur devient une nappe (4). L'étirement de terrains (5) peut produire une faille normale, leur compression une faille inverse (6), tandis que les mouvements horizontaux créent des failles décrochantes (7). Une vallée en rift, ou fossé (8), se forme lorsqu'un bloc s'affaisse entre deux failles parallèles. Lorsqu'au contraire le bloc est soulevé, on a un « horst » ou un massif faillé.

Les contraintes verticales et horizontales qui s'exercent dans la croûte terrestre créent des failles et des plis. Les montagnes plissées résultent de mouvements dans les plaques continentales : le Jura (France et Suisse), les Alpes et l'Oural en sont de bons exemples. Les massifs faillés se forment lorsqu'un bloc limité par des failles est soulevé et (ou) basculé, même si ce bloc correspond à un ancien massif plissé : c'est le cas de la sierra Nevada, en Californie.

LES FAILLES DÉCROCHANTES

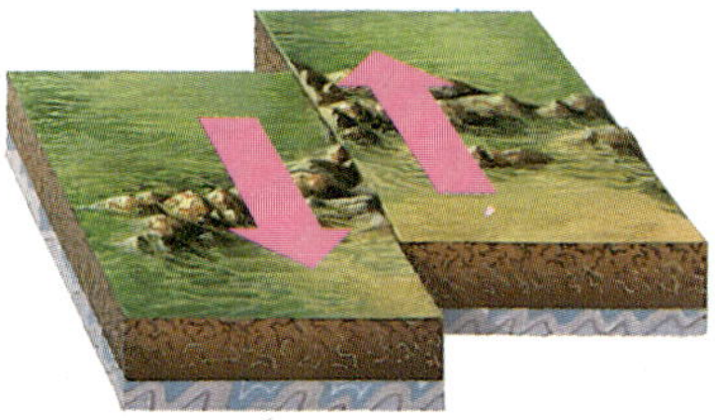

Les failles décrochantes, dites aussi cisaillantes, correspondent à des dislocations de l'écorce terrestre dans lesquelles se produit un mouvement horizontal de part et d'autre de la rupture. Ces failles affectent au minimum toute l'épaisseur de la croûte, et l'on pense même que certaines d'entre elles sont à l'origine de profondes fosses océaniques, comme celle de Porto Rico, à l'O. de l'Atlantique.

LES FAILLES QUI MENACENT LES VILLES

La plupart des tremblements de terre de la planète se produisent sur le pourtour du Pacifique, là où convergent plusieurs plaques continentales. L'une des zones de rencontre entre les plaques Amérique du Nord et Pacifique correspond à la faille de San Andreas, qui traverse la péninsule de San Francisco. Cette région est donc particulièrement sujette aux séismes ; le plus célèbre fut celui de San Francisco, qui tua sept cents personnes en 1906. De nombreux séismologues prévoient pour un avenir proche d'autres tremblements aussi violents. Dans le cas de la faille de San Andreas, dont le tracé se suit très bien d'avion, la plaque Pacifique, à l'O., se déplace à un rythme de 10 mm par an relativement à la plaque nord-américaine. On a évalué leur mouvement relatif au cours des derniers millions d'années à plusieurs dizaines de kilomètres ; un jour, la péninsule sera détachée du continent et dérivera en bloc vers le nord.

Bien que les plaques Pacifique et nord-américaine se déplacent toutes deux vers le nord-ouest, la plaque Pacifique se déplace plus vite, si bien qu'elles semblent se mouvoir dans des directions opposées.

Si la faille de San Andreas continue à se déplacer au rythme actuel, dans 50 millions d'années, Los Angeles sera sur une île, au large des côtes occidentales du Canada.

Falkirk, ***Royaume-Uni*** Voir CENTRAL REGION

Falkland (îles), ***Atlantique Sud*** Voir MALOUINES (îles)

False Bay, en afrikaner **Valsbaai,** ***Afrique du Sud*** Crique de l'océan Atlantique S., à l'E. du cap de Bonne-Espérance, en Afrique du Sud (littéralement « fausse baie »). Ainsi nommée parce que des navigateurs la confondaient parfois avec la proche baie de la Table, False Bay fut découverte en 1488 par le Portugais Bartolomeu Dias, qui cherchait la route des Indes. L'eau de la baie, provenant de l'océan Indien, a 5 °C de plus que celle de la baie de la Table, qui vient de l'Atlantique, ce qui attire les touristes.

Dimensions 32 km de long sur 29 de large
Carte Afrique du Sud Ac

Falster (île), ***Danemark*** Île de la Baltique reliée à l'île de Sjaelland au N. par le Farøbroen, pont de 3,2 km de long. L'île couvre 514 km^2. La ville principale est Nykøbing. À Gedser, port le plus méridional du Danemark, des ferries relient l'île à Warnemünde et Travemünde (Allemagne).

Population 45 900
Carte Danemark Cb

Famagouste, ***Chypre*** Station balnéaire et port de la côte E., exportant des fruits et des légumes, et fabriquant des vêtements. Depuis 1974, la ville est sous occupation turque. Capitale des Lusignan au Moyen Âge, elle passa aux mains des Génois, puis des Vénitiens, qui construisirent ses remparts (XVIe s.). Son dernier gouverneur vénitien, Bragadin, fut écorché vif par les Turcs qui prirent la ville en 1571. La vieille ville abrite des églises (XIIIe et XIVe s.) d'inspiration française, dont la cathédrale Saint-Nicolas, un palais du XVIe s. transformé en prison, un musée turc, la citadelle et un marché très animé.

Population 19 500
Carte Chypre Ab

Fao, en arabe **Al-Faw,** ***Irak*** Port à l'embouchure du Chatt al-Arab sur le golfe Persique. Terminal pétrolier en eau profonde qui dessert les gisements du sud du pays. Pipe-line vers Kirkūk et les champs pétrolifères du Nord, construit pour assurer les exportations vers la Syrie en cas de fermeture du Golfe. En 1986, le port et ses installations ont souffert de la guerre contre l'Iran, et de l'embargo pendant la crise du Golfe (1990-1991).

Carte Irak Dc

Faradofay, ***Madagascar*** Voir TAOLAGNARO

Farafangana, ***Madagascar*** Port de l'océan Indien à 430 km au S.-E. d'Antananarivo. Exportation de café, riz, peaux, vanille, clous de girofle, poivre et cires.

Population 36 000
Carte Madagascar Ab

Farakka (barrage de), ***Inde*** Barrage sur le Gange à 12 km à l'O. de la frontière du Bangladesh. Il supporte la voie ferrée de Calcutta à l'Assam et détourne l'eau dans l'Hooghly, navigable jusqu'à Calcutta. Achevé en 1971, il fonctionne depuis 1975.

Carte Inde Dc

Faro, ***Portugal*** Capitale de l'Algarve, la plus méridionale des provinces portugaises, à 90 km à l'E. du cap Saint-Vincent (pointe S.-O. du pays). L'aéroport dessert les stations balnéaires de la région. Ressources principales : sel, pêche, liège et produits alimentaires. Grandes plages de sable à proximité.

Population 28 200
Carte Portugal Cd

Fatehpur Sikri, ***Inde*** Ancienne capitale royale de l'empereur moghol Akbar, à 150 km au S. de Delhi ; haut lieu touristique. Construite en 1571 par Akbar, elle fut abandonnée à sa mort en 1605. Un mur intact de 10 km entoure la ville sur trois côtés : le quatrième s'ouvrait sur un lac de 32 km de tour, aujourd'hui asséché. Superbes palais et mosquées de style indo-moghol.

Population 20 000
Carte Inde Bb

Fátima, ***Portugal*** Village à 105 km au N. de Lisbonne. Lieu de pèlerinage depuis le 13 mai 1917, date à laquelle la Vierge serait apparue à trois jeunes bergers. Pèlerinage le 13 de chaque mois. Les plus importants ont lieu le 13 mai et le 13 octobre.

Population 6 500
Carte Portugal Bc

Faucille (col de la), ***France*** Col du Jura (département de l'Ain) reliant Gex et Morez (1 320 m) et qu'emprunte la route de Paris à Genève. Station de sports d'hiver.

Faya-Largeau, ***Tchad*** Oasis à 780 km au N.-E. de N'Djamena. Préfecture du Borkou-Ennedi-Tibesti et principale ville du Nord. Carrefour de pistes du désert et lieu de rencontre des chameliers nomades qui y échangent dattes, céréales et autres marchandises venant du Sud. Dans les années 1980, alors que la guerre civile ravageait le Tchad, Faya-Largeau fut un bastion des forces antigouvernementales appuyées par la Libye.

Population 5 200
Carte Tchad Ab

Fayoum (El-Faiyum), ***Égypte*** Vaste dépression (40 m au-dessous du niveau de la mer) de la haute Égypte à l'O. du Nil, irriguée au moyen de canaux par les eaux du Nil et du lac Karoun. Chef-lieu : Médinet el-Fayoum. Elle figure parmi les riches régions agricoles du pays : coton, blé, maïs, cultures maraîchères. Ce fut le siège des pharaons du Moyen Empire, de 1990 à 1785 av. J.-C. Ruines du temple funéraire construit sous Amenemhat III. À proximité se trouve Crocodilopolis, ancien centre d'adoration du dieu crocodile égyptien, Sebek.

Population (chef-lieu) 212 600
Carte Égypte Bb

Fdérik, anc. **Fort-Gouraud,** ***Mauritanie*** Ville minière à 625 km au N.-E. de Nouakchott, près de la frontière du Sahara occidental. Le minerai de fer y est extrait depuis 1963 et exporté vers le port de Nouadhibou par la seule voie ferrée du pays (670 km).

Carte Mauritanie Ba

Fehmarn, ***Allemagne*** Île de la baie de Kiel (185 km^2) à 1 km de la côte du Schleswig-Holstein. Reliée au continent par un pont qui a accru l'afflux de touristes et ouvert une voie directe entre Hambourg et Copenhague.

Population 15 000
Carte Allemagne Da

feldspath Minéral formé d'un silicate d'alumine associé à une base qui peut être la potasse, la soude ou la chaux. Les feldspaths sont des minéraux assez durs, clivables, d'éclat vitreux, de couleur blanche ou rose. Ils jouent un grand rôle dans les roches éruptives anciennes (granits, basaltes), et, altérés, entrent dans la composition des argiles.

Fengfeng, ***Chine*** Important gisement houiller du Hebei, à 250 km au sud de Pékin. Coke pour les aciéries locales et pour l'exportation.

Carte Chine Hd

Fens, ***Royaume-Uni*** Ancien marécage de l'est de l'Angleterre en partie au-dessous du niveau de la mer, autour du golfe du Wash. Des travaux d'aménagement (digues, canaux, drainage), entrepris depuis le XVIIe s., en ont fait une des régions agricoles les plus riches du pays (céréales, cultures maraîchères et florales).

Carte Royaume-Uni Fd

fente de retrait Fissure ouverte dans un sol ou un sous-sol argileux sous l'effet de la sécheresse. Aussi appelée fente de dessiccation.

Fergana ou **Ferghana,** ***Kirghizistan/Ouzbékistan*** Région agricole irriguée du S.-E. de l'Ouzbékistan. C'est une vallée fertile de 300 km de long (alt. : 300 à 1 000 m) dans les monts Tien-Chan, qui produit coton, riz, soie, fruits (raisins, abricots, pêches et prunes). Hydrocarbures. Industries métallurgiques et chimiques. Villes principales industrielles : Fergana, Kokand, Namangan en Ouzbékistan.

Population (ville) 198 000 ; (région) 2 188 000
Carte Kirghizistan Ba, Ouzbékistan Ca

Ferkessédougou, ***Côte-d'Ivoire*** Voir KORHOGO

Fermanagh, ***Royaume-Uni*** Comté du sud-ouest de l'Irlande du Nord, de part et d'autre des Lough (lacs) Erne. Ville principale : Enniskillen (11 500 habitants). Ressources agricoles, sylvicoles. Tourisme.

Population 51 400
Carte Royaume-Uni Bc

Fernando de Noronha, ***Brésil*** Île à l'E. du Brésil qui, avec les îlots Rocas, San Petro et San Paulo, est rattachée à l'État de Pernambouc.

Carte Brésil Eb

Fernando Póo, ***Guinée-Équatoriale*** Voir BIOKO

Féroé ou **Faeroe (îles),** en danois **Faerøerne,** en féroïen **Føroyar,** ***Danemark*** Archipel de 18 îles (1 400 km^2) dans l'Atlantique N., entre les îles Shetland et l'Islande. La capitale, Thorshavn (12 800 habitants), se trouve sur la plus grande, Stromo ; le point le plus élevé (Slaettaratindur, 882 m) sur Ostero. Les îles sont constituées de roches volcaniques profondément creusées et érodées par les glaciers et formant un décor à la fois spectaculaire et menaçant pour les villages de pêcheurs et les fermes éparpillés çà et là. Les hautes falaises côtières abritent des millions d'oiseaux de mer.

L'activité principale est l'agriculture, ainsi que l'élevage du mouton et la pêche (hareng, morue, églefin). Le poisson sous toutes ses formes (séché, salé, congelé, en conserve, transformé en farine ou en huile) constitue l'essentiel des exportations. Les insulaires, autonomes pour les affaires d'intérêt local depuis 1948, ont leur propre langue, le féroïen, dérivé du norvégien ancien, leur drapeau, leurs timbres-poste ainsi que leur monnaie et ne font pas partie de l'Union européenne.

Population 47 600
Carte Europe Cb

Ferrare, en it. **Ferrara,** ***Italie*** Ville à 90 km au S.-O. de Venise, presque entièrement comprise à l'intérieur de son enceinte médiévale (11 km). En son milieu se dresse l'énorme château d'Este entouré de douves, commencé en 1385 et achevé deux cents ans plus tard. C'est l'un des nombreux monuments de la ville rappelant les ducs d'Este, qui gouvernèrent Ferrare du XIVe au XVIe s. et en firent un centre artistique et intellectuel. Constructions médiévales : hôtel de ville (1243) et cathédrale de style lombard (roman et gothique). Nombreux palais Renaissance, comme le palais Schifanoia (fresques du XVe s. représentant les mois) et le palais des Diamants, du nom des 12 600 blocs de marbre taillés en pointe de diamant qui revêtent sa façade. Industries alimentaires et pétrochimiques.

Population 150 300
Carte Italie Cb

Fertöd (château de), ***Hongrie*** Palais baroque superbement restauré, construit au milieu du XVIIIe s. par les Esterházy, à 27 km au S.-E. de Sopron, près de la frontière autrichienne. En forme de fer à cheval, avec 126 pièces, il se dresse dans un jardin à la française. Le musée et un festival musical rappellent que le compositeur autrichien Haydn fut maître de chapelle à la cour des Esterházy de 1761 à 1790.

Carte Hongrie Ab

Fès, anc. **Fez,** ***Maroc*** L'une des quatre villes impériales (anciennes capitales royales) du Maroc. Ville commerciale dynamique et carrefour, à 200 km au S.-E. de Tanger, dans une vallée au N. du Moyen Atlas, elle est restée la capitale culturelle et spirituelle du Maroc et possède l'une des plus grandes mosquées du monde — Karaouiyine ou Qarawiyyin — qui peut contenir plus de 20 000 personnes et qui est aussi l'une des plus anciennes universités (850).

La vieille ville comprend deux villes : Fès el-Bali, construite en 808 par le prince Idris II, et Fès el-Djedid, fondée au XIIIe s. L'une des villes saintes de l'Islam, Fès connut son apogée au XIVe s. : les étudiants affluaient même d'Europe pour suivre son enseignement. Aujourd'hui, ses mosquées, ses sanctuaires, ses *medersas* (collèges islamiques) et ses palais en font un lieu de tourisme privilégié. La médina (quartier résidentiel musulman ancien), avec son labyrinthe de ruelles et de souks auxquels on accède par des portes monumentales percées dans les murailles qui l'entourent, est la plus grande du Maroc. Bel artisanat varié : brocarts, soieries, cuir (tanneries et façonnage), laine, tapis, travail du cuivre, poterie.

Population 448 800
Carte Maroc Ba

Fezzan, ***Libye*** Région désertique située au S.-O. du pays. Sa population (2 % du total national) vit surtout dans les oasis plantées de palmiers-dattiers. C'est une région très aride : plateaux rocheux, déserts de pierres, dunes de sable. Villes principales : Sebha, Mourzouk. La campagne du Fezzan (1941-1942) permit à la colonne Leclerc de faire sa jonction avec l'armée de Montgomery à Tripoli.

Carte Libye Bb

Fianarantsoa, ***Madagascar*** Ville du Betsileo, à 1 200 m d'altitude, à 417 km au S. de Tananarive. Centre administratif, commercial et agricole sur la route Tananarive-Tuléar, relié à Manakar (côte E.) par route et voie ferrée. Dans la province du même nom (102 373 km²) : riz de montagne, maïs, manioc, arachide, café, canne à sucre ; élevage.

Population (ville) 300 000 ; (prov.) 2 540 000
Carte Madagascar Ab

Fife, ***Royaume-Uni*** Région administrative (1 319 km²) de l'Écosse orientale, entre les estuaires du Forth et du Tay. Villes principales : Dunfermline, St Andrew, Glenrothes. Dans le Sud et l'Ouest miniers, il ne reste que quelques puits.

Population 339 300
Carte Royaume-Uni Db

Figuig, ***Maroc*** Oasis du Sud-Est marocain, à la frontière algérienne, reliée aux grandes pistes caravanières du désert. Palmeraies.

Population 14 480
Carte Maroc Ba

Filadelfia, ***Paraguay*** Voir GRAN CHACO

Filchner (banquise de), ***Antarctique*** Grand bloc de glace flottante dans la mer de Weddell sur la côte atlantique de l'Antarctique. Elle fut dé-

Fidji (îles)

LE CRI DE « MBULA ! » (« BIENVENUE ! ») ACCUEILLE LE TOURISTE QUI DÉBARQUE DANS CE QUI FUT JADIS UN REPAIRE DE FÉROCES CANNIBALES

La nation la plus avancée sur le plan économique, la plus mélangée sur le plan racial, et l'une des plus vastes de sa région, les îles Fidji, a une position stratégique dans le sud-ouest du Pacifique. Elle permet aux navires occidentaux de mouiller dans ses ports. Ce que les visiteurs remarquent le plus, ce sont les larges sourires et l'accueil amical des Fidjiens. Pourtant, il y a environ deux cents ans, on redoutait leur sauvagerie, leur cannibalisme.

Mais les indigènes fidjiens (des Mélanésiens aux cheveux crépus, avec un peu de sang polynésien) sont maintenant moins nombreux que les Indiens, introduits comme travailleurs sous contrat sur les plantations de canne à sucre ; tout semble prêt pour un conflit racial. Mais, grâce aux efforts de la Grande-Bretagne jusqu'aux années 1980 et à ceux des politiciens de nos jours, cela a été évité.

Le système électoral ne permettait la suprématie d'aucune race, tout en donnant aux Fidjiens une place spéciale dans leur pays. Ils possédaient la terre ; le nom qu'ils se donnent à eux-mêmes, *Taukei*, signifie « les Propriétaires », alors que les Indiens (dont certains sont des hommes d'affaires de premier plan) dominaient le commerce et les professions libérales. Les Indiens sont aussi à l'origine d'une conscience politique qui fait de Fidji un leader dans sa région. Mais, en avril 1987, cette stabilité a été remise en cause avec les élections qui ont entraîné la formation d'un gouvernement pour la première fois à dominance indienne, renversé quelques mois plus tard par un coup d'État mené par des Fidjiens. Ceux-ci menacent de modifier la Constitution en leur faveur, et la tension s'est accrue entre les communautés.

L'archipel comprend environ 320 îles et atolls, plus 480 îlots. Mais 150 îles seulement sont habitées ; les deux principales, Viti Levu et Vanua Levu, comptent 87 % de la superficie totale. Des volcans éteints leur donnent un relief impressionnant, le plus haut étant le Tomaniivi (le mont Victoria), qui s'élève à 1 324 m, à Viti Levu ; c'est sur cette île que se trouve la capitale, Suva.

Des récifs coralliens ourlent la plupart des îles ; celles-ci sont couvertes de forêts pluviales tropicales sur leur façade S.-E., exposée aux alizés ; ailleurs ne pousse que la savane avec des bouquets de pandanus semblables à des palmiers. Les montagnes des principales îles avaient jadis une épaisse forêt, mais beaucoup d'arbres ont été abattus ou brûlés pour laisser place à des pâturages ; aussi l'érosion des sols devient-elle de plus en plus grave. Les activités principales des îles sont le tourisme et la culture de la canne à sucre.

Le premier visiteur européen fut l'explorateur hollandais Abel Tasman en 1643. Le capitaine Cook y fit escale en 1774 ; mais les îles ne furent complètement explorées qu'en 1792, quand le capitaine W. Bligh revint aux îles qu'il avait vues de loin, lors de la mutinerie du *Bounty*. Les navires baleiniers et les cargos en quête de bois de santal et de bêche de mer (une holothurie, ou concombre de mer) apportèrent avec eux des maladies qui firent des ravages chez les insulaires.

On vendit des fusils à ce peuple agressif et versatile, ce qui exacerba les guerres interinsulaires à tel point que la Grande-Bretagne intervint en 1874. Poussée par les colons européens et aussi pour écarter les intérêts américains et français, elle accepta l'offre de cession que lui proposa le chef Cabokau, qui avait besoin d'argent pour faire la guerre.

Les îles Fidji devinrent une colonie où, progressivement, la Grande-Bretagne imposa l'ordre ; puis, en 1970, un membre indépendant du Commonwealth avec Élisabeth II comme chef d'État. Après le coup d'État militaire de 1987, les Fidji, devenues une république, ont quitté le Commonwealth.

LES ÎLES FIDJI EN BREF

Carte Océan Pacifique Dc
Superficie 18 376 km²
Population 762 000
Capitale Suva
Régime République parlementaire
Monnaie Dollar fidjien = 100 cents
Langues Anglais, fidjien, hindoustani, ourdou, tamil, chinois
Religions Chrétiens 51 %, hindous 40 %, musulmans 8 %
Climat Tropical ; température moyenne à Suva : de 20 à 26 °C en août, de 23 à 30 °C en février
Ressources Sucre, manioc, noix de coco, tabac, bétail, bois, poisson, or
Activités Agriculture, tourisme, extraction minière, raffinage du sucre, conserveries, forestage, pêche
Exportations Sucre, mélasse, conserves de poisson, coprah et huile de noix de coco, gingembre, or
P.N.B. annuel par habitant 2 070 dollars
Croissance démographique 19,7 ‰ par an
Espérance de vie Hommes 61 ans, femmes 65

couverte en 1912 par l'explorateur allemand Wilhelm Filchner.
Carte Antarctique Cc

Filitosa, ***France*** Importante station préhistorique de Corse-du-Sud, située entre Ajaccio et Sartène, qui conserve notamment des statues-menhirs datant de 1300 av. J.-C. ; certaines sont exposées au musée local.

Finistère (29), ***France*** Département de l'O. de la Bretagne, 6 733 km^2. Chef-lieu : Quimper. Battues par les vents, les côtes sont hautes, accidentées (pointes, îles, écueils) et coupées de rias (abers) au N. et à l'O., plus basses (larges baies) au S., où se trouvent de nombreux ports. Pêche artisanale et industrielle, agriculture (primeurs), élevage, industries alimentaires, ostréiculture. Tourisme sur la côte et à l'intérieur (parc régional d'Armorique, monuments anciens). Autres villes importantes : Brest, Châteaulin, Morlaix (sous-préfectures), Concarneau, Douarnenez, Landerneau. Îles de Batz, Ouessant, Molène, Sein et Glénan.
Population 840 000
Carte France Ab

Finisterre (cap), ***Espagne*** Promontoire rocheux à la pointe N.-O. de la région la plus occidentale du pays.
Carte Espagne Aa

Finlande Voir p. 246-248

Finlande (golfe de) Bras oriental peu profond de la mer Baltique, entre la Finlande, l'Estonie et la Russie. Il gèle en hiver, et les hauts fonds et les récifs rendent sa navigation difficile en toutes saisons. Ports principaux : Helsinki, Saint-Pétersbourg, Tallin et Vyborg.
Dimensions 400 km de long, 20 à 130 km de large
Carte Finlande Cc

Finnmark, ***Norvège*** Région et division administrative au nord du pays, stratégiquement importante pour l'Organisation du traité de l'Atlantique Nord (OTAN), qui y possède des installations militaires, à cause de sa frontière avec la Russie. Sa population comprend des Lapons et des Finnois. Pêche, élevage de rennes, agriculture ; mines de fer. Chef-lieu : Vadsø.
Population 77 400
Carte Norvège Ga

Fionie, en danois **Fyn,** ***Danemark*** Deuxième île du pays (3 486 km^2) après celle de Sjaelland, baignée par les détroits du Petit-Belt à l'O., et du Grand-Belt à l'E., à l'entrée de la mer Baltique. L'économie est essentiellement agricole (élevage, céréales, vergers), et le développement important de l'horticulture a valu à l'île le surnom de « jardin du Danemark ». Les villes (Middlefart, Nyborg) conservent de nombreuses maisons à fondations médiévales ou à colombage. Sépultures datant de l'âge de pierre, vestiges vikings. Jolies stations de Svendborg et de Faborg, au S. Chef-lieu : Odense.
Population 433 800
Carte Danemark Bb

Fiordland National Park, ***Nouvelle-Zélande*** Parc de 12 000 km^2 sur la côte S.-O. de l'île du Sud, offrant un paysage de rudes montagnes, vallées profondes, torrents rugissants, cascades, lacs tranquilles et forêt dense. Il abrite un gros oiseau rarissime au plumage coloré : le takahé (*Notornis mantelli*) : en voie d'extinction, incapable de voler, il fait l'objet d'une protection totale.
Carte Nouvelle-Zélande Af

Firat, ***Moyen-Orient*** Voir EUPHRATE

Firenze, ***Italie*** Voir FLORENCE

firth Mot écossais désignant l'embouchure longue et étroite de certains fleuves côtiers, comme le Firth of Forth.

Fiume, ***Croatie*** Voir RIJEKA

fjord Ancienne vallée glaciaire en U envahie par les eaux marines lors de la déglaciation. Les meilleurs exemples se trouvent en Norvège et en Alaska. Certains peuvent être très longs (Sognefjord : 180 km).

Flandre, ***Belgique*** Une des trois régions autonomes de la Belgique fédérale, avec la Wallonie et Bruxelles, occupant tout le nord du pays. Deux de ses neuf provinces, Flandre orientale et Flandre occidentale, ont pour chefs-lieux Gand et Bruges qui, aux XIIIe et XIVe s., furent les grands centres du commerce lainier en Europe. La prospérité actuelle réside dans l'agriculture et l'élevage pratiqués dans les polders (terres asséchées conquises sur la mer) et en Flandre intérieure (cultures maraîchères). Outre l'industrie textile (75 % de la main-d'œuvre belge), de nombreuses usines modernes fournissent de l'outillage électrique, de l'acier, des denrées alimentaires (brasseries). La région côtière fut le théâtre de durs combats au cours de la Première Guerre mondiale (bataille de l'Yser).
Carte Belgique Aa

Flandre ou **Flandres,** ***France*** Partie N.-O. du département du Nord, entre Valenciennes et la côte, débordant jusqu'à Béthune et Calais. C'est un plat pays sillonné de canaux avec une côte bordée de dunes, accidenté seulement par les collines de la Flandre intérieure. Il est jalonné de beffrois, clochers et moulins, mais aussi de cheminées d'usines et de grues de ports (Calais, Dunkerque).
Carte France Ea

flèche littorale Voir CORDON LITTORAL

Flensburg, ***Allemagne*** Port du Schleswig-Holstein, sur la Baltique, à 2 km de la frontière danoise. Dernière retraite du gouvernement nazi présidé par l'amiral Dönitz qui y négocia la reddition allemande avec les Alliés (avril 1945). Chantiers navals. Église du XVe s. ; porte du Nord (fin XVIe s.) ; musée.
Population 87 900
Carte Allemagne Ca

Flessingue, en néerl. **Vlissingen,** ***Pays-Bas*** Port de l'île de Walcheren à 75 km au S.-O. de Rotterdam, relié par ferry à Sheerness (Angleterre). Base navale depuis le XVIe s., station balnéaire, chantier naval, port de pêche.
Population 46 400
Carte Pays-Bas Ab

fleuve Cours d'eau important qui se jette dans la mer. Les fleuves et leurs affluents constituent un des facteurs du modelé de l'écorce terrestre. Voir COMMENT LES EAUX MODÈLENT LE PAYSAGE, p. 249, et LES PLUS LONGS FLEUVES DU MONDE, ci-dessus

Flevoland, ***Pays-Bas*** Nouvelle province créée en 1986 par la réunion des deux polders formés en 1957 et 1967 sur l'IJsselmeer (940 km^2). Toujours en cours d'aménagement, ces polders sont essentiellement destinés à l'agriculture (colza...). Le chef-lieu de la province est Lelystad (40 km au N.-E. d'Amsterdam), du nom (Lely) de l'ingénieur promoteur du plan de récupération des terres sur l'IJsselmeer.
Population 232 800
Carte Pays-Bas Ba

LES PLUS GRANDS FLEUVES DU MONDE

Le Nil, plus grand fleuve du monde, mesure officiellement 6 695 km. Il est en fait un peu plus court depuis la création en 1971 du lac Nasser, en amont du barrage égyptien d'Assouan, qui absorbe une partie de son cours. Ce dont les géographes font toutefois abstraction quand ils énoncent sa longueur.

Fleuve	Lieu	Longueur (en km)
Nil	Afrique	6 695
Amazone	Amérique du Sud	6 440
Yang-tseu-kiang (Chang Jiang)	Asie	6 380
Mississippi-Missouri	Amérique du Nord	6 019
Ob'-Irtych	Asie	5 570
Zaïre (Congo)	Afrique	4 670
Houang Ho (Huang He)	Asie	4 670
Amour (Heilong Jiang)	Asie	4 510
Lena	Russie	4 270
Mackenzie-Paix	Canada	4 240
Paranà	Amérique du Sud	4 200
Mékong	Asie	4 185
Niger	Afrique	4 170
Iénisseï	Russie	4 130
Murray-Darling	Australie	3 750
Volga	Russie	3 688

Finlande

TOUR À TOUR PROVINCE SUÉDOISE PUIS GRAND-DUCHÉ RUSSE, CE PAYS DE LACS ET DE FORÊTS S'ACCROCHE AVEC TÉNACITÉ À SON INDÉPENDANCE ENTRE L'EST ET L'OUEST

Située à l'extrême E. de l'Europe occidentale, la Finlande est un pays où la technologie du XXe siècle côtoie les forêts sauvages et la toundra. Les deux tiers du pays sont en effet occupés par les lacs et les forêts, et la neige qui commence à tomber en novembre ne fond pas avant avril ou mai. Mais c'est cette austère beauté qui inspira la musique de Jean Sibelius (1865-1957) et les lignes pures de l'architecture et du mobilier d'Alvar Aalto (1898-1976) et d'Eero Saarinen (1910-1961).

La majeure partie de la Finlande est de faible altitude, avec quelques hauteurs à plus de mille mètres dans le nord, en Laponie, et comprend de grandes étendues de tourbières et de marais. Les vastes forêts dont le pays tire un cinquième de ses exportations (le papier) sont surtout constituées de conifères (épicéas et pins), et aussi de bouleaux.

À la fin de la dernière glaciation, avec l'élévation des températures, l'immense couverture de glace s'est retirée en laissant de grandes quantités de débris glaciaires sur la roche mère granitique. Des milliers de lacs se sont ainsi formés. Délivrée du poids de la glace, la terre s'élève à un rythme de 80 cm par siècle le long de la côte O. du golfe de Botnie, un bras de la mer Baltique. Ainsi, de la terre est conquise sur la mer à un rythme de 1 km^2 tous les dix ans. Baignant les rivages de ce pays de lacs, la Baltique ressemble elle-même à un lac : elle n'a pratiquement pas de marées et est peu salée.

La Finlande partage sa plus longue frontière (1 270 km) avec son voisin de l'E., la Russie. Saint-Pétersbourg se trouve seulement à 300 km de la capitale, Helsinki. Le pays est bordé à l'O. par la Suède et le golfe de Botnie et au N. par la Norvège. Un tiers du pays se trouve au-delà du cercle polaire arctique.

Les Finlandais connaissent de grands écarts climatiques entre l'hiver et l'été. Les habitants d'Helsinki, dans le sud, doivent quelquefois supporter des températures hivernales de −30 °C en janvier alors que la chaleur peut atteindre 30 °C en juillet. Les journées d'été sont longues et claires, et les jours d'hiver courts et sombres. Au-delà du cercle polaire, on peut voir le soleil de minuit durant deux mois d'été alors que certaines journées d'hiver n'ont qu'une à deux heures de jour.

L'automne est court, le printemps arrive tard et les gelées ne sont pas rares en début d'été. Durant le long et rude hiver, tout gèle, même la mer Baltique.

LES HOMMES DE FINLANDE

Les premiers habitants de Finlande se sont probablement installés il y a environ deux mille ans, venant d'Asie, d'au-delà l'Oural. Leur langue est apparentée à l'estonien et ne ressemble à aucune autre langue européenne, excepté le hongrois.

Les côtes furent colonisées au XIIe s. par des Suédois venant de l'O. ; la Finlande est aujourd'hui un pays officiellement bilingue, bien que 6 % seulement de la population soit de langue suédoise. Ce chiffre inclut les habitants de la province de Ahvenanmaa, située dans le sud-ouest de l'archipel entre la Suède et la Finlande, qui vivent dans ce fragment de Suède légalement rattaché à la Finlande.

Dans le nord de la Finlande, il y a environ 2 500 Lapons, dont une minorité élève des rennes. Mais l'image traditionnelle a bien changé. Les troupeaux sont surveillés au moyen d'hélicoptères et de scooters des neiges, et certains Lapons, qui vivent en grande partie de la pêche, louent des hydravions pour gagner des lacs inaccessibles autrement. Beaucoup de Lapons parlent encore leur propre langue, qui est enseignée à l'école.

La Finlande n'est pas un pays qui a accueilli beaucoup d'émigrants à travers les siècles, bien qu'elle ait été pendant longtemps sous domination étrangère. En conséquence, les Finlandais ont un type physique commun et l'on peut leur trouver comme un « air de famille » à travers tout le pays.

Il y a peu de diversité sur le plan religieux. La principale Église est l'Église évangélique luthérienne et il existe une minorité de 58 000 chrétiens grecs orthodoxes.

Le christianisme fut introduit au XIIe s., quand les Suédois conquirent la Finlande et commencèrent à convertir la population. L'occupation suédoise toucha principalement les régions côtières du sud-ouest du golfe de Botnie et les îles d'Ahvenanmaa. La Finlande devint partie de la Suède en 1540 quand les Finlandais eurent des droits égaux à ceux des Suédois. En 1809, le pays fut cédé à la Russie et devint un grand-duché. Plus d'un siècle de domination russe prit fin le 6 décembre 1917, quand la Finlande déclara son indépendance.

RENAISSANCE DE LA NATION

En novembre 1939, après le rejet finlandais des revendications territoriales soviétiques, l'U.R.S.S. attaque la Finlande et l'oblige à abandonner plus d'un dixième de son territoire, dont la majeure partie de la Carélie.

La Finlande essaya de regagner les territoires perdus après l'invasion de la Russie par Hitler en 1941, mais fut obligée d'accepter un armistice en 1944 et de refouler hors du pays les troupes du Reich, avec lesquelles elle s'était alliée. Quelque 400 000 personnes déplacées durent être intégrées, et la Finlande fut obligée de payer d'énormes réparations à la Russie sous forme de bateaux et de machines. La pression exercée sur l'économie finlandaise força le pays à une conversion de l'agriculture à l'industrie, qui se révéla en définitive un avantage pour le pays.

En 1947, la Finlande signe un traité d'amitié et de coopération avec l'U.R.S.S., qui devient son principal partenaire économique. Parallèlement, elle observe une stricte neutralité. Membre du Conseil nordique des pays scandinaves, de l'Association européenne de libre-échange avec l'Islande, la Suisse, le Liechtenstein, la Norvège, la Suède et l'Autriche, elle pourrait rejoindre, en janvier 1995, l'Union européenne, avec laquelle elle a déjà des relations privilégiées, ainsi que l'un ou l'autre de ces trois derniers pays. L'ouverture des pays de l'Est l'a amenée à renforcer ses liens avec l'Estonie mais ses échanges économiques avec l'ex-U.R.S.S. ont diminué.

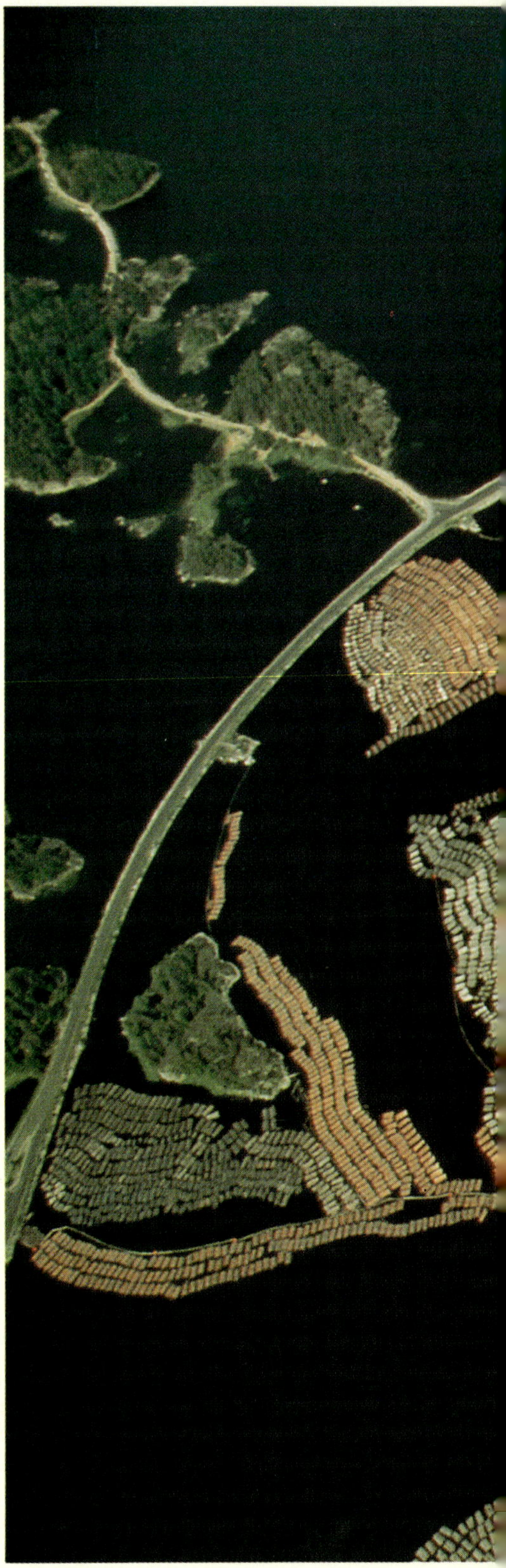

Depuis la Seconde Guerre mondiale, sa transformation a été étonnante. Sa croissance économique a longtemps été très forte, avec encore un taux moyen de 3,5 % entre 1984 et 1988. Puis elle s'est ralentie et a été négative cette année.

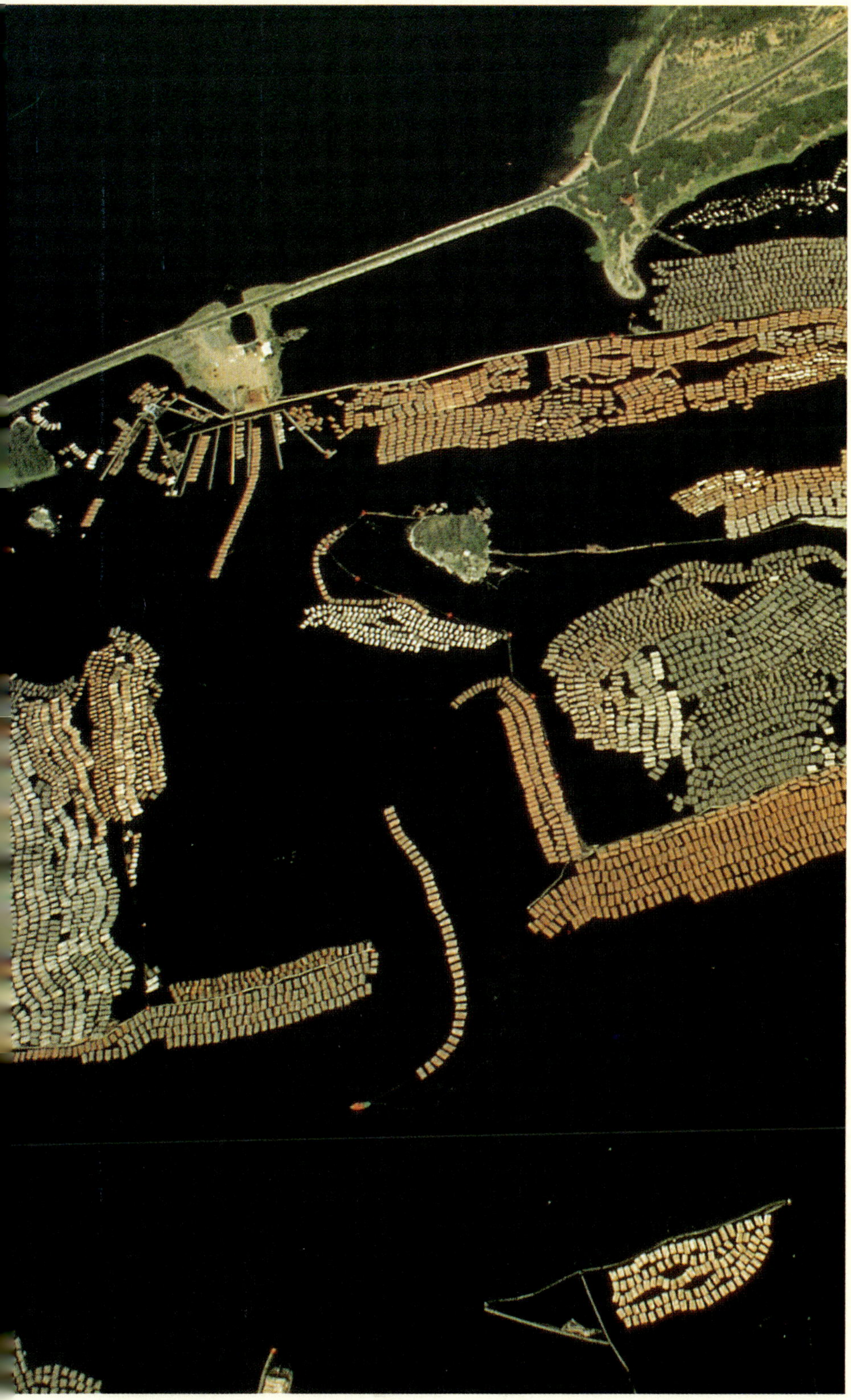

UNE MOSAÏQUE BLEUE ET VERTE. Les 55 000 lacs de la Finlande couvrent environ un dixième du pays et les forêts, dominées par les conifères, en occupent la moitié. Les troncs d'arbres sont amenés par flottaison dans les scieries, et les produits provenant du bois, papier, pâte à papier, bois d'œuvre, contre-plaqué, représentent un tiers des exportations du pays.

La plupart des Finlandais vivent dans le tiers S.-O. du pays, où les trois plus grandes villes se sont développées : Helsinki, Tampere et Turku. Mais il y a encore assez d'agriculteurs pour assurer largement l'autosuffisance alimentaire du pays, et pour avoir un tel surplus de produits laitiers que le gouvernement a payé les agriculteurs pour qu'ils réduisent leur cheptel laitier. Les exploitations, généralement de petite taille et mises en valeur par leurs propriétaires, associent agriculture et sylviculture. Le nord du pays, caractérisé par ses immenses espaces vides (seulement deux habitants au kilomètre carré), est surtout occupé par la forêt ; c'est également ici que les rennes sont élevés. La majeure partie des cultures se trouvent dans le sud-ouest, où le climat est le plus doux et où de nombreux beaux domaines furent installés au XIXe s.

Depuis 1900, la Finlande a développé un réseau étendu de coopératives pour commercialiser les produits agricoles et pour acheter en gros les équipements, les engrais et les semences, ainsi que pour l'organisation financière et les assurances. On a également développé les écoles et collèges agricoles.

Dans les régions côtières, la pêche et l'agriculture sont associées. L'importante flotte spécialisée assure cependant la plus grande partie de la pêche du pays. Certains des paysans-pêcheurs élèvent également des animaux pour la fourrure, comme le vison et le renard argenté. Ce commerce est devenu si important que le pays est maintenant le premier exportateur mondial de fourrure d'élevage.

LES DONS DE LA NATURE

En automne et en été, les baies sauvages et les champignons poussent en abondance, attendant simplement d'être cueillis. La nature finlandaise comprend également une grande quantité de gibier à plume et à poil, et les lacs et rivières sont riches en brochets, perches, truites et saumons, bien que la pollution — causée par les déchets de l'industrie du bois, par les engrais et par les pluies acides — devienne un problème. Quelque 70 000 licences de chasse sont délivrées chaque année pour diminuer le nombre des élans en raison des dommages qu'ils occasionnent aux récoltes et aux jeunes arbres. Les ours, chassés autrefois, sont aujourd'hui protégés. Les loups sortent quelquefois des forêts et défraient alors les chroniques locales.

La Finlande vit encore largement de ses forêts, quoique les temps pittoresques des hordes de bûcherons saisonniers et du flottage de bois à grande échelle sur les rivières soient révolus. Aujourd'hui, une main-d'œuvre spécialisée est employée toute l'année dans les forêts, bien que les coupes aient encore surtout lieu en hiver ; le transport du bois se fait quelquefois par flottage à travers les lacs, mais la majeure partie est transportée par camions.

La plupart des forêts appartiennent à de petits propriétaires privés et le développement de l'enseignement forestier a beaucoup fait progresser les rendements. Une surveillance continue des aires forestières, par air et par terre, garantit que le bois n'est pas coupé plus vite qu'il n'est remplacé. Les progrès de l'industrie sont liés à ceux de l'exploitation forestière. Procédés modernes et diversification ont conduit à de nouveaux types de papiers, panneaux et composants de bois préfabriqués qui alimentent les exportations.

Les industries du bois ne sont pas les seules à avoir progressé récemment. La complète

réorganisation de l'industrie qui a suivi la dernière guerre a conduit à des investissements dans la métallurgie et les industries mécanique et électrique qui emploient aujourd'hui la majorité des ouvriers de l'industrie du pays. Il y a par exemple un nouveau complexe sidérurgique, propriété de l'État, dans le nord, à Rautaruukki. La construction navale a connu une expansion rapide dans les années 1950 en raison des besoins d'une flotte efficace de brise-glace. Ceux-ci sont maintenant construits pour d'autres pays également, notamment pour la flotte russe de l'océan Arctique. Les chantiers navals de Helsinki et de Turku construisent aussi des ferry-boats et des paquebots de croisière.

Des usines entières, y compris centrales électriques et usines de transformation de bois, ont été exportées par la Finlande. La plus grande de ces entreprises a été la construction d'un complexe sidérurgique en Carélie soviétique, avec une main-d'œuvre finlandaise qui séjournait sur le site et ne retournait chez elle que pour les week-ends. Le savoir-faire finlandais est également exporté : il existe des représentants de banques finlandaises dans tous les grands centres mondiaux de la finance, et le style finlandais dans l'habillement, le verre, la porcelaine, les tenues de sport, les équipements ménagers et électroniques a été largement exporté.

Les liens commerciaux de la Finlande avec la Russie sont renforcés par ses besoins en énergie. Ses propres ressources ne satisfont qu'un tiers des besoins énergétiques. Quasiment tous les sites possibles pour l'hydroélectricité sont déjà équipés et les ressources abondantes en tourbe sont d'une utilité limitée. Une partie des besoins en électricité est assurée par l'énergie nucléaire que les Finlandais entendent développer. En attendant, le déficit en énergie est comblé par les importations de pétrole et de gaz naturel en provenance de Russie et de charbon de Pologne et d'Allemagne.

Dans les régions où le chômage saisonnier est le plus important (l'industrie du bâtiment souffre particulièrement de la longueur de l'hiver), nouvelles industries et travaux publics ont été développés pour améliorer la situation. Des subventions sont attribuées selon une échelle progressive qui privilégie le nord-est défavorisé par rapport au sud-est, plus riche. Cette politique de développement est complétée par un programme de protection de la nature avec 22 parcs nationaux et plus de mille zones protégées ainsi que des contrôles sur la pollution industrielle.

UNE VIE SPORTIVE

La vie des Finlandais, grands sportifs, suit le rythme des saisons. Beaucoup de villes sont équipées de salles de sport et de saunas pour se détendre après les efforts physiques. Un tiers de la population pratique le ski à un bon niveau. Presque chaque village possède son tremplin de saut et les écoles ont des vacances « de ski » qui coïncident avec la fête nationale des sports d'hiver à Lahti en février. Pour profiter au maximum des longues journées d'été, le temps de travail est raccourci et les vacances scolaires s'étalent de la fin mai au milieu d'août. On assiste chaque été à un grand exode à partir des villes ; en réponse à l'appel de la nature, on quitte des appartement confortables pour une retraite champêtre au confort souvent très précaire.

Le point culminant de l'année est la fête de la Saint-Jean avec ses feux de joie. La fin de l'été est célébrée par des festins d'écrevisses, celle de l'hiver par la nuit de Walpurgis, le 30 avril.

LA FIERTÉ NATIONALE

Pour tous les jours comme pour les fêtes, les Finlandais ont leur propre version du buffet scandinave ou *smörgåsbord* (*voilei-päpöytä* en finnois) et leur propre vodka qui est vendue, comme tous les alcools, dans des magasins de monopole d'État. La bière, qui existe en trois degrés d'alcool, est très populaire. Les Finlandais boivent aussi du lait caillé préparé de façon différente selon les régions, et ils consomment d'énormes quantités de café.

Pour les fêtes et les occasions officielles, et tout spécialement pour la fête de l'Indépendance, le 6 décembre, on hisse le drapeau national bleu et blanc, et la musique de Sibelius n'est pas oubliée.

La Finlande est fière d'elle-même et cette fierté est justifiée puisqu'il y a un siècle la famine et la pauvreté sévissaient dans ce pays soumis à la Russie impériale. Aujourd'hui, la Finlande a trouvé une identité nationale, a atteint un haut niveau de vie et a réussi à créer une économie florissante dans un environnement rude aux ressources limitées.

LA FINLANDE EN BREF

Superficie 338 142 km²

Population 5 060 000

Capitale Helsinki

Régime République parlementaire

Monnaie Markka (mark) = 100 pennis

Langues Finnois, suédois

Religions Chrétiens (92 % luthériens, 1 % grecs orthodoxes)

Climat Tempéré, avec des hivers froids. Température moyenne à Helsinki : de −9 à −4 °C en février, de 12 à 22 °C en juillet

Ressources Bois, céréales, pommes de terre, bétail, pêche ; cuivre, zinc, fer, chrome, plomb

Activités Sylviculture, transformation du bois, y compris pâte de bois et papier, production de machines, construction navale, confection, chimie, engrais

Exportations Papier, machines, navires, bois, chimie, vêtements, pâte de bois, produits pétroliers

P.N.B. annuel par habitant 24 400 dollars

Croissance démographique 3,3 ‰ par an

Espérance de vie Hommes 71 ans, femmes 79

COMMENT LES EAUX MODÈLENT LE PAYSAGE

L'eau est le génie créateur du paysage, qui anime, colore et façonne les roches de la croûte terrestre. L'eau sculpte les vallées, élargit les plaines, dissémine les graines et fertilise tout ce qui pousse ; après des éternités, l'érosion finit par réduire les pics les plus élevés en douces collines. Même à ce stade, l'eau intervient encore : la disparition des montagnes modifie le climat et la végétation, et les collines peuvent devenir de riches terres arables. La transition d'un stade à l'autre est lente mais inéluctable, comme le montre n'importe quel grand fleuve dont on suivrait le cours. Généralement, celui-ci naît en montagne, des eaux de fusion glaciaires et nivales. Filets d'eau et ruisseaux s'infiltrent et altèrent le substrat rocheux, se concentrent en torrent, qui va réduire blocs et fragments en débris plus fins avant de les charrier en aval vers des secteurs plus calmes. Là, dans les sinuosités, les galets et les sables se déposent sous forme de bancs ou de levées, tandis que les limons sont étalés par les crues pour former de riches plaines alluviales. Tout au long de son tracé, le fleuve arrache et dépose tour à tour des matériaux, jusqu'à son embouchure où il se déleste de l'essentiel de ses sédiments en créant parfois un delta. Les particules fines se déposent en mer, où elles sont finalement transformées en roches sédimentaires.

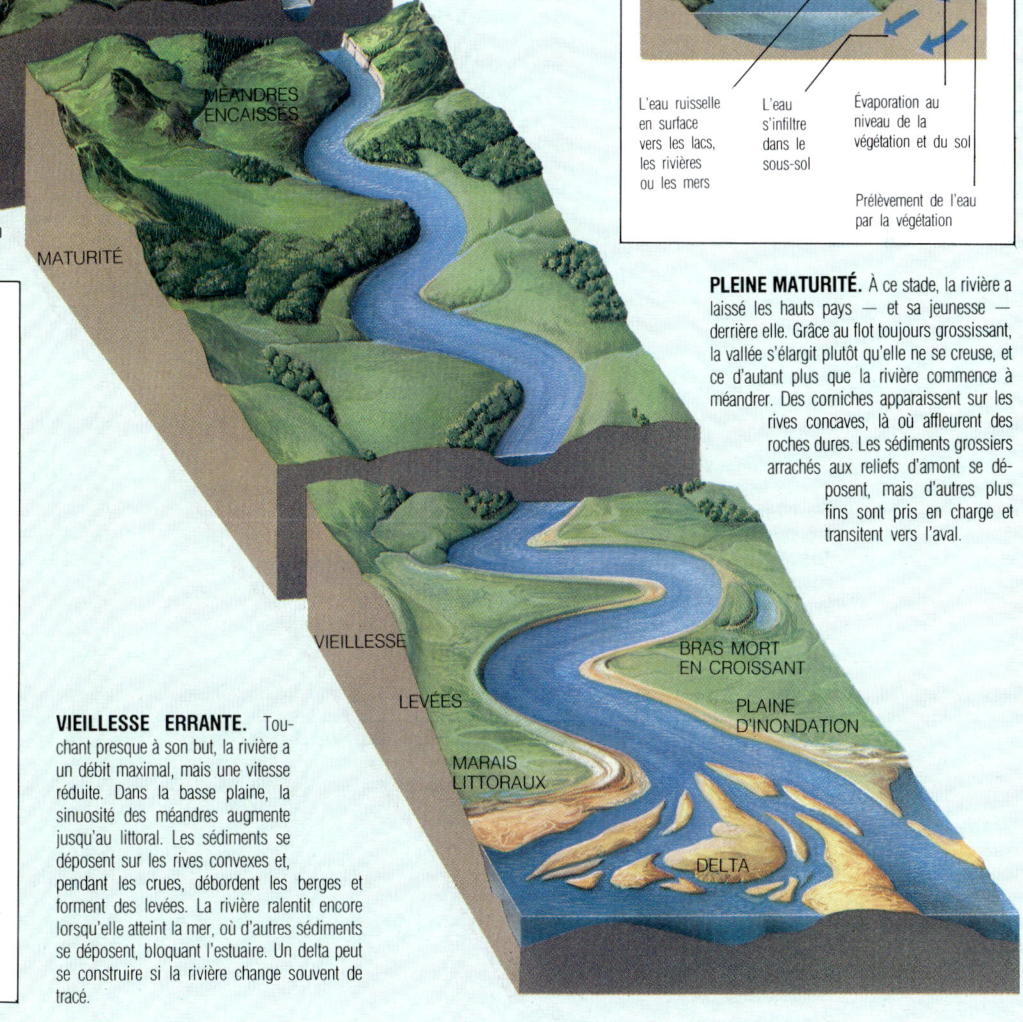

STADE DE JEUNESSE. Les eaux de fonte glaciaire aboutissent à un lac que draine une rivière. Celle-ci s'enfonce en gorges, sauf là où les terrains trop résistants l'obligent à s'écouler en rapides ou en cascades.

PLEINE MATURITÉ. À ce stade, la rivière a laissé les hauts pays — et sa jeunesse — derrière elle. Grâce au flot toujours grossissant, la vallée s'élargit plutôt qu'elle ne se creuse, et ce d'autant plus que la rivière commence à méandrer. Des corniches apparaissent sur les rives concaves, là où affleurent des roches dures. Les sédiments grossiers arrachés aux reliefs d'amont se déposent, mais d'autres plus fins sont pris en charge et transitent vers l'aval.

VIEILLESSE ERRANTE. Touchant presque à son but, la rivière a un débit maximal, mais une vitesse réduite. Dans la basse plaine, la sinuosité des méandres augmente jusqu'au littoral. Les sédiments se déposent sur les rives convexes et, pendant les crues, débordent les berges et forment des levées. La rivière ralentit encore lorsqu'elle atteint la mer, où d'autres sédiments se déposent, bloquant l'estuaire. Un delta peut se construire si la rivière change souvent de tracé.

LE CYCLE DE L'EAU

L'eau de la planète et de l'atmosphère existe virtuellement depuis au moins 3 000 millions d'années. Pratiquement aucune eau « nouvelle » ne s'est formée depuis. Environ 97 % de cette eau se trouvent dans les océans et 2 % sont piégés dans les calottes polaires. Le 1 % restant est le support de la vie sur terre : l'eau est entraînée par le soleil en un cycle continuel d'évaporation (mers), de précipitations et de ruissellement (continents), avant de retourner vers la mer via les rivières. L'eau précipitée est renouvelée par évaporation tous les 12 jours.

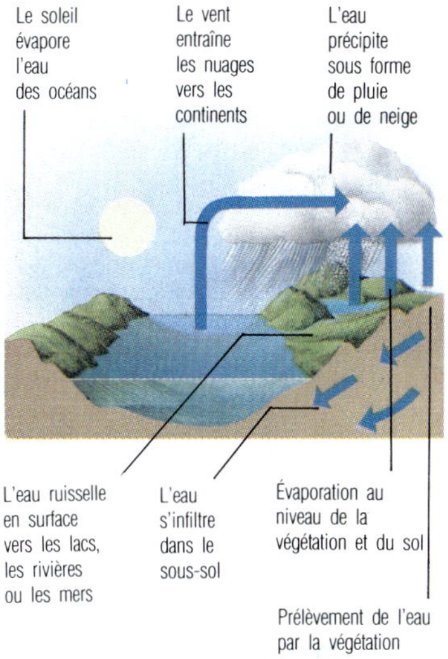

MÉANDRE ABANDONNÉ

Les méandres ou courbures d'une rivière peuvent localement s'accentuer au point que la rivière les recoupe en leur point le plus étroit. Les eaux empruntent un nouveau tracé, et le méandre devient un bras mort en croissant.

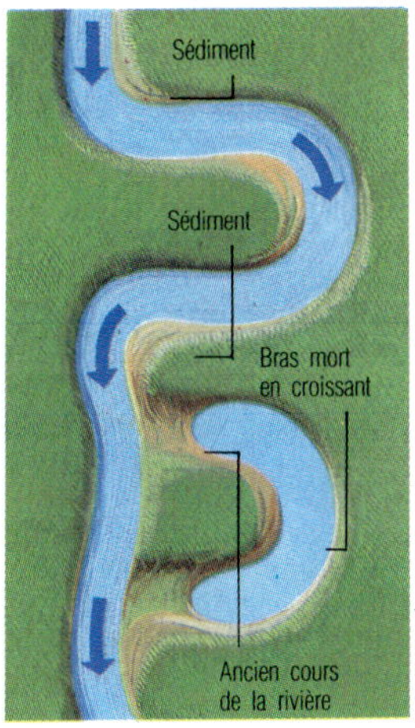

Flinders (monts), ***Australie*** Chaîne de l'Australie-Méridionale qui s'étend du N. au S. sur plus de 350 km jusqu'au golfe de Spencer (pic St Mary: 1 188 m).

Carte Australie Fe

Florence, en it. **Firenze,** ***Italie*** Capitale de la Toscane, l'un des hauts lieux de l'art dans le monde, située sur l'Arno à 230 km au N.-O. de Rome. Elle fut habitée par les Romains mais ce n'est qu'après le XIIe s. que sa richesse (basée sur le commerce du drap et la banque) et sa puissance prirent leur essor. Elle atteignit son apogée culturelle au XVe s., après avoir éclipsé les cités rivales de Pise et Sienne. Après quelques remous, elle profita de la stabilité du gouvernement des Médicis, qui furent au pouvoir pendant trois siècles, de 1434 à 1737. Elle fut capitale de l'Italie de 1865 à 1871.

Florence donna à l'Italie sa langue, son art et sa philosophie. Son raffinement culturel, toujours visible, se développa aux XVe et XVIe s. sous le mécénat des Médicis quand des artistes comme Giotto, Brunelleschi, Donatello, Botticelli et Michel-Ange y rayonnaient. Des œuvres d'art ornent encore ses rues, ses bâtiments et ses jardins publics. La Piazza della Signoria, par exemple, est un véritable musée de sculpture en plein air, tandis que d'inestimables fresques et peintures décorent les nombreuses églises. La galerie des Offices et le palais Pitti ont les plus belles collections de peinture Renaissance du monde. Le *David* de Michel-Ange et ses sculptures d'esclaves sont au musée de l'Accademia. Bon nombre d'édifices sont eux-mêmes des œuvres d'art qui semblent davantage avoir été créées pour exposer des trésors artistiques que pour des raisons utilitaires ou religieuses. Michel-Ange qualifiait les portes de bronze du baptistère de Ghiberti et Pisano de « portes du Paradis ». Non loin se trouvent le campanile, de Giotto, et le Dôme (la cathédrale Santa Maria del Fiore) avec l'énorme coupole de Brunelleschi.

On remarque également l'église San Lorenzo (de Brunelleschi) avec les tombeaux des Médicis sculptés par Michel-Ange ; le Palazzo Vecchio (1299-1314), l'un des plus beaux palais gothiques italiens, siège de la République florentine jusqu'au XVIe s. ; le Ponte Vecchio (1345), qui est le plus vieux pont sur l'Arno, et l'immense église Santa Croce (1294), qui renferme des fresques de Giotto ainsi que les tombeaux de Michel-Ange, Machiavel, Dante, Galilée et Rossini.

L'actuelle prospérité de Florence repose sur des bases économiques diversifiées : banque, édition, tourisme, industrie alimentaire, textile, meubles, métallurgie et industrie légère. Université, académies diverses.

Population 453 300

Carte Italie Cc

Flores, ***Indonésie*** Île volcanique et montagneuse de 14 250 km^2 dans l'archipel de la Sonde, entre Java et Timor. Maïs, arachides, noix de coco. Près de la moitié de la population s'est convertie au christianisme.

Population 803 000

Carte Indonésie Fd

Flores (mer de), ***Indonésie*** Mer comprise entre les îles Sulawesi (Célèbes), Flores et Sumbawa. C'est une zone de séismes et d'éruptions volcaniques, à la limite des plaques indo-australienne et eurasiatique.

Largeur 240 km

Carte Indonésie Ed

Florianópolis, ***Brésil*** Port et capitale régionale à 480 km au S. de São Paulo, sur l'île Santa Catarina. La ville est réliée au continent par un pont, et la beauté du décor attire les touristes. La région produit du charbon, des textiles, du blé, des pommes et des légumes.

Population 189 000

Carte Brésil Dd

Floride (détroit de), ***États-Unis*** Détroit situé entre les Florida Keys et Cuba, et entre la Floride et les Bahamas. Il est traversé par le courant de Floride (rapide et chaud), branche du Gulf Stream venue du golfe du Mexique. Autrefois, les pirates s'embusquaient à son extrémité occidentale pour attaquer les galions en partance pour l'Espagne.

Largeur Jusqu'à 145 km

Carte Bahamas Ab

Floride, en anglais **Florida,** ***États-Unis*** L'« État du soleil », au sud-est du pays, cédé par l'Espagne en 1819, État depuis 1845 ; capitale : Tallahassee. C'est une péninsule basse, entre le golfe du Mexique et l'Atlantique. Ses 151 670 km^2 comprennent 30 000 lacs (le plus grand est le lac Okeechobee) et l'immense marécage des Everglades. Les Florida Keys, chapelet d'îlots coralliens, s'allongent vers le S.-O. sur 225 km, de Miami Beach à Key West.

Le climat subtropical de la Floride est idéal pour les agrumes et les primeurs. Pêche. Usines alimentaires. Électronique. Confection (vêtements de plage). Gisements de phosphates (engrais). De très nombreux retraités s'installent en Floride et l'activité principale est le tourisme. Parmi les centres d'attraction: le parc national des Everglades, Disney World et le centre spatial J.F. Kennedy à Cap Canaveral.

Population 12 938 000

Carte États-Unis Je

Fly, ***Indonésie / Papouasie-Nouvelle-Guinée*** Fleuve de 1 200 km qui prend sa source dans le massif Victor-Emmanuel et se jette dans le golfe de Papouasie. Navigable sur plus de 1 000 km.

Carte Papouasie-Nouvelle-Guinée Ba

flysch Nom donné aux matériaux arrachés par l'érosion aux montagnes nées d'une première orogenèse et repris dans les plissements des phases ultérieures.

Foggia, ***Italie*** Ville de la Pouille, à 125 km au N.-E. de Naples. Capitale de la plaine irriguée du Tavoliere (blé, oliviers, vignobles).

Population 158 400

Carte Italie Ed

föhn ou **fœhn** Vent chaud, sec et violent des Alpes suisses et autrichiennes, soufflant généralement du S.-E.

Foix, ***France*** Ancienne capitale du comté homonyme, préfecture de l'Ariège, dont elle abrite le musée départemental dans son château du Xe s., restauré au XIXe s. Le comte de Foix a transmis aux rois de France puis aux présidents de la République ses fonctions de cosuzerain d'Andorre.

Population 10 000

Carte France De

Fontainebleau, ***France*** Sous-préfecture de Seine-et-Marne, à 65 km au S.-E. de Paris, développée autour de son château (XVIe-XIXe s.). Dans cette ancienne résidence royale furent signées la révocation de l'édit de Nantes par Louis XIV (1685) et la première abdication de Napoléon Ier en 1814 (« adieux de Fontainebleau »). Le château et ses jardins à la française attirent 270 000 visiteurs par an.

La très belle forêt domaniale de Fontainebleau (17 000 ha) est célèbre pour ses chaos de rochers et son école d'escalade. Le hameau de Barbizon, à la lisière N.-O. de la forêt, fut le lieu de prédilection des peintres paysagistes de l'école de Barbizon (milieu du XIXe s.) dont firent partie Corot et Millet. À Milly-la-Forêt, à l'O., halles du XVe s., et chapelle Saint-Blaise-des-Simples, décorée par Jean Cocteau.

Population 15 700

Carte France Eb

Fontenay (abbaye de), ***France*** Ancienne abbaye cistercienne fondée en 1118 par saint Bernard. Située en Côte-d'Or, à 70 km au N.-O. de Dijon, elle a été fort bien restaurée.

Carte France Fc

forêt Formation végétale composée d'arbres dont les couronnes se rejoignent. Les forêts varient selon la taille des arbres, leur nature (composition floristique), l'existence ou non de plusieurs strates.

FORÊT CADUCIFOLIÉE OU À FEUILLES CADUQUES. Tous les arbres et les plantes du sous-bois perdent leurs feuilles en même temps, pendant une période froide et/ou sèche. Opposé: forêt toujours verte ou à feuilles persistantes.

FORÊT CLAIRE. Elle est caractérisée par des arbres espacés ; c'est une formation à la limite entre le domaine des forêts vraies et des savanes ou prairies boisées.

FORÊT DE CONIFÈRES. Les arbres à aiguilles dont les graines sont contenues dans des cônes ligneux résistent au froid et à la sécheresse. Ils dominent dans les forêts adaptées à des conditions telles que la période végétative est courte. Voir aussi TAÏGA, p. 251

FORÊT DE TYPE CHINOIS. Ce type de forêt est caractéristique des climats à été chaud et humide avec un hiver marqué mais court. Sa composition floristique est complexe, associant des feuillus et des conifères ; les premiers ont souvent des feuilles larges et vernissées.

FORÊT ÉQUATORIALE. Forêt des basses latitudes, dans les régions constamment chaudes et pluvieuses. L'absence de période d'arrêt de l'activité végétale donne naissance à des forêts puissantes. Elles sont composées d'arbres formant plusieurs strates, dont les plus hauts dépassent 30 m. Le sous-bois, maigre, est souvent peu développé à cause du manque de lumière, mais lianes et épiphytes abondent. La composition floristique est complexe. Les arbres renouvellent leurs feuilles selon un rythme propre à chacun, si bien que la forêt apparaît comme toujours verte. On la qualifie aussi de forêt ombrophile ou de forêt pluviale.

FORÊT-GALERIE. Dans les régions tropicales à longue saison sèche, les forêts forment des galeries le long des fleuves, tandis que les savanes dominent sur les interfluves.

FORÊT MÉDITERRANÉNNE. Dans les régions de climat méditerranéen, l'activité végétative connaît un double arrêt: en hiver, à cause, du froid en été, à cause de la sécheresse. Les forêts, basses et touffues, sont composées d'arbres à aiguilles ou de feuillus à feuilles étroites, dures et vernissées, ce qui réduit l'évaporation. La composition floristique est assez simple.

FORÊT DE MONTAGNE. Les montagnes, froides et arrosées, se couvrent de forêts différentes de celles des plaines environnantes. La végétation

est étagée, l'aspect des forêts changeant rapidement avec l'altitude. Les forêts de feuillus caducifoliées dominent dans les étages inférieurs, celles de conifères au-dessus. La limite supérieure de la forêt s'élève à mesure que la latitude diminue (du niveau de la mer vers 60° jusqu'à plus de 4 000 m sous l'équateur).
MANGROVE. C'est une forêt basse des régions littorales aux basses latitudes. Elle est composée à peu près exclusivement de palétuviers, arbres à racines aériennes qui résistent au sel.
TAÏGA. Forêt de conifères caractéristique des régions à climat contrasté : été chaud mais court, hiver froid ou très froid et sec. Les aiguilles persistantes permettent aux arbres d'entrer en activité dès que les conditions deviennent propices et de profiter au maximum de la courte période favorable. Sur les marges du domaine, où le climat est moins rigoureux, des feuillus se mêlent aux conifères (forêt mixte).
FORÊT TEMPÉRÉE OCÉANIQUE. Cette forêt haute à feuilles caduques est adaptée aux climats à hivers doux et étés tièdes, et à une pluviosité régulière. La composition floristique est assez simple, avec une prédominance des hêtres et des chênes. Sur les sols acides (roche mère siliceuse) poussent, sous le même climat, des forêts de conifères ou des forêts mixtes.
FORÊT TROPICALE. Aux basses latitudes, mais dans les domaines où alternent une saison pluvieuse et une saison sèche, on rencontre une forêt élevée, mais avec peu de strates et un sous-bois abondant. Les arbres perdent leurs feuilles en saison sèche. Il existe toute une série de formes de transition vers les forêts équatoriales. Dans ce cas, une partie seulement des arbres perdent leurs feuilles en même temps (forêt semi-caducifoliée).

Forêt d'Orient (parc régional de la), *France* Voir TROYES

Forêt-Noire, en all. **Schwarzwald,** *Allemagne* Région montagneuse du S.-O. du land de Bade-Wurtemberg. Point culminant : le Feldberg (1 493 m). Dans la forêt se sont développés plusieurs stations thermales et centres de vacances. Les vallées offrent un paysage de terres cultivées et de maisons typiques aux avant-toits touchant presque le sol. Villes principales, en bordure du massif : Fribourg-en-Brisgau, Pforzheim et Baden-Baden.
Carte Allemagne Be

Forillon (parc national de), *Canada* Parc couvrant 238 km d'une presqu'île qui prolonge l'extrémité de la péninsule gaspésienne, dans le golfe du Saint-Laurent. Son magnifique littoral accidenté est bordé de falaises, de rochers, de grottes et de plages. Son nom désignait à l'époque de Champlain un rocher au large du cap de Gaspé où l'on entretenait des feux pour guider les morutiers. L'été, on observe au large des phoques et des baleines. Au printemps, à l'époque des grandes marées, des millions de capelans viennent frayer sur ses plages.
Carte Canada Id

Forli, *Italie* Ville de l'Émilie, à 80 km au N.-E. de Florence. Son architecture est en grande partie mussolinienne (1930). Le palais Paolucci (XVIIe s.) fut restauré par Mussolini, né au village de Predappio à 10 km au S. de la ville.
Population 110 800
Carte Italie Db

Formose, Voir TAIWAN

OMBRE ET LUMIÈRE. Des pâturages ensoleillés s'étirent le long de la vallée de la Wiese, qui serpente dans la partie S. de la Forêt-Noire, aux sommets couverts de sapins, qui lui ont valu son nom.

Føroyar, *Danemark* Voir FÉROÉ

Fortaleza, *Brésil* Port sur l'Atlantique, capitale du Ceará, à 2 312 km au N.-E. de Brasília. L'explosion démographique (1979-1984), qui fit suite à l'arrivée massive dans les *favelas* (bidonvilles) de réfugiés de la sécheresse, en a fait la plus grande ville de la moitié N. du Brésil. Tourisme ; fruits de mer apportés par les *jangadas* (bateaux à voile) ; noix de cajou ; fruits tropicaux.
Population 1 765 000
Carte Brésil Eb

Fort-Dauphin, *Madagascar* Voir TAOLAGNARO

Fort-de-France, *Antilles françaises* Chef-lieu du département de la Martinique et port de la côte O. de l'île, sur l'une des plus belles baies des Antilles. D'abord centre administratif et militaire, Fort-de-France devint le foyer commercial, industriel et culturel de l'île, après la destruction de la ville de Saint-Pierre par l'éruption volcanique de la montagne Pelée en 1902. On cultive dans la région la canne à sucre et les fruits tropicaux. Autres activités : industries alimentaires ; distilleries (rhum), sucreries ; raffinerie de pétrole. Commerce actif avec la France. Tourisme. Une autoroute relie la ville à l'aéroport du Lamentin.
Population 100 000
Carte Martinique Aa

Fort Hill, *Malawi* Voir CHITIPA

Fort Knox, *États-Unis* Voir LOUISVILLE

Fort-Lamy, *Tchad* Voir N'DJAMENA

Fort Lauderdale, *États-Unis* Ville et station balnéaire de Floride, à 40 km au N. de Miami. Fondée en 1838 pour servir de base militaire, elle possède aujourd'hui l'un des plus grands ports de plaisance du monde, et est quadrillée par un réseau de 435 km de voies d'eau, naturelles et artificielles.
Population (ville) 150 000 ; (aggl.) 1 255 500
Carte États-Unis Je

Fort McMurray, *Canada* Ville située au cœur de la région des sables bitumineux, à la jonction des rivières Clearwater et Athabasca, dans le nord-est de l'Alberta ; elle est le terminal d'un réseau de transport menant à l'Arctique.
Population 35 000
Carte Canada Dc

Fort Worth, *États-Unis* Ville du nord-est du Texas, à l'O. de la conurbation Dallas-Fort Worth (plus de 3 millions d'habitants). C'est un centre agricole (grand marché de bétail et de céréales) qui possède des raffineries de pétrole, ainsi que des industries aéronautiques et automobiles. Musées.
Population (ville) 447 700 ; (aggl.) 1 332 100
Carte États-Unis Gd

Fos (golfe de), *France* Golfe du littoral méditerranéen, à 50 km au N.-O. de Marseille, où a été créé en 1965 le complexe industriel et portuaire de Fos-Étang de Berre. Il concentre la plus grande partie des activités industrielles du département des Bouches-du-Rhône (sidérurgie, raffinerie de pétrole, traitement du gaz, pétrochimie, construction mécanique, etc.) et fait de l'ensemble Marseille-Fos le deuxième port d'Europe après Rotterdam.
Carte France Fe

LES FOSSES LES PLUS PROFONDES DU MONDE

La plus grande profondeur enregistrée (la fosse Challenger dans le Pacifique O.) n'a pu être atteinte par l'homme. Située dans la fosse des Mariannes, elle fut repérée par le navire britannique *Challenger* et, en 1960, un bathyscaphe américain habité y descendit jusqu'à 10 916 m. Le point le plus profond fut ensuite déterminé par un navire russe utilisant un sonar.

Océan	Localisation	Profondeur (en mètres)
Pacifique	Fosse des Mariannes (fosse Challenger)	11 034
Atlantique	Fosse de Porto Rico	9 200
Antarctique (sud)	Fosse des Sandwich (fosse Meteor)	8 428
Indien	Fosse de Java	8 047
Arctique	Bassin d'Angara	5 440

Foshan, ***Chine*** Ville de la province de Guangdong, à 16 km au S.-O. de Canton. Industries textiles (soies) ; poteries ; céramique.
Population (ville) 243 500 ; (aggl.) 312 700
Carte Chine Gf

fossé d'effondrement Dépression allongée, généralement limitée par des failles (fossé tectonique). Si le fossé a des dimensions continentales (plusieurs centaines ou plusieurs milliers de kilomètres de long), c'est un *rift*.

fosse océanique ou **fosse abyssale** Zone de grandes profondeurs océaniques, généralement de forme allongée, pouvant descendre sous les 10 000 m. À cet endroit, l'instabilité de l'écorce terrestre se traduit par de fréquents séismes et des éruptions volcaniques. Les fosses les plus profondes entourent le Pacifique occidental. Voir LES FOSSES LES PLUS PROFONDES DU MONDE, ci-dessus

fossilifère (couche) Couche sédimentaire contenant des fossiles (os, dents, écailles) dont l'accumulation peut être le résultat d'une catastrophe naturelle qui tua toute espèce de vie simultanément.

Fou-chouen, ***Chine*** Voir FUSHUN

Fougères, ***France*** Ancienne ville forte d'Ille-et-Vilaine, à 45 km au N.-E. de Rennes, dominée par son château (XIIe-XVe s.). Industrie de la chaussure, constructions mécaniques et électriques, confection.
Population 22 300
Carte France Cb

Fou-kien, ***Chine*** Voir FUJIAN

Fournaise (piton de la), ***Réunion*** Massif volcanique du sud-est de l'île, formé de deux cratères et culminant à 2 631 m. Les dernières éruptions de ce volcan toujours en activité eurent lieu en janvier-février 1981.
Carte Réunion Ca

Fouta ou **Fouta-Toro,** ***Sénégal*** Relief et plaine d'inondation du Sénégal, face à la frontière mauritanienne. Les Toucouleurs y cultivent arachide, millet et riz sur des terres fertilisées chaque année par le limon du fleuve, et les Peuls élèvent du bétail. En amont, des travaux d'irrigation doivent régulariser le cours du fleuve et transformer les cultures traditionnelles. Villes principales : Bakel, Matam et Dagana.
Carte Sénégal Ba

Fouta-Djalon, ***Guinée*** Massif dissymétrique et château d'eau à l'O. du pays, où naissent le Sénégal, la Konkouré et la Gambie. Escarpé à l'O., il s'abaisse plus doucement à l'E., vers les savanes de haute Guinée. Au centre, les plateaux du haut Fouta culminent à 1 515 m. Les Peuls élèvent des bovins sur les plateaux. Bananes et fonio (mil) dans les vallées. Bauxite à Dabola et Tougué.
Carte Guinée Ba

Foveaux (détroit de), ***Nouvelle-Zélande*** Détroit séparant l'île du Sud (Nouvelle-Zélande) de l'île Stewart.
Largeur 24 à 34 km
Carte Nouvelle-Zélande Ag

Fox (glacier), ***Nouvelle-Zélande*** Glacier situé près du mont Cook, dans les Alpes néo-zélandaises (île du Sud). Comme le glacier François-Joseph, à 40 km au N.-E., il diminue de volume et recule. Ces deux glaciers, qui descendent en pleine forêt, se déplacent de 0,5 à 4,5 m par jour.
Carte Nouvelle-Zélande Ce

Foxe (bassin de), ***Canada*** Bras de l'océan Atlantique entre la péninsule de Melville au nord du Canada et la terre de Baffin, nommé d'après Luke Foxe, qui l'explora en 1631. Au S., le détroit de Foxe (320 km) débouche dans la baie d'Hudson.
Dimensions 480 km de long ; 180 à 230 km de large
Carte Canada Hb

France Voir p. 253-258

Franceville, auj. **Mazuku,** ***Gabon*** Capitale de la province du Sud-Est du Haut-Ogooué, située sur un affluent de l'Ogooué. Fondée en 1880 par l'explorateur Pierre Savorgnan de Brazza, c'est aujourd'hui le centre commercial et la principale ville d'une région riche en manganèse et uranium. Terminus actuel du chemin de fer transgabonais, inauguré à la fin de 1986. En 1979 fut inauguré un Centre international de recherche médicale unique en Afrique.
Population 58 800
Carte Gabon Bb

Francfort-sur-le-Main, en all. **Frankfurt am Main,** ***Allemagne*** Ville de Hesse, à 155 km au S.-E. de Cologne. Francfort, le « gué des Francs », est un grand centre commercial depuis la construction de son premier pont par les Romains, il y a deux mille ans.

En 1152, les princes allemands, ou électeurs, réunis dans la cathédrale, choisirent Frédéric Barberousse comme saint empereur romain, et, à partir de 1562, les empereurs furent nommés et couronnés dans la ville. Francfort est aujourd'hui la capitale commerciale et financière du pays, et un important carrefour routier et ferroviaire. Elle possède la première Bourse du pays. La Bundesbank et de nombreuses autres banques et sociétés y ont leur siège, et chaque année s'y tiennent plusieurs foires nationales et internationales, comme celle du livre, en automne, la plus grande du monde. La ville abrite aussi le quartier général des forces américaines en Europe. Son aéroport international (le 2e d'Europe) est le plus actif du pays.

La ville médiévale a été détruite par les bombardements de 1944 et remplacée par des gratte-ciel. La cathédrale gothique, des demeures du XVe s. et la maison natale de Goethe ont été restaurées. Des jardins suivent le tracé des anciens remparts. Le zoo de Francfort est l'un des plus beaux du monde (vaste volière, où les oiseaux volent au milieu du public).
Population 614 700
Carte Allemagne Cc

Francfort-sur-l'Oder, en all. **Frankfurt an der Oder,** ***Allemagne*** Ville à la frontière polonaise à l'E. de Berlin. Industries électromécaniques et alimentaires.
Population 84 800
Carte Allemagne Fb

Franche-Comté, ***France*** Région de 16 202 km² à l'est du pays, comprenant les départements de la Haute-Saône, du Territoire de Belfort, du Doubs et du Jura. Elle devint française en 1678, quand l'Espagne la céda à la France après la guerre de Trente Ans.

Agriculture (produits laitiers, surtout fromages), exploitation forestière, tourisme (stations de sports d'hiver du Jura), horlogerie, automobiles (Montbéliard, Sochaux), technologie de pointe (Alsthom à Belfort) sont les principales activités économiques. Chef-lieu : Besançon.
Population 1 100 000
Carte France Fc

Francistown, ***Botswana*** Centre commercial, industriel et touristique du Nord-Est, à 360 km de Gaborone, près de la frontière du Zimbabwe.
Population 65 100
Carte Botswana Cb

François-Joseph (terre), ***Russie*** Archipel le plus septentrional de l'hémisphère occidental, au N. de Novaïa Zemlia, dans l'Arctique. 20 700 km². Les îles sont recouvertes de glace et de lichens. Elles furent découvertes en 1873 par des explorateurs autrichiens et revendiquées en 1920 par les Russes, qui y installèrent des stations de recherche dont la principale est Kreubel.
Carte Arctique (océan) Aa

Frankfort, ***États-Unis*** Capitale du Kentucky, sur la rivière du même nom, au N. de l'État et à 60 km au S. de la frontière de l'Indiana. Confection, chaussures, whisky.
Population 26 800
Carte États-Unis Jc

France

LE PAYS DE LA DOUCEUR DE VIVRE, DU CHAMPAGNE ET DES 400 FROMAGES EST AUSSI CELUI DE L'AIRBUS ET DU T.G.V. MAIS, AVANT D'ABORDER L'AN 2000, LA FRANCE SAURA-T-ELLE PRENDRE LE VIRAGE DE L'INTÉGRATION EUROPÉENNE ?

Le portrait, classique à l'étranger, du Français coiffé d'un béret, une miche de pain sous le bras, vous invitant à déguster les produits de son terroir n'est plus qu'une image d'Épinal à mettre au rang des portraits d'ancêtres. La « douce France », chère à Charles Trenet, existe toujours ; mais, depuis la dernière guerre, le monde rural est sorti du répertoire des chansons françaises. C'est désormais la ville et ses « espaces collectifs » — cafés, places, musées et métro — qui servent de cadre aux héros et aux personnages contemporains. Paris n'est plus la Ville-Lumière, mais elle a reconquis sa place de capitale de la mode et des arts, avec le musée Pompidou, le musée d'Orsay et, bientôt, l'ouverture du Grand Louvre. Pourtant, des secteurs de l'économie n'ont pas encore fait leur mutation, bien que la France soit en tête pour nombre de réalisations comme la fusée Ariane, le T.G.V. (515 km/h) ou... le Minitel.

Si les rêves des Français se portent encore sur Versailles et sa galerie des Glaces, leur cœur bat pour Marianne, la Déclaration des droits de l'homme, et des souverains aussi peu conventionnels que Dagobert et Henri IV. Les années 1980 auront été, pour les Français, l'occasion de revivre deux grands événements qui ont fait l'histoire de leur pays : le Millénaire capétien — commémoration du couronnement d'Hugues Capet (987), premier souverain d'une longue lignée dont les descendants, directs ou indirects, allaient régner pendant de nombreux siècles — et le bicentenaire de la Révolution française ; ces anniversaires se succédant comme un raccourci ironique de l'histoire. Entre eux, l'année de Guillaume le Conquérant (1087-1987) — le Normand parti jeter les bases de la royauté britannique — et la nomination par le comte de Paris — héritier du trône de France — de son petit-fils comme successeur. La France est républicaine, nul n'en doute, mais, selon un récent sondage, 17 % des Français ne seraient pas opposés au rétablissement de la monarchie — constitutionnelle, il est vrai !

DE LA CAMPAGNE À LA VILLE

La France est le plus étendu des pays d'Europe occidentale (551 000 km^2), mais sa densité démographique (100 habitants au kilomètre carré) est l'une des plus faibles, alors qu'elle a été, dans le passé, la plus peuplée des nations européennes.

Constatant (déjà !) l'engouement de ses contemporains pour la nature, l'humoriste Alphonse Allais (1855-1905) avait trouvé la solution : construire les villes à la campagne. Mais, si quelques échappés de la génération de 1968 ont renoué avec l'élevage des moutons et la fabrication du fromage de chèvre dans les Cévennes, un immense mouvement a vu, au lendemain de la guerre, l'irréversible migration des ruraux vers les villes, des paysans vers l'industrie.

Avant la dernière guerre, la moitié des Français vivaient en dehors des grandes cités et plus du tiers d'entre eux tiraient leurs revenus de l'agriculture. L'exode rural des années 1950 a touché de vastes régions, surtout dans le centre. Le « désert français » est devenu synonyme de tous les maux qui accablent certains départements français. En privilégiant les liaisons entre les grandes métropoles et leurs zones industrielles, le Train à grande vitesse (T.G.V.) n'a fait qu'accentuer le déséquilibre entre les régions développées et les autres. De nos jours, moins de 20 % des Français habitent les campagnes ; le reste vit dans des agglomérations, occupant des emplois dans l'industrie, les services et l'administration. Le nombre des exploitations agricoles ne cesse de se réduire ; la modernisation augmente les facultés de production et la superficie de celles qui restent (1,2 million d'exploitations de plus de 20 ha en 1980).

Malgré la « grogne des agriculteurs », qui barrent les routes et, parfois, incendient les perceptions, labourages et pâturages demeurent, comme par le passé, les mamelles de la France. Il faut y ajouter, bien sûr, les technologies de pointe et les industries qui ont su flairer, à temps, la grande mutation de l'après-guerre. Des régions y ont acquis une nouvelle jeunesse, comme la Bretagne, qui s'est mise à l'élevage intensif du porc et des volailles et à la culture des primeurs. En favorisant la diffusion des produits périssables (légumes, fruits), l'essor des communications (autoroutes) a aidé au décollage des régions périphériques ; les vergers et les jardins de

RÊVE DE PIERRE. Serti dans une vaste forêt domaniale, le magnifique château de Chambord est l'un des multiples joyaux dont rois et seigneurs de la Renaissance ont parsemé le val de Loire.

Provence et du Languedoc alimentent les marchés de la région parisienne.

Le Marché commun européen est la grande aventure de la fin du siècle ; et c'est parce qu'elle disposait jusqu'alors d'une situation privilégiée dans une Europe dominée par les pays du Nord, que l'agriculture française s'effraie de voir arriver, sans protectionnisme, les vins d'Espagne et les fruits de Grèce. Fin 1992, les barrières douanières s'abaisseront. De nouveaux circuits commerciaux favoriseront peut-être des régions jusqu'alors laissées pour compte. Au cœur des liaisons entre l'Europe du Nord et l'Europe du Sud, la France ne peut que retrouver le rôle qui fut le sien tout au long de sa longue histoire et être le creuset économique, ethnique et culturel d'un vieux monde en passe de se retrouver. Souvenons-nous du rôle du couloir rhodanien au Moyen Âge, passage obligé entre la Méditerranée occidentale et les pays du Rhin, ou de la richesse des foires de Champagne, à mi-chemin des villes italiennes et des Flandres, les grands pôles économiques de l'époque.

UN ART DE VIVRE

La France fascine par sa diversité. Chaque terroir a sa spécialité — vignes, céréales, élevage, forêt. Des grands défrichages par les moines de l'an mille aux remembrements de l'après-guerre, le paysage n'a cessé d'être modelé et modifié par l'introduction de cultures nouvelles. Que seraient les campagnes françaises sans le maïs et la pomme de terre importés d'Amérique, qui ont pourtant eu tant de mal à s'imposer ; Parmentier et sa fleur de pomme de terre à la boutonnière n'est que la personnalisation d'une vaste campagne qui visait, dans l'Europe entière, à diffuser un nouveau produit propre à suppléer aux récoltes, parfois aléatoires, de céréales, moins résistantes que nos espèces actuelles.

En France, dit-on, tout finit par des chansons — et par un bon festin, comme chez Astérix le Gaulois, promu héros national. Fascinés par le tombeau de Napoléon et la splendeur de Versailles, les étrangers qui visitent la France sont stupéfaits par le comportement des Français à table, qui ne peuvent s'empêcher de parler nourriture, sujet inconvenant dans de nombreux pays où manger n'a pas été élevé au rang d'un art.

Ici, l'art de la table rejoint l'art tout court. Ainsi, la visite du Mont-Saint-Michel ne saurait être complète sans un arrêt à l'Auberge de la mère Poulard pour y déguster ses célèbres omelettes, et le circuit des châteaux de la Loire est forcément suivi d'une dégustation de vins de Touraine ; les châteaux du Bordelais, quant à eux, sont aussi connus que les châteaux cathares. Le Goncourt, le plus célèbre des prix littéraires, ne saurait être décerné qu'à l'issue d'un repas des jurés « Chez Drouant », près de l'Opéra, à Paris.

Chaque province a son plat, chaque région son fromage — un pour chaque jour de l'année, dit-on — ; cette diversité expliquait, selon le général de Gaulle, la difficulté à gouverner les Français. Les Grecs apportèrent la vigne (−600 av. J.-C.), peu de temps après l'arrivée des Gaulois. Mais c'est en France que le vin trouva ses meilleurs terroirs (les défrichements de l'an mille par les moines s'accompagnèrent de la plantation de vignobles pour le vin de messe) ; il y rencontra aussi des inventeurs avisés ; pour sa conservation et son transport, les Gaulois trouvèrent le tonneau — plus approprié que l'amphore gréco-romaine — et le moine dom Pérignon le bouchon de liège. Dans le Midi, les vignes se répandirent au lendemain de la Révolution au détriment des terres à blé, contrôlées auparavant par l'autorité royale.

Les petits bistrots avec terrasse et carte comportant « vin de pays et fromages du terroir » connaissent une nouvelle jeunesse face à l'invasion des fast foods. Les produits locaux sont protégés comme les sites et les monuments historiques. Les appellations des vins et des fromages de qualité sont contrôlées par une administration rigoureuse, et des confréries en habits perpétuent un rituel haut en couleur et en chansons (un fabricant de saucissons réputés a même entrepris de faire « classer » sa production).

Berceau des arts, la France doit une partie de sa notoriété à son accueil des artistes étrangers. En effet, si les premières représentations figuratives connues ont été gravées, il y a 30 000 ans, dans une petite grotte de la Dordogne, à Chancelade, l'École de Paris a été l'heureuse rencontre, en 1925, sous le ciel de la capitale, de l'Espagnol Pablo Picasso, du Russe Marc Chagall, de l'Italien Modigliani, du Japonais Foujita, et de bien d'autres. Entre-temps, la construction des cathédrales (Notre-Dame de Paris, Reims, Autun, Strasbourg), des châteaux Renaissance, du Louvre, de Versailles, l'explosion de l'impressionnisme (Monet, Signac, Cézanne) témoignent de la vitalité artistique du pays.

De Rabelais à Mauriac, en passant par Molière, Voltaire, Balzac, Hugo et Zola, la littérature n'a cessé d'aligner des auteurs connus du monde entier. De même, de Denis Papin aux frères Montgolfier, de Becquerel à Pasteur, et de Marcel Griaule à Claude Lévi-Strauss, la liste de ceux qui ont fait évoluer les sciences est interminable.

DES RÉGIONS, UN SEUL SOL

La France est un pays où s'équilibrent avec harmonie plaines, collines, plateaux et massifs montagneux, soumis chacun à des influences climatiques diverses. Le paysage ne cesse de se renouveler, et les grands ensembles sont constitués par autant de petites régions ayant chacune son climat propre, son sol spécifique, ses cultures particulières. Le climat de la France est tempéré, mais il n'en fut pas toujours ainsi. Le passé a vu des périodes rigoureuses qui ont eu une influence déterminante sur les événements politiques (le « petit âge glaciaire » qui a affecté la France de 1550 à 1850 a directement influencé les récoltes, et par là même, les événements politiques, comme la Révolution). Des hivers ont laissé des souvenirs profonds (guerre des tranchées en 1914-1918, hiver 1942 sous l'Occupation).

Les côtes bénéficient d'un climat océanique qui favorise les cultures maraîchères et permet même, en certains endroits, la croissance du mimosa (Bretagne). L'est du pays est soumis aux influences continentales d'Europe centrale (dans le Jura, il existe même un microclimat de type finlandais) ; les hivers se prolongent et l'on atteint couramment cent jours de gel par an.

Entre les vents humides et doux de l'Atlantique qui couvrent de crachin les côtes bretonnes (mais celles-ci peuvent aussi connaître de très violentes tempêtes, comme celles qui les ont ravagées en octobre 1987), et le vent sibérien, que freinent, sans le stopper, les Vosges et le Jura, une vaste zone climatique intermédiaire se partage pluies et jours de soleil, pour le plus grand bien des cultures, notamment de céréales. C'est le Bassin parisien — ici la Marne rejoint la Seine —, avec la riche plaine de la Beauce, où l'on trouve de vastes et modernes exploitations agricoles. Dans le Sud-Ouest, le Bassin aquitain, où s'étalent les vallées de la Dordogne et de la Garonne, n'est pas couvert uniquement de vignobles ; le maïs y a trouvé, dès le milieu du XVIIe s., une terre d'élection.

Les montagnes, au climat froid et humide en hiver, et relativement frais en été, accrochent les masses nuageuses ; les précipitations dépassent généralement 2 000 mm par an. L'agriculture y est limitée en superficie et en rendement. Certaines régions des Alpes et des Pyrénées ont trouvé la solution en multipliant les stations de sports d'hiver ; mais celles-ci ne sont pleinement utilisées que la moitié de l'année, et les investissements sont parfois à la limite de la rentabilité.

Le Massif central est le cœur même de cette France profonde qui paraît si étrangère aux gens des villes. Le climat de ce massif ancien en partie volcanique voué à la petite exploitation est rude ; ces monts arrondis qui ne dépassent pas 2 000 m (puy de Sancy, 1 886 m) sont couverts par l'une des plus grandes forêts d'Europe, exploitée encore de façon traditionnelle ; en 1982, une tempête, inhabituelle, en a détruit 18 000 hectares ; cette catastrophe semble avoir été bénéfique puisque des méthodes modernes d'exploitation, qui ont d'abord tiré parti des arbres abattus, ont été mises en place.

Le climat méditerranéen n'est plus à décrire ; rappelons-nous seulement que la Côte d'Azur commence à la hauteur de Toulon, avec une partie orientale, Nice, privilégiée et protégée du mistral. Marseille, comme le delta du Rhône, reçoit de plein fouet ce violent vent du Nord, descendu par la vallée du Rhône, qui nettoie le ciel du moindre nuage et, même, de l'étouffant sirocco chargé des poussières sahariennes.

Au cours des siècles, l'homme n'a pas seulement défriché la forêt pour y étendre ses champs de céréales, il a drainé les vallées, comblé les marais et gagné des batailles sur la mer en aménageant les terres basses du littoral, pour les mettre en culture (Flandre, Camargue), ou y planter des forêts (Landes) ; les fleuves et les rivières l'ont aidé dans ce lent travail d'extension des terres en déposant leurs riches alluvions.

LA GAULE AVANT LES GAULOIS

Les deux dernières guerres ont beaucoup marqué les Français, ainsi que les événements de mai 1968, qui les ont divisés — Versailles et Beaubourg sont les monuments les plus visités, après la tour Eiffel, symbole des temps modernes. Les livres scolaires ont longtemps évoqué ces guerriers moustachus, « querelleurs et batailleurs », qu'étaient les Gaulois. Les Français ont fait de ces Celtes hauts en couleur, arrivés sept cents ans avant notre ère, leurs ancêtres fondateurs. Mais ils ont oublié qu'à l'arrivée de ces forgerons, experts dans la métallurgie du fer et porteurs d'une lourde épée qui fait merveille dans les combats, la France a déjà une longue histoire derrière elle. Celle du nord de la Loire se distingue déjà de celle du sud, car bien des peuples, souvent venus d'Orient, ont été happés par ce vaste amphithéâtre ouvert sur la mer, à l'occident de l'Europe.

Les plus anciens témoignages de la présence de l'homme sur le territoire français remontent au-delà du million d'années. Il y a 500 000 ans, cet homme se nourrissait des produits de la chasse, de la pêche, de la cueillette, et parfois... de ses semblables, car le cannibalisme ne semble pas avoir été absent de son mode de vie ; à Terra Amata, près de Nice, on connaissait déjà l'usage du feu. Puis les individus sont devenus plus habiles ; de nouvelles populations sont apparues ; elles donnent une sépulture à leurs morts, enterrés avec des brassées de fleurs (−100 000 ans). Vers −40 000 ans, c'est le métissage avec d'autres hommes, d'une morphologie semblable à la nôtre.

Ces derniers apprécient cette terre abandonnée par les glaciers qui couvrent encore la plus grande partie de l'Europe. En plus de ses outils de pierre, de plus en plus efficaces, cet homme, dit de Cro-Magnon (nom d'une grotte des environs des Eyzies, en Dordogne), peint et grave sa vie de tous les jours, ses croyances, ses peurs, ses espoirs sur les parois des grottes (Lascaux, les Eyzies). Vers −15 000 ans, le sud-ouest de la France, et son versant espagnol (Altamira), sont à l'avant-garde du progrès technique et artistique.

L'adoucissement du climat va favoriser l'introduction de l'agriculture. On cueille les lentilles et les graminées sauvages que l'on stocke (sud de la France). Les techniques du Proche-Orient arrivent en France — élevage du mouton en Bretagne (V^e millénaire), puis, peu après, des autres animaux ; sélection et plantation des graines, perfectionnement de la poterie pour faire cuire les céréales.

Plusieurs Frances commencent à se différencier : le Nord, point d'aboutissement des influences venues par la vallée du Danube, et caractérisées par des poteries à décors rubanés inspirés par des motifs de spirales ou de cercles ; le Sud, fréquenté dès les origines de

la navigation par les peuples de la Méditerranée orientale, utilise la poterie cardiale (décor obtenu avec le bord d'un coquillage marin, le cardium). Sur le versant atlantique, particulièrement en Bretagne, apparaît une culture monumentale avec l'érection de grands ensembles de mégalithes — temples ou sépultures — comme à Carnac. Au début du IVe millénaire avant notre ère, ces trois zones culturelles se partagent la France.

Plus tard (−2 500 ans), des immigrés, fondeurs et forgerons habiles, venus de la péninsule Ibérique, lui font franchir un pas décisif en apportant la métallurgie du cuivre. Il faut attendre encore un millénaire avant que d'autres étrangers introduisent la technique du bronze, un alliage de cuivre et d'étain.

Le besoin de métaux entraîne la naissance des premières grandes routes commerciales, et l'ouverture de la France au reste du monde. L'autre apport décisif sera le fer, métal nécessitant une fonte à haute température, mais produisant des objets plus légers et plus maniables, utiles dans les travaux des champs et les combats. Cette métallurgie, née en Turquie chez les Hittites, est amenée, au VIIIe s. av. J.-C., par les Gaulois.

Ils arrivent par le Rhin, s'installent parmi les populations du Nord-Est, puis dans le reste du pays, se mélangeant avec ses habitants. Les Gaulois ne sont pas agriculteurs, mais ils apportent l'outillage (serpe, faux, araire, hache, houe) nécessaire à la culture de l'orge, du blé et du millet, qui existent déjà. Ici aussi, l'heureuse rencontre de l'agriculteur et du forgeron aboutit à la création d'un terroir qui fera de la France un pays envié pour la richesse de ses campagnes et la diversité de ses productions.

UN HÉRITAGE VIVANT

Le peuplement de la France se continuera au cours des siècles, les étrangers apportant leurs techniques, leur savoir-faire et leur travail, le sol les absorbant, les intégrant en peu de générations. Les temps modernes, avec l'essor des communications et les nouveaux besoins de l'industrie, amèneront une forte immigration en provenance de Pologne, d'Italie, d'Europe centrale, puis d'Espagne, du Portugal et des pays que la France a administrés comme colonies pendant trois quarts de siècles. À la veille de l'an 2000, 18 millions de Français, soit le tiers de la population — « énorme héritage vivant, résultat d'un brassage » (F. Braudel) —, ont au moins un ascendant d'origine étrangère jusqu'à la troisième génération.

Depuis l'indépendance des territoires qui constituaient son empire, la France est redevenue l'Hexagone. Pour les anciens peuples colonisés, elle est restée le pays qui a déclaré les Droits de l'homme au nom desquels ils se sont battus ; plus de 100 000 tirailleurs sénégalais ont perdu la vie sur les champs de bataille en 1914-1918, et les troupes qui remportèrent la première victoire française de la guerre de 1939-1945 (Koufra, au Fezzan) étaient, en majorité, constituées de soldats africains. Les décès de Gaston Defferre, instigateur de la loi-cadre qui prépara l'indépendance, et du général de Gaulle, qui l'accorda, furent ressentis en Afrique comme des deuils nationaux. Radio-France est souvent la radio la plus écoutée, et les résultats des élections présidentielles françaises sont suivis avec autant d'attention à Ouagadougou ou Dakar, qu'à Lyon et Romorantin. Des hommes de ces territoires, qui furent français bien avant la Savoie et Nice, tiennent, et ont tenu, de hautes responsabilités, comme Gaston Monnerville, originaire des Antilles, président du Sénat de 1958 à 1968, et pendant dix ans le deuxième personnage de l'État, ou Léopold Senghor, ancien président du Sénégal, l'un des rédacteurs de la Constitution de 1958 et membre de l'Académie française.

INDUSTRIALISATION ET MODERNISME

Au siècle dernier, la révolution industrielle a vu l'essor du bassin houiller de Lorraine et de la région du Nord-Pas-de-Calais. Par le jeu de la centralisation chère à tous les régimes qui ont gouverné la France, de Louis XIV à Napoléon, et aux républiques qui ont suivi, Paris s'est trouvé à mi-chemin de cette France industrielle et de la France rurale cachée dans les replis du Massif central, les bocages vendéens et normands, les vallées alpines. En aboutissant toutes à Paris, telle une immense toile d'araignée, les voies de communication modernes n'ont cessé de favoriser la capitale, même si aujourd'hui le réseau du T.G.V. se développe en évitant Paris, avec de nouvelles gares en périphérie (Massy, Marne-la-Vallée, Roissy).

La capitale abritait 200 000 habitants en 1300 (plus que toute autre capitale européenne), un demi-million en 1801. Elle avait triplé en 1850, quand le Second Empire, avec le baron Haussmann, en fit la ville que nous connaissons, avec ses grandes avenues, ses monuments (Opéra de Paris) et ses grands jardins publics (bois de Boulogne) ; l'architecte Baltard construisit à Paris les Halles centrales, architecture métallique dont des répliques, petites ou grandes, fleuriront dans toute la France.

La IIIe République construisit les écoles, « libres et gratuites », de Jules Ferry, soucieux de faire accéder à l'éducation chaque petit Français, et vit la construction d'un nombre impressionnant de bâtiments administratifs : mairies, bureaux de poste, gendarmeries. Dans chaque ville et village, un petit monument parfois surmonté d'un coq, ou d'une république triomphante, rappellera, entre les deux guerres, la tragique ponction humaine de 1914-1948 qui coûta près d'un million et demi de morts à la France, et la destruction de régions entières dans le Nord et l'Est. L'entre-deux-guerres est marquée par le gouvernement du Front populaire (1936) et l'instauration des congés payés.

La guerre de 1939-1945, moins meurtrière quant aux victimes strictement militaires, laissera des traces plus profondes et entraînera, par ses suites, des changements considérables dans les mentalités : effondrement du régime de collaboration du maréchal Pétain et émergence du gaullisme comme force politique, baby-boom de l'après-guerre, éveil des peuples colonisés de l'empire français, nationalisation des secteurs clés de l'économie (énergie, transports) et mise en place d'un système de sécurité sociale, nécessité d'adapter l'économie française, arrivée de la culture nord-américaine, éveil de l'idée européenne.

La planification (1948-1952) sera introduite sur les ruines du secteur industriel. La France reprendra possession de ses biens volés par l'Allemage nazie ; mais beaucoup de machines datant d'avant-guerre, la modernisation de l'industrie y trouvera un obstacle durable. De même, en constituant un marché protégé, les anciennes colonies seront un frein à l'ouverture sur l'économie mondiale. Par la suite, la France mettra des années à s'arracher au « bourbier colonial ».

En 1954, après une guerre de dix ans, la France perd l'Indochine qui se trouve divisée en deux par l'effet du clivage Est-Ouest. En 1956, le Maroc et la Tunisie accèdent à l'indépendance après une longue période de trouble. La guerre d'Algérie va durer huit ans (1954-1962), diviser les Français, donner naissance à la Ve République et entraîner l'arrivée sur le sol de l'Hexagone d'un million de pieds-noirs (Français réfugiés d'Algérie), et de plusieurs centaines de milliers de harkis et de leurs familles (Algériens musulmans ayant choisi la France). Dans les colonies d'Afrique noire, les événements se passent sans accrocs majeurs, la loi Defferre — loi-cadre préparant à l'autonomie (1956) — ayant précédé l'accession à l'indépendance en 1960 sous le général de Gaulle.

Les années 1950 ont vu l'arrivée de travailleurs italiens venus aider à la reconstruction du pays. Ils sont suivis dix ans après par des Espagnols, puis des Portugais. Plus tard, on fait appel à des Marocains pour travailler dans les mines du Nord que désertent les Français en raison de la silicose. Ce flux, auxquels se joindront Algériens, Tunisiens puis Africains du Sahel (Mauritanie, Mali, Sénégal), ne cessera de grossir jusqu'à la fin des « trente glorieuses » ; trente années qui verront, jusqu'en 1975, s'envoler l'économie française. Paris se modernise ; des immeubles modernes surgissent (tour Montparnasse, la Défense) ; le métro parisien se double d'un Réseau express régional (R.E.R.), des autoroutes desservent les grandes régions économiques, un aéroport géant est construit à Roissy ; un train à grande vitesse est mis en chantier. La capitale s'entoure de villes nouvelles, avec lesquelles, y compris sa banlieue, elle forme un grand ensemble de plus de 10 millions d'habitants (1 Français sur 5).

Le retard économique et culturel pris par la France en raison notamment de la guerre d'Algérie va aboutir à l'explosion de mai 1968, manifestation spectaculaire de l'opposition entre les deux Frances. En 1969, le général de Gaulle cède la place à Georges Pompidou, qui fait entreprendre de gigantesques travaux dans le centre de Paris et aménager la circulation dans la capitale (voies sur les berges de la Seine). Les élections de 1974 amènent au pouvoir Valéry Giscard d'Estaing, représentant de la droite libérale ; en même temps, la crise pétrolière freine le développement économique : l'industrie minière et les aciéries sont particulièrement touchées ; le chômage ne cesse de croître.

La victoire de François Mitterrand en 1981 entraîne l'arrivée des socialistes au pouvoir, avec la participation des communistes. Les grandes banques et les grands secteurs industriels sont nationalisés. Une loi de décentralisation rompt avec des siècles de centralisme et donne plus d'autonomie aux régions et aux communes. De grands travaux à buts culturels sont entrepris — Grand Louvre, Opéra de la

TRADITION TOUJOURS VIVANTE. Dans la plupart des villes et villages de France — ici à Aubenas, dans l'Ardèche —, le marché qui se tient une ou plusieurs fois par semaine est un lieu d'échanges privilégié.

SUPERTRAIN. Les vaches n'ont pas le temps de voir passer le T.G.V. qui, tel un éclair orange, traverse la Bourgogne — ici, Cluny — à plus de 200 km/h de moyenne, mettant Lyon à deux heures de Paris.

Bastille, Centre de la communication à la Défense — ou poursuivis — musée d'Orsay.

Aux élections législatives de 1986, la droite libérale accède de nouveau au pouvoir tandis qu'émerge un parti d'extrême droite, le Front national, qui fait campagne contre l'immigration. Un président de gauche cohabite avec un Premier ministre de droite, issu de l'héritage gaulliste, Jacques Chirac. Pour la première fois, la France fait l'apprentissage de la « cohabitation ». La lutte contre le chômage reste la priorité ; les entreprises nationalisées depuis peu sont privatisées de nouveau ; les charges des P.M.E. (petites et moyennes entreprises) sont allégées pour favoriser les investissements. Mais les problèmes financiers internationaux (l'octobre noir 1987) ne cessent de peser sur la politique gouvernementale. Les institutions de la Ve République ont continué de fonctionner avec la réélection de François Mitterrand (1988) et le retour d'une majorité de gauche. Après une louable tentative d'ouverture socialo-centriste, une politique de rigueur (gel des nationalisations) et de dialogue (Nouvelle-Calédonie), Michel Rocard, Premier ministre, est remplacé en mai 1991 par Édith Cresson, première femme à ce poste en France. Pierre Bérégovoy lui succède en mars 1992, chargé de mener le pays jusqu'aux élections législatives.

En mars 1993, celles-ci ramènent au pouvoir une majorité de droite et ouvre une période de cohabitation, en attendant les élections présidentielles de 1995. Édouard Balladur est nommé Premier ministre.

UNE NOUVELLE RÉVOLUTION INDUSTRIELLE

Avec la crise pétrolière qui avait mis fin, en 1973, à la période de l'énergie à bon marché (en France, la consommation de pétrole avait triplé entre 1950 et 1973), le pays a dû s'adapter aux données de l'économie mondiale. La France s'est alors engagée dans une nouvelle révolution industrielle mettant en jeu la biochimie, les nouvelles énergies, l'informatique, la communication, les transports et l'espace.

À l'aube des années 1980, elle se trouvait au 5e rang derrière les deux supergrands, le Japon et l'Allemagne de l'Ouest. Alors que les mines de charbon et les centres sidérurgiques subissaient dramatiquement les effets de la crise, la France mettait en œuvre une politique de construction de centrales nucléaires, sans équivalent dans le monde.

Des filières ont été développées dans les domaines où le pays est à la pointe de la technologie : les transports avec le T.G.V. (train à grande vitesse), dont le réseau s'étend dans toutes les directions, évitant parfois Paris, vers les pays limitrophes (Francfort, Amsterdam, Bruxelles et même Londres avec le tunnel sous la Manche) ; l'Airbus, avion européen s'il en est, entame sérieusement le marché des grands américains ; les télécommunications, avec l'étonnante réussite du Minitel et le développement de la télématique ; le domaine spatial enfin, où se constitue, autour de la France, une industrie européenne performante talonnant sa rivale américaine avec les fusées Ariane et le projet de navette Hermès.

UNE FRANCE EUROPÉENNE

L'idée européenne s'est imposée dès la fin de la guerre. D'abord pour éviter que ne se renouvellent les destructions de 1939-1945, puis, peu à peu, pour harmoniser les économies des États d'Europe occidentale. L'économiste et homme politique français Jean Monnet jette les bases de cette communauté. La France s'associe à la Communauté européenne charbon-acier (C.E.C.A., 1952) ; mais, alors que se pose le problème du réarmement de l'Allemagne au sein d'une Communauté européenne de défense (C.E.D.), ce projet, qui divise violemment les Français, est repoussé (1954). Mais la construction européenne fait son chemin dans les domaines économiques et culturels ; des « sommets » et des rencontres ont lieu régulièrement. Strasbourg est devenue le siège d'un Parlement européen élu au suffrage universel. Chaque citoyen peut obtenir un passeport européen. Les accords de Lomé permettent aux pays du tiers monde d'avoir des relations économiques privilégiées avec la C.E.E. qui, après le traité de Maastricht, au 1er janvier 1994, est devenue Union européenne. De 12 membres, celle-ci passera à 13 avec l'Autriche, peut-être à 14, 15 ou 16 (avec la Finlande, la Norvège ou la Suède) en 1995. Les barrières douanières n'existant plus, n'importe quel étudiant ou travailleur de l'un des 12 peut aller étudier ou travailler librement dans un autre.

À la veille de l'intégration économique européenne, la France s'interroge ; est-elle un projet national, un projet politique ou un projet culturel ? À côté des sursauts nationalistes, un grand ensemble prend corps, peu à peu : celui d'une communauté francophone, voulue par tous ceux qui ont pour langue commune celle de Rabelais, de Molière, de Senghor et de Césaire... et la pétanque pour passe-temps, de Marseille à Brazzaville.

LA FRANCE EN BREF

Superficie 551 000 km^2

Population 57 800 000 (hors départements et territoires d'Outre-Mer)

Capitale Paris

Régime République parlementaire

Monnaie Franc = 100 centimes

Langues Français ; langues régionales (basque, breton, catalan, corse, provençal, etc.)

Religions Chrétiens (catholiques en majorité, protestants), musulmans, juifs

Climat Tempéré ; continental dans l'Est, chaud et sec en été, sur la côte méditerranéenne. Température moyenne à Paris : de 1 à 6 °C en janvier à 14-25 °C en juillet

Ressources Bétail, moutons, porcs, volaille, sucre de betterave, blé, avoine, maïs, orge, pommes de terre, vins, fruits, légumes, bois, poisson ; minerai de fer, bauxite, charbon, uranium, sel, pétrole et gaz naturel, potasse

Activités Fer et acier, machines-outils, industries chimiques, textiles, électricité (transformateurs, conducteurs), voitures, aviation, cimenteries, aluminium, cultures industrielles, parfums, industries forestières, pêche, industries alimentaires, pétrole raffiné et gaz liquéfié

Exportations Voitures, produits chimiques, fer et acier, textiles, cuirs, équipements électriques, vins, céréales, produits alimentaires, produits pétroliers, vêtements

P.N.B. annuel par habitant 22 320 dollars

Croissance démographique 3,8 ‰ par an

Espérance de vie Hommes 73 ans, femmes 81

Franklin, ***Australie*** Rivière de 118 km au S.-O. de la Tasmanie, affluent du Gordon. Des forêts luxuriantes et un paysage accidenté en font l'une des plus belles rivières du pays.

Františkovy Lazně, ***République tchèque*** Voir CHEB

Frascati, ***Italie*** Centre de villégiature du Latium dans les monts Albains, à 20 km au S.-E. de Rome. Entouré de vignobles et de luxueuses villas du XVIe s., c'est depuis deux mille ans un lieu de repos pour les Romains.
Population 18 700
Carte Italie Dd

Fraser, ***Canada*** Fleuve qui prend sa source dans les Rocheuses près du col de Yellowhead et se jette dans le détroit de Géorgie, au sud de Vancouver, après avoir parcouru 1 370 km. Seuls les 145 km de son cours inférieur sont navigables. Il est réputé pour son saumon.
Carte Canada Cc

Fraser (île), ***Australie*** La plus grande île de sable du monde (1 840 km^2), au large du Queensland, à 190 km au N. de Brisbane. Ses dunes s'élèvent parfois jusqu'à 290 m et, à l'intérieur de l'île, sont couvertes de forêts denses, d'eucalyptus et de landes. L'île, classée parc national, contient du titane et du zircon, interdits d'exploitation depuis 1920, pour sauvegarder le site.
Carte Australie Id

Fredensborg (palais de), ***Danemark*** Voir HILLERØD

Fredericton, ***Canada*** Capitale du Nouveau-Brunswick, elle abrite deux universités. Le bois et la chaussure sont ses principales industries.
Population 44 400
Carte Canada Id

Frederiksborg (château de), ***Danemark*** Voir HILLERØD

Fredrikstad, ***Norvège*** Port historique (1567) du sud-est du pays, sur le fjord d'Oslo. Vestiges d'une forteresse qui défendit la ville jusqu'au XIXe s. Bois ; pêche ; produits chimiques.
Population 27 600
Carte Norvège Cd

Freeport, ***Bahamas*** Port principal de la Grande Bahama, au N.-O. de l'archipel, dans l'une des plus importantes zones touristiques des Antilles. Cimenterie ; raffinerie de pétrole.
Population 17 000
Carte Bahamas Ba

Freetown, ***Sierra Leone*** Capitale, port principal du pays et base navale, sur la côte N. de la péninsule de Sierra Leone. Comme beaucoup de villes d'Afrique occidentale, elle se divise en quartiers : Kru Town, où vivent les indigènes Krus ; quartier industriel de Wellington ; Maroon Town, où s'installèrent les esclaves marrons de la Jamaïque au XIXe s. ; et quartiers résidentiels modernes. La ville fut fondée par les Anglais en 1787 pour y installer des esclaves noirs américains affranchis (d'où son nom de Freetown : littéralement « ville libre »). Rizeries ; huileries (arachide). Tourisme.
Population 470 000
Carte Sierra Leone Ab

Fréhel (cap), ***France*** Cap des Côtes-d'Armor, au N.-E. de la baie de Saint-Brieuc. Il domine de 70 m les vagues qui battent ses superbes falaises. Immense panorama, surtout du haut du phare. Réserve ornithologique.
Carte France Bb

Freiberg, ***Allemagne*** Ville de Saxe, à mi-chemin entre Dresde et Chemnitz. On y extrait de l'argent depuis 1168. Son École des mines est la plus ancienne du monde (1765).
Population 51 300
Carte Allemagne Cc

Fréjus, ***France*** Petite ville de Provence, à 25 km au S.-O. de Cannes, colonisée par Jules César en 49 av. J.-C. Nombreux vestiges romains. Baptistère du Ve s. ; cathédrale (XIe-XIIe s.). Évêché. Vin, huile d'olive, liège ; plastiques, textiles. Tourisme. Patrie de Sieyès.
Population 40 900
Carte France Ge

FANTAISIE ORIENTALE. Le Casino, construit en style mauresque et rebaptisé Princess Casino, est une des grandes attractions de Freeport sur la Grande Bahama. Des autobus londoniens, rouges et à deux étages, emmènent les visiteurs pour un tour de l'île.

Fremantle, ***Australie*** Voir PERTH

Fresno, ***États-Unis*** Ville de Californie dans la vallée du San Joaquín, à 265 km au S.-E. de San Francisco, au cœur d'une région agricole très fertile (vignobles, fruits, coton).
Population (ville) 354 200 ; (aggl.) 667 500
Carte États-Unis Cc

Fria, ***Guinée*** Localité minière près du Konkouré, à 160 km au N. de Conakry. La bauxite exploitée est transformée sur place en alumine et transportée par voie ferrée à Conakry.
Population 15 000
Carte Guinée Ba

Fribourg, en all. **Freiburg im Üchtland,** ***Suisse*** Chef-lieu du canton du même nom, à 27 km au S.-O. de Berne. La ville se dresse, impressionnante, au-dessus d'une gorge de la Sarine. Son centre médiéval abrite des églises, des tours anciennes et une belle cathédrale du XIIIe s. Industries variées.

Le canton agricole de Fribourg (1 670 km^2) chevauche la frontière linguistique du pays : les trois quarts de ses habitants parlent le français ; un quart l'allemand. Réputé pour ses fromages, spécialement le gruyère.
Population (ville) 33 960 ; (canton) 211 600
Carte Suisse Aa

Fribourg-en-Brisgau, en all. **Freiburg im Breisgau,** ***Allemagne*** La plus grande ville de la Forêt-Noire, fondée au XIIe s. sur les pentes occidentales du fossé d'effondrement du Rhin, à 110 km au S.-O. de Stuttgart. Cathédrale (XIIe-XVIe s.) ; archevêché ; université (1457). Nombreuses demeures anciennes.
Population 175 000
Carte Allemagne Be

Friedrichshafen, ***Allemagne*** Port sur la rive N. du lac de Constance. Frédéric Ier de Wurtemberg créa la ville (qui porte son nom) en réunissant en 1811 l'ancienne ville de Buchhorn et le village monastère de Hofen. Berceau des zeppelins (dirigeables), dont l'histoire est retracée au musée Zeppelin. Tourisme ; instruments de précision ; foire annuelle.
Population 51 400
Carte Allemagne Ce

Frioul-Vénétie julienne, ***Italie*** Région historique du nord-est du pays, autonome depuis 1963, en bordure de la Slovénie et de l'Autriche. Superficie : 7 846 km^2. On y parle le frioulan au N., l'italien au S., et le slovène près de la frontière est. L'économie repose essentiellement sur l'agriculture et l'élevage. La capitale, Trieste, est un port important et un centre de chantiers navals.
Population 1 217 000
Carte Italie Da

Frise, en néerl. **Friesland,** ***Pays-Bas*** Province du Nord qui s'étend sur 3 353 km^2 et comprend quatre des îles Frisonnes occidentales. Les Frisons, groupe germanique parent des Saxons, s'y installèrent au Ier s. de notre ère, et le frison, distinct du hollandais, y est couramment parlé. Les lacs abondants, notamment dans le sud-ouest de la région, en font une région attrayante pour les touristes. L'agriculture et l'élevage (vaches frisonnes) sont les principales ressources de cette plaine fertile. Chef-lieu de la province : Leeuwarden.
Population 595 200
Carte Pays-Bas Ba

Frise-Orientale, en all. **Östfriesland,** ***Allemagne*** Région qui occupe le N.-O. du pays et est rattachée au land de Basse-Saxe. Sa côte est bordée par les îles Frisonnes orientales. Pays de marais et de tourbières. Riche agriculture.
Carte Allemagne BCb

Frisonnes (îles), ***mer du Nord*** Frange d'îles parallèles aux côtes des Pays-Bas, d'Allemagne et du Danemark, pour la plupart stations balnéaires réputées. Les Frisonnes occidentales, dont les plus grandes sont Texel et Terschelling, appartiennent aux Pays-Bas. Les Frisonnes orientales (Allemagne) comprennent entre autres Borkum et Norderney. Les Frisonnes septentrionales, au-delà de l'estuaire de l'Elbe, sont partagées entre l'Allemagne (Sylt) et le Danemark. L'ensemble des îles sont des refuges d'oiseaux (nombreuses espèces) et de phoques ; certaines sont menacées par les eaux (Pays-Bas). Les îles allemandes et danoises sont reliées par ferry.
Population (Frisonnes néerlandaises) 20 000 ; (Fr. allemandes) 30 000 ; (Fr. danoises) 3 750
Carte Pays-Bas Ba

Frobisher Bay, ***Canada*** Ville de l'île de Baffin, centre de l'Arctique canadien. Aéroport.
Population 2 500
Carte Canada Ib

Frombork, ***Pologne*** Ville située à 64 km à l'E. de Gdansk, dominée par une belle cathédrale du XIVe s. Copernic (1473-1543) y était chanoine quand il énonça que la Terre n'occupait pas le centre de l'univers mais tournait autour du Soleil. Dans l'arrière-cour de la cathédrale, une tour abrite un musée qui lui est consacré.
Carte Pologne Ca

front Surface séparant deux masses d'air de température et de densité différentes.
FRONT CHAUD. C'est une surface le long de laquelle l'air chaud glisse au-dessus de l'air froid ; lorsque le front se déplace, l'air chaud remplace l'air froid au niveau du sol. Des nimbostratus bas provoquent généralement une ligne de pluie le long du front.
FRONT FROID. L'air froid passe sous la surface du front en soulevant l'air chaud et en le repoussant. L'ascension de l'air chaud produit des cumulus et des cumulo-nimbus souvent accompagnés de grosses averses ou même d'orages. Lorsque le front froid rattrape le front chaud, on parle de front occlus qui rejette l'air chaud en altitude.
FRONT POLAIRE. À une autre échelle, ce front sépare les masses d'air polaire et les masses d'air tropical ou l'air polaire réchauffé aux latitudes subtropicales.
FRONT INTERTROPICAL. Aux basses latitudes, on a longtemps appelé ainsi la convergence intertropicale située à la rencontre entre les alizés austral et boréal ; le mot est encore utilisé parfois sur le continent africain ; ailleurs, on parle aussi de « front de mousson ».

Frontière du Nord-Ouest (province de la), ***Pakistan*** Province montagneuse de 74 521 km^2 en bordure de la frontière afghane. Les Anglais l'utilisaient comme zone tampon pour protéger la vallée de l'Indus et la gouvernaient par l'intermédiaire des chefs locaux. Presque tous les habitants sont des Patchous, ou Pathans, dont le territoire est coupé par la frontière ; ils sont renommés pour leurs qualités guerrières, qu'ils exerçaient hier encore pour résister à l'occupation soviétique. Le plus célèbre de ses nombreux cols est la passe de Khayber.
Population 11 658 000
Carte Pakistan Ca

Frosinone, ***Italie*** Centre commercial et industriel moderne, à 90 km au S.-E. de Rome, capitale d'une province du Latium (3 239 km^2) et de la région de Ciociaria, du nom des chaussures *(cioce)* du costume traditionnel local. Artisanat (travail du fer et du cuivre).
Population (ville) 46 000 ; (prov.) 480 900
Carte Italie Dd

Frounzé ou **Frunze,** ***Kirghizistan*** Voir BICHKEK

Fuchun Jiang (Tsien Tang Kiang), ***Chine*** Fleuve de la province du Zhejiang dont il est la principale voie de transport fluvial. Il se jette dans la baie de Hangzhou (Hang-tchéou) (mer de Chine orientale), à 50 km au S. de Shanghai.
Longueur 400 km
Carte Chine He

Fuengirola, ***Espagne*** Voir MÁLAGA

MERVEILLEUSE OBSESSION. L'histoire d'amour des Japonais et du Fuji-yama remonte à des temps très anciens. Par temps clair, on aperçoit son cône parfait du train Tokyo-Nagoya, et chaque été des milliers de visiteurs escaladent ses pentes.

Fujairah, ***Émirats arabes unis*** Un des sept émirats de la Fédération (environ 1 000 km^2), le seul donnant sur le golfe d'Oman. Une route à travers les montagnes de l'Hadjar a été ouverte en 1976 pour le relier au reste de la Fédération. La ville de Fujairah est dotée d'un petit aérodrome. Elle est dominée par un fort vieux de deux cents ans transformé en musée.
Population (ville) 760 ; (émirat) 63 000
Carte Émirats arabes unis Ca

Fujian (Fou-kien), ***Chine*** Province montagneuse du sud-est du pays (120 000 km^2), en bordure de la mer de Chine orientale, en face de Taïwan. Le climat subtropical favorise la culture du riz, des patates douces, du thé et des agrumes dans les vallées. Ressources principales : bois, minerais, pêche. Chef-lieu : Fuzhou.
Population 31 000 000
Carte Chine Hf

Fuji-yama ou **Fuji-san (mont Fuji),** ***Japon*** Volcan renommé du centre de l'île de Honshu, à 100 km au S.-O. de Tokyo. Son cône majestueux, éteint depuis 1708, est le plus haut sommet du Japon (3 776 m). Il est vénéré par les Japonais, et fut célébré dans la peinture et la poésie nationales durant des siècles. Il est entouré à sa base de cinq lacs d'origine volcanique. À proximité, parc national Fuji-Hakone-Izu.
Carte Japon Cc

Fukui, ***Japon*** Ville commerçante située près de la côte N. de l'île de Honshu, très endommagée lors de la Seconde Guerre mondiale, et partiellement détruite par un tremblement de terre en 1948. Elle est renommée pour ses soieries aux motifs traditionnels, auxquelles s'ajoute aujourd'hui l'industrie moderne de la rayonne.
Population 250 300
Carte Japon Cc

Fukuoka, ***Japon*** La plus grande ville de l'île de Kyushu, sur la côte N.-O. Centre industriel

(sidérurgie, chantiers navals, textiles), politique et culturel. Université. Terminus ouest du « shinkansen », train à grande vitesse de Tokyo (vitesse max. : 210 km/h), qui la relie à la capitale (1 176 km) en 6 heures et demie.
Population 1 237 200
Carte Japon Bd

Fulda, *Allemagne* 1. Ville de Hesse, à 80 km au N.-E. de Francfort. La cathédrale baroque (XVIIIe s.) renferme le bâton et les reliques de saint Boniface. L'abbaye bénédictine, fondée par un disciple du saint en 744, fut un foyer religieux et intellectuel au Moyen Âge.
2. Rivière qui arrose la ville du même nom et naît à 20 km au S.-E. ; elle rejoint l'Eder et la Werra pour former la Weser près de Munden, au N. Longueur : 220 km.
Population 55 400
Carte Allemagne Cc

fumerolle Émission, par des fissures, de gaz et de vapeurs d'acide chlorhydrique, de dioxyde de soufre ou de chlorure d'ammoniaque. Les fumerolles sont liées à l'activité volcanique, comme dans la Valley of Ten Thousand Smokes (Vallée des dix milles fumées), en Alaska.

Funafuti, *Tuvalu* Île principale du territoire des anciennes îles Ellice, à 1 000 km au N. des îles Fidji. L'atoll mesure 20 km de diamètre, mais l'île n'occupe que 2,4 km^2. capitale (Fougafak).
Population 2 810
Carte Pacifique (océan) Dc

Funchal, *Portugal* Chef-lieu de l'île de Madère, situé dans un vaste amphithéâtre naturel qui domine une baie. Station touristique importante, surtout en hiver, et port d'escale pour les bateaux de croisières. Casino.
Population 45 600
Carte Maroc Aa

Fundy (baie de), *Canada* Elle sépare le Nouveau-Brunswick de la Nouvelle-Écosse (longueur : 160 km, largeur à l'entrée : 100 km). Les marées y ont les plus grandes amplitudes connues (jusqu'à 19 m). Le parc national de Fundy (206 km^2) borde la côte N. de la baie.
Carte Canada Id

Furka (col de la), *Suisse* Col des Alpes, à 85 km au S. de Zurich, joignant les vallées du Rhône supérieur et de la Reuss. Altitude : 2 436 m.
Carte Suisse Ba

fuseau horaire Zone de la surface terrestre délimitée par deux méridiens et soumise à la même heure légale. Voir ci-dessous QUELLE HEURE EST-IL DANS LE MONDE ?

Fushun (Fou-chouen), *Chine* Ville minière de la province de Liaoning. Charbon et schiste bitumineux fournissent la matière première des industries locales, essentiellement mécaniques et pétrochimiques.
Population 1 800 000
Carte Chine Ic

Futuna, *océan Pacifique* Île volcanique de 115 km^2 entourée de récifs coralliens et culminant à 850 m. Voir WALLIS-ET-FUTUNA.

Fuzhou (Fou-tchéou), *Chine* Capitale de la province de Fujian et port actif, à l'embouchure du Min Jiang, sur le détroit de Taïwan. Industries de transformation alimentaire, chimiques, et fabrication de papier. Artisanat (laque, bois, cuir).
Population (ville) 910 000 ; (aggl.) 1 240 000
Carte Chine He

Fyn, *Danemark* Voir FIONIE

QUELLE HEURE EST-IL DANS LE MONDE ?

On considère généralement qu'il est midi lorsque le soleil passe au zénith, mais, à cause de la rotation de la Terre, cette situation se produit à des heures différentes selon les endroits. En utilisant la position du soleil comme repère, l'heure qu'il est varie considérablement sur de grandes distances. Cette situation crée des problèmes d'horaires, comme cela est apparu dès la mise en place d'un réseau ferré. En 1884, la Conférence internationale sur les méridiens divisa les 360^0 de longitude en fuseaux horaires de 15^0 chacun, couvrant les 24 heures de la journée. Comme le degré 0 passe par Greenwich, en Angleterre, l'heure de base fut établie à partir de l'heure moyenne de Greenwich, ou Temps Universel (TU ; en anglais Greenwich Mean Time, ou GMT). À l'E. du méridien origine, l'heure est en avance sur le TU, tandis qu'à l'O. elle est en retard. Lorsqu'on atteint la ligne de changement de date, à 180^0 de longitude, l'heure présente un écart de 12 heures par rapport à Greenwich. Les voyageurs qui passent cette ligne de l'E. vers l'O. ajoutent 24 heures en sautant un jour, tandis que ceux qui voyagent de l'O. vers l'E. doivent ôter 24 heures et répéter ce jour.

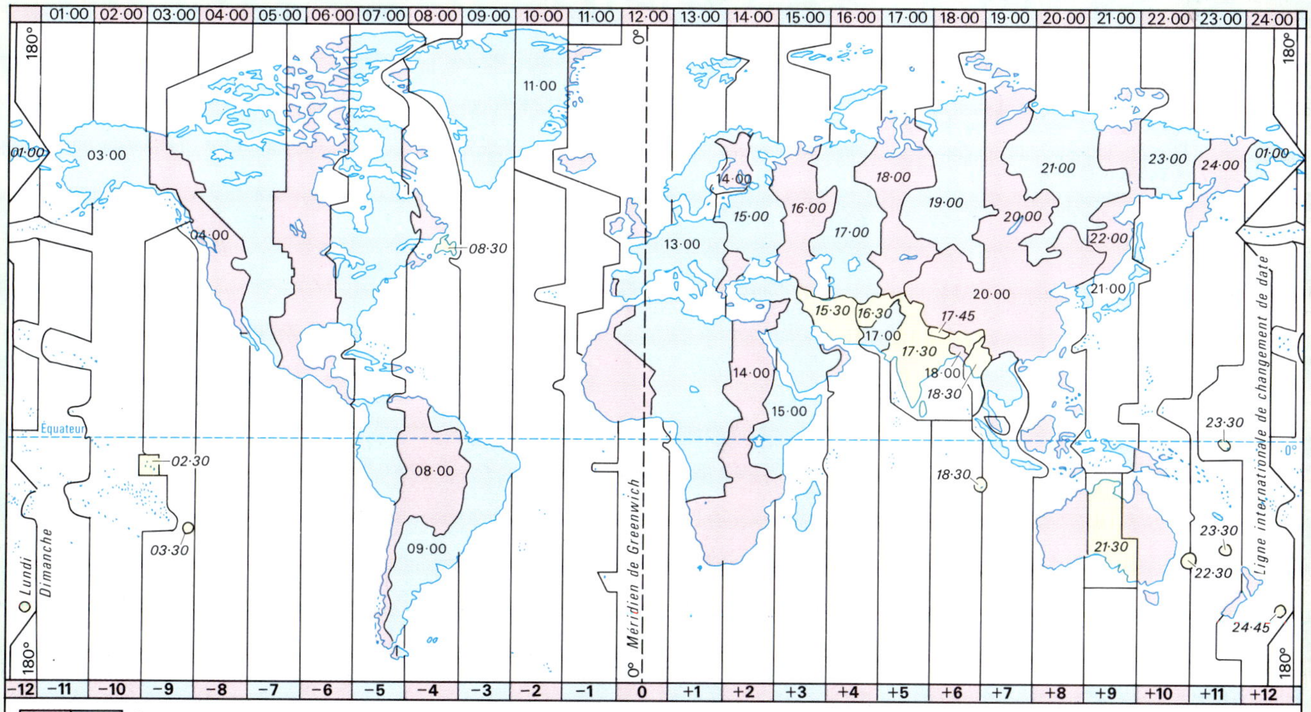

Zones horaires conventionnelles
17·00 Heure conventionnelle
15·30 Changements par rapport à l'heure conventionnelle
−4 Heures en retard sur le Temps Universel (TU)
+4 Heures en avance sur le Temps Universel

CHANGEMENTS PAR RAPPORT À L'HEURE CONVENTIONNELLE. L'heure d'été est adoptée par certains pays pendant une partie de l'année. Dans ces pays, l'heure d'été est en avance d'une heure sur celle indiquée par la carte. La France utilise l'heure d'été de la fin mars à la fin octobre. Dans l'ex-U.R.S.S., les fuseaux horaires sont en avance d'une heure par rapport à l'heure conventionnelle.

G

Gabcikovo, ***Slovaquie*** Localité sur le Danube où sont aménagés barrage et installations hydrauliques avec dérivation du fleuve, qui sont le motif d'un conflit frontalier entre la Slovaquie et la Hongrie.

Gabès, ***Tunisie*** Ville et port maritime, située au fond du golfe de Gabès, à 320 km au S. de Tunis. Porte du Sud et du désert. On y exporte des fruits locaux, des peaux, de la laine et des phosphates. Conserveries de poisson. Artisanat varié (tapis, travail de l'osier, du bois, de l'ambre, du cuir et de l'argent). L'oasis proche de Chenini produit des dattes, oranges, pêches, abricots et grenades.
Population 92 300
Carte Tunisie Ba

Gabès (golfe de), ***Tunisie*** Golfe de la mer Méditerranée (longueur : 100 km ; largeur : 100 km), au S.-E de la Tunisie, appelé autrefois golfe de la Petite Syrte (en latin: Syrta Minor). L'île de Djerba, rattachée par une route au continent, est devenue très touristique. Principaux ports: Gabès, Sfax.
Carte Tunisie Ba

Gabon Voir p. 263

Gaborone, ***Botswana*** Capitale du Botswana depuis 1965, reliée par voie ferrée à Bulawayo (Zimbabwe) et au Cap (Afrique du Sud). C'est une ville agréable en plein développement qui possède une université, un musée d'art et un musée national. Hôtels, casino. Du fait de la proximité de la frontière sud-africaine (20 km), elle a accueilli de nombreux exilés.
Population 133 800
Carte Botswana Cb

Gabrovo, ***Bulgarie*** Ville industrielle et chef-lieu de département, dans la vallée de la Jantra, à 96 km au N.-E. de Plovdiv. Industries textiles et du cuir. La première école nationale bulgare y fut ouverte en 1835. Festival international de la Comédie et de la Satire tous des deux ans. Aux environs, pittoresques villages de Boženci et de Šipka, monastère de Drjanovo, et musée d'Etărăt (arts et traditions du XIXe s.).
Population 83 000
Carte Bulgarie Bb

Gabu, anc. **Nova-Lamego,** ***Guinée-Bissau*** Région et ville de la savane du N.-E., à 160 km au N.-E. de Bissau. La ville fut l'une des dernières places fortes portugaises avant l'indépendance. Centre d'une région agricole productrice d'arachide, de millet, de maïs, de légumes, et, récemment, de coton et de tabac, transportés par route vers Bissau, via Bafatá.
Population (région) 104 200
Carte Guinée Ba

Gafsa, ***Tunisie*** Ville et oasis située à 185 km à l'O. de Sfax. Important nœud routier et ferroviaire entre Sfax et Tozeur, et centre d'une région de gisements de phosphate qui fournit 85 % de la production nationale. Fondée par les Romains, puis place forte berbère, Gafsa est l'un des derniers endroits du pays où survivent le dialecte et les traditions berbères. Ses murs d'enceinte rose enserrent des bâtiments de brique décorés d'audacieux motifs géométriques. Les artisans locaux fabriquent tapis et couvertures, et l'oasis produit des dattes, des olives et des citrons.
Population 61 000
Carte Tunisie Aa

Gagnoa, ***Côte-d'Ivoire*** Chef-lieu de département au S. du centre du pays, dans la zone forestière, à environ 260 km au N.-O. d'Abidjan. C'est le centre d'une région agricole (café, cacao, cultures vivrières, élevage) et de conditionnement du bois. Un poste militaire français y fut créé en 1912.
Population 91 000
Carte Côte-d'Ivoire Ab

Galápagos (îles) ou **Colón (archipel de),** ***Équateur*** Îles volcaniques de l'océan Pacifique situées sur l'Équateur, à 1 100 km à l'O. de la république de l'Équateur dont elles constituent une province. Elles furent découvertes par les Espagnols en 1535 et annexées par l'Équateur en 1832. Chef-lieu: Puerto Baquerizo, sur l'île de San Cristobal (2 000 habitants). Quatre autres îles ont une population permanente. On y trouve des spécimens uniques de vie végétale et animale (en particulier la tortue géante, en voie d'extinction), dont l'étude inspira en partie la théorie sur l'évolution de Charles Darwin, qui y séjourna en 1835. 90 % des terres ont été déclarées parc national. Réserve marine.
Population 6 200
Carte Amérique du Sud Ac

Galati, ***Roumanie*** Port fluvial et maritime sur le Danube (branche du Sulina), à 180 km au N.-E. de Bucarest. Pôle industriel important: sidérurgie, constructions navales et mécaniques, industries chimiques, textiles, alimentaires. Églises du XVIIe s., musées.
Population 261 000
Carte Roumanie Ba

galène Sulfate de plomb, gris et lourd, fréquent dans les calcaires carbonifères. C'est le principal minerai de plomb.

galet Fragment de roche arrondi par le frottement, que l'on trouve dans les torrents ou dans la mer ; la taille des galets va de 2 à 20 cm environ.

Galibier (col du), ***France*** Col des Hautes-Alpes reliant le Briançonnais et la Maurienne (2 645 m).

Galice, ***Espagne*** Région touristique montagneuse du N.-O. (29 434 km^2), colonisée par les Wisigoths au VIe s. et réunie à la Castille au XIe s. C'est aujourd'hui une région autonome comprenant quatre provinces: La Corogne, Lugo, Orense et Pontevedra. Elle est limitée au N. par le golfe de Gascogne, à l'O. par l'océan Atlantique. Le Miño (Minho, en portugais), fleuve le plus important, forme une partie de la frontière portugaise, au S. La région est en cours d'industrialisation. La pêche y est très active. Villes principales: La Corogne, Saint-Jacques-de-Compostelle, Vigo.
Population 2 754 000
Carte Espagne Aa

Galicie Voir Lvov

Galilée, ***Israël*** Région du nord de la Palestine, limitée au N. par le Liban, à l'E. par la Syrie et la Jordanie. La plupart de la population arabe d'Israël s'y rassemble. Le Nord (haute Galilée) est montagneux, le Sud (basse Galilée) vallonné. L'agriculture se concentre dans la plaine côtière (Galilée occidentale). De nombreuses localités de Galilée évoquent la vie et les enseignements du Christ (lac de Tibériade, Capharnaüm, Nazareth).
Carte Israël Ba

Galle, ***Sri Lanka*** Ancienne ville coloniale bâtie sur un promontoire rocheux, à 105 km au S. de Colombo. Port fortifié fondé par les Portugais en 1597, elle fut prise en 1643 par les Hollandais qui y édifièrent un fort. Belles demeures colo-

TERRE DE LÉGENDES. Dans les eaux mélancoliques du Llyn Ogwen, lac du pays de Galles dominé par le Glyder Fawr, l'un des chevaliers du roi Arthur aurait lancé l'épée Excalibur.

Gabon

UN PAYS À QUI LE PÉTROLE, LES MINES ET LES FORÊTS ONT APPORTÉ LA PROSPÉRITÉ

La forêt tropicale recouvre les trois quarts de la république du Gabon, pays chaud et humide d'Afrique centrale, traversé par l'équateur. Les nombreuses rivières, comme la Nyanga, qui descendent des montagnes alimentent l'Ogooué, dont le bassin couvre la majeure partie du pays. Le fleuve se termine par un delta, à la hauteur de Port-Gentil. Les reliefs — montagnes de Cristal, montagnes du Chaillu — atteignent rarement 1 000 m, mais déterminent le caractère impénétrable du pays. L'Ogooué, qui pourrait être une voie de communication idéale, n'est pas toujours navigable, et la forêt équatoriale a longtemps découragé toute pénétration.

Comme toute la terre africaine, le Gabon a été habité depuis les temps les plus anciens (paléolithique supérieur, néolithique). Mais l'histoire passée est encore à faire. Les peuples actuels semblent s'être installés dans le pays depuis peu, sauf les tribus proches de la côte, comme les Mpongwé et les Oroungou. Au S.-E. vivent des tribus apparentées aux Tékés du Congo et du Zaïre, tandis qu'au N., d'autres tribus qui ont fait mouvement plus tardivement comme les Kotas, les Kwélés et surtout les Fangs constituent l'élément dynamique de la population.

Sans le savoir, les Portugais donnent son futur nom au pays en débarquant, en 1472, dans une baie qu'ils appellent Gabão. Par la suite, les navigateurs se contenteront de troquer des tissus, des métaux, des fusils et de la verroterie contre de l'ébène, de l'ivoire et des esclaves, avec les ethnies côtières.

Un comptoir français est installé en 1843 après négociation avec le roi local — des gravures du XIXe s. immortalisent cet événement, d'où l'alcool, composant habituel du troc, n'est pas absent. Des missionnaires s'y installent également et recueillent des esclaves rescapés de la traite, donnant au site son nom de Libreville, capitale provisoire du Congo français jusqu'en 1904, future capitale du Gabon indépendant en 1960. A la suite d'autres explorateurs, Savorgnan de Brazza est le premier à remonter entièrement l'Ogooué. En 1913. Albert Schweitzer — prix Nobel de la paix en 1952 — crée un hôpital à Lambaréné pour lutter contre la pauvreté et la maladie.

L'exploitation des richesses forestières — bois d'okoumé utilisé dans la fabrication du contre-plaqué, caoutchouc — commence avec les concessions accordées aux grandes compagnies jusqu'à la veille de la guerre de 1914-1918. Elle ne cessa pas, et la production d'okoumé augmentera sans cesse. En 1961, Léon M'Ba devient président de la jeune république. Omar Bongo lui succède à sa mort en 1967 en s'appuyant sur un parti unique vite contesté, le Parti démocratique gabonais (P.D.G.). En mai 1990, le multipartisme est adopté. De violentes manifestations populaires entraînent une intervention de la France et l'évacuation de ses ressortissants. En septembre, les élections donnent une faible majorité au parti de O. Bongo. En juin 1991, le gouvernement démissionne pour « faire cesser une situation politique faite de tension sociale ».

La France est toujours restée très attentive à la stabilité politique du Gabon. Aux richesses de la grande forêt s'est, en effet, ajouté, depuis la dernière guerre, le recensement des richesses du sous-sol. En 1980, le Gabon est le sixième pays africain producteur de pétrole. Le plateau Batéké, au S.-E., près de la frontière congolaise, devient pour les Gabonais une véritable caverne d'Ali Baba. Le Gabon est aujourd'hui un gros producteur d'uranium, enrichi sur place sous forme d'hexafluorure. Grâce aux mines de manganèse de Moanda, il est devenu le troisième pays du monde pour la production de ce minerai, qui est évacué par un téléphérique long de 72 km. À côté de ces minerais stratégiques, il y a aussi le gisement de fer de Bélinga, dont la production doit dépasser les 20 millions de tonnes par an.

Bénéficiant de revenus importants, le Gabon s'est lancé dans la réalisation du projet dont dépend son avenir: la construction du Transgabonais, voie de chemin de fer ultramoderne destinée à désenclaver l'arrière-pays et qui arrive à Franceville depuis la fin de 1986. Les responsables pensent s'attaquer à un autre problème, celui d'une agriculture quasi inexistante, en favorisant les cultures de la canne à sucre, du café et du cacao. Les cultures vivrières ne constituent pas la priorité. Le Gabon, il est vrai, est le deuxième pays d'Afrique pour le revenu par habitant, et la nourriture peut être achetée par l'argent des ressources minières... Mais cette prospérité ne profite pas à tout le monde, et il y a des inégalités marquantes. Le sous-peuplement (4 habitants au kilomètre carré) nécessite l'appel à une main-d'œuvre étrangère.

Le Gabon est un pays qui commence à s'ouvrir, et l'avenir lui appartient. Le tourisme y est en plein balbutiement. Des paysages jamais vus et une faune abondante attendent les amateurs dans des parcs nationaux (Wongua-Wongué, Okanda, notamment).

LE GABON EN BREF

Superficie 267 667 km²
Population 1 280 000
Capitale Libreville
Régime République et parti unique
Monnaie Franc C.F.A.
Langues Français (officielle), langues africaines
Religions Chrétiens (50 %), religions africaines, quelques musulmans
Climat Équatorial ; température moyenne à Libreville : de 24 °C à 27 °C
Ressources Cacao, café, huile de palme, banane, sucre de canne, manioc, banane plantain, maïs, riz, bétail, bois, pétrole, manganèse, uranium, fer, minerais divers
Activités Mines, extraction et raffinage du pétrole, cultures industrielles, industries forestières, pêche, industries alimentaires
Exportations Pétrole, manganèse, uranium, bois
P.N.B. annuel par habitant 4 480 dollars
Croissance démographique 27,4 ‰ par an
Espérance de vie Hommes 52 ans, femmes 55

niales. Travail de la dentelle, de l'ébène, et des pierres précieuses. Plages à proximité.
Population 109 000
Carte Sri Lanka Bb

Galles (pays de), ***Royaume-Uni*** Principauté de l'ouest du royaume couvrant 20 761 km², réunie à l'Angleterre entre 1536 et 1542 (le fils aîné du souverain est généralement prince de Galles). Le sentiment national y est fort, et la langue galloise est parlée par environ un quart de la population. Capitale: Cardiff. Autres grandes villes : Newport et Swansea.
Population 3 450 000
Carte Royaume-Uni Dd

Gallipoli, en turc **Gelibolu,** ***Turquie*** Port situé sur le détroit des Dardanelles, qui fut un des premiers points d'implantation des Turcs en Europe, vers 1356. De violents combats y opposèrent les troupes alliées (Australiens et Néo-Zélandais) et turques pendant la Première Guerre mondiale. La péninsule de Gallipoli s'étend sur 80 km de long entre les Dardanelles et le golfe de Saros.
Population 22 000
Carte Turquie Aa

Galloway, ***Royaume-Uni*** Voir DUMFRIES ET GALLOWAY

Galveston, ***États-Unis*** Ville et île du golfe du Mexique (Texas), à 80 km au S.-E. de Houston.

On y accède par une route. Une haute digue protège le port et la ville de Galveston des tornades fréquentes. Autrefois centre de commerce important du coton et du blé, la ville a décliné après l'ouverture en 1914 du Houston Ship Channel, canal qui relie Houston au golfe du Mexique.

Population (ville) 62 400 ; (zone urbaine) 215 400
Carte États-Unis He

Galway, en irl. **Gaillimh,** ***Irlande*** Ville et port, sur la rive N. de la baie de Galway, à 196 km à l'O. de Dublin. Cathédrales, université. Industries principales : pêche, minoteries, fonderies, tourisme. Le comté de Galway est l'une des régions les plus pauvres du pays. On y élève des moutons.

Population (ville) 50 800 ; (comté) 171 800
Carte Irlande Bb

Gambie, ***Afrique occidentale*** L'un des grands fleuves africains (longueur : environ 1 100 km), né dans le Fouta-Djalon (Guinée). Il arrose le sud-est du Sénégal et traverse la Gambie d'E. en O. À la saison sèche (de décembre à avril), le fleuve est salé jusqu'à 200 km à l'intérieur des terres, ce qui entrave les projets d'irrigation. La Gambie se jette dans l'Atlantique par un large estuaire (1,3 km à Banjul) profond de 9 m, mais un banc de sable en restreint l'accès aux navires de moins de 25 000 t.

Carte Gambie Ab

Gambier (îles) ***Polynésie française*** Archipel volcanique constitué d'une vingtaine d'îles au S.-E. des Tuamotu (30 km^2), entourées de récifs formant un lagon. Découvertes en 1797 par le capitaine Wilson, elles furent annexées par la France en 1882 ; la plus grande (Mangareva) était alors un centre missionnaire actif.

Population 600
Carte Pacifique (océan) Gd

Gambie

ENCLAVE ANGLOPHONE DANS UN SÉNÉGAL FRANCOPHONE, LA GAMBIE EST UNE SURVIVANCE DE L'ÉPOQUE DES COMPTOIRS

La Gambie, le plus petit pays d'Afrique, a la forme d'un long doigt de gant, enfoncé dans la côte O. africaine, c'est-à-dire, essentiellement, dans le territoire du Sénégal. Elle pénètre de 320 km dans l'intérieur des terres, et sa largeur ne dépasse pas 48 km. Sa façade maritime, la largeur la plus étroite, est de 24 km. Elle est traversée dans le sens de la longueur par la Gambie, fleuve enjambé par un seul pont, près de son embouchure.

Les populations appartiennent aux mêmes communautés ethniques qu'au Sénégal, clans et familles habitant indifféremment de part et d'autre de la frontière : Wolofs, Sérers, Dioulas, au centre et à l'O., Sarakolés et Mandings à l'E., ces derniers s'étant installés sous l'empire du Mali, avant le XVe s. Le caractère « british » de la Gambie, qui irrite parfois les Sénégalais, se manifeste à travers les métis, nombreux à Banjul, la capitale, et soucieux de conserver le statut social qu'ils ont acquis pendant la présence anglaise. Si beaucoup de Gambiens vivent dans les villes, ceux qui habitent les zones rurales vivent chichement, élevant quelques animaux et cultivant un peu de mil et de sorgho — parfois du maïs, du riz et des légumes — pour la consommation familiale. N'oublions pas que nous sommes en zone de savane et, ici comme dans les pays voisins, la sécheresse a durement touché les régions rurales.

UNE FÉDÉRATION DE SÉNÉGAMBIE

Enclave anglophone dans un État francophone, la Gambie pose de nombreux problèmes au Sénégal. Le plus important n'est pas le problème linguistique — les langues, même européennes, sont fort nombreuses en Afrique —, mais économique. Les barrières douanières entre les deux pays jouent en faveur de la Gambie, dont les frontières sont une véritable passoire pour les trafiquants.

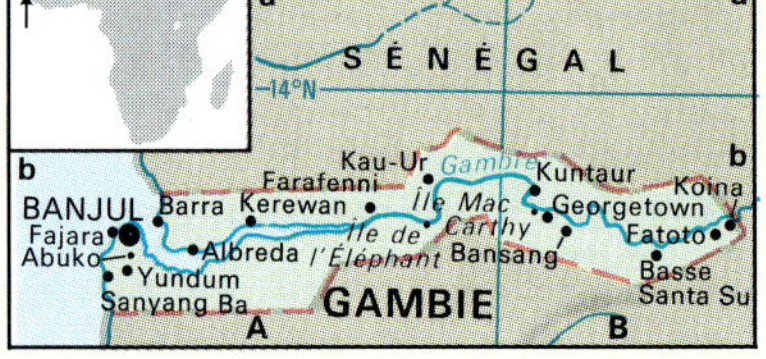

Pour comprendre l'origine de ce curieux vestige de présence britannique, il faut remonter aux premiers empires de la savane et à l'époque des comptoirs européens sur les côtes africaines. En effet, fascinés depuis le Moyen Âge par la réputation du Soudan d'être le « pays de l'or », les Européens s'établirent à l'embouchure de la Gambie, voie idéale pour pénétrer au cœur du continent en remontant le cours du fleuve.

Le pays est tributaire de l'empire du Mali quand les Portugais découvrent ses côtes au milieu du XVe s. et négocient avec les souverains locaux. Les échanges portent sur les mêmes marchandises qui ont fait l'objet du commerce transsaharien, l'or, les esclaves et l'ivoire. Deux siècles plus tard, alors que les mines d'or du haut Sénégal se sont taries, et que la puissance du Portugal subit une éclipse, Français et Anglais commencent à fréquenter l'embouchure du fleuve. Les Français s'installent sur la rive N. en 1670. De leur côté, les Anglais évincent un groupe de colons lettons établis depuis 1651 à 30 km de la mer. Ils rebaptisent leur fort, Saint-André, en fort Saint-James (1661), qui sert d'appui à une série de petits comptoirs mis en place le long du fleuve. Jusqu'au traité de Versailles attribuant la Gambie dans sa totalité à l'Angleterre (1783), la concurrence avec les Français — et les pirates — est très âpre. Le fort Saint-James draine les esclaves pour les Amériques, en échange de fusils qui ne font que plonger un peu plus la savane africaine dans l'anarchie.

La suppression de la traite en 1807 bouleverse, pour un temps, le commerce dans la région. Les Anglais s'installent sur l'île Sainte-Marie, la future Bathurst (devenue par la suite la capitale Banjul), et annexent le territoire à la colonie de Sierra Leone jusqu'en 1843, puis en font une colonie indépendante (l'embouchure est administrée directement, l'intérieur du pays relève des chefs locaux). Les Français, établis au Sénégal, échangent leur établissement contre un comptoir anglais sur la côte de Mauritanie (1857). Les frontières de la Gambie sont fixées par les deux puissances coloniales en 1889.

La Gambie s'est acheminée progressivement vers l'indépendance : constitutions de 1915, 1954, 1960, 1962 ; autonomie interne en 1963 ; indépendance en 1965. La situation politique s'envenime à partir de 1980. À deux reprises, le président Dawda Jawara fait appel au Sénégal pour mater une tentative de coup d'État (1980) et une prise de pouvoir par des éléments pro-libyens (1981). Un traité de Sénégambie, économique et militaire, avec le Sénégal a été signé en 1982, mais ce pays s'est montré moins enthousiaste dans son application. Le traité a été dénoncé en 1990. En 1994, le président Jawara a été déposé par des militaires pour une question de solde non versée.

PAUVRE MALGRÉ LE TOURISME

L'arachide constitue la principale exportation et fait l'objet d'une fraude traditionnelle avec le Sénégal, dont la frontière est incontrôlable ; à travers celle-ci passe également une grande partie des radios et télévisions destinées au marché sénégalais. Les barrières douanières entre les deux pays n'ont guère de sens. Chez l'un comme chez l'autre, l'essor démographique entraîne une forte immigration. Des Gambiens vont travailler en Grande-Bretagne, ou en France. La Gambie dépend de l'aide internationale.

La Gambie est un pays de tourisme. Mais si les visiteurs, venus surtout d'Europe du Nord, sont nombreux, les devises le sont moins, car tout voyage organisé se paye dans le pays de départ, et les retombées sont minces. Le circuit classique est la remontée du fleuve en bateau. Celui-ci quitte la côte bordée de superbes plages de sable, puis déambule à travers les marécages de l'estuaire encombrés de mangrove. Plus haut, les villages s'étalent au bord des rives et, dans le lit du fleuve, des îles abritent quantité d'oiseaux. Il est également possible de prendre la route bitumée bordée de villages, et de traverser les zones cultivées et la brousse où paissent des troupeaux. Les chemins de latérite rouge qui conduisent aux villages deviennent de véritables bourbiers pendant la saison des pluies.

LA GAMBIE EN BREF

Superficie 10 689 km^2
Population 1 035 000
Capitale Banjul (anciennement Bathurst)
Régime Démocratie parlementaire
Monnaie Dalasi = 100 bututs
Langues Anglais (officielle), langues africaines
Religions Musulmans (85 %), animistes, chrétiens
Climat Tropical ; température à Banjul, de 15-31 °C en janvier à 23-32 °C en juin
Ressources Arachide, manioc, mil, riz, noix de palme, bétail, poisson, bois
Activités Cultures industrielles, industries alimentaires, pêche, industrie forestière
Exportations Arachide et produits dérivés, poisson, cuirs et peaux
P.N.B. annuel par habitant 390 dollars
Croissance démographique 25,4 ‰ par an
Espérance de vie Hommes 43 ans, femmes 46

Gan, ***îles Maldives*** Îlot de corail dans l'atoll d'Addu, au S. de l'archipel, qui fut une importante base aérienne de la Royal Air Force sous le protectorat britannique.
Carte Indien (océan) Cb

Gand, en néerl. **Gent,** ***Belgique*** Chef-lieu de la province de Flandre orientale, à 60 km au N.-O. de Bruxelles, au confluent de la Lys et de l'Escaut. Florissante dès les XIIIe et XIVe s. grâce à son industrie drapière, elle conserve de son riche passé médiéval de prestigieux monuments comme le château des Comtes (construit en 1180 et restauré à la fin du XIXe s.), le beffroi (XIIIe s.) ou les vieilles maisons du quai aux Herbes. Gand est aujourd'hui une cité très dynamique : ville universitaire ; second port du pays (relié à la mer du Nord par le Canal Gand-Terneuzen) ; grand centre industriel (métallurgie, chimie, pétrole) avec, notamment, les installations sidérurgiques de Sidmar ; grand centre horticole (bégonias et azalées).
Population (ville) 235 000 ; (aggl.) 490 000
Carte Belgique Ba

Gandak, ***Népal/Inde*** Rivière formée par la réunion de plusieurs cours d'eau (dont la Kali Gandak et la Buri Gandak), d'une longueur totale de 690 km. Elle draine le centre-ouest du pays, traverse les plaines indiennes du Bihar qu'elle inonde parfois, et rejoint le Gange à Patna. Au Népal, la Kali Gandak creuse la vallée la plus profonde du monde, entre l'Annapurna et le Dhaulagiri : 5,5 km au-dessous du pic de Dhaulagiri (8 172 m).
Carte Népal Ba

Gander, ***Canada*** Ville située dans l'est de Terre-Neuve, qui fut autrefois une escale de ravitaillement pour les vols transatlantiques. L'aéroport a perdu de son importance, mais il demeure le centre du contrôle aérien dans l'Atlantique.
Population 10 200
Carte Canada Jd

Gandhara, ***Pakistan*** Ancienne province qui couvrait le nord-ouest de l'Inde, le nord du Pakistan et l'est de l'Afghanistan. Alexandre le Grand l'envahit en 327-326 av. J.-C. Elle fut aussi conquise par les Perses et les Parthes. L'influence d'Alexandre fit émerger un art gréco-bouddhique, ainsi qu'en témoignent les vestiges d'une université du IIe s. av. J.-C. dans la capitale, Taxila.
Carte Pakistan Da

Gandjé, en azéri **Giandja,** ***Azerbaïdjan*** Ville à 290 km à l'O. de Bakou. Ancienne ville caravanière arménienne ; il reste quelques belles mosquées du XVIIe s. et un caravansérail. Annexée par la Russie en 1804, elle fut rebaptisée Ielisavetpol, puis s'appela Kirovabad de 1935 à 1990. Industries textiles et alimentaires, huile de coton, machines agricoles, savonneries.
À proximité, mausolée du poète persan du XIIe s. Nezami, natif de la ville.
Population 282 200
Carte Azerbaïdjan Ba

Gange, ***Asie du Sud*** Grand fleuve du nord de l'Inde (3 090 km) qui naît dans l'Himalaya occidental, près du mont Gangotri, et dont le bassin forme la plaine gangétique. Son cours aménagé permet l'irrigation et la production d'hydroélectricité. Il reçoit de nombreux affluents (Yamuna, Gandak, Gogra). Au Bangladesh, où il pénètre en aval du barrage de Farakka, il prend le nom de Padma jusqu'à sa jonction avec la Jamuna (Brahmapoutre), puis celui de Meghna. Son delta, le plus vaste du monde, est une zone très active, et de nouvelles îles se créent dans le golfe du Bengale. Des tombeaux s'élèvent sur les rives de ce fleuve, sacré pour les hindous (à Varanasi, anc. Bénarès, et à Allahabad). Ceux-ci attribuent un pouvoir purifiant à ses eaux, et y dispersent les cendres des morts afin que leurs âmes accèdent au ciel.
Carte Inde Dc

LE FLEUVE SACRÉ DES HINDOUS. À Bénarès, les Ghats, gradins descendant vers le Gange, sont envahis d'une foule de pèlerins venus prier et s'immerger dans les eaux purificatrices du fleuve.

Gange-Kobadak, ***Bangladesh*** Plan d'irrigation au Bangladesh occidental. L'eau pompée dans le Gange est transportée par le canal de Kushtia vers les zones du delta mort, qui se sont ensablées lors du déplacement des émissaires vers l'E. On cherche de plus à empêcher les eaux salées du golfe du Bengale de remonter vers l'intérieur pendant la saison sèche. On espère irriguer ainsi 90 000 hectares.

Gangotri, ***Inde*** Montagne de l'Himalaya occidental (6 614 m), à 40 km au S. de la frontière chinoise. Ses glaciers forment la source du Gange. Un temple hindou, lieu de pèlerinage, s'élève sur ses pentes, à 3 145 m d'altitude.
Carte Inde Cb

Gangtok, ***Inde*** Capitale du Sikkim, État du nord-est de l'Inde depuis 1975, à 1 768 m d'altitude. Centre commercial, agricole et religieux (nombreux monastères bouddhiques).
Population 25 000
Carte Inde Db

Gansu (Kan-su), ***Chine*** Province du Nord-Ouest, corridor resserré entre les Qilian Shan et la Mongolie-Intérieure. Cette région semi-aride (450 000 km²), qui comprend une partie du Plateau de loëss et du désert de Gobi, est traversée par la Grande Muraille et par la route de la soie, voie commerciale séculaire de l'Asie centrale, par laquelle l'explorateur vénitien Marco Polo parvint en Chine. On y cultive du blé, du millet et du sorgho. Le sous-sol est riche en pétrole, minerai de fer, charbon et cuivre. Capitale : Lanzhou (Lan-tchéou).
Population 23 000 000
Carte Chine Ec

Ganvié, ***Bénin*** Pittoresque village lacustre sur le lac Nokoué, à 15 km au N. de Cotonou, d'où l'on y accède par pirogue. C'est aussi en pirogue que se fait la circulation entre les cases montées sur des pilotis de branchages et de poteaux de teck. Marché semi-flottant. Ganvié et les autres villages lacustres des environs constituent une attraction touristique.

Gao, ***Mali*** Ville sur le Niger, à la jonction de la route transsaharienne et du fleuve. Jadis capitale de l'empire songhai qui vit son apogée au XVe s., elle déclina à partir de l'occupation marocaine (1591). Marché des produits locaux, port fluvial, terminus des bateaux à vapeur de Bamako. La population s'est récemment augmentée de nomades refoulés par la sécheresse qui sévit au N., dans le Sahara méridional. Mosquée de Kankan Moussa ; tombeau de la dynastie des Askias (empire songhai). Musée.
Population 54 900
Carte Mali Cb

Gap, ***France*** Préfecture des Hautes-Alpes, à 75 km au S.-E. de Grenoble. Carrefour, lieu de passage et marché qui redistribue les produits des environs. Industries alimentaires, fabriques de briques, tuiles et ciment. La ville se trouve au débouché du col Bayard, route empruntée par Napoléon lors de son retour de l'île d'Elbe en 1815. Musée (faïences de Moustiers, mausolée du Connétable de Lesdiguières).
Population 35 700
Carte France Gd

Gard (30), ***France*** 1. Affluent, aussi appelé Gardon, du Rhône, né de la confluence des Gardons d'Alès et d'Anduze (130 km).

2. Département de Languedoc-Roussillon (5 848 km²) partagé entre Cévennes à l'O., Garrigues au centre et la plaine littorale. Seule cette dernière a vu sa population progresser sensiblement grâce notamment aux rapatriés d'Algérie vers 1960-1963. Nîmes, le chef-lieu, regroupe aujourd'hui plus du quart de la population gardoise. Le Vigan, au cœur des Cévennes, et Alès sur le Gard, au N. du département, sont les deux autres principales villes. L'agriculture en plaine (vignoble, fruits et légumes) ou dans les Garrigues (élevage ovin) est encore importante. L'industrie domine surtout dans le Nord (bassin houiller en déclin, centre nucléaire de Marcoule, textile), alors que la zone côtière, avec Nîmes, vit des services et du tourisme (pont du Gard, Aigues-Mortes, Port-Camargue...).

Population 583 000
Carte France Fd

Gard (pont du), ***France*** Aqueduc romain (vers 19 av. J.-C.) long de 275 m, large de 49 m, à 22 km au N.-E. de Nîmes. Il enjambe le Gard de ses trois rangs d'arcades superposées.

Carte France Fe

Garde (lac de), ***Italie*** Lac alpin, le plus grand d'Italie (370 km²), et centre de villégiature, situé à mi-chemin entre Milan et Venise. Ses rives sont plantées d'oliviers et de citronniers. Le climat y est très doux.

Carte Italie Cb

Gargano (mont), ***Italie*** Promontoire montagneux du S.-E. de l'Italie qui s'avance à 50 km dans la mer Adriatique. Il culmine au mont Gargano (1 050 m) et s'entoure de plages de sable. L'un de ses villages, Monte Sant'Angelo, fut un lieu de pèlerinage au Moyen Âge.

Carte Italie Ed

Garmisch-Partenkirchen, ***Allemagne*** Villes jumelles des Alpes bavaroises, à 75 km au S.-O. de Munich. Station de sports d'hiver renommée (Jeux olympiques de 1936). Une voie ferrée conduit au Zugspitze, point culminant de l'Allemagne fédérale (2 963 m).

Population 28 000
Carte Allemagne De

Garonne, ***France*** Principal fleuve du Sud-Ouest qui prend sa source dans les Pyrénées espagnoles (elle pénètre en France au Pont-du-Roi) et draine le bassin Aquitain. Elle arrose Toulouse, Bordeaux et rejoint la Dordogne dans l'estuaire de la Gironde après un parcours de 650 km. Son cours moyen et inférieur traverse de riches terres arables qui produisent du blé, du maïs, des légumes, des fruits et de la vigne (vin de Bordeaux). Ses crues redoutables, provoquées par la fonte des neiges et les pluies océaniques, génèrent un limon fertile, la *lise*. Autrefois utilisée pour le transport fluvial, la Garonne a été ensuite délaissée au profit du canal latéral construit sur sa rive droite. Centrales hydroélectriques sur son cours supérieur (Palaminy, Saint-Julien, Carbonne) et plus en aval: usine de Golfech, au pied d'un grand lac artificiel, et centrale nucléaire.

Carte France Cd, De

Garonne (Haute-) (31), ***France*** Département de Midi-Pyrénées (6 301 km²), traversé du S. au N. par la Garonne. Au S., la bordure pyrénéenne, peu peuplée, vit essentiellement du tourisme (Bagnères-de-Luchon, Superbagnères) et de petites industries liées à l'hydroélectricité. Les nombreuses plaines alluviales du centre du département favorisent l'agriculture (céréales, élevage). Muret (17 500 habitants) et Saint-Gaudens (11 300 habitants) sont les principales villes, venant après Toulouse dont l'agglomération regroupe les deux tiers de la population départementale. La vigne occupe localement les terrasses du Bassin aquitain, au N. L'industrie, très développée autour de Toulouse, reste faible ailleurs, le département s'identifiant ainsi à son chef-lieu.

Population 926 000
Carte France De

Garoua, ***Cameroun*** Chef-lieu de département et de province et principale ville du nord du pays. Ville industrielle (égrenage, filature, tissage et teinture du coton, huilerie de graines de coton) et touristique (chasse, pêche) à proximité des parcs nationaux de la Bénoué et de Bouba-Ndjida. Port fluvial qui achemine coton, arachides et hydrocarbures. Au S.-E., barrage hydroélectrique de Lagdo.

Population 96 000
Carte Cameroun Bb

garrigue Formation végétale clairsemée et basse des plateaux calcaires méditerranéens. Elle est composée de petits arbres, de buissons épineux et de plantes herbacées, souvent odoriférants (chêne vert, chêne kermès, ciste, arbousier, myrte, lavande, romarin).

Gascogne, ***France*** Ancienne région du Sud-Ouest située entre la Garonne et les Pyrénées. Elle doit son nom aux Vascones (Basques) qui l'envahirent au VIe s. Réunie au duché d'Aquitaine, elle passa à l'Angleterre en 1154 et revint définitivement à la France en 1453 (fin de la guerre de Cent Ans).

Carte France Ce

Gascogne (golfe de) Golfe de l'Atlantique baignant la France et l'Espagne, entre le littoral de l'Aquitaine et celui de la Galice. Fortes marées, courants de caractère changeant, tempêtes subites et violentes dues aux vents d'O. et de S.-O. en sont les principaux caractères.

Carte France Bd

Gasherbrum, ***Inde/Pakistan*** Montagne située sur la frontière disputée entre le Cachemire pakistanais et les territoires occupés par la Chine, dans le massif du Karakoram. C'est le troisième sommet du Pakistan (8 068 m), après le K2 (Dapsang) et le Nanga Parbat.

Carte Pakistan Da

Gaspé, ***Canada*** Ville de la Gaspésie, dans la baie de Gaspé. Jacques Cartier y débarqua lors de son premier voyage en 1534 et revendiqua alors le territoire au nom du roi de France. Port et terminus de chemin de fer, Gaspé compte parmi ses activités l'industrie du bois et le tourisme.

Population 17 400
Carte Canada Id

Gaspésie, ***Canada*** Péninsule de l'est du Québec délimitée par le Saint-Laurent, le golfe du Saint-Laurent et la baie des Chaleurs. Les monts Chic-chocs (prolongement des Appalaches) en constituent l'épine dorsale. Bordant la mer et en grande partie boisée, cette région attire les amateurs de tourisme et de villégiature. Au large, site célèbre du Rocher Percé.

Carte Canada Id

Gateshead, ***Royaume-Uni*** Voir NEWCASTLE-UPON-TYNE

Gatooma, ***Zimbabwe*** Voir KADOMA

Gauhati, ***Inde*** Ville du nord-ouest de l'Assam, sur le Brahmapoutre, à 70 km au S. de la frontière du Bhoutan. On y fait commerce de

BASTION MINÉRAL. À l'extrémité orientale de la Gaspésie se dresse, détaché de l'escarpement calcaire du littoral, le Rocher Percé, long de 433 m et creusé d'une arche naturelle de 20 m de haut.

thé (depuis 1838), de coton, de jute et de riz. Minoteries, raffineries de pétrole. Université.
Population 123 000
Carte Inde Eb

Gavarnie (cirque de), ***France*** Cirque rocheux des Hautes-Pyrénées, à 50 km au S. de Lourdes. Sa beauté attire de nombreux touristes en été. Il est dominé par la brèche de Roland (2 087 m) sur la frontière espagnole.
Carte France De

Gävle, ***Suède*** Port de mer et ville industrielle dans le golfe de Botnie (mer Baltique), à 180 km au N. de Stockholm ; chef-lieu du comté de Gävleborg. On y exporte du minerai de fer et des bois tendres. Constructions mécaniques, industries métallurgiques, textiles, chimiques, chantiers navals.
Population (ville) 68 000 ; (aggl.) 88 600
Carte Suède Cc

Gaza, ***Bande de Gaza*** Ville proche de la Méditerranée, à 65 km au S.-O. de Tel Aviv. Cité-royaume des Philistins au Ier millénaire av. J.-C., où Samson abattit le temple de Dagon et s'ensevelit avec ses ravisseurs philistins. Capitale du territoire.
Population 118 300
Carte Égypte Cb

PUISSANCE DE L'ART GOTHIQUE. L'église Sainte-Marie, restaurée en 1945, domine de sa masse imposante la vieille ville de Gdansk. Construite en brique, elle mesure 105 m de long et sa tour quadrangulaire 78 m.

Gaza (bande de), ***Moyen-Orient*** Territoire situé en bordure de Méditerranée et au S.-O. d'Israël, long. de 42 km et large de 6 à 8 km (202 km^2). Son chef-lieu est la ville de Gaza.

Contestée à partir de 1947 entre l'Égypte et Israël, elle vit affluer, à l'indépendance de l'État hébreu (1948), de nombreux réfugiés dans des camps toujours en place.

Sous contrôle égyptien, la bande de Gaza eut de 1962 à 1967 une administration autonome provisoire. La guerre des Six Jours entraîna son occupation par Israël en 1967. De nombreuses colonies de peuplement juives s'y sont alors installées. Depuis décembre 1987, l'Intifada (la guerre des Pierres) rendait la situation de plus en plus tendue.

C'est en septembre 1993, après de difficiles négociations, qu'Israël et l'Organisation de libération de la Palestine (O.L.P.) de Yasser Arafat entamèrent les discussions sur l'autonomie de Gaza et de Jéricho, qui devint effective à partir de mai 1994. Cet événement a marqué le début d'un processus de paix plus important encore.
Population 800 000
Carte Égypte Cb

Gaza (province de), ***Mozambique*** Voir XAI-XAI

Gazankulu, ***Afrique du Sud*** Ancien bantoustan peuplé par les Shangaan et des populations apparentées aux Tsonga (700 500 habitants) sur une superficie de 7 410 km^2. Sa capitale était Giyani. Ressources principales: or, magnésite, agriculture, salaires des migrants. Devenu autonome en 1973, il se trouve aujourd'hui inclus dans la nouvelle province de Nord-Transvaal.
Carte Afrique du Sud Da

Gaziantep, ***Turquie*** Ville située près de la frontière syrienne, à 500 km au S.-E. d'Ankara. Industries: produits agricoles (pistaches), textiles et peaux de chèvres. La province de Gaziantep s'étend sur 7 642 km^2.
Population (ville) 603 400 ; (prov.) 1 226 000
Carte Turquie Bb

Gdansk, en all. **Dantzig,** ***Pologne*** Ville du nord de la Pologne, qui forme avec Sopot et Gdynia le plus grand complexe portuaire du pays et une conurbation d'un million d'habitants, appelée Trojmiasto (trois villes), sur la baie de Gdansk (mer Baltique). Industries mécaniques, chimiques, alimentaires, chantiers navals. Après la domination polonaise et l'autorité des Chevaliers teutoniques, la ville devint membre de la ligue hanséatique en 1343 et se constitua en État libre (1466). Prise par la Prusse, et de nouveau ville libre à deux reprises (1807-1815 et 1919-1939), elle fut revendiquée par Hitler et occupée en 1939 (couloir de Dantzig), ce qui déclencha la Seconde Guerre mondiale.

Ses églises gothiques, son hôtel de ville Renaissance et son Grand Moulin du XIVe s. sont la fierté des vieux quartiers. Le plan médiéval a survécu, avec ses rues parallèles qui aboutissent à la rivière. Tous les ans en août se tient la Foire dominicaine (souvenirs, antiquités).

En 1980, le chantier naval Lénine (aujourd'hui débaptisé) vit naître Solidarité, premier syndicat libre d'Europe de l'Est, présidé par Lech Walesa, devenu en 1990 président de la République.
Population 465 100
Carte Pologne Ca

Gdynia, en all. **Gdingen,** ***Pologne*** Ville et port de la Baltique, sur l'ouest de la baie de Gdansk, à 16 km au N.-O. de Gdansk. Village de pêcheurs fondé en 1224, le port traite aujourd'hui 18 millions de tonnes de fret par an.
Population 251 500
Carte Pologne Ca

Géants (monts des), ***République tchèque*** Voir SUDÈTES

Gêba, ***Guinée/Sénégal/Guinée-Bissau*** Rivière d'Afrique occidentale, longue de 190 km, qui prend sa source dans le Fouta-Djalon en Guinée occidentale, traverse le sud du Sénégal et la Guinée-Bissau, et se jette dans l'Atlantique par un large estuaire. C'est la plus importante voie de transport de la Guinée-Bissau. Bissau, premier port et centre commercial du pays, se trouve à l'entrée de son estuaire. Gêba, ancienne capitale de la Guinée portugaise, située près de Bafata, à la limite de navigabilité du fleuve, aujourd'hui en ruine, fut abandonnée à cause de ses marais infestés de paludisme.
Carte Guinée Aa

Geelong, ***Australie*** Ville et port de l'État de Victoria, à 60 km au S.-O. de Melbourne, jadis port d'accès aux gisements aurifères de Bendigo et de Ballarat. Silos pour l'exportation. Grand marché de la laine. Industries: laine, automobiles, ciment, équipement agricole. Tourisme.
Population 126 300
Carte Australie Gf

Geirangerfjord, ***Norvège*** Bras de Storfjord situé à l'O. de la Norvège, au S.-E. d'Ålesund. Des milliers de touristes admirent chaque été cette ancienne vallée glaciaire longue de 15 km, ses parois rocheuses à pic émaillées de chutes d'eau (Voile nuptial, cascade des Sept Sœurs). Les falaises, hautes de 400 m, plongent jusqu'à 300 m sous l'eau.
Carte Norvège Bc

Gela, ***Italie*** Ville située au S.-O. de la Sicile, dans le golfe de Gela, à 140 km au S.-E. de Palerme, qui est devenue un important centre pétrolier depuis 1960. Ancienne cité fondée par les Rhodiens et les Crétois, elle passa sous la domination du tyran Gélon. Sites archéologiques à proximité.
Population 80 000
Carte Italie Ef

Gelibolu, ***Turquie*** Voir GALLIPOLI

Gelsenkirchen, ***Allemagne*** Ville de Rhénanie-Westphalie, premier centre charbonnier de la

Ruhr, située à 24 km à l'O. de Dortmund. Fonderies, aciéries, verreries, cokeries.
Population 290 000
Carte Allemagne Bc

General Santos, ***Philippines*** Port et capitale de la province de Cotabato del Sur, au S. de Mindanao. Pêche, exportation de produits agricoles. Le port dessert la vallée de Koronadal, en voie d'expansion.
Population 157 600
Carte Philippines Cd

Gênes, en it. **Genova,** ***Italie*** Ville et port situés au N.-O. du pays, au fond du golfe de Gênes (mer ligurienne), à 120 km au S.-E. de Turin. Capitale de la Ligurie. Centre commercial et naval depuis le Moyen Âge (Christophe Colomb y naquit en 1451), c'est aujourd'hui le premier port d'Italie, et le deuxième port de la Méditerranée après Marseille. Il reçoit des produits lourds pour les grandes villes d'Italie continentale et les pays d'Europe occidentale (Suisse, Allemagne), et exporte des produits manufacturés. Troisième ville industrielle d'Italie (chantiers navals, métallurgie), Gênes est aussi une ville touristique, dotée de nombreux monuments et édifices anciens, et située au centre de la riviera ligurienne : à l'E., la riviera di Levante, à l'O., la riviera di Ponante.
Population 728 000
Carte Italie Bb

Genève, ***Suisse*** Ville située à l'extrémité O. du lac Léman (lac de Genève). Place forte des Allobroges, conquise par les Romains au IIe s. av. J.-C., puis rattachée au Saint Empire (1032), ce fut une ville puissante, gouvernée par ses évêques au Moyen Âge, puis rapprochée des ducs de Savoie. Avec la Réforme, la ville devint une république libre, et appliqua les austères théories de Jean Calvin (1509-1564) à la vie politique du XVIe s. Annexée à la France révolutionnaire en 1798, elle redevint autonome en 1814 (traité de Paris), et entra dans la Confédération helvétique en 1815 (congrès de Vienne).

Genève abrite aujourd'hui de nombreux organismes internationaux : Organisation internationale du travail (O.I.T.), Organisation mondiale de la santé (O.M.S.), Croix-Rouge. Siège de l'O.N.U. pour l'Europe (palais des Nations). Centre de conférences. Foyer industriel, commercial et financier. Aéroport international. Les rues étroites de la vieille ville conservent de beaux bâtiments anciens (cathédrale Saint-Pierre du XIIe s.). La ville neuve compte de nombreux parcs. Célèbre jet d'eau, dans le port (145 m de haut).

Le canton de Genève (282 km^2) produit du vin, des fruits et des légumes.
Population (ville) 165 000 ; (canton) 379 000
Carte Suisse Aa

Génissiat (barrage de), ***France*** Mis en eau en 1948 à 40 km au N.-O. d'Annecy, ce barrage est la pièce maîtresse de l'équipement hydroélectrique du Rhône jurassien. Il forme un lac de retenue de 53 millions de mètres cubes sur 23 km. Haut de 104 m, long de 140 m à la crête.
Carte France Fc

Genk, ***Belgique*** Ville industrielle de la Campine à 30 km au N. de Liège. Grâce au canal Albert et au bassin houiller situé au N., Genk est devenue un grand centre industriel (aciéries et montage de voitures).
Population 62 000
Carte Belgique Ba

Gent, ***Belgique*** Voir GAND

géode Cavité tapissée de cristaux à l'intérieur d'une roche. Les géodes peuvent se former dans tous les types de roches ; elles sont appréciées pour la qualité de leurs cristaux.

géologique (Cycle) Voir COMMENT LES ROCHES SE FONT ET SE DÉFONT, p. 568.

géologiques (échelle des temps) Chronologie des périodes géologiques. Voir ci-dessous.

géomagnétisme Phénomènes magnétiques liés à la terre. Voir PÔLES MAGNÉTIQUES.

George, ***Afrique du Sud*** Station de villégiature située au pied de l'Outeniekwaberge, à 375 km à l'E. du Cap, et à 8 km de l'océan Indien, réputée

L'ÂGE DE LA TERRE

Contrairement à ce qu'affirmait au XVIIe s. l'archevêque James Ussher, la Terre ne fut pas créée en 4004 av. J.C., mais bien plus tôt ! Grâce aux datations radiométriques, la majorité des géologues et des physiciens s'accordent sur l'âge de notre planète, vraisemblablement formée il y a 4 600 millions d'années. Mais la façon dont elle s'est constituée et dont s'organisent croûte, manteau et noyau, fait moins l'unanimité.

Le fait que certaines roches sont plus anciennes que d'autres ne fut découvert qu'au XVIIIe s., lorsque certains esprits curieux commencèrent à étudier les couches sédimentaires et leurs fossiles. On eut ainsi quelque idée sur l'âge relatif des roches, et on leur affecta un nom pour les distinguer : on ne pouvait pourtant pas calculer leur âge absolu. Mais avec la découverte de la radioactivité, en 1896, puis la prise de conscience que les roches sont radioactives, on put enfin disposer d'un chronomètre. Chaque élément radioactif d'une roche se désintègre et se transforme en un nouvel élément selon un taux constant, donc mesurable. En mesurant dans une roche à la fois la quantité de l'élément initial et celle du nouvel élément formé, on peut calculer la date à laquelle cette roche s'est formée. C'est de cette manière qu'on peut établir que les plus vieilles roches sur la Terre, témoins de la croûte initiale, ont environ 3 900 milliards d'années.

ÉCHELLE DES TEMPS GÉOLOGIQUES

Ère	Période	Époque	Début en millions d'années	Phénomènes
Protéozoïque	Précambrien		4 600	Origine de la Terre. Formation de la croûte, des continents et des océans
			3 900	Roches les plus anciennes connues
			3 300	Origine de la vie Formation de l'atmosphère actuelle
Paléozoïque	Cambrien		570	
	Ordovicien		505 ± 32	
	Silurien		438 ± 12	La vie, jusqu'alors océanique, gagne les continents
	Dévonien		408 ± 12	Surrection des montagnes calédoniennes
	Carbonifère		360 ± 10	
	Permien		286 ± 12	Surrection des montagnes hercyniennes et appalachiennes
Mésozoïque	Trias		245 ± 20	Surrection de l'Oural Début du morcellement de la Pangée (200-180 millions d'années) et de l'ouverture de l'océan Atlantique
	Jurassique		208 ± 18	Début de l'ouverture de l'océan Pacifique Sud (140-130 millions d'années)
	Crétacé		144 ± 5	L'Inde se détache de l'Antarctique (105-100 millions d'années)
Cénozoïque	Tertiaire	Paléocène	65	Formation des montagnes Rocheuses
		Éocène	57,8	L'Australie se détache de l'Antarctique (45 millions d'années)
		Oligocène	37	L'Inde entre en collision avec l'Asie (30 millions d'années) Formation des Alpes et de l'Himalaya
		Miocène	23,7	
		Pliocène	5,3	
	Quaternaire	Pléistocène	1,6	Apparition des premiers hominidés Glaciations
		Holocène		Début il y a 10 000 ans

Géorgie

TERRE DE LA TOISON D'OR, MAIS AUSSI PATRIE DE STALINE, À LA FRONTIÈRE DE L'EUROPE ET DE L'ASIE, LA GÉORGIE EST EN PROIE AUX NATIONALISMES

Ibérie de l'Antiquité, conquise par les Perses dès le IIIe s. av. J.-C., christianisée par sainte Nino vers 330, la Géorgie devient indépendante au IXe s. sous la dynastie des Bagratides. Tamerlan conquiert la région à partir de 1386, puis ce sont les Ottomans au début du XVe s. Les Perses domineront à nouveau le pays jusqu'au milieu du XVIIIe s.

S'étant mise sous protection russe en 1783, la Géorgie sera annexée en 1801. La brève indépendance proclamée en 1918 sera brisée par l'occupation soviétique, puis l'intégration à l'U.R.S.S. en 1921.

La Géorgie est la patrie de Beria et de Staline, qui, né à Gori en 1879, a fait ses études au séminaire de Tbilissi.

En novembre 1990, l'écrivain Zviad Gamsakhourdia sera le premier président d'une République de l'ex-U.R.S.S. à être élu au suffrage universel. L'indépendance est proclamée en avril 1991. Mais les difficultés internes, notamment les revendications ossètes, entraîneront un durcissement du régime, et Gamsakhourdia deviendra de plus en plus autoritaire. Il est remplacé, en 1992, par Edouard Chevarnadze, ancien ministre des Affaires étrangères de l'ex-U.R.S.S. sous Gorbatchev. Le conflit perdure entre les partisans de l'un et de l'autre, ainsi qu'en Ossétie et en Abkhazie. Avec l'accord de l'O.N.U., des troupes russes doivent assurer le maintien de la paix en Abkhasie.

UNE ÉCONOMIE VARIÉE

La Géorgie est bordée au N. par la chaîne du Caucase, frontière naturelle avec la Russie et l'Europe, à l'O. par la mer Noire, au S. par la Turquie et l'Arménie, à l'E. enfin par l'Azerbaïdjan. Alors que le tiers du territoire est couvert par la forêt, 20 % seulement des terres sont cultivables. Les cultures sont très variées, notamment fruits, légumes et plantes dont on extrait des parfums. L'élevage (ovins, caprins) est une activité très ancienne bénéficiant de vastes pâturages. Les industries du bois, bien que stagnantes durant la période soviétique, sont exportatrices.

Le sous-sol recèle d'importantes ressources en minerais (le manganèse est exploité depuis 1879 à Tchiatoura) ainsi qu'en pétrole et en charbon, qui, avec le potentiel électrique, assurent l'autosuffisance énergétique. Cette base est nécessaire pour permettre le développement des industries mécanique, métallurgique et chimique. Les grands centres industriels sont Koutaïssi, à l'ouest du pays, et Roustavi, important centre sidérurgique situé au sud de Tbilissi. Les industries textiles (coton, soie) et alimentaires (thé, sucre) représentent 42 % de l'activité.

Depuis l'indépendance, les tentatives de développement de l'économie se multiplient, et notamment avec l'aide des pays occidentaux. C'est ainsi que l'industrie aéronautique militaire (construction d'avions Sukhoi) pourrait être reconvertie : avions d'entraînement, de tourisme, parallèlement à la maintenance du parc militaire existant à l'étranger, en Russie en particulier. D'autres activités sont également envisagées : pétrole, charbon, pharmacie.

Il y a aussi le tourisme, en croissance rapide mais vite ralentie du fait des conflits : stations balnéaires de la mer Noire (Batoumi, Poti, Soukhoumi), stations thermales situées dans l'arrière-pays et, depuis peu, stations de sports d'hiver, en extension sur les pentes du Caucase. Dans ce domaine, encore potentiel, un essor rapide ne peut qu'être facilité par le tempérament méditerranéen des habitants et leur hospitalité proverbiale.

Si l'économie géorgienne a pu résister longtemps malgré la soviétisation, c'est aussi grâce au circuit parallèle, caractéristique des économies administrées, qui fit la « prospérité » du pays.

LA GÉORGIE EN BREF

Carte Arménie ABa

Superficie 69 700 km^2

Population 5 495 000

Capitale Tbilissi

Régime République parlementaire

Monnaie Rouble

Langue Géorgien

Religion Orthodoxes

Climat Climat de type continental, froid et sec en montagne, méditerranéen sur la mer Noire

Ressources Céréales, légumes, fruits, vigne, betterave à sucre, coton, soie, thé, manganèse, fer, cuivre, molybdène, plomb, argent, or, pétrole, charbon, hydroélectricité

Activités Agriculture, élevage, sylviculture, industries mécaniques, métallurgie, chimie, aéronautique, tourisme

P.N.B. annuel par habitant 850 dollars

Croissance démographique 8,6 ‰ par an

Espérance de vie Hommes 68 ans, femmes 76

pour ses fleurs sauvages. La ville est desservie par la route touristique qui longe la côte, entre Mosselbaai et Port Elizabeth.

Population 62 300

Carte Afrique du Sud Bc

George Town, ***Malaysia*** Voir PENANG

Georgetown, ***États-Unis*** Quartier de Washington D.C., sur la rive N. du Potomac. Ville déjà prospère à la fondation de la capitale en 1790-1800, Georgetown conserve ses rangées de maisons élégantes et ses rues pavées. Université fondée en 1789.

Carte États-Unis Kc

Georgetown, ***Guyana*** Capitale, première ville du pays, et principal port (exportations de produits tropicaux), sur la côte atlantique. Construite au-dessous du niveau de la mer, la ville est protégée par des digues. Centre administratif et commercial. Fabrication de bière et de boissons sans alcool. Industrie du bois.

Population 200 000

Carte Guyane Ba

Géorgie, en angl. **Georgia,** ***États-Unis*** État du sud-est du pays (152 490 km^2), au N. de la Floride. Colonie anglaise fondée en 1733 et baptisée en l'honneur du roi George II, elle devint l'un des treize États fondateurs de l'Union. Le relief, abaissé au sud-est (côte atlantique), se relève au nord jusqu'aux Appalaches (Blue Ridge). Les hivers sont doux, les étés chauds avec de fréquents ouragans.

Cet État, autrefois esclavagiste, qui cultivait essentiellement du coton et du tabac dans de grandes plantations, a diversifié ses productions. Capitale : Atlanta ; premier port : Savannah.

Population 6 480 000

Carte États-Unis Jd

Géorgie (détroit de) Bras de mer qui sépare le sud-ouest de la Colombie-Britannique de l'île de Vancouver, au Canada. Il forme une partie du superbe passage maritime qui va de Seattle, aux États-Unis, jusqu'à l'Alaska.

Dimensions 240 km de long, 30 à 64 km de large

Carte Canada Cd

Géorgie du Sud, ***Atlantique Sud*** Île montagneuse et désolée de 3 750 km^2, à 1 300 km à l'E. des îles Malouines dont elle est une dépendance. Elle mesure 160 km sur 30 et culmine au mont Paget (2 934 m). Autrefois base pour la chasse à la baleine, c'est maintenant un centre de recherche britannique pour l'Antarctique.

Carte Antarctique Ba

Gerlach (mont), ***Slovaquie*** Voir TATRAS

Germigny-des-Prés, ***France*** Voir SAINT-BENOÎT-SUR-LOIRE

Germiston, ***Afrique du Sud*** Ville minière située dans la région aurifère du Witwatersrand. Sa raffinerie d'or produit 70 % des lingots d'or du monde occidental.

Population 117 000

Carte Afrique du Sud Cb

Gérone, en esp. **Gerona,** ***Espagne*** Ville industrielle de Catalogne, à 88 km au N.-E. de Barcelone. Industries : textiles, produits chimiques, matériel électronique, savon. Monuments médiévaux (cathédrale du XIVe s.).

La province du même nom (5 886 km^2) produit céréales, fruits et vins.

Population (ville) 70 400 ; (prov.) 478 000

Carte Espagne Gb

Gers (32), ***France*** 1. Affluent de la Garonne (178 km) né sur le plateau de Lannemezan, qui traverse le département homonyme.

2. Département de la région Midi-Pyrénées (6 254 km^2), au cœur de la Gascogne, en dépeuplement depuis 1850. Seul le chef-lieu, Auch, dépasse 10 000 habitants. Le Gers est essentiellement agricole (blé, élevage), et la vigne compte parmi les plus importantes de ses ressources (Armagnac). L'industrie, très peu développée, se limite à la transformation des produits de l'agriculture.

Population 174 600

Carte France De

Gettysburg, ***États-Unis*** Ville de Pennsylvanie, à 105 km au N.-O. de Washington. Au cours d'une bataille décisive de la guerre de Sécession (1-3 juillet 1863), les Nordistes de l'Union, conduits par le général Meade, écrasèrent les Sudistes du général Lee. Plus de 30 000 hommes furent tués ou grièvement blessés. Le président Abraham Lincoln (1809-1865) y prononça un discours célèbre.

Carte États-Unis Kc

Geysir, ***Islande*** L'un des plus grands geysers du monde, au centre d'une région de sources chaudes, à 85 km au N.-E. de Reykjavik. L'eau, qui jaillit toutes les 80-90 minutes, s'élève à 100 m.
Carte Islande Bb

Gezhouba, ***Chine*** Site de ce qui deviendra le plus grand barrage du pays, sur le Yang-tseu-kiang. Sa construction a débuté en 1970. Il fournira 14 milliards de kilowattheures par an.

Gezireh, en ar. **Al-Djazira,** ***Soudan*** Région agricole située entre le Nil Blanc et le Nil Bleu, au S. de Khartoum. C'est la plus riche du pays grâce aux travaux d'irrigation qui y ont été effectués (barrage de Sennar): coton, canne à sucre, tabac.
Carte Soudan Bb

Ghadamès ou **Rhadamès,** ***Libye*** Oasis située à environ 500 km au S.-O. de Tripoli. Ancienne étape des caravanes du désert, prise aux Berbères par les Romains en 20 av. J.-C., elle devint une citadelle de l'islam, dont l'accès fut interdit aux Européens jusqu'au XXe s. Elle est célèbre pour ses sources chaudes, et produit des abricots, des dattes et des figues.
Population 7 000
Carte Libye Aa

Ghana Voir p. 272-273

Gharb, ***Maroc*** Voir RHARB

Ghardaïa, ***Algérie*** Oasis principale du M'Zab (Sahara), située à 500 km au S. d'Alger, sur la route du Hoggar. La ville fut bâtie au XIe s. Ses maisons et ses mosquées blanches composent un tableau pittoresque. Aéroport. Nombreux hôtels, marché distribuant les produits apportés du Sahara et du grand Sud par les caravanes. Palmeraie de 200 000 palmiers. La ville sainte de Beni Isguen, à proximité, ferme ses portes aux touristes à l'heure des prières (de 12 h à 15 h 30) et leur interdit d'y passer la nuit.
Population 90 000
Carte Algérie Ba

Ghats, ***Inde*** Chaînes de montagnes encadrant le plateau du Deccan.

Les Ghats orientaux (altitude moyenne: 450-600 m) longent la côte sur 800 km depuis le S. de Cuttack jusqu'au pic Anai Mudi au S. Sur les pentes de cette montagne s'accroche le tombeau sacré de Tirupati.

Les Ghats occidentaux, plus élevés (altitude moyenne: 900-1 500 m), s'étendent sur 1 287 km, entre la rivière Tapti au N. et le pic Anai Mudi.
Carte Inde Cd (Ghats orientaux); Bd (Ghats occidentaux)

Ghawar, ***Arabie Saoudite*** Le plus grand champ pétrolier du monde, situé au S.-O. de Damman, à l'O. de la presqu'île du Qatar. Il produit jusqu'à 5 millions de barils par jour. Longueur (du N. au S.): 241 km; largeur: 35 km.
Carte Arabie Saoudite Bb

Ghazni, ***Afghanistan*** Ville commerçante (laine, fruits, artisanat), à 120 km au S.-O. de Kaboul. Fondée vers la fin du XIe s. et capitale de la dynastie des ghaznavides.
Population 32 000
Carte Afghanistan Bb

Ghor, ***Israël/Jordanie*** Région correspondant au fossé tectonique qu'occupent le Jourdain, le lac de Tibériade et la mer Morte. Le canal du Ghor, sur la rive orientale du Jourdain (Jordanie), achevé en 1964 et long de 69 km, a permis l'irrigation de la région.
Carte Jordanie Aa

Giandja, ***Azerbaïdjan*** Voir GANDJÉ

Gibraltar, Voir p. 274

Gibraltar (détroit de) Détroit reliant la Méditerranée à l'Atlantique, entre l'Europe et l'Afrique. Un fort courant de surface, profond de 80 m, le traverse d'O. et E., et renouvelle l'eau évaporée. Un contre-courant plus profond, d'eau très salée, coule vers l'océan. Dans son désir de s'ancrer à la Communauté européenne, le Maroc fait campagne pour la construction à cet endroit d'un pont reliant l'Europe et l'Afrique.
Dimensions 58 km de long, 13 à 43 de large
Profondeur moyenne 366 m
Carte Espagne Ce

Gibson (désert de), ***Australie*** Zone aride au centre de l'Australie-Occidentale, de 400 km du N. au S. et de 800 km d'E. en O., aujourd'hui réserve naturelle. Ses crêtes sableuses et parallèles peuvent atteindre 15 m de haut. Sa végétation est rare, broussailleuse. Ce désert quasi inhabité a été traversé en 1874 par l'explorateur Ernest Giles, et baptisé du nom de l'un des membres décédés lors de l'expédition.
Carte Australie Cc

Giessen, ***Allemagne*** Ville universitaire sur la Lahn, à 50 km au N. de Francfort-sur-le-Main. On y fabrique des instruments de précision.
Population 75 000
Carte Allemagne Cc

Gifu, ***Japon*** Ville et capitale régionale sur l'île de Honshu, à 270 km à l'O. de Tokyo. Célèbre pour ses manufactures traditionnelles de parasols et de lanternes en papier, et pour ses spectacles nocturnes de pêche au cormoran sur la Nagara.
Population 411 700
Carte Japon Cc

Gijón, ***Espagne*** Port et ville industrielle de la province d'Oviedo, sur le golfe de Gascogne. Très touchée par la guerre civile, elle a été reconstruite et elle produit mécanique, chimie, quincaillerie, ciment, verre et poteries. Exportation de minerai de fer et de charbon. Pêche.
Population (aggl.) 256 000
Carte Espagne Ca

Gilbert (îles) Voir KIRIBATI

Gilgit, ***Pakistan*** District, rivière et ville du nord du pays, au cœur de l'un des plus beaux théâtres montagneux du globe. La route de la Soie traversait la région. La Grande Route du Karakoram, qui rejoint la Chine de l'Ouest, file au pied de ses pics de plus de 8 000 m.
Carte Pakistan Da

Gillingham, ***Royaume-Uni*** Voir MEDWAY TOWNS

Gippsland, ***Australie*** Région de l'État de Victoria, à l'E. de Melbourne. On y extrait du lignite à ciel ouvert, dans la vallée de Latrobe, pour la production d'électricité. Sur la côte, la plage des Quatre-Vingt-Dix-Miles, qui borde un chapelet de lagunes, attire les vacanciers.
Carte Australie Hf

Gir (forêt de), ***Inde*** Réserve naturelle du Gujarat, à 25 km au N. du port de Diu. C'est le domaine du lion indien, la seule espèce de lion asiatique.
Carte Inde Ac

Girna, ***Inde*** Montagne sacrée (1 150 m) à 385 km au N.-E. de Bombay. Ses pentes abritent des temples, des habitations troglodytiques et un fort datant des premiers temps musulmans et hindous. Des édits gravés sous Asoka, empereur bouddhiste (272 av. J.-C.), ornent la pierre.
Carte Inde Ac

Gironde (33), ***France*** 1. Estuaire de 75 km de long environ, depuis le confluent de la Garonne et de la Dordogne (au bec d'Ambès à 20 km en aval de Bordeaux) jusqu'à l'Atlantique, où il est large de 10 km. La Gironde est bordée de plusieurs avant-ports de Bordeaux, essentiellement pétroliers.

2. Le plus grand des départements de la métropole (10 000 km^2), dans la région Aquitaine. Il englobe au S. la partie septentrionale de la grande forêt des Landes, au N. le très important vignoble du Bordelais (dont la superficie est supérieure à celle des terres de labours) avec notamment le Médoc et le Haut-Médoc. Les environs de Bordeaux et de Libourne voient se développer l'arboriculture fruitière. L'agglomération de Bordeaux regroupe les deux tiers de la population du département. Les seules autres villes importantes sont Arcachon (qui ne vit réellement qu'en période touristique) et Libourne. Outre le vignoble et les nombreuses activités s'y rattachant, les principales industries sont la construction, l'électricité, la chimie et le textile. 60 % de la population active travaille dans le secteur tertiaire.
Population 1 213 000
Carte France Cd

Gisborne, ***Nouvelle-Zélande*** Port et station balnéaire sur Poverty Bay, à 320 km au S.-E. d'Auckland. Centre de la région touristique du Cap Est, dont les forêts et montagnes culminent au mont Hikurangi (1 754 m). Exportations de viande, de produits laitiers et de laine.
Population 32 000
Carte Nouvelle-Zélande Gc

givre Couche de glace blanche et très fine qui s'attache aux végétaux, aux rochers, aux objets fixes ou mobiles.

Gizeh, ***Égypte*** Voir GUIZEH

Gjirokastër, en grec **Argyrokastron,** ***Albanie*** Ville pittoresque du S. du pays, centre de la région que les Grecs appellent Épire du Nord et qu'ils revendiquent comme leur. Elle se situe sur les franges du plateau central albanais, à 350 m d'altitude. Sa population, mélange d'Albanais et de Grecs, vit dans de vieilles maisons, au pied de la citadelle bâtie par les Turcs en 1811. Victoire des Grecs sur les Italiens en 1940-1941. Récemment, des industries légères s'y sont installées.
Population 24 400
Carte Albanie Cb

Glace Bay, ***Canada*** Ville charbonnière de la côte atlantique de la Nouvelle-Écosse. L'inventeur italien Marconi y établit sa première liaison transatlantique sans fil le 17 octobre 1907.
Population 20 500
Carte Canada Jd

glaciation, période glaciaire Période d'extension des glaciers. Cinq glaciations successives se sont développées avec une ampleur considérable au quaternaire. Voir L'HÉRITAGE DES GLACIATIONS, p. 275 et COMMENT LES GLACIERS TRANSFORMENT LE PAYSAGE, p. 276.

glacier Fleuve ou épaisse couche de glace des régions polaires ou montagneuses. Voir L'HÉRITAGE DES GLACIATIONS, p. 275 et COMMENT LES GLACIERS TRANSFORMENT LE PAYSAGE, p. 276.

Glacier (parc national), ***Canada*** Parc qui s'étend sur 1 350 km² dans le sud de la Colombie-Britannique. Plus de cent glaciers y coiffent les sommets des monts Purcell et Selkirk, chaînes plus anciennes que les Rocheuses.
Carte Canada Dc

Glacier (parc national), ***États-Unis*** Zone de pics déchiquetés, de champs de glace et de chutes d'eau dans les Rocheuses, au N. du Montana, à la frontière canadienne et couvrant une superficie de 4 101 km². Trois réseaux hydrographiques y naissent et rejoignent l'océan Pacifique à l'O., la baie d'Hudson au N. (Canada) et le golfe du Mexique au S.
Carte États-Unis Da

Gladstone, ***Australie*** Premier port du Queensland, à 440 km au N.-O. de Brisbane. On y exporte surtout le charbon extrait de l'arrière-pays. La bauxite y est traitée pour la fabrication d'aluminium dans la plus grande usine du monde. Le port est aussi le point de départ des visites de la Grande Barrière de Corail.
Population 22 000
Carte Australie Ic

Glåma ou **Glomma,** ***Norvège*** Le plus long fleuve du pays (587 km), qui prend sa source près de la frontière suédoise, dans le comté de Sør-Trøndelag et se dirige vers le S. à travers l'Østerdalen pour se jeter dans le Skagerrak près du fjord d'Oslo, à Frederikstad. Flottage du bois. Nombreuses usines hydroélectriques.
Carte Norvège Cc

Glamorgan, ***Royaume-Uni*** Ancien comté du S. du pays de Galles, le plus industrialisé et le plus peuplé du pays, divisé en trois dans les années 1970. Mid Glamorgan, le plus grand (1 019 km²), comprend la région des Vallées, qui s'étend de la côte vers le N., avec les centres miniers de Rhondda et de Merthyr Tydfil. South Glamorgan (416 km²) est centré sur la ville de Cardiff et le port de Barry. West Glamorgan inclut le complexe industriel de Swansea, Port Talbot, Neath, ainsi que la belle péninsule de Gower, avec ses plages et ses villas.
Population (Mid Glamorgan) 536 000 ; (South Gl.) 392 000 ; (West Gl.) 367 000
Carte Royaume-Uni De

Glaris, en all. **Glarus,** ***Suisse*** 1. Chef-lieu du canton homonyme, sur la Linth, à 50 km au S.-E. de Zurich. Le réformateur protestant Ulrich Zwingli (1484-1531) y fut prêtre de 1506 à 1515. Le bourg fut détruit en 1861 par un incendie attisé par un foehn violent. Chaque année s'y déroule la Landsgemeinde, assemblée des citoyens actifs appelés à voter, symbole de la démocratie directe (Voir APPENZELL).

2. Le canton de Glaris (684 km²), rattaché à la confédération en 1352, est alpin, culminant à 3 600 m, avec des forêts et de hauts pâturages à bovins et à moutons. C'est aussi le seul canton industriel de la montagne suisse, essentiellement textile.
Population (ville) 6 000 ; (canton) 36 500
Carte Suisse Ba

Glasgow, ***Royaume-Uni*** Principale ville de l'Écosse, port sur la Clyde et centre de la région administrative de Strathclyde. À l'origine de la ville, une église du VIe s., sur les ruines de laquelle fut bâtie au XIIe s. une cathédrale, à partir de laquelle la ville s'étendit constamment à l'O., suivant la Clyde vers la mer. Plus tard, Glasgow grandit en aval au-delà de Govan, de Clydebank et de leurs chantiers navals, dépassant le bourg de Paisley (abbaye, cathédrale, filatures) pour créer une zone bâtie quasi continue sur 25 km le long de la Clyde.

La grande prospérité de Glasgow débuta au XVIIIe s. avec le commerce maritime et la construction navale. « Fait sur la Clyde » (*Clyde-built*) devint une marque de qualité pour les vapeurs du monde entier à partir de 1820, tout comme le nom de Springburn (banlieue N. de Glasgow) pour la construction ferroviaire. Les fameux paquebots transocéaniques de la Cunard, les « Queens », sortaient des chantiers de Clydebank. Mais, depuis la Seconde Guerre mondiale, ces industries sont en déclin.

Le XIXe s. marque le plan quadrillé et les monuments du centre de Glasgow: George Square, City Chambers. À l'O., on trouve les quartiers résidentiels, l'université (fondée en

OASIS DE LUMIÈRE. Au cœur d'une palmeraie du M'Zab, Ghardaïa étage en une pyramide harmonieuse ses maisons à terrasses et arcades où se mêlent l'ocre, le blanc et le bleu sous un ciel lumineux.

Ghana

DANS L'ANCIENNE CÔTE-DE-L'OR, LA FIN DES GRANDS ESPOIRS

L'accession du Ghana à l'indépendance, en 1957, provoqua une liesse immense sur tout le continent. Des fêtes eurent lieu dans toutes les villes et les villages, et la population donna libre cours à sa joie d'être libérée de la colonisation britannique qui s'exerçait depuis des décennies. Premier État d'Afrique noire indépendant, l'ancienne Côte-de-l'Or se choisit un nouveau nom : celui de Ghana, nom du premier empire noir connu, qui s'était épanoui du VIIIe au XIIIe s. à la jonction de la Mauritanie, du Mali et du Sénégal. Si Ghana faisait référence à ce « royaume de l'or » du Moyen Âge africain, qui avait tant fasciné les auteurs arabes, le nom de Côte-de-l'Or avait été donné à ces rivages du golfe de Guinée par les premiers Européens — Portugais, Danois, Britanniques, Français, Hollandais — qui n'avaient, alors, d'autre but que le commerce de l'or et des esclaves.

Mais, l'indépendance passée, l'euphorie fut de courte durée. Ce qui fut le fleuron des territoires britanniques d'Afrique occidentale perdit peu à peu son lustre et sa richesse. Face à l'opposition des chefs traditionnels et des grands propriétaires, le nouveau gouvernement prit des mesures de plus en plus répressives, en contradiction avec l'image bienveillante que voulait se donner le Convention People's Party, le parti au pouvoir. Kwame Nkrumah, son chef, sortit vainqueur du conflit et devint l'un des symboles du continent dans sa lutte contre l'impérialisme. À l'image de Nasser, en Égypte, il se lança dans de coûteux projets, sans commune mesure avec les besoins réels de son pays. Il se fit ouvrir des crédits par les Occidentaux, qui ne furent jamais remboursés. En 1966, il fut renversé par l'armée qui lui reprochait ses méthodes dictatoriales.

Le Ghana ne retrouva pas la prospérité pour autant. Les coups d'État se succédèrent, chaque nouvelle équipe promettant de lutter, mieux que ses prédécesseurs, contre la corruption et la mauvaise gestion.

SABLE BLANC ET BAIES D'AZUR

Le Ghana est l'un des plus beaux pays du golfe de Guinée, avec ses plages de sable blanc bordées de cocotiers. Avant de se jeter dans l'Océan, la Volta et les autres rivières traversent de paisibles lagunes de couleur émeraude. Ces lagunes abritent toute une population de pêcheurs qui assurent les transports par pirogues tout au long de la côte. Toute la zone côtière est cultivée ; ainsi, les abords de la lagune de Keta, dans l'Est, sont un immense champ d'échalotes. Sur la côte occidentale, près d'Elmina, Cape Coast, Apam, la population aménage de petits bassins de banco (boue séchée), pour retenir l'eau de mer. Après évaporation, il ne reste plus qu'à récupérer le sel pour le commercialiser.

La côte est humide. Seul l'harmattan, vent sec et poussiéreux qui souffle du N., lui fait perdre un peu de sa moiteur en décembre et janvier. Les plages s'étendent vers le N. jusqu'à des forêts à la végétation persistante, faite de bois durs et de kapokiers — ou arbres à coton — dont les fibres des fruits sont utilisées pour garnir les coussins. La forêt, avec ses oiseaux, ses fleurs multicolores et ses plantes grimpantes, se prolonge vers le N., où le climat est plus chaud et plus sec.

C'est le domaine des défricheurs de clairières et des fermiers itinérants, cultivant pour quelques années le petit champ qu'ils viennent d'aménager, l'abandonnant lorsque la fertilité de la terre commence à diminuer. De plus en plus, ces méthodes traditionnelles sont remplacées par les cultures industrielles de cacao et d'huile de palme. Dans l'Ouest, la forêt du plateau achanti a été aménagée pour la culture du cacao. Dans l'Est, les anciennes forêts ont été détruites par les feux de brousse des paysans, puis par la sécheresse. Plus au N., les terres boisées font la transition avec la savane du bassin supérieur de la Volta. C'est le royaume des antilopes, des buffles, des éléphants, des lions et des phacochères. Dans la partie septentrionale du lac Volta, c'est la brousse improductive qui, plus au N., près de la frontière du Burkina, devient une plaine aride où pousse le karité — dont les « noix », une fois broyées, fournissent un beurre végétal —, des acacias aux longues épines et des baobabs aux troncs énormes. Comme le karité, tous ces arbres de la savane fournissent aux populations des produits de cueillette. Les troupeaux de vaches, de chèvres et de moutons soulèvent des nuages de poussière. Le surpâturage accélère l'érosion du sol.

La sécheresse affecte cette région, où les récoltes de mil, de sorgho et d'arachide sont peu abondantes. Les problèmes de nourriture ont atteint le reste du pays — y compris les villes — avec le retour de 300 000 Ghanéens chassés du Nigeria.

LA VIE AU VILLAGE

Deux Ghanéens sur trois habitent dans les villages. Dans le Nord vivent les Gonjas, les Walas, les Dagombas et les Mamprussis, venus très tard au contact des Européens qui ne virent guère d'intérêt à coloniser des terres aussi arides. L'habitat est celui des zones de savane, cases rondes en terre ou en matière végétale tressée (paille, herbe, branches) avec un toit conique. Une dizaine de cases formant un cercle sont reliées entre elles par une palissade. À l'intérieur de cette « concession », où se trouve la tombe des ancêtres, vit la famille élargie, groupant le chef de famille, ses femmes, éventuellement, et ses enfants mariés avec leur descendance. De plus petites habitations sur pilotis, des greniers, abritent les réserves de céréales.

Au S. vivent les Akans et les Fantes, qui entrèrent en contact avec les premiers Européens et furent leurs intermédiaires dans les trafics de l'or et des esclaves capturés chez les tribus voisines. On trouve également des Achantis, qui eurent leur heure de gloire au XVIIe s. Les habitations sont plus modernes, rectangulaires, comme dans les autres régions de la forêt, et couvertes de tôle ondulée.

Le niveau économique du Sud est plus élevé que celui du Nord. Dans les forêts méridionales, les Britanniques introduisirent les cultures du cacao, du café, du palmier à huile et de l'hévéa. Ces productions voisinent encore avec les cultures vivrières locales. Dans la forêt, on peut cultiver quelques pieds d'igname, de manioc, du maïs, et des légumes sous les cacaoyers, les hévéas et les palmiers à huile qui, eux-mêmes, poussent à l'ombre de grands arbres.

LA RICHESSE DU GHANA

Dans les années 1960, le Ghana était le premier pays producteur mondial de cacao. Si les cours mondiaux chutèrent brutalement, la

---

1451, mais dont le site actuel date de 1870), le jardin botanique, le centre d'exposition de Kelvin Hall et le musée (Art Gallery) aux riches collections de peintures. Une deuxième université, Strathclyde, a été fondée en 1964.

Population 751 000
Carte Royaume-Uni Cc

Glastonbury, *Royaume-Uni* Bourg ancien du Somerset, à 185 km à l'O. de Londres, au pied d'une colline isolée. Une petite chapelle en bois y aurait été bâtie par Joseph d'Arimathie, qui aurait caché le Saint-Graal au pied de la colline. La chapelle fut remplacée par une église, brûlée en 1184, puis par une grande abbaye, détruite en 1539, dont subsistent les ruines d'une gracieuse chapelle et des cuisines (fin du XIVe s.).

À partir du XIIe s., outre celle de Joseph et du Graal, une autre légende se répandit à propos de Glastonbury : le célèbre roi Arthur, de la Table ronde, y aurait été enterré au VIe s.

Population 7 000
Carte Royaume-Uni De

Glénan (îles de) *France* Petit archipel à 20 km au large du sud de la Bretagne, célèbre pour son Centre international de plongée et le « Centre nautique des Glénans ». Une grande partie des îles est une réserve protégée.

Carte France Ac

CHANGEMENT. Les parasols colorés ont remplacé les toits en feuilles des petits éventaires du marché de Kumasi. La plupart des hommes portent des vêtements occidentaux, et beaucoup de femmes ont renoncé au *kente*, le pagne imprimé jeté sur les épaules.

production s'effondra à son tour, à la suite de la sécheresse et des feux de brousse. Et rien n'est fait actuellement pour encourager la population à s'intéresser de nouveau au cacao. Comme ailleurs en Afrique, celle-ci, échaudée par la fluctuation des cours des cultures industrielles (café, cacao, arachide, coton, etc.), préfère planter des cultures vivrières (maïs, manioc) qui permettront au paysan de se nourrir, à défaut de s'enrichir et d'améliorer son niveau de vie. Cela ne fait pas l'affaire de la balance des paiements dont le déséquilibre ne cesse de s'accentuer.

Les autres principales sources de revenus sont la bauxite et le manganèse et, dans une moindre mesure, l'or et les diamants (en majeure partie à usage industriel). Dans les vallées de Birim et de Bonsa, l'extraction du diamant, affaire familiale, se pratique encore selon les méthodes traditionnelles.

La bauxite, grande richesse de Kibi, est raffinée dans l'usine de Tema, qui traite aussi du minerai d'aluminium importé. La construction du grand barrage d'Akosombo, l'un des grands travaux du régime Nkrumah, et sa gigantesque usine hydroélectrique sont liés à l'extraction de la bauxite et à la fourniture d'énergie pour traiter le minerai dans le pays même. Le barrage était destiné à fournir également de l'électricité aux pays voisins. Mais la production de minerai est insuffisante, et aucune ligne à haute tension n'existe pour transporter l'électricité. De plus, la sécheresse a fait baisser le niveau de l'eau et celle-ci est insuffisante pour faire tourner les turbines. Le lac d'Akosombo, résultant de la construction du barrage, est l'un des plus grands barrages du monde créé par l'homme. Plus de 8 480 km^2 de terre ont été submergées et 76 000 personnes ont dû être relogées. Il permet l'irrigation de la région et la culture du riz.

RICHESSE ET PAUVRETÉ

La majorité de la population vit dans le Sud, surtout sur la côte. La richesse, avec ses vieilles maisons coloniales à deux étages et vérandas, y côtoie la pauvreté des quartiers populaires d'Accra, la capitale, où s'entasse une population à la recherche d'un emploi. Les villes de l'intérieur comme Kumasi, ancienne capitale des Achantis, ont gardé tout leur cachet.

Sur la côte, le commerce local est tenu par les femmes dont le coffre qui leur sert de siège fait souvent office de compte en banque. L'influence économique et politique de ces « market mamas » est considérable dans la région, comme dans le Togo voisin.

Depuis 1983, le pays est gouverné par le lieutenant d'aviation Jerry Rawlings, qui s'est engagé, non sans succès, à restaurer l'économie du pays et à lutter contre la corruption. Les progrès accomplis ont fait du Ghana un des interlocuteurs privilégiés des bailleurs de fonds. Une tension latente existe avec le Togo (problème des Éwés, ethnie du Sud-Est séparée entre les deux pays ; le Togo soupçonne le Ghana d'aider des opposants).

LE GHANA EN BREF
Superficie 238 537 km^2
Population 15 640 000
Capitale Accra
Régime République
Monnaie Cedi = 100 pesewas
Langues Anglais (officielle), akan, ga, éwé, divers
Religions Chrétiens (42 %), animistes (38 %), musulmans (12 %)
Climat Tropical ; température moyenne à Accra, de 22 °C à 31 °C
Ressources Manioc, taro, igname, maïs, sorgho, bananes, cacao, café, bois, or, diamants, bauxite, manganèse
Activités Cultures industrielles, affinage de la bauxite, aciérie, raffinage du pétrole, industries alimentaires, ciment, montage de voitures, industries forestières, mines
Exportations Cacao, or, bois, diamants, minerai de manganèse, bauxite et alumine
P.N.B. annuel par habitant 400 dollars
Croissance démographique 30,9 ‰ par an
Espérance de vie Hommes 54 ans, femmes 58

Glendalough, ***Irlande*** Vallée des Wicklow Mountains, à 39 km au S. de Dublin, où l'ermite saint Kevin fonda au VIe s. un monastère et un centre d'études. On y verra les ruines d'une tour ronde, d'une cathédrale du Xe s. et les cuisines de saint Kevin, oratoire transformé en musée.
Carte Irlande Cb

glissement de terrain Voir MASSE (mouvement de)

Glittertind, ***Norvège*** Voir JOTUNHEIMEN

Gliwice, ***Pologne*** Ville industrielle de haute Silésie, à 23 km à l'O. de Katowice, qui a conservé un centre ancien, avec des remparts du XVIe s. et de nombreux bâtiments des XVIe-XVIIIe s. Gliwice produit de la bière, des textiles, du fer, de l'acier et de la chimie.
Population 211 000
Carte Pologne Cc

Glorieuses (îles), ***Océan Indien*** Îles appartenant à la France depuis 1830, revendiquées par Madagascar et les Comores. Exploitation des cocotiers jusqu'en 1958. La station météorologique, permanente depuis 1960, est reliée par avion à la Réunion.
Carte Madasgascar Aa

Gloucester, ***Royaume-Uni*** Ville et comté de l'O. de l'Angleterre. La cité, bâtie au bord de la

Severn, à 150 km au N.-O. de Londres, à l'emplacement de la ville romaine de Glevum, abrite l'une des plus belles cathédrales du pays, fondée au XIe s. et achevée au XVIe s. (cloîtres remarquables). Avec Hereford et Worcester, c'est le site du Festival annuel des Trois Chœurs. Constructions aéronautiques. Le comté (2 638 km²) englobe la forêt de Dean, à la frontière galloise, Cheltenham, jolie ville thermale du XVIIIe s. où naquit le compositeur Gustav Holst en 1874, les Cotswold Hills et Cirencester, seconde ville de l'Angleterre romaine.

Population (ville) 95 000 ; (comté) 521 000
Carte Royaume-Uni De

Gniew, ***Pologne*** Cité médiévale du N. du pays, à 62 km au S. de Gdansk, sur la Vistule, que domine une forteresse de briques rouges élevée en 1282 par les Chevaliers teutoniques. Place du marché entourée de maisons à arcades.

Population 4 000
Carte Pologne Cb

Gniezno, ***Pologne*** Cette ville ancienne, à 45 km au N.-E. de Poznan, fut la première capitale du pays (XIe s.) et le siège des primats de Pologne. On y a trouvé, sur la Gora Lecha (colline de Lech), les ruines d'un fort du VIIIe s. qui aurait été bâti par le légendaire Lech, chef de la tribu des Polanes et fondateur de l'État polonais. La massive cathédrale, reconstruite au XIe s. à l'emplacement d'une église de 973, où furent couronnés les premiers rois de Pologne, contient notamment les reliques de saint Adalbert (Wojciech), premier saint patron de la Pologne, ainsi qu'une remarquable porte de bronze du XIIe s.

Population 70 000
Carte Pologne Bb

Goa, ***Inde*** Région de la côte O. à 400 km au S. de Bombay, formant avec Daman — sur la côte du Gujarat, à 160 km au N. de Bombay — et l'îlot du Diu — au large de la péninsule de Kathiawar au N.-O. — un état (territoire jusqu'en 1987) de l'Inde (3 814 km²). Portugais depuis le XVIe s., Goa, Daman et Diu furent annexés par l'Inde en 1961.

Après quatre siècles de présence portugaise, la population de Goa est mélangée, principalement catholique. Saint François-Xavier, mort en 1588, fut enterré au vieux Goa, capitale abandonnée, célèbre pour ses cathédrales baroques. Le port de Panaji est la nouvelle capitale de Goa, très touristique (plages).

Population 1 272 000
Carte Inde Bd

Gobi (désert de), ***Mongolie*** Vaste terre désolée couvrant 1 295 000 km² — près de la moitié du pays — et s'étendant au S. jusqu'en Mongolie-Intérieure (Chine). Ce désert, dont l'altitude varie entre 1 000 et 2 000 m, est sableux à l'O., rocheux à l'E. Son climat est fait d'extrêmes, avec des températures de — 40 °C en hiver et de 45 °C en été.

La grande voie du désert, qu'empruntent une route et le chemin de fer transmongolien, passe au S.-E. de la capitale, Oulan-Bator. La découverte récente de charbon à Tavan-Tolgoyt, au milieu du désert, laisse espérer la présence d'autres minéraux.

Carte Mongolie Db

Godavari ***Inde*** Fleuve qui prend sa source dans les Ghâts occidentaux, près de Bombay, traverse le Deccan et se jette dans le golfe du Bengale, au bout de 1 465 km, par un vaste delta en constante progression. Le delta est strié de canaux d'irrigation, et la culture du riz s'y développe, enrichissant la région malgré les cyclones et les raz de marée. C'est l'un des sept fleuves sacrés des hindous.

Carte Inde Cd

Godthåb, en groenlandais **Nuuk,** ***Groenland*** Première ville et capitale du Groenland, sur la côte S.-O., fondée en 1721 par les Danois, dont c'est la plus ancienne colonie sur l'île. Siège du Conseil national et de la Cour suprême ; héliport ; conserveries et usines de congélation de poisson.

Population 10 500
Carte Arctique Cc

Godwin Austen, ***Chine/Pakistan*** Voir K2

Goias, ***Brésil*** État du centre du pays (340 166 km²) dont la capitale est Goiania (créée en 1930). Agriculture, élevage.

Population (ville) 924 000 ; (État) 4 025 000
Carte Brésil Dc

Golan (plateau du) ***Syrie/Israël*** Hautes collines nues, culminant à 2 225 m au S.-O. de la Syrie, dominant le lac de Tibériade et Israël. Cette situation leur donne un grand intérêt stratégique. Le versant occidental et les plus hautes crêtes ont été pris par les Israéliens en 1967, et annexés en 1981.

Carte Syrie Ab

Golconde ou **Golconda,** ***Inde*** Ville et forteresse en ruine, à 4 km au N.-O. d'Hyderabad, sise sur un roc à 152 m au-dessus de la plaine. Cette ancienne capitale du royaume des Kutb Shahi

Gibraltar

LES SINGES DE BARBARIE SONT TOUJOURS LÀ, MAIS À QUI APPARTIENT LEUR ROCHER ? AUX BRITANNIQUES OU AUX ESPAGNOLS ?

À l'extrême S. de la côte d'Espagne, un rocher de calcaire culminant à 425 m s'avance en promontoire, surveillant l'entrée de la Méditerranée. Ce promontoire est une colonie de la couronne britannique, très appréciée comme base stratégique navale et aérienne et comme centre de contrôle de la navigation maritime.

Depuis que les anciens Grecs s'y installèrent, Gibraltar a connu bien des invasions. En 711, des Arabes venus d'Afrique du Nord lui donnent le nom de Djebel Tariq (le Rocher de Tariq), d'où est dérivé Gibraltar. Le Rocher reste presque constamment sous leur domination jusqu'en 1462 ; ils en sont alors expulsés par les Espagnols. Il est conquis par la flotte anglo-hollandaise en 1704, pendant la guerre de Succession d'Espagne ; le traité d'Utrecht en 1713 en fait une colonie britannique. Il a été assiégé plusieurs fois par les Espagnols et les Français. Il est toujours revendiqué par l'Espagne.

Au référendum de 1967 sous le contrôle des Nations unies, les 12 000 votants, à l'exception de 44 d'entre eux, manifestèrent leur désir d'être gouvernés par la Grande-Bretagne plutôt que par l'Espagne. La Grande-Bretagne s'est engagée à respecter les souhaits des habitants quant à leur nationalité, et cet engagement est inscrit dans la constitution du pays.

En 1969, le général Franco, chef de l'État espagnol, ferma complètement la frontière entre l'Espagne et Gibraltar ; aussi les trajets d'un pays à l'autre ne pouvaient se faire que via Tanger, au Maroc ; les avions atterrissant à Gibraltar devaient faire une descente raide et dangereuse pour éviter l'espace aérien espagnol. En 1982, les piétons espagnols et gibraltariens obtinrent le droit de franchir la frontière. Puis en 1985, alors que l'Espagne se préparait à adhérer à la C.E.E., la route fut complètement ouverte. Des flots de touristes se déversent dans les deux sens, mais surtout d'Espagne vers Gibraltar pour profiter des produits détaxés.

Les Gibraltariens sont inquiets des conséquences du nouvel accord entre la Grande-Bretagne et l'Espagne par lequel les travailleurs espagnols, jadis exclus de Gibraltar, pourront désormais y chercher du travail. Le taux de chômage à Gibraltar est de 5,3 %, mais de 30 % dans l'Andalousie voisine.

Les habitants de Gibraltar sont issus d'un métissage de Maures, de Britanniques, de Maltais, d'Asiatiques, de Génois et d'Espagnols ; ils sont bilingues en anglais et espagnol, et en majorité catholiques. Comme Gibraltar n'a aucune ressource agricole ou minière, la majorité des habitants tirent leurs revenus du port, de la présence navale britannique ou des bases de l'OTAN. Bien que la présence navale britannique soit beaucoup plus réduite qu'à son maximum à la veille de la Seconde Guerre mondiale, le détroit de Gibraltar est une des voies d'eau les plus fréquentées du monde ; un navire y passe en moyenne toutes les six minutes.

Le Rocher est célèbre pour sa colonie de singes de Barbarie sauvages, dont l'effectif est passé de 5 seulement en 1923 à 53 en 1985. D'aucuns voient dans l'ouverture de la frontière le premier acte de la cession de Gibraltar à l'Espagne, mais le folklore local prétend que les Britanniques resteront à Gibraltar aussi longtemps que les singes y subsisteront.

GIBRALTAR EN BREF

Carte Espagne Cd
Superficie 6,5 km²
Population 40 000
Capitale Gibraltar (ville)
Régime Colonie de la couronne britannique, autonome
Monnaie Livre de Gibraltar = 100 pence ; on utilise aussi les monnaies espagnole et britannique
Langues Anglais, espagnol
Religions Catholiques 74 %
Climat Tempéré chaud ; les vents d'ouest apportent des pluies en hiver. Températures moyennes : de 8-16 °C en février à 20-29 °C en août
Ressources Aucune
Activités Réparation navale, approvisionnement des navires, industries alimentaires et boissons, tourisme, services
Exportations Réexportation de produits pétroliers, tabacs, vins et alcools
P.N.B. annuel par habitant 5 000 dollars
Croissance démographique 9 ‰ par an
Espérance de vie Hommes 71 ans, femmes 76

(1507-1687) était renommée pour ses mines de diamant (les « trésors de Golconde ») dont proviennent notamment le Régent, qui orna la couronne de Louis XV et l'épée de Napoléon 1er, et le fameux Koh-i-Noor, serti dans la couronne de la reine Élisabeth d'Angleterre. On peut visiter les ruines du fort, bien conservées, et les mausolées des rois Kutb Shahi.

Carte Inde Cd

Gold Coast, ***Australie*** Succession de stations balnéaires sur 32 km de la côte S. du Queensland, de la frontière de la Nouvelle-Galles du Sud jusqu'à 60 km de Brisbane. Les principales sont: Coolangatta et Surfers Paradise. Cet ensemble urbain, développé à partir de la fin des années 1940, est la neuvième « ville » d'Australie.

Population 256 300

Carte Australie Id

Golfe (Le), ***Moyen-Orient*** Voir ARABO-PERSIQUE (golfe)

Gomel', en biélorusse **Homel,** ***Biélorussie*** Cité industrielle à 210 km au N. de Kiev. Possession lituanienne, investie par les Russes en 1772, Gomel' fut détruite lors de la Seconde Guerre mondiale. Depuis sa reconstruction, elle est devenue un centre de production de bois, de machines, de textiles et de chaussures.

Population 503 300

Carte Biélorussie Cb

Gomera, ***Espagne*** Voir CANARIES (îles)

Gondar, ***Éthiopie*** À 400 km au N.-O. d'Addis-Abeba, ancienne capitale de l'Empire abyssinien (1700-1855) où l'on peut voir un château construit par les Portugais au XVIIe siècle et sept églises, symboles d'une importante communauté chrétienne.

Population 88 000

Carte Éthiopie Aa

Gondwana Voir LA DÉRIVE DES CONTINENTS, p. 199

Gora Kalwaria ***Pologne*** Ville de pèlerinage au milieu de vergers, à 34 km au S.-E. de Varsovie, fondée en 1672 par un évêque de Poznan et construite en forme de croix, rappelant le Calvaire de Jérusalem (son nom signifie: mont du Calvaire).

Population 10 600

Carte Pologne Dc

Gorakhpur, ***Inde*** Ville de l'Uttar Pradesh, sur la rivière Tapti, à 160 km au N. de Bénarès. Industries textiles et métallurgiques (ateliers de chemin de fer). Université.

Population 490 000

Carte Inde Cb

Gorazde, ***Bosnie-Herzégovine*** À 85 km au S.-E. de Sarajevo, cette enclave musulmane assiégée par les Serbes ne dut son salut (bien précaire toutefois), en avril 1994, qu'à la première intervention d'envergure de l'OTAN dans le pays. La prise de Gorazde par les Serbes de Bosnie faciliterait grandement la formation d'une grande Serbie tant recherchée.

Population 37 500 (avant le conflit)

Carte Bosnie-Herzégovine Bc

Gorée, ***Sénégal*** Île volcanique et ville au large de Dakar. Tour à tour investie par les Portugais (XVe s.), les Hollandais (XVIe s.) et les Français en 1677, la cité fut un grand centre de traite des Noirs et un port de ravitaillement sur la route des Indes. On peut encore y voir les forts et les demeures où étaient enfermés les esclaves avant leur traversée. Désormais, c'est un calme port de pêche et un site touristique. Trois musées y retracent l'histoire et la vie de l'île.

Carte Sénégal Ab

Gorgan ou **Gurgan,** ***Iran*** Ville de l'ancienne province de Gorgan, à 50 km à l'E. de la pointe S.-E. de la mer Caspienne ; centre de commerce (coton, blé, sel). À 30 km au N. de la ville se dressent les ruines, baptisées par erreur Muraille d'Alexandre, d'une barrière de terre, jadis longue de 70 km, bâtie sous la dynastie sassanide (IIIe-VIIe s.).

Le Gorgan, long de 240 km, qui se jette dans la Caspienne à l'O. de la ville, est l'un des rares fleuves d'Iran à n'être jamais à sec.

Population 140 000

Carte Iran Ba

Gorki, ***Russie*** Voir NIJNI-NOVGOROD

Görlitz, ***Allemagne*** Cité ancienne et ville industrielle sur la Neisse, qui forme la frontière polonaise, à l'E. de Dresde. Nombreuses maisons gothiques, Renaissance et baroques. On y fabrique du matériel ferroviaire, des machines, des instruments de précision, des textiles et des meubles.

La partie E. de la ville, sur la rive droite de la Neisse, est polonaise depuis 1945 et s'appelle Zgorzelec.

Population (Allemagne) 72 200

Carte Allemagne Fc

L'HÉRITAGE DES GLACIATIONS

Au cours des deux derniers millions d'années, la Terre s'est retrouvée englacée neuf fois. L'étude des marques de l'érosion glaciaire sur les roches anciennes a également montré que d'autres glaciations se sont développées par intervalles lors des 930 derniers millions d'années. On a tenté d'expliquer ces phénomènes par diverses théories : déclin périodique de l'activité solaire, poussières volcaniques interceptant les rayons solaires, décroissance du taux de gaz carbonique atmosphérique augmentant les pertes par radiation vers l'espace, oscillations de l'orbite terrestre autour du soleil. La dernière glaciation généralisée de la planète affecta l'Antarctique, certaines parties de la Nouvelle-Zélande, de la Patagonie et des Andes du Sud, le Caucase et l'Himalaya, de vastes régions du nord de l'Eurasie et de l'Amérique du Nord. La calotte qui recouvrait la mer du Nord et la Grande-Bretagne jusqu'à Londres a fondu il y a quelque 10 000 ans. De nos jours, les seules reliques de cette glaciation sont les calottes de l'Antarctique et du Groenland. Témoignent aussi de cet ancien englacement : les vallées en auge et les plages soulevées lorsque les terres se trouvèrent allégées du poids de glace qui fondait.

Ces vastes calottes glaciaires stockèrent d'énormes quantités d'eau, si bien que le niveau moyen des mers a baissé de 135 m par rapport au niveau actuel. Les plateaux continentaux étaient alors à sec, et de nombreuses îles, dont la Grande-Bretagne, faisaient partie intégrante du continent voisin. L'Asie et l'Amérique du Nord étaient jointives au niveau du détroit de Béring. À cette époque, cet abaissement des mers a permis le déplacement de populations humaines et animales d'un continent à l'autre. On ne peut dire si cette glaciation sera la dernière que doit connaître notre Terre : plus probablement, nous vivons en ce moment dans une période interglaciaire, l'une des nombreuses qu'a connues la terre, et dans dix, vingt ou peut-être cent mille ans, la glace recouvrira à nouveau la planète. Par ailleurs, si cette dernière était plus chaude, ce serait également une catastrophe. Les calottes polaires fondraient, élevant le niveau des mers de 60 m environ, ce qui submergerait de nombreuses grandes villes, dont New York, Rio de Janeiro, Londres et une bonne partie de Paris.

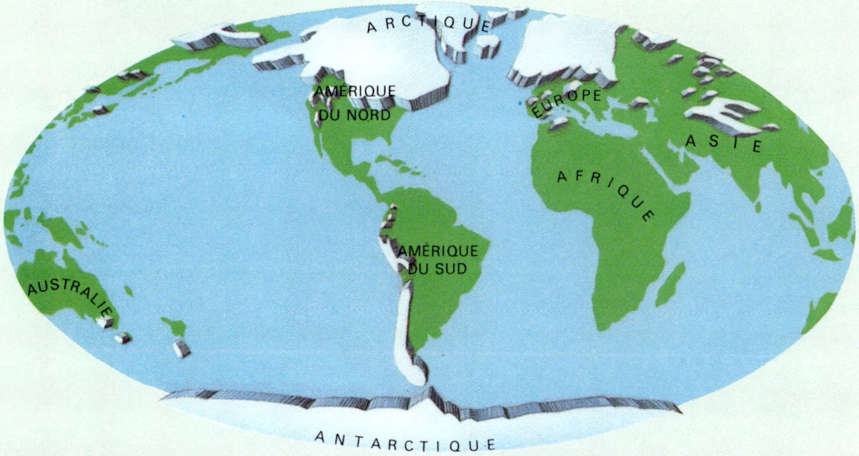

Pendant la dernière glaciation, qui se termina il y a 10 000 ans environ, la plus grande partie de l'hémisphère N. et une partie de l'hémisphère S. furent couvertes par des glaciers et des calottes glaciaires (les calottes de l'Antarctique et du Groenland en sont des reliques). Leur extension est reconstituée grâce aux formes d'érosion et aux débris qu'ils abandonnèrent au sol.

COMMENT LES GLACIERS TRANSFORMENT LE PAYSAGE

Tout glacier évoque une rivière au débit lent — il s'écoule vers l'aval, érode le sol sur lequel il passe et transporte les matériaux arrachés avant de les déposer là où il fond et perd toute énergie.

C'est un outil de sculpture essentiel de la surface de la Terre. À sa tête, en contrebas des sommets d'où il naît, il creuse une sorte d'amphithéâtre aux flancs raides, un cirque. Dans certains massifs, plusieurs glaciers ont ainsi pu découper les flancs d'une montagne en une succession de cirques, séparés les uns des autres par des crêtes aiguës, ou arêtes.

Tout en se mouvant, le glacier incorpore des fragments rocheux et les transporte en son sein. Ces fragments agissent comme le sable du papier de verre, abrasant les roches sous-jacentes et les rayant de stries plus ou moins parallèles. Ces indices révèlent le passage des glaces bien après qu'elles ont disparu.

Le travail d'érosion d'un glacier transforme les vallées en V fluviales en vallées en U par excavation des flancs et nivellement du fond. Les éperons séparant les vallées affluentes disparaissent, ce qui aboutit à des vallées suspendues, dont les émissaires se retrouvent perchés au-dessus de la vallée principale. Les ressauts et affleurements rocheux au-dessus desquels s'écoulait le glacier se caractérisent par leur dissymétrie : émoussés et en pente faible en amont, où la pression glaciaire était forte, en pente raide et escarpée en aval, du fait de l'arrachement des blocs par le glacier. On appelle ces roches polies des roches moutonnées, à cause de leur ressemblance avec le dos d'un troupeau de moutons.

À la différence d'une rivière, le glacier continue à charrier les débris qu'il transporte jusqu'à ce qu'il fonde ou recule. Ce matériel érodé, ou till, comprend de gros blocs et des matériaux très fins. Il peut être transporté sur plusieurs centaines de kilomètres par le glacier. Si le glacier fond progressivement et régulièrement, le till va être étalé sur de vastes surfaces en moraine de fond. Mais si le glacier reste stationnaire pendant longtemps avant de reculer, le till s'empile en bordure du front glaciaire. Lorsque la glace fond, ces dépôts forment une crête, ou moraine frontale.

Les glaciers ont aussi des moraines latérales, composées de matériaux tombés ou arrachés des flancs de la vallée, et accumulés le long des bordures du glacier. Lorsque deux glaciers confluent, leurs moraines latérales internes se rejoignent pour former une moraine médiane au centre du nouveau glacier.

Les kames — longues et basses collines formées de sédiments fins — apparaissent associés aux écoulements juxta-glaciaires. Les kettles sont des dépressions qui s'ouvrent dans la glace recouverte de till et qui perdurent après le retrait du glacier. La glace finit par fondre et subsiste alors un creux en forme de marmite, cerné de débris. Les drumlins sont des collines qui peuvent atteindre 100 m de haut : ils sont constitués de matériel glaciaire fin et sont façonnés en demi-œuf, avec un flanc raide tourné vers l'amont des écoulements glaciaires. Les eskers, longues crêtes sinueuses faites de sables et de galets, furent déposés par des rivières qui coulaient sous les calottes glaciaires.

Une langue glaciaire n'est pas une couche de glace régulière. Sa surface est recouverte de débris tombés des flancs de la vallée qu'emprunte le glacier. Les fissures, ou crevasses, apparaissent en surface lorsque la glace est étirée au niveau d'un ressaut rocheux ou d'une courbure de la vallée. La rimaye est la crevasse circulaire qui s'ouvre en amont d'un cirque sous l'effet de l'énorme poids de la glace qui la décolle des parois rocheuses. L'action de creusement des glaciers le long des vallées se traduit par la création de nombreuses dépressions. Après le départ des glaces, certaines d'entre elles se remplissent d'eau et forment en montagne des lacs de cirque, ou des chapelets de lacs là où la vallée est barrée par des moraines terminales.

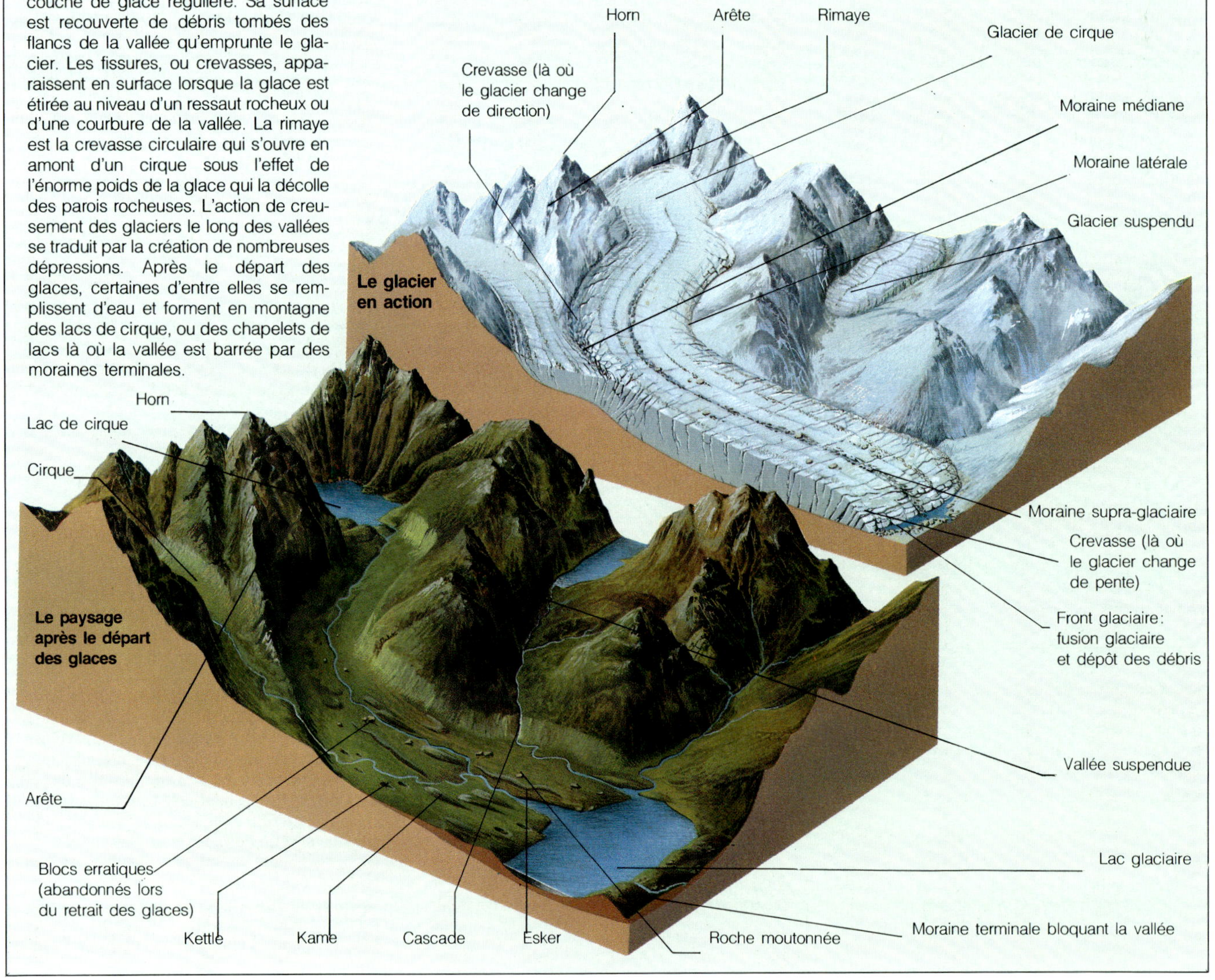

Gorno-Altaïsk, ***Russie*** Ville à 450 km au S.-E. de Novosibirsk. Centre agricole. La région autonome homonyme (92 600 km^2), aussi appelée des Oirats, et créée en 1922, est peuplée de Russes (à 75 %) et de Kalmouks des montagnes.
Population (ville) 46 000 ; (région) 192 000
Carte Russie Ec

Goroka, ***Papouasie-Nouvelle-Guinée*** Capitale de la province d'Eastern Highlands, à 400 km au N.-O. de Port-Moresby. Les fertiles vallées de la région possèdent de grandes plantations de café. Tous les deux ans, les villageois des environs, vêtus de costumes traditionnels, y fêtent le *sing-sing* rituel.
Population 19 000
Carte Papouasie-Nouvelle-Guinée Ba

Gorongosa (parc national), ***Mozambique*** Voir SOFALA

Gory Swietokrzyskie (« monts de la Sainte-Croix »), ***Pologne*** Collines couvertes de mélèzes et de sapins, à mi-chemin entre Varsovie et Cracovie. Des églises et des monastères coiffent leur sommet (abbaye bénédictine de la Sainte-Croix, à Lysa Gora). Ville principale : Kielce.
Carte Pologne Dc

Goslar, ***Allemagne*** Ancienne capitale impériale de Basse-Saxe, au pied des montagnes du Harz, à 70 km au S.-E. de Hanovre. L'empereur Henri II, attiré par la richesse des mines de plomb et d'argent du Harz, y bâtit un palais au début du XIe s. De la cathédrale (XIe s.), il ne reste qu'une chapelle romane, le Domvorhalle, qui abrite toujours le trône impérial de bronze. La ville conserve de très nombreux bâtiments anciens (églises, hôtel de ville, maisons à colombage, remparts).
Population 46 300
Carte Allemagne Dc

Göta (canal de) ou **Göta Kanal,** ***Suède*** Importante voie d'eau de 611 km de long, créée en 1832 et constituée de rivières, lacs et canaux reliant Göteborg, sur la côte S.-O., à la mer Baltique. Le canal suit le Göta jusqu'au lac Vänern, puis des canaux et des bras de rivières jusqu'au lac Vättern, et atteint la côte E. près de Söderköping.
Carte Suède Bd

Göteborg, ***Suède*** Deuxième ville du pays après Stockholm et son premier port de mer. Sise sur le Kattegat à l'embouchure du Göta, elle a été fondée en 1624 près d'un site médiéval, et le plan de la cité, avec son système de canaux défensifs, est basé sur le modèle hollandais. Sa rade, libre de glace toute l'année, est le point de départ des ferries desservant le Danemark, et, par la mer du Nord, la Grande-Bretagne. Parmi ses industries, citons les automobiles (Volvo), les roulements à billes, les produits alimentaires, le textile et la confection. Göteborg est aussi un centre intellectuel et culturel : universités, institut océanographique, centre de recherche médicale, jardin botanique, musées et théâtres.
Population 425 000
Carte Suède Ad

Gotland, ***Suède*** La plus grande île de la Baltique (3 140 km^2), à 150 km au S. de Stockholm, intégrée à la Suède depuis 1645. Place commerciale importante à l'époque des Vikings, elle atteignit le summum de sa prospérité au Moyen Âge. Ce fut un repaire de pirates.
Avec la ville fortifiée de Visby, Slite et plusieurs ports de pêche, l'île possède 90 églises médiévales, des vestiges archéologiques, dont 200 pierres runiques, gravées d'anciens symboles scandinaves. Le calcaire de l'île, base de l'industrie cimentière moderne, est exporté au-delà de la Baltique. Ressources : pêche, betterave à sucre, moutons et surtout tourisme.
L'été, l'île accueille les jeux de Stånga, série de concours dont certains rappellent les jeux des hautes plaines écossaises (lancers de tronc, de disque de pierre, etc.).
Population 56 100
Carte Suède Cd

Göttingen, ***Allemagne*** Ville universitaire de Basse-Saxe à 90 km au S. de Hanovre. George II d'Angleterre, électeur de Hanovre, fonda l'université en 1737. Le physicien Max Planck (1858-1947), qui établit la théorie des quanta, l'un des fondements de la physique moderne, y fit ses études et y est enterré.
Population 121 800
Carte Allemagne Cc

Gouda, ***Pays-Bas*** Ville célèbre pour ses fromages à 42 km au S.-O. d'Amsterdam. Elle conserve son vieux centre médiéval avec ses cercles de canaux (anciennes douves de défense) et sa place du marché.
Population 66 000
Carte Pays-Bas Ba

DANSEURS MASQUÉS. Près de Goroka, sur les hauts plateaux de Papouasie-Nouvelle-Guinée, des villageois, le corps enduit de boue et portant des masques, participent à la danse rituelle du *sing-sing*.

Goudjerat ou **Gujarat,** ***Inde*** État de l'ouest (196 024 km^2) aux frontières du Sind pakistanais, formé en 1960 lors de la partition de l'État de Bombay. On y parle gujarati au N., mahrathi au S. La religion hindoue y est prédominante, malgré une importante représentation musulmane, telle la cité d'Ahmadabad. La capitale est Gandhinagar, patrie du Mahatma Gandhi.
Population 41 310 000
Carte Inde Ac

Goulette (La), ***Tunisie*** Port de commerce et de pêche, et station balnéaire, à 11 km au N.-E. de Tunis, à laquelle il est relié par un canal depuis

1893. Un avant-port moderne y fut construit en 1968, mais le port de Tunis continue d'assurer une grande partie du trafic. Importante casbah (quartier musulman). Nombreux restaurants.
Population 61 700
Carte Tunisie Ba

Goumri ou **Kumayri,** ***Arménie*** Ancienne Aleksandropol, appelée Leninakan jusqu'en 1992 et deuxième ville du pays, située à 1 500 m d'altitude. Goumri fut gravement touchée en 1988 par un tremblement de terre. Principal centre de textile du pays. Construction de machines-outils, électronique, conditionnement de la viande.
Population 120 000
Carte Arménie Aa

Governador Valadares, ***Brésil*** Ville minière à 240 km au N.-E. de Belo Horizonte, produisant des pierres précieuses variées (émeraudes, aigues-marines, topazes, améthystes, agates et tourmalines).
Population 197 000
Carte Brésil Dc

Gozo, ***Malte*** Deuxième île (67 km^2) de l'archipel maltais, qu'un bras de mer large de 5 km et entourant l'îlot de Comino (3 km^2) sépare de la grande île. Gozo, encore peu touristique, a su préserver la nature paisible de la vie insulaire méditerranéenne. La plupart de la douzaine de villages de l'île sont accrochés à des crêtes rocheuses qui dominent de larges vallées soigneusement cultivées. Avec la pêche, l'agriculture est la principale activité de l'île (oranges, pommes de terre, oignons, carottes, haricots, vins). Les femmes font de la dentelle et du tricot. De grandes églises baroques dominent le paysage. Celle de Xewkija (2 600 habitants) peut contenir 12 000 personnes. L'île compte plusieurs plages, des temples préhistoriques (Ggantija) et l'église de pèlerinage de Tapina, bâtie sur le site d'une chapelle du XVIe s. Les ferries pour Malte appareillent du port de Mgarr, situé à 8 km de la capitale, Victoria.
Population 23 500
Carte Malte Ca

Graaff Reinet, ***Afrique du Sud*** Ville marchande magnifiquement préservée, fondée en 1786, sur le plateau du Grand Karroo, à 190 km au N.-O. de Port-Elizabeth. En 1795, un groupe de citoyens afrikaners occupèrent la ville et proclamèrent une brève république.
Population 29 800
Carte Afrique du Sud Bc

Gracanica, ***Yougoslavie*** Voir PRISTINA

Grahamstown, ***Afrique du Sud*** Ville universitaire et épiscopale de la province du Cap-Est, à 135 km au S.-O. d'East London, surnommée la ville des Saints à cause de ses nombreuses églises et écoles religieuses. Grahamstown fut un poste militaire fondé en 1812, souvent attaqué par les guerriers xhosa durant la guerre des Cafres qui opposa Africains et colons européens.
Population 25 100
Carte Afrique du Sud Cc

grain Perturbation courte, souvent orageuse, accompagnée d'une saute de vent soudaine et d'averses. Les grains se disposent habituellement en « ligne de grains » qui peuvent atteindre 500 km.

Grampians, ***Royaume-Uni*** Région administrative du centre-est de l'Écosse (8 752 km^2), incluant les anciens comtés d'Aberdeen, de Kincardine et de Banff, plus une partie de Moray. Elle doit son nom aux monts Grampians, qui débordent sur les régions voisines, culminant au Ben Nevis (1 344 m), sommet de la Grande-Bretagne, et abritent les stations de ski du massif de Cairngorm. Ils s'abaissent vers l'E. en une frange côtière de terres fertiles, berceau de la race bovine Aberdeen Angus. La région produit du whisky. Ses plus fameux habitants sont les membres de la famille royale dont le château de Balmoral est à 70 km d'Aberdeen.
Population 497 000
Carte Royaume-Uni Db

Granada, ***Espagne*** Voir GRENADE

Granada, ***Nicaragua*** La plus ancienne colonie espagnole du pays, fondée en 1523 à la pointe N. du lac Nicaragua, à 50 km au S.-E. de la capitale, Managua. Ses édifices coloniaux subsistent, dont l'église de La Merced (Piété), achevée en 1781. Industries : coton, meubles, rhum, savon et vêtements.
Population 64 700
Carte Nicaragua Aa

Gran Chaco, ***Argentine/Paraguay*** Vaste terre sauvage (240 000 km^2) aux frontières de l'Argentine, du Paraguay et de la Bolivie. Des différends territoriaux menèrent à la guerre du Chaco (1932-1935), gagnée par le Paraguay au prix de 36 000 morts.

Le nord et l'ouest du Chaco sont une brousse aride d'épineux, le sud et l'est des pâturages et des forêts fameuses pour le *quebracho*, ou arbre « brise-hache », source de tanin.

Le Chaco est faiblement peuplé de tribus indiennes et de colonies isolées de mennonites, secte chrétienne originaire d'Allemagne. La ville principale est Mariscal Estigarribia.
Population 100 000
Carte Paraguay Ab

Grand Banc de Terre-Neuve, ***océan Atlantique*** Partie du plateau continental au S.-E. de Terre-Neuve, où le Gulf Stream (chaud) et le courant du Labrador (froid) se rencontrent, générant des brumes, notamment au N.-E. Les icebergs sont l'autre danger, surtout au printemps. C'est l'une des principales zones de pêche du globe, bien que le gouvernement canadien ait décidé des restrictions en 1977. On y a découvert du pétrole à la fin des années 1970.
Dimensions 680 km d'E. en O. ; 560 km du N. au S. ; profondeur : 90 à 180 m
Carte Canada Jd

Grand Bassin artésien, en angl. **Great Artesian,** ***Australie*** Le plus vaste réservoir naturel souterrain du monde (1,7 million de kilomètres carrés). Du golfe de Carpentarie à l'Australie du Sud et à la Nouvelle-Galles du Sud, il reçoit ses eaux de roches poreuses de l'O. de la Cordillère australienne. Environ 5 000 trous de sonde ont été creusés pour ponctionner la nappe qui fournit chaque jour 1,5 milliard de litres pour l'irrigation, le bétail et l'usage domestique, permettant ainsi l'exploitation de l'intérieur de l'Australie.
Carte Australie Fc

Grand Belt, ***Danemark*** Voir BELT

Grand Canal, ***Chine*** Voir DA YUNHE

Grand Canyon, ***États-Unis*** Cette gorge spectaculaire du Colorado, considérée comme l'une des merveilles naturelles du monde, se trouve dans le N.-O. de l'Arizona. Longue de 350 km et d'une profondeur qui peut atteindre 1 870 m, elle offre un relief grandiose dû à l'érosion du Colorado, qui a profondément entaillé le plateau pendant des millions d'années. Le canyon, découvert au XVIe s. par les conquistadores, conserve les traces d'une très ancienne occupa-

OUVRAGE DE TITAN. Le Colorado, qui a creusé son gigantesque Grand Canyon (6 à 29 km de large) après un soulèvement du plateau, il y a des millions d'années, continue de charrier des débris considérables.

tion par les Indiens Hopi. La plus belle partie de ce paysage minéral, dont les strates rocheuses changent de couleur selon les heures, est englobée dans un parc national de 4 931 km² qui attire chaque année plus de trois millions de visiteurs.
Carte États-Unis Dc

Grand Désert australien, ***Australie*** Vaste cœur aride du continent (3 830 000 km²), incluant plusieurs régions : le désert de Gibson, le Grand Désert de Sable, le Grand Désert de Victoria, la plaine Nullarbor et le désert de Simpson.

Grand Désert de Sable, ***Australie*** Région aride du N. de l'Australie-Occidentale qui s'étire entre la côte et la limite O. du Territoire du Nord.
Carte Australie Cc

Grand Dyke, en angl. **Great Dyke,** ***Zimbabwe*** Intrusion précambrienne de roche pyrogène formant une crête de plus de 500 km à travers les hautes plaines du centre et du sud du Zimbabwe. Elle contient d'importants minéraux (chrome, or, amiante, etc.).
Carte Zimbabwe Ba

Grande Bahama Voir BAHAMAS

Grande Baie australienne, ***océan Indien*** Bras de l'océan Indien au S. de l'Australie, en partie frangé par l'inhospitalière Nullarbor Plain. Découverte par le capitaine hollandais Thyssen, en 1627. Mais la côte d'Australie du Sud fut explorée en 1802 par l'Anglais Matthew Flinders.
Dimensions 1 160 km E.-O., 350 km N.-S.
Carte Australie De

Grande Barrière (île de la), ***Nouvelle-Zélande*** Grande île du golfe Hauraki, à 100 km au N.-E. d'Auckland (North Island). C'est un mélange (285 km²) de pâturages, brousses et forêts. Tryphena en est le principal village.
Population 300
Carte Nouvelle-Zélande Eb

Grande Barrière (récifs de la), ***Australie*** La plus grande barrière de corail du monde, s'allongeant sur 2 000 km parallèlement à la côte du Queensland, dans la mer de Corail. Les récifs, dont l'épaisseur peut atteindre 500 m, s'écartent parfois jusqu'à 300 km de la côte. Près de 600 îles affleurent à la surface ; certaines abritent des stations touristiques.

On a enregistré 350 variétés de coraux, habités par d'innombrables espèces de poissons multicolores.
Carte Australie Ga

Grande-Bretagne, ***Royaume-Uni*** Île comprenant l'Angleterre, l'Écosse et le pays de Galles.

Grande Canarie, ***Espagne*** Voir CANARIES (îles)

Grande Comore, ***Comores*** Voir NGAZIDJA

Grande-Motte (La), ***France*** Station balnéaire de l'Hérault, à 20 km au S.-E. de Montpellier, créée en 1967 dans un style résolument moderne (pyramides) et pouvant accueillir 80 000 personnes autour de nombreuses activités de loisirs (sports nautiques, équitation...).
Population 5 050
Carte France Fe

Grand Escarpement, en angl. **Great Escarpment,** ***Afrique du Sud*** Rebord incliné du large plateau formant l'essentiel de l'Afrique du Sud, dont la forte dénivellation atteint 1 500 m à l'E. Sa partie la plus haute constitue les montagnes du Drakensberg.
Carte Afrique du Sud Cc

Grandes Plaines, ***États-Unis/Canada*** Vaste zone de prairies vallonnées s'étendant du S.-E. des monts Mackenzie (N.-O. du Canada) au Texas, incluant la prairie américaine. Frangées à l'O. par les contreforts des montagnes Rocheuses, elles touchent à l'E. au Grand Lac de l'Esclave, au lac Winnipegosis (Canada), et à la rivière Missouri (États-Unis). Les Grandes Plaines atteignent 1 000 km de large aux États-Unis. Elles furent le domaine des bisons et des tribus indiennes jusqu'au milieu du XIXᵉ s., avant que les caravanes, puis les voies ferrées, introduisent la colonisation blanche. Bétail, céréales, café et pétrole en sont les grandes productions.
Carte États-Unis Fa

Grande Syrte, ***Libye*** Golfe de la mer Méditerranée entre les villes de Misrvatah et de Benghazi, bordé surtout de désert. Terminaux pétroliers, reliés par des oléoducs aux gisements de l'intérieur.
Largeur 440 km
Carte Libye Ba

Grande-Terre, ***Guadeloupe*** Île orientale de la Guadeloupe (588 km²) formée de bas plateaux calcaires aux sols fertiles. Culture de la canne à sucre. Élevage. Ses plages sont très touristiques. Chef-lieu : Pointe-à-Pitre.
Carte Guadeloupe Bb

Grande-Terre, ***Nouvelle-Calédonie*** Voir NOUVELLE-CALÉDONIE

Grand Lac salé, ***États-Unis,*** en angl. **Great Salt Lake** Lac salé du centre de l'Utah, à l'O. de la chaîne de Wasatch et au N.-O. de Salt Lake City. Sa superficie varie avec le cours des rivières qui s'y jettent (maximum : 5 200 km²).
Carte États-Unis Db

Grand Paradis (parc national du), en it. **Gran Paradiso,** ***Italie*** Le plus ancien parc national du pays, créé en 1922, à 50 km au N.-O. de Turin, dans les Alpes Grées, culminant au Grand Paradis (4 061 m) et s'étendant sur 620 km². Dans le parc, qui prolonge celui de la Vanoise, sont protégées des espèces rares (bouquetin, chamois et aigle royal).
Carte Italie Ab

Grand Popo, ***Bénin*** Port et station touristique à 22 km de la frontière togolaise. Fondé en 1727 par des réfugiés fuyant les marchands d'esclaves de Ouidah, c'est l'un des deux endroits de la côte où un bras de mer relie les lagons à l'océan.
Carte Bénin Ab

Grand Rapids, ***États-Unis*** Cette ville industrielle située dans l'ouest du Michigan, qui doit son nom aux chutes de la Grand River, fut d'abord un comptoir de fourrures, fondé en 1826, vite transformé en manufacture de meubles. De 1887 à la fin des années 1960 s'y tint une foire du meuble renommée. Un de ses musées montre des reconstitutions des rues de la ville de 1870 à 1900.
Population (ville) 190 000 ; (zone urbaine) 690 000
Carte États-Unis Ib

Grand-Saint-Bernard (col du), ***Suisse*** Col alpin (2 469 m d'altitude) entre la Suisse et l'Italie, fréquenté dès la préhistoire et utilisé par les Romains. Un hospice y existe depuis le XIᵉ s. (petit musée). On y élève des chiens de montagne renommés (les saint-bernard). Depuis 1964, un tunnel routier de 5,8 km a été ouvert sous le col.
Carte Suisse Ab

Grands Lacs, ***États-Unis/Canada*** Série de cinq lacs s'écoulant, par le Saint-Laurent, dans l'océan Atlantique. Voir ÉRIÉ, HURON, MICHIGAN, ONTARIO et SUPÉRIEUR.
Carte États-Unis Ia

Grand Teton (parc national de), ***États-Unis*** Zone montagneuse du N.-O. du Wyoming, au S. immédiat du parc national de Yellowstone. Le parc (1 241 km²), fondé en 1929, est l'endroit le plus spectaculaire de la chaîne du Teton, qui culmine à 4 196 m au Grand Teton. Il est doté de lacs, de torrents et de belles forêts. On peut y voir notamment des élans, des cerfs et des bisons.
Carte États-Unis Db

granite Roche éruptive composée principalement de quartz, de feldspath et de mica. Il existe une grande variété de granites, qui diffèrent par la grosseur des grains, la taille des cristaux, la composition minéralogique et la texture. Les granites constituent l'élément essentiel des massifs précambriens et hercyniens. Ils sont utilisés comme pierre de construction.

granitique (couche) Partie supérieure de l'écorce terrestre, essentiellement composée de granite. Elle est formée non pas d'une couche continue, mais de blocs isolés qui flottent sur la couche inférieure basaltique.

Gran Pajatén, ***Pérou*** Magnifique ville en ruine de civilisation pré-inca, découverte par l'explorateur américain Gene Savoy en 1964 dans la forêt de la vallée de l'Urubamba. On y trouve de nombreux édifices circulaires en pierre, des temples et des blocs sculptés figurant des humains et des condors.
Carte Pérou Ba

Gran Sasso, ***Italie*** Voir APENNINS

Grasse, ***France*** Ville manufacturière et balnéaire de la Côte d'Azur, à 12 km au N. de Cannes, entourée de champs de fleurs et d'orangers, dont les essences donnent des parfums. Patrie du peintre Fragonard (1732-1806), auquel est consacré un musée.
Population 42 100
Carte France Ge

gratte-ciel (de l'anglais *skyscraper*) Immeuble d'habitation ou de bureaux à étages multiples, remarquable par sa hauteur. Voir LES PLUS HAUTS GRATTE-CIEL DU MONDE, p. 280

Graubünden, ***Suisse*** Voir GRISONS

gravier Élément de roche détritique meuble dont la taille est comprise entre 2 et 20 mm.

Graz, ***Autriche*** Deuxième ville du pays, capitale de la Styrie, à 140 km au S.-O. de Vienne. Graz fut d'abord une étape sur la route commerciale de l'Italie et de la Hongrie, devint une cité forteresse au XIIᵉ s. pour garder la route du nord vers les contreforts alpins. Son château date du XIᵉ s., sa cathédrale gothique du XVᵉ s. et son arsenal du XVIIᵉ s. On y fabrique papier, chaus-

LES PLUS HAUTS GRATTE-CIEL DU MONDE

Le premier gratte-ciel à structure métallique, le Home Insurance Building de dix étages (52 m) fut construit à Chicago en 1884-1885. C'était alors le plus haut ensemble de bureaux du monde, titre aujourd'hui détenu par la Tour Sears, aussi à Chicago. Mais la plus haute structure — acier galvanisé, achevée en 1974 — est celle du mât de Radio-Varsovie près de la ville de Plock, en Pologne.

Nom	Lieu	Hauteur (en m)
Mât de Radio-Varsovie	Plock, Pologne	646
Tour du CN	Toronto, Canada	553
Tour Sears	Chicago, États-Unis	443
World Trade Center	New York, États-Unis	411
Empire State Building	New York, États-Unis	381
John Hancock Center	Chicago, États-Unis	343
Tour Eiffel	Paris	320
Tour Centrepoint	Sydney, Australie	305

sures, vêtements et produits chimiques. Aciéries. Sidérurgie. Matériel ferroviaire. L'astronome allemand Johannes Kepler, qui confirma la théorie de la révolution des planètes autour du Soleil, y vécut de 1594 à 1600.
Population 243 000
Carte Autriche Db

Great Dividing Range, ***Australie*** Voir AUSTRALIENNE (cordillère)

Great Fish, ***Afrique du Sud*** Fleuve qui prend sa source à l'E. de la province du Cap et se jette dans l'océan Indien. Longueur : 640 km. Son cours inférieur trace la frontière avec le Ciskei. Il séparait autrefois les territoires européens et xhosa.
Carte Afrique du Sud Cc

Great Smoky (monts), ***États-Unis*** Chaîne des Appalaches, à cheval sur le Tennessee et la Caroline du Nord, culminant à 2 025 m au dôme de Clingsman. Elle est enclose dans un parc national de 2 092 km² qui abrite une grande variété de plantes et d'animaux sauvages.
Carte États-Unis Jc

Great Yarmouth, ***Royaume-Uni*** Port et station balnéaire à l'embouchure de la Yare River, à 175 km au N.-E. de Londres dans le comté de Norfolk. Port prospère autrefois, il connut un nouvel essor dans les années 1960 grâce à l'exploitation des gisements de gaz naturel de la mer du Nord.
Population 55 000
Carte Royaume-Uni Fd

Grèce Voir p. 281-284

Grèce Centrale (Stereá Ellás), ***Grèce*** Région centrale et montagneuse de Grèce au S. de la Thessalie et de l'Épire, bordée par la mer Égée à l'E. et par la mer Ionienne à l'O. On y trouve la capitale, Athènes, et les grands centres de Delphes, d'Orchomène et de Thèbes ainsi que les plus grandes réserves de bauxite d'Europe et d'importantes mines d'aluminium. Principales activités : agriculture, pêche, tourisme, textiles, aluminium, construction mécanique et produits chimiques.
Population 4 127 200
Carte Grèce Cb

Greenwich, ***Royaume-Uni*** Voir LONDRES

Greenwich (méridien de) Ligne de longitude traversant Greenwich, en Angleterre, prise comme méridien d'origine, ou zéro — 0° E. et O. — pour la navigation universelle et la mesure de l'heure.

Greifswald, ***Allemagne*** Port de la Baltique, dans le land de Mecklembourg. Fondée par des marchands hollandais en 1240, c'est la plus petite ville universitaire de l'ex-R.D.A. À l'E., Peenemünde fut une base des V-1 et V-2 lors de la Seconde Guerre mondiale.
Population 63 900
Carte Allemagne Ea

grêle, grêlons Précipitation sous forme de billes de glace (grêlons). Les gouttes d'eau condensées dans la partie basse d'un nuage orageux sont soulevées par les courants d'air ascendants à une altitude où elles gèlent. Dans un nuage turbulent, les grêlons de petite taille, entraînés plusieurs fois d'une couche humide à une couche glaciale, augmentent de volume jusqu'à leur chute. Les grêlons peuvent atteindre 700 g et 175 mm de diamètre.

Grenade Voir p. 285

Grenade, en espagnol **Granada,** ***Espagne*** Ville d'Andalousie, chef-lieu de la province du même nom, dont la prise, en 1492, marqua la fin de la domination musulmane en Espagne. Elle est célèbre pour la magnifique forteresse de l'Alhambra, d'architecture mauresque (1248-1354), et pour les merveilleux jardins du Generalife. La cathédrale du XVIᵉ s. comprend une chapelle royale avec les tombes de Ferdinand d'Aragon et d'Isabelle la Catholique. La ville est aussi renommée pour le flamenco, dansé par les bohémiens troglodytes de l'Albaicin. Principales industries : textiles, papier, liqueurs, tourisme.

La province du même nom (12 531 km²) produit céréales, canne à sucre et tabac.
Population (ville) 288 000 ; (prov.) 800 000
Carte Espagne Dd

Grenadines (îles), ***Antilles*** Groupe de six cents îlots partagé entre Saint-Vincent et la Grenade. La plus grande île est Carriacou. Les Grenadines sont un paradis des plaisanciers, et le tourisme leur a apporté la prospérité.
Population 14 000
Carte Caraïbes Cc

Grenoble, ***France*** Préfecture de l'Isère, sur l'Isère, à 100 km au S.-E. de Lyon. La ville entourée de montagnes occupe un site très pittoresque, point de passage depuis longtemps. Son université date de 1939. L'industrie d'équipement hydroélectrique des Alpes, développée au XIXᵉ s., est aujourd'hui relayée par l'industrie de pointe (électronique, nucléaire, informatique). Nombreux laboratoires. Usines textiles, chimiques et alimentaires. Grenoble possède plusieurs églises anciennes (cathédrale Notre-Dame du XIIᵉ et XIIIᵉ s., église Saint-André du XIIIᵉ s., église Saint-Laurent du XIᵉ et XIIᵉ s.), de belles réalisations d'architecture contemporaine, et des musées. Elle accueillit en 1968 les Jeux olympiques d'hiver. Patrie de Stendhal.
Population (ville) 150 800 ; (aggl.) 400 000
Carte France Fd

grès Roche sédimentaire de couleurs diverses composée de sables conglomérés. Les plus importants gisements de grès en Europe sont le vieux grès rouge, déposé durant la période du dévonien, et le jeune grès rouge du permien et du trias.

Grijalva, ***Mexique*** Fleuve de 480 km qui prend sa source dans les hautes terres de l'État de Chiapas, traverse les basses terres humides de l'État de Tabasco au N. et se jette dans le golfe de Campeche. Des aménagements hydroélectriques sont prévus sur son cours (le barrage de Nezahualcóyotl, dans le Chiapas, sera le plus grand du Mexique). Son vaste bassin fluvial est une riche zone agricole.
Carte Mexique Cc

Grimsby, ***Royaume-Uni*** Port de pêche sur la rive S. de l'estuaire de la Humber, à 24 km au S.-E. de Kingston-upon-Hull, dans le comté de Humberside. Les pêcheurs flamands l'utilisèrent au XVᵉ s., et de nouvelles rades et des voies ferrées reliées au reste du pays permirent son essor au XIXᵉ s. Il devint l'un des plus grands ports de pêche du monde, avec une flotte de 250 navires et une pêche de 200 000 t par an. Toutefois, il fut durement touché en 1970 par la « guerre de la morue », dans laquelle l'Angleterre et l'Islande se disputèrent les zones de pêche, et sa flotte actuelle a été réduite.
Population 92 000
Carte Royaume-Uni Ed

Grindelwald, ***Suisse*** Station de montagne réputée (1 057 m) à 55 km au S.-E. de Berne, au centre de l'Oberland bernois. Dominée par l'Eiger (3 970 m), le Mönch (4 099 m) et la Jungfrau (4 158 m), elle est appréciée des touristes depuis plus d'un siècle.
Population 3 600
Carte Suisse Ba

Grisons, en all. **Graubünden,** ***Suisse*** Le plus vaste (7 106 km²) et le plus montagneux des

Voir suite p. 285

Grèce

PAYS DE BEAUTÉ LÉGENDAIRE ET DE GLOIRE ANTIQUE, ELLE TENTE DE FRAYER SON CHEMIN DANS LE MONDE MODERNE

Un voyageur disait de la Grèce au XVIIe s.: « L'esprit est fasciné, le corps défaille, les yeux enchantés se mouillent de larmes. » C'est un pays légendaire qui incite au lyrisme, riche de sa beauté naturelle, de son héritage monumental, de ses trésors artistiques incomparables.

Il y a 2 500 ans, la Grèce était le centre de l'Occident; là naquirent la civilisation européenne, la démocratie. La Grèce moderne a connu une guerre civile sanglante, des troubles politiques et de graves difficultés économiques, mais sa prospérité renaît. Entre ces extrêmes, la Grèce a eu une histoire tumultueuse. Elle prospéra même sous la domination romaine qui commence en 146 av. J.-C. et plus encore pendant la période byzantine, à partir de 330 de notre ère. Mais, vers 1460, sept ans après la prise de Constantinople par les Turcs, la plus grande partie du pays était devenue une province ottomane et le resta pendant près de quatre siècles, période qui a profondément marqué la vie et les relations des Grecs avec les autres pays, jusqu'à nos jours. La Grèce obtint son indépendance après une guerre de huit ans (1821-1829), mais ses frontières actuelles n'ont été stabilisées qu'après la Seconde Guerre mondiale.

LENDEMAINS DE GUERRE

La Grèce se rangea du côté des Alliés pendant la Première Guerre mondiale et s'agrandit aux dépens des Turcs qui avaient pris le parti de l'Allemagne. Les troupes allemandes et italiennes l'occupèrent pendant la Seconde Guerre, mais furent harcelées par les résistants grecs et se retirèrent finalement en novembre 1944, après le débarquement des troupes britanniques.

Pendant des années encore, une terrible guerre civile opposa le maquis communiste aux troupes nationalistes; elle fit 120 000 morts. L'aide américaine précipita la défaite des maquisards du général Marcos; de même, la rupture entre l'U.R.S.S. et la Yougoslavie de Tito, qui mit un terme à l'aide que la Yougoslavie apportait aux maquisards grecs.

La guerre civile prit fin en 1949, mais l'instabilité politique se manifesta à nouveau quelques années plus tard. En 1967, un coup d'État militaire amena au pouvoir le colonel Georges Papadopoulos. Le jeune roi Constantin prit le chemin de l'exil. En 1973, Papadopoulos proclama la république, dont il devint le président. Au bout de quelques mois, un autre coup d'État le renversa, et une nouvelle junte militaire arriva au pouvoir.

Cependant, les relations avec la Turquie s'envenimaient à propos de Chypre. Avec l'invasion turque du nord de l'île en 1974, le régime grec s'effondra sans effusion de sang. La démocratie revint au pays qui l'avait inventée.

Membre de l'OTAN dès 1952, la Grèce la quitte en 1974 mais y revient en 1980, malgré l'irritation provoquée par les bonnes relations entre le vieil adversaire turc (lui aussi membre de l'OTAN) et les États-Unis. Ceux-ci se voient régulièrement menacés de fermeture de leurs bases dans le pays.

Depuis 1981 membre de la C.E.E., aujourd'hui Union européenne, la Grèce est confrontée au conflit yougoslave. Son intransigeance face à la Macédoine met mal à l'aise ses partenaires tandis que ses relations avec l'Albanie s'aggravent à propos de l'Épire.

Des chaînes de montagnes formant comme les côtes d'un squelette géant sont le trait saillant du pays. La montagne du Pinde traverse la Grèce de la frontière albanaise au N. au golfe de Corinthe au S., et culmine au Smolikas (2 637 m). Un autre os va du N., à la frontière yougoslave, au S., à la mer Égée, et culmine au mont Olympe à 2 917 m.

70 % de la surface est accidentée, avec de sévères climats de montagne et des sols pauvres; et pourtant, l'agriculture est l'activité principale. Jusqu'en 1950, la majorité de la

COURONNE DE GLOIRE. Le Parthénon se dresse au sommet de l'Acropole. Temple dédié à la déesse Athéna en 438 av. J.-C., il a été endommagé en 1687 pendant le siège de la ville par les Vénitiens.

population pratiquait l'agriculture de subsistance familiale, sans surplus pour la vente. Il y a une émigration continue vers les villes, mais une partie importante de la population (30 %) vit encore à la campagne.

Les forêts couvrent de vastes surfaces dans les montagnes de Macédoine, de Thrace et du Pinde, mais elles ont beaucoup diminué en plaine du fait des incendies, fréquents pendant les étés longs et secs, et des abattages pour le bois de chauffage et l'extension des pâturages.

La végétation méditerranéenne de garrigue et de maquis couvre le centre et le sud du pays. L'île de Crète a une étonnante variété de plantes sauvages, dont plus de cent espèces ont des vertus médicinales. L'Attique est renommée pour ses plantes odoriférantes et ses fleurs sauvages qui fournissent le nectar d'un miel excellent. Le pin pousse bien en montagne, le chêne, le hêtre et le châtaignier en plaine.

Les éponges marines sont une importante ressource dans les eaux littorales des îles du Dodécanèse ; les anémones de mer et les oursins des hauts-fonds rocheux sont une attraction touristique. Parfois, des dauphins suivent les navires le long de la côte.

PAYSANS ET MARINS

La grande culture est limitée aux plaines fertiles de la façade orientale ; on cultive la tomate, le coton, les céréales en Thessalie, les arbres fruitiers dans les vallées de l'Axios et de l'Aliakmon en Macédoine, le tabac dans la vallée du Strymon en Thrace, les vignobles, l'olivier et l'oranger dans le Péloponnèse et en Crète.

Les communications interrégionales sont rendues difficiles par la distance et le relief. La mer unit le pays ; plus de 89 % du commerce extérieur se fait par la voie maritime. La route est la principale voie de communication entre villes et campagnes dans la partie continentale du pays. La Grèce fut le dernier pays européen à entrer dans l'ère ferroviaire, en 1869. La mer Ionienne à l'O., la mer Égée à l'E. contiennent deux mille îles grecques ; deux cents seulement sont habitées, mais elles abritent 11 % de la population. Les plus touristiques, Corfou, la Crète, Mykonos, Rhodes, ont des aéroports internationaux, mais beaucoup d'autres ne sont desservies que par les vols intérieurs. Les autres îles ont recours au Pirée, le port d'Athènes, pour les relier au reste du monde.

La Grèce forme l'extrémité S. des Balkans et l'extrémité S.-E. de l'Europe, à plus de 1 300 km par la route de ses partenaires de l'Union européenne, mais à moins de 200 km de l'Italie par la mer.

L'économie de la Grèce s'était effondrée de façon alarmante à la fin de la guerre civile, en 1949. Les industries consistaient en petits ateliers traitant le tabac, le cuir, le coton, les denrées alimentaires ; on manquait d'argent pour développer les ressources naturelles. Pendant les vingt-cinq années suivantes, l'économie progressa, en partie grâce à des capitaux américains et européens. De grands programmes d'irrigation aidèrent l'agriculture ; de nouvelles centrales électriques fournirent l'énergie nécessaire aux industries modernes telles que les chantiers navals, l'aluminium, la sidérurgie, les plastiques, la chimie, les constructions électriques.

Mais la hausse du prix du pétrole et la récession mondiale au milieu des années 1970 ralentirent le développement. Trop de fabrications se font encore à la main, les techniques sont retardataires. Aussi la Grèce reste-t-elle pauvre, avec un revenu par tête inférieur de moitié à celui de ses principaux partenaires de l'Union européenne. L'appartenance à l'OTAN accroît le fardeau financier du pays, l'achat d'armements sophistiqués absorbant 8 % du produit national brut.

Certes, le tourisme apporte un revenu régulier, mais l'économie a besoin d'autres sources de devises. Les pays communistes sont parmi les meilleurs clients de la Grèce pour les produits agricoles et pour le chantier de réparations navales de Syros, en échange de pétrole, de courant électrique et d'équipement de télécommunications.

La marine marchande a connu des fortunes diverses depuis quarante ans ; mais grâce à une tradition navale qui remonte au personnage mythique d'Ulysse, la Grèce possède 11 % du tonnage mondial et la quatrième flotte du monde après le Liberia. Il y a quelques très riches armateurs grecs, mais beaucoup sont étrangers, utilisant la Grèce comme un paradis fiscal ; ils rapatrient leurs bénéfices dans leurs pays.

LE PEUPLE ET LA POLITIQUE

Les Grecs ont des opinions politiques très fortes, et les campagnes électorales divisent le pays. Le clientélisme bat son plein ; on trouve normal que les hommes politiques victorieux distribuent des récompenses à leurs partisans, comme par exemple des places dans la fonction publique.

La politique intérieure est centrée surtout sur les problèmes urbains. Le développement industriel a causé depuis 1950 un fort exode vers les villes et une vague de constructions de logements. La capitale, Athènes, a sextuplé son effectif de population depuis 1945 et abrite désormais 30 % des Grecs, 60 % du potentiel industriel et pratiquement toute la direction politique et économique. Plus de la moitié des dix millions de Grecs vivent dans les six plus grandes villes, Athènes, Salonique, Patras, Héraklion, Volos et Larissa.

Les gens ont quitté les campagnes et les îles, sauf celles où le tourisme est une source de revenus, comme Mykonos, Chios, Rhodes, Corfou ou la Crète. Beaucoup des nouveaux migrants sont des jeunes qui désirent échapper à la dureté de la vie sur des exploitations trop petites. Il n'y a pas assez de travail pour tout le monde dans les villes mais les rigueurs du chômage sont atténuées par la solidarité familiale qui unit deux ou trois générations. Les villes sont surpeuplées, beaucoup de banlieues récentes manquent d'eau potable et d'égouts. Les soins médicaux et l'enseignement ne sont pas toujours adéquats. On manque aussi d'écoles et d'hôpitaux.

D'autres jeunes ont émigré, aux États-Unis, au Canada, en Allemagne, en Australie, en Afrique. Quelques-uns reviennent avec assez d'économies pour acheter une voiture, une maison ou lancer une petite affaire.

La Grèce attire plus de 5 000 000 de touristes par an, dont 60 % viennent d'Europe occidentale ; la plupart vont à Athènes et dans les principales îles. Dans quelques villes historiques, des palais, de belles maisons ont été remplacés par des appartements sans grand caractère, mais en général les côtes n'ont pas été défigurées par de hautes tours.

Les touristes ont récemment découvert des îles intactes dans la mer Ionienne, telles que Paxos, Leucade, Zante et, en mer Égée, Amorgos, Kea, Patmos et Skopelos.

DES ÎLES POUR TOURISTES

Les îles grecques doivent leurs caractères distinctifs à la variété de leurs roches : le calcaire des îles ioniennes, le marbre de Skyros, Paros, Ios, Anaphi, Tinos ; le granit de Mykonos, la lave et la pierre ponce de Santorin. Certaines îles sont nues et dépourvues d'eau comme Patmos, d'autres ont de pittoresques collines boisées comme Égine, des vallées ombreuses comme Céphalonie. Les îles ioniennes de Corfou et de Leucade sont réputées pour leur paysage verdoyant, Zante pour ses jardins parfumés, Ithaque pour ses ports minuscules. La plupart des Cyclades ont un aspect désertique, des maisons blanchies à la chaux, des moulins à vent. Samos, Chios, Lesbos, Ikaria ont des terres fertiles, des sources abondantes, des bois touffus. Les falaises aux couleurs vives d'Amorgos et de Santorin sont particulièrement spectaculaires. Serties dans une mer transparente, Rhodes et la Crète sont parsemées de belles villes historiques entourées de vergers, de vignobles, de champs de blé, de montagnes boisées.

La partie continentale du pays et les îles ont de nombreux villages aux maisons de pierre avec un toit de tuiles, des piliers de bois, des balcons suspendus au-dessus de ruelles étroites et déclives. Ceux de l'intérieur se rassemblent autour de la *plateia*, le joli square central ; le port est aussi le centre des villes du littoral.

Les chaînes de montagnes du Centre et du Sud forment des éperons rocheux, disséqués, qui se prolongent en mer par des péninsules et des promontoires, comme dans le sud du Péloponnèse et en Chalcidique. Des baies et des golfes profonds pénètrent le pays dont aucun point n'est à plus de 70 km de la côte. La mer échancre les étroites plaines littorales par de petites anses dont beaucoup sont inaccessibles par la terre.

Ailleurs, la montagne aux pentes boisées tombe directement sur la mer, ne laissant place qu'à un petit port ou à un village de pêcheurs.

Chaque saison prête son charme au paysage. Le printemps arrive précocement, en avril ; une multitude de plantes méditerranéennes éclatent en un flamboiement de couleurs. La saison chaude commence en mai, culmine avec des moyennes estivales de 27 °C et des maxima de 40 °C. La brise de mer tempère quelquefois la canicule le long des côtes et des îles ; mais l'air sec, la lumière éclatante font ressortir toute la beauté du paysage. Les hivers sont doux et humides en plaine, enneigés en montagne.

Si l'été grec est la grande attraction touristique, l'histoire, elle aussi, attire de nombreux visiteurs.

Des ruines spectaculaires rappellent la grandeur des anciennes civilisations. La plupart sont dans le centre et le sud du pays et dans les îles. L'âge du bronze (2000 à 1100 av. J.-C.) a produit de splendides palais minoens de Cnossos, Faistos et Mallia en Crète, les citadelles de Mycènes et de Tirins et la cité de Thira à Santorin. Athènes renferme à l'Acropole le groupe le plus imposant de monuments d'architecture de la période classique (500 à 30 av. J.-C.). Les sites antiques de Delphes et Olympie et les ruines de la cité sacrée de Delos sont de grandes attractions touristiques. Le théâtre d'Épidaure qui domine la plaine d'Argolide et l'Odéon romain de Hérode Atticus qui s'étend au pied de l'Acropole sont utilisés par des festivals internationaux de musique et de danse.

Les monuments byzantins incluent d'élégantes églises et des monastères ornés de mosaïques. Salonique, qui fut la deuxième cité de l'Empire byzantin, a un riche patrimoine de belles églises ; les monastères de Daphné et de Osios Loukas sont célèbres pour la beauté de leur architecture et pour leurs trésors artistiques.

L'occupation vénitienne et franque au XIIIe s. a enrichi les caps et les îles grecs de pittoresques châteaux et de villes fortifiées tels que Malvoisie, Naxos, Koroni et surtout Rhodes. D'innombrables trésors de l'âge classique et des périodes postérieures peuvent être admirés dans de nombreux musées à travers le pays.

VILLES ET CAMPAGNES

La Grèce est réputée pour son folklore et ses pittoresques costumes nationaux. Les festivals folkloriques les plus importants sont liés à la religion orthodoxe, qui est celle de 98 % des Grecs. Le dimanche de Pâques en particulier est une grande fête populaire ; les familles rurales et urbaines se réunissent pour chanter, danser et rôtir l'agneau à la broche. À la Toussaint se tiennent des foires à la porte des églises et des monastères. Il y a deux jours de fête nationale dédiés à la Vierge Marie : le 25 mars, qui coïncide avec la fête de l'Indépendance, et le 15 août, date du pèlerinage national au monastère de l'île de Tinos.

Le peuple grec est uni par la religion, mais aussi par la langue moderne, le démotique, dérivé de l'ancien grec et qui est parlé à peu près partout. Une langue artificielle, le *katharevousa*, fut utilisée par les fonctionnaires et les documents administratifs, mais elle tend à disparaître. Des dialectes survivent dans les régions rurales. Le grec ancien est incompréhensible pour le profane ; on ne l'enseigne qu'au lycée et à l'université.

On mène une vie simple à la campagne ; on ne s'amuse que les dimanches, les jours de fête et à l'occasion des mariages. Les personnes âgées passent leur temps à bavarder sur les bancs de la place du village ; quelques-unes portent encore, à l'occasion des fêtes, le costume national dont il existe une grande variété régionale de broderies, de motifs et de couleurs ; les costumes tissés à la main, teints de couleurs végétales, sont recherchés par les collectionneurs. L'artisanat des tapis et couvertures tissés à la main subsiste en Thrace, en

NAISSANCE TUMULTUEUSE. Une chapelle contemple le calme port de Santorin (Thira) en mer Égée. La baie s'est formée lors de l'éruption du volcan vers 1400 av. J.-C. L'onde de choc, le raz de marée et la pluie de cendres détruisirent une grande partie de l'île de Crète, 120 km plus au S.

Crète et dans le centre du pays : il est subventionné par l'État.

Dans les villes petites et grandes, le café reste le centre de la vie sociale pour les personnes âgées ; déjeuner à la *taverna* est une coutume encore répandue chez ceux qui en ont les moyens. Dans les rares tavernas traditionnelles qui subsistent encore, on voit parfois des hommes qui dansent seuls le *zeimbekiko*. Les familles pauvres ne fréquentent pas le café, mais les repas sont un important rassemblement familial.

Quand les ruraux partent pour la ville, leur comportement familial et leurs valeurs changent peu. Il arrive qu'une villageoise achète un appartement à Athènes avec les économies de ses parents avant de se marier. Mais elle épousera sans doute un garçon de la campagne qui fait ses études aux frais de sa famille pour devenir fonctionnaire. Beaucoup de familles se privent pour envoyer leurs enfants en ville ; en échange, les enfants travaillent dur à l'école et sont obéissants à la maison. En général, les jeunes ont toujours besoin de l'autorisation parentale pour sortir le soir, prendre un emploi ou se marier. Le père prend les décisions concernant tous les membres de sa famille. Tout cela est d'origine rurale, mais ne disparaît que lentement en milieu urbain.

Les femmes souffrent de nombreuses discriminations. Il est d'usage que la fiancée apporte une dot, un appartement par exemple ou l'équivalent monétaire. Après le mariage, une femme doit obéir à sa belle-famille comme à son mari. Dans beaucoup de régions rurales, une fille célibataire ne peut apparaître seule en public ; elle doit être accompagnée par un homme de sa famille. En principe, les femmes mariées ne doivent pas travailler à l'extérieur, fréquenter des amis sans la permission de leur mari. Dans beaucoup d'affaires familiales, les femmes sont utilisées comme main-d'œuvre non rétribuée (ménage, comptabilité), tandis que le chef de famille est assis sur le balcon ou devant la maison.

« Regarder passer le monde » fait partie du caractère grec. Ce sera une rude tâche pour le pays de créer une économie industrielle moderne alors que de telles traditions ne disparaissent que lentement.

LA GRÈCE EN BREF

Superficie 131 986 km^2

Population 10 288 000

Capitale Athènes

Régime République parlementaire

Monnaie Drachme = 100 lepta

Langue Grec

Religions Chrétiens (grecs orthodoxes) 98 %, musulmans 1 %

Climat Méditerranéen. Températures moyennes à Athènes : de 6 à 13 °C en février, de 23 à 33 °C en juillet

Ressources Blé, tabac, coton, betterave à sucre, olives, raisins, fruits et légumes. Minerai de fer, bauxite, nickel, zinc, plomb, lignite, chrome, marbre, magnésite, baryte, sel, pétrole brut

Activités Agriculture, textile, ciment, engrais, industrie chimique, acier, manufacture de tabac, industries alimentaires, fonderie d'aluminium, chantiers navals, vinification, produits de consommation divers, tourisme

Exportations Fruits et légumes, produits pétroliers, textiles, confection, fer et acier, tabac, ciment, aluminium, produits chimiques, minerais

P.N.B. annuel par habitant 6 230 dollars

Croissance démographique statique

Espérance de vie Hommes 75 ans, femmes 80

vingt-six cantons suisses à l'E. du pays. Partie de l'ancienne Rhétie, devenus canton en 1803, les Grisons sont partagés entre la haute vallée du Rhin et l'Engadine. Les principales activités sont l'exploitation de la forêt, le tourisme (stations de Saint-Moritz, Davos et Arosa) et l'élevage laitier. Chef-lieu: Coire (Chur en allemand, Cuera en romanche). Une partie de la population parle le romanche, quatrième langue officielle de la Suisse.

Population 172 200
Carte Suisse Ba

Grmec Planina, ***Bosnie-Herzégovine*** Massif calcaire, sauvage et boisé, de Bosnie occidentale, entre les rivières Sana et Una, culminant à 1 604 m. Une route sinueuse relie les vieilles cités fortifiées de Bihac au N.-O. et de Kljuc au S.-E., en traversant une région connue pour ses combats de taureaux et riche en monuments aux résistants de la Seconde Guerre mondiale.

Carte Bosnie-Herzégovine Bb

Grodno, en biélorusse **Hrodno,** ***Biélorussie*** Ville industrielle des basses plaines, près de la frontière polonaise. Fondée au XIIe s., elle fut la capitale de la Lituanie au XIIIe s. Principales activités : équipement électrique, industries textiles et alimentaires, cuir, tabac.

Population 284 800
Carte Biélorussie Ab

Groenland Voir p. 286

Groenland (mer du) Bras S. de l'océan Arctique, au N. de l'Islande et au N.-E. du Groenland. Elle est partiellement couverte par la banquise, et le courant E. groenlandais emporte les glaces vers le S.

Carte Arctique (océan) Ab

Groix (île de), ***France*** Île de l'Atlantique (15 km^2), au S. de Lorient, d'où elle est accessible par bateau. Elle attire de nombreux visiteurs en période estivale, pour sa côte sauvage et découpée, ses criques sableuses et abritées.

Population 2 600
Carte France Bc

Groningue, en néerl. **Groningen,** ***Pays-Bas*** Centre de la région Nord-Est, à 145 km d'Amsterdam. Ses douves et fortifications médiévales ont été converties en parcs et canaux, entourant des places anciennes. Musées. Université (1614). Les principales activités sont l'imprimerie, la métallurgie, la construction navale et le raffinage du sucre.

La province du même nom (2 593 km^2), dont Groningue est le chef-lieu, comprend deux des îles de la Frise, et produit des betteraves sucrières, des céréales et des pommes de terre. Élevage laitier et de chevaux. On y trouve l'un des plus importants gisements de gaz naturel du monde.

Population (ville) 166 900 ; (aggl.) 205 700 ; (prov.) 560 700
Carte Pays-Bas Ca

Grootfontein, ***Namibie*** District d'élevage (26 520 km^2). Au centre, la ville du même nom, fondée dans les années 1890 autour d'une garnison allemande, se trouve à 340 km au N.-E. de la capitale, Windhoek. La plus grande météorite connue (59 t) a été découverte en 1920 dans la ferme de Hoba Ouest, à 20 km à l'O. de la ville. Cette masse de fer et de nickel mesure 2,75 m sur 2,43 m.

Population (ville) 7 600 ; (district) 21 900
Carte Namibie Aa

Grosseto, ***Italie*** Voir MAREMME

Grossglockner, ***Autriche*** Voir HOHE TAUERN

Groznyï, ***Russie*** Important centre pétrolier au N. des contreforts du Caucase, à 145 km à l'O. de la mer Caspienne, et capitale de la république de Tchétchénie. La ville, fondée en 1818, se développa après la découverte du pétrole en 1893. Des pipe-lines la relient au port de Makhatchkala (mer Caspienne) et de Tuapse (mer Noire). Pétrochimie, industries textiles et alimentaires.

Population 401 400
Carte Russie Cd

Grudziadz, ***Pologne*** Ville industrielle du Nord, à 100 km au S. de Gdansk. Forteresse des Chevaliers teutoniques en 1291. Ses usines fabriquent aujourd'hui métaux, bière, chaussures, caoutchouc et machines agricoles, et ses greniers séculaires fonctionnent encore.

Population 98 000
Carte Pologne Cb

Grunwald ou **Tannenberg,** ***Pologne*** Champ de bataille situé près du village de Stebark, à 140 km au S.-E. de Gdansk. Le 15 juillet 1410, les forces polono-lituano-tatares menées par le roi Wladyslaw Jagellon défirent les Chevaliers teutoniques. Et, en août 1914, les troupes allemandes y vainquirent l'armée russe. Un obélisque de granit et un musée s'élèvent sur le site des deux batailles.

Carte Pologne Db

Gstaad, ***Suisse*** Station de ski huppée, à 1 080 m d'altitude, dans une vallée située à 55 km au S.-O. de Berne aussi très fréquentée l'été par les touristes qui visitent les Alpes vaudoises.

Population 2 500
Carte Suisse Aa

Grenade

UNE CHARMANTE ÎLE AUX ÉPICES QUI A CONNU UN RÉGIME MARXISTE RENVERSÉ EN 1983 PAR LES AMÉRICAINS

L'île aux épices de la Grenade, dans les Caraïbes, a fait la une de tous les journaux du monde en 1983 quand les marines américains et les troupes d'autres pays caraïbes l'ont envahie pour renverser le régime marxiste.

Après un coup d'État sans effusion de sang en 1979, le régime grenadin avait évolué vers la gauche ; le nouveau Premier ministre Maurice Bishop nouait des relations avec Cuba, la Libye, l'Algérie. Mais l'assassinat de Bishop et de trois autres ministres par un groupe marxiste rival qui s'empara du pouvoir déclencha l'invasion américaine.

Depuis lors, une abondante aide étrangère s'efforce de stabiliser le nouveau régime et l'économie ; les élections de 1984 ont été les premières depuis 1976.

La plus méridionale des îles au Vent, la Grenade, est l'une des plus belles îles antillaises. Elle se compose des restes de volcans éteints, dont le plus jeune et le plus haut est le mont Sainte-Catherine (840 m). Deux des cratères volcaniques sont devenus l'un le Grand Étang, l'autre le lac Antoine. Les rares plaines se trouvent le long de la côte et à la partie inférieure des vallées. La végétation luxuriante ajoute au charme de l'île.

Christophe Colomb a aperçu la Grenade en 1498. Les Indiens Caraïbes s'opposèrent à la première tentative de colonisation en 1609. Les Français s'y établirent en 1650 et éliminèrent les Caraïbes, mais durent la céder aux Britanniques en 1783. Avec la petite île voisine de Carriacou et la Petite Martinique, elle devint un membre indépendant du Commonwealth en 1974, avec la reine d'Angleterre comme chef d'État.

L'agriculture est la première activité de l'île ; le cacao, les bananes, la noix muscade et le macis constituent les principales exportations. L'industrie vise surtout au conditionnement des produits agricoles, mais il y a aussi des ateliers où on produit de la bière, des vêtements, des meubles. 30 % environ des adultes sont sans travail fixe.

Le tourisme est une source importante de devises. Les versants boisés, la plage corallienne de Grande Anse, le très beau site de la capitale Saint George's sont les principales attractions. Une grande partie de la ville a été reconstruite après sa destruction par un cyclone en 1955. Son port peut recevoir des navires de haute mer.

Les navires de croisière font relâche à Saint George's, mais l'absence d'aéroport international a longtemps freiné le développement du tourisme.

Les Cubains ont construit une longue piste pour le nouvel aéroport de Point Salines, suscitant des craintes qu'elle puisse servir pour les avions militaires de pays communistes ; ce fut l'une des causes de l'invasion de 1983. L'aéroport, financé par les États-Unis, a été ouvert en 1984. Il peut recevoir des avions long-courriers, ce qui augmente le potentiel touristique de l'île.

Carriacou est la plus vaste des îles Grenadines situées au N. de Grenade et dont la plupart appartiennent à Saint Vincent. Le tourisme et la construction navale sont les principales activités. L'île de la Petite Martinique est inhabitée.

LA GRENADE EN BREF

Carte Antilles Cc
Superficie 344 km^2
Population 90 900
Capitale Saint George's
Régime Monarchie parlementaire
Monnaie Dollar des Caraïbes orientales = 100 cents
Langues Anglais, patois français
Religion Chrétiens (catholiques 64 %)
Climat Subtropical ; température moyenne à Saint George's : de 26 à 28 °C toute l'année
Ressources Noix muscade, cacao, macis, bananes
Activités Agriculture, industries alimentaires, tourisme
Exportations Bananes, cacao, noix muscade, macis
P.N.B. annuel par habitant 2 310 dollars
Croissance démographique statique
Espérance de vie Hommes 69 ans, femmes 74

Groenland

LA NATION LA PLUS FROIDE DU GLOBE SE LANCE DANS LE MONDE PEU CHALEUREUX DES RELATIONS INTERNATIONALES EN VUE DE SE TAILLER UN RÔLE POLAIRE À SA MESURE

Le 1er février 1985, le Marché commun a perdu la moitié de sa superficie ; le Groenland est en effet la première nation qui ait décidé de quitter la Communauté depuis la fondation de celle-ci en 1957. Par ce geste, les habitants de la plus grande île du monde manifestaient leur volonté de ne compter que sur eux-mêmes sur le plan aussi bien économique que politique.

Le Premier ministre Jonathan Motzfeldt, un pasteur luthérien, souhaite aussi que le Groenland rompe tout lien politique avec le Danemark et mette fin à une association qui dure depuis le XIVe s., quand la Norvège et ses dépendances (le Groenland, l'Islande et les îles Féroé) passèrent sous la souveraineté du Danemark.

L'île, que ses habitants appellent Kalaallit Nunaat (le pays des Groenlandais), jouit de l'autonomie politique depuis 1979 mais, nominalement, elle fait toujours partie du Danemark. « Nous n'appartenons pas à l'Europe, déclare Jonathan Motzfeldt, mais à la région polaire. Nous sommes liés aux Esquimaux du Canada, d'Alaska et de Sibérie. Nous voulons construire notre avenir nous-mêmes. »

Ce ne sera pas facile. L'île rocheuse et montagneuse a presque cinquante fois la superficie du Danemark, mais seulement un centième de son effectif. Les six septièmes du Groenland sont couverts en permanence d'une calotte de glace dont l'épaisseur moyenne est de 1 500 m. L'agriculture est presque impossible et le seul élevage important est celui des ovins. Seule la pointe S. est à l'extérieur du Cercle arctique et même là, à Godthåb, la capitale (ou Nuuk, son nom indigène), en hiver le soleil ne se lève qu'à 10 heures et se couche à 14 heures.

Godthåb (10 500 habitants) abrite presque un Groenlandais sur cinq. Toutes les villes importantes sont sur la côte O. réchauffée par les courants atlantiques de direction S.-N. ; en revanche, le courant de décharge de l'océan Arctique s'écoule le long de la côte orientale ; la banquise la rend inaccessible presque toute l'année.

LES PROBLÈMES D'UNE SOCIÉTÉ MODERNE

Les citadins groenlandais vivent en équilibre instable entre le moderne et le primitif. Des emplois stables dans les conserveries de poisson (la seule industrie importante) ont attiré beaucoup d'Esquimaux sur les côtes. Des familles qui autrefois menaient une vie de chasseurs nomades, à l'aide de harpons, de kayaks, de fusils, de chiens de traîneau, achètent maintenant leur nourriture dans les supermarchés ravitaillés par les navires frigorifiques danois. Mais ces progrès ont coûté cher. Le taux de suicide du Groenland (près de 1 ‰) est le plus élevé du monde, et l'alcoolisme extraordinairement fréquent. La très grande liberté sexuelle, en partie héritée de la tradition esquimaude, vaut à la capitale un taux élevé de maladies vénériennes.

SPLENDEUR MUETTE. **D'immenses calottes glaciaires dévalent vers les mers qui entourent le Groenland. Des icebergs étincelants comme celui-ci étaient naguère le « museau », l'extrémité d'un glacier; ils s'en détachèrent par le processus du vêlage.**

Les dirigeants groenlandais sont persuadés que leur pays peut survivre par ses seules forces. Ses bancs de poissons fournissent d'abondantes prises de morue et de crevettes. Il exporte le plomb et le zinc de la riche mine de Uummannaq (côte N.-O.). Les réserves d'uranium du Sud sont encore inexploitées, et il y a peut-être des gisements de pétrole sous la côte orientale. Il profite aussi de la présence de deux bases américaines à Sondre Stromfjord et à Thulé, qui font partie du système d'alerte aérienne avancée des États-Unis.

Les touristes sont aujourd'hui de plus en plus nombreux: transportés en hélicoptère jusqu'aux villages de la côte O. (le Groenland n'a guère de routes en dehors des villes), ils ont un aperçu de la pêche en mer ; ils peuvent explorer à pied ou en traîneau les franges du désert glacé, dont l'intérieur est encore à peine cartographié.

La confiance des Groenlandais repose sur des précédents. Le premier visiteur européen de l'île fut un Norvégien, Eirikr Raudi (Éric le Rouge), qui, parti d'Islande, aborda le Groenland en 982 ; il crut assez en ce pays pour s'y fixer ; sa maison à Brattahlid est devenue une attraction touristique. Éric nomma l'île « Groenland », le pays vert, pour le rendre plus attrayant à d'éventuels colons. Cette stratégie optimiste fut couronnée de succès. En 986, 35 petits navires de pionniers le suivirent au Groenland ; ils y fondèrent une colonie qui dura cinq cents ans.

LE GROENLAND EN BREF

Carte Arctique Cb
Superficie 2 175 600 km², dont 341 700 km² libres de glace
Population 56 000
Capitale Godthåb, dite aussi Nuuk
Régime Autonomie politique dans le cadre du Danemark
Monnaie Couronne danoise = 100 øre
Langues Esquimau et danois
Religion Évangélistes luthériens
Climat Polaire ; température moyenne dans le Nord à Thulé: de –23 °C en février à 5 °C en juillet; dans le Sud : de –8 °C à 10 °C
Ressources Poisson, ovins, zinc, plomb
Activités Pêche, extraction minière, conserveries de poisson, cuirs et peaux
Exportations Poisson, conserves de poisson, cryolite (utilisée dans l'industrie de l'aluminium), zinc, plomb
P.N.B. annuel par habitant 16 350 dollars
Croissance démographique 13,5 ‰ par an
Espérance de vie Hommes 61 ans, femmes 68

Guadalajara, *Espagne* Ville marchande à 50 km au N.-E. de Madrid ; chef-lieu de la province de Guadalajara (2 190 km^2), qui produit des céréales, du vin et des olives.
Population (ville) 67 800 ; (prov.) 147 000
Carte Espagne Db

Guadalajara, *Mexique* Capitale de l'État de Jalisco, sur un plateau haut de 1 580 m. C'est le grand pôle industriel, commercial et agricole du centre des hautes plaines de l'Ouest. À l'époque coloniale, on la qualifiait de « plus espagnole que l'Espagne ». Cet héritage subsiste : parcs, fontaines, places, églises, majestueuse cathédrale du XVIe s. et le très ornementé palais gouvernemental. L'université date du XVIIIe s. La ville conserve une gracieuse atmosphère provinciale, malgré les gratte-ciel et les usines (textiles, chaussures). Bel artisanat : cuirs, broderies, verre, céramiques, tissage.
Population (ville) 1 655 000 ; (aggl.) 2 325 000
Carte Mexique Bb

Guadalcanal, *îles Salomon* Île volcanique située au S. de l'archipel (5 358 km^2), où est établie la capitale, Honiara. Elle fut le théâtre de très violents combats entre Japonais et Américains d'août 1942 à février 1943 qui marquèrent un tournant de la Seconde Guerre mondiale. L'île possède de grandes rizières et des plantations de palmiers à huile.
Population 97 600
Carte Pacifique (océan) Cc

Guadalquivir, *Espagne* Grand fleuve d'Andalousie (580 km), qui arrose Cordoue et Séville, et se jette au S.-O. dans le golfe de Cadix.
Carte Espagne Cd

Guadalupe (monts), *États-Unis* Chaîne située à la frontière S. du Nouveau-Mexique et du Texas, culminant à 2 667 m, au pic Guadalupe. Parc national des Guadalupe Mountains (importants bancs de fossiles calcaires du permien.)

Guadarrama (sierra de), *Espagne* Chaîne de montagnes boisées de l'Espagne centrale s'étendant sur 180 km au N. et N.-O. de Madrid, entre le Tage et le Douro. Point culminant : le pic de Peñalara (2 430 m).
Carte Espagne Cb

Guadeloupe, *Antilles* La plus grande des îles des Antilles françaises (1 438 km^2), découverte par Christophe Colomb en 1493, où les Indiens Caraïbes résistèrent aux colons espagnols. Annexée par les Français en 1635, ainsi que les îles voisines, elle resta possession française, hormis durant quelques brèves périodes d'occupation anglaise (1759-1763, 1810-1814 et 1815-1816). La Guadeloupe est divisée en deux parties par la rivière Salée, étroit bras de mer de 6 km de large. Basse-Terre, à l'O., est la plus élevée, et volcanique. Elle culmine au volcan de la Soufrière (1 467 m), toujours en activité. Grande-Terre, à l'E., est calcaire.

Le département français d'outre-mer de la Guadeloupe (1 705 km^2) comprend, outre la grande île, les dépendances de Marie-Galante, la Désirade, les Saintes, Saint-Barthélemy, et une partie de Saint-Martin. L'agriculture est importante. La canne à sucre, introduite vers 1640, occupe 50 % des terres ; sucre, rhum, bananes, ananas, café, cacao et vanille sont exportés vers la France. Le climat ensoleillé, les superbes sites montagneux et les plages attirent les touristes, mais l'économie souffre du manque d'industries, le chômage reste élevé et l'immigration vers la France est forte. L'île a été très durement touchée par le cyclone « Hugo » de 1989. La majorité de la population, noire ou mulâtre, descend d'esclaves africains. La moitié des habitants a moins de vingt ans. Le français est la langue officielle, mais beaucoup parlent le créole. Chef-lieu : Basse-Terre. Ville principale : Pointe-à-Pitre. Un parc national de plus de 2 000 ha a été créé sur la Basse-Terre en 1989.
Population (département) 387 000

Guadiana, *Espagne/Portugal* Fleuve de 820 km qui prend sa source au S.-E. de Madrid. Il trace une partie de la frontière hispano-portugaise et se jette dans l'Atlantique au golfe de Cadix.
Carte Espagne Cc

Guaira (La), *Venezuela* Port de Caracas, à 13 km au N. de cette ville. Constructions navales. Industries alimentaires.
Population 30 000
Carte Venezuela Ba

Guajira (La), *Colombie* Département dont la péninsule désertique, peu peuplée, s'avance dans la mer des Caraïbes, à l'extrême N. du pays. La capitale, Riohacha, ville sans arbres et port, se trouve à 200 km au N.-E. de Barranquilla. On y cultive, illégalement, de la marijuana écoulée aux États-Unis. L'exploitation du charbon et du gaz naturel s'y développe.
Population 355 300
Carte Colombie Ba

Guam, *océan Pacifique* La plus grande et la plus méridionale des îles Mariannes (549 km^2), à 2 250 km au S.-O. d'Okinawa (Japon). Peuplée de Micronésiens durant trois mille ans, elle fut découverte par Ferdinand Magellan en 1521, et revendiquée par l'Espagne en 1565. La moitié de sa population actuelle est chamorro, de descendance mêlée (philippine, indonésienne et espagnole). Américaine depuis la guerre hispano-américaine de 1898, occupée par le Japon de 1941 à 1944, Guam devint en 1950 territoire non incorporé des États-Unis, avec statut d'autonomie depuis 1982.

Un tiers de l'île est occupé par une base militaire américaine qui domine l'économie locale et assure aux habitants un niveau de vie plus élevé que dans le reste de la Micronésie. Le tourisme, importante source de revenus, fait de Guam l'île la plus visitée du Pacifique O. après Hawaï (les deux tiers des touristes sont japonais). La plus grande partie de cette île volcanique est couverte d'une jungle dense, mais les vallées du Sud permettent les cultures tropicales. Les plages font la joie des surfeurs. L'île abrite quelques monuments de style espagnol. Production de coprah. Chef-lieu : Agaña.
Population 139 000
Carte Pacifique (océan) Cb

Guanajuato, *Mexique* Capitale de l'État du même nom (30 589 km^2), l'une des cités coloniales les plus frappantes du Mexique central. Ses demeures pittoresques, ses rues tortueuses et pavées se lovent au fond d'une étroite gorge des montagnes de la sierra Madre. Fondée en 1554, Guanajuato prit son essor avec la découverte d'argent dans les environs, et à la fin du XVIIe s. devint la ville la plus riche du Mexique. De son prestigieux passé subsistent une blanche université, le théâtre néo-classique Juarez, et l'Alhondiga de Granaditas, ancien entrepôt à grain converti en musée dédié aux héros de l'Indépendance. Guanajuato abrite le festival Cervantes, manifestation internationale annuelle d'art dramatique.
Population (ville) 45 000 ; (État) 3 980 200
Carte Mexique Bb

Guangdong (Kouang-tong), *Chine* Province montagneuse du Sud (210 000 km^2), située en partie sous les tropiques. La saison agricole y dure toute l'année dans les vallées des rivières Xi, Bei et Dong et dans le delta du Zhu Jiang. On y récolte trois fois par an riz, canne à sucre, patates douces et fruits tropicaux. La population est citadine. Capitale : Canton (Guangzhou). Guangdong est une province en plein essor, dont l'économie a bénéficié de changements récents dans la politique agricole chinoise (les fermiers vendent leurs surplus à leur profit et non pour l'État) et du commerce croissant avec Hong Kong et Macao. On y prospecte le pétrole off-shore.
Population 63 520 000
Carte Chine Gf

Guangxi (Kouang-si), *Chine* Région autonome au N. du golfe du Tonkin, à la frontière du Viêt-nam. Les collines de l'intérieur confinent les cultures dans les étroites vallées fluviales et sur la côte. La région (230 000 km^2) est traversée par le tropique du Cancer. On y récolte le riz deux fois par an, ainsi que la canne à sucre, le tabac et les fruits tropicaux. Plusieurs minorités apparentées aux peuples du S.-E. asiatique y vivent, dont 12 millions de Zhuang (proches des Thaï). La capitale régionale est Nanning.
Population 43 700 000
Carte Chine Ff

Guangzhou, *Chine* Voir CANTON

guano Excréments d'oiseaux de mer accumulés sur les zones côtières sèches ou dans les grottes. Le guano, riche en azote et en acide phosphorique, est utilisé comme engrais.

Guantánamo, *Cuba* Ville située au S.-E. de l'île, à 65 km à l'E. de Santiago de Cuba. Capitale et pôle commercial d'une province agricole. Raffinage du sucre, torréfaction du café. Tanneries ; confiseries. La baie de Guantánamo abrite une base navale américaine (116 km^2) concédée en 1903, et revendiquée par Cuba.
Population (ville) 216 000 ; (prov.) 491 500
Carte Cuba Ba

CITÉ MÉDIÉVALE EN OMBRIE. Étagée sur les pentes du mont Ingino, la petite ville de Gubbio a conservé son aspect ancien, dont témoigne notamment le palais des Consuls, bel édifice gothique des XIVe et XVe s.

Guatavita la Nueva, ***Colombie*** Ville nouvelle à 75 km au N.-E. de Bogotá, bâtie sur l'emplacement d'une ancienne ville coloniale submergée à la suite d'un aménagement hydroélectrique en 1967. Près de la ville, le lac Guatavita, qui occupe un cratère volcanique, prouva le bien-fondé de la légende de l'Eldorado qui attira les conquistadores en Amérique du Sud. À l'arrivée des Espagnols au XVIe s. vivaient à cet endroit des Indiens Chibcha. Une fois l'an, leur cacique enduit de poussière d'or plongeait dans le lac en offrande aux dieux tribaux, et émergeait lavé de l'or. Des objets en or étaient lancés dans les eaux. Mais les tentatives de repêchage ont échoué. Une maquette de radeau en or retrouvée dans le lac se trouve aujourd'hui au musée de Bogotá.

Population 15 000
Carte Colombie Bb

Guatemala Voir p. ci-contre

Guatemala ou **Ciudad de Guatemala,** ***Guatemala*** Capitale du pays et première ville d'Amérique centrale. Elle s'étend sur un plateau, à 1 500 m d'altitude, à 80 km de l'océan Pacifique. La moitié de la production industrielle du Guatemala s'y concentre. Fondée en 1776 sous le nom de Santiago de los Caballeros de Guatemala, après les tremblements de terre qui détruisirent les deux précédentes capitales, Antigua et Ciudad Vieja, elle fut elle-même ravagée en 1917-1918 par six semaines de séismes, et de nouveau endommagée en 1976. Cette ville moderne, commerçante, possède de belles boutiques et un marché chatoyant. Le musée national d'Archéologie conserve une impressionnante collection d'objets issus de sites mayas. L'université San Carlos, l'une des plus anciennes des Amériques, a été créée en 1676. Industries textiles, alimentaires et fabrication d'argenterie.

Population 1 133 000
Carte Guatemala Ab

Guayaquil, ***Équateur*** Capitale de la province du Guayas, sur la rivière Guayas, au fond du golfe de Guayaquil. Première ville et principal port du pays (exportation de bananes, cacao, sucre, café). Industries: textiles, cuir, ciment, métallurgie légère.

La colonie européenne originelle, fondée par le conquistador Sebastian de Belalcazar en 1535, fut détruite par les Indiens. En 1537, l'explorateur Francisco de Orellana établit la ville actuelle. Dévastée par un séisme en 1942, elle a été reconstruite depuis. En 1822, Guayaquil fut le siège de la rencontre décisive de Simón Bolívar et de José de San Martín, principaux chefs de la lutte pour l'indépendance de l'Amérique du Sud. San Martín se retira de la politique, et Bolívar acheva seul la guerre de libération.

Population 1 509 000
Carte Équateur Bb

Guayaquil (golfe de), ***océan Pacifique*** Vaste baie de la côte pacifique de l'Équateur, visitée en 1526 par le conquistador Francisco Pizarro. Il découvrit dans la cité amérindienne de Tumbes, sur la rive S., un temple couvert d'or. Cela confirma sa croyance en une Amérique du Sud terre de trésors, et mena à la conquête espagnole. Les deux grands ports sont Guayaquil et Puerto Bolívar.

Largeur 180 km à l'embouchure
Carte Équateur Ab

Guayas, ***Équateur*** Province côtière produisant la moitié des bananes du pays, ainsi que du riz, de la canne à sucre, du coton, et, à l'intérieur des terres, du café et du cacao. La majorité de la production est acheminée vers Guayaquil, par rail ou route, et par de petits bateaux sur la rivière Guayas. L'Agence de la Rivière Guayas, chargée de l'aménagement du bassin fluvial, développe un projet d'irrigation à Daule qui réduira le danger saisonnier d'inondation de la vallée. Le bassin de la Guayas recèle des gisements substantiels de gaz et de pétrole.

Population 2 515 000
Carte Équateur Ab

Gubbio, ***Italie*** Ville médiévale d'Ombrie très bien préservée, à 160 km au N. de Rome. Sa cathédrale date du XIIIe s., son élégant palais ducal du XVe s. On y produit de la céramique.

Population 32 000
Carte Italie Dc

Gueldre, en néerl. **Gelderland,** ***Pays-Bas*** La plus grande province du pays (5 129 km^2) située au S.-E., en bordure de la frontière allemande, et comprenant notamment la région sablonneuse de la Veluwe. Région essentiellement agricole, aux paysages de collines boisées ou couvertes de bruyère, et touristique. De nombreuses industries se sont implantées le long du Waal et de la Lek (branches du Rhin), surtout autour de Nimègue et du chef-lieu, Arnhem.

Population 1 829 000
Carte Pays-Bas Ba

Guéret, ***France*** Ancienne capitale de la Marche, aujourd'hui chef-lieu de la Creuse. Centre administratif. Musée des Émaux et Céramiques.

Population 14 700
Carte France Dc

Guernesey (île de), ***Manche*** La plus occidentale des îles Anglo-Normandes (78 km^2). L'anglais y est la langue officielle depuis 1946. Le littoral, doté de belles falaises au S., est touristique. Pêche et cultures maraîchères constituent les ressources essentielles. Une célèbre race bovine (vaches de Guernesey) est originaire de l'île. Victor Hugo y vécut en exil de 1855 à 1871, à Hauteville House (musée), où il écrivit *les Misérables*. Le bailliage de Guernesey s'étend aussi sur les îles d'Aurigny et de Sercq. Chef-lieu: Saint-Pierre Port (Saint Peter Port).

Population 58 300
Carte Anglo-Normandes (îles) Ab

Guernica y Luno, ***Espagne*** « Ville sainte » du peuple basque dans la province de Biscaye, à 19 km à l'E. de Bilbao. Son parlement s'y réunit, sous un chêne, du Moyen Âge au XIXe.

La ville, détruite en 1937 par les bombardiers allemands soutenant les nationalistes dans la guerre civile, devint le symbole des horreurs de la guerre avec le très célèbre tableau de Pablo Picasso, *Guernica*, aujourd'hui au musée natio-

Voir suite p. 290

Guatemala

UN BEAU PAYS DE LACS ET DE MONTAGNES DONT LA PAIX EST TROUBLÉE PAR UNE GUERRE CIVILE

Le Guatemala, pays montagneux, est régulièrement secoué par des séismes et des crises politiques. Une chaîne de volcans parallèle à sa côte pacifique dessine une ligne instable qui a dévasté successivement toutes les capitales du pays : d'abord Ciudad Vieja en 1542, puis la ville coloniale d'Antigua en 1773, et enfin la capitale actuelle, Guatemala, en 1917, 1918 et 1976.

La vie politique est aussi instable : presque tous les gouvernements ont été imposés par des coups d'État militaires et leurs régimes ont été injustes et cruels. Des guérillas de gauche affrontent actuellement le gouvernement de droite et il y a de nombreuses victimes parmi la population civile.

45 % des Guatémaltèques sont des Indiens de pure souche, descendants des Mayas dont on peut admirer les villes en ruine datant de 2 000 ans dans les basses terres du Nord. Les autres habitants sont des *mestizos* (métis indiens et espagnols). Il y a moins de diversité de races que dans le reste de l'Amérique centrale, car peu d'Espagnols se sont fixés dans ce pays et aucun esclave n'y arriva.

La population indigène comprend deux groupes culturels : les *ladinos* occidentalisés et les *indigenas* fidèles à leurs traditions et à leurs langues. Celles-ci sont menacées par la guerre civile. Des villages entiers ont été détruits et leurs habitants déplacés vers de nouveaux villages et des camps de réfugiés, ou tués par les forces gouvernementales et rebelles.

En 1986, un gouvernement civil démocrate-chrétien a été élu, après une succession de gouvernements militaires. Le président Vinicio Cerezo a tenté de démanteler l'appareil de répression, mais les assassinats politiques continuent (1 598 morts en 1989) et le pouvoir de l'armée reste intact.

Son successeur, Jorge Serrano Elías, élu en 1990, essaie de relancer les négociations avec l'opposition. Fin mai 1993, le président Serrano tente un « coup d'État civil » en suspendant le Parlement et les garanties constitutionnelles. Mais il est destitué une semaine plus tard par ce même Parlement. Il est remplacé par Ramiro de Leon.

Les Indiens sont d'une pauvreté extrême. Les missionnaires catholiques qui ont tenté d'améliorer leur sort ont été considérés comme des subversifs par le gouvernement et ont dû abandonner le pays. Ils ont été remplacés par des évangélistes américains favorables au régime et un quart des Guatémaltèques se sont convertis au protestantisme.

Malgré cette immense pauvreté, le Guatemala est l'un des pays les plus riches de l'Amérique centrale. Le café a fait la fortune des producteurs et des exportateurs, et il domine encore l'économie. Il est cultivé sur les pentes les plus basses des hautes terres volcaniques. Les hauteurs, bien que plus fraîches et habitées par 65 % de la population, ne sont presque pas cultivées. Une bande de 50 km sur la côte pacifique produit du sucre, du coton, du bétail et des bananes.

La culture de la banane était autrefois très importante et permit à l'United Fruit Company d'influencer la politique guatémaltèque. En 1954, cette compagnie participa au coup d'État militaire organisé par les États-Unis pour évincer le président Jacobo Arbenz. Son gouvernement était considéré comme communiste, car il avait confisqué des terres aux grands propriétaires terriens pour les distribuer aux Indiens.

Depuis, les régimes militaires qui se sont succédé au pouvoir ont rendu leurs biens aux propriétaires terriens, mais quelques lopins ont été redistribués aux Indiens pour tenter de remédier à cette répartition inégale.

La guerre civile a presque totalement anéanti le tourisme et a miné l'économie. Pourtant, cette terre est riche : elle contient du pétrole, du zinc, du plomb et du nickel et offre de grandes possibilités dans le domaine hydroélectrique. Le sol volcanique est fertile et il devrait y avoir des cultures partout alors que le tiers du pays est inhabité et peu cultivé.

Au cours de ces trente dernières années et à cause de l'émigration rurale, la population de Guatemala, la capitale, a atteint 1,2 million d'habitants, soit dix fois plus que toute autre ville du pays. C'est le siège de l'industrie — textile, papier, produits pharmaceutiques — et le cœur de la vie économique.

Pour accéder plus facilement aux Caraïbes, le Guatemala a besoin d'une ligne de côte plus longue. Longtemps les militaires ont menacé d'envahir leur voisin, le Belize, mais cette querelle semble aujourd'hui éteinte.

VIE DANS LES RUINES. Un marché s'est installé dans les vestiges d'un monastère jésuite à Antigua, l'ancienne capitale anéantie par un séisme en 1773.
Les Indiens y vendent fruits et légumes, paniers, sacs et tuniques aux broderies multicolores.

LE GUATEMALA EN BREF

Superficie 108 889 km^2
Population 10 035 000
Capitale Guatemala
Régime République dominée par l'armée
Monnaie Quetzal = 100 centavos
Langues Espagnol, langues indiennes
Religions Chrétiens (majorité de catholiques), religions tribales
Climat Tropical ; tempéré dans les hautes terres ; température moyenne à Guatemala : 12-23 °C en janvier, 16-29 °C en mai
Ressources Café, bananes, coton, sucre, maïs, bétail, tabac, bois ; pétrole brut, nickel, plomb, zinc
Activités Raffineries de pétrole, produits alimentaires et pharmaceutiques
Exportations Café, bananes, coton, sucre, viande, produits chimiques
P.N.B. annuel par habitant 930 dollars
Croissance démographique 26 ‰ par an
Espérance de vie Hommes 61 ans, femmes 66

Guinée

APRÈS LE « NON » AU RÉFÉRENDUM EN 1958, ET LES VINGT ANS DE POUVOIR DE SÉKOU TOURÉ, LA GUINÉE EST TOUJOURS À LA RECHERCHE DE L'AUTOSUFFISANCE

La Guinée fut le joyau de l'Afrique coloniale française. Mais trente ans après l'indépendance, ce magnifique pays qui résume à lui seul toute la beauté de l'Afrique fait pâle figure à côté de la Côte-d'Ivoire voisine. Sur ses sommets — massif du Fouta-Djalon dans le Nord (1 500 m), monts Nimba dans le Sud — naissent les sources du Niger, du Sénégal et de nombreuses rivières. Entre ces massifs, le Nord-Est s'abaisse progressivement vers la cuvette nigérienne couverte de savanes. Toute la zone occidentale jusqu'à la mer est couverte par la forêt tropicale ; la plaine côtière est basse et humide.

Un tel pays ne pouvait qu'attirer les peuples voisins tout en ménageant des zones refuges à ceux qui y vivaient déjà : Bassaris et Coniaguis vivent sur les pentes escarpées du Fouta-Djalon ; Kissis et Guerzés occupent les profondeurs de la forêt, tandis que d'autres petites ethnies, comme les Nalus, les Bagas et les Landoumans habitent les zones marécageuses et peu accessibles de la côte, près de la Guinée-Bissau.

Tous ces groupes, réfractaires à l'islam, pratiquent encore la religion traditionnelle et sont les créateurs d'un art plastique étonnant (statuettes funéraires, masques, etc.). Mais la majeure partie de la population est constituée d'agriculteurs et de pasteurs musulmans venus des savanes du Soudan.

Les uns, d'origine mandingue, ont été à l'origine des premiers empires de la savane : Sarakolés de l'empire du Ghana au Xe s., Malinkés de l'empire du Mali quatre cents ans plus tard, Soussous plus au S. Les autres ont occupé le Fouta-Djalon dans le sillage des grands conquérants musulmans. À l'époque de l'Afrique précoloniale, la Guinée était au point de départ des grandes routes commerciales qui approvisionnaient les pays du Sahel en noix de kola et en or.

Le commerce de la malaguette — poivre de Guinée — et la traite des esclaves ont attiré les premiers Européens, après la découverte des côtes par les Portugais au milieu du XVe s. Les Français ne pénétrèrent dans le pays qu'au milieu du siècle dernier et signèrent des traités avec les chefs locaux. Ils se heurtèrent à Samory, un chef malinké à la forte personnalité, qui s'était taillé un État dans l'est du pays (1880) ; fait prisonnier par les Français en 1898, il restera pour beaucoup d'Africains le symbole de la résistance aux Européens. Les autres peuples s'opposeront aussi à l'implantation de la France.

La construction de Conakry commence en 1890 ; la Guinée devient une colonie française huit ans plus tard, mais la résistance est vive jusqu'en 1912 chez les Coniaguis, les Peuls et les peuples de la forêt. La Guinée est, jusqu'à la fin de la dernière guerre, un pays surtout agricole : caoutchouc, bananes, cacao, café et tabac constituent les principales exportations. Un chemin de fer a été construit au début du siècle pour ouvrir l'intérieur du pays.

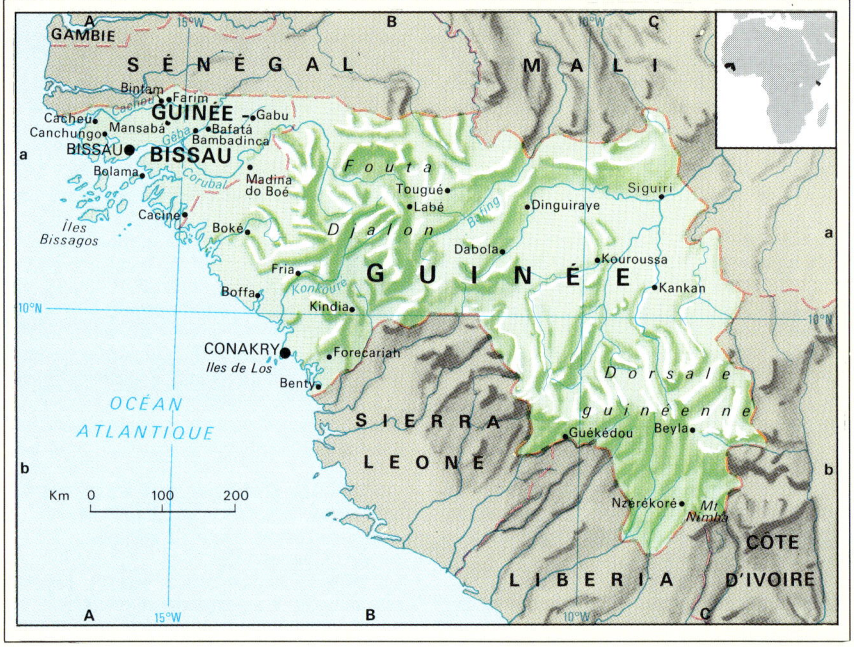

nal du Prado, à Madrid. Principales activités : métallurgie légère, meubles.
Population (ville) 12 214 ; (aggl.) 17 850
Carte Espagne Da

Guerrero, ***Mexique*** État montagneux du Sud-Ouest (63 794 km^2), en bordure du Pacifique. Sa côte abrite les célèbres plages d'Acapulco et de Zihuatanejo. Taxco, au N., est une belle ville minière (argent) du XVIIIe s. La capitale, Chilpancingo, surtout agricole, possède une université et des industries nouvelles.
Population 2 622 000
Carte Mexique Bc

Guerrero Negro, ***Mexique*** Marais de la péninsule de Basse-Californie qui figure parmi les plus grandes salines du monde. On y a récemment découvert du pétrole et du gaz naturel.
Carte Mexique Ab

Gui Jiang, ***Chine*** Rivière du Guangxi (350 km) qui rejoint le Xi Jiang à Wuzhou.
Carte Chine Gf

Guildford, ***Royaume-Uni*** Voir SURREY

Guilin, ***Chine*** Ville du Guangxi et important port fluvial à 400 km au N.-O. de Canton, non loin de l'un des plus impressionnants sites montagneux chinois. Des deux côtés de la rivière Gui Jiang, au S. de la ville, s'étend un étonnant paysage de tours et de domes naturels, parfois à plus de 100 m au-dessus des miroitantes rizières. Les collines sont criblées de grottes et enguirlandées d'arbres, de vignes et d'orchidées. Leur beauté, immortalisée dans les peintures des paysagistes chinois, attire les touristes.
Population 300 000
Carte Chine Gf

Guimarães, ***Portugal*** Ex-capitale du Portugal, cœur à partir duquel le Portugal fut repris aux Maures entre les XIe et XIIIe s. La ville est située à 40 km au N. de Porto. Son vieux château, avec un donjon du Xe s., et son palais des ducs de Bragance du XVe s. subsistent. Textiles ; artisanat très vivant.
Population 22 000
Carte Portugal Bb

Guinée Voir ci-dessus

Guinée, ***Afrique de l'Ouest*** Nom dérivé de celui d'un ex-royaume africain qui désignait autrefois toute la région côtière d'Afrique occidentale, de l'actuel Sénégal à l'Angola. La plus grande partie de la côte est couverte d'une jungle chaude et humide avec quelques baies abritées à l'O. (Freetown, Conakry), des lagunes et des plages sableuses.

Guinée (golfe de) Golfe de l'océan Atlantique au large de la côte S. de l'Afrique occidentale, entre le cap Palmas, au Liberia, et le cap Lopez, au Gabon. Il englobe les golfes de Bénin et du Biafra. Longueur : environ 1 900 km.
Carte Afrique Cd

Guinée-Bissau Voir p. 292

Guinée-Équatoriale Voir p. 293

Guinéenne (dorsale), ***Afrique de l'Ouest*** Hauteurs du sud-est de la Guinée prolongeant le massif du Fouta-Djalon, et s'étendant à la Sierra Leone, au Liberia et à la Côte-d'Ivoire. Ces montagnes généralement arrondies, difficiles d'accès et densément boisées, préservent la vie sauvage. Leurs sommets sont parmi les plus hauts d'Afrique occidentale : monts Nimba (1 752 m) et monts Loma (1 948 m). On y cultive le thé, le café, le cola, et surtout le riz, alimentation de base du peuple Kissi. Les monts Nimba recèlent notamment des gisements de minerai de fer.
Carte Guinée Cb

La revendication pour l'indépendance émerge au lendemain de la dernière guerre chez les petits fonctionnaires et les ouvriers du port. Sékou Touré, secrétaire général du syndicat des P.T.T., est élu en 1950 président de la Confédération générale des travailleurs d'Afrique noire (C.G.T.A.), puis, en 1952, secrétaire général du Parti démocratique de Guinée (P.D.G.) affilié au Rassemblement démocratique africain (R.D.A.), où se retrouvent tous les grands leaders de l'Afrique occidentale française. En 1958, Sékou Touré fait campagne pour le « non » au référendum (acceptation ou rejet de la Communauté française). La France se retire ; la république de Guinée est proclamée.

Le P.D.G. devient parti unique, et un bureau politique, relayant les comités locaux tenus par les militants, imprime ses décisions au pays. Sékou Touré se croit rapidement l'objet d'un complot permanent de l'ancienne puissance coloniale visant à le renverser et à saper sa politique. Ses compagnons les plus proches sont emprisonnés et disparaissent ; l'aide soviétique, mal adaptée, ne suffit pas à compenser la chute de l'économie — la population bascule quand il s'aliène les petits commerçants en voulant contrôler le commerce de détail. Pendant de longues années, le pays, dont les dirigeants affichent des opinions anti-impérialistes très véhémentes, ne survit que grâce aux revenus des riches gisements de bauxite de Fria, exploités par des compagnies américaines. La Guinée envisage, dans les années 1960, de créer un grand ensemble avec la Guinée-Bissau et la Sierra Leone, mais elle n'a pas les moyens de son ambition.

À sa mort, en 1984, Sékou Touré est un homme seul ; le quart de la population a fui à l'étranger. Le général Lansana Conté prend alors le pouvoir et emprisonne les partisans du régime. La Guinée renoue avec la France qui dispense une aide ; la priorité est d'atteindre l'autosuffisance alimentaire mais la démocratisation se fait attendre. En 1994, le président Conté est réélu avec 51,7 % des voix à l'issue des premières élections pluralistes.

L'économie du pays est à reconstruire, mais son potentiel agricole et minier est considérable (bauxite et minerai de fer).

LE RETOUR DES PÊCHEURS. La pêche représente un secteur non négligeable de l'économie guinéenne. De nombreuses pirogues, comme ici au Boulbinet, petit port de Conakry, ont récemment été motorisées.

LA GUINÉE EN BREF
Superficie 245 857 km^2
Population 7 420 000
Capitale Conakry
Régime Régime militaire
Monnaie Franc guinéen
Langues Français (officielle), huit langues officielles locales (peul, dioula, malinké, etc.)
Religions Musulmans (69 %), animistes (30 %), chrétiens (1 %)
Climat Tropical ; saison des pluies de mai à novembre. Température moyenne à Conakry : de 22 à 32 °C
Ressources Riz, maïs, manioc, bananes ; bauxite, minerai de fer, diamants
Activités Cultures industrielles, mines, affinage de la bauxite, pêche
Exportations Bauxite, aluminium, diamants
P.N.B. annuel par habitant 510 dollars
Croissance démographique 26 ‰ par an
Espérance de vie Hommes 44 ans, femmes 45

Guipúzcoa, ***Espagne*** L'une des trois provinces du Pays basque, sur le golfe de Gascogne. C'est la plus petite d'Espagne (1 997 km^2), mais la densité de population y est forte, malgré son caractère montagneux. Élevage bovin, cultures maraîchères. Capitale : Saint-Sébastien.

Population 693 000
Carte Espagne Da

Guiyang (Kouei-yang), ***Chine*** Capitale de la province de Guizhou, à 400 km au N. de la frontière vietnamienne. Important nœud ferroviaire (usines sidérurgiques et construction de matériel roulant).

Population 1 350 000
Carte Chine Fe

Guizeh ou **Gizèh,** en ar. **Al-Giza,** ***Égypte*** Ville de la rive gauche du Nil et banlieue résidentielle du Caire. Sur le rebord du plateau qui domine la verdoyante vallée du Nil, à la limite du désert, s'élèvent, alignées du N.-E. au S.-O., les pyramides de Kheops, Khephren et Mykérinos. La pyramide de Kheops, la plus grande des trois, est l'une des Sept Merveilles du monde. Elle est haute de 137 m, et sa base couvre 5 ha. À proximité se dresse le Sphinx (20 m de haut, 57 m de long), représentation de Khephren veillant sur son tombeau. Cet alignement, que prolonge au S. celui des pyramides de Saqqarah, à une dizaine de kilomètres, la beauté des paysages et le caractère formidable de ces monuments font du site l'un des plus émouvants de l'Égypte pharaonique. C'est en tout cas la plus parfaite illustration de l'art funéraire et monumental de l'Ancien Empire. Les pyramides appartiennent à une vaste nécropole (comprenant des tombeaux de reines, de nobles, et des temples) datant de la IVe dynastie. Kheops régna vers 2650 av. J.-C.

Population 1 871 000
Carte Égypte Bb

Guizhou (Kouei-tchéou), ***Chine*** Province montagneuse du sud du pays (170 000 km^2), partie du grand plateau s'étendant à la province voisine du Yunnan. Le climat y est doux et humide. Ses vallées, fertiles et étroites, produisent blé et riz ; on y élève du bétail dans les montagnes. Les habitants ne sont pas tous d'ethnie chinoise : les Bouyeis et les Zhuangs, qui vivent dans les montagnes, sont apparentés aux Thais d'Asie du Sud-Est. Guizhou est l'une des provinces chinoises les plus reculées. Elle est peu développée, et parmi les moins peuplées. Capitale : Guiyang.

Population 33 500 000
Carte Chine Fe

Gujarat, ***Inde*** Voir GOUDJERAT

Gujranwala, ***Pakistan*** Ville du Pendjab, à 65 km au N. de Lahore. Le plus grand des rois sikhs, Ranjit Singh, y naquit en 1780. Un monument commémore sa crémation à Lahore en 1839. Ses concubines se jetèrent dans son bûcher.

Population 597 000
Carte Pakistan Da

Gulf Stream, ***océan Atlantique*** Courant chaud de l'Atlantique N. issu du golfe du Mexique, qui remonte le long de la côte N.-E. des États-Unis et bifurque vers l'E. après Terre-Neuve ; il prend alors le nom de Dérive nord-atlantique et adoucit le climat de l'Europe.

Gullfoss, ***Islande*** Chute d'eau de 50 m de hauteur située sur la rivière Hvita, à 100 km à l'E. de Reykjavik.

Carte Islande Bb

Gulu, ***Ouganda*** Ville située à 270 km au N. de la capitale, Kampala. La province environnante, habitée par les Acholis, est une région de cultures vivrières, de culture cotonnière et d'élevage. Exportation de coton.

Population 15 000
Carte Ouganda Ba

Guinée-Bissau

GAGNANT MOINS EN UN AN QUE BIEN DES OCCIDENTAUX EN UNE SEMAINE, LES HABITANTS DE CE PETIT PAYS LUTTENT POUR SE NOURRIR

La Guinée-Bissau (ancienne Guinée portugaise) est l'un des plus petits pays d'Afrique, avec 36 125 km², et l'un des plus pauvres. Il est situé en zone tropicale, coincé entre le Sénégal et la Guinée, avec une large façade maritime très découpée bordée de cocotiers. Il est constitué d'une partie continentale sans relief sillonnée de rivières (le Cacheu, le Corubal) et parsemée de marécages, et d'un archipel de vingt-cinq îles proche de la côte, les Bissagos, couvertes de végétation.

L'Est, où les savanes sont plus nombreuses, est habité par des populations musulmanes — Peuls et Malinkés. Le reste du pays abrite des peuples animistes, comme les Nalus à la frontière avec la Guinée-Conakry, les Mandjakes, et les Balantes ; ces derniers, les plus nombreux, vivent de part et d'autre de la frontière avec le Sénégal. Les Bissagos de l'archipel sont très attachés à leur autonomie et les Portugais ne les ont soumis que tardivement.

Dès sa découverte par les Portugais au milieu du XVᵉ s., la Guinée-Bissau fut considérée comme une extension continentale de l'archipel du Cap-Vert, et des Cap-Verdiens y furent envoyés comme administrateurs. Fréquentées d'abord pour le commerce de la malaguette — poivre de Guinée —, les côtes fournirent des esclaves destinés aux colonies d'Amérique du Sud. La traite ne cessa qu'à la fin du siècle dernier.

En 1942, la capitale de cette « province portugaise d'outre-mer » fut transférée de Bolama, une île en face de l'estuaire du Corubal, à Bissau, sur la rive droite de l'estuaire. Les Portugais développèrent peu ce territoire qui produisait du bois, de l'huile de palme, des arachides, des peaux, du riz, et l'alphabétisation était presque nulle.

Le mouvement nationaliste émergea à la fin des années 1950 lorsque les pays francophones voisins accédèrent à l'indépendance. Les actions syndicales légales firent place à la lutte armée organisée dans le Parti africain de l'indépendance de la Guinée et du Cap-Vert (P.A.I.G.C.), parti groupant les intellectuels et les petits cadres des deux pays, mais avec une forte prédominance cap-verdienne. La Guinée de Sékou Touré et le Sénégal de Léopold Sédar Senghor soutinrent les ethnies voisines de leurs frontières. Le dynamisme révolutionnaire de Sékou Touré l'emporta auprès du P.A.I.G.C. Mais Amilcar Cabral, fondateur et figure charismatique du P.A.I.G.C., est assassiné à Conakry par les Portugais en 1973. Un an après, la révolution des Œillets, au Portugal, accorde l'indépendance à la Guinée-Bissau. Mais l'union échoue avec la Guinée-Conakry en raison des craintes des populations animistes. Le Cap-Vert ayant, lui aussi, accédé à l'indépendance, les tensions vont croître au sein du P.A.I.G.C. et, en 1980, les Cap-Verdiens et les métis seront écartés. Ils seront rendus responsables des purges politiques effectuées pendant la guerre de libération et de l'échec économique du pays. Le commandant João Bernardo Vieira accède au pouvoir, éloigne discrètement l'influence cubaine et soviétique, et se rapproche de l'Occident, en particulier de la Suède, de la France et de la C.E.E. Le 8 mai 1991, le Parlement adopte une loi autorisant le multipartisme.

En 1994, le P.A.I.G.C. a remporté les premières élections pluralistes et le président Vieira n'a pas obtenu la majorité au premier tour des élections présidentielles.

LA GUINÉE-BISSAU EN BREF

Carte Guinée Aa
Superficie 36 125 km²
Population 1 040 000
Capitale Bissau
Régime Militaire, et parti unique
Monnaie Peso = 100 centavos
Langues Portugais, créole, langues africaines
Religions Animistes (65 %), musulmans (30 %), chrétiens (5 %)
Climat Tropical ; saison des pluies de juin à novembre ; température moyenne à Bissau : de 24 à 27 °C
Ressources Céréales, noix de coco, arachide, riz, noix de palme, bois, poisson, bauxite
Activités Cultures industrielles, pêche, industries forestières, brasseries
Exportations Poisson, arachides, noix de palme, bois
P.N.B. annuel par habitant 210 dollars
Croissance démographique 24 ‰ par an
Espérance de vie Hommes 42 ans, femmes 45

Gunnbjørn (mont), ***Groenland*** Point culminant du Groenland (3 700 m), situé à l'E. de l'île, dans la terre du Roi-Christian-IX.
Carte Arctique Bc

Guri (barrage de), ***Venezuela*** Centrale hydroélectrique sur la rivière Caroní, au S. de Ciudad Guayana. Elle fournit la plus grande partie de l'énergie hydroélectrique du pays.
Carte Venezuela Bb

Guru Sikhar, ***Inde*** Sommet des monts Aravalli, situé à la frontière du Rajasthan et du Gujarat (1 722 m). Ses temples jaïna (le jaïnisme est une religion hindoue) contiennent certaines des plus belles sculptures de l'Inde. Nombreux entelles hanoumans, singes sacrés pour les hindous.
Carte Inde Bc

Gusau, ***Nigeria*** Ville du N., à 730 km au N.-E. de Lagos, à laquelle elle est reliée par chemin de fer. Marché de peaux et cuirs, coton, cacahuètes, tabac, et noix de kola. Textiles.
Population 111 400
Carte Nigeria Ba

Gustrow, ***Allemagne*** Ville située au cœur d'une région agricole, à 160 km au N.-O. de Berlin. Belles maisons du XVIᵉ s. Centre touristique, à proximité des côtes de la mer Baltique et des lacs du Mecklembourg.
Population 39 100
Carte Allemagne Eb

Gutland, ***Luxembourg*** Les deux tiers méridionaux, les plus fertiles, du pays (d'où le nom de Gutland : le Bon Pays). Au N., le troisième tiers, l'Ösling, prolonge le plateau ardennais.
Carte Belgique Cb

Guyana voir p. 294

Guyane, ***Amérique du Sud*** Département français d'outre-mer (depuis 1946), d'une surface de 90 000 km², situé entre le Brésil et le Surinam. Chef-lieu : Cayenne. Le pays est recouvert de forêts dans sa quasi-totalité et sa population est surtout concentrée sur la côte. Elle est composée d'Indiens, de descendants d'esclaves africains de Guyana et du Surinam et surtout de créoles ; s'y ajoutent des métropolitains, surtout fonctionnaires, des Chinois, des Indo-Pakistanais, des Indonésiens et, plus récemment, des réfugiés laotiens, qui pratiquent la riziculture, et des réfugiés haïtiens et du Surinam.

Les premiers Français s'installèrent en 1604, mais l'implantation réelle ne se fit qu'en 1688 et fut suivie d'un essor économique dû à l'influence des jésuites jusqu'à leur expulsion au cours du XVIIIᵉ s. Les affaires reprirent à la fin du siècle, mais la vie de la colonie changea avec l'installation du bagne en 1852, à Cayenne et dans les îles du Salut, qui en fit une colonie pénitentiaire jusqu'en 1947, et, en 1855, avec la découverte de minerais aurifères qui déclencha la fièvre de l'or, dont la production est aujourd'hui en augmentation.

L'économie repose essentiellement sur les fonds publics et les ressources de la forêt et de la pêche. Principales productions : bois, crevettes et poissons, canne à sucre, manioc, riz, ananas, bananes, or. L'État a tenté de stimuler l'économie avec le « plan vert » de mise en valeur et en encourageant le tourisme. Depuis 1968, le centre spatial de Kourou met la Guyane à la une de l'actualité à chaque lancement des fusées européennes Ariane.
Population 114 700

Guyanes (massif des), ***Amérique du Sud*** Vaste région peu peuplée au S. de l'Orénoque, allant de l'E. du Venezuela à l'Amapa (Brésil), en passant par la Guyana, le Surinam et la Guyane. Ses collines boisées contiennent de la bauxite, du minerai de fer et du manganèse. Son point culminant, le Roraima (2 810 m), est un plateau

gréseux aux confins du Brésil, du Venezuela et de la Guyana. De nombreuses rivières, affluents de l'Amazone au S. ou de l'Orénoque au N., y prennent leur source.
Carte Venezuela Bb

Guyenne, ***France*** Ancienne province du Sud-Ouest (41 000 km^2), comprise entre le golfe de Gascogne et le S.-O. du Massif central. Elle se confondit avec l'Aquitaine jusqu'au XIIe s., puis devint possession anglaise, et fut reprise par la France en 1453. Bordeaux en était la capitale.
Population 2 660 000

guyot Montagne sous-marine à sommet plat, en forme de cône tronqué. Les guyots, d'origine volcanique, sont fréquents dans le Pacifique.

Gwalior, ***Inde*** Ville située à 280 km au S.-E. de Delhi, dominée par une forteresse construite sur un plateau de grès, à 100 m de hauteur. À proximité s'élèvent des statues sculptées aux alentours de 1450 par des adeptes du jaïnisme (religion hindoue), hautes de 10 m. La ville moderne fabrique des textiles, des chaussures, du cuir et des poteries et possède également des minoteries et des huileries.
Population 693 000
Carte Inde Cb

Gwent, ***Royaume-Uni*** Comté du S.-E. du pays de Galles (1 376 km^2), autrefois appelé Monmouthshire, situé en bordure du canal de Bristol et limité à l'E. par la vallée pittoresque de la Wye. Il a été rebaptisé dans les années 1970 du nom d'une ancienne principauté galloise. Chef-lieu : Cwmbran.
Population 432 500
Carte Royaume-Uni De

Gwynedd, ***Royaume-Uni*** Comté du N.-O. du pays de Galles (3 868 km^2) qui doit son nom à un ancien royaume celte. Il comprend l'île d'Anglesey, le parc national de Snowdonia, et le point culminant du pays de Galles (Snowdon : 1 085 m). Châteaux médiévaux. Stations balnéaires (Llandudno). Ferry pour la république d'Irlande, à Holyhead.
Population 232 000
Carte Royaume-Uni Cd

Györ, ***Hongrie*** Ville du Kisalföld, située à 108 km à l'O. de Budapest. Chef-lieu du comitat de Gyor-Sopron. C'est un port fluvial actif, au confluent du Raba et du Danube et un centre industriel (textiles, alcools, produits alimentaires, matériel ferroviaire).

La vieille ville entoure la colline de Kaptalan, site de la forteresse romaine d'Arrabona qui gardait la vallée du Danube. Cathédrale (commencée au XIIe s.) contenant le reliquaire de saint Ladislas, en or ouvragé. Palais épiscopal (XVe s.), église des Carmélites (XVIIIe s.), musée de la maison de Napoléon, où l'Empereur résida en 1809. À 21 km au S.-E. se trouve l'abbaye bénédictine baroque de Pannonhalma (église du Xe s.), dont la bibliothèque renferme de précieux documents médiévaux.
Population 130 700
Carte Hongrie Ab

gypse Roche du groupe des évaporites composée principalement de sulfate de calcium hydraté et cristallisé ; on l'utilise pour la fabrication du plâtre, par exemple le plâtre de Paris. Il peut être grenu (gypse saccharoïde) ou en cristaux ; la variété dite « fer de lance » est un assemblage de deux grands cristaux lenticulaires. L'albâtre est une forme de gypse très pur et la rose des sables un gypse cristallisé formé dans les dunes des pays désertiques.

Gyula, ***Hongrie*** Ville de l'Alföld, située près de la frontière roumaine, à 90 km au N.-E. de Szeged. Château médiéval. Station thermale importante depuis 1960.
Population 36 000
Carte Hongrie Bb

Guinée-Équatoriale

APRÈS DES ANNÉES DE DICTATURE, LA DÉMOCRATIE SE FAIT TOUJOURS ATTENDRE DANS UN PAYS EN RUINE

Située à 200 km au N. de l'équateur, sur la côte chaude et moite de l'Afrique centrale, la république de Guinée-Équatoriale est l'un des plus pauvres pays du continent. Elle est constituée de deux provinces tout à fait distinctes.

La plus grande, le Mbini, ex-Río Muni (26 017 km^2), se trouve sur le continent, enclavée dans le territoire gabonais, avec une façade maritime. Son relief accidenté culmine à plus de 1 000 m en certains endroits ; une plaine littorale complète une côte basse et hostile. La seule échancrure abrite la capitale, Bata, qui est le port principal. Au S., plusieurs rivières se jettent dans une sorte d'estuaire, le río Muni. Quelques îlots se trouvent près des côtes : Corisco, Grande et Petite Elobey.

Mais, paradoxalement, on retient surtout de la Guinée-Équatoriale l'île de Bioko, l'ex-Fernando Póo (2 034 km^2). Bioko, qui est au large du Cameroun, se trouve dans l'alignement géologique du mont Cameroun. C'est une île volcanique au relief accidenté, où les lacs de cratère sont nombreux (lac Malabo, au bord duquel se trouve la capitale du même nom ; lac Moka, 1 750 m) ; elle est dominée par le pic Malabo (3 000 m), le pic Moka et le Gran Caldera. Une île plus petite, Annobón, est à 600 km au S.-O., en plein océan.

Comme le continent proche, Bioko a été habitée dès le néolithique. Les Bubis, une population de langue bantoue, sont les plus anciens habitants. Ils se sont longtemps opposés à la colonisation des Portugais, qui découvrirent l'île au XVe s., puis la cédèrent aux Espagnols en 1775.

Les Bubis, razziés à l'époque de la traite, et détribalisés par des siècles d'exploitation, ne représentent plus que le tiers de la population de Bioko, face aux Fernandinos, l'élite créole de l'île, issus des différents apports de travailleurs pendant l'époque coloniale. Il existe aussi une minorité d'Ibos du Nigeria, venus à l'époque du boom du cacao. La partie continentale du Río Muni, où les Espagnols n'ont pénétré que fort tard, est largement dominée par les Fangs, ethnie dynamique venue du Gabon il y a moins d'un siècle.

Par la richesse de son sol et de son climat constamment chaud et humide, Bioko fut un centre important de production du cacao. Le Río Muni, couvert de forêts, hormis quelques étendues de savanes à l'E., est avant tout un producteur de bois.

Devenue anachronique dans un environnement formé de pays indépendants, la colonisation espagnole se termina en 1968. Les pouvoirs furent transférés à un gouvernement local présidé par Macias Ngéma, un Fang du Mbini, tandis que des accords de coopération très stricts maintenaient la présence économique de l'Espagne. La décision d'expulser — dans un but purement nationaliste — les travailleurs ibos qui s'occupaient de l'entretien des cacaoyères de Fernando Póo fut catastrophique. L'économie ne tarda pas à péricliter, tandis que les comportements dictatoriaux de Macias Ngéma — tortures, travail forcé, élimination de l'élite intellectuelle — provoquaient l'exil d'une partie de la population (les pirogues de Fernando Póo avaient même été détruites pour empêcher les départs). Macias Ngéma fut renversé par l'armée en 1979 et mourut peu après en état de démence. Le nouveau régime, présidé par un proche parent, Téodoro Obiang Ngéma, est entré dans la zone franc en 1988. Le cacao, le café et l'exploitation forestière

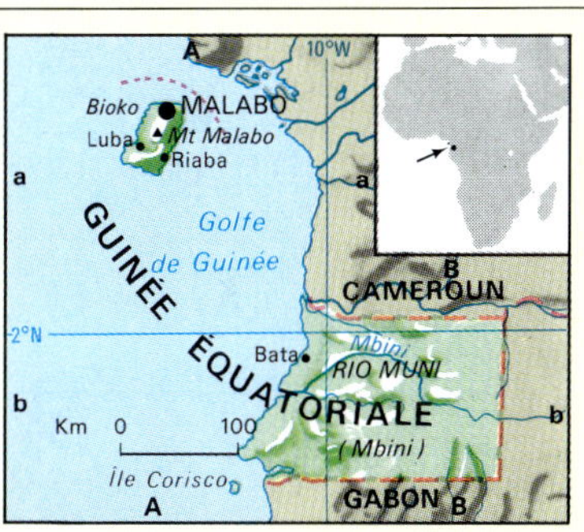

n'ont pas encore retrouvé leur niveau précédant l'indépendance. Les réfugiés ne sont pas tous rentrés car les cadres du régime, souvent les mêmes qu'auparavant, perpétuent la domination du clan Ngéma, qui occupe tous les postes importants.

En 1993, des élections pluralistes, remportées par le parti au pouvoir, ont été dénoncées par l'opposition.

LA GUINÉE-ÉQUATORIALE EN BREF
Superficie 28 051 km^2
Population 377 000
Capitale Malabo
Régime Parti unique
Monnaie Franc CFA
Langues Espagnol (officielle), pidjin (créole), fang
Religions Chrétiens (80 %), animistes
Climat Tropical ; température moyenne à Malabo : de 21 à 32 °C
Ressources Patates douces, manioc, bananes, café, cacao, noix de coco, bois
Activités Cultures industrielles, industries forestières, pêche, industries alimentaires
Exportations Cacao, bois, café
P.N.B. annuel par habitant 330 dollars
Croissance démographique 27 ‰ par an
Espérance de vie Hommes 49 ans, femmes 53

Guyana

UN TERRITOIRE DES ANCIENNES INDES OCCIDENTALES BRITANNIQUES DÉCHIRÉ PAR LES PROBLÈMES RACIAUX ET LE DÉCLIN ÉCONOMIQUE

Les conquistadores qui s'aventurèrent sur cette côte du continent sud-américain se détournèrent bien vite de ces ports envasés et de cette terre désespérément dépourvue d'or. Hollandais, Français et Anglais s'y installèrent tour à tour, jusqu'au contrôle définitif de la région par l'Angleterre en 1814, qui en fit le territoire de la Guyane britannique (1831). Indépendante depuis 1966 sous le nom de Guyana, elle fait partie de l'Amérique du Sud ; mais elle reste profondément marquée par sa longue appartenance, avec les Antilles, à l'ensemble des Indes occidentales britanniques. C'est en Guyana qu'eut lieu en 1978 le suicide collectif d'une secte américaine animée par Jim Jones.

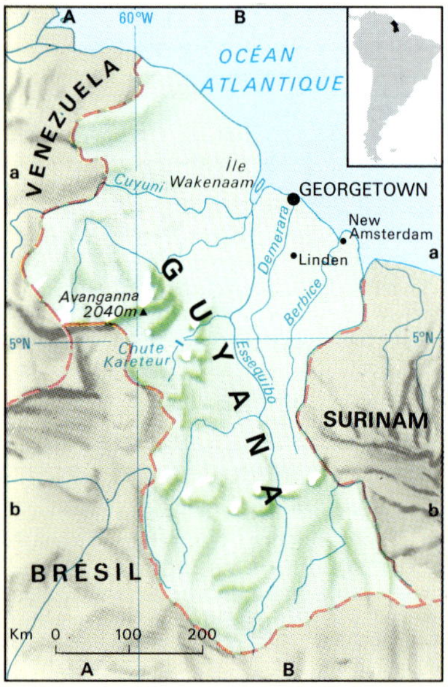

Quelques pépites ont bien été découvertes, mais les principales richesses de la Guyana sont la bauxite (minerai d'aluminium), clé de voûte de l'économie du pays, le sucre de canne et le riz. Seule une mince bande côtière, gagnée en partie sur la mer, est exploitée. Les gisements de bauxite se trouvent en arrière de cette plaine, dans la zone des Sables blancs. Le reste du pays est assez élevé et culmine à 2 810 m (mont Roraima), à la jonction de la frontière avec le Venezuela et le Brésil ; de vastes savanes couvrent le plateau du Sud-Ouest (1 000 m d'altitude en moyenne).

Ce « pays aux mille rivières » est sillonné de cours d'eau, et de gigantesques chutes d'eau — celle de Kaieteur est deux fois plus haute que les célèbres chutes du Zambèze — constituent un grand potentiel énergétique. La jungle n'est pas suffisamment exploitée ; 90 % de la population vit et travaille sur la côte. Ici, on fait pousser du riz sur des terres gagnées sur la mangrove et les marais, et de grandes plantations produisent de la canne à sucre, comme à l'époque des Hollandais qui importèrent des esclaves africains au XVIIe s.

SIX COMMUNAUTÉS POUR UN SEUL SOL

Les descendants de ces esclaves font partie des six communautés qui composent le pays. Les Européens, surtout des Hollandais et une communauté britannique, s'installèrent en 1616. Les Anglais prirent la suite des Hollandais en 1814, utilisant à leur tour le travail des esclaves. Après l'abolition de l'esclavage en 1833, des travailleurs étrangers sous contrat — Portugais et Chinois, en particulier — vinrent travailler dans les plantations. Dans la seconde moitié du XIXe siècle, ce fut au tour des Indiens ; ils constituent maintenant 50 % de la population, et travaillent dans les sucreries et la riziculture. Les métis sont dans la proportion de 10 % ; les Indiens Caraïbes (5 %), qui peuplaient originellement le pays, vivent dans la forêt ; certains pratiquent encore un petit nomadisme.

La capitale, Georgetown, fut fondée en 1781 par des Français. C'est la mieux conservée des anciennes villes des Caraïbes ; elle possède encore de vieux quartiers traditionnels de maisons en bois ; sa cathédrale, l'un des monuments en bois les plus élevés du monde, s'élance à 39,6 m de hauteur.

Deux grandes forces politiques, où l'on retrouve le clivage entre Noirs et Indiens, les deux grandes communautés, s'opposent : le People's National Congress (P.N.C.), socialiste, dominé par les Noirs, au pouvoir depuis 1964, et, depuis peu, une coalition groupant les principaux partis d'opposition, plus à gauche. Des troubles graves ont eu lieu en 1960 entre Noirs et Asiatiques (ces derniers contrôlent le commerce et l'économie).

La bataille pour l'indépendance fut menée par le People's Progressive Party de Cheddi Jagan, un médecin d'origine indienne. Mais ce grand parti, qui regroupait Noirs et Indiens, se scinda sur des bases ethniques à la veille de l'indépendance, et ce fut le second de Jagan, Forbes Burnham (avec le P.N.C.), qui accéda au pouvoir en 1964. L'industrie de la bauxite a été nationalisée en 1971 et l'État a étendu son contrôle sur celle du sucre en 1976. Mais le développement économique s'est trouvé freiné par la surenchère politique, et le « socialisme coopératif », pratiqué par le parti au pouvoir, s'est infléchi dans un sens plus libéral (nécessité d'obtenir des crédits du F.M.I.). Le chômage touche 40 % de la population active ; la bauxite, le sucre et le riz ne sont pas exploités au mieux de leurs possibilités. Le président Forbes Burnham, qui gouvernait le pays, est mort en 1985 ; il a été remplacé par le nouveau leader du P.N.C., Desmond Hoyte. L'économie n'a cessé de se dégrader, Hoyte, de plus en plus contesté, a fini par accepter le plan de redressement imposé par le F.M.I.

LA GUYANA EN BREF
Superficie 215 000 km^2
Population 735 000
Capitale Georgetown
Régime République parlementaire
Monnaie Dollar de Guyana = 100 cents
Langues Anglais (officielle), créole
Religions Chrétiens (57 %), hindous (33 %), musulmans (9 %)
Climat Tropical ; température moyenne à Georgetown : de 23 °C à 31 °C
Ressources Sucre de canne, riz, bois, oranges ; bauxite, or, diamants, pierres semi-précieuses
Activités Cultures industrielles, mines, exploitations forestières, raffinage du sucre, pâte à papier
Exportations Sucre, bauxite, alumine, riz
P.N.B. annuel par habitant 330 dollars
Croissance démographique 16 ‰ par an
Espérance de vie Hommes 61 ans, femmes 68

Ha'apai, *îles Tonga* Important groupe d'îles coralliennes peu émergées, à 160 km environ au N. de Nukualofa. Ville principale : Pangai, sur l'île de Lifuka. La célèbre mutinerie du *Bounty* eut lieu le 28 avril 1789 à Tofua, dans la partie occidentale de l'archipel.
Population 11 700
Carte Pacifique (océan) Ec

Haarlem, *Pays-Bas* Chef-lieu de la Hollande-Septentrionale, à 18 km à l'O. d'Amsterdam. Ancienne résidence des comtes de Hollande, ce fut une cité prospère au XVIIe s. La ville, élégante et résidentielle, est située au cœur de la région de culture des tulipes. Cathédrale Saint-Bavon (XVe s.). Haarlem a vu naître de très nombreux peintres, dont Frans Hals (1580-1666), à qui un musée, installé dans un hospice du XVIIe s., est consacré.
Population (ville) 154 300
Carte Pays-Bas Ba

Habbaniyah (lac d'), *Iraq* Lac situé au S. de l'Euphrate, à 100 km à l'O. de Bagdad. Longueur : 20 km ; largeur : 5-10 km. Il sert de réservoir au barrage de Ramadi.
Carte Iraq Bb

Hachinohe, *Japon* Port de pêche au N. de l'île de Honshu, sur l'océan Pacifique, à 70 km au S.-E. d'Aomori. C'est aussi un centre industriel (pêche, acier, papier, textiles, produits chimiques). Des artisans locaux fabriquent les traditionnels *yawata-uma*, chevaux de bois sculptés et peints de couleurs vives.
Population 241 400
Carte Japon Db

Hadjar ou **Hajar (monts), *Oman/Émirats arabes unis*** Chaîne parallèle au golfe d'Oman qui se prolonge jusqu'à la péninsule de Musandam, entre le golfe d'Oman et le golfe Persique. Elle culmine au djebel Cham (3 018 m), dans le djebel Akhdar. Ce sommet domine l'oasis de Rustaq (nombreux villages, cours d'eau). La trouée de Sumail sépare le Hadjar occidental du Hadjar oriental.
Carte Oman Aa

Hadramaout, *Yémen* Région allongée, drainée par l'oued du même nom, parallèle à la côte du golfe d'Aden, à environ 200 à 300 km à l'intérieur. Cultures de céréales, dattes, sésame dans la haute et la moyenne vallée. Une grande partie de la population a émigré au XIXe s., pendant la colonisation britannique, pour former des communautés dans d'autres pays du Moyen-Orient et en Indonésie.
Carte Yémen Aa

Hadrien (mur d'), ***Royaume-Uni*** Fortification romaine bâtie par l'empereur Hadrien (règne: 117-138). Long de 117 km, du golfe du Solway, à l'O., jusqu'à l'embouchure de la Tyne, à l'E., le mur était destiné à repousser les invasions, et marqua pendant des siècles la limite N.-O. de l'Empire romain et la frontière entre l'Angleterre et l'Écosse. Ruines nombreuses.
Carte Royaume-Uni Dc

Haedo (Cuchilla de), ***Uruguay*** Chaînes de collines orientées N.-S.; la première, la plus à l'O., traverse le pays de la frontière brésilienne au rio Negro et culmine à 700 m. La seconde, plus basse, s'étend entre la frontière brésilienne et la région de Montevideo.
Carte Uruguay Ab

Hagen, ***Allemagne*** Ville industrielle de la Ruhr, à 32 km au S.-E. d'Essen. Sidérurgie, électrochimie. Université.
Population 210 000
Carte Allemagne Bc

Hahotoé, ***Togo*** Gisements de phosphates situés au N. du lac Togo. Leurs réserves sont estimées à 100 millions de tonnes.
Carte Togo Bb

Haïfa, ***Israël*** Chef-lieu du district d'Haïfa, en Galilée, à 85 km au N. de Tel-Aviv à laquelle il est relié par autoroute; troisième ville du pays et premier port. La ville est bâtie au pied du mont Carmel. Centre culturel (université, Technion, musées), jardins zoologiques. Industries: textiles, produits chimiques, verre, savon, matériel électrique, chantiers navals.
Population 224 700
Carte Israël Aa

Ha'il, ***Arabie Saoudite*** Ville et oasis située à 250 km au N.-O. de Buraydah, sur l'ancienne route empruntée par les caravanes et les pèlerinages, depuis l'Iran jusqu'à La Mecque et Médine. La ville fut prise par Abd al-Aziz ibn Saoud en 1921, et annexée au nouveau royaume d'Arabie Saoudite fondé en 1932. Forteresses. Marché d'artisanat nomade.
Population 45 000
Carte Arabie Saoudite Bb

Hainan (île de), ***Chine*** Île de la mer de Chine méridionale, au large de la province de Guangdong. Formant elle-même une province depuis 1987, elle a une superficie de 33 670 km^2. Le climat tropical permet la culture de riz, thé, café, arachides à l'intérieur des terres, mais le littoral demeure sauvage. Gisements de pétrole off-shore. Capitale: Haikou.
Population 5 400 000
Carte Chine Gg

Hainaut, ***Belgique*** Province industrielle de Wallonie (3 787 km^2) située le long de la frontière française. Les bassins houillers qui la traversent d'O. en E. alimentèrent pendant un siècle la sidérurgie, les industries chimiques et les verreries autour de Mons, La Louvière et Charleroi. La dépression économique et la fermeture de la dernière mine de charbon (1984) ont porté un coup très rude à la région.
Population 1 279 000
Carte Belgique Aa

Haiphong, ***Viêt-nam*** Grande ville et port important du nord du pays sur le delta du Song Koi (fleuve Rouge), à 90 km à l'E. de Hanoi. La ville et le port ont été créés en 1885 lors de la conquête française à partir d'un petit village de pêcheurs pour offrir un débouché au Tonkin. Le port fut bombardé en novembre 1946 par la flotte française qui le reprit au Viêt-minh. De nouveau très endommagée par les bombardements américains lors de la guerre du Viêt-nam (1965-1975), la ville est encore en cours de reconstruction. Nombreuses industries.
Population 1 379 000
Carte Viêt-nam

Haïti Voir p. 296

Ha Khotso, ***Lesotho*** Village situé à 40 km à l'E. de la capitale, Maseru. À proximité, la grotte du Ha Baraona (« maison des petits Bochimans ») renferme de superbes peintures rupestres.
Carte Afrique du Sud Cb

Hakodate, ***Japon*** Ville située à la pointe S. de l'île d'Hokkaido, sur le détroit de Tsugaru. Le port fut ouvert au commerce étranger dès 1854. La ville est reliée à l'île de Honshu par le tunnel ferroviaire de Seikan (longueur: 54 km) construit à 100 m au-dessous du fond de la mer. Pêche, constructions navales, cimenteries.
Population 319 200
Carte Japon Db

Hakone, ***Japon*** Région montagneuse de l'île de Honshu, située au S.-O. de Tokyo, entre le Fuji-Yama et la péninsule d'Izu. Centre touristique à proximité de lacs, de volcans et de sources d'eau chaude (parc national de Fuji-Hakone-Izu). Ville principale: Odawara, sur la baie de Sagami.
Carte Japon Cc

Hakusan (parc national), ***Japon*** Parc national montagneux (474 km^2) de l'île de Honshu, situé à 235 km à l'O. de Tokyo, près de la mer du Japon. Le village de Shirakawa, avec ses maisons de bois aux toits de chaume, est l'une de ses attractions les plus visitées.
Carte Japon Cc

Halemaumau, ***Hawaï*** Lac de lave du cratère de Kilauea (volcan Mauna Loa), sur l'île de Hawaï. C'est la principale source de lave émise par le volcan et, durant les éruptions, il peut couvrir jusqu'à 75 ha.
Carte Hawaï Bb

Halicarnasse, ***Turquie*** Voir BODRUM

Halifax, ***Canada*** Capitale de la Nouvelle-Écosse et premier port libre de glaces dans l'Atlantique. Sa position stratégique en a fait une importante base navale en temps de guerre: James Wolfe, général anglais, partit de là pour aller prendre Québec en 1759; elle fut, lors des deux guerres mondiales, un point de rassemblement pour les convois de l'Atlantique. Le premier service transatlantique à vapeur se fit entre Halifax et la Grande-Bretagne en 1840. La ville connaît un fort trafic de cargos et de porte-conteneurs; c'est un centre culturel (universités) et industriel: fonderies, raffineries et fabriques de savon et de chaussures.
Population (ville) 113 600; (région métropolitaine) 296 000
Carte Canada Id

Halifax, ***Royaume-Uni*** Ville de l'O. du Yorkshire, au S.-O. de Leeds. Centre textile important depuis le XVe s. Halle du XVIIIe s.
Population 88 000
Carte Royaume-Uni Ed

Halland, ***Suède*** Voir HALMSTAD

Halle, ***Allemagne*** Ville et port fluvial de Saxe-Anhalt, sur la Saale, à 30 km au N.-O. de Leipzig. La ville s'est développée sur des gisements de sel et de potasse. Important centre industriel (imprimerie, constructions mécaniques, caoutchouc, ciment, papier, pétrochimie). Forteresse du IXe s. Université fondée en 1694 par Frédéric III de Brandebourg. Patrie du compositeur Georg Friedrich Haendel (1685-1759).
Population 310 200
Carte Allemagne Ec

Halmstad, ***Suède*** Ville et port du détroit de Kattegat, à 150 km au S.-E. de Göteborg. Chef-lieu du comté agricole de Halland. Ruines d'un château médiéval. Église du XIVe s. Belle plage. Industries: chantiers navals, acier, papier, textiles, brasseries.
Population 76 600
Carte Suède Bd

halo Cercle de lumière, parfois coloré, visible autour de la lune ou du soleil; il est causé par la réfraction de la lumière par les particules de glace des cirro-stratus. Les halos annoncent le mauvais temps.

Autour du soleil, une série de cercles de couleur allant du bleu à l'intérieur au rouge à l'extérieur, due à la diffraction de la lumière dans les gouttelettes d'eau, est appelée couronne solaire.

Hama, ***Syrie*** Ville industrielle et commerciale située à 125 km au S. d'Alep, sur l'Oronte. Centre de l'industrie syrienne de l'acier. Tanneries et filatures. L'oasis environnante produit des fruits. La ville est célèbre pour ses roues hydrauliques en bois (la plus petite mesure 10 m de diamètre) qui permettent l'irrigation. Leur utilisation remonte à l'Antiquité, mais celles d'aujourd'hui datent du Moyen Âge.
Population 222 000
Carte Syrie Bb

hamada Plateau rocheux du Sahara d'où le vent a enlevé les débris les plus fins.

Hamadan, ***Iran*** Ville située à 300 km au S.-O. de Téhéran; fabrication de tapis et de couvertures, artisanat du cuir, commerce de la laine et des peaux. La ville est construite sur l'emplacement de l'ancienne cité d'Ecbatane, capitale des Mèdes au VIe s. av. J.-C., et de l'Empire achéménide (559-330 av. J.-C.). Nombreux monuments, dont le tombeau du philosophe perse Avicenne (980-1037) et le mausolée d'Esther et de Mardochée.
Population 273 000
Carte Iran Aa

Hamamatsu, ***Japon*** Ville de la côte S. de l'île de Honshu, à 215 km au S.-O. de Tokyo; fabrication de pianos et de motocyclettes, industries textiles et chimiques. En mai s'y déroule la « bataille des cerfs-volants », jeux dans lesquels chaque équipe cherche à couper les cordes des cerfs-volants de l'équipe adverse.
Population 535 000
Carte Japon Cd

Hamar, ***Norvège*** Ville située sur la rive orientale du lac Njøsa, au centre S. de la Norvège. Évêché. Station de sports d'hiver qui accueillit une partie des épreuves des Jeux olympiques d'hiver de Lillehamer en 1994. Industries

Voir suite p. 297

Haïti

PENDANT DES DÉCENNIES, LES DICTATEURS DE LA PREMIÈRE RÉPUBLIQUE NOIRE DU MONDE S'APPUYÈRENT SUR LE VAUDOU ET UTILISÈRENT LA POLICE SPÉCIALE DES TONTONS MACOUTES

Le docteur François Duvalier, dit « Papa Doc », gouverna la république d'Haïti, dans les Petites Antilles, de 1957 à 1971, s'appuyant sur le vaudou, religion africaine originaire du Bénin, et sur la police spéciale des Tontons Macoutes pour assujettir le peuple. À sa mort, son fils Jean-Claude, « Baby Doc », lui succéda comme président à vie. Son régime fut à peine moins cruel que celui de son père ; en janvier 1986, après un soulèvement populaire, Baby Doc et sa famille s'enfuirent en France. Le général Namphy lui succéda. En 1988, des élections (90 % d'abstentions) amenèrent un civil au pouvoir, M. Manigat, qui fut renversé par le général Namphy. Ce dernier céda la place au général Avril que des manifestations forcèrent au départ. Ertha Trouillot, présidente provisoire, organisa des élections sous le contrôle de l'O.N.U. Le vainqueur, le Père Aristide, partisan de la théologie de la libération, fut chassé du pouvoir six mois plus tard.

Haïti, le pays le plus pauvre des Amériques, fait partie de l'île du même nom, qu'on appelait autrefois Hispaniola (dont l'autre partie est occupée par la république Dominicaine), qui fut découverte en 1492 par Christophe Colomb et colonisée par les Espagnols. Mais, en 1697, des pirates français installés dans la partie occidentale de l'île obligèrent l'Espagne à leur céder cette région. Les planteurs de canne français importèrent des esclaves d'Afrique et firent de Saint-Domingue une prospère colonie.

En 1791, les 500 000 esclaves se révoltèrent sous la direction de Toussaint Louverture et, en 1804, déclarèrent leur indépendance, formant la première république noire du monde. Haïti dirigea aussi Saint-Domingue, devenue la république Dominicaine, de 1822 à 1844. Haïti subit 22 dictateurs entre 1843 et 1915, lorsque les États-Unis l'envahirent pour rétablir l'ordre. L'occupation dura jusqu'en 1934.

90 % des Haïtiens sont d'origine africaine et les autres sont métis. Le français, longtemps seule langue officielle, partage aujourd'hui ce privilège avec le créole, qui est parlé par 90 % de la population. Le catholicisme est dominant, mais le vaudou est très populaire ; 500 sectes américaines sont depuis peu présentes en Haïti. 80 % de la population est rurale, et moins de la moitié des enfants sont scolarisés. Il existe une forte tradition artistique, surtout dans la peinture (« naïfs » haïtiens).

Haïti, seconde île des Petites Antilles après Cuba, est la plus montagneuse, avec de profondes vallées et des plaines ; la Selle (2 860 m) en est le point culminant.

L'agriculture est dominante, mais le chômage rural est élevé. La moyenne de propriété est de 1,5 ha, et beaucoup de paysans ne pratiquent qu'une culture d'autosubsistance. Café, canne à sucre et sisal, pour l'exportation, poussent sur de grandes exploitations. Le déboisement provoque une grave érosion du sol et l'amenuisement des récoltes.

La main-d'œuvre locale bon marché attire les investisseurs nord-américains dans les usines d'assemblage qui produisent, pour l'exportation, textiles, articles électriques ou de sport, mais l'aide étrangère est capitale pour l'économie du pays. Avant les événements de 1986, le tourisme était la seconde source de revenus, les Américains appréciant le paysage, la culture et l'absence de délinquance. Beaucoup demeuraient à Port-au-Prince, la capitale, ou dans sa banlieue résidentielle de Pétionville. Le palais Sans-Souci et la citadelle de Cap-Haïtien, au N., construits par un ancien serviteur devenu le roi Christophe d'Haïti (1806-1820), sont très visités.

HAÏTI EN BREF
Carte Antilles Ab
Surface 27 750 km^2
Population 6 910 000
Capitale Port-au-Prince
Régime République
Monnaie Gourde = 100 centimes
Langues Français, créole
Religions Chrétiens (84 % catholiques, 14 % protestants) et vaudou pratiqué par la majorité
Climat Tropical ; température moyenne à Port-au-Prince : 25 °C (hiver) et 29 °C (été)
Ressources Bananes, manioc, maïs, riz, sorgho, café, canne à sucre, sisal, bois ; bauxite et cuivre (non exploité)
Activités Agriculture, mines, textiles, aliments, ciment, assemblage de pièces importées, sylviculture, tourisme
Exportations Café, produits d'industrie légère, sucre, sisal, bauxite, huiles essentielles (vétiver)
P.N.B. annuel par habitant 370 dollars
Croissance démographique 28 ‰ par an
Espérance de vie Hommes 52 ans, femmes 55

UNE PÊCHE ATTENDUE. Au port de Saint-Marc, au N.-O. de Port-au-Prince, une foule colorée guette chaque jour l'arrivée des pêcheurs, dont les prises enrichiront son maigre ordinaire.

de transformation du bois et des produits agricoles.
Population 27 000
Carte Norvège Cc

Hambourg, en all. **Hamburg,** ***Allemagne*** Deuxième ville d'Allemagne après Berlin et premier port, situé au fond de l'estuaire de l'Elbe (avec Cuxhaven comme avant-port) ; chef-lieu du land (État) d'Hambourg (755 km^2) ; grand centre économique du pays, relié à Lubeck et à la Baltique par des canaux, aux principales villes allemandes par un réseau ferroviaire important. Fondée en 810 par Charlemagne, ce fut l'une des villes fondatrices de la Ligue hanséatique. Ses installations portuaires modernes s'étendent sur près de 100 km^2, sur les deux rives de l'Elbe. Usines pétrochimiques, électroniques, agro-alimentaires. Constructions navales et mécaniques. Patrie de Brahms (1833-1897) et de Mendelssohn (1809-1847). Opéra ; université ; musées.

Très endommagée pendant la Seconde Guerre mondiale, la ville a été reconstruite. La Reeperbahn, dans le quartier Saint-Pauli, est célèbre pour ses bars, ses boîtes de nuit et ses maisons de passe.
Population 1 617 800
Carte Allemagne Db

Hämeenlinna (Tavastehus), ***Finlande*** Chef-lieu du comté de Hämeen, à 98 km au N. d'Helsinki. Patrie du compositeur Sibelius (1865-1957). Château du XIIIe s. construit par les Suédois lorsque la Finlande appartenait à la Suède. Usines textiles, fabrication de contre-plaqué. Parc national d'Aulanko, à proximité.
Population 42 400
Carte Finlande Bc

Hameln, ***Allemagne*** Ville touristique sur la Weser, à 49 km au S.-O. de Hanovre. Ancienne cité hanséatique (demeures des XVIe et XVIIe s.), où se situe la légende du Joueur de flûte. Fabrication de tapis et industries diverses.
Population 56 300
Carte Allemagne Cb

Hamersley (monts), ***Australie*** Chaîne de montagnes de l'O. de l'Australie-Occidentale culminant au mont Bruce (1 235 m). Riches gisements de minerai de fer. Au centre du massif se trouve le parc national des monts Hamersley, créé en 1969.
Carte Australie Bc

Hamhung, ***Corée du Nord*** Port industriel et chef-lieu de préfecture, sur la côte E., à 180 km au N.-E. de la capitale, Pyongyang. La ville fut gravement endommagée par les bombardements pendant la guerre de Corée (1950-1953). Industries : machines-outils, produits chimiques, engrais.
Population 160 000
Carte Corée Cc

Hamilton, ***Bermudes*** Capitale et port principal des Bermudes. Les bateaux de croisière s'alignent devant le Front, la grande jetée commerçante de la ville. Fondée en 1790, Hamilton devint capitale en 1815 et fut déclarée port franc en 1956.
Population (aggl.) 15 000

Hamilton, ***Canada*** Grande ville industrielle sur les bords du lac Ontario, qui s'étale jusqu'à l'escarpement du Niagara, à 100 m d'altitude. Ses principales industries sont l'acier, l'automobile et les produits chimiques. Elle fut fondée en 1778. Elle abrite un jardin botanique, un château, Dundurn Castle, et l'université McMaster.
Population (ville) 306 700 ; (région métropolitaine) 557 000
Carte Canada Hd

Hamilton, ***Nouvelle-Zélande*** Ville de l'île du Nord, située à 120 km au S. d'Auckland. Centre d'une vaste zone d'élevage. Industries alimentaires, machines agricoles, électronique. L'université de Waikato y fut fondée en 1964.
Population 97 900
Carte Nouvelle-Zélande Eb

Hamilton, ***Royaume-Uni*** Voir STRATHCLYDE

Hammamet, ***Tunisie*** Ville et port sur la côte O., au S. de la presqu'île du cap Bon. Station balnéaire réputée, dotée de splendides plages et de nombreux hôtels conçus pour une clientèle européenne. Chaque année en juillet s'y déroule un festival culturel international. Curiosités : la Médina (vieux quartier musulman), le souk (marché), le fort (XVe s.), la Grande Mosquée et le musée des costumes traditionnels tunisiens.
Population 30 500
Carte Tunisie Ba

Hammam-Salahine, ***Algérie*** Voir BISKRA

Hammerfest, ***Norvège*** Port de pêche et ville la plus septentrionale d'Europe, située sur l'île de Kvåly, à 200 km au S.-O. du cap Nord et à 460 km au N. du cercle polaire arctique. Le « soleil de minuit » y brille de mi-mai à fin juillet. La ville, ravagée par les Allemands lors de la Seconde Guerre mondiale, a été reconstruite. Elle produit de l'huile de foie de morue et exporte fourrures et poissons.
Population 7 400
Carte Norvège Fa

Hampshire, ***Royaume-Uni*** Comté du sud de l'Angleterre (3 772 km^2), sur la Manche. Les villes principales sont les ports de Southampton et de Portsmouth. Les collines crayeuses parcourues de ruisseaux à truites qui entourent le chef-lieu, Winchester, constituent une région d'élevage réputée.
Population 1 500 000
Carte Royaume-Uni Ee

Hangzhou (Hang-tchéou), ***Chine*** Capitale de la province du Zhejiang, à 160 km au S.-O. de Shanghai. Capitale des Sung du Sud (Nan Sung) de 1127 à la conquête mongole, en 1279. Centre administratif et commercial.
Population 1 105 000
Carte Chine Ie

Hankou, ***Chine*** Voir WUHAN

Hanoi, ***Viêt-nam*** Capitale du Viêt-nam réunifié depuis 1976, située sur le delta du fleuve Rouge, au N. du pays. Le nom Hanoi signifie « la ville dans la rivière ».

C'est une ville très ancienne fondée par les Chinois au IIIe s. et fortifiée par la suite. Elle fut prise par Francis Garnier en 1873 et de nouveau par le commandant Rivière en 1882 ; elle devint ensuite la capitale du protectorat du Tonkin et le siège du gouvernement général de l'Indochine française (1887). Lors du coup de force japonais, en 1945, la garnison française retranchée dans la ville dut capituler et ce n'est qu'en 1946 que celle-ci fut reprise par les troupes du général Leclerc. Le 19 décembre de la même année, le massacre de Français y marqua le début de la guerre d'Indochine.

Le centre de la ville moderne, dessiné par les Français, et très endommagé par les bombardements de la seconde guerre du Viêt-nam (1965-1975), est encore en cours de reconstruction. Principales industries : constructions automobiles, machines-outils, ciment, textiles et produits chimiques. Universités.
Population (ville) 906 000 ; (aggl.) 1 275 000
Carte Viêt-nam Ba

Hanovre, en all. **Hannover,** ***Allemagne*** Capitale de la Basse-Saxe, à 100 km au S.-E. de Brême et ancienne résidence des princes de Hanovre. Les jardins de Herrenhausen (XVIIe-XVIIIe s.) sont renommés. C'est un centre industriel (produits chimiques et alimentaires, textiles, caoutchouc, acier), commercial et culturel. Foire internationale chaque printemps.
Population 514 000
Carte Allemagne Cb

Hanshin, ***Japon*** Zone industrielle de la côte E. de la mer Intérieure, autour des villes d'Osaka et Kobé. Elle compte environ un sixième des industries du pays (métallurgie, produits chimiques, constructions mécaniques).
Carte Japon Cd

Han Shui, ***Chine*** Rivière de la Chine centrale, de 1 130 km de long, qui traverse la province du Hubei et se jette dans le Yang-tseu-kiang, à Wou-han.
Carte Chine Gd

Haoussa (pays), en angl. **Hausaland,** ***Nigeria*** Région du nord du pays, habitée par les Haoussas, centrée sur le bassin du Sokoto au N.-O. et le grand plateau de Bauchi à l'E. C'est l'une des principales régions d'élevage du Nigeria. On y cultive du millet, du sorgho, des arachides, du coton, des légumes, et du riz dans les vallées. Villes principales : Kano, Sokoto, Kaduna.
Carte Nigeria Ba

Harappa, ***Pakistan*** Site d'une ancienne cité en brique, située à 80 km au S. de Lahore, dans le Pendjab. La ville, probablement occupée au IIIe millénaire av. J.-C., entoure un château fortifié. Les briques ont servi de ballast lors de la construction du chemin de fer et pour les maisons locales avant le début des fouilles archéologiques, en 1920.

Le nom d'Harappa désigne aussi la civilisation mal connue de l'Indus, dont la ville principale se nommait Mohenjo-Daro.
Carte Pakistan Db

Harare, anc. **Salisbury,** ***Zimbabwe*** Capitale située au N. du pays, à 1 470 m d'altitude ; elle fut fondée en 1890. Ville moderne aux rues bordées de jacarandas. Grand marché du tabac. Productions variées (jambon, bière, farine, sucre, meubles, matériaux de construction).
Population 1 185 000
Carte Zimbabwe Ca

Harbel, ***Liberia*** Siège administratif et industriel de l'American Firestone Plantation Company, à 45 km à l'E. de Monrovia ; il est au centre de l'une des plus modernes plantations d'hévéas (290 km^2), dont fait partie la plantation du mont Barclay, la première installée dans le pays. Usines de transformation du caoutchouc.
Carte Liberia Aa

Harbin ou **Kharbin,** en chinois **Ha-er-bin,** ***Chine*** Capitale de la province du Heilonjiang (Mandchourie), à 500 km au N. de la frontière nord-coréenne. Nœud ferroviaire important, et centre industriel (industries alimentaires, mécaniques, métallurgiques), c'est aussi le berceau de la dynastie mandchoue des Ching.
Population 2 710 000
Carte Chine Jb

Hardangerfjord, ***Norvège*** L'un des plus longs fjords de Norvège (145 km), à l'E. de Bergen. Nombreuses centrales hydroélectriques. Stations balnéaires réputées. À l'E. se trouve le vaste plateau d'Hardangervidda.
Carte Norvège Bc

Hardwar, ***Inde*** Ville sainte située à 165 km au N.-E. de Delhi, sur le Gange. Chaque année plus de 2 millions de pèlerins hindous viennent s'y baigner et y jeter les cendres de leurs morts. L'empreinte de pied que l'on y admire près de la rive serait celle du dieu Vishnou.
Population 145 900
Carte Inde Cb

Hargeisa, ***Somalie*** Ville principale du Somaliland, située à 130 km au S.-O. du port de Berbera. Les bergers nomades y vendent leurs troupeaux. Capitale de la Somalie britannique, de 1941 à 1960, elle fut en partie détruite en 1989 par la guerre civile.
Population 50 000 - 80 000
Carte Somalie Ab

Hari, ***Indonésie*** Voir BATANGHARI

Hari Rud, ***Afghanistan/Turkménistan*** Fleuve de 1 125 km de long, issu des montagnes Kuh-i-Baba, à 150 km à l'O. de Kaboul. Il arrose la fertile plaine d'Herat, à l'O., remonte vers le N., le long de la frontière iranienne, et se perd dans les sables du Karakoum, désert du Turkménistan.
Carte Afghanistan Ba

Harkany, ***Hongrie*** Voir MOHÁCS

harmattan Vent sec et poussiéreux de l'E. et du N.-E., soufflant des zones de hautes pressions du Sahara vers les zones de basses pressions humides de la côte occidentale de l'Afrique.

Harper, ***Liberia*** Port du sud-est du pays, à 25 km à l'O. de la frontière de la Côte-d'Ivoire. La ville fut fondée en 1834 par l'American Colonisation Society qui créa le Liberia au début du XIXe s. pour y installer des esclaves noirs libérés. Elle doit son développement à une plantation américaine d'hévéas (Firestone Plantation). Exportations principales: caoutchouc, cacao, bois.
Population 14 000
Carte Liberia Bb

Harrisburg, ***États-Unis*** Capitale de la Pennsylvanie, à 150 km à l'O. de Philadelphie. Comptoir commercial fondé au début du XVIIIe s. sur la Susquehanna, aujourd'hui centre industriel et administratif. Les mines de charbon à proximité sont à l'origine de son industrialisation. En 1979, un grave accident se produisit à la centrale nucléaire de Three Mile Island. Il y eut des fuites radio-actives mais pas de mort.
Population (ville) 52 100; (zone urbaine) 570 200
Carte États-Unis Kb

Hartford, ***États-Unis*** Capitale du Connecticut, sur le Connecticut, à 150 km au N.-E. de New York. Principales industries : fabrication d'armement, de moteurs d'avions, d'équipement de bureau, de matériel électroménager. C'est aussi un centre financier (assurances).
Population (ville) 135 000; (aggl.) 1 030 000
Carte États-Unis Lb

Haryana, ***Inde*** État créé en 1966, au N.-O. de Delhi. Le plus petit de l'Union indienne (44 212 km^2). Il doit le développement de sa production céréalière aux techniques agricoles modernes et à l'irrigation, grâce aux canaux construits depuis 1947. Capitale: Chandigarh.
Population 16 465 000
Carte Inde Bb

Harz, ***Allemagne*** Montagnes boisées, à cheval sur les länder de Saxe-Anhalt et de Basse-Saxe. Exploitation minière (plomb, cuivre, zinc). Le point culminant est le mont Brocken, à 1 142 m d'altitude.
Carte Allemagne Dc

Hasa, ***Arabie Saoudite*** Ancienne province du golfe Persique comportant quelques-uns des plus riches champs de pétrole du monde. Elle possède aussi de très grandes oasis produisant plusieurs milliers de litres d'eau à la minute, qui permettent d'irriguer 12 000 ha. L'irrigation et le drainage en font une région productrice de riz, blé, sésame, citrons, pêches, figues et légumes. Ville principale: Al-Hufuf (Hofouf).
Population 250 000
Carte Arabie Saoudite Bb

Hasselt, ***Belgique*** Ville industrielle, chef-lieu de la province de Limbourg, à 66 km à l'E. de Bruxelles. Le centre médiéval est entouré de faubourgs modernes et, au N. de la ville, d'une zone industrielle qui bénéficie de la proximité du canal Albert (brasseries, distilleries de genièvre, machines agricoles). À 6 km à l'E. se trouve le domaine de Bokrijk avec un grand musée de plein air évoquant la vie rurale flamande d'autrefois.
Population 64 000
Carte Belgique Ba

Hassi-Messaoud, ***Algérie*** Centre de l'industrie pétrolière algérienne, situé dans le Sahara, à 320 km au S. de Biskra. Relié par oléoducs aux ports d'Arziw, de Bejaïa et de Skikda, et par gazoduc au gisement de gaz naturel de Hassi R'mel. Lors des premiers forages, en 1950, on découvrit aussi de l'eau. Piscines, plantations.
Carte Algérie Ba

Hassi R'mel, ***Algérie*** L'un des plus importants gisements de gaz naturel du monde, situé dans le Sahara, à 100 km au N. de Ghardaïa. Ses réserves sont estimées à environ 1,2 million de mètres cubes. Il est relié par gazoducs aux ports d'Arziw et de Skikda.
Carte Algérie Ba

Hastings, ***Nouvelle-Zélande*** Ville de l'île du Nord, à 250 km au N.-E. de la capitale, Wellington, à proximité de la baie Hawke. Centre d'une riche région fruitière et d'élevage. Comme Napier, à 20 km au N.-E., elle a été reconstruite après un tremblement de terre en 1931.
Population 52 000
Carte Nouvelle-Zélande Fc

Hastings, ***Royaume-Uni*** Ville côtière du Sussex, à 85 km au S.-E. de Londres. Guillaume le Conquérant y écrasa le dernier roi anglo-saxon Harold II en 1066. La ville médiévale, avec ses ruelles bordées de maisons à colombages, est dominée par les ruines du château construit par Guillaume Ier en 1067. Hastings fut l'un des Cinq Ports qui défendaient les côtes d'Angleterre à partir du XIe s.
Population 77 000
Carte Royaume-Uni Fe

Hatteras (cap), ***États-Unis*** Pointe orientale de l'île Hatteras, une des îles de la chaîne qui s'étire sur 160 km le long de la côte atlantique de la Caroline du Nord. Célèbre au temps de la marine à voile pour les naufrages qui s'y produisaient. Un phare a été construit depuis. La majeure partie de l'île est une réserve océanographique.
Carte États-Unis Kc

Hattousas, ***Turquie*** Voir BOGAZKALE

Hat Yai, ***Thaïlande*** Ville méridionale située à 40 km de la frontière malaise. Usines textiles et de transformation du caoutchouc. Tourisme.
Population 138 100
Carte Thaïlande Bd

Hauraki (golfe), ***Nouvelle-Zélande*** Baie de la côte N.-E. de l'île du Nord. Le port d'Auckland se trouve sur un isthme, entre les ports de Manukau et de Waitemata, au fond du golfe.
Carte Nouvelle-Zélande Eb

haut, haute Pour les noms composés commençant par Haut ou Haute, se reporter au nom principal. Exemple: Alpes (Hautes-).

Haute-Volta Voir BURKINA-FASO

Hautes Fagnes, ***Belgique*** Voir ARDENNE

haut-fond Banc de sable, de vase ou de galets au-dessous de la surface de la mer ou d'une rivière, dangereux pour la navigation.

Hauts-de-Seine (92), ***France*** Département de la région Île-de-France, situé au S. et à l'O. de Paris, dans un méandre de la Seine. Superficie: 175 km^2. Chef-lieu: Nanterre. C'est le plus petit département de France, mais le cinquième par sa population, le premier par ses activités industrielles, et le siège de nombreuses entreprises. La zone industrielle est concentrée en bordure de la Seine et au N. du département: industries mécaniques et automobiles, aéronautiques (Dassault), électriques et électroniques. Industries chimiques et pharmaceutiques. Les activités tertiaires se sont développées depuis 1970 (tours de la Défense). La zone résidentielle est située principalement à l'O. et au S. du département. Les Hauts-de-Seine comptent une dizaine de villes de plus de 50 000 habitants. La densité moyenne y est très forte (8 000 habitants au km^2).
Population 1 392 000
Carte France Eb

Havane (La), en esp. **La Habana,** ***Cuba*** Première ville des Antilles, premier port et capitale de Cuba, sur la côte N.-O. de l'île. L'agglomération forme la province de Ciudad de la Habana. Le port, fortifié par les Espagnols au XVIe s., est gardé par le château de Morro. À l'O. du port, la ville est traversée par le río Almendares. La vieille ville, aux maisons des XVIe et XVIIe s. de style colonial espagnol, est le centre commercial du pays. Les quartiers modernes, plus résidentiels, reflètent l'influence américaine. En 1898, le bombardement du cuirassé américain *Maine*,

dans le port, marqua le début de la guerre hispano-américaine et de l'occupation américaine de Cuba, jusqu'en 1902. La Havane exporte du sucre, du tabac, du café, des fruits tropicaux, et traite les 2/3 des importations du pays. Industries : raffinage du pétrole, manufacture de cigares (les célèbres cigares de La Havane), filatures, vêtements.
Population (aggl.) 1 925 000
Carte Cuba Aa

Havelock, ***Swaziland*** Voir BULEMBU

Havre (Le), ***France*** Ville et port situés sur la rive N. de l'estuaire de la Seine, en bordure de la Manche. Fondé en 1517 par François Ier, le port se développa au XIXe s. avec les transatlantiques et les cargos des tropiques. Il fut très endommagé durant la Seconde Guerre mondiale. La reconstruction de la ville en 1946 fit apparaître de grands boulevards, des édifices modernes, et le port s'agrandit. C'est aujourd'hui le premier port français transatlantique, le deuxième port de marchandises après Marseille, le troisième port d'Europe (82 % des importations d'hydrocarbures). Le pont de Tancarville, ouvert en 1959, a permis son accroissement industriel. Celui de Normandie le mettra aux portes de l'Europe. Chantiers navals, raffineries de pétrole, industries alimentaires, chimiques, mécaniques (automobiles). Banques. Musée des Beaux-Arts.
Population (ville) 196 000 ; (aggl.) 254 000
Carte France Db

Hawaï ou **Hawaii,** ***océan Pacifique*** Archipel de Polynésie, État des États-Unis d'Amérique depuis 1959, situé à 3 700 km à l'O. de San Francisco. Superficie : 16 705 km². Les îles (122) furent colonisées par les Polynésiens il y a 1 000 ou 1 500 ans, puis découvertes en 1778 par Cook qui les baptisa îles Sandwich. Elles conservèrent leur indépendance au XIXe s., mais, à la demande des Hawaïens, furent annexées aux États-Unis en 1898. 14 de ces îles coralliennes et volcaniques sont habitées. Les principales sont :

GÉANT ENDORMI. Heleakala, vaste cratère de 49 km² du Kolekole, volcan inactif de 3 055 m d'altitude, est situé dans le parc national de l'île de Maui, à Hawaï.

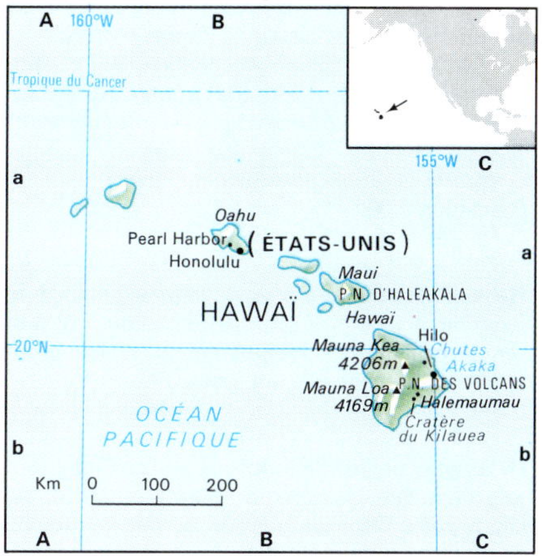

Hawaï (la plus grande), Maui, Kauai, Molokai, Lanai. Elles comptent de nombreux volcans, dont le Mauna Kea (4 206 m), et le Mauna Loa (4 169 m), sur Hawaï. L'agriculture de type subtropical produit de la canne à sucre, des ananas et du café. Pêche, artisanat, tourisme. Capitale : Honolulu, sur l'île de Oahu.
Population 1 054 000

Hawke (baie), ***Nouvelle-Zélande*** Baie de la côte orientale de l'île du Nord, découverte en 1769 par Cook. Au S. s'avance le cap Kidnappers. La région agricole de Hawke's Bay (11 289 km²) produit des fruits, des légumes, et du vin. Élevage (ovins).
Population 148 000
Carte Nouvelle-Zélande Fc

Haye (La), en néerl. **Den Haag** ou **'s Gravenhage,** ***Pays-Bas*** Siège du gouvernement, chef-lieu de la Hollande-Méridionale, et résidence de la famille royale, à 55 km au S.-O. d'Amsterdam. En 1248, le comte Guillaume II fit bâtir un château à l'emplacement d'un pavillon de chasse et y installa la cour de Hollande. Ce palais (le Binnenhof) ainsi que le lac artificiel créé non loin en 1350 sont aujourd'hui entourés d'édifices gouvernementaux et d'ambassades, au cœur d'une ville spacieuse, trouée de canaux et de parcs. Siège de la Cour internationale de justice (créée en 1945), centre de conférences, La Haye abrite les bureaux de nombreuses firmes internationales. Curiosités : Groote Kerk, « Grande Église » (1399) ; hôtel de ville (1565) ; palais de la Paix (siège de la Cour internationale de justice) ; musée Mauritshuis (très belle collection des œuvres des grands peintres hollandais) ; résidence royale (XVIIe s.) et jardins royaux. Station balnéaire à Scheveningen.
Population (ville) 449 000 ; (aggl.) 674 000
Carte Pays-Bas Ba

Hazarajat, ***Afghanistan*** Région montagneuse et désolée du centre du pays, à l'O. de Ghazni. Mais les vallées sont fertiles et habitées par les Hazaras, peuple mongol qui s'y installa après le passage de Gengis khan, au début du XIIIe s.
Carte Afghanistan Bb

Heard (île), ***Antarctique*** Île inhabitée, proche du continent Antarctique par son climat, située à 4 000 km au S.-O. de Perth (Australie-Méridionale). Longueur : 40 km ; largeur : 17 km. Avec les îles MacDonald, à 40 km à l'E., elle fait partie des territoires extérieurs de l'Australie. Volcan actif, le Mawson Peak (2 745 m). Station scientifique.
Carte Indien (océan) Ce

Hebei (Ho-pei), ***Chine*** Province septentrionale (180 000 km²) située au N. du fleuve Jaune (Houang-ho). Elle comprend la partie N. de la plaine de Chine du Nord, la région autonome de Pékin, et une zone montagneuse au N., en bordure de la Mongolie intérieure. Le climat y est très rude, avec des hivers froids et des étés torrides. La province est pourtant très peuplée, surtout dans les basses plaines de l'Est, et sur la côte, où poussent coton et blé. Réserves de charbon au N. et à l'E. Sidérurgie, industries lourdes. Capitale : Shijiazhuang.
Population 62 600 000
Carte Chine Hc

Hébrides (îles), ***Royaume-Uni*** Archipel comprenant les Inner Hebrides et les Outer Hebrides (2 901 km² au total), au large des côtes N.-O. de l'Écosse. Les Outer Hebrides s'étendent sur plus de 200 km, de la pointe de Lewis au N. jusqu'à Berneray au S., en passant par Nord-Wist et Sud-Wist. Lewis, l'île la plus longue, abrite la seule ville importante de la région : Stornoway. Les Inner Hebrides comprennent les îles de Skye, Mull, Jura et Islay. Élevage d'ovins, artisanat (laine), distillerie de whisky, pêche et tourisme sont les principales activités. Les îles sont reliées entre elles ainsi qu'avec le port d'Oban grâce à un ferry.
Carte Royaume-Uni Ba

Hébron, en arabe **Al-Khalil,** ***Territoires occupés*** Ville de Cisjordanie, à 35 km au S. de Jérusalem. Centre d'une riche région agricole. Industries : verrerie, textiles. On y situe la tombe d'Abraham, dans la grotte de Machpelah, traditionnellement appelée Tombeau des Patriarches. Isaac, Jacob, Léah, Rébecca et Sara y seraient aussi enterrés.
Population 38 000
Carte Jordanie Ab

Hedjaz, ***Arabie Saoudite*** Barrière montagneuse qui culmine à 2 174 m, en bordure de la mer Rouge. Elle s'étend, du N. au S., du golfe d'Aqaba à l'Asir. La province fut conquise en 1925 par Abd al-Aziz ibn Sa'ud, et annexée au royaume d'Arabie Saoudite (formé en 1932).

Elle est essentiellement aride, mais on cultive du blé, du millet et des dattes au S. Le chemin de fer du Hedjaz, aujourd'hui désaffecté, réunissait Damas (Syrie) à Médine. Capitale : La Mecque. Ville principale : Médine.
Carte Arabie Saoudite Ab

Heerlen, ***Pays-Bas*** Ville charbonnière et d'aciéries du Limbourg, à 5 km de la frontière allemande. Depuis la fermeture des mines de charbon en 1975 et le début de l'exploitation du gaz naturel, les mineurs ont dû se reconvertir. Église du XIIe s.
Population (ville) 92 000 ; (aggl.) 265 000
Carte Pays-Bas Bb

Hefei, ***Chine*** Ville de la province du Anhui, à 450 km à l'O. de Shanghai. Centre de la culture du coton. Industries de l'acier, de l'aluminium, constructions mécaniques.
Population 930 000
Carte Chine He

Heidelberg, ***Allemagne*** Ville située sur le Neckar, à 18 km au S.-E. de Mannheim. Ruines d'un château du XIIIe s. Du XIIIe au XVIIIe s. la ville fut la résidence des électeurs palatins. Célèbre université, fondée en 1386.
Population 130 000
Carte Allemagne Cd

Heilbronn, ***Allemagne*** Ville et port de la vallée du Neckar, à 40 km au N. de Stuttgart. Industries chimiques. Papier, cuir, fer forgé. Église gothique (XIIIe-XVe s.).
Population 110 000
Carte Allemagne Cd

Heilong Jiang, ***Chine/Russie*** Voir AMOUR

Heilong Jiang, ***Chine*** Province la plus septentrionale de la Chine, à la frontière de l'Union soviétique. 460 000 km^2. Quasi désertique à l'O., et fertile à l'E., où les fermes sont plus grandes et plus mécanisées que dans le reste du pays. Blé, betterave à sucre, soja, tournesol. Ressources naturelles : bois de construction, et surtout fer, houille, et pétrole, qui en font l'une des plus importantes régions industrielles de la Chine. Capitale : Harbin.
Population 36 100 000
Carte Chine Ib

Hekla, ***Islande*** Volcan actif au S. du pays, à 112 km à l'E. de Reykjavik. Altitude : 1 491 m. Son cratère mesure près de 5 km de diamètre. On y a enregistré 25 éruptions (la dernière date de 1991), qui ont répandu de la lave sur 420 km.
Carte Islande Cb

Helder (Le), en néerl. **Den Helder,** ***Pays-Bas*** Principal port militaire, situé à l'extrême O. du pays, relié par ferries à l'île de Texel. Métallurgie, conserveries, chantiers navals.
Population 63 700
Carte Pays-Bas Ba

Helena, ***États-Unis*** Capitale du Montana, située au pied des Rocheuses, à 175 km à l'E. de la frontière de l'Idaho. En 1864, on découvrit de l'or à l'emplacement du centre-ville moderne. Fonderies, industries alimentaires. Tourisme.
Population 24 600
Carte États-Unis Da

Helgoland, anc. **Héligoland,** ***Allemagne*** Île de la mer du Nord (1 km^2), à 70 km à l'embouchure de l'Elbe. Possession anglaise jusqu'en 1890, elle fut cédée aux Allemands et servit de base navale pendant la Seconde Guerre mondiale. Les fortifications furent abattues en 1947 et l'île, restituée à la R.F.A. en 1952, est devenue un lieu touristique avec privilège douanier détaxant certains produits. Observatoire ornithologique et station de biologie marine.
Population 2 000
Carte Allemagne Ba

Helgoland (baie de) Partie de la mer du Nord au large de la côte N.-O. de l'Allemagne, qui doit son nom à l'île d'Helgoland, une des nombreuses îles dont elle est parsemée.
Carte Allemagne Ca

Héliopolis, ***Égypte*** Faubourg N.-E. du Caire (aujourd'hui Tell Hassan), à l'emplacement d'une cité appelée On dans la Bible, dédiée au dieu du Soleil Rê, puis à Hélios (ou Apollon). Son temple devint une importante bibliothèque. Deux de ses obélisques se trouvent à Londres et à New York.
Carte Égypte Bb

Helmand (Hilmand), ***Afghanistan*** Le plus long fleuve du pays (1 100 km). Il prend sa source dans l'Hindou Kouch, à l'O. de Kaboul, traverse l'Hazarajat, au S.-O., puis la frontière iranienne, et se jette au N. dans les marais des lacs du Sistan.
Carte Afghanistan Bb

Helmand, ***Afghanistan/Iran*** Grand bassin aride situé à l'E. du désert de Lout (Iran). Les lacs du Sistan à la frontière de l'Iran et de l'Afghanistan en font partie. Plusieurs fleuves s'y jettent mais aucun n'y prend sa source.
Carte Iran Ca

Helmstedt, ***Allemagne*** Ville de Basse-Saxe, située à l'E. de Hanovre, au point de passage le plus important entre l'ex-R.F.A. et l'ex-R.D.A. Église du XIIIe s. Houillères, filatures, chimie.
Population 26 000
Carte Allemagne Db

Helsingborg, ***Suède*** Ville située au point le plus étroit de l'Öresund (4,5 km de large), reliée par ferry-boat à Elseneur (Danemark). Industries du caoutchouc, du coton, du sucre. Poteries, brasseries. Citadelle du Moyen Âge, église (XIIIe s.), musée.
Population 105 500
Carte Suède Bd

Helsingør, ***Danemark*** Voir ELSENEUR

Helsinki, en suéd. **Helsingfors,** ***Finlande*** Capitale de la Finlande, fondée en 1550 sur une presqu'île du golfe de Finlande. Elle devint capitale du grand-duché de Finlande en 1812 (remplaçant Turku), après l'annexion du pays, possession suédoise depuis le XIIe s., à la Russie.

La ville, à l'architecture moderne et aux larges artères, est aujourd'hui le premier port et le centre industriel du pays. Chantiers navals, imprimeries, raffineries de sucre, fabriques de porcelaine réputée. Nombreux monuments de style classique : grande église Saint-Nicolas, gare (1916), Conseil d'État, stade olympique et Maison de la culture (XXe s.). Aéroport international. Important réseau ferroviaire souterrain. Université fondée en 1849. Musées. La population se concentre dans des banlieues agrémentées de parcs, et en bordure de la mer.
Population 482 900
Carte Finlande Cc

Henan (Ho-nan), ***Chine*** Province du centre de la Chine (160 000 km^2), au S. du Houang-ho (fleuve Jaune). Le Henan oriental, plat, est arrosé par les affluents de ce fleuve et ceux du Huai-ho. Le Henan occidental, montagneux, s'étend sur une partie des Terres à lœss et des contreforts du Daba Shan. La province, l'une des plus peuplées de Chine, produit du blé, du tabac, du sésame, du colza et de l'arachide. Les inondations qui la dévastaient ont été maîtrisées par un système de barrages, le long du fleuve Jaune. Capitale : Zhengzhou.
Population 87 000 000
Carte Chine Gd

Henzada, ***Birmanie*** Ville du sud du pays, située dans le delta de l'Irrawaddy, à 125 km au N.-O. de Rangoon. Important centre de commerce du riz, relié par ferry au réseau ferroviaire principal du pays.
Population 82 000
Carte Birmanie Bc

Héraklion, ***Grèce*** Voir IRAKLION

Herat, ***Afghanistan*** Ville sur le Hari Rud, à 220 km au N. de Farah. Surnommée la Porte de l'Afghanistan, la ville est entourée d'une enceinte du XVe s., et dominée par une citadelle. Mosquées, palais, tombeaux anciens. Ses textiles et ses tapis sont réputés.
Population 177 500
Carte Afghanistan Ba

Hérault (34), ***France*** 1. Fleuve du Languedoc, long de 160 km, né dans le massif des Cévennes au pied du mont Aigoual, qui, après avoir traversé le département du même nom, se jette dans la Méditerranée en aval d'Agde.

2. Département de Languedoc-Roussillon

(6 113 km²), le plus peuplé, qui s'étage entre les Cévennes et la Méditerranée. La frange cévenole, dépeuplée, et dont la seule ville est Lodève (7 600 habitants), vit surtout de l'élevage ovin, tandis que la vigne domine largement dans le Biterrois, faisant du département le premier producteur de vin (minervois, muscats, mais surtout vins courants). L'industrie est essentiellement centrée sur Montpellier (électronique) et Sète (chimie liée au raffinage pétrolier, avec des raffineries à Frontignan). Le tourisme bénéficie aujourd'hui de l'aménagement concerté du littoral (Agde, La Grande-Motte). Montpellier, le chef-lieu, Béziers et Sète sont les principales villes du département, dont la population a progressé à partir de 1960 grâce à l'apport de rapatriés d'Algérie.

Population 795 000

Carte France Ee

Herculanum, auj. **Ercolano,** ***Italie*** Site gréco-romain du golfe de Naples, au pied du Vésuve. En 79 apr. J.-C., lors d'une éruption volcanique, la ville fut ensevelie sous 25 m de lave et de cendres. Les fouilles ont mis au jour de nombreuses mosaïques noires et blanches, des édifices publics, boutiques, maisons et statues très bien conservées.

Hereford, ***Royaume-Uni*** Ville de l'ouest de l'Angleterre, sur la Wye, à 75 km au S.-O. de Birmingham. Très belle cathédrale en grès du XIIe s. On pratique l'élevage dans les collines environnantes.

Population 48 000

Carte Royaume-Uni Dd

Hereford and Worcester, ***Royaume-Uni*** Comté de l'ouest de l'Angleterre, à la frontière du pays de Galles (3 927 km²). Région de cultures fruitières et maraîchères, d'élevage et de tourisme.

Population 668 000

Carte Royaume-Uni Dd

HAUT LIEU DE LA CULTURE ALLEMANDE. Dominée par la masse imposante de son château, Heidelberg, vieille ville universitaire, s'étale sur les deux rives du Neckar, qu'enjambe le pittoresque Pont Vieux.

Hereroland, ***Namibie*** Anciens homelands (Hererolands oriental et occidental) créés en 1970 pour le peuple herero (environ 58 000 individus aujourd'hui), dans le N.-E. du pays, sur une superficie de 68 449 km². Territoires couverts de savane, où l'élevage est la principale activité.

Carte Namibie Ab

Hermon (mont), en ar. **djebel ech-Cheikh,** ***Liban*** Massif montagneux de l'Anti-Liban qui culmine à 2 814 m, situé à 44 km au S.-E. du port de Sidon (Saïda), aux confins du Liban, de la Syrie et d'Israël. Ses sommets, couverts de neige pendant la plus grande partie de l'année, dominent les ruines de la ville biblique de Dan. Ses pentes inférieures abritent les vestiges de temples dédiés à la divinité phénicienne Baal. Le Jourdain y prend sa source. C'est un lieu stratégique qui a fait l'objet de violents combats lors des guerres israélo-arabes.

Carte Liban Ab

Hertford, ***Royaume-Uni*** Ville et comté du Sud de l'Angleterre, à une trentaine de kilomètres au N. de Londres. Ruines d'un château du Xe s., où Jean le Bon fut emprisonné en 1359.

Population (ville) 22 000 ; (comté) 980 000

Carte Royaume-Uni Ee

Herzégovine, ***Bosnie-Herzégovine*** Région sud du pays, autour de Mostar, occupée depuis la guerre par les forces serbes et contrôlée aujourd'hui par les Croates. Passée du pouvoir de Byzance à celui des Serbes, puis de la Bosnie, dirigée à partir de 1448 par un duc (*herceg* en croate), l'Herzégovine fut conquise par les Turcs en 1470. Une insurrection chrétienne entraîna sa division en 1878 entre Bosnie et Monténégro, sous autorité autrichienne. La Dalmatie centrale (dont les bouches de Kotor) en faisait partie autrefois.

Carte Bosnie-Herzégovine Bc

Hesse, en all. **Hessen,** ***Allemagne*** Land (État) au relief accidenté (21 112 km²) du centre de l'Allemagne, qui se trouve situé entre la vallée du Rhin et l'ancienne R.D.A. Capitale : Wiesbaden. Villes principales : Francfort-sur-le-Main, Darmstadt.

Population 5 837 400

Carte Allemagne Cc

Hexrivier (vallée d'), ***Afrique du Sud*** Ancienne piste du sud-ouest de la province du Cap, empruntée autrefois par les chasseurs bochimans. Nombreuses peintures rupestres. Au XIXe s., elle permit aux colons blancs de pénétrer dans l'arrière-pays. La région produit la plus grande partie du raisin de table du pays.

Carte Afrique du Sud Ac

Hidalgo, ***Mexique*** Petit État agricole et minier (argent, or, cuivre) situé au N. de Mexico. Ruines toltèques du XIIe s., à Tula. Capitale : Pachuca de Soto.

Population 1 880 630

Carte Mexique Cb

Highland, ***Royaume-Uni*** Région administrative de 26 136 km² qui s'étend sur une partie des Highlands d'Écosse. Chef-lieu : Inverness.

Population 196 000

Carte Royaume-Uni Cb

Highlands, ***Royaume-Uni*** Région montagneuse du N. de l'Écosse qui culmine au Ben Nevis (1 344 m), plus haut sommet de la Grande-Bretagne. Ses étroites vallées (glens), ses lacs (loch Ness) et ses fjords en font un lieu touristique où subsistent de nombreuses traditions. Cette région, la plus déshéritée d'Écosse, est peu peuplée. L'économie repose sur l'élevage, la sylviculture, et l'exploitation du pétrole de la mer du Nord.

Carte Royaume-Uni Cb

Hildesheim, ***Allemagne*** Ville de Basse-Saxe, à 30 km au S. d'Hanovre. La cathédrale (IXe-XIe s.) dut être reconstruite après la Seconde Guerre mondiale. Du XIe s. ne subsistent que les portes de bronze et un lustre. Dans le cloître fleurit un rosier qui, selon la légende, date de 815, année de l'édification d'une première chapelle à cet endroit.

Population 101 000

Carte Allemagne Cb

Hilla (Al-Hillah), ***Irak*** Chef-lieu de province sur le Chatt al-Hilla, branche de l'Euphrate, à 100 km au S. de Bagdad. Industries textiles, peausseries, grand marché de dattes et de céréales ; point de départ vers les ruines de Babylone ; casino au bord du fleuve. À 32 km au N., le barrage d'Hindiya dévie une partie de l'Euphrate vers l'O. pour l'irrigation.

Population 215 300

Carte Irak Cb

Hillerød, ***Danemark*** Petite ville touristique de l'île de Sjaelland, située à 36 km au N.-O. de Copenhague, au bord d'un lac. À proximité s'élève le château Renaissance de Frederiksborg, construit par Christian IV de 1602 à 1620, où étaient couronnés les rois de Danemark. Ravagé par un incendie en 1859, il fut restauré en 1875 et abrite le musée national d'histoire du Danemark. À 9 km au N.-E. se trouve le palais Fredensborg (XVIIIe s.), résidence d'automne et de printemps de la famille royale, ouvert au public en juillet.
Population 23 500
Carte Danemark Cb

Hilmand, ***Afghanistan*** Voir HELMAND

Hilo, ***Hawaï*** Ville principale et port de l'île d'Hawaï. Elle fut dévastée par un tsunami (raz de marée) en 1946.
Population 35 300
Carte Hawaï Bb

Hilversum, ***Pays-Bas*** Ville de Hollande-Septentrionale, à 25 km d'Amsterdam dont elle est une banlieue résidentielle. Centre du réseau de radio-télédiffusion des Pays-Bas.
Population (ville) 84 600
Carte Pays-Bas Ba

Himachal Pradesh, ***Inde*** État montagneux du nord-ouest de l'Inde, situé à la frontière de la Chine (55 673 km^2). Territoire créé en 1948 par la réunion de 30 États himalayens, augmenté d'une partie du Pendjab en 1966, il obtint le statut d'État en 1970. Culture de thé, riz, maïs et blé. Capitale: Simla.
Population 5 171 000
Carte Inde Ba

Himalaya, ***Asie*** La plus grande chaîne de montagnes du monde, étirée en arc de cercle sur 2 400 km, entre l'Inde et le Tibet, depuis le Jammu-et-Cachemire à l'O., jusqu'à l'Assam, à l'E., en traversant le nord du Népal. Son altitude moyenne est de 6 100 m, et plus de 100 sommets dépassent 7 000 m. Les principaux sont situés à la frontière népalo-tibétaine: Everest, ou Chomolungma (8 848 m) ; Dapsang, ou K2 (8 611 m) ; Dhaulagiri (8 172 m) ; Annapurna (8 078 m). Elle donne naissance à de nombreux cours d'eau (Indus, Gange, Yamuna, Brahmapoutre). Ses cols, peu nombreux et élevés, furent utilisés très tôt par des caravanes reliant la Chine et l'Inde. On pratique la culture et l'élevage (chèvres, yacks) dans les vallées. Le nom d'Himalaya vient des mots népalais *him*, « neiges », et *alya*, « séjour des ». Le rhododendron, introduit en Europe au XVIIIe et au XIXe s., en est originaire.
Carte Asie Fe

Himeji, ***Japon*** Ville et port de Honshu, sur la mer Intérieure, à 75 km à l'O. d'Osaka. La ville est dominée par le superbe château dit du Héron Blanc, du XIVe s. (donjon de 7 étages, 38 pavillons, 21 portes). Aciéries, industries textiles, raffineries de pétrole.
Population 452 900
Carte Japon Bd

Hims, ***Syrie*** Voir HOMS

Hindou Kouch, ***Asie Centrale*** Prolongement occidental de l'Himalaya, au N. de l'Afghanistan, s'étendant sur 600 km, du Pamir au N.-E., jusqu'au Koh-e-Baba au S.-O. Il culmine au Tirich Mir (7 690 m), au N. du Pakistan. L'altitude moyenne est de 3 200 m. De nombreux cols dépassent 2 500 m. Les passages de basse altitude ont servi aux armées, dès l'Antiquité, pour envahir l'Inde, au S.
Carte Afghanistan Ba

Hirosaki, ***Japon*** Ville universitaire du nord de Honshu, à 35 km au S.-O. d'Aomori. Elle est dominée par un château (1601) célèbre pour les cerisiers de ses jardins. Centre de l'industrie de la laque pour le nord-est du Japon.
Population 176 000
Carte Japon Db

Hiroshima, ***Japon*** Chef-lieu de préfecture de l'île de Honshu, et port important, situé dans le delta de l'Ota, sur la rive N. de la mer Intérieure. Constructions automobiles et chantiers navals. La première bombe atomique, lancée par les Américains le 6 août 1945, tua 78 000 personnes et détruisit 80 % des habitations.
Population 899 000
Carte Japon Bd

Hispaniola, ***Antilles*** Deuxième île des Caraïbes (Grandes Antilles) après Cuba, entre Cuba et Porto-Rico. 76 200 km^2. Divisée entre Haïti à l'O. et la république Dominicaine à l'E. Le plus haut sommet des Antilles, le pico Duarte, y culmine à 3 175 m. L'île fut découverte par Christophe Colomb lors de son premier voyage aux Amériques, et colonisée par les Espagnols un an plus tard.
Population 14 550 000
Carte Caraïbes Ab

Hispar (glacier), ***Pakistan*** Le plus long glacier de l'Himalaya (50 km) et l'un des plus longs du monde, régions polaires exceptées. Il est situé dans les monts du Karakorum, au Cachemire.
Carte Pakistan Da

Histria ou **Istria,** ***Roumanie*** Important site archéologique du VIIe s. av. J.-C., situé sur la mer Noire, à 50 km au N. de Constanţa. Ruines grecques, romaines et byzantines.
Carte Roumanie Bb

Hitachi, ***Japon*** Ville de la côte orientale de Honshu, à 125 km au N.-E. de Tokyo. Autrefois exclusivement consacrée à l'exploitation du cuivre, la ville est aujourd'hui un centre industriel en plein essor.
Population 206 000
Carte Japon Dc

Hluhluwe (réserve de chasse de), ***Afrique du Sud*** Réserve du Zoulouland (231 km^2), à 280 km au N.-E. de Durban. Elle est réputée pour ses rhinocéros noirs et ses rhinocéros blancs. On y trouve aussi antilopes, babouins, buffles, guépards, crocodiles, girafes, léopards, gnous et phacochères. Avec les réserves voisines de St Lucia et d'Umfolozi, c'est l'une des plus anciennes d'Afrique (1897).
Carte Afrique du Sud Db

Hobart, ***Australie*** Capitale de la Tasmanie, sur l'estuaire de la Derwent. Port de pêche à la baleine fondé en 1804 au pied du mont Wellington, dans un très beau site. Musée de Tasmanie, consacré aux aborigènes de l'île, dont la culture s'éteignit en 1876 avec la mort du dernier aborigène connu, Truganini. Université. Exportations de fruits, céréales, laine, minerais et bois. Minoteries, scieries et fonderies.
Population 173 000
Carte Australie Hg

Ho Chi Minh (piste), ***Viêt-nam/Laos*** Ensemble de pistes et de sentiers qui traverse le Laos et relie le nord du Viêt-nam au sud. La route permit le ravitaillement des mouvements de résistance du Sud, pendant la guerre du Viêt-nam. Bombardée par l'aviation américaine, elle a été réparée, et est aujourd'hui goudronnée en de nombreux endroits.

Hô Chi Minh-Ville, anc. **Saigon,** ***Viêt-nam*** Première ville du pays, située sur un bras du delta du Mékong, à 50 km environ de la mer. Fondée au XVIe s., prise par les Français en 1859, Saigon fut la capitale du Viêt-nam du Sud. Construite à l'européenne, avec de larges avenues bordées d'arbres et des cafés à terrasse, elle devint le centre commercial des plantations d'hévéas et des rizières du delta du Mékong. À la réunion des deux Viêt-nams, en 1975, elle fut baptisée du nom du chef communiste Hô Chi Minh, président du Viêt-nam du Nord de 1954 à sa mort, en 1969. À la fin des années 1960, de nombreux Vietnamiens fuyant la guerre y installèrent leur résidence et leur commerce. L'industrie est prospère dans la ville chinoise de Cholon, à proximité. Le port en eau profonde (toujours appelé Saigon), sur l'île Khanh Ho, assure les échanges du sud du pays.
Population 3 500 000
Carte Viêt-nam Bc

Hodeïda (Al-Hudaydah), ***Yémen*** Principal port industriel et commercial situé sur la mer Rouge, à 144 km au S.-O. de Sanà. Exportation de café, dattes, myrrhe et sésame. Industries variées. Le nouveau port, achevé grâce à l'aide des Soviétiques en 1962, continue de se développer. Aéroport international.
Population 128 000
Carte Yémen Ab

Hodh, ***Mauritanie/Mali*** Région de l'ouest du Sahara constituée par une cuvette partiellement ensablée, qui occupe le sud-est de la Mauritanie et déborde sur l'ouest du Mali. Elle est dominée par un escarpement de grès au pied duquel se trouvent des oasis comme Tichit et la vieille cité caravanière de Oualata. Le climat de type sahélien permet un élevage semi-extensif et la culture de céréales. En Mauritanie, le Hodh est partagé entre les provinces du Hodh-Occidental (chef-lieu: Ayoûn el-Atroûs) et du Hodh-Oriental (chef-lieu: Néma).
Carte Mauritanie Cb

Hodna (plaine ou **bassin du),** ***Algérie*** Vaste dépression des hauts plateaux qui s'étendent entre l'Atlas tellien et l'Atlas saharien, à 150 km environ au S. de Bejaïa. Elle s'abaisse sensiblement de l'O. à l'E. (altitude moyenne: 420 m). Elle est occupée au centre par le chott el-Hodna. À proximité se trouvent les oasis de Bou-Saada, M'Sila et Barika.
Carte Algérie Ba

Hoek Van Holland, ***Pays-Bas*** Port côtier situé à l'embouchure du Nieuwe Waterweg, à 25 km à l'O. du centre de Rotterdam. Terminus des ferries de mer du Nord.
Carte Pays-Bas Ba

Hofouf (Al-Hufuf), ***Arabie Saoudite*** Capitale de la province du Hasa et oasis, à 112 km au S.-O. de Dhahran. Important centre commercial des produits agricoles locaux (céréales, fruits, dattes). La ville offre un tableau pittoresque de ruelles, de maisons de terre et de constructions de style turc. Marché hebdomadaire de cha-

SOLDATS EN MARCHE. De jeunes garçons de quinze ans, à Hô Chi Minh-Ville, s'engagent dans la Milice, force de défense paramilitaire. À dix-sept ans, ils accompliront un service militaire de trois ans.

meaux et de laine. Artisanat (cuir, manteaux passementés appelés *bishts*).
Population 102 000
Carte Arabie Saoudite Bb

Hoggar ou **Ahaggar,** ***Algérie*** Massif montagneux du Sahara central, classé parc national en 1987, au S. du pays. Il culmine au Tahat (2 918 m), près de Tamanrasset, et est entouré de plateaux de grès (*tassili*). Très belles peintures rupestres. La région est peuplée de Touaregs, nomades d'origine berbère.
Carte Algérie Bb

Hohe Tauern, ***Autriche*** Montagnes des Alpes autrichiennes, entre la Carinthie et le Tyrol, dont le point culminant est le Grossglockner (3 797 m), le plus haut sommet d'Autriche. La très belle route du Grossglockner, les tunnels des Tauern (ferroviaire), du Felber Tauern (routier) et du Katschberg (routier) permettent de les franchir. Elles sont prolongées à l'E. par les Niedere Tauern (2 863 m). Le parc national du Hohe Tauern, ouvert en 1971 (2 000 km^2), comprend le glacier Pasterze (24 km^2). Importante centrale hydroélectrique dans la vallée de Kaprun, au S. de Zell-am-see.
Carte Autriche Cb

Hokitika, ***Nouvelle-Zélande*** Port de la côte O. de l'île du Sud, à 160 km au N.-O. de Christchurch. La ville se développa pendant la ruée vers l'or de 1860. Bijoux et bibelots (jade) pour les touristes. Kaniere, à 5 km à l'E., vit les derniers chercheurs d'or.
Population 3 400
Carte Nouvelle-Zélande Ce

Hokkaido, ***Japon*** Deuxième île du pays (78 509 km^2) après Honshu, située à l'extrême N. de l'archipel. Dotée d'un relief très accidenté, et d'un climat rude, elle est peu habitée (population aïnus). L'agriculture et l'élevage sont les principales ressources. Pêche active. Ville principale : Sapporo. Point culminant : mont Asahi (2 290 m).
Population 5 679 000
Carte Japon Db

Holguín, ***Cuba*** Ville de la province d'Holguín (partie orientale de Cuba), située dans une région de plateaux fertiles, à 105 km au N.-O. de Santiago de Cuba. Fabrication de meubles et de tuiles. Exportation de tabac, café, sucre, céréales, bœuf et cuir par le port de Gibara.
Population (ville) 237 000 ; (province) 982 700
Carte Cuba Ba

Hollande, ***Pays-Bas*** Désignation improprement donnée au royaume des Pays-Bas. Nom des deux provinces du N.-O. : Hollande-Septentrionale (en néerl. Noordholland), 2 963 km^2 ; Hollande-Méridionale (en néerl. Zuidholland), 3 344 km^2. Cette région, dont la plus grande partie se trouve au-dessous du niveau de la mer, est protégée par des digues et des dunes. 38 % de la population s'y concentre, essentiellement dans le *Randstad* (cercle des villes comprenant Amsterdam, Rotterdam, La Haye, Haarlem et Utrecht). Industries nombreuses. Horticulture.
Population (Hollande-Septentrionale) 2 308 000 ; (Hollande-Méridionale) 3 130 000
Carte Pays-Bas Ba

Hollokö, ***Hongrie*** Voir MATRA

Hollywood, ***États-Unis*** Quartier au N.-O. de Los Angeles (Californie). Centre de l'industrie cinématographique et de la télévision. Les demeures des stars s'étagent sur les hauteurs de Beverly Hills, au S.-O.
Carte États-Unis Cd

holocène Seconde époque du quarternaire, à la fin de l'ère cénozoïque. Voir ÉCHELLE DES TEMPS GÉOLOGIQUES, p. 268

Homel, ***Biélorussie*** Voir GOMEL

Homonhon, ***Philippines*** Voir VISAYAS (archipel des)

Homs, en arabe **Al-Khums,** ***Libye*** Port et ville, à 104 km à l'E. de Tripoli, fondés par les Turcs. Exportation d'alfa. Ruines de Leptis Magna, cité romaine fortifiée, à 3 km à l'E. Activités principales : huileries, conserveries de thon, cimenteries, traitement de l'alfa.
Population 89 000
Carte Libye Ba

Homs, en arabe **Hims,** ***Syrie*** Ville industrielle, important centre routier et ferroviaire, sur l'Oronte, à 140 km au N. de Damas. Raffinage du pétrole, traitement de la betterave à sucre, filatures, joaillerie, travail des métaux. La ville était célèbre dans l'Antiquité (Émèse) pour son temple de Baal, dont l'empereur romain Héliogabale fut le grand prêtre. Nombreuses églises chrétiennes, catacombes découvertes en 1957. Tombeau de Khaled Ibn al-Walid, général arabe qui prit la ville en 636. À proximité, site de Kadesh, où se déroula une bataille entre Hittites et Égyptiens en 1288 av. J.-C.
Population 414 000
Carte Syrie Bb

Ho-nan, ***Chine*** Voir HENAN

Hondo, ***Japon*** Voir HONSHU

Honduras, Voir p. 304

Honduras (golfe du), ***Amérique centrale*** Échancrure de la mer des Caraïbes, baignant les côtes du Honduras, du Guatemala et du Belize. Il fut exploré par les Espagnols vers 1520.
Carte Honduras Aa

Honfleur, ***France*** Port de pêche et de commerce du Calvados, situé à l'embouchure de la Seine, sur la Manche. Cette petite ville très touristique et pittoresque, aux maisons de bois anciennes, inspira souvent les impressionnistes. Église Sainte-Catherine (XVe s.) entièrement en bois. Chantiers navals. Patrie du peintre Eugène Boudin, d'Alphonse Allais et d'Erik Satie.
Population 8 530

Hong Kong Voir p. 306-307

Hong Kong (île de), ***Hong Kong*** Île qui forme, avec la péninsule de Kowloon et les Nouveaux Territoires, la colonie de Hong Kong. Superficie : 80 km^2. Elle fut acquise par la Grande-Bretagne en 1842 (traité de Nankin) pour assurer la protection des commerçants anglais opérant dans les eaux chinoises. Séparée du continent par le Victoria Harbour, dotée d'un relief accidenté, elle culmine au pic Victoria (551 m). Au N. s'étend la capitale de la colonie, Victoria. La côte S., creusée de baies, abrite de nombreuses agglomérations (port d'Aberdeen, Repulse Bay, Stanley).
Population 1 184 000
Carte Hong Kong Cb

Hongrie Voir p. 308-309

Honiara, ***îles Salomon*** Capitale, située sur la côte N. de l'île de Guadalcanal. Siège de la Haute Commission du Pacifique occidental. Aéroport.
Population 30 420

Honolulu, ***Hawaï*** Capitale et port principal de l'État d'Hawaï, sur la côte S. de l'île d'Oahu. À

Honduras

CETTE RÉPUBLIQUE DONT L'ÉCONOMIE REPOSE SUR LA CULTURE DE LA BANANE SERT DE BASE D'ENTRAÎNEMENT DE GUÉRILLAS AUX ÉTATS-UNIS

Entre les années 1920 et les années 1940, le Honduras fut le premier producteur du monde de bananes: une véritable république bananière. Des compagnies étrangères — en particulier l'United Fruit Company des États-Unis — dirigeaient l'industrie et le gouvernement et décidaient de la politique nationale. Dépendant d'une seule culture, d'une valeur limitée, et dont les bénéfices sortaient du pays, le Honduras n'a pu prospérer. Sa production est aujourd'hui plus variée, bien que la banane soit toujours sa principale exportation. Le pays est cependant le plus pauvre de l'Amérique centrale.

Les 4/5 du Honduras sont formés de montagnes sillonnées par des vallées fluviales qui descendent jusqu'à la côte pacifique, peu étendue au S., et à celle des Caraïbes, plus longue et couverte de bananeraies, au N. La capitale, Tegucigalpa, est entourée de montagnes. Son nom signifie « collines argentées » dans la langue des Indiens Mayas qui vivaient dans cette région avant l'arrivée des Espagnols au XVIe s. En 1838, ce pays devint une république indépendante.

90 % des 4,5 millions de Honduriens sont des *mestizos* (métis indiens et espagnols). Les autres sont d'origine indienne ou africaine. Dans l'ensemble, ce sont des paysans qui cultivent du maïs, du riz, des haricots pour leur propre usage. Seul le tiers de la population vit dans les villes et la moitié est analphabète, bien que l'éducation soit gratuite.

Le pays est peu peuplé. Il est cinq fois plus grand que son voisin, le Salvador, mais il a moins d'habitants. Certaines régions ne sont accessibles que par avion.

La brève guerre qui l'opposa au Salvador en 1969 commença pendant les matches de football de la Coupe du monde. Les incidents dégénérèrent en guerre entre les deux pays, qui étaient déjà à couteaux tirés à cause de la migration de Salvadoriens au Honduras. Jusqu'à la défaite électorale des sandinistes nicaraguayens en 1990, le Honduras, qui abrite des réfugiés du Nicaragua et du Salvador, a servi de base de repli aux « contras » (contre-révolutionnaires) soutenus par les États-Unis. Cette situation géopolitique et économique a entraîné de violentes manifestations anti-américaines au cours de l'année 1989.

L'une des premières mesures prises par le président Rafael Leonardo Callejas, élu le 26 novembre 1989, a été la dévaluation de 50 % de la monnaie afin de pouvoir reprendre les négociations avec le F.M.I., la Banque mondiale et l'Association internationale pour le développement (A.I.D.). Le rapatriement des combattants anti-sandinistes est également l'une de ses tâches prioritaires.

Il n'y a que 22 % de terres cultivées. Terrains montagneux et forêts tropicales freinent le développement agricole. À la fin des années 1970, élevage et sylviculture ont fait leur apparition.

LE HONDURAS EN BREF

Superficie	112 088 km^2
Population	5 150 000
Capitale	Tegucigalpa
Régime	République parlementaire
Monnaie	Lempira = 100 centavos
Langues	Espagnol, dialectes indiens
Religion	Chrétiens (96 % catholiques)
Climat	Tropical sur la côte ; tempéré à l'intérieur. Saison humide de mai à novembre. Température moyenne à Tegucigalpa: de 4-27 °C en février à 12-33 °C en mai
Ressources	Bananes, café, maïs, haricots, riz, canne à sucre, tabac, bois, coquillages, bétail, fruits; plomb, zinc, argent, or, étain
Activités	Agriculture, mines, sylviculture, ciment, pêche
Exportations	Bananes, café, viande, sucre, minerais, bois, produits chimiques
P.N.B. annuel par habitant	550 dollars
Croissance démographique	31 ‰ par an
Espérance de vie	Hommes 63 ans, femmes 67

l'O. de la ville se trouve la base navale américaine de Pearl Harbor, dont le bombardement par les Japonais en décembre 1941 provoqua l'entrée en guerre des États-Unis. La plage de Waikiki, bordée d'hôtels, est célèbre. Derrière la ville s'élèvent les monts Kaolau.

Population (ville) 373 000 ; (métropole) 805 000
Carte Hawaï Ba

Honshu, anc. **Hondo,** ***Japon*** La plus grande des îles du Japon (230 988 km^2). La vie politique, économique et culturelle du pays se concentre dans les villes de Tokyo, Kyoto, Yokohama, Nagoya, et Osaka, toutes situées sur la côte S. ou à proximité.

Divisée par une dorsale montagneuse, l'île jouit d'étés chauds sur la côte pacifique, tandis que l'Ouest, en bordure de la mer du Japon, connaît des hivers très enneigés.

Population 96 685 000
Carte Japon Cc

Hooghly (Hugli), ***Inde*** Bras occidental du Gange qui se sépare de celui-ci à la frontière du Bangladesh et se jette dans le golfe du Bengale. Longueur : 193 km. Au N. de Calcutta, ses rives sont très industrialisées. Le barrage de Farakka régularise ses eaux.

Carte Inde Dc

Hoorn, ***Pays-Bas*** Port de Hollande-Septentrionale situé sur la rive gauche de l'IJsselmeer, à 30 km au N. d'Amsterdam. Ses installations du XVIIe s., époque où les Hollandais établirent de nombreux comptoirs dans les Indes orientales, en font une attraction touristique.

Population 58 200
Carte Pays-Bas Ba

Hoover (barrage), en angl. **Hoover Dam,** ***États-Unis*** Barrage situé sur le Colorado, à la frontière du Nevada et de l'Arizona. C'est l'un des plus importants du monde (1 320 000 kW). Hauteur: 221 m. Son lac de retenue (lac Mead) permet d'irriguer 800 000 ha et fournit l'eau et l'électricité à la ville de Los Angeles.

Carte États-Unis Dc

Ho-pei, ***Chine*** Voir HEBEI

Hopetown, ***Afrique du Sud*** Ville de la province du Cap-Nord, à 120 km au S.-O. de Kimberley. Les premiers diamants d'Afrique du Sud y furent découverts en 1867. Centre d'élevage et de production laitière.

Population 11 000
Carte Afrique du Sud Bb

horn Pic en forme de pyramide aux faces et aux arêtes prononcées, se trouvant à l'intersection de crêtes constituées par le recouvrement de cirques glaciaires (ex. : le Cervin, en Suisse).

Horn (cap), ***Chili*** Promontoire rocheux de 424 m de hauteur, situé dans l'île Horn (Terre de Feu). Point le plus austral de l'Amérique du Sud, contourné au XVIIe s. par le Hollandais Willem Schouten, qui lui donna le nom de sa ville natale, Hoorn. La mer y est souvent agitée, et les vents très violents. Le cap Horn joua pourtant, avec le détroit de Magellan, au N. de la Terre de Feu, un rôle essentiel dans l'histoire de la navigation mondiale, jusqu'à l'ouverture du canal de Panama en 1914.

Carte Chili Be

horst Bloc de la croûte terrestre soulevé entre deux failles parallèles, surplombant le fossé. Voir FOSSÉ D'EFFONDREMENT.

Hortobágy, ***Hongrie*** Plaine steppique de Hongrie orientale, à l'E. de la Tisza. 10 000 km^2. Le drainage de ses marais salés et de ses lacs a permis la culture de riz et de coton. Élevage extensif (ovins, chevaux).

Carte Hongrie Bb

Houang-ho (Huang He, fleuve Jaune), ***Chine*** Deuxième fleuve de Chine après le Yang-tseu-kiang (4 670 km). Il prend sa source dans les Bayan Khara, au Tibet, et se jette dans le golfe du Po-hai, à 320 km au S. de Pékin. Son nom (fleuve Jaune) provient des énormes quantités de limon qu'il charrie, et qui rehaussent son lit bien au-dessus du niveau de la plaine de Chine du Nord. Ces alluvions se déversent dans le golfe du Po-hai, mais le delta n'est guère fertile en raison de la salinité du sol. Le fleuve, autrefois sujet à de nombreux débordements, a été endigué depuis 1949.

Carte Chine Fc, Hd

houle Mouvement d'oscillation de la surface de la mer sans déplacement de masse d'eau. C'est une onde libre se propageant au-delà de la région où le vent lui a donné naissance. Elle est caractérisée par la hauteur (dénivellation verticale entre les crêtes et les creux), par la longueur d'onde (distance horizontale entre deux crêtes), la période (temps écoulé entre le passage en un point de deux crêtes successives), et la vitesse de propagation.

Hou-nan, ***Chine*** Voir HUNAN

Hou-pei, ***Chine*** Voir HUBEI

Hourgada ou **Hurghada,** ***Égypte*** Base de plaisance et de sports nautiques sur la mer Rouge, à l'entrée du golfe de Suez, à 500 km environ du Caire (liaisons aériennes). Nombreux hôtels.
Carte Égypte Cc

Houston, ***États-Unis*** Première ville du Texas, reliée au golfe du Mexique par le Houston Ship Channel, de 80 km de long. Port, centre industriel (raffinage du pétrole, pétrochimie) et commercial. Siège de la NASA (National Aeronautics and Space Administration). Aéroport international. Universités.
Population (ville) 1 705 000; (aggl.) 3 164 000
Carte États-Unis Ge

Hovenweep National Monument, ***États-Unis*** Zone de 204 ha occupant le sud-est de l'Utah. Vestige d'habitations troglodytiques, de tours de six groupes et de pueblos dont certains datent de la préhistoire.
Carte États-Unis Ec

Howrah, ***Inde*** Quartier surpeuplé et industriel de Calcutta, sur la rive occidentale de l'Hooghly. Principales activités : ateliers ferroviaires, industries textiles (jute, coton), papier, laminage du fer et de l'acier.
Population 744 000
Carte Inde Dc

Hradec Králové, ***République tchèque*** Chef-lieu de la Bohême orientale, à 105 km à l'E. de Prague. Carrefour ferroviaire et routier, au cœur d'une riche région agricole. Cathédrale gothique en briques rouges (XIVe s.). Fabrication d'instruments de musique, constructions mécaniques, produits chimiques, bois.
Population 98 000
Carte République tchèque Ba

Hrvatska Voir CROATIE

Huahine, ***Polynésie française*** Île volcanique double appartenant au groupe des îles Sous-le-Vent, à 175 km au N.-O. de Tahiti. Selon la légende, Hiro, le dieu de la guerre, lança sa pirogue contre Huahine, la coupant en deux parties: Huahine-Nui et Huahine-Iti (la grande et la petite Huahine), réunies par un isthme très étroit. Ces deux îles sœurs de 73 km^2 sont entourées d'un récif-barrière commun et abritent plusieurs vestiges de *maraes*, anciens temples polynésiens.
Population 4 000
Carte Tahiti Ba

Huai He, ***Chine*** Rivière de 1 100 km de long, qui traverse une grande plaine alluviale, dans les provinces du Henan, du Anhui et du Jiangsu, et rejoint le Yang-tseu-kiang à l'E. de Zhenjiang.
Carte Chine Hd

Hua-lien, ***Taiwan*** Ville et port principal de la côte orientale de Taiwan, à 120 km au S. de T'ai-pei. Industries: cimenteries, usines d'engrais, raffineries de sucre, conserveries d'ananas. Marbre et jade réputés. À 20 km au N. se trouvent les gorges touristiques de Tailuko.
Population 359 000
Carte Taiwan Bc

Huambo, anc. **Nova Lisboa,** ***Angola*** Chef-lieu de province fondé en 1912, à 520 km au S.-E. de Luanda, relié au port de Benguela par chemin de fer. La province de Huambo, couverte de savane, culmine au Moro Moco, le plus haut sommet d'Angola (2 620 m). Productions principales: café, céréales, élevage.
Population (ville) 203 000; (province) 1 604 000
Carte Angola Ab

Huancavelica, ***Pérou*** Département des Andes centrales, où l'on découvrit du mercure au XVIe s. Le chef-lieu, Huancavelica, situé à 240 km au S.-E. de Lima, fut fondé en 1570 par Francisco de Toledo, vice-roi du Pérou, sous le nom de Villa Rica de Oropeza. Cathédrale et églises de style colonial espagnol.
Population (ville) 21 000 ; (département) 346 000
Carte Pérou Bb

Huancayo, ***Pérou*** Ville des Andes centrales, chef-lieu du département de Junín, à 200 km à l'E. de Lima. Altitude: 3 200 m. Centre commercial et agricole situé au cœur du bassin fertile du Mantaro (blé, orge, maïs), et relié à Lima par chemin de fer. Industries alimentaires et textiles. Université.
Population 115 000
Carte Pérou Bb

Huang he, ***Chine*** Voir HOUANG HO

Huang Shan, ***Chine*** Monts du sud de la province du Anhui, qui culminent à 1 841 m. Leurs pics rocheux où s'accrochent des pins rabougris, fréquemment estompés par les brumes, sont le sujet favori des peintres paysagistes chinois.
Carte Chine He

Huánuco, ***Pérou*** Département des Andes centrales qui produit de la canne à sucre et du thé. Le chef-lieu, Huánuco, jolie ville coloniale espagnole, est bâti à 1 812 m d'altitude. À proximité se trouvent les sites archéologiques de la ville inca de Huánuco Viejo, et des temples de Kotosh (civilisation de Chavín).
Population (ville) 61 000 ; (département) 484 000
Carte Pérou Ba

Huarás, ***Pérou*** Chef-lieu du département d'Ancash, sur le Río Santa, à 3 060 m d'altitude. La ville a été totalement reconstruite après un tremblement de terre qui fit 20 000 morts en 1970. Le musée archéologique abrite une belle collection d'objets de la civilisation de Chavín, florissante entre 700 et 200 av. J.-C.
Population 45 000
Carte Pérou Ba

Huascarán (Nevado de), ***Pérou*** Point culminant du pays (6 768 m), au-dessus de la vallée du río Santa. C'est l'un des vingt sommets de la cordillère Blanche (parc national à partir de 3 900 m) qui dépassent 6 000 m.
Carte Pérou Ba

Hubei (Hou-pei), ***Chine*** Province du centre de la Chine, arrosée par le Yang-tseu-kiang (180 000 km^2). À l'O., le fleuve traverse de profondes gorges, prolongement des canyons de la province du Sichuan. Le climat humide et chaud, la terre fertile font du Hubei une importante région agricole (riz, soja, blé, maïs, thé, coton). Capitale: Wuhan.
Population 55 000 000
Carte Chine Ge

Huddersfield, ***Royaume-Uni*** Ville de l'ouest du Yorkshire, à 24 km au S. de Leeds. Centre de l'industrie lainière depuis le XIXe s. Constructions mécaniques, produits chimiques.
Population 144 850
Carte Royaume-Uni Ed

Hudson, ***États-Unis*** Fleuve né dans les Adirondacks (État de New York) qui se jette au S. dans l'Atlantique, à New York. Longueur: 500 km. Il est relié aux Grands Lacs par le canal Érié.
Carte États-Unis Lb

Hudson (baie d'), ***Canada*** Vaste baie du nord-est du Canada, appartenant au Canada depuis 1869. La baie et le détroit d'Hudson (724 km de long), qui la relie à l'océan Atlantique, furent découverts par le navigateur anglais Henry Hudson en 1610. Churchill (Manitoba) en est le port principal (exportation du bétail et des céréales amenés par chemin de fer du centre du Canada). La baie, prise par les glaces de janvier à mai, n'est navigable que de juin à octobre.
Superficie 1 233 000 km^2
Profondeur maximale 259 m
Carte Canada Gb

Huê, ***Viêt-nam*** Ancienne capitale impériale, à 80 km au N.-O. du port de Da Nang, sur la rivière des Parfums. La ville, fondée en 1802, renferme palais, tombeaux, temples, et une Cité interdite. Elle fut prise par les Français en 1883.
Population 190 000
Carte Viêt-nam Bb

Huelva, ***Espagne*** Port d'Andalousie, situé à 95 km au N.-O. de Cadix, sur l'Atlantique. Exportations de cuivre, de fer et de manganèse, extraits des mines de la province de Huelva. Pêche au thon et à la sardine. Christophe Colomb prépara son expédition de 1492 lors de son séjour au monastère voisin de la Rabida.
Population (ville) 127 000; (province) 414 000
Carte Espagne Bd

Huesca, ***Espagne*** Ville de montagne, située à 225 km au N.-O. de Barcelone. Marché de fruits, vins et céréales; production de machines agricoles, ciment, poteries, vêtements et cuir. Cathédrale du XIIIe s. Université fondée en 1354. Le pic d'Aneto, point culminant des Pyrénées (3 404 m), à cheval sur la frontière française, appartient à la province de Huesca.
Population (ville) 44 000; (province) 219 000
Carte Espagne Ea

Hufuf (Al-), ***Arabie Saoudite*** Voir HOFOUF

Hugli, ***Inde*** Voir HOOGHLY

Huhhot, ***Chine*** Capitale de la région autonome de Mongolie-Intérieure, à 400 km à l'O. de Pékin. Industries alimentaires et textiles, fabrication d'engrais chimiques.
Population 670 000
Carte Chine Gc

Huíla, ***Angola*** Province dont la capitale, Lubango, se trouve à 680 km au S. de Luanda. Importants gisements de fer à Cassinga, à 280 km à l'E. de Lubango.
Population 906 000
Carte Angola Ab

Hong Kong

AVEC UNE DES RÉUSSITES ÉCONOMIQUES LES PLUS BRILLANTES DU MONDE, CETTE MINUSCULE COLONIE DE LA COURONNE BRITANNIQUE EST UNE VITRINE DU CAPITALISME. EN 1997, ELLE SERA RENDUE À LA CHINE

Minuit en été. Le coin d'une rue dans le centre de Kowloon, au cœur de Hong Kong. L'air est moite et chaud. Des lumières brillent à chaque fenêtre. D'énormes publicités au néon luttent avec les vitrines éblouissantes, sur un fond de hauts immeubles d'où pend du linge qui sèche. Des ouvriers s'affairent sur des échafaudages en bambous. Des autobus bondés passent, pare-chocs contre pare-chocs avec des camions, des voitures de livraison et des taxis, dans un concert d'avertisseurs. Des motos, des bicyclettes, des charrettes à bras (mais de très rares pousse-pousse) circulent entre eux.

Dans un minuscule café, adossé à un centre commercial de six étages, des joueurs de mahjong manipulent des jetons d'ivoire, dont les claquements ponctuent le rythme syncopé des sandales à semelles de bois sur le trottoir voisin. Dans une rue latérale, un vieux Chinois dort sous un auvent, sans se soucier des passants qui se bousculent autour de son lit de camp en bois. Au-dessus, quelques étoiles brillent faiblement à travers l'air humide chargé de gaz d'échappement ; elles disparaissent de temps en temps au passage d'un avion à réaction qui rase les toits dans un bruit de tonnerre en décollant de l'aéroport de Kai Taik, tout proche.

AU TRAVAIL 24 HEURES SUR 24

Cette bousculade étourdissante, électrisante, dure 24 heures sur 24, car la cité ne dort jamais. Des milliers de boutiques ont des ateliers sur l'arrière, où les travailleurs au noir continuent à gagner de l'argent jusqu'à des heures très tardives. Commandez un costume sur mesure l'après-midi, il sera prêt pour un dernier essayage le lendemain matin. Une grande partie de ces vêtements, cependant, est destinée à l'exportation vers l'Europe, l'Amérique du Nord et l'Australie ; pour la consommation locale, beaucoup de vêtements bon marché mais solides sont importés de Chine. À l'autre bout de l'échelle, des vins et des parfums français sont importés pour les touristes et les hommes d'affaires.

De nombreux empires économiques internationaux ont des bureaux dans cette place financière de premier plan. Un gratte-ciel de verre et d'acier, construit en 1985 pour la Hong Kong and Shanghai Banking Corporation, a coûté 615 millions de dollars, ce qui en fait le bâtiment le plus cher du monde.

L'histoire de la colonie commença en 1842 lorsque, après sa défaite dans la guerre de l'opium, entreprise pour défendre les intérêts des commerçants anglais, la Chine concéda à la Grande-Bretagne un rocher désert à l'embouchure de la Rivière des Perles (Zhu Jiang), au S. de Canton (Guangzhou). En 1860, après d'autres combats, une péninsule faisant face à l'île rocheuse fut à son tour concédée aux Britanniques par la convention de Pékin. En 1898, une région beaucoup plus grande, à l'arrière de la péninsule, ainsi que de nombreuses îles éparses, furent louées pour un bail de quatre-vingt-dix-neuf ans.

Le rocher est maintenant l'île de Hong Kong, une colline frangée de plages dorées et parsemée d'immeubles de luxe. La péninsule constitue aujourd'hui Kowloon qui, avec 72 000 habitants au kilomètre carré, est l'un des lieux les plus densément peuplés du monde. La partie la plus étendue de la colonie (plus de 90 % de sa superficie), est connue sous le nom de « Nouveaux Territoires », avec des vallées aux versants raides, parsemées d'usines et de villes nouvelles.

Au-delà des Nouveaux Territoires s'étend l'immensité de la Chine communiste. Entre les deux, une rivière guère plus large qu'un sentier campagnard, et un barrage de barbelés établi par les Anglais pour empêcher d'entrer les réfugiés du communisme — une réplique asiatique du Rideau de fer européen construit par les gouvernements communistes pour empêcher les candidats au départ de sortir.

UNE COMBINAISON GAGNANTE

La Chine est vitale pour la prospérité de Hong Kong. À 2 % près, la population est entièrement chinoise, et une grande partie de la nourriture et des matières premières transformées à Hong Kong en produits destinés au monde entier vient de Chine. Hong Kong elle-même n'a de ressources ni en minéraux ni en combustibles. Même l'eau vient en partie de réservoirs situés en Chine.

PIVOT DU COMMERCE. Des jonques et des sampans à fond plat ajoutent couleur et animation au port de Hong Kong, l'un des meilleurs havres naturels et des ports les plus actifs du monde. Certains servent de logement à des familles, d'autres d'allèges pour le chargement et le déchargement des navires à l'ancre. Les plus grandes jonques — beaucoup viennent de Chine — sont des navires de commerce à part entière.

Hong Kong n'a que trois atouts : sa position, sur la route maritime vers le Pacifique ; son magnifique havre naturel et sa population. La combinaison s'est révélée gagnante.

Hong Kong exporte plus de radios qu'aucun autre pays au monde, États-Unis et Japon compris. Elle fait plus de commerce international que des pays bien plus grands, dépassant le Brésil, l'Inde, l'Afrique du Sud et la Chine. Et son économie a crû à un rythme supérieur à 10 % par an, avec un financement essentiellement assuré par un réinvestissement des profits. Ce taux de croissance dépasse celui des géants industriels mondiaux. Grâce à ce succès, Hong Kong est presque aussi importante pour la Chine que celle-ci l'est pour Hong Kong.

Ses réalisations économiques peuvent être la meilleure garantie de son avenir politique. En 1997, le bail de quatre-vingt-dix-neuf ans pour les Nouveaux Territoires vient à terme, et avec lui se terminera la souveraineté britannique sur toute la colonie. Le 1er juin 1997, Hong Kong reviendra sous contrôle chinois. Mais, dans cet accord, la Chine a garanti le maintien de l'économie capitaliste libérale pendant cinquante ans : c'est là une reconnaissance politique de la force économique de Hong Kong. Certes, la Grande-Bretagne n'aurait pas le pouvoir d'intervenir si une nouvelle génération de dirigeants chinois décidait de changer les règles.

Mais les besoins de la Chine en devises peuvent très bien faire que les politiciens communistes ne voudront pas, jusqu'à une date éloignée du XXIe s., déranger une poule qui pond autant d'œufs d'or.

HONG KONG EN BREF	
Superficie	1 075 km^2
Population	5 900 000
Capitale	Victoria
Régime	Colonie de la Couronne britannique
Monnaie	Dollar de Hong Kong = 100 cents
Langues	Chinois (cantonais), anglais
Religions	Bouddhistes, taoïstes, chrétiens, confucéens
Climat	Subtropical ; mousson de mai à septembre. Températures moyennes : de 14 °C en février à 29 °C en juillet-août
Ressources	Porcs, volailles, fruits, légumes, poissons
Activités	Textiles, confection, matériel hi-fi et électronique, matériel photographique, bijouterie, montres et pendules, jouets, produits en plastique, réparation de navires, aéronautique, laminage d'acier, pêche
Exportations	Textiles, confection, matériel hi-fi et électronique, montres et pendules, jouets, plastiques, produits en métal léger
P.N.B. annuel par habitant	16 500 dollars
Croissance démographique	7 ‰ par an
Espérance de vie	Hommes 75 ans, femmes 80

Hongrie

PREMIER PAYS À BRISER LE RIDEAU DE FER, ET À SE LANCER SUR LA VOIE DE L'ÉCONOMIE DE MARCHÉ

À l'automne 1956, quand éclata en Hongrie la révolution contre la dictature communiste, Nikita Khrouchtchev envoya les chars soviétiques pour réprimer un soulèvement national qui menaçait de s'étendre à l'ensemble des pays de l'Est. De rudes combats opposèrent dans les rues de Budapest la population et l'armée aux troupes blindées soviétiques. 3 000 Hongrois furent tués, 12 000 blessés, 20 000 arrêtés, plus de 200 000 s'enfuirent à l'Ouest. Le gouvernement soviétique fit déporter Imre Nagy (il sera exécuté en 1958, après un procès secret), qu'il remplaça par János Kádár à la tête du gouvernement. Celui-ci, tout en restant fidèle à Moscou, sut mener une politique de libéralisation et consolider l'économie.

Encastré au cœur de l'Europe, le territoire hongrois est traversé dans sa partie centrale par le Danube, qui coule du Nord vers le Sud. La Hongrie, de forme allongée, est constituée à l'E. du Danube par la Cisdanubie, formée de la Grande Plaine (Nagy Alföld), ancienne steppe (puszta de Hortobágy) avec ses longs puits et ses chevaux, à présent riche terre cultivée dans le Nagykunság. Elle est bordée au N. par des sables mouvants peu fertiles dans le Nyirség, alors que la partie occidentale, le Kiskunság, est plantée de vignobles et de vergers. La Transdanubie, à l'O. du Danube, se compose du Kisalföld, petite plaine alluviale drainée par les affluents du Danube. Au S. commence la dorsale hongroise, qui comprend les monts de Bakony, Vertés, les collines de Somogy, la plaine de Mezöföld et le massif de Mecsek (682 m). Le lac Balaton (600 km^2), « mer hongroise », le plus grand lac d'Europe centrale, attire des milliers de touristes. Au N. de Budapest, la dorsale se prolonge par des massifs boisés dont l'altitude oscille entre 400 et 1 000 m : monts de Buda, Pilis, Matra (où est situé le point culminant du pays, le Kékes, qui s'élève à 1 015 m) et Bükk, monts de Zemplén.

Le climat continental apporte des hivers rigoureux, des étés chauds parfois torrides et orageux, mais souvent adoucis par la pénétration d'air atlantique. L'avancée d'air méditerranéen donne des automnes chauds et agréables. La Hongrie est le pays de l'Est le plus ensoleillé. Les provinces du Sud-Ouest et les montagnes sont les régions où les précipitations sont le plus importantes.

LE PASSÉ MAGYAR

L'histoire de la Hongrie remonte à un millénaire. En 896, des cavaliers nomades originaires du cours moyen de la Volga et de la Kama franchirent les Carpates sous la direction du chef de la tribu magyare, Arpad, et s'installèrent en Cisdanubie, puis conquirent Transdanubie et Transylvanie. Étienne Ier (997-1038) organisa l'État chrétien, évangélisa le peuple, fut couronné en l'an 1000 et canonisé en 1081. En 1241-1242, les Mongols envahirent le pays. Au XIVe s., les princes de la maison d'Anjou supplantèrent les descendants d'Arpad. Entre 1437 et 1456, le régent János Hunyadi mena le combat contre les Turcs ; son fils, le roi Mathias Corvin, fonda l'université de Buda (1465), la bibliothèque Corvina et la première imprimerie. Après la défaite des Hongrois à Mohacs, en 1526, une partie de la Hongrie fut dominée jusqu'au XVIIe s. par les Turcs auxquels succédèrent les Habsbourg d'Autriche. La guerre d'indépendance menée par Rákoczi de 1703 à 1711 échoua, et la révolution de 1848, dirigée par Kossuth, fut écrasée. Les Habsbourg avaient obtenu le soutien de la Russie. Toutefois, le compromis de 1867 établit une double monarchie, où la Hongrie devint un État unitaire au sein de l'Empire austro-hongrois. Après la Première Guerre mondiale, l'empire s'effondra. Au traité de Trianon, signé en 1920 par l'amiral Horthy, la Hongrie perdit deux tiers de ses territoires au profit de la Tchécoslovaquie, de la Roumanie et de la Yougoslavie. En 1941, Hitler poussa Horthy à engager ses troupes contre les Russes en lui promettant la révision du traité. En 1944, les Allemands envahirent le palais royal et arrêtèrent Horthy. En 1945, l'Armée rouge occupa le territoire hongrois. Un gouvernement provisoire national fut constitué, la république proclamée en 1946 et le régime communiste instauré sous la direction de Rákosi en 1948, qui, après la rupture soviéto-yougoslave, commença un processus d'épuration et condamna l'exministre de l'Intérieur, Laszlo Rajk.

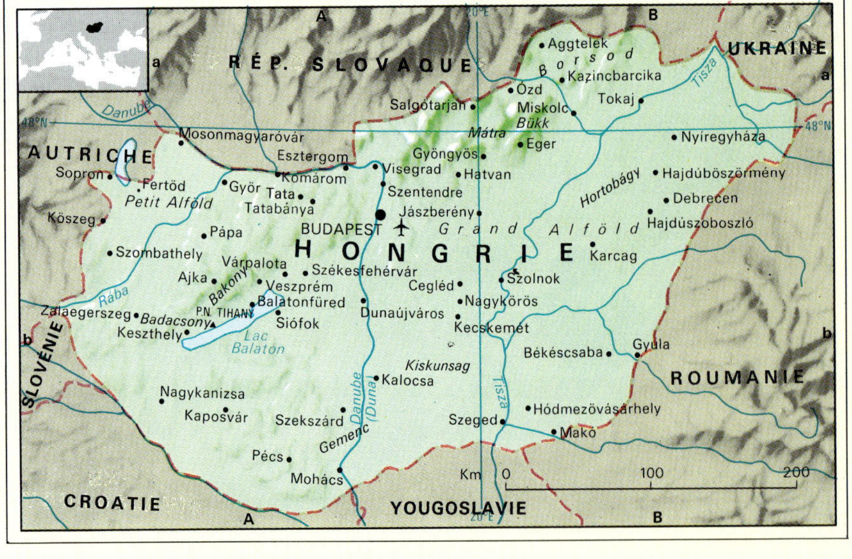

LE BOOM ÉCONOMIQUE

La Hongrie a bénéficié dans les années 1970-1980 du plus fort redressement économique de tous les pays de l'Est grâce au « nouveau mécanisme économique » inauguré en 1968. Ce système, tout en laissant un rôle directeur au Plan, favorisait l'économie de marché, acceptait la concurrence, laissait une bonne marge d'autonomie aux entreprises, autorisant le développement du secteur privé.

Quand les communistes prirent le pouvoir, la Hongrie était un pays de grande propriété entre les mains de l'Église catholique et de la noblesse (Esterházy). Les domaines furent distribués aux paysans ou exploités par des fermes d'État et des coopératives (131 et 1 253 en 1988), qui au total couvrent 89 % des terres agricoles dont 75 % pour le coopératif. Exploitations auxiliaires (75 sur 280 000 ha) et lopins individuels (640 000 sur 660 000 ha) fournissent 36 % de la production agricole totale.

Une forte mécanisation et l'apport d'engrais (300 kg/ha) produisent des résultats satisfaisants. L'irrigation est étendue sur 320 000 ha et les régions les plus arides de la Grande Plaine, Hortobágy et Hajduság, ont pu être cultivées.

Blé (7,4 Mt), maïs (6,7 Mt) et betterave à sucre (4,4 Mt) couvrent 55 % des superficies arables. La production fourragère permet d'élever cheptel bovin et porcs qui fournissent la viande consommée (140 kg/hab.) sous forme de salami, goulach et *pörkölt* qui accompagnent la bonne cuisine hongroise.

De vastes superficies dans le Kiskunság, favorisées par de bonnes conditions climatiques, permettent des cultures diversifiées : choux, laitues, oignons, tomates, poivrons rouges (paprikas), petits pois. Tabac, fruticulture (abricots, poires, pêches, prunes, cerises, framboises et fraises), vigne assurent l'exportation de produits de renommée mondiale : eaux-de-vie (palinkas) et vins (tokay, egri bikavér ou sang de taureau).

Malgré la présence de bassins charbonniers en Transdanubie (26 millions de tonnes), de pétrole (2 millions de tonnes) à Szeged, Zala, Eger, de gaz naturel (7,4 milliards de mètres cubes), la Hongrie ne couvre que 48 % de ses besoins intérieurs. La métallurgie de l'aluminium est très développée grâce aux gisements de bauxite de Transdanubie (2,8 milliards de tonnes). La Hongrie s'est spécialisée dans la production textile, les cuirs, la confection, les industries chimiques et alimentaires, l'imprimerie, l'informatique. Elle est réputée pour ses bonnes performances dans le domaine de l'industrie mécanique : carrosseries et véhicules Ikarus (camions et autobus). Elle réalise des équipements électroniques, téléviseurs, compteurs électriques, téléphones, lampes à incandescence, rotatives électroniques, appréciés à l'étranger.

LE RENOUVEAU SOCIAL ET POLITIQUE

La Hongrie a dû faire face à de nombreux problèmes pour se construire : forte dépendance de l'U.R.S.S., manque de moyens de transport et d'équipements sociaux et culturels dans des régions essentiellement rurales aux villes dispersées, aux villages isolés (Grande Plaine). Elle a été touchée par l'exode rural. La plupart des migrants se sont installés à Budapest, qui compte plus de 2 millions d'habitants et offre 30 % des emplois du pays. Les difficultés de logement sont graves malgré la construction d'ensembles collectifs dans les banlieues depuis le début des années 1960 et les essais de déconcentration industrielle. Il reste encore 85 000 migrants journaliers vers Budapest. La population est attirée par les charmes de Budapest avec ses boulevards, pâtisseries et cafés de Pest, sur la rive gauche du Danube, par la vieille colline de Buda, quartier des villas et du château, par ses musées, théâtres, salles de concert qui jouent Liszt, Bartók, Kodaly, fidèles aux mélodies populaires nationales, et par ses nombreuses piscines thermales.

Budapest est, comme Paris, affectée par les problèmes d'embouteillage, de parking, de bruit et de pollution. Les cadres et les travailleurs aisés ont des résidences secondaires. L'augmentation des salaires, le bas prix des loyers, la gratuité des services médicaux, l'emploi conjugué de l'homme et de la femme, ainsi que la débrouillardise pour assurer des revenus complémentaires ont amélioré les conditions de vie.

Les Hongrois, peuple finno-ougrien dont la langue a des racines communes avec le finnois et l'estonien, ont su, par leur ténacité, parfois par leur humour, mais aussi grâce à leur vie associative et intellectuelle intense, rester fidèles à leurs idéaux de 1956 et les concrétiser pour engager l'État sur la voie de la démocratisation. À partir de 1987, après le départ de Kadar, remplacé par Karoly Grosz, les réformes se sont succédé. Le 15 mars 1988, souvenir de la première manifestation insurrectionnelle de 1848, est devenu une fête chômée. Le 23 septembre 1988 a été fondé le Forum démocratique hongrois, mouvement d'opposition le plus important à côté de l'Alliance des démocrates libres et de la Fidesz, organisation de la jeunesse démocratique. La révolution de 1956 a été réhabilitée comme « soulèvement populaire », et, le 16 juin 1989, un hommage à Imre Nagy a été célébré sur la place des Héros.

Les premières élections libres ont eu lieu le 24 mars 1990 et ont donné la victoire à la droite et au centre pour le libéralisme et la démocratie. Mais devant les difficultés tant économiques que politiques traversées par le pays, le parti socialiste hongrois (ex-P.C., réformateur) a remporté en mai 1994 les élections générales.

La Hongrie a fait une avancée économique au sein de l'Europe : privatisations, créations d'une Bourse, d'une chambre de commerce franco-hongroise, et de sociétés à capitaux mixtes. Une loi vise à restituer les propriétés nationalisées en 1949. Pour lui permettre de juguler l'inflation et une récession industrielle, elle dispose d'un prêt d'un milliard de dollars de la C.E.E.

Ces choix suivent logiquement son orientation politique et intellectuelle vers l'Ouest.

LE DANUBE BLEU-GRIS. Le vaste bâtiment néogothique du Parlement fut construit au XIXe s. au bord du Danube à Budapest. Les nazis ont fait sauter le pont Marguerite en 1944, causant de nombreuses pertes d'hommes. Les Hongrois l'ont reconstruit.

POUR LES VISITEURS

Les Hongrois apprécient la bonne chère et le bon vin. Le paprika est utilisé dans de nombreux plats arrosés de tokay et d'egri bikavér (sang de taureau), deux vins excellents. Cafés et restaurants ne désemplissent pas.

Pour le touriste, la Hongrie n'est pas seulement le vaste espace de la Grande Plaine avec ses longs puits et ses chevaux, ni le pays des tsiganes. C'est une variété de paysages allant des pittoresques régions de Transdanubie avec leurs vieilles villes et stations thermales, leurs vergers et vignobles du Bakony, aux anciens paysages volcaniques des rives du lac Balaton et son eau chaude, qui offrent autant d'attrait que la Hongrie du Nord, très différente avec ses forêts denses, ses montagnes, ses vignobles d'Eger et de Tokaj, tandis que le Sud, avec la ville de Pécs aux mosquées du XVIe s., rappelle l'époque de la domination turque. Enfin, Budapest, avec la beauté du Danube et de son cadre de collines boisées, la majesté de ses monuments, le pittoresque de la vieille ville, la multitude de sources et de piscines d'eaux thermales, est un site agréable de villégiature. Autant d'éléments favorables pour le visiteur, qui peut aussi apprécier le bon accueil et l'humour des Hongrois.

LA HONGRIE EN BREF
Superficie 93 032 km^2
Population 10 295 000
Capitale Budapest
Régime République, multipartisme
Monnaie Forint = 100 fillér
Langue Magyar (hongrois)
Religion Chrétiens (2/3 catholiques, 1/3 protestants)
Climat Continental ; températures moyennes à Budapest : de − 4 à 1 °C en janvier, de 16 à 28 °C en juillet
Ressources Céréales, pommes de terre, betteraves à sucre, fruits et légumes, raisin, bétail, bois, bauxite, charbon, lignite, pétrole, gaz naturel
Activités Industries alimentaires, textiles, minières, chimiques, mécaniques, bois, sidérurgie, transports
Exportations Produits alimentaires, machines, produits chimiques, véhicules à moteur, confection, fer et acier
P.N.B. annuel par habitant 4 186 dollars
Croissance démographique 2,5 ‰ par an
Espérance de vie Hommes 65 ans, femmes 73

Huila, ***Colombie*** Département du Sud-Ouest qui tire son nom du volcan Nevado de Huila (5 750 m). Le chef-lieu, Neiva, est situé au S.-O. de Bogotá. Riziculture, élevage.
Population 791 900
Carte Colombie Bb

Hull, ***Canada*** Ville sur l'Outaouais, en face d'Ottawa, à laquelle la relient cinq ponts. Ses principales industries comprennent le bois, le papier, les cimenteries et la viande. Elle abrite de nombreux édifices gouvernementaux. Plus de 88 % de sa population est francophone.
Population 58 000
Carte Canada Hd

Hull, ***Royaume-Uni*** Voir KINGSTON-UPON-HULL

Humber, ***Royaume-Uni*** Estuaire de l'Ouse, du Don, de la Derwent et de la Trent, sur la côte E. de l'Angleterre, à 225 km au N. de Londres. Longueur: 60 km. Il est franchi par un pont suspendu de 1 410 m de long, à l'O. du port de Kingston-upon-Hull. Le comté de Humberside (3 512 km^2) comprend le port de Grimsby, et la ville industrielle de Scunthorpe (sidérurgie).
Population 854 000
Carte Royaume-Uni Ed

Humboldt (glacier), ***Groenland*** Le plus grand glacier du Groenland (longueur: 114 km; largeur: 95 km), au N.-O. du pays. Il porte le nom de l'explorateur et naturaliste allemand Alexander von Humboldt (1769-1859), dont les écrits annoncent la géographie physique moderne.
Carte Arctique Db

humidité relative Voir HYGROMÉTRIQUE (DEGRÉ)

Hunan (Hou-nan), ***Chine*** Province du centre de la Chine (210 000 km^2). Son climat humide et chaud, son sol fertile favorisent la riziculture (1/6 de la production totale de riz du pays), principalement dans les basses terres situées au S. du lac Dongting et dans la plaine alluviale du Yang-tseu-kiang. Le reste de la province est montagneux, et la population y est moins dense. Ressources minières (tungstène, plomb, zinc, manganèse, mercure). Capitale: Changsha.
Population 61 500 000
Carte Chine Ge

Hunedoara, ***Roumanie*** Ville industrielle (sidérurgie) de Transylvanie, à l'O. du pays. Citadelle du XVe s., restaurée après un incendie en 1850.
Population 85 000
Carte Roumanie Aa

Hungnam, ***Corée du Nord*** Port de pêche de la côte E. (mer du Japon), à 200 km au N.-E. de Pyongyang. Centre industriel (construction mécanique, produits chimiques, textiles) depuis les années 1920 grâce au développement des mines de charbon et des centrales hydroélectriques installées sur la Bujon.
Population 260 000
Carte Corée Cc

Hunter Valley, ***Australie*** Vallée de la Hunter, productrice de vins, charbon et bétail (ovins), dans la Nouvelle-Galles du Sud, à 100 km au N. de Sydney. La Hunter est un fleuve long de 462 km qui prend sa source dans la Cordillère australienne et se jette à l'E. dans le Pacifique, à Newcastle.
Carte Australie Ie

Huntingdon, ***Royaume-Uni*** Voir CAMBRIDGE

Huntly, ***Nouvelle-Zélande*** Ville minière de l'île du Nord, à 80 km au S. d'Auckland. Centre du plus important gisement de charbon du pays.
Population 6 500
Carte Nouvelle-Zélande Eb

Huntsville, ***États-Unis*** Ville du nord de l'Alabama, à 30 km de la frontière du Tennessee. Transformation des produits agricoles, industries de la laine. Centre aérospatial.
Population (ville) 159 800; (aggl.) 239 000
Carte États-Unis Id

Hurghada, ***Égypte*** Voir HOURGADA

Huron (lac), ***Canada/États-Unis*** L'un des Grands Lacs, à la frontière du Canada (Ontario) et des États-Unis (Michigan). Il communique au N.-O. avec le lac Supérieur par la rivière Sainte-Marie, au S.-O. avec le lac Michigan par le détroit de Mackinac, au S. avec le lac Saint-Clair par la rivière Saint-Clair. Il appartient à 60 % au Canada. Superficie: 59 570 km^2.
Carte États-Unis Jb

hurricane Voir TYPHON, CYCLONE TROPICAL

Hutt (vallée de la), ***Nouvelle-Zélande*** Voir WELLINGTON

Huy, ***Belgique*** Ville située au confluent de la Meuse et du Hoyoux. Les touristes admirent sa collégiale (rosace remarquable), sa citadelle, sa fontaine, qui date de 1406. Les étains sont une spécialité locale.
Population 17 250
Carte Belgique Ba

Hvar, ***Croatie*** Île dalmate de 287 km^2, au large de la station touristique de Makarska. Elle produit du vin, du miel, du raisin, des olives, des figues, des dattes et du marbre. La ville de Hvar possède une cathédrale baroque, une forteresse du XVIe s. et un monastère franciscain. Port principal: Starigrad (ferry).
Population 11 600
Carte Croatie Bc

Hwange, anc. **Wankie,** ***Zimbabwe*** Ville charbonnière de l'ouest du pays, à 500 km à l'O. d'Harare. Hwange National Park (anc. Wankie National Park), au S.-E. des chutes Victoria, abrite 107 espèces animales (buffles, élands, éléphants, girafes, koudous, gnous, zèbres), et 400 variétés d'oiseaux.
Population 39 000
Carte Zimbabwe Ba

Hyderabad, ***Inde*** Ville fortifiée, capitale de l'État de l'Andhra Pradesh, à 500 km au N.-O. de Madras. Ancienne capitale de l'État princier d'Hyderabad, elle fut conquise par l'Inde en 1948. La ville, prise par Aurangzeb en 1687, conserve plusieurs monuments de style arabe (tour Chaminar du XVIe s., haute de 46 m, mosquées, tombes). Centre artisanal florissant (travail du métal, tapis, soie). Université, musée. Lac artificiel, zoo. Les industries sont rassemblées dans les banlieues.
Population 2 992 000
Carte Inde Cd

Hyderabad, ***Pakistan*** Ville située à 160 km au N.-E. de Karachi, en amont du delta de l'Indus. Elle fut fondée en 1782 par le prince afghan Sarfaraz khan. Ruines d'un fort et de tombes royales. Université. Industries textiles, chimiques. Marché agricole.
Population 795 000
Carte Pakistan Cc

Hydra, ***Grèce*** Île touristique de la mer Égée, à 71 km au S.-O. du Pirée. La circulation automobile y est interdite. Le chef-lieu, Hydra, possède des maisons du XVIIIe s., des hôtels, et un port de plaisance.
Population 2 700
Carte Grèce Cc

hydrosphère Ensemble des eaux du globe terrestre: océans, cours d'eau, neige, glace et eaux souterraines.

Hyères, ***France*** Ville de Provence, en bordure de la rade d'Hyères (comprise entre la presqu'île de Giens et le cap Bénat). Grande station climatique et balnéaire. Églises Saint-Paul (romane et gothique) et Saint-Louis (XIIIe s.). Forteresse romaine. Port médiéval. Musées.
Population 48 000
Carte France Ge

Hyères (îles d'), ***France*** Groupe de trois petites îles au large de la rade d'Hyères. L'île touristique de Porquerolles, à l'O., est dominée par un fort du XVIe s. L'île de Port-Cros, au centre, classée parc national, est une réserve de la flore et de la faune méditerranéennes, à la fois terrestres et maritimes. La chasse sous-marine y est interdite, et la pêche réglementée. L'île du Levant, à l'E., est un lieu de rendez-vous des naturistes (station d'Héliopolis) et une base d'essais de la Marine nationale.
Carte France Ge

hygrométrique (degré) ou **humidité relative** Mesure du rapport (%) entre la masse de vapeur d'eau contenue dans 1 m^3 d'air humide donné (humidité absolue) et la masse de vapeur d'eau maximale que peut contenir le même volume d'air dans des conditions de pression et de température identiques (c'est ce qu'on appelle la capacité hygrométrique).

Iakoutie (R. de Iakoutie-Sakha) ***Russie*** République à l'E. de la Sibérie centrale, aussi grande que l'Europe de l'Ouest (3 103 200 km^2). La république comprend essentiellement des plaines subarctiques nues, des chaînes montagneuses et des forêts marécageuses de conifères. Le climat y est extrêmement sévère (Verkhoiansk est l'endroit le plus froid du globe, avec des températures hivernales de − 60 °C en moyenne). Les activités agricoles principales sont l'élevage (rennes), la pêche et la chasse. Exploitation de mines d'or, d'étain et de charbon.

La capitale, Iakoutsk, se trouve à 480 km au S. du cercle arctique. Fondée en 1632 comme forteresse sur le fleuve Lena, large de 10 km à cet endroit, la ville est aujourd'hui un centre de commerce des fourrures. Industries: tanneries du cuir, briqueteries, bois.

En septembre 1990, la Iakoutie fut une des premières républiques socialistes soviétiques autonomes à se déclarer souveraine.
Population (république) 1 108 600; (ville) 191 000
Carte Russie Gb, Hb

Iakoutsk (Yakutsk), ***Russie*** Voir IAKOUTIE (R. de Iakoutie-Sakha)

Iaroslavl', ***Russie*** Ville industrielle et port fluvial sur la Volga, à 240 km au N.-E. de Moscou. Fondée au début du XIe s. par le prince Iaroslav Ier, elle devint une ville de marché et d'artisanat — ainsi qu'un poste relais sur la route des fourrures de la Russie du Nord. La plus grande filature du pays (pour l'époque) y fut construite en 1772 et continue de produire des tissus de lin. Aujourd'hui, les industries principales sont la pétrochimie, les matières plastiques, les teintures, le caoutchouc synthétique, les pneumatiques, les moteurs Diesel, les camions, les chaussures et les produits alimentaires. On y admire un monastère fortifié du XIIe s., une cathédrale du XVIe s., et un théâtre du XVIIIe s. — le plus ancien de la Russie.
Population 638 100
Carte Russie Cc

Iasi, ***Roumanie*** Chef-lieu du département du même nom et ancienne capitale de la principauté de Moldavie (de 1565 à 1862). Nombreux monuments religieux du XVIIe s.: église des Trois-Hiérarques, de Golia, monastères de Cetatuia, de Galata. Université Cuza. Industries chimiques, textiles, pharmaceutiques, métallurgiques et alimentaires.
Population 271 500
Carte Roumanie Ba

Ibadan, ***Nigeria*** Capitale de l'État d'Oyo (sud-ouest du pays). Seconde ville du Nigeria par sa population (qui est en majeure partie yoruba). Centre administratif et commercial. Siège d'une université. Important marché agricole, pour le cacao et l'huile de palme.
Population 1 295 000
Carte Nigeria Ab

Ibagué, ***Colombie*** Chef-lieu du département de Tolima, sur le versant E. de la Cordillère centrale, à 1 300 m d'altitude. Centre commercial d'une région agricole (café, cacao, tabac, canne à sucre). Capitale musicale du pays. Université. Festival folklorique en juin.
Population 293 000
Carte Colombie Bb

Ibar, ***Yougoslavie*** Rivière de Serbie, de 276 km de long, affluent de la Morava occidentale. Elle prend sa source au N. de Peć. Son cours supérieur traverse de pittoresques gorges.
Carte Yougoslavie Bc

Ibarra, ***Équateur*** Chef-lieu de la province d'Imbabura, au N.-E. de Quito, dans une vallée des Andes à 2 200 m d'altitude. Centre commercial d'une région agricole (coton, canne à sucre, café). Centre touristique réputé (artisanat, travail du bois).
Population 80 500
Carte Équateur Ba

Ibb, ***Yémen*** Petite ville située à 60 km au N. de Ta'izz, à 2 050 m d'altitude, au centre d'une riche région agricole.
Population 19 700
Carte Yémen Ab

Ibérique (péninsule) Partie du sud-ouest de l'Europe entourée par la Méditerranée et l'Atlantique que se partagent le Portugal (à l'O.) et l'Espagne.

Ibiza, ***Espagne*** L'une des îles Baléares (572 km^2). Chef-lieu et port: Ibiza. L'île vit de ses cultures (vignes, fruits, légumes), de ses marais salants, et surtout du tourisme.
Population (ville) 25 500; (île) 61 000
Carte Espagne Fc

Ibo (pays), en angl. **Iboland,** ***Nigeria*** Région du sud-est du Nigeria, terre du peuple ibo. La densité de sa population y est la plus forte du pays (400 habitants au kilomètre carré). Principaux produits agricoles: huile de palme, cacao, maïs, riz, manioc; plantations d'hévéas. Gisements miniers (charbon, zinc, plomb, fer) et pétrolifères. Ville principale: Enugu. Les Ibos firent sécession en 1967 pour former le Biafra; la guerre civile qui s'ensuivit fit 1 million de morts et aboutit à la défaite des Biafrais en 1970.
Population 10 000 000
Carte Nigeria Bb

Içà, ***Brésil*** Voir PUTUMAYO

Ica, ***Pérou*** Chef-lieu du département du même nom, à 273 km au S.-E. de Lima. Université.
Le département d'Ica (21 250 km^2) s'étend entre les Andes et le Pacifique; l'agriculture s'y est développée grâce aux travaux d'irrigation. Culture du coton, vignobles (vin et eau-de-vie réputés). Vestiges précolombiens à Paracas, Nazca et Tambo Colorado.
Population (ville) 117 800; (dép.) 433 900
Carte Pérou Bb

iceberg Gigantesque bloc de glace d'eau douce détaché d'un glacier polaire et flottant en mer, dont environ un cinquième émerge. Le plus grand, aperçu dans l'océan Pacifique S., mesurait 335 km de long et 97 km de large. Le plus haut (167 m) fut signalé au large de la côte O. du Groenland en 1959.

L'EMPREINTE DU PASSÉ. Séparée des bas quartiers par des murailles du XVIe s., la Ville Haute, dominée par sa massive cathédrale, est le cœur ancien d'Ibiza, capitale de l'île du même nom.

Idaho, ***États-Unis*** État du Nord-Ouest (216 412 km²). Capitale : Boise. Le Centre et le Nord-Est sont montagneux (monts Bitterroot à l'E., monts de la Salmon River au centre). À l'O. et au S. s'étendent les plaines et les plateaux de la Snake River. Importants gisements métallifères (argent, plomb, zinc) exploités près de Cœur d'Alene. Exploitation forestière et élevage. L'agriculture (céréales, pommes de terre renommées) s'est développée au S. grâce à l'irrigation (plaine de la Snake River notamment). Industries principales : chimiques (phosphates), alimentaires (sucreries). Centrale nucléaire d'Arco. Tourisme important.

Originellement peuplée d'Indiens (Kutenai, Kalispel, Cœur d'Alene, Nez-Percé, Paiute et Shoshone), la région devint en 1890 le 43e État de l'Union. Patrie du poète Ezra Pound.

Population 1 005 000
Carte États-Unis Ca

Idfu, ***Égypte*** Voir EDFOU

Idi Amin Dada (lac), ***Ouganda/Zaïre*** Voir ÉDOUARD (lac)

Idlib, ***Syrie*** Chef-lieu de province à 60 km au S.-O. d'Alep. Centre d'une région agricole (céréales, coton, olives, tabac).

Population (ville) 52 000 ; (province) 870 000
Carte Syrie Bb

Iekaterinbourg, ***Russie*** Voir EKATERINBOURG

Iéna, en all. **Jena,** ***Allemagne*** Ville à 80 km au S.-O. de Leipzig. Napoléon y défit les Prussiens en 1806. Dans sa célèbre université, fondée en 1557, enseignèrent le philosophe Georg Hegel (1770-1831) et le poète et dramaturge Johann Schiller (1759-1805). Karl Marx y fut étudiant. Après l'ouverture d'un atelier en 1846 par l'opticien Carl Zeiss, l'industrie d'instruments optiques se développa. On fabrique aussi des instruments de précision, des caméras, des produits chimiques et pharmaceutiques.

Population 108 000
Carte Allemagne Dc

Ienisseï, ***Russie*** Fleuve né à proximité de la frontière N.-O. de la Mongolie, qui se dirige vers le N. et arrose la Sibérie sur 4 130 km, jusqu'à la mer de Kara (océan Arctique). Ses affluents principaux sont l'Angara et les Toungouska inférieure et moyenne (pierreuse). Il est navigable sur la plus grande partie de son cours (jusqu'à Minoussinsk) bien qu'il soit gelé en partie la moitié de l'année. Les cosaques s'établirent sur ses rives au début du XVIIe s. La principale ville traversée est Krasnoïarsk.

Carte Russie EFabc

Ieper, ***Belgique*** Voir YPRES

Ievpatoria, anc. **Eupatoria,** ***Ukraine*** Port et station balnéaire de la côte O. de Crimée, sur la mer Noire, à 70 km au N. de Sébastopol. Les Russes prirent Ievpatoria aux Turcs en 1783. La ville est aujourd'hui touristique. À proximité de ses plages, le vieux quartier, avec son réseau de ruelles tortueuses et commerçantes, ses échoppes d'artisanat et sa mosquée, contraste avec le port de pêche moderne. Nombreux sanatoriums, hôtels, parcs et jardins. À l'E. de la ville se trouve le lac Saki, dont les boues médicinales sont utilisées pour soigner l'arthrite et les maladies nerveuses.

Population 113 200
Carte Ukraine Cd

Ife, ***Nigeria*** Ville de l'État d'Oyo, au N.-E. de Lagos. Marché agricole (coton, cacao). Université. C'est l'une des plus vieilles cités du peuple yoruba, capitale d'un royaume qui connut son apogée au XIIIe s. L'archéologue allemand Frobenius attira l'attention dès 1910 sur les têtes de bronze d'Ife (XIe-XVe s.) considérées comme des chefs-d'œuvre de l'art africain. Elle sont conservées au musée de la ville.

Population 209 100
Carte Nigeria Ab

Ifni, ***Maroc*** Ancienne province de l'Espagne formant une enclave dans le sud du Maroc, sur la côte atlantique, en face des îles Canaries ; elle a été rétrocédée au Maroc en 1969. Chef-lieu : Sidi Ifni, qui est aussi un petit port de pêche (16 300 habitants). La population, en majorité berbère, vit de la pêche et de l'élevage.

Population 47 700
Carte Maroc Ab

ignée, endogène (roche) Roche cristalline d'origine magmatique ou tellurique formée dans les profondeurs de l'écorce terrestre. Les principales roches endogènes sont le basalte, la diorite, le granit. Synonyme : roche éruptive.

Iguaçu (chutes d'), ***Argentine/Brésil*** Chutes spectaculaires, hautes de 70 m (Salto Grande de Santa Maria), que forme la rivière Iguaçu dans la partie inférieure de son cours, à la frontière du Brésil et de l'Argentine. Le site est très touristique. La rivière Iguaçu, longue de 1 320 km environ, et dont le cours est en territoire brésilien, prend sa source dans la serra do Mar à l'E., près de Curitiba, traverse l'État de Paranà et se jette à l'O. dans le Paranà, à la frontière du Paraguay. Parc naturel.

Carte Brésil Cd

Iguaraçu, ***Brésil*** Ville située à 40 km au N. de Recife, dont une grande partie est classée monument national. L'église Saints-Côme-et-Damien, construite en 1535, est la plus ancienne du Brésil. Sucre, noix de coco, igname, manioc.

Population 74 000
Carte Brésil Eb

Ijebu Ode, ***Nigeria*** Ville de l'État d'Ogun, dans le S.-O. du pays. Marché agricole du peuple yoruba (cacao, huile de palme, noix de cola, bois).

Population 110 300
Carte Nigeria Ab

Ijevsk, ***Russie*** Capitale de la République autonome d'Oudmourtie, fondée en 1760, à 225 km au S.-O. de Perm. Centre industriel (métallurgie, armement, automobiles). Appelée Ustinov dans les années 1980, du nom d'un ministre de la Défense sous Leonid Brejnev.

Population 646 800
Carte Russie Dc

IJmuiden, ***Pays-Bas*** Voir NORD (canal de la mer du)

IJssel, ***Pays-Bas*** Rivière de 116 km de long formée par un bras du Rhin ; elle se jette dans l'IJsselmeer en formant un delta.

Carte Pays-Bas Ca

IJsselmeer, ou **lac d'IJssel,** ***Pays-Bas*** Lac d'eau douce aménagé en 1932 ; une digue le sépare de la mer des Wadden. Il occupe ce qui reste du Zuiderzee après l'aménagement des quatre polders : N.-E., Flevoland (E. et S.) et Markerwaard.

Carte Pays-Bas Ba

I-lan, ***Taiwan*** Ville du nord-est de l'île. Centre commercial d'une plaine côtière qui est l'une des principales régions agricoles du pays.

Population 100 000
Carte Taiwan Bb

île Espace de terre entouré d'eau de tous côtés. Les îles sont souvent groupées en archipels. Voir LES PLUS GRANDES ÎLES DU MONDE, ci-dessous. Voir également au nom propre des lieux commençant par « île » ou « îles ». Par exemple, pour les îles Féroé, voir FÉROÉ (îles).

Ilebo, anc. **Port-Francqui,** ***Zaïre*** Ville sur le Kasai, à 580 km environ à l'E. de la capitale, Kinshasa. Port fluvial et tête de ligne d'une voie ferrée reliant le fleuve à Lubumbashi et aux régions minières du Shaba.

Population 48 900
Carte Zaïre Bb

Île-de-France, ***France*** 1. Ancienne région historique, au centre du Bassin parisien. Elle constitua, au Moyen Âge, le domaine royal à partir duquel la monarchie capétienne construisit sa puissance.

2. Région administrative instituée depuis 1976 comprenant autour de Paris sept départements : Hauts-de-Seine, Seine-Saint-Denis, Val-de-Marne, Essonne, Val-d'Oise, Yvelines, Seine-et-Marne (12 100 km²). Chef-lieu : Paris.

LES PLUS GRANDES ÎLES DU MONDE

Une île est une masse de terre entourée d'eau de toutes parts. L'Australie peut être considérée soit comme le plus petit continent, soit comme la plus grande île du monde. La Grande-Bretagne, composée de l'Angleterre, de l'Écosse et du pays de Galles, est la plus grande île d'Europe (299 870 km²).

Îles	Situation	Superficie (en km²)
Groenland	Amérique du Nord	2 175 600
Nouvelle-Guinée	Australie/Asie	808 510
Bornéo	Asie	751 900
Madagascar	Afrique	587 041
Terre de Baffin	Amérique du Nord	507 451

Elle regroupe plus du quart du potentiel économique du pays et un peu plus de 20 % de sa population active (environ 4 550 000 personnes), dont près de 58 % travaillent dans le secteur tertiaire, 41 % dans le secondaire et 1 % dans l'agriculture.
Population 10 661 000
Carte France Eb

Île-du-Prince-Édouard, ***Canada*** La plus petite des provinces du Canada (5 660 km^2), située dans le golfe du Saint-Laurent et séparée du continent par le détroit de Northumberland. L'île, en forme de croissant, renferme des basses terres de grès rouge (142 m d'altitude), dont les deux tiers sont cultivés: pommes de terre, légumes et tabac. L'industrie alimentaire y est très développée. La pêche en haute mer et les courses de chevaux attirent le tourisme. Le parc national de l'Île-du-Prince-Édouard, tout de dunes, de marais salants et de plages de sable, s'étend sur 18 km^2. Capitale: Charlottetown.
Population 129 000
Carte Canada Id

Îles (baie des), en angl. **Bay of Islands,** ***Nouvelle-Zélande*** Baie de la côte N. de l'île du Nord. Les baleiniers européens y mouillaient au début du XIXe s. Lieu des premiers contacts avec les Maoris. Site touristique.
Carte Nouvelle-Zélande Ea

Îles-de-la-Madeleine, ***Canada*** Archipel qui s'étend sur 202 km^2 dans le golfe du Saint-Laurent, au Québec. Comprenant une douzaine d'îles, il s'étire en forme d'hameçon sur quelque 100 km. Seules les plus grandes îles sont habitées: l'île d'Entrée, au large, ainsi que Havre-Aubert, Cap-aux-Meules, Havre-aux-Maisons, Grande-Entrée, Grosse-Île et l'île de l'Est, reliées par des flèches de sable. La population est en majorité d'origine acadienne. Les 300 km de plages de sable blanc et fin sont entrecoupés de falaises de grès rouge ou gris-vert, de caps, d'arches, de grottes, de lagunes et de baies pittoresques. Le homard des îles est expédié vivant vers les grands centres.
Population 14 530

Ilesha, ***Nigeria*** Ville de l'État d'Oyo, à 200 km au N.-E. de Lagos. Important centre de production et de commercialisation du cacao.
Population 266 700
Carte Nigeria Ab

Ilhéus, ***Brésil*** Port de l'État de Bahia, au S. de Salvador. Centre de traitement et d'exportation du cacao. Les plantations de la région fournissent l'essentiel de la production de cacao du Brésil.
Population 79 500
Carte Brésil Ec

Iligan, ***Philippines*** Chef-lieu de la province de Lanao del Norte et port de l'île de Mindanao, sur la baie d'Iligan. Centre industriel: aciéries, usines chimiques (engrais), cimenteries. Centrale hydroélectrique près des chutes Maria Cristina de la rivière Agus.
Population 167 300
Carte Philippines Bd

Illampu (Nevado de), ***Bolivie*** Sommet enneigé des Andes et point culminant du pays (6 485 m) à l'extrémité N.-O. de la Cordillera Real. Il domine la ville et la vallée de Sorate, à 80 km au N.-O. de La Paz.
Carte Bolivie Bb

Ille-et-Vilaine (35), ***France*** Département de la région Bretagne (6 758 km^2). Chef-lieu: Rennes. Il s'étend sur la partie la moins accidentée du Massif armoricain. La dépression argilo-sableuse qui forme le bassin de Rennes et que draine la Vilaine en occupe le centre. Le littoral, à l'O., est rocheux (côte à rias: estuaire de la Rance) ; il est bas à l'E. (marais de Dol). L'agriculture tient une place importante dans son économie ; l'élevage laitier y est partout présent, notamment dans la région de Fougères; blé et cultures maraîchères dans le bassin de Rennes; primeurs autour de Saint-Malo. Les mesures de décentralisation des années 1960, dans le cadre de l'aménagement du territoire (DATAR), ont favorisé son développement industriel, celui de la région de Rennes en particulier: informatique, confection, automobile (Citroën à Chartres-de-Bretagne) ; raffineries de pétrole à Bern-sur-Seiche. Tourisme estival sur la côte: Saint-Malo et Dinard.
Population 799 000
Carte France Cbc

Illimani (Nevado de), ***Bolivie*** Massif des Andes dans la Cordillera Real, dominant La Paz et culminant à 6 402 m.
Carte Bolivie Bb

Illinois, ***États-Unis*** État du Middle West (146 075 km^2). Capitale: Springfield ; ville principale: Chicago. Ses plaines doucement vallonnées et fertiles, au cœur du Corn Belt, comptent parmi les plus riches régions agricoles du pays: céréales (maïs) et soja. Le sous-sol fournit du charbon (4e État producteur) et du pétrole. Centrale nucléaire près de Jolliet. L'État est très industrialisé: métallurgie, construction mécanique, matériel électrique, imprimerie. Les industries alimentaires ont fait la fortune de Chicago à la fin du XIXe s.

La région fut explorée en 1673 par Jolliet et Marquette, puis par Cavelier de La Salle, et cédée par la France à l'Angleterre en 1763. Elle devint en 1818 le 21e État de l'Union.
Population 11 535 000
Carte États-Unis Hb

Illyrie, ***Europe méridionale*** Ancien nom de la côte septentrionale de l'Adriatique et de l'arrière-pays montagneux (Croatie, Dalmatie, Bosnie-Herzégovine et Albanie). L'Illyrie fut une province romaine (à partir de 27 av. J.-C.).

Ilo, ***Pérou*** Port du sud du pays (département de Moquegua). Pêche et exportation des produits agricoles et du cuivre de la région. Raffineries de cuivre.
Population 31 000
Carte Pérou Bb

Ilocos, ***Philippines*** 1. Ilocos Norte: province du nord-ouest de Luçon, bordée à l'O. par la mer de Chine méridionale. Chef-lieu: Laoag. L'étroite plaine littorale, à forte densité de population, produit du tabac et du riz; pêche. L'arrière-pays montagneux est peuplé d'Igorots.

2. Ilocos Sur: province du nord-ouest de Luçon au S. de Ilocos Norte. Chef-lieu: Vigan. La culture du tabac, du riz et du maïs en sont les principales ressources. La province se dépeuple du fait d'une forte émigration.
Population (Norte) 343 000; (Sur) 385 000
Carte Philippines Bb

Iloilo, ***Philippines*** Chef-lieu et port de la province du même nom, dans l'île de Panay. Centre commercial et port principal des îles Visayas. Siège de deux universités. Édifices de style colonial espagnol. La vallée du Jalaud et les régions côtières, le bassin d'Iloilo notamment, sont de riches régions agricoles (riz, maïs, canne à sucre, bananes, ananas).
Population (ville) 311 000; (province) 1 300 000
Carte Philippines Bc

Ilorin, ***Nigeria*** De Ilu : ville, et Erin : éléphant. Émirat et capitale de l'État de Kwara dans l'ouest du pays. La population respecte son chef traditionnel, un émir peul. Les vieux quartiers sont composés de maisons en terre rouge et de nombreuses mosquées. Marché régional. Industries alimentaires (raffinerie de sucre).
Population 380 000
Carte Nigeria Ab

Imatong (djebel), ***Soudan*** Massif à l'extrême sud-est du pays ; le mont Kinyeti est le plus haut sommet du pays (3 187 m).
Carte Soudan Bc

Imatra, ***Finlande*** Ville du sud-est du pays, proche de la frontière russe. L'importante centrale hydroélectrique située à proximité, sur les rapides du Vuoksi, a contribué au développement industriel de la région: scieries, cellulose, papier, produits chimiques, extraction et métallurgie du cuivre.
Population 35 000
Carte Finlance Dc

Imbabura, ***Équateur*** Province située pour l'essentiel dans les Andes, au N.-O. du pays. Chef-lieu: Ibarra. La population, en majorité indienne et noire, et les activités économiques se concentrent dans le bassin d'Ibarra: culture du maïs, élevage laitier, industries légères.
Population 248 000
Carte Équateur Ba

Imperia, ***Italie*** Chef-lieu de province, en Ligurie, sur le golfe de Gênes. Important centre de villégiature de la Riviera di Ponente. Floriculture. Huile d'olive.
Population 42 000
Carte Italie Bc

imperméable (roche) Roche trop compacte (granit, gneiss) ou dont les pores sont trop fins (argile, marne, schiste) pour laisser passer les eaux d'infiltration. Les roches imperméables peuvent enfermer des nappes d'eau ou des gisements d'hydrocarbures. Dans les régions de roches imperméables, les cours d'eau et les étangs sont nombreux.

Impfondo, anc. **Desbordesville,** ***Congo*** Chef-lieu de la région de Likouala, sur la rive droite de l'Oubangui, au N.-E. du pays. Port fluvial et centre commercial des régions forestières qui l'entourent.
Population 30 000
Carte Congo Ba

Imphal, ***Inde*** Capitale de l'État de Manipur, au N.-E. du pays, à 60 km à l'O. de la Birmanie. Centre administratif et commercial.
Population 156 000
Carte Inde Ec

Inagua, ***Bahamas*** Îles du sud de l'archipel. Grande Inagua produit du sel par évaporation marine. Ville principale: Matthew Town. Petite Inagua est inhabitée.
Population 1 100
Carte Bahamas Cb

In Amnas, anc. **In-Amenas,** ***Algérie*** Étape de l'est du Sahara, proche de la frontière libyenne, et centre d'une région pétrolifère ; point de départ d'un oléoduc vers La Skhirra.

Population 7 500

Carte Algérie Bb

Inari (lac), ***Finlande*** Le plus grand des lacs de la Laponie finnoise (1 086 km^2), parsemé d'îles et d'îlots. Il est alimenté par l'Ivalojoki et s'écoule vers l'océan Arctique par le Paatsjoki. La ville d'Inari, sur ses bords, est un centre commercial et touristique.

Carte Finlande Ca

Inch'on (Incheon), ***Corée du Sud*** Port sur la mer Jaune, au N.-O. du pays. Non loin de Séoul, la capitale, c'est le second port du pays après Pusan. Industries lourdes (sidérurgie, raffineries de pétrole).

Population 1 819 000

Carte Corée Cd

Inde Voir p. 315-319

Indiana, ***États-Unis*** État du Middle West (93 993 km^2) ; Capitale : Indianapolis. Ses vastes plaines aux sols fertiles sont parmi les plus riches régions agricoles du pays (maïs, avoine, soja, cultures maraîchères, tabac, élevage). Le sous-sol fournit du charbon et du gaz. Les industries se concentrent au N.-O. de l'État, au S. de Chicago : Hammond, Gary, East-Chicago (hauts fourneaux, aciéries) et autour d'Indianapolis et de Fort Wayne (construction mécanique, électrique, industries alimentaires).

Les Français, qui occupaient la région au XVIIIe s., la cédèrent aux Anglais en 1763 ; elle devint le 16e État de l'Union en 1816.

Population 5 449 000

Carte États-Unis Ic

Indianapolis, ***États-Unis*** Capitale de l'Indiana. Située dans le Corn Belt et à proximité de mines de charbon, la ville est un grand marché agricole (céréales) et un centre industriel : produits pharmaceutiques, équipement électrique, matériel de transport. Célèbre course automobile annuelle des 500 Miles d'Indianapolis.

Population (ville) 710 000 ; (aggl.) 1 194 000

Carte États-Unis Ic

Indien (océan) Il s'étend entre l'Asie et l'Antarctique, l'Afrique et l'Australie ; c'est le troisième océan du monde par sa superficie (environ 75 millions de km^2, y compris la mer Rouge, le golfe Persique, la mer d'Oman, le golfe du Bengale et la mer d'Andaman). Né à la suite de la dislocation de l'ancien continent du Gondwana, il présente une dorsale médio-océanique en forme de Y renversé dont la branche O. contourne le S. de l'Afrique ; la branche E. passe au S. de l'Australie ; à leur jonction, la branche centrale se prolonge vers le N.-O. par la dorsale de Carlsberg et la mer Rouge. Composée de segments actifs décalés les uns par rapport aux autres par des failles de raccord, elle forme une ceinture d'intense activité volcanique et sismique.

Les courants de surface, au S. de l'équateur, circulent dans le sens inverse des aiguilles d'une montre (courants ouest-australien, sud-équatorial, du Mozambique, austral). Au N., la mousson détermine les mouvements des vents et des courants (renversement saisonnier).

La pêche y est moins développée que dans l'Atlantique ou que dans le Pacifique (les zones traditionnelles sont le golfe du Bengale et la mer d'Oman) ; cela s'explique à la fois par le caractère archaïque des méthodes mises en œuvre par de nombreux pays riverains, par l'étendue limitée des plateaux continentaux et par les courants qui entraînent souvent fort loin des côtes les substances dont se nourrissent les poissons. Toutefois, les grandes unités de pêche industrielle du Japon, de Corée, de Taiwan y sont toujours plus nombreuses.

Profondeur maximale 8 047 m

Indochine, ***Asie du Sud-Est*** 1. Péninsule comprenant la Birmanie, la Thaïlande, le Laos, le Cambodge, le Viêt-nam et la majeure partie de la Malaysia.

2. Nom donné, au temps de l'empire colonial français, à l'ensemble des colonies et protectorats du Cambodge, de la Cochinchine, de l'Annam, du Tonkin et du Laos.

Indonésie Voir p. 321-323

Indore, ***Inde*** Ville de l'ouest de l'État du Madhya Pradesh, au pied des monts Vindhya. Capitale au XVIIIe s. de la principauté d'Indore. Centre commercial et industriel : textiles, construction mécanique, produits alimentaires (minoteries). Siège d'une université.

Population 1 087 000

Carte Inde Bc

Indre (36), ***France*** 1. Rivière du centre du pays, affluent de la Loire, longue de 265 km ; née dans la Marche limousine, elle traverse la Champagne berrichonne et la Touraine.

2. Département de la région Centre (6 778 km^2) ; chef-lieu : Châteauroux. Dans le sud-est, et au pied du Massif central, la dépression argileuse du Boischaut est une région de polyculture ; l'élevage s'y est développé. Dans la moitié N. du département s'étendent les plateaux calcaires couverts de limon de la Champagne berrichonne (céréales, colza). À l'O., la Brenne, entre l'Indre et la Creuse, aux sols gréseux et imperméables, est parsemée d'étangs et de bois de pins. L'agriculture emploie près de 18 % de la population active. L'industrie a bénéficié des mesures de décentralisation : construction mécanique, aéronautique à Châteauroux ; électronique, matériel électrique à Issoudun. Principaux sites touristiques : château de Valençay, maison de G. Sand à Nohant, abbaye de Fontgombault, église de Gargilesse-Dampierre.

Population 238 000

Carte France Dc

Indre-et-Loire (37), ***France*** Département de la région Centre (6 124 km^2) ; chef-lieu : Tours. Il correspond, en partie, à l'ancienne province de

Voir suite p. 320

Inde

LA DÉMOCRATIE A TRIOMPHÉ DANS CET IMMENSE PAYS DE PAUVRETÉ RURALE ET DE CITÉS BRUYANTES ET SURPEUPLÉES

Plus de 843 millions de personnes habitent l'Inde, et il y en aura un milliard à la fin du siècle si la tendance actuelle se maintient. Le pays connaît d'énormes problèmes, dus surtout à la pauvreté et à la croissance démographique. Mais c'est une démocratie étonnamment stable, à bien des égards un modèle pour tous les pays en voie de développement.

Les Britanniques, qui gouvernèrent cet immense pays de 1757 à l'indépendance, en 1947, furent les maîtres du sous-continent tout entier, qui comprend aujourd'hui non seulement l'Inde, mais aussi le Pakistan et le Bangladesh.

Au N., les montagnes himalayennes forment une barrière entre l'Inde et la Chine (englobant le Tibet). Ce sont les plus jeunes et les plus hautes du monde. À l'O., l'Himalaya se prolonge par deux autres chaînes, le Karakoram, au Cachemire, et l'Hindou Kouch, en Afghanistan. Le Cachemire est revendiqué par l'Inde et le Pakistan ; il a été une pomme de discorde entre les deux pays depuis 1947.

Les pentes inférieures sont couvertes d'une végétation luxuriante, et la région autour de Darjeeling est une des meilleures régions du monde pour la production de thé. Le climat est presque tropical, avec un bon ensoleillement et beaucoup d'eau, fournie par la mousson et de nombreuses rivières descendant de l'Himalaya. Les pluies de mousson durent de juillet à septembre, apportant beaucoup d'humidité et des journées un peu plus fraîches.

Au pied de l'Himalaya, on passe brusquement à une vaste plaine, drainée par deux grands fleuves, le Gange et l'Indus. C'est la partie la plus peuplée de l'Inde. Elle constitue un tiers du pays, et s'étend sur 3 500 km, du Pendjab, à l'O., au Bengale, à l'E. Bien qu'elle reçoive d'énormes quantités d'eau des rivières alimentées par la mousson et la fonte des neiges himalayennes, l'irrigation est cependant nécessaire. C'est l'une des régions les plus fertiles du monde, produisant du riz et, dans les régions occidentales de l'Uttar Pradesh, du Pendjab et en Haryana, du blé et de la canne à sucre.

Au S., les plaines atteignent les monts Vindhya, qui bordent le plateau du Deccan, la plus ancienne des régions de l'Inde, avec des roches vieilles de 600 millions d'années. Le Deccan s'étend jusqu'à la pointe S. de la péninsule.

Les habitants de l'Inde ont des origines variées. Avant 2000 av. J.-C., la population était composée de tribus d'hommes à la peau sombre, parmi lesquels les Dravidiens. Le cours de l'histoire changea avec l'arrivée, en provenance du N.-O., des Aryens aux cheveux clairs et aux yeux bleus. Les croyances de ces envahisseurs, connues par les textes des Védas, formèrent la base de la religion hindouiste. Aujourd'hui, soit quatre mille ans plus tard, les textes des Védas sont encore récités par les prêtres hindous, les brahmanes.

Les Aryens avaient un système social à trois classes, les guerriers, les prêtres et les gens du commun. Celles-ci furent à l'origine du système des castes de l'hindouisme. La caste imposait à chacun son activité, le choix de son conjoint, et même de ses commensaux, et toutes ces restrictions étaient héréditaires. Hors des principales castes se trouvaient les gens dont les occupations faisaient des « intouchables ». Ils avaient pour tâche, par exemple, d'enlever les cadavres et les excréments humains.

Dans la république indienne moderne, la caste n'a plus de statut légal, bien qu'elle ait une influence essentielle dans la société. Pour maintenir la pureté de chaque caste, presque tous les mariages sont arrangés.

RICHESSE ET ART MUSULMANS

La religion rivale, l'islam, fut installée en Inde en 1192 par un prince afghan, Mohammed de Ghor. Il conquit le pays en battant le souverain hindou, Prithviraja, lors d'une bataille historique près de Delhi. La classe gouvernante demeura musulmane jusqu'à la prise de contrôle par les Britanniques.

Sous les empereurs moghols (1526-1761), l'art musulman fut florissant et donna au monde des peintures et des édifices sans prix parmi lesquels le Tadj Mahall, dont on a pu dire que c'est le plus beau monument du monde. Les Européens furent fascinés par la richesse et les productions de cet empire, qui attira des marchands anglais, hollandais, portugais et français. La Compagnie anglaise des Indes orientales fut fondée en 1600, et exerça un pouvoir considérable sur le pays pendant le siècle suivant.

L'Empire moghol s'effondra de lui-même, miné par des guerres de succession. Les Britanniques intervinrent dans ces guerres et exercèrent le pouvoir après la victoire de Robert Clive sur le nabab du Bengale, à Plassey, en 1757. La révolte des Cipayes, en 1857, mit en cause la présence des Britanniques, mais ensuite ils prirent complètement le contrôle du pays pour quatre-vingt-dix ans, développant les chemins de fer et l'irrigation, ainsi que les ports de Calcutta, Bombay et Madras. Cette période amena peu de changements pour les populations rurales. Dans les États où les Anglais exercèrent indirectement le pouvoir par l'intermédiaire de princes indiens, ce fut comme si le temps était resté immobile.

LA POLITIQUE DEPUIS L'INDÉPENDANCE

Les dernières luttes qui aboutirent à l'indépendance furent menées par Mohandas Karamchad Gandhi, qui avait mérité le titre de mahatma (grande âme) au cours de cinquante ans de luttes pour aider les pauvres de l'Inde, particulièrement les intouchables. Il insista pour que la campagne d'indépendance nationale de l'Inde soit non violente et, malgré quelques explosions de violence, il fut entendu, jusqu'aux dernières convulsions de la naissance de la liberté.

L'indépendance brisa les entraves de deux nations indiennes : les hindous, qui avaient réclamé leur autonomie depuis sept cent cinquante ans, et les musulmans, dépossédés du pouvoir par les Anglais. Pour faire droit à leurs ambitions opposées, le sous-continent fut divisé.

Les musulmans, menés par Mohammed Jinnah, se virent accorder un nouvel État, le Pakistan. C'était un pays avec deux « ailes », l'une dans la vallée de l'Indus et l'autre au Bengale, séparées par plus de 1 600 km de territoire indien. Lorsque ces deux régions furent arrachées à l'Inde en août 1947, les tensions entre hindous et musulmans se multiplièrent et aboutirent à des massacres de masse. Un des États princiers, le Cachemire, hésita entre le rattachement à l'Inde ou au Pakistan. Les deux pays entrèrent en guerre à propos de cette question, qui n'est toujours pas résolue.

Le mahatma Gandhi fut assassiné par un fanatique hindou en 1948. Le premier des Premiers ministres de l'Inde fut le pandit Nehru, qui était attaché à la modernisation du pays et à la modification du système des castes. Il garda le pouvoir de 1947 à 1964. Son successeur, Lal Bahadur Shastri, vit une guerre avec le Pakistan en 1965.

La fille de Nehru, Indira Gandhi (sans lien de parenté avec le mahatma), devint Premier ministre en 1966 et maintint le gouvernement stable pendant dix-huit ans, malgré la prise de mesures discutées, comme l'adoption d'incitations matérielles à la stérilisation. En 1971, elle mena une nouvelle guerre contre le Pakistan, qui eut pour résultat la formation du Bangladesh, à partir de l'« aile » orientale du Pakistan. En 1975, Indira Gandhi proclama l'état d'urgence, dont les critiques ont dit qu'il avait abouti à une répression brutale contre l'opposition.

La crise violente suivante impliqua les sikhs, minorité religieuse qui vit principalement dans le prospère État du Pendjab et qui veut avoir son propre État séparé. Des terroristes sikhs utilisèrent les temples de leur religion comme forteresse, et, en juin 1985, l'armée indienne en envahit 37, dont le temple d'Or, le lieu saint le plus sacré des sikhs. Les extrémistes sikhs se vengèrent quatre mois plus tard en assassinant Indira Gandhi.

Son fils Rajiv lui succéda comme Premier ministre en 1984, mais il perdit les élections de 1989, malgré sa politique de modernisation économique.

Son échec fut suivi d'une période d'instabilité, avec deux Premiers ministres en dix-huit mois. Malgré l'assassinat de Rajiv Gandhi en mai 1991, le parti du Congrès est revenu au pouvoir à la faveur d'élections anticipées. Mais beaucoup d'observateurs pensent que l'Inde risque de perdre de façon durable la stabilité politique qui a été longtemps l'un de ses atouts.

DES PAYSANS PAUVRES

L'orientation vers la modernisation adoptée par Nehru et poursuivie durant sept plans quinquennaux successifs a fait de l'Inde la dixième puissance industrielle mondiale. Aujourd'hui, l'Inde produit 80 % de ses besoins d'énergie, surtout à partir du charbon, et 73 % de ses besoins en pétrole, grâce à des gisements off-shore sous-marins. Le gouvernement contrôle toutes les industries lourdes, mais ce contrôle centralisé est progressivement allégé, et la plus grande partie des biens de consommation est produite par l'industrie privée.

Mais l'Inde qu'aimait le mahatma Gandhi était fondée sur la vie villageoise, et c'est encore vrai, malgré la grande révolution industrielle. 75 % environ des Indiens vivent dans les villages, et 70 % des emplois sont dans l'agriculture. Beaucoup d'agriculteurs ont des exploitations de moins de 2 ha, d'autres n'ont pas de terre du tout. Ils cultivent la terre dont ils sont locataires, payant le propriétaire soit en espèces, soit en donnant en nature une part de la récolte (métayers). Ce système de métayage a été rendu responsable des bas niveaux d'investissement et de productivité d'une grande partie de l'agriculture indienne, et c'est une des raisons de la pauvreté rurale largement répandue. Cependant, il s'est produit une « révolution verte » dans l'agriculture indienne ces dernières années. Elle a permis au gouvernement d'accumuler des stocks de grains, pour faire face aux mauvaises récoltes, inévitables lorsque les pluies de mousson sont insuffisantes, ce qui arrive de temps en temps.

GLOIRE ROYALE. Le palais du maharajah, à Mysore. Reconstruit en 1897, il contient le fabuleux trône d'or et d'ivoire, cadeau de l'empereur moghol Aurangzeb.

Il y a en Inde 200 millions de personnes vivant au-dessous du seuil de pauvreté fixé selon des critères officiels ; presque toutes sont dans les régions rurales. À côté des métayers souvent durement exploités, il existe des paysans sans terre, employés précaires à la journée. Certains travaillent en échange de nourriture et d'un endroit pour dormir, d'autres encore pour de l'argent, quand les fermiers ont besoin d'aide, comme au moment du repiquage du riz.

Bien des pauvres ruraux n'ont même pas la possibilité de trouver un lopin de terre pour y installer une petite hutte en pisé. Le gouvernement a récemment essayé de leur trouver des emplacements pour construire leur logement.

La plupart des familles font la cuisine sur des feux de bois ou de bouse séchée, et ces deux combustibles tendent aujourd'hui à se raréfier. Femmes et enfants cherchent pendant des heures quelques bouts de bois ou une bouse de vache abandonnée. La solution, c'est de posséder une vache, mais seuls les exploitants qui ont quelques hectares de terre peuvent avoir assez de paille de riz ou d'autres fourrages pour en nourrir une. Le fourrage est si rare que les vaches errantes sont chassées des villages, et qu'elles trouvent le chemin des villes où elles peuvent vagabonder à peu près librement et se nourrir de détritus.

POURQUOI LA VACHE EST SACRÉE

La vache est l'animal sacré de l'hindouisme, et il est facile de voir pourquoi. Vaches et bœufs sont essentiels dans l'économie rurale. Ils tirent la charrue, aident à ameublir la boue des rizières, et sont attelés aux charrettes. Dans certains endroits, on les voit moudre le blé comme aux temps bibliques en faisant tourner une meule. Les vaches donnent aussi un peu de lait, mais leur production est très faible par comparaison avec les normes occidentales.

L'Inde a plus de bovins par habitant et par kilomètre carré que n'importe quel autre pays. Mais il n'y a pas assez de nourriture pour eux, et de ce fait, leur qualité est médiocre. Les vaches ne sont jamais abattues — la mise à mort d'un animal est interdite par la religion hindoue. Ce principe est si strictement respecté que, même en temps de famine, des gens meurent de faim alors que le bétail survit.

Les tracteurs pourraient prendre en charge une grande partie du travail des vaches, mais leur utilisation n'est rentable que sur de grandes exploitations. Ils sont encore très rares en Inde et sont concentrés dans les régions prospères qui ont de bonnes ressources en eau et des densités de population faibles, comme le Pendjab et l'Haryana.

Pour améliorer la productivité agricole, le gouvernement développe l'irrigation. À ce jour, la moitié du potentiel irrigable a été utilisée. Le gouvernement veut mettre en valeur l'autre moitié d'ici le début du XXIe s. Certains aménagements d'irrigation sont massifs : celui du Rajasthan, par exemple, comprend un canal long de plusieurs centaines de kilomètres, et des milliers de kilomètres de canaux de distribution qui amènent l'eau dans le désert de Thar. Il a fallu construire de nouvelles villes et de nouvelles routes, et la vie de millions de personnes dépend de cet aménagement.

Le riz est la plus connue des graines alimentaires de l'Inde, mais, dans le Nord et l'Ouest, c'est le blé qui est la culture de base, servant à préparer les chapattis et autres pains sans levain, importants pour l'alimentation. Dans de grandes parties du Deccan, des grains plus rustiques, comme le sorgho ou le millet, sont cultivés. Les paysans font pousser des épices, des aromates et des légumes.

VILLES ET VILLAGES

Presque tous les ruraux vont au marché, même s'ils ont peu de surplus à vendre et s'ils doivent porter leurs marchandises sur la tête sur plusieurs kilomètres. Le jour du marché, boutiques, étals et éventaires s'installent autour des petits villages comme des villes. C'est un jour propice aux échanges de potins, aux prospections des possibilités de mariage pour les enfants. C'est le moment de se procurer des remèdes, qui relèvent pour une large part de l'herboristerie traditionnelle.

Les villes connaissent des problèmes, comme les villages. Les transports publics sont insuffisants, et les *rickshaws* (pousse-pousse ou taxis-scooters) sont trop chers pour les pauvres, si bien que tout doit être accessible à pied. Chaque quartier de la ville a son propre bazar, pour les achats quotidiens. Beaucoup d'artisans et de commerçants vivent au-dessus de leur boutique, ceux qui travaillent les métaux dans une partie de la ville, ceux qui vendent les grains dans une autre, et ceux qui s'occupent de transports routiers dans une autre encore.

Les bâtiments sont bas, les rues étroites, avec des égouts à ciel ouvert. Mais la densité de population est plus forte que dans les villes occidentales, malgré leurs gratte-ciel. Les maisons des riches tournent souvent le dos au monde extérieur : toutes les pièces ouvrent sur une cour intérieure. Elles logent grands-parents, oncles, sœurs et cousins.

La pauvreté est pire dans les campagnes, mais elle est plus visible dans les villes, où il y a une plus forte concentration de miséreux. Les villes sont de plus en plus surpeuplées à mesure que des ruraux à la recherche de possibilités de gagner un peu d'argent viennent s'y entasser. Le surpeuplement est accru par les animaux qui ajoutent au grouillement des rues — singes, chèvres, poules et vaches sacrées.

Les pauvres des villes construisent des cabanes en pisé, avec des bidons et des morceaux de bois, en général sur des terrains qu'ils occupent illégalement. Certains paient des loyers à des racketteurs, seulement pour pouvoir dormir sur les trottoirs. Parfois, un groupe s'organise pour occuper un terrain, puis ils résistent à l'éviction. Ces squatters se branchent sur les câbles électriques aériens : plus de 30 % de l'électricité est ainsi volée à Calcutta.

Dans beaucoup de villes, le gouvernement a renoncé à éliminer les bidonvilles et cherche seulement à les améliorer, en créant des réseaux d'égouts et de distribution d'eau potable et en fournissant des aides pour l'amélioration des constructions.

Les cités indiennes connaissent aussi une des pires pollutions sonores. À chaque coin de rue, des haut-parleurs hurlent de la musique au maximum de volume. Les cris de centaines de vendeurs de billets de loterie ajoutent au vacarme. Les voitures et les camions klaxonnent sans arrêt. Les autobus contribuent au bruit et à la pollution ; ils penchent dangeureusement, avec des grappes de passagers suspendus aux barreaux des fenêtres, et les moteurs crachent des nuages de gaz d'échappement à la figure des tireurs de pousse-pousse, tandis que les scooters zigzaguent à travers la circulation.

Les classes instruites cherchent à occuper des emplois dans les compagnies nationales. Les salaires sont bas, de l'ordre de 2 000 roupies (1 000 francs) par mois, et le coût de la vie est élevé dans les villes.

Les pauvres illettrés qui vivent dans les bidonvilles travaillent parfois dans les usines, mais le plus souvent, ils ont leurs propres ateliers, où ils fabriquent des objets utiles avec des matériaux de récupération.

RUE DE L'ARGENT. Des marchands vendent tous les produits de l'artisanat indien dans cette rue de Delhi, le Chandni Chowk, ou rue de l'Argent, qui mène au fort Rouge, la massive forteresse des Grands Moghols, bâtie au XVIIe s.

Les voyages sur de longues distances se font surtout par train, bien que les autobus le concurrencent sur certains itinéraires.

Des dizaines de langages différents sont utilisés en Inde, et le gouvernement a essayé de faire de l'hindi la langue officielle. Les gens du Sud dont le hindi n'est pas la langue maternelle ont résisté aux tentatives pour faire abandonner l'usage de l'anglais, qui est encore accepté à égalité avec l'hindi.

UNE DÉMOCRATIE DURABLE

Malgré la pauvreté et le bas niveau de l'alphabétisation, l'Inde a réussi en tant qu'État démocratique. Il n'y a jamais eu de coup d'État militaire ni de changement de parti au pouvoir qui ne résulte d'une élection.

Il y a deux niveaux principaux de pouvoir, les États et le gouvernement fédéral. Certains États sont plus grands que n'importe quelle nation d'Europe: l'Uttar Pradesh, par exemple, compte 130 millions d'habitants.

La structure fédérale a permis de maintenir la cohésion d'une Inde très diverse. Mais les problèmes de coexistence des communautés qui la composent sont devenus plus critiques. Le Cachemire, l'Assam et le Punjab sont déchirés par des conflits sanglants entre groupes sociaux et religieux ; les hautes castes s'opposent violemment à des mesures prises en faveur des castes inférieures ; l'intégrisme islamique provoque des mouvements hindouistes sectaires. Ceux-ci réclament en particulier la démolition d'une mosquée construite il y a plusieurs siècles sur le lieu de naissance supposé de Rama, héros légendaire de la grande épopée du Ramayana.

Cependant, l'Inde a réussi une synthèse entre la spiritualité et la tradition orientales et le libéralisme politique occidental.

L'INDE EN BREF
Superficie 3 166 000 km^2
Population 896 570 000
Capitale New Delhi
Régime République fédérale
Monnaie Roupie = 100 paise
Langues Hindi et anglais (officielles), mais au moins 13 autres langues sont utilisées
Religions Hindous (83 %), musulmans (10 %), chrétiens (3 %), sikhs (2 %), jaïns (1 %), bouddhistes (1 %)
Climat Tropical ; mousson de juin à septembre ; températures moyennes à New Delhi : de 7 à 21 °C en janvier, et de 26 à 41 °C en mai
Ressources Riz, blé, canne à sucre, orge, sorgho, millet, pommes de terre, thé, arachides, coton, jute, légumes secs, légumes, fruits ; minerai de fer, charbon, bauxite, cuivre, chromite, pierres précieuses, pétrole et gaz naturel
Activités Textiles, fer et acier, matériel de transports, produits chimiques, engrais, machines, raffinage du pétrole, ciment, coke, industries alimentaires, boissons
Exportations Diamants taillés, machines, textiles, minerai de fer, cuir, thé
P.N.B. annuel par habitant 330 dollars
Croissance démographique 21 ‰ par an
Espérance de vie Hommes 58 ans, femmes 59

KHUSH-OIL HOTEL
KUMAR & CO.
CHAINA RAM

Touraine. Au centre, le Val de Loire, « jardin de la France », est une riche région maraîchère, fruitière et de vignobles (Bourgueil, Chinon, Vouvray). Au N. de la Loire, la Gâtine tourangelle, aux collines couvertes d'argile à silex, offre des paysages bocagers et boisés ; c'est une région d'élevage laitier. Au S. de la Loire, les champs ouverts correspondent aux régions crayeuses de la Champagne (entre Cher et Indre), le plateau de Sainte-Maure et du Richelais (cultures céréalières et élevage) ; enfin, au S.-E. du département, les gâtines de Loches et de Montrésor, aux sols d'argile à silex, sont des zones boisées et herbagères (élevage laitier). L'agriculture emploie 13 % de la population active ; l'industrie, 36 % ; cette dernière se concentre surtout dans la région de Tours (construction mécanique, industries textile, chimique, pharmaceutique, pneumatique, électronique). Centrales nucléaires d'Avoine, près de Chinon. Tourisme actif : châteaux de la Loire (Amboise, Chenonceaux, Azay-le-Rideau, Villandry, etc.).

Population 506 000
Carte France Dc

Indus, ***Asie méridionale*** Fleuve de 3 040 km de long prenant sa source sur les plateaux du sud-ouest du Tibet ; il coule tout d'abord vers le N.-O., gagne l'Inde, le Ladakh et le Cachemire par des gorges très profondes, puis, s'orientant vers le S., coupe la chaîne himalayenne dans le Baltistan et entre au Pakistan ; il traverse alors le Pendjab, passe en bordure du désert de Thar, arrose Hyderabad et se jette dans la mer d'Oman, au S. de Karachi, en formant un vaste delta. Le fleuve et ses affluents au Pendjab (Jhelum, Chenab, Sutlej) sont utilisés pour l'irrigation et la production d'électricité : barrages de Sukkur, Gudu, Kotri, Taunsa, Chashma, Jinnah, Tarbela (au Pakistan). L'ancienne civilisation dite de Mohenjo-Daro ou de l'Indus s'est épanouie sur les rives de son cours inférieur durant les IIIe et IIe millénaires avant notre ère.

Carte Pakistan Cb, Da

Inga (barrage d'), ***Zaïre*** Immense installation hydroélectrique en cours de réalisation sur le fleuve Zaïre, entre Kinshasa et Matadi ; les travaux débutèrent en 1968. Le barrage contribue déjà au développement industriel du bas Zaïre.

Carte Zaïre Ab

Ingolstadt, ***Allemagne*** Ville de Bavière sur le Danube, au N. de Munich. Ancienne place forte et important foyer de la Contre-Réforme. Édifices historiques : Frauenkirche et château ducal des XVe-XVIe s., Marie-de-Victoria Kirche, de style rococo, œuvre des frères Asam. Centre industriel actif : terminus de trois oléoducs en provenance de Gênes, de Lavéra et de Trieste, raffineries de pétrole, industrie automobile, construction de machines textiles.

Population 91 000
Carte Allemagne Dd

Ingouchétie, ***Russie*** Territoire du Nord-Caucase, peuplé par les Ingouches, et partagé entre la Tchétchénie, qui s'est autoproclamée indépendante, et l'Ossétie du Nord, où se trouvent les terres ancestrales ingouches et leur capitale historique, Vladikavkaz, devenue ossète. Les combats font rage depuis la sécession tchétchène entre les Ossètes, qui chassent les Ingouches de leur république, et ces derniers, qui tentent de reconstituer la leur.

Carte Russie Cd

Inhambane, ***Mozambique*** Chef-lieu de province et port au N.-E. de Maputo. Traitement des noix de cajou. La population de la province se compose essentiellement de Chopis et de Tsongas. Principales ressources : noix de cajou, coton, riz, élevage.

Population (ville) 27 000 ; (province) 1 158 000
Carte Mozambique Ac

Inle (lac), ***Birmanie*** Lac pittoresque entouré de montagnes, proche de Taunggyi, capitale de l'État Shan, au S.-E. de Mandalay. Les nombreux temples bouddhiques qui jalonnent ses rives et la pêche traditionnelle qu'on y pratique (avec de longs pièges de bambou) en font l'un des principaux sites touristiques de la région.

Carte Birmanie Cb

Inn, ***Suisse/Autriche/Allemagne*** Rivière de 510 km de long ; elle prend sa source dans les Alpes des Grisons en Suisse où sa vallée forme l'Engadine et traverse le Tyrol (en Autriche), puis le S.-E. de la Bavière pour confluer avec le Danube à Passau. Nombreuses installations hydroélectriques sur son cours.

Carte Autriche Bb

Innsbruck, ***Autriche*** Capitale du Tyrol, sur l'Inn, à 574 m d'altitude. Située au carrefour d'importantes voies alpines, la ville est ancienne. Nombreux édifices gothiques (le Goldenes Dachl, la Helblinghaus), Renaissance (la Hofkirche) et baroques (la Jakobskirche, le château impérial Hofburg, la Maria-Theresienstrasse bordée de maisons des XVIIe et XVIIIe s.). Siège d'une université depuis 1677. Le tourisme est l'une des principales activités de cette charmante ville de montagne et station de sports d'hiver (des remontées mécaniques permettent d'accéder aux sommets voisins). Innsbruck a accueilli en 1964 et en 1976 les Jeux olympiques d'hiver.

Population 116 000
Carte Autriche Bb

In-Salah ou **Aïn-Salah,** ***Algérie*** Oasis sur la route transsaharienne du Hoggar, à 658 km de Tamanrasset. Traditionnel point d'échange entre le nord et le sud du Sahara et ancien poste militaire français, la ville actuelle, construite en argile rouge dans le style néo-soudanais, est toujours un grand centre commercial. Son importante palmeraie produit des dattes pour l'exportation. Un gisement de gaz naturel a été repéré dans les environs.

Population 9 300
Carte Algérie Bb

Intérieure (mer), ***Japon*** Mer s'étendant entre les îles de Honshu, Shikoku et Kyushu. Longue de 770 km, large de 60 au maximum, et peu profonde, elle est parsemée d'îles et d'îlots (plus de 3 000) plantés de pins, et classée parc national. Ses côtes sont très découpées. Plusieurs complexes portuaires et industriels sont installés sur ses rives.

Carte Japon Bd

Interlaken, ***Suisse*** Ville du canton de Berne, dans un site pittoresque, entre le lac de Thoune et celui de Brienz ; station touristique très fréquentée. Vue sur la Jungfrau.

Population 13 000
Carte Suisse Aa

Inuvik, ***Canada*** Centre administratif et de communications sur la rive est du delta du Mackenzie, dans les Territoires du Nord-Ouest. On y fait aussi le commerce des fourrures. Entre 1954 et 1962, Inuvik servit de cité modèle inuit.

Population 3 400
Carte Canada Bb

Invercargill, ***Nouvelle-Zélande*** Ville de l'extrémité S. de l'Île du Sud, au fond d'une baie très abritée. Centre commercial et industriel (textiles, engrais, aliments surgelés, produits laitiers) ; le gros de son commerce se fait par le port de Bluff, en eau profonde, à 25 km au S.

Population 54 000
Carte Nouvelle-Zélande Bg

Inverness, ***Royaume-Uni*** Chef-lieu du comté de Highland, au N. de l'Écosse, sur le Ness, à 130 km au N.-O. d'Aberdeen. Port de pêche et de commerce, principale ville du N. de l'Écosse après Aberdeen. C'est aussi un centre touristique, à proximité du loch Ness.

Population 40 000
Carte Royaume-Uni Cb

inversion (niveau d') Zone de l'atmosphère où se produit une variation majeure de température. On distingue trois niveaux d'inversion entre les quatre strates atmosphériques : tropopause, entre troposphère et stratosphère (température moyenne : − 57 °C) ; stratopause, entre stratosphère et mésosphère (t. moyenne : 0 °C) ; mésopause, entre mésosphère et thermosphère (t. moyenne : − 100 °C). Dans la troposphère, réchauffée par le rayonnement de la terre, la température décroît avec l'altitude. Dans la stratosphère, elle augmente vers le haut, où la couche d'ozone absorbe les ultraviolets solaires. L'inversion se produit à nouveau dans la mésosphère, où la température décroît avec l'éloignement de la couche d'ozone. Enfin, dans la thermosphère, la température est régulièrement constante du fait de l'activité solaire.

inversion de température Changement qui se produit quand l'air froid s'accumule dans les fonds des vallées, qui ont alors une température plus basse que les versants et les sommets.

Ioannina (Jannina, Yanina), ***Grèce*** Ville principale d'Épire, bâtie sur un promontoire du lac de Ioannina, à une altitude de 520 m et dominée par les monts du Pinde. La ville fut prise par les Normands au XIe s. avant de tomber aux mains des Serbes (1345), puis des Turcs (1430-1913). Ioannina possède une université, une citadelle normande, une mosquée et de nombreux monastères. Les activités principales sont l'agriculture (tabac, céréales) et l'artisanat (travail de l'argent, bijoux). En août s'y déroule un festival d'art et de littérature.

Population 44 800
Carte Grèce Bb

Io-Jima (Iwo-Jima), ***Japon*** La plus grande des îles Volcano, dans le Pacifique O. Base aérienne japonaise. Théâtre de sanglants combats entre soldats américains et japonais en février 1945, elle servit de base à l'U.S. Air Force pour bombarder le Japon.

Carte Pacifique (océan) Ca

Iona, ***Royaume-Uni*** Petite île écossaise des Hébrides, au S.-O. de l'île de Mull (comté d'Argyll). Saint Colomban, l'évangélisateur de l'Écosse, y fonda un monastère en 563 et y mourut en 597. Son tombeau devint un lieu de pèlerinage célèbre et les rois irlandais, écossais et norvégiens se firent enterrer dans l'île jusqu'au XIe s. Ancienne cathédrale du XIVe s.

Carte Royaume-Uni Bb

Indonésie

DES ÎLES VOLCANIQUES LARGEMENT ÉTALÉES, OCCUPÉES PAR L'UNE DES NATIONS LES PLUS DIVERSIFIÉES ET LES PLUS EXOTIQUES DE LA TERRE

Semées à travers l'océan Pacifique et l'océan Indien en un vaste croissant d'émeraude, les 13 677 îles de l'Indonésie en font le plus grand archipel de la Terre. D'autres chiffres sont presque aussi impressionnants. Avec 178 millions d'habitants, c'est le cinquième pays du monde, et près de 90 % de ses habitants sont musulmans, ce qui en fait le premier pays islamique du monde. De l'extrémité de Sumatra, à l'O., jusqu'à l'Irian Jaya, à l'E., les îles de l'Indonésie se disposent selon un arc de 5 000 km de long — c'est plus que la longueur des États-Unis. Il y a presque autant de groupes ethniques et tribaux en Indonésie (360) que de jours dans l'année, et ils parlent 250 langues et dialectes.

L'Indonésie compte plus de cent volcans actifs, et la turbulence de la nature a trouvé son écho dans celle de la vie politique. On estime que la guerre contre un mouvement d'indépendance dans l'est de Timor a coûté au moins 100 000 vies humaines dans les dix dernières années. Maintenir l'unité de cette nation dispersée et très peuplée, avec ses jungles épaisses, ses volcans fumants et ses paysages extraordinaires est une des tâches vitales auxquelles les gouvernements doivent faire face. Il est peu étonnant que la devise du pays soit *Bhineka tunggal ika* (« L'unité dans la diversité »). Depuis que l'indépendance a été obtenue des Pays-Bas en 1949, deux hommes forts, le président Sukarno et le président Suharto, ont tour à tour lutté pour unifier cette vaste république.

LE PAYS OÙ LA TERRE TREMBLE

La superficie émergée de l'Indonésie est de plus de 2 millions de kilomètres carrés, mais ses îles sont dispersées à travers 8 millions de kilomètres carrés d'océan. La plus grande masse terrestre est Kilamantan (la partie indonésienne de l'île de Bornéo), suivie de Sumatra, de l'Irian Jaya (autrefois la Nouvelle-Guinée occidentale) et Sulawesi (Célèbes). Bien que cinquième par la taille, Java est l'île dominante et de loin la plus peuplée. Elle compte plus de 90 millions d'habitants.

Ce chapelet verdoyant d'îles montagneuses est en fait une série de points hauts émergeant d'une extension sous-marine des continents asiatique et australien. Kalimantan, Sumatra, Java, Lombok et Bali sont des pointements de la plate-forme de la Sonde, une extension en grande partie submergée de l'Asie. L'Irian Jaya et les îles voisines se trouvent sur la dorsale de Sahul, qui relie la Nouvelle-Guinée et l'Australie. Les Moluques et Sulawesi sont portées par une ride qui prolonge un axe qui va du Japon aux Philippines.

Toutes les plus grandes îles ont des montagnes volcaniques et sont bordées de plaines côtières. Des chaînes montagneuses aux versants raides s'enfoncent dans des fosses océaniques et les régions basses s'abaissent progressivement vers les mers peu profondes couvrant les plates-formes continentales.

Les montagnes les plus hautes sont le Puncak Jaya (5 039 m) et le Gebel Daam (4 922 m), en Irian Jaya. Il existe des sommets de plus de 3 000 m à Java, Sumatra, Sulawesi, Lombok et Bali.

Certains des cent volcans actifs ont été extrêmement destructifs. En 1883, le Krakatoa, un volcan insulaire du détroit de la Sonde, entre Java et Sumatra, explosa après deux cents ans d'inactivité, tuant 36 000 personnes, formant de nouvelles îles avec ses projections de laves, et projetant des cendres jusqu'à Madagascar. Le bruit de l'explosion, la plus violente jamais observée, fut entendu à plus de 5 000 km.

Dans les dix années avant 1983, il y a eu 31 éruptions. Par exemple, le Galunggung, de l'ouest de Java, projeta un nuage de cendres vers la haute atmosphère et manqua de peu d'abattre un avion de ligne. Les tremblements de terre sont fréquents dans les îles du Sud — en 1976 et 1977, on a recensé 6 300 morts et disparus et 4 160 blessés du fait de séismes.

Ces éruptions volcaniques massives ont produit un paysage déchiqueté et fragmenté, caractère qui est accentué par le processus géologique connu sous le nom de fracturation, dans certaines montagnes. Là, des mouvements de grande ampleur de la croûte terrestre ont créé des plateaux élevés et des fossés d'effondrement, comme celui qui tranche à travers les monts Barisan de Sumatra. Comme le terrain volcanique s'érode facilement, les fortes pluies arrachent des masses énormes de matériaux aux régions élevées, ce qui produit des modifications du paysage très rapides, du moins à l'échelle des temps géologiques. Par exemple, dans le sud de Kalimantan, le nord de Sumatra et le sud de l'Irian Jaya, les rivages alimentés en débris arrachés aux montagnes gagnent régulièrement sur la mer, créant des marécages en extension continuelle.

Les pluies, qui tombent souvent en averses torrentielles, sont en général supérieures à 3 000 mm par an, tandis que la température moyenne atteint 27 °C. Parce qu'elle est si chaude et humide, l'Indonésie contient plus de grandes forêts équatoriales que tout autre pays. Cependant, dans bien des régions, cette forêt a été largement abattue pour l'exploitation de bois précieux, laissant exposés des sols fragiles facilement érodés.

À Java et dans les petites îles de la Sonde seulement — parce qu'elles sont parcourues par des flux d'air sec en provenance d'Australie qui donnent une saison sèche d'avril à octobre — la forêt pluviale dense ne domine plus. L'humidité plus faible permet l'apparition d'une forêt mixte à feuilles caduques, dont le teck est l'essence majeure. Mais, même dans ce cas, on a de plus en plus défriché la forêt pour se procurer des terres, afin d'installer des colons.

Les îles sont habitées depuis les temps préhistoriques. En 1890, non loin du village de Trini, à l'E. de Java, le docteur Eugène Dubois découvrit le fossile de l'homme de Java (*Homo erectus*), datant de 500 000 ans. Les populations de l'âge de la pierre se diffusèrent à partir du continent asiatique, en plusieurs vagues, entre 2500 et 1000 av. J.-C., et au Ier s. apr. J.-C. des marchands indiens, des

prêtres hindous et bouddhistes arrivèrent du sous-continent indien et introduisirent leur culture. Les ruines de nombreux temples en témoignent aujourd'hui.

Des marchands musulmans, sans doute venus du Gujarat, en Inde, introduisirent l'islam au XIVe s. ; la nouvelle religion se répandit rapidement, mais Bali demeura un avant-poste de l'hindouisme. Enfin, en 1509, les premiers Européens, des Portugais, établirent une tête de pont en Indonésie, pour le commerce des épices. L'Espagne, la Hollande et l'Angleterre entrèrent aussi dans la compétition pour le commerce lucratif des épices. Mais la Compagnie hollandaise des Indes orientales prit l'avantage sur ses rivaux, et contrôla Djakarta, qu'elle nomma Batavia, à partir de 1619. Il s'ensuivit une domination de trois siècles du gouvernement hollandais, sauf pendant les guerres napoléoniennes, où sir Stamford Raffles prit le contrôle des îles.

FORGER L'UNITÉ NATIONALE

L'Indonésie fut occupée par les Japonais pendant la Seconde Guerre mondiale, mais les Hollandais revinrent en 1945 pour reprendre leur colonie. Des hostilités éclatèrent avec le mouvement pour l'indépendance en 1947 et, après deux ans de guerre, les Néerlandais se retirèrent. Ahmed Sukarno devint président.

Sukarno donna une identité nationale à l'Indonésie, mais ses plans économiques ambitieux aboutirent à un échec. Il envoya des parachutistes en Nouvelle-Guinée hollandaise, qui en fin de compte devint l'Irian Jaya, et il mena une guerre ouverte contre la Malaysia, dont il essaya d'empêcher la formation.

Sous le gouvernement de Sukarno, le pays était ouvert au communisme. Mais, en 1965, un essai de coup d'État communiste, au cours duquel six généraux furent assassinés, fut réprimé par l'armée. En trois mois de massacres, on estime que 500 000 communistes et sympathisants furent tués ; des villages entiers furent anéantis. Un nouvel homme fort émergea de la tourmente, le lieutenant-colonel Suharto, qui remplaça Sukarno à la présidence en 1967.

Suharto mit fin à la guerre avec la Malaysia, rétablit les relations avec l'Occident, et maîtrisa une inflation de 600 %. Il lança une série de plans quinquennaux pour accroître la production alimentaire et s'attaquer au problème du chômage. Il agrandit aussi le territoire indonésien en 1975 en occupant et en annexant la partie orientale (portugaise) de Timor, où la guerre civile faisait rage. Cependant, le mouvement pour l'indépendance du Timor oriental, le FRETILIN, continua la guérilla contre les troupes indonésiennes jusque dans les années 1980.

Le président Suharto s'appuie sur l'armée, qui a un rôle politique et économique. Des mouvements d'agitation l'ont amené à faire quelques concessions, et les élections de 1988 ont permis à l'opposition de s'exprimer, bien que son action reste limitée.

On cherche à résoudre le problème de la surpopulation avec des plans de migration et des campagnes pour le planning familial. Trois millions de personnes ont déjà été déplacées vers des régions à faible densité de population, notamment à Sumatra et en Irian Jaya.

6 000 seulement des 13 677 îles sont habitées. Java la surpeuplée, avec 7 % seulement de la superficie, contient 60 % de la population. L'île a 690 habitants au kilomètre carré ; dans les régions irriguées, le chiffre peut atteindre 2 000. Grâce surtout aux Hollandais, qui empêchèrent les guerres tribales et augmentèrent la productivité, la population a crû constamment pendant deux siècles. Des améliorations des politiques sanitaires ont accéléré cette croissance qui aboutit à une forte pression sur les terres cultivables. Plus du tiers des familles rurales sont sans terres, et l'exploitation moyenne est d'un demi-hectare.

Malgré l'accroissement de l'irrigation et le développement des variétés de riz à haut rendement, les sols fertiles de Java, enrichis par des débris volcaniques, risquent de s'épuiser. En 1980, 47 % des Javanais étaient au-dessous du seuil de pauvreté, et beaucoup de ruraux s'en allaient vers les villes. La capitale, Djakarta, est la plus grande des cités de l'Asie du Sud-Est, avec plus de 6 millions d'habitants, mais les services, les égouts et le logement ne sont suffisants que pour 1,5 million de personnes. Les autres habitants sont entassés dans des bidonvilles branlants, notamment le long des voies ferrées. Les centres régionaux, comme Surabaya et Bandung, croissent rapidement et atteignent respectivement 2,5 millions et 1,5 million d'habitants.

En contraste, des parties de Kalimantan et de l'Irian Jaya demeurent des déserts, avec moins de 10 habitants au kilomètre carré. Les forêts y sont difficiles à défricher et malsaines, avec un grave problème de malaria. En dehors de défrichements forestiers pour l'exploitation du bois et de la culture itinérante, les installations humaines des îles extérieures se sont traditionnellement limitées aux côtes. Les habitants vivent de la pêche et du commerce des produits forestiers locaux.

Le principal problème des dirigeants indonésiens depuis l'indépendance a été de rassembler les différentes populations et les divers territoires hérités des Hollandais. La population se divise en deux groupes principaux, Malais et Papous, avec une région de transition dans le centre de l'Indonésie. Les principaux groupes ethniques sont les Javanais et les Sondanais à Java, les Bataks et les Menangkabaus à Sumatra, les Sasaks à Lombok, les Amboinais dans les Moluques, les Timorais de Timor ; les Menadoniens et Buginiens de Sulawesi, les Dayaks de Kalimantan, et les Irianiens de l'Irian Jaya. Il y a aussi environ 3 millions de Chinois.

Les tentatives pour apporter une certaine unité à ces nombreux groupes différents ont impliqué l'adoption d'une langue unique, le Bahasa Indonesia, parent du malais, comme langue officielle. Un accord avec la Malaysia a abouti à l'adoption d'une écriture latine commune aux deux pays. La technologie moderne a aussi aidé à l'unification de la nation. L'Indonésie a été le quatrième pays du monde à adopter un système de communication intérieure par satellite, qui diffuse la télévision et la radio dans les vingt-sept provinces qui constituent le pays.

UN RÉSERVOIR D'ÉNERGIE ET DE MATIÈRES PREMIÈRES

Du pétrole a été découvert en Indonésie en 1885, mais elle n'est devenue un producteur de premier plan que dans les années 1960 : la production actuelle est d'environ 1,5 million de barils par jour. D'importants gisements de gaz naturel ont été découverts dans l'Aceh et

AU-DESSOUS DU VOLCAN. Des nuages de fumée s'échappent du Merapi (2 911 m), l'un des 35 volcans en activité de Java, tandis que des paysans travaillent dans les rizières, au pied de la montagne. La dernière éruption du volcan date de 1867.

l'est de Kalimantan, et l'Indonésie est maintenant le premier exportateur mondial de gaz naturel liquéfié.

L'étain a longtemps été exploité dans l'archipel des Riau, et les réserves de l'Indonésie sont les premières du monde. Il y a du nickel à Sulawesi et dans les Moluques, du cuivre à Sumatra et en Irian Jaya, de la bauxite dans les îles de Riau, et de la houille à Kalimantan.

L'Indonésie est l'un des plus grands producteurs mondiaux de caoutchouc, et le bois est aussi une exportation importante. Il y a des plantations de canne à sucre, de café, de thé, de tabac, de palmiers et d'épices. Les rizières fournissent la première culture alimentaire ; on cultive aussi le maïs, le manioc, les patates douces et le soja pour le marché intérieur. Il y a des fruits tropicaux en abondance, comme les bananes, les ananas, les papayes et les mangues. La pêche a d'importantes ressources potentielles dans les mers qui entourent les îles, mais les techniques sont primitives.

Toutes ces ressources font de l'Indonésie un réservoir d'énergie et de matières premières, notamment pour le Japon. Mais le pays cherche à diversifier son économie. Une base d'industrie lourde a été créée, notamment par des sociétés d'État, qui sont maintenant de plus en plus souvent privatisées. L'effort actuel porte sur le développement d'industries de biens de consommation et d'équipement destinés en grande partie à l'exportation. Les investissements étrangers sont encouragés. Ces nouvelles activités sont entre les mains de capitalistes indonésiens d'origine chinoise et de la famille de Suharto. La libéralisation a conduit à une augmentation des inégalités sociales et régionales qui sont mal supportées par une part croissante de la population.

L'INDONÉSIE EN BREF

Superficie 2 027 087 km²

Population 188 500 000

Capitale Djakarta

Régime République à gouvernement militaire

Monnaie Roupie = 100 sen

Langues Bahasa Indonesia (officielle) et beaucoup d'autres langues et dialectes

Religions Musulmans (88 %), chrétiens (9 %), hindous (2 %), bouddhistes

Climat Tropical de mousson ; température moyenne à Djakarta : de 23 à 33 °C

Ressources Riz, maïs, manioc, patates douces, soja, sucre, bananes et autres fruits tropicaux, huile de palme, coprah, caoutchouc, café, tabac, arachides, thé, poisson, bois ; pétrole et gaz naturel, étain, nickel, cuivre, bauxite, charbon

Activités Agriculture, production et raffinage de pétrole, mines, forêts, pêche, textiles, assemblage de matériel de transport, industries alimentaires, papier, ciment, allumettes, pneus, verre, engrais

Exportations Pétrole brut et raffiné, gaz, bois, caoutchouc, étain et autres minerais métalliques ; café, poisson, thé, tabac

P.N.B. annuel par habitant 660 dollars

Croissance démographique 20,5 ‰ par an

Espérance de vie Hommes 55 ans, femmes 59

Ionie, ***Turquie/Grèce*** Nom donné dans l'Antiquité à la partie du littoral de l'Asie Mineure colonisée par les Grecs Ioniens (venus pour la plupart de l'Attique). Les douze cités grecques d'Ionie (dont Phocée, Chio, Éphèse, Samos, Priène, Milet) furent, à l'époque archaïque, un très grand foyer de civilisation, la patrie des premiers philosophes grecs (Thalès, Héraclite, Anaximandre).

Ionienne (mer) Partie de la Méditerranée s'étendant entre le S. de l'Italie (Calabre et Pouilles), la Sicile, le S. de l'Albanie et la Grèce. Profondeur maximale : 4 594 m.
Carte Europe Ee

Ioniennes (îles), en grec **Eptanisos,** ***Grèce*** Archipel de la mer Ionienne comprenant 7 îles principales : du N. au S., Corfou, Paxi, Leucade, Ithaque, Céphalonie, Zante et Cythère. Superficie totale : 2 307 km^2. Végétation et climat méditerranéens ; ports de pêche traditionnels. Nombreux sites touristiques. Les îles ont été rattachées à la Grèce en 1864.
Population 182 700
Carte Grèce Ab

ionosphère Voir ATMOSPHÈRE

Íos (Nió), ***Grèce*** Petite île de la mer Égée, faisant partie de l'archipel des Cyclades. Homère y serait mort. Site touristique.
Population 1 450
Carte Grèce Dc

Iowa, ***États-Unis*** État du Middle West (145 791 km^2). Capitale : Des Moines. Situé dans le Corn Belt, cet État est le premier des États-Unis pour la production de maïs et l'élevage porcin, le second pour le soja et l'élevage bovin, le troisième pour l'avoine. L'industrie est principalement tournée vers l'agriculture : produits alimentaires.

Explorée par Jolliet et Marquette en 1673, la région fit partie des territoires que Napoléon vendit aux États-Unis en 1803 et devint en 1846 le 29e État de l'Union.
Population 2 780 000
Carte États-Unis Hb

Ipoh, ***Malaysia*** Capitale de l'État de Perak, au N.-O. de Kuala-Lumpur. Important centre minier (étain). La population de la ville est en majorité chinoise.
Population 294 000
Carte Malaysia Bb

Ipswich, ***Royaume-Uni*** Chef-lieu du Suffolk (East Anglia), port sur l'estuaire de l'Orwell (exportation d'orge, de malt et d'engrais), centre industriel (machines agricoles et produits alimentaires). Maisons anciennes (XVe-XVIIe s.).
Population 113 000
Carte Royaume-Uni Fd

Iquique, ***Chili*** Chef-lieu de la province de Tarapacá au N. du pays. Ancien centre d'exploitation du nitrate de sodium. Principal port de pêche du pays. Industries alimentaires. Station balnéaire.
Population 113 000
Carte Chili Ab

Iquitos, ***Pérou*** Chef-lieu du département de Loreto, dans l'E. du pays, et port sur le Marañón. C'est la principale ville de l'Amazonie péruvienne (liaisons routières et aériennes avec Lima). Elle connut un brusque essor à la fin du XIXe s., lors du boom du caoutchouc, puis déclina après 1912. Elle a retrouvé de son importance avec le regain d'intérêt pour les terres amazoniennes (minerais, gisements de pétrole, exploitation forestière). Siège d'une université. Centre touristique important.
Population 178 000
Carte Pérou Ba

Irak Voir p. 326-327

Iraklion ou **Hêraklion,** anc. **Candie,** ***Grèce*** Port principal et capitale de la Crète, sur la côte N. de l'île. Au IXe s., la ville servit de base aux pirates arabes et aux marchands d'esclaves. Prise par les Vénitiens en 1204, elle devint turque en 1669, après vingt-deux ans de siège, et grecque en 1913. L'enceinte vénitienne subsiste, ainsi que des églises et un château commandant les ports jumeaux de la ville. Des vases minoens, des statues et des fresques provenant des fouilles du palais de Knossos, à 5 km au S., sont exposés au musée. Patrie du peintre Domenikos Theotokopoulos, dit le Greco (1541-1614), et du romancier Nikos Kazantzákis (1885-1957), auteur de *Alexis Zorba*.
Population 111 000
Carte Grèce Dd

Iran Voir p. 328-329

Irapuato, ***Mexique*** Ville de l'État de Guanajuato, au N.-O. de Mexico, à 1 724 m d'altitude. Fondée en 1547. Marché agricole (fraises) situé dans une vallée fertile (maïs, blé). Installation d'industries lourdes dans le cadre du plan de développement industriel régional.
Population 170 200

Irbid, ***Jordanie*** Chef-lieu de province à 70 km au N. d'Amman, non loin de la frontière syrienne. Marché agricole (céréales). Université. Site archéologique préhistorique à proximité.
Population 168 000
Carte Jordanie Aa

Irian Jaya, ***Indonésie*** Moitié occidentale de la Nouvelle-Guinée (422 000 km^2). Chef-lieu : Djayapura (60 700 habitants). Montagneuse au centre (le Puncak Jaya atteint 5 039 m), de climat équatorial et couverte de forêt dense, la région est peuplée de Papous pratiquant une agriculture sur brûlis. Pétrole dans la presqu'île de Vogelkop. Gisements de cuivre et de nickel.

Ancienne colonie hollandaise, le territoire fut rattaché en 1969 à l'Indonésie, à laquelle l'O.N.U. avait déjà confié son administration en 1962 (il s'appelait alors Irian occidental).
Population 2 584 000
Carte Indonésie Ic

Iringa, ***Tanzanie*** Chef-lieu de la région du même nom, à 420 km au S.-O. de Dar es-Salaam. Centre d'une région agricole (tabac, thé, maïs) et minière (extraction de charbon) ; présence de fer, de titane et d'or dans le sous-sol.
Population 68 000
Carte Tanzanie Ba

Irkoutsk ou **Irkutsk,** ***Russie*** Chef-lieu de l'oblast du même nom, non loin du lac Baïkal, sur l'Angara. C'est l'un des grands centres administratifs et économiques de la Sibérie centrale. Industries métallurgiques, alimentaires, chimiques. Aéronautique. Raffinerie de pétrole. Université depuis 1918. Fondée en 1652, la ville se développa avec la construction du chemin de fer transsibérien à la fin du XIXe s. Maisons de bois richement sculptées et peintes de couleurs vives. Marché des fourrures.
Population 640 500
Carte Russie Fc

Irlande Voir p. 330-332

Irlande du Nord, ***Royaume-Uni*** Région du Royaume-Uni couvrant 14 121 km^2. Formée en 1921 à la division de l'Irlande, elle comprend six comtés — Antrim, Armagh, Down, Fermanagh, Londonderry et Tyrone — qui constituaient une partie de l'ancienne province d'Ulster. Depuis 1972, elle est directement gouvernée par Londres. Les affrontements se sont multipliés entre extrémistes catholiques favorables à un rattachement à l'Irlande du Sud et protestants. 1994 pourrait marquer le début d'un processus de négociation entre le gouvernement de Londres et le Sin Fein, branche politique des terroristes catholiques de l'I.R.A. Capitale : Belfast.
Population 1 572 000
Carte Royaume-Uni Bc

Irlande (mer d') Bras de mer, peu profond (− 62 m en moyenne), séparant l'Irlande et la Grande-Bretagne et communiquant avec l'Atlantique, au N. par le canal du Nord, et au S. par le canal Saint George. 103 600 km^2.
Carte Royaume-Uni Cd

Irrawaddy, ***Birmanie*** 1. Principal fleuve du pays, long de 2 100 km, né de la confluence de la Mali Hka et de la Nmai Hka, issues des montagnes des Kachins. Son cours supérieur est très encaissé. Navigable à partir de Bhamo, il arrose la grande plaine rizicole birmane, s'étalant largement après avoir reçu son principal affluent, le Chindwin, en aval de Mandalay. Il se jette dans le golfe du Bengale en formant un vaste delta. Le fleuve et sa vallée sont un axe de transport essentiel pour l'économie, et assurent l'unité de la Birmanie.

2. Province du sud-ouest de la Birmanie, dans le delta du fleuve. Superficie : 35 167 km^2. Chef-lieu : Bassein.
Population 4 991 000
Carte Birmanie Cb, Bc

Irtych, ***Asie centrale*** Rivière longue de 2 970 km, affluent de l'Ob (rive gauche). Issue de l'Altaï (en Chine), elle alimente le lac Zaïsan, arrose le Kazakhstan oriental (barrage d'Oust-Kamenogorsk), les steppes de Semipalatinsk et de Pavlodar, puis draine le sud et l'ouest de la plaine de Sibérie occidentale. Elle reçoit l'Om à Omsk et le Tobol à Tobolsk. La plus grande partie de son cours est navigable.
Carte Russie Dc, Ecd

Irún, ***Espagne*** Ville de la province basque de Guipúzcoa, à la frontière franco-espagnole, sur la rive gauche de la Bidassoa, en face d'Hendaye. Gare ferroviaire internationale. Métallurgie, tanneries, porcelaine.
Population 53 000
Carte Espagne Ea

Isabela, ***Philippines*** Voir BASILAN

Isalo (parc national de l'), ***Madagascar*** Parc situé à 400 km au S.-O. d'Antananarivo, comprenant des zones de forêts et de savanes. Superficie : 81 540 ha. Des espèces rares de la faune malgache (des lémuriens notamment) y sont protégées. Nombreuses grottes.
Carte Madagascar Ab

Isandhlwana, ***Afrique du Sud*** Village du Kwazulu-Natal au S.-E. de Dundee. Les Zoulous y défirent l'armée britannique le 22 janvier 1879.
Carte Afrique du Sud Db

Ischia, ***Italie*** Petite île volcanique (46,4 km^2) à l'entrée N. du golfe de Naples, culminant au mont Epomeo (788 m). Végétation abondante. Pinèdes, vigne, oliviers. Eaux thermales. Tourisme très actif.
Population 43 900
Carte Italie Dd

Ise, ***Japon*** Ville de l'île de Honshu, sur la baie d'Ise, célèbre pour ses deux sanctuaires du Shinto, consacrés à la déesse solaire et à celle des moissons, lieux saints les plus vénérés du Japon, reconstruits tous les vingt ans. Le parc national d'Ise-shima s'étend sur 555 km^2 dans la péninsule de Shima, au S.-O. de la baie d'Ise.
Carte Japon Cd

Iseo (lac d'), ***Italie*** Lac alpin d'origine glaciaire, au N.-E. de Milan, traversé par l'Oglio. Grâce à la douceur du climat, ses rives s'ornent d'une végétation de type méditerranéen: vignes, arbres fruitiers, oliviers. Ses eaux sont poissonneuses. Au milieu du lac s'élève l'île du Monte Isola (600 m ; panorama).
Carte Italie Cb

Iseran (col de l'), ***France*** Col des Alpes (Savoie), dans le massif de la Vanoise, reliant les vallées de l'Arc et de l'Isère (2 770 m).

Isère (38), ***France*** 1. Rivière des Alpes du Nord, longue de 290 km. Elle prend sa source au mont Iseran, parcourt le Val de Tignes, la Tarentaise, arrose Bourg-Saint-Maurice et Moutiers. Puis elle traverse le Grésivaudan, reçoit le Drac à Grenoble, et conflue avec le Rhône un peu au N. de Valence.

2. Département de la région Rhône-Alpes (7 474 km^2). Chef-lieu: Grenoble. Il englobe, au S.-E., de grands massifs alpins cristallins (Belledonne, Grandes-Rousses, Oisans, Pelvoux), des massifs calcaires préalpins (Grande-Chartreuse, Vercors) et l'extrémité S. du Sillon alpin (Grésivaudan et vallée du Drac). Au N.-O., il comprend les pays du bas Dauphiné: riches terres de la Bièvre, de la Valloire, du Royans, et celles, plus pauvres (cailloutis glaciaires), du plateau de Chambaran et des Terres Froides. L'agriculture emploie 4,5 % de la population active, l'industrie 39,5 % ; l'essor de cette dernière est liée à l'énergie hydroélectrique (le Grésivaudan a vu naître la première usine de houille blanche en 1869). L'électrochimie, l'électrométallurgie, l'industrie du papier s'y sont développées, relayées aujourd'hui par l'électronique, l'informatique et le nucléaire. Tourisme estival et de sports d'hiver très actif: Chamrousse, L'Alpe-d'Huez, Autrans, les Deux-Alpes, etc.
Population 1 018 000
Carte France Fd

Iseyin, ***Nigeria*** Ville de l'État d'Oyo, au S.-O. du pays et à 175 km au N. de Lagos ; centre de l'industrie traditionnelle du coton ; marché agricole (tabac, légumes) ; bois de teck.
Population 173 500
Carte Nigeria Ab

MULTIPLES ATTRAITS. Avec sa riche végétation, ses plages bordées de pinèdes, ses ports et villages colorés et ses stations thermales, l'île volcanique d'Ischia attire les touristes du monde entier.

Ishikari, ***Japon*** Fleuve de l'île d'Hokkaidō, long de 262 km ; il prend sa source dans les monts Kitami, traverse Asahigawa, arrose la plaine rizicole d'Ishikari et se jette dans la mer du Japon.
Carte Japon Db

Ishinomaki, ***Japon*** Port de pêche de l'île de Honshu, sur le Pacifique ; important centre de la pêche hauturière nippone.
Population 122 000
Carte Japon Dc

Iskandereya (Al-), ***Égypte*** Voir ALEXANDRIE

Iskār ou **Isker,** ***Bulgarie*** Rivière longue de 300 km environ, affluent du Danube. Elle prend sa source dans le massif du Rila, arrose Samokov, passe à proximité de Sofia (grand barrage pour l'irrigation et la production d'électricité), puis franchit le mont Balkan par d'étroites gorges avant de confluer avec le Danube.
Carte Bulgarie Ab

Irak

EN ANNEXANT LE KOWEÏT, L'IRAK S'EST MIS AU BAN DE LA COMMUNAUTÉ INTERNATIONALE ET A SUBI DE PLEIN FOUET LES EFFETS D'UNE GUERRE DÉVASTATRICE

Foyer des antiques civilisations babylonienne et assyrienne et des célèbres *Mille et Une Nuits*, l'Irak bénéficie de deux bénédictions, l'eau de ses fleuves et son pétrole. Ses réserves de pétrole sont parmi les plus importantes du monde et fournissent près de la moitié de ses revenus. Les fleuves, le Tigre et l'Euphrate, créent une bande de terres fertiles à travers le désert. C'est ce pays béni des dieux que Saddam Hussein a lancé dans l'aventure militaire pour asseoir son autorité sur les peuples arabes et rétablir une situation économique compromise par la guerre avec l'Iran.

LE PAYS ET SON HISTOIRE

L'Irak forme un coin entre la Syrie et l'Iran. Il est enclavé, avec une seule ouverture vers le golfe Persique, le Chatt al-Arab, formé par la réunion du Tigre (1 900 km de long) et de l'Euphrate (2 700 km). Au N., les montagnes du Kurdistan, qui atteignent 4 168 m, se prolongent en Turquie et en Iran. Elles sont couvertes de neige pendant six mois par an, mais mille fleurs y fleurissent au printemps. Dans l'Ouest, le grand désert syrien abrite des populations nomades.

Pendant des siècles, l'Irak a été connu sous le nom de Mésopotamie, le « pays entre les fleuves ». 6 % de la terre seulement sont fertiles ; en avril et mai, le Tigre d'abord, puis l'Euphrate entrent en crue, et le cycle de l'irrigation et de la croissance végétale commence. Le pays produit du blé, de l'orge, du riz, du tabac, du coton, des légumes et des fruits ; l'Irak est un des plus gros producteurs de dattes du monde. Le palmier-dattier, qu'il soit groupé dans les oasis ou en lignes le long du Chatt al-Arab, constitue le trait le plus distinctif du maigre paysage végétal.

Sauf dans les montagnes du Nord, il fait atrocement chaud en été — jusqu'à 50 °C — et froid en hiver. De mai à octobre, la chaleur est si forte que personne ne se déplace sauf nécessité absolue, et depuis les temps antiques, les gens se sont abrités dans des pièces souterraines au milieu du jour.

Les historiens discutent pour savoir si c'est le Nil égyptien ou les fleuves irakiens qui ont été le berceau des premières civilisations du monde. L'Irak a été le foyer des Sumériens, qui développèrent un système d'écriture avant 3000 av. J.-C. Les Babyloniens et les Assyriens leur succédèrent, puis les Arabes, qui conquirent la région au VIIe s. Le Bagdad de Haroun al-Rachid fut un centre fameux d'art et de connaissances. Les récits des *Mille et Une Nuits*, contés à Chahriyar par son épouse Schéhérazade, avec les histoires d'Aladin, d'Ali Baba, et de Sindbad le marin, sont devenus des classiques.

Au XVIe s., l'Irak fut inclus dans l'Empire ottoman, et les Turcs ne furent chassés qu'avec l'invasion britannique, appuyée par les troupes arabes menées par le colonel T.E. Lawrence — Lawrence d'Arabie — pendant la Première Guerre mondiale. Après la guerre, l'Irak devint un mandat britannique et un royaume sous le règne de Faysal Ier. Le mandat prit fin avec l'accession du pays à l'indépendance en 1932. La monarchie disparut au cours d'une révolution sanglante en 1958, épisode de la vague de nationalisme arabe qui balaya le Moyen-Orient. En juillet de cette même année, le roi Faysal II et toute sa famille furent assassinés par des révolutionnaires. Après dix ans de troubles, de coups d'État et de contre-coups d'État, le parti socialiste Baath prit le pouvoir.

Au milieu des années 1970, l'Irak profita du boom pétrolier, comme les autres producteurs de pétrole. De nouveaux champs pétrolifères, près de Bagdad, vinrent s'ajouter à ceux de Kirkuk et Mossoul, au N., et de Bassorah, au S. En 1979, la production atteignait 3 millions de barils par jour. Le pays connut la prospérité : voitures, biens de consommation, grands programmes de développement, construction d'écoles, d'hôpitaux, d'usines. Un service de médecine gratuite fut établi, et le chômage virtuellement supprimé par la création d'emplois non productifs.

Cette année-là, Saddam Hussein, longtemps considéré comme l'homme fort du gouvernement, devint président. Sous sa direction fonctionne un comité révolutionnaire de neuf membres. Une assemblée nationale de 250 députés est élue tous les quatre ans.

En 1980, Hussein entreprit une guerre contre l'Iran qui, ayant chassé le chah, était bouleversé par les changements révolutionnaires de l'ayatollah Khomeyni. Elle représenta le point culminant d'années de conflit à propos de la frontière le long du Chatt al-Arab. La jeune armée de Khomeyni opposa une résistance fanatique, et la guerre s'éternisa. Les programmes de développement furent ralentis, et la production pétrolière tomba à 1 million de barils par jour. La résistance de l'armée iranienne fut telle que la guerre ne cessa qu'en 1988.

Saddam Hussein entreprit alors de s'imposer comme le nouveau leader du monde arabe. Il considérait en outre que la dette de guerre qu'il avait contractée auprès des riches États du Golfe ne devait pas être remboursée car, selon lui, les Irakiens avaient versé leur sang pour protéger la nation arabe menacée par l'Iran. À défaut de pouvoir faire entendre ses raisons, il choisit la fuite en avant. Son armée envahit le Koweït le 2 août 1990, puis l'émirat est annexé à l'Irak.

Washington obtient du Conseil de Sécurité la mise au ban de l'ONU et envoie un corps expéditionnaire en Arabie Saoudite. Même des pays arabes alliés de l'Irak comme l'Égypte se rangent dans le camp de Washington et Riyad. Saddam Hussein en appelle à la population contre les gouvernements et essaie même de lever l'étendard de la Guerre sainte contre les Occidentaux. Le blocus étrangle l'économie. Les États-Unis ne veulent rien d'autre que le retrait inconditionnel du Koweït. Ils sont suivis par leurs alliés occidentaux ainsi que par l'Union soviétique.

À l'expiration de l'ultimatum fixé par l'ONU à la mi-janvier 1991, la coalition occidentale déclenche la guerre aérienne et le pays est soumis pendant plus d'un mois à des bombardements sans précédent dans l'histoire. La phase terrestre du conflit, en février, ne dure que quelques jours et voit la déroute complète de l'armée irakienne.

Malgré la défaite et l'embargo qui est toujours en vigueur, Saddam Hussein continue à défier le monde. Les alliés maintiennent l'interdiction de survol au nord (Kurdes) et au sud du pays (chi'ites), au besoin par des raids aériens musclés (début 1993).

POPULATIONS ET ALIMENTATION

L'histoire de l'Irak se reflète dans la grande variété de ses types ethniques, qui a produit des conflits de sectes qui, selon certains, rendent le pays presque ingouvernable. Bien que les trois quarts de la population soient arabes, il y a un clivage majeur entre les

sunnites (minoritaires, bien qu'ils aient toujours tenu le pouvoir politique) et les chi'ites. Les autres minorités, très variées, sont l'héritage d'un lointain passé. Les Kurdes du Nord, de farouches guerriers, descendent des anciens Mèdes qui gouvernèrent un temps la Perse, et leur lutte armée pour l'indépendance a longtemps drainé les ressources de l'Irak. On trouve encore la large figure plate des Sumériens chez les Arabes des marais, qui vivent dans des maisons-bateaux parmi les roseaux des lagunes du Sud, comme leurs ancêtres d'il y a plusieurs millénaires.

Les sabéens sont une secte dont le héros est saint Jean-Baptiste, annonciateur du Christ ; leur rite principal est un baptême répété. Les yazidistes, dont la religion contient des éléments païens, islamiques et chrétiens, doivent leur nom au saint zoroastrien de Yazd, en Iran.

Si l'arabe est la langue principale, le kurde et le turc sont parlés par des minorités importantes. Beaucoup de gens savent l'anglais, en partie en raison de l'influence britannique, en partie parce que c'est la langue internationale du pétrole. Les membres des professions libérales, les fonctionnaires fréquentent des clubs (encore une tradition britannique) ; une invitation faite à un étranger à accompagner son hôte au club est une façon courtoise de signifier qu'il est le bienvenu. Les femmes d'Irak ont plus de liberté que celles de bien des pays arabes ; dans les villes, elles circulent vêtues de tenues occidentales. De plus en plus, elles vont à l'université et (surtout depuis la guerre) elles obtiennent des responsabilités.

L'Irak est un pays de jeunes — la moitié des 16 millions d'habitants a moins de quinze ans. Le pays présente des aspects très colorés. Quand vient le printemps, les femmes du Nord arborent des costumes magnifiques, de toutes les couleurs de l'arc-en-ciel.

Les plats les plus courants sont les kebabs et les tikkas (de petits morceaux frits de poulet ou d'agneau), servis avec du riz. Le yaourt accompagne souvent les repas, les légumes et les fruits sont variés, et le pain excellent. Les Irakiens sont de grands buveurs de thé et de café, consommés très sucrés ; la maison de thé est un lieu de rencontre très populaire.

Musulmans, la plupart des Irakiens ne consomment pas d'alcool, mais le pays a ses propres qualités de bière, et l'on pense qu'il ne faut pas empêcher de boire ceux qui désirent le faire. Il y a deux types d'arak (eau-de-vie de riz) et des crus de vins locaux. Dans certaines villes et certains hôtels, on sert ouvertement de l'alcool, mais il est interdit dans les villes saintes de Karbala et An-Nadjaf.

LES PROBLÈMES DE L'IRAK MODERNE

L'invasion du Koweït et la défaite des troupes irakiennes face aux armées de la coalition menée par les États-Unis ont révélé les divisions internes du pays. Des mouvements chi'ites pro-iraniens ont profité de la débâcle des soldats de Saddam Hussein pour déclencher une rébellion au sud de l'Irak en février-mars 1991. Leur mouvement a été réprimé dans le sang par le régime. Au nord du pays, au même moment, les organisations armées kurdes, qui réclament l'autonomie de leur région, se sont également soulevées contre Bagdad. La contre-offensive des troupes irakiennes a forcé les populations civiles kurdes à l'exil vers la Turquie et vers l'Iran. La communauté internationale est intervenue en leur faveur. Le régime de Saddam Hussein et les organisations kurdes ont entamé des négociations sur le statut de ces régions. Les civils ont progressivement regagné leur foyer.

PEUPLE DES MARAIS. Dans la basse vallée alluviale de la Mésopotamie, une grande zone de marais est occupée par des populations qui cultivent du riz et élèvent des buffles.

Dirigé d'une main de fer par Saddam Hussein, l'Irak doit assurer la transition d'une société rurale traditionnelle à une société moderne, sophistiquée, urbanisée. La population urbaine a quadruplé en vingt-cinq ans, et atteint maintenant 60 %. Bagdad compte plus de 3 millions d'habitants et concentre la plupart des industries du pays. On y trouve des fabriques de tapis, de cuirs et peaux, de textiles, de ciment, de tabac et d'arak. Bassorah, avec près de 500 000 habitants, est le seul port de l'Irak. Elle a de nombreuses raffineries de pétrole, et exporte en temps normal des produits pétroliers, de la laine, des grains et des dattes ; mais, en raison de la guerre, le pétrole est exporté par un oléoduc à travers la Turquie.

POUR LE VISITEUR

L'Irak offre encore bien des aspects hérités de son passé, et le tourisme représentait une importante source de devises. Bagdad possède des mosquées, des musées, ainsi que de nombreux monuments anciens intéressants.

Les bazars, notamment le grand bazar couvert, sont pleins de vie, avec des échoppes où l'on vend des produits artisanaux — objets en cuivre et en argent, tapis tissés à la main — ; on y trouve également des épices, des fruits, des légumes.

Les sportifs pouvaient faire du ski dans les montagnes, du ski nautique et de la voile dans le centre touristique de Habbaniyya.

L'antique cité de Ninive, sur le Tigre, face à Mossoul, était la capitale de l'empire assyrien. Des fouilles ont révélé des palais avec des sculptures magnifiques. Babylone, sur l'Euphrate, à 90 km en aval de Bagdad, fut célèbre au temps du roi Nabuchodonosor (605-562 av. J.-C.) pour sa beauté et son luxe. Ses murs, ses palais et ses voies royales étaient décorés de briques colorées ; ses jardins suspendus étaient l'une des sept merveilles du monde antique.

La ville sumérienne d'Our, à 300 km au S.-E. de Bagdad, est le lieu de naissance d'Abraham, fondateur du judaïsme.

L'IRAK EN BREF
Superficie 434 925 km²
Population 19 450 000
Capitale Bagdad
Régime République socialiste à parti unique
Monnaie Dinar = 20 dirhams = 1 000 fils
Langues Arabe ; kurde, turc, assyrien
Religions Musulmans (90 %), chrétiens (10 %)
Climat Étés chauds, hivers frais ; températures moyennes à Bagdad : de 4 à 16 °C en janvier à 24-50 °C en juillet-août
Ressources Moutons, dattes, céréales, tomates, pastèques, coton, bovins, chèvres, chameaux ; pétrole brut, gaz naturel
Activités Production et raffinage de pétrole et de gaz, cimenteries, industries chimiques, industries agro-alimentaires, briqueteries, textiles, cuir
Exportations Pétrole brut et raffiné, coton, dattes, ciment, peaux, laine
P.N.B. annuel par habitant 2 100 dollars
Croissance démographique 39 ‰ par an
Espérance de vie Hommes 46 ans, femmes 57

Iran

DEPUIS LA MORT DE L'AYATOLLAH KHOMEYNI, SYMBOLE DE LA RÉVOLUTION ISLAMIQUE, LES DIRIGEANTS IRANIENS S'EFFORCENT DE MODIFIER L'IMAGE DE LEUR PAYS

Au début de 1979, à Paris, un homme de haute taille, à l'aspect austère, monta à bord d'un avion d'Air France en partance pour Téhéran. L'ayatollah Khomeyni, âgé de près de quatre-vingts ans, chef religieux exilé par le chah d'Iran, prenait le chemin du retour pour se mettre à la tête d'une révolution religieuse.

Le trône du Paon était vide: Mohammed Reza chah, le souverain exilé, avait utilisé les vastes richesses en pétrole de l'Iran pour industrialiser et moderniser le pays. Il avait voulu « faire entrer l'Iran dans le vingtième siècle », mais il avait été trop loin. Il y avait eu des émeutes violentes, inspirées par les chefs religieux et les opposants politiques. Ce fut le moment que choisit l'ayatollah pour renverser le cours du temps et fonder une « vraie » république islamique.

Le mot Iran vient du nom persan du pays, Arian, et fut adopté en 1935 ; auparavant, on parlait de la Perse. Cyrus le Grand fonda l'empire perse au VIe s. av. J.-C., avec un domaine s'étendant de l'Inde à la Méditerranée. Le 2 500e anniversaire de l'empire fut célébré en 1971 par le dernier chah, en présence de nombreux souverains, en grande pompe et à grands frais, dans l'ancienne capitale de Persépolis, dans le désert près de Chiraz. Parmi les trésors exposés se trouvait le splendide trône du Paon, pris en Inde (en même temps que le diamant Koh-i-noor) au cours d'une campagne de Nadir chah, en 1738. Le trône, utilisé par ses successeurs, disparut pendant la révolution de l'ayatollah.

Le pays qui a subi ces traumatismes est une terre rude, trois fois grande comme la France, entre la mer Caspienne et le golfe Persique. Ses 1 648 000 km^2 sont dominés au N. et à l'O. par des chaînes de montagnes, tandis que le centre est une vaste étendue désertique. Le désert est si chaud que la vie y est très limitée. La région du Golfe est un peu plus fraîche. En hiver, de terribles tempêtes de sable balaient les plaines. Dans le Nord, les tremblements de terre constituent une menace ; en 1978, le séisme du Khorassan fit 20 000 victimes.

La plus grande partie des 55 millions d'habitants vit dans le Nord et dans l'Ouest, où est située la capitale, Téhéran, qui compte environ 12 millions d'habitants. Les montagnes de l'Elbourz dressent leurs flancs boisés à 5 771 m. Seules les plaines du bord de la Caspienne offrent de bonnes terres agricoles.

Le blé est la principale culture dans le Nord et le Nord-Ouest, et le riz dans la région caspienne. On cultive aussi l'orge, le maïs, le coton, la betterave à sucre, le thé et le tabac ; on produit également des fruits, des amandes et des dattes. On trouve des saumons, des carpes, des truites dans les rivières qui s'écoulent vers la Caspienne, et des esturgeons (qui donnent le caviar), dans la Caspienne.

En Iran, il y a à peu près autant de moutons que d'habitants ; les nomades, qui se déplacent avec leurs moutons et leurs chèvres dans les montagnes et les régions hautes, forment 5 % de la population.

Le pétrole fut d'abord découvert et exploité par la Compagnie pétrolière anglo-persane (qui devait plus tard devenir la British Petroleum), dans le sud-ouest du Khouzistan, en 1908. Mais l'Iran a d'autres ressources minérales précieuses: houille, minerai de fer, cuivre, plomb et sel. Ses réserves de gaz naturel ne sont dépassées que par celles de l'U.R.S.S. On trouve des pierres précieuses — turquoises, émeraudes, topazes et saphirs — surtout dans le Nord-Est.

Comme dans le cas de l'Afghanistan voisin, la position stratégique de l'Iran attira sur lui l'attention des puissances étrangères, notamment de l'U.R.S.S. et de la Grande-Bretagne, qui occupèrent épisodiquement des parties de son territoire, jusqu'à la fin de la Seconde Guerre mondiale. Pendant ce temps, le pays connut de nombreuses crises intérieures. En 1921, un officier, Reza khan, fomenta un coup d'État contre le gouvernement et supplanta le chah régnant, Ahmad, en 1925.

Pendant la Seconde Guerre mondiale, Reza chah dut abdiquer en faveur de son fils, Mohamed Reza chah. Celui-ci dut s'enfuir pour un temps quand, en 1953, le vieux Premier ministre, Mossadegh, chef du Front national, tenta de nationaliser l'industrie pétrolière iranienne. Mais les idées de Mossadegh étaient en avance sur son temps, et un boycott du pétrole iranien par l'Angleterre et d'autres pays entraîna sa chute. Le chah revint et reprit un pouvoir absolu.

Cependant, le chah lança sa propre révolution. Il était déterminé à changer de son vivant la vieille société paysanne islamique en un État moderne de style occidental. Il chercha à développer l'industrie, à mettre fin à la féodalité, à redistribuer la terre parmi les paysans, et voulut utiliser les richesses pétrolières du pays (10 % des réserves mondiales) pour financer ses rêves.

La modernisation progressa pendant les années 1960 et 1970. Mais les réformes agraires bénéficièrent généralement aux paysans les plus riches aux dépens des ouvriers agricoles sans terres. Ceux-ci abandonnèrent la culture pour aller travailler dans les nouvelles usines. La classe moyenne et la classe ouvrière prirent de l'importance, et le pays se transforma: on passa d'une société en grande majorité rurale à une société avec 40 % d'urbains. Mais les réformes du chah furent accompagnées d'une répression de plus en plus accentuée.

Il ne comprenait pas la force de l'opposition et la haine qu'il avait suscitées, particulièrement chez les musulmans chi'ites orthodoxes. En 1977, les riches — les Mille Familles, qui avaient possédé 80 % des meilleures terres — sentaient la fin approcher et envoyaient leur argent à l'étranger, au rythme de 1 milliard de dollars par mois. Des émeutes éclatèrent, et le 16 janvier 1979, le chah quitta définitivement le pays. Quinze jours plus tard, l'ayatollah Khomeyni prenait le pouvoir et le gardait jusqu'à sa mort en mai 1989.

Les deux tiers des Iraniens descendent des anciens Persans, mais il y a des minorités importantes. Un quart appartiennent au groupe turc, et il y a des Kurdes dans le Nord-Ouest, des Arabes le long du Golfe et des Balouches dans l'Est.

La mosquée, le bazar et la maison sont les trois centres de la vie iranienne. La grande majorité des gens est de confession chi'ite (la seconde des deux grandes branches de l'islam). Ils se différencient des sunnites par la croyance en Ali, gendre du Prophète, comme son premier successeur. Les sunnites ne mettent Ali qu'au quatrième rang. Les Kurdes

GUERRE DE SUCCESSION. Depuis la mort de l'ayatollah Khomeyni en mai 1989, le régime iranien est dominé par Hachemi Rasfandjani. Mais les radicaux, qui se veulent fidèles à la ligne intransigeante de l'imam, s'opposent aux ouvertures diplomatiques de l'actuel chef de l'État.

et les Arabes sont sunnites. Il y a aussi, à Yazd et à Kerman, les zoroastriens, qui croient que la vie est une lutte perpétuelle entre les puissances du bien et du mal.

Dans ce contexte, l'ayatollah chi'ite Khomeyni se mit au travail pour faire de l'Iran un État islamique à part entière, débarrassé des influences occidentales. Le pouvoir fut en partie transféré au clergé fidèle à Khomeyni. En 1979, un référendum eut lieu, et, à une écrasante majorité, le peuple vota pour la transformation de l'Iran en république islamique.

L'ancien Code pénal, prévoyant des châtiments allant de flagellations et d'amputations pour le vol à l'exécution pour l'adultère, fut remis en vigueur. Au moins 5 500 personnes furent fusillées (partisans du chah, opposants politiques, rebelles au code moral) et des milliers de prisonniers politiques furent maintenus en prison. L'alcool fut interdit, les femmes durent porter le tchador et des vêtements cachant le corps. Des drogués et des homosexuels furent exécutés.

En 1980, le chah mourut dans son exil égyptien. Les Européens et les Japonais, dépendant pour 30 % et 60 % respectivement des ressources en pétrole du Golfe, prêtaient une attention nerveuse aux projets économiques de Khomeyni. En 1977, disait-il, l'Iran avait produit 6 millions de barils de pétrole, mais seulement un mois de sa consommation alimentaire. Le pays avait mis en place des industries de montage pour les Occidentaux au lieu d'industries indépendantes. Et il eut ce cri : « N'est-ce pas là mettre tous nos besoins à la merci des étrangers ? »

En septembre 1980, l'Irak envahit l'Iran. Le chah avait forcé Saddam Hussein, le chef de gouvernement irakien, à renoncer à la souveraineté sur la partie orientale du Chatt al-Arab — le fleuve séparant les deux pays ; le moment paraissait venu, avec les troubles en Iran, pour le reprendre. Les Irakiens connurent des succès initiaux qui affectèrent la production pétrolière de l'Iran, mais les Iraniens, galvanisés par le nationalisme, l'ambiance révolutionnaire et le discours islamiste du nouveau régime ripostèrent vigoureusement. Contre la puissance de feu des Irakiens, les chefs militaires iraniens n'hésitèrent pas à utiliser des « vagues humaines » d'adolescents endoctrinés par les mollahs.

Une partie de l'opposition au régime de Khomeyni, l'organisation des Moudjahidin e-Khalg, se rangea aux côtés de Bagdad.

Les armées s'affrontèrent en allers et retours constants le long de la frontière. À la sanglante guerre de position dans les environs du Chatt al-Arab, vinrent s'ajouter des combats dans le Golfe persique. Des attaques furent portées contre des navires occidentaux venus chercher du pétrole. En 1987, Européens, Américains et Soviétiques envoyèrent des bateaux de guerre pour protéger leurs intérêts. Les menaces sur l'approvisionnement pétrolier et la réaction des grandes puissances, ainsi que l'épuisement des combattants, expliquent l'ouverture de pourparlers de paix à Genève en août 1989, qui mirent fin à une guerre sans vainqueur ni vaincu. L'Iran est maintenant confronté aux problèmes de sa reconstruction difficile, encore amplifiés par le terrible séisme de juin 1990, car le chômage est massif et le taux d'inflation très élevé.

Les incertitudes sont aggravées par la mort de l'ayatollah Khomeyni en mai 1989. Son remplacement par Ali Akbar Hachemi Rasfandjani s'est fait sans difficulté majeure. Le nouveau gouvernement cherche à améliorer l'image de l'Iran sur la scène internationale. À la suite de l'invasion du Koweït par l'Irak et de l'installation d'un corps expéditionnaire américain en Arabie Saoudite, il s'est cantonné dans une stricte neutralité, dont il espère toucher les dividendes sous forme d'aide occidentale. Le régime a ainsi rétabli ses relations diplomatiques avec plusieurs pays européens et arabes.

L'IRAN EN BREF
Superficie 1 648 000 km^2
Population 60 768 000
Capitale Téhéran
Régime République islamique
Monnaie Rial
Langues Persan (officielle), kurde, baloutchi, turc
Religions Musulmans (99 %), chrétiens, juifs, zoroastriens
Climat Continental ; températures moyennes à Téhéran : de − 3 à 7 °C en janvier, et de 22 à 37 °C en juillet
Ressources Moutons, bovins, chèvres, blé, betteraves à sucre, orge, riz, coton, blé, tabac, bois, poisson ; pétrole brut et gaz naturel, charbon, sel, chrome, plomb, cuivre, fer
Activités Raffineries de pétrole et de gaz, acier, équipement électrique, ciment, textiles, sucre, farine, meubles, matériaux de construction, pêche
Exportations Pétrole brut et raffiné, tapis, textiles, coton brut, fruits, cuirs
P.N.B. annuel par habitant 2 320 dollars
Croissance démographique 35 ‰ par an
Espérance de vie Hommes 64 ans, femmes 65

Irlande

DES SIÈCLES DE FOI, DE PAUVRETÉ, DE CONFLITS ONT LAISSÉ LEUR EMPREINTE SUR LE PAYS ET SUR LES HOMMES

C'est à juste titre que l'Eire (tel est son ancien nom celte) est appelée l'île d'Émeraude. L'intense couleur verte du trèfle est le produit d'un climat doux, humide et changeant, dû aux systèmes dépressionnaires atlantiques qui balaient sans cesse l'une des îles les plus occidentales d'Europe. Tantôt un front chaud surgi de l'océan recouvre tout le pays d'un voile épais de nuages bas (le touriste trempé jusqu'aux os, réfugié dans un pub confortable, sera étonné de s'entendre dire : « Grâce à Dieu, quelle belle et calme journée ! ») ; tantôt arrive un front froid avec des averses drues et un ciel clair qui donne au paysage un chatoiement de brillantes couleurs.

La république d'Irlande occupe les quatre cinquièmes d'une île qui a en gros la forme d'une soucoupe ébréchée, une chaîne de moyennes montagnes formant un rebord irrégulier le long de la côte ; la plaine centrale calcaire, recouverte d'argile glaciaire, porte de bonnes terres agricoles et des prairies.

Dans l'Ouest montagneux, face à l'Atlantique, la pluviosité varie de 1 000 mm sur la côte à 2 000 mm et plus sur les sommets. L'extrême Sud-Ouest, dans le Kerry, a les plus hautes altitudes ; l'Irlande culmine au Carrantuohill à 1 041 m. Près de Dingle, la falaise de Brandon tombe verticalement à la mer du haut de ses 953 m. Les températures moyennes d'hiver varient de 4 à 7 °C (les plus élevées dans l'Ouest, qui ignore le gel), celles de l'été de 14 °C, au N., à 16 °C, au S.

L'histoire de l'île est beaucoup moins tempérée que son climat. La lutte pour l'indépendance ne s'est terminée qu'en 1921 ; la république compte parmi les plus jeunes nations d'Europe. Pourtant, sa contribution à la culture occidentale est inestimable. De Swift et Sheridan à Yeats et George Bernard Shaw, de Oscar Wilde à Samuel Beckett, les géants de la littérature irlandaise ont enchanté les lecteurs et les spectateurs du monde entier.

UNE ÎLE DIVISÉE

De nos jours, l'île vit des temps difficiles. Huit siècles de luttes sanglantes ont abouti à la division de l'île en deux pays : la République, en majorité catholique, et l'Irlande du Nord, aux deux tiers protestante, et qui est encore sous la souveraineté britannique. Bien que les hommes politiques républicains plaident pour une Irlande unifiée, ni eux ni leurs partisans n'approuvent le terrorisme. L'Armée républicaine irlandaise (IRA) est illégale aussi bien dans la République qu'en Irlande du Nord.

L'Irlande, pour son malheur, a eu plus que sa part d'histoire. L'île devint un centre de culture et de foi chrétiennes, un peuple de rois et de poètes, après sa conversion par saint Patrick en 432 apr. J.-C. Mais, trois siècles plus tard, sa prospérité suscitait la convoitise des Vikings, pillards puis colonisateurs. L'un des plus anciens héros nationaux de l'Irlande, Brian Boru, battit les Vikings à Clontarf en 1014, mais ce goût de liberté fut de courte durée. La conquête normande commençait en 1168 quand Henry II d'Angleterre envoya ses chevaliers au-delà de la mer d'Irlande.

Ainsi commencèrent les turbulentes relations de l'Irlande avec son puissant voisin, relations de mésentente, d'intolérance religieuse, de rébellions, répressions et évictions, d'atrocités et de rétorsions, et trop rarement de bonne volonté. Longue est la liste des griefs et des malheurs de l'Irlande. Aux XVIe et XVIIe siècles, des « plantations » de protestants d'Écosse et d'Angleterre s'installèrent en Ulster, dans le Nord-Est, sur les terres confisquées, politique qui produisit la majorité protestante de l'Irlande du Nord. Le nom d'Oliver Cromwell est toujours exécré à cause de la brutalité avec laquelle il écrasa une rébellion catholique et royaliste en 1649. L'exercice de leur culte fut interdit aux catholiques après la défaite que Guillaume III leur infligea sur la Boyne en 1690.

Le soulèvement avorté de Wolfe Tone et de son Union des Irlandais en 1798 servit de lever de rideau à un autre siècle de troubles. L'Acte d'Union de 1800 abolit le Parlement d'Irlande ; des députés irlandais protestants siégèrent à la Chambre des Communes de Westminster (Londres). L'Angleterre refusait alors aux catholiques l'entrée dans la fonction pu-

blique. Pourtant, le catholique Daniel O'Connell fut élu député du comté de Clare en 1828, événement qui força le gouvernement britannique à accepter l'émancipation des catholiques dès l'année suivante.

LA GRANDE FAMINE

Les dures réalités économiques passèrent au premier plan au milieu du XIXe s. lorsque la récolte de pommes de terre fut détruite par un parasite fongique ; les tubercules pourrissaient aussi bien en terre que dans les greniers. Avant la Grande Famine, qui commence en 1845 et se poursuivra trois ans, le pays comptait plus de 8 000 000 d'habitants, dont la

MAGIE D'UN PAYS LACUSTRE. Des prés d'un vert intense et de hautes montagnes encerclent le lac supérieur de Killarney, dans le comté de Kerry. Les touristes, nombreux dans la petite ville de Killarney, peuvent se rendre au lac dans une carriole tirée par un poney.

moitié vivaient essentiellement des pommes de terre de leurs champs. Dès 1848, un million avait déjà disparu du fait de la famine, de la typhoïde ou de l'émigration.

Dans la seule année 1847, il y eut 250 000 décès, et 3 000 000 de gens dépendaient de l'assistance publique. Beaucoup de propriétaires sacrifièrent leur fortune pour secourir leurs tenanciers ; d'autres se contentèrent de les expulser. La famine déclencha une dépopulation, d'abord rapide, puis plus lente après 1890. L'émigration a encore prélevé plus de 2 000 000 de personnes depuis 1900. Ces départs ont imprimé des marques très nettes sur le paysage de la République. Partout dans la province de Connaught et les comtés de Kerry et de Donegal, des hameaux en ruine, des champs abandonnés, d'anciennes carrières de tourbe sont autant de témoignages du passé ; néanmoins, le regroupement récent de petites exploitations donne aux fermiers un niveau de vie plus digne.

À la veille de la Première Guerre mondiale, le gouvernement britannique semblait enfin décidé à accorder l'autonomie politique (Home Rule) ; mais en Ulster des protestants préféraient toujours prendre les armes que se soumettre à la majorité catholique. « L'Ulster combattra et l'emportera », tel était le slogan du leader protestant sir Edward Carson. Dans l'immédiat, laissant de côté leurs querelles intérieures, 250 000 Irlandais du Sud s'engagèrent dans l'armée britannique en 1914 aux côtés des soldats de l'Ulster.

Toutefois, l'Allemagne misait sur le mécontentement de l'Irlande et encouragea l'insurrection contre l'autorité britannique. Le soulèvement de Pâques 1916 fut écrasé ; 90 rebelles furent condamnés à mort, dont 15 furent exécutés. Eamon De Valera, né aux États-Unis, fut l'un des graciés. Désormais, une nation s'efforçait de naître. En 1918, le mouvement politique *Sinn Fein* (« Nous Seuls ») proclamait un Parlement irlandais, le *Dail Eireann*, présidé par De Valera. L'Armée républicaine irlandaise déclara la guerre à la Grande-Bretagne ; celle-ci répliqua en intégrant d'anciens combattants dans la Police royale d'Irlande. Ces auxiliaires, les *Black and Tans* (« Noirs et kaki »), ainsi nommés d'après la couleur de leurs uniformes, répondirent à la terreur par la terreur.

En 1921, le leader de l'IRA, Michael Collins, apposa sa signature sur le traité par lequel la Grande-Bretagne reconnaissait l'indépendance de l'Irlande à l'exception de six des neuf comtés de l'Ulster. « Tôt ce matin, j'ai signé ma condamnation à mort », écrivait-il à un ami. Son pressentiment ne le trompait pas : moins d'un an après, il était assassiné pendant la guerre civile au sein du Sinn Fein entre partisans et adversaires du traité.

NAISSANCE D'UNE NATION

L'État libre d'Irlande naquit officiellement en 1922, d'abord en qualité de dominion du Commonwealth. De Valera, élu président en 1932, s'employa à détruire les liens que son pays conservait encore avec la Grande-Bretagne. En 1949, l'État libre devint une république n'appartenant plus au Commonwealth. En 1955, elle adhéra à l'O.N.U. et en 1973 à la C.E.E. (Marché commun).

L'exigence d'unification de l'Irlande est inscrite dans la Constitution de la République ; celle-ci est inexorablement impliquée dans les soubresauts de l'Irlande du Nord. Le pacte de 1985 entre les gouvernements de Londres et de Dublin est la tentative la plus récente de résoudre pacifiquement les problèmes de l'Irlande du Nord. Il donne au gouvernement de la République un rôle consultatif dans les affaires de l'Irlande du Nord, en vue de protéger les intérêts des deux communautés, catholique et protestante, et de renforcer la coopération dans les domaines économique, juridique et du maintien de l'ordre. Cette volonté de tolérance réussira-t-elle ?

Malgré la fertilité de son sol, la République est l'un des pays les plus pauvres d'Europe. Le revenu par tête n'atteint pas la moitié de celui de la France. La tourbe, résultat d'un climat humide et d'écoulement lent des eaux sur les plaines d'argile glaciaire, couvre un septième du territoire ; c'est la principale source d'énergie indigène ; un organisme d'État en extrait 500 000 t par an de quinze grandes carrières ; des usines de briquettes la transforment ; des centrales thermiques à la tourbe produisent de l'électricité ; mais les réserves connues ne dureront pas plus de vingt ans.

Le gouvernement encourage l'industrie depuis 1932, en partie pour réduire l'émigration ; celle-ci s'élevait encore à 40 000 personnes par an au début des années 1950. Après une longue accalmie (elle avait presque cessé au début des années 1980, du fait de la montée du chômage en Grande-Bretagne), elle a repris fortement depuis 1986. Dublin et sa banlieue ont 1 050 000 habitants, 30 % de la population nationale. Ses principales industries sont la brasserie, l'alimentation, la mécanique, la confection, le verre.

C'est aussi le principal centre d'imprimerie et d'édition, de radio, télévision et autres moyens de communication. Malgré les efforts de décentralisation de l'industrie, Dublin détient encore la moitié de la production nationale. En fait, la République est un des États les moins industrialisés d'Europe.

Le manque de sources d'énergie autres que la tourbe, l'éloignement des principaux marchés et centres de population ralentirent le développement de l'industrie nationale au XIXe s. Le charbon, irremplaçable à l'époque, devait être importé, et pour l'essentiel de Grande-Bretagne. Le programme d'électrification commença dans les années 1920 par la construction d'un barrage sur le Shannon, puis sur les autres fleuves ; aujourd'hui, 75 % du potentiel hydroélectrique a été aménagé. Les centrales à la tourbe commencèrent à fonctionner pendant les années 1940 ; mais la demande d'électricité a tellement augmenté que plus de la moitié provient de la combustion du pétrole et du charbon importés.

Quelques-unes des entreprises irlandaises les plus importantes appartiennent à l'État : la compagnie d'aviation civile Aer Lingus, le *Bord na Mona* (tourbières), la compagnie de transports ferroviaires et routiers *Coras Iompair Eireann* ; le *Bord Grain* commercialise les excédents céréaliers, le *Bord Bainne* les produits laitiers ; la production du sucre et des engrais est étatisée. Un Office du développement industriel a été créé en 1959, qui s'efforce d'attirer les firmes étrangères par ses concessions fiscales. L'initiative la plus audacieuse fut sans doute la création complète, près de la côte O., d'une nouvelle ville industrielle à proximité de l'aéroport international de Shannon ; la zone franche a attiré une large gamme d'industries (radio, machine-outil, textile, etc.). Malheureusement, les nouveaux jets à longue portée n'ont plus besoin de faire le plein de kérosène à Shannon, et celui-ci n'est plus guère qu'un centre de contrôle des vols transatlantiques.

Néanmoins, le pays bénéficie largement de l'afflux des touristes. On estime que 17 000 000 de personnes d'origine irlandaise vivent à l'étranger, dont beaucoup rêvent de revenir à leurs origines ; on a compté parmi eux deux présidents des États-Unis, J. F. Kennedy et Ronald Reagan. D'autres viennent seulement pour jouir de la splendeur des terres et des lacs, de l'hospitalité d'un peuple amical, d'un rythme de vie calme et détendu. En 1987, l'Éire a reçu la visite de 2 040 000 touristes, dont 52 % du Royaume-Uni et 18 % d'Amérique du Nord ; beaucoup sont d'origine irlandaise.

Les visiteurs trouveront un pays dont l'adhésion au catholicisme est inscrite dans la Constitution et dont les citoyens ont massivement voté en 1986 contre la légalisation du divorce. Ils verront aussi un pays divisé en provinces qui furent jadis des royaumes : au N. et à l'O., le sauvage et beau Connaught, y compris les comtés de Sligo, Mayo et Galway, les lacs bleus et les montagnes bleues du Connemara ; au S., dans le Munster, les longues péninsules de Cork et de Kerry s'avancent dans l'Atlantique, bordées à l'intérieur par les sommets imposants de Caha, de Slieve Mish et des Macgillycuddy's Reeks. Le cœur du Leinster (Meath, Laoig qu'on prononce « Liche », Carlow et Wicklow) a des collines vallonnées, des campagnes prospères, pleines de villages et de hameaux ; enfin, la jolie côte orientale, entre Dublin et Wexford, offre au visiteur ses petites criques et ses baies sableuses.

Au lieu dit Le Ponton, paradis des pêcheurs entre les lacs Conn et Cullin (comté de Mayo), on exige le paiement d'une licence pour la pêche au saumon, mais seulement après que vous en avez pris un. Cela aussi, comme un beau jour calme, est très irlandais.

L'IRLANDE EN BREF
Superficie 70 283 km²
Population 3 510 000
Capitale Dublin
Régime République parlementaire
Monnaie Livre = 100 pence
Langues Anglais, irlandais
Religions Catholiques (94 %), anglicans (3 %), presbytériens (1 %)
Climat Tempéré, réchauffé par la dérive nord-atlantique ; températures moyennes : de 4 à 7 °C en janvier-février, de 14 à 16 °C en juillet-août
Ressources Céréales, pommes de terre, betteraves à sucre, légumes, bétail, poisson ; tourbe, gaz naturel, plomb, zinc, baryte, gypse
Activités Agriculture, industries agro-alimentaires, machines, produits chimiques et engrais, textiles, confection, tourisme
Exportations Machines, produits chimiques, viande, produits laitiers, filés et tissus, instruments de mesure, bétail sur pied
P.N.B. annuel par habitant 10 780 dollars
Croissance démographique 5,8 ‰ par an
Espérance de vie Hommes 71 ans, femmes 76

Iskenderun, anc. **Alexandrette,** ***Turquie*** Ville et port sur la Méditerranée, à 450 km au S.-E. d'Ankara, près de la frontière syrienne. Elle fut fondée au IVe s. av. J.-C. par Alexandre le Grand dont elle porta le nom. Importante base navale militaire. Centre industriel (engrais, aciéries), à proximité d'un terminal pétrolier (oléoduc en provenance d'Iran). Forteresse des croisés à Toprakkale (50 km au N.). Édifices turcs du XVIe s. (mosquée, marché couvert).
Population 154 800
Carte Turquie Bb

Islamabad, ***Pakistan*** Capitale du pays depuis 1967 (à la place de Karachi), située à 14 km au N.-O. de Rawalpindi. Sa construction a commencé en 1961.
Population 204 500
Carte Pakistan Da

Islande Voir p. 335

Ismaïlia, ***Égypte*** Chef-lieu de province sur le lac Timsah, entre Suez et Port-Saïd. Siège de l'administration du canal. Quartier résidentiel du canal, où l'on peut voir la maison de Ferdinand de Lesseps.
Population 212 600
Carte Égypte Cb

SPLENDEURS PERSANES. Située dans une oasis au pied du Zagros, Ispahan a gardé de son passé de capitale impériale de belles mosquées et d'élégants palais.

isobare Ligne joignant les points du globe d'égale pression atmosphérique.

isobathe Ligne joignant les points du globe d'égale profondeur.

isohyète Ligne joignant les points du globe où les pluies moyennes sont égales.

isostasie État d'équilibre des différents secteurs de l'écorce terrestre dû à leur densité et à la viscosité du manteau sur lequel ils reposent. Les blocs qui composent les continents exercent une pression d'autant plus forte qu'ils sont plus épais. Un secteur surchargé (par sédimentation ou englacement) s'enfonce progressivement ; un secteur allégé (par érosion ou déglaciation) se soulève. Ces mouvements verticaux sont appelés *mouvements isostatiques*.

isotherme Ligne joignant les points du globe d'égale température moyenne.

Ispahan ou **Esfahān,** ***Iran*** Capitale de la province du même nom et centre urbain d'une vaste oasis arrosée par le Zende-Rud, à l'E. du Zagros et au centre du pays. Elle fut la capitale de l'empire seldjoukide aux XIe et XIIe s. et, avec Abbas Ier à la fin du XVIe s., celle de la Perse séfévide jusqu'à sa prise par les Afghans en 1722. De nombreux monuments de l'époque seldjoukide subsistent, dont la célèbre mosquée du Vendredi. De l'époque séfévide, marquée par l'urbanisme monumental qu'Abbas et ses successeurs donnèrent à la ville, datent la place de l'Imam, la mosquée du Cheykh Lotfollah, le Bazar et le palais d'Ali Qapu. Ispahan est aujourd'hui un centre administratif, commercial et industriel (filatures de laine et de coton). Son artisanat est réputé (tapis).
Population 987 000
Carte Iran Ba

Israël Voir p. 336-337

Issyk-Koul (lac), ***Kirghizistan*** Lac (6 236 km^2) à 1 608 m d'altitude à l'E. de Bichkek. Ses eaux sont poissonneuses. Stations thermales et climatiques, dont Issyk-Koul, ancienne Rybatche.
Carte Kirghizistan Ba

Istanbul, ***Turquie*** Ville qui occupe une position géographique exceptionnelle sur la rive européenne du Bosphore, entre l'Europe et l'Asie, la mer Noire et la Méditerranée. Istanbul est l'héritière d'un passé prestigieux : fondée au VIIe s. av. J.-C. par les Grecs sous le nom de Byzance, elle devint la capitale de l'Empire romain en 324 sous Constantin, dont elle prit le nom (Constantinople), puis la capitale de l'Empire byzantin pendant près d'un millénaire. Les Turcs s'en emparèrent le 29 mai 1453. Rebaptisée Istanbul, elle fut alors la capitale de l'Empire ottoman jusqu'en 1923. Occupée par les Alliés de 1918 à 1923, et le sultanat ayant été aboli, elle perdit son rôle de capitale au profit d'Ankara. Mais elle reste la principale ville du pays, sa métropole économique, son principal port (un

UN GIGANTESQUE OUVRAGE D'ART. Construit par le Brésil et le Paraguay sur le Paraná, le barrage hydroélectrique géant d'Itaipu est parmi les plus grands du monde, avec une puissance de 12 600 MW.

quart du trafic portuaire) et regroupe le tiers des activités industrielles nationales (chantiers navals, industrie textile, tabac, cuir, ciment, verre). Cette ville très touristique conserve de nombreux monuments byzantins (célèbre basilique Sainte-Sophie, églises Sainte-Irène, du Sauveur-in-Chora, de la Vierge Pammakaristos) et ottomans (mosquées Süleymaniye et Sehzade du XVIe s., mosquée Bleue du XVIIe s., médersa Rustem Pacha du XVIe s. et palais de Topkapi, construit et remanié entre le XVe et le XIXe s.). Nombreux musées. Grand Bazar.
Population (aggl.) 6 620 200
Carte Turquie Aa

Istrie, ***Croatie/Slovénie*** Péninsule du nord de l'Adriatique attribuée en 1947 à la Yougoslavie, et que se partagent les républiques de Slovénie et de Croatie. Les événements de 1991 dans ces deux républiques amenèrent les habitants d'origine italienne à revendiquer le retour de la région à l'Italie. C'était une région touristique. Ville principale: Pula.
Carte Croatie Ab

Itaipú (barrage d'), ***Brésil/Paraguay*** Barrage construit par le Brésil et le Paraguay sur le Paraná, à 14 km de Foz de Iguaçu (non loin de la confluence du Paraná et de l'Iguaçu), achevé en 1982. Cette installation hydroélectrique, dont la première turbine a été mise en service en 1983, est, depuis 1990, avec ses 18 turbines, la plus puissante du monde (12 600 000 kW).
Carte Brésil Cd

Italie Voir p. 338-342

Ithaque, en gr. **Itháki,** ***Grèce*** Une des îles Ioniennes (96 km^2), à proximité de l'île de Céphalonie. Chef-lieu: Itháki. Patrie légendaire du héros de *l'Odyssée* d'Homère, Ulysse.
Population 3 650
Carte Grèce Bb

Itsukushima, ***Japon*** Voir MIYAJIMA

Ituri (forêt de l'), ***Zaïre*** La plus vaste forêt dense équatoriale du continent africain (superficie estimée entre 34 000 et 54 000 km^2), au N.-E. du pays. Elle s'étend dans le bassin de la rivière Ituri, l'une des branches mères de l'Aruwimi, et est peuplée de Pygmées (Mbutis). L'explorateur britannique Stanley, qui l'a traversée en 1887-1888, donne dans *In Darkest Africa* une impressionnante description de ce monde exubérant et sombre, mélange d'humidité pesante et de formidables élans verticaux. Station touristique d'Epulu (à 300 km au N.-E. de Kisangani). Okapis, gorilles des montagnes.
Carte Zaïre Ba

Ivanovo, ***Russie*** Chef-lieu du district du même nom, la ville, située à 240 km environ au N.-E. de Moscou, fut au XIXe s. le principal centre de fabrication de cotonnades imprimées de l'Empire russe. Elle vit se former, au cours de la grande grève de 1905, le premier soviet ouvrier. C'est encore aujourd'hui l'un des grands centres cotonniers du pays. Construction mécanique et industrie chimique (liées au textile).
Population 482 000
Carte Russie Cc

Ivrée, en it. **Ivrea,** ***Italie*** Ville du Piémont, sur la Doire Baltée, à 50 km au N. de Turin. Principales usines et siège de la firme Olivetti (informatique, bureautique, machines-outils). Industrie textile.
Population 27 000
Carte Italie Ab

Iwaki, ***Japon*** Ville de la côte O. de l'île de Honshu. Née en 1966 de la réunion de plusieurs villes du bassin houiller de Joban. Centre d'industries chimiques.
Population 350 000
Carte Japon Dc

Iwo-Jima, ***Japon*** Voir IO-JIMA

Ixtaccihuatl, ***Mexique*** Volcan enneigé culminant à 5 286 m dans la vallée d'Ahanuac, au S. de Mexico, surnommé « Femme blanche » ou « Femme endormie », et voisin du Popocatepetl.

Izmir (Smyrne), ***Turquie*** Chef-lieu de province et port sur la mer Égée. Prise aux Grecs par les Turcs en 1922, la ville connut une période de déclin après l'exode de sa population grecque. C'est aujourd'hui un port très actif et le centre de l'une des plus importantes régions industrielles du pays: industries alimentaires, tabac, textiles (coton, laine, tapis), chimiques et pharmaceutiques, construction mécanique, cimenteries. Université. Foire internationale.

Dans l'Antiquité, Smyrne fit partie de la confédération des cités grecques d'Ionie. Détruite par les Lydiens au VIe s. av. J.-C., elle retrouva de son importance aux époques hellénistique et romaine.
Population (ville) 1 757 100; (prov.) 2 315 800
Carte Turquie Ab

Izmit (Kocaeli), anc. **Nicomédie,** ***Turquie*** Chef-lieu de la province de Kocaeli, sur la rive E. de la mer de Marmara. Port militaire et de commerce. Centre de l'industrie du papier du pays. Industries textiles, chimiques (phosphates), pétrochimie, pneumatiques, cimenteries.
Population (ville) 236 100; (province) 753 400
Carte Turquie Aa

Izoard (col de l'), ***France*** Col des Hautes-Alpes reliant le Briançonnais au Queyras (2 360 m).

Izu, ***Japon*** Péninsule de la côte pacifique de l'île de Honshu (S.-O. de Tokyo), au relief d'origine volcanique. Ses sources chaudes et la douceur de son climat attirent de nombreux touristes.
Carte Japon Cd

Izumo, ***Japon*** Petite ville de la côte occidentale de l'île de Honshu (à 115 km environ au N.-E. d'Hiroshima). Son sanctuaire shintoïste, le plus ancien du Japon, est un lieu de pèlerinage célèbre et figure parmi les lieux saints les plus vénérés du pays après ceux d'Ise.
Population 80 000
Carte Japon Bc

Islande

LE SOL EST JEUNE, LA SURRECTION DES MONTAGNES SE POURSUIT, MAIS LE RÉGIME POLITIQUE EST UN MODÈLE DE STABILITÉ

Pour simuler une marche sur la Lune, les astronautes américains utilisèrent le paysage lunaire de l'Islande. C'est en grande partie une étendue désolée de rochers noirs, de champs de lave et de glaciers, « un désert de l'Océan », selon l'expression des premiers missionnaires qui visitèrent le pays. Les responsables du tourisme soulignent le caractère spectaculaire des volcans, geysers et chaudrons de lave bouillante de ce « pays de glace et de feu ».

Cette île étrange située juste au S. du cercle polaire a une longue histoire humaine, mais son histoire géologique est brève. C'est un fragment très instable de l'écorce terrestre ; l'activité tectonique qui la forma se poursuit encore. L'Islande a plus de cent volcans dont l'un au moins entre régulièrement en éruption une fois tous les cinq ans ; de nouvelles coulées de lave recouvrent les anciennes et changent sans cesse la physionomie de l'île. En 1963, un nouveau volcan, le Surtsey, émergea de la mer au large de la côte S. ; en 1973, ce fut le réveil du Helgafell dans l'île de Heimaey (une des Iles Occidentales) : la lave issue de ce volcan qui était inactif depuis plus de 6 000 ans détruisit presque entièrement une des principales villes islandaises dont il fallut évacuer précipitamment les 5 300 habitants.

UN PAYSAGE DÉSOLÉ

Un neuvième de l'île est encore couvert de glace. De tous les glaciers, le Vatna Jökull est le plus vaste de l'hémisphère N., à l'exception du Groenland. La nappe de glace avance et recule ; son retrait depuis un siècle a découvert les vestiges de fermes qui avaient été ensevelies au Moyen Âge.

Il y a plus de sept cents sources chaudes qui fournissent le chauffage central aux trois quarts des habitants de l'île. À Hakadalur, on peut entendre les sources gronder sous le sol, et toutes les deux minutes, le geyser de Stokkur entre en éruption, crachant des jets de vapeur hauts de 22 m.

Le tréfonds de l'île est formé de basaltes qui ont acquis une couleur bleu noirâtre après altération superficielle ; ils donnent un relief de plateau et de puissantes falaises. L'altitude est élevée (plus du tiers de l'île est au-dessus de 600 m) et il y a peu de plaines côtières. Les laves érodées par les eaux et le vent prennent des formes fantastiques. L'île n'a pas d'arbres, à l'exception de quelques buissons de bouleaux et de quelques plantations de conifères. Presque toute la côte est découpée par des fjords profonds.

C'est grâce à la mer que l'Islande est habitable. La principale plaine, qui abrite l'essentiel de la population, est dans la partie sud-ouest, là où la dérive nord-atlantique réchauffe les côtes et les rend libres de glace ; en hiver, les températures y oscillent de part et d'autre de zéro ; en août, elles s'élèvent à 12 °C. Les nuits sont très courtes en été ; en hiver, les jours sont brefs et lugubres. Les

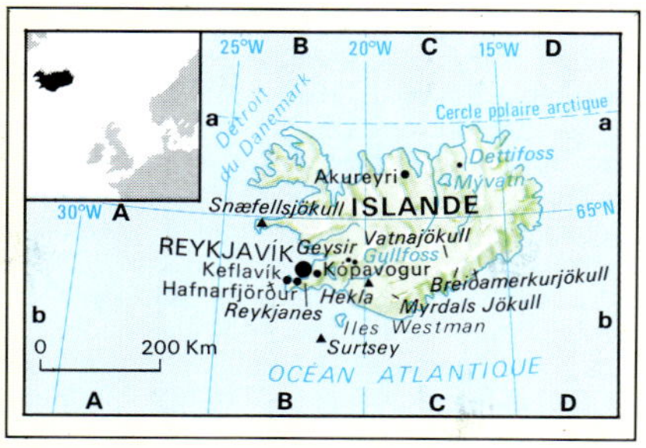

précipitations sont abondantes, 800 mm par an en moyenne, dont la plus grande partie tombe sous forme de neige en altitude.

L'économie de l'Islande est fondée sur les pêcheries qui fournissent 70 % des exportations et emploient 14 % des actifs. En cinquante ans, la pêche est passée d'une activité familiale à petite échelle, souvent associée à l'agriculture, à une entreprise commerciale de grande envergure, avec chalutiers et conserveries qui appartiennent souvent à de grandes sociétés ou à des coopératives.

20 % seulement du pays a une utilisation agricole et 1 % seulement est cultivé, surtout en fourrages et plantes sarclées pour les ovins et les bovins. Le pays suffit à sa consommation de viande et de produits laitiers. Les tricots de laine et les manteaux en peau de mouton font partie des exportations.

Un quart des actifs travaille dans la production d'énergie et l'industrie (conserveries de poisson, cimenterie, raffinage de l'aluminium à partir de minerais importés).

Les Islandais sont de gros lecteurs, peut-être à cause des longues nuits d'hiver ; une prospère industrie de graphisme et d'édition satisfait cette soif de lecture.

LE FROID ET LE CHAUD. Dans le sud du pays, près de Landmannalaugar, les eaux de fonte des glaciers serpentent, gelées, au milieu des lacs, des sources chaudes et des volcans, dans un paysage d'une sauvage beauté.

L'Islande a été colonisée en 874 par des Vikings venus de Norvège ; mais les découvertes archéologiques récentes suggèrent qu'il y eut des établissements plus anciens. En 930, les colons créèrent le plus ancien parlement du monde, le Althing ; les députés se réunissaient en plein air, au bord d'un lac, à Thingvellir, sous un escarpement de lave. L'Islande s'unit à la Norvège en 1262 ; les deux pays passèrent sous la Couronne danoise en 1380. Pendant la Seconde Guerre mondiale, elle fut occupée par les Alliés, d'abord par les Britanniques, en 1940, puis par les Américains, en 1941. Elle devint indépendante en 1944.

Les Islandais jouissent d'un haut niveau de vie, d'éducation, de sécurité sociale et de soins médicaux. Ils ont une longue espérance de vie, en dépit d'une consommation de sucre et de graisses animales qui est la plus forte d'Europe. Ils sont fiers de leur société égalitaire et de leur héritage culturel. Ils ont des vues mitigées sur la présence de la base américaine de Keflavik, et d'autant plus que l'Islande, bien que membre de l'OTAN, est dépourvue de forces armées nationales.

L'ISLANDE EN BREF

Superficie 103 000 km^2

Population 265 000

Capitale Reykjavik

Régime République parlementaire

Monnaie Couronne (krona) = 100 aurar

Langue Islandais

Religion Évangélistes luthériens

Climat Tempéré froid, réchauffé par la dérive nord-atlantique. Températures moyennes à Reykjavik : de − 2 à + 2 °C en janvier, de 9 à 14 °C en juillet

Ressources Poisson, pommes de terre, ovins, vaches laitières, volailles

Activités Pêche, conserveries de poisson et autres industries alimentaires, agriculture, cimenterie, raffinage de l'aluminium

Exportations Poisson, conserves de poisson, laine, peaux de mouton

P.N.B. annuel par habitant 22 580 dollars

Croissance démographique 10 ‰ par an

Espérance de vie Hommes 75 ans, femmes 81

Israël

LA TERRE PROMISE DES JUIFS, LIEU DE NAISSANCE DU JUDAÏSME ET DU CHRISTIANISME, A ÉTÉ AU CENTRE DES CONFLITS DU MOYEN-ORIENT DEPUIS QUARANTE ANS

Né dans les combats, l'État moderne d'Israël a été presque constamment en guerre avec ses voisins arabes, plus grands que lui, depuis sa création en 1948. Le retour des juifs vers leur foyer national historique mit fin à un exil de dix-huit siècles, mais la terre qu'ils retrouvaient avait depuis longtemps été occupée par les Arabes palestiniens qui s'opposèrent à la naissance du jeune État.

Cinq guerres et de nombreux actes de terrorisme s'ensuivirent, les États arabes et les Palestiniens se dressant contre Israël et ce dernier essayant d'assurer ses frontières.

Israël occupe une étroite bande de terre au coin S.-E. de la Méditerranée. Ce pays de collines a pour limite naturelle la grande vallée du Rift, due à une faille qui brisa la croûte terrestre de la Syrie à l'Afrique, il y a plusieurs millions d'années. La vallée est suivie par le Jourdain, qui coule d'abord à travers une végétation subtropicale, puis à travers le désert, jusqu'à la mer Morte, à 400 mètres au-dessous du niveau de la mer. Le désert du Neguev forme un triangle dont la pointe se trouve à Eilat, sur le golfe d'Akaba.

La moitié nord d'Israël est tempérée et fertile, alors que le Sud est aride et dénudé. La plus grande partie des 4,5 millions d'habitants vit dans la plaine côtière qui borde la Méditerranée, où Tel-Aviv est la principale ville commerçante.

La Galilée est la partie la plus verdoyante, bien qu'elle ne reçoive pas de pluie en été, comme tout le pays. Le lac de Tibériade, parmi les collines du Nord, est la plus grande réserve d'eau douce d'Israël. Elle est canalisée vers le Neguev — le désert qui abrite les bédouins arabes nomades — et les Israéliens sont fiers de proclamer qu'ils ont fait fleurir le désert en y cultivant des tournesols, de la betterave à sucre et bien d'autres récoltes.

Les Israéliens forment un peuple habile, ardent, actif. Pendant les quarante ans écoulés depuis la fondation de l'Israël moderne, beaucoup d'entre eux sont venus d'Europe, des États-Unis et du Moyen-Orient pour y mener une vie nouvelle dans leur foyer historique. La population juive était de 650 000 en 1948 ; aujourd'hui, elle dépasse 3,7 millions — un cinquième des juifs du monde. Il y a d'autre part 720 000 non-juifs, Arabes et Druses notamment.

C'est un pays jeune : le tiers de la population a moins de quatorze ans. Elle est hautement éduquée ; beaucoup de ceux qui sont venus vers Israël y apportèrent la richesse de leur formation, et il n'est pas rare que, par exemple, un chauffeur de camion ait un diplôme universitaire. C'est aussi une des sociétés les plus polyglottes de la terre ; il y a ainsi des juifs irakiens, éthiopiens, marocains et russes, et de bien d'autres origines.

LE COMBAT POUR LA SURVIE ÉCONOMIQUE

La survie économique et militaire d'Israël a été rendue possible par l'aide massive reçue des États-Unis, à la fois du gouvernement et de la puissante communauté juive américaine. Israël se suffit à peu près pour la production alimentaire, et exporte beaucoup de produits agricoles. Les oranges de Jaffa sont célèbres en Europe, mais on exporte bien d'autres fruits et légumes (avocats, par exemple).

Une grande partie de l'agriculture est fondée sur les méthodes mises au point dans les kibboutzim (communautés agricoles) et les moshavim (villages coopératifs).

Il y a 270 kibboutzim avec 110 000 habitants, dispersés dans le pays. On leur doit 40 % de la production agricole, mais maintenant, il n'y en a guère qui n'aient aussi une usine, fabriquant des produits électroniques, des équipements pour l'agriculture et l'irrigation, des conserves alimentaires ou des outils de précision.

Une loi de 1951 a donné aux femmes un statut égal à celui des hommes, au moins en théorie, et elles portent l'uniforme de l'armée. Les hommes font un service militaire de trois ans ; il est de deux ans pour les femmes célibataires — celles qui sont mariées en sont exemptées.

L'armée israélienne a un effectif de 140 000 personnes. Presque le quart du budget national est consacré à la défense, ce qui constitue une lourde charge pour l'économie. Un déficit extérieur constant et énorme est compensé par l'aide des États-Unis ; le taux d'inflation a atteint le chiffre énorme de 1 000 % en 1984.

LE CONFLIT ISRAÉLO-ARABE

L'hostilité des Arabes est enracinée dans l'histoire. Pendant plus de 2 700 ans, il n'y eut pas d'État juif indépendant : depuis la conquête assyrienne de 772 av. J.-C., jusqu'à la formation de l'actuel État d'Israël en 1948, le pays a toujours été englobé dans quelque empire. Les révoltes de juifs contre les Romains en 70-73 et 132-135 de notre ère conduisirent à la dévastation du pays et à la dispersion (diaspora) des juifs, à la suite de laquelle ils restèrent sans foyer national pendant 1 800 ans. Dans beaucoup d'endroits, ils furent influencés par leur pays d'adoption, sans perdre cependant leur identité culturelle. Ils furent souvent l'objet de persécutions. Celles qu'ils subirent en Europe au XIXᵉ s. furent à l'origine du mouvement sioniste, et les massacres par les nazis furent la cause immédiate de la fondation de l'État d'Israël.

En 1917, le ministre des Affaires étrangères britannique, lord Balfour, promit le soutien de son pays pour la formation d'un foyer national juif en Palestine. Mais les Britanniques avaient aussi promis d'appuyer la formation d'États arabes indépendants, qui devaient, selon les Arabes, inclure la Palestine. La Société des Nations établit un mandat britannique en 1922. Pendant et après la Seconde Guerre mondiale, les juifs survivants des persécutions nazies vinrent nombreux vers la Palestine, et des mouvements sionistes adoptèrent des méthodes terroristes contre les Anglais, qui essayaient de limiter l'immigration. À la suite d'un vote des Nations unies pour l'établissement en Palestine de deux États, juif et arabe, les Britanniques se retirèrent en 1948.

L'Égypte, la Jordanie et le Liban passèrent immédiatement à l'attaque. Les Israéliens perdirent une partie de Jérusalem, mais gagnèrent des territoires ailleurs. En 1956, provoqué par la menace d'une invasion, Israël attaqua l'Égypte et occupa la bande de Gaza et la péninsule du Sinaï, pour s'en retirer assez vite. Mais en 1967, lors de la « guerre des Six Jours », le Sinaï fut repris, les hauteurs du Golan conquises sur la Syrie et la vieille ville de Jérusalem sur la Jordanie. En 1973, l'Égypte et la Syrie attaquèrent le jour de la fête juive du Yom Kippour. Israéliens et Égyptiens combattirent le long du canal de Suez, et les Syriens furent repoussés. Malgré quelques retraits, Israël occupa le Sinaï jusqu'aux gestes pacifiques du président égyptien Sadate, qui aboutirent aux accords de Camp David (1979), et au retour du Sinaï à l'Égypte.

Le problème des 2 millions d'Arabes palestiniens réfugiés dans les pays entourant Israël demeure. L'Organisation de libération de la Palestine (O.L.P.), reconnue par les pays arabes, a mené des activités terroristes en Israël, qui a répondu en bombardant des camps de réfugiés palestiniens. Les forces de l'O.L.P., dirigées par Yasser Arafat, ont été chassées du Liban en 1982 par une invasion israélienne appuyée sur les milices chrétiennes libanaises de droite, mais elles demeurent

UNE VILLE SAINTE. Derrière le clocher en bulbe de Sainte-Marie-Madeleine, une église orthodoxe de Jérusalem, se dresse le dôme du Rocher, construit sur le site que les musulmans considèrent comme celui de l'assomption de Mahomet. Dans cette ville de lieux saints, le centre principal de la dévotion juive est le mur des Lamentations.

actives ailleurs. Depuis décembre 1987, une révolte s'est développée dans les territoires occupés (bande de Gaza et Cisjordanie) : l'Intifada ou « révolte des pierres ». Elle est ainsi appelée car elle a commencé par des attaques quotidiennes contre les Israéliens menées par de jeunes Palestiniens armés de pierres. Ainsi s'est déclenché un cycle violence-répression, qui aggrave la situation et fait de nombreux morts. L'opinion israélienne elle-même est divisée sur les mesures à prendre, et le pays connaît une instabilité politique puisque aucun parti n'arrive à obtenir une majorité claire au parlement.

L'Intifada a en partie changé l'image des Palestiniens en Occident où ils étaient souvent confondus avec des terroristes. Mais le soutien que nombre d'entre eux ont apporté à Saddam Hussein après l'invasion du Koweït en août 1990 a desservi leur cause sur le plan diplomatique.

La guerre du Golfe a en revanche vu Israël renforcer sa position : malgré la menace des missiles SCUD irakiens, il n'est pas intervenu dans le conflit. La guerre terminée, Américains et Soviétiques ont fait repartir le processus de paix en convoquant le 30 octobre 1991 la conférence de Madrid. Diverses négociations bilatérales entre Israël et ses voisins ont été renforcées par l'arrivée au pouvoir des travaillistes de Yitzhak Rabin en juillet 1992. L'arrêt des implantations israéliennes dans les territoires occupés et la volonté de tous d'aboutir ont amené à une première étape significative en septembre 1993 avec la Déclaration de Washington. Les accords du Caire (mai 1994) inaugurent l'autonomie de Gaza et de la région de Jéricho.

LA VIE ISRAÉLIENNE

Environ 90 % des Israéliens vivent dans des villes, comme Jérusalem, Haïfa, Tel-Aviv-Jaffa. Jusqu'en 1875, Jérusalem, ville sainte pour trois religions, était constituée seulement d'une ville entourée de murailles divisée en quatre quartiers : juif, chrétien, musulman et arménien. Elle comptait alors moins de 30 000 habitants. Puis une population juive de plus en plus importante s'installa hors des murs. Après 1948, Jérusalem resta divisée pendant vingt ans. La vieille ville était dans le secteur jordanien, et les Israéliens n'y avaient pas accès. Depuis 1967, la ville a été réunifiée sous contrôle israélien. Le gouvernement y siège, ainsi que la Knesset, parlement de 120 membres, où aucun parti n'a actuellement de majorité nette. Sa population atteint aujourd'hui près de 450 000 habitants.

La vie dans les villes israéliennes est en général sans contraintes. Parcs et terrains de jeux entourent le centre, et les plans d'urbanisme tendent à séparer les zones résidentielles des quartiers industriels et commerçants. La taille et le polissage des diamants est l'industrie la plus profitable, mais on met de plus en plus l'accent sur la recherche et le développement dans des activités de haute technologie.

ISRAËL EN BREF

Superficie 20 700 km^2

Population 5 455 000

Capitale Jérusalem

Régime République parlementaire

Monnaie Shekel = 100 agorot

Langues Hébreu, arabe

Religions Juifs (83 %), musulmans (11 %), chrétiens et autres (6 %)

Climat Subtropical ; température moyenne à Jérusalem : de 5 à 13 °C en janvier, de 18 à 31 °C en juillet

Ressources Bétail, agrumes, raisins, blé, betterave à sucre, coton, olives, figues, légumes ; potasse, pétrole brut, phosphates, brome, gaz naturel

Activités Agriculture, mines, industries alimentaires, textiles, confection, objets de cuir, matériel de transport, avions, industries chimiques et métallurgiques, taille de diamants, engrais, ciment

Exportations Diamants taillés, textiles, fruits, légumes, produits chimiques, machines, engrais

P.N.B. annuel par habitant 11 330 dollars

Croissance démographique 14,8 ‰ par an

Espérance de vie Hommes 75 ans, femmes 78

Italie

DU SUD AU NORD, DES OLIVIERS AUX OLIVETTI, LES PAYSAGES ET LES STYLES DE VIE PRÉSENTENT D'HARMONIEUX CONTRASTES, UNE INIMITABLE ITALIANITÉ

En Italie, on ne peut échapper à l'histoire. De vénérables cités semblent avoir existé depuis l'origine des temps ; et en effet le réseau routier et urbain date pour l'essentiel de l'Empire romain. Tout ce qui fit la gloire de Rome, ses idées, ses formes esthétiques, retrouva une nouvelle jeunesse sous la Renaissance italienne, cette floraison sans précédent des arts et des sciences qui commença au XIVe siècle, culmina au XVe (*quattrocento*) et au XVIe s. (*cinquecento*) et se poursuivit jusqu'au XVIIIe s. Ensemble, la Rome antique et la Renaissance apportèrent une inestimable contribution à la civilisation occidentale — une contribution qui se poursuit de nos jours, en particulier dans le domaine du design, de l'esthétique.

Pourtant, en dépit de son ancienneté, l'Italie n'a guère plus d'un siècle d'âge comme entité politique. Après la chute de l'Empire romain d'Occident en 476 apr. J.-C., la péninsule se désagréga politiquement. Les Lombards submergèrent le Nord, installèrent leur capitale à Pavie et prirent pied au centre à Spolète, au S. à Bénévent. Une grande partie du reste de l'Italie resta sous l'autorité de l'Empire romain d'Orient. Vers le VIIIe s., de nouvelles puissances apparurent : les États pontificaux le long de l'axe Rome-Ravenne ; la cité commerçante de Venise, l'Empire germanique, qui s'étendit sur le Nord, enfin les Arabes, dans le Sud.

Au XIe s. commença le conflit entre la Papauté et l'Empire, qui devait se poursuivre pendant deux siècles, mettant aux prises partisans du pape (guelfes) et partisans de l'empereur (gibelins). Entre-temps, deux cents cités-États s'épanouirent entre Rome et les Alpes ; la Renaissance est issue de cette grande époque des communes. Le Sud, cependant, après une brève période de splendeur sous les Normands, retomba dans l'inertie coloniale sous les Espagnols.

Les XVIe et XVIIe s. furent une époque de déclin économique dans l'ensemble de la péninsule, l'Autriche s'imposant alors comme la principale puissance dans le Nord. Toutes les régions de l'Italie ont changé plusieurs fois de maîtres entre la chute de l'Empire romain et l'unification.

Après quinze siècles de chaos politique arriva Napoléon, dont la brève suprématie alluma une étincelle de nationalisme qui devait donner son essor au *Risorgimento*, le mouvement d'unification. Celle-ci prit cinquante ans, symbolisée par trois des personnages les plus populaires d'Italie, Mazzini le théoricien, Garibaldi l'insurgé, Cavour le politicien. Le premier Parlement de toute l'Italie se réunit à Turin en 1861. On adopta Florence comme capitale en 1865 et, finalement, en 1870 Rome, la Ville éternelle, qui fut la dernière à s'intégrer au nouveau royaume d'Italie.

Au cours d'un peu plus d'un siècle d'unité

nationale, l'Italie a réalisé des progrès économiques continus et parfois spectaculaires. Quelques-uns eurent pourtant un côté moins glorieux, par exemple la tentative de créer un empire colonial en Afrique et la période fasciste (1922-1944) sous la dictature de Benito Mussolini. L'Italie devint une république en 1946. Les élections de 1948 ouvrirent la voie à la démocratie chrétienne, qui, depuis lors, domine la vie politique italienne.

UNE BRILLANTE MOSAÏQUE

Les cités du Nord comme Turin ou Milan ont une mentalité industrielle et commerciale qui n'a rien à envier à celle de l'Europe du Nord. Le niveau de vie y est élevé, le nombre de voitures et de résidences secondaires pour 1 000 habitants plus important qu'en Grande-Bretagne. Des services ferroviaires excellents et à bas prix, des autoroutes magnifiques permettent des déplacements rapides et confortables dans tout le Nord du pays.

Le Mezzogiorno, c'est-à-dire le Midi, est à l'opposé. Ici, des concepts archaïques d'honneur et de comportement imposent une ombrageuse solidarité familiale et une durable méfiance à l'égard des étrangers. En Sicile, à Naples, en Calabre, des sociétés secrètes telles que la Mafia et la Camorra sont une plaie sociale. Des paysans vivent misérablement de la culture sur des versants érodés. Ici règne la résignation ; trop souvent, dans ce pays écrasé par le soleil, on attend que quelqu'un fasse quelque chose.

Pourtant, quelles que soient les différences entre le Nord et le Sud, partout s'imposent les glorieux vestiges des siècles passés, les œuvres artistiques et littéraires. Le Sud possède à Paestum, à Sélinonte, à Agrigente, des temples grecs aussi beaux que ceux de Grèce et des systèmes d'irrigation installés par des colons arabes il y a un millénaire. Au centre se dressent Florence, berceau de la Renaissance, et Rome elle-même. Autour d'elles s'étendent des paysages dignes de Léonard de Vinci, de Dante, de saint François d'Assise, des villes juchées sur des collines, des terrasses étagées au flanc des versants et soigneusement entretenues depuis des siècles.

À l'exception de Gênes, la plupart des grandes villes du Nord sont sur les marges de la grande plaine drainée par le Pô, le plus grand fleuve d'Italie. Des villes s'alignent comme les grains d'un chapelet le long de la Via Emilia, la route toute droite qui joint Milan à la côte adriatique : Plaisance, Parme, Reggio d'Émilie, Modène, Bologne, Imola, Faenza, Forli, et enfin la populaire station balnéaire de Rimini ; Bologne, la principale cité de ce groupe, dispute à Capoue, en Campanie, le titre de plus vieille ville d'Italie : elle a plus de trois mille ans.

Sur sa bordure N., au débouché des vallées alpines, la plaine du Pô présente un autre alignement de villes dont beaucoup sont devenues des centres industriels importants depuis un siècle : Turin (les automobiles Fiat), Ivrée (les machines à écrire et l'électronique Olivetti), Biella (les lainages), Varèse (la mécanique), Côme (la soie), Lecco, Bergame, Brescia (toutes trois vouées à la mécanique) en sont les meilleurs exemples.

Une troisième ligne, entre la « haute » et la « basse » plaine, inclut Verceil, Novare, Milan, Padoue, Trévise.

Puis il y a les villes riveraines ou proches du Pô lui-même : Pavie, Crémone, Mantoue, Ferrare. Enfin, au bord du delta du Pô, Venise et Ravenne qui sont uniques : Venise, reine de la mer par son histoire impériale, son patrimoine artistique, son site insulaire ; Ravenne grâce à son passé de capitale byzantine.

À l'exception d'un groupe de célèbres cités fluviales du nord de la Toscane (Florence, Pistoia, Pise, Lucques), les villes d'altitude caractérisent l'Italie centrale. La plupart sont dans le sud de la Toscane, en Ombrie et dans les Marches. Urbino, en forme d'étoile, se déploie comme un aigle au sommet des collines, alors que Sienne est triangulaire. D'autres comme Pérouse et Assise s'accrochent à leurs versants pittoresques.

Le Sud a aussi ses villes perchées, les plus spectaculaires étant Enna et Érice en Sicile. Mais la plupart des grandes cités sont littorales et souvent d'origine gréco-romaine ; on compte parmi elles Naples, Brindisi, Tarente, Reggio de Calabre, Messine, Catane, Syracuse, Agrigente. La domination byzantine a prolongé la tradition classique dans de nombreuses cités méridionales, mais, par la suite, la féodalité a paralysé l'économie aussi bien urbaine que rurale.

Au Moyen Âge, les princes normands édifièrent de nombreux châteaux et des églises dans l'Italie du Sud, en particulier dans les Pouilles. Mais les tremblements de terre ont causé beaucoup de destructions, suivies de reconstructions, ainsi dans l'est de la Sicile à la fin du XVIIe s., à Messine et Reggio de Calabre au début du XXe, à Naples depuis 1980. Le caractère de nombreuses villes du Sud a aussi changé depuis 1960 du fait de la politique de développement industriel, à Naples (automobiles Alfa-Romeo), à Tarente (sidérurgie) et à Syracuse (pétrochimie).

LA VIE RURALE À L'ITALIENNE

Le mode de vie urbain atteint son plus grand raffinement dans des villes telles que Bologne ou Florence qui ne sont pas trop industrialisées — mais il s'étend jusque dans les campagnes où vit encore 30 % de la population ; 10 % des actifs travaillent dans l'agriculture.

Beaucoup d'agriculteurs ne vivent pas dans des fermes isolées ou des hameaux, mais se regroupent dans des bourgs urbanisés très actifs qui, dans le Sud en particulier, peuvent avoir jusqu'à 60 000 habitants.

La vie dans ces villages et ces villages eux-mêmes ont quelques traits marqués. Au centre du village, il y a une grande place ouverte, pavée, la *piazza*. Sur un côté de la place, se dresse la façade d'une église ; tout près, le *municipio*, l'hôtel de ville ; sur un autre côté, l'hôtel de police, car les *carabinieri* sont présents jusque dans les plus petits villages. La *polizia*, créée plus récemment, ne se trouve que dans les capitales de province et les plus grandes villes. Il y a des chances qu'on ait aussi quelques cafés, une ou plusieurs banques et des boutiques autour de la piazza, de même que les demeures des grands propriétaires terriens et des professions libérales.

La vie rurale à l'italienne se déroule sur la piazza comme sur un théâtre, selon un rythme journalier. À l'aube apparaissent les paysans, qui avalent une tasse de café avant de se rendre aux champs ; quelques-uns sont montés sur un cheval ou un âne, surtout dans le Sud. Puis passent les enfants, car l'école, en Italie, commence à 8 heures ou 8 h 30 ; les petits, en

tablier enrubanné, vont à l'école maternelle ; les plus grands prennent un bus qui les emmène au collège secondaire de la ville voisine. Les boutiques ouvrent tôt, avant 8 heures ; alors commence la cacophonie des artisans et des mécaniciens. Une fois par semaine, le marché emplit la place.

Un peu plus tard, les représentants des professions libérales (médecins, hommes de loi, etc.) et les employés de bureau occupent le devant de la scène.

On voit peu de femmes sur la place, surtout dans le Sud, où il est malséant qu'une femme sorte trop souvent seule. Pour les adolescents et les jeunes célibataires, les contacts entre filles et garçons dépendent encore dans une certaine mesure du rituel des cérémonies religieuses, du carnaval local et de la *passeggiata*, la promenade du soir. Le domaine réservé aux femmes, ce sont plutôt les rues qui mènent à la piazza, bordées de nombreuses boutiques.

Vers une heure, la piazza se remplit à nouveau, avec les enfants de retour de l'école, les employés qui rentrent chez eux, les commerçants qui quittent leur comptoir car le déjeuner attend. Ensuite, pendant quelques heures, la piazza est presque vide ; c'est l'heure de la *siesta*.

Quelques bureaux et la plupart des boutiques rouvrent en fin d'après-midi jusqu'à 19 ou 20 heures (un peu plus tôt en hiver). La piazza et les rues voisines s'animent alors pour la passeggiata. On déambule bras dessus, bras dessous, en famille et entre amis, d'un côté à l'autre de la place ; on bavarde, on se salue aimablement ; on fait admirer ses vêtements neufs ; les adolescents et les jeunes adultes échangent de gais badinages. Seules, les épouses et les mères sont absentes de la passeggiata ; elles restent à la maison pour préparer le dîner.

Plus tard, après dîner, la piazza revit quel-

RASSEMBLEMENT DE GONDOLES À VENISE. **Leur proue recourbée comme le col de nobles cygnes noirs, quelques-unes des 300 gondoles vénitiennes s'alignent sur la lagune avec, à l'arrière-plan, la coupole de Santa Maria della Salute et l'entrée du Grand Canal. On peint les gondoles en noir depuis 1562, date à laquelle fut promulguée une ordonnance municipale interdisant tout luxe abusif.**

quefois, surtout en été ; les hommes gravitent autour des bars, tandis que les célibataires et les fiancés se promènent.

L'Italie a une société rigide, très stratifiée ; il y a d'âpres luttes de classes et peu d'occasions de gravir l'échelle sociale. Des siècles de domination étrangère, le pouvoir héréditaire des familles aristocratiques, le chômage chronique, tout a contribué à perpétuer de profondes césures entre les groupes sociaux. L'histoire des luttes sociales est longue, depuis le brigandage antique jusqu'au terrorisme urbain des Brigades rouges qui ont enlevé et assassiné l'ancien président du Conseil Aldo Moro en 1978.

L'ancien système scolaire consolidait les inégalités sociales. Il mettait l'accent sur l'histoire et les langues anciennes ; les leçons apprises par cœur comptaient plus que l'initiative ou le travail personnel. Les enseignants se recrutaient surtout dans les classes moyennes et inculquaient aux enfants de la classe ouvrière, du Sud ou des régions isolées fidèles à leur culture traditionnelle, une culture qui leur était étrangère.

Il y a eu des changements spectaculaires depuis 1968 ; en 1985, par exemple, la moitié des étudiants viennent de familles ouvrières ou paysannes. Parmi les pays du Marché commun, l'Italie a l'une des plus fortes proportions de jeunes fréquentant l'Université.

L'EXPANSION ÉCONOMIQUE ET URBAINE

Beaucoup de problèmes sociaux sont la conséquence de l'expansion qu'ont connue les villes depuis la Seconde Guerre mondiale. La croissance urbaine a été rapide presque partout, mais surtout dans le Nord, où affluaient les Méridionaux en quête d'emplois. La proportion des Italiens habitant des villes de plus de 100 000 habitants passait de 35 % en 1951 à 50 % en 1981 ! Les banlieues des grandes villes, en particulier, sont sans âme ; ce sont de grands blocs d'appartements, très proches les uns des autres, offrant peu d'espaces verts, peu de services publics. Les entreprises de rénovation municipale sont rares ; les gens les plus pauvres s'entassent dans des immeubles vétustes, dont on peut voir les pires exemples dans le centre de Naples.

Cette croissance urbaine est due à la remarquable industrialisation que l'Italie a connue depuis 1950. Avant cette date, elle avait une économie essentiellement rurale ; les phases industrielles antérieures, telles que les industries textiles médiévales de Florence et de Venise, ou les industries textiles et mécaniques de la fin du XIXe s. en Lombardie, n'avaient pas beaucoup modifié le tableau d'ensemble.

Au lendemain de la Seconde Guerre mondiale, les perspectives paraissaient à nouveau très sombres. Des armées piétinaient la campagne, les bombardements avaient détruit des villes et des industries. Deux millions de chômeurs, dont beaucoup d'anciens combattants et des paysans sans terre, étaient prêts pour la révolution. Les niveaux de vie étaient extrêmement bas, comparés à ceux des pays de l'Europe du Nord. Pourtant, tel le phénix ressuscitant de ses cendres, l'Italie étonnait le monde par la vigueur de sa renaissance. Il y eut deux faits marquants.

D'abord, le boom industriel des décennies 1950 et 1960, avec un taux d'expansion annuel qui ne fut dépassé que par celui du Japon. Le produit national doubla de 1950 à 1962 et paraissait prêt à battre de nouveaux records quand la récession le frappa au début des années 1970. Le quadruplement du prix du pétrole porta un coup sévère à un système économique fondé en grande partie sur l'énergie importée. L'Italie ne produit que de faibles quantités de pétrole et de charbon, mais elle a des ressources hydroélectriques considérables dans les Alpes et elle extrait le gaz naturel de la plaine du Pô.

Le second fait marquant fut l'entrée de l'Italie dans le Marché commun en qualité de membre fondateur, donc l'élargissement du marché pour une production industrielle en rapide expansion, en particulier l'automobile, le matériel électrique, la confection, la chaussure. En outre, beaucoup de travailleurs italiens purent s'expatrier librement pour trouver du travail.

Il y eut deux grands mouvements de population : l'émigration vers d'autres pays du Marché commun, spécialement la France et l'Allemagne de l'Ouest pendant les décennies 1950 et 1960 ; et en même temps l'exode rural, surtout à partir du Sud, vers Rome et le triangle industriel Milan-Turin-Gênes.

Ces migrations n'ont cessé qu'au début de la décennie 1980. Maintenant, les migrants rentrent dans leur village natal. Des villes telles que Milan, Turin, Gênes, Venise ou Trieste ont cessé de croître, car on préfère rester à la campagne ou s'établir dans une petite ville.

L'INSTABILITÉ POLITIQUE

Le dynamisme de l'économie italienne depuis la fin de la guerre va de pair avec la stagnation du régime politique. On a ici l'exemple classique de la paralysie du système politique à partis multiples. Il y a huit principaux partis nationaux : communiste, socialiste, social-démocrate, républicain, démocrate-chrétien, libéral, monarchiste, néo-fasciste. Depuis 1945, aucun d'eux, sauf la démocratie chrétienne en 1948, n'a pu obtenir la majorité des votes à lui seul.

Les deux principales forces opposées sont la démocratie chrétienne (D.C.), étroitement liée à l'Église catholique, et les communistes ; elles recueillent respectivement environ 40 % et 30 % des suffrages. Le gouvernement repose donc sur des coalitions mouvantes dont la D.C. forme le pivot, mais qui exclut toujours les communistes. L'instabilité politique est inévitable, chaque gouvernement durant en moyenne dix mois (le gouvernement du socialiste Bettino Craxi a cependant battu des records de longévité en durant d'août 1983 à mars 1987). Et pourtant, on retrouve toujours les mêmes politiciens qui se contentent de changer de rôles.

Sicile, Sardaigne, Val d'Aoste et Trentin-Haut-Adige ont obtenu entre 1946 et 1949 des statuts particuliers, de même que le Frioul-Vénétie-Julienne en 1963. La spécificité culturelle de ces régions insulaires ou frontalières était reconnue.

Au début des années 1970, des gouvernements furent créés pour les autres régions. Mais l'inertie d'un système politique centralisé demeura, les régions ne réussissant guère à conquérir une véritable liberté d'action.

La vague terroriste des années 1970-1980 (Brigades rouges) puis celle de la Mafia ont sans doute contribué aux bouleversements de la vie politique en 1994. Avec l'avènement de la Deuxième République, les élections ont porté au pouvoir une coalition autour de Silvio Berlusconi, homme d'affaires et de médias, de

LE CŒUR D'UNE VILLE. Un artiste du trottoir dessine des tableaux religieux tels ce Cœur de Marie au pied de la cathédrale de Milan, le célèbre Duomo. Chef-d'œuvre de l'architecture gothique flamboyante, celui-ci est entièrement recouvert de marbre rose et si vaste qu'il peut contenir 20 000 personnes.

la Ligue du Nord, fédéraliste, mais aussi de l'Alliance nationale, issue du mouvement néo-fasciste M.S.I. Ce qui ne sera peut-être pas facile à gérer, ni sur le plan intérieur ni vis-à-vis de l'étranger et des partenaires européens de l'Italie en particulier.

DES GLACIERS DES ALPES AUX ORANGERS DE SICILE

Un voyage à travers l'Italie a quelque chose d'idyllique. La bordure N. a de spectaculaires paysages alpins qui culminent au massif du Mont-Blanc à la frontière française et au Cervin à la frontière suisse. Quelques glaciers subsistent ; de splendides pentes skiables font la célébrité de stations de sports d'hiver telles que Courmayeur dans la vallée d'Aoste et Cortina d'Ampezzo dans les Dolomites.

Des vallées au fond plat sillonnent les Alpes. L'action glaciaire a creusé, puis obturé plusieurs de ces vallées, créant une série de lacs comme les lacs Majeur, de Côme, de Garde.

Dans ces montagnes vivent des minorités diverses : les 100 000 francophones du Val d'Aoste, les 300 000 germanophones de la province de Bolzano, quelques milliers de Slovènes et de Croates autour de Trieste et de Gorizia, près de la frontière slovène.

Les Alpes dominent abruptement la plaine du Pô, un grand triangle de 45 000 km^2 qui s'élargit et s'incline doucement vers l'Adriatique. C'est là le cœur économique du pays ; il contient la plupart des grandes villes, l'essentiel des industries et des terres agricoles.

En arrière de Savona, un port situé dans le golfe de Ligurie, les Alpes se prolongent par l'Apennin qui, obliquant vers le S.-E., s'étire tout au long de la péninsule. Plus on avance vers le S., plus le climat devient chaud, le ciel bleu, la foule grégaire et communicative. Les pins des Alpes, les peupliers de la plaine cèdent la place à des espèces plus méditerranéennes, comme le chêne vert, le cyprès, puis l'olivier ; tout au S., les amandiers, orangers et citronniers reflètent l'influence des étés secs et des hivers très doux.

L'Apennin est constitué surtout de grès et de calcaire ; c'est une montagne jeune, où l'écorce terrestre est encore très active, comme en témoignent les fréquents tremblements de terre et les mouvements du sol. Le dernier grand tremblement de terre d'Italie, en novembre 1980, a ravagé le cœur de l'Apennin méridional à l'E. de Naples.

La façade O. de l'Apennin est très volcanique, depuis les volcans éteints et les plateaux volcaniques du sud de la Toscane et du Latium jusqu'au cône du Vésuve (calme de nos jours, mais qui a été terriblement actif dans l'Antiquité ; en 79 apr. J.-C., il a détruit Herculanum et Pompéi), aux volcans des îles Lipari et à l'Etna en Sicile.

La façade E., adriatique, de l'Apennin, est moins spectaculaire ; le relief est arrondi, surbaissé. Les collines argileuses sont la proie de l'érosion torrentielle et des coulées de boue ; l'économie de régions telles que le Molise et le Basilicate est l'une des plus pauvres du pays.

Enfin, il y a les deux régions insulaires. La Sicile est un microcosme de tout ce qui est italien. La Sardaigne représente un monde à part, isolé, couvert de pierrailles, où les bergers mènent une vie traditionnelle.

L'ITALIE EN BREF

Superficie 301 225 km^2
Population 57 240 000
Capitale Rome
Régime République parlementaire
Monnaie Lire = 100 centesimi
Langues Italien ; localement français, allemand, slovène
Religion Catholiques (83 %)
Climat Méditerranéen ; température moyenne à Rome : de 4 à 11 °C en janvier, de 20 à 30 °C en juillet
Ressources Céréales, pommes de terre, sucre, légumes, fruits tempérés, agrumes, raisin, olives, bétail, poisson ; pétrole et gaz naturel, amiante, minerai de fer, potasse, zinc, mercure, soufre, marbre
Activités Sidérurgie, construction automobile, chimie, raffinage des hydrocarbures, industries mécaniques, textiles, confection, agriculture, industries alimentaires et vinicoles, pêche, tourisme
Exportations Machines, produits chimiques, produits pétroliers, automobiles, vêtements, filés et tissus, chaussures, produits alimentaires, produits sidérurgiques
P.N.B. annuel par habitant 18 580 dollars
Croissance démographique 0,2 ‰ par an
Espérance de vie Hommes 73 ans, femmes 80

Jaca, *Espagne* Petite ville de la province de Huesca, en Aragon, et centre touristique. À la tête d'un petit comté des Pyrénées au début du Xe s., elle fut au XIe s. la capitale d'un royaume qui allait devenir au XVe s. le puissant royaume d'Aragon. La ville présente de nombreux édifices médiévaux dont une cathédrale commencée au XIe s. et très remaniée au cours des siècles. À proximité, le monastère de San Juan de la Peña, haut lieu de la résistance aragonaise aux Arabes, fondé au IXe s. dans un site d'une exceptionnelle beauté, fut le panthéon des premiers rois d'Aragon.
Population 13 350
Carte Espagne Ea

Jachymov, *République tchèque* Ville minière à l'O. de Prague, à la frontière de l'Allemagne. Ses mines d'argent furent exploitées dès le XVIe s. et l'on y frappa les premiers Joachimsthalers, ou thalers (à l'origine du mot *dollar*). Les gisements de pechblende (uranium) de la région, dont se servirent Pierre et Marie Curie pour découvrir le radium, fournissent la plupart des pays de l'Est en uranium.
Population 3 300
Carte République tchèque Aa

Jackson, *États-Unis* Capitale du Mississippi. Ce fut d'abord un comptoir fondé en 1792 par Louis Le Fleur pour commercer avec les Indiens de la région. Le développement industriel de la ville commença avec l'exploitation, dans les années 1930, de gisements de gaz naturel de la région. Industries textiles (coton), construction mécanique. Université. À 32 km au N.-O., forêt pétrifiée du Mississippi.
Population (ville) 196 600 ; (aggl.) 395 500
Carte États-Unis Hd

Jacksonville, *États-Unis* Ville et port de la Floride, au N.-E. de l'État. Principal centre financier, commercial et industriel (chantiers navals, produits chimiques, papier) de l'État. Port actif exportant des produits agricoles et du bois. Bases militaires (navale et aéronautique). Université. Important centre touristique.
Population (ville) 635 250 ; (aggl.) 906 800
Carte États-Unis Jd

Jadida (El-), anc. **Mazagan, *Maroc*** Chef-lieu de province, port sur l'Atlantique, à 100 km au S.-O. de Casablanca et station balnéaire. Occupé par les Portugais de 1502 à 1769, le port a gardé de nombreux vestiges de cette époque (remparts, citernes, bastions).
Population 82 000
Carte Maroc Ba

Jadotville, *Zaïre* Voir LIKASI

Jaén, *Espagne* Chef-lieu de la province du même nom, en Andalousie. Important marché agricole (huile d'olive). Cathédrale reconstruite dans les années 1540 par l'architecte Andrés de Vandelvira (achevée au XVIIIe s.). La province s'étend dans le bassin supérieur du Guadalquivir (olives, vignobles et céréales). Activité minière : plomb (Linares), fer, cuivre, uranium, sel. Quelques industries (automobile, machines agricoles, chimique) aux alentours de Jaén.
Population (ville) 96 400 ; (prov.) 627 000
Carte Espagne Dd

Jaeren, *Norvège* Région côtière du sud-ouest du pays se consacrant à l'élevage laitier et aux cultures maraîchères.
Carte Norvège Bd

Jaffna, *Sri Lanka* Chef-lieu de province et port, à l'extrémité N. de l'île. Exportation de fruits, coton, bois et tabac. La ville fut la capitale d'un royaume tamoul du XIVe au XVIe s. avant d'être conquise par les Portugais (1617), les Hollandais (1658), puis par les Anglais (1795). Peuplée en majorité de Tamouls, Jaffna, base des séparatistes qui militent pour un État tamoul indépendant, a été bombardée en 1986, puis a connu de violents combats en 1987.
Population 143 000
Carte Sri Lanka Ba

Jaipur, *Inde* Capitale de l'État du Rajasthan (au S.-O. de Delhi). Centre administratif, commercial et industriel (industries métallurgiques, textiles, alimentaires). Université. Créée au début du XVIIIe s. par le maharaja Jai Singh II et conçue selon un plan régulier, la ville, toute rose (les édifices de son centre sont passés à la chaux teintée de rose), présente plusieurs monuments du XVIIIe s. dont le fameux palais des Vents et l'observatoire en plein air de Jai Singh II. Elle fut réputée pour ses écoles de peintres miniaturistes, ses sculpteurs d'ivoire et ses joailliers.
Population 1 455 000
Carte Inde Bb

Jajce, *Bosnie-Herzégovine* Petite ville pittoresque au S. de Banja Luka. Ancienne capitale des rois de Bosnie (prise par les Hongrois en 1463). Occupée par les Turcs du XVIe s. (1528) au XIXe s., elle conserve un air oriental. Elle fut, en 1943, le siège du Comité de libération nationale. C'était avant le conflit yougoslave un centre touristique, à proximité des gorges de la Vrbas et des rapides de la Pliva.
Population 13 600
Carte Bosnie-Herzégovine Bb

Jak, *Hongrie* Voir SZOMBATHELY

Jakarta, *Indonésie* Voir DJAKARTA

Jalalabad ou **Djalalabad, *Afghanistan*** Capitale du Nangharar, la province la plus peuplée du pays. Située sur la Kaboul, à 120 km à l'E. de Kaboul, elle commande la passe de Khayber. Fondée en 1560, elle fut le théâtre de durs combats pendant les guerres afghanes du XIXe s. Commerce de fruits, sucre et bois.
Population 57 800
Carte Afghanistan Ba

Jalapa ou **Jalapa Enriquez, *Mexique*** Capitale de l'État de Veracruz, dans la sierra Madre orientale, à 130 km du golfe de Mexico. Ville de style colonial espagnol, avec des rues pavées, des places et des jardins, réputée pour ses ballets et ses spectacles. Université. Raffineries de sucre, minoteries, torréfaction du café. Elle a donné son nom à un purgatif tiré des racines d'une plante locale.
Population 212 800
Carte Mexique Cc

Jalisco, *Mexique* État du Mexique occidental. Capitale : Guadalajara. Cœur de la culture historique du Mexique, il est célèbre pour son conservatisme et son respect des traditions. Commerce actif : argent et cuivre extraits de ses montagnes, céréales, café, coton, tabac cultivés dans les vallées et sur la côte. Élevage. Pays du maguey bleu (agave), base de la tequila et du mescal. Plages.
Population 5 310 000
Carte Mexique Bb

SYMPHONIE EN ROSE. Dans le fort d'Amber, ancienne capitale de l'État de Jaipur, le palais dont on voit ici la porte d'accès monumentale, bâtie en 1639, se pare de délicates teintes rosées au coucher du soleil.

Jamaïque

DERRIÈRE L'IMAGE D'UN PAISIBLE ET LUXURIANT PARADIS TOURISTIQUE, CETTE ÎLE DES CARAÏBES DISSIMULE BEAUCOUP DE VIOLENCE ET DE PAUVRETÉ

Près d'un million de touristes visitent la Jamaïque chaque année. Ils se dorent au soleil des Caraïbes, sirotent des punchs au rhum, descendent de calmes rivières sur des radeaux de bambou, dansent des nuits entières au rythme envoûtant du reggae... et dépensent 400 millions de dollars par an.

Ces riches visiteurs résident dans de luxueux complexes hôteliers, au bord de belles plages bordées de palmiers. Ils imaginent volontiers que la Jamaïque est un havre de paix et d'abondance ; mais ils ne voient qu'une face de cette île turbulente. La face cachée est beaucoup moins attrayante ; elle a les traits tirés par le labeur et la maigreur imposée par les privations.

Derrière l'étroite plaine côtière, dans les montagnes du centre de l'île, les paysannes se lèvent avant l'aube et vont à pied, parfois pendant des heures, jusqu'à la route la plus proche où un bus les emmènera au marché. Les femmes de chambre des hôtels de luxe de Montego Bay, Ocho Rios, Port Antonio et Negril gagnent en une semaine ce que coûte un whisky au bar de l'hôtel. Un quart des adultes (dont le nombre augmente rapidement) sont sans travail, et beaucoup d'autres craignent d'être licenciés du fait de la stagnation de l'économie ; l'inflation dépasse 20 % au milieu de la décennie 1980.

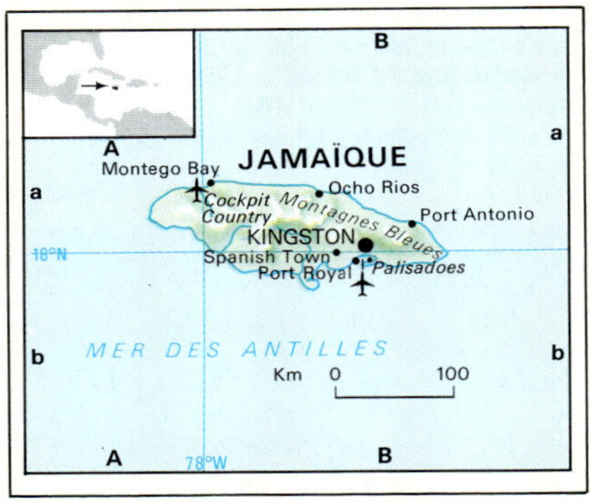

L'essor du tourisme — qui a remplacé le sucre comme seconde source de devises — n'a pas été suffisant pour compenser le déclin de la principale exportation, la bauxite et l'alumine, dont on tire l'aluminium ; la Jamaïque est le troisième producteur mondial de bauxite après l'Australie et la Guinée. Si la transformation en aluminium se faisait sur place, le profit qu'en tirerait la Jamaïque serait plus élevé, mais elle ne dispose pas de l'énergie abondante et bon marché qui est nécessaire aux raffineries. La production de bauxite et d'alumine a diminué de 40 % au début des années 1980, mais elle augmente à nouveau depuis 1984, grâce aux accords que le gouvernement jamaïcain a négociés notamment avec la Colombie, les États-Unis, l'U.R.S.S. et la Yougoslavie.

Sous la direction du Premier ministre Edward Seaga, leader du Parti travailliste jamaïcain, un parti modéré qui est arrivé au pouvoir en 1980, le gouvernement encourage les investissements étrangers et la diversification de l'agriculture, afin d'élever le niveau de vie de la population et de diminuer l'énorme dette extérieure du pays. En 1984, le service de la dette a absorbé 40 % du revenu des exportations ! Le pays est l'un des principaux bénéficiaires de l'aide des États-Unis.

On s'efforce de compléter les exportations traditionnelles (sucre, bananes, rhum, mélasse, piments, gingembre, cacao, café) par de nouvelles (légumes d'hiver, fleurs, fruits, miel). La récolte de café est pour l'essentiel de la variété Blue Mountain, que certains gourmets considèrent comme la meilleure du monde ; elle est cultivée dans les montagnes Bleues de la partie orientale de l'île.

Il y a aussi des cultures moins orthodoxes. Le cannabis, appelé localement *ganja*, est cultivé en grand, bien qu'illégalement, dans les collines de l'intérieur ; il est ensuite offert plus ou moins ouvertement dans les bars, les discothèques et sur les plages ; en outre, 1 900 t environ par an entrent en contrebande aux États-Unis, ce qui rapporte aux producteurs et aux *dealers* quelque 175 millions de dollars ; cette drogue représente donc un des produits les plus lucratifs de la Jamaïque.

En dépit des mesures économiques du gouvernement, la vie de beaucoup d'insulaires présente un pénible contraste avec la beauté de leur île. Dans les ghettos de Kingston-Ouest, où s'entassent les ruraux descendus de la montagne en quête de travail, des bicoques bancales en bois et en tôle ondulée bordent des rues jonchées d'immondices ; des chefs de bande règnent à coups de fusil sur leur territoire décrépit. Parfois, les frustrations explosent en violences politiques. En 1976, les émeutes ont atteint une telle gravité que le gouvernement dut imposer l'état d'urgence pendant un an ; près de 700 personnes furent tuées pendant la campagne électorale pour les élections législatives de 1980.

La Jamaïque doit son nom à ses premiers habitants, les Indiens Arawaks, qui l'appelaient Xaymaca, « le pays du bois et des eaux ». Christophe Colomb en prit possession au nom du roi d'Espagne en 1494 ; « C'est la plus belle île qui puisse s'offrir au regard », disait-il. Les Anglais la prirent aux Espagnols en 1655. Elle resta britannique jusqu'à son indépendance en 1962.

LA JAMAÏQUE EN BREF

Superficie 10 991 km²
Population 2 475 000
Capitale Kingston
Régime Monarchie parlementaire
Monnaie Dollar jamaïcain = 100 cents
Langue Anglais
Religions Chrétiens : baptistes (18 %), Église de Dieu (17 %), anglicans (15 %), catholiques (8 %), adventistes du Septième Jour (6 %), méthodistes (6 %), presbytériens (5 %) ; rastafariens
Climat Tropical ; températures moyennes à Kingston : de 19 à 32 °C
Ressources Sucre, bananes, café, bauxite
Activités Extraction minière ; agriculture, tourisme, raffinage du sucre, fabrication de rhum, mélasse, cigarettes, ciment, raffinage du pétrole
Exportations Bauxite, alumine, sucre, produits chimiques et pétroliers, bananes, autres fruits et légumes
P.N.B. annuel par habitant 1 380 dollars
Croissance démographique 18,5 ‰ par an
Espérance de vie Hommes 71 ans, femmes 76

James (baie), ***Canada*** Appendice méridional de la baie d'Hudson, large d'environ 160 km à son entrée, entre la pointe Louis-XIV et le cap Henrietta-Maria. Découverte en 1610 par Henri Hudson, la baie doit son nom à Thomas James, autre navigateur en quête du passage du nord-ouest qui l'explora en 1631. Elle recueille les eaux de nombreuses rivières du nord du Québec et de l'Ontario. Au Québec, le complexe La Grande, titanesque projet d'aménagement de centrales hydroélectriques sur la Grande Rivière, touche 176 000 km² du territoire de la baie James, soit le dixième de la superficie du Québec. Il a nécessité le détournement des rivières Eastmain, Opinaca et Caniapiscau. Trois centrales géantes sont déjà en activité. À lui seul, le complexe LG2 est doté de la plus imposante centrale souterraine du monde et d'un évacuateur de crues en escalier, trois fois plus haut que les chutes du Niagara (13 marches de 20 m de haut et de 135 m de large). L'aménagement du complexe La Grande a nécessité la construction de 800 km de routes en milieu boréal, à travers lacs, forêts et tourbières. Ces travaux et aménagements ont amené le Canada à indemniser les populations inuit (Esquimaux), reconnaissant ainsi leurs droits du sol.
Dimensions 440 km de long, 217 km de large
Carte Canada Gc

Jamestown, ***États-Unis*** Ville historique de Virginie, sur une île de la James River, à 185 km au S. de Washington. Site du premier établissement anglais permanent en Amérique (13 mai 1607), elle fait partie, avec Yorktown et Williamsburg, du Colonial National Historical Park, haut lieu du tourisme nord-américain.
Carte États-Unis Kc

Jammu-et-Cachemire, ***Inde*** État de l'Union (101 387 km²), au N.-O. du pays, à la frontière du Pakistan et du Tibet. L'Inde revendique en outre l'Azad-Kashmir, occupé par le Pakistan. Srinagar (ville touristique) est la capitale d'été, Jammu (206 150 habitants) celle d'hiver. Un conflit nationaliste et séparatiste secoue depuis 1989 ce seul État à majorité musulmane de l'Inde. Le conflit latent entre l'Inde et le Pakistan risque de resurgir. Principales productions : laine, fruits, maïs, blé, riz.
Population (Cachemire indien) 7 800 000
Carte Inde Ba

Jamshedpur, ***Inde*** Ville industrielle du Bihar, au N.-E. du pays, à 210 km à l'O. de Calcutta. C'est l'un des principaux centres métallurgiques indiens, créé en 1907 par un parsi de Bombay, Jamshedi Tata.
Population (ville) 461 300 ; (aggl.) 835 000
Carte Inde Dc

Jamuna, ***Bangladesh*** Rivière constituant le cours principal du Brahmapoutre, de la Tista au Gange. Avec ce dernier, elle forme la Padma, bras principal du delta du Gange.
Carte Bangladesh Bb

Janakpur, ***Népal*** Centre religieux du sud-est du pays, à 10 km au N. de la frontière indienne. Le temple hindou de Janaki et des bassins pour bains rituels attirent de nombreux pèlerins.
Population 143 000
Carte Népal Ba

Jan Mayen, ***Norvège*** Île de 380 km^2, dans l'océan Arctique, à 540 km au N.-E. de l'Islande, annexée par la Norvège en 1929. Dominée par le Beerenberg, volcan éteint de 2 277 m. Station radio et météorologique. L'île est habitée seulement par des chercheurs. Elle fait cependant l'objet d'un conflit de souveraineté entre le Danemark et la Norvège.
Carte Arctique Ab

Japon Voir p. 346-349

Japon (mer du) Bras de l'océan Pacifique, entre le Japon, la Corée et la Russie ; les eaux, où se rencontrent courants chauds (S.-N.) et courants froids (N.-S.), sont poissonneuses.
Superficie 1 008 000 km^2
Profondeur max. 4 000 m
Carte Japon Bb

Jaroslaw, ***Pologne*** Ville agricole du Sud-Est, à environ 30 km de la frontière ukrainienne. Au carrefour des routes commerciales Rhénanie-Russie et Baltique-mer Noire. C'était une bourgade prospère au Moyen Âge. Beaux bâtiments de style Renaissance et baroque : maisons de marchands à arcades, églises, hôtel de ville (gothique, reconstruit au XVIIe s.).
Population 42 000
Carte Pologne Ec

Jarres (plaine des), ***Laos*** Partie centrale du plateau de Tran Ninh, caractérisée par des vallées étroites et des collines de grès et de calcaire (2 000 m au-dessus du niveau de la mer). Son nom vient des centaines de grandes jarres funéraires préhistoriques découvertes par les Français au XIXe s. Elle joua un rôle important en 1952 pendant la guerre d'Indochine et fut le théâtre de nombreux combats entre les troupes gouvernementales et celles du Pathet Lao pendant la guerre civile des années 1960.

Jasper (parc national), ***Canada*** Il s'étend sur 10 880 km^2, en Alberta. Créé en 1907, dans les Rocheuses, il renferme une partie du champ de glace Columbia. Une route panoramique en révèle les superbes paysages glaciaires et les cimes enneigées, et donne accès à des sources minérales ainsi qu'à de nombreux lacs et rivières. La ville de Jasper en est le siège administratif.
Population (ville) 3 200
Carte Canada Dc

Jaune (fleuve), ***Chine*** Voir HOUANG-HO

Jaune (mer) Grand golfe peu profond de l'océan Pacifique entre la Chine et la Corée. Elle tire son nom du loess jaune déposé par le Houang-ho et les autres fleuves qui s'y jettent. Au rythme actuel, la mer sera envasée dans 24 000 ans, à moins qu'une élévation du niveau de la mer ne compense cette accumulation. Les bancs de sable et le brouillard constituent des dangers pour la navigation dans ses eaux.
Dimensions 640 km de long et de large
Carte Chine Id

Java, ***Indonésie*** Île volcanique de 130 987 km^2, où se trouve la capitale, Djakarta, et qui abrite 60 % de la population du pays. Beaucoup de ses 112 volcans, comme le plus haut, le Semeru (3 675 m), sont encore actifs. Culture du riz sur son sol fertile ; filatures, usines automobiles, industries diverses.

L'île compte quatre des cinq plus grandes villes du pays : Djakarta, Surabaya, Bandung et Semarang, toutes de plus d'un million d'habitants. Java a une densité de population de plus de 700 habitants au km^2.
Population 100 290 000
Carte Indonésie Cd

Java (fosse de) Voir SONDE (fosse de la)

Java (mer de) Partie de l'océan Pacifique s'étendant entre Java au S., Bornéo au N., Sumatra à l'O. et la mer de Florès à l'E. Défaite alliée en février 1942 (bataille de la mer de Java). Pêche traditionnelle et moderne ; récente exploitation de gisements sous-marins de cassitérite.
Carte Indonésie Cd

Jaworzno, ***Pologne*** Ville industrielle de haute Silésie, à 25 km à l'E. de Katowice. C'est l'un des principaux centres miniers (houille, plomb, zinc) et de production d'électricité.
Population 98 000
Carte Pologne Cc

Jdanov, ***Ukraine*** Voir MARIOUPOL

Jean-Bernard (gouffre), ***France*** Voir LA FORMATION DES CAVERNES, p. 148

Jefferson City, ***États-Unis*** Capitale de l'État du Missouri, sur le fleuve Missouri, à 170 km à l'O. de Saint Louis. Centre commercial d'une importante région agricole. Tourisme (lacs des monts Ozark, au S.-O.).
Population 35 000
Carte États-Unis Hc

Jenolan (grottes de), ***Australie*** Complexe de grottes calcaires dans la Cordillère australienne, à 115 km à l'O. de Sydney. Les grottes (Grande Arche, Remise du Diable), découvertes vers 1840, sont ouvertes aux visiteurs.
Carte Australie Ie

Jerash ou **Jarash** ou **Djarach,** ***Jordanie*** Ville à 38 km au N. d'Amman, qui abrite de nombreux vestiges romains superbement conservés : rues pavées bordées de centaines de colonnes sculptées, système de drainage souterrain fonctionnant toujours, théâtres, temples, thermes, monuments publics, arc de triomphe d'Hadrien (129). Elle fut abandonnée en 747 après une série de tremblements de terre. La ville moderne date de la fin du XIXe s.
Population 29 000
Carte Jordanie Aa

Jerez de la Frontera, anc. **Xeres,** ***Espagne*** Ville située au N. de Cadix (Andalousie). Elle produit les vins de Xeres, ou sherry, traités dans ses *bodegas* (chais). Fabrique de barils et de bouteilles. À proximité, la chartreuse de Jerez, fondée en 1477, présente une église de style flamboyant (façade baroque de 1667).
Population 184 500
Carte Espagne Bd

Jéricho, en arabe **Ariha,** ***Territoires occupés*** Oasis de Cisjordanie à 22 km au N.-E. de Jérusalem, à 251 m au-dessous du niveau de la mer. Construite en 7000 av. J.-C., elle fut la première ville conquise par les Hébreux rentrant en Terre promise sous la conduite de Josué. Selon la Bible, le son des trompettes fit s'écrouler les remparts. Les accords du Caire (mai 1994) ont créé autour de la ville (62 km^2), ainsi qu'à Gaza, un territoire autonome palestinien. Donnant accès à la Jordanie par le pont Allenby, la « plus vieille cité du monde » est un point stratégique important de Cisjordanie.
Population 7 000
Carte Jordanie Ab

Jersey (île de), ***Manche*** La plus méridionale et la plus grande des îles Anglo-Normandes, à 25 km à l'O. du Cotentin. Superficie : 116 km^2. Chef-lieu : Saint-Hélier. L'île fut rattachée à la France jusqu'en 709, et reconnaît aujourd'hui la suzeraineté du souverain d'Angleterre mais s'autoadministre. Sa côte présente de hautes falaises au N., des baies sablonneuses au S. Tourisme important. Cultures maraîchères, élevage bovin. Les activités financières (banques, assurances) assurent aujourd'hui 47 % du revenu de l'île. Les impôts faibles y ont entraîné l'afflux de riches immigrants.
Population 81 000
Carte Anglo-Normandes (îles) Ab

Jérusalem, en hébreu **Yerushalayim,** ***Israël/Territoires occupés*** Capitale de la province homonyme et, pour les Israéliens, capitale de l'État depuis 1950. Son nom arabe est Al-Qods al-Sharifa (« la Sainte et la Noble »). Jérusalem est ville sainte à la fois pour les chrétiens, les juifs et les musulmans.

David, roi de Judée, la prit aux Philistins en 1000 av. J.-C. Son fils, Salomon, y bâtit un temple à l'image du Royaume céleste, détruit en 587 av. J.-C. par Nabuchodonosor, roi de Babylone, rebâti (515) puis pris en 70 apr. J.-C. sous l'empereur Vespasien par son fils Titus. Les conquérants arabes érigèrent sur ses ruines la coupole du Rocher (mosquée d'Omar) en 632, puis la mosquée al-Aqsa (705-715). La ville passa pour le centre du monde aux yeux de la chrétienté médiévale dès le VIIIe s. Les croisés (1099-1187) en furent chassés par le musulman Saladin. Quatre siècles plus tard, le sultan ottoman Soliman le Magnifique l'enserra dans une enceinte de murs. Occupée en 1917 par les Anglais, Jérusalem devint la capitale de la Palestine sous mandat britannique (1922-1948), avant d'être partagée entre Israël et la Jordanie. La partie orientale, avec la vieille ville, est occupée depuis 1967 par Israël.

À l'intérieur de son enceinte se trouvent le mur des Lamentations, seul vestige du second temple, la mosquée al-Aqsa, la Via Dolorosa (ou chemin du Calvaire) et l'église franciscaine du Saint-Sépulcre, élevée sur le tombeau du Christ. Les communautés arménienne, chrétienne, juive et musulmane y ont chacune leur quartier et fréquentent le même marché oriental. Au-delà des murs se dressent au S.-O. la colline de Sion, avec le tombeau de David, et la salle de la Cène, et à l'E. le mont des Oliviers, avec son vieux cimetière juif et le jardin de Gethsémanie où Judas livra Jésus. À l'E. également, Mea Shérim, quartier des juifs intégristes, abrite les tombeaux des rois de Judée et de nombreuses synagogues.

Depuis sa réunification en 1967, elle s'est agrandie d'un vaste complexe d'immeubles modernes cernant la vieille ville. La Knesset ou Parlement, la présidence de la République, l'Université hébraïque et l'Agence juive ou Organisation mondiale sioniste y ont leur siège. Le nouveau centre médical d'Hadassah se trouve à

Voir suite p. 350

Japon

LE SOLEIL DE LA PROSPÉRITÉ ÉCONOMIQUE S'EST LEVÉ AVEC UN NOUVEL ÉCLAT SUR L'UN DES PEUPLES LES PLUS ADAPTABLES DE LA TERRE

Étirée le long de la marge orientale de l'Asie, la nation insulaire du Japon a accompli un miracle économique. En un peu moins d'un siècle, un bras mort isolé, féodal, doté de peu de ressources, a été transformé en une super-puissance industrielle avec un taux de croissance de 5 % par an. Le Japon domine l'aire nord-Pacifique, la région économique du monde qui a l'expansion la plus vigoureuse. Son influence est ressentie dans le monde entier, ses produits modernes et perfectionnés sont appréciés sur tous les marchés.

Avec moins de 3 % de la population mondiale, le Japon concentre 10 % du revenu. Il est en tête pour la production de navires et d'automobiles, et vient juste derrière l'U.R.S.S. pour celle de l'acier. Un poste de télévision sur trois est fabriqué au Japon. Les Japonais dominent le marché mondial pour les équipements audiovisuels et photographiques et pour beaucoup d'utilisations de la microélectronique ; ils jouent un rôle pionnier dans l'évolution du monde vers l'âge de l'information et mènent le jeu dans le développement des robots industriels.

Il est peu étonnant qu'en 1984 le déficit de la balance commerciale avec le Japon ait été de 10 milliards de dollars pour la Communauté économique européenne, et de 33 milliards pour les États-Unis !

En 1945, le Japon fut la première victime d'un holocauste nucléaire, avec les bombes jetées sur Hiroshima et Nagasaki. L'empereur Hirohito déclara à son peuple que la guerre n'avait pas « nécessairement tourné à notre avantage ». L'économie était en ruine, la population mal nourrie, démoralisée et, pour la première fois de son histoire, soumise à l'humiliation d'une occupation étrangère. L'empereur, considéré comme un dieu, renonça à sa divinité et assuma le rôle d'un monarque constitutionnel.

Mais aujourd'hui, les Japonais peuvent s'enorgueillir d'une économie placée au second rang dans le monde libre, qui connaît encore un rythme de croissance dont peu de pays oseraient rêver. Le taux de chômage est inférieur à 3 %, et le revenu par tête est plus élevé et réparti plus également que dans bien des pays européens.

Longtemps considéré comme un simple imitateur, le Japon est maintenant en tête pour l'invention de nouvelles technologies. De plus, le prix payé pour cette prospérité économique a été faible. Les gens sont en bonne santé ; aucun pays ne peut se vanter d'avoir une plus faible mortalité infantile ou une plus forte espérance de vie. Les Japonais sont unis : il y a peu d'inégalités sociales propres à diviser une nation où 90 % des habitants considèrent qu'ils appartiennent à la classe moyenne et où les chances de promotion sociale sont offertes à presque tous, grâce à un système éducatif uniforme (mais où la compétition est féroce).

Le prix de l'échec individuel peut être très lourd — le suicide n'est pas rare, notamment chez les jeunes. Mais les grèves sont peu fréquentes (et se déroulent de façon quasi rituelle), il n'y a guère de taudis dans les villes.

Mais le plus remarquable est que les Japonais ont peu sacrifié leur identité culturelle, à laquelle ils sont hautement attachés. Profondément patriotes par nature, ils tirent une grande fierté de leurs réalisations économiques. Cependant, ils demeurent inquiets pour leur avenir, et les conflits commerciaux continuels avec les États-Unis et l'Europe révèlent à quel point le Japon peut être vulnérable aux influences extérieures. Cette vulnérabilité est aggravée par de sévères pressions du milieu intérieur, liées à la géographie physique du Japon.

UNE MER FRANGÉE DE MONTAGNES. Magnifique portique d'un temple shintoïste sur la côte de Miyajima, une des îles de la mer Intérieure, près de Hiroshima. L'île est très fréquentée par les touristes et contient de nombreux temples anciens.

LA VIE SUR LE REBORD D'UNE PLAQUE

L'archipel japonais doit son existence aux forces cataclysmiques qui sont libérées partout où les plaques géantes qui composent la croûte terrestre entrent en contact les unes avec les autres. Six chaînes de montagnes escarpées et déchiquetées forment le squelette du pays. Émaillées de volcans (dont plus de soixante actifs), baignées de brumes et de brouillards, drapées de forêts aux verts délicats, les montagnes apportent au Japon de rares beautés naturelles, mais peu d'autres avantages.

Il y a peu de gisements minéraux exploitables, et les alluvions arrachées aux montagnes n'ont créé que des plaines littorales étroites. Moins du quart du pays est assez plat pour l'agriculture ou les installations humaines, et dans le Sud, on cultive encore de spectaculaires terrasses en escalier.

Une grande partie des sols où sont construites les villes et les usines modernes ont été conquis sur la mer, au risque de les exposer aux tempêtes et aux tsunamis, ces vagues géantes provoquées par les tremblements de terre. Ceux-ci sont fréquents et étendus, et, bien que la plupart soient peu dangereux, la menace de la catastrophe est omniprésente. Tokyo, la capitale et la principale ville, a été gravement endommagée en 1923, et on prévoit qu'un semblable événement pourra se renouveler d'ici à la fin du siècle. De fortes pluies et des étés chauds permettent la culture du riz dans les plaines, bien que des vents froids puissent endommager les cultures dans le Nord. Le « pays des neiges » du Nord-Est est couvert d'un manteau épais pendant l'hiver ; les typhons de l'été et du début de l'automne peuvent dévaster les villes et les campagnes de toutes les régions.

Dans cet environnement naturellement dangereux vivent 123 millions de personnes ; et, bien que la densité globale ne soit pas la plus forte du monde, le rapport entre la population et l'espace utile l'est certainement. Avant la modernisation de l'industrie, la plus grande partie de la population travaillait la terre, et, encore au milieu des années 1950, beaucoup de Japonais habitaient les espaces ruraux. Cependant, la croissance rapide de l'industrie et du commerce après la Seconde Guerre mondiale engendra un énorme exode rural ; aujourd'hui, 75 % des habitants du Japon vivent dans les villes.

Près d'un quart de la population est maintenant installé à moins de 50 km du centre de Tokyo ; même les villes éloignées ont crû rapidement. Les centres des villes ont été transformés, mais les banlieues sont souvent chaotiques : peu de rues ont des noms, et l'habitude de numéroter les maisons d'après la date de construction plutôt que d'après leur position ajoute à la confusion du visiteur.

On peut dire que l'histoire du Japon moderne a commencé à la fin du XVIe s., quand une longue guerre civile exposa le peuple à des influences étrangères perturbatrices. Les shogouns (dictateurs militaires) Tokugawa, victorieux, entreprirent d'arrêter la diffusion des influences extérieures, en particulier celle du

christianisme. Presque toutes les formes de contact avec l'extérieur furent interdites, le christianisme fut réprimé, et le pays demeura presque complètement fermé sur lui-même pendant deux siècles.

Ainsi isolés, les Japonais eurent le loisir de perfectionner bien des éléments de leur culture unique. Mais, au milieu du XIXe siècle, quand l'arrivée d'une flotte américaine commandée par Matthew Perry marqua le renouvellement des menaces étrangères, le Japon était techniquement arriéré et incapable de se défendre. Seul un effort organisé pour imiter les étrangers offrait quelque espoir d'éviter d'être dominé par eux.

Dans un premier temps, le Japon dut signer des traités désavantageux avec les puissances étrangères, mais cela permit de gagner du temps pour moderniser le pays. En 1868, le dernier shogoun fut renversé, un gouvernement impérial fut établi, et un programme massif de modernisation entra en action.

Des experts étrangers furent appelés comme conseillers dans tous les domaines du gouvernement, de l'économie et de la défense, et les jeunes les plus brillants furent envoyés à l'étranger pour apprendre tout ce qu'ils pouvaient de l'Occident (comme ils le font encore de nos jours). La réforme de l'éducation conduisit à une alphabétisation rapide et développa un nationalisme fondé sur le respect pour l'empereur et les anciens idéaux confucéens. Malgré la faiblesse de ses ressources naturelles, le Japon fut vite assez fort pour infliger des défaites à la Chine (1894-1895) et à la Russie (1904-1905) et commencer à construire un empire outre-mer.

Dès les années 1920, le Japon avait acquis un prestige international considérable, mais la dépression des années 1930 dévasta l'économie. Le commerce extérieur s'effondra avec la fermeture de marchés essentiels, et finalement le pouvoir tomba dans les mains d'extrémistes militaires de droite. Une guerre avec la Chine suivit l'invasion japonaise de ce pays en 1937, et, en décembre 1941, des attaques contre Pearl Harbor (îles Hawaï) et contre des positions coloniales européennes marquèrent l'entrée du Japon dans la Seconde Guerre mondiale aux côtés de l'Allemagne.

De brillants succès initiaux conduisirent au rêve de l'établissement d'une « sphère de coprospérité asiatique » — rêve qui fut brisé par la perte du contrôle des routes maritimes vitales pour l'importation de matières premières. Malgré une résistance farouche (et souvent suicidaire), la défaite inévitable ne fut que précipitée par la bombe atomique. En août 1945, au lieu du but assigné, « un pays riche, une armée forte », on aboutit à une destruction massive de la patrie.

Le Japon resta occupé jusqu'en 1952, assez longtemps pour que s'installe une autre importation étrangère — la démocratie. Alors, le militarisme étant discrédité, ce fut un nouveau slogan : « Un pays riche, pas d'armée. » Au milieu des années 1950, non seulement le Japon était reconstruit, mais il avait atteint des taux de croissance extraordinaires — plus de 10 % par an pendant les années 1960, et encore 5 % actuellement. Ayant inscrit dans sa constitution la renonciation à la guerre, le Japon maintint ses dépenses militaires à un niveau très faible et établit de bonnes relations avec les autres nations. Sa petite « force d'auto-défense » est appuyée par des bases militaires américaines importantes.

LA LOYAUTÉ ENVERS LA FIRME

On peut attribuer la réussite économique remarquable du Japon à plusieurs facteurs, parmi lesquels le premier est la qualité de sa main-d'œuvre — plus fiable et plus consciencieuse et mieux formée que celle de bien des concurrents. Bien que la scolarité soit obligatoire de 6 à 15 ans seulement, 90 % des jeunes atteignent le niveau des terminales. Un tiers d'entre eux entrent à l'université et obtiennent des diplômes dans des matières immédiatement applicables dans l'industrie. La formation est continue pendant toute la carrière des travailleurs, et les diplômés de l'université destinés aux tâches de direction doivent d'abord accomplir des travaux de base.

Les ouvriers sont responsables de la qualité de leur travail, et tirent des satisfactions de ce qu'ils accomplissent. Dans les grandes firmes, une garantie de l'emploi à vie offre la sécurité, en échange d'un engagement et d'une fidélité complète envers la compagnie. Quand les circonstances rendent la mobilité nécessaire, les salariés sont transférés d'un emploi ou d'un endroit à un autre sans que cela provoque de difficultés. Les représentants syndicaux sont tenus informés des priorités de la direction, et ils coopèrent de façon à éviter les conflits.

Chaque usine ou bureau est constitué par des « sections », qui sont à la fois des unités de production et des centres de vie de relation — ce qui est un aspect vital dans une culture où l'« appartenance » est importante. La loyauté envers la section remonte vers la firme tout entière, et s'exprime par des vacances et des excursions collectives — et même par le chant collectif de l'hymne de la compagnie...

L'investissement dans les nouvelles techniques a été facilité par le taux élevé de l'épargne individuelle, les dividendes limités, et par la volonté de valoriser les progrès à long terme aux dépens des réussites à court terme. Très influent, le ministère de l'Industrie et du Commerce international donne des conseils sur le choix des meilleures techniques et encourage les firmes les moins performantes à réduire leur capacité de production ou à étendre leurs marchés.

Jusque récemment, les firmes japonaises à la recherche d'un meilleur produit avaient largement recours à des technologies importées. Maintenant, elles donnent la priorité à la recherche fondamentale.

Dépourvu de la plupart des matières premières industrielles essentielles, le Japon doit importer le pétrole, le coke et les minerais métalliques dont il a besoin ; il a ainsi profité des bas prix mondiaux pendant les années 1960. La croissance économique ralentit brièvement en 1974, à la suite de la hausse des prix du pétrole, mais le Japon s'adapta bien à l'ère de l'énergie chère. L'efficacité de l'utilisation de l'énergie fut améliorée, et les sources diversifiées, y compris grâce au recours au nucléaire. On mit l'accent sur les nouveaux secteurs à haute technologie, où la qualité de sa main-d'œuvre donne au Japon un avantage essentiel, aux dépens des industries lourdes comme la sidérurgie et la construction navale.

Ce changement amena également l'amélioration des procédés de fabrication dans les autres industries, et donc la diminution de la pollution et l'augmentation de leur productivité, ce qui contribue à les protéger contre la concurrence des pays du tiers monde.

Les industriels ont aussi profité de la taille et de la sophistication du marché intérieur. L'exigence de la qualité des consommateurs japonais aide à assurer celle des produits exportés. Les exportations représentent 10 % du produit national brut, ce qui est moins que pour beaucoup de pays d'Europe, mais elles sont concentrées dans les secteurs de pointe. Aussi l'ouverture des marchés mondiaux a-t-elle été un élément vital du succès japonais.

Réciproquement, le Japon est en position d'être affecté par les protectionnismes, surtout en Europe et en Amérique. Pour en pallier les inconvénients, les firmes japonaises ont beaucoup investi dans des usines situées à l'étranger. Ceci a aussi diminué l'impact de la rapide croissance de la valeur du yen (propre à augmenter les prix des exportations).

Malgré la mort en 1989 de l'empereur Hirohito, remplacé par son fils Akihito, le régime n'est pas mis en cause. Mais le parti libéral démocrate, au pouvoir depuis trente-huit ans, perd les élections en août 1993, victime des scandales et de l'usure du pouvoir. Il laisse la place à une coalition dominée par des dissidents, puis, en juin 1994, participe au gouvernement dirigé par le parti socialiste. Le Premier ministre est alors M. Murayama.

VILLES ET CAMPAGNES

Les appuis politiques les plus solides du gouvernement viennent des régions rurales ; malgré leur dépopulation, elles exercent une grande influence. Moins de 5 millions de ménages travaillent la terre, et les 2/3 d'entre eux tirent plus de ressources du travail à temps partiel dans les usines et les bureaux que de celui des champs. L'exploitation moyenne — de 1,4 ha — a beau ne pas être rentable, les subventions qui amènent les prix à un niveau plusieurs fois supérieur à celui des prix mondiaux assurent la prospérité du monde rural, ainsi récompensé de sa loyauté politique. Une autre conséquence : l'apparition d'excédents de riz, les rendements étant parmi les plus forts du monde.

En fait, les Japonais mangent de moins en moins de riz, avec la hausse des revenus et le goût grandissant pour d'autres aliments. Le gouvernement pousse constamment les agriculteurs à développer l'élevage et la culture des fruits, mais la moitié du sol cultivé est encore en rizières. Aussi, les 2/3 du maïs, du blé et d'autres grains doivent être importés. Il en va de même pour la viande.

L'agriculture japonaise est hautement développée, on utilise beaucoup les engrais et des machines agricoles adaptées aux petits champs. Dans les régions hautes, la variété des fruits et légumes est merveilleuse : pommes, oranges, choux, pommes de terre, etc.

Les communautés de pêcheurs ont toujours fourni au Japon l'essentiel de ses protéines. Les plus grands ports envoient des bateaux de haute mer à des milliers de kilomètres, et les autres font de la pêche côtière traditionnelle. On pratique l'aquaculture dans les eaux peu profondes, pour produire des huîtres, des algues comestibles et des poissons. Le Japon a pratiqué la pêche à la baleine jusqu'en 1985.

En ville, le premier repas du jour sera aussi bien composé de toasts et de bacon que de riz et de poisson. Les cols blancs revêtent un costume trois pièces et s'entassent dans des trains de banlieue. Les bureaux sont spacieux et de plan ouvert. Les nouvelles techniques ont accéléré le travail de bureau : les machines à traitement de texte et les fac-similés ont réduit les problèmes de l'utilisation de l'écriture japonaise, avec ses milliers de caractères.

Pour l'ouvrier d'usine, les conditions dépendent beaucoup de la taille de l'entreprise. Les travailleurs des grandes usines de montage automatisées passent souvent la journée à surveiller des robots qui font toutes les opérations pénibles. Moins chanceux, ceux qui travaillent pour les petits sous-traitants fabriquent des pièces dans des ateliers encombrés, pour des gains moindres, et avec moins de sécurité d'emploi. Comme dans les autres pays industriels, le secteur des services est en expansion rapide.

Durant l'agitation des années 1960, un mari idéal passait peu de temps à la maison : comme son engagement au travail était total, après de longues heures au bureau, on s'attendait à ce qu'il passe la soirée à boire avec son patron et ses collègues. Depuis, les attitudes ont changé, et il est plus acceptable de passer la soirée en famille. En même temps, malgré des coutumes qui découragent le travail des femmes mariées, beaucoup de celles-ci ont de plus en plus des emplois à temps partiel.

Cependant, le manque de perspectives de carrière conduit beaucoup de mères à se consacrer à l'éducation des enfants. Elles peuvent être impitoyables dans leur effort pour assurer le succès aux examens vitaux, car réussir en classe est presque le seul passeport pour un avenir brillant. Beaucoup d'enfants fréquentent le soir des « écoles de bachotage », ce qui leur laisse peu de temps pour le jeu et la détente. L'échec à un examen peut attirer la honte sur la famille de l'enfant.

UN COURT MOMENT DE REPOS. Des citadins se détendent près d'une piscine de Tokyo. L'employé japonais moyen ne prend que 110 jours de repos par an, y compris les week-ends, contre 140 en Europe.

Le logement type est souvent petit mais, avec la hausse des revenus, des maisons ou des appartements plus grands deviennent la norme. On voit encore des toits de chaume dans les régions reculées mais, dans les villes, la plupart des logements sont dans des immeubles collectifs élevés, ou dans des résidences confortables de maisons à deux étages. La terre est chère, aussi les jardins sont-ils minuscules, mais très soignés.

De toute façon, une pièce au moins est décorée dans le style traditionnel, avec des tatamis d'osier sur le plancher, et une petite niche où l'on suspend une peinture ou un rouleau calligraphié. Cette pièce maintient le contact des habitants avec leurs racines culturelles. Le Japonais type est à la fois shintoïste et bouddhiste ; des artistes ou des intellectuels peuvent être également chrétiens. Cependant, peu de Japonais sont ardemment religieux, bien que des sectes comme les Sokkagakai bouddhistes constituent des exceptions. On aime bien toutefois participer à des fêtes semi-religieuses. Les temples et les autels, très pittoresques, sont parfaitement entretenus, et ouverts aux visiteurs ; les jardins magnifiques et mystérieux des sectes zen constituent une attraction particulière.

APRÈS LA JOURNÉE DE TRAVAIL

Le temps libre est consacré à une grande variété de loisirs. L'employé de bureau, à son retour à la maison, se plonge avec délice dans un bain brûlant, dîne, puis pourra passer la soirée à jouer avec un nouveau gadget, vraisemblablement aujourd'hui le clavier d'un micro-ordinateur. La télévision montrera un match de base-ball ou l'un des grands tournois annuels de lutte (*sumo*) ; ou encore peut-être un de ces programmes destinés à améliorer la technique de golfeur du spectateur. Les Japonais sont de grands joueurs de golf, mais seuls les plus riches ont accès à de vrais terrains de golf (où, dit-on, une grande partie des transactions d'affaires sont traitées) ; la plupart doivent se contenter de miniterrains à plusieurs étages... Les arts traditionnels, comme la calligraphie ou la célébration de la cérémonie du thé, jouissent d'une grande popularité.

Au lieu de rentrer chez lui, le cadre peut passer la soirée en ville avec ses collègues à explorer le « quartier des plaisirs », labyrinthe coloré et illuminé de rues étroites bordées de bars, de boîtes de nuit et de minuscules restaurants. Mais les touristes doivent prendre garde, car les prix sont proportionnels aux notes de frais, et non à la qualité du spectacle.

Dans les principales galeries commerciales, insérées entre les boutiques de style et les magasins chers, des cafés portant des noms occidentaux exotiques offrent des possibilités de détente aux employées fatiguées, un endroit où l'écolier peut prendre connaissance des dernières aventures de son héros de bande dessinée préféré, ou un lieu de rendez-vous pour les amoureux — ce qui est important maintenant que de moins en moins de mariages sont arrangés.

Certains, évidemment, rejettent ce style de vie. L'augmentation de la criminalité juvénile a été préoccupante ces dernières années. D'autres gens souffrent de discrimination, comme les 1,2 million de descendants de hors castes des temps féodaux, affrontés à de nombreuses barrières, notamment en matière de mariage. Des problèmes analogues se posent pour les 700 000 Coréens, dont beaucoup ont été amenés de force au Japon pendant la guerre. Malgré tout, pour la plupart des gens, la vie est confortable et satisfaisante.

LE JAPON EN BREF

Superficie 372 313 km^2

Population 124 310 000

Capitale Tokyo

Régime Monarchie parlementaire

Monnaie Yen = 100 sen

Langue Japonais

Religions Shintoïstes (79 %), bouddhistes (81 %), chrétiens (1 %). La plupart des Japonais sont à la fois shintoïstes et bouddhistes

Climat Tempéré de mousson ; températures moyennes à Tokyo : de − 2 à 8 °C en janvier, de 22 à 30 °C en août

Ressources Riz, pommes de terre, patates douces, thé, fruits, algues comestibles, volailles, poissons et crustacés ; bois, houille, soufre

Activités Fer et acier, autres métaux, navires, automobiles et motocycles, équipements électriques et électroniques, textiles, raffineries de pétrole, engrais, ciment, matériel optique, montres, pêche, industries alimentaires, exploitation forestière

Exportation Véhicules à moteur, machines, matériel électrique et électronique, fer et acier, produits chimiques, instruments, textiles, navires, produits métalliques

P.N.B. annuel par habitant 28 220 dollars

Croissance démographique 3 ‰ par an

Espérance de vie Hommes 76 ans, femmes 82

la périphérie, à En Karem où naquit saint Jean-Baptiste. Les vitraux de sa synagogue sont dus au peintre Marc Chagall (1887-1985). On compte parmi les nombreux musées de la ville le musée d'Israël, le Musée national avec sa châsse du Livre saint qui enclôt les rouleaux du Manuscrit de la mer Morte, et le Yad Vashem, mémorial des juifs victimes de l'holocauste nazi.

Jérusalem est aussi un centre industriel (industries alimentaires, textiles, chimiques, mécaniques). Tourisme important (pèlerinages).

Population 650 000
Carte Israël Bb

Jessore, ***Bangladesh*** Principale ville de la province de Jessore (6 573 km^2) à l'O., à 20 km de la frontière indienne. Commerce de jute, riz, tabac, tamarin, canne à sucre ; minoteries de riz et de graines de lin. Jadis centre de l'industrie teinturière de l'indigo, qui émigra en Inde quand le Pakistan acquit son indépendance en 1947, elle devint une des bases militaires pakistanaises et la cible favorite de l'armée indienne qui l'assiégea plusieurs fois durant la guerre de 1970 à 1971.

Population (province) 4 020 000 ; (ville) 149 000
Carte Bangladesh Bc

Jeunesse (île de la), en esp. **Isla de la Juventud,** anc. **Île des Pins,** ***Cuba*** Île de la mer des Antilles, à 48 km au large de la côte S.-O. de Cuba dont elle dépend. Elle fut rebaptisée en 1978 Isla de la Juventud en reconnaissance de la contribution apportée par les jeunes Cubains à son développement agricole. Autrefois célèbre pour sa prison, c'est aujourd'hui une importante région de production d'agrumes. La ville principale est Nueva Gerona, sur la côte N.

Population 71 100
Carte Cuba Aa

Jezzine, ***Liban*** Petite ville à 1 000 m d'altitude au S. de la chaîne du Liban, à 16 km à l'E. du port de Saïda. Jadis point de départ de nombreuses excursions et célèbre pour ses fabriques de couverts d'argent, depuis la guerre civile elle est devenue une enclave chrétienne envahie par des milliers de miliciens et de réfugiés.

Carte Liban Ab

Jhansi, ***Inde*** Important centre ferroviaire à 380 km au S.-E. de Delhi. Son fort moghol fut le lieu de la rébellion des Indiens Cipayes en 1857 contre leurs officiers britanniques.

Population 301 500
Carte Inde Cc

Jhelum, ***Inde/Pakistan*** L'une des cinq principales rivières du Pendjab (720 km). Elle traverse le Cachemire et se jette dans le Chenab, à 200 km à l'O. de Lahore. Barrage à Mangla.

Carte Pakistan Da

Jiangsu (Kiang-sou), ***Chine*** L'une des provinces les plus riches du pays, sur la côte N. du fertile delta du Yang-tseu-kiang (100 000 km^2). Parsemée de nombreux lacs, canaux et chutes d'eau, elle compte plus d'habitants que la France qui est cinq fois plus grande. Le plan de développement économique national a récemment doté de petites industries rurales (alimentaires, textiles et matériel agricole) cette zone productrice de riz et de coton. Son industrie urbaine de construction mécanique et de textiles en a fait le second complexe industriel chinois après la région de Shanghai. Capitale : Nangjing.

Population 68 500 000
Carte Chine Hd

Jianxi (Kiang-si), ***Chine*** Province du Sud (160 000 km^2) autour du bassin du Gah Jiang, avec pour capitale Nanchang. Elle s'ouvre au N. sur la vallée du Yang-tseu-kiang, et sur le lac Poyang Hu. Son climat, chaud et humide, et son sol fertile sont propices à la culture du riz, du thé et du coton. On y extrait du charbon à Pingxiang, et de l'argile dans les monts Gaoling (qui donnèrent leur nom au kaolin), près de Jingdezhen (King-tö-chien). Cette ville (611 000 habitants), célèbre pour ses céramiques, est le principal centre de la porcelaine chinoise.

Population 39 000 000
Carte Chine He

Jicin, ***République tchèque*** Ville commerçante de Bohême fondée en 1302 à 76 km au N.-E. de Prague. Elle est avec Turnov, au N.-O., un des principaux centres touristiques du « Paradis bohémien » (Cesky Raj), dont les collines boisées sillonnées de coulées de basalte et de grès prennent des formes fantasmagoriques.

Population 17 000
Carte République tchèque Ba

Jilin (Kirin), ***Chine*** Province de Mandchourie centrale (180 000 km^2). Capitale : Changchun. Son climat est caractérisé par des hivers rigoureux et des étés très ensoleillés et chauds. Les ressources minières y sont rares, à l'inverse des autres provinces de Mandchourie. L'agriculture (blé, millet, betterave sucrière, soja) est sa principale ressource.

Population 26 000 000
Carte Chine Ib

Jilong (Chilung), ***Taiwan*** Port actif et centre industriel du nord de l'île, à 30 km au N.-E. de T'ai-pei (chantiers navals, industries chimiques et alimentaires). C'est l'une des plus anciennes colonies de Taiwan. Occupée par les Espagnols et par les Hollandais au XVIIe s., elle devint un port florissant sous la domination japonaise (1895-1945). Depuis 1960, le port s'est encore développé, à l'image de l'économie taiwanaise. On y traite aujourd'hui plus de 30 millions de tonnes de fret par an. Côte touristique.

Population 351 200
Carte Taiwan Bb

Jimma ou **Djimma,** ***Éthiopie*** Ville-marché à 230 km au S.-O. de la capitale Addis Abbeba. Centre d'une région de plantation de café.

Population 70 000
Carte Éthiopie Ab

Jinan (Tsinan), ***Chine*** Capitale de la province de Shandong, à 360 km au S. de Pékin. La ville est depuis longtemps célèbre pour ses filatures de soie. Industries alimentaires.

Population (zone métropolitaine) 2 140 000
Carte Chine Hd

Jingdezhen (King-tö-chien), ***Chine*** Voir JIANXI

Jinja-Bugembe, ***Ouganda*** Ville sur le Nil et la rive N. du lac Victoria. La construction du barrage des Owen Falls (chutes Owen) dans les années 1950 fit de ce centre cotonnier du début du siècle la seconde ville du pays après Kampala. L'implantation d'usines textiles et de mécanique légère en fut favorisée.

Population 61 000
Carte Ouganda Ba

Jinmen (Quemoy), ***Taiwan*** Île principale (156 km^2) d'un archipel (2 îles, 12 îlots) du détroit de Taiwan, près de la côte S.-E. du Fujian et du port chinois du Xiamen (Amoy). Bastion le plus avancé vers la Chine continentale, elle est lourdement fortifiée et défendue par les Forces nationalistes chinoises. Elle fut bombardée en 1954 et 1958 depuis le continent. Soldats et population civile de pêcheurs et de paysans.

Population (civils) 60 000 ; (soldats) 60 000
Carte Taiwan Ab

Jitomir, ***Ukraine*** Cité industrielle à 130 km à l'O. de Kiev. Centre de la plus grande région productrice de houblon et de bière du pays. Minoteries, scieries, raffineries de sucre. Industries mécaniques, vêtements, meubles.

Population 299 400
Carte Ukraine Bb

Jiujiang (Kieou-kiang), ***Chine*** Ville ancienne du Jianxi fondée par la dynastie Han (206 av. J.-C. - 220 apr. J.-C.) sur la rive S. du Yang-tseu-kiang. On y voit le pavillon Yanshui construit à la même époque au milieu du lac Gantang.

Population 351 000
Carte Chine He

Joal-Fadiouth, ***Sénégal*** Station touristique à 115 km au S.-E. de Dakar constituée par la réunion de deux villages : l'ancien port de Joal, où les premiers Européens accostèrent au XVe s. et où est né le premier président du Sénégal, Léopold Sédar Senghor, et le village de Fadiouth, bâti sur un gigantesque amas coquillier artificiel (pêcheurs néolithiques).

Carte Sénégal Ab

João Belo, ***Mozambique*** Voir XAI XAI

João Pessoa, ***Brésil*** Capitale de l'État du Paraíba et station balnéaire à 100 km au N. de Récife, qui tient son nom d'un gouverneur assassiné en 1930. L'une de ses nombreuses plages ombragées de palmiers, Tambaù, s'arrondit sous les falaises de Cabo Branco, la pointe la plus à l'E. de l'Amérique du Sud. La ville est proche du terminus E. de la Transamazonienne. Nombreuses églises du XVIe s. Usines de textiles, de matières plastiques et de papiers.

Population 331 000
Carte Brésil Eb

Jodhpur, ***Inde*** Ville fortifiée du Rajasthan perchée sur un escarpement aux confins du désert du Thar, à 470 km au S.-O. de Delhi. Ancienne capitale de la principauté de Jodhpur fondée en 1459. On y accède par une route sinueuse qui franchit de nombreuses portes. La dernière d'entre elles porte l'empreinte des paumes de toutes les veuves de maharadjah qui sacrifièrent au rite du sati en se faisant brûler vives sur le bûcher funéraire de leur mari. Le dernier sati eut lieu en 1845.

On y pratique tous les sports équestres et la ville a donné son nom aux culottes de cheval serrées du genou à la cheville.

Population 649 000
Carte Inde Bb

Jogjakarta, ***Indonésie*** Voir DJOKJAKARTA

Johannesburg, ***Afrique du Sud*** Première ville du pays, bâtie près du site où l'on découvrit de l'or en 1886. De simple campement de mineurs, elle est devenue une ville moderne, centre commercial et financier du Witwatersrand. La terre excavée des mines d'or environnantes s'entasse autour de la ville en monticules blancs. Autres productions : produits chimiques, alimentaires, pharmaceutiques, textiles, métallurgie. Johan-

L'OR D'AFRIQUE DU SUD. Une tour de télévision domine les rues scintillantes de Johannesburg. La ville fut construite après la découverte du quartz aurifère dans le Witwatersrand en 1886.

nesburg, ville « blanche », est entourée de nombreux faubourgs noirs (Soweto) ou indiens (Lenasia). Elle est aujourd'hui, conjointement avec Pretoria, la capitale de la province de Pretoria-Witwatersrand-Vereeniging.
Population (ville) 1 633 000 ; (aggl.) 3 660 000
Carte Afrique du Sud Cb

Johnston (île), ***océan Pacifique*** Atoll à 1 250 km au S.-O. d'Hawaï (2 km^2 hors lagon, 378 km^2 au total). Annexé en 1858, il devint en 1934 une base militaire américaine où sont expérimentées et stockées des armes atomiques et chimiques. Depuis 1990, les États-Unis en ont fait un centre de destruction de ces armes chimiques. Elle est peuplée essentiellement de militaires.
Carte Pacifique (océan) Eb

Johore, ***Malaysia*** État le plus méridional de la péninsule Malaise (18 986 km^2), qui fut quasiment jusqu'en 1941 un sultanat indépendant. La plupart de ses forêts ont été récemment élaguées. Principales productions : huile de palme, récemment développée, ananas, hévéa, bauxite (en voie d'épuisement), étain.
Population 2 075 000
Carte Malaysia Bb

Johore (détroit de) Étroit bras de mer entre la péninsule Malaise et Singapour, traversé par une route et une voie ferrée.
Dimensions 48 km de long ; 1,5 km de large
Carte Singapour Aa

Johore Bharu, ***Malaysia*** Capitale de l'État de Johore, sur le détroit du même nom, qui vit de l'exportation de l'huile de palme vers le Nord. Le palais des sultans se trouve dans la partie la plus ancienne du port. L'ancienne capitale, Johore Lama, est à 30 km plus au N.
Population 246 000
Carte Malaysia Bb

Jokkmokk, ***Suède*** Petite communauté à 150 km au S. de Kiruna, sur le cercle arctique. C'est un centre de culture lapone ; on y trouve le Collège du peuple lapon et le musée de la Laponie.
Carte Suède Cb

Jolo, ***Philippines*** Île (894 km^2) et centre administratif de l'archipel Sulu. De nombreux volcans éteints, dont le plus élevé, le Tumatangas (812 m), ont apporté un sol fertile produisant du manioc et de nombreux fruits.

La ville forte de Jolo, un des ports d'accès à l'île, est le point de ralliement des pêcheurs de perles et de poissons, dont les activités se sont ralenties depuis que l'île est devenue un foyer de la guérilla moro.
Population (île) 170 000 ; (ville) 52 500
Carte Philippines Bd

Jonglei (canal de), ***Soudan*** À 800 km au S. de Khartoum, cette percée de 360 km dans une boucle du Nil blanc (travaux suspendus du fait de la rébellion dans le Sud) est destinée à réduire l'évaporation du fleuve et sa dispersion dans les marais du Sudd.
Carte Soudan Bc

Jönköping, ***Suède*** Ville industrielle et port datant du XIIIe s., à la pointe S. du lac Vättern et à 150 km à l'E. de Göteborg. La fabrication industrielle d'allumettes de sûreté y a débuté en 1845. Elle produit également des machines, des chaussures et des produits chimiques. Musée des Allumettes.
Population 107 300
Carte Suède Bd

Jordanie Voir p. 352

Jos, ***Nigeria*** Capitale de l'État du Plateau située à environ 710 km au N.-E. de Lagos. Fondée par les Européens à la fin du XIXe s., elle s'est développée grâce à l'industrie minière de la région. Elle a été et est toujours un centre de vacances. Musée : têtes sculptées et terres cuites de la civilisation de Nok, florissante entre 500 av. J.-C. et 200 apr. J.-C.
Population 145 400
Carte Nigeria Bb

Jos (plateau de), ***Nigeria*** Plateau d'environ 7 780 km^2 au centre du pays, dont les volcans éteints, les affleurements de granit et les chutes d'eau font un centre touristique. Il recèle aussi de l'étain (Bukuru, près de Jos) et de la columbite (minerai de nobium utilisé dans les alliages spéciaux). L'État du Plateau en occupe une grande partie.
Carte Nigeria Ba

Joshin-etsu Kogen, ***Japon*** Parc national de 1 889 km^2 au N.-E. de Nagano, dans le centre de Honshu ; son paysage alpestre est dominé par le mont Myoko (2 446 m). C'est le rendez-vous estival des habitants de Tokyo, qui se trouve à 155 km au S.-E.
Carte Japon Cc

Joshua Tree National Monument, ***États-Unis*** Parc national de 2 266 km^2, à 160 km à l'E. de Los Angeles ; il abrite des arbres de Jessé (sorte de yuccas), des cactus et autres plantes du désert ; affleurements de granit érodé.
Carte États-Unis Cd

Jostedalsbreen, ***Norvège*** Le plus grand glacier européen (816 km^2) au N.-E. de Sognefjord. Long de 97 km, large de 24, il est formé d'une calotte épaisse de 320 m, située à 2 040 m d'altitude, d'où vingt-cinq coulées irradient dans les vallées environnantes.
Carte Norvège Bc

Jotunheimen, ***Norvège*** Massif montagneux hérissé d'une couronne de pics au centre sud du pays. Son nom signifie « la maison des géants ». Les plus hauts sommets sont les pics Glittertind et Galhøpiggen (2 469 m), près du lac Gjende, site touristique.
Carte Norvège Cc

Jourdain, en arabe **El Ghor,** ***Moyen-Orient*** Fleuve né sur les pentes du mont Hermon, près de la frontière entre Israël et le Golan, qui coule vers le S. à travers la mer de Galilée, ou lac de Tibériade, avant de se jeter dans la mer Morte (256 km). Jésus y fut baptisé par saint Jean-Baptiste. Il forme entre ces deux mers la frontière entre la Jordanie et la Cisjordanie occupée. C'est une source d'énergie hydroélectrique et d'irrigation.

La vallée du Jourdain, également arrosée par le canal El Ghor, est cultivée depuis près de dix mille ans (orge et blé). La rive gauche, jordanienne, abritant plus de trente villages agricoles, s'est beaucoup développée grâce au barrage du Roi Talal sur le Zarqa (Nahr es Zerqa), alors que l'agriculture et l'industrie stagnaient en Cisjordanie.
Carte Israël Ba, Jordanie Aa

Juan de Fuca (détroit de) Bras de mer américano-canadien entre l'île de Vancouver et l'État de Washington, ouvrant l'accès du Pacifique à Seattle, Vancouver et Victoria. Ainsi nommé en

Jordanie

OASIS DE STABILITÉ AU MILIEU D'UN MOYEN-ORIENT AGITÉ, LA JORDANIE EXERCE UN RÔLE DE MÉDIATEUR

Le développement de la Jordanie moderne a été dominé pendant trente ans par un seul homme, le roi Hussein. Son courage a permis au pays de traverser des crises politiques constantes. La Jordanie demeure un pays du front face à Israël, et parmi les pays arabes aucun autre n'a montré autant d'intérêt à négocier un règlement durable du conflit israélo-arabe.

La région a longtemps été gouvernée par les Turcs ottomans. L'émirat de Transjordanie, créé en 1923, demeura un protectorat britannique jusqu'en 1946, date de l'indépendance sous le nom de royaume de Jordanie. Presque tout de suite, l'État fut impliqué dans la guerre de 1948 des Arabes contre Israël. L'armistice qui la suivit permit l'annexion de la rive occidentale (du Jourdain) habitée depuis des siècles par des Arabes palestiniens. Dans le même temps, la Jordanie accueillit des réfugiés palestiniens fuyant Israël. Plus tard, au cours de la guerre des Six Jours de 1967, la Jordanie perdit la rive occidentale ou Cisjordanie au profit d'Israël et reçut de nouveaux réfugiés.

Après voir permis aux militants de l'Organisation pour la libération de la Palestine de mener à partir de son territoire des raids contre Israël, le roi Hussein les chassa en septembre 1970 (« septembre noir ») pour avoir voulu défier son autorité. En 1973, après une amnistie, la Jordanie reconnut l'O.L.P. comme seule représentante du peuple palestinien.

CITÉ DE PIERRE. La vile de Pétra, creusée dans les murailles de grès rouge d'une gorge désertique, a connu la prospérité comme relais de caravanes pendant plus de mille ans, depuis 300 av. J.-C.

À la fin des années 1980, le roi Hussein renonce à recouvrer la Cisjordanie, et coupe ainsi tous les ponts administratifs qui existaient encore, laissant l'O.L.P. et Israël face à leur avenir.

La moitié de la population du pays est aujourd'hui palestinienne, vivant pour une bonne part dans des camps de réfugiés de l'O.N.U. Face à cette situation et afin de garantir la stabilité de son pays, qui accédait alors à la démocratie, le roi Hussein refusa de s'aligner pendant le conflit du Golfe (1990-1991) sur les positions anti-irakiennes des États-Unis et de l'Arabie Saoudite, s'aliénant ainsi ses principaux bailleurs de fonds.

Les débuts de l'autonomie palestinienne en Cisjordanie en 1994 pourraient être l'occasion de relancer les négociations directes entre Israël et la Jordanie.

Les Jordaniens ont un niveau de vie acceptable, et 70 % des adultes sont alphabétisés. Bien qu'ils ne produisent pas de pétrole, ils en raffinent et ont une agriculture intensive.

Un cinquième seulement du pays est assez fertile pour être cultivé ; le reste est désertique. Les parties fertiles comprennent la rive O. et la vallée du Jourdain. À l'E., les collines souvent évoquées dans la Bible sont elles aussi fertiles. Dans toutes ces régions, les hivers sont frais et reçoivent quelques pluies.

Il y a de grandes différences entre la vie des citadins (y compris les réfugiés palestiniens), celle des sédentaires des villages ruraux, et celle des nomades du désert, les tribus de bédouins (*bedu* en arabe). Mais il y a un lien entre ces populations : sauf une très petite minorité chrétienne, elles sont musulmanes.

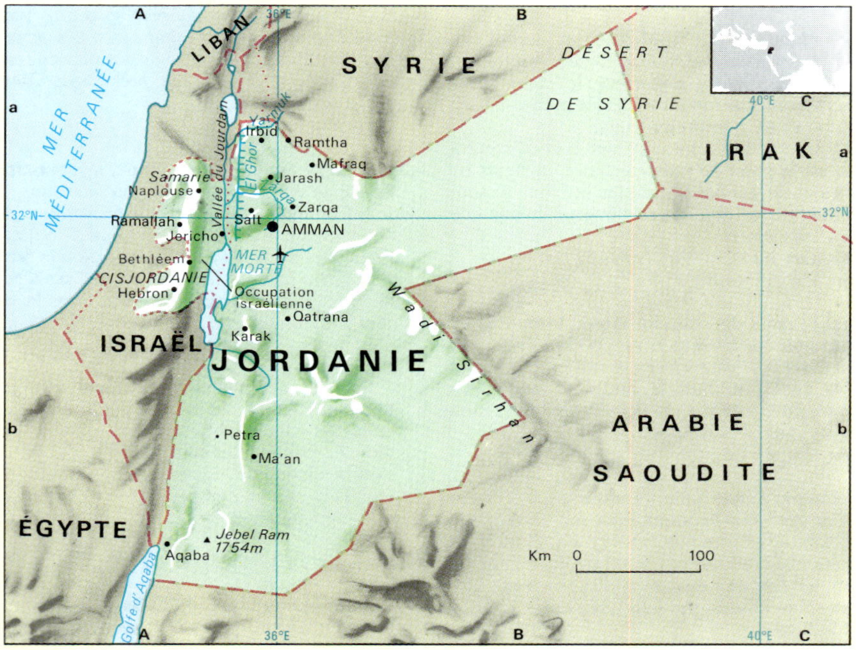

LA JORDANIE EN BREF

Superficie 97 740 km², dont 6 000 en Cisjordanie
Population 3 770 000
Capitale Amman
Régime Monarchie parlementaire
Monnaie Dinar = 1 000 fils
Langues Arabe ; anglais largement compris
Religions Musulmans sunnites (90 %), chrétiens (8 %)
Climat Chaud et sec ; hiver frais. Températures moyennes à Amman : de 4 à 12 °C en janvier, de 18 à 32 °C en juillet
Ressources Légumes, fruits, olives, blé ; phosphates, potasse
Activités Agriculture, mines, engrais, produits chimiques, ciment
Exportations Phosphates, produits chimiques, fruits, légumes, potasse
P.N.B. annuel par habitant 1 150 dollars
Croissance démographique 41 ‰ par an
Espérance de vie Hommes 70 ans, femmes 73

l'honneur d'un navigateur grec qui adopta ce pseudonyme en s'engageant dans la marine espagnole en 1592.
Superficie 160 km de long, 18-27 km de large
Carte Canada Cd

Juan de Nova, ***océan Indien*** Ancienne île à phosphates (guano) du canal du Mozambique (10 km²), annexée par la France en 1897 et revendiquée par Madagascar. C'est aujourd'hui une station météorologique.
Carte Madagascar Aa

Juan Fernández (îles de), ***océan Pacifique*** Archipel chilien composé de trois îles: Más Afuera, ou Alejandro Selkirk, Más A Tierra, ou Robinson Crusoé, et Santa-Clara, ou Île des Chèvres, à 650 km à l'O. de Valparaiso. Il porte le nom du navigateur espagnol qui le découvrit en 1572. Le romancier anglais Daniel Defoe s'inspira pour son *Robinson Crusoé* des aventures du marin écossais Alexandre Selkirk, qui vécut entre 1704 et 1709 à Más A Tierra. Ressource principale: la pêche au homard.
Population 550
Carte Pacifique (océan) Id

Juba, ***Soudan*** Ville-marché, à 1 200 km au S. de Khartoum ; ancienne capitale du Sud-Soudan en rébellion, aujourd'hui capitale de l'Equatoria orientale, province proche de la frontière ougandaise. À la différence de celle du Nord (arabes musulmans), sa population est noire, chrétienne ou animiste. Université.
Population 116 000
Carte Soudan Bc

Jubail, ***Liban*** Voir DJEBAIL

Júcar, ***Espagne*** Fleuve (505 km) traversant la Manche avant de se jeter dans la Méditerranée au S. du port de Valence.
Carte Espagne Ec

Judée, ***Moyen-Orient*** Partie de la Palestine s'étendant de la Méditerranée au Jourdain et à la mer Morte, bordée au S. par le Sinaï et au N. par la Samarie. Autrefois royaume de David, elle fut soumise aux Perses, aux Grecs et aux Romains. Elle est à présent partagée entre Israël et les territoires occupés de Cisjordanie. Point culminant: le mont Hébron (1 013 m) à 30 km au S.-O. de Jérusalem. Nombreuses exploitations agricoles.
Carte Israël Ab

Jujuy, ***Argentine*** Voir SAN SALVADOR DE JUJUY

Jumla, ***Népal*** Ville de l'ouest du pays, à 350 km au N.-O. de Katmandou, qui fut jusqu'au XVIIIᵉ s. la capitale du Népal, alors royaume indépendant. Point de départ d'excursions à travers les plus belles forêts du Népal et les magnifiques paysages de l'Himalaya.
Population 10 000
Carte Népal Aa

Jumna, ***Inde*** Voir YAMUNA

Juneau, ***États-Unis*** Capitale de l'Alaska, au S.-E. de l'État, à 400 km de sa frontière S. Ville de chercheurs d'or en 1880, c'est aujourd'hui un port et un centre de pêche, relié uniquement par mer et air au reste de l'État. Le transfert de la capitale à Willow, au N. d'Anchorage, décidé en 1976, n'a pas encore été réalisé.
Population 24 000
Carte Alaska Dc

Jungfrau, ***Suisse*** Sommet de l'Oberland bernois (4 158 m) dont le nom signifie « Jeune fille » et que deux alpinistes suisses, les frères Rodolphe et Hieronimus Meyer, atteignirent les premiers en 1811. Un chemin de fer à crémaillère, le plus haut d'Europe, conduit au plateau de Jungfraujoch (3 457 m). La ligne, qu'il fallut seize ans pour achever en 1912, part du village de la Petite Scheidegg et parcourt 9 km à travers de nombreux tunnels.
Carte Suisse Aa

jungle En Inde et en Asie du Sud-Est, formation végétale constituée d'arbres, de lianes, de buissons épineux et de touffes de bambous.

Junin, ***Pérou*** Département central produisant la moitié du blé du pays. Sa capitale, Huancayo, est bâtie sur le Mantaro, à 195 km à l'E. de Lima, à laquelle elle est reliée par la plus haute voie ferrée du monde (4 817 m pour l'embranchement de Morococha et 4 781 m sous le tunnel de Galera pour la ligne principale). Jauja, à 40 km au N. d'Huancayo, fut en 1534 la capitale du conquistador Francisco Pizarro, avant la fondation de Lima (1535). Bolívar y vainquit les Espagnols en 1824.
Population 1 107 000
Carte Pérou Bb

Jura, ***Europe de l'Ouest*** Ensemble de plateaux calcaires, de vallées et de chaînes de montagne en forme de croissant s'étendant sur 240 km de part et d'autre de la frontière franco-suisse. Sa pointe S. s'arrondit à l'E. de Lyon, tandis que le Crêt de la Neige (1 723 m), son point culminant, se dresse au N.-O. de Genève.

Le Jura se prolonge au N.-E. en Allemagne, à la lisière de la Forêt-Noire. Les Jura Souabe (Schwäbish Alb) et Franconien (Fränkisch) s'enfoncent de 320 km jusqu'à l'E. de Nuremberg et culminent à 900 m.
Carte France Gc ; Suisse Aa ; Allemagne CDd

Jura (39), ***France*** Département de Franche-Comté (5 008 km²), dont la moitié S.-E. est occupée par la plus grande partie du massif du Jura (partie française). Au N., les terres les plus fertiles produisent fourrage, forêt ou vigne, tandis que l'élevage domine en montagne. L'industrie, liée à l'agriculture (produits laitiers) ou aux activités traditionnelles (pipes de Saint-Claude, lunetterie, horlogerie), reste modeste malgré l'implantation de la chimie à Dole. Le tourisme hivernal (station des Rousses) se développe au sud-est. Le faible accroissement de la population ne profite qu'aux agglomérations de Dole et de Lons-le-Saunier, le chef-lieu.

Le parc régional du Haut-Jura, créé en 1986, s'étend sur la plus grande partie du massif (62 088 ha), et occupe l'est du département autour des agglomérations de Morez (7 000 habitants) et Saint-Claude (12 700 habitants).
Population 249 000
Carte France Fc

Jura, ***Suisse*** Dernier des cantons, formé en 1978 par la réunion de trois districts francophones et catholiques du canton de Berne. 837 km². Ce canton horloger, à l'extrémité sud-orientale du massif jurassien, a pour capitale Delémont (12 500 habitants).
Population 65 000
Carte Suisse Aa

jurassique Seconde période de l'ère mésozoïque sur l'échelle du temps terrestre. Voir ÉCHELLE DES TEMPS GÉOLOGIQUES, p. 268

Jurong, ***Singapour*** Province du Sud-Ouest et principale zone industrielle de l'île de Singapour (20 km²). Ses 1 400 usines emploient 112 000 personnes, soit 39 % de la main-d'œuvre industrielle du pays. Production: bateaux, baguettes et tubes d'acier, produits chimiques et pharmaceutiques, matière plastique, ciment, briques, câbles, pneus et textiles. La province est zone franche. On vient d'y construire un grand port et une spacieuse ville nouvelle comprenant des parcs, des jardins et une réserve d'oiseaux, près de la zone industrielle.
Carte Singapour Ab

jusant Recul vers le large des eaux marines. Syn.: reflux, marée descendante. L'étale de jusant, ou étale de basse mer, est le temps pendant lequel le niveau reste constant à la fin du jusant.

Jutland, en danois **Jylland,** ***Danemark/Allemagne*** Péninsule s'étendant sur 400 km entre les mers Baltique et du Nord. La côte N., baignée par le Skagerrak, se creuse de nombreux ports naturels. La côte E., sur le Kattegat, est bien abritée et profondément dentelée, tandis que les îles Frisonnes, au S.-O., sont les vestiges d'un cordon littoral morcelé. Une grande partie des marais salants entre ces îles et la côte ont été asséchés et récupérés sur la mer. Dans le Jutland occidental, les sols sont sableux et peu fertiles ; dans le Jutland oriental, ils sont enrichis par les apports glaciaires d'argile et de calcaire, et favorables aux cultures fourragères et aux herbages. Élevage laitier. Pêche.

En 1864, le Danemark perdit le tiers de son territoire (duchés du Schleswig et du Holstein, au S.) au profit de la Prusse. En 1920, un référendum partagea le Schleswig-Holstein entre le Danemark et l'Allemagne. En 1916, la bataille navale du Jutland, au large de la côte E. de la péninsule, seul grand affrontement en haute mer entre l'Angleterre et l'Allemagne, fut gagnée par les Anglais et conféra aux Alliés le contrôle de la mer du Nord.
Carte Danemark Ba, Allemagne Ca

Jwaneng, ***Botswana*** Site diamantifère à 125 km au S.-O. de Gaborone, appartenant conjointement au Botswana et à la société minière sud-africaine De Beers, dont le président, Henri Oppenheimer, proclamait: « Cette mine-là est sans doute le plus beau filon découvert dans le monde depuis celui de Kimberley (Afrique du Sud). » Elle produit les deux tiers des diamants du pays et participe pour moitié aux exportations nationales.
Population 5 600
Carte Botswana Bb

Jylland, ***Danemark*** Voir JUTLAND

K

K2 (Godwin Austen, Dapsang), ***Chine/Pakistan*** Second sommet du monde (8 611 m) après l'Everest, à la frontière quasi inaccessible et fort disputée de l'Azad Kashmir et de la Chine. Il fut atteint pour la première fois en 1954 par une équipe italienne.
Carte Pakistan Da

Kabah, ***Mexique*** Ruines d'une ville maya (VIIᵉ-Xᵉ s.) au S. de Yucatán, à 19 km d'Uxmal. Le

FLEUVE DE VIE ET DE MORT. La vallée de la rivière Kaboul, verte oasis au milieu de terres arides, est aussi le théâtre de la guérilla afghane contre le gouvernement.

Palais des Masques présente une façade sculptée de centaines de bas-reliefs représentant Chac, le dieu de la pluie.
Carte Mexique Dd

Kabalega (chutes), ***Ouganda*** Cataractes sur le Nil, au N.-E. du lac Albert. Jadis appelées chutes de Murchison, et situées au cœur d'un parc national, elles sont un des hauts lieux touristiques du pays.
Carte Ouganda Ba

Kaboul (Kabul), ***Afghanistan*** Première ville d'Afghanistan, capitale du pays et de la province de Kaboul, sur la rivière Kaboul, à 190 km à l'O. de la passe de Khayber. C'est l'une des plus hautes villes du pays (1 830 m). Elle contrôle les cols du nord et de l'ouest, et fut le passage de nombreuses invasions, dont celles d'Alexandre le Grand (IVe s. av. J.-C.) et de l'empereur mogol Babur. Ce dernier, qui en fit sa capitale, est enterré dans la banlieue O. de la ville. Kaboul fut occupée et en partie détruite par les Anglais en 1842, durant la Première Guerre afghane, et reconstruite à la fin du XIXe s. par l'émir Abder-Rahman Khan. Marché (bazar). Centre culturel et commercial. Usines de textiles, de chaussures, de pièces automobiles et de produits dérivés du bois.
Population 1 426 000
Carte Afghanistan Ba

Kaboul (Kabul), ***Afghanistan/Pakistan*** Rivière de 480 km de long qui prend sa source dans l'Hindou Kouch, à l'O. de Kaboul, et se jette à l'E. dans l'Indus, entre Peshawar et Islamabad (Pakistan). Le barrage de Warsak, au N.-E. de la passe de Khayber, alimente la région en électricité et permet l'irrigation. Le cours inférieur de la Kaboul, bien que non navigable, est utilisé pour le transport du bois flotté.
Carte Afghanistan Ba ; Pakistan Ca

Kabwe (Broken Hill), ***Zambie*** La plus ancienne ville minière du pays, à 100 km au N. de Lusaka. La mine, ouverte en 1902, produit du plomb, du vanadium et du zinc. On y a découvert l'« homme de Rhodésie », un fossile de néandertalien vieux d'environ cent mille ans.
Population 143 000
Carte Zambie Bb

Kabylie, ***Algérie*** Ensemble montagneux du nord-est de l'Algérie au bord de la Méditerranée. Il est composé de deux ensembles : la Grande et la Petite Kabylie. La Grande Kabylie, ou Kabylie du Djurdjura, véritable barrière montagneuse dont les sommets dépassent 2 000 m, culmine au Lalla Khadidja (2 308 m) ; la neige abondante y favorise les sports d'hiver (Tikjda, Talaguilef). C'est dans la moyenne montagne, où s'accrochent de gros villages, qu'est fixée une abondante population d'arboriculteurs et d'éleveurs, qui pratiquent aussi un artisanat d'art apprécié. La forêt, dégradée, est en cours de reboisement. À l'E. de la Soummam, la Petite Kabylie ou Kabylie des Babors, moins peuplée, est un massif calcaire au relief moins vigoureux que la précédente, mais qui bénéficie d'une côte splendide, dont la baie de Béjaia (plage de Tichy) et la corniche kabyle constituent les beautés principales. La population, d'origine berbère, a toujours manifesté une opposition aux influences étrangères (en particulier l'arabisation), favorisée par la présence des montagnes. Aujourd'hui, un fort courant d'émigration l'entraîne vers les villes : Tizi-Ouzou, Béjaia, Jijel, et aussi Skikda, Annaba, Alger, Constantine et la France.
Carte Algérie Ba

Kachin, ***Birmanie*** État à l'extrême nord du pays, entre l'Inde et la Chine (89 042 km^2). Il abrite le plus haut sommet birman, le Hkakabo Razi (5 881 m). Ses montagnes couvertes d'une végétation dense sont habitées par les Kachin, qui mènent une guerre d'indépendance contre le gouvernement central depuis 1949. Les vallées ont été colonisées par les Shans et les Birmans. Extraction de jade près de la ville de Mogaung. Culture de canne à sucre autour de la capitale Myitkyina, et de pavot dont on tire de l'opium.
Population 904 000
Carte Birmanie Ca

Kadhimain (Al-Kazimiayn), ***Irak*** Faubourg du nord de Bagdad et cité sainte des musulmans chi'ites. Les dômes et les minarets de sa mosquée, sanctuaire des anciens imams chi'ites bâti en 1515, sont recouverts d'or.
Carte Irak Cb

Kadoma (Gatooma), ***Zimbabwe*** Ancien site aurifère à 140 km au S.-O. d'Harare, centre industriel cotonnier qui subvient aux besoins locaux et exporte une partie de sa production.
Population 44 600
Carte Zimbabwe Ba

Kaduna, ***Nigeria*** Capitale de l'État central de Kaduna, sur la Kaduna, à 625 km au N. de Lagos. Fondée par les Anglais en 1917, elle devint la capitale de l'ancienne grande région du Nord, au cœur de la plus importante zone cotonnière du pays. Productions : textile (coton), bière, boissons non alcoolisées, bicyclettes, munitions, chaussures. Raffinerie de pétrole.
Population (ville) 274 000 ; (État) 3 970 000
Carte Nigeria Ba

Kaesong, ***Corée du Nord*** Ville à 151 km au S.-E. de Pyongyang. Capitale de la Corée sous la dynastie Koryo (918-1392 apr. J.-C.), elle fut supplantée par Séoul (aujourd'hui capitale de la Corée du Sud) en 1394 puis déclina. Textiles. Porcelaine.
Population 260 000
Carte Corée Cd

Kafr Kanna, ***Israël*** Voir CANA

Kafue, ***Zambie*** Rivière (970 km) née près de la frontière du Zaïre, à 420 km au N. de la capitale, Lusaka. Elle se jette dans le Zambèze au S.-E. de la capitale. Son barrage au confluent du Zambèze forme le lac Kafue et fournit de l'énergie hydroélectrique. Ses rapides y entravent la navigation. Pêche. Créé en 1951, un parc national (22 400 km^2) qui porte son nom abrite des éléphants, des lions, des rhinocéros, des crocodiles et l'aigle pêcheur, emblème national.
Carte Zambie Bb

Kagan (vallée de), ***Pakistan*** Zone montagneuse au N. d'Islamabad, célèbre pour ses lacs poissonneux. Elle communique avec la vallée de l'Indus par le col de Babusar (4 200 m).
Carte Pakistan Da

Kagera, ***Rwanda/Tanzanie/Ouganda*** Le tributaire principal (530 km) du lac Victoria, donc la source du Nil la plus longue née au Rwanda et au Burundi. Il constitue la frontière du Rwanda et de la Tanzanie sur 150 km, puis celle de la Tanzanie et de l'Ouganda, et se jette dans le lac Victoria (Tanzanie), à la frontière de l'Ouganda. Le parc national de Kagera (2 500 km^2), sur sa rive O., occupe le nord-est du Rwanda (gros gibier, oiseaux aquatiques, crocodiles).
Carte Tanzanie Ba

Kagoshima, ***Japon*** Port sur la baie de Kagoshima, dans le sud de l'île de Kyushu, sous le Sakurajima (1 118 m), volcan actif qui émet des cendres en toute saison, si bien que les habitants ne sortent jamais sans leur parapluie. Le volcan n'était qu'un petit îlot dans la baie jusqu'en 1914 — date à laquelle une violente éruption projeta assez de cendres et de lave pour le réunir à Kyushu. La région qui entoure le volcan est très fertile (melons, agrumes).
Population 530 000
Carte Japon Bd

Kahuzi-Biega (parc national), ***Zaïre*** Voir BUKAVU

Kaieteur (chute de), ***Guyana*** Cataracte sur le Potaro, à 230 km au S.-O. de Georgetown. Repérée en 1870 par le géologue britannique C. Barrington Brown, elle se situe au cœur du seul parc national du pays. Le Potaro, large de 90 m, y tombe à pic en un mur d'eau de 226 m (quatre fois plus haut que le Niagara).
Carte Guyane Bb

Kaifeng ou **K'ai-fong,** ***Chine*** Ville ancienne du Henan, à 650 km au S. de Pékin, célèbre pour l'artisanat local et le monastère bouddhiste de Xiangguosi fondé au VIe s. av. J.-C.
Population 602 000
Carte Chine Hd

Kaikoura (monts), ***Nouvelle-Zélande*** Chaînes de montagnes parallèles (monts Kaikoura et monts Seaward Kaikoura) dans l'Île du Sud, à 175 km au N. de Christchurch. Point culminant : le mont Tapuaenuku (2 885 m). Élevage (bovins, ovins).
Carte Nouvelle-Zélande De

Kaingaroa (forêt de), ***Nouvelle-Zélande*** L'une des plus grandes plantations forestières du monde, à 200 km au S.-O. d'Auckland, sur le plateau volcanique de l'Île du Nord. Superficie : 200 000 ha. Elle est composée principalement de pins parasols. Sa création fit partie du plan gouvernemental de lutte contre le chômage durant la crise des années 1930.
Carte Nouvelle-Zélande Fc

Kainji (réservoir de), ***Nigeria*** Un des plus grands lacs artificiels d'Afrique (1 295 km^2) situé sur le Niger, dans l'ouest du pays. Il s'étale sur 137 km, depuis la ville de Yelwa jusqu'au barrage hydroélectrique de Kainji. Il engloutit 150 villages, et 50 000 personnes durent être évacuées lors de sa création en 1968. Très poissonneux, il sert à l'irrigation de la région et régularise le cours du fleuve.
Carte Nigeria Aa

Kairouan, ***Tunisie*** Première cité sainte musulmane d'Afrique et quatrième du monde après La Mecque, Médine et Jérusalem, à 57 km à l'O. de Sousse. Pour les croyants, sept pèlerinages à Kairouan valent un pèlerinage à La Mecque. Fondée en 671 apr. J.-C. par le guerrier arabe Uqba ibn Nafi, disciple de Mahomet, la ville fut une base militaire avant de devenir le plus grand centre culturel islamique du Maghreb et le berceau des meilleurs poètes et théologiens de Tunisie. Ses bâtiments sont construits dans le style dépouillé de l'architecture islamique à ses débuts. Les remparts datent de 1052. La médina (vieux quartier musulman), où abondent sanctuaires, mosquées et minarets, abrite aussi des cafés et des ateliers de tapis. Artisanat du cuir. Principaux monuments : très belle Grande Mosquée de Sidi Uqba (IXe s.) ; mosquée des Trois-Portes (IXe s.) ; zawiya de Sidi Sahib (XIIIe s.), dite mosquée du Barbier parce que ce saint homme aurait conservé trois poils de la barbe de Mahomet.
Population 72 000
Carte Tunisie Ba

Kaiserslautern, ***Allemagne*** Ville industrielle et universitaire à 100 km au S.-O. de Francfort. Industries principales : machines, automobiles, textiles, tabac, bière.
Population 103 000
Carte Allemagne Bd

Kaiserstuhl, ***Allemagne*** Petit massif volcanique (Trône de l'Empereur) dans le sillon du Rhin, près de Fribourg, en Forêt-Noire, culminant à 567 m. Vignobles (vins blancs) sur ses pentes en terrasses.
Carte Allemagne Bd

Kajaani, ***Finlande*** Ville du centre du pays, fondée en 1651 près de rapides, au S.-O. du lac Oulu. Centre commercial et de transport qui abrite les restes d'un château du bas Moyen Âge. Scieries, papeteries.
Population 36 000
Carte Finlande Cb

Kalahari (désert du), ***Afrique méridionale*** Région semi-désertique de sable et de cuvettes de sel séché (450 000 km^2). La température y est le plus élevée entre novembre et janvier. Habitée surtout par les Khoi-San (Hottentots et Bochimans), elle inclut plusieurs réserves, dont celle du Kalahari central, la cuvette de Makgadikgadi et le parc national Kalahari Gemsbok dans l'ouest du Botswana et l'extrême nord-ouest de l'Afrique du Sud.
Carte Afrique du Sud Ba

Kalahari Central (réserve du), ***Botswana*** Savane peuplée de chasseurs bochimans, dans le désert du Kalahari. 51 800 km^2. Aucune route ne traverse la réserve, où l'on ne pénètre qu'avec une autorisation spéciale. Nombreuses antilopes : gemsboks, bubales, springboks. Au S. se trouve

VAISSEAUX DU DÉSERT. Les caravanes de chameaux lourdement chargés sillonnent les sables ondulants du Kalahari, dans la partie sud-occidentale du Botswana.

la réserve de chasse de Khutse (Khutse Game Reserve, 2 590 km^2). Les visiteurs doivent utiliser un véhicule tout-terrain et emporter vivres et réserves d'eau.
Carte Botswana Bb

Kalamazoo, ***États-Unis*** Ville du sud du Michigan, à 210 km à l'O. de Detroit, desservant la région agricole environnante. Siège de l'université du Michigan de l'Ouest. Papeteries, pharmacie, automobile.
Population (ville) 77 000 ; (zone métropolitaine) 215 000
Carte États-Unis Ib

Kalavrita, ***Grèce*** Station estivale au N. du Péloponnèse, à 75 km à l'O. de Corinthe. L'horloge de la cathédrale indique toujours 2 h 35 pour rappeler l'heure du 13 décembre 1943 où les troupes allemandes incendièrent le bâtiment et massacrèrent 1 436 hommes en représailles des activités de la Résistance grecque locale. Le monastère d'Agia Lavra, fondé en 961, à 7 km au S., fut en 1821 le point de départ de la guerre d'Indépendance des Grecs contre les occupants turcs. Kalavrita est le terminus du chemin de fer à crémaillère qui la relie depuis la fin du XIXe s. à Diakofto, sur le golfe de Corinthe, et traverse les gorges du Vouraïkos.
Population 1 950
Carte Grèce Cb

Kalawewa (réservoir de), ***Sri Lanka*** Réservoir au centre du pays à 140 km au N.-E. de Colombo. Créé par le roi Datu Shena qui endigua le Kala en 460 av. J.-C., il mesurait à l'origine 18 km^2. Il fait à présent partie d'un nouveau plan d'irrigation destiné à attirer des colons dans la région.
Carte Sri Lanka Ba

Kalémié, anc. **Albertville,** ***Zaïre*** Ville fondée en 1891 sur la rive O. du lac Tanganyika. Centre de transport relié par rail à Kabalo sur la Lualaba, à 250 km à l'O., et, par vapeurs traversant le lac, à Kigoma en Tanzanie, elle-même reliée à Dar es-Salaam par voie ferrée. Kalémié est ainsi un centre commercial. Pêche, textile, ciment et industries diverses.
Population 71 000
Carte Zaïre Bb

Kalgan, ***Chine*** Voir ZHANGJIAKOU

Kalgoorlie, ***Australie*** Ville minière (or, nickel) en Australie-Occidentale, à 540 km à l'E. de Perth. Depuis la découverte d'or en 1893, elle en a produit plus de 1 000 tonnes avec Boulder, sa ville jumelle. La mine de Hainaut se visite. Le premier gisement d'or fut découvert en 1892 à 40 km au S.-O., à Coolgardie, qui est maintenant une ville fantôme. Une nouvelle mine de nickel a été ouverte dans le Sud, à Kambalda.
Population (Kalgoorlie-Boulder) 25 000
Carte Australie Ce

Kalimantan, ***Indonésie*** Partie indonésienne (538 718 km^2) de l'île montagneuse de Bornéo. Ressources : forêt, pétrole, gaz naturel.
Population 9 110 000
Carte Indonésie Dc

Kàlimnos (Calymnos), ***Grèce*** Île du Dodécanèse à l'E. de la mer Egée. Chaque année, en mai, ses habitants prennent la mer vers l'Afrique du Nord où ils pêchent les éponges qui sont ensuite traitées dans la ville de Kàlimnos. Au N. se trouve l'île de Léros (vignes, vergers), où Jules César fut retenu prisonnier par des pirates en 75 av. J.-C. Après avoir acquitté sa rançon, César forma une flotte, captura ses anciens geôliers et les fit crucifier.
Population 27 000
Carte Grèce Ec

Kalinine, ***Russie*** Voir TVER

Kaliningrad, anc. **Königsberg,** ***Russie*** Port commercial et militaire sur le Pregel (Prégolia), à 30 km au N. de la frontière polonaise, relié par un canal de 42 km à la Baltique (port de Baltiysk). Fondée en 1255 par les Chevaliers teutoniques, la ville fut au Moyen Âge la capitale de la Prusse. Emmanuel Kant, philosophe allemand (1724-1804), y naquit, enseigna dans son université et fut enterré dans la cathédrale du XIIIe s., détruite au cours du long siège victorieux de l'Armée rouge en 1944-1945. En 1945, la conférence de Potsdam (U.R.S.S., États-Unis, Grande-Bretagne) l'attribua à l'U.R.S.S., qui la rebaptisa en 1946 en l'honneur de Mikhaïl Kalinine (1875-1946), président de l'U.R.S.S. de 1938 à 1946.

La vieille ville, presque entièrement détruite en 1944-1945, se prolonge au N. par la ville nouvelle. Port de pêche de la Russie, Kaliningrad produit navires, papier et machines.

La région (15 100 km^2) est aujourd'hui enclavée entre Lituanie et Pologne. Ancienne Prusse orientale (allemande), elle pourrait, selon certains projets, devenir une zone franche avec l'aide de l'Allemagne, qui verrait bien les Allemands de la Volga déportés par Staline s'y installer.
Population (ville) 408 600 ; (région) 880 000
Carte Russie Bc

Kalisz, ***Pologne*** Ville industrielle à 105 km au S.-E. de Poznan. Industries textiles, métallurgie, machines, pianos.
Population 102 900
Carte Pologne Cc

Kalmar, ***Suède*** Port de la côte S.-E., à 390 km au S. de Stockholm, face à l'île d'Öland à laquelle il est relié par un pont de 6 km. L'Union de Kalmar, réunissant le Danemark, la Norvège et la Suède, fut signée en 1397 dans son château médiéval reconstruit aux XVIe et XVIIe s. Activités : chantiers navals et ferroviaires, papier, allumettes.
Population 54 000
Carte Suède Cd

Kalmoukie ou **Khalmg Tangtch,** ***Russie*** République fédérée au N.-O. de la mer Caspienne (75 900 km^2). Dans ses plaines arides, les tribus nomades kalmoukes conduisent leurs troupeaux (moutons mérinos, porcs, chameaux) des pâturages d'hiver à ceux d'été. Partiellement irriguée par la Volga, elle produit du fourrage et des melons. Petites industries. Créée en 1920 comme Région autonome, elle devint République autonome en 1936, fut supprimée de 1943 à 1958. Sa capitale, Elista, produit du cuir, de la laine et des aliments pour le bétail.
Population (ville) 91 000 ; (rép.) 328 600
Carte Russie Cd

Kaloba (chute), ***Zaïre*** Voir KUNDELUNGU

Kalocsa, ***Hongrie*** Ville du sud du pays, à 110 km au S. de Budapest et à 6 km à l'E. du Danube, au cœur d'une riche région de l'Alfold (Grande Plaine), où l'on cultive le paprika. Nombreux monuments baroques : cathédrale du XVIIIe s. ; palais épiscopal dont la bibliothèque conserve de précieux manuscrits. La ville est célèbre pour ses dentelles et broderies aux motifs éclatants et ses maisons peintes de couleurs vives.
Population 20 000
Carte Hongrie Ab

Kalouga ou **Kaluga,** ***Russie*** Ville industrielle et carrefour ferroviaire sur l'Oka, à 160 km au S.-O. de Moscou. Métallurgie (acier, fer), matériel ferroviaire, allumettes, verre, parfums, chaussures, vêtements, produits alimentaires.
Population 312 000
Carte Russie Bb

Kama, ***Russie*** Affluent de la Volga (2 000 km) qui, après avoir arrosé successivement Perm et Naberejnié Tchelni, se jette dans celle-ci à l'est de Kazan. Hydroélectricité.
Carte Russie Bb

Kamakura, ***Japon*** Ville sur la baie de Sagami, à 48 km au S. de Tokyo. Siège des shogouns aux XIIe et XIIIe s., à présent centre du bouddhisme zen, elle est devenue depuis 1900 une riche banlieue résidentielle de Tokyo. Nombreux temples. Station balnéaire.
Population 175 000
Carte Japon Cc

Kambui (collines de), ***Sierra Leone*** Zone de bas plateaux et de collines (altitude : 320 m) à l'extrême sud-est du pays, sur le Moa. Le sous-sol est riche en minerais et on trouve des diamants dans le lit du fleuve.
Carte Sierra Leone Bb

Kamina, ***Zaïre*** Carrefour ferroviaire dans la région du Shaba, à 420 km au N.-O. de Lubumbashi, sur la ligne d'Ilebo. Centre d'une zone agricole productrice de coton, de tabac et de légumes.
Population 57 000
Carte Zaïre Bb

Kamloops, ***Canada*** Ville au confluent des rivières Thompson Nord et Sud, fondée en 1812 comme comptoir commercial, et centre de l'industrie bovine de la Colombie-Britannique, au cœur d'une région minière (or et cuivre).
Population 61 800
Carte Canada Cc

Kamnik, ***Slovénie*** Voir KARAWANKEN

Kampala, ***Ouganda*** Capitale du pays depuis son indépendance en 1962, construite sur le site de Mango, jadis siège du palais royal du *Kabaka* (roi) de Buganda. Les Anglais y bâtirent un fort en 1890 et la ville, située près du lac Victoria et dans la région la plus prospère de l'Ouganda, devint le centre commercial du pays. Sur ses collines s'élèvent les cathédrales, écoles et hôpitaux catholiques et protestants, la principale mosquée et l'université. La plupart des usines, qui fabriquent des produits de consommation locale, sont bâties sur des marais asséchés. Les habitants les plus pauvres vivent dans des bidonvilles autour des quartiers résidentiels.
Population 773 000
Carte Ouganda Ba

Kamphaeng Phet, ***Thaïlande*** Ville fondée au XIIIe s., à 320 km au N.-O. de la capitale Bangkok. L'ancienne localité subsiste encore partiellement. La région produit du riz, de la canne à sucre, des germes de soja.
Population (ville) 19 600
Carte Thaïlande Ab

Kampong Ayer, ***Brunei*** Voir BANDAR SERI BEGAWAN

Kampuchea Voir CAMBODGE

Kamtchatka, ***Russie*** Presqu'île située à la pointe N.-E. du pays, aussi vaste que le Japon (1 200 km sur 560 ; 350 000 km^2). On y compte plus de 22 volcans actifs, dont le plus haut est le Klioutchevskaïa (4 750 m). Pêche (crabe, hareng, morue, saumon). Elle est aujourd'hui partagée entre la république des Koriaks, au N., et la région du Kamtchatka (170 800 km^2, 431 000 habitants), dont le chef-lieu est Petropavlovsk-Kamtchaski, son port principal.
Carte Russie Ic

Kananga, anc. **Luluabourg,** ***Zaïre*** Capitale du Kasaï occidental, fondée en 1894 à 750 km à l'O. du lac Tanganyika. Centre commercial important sur la Lulua et sur la voie ferrée Lubumbashi-Ileto. La ville, qui a grandi rapidement depuis 1960, dessert la région diamantifère autour de Tshikapa, au S.-O. Traitement du café ; coton.
Population 371 900
Carte Zaïre Bb

Kanazawa, ***Japon*** Port proche de la côte N.-O. de l'île de Honshu à 295 km au N.-O. de Tokyo, et ville fortifiée en grande partie épargnée par la modernisation. Les traditionnels jardins japonais y abondent, avec leurs lacs, leurs chutes d'eau et leurs azalées. À proximité, le temple Myoryuji, bâti en 1643, était le repaire de la secte secrète des Ninja souvent utilisés comme espions ou assassins.
Population 443 000
Carte Japon Cc

Kanchanaburi, ***Thaïlande*** Ville à 120 km à l'O. de la capitale Bangkok. La province environnante, le long de la frontière birmane, se consacre à la culture de la canne à sucre. Les touristes y visitent le Pont sur la Rivière Kwaï, bâti par les occupants japonais durant la Seconde Guerre mondiale, et les deux cimetières militaires voisins.
Population (ville) 139 000
Carte Thaïlande Ac

Kandahar, ***Afghanistan*** Capitale de la province de Kandahar et seconde ville du pays à 470 km au S.-O. de Kaboul. Important carrefour routier, seule étape sur la route de Kaboul à Hérat, à 440 km au N.-O. Elle aurait été fondée par Alexandre le Grand au IVe s. av. J.-C. Elle changea plusieurs fois de main avant d'être conquise au XVIe s. par Babur (1482-1530), fondateur de l'Empire moghol des Indes, et devint la première capitale de l'Afghanistan en 1748. La vieille ville est dominée par la mosquée et le tombeau d'Ahmed Chah, qui créa la première fédération afghane en 1747. Le trône de l'empereur Babur, taillé dans le roc, s'érige au sommet d'une volée de 42 marches. Industries textiles, conserveries de fruits.
Population 226 000
Carte Afghanistan Bb

Kandy, ***Sri Lanka*** Ancienne capitale des rois cinghalais, sur un lac artificiel des montagnes centrales, à 465 m d'altitude, et à 95 km au N.-E. de Colombo. Établis au XIVe s., les rois repoussèrent à partir du XVIe s. les Anglais, les Hollandais et les Portugais, avant de céder la ville à l'Angleterre en 1815.

Elle est à présent l'un des principaux sites mondiaux du bouddhisme et le symbole du nationalisme sri-lankais. Le temple Dalada Maligawa (ou Temple de la Dent), bâti au XVIe s., abrite une dent du Bouddha (probablement, en fait, une dent de crocodile), enfermée dans sept écrins successifs, incrustés de pierreries, et présentée chaque mois d'août à travers la ville à dos d'éléphant. À proximité du Musée national se trouve le bâtiment où logeaient jadis les concubines royales. Les vestiges du palais royal cinghalais abritent le Musée archéologique. La plus grande université du Sri Lanka et le Jardin botanique royal (pavillon des orchidées) sont situés à Peradeniya, à 6 km à l'O.
Population 130 000
Carte Sri Lanka Bb

MARCHÉ TRADITIONNEL À KANDY. Le charme de la capitale du bouddhisme cinghalais tient en partie à son caractère provincial.

Kanem, ***Tchad*** Préfecture au N.-E. du lac Tchad (114 500 km^2 ; chef-lieu : Mao). Puissant royaume fondé au IXe s. et converti à l'islam au XIe s., il s'allia au royaume du Bornou pour former l'empire de Kanem-Bornou. Conquis seulement au XIXe s., il demeura protectorat français indépendant jusqu'à son intégration au Tchad en 1958.
Population 268 000
Carte Tchad Ab

Kanem-Bornou (empire de), ***Nigeria*** Voir BORNOU

Kangchenjunga, ***Inde/Népal*** Troisième sommet du monde (8 585 m) à la frontière du Népal et du Sikkim, gravi pour la première fois en mai 1955 par l'équipe britannique de Charles Evans. La Tista et l'un des principaux affluents du Kosi prennent leur source dans ses glaciers.
Carte Inde Db

Kangerlussuaq, ***Groenland*** Voir SØNDRE STRØMFJORD

Kangnung, ***Corée du Sud*** Ville et terminus ferroviaire sur la côte N.-E., à l'E. de Séoul. Station balnéaire et de sports d'hiver près du lac Kyongpo, au N. de la ville.
Population 152 700
Carte Corée Dd

Kangourous (île des), en angl. **Kangaroo Island,** ***Australie*** Île riche en minéraux (145 km de long, 50 km de large) sur la côte S. de l'Australie, au S.-O. d'Adélaïde. Sel, gypse, orge, moutons. Le parc national de Flinders Chase est à la pointe ouest de l'île.
Population 3 300
Carte Australie Ff

KaNgwane, ***Afrique du Sud*** Ancien bantoustan de 3 850 km^2 attribué aux populations swazis (environ 1 320 000 personnes) et situé aux frontières du Swaziland. Il a été intégré en 1994 dans la nouvelle province d'Est-Transvaal. Sa population était auparavant de 446 000 habitants.
Carte Afrique du Sud Db

Kankan, ***Guinée*** Principale agglomération de la Haute-Guinée sur le Milo, affluent du Niger, à 395 km à l'E. de Conakry. Terminus E. de la voie ferrée de Conakry, et carrefour des principales routes reliant celle-ci au Mali, au Liberia et à la Côte-d'Ivoire. Centre commercial des produits de la région (riz). Marché ouvert. Briqueterie. Conserverie d'agrumes.
Population 100 000
Carte Guinée Ca

Kano, ***Nigeria*** Capitale de l'État de Kano, à la frontière du Niger, et troisième ville du pays après Lagos, à 830 km au S.-O., et Ibadan. Jadis la plus grande des cités haoussas médiévales, elle fut au XIIe s. un marché actif au débouché de la route saharienne des caravanes. Elle est à présent un bastion de l'islam et un centre culturel et touristique à la vie nocturne intense. La vieille ville possède un marché traditionnel (articles de cuir, bijoux, paniers, vêtements) et la ville moderne des usines (huile d'arachide, bœuf en conserve, boissons non alcoolisées, chaussures, textiles).
Population (ville) 700 000 ; (État) 5 632 500
Carte Nigeria Ba

Kanpur, ***Inde*** Ville industrielle du centre nord à 70 km au S.-O. de Lucknow. Durant la rébellion indienne de 1857, les cipayes y massacrèrent 100 soldats britanniques et leurs familles à qui on avait promis la vie sauve s'ils se rendaient. Principaux produits: laine, coton, cuir, sucre.
Population 1 960 000
Carte Inde Cb

Kansas, ***États-Unis*** État agricole des Grandes Plaines principalement constitué de prairies (213 064 km^2). Capitale: Topeka. Les étés y sont chauds et secs, les hivers très froids. Premier producteur de blé du pays, l'État produit aussi du sorgho, du maïs, du lait et de la viande. Pétrole et gaz naturel. Industries: aviation, construction automobile, conserves. Patrie de Buster Keaton.
Population 2 500 000
Carte États-Unis Gc

Kansas City, ***États-Unis*** Ville industrielle partagée entre le Kansas et le Missouri. Arrosée par le Missouri, elle est la porte de l'Ouest et le premier marché de bétail et de blé des Grandes Plaines méridionales. Industries principales: minoteries, conditionnement de la viande, équipement agricole, produits chimiques, machines, montage de voitures. Centre du jazz en 1930. Musée des Beaux-Arts. Rodéos.
Population (ville) 585 000; (aggl.) 1 566 280
Carte États-Unis Hc

Kansk, ***Russie*** Ville de Sibérie centrale à 200 km à l'E. de Krasnoïarsk. Forteresse à sa fondation (1628), elle fut desservie par le Transsibérien à la fin du XIXe s. Elle se développa après 1950 grâce aux gisements houillers voisins. Construction mécanique, produits chimiques, conserves, textiles.
Population 110 000
Carte Russie Fc

Kao-hsiung (Kaohiong), ***Taiwan*** Seconde ville du pays, port de la côte S.-E. et importante cité industrielle. Aciérie, raffinerie ; usine de traitement de l'aluminium ; chantier de construction navale (l'un des plus grands d'Asie) ; important chantier de réparation navale. Desservie par un aéroport international, elle importe du pétrole brut, du minerai de fer, du bois, et exporte des produits agricoles ou manufacturés (instruments électroniques ou de haute précision, jouets, matières plastiques).
Population 1 387 000
Carte Taiwan Bc

Kaolack, ***Sénégal*** Seconde ville du pays, à 150 km au S.-E. de Dakar. Centre culturel et commercial de la principale zone de production d'arachide, Kaolack est le second port (sur le Saloum) après Dakar.
Population 152 000
Carte Sénégal Ab

Kaposvar, ***Hongrie*** Chef-lieu du comitat de Somogy, à 50 km au S. du lac Balaton. La ville est le marché des fruits des montagnes transdanubiennes de l'est et du bétail des plaines de l'ouest. L'industrie légère de l'après-guerre (textiles, denrées alimentaires, équipement électrique, chaussures) s'est considérablement développée depuis vingt-cinq ans.
Population 70 400
Carte Hongrie Ab

Kapuni, ***Nouvelle-Zélande*** Gisement de gaz naturel à 200 km au N. de Wellington. Le gaz, découvert en 1959, est transporté par pipeline à Wellington et Auckland et sert de carburant à de nombreuses voitures du pays. Il alimente la turbine d'Auckland.
Carte Nouvelle-Zélande Ec

Kara (mer de), ***Russie*** Mer peu profonde (200 m) constituant la partie de l'océan Arctique qui s'étend entre la Nouvelle-Zemble et la Terre du Nord (Severnaïa Zemlia). Alimentée par l'Ob, l'Ienisseï et d'autres fleuves sibériens, elle est recouverte de glace, sauf pendant quelques semaines à la fin de l'été. Elle fut découverte en 1597 par l'expédition néerlandaise de Willem Barents, qui y mourut.
Carte Russie Da, Ea

Karabakh (Haut-) ou **Nagorny-Karabakh,** ***Azerbaïdjan*** Région autonome (4 400 km^2) à l'O. du pays, dont la population est à plus de 90 % arménienne. Ancien territoire de l'Arménie historique, le Haut-Karabakh fut attribué à l'Azerbaïdjan en 1923. Mais, depuis 1988, la population réclame son rattachement à l'Arménie, entraînant ainsi un grave conflit armé entre les deux pays. Séparé de l'Arménie uniquement par le couloir de Latchine, le Haut-Karabakh s'est vidé de sa population azérie. Les forces arméniennes (locales ou d'Arménie voisine) ont peu à peu occupé les territoires adjacents jusqu'à la frontière iranienne sur l'Araxe, séparant ainsi tout le sud-ouest de l'Azerbaïdjan du reste du pays.

La capitale, Stepanakert (55 200 habitants), appelée Khankendi par les Arméniens, vivait avant le conflit de la soie, du cuir et de l'électronique.
Population 193 000
Carte Arménie Bb

Karachi, ***Pakistan*** Ville industrielle et port sur le golfe d'Oman, capitale de la province du Sind, première ville du pays et important carrefour ferroviaire. Jadis hameau de pêcheurs, sa croissance commença au XIXe s. avec l'ouverture par les Anglais d'une voie ferrée dans la vallée de l'Indus. Assez éloigné de son delta pour ne pas risquer l'ensablement, Karachi devint le premier port du pays.

Capitale à la fondation du pays en 1947, la ville fut supplantée en 1967 par Islamabad. Exportations: blé, coton. Industries: fer, acier, textile, agro-alimentaire.
Population (ville) 4 902 000 ; (aggl.) 5 300 000
Carte Pakistan Cc

Karaganda, ***Kazakhstan*** Ville industrielle (fer, acier) et minière à 650 km au N.-O. d'Alma Ata ; deuxième ville du pays depuis la fin de la Seconde Guerre mondiale. Village minier de 150 habitants fondé en 1857, elle se développa autour de l'industrie houillère locale.
Population 608 600
Carte Kazakhstan Cb

Karak, ***Jordanie*** Ville à 22 km de la rive S.-E. de la mer Morte et à 90 km au S. d'Amman. Carrefour routier, centre commercial et marché. Ancienne capitale des Moabites conquise par les croisés vénitiens, elle possède des rues médiévales, des remparts, et un château des croisés dominant la mer Morte.
Population 12 000
Carte Jordanie Ab

Karakorum, ***Mongolie*** Site historique situé à 322 km à l'O. de la capitale, Oulan-Bator, dans la vallée de l'Orhon. Ogodai khan, fils du conquérant Gengis khan, y installa ses quartiers en 1235. Elle devint alors la capitale des « grands Khans ». Abandonnée à la chute de l'Empire mongol au XVIe s., la ville est aujourd'hui en ruine.
Carte Mongolie Db

LE TOIT DU MONDE. La calotte neigeuse du Koser Gunge domine de ses 6 400 m la vallée désolée du Shigar, dans le Karakorum.

Karakorum ou **Karakoram (monts du),** ***Chine/Inde/Pakistan*** Chaîne de montagnes du Cachemire du Nord, formant sur 400 km un territoire revendiqué par l'Inde et le Pakistan le long de la frontière (contestée) du Tibet chinois. Elle forme avec le Pamir (N.-O.), l'Hindou Kouch (O.) et l'Himalaya (S. et S.-E.) ce que l'on appelle le « Toit du monde ». Elle comprend de nombreux sommets de plus de 7 000 m, dont le

K2, second sommet du monde, et de nombreux cols à plus de 5 500 m. Son glacier, l'Hispar, est l'un des plus longs du monde.
Carte Chine Ad, Pakistan Da

Kara Koum (désert du), ***Turkménistan*** Le plus grand désert de l'ex-U.R.S.S. (340 000 km^2), situé en bordure des frontières de l'Iran et de l'Afghanistan, à l'E. de la mer Caspienne. Il est surtout constitué de sables et inclut la majeure partie du pays. Le canal du Kara Koum (1400 km), en construction, le traversera de l'Amou Daria, à l'E., jusqu'au port de Turkmenbachi (ex-Krasnovodsk), sur la mer Caspienne.
Carte Turkménistan Ab

Karamaï, ***Chine*** Cité pétrolière du Xinjiang Ouigoure, à 300 km au N.-O. de Urümqi, fondée en 1955. Elle fournit 4 millions de tonnes de pétrole par an.
Population 185 500
Carte Chine Cb

Karamoja, ***Ouganda*** Région aride du Nord-Est, à la frontière du Kenya. La population clairsemée d'origine nilotique se compose de Karamojongs et de Jies, gardiens de troupeaux qui cultivent un peu de sorgho. Elle a été décimée par la famine en 1979 et le banditisme a sévi dans la région après les récents coups d'État.
Population 360 000
Carte Ouganda Ba

Karatchaïs-Tcherkesses, ***Russie*** République fédérée de 14 100 km^2 sur le versant N. du Caucase, au S. de Stavropol. Créée comme région autonome en 1922 pour les Karatchaïs (150 000 env.) et les Tcherkesses (55 000 env.), elle fut supprimée de 1937 à 1957. Sa capitale, Tcherkess, compte environ 117 000 habitants. Agriculture (céréales), mines, ingénierie, cuivre, industries alimentaires.
Population 427 100
Carte Russie Cd

Karawanken, ***Autriche/Slovénie*** Massif calcaire des Alpes orientales formant la frontière austro-slovène. Il se prolonge vers l'E. en Slovénie par les éperons de Pohorje et Savinsjske, autour du bassin fertile de la Savinja, dont le centre, Celje (30 900 habitants), est une station thermale romaine qui produit bière, zinc et machines (palais du XVIIe s. transformé en musée). Culminant au Grintavec (2 558 m), à l'O., les Karawanken abritent en Slovénie de nombreuses stations de sports d'hiver (Kranjska Gora, Rateče-Planica, Mariborsko Pohorje, Kamnik) ou thermales (Rogaska Slatina, Dobrna, Lasko).
Carte Slovénie ABa

Karbala, ***Irak*** Chef-lieu de province à 90 km au S.-O. de Bagdad. Elle abrite les tombeaux d'Hussein ben Ali et de son père Abbas, petit-fils du fondateur de l'islam, Mahomet, qui furent tués durant la bataille de Tuff en 680 apr. J.-C. La ville accueille des pèlerins chi'ites et fait commerce de dattes, de cuir et de laine.
Population 185 000
Carte Irak Cb

Karelija, ***Finlande/Russie*** Voir CARÉLIE

Karen ou **Kawthoolei,** ***Birmanie*** État montagneux et isolé du Sud-Est, à la frontière de la Thaïlande (30 383 km^2), dont les habitants se battent pour obtenir l'autonomie depuis l'indépendance de la Birmanie en 1948. La capitale du Karen, Pa-An, est reliée au monde extérieur par le Salouen. Peuple semi-nomade, les Karens subviennent à leurs besoins par la culture du riz.
Population 1 057 000
Carte Birmanie Cc

Kariba, ***Zambie/Zimbabwe*** Barrage hydroélectrique sur le Zambèze, à 150 km au S. de Lusaka (Zambie), et le plus grand réservoir artificiel d'Afrique, après le lac Volta (Ghana). Il a atteint sa taille actuelle (5 200 km^2) après l'opération Noé qui sauva de la montée des eaux des milliers d'animaux. Bien qu'infesté de crocodiles empêchant la baignade, il est devenu une attraction touristique. La plus grande partie de la rive S. est au Zimbabwe.
Carte Zambie Bd

Karkonosze, ***Pologne/République tchèque*** Voir SUDÈTES (monts des)

Karl-Marx-Stadt, ***Allemagne*** Voir CHEMNITZ

Karlovy-Vary, anc. en all. **Karlsbad** ou **Carlsbad,** ***République tchèque*** Station thermale à 115 km à l'O. de Prague, fondée pour soigner les voies digestives par le roi Charles Ier de Bohême, sacré en 1355 empereur Charles IV du Saint Empire romain germanique.

Ses luxueux hôtels, sanatoriums, bains et colonnades datent pour la plupart du XIXe s., qui fut son âge d'or et vit défiler rois, noblesse, célébrités européennes, notamment le compositeur allemand Johannes Brahms (1833-1897), son homologue polonais Frédéric Chopin (1810-1849) et le poète russe Alexandre Pouchkine (1799-1837). Festival international du cinéma chaque année. Porcelaines. Cristallerie.
Population 59 000
Carte République tchèque Aa

Karlskrona, ***Suède*** Principal port militaire du pays, sur la côte de la Baltique à 220 km à l'E. d'Helsingborg. Le chantier naval, qui s'étend sur cinq îles en bordure de la côte, date de la fin du XVIIe s. Ses docks de carénage sont taillés dans le granit.
Population 59 000
Carte Suède Bd

Karlsruhe, en français **Carlsruhe,** ***Allemagne*** Ville universitaire de la vallée du Rhin, à 65 km au N.-O. de Stuttgart. Siège de la Cour constitutionnelle fédérale. Fondée en 1715 par Charles-Guillaume, grand-duc de Bade, pour devenir sa capitale, elle est construite en forme de roue, le château (musée) en étant le moyeu.

Port fluvial et centre industriel: raffineries, recherche nucléaire, automobiles, cycles. Point d'arrivée de l'oléoduc de Marseille-Lavéra.
Population 275 000
Carte Allemagne Cd

Karlstad, ***Suède*** Chef-lieu du comté de Värmland, sur la rive N. du lac Vänern, à 305 km à l'O. de Stockholm. On y signa en 1905 le traité de séparation de la Suède et de la Norvège. Industries: bois, produits chimiques, textiles, habillement.
Population 74 000
Carte Suède Bd

Karnafuli, ***Bangladesh*** Fleuve qui irrigue la région des Chittagong Hill Tracts et se jette dans la mer à Chittagong. Son estuaire constitue la principale zone portuaire de la région. Il a été endigué au-dessus de la ville de Kaptai pour fournir de l'énergie hydroélectrique et accroître le volume d'eau disponible en saison sèche à Chittagong. Les bateaux sont hissés par une grue au-dessus de ce barrage.
Carte Bangladesh Cc

Karnak, ***Égypte*** Important site archéologique en haute Égypte, sur la rive E. du Nil à 500 km au S. du Caire. Ruines de l'ancienne Thèbes, d'où les Pharaons du nouveau royaume d'Égypte gouvernèrent le pays pendant plus de cinq siècles. La plupart de ses temples, bâtis entre 1560 et 1090 av. J.-C., sont dédiés à Amon. La grande salle hypostyle décorée sous le roi-guerrier Ramsès II pourrait contenir Notre-Dame de Paris. La plupart de ses 134 piliers sont couverts de hiéroglyphes célébrant Ramsès. Elle se prolonge par une allée de Sphinx et un vestibule de piliers long de 400 m où s'érige un obélisque, taillé dans un seul bloc de granit, importé des carrières d'Assouan sur l'ordre de la reine Hatchepsout (1500 av. J.-C.).
Carte Égypte Cc

Karnataka, ***Inde*** État du Sud-Ouest (191 791 km^2) célèbre pour sa musique religieuse. Créé entre 1956 et 1960, il inclut une partie des anciens États de Mysore, Hyderabad et Bombay, la zone côtière de Konkan, une partie du plateau du Deccan et des Ghats occidentaux. Capitale: Bangalore. Son nom signifie « terre noire ».
Population 44 980 000
Carte Inde Bd

Kärnten, ***Autriche*** Voir CARINTHIE

Karpacz, ***Pologne*** Station de ski des monts Karkonosze, sur les pentes boisées de la vallée de Jélenia Gora, au sud-ouest du pays. Piste de bobsleigh, téléski vers le mont Sniekza (1 602 m) à la frontière tchèque. La ville abrite une église du XIIIe s. qui s'érigeait jadis au bord d'un lac de Norvège et fut démontée et reconstruite à Karpacz, alors prussienne, en 1841, sur l'ordre du roi de Prusse Frédéric-Guillaume IV (1840-1861).
Population 6 000
Carte Pologne Ac

Karroo, ***Afrique du Sud*** Région semi-désertique de la province du Cap. Son nom signifie « terre de la soif » en hottentot. Composé du Grand Karroo, entre le Grand Escarpement et la chaîne du Swartberg, et du Petit Karroo entre les chaînes du Swartberg et du Langeberg, cet ensemble de plateaux arides sert surtout de pâturage aux moutons, mais il devient cultivable lorsqu'il est irrigué.
Carte Afrique du Sud Bc

Kars, ***Turquie*** Ville fortifiée proche de la frontière est avec l'Arménie, à 1 000 km à l'E. d'Ankara. Ancienne capitale de l'Arménie du Sud, elle fut occupée trois fois par les Russes, qui l'annexèrent en 1878 avec la province homonyme (17 379 km^2), et revint à la Turquie en 1921. Principales productions : produits laitiers, textiles, tapis. Vastes dépôts salins dans les montagnes environnantes.
Population (ville) 78 500; (province) 666 500
Carte Turquie Ca

Karst, ***Slovénie*** Voir KRAS

Kartala, ***Comores*** Volcan actif (éruption en 1977) et point culminant de la Grande-Comore, avec 2 361 m. Son cratère de 3 km sur 8 est l'un des plus grands du monde. La masse du volcan couvre une importante partie de l'île et mesure une soixantaine de kilomètres de long sur 30 km de large. Le volcan, facilement accessible, offre tous les étages de végétation tropicale : plantations d'arbres à parfums sur la côte, cultures dans la forêt aménagée, forêt primaire, fougères arborescentes, herbe rase et roches basaltiques à nu au sommet. Ses pentes abritent des spécimens de papillons très recherchés.

Karun, ***Iran*** Fleuve (848 km) né dans les monts Zagros, au S.-O. de Téhéran, qui se jette dans le Chatt al-Arab, au fond du golfe Persique. Il est navigable sur 150 km, du Chatt al-Arab au port intérieur d'Ahvaz.
Carte Iran Aa

Kasaï ou **Kassaï,** ***Angola/Zaïre*** Rivière de 2 150 km de long née sur le plateau oriental de l'Angola. Elle trace la frontière de l'Angola et du Zaïre et se jette au N. dans le Zaïre. Son cours supérieur est coupé par des cataractes et des rapides, mais il est navigable sur 772 km à partir du port intérieur d'Ilebo et sert au transport des minerais de la région du Shaba.
Carte Zaïre Ab

Kasaï, ***Zaïre*** Région du centre-sud du pays, divisée en deux provinces : le Kasaï occidental (156 967 km^2), essentiellement agricole avec pour chef-lieu Kananga et villes principales Tshikapa et Ilebo et dont la population principale est formée de Luluas ; le Kasaï oriental (168 216 km^2) avec pour chef-lieu Mbuji-Mayi, peuplé en majorité par les Lubas et dont la production de diamants industriels est l'une des premières mondiales.

Outre le diamant, la région du Kasaï produit du café, du coton, de l'arachide, du bétail et du caoutchouc.
Population (Kasaï occidental) 2 985 000 ; (Kasaï oriental) 3 338 000
Carte Zaïre Bb

Kasama, ***Zambie*** Chef-lieu de la province du Nord, à 700 km au N.-E. de Lusaka. Marché. Traitement du café.
Population 9 000
Carte Zambie Cb

Kashan, ***Iran*** Ville située à l'O. du Grand Désert Salé (Dasht-e-Kavir), à 175 km au S. de Téhéran. Productions principales : tapis, coton, soie. Artisanat du cuivre.

La ville est dominée par un minaret du XIIIe s. de 45 m de haut. À proximité, le Bagh-I-Shah (Jardin du Roi) abrite des cyprès de trois cents ans et des fontaines.
Population 139 000
Carte Iran Ba

Kashi (Kashgar), ***Chine*** Ville du S.-O. de la région autonome du Xinjiang, à 200 km au S. de la frontière soviétique. Cette oasis, ancienne étape sur la route de la Soie, est aujourd'hui le centre économique du Xinjiang méridional. Nombreuses mosquées. Grand bazar.
Population (municipalité) 194 500
Carte Chine Ac

Kassala, ***Soudan*** Chef-lieu de la province cotonnière du même nom, à 400 km à l'E. de Khartoum. Marché. La proximité de la frontière éthiopienne l'oblige à accueillir des milliers de réfugiés. Elle est reliée par route, voie ferrée et liaisons aériennes à Khartoum.
Population 143 000
Carte Soudan Bb

Kassel, ***Allemagne*** Voir CASSEL

Kasserine, ***Tunisie*** Chef-lieu de district, carrefour routier et ferroviaire, à 216 km au S.-O. de Tunis. La ville est située au pied du djebel Chambi, point culminant du pays (1 544 m), au centre d'une région agricole irriguée. Cellulose, pâte à bois. À proximité, gisement de pétrole d'El Douleb. Le col de Kasserine fut le théâtre de violents combats entre l'Afrika Korps de Rommel et les Alliés qui l'emportèrent en 1943 (campagne de Tunisie).
Population 47 700
Carte Tunisie Aa

Kastoria, ***Grèce*** Ville située sur une péninsule du lac de Kastoria (Macédoine), à 221 km à l'O. de Salonique. Occupée successivement par les Romains, les Bulgares, les Serbes et les Turcs (1385-1912), elle devint un centre du commerce de la fourrure vers le Moyen-Orient. Belles maisons du XVIIIe s., nombreuses églises byzantines décorées de fresques médiévales. Foire aux fourrures en mars. Au S., le village d'Argos Orestiko est réputé pour ses tapis de laine.
Population 20 700
Carte Grèce Ba

Kastrup, ***Danemark*** Voir AMAGER

Katanga, ***Zaïre*** Voir SHABA

Katherine (gorges de la), ***Australie*** Magnifiques gorges du Territoire du Nord, à 275 km au S.-E. de Darwin. Longueur : 12 km ; profondeur : 100 m. Le niveau des eaux peut s'élever de 18 m à la saison humide. Faune abondante : serpents, crocodiles, kangourous, wallabies (marsupiaux herbivores).
Carte Australie Ea

Katmandou ou **Kathmandu,** ***Népal*** Capitale du pays, située dans une vallée fertile du centre du Népal, à 90 km au N. de la frontière indienne. Altitude : 1 500 m. Le centre-ville, véritable labyrinthe de ruelles, abrite des maisons à balcons de bois, des marchés et de magnifiques temples hindous et bouddhistes. Le temple et le monastère de Swayambhu, aux terrasses peuplées de singes, dominent la ville. Le temple est surmonté d'un stupa (monument funéraire) à quatre pans, dont chaque face est peinte d'un œil symbolisant la sagesse omnisciente de Bouddha. Le palais royal, de style européen, compte 1 700 pièces. Katmandou, fondée en 1723, devint capitale à la fin du XVIIIe s. En 1934, la ville fut gravement endommagée par un tremblement de terre. À partir de 1960, elle fut le lieu de rendez-vous favori des hippies du monde entier qui s'y procuraient facilement de la drogue à très bon prix. Les nouvelles lois sur les stupéfiants ont beaucoup réduit le marché.
Population (municipalité) 419 100
Carte Népal Ba

Katowice, ***Pologne*** Ville industrielle de haute Silésie, à 72 km au N.-O. de Cracovie. Industries principales : charbon, zinc, constructions mécaniques. Au centre de la ville se dresse un monument rappelant le soulèvement silésien de 1919-1921, durant lequel la population polonaise de la ville se révolta contre les Allemands.
Population 369 000
Carte Pologne Cc

Katsina, ***Nigeria*** La ville la plus septentrionale du pays Haoussa, à 20 km au S. de la frontière nigérienne. Fondée au XIe s., terminus d'une route de caravanes saharienne, elle prit son essor à la chute de l'Empire Songhaï, à l'O., en 1591, avec l'arrivée de lettrés et d'artisans songhaïs (cuir) : caravanes de sel, esclaves, cuir, noix de cola et produits européens. Katsina, ruinée par un conflit religieux en 1807, n'est plus aujourd'hui qu'une ville agricole (marché de bétail, peaux, cuir, coton, arachides) et un centre d'enseignement islamique.
Population 145 500
Carte Nigeria Ba

Kattara, ***Égypte*** Voir QATTARA

Kattegat, ***Danemark/Suède*** Bras de mer qui sépare le S.-O. de la Suède et la côte E. du Danemark (péninsule du Jutland) et relie la mer du Nord et la mer Baltique. Son nom signifie « gorge du chat » en suédois et en danois. Des ferries assurent la liaison entre Frederikshavn et Grenå (Danemark), et Varberg et Göteborg (Suède). La voile y est pratiquée en été. Longueur : 220 km ; largeur : 30-160 km.
Carte Danemark Ba

Katyn, ***Russie*** Village situé à 20 km à l'O. de Smolensk. En 1943 y furent découverts les corps de 4 500 officiers de l'armée polonaise. Le gouvernement polonais en exil et les Allemands accusèrent les Russes ; ceux-ci rejetèrent la responsabilité sur les Allemands. En 1953, une commission d'enquête américaine établit la culpabilité soviétique, reconnue par l'U.R.S.S. elle-même en avril 1990.
Carte Russie Cc

Kaunas, anc. en russe **Kovno,** ***Lituanie*** Deuxième ville du pays, à 95 km à l'O. de Vilnius. De 1920 à 1940, elle fut la capitale de la Lituanie indépendante, avant son annexion à l'U.R.S.S. Ville universitaire, port fluvial actif sur le Niémen, nœud ferroviaire et centre industriel.
Population 430 000
Carte Lituanie Ab

Kavala, ***Grèce*** Ville et port de Macédoine, à 163 km à l'E. de Salonique. À Philippes (en gr. Filipi), à 15 km au N.-O., Brutus et Cassius furent vaincus par Antoine et Octave en 42 av. J.-C., après l'assassinat de Jules César. Saint Paul y prononça son *Épître aux Philippiens*. Citadelle byzantine très bien conservée. Aqueduc. Mosquée. Maisons anciennes, thermes et boutiques turcs. Exportation de tabac, vêtements, bois, meubles et matières plastiques. Pétrole offshore à Prinos.
Population 56 400
Carte Grèce Da

Kavango, ***Namibie*** Ancien Bantoustan (Okavango), créé en 1970 sur la frontière angolaise pour le peuple Kavango. Cette zone de cultures vivrières occupe 50 955 km^2 autour de Rundu (15 000 habitants).
Population 122 000
Carte Namibie Aa

Kavango (Cubango), ***Afrique méridionale*** Fleuve, appelé aussi Okavango (1 600 km), qui naît au centre de l'Angola où il est connu sous le nom de Cubango. Il forme une partie de la frontière entre l'Angola et la Namibie, puis pénètre au Bostwana et se perd dans les marais de l'Okavango.
Carte Angola Ab ; Namibie Aa

Kaveri, ***Inde*** Voir CAUVERY

Kawasaki, *Japon* Ville industrielle de la conurbation de Tokyo-Yokohama. Ses raffineries de pétrole, industries chimiques et sidérurgiques sont installées sur des polders de la baie de Tokyo.
Population 1 088 600
Carte Japon Cc

Kawthoolei, *Birmanie* Voir KAREN

Kayah (État), *Birmanie* Petit État de l'est du pays, en bordure de la Thaïlande, traversé par la Salouen. Superficie : 11 733 km². La station hydroélectrique de Lawpita Falls, sur la Baluchaung, produit l'électricité nécessaire à la plus grande partie du sud de la Birmanie. Les habitants, Karens en majorité, cultivent du riz dans les étroites vallées. Capitale : Loikaw.
Population 168 400
Carte Birmanie Cc

Kayes, *Mali* Ville et port sur le Sénégal, situé à 100 km à l'E. de la frontière sénégalaise. Ancien terminus de la voie ferrée qui reliait les fleuves Niger et Sénégal avant le prolongement de la ligne jusqu'à Dakar, en 1923. Marché de bovins et d'ovins, de peaux, d'arachides et de gomme arabique.
Population 45 000
Carte Mali Ab

Kayseri, *Turquie* Ville et chef-lieu de la province du même nom situé à 230 km au S.-E. d'Ankara, près du site de l'antique Césarée. Industries textiles (tapis, couvertures). Nombreux minarets et mosquées. Citadelle. Musée archéologique. La ville est construite au pied d'un volcan éteint, l'Erciyas Dagi (3 916 m).

La province de Kayseri (16 917 km²) produit des fruits, du raisin, du millet et du seigle.
Population (ville) 421 400 ; (province) 935 000
Carte Turquie Bb

Kazakhstan Voir p. 362

Kazan', *Russie* Capitale du Tatarstan, à 700 km à l'E. de Moscou. Elle fut fondée au XIIIe s. par la Horde d'Or (armée mongole qui envahit l'Europe orientale), près du site de l'ancienne Bolgary, et annexée en 1552 par le tsar Ivan le Terrible (1530-1584), qui y fit construire le Kremlin (citadelle). Parmi les étudiants illustres de son université, fondée en 1804, figurent Tolstoï (1828-1910) et Lénine (1870-1924). Construite sur la rive gauche de la Volga, Kazan' est le centre industriel de la région Oural-Volga. À ses métiers traditionnels (cuir, soie, fourrures) se sont ajoutés industries chimique, électrique, mécanique, usines d'outillage et de papier, chantiers navals et raffineries de pétrole. Patrie du chanteur Chaliapine.
Population 1 107 300
Carte Russie Cc

Kazanluk, *Bulgarie* Ville située à 180 km à l'E. de Sofia, sur la liaison routière et ferroviaire Sofia-Burgas. Capitale de la vallée des Roses, qui sépare les monts Balkans des Sredna Gora, et centre de l'industrie de l'essence de rose. Sur la Tundzha, à 16 km au S.-O., se trouve le réservoir du barrage hydroélectrique de Georgi Dimitrov.
Population 61 000
Carte Bulgarie Bb

Kazimiayn (Al-), *Irak* Voir KADHIMAIN

Kazvin, *Iran* Voir QAZVIN

UNE RELIGION BIEN PRÉSENTE. Dans le lacis des ruelles de Katmandou, pagodes, temples, autels et statues s'offrent aux fidèles.

Kebnekaise, *Suède* Pic des Alpes scandinaves, au N.-O. de la Laponie, point culminant de la Suède (2 111 m).
Carte Suède Cb

Kecskemét, *Hongrie* Ville du Grand Alföld, à 84 km au S.-E. de Budapest. Capitale du comitat de Kiskunsag, située au cœur d'une riche région de vergers et d'élevage comprise entre le Danube et la Tisza. Transformation du cuir. Célèbre eau-de-vie d'abricot *(barack)*. Patrie du compositeur Zoltan Kodaly (1882-1967). Le centre de la ville possède plusieurs immeubles édifiés dans le style art nouveau hongrois. Églises baroques, synagogue restaurée.
Population 105 100
Carte Hongrie Ab

Kedah, *Malaysia* État du N.-O. de la péninsule malaise, à la frontière avec la Thaïlande (9 425 km²). Importante région rizicole dans la plaine irriguée de la Muda et sur le littoral, autour d'Alor Setar, capitale de l'État. Plantations d'hévéas au N. du mont Kedah.
Population 1 305 000
Carte Malaysia Ba

Kediri, *Indonésie* Ville de l'E. de Java, au centre d'une région de rizières. Artisanat renommé (vannerie, travail de l'argent, batik, rotin).
Population (municipalité) 221 500

Keeling (îles), *océan Indien* Voir COCOS (îles)

Kefalonia, *Grèce* Voir CÉPHALONIE

Kefar Nahum, *Israël* Voir CAPHARNAÜM

Keflavik, *Islande* Ville et principal aéroport du pays, à 35 km au S.-O. de Reykjavik. L'aéroport, dont une partie est une base militaire américaine, fut construit en 1941 pour servir de relais aux Alliés. Port de pêche à proximité.
Carte Islande Bb

Keihin, *Japon* Principale zone industrielle du pays, qui comprend les villes de Tokyo et de Yokohama et leurs 13 000 000 d'habitants, au S.-E. de Honshu. Centre de l'industrie de l'armement à partir de 1930, elle assure depuis 1945 la moitié de la production industrielle du Japon (automobiles, imprimeries, édition, chantiers navals, raffinage de pétrole et aciéries).
Carte Japon Cc

Kékes, *Hongrie* Voir MATRA

Kelang, *Malaysia* Fleuve qui naît dans le centre de la Malaisie, traverse Kuala Lumpur et se jette dans le détroit de Malacca, à Port Kelang, port moderne agrandi pour réduire la dépendance de la Malaysia vis-à-vis de Singapour. La ville de Kelang, à 19 km en amont, sert de cité dortoir à la capitale. La vallée du fleuve est une zone industrielle en plein essor.
Population (ville) 192 100
Carte Malaysia Bd

Kelantan, *Malaysia* État rizicole du nord-est de la péninsule Malaise, à la frontière de la Thaïlande (14 943 km²). Malgré la forte densité de la population, le développement de la région est à peine amorcé, et les jungles de l'intérieur restent à aménager. Capitale : Kota Bharu.
Population 1 182 000
Carte Malaysia Bd

Kelibia, *Tunisie* Port de pêche et centre touristique à l'E. de la presqu'île du cap Bon. La campagne environnante produit des tomates,

des oranges, du raisin, et le vin de Moscatel. Ruines romaines dominant le port.
Population 24 600
Carte Tunisie Ba

Kells, *Irlande* Ancienne ville royale, à 58 km au N.-O. de Dublin. Saint Colomban y fonda au VIe s. un monastère où fut enluminé le *Livre de Kells* (VIIIe s.), évangéliaire conservé dans la bibliothèque du Trinity College de Dublin.
Population 2 200
Carte Irlande Cb

Kemerovo, *Russie* Ville industrielle du sud-ouest de la Sibérie, à 195 km au N.-E. de Novossibirsk. Son développement commença avec l'ouverture de la mine de charbon de Novokouznetsk, en 1928. Usines de produits chimiques, pharmaceutiques, plastiques, et de machines agricoles. La ville est reliée au Transsibérien par voie ferrée.
Population 520 700
Carte Russie Ed

Kemi, *Finlande* Port de la côte septentrionale du golfe de Botnie, fondé en 1869, à 25 km de la frontière suédoise et à l'embouchure de la Kemijoki. Grand centre de l'industrie du bois.
Population 26 500
Carte Finlande Cb

Kempen, *Belgique* Voir CAMPINE

Kempton Park, *Afrique du Sud* Ville industrielle, à 19 km au N.-E. de Johannesburg. À l'O., à Modderfontein, se trouve l'une des plus grandes usines de dynamite du monde.
Population 87 800
Carte Afrique du Sud Cb

Kenana, *Soudan* Vaste plantation sucrière (336 km^2) irriguée par les eaux du Nil Blanc, à 290 km au S. de Khartoum. On y a produit plus de 300 000 tonnes de sucre en 1984-1985.

Kenema, *Sierra Leone* Chef-lieu de la province de l'Est, à 225 km au S.-E. de la capitale, Freetown. Marché du cacao, de l'huile de palme, du café, du gingembre et du bois. Exploitation de diamants alluvionnaires.
Population 52 500
Carte Sierra Leone Ab

Keng Tung, *Birmanie* Ville de l'État Shan, l'une des régions productrices d'opium connues sous le nom de Triangle d'Or, aux confins de la Thaïlande et du Laos. Le pavot est cultivé dans les collines alentour, à l'E. de la Salouen.
Population 174 000
Carte Birmanie Cb

Kénitra, anc. **Port-Lyautey, *Maroc*** Port sur l'oued Sebou fondé par les Français en 1913, à 40 km au N. de Rabat. Principal débouché de la plaine du Rharb, au N.-E., et des régions agricoles de Fès et de Meknès. Industries textiles, conserveries de poisson, engrais et manufacture de tabac. À proximité se trouve Mehdiya, ancien comptoir carthaginois, et la station balnéaire de Thamusida, à l'emplacement d'un port romain du Ier s.
Population 189 000
Carte Maroc Ba

Kennedy (cap), *États-Unis* V. CANAVERAL (cap)

Kent, *Royaume-Uni* Comté du sud-est de l'Angleterre (3 732 km^2) traversé par les collines crayeuses des North Downs. Le centre du comté

Kazakhstan

DEUXIÈME PAYS DE L'EX-U.R.S.S. PAR SON ÉTENDUE, PLUS GRAND QUE L'EUROPE DES DOUZE, PAYS DE L'ESPACE ET DU NUCLÉAIRE

Immense étendue bordée à l'O. par la mer Caspienne, à l'E. par la Chine et par une région de lacs, le pays est traversé au S. par le Syr-Daria, qui se jette dans la mer d'Aral, et au N.-E. par l'Irtych. Entre les deux mers, le désert pierreux de l'Oust-Ourt est traversé par des vallons situés à 150 m au-dessus de la mer ; entre les deux fleuves s'étend une vaste zone de steppes herbeuses et boisées, au N., ou sèches et désertiques, au S., voisinant avec les déserts de Kyzil Koum et de Kara Koum.

Sans doute la région fut-elle occupée par des contemporains des Scythes, il y a deux mille cinq cents ans. Ces tribus Sakas étaient probablement sédentaires. Ce n'est que bien plus tard, forcés de trouver de nouveaux pâturages, que les troupeaux se déplacèrent, entraînant avec eux des populations devenues nomades. Diverses tribus se succédèrent, jusqu'aux Huns, balayés à leur tour par des hordes turques venues de toutes parts à partir du Ve s. La menace des Mongols incita ensuite les khans locaux à réclamer l'intervention russe au travers d'un protectorat. La colonisation alla bon train jusqu'en 1868, où le territoire devint « propriété d'État ». Après la conquête militaire des divers khanats (jusqu'à l'actuel Ouzbékistan), la Russie mit en valeur la région (voies ferrées, exploitation du sous-sol).

C'est après la révolution russe de 1917 que commence à naître le Kazakhstan. D'abord république autonome des Kirghizes au sein de la fédération de Russie, le Kazakhstan ne devient république constituante de l'U.R.S.S. qu'après l'incorporation du Turkestan russe, en 1936.

Activité traditionnelle des nomades kazakhs, l'élevage est encore très présent aujourd'hui : moutons — essentiellement caracul, celui qui fournit l'astrakan —, chevaux et chameaux.

L'agriculture était peu répandue sur ces terres quasi désertiques avant que Krouchtchev ne décide de développer, à partir de 1954, les « terres vierges ». C'est ainsi que le Kazakhstan est devenu un grand producteur de blé, de riz, de coton, de tabac, de vin, de fruits. Il possédait 15 % des terres cultivées de l'ex-U.R.S.S. Et le sous-sol est aussi riche, en productions et en promesses : minerais traditionnels, métaux rares et stratégiques (or, molybdène, tungstène), charbon et pétrole.

Mais d'autres secteurs étaient importants avant l'indépendance, telles les activités spatiales du centre de Baïkonour, exploité par la Russie, ou nucléaires autour de Semipalatinsk (actuelle Semei).

La difficulté pour les dirigeants, et pour le président Nazarbaiev en premier lieu, sera de maintenir un équilibre entre nationalisme, avec moins de 40 % de Kazakhs et autant de Russes, et islam. Cela tout en développant avec l'aide étrangère une économie aux atouts importants : relance de la recherche pétrolière et modernisation industrielle.

LE KAZAKHSTAN EN BREF
Superficie 2 717 300 km^2
Population 17 190 000
Capitale Almaty (ex-Alma-Ata)
Régime République
Monnaie Rouble (projet de tumen)
Langues Kazakh, russe
Religions Musulmans, orthodoxes
Climat Continental
Ressources Céréales, coton, fruits ; houille, pétrole, gaz, fer, cuivre, plomb, zinc, manganèse
Activités Élevage, agriculture, industries alimentaires, chimiques, métallurgiques, textiles, recherches spatiale et nucléaire
Exportations Céréales, minerais, métaux
P.N.B. annuel par habitant 1 680 dollars
Croissance démographique 13 ‰ par an
Espérance de vie Hommes 64 ans, femmes 73

(Weald) était jadis très boisé. Région de pâturages, d'élevage laitier et de culture intensive (vergers, houblon). Les industries (papier, ciment) bordent la Tamise et la Medway. Les ports de Douvres et de Folkestone assurent la plupart des échanges avec le continent. Tourisme balnéaire sur la côte (Margate, Ramsgate). Chef-lieu: Maidstone.
Population 1 494 000
Carte Royaume-Uni Fe

Kentucky, *États-Unis* État du centre-est du pays qui s'étend sur 104 623 km², entre la rivière Ohio et les Appalaches. Région vallonnée productrice de tabac (25 % des cigarettes des États-Unis) et de charbon. On y distille le bourbon (whisky américain fabriqué avec du blé). Les autres industries (machines, produits alimentaires, textiles) sont en développement. Élevage de chevaux.
Population 3 726 000
Carte États-Unis Ic

Kenya Voir p. 364-366

Kenya (mont), *Kenya* Volcan éteint (5 200 m) doté de glaciers malgré sa position sur l'équateur. Entre 3 200 et 4 600 m, ses flancs sont parsemés de bruyères, de séneçons et de lobélies géants. Plus bas s'étage la forêt (bambous). En dessous de 1 700 m, les tribus Kikuyu, Embu et Meru cultivent le maïs, les haricots, le café et le thé au S. et à l'E., tandis que les pentes plus sèches de l'O. sont le domaine des céréales et de l'élevage. La première ascension du mont Kenya a été effectuée par le géographe anglais Halford Mackinder, en 1899.
Carte Kenya Cb

Kerala, *Inde* État du Sud-Ouest, sur la mer d'Oman. 38 863 km². Il reçoit d'abondantes précipitations (plus de 4 000 mm par an pour les zones de forêts tropicales). La côte présente de nombreux lagons et détroits. C'est l'une des régions les plus peuplées de l'Inde, et malgré la pêche active et l'agriculture florissante (riz, cocotiers, épices, café, thé, noix de cajou), elle est confrontée à de graves difficultés alimentaires. Capitale: Trivandrum.
Population 29 100 000
Carte Inde Be

Kerguelen (îles), *océan Indien* Archipel composé de 300 îles, îlots et rochers (7 215 km²) qui fait partie des Terres australes et antarctiques françaises, au S. de l'océan Indien. L'île principale (6 000 km²) fut découverte en 1772 par le navigateur français Kerguelen de Trémarec qui la baptisa île de la Désolation. Sa partie occidentale est occupée par un glacier: le glacier Cook. Tourbières et lacs glaciaires se partagent le centre. Le mont Ross, au S., culmine à 1 850 m. Station scientifique créée en 1949 à Port-aux-Français, à l'E. de l'île, recherche sur l'exploitation industrielle des algues brunes géantes.
Carte Indien (océan) Ce

Kericho, *Kenya* Ville située dans les hautes terres, à 195 km du N.-O. de Nairobi. C'est le centre de la principale région productrice de thé du Kenya.
Population 40 000
Carte Kenya Cb

Kerinci (mont), *Indonésie* Volcan actif et point culminant de Sumatra (3 805 m) situé au centre-ouest de l'île.
Carte Indonésie Bb

Kerkennah ou **Kerkenna (îles), *Tunisie*** Petit archipel à une vingtaine de kilomètres au large de Sfax (180 km²), dont les deux principales îles sont Chergui et Gharbi. Travail de l'alfa, pêche (poissons, éponges), tourisme. Ruines romaines.
Population 15 000
Carte Tunisie Ba

Kerkira, *Grèce* Voir CORFOU

Kerkouane, *Tunisie* Ruines d'une cité carthaginoise, à la pointe orientale du cap Bon. La ville, lieu de villégiature de l'aristocratie qui tomba aux mains des Romains durant les guerres puniques (264-146 av. J.-C.), semble avoir été abandonnée précipitamment. Le site est resté intact, et les fouilles ont mis au jour de luxueuses maisons, des boutiques et des ateliers où l'on fabriquait de la pourpre, teinture utilisée par les Anciens.

Kermadec et Tonga (fosse des) Fosse océanique du sud-ouest du Pacifique, s'étendant de la Nouvelle-Zélande aux îles Samoa occidentales, bordée à l'O. par les îles Kermadec, plus au N. par les îles Tonga et découverte en 1895. À cet endroit la plaque du Pacifique, qui dérive vers l'O., passe sous la plaque indo-australienne (voir LA TECTONIQUE DES PLAQUES p. 654). Il en résulte de fréquents tremblements de terre et une activité volcanique qui a valu à cette zone le nom de « ceinture de feu ». Profondeur maximale: 10 047 m (fosse de Kermadec) ; 10 882 m (fosse des Tonga).
Carte Pacifique (océan) Ed

Kerman, *Iran* Capitale de la province de Kerman, à 820 km au S.-E. de Téhéran. C'est le plus grand centre d'exportation de tapis d'Iran. Fabrique de cotonnades. La ville, fondée au IIIᵉ s., conserve de nombreuses maisons anciennes et mosquées (mosquée du Vendredi, construite en 1348, mosquée Pamenar, au portail décoré de mosaïques du XIVᵉ s.). La province s'étend sur 220 150 km².
Population (ville) 258 000 ; (province) 1 624 000
Carte Iran Ba

Kermanshah, *Iran* Voir BAKHTARAN

PROMONTOIRE ESSEULÉ. Les rouleaux de l'Atlantique déferlent contre les falaises de Slea Head, à la pointe de la péninsule de Dingle dans le Kerry.

Kerry, *Irlande* Comté de 4 701 km² du sud-ouest du pays, doté de trois péninsules montagneuses qui s'avancent dans l'océan Atlantique. Chef-lieu: Tralee. Ses plages de sable, ses falaises, ses lacs et sa campagne verdoyante font du Kerry une région touristique.
Population 122 800
Carte Irlande Bd

Kertch, *Ukraine* Port de Crimée sur le détroit de Kertch et la péninsule du même nom, qui sépare la mer d'Azov et la mer Noire. La ville fut fondée par les Milésiens au VIᵉ s. av. J.-C. sous le nom de Panticapée, et passa successivement sous la domination romaine, génoise, turque et russe (1774). La région est riche en sites archéologiques (ruines d'une acropole grecque, tombes romaines, catacombes). Kertch est l'un des principaux ports de pêche de Crimée et exporte du minerai de fer. Industries sidérurgiques et chimiques, chantiers navals.
Population 180 500
Carte Ukraine Dc

Kérynia, *Chypre* Voir KYRÉNIA

Keszthely, *Hongrie* Ville médiévale, centre culturel et station balnéaire de la rive O. du lac Balaton. Palais du XVIIIᵉ s. Musée folklorique. Université agronomique fondée en 1797.
Population 23 000
Carte Hongrie Ab

Ketrzyn, anc. en all. **Rastenburg, *Pologne*** Petite ville du nord-est du pays, à l'O. du lac Mamry et à 30 km au S. de la frontière russe. À proximité se trouve le plus grand complexe agro-industriel de Pologne (blé, betteraves à sucre, élevage). C'est à 8 km de cette ville de l'ancienne Prusse-Orientale que, le 20 juillet 1944, Hitler échappa à un attentat organisé par ses officiers supérieurs dans son quartier général de la Wolfsschanze (Tanière du Loup).
Population 30 000
Carte Pologne Da

Kenya

UNE JEUNE NATION
DANS LE BERCEAU DE L'HUMANITÉ

Pour un pays dont l'histoire moderne ne s'étend pas au-delà d'un siècle, et dont la durée, comme nation indépendante, ne dépasse guère vingt-cinq ans, ce n'est pas le moindre des paradoxes de le surnommer le « berceau de l'humanité » (en réalité, c'est toute la vallée est-africaine du Rift qui mérite ce qualificatif). Au N.-E. du Kenya, en effet, sur les bords du lac Turkana (ancien lac Rudolf), on a découvert des restes d'hominidés remontant à plus de deux millions d'années.

De nos jours, le Kenya est une mosaïque de quarante ethnies, ayant chacune sa langue et son territoire. Il y a plus d'un millénaire, des peuples de langue bantoue — les ancêtres des Kikuyus, Kambas et Luyhas actuels — pénétrèrent au Kenya par le sud. Cinq siècles plus tard, les nomades Masaïs arrivèrent par le nord. Les derniers arrivés furent les Luos (10 %), en provenance des grands lacs, à l'ouest. Établis sur la côte depuis des siècles comme commerçants, près de 80 000 Asiatiques (principalement indo-pakistanais) habitent dans les grands centres et occupent des activités commerciales. Un certain nombre d'entre eux descendent aussi des Indiens amenés par les Britanniques pour travailler à la construction du chemin de fer.

Malgré leur petit nombre (20 %), les Kikuyus forment la partie dynamique de la population ; ils occupent un grand nombre de postes administratifs. Ils s'opposent aux Luos, sur lesquels s'étaient appuyés les Britanniques.

La côte — plus de 500 km de plages blanches, frangées de palmiers, caressées par les alizés et séparées de l'océan Indien par des récifs de corail — a été visitée avant le début de notre ère par les premiers marins de l'océan Indien et de l'Antiquité classique, et un embryon de commerce — voire de comptoirs — existait déjà au Moyen Âge. C'est au cours de ces longs contacts que se forgea, à partir des côtes, et surtout des îles (Lamu au Kenya, Zanzibar en Tanzanie), une population parlant le *swahili*, une langue de structure bantoue mais au vocabulaire issu de toutes les influences qui se sont exercées sur l'Afrique orientale (arabe, persane, indienne, puis portugaise, anglaise, etc.). L'ensemble de la côte orientale de l'Afrique était connu au Moyen Âge sous le nom de Zendj ; on y échangeait les produits africains : ivoire, plumes d'autruche, et l'on y faisait le commerce des esclaves.

Dans leur souci d'étendre leur influence sur les territoires situés entre l'Égypte et l'Afrique du Sud, les Britanniques s'intéressèrent au pays dans la deuxième partie du siècle dernier.

MATIN D'AFRIQUE. Les flamants du lac Nukuru s'éveillent aux premières lueurs de l'aube. Le lac — classé parc national — se trouve dans la vallée du Rift, une gigantesque faille qui serpente sur 6 400 km à travers l'Afrique et traverse les hauts plateaux du Kenya.

Il leur importait de s'assurer une voie de communication entre l'océan et l'Ouganda, royaume des grands lacs que leurs explorateurs avaient reconnu lors des voyages aux sources du Nil (milieu du XIXe s.). Un chemin de fer fut bientôt construit entre Mombasa, sur la côte, et Kisumu, au bord du lac Victoria. Nairobi, la capitale actuelle du Kenya et l'une des villes les plus importantes d'Afrique orientale (plus d'un million d'habitants), n'était, autrefois, qu'une simple station et un dépôt de matériel ferroviaire.

Les Britanniques constatèrent qu'une partie des terres traversées par le chemin de fer étaient fertiles. À la veille de la guerre de 1914-1918, des milliers de colons européens s'installèrent sur les hauts plateaux au sol volcanique et bien arrosé, expulsant les pasteurs masaïs et les agriculteurs kikuyus qui furent employés comme main-d'œuvre à bon marché, notamment pour la culture du café. L'explosion de violence de 1952 (révolte des Mau-Maus), qui préluda à l'indépendance en 1963, y puise ses racines. Elle prit naissance chez le peuple kikuyu, le mouvement terroriste s'appuyant sur les croyances magiques et les rites traditionnels.

Cette région, située au S.-O., près de la frontière tanzanienne, est dominée par le mont Kenya (5 200 m). C'est la plus riche et la plus habitée du pays ; elle lui procure la plus grande partie de ses revenus. Le reste du Kenya est aride et sauvage, notamment à l'E., au-delà de la rivière Tana, la plus grande rivière du pays. Le Nord-Ouest est sec, même autour du lac Turkana.

D'abord sous le contrôle de la British East Africa Company, le Kenya devient un protectorat britannique en 1895, puis colonie de la Couronne en 1920. Après la révolte des Mau-Maus, dans les années 1950, le pays devient indépendant (1963). Jomo Kenyatta, le leader kikuyu accusé de diriger le mouvement terroriste, devient le chef du nouvel État après avoir passé plusieurs années en prison. Celui qu'on a surnommé « le Javelot flamboyant » ramène la paix et entreprend une redistribution des terres tout en rassurant la minorité blanche, dont beaucoup de membres restent dans le pays. À sa mort, en 1978, il est remplacé par Daniel Arap Moi, originaire d'une petite ethnie. Mais si l'on évite ainsi les troubles ethniques, le problème de la démocratie politique ne manque pas de se poser. Une tentative de coup d'État a été déjouée en 1982. Peu avant sa mort, l'ancien vice-président Oginga Odinga avait créé un parti d'opposition contre Arap Moi.

Ce dernier refuse toute démocratisation effective en alléguant le risque de conflits ethniques entre agriculteurs kikuyus et pasteurs masaïs.

L'ESSOR DÉMOGRAPHIQUE

Le café et le thé constituent les principales exportations (il y a aussi une fraude importante en provenance de l'Ouganda voisin). Le tourisme arrive en troisième position. Mais les touristes, qui ne visitent que la côte et les parcs nationaux, ignorent les régions arides frappées avec régularité par la sécheresse. Les populations nomades sont les premières touchées ainsi que leur bétail, comme cela s'est passé lors de la terrible sécheresse de 1984.

Un des gros problèmes du Kenya est son essor démographique (4 % par an, l'un des plus élevés du monde). Si cette tendance se poursuivait, la population devrait doubler tous les vingt ans. Les programmes de santé ont singulièrement réduit la mortalité — en particulier la mortalité infantile —, mais, en dépit d'une politique de limitation des naissances, celle-ci n'a guère porté ses fruits. La moitié de la population a moins de quinze ans et le pays ne peut assurer suffisamment d'emplois pour empêcher l'émigration.

De plus, la population est inégalement répartie sur un territoire qui n'offre que 20 % de terre arable. Un tiers des Kényans vivent sur une partie réduite des hauts plateaux, un autre tiers, à l'O., près du lac Victoria. Disposant de peu de terres cultivables, les agriculteurs ont tendance à épuiser les sols, et à s'étendre sur les périmètres des parcs nationaux.

Ces disparités se retrouvent également dans les revenus, malgré les grands changements de structure qui se sont produits dans l'économie rurale depuis l'indépendance. L'époque coloniale avait favorisé les grandes exploitations européennes de café et de thé, cultivés pour l'exportation, de petits champs étant réservés aux Africains pour les cultures vivrières familiales. Dans les années 1950, l'administration coloniale favorisa la création de petites exploitations africaines de thé ou de café. Tout changea après 1963 quand les fermiers blancs, inquiétés pas les troubles et par l'accession du pays à l'indépendance, abandonnèrent leurs exploitations. Celles-ci furent reprises par la nouvelle élite africaine ; d'autres terres entrèrent dans le cadre de la réforme agraire ou furent exploitées par des coopératives ou des sociétés. Mais ces changements n'affectèrent pas le reste du pays.

Il s'ensuivit un exode rural qui vint grossir les grands centres (15 % de la population), où se trouvent concentrés les commerces, l'administration et les petites industries (conditionnement des produits agricoles, biens de consommation). Le Kenya, avec son port principal Mombasa, est le passage obligé des importations et des exportations de l'Ouganda et du Rwanda, pays enclavés au cœur de l'Afrique. L'importante raffinerie de Mombasa traite le pétrole brut de ces pays et celui destiné à l'île Maurice.

Le Kenya est pauvre en ressources minières et en potentiel hydroélectrique ; aussi la population utilise-t-elle le bois, au grand dommage du couvert forestier déjà peu important.

Il reste cependant le tourisme et les vastes zones réservées aux animaux sauvages. Pour préserver la faune, le gouvernement a interdit la chasse en 1977, mais les braconniers n'ont pas désarmé, car les profits qu'ils retirent de la vente de l'ivoire ou de la corne de rhinocéros sont considérables. Plus de 250 000 touristes visitent chaque année les parcs d'Amboseli et de Tsavo, ainsi qu'une douzaine d'autres parcs et réserves moins connus (Masaï Mara, Meru, mont Kenya), qui abritent une faune d'une incomparable richesse. Il existe également des parcs marins, créés pour protéger la flore et la faune sous-marines.

LE KENYA EN BREF

Superficie 582 646 km^2

Population 24 030 000

Capitale Nairobi

Régime République

Monnaie Shilling kényan = 100 cents

Langues Swahili, anglais, langues africaines

Religions Chrétiens (66 %), animistes (26 %), musulmans (6 %)

Climat Tropical ; chaud et humide sur la côte, sec à l'intérieur, dans le Nord. Températures moyennes à Nairobi : de 11-21 °C en juillet à 13-26 °C en février

Ressources Maïs, mil, manioc, haricots, pommes de terre, patates douces, sucre de canne, café, thé, coton, sisal, troupeaux, pyrèthre (fleurs pour insecticides)

Activités Cultures industrielles, pétrole raffiné, ciment, industries alimentaires, tourisme

Exportations Café, thé, produits pétroliers, fruits et légumes, sucre, produits chimiques, ciment, cuirs et peaux

P.N.B. annuel par habitant 330 dollars

Croissance démographique 37,3 ‰ par an

Espérance de vie Hommes 59 ans, femmes 63

kettle Dépression en forme de marmite laissée par la fusion d'un bloc de glace après le retrait d'un glacier.

Key West, *États-Unis* Ville la plus méridionale du pays, située à l'extrémité d'une chaîne d'îles coralliennes (les Florida Keys), à 210 km au S.-O. de Miami. Port de pêche et centre touristique. Maison de l'écrivain Ernest Hemingway (1899-1961).
Population 24 900
Carte États-Unis Jf

Khabarovsk, *Russie* Deuxième ville de l'Extrême-Orient russe après Vladivostok, à 35 km de la frontière chinoise, sur l'Amour. Centre du commerce local de fourrures. Raffineries de pétrole, industries mécaniques et de transformation du bois, chantiers navals.
Population 613 300
Carte Russie Hd

Khabour ou **Khabur, *Turquie/Syrie*** Rivière formée au sud-est de la Turquie par la réunion de plusieurs cours d'eau. Elle arrose le plateau désertique du nord-est de la Syrie, traverse la ville d'Al-Hasakah (pont Abbasid du VIIIe s.), et se jette dans l'Euphrate, au S. de Deir ez-Zor. Longueur : 320 km.
Carte Syrie Cb

Khaïbar, *Afghanistan/Pakistan* Voir KHAYBER (passe de)

Khajuraho, *Inde* Lieu saint, à 150 km au S. de la ville de Kanpur, dans le centre nord de l'Inde. Les 50 temples hindous et jain (religion hindoue) du Xe s., dont 22 seulement subsistent, étaient répartis sur 20 km^2.
Carte Inde Cc

Khamis Mushait, *Arabie Saoudite* Ville très européanisée des montagnes de l'Asir, à 30 km à l'E. d'Abha. Base militaire. Quartier général des forces aériennes saoudiennes.
Population 54 000
Carte Arabie Saoudite Bc

Khammouan, *Laos* Province du centre du Laos comprise entre le Mékong et la Cordillère anamitique, qui forme la frontière avec le Viêt-nam. Deux cols permettent de franchir ces montagnes.
Population 259 000
Carte Laos Bb

Khania, *Grèce* Voir CANÉE (La)

Kharbin, *Chine* Voir HARBIN

Khardj (Al), *Arabie Saoudite* Région en plein développement à 90 km au S.-E. de Riyad. Situé sur la route principale et la voie de chemin de fer Riyad-Dammam c'est, avec ses palmiers et ses jardins, le lieu de villégiature de la capitale. On y trouve aussi des établissements agricoles comme la Saudi Agriculture and Dairy Company (le plus important groupe de produits laitiers du Moyen-Orient). L'Al-Khardj, qui est le plus gros producteur de blé du pays, fait appel aux méthodes d'irrigation et d'arrosage les plus modernes. Principaux centres : As Salamiyah, Al Yamamah et Sulaymaniyah.
Carte Arabie Saoudite Bb

Kharg (île de), *Iran* Petite île du fond du golfe Persique, à 30 km de la côte (3 km de long), dont le port, principal terminal pétrolier d'Iran, fut bombardé par l'Irak en 1982. Une entreprise française doit en assurer la reconstruction.
Carte Iran Bb

Khârga (El-) ou **Kharguèh** ou **Kharÿa (Al-), *Égypte*** Oasis du désert occidental (à l'O. de Louxor). C'est une dépression profonde de près de 300 m, longue de 160 km environ et large de 20 à 50 km. Des sources artésiennes en permettent l'irrigation (dattes, agrumes, sorgho, orge, légumes).
Population 17 000
Carte Égypte Bc

Kharkov, *Ukraine* Deuxième ville du pays après Kiev, située au cœur d'une riche région agricole et du bassin houiller du Donetz, à 400 km au S.-E. de Kiev. Fabrication de machines agricoles et d'équipement minier, de wagons de chemin de fer, de matériel électrique. Industries alimentaires. Université. La ville, reconstruite après la Seconde Guerre mondiale, s'est beaucoup développée depuis (métro).
Population 1 622 800
Carte Ukraine Dc

Khartoum, *Soudan* Capitale du pays, au confluent du Nil Bleu et du Nil Blanc. C'est l'une des villes les plus chaudes du monde : la température moyenne atteint 41 °C en juin, 32 °C en janvier. Fondée par Méhémet Ali, vice-roi d'Égypte, en 1823, prise par le Mahdi (chef religieux) en 1885 après un siège au cours duquel fut tué le général Gordon, gouverneur du Soudan, elle fut reconstruite par les Anglais qui l'avaient reprise en 1898. Le centre-ville, au plan très moderne, conserve de nombreux bâtiments de style colonial, des mosquées et des bazars. Hôtels. Musée national. La ville est bâtie entre les deux fleuves, sur une langue de terre en forme de trompe d'éléphant (d'où son nom, de l'arabe *ras-al-hartum*, « extrémité de la trompe de l'éléphant »). Khartoum-Nord, de l'autre côté du Nil Bleu, est la capitale industrielle du pays (produits alimentaires, pharmaceutiques, textiles). Omdurman, sur la rive opposée du Nil Blanc, rassemble les vieux quartiers arabes. Les trois villes forment la conurbation de Khartoum.
Population (Khartoum) 477 000 ; (Khartoum-Nord) 341 200 ; (Omdurman) 526 300
Carte Soudan Bb

Khaskovo, *Bulgarie* Ville industrielle située à 56 km au S. de Stara Zagora. Capitale de la province de Khaskovo, dans la fertile Thrace. Industries textiles (soie), manufactures de tabac, produits alimentaires, travail des métaux. De nombreux réfugiés venus de Macédoine et de Thrace grecque s'y installèrent après les deux guerres mondiales.
Population 95 800
Carte Bulgarie Bc

Khawr (Al-) *Qatar* Voir KHOR (Al-)

ÎLOT MENACÉ. Des dunes mobiles encerclent le village de Ginah, dans l'oasis de Kharga, qui s'étire le long d'une vallée correspondant à un ancien lit du Nil.

Khayber ou **Khyber** ou **Khaïbar (passe de)** ***Afghanistan/Pakistan*** Col le plus important des monts Sulaiman, qui relie par route Peshawar (Pakistan) et Kaboul (Afghanistan). Longueur : 50 km. Altitude : 1 070 m.

Ancienne voie commerciale et lieu de passage des envahisseurs de l'Inde — Alexandre le Grand en 327 av. J.-C. et Tamerlan en 1398 — il fut le théâtre de combats pendant les guerres anglo-afghanes du XIXe s. Il servit de passage aux nombreux réfugiés afghans pendant l'occupation de leur pays.

Carte Afghanistan Ba ; Pakistan Ca

Kherson, ***Ukraine*** Port et ville sur le Dniepr, à 25 km de la mer Noire. Base navale fondée en 1778 par Potemkine pour l'impératrice Catherine II de Russie. Une grande partie du fort (l'enceinte, les portes et l'arsenal) subsiste. Industries textiles, mécaniques, pétrochimiques et alimentaires. Chantiers navals.

Population 368 300

Carte Ukraine Cc

Khiva, ***Ouzbékistan*** Ville et oasis située sur les rives de l'Amou-Daria en Ouzbékistan, à 250 km au S. de la mer d'Aral. Ancien centre du commerce des esclaves, la ville conserve un air médiéval (mosquées, minarets, bazars, portes et cours ombragées). Les maisons de bois sont couvertes de sculptures, peintures et céramiques aux motifs floraux ou encore géométriques. Tapis.

Population 40 000

Carte Ouzbékistan Ba

Khodjent, ***Tadjikistan*** Deuxième ville du pays sur le Syr-Daria, appelée Leninabad de 1936 à 1991. Cette cité est l'une des plus anciennes de l'Asie centrale. Principales industries : textiles (soie, coton), constructions électriques, conserves alimentaires.

Population 163 000

Carte Tadjikistan Aa

Khojak (col), ***Pakistan*** Col situé à 2 200 m d'altitude, dans les montagnes du Baloutchistan, sur la route qui relie Quetta à Kandahar (Afghanistan). Un tunnel ferroviaire le franchit.

Carte Pakistan Cb

Khone (chutes de), ***Laos*** Zone de rapides du Mékong, au S. du pays, qui empêchent la navigation fluviale. Avant les guerres civiles (1960-1970), les chutes étaient franchies grâce à un système de portage ferroviaire. Il a été abandonné depuis, et le Laos n'a plus d'accès à la mer par le fleuve.

Carte Laos Bc

Khon Kaen, ***Thaïlande*** Capitale régionale et ville universitaire située à 400 km au N.-E. de Bangkok, dans l'une des régions les plus pauvres du pays. Les habitants de la province homonyme subsistent grâce à leurs cultures de riz, de manioc et de canne à sucre.

Population 131 400

Carte Thaïlande Bb

Khor (Al-) ou **Al-Khawr,** ***Qatar*** Deuxième ville du pays, à 40 km au N. de la capitale, Doha.

Kirghizistan

AUX CONFINS DE LA CHINE, LA « SUISSE SOVIÉTIQUE » ÉTAIT LA PLUS ISOLÉE DES RÉPUBLIQUES DE L'EMPIRE, ET LA PLUS ÉLEVÉE AUSSI

La plus petite des républiques d'Asie centrale, le Kirghizistan (Kirghizie), est littéralement enserrée entre les steppes, au N., et les plus hauts sommets de l'ex-U.R.S.S., au S. et à l'E. La chaîne du Tien-Chan, à la frontière chinoise, culmine à 7 439 m au pic Pobiedy (« victoire »), tandis que le Pamir, en bordure du Tadjikistan, atteint 7 134 m au pic Lénine. L'altitude moyenne du pays est de 2 750 m, avec 64 sommets de plus de 4 000 m. Les plaines n'occupent guère plus de 20 % de la superficie du pays. Le lac Issyk-Koul, à 1 608 m d'altitude, riche en poisson, est dix fois plus grand que le lac Léman et assure un apport important en eau.

Peuple turc connu des Chinois dès le IIe s. av. J.-C., les Kirghizes ont vraisemblablement habité la région du haut Iénisseï, au nord de la Mongolie actuelle. Déjà réputés nomades, vivant dans des tentes, les yourtes, les Kirghizes font la conquête des territoires ouïgours de Mongolie vers 840. Mais très vite (début du Xe s.), ils sont chassés par les Mongols et se réfugient dans leur territoire actuel. Successivement sous le joug des Mongols, des Kalmouks (Mongols occidentaux), des Russes, des Kazakhs, des Chinois et enfin des Ouzbeks de la Fergana, ils finissent, après des luttes continuelles contre tous ces voisins, par se soumettre aux Russes en 1864.

Les colons russes déferlent alors sur le pays, le tsar Alexandre II créant, en 1867, le gouvernement général du Turkestan. L'emprise des Russes sur leurs terres, et notamment sur leurs terrains de parcours, mène les Kirghizes à la révolte en 1916. La révolution d'Octobre n'arrête pas cette colonisation. Une république autonome du Turkestan, rattachée à la Russie en 1921, comprend alors le Kirghizistan. Puis il devient lui-même région autonome en 1924, république autonome en 1926, et république constituante de l'U.R.S.S. en 1936 seulement.

UN PAYS À RISQUES

Peuple de nomades, les Kirghizes ne constituent aujourd'hui que 48 % de la population de leur pays ; ils sont aussi présents ailleurs, en particulier dans le Badakhchan, au Tadjikistan. Les Russes représentent plus de 21 % de la population du Kirghizistan, et les Ouzbeks 12 %. On compte aussi des minorités ukrainienne, ouïgour, kazakh ou tadjik. S'y ajoutent les Allemands de la Volga et les Tatars de Crimée, tous déportés par Staline, et qui n'ont pas encore pu rentrer chez eux. Ce brassage de peuples ne facilite pas la sérénité du Kirghizistan. Des affrontements interethniques s'y déroulent régulièrement, en particulier dans la région de Fergana.

Cette région est en effet partagée aujourd'hui entre le Kirghizistan, le Tadjikistan et l'Ouzbékistan. Aussi le mélange des peuples y est-il plus visible. Les conflits sont souvent dus aux partages des terres et de l'eau que les uns ou les autres trouvent injustes. En 1989, il s'agissait des Tadjiks, en 1990, des Ouzbeks. Ceux-ci réclament même la création d'une région autonome ouzbek au sein du Kirghizistan.

L'emprise russe sur l'économie n'est guère appréciée, mais elle est bien utile actuellement. Aussi, le nouveau pouvoir, plutôt moins conservateur que dans d'autres régions, et en particulier le président Akaiev, tente de freiner l'exode des Slaves. C'est ainsi qu'une université slave a été créée malgré les réticences nationalistes. Quant à l'islam, la liberté religieuse facilement retrouvée ne pousse guère au fondamentalisme. En outre, les populations nomades peuvent difficilement être soupçonnées ici d'une telle tentation.

EN VOIE DE DÉVELOPPEMENT

Les villes sont peu peuplées, l'agriculture emploie une main-d'œuvre importante, les hautes vallées et les montagnes sont toujours parcourues par des caravanes.

L'agriculture repose essentiellement sur l'irrigation, qui permet la culture du coton et du tabac, mais assure également la fourniture d'énergie nécessaire aux petites industries mécaniques et électriques. Elle permet aussi l'exportation d'énergie vers la Chine.

L'élevage est, bien entendu, très présent. Le cheptel ovin, le principal, est presque aussi important qu'en France, pour un pays à peu près trois fois plus petit ! Chevaux et chameaux sont en nombre important, et les premiers réputés dans le monde entier. Lait, viande, laine et peaux (caracul ou astrakan) constituent des ressources importantes. Le tourisme apporte aussi de précieuses devises.

LE KIRGHIZISTAN EN BREF

Superficie 198 500 km^2

Population 4 533 000

Capitale Bichkek (ex-Frounzé)

Régime République

Monnaie Som

Langues Kirghiz, russe, ouzbek

Religions Musulmans sunnites, orthodoxes

Climat Continental, montagnard

Ressources Riz, coton, légumes, fruits, vins, céréales, plantes industrielles (kénaf, chanvre), bois ; gaz, pétrole, houille, or, plomb, zinc, uranium, antimoine, mercure

Activités Agriculture, élevage, sylviculture ; énergie électrique, tannerie, textile, industries du bois, métallurgie, tourisme

P.N.B. annuel par habitant 810 dollars

Croissance démographique 22,2 ‰ par an

Espérance de vie Hommes 64 ans, femmes 72

Important port de pêche et centre touristique en plein essor. Nombreux bâtiments modernes. On y a découvert des chambres funéraires et des ossements datant de 7000 av. J.-C., conservés au Musée archéologique.
Carte Qatar Ab

Khorasan, ***Iran*** Province aride du Nord-Est, bordée par le Turkménistan et l'Afghanistan (315 687 km²). Capitale : Meched. Céréales, coton, tabac, betteraves à sucre, fruits et noix sont cultivés dans les oasis (Birjand, Qayen). L'élevage (moutons, chèvres) est la principale activité. Industries textiles (couvertures), alimentaires, tanneries.
Population 5 281 000
Carte Iran Ba

Khor Fakkan, ***Émirats arabes unis*** Port du sultanat de Chardjah, sur la côte orientale du golfe d'Oman. Il est prévu de le transformer en port de containers afin d'assurer les importations des Émirats arabes unis.
Population 2 000
Carte Émirats arabes unis Ca

Khorramabad, ***Iran*** Ville située à 400 km au S.-O. de Téhéran. Marché de la laine et des fruits. Sa massive citadelle fut le bastion des Lurs, tribu guerrière indépendante qui pilla la région pendant des siècles, jusqu'à sa prise par le chah Abbas Ier, au XVIIe s.
Population 209 000
Carte Iran Aa

Khorramchahr ou **Khorramshahr,** ***Iran*** Port situé près du golfe Persique et de la frontière irakienne, sur le fleuve Karun. Relié par voie ferrée au Transiranien. Il traite près de la moitié des échanges commerciaux iraniens, mais ceux-ci ont été sérieusement ralentis par la guerre contre l'Irak. Le port fut occupé par l'armée irakienne pendant vingt mois, de septembre 1980 à mai 1982. Exportations de coton, dattes, fourrures et peaux.
Population 146 700
Carte Iran Aa

Khouribga, ***Maroc*** Centre minier (phosphates) et industriel à 105 km au S.-E. de Casablanca, à laquelle il est relié par voie ferrée.
Population 128 000
Carte Maroc Ba

Khouzistan ou **Khuzistan,** ***Iran*** Province du Sud-Ouest comprise entre les montagnes du Zagros à l'E., l'Irak à l'O. et le golfe Persique au S. (66 532 km²). Les principaux gisements de pétrole iranien y sont situés. On y produit dattes, melons, légumes, riz et coton grâce à l'irrigation. La province rassemble la plus grande partie de la population arabe, minoritaire en Iran, et sunnite. Capitale : Ahwaz. À environ 100 km au N. d'Ahwaz, entre les montagnes et le golfe Arabo-Persique, se trouve Suse, ancienne capitale du royaume d'Élam.
Population 2 688 000
Carte Iran Aa

Khulna, ***Bangladesh*** District du Sud-Ouest, sur le golfe du Bengale, à la frontière de l'Inde. Malgré une population en majorité hindoue, Khulna fut cédée au Pakistan oriental musulman lors de la partition de l'Inde en 1947. Beaucoup d'hindous fuirent en Inde lors des troubles qui suivirent. En 1970, la région fut dévastée par l'un des pires cyclones du siècle (250 000 personnes périrent dans un gigantesque raz de marée). Le port de Khulna en est la ville principale. Exportations de bois, constructions navales. Centre agricole.
Population 649 000
Carte Bangladesh Bc

Khumbu, ***Népal*** 1. Région montagneuse de l'Himalaya où se trouve l'Everest. 2. Glacier qui s'écoule d'un épaulement de l'Everest en franchissant une dangereuse cascade de glace.
Carte Népal Ba

Khums (Al-), ***Libye*** Voir HOMS

Khunjerab (col de), ***Chine/Pakistan*** Voir MINTAKA (col de)

Khwae (Kwai), ***Thaïlande*** Nom donné à deux affluents du Mae Khlong, le Kwai Yai (Grand Kwai) et le Kwai Noi (Petit Kwai), tous deux d'environ 150 km de long. Le pont de la rivière Kwai, célèbre depuis le film du même nom, fut construit entre 1941 et 1944, sur la Kwai Yai, à 100 km à l'O. de Bangkok. La voie de chemin de fer, qui devait mener jusqu'en Birmanie, ne fut jamais achevée. Le pont et le cimetière des prisonniers qui moururent pendant sa construction (110 000) sont aujourd'hui une attraction touristique.
Carte Thaïlande Ac

Khyber (passe de), ***Afghanistan*** Voir KHAYBER (passe de)

Kiang-si, ***Chine*** Voir JIANXI

Kiang-sou, ***Chine*** Voir JIANGSU

Kichinev, ***Moldavie*** Voir CHISINAU

Kicking Horse (col du), ***Canada*** Passage dans les Rocheuses, entre l'Alberta et la Colombie-Britannique. Il s'élève à 1 627 m d'altitude, le point le plus élevé atteint par le chemin de fer du Canadien Pacifique.
Carte Canada Dc

Kiel, ***Allemagne*** Important port de pêche, de commerce et de plaisance situé au fond de la baie de Kiel, au nord du pays. Capitale du Land (État) de Schleswig-Holstein. Chantiers navals, industries en essor. Le canal de Kiel, inauguré par le Kaiser Guillaume II en 1895, relie la mer Baltique (baie de Kiel) à la mer du Nord (estuaire de l'Elbe).
Population 248 400
Carte Allemagne Da

Kielce, ***Pologne*** Ville située à 145 km au S. de Varsovie. Industries alimentaires et électriques, constructions mécaniques. Mines de cuivre, carrières de marbre. Cathédrale (XIIe s.). Palais épiscopal (XVIIe s.).
Population 214 200
Carte Pologne Dc

Kiev, en ukrainien **Kyjiv,** ***Ukraine*** Capitale, sur les rives du Dniepr, à 750 km au S.-O. de Moscou. C'est la plus ancienne ville du pays, voire de l'ex-U.R.S.S. (VIe s.).

Capitale du premier État russe en 882, où Vladimir Ier, converti, fit du christianisme la religion d'État en 988. Les Mongols mirent la ville à sac en 1240. Elle fut rattachée à la Lituanie en 1361, soumise à la Pologne en 1569, et annexée à la Russie en 1654. La ville, reliée par voie ferrée à Moscou en 1863, et à Odessa en 1870, se développa rapidement. De durs combats y opposèrent bolcheviks et nationalistes ukrainiens lors de la révolution de 1917. Elle fut occupée par les Allemands de 1941 à 1943, et reconstruite après la guerre, avec de larges boulevards bordés d'arbres et des parcs. Nombreux monuments et églises anciennes (cathédrale byzantine Sainte-Sophie, XIe s.).

Kiev est un grand centre culturel, commercial et industriel (industries mécaniques, électriques, chimiques, alimentaires, outils de précision). Université fondée en 1834.

À 90 km au N. de Kiev, près de la frontière biélorusse, a été créé un lac de retenue devant alimenter la ville en eau potable. Toutefois, sur ses rives, la centrale de Tchernobyl fut installée. La catastrophe survenue en 1986 dans cette centrale nucléaire fit de nombreux morts et des milliers de personnes durent être évacuées.

Les suites de cet accident ont été considérables : des villages entiers furent rasés, les terres cultivables d'Ukraine et de Biélorussie fortement contaminées, mais la centrale fonctionne toujours. L'Europe et les États-Unis cherchent les moyens de la fermer à tout prix en aidant l'Ukraine à se passer de cette importante source d'énergie (et de devises !) car la menace est plus que jamais présente.
Population 2 643 400
Carte Ukraine Cb

Kigali, ***Rwanda*** Capitale située au centre du pays dans une région de collines. Industries (textiles, chimie, usinage du café, tannerie).
Population 238 000
Carte Rwanda Ba

Kigoma, ***Tanzanie*** Capitale de la région de Kigoma, sur la rive orientale du lac Tanganyika, à 50 km au S. de la frontière du Burundi. Terminus du chemin de fer de Dar es-Salaam, et principal port de transit pour le Burundi. Exportations de bois, coton et tabac. À 8 km au S. se trouve le vieux port de pêche d'Ujiji, où l'explorateur britannique Henry Morton Stanley retrouva le missionnaire écossais David Livingstone, le 28 octobre 1871.
Population 50 000
Carte Tanzanie Aa

Kildare, ***Irlande*** Comté plat du sud-est du pays. 1 694 km². Chef-lieu : Naas. Le Grand Canal, construit aux XVIIIe et XIXe s. pour assurer le trafic commercial entre Dublin et la rivière Shannon, est aujourd'hui utilisé par les bateaux de plaisance. La région est réputée pour ses nombreux haras. Kildare, à 48 km au S.-O. de Dublin, est un centre du hippisme.
Population 122 600
Carte Irlande Cb

Kilimandjaro (mont) ou **pic Uhuru,** ***Tanzanie*** Point culminant de l'Afrique, au nord-est de la Tanzanie, à proximité de la frontière du Kenya. Ses deux sommets, le Kibo (5 895 m) et le Mawenzi (5 149 m), sont d'anciens volcans. Malgré sa position, à 3° au S. de l'Équateur, le Kibo est couvert de neiges éternelles. Au-dessous de 2 000 m, les pentes fertiles sont plantées de bananiers, de caféiers et de maïs. Le Kibo fut atteint en 1889 par deux Allemands, Ludwig Purscheller et Hans Mayer, tandis que le Mawenzi fut vaincu en 1912 par l'Allemand Fritz Klute. Le Kilimandjaro fut donné en cadeau par la reine Victoria à son cousin le Kaiser au Congrès de Berlin (1885). Des milliers d'alpinistes font l'ascension du Kibo chaque année.
Carte Tanzanie Ba

Kilkenny, ***Irlande*** Ville située à 102 km au S.-O. de Dublin, au centre du comté du même nom (2 062 km²). Ancien bastion anglo-normand dont le donjon médiéval et les deux cathédrales dominent la ville. Siège du Parlement. En 1366 y furent promulgués les statuts de Kilkenny qui, dans le but de protéger les Anglais contre les Irlandais, interdisaient les mariages mixtes et l'usage du gaélique. Usines agro-alimentaires et textiles.

Population (ville) 10 100 ; (comté) 70 800
Carte Irlande Cb

Killarney, ***Irlande*** Petite ville touristique (comté de Kerry) et commerçante située au cœur d'une région de vallons et de lacs, à 77 km au N.-O. de Cork. Les plus hautes montagnes d'Irlande, les Macgillicuddy's Reeks, au S.-O., culminent à 1 041 m au Carrauntoohil.

Population 7 700
Carte Irlande Bb

Ki-long, ***Taiwan*** Voir JILONG

Kilwa Kivinje, ***Tanzanie*** Petite ville de la côte, située à 210 km au S. de Dar es-Salaam. Vers 1830 s'y installèrent des habitants de la ville insulaire de Kilwa Kisiwani, à 30 km au S.

Kilwa Kisiwani, fondée au XIᵉ s. par des Perses de Shiraz, fut le centre du commerce maritime de la région, jusqu'au S. de l'actuel Mozambique. Détruite par les Portugais en 1505, elle devint le centre du commerce arabe des esclaves. Ses ruines impressionnantes comptent une Grande Mosquée, un palais bâti entre le XIᵉ et le XIVᵉ s. et un fort portugais.

Sur la côte, juste au N. de Kilwa Kisiwani, se trouve le centre administratif moderne de Kilwa Masoko (terrain d'aviation).

Population 10 000
Carte Tanzanie Ba

Kimberley, ***Afrique du Sud*** Capitale de la nouvelle province du Cap-Nord, près de la frontière de l'État libre d'Orange. Capitale mondiale du diamant. Au cours des quarante-quatre ans que dura l'exploitation de la Grande Mine (aujourd'hui un musée), plus de 20 millions de tonnes de terre furent déplacées à la pelle et à la pioche, et l'on en tira 3 t de diamant. Kimberley produit également de l'amiante, du manganèse et du gypse.

Population (ville) 75 000 ; (aggl.) 145 000
Carte Afrique du Sud Bb

Kimberley (plateau de), ***Australie*** Région du nord de l'Australie-Occidentale constituée de plateaux peu élevés et entrecoupés de gorges, qui culminent au mont Ord (936 m), dans les monts du Roi-Leopold. Aux pluies de mousson, qui de novembre à avril transforment le Fitzroy et l'Ord en torrents, succèdent des hivers chauds et secs. De nombreux aborigènes habitent la région. Ville principale : Derby (3 000 habitants). Élevage (bovins). Mines de diamants à Argyle. Culture d'huîtres perlières dans les baies de Cygnet et de Kuri.

Carte Australie Db

Kimch'aek, anc. **Sŏngjin,** ***Corée du Nord*** Port de pêche de la côte orientale, à 350 km de Pyongyang. Industries alimentaires (conserveries de poisson), fonderies de fer.

Population 265 000
Carte Corée Db

Kincardine (comté de), ***Royaume-Uni*** Voir GRAMPIAN (monts)

Kindia, ***Guinée*** Ville située à 120 km au N.-E. de la capitale, Conakry, à la limite S. du Fouta Djalon. Centre de cure pour les Européens après l'ouverture de la voie ferrée de Conakry en 1904. Nombreux bâtiments de style colonial. Torrents et chutes abondent dans la région. La ville est un marché des fruits locaux (bananes) et abrite une station expérimentale des fruits et agrumes, ainsi qu'un institut Pasteur.

Population 79 900
Carte Guinée Ba

Kindu, ***Zaïre*** Port sur la Lualaba, à 370 km à l'O. de la frontière du Burundi. Terminus N. de la voie ferrée qui dessert la riche région minière du Shaba au S., et rejoint Kalémié à l'E., sur le lac Tanganyika. Le fleuve est navigable, en aval, jusqu'à Ubundu (Ponthierville), reliée par chemin de fer au port fluvial de Kisangani.

Population 68 100
Carte Zaïre Bd

Kings Canyon (parc national), ***États-Unis*** Parc situé dans la sierra Nevada, en Californie, à 300 km au N. de Los Angeles (1 863 km²). Ses deux canyons, traversés par la Kings River, sont profonds de 1 220 à 1 525 m. Nombreux séquoias géants (plus de 80 m de hauteur).

Carte États-Unis Cc

Kingston, ***Canada*** Ville sur le lac Ontario, à l'embouchure de la Cataraqui. Fondée en 1783 par des loyalistes fuyant la révolution américaine, elle fut la capitale du Canada de 1841 à 1844. Grand port de commerce céréalier, elle abrite des usines de construction de locomotives, de moteurs Diesel et des chantiers navals. Elle est le siège de l'université Queen's et du Royal Military College of Canada.

Population 55 000
Carte Canada Hd

Kingston, ***Jamaïque*** Capitale et port principal du pays, sur la côte S. de l'île. Le port, profond et bien abrité, est fermé par les *palisadoes*, langue de sable qui borde la côte sur 13 km, à l'E. de la ville, et sur laquelle sont situés un aéroport international et Port Royal. La ville, fondée par les Britanniques après la destruction de Port Royal par un tremblement de terre en 1692, devint la capitale commerciale en 1703, et la capitale politique en 1872. Elle fut très endommagée par un tremblement de terre et un incendie en 1907. Quelques-uns des anciens édifices subsistent, au milieu des immeubles modernes : Headquarters House (ancien siège du gouvernement) ; Devon House (manoir restauré) ; Gordon House (Parlement). Rockfort, un des faubourgs de l'E. de la ville, abrite une forteresse du XVIIᵉ s. entourée de douves. Kingston est aujourd'hui un important centre commercial (café) culturel et touristique. Raffineries de pétrole, industries alimentaires, manufacture de tabac, fabriques de vêtements et de chaussures. La ville est reliée par chemin de fer à la plupart des communes de l'île.

Population (zone métropolitaine) 588 000
Carte Jamaïque Ba

Kingston-upon-Hull ou **Hull,** ***Royaume-Uni*** Port du nord de l'Angleterre, sur la rive N. de l'estuaire de la Humber (comté de Humberside). C'est le troisième port de commerce du Royaume-Uni et l'un des premiers ports de pêche du monde. Constructions navales, conserveries de poisson, industries chimiques et mécaniques. Université. La ville a été reconstruite après la Seconde Guerre mondiale. Un pont suspendu de 1 410 m de long, ouvert en 1981, la relie à la rive S. de l'estuaire.

Population 323 000
Carte Royaume-Uni Ed

Kingstown, ***Saint-Vincent*** Capitale de l'île et port, sur la côte S.-O., à l'entrée de la baie de Kingstown. Jardins botaniques créés en 1765. Exportations d'arrow-root (fécule de *maranta*), de bananes et de noix de coco. Industries alimentaires.

Population 15 500
Carte Antilles Cc

King-tö-chien, ***Chine*** Voir JIANXI

Kinross, ***Royaume-Uni*** Voir TAYSIDE

Kinshasa, anc. **Léopoldville,** ***Zaïre*** Capitale, et première ville d'Afrique centrale, sur la rive S. du Pool Malebo (ancien Stanley Pool), lac formé par le Zaïre, à 400 km de l'Atlantique.

En 1881, l'explorateur britannique Henry Morton Stanley acheta le village de Kitambo et le nomma Léopoldville en l'honneur du roi Léopold II. Dès 1898, un chemin de fer fut construit pour relier la ville au port maritime de Matadi, en aval des chutes de Livingstone. Léopoldville se développa rapidement et devint la capitale de la colonie en 1926, de l'État indépendant en 1960. Rebaptisée Kinshasa en 1966, elle comptait plus de 2 millions d'habitants en 1981.

Située au carrefour des voies de communication fluviales et ferroviaires qui desservent l'intérieur du pays, c'est un centre industriel important (industries alimentaires, textiles, chimiques et de transformation du bois) depuis la mise en service du barrage d'Inga. Le centre de la ville, moderne, comporte des parcs et de larges boulevards. Grand marché. Musée national, académie des Beaux-Arts. Université. Aéroport international.

Population 3 804 000
Carte Zaïre Ab

Kiou-Siou, ***Japon*** Voir KYUSHU

Kirghizistan Voir p. 368

Kiribati Voir p. 371

Kirin, ***Chine*** Voir JILIN

Kiritimati, anc. **île Christmas,** ***Kiribati*** Atoll de l'archipel Phoenix à plus de 3 200 km au S.-E. de Tarawa et d'une superficie de 432 km². Elle fut découverte par le navigateur anglais Cook en 1777, le jour de Noël. De 1956 à 1962, elle servit de site à de nombreux essais nucléaires anglais et américains. Coprah, crevettes.

Population 2 540
Carte Pacifique (océan) Fb

Kirkcudbright, ***Royaume-Uni*** Voir DUMFRIES ET GALLOWAY

Kirkenes, ***Norvège*** Voir VARANGERFJORD

Kirkuk, ***Irak*** Capitale régionale et centre pétrolier, à 240 km au N. de Bagdad, à population kurde. Marché des produits locaux (sel, ovins, céréales, fruits). Industries diverses.

Population 650 000
Carte Irak Cb

Kirov, ***Russie*** Voir VIATKA

Kirovabad, ***Azerbaïdjan*** Voir GANDJÉ

Kiribati (îles)

CES ÎLES DU BOUT DU MONDE CHEVAUCHENT L'ÉQUATEUR ET LA LIGNE DE CHANGEMENT DE DATE

Le drapeau des îles Kiribati représente l'oiseau-frégate volant au-dessus d'un soleil qui émerge d'une mer d'azur. Le symbole convient parfaitement à ces îles coralliennes ensoleillées, situées au milieu de l'océan Pacifique ; elles étaient connues sous le nom d'îles Gilbert jusqu'à leur indépendance en 1979. Leur nouveau nom se prononce Kiribass, la meilleure approximation de « Gilbert » à laquelle puisse parvenir la langue locale.

L'archipel se compose de 33 îles et atolls, dont Banaba, l'ancienne île Océan, les îles Phœnix et quelques-unes des îles de la Ligne. Avec les îles Ellice (qui s'appellent aujourd'hui îles Tuvalu), elles étaient pour la plupart un protectorat britannique depuis 1892, puis une colonie depuis 1916. Les îles Ellice ont fait sécession en 1975. Les Kiribati sont éparpillées sur une étendue maritime d'environ 5 000 000 de km². Les Japonais les occupèrent pendant la Seconde Guerre mondiale ; elles furent reconquises par l'armée américaine après la féroce bataille de Tarawa en novembre 1943.

Les indigènes sont des Micronésiens (mais non ceux de Tuvalu qui sont polynésiens) christianisés par les missions européennes. Le poisson est leur aliment de base.

Les sols sont pauvres ; l'aliment végétal habituel est le grossier *babai* (le taro) qu'on cultive dans des fosses profondes. Le cocotier pousse en abondance sur la plupart des îles. De 1900 à 1980, Banaba a produit et exporté beaucoup de phosphates, mais les gisements sont maintenant épuisés. Kiribati a négocié (y compris avec l'U.R.S.S.) plusieurs traités de redevances pour les flottilles qui pêchent dans ses eaux territoriales. L'archipel dépend fortement de l'aide étrangère.

KIRIBATI EN BREF
Carte Océan Pacifique Db
Superficie 811 km²
Population 77 000
Capitale Bairiki (sur Tarawa)
Régime République parlementaire
Monnaie Dollar australien = 100 cents
Langues Gilbertien, anglais
Religions Catholiques (50 %), protestants (45 %)
Climat Tropical ; températures moyennes à Tarawa : de 26 à 32 °C toute l'année
Ressources Arbre à pain, pandanus, noix de coco, légumes, poisson
Activités Traitement du coprah, artisanat, pêche, pisciculture
Exportations Coprah, poisson, timbres-poste, produits de l'artisanat
P.N.B. annuel par habitant 750 dollars
Croissance démographique 21 ‰ par an
Espérance de vie Hommes 52 ans, femmes 56

Kirovograd, ***Ukraine*** Ville d'Ukraine méridionale, autrefois appelée Ielisavetgrad, à 250 km au N.-E. d'Odessa, au centre d'une riche région agricole. Construction de machines agricoles.
Population 280 300
Carte Ukraine Cc

Kirsehir, ***Turquie*** Ville de manufacture de tapis, à 135 km au S.-E. d'Ankara. Chef-lieu de la province homonyme (6 570 km²), qui produit des céréales, de l'huile de lin et du mohair.
Population (ville) 65 000 ; (province) 261 500
Carte Turquie Bb

Kisalföld, ***Hongrie*** Voir ALFÖLD (Petit)

Kisangani, anc. **Stanleyville,** ***Zaïre*** Capitale de la région administrative du Haut-Zaïre, sur le Zaïre, au terminus de la navigabilité du fleuve. La ville fut fondée en 1898 sur l'emplacement d'un comptoir commercial établi en 1883 par l'explorateur britannique Henry Morton Stanley. C'est aujourd'hui un centre actif (commerce, pêche, industries, tourisme). Les marchandises venant du sud par voie ferrée ou de Kinshasa par bateau y transitent.
Population 339 000
Carte Zaïre Ba

Kiskörös, ***Hongrie*** Voir KISKUNSAG

Kiskunhalas, ***Hongrie*** Voir KISKUNSAG

Kiskunsag, ***Hongrie*** Partie de la Grande Plaine de Hongrie (Alfold) comprise entre le Danube et la Tisza, qui produit du vin et des fruits. Capitale : Kecskemet. Kiskunhalas (31 900 habitants), à 55 km au S. de Kecskemet, attire les poètes et les artistes et est connue pour ses broderies traditionnelles. La petite ville de Kiskörös (15 100 habitants), à 48 km au S.-O. de Kecskemet, abrite la maison natale du poète national hongrois Sandor Petöfi, qui fut l'un des chefs de la rébellion de 1848 contre le pouvoir autrichien.
Carte Hongrie Ab

Kismayu (Chisimayo), ***Somalie*** Port du sud du pays, entre la capitale, Mogadishu, et la frontière du Kenya. Exportation de bananes. Conserveries.
Population 70 000
Carte Somalie Ac

Kistna, ***Inde*** Voir KRISHNA

Kisumu, ***Kenya*** L'une des principales villes du pays, sur la rive N.-E. du golfe Kavirondo (lac Victoria), à 260 km au N.-O. de Nairobi. Ancien terminus du chemin de fer ougandais, et port actif, Kisumu a décliné depuis la rupture de la Communauté économique de l'Afrique orientale en 1977 qui réduisit les échanges avec la Tanzanie et l'Ouganda.
Population 200 000
Carte Kenya Bb

Kita-Kyushu, ***Japon*** Ville industrielle du nord de l'île de Kyushu. Formée en 1963 par la réunion de cinq villes, c'est aujourd'hui le premier centre sidérurgique du monde. Industries chimiques et mécaniques.
Population 1 056 000
Carte Japon Bd

Kitchener-Waterloo, ***Canada*** Villes jumelles du sud de l'Ontario, à 100 km à l'O. de Toronto. Elles ont pour industries le meuble, la construction automobile, la confection, la viande, le bois et la distillerie. Kitchener fut fondée en 1805 par des mennonites venus de Pennsylvanie, auxquels se joignirent des Allemands ; elle s'appela Berlin jusqu'en 1916. On continue à y célébrer chaque année l'Oktoberfest. Waterloo abrite deux universités.
Population 311 000
Carte Canada Gd

Kithira, ***Grèce*** Voir CYTHÈRE

Kitwe-Nkana, ***Zambie*** Importante ville minière (cuivre) fondée vers 1930, à 290 km au N. de Lusaka à laquelle la relie une voie ferrée.
Population 314 800
Carte Zambie Bb

Kitzbühel, ***Autriche*** Célèbre station de sports d'hiver des Alpes de Kitzbühel (Tyrol), à 80 km à l'E. d'Innsbruck. Au Moyen Âge, la ville fut un centre minier (fer, plomb, cuivre, argent). La dernière mine fut fermée en 1770.
Population 7 900
Carte Autriche Cb

Kivu, ***Zaïre*** Province de l'est du Zaïre (256 662 km²) dont la partie occidentale touche au bassin humide du fleuve Zaïre, tandis que la partie orientale s'élève en bordure du grand Rift d'Afrique orientale (qui comprend les lacs Edouard, Kivu et Tanganyika). Le Kivu oriental est touristique et abrite le parc national de Kahuzi-Biega, celui des Virungas et une partie du parc national de la Maiko. Villes principales : Bukavu (capitale), Goma, Kindu.
Population 6 728 000
Carte Zaïre Bb

Kivu (lac), ***Rwanda/Zaïre*** Lac situé dans le grand Rift d'Afrique orientale. 2 850 km². C'est le plus haut lac d'Afrique (1 460 m). Il alimente la rivière Ruzizi qui se jette dans le lac Tanganyika. Il est peu poissonneux (émanation de gaz méthane) et n'abrite pas de crocodiles ni d'hippopotames.
Carte Zaïre Bb

Kizil Irmak, ***Turquie*** Le plus long fleuve de Turquie (1 400 km). Il prend sa source près de Sivas, à 340 km à l'E. d'Ankara, décrit une large boucle et se jette dans la mer Noire au cap Bafra, à 350 km au N.-E. d'Ankara.
Carte Turquie Ba

Kladno, ***République tchèque*** Ville industrielle de Bohême, à 25 km au N.-O. de Prague. On y exploite le charbon depuis 1720. Coke, acier. À 8 km à l'O. a été construit le nouveau village de Lidice, au N. des ruines de l'ancien village. Les 9 et 10 juin 1942, pour répondre à la mort de Reinhard Heydrich, « protecteur » de Bohême-Moravie tué par la Résistance, les nazis fusillèrent tous les hommes de Lidice, déportèrent femmes et enfants au camp de concentration de Ravensbruck, et rasèrent le village.
Population 72 700
Carte République tchèque Ba

Klagenfurt, ***Autriche*** Capitale du Land (État) de Carinthie, à 100 km au S.-O. de Graz. En 1514, la ville fut en grande partie détruite par un incendie. Les principaux monuments touristiques datent de la dernière moitié du XVIe s. Travail du fer, du cuir et du bois (allumettes).

Population 86 000

Carte Autriche Db

Klaïpeda, anc. en all. **Memel,** ***Lituanie*** Port principal du pays et base navale, sur la mer Baltique, à 180 km au S.-O. de Riga. Les brise-glace y empêchent la paralysie du trafic de décembre à mars. Un canal relie le port à l'embouchure du Niémen, au S. La ville, citadelle fondée en 1252 par les Chevaliers teutoniques, fut membre de la Ligue hanséatique, et allemande pendant une grande partie de son histoire. Elle fut indépendante entre 1924 et 1939, et passa à l'U.R.S.S. en 1945. C'est aujourd'hui un centre industriel (bois et papier, textiles, produits alimentaires, conserveries de poisson) et le terminal pétrolier des gisements de Volga-Oural (Russie). Artisanat (bijoux d'ambre).

Population 206 000

Carte Lituanie Ab

Kljuc, ***Bosnie-Herzégovine*** V. GRMEC PLANINA

Klodzko, ***Pologne*** Ville industrielle et touristique, à 84 km au S.-O. de Wroclaw (Breslau). Elle fut fondée en 981 pour défendre la route Cracovie-Prague au débouché des Sudètes, dans la Vallée de la Santé, bassin vallonné et fertile où se sont implantées plusieurs stations thermales. Industries métalliques, papeteries, textiles. Transformation du bois et des produits alimentaires. La Chapelle du Crâne (XVIIIe s.), à proximité, contient les ossements de 3 000 victimes de la guerre de Trente Ans (1618-1648).

Population 29 300

Carte Pologne Bc

Klondike, ***Canada*** Rivière longue de 160 km, dans le territoire du Yukon, qui se jette dans le Yukon à Dawson. Elle donna son nom à la région de Bonanza Creek, un de ses affluents, où l'on découvrit de l'or en 1896. Pendant les deux années suivantes, plus de 30 000 prospecteurs s'installèrent dans la région. Il n'en restait plus qu'un millier en 1910 en raison des difficultés d'extraction. Quelques mines restèrent ouvertes jusqu'en 1966.

Carte Canada Bb

Knin, ***Croatie*** Ville à 200 km au S. de Zagreb, chef-lieu de la Krajina, province bordant la Bosnie-Herzégovine et à la population majoritairement serbe. La Krajina s'est unilatéralement proclamée indépendante en 1991. Des combats pour le contrôle de la région avaient repris en janvier 1993, notamment autour du barrage hydroélectrique de Peruca. Le parc de Plitvice fait partie de la Krajina.

Population (ville) 12 000

Carte Bosnie-Herzégovine Bb

Knock, ***Irlande*** Village de la côte O., à 60 km au N.-E. de Galway, où la Vierge apparut en 1879 sur le mur d'une église. La basilique moderne construite près du site accueille chaque année 2 millions de pèlerins. Aéroport.

Population 1 400

Carte Irlande Bb

Knokke (-le-Zoute), ***Belgique*** Élégante station balnéaire à 18 km au N. de Bruges: golf, casino et riches villas. Non loin, la réserve naturelle du Zwin présente un grand intérêt.

Population 30 000

Carte Belgique Aa

Knoxville, ***États-Unis*** Ville industrielle de l'est du Tennessee, à 70 km au S. de la frontière du Kentucky, au centre d'une région productrice de tabac. Industries textiles, meubles. Marbre. La Tennessee Valley Authority y fut créée en 1930 par F.D. Roosevelt.

Population (ville) 166 000 ; (zone urbaine) 605 000

Carte États-Unis Jc

Kobe, ***Japon*** Ville de l'île de Honshu, dans la baie d'Osaka, à la pointe orientale de la mer Intérieure. Deuxième port du pays, et l'un des plus grands terminaux de containers du monde. La ville fut entièrement reconstruite après la Seconde Guerre mondiale. Chantiers navals, usines sidérurgiques, chimiques. Fabrication de saké (alcool de riz). Université.

Population 1 478 000

Carte Japon Cd

Koblenz, ***Allemagne*** Voir COBLENCE

Kochi, ***Japon*** Ville et port de la côte méridionale de l'île de Shikoku, dans la baie de Tosa. Château de pierres blanches du XVIIe s. Élevage de chiens de combat et de coqs à longue queue (jusqu'à 8 m de long).

Population 317 100

Carte Japon Bd

Kodagu (Coorg), ***Inde*** Région montagneuse de la côte S.-O., à 800 km au S. de Bombay. Capitale: Mercara. Exploitation du bois. Réserve naturelle de Nagarhole : éléphants sauvages, panthères et cervidés.

Carte Inde Be

Koforidua, ***Ghana*** Capitale de la province Orientale, au pied du plateau de Kwahu, à 55 km au N. de la capitale, Accra, à laquelle elle est reliée par chemin de fer. Commerce du cacao, de l'huile de palme et de la noix de kola.

Population 60 300

Carte Ghana Ab

Kofu, ***Japon*** Ville touristique de l'île de Honshu, à 105 km à l'O. de Tokyo. Principales productions : soieries, vin.

Population 202 400

Carte Japon Cc

Koh-e-Baba, ***Afghanistan*** Chaîne de montagnes séparée de l'Hindou Kouch par la vallée de Bamiyan. Point culminant: le Shah Fuladi (5 600 m). Ses cols (col Unai, 3 100 m, et col Hajigak, 3 250 m) sont difficilement franchissables. Le Hari Rud et la rivière Kaboul y prennent leur source.

Carte Afghanistan Ba

Kohima, ***Inde*** Capitale de l'État du Nagaland, à 110 km à l'O. de la frontière birmane. Altitude: 1 500 m. Elle fut prise par les Japonais en juin 1944, et reprise par les forces anglo-indiennes le même mois.

Population 53 150

Carte Inde Ec

Kokkola, ***Finlande*** Port fondé en 1620 sur le golfe de Botnie, à 112 km au N.-E. de Vaasa. Exportation de bois ; produits chimiques et métalliques ; confection et articles de sport.

Population 34 500

Carte Finlande Bc

Kokoda (piste de), ***Papouasie Nouvelle-Guinée*** Piste traversant la jungle des monts Owen Stanley, au N. de Port Moresby. Ce fut le théâtre de combats pendant la Seconde Guerre mondiale, lorsque les troupes japonaises menacèrent de prendre Port Moresby. Un mémorial a été édifié dans le village de Kokoda, au N. de la piste.

Kola (presqu'île de), ***Russie*** Péninsule montagneuse proche de la frontière norvégienne, au N.-O. de la Russie européenne, entre la mer de Barents et la mer Blanche s'étendant sur 129 500 km^2. Dans la toundra du nord les Lapons élèvent des troupeaux de rennes ; le sud est couvert de taïga.

Le port de Mourmansk, sur la côte N., est la ville principale et la capitale de la région. Mines d'apatite à Apatity et à Kirovsk. Nombreuses bases militaires.

Carte Russie Bb

Kolarovgrad, ***Bulgarie*** Voir SUMEN

Kolding, ***Danemark*** Ville et port du Jutland oriental, au fond du fjord de Kolding (longueur: 10 km), bras du Petit-Belt. Exportation de poissons, de céréales et de bétail. Ruines du château de Koldinghus, bâti en 1208 et détruit par un incendie en 1808. Le jardin botanique de la ville renferme plus de 2 000 plantes du monde entier, dont 200 variétés de roses.

Population 56 300

Carte Danemark Bb

Köln, ***Allemagne*** Voir COLOGNE

Kolobrzeg, anc. en all. **Kolberg,** ***Pologne*** Station balnéaire de la Baltique, à 100 km de la frontière allemande. La vieille ville, ancien port hanséatique du sel, possède une belle cathédrale gothique et une forteresse du Xe s.

Population 40 200

Carte Pologne Aa

Kolonia, ***États Fédérés de Micronésie*** Voir POHNPEÏ

Kolwezi, ***Zaïre*** Important centre minier (cuivre, cobalt), dans la riche région du Shaba. En mai 1978, assiégée par des rebelles katangais, la ville a été délivrée par des parachutistes français de la Légion. C'est également un centre commercial et touristique.

Population 201 500

Carte Zaïre Bc

Kolyma, ***Russie*** Fleuve du nord-est de la Sibérie qui prend sa source dans les monts de la Kolyma et se jette au N. dans la mer de Sibérie orientale. Longueur: 2 600 km. Les glaces arctiques retiennent ses eaux d'octobre à juin, causant d'importantes inondations en été et de fortes embâcles en hiver.

Carte Russie Ib

Komarno, ***Slovaquie*** La ville la plus méridionale du pays, au confluent du Danube et du Vah. Port fluvial actif où l'on construit des péniches et de petits bateaux. La ville est reliée par un pont routier à la ville hongroise de Komárom.

Population 35 400

Carte Slovaquie Dc

Komárom, ***Hongrie*** Port du Danube, au N.-O. du pays, en face de la ville slovaque de Komarno. Le pont routier qui relie les deux villes est le seul pont sur le Danube entre la Hongrie et la Slovaquie. Usines d'aluminium et de produits chimiques.

Population 20 000

Carte Hongrie Ab

Komis, ***Russie*** République fédérée au N.-O. de l'Oural. 415 900 km². Elle est couverte de forêts de conifères au S., de toundra au N. Depuis sa constitution en 1936, cette région, autrefois domaine des chasseurs et des trappeurs, fournit les matières premières aux industries de Saint-Pétersbourg, de la vallée de la Volga et de l'Oural. Elle est arrosée par la Petchora et la Vytchegda (affluent de la Dvina septentrionale). Capitale : Syktyvkar. Traitement du bois. Pétrole et gaz naturel à Oukhta et Sosnogorsk. Mines de charbon à Vorkouta.
Population 1 264 700
Carte Russie Da

Kommunizma (pic), ***Tadjikistan*** Voir COMMUNISME (Pic du)

Komodo, ***Indonésie*** Île de 520 km² appartenant aux Petites Îles de la Sonde, à l'O. de Florès. On y trouve une race de varans de 3 m de long, appelés dragons de Komodo.
Carte Indonésie Ed

Kompong Cham, ***Cambodge*** Province du sud-est du pays, sur le Mékong. Les plantations d'hévéas du nord ont été durement touchées par la guerre, mais les basses plaines, au S., donnent d'abondantes récoltes de riz.
Population 1 245 000
Carte Cambodge Ab

Kompong Chhnang, ***Cambodge*** Province du centre du pays, comprise entre le lac Tonlé Sap et Phnom Penh. Riziculture, pêche fluviale.
Population 257 000
Carte Cambodge Ab

Kompong Som, ***Cambodge*** Voir SIHANOUKVILLE

Komsomolsk-sur-l'Amour, ***Russie*** Ville importante de l'Extrême-Orient russe et port sur l'Amour, à 880 km au N.-E. de Vladivostok. Fondée en 1932 par des Komsomols (Jeunesses communistes) au milieu de forêts et de marécages, la ville connut un développement industriel rapide : constructions mécaniques et navales, raffineries de pétrole, industries de biens d'équipement, alimentaires, confection, chaussures, papier. Elle est reliée au Transsibérien.
Population 318 000
Carte Russie Hi

Kongju, ***Corée du Sud*** Ancienne capitale du royaume Paekche (475 à 538 apr. J.-C.), à 120 km au S. de Séoul.
Population 65 200
Carte Corée du Sud Cd

Kongsberg, ***Norvège*** Ville du sud de la Norvège, à 70 km au S.-O. d'Oslo. Centre minier (argent) fondé en 1624. Le filon s'épuisa en 1957, et les mines sont aujourd'hui un musée et un lieu touristique. Église du XVIIIᵉ s. Manufacture d'armes, électronique, frappe de la monnaie.
Population 14 200
Carte Norvège Cd

Kongsvinger, ***Norvège*** Ville du sud-est de la Norvège, dans la vallée de la Glama, à 75 km au N.-E. d'Oslo. Sa forteresse en ruine date de 1683. La ville est jumelée avec Arvika (Suède) afin de développer les échanges commerciaux.
Population 10 300
Carte Norvège Dc

Königsberg, ***Russie*** Voir KALININGRAD

PERSISTANCE DE L'ISLAM. Cette mosquée, élevée par un guerrier de l'islam qui combattit à Constantinople en 1453, domine encore le vieux Korçë.

Konin, ***Pologne*** Ville charbonnière et de fonderies d'aluminium, à 89 km au S.-E. de Poznán. À Chelmno-nad-Nerem, à 25 km à l'E., les nazis utilisèrent pour la première fois les chambres à gaz. 360 000 personnes, en majorité des juifs, périrent entre 1941 et 1944.
Population 78 000
Carte Pologne Cb

Konkouré, ***Guinée*** Fleuve qui prend sa source dans le Fouta-Djalon, creuse une vallée étroite et profonde, et se jette à l'O. dans l'océan Atlantique, au N. de Conakry. Les centrales électriques de Souapiti et d'Amaria, sur son cours inférieur, produisent près de la moitié de l'hydroélectricité de la Guinée.
Carte Guinée Ba

Konstanz, ***Allemagne*** Voir CONSTANCE

Konya, ***Turquie*** Ville de manufacture de tapis à 235 km au S. d'Ankara, chef-lieu de la province du même nom. Centre culturel de l'Anatolie au XIIIᵉ s., avec la fondation de l'ordre des derviches tourneurs par le musulman soufi Jalad al-Din Rumi. Couvent et mosquée du XIIIᵉ s. Une fête religieuse a lieu chaque année en décembre.

La province (47 420 km²) dispose de ressources agricoles (élevage, céréales, coton, soie) et minières (plomb, magnésium, argent, or).
Population (ville) 513 300 ; (prov.) 1 791 600
Carte Turquie Bb

Kopavogur, ***Islande*** Deuxième ville du pays depuis la Seconde Guerre mondiale, au S. de Reykjavik, dont elle est une banlieue résidentielle. Tourisme en développement. Musée d'Histoire naturelle.
Population 14 400
Carte Islande Bb

Koper ou **Kopar,** anc. **Capo d'Istria,** ***Slovénie*** Port de l'Adriatique et station balnéaire, en Istrie, à 15 km au S. de Trieste (Italie). La ville fut sous la domination de Venise pendant plus de cinq cents ans, de l'Autriche de 1815 jusqu'à l'occupation italienne en 1910. Elle fit partie du territoire libre de Trieste en 1945, et devint yougoslave en 1954, donnant ainsi un port à la Slovénie. La vieille ville vénitienne conserve des fortifications, une cathédrale et un palais Renaissance, et plusieurs campaniles. À 9 km à l'O., dans le petit port salinier de Piran aux ruelles à arcades et aux places pittoresques, s'élève une copie du campanile de la place Saint-Marc à Venise.
Population 24 700
Carte

Korçë, ***Albanie*** Ville située à 855 m d'altitude, au centre d'un bassin fertile voué à la culture du blé et de la betterave, au S. des lacs de Macédoine. Parmi la population figurent de nombreux Valaques de langue roumaine. Centrale hydroélectrique. Industries variées (sucreries, brasseries, confection, verreries). Mines de cuivre et de lignite à proximité.
Population 63 600
Carte Albanie Cb

Korčula, ***Croatie*** Île et ville touristique de Dalmatie (273 km²) qui commande la voie maritime Dubrovnik-Split. Connue dans l'Antiquité sous le nom de Corcyra Negra, l'île appartint à Venise jusqu'en 1815. Au cours de la bataille navale de Korčula, au XIIIᵉ s., Marco Polo fut capturé par les Génois. Il profita de sa captivité pour écrire le récit de ses voyages en Asie. Korčula vit essentiellement de la mer (pêche), et produit du vin, des olives et du marbre blanc. L'eau douce vient du continent. La *Kumpanjinja*, danse traditionnelle, est exécutée chaque année en avril dans la localité de Blato.
Population 3 000
Carte Croatie Bc

Korem, ***Éthiopie*** Voir ÉTHIOPIE

Korhogo, ***Côte-d'Ivoire*** Capitale de la région de savanes du Nord, ville principale du pays Senoufo, à 190 km au N. de Bouaké. Culture du millet, sorgho, riz et igname. Korhogo s'efface devant la ville de Ferkessedougou, située sur la ligne de chemin de fer qui relie Bouaké et Abidjan à Ouagadougou (Burkina).

Population 125 000

Carte Côte-d'Ivoire Ab

Korinthos, ***Grèce*** Voir CORINTHE

Koror, ***Belau*** Capitale et port principal situé sur le lagon, en face des îles des Jardins Flottants, formations coralliennes érodées. Coprah. Conserveries de poisson. De 1914 à 1945, Koror fut la capitale de la Micronésie placée sous administration japonaise. En 1935 la population japonaise s'élevait à plus de 25 000 habitants.

Population 8 000

Kortrijk, ***Belgique*** Voir COURTRAI

Kos, ***Grèce*** Voir COS

Kosciusko (mont), ***Australie*** Voir SNOWY MOUNTAINS

Kosi, ***Népal/Inde*** Rivière de 480 km de long, formée par la réunion de la Sun Kosi et de l'Arun. Elle arrose l'est du Népal et les plaines du nord de l'Inde, et se jette dans le Gange. Malgré les nombreux barrages installés au Népal, de fortes inondations se produisent en Inde pendant les moussons.

Carte Inde Db ; Népal Ba

Košice, ***Slovaquie*** Chef-lieu de la Slovaquie-Orientale, au S.-E. du pays, à 25 km au N. de la frontière hongroise. Marché agricole, grand centre industriel dont la population a quadruplé depuis 1950. Industries sidérurgiques, chimiques et alimentaires. Constructions mécaniques. Université. Nombreux édifices anciens (cathédrale du XIVe s., prison Miklus).

Population 214 300

Carte Slovaquie Eb

Kosovo ou **Kosmet** Province de Serbie (10 887 km^2) en bordure de l'Albanie. Après la bataille de Kosovo (1389), elle fut occupée par les Turcs jusqu'en 1912. Depuis les années 1980, un fort mouvement nationaliste albanais (près de 90 % de la population) s'est développé sur cette terre-symbole du nationalisme serbe, entraînant la suppression du statut d'autonomie de la province. La dislocation de la Yougoslavie a augmenté les risques d'un conflit.

Les plaines irriguées produisent des céréales et le sous-sol est riche en gisements d'argent, de chrome, de plomb et de zinc, mais la croissance démographique trop rapide en fait une région peu développée où sévit un fort taux de chômage. Les touristes peuvent y goûter les joies de la montagne, admirer ses richesses historiques (nombreux monastères orthodoxes, mosquée médiévale à Pristina, la capitale).

Population 1 955 000

Carte Yougoslavie Bc

Kosrae, anc. **Kusaie,** ***États fédérés de Micronésie*** La plus orientale des îles Carolines, à 500 km au S.-E. de Pohnpei. Cultures vivrières. Pêche. Constitue un des États (109,6 km^2).

Population 7 200

Carte Pacifique (océan) Db

Kossou (barrage de), ***Côte-d'Ivoire*** Barrage de 1,6 km de long et 60 m de haut sur le Bandama blanc, au N. de Yamoussoukro. Terminé en 1972, il était conçu pour satisfaire une grande partie des besoins du pays en électricité, mais la production a diminué en raison de la sécheresse. Le lac artificiel peut atteindre 1 700 km^2 ; il a permis le développement de la pêche et la modernisation de l'agriculture locale organisée par l'Autorité pour le développement de la vallée du Bandama (A.V.B.) ; c'est aussi une attraction touristique.

Carte Côte-d'Ivoire Ab

Kostroma, ***Russie*** Ville et port fluvial situé à 315 km au N.-E. de Moscou, fondé en 1152 au confluent de la Volga et de la Kostroma pour garder les routes commerciales le long de ces deux rivières. Le kremlin (forteresse) et la cathédrale subsistent. Centre de l'industrie linière depuis le XVIe s.

Population 280 000

Carte Russie Cc

Kota Bharu, ***Malaysia*** Port et capitale de l'État de Kelantan, au N.-E. de la péninsule de Malaisie, près de la frontière thaïlandaise.

Population 170 600

Carte Malaysia Ba

Kota Kinabalu, ***Malaysia*** Port et capitale de l'État de Sabah, sur la côte N.-O. de Bornéo. La ville, anciennement appelée Jesselton, fut reconstruite après la Seconde Guerre mondiale. Exportation de bois et de caoutchouc. Le mont Kinabalu, à 55 km à l'E., culmine à 4 094 m.

Population 108 800

Carte Malaysia Ea

Kotka, ***Finlande*** Ville et port fondé en 1879 dans le golfe de Finlande, au S. du pays, à 50 km à l'O. de la frontière soviétique. Deuxième port de Finlande après Helsinki (exportation de bois, importation de pétrole et de machines). Industrie du bois et du papier, sucreries, constructions mécaniques. À proximité se trouve Langinkoski, ancienne résidence d'été de la famille royale russe, aujourd'hui réserve naturelle.

Population 59 400

Carte Finlande Cc

Kotor (bouches de), ***Yougoslavie*** Golfe entouré de montagnes, sur la côte du Monténégro (Adriatique), qui constitue l'un des plus beaux ports naturels du monde. La petite ville médiévale de Kotor (Cattaro), sur la rive S., fut gouvernée par Venise de 1420 à 1797. Les tremblements de terre de 1979 et 1981 ont laissé intacts une belle cathédrale du XIIe s. et un hôtel des monnaies du XIVe s. Une route panoramique relie Kotor à la capitale du Monténégro, Cetinje, de l'autre côté du mont Lovcén.

Le conflit yougoslave menace aujourd'hui cette région du fait de la proximité, au N.-O. des bouches, du territoire croate.

Carte Yougoslavie Ac

Kotte, ***Sri Lanka*** Ville située à 11 km à l'E. de la capitale, Colombo, qui est le nouveau siège du parlement. Elle a pris désormais le nom de Sri Jayawardhanapura, nom cingalais de Kotte, capitale au XVe s.

Population 135 600

Carte Sri Lanka Ab

Kouang-tchéou, ***Chine*** Voir CANTON

Kouang-tong, ***Chine*** Voir GUANGDONG

Koudougou, ***Burkina-Faso*** Ville située en bordure des plateaux du pays Mossi, à 75 km à l'O. de Ouagadougou. Centre d'exportation de céréales, desservi par la seule voie ferrée du pays. Petites industries alimentaires (beurre de karité) et textiles (coton).

Population 52 000

Carte Burkina-Faso Aa

Kouei-tchéou, ***Chine*** Voir GUIZHOU

Kouei-yang, ***Chine*** Voir GUIYANG

Kouen-louen Shan, ***Chine*** Voir KUNLUN SHAN

Koufra (Al-Kufrah), ***Libye*** Groupe de cinq oasis du désert de Cyrénaïque, à 920 km au S.-E. de Benghazi. Ancien centre caravanier sur la route du Sahara. À partir de 1895, ce fut le quartier général des Senoussis, confrérie musulmane qui résista à l'occupation italienne de 1912 à 1931. Koufra fut prise par Leclerc aux Italiens en 1941. L'oasis produit de l'orge, des dattes et des textiles. L'irrigation permet de cultiver 15 000 ha de terres (fourrage pour les ovins, cultures maraîchères).

Carte Libye Cb

Kouïbychev ou **Kuibyshev,** ***Russie*** Voir SAMARA

Kouilou, ***Congo*** Fleuve de 320 km de long qui prend sa source dans le plateau des Batékés, au S.-O. du pays. Il traverse Makabana et se jette dans l'Atlantique, à Madingo-Kayes. Possibilités d'aménagement hydroélectrique. Le long de son cours supérieur (vallée du Niari), de grandes plantations produisent pour l'exportation du cacao, du café, du vin et de l'huile de palme, du sucre et du tabac, qui sont amenés à Pointe-Noire par la voie ferrée Congo-Océan.

Carte Congo Ab

Koumassi, ***Ghana*** Voir KUMASI

Kouriles (fosse des) Prolongement de la fosse du Japon dans l'océan Pacifique, à l'E. des îles Kouriles et de la presqu'île du Kamtchatka. Profondeur maximale : 10 498 m.

Carte Russie Id

Kouriles (îles), ***Russie*** Chaîne de 56 îles volcaniques, inhabitées pour la plupart, s'étendant de l'île d'Hokkaido au S., à la presqu'île du Kamtchatka (15 600 km^2). Elles font partie de la « ceinture de feu » du Pacifique (séismes et raz de marée fréquents, nombreux volcans). Pêche (crabes), chasse à la baleine.

Partagées en 1855 entre Russie et Japon, elles furent japonaises de 1875 à 1945, puis occupées par l'ex-U.R.S.S. Le Japon réclame toujours celles du Sud : Itouroup (Etorofu), Kounashir, Sikotan et Habomaï.

Population 25 000

Carte Japon Eb

Kourou, ***Guyane*** Ville côtière, à 56 km à l'O. de Cayenne. Depuis 1968 y est installée une base de lancement de fusées qui fait de la France la troisième puissance spatiale mondiale.

Décidée en 1964, en prévision de l'abandon du champ de tir de Hammaguir en Algérie, la réalisation de la base de lancement fut confiée au CNES. Le site fut choisi en fonction de la latitude (5° 23" N.), où la vitesse de rotation de la Terre est plus grande et donne aux fusées une vitesse initiale supplémentaire, et du profil de la côte, qui permet des lancements tous azimuts. Plus de 400 lancements ont été effectués dans les quinze années suivantes. Depuis 1977, après un accord avec l'Agence spatiale européenne, le

Koweït

LE KOWEÏT A ÉTÉ AU CENTRE D'UNE CRISE QUI A VU SON ANNEXION PAR L'IRAK, PUIS SA LIBÉRATION PAR UNE COALITION QUE DIRIGEAIENT LES ÉTATS-UNIS

Le Koweït n'a que 17 818 km². Il a été fondé au XVIIIᵉ s. par des tribus Anaizah chassées d'Arabie par des sécheresses. La maison régnante des al-Sabah prit le pouvoir en 1756, et l'émir actuel lui appartient. Une assemblée en partie élue a un rôle consultatif.

À la fin du XIXᵉ s., le Koweït passa sous protectorat britannique, jusqu'en 1961. En 1963, l'Irak reconnaissait son indépendance sans que les négociations entre les deux pays parviennent à une délimitation des frontières, les revendications de Bagdad portant en particulier sur l'île de Bubiyan. Ce contentieux, aggravé par la faiblesse économique de l'Irak au sortir du conflit avec l'Iran, débouchait, le 2 août 1990, sur l'entrée des troupes irakiennes, puis sur l'annexion de l'émirat. Les dirigeants koweïtiens, notamment le Cheikh Jaber, chef de l'État, trouvaient alors refuge en Arabie Saoudite. Ils disposaient de moyens financiers considérables grâce aux placements qu'ils avaient effectués à l'étranger en prévision de l'épuisement des réserves pétrolières de l'émirat. Cette puissance financière et économique s'accompagnait d'une faiblesse militaire qui les a amenés à se placer sous la protection américaine.

Ainsi, tandis que la population civile restée au Koweït subissait l'occupation irakienne, le corps expéditionnaire dépêché par les États-Unis en Arabie Saoudite préparait la reconquête de l'émirat. Les mouvements d'opposition koweïtiens en exil, comme la famille régnante, ont profité de la crise pour revendiquer auprès de l'émir la libéralisation du système politique.

Après avoir essayé d'obtenir de l'Irak un retrait inconditionnel de ses troupes du Koweït, les États-Unis et leurs alliés ont déclenché la guerre aérienne en janvier 1991. Un mois plus tard, à la suite d'une offensive terrestre des armées coalisées, Saddam Hussein a évacué l'émirat. Le retour des exilés et de la famille régnante dans un pays qui a subi de graves destructions (incendie des puits de pétrole, pillages...) s'est accompagné d'une « chasse » aux collaborateurs supposés de l'occupant irakien, notamment des Palestiniens.

LA DIVERSITÉ DES ACTIVITÉS

Le Koweït est un carrefour commercial, animé par la construction de logements, d'usines, de centrales, d'écoles, d'hôpitaux et d'hôtels, tous payés par le pétrole. Les perles et les peaux de chameau furent autrefois les principales exportations.

Le pétrole fut découvert en 1938 ; les réserves sont de 90 milliards de barils, au troisième rang dans le monde.

Les industries, pour la plupart liées au pétrole, sont de plus en plus diverses ; elles font appel aux techniques importées. Sur les 2 millions d'habitants, il y a 60 % d'immigrants qui représentent 75 % de la main-d'œuvre, mais qui ne participent pas au partage des revenus pétroliers. Parmi eux, on trouve surtout des Palestiniens, des Égyptiens, des Iraniens, des Indiens, des Yéménites, des Pakistanais, des Européens et des Américains.

Le pays est chaud et aride en été, les températures pouvant atteindre 45 °C ; les hivers sont frais et il peut geler. Les pluies sont très faibles, et le Koweït a les plus grandes installations du monde pour la distillation de l'eau de mer : elles ont produit 545 millions de litres d'eau douce par jour en 1984. Il est assez surprenant qu'on trouve une grande variété de fleurs et d'animaux : un total de 373 espèces de plantes qui fleurissent au printemps ont été recensées. La construction de maisons entourées de jardins a attiré un nombre accru d'oiseaux migrateurs.

On ne peut cultiver que 8,4 % de la terre, dans les oasis ; il y a aussi quelques pâtures pour les chèvres et les moutons. L'essentiel de l'alimentation est importé, mais le gouvernement finance des projets pour la culture de blé irrigué.

Les hommes du Koweït se rassemblent traditionnellement le soir sous de grandes tentes (*diwaniyas*) pour bavarder en buvant du café amer parfumé à la cardamome. L'alcool est interdit, même dans les ambassades. Le football est très populaire, et l'équipe nationale a été cinq fois championne du Golfe. Les femmes s'habillent à l'occidentale, occupent des emplois et conduisent leur voiture, mais elles ne peuvent ni voter ni siéger au Parlement.

Il ne reste plus grand-chose de l'ancien Koweït, bien que la ville ait gardé ses portes et qu'il y ait des musées d'art islamique et un palais royal. On trouve plus facilement dans les souks les derniers produits de la technique occidentale que ceux des activités traditionnelles. L'île de Failakka, dans la baie de Koweït, possède des plages magnifiques ; des fouilles y ont mis au jour des constructions de l'âge du bronze, vieilles de trois mille ans.

Le Koweït, qui maintient sa production de pétrole à un niveau assez faible pour garder ses réserves, voit ses revenus diminuer ; sa population est composée surtout d'immigrants, il y a une forte minorité de chi'ites — la secte musulmane qui gouverne l'Iran. Le clivage entre le libéralisme et le traditionalisme, entre la culture tribale désertique et la vie urbaine moderne pourrait bien poser des problèmes à l'avenir.

LE KOWEÏT EN BREF

Superficie 17 818 km²
Population 1 430 000
Capitale Koweït
Régime Monarchie constitutionnelle
Monnaie Dinar = 1 000 fils
Langues Arabe (officielle), anglais
Religion Musulmans
Climat Chaud et sec ; températures moyennes à Koweït : de 8 à 18 °C en hiver et de 29 à 45 °C en été
Ressources Moutons, chèvres, dattes et autres fruits, légumes, poissons ; pétrole, gaz naturel
Activités Production et raffinage de pétrole et de gaz, construction navale, pêche, industries alimentaires, produits chimiques, engrais, ciment, désalinisation de l'eau de mer
Exportations Pétrole brut et raffiné, gaz naturel
P.N.B. annuel par habitant 16 150 dollars
Croissance démographique 22,3 ‰ par an
Espérance de vie Hommes 72 ans, femmes 76

programme du lanceur européen Ariane a donné un nouveau souffle aux activités de la base, d'où sont envoyés des satellites scientifiques, météorologiques et de télécommunications.
Population 13 900
Carte Guyane Bb

Koursk ou **Kursk**, ***Russie*** Ville industrielle sur la Seïm, à 450 km au S. de Moscou (industries chimiques et alimentaires, constructions mécaniques). En 1943, s'y déroula une importante bataille de chars (5 700 chars) qui se solda par la victoire des Soviétiques. La ville fut presque entièrement détruite. Il reste la cathédrale Saint-Serge (XVIIIᵉ s.) au jubé sculpté de 17 m de haut. Grand gisement de fer à proximité (richesses estimées à 160 milliards de tonnes).
Population 433 300
Carte Russie Cc

Koutaïssi ou **Kutaisi**, ***Géorgie*** Deuxième ville du pays après Tbilissi, sur le Rioni, à 85 km à l'E. de la mer Noire et à 70 km au N. de la frontière turque. Industries automobiles, mécaniques, chimiques, textiles (soie), alimentaires. Ruines d'une forteresse du Iᵉʳ s. et d'une cathédrale du XIᵉ s. Musée.
Population 238 200
Carte Géorgie Aa

Kouznetsk, ***Russie*** Voir NOVOKOUZNETSK

Kovno, ***Lituanie*** Voir KAUNAS

Koweït, Voir ci-dessus

Koweït, ***Koweït*** Capitale du pays, construite à l'emplacement d'un fort portugais du XVIᵉ s. à l'entrée S. de la baie de Koweït. Ville moderne dont les rues rayonnent à partir du centre. Curiosités : palais Seif (palais de l'émir), construit en 1896 ; tour de Koweït (restaurants, jardin intérieur, observatoire panoramique). Musées. La ville est reliée par oléoducs aux gisements de pétrole du Nord et du Sud. Pétro-

chimie, matériaux de construction. Pêche.
Population (aggl.) 1 375 000
Carte Koweït Bb

Kowloon, *Hong Kong* L'un des trois territoires constituant, avec l'île de Hong Kong et les Nouveaux Territoires, la colonie de Hong Kong. L'acquisition, en 1860, de cette petite péninsule du continent chinois permit aux Anglais de contrôler le port de Victoria, mouillage abrité entre Kowloon et l'île de Hong Kong. C'est aujourd'hui le troisième terminal de containers du monde. Cette zone fortement industrialisée, à l'activité commerciale et bancaire intense, est l'une des plus peuplées du monde (jusqu'à 87 000 habitants au kilomètre carré). Exportation de jouets, vêtements, chaussures. Aéroport international à Kai Tak. Une voie ferrée relie Kowloon à Canton (Chine).
Population 1 976 000
Carte Hong Kong Cb

Kpalimé (Palimé), *Togo* Ville située à 105 km au N.-O. de Lomé, au centre d'une région productrice de cacao, de café et d'huile de palme. La ville, dominée par le mont Agou, est un centre touristique. À proximité, chutes de Kpimé et d'Akrowa.
Population 27 500
Carte Togo Bb

Kra, *Birmanie/Thaïlande* 1. Isthme de la presqu'île de Malacca, à la frontière de la Birmanie et de la Thaïlande. Longueur : 200 km ; largeur : 50 km.

2. Rivière de 60 km de long, qui se jette dans la mer d'Andaman.
Carte Thaïlande Ad

Kragujevac, *Yougoslavie* Ville située à 97 km au S. de Belgrade. Capitale de la Serbie de 1818 à 1839. Elle abrita les premiers théâtres, journaux, écoles et maisons d'édition serbes. Constructions automobiles. Un monument et un parc commémorent la fusillade de 7 000 hommes et enfants, objets de représailles nazies le 21 octobre 1941.
Population 164 800
Carte Yougoslavie Bb

Krajina, *Croatie* Voir KNIN

Krakatoa, *Indonésie* Île volcanique située entre Java et Sumatra. Le 27 août 1883 s'y produisit la plus grande éruption volcanique de l'histoire. L'onde de choc fut ressentie jusqu'en Californie, et provoqua un raz de marée (tsunami) qui fit près de 36 000 morts.
Carte Indonésie Cd

Krak des Chevaliers (Qalat al-Hosn), *Syrie* Le plus fameux des châteaux des croisés. Élevé sur une butte en partie naturelle dominant la Boquée, il permettait de contrôler la trouée de Homs reliant l'intérieur de la Syrie au littoral. Construite au début du XIIe s., la forteresse comportait deux enceintes, les bâtiments d'habitation et un puissant massif défendant le côté le plus exposé.

Elle fut cédée aux Hospitaliers qui la rebâtirent après 1202 et y résistèrent aux assauts des musulmans jusqu'en 1271.
Carte Syrie Bb

Krakow, *Pologne* Voir CRACOVIE

Kraljevo, *Yougoslavie* Importante ville industrielle de Serbie, au confluent de l'Ibar et de la Morava, à 124 km au S. de Belgrade. Les rois de Serbie médiévale y étaient couronnés. Constructions mécaniques, industries métallurgiques. Les ruines de Maglic, palais épiscopal du XVe s., dominent l'Ibar, à 16 km au S.-O. À 30 km au N.-E. se trouve le monastère de Kalenic (fresques du XVe s.)
Population 121 600
Carte Yougoslavie Bc

Kranjska Gora, *Slovénie* Voir KARAWANKEN

Kras (en all. **Karst**, en it. **Carso**), ***Slovénie*** Plateau calcaire aride des Alpes dinariques, à proximité de la frontière italienne. Altitude : 1 495 m. Il est réputé pour ses grottes (autour de Postojna), ses cascades et ses rivières souterraines. Son nom allemand a donné le nom commun karst (adj. : karstique), désignant une formation calcaire érodée. La région karstique s'étend en fait tout le long de l'ex-Yougoslavie occidentale.
Carte Slovénie Ab

Krasnodar, *Russie* Ville du Caucase, à 80 km au N.-E. de la mer Noire. Forteresse fondée en 1793 par Catherine II la Grande (d'où son nom, Iekaterinodar, jusqu'en 1920), elle devint une place forte cosaque. Marché agricole, au centre de la riche plaine du Kouban (melons, tomates, betteraves à sucre, blé, tournesols). Nœud ferroviaire important. Industries mécaniques, textiles et chimiques.

Le territoire administratif de Krasnodar (76 000 km^2) s'étend entre les mers Noire et d'Azov.
Population (ville) 631 200 ; (territoire) 4 700 000
Carte Russie Cd

PORTE DE LA CHINE. Les gratte-ciel de Kowloon dominent le port, en face de l'île de Hong Kong (au premier plan).

Krasnoïarsk, ***Russie*** Ville de Sibérie, sur l'Iéniseï, à 620 km à l'E. de Novonikolaïevsk, desservie par le Transsibérien. Elle est au centre d'une région boisée riche en minerais (or, charbon, cuivre, fer, uranium). Importante centrale hydroélectrique de 6 000 MW à 35 km au S. Le territoire de Krasnoïarsk (2 339 700 km^2) comprend les arrondissements autonomes des Evenks et de Taïmyr.
Population (ville) 925 000; (territoire) 3 039 000
Carte Russie Fc

Kratié, ***Cambodge*** Province du nord du pays, productrice de caoutchouc. La capitale, Kratié, est située au terminus de la navigabilité du Mékong.
Population (ville) 12 000 ; (prov.) 182 000
Carte Cambodge Eb

Krefeld, ***Allemagne*** Ville située à 30 km au S.-O. d'Essen, centre de l'industrie de la soie. Bonneterie, textiles.
Population 224 000
Carte Allemagne Bc

Krishna (Kistna), ***Inde*** Fleuve qui prend sa source à 160 km au S.-E. de Bombay et se jette au S.-E. dans le golfe du Bengale. Longueur : 1 400 km. Il permet l'irrigation et la production d'électricité.
Carte Inde Bd

Kristiania, ***Norvège*** Voir OSLO

Kristiansand, ***Norvège*** Port principal de la côte S. de la Norvège, sur le Skagerrak, fondé en 1624 par le roi Christian IV du Danemark, puis fortifié. Chef-lieu du comté de Vest-Agder. Chantiers navals, métallurgie, industrie du bois, produits chimiques, conserveries de poisson. Relié par ferry au Danemark. À proximité, vallées pittoresques du Setesdal.
Population 61 800
Carte Norvège Bd

Krivoï-Rog, ***Ukraine*** Ville du bassin du Donetz, au sud du pays, à 250 km au N.-E. de la mer Noire. Le village fondé par les Cosaques au XVIIe s. est devenu, avec la découverte de minerai de fer en 1880, l'un des plus importants centres sidérurgiques du monde (plus de 125 millions de tonnes de fer par an). Industries métallurgiques, alimentaires. Constructions mécaniques. Cimenteries.
Population 713 000
Carte Ukraine Cc

Krk, ***Croatie*** Île dalmate de 408 km^2 (la plus grande de Yougoslavie), au large de Rijeka, dans l'Adriatique. Cultures méditerranéennes (vignes, oliviers, figuiers). Le port médiéval de Krk, avec sa cathédrale romane et son palais épiscopal, est un centre touristique. L'île fut colonisée par les Croates en 1059, et à Baska fut découverte la Bascanska Ploca (table de Baska), qui présente le plus ancien témoignage d'écriture croate (XIe s.) La pierre originale est conservée à Zagreb, mais l'église de la ville en possède une copie.
Population (île) 15 000 ; (ville) 2 000
Carte Croatie Ab

Krkonose, ***Pologne/République tchèque*** Voir SUDÈTES

LE KRAK DES CHEVALIERS. Les Hospitaliers de Saint-Jean reconstruisirent le krak au début du XIIIe siècle pour une garnison de 2 000 hommes. Les doubles murailles concentriques de la forteresse résistèrent à douze sièges.

Kronstadt, ***Russie*** Base navale de l'île de Kotline, dans le golfe de Finlande, à 25 km à l'O. de Saint-Pétersbourg. En 1703, le tsar Pierre le Grand (1682-1725) prit l'île à la Suède et y fit construire la forteresse de Kronschlot (auj. Kronstadt), qui joua un rôle clé dans la défense de Saint-Pétersbourg de septembre 1941 à janvier 1944.
Carte Russie Bc

Krosno, ***Pologne*** Ville située à 150 km au S.-E. de Cracovie. Ses maisons des XVIe et XVIIIe s., au centre de la ville, sont peintes de couleurs pastel. Centre du gisement de pétrole des Carpates polonaises. Musées des lampes à pétrole (inventées en Pologne en 1853).
Population 49 700
Carte Pologne Dd

Kruger (parc national), ***Afrique du Sud*** Réserve naturelle créée en 1926 le long de la frontière du Mozambique, dans le Nord-Transvaal. 19 485 km^2. Elle est sillonnée par plus de 2 400 km de routes. On y a enregistré 130 espèces de mammifères, 114 de reptiles, 468 d'oiseaux et 48 de poissons.
Carte Afrique du Sud Da

Krugersdorp, ***Afrique du Sud*** Ville minière (amiante, or, manganèse, uranium), à 32 km au S.-O. de Johannesburg. Elle porte le nom de

l'homme politique afrikaner Paul Kruger (1825-1904).
Population 74 000
Carte Afrique du Sud Cb

Krung Thep, ***Thaïlande*** Voir BANGKOK

Krusevac, ***Yougoslavie*** Ville commerciale et industrielle sur la Morava, en Serbie, à 153 km au S.-E. de Belgrade. Constructions automobiles. Château restauré du XIVe s.
Population 164 800
Carte Yougoslavie Bc

Kruszwica, ***Pologne*** Voir KUJAWY

Krym, ***Ukraine*** Voir CRIMÉE

Ksar-es-Souk, ***Maroc*** Voir ER-RACHIDIA

Kuala Lumpur, ***Malaysia*** Capitale du pays, à 30 km de la côte O. de la péninsule malaise, au confluent de deux rivières (Selang et Gombak). Fondée en 1857 près de mines d'étain, la ville devint le centre économique de l'État de Selangor. Elle s'est beaucoup développée depuis l'indépendance (1957). Ses bâtiments administratifs entourés de jardins lacustres et ses immeubles modernes contrastent avec les temples, les mosquées anciennes et les rues bordées de boutiques orientales. Universités.
Population 1 210 000
Carte Malaysia Bb

Kuala Terenganu, ***Malaysia*** Capitale de l'État de Terenganu, sur la côte orientale de la Malaisie, à 140 km au S. de la frontière thaïlandaise. Une route dessert la région, autrefois isolée. On a découvert du pétrole au large.
Population 186 700
Carte Malaysia Ba

Kuantan, ***Malaysia*** Capitale de l'État de Pahang, sur la côte E. de la Malaisie, à 200 km à l'E. de Kuala Lumpur. Une nouvelle route relie la ville à l'O. de la péninsule, plus industrialisé. Exportation d'huile de palme.
Population 136 700
Carte Malaysia Bb

Kuching, ***Malaysia*** Capitale de l'État de Sarawak et port fluvial, au N. de Bornéo. Un nouveau port est en construction à Pending, à 11 km en aval. Mines d'or, d'étain et de charbon.
Population 120 000
Carte Malaysia Db

Kufrah (Al-), ***Libye*** Voir KOUFRA

Kuibyshev, ***Russie*** Voir SAMARA

Kuito, anc. **Silva Porto,** ***Angola*** Ville située à 550 km au S.-E. de Luanda, et chef-lieu de la province de Bié, au cœur de l'une des plus fertiles régions du pays. Café, viande, riz, cire d'abeille et céréales.
Population (ville) 25 000 ; (prov.) 1 184 000
Carte Angola Ab

Kujawy, ***Pologne*** Ancienne province traversée par le Notec, en Pologne centrale. Kruszwica, capitale de la région, à 105 km au N.-E. de Poznán, fut le berceau de l'État polonais. Son église romane (1120-1140) s'élève sur l'emplacement d'une cathédrale de bois du Xe s. bâtie par Mieszko Ier, qui introduisit, par sa conversion, le catholicisme en Pologne.
Carte Pologne Cb

Kukës, ***Albanie*** Ville du nord-est de l'Albanie située près du mont Korab, au confluent du Drin Blanc et du Drin Noir, au centre d'une région minière (cuivre, chrome). Ses usines, construites par les Italiens avant la Seconde Guerre mondiale, se sont développées à partir de 1948 grâce à l'aide tchèque et soviétique, après l'instauration du régime communiste en Albanie en 1946.
Population 12 500
Carte Albanie Ca

Kula Kangri, ***Bhoutan*** Point culminant du pays (7 554 m), dans l'Himalaya, à proximité de la frontière tibétaine.
Carte Bhoutan Ba

Kumamoto, ***Japon*** Ville située près de la côte O. de l'île de Kyushu, à 75 km à l'E. de Nagasaki. Centre industriel (matériel électrique et électronique). Très beau château du XVIIe s., aujourd'hui musée militaire.
Population 580 000
Carte Japon Bd

Kumasi (Koumassi), ***Ghana*** Ville du centre du pays, capitale du puissant royaume achanti au XVIIIe s. Le roi habite toujours au palais Manhiya. Centre culturel et commercial (cacao). Artisanat. La ville est reliée par voie ferrée et par route à Accra, à 200 km au S.-E.
Population (ville) 390 000 ; (aggl.) 540 000
Carte Ghana Ab

Kumayri, ***Arménie*** Voir GOUMRI

Kumba, ***Cameroun*** Chef-lieu de département situé à 140 km au N. de Douala à laquelle il est relié par la route et le chemin de fer. C'est un important centre commercial dans une région d'exploitation forestière et de production de palmier à huile. Un lac de cratère entouré de verdure, le lac Bombi, domine la ville.
Population 67 000
Carte Cameroun Ab

Kumrovec, ***Croatie*** Village situé à 40 km au N.-O. de Zagreb. Patrie du président Tito, dont la maison natale est devenue un musée.
Carte Croatie Ab

Kundelungu (parc national de), ***Zaïre*** Parc fondé en 1970 dans le Shaba, au S.-O. du lac Moéro, près de la frontière de la Zambie. Il abrite les chutes de la Lofoï (aujourd'hui Kaloba), et les forêts et les savanes des monts Kundelungu. Antilopes, guépards, élands, éléphants, zèbres.
Carte Zaïre Bc

Kunlun Shan (Kouen-louen), ***Chine*** Chaîne de montagnes qui culmine à plus de 7 000 m, à l'E. du Karakorum, et forme la bordure septentrionale du plateau du Tibet.
Carte Chine Bd

Kunming, ***Chine*** Capitale de la province du Yunnan, important centre ferroviaire et commercial. Industries sidérurgiques (fer et acier), mécaniques et d'assemblage de camions.
Population 1 550 000
Carte Chine Ff

Kunsan, ***Corée du Sud*** Port de la côte O., sur la rive S. de l'estuaire du Kuan. Papeteries, transformation du bois et du caoutchouc, industries chimiques et textiles.
Population 219 000
Carte Corée Ce

Kuopio, ***Finlande*** Ville et station touristique fondée en 1782 sur la rive O. du lac Kallavesi, à 340 km au N.-E. d'Helsinki. Archevêché orthodoxe. Musée de l'Église orthodoxe de Finlande. Cathédrale luthérienne, université. Industries du bois. Confection.
Population 77 300
Carte Finlande Cc

Kurashiki, ***Japon*** Ville de Honshu, à 160 km à l'O. d'Osaka. La vieille ville féodale conserve son canal bordé de saules pleureurs, ses ponts décorés de motifs chinois et ses entrepôts blancs aux toits de tuiles noires. La ville moderne, qui s'étend sur des polders de la mer Intérieure, est un important centre industriel (raffinage du pétrole, pétrochimie, sidérurgie, rayonne).
Population 411 400
Carte Japon Bd

Kurdistan, ***Irak/Iran/Turquie*** Région d'Asie occidentale habitée par les Kurdes, peuple de pasteurs nomades musulmans. Le Kurdistan comprend le sud-est de la Turquie, le nord-est de l'Irak et le nord-ouest de l'Iran. Sa population est estimée à environ 15 millions d'habitants (de 7 à 8 millions en Turquie, 5 millions en Iran, 2 millions en Irak). Le climat y est rude (hivers froids dans les montagnes, étés torrides dans les plaines). Élevage important. Cultures irriguées. Le sous-sol est riche en chrome, pétrole, cuivre, fer, or et argent.

Le projet de constituer un Kurdistan indépendant (traité de Sèvres, 1922) fut vite abandonné par la Turquie. Celle-ci a longtemps pratiqué une répression contre les Kurdes, mais semble évoluer doucement depuis 1992. En Iran, la république indépendante créée par l'U.R.S.S. et les forces alliées en 1946 fut écrasée un an plus tard.

En Irak, la Région autonome kurde, créée en 1970, fut vite oubliée. La guerre du Golfe en 1991 et la répression contre les Kurdes qui a suivi ont forcé l'intervention alliée en leur faveur. Sous la pression, l'Irak a dû se résoudre à la création, en 1992, d'un parlement kurde, installé à Erbil. Mais la situation reste difficile. Les villes principales sont Souleymanieh et Zakho.
Carte Moyen-Orient Ba

Kurdzhali, ***Bulgarie*** Ville située à l'E. des monts Rhodope, à 55 km au N. de la frontière grecque. Tabac, raffinage du plomb et du zinc. Deux barrages installés à proximité fournissent l'électricité aux industries.
Population 59 000
Carte Bulgarie Bc

Kure, ***Japon*** Ville située à 20 km au S.-E. d'Hiroshima, sur la mer Intérieure. Ancienne base navale, dotée d'un excellent port naturel. Chantiers navals, sidérurgie.
Population 226 500
Carte Japon Bd

Kurukshetra, ***Inde*** Ville sainte hindoue, à 140 km au N. de Delhi. Selon la légende, le dieu Krishna y apparut au prince Arjuna avant une importante bataille, dont le récit figure dans la Bhagavad-gita (le chant du Seigneur), l'un des textes fondamentaux de la philosophie hindoue. Centre de pèlerinage important. Nombreux sanctuaires.
Population 186 100
Carte Inde Bb

Kusaie, ***États fédérés de Micronésie*** Voir KOSRAE

Kushiro, ***Japon*** Port de pêche de la côte S.-E. de l'île d'Hokkaido. Industrie du bois et du papier. Conserveries. Charbon à proximité.
Population 214 500
Carte Japon Db

Kutch (Kachchh), ***Inde*** District côtier, à 550 km au N.-O. de Bombay, sur le golfe de Kutch. 44 185 km^2. La région est constituée principalement d'une vaste dépression marécageuse, inondée par la mer et par les rivières pendant la mousson, aride et salée aux autres saisons. Une partie des terres sont réclamées par le Pakistan, dont une tentative d'invasion échoua en 1965.
Population 696 500
Carte Inde Ac

Kutná Hora, ***République tchèque*** Ancienne ville minière (argent) de Bohême, à 65 km au S.-E. de Prague, où fut frappée la monnaie du XIIIe au XVIIIe s. Musée de la Monnaie. Cathédrale gothique dédiée à sainte Barbe (patronne des mineurs et des artilleurs) aux peintures murales du XVe s. Industries métallurgiques, textiles, mécaniques et alimentaires.
Population 21 400
Carte République tchèque Bb

Kwai, ***Thaïlande*** Voir KHWAE

Kwajalein, ***îles Marshall*** Le plus grand atoll du monde, dans la chaîne des îles Ralik, à 450 km au N.-E. de Majuro. Sur 280 km de long, ses récifs enferment un lagon de 2 800 km^2 de superficie. Depuis 1982, il sert de cible d'essai aux missiles américains tirés de Californie.
Population 8 000
Carte Pacifique (océan) Db

Kwangju (Gwangju), ***Corée du Sud*** Capitale de la province de Cholla, à 275 km au S. de Séoul, au centre d'une plaine fertile. La ville fut le théâtre de sanglantes manifestations populaires contre le gouvernement de Séoul en 1980. Industries automobiles et textiles.
Population 1 145 000
Carte Corée Ce

Kwanza, ***Angola*** Voir CUANZA

Kwazulu, ***Afrique du Sud*** Ancien bantoustan de 36 074 km^2 appelé auparavant Zoulouland. Ses habitants, les Zoulous, ont toujours été de farouches adversaires de l'A.N.C. de Nelson Mandela, provoquant de graves émeutes intercommunautaires.

Constitué de nombreuses parcelles disséminées dans le Natal, il forme aujourd'hui avec ce dernier la nouvelle province de Kwazulu-Natal (chef-lieu : Pietermaritzburg), au sein de laquelle le « royaume » des Zoulous dispose de droits spécifiques. Sa population était de 4 507 100 habitants.
Carte Afrique du Sud Db

Kwinana, ***Australie*** Port et ville industrielle d'Australie-Occidentale, dans le port naturel de la baie de Cockburn, à 20 km au S.-O. de Perth. Centre industriel (traitement de la bauxite et du nickel, aciéries, raffineries de pétrole).
Population 12 500
Carte Australie Be

Kyaukse, ***Birmanie*** Ville du centre de la Birmanie, à 50 km au S. de Mandalay, au cœur d'une région de culture intensive de riz, blé, coton, piments et arachides. Le système d'irrigation créé il y a 900 ans est toujours en service.
Population 115 700
Carte Birmanie Cb

Kyoga (lac), ***Ouganda*** Zone marécageuse alimentée par le Nil, à 110 km au N. du lac Victoria, qui s'étend sur plus de 200 km.
Carte Ouganda Ba

Kyongju, ***Corée du Sud*** Ville du Sud-Est, à 80 km au N. du port de Pusan. Capitale du royaume de Silla à partir de 668, elle possède plusieurs bâtiments de cette époque, dont le temple Pulguk-sa (751), au S.-E. de la ville.
Population 142 000
Carte Corée De

Kyoto, ***Japon*** Ville située à 45 km au N.-E. d'Osaka, à l'extrémité S. du lac Biwa. Elle fut la capitale du pays et la résidence impériale pendant plus de mille ans, de 794 à 1868. La ville, traversée par deux rivières, connaît un climat rude et contrasté. Ses richesses artistiques et son activité intellectuelle en font un pôle culturel. Artisanat prospère (laque, teintures, bambou). Seule ville japonaise à échapper aux bombardements de la Seconde Guerre mondiale, Kyoto offre l'image du Japon traditionnel. Nombreux temples (dont celui de Ryoan-ji, célèbre pour ses jardins et sanctuaires). Musées.
Population 1 479 100
Carte Japon Cc

JARDIN JAPONAIS. Autour de la villa impériale de Katsura s'étend l'un des plus beaux jardins de Kyoto, où les effets de perspective et le choix des plantations composent une harmonie raffinée.

Kyrénia ou **Kérynia,** ***Chypre*** Port de la côte N., centre d'une région agricole. La ville, fondée par les Grecs, possède un château du XIIe s. et une chapelle byzantine. Nombreuses abbayes médiévales et forteresses en ruine à proximité. Les monts de Kyrénia s'étendent sur 160 km le long de la côte, au S. de la ville, et culminent au Kyparissovouno (1 024 m).
Population 23 000
Carte Chypre Ab

Kyushu, anc. **Kiou-Siou**, ***Japon*** Troisième île du Japon après Honshu et Hokkaido (43 065 km^2), dotée de nombreux volcans actifs et d'un climat doux qui permet la culture de plantes tropicales. Mais la population délaisse les campagnes au profit des villes industrielles de Fukuoka, Kita-Kyushu et Kumamoto. Kyushu est aujourd'hui au centre de l'industrie électronique japonaise. Ses côtes très découpées abritent d'excellents ports (Nagasaki, Kagoshima).
Population 13 276 000
Carte Japon Bd

Kyustendil, ***Bulgarie*** Ville thermale, capitale de la province de Kyustendil, à 65 km au S.-O. de Sofia. Centre de la région agricole principale productrice de fruits du pays. Vin. Tabac. Ses sources d'eau chaude sulfureuse, qui furent fréquentées par l'empereur romain Trajan, attirent de nombreux visiteurs. Les gorges de la Struma, au N. de la ville, abritent le monastère de Zemen (fresques du XIVe s.).
Population 55 500
Carte Bulgarie Ab

La Tous les noms commençant par La sont classés au nom propre. Par exemple pour La Paz, voir PAZ (La).

Laayoune (El-Ayoun), ***Sahara occidental*** Capitale du Sahara occidental, dans le nord du territoire, à 20 km à l'E. de l'Atlantique. Le nom El-Ayoun signifie « les sources ». Aérodrome. Depuis la guerre avec le Front Polisario, les Marocains ont entouré la ville d'une ligne de défense longue de 34 km, et bâti des habitations dans le but d'inciter les nomades à se sédentariser.
Population 94 000
Carte Sahara occidental Aa

Labasa, ***Fidji*** Voir VANUA LEVU

Labé, ***Guinée*** Ville du Fouta-Djalon, à 260 km au N.-E. de Conakry, reliée par route à Mamou, au S., et au Sénégal, au N. Son climat frais et sa campagne vallonnée en firent une station touristique fréquentée par les colons français. Marché aux bestiaux. Plantations d'oranges amères, de jasmin et de café à proximité.
Population 110 000
Carte Guinée Ba

Labrador, ***Canada*** Partie occidentale de Terre-Neuve (superficie: 295 800 km^2) dont il est séparé par le détroit de Belle-Isle. Le Labrador appartient au Bouclier canadien et son altitude varie entre 200 et 1 000 m. La toundra le recouvre au N. et la grande forêt de conifères au S. ; il renferme du minerai de fer. Amérindiens et Inuits (Esquimaux), dispersés sur la côte, y vivent de chasse et de pêche. L'aéroport de Goose Bay et les villes minières de Labrador City et de Wabush sont dans l'intérieur.
Carte Canada Ic

Labuan, ***Malaysia*** Île du nord-ouest de Bornéo (75 km^2) appartenant à l'État de Sabah. Son port (Victoria Harbour) fut autrefois un centre du commerce avec la Chine. C'est aujourd'hui un port franc.
Population 54 500
Carte Malaysia Ea

lac Nappe d'eau douce ou salée plus ou moins étendue à l'intérieur des continents. Les lacs sont formés par les mouvements de la terre (lac tectonique), l'érosion (lac glaciaire, lac karstique) ou l'activité volcanique (lac volcanique). Le plus profond du monde est le lac Baïkal, en Sibérie (plus de 1 770 m). Voir ci-dessous LES PLUS GRANDS LACS DU MONDE

LES PLUS GRANDS LACS ET MERS INTÉRIEURES DU MONDE

On distingue deux grands types de lacs naturels : salés et d'eau douce. Dans les mers intérieures comme la Caspienne, qui n'ont pas d'émissaire, l'eau se perd seulement par évaporation, et le degré de salinité augmente. Les lacs dotés de tributaires, dans lesquels la quantité d'eau reçue dépasse celle perdue par évaporation, ne sont pas salés.

Lac ou mer	Pays	Surface (en km^2)
Mer Caspienne (salée)	Asie centrale	424 000
Lac Supérieur (eau douce)	États-Unis/Canada	82 400
Lac Victoria (eau douce)	Kenya/Ouganda/Tanzanie	69 500
Mer d'Aral (salée)	Kazakhstan/Ouzbékistan	40 400
Lac Huron (eau douce)	États-Unis/Canada	59 570
Lac Michigan (eau douce)	États-Unis	57 750
Lac Tanganyika (eau douce)	Zaïre/Tanzanie/Zambie/Burundi	32 900

laccolite Filon de roche intrusive en forme de lentille intercalé entre deux couches de roches sédimentaires.

Lacq, ***France*** Commune des Pyrénées-Atlantiques, sur le gave de Pau, où l'on découvrit un très important gisement de gaz naturel (200 milliards de mètres cubes) en 1951. Le soufre récupéré au cours de l'épuration du gaz couvre la totalité des besoins français. La ville nouvelle de Mourenx fut bâtie de 1957 à 1961 pour loger les travailleurs (7 500 habitants). Table d'orientation : panorama sur les Pyrénées.
Carte France Ce

Ladakh, ***Inde*** Région du Cachemire, dans l'Himalaya occidental, traversée par l'Indus et par ses affluents. La zone Aksai Chin, à l'E., est occupée par les Chinois depuis 1959.
Carte Inde Ba

Ladoga (lac), ***Russie*** Le plus grand lac d'Europe (18 390 km^2), au N.-E. de Saint-Pétersbourg. Il reçoit les eaux du lac Onega, et la Neva y prend sa source. Ses rives N. et O. ont appartenu à la Finlande de 1919 à 1940. Ce fut une voie commerciale dès l'époque des Vikings. Un réseau de canaux fut construit au XVIIIe s. sur la rive S. pour faciliter la navigation. Il est aujourd'hui rattaché à la voie Baltique-Volga et au canal qui relie la mer Blanche et la mer Baltique. Gelé d'octobre à avril, le lac permit l'approvisionnement par traîneaux de Leningrad (Saint-Pétersbourg) assiégée par les Allemands de septembre 1941 à janvier 1944.
Carte Russie Cb

Ladysmith, ***Afrique du Sud*** Ville du Natal, à 190 km au N.-O. de Durban. Centre ferroviaire. Industries alimentaires. Charbon à proximité.
Population 22 000
Carte Afrique du Sud Cb

Lae, ***Papouasie/Nouvelle-Guinée*** Deuxième ville du pays, sur le golfe de Huon, à 320 km au N. de la capitale, Port Moresby. Exportation de cacao et de café. Industries variées. La ville a été reconstruite après la Seconde Guerre mondiale. Université. La chaleur tropicale et des précipitations abondantes en font une ville très fleurie.
Population 78 500
Carte Papouasie/Nouvelle-Guinée Ba

Laghouat, ***Algérie*** Centre administratif et relais sur la route du Hoggar, à 400 km au S. d'Alger. Première oasis au S. de l'Atlas. La ville, fondée au XIe s. par les Hilians, tribu berbère du Nord, est le marché principal de la confédération des Ouled Naïl (tribus nomades ou semi-nomades des monts des Ouled Naïl, dans l'Atlas, en Algérie méridionale).
Population 67 500
Carte Algérie Ba

lagon Étendue d'eau salée peu profonde enfermée par un atoll ou située entre des récifs coralliens et la côte.

Lagos, ***Nigeria*** Ancienne capitale et port sur une lagune au S.-O. du pays, fondé par les Yorubas au XIIIe s. C'est la ville la plus encombrée d'Afrique occidentale, où les taudis surpeuplés contrastent avec des immeubles récents, les rues tortueuses avec des artères modernes. Deux ponts routiers relient l'île de Lagos (centre administratif et commercial) au continent, où réside la majeure partie de la population. Afin de

diminuer la circulation, la capitale fédérale a été transférée à Abuja. Industries nouvelles (alimentaires, chimiques, métallurgiques, textiles). Meubles. Verre. Attractions touristiques: palais de l'Oba (palais royal) du XVIIIe s. Plages, terrains de golf. Pêche et voile. Artisanat (cotonnades, tissage, cuir, bijoux).
Population 1 477 000
Carte Nigeria Ab

Lahej, ***Yémen*** Ville et riche région agricole, à 10 km au N.-O. d'Aden. Coton.
Population (ville) 35 000
Carte Yémen Ab

Lahore, ***Pakistan*** Capitale du Pendjab, à 270 km au S.-E. d'Islamabad, connue jadis comme « la reine des Indes britanniques ». Prospère sous les empereurs mogols (XVIe-XVIIe s.) qui y construisirent palais, mosquées et jardins (entre autres le jardin de l'Amour ou de Chalimar), elle le resta sous les rois sikhs (XVIIIe s.) et sous la domination britannique, à partir de 1840. Attribuée au Pakistan après la partition de l'Inde (1947), elle n'a cessé de croître depuis. Industries métallurgiques, mécaniques, chimiques, textiles; travail du cuir.
Population 2 922 000
Carte Pakistan Db

Lahti, ***Finlande*** Ville industrielle moderne (1905), à 100 km au N.-E. d'Helsinki. Industrie du bois. Compétitions annuelles de sports d'hiver. Le saut à ski, sur la grande crête de la Salpausselka, offre une vue splendide sur la région des lacs de la Finlande méridionale.
Population 94 000
Carte Finlande Cc

Lake District, en fr. **région des Lacs,** ***Royaume-Uni*** Pittoresque région de lacs et de montagnes du comté de Cumbrie, célébrée par William Wordsworth (1770-1850) et d'autres poètes. En son centre, le massif du Cumberland culmine au Scafell Pike (978 m). Principaux lacs: Windermere, Coniston, Ullswater, Derwent Water et Bassenthwaite. Certains villages (Ambleside, Windermere, Bowness-on-Windermere, notamment) ont conservé tout leur charme d'antan. Déclarée parc national, la région des Lacs est menacée par la foule des visiteurs.
Carte Royaume-Uni Dc

Lakshadweep, ***Inde*** Voir LAQUÉDIVES (îles)

Lalibela, ***Éthiopie*** Ville de montagne à 320 km au N. d'Addis-Abeba. Célèbre pour ses 11 églises (XIIe-XIIIe s.) taillées dans le rocher.
Carte Éthiopie Aa

Lalitpur, ***Népal*** Voir PATAN

Lama-Kara, ***Togo*** Chef-lieu de la région de la Kara, en pays kabye au N.-E. du pays. Au pied de l'Atakora, c'est un petit centre administratif et commercial (marché agricole : millet, igname, coton, arachides). Les Tambermas, au N. de la région, habitent encore comme les Sombas voisins leurs fermes en banco aux airs de fortins (les « châteaux ») qui figurent parmi les réussites les plus spectaculaires de l'architecture traditionnelle de l'Afrique de l'Ouest.
Population 29 000
Carte Togo Bd

Lambaréné, ***Gabon*** Capitale de la province du Moyen-Ogooué, sur une grande île de l'Ogooué, à 160 km à l'E. de Port-Gentil. Célèbre pour son hôpital fondé en 1913 par le docteur Albert Schweitzer (1875-1965), philosophe, musicien et missionnaire, prix Nobel de la paix en 1952. L'ancien hôpital (institut) existe toujours, mais Lambaréné est maintenant dotée d'un hôpital moderne. Centre commercial; exploitations forestières; scieries qui expédient par péniches le bois traité. Huileries.
Population 49 500
Carte Gabon Bb

Lambayeque, ***Pérou*** Département du Nord-Ouest, premier producteur de riz et de canne à sucre du pays, surtout dans les basses terres irriguées près du chef-lieu, Chiclayo. Grâce à l'irrigation, le désert de Sechura (côte O.) devient cultivable. Sites mochicas et chimús dans les vallées de Chancay et de Leche. Le musée archéologique Bruning de la ville de Lambayeque conserve des céramiques et des objets anciens.
Population (dép.) 903 000 ; (ville) 18 000
Carte Pérou Aa

Lambert (glacier), ***Antarctique*** Le plus grand glacier connu, découvert en 1956 par des aviateurs australiens. Long de 400 km, il atteint 200 km de large à son arrivée à la banquise d'Amery, où il avance de 750 m par an.
Carte Antarctique Oc

Lamentin (Le), ***Martinique*** Chef-lieu de canton de la Martinique, à l'E. de Fort-de-France. Distilleries. Sucreries. Bananeraies.
Population 30 000
Carte Martinique ABa

Lampang, ***Thaïlande***, Ville et centre forestier à 535 km au N. de Bangkok. Stockage du teck des forêts voisines avant son expédition vers le sud par camion. Dressage des éléphants utilisés dans les camps de bûcherons. La province du même nom fournit surtout du riz.
Population 215 800
Carte Thaïlande Ab

Lamphun, ***Thaïlande*** Province et ville du Nord à 585 km au N.-O. de Bangkok. Ancienne capitale d'un royaume môn (VIIIe-XIIIe s.) Culture industrielle du longane.
Population 154 000
Carte Thaïlande Ab

Lampung, ***Indonésie*** Province méridionale de Sumatra ; 33 307 km². Café, poivre, caoutchouc produits pour l'exportation.
Population 6 018 000
Carte Indonésie Bc

Lanao, ***Philippines*** Plateau volcanique comprenant les provinces de Lanao del Norte et Lanao del Sur, au centre-nord de Mindanao. Plusieurs volcans, dont le mont Ragang (2 815 m). Le lac Lanao (340 km²) fut peut-être formé par l'affaissement d'un autre volcan. Culture du maïs par des fermiers chrétiens, venus des îles Visayas, mal acceptés par les Moros autochtones, musulmans.
Population (Lanao del Norte) 461 000 ; (Lanao del Sur) 405 000
Carte Philippines Bd

Lancashire, ***Royaume-Uni*** Comté de 3 043 km² du nord-ouest de l'Angleterre, au N. de Liverpool et de Manchester. Berceau de la révolution industrielle (XVIIIe-XIXe s.) et première région cotonnière du monde jusqu'à la Première Guerre mondiale. De nos jours, la plupart des usines textiles ont fermé ou se sont reconverties. Beaucoup de houillères ont également fermé et l'effort porte sur la diversification industrielle. Chef-lieu: Preston. Tourisme à Blackpool et dans les Pennines.
Population 1 378 000
Carte Royaume-Uni Dd

Lancut, ***Pologne*** Petite ville du Sud-Est, à 160 km à l'E. de Cracovie. Elle abrite le plus somptueux des palais baroques polonais, construit de 1629 à 1641 par la puissante famille des princes Lubomirski. Couvert de lierre, avec ses dômes en forme d'oignon, l'édifice est devenu musée (tableaux, sculptures, horloges, meubles, tapisseries, attelages et carrosses).
Population 17 000
Carte Pologne Ec

lande Vaste étendue de terre au sol souvent sablonneux où ne croissent que des plantes ou arbustes sauvages: bruyères, joncs, genêts.

Landes, ***France*** Région côtière du Sud-Ouest (14 200 km²) s'étendant, le long de l'Atlantique, de la Gironde à l'Adour, sur environ 130 km de large. Cette ancienne plaine sablonneuse et marécageuse possède le plus grand massif forestier (1 million d'hectares de pins) d'Europe occidentale. La densité de la population est faible, sauf autour du bassin d'Arcachon (voile, ostréiculture) et à Hossegor (tourisme). En 1970, création du parc naturel régional des Landes de Gascogne (2 060 km²).
Carte France Cd

Landes (40), ***France*** Département semi-rural de la région Aquitaine, en bordure de l'Atlantique. Superficie: 9 243 km². Il s'étend en partie sur la forêt des Landes. Principales ressources: exploitation forestière, agriculture (maïs irrigué, vigne), élevage (bovins et surtout oies et canards pour le foie gras), pétrole (à Parentis-en-Born), tourisme balnéaire, thermalisme. Chef-lieu: Mont-de-Marsan.
Population 311 500
Carte France Cd

Land's End, en fr. « Fin de la terre », ***Royaume-Uni*** Promontoire granitique impressionnant à l'extrémité S.-O. de la Cornouailles. Site touristique. Les rochers et les courants, dangereux pour la navigation, ont provoqué de nombreux naufrages au cours des siècles.
Carte Royaume-Uni Ce

Langeland, ***Danemark*** Île de 285 km² dans la Baltique, reliée par un pont à la Fionie. Plages. Ville principale: Rudkøbing.
Population 17 000
Carte Danemark Bb

Langkawi, ***Malaysia*** Île principale (526 km²) de l'archipel du même nom (70 îles), à la frontière thaï. Villages de pêcheurs. Tourisme.
Population 28 000
Carte Malaysia Aa

Langres, ***France*** Sous-préfecture de la Haute-Marne, au sommet d'un contrefort du plateau de Langres. C'est l'une des villes les plus pittoresques de l'est de la France. Elle fut, sous le nom d'Andematunum, la capitale des Lingons, alliés de César lors de la conquête de la Gaule, et le siège, dès le IIIe s., d'un important évêché (dont Dijon dépendit jusqu'à la Révolution). Ses évêques la dirigèrent au Moyen Âge et portèrent du XIVe s. à la Révolution le titre de

Laos

UN PAYS ENCLAVÉ, SOUS-DÉVELOPPÉ, RAVAGÉ PAR LES GUERRES TENTE DE METTRE EN ŒUVRE UNE VERSION ADAPTÉE DU COMMUNISME

Ce petit pays a longtemps souffert de deux maux, l'absence de développement économique et l'intervention étrangère. Le progrès a aussi été retardé par des siècles de divisions internes. La colonisation française lui apporta la paix, mais peu de développement.

Indépendant en 1954, le Laos dut faire face à de sérieux handicaps. Montagneux, avec un système de communications primitif, sans industrie et doté de techniques agricoles dépassées, il aurait eu besoin de paix et d'unité nationale. Au lieu de cela, ses nombreux groupes ethniques devinrent le centre de rivalités politiques. La guerre civile fut aggravée par l'aide des puissances étrangères aux factions rivales.

Un régime communiste prit le contrôle de tout le pays en 1975. Mais les ravages de la guerre, la fin de l'aide américaine, la politique économique dogmatique du nouveau régime et une grave sécheresse en 1977 freinèrent le développement. Plus de 300 000 Laotiens quittèrent le pays.

Depuis 1980, une politique plus libérale et une aide soviétique et vietnamienne massive ont produit une amélioration. Mais le Laos continue à dépendre des fluctuations du climat. Une bonne mousson lui permet de se suffire en riz ; mais une sécheresse ou des inondations peuvent causer un désastre et obliger à ralentir les investissements pour importer du riz.

Le relief montagneux laisse la place au N. à un vaste plateau de plus de 2 000 m d'altitude, qui contient la plaine des Jarres. Au S., les chaînes d'Annam atteignent 2 500 m. Sur leur bordure O. se trouvent les seules régions basses du pays, les plaines alluviales du Mékong. Celui-ci est le grand fleuve du Laos, et sa principale artère de communication, puisqu'il n'y a pas de voie ferrée, et peu de routes. Sur la rive N., sur la frontière avec la Thaïlande, la capitale, Vientiane, est le principal point de contact avec l'extérieur.

Le Laos exporte du bois, du café, de l'étain et de l'électricité. On exporte aussi clandestinement de l'opium et de l'or. Tous les produits industriels doivent être importés, et le déficit du commerce extérieur est constant. La principale culture est celle du riz, produit sur de très petites exploitations paysannes. Il est peu commercialisé, car les exploitations sont trop petites pour avoir des surplus, et les prix sont maintenus à un niveau beaucoup trop bas par le gouvernement.

Les Laos sont le principal groupe ethnique (45 % de la population). Ils sont bouddhistes, et habitent la vallée du Mékong ; leur langue est la langue officielle du pays. Le reste de la population est composé de groupes montagnards (Thais, Khmus, Meo-Yeos).

Les tribus laos venues du N. s'installèrent au Laos aux Xᵉ et XIᵉ s. Au XIVᵉ s., le puissant royaume de Lan Xang s'était établi, mais des rivalités féodales et l'intervention du Siam (Thaïlande), de la Birmanie et du Viêt-nam l'affaiblirent. Au XVIIIᵉ s., il s'était divisé en deux États rivaux, qui passèrent tous deux sous la domination du Siam au XIXᵉ s.

À la suite de l'expansion coloniale française au Viêt-nam et au Cambodge, le Laos devint un protectorat français en 1893, et le demeura jusqu'en 1945, où les Japonais chassèrent les Français. Après la défaite japonaise en août 1945, un gouvernement provisoire du Pathet Lao (ce qui signifie « État du Laos ») fut établi sous la direction du prince Souphanouvong ; mais, en 1946, avec le retour de la France, la revendication d'indépendance fut rejetée, et un royaume de Laos sous contrôle français fut rétabli. En 1950, il devint un État souverain, avec le prince Souvanna Phouma comme Premier ministre, mais l'influence française resta forte.

L'alliance vietnamienne permit au Pathet Lao de prendre le contrôle de l'Est du pays, puis de tout le Laos en 1975. Le gouvernement a subi le choc de l'évolution générale du communisme et a dû accepter une démocratisation qui reste limitée puisque le parti communiste garde le monopole du pouvoir. L'évolution a été plus nette pour l'économie.

Les échecs dus à l'adoption d'un système centralisé dans l'agriculture et le commerce conduisirent à une réorientation économique, surtout depuis 1986. On a laissé revivre le commerce privé et les exploitations agricoles individuelles. Les investissements étrangers sont encouragés et le commerce avec la Thaïlande se développe. Mais le Laos continue à souffrir de ses handicaps naturels, comme l'a montré la sécheresse de 1987, et de son histoire, marquée par les guerres.

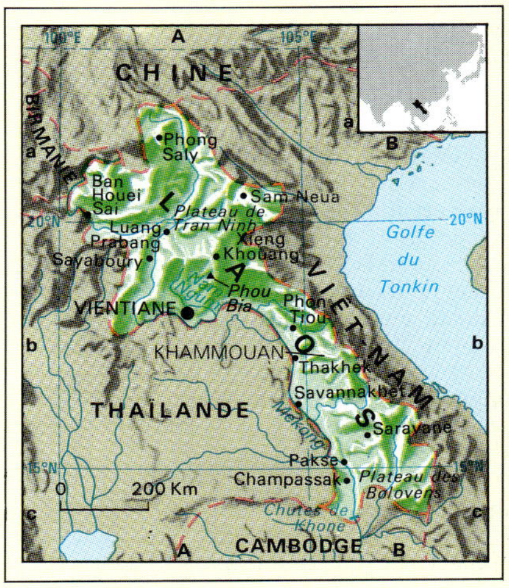

LE LAOS EN BREF

Superficie 236 800 km²

Population 4 550 000

Capitale Vientiane

Régime République communiste

Monnaie Kip = 100 at

Langues Lao et langues tribales

Religions Bouddhistes 58 %, religions tribales, chrétiens

Climat Tropical ; pluie d'été, hiver sec. Température moyenne à Vientiane : de 14 à 34 °C

Ressources Riz, maïs, légumes, tabac, café, coton ; étain

Activités Agriculture, mines et traitement des minerais, exploitation forestière et scieries

Exportations Bois, café, électricité

P.N.B. annuel par habitant 230 dollars

Croissance démographique 29 ‰ par an

Espérance de vie Hommes 50 ans, femmes 53

ducs et pairs de France. Longtemps réputée pour ses imprimeries et sa coutellerie, elle présente plusieurs demeures et hôtels particuliers des XVIᵉ, XVIIᵉ et XVIIIᵉ s. La cathédrale Saint-Mammès (dont la façade a été refaite au XVIIIᵉ s.) date du XIIᵉ s. Elle se rattache par son élévation intérieure à l'architecture romane bourguignonne, et par ses voûtes sur croisées d'ogives au premier art gothique. Diderot, fils d'un coutelier de la ville, y est né en 1713.

Population 10 000

Carte France Fc

Langson, *Viêt-nam* Chef-lieu de province au N.-E. d'Hanoi. Son nom, en France, évoque des heures sombres de l'histoire coloniale. Son évacuation précipitée, en mars 1885, entraîna la chute du cabinet Ferry. En octobre 1950, elle fut à nouveau évacuée après Cao Bang et l'extermination des colonnes Lepage et Charton, événements qui marquèrent la première grande victoire de Giap sur le corps expéditionnaire français lors de la guerre d'Indochine.

Carte Viêt-nam Bd

Languedoc, *France* Ancienne province s'étendant entre le Rhône et la Garonne, qui comprenait le sud-est du Massif central (Vivarais, Velay, Gévaudan), la plaine du littoral méditerranéen à l'O. du Rhône (Nîmes, Montpellier, Narbonne) et les régions de Carcassonne, Albi et Toulouse. Sa capitale était Toulouse, où siégeait son parlement depuis 1444. Profondément romanisée, cette région faite d'éléments disparates devait son unité en partie à l'usage de dialectes dérivés du latin classique et appartenant à la langue d'oc (le vocable Languedoc, qui apparut au XIIIᵉ s., désignait l'ensemble des pays où l'on parlait cette langue). L'histoire médiévale de la région fut marquée par l'hégémonie, dès le milieu du XIᵉ s., des comtes de Toulouse, sous lesquels se développa une civilisation brillante, ainsi qu'en témoignent de nombreux édifices romans et la poésie des troubadours. À la suite de la croisade contre les albigeois menée au début du XIIIᵉ s. par les barons du Nord, les possessions des comtes de Toulouse furent rattachées à la Couronne (1271). Au XVIᵉ s. la province, terre d'élection de la Réforme, fut durement éprouvée par les guerres de Religion. Le protestantisme s'y maintint dans le bas Languedoc, et la révocation de l'édit de Nantes (1685) provoqua la révolte des camisards. Sous la IIIᵉ République, le Languedoc fut le bastion du radicalisme.

Languedoc-Roussillon, *France* Région du Midi (27 376 km²), à l'O. du Rhône, formée de 5 départements (Lozère, Gard, Hérault, Aude, Pyrénées-Orientales) et comprise entre le Massif central, les Pyrénées et la Méditerranée. Chef-lieu : Montpellier. Cette région vinicole (vins rouges de table), en reconversion depuis les années 1955 grâce à l'irrigation de 250 000 ha, présente de grands contrastes entre les régions de montagne (exode rural) et les plaines agricoles (fruits, primeurs). Essor touristique de la côte à partir de 1964 avec l'aménagement du littoral (La Grande-Motte, Leucate-Port-Barcarès, Cap-d'Agde, Saint-Cyprien, Gruissan). Autres pôles d'attraction: le parc national des Cévennes (1970) et le parc naturel régional du haut Languedoc (1973), situé en partie dans la région. Industries variées, surtout à l'est et autour des villes.

Population 2 115 000
Carte France Ee

L'Anse-aux-Meadows, ***Canada*** Voir ANSE-AUX-MEADOWS (L')

Lansing, ***États-Unis*** Capitale du Michigan, à 130 km au N. de Detroit. Centre de fabrication automobile où fut assemblée, en 1887, la première voiture américaine. Université.

Population (ville) 128 000 ; (aggl.) 433 000
Carte États-Unis Jb

Lantau, ***Hong Kong*** La plus grande (150 km^2) des petites îles des Nouveaux Territoires. Plages. Monastère bouddhique de Po Lin.

Population (avec les îles voisines) 17 000
Carte Hong Kong Bb

Lan-tchéou, ***Chine*** Voir LANZHOU

Lanzarote, ***Espagne*** Voir CANARIES

Lanzhou (Lan-tchéou), ***Chine*** Capitale du Gansu, à 1 200 km au S.-O. de Pékin, sur le Houang-ho. Important centre de communication pour la Chine occidentale. Raffineries, usines chimiques et textiles (lainages).

Population (zone métropolitaine) 1 420 000
Carte Chine Fd

Laoag, ***Philippines*** Voir ILOCOS

Laodicée, ***Syrie*** Voir LATTAQUIÉ

Laon, ***France*** Préfecture de l'Aisne, dominant la plaine de Champagne, à 134 km au N.-E. de Paris. Remparts ; maisons du XVIIe s. Sa magnifique cathédrale du XIIe s. est l'une des plus remarquables du premier gothique en France. Patrie des frères Le Nain et du jésuite Marquette, découvreur du Mississippi.

Population 28 700
Carte France Eb

Laos Voir p. 382

lapiès (lapié, lapiez, lapiaz) Cannelure étroite, de 10 à 15 cm de profondeur, qui découpe la surface de certains plateaux calcaires légèrement inclinés, et qui est due à l'érosion karstique superficielle. Les lapiès se présentent souvent en groupements denses (champs de lapiès).

Laponie, ***Scandinavie*** Région aux frontières mal définies, située en grande partie à l'intérieur du cercle arctique. Pays des Lapons (ou Sames), elle s'étend sur le nord de la Norvège, de la Suède et de la Finlande, et sur une partie de la Russie (arrondissement de Mourmansk). Activités minières et forestières ; pêche ; élevage du renne. Plusieurs grands parcs nationaux.

Lappeenranta, ***Finlande*** Port fondé en 1649 sur la rive sud du lac Saimaa, à 25 km de la frontière soviétique. Industries diverses, dont la principale est celle du bois. Tourisme.

Population 54 000
Carte Finlande Dc

UN MODE DE VIE EN EXTINCTION. Une famille lapone est en train de construire une tente avec des peaux de rennes dans la toundra, loin dans le Nord. Peu de Lapons, aujourd'hui, vivent la vie nomade traditionnelle vieille de deux mille ans, où le renne était la base de tout, nourriture, habillement, matériau de construction et huile. Ceux qui le font dépendent surtout du tourisme estival.

Laptev (mer de), ***océan Arctique*** Zone de hauts-fonds de l'océan Arctique, du nom des navigateurs russes Dimitri et Khariton Laptev (XVIIIe s.) Elle s'étend de la presqu'île de Taïmyr, à l'O., aux îles de la Nouvelle-Sibérie, à l'E. Elle est prise par les glaces dix mois par an et reliée à la mer de Sibérie orientale par le détroit Dimitri-Laptev.

Carte Russie Ga

Laquédives (îles) ou **Lakshadweep,** ***Inde*** Territoire insulaire de l'océan Indien, au large du Kerala, comprenant les îles Laquédives, Amindives et Minicoy, soit 32 km^2 de terres émergées (atolls coralliens entourant des lagons). Pêche ; cocotiers (un tiers des noix de coco est mangé sur l'arbre par les rats). Population musulmane ; bouddhistes à Minicoy.

Population 51 710
Carte Inde Be

Larache (Al-Araïch), ***Maroc*** Port de pêche de style espagnol sur la côte atlantique, à 70 km au S.-O. de Tanger. Exportation de laine, peaux, liège, cire, céréales, fruits et légumes. Dans la ville, le château des Cigognes (XVIIe s.) tire son nom des oiseaux qui nichent sur les remparts. Au N. se trouve le site historique de Lixus (vestiges mégalithiques, phéniciens et romains). C'est près de Larache, dans la vallée du Loukos, que les Anciens situaient le célèbre jardin des Hespérides, avec son arbre chargé de pommes d'or dont Hercule réussit à s'emparer après avoir triomphé d'un dragon.

Population 64 000
Carte Maroc Ba

Laramie, ***États-Unis*** Petite ville située dans une région forestière, minière et d'élevage du sud-est du Wyoming, à 35 km au N. de la frontière du Colorado. Fondée en 1868 par l'Union Pacific Railroad pour servir de dépôt. Université de l'État et centre touristique.

Population 25 000
Carte États-Unis Eb

Larap, ***Philippines*** Voir BICOL

Laredo, ***États-Unis*** Principale ville frontière entre le Texas et le Mexique, sur le Rio Grande, à 475 km au S.-O. de Houston. Fondée par les Espagnols en 1755, elle fut occupée par les Rangers du Texas en 1846; la guerre du Mexique (1846-1848) l'attribua au Texas, mais elle conserve un cachet mexicain. Import-export et tourisme. La région produit du pétrole et du gaz et on y élève du bétail.

Population 118 200
Carte États-Unis Ge

Larissa, ***Grèce*** Capitale de la Thessalie, sur le Pénée, au centre de la plaine de Larissa. Marché agricole et centre commercial, relais entre

Athènes et Thessalonique. Principales activités : industries textiles, alimentaires (sucreries), tabac. Musée archéologique. La ville fut occupée par les Turcs de 1389 à 1881, date à laquelle elle devint grecque.
Population 100 000
Carte Grèce Cb

Larnaca, ***Chypre*** Port de commerce sur la côte S.-E. (céréales, pommes de terre, bétail, cognac, tabac et savon). Selon l'Évangile de Jean, Lazare vécut à Larnaca après sa miraculeuse résurrection par Jésus. Depuis la fermeture de l'aéroport de Nicosie (1974), celui de Larnaca est devenu le premier aéroport international de tourisme.
Population 48 400
Carte Chypre Ab

Larne, ***Royaume-Uni*** Port et station balnéaire de l'Irlande du Nord, à 34 km au N.-E. de Belfast. Ferries pour Stranraer (Écosse), à 60 km.
Population 18 200
Carte Royaume-Uni Cc

Larzac, ***France*** Le plus méridional des Grands Causses qui s'étend sur plus de 1 000 km^2 au S. de la Dourbie. Son sol pauvre est consacré à l'élevage des brebis (roquefort) et la population y est faible. À partir de 1971, la décision d'étendre de 2 900 à 17 000 ha le camp militaire du même nom donna lieu à des mouvements contestataires d'agriculteurs et d'écologistes jusqu'à l'abandon du projet en 1981.

Lascaux (grotte de), ***France*** Grotte de la vallée de la Vézère, près de la Dordogne. Découverte en 1940 par quatre enfants et leur chien, elle abrite la plus belle collection au monde d'art préhistorique avec sur ses parois des peintures de taureaux, bisons, cerfs, chevaux et chasseurs. Elle fut occupée à l'âge de la pierre, il y a 15 000 à 20 000 ans. En 1963, la grotte fut fermée au public pour préserver les fresques. Lascaux II, un fac-similé, fut ouverte en 1983, après dix ans de travaux réalisés par des artistes qui utilisèrent les techniques et matériaux des peintres de la préhistoire.
Carte France Dd

Lassen (parc national des volcans de), ***États-Unis*** Parc de 433 km^2 dans la sierra Nevada, en Californie, à 300 km au N.-E. de San Francisco. Le pic Lassen, le plus grand volcan à dôme du monde (3 187 m), présente un bel ensemble de coulées de lave, de sources chaudes, de fumerolles et de lacs.
Carte États-Unis Bb

Las Vegas, ***États-Unis*** Paradis des joueurs au milieu du désert, au sud-est du Nevada. Colonie mormone fondée en 1855-1857, elle devint une bourgade agricole en 1905. Les lois libérales de l'État favorisant le jeu, la ville acquit une réputation mondiale pour ses casinos, ses revues et sa vie nocturne.
Population (ville) 258 500 ; (zone urbaine) 741 500
Carte États-Unis Cc

latérite Argile rougeâtre riche en oxyde de fer, souvent durcie, incultivable, que l'on trouve à la surface de certains sols des régions tropicales.

latitude Distance angulaire d'un point de la surface terrestre à l'équateur, mesurée en degrés (1° de latitude vaut 111,1 km). Tous les points d'un parallèle ont le même degré de latitude.

Latium, en ital. **Lazio,** ***Italie*** Région du centre de la péninsule (17 203 km^2) comprenant les provinces de Rome, Viterbe, Frosinone, Latina et Rieti. Elle s'étend sur le versant tyrrhénien de l'Apennin et présente d'E. en O. d'âpres reliefs calcaires (Abruzzes), des zones volcaniques (monts Cimini et Venere au N., monts Albains au S.), de riants paysages de bois de châtaigniers, de vergers et de vignobles (les vins de Frascati et d'Albano sont réputés), enfin la campagne romaine et la plaine littorale. Cette dernière, région marécageuse, longtemps infestée par la malaria, mais en partie asséchée dans les marais Pontins à partir de 1928, est aujourd'hui gagnée à la grande culture, à la culture maraîchère et à l'élevage laitier pour l'approvisionnement de la capitale, Rome. Installée sur ses sept collines, dans le bassin inférieur du Tibre, la ville et son agglomération regroupent près des trois quarts de la population du Latium et l'essentiel des activités socio-économiques de la région.
Population 5 145 800
Carte Italie Dc

CAPITALE DES PLAISIRS. Brillant de tout l'éclat des richesses attirées (et le plus souvent perdues) par ses tapis verts, ses machines à sous et ses spectacles, Las Vegas est l'une des versions du rêve américain.

Lattaquié, en ar. **Al-Ladhiqiyah,** ***Syrie*** Port sur la Méditerranée, chef-lieu de la province du même nom, à 100 km au N.-O. de Hamah. La plus grande partie de l'import-export transite par Lattaquié et sa zone franche. Manufacture de tabac. Cette cité moderne animée, au centre d'une région agricole fertile, est l'ancienne Laodicée d'Asie Mineure, fondée par Antiochos II, prise par Mithridate, puis par les Romains. Vestiges de l'époque de Septime Sévère (193-211).
Population (ville) 284 000 ; (prov.) 783 000
Carte Syrie Ab

Lauenburg, ***Pologne*** Voir LEBORK

Launceston, ***Australie*** Port du nord de la Tasmanie, à 160 km au N. de Hobart, et deuxième grande ville de cet État. Fondée en 1805, elle est souvent appelée « Garden City » pour ses beaux parcs et jardins. Exportation de produits agricoles et de bois. Industries hydroélectriques et textiles ; minoteries.
Population 65 000
Carte Australie Hg

Laurasie Le plus septentrional de deux anciens continents issus de la division d'un supercontinent, la Pangée, il y a 200 millions d'années. Le plus méridional était le Gondwana. Voir LA DÉRIVE DES CONTINENTS p. 199.

Laurentides, ***Canada*** Région montagneuse du Québec qui coïncide avec la marge méridionale du bouclier canadien et dont le sommet le plus élevé, le mont Raoul-Blanchard, atteint 1 166 m. Célèbre pour ses sports d'hiver, la région abrite, au nord de Montréal, d'importants lieux de villégiature.
Carte Canada Hd

Lausanne, ***Suisse*** Ville sur la rive N. du lac Léman. Centre de conférences et foires internationales. Université, écoles professionnelles, théâtres, musées. Des rues médiévales entourent l'hôtel de ville et la cathédrale (XIIIe-XVIe s.). Ouchy, ancien hameau devenu banlieue, est le port le plus actif du lac Léman. La ville est le chef-lieu du canton de Vaud (anc. Léman), protestant et de langue française.
Population (ville) 123 000
Carte Suisse Aa

Lautaret (col du), ***France*** Col routier des Alpes, au N. du massif du Pelvoux. 2 058 m. Il fait communiquer l'Oisans et le Briançonnais. Sports d'hiver.

Lautoka, ***Fidji*** Deuxième ville du pays et port sur la côte O. de Viti Levu. Exportation de sucre de canne. Tourisme. Aéroport de Nadi.
Population 29 000

Laval, ***Canada*** Ville du Québec séparée de Montréal par la rivière des Prairies et constituée en 1965 par la réunion des 14 municipalités de l'île Jésus.
Population 282 900
Carte Canada Hd

Laval, ***France*** Chef-lieu de la Mayenne, sur la Mayenne. Pittoresque petite ville d'administration et de services. Marché agricole. Centre industriel (constructions mécaniques et électriques, industries alimentaires). L'industrie textile s'y développa dès la Renaissance. La ville, centre d'une baronnie érigée en comté au XVᵉ s., s'est développée autour de son château. Elle fut lors de la Révolution un foyer de la chouannerie. Nombreux édifices anciens : Vieux Château des comtes de Laval (donjon du XIIᵉ s.), château Neuf (Renaissance) et église romane (XIIᵉ s.) Notre-Dame d'Avesnières. Laval a vu naître Ambroise Paré, le Douanier Rousseau, Alfred Jarry et le navigateur Alain Gerbault.
Population 50 500
Carte France Cb

lave Roche fondue provenant d'un volcan ou d'une fissure dans la surface de la terre.

Le Tous les noms commençant par « Le » sont classés au nom propre. Par exemple, pour Le Caire, voir CAIRE (Le).

Lebombo (monts), ***Afrique australe*** Ensemble de monts peu élevés (culminant à 660 m), longeant la frontière du Mozambique avec l'Afrique du Sud (Transvaal), puis avec le Swaziland. Ses sommets plats et herbeux, au Swaziland notamment, jouissant d'un climat frais et agréable, sont des régions d'élevage et de cultures.
Carte Swaziland Ba

Lebork (Lauenburg), ***Pologne*** Chef-lieu de district et petit centre industriel de Poméranie. Les Chevaliers teutoniques qui l'occupèrent au début du XIVᵉ s. lui donnèrent en 1341 une charte urbaine, l'entourèrent de remparts et y construisirent un château qui a fait l'objet de très nombreux remaniements.
Population 33 000
Carte Pologne Ba

Lebowa, ***Afrique du Sud*** Ancien bantoustan attribué aux Sothos du Nord, et composé de plusieurs territoires aujourd'hui répartis dans les nouvelles provinces du Transvaal Nord et du Transvaal Est, d'une superficie totale de 22 100 km^2. Capitale : Lebowakgomo. 55 à 60 % de sa population y vivait de façon permanente ; 35 à 40 % habitait en zone blanche. Des mines d'amiante et de platine y sont exploitées.
Population 2 101 500
Carte Afrique du Sud Ca

Lecce, ***Italie*** Chef-lieu de province dans la Pouille. Cette ancienne capitale du Salento, rattachée au royaume de Naples en 1463, connut des heures prospères du XVIᵉ au XVIIIᵉ s. Ses palais et monuments construits en pierre blonde et tendre forment un bel exemple d'urbanisme baroque. La piazza del Duomo et l'église Santa Croce affichent gaiement le goût de leurs architectes pour les effets théâtraux, les jeux de perspectives, la profusion des ornements sculptés. Au cœur d'une riche région agricole, la ville est un important marché de céréales. Tabac, huile et bois. Université.
Population (ville) 101 000 ; (prov.) 784 000
Carte Italie Gd

Ledenika (grotte), ***Bulgarie*** Voir VRATSA

Leeds, ***Royaume-Uni*** Ville du Yorkshire, au centre de la vaste conurbation du West Yorkshire qui regroupe la plus grande part de l'industrie lainière et de la confection britanniques, l'une des plus grosses concentrations mondiales de l'industrie textile. Construction mécanique (métiers à tisser), chimie, pièces automobiles. Leeds est de plus en plus une ville de services, siège de directions régionales des ministères et de banques, d'une Bourse, d'une université. D'audacieux travaux ont été récemment menés pour rénover ses quartiers centraux. À proximité, abbaye cistercienne de Kirkstall (fondée en 1152) et château de Harewood House, remarquable édifice du XVIIIᵉ s.
Population (ville) 450 000 ; (aggl.) 1 540 000
Carte Royaume-Uni Ed

Leeuwarden, ***Pays-Bas*** Chef-lieu et centre culturel et économique de la Frise, ancienne résidence des stathouders de la province (1582-1747). Cette ville aux pittoresques canaux fut réputée du XVIᵉ au XVIIIᵉ s. pour son orfèvrerie. Industrie laitière. Marché agricole (bovins). Industries de transformation.
Population 85 100
Carte Pays-Bas Ba

Leeward Voir SOUS-LE-VENT (îles)

Legazpi, ***Philippines*** Voir BICOL

Legnica (Liegnitz), ***Pologne*** Chef-lieu de voïévodie, au S.-O. du pays. Important centre de la métallurgie du cuivre (extrait dans la région), et de l'industrie textile (bonneterie). La ville est célèbre, en Pologne, pour la bataille qu'Henri II le Pieux y livra en 1241 aux Tatars, et qu'il perdit, mais qui arrêta leur avance.
Population 101 000
Carte Pologne Bc

Leicester, ***Royaume-Uni*** Chef-lieu du Leicestershire, sur la Soar, au S. de Nottingham. C'est l'une des plus anciennes villes des Midlands ; elle joua un rôle important à l'époque de Simon de Montfort, comte de Leicester (1150-1218). La bonneterie et la chaussure ont longtemps été ses principales activités industrielles, relayées aujourd'hui par les constructions mécaniques et électriques. Monuments médiévaux : abbaye du XIIᵉ s., églises St. Nicholas (nef du VIIᵉ s.) et St. Mary de Castro (début XIIᵉ s.). Université.
Population 325 000
Carte Royaume-Uni Ed

Leiden, ***Pays-Bas*** Voir LEYDE

Leinster, ***Irlande*** L'une des quatre provinces historiques du pays (19 632 km^2). Elle s'étend sur la partie S.-E. de l'île et comprend douze comtés, dont celui de Dublin, sa capitale.
Population 1 860 100
Carte Irlande Cb

Leipzig, ***Allemagne*** Première ville du nouveau land de Saxe, après Dresde, la capitale, et grand centre industriel, situé sur plusieurs bassins de lignite. Carbochimie, sidérurgie, centrales thermiques. Les industries textiles, électrotechniques, mécaniques et alimentaires s'ajoutent aux activités traditionnelles de la ville (livres, meubles, instruments de musique, fourrure). Leipzig occupe depuis longtemps une place importante dans la vie économique (ses célèbres foires remontent au XIIᵉ s.), intellectuelle et artistique du pays. Son université, fondée en 1409, rebaptisée Karl-Marx en 1952, fut un haut lieu de la Réforme en Allemagne au XVIᵉ s. Quelques-uns des plus grands noms de la culture allemande (Leibniz, Fichte, Goethe, Klopstock, Schelling) y enseignèrent ou y furent étudiants. La ville possède un opéra, un conservatoire de musique fondé par Mendelssohn en 1843 où enseigna Schumann. Patrie de Wagner, qui y donna à l'opéra, en 1843, la première représentation de son *Ring*. Jean-Sébastien Bach y fut cantor de 1723 à 1750. Elle fut l'un des berceaux du socialisme allemand : Bebel, Wilhelm Liebknecht, Lassalle, Rosa Luxemburg y travaillèrent. Capitale de l'édition et de l'imprimerie du monde germanique de la fin du XVIIᵉ s. à la Seconde Guerre mondiale, Leipzig resta l'un des grands foyers culturels de la R.D.A. Monuments historiques : églises Saint-Thomas et Saint-Nicolas (gothiques), hôtel de ville (XVIᵉ et XVIIᵉ s.), Bourse (baroque). Au cours de l'automne 1989, la ville devint une sorte de ville-héros, bravant chaque semaine les autorités par de vastes manifestations contre le régime, entraînant la chute de celui-ci après le 9 novembre (« chute » du mur de Berlin).
Population 511 100
Carte Allemagne Ec

Leitrim, ***Irlande*** Comté du nord-ouest de l'île, de la baie de Donegal au N. au comté de Longford au S. (1 525 km^2) ; chef-lieu : Carrick-on-Shannon. C'est le comté le plus rural du pays (élevage) et le plus dépeuplé depuis le milieu du XIXᵉ s.
Population 27 600
Carte Irlande Ba

Lek, ***Pays-Bas*** Voir RHIN

Lelystad, ***Pays-Bas*** Voir FLEVOLAND

Léman (lac), ***France/Suisse*** Lac de 582 km^2 au nord de la Haute-Savoie, partagé entre la France (234 km^2) et la Suisse (348 km^2). Long de 72 km, traversé par le Rhône, c'est le plus grand des lacs subalpins. Nombreuses villes et stations touristiques sur ses deux rives : Évian-les-Bains, Thonon-les-Bains, en France ; Genève, Lausanne, Nyon, Montreux, en Suisse.
Carte France Hc, Suisse Aa

Lemberg, ***Ukraine*** Voir LVOV

Lemdiyya, ***Algérie*** Voir MÉDÉA

Lempa, ***Amérique centrale*** Principal fleuve du Salvador. Long de 325 km, il prend sa source au Guatemala près d'Esquipulas, traverse le sud-ouest du Honduras et entre au Salvador à Citalá. Il se jette dans le Pacifique après avoir franchi les monts volcaniques qui bordent le littoral. Barrage de Chorrera del Guayabo.
Carte Salvador Ba

Lena, ***Russie*** Fleuve de Sibérie centrale long de 4 270 km qui naît non loin du lac Baïkal. Il arrose la Iakoutie et Iakoutsk, reçoit son principal affluent l'Aldan, puis oblique vers le N.-O. parallèlement aux monts de Verkhoïansk et se jette dans l'océan Arctique (mer de Laptev) en formant un vaste delta. Il est pris par les glaces pendant près de huit mois.

C'est à partir du nom de ce grand fleuve de Sibérie, où il fut en exil, que Vladimir Illitch Oulianov (1870-1924) forma son nom révolutionnaire de Lénine.
Carte Russie Fc, Ga

Leninabad, ***Tadjikistan*** Voir KHODJENT

Leninakan, ***Arménie*** Voir GOUMRI

Lénine (pic), ***Tadjikistan*** Le troisième sommet de l'ex-Union soviétique (7 134 m), dans le Pamir, près de la frontière chinoise.
Carte

Leningrad, ***Russie*** Voir SAINT-PÉTERSBOURG

Lens, ***France*** Ville industrielle du Pas-de-Calais, centre d'une importante agglomération installée sur le bassin houiller (Carvin, Hénin-Beaumont, Liévin, Mazingarbe, etc.). La région a été durement touchée par le déclin de l'exploitation charbonnière depuis les années 1960. La partie lensoise du bassin houiller est restée fidèle à la carbochimie, mais celle-ci s'est ralentie. Parmi les nouvelles usines installées dans le cadre de sa reconversion figurent celle de câbles pour pneus (Firestone) à Lens, celle de moteurs (Peugeot, Renault) à Douvrin, les usines textiles de Hénin-Beaumont, etc. L'agglomération occupe la première place en France pour la production de zinc et surtout de plomb, avec ses usines de Noyelles-Godault (Peñarroya).
Population (ville) 35 000 ; (aggl.) 323 000
Carte France Ea

León, ***Espagne*** 1. Chef-lieu de la province du même nom au N.-O. du pays. Camp militaire romain à l'origine, prise par les Maures en 714, reprise en 755 par Alphonse Ier des Asturies, la ville fut un bastion de la Reconquête chrétienne. Ordoño II y transféra sa capitale au début du Xe s. Le royaume de León subsistera jusqu'en 1230, date à laquelle il s'unira à la Castille. Sur la route du pèlerinage à Saint-Jacques-de-Compostelle, la ville fut un grand foyer artistique, ainsi qu'en témoignent l'église de l'abbaye San Isidoro et la chapelle des rois de León. Sa cathédrale, Santa Maria de Regla, commencée en 1255, est un des chefs-d'œuvre du gothique espagnol. Enfin le monastère de San Marcos, reconstruit au XVIe s., est un intéressant exemple de style plateresque. La ville est aujourd'hui un centre administratif, commercial et industriel (textile, chimie).
2. Province (15 468 km^2) essentiellement agricole qui s'étend sur le versant méridional des monts Cantabriques et le bassin de l'Esla.
Population (ville) 131 100 ; (prov.) 518 000
Carte Espagne Ca

León, ***Mexique*** Ville de l'État de Guanajuato, dans la plaine de Bajío, à 1 870 m d'altitude. Dans l'une des plus riches régions agricoles du pays (céréales), c'est un important centre commercial et industriel (minoteries, usines textiles, métallurgiques, tanneries, etc.). Sa cathédrale a été construite à partir de 1746 par la Compagnie de Jésus.
Population 675 000

León, ***Nicaragua*** 1. Chef-lieu du département du même nom et deuxième ville du pays. Fondée en 1525 à proximité et au N.-O. du lac Managua, elle s'installa en 1610 sur le site de la vieille ville indienne de Sutiaba. Elle fut la capitale du pays jusqu'en 1855. C'est le centre commercial d'une riche région agricole, et une ville universitaire (depuis 1812).
2. Le département (5 100 km^2) s'étend entre le lac Managua et l'océan Pacifique. Ses sols fertiles produisent du maïs, du coton, de la canne à sucre, du tabac, etc. C'est aussi une région d'élevage.
Population (ville) 101 000 ; (dép.) 350 300
Carte Nicaragua Aa

Léopoldville, ***Zaïre*** Voir KINSHASA

Lépante, ***Grèce*** Voir NAUPACTE

Leptis Magna, ***Libye*** Site archéologique de Tripolitaine, à l'E. de Tripoli, sur la côte méditerranéenne. Fondée par les Phéniciens, la ville dépendit plus tard de Carthage, puis fut rattachée au royaume numide en 202. Sous la domination romaine, elle connut son apogée au début du IIIe s., pendant le règne de l'empereur Septime Sévère, qui était, du reste, originaire de la ville. Le site présente l'un des plus vastes ensembles de monuments qu'ait laissés l'Antiquité.
Carte Libye Ba

Lérida, ***Espagne*** 1. Chef-lieu de la province du même nom, sur le Segre, en Catalogne, et important marché agricole. Ilerda à l'époque romaine, la ville fut prise par les Arabes en 713 et reconquise en 1149 par le comte de Barce-

Lesotho

SANS GRANDES RESSOURCES, LE LESOTHO EST UN OTAGE POLITIQUE ET ÉCONOMIQUE DE L'AFRIQUE DU SUD, QUI L'ENTOURE DE TOUTES PARTS

Des montagnes aux sommets couverts de neige, de hauts plateaux dénudés coupés de gorges spectaculaires et des vallées perdues couvrent les deux tiers du petit royaume du Lesotho — l'ancien protectorat britannique du Basutoland — perché comme une forteresse sur le *high veld*, le plateau sud-africain. Le Lesotho (30 355 km^2) est un pays grand comme la Belgique, totalement enclavé dans le territoire de l'Afrique du Sud.

Le costume des Sothos — les habitants du Lesotho — est une couverture colorée qu'ils portent en permanence. Elle évoque la dureté du climat de ce pays, avec ses hivers froids et ses étés de tempêtes et d'orages de grêle.

Les Sothos ont formé une nation au début du siècle dernier, quand ils durent fuir sous la poussée des Zoulous. Le grand unificateur des Sothos fut le roi Moshoeshoe Ier, qui regroupa son peuple sur le Thaba Bosiu, une montagne escarpée. Sur cette citadelle imprenable, ils résistèrent à la poussée des Boers, mais ne purent les empêcher de s'emparer de leurs terres dans la plaine. En désespoir de cause, ils demandèrent la protection britannique ; le pays devint un protectorat gouverné par des chefs sothos. Le Basutoland accéda à l'indépendance sous le nom de Lesotho, avec le roi Moshoeshoe II pour chef d'État et le chef Leabua Jonathan pour Premier ministre. Ce dernier a été déposé en 1986 par un conseil militaire présidé par le général Lekanya au profit du fils aîné du souverain Letsi III (novembre 1990). Sept mois plus tard, le général Lekanya, qui avait pris des positions pro-A.N.C. et invité M. Nelson Mandela, était renversé par un groupe d'officiers.

Durant l'apartheid, le Lesotho fut sous la pression de l'Afrique du Sud, de nombreux membres de l'A.N.C. y ayant trouvé refuge. Le gouvernement sud-africain n'a cessé d'intervenir contre les nationalistes noirs présents dans le pays, suscitant des mouvements d'opposition au gouvernement. Les relations entre celui-ci et la nouvelle Afrique du Sud devraient désormais s'améliorer.

En raison de l'influence des missionnaires protestants d'origine française au XIXe s., le Lesotho est le plus alphabétisé des pays d'Afrique, avec 68 % des femmes et 44 % des hommes (moins de garçons vont à l'école, car ils doivent garder les troupeaux). Mais c'est l'un des pays les plus pauvres du monde. Il y a peu d'industries et, sur ce territoire de montagnes dont les trois quarts sont à une altitude supérieure à 1 500 m, le huitième seulement de la surface est cultivable. La culture du maïs couvre presque la moitié des terres cultivées. Les rendements sont faibles, en partie à cause de l'érosion des sols, due au surpâturage des troupeaux de bovins, de moutons et de chèvres. Des mesures ont été prises visant à réduire la quantité d'animaux par troupeaux et à promouvoir une meilleure association entre l'agriculture et l'élevage. La laine, le mohair et les diamants sont exportés, ainsi que le cuir et les peaux. La majeure partie des revenus du Lesotho provient cependant des travailleurs qui sont employés dans les mines sud-africaines. La Grande-Bretagne accorde une aide importante.

Sur une population de 1,5 million d'habitants, deux cent mille personnes travaillent, en effet, en Afrique du Sud, principalement dans les mines d'or et de charbon du Transvaal. Si cette émigration procure des recettes au Lesotho, c'est une force de travail en moins pour la mise en valeur du pays.

Le Lesotho est un pays pour les touristes. La plupart d'entre eux sont sud-africains et sont attirés par les nombreux casinos de la capitale (le jeu est strictement interdit en Afrique du Sud).

Le Lesotho possède enfin une ressource inépuisable, mais inexploitable sans un accord avec son voisin, qui ne peut être que son acheteur : sur son territoire naissent les fleuves et les rivières, dont l'Orange, qui arrosent l'Afrique du Sud. Un premier barrage a été construit pour alimenter les industries du Transvaal.

LE LESOTHO EN BREF

Carte Afrique du Sud Cb
Superficie 30 355 km^2
Population 1 910 000
Capitale Maseru
Régime Monarchie parlementaire
Monnaie Loti = 100 lisente
Langues Sesotho, anglais
Religions Chrétiens (90 %), animistes
Climat Continental d'altitude ; températures moyennes à Maseru : de −3 à 17 °C en juillet, de 15 à 33 °C en janvier
Ressources Blé, maïs, sorgho, légumes secs, troupeaux ; diamants
Activités Cultures industrielles, tourisme
Exportations Laine, mohair, cuirs et peaux, diamants
P.N.B. annuel par habitant 580 dollars
Croissance démographique 29,2 ‰ par an
Espérance de vie Hommes 54 ans, femmes 63

lone, Bérenger IV. Son université fondée en 1300 fut longtemps réputée. La vieille cathédrale, commencée au tout début du XIIIe s., est un intéressant exemple d'architecture romane tardive, d'influence cistercienne.

2. La province s'étend dans l'ouest de la Catalogne, des Pyrénées (val d'Aran) au N. à l'Èbre au S. (12 028 km²). Les terres irriguées du Sud, et notamment les llanos de Urgel, sont des régions de cultures intensives (céréales, tabac, plantes fourragères, fruits, etc.).

Population (ville) 109 600 ; (prov.) 355 500
Carte Espagne Fb

Lérins (îles de), ***France*** Îles méditerranéennes au large de Cannes, les principales étant Sainte-Marguerite (210 ha), boisée avec un fort du XVIIe s., et Saint-Honorat, abritant deux monastères des XIe-XIIe s. et XIXe s.

Carte France Ge

Lerma (río), ***Mexique*** Rivière de 563 km de long, née à l'O. de Mexico, et rejoignant le lac Chapala d'où sort le río Grande de Santiago ; elle constitue ainsi le cours supérieur de ce dernier. Aménagements hydroélectriques et pour l'irrigation.

Carte Mexique Bb

Lerwick, ***Royaume-Uni*** Voir SHETLAND (îles)

Lesbos ou **Mytilène,** ***Grèce*** Île de la mer Égée à proximité des côtes turques (1 631 km²). Montagneuse, elle culmine à 968 m ; ses pentes sont couvertes de pins, ses vallées plantées de lauriers-roses et d'oliviers et ses petites plaines ont de riches cultures d'agrumes et de tabac. La mer pénètre jusqu'au centre de l'île en deux golfes très profonds (golfes de Kaloni et de Yéra), si bien que s'y mêlent fréquemment paysages agricoles et marins. Ville principale : Mytilène (24 100 habitants). Les vestiges grecs, byzantins et génois y sont nombreux. L'île fut dans l'Antiquité, à l'époque archaïque, l'un des principaux centres de la poésie lyrique grecque, la patrie d'Alcée, de Terpandre et de la grande poétesse Sappho, qui y fonda une communauté de jeunes filles vouées à Aphrodite. À proximité du village de Sigri (nord-ouest de l'île), subsiste une forêt pétrifiée dont les arbres furent ensevelis il y a quelques millions d'années au cours d'une éruption volcanique, et ainsi conservés.

Population 89 388
Carte Grèce Eb

Lesotho Voir p. 386

Lesse, ***Belgique*** Rivière en partie souterraine : au village de Han, à 60 km au S.-O. de Liège, elle a creusé dans le calcaire des grottes de renommée mondiale (la plus grande, la salle du Dôme, mesure 150 m de large sur 130 de haut). Un musée présente les résultats des fouilles pratiquées dans les grottes et aux environs (objets remontant à 2 000 ans av. J.-C.)

Carte Belgique Ba

lessivage Entraînement des sels minéraux solubles par les eaux infiltrées dans le sol. Les sols lessivés, ainsi appauvris, deviennent de moins en moins fertiles.

Leszno, ***Pologne*** Chef-lieu de voïévodie au S.-S.-O. de Poznań, marché agricole et petit centre industriel (brasseries et constructions mécaniques). Dans la première moitié du XVIIe s., sous les Leszczyński — Leszno est le berceau de l'illustre famille —, y trouvèrent refuge les Frères bohèmes (appelés aussi Frères moraves), hussites organisés en Église par Luc de Prague, tenants d'une stricte discipline ecclésiastique et qui s'étaient rapprochés, au XVIe s., des doctrines de la Réforme tout en conservant leurs usages propres. La ville a conservé d'intéressants monuments baroques (l'hôtel de ville, le palais des princes Sulkowski, les églises Saint-Nicolas et Sainte-Croix). L'église Saint-Jean (de la fin du gothique mais remaniée au milieu du XVIIe s.) fut le temple des Frères bohèmes.

Population 56 000
Carte Pologne Bc

Lethbridge, ***Canada*** Ville du sud de l'Alberta sur le fleuve Oldman, à 177 km au S.-E. de Calgary. Fondée en 1870 comme campement minier, elle est devenue le centre d'une grande région d'élevage et d'agriculture irriguée dont elle transforme les produits. L'université de la ville s'est ouverte en 1967.

Population 58 800
Carte Canada Dd

Lettonie Voir p. 388

Leucade, en grec **Lefkáda,** ***Grèce*** Une des îles Ioniennes, à proximité du continent, auquel elle est rattachée par un cordon littoral formant lagune (pisciculture, marais salants). Autrefois appelée Sainte-Maure, l'île fut sous domination franco-vénitienne au Moyen Âge, puis turque (1467-1684), et à nouveau vénitienne jusqu'en 1797. La baie de Nidri abrite l'île de Skorpios, qui fut la propriété de l'armateur Aristote Onassis (1906-1976).

Les ressources de l'île sont la vigne, les oliviers, les agrumes, le blé, ainsi que le tourisme (fort Sainte-Maure, du XIVe s., baie de Nitri Vassiliki).

Population 20 000
Carte Grèce Bb

Leuven, ***Belgique*** Voir LOUVAIN

Levadia, en grec **Livadia,** ***Grèce*** Capitale de la Béotie, à 120 km au N.-O. d'Athènes, seconde cité grecque sous l'occupation turque. Marché agricole, c'est aussi un centre d'industrie textile (coton). De nombreux sites archéologiques ou de l'époque byzantine aux environs. À la périphérie de la ville, les célèbres gorges de l'Erkinas, connues dans l'Antiquité comme les portes de l'Enfer.

Le nome de Béotie, dont l'autre ville principale est Thèbes, est agricole : blé, orge, maïs, coton, pomme de terre, tomate.

Population 18 000
Carte Grèce Cb

Levant Nom donné pendant longtemps aux pays de la face méditerranéenne du Proche-Orient : Israël, Liban, Syrie.

Levant (île du), ***France*** Voir HYÈRES (îles d')

Levée alluviale Remblai naturel formé par accumulation de sédiments au bord d'un cours d'eau. Les levées peuvent être renforcées par l'homme ou artificielles.

Leverkusen, ***Allemagne*** Ville industrielle de Rhénanie du Nord-Westphalie, sur le Rhin, à 13 km au N. de Cologne. L'un des plus importants centres de l'industrie chimique et pharmaceutique du pays (usines Bayer).

Population 162 800
Carte Allemagne Bc

Lewes, ***Royaume-Uni*** Voir SUSSEX

Lexington, ***États-Unis*** Ville du Kentucky au S. de Cincinnati. Premier marché de tabac brut du monde et très fameux centre d'élevage de chevaux de course ; d'importantes manifestations hippiques s'y tiennent chaque année. Distillerie de whisky ; industrie du papier, construction électronique.

Population (ville) 210 000 ; (aggl.) 327 200
Carte États-Unis Jc

Leyde, en néerl. **Leiden,** ***Pays-Bas*** Ville de Hollande-Méridionale, sur le Vieux Rhin. Siège d'une des plus fameuses universités d'Europe (fondée en 1575) et l'un des centres mondiaux de l'imprimerie, depuis le XVIIIe s. (c'est la ville des Elzévir), cette vieille cité drapière, prospère dès la fin du Moyen Âge, fut aussi un foyer artistique lors de la grande époque de la peinture hollandaise ; c'est la patrie de Lucas de Leyde et de Rembrandt. Ses paisibles canaux, le Rapenburg notamment, sont bordés de demeures patriciennes des XVIIe et XVIIIe s. La ville présente en outre plusieurs musées de grande qualité : musée national d'Ethnographie (collection concernant l'Indonésie), musée municipal du Lakenhal (où figure le *Jugement dernier* de Lucas de Leyde), musée national des Antiquités Van Oud.

Population (ville) 103 800 ; (aggl.) 175 500
Carte Pays-Bas Ba

Leyte, ***Philippines*** Île de l'archipel des Visayas (au S.-O. de Samar) : 7 213 km². Villes principales : Ormoc et Tacloban, le port. Sa population se compose de Visayas et de Negritos. Cultures commerciales : canne à sucre, banane, tabac, chanvre de Manille.

Du 23 au 26 octobre 1944, se déroula au S. de l'île une grande bataille aéronavale au terme de laquelle les forces américaines détruisirent une part importante de la flotte de combat japonaise et reconquirent l'île.

Population 1 480 000
Carte Philippines Bc

Lhassa, ***Chine*** Capitale politique et religieuse du Tibet, en chinois Xizang Zizhiqu ; résidence du dalaï-lama, chef spirituel et temporel du bouddhisme tibétain (avant qu'il se réfugie en Inde en 1959). La ville est située à 3 600 m d'altitude, dans la vallée d'un affluent du Brahmapoutre. Le Potala, palais des dalaï-lamas, reconstruit au XVIIe s., est le monument le plus célèbre de la ville. Lhassa abrite de très nombreux temples bouddhiques.

Population 120 000
Carte Chine De

Lhotse, ***Chine/Népal*** Sommet de l'Himalaya central au S.-S.-E. de l'Everest, qui atteint 8 501 m ; au S.-E., le Lhotse Shar s'élève à 8 383 m.

Carte Népal Ba

Liaoning, ***Chine*** Province du Nord-Est (151 000 km²) ; chef-lieu : Shenyang (anc. Moukden). Bordée au S. par les golfes de Corée et du Po-Hai, elle comprend au centre la vaste plaine du Liaohe. Cette dernière est encadrée par les hautes terres du plateau mongol à l'O., et au N.-E. par les monts de Longgang qui se prolongent vers le S. pour former la péninsule du Liaodong.

C'est une riche région agricole (soja, coton, arachides, etc.), mais c'est surtout la grande province industrielle de la Chine (1/8 de la production industrielle du pays, environ 40 %

Lettonie

UN PAYS RICHE DU TEMPS DE L'U.R.S.S., DONT LES POSSIBILITÉS SONT CERTAINES, MAIS OÙ CENTRALISME SOVIÉTIQUE ET NATIONALISME ONT LAISSÉ DES TRACES

Aussi grande que le Benelux, la Lettonie est bordée par l'Estonie (au N.), la Lituanie (au S.), la Russie et la Biélorussie (à l'E.). C'est pour l'essentiel un pays plat, couvert à 40 % de forêts, aux nombreux lacs (plus de 4 000), une sorte de Finlande miniature. Son climat continental est tempéré par la mer Baltique (496 km de façade maritime) et lui apporte des étés frais et des hivers modérés. La Dauvaga (ou Dvina en russe), née près des sources de la Volga, coupe le pays en deux : la Courlande, au S., la Livonie, au N.

PRESQUE TOUJOURS GOUVERNÉE PAR DES ÉTRANGERS, SOUVENT MORCELÉE

Il semble bien que les Romains fréquentèrent la région, notamment les côtes de Courlande — des découvertes de monnaies romaines l'attestent —, mais ils ne s'y installèrent pas de façon durable. Ce sont les grandes migrations vikings, puis slaves qui vont confiner à cette région les peuples baltes, repoussés des rives du Dniepr (actuelle Ukraine), et aussi de celles de la Vistule (Pologne) par les Wendes.

Les Varègues et les Danois intégrèrent les Baltes aux circuits commerciaux. Puis vinrent les Suédois et les Allemands, préfigurant la ligue hanséatique. Livonie et Courlande, les deux régions qui formeront plus tard la Lettonie, furent christianisées au XIIe s., sous l'influence notamment de l'évêque Albert (originaire de Brême), qui fonda Riga en 1200. L'ordre militaro-religieux de chevaliers Porte-Glaive devait naître en 1204 en Livonie. La rivalité des Lettons et des Estes entraîna les chevaliers à la conquête de l'Estonie.

Le développement du commerce hanséatique favorisa en particulier la Livonie, au carrefour des grandes routes commerciales entre la Russie et l'Allemagne. C'est à cette époque que se développèrent les grands ports baltes, en particulier Riga. Cette période vit se renforcer l'influence des Polonais et des Allemands, au travers de l'ordre des chevaliers Teutoniques, et celle des Suédois. Ces derniers, établis en Finlande, devaient lutter contre l'avancée russe et obtenir la tutelle sur l'Estonie et la Livonie, y compris Riga, en 1626. La Courlande était alors déjà devenue polonaise (1561).

Les guerres entre Russes et Suédois se soldèrent en 1721 par le traité de Nystad, qui établit la domination russe sur l'Estonie et la Livonie. Il fallut attendre le troisième partage de la Pologne, en 1795, pour que la Courlande entre dans l'orbite russe, bien que dès 1726 les États de Courlande aient choisi un prince russe (amant de la tsarine Anne) pour grand-duc.

Après une période libérale, au cours de la première moitié du XIXe s., c'est la montée simultanée de l'influence russe et du nationalisme balte qui marque la fin du siècle. La russification va bon train, mettant fin à l'influence allemande, sauvegardée jusque-là par la cour germanophile qui entourait les tsars. La révolution de 1905 pousse les Lettons à la révolte, et même à la proclamation d'une « république de Lettonie », bien vite écrasée toutefois. La Première Guerre mondiale entraîne dès 1915 l'occupation de la Courlande par l'Allemagne, puis, après la révolution russe, celle de l'ensemble des pays baltes. Il faut toutefois attendre août 1920 pour que la Russie nouvelle reconnaisse l'indépendance de la Lettonie.

Les accords Molotov-Ribbentrop de 1939 vont mettre fin à cette indépendance éphémère. D'abord occupés par les Soviétiques, puis par les Allemands (de 1941 à 1944), les pays baltes seront annexés à l'U.R.S.S. en 1944, devenant des républiques socialistes soviétiques.

Après la crise lituanienne de 1990, l'Estonie proclame à nouveau son indépendance en mai 1990, en prévoyant toutefois une période de transition. Mais le putsch manqué d'août 1991 mènera à la reconnaissance officielle de l'indépendance des trois États baltes au mois de septembre.

UNE ACTIVITÉ ÉCONOMIQUE EN FORTE CHUTE

Le P.N.B. par habitant de la Lettonie était le plus important de l'ex-U.R.S.S., grâce à de bonnes performances, aussi bien agricoles qu'industrielles. Si le sous-sol du pays est pauvre, l'agriculture est très productive. Quant aux activités industrielles, très développées, elles sont aujourd'hui bloquées du fait de la perte de leurs débouchés. Plus des trois quarts du commerce letton se faisait avec l'ex-U.R.S.S., et principalement avec la Russie, qui livrait les matières premières énergétiques. Tout cela est terminé aujourd'hui. Le problème des minorités russes (34 % de la population) ou d'autres origines (14 %), qui occupent une bonne part des emplois industriels, a freiné l'aide internationale et perturbé les relations avec la Russie. Ces minorités étaient en effet quasiment exclues de la vie sociale du pays. Il semble que l'assouplissement, en juillet 1994, de la loi sur la citoyenneté doive arranger les choses en supprimant, notamment, les quotas d'accession à celle-ci.

LA LETTONIE EN BREF

Superficie 64 600 km^2
Population 2 685 000
Capitale Riga
Régime République parlementaire
Monnaie Lats = 100 santïmi
Langues Letton
Religions Chrétiens
Climat Continental tempéré
Ressources Céréales, pomme de terre, électricité, bois
Activités Agriculture, élevage, forêt, industries de transformation, métallurgie, industries mécanique, électrique, pêche, commerce (ports), tourisme
P.N.B. annuel par habitant 3 410 dollars
Croissance démographique – 1,5 ‰ par an
Espérance de vie Hommes 64 ans, femmes 75

de l'acier chinois). Son sous-sol fournit du charbon (bassins de Fushun, premier centre charbonnier chinois, de Benxi, de Fuxin et de Beipiao), du fer (dans la région d'Anshan, principal centre sidérurgique du pays), du plomb, du zinc, du molybdène, de l'alunite, etc. L'industrie chimique s'est développée à Andong, l'industrie textile à Jinzhou, la construction mécanique à Shenyang et à Lüda, qui est aussi le grand port de la province.
Population 40 500 000
Carte Chine Ic

Liban Voir p. 390-391

Liban (mont), ***Liban*** Chaîne montagneuse calcaire longue de 160 km, large de 10 à 40 km, parallèle à la côte méditerranéenne et culminant au N. au Qornet es-Saouda (3 083 m). Les rivières qui en descendent y creusent de profondes et pittoresques gorges. Elle est traditionnellement peuplée de maronites et de Druzes qui y trouvèrent refuge. Ses forêts de cèdres, célèbres dans l'Antiquité, ont disparu ; se développent, par contre, sur son versant occidental, vergers et vignobles. Stations climatiques et de ski.
Carte Liban Ab

Liberec, anc. en all. **Reichenberg,** ***République tchèque*** Ville de Bohême-Septentrionale, sur la Neisse. Centre traditionnel de l'industrie textile bohémienne. La construction automobile (autobus, moteurs), les industries alimentaires (brasseries) et les verreries (cristal de Bohême) s'y sont également développées.
Population 105 000
Carte République tchèque Ba

Liberia Voir p. 392

Libertad (La), ***Pérou*** Département du Nord-Ouest (24 795 km^2), principale région productrice de canne à sucre du pays. Le port de Salaverry, à 500 km au N. de Lima, assure les exportations du sucre et du cuivre de l'intérieur. À 5 km au N. de Trujillo (chef-lieu) se trouvent les ruines de la capitale du royaume chimú (1300-1470 apr. J.-C.), Chan Chan.
Population 1 212 000
Carte Pérou Ba

Libreville, *Gabon* Capitale du pays, sur la rive droite de l'estuaire du Gabon. Village fondé en 1849 pour accueillir des esclaves libérés, puis poste militaire de la marine française et comptoir commercial, la ville fut le chef-lieu du Congo français de 1888 à 1904, puis celui de la colonie du Gabon. Tête de ligne du chemin de fer transgabonais et port (avec son annexe d'Owendo) exportateur de bois, cacao et caoutchouc, la ville est un centre commercial et industriel (alimentaire, textile, chimique, déroulage de bois) et le siège d'une université. Elle s'est beaucoup modernisée depuis 1976-1977 (immeubles, hôtels, villas, boutiques).
Population 352 000
Carte Gabon Aa

Libye Voir p. 394-395

Lidice, *République tchèque* Voir KLADNO

Lidköping, *Suède* Ville du sud-ouest du pays, au bord du lac Vänern. Centre touristique. Activités industrielles : constructions mécaniques, raffinerie de sucre. Manufacture de porcelaine.
Population 35 210
Carte Suède Bd

lido Voir CORDON LITTORAL

Liechtenstein Voir p. 396

Liège, en néerl. **Luik,** en all. **Lüttich, *Belgique*** Ville sur la Meuse, à 95 km à l'E. de Bruxelles. Chef-lieu de la province du même nom (3 862 km^2). Elle fut, dès la fin du Xe s. — et jusqu'en 1794 — le siège d'une principauté épiscopale qui ne cessa de lutter pour son indépendance. Le palais des princes-évêques (rebâti en 1526, restauré en 1730 et au XIXe s.) abrite aujourd'hui le palais de justice. La ville doit son essor économique à l'extraction du charbon : en amont et en aval se localisent d'importantes industries métallurgiques (sidérurgie et non ferreux), verrières (cristalleries du Val Saint-Lambert) et chimiques. Cette zone industrielle comprend notamment le port de Liège, l'entrée du canal Albert et les fabriques d'armes de Herstal. Seraing, à 5 km au S.-O. de Liège, est le siège des usines Cockerill (acier) : c'est ici, en effet, que l'Anglais John Cockerill construisit une fonderie en 1817. L'extraction du charbon est abandonnée mais une reconversion s'est opérée : création de parcs industriels modernes et de jonctions routières qui font de Liège un grand carrefour de voies transeuropéennes.
Population (ville) 196 300 ; (aggl.) 750 000 ; (prov.) 1 000 000
Carte Belgique Ba

Liegnitz, *Pologne* Voir LEGNICA

Lienz, *Autriche* Petite ville de l'est du Tyrol, au confluent de l'Isel et de la Drave. Aujourd'hui station de tourisme et de sports d'hiver, elle a conservé de son passé plusieurs édifices médiévaux.
Population 11 700
Carte Autriche Cb

Liepaïa, en letton **Liepaja, *Lettonie*** Ville sur la Baltique, base navale militaire et port de commerce. Centre industriel : métallurgie (construction de matériel agricole), alimentaire (raffinerie de sucre, conserveries), textile.
Population 114 900
Carte Lettonie Ab

Liffey, *Irlande* Fleuve de 80 km qui naît dans les monts Wicklow et se jette dans la mer d'Irlande après avoir traversé Dublin. Il alimente le lac de Lacken et un complexe hydroélectrique.
Carte Irlande Cb

MONASTÈRE-FORTERESSE. Au cœur du Tibet, l'énorme masse du Potala domine Lhassa. Fondé au VIIe s., agrandi au XVIIe s., il compte aujourd'hui 1 000 pièces qui permettent d'accueillir 10 000 moines.

Liban

APRÈS SEIZE ANS DE GUERRE, LE LIBAN CONNAÎT UNE ACCALMIE, MAIS LA TUTELLE SYRIENNE SUR LE PAYS EST DÉSORMAIS CONSACRÉE PAR LES INSTITUTIONS

Autrefois joyau de la Méditerranée orientale, terrain de jeu et villégiature pour gens fortunés, nettement marqué par l'influence française, ce petit pays a été plongé dans la violence depuis seize ans. L'Organisation pour la libération de la Palestine (O.L.P.), l'armée syrienne, une force d'occupation israélienne, les forces d'intervention de l'O.N.U. et de pays occidentaux ont toutes été impliquées.

Le Liban est un pays d'une séduction extraordinaire, dont la population cosmopolite était la plus riche du monde arabe. Pendant des années le pays était comme un intermédiaire conciliateur au milieu des agitations du Moyen-Orient. Les ports du Liban, Beyrouth et Tripoli servaient de centres de transit pour les pays de l'intérieur. Beyrouth était le centre bancaire majeur du Moyen-Orient, et la patrie d'entrepreneurs capables de mettre sur pied n'importe quelle affaire.

Tout cela a changé. Le pays est lourdement endetté, l'inflation est rapide, et les gens ont pour but principal d'assurer leur simple survie au milieu des attentats, des enlèvements et des assassinats. Ils ont continué leurs activités de commerçants et d'hommes d'affaires dans des conditions où bien d'autres auraient désespéré et tout abandonné.

Le Liban a une superficie de 10 400 km^2 avec une côte de 240 km sur la Méditerranée. À l'arrière d'une étroite plaine côtière, des montagnes impressionnantes, couvertes de neige en hiver, atteignent 3 086 m. Dans l'est du pays, les montagnes encadrent la fertile vallée de la Bekaa, trop souvent le lieu de durs combats.

La côte a un climat méditerranéen chaud, avec des étés secs. En montagne, la neige tient de décembre à mai, si bien qu'en hiver il est possible de nager dans la mer chaude, puis d'aller faire du ski à 30 km de là. Des forêts toujours vertes couvrent en partie les montagnes : les chênes verts sont très répandus, et le Liban est célèbre pour ses cèdres géants, bien qu'il n'en reste qu'un nombre limité, au-dessus de 900 m, dans des sites soigneusement protégés.

Le Liban compte environ 2,9 millions d'habitants et c'est vraiment un pays de minorités. Bien que 90 % de la population soit arabe (en y comprenant une importante minorité palestinienne), il y a aussi des Arméniens, des Assyriens, des Kurdes, des Grecs, des Turcs et des juifs. Plus significative, cependant, est la répartition par religions, puisqu'elle gouverne les affiliations politiques. Les chrétiens constituent environ 44 % de la population et sont divisés entre quatre groupes principaux. Les plus puissants sont les maronites, qui sont unis à l'Église catholique romaine, mais ont leurs propres rites et leur propre patriarche ; il existe aussi des chrétiens catholiques, orthodoxes, et arméniens.

Il y a trois sectes musulmanes : les chi'ites, majoritaires, de plus en plus militants, les sunnites qui étaient autrefois les plus nombreux, et les druzes. Ceux-ci, qui croient en la réincarnation, ne jeûnent pas pendant le ramadan et ne vont pas en pèlerinage à La Mecque.

La faible cohésion nationale a mené à des luttes internes. De plus, la position du Liban, entre la Syrie et Israël, les deux pays les plus opposés au Moyen-Orient, signifiait qu'il était voué à être impliqué dans le conflit, quelque effort qu'il fît pour y échapper.

Un cinquième à peu près des actifs travaillent dans l'agriculture, près de la côte et dans la Bekaa. Le pays produit une grande variété de fruits et légumes : olives, raisins, figues, abricots, pommes, oignons, tomates, tabac, betterave à sucre. La côte est fertile et les vallées en pente forte sont favorables à la vigne et aux oliviers. L'industrie est de petite dimension. Il y a des fabriques de ciment, d'engrais, de sucre et de tabac ; on taille des pierres précieuses et il y a des raffineries de pétrole à Tripoli et Sidon.

Les deux cinquièmes de la population ont moins de quinze ans. L'éducation est plus développée que dans la plupart des pays arabes ; l'enseignement primaire gratuit a été introduit en 1960, et le taux d'alphabétisation est de 75 %. Beaucoup de gens parlent le français et (de plus en plus) l'anglais, en sus de l'arabe.

UNE HISTOIRE PLEINE DE LUTTES

Dans les siècles passés, la plupart des grandes armées de la région ont traversé le Liban, tandis que ceux qui s'enfuyaient devant elles gagnaient le refuge des montagnes.

Les Phéniciens de l'Antiquité atteignirent leur apogée du XIIe au IXe s. av. J.-C., laissant comme traces monumentales les villes de Tyr et de Sidon. Assyriens, Babyloniens, Égyptiens, Perses, Grecs et Romains combattirent tour à tour pour cette terre riche. Plus tard vinrent les Arabes, qui introduisirent l'islam au VIIe s., suivis par les croisés et par les Turcs.

Dans les années 1860, les maronites appelèrent à l'aide à la suite de conflits avec les druzes. Quand l'Empire ottoman éclata après la Première Guerre mondiale, le Liban passa sous le mandat de la France.

L'indépendance fut déclarée par les Français libres en 1941, et les troupes étrangères finirent de se retirer en 1946. Conformément à un accord non écrit de 1943, les postes gouvernementaux furent partagés entre les différentes communautés. Le président était un maronite, le Premier ministre un sunnite, et le président de l'Assemblée un chi'ite. Mais la proportion des communautés dans le pays évolua, et, dans les années 1960, les musulmans, particulièrement les chi'ites, exigeaient plus de pouvoirs, conformément à leur nombre. Les maronites s'opposaient au changement. Un autre facteur de déséquilibre fut l'arrivée des réfugiés palestiniens et de l'O.L.P. après son expulsion de Jordanie en 1970.

LES ARMÉES PRIVÉES

Le Liban prit une faible part aux guerres israélo-arabes de 1948 et 1956, et aucune dans celles de 1967 et 1973. Mais des heurts entre des milices privées musulmanes, druzes, chrétiennes et palestiniennes menèrent à la guerre civile en 1958 et de nouveau en 1975. Des attaques de l'O.L.P. à travers la frontière israélienne en 1969 et 1973 attirèrent des représailles des forces israéliennes.

À partir de 1975, le fragile équilibre politique du pays commença à s'effondrer devant les rivalités locales ou étrangères et le Liban tendit à glisser vers un état de guerre civile plus ou moins permanente. En 1978, 40 000 soldats syriens pénétrèrent dans le pays ; l'année suivante, les Israéliens envahirent le sud du Liban pour établir une zone-tampon entre eux et les groupes armés de l'O.L.P. Les Nations unies installèrent une force intérimaire (la Finul) et les Israéliens se retirèrent.

Mais, en 1980, le pays comptait 33 milices privées. En 1982, les Israéliens, soutenus par les chrétiens phalangistes, montèrent une opération d'invasion complète du sud de Beyrouth et de Tripoli, puis de l'ensemble du pays. La même année, le président phalangiste, Bechir Gemayel, fut assassiné après trois semaines de pouvoir et remplacé par son frère Amin.

Une force internationale pour le maintien de la paix (contingents américains, français, britanniques et italiens) fut retirée à la suite d'attaques de commandos suicides contre les Américains et les Français. En 1984, les Syriens et les Israéliens contrôlaient chacun 40 % du pays, laissant les 20 % restants entre les mains des différentes factions, le gouvernement légal étant pratiquement sans pouvoir. Beyrouth était divisée : les chrétiens tenaient l'est, les musulmans l'ouest.

En 1985, les Israéliens retirèrent leurs troupes, sauf celles qui étaient installées dans une zone de sécurité située dans le Sud, et qu'ils occupent encore. La menace intégriste est toujours forte et ne semble pas se réduire depuis les accords de paix entre Israël et les Palestiniens et la Jordanie. À la fin du mandat d'Amin Gemayel et devant l'impossibilité de réunir les députés pour élire un nouveau président, le chef de l'État a désigné le général Michel Aoun comme chef d'un gouvernement intérimaire en septembre 1988. Les principales forces politiques du camp musulman et les partis prosyriens ont refusé de le soutenir. Le gouvernement de Selim Hoss s'est maintenu à côté de celui de Michel Aoun. Le 14 mars 1989, celui-ci

VILLE OMEYYADE. Dans la plaine de la Bekaa, entre les montagnes du Liban et celles de l'Anti-Liban, surgissent les ruines d'Andjar, découvertes en 1949. Au temps des califes omeyyades, c'était une cité commerçante dont subsistent les vestiges d'un palais, d'une mosquée, de thermes, d'une enceinte fortifiée et de rues bordées de magasins.

a lancé sa « guerre de libération » contre la présence syrienne. Faute de soutien diplomatique, il s'est retrouvé isolé. La Ligue arabe a élaboré un projet de règlement et l'a fait adopter par les députés libanais à Taef (Arabie Saoudite) en septembre 1989. Si Michel Aoun s'est opposé à ces accords, la Communauté internationale les a soutenus. René Moawad, assassiné après quelques jours de mandat, puis Elias Hraoui ont été élus présidents de la République. De plus en plus isolé, le général Aoun a refusé d'évacuer le palais présidentiel. Il est entré en conflit avec ses alliés du camp chrétien qui se sont ralliés à Elias Hraoui. À la faveur de la crise du Golfe, l'armée syrienne a chassé M. Aoun du palais de Baabda. En mai 1991, le Liban et la Syrie ont conclu un traité qui, dans la lignée des accords de Taef, consacre la tutelle de la Syrie sur le Liban.

Les guerres civiles ont donné lieu à des combats sauvages.

Le pays est devenu une étonnante mosaïque de régions réservées. Les villes ont été divisées en secteurs tenus par telle ou telle milice chrétienne, druze ou musulmane. Des endroits, autrefois prospères, sont devenus des villes fantômes. Des milliers de personnes ont été enlevées, et un grand nombre d'entre elles ont disparu. Des étrangers ont été pris en otage.

Depuis le ralliement de l'essentiel des forces politiques au pouvoir pro-syrien d'Elias Hraoui, les combats ont cessé. Beyrouth n'est plus coupée en deux et les milices ont accepté de se défaire d'une partie de leur armement.

Les Libanais peuvent à nouveau se déplacer d'une région à l'autre. Cette paix (provisoire ?) illustre, a contrario, le rôle déstabilisateur que jouait la Syrie lorsqu'elle ne maîtrisait pas les institutions politiques libanaises.

POUR LE VISITEUR

Quand les touristes pourront de nouveau aller au Liban, ils auront beaucoup à voir. Le climat en fait un endroit délicieux pour des vacances — un cinquième du revenu venait auparavant du tourisme. Les visiteurs se voyaient offrir une combinaison plaisante de cuisine arabe et française, des plages, des châteaux de croisés à Sidon et Byblos (Jbail), des sites phéniciens (Byblos) et romains (les arènes de Tyr), de magnifiques paysages, et des sports d'hiver dans les montagnes.

Les principaux sites d'intérêt historique sont les villes phéniciennes de Tyr et Sidon, Baalbek avec son temple de Jupiter, et les cèdres de Bcharré et de Kornet es-Saouda. Beyrouth avait la réputation d'offrir une grande variété de plaisirs. Mais aujourd'hui une partie des hôtels est hélas détruite.

LE LIBAN EN BREF
Superficie 10 400 km^2
Population 2 915 000
Capitale Beyrouth
Régime République parlementaire
Monnaie Livre libanaise = 100 piastres
Langues Arabe (officielle), français, anglais
Religions Musulmans (55 %, dont 6 % de druzes), chrétiens (44 %)
Climat Méditerranéen, frais en montagne. Température moyenne à Beyrouth : de 11-17 °C en janvier à 23-32 °C en août
Ressources Agrumes, pommes, raisins, pommes de terre, betteraves à sucre, blé, olives, coton, chèvres, moutons ; un peu de fer
Activités Commerce et banques, fils de coton, textiles, agriculture, industries alimentaires, ciment, tabac, engrais
Exportations Fruits et légumes, produits chimiques, machines, métaux, tissus et vêtements, ciment, tabac
P.N.B. annuel par habitant 1 300 dollars
Croissance démographique 22 ‰ par an
Espérance de vie Hommes 61 ans, femmes 69

Liberia

LE REFUGE DES ESCLAVES LIBÉRÉS ET DES PAVILLONS DE COMPLAISANCE EST RAVAGÉ PAR LA GUERRE CIVILE ET LES HAINES ETHNIQUES

Le Liberia, la plus ancienne république indépendante d'Afrique, et le seul pays africain jamais gouverné par une puissance étrangère (si l'on excepte le cas de l'Éthiopie, et la courte présence italienne), a été créé en 1847 pour les esclaves libérés, revenus des Amériques. La création du Liberia, conséquence de l'abolition de l'esclavage, est l'œuvre des sociétés philanthropiques anglo-saxonnes, dont l'American Colonization Society, qui favorisèrent le retour des victimes de la traite sur une terre africaine réservée à cet effet. En 1869, ils accédèrent au pouvoir politique.

Au début, l'existence fut difficile pour ces déracinés qui avaient perdu jusqu'au souvenir de la langue de leurs ancêtres. La côte paraissait certes attrayante, mais terriblement dangereuse, avec ses falaises escarpées et ses lagunes fermées par des bancs de sable que les navires ne peuvent franchir. Les nouveaux arrivants durent subir les pluies torrentielles, les mouches et les moustiques, vecteurs de maladies mystérieuses et mortelles. Le sol, de latérite ocre vif, leur prouva vite que la terre était loin d'être fertile.

Ceux qui s'accrochèrent et s'établirent — essentiellement sur la côte — formèrent le noyau d'une élite qui domina les populations locales, composées d'une trentaine de groupes ethniques, dont les Kpelles, les Bassas, les Gios. Ces Américano-Libériens ou Afro-Américains, de religion chrétienne, ne se mélangèrent pas avec les indigènes qui pratiquaient les religions africaines, et qu'ils méprisaient. Ils employèrent, à leur égard, les méthodes de travail forcé pratiquées par les Européens dans les colonies voisines.

Pourtant, le pays est de toute beauté. La mince bande côtière offre un large éventail de forêts humides et de savanes créées par la présence de l'homme, où les Krus et les Vais, qui y vivent, ont aménagé des clairières pour les produits vivriers. Dans l'intérieur, les terres s'élèvent jusqu'à un plateau forestier coupé de vallées étroites et profondes.

Dans l'extrême nord, le paysage devient grandiose, avec de superbes chutes comme celles de Saint John's, les monts Nimba, riches en minerai de fer, qui culminent à 1 752 m, et la chaîne des Wolosi (1 380 m). Ici, en bordure des frontières de la Guinée et de la Sierra Leone, la température est plus élevée et plus basse que sur la côte, et la forêt est parsemée de larges zones de savane.

En 1926, peu de temps après avoir accordé une concession pour la plantation d'hévéas à la compagnie américaine Firestone, le gouvernement libérien ouvre son pays aux investissements étrangers. D'autres compagnies multinationales suivirent bientôt l'exemple de la Firestone qui avait considérablement étendu son domaine. Le Liberia devint aussi le havre des pavillons de complaisance (2 600 bâtiments naviguent, sous son pavillon, pour un total de 70 millions de tonneaux).

À Monrovia, où vit la petite élite qui gouverne le pays, et qui a su se créer des attaches outre-Atlantique, l'influence des États-Unis est manifeste : bâtiments de style américain traditionnel, églises de différentes obédiences, voitures d'origine américaine, vêtements, etc.

Mais la grande majorité de la population est très pauvre. Les richesses du pays — caoutchouc, minerai de fer, bois et diamants — sont exportées telles quelles, car il n'existe pas d'industries de transformation. 70 % des 2,3 millions d'habitants ne sont pas intégrés aux circuits de production, vivant sur de pauvres terres, en dehors des concessions étrangères et des grands domaines agricoles. La culture du riz est pratiquée dans les plaines inondables des multiples rivières, et des efforts ont été faits pour en augmenter la production. Le manioc, l'igname, le maïs, le riz pluvial et les légumes poussent sous les plantations d'hévéas, de cacaoyers ou de bananiers. Le poisson, la viande et les fruits complètent les cultures vivrières.

Le Liberia est en mesure d'être autosuffisant pour les aliments de base. Les importations sont destinées à une minorité de citadins et aux étrangers qui y travaillent.

Le Liberia est un pays de tourisme, mais celui-ci est peu développé. Les hôtels sont nombreux, mais relativement chers, ainsi que les restaurants qui affichent de la cuisine européenne, américaine ou africaine. Les plages sont de toute beauté, et la natation peut être pratiquée dans les lagunes, comme le lac Pisa.

Pour la visite du pays, il vaut mieux louer une voiture, car les autocars sont en nombre insuffisant et en mauvais état. Il existe de bonnes routes, mais pas toujours où il en faudrait. La forêt et les réserves d'animaux sauvages sont magnifiques. On peut voir des hippopotames nains (chose rare), plusieurs espèces d'antilopes, des éléphants, des crocodiles, des singes, des chimpanzés.

Pendant longtemps, le Liberia a été un pays stable, gouverné jusqu'en 1980, dans un cadre démocratique formel, par les descendants des anciens esclaves anglo-américains. Mais un coup d'État, mené par le sergent-chef Samuel Doe, renversa le président William Tolbert, qui fut exécuté. Promu général, Doe devint le chef de l'État, mais ne rétablit pas les libertés politiques. Les investissements se ralentirent pendant un certain temps, et des Américano-Libériens émigrèrent aux États-Unis. Il s'était passé, en effet, un événement capital : la fin du pouvoir absolu de la minorité (25 000 personnes environ). En 1990, le Front national patriotique du Liberia (N.P.F.L.), un mouvement rebelle dirigé par Charles Taylor, déclenche une guérilla qui assiège Monrovia. Au début de 1991, Samuel Doe est exécuté et Monrovia devient l'objet d'une guerre urbaine de factions rivales. Une force africaine d'interposition a tenté de favoriser la mise en place d'un président intérimaire, Amos Sawyer, mais la guerre civile et les milices n'ont cessé de dévaster le pays. En 1994, les différentes factions ont mis en place des « institutions de transition ».

LE LIBERIA EN BREF

Superficie 99 067 km²
Population 2 845 000
Capitale Monrovia
Régime Militaire
Monnaie Dollar libérien = 100 cents (dollar américain en usage)
Langues Anglais, langues africaines
Religions Animistes (75 %), chrétiens (10 %), musulmans (15 %)
Climat Tropical
Ressources Riz, manioc, bananes, noix de palme, maïs, café, cacao, caoutchouc, bois ; minerai de fer, or, diamants
Activités Mines, forêt, cultures industrielles
Exportations Minerai de fer, caoutchouc, bois, diamants, café, cacao, or
P.N.B. annuel par habitant 400 dollars
Croissance démographique 33 ‰ par an
Espérance de vie Hommes 54 ans, femmes 57

Lightning Ridge, ***Australie*** Gisement d'opale dans la Nouvelles-Galles du Sud, à 570 km au N.-O. de Sydney, qui produit certaines des plus belles pierres connues, dont la rare opale « noire », très recherchée, dans laquelle des iridescences noires apparaissent sur un fond brun ou bleu foncé.

Carte Australie Hd

ligne de partage des eaux Ligne de hauteurs, plus ou moins importantes, qui sépare deux bassins hydrographiques.

lignite Charbon brun d'aspect ligneux ou terreux, intermédiaire entre la tourbe et le charbon noir ; il a une faible teneur en éléments combustibles. Le lignite apparaît lors du processus de transformation de la matière végétale en charbon.

Ligurie, en it. **Liguria,** ***Italie*** Région administrative s'étendant sur le versant maritime des Alpes et de l'Apennin, en bordure du golfe de Gênes. Elle comprend les provinces d'Imperia, de Gênes, de Savone et de La Spezia (5 413 km²). Capitale : Gênes. La côte regroupe l'essentiel de ses activités (et de sa population). Les cultures florales et maraîchères s'y sont développées. L'industrie, très importante, se concentre autour des ports de La Spezia, de Savone et de Gênes, principal débouché des industries piémontaises, lombardes et suisses, et premier port italien. Tourisme sur la Riviera di Levante et sur celle di Ponente. Stations balnéaires : Bordighera, San Remo, Rapallo, Portofino.

Population 1 772 000
Carte Italie Bb

Ligurienne (mer) Partie de la Méditerranée occidentale s'étendant de la Corse à la côte ligurienne, comprenant le golfe de Gênes.
Carte Italie Ac

Likasi, anc. **Jadotville,** ***Zaïre*** Ville du Shaba au N.-O. de Lubumbashi, sur la voie ferrée de Lubumbashi à Ilebo. Important centre de traitement des minerais de la région ; raffinage du cuivre, du zinc et du cobalt.
Population 190 000
Carte Zaïre Bc

Lille-Roubaix-Tourcoing, ***France*** Conurbation du département du Nord, quatrième agglomération du pays. Lille, chef-lieu de la région Nord-Pas-de-Calais, figurait dès la fin du XIIe s. parmi les principales cités drapières des Flandres. Elle fut une résidence des ducs de Bourgogne au XVe s. Ses industries de la laine et du lin profitèrent du vaste marché espagnol dès le milieu du XVIe s., sous les Habsbourg. Française depuis l'époque de Louis XIV, la ville connut un nouvel essor avec la révolution industrielle au XIXe s. et se convertit au coton tandis que Roubaix et Tourcoing se consacraient à la laine. Les trois villes devinrent, au début du XXe s., l'un des grands centres européens de l'industrie textile. La crise du textile qui a sévi en Europe à partir de 1960 ne les a pas épargnées. Certains secteurs ont toutefois mieux résisté que d'autres : celui de la filature du coton et surtout celui du peignage de la laine, pour lequel Roubaix et Tourcoing se placent encore au premier rang européen. Roubaix est un centre important de vente par correspondance (La Redoute, les Trois Suisses). Lille, dont l'industrie s'est diversifiée dès le XIXe s. (construction mécanique, industries chimiques et alimentaires), a moins souffert que ses sœurs. Le secteur tertiaire s'y est développé du fait de son activité administrative, financière, commerciale (foires) et universitaire. La ville conserve quelques édifices médiévaux, et de beaux spécimens d'architecture flamande (vieille Bourse) et française des XVIIe et XVIIIe s. Son musée municipal figure parmi les principaux musées français pour ses collections de peintures. Patrie de Charles de Gaulle.
Population (ville) 172 000 ; (aggl.) 950 000
Carte France Ea

Lilongwe, ***Malawi*** Capitale du pays depuis 1975, deuxième ville par sa population après Blantyre, sur la voie ferrée de Salima à Mchinji (à la frontière de la Zambie). Centre agricole du fertile Plateau central (maïs, arachides, tabac). Industries légères. Université.
Population 224 000
Carte Malawi Ab

Lima, ***Pérou*** Capitale du pays, sur la rive sud du río Rímac, à proximité du Pacifique, à une douzaine de kilomètres du port d'El Callao qui fait partie de son agglomération. La ville occupe une oasis bénéficiant d'un climat humide, sur une côte désertique. Elle fut fondée en janvier 1535 par Pizarro sous le nom de Ciudad de Los Reyes. Capitale de la vice-royauté du Pérou en 1543, siège d'un archevêché et d'une université (université de San Marcos, fondée en 1551, la première du Nouveau Monde), Lima fut jusqu'au XVIIIe s. la base principale de l'Espagne en Amérique du Sud, le centre de toutes ses possessions dans le continent. Sa prééminence, après l'indépendance (1821), ne s'exerça plus que sur le territoire de l'actuel Pérou. La ville regroupe aujourd'hui plus de 20 % de la population du pays et l'essentiel de ses activités administratives, économiques et intellectuelles. C'est la cinquième ville d'Amérique du Sud par sa taille. Bien qu'éprouvée plusieurs fois par des tremblements de terre, notamment par celui d'octobre 1746, elle présente un bel ensemble de monuments des XVIIe et XVIIIe s. : la cathédrale, les églises Jesús Maria y José, de la Merced, de San Francisco, le palais Torre Tagle. Musée national d'anthropologie et d'archéologie, musée Oro del Perú.
Population 6 120 000
Carte Pérou Bb

D'UNE PIERRE DEUX COUPS. Les habitants de Lima doivent déployer des trésors d'astuce pour subsister dans une ville gagnée par les bidonvilles. Ainsi ce cireur de chaussures débrouillard a installé un stand de journaux à côté de son échoppe.

Limagnes, ***France*** Plaines et bassins d'effondrement du Massif central (Auvergne et Bourbonnais) drainés par l'Allier : Limagne de Brioude au S., Limagne d'Issoire et Grande Limagne ou Limagne de Clermont-Ferrand au centre, Limagne bourbonnaise au N. Les sols, en général volcaniques et très fertiles, permettent la culture de céréales, colza, tournesol, betteraves à sucre et tabac.
Carte France Ec, Ed

Limassol, en gr. **Lemessós,** ***Chypre*** Port de la côte S. de l'île, exportant des vins et des agrumes. Industries alimentaires. Centre touristique. Château du XIIe s.
Population 132 500
Carte Chypre Ab

Limbang, ***Malaysia*** Fleuve de 150 km de long dans le nord de Bornéo. Son cours inférieur et son estuaire marécageux forment l'enclave du territoire malais qui sépare les deux parties de Brunei.
Carte Brunei Ab

Limbourg (Limburg), ***Belgique*** Province flamande située entre Liège et la frontière néerlandaise, sur 2 422 km^2. Chef-lieu : Hasselt. Ses principales industries (chimiques, métaux non ferreux, assemblage de voitures, outillage électrique) avoisinent les gisements houillers de Campine et le canal Albert. C'est en 1839 que la région fut divisée pour former les provinces belge et néerlandaise du même nom.
Population 751 000
Carte Belgique Ba

Limbourg (Limburg), ***Pays-Bas*** Province vallonnée couvrant 2 172 km^2 au S.-E. du pays, possédant le seul bassin houiller du pays, fermé en 1975. Chef-lieu : Maastricht. Activités : chimie, électronique, céramique, construction automobile, ciment.
Population 1 160 000
Carte Pays-Bas Bd

Limerick, ***Irlande*** Port de la côte O. au fond de l'estuaire du Shannon, et chef-lieu de comté. C'est la troisième ville du pays, un centre administratif et commercial. Petites industries : minoteries, produits laitiers, salaison (bacon). Pêcheries de saumon.

Le comté (2 686 km^2), qui comprend l'ouest du Golden Vale, est réputé pour ses riches pâturages et son élevage laitier.
Population (ville) 52 100 ; (comté) 162 000
Carte Irlande Bb

Limfjord, ***Danemark*** Voie d'eau séparant le Jutland septentrional du reste de la péninsule. Étroite à l'E. (Langerak), elle se transforme en un véritable bras de mer parsemé d'îles, et à l'O. en une vaste lagune s'ouvrant sur la mer du Nord. Huîtres renommées. Nombreuses espèces d'oiseaux.
Carte Danemark Ba

Libye

UN PAYS DÉSERTIQUE PROJETÉ AU XXe SIÈCLE PAR L'ARGENT DU PÉTROLE

La Jamahiriya libyenne (l'État des masses ou parti du peuple libyen) et son dirigeant, le colonel Muammar Kadhafi, ont une attitude déconcertante sur la scène mondiale depuis une quinzaine d'années. Pour beaucoup d'Occidentaux, la Libye est la brebis galeuse de la politique internationale.

La Libye fait partie de l'Organisation des pays exportateurs de pétrole (OPEP), qui a augmenté considérablement les prix du brut en 1973 et provoqué la crise des économies occidentales. Avec l'argent du pétrole, elle s'est engagée dans une politique de soutien aux mouvements de guérilla et de déstabilisation des gouvernements du tiers monde pro-occidentaux, particulièrement en Afrique. Elle a apporté son aide aux régimes anachroniques d'Amin Dada, en Ouganda, et de Bokassa, en Centrafrique, et tenté de faire des « unions » avec les autres pays arabes. Elle s'est en outre lancée dans un expansionnisme territorial aux dépens de son voisin tchadien. Un coup d'arrêt a été apporté à cette politique belliqueuse par le raid américain sur Tripoli (1986) et l'éviction de l'armée libyenne du Tchad par l'offensive éclair des troupes de ce pays en 1987. 1992 a vu l'O.N.U. décréter un embargo commercial et militaire sur la Libye.

En 1994, la Libye s'est conformée au jugement de la Cour internationale de Justice en abandonnant ses prétentions sur la bande d'Aozou, qui est revenue au Tchad.

Avant la découverte de l'or noir en 1959, la Libye était le plus pauvre des pays d'Afrique du Nord. Le raffinage et la vente de pétrole brut, qui couvrent 98 % des exportations, ont donné aux Libyens le plus haut niveau de vie de toute l'Afrique par habitant.

En 1969, la révolution évinça un vieux monarque, plus versé dans l'étude du Coran que dans la conduite d'un État moderne. Le nouveau régime a mis en place une forme décentralisée de la démocratie s'appuyant sur des pouvoirs issus d'assemblées populaires bien tenues en main par les militants du régime. En principe, tout le monde — nomades, agriculteurs, citadins — est représenté.

Bien que religieux, le colonel Kadhafi est loin d'être un intégriste. Pour lui, la libération de la femme doit être traduite dans les faits. Dans ce pays sous-peuplé, aux grandes ambitions territoriales et politiques, il importait, en effet, d'intégrer au processus révolutionnaire l'ensemble de la population, en particulier les femmes, qui vivaient cloîtrées dans leurs demeures et ne sortaient guère, totalement voilées, que pour faire les courses indispensables. Il les a intégrées dans l'armée, où elles constituent sa garde personnelle.

Un effort, gigantesque pour un pays sous-développé, a été fait dans le domaine sanitaire, pour diminuer la mortalité infantile. Ainsi, la population a doublé en une génération, et le taux de croissance demeure élevé (3,3 %) ; 55 % de la population a aujourd'hui moins de dix-huit ans.

TROIS RÉGIONS DISSEMBLABLES

Pays à l'unité de façade, partagé entre trois pôles dissemblables séparés par des centaines de kilomètres de désert, telle est la réalité libyenne. La Tripolitaine, à l'O., fait partie du Maghreb et forme un tout géographique et historique avec la Tunisie. La Cyrénaïque, à l'E., est à l'écoute de l'Égypte et du Moyen-Orient. Le Fezzan, au S., une région saharienne peuplée de Touareg et de Toubous, est une voie de pénétration vers l'Afrique noire, dont il reçoit toutes les influences.

Pourtant, ce pays jeune et ce peuple jeune ont une vieille histoire. Autrefois, la Cyrénaïque faisait partie des limes de l'Égypte ancienne, et les Troglodytes, décrits par Hérodote cinq siècles avant notre ère, donnèrent bien du mal aux armées des pharaons. Il en était de même des fameux Garamantes du Fezzan et des populations qui ont laissé de nombreuses peintures et gravures rupestres représentant des hommes montés sur des chars tirés par des chevaux. Sur la côte, Carthaginois et Grecs établirent des comptoirs qui devinrent des villes florissantes, comme Cyrène. Plus tard, les Romains y développèrent les villes prestigieuses de Sabratha et de Leptis Magna, qui drainaient les richesses de l'Afrique noire (du Fezzan, ils lancèrent même des expéditions qui atteignirent le Tchad et le Niger).

Associée à la Tunisie, la Tripolitaine fut une province très riche. Après le passage des Vandales et la période byzantine, les Arabes en firent une région de l'Ifriqya (en arabe, l'est de l'Afrique du Nord). Mais les invasions des nomades arabes hilaliens, détournées sur la région par les califes, pour la punir, détruisirent sa prospérité (1050). Entre-temps, les Berbères avaient été convertis à l'islam, non sans résistance. Au XVIe s., la région passa sous le contrôle des Turcs ottomans qui parvinrent, tant bien que mal, à contrôler le Fezzan.

La colonisation italienne commença en 1911 et, à l'image de la France dans le reste de l'Afrique du Nord, entraîna l'établissement de milliers de colons. Mais la résistance fut très vive, surtout chez les nomades. La Cyrénaïque fut un âpre champ de bataille durant la guerre 1939-1945 où les Britanniques et les Français affrontèrent les troupes germano-italiennes. Tobrouk fut une bataille décisive, où les Britanniques stoppèrent la poussée allemande vers l'Égypte et le canal de Suez. Parties du Tchad, les Forces françaises libres du général Leclerc s'emparèrent de l'oasis de Koufra (1941), au S.-E. du pays, puis, commandées par le général Koenig, forcèrent le blocus de Bir Hakeim en Cyrénaïque (1942) avant de rejoindre les Alliés. Après les hostilités, les Britanniques restèrent en Cyrénaïque et en Tripolitaine, et les Français au Fezzan. Ils se retirèrent en 1951, au moment de l'indépendance du pays et de l'entrée en fonctions du souverain Idriss Ier, chef de la confrérie religieuse des Sénoussis de Cyrénaïque.

Le Sahara couvre la plus grande partie de la Libye. À part les oasis du désert (Ghadamès, le Fezzan, Koufra), la seule végétation est le maquis méditerranéen et les massifs forestiers du djebel Nefussa, à l'O., et du djebel Akhdar, à l'E., au-dessus de Benghazi. Le désert de Syrte, vaste étendue désolée de 800 km de profondeur au S. du golfe du même nom, sépare ces deux régions, où vivent les deux tiers de la population. Le sud du Fezzan s'arrête aux contreforts du Tibesti (Tchad), en bordure de la bande d'Aozou.

L'intérieur du pays atteint les records de température avec 60 °C à l'ombre ; mais, comme partout dans le désert, les nuits peuvent être froides. Sur la façade méditerranéenne, le climat est chaud et sec en été, froid et humide en hiver. Les pluies sont plus abondantes sur les zones montagneuses.

Les Arabes vivent dans les villes, sur la côte et, comme nomades, dans le désert de Syrte et les autres régions arides du Nord ; les Berbères s'accrochent encore aux montagnes où ils se sont réfugiés après les invasions arabes. Les Touareg se déplacent entre Ghadamès et Ghat, sur la frontière algéro-libyenne, tandis que les Toubous habitent le Fezzan. Depuis la révolution, il y a une forte poussée arabe vers le Sud, dans les centres. En Libye, on trouve des commerçants haoussas, venus du Nigeria ou du Niger, qui assurent les liaisons transsahariennes avec l'Afrique noire.

Près de 14 % de la population travaille dans l'agriculture, mais celle-ci n'entre que pour 2 % dans le produit national brut (P.N.B.). La principale région agricole se trouve au nord-est, entre Tripoli, la capitale, Homs et Garian. On y cultive de l'orge, des agrumes, des olives, des arachides et, dans les oasis, on récolte des dattes ; il y a un troupeau de moutons de 6 millions de têtes, des chèvres et un peu de bétail, qui fournissent de la laine, du cuir et des peaux. Depuis la révolution, qui a banni l'alcool, la production de vin a fortement chuté.

SAHARA LIBYEN. Entre l'erg de Mourzouk, à l'E., et le Tassili N'Ajjer, à l'O., Ghat, dont on voit ici la palmeraie, est l'une des vieilles cités caravanières du Sahara central.

LE RÊVE DE KADHAFI

Le but de Kadhafi est de supprimer la pauvreté dans son pays. De gigantesques projets d'irrigation, notamment à Koufra, doivent rendre vie au désert en utilisant l'eau fossile des nappes souterraines. Un autre doit alimenter les villes et les centres agricoles de la côte avec l'eau de ces réserves. Dans la foulée de l'exploitation pétrolière, on a aussi construit des complexes pétrochimiques, des aciéries et des cimenteries. Pour ce nomade qu'est le chef de l'État, avoir une maison est le rêve de chacun, même s'il doit se retirer de temps en temps sous la tente pour y méditer et se replonger dans la simplicité de la vie du désert. Aussi, un vaste programme de construction a-t-il été lancé, et Kadhafi a proclamé qu'il ne mettrait pas sa mère dans une maison en dur tant que chaque Libyen n'aurait pas la sienne. Il a aussi décidé de transférer la capitale dans l'oasis d'Al-Jofra, à 700 km au S.-E. de Tripoli. Il a également nationalisé la propriété urbaine et le commerce, remplaçant les souks par des supermarchés. Toute forme de richesse trop criante est suspecte : c'est pourquoi les Libyens aisés vont faire de courts séjours en Tunisie ou à Malte, où leurs comportements de « nouveaux riches » donnent lieu à des remarques envieuses et ironiques.

LA LIBYE EN BREF
Superficie 1 757 000 km^2
Population 4 575 000
Capitale Tripoli
Régime Militaire
Monnaie Dinar = 1 000 dirhams
Langue Arabe
Religions Musulmans (99 %), chrétiens (1 %)
Climat Chaud et sec dans le sud ; méditerranéen sur la côte ; température moyenne à Tripoli : 8 à 16 °C en janvier, 22 à 30 °C en août
Ressources Blé, orge, olives, dattes, agrumes (citrons), arachides, tabac ; pétrole brut et gaz naturel
Activités Production et raffinage du pétrole, liquéfaction du gaz, industries alimentaires, textiles, artisanat, cimenteries, pêche
Exportations Pétrole brut, gaz naturel et produits pétroliers
P.N.B. annuel par habitant 6 800 dollars
Croissance démographique 33,8 ‰ par an
Espérance de vie Hommes 62 ans, femmes 65

Liechtenstein

LA CAPITALE DE CETTE PETITE PRINCIPAUTÉ COMPTE UN NOMBRE IMPRESSIONNANT DE SIÈGES SOCIAUX D'ENTREPRISES INTERNATIONALES, ATTIRÉES PAR DES LOIS FISCALES TRÈS FAVORABLES

Parmi les micro-États d'Europe, beaucoup de gens préfèrent le Liechtenstein. Andorre est trop isolée, Monaco trop cher, le Liechtenstein est vraiment idéal. Une autoroute suisse passe à quelques pas de la frontière ; la voie ferrée de Zurich à l'Autriche le traverse.

La principauté de Liechtenstein est située sur la rive droite du Rhin supérieur, entre la Suisse et l'Autriche, au S.-E. du lac de Constance. Elle utilise la monnaie suisse et fait partie de l'union douanière suisse ; mais, par ailleurs, elle est indépendante. La population parle l'allemand et un dialecte local ; la famille régnante est d'origine autrichienne (souverain actuel : le prince Hans Adam). Une assemblée élue siège à Vaduz, la capitale. En 1984, les femmes ont obtenu le droit de vote.

Certaines sociétés ont installé leur siège social au Liechtenstein de façon à profiter des indulgentes lois fiscales. C'est excellent pour le revenu national, de même que la vente de timbres-poste très décoratifs. Plus de 75 000 visiteurs par an font aussi prospérer les affaires ; ils sont attirés par les beaux paysages et par le ski.

Le territoire a en gros 25 km du N. au S. et 6 km de largeur. Il y a encore un peu d'agriculture, mais, depuis trente ans, le Liechtenstein s'adonne de plus en plus à l'industrie : mécanique fine, instruments de précision, produits pharmaceutiques, céramique.

LE LIECHTENSTEIN EN BREF

Carte Suisse Ba
Superficie 160 km^2
Population 30 000
Capitale Vaduz
Régime Monarchie parlementaire
Monnaie Franc suisse = 100 centimes
Langues Allemand, un dialecte alémanique
Religions Catholiques (86 %), protestants (9 %)
Climat Tempéré
Ressources Vaches laitières
Activités Industries textiles, céramique, transformation des métaux, instruments de précision, produits alimentaires, industrie pharmaceutique, machines légères, tourisme, services aux entreprises
Exportations Machines, matériel de transport, produits métalliques et chimiques, timbres-poste
P.N.B. annuel par habitant 33 510 dollars
Croissance démographique 7,8 ‰ par an
Espérance de vie Hommes 70 ans, femmes 74

Limoges, ***France*** Chef-lieu de la région Limousin et du département de la Haute-Vienne. Capitale des Lémovices à l'époque gallo-romaine, la ville se développa, au Moyen Âge, autour de deux centres bien distincts qui ne fusionnèrent qu'au XVIIIe s. : l'abbaye Saint-Martial et le château d'une part, la cathédrale Saint-Étienne de l'autre. Elle fut réputée dans toute l'Europe pour son émaillerie d'art, dont les grands moments se situent aux XIIe-XIIIe s. puis aux XVe-XVIe s. Plus tard, au XIXe s., c'est à la porcelaine que la ville devra sa célébrité internationale, un New-Yorkais, David Haviland, qui y créa une manufacture en 1842, ayant ouvert à cette industrie le marché américain. La ville est le principal centre industriel de la région : construction de matériel électrique, automobile (camions), aéronautique. Mais c'est surtout à ses activités administratives, commerciales et universitaires qu'elle doit son développement. Le musée Adrien-Dubouché est, après celui de Sèvres, le plus riche des musées de céramiques de France. Patrie notamment de Sadi-Carnot, du maréchal Bugeaud et du peintre Auguste Renoir.
Population 133 500
Carte France Dd

limon Sol meuble, très fertile, constitué de fines particules déposées par le vent (limon éolien, ou limon des plateaux, ou *lœss*) ou par les fleuves.

Limón, ou **Puerto Limón,** ***Costa Rica*** Chef-lieu de province et port sur la mer des Antilles. Limitée au N. par le Nicaragua, la province, qui s'étend sur la côte O. du pays, possède de grandes plantations de bananes.
Population (ville) 51 000 ; (prov.) 226 500
Carte Costa Rica Ba

Limousin, ***France*** Région historique, géographique et administrative. Elle groupe les trois départements de la Haute-Vienne, de la Creuse et de la Corrèze, et s'étend principalement sur la partie N.-O. du Massif central (16 932 km^2). Chef-lieu : Limoges. Ses plateaux et ses hautes terres vallonnées, qui culminent au plateau de Millevaches (978 m), sont des pays d'élevage. Le Limousin, qui n'a pas connu de réel essor urbain et ne possède que quelques centres industriels (Limoges, Brive, Tulle), a longtemps gardé un caractère rural ; l'exode des paysans, depuis la fin du XIXe s., l'a dépeuplé. L'agriculture reste l'activité essentielle et emploie 33,6 % de la population, tandis que le secteur secondaire n'en emploie que 30,6 %. L'ancienne province du Limousin, avec celle de la Marche, forma en 1790 les trois départements de l'actuelle région. L'ensemble, qui fut aux temps gallo-romains la terre des Lémovices, évangélisée par saint Martial vers le IIIe s., entra à partir du IXe s. dans la mouvance des comtes puis des ducs d'Aquitaine, passa dans le domaine anglo-angevin après le mariage d'Aliénor avec Henri II d'Angleterre, et y resta près de deux siècles. La Marche (moitié nord de la Haute-Vienne et Creuse) fut réunie à la Couronne sous François Ier, en 1531, et le Limousin (moitié sud de la Haute-Vienne et Corrèze) sous Henri IV, en 1607.
Population 723 000
Carte France Dd

Limpopo, ***Afrique méridionale*** Fleuve long de 1 600 km environ prenant sa source dans le Witwatersrand, en Afrique du Sud, et appelé Crocodile dans son cours supérieur. Il forme la frontière de l'Afrique du Sud avec le Botswana, puis avec le Zimbabwe en s'orientant vers l'E. Il traverse le S. du Mozambique et se jette dans l'océan Indien au N. de Maputo.
Carte Mozambique Ac

Lincoln, ***États-Unis*** Capitale du Nebraska, dans le sud-est de l'État. Centre financier et commercial (marché du grain). Industries alimentaires, pharmaceutiques. Universités.
Population (ville) 180 400 ; (aggl.) 203 000
Carte États-Unis Gb

Lincoln, ***Royaume-Uni*** Ville de l'est de l'Angleterre, sur la Witham, chef-lieu de comté. Centre d'une riche région agricole. Industries alimentaires, construction de matériel agricole.

Nommée Lindum Colonia à l'époque romaine, colonie danoise au IXe s., siège d'un évêché à partir de 1078, Lincoln fut dès le XIIe s. une importante cité marchande et le resta jusqu'au XIVe s. Sa cathédrale figure parmi les chefs-d'œuvre de l'architecture gothique.
Population 77 000
Carte Royaume-Uni Ed

Lindau, ***Allemagne*** Vieille ville sur une île du lac de Constance (Bavière). Nombreux édifices médiévaux. Centre touristique (plages, sports nautiques, promenades en bateau, casino).
Population 23 500
Carte Allemagne Ce

Lindisfarne (Holy Island), ***Royaume-Uni*** Voir NORTHUMBERLAND

Lingayen, ***Philippines*** Chef-lieu de la province de Pangasinan et port de la côte O. de l'île de Luçon. Ce fut le premier point de débarquement des Japonais en 1941, et des forces américaines en 1945. La province, drainée par l'Agno, est une région principalement agricole (riz, maïs, fruits tropicaux). Ses habitants, les Pangasinenses, constituent le huitième groupe ethno-linguistique du pays.
Population (ville) 56 300
Carte Philippines Bb

Linköping, ***Suède*** Chef-lieu de l'Östergötland, sur le Stångan (au S.-E. du pays). La ville fut, au Moyen Âge, un important centre commercial, religieux et culturel ; elle conserve plusieurs monuments de cette époque : cathédrales romane et gothique (env. 1110-1499), palais épiscopal (XIIIe s.). C'est aujourd'hui un centre industriel actif : construction automobile, aéronautique, électrique, matériel ferroviaire.
Population 126 500
Carte Suède Bd

Linz, ***Autriche*** Capitale du Land de Haute-Autriche, sur le Danube, troisième ville du pays et important centre industriel : sidérurgie, industrie chimique, engrais. Université. Le trafic de son port en fit dès le Moyen Âge un important centre commercial. La ville conserve de nombreux édifices gothiques, Renaissance et baroques : église Saint-Martin, ancienne cathédrale (XVIIe s.), église paroissiale (XIIIe et XVIIe s.), église franciscaine (XIIIe et XVIIIe s.). La Hauptplatz est entourée de maisons Renaissance et baroques.
Population 201 500
Carte Autriche Da

Lion (golfe du) Partie de la Méditerranée occidentale comprise entre le cap Creus (Espagne) et le delta du Rhône (au N.-E.). Les vents de secteur N. à N.-O., le mistral et la tramontane, y provoquent de fréquentes et violentes tempêtes en hiver. Le littoral est bas et lagunaire (sauf aux

environs du cap Creus). Ports principaux : Sète et Port-Vendres.
Carte France Ee

Lipari, ***Italie*** La principale des îles Éoliennes, au large des côtes N.-E. de la Sicile (38 km^2). Elle est, comme ses sœurs, d'origine volcanique. La moitié de la population vit dans la ville de Lipari. Pêche, viticulture, tourisme.
Population 10 700
Carte Italie Ee

Lipari (îles), ***Italie*** Voir ÉOLIENNES (îles)

Lisbonne, en port. **Lisboa,** ***Portugal*** Capitale du pays, sur la rive nord de l'estuaire du Tage. Phénicienne, puis romaine, la ville fut conquise par les Wisigoths, par les Maures (714) et reconquise en 1147 par Alphonse Ier. Elle devint capitale du royaume portugais au milieu du XIIIe s. Son essor date du XVe s., des grandes découvertes (qui furent tout d'abord l'œuvre de marins portugais) et de l'expansion coloniale. Au début du XVIe s., le port était le grand centre européen du commerce d'outre-mer, redistribuant les épices d'Orient, commerce relayé, dès la fin du XVIe s., par celui des produits tropicaux du Brésil et d'Afrique. Le 1er novembre 1755, la ville basse (Baixa) fut détruite par un tremblement de terre. Le marquis de Pombal (1699-1782) s'attacha à sa reconstruction. Elle fut à nouveau sinistrée par un incendie en 1987. La perte du Brésil au XIXe s. et, plus récemment, des colonies africaines a porté un coup à la ville. Le déclin a cependant été en partie compensé par l'exode rural dont la ville fut le principal pôle d'attraction et par l'industrialisation (récente, surtout depuis 1945). Centre financier, commercial et industriel du pays, Lisbonne, aujourd'hui, s'étale largement sur les deux rives du Tage ; les industries se sont concentrées sur la rive S. (Seixal, Barreiro, Alhandra) : pétrochimie, constructions navale et mécanique, sidérurgie, textile, agro-alimentaire.

La ville présente un bel ensemble d'édifices de la seconde moitié du XVIIIe s. (la Lisbonne pombalienne) et quelques monuments antérieurs au tremblement de terre de 1755 : cathédrale romane Sé Patriarcal, monastère des hiéronymites de Belém (XVIe s.), églises de la Madelena, de São Vicente de Fora (XVIe s.). La ville haute, moins touchée par le cataclysme, a conservé quelques-uns de ses vieux quartiers dont l'extraordinaire Alfama, dédale de ruelles étroites et tortueuses, d'impasses et d'escaliers, évoquant la vieille Lisbonne des Maures, mais où les mœurs et la lumière rappellent plutôt la Bretagne que les côtes africaines. Le musée d'Art ancien de la ville est l'un des grands musées de peinture européens.
Population (ville) 831 000 ; (aggl.) 2 250 000
Carte Portugal Bc

Lisburn, ***Royaume-Uni*** Ville d'Irlande du Nord, au S.-O. de Belfast. Son industrie du lin date de la fin du XVIIe s. et des huguenots qui s'installèrent dans la région après la révocation de l'édit de Nantes.
Population 40 000
Carte Royaume-Uni Bc

Lisieux, ***France*** Sous-préfecture du Calvados. Vieille ville normande, Noviomagus à l'époque gallo-romaine, elle fut dès le VIe s. le siège d'un évêché. Elle est depuis le début du XXe s. le centre d'un pèlerinage au tombeau de sainte Thérèse de l'Enfant-Jésus, qui y fut carmélite. Détruite aux deux tiers en 1944, elle a gardé cependant plusieurs monuments dont la cathédrale Saint-Pierre, bel édifice gothique des XIIe, XIIIe et XVe s. (stalles du XVIe s., tableaux du XVIIIe s.)
Population 24 500
Carte France Db

Litani (Nahr el-), ***Liban*** Principal fleuve du pays (170 km de long). Il descend des hauteurs de la Bekaa, coule vers le S. entre les monts du Liban et de l'Anti-Liban, et forme un coude à la hauteur du château de Beaufort pour se jeter dans la Méditerranée, au N. de Sour (Tyr). Il a été aménagé pour l'irrigation et la production d'hydroélectricité (barrage de Karaoun).
Carte Liban Ab

lithosphère Couche externe solide de la Terre qui flotte sur l'asthénosphère visqueuse. Elle comprend la croûte terrestre et la partie supérieure du manteau. Voir TERRE (VOYAGE AU CENTRE DE LA), p. 661

Little Rock, ***États-Unis*** Capitale de l'Arkansas, sur la rivière Arkansas et sur le site de La Petite Roche, comptoir fondé par Bernard de La Harpe, qui explora la région en 1722. Important marché agricole (coton, oléagineux) et centre industriel à proximité de gisements de bauxite, de pétrole, de gaz naturel et de mines de charbon. Métallurgie de l'aluminium, construction aéronautique, industries chimique et du bois. Université de l'État. Dans les années 1950, la ville opposa une vive résistance aux mesures du gouvernement fédéral en faveur de l'intégration raciale et le président Dwight D. Eisenhower dut, en 1957, envoyer les troupes fédérales pour rétablir l'ordre. Patrie du général Douglas Mac Arthur.
Population (ville) 170 000 ; (aggl.) 492 700
Carte États-Unis Hd

Lituanie Voir p. 398

Liverpool, ***Royaume-Uni*** Ville et port du nord-ouest de l'Angleterre, sur la rive droite de l'estuaire de la Mersey, au centre de la conurbation de Merseyside. Ce fut vers le milieu du XVIIIe s. le deuxième port britannique, ses armateurs ayant pris une place prépondérante dans le trafic avec l'Amérique du Nord et dans le tristement célèbre commerce triangulaire (traite des Noirs). Le port conserva ce rang pendant plus de deux siècles grâce à l'essor industriel de son arrière-pays (Lancashire, industrie cotonnière de Manchester). La ville a décliné depuis le début des années 1950. Des mesures gouvernementales ont été prises pour enrayer la crise dès les années 1960. De nouvelles usines se sont installées à Halewood (Ford), à Ellesmere Port (Vauxhall), à Kirkby (British Leyland). Un important terminal pétrolier fut ouvert en 1969 à Tranmere. Toutefois, Liverpool, au début des années 1980, ne figurait plus qu'au 6e rang des ports britanniques et l'agglomération comptait parmi les régions du pays les plus touchées par le chômage. La ville doit sa réputation au groupe de musique des années 1960, les Beatles, dont les membres y sont nés et y commencèrent leur carrière.
Population 497 000
Carte Royaume-Uni Dd

Livingstone (chutes), auj. **Inga,** ***Zaïre*** Nom d'une série de chutes et de rapides du cours inférieur du Zaïre (entre Kinshasa et Matadi). Le fleuve franchit 260 m de dénivellation en 354 km.
Carte Zaïre Ab

Livingstonia, ***Malawi*** Ville située à 400 km au N. de la capitale, Lilongwe, à 1 370 m d'altitude. Vues splendides sur le lac Malawi (que Livingstone découvrit en 1859). Mines de charbon.
Carte Malawi Ab

Livourne, en it. **Livorno,** ***Italie*** Chef-lieu de province, en Toscane, et important port de commerce sur la mer Tyrrhénienne. Achetée en 1421 par Florence qui voulait devenir puissance maritime, la ville se développa au XVIe s. grâce aux Médicis, et profita du déclin de Pise dont le port s'ensablait. Métallurgie et raffinage de pétrole sont les principales activités industrielles de la ville. Patrie d'Amedeo Modigliani.
Population 175 300
Carte Italie Cc

Livradois-Forez (parc régional du), ***France*** Voir AUVERGNE

Liw, ***Pologne*** Forteresse du XIVe s. de l'ancien duché de Mazovie, à 83 km à l'E. de Varsovie. Détruite plusieurs fois par les Suédois au XVIIe et au début du XVIIIe s., très endommagée lors de la Seconde Guerre mondiale, elle a été soigneusement restaurée en 1961.
Carte Pologne Eb

Lizard (cap), ***Royaume-Uni*** Point le plus méridional de la Grande-Bretagne, au S.-O. de l'Angleterre (Cornouailles). La côte à cet endroit est très découpée, avec des falaises hautes de 45 à 75 m.
Carte Royaume-Uni Cf

Ljubljana, ***Slovénie*** Capitale du pays, dont elle est le centre économique et culturel, à 121 km à l'O. de Zagreb. Université fondée en 1595, académies, opéra, maisons d'édition. Biennale internationale des arts graphiques. Les activités industrielles de la ville se sont orientées depuis 1945 vers des secteurs de pointe : l'électronique (usines Telekom), l'automobile et le matériel électrique (usines Litostroj). La ville, qui est ancienne (intégrée aux domaines des Habsbourg à la fin des années 1270, siège d'un évêché en 1461, capitale de la Carniole au XVIIIe s., chef-lieu des Provinces illyriennes au temps de Napoléon), présente un bel ensemble de monuments baroques bien qu'elle ait été très éprouvée par un tremblement de terre en 1895. Tourisme actif.
Population 267 000
Carte Slovénie Aa

Llangollen, ***Royaume-Uni*** Petite ville du comté gallois de Clwyd, à 50 km au S. de Liverpool, et centre touristique. L'International Eisteddfod, grande manifestation folklorique galloise (chant choral, danse, etc.), s'y tient chaque année. Ruines de l'abbaye cistercienne de Valle Crucis à proximité.
Population 3 200
Carte Royaume-Uni Dd

llanos Savanes herbacées de l'Amérique du Sud, et plus particulièrement du Venezuela central où la plaine est en partie drainée par les affluents de gauche de l'Orénoque. C'est une région riche en pâturages. Importants gisements de pétrole et de gaz naturel.
Carte Venezuela Ab

Llanquihue (lac), ***Chili*** Le plus grand lac chilien (878 km^2) situé au S. du pays (provinces de Llanquihue et d'Osorno). Puerto Varas, Llanquihue, Puerto Octay, sur ses rives que do-

Lituanie

UN ANCIEN GRAND-DUCHÉ, DEVENU PIONNIER EN DÉSINTÉGRATION D'EMPIRE, UN PRÉSIDENT MUSICIEN REMPLACÉ PAR UN ANCIEN DIRIGEANT COMMUNISTE

Le plus connu — sans doute parce que le premier à s'être proclamé indépendant — des États baltes, et aussi le plus grand, la Lituanie voisine avec la Russie par la région de Kaliningrad, ancienne Königsberg, au S., la Pologne au S.-E., la Biélorussie à l'E. et la Lettonie au N. Mais contrairement à ses consœurs (Estonie et Lettonie), elle a une très petite façade maritime : à peine 100 km autour de Klaïpeda.

C'est un pays plat parsemé de près de 3 000 lacs, couvert à 25 % de forêts, et dont le climat continental est tempéré par l'influence de la mer Baltique. Il est traversé par le Niémen, fleuve né en Biélorussie.

BALTE, MAIS LONGTEMPS SOUS INFLUENCE POLONAISE

L'histoire médiévale de la Lituanie est marquée par une farouche résistance à la poussée germanique, qui s'exerçait par l'intermédiaire des chevaliers Teutoniques ou Porte-Glaives. À l'inverse, les Lituaniens voudront étendre leur pouvoir à l'E., au détriment des Tatars et des Russes. Déjà maîtres de Kiev, ils s'empareront pour un temps de Moscou, en 1368.

Dirigés par un grand-duc, les Lituaniens sont alors un peuple de guerriers, restés longtemps fidèles à des dieux traditionnels. Le grand-duc Gedymin créa une Grande Lituanie s'étendant de la Baltique à la mer Noire. Un de ses successeurs, Jagellon, constitua en 1386 une union personnelle avec la Pologne, en en devenant le roi par son mariage avec Hedwige, fille du roi Louis le Grand, décédé deux ans plus tôt sans descendance mâle. Devenu Ladislas, après sa conversion et celle de tout son peuple, Jagellon fonda la célèbre dynastie qui régna sur la Pologne pendant plus d'un siècle.

Après avoir écrasé les chevaliers Teutoniques à la bataille de Grünwald (Tannenberg), en 1410, stoppant ainsi l'avancée germanique, les Polono-Lituaniens concluront en 1569 l'union de Lublin.

Ce n'est qu'au cours du XVIIIe s. que se produit la séparation entre les deux pays. Les partages successifs de la Pologne (1772, 1793, 1795) attribuent la Lituanie à la Russie. Comme les autres pays baltes, elle est indépendante de 1918 à 1940. Après une courte occupation soviétique, le pays est envahi en juin 1941 par les troupes allemandes, avant d'être intégré à l'Union soviétique en 1944.

Dès mars 1990, la Lituanie, pionnière en la matière, proclame son indépendance, reconnue en septembre 1991, soutenue par le parti communiste local, dissident. C'est d'ailleurs le dirigeant de ce parti, M. Brazauskas, qui remplace à la tête de l'État, en février 1993, le président-musicien Landsbergis.

UNE ÉCONOMIE EN MANQUE D'ÉNERGIE

La Lituanie était la cinquième « puissance » économique de l'U.R.S.S., mais son potentiel important souffre aujourd'hui de son manque de matières premières, notamment énergétiques, importées auparavant du reste de l'U.R.S.S. Hydroélectricité (sur le Niémen), raffinerie de pétrole (à la frontière lettone), centrale nucléaire (du type Tchernobyl) ne suffisent pas. Les mesures draconiennes prises pour relancer l'économie n'ont pas encore fait leur effet. Le tourisme est en plein essor.

LA LITUANIE EN BREF

Carte Lettonie ABbc
Superficie 65 300 km^2
Population 3 802 000
Capitale Vilnius
Régime République parlementaire
Monnaie Litas
Langues Lituanien, russe
Religions Catholiques, orthodoxes
Climat Continental tempéré
Ressources Céréales, pomme de terre, betterave à sucre, lin
Activités Agriculture, élevage, pêche ; industries énergétiques (pétrole, nucléaire, hydroélectricité), chimique, textile, chantiers navals, industries de transformations mécanique et électrique
P.N.B. annuel par habitant 2 710 dollars
Croissance démographique 3,3 ‰ par an
Espérance de vie Hommes 65 ans, femmes 76

minent les volcans Osorno et Calbuco, sont des stations touristiques.
Carte Chili Ad

Loanda, ***Angola*** Voir LUANDA

Lobamba, ***Swaziland*** Village de la reine mère et l'un des centres politiques traditionnels du royaume swazi, à 16 km au S.-E. de Mbabane. C'est aujourd'hui le siège du Parlement swazi.
Population 5 800
Carte Swaziland Aa

Lobito, ***Angola*** Port de la province de Benguela (au S. de Luanda). La ville fut fondée par les Portugais en 1843 et les travaux du port commencèrent en 1903. Mais son essor date de l'achèvement, en 1928, de la voie ferrée le reliant aux villes minières du Shaba (Zaïre), dont il est l'un des débouchés.
Population 150 000
Carte Angola Ab

Lob Nor, ***Chine*** Lac salé, marécageux et poissonneux de 2 000 km^2 où se jette le Tarim, dans la province autonome du Xinjiang Ouïgoure. C'est là qu'eut lieu en 1964 la première explosion nucléaire chinoise.
Carte Chine Dc

Locarno, ***Suisse*** Célèbre station climatique et touristique du Tessin (canton de langue italienne), située à l'extrémité du lac Majeur. La ville, qui fait partie de la Confédération helvétique depuis 1512, possède plusieurs monuments médiévaux et baroques. En octobre 1925 une conférence y réunit la France, l'Angleterre, l'Allemagne, l'Italie, la Belgique, la Pologne et la Tchécoslovaquie. Les participants décidèrent le retrait des troupes alliées de la Ruhr, l'admission de l'Allemagne à la S.D.N. et la démilitarisation de la rive gauche du Rhin (accords ou pacte de Locarno).
Population 15 000
Carte Suisse Ba

loch (ou **lough)** Mot écossais (ou irlandais) désignant un lac de montagne ou un bras de mer profond et étroit.

Loches, ***France*** Petite ville de Touraine, sur l'Indre (Indre-et-Loire). Son château fut, à partir de Charles VII, résidence royale. Ses maisons, l'église Saint-Ours, le château et les remparts, tous en pierre admirablement taillée et appareillée, forment un ensemble urbain traditionnel qui compte parmi les plus impressionnants de France. Patrie d'Alfred de Vigny.
Population 6 600
Carte France Dc

Locronan, ***France*** Village du Finistère, au N.-O. de Quimper, lieu d'un célèbre pardon (2e dimanche de juillet) et centre touristique. Très beaux édifices gothiques et Renaissance.
Population 800

Lod (Lydda), ***Israël*** Ville au S.-E. de Tel-Aviv et site du principal aéroport civil du pays (aéroport international Ben Gourion). Ce fut un grand centre d'études talmudiques au Ier s. av. J.-C., et, plus tard, le siège d'une communauté chrétienne où résida l'apôtre Pierre.
Population 41 400
Carte Israël Ab

Lodz, ***Pologne*** Chef-lieu de la voïévodie du même nom, au S.-O. de Varsovie, deuxième ville du pays par la population et grand centre industriel (textile). Elle connut un brusque essor grâce à l'industrie cotonnière à partir de 1850, à la suite de l'ouverture du marché russe. La ville, développée de la façon chaotique qui caractérise le capitalisme naissant, avec des quartiers insalubres (dont le ghetto juif rasé par les nazis en 1944) entourant des ateliers, est aujourd'hui le centre d'une vaste conurbation. Ses activités textiles se sont diversifiées: coton, laine, soie, fibres artificielles, bonneterie, construction de machines textiles. Produits chimiques, matériel électrique et photographique. C'est aussi un centre intellectuel, le siège de plusieurs instituts d'enseignement supérieur, dont l'École nationale supérieure de théâtre et de cinéma d'où sont issus A. Wajda, A. Munk, R. Polanski. Patrie d'Arthur Rubinstein.
Population 845 000
Carte Pologne Cc

Loei, ***Thaïlande*** Chef-lieu de la province du même nom, au N.-E. de Bangkok. La province est limitée au N. par le Laos et drainée par les rivières Lam Phaniang et Nam Loei. Culture du coton ; réserves de lignite. À proximité, parc national Phu Kradung.
Population (ville) 102 100
Carte Thaïlande Bb

lœss Limon constitué de fines particules de quartz, d'argile et de calcaire transportées par les vents.

Lofoï (chutes de la), ***Zaïre*** Voir KALOBA (chutes)

Lofoten (îles), ***Norvège*** Archipel arctique de 1 667 km^2 au N.-O. de la Norvège, dont il est séparé par le Vestfjord, la zone de grande pêche à la morue la plus riche du monde (campagne de février à avril). Principaux ports de traitement industriel du poisson : Svolvær et Henningsvær. Le détroit entre le sud de Moskenesøy, l'île la plus méridionale de l'archipel, et un îlot voisin est balayé par un puissant courant tourbillonnaire, le moskenesstraum ou maelström, phénomène de flux et de reflux dû à la marée et à la houle et dont les récits imaginaires d'Edgar Allan Poe (1809-1849) et de Jules Verne (1828-1905) ont exagéré les dangers.

Population 26 200
Carte Norvège Da

Logan (mont), *Canada* Le plus haut sommet du pays et le plus haut, après le mont McKinley, de toute l'Amérique du Nord ; il culmine à 5 951 m dans les monts Saint-Élias, dans le S.-O. du Yukon.

Carte Canada Ab

Logroño, *Espagne* Ville fortifiée sur l'Èbre, à 250 km au N. de Madrid. Prise et reprise par les Maures et les chrétiens au VIIIe s., elle fut rattachée à la Castille en 1076 ; c'était, au Moyen Âge, une halte importante sur la route de Saint-Jacques-de-Compostelle. Industries textiles, équipement vinicole, conserves de fruits. Chef-lieu de la province de la Rioja.

Population 128 300
Carte Espagne Da

ARCHIPEL ARCTIQUE. Dans les îles Lofoten, la petite ville de Svolvær, la capitale de l'archipel, est un port de pêche actif de janvier au mois d'avril, qui se transforme en centre touristique cosmopolite en été.

Loir, *France* Rivière longue de 311 km. Elle prend sa source dans les collines du Perche, passe à Châteaudun, Vendôme, puis La Flèche, coulant dans une ample et belle vallée, les vaux du Loir, et se jette dans la Sarthe, à quelques kilomètres au N. d'Angers.

Carte France Dc

Loire (42), *France* 1. Fleuve le plus long (1 020 km) du pays et le seul grand fleuve dont le bassin soit entièrement français. La Loire prend sa source au mont Gerbier-de-Jonc, à 1 424 m d'altitude et se dirige vers le N. à travers une succession de gorges dans le Massif central, avant d'entrer, au bout de 285 km, dans la plaine de Roanne, où elle s'élargit et devient plate et sablonneuse. Elle coule ensuite vers le N.-O., puis l'O. après la « boucle » d'Orléans et se jette dans l'Atlantique par un long estuaire, 16 km au-delà de Nantes. Principaux affluents de droite : la Nièvre et la Maine ; de gauche, l'Allier, le Cher, l'Indre et la Vienne.

La Loire a un régime pluvio-nival complexe : hautes eaux en hiver, basses eaux en été, avec de fortes crues printanières, et un débit moyen de 1 350 m^3/s atteignant jusqu'à 8 000 m^3/s en période de crue. À cause de son régime très irrégulier, elle a fait l'objet de travaux d'endiguement (levées) dès le IXe s., tant pour la navigation que pour éviter ses inondations catastrophiques. De nos jours, la navigation est nulle jusqu'à Angers et seul l'estuaire connaît une grande animation industrielle et commerciale.

La partie de la vallée de la Loire entre Decize (Nièvre) et Nantes constitue le Val de Loire. Ce cours moyen, endigué sur 501 km, doit son unité au fleuve et à la richesse de ses terres ; il a reçu le surnom de « jardin de la France ». C'est une région de cultures (pépinières, vergers, fleurs, primeurs), de prairies et de vignobles réputés (sancerre, vouvray, pouilly, bourgueil, chinon, saumur). Dans cette région où résidèrent les rois de France pendant un siècle (XVe-XVIe s.), on trouve de nombreuses villes à l'architecture et au passé prestigieux et les célèbres châteaux de la Loire, mondialement connus, construits du XVe au XVIe s. par les rois et des particuliers. Simple transformation plus gracieuse des châteaux féodaux au début ou purs chefs-d'œuvre de la Renaissance ensuite, ils marquent un tournant dans la conception des châteaux et sont le fruit du génie des artistes italiens de l'époque. Parmi les plus connus : Blois, Chenonceaux, Chambord, Amboise, Azay-le-Rideau.

Depuis une vingtaine d'années, quatre centrales nucléaires ont été installées sur les rives de la Loire (Belleville-sur-Loire, Dampierre-en-Burly, Saint-Laurent-des-Eaux, Avoine) ; elles ont nécessité pour le refroidissement des réacteurs la construction des barrages de Villerest et Naussac qui ne suffisent pas à régulariser le cours du fleuve. De nombreux projets d'aménagements nouveaux, tant sur le fleuve lui-même que sur ses affluents (notamment l'Allier) ont été étudiés, soit pour l'écrêtement des crues, soit même pour l'alimentation régulière en eau, mais les polémiques — politiques ou écologiques — les ont empêchés d'aboutir.

2. Département de la région Rhône-Alpes (4 781 km^2), formé par la plaine du Forez et le

bassin de Roanne drainés par la Loire et dominés, à l'O., par les monts du Forez et de la Madeleine, et, à l'E., par les monts du Vivarais, du Lyonnais, du Beaujolais et du Charolais. Élevage ; agriculture. Le bassin industriel de Saint-Étienne-Roanne, durement touché par la crise, se diversifie. Chef-lieu : Saint-Étienne ; sous-préfectures : Montbrison et Roanne.

Population (dép.) 746 300
Carte France (fleuve) Cc, Fd ; (dép.) Fd

Loire (Haute-) (43), ***France*** Département de la région Auvergne (4 977 km²), traversé par l'Allier et la Loire, séparés par les monts du Devès, et bordé, à l'O., par les monts de la Margeride, à l'E. par les massifs du Mézenc et du Meygal. L'agriculture de sols pauvres (seigle, lentilles) et l'industrie textile à domicile (dentelle, broderie) ont peu à peu cédé la place aux céréales et à l'élevage, et à un développement industriel plus diversifié (mécanique, plastiques, textiles). Chef-lieu et ville principale : Le Puy-en-Velay. Sous-préfectures : Brioude et Yssingeaux.

Population 206 600
Carte France Ed

Loire (Pays de la), ***France*** Région administrative de l'ouest de la France, comprenant les départements de Loire-Atlantique, Maine-et-Loire, Mayenne, Sarthe et Vendée (32 083 km²) ; chef-lieu : Nantes. C'est une zone agricole active et variée : élevage (bovins, porcins, volaille), agriculture (céréales, fourrage, fleurs, cultures maraîchères), vergers, vigne (saumur, anjou, muscadet). Pêche maritime et tourisme sur la côte (La Baule, Les Sables-d'Olonne). Industries autour du port autonome Nantes-Saint-Nazaire (chantiers navals, industrie alimentaire), au Mans (tracteurs), à Angers (électronique), à Cholet (chaussures, bonneterie).

Population 3 060 000
Carte France Cc

Loire-Atlantique (44), ***France*** Département du littoral atlantique, dans la région Pays de la Loire (6 815 km²). Il fait partie du Massif armoricain et présente des reliefs peu élevés. Basse et plate, la zone maritime comprend, du N. au S., le marais de Grande Brière, l'estuaire de la Loire et le pays de Retz. Agriculture : polyculture, élevage de volaille, vignoble (muscadet, gros plant), primeurs, fruits (fraises) ; industries : chantiers navals de Nantes-Saint-Nazaire, aéronautique, industries alimentaires ; centrales thermiques, raffinerie de pétrole de Donges, port méthanier de Montoir-de-Bretagne ; uranium. Tourisme sur la côte (La Baule, Pornic). Chef-lieu : Nantes ; sous-préfectures : Ancenis, Châteaubriant, Saint-Nazaire.

Population 1 053 000
Carte France Cc

Loiret (45), ***France*** Département de la région Centre (6 775 km²). Il comprend, au N.-O., la riche plaine de Beauce (blé, maïs, betterave à sucre), au N.-E., le Gâtinais (élevage, miel), au centre, la forêt d'Orléans, la plus grande forêt domaniale de France (35 000 ha), au S., le Val de Loire et la Sologne des étangs (élevage). À côté de l'industrie traditionnelle (vinaigre, pain d'épices, biscuiterie, céramique), se développent des industries modernes (automobile, électroménager, électronique) ; pétrole à Châteaurenard ; centrale nucléaire à Dampierre-en-Burly. Chef-lieu : Orléans ; sous-préfectures : Montargis, Pithiviers.

Population 580 700
Carte France Db

Loir-et-Cher (41), ***France*** Département de la région Centre, au sud du Bassin parisien (6 343 km²). Il est formé, au N. par les vallons boisés et humides du Perche (élevage) et la petite Beauce (blé, maïs, colza), au centre par le Val de Loire (prairies, primeurs, vigne), au S.-E. par la petite Sologne (fraises, asperges, vigne) et la grande Sologne (étangs, chasse).

Les industries nouvelles (automobile, électronique, centrale nucléaire) s'ajoutent maintenant aux industries traditionnelles (agro-alimentaire, textiles, céramique). Chef-lieu : Blois ; sous-préfectures : Romorantin-Lanthenay, Vendôme.

Population 306 000
Carte France Dc

Loja, ***Équateur*** Chef-lieu de la province du même nom, sur la route panaméricaine et le río Zamora, à 200 km au S.-E. de Guayaquil. Centre commercial de la région agricole environnante. Célèbre école de droit fondée en 1897 et devenue université.

Population (ville) 66 000 ; (prov.) 358 600
Carte Équateur Bb

Lolland, ***Danemark*** Troisième île danoise par la taille (1 234 km²). Ses côtes N. et E., découpées, sont couvertes de forêts ; le Sud, marécageux, est protégé des inondations par des digues et des dunes de sable. Betterave à sucre, tabac. Le palais royal d'Alholm (XIIᵉ s.), à Nysted, abrite la plus grande collection d'Europe de vieilles voitures (1914-1930). Beaux bâtiments médiévaux. Villes principales : Nakskov, Maribo et Sakskøbing.

Population 81 800
Carte Danemark Bb

Lomami, ***Zaïre*** Affluent de gauche du Zaïre, de 1 450 km de long. Il prend sa source à 450 km au N.-O. de Lubumbashi et coule du S. au N. avant de se jeter dans le Zaïre à Isangi. Navigable sur 450 km de son cours inférieur.

Carte Zaïre Bb

Lombardie, ***Italie*** Région de 23 854 km², au N. du pays, comprenant une partie des Alpes italiennes et de la plaine du Pô. Véritable pôle d'attraction, très en avance dans tous les secteurs, c'est la région la plus peuplée et la première région industrielle d'Italie. Son agriculture et sa production laitière ont un rendement élevé, grâce à un bon système d'irrigation dans les basses plaines du Pô. Villes principales : Milan, la capitale régionale, Bergame, Brescia, Côme, Crémone, Mantoue, Monza, Pavie et Varèse. Magenta, à 25 km à l'O. de Milan, vit la victoire des armées françaises et italiennes sur les Autrichiens en 1859, pendant la campagne pour l'unité italienne. Près de 9 000 hommes sont morts durant cette bataille, qui fut si sanglante que Magenta donna son nom à une nuance de rouge.

Population 8 898 700
Carte Italie Bb

Lombok, ***Indonésie*** Île volcanique de 5 435 km², séparée de Bali par les 35 km du détroit du même nom. C'est à travers ce détroit que court la ligne imaginaire du biologiste anglais Wallace (1823-1913), qui partagerait le domaine biogéographique de l'Asie de celui de l'Australie. Ainsi, Lombok possède des marsupiaux de la famille des kangourous, absents de Bali. Point culminant : 3 726 m. Riz, café, tabac.

Population 1 300 200
Carte Indonésie Ed

Lomé, ***Togo*** Capitale et plus grande ville du pays. Située sur le golfe du Bénin, à la frontière du Ghana, Lomé devint capitale du Togoland allemand en 1897. Centre industriel et commercial, elle possède un aéroport international et un port en eau profonde qui exporte phosphates, cacao, café, coton et huile de palme et traite une grande partie du commerce de transit du Mali et du Burkina Faso, qui n'ont pas de débouché sur la mer. Lomé possède aussi un bord de mer attrayant planté de palmiers, et de bons hôtels offrant de nombreuses distractions. Au marché local, situé dans un bâtiment à deux étages : toiles provenant de toute l'Afrique occidentale, bijoux en or et en argent ; artisanat local. Université créée en 1965.

Depuis 1975, les Accords de Lomé, élargis régulièrement, établissent des accords de coopération et de commerce entre la Communauté européenne et 58 pays (Lomé III) d'Afrique, des Caraïbes et du Pacifique (A.C.P.).

Population 367 000
Carte Togo Bb

Lomond (loch), ***Royaume-Uni*** Le plus grand lac (38 km²) d'Écosse, à 28 km au N.-O. de Glasgow. Dominé par le Ben Lomond (973 m), il est parsemé d'îles. Site touristique.

Carte Royaume-Uni Cb

London, ***Canada*** Centre industriel et financier du sud-ouest de l'Ontario. Conçue comme capitale régionale en 1793, la ville ne vit vraiment le jour qu'en 1826, et son université fut fondée en 1878. Industries : alimentation, papier, locomotives, textiles et appareils électriques.

Population 269 100
Carte Canada Gd

Londonderry, ***Royaume-Uni*** Port et deuxième ville d'Irlande du Nord, sur le Foyle, à 100 km au N.-O. de Belfast. Fondée au VIᵉ s. par saint Colomba, elle se vit accorder sa première charte en 1604 et fut concédée à des corporations de la Cité de Londres. Beaux remparts et cathédrale anglicane du XVIIᵉ s. Devenue ville-frontière à la partition de l'Irlande (1921), elle a été depuis le théâtre de nombreux incidents entre catholiques et protestants.

Le comté du même nom (2 076 km²) est surtout agricole (produits laitiers, céréales). Des vestiges des plus vieilles habitations connues dans les îles Britanniques ont été découverts à l'E. du comté, dans la vallée de la Bann.

Population (ville) 97 500
Carte Royaume-Uni Bc

Londres, en angl. **London,** ***Royaume-Uni*** Capitale et principale zone urbaine du pays (1 580 km² sur les deux rives de la Tamise), constituée de 32 « bourgs » (*boroughs*) et de la Cité (*the City of London*). Les Romains fondèrent Londinium en 43 apr. J.-C., sur ce qui devint le « mille carré » de la Cité, cœur économique de la capitale. Ils construisirent aussi le premier pont de Londres, seul pont sur la Tamise jusqu'en 1749. Au XIᵉ s. furent construits, à 3 km à l'O., le palais royal et l'abbaye de Westminster. Ainsi se créèrent des cités jumelles qui grandirent parallèlement et ne fusionnèrent réellement qu'au XVIIᵉ s. : la Cité, capitale commerciale, et Westminster, centre du pouvoir royal puis du pouvoir politique. Le grand incendie de 1666, qui dévasta la plus grande partie de la ville, accéléra le mouvement vers l'O.

Aujourd'hui le centre-ouest de Londres abrite le Parlement, les ministères, le palais de Buckingham et autres demeures royales, les

principaux musées nationaux, des salles de concert et des galeries d'art. Dans le « West End », se trouvent la plupart des théâtres, restaurants et magasins ainsi que les célèbres parcs, dont le plus grand : Hyde Park. La Cité, devenue au cours des siècles l'un des plus grands centres internationaux de la banque et du commerce, était proche de ce qui fit sa richesse : les docks, accueillant des bateaux en provenance du monde entier. Beaucoup ont fermé, les autres ont été déplacés en aval du fleuve, et les anciens emplacements sont devenus des quartiers résidentiels à la mode, des zones industrielles ou des zones de loisir et de tourisme. La Cité conserve cependant son rôle. Son monument le plus illustre, la cathédrale Saint-Paul, de l'architecte Christopher Wren, construite de 1675 à 1710, est noyé dans un océan d'immeubles de bureaux édifiés après les bombardements de la Seconde Guerre mondiale. La Tamise serpente à travers Londres en larges boucles gracieuses. Six ponts la traversent, entre la tour de Londres (construite par Guillaume le Conquérant après 1066) et le palais du Parlement. Artère de transport principale pour le commerce national et international avant l'avènement du chemin de fer, la Tamise a longtemps représenté une menace d'inondation pour Londres pendant les grandes marées. Ce danger ne fut éliminé qu'en 1984 avec l'achèvement d'une barrière mobile en aval, à Woolwich. Aujourd'hui, Londres est desservie par l'un des réseaux d'autobus, de métro, de routes et de trains les plus étendus du monde.

Le réseau ferré, construit pour desservir une capitale en expansion permanente depuis le milieu du XIXe s., encouragea la croissance urbaine lorsque les travailleurs s'installèrent dans des banlieues de plus en plus éloignées. Au cours de son expansion, Londres a absorbé des villes et des villages jadis en pleine campagne. Nombre d'entre eux, comme Greenwich, avec son Observatoire royal, son École navale, son musée national de la Marine et son fameux voilier, le *Cutty Sark*, présentent un intérêt historique. D'autres sont devenus des cités-dortoirs développées autour de leurs centres commerciaux. Mais certains, comme Chelsea, Hampstead et Highgate, quartiers d'écrivains et d'artistes, ont su conserver leur caractère. Peu de grandes capitales dominent, comme Londres, la vie culturelle et commerciale de leur pays. Touristes et hommes d'affaires y affluent. En 1985, avec 9 millions de visiteurs étrangers et 14 millions d'Anglais, Londres a battu le record du tourisme international.

Les visiteurs rencontrent une population cosmopolite et généralement accueillante, qui renseigne volontiers les étrangers mais ne craint pas de clamer ses opinions au monde du haut d'une caisse de savon, au célèbre « coin des orateurs » de Hyde Park. Ils découvrent aussi des traditions inchangées au cours des siècles, depuis la relève de la garde devant le palais de Buckingham jusqu'aux humbles marchés de rue ; et partout, une vitalité qui fait de Londres une ville à la pointe de la mode et des arts. La vie culturelle y est intense, avec Covent Garden, l'un des opéras les plus prestigieux du monde, le Barbican Centre (1972-1977), plus de quarante grands théâtres, des concerts donnés par cinq orchestres symphoniques permanents et d'innombrables groupes musicaux de tous genres.

Les touristes apprécieront l'héritage historique de la ville : le palais, l'abbaye et la cathédrale catholique de Westminster, le palais du Parlement, la cathédrale Saint-Paul ; les monuments associés à la vie de la famille royale : la tour de Londres (qui abrite les joyaux de la Couronne), le palais Saint-James (1532), le

LE CŒUR POLITIQUE DU ROYAUME-UNI. Au bord de la Tamise, à Westminster, un haut lieu londonien : les *Houses of Parliament*. Cet ensemble néogothique abrite la Chambre des communes et la Chambre des lords. À droite, le célèbre Big Ben.

palais de Kensington (1605) et le palais de Buckingham (XIXe s.), où la galerie de la reine et les écuries royales sont ouvertes au public. Londres abrite également un nombre impressionnant de musées mondialement célèbres dont les plus connus sont le British Museum (superbe collection d'antiquités et bibliothèque gigantesque où se rassemblent les chercheurs du monde entier), le Victoria et Albert Museum (beaux-arts et arts appliqués). Les musées de peinture sont non moins réputés : la National Gallery, la Tate Gallery, la National Portrait Gallery, la Royal Academy, la Collection Wallace et le Courtauld Institute (impressionnisme et post-impressionnisme). Enfin, Londres regorge d'églises, de bâtiments originaux, et offre un paysage urbain plein de charme.

Population (grand Londres) 6 804 000
Carte Royaume-Uni Ee

Londrina, ***Brésil*** Ville moderne (1932) à 400 km à l'O. de São Paulo. Sa prospérité est fondée sur les industries légères : boissons, café, huiles végétales. Elle doit son nom à une compagnie britannique qui fut à l'origine de son essor.

Population (zone métropolitaine) 347 000
Carte Brésil Cd

Long Island, ***États-Unis*** Île de 190 km de long et 3 685 km², à l'E. de New York. Elle appartient à l'État de New York et comprend, à l'O., les quartiers new-yorkais de Queens et Brooklyn. Le reste de l'île (où se trouve l'aéroport international J.-F.-Kennedy) est surtout constitué de zones résidentielles, de fermes et de maisons de vacances, bien que l'industrie s'y soit rapidement développée depuis la Seconde Guerre mondiale. La côte S. possède de longues plages de sable. Pêche commerciale.

Carte États-Unis Lb

Long Island (détroit de), ***États-Unis*** Bras de mer dans l'océan Atlantique, entre la côte du Connecticut au N. et Long Island au S. (État de New York), relié à la baie de New York par l'East River. Le marchand hollandais Adriaen Block, qui explora la côte N. en 1614 et descendit le Connecticut jusqu'à son embouchure sur le détroit, fut impressionné par la beauté de la vallée et ses ressources potentielles. Son rapport enthousiaste favorisa l'établissement de colonies hollandaises dans cette région. De nos jours, le détroit est bordé de zones résidentielles, de stations balnéaires et de centres de yachting.

Dimensions longueur : 145 km ; largeur : 5 à 32 km

LE CHARME DU VIEUX SUD. Dans la première moitié du XVIe s., la Louisiane a vu fleurir les maisons de riches planteurs, dites *antebellum* (avant la guerre de Sécession). La plantation d'Oak Alley, qui doit son nom à sa magnifique allée de chênes verts, est un bon exemple de ces belles demeures.

Longford, ***Irlande*** Petite ville à 109 km au N.-O. de Dublin. Chef-lieu du comté du même nom (1 044 km²), l'un des plus pauvres d'Irlande (élevage). Patrie de l'écrivain Oliver Goldsmith (1728-1774).

Population (ville) 4 330 ; (comté) 31 100
Carte Irlande Cb

longitude Distance mesurée en degrés à partir du centre de la terre entre le méridien de Greenwich et le méridien d'un point donné. Elle est comprise entre 0 et 180° à l'E. ou à l'O. du méridien de Greenwich.

Lons-le-Saunier, ***France*** Préfecture du Jura à 100 km au S.-E. de Dijon. Centre administratif et commercial, station thermale. Ses salines furent l'objet de luttes acharnées au Moyen Âge. Maisons du XVIIIe s. Églises Saint-Désiré (XIe s.) et des Cordeliers (XVe-XVIe-XVIIe s.). Hôpital (XVIIIe s.). Patrie de Rouget de Lisle.

Population 19 100
Carte France Fc

Lop Buri, ***Thaïlande*** Ville à 130 km au N. de Bangkok, fondée au VIe s. sur un site datant de l'âge du bronze. Capitale provinciale khmère (XIe-XIIIe s.), elle accueillit au XVIIe s. des ingénieurs français envoyés par Louis XIV qui participèrent à la construction de certains de ses édifices. Grande base militaire. La province du même nom produit maïs et coton.

Population (ville) 36 600
Carte Thaïlande Bc

Lord Howe (dorsale de), ***océan Pacifique*** Chaîne sous-marine de 3 000 km de long sur 500 km de large, dans le Pacifique S.-O., entre la mer de Tasman et le bassin des Fidji. Elle comporte à l'O. de nombreux récifs coralliens dont l'île Lord Howe, station touristique australienne réputée (300 habitants).

Carte Pacifique (océan) Cd, Dd

Lorelei, ***Allemagne*** Voir RHIN

Loreto, ***Pérou*** Le département le plus septentrional du pays, bordé par l'Équateur, la Colombie et le Brésil. Région de jungle, traversée par de nombreux affluents de l'Amazone et séparée des départements côtiers par les Andes. Principales productions : caoutchouc ; bois d'œuvre ; huile de palme (savon). Gisements d'or, de fer et de pétrole. Des navires de haute mer remontent l'Amazone sur 3 680 km depuis l'océan Atlantique jusqu'à Iquitos, chef-lieu et centre commercial du département.

Population 667 500
Carte Pérou Ba

Lorette, en it. **Loreto,** ***Italie*** La plus célèbre ville de pèlerinage d'Italie, à 20 km au S.-E. d'Ancône. Chaque année, des milliers de pèlerins et de touristes visitent la « maison de Marie » où aurait grandi Jésus. La légende veut en effet que cette maison ait été apportée de Nazareth par les anges en 1294. Elle se trouve à l'intérieur du sanctuaire de la Sainte Maison (Santuario della Santa Casa).

Population 10 600
Carte Italie Dc

Lorient, ***France*** Port et ville industrielle de la Bretagne méridionale, sous-préfecture du Morbihan, sur l'estuaire du Scorff et du Blavet. Fondé en 1666, Lorient est le premier port français pour l'importation d'aliments pour les animaux (soja, manioc) et le second port de pêche, avec traitement industriel immédiat du poisson. Arsenal ; base de sous-marins de Keroman (construite par les Allemands de 1941 à 1943) ; Écoles des officiers fusiliers et des fusiliers marins. Industries variées. La ville, où les Allemands résistèrent jusqu'au 8 mai 1945, fut en partie détruite par les bombes alliées.

Population (ville) 59 300 ; (aggl.) 107 000
Carte France Bc

Lorraine, ***France*** Région administrative de 23 547 km², au N.-E. du pays, comprenant les départements de Meurthe-et-Moselle, Meuse, Moselle et Vosges. Chef-lieu : Metz. Autre grande ville : Nancy. Les principaux reliefs sont les côtes de Meuse et de Moselle, et les Vosges. Région d'industries traditionnelles variées (cristal de Baccarat, faïence à Sarreguemines, optique, textile dans les Vosges) à partir du XIXe s., la Lorraine dut son spectaculaire essor à son gisement de fer (96 % de la production française en 1929) et au bassin houiller de la Moselle. Mais la crise de l'industrie lourde la touche durement depuis les années 1960 et de gros efforts de reconversion sont faits depuis lors pour la tirer du marasme économique. Agriculture moderne : céréales, vergers (prunes renommées), fleurs, légumes. Élevage. Exploitation forestière. Parc naturel régional de Lorraine : 180 000 ha, dont 40 000 dans le « pays des Étangs ». L'ancienne province de Lorraine fut annexée par l'Allemagne de 1870 à 1918 (nombreux champs de bataille de la Première Guerre mondiale) et de 1940 à 1944, et de nombreux Lorrains choisirent de s'exiler pour rester français. Pendant la Seconde Guerre mondiale, la croix de Lorraine devint le symbole des Forces françaises libres.

Population 2 305 000
Carte France Fb

Los Alamos, *États-Unis* Ville du Nouveau-Mexique, au N.-O. de Santa Fe, près du río Grande. Centre de recherches et d'essais nucléaires (première bombe atomique le 16 juillet 1945).

Population 11 300
Carte États-Unis Ec

Los Angeles, *États-Unis* Ville du sud de la Californie, à 200 km de la frontière mexicaine. C'est la deuxième agglomération des États-Unis après New York et l'une des plus grandes zones urbaines du monde, formée essentiellement de villes contiguës, sans véritable centre-ville. La ville primitive, fondée par les Espagnols en 1781 et devenue américaine en 1850, se développa sur les bords du fleuve Los Angeles, à 24 km du Pacifique, près de l'actuel quartier des affaires. Au cours de sa prodigieuse expansion, elle s'est étendue aux collines environnantes mais reste encore limitée par les monts San Gabriel, San Bernardino et Santa Ana qui empêchent le smog (mélange de brouillard, de gaz d'échappement et de fumées industrielles) de se disperser. Ville touristique et universitaire, grand port, célèbre dans le monde entier pour son industrie cinématographique (Hollywood), Los Angeles possède aussi d'importants gisements de pétrole. Toutes les industries y sont représentées.

Population (ville) 3 486 000 ; (conurbation) 14 532 000
Carte États-Unis Cd

Los Baños, *Philippines* Voir BAY (laguna de)

Los Lagos, *Chili* Région formant la limite méridionale de la zone de peuplement ininterrompue du Chili central, qui s'étend depuis Santiago. Quelques-uns des plus beaux lacs du pays se trouvent à l'intérieur des terres, dans la province d'Osorno. Stations de ski sur les pentes des Andes. Tourisme. Puerto Montt, la capitale régionale, est un port de pêche.

Population 953 400
Carte Chili Ad

Lot (46), *France* 1. Rivière de 480 km de long au S.-O. du pays qui prend sa source au mont Lozère, dans le sud du Massif central, traverse Mende et Cahors et se jette dans la Garonne à 30 km à l'O. d'Agen. Principal affluent : la Truyère. Centrales hydroélectriques.

2. Département de 5 217 km^2 de la région Midi-Pyrénées, dans le sud-ouest du pays, presque entièrement couvert par les Causses du Quercy (300 à 400 m d'altitude), arides et rudes. Seules les vallées, surtout celles de la Dordogne et du Lot, sont cultivées : tabac, légumes, vergers. Élevage de volaille (foie gras, confit), truffe. Vins (Cahors). Artisanat d'art. Très touristique, le Lot abrite à la fois des sites naturels (gouffre de Padirac, grotte de Pech Merle) et des châteaux et villages remarquables (Rocamadour, Saint-Cirq-Lapopie). Chef-lieu : Cahors ; sous-préfectures : Figeac, Gourdon.

Population 155 900
Carte France Dd

Lot-et-Garonne (47), *France* Département rural de 5 361 km^2 de la région Aquitaine, dans le sud-ouest du pays, formé surtout de collines et traversé par les vallées fertiles du Lot et de la Garonne où se concentrent population et culture. Vergers (pruniers), légumes, tabac, raisin de table, céréales ; élevage. Chef-lieu : Agen ; sous-préfectures : Marmande, Nérac, Villeneuve-sur-Lot.

Population 306 000
Carte France Dd

Lothian, *Royaume-Uni* Région administrative d'Écosse de 1 756 km^2, au S. de l'estuaire du Forth, autour d'Édimbourg.

Population 745 000
Carte Royaume-Uni Dc

Lötschberg, *Suisse* Massif montagneux à 60 km au S.-E. de Berne ; pratiquement infranchissable jusqu'en 1913, date de la construction d'un chemin de fer entre Thoune et Brigue via un tunnel de 14,6 km.

Carte Suisse Aa

Louang Prabang, *Laos* Voir LUANG PRABANG

Lougansk, *Ukraine* Ville à 275 km au S.-E. de Kharkov. Fondée en 1795 (manufacture d'armes pour la flotte russe de la mer Noire), elle s'est spécialisée dans les équipements ferroviaires, produisant en 1941 la moitié des locomotives de l'U.R.S.S. Centre de recherche et d'ingénierie. Industries textile, alimentaire et chimique. La ville s'est appelée Vorochilovgrad de 1935 à 1958 et de 1970 à 1990.

Population 505 100
Carte Ukraine Dc

Louisbourg *Canada* Petit port sur la côte E. de l'île du Cap-Breton qui abrite les vestiges d'une impressionnante forteresse construite par les Français entre 1720 et 1745. Détruite par les Anglais en 1760, elle a été partiellement restaurée pour devenir un parc national historique.

Population 1 600
Carte Canada Jd

Louisiane, *États-Unis* État fertile du Sud (123 677 km^2) entre le Mississippi, le golfe du Mexique et le Texas, formé en grande partie de plaines alluviales. Le lit surélevé du Mississippi est flanqué de digues pour réduire les risques d'inondation. Climat subtropical avec pluies abondantes. Principales cultures : riz, canne à sucre, coton et soja. Autres productions : soufre, sel, pétrole et gaz naturel, produits chimiques et alimentaires, pêche, forêt.

À l'origine, le nom de Louisiane, donné en l'honneur du roi de France Louis XIV, s'appliquait à tout le bassin du Mississippi, que les Français furent les premiers à coloniser en 1699. Après avoir dû en céder une partie à l'Espagne (de 1762 à 1800) et à l'Angleterre (1763), la France vendit la Louisiane aux États-Unis (traité de Paris, 1803) pour 15 millions de dollars, mais les influences française et espagnole sont encore perceptibles de nos jours. Capitale : Baton Rouge. Ville principale : La Nouvelle-Orléans.

Population 4 250 000
Carte États-Unis Hd

Louisville, *États-Unis* Ville du Kentucky, fondée en 1778 sur l'Ohio, et baptisée en l'honneur de Louis XVI. Important centre industriel, commercial et agro-alimentaire. C'est là que se court chaque année en mai le *Kentucky Derby*, célèbre course de chevaux. À 40 km au S.-O. se trouve la réserve d'or américaine de Fort Knox.

Population (ville) 289 000 ; (aggl.) 962 600
Carte États-Unis Ic

Lourdes, *France* Centre de pèlerinage international en bordure des Pyrénées, sur le gave de Pau, à 40 km au S.-E. de Pau. Le sanctuaire fut fondé à partir de 1862, après que l'Église eut conclu à la réalité des visions d'une jeune paysanne, Bernadette Soubirous, qui affirmait avoir vu la Vierge dix-huit fois, entre février et juillet 1858, à la grotte de Massabielle. Plus de 4 millions de pèlerins, parmi lesquels de nombreux malades, visitent la grotte chaque année et se baignent dans l'eau de la source miraculeuse. Basilique souterraine (1958).

Population 16 300
Carte France Ce

Lourenço Marques, *Mozambique* Voir MAPUTO

Louth, *Irlande* Le plus petit comté du pays (823 km^2), à 40 km au N. de Dublin. Céréales, textiles, chaussures. Chef-lieu : Dundalk.

Population 88 500
Carte Irlande Cb

Louvain, en néerl. **Leuven, *Belgique*** Ville située sur la Dyle, à 24 km à l'E. de Bruxelles. Siège d'une université réputée fondée en 1425 et qui, suite aux querelles linguistiques, a été scindée (voir BELGIQUE). Malgré de sérieux dégâts subis durant les guerres de 1914-1918 (destruction totale par incendie de la bibliothèque de l'université) et de 1940-1945, Louvain a conservé de son passé des monuments prestigieux : l'hôtel de ville, la collégiale Saint-Pierre et le béguinage valent le déplacement. Principales industries : brasseries, minoteries et constructions mécaniques légères.

Population (ville) 84 700 ; (aggl.) 173 000
Carte Belgique Ba

Louxor (Louksor, Louqsor), *Égypte* Ensemble de temples, monuments et tombes datant des pharaons du Nouveau Royaume, au S. de leur ancienne capitale Thèbes, sur la rive E. du Nil, à 500 km au S. du Caire. Les temples (1400 av. J.-C.) sont reliés au site de Karnak, à 3 km au N., par une allée bordée de sphinx à tête de bélier. Le nom de Louxor vient du mot arabe signifiant « palais ». C'est l'un des plus grands centres touristiques du pays.

Carte Égypte Cc

Lowicz, *Pologne* Ville à 76 km à l'O. de Varsovie. Le dimanche et pour certaines fêtes, les femmes portent les costumes régionaux traditionnels : tabliers à rayures vives et coiffes hautes. À 10 km au S.-E. se dresse le magnifique palais baroque de Nieborow (XVIIe s.), au milieu de jardins à la française. Propriété des Radziwill de 1774 à 1945, il est devenu annexe du musée national de Varsovie.

Population 30 800
Carte Pologne Cb

Loyauté (îles), *océan Pacifique* Archipel français de 1 980 km^2, à 100 km à l'E. de la Nouvelle-Calédonie, dont il dépend administrativement. L'archipel est formé de trois îles : Ouvéa, Lifou et Maré. Sa population est mélanésienne.

Ressources : noix de coco, coprah, bananes.
Population 15 500
Carte Pacifique (océan) Dd

Lozère (48), ***France*** Département du Massif central de la région Languedoc-Roussillon ; 5 167 km². Il est constitué essentiellement de montagnes et de plateaux : monts de la Margeride au N., monts d'Aubrac au N.-O., Cévennes au S.-E., avec leur point culminant au mont Lozère (1 699 m), Grands Causses calcaires (Méjean et Sauveterre) au S.-O., domaine des ovins dont le lait sert à la fabrication du fromage de Roquefort. Polyculture dans les vallées ; bovins. Pays pauvre, la Lozère est le moins peuplé (14 habitants au kilomètre carré) des départements métropolitains et ni les efforts de développement du tourisme (Parc national des Cévennes) ni le nombre croissant de résidences secondaires ne compensent l'exode rural. Chef-lieu : Mende ; sous-préfecture : Florac.
Population 72 900
Carte France Ed

Lualaba, ***Zaïre*** Nom du Zaïre, de sa source, à 120 km à l'O. de Lubumbashi (près de la frontière zambienne), à Kisangani. Navigable entre Bukama et Kongolo, Kasongo et Kibombo, Kindu et Ubundu, il coule du sud au nord sur 1 800 km et prend le nom de Zaïre aux chutes Tshungu (anc. chutes Stanley), près de Kisangani. L'explorateur David Livingstone le prit pour une des sources du Nil, mais, en 1876-1877, l'aventurier Stanley prouva que le Lualaba était en fait le cours supérieur du Zaïre.
Carte Zaïre Bb

Luanda (Loanda), ***Angola*** Capitale du pays et port sur l'océan Atlantique. Comptoir portugais dès 1576. Le fort de San Miguel, construit en 1638, existe toujours. Usines alimentaires ; raffinerie de pétrole. La province du même nom produit café, coton, sisal et huile de palme.
Population (ville) 1 134 000 ; (prov.) 1 807 000
Carte Angola Aa

Luang Prabang (Louangphrabang), ***Laos*** Province et ville sur le Mékong, à 220 km au N. de Vientiane. Ce fut la capitale royale et le centre du bouddhisme laotien jusqu'en 1975. Nombreuses pagodes bouddhiques. Artisanat. La ville a décliné depuis l'abolition de la monarchie par les communistes en 1975.
Population (ville) 68 500 ; (prov.) 339 000
Carte Laos Ab

Luapula, ***Zambie*** Province du nord du pays (50 567 km²), en bordure du Zaïre. Son chef-lieu, Mansa, est situé à 450 km de la capitale, Lusaka. La province tire son nom de la rivière Luapula qui forme la frontière avec le Zaïre. Principales activités de cette région peu peuplée : agriculture, élevage et pêche.
Population 527 000
Carte Zambie Bb

Lubango, anc. **Sà da Bandeira,** ***Angola*** Ville située à environ 400 km au S. de Lobito. Industries : chimie, matériaux de construction, brasserie, industrie du bois. La province environnante de Huíla produit du café et du bétail. Mais l'agriculture a souffert dans les années 1980 des raids des maquisards de l'UNITA et des poursuites des membres du SWAPO (Organisation des peuples du Sud-Ouest africain) par les troupes d'Afrique du Sud.
Population 105 000
Carte Angola Ab

Lübeck, ***Allemagne*** Port situé au fond de l'estuaire de la Trave, ouvert sur la Baltique, à 60 km au N.-E. d'Hambourg. Fondée en 1157, la ville s'enrichit rapidement grâce au commerce du bois et prit la tête de la Hanse (confédération de villes maritimes). Aujourd'hui, ses échanges commerciaux se font surtout avec la Scandinavie. Entourée de canaux, Lübeck offre aux visiteurs le charme de ses édifices anciens en briques rouges et noires. Construction navale, industries mécaniques, textiles, produits chimiques et alimentaires. Patrie de Willy Brandt, chancelier de 1969 à 1974, et de l'écrivain Thomas Mann (1875-1955).
Population 214 800
Carte Allemagne Db

Luberon, ***France*** Chaîne calcaire entre la Durance et le Coulon, à une quarantaine de kilomètres au S.-E. d'Avignon, divisée en Grand Luberon, à l'E., et Petit Luberon, à l'O., séparés par la combe de Lourmarin ; il culmine au Mourre Nègre (1 125 m) et offre un contraste entre son versant N., boisé, et ses pentes S., plus douces, à végétation méditerranéenne. C'est une région touristique pour son climat, ses bories, cabanes de pierres sèches typiques de la région, et surtout ses villages pittoresques, dont certains sont perchés, tels Saignon, Seillanne, Lacoste ou Oppède-le-Vieux, restauré grâce à des artistes et à des hommes de lettres. Des vestiges historiques : château de Lourmarin (XVe-XVIe s.), remparts de Bonnieux, citadelle de Ménerbes, vieux prieuré, etc., illustrent son passé, marqué aussi par l'affaire des Vaudois, contre lesquels François Ier lança une sanglante expédition punitive. La montagne du Luberon est englobée dans le parc naturel régional du Luberon, d'environ 120 000 ha, créé en 1977.
Carte France Fe

Lublin, ***Pologne*** La plus grande ville de la Pologne orientale, à 153 km au S.-E. de Varsovie, au centre d'une région agricole fertile. Fabrication de matériel agricole. Industries textiles et alimentaires. Nombreuses universités : université catholique, université Marie Curie-Sklodowska, du nom de la physicienne française d'origine polonaise (1867-1934), qui découvrit le radium. La ville fut le siège du gouvernement provisoire de la Pologne libre de juillet 1944 à janvier 1945. À Majdanek (banlieue S.-E.), un monument et un musée de la Déportation s'élèvent à l'emplacement du plus grand camp de concentration nazi en Pologne après Auschwitz (370 000 victimes de 1941 à 1944).
Population 333 000
Carte Pologne Ec

Lubumbashi, anc. **Élisabethville,** ***Zaïre*** Capitale de la région minière du Shaba, à 30 km de la frontière de la Zambie. Raffineries de cuivre et de cobalt ; industries de transformation et de biens de consommation. La ville est reliée aux océans Indien et Atlantique par quatre voies ferrées. Université. Aéroport international.
Population 739 500
Carte Zaïre Bc

Lucca, ***Italie*** Voir LUCQUES

Lucerne, en all. **Luzern,** ***Suisse*** Station touristique située à l'extrémité N.-O. du lac des Quatre-Cantons, à 65 km à l'E. de Berne. Ville très pittoresque, agrémentée de jardins. Ses remparts médiévaux et ses tours de garde sont bien conservés. Il reste deux ponts en bois couverts du XIVe s., sur la Reuss. Hôtel de ville (XVIIe s.). Cathédrale (XVIIe s.). Le Lion de Lucerne, de 9 m de long et 20 m de haut, fut sculpté en 1820-1821 à la mémoire des 700 gardes suisses de Louis XVI massacrés devant le palais des Tuileries à Paris, en 1792.

Le canton de Lucerne (1 492 km²) produit des céréales, des arbres fruitiers. Industries variées. Tourisme.
Population (ville) 61 000 ; (canton) 324 000
Carte Suisse Ba

Lucerne (lac de), ***Suisse*** Voir QUATRE-CANTONS (lac des)

Lucknow, ***Inde*** Capitale de l'État d'Uttar Pradesh, centre agricole de la vallée du Gange, à 435 km au S.-E. de Delhi. La ville, fondée au XIVe s., devint la capitale du royaume moghol d'Oudh en 1724. Centre de l'artisanat indien, où l'on pratique encore les techniques anciennes du *bidri* (incrustation d'argent dans du bronze).
Population 1 620 000
Carte Inde Cb

Luçon ou **Luzon,** ***Philippines*** Île principale (104 688 km² ; 800 km de long), la plus au N. de l'archipel. Elle représente le tiers de la superficie du pays et accueille la moitié de sa population. Ses côtes, très découpées, abritent plusieurs ports naturels. La presqu'île de Camarines la prolonge au S.-E.

Son relief est d'une grande variété : hautes chaînes de montagnes au N. (Cordillère centrale, mont Pulog, 2 930 m ; Sierra Madre ; Zambales), pics volcaniques (le Mayon et le Pinatubo en particulier), basses terres couvertes de rizières dans la plaine de Cagayan au centre, hautes terres arides où les paysans vivent difficilement. Concentration des principales industries du pays dans la vaste zone métropolitaine de Manille. Ressources minières et forestières importantes.

La langue officielle, le philippin, fondée sur le tagalog, est parlée par les habitants de la région de Manille, mais d'autres dialectes sont utilisés dans les régions plus isolées.
Population 29 400 000
Carte Philippines Bb

Lucques, en it. **Lucca,** ***Italie*** Ville de Toscane, à 60 km à l'O. de Florence. Centre commercial et industriel (industries textiles et mécaniques, huileries). Nombreuses églises romanes du XIIe s. Palais médiévaux, remparts du XVIe s. Patrie du compositeur d'opéras Giacomo Puccini (1858-1924). La région environnante produit une huile d'olive réputée.
Population 89 100
Carte Italie Cc

Lüda ou **Liu-ta,** ***Chine*** Conurbation industrielle et port de la province du Liaoning, sur la péninsule du Liaodong, regroupant Dalian ou Ta-lien (anc. Dairen) et Lushun (anc. Port-Arthur). Industries métallurgiques et sidérurgiques ; constructions mécaniques.
Carte Chine Ic

Lüderitz, ***Namibie*** Ville et port de pêche (langouste) sur la côte S., à 230 km de la frontière de l'Afrique du Sud. La ville doit son nom à Adolf Lüderitz, marchand de Hambourg qui acheta le territoire en 1883, marquant les débuts de la colonisation allemande du Sud-Ouest africain. Le port dessert les mines de diamant à proximité.
Population 16 700
Carte Namibie Ab

Ludhiana, ***Inde*** Ville de l'État du Pendjab, à 290 km au N. de Delhi. Marché agricole. Université agronomique de réputation mondiale (recherches sur la culture du blé).
Population 1 012 000
Carte Inde Bb

Ludwigshafen, ***Allemagne*** Ville et port sur le Rhin, en face de Mannheim. Grand centre chimique. Verreries. Aciéries.
Population 162 200
Carte Allemagne Cd

Lugano, ***Suisse*** Importante station climatique et touristique, sur la rive N. du lac de Lugano, près de la frontière italienne. Industries alimentaires (chocolat). La ville est dominée par le mont Salvatore et le mont Bré, qui s'élèvent à plus de 900 m (panorama).
Population 25 300
Carte Suisse Ba

Lugo, ***Espagne*** Ville de Galice, dans le nord-ouest de l'Espagne, à 80 km au S.-E. de La Corogne. Remparts romains. Cathédrale du XIIe s. Commerce du bétail, industries textiles, tanneries et minoteries. La province de Lugo produit du bois et du fer. Pêche.
Population (ville) 74 000 ; (province) 399 200
Carte Espagne Ba

Lugou (pont de la), ***Chine*** Voir MARCO POLO (pont)

Luik, ***Belgique*** Voir LIÈGE

Luleå, ***Suède*** Port au fond du golfe de Botnie, à 946 km au N.-E. de Stockholm. On y exporte le minerai de fer et le bois de Laponie. Fonderies de fer, aciéries. Le musée Norbottens Läns possède une belle collection de costumes et d'artisanat lapons.
Population 66 600
Carte Suède Db

Luluabourg, ***Zaïre*** Voir KANANGA

Lumbini, ***Népal*** Lieu-dit dans le village de Rummindei (autrefois Kapilavastu) situé près de la frontière indienne, à 200 km au S.-O. de Katmandou, où naquit le prince Siddharta Gautama (560-480 av. J.-C.), surnommé Bouddha (mot sanscrit signifiant « l'Éveillé »). L'empereur indien Asoka y fit élever une colonne.
Carte Népal Aa

Lund, ***Suède*** Ville de l'extrémité S. de la Suède, à 16 km au N.-E. de Malmö, fondée au début du XIe s. par le roi de Danemark Canut II. Centre intellectuel. Industries textiles, imprimeries. Belle cathédrale romane. L'université, créée en 1668, est la plus ancienne du pays après celle d'Uppsala.
Population 82 000
Carte Suède Be

Lünebourg (Lüneburg), ***Allemagne*** Port situé sur un canal relié à l'Elbe, à 40 km au S.-E. de Hambourg. Beaux monuments anciens. Industries chimiques et mécaniques. Les landes de Lünebourg, terres sablonneuses et pauvres, au S.-O. de la ville, abritent un parc national et une zone d'entraînement de l'OTAN.
Population 60 600
Carte Allemagne Db

Lunéville, ***France*** Ville située à 30 km au S.-E. de Nancy, dans la Meurthe-et-Moselle. Constructions mécaniques et électriques ; industrie textile ; faïence. La ville a été marquée par le XVIIIe s. : aménagement des rues, église Saint-Jacques, et surtout le château, modeste réplique de Versailles, édifié par Boffrand pour le duc Léopold de Lorraine, et qui fut plus tard la résidence favorite de Stanislas Leszczyński. Musées : faïences, moto et vélo.
Population 20 700
Carte France Gb

Luoxiao Shan, ***Chine*** Chaîne de montagnes de la province du Jiangxi. Elle fut le refuge des rebelles communistes dirigés par Mao Tsé-toung de 1927 à 1934, et le point de départ de la Longue Marche qui les mena jusqu'à Yan'an, à 9 500 km au N.-O., dans le Shanxi.
Carte Chine Ge

Luoyang, ***Chine*** Ville de la province du Henan, ancienne capitale des Shang (1770-1050 av. J.-C.). D'importants sites archéologiques ont été découverts dans la région. Après une période de déclin, commencée au Xe s., la ville a connu un nouvel essor au XXe s. Centre de construction mécanique (tracteurs, matériel minier). Industries textiles et alimentaires.
Population 760 000
Carte Chine Gd

Lurgan, ***Royaume-Uni*** Ville d'Irlande du Nord, à 30 km au S.-O. de Belfast. Important centre textile (lin). Avec Portadown, elle forme depuis 1973 la ville nouvelle de Craigavon.
Population 21 000
Carte Royaume-Uni Bc

Lusaka, ***Zambie*** Capitale du pays, carrefour routier et ferroviaire, au centre d'une région agricole fertile (coton, maïs, tabac et produits laitiers). La ville, créée en 1905 près des mines de plomb de Kabwe, devint capitale trente ans plus tard. Industries textiles, alimentaires et automobiles.
Population 983 000
Carte Zambie Bb

Lu Shan, ***Chine*** Chaîne de montagnes au S. du Chang Jiang (Yangtsen Kiang) dans le Jiangxi. Point culminant : 1 474 m. Lieu de vacances très couru. Le jardin botanique de Lu Shan, sur le pic des Neuf Choses Étranges, est l'un des plus beaux de Chine.
Carte Chine He

Lüshun (Port-Arthur), ***Chine*** Port militaire de la province du Liaoning, à la pointe S. de la presqu'île de Liaodong. La ville appartint à la Chine jusqu'en 1898, passa à la Russie, puis au Japon en 1905, après le siège de Port-Arthur (1904-1905), qui marqua le début de la guerre russo-japonaise. Après une période d'administration sino-soviétique, à partir de 1945, la ville fut rendue à la Chine en 1954.
Carte Chine Lc

Luton, ***Royaume-Uni*** Ville industrielle du comté anglais de Bedforshire, à 50 km au N. de Londres. Aéroport. Constructions automobiles et aéronautiques.
Population 165 400
Carte Royaume-Uni Ec

Luxembourg Voir p. 406

Luxembourg, ***Belgique*** Province du S.-E. du pays contiguë au grand-duché du Luxembourg. Les collines boisées des Ardennes en occupent la majeure partie. Chef-lieu : Arlon.
Population 222 000
Carte Belgique Cb

Luxembourg, ***Luxembourg*** Capitale du grand-duché, comprenant la ville ancienne au sommet d'une colline dominant l'Alzette et la ville nouvelle s'étendant à l'E. et au S. Des viaducs relient ces deux parties. La vieille ville date du

UNE VILLE FORTIFIÉE. Les fortifications de la vieille ville de Luxembourg dominent encore les parois abruptes de la gorge de l'Alzette : l'occasion d'une route de corniche spectaculaire !

Luxembourg

LE DERNIER DUCHÉ INDÉPENDANT D'EUROPE: UN PETIT ÉTAT QUI JOUE UN GRAND RÔLE DANS LES AFFAIRES INTERNATIONALES

Quand on est représentant à l'étranger du grand-duché de Luxembourg, il faut aimer la solitude. Cet État, en effet, est à la fois si petit et si actif qu'il est représenté dans la plupart des assemblées internationales... mais rarement par plus d'une personne.

Le Luxembourg fut érigé en duché en 1354, et c'est le seul survivant des centaines de duchés qui composaient jadis l'Europe centrale et occidentale. Aujourd'hui membre des Nations unies, il a à sa tête un grand-duc héréditaire et un gouvernement issu d'un Parlement élu.

Il est l'un des membres fondateurs de l'Organisation du traité de l'Atlantique Nord (OTAN) en 1949 et de la Communauté économique européenne (C.E.E.) en 1957. Il est le siège de la Cour européenne de justice et du secrétariat du Parlement européen. En 1948, aux côtés de la Belgique et des Pays-Bas, il a constitué l'union économique du Benelux, qui devait devenir le premier marché libre pour le travail et les marchandises. C'est aussi un grand centre bancaire international pourvu de 114 banques.

Le nord du Luxembourg (Oesling) est accidenté et pittoresque: il inclut la bordure méridionale des hauts plateaux de l'Ardenne et de l'Eifel ; il est drainé par la Sûre (Sauer). Le Sud prolonge la Lorraine ; il est moins élevé, plus fertile et de climat plus doux. Les gisements de fer ont permis le développement d'une puissante industrie sidérurgique. La Moselle et la basse Sûre forment la frontière S.-E. du pays: leurs vallées portent des vignobles.

Les Luxembourgeois parlent le français et l'allemand mais, entre eux, utilisent plus volontiers le dialecte luxembourgeois. Les industries lourdes et les institutions internationales ont attiré de nombreux travailleurs étrangers. Ceux-ci constituent presque un quart de la population.

Le Luxembourg a été envahi en mai 1940 par l'Allemagne nazie et 10 000 de ses habitants ont été enrôlés de force dans l'armée allemande, tandis que d'autres participaient à la Résistance contre l'occupant. En 1986, l'Allemagne de l'Ouest a accepté de lui payer 12 millions de marks à titre de réparations.

La première radio commerciale européenne, Radio-Luxembourg, commença à émettre en 1934 et fonctionne toujours. Ses studios se dressent dans un parc, près de la vieille ville de Luxembourg, la capitale.

LE LUXEMBOURG EN BREF
Carte Belgique Bb
Superficie 2 586 km^2
Population 392 000
Capitale Luxembourg
Régime Monarchie constitutionnelle
Monnaie Franc luxembourgeois
Langues Français, allemand, luxembourgeois
Religions Catholiques (93 %), protestants (1 %)
Climat Tempéré ; températures moyennes dans la capitale: de − 1 à 2 °C en janvier, de 14 à 16 °C en juillet
Ressources Céréales, pommes de terre, raisins, bovins ; minerai de fer
Activités Sidérurgie, chimie, industries alimentaires, mécaniques et de transformation des métaux, agriculture, viticulture, banque
Exportations Acier, métaux non ferreux, produits chimiques ; services financiers internationaux
P.N.B. annuel par habitant 31 080 dollars
Croissance démographique 3,2 ‰ par an
Espérance de vie Hommes 71 ans, femmes 78

Xe s. Construite autour des ruines d'une forteresse dont les fondations remontent aux Romains et aux Francs, elle abrite le palais ducal (1572), l'hôtel de ville où siège le Parlement et la cathédrale gothique Notre-Dame (XVIIe s.).

La ville nouvelle, fondée au XIXe s., et son faubourg nord-oriental de Kirchberg accueillent diverses institutions de la Communauté européenne: la Cour de justice, la Banque d'investissements, la Communauté du charbon et de l'acier. C'est un centre d'expositions et de conférences. On y trouve aussi la plus ancienne station de radio commerciale, Radio-Luxembourg, qui émet en Grande-Bretagne, en France, en Allemagne occidentale et aux Pays-Bas.

Population 78 000
Carte Belgique Cb

Lvov, en ukrainien **Lviv,** en all. **Lemberg,** en pol. **Lwow,** ***Ukraine*** Ville industrielle à 470 km à l'O. de Kiev. Fondée en 1256 par un prince ukrainien, elle fut prise par les Polonais en 1340, puis appartint à l'Autriche de 1772 à 1918, et enfin retourna à la Pologne jusqu'en 1939. Capitale de la Galicie. Son histoire se reflète dans l'architecture de la ville: mélange de styles ukrainien, autrichien et polonais côtoyant des constructions modernes. Fort du XIIIe s., cathédrale romane (XIVe-XVIIe s.), cathédrale arménienne (1370-1493), églises orthodoxes russes. Industries: alimentation, textile, métallurgie, construction automobile, produits chimiques et raffinerie de pétrole.

La Galicie est aujourd'hui à la pointe de la transformation économique et nationale de l'Ukraine.

Population 807 300
Carte Ukraine Ac

Lyallpur, ***Pakistan*** Voir FAISALABAD

Lyon, ***France*** Chef-lieu du département du Rhône et deuxième agglomération du pays, au confluent du Rhône et de la Saône, à 476 km au S. de Paris. Véritable carrefour entre Bourgogne, Massif central, bas Dauphiné et plaines rhodaniennes, la ville fut d'abord (43 av. J.-C.) une colonie romaine fondée par Muniatus Plancus sur la colline de Fourvière, tandis que la cité marchande occupait les bords du Rhône et de la Saône. Elle prit le nom de Colonia Copia Claudia Augusta Lugdunum sous le règne de l'empereur Claude. Au Moyen Âge, des établissements religieux s'implantèrent sur la colline de Fourvière et le quartier marchand étendit son emprise sur la presqu'île où furent construits, pendant la Renaissance et au XVIIe s., des bâtiments administratifs, des couvents et des hôtels.

La situation privilégiée de la ville, à l'origine de sa vocation commerciale, a permis, au XVIIIe s., son développement industriel axé sur le travail de la soie. C'est à cette époque que les canuts et leurs familles envahirent les pentes de la Croix-Rousse, de Saint-Paul et de Saint-Jean, pendant que la bourgeoisie s'installait plus au S., vers Bellecour et Perrache.

Le vieux Lyon, avec ses anciennes demeures et ses ruelles étroites, est chargé d'histoire. C'est là, au pied de la colline de Fourvière (basilique de 1894), que se trouvent ses plus beaux monuments: cathédrale Saint-Jean (XIIe-XVe s.), archevêché (XVIIIe s.), Manécanterie (partiellement du XIIe s.), église Saint-Paul (commencée au XIIe s., achevée au XVe s. et restaurée au XXe s.), hôtel du gouvernement (XVe s.). Patrie de Guignol et Gnafron, la ville possède un musée de la Marionnette fondé en 1946. Depuis le début du XXe s., toutes les industries sont représentées dans l'agglomération lyonnaise, qui a fini par absorber les communes de Vénissieux, Villeurbanne, Pierre-Bénite, Vaise, Saint-Fons, Oullins, Bron, La Mulatière, Caluire-et-Cuire, etc. Les ressources naturelles de la région (pyrites de Sain-Bel, houilles de Saint-Étienne, électricité du Rhône et des Alpes) et une économie active (la Bourse de Lyon — 1595 — est la plus ancienne de France) ont permis l'implantation de la métallurgie et de l'industrie chimique. La ville et ses environs fabriquent des textiles naturels et synthétiques, des tracteurs, des camions, des produits chimiques, des matières plastiques, du cuir, du papier, de l'horlogerie, des pâtes alimentaires, des biscuits, etc. Le T.G.V., l'aménagement du port Édouard-Herriot et les aéroports de Bron (tourisme et affaires) et de Satolas (liaisons intérieures et internationales) permettent à la ville de maintenir un haut niveau d'activité et d'organiser des foires et salons importants.

Population (ville) 415 000 ; (aggl.) 1 262 000
Carte France Fd

M

Ma'An, ***Jordanie*** Ville commerciale et carrefour routier et ferroviaire, à 115 km au S. de Karak. Centre administratif de la Jordanie méridionale et grand marché de céréales, c'était autrefois une étape pour les pèlerins se rendant à La Mecque. La plupart des habitations sont en argile. On y trouve des vestiges d'un fort turc du XVIIIe s. Un système d'irrigation permet aux habitants d'entretenir des jardins. La principale ressource est le tabac.

Population 12 000
Carte Jordanie Ab

Maastricht, ou **Maëstricht,** ***Pays-Bas*** Chef-lieu de la province du Limbourg, sur la Meuse, à 170 km au S.-O. d'Amsterdam. Située dans une partie étroite des Pays-Bas, entre la Belgique et l'Allemagne, c'est une ville polyglotte. Sur la place principale se trouve la cathédrale Saint-Servais, la plus ancienne du pays (XIe-XIIe s.). Cimenteries, papeteries, verreries, céramique, exploitation de la houille, métallurgie, caoutchouc et industrie chimique.

Le traité signé ici en 1992 et entré en vigueur au 1er novembre 1993 a institué l'Union européenne entre les douze membres de la C.E.E.

Population (ville) 117 400 ; (aggl.) 163 000
Carte Pays-Bas Bb

Macao Voir ci-dessous

Macassar, ***Indonésie*** Voir UJUNG PANDANG

Macassar (détroit de), ***Indonésie*** Important détroit (720 km de long sur 130 à 370 km de large) entre Bornéo et Sulawesi (Célèbes), reliant la mer des Célèbes aux mers de Java et de Flores. En janvier 1942, une bataille navale de cinq jours y opposa les Japonais aux Alliés, mais ces derniers ne parvinrent pas à empêcher l'invasion de Bornéo.
Carte Indonésie Ec

Macdonnell (monts), ***Australie*** Principales montagnes de l'Australie centrale, formant des chaînes parallèles dans le Territoire du Nord en direction de l'E. et de l'O., à partir d'Alice Springs. Le point culminant est le mont Ziel (1 510 m). On a trouvé de l'or à Arltunga, à l'E. de la chaîne
Carte Australie Ec

Macédoine, ***Grèce*** Région la plus étendue de Grèce (34 177 km^2), bordée par l'Albanie, la Macédoine (ex-Yougoslavie) et la Bulgarie au N. Son relief est varié : montagnes couvertes de forêts (monts du Pinde, Olympe et Vérmion), nombreux lacs, larges plaines fertiles et trois longs fleuves : Aliákmon, Axios et Strímon. Villes principales : Salonique, Kavála, Séres et Dráma. La zone est peuplée d'animaux sauvages. La Macédoine est riche en minerais : cuivre, fer, or, plomb, magnésite et chrome. C'est la région de Grèce qui produit le plus d'énergie et raffine le plus de pétrole ; son agriculture est diversifiée et riche : élevage, industrie du bois, culture du maïs, des haricots en grains, des légumes, du riz, des fruits et du tabac.

Restée en marge de la culture grecque jusqu'au IVe s. av. J.-C., la Macédoine devint un royaume puissant sous Philippe II ; son fils, Alexandre le Grand, de 336 à 323 av. J.-C., s'appuya sur elle pour construire son empire. Elle fut ensuite occupée par les Romains, les Goths, les Huns, les Slaves et les croisés. Les Turcs la gouvernèrent de 1371 à la guerre des Balkans (1912-1913), puis elle fut partagée entre la Grèce, la Serbie (Yougoslavie), et la Bulgarie. La partie grecque est aujourd'hui un bastion méridional de l'OTAN.
Population 2 122 000
Carte Grèce Ba

Macédoine Voir p. 408

Maceió, ***Brésil*** Port et capitale de l'État d'Alagoas, à 190 km au S. de Recife, dans une région très touristique, avec des plages de sable blanc bordées de cocotiers et de lagons, d'où le nom de l'État (*lagoa*, en portugais, signifie « lagon »). À part le sucre, principale ressource de la région, la ville produit du sel et des machines. L'État, l'un des plus petits du Brésil, s'étend sur 27 731 km^2.
Population 483 000
Carte Brésil Eb

Macerata, ***Italie*** Ville de la région des Marches, à 175 km au N.-E. de Rome. Elle fut fondée au XIe s. La vieille ville est entourée de remparts du XIVe s. et possède des édifices médiévaux et baroques. Son université date de 1290. Centre agricole (céréales, blé, vigne).
Population 44 000
Carte Italie Dc

Macgillicuddy's Reeks, ***Irlande*** La plus haute chaîne de montagnes d'Irlande, à 105 km à l'O. de Cork, dont le point culminant est le Carrantuohill (1 041 m).
Carte Irlande Bb

Machu Picchu, ***Pérou*** Ruines d'une ville inca situées au N.-O. de Cuzco, au sommet d'une montagne qui domine de 2 280 m la vallée du río Urubamba. Cet ensemble de palais, maisons, places et terrasses étagé en gradins fut l'un des derniers bastions incas avant que ce peuple soit anéanti par les Espagnols au XVIe s. La ville, abandonnée, ne fut découverte qu'en 1911 par un archéologue américain, H. A. Bingham.
Carte Pérou Bb

Mackay, ***Australie*** Port sur la côte E. du Queensland, à 800 km au N.-O. de Brisbane, au centre d'une région productrice de canne à sucre (1/3 de la production totale du pays). Il exporte du sucre et du charbon provenant des mines de l'intérieur et sert de point de départ pour le Japon et de base pour l'exploitation des récifs de la Grande Barrière. À 100 km au large de Proserpine (3 000 habitants), situé au N., se trouvent les îles Whitsunday, pour la plupart stations balnéaires.
Population 40 200
Carte Australie Hc

Mackenzie, ***Canada*** Ce fleuve prend sa source dans le Grand Lac des Esclaves (Territoires du Nord-Ouest) et parcourt 1 800 km avant de se jeter dans l'océan Arctique par un vaste delta. L'explorateur Alexander Mackenzie fut le premier à en suivre le cours jusqu'à l'océan Arctique. Le fleuve est navigable jusqu'au Grand Lac des Esclaves de juin à octobre. On exploite la fourrure, mais surtout le pétrole et le gaz naturel, dans sa vallée boisée.
Carte Canada Cb

Mackenzie (bassin de), ***Nouvelle-Zélande*** Région d'élevage ovin au centre de l'île du Sud, à 200 km de Christchurch. Dominée par le mont Cook (3 766 m), elle s'étend sur 2 000 km^2.
Carte Nouvelle-Zélande Be

McKinley (mont), ***États-Unis*** Voir DENALI (parc national de)

Maclear (cap), ***Malawi*** Promontoire de la rive S. du lac Malawi, portant la station touristique de Cape Maclear. L'île Thumbi, à proximité, est une réserve naturelle.
Carte Malawi Ab

McMahon (ligne), ***Chine/Inde*** Ligne marquant la frontière entre le Tibet, en Chine, et le territoire indien d'Arunachal Pradesh, entre le Bhoutan et le fleuve Brahmapoutre. C'est le résultat d'un accord signé en 1914 (convention de Simla) entre le Tibet (alors indépendant) et la Grande-Bretagne. Doit son nom à Henry McMahon, principal négociateur britannique. La Chine contesta cette ligne à l'époque, puis de nouveau en 1949, après la prise de pouvoir par les communistes. Ce fut l'une des causes de la guerre qui opposa la Chine à l'Inde en 1962.
Carte Inde Eb

McMurdo (détroit de), ***Antarctique*** Bras de la mer de Ross formant un détroit (148 km de long sur 37 à 74 km de large) entre l'île de Ross et la terre Victoria, dans l'Antarctique. Fut découvert en 1841 par l'explorateur britannique James Clark Ross (1800-1862) qui lui donna le nom d'un de ses officiers. Les explorateurs britanniques Ernest Shackleton (1874-1822) et Robert Falcon (1868-1912), ainsi que l'expédition transantarctique du Commonwealth (1957-1958), installèrent leur base le long du détroit. La base américaine de McMurdo, sur l'île de Ross, est la

Macao

AUTREFOIS MÉDIOCRE AVANT-POSTE IMPÉRIAL, L'ANCIENNE COLONIE-CASINO DU PORTUGAL EST TOUJOURS FLORISSANTE

Macao, une minuscule enclave portugaise sur la côte chinoise, au S.-O. de Hong Kong, offre quelques contradictions curieuses. Bien que les Chinois constituent 98 % de la population, l'influence culturelle portugaise est très présente. Parfois, les Chinois et les Portugais se mêlent, avec des résultats surprenants.

Macao est une péninsule sur la côte de la province chinoise du Guangdong, reliée par des chaussées et des ponts aux îles de Taipa et Coloane.

Les Portugais ont utilisé Macao comme comptoir commercial pour la première fois en 1521. Ils l'occupèrent en 1557 et s'en servirent comme base pour leurs activités commerciales et missionnaires en Chine. La souveraineté portugaise, reconnue par la Chine en 1885, dura jusqu'en 1974. À cette date, Macao reçut le statut de territoire chinois sous administration portugaise. Depuis 1985, on négocie son retour à la Chine, prévu pour 1999.

Macao n'a jamais pu concurrencer sérieusement Hong Kong, et demeura longtemps un bras mort médiocre et négligé ; son économie était fondée, essentiellement, sur le jeu, encore très apprécié par les touristes. Depuis le milieu des années 1970, Macao est devenu un centre industriel et commercial. On y fabrique des tissus, des jouets et des fleurs artificielles, le tout produit à bon compte, car les salaires versés aux milliers de réfugiés de Chine continentale sont extrêmement bas.

Pour assurer le développement du tourisme et de l'industrie, on construit à grands frais l'aéroport de Patacs et on améliore les ports.

MACAO EN BREF

Carte Hong Kong Ab
Superficie 18 km^2
Population 380 000
Capitale Macao
Gouvernement Territoire chinois administré par le Portugal
Monnaie Pataca = 100 avos
Langues Portugais, chinois cantonais
Religions Bouddhistes (77 %), chrétiens (5 %), confucéens
Climat Tropical
Ressources Fruits, légumes, bétail, pêche
Activités Textiles, industries légères, tourisme
Exportations Confection, tissus, fleurs artificielles, jouets
P.N.B. annuel par habitant 11 880 dollars
Croissance démographique 15,7 ‰ par an
Espérance de vie Hommes 75 ans, femmes 80

Macédoine

ÊTRE OU NE PAS ÊTRE, TELLE POURRAIT ÊTRE LA DEVISE DE CE PETIT PAYS AU NOM PRESTIGIEUX DONT L'HISTOIRE EST PLEINE D'AMBIGUÏTÉS

Territoire au cœur du royaume de Philippe II de Macédoine (IVe s. av. J.-C.), père d'Alexandre le Grand, la Macédoine ex-yougoslave sera occupée aux VIe et VIIe s. par des Slaves venus du N. Les Bulgares puis les Serbes, et enfin les Ottomans (vers 1380) occuperont tour à tour le pays, ces derniers pour cinq siècles.

Les guerres balkaniques (1912-1913) chassent les Turcs de la Macédoine, tandis que la Première Guerre mondiale rattache la partie N., avec Skopje pour capitale, à la Yougoslavie. Tito, en 1946, en fera une république et lui donnera une identité. Son peuple, appelé macédonien parce qu'installé sur les terres de Philippe II, n'en reste pas moins slave, mais il ne sera pas assimilé aux Serbes. Une langue nationale lui sera aussi donnée.

La dislocation de la Yougoslavie, en 1991, et la proclamation unilatérale de l'indépendance de la Macédoine en septembre 1991 feront réagir les Grecs avec violence. Pour la Grèce, ce pays, slave, ne peut porter ce nom et ne peut donc être reconnu comme tel par la communauté internationale.

La Macédoine refuse tout compromis, arguant qu'elle ne revendique aucun territoire, qu'il soit grec (Macédoine égéenne) ou bulgare (Macédoine du Pirin). Cette querelle sur un nom ne fait pas oublier le risque d'embrasement de la région, dû à la présence dans le pays de 20 % d'Albanais (sans compter les nombreux réfugiés du Kosovo) ; la Serbie pourrait être tentée d'intervenir militairement, comme en Croatie ou en Bosnie.

UNE ÉCONOMIE FAIBLE

La Macédoine est un pays essentiellement agricole, mais peu productif. L'autosuffisance alimentaire n'est pas atteinte (peu de céréales) mais l'élevage ovin est important (un tiers du cheptel de l'ex-Yougoslavie). De petites industries se sont développées, grâce en particulier à l'énergie hydroélectrique, qui satisfait 80 % des besoins. Le pays ne peut malheureusement pas se développer, coincé entre une Yougoslavie sous blocus et la Grèce qui, depuis le début de 1994, lui applique un blocus économique.

LA MACÉDOINE EN BREF
Superficie 25 713 km^2
Population 2 065 000
Capitale Skopje
Régime République parlementaire
Monnaie Dénar ou dinar
Langue Macédonien
Religion Majorité orthodoxe
Climat Continental
Productions Fruits, légumes, tabac, ovins, fer, cuivre, charbon, électricité hydraulique
Activités Industrie textile, matériel de construction, meubles, agro-alimentaire
P.N.B. par habitant 1 812 dollars
Croissance démographique 9,9 ‰ par an
Espérance de vie Hommes 68 ans, femmes 72

plus importante de l'Antarctique et emploie 700 personnes en été.
Carte Antarctique Jc

McMurdo (oasis de), ***Antarctique*** Voir DRY VALLEYS

Mâcon, ***France*** Préfecture du département de Saône-et-Loire, à 70 km au N. de Lyon. Centre commercial et administratif du Mâconnais, au centre d'une riche région agricole et viticole (volailles de Bresse, bovins du Charolais, vins du Mâconnais). Industries mécaniques et métallurgiques. Restes d'une cathédrale romane et gothique. Hôtels et maisons du XVIIIe s. Musées. Patrie de Lamartine.
Population 37 200
Carte France Fc

Mactan, ***Philippines*** Voir CEBU

Madagascar Voir p. 410-411

Mada'in Salih, ***Arabie Saoudite*** Important site archéologique, à 800 km au N. de Djeddah. Cet ensemble d'une centaine de tombes aux façades décorées, creusées dans des falaises de grès, date de 100 av. J.-C. à 100 apr. J.-C., lorsque la ville d'Al-Hejr se trouvait à cet endroit. Celle-ci était le principal marché sur la route des caravanes entre Petra (aujourd'hui en ruine), en Jordanie, et la péninsule Arabique.
Carte Arabie Saoudite Ab

Madang, ***Papouasie-Nouvelle-Guinée*** Port sur la côte N. de la Nouvelle-Guinée, à 500 km au N.-O. de Port Moresby. Un phare y tient lieu de mémorial pour les volontaires qui aidèrent les Alliés en surveillant les mouvements de troupes et de navires japonais.

Exporte du coprah, des noix de coco, du café et du cacao. Bois, tabac et constructions mécaniques.
Population 34 250
Carte Papouasie-Nouvelle-Guinée Ba

Madara, ***Bulgarie*** Voir SUMEN

Madeira, ***Brésil*** Un des principaux affluents de l'Amazone, alimenté par des affluents venant des Andes. Il parcourt 3 350 km avant de se jeter dans l'Amazone à l'E. de Manaus. On trouve encore de l'or sur ses rives.
Carte Brésil Bb

Madeleine (îles de-la), ***Canada*** Voir ÎLES-DE-LA-MADELEINE

Madère (archipel de), ***océan Atlantique*** Archipel volcanique appartenant au Portugal, à 900 km au S.-O. de Lisbonne. Ces îles, probablement connues des Génois au XIVe s., comprennent Madère (740 km^2), Porto Santo (42 km^2), les Desertas et les Selvagens, îlots arides et inhabités. Madère, centre de villégiature très prisé en hiver, est doté d'un climat tempéré, d'une végétation subtropicale et de paysages pittoresques. Sa capitale est Funchal et son point culminant est le Pico Ruivo (1 861 m). Produit surtout du raisin (vin de Madère), des bananes et de la canne à sucre.
Population (Madère) 248 000 ; (Porto Santo) 4 400
Carte Maroc Aa

Madhya Pradesh, ***Inde*** Le plus grand État indien (443 446 km^2), au centre du pays. Il comprend les collines du sud de la plaine gangétique et la quasi-totalité du bassin de la Narmada. Un tiers de sa superficie est encore couvert de forêts. Sa population, très mélangée, comprend, entre autres, les Bhils, qui ont conservé leur mode de vie tribal. La langue la plus répandue est l'hindi. Bhopal en est la capitale. L'agriculture est la base de son économie : blé, riz, maïs, canne à sucre, oléagineux, coton, millet, sésame. On y exploite aussi le manganèse, le charbon, la bauxite et le fer, et plusieurs centres industriels ont été créés.
Population 66 182 000
Carte Inde Cc

Madinah do Boé, ***Guinée-Bissau*** Petite ville à 150 km à l'E. de Bissau, destinée à devenir capitale administrative du pays.
Carte Guinée-Bissau Ba

Madinah (Al-), ***Arabie Saoudite*** Voir MÉDINE

Madison, ***États-Unis*** Capitale du Wisconsin, située entre les lacs Mendota et Monona, à 190 km au N.-O. de Chicago, fondée en 1836. C'est le siège de l'université du Wisconsin, créée en même temps que la ville.

Centre administratif et commercial au cœur d'une région riche en produits laitiers. Bois, industries mécaniques.
Population 170 700
Carte États-Unis Ib

Madras, ***Inde*** Capitale de l'État du Tamil Nadu et principal port, sur la côte sablonneuse de Coromandel. Ce port, entièrement artificiel, protégé par des digues, fut construit à la fin du XIXe s. La ville, fondée sous le nom de Port Saint George par la compagnie anglaise des Indes, en 1639, prospéra grâce au tissage et à la vente du coton (tissus imprimés appelés madras), devint la plus importante ville des Indes britanniques et déclina avec la croissance de Calcutta. Cependant, depuis l'indépendance de l'Inde en 1947, Madras s'est rapidement développée grâce à la construction mécanique et automobile. C'est aussi le centre de l'industrie cinématographique tamoule.

C'est la quatrième ville de l'Inde après Calcutta, Bombay et Delhi. Sa charte, la plus ancienne du pays, lui fut accordée en 1688. Elle possède également la plus ancienne église anglicane, Sainte-Marie, fondée en 1678, où se maria en 1753 Robert Clive, fondateur de l'empire anglais en Inde.

Exporte du coton, du cuir, de l'arachide, du tabac, du mica, du magnésium et divers produits industriels et artisanaux.
Population (ville) 3 841 500 ; (aggl.) 5 422 000
Carte Inde Ce

Madre (sierra), ***Philippines*** Chaîne montagneuse s'étendant sur plus de 500 km le long de la côte orientale de l'île de Luçon, qui culmine à 1 850 m. Tombant à pic sur l'océan Pacifique, elle supporte la violence des alizés et des typhons, et est une des régions les plus humides des îles.
Carte Philippines Bb

Madre de Dios, ***Pérou*** 1. Département du sud-est du pays (78 402 km^2) traversé par plusieurs rivières. Son chef-lieu, Puerto Maldonado (12 700 habitants), se trouve au confluent de la Tambopata et de la Madre de Dios. Ses forêts (noix du Brésil) reculent au profit des pâturages réservés à l'élevage bovin. Mines d'or.

2. Rivière née dans la cordillère de Caravaya, au S.-E. du pays, qui parcourt 1 300 km vers le N. puis vers l'E., et se jette dans le río Beni en Bolivie.
Population 33 000
Carte Pérou Bb

Madre méridionale (sierra), ***Mexique*** Chaîne de montagnes qui s'étend au sud du pays, depuis le río Balsas jusqu'à l'isthme de Tehuantepec en longeant la côte Pacifique des États de Guerrero et d'Oaxaca. Point culminant au centre de ce dernier (1 850 m).
Carte Mexique Cc

Madre occidentale (sierra), ***Mexique*** Chaîne de montagnes s'étirant sur 1 610 km le long de la côte pacifique du pays. Beaucoup de fleuves et de rivières y prennent leur source, dont le Lerma et le Yaqui ; certains y creusent des canyons atteignant jusqu'à 2 000 m de profondeur. Elle comprend des sommets de plus de 3 000 m.
Carte Mexique Bb

Madre orientale (sierra), ***Mexique*** Chaîne de montagnes à l'E. du Mexique qui s'étend sur 1 130 km parallèlement au golfe du Mexique. Point culminant: le volcan Citlaltépetl (5 700 m), qui est aussi le point culminant du Mexique. Les fleuves Papaloapán et Pánuco y naissent.
Carte Mexique Bb

Madrid, ***Espagne*** Capitale du pays et de la Communauté autonome de Madrid, première ville d'Espagne. Son nom viendrait de l'arabe « Magerit », venant lui-même de « materia » — signifiant bois —, en référence aux forêts de la région lorsque les Maures y construisirent une forteresse au IXe s.

Madrid fut conquise sur les Maures par les Castillans en 1083 et devint la capitale de l'Espagne à la place de Valladolid sous le règne de Philippe II, en 1561. Loin de tout, elle ne devint la plus grande ville du pays qu'au XIXe s., avec l'apparition du chemin de fer. La ville subit de nombreux bombardements durant la guerre civile (1936-1939).

Aujourd'hui, c'est le deuxième centre industriel de l'Espagne après Barcelone: constructions aéronautiques, matériel électrique et agricole, cuir. La famille royale y réside. De tous ses musées, le plus remarquable est le Prado.

La province de Madrid (7 995 km^2), la seule de la Communauté autonome, est une plaine sèche où l'on cultive le blé, la vigne et les oliviers et où l'on élève des moutons.
Population (ville) 3 084 700 ; (prov.) 4 894 000
Carte Espagne Db

Madura, ***Indonésie*** Île agricole et touristique de 5 290 km^2, au N.-E. de Java. Ville principale: Sumenep. Bétail, teck, huile de noix de coco et coprah sont ses principales ressources, avec le riz, le maïs, l'arachide et le sel.
Population 1 860 000
Carte Indonésie Dd

Madurai, ***Inde*** Centre textile (coton) au sud du pays dans l'État de Tamil Nadu. C'est aussi une ancienne ville tamoule qui fut un centre culturel. Durant plus de quatorze siècles (à partir du Ve s. av. J.-C.), ce fut la capitale de la dynastie Pandya qui conquit le nord de Ceylan (aujourd'hui Sri Lanka). La ville possède plusieurs palais et le grand temple brahmanique du XVIIe siècle, ensemble de 57 ha comprenant la « salle aux mille colonnes ».
Population 952 000
Carte Inde Ce

Maebashi, ***Japon*** Ville au centre de l'île de Honshu, à 100 km au N.-O. de Tokyo. Connue autrefois pour sa soie, elle est aujourd'hui un centre commercial.
Population 286 000
Carte Japon Cc

Maelström, ***Norvège*** Voir LOFOTEN

Mae Mo, ***Thaïlande*** Ville à 500 km au N. de Bangkok, au centre d'un important gisement de lignite dont l'exploitation a permis de diminuer la dépendance pétrolière du pays.
Population 28 700
Carte Thaïlande Ab

Mae Nam Khong, ***Thaïlande*** Voir SALOUEN

Maestra (sierra), ***Cuba*** Chaîne de montagnes à l'extrême S. de l'île, culminant à 2 005 m au pic de Turquino. Les pentes abruptes et couvertes de forêts de l'extrémité occidentale de la chaîne ont fourni une base inaccessible d'où Fidel Castro, exilé depuis 1955, dirigea l'insurrection en 1956.
Carte Cuba Bb

Mae Suai, ***Thaïlande*** Ville du Nord, à 700 km de Bangkok. Son économie dépend surtout de la contrebande avec la Birmanie à laquelle elle vend des biens de consommation en échange de bétail, de jade et de pierres précieuses. La région environnante, du même nom, produit surtout du riz.
Population 65 500
Carte Thaïlande Ab

Mafikeng, anc. **Mafeking,** ***Afrique du Sud*** Ville de la nouvelle province du Nord-Ouest, appelée Mafeking puis rebaptisée Mafikeng lorsqu'elle a été rattachée au bantoustan du Bophutatswana en 1980. Elle forme avec Mmabatho une même municipalité. Elle se trouve à 260 km au N. de Pretoria. La ville soutint le plus long siège de la guerre des Boers (1899-1902): la garnison britannique résista du 12 octobre 1899 au 17 mai 1900. Jusqu'en 1965, Mafeking fut le siège de l'administration britannique du Bechuanaland (actuel Botswana), bien que hors du territoire. C'est aujourd'hui le centre d'une région d'élevage et de produits laitiers.
Carte Afrique du Sud Cb

Mafraq, ***Jordanie*** Ville-carrefour entre les routes venant d'Irak et du golfe Arabo-Persique, à 50 km au N.-E. d'Amman sur la ligne de chemin de fer reliant Amman à la Syrie. Petit aéroport. Château turc du XVIe s.
Population 26 000
Carte Jordanie Ba

L'ÎLE VERTE. Madère doit à son relief volcanique ses paysages souvent impressionnants et une terre noire favorable aux fleurs, aux cultures fruitières et à la vigne.

Magadan, ***Russie*** Port et ville industrielle sur la côte N. de la mer d'Okhotsk, en Sibérie extrême-orientale ; elle fut fondée en 1933 sur le site d'un joli port bordé de montagnes très découpées. Ses activités industrielles sont les conserveries de poisson et la construction mécanique. C'est aussi une base navale active et le centre administratif d'une région de 461 400 km², au climat très rude, balayée par des vents cinglants. Ses habitants, les Tchouktches, les Evenkis et les Iakoutes, vivent surtout de l'élevage des rennes et de la chasse aux phoques et aux cétacés. La région produit aussi de l'or et de l'étain.
Population (ville) 155 000 ; (région) 383 000
Carte Russie Ic

Magadi (lac), ***Kenya*** Lac dans la vallée du Rift, à 85 km au S.-O. de Nairobi. Presque toujours à sec, sauf après de très fortes précipitations, il est couvert d'une couche blanche de carbonate de sodium (le natron) qui est recueilli et exporté de Mombasa sous forme de soude utilisée dans la verrerie. La petite ville de Magadi, sur la rive E. du lac, est aussi une tête de ligne de la voie ferrée menant à Nairobi.
Carte Kenya Cb

Magallanes y Antarctica, en fr. **Magellan et Antarctique,** ***Chili*** Région la plus méridionale du pays s'étendant sur 132 034 km² jusqu'au cap Horn. Pétrole, élevage de moutons. Tous les champs pétrolifères se trouvent en Terre de Feu et au N. du détroit de Magellan ; ils produisent le tiers de la consommation chilienne. Le charbon découvert à Pecket et le tourisme autour de Punta Arenas, sa capitale, ont augmenté son importance économique.
Population 133 000
Carte Chili Ae

Magat, ***Philippines*** Affluent du Cagayan, au N. de Luçon. Production d'énergie électrique.
Carte Philippines Bb

Magdalena, ***Colombie*** 1. Le plus long fleuve du pays. Il naît dans les Andes, au S. de Popayán, et parcourt 1 700 km vers le N. entre les chaînes orientale et centrale des Andes avant de se jeter dans la mer des Antilles près de Barranquilla. Avant le XXᵉ s., quand le pays n'avait pas encore de réseau routier, le Magdalena était la principale voie de communication entre la côte et l'intérieur. Les marchandises transitant par Barranquilla étaient acheminées par bateau.

2. Département de 23 188 km² dont le chef-lieu est Santa Marta. Il s'étend entre le Magdalena et la mer des Antilles. Cultures tropicales (café, bananes) et gisements de pétrole.
Population 995 000
Carte Colombie Bb

Magdebourg, en all. **Magdeburg,** ***Allemagne*** Capitale de Saxe-Anhalt, à 120 km au S.-O. de Berlin, sur l'Elbe. Fondée au IXᵉ s., elle devint le port fluvial le plus actif du pays. En 1654, le physicien Otto von Guericke y effectua l'expérience des « hémisphères de Magdebourg » : deux attelages de huit chevaux furent nécessaires pour séparer deux demi-sphères de laiton entre lesquelles on avait fait le vide.

La ville fut presque totalement détruite pendant la Seconde Guerre mondiale, mais sa cathédrale gothique (XIIIᵉ s.) a été merveilleusement restaurée. Produits chimiques, textiles de synthèse, constructions mécaniques, raffineries de sucre et instruments de précision.
Population 278 800
Carte Allemagne Db

Magellan (détroit de), ***Chili*** Détroit séparant l'Amérique du Sud continentale de la Terre de

Madagascar

AU LARGE DES CÔTES D'AFRIQUE, UNE GRANDE ÎLE DONT LES RESSOURCES NATURELLES ATTENDENT ENCORE D'ÊTRE EXPLOITÉES

À 400 km à l'E. de la côte africaine, Madagascar est proche, par sa langue et sa civilisation, de la Malaisie et de l'Indonésie, à 5 000 km de là, sur l'autre bord de l'océan Indien. Les circonstances de son peuplement sont mal connues et constituent un point sensible des relations intercommunautaires de l'île.

Avec près de 590 000 km², Madagascar est l'une des plus grandes îles du monde, après le Groenland, la Nouvelle-Guinée et Bornéo

(l'Australie forme un continent à elle seule). Elle s'est séparée du continent africain il y a 150 millions d'années ; sa faune et sa flore ont subi un développement autonome, sans contacts ni échanges avec le reste du globe. On y trouve des plantes et des animaux — en particulier des mammifères primates, les lémuriens — que viennent étudier les chercheurs du monde entier.

Un haut plateau couvert de savane, l'Imérina, occupe le centre de l'île. À l'E., des reliefs occupés par une forêt de plus en plus réduite tombent directement sur une plaine côtière chaude et humide. À l'O. et au S.-O., le plateau malgache s'abaisse graduellement vers les bords, plus arides, du canal de Mozambique et présente divers étages de végétation (pâturages, savanes et brousse arbustive). Au Sud, il se prolonge par le pays betsiléo, l'une des régions les plus riches de Madagascar (canne à sucre, manioc, riz).

LES MIGRATIONS MALGACHES

Les premières migrations semblent dater du début de notre ère. On pense que des petits groupes d'Indonésiens, chassés de chez eux par des troubles sociaux, atteignirent les rivages du continent africain après avoir longé les côtes N. et O. de l'océan Indien. Poussés par les vents de la mousson, ils empruntèrent les routes commerciales qui venaient juste de naître. En Afrique orientale, ils se mélangèrent avec les populations noires locales, puis gagnèrent peu à peu la grande île en traversant le détroit de Mozambique. Ces proto-Malgaches apportèrent ainsi à Madagascar ce qui fait l'originalité de sa civilisation : les Indonésiens, la langue, les structures sociales, la pirogue à balanciers, le taro, le cocotier, la culture du riz en rizière, l'artisanat du fer ; les Africains, le bétail, le défrichement par brûlis. Les groupes mérinas qui habitent maintenant les hauts plateaux arrivèrent au XIIᵉ s. ; ils donneront les principaux dirigeants et les unificateurs du pays. Des populations islamisées s'installèrent à leur tour sur les côtes.

Le Portugais Diego Dias est le premier Européen à aborder l'île (1500). Les Français fondent Fort-Dauphin, au S.-E., en 1643. Madagascar est alors constituée d'une multitude de petits royaumes dont les plus importants sont gouvernés par les Sakalaves, d'origine africaine. À la fin du XVIIIᵉ s., le royaume mérina, constitué par la dernière vague des immigrants indonésiens, étend sa domination sous l'impulsion d'Andrianampoinimérina. Son fils Radama Iᵉʳ signe un traité avec la Grande-Bretagne (1817). Sa femme, qui lui succède, chasse les Européens. Les Sakalaves demandent la protection de la France qui s'installe dans l'île de Nossy-Bé au N.-O. En 1885, elle signe un traité de protectorat, reconnu, peu après, par la Grande-Bretagne. Madagascar est déclarée colonie française en 1896. La reine Ranavalona III est déposée, et le général Gallieni entreprend une difficile pacification de l'île.

En 1948, une sanglante répression marque le renouveau du nationalisme malgache. L'île accède à l'indépendance en 1960 sous la présidence de Philibert Tsiranana. Ce dernier est renversé, en 1975, par le général Andriamahazo. S'ouvre alors une période d'instabilité jusqu'à la mise en place d'un Conseil supérieur de la révolution, présidé par le général Ratsiraka qui est nommé à la tête de l'État. Le pays s'engage dans une politique socialiste et réactive les *fokolona* (communautés de base traditionnelles). Le nouveau pouvoir entreprend de lutter contre le régionalisme et regroupe les partis politiques, où se retrouvent les clivages traditionnels entre « côtiers » et mérinas des hauts plateaux, au sein d'un parti unique.

UN PAYS AGRICOLE

Mais la sécheresse, la dégradation du sol et les erreurs dans la politique agricole (coopératives, réforme agraire insuffisamment préparée) entraînent la diminution de la production ; le pays devient importateur de riz en 1978. La famine est apparue tandis que l'insécurité gagnait les villes et les campagnes (1988). Après des manifestations au cours du premier semestre 1991, l'opposition a formé, en juin 1991, un « gouvernement alternatif », dé-

Feu et reliant les océans Atlantique et Pacifique. Il mesure 583 km de long et de 3 à 32 km de large ; dominé par des sommets neigeux et parsemé d'îles, il offre de magnifiques paysages. Il fut découvert par le navigateur portugais Magellan en 1520, mais de très fortes marées (dues à des courants rapides) et des brumes fréquentes y rendaient alors la navigation à voile difficile. L'apparition des bateaux à vapeur en fit une voie maritime importante, mais le canal de Panamá, terminé en 1914, le fit tomber en désuétude. Bien que se trouvant dans les eaux territoriales chiliennes, il reste une voie maritime internationale.

Carte Chili Be

Maghreb, ***Afrique du Nord*** Région du nord-ouest de l'Afrique comprenant l'Algérie, le Maroc et la Tunisie. Son nom vient de l'arabe « Djezira el-Maghreb » qui signifie « l'île de l'ouest ». Cette bande de terre entre Sahara et Méditerranée, frange occidentale du monde arabe, doit à son fonds de populations berbères et à la conquête arabe (VIIe-VIIIe s.) son unité religieuse et culturelle. C'est sous le règne du souverain Ibn Tûmart (XIIe s.), fondateur de la dynastie des Almohades, qu'est apparue son unité politique. Les frontières des pays qui le composent furent ébauchées dès le XVIe s. ; la colonisation française précisa ensuite celles des trois États qui en constituent le noyau central ; ceux-ci adoptèrent en 1970 les délimitations actuellement en vigueur. Alors que la Libye s'en est désolidarisée en septembre 1970, la Mauritanie a souvent demandé à y être rattachée. La colonisation française au Maroc, en Algérie et en Tunisie a beaucoup marqué les institutions et la culture de ces pays.

magma Matière en fusion à l'intérieur de la croûte terrestre et du manteau supérieur qui peut monter jusqu'à la surface de la Terre et se solidifier en se refroidissant, formant des roches ignées.

Magne ou **Maïna,** en gr. **Mani,** ***Grèce*** Péninsule du sud du Péloponnèse, constituée essentiellement par le promontoire de Ténare, traversée du N. au S. par le massif du Taygète. Cultures méditerranéennes. Élevage du ver à soie. Les habitants de la région, héritiers des Spartiates, jouèrent un rôle important dans la guerre de l'Indépendance, en 1821.

Carte Grèce Cc

magnétite Oxyde de fer souvent mêlé à du titane ou à du magnésium. C'est un très important minerai de fer. On appelle « aimant » un morceau de minerai magnétiquement polarisé.

magnétosphère Partie de l'atmosphère la plus éloignée de la surface de la Terre qui se fond dans l'espace interplanétaire et où se trouvent bloquées certaines particules soumises au champ magnétique de la Terre. Voir LES DIFFÉRENTES COUCHES DE L'ATMOSPHÈRE, p. 70

Magnitogorsk, ***Russie*** Ville industrielle sur le versant S.-E. de l'Oural, à 385 km au S. d'Ekaterinbourg, créée en 1930 pour loger les ouvriers qui travaillaient dans les mines de fer et les aciéries. Industries sidérurgiques, fabrication de véhicules militaires, d'armes, de matériel de transport et minier, ainsi que de verre.

Population 445 500

Carte Russie Dc

Magwe, ***Birmanie*** Ville commerciale sur l'Irrawaddy, à 230 km au S.-O. de Mandalay, et capitale de la division du même nom (44 820 km^2). Elle se trouve dans une des régions les plus sèches du pays, près des gisements

UNE CAPITALE HAUT PERCHÉE. Antananarivo se trouve à 1 249 m au-dessus du niveau de la mer. La plus grande partie de la ville a été construite sous la colonisation française.

claré illégal par le pouvoir. A l'issue de deux années de débats politiques, Albert Zafy, le chef de l'opposition, a accédé au pouvoir.

Malgré un riche sous-sol (uranium, grès bitumineux, chrome, zirconium, béryl), Madagascar est l'un des plus pauvres pays du monde. La plupart de ses 10,2 millions d'habitants vivent de l'agriculture et plus de 80 % d'entre eux mangent tout juste à leur faim. 5 % seulement des terres sont cultivées, et le sol, quand il n'est pas profondément raviné par l'érosion, est rendu inculte par le surpâturage ; 58 % des terres sont, en effet, réservées au bétail, un troupeau pléthorique de basse qualité, mais dont la possession assure un rang social élevé (le vol du bétail fait partie du rituel de passage à l'âge adulte chez les jeunes Malgaches). L'aliment de base est le riz, mais les paysans pauvres se nourrissent surtout de manioc.

Le café est le principal produit d'exportation, ainsi que le clou de girofle, la vanille et le sucre de canne. L'industrie est peu développée ; il existe des projets d'exploitation des grès bitumineux.

La population est fortement imprégnée des croyances traditionnelles, tant d'origine indonésienne (culte des morts), qu'africaine. Le protestantisme est surtout pratiqué sur les hauts plateaux, le catholicisme dans les régions côtières.

La plus grande partie de la population vit sur le plateau central et la côte orientale. Les Mérinas (ou Hovas), à la peau claire, forment le quart de la population. La côte est peuplée de communautés d'origine arabe, indonésienne, africaine.

MADAGASCAR EN BREF
Superficie 587 041 km^2
Population 13 260 000
Capitale Antananarivo (Tananarive)
Régime République
Monnaie Franc malgache = 100 centimes
Langues Malgache (officielle), français
Religions Religions traditionnelles (50 %), chrétiens (40 %), musulmans (7 %)
Climat Tropical ; frais en altitude. Températures moyennes à Antananarivo : 9-20 °C en juillet, 16-27 °C en décembre
Ressources Riz, manioc, maïs, mangues, vanille, bananes, pommes de terre, canne à sucre, café, poivre, bétail, bois ; uranium, or, pétrole (grès bitumineux), graphite, chrome, zirconium, pierres semi-précieuses
Activités Cultures industrielles, raffinerie, industries forestières, alimentaires, mines
Exportations Café, vanille, clous de girofle, produits pétroliers, viande, poisson, sucre
P.N.B. annuel par habitant 230 dollars
Croissance démographique 32 ‰ par an
Espérance de vie Hommes 54 ans, femmes 57

de gaz et de pétrole de Man et de Yenangyaung, les plus importants du pays.
Population (ville) 54 900 ; (prov.) 3 244 000
Carte Birmanie Bb

Mahabalipuram (Sept Pagodes), ***Inde*** Ancien port (VIIe s.) devenu centre touristique, sur la côte E., à 40 km au S. de Madras. Les monuments religieux hindous qui s'y trouvent datent du VIIe s. et comprennent des grottes, des temples, un bas-relief en pierre, le plus grand de toute l'Inde, représentant « la Pénitence d'Arjuna » (un prince légendaire qui combattit à Kurukshetra) et des vestiges de sept pagodes faites d'énormes blocs de pierre.
Carte Inde Ce

Mahajanga, anc. **Majunga,** ***Madagascar*** Port situé à 400 km au N.-O. d'Antananarivo sur le canal de Mozambique. Industries alimentaires, textiles, tabac. Il fut fondé en 1700 par des commerçants arabes. C'est de là que partit, en 1895, une expédition française qui devait atteindre Tananarive et marquer le début de la colonisation de l'île.
Population 200 000
Carte Madagascar Aa

Maharashtra, ***Inde*** État sur la côte O. Le maharashtri y est la langue dominante. Ses 307 690 km^{2} se trouvent surtout dans le Deccan occidental, très sec. On y cultive essentiellement des céréales comme le millet, sauf dans les zones irriguées où poussent coton et canne à sucre. La frange littorale plus humide, au pied des Ghats occidentaux, produit du riz. Les industries — textile, alimentaire, machines — sont concentrées dans les villes de Thane, Poona et Bombay, la capitale.
Population 78 950 000
Carte Inde Bd

Mahaweli Ganga, ***Sri Lanka*** Fleuve le plus important de l'île. Il naît dans les montagnes centrales humides et parcourt 330 km vers le nord à travers la plaine sèche de Koddiyar Bay, près de Trincomalee. Ses eaux, abondantes, sont utilisées en partie par les paysans de la vallée inférieure et, grâce à un nouveau système d'irrigation, elles sont aussi déviées vers les fleuves voisins et utilisées pour fournir de l'électricité. Le plus grand barrage est celui de Victoria.
Carte Sri Lanka Bb

Mahdia, ***Tunisie*** Port de pêche et station balnéaire à une soixantaine de kilomètres au S.-E. de Sousse. La ville, fondée en 912 par Obaïd Allah al-Mahdi, créateur du mouvement fatimide, fut longtemps une place forte occupée successivement par les Normands et les Espagnols. Grande mosquée refaite au début des années 1960, forteresse (XVIe-XVIIIe s.), grande plage au N. de la ville. Pêche, conserverie de poissons, artisanat.
Population 22 000
Carte Tunisie Ba

Mahé, ***Seychelles*** Île principale de l'archipel, dans l'ouest de l'océan Indien, qui représente la moitié de la surface totale des Seychelles (153 km^{2}). Ville principale : Victoria. C'est une île montagneuse dont le point culminant atteint 905 m. Coprah, vanille, patchouli, guano ; tourisme ; pêcheries. Elle doit son nom à Mahé, comte de La Bourdonnais, gouverneur des Mascareignes au XVIIIe s., qui la fit explorer par Lazare Picault.
Population 65 000

TEMPLE SUR LA GRÈVE. Ensemble de monuments hindous de Mahabalipuram, aux sculptures étonnantes de complexité. Ils furent construits pour les puissants princes Pallava. Parmi eux, le temple du Rivage, baigné par les vagues.

Mahon, ***Espagne*** Port et capitale de l'île de Minorque, dans les îles Baléares. Ce fut une base britannique au XVIIIe s., excepté quelques années (1756-1763) où elle fut occupée par les Français (qui inventèrent la mayonnaise). Exportation de vin, fromage et produits agricoles ; fabrication de chaussures et de bijoux.
Population 21 800
Carte Espagne Hc

Maiduguri, ***Nigeria*** Capitale de l'État de Bornou, à 100 km au S.-O. du lac Tchad. C'est une jolie ville, avec de larges avenues bordées d'arbres et un marché très animé, qui ne s'est développée qu'avec l'arrivée du chemin de fer, en 1964. Carrefour routier entre le Cameroun et le Tchad, c'est aussi un centre industriel : huile de palme, chaussures et filatures de coton.
Population 256 000
Carte Nigeria Ca

Main, ***Allemagne*** Rivière de 524 km, qui naît près de Bayreuth, traverse Würzburg et Francfort et se jette dans le Rhin à Mayence.
Carte Allemagne Cd

Maine, ***États-Unis*** État de 86 156 km^{2}, au N.-E. du pays, en Nouvelle-Angleterre, très montagneux (point culminant : mont Katahdin, 1 605 m). Il possède de nombreux lacs. Sa principale activité est la sylviculture. L'agriculture (produits laitiers, œufs, pommes de terre, volailles, légumes), la pêche (homards) et le tourisme constituent ses autres sources de revenus. Capitale : Augusta ; ville principale : Portland.
Population 1 230 000
Carte États-Unis Ma

Maine, ***France*** 1. Ancienne province, limitée au N. par la Normandie, à l'E. par l'Orléanais, au S. par la Touraine et l'Anjou et à l'O. par la Bretagne. Elle s'étend principalement sur les départements de la Mayenne et de la Sarthe. Le bas Maine, situé dans le Massif armoricain, est une région d'élevage et de culture (blé, orge). Ses principales villes sont Laval, Mayenne et Château-Gontier. Le haut Maine, séparé de la Normandie au N. par la forêt de Perseigne, est lui aussi une région d'élevage mais les céréales y ont une place plus importante. Villes principales : Mamers et Conlie.

2. Rivière de l'Anjou (département du Maine-et-Loire), affluent de la Loire. Elle est formée par l'union de la Mayenne et de la Sarthe, augmentée du Loir, et son cours n'est que de 10 km.
Carte France Cc

Maine-et-Loire (49), ***France*** Département de l'ouest du pays (7 218 km^{2}) dont le chef-lieu est Angers. Ses vignobles sont réputés (coteaux du Layon, Saumur), ses vastes prairies naturelles en font une région privilégiée pour l'élevage de bovins (race maine-anjou) très recherchés en boucherie. C'est aussi un pays de polyculture (légumes de plein champ, fruits, pépinières) et d'industrie (mouchoirs de Cholet, ardoises de Trélazé, chaussures, constructions mécaniques et électriques, distilleries). L'extrémité N.-O. du département, autour de la ville de Segré, produit des porcs réputés (race de Craon).
Population 706 000
Carte France Cc

Mainz, ***Allemagne*** Voir MAYENCE

Majeur (lac), ***Italie/Suisse*** Lac alpin de 212 km^{2} entre l'Italie du Nord et la Suisse méridionale. Son bassin de 372 m de profondeur a été creusé par un glacier. La région environnante, quoique montagneuse, est agricole. Villas et hôtels sur les rives du lac (la rive O. porte des stations balnéaires comme Verbania, Stresa et Pallanza), et sur les îles Borromées. Locarno est la principale ville du côté suisse.
Carte Italie Ba

Majorque, en esp. **Mallorca,** ***Espagne*** La plus grande des îles Baléares (3 639 km^{2}). Sa plaine centrale est bordée de deux cordons montagneux culminant au Puig Mayor (1 445 m). Céréales, agrumes, olives, tourisme sont ses principales ressources. Capitale : Palma.
Population 460 000
Carte Espagne Gc

Majunga, ***Madagascar*** Voir MAHAJANGA

Majuro, ***îles Marshall*** Atoll du groupe des îles Ratak, à l'E. du territoire. Trois îlots à l'extrémité orientale — Dalap, Uliga et Darrit — forment la capitale des Marshall.
Population 19 670
Carte Pacifique (océan) Db

Makale, ***Éthiopie*** Chef-lieu de la province du Tigré, ravagée par la famine et la guerre, à 500 km au N. de la capitale Addis-Abbeba. Château de l'empereur Jean IV (XIXe s.).
Population 66 000
Carte Éthiopie Aa

Makarska, ***Croatie*** Port de la côte dalmate, station balnéaire très fréquentée, à 56 km au S.-E. de Split. Ses rues bordées de palmiers et son bord de mer sont dominés par les magnifiques rochers escarpés du massif de Biokovo (1 762 m). La ville a conservé son charme d'autrefois et l'on a construit les hôtels modernes à l'écart, à Tučepi, Podgora, Živogosće, Baška Voda et Brela Donja.
Population 7 000
Carte Croatie Bc

Makeïevka ou **Makeevka,** ***Ukraine*** Ville industrielle au sud du pays, près de Donetsk, dans le bassin houiller du Donbass. Centre sidérurgique fondé en 1899, Makeïevka fabrique aussi des produits chimiques et des machines.
Population 425 600
Carte Ukraine Dc

Makhatchkala, ***Russie*** Port et ville industrielle sur la côte O. de la mer Caspienne, au N. de la chaîne du Caucase. Dévastée par un tremblement de terre en 1970, la ville a été entièrement reconstruite. C'est la capitale du Daghestan, république fédérée (50 300 km^2) et région montagneuse où cohabitent une trentaine de peuples en majorité musulmans. Elle fut cédée à la Russie par la Perse en 1813. Léon Tolstoï (1828-1910) y situe l'action de son roman *Hadji Mourat*. Ses principales industries sont le textile, la chaussure et le ciment, mais la région produit aussi du vin, du blé, du maïs et des légumes.
Population (ville) 333 500 ; (république) 1 854 200
Carte Russie Cd

Makkah, ***Arabie Saoudite*** Voir MECQUE (La)

Ma-Kung, ***Taiwan*** Voir P'ENG-HU (archipel)

Makurdi, ***Nigeria*** Capitale de l'État de Bénoué, à 580 km au N.-E. de Lagos. À la saison des crues, les bateaux à vapeur qui circulent sur la Bénoué y jettent l'ancre. Elle se trouve sur la voie ferrée reliant Kaduna à Port Harcourt et sur la route qui va de Jos à Enugu. Centre commercial, fabrication de cigarettes et de boissons non alcoolisées.
Population 98 500
Carte Nigeria Bb

Malabar (côte de), ***Inde*** Frange littorale de l'État de Kerala, connue autrefois des Romains et des Grecs. Les vents dominants, s'inversant selon les saisons, permettaient aux navigateurs d'y arriver et d'en repartir par bateau. La région, qui reçoit plus de 3 000 mm de pluie par an, est couverte de forêts tropicales humides. La côte abrite de nombreux ports exportateurs d'épices, bois, coprah, thé et café.
Carte Inde Be

Malabo, anc. **Santa Isabel,** ***Guinée équatoriale*** Capitale du pays et principal port de l'île de Bioko (Fernando Poo), au N. de l'île, au bord d'un cratère volcanique déchiqueté par la mer, constituant un port naturel. Exportations essentielles : cacao et bois durs.
Population 37 200
Carte Guinée équatoriale Aa

Malacca (Melaka, Malaka), ***Malaysia*** 1. Ville touristique sur le détroit de Malacca, à 120 km au S.-E. de la capitale Kuala Lumpur. Fondée en 1400, elle devint rapidement un des plus importants marchés de l'Extrême-Orient. Son architecture témoigne des colonisations successives (portugaise, hollandaise, puis anglaise, en 1824). Elle perdit sa principale source de revenus quand son port commença à s'ensabler et que les échanges commerciaux se firent plus au S., à Singapour.
2. État de Malaisie (1 657 km^2, capitale : Malacca), producteur de riz et de caoutchouc. Région exportatrice de rotin, cordages et fibres d'un palmier, le rotang, qui servent à faire des cannes, des paniers et des sièges.
Population (ville) 87 500 ; (État) 504 550
Carte Malaysia Bb

Malacca (détroit de), ***Malaysia/Indonésie*** Détroit entre la côte O. de la péninsule de Malaisie et Sumatra, faisant communiquer la mer d'Andaman et la mer de Chine méridionale. Il mesure 780 km de long et de 55 à 180 km de large. Avec Singapour, située à son extrémité S., c'est une des voies maritimes les plus fréquentées du monde. Des paquebots et des cargos y côtoient des embarcations traditionnelles arabes (*dhows*), des jonques chinoises et des *praos* malais. En moyenne, cent cinquante gros bateaux empruntent chaque jour le détroit.
Carte Malaysia Ab

Malaga, ***Espagne*** Port et station balnéaire sur la côte S. de l'Andalousie, sur la Méditerranée. Forteresses mauresques (IXe et XIVe s.) et cathédrale Renaissance (XVIe-XVIIe s.). Industries : matériaux de construction, produits alimentaires, engrais, textiles, bière, vin. Exportation de fruits et noix venant de la province adjacente qui est dotée d'une végétation subtropicale luxuriante et abrite des stations balnéaires comme Fuengirola, Torremolinos et Marbella.
Population (ville) 534 700 ; (prov.) 1 078 500
Carte Espagne Cd

Malaka, ***Malaysia*** Voir MALACCA

Malanje ou **Malang,** ***Angola*** Ville commerçante reliée à la capitale Luanda (350 km à l'O.) par une ligne de chemin de fer. Capitale de la province du même nom (97 602 km^2) qui produit du café et du coton.
Population (ville) 31 600 ; (prov.) 933 000
Carte Angola Aa

Mälaren, ***Suède*** Lac de 1 140 km^2 s'étendant sur 110 km à l'O. de Stockholm. Ses rives et ses îles (plusieurs centaines), qui abritent des ruines historiques, des châteaux, des palais et des villas luxueuses, sont fréquentées le week-end par les habitants de la capitale. Un bras de mer, le Saltsjön, relie le lac à la Baltique.
Carte Suède Cd

Malaspina (glacier), ***États-Unis*** Une des plus grandes nappes de glace de la planète, dans les monts Saint Elias, à l'O. de la baie de Yakutat, sur la côte S. de l'Alaska. Elle a plus de 300 m d'épaisseur et une superficie de 3 900 km^2.
Carte Alaska Cc

ARCHIPEL DE RÊVE. De longues plages de sable blanc, un relief accidenté et boisé, un climat tropical font de Mahé, l'île principale des Seychelles, un haut lieu du tourisme mondial.

Malawi

LACS, RIVIÈRES, CASCADES, FORÊTS ET MONTAGNES FONT DE CE PAYS UN PARADIS POUR LE GRAND TOURISME

Le nom de Malawi signifie : « lac où le soleil a des reflets de feu ». Cette vaste étendue d'eau — la troisième en Afrique, par sa superficie — a donné son nom au pays, le Malawi, dont elle couvre une grande partie du territoire. L'autre nom de Nyassa (« lac », en langue locale) lui fut attribué par l'explorateur David Livingstone lorsqu'il le découvrit en 1859 ; le pays fut administré sous le nom de Nyassaland par les Britanniques de 1891 à 1964.

La beauté du Malawi ne tient pas seulement au miroitement de son lac ; elle se trouve aussi dans ses forêts exubérantes et dans ses parcs naturels. Au S., la rivière Shire, avec ses cascades spectaculaires, coule à travers une vallée couverte de forêts jusqu'au sommet des montagnes.

Le Malawi et ses merveilleux spectacles naturels tiennent dans une étroite bande territoriale qui ne dépasse jamais 160 km de largeur ; le lac Malawi couvre lui-même le cinquième de la superficie totale du pays ; il se trouve enserré dans une profonde vallée, bordée de plages dorées et peuplée d'une multitude de poissons et d'oiseaux sauvages.

Avec ses parcs nationaux de Nyika, Kasungu et Lengwe, le Malawi est un paradis pour les touristes. Cependant, ces derniers doivent se conformer au puritanisme du régime du docteur Hastings Kazumu Banda et suivre des lois très strictes : interdiction pour les femmes de porter un pantalon ou une jupe au-dessus du genou, et, pour les hommes, d'avoir les cheveux longs.

Le docteur Banda a été président depuis l'indépendance en 1964 ; il a été nommé président à vie par le Parlement en 1971. Cela ne lui fut guère difficile, étant lui-même à la tête du Malawi Congress Party, le seul parti représenté à l'Assemblée nationale. Le Malawi est l'un des pays les plus pauvres du monde. C'est, en outre, une curiosité parmi les États noirs d'Afrique australe ; durant la période de l'apartheid, il a entretenu des relations diplomatiques normales avec l'Afrique du Sud, son principal partenaire commercial (40 % de ses importations), qui lui verse, en plus, une importante aide financière et technique. En 1994, le président Banda, âgé de 90 ans, a perdu les premières élections pluralistes du Malawi face à son ancien collaborateur, Bakili Muluzi.

L'agriculture est la principale activité, et beaucoup de Malawites vivent de leurs propres productions, notamment du maïs. Les autorités encouragent ceux qui le peuvent à investir dans l'agriculture destinée à l'exportation. Il en résulte une concentration des terres cultivables au profit d'une élite et un appauvrissement des petits paysans.

En dehors du maïs, le Malawi produit des arachides, des haricots, du manioc, du mil, et du riz au bord du lac, ainsi que du tabac et du thé — les principales exportations — cultivés sur de vastes domaines privés. De grandes et superbes exploitations de thé se trouvent dans le Sud, sur de vastes collines aménagées en terrasses ; le tabac est cultivé sur le plateau central très fertile. Deux lignes de chemin de fer accédant à la côte de l'océan Indien, à travers le Mozambique, favorisent les exportations, mais elles sont souvent coupées par les actions de la guérilla dans ce pays.

Le Malawi possède des gisements de bauxite et de charbon ; ils se trouvent dans des régions inaccessibles et sont difficilement exploitables. Grâce à l'énergie hydroélectrique, l'industrie a fait de grands progrès, mais l'importation de produits manufacturés est encore très importante.

Les deux tiers des habitants vivent dans le centre et le sud du pays — pour la plupart en zone rurale. La presque totalité d'entre eux appartiennent aux groupes ethniques des Chewas, Nyanjas, Lomwes, Yaos, Tumbukos, Senas, Tongas, Ngonis, Ngondés. Les plus nombreux, les Chewas, vivent dans le Centre.

LE MALAWI EN BREF

Superficie	118 484 km^2
Population	9 580 000
Capitale	Lilongwe
Régime	Parti unique
Monnaie	Kwacha = 100 tambala
Langues	Chewa, anglais
Religions	Chrétiens (60 %), animistes (20 %), musulmans (16 %)
Climat	Tropical ; frais sur les plateaux. Température moyenne : 14-24 °C entre novembre et avril, et 19-32 °C le reste de l'année
Ressources	Maïs, riz, manioc, sorgho, mil, haricots, arachide, sucre, thé, tabac, coton
Activités	Cultures industrielles, industries alimentaires, brasseries, cimenteries, tourisme
Exportations	Tabac, sucre, thé, arachide, coton, textiles, céréales
P.N.B. annuel par habitant	210 dollars
Croissance démographique	27 ‰ par an
Espérance de vie	Hommes 48 ans, femmes 50

Malawi, anc. **Nyassa (lac),** ***Afrique orientale*** Troisième lac de l'Afrique orientale après le lac Victoria et le lac Tanganyika. Sa superficie est de 23 300 km^2 et sa largeur maximale de 80 km. Entouré de montagnes, il est partagé entre le Malawi (la plus grande partie), le Mozambique et la Tanzanie, dont il constitue la frontière. Quand le missionnaire et explorateur écossais David Livingstone le visita pour la première fois en 1869, il était sillonné par des voiliers arabes transportant des esclaves. Aujourd'hui, des bateaux de pêche et de plaisance y naviguent. Pour des raisons inconnues, son niveau a augmenté (469 m au-dessus du niveau de la mer en 1915, 475 m en 1980). Ce phénomène et des orages occasionnels ont sérieusement endommagé les stations balnéaires de ses rives, comme Karonga et Salima.

Carte Malawi Ab

Malaysia Voir p. 415

Malbork (Marienburg), ***Pologne*** Ville à 58 km au S.-E. du port de Gdansk, sur le Nogat, branche orientale du delta de la Vistule, sur la Baltique. On y travaille l'ambre. Son château restauré, construit par les Chevaliers teutoniques entre 1274 et 1400, est une des plus grandes forteresses d'Europe. Il comprend trois forteresses garnies de tourelles. L'une d'entre elles est devenue le musée de l'ambre où sont exposés les bijoux et les objets fabriqués dans cette ville à partir de la résine fossile que l'on trouve sur la côte de la Baltique.

Population 38 000
Carte Pologne Ca

Maldives Voir p. 417

Malé, ***Maldives*** Principal atoll des Maldives (2,6 km^2). Capitale du pays depuis des siècles et seule zone urbaine de l'archipel. Centre commercial et administratif. Exportation de poisson (bonite et thon), de coprah et de produits extraits de la noix de coco. Le tourisme s'y développe et l'aéroport de Malé, Hulule, vient d'être agrandi pour accueillir les avions gros porteurs. Cependant, malgré la présence d'hôtels et de pensions dans la capitale, les touristes préfèrent séjourner dans les îles.

Population (ville) 55 150
Carte Indien (océan) Cb

Malebo (pool), ***Congo/Zaïre*** Voir ZAÏRE

Mali Voir p. 418-419

Malines, en néerl. **Mechelen,** ***Belgique*** Métropole religieuse de la Belgique, à 32 km au S. d'Anvers. La cathédrale Saint-Rombaut, commencée au XIIe s., possède une tour de près de 100 m et une Crucifixion peinte par l'artiste flamand Van Dyck (1599-1641). Autrefois célèbre pour ses broderies, la ville fabrique aujourd'hui des meubles, des dentelles et des tapisseries. Ses brasseries sont réputées.

Population 65 000
Carte Belgique Ba

Malmédy, ***Belgique*** Voir EUPEN

Malmö, ***Suède*** Port sur la côte de l'Oresund, qui sépare la Suède du Danemark. Troisième ville du pays après Stockholm et Göteborg. Elle est située presque en face de Copenhague, à laquelle elle est reliée par un ferry. Malmö, gouvernée par les Danois jusqu'en 1658, et prise par Charles Gustave X de Suède, possède une église

Voir suite p. 417

Malaysia

UNE RÉUNION ÉTONNANTE DE PEUPLES ET DE TERRITOIRES A PRODUIT UN ÉTAT QUI EST L'UN DES SUCCÈS ÉCONOMIQUES DU MONDE

Des montagnes couvertes de jungle, des forêts denses et humides, de grandes plantations d'hévéas et de palmiers à huile, des kilomètres de plages dorées, ainsi se présente la Malaysia. La combinaison de la chaleur et de l'humidité fait fleurir des centaines d'espèces différentes d'orchidées. Luxuriante et tropicale, la Malaysia est l'un des pays en voie de développement qui réussit le mieux : le plus gros producteur mondial de caoutchouc, d'huile de palme et d'étain, c'est l'un des premiers pour le bois d'œuvre, et elle exporte depuis peu du pétrole et du gaz.

Tout cela est dû à l'étonnante réunion de la Malaysia occidentale ou péninsule de Malaisie, et de la Malaysia orientale (États de Sabah et de Sarawak, sur l'île de Bornéo). Elles sont séparées par 700 km de mer ; en dehors de la domination britannique, elles n'avaient pas de liens entre elles, et l'Ouest était beaucoup plus développé que l'Est.

La réussite de la Malaysia a été acquise par un peuple de 16 millions d'âmes, qui compose un cocktail potentiellement explosif : Malais (48 %), Chinois (34 %), Indiens (9 %) et une grande variété d'autres populations autochtones. Si les Malais dominent politiquement, la puissance économique revient aux Chinois.

Une grande partie du pays est montagneuse et boisée. Les montagnes atteignent 2 189 m au Gunung Tahan, dans le nord de la péninsule Malaise, et 4 094 m au Gunung Kinabalu au Sabah. La pluviosité est forte partout, avec une moyenne annuelle de 2 540 mm.

Les ancêtres des Malais vinrent du Yunnan, dans le sud de la Chine, et gagnèrent la péninsule vers 2000 av. J.-C. Des marchands arabes convertirent les Malais à l'islam au XVe s. Peu après, ce fut l'arrivée des Européens. Les Portugais (1509) et les Hollandais (1641) occupèrent tour à tour Melaka (Malacca) sur la côte S.-O., et les Britanniques prirent le relais en 1824. Auparavant, ils avaient établi des comptoirs sur l'île de Penang en 1786 et à Singapour en 1819. En 1826, ces comptoirs furent réunis pour former les « établissements des détroits ». En 1874, les Britanniques établirent leur contrôle sur Perak et Selangor, et en 1930 ils avaient absorbé la péninsule Malaise tout entière.

Cependant, les deux territoires de la Malaysia orientale ne passèrent sous contrôle anglais officiel qu'après la Seconde Guerre mondiale. Un Anglais, James Brooke, réprima une révolte contre le sultan de Brunei en 1840 ; en récompense, il fut fait rajah de Sarawak en 1841. Ses successeurs y gouvernèrent jusqu'à l'invasion japonaise durant la Seconde Guerre mondiale, à la fin de laquelle le rajah fit don de son pays à la Couronne britannique. À Sabah, ce fut une compagnie britannique — la British North Borneo Company — qui administra le pays de 1882 à 1942.

Des mouvements anticolonialistes s'étaient développés pendant les années 1920 et 1930, influencés par les revendications indépendantistes de l'Inde. L'occupation japonaise de la péninsule (1942-1945) apprit aux révolutionnaires chinois que les Occidentaux n'étaient pas invincibles, donnant ainsi une nouvelle impulsion au mouvement pour l'indépendance. Après la guerre, des groupes de guérilla prirent de nouveau le maquis, et menèrent une campagne terroriste contre les Britanniques. L'état d'urgence, comme on disait alors, dura de 1948 jusqu'en 1960, où la guérilla fut vaincue.

Mais les Britanniques se rendirent compte que la situation ne pouvait être résolue par la seule force des armes. En 1957, la péninsule Malaise devint la Fédération autonome malaise. Celle-ci s'agrandit de Singapour, Sarawak et Sabah en 1963, pour former la fédération de la Malaysia. Mais, rapidement, des tensions amenèrent Singapour à s'en retirer, faisant perdre ainsi à la fédération son principal port et centre industriel.

Neuf des treize États ont des souverains héréditaires et les autres des gouverneurs nommés par le roi. Celui-ci, dont les pouvoirs sont maintenant limités, est élu tous les cinq ans par les souverains héréditaires et parmi l'un d'eux. Chaque État a son propre gouvernement, mais l'essentiel du pouvoir est entre les mains du Premier ministre du gouvernement central.

La domination d'un parti, l'Organisation nationale unifiée malaise, assure au pays une certaine stabilité, grâce à l'alliance nouée avec des partis chinois.

Le succès économique de la Malaysia (taux de croissance supérieur à 7 % par an depuis 1970), obtenu dans un premier temps grâce aux richesses naturelles, est aujourd'hui de plus en plus lié aux industries comme le textile, l'électronique et l'automobile, que développent des investissements venus du Japon ou de Singapour.

En dehors des côtes, avec des exploitations pétrolières et des ports d'exportation du bois, les territoires de Bornéo étaient peu mis en valeur lors de l'indépendance. La forêt tropicale, souvent marécageuse le long de la côte de Sarawak, y régnait. L'intérieur, peu accessible, était occupé par des populations peu denses d'agriculteurs itinérants pratiquant une culture sur brûlis. Le long de la côte se dispersaient les villages de Dayaks, ou Ibans, qui vivaient de la forêt et de la pêche, mais dont les ancêtres étaient pirates.

De nos jours, Sabah et Sarawak se sont

enrichis grâce aux troncs et aux planches de bois précieux, vendus au Japon et aux États-Unis. L'abattage et la construction de routes ont ouvert de grandes percées dans la forêt.

La Malaysia péninsulaire, de son côté, avait, à l'indépendance, une économie active fondée sur les plantations d'hévéas et sur l'exploitation de l'étain. L'hévéa avait été introduit en 1877, grâce à des plants exportés en contrebande du Brésil(qui avait alors le monopole du caoutchouc) par sir Henry Wickham, un explorateur anglais. Les Britanniques étendirent rapidement les plantations sur toutes les collines de piémont de l'ouest de la région en prenant appui sur les voies ferrées construites pour l'exploitation de l'étain. Une grande partie de la forêt tropicale fut remplacée par une forêt artificielle d'hévéas, et, plus tard, de palmiers à huile.

La population locale suivit l'exemple des planteurs anglais. Le *kampong* (village) malais typique, surtout dans le centre de la péninsule, s'aligne le long d'une route, entre un mince ruban de rizières dans la vallée et les petites plantations d'hévéas sur les versants.

L'est de la péninsule resta longtemps négligé par les planteurs britanniques ; mais, depuis l'indépendance, le gouvernement a défriché de vastes espaces, surtout pour les plantations de palmiers à huile. Des blocs de petites plantations ont été organisés selon le schéma des grands domaines par l'autorité fédérale de développement agricole, qui fournit des camions et des usines de traitement.

La vie reste tranquille dans les petits kampongs des vallées, où l'on pratique la culture du riz et l'élevage bovin, ainsi que dans les villages de pêcheurs de la côte de Terengganu, où les *perahu*, canots à flotteurs externes et à voiles triangulaires, s'alignent le long des plages. Mais l'irrigation a commencé à moderniser la riziculture, et les pêcheurs locaux sont concurrencés par de plus grandes unités. Installés dans des chalets, les touristes ont aussi commencé à déranger les tortues géantes, dont la ponte nocturne fournit une des attractions de la région.

UN COCKTAIL DE RACES

Dans les villages de l'Est, les musulmans dominent, et le plus grand des bâtiments est toujours la mosquée. Mais, dans les régions de plantations anciennes de la côte O., la saignée des hévéas est pratiquée surtout par des Indiens, descendants de travailleurs importés par les Britanniques. Dans les ports, il y a des temples hindous et des enseignes en tamoul.

Dans les États de Penang, Perak, Selangor et Malacca, les Chinois constituent la majorité de la population. Les premiers Chinois vinrent dans la péninsule pour y faire du commerce à partir du XVIIe s., se fixant surtout à Malacca, contrôlée alors par les Hollandais. Mais la plupart arrivèrent deux siècles plus tard, quand des travailleurs chinois furent importés pour extraire l'étain. Cette activité attira aussi des investissements de Chine et d'Europe.

Bien que certaines des plus grandes entreprises des environs de la capitale, Kuala Lumpur, et de la vallée de la Kinta dépendent de capitaux étrangers, les Chinois contrôlent en général l'industrie. Ce contrôle s'est intensifié depuis que les gisements les plus riches, qui avaient fait de la Malaysia un producteur d'étain sans rival, ont commencé à s'épuiser.

TRANQUILLITÉ MENACÉE. Des bateaux de pêche traditionnels ou motorisés animent ce petit port du Terengganu, dans l'est de la péninsule Malaise, tandis qu'un nombre croissant de touristes sont attirés par les belles plages des environs.

Grâce aux profits de l'étain, les Chinois acquirent le contrôle d'autres secteurs de l'économie. En Asie du Sud-Est, la plupart des villes chinoises sont des enclaves dans les villes indigènes ; mais en Malaysia, beaucoup de villes sont chinoises. Les gens vivent dans des maisons-ateliers, des immeubles de trois ou quatre étages à terrasses, que les Chinois, durs au travail, utilisent comme résidence, comme usine et comme boutique. Parmi elles, on trouve des temples bouddhistes et taoïstes.

Ce n'est que récemment que le pouvoir économique des Chinois a été contesté par les Malais. En 1969, les tensions raciales aboutirent à des émeutes, et les partis malais perdirent des voix aux élections. Le Premier ministre de l'époque, Tunku Abdul Rahman, un Malais, en conclut que les différences de richesses entre les *bumiputras* (Malais indigènes) et les communautés plus riches devaient être réduites.

En 1970, les Malais possédaient 2 % des actions des compagnies à responsabilité limitée. Le gouvernement se fixa pour but d'accroître cette part jusqu'à 30 % en 1990. Les Chinois devaient en garder 40 % et les autres, étrangers compris, 30 %. En 1985, la part des Malais avait atteint 21 %.

Cette « nouvelle politique économique » amena la migration de beaucoup de jeunes Malais vers les villes, pour y travailler dans les industries, notamment dans l'île de Penang et dans la vallée entre Kuala Lumpur et le port principal du pays, Kelang. La capitale, Kuala Lumpur, est maintenant un labyrinthe moderne de gratte-ciel et de larges routes, entouré de zones industrielles et de faubourgs tentaculaires. En direction de Kelang, des villes nouvelles abritent les ouvriers de l'électronique et d'autres industries. Mais la migration vers les villes est désapprouvée par les traditionalistes musulmans, désireux de voir les jeunes générations conserver de strictes valeurs musulmanes.

LA MALAYSIA EN BREF
Superficie 330 434 km^2
Population 19 080 000
Capitale Kuala Lumpur
Régime Monarchie parlementaire
Monnaie Ringgit (dollar malais) = 100 son
Langues Malais, chinois, anglais, tamoul et autres langues indigènes
Religions Musulmans (50 %), bouddhistes (26 %), hindous (9 %), chrétiens (4 %)
Climat Tropical ; pluies de mousson d'hiver d'octobre à février dans l'Est, de mousson d'été de mai à septembre dans l'Ouest. Température moyenne à Kuala Lumpur : entre 22 et 32 °C toute l'année. Les montagnes sont plus fraîches
Ressources Riz, huile de palme, caoutchouc, bois tropicaux, cacao, poivre, ananas, thé, coprah, poissons ; pétrole brut, étain, bauxite, fer, cuivre
Activités Agriculture, production de pétrole, mines, industries alimentaires, sylviculture, pêche, caoutchouc, pneumatiques, ciment, électronique, chimie, textiles
Exportations Pétrole brut et raffiné, gaz liquéfié, bois, composants électroniques, huile de palme, caoutchouc, étain, poivre, cacao, ananas, bauxite, minerai de fer, cuivre
P.N.B. annuel par habitant 2 500 dollars
Croissance démographique 22 ‰ par an
Espérance de vie Hommes 69 ans, femmes 73

Maldives (îles)

ÎLES DE RÊVE DANS L'OCÉAN INDIEN, LES MALDIVES, POUSSIÈRE D'ATOLLS AU LARGE DU SRI LANKA, ATTIRENT LES AMOUREUX DE LA SOLITUDE ET DES PLAGES IMMACULÉES

Les voyageurs qui ont la chance de visiter les îles Maldives sont fascinés par ce paradis qui leur paraît tel qu'aux premiers jours du monde, avec ses plages de sable blanc, ombrées par les palmes des cocotiers, et ses lagons de turquoise. La petite république ne perçoit aucun impôt direct, n'est le sujet d'aucune joute entre partis politiques ; le crime y est quasiment inconnu et la télévision termine ses émissions à 9 heures et demie du soir. Mais ce qui paraît être un paradis pour des touristes venus des grandes métropoles du monde industrialisé n'est que le reflet de l'isolement dans lequel se trouvent ces quelque 2 000 petites îles coralliennes situées à 640 km au S.-O. du Sri Lanka.

Moins de 220 de ces atolls sont habités, et, presque partout, l'altitude n'est guère supérieure à 1,50 m au-dessus du niveau de la mer. Mais l'inquiétude grandit chez les autorités et la population, car l'effet de serre pourrait menacer à terme l'existence même des atolls. La population est venue de l'Inde et du Sri Lanka. Bouddhiste à l'origine, elle a été convertie à l'islam au XIIe s. L'autorité des sultans locaux a été contestée par des rois indiens, les Portugais puis les Britanniques, qui établirent un protectorat sur les îles de 1887 à 1965.

Les Maldives ont eu une grande importance au Moyen Âge, car elles se trouvaient sur la route des épices — on y produisait alors du poivre — et les coquillages qu'on y ramassait, les cauris, servaient de monnaie dans l'ensemble du continent africain. Actuellement, les seules rentrées en devises proviennent de la pêche au thon (le thon, surgelé ou en conserve, est exporté essentiellement vers le Japon) et du tourisme ; le riz, nourriture de base, doit être importé. La capitale et seule ville, Malé (46 000 habitants), a été fondée par les Portugais au XVIe s.

LES MALDIVES EN BREF

Carte océan Indien Cb
Superficie 298 km^2
Population 240 000
Capitale Malé
Régime République
Monnaie Rufiyaa = 100 laari
Langues Divehi (d'origine cinghalaise), anglais
Religion Musulmans
Climat Tropical, température moyenne : de 25 à 29 °C
Ressources Poisson, fruits, légumes, noix de coco
Activités Pêche, cultures industrielles
Exportations Poisson congelé, conserves
P.N.B. annuel par habitant 500 dollars
Croissance démographique 30 ‰ par an
Espérance de vie Hommes 65 ans, femmes 62

du XIVe s. et un château du XVIe s. Industries: produits alimentaires et chimiques, construction navale, ciment, textile.
Population 229 000
Carte Suède Be

Malolos, ***Philippines*** Voir BULACAN

Malouines (îles), en anglais **Falkland Islands,** en esp. **Malvinas (islas),** ***Atlantique Sud*** Archipel de 12 173 km^2 formé de deux grandes îles (Falkland occidentale ou Grande Malouine et Falkland orientale) et d'environ 200 petites, à 770 km au N.-E. du cap Horn. Les îles furent découvertes par l'Anglais John Davis en 1592 et colonisées en 1764 par des Malouins sous la conduite de Bougainville. À partir de 1766, elles furent occupées successivement par les Espagnols, les Anglais, les Argentins et de nouveau par les Anglais en 1832. Devenues possession britannique en 1833, elles sont depuis lors revendiquées par l'Argentine. La perspective de riches gisements pétroliers en mer aggrava ce litige de longue date entre les deux pays et, en avril 1982, les soldats argentins occupèrent les îles après une attaque-surprise. Ils se rendirent en juin au corps expéditionnaire britannique, mais cette guerre sanglante avait tué 225 soldats anglais et 725 Argentins. La Grande-Bretagne maintient une garnison de 4 000 hommes. La capitale, Port Stanley, est sur l'île Falkland occidentale, où les Anglais ont construit un aéroport capable de recevoir les gros porteurs. La Géorgie du Sud, base de pêche à la baleine, à 1 300 km au S.-E., et, plus au S., l'archipel volcanique des Sandwich du Sud sont des dépendances des Malouines. Les îles principales sont arides, couvertes de landes et de marécages, balayées par des pluies et des vents violents. L'élevage du mouton et la pêche sont les principales activités. Les habitants, de souche anglaise et généralement nés sur place, désirent rester attachés à la Couronne britannique, mais l'Argentine maintient sa revendication par l'intermédiaire des Nations unies.
Population 1 800
Carte Argentine Dd

Malte Voir p. 420

Malvoisie, ***Grèce*** Voir MONEMVASSIA

Mammoth Cave (parc national de), ***États-Unis*** Parc de 205 km^2 sur la Green River, à l'O. du Kentucky, et à 125 km au S.-O. de Louisville. Il abrite un ensemble spectaculaire de grottes et de passages souterrains formant un labyrinthe de près de 500 km de long.
Carte États-Unis Ic

Mamry (lac), ***Pologne*** Voir MAZURIE

Man, ***Côte-d'Ivoire*** Centre administratif et commercial de la région occidentale du pays, à 460 km au N.-O. d'Abidjan. La ville, située dans une vallée luxuriante des monts Man, près de la frontière avec la Guinée et le Liberia, est très bien desservie par avion et le réseau routier est en plein développement.

Parmi ses curiosités touristiques figurent un rocher très escarpé (la Dent de Man), un pont de lianes à Danané et un luxueux hôtel reproduisant un village africain à Gouessesso.
Population 80 000
Carte Côte-d'Ivoire Ab

Man (île de), ***mer d'Irlande*** Île située à égale distance de l'Angleterre et de l'Irlande qui dépend de la Couronne britannique mais ne fait pas partie du Royaume-Uni. Superficie: 570 km^2. Le chef-lieu, Douglas, est un port-ferry. La fiscalité y est très peu élevée. L'île a son propre Parlement, le Tynwald Court, qui date du IXe s. et est placé sous l'autorité d'un lieutenant-gouverneur.

Elle attire de nombreux touristes, surtout pendant les courses de motos du Tourist Trophy, qui ont lieu chaque année sur un circuit de 60 km. Le manx, langue celtique, a presque disparu. L'île produit une race de chats sans queue très recherchée.
Population 71 500
Carte Royaume-Uni Cc

Manabí, ***Équateur*** Province littorale (18 879 km^2) à l'O. de Cotopaxi. Dans cette région, qui souffre régulièrement de la sécheresse, pousse le latanier dont les feuilles sont utilisées pour faire des panamas. Manta, à 32 km à l'O. de Portoviejo (chef-lieu de la province), produit des huiles végétales et du coton. C'est un important port de pêche (thon) qui exporte aussi du café et des bananes.
Population 1 032 000
Carte Équateur Ab

Manado, ***Indonésie*** Chef-lieu des Célèbes du Nord, à la pointe N.-E. de l'île. Port de pêche qui produit aussi des noix de coco, de muscade et des clous de girofle. Exportation d'ébène, de bois précieux, de café et d'épices.
Population 218 000
Carte Indonésie Fb

Managua, ***Nicaragua*** Capitale, sur la rive S. du lac Managua, à 55 m au-dessus du niveau de la mer. Malgré un climat humide et de nombreux tremblements de terre (le dernier fit 8 000 victimes en 1972), le cinquième de la population du Nicaragua vit à Managua, au pied du volcan Masaya.

Devenue capitale en 1858 à la suite d'un compromis entre Granada, ville conservatrice du Sud et León, ville libérale du Nord, c'est aujourd'hui un centre administratif industriel et commercial qui assure 60 % de la production nationale: industries alimentaires, textiles (coton), boissons non alcoolisées et raffinerie de pétrole. Autour, riche plaine agricole.

Sur les rives du lac Managua (1 049 km^2), on peut voir des traces de pieds imprimées dans la lave il y a environ mille ans par des Indiens qui fuyaient probablement une éruption du volcan Masaya.
Population 682 500
Carte Nicaragua Aa

Manama, en ar. **Al-Manamah,** ***Bahreïn*** Capitale et port au N.-E. de l'émirat. Centre administratif de l'industrie pétrolière et importante place financière pour les pays du Golfe. La ville existe depuis le XVIe s. mais les bâtiments les plus anciens datent du XVIIIe s. Manama conjugue les influences orientale et occidentale avec son bazar bruyant et ses constructions modernes. Pêche, construction de bateaux et perles.
Population 151 600
Carte Bahreïn Ba

Mali

DANS CE PAYS OÙ SONT NÉS DE GRANDS EMPIRES, LE SAHARA AVANCE CHAQUE JOUR

Tout au long du grand delta intérieur du Niger qui a vu la fabuleuse histoire de l'ancien Soudan, les petits villages s'égrènent dans une nature de plus en plus sèche et désolée.

Le pays est constitué de deux régions fort différentes. Au N., le Sahara, où se trouve la vaste dépression de Taoudenni, flanquée, à l'E., d'une zone montagneuse, l'Adrar des Iforhas. La région habitée est la vallée du Niger, inondée en saison des pluies, plate et monotone, enserrée à l'O. et au S. de reliefs peu élevés, spectaculaires au S.-E., comme les monts Hombori et la falaise de Bandiagara. C'est un pays de savane herbeuse avec quelques forêts claires dans le Sud.

UNE RICHE HISTOIRE

Au Sahara, dans la vallée asséchée du Tilemsi, on trouve les restes d'une culture néolithique de toute beauté. Les rives de la vallée du Niger commencent à peine à livrer des vestiges de la civilisation des « toguérés », grandes buttes de terre jonchées de poteries anciennes et de restes de villages datant des époques préislamiques. Jené-Jeno, près de la vieille cité de Djenné, en est le principal témoignage.

Le royaume de Ghana est né au IVe s. aux confins de la Mauritanie et s'est étendu sur la plus grande partie du haut Sénégal et du haut Niger. On l'appelait aussi le royaume de l'Or, car il exploitait les riches gisements aurifères du Bambouk, à l'extrême O. du pays. Plus tard, dans la même région, le royaume du Mali eut son heure de gloire entre les XIIIe et XIVe siècles. Il était si riche, dit-on, que les seules aumônes distribuées par Kankou Moussa, l'un de ses souverains en route pour La Mecque, firent baisser le cours du métal précieux à son passage au Caire. Plus tard, l'empire des Askias, né dans l'Est, à partir du petit royaume songhay de Gao, étendit son influence du lac Tchad au Sénégal et favorisa la renommée de Tombouctou. Tant de richesses excita la convoitise du sultan marocain El Mansour, qui lança, à travers le Sahara, une expédition dirigée par des renégats chrétiens. Les Songhays, effrayés par les premières armes à feu utilisées au S. du désert, furent défaits à la bataille de Tondibi, sur les bords du fleuve. Tombouctou fut prise en 1592. Les descendants des conquérants, restés sur place, furent absorbés par leur conquête.

Le XIXe s. vit l'essor du royaume de Ségou, fondé par les Bambaras animistes, celui du Macina, tenu par les Peuls de Cheikou Amadou, un musulman intégriste, qui lança la guerre sainte contre les animistes. La plus grande figure de cette époque fut certainement El Hadj Omar, qui créa un empire éphémère aux frontières de la Guinée et du Sénégal, et se heurta aux forces françaises de Faidherbe qu'il mit en difficulté (1857).

La France s'installa définitivement dans le pays en 1893. Celui-ci prit le nom de Soudan français et fut inclus dans l'Afrique-Occidentale française (A.-O.F.) en 1895. Le Dakar-Niger, un chemin de fer, fut construit pour relier le Soudan à l'océan (1923). Un grand projet, confié à l'Office du Niger pour drainer et irriguer le delta intérieur du Niger (1932), ne remplit sa tâche qu'en partie malgré les énormes capitaux investis pour cet ouvrage.

Le pays accéda à l'indépendance sous le nom de Mali en 1960. Il tenta de reconstituer

---

Manapouri (lac), ***Nouvelle-Zélande*** Lac de 142 km², dans le parc national de Fiordland, au S.-O. de l'île du Sud. À son extrémité O., ses eaux sont détournées par un tunnel de 10 km vers une centrale hydroélectrique. Selon la légende maorie, les collines qui entourent le lac abritent la tombe d'une princesse qui mourut en essayant de sauver sa sœur. En maori, son nom signifie lac du cœur en peine.

Carte Nouvelle-Zélande Af

Manaus, ***Brésil*** Capitale de l'État d'Amazonas, sur la rive gauche du río Negro, à 1 440 km au N.-O. de Brasília. C'est un port franc, moderne, mais on y voit encore des maisons sur pilotis au bord du fleuve et un dock flottant rappelant que Manaus a toujours été un port important, à 1 600 km de la mer.

Dans son célèbre Opéra, le théâtre Amazonas, se seraient produits Sarah Bernhardt et le ténor italien Enrico Caruso. La construction de ce superbe édifice (terminé en 1896, fermé en 1907, et finalement rouvert en 1990) fut financée par des négociants en caoutchouc qui avaient fait fortune à partir de 1839, quand l'invention de la vulcanisation fit de ce matériau (alors monopole brésilien) un élément indispensable au transport routier. Mais, en 1911, le krach du caoutchouc entraîna le déclin de la ville.

Aujourd'hui, Manaus est le principal centre touristique et commercial de l'Amazonas, qui est avec 1 564 445 km² de jungle équatoriale le plus grand État du Brésil. Productions : bois, caoutchouc, jute, noix et huiles végétales.

Population (ville) 1 090 000 ; (État) 2 089 000

Carte Brésil Bb

Manawatu, ***Nouvelle-Zélande*** Fleuve de 182 km sur l'île du Nord, à 130 km au N.-E. de Wellington. Il traverse les gorges de Manawatu et se jette dans la mer de Tasman.

Carte Nouvelle-Zélande Ed

Manche (tunnel sous la), ***France/Royaume-Uni*** Le second plus long tunnel ferroviaire du monde après celui du Seikan (54 km), qui relie, au Japon, les îles d'Hokkaido et d'Honshu. Commencé en décembre 1987, le tunnel (50,5 km), joignant la France à la Grande-Bretagne, est progressivement mis en service depuis mai 1994. Des navettes ferroviaires (appelées Shuttle) circulant entre les terminaux de Coquelles (à proximité de Calais) et de Folkestone, près de Douvres, pourront transporter poids lourds, autocars et voitures, deux-roues et piétons. Le tunnel doit aussi être emprunté par le train à grande vitesse (T.G.V.) Eurostar, circulant entre Paris ou Bruxelles et Londres, et complétant ainsi le réseau français en plein développement. Les trajets en Grande-Bretagne ou en Belgique doivent à moyen terme être aménagés pour la grande vitesse.

L'ouverture, difficile, de cet ouvrage qui a d'abord été le « chantier du siècle » (six ans et demi de travaux seulement contre vingt-quatre pour le Seikan) ne devrait pas dans l'immédiat perturber le trafic trans-Manche par ferries. Le tunnel pourrait au contraire développer les échanges, touristiques notamment, entre les deux pays. Il est aussi le point d'ancrage d'un important réseau autoroutier français en cours d'aménagement jusqu'à l'Espagne (autoroutes des Estuaires), en passant par Le Havre, Rennes, Nantes et Bordeaux.

Carte France Da ; Royaume-Uni Fe

Manche, en esp. **la Mancha,** ***Espagne*** Vaste plateau aride culminant à 680 m d'altitude, à

LE MARCHÉ AUX POTERIES. À Mopti, au confluent du Bani et du Niger, les vendeuses de poteries amènent leur marchandise dans des pirogues creusées dans un seul tronc d'arbre pour les plus petites, ou faites de planches cousues et calfatées pour les plus grandes.

le grand ensemble de jadis en se fédérant avec ses voisins, mais la fédération du Mali avorta, ouvrant une crise grave avec le Sénégal. Modibo Keita, qui mena le pays à l'indépendance et l'engagea dans une politique non alignée, fut renversé en 1968 par un militaire, Moussa Traoré. En 1991, des manifestations noyées dans le sang ont entraîné la chute du chef de l'État et la tenue d'une conférence nationale a été suivie par l'accession au pouvoir, après des élections pluralistes, d'Alpha Oumar Konaré, un historien. Dans le N.-E., le soulèvement des Touaregs, en liaison avec une révolte semblable au Niger, a provoqué une répression sanglante. Ils réclament une autonomie de la région saharienne mais, divisés entre plusieurs mouvements, ils n'ont pu aboutir à un accord avec les autorités lors de pourparlers de paix à Ouagadougou en 1994.

UN PAYS AGRICOLE

De nombreux groupes ethniques habitent le Mali. À l'O. et au S. vivent les Bambaras, les Sarakolés, les Malinkés, les Markas, des sédentaires cultivant le mil. Des pasteurs peuls, semi-nomades, dont les troupeaux fertilisent les champs, habitent sur toute l'étendue du territoire. Les Toucouleurs vivent tout le long de la vallée, et les Bozos, pêcheurs itinérants, habitent sur le fleuve, n'ayant pour tout logis que leurs grandes pirogues qui assurent les transports de marchandises. Les montagnards dogons, qui fabriquent des masques que se disputent les musées du monde entier, habitent la falaise de Bandiagara. Le désert est le domaine des nomades Touaregs et des commerçants maures.

Le Mali est victime des sécheresses répétées qui, depuis 1973, s'abattent sur le Sahel, déciment les troupeaux, dégradent le sol et accentuent la désertification.

Il y a longtemps que l'or n'assure plus la richesse du pays. On trouve du minerai de fer et de la bauxite en petite quantité, mais leur exploitation est trop onéreuse dans un pays enclavé comme le Mali ; en 1974 et 1985, un conflit frontalier, dont l'enjeu est une région riche en minerais, l'a opposé au Burkina. La seule ressource est l'agriculture — coton et arachide —, tandis que les cultures vivrières — mil, maïs, riz, oignons — suffisent, en temps normal, à nourrir la population. Il ne faut pas oublier la pêche, car le Mali est un gros producteur de poisson séché.

LE MALI EN BREF

Superficie 1 248 574 km^2
Population 9 090 000
Capitale Bamako
Régime République
Monnaie Franc C.F.A.
Langues Français (officiel), bambara, peul, malinké, sarakolé
Religions Musulmans (90 %), animistes (9 %), catholiques (1 %)
Climat Chaud et sec. Température à Bamako : de 16-33 °C en janvier à 24-39 °C en avril
Ressources Mil, maïs, légumes, riz, sorgho, arachides, coton, sucre de canne, bétail, poisson
Activités Cultures industrielles, industries alimentaires, tanneries, poisson séché destiné au commerce local et régional
Exportation Coton, bétail sur pied, arachide, riz, poisson séché
P.N.B. par habitant 230 dollars
Croissance démographique 31 ‰ par an
Espérance de vie Hommes 43 ans, femmes 47

160 km au S. de Madrid. Terre natale de Don Quichotte, héros du roman de Miguel de Cervantès (1547-1616), la Manche n'a pas perdu ses célèbres moulins. Ancienne zone frontière entre chrétienté et civilisation arabe, la région, qui a pour ville principale Ciudad Real, est rattachée à la communauté autonome de Castille-la Manche.
Carte Espagne Dc

Manche (50), ***France*** Département de Basse-Normandie (6 412 km^2), dont le chef-lieu est Saint-Lô. Il s'étend sur la presqu'île du Cotentin et sur le Bocage normand. Les hautes collines du Nord, à l'E. de Cherbourg, culminent à 189 m dans les environs sauvages du cap de la Hague, où est implantée depuis 1967 une usine de retraitement nucléaire. Au S.-E., près de Mortain, de petits massifs de roches dures dépassent 300 m d'altitude.

Pays de bocage, frais et humide, ses herbages nourrissent surtout bovins et chevaux, revendus jeunes dans les régions voisines. L'industrie (textiles, tuileries, alimentation, chaudronnerie de cuivre — à Villedieu) n'occupe plus qu'une place secondaire, malgré la présence des arsenaux de Cherbourg, qui emploient 4 600 personnes. Le Mont-Saint-Michel, au S.-O., est un haut lieu touristique. Le centre du département, au N.-O. de Saint-Lô, est occupé par le parc naturel régional des Marais du Cotentin et du Bessin.
Population 480 000
Carte France Cb

Manche, en angl. **English Channel** ou **Channel,** ***France/Royaume-Uni*** Mer séparant la France et l'Angleterre, longue d'environ 500 km entre la pointe de Bretagne et le Pas-de-Calais. Sa largeur maximale (du golfe de Saint-Malo à la baie de Lyme) est de 250 km, sa profondeur maximale de 172 m.

Largement ouvert sur l'Atlantique, c'est l'un des passages maritimes les plus fréquentés du monde (350 navires par jour), et notamment par de très nombreux pétroliers, qui sont une menace permanente pour l'environnement (d'importantes marées noires ont eu lieu dans les années 1970 et 1980 sur les côtes bretonnes et anglaises). Aussi le trafic est-il strictement réglementé et contrôlé par l'intermédiaire de couloirs de circulation. Le trafic trans-Manche entre la France et la Grande-Bretagne est assuré par de nombreuses navettes de ferries, hydroglisseurs et autres catamarans, ainsi que, progressivement, par le tunnel sous la Manche, ouvert en 1994.
Carte France Ba

Manchester, ***Royaume-Uni*** Ville du N.-O. de l'Angleterre, dépendant autrefois du Lancashire, aujourd'hui centre administratif du comté du Great Manchester (1 286 km^2). La ville fut construite à l'emplacement d'un fort romain appelé Mancunium. Cathédrale du XVe s. Manchester devint une des importantes villes de Grande-Bretagne avec la mécanisation de l'industrie du coton qui transforma cette région rurale et amena l'implantation de villes industrielles comme Bolton, Bury, Rochdale, Oldham et Blackburn. Manchester les supplanta toutes, y compris Salford, sur l'autre rive de l'Irwell qui rejoint Stockport, à 10 km au S.-E. Le canal maritime de Manchester relie la ville à la mer depuis 1894. La plupart de ses édifices publics datent du XIXe s. (hôtel de ville, Free Trade Hall). Le Royal Exchange (Bourse) fut

Voir suite p. 421

Malte

CETTE ÎLE FORTIFIÉE TENTE DE REMPLIR LE RÔLE QUI FUT SOUVENT LE SIEN : ÊTRE, AU CENTRE DE LA MÉDITERRANÉE, LE POINT DE RENCONTRE ENTRE L'ORIENT ET L'OCCIDENT

Au temps de la Grèce antique, on disait que Malte était le « Nombril de la mer Intérieure ». Elle se tient là, en effet, telle une sentinelle, à égale distance de Suez et de Gibraltar, de la Sicile et de la Tunisie, et sépare la Méditerranée occidentale de la Méditerranée orientale.

En réalité, c'est un archipel constitué d'une grande île surpeuplée, Malte (246 km^2, et 1 342 habitants au kilomètre carré), et d'une île plus petite, Gozo, moins peuplée, séparées par un îlot, Comino. Le paysage est ondulé et Malte est barrée au N.-O. par trois escarpements bien marqués. Le sol calcaire ne retient pas l'eau, et l'archipel a des problèmes d'approvisionnement. Des champs, épierrés, ont été aménagés sur un sol où la terre semble plus rare que la pierre. Aucun arbre qui n'ait été planté et soigneusement entretenu par l'homme ; les caroubiers, les oliviers et les figuiers de Barbarie forment un paysage familier. Les côtes, très découpées, ont accueilli les premiers marins de l'Antiquité.

La position stratégique de Malte ne pouvait qu'attirer les grandes puissances du passé. Phéniciens, d'abord, puis Carthaginois et Romains occupèrent l'archipel où, bien avant eux, des populations avaient construit des temples aux murs cyclopéens et développé une civilisation originale. Saint Paul et saint Luc la visitent au cours de leur évangélisation des provinces romaines. Les Arabes, puis les Normands et les Espagnols, y font des séjours plus ou moins longs. De 1530 à 1798, Malte accueille les Chevaliers de Saint-Jean-de-Jérusalem, chassés de Palestine, puis de Rhodes par les Turcs ottomans. Napoléon s'empare de l'île en 1798 et sera lui-même évincé par les Anglais (1800-1964). Malgré tous ces visiteurs, le peuple maltais garde sa personnalité, et notamment sa curieuse langue qu'on dit d'origine phénicienne ou arabe, où l'on retrouve des termes issus de langues romanes.

Durant quatre siècles, Malte a servi à plusieurs reprises de forteresse et a été aménagée en conséquence. D'abord, depuis la fin du Moyen Âge, comme rempart de la chrétienté contre l'islam, puis comme gardienne de la route des Indes et du canal de Suez lors de la dernière guerre. Elle eut à subir deux sièges mémorables. Le premier opposa, en 1565, la flotte turque de Soliman le Magnifique aux Chevaliers de Saint-Jean conduits par Jean de La Valette. Les chevaliers tiendront bon. Le nom de La Valette sera donné à une ville aux fortifications gigantesques — la capitale actuelle ; l'épée de La Valette rapportée en France à l'époque napoléonienne ira rejoindre les trésors du Louvre..., mais ouvrira un contentieux avec les Maltais. En 1939-1945, Malte subit les assauts répétés de l'aviation allemande, mais ne céda pas, permettant à la Méditerranée de rester une mer alliée.

UN PETIT AIR VÉNITIEN. Dans le Grand Port de La Valette, les bateaux ont des allures de gondoles. Les maisons du XVIe s. montrent les influences européennes et orientales.

Une importante base militaire britannique a été maintenue jusqu'en 1950, donnant du travail au quart de la population et entrant pour plus de la moitié dans les échanges extérieurs. Les Anglais se retirèrent du pays en 1979. En vingt ans, l'économie de Malte avait dû s'adapter ; les docks furent transformés en un vaste atelier de construction et de réparation navales ; on encouragea les industries de pointe à s'installer ; le tourisme fit un bond spectaculaire (20 000 visiteurs en 1960, 730 000 en 1980). L'île devint un lieu de retraite privilégié pour les Britanniques ayant la nostalgie de la route des Indes. Néanmoins, près de la moitié de la population vit encore d'agriculture. Mais l'archipel ne peut nourrir tous ses enfants, et l'on dit qu'il y a autant de Maltais à l'étranger (en Australie, notamment) que dans le pays même.

Les changements politiques suivirent. Après un refus des Britanniques d'inclure Malte dans le Royaume-Uni, l'indépendance fut accordée en 1964. L'archipel devint une république dix ans plus tard. Sous l'autorité de Dom Mintoff, Premier ministre de 1971 à 1984, Malte eut une politique étrangère dynamique. Cherchant à se dégager de l'emprise économique britannique, elle s'ouvrit sur le tiers monde et signa des accords commerciaux avec la Chine et la Libye ; elle sembla même, un temps, tentée par une alliance plus étroite avec Tripoli. En 1987, des élections mouvementées amenèrent les conservateurs au pouvoir. Les deux forces politiques sont le parti travailliste de Dom Mintoff et le parti nationaliste, plus à droite et pro-occidental, du docteur Fenech Adami, qui s'appuie sur l'Église. Les Maltais sont, en effet, très catholiques, et la religion est pour eux une façon de s'affirmer, comme les chrétiens d'Orient, face au monde arabe qui les entoure.

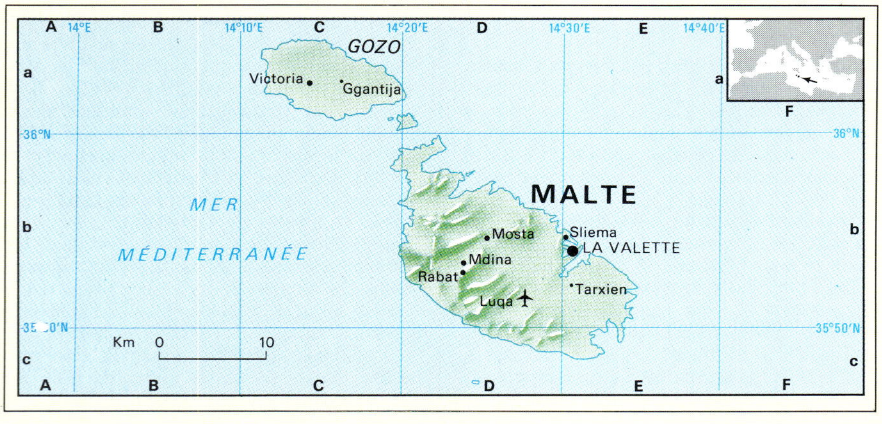

MALTE EN BREF

Superficie 316 km^2
Population 363 000
Capitale La Valette
Régime République parlementaire
Monnaie Livre maltaise = 100 cens = 1 000 mils
Langues Maltais, anglais
Religion Chrétiens
Climat Méditerranéen ; température moyenne à La Valette : de 10-14 °C en janvier à 23-29 °C en août
Ressources Légumes, fruits, porcs, volaille, blé
Activités Cultures, construction et réparation navales, textiles, habillement, équipements électroniques, denrées alimentaires, tourisme
Exportations Textiles, vêtements, machines, navires, ustensiles
P.N.B. annuel par habitant 6 850 dollars
Croissance démographique 6,8 ‰ par an
Espérance de vie Hommes 73 ans, femmes 78

inauguré en 1920. C'est aujourd'hui un centre bancaire important — le deuxième après Londres —, le siège de deux universités, des deux plus belles bibliothèques du pays, et du journal *The Guardian*.

Population 433 000

Carte Royaume-Uni Dd

Mandalay, ***Birmanie*** Principale ville et centre culturel du pays. Capitale de la division du même nom (37 024 km^2) au centre de la Birmanie, elle fut capitale du pays de 1857 à 1865. Son palais royal, construit entre 1853 et 1878, fut détruit pendant la Seconde Guerre mondiale et la quasi-totalité de la vieille ville brûla en 1982. Dans le centre commercial qui entoure le marché de Zegyo, on continue à vendre des pierres précieuses, principalement des rubis. Les temples les plus importants de Mandalay sont la pagode d'Arakan — du nom de la principale représentation de Bouddha qui fut rapportée de l'État d'Arakan, en Birmanie occidentale — et Kuthadaw avec son ensemble de petites pagodes recouvertes d'écritures bouddhistes. Un escalier de pierre très ancien mène au sommet de la colline de Mandalay (nombreux temples). Artisanat (albâtre, soie, argent). Marché de riz provenant de la plaine de Kyaukse.

Population (ville) 533 000 ; (division) 4 581 000

Carte Birmanie Cb

Mandara (monts), ***Cameroun/Nigeria*** Chaînes de collines granitiques arrondies et de sommets volcaniques éteints culminant à 1 500 m au N. de la frontière entre le Cameroun et le Nigeria. L'érosion du plateau de Kapsiki, au Cameroun, a sculpté un beau paysage de dents rocheuses où les tribus Kirdi, connues pour leurs danses exceptionnelles, vivent dans des villages accrochés aux collines. Tourisme en essor.

Carte Cameroun Ba

Mandchourie, ***Chine*** Ancien nom du territoire formé par les provinces du Heilonjiang, du Jilin et du Liaoning, appelé aujourd'hui Chine du Nord-Est. À la fin du XVIe s., les tribus toungouses qui l'occupaient s'unirent et formèrent un puissant État avec Moukden, l'actuelle Shenyang, pour capitale. En 1644, les Mandchous installèrent leur dynastie, les Ts'ing, à la tête de l'Empire chinois. Ils devaient régner jusqu'en 1912. En 1931, les Japonais occupèrent la région et en firent, en 1932, un État fantoche qui subsista jusqu'en 1945 sous le nom de Mandchoukouo, à la tête duquel ils placèrent P'ou-yi, le dernier empereur de Chine. Le territoire possède de vastes dépressions fertiles (betteraves à sucre, coton, blé) et un sous-sol riche (pétrole, fer, charbon). C'est la principale région industrielle de la Chine.

Population 153 000 000

Carte Chine Ib

Mandu, ***Inde*** Ville fortifiée en ruine du centre du pays, au sommet d'un promontoire rocheux dans les monts Vindhya, à 250 km au N.-E. de Bombay. Dès le début du XVe s., ce fut la capitale de l'État musulman de Malwa et sa grande mosquée est un des plus beaux exemples d'architecture afghane en Inde.

Carte Inde Bc

manganèse (nodule de) Fragment de roche friable et de forme irrégulière découvert dans les fonds sous-marins, contenant en moyenne 20 % de manganèse, 6 % de fer et 1 % de nickel et de cuivre. Sa commercialisation sera probablement très rentable dans l'avenir.

mangrove Végétation caractéristique du littoral des régions tropicales essentiellement composée de palétuviers dont les innombrables racines-échasses sont ancrées dans la vase. La flore d'une mangrove varie selon qu'elle se trouve dans le Pacifique, l'Atlantique ou l'océan Indien, mais son aspect reste identique. Gagnant peu à peu sur la mer, elle laisse place, en arrière, à un paysage d'arbres et de buissons sur un sol à salinité plus faible.

Manica, ***Mozambique*** Voir CHIMOIO

Manille (Manila), ***Philippines*** Capitale et principal centre commercial et industriel du pays, sur la rive E. de la baie de Manille, à l'O. de l'île de Luçon, sur l'estuaire du Pasig. La baie (2 000 km^2) est un superbe port naturel que les colonisateurs espagnols choisirent pour y établir la capitale de l'île en 1571. Le vieux quartier entouré de remparts, Intramuros, à côté du Pasig, date de cette époque, mais la plupart des constructions espagnoles (comme tout le reste de Manille) ont été détruites pendant la Seconde Guerre mondiale. Au XXe s., Manille a connu un développement sauvage au N. et au S. du fleuve. Aujourd'hui, l'agglomération, surnommée Métro Manille, occupe 635 km^2 et a absorbé plusieurs villes proches : Pasay, Makati et Mandaluyong au S., l'ancienne capitale Quezon City et San Juan, à l'E., Caloocan, au N., qui s'ajoutent aux quatorze districts municipaux de la ville.

Chaque district a son caractère propre, reflétant la diversité des Philippines et le contraste entre une richesse et une pauvreté extrêmes. Le district de Tondo, au N., gigantesque bidonville très peuplé, a été réaménagé grâce à la Banque mondiale. Il côtoie le quartier chinois de Binondo, tandis qu'Ermita et Malate, derrière le boulevard Roxas qui longe la baie au S. d'Intramuros, forment la principale zone touristique avec hôtels, restaurants et boîtes de nuit. Sampaloc est le plus grand centre d'enseignement supérieur et comprend plusieurs universités privées. À Santa Mesa s'élève le palais présidentiel de Malacañang, à l'origine résidence d'un aristocrate espagnol. Makati est le quartier financier et résidentiel. À l'extérieur de Manille se trouvent les champs de bataille de Bataan et de Corregidor, la base navale de Cavite, le grand lac de Laguna de Bay et le volcan Taal, dans la province de Batangas.

Population (ville) 1 877 000 ; (aggl.) 9 650 000

Carte Philippines Bc

TAXI ! Dans les rues de Manille, des jeeps réformées de l'armée américaine (appelées *jeepneys*), peintes de couleurs vives et recouvertes d'écussons et d'accessoires, font office de taxis.

Manipur, ***Inde*** État de 22 327 km^2, entouré de montagnes, à la frontière birmane. La plupart de ses habitants, animistes, continuent à mener une vie tribale. La capitale est Imphal.

Population 1 421 000

Carte Inde Ec

Manisa, ***Turquie*** Ville-marché, à 300 km au S.-O. d'Istanbul. Les paysans de la province du même nom (13 237 km^2) produisent des céréales, des olives, du raisin et du tabac.

Population (ville) 158 900 ; (prov.) 1 152 000

Carte Turquie Ab

Manitoba, ***Canada*** La plus orientale des provinces de la Prairie (649 950 km^2) ; sa capitale est Winnipeg. Des Écossais y formèrent la première colonie en 1812, dans la vallée de la rivière Rouge. Parmi les immigrants venus de l'Europe de l'Est, les Ukrainiens sont les plus nombreux. Les deux tiers du Manitoba sont occupés par le Bouclier canadien, et un sixième par des lacs. Céréales. Élevage bovin. L'économie est fondée sur le pétrole, le nickel, le cuivre et le zinc, et sur les industries alimentaire, mécanique et textile.

Population 1 100 000

Carte Canada Fc

Manizales, ***Colombie*** Ville à 175 km au N.-O. de Bogotá et à 2 126 m d'altitude. Centre industriel du Caldas, la plus grande région de café de Colombie. Chaque année s'y tiennent une foire du café et un festival théâtral.
Population 300 000
Carte Colombie Bb

Mannar ou **Manaar (golfe de),** ***Inde/Sri Lanka*** Bras de mer de l'océan Indien, entre le Sri Lanka et l'État indien de Tamil Nadu, limité au N. par le pont d'Adam qui, selon la légende, fut construit par Rama, héros de la mythologie indienne. C'est en fait une série de bancs de sable entre l'île de Pamban, en Inde, et celle de Mannar, au Sri Lanka. Il mesure 160 km de long et de 130 à 270 km de large.
Carte Sri Lanka Aa

Mannheim, ***Allemagne*** Port et ville industrielle du Bade-Wurtemberg, au confluent du Rhin et du Neckar, à 70 km au S. de Francfort-sur-le-Main. Le centre de la ville a été construit par l'électeur palatin au XVIIIe s. selon un plan en damier partant du palais baroque occupé aujourd'hui par l'université. C'est à Mannheim qu'en 1885 l'ingénieur Carl Benz construisit un véhicule à trois roues fonctionnant au pétrole (l'une des premières automobiles).
Population 310 400
Carte Allemagne Cd

Manosque, ***France*** Chef-lieu de canton des Alpes-de-Haute-Provence, dans la vallée de la Durance. Patrie de l'écrivain Jean Giono (1895-1970), cette jolie cité a conservé de nombreux souvenirs du passé: église Saint-Sauveur (XIIe-XIIIe s.), église Notre-Dame, porte de la Saunerie... C'est un centre commercial actif et une ville très touristique.
Population 19 200
Carte France Fe

Mans (Le), ***France*** Chef-lieu de la Sarthe. Ancien oppidum gaulois, la ville fut dirigée au Moyen Âge par ses évêques (dont le premier fut saint Julien, l'évangélisateur de la région, au IIIe s.), puis par ses comtes avant de passer aux Normands de Guillaume le Conquérant et aux Plantagenêts (Henri II d'Angleterre y est né). Elle revint définitivement à la Couronne en 1481. Elle était avant la Révolution la capitale du Maine et du grand gouvernement du Maine-et-Perche. Sa fortune récente date de la seconde moitié du XIXe s., avec le chemin de fer, qui entraîna son industrialisation. Fonderie, construction automobile (Renault s'y installe en 1936), construction de matériel ferroviaire, aéronautique, armements, matériel électrique, électronique. Le Mans est un marché agricole actif et une ville dont les fonctions tertiaires, administratives et commerciales (siège de mutuelles d'assurances) se sont développées. Université. La vieille ville, la Cité, aux nombreuses maisons médiévales à pignon et colombage, ceinte par ses remparts gallo-romains, est dominée par Saint-Julien, sa cathédrale (dont le chœur, commencé dans les années 1220, figure parmi les grandes réussites du gothique de l'âge d'or). Centre touristique. Chaque année s'y déroulent d'importantes compétitions automobiles et motocyclistes.
Population 145 400
Carte France Db

Mansourah, en ar. **Al-Mansura,** ***Égypte*** Ville de basse Égypte sur le bras oriental du Nil, chef-lieu de la province de Dakhalieh. Centre cotonnier. En 1250, Saint Louis y fut vaincu et fait prisonnier avec toute son armée (il fut libéré la même année contre une forte rançon).
Population 323 000
Carte Égypte Bb

manteau Partie du globe terrestre, entre la croûte et le noyau. Voir TERRE (voyage au centre de la), p. 661

Mantoue (Mantova), ***Italie*** Ville de Lombardie, située dans la plaine autrefois marécageuse de l'Italie du Nord, à 120 km au S.-E. de Milan. Elle devint un centre culturel et universitaire sous le règne des Gonzague, aux XVe et XVIe s. Nombreux monuments, dont le palais ducal (somptueux appartements décorés aux XVe et XVIIIe s. ; fresques de Mantegna) ; la cathédrale dut être redessinée par l'architecte Giulio Romano (1492-1546) après l'incendie de 1545. Le poète romain Virgile (70-19 av. J.-C.) naquit dans les environs et vécut à Mantoue presque toute sa vie. Dotée d'une raffinerie de pétrole, la ville possède aussi des imprimeries, des tanneries et des fabriques de produits alimentaires.
Population 60 400
Carte Italie Cd

Manukau Harbour, ***Nouvelle-Zélande*** Le plus grand des deux ports d'Auckland. En maori, ce nom signifie « le coin des échassiers ». Il est entouré de marécages et de bancs de sable qui freinent la navigation à son entrée. Un isthme étroit sépare Manukau Harbour (394 km^2) de Waitemata Harbour (200 km^2), économiquement plus important.
Carte Nouvelle-Zélande Eb

Manus (île), ***océan Pacifique*** Principale île de l'archipel de l'Amirauté, en Mélanésie (1 639 km^2). Elle est couverte de forêts, très montagneuse, et fut une grande base américaine pendant la Seconde Guerre mondiale.
Population 32 800
Carte Papouasie-Nouvelle-Guinée Ba

Manzini, anc. **Bremersdorp,** ***Swaziland*** Ancien comptoir fondé en 1885, à 41 km au S.-E. de Mbabane. Comme la ville voisine de Matsapa, Manzini est devenue un centre agricole, commercial et industriel important: filatures de coton, brasseries, produits alimentaires (viande et produits laitiers). Le district de Manzini s'étend sur 4 070 km^2.
Population (ville) 52 000 ; (district) 193 000
Carte Swaziland Aa

Maoming, ***Chine*** Ville de la province de Guangdong, à 320 km au S.-O. de Canton. Située près de dépôts de schistes bitumineux, elle est en passe de devenir un important centre minier.
Population 413 000
Carte Chine Gf

Maputo, anc. **Lourenço Marques,** ***Mozambique*** Capitale du pays et important port maritime, à l'extrême S., à 100 km de la frontière sud-africaine. Installée autour d'un port naturel, Maputo s'est développée dès 1895, quand elle fut reliée à Johannesburg (Afrique du Sud) par chemin de fer. C'est aujourd'hui le principal centre industriel du Mozambique: on y produit du textile, du fer et des industries alimentaires. Mais son activité touristique s'est effondrée avec le départ de 250 000 Européens, au moment de l'Indépendance, en 1975.

C'est aussi le chef-lieu de la province homonyme, la plus méridionale et la plus petite du pays (25 756 km^2), qui produit du coton, du sucre et du riz.
Population (ville) 931 000 ; (prov.) 1 771 000
Carte Mozambique Ac

maquis Dégénérescence de la forêt méditerranéenne sous l'action conjuguée des troupeaux, du feu et du climat. Formé d'arbustes et de buissons (oliviers sauvages, cistes, bruyères arborescentes, arbousiers), il constitue une masse touffue difficilement pénétrable. On le trouve généralement sur les sols siliceux de la région méditerranéenne. Remplacé par la garrigue sur les sols calcaires, il correspond au chaparral du sud-ouest des États-Unis et du Mexique.

Mar (Serra do), ***Brésil*** Chaîne de montagnes en bordure de la côte S.-E. du Brésil méridional, entre Rio de Janeiro et Porto Alegre. Elle représente encore un obstacle au peuplement de l'intérieur des terres. Le point culminant se situe à Serra dos Orgãos (2 200 m) au-dessus de Rio de Janeiro.
Carte Brésil Dd

Maracaibo, ***Venezuela*** Ville pétrolière sur la rive du lac de Maracaibo, à 500 km à l'O. de Caracas, et capitale de l'État de Zulia. Fondée au XVIe s., elle est devenue la deuxième ville du pays grâce à la découverte des champs pétrolifères du lac en 1914.
Population (ville) 1 207 510 ; (aggl.) 1 363 860
Carte Venezuela Aa

Maracaibo (lac de), ***Venezuela*** Mer intérieure peu profonde débouchant dans les Antilles, à l'extrémité N.-O. du pays, s'étendant sur 16 360 km^2. Il contient les plus grands gisements de pétrole du pays et fournit 70 % de la production nationale.
Carte Venezuela Ab

Maracay, ***Venezuela*** Capitale de l'État d'Aragua, à 50 km à l'O. de Caracas. C'était la ville préférée du général Juan Vincente Gomez, le dictateur qui gouverna le pays de 1908 à 1935. Certaines de ses grandioses folies architecturales subsistent, parmi lesquelles un opéra inachevé, des arènes calquées sur celles de Séville et l'énorme arc de triomphe du mausolée Gomez. Cigarettes, conserveries de viande, textile, papier et produits chimiques sont ses principales industries.
Population (ville) 538 600
Carte Venezuela Ba

marais Dépression gorgée d'eau stagnante où l'écoulement est insuffisant ou absent. On y rencontre une végétation aquatique (roseaux, nénuphars, etc.) et certaines espèces d'arbres comme les cyprès des Everglades, en Floride, ou la mangrove des côtes tropicales.

Marais breton, ***France*** Région de la côte atlantique s'étendant sur les départements de la Vendée et de la Loire-Atlantique. Elle comprend les marais de Boin et de Bourgneuf et, par extension, celui de Monts. Les monuments mégalithiques qu'on y trouve attestent d'une colonisation très ancienne. Au XIIe s. des abbayes cisterciennes s'y sont implantées. Le sel fut longtemps la principale ressource jusqu'à ce que l'envasement des passes interdise son transport. Les travaux entrepris aux XVIIIe et XIXe s. ont transformé les marais en polders. Les parties hautes sont vouées à la culture céréalière, les parties basses, périodiquement inondées, sont réservées à l'élevage.

UNE LONGUE TRADITION ÉTUDIANTE. Marbourg, vieille ville universitaire, étage ses demeures anciennes le long de la Lah, au flanc d'une colline que domine un château médiéval.

Marais poitevin, ***France*** Région de la côte atlantique, en bordure de la baie de l'Aiguillon et du pertuis Breton, s'étendant sur les départements de la Vendée et de la Charente-Maritime. Les buttes calcaires qui la dominent étaient autrefois (il y a 2 000 à 3 000 ans) des îles qui furent réunies entre elles par les alluvions fluvio-marines argileuses. Son assèchement, entamé au XIe s. sous l'autorité des abbayes, a permis de la drainer et de la cultiver. Seule voie de transport pour les paysans qui les utilisent toujours pour véhiculer le bétail (bovins et moutons de pré salé), ses innombrables canaux, bordés de peupliers et de saules, lui ont valu le surnom de Venise verte. Ils attirent chaque année, à la belle saison, de nombreux touristes qui font halte notamment à Coulon. Un parc naturel et régional du Marais poitevin-Val de Sèvre-Vendée (200 000 ha) a été créé en 1979.
Carte France Cc

Marajo (île de), ***Brésil*** Île de 47 964 km^2, à l'embouchure de l'Amazone. Ses plaines sont occupées par des prairies d'élevage (bétail, notamment buffles). C'est la plus grande île d'eau douce du monde.
Carte Brésil Db

Maralinga, ***Australie*** Zone située dans le grand désert de Victoria, en Australie du Sud, où les Anglais accomplissaient leurs essais nucléaires dans les années 1950.
Carte Australie Ee

Maramba, anc. **Livingstone,** ***Zambie*** Ville touristique à la frontière avec le Zimbabwe, à 380 km au S.-O. de Lusaka, capitale de la Rhodésie du Nord de 1911 à 1935. Elle possède un musée consacré à la vie et aux voyages du missionnaire écossais David Livingstone (1813-1873). Aujourd'hui ville principale de la Zambie méridionale, elle produit du coton, du maïs, du tabac et de la canne à sucre. Les chutes Victoria sont à 11 km au S.-O.
Population 72 000
Carte Zambie Bb

Maramures, ***Roumanie*** Province du Nord-Ouest, à la frontière avec l'Ukraine et la Hongrie, célèbre pour ses traditions paysannes. Elle est surtout formée de montagnes boisées et de plaines fertiles. Dans les villages, soigneusement préservés, les habitants portent encore leurs costumes richement ornés.
Population 539 000
Carte Roumanie Aa

Maranhão, ***Brésil*** État du Nordeste (332 174 km^2). Malgré une industrie de l'aluminium en plein essor, cet État demeure l'un des plus pauvres du pays. Sa capitale est le port de Sao Luis, à 480 km à l'E. de Belém. Fondée par les Français au XVIIe s. sous le nom de Saint-Louis, la ville conserve de nombreux édifices coloniaux aux façades couvertes de mosaïques.
Population 4 923 000
Carte Brésil Db

Marañón, ***Pérou*** Rivière de 1 650 km, branche mère de l'Amazone. Elle naît dans les Andes, dans le lac de Huaiuash, traverse les basses terres du département de Loreto, reçoit les eaux de l'Ucayali et devient l'Amazone. Elle est navigable jusqu'aux gorges du Pongo de Manseriche, au N.-O. du Pérou.
Carte Pérou Ba

Maras, ***Turquie*** Chef-lieu de la province homonyme, dans une cluse du Taurus oriental extérieur (Anatolie centrale), au N. de Gaziantep. Autrefois appelée Marqati, elle fut, dans la plus haute Antiquité, un centre commercial important et la capitale du royaume hittite de Gourgoum (XIe-VIIe s. av. J.-C.). C'est aujourd'hui un centre artisanal actif produisant du cuir, des tapis et de la broderie. Son musée archéologique renferme de nombreuses sculptures hittites.

La province de Maras (14 680 km^2) produit du fer et de l'argent.
Population (ville) 228 100; (prov.) 894 000
Carte Turquie Bd

Marathon, ***Grèce*** Petite ville située à 5 km au N. du champ de bataille où les Athéniens mirent les Perses en déroute en 490 av. J.-C. La légende veut qu'après la bataille un messager courut pendant 42 km jusqu'à Athènes sans s'arrêter. À son arrivée, il murmura : « Réjouissez-vous, nous les avons vaincus. » Puis il s'écroula, terrassé par l'effort. En souvenir de cet exploit, on nomme marathon la course de fond la plus longue, et l'une des principales épreuves des Jeux olympiques.
Carte Grèce Cb

Marbella, ***Espagne*** Voir MALAGA

Marble Bar, ***Australie*** Voir PILBARA

Marbourg, en all. **Marburg,** ***Allemagne*** Ville universitaire sur la Lahn, à 80 km au N. de Francfort-sur-le-Main. Sur le versant d'une colline dominée par un château médiéval (XIIIe-XIVe s.) se sont regroupées des maisons à colombage. À chaque heure de la journée, la figure d'un héraut appartenant à l'horloge animée de l'hôtel de ville souffle dans la trompette de la Justice. Le maréchal Hindenburg (1847-1934), président de la république de Weimar (1925-1934), est enterré dans l'église gothique Sainte-Élisabeth (XIIIe s.)
Population 76 300
Carte Allemagne Cc

marbre Roche métamorphique formée à partir de calcaire ou de dolomie, blanche ou de couleur diverse selon les oxydes qu'elle contient, utilisée comme ornement.

Marche, ***France*** Région située au N.-O. du Massif central et appartenant pour l'essentiel au Limousin. Elle comprend également l'extrémité O. du Bourbonnais et l'extrémité S. du Berry. À l'E., la haute Marche est une région d'élevage bovin, tandis qu'à l'O. la basse Marche produit du blé et des fourrages. Ancien marquisat, le comté de la Marche appartint aux Lusignan (XIIIe) puis aux ducs de Bourbon avant d'être confisqué au connétable par François Ier (1527) qui le rattacha à la couronne en 1531. Villes principales: Guéret, Bellac (patrie de Jean Giraudoux) et Aubusson (tapisseries).
Carte France Dc

Marches, ***Italie*** Région rurale de 9 694 km^2 sur la côte adriatique, au S.-E. de San Marin. Ses fermes sont prospères (vignes, oliviers, céréales et bétail). Un grand nombre d'artisans y fabriquent des chaussures, du papier et des instruments de musique. Capitale : Ancône.
Population 1 424 000
Carte Italie Dc

Marco Polo (pont) ou **Lu gou (pont de la),** ***Chine*** Pont de 15 km de long, au S.-O. de Pékin. C'est à cet endroit qu'éclata la guerre entre la Chine et le Japon en 1937. Le pont serait la version moderne d'un pont traversé par Marco Polo au cours de ses voyages en Chine au XIIIe s.
Carte Chine Hc

Marcoule, ***France*** Lieu-dit situé dans le département du Gard, sur les communes de Codolet et de Chusclan, près de la rive droite du Rhône. Le Commissariat à l'énergie atomique (C.E.A.) y a inauguré en 1955 le premier centre atomique industriel français destiné à produire du plutonium. Trois réacteurs plutonigènes (G1, G2, G3) y ont été construits de 1956 à 1960. Mise en service en 1974, la centrale Phénix produit une puissance de 250 MW.

Mardan, ***Pakistan*** Ville agricole dotée des plus grandes raffineries de sucre de l'Asie, à 120 km au N.-O. d'Islamabad. À proximité se trouvent des monuments bouddhistes et l'une des colonnes de pierre érigées par l'empereur bouddhiste indien Açoka, en 250 av. J.-C.
Population 148 000
Carte Pakistan Da

Mar del Plata, ***Argentine*** Station balnéaire à 400 km au S.-E. de Buenos Aires. Célèbre dans toute l'Amérique du Sud pour sa vie nocturne trépidante et pour son casino, un des plus grands du monde, la ville attire chaque année plus de trois millions de visiteurs, de décembre à mars.
Population 424 000
Carte Argentine Db

Maré (île), ***océan Pacifique*** Voir LOYAUTÉ (îles)

marécage Zone humide, souvent envasée, sur les rives d'un cours d'eau, d'un lac, parfois isolée, se caractérisant par une végétation aquatique (roseaux). Le terme est employé pour désigner toute terre basse et détrempée (marais, palus, tourbières).

marée Mouvement régulier et périodique des eaux de la mer, par lequel le niveau monte et descend chaque jour dans un même lieu, provoqué par les différences d'attraction exercées par la Lune et le Soleil. Les marées de morte-eau, ou de quadrature, sont de petites marées qui ont lieu lors du premier ou du dernier quartier de la Lune. Les marées de vive-eau (grandes marées, marées de syzygie) s'observent à la conjonction de la Lune avec le Soleil, ou à son opposition avec le Soleil. Voir ci-dessous.

Maremme, ***Italie*** Région historique et géographique du littoral tyrrhénien, comprise entre les collines livournaises et les monts de la Tolfa, dans le Latium. Autrefois marécageuse, soumise à la malaria et peu habitée, elle a été bonifiée et l'agriculture s'y est développée (céréales, plantes fourragères). Sur le littoral ont été créées des réserves naturelles protégées (Orbetello). Industries le long de la côte (Cecina, Rosignano, Piombino). Tourisme. Centre principal : Grosseto (70 600 habitants), au S.
Carte Italie Bc

Margarita (île de), ***Venezuela*** La plus grande des deux îles de l'État de Nueva Esparta (1 072 km^2), dans la mer des Antilles, à 290 km à l'E. de Caracas. C'est un port franc et, grâce à ses plages superbes et à son climat, une station balnéaire très prisée. Sa capitale est La Asunción (14 100 habitants), mais sa plus grande ville est Porlamar (22 500 habitants).
Population 120 000
Carte Venezuela Ba

marge constructive, marge continentale Voir LA TECTONIQUE DES PLAQUES p. 658

Mariannes (fosse des), ***océan Pacifique*** Fosse sous-marine près de Guam, au N.-O. de l'océan Pacifique. Dans cette zone de subduction se trouve la fosse de Challenger, point le plus profond de tous les océans connu à ce jour. Elle fut découverte par le navire britannique *Challenger II* en 1951. En 1958, le navire soviétique *Vitiaz* y enregistra 10 960 m. En janvier 1960, le

L'ORIGINE DES MARÉES

Le mouvement incessant et cyclique — ou marées — des grandes masses d'eau sur terre est activé par l'attraction gravitationnelle de la Lune et, dans une moindre mesure, par celle du Soleil. Bien que le Soleil soit 26 millions de fois plus gros que la Lune, il n'exerce qu'une attraction de moitié inférieure à celle de la Lune, car il se trouve 390 fois plus éloigné de notre planète qu'elle.

En plein océan, la différence entre marée haute et basse n'est que de 60 cm, mais, à proximité des côtes basses et dans les estuaires, cette différence est bien plus grande. Par exemple, la baie de Fundy, à l'E. du Canada, a un marnage de 15 m.

À chaque instant sur terre se produisent deux marées hautes, l'une directe sur la face de la Terre tournée vers la Lune, l'autre indirecte sur la face opposée. La marée directe est un bombement causé par la Lune qui attire les eaux terrestres plus efficacement que les continents, car l'océan, qui se trouve en surface de la Terre, est plus proche de la Lune. Mais, sur l'autre face de la Terre, la plus éloignée de la Lune, c'est la Terre solide qui est la plus proche de la Lune, et l'attraction lunaire s'y exerce donc plus fortement que sur les eaux. Ainsi, tout se passe comme si le continent était tiré hors de l'océan, entraînant alors un second bombement, la marée indirecte.

Comme la Lune tourne autour de la Terre une fois toutes les 24 h 50 min, il y a au cours de ce laps de temps et en n'importe quel point du globe deux marées hautes et deux marées basses. Cependant, les horaires de marées peuvent être localement modifiés par la configuration des côtes : baies, estuaires ou promontoires accélèrent ou ralentissent le mouvement des eaux.

Les marées pourraient être utilisées pour produire de grandes quantités d'électricité, mais peu de tentatives jusqu'à ce jour ont été menées pour domestiquer cette forme d'énergie. L'usine marémotrice de la Rance, près de Saint-Malo, en est un exemple : d'une production de 24 MW, elle consiste en un barrage creusé qui barre sur 750 m de long l'estuaire de la Rance. Lorsque la marée monte, la mer franchit le barrage au travers de turbines avant de remplir le bassin en amont. Lorsque la marée baisse, l'eau retenue dans le bassin ressort de même par les turbines en produisant davantage d'énergie.

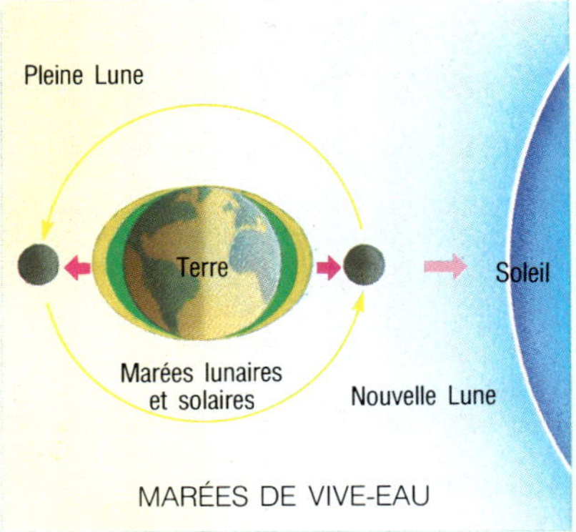

Les plus grands marnages se produisent à la nouvelle et à la pleine Lune, quand la Terre, le Soleil et la Lune se trouvent alignés, ce qui renforce les attractions respectives de la Lune et du Soleil.

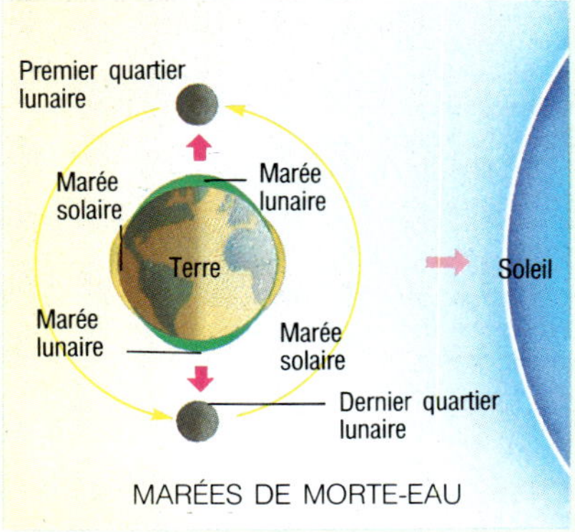

Les plus faibles marnages se produisent lorsque la Lune est au premier ou au dernier quartier. À ces moments-là, les attractions lunaire et solaire s'exercent perpendiculairement l'une par rapport à l'autre.

bathyscaphe *Trieste*, de la marine américaine, dirigé par le Suisse Jacques Piccard et par l'Américain Donald Wash, descendit jusqu'à 10 916 m. Le sondage par ultrasons réalisé par un navire de sauvetage soviétique la même année établit un nouveau record de profondeur : 11 034 m.
Carte Pacifique (océan) Cb

Mariannes (îles), ***océan Pacifique*** Archipel montagneux et volcanique de la Micronésie (2 400 km^2), à l'E. des Philippines. Il est formé de l'île de Guam, territoire américain et des Mariannes du Nord, État associé aux États-Unis.
Carte Pacifique (océan) Cb

Mariannes du Nord Voir p. 426

Mariánské Lázně (Marienbad), ***République tchèque*** Station thermale de Bohême, à 12 km de la frontière allemande. Elle fut fréquentée par le roi Édouard VII d'Angleterre (1841-1910), par le compositeur allemand Richard Wagner (1813-1883) et par l'écrivain allemand Wolfgang von Goethe (1749-1832). De nos jours, les visiteurs viennent y soigner leurs affections dermatologiques, respiratoires et nerveuses, marcher, pêcher et jouer au golf. Festival annuel de cinéma.
Population 18 400
Carte République tchèque Ab

Mariazell, ***Autriche*** Centre de villégiature d'hiver et d'été, en Styrie, et principal lieu de pèlerinage du pays, à 95 km au S.-O. de Vienne. Fondée par les moines bénédictins en 1152, la cité est célèbre pour ses retraites aux flambeaux. La Gnadenkirche (église du XVIIe s. où se termine le pèlerinage) abrite une statue en bois de la Vierge Marie (Magna Mater Austriae) datant du XIIe s. et objet de vénération depuis le XVIe s. : on lui attribua alors la victoire hongroise qui empêcha l'invasion turque.
Population 2 400
Carte Autriche Db

Ma'rib, ***Yémen*** Ville à 140 km à l'E. de Sanaa. Elle fut la capitale d'un royaume (1000 av. J.-C.) disparu, parfois identifié comme le royaume de Saba. Plusieurs vestiges : temple de Balkis (nom musulman de la reine de Saba) ; partie de remparts (Ve s. av. J.-C.) ; près de ceux-ci, temple transformé en mosquée ; au S. de la ville, ruines d'une digue de 550 m du Ve s. av. J.-C. également. Un nouveau barrage (1987) et l'exploitation pétrolière (depuis 1985) assurent l'avenir économique de la région, avec le sel et l'agriculture.
Population (gouvernorat) 95 500
Carte Yémen Ba

Maribor, ***Slovénie*** Importante ville industrielle sur la Drave, près de la frontière autrichienne. Fondée au Xe s. autour d'un château et d'une citadelle, elle se développa grâce au commerce entre Venise et l'Autriche. De nos jours, ses industries comprennent la construction automobile, la métallurgie, le matériel ferroviaire, le cuir, le tabac, les textiles et les produits alimentaires. Ville au pied des Alpes de Karawanken, Maribor est aussi une station de sports d'hiver et une ville thermale. Ptuj, à 24 km au S.-E., possède un beau château médiéval et une abbaye transformée en musée, tandis que les villes de Ljutomer et d'Ormoz sont connues pour leurs vins et leurs caves.
Population 103 900
Carte Slovénie Ba

Marie-Galante, ***Antilles*** Île située à 25 km au S.-O. de l'île de Grande-Terre. C'est la plus grande (157 km^2) des dépendances de la Guadeloupe avec seulement trois communes dont la plus importante est Grand-Bourg, au S.-O. de la côte. Malgré quelques tentatives pour introduire une polyculture vivrière, la canne à sucre (4 000 t/an) reste l'activité principale de l'île qui produit un rhum réputé.
Population 13 500
Carte Guadeloupe Bc

Marienbad, ***République tchèque*** Voir MARIÁNSKÉ LÁZNĚ

Marigot, ***Antilles*** Voir SAINT-MARTIN

Marinduque, ***Philippines*** Île entre Mindoro et Luçon (958 km^2), riche en minerai de fer. Chaque vendredi saint, la Crucifixion est représentée dans la capitale, Boac, et dans les villes de Gasan et Mogpog.
Population 163 000
Carte Philippines Bc

Marioupol, ***Ukraine*** Port sur la rive N. de la mer d'Azov, bâti en 1779 et appelé Jdanov jusqu'en 1990, du nom d'un auxiliaire de Staline. Important complexe houiller et sidérurgique, métallurgie, chimie ; exportations de charbon, de sel et de céréales. Port de pêche, chantiers navals.
Population 522 900
Carte Ukraine Dc

Maritza ou **Marica,** en grec **Evrós,** en turc **Meriç,** ***Europe du Sud-Est*** Fleuve de 480 km qui prend sa source en Bulgarie dans le massif de Rila et coule vers le S.-E., arrosant Pazardjik, Plovdiv, Svilengrad et Edirne où, formant la frontière gréco-turque, il s'infléchit vers le S. avant de se jeter dans la mer Égée par un delta de 11 km de large. Des barrages fournissent l'énergie hydroélectrique nécessaire à l'irrigation des cultures dans la plaine de Thrace.
Carte Bulgarie Bb ; Grèce Ea

Marlborough Sounds, ***Nouvelle-Zélande*** Côte découpée, au N.-E. de l'île du Sud. L'explorateur anglais James Cook y jeta l'ancre en 1770. Ses plages et ses bois en font un centre touristique très prisé des plaisanciers. Le plus long bras de mer, le Pelorus, s'enfonce sur 55 km.
Carte Nouvelle-Zélande Dd

Marmara (mer de), ***Turquie*** Connue des Turcs sous le nom de Marmara Denizi, cette mer, d'une superficie de 11 140 km^2, dont la profondeur maximale est de 1 370 m, fait partie d'une voie stratégiquement importante, contrôlée par la Turquie, qui relie la mer Noire (par le Bosphore), à la Méditerranée (par les Dardanelles).
Carte Turquie Aa

Marmarique, ***Libye*** District de la côte N.-E. de la Cyrénaïque, formé d'un plateau désertique d'une altitude maximale de 200 m, parallèle à la côte méditerranéenne et qui s'étend jusqu'en Égypte. Durant des siècles, de nombreuses armées s'y sont affrontées, romaines, égyptiennes, libyennes, arabes et européennes. Au cours de la Seconde Guerre mondiale s'y déroulèrent la plupart des combats des années 1940-1942. Tobrouk en est le chef-lieu.
Carte Libye Ca

marne Roche meuble, imperméable, composée d'argile et de plus de 35 % de calcaire.

Marne (51), ***France*** 1. Rivière de 525 km de long, dans l'est de la France. Elle naît dans le plateau de Langres, à 70 km au N. de Dijon, coule vers l'O., et se jette dans la Seine à l'E. de Paris. Elle fut le théâtre des deux plus grandes défaites allemandes de la Première Guerre mondiale, en septembre 1914 et juillet-août 1918.

2. Département de la région Champagne-Ardenne (8 163 km^2) ; chef-lieu : Châlons-sur-Marne. C'est le plus étendu et le plus peuplé de la région avec, depuis 1946, une croissance d'environ 45 %. Celle-ci est due à la progression de l'urbanisation des grandes villes (Châlons, Reims), qui regroupent à elles seules la moitié de la population, et à la décentralisation industrielle, favorisée par la proximité de la capitale et par l'ouverture de l'autoroute de l'Est. L'agriculture céréalière (blé, orge, avoine, maïs), très mécanisée, n'occupe que le dixième de la population sur les grandes exploitations de la Champagne crayeuse. Le célèbre vignoble champenois est concentré à l'O. du département (Côte de l'Île-de-France), tandis que l'élevage, de faible importance, s'est développé dans le Sud-Est (Champagne humide).

L'industrie (métallurgie de transformation, industries agricoles et alimentaires — champagnisation —, textile, bois, verrerie) a été détrônée par le secteur tertiaire, dont le développement est lié à l'essor des villes.
Population 559 000
Carte France Eb

Marne au Rhin (canal de la), ***France*** Canal reliant le Bassin parisien à l'Alsace. Construit de 1838 à 1853, il commence à l'écluse d'Hautvillers (Marne) et débouche dans le port de Strasbourg (Bas-Rhin) après un trajet de 315 km. Les péniches qui l'empruntent transportent essentiellement des produits métallurgiques et des matériaux de construction.

Marne (Haute-) (52), ***France*** Département de la région Champagne-Ardenne (6 216 km^2), dont le chef-lieu est Chaumont. Situé dans la partie la plus élevée du Bassin parisien, il est surtout formé de plateaux calcaires dont l'altitude est souvent supérieure à 350 m. Au N. se trouve la frange nord-orientale de la Champagne humide, couverte de lacs et d'étangs. La forêt, qui recouvre environ 40 % de la superficie du département, s'étend de plus en plus sur les terres médiocres abandonnées par l'agriculture. Ce secteur n'occupe que le dixième de la population et se consacre essentiellement à l'élevage (produits laitiers).

L'industrie, qui emploie les deux cinquièmes des actifs, est axée sur la métallurgie de transformation, loin devant le bois, les industries agricoles et alimentaires et l'imprimerie. Malgré l'absence de grandes villes, le secteur tertiaire est le principal employeur. L'exode rural en fait le moins peuplé des départements de Champagne-Ardenne.
Population 204 000
Carte France Fb

Marne-la-Vallée, ***France*** Ville nouvelle à 13 km à l'E. de Paris, allongée sur près de 20 km le long des voies de communication (autoroute de l'Est, R.E.R.) et englobant 26 communes. Elle comprend entre autres le Val-Maubuée, l'ancienne usine des chocolats Menier (XIXe s.), le parc de Noisiel, le quartier de l'Arché-Guédon et Euro-Disneyland (ouvert en 1992), où est située une gare du T.G.V. contournant Paris.
Population 200 000
Carte France Eb

Mariannes du Nord

UN TERRITOIRE SOUS TUTELLE DES ÉTATS-UNIS — PEUT-ÊTRE UN FUTUR ÉTAT —, PLUS PROCHE DE L'ASIE QUE DE L'AMÉRIQUE DU NORD

Quand les territoires sous tutelle des îles du Pacifique (ces miettes insulaires perdues dans le Pacifique occidental et confiées aux Américains par les Nations unies en 1947) négocièrent leur futur statut pendant la décennie 1970, certaines îles optèrent pour le maintien de liens étroits avec les États-Unis plutôt que pour l'indépendance. Ainsi naquit en 1978 le Commonwealth des Mariannes du Nord, avec le même statut d'autodétermination que Porto Rico et, pour ses habitants, celui de citoyens des États-Unis. La voie est donc ouverte pour une promotion future au rang d'État, peut-être en union avec Guam, la plus méridionale des îles Mariannes, qui a une administration séparée en qualité de territoire des États-Unis.

Le Commonwealth se compose de 14 îles et îlots dont la chaîne incurvée s'étire sur 725 km de long, à environ 2 400 km à l'E. des Philippines. Ce sont des îles volcaniques, la plus haute, Agrihan, culminant à 959 m ; Pagan possède des sources chaudes et un volcan actif qui eut une violente éruption en 1981.

Les îles les plus importantes sont Saipan, Tinian et Rota, les deux premières célèbres par les violents combats de juin 1944, quand les Américains les prirent aux Japonais ; elles sont ensuite devenues des bases militaires. Après la guerre, Saipan devint le centre administratif de tout le territoire sous tutelle, ce dont l'ensemble de l'archipel tira bénéfice.

La majorité des habitants sont des Chamorros d'origines diverses, micronésienne, mais aussi espagnole et philippine. Les îles furent sous la domination espagnole de 1668 à 1899 ; leur nom vient de Marianne d'Autriche qui fut régente d'Espagne.

Avant la Seconde Guerre mondiale, Saipan et Tinian cultivaient la canne à sucre ; mais, de nos jours, l'agriculture, même vivrière, a presque disparu. Il y a quelques agriculteurs, quelques pêcheurs ; des bateaux japonais et coréens viennent pêcher dans les eaux territoriales des Mariannes.

La plupart des actifs travaillent dans l'administration ou le tourisme, qui est en plein essor et fournit l'essentiel des revenus de l'archipel. Les touristes sont en majorité japonais, attirés par les souvenirs de la Seconde Guerre mondiale. C'est de l'île de Tinian que partirent les bombardiers B 29 américains qui, en août 1945, lâchèrent les bombes atomiques sur Hiroshima et Nagasaki.

Saipan abrite 86 % de la population et la capitale Garapan.

LES MARIANNES DU NORD EN BREF

Carte Océan Pacifique Cb
Superficie 476 km^2
Population 15 000
Capitale Garapan
Régime Commonwealth autonome des États-Unis
Monnaie Dollar américain = 100 cents
Langues Anglais, chamorro, carolinien
Religion Chrétiens (en majorité catholiques)
Climat Tropical ; températures moyennes à Garapan : de 22 à 27 °C en janvier et de 24 à 29 °C en juillet
Ressources Noix de coco, légumes, fruits, poisson
Activités Tourisme
P.N.B. annuel par habitant supérieur à 2 500 dollars
Croissance démographique 30 ‰ par an
Espérance de vie Hommes 69 ans, femmes 69

Maroc Voir p. 428-429

Maroni, ***Guyane*** Fleuve d'Amérique du Sud, long de 680 km, formant la frontière entre la Guyane et le Surinam. Il n'est navigable que sur 80 km pour les bateaux de petit tonnage et arrose la ville de Saint-Laurent-du-Maroni.
Carte Guyane Ab

Maroua, ***Cameroun*** Chef-lieu de la région du Nord, marché régional (bétail, coton, arachide, millet, sorgho) et centre de recherche dans le domaine de l'élevage. C'est aussi le principal foyer islamique du pays, dominé par le peuple foulbé. Ses constructions traditionnelles, en terre séchée, et son atmosphère paisible contrastent avec les villes modernes du Sud.
Population 70 000
Carte Cameroun Ba

Marquises (îles), ***Polynésie française*** Ensemble d'une dizaine d'îles aux profondes vallées fertiles, à 1 400 km au N.-E. de Tahiti. Le chef-lieu est Taiohae, sur l'île Nuku-Hiva. Ces îles furent découvertes par les Espagnols en 1595. Après le passage des négriers et à la suite d'épidémies, leur population passa de 50 000 en 1800 à 2 000 en 1920. Le peintre Paul Gauguin fut inhumé dans l'île Hiva-Oa en 1903.
Population 6 100
Carte Pacifique (océan) Gc

Marrakech, ***Maroc*** Ancienne capitale, qui donna son nom au Maroc. Fondée au XIe s. par la dynastie berbère des Almoravides, la ville, entourée de palmeraies, est un carrefour important au pied de la chaîne de l'Atlas, à 220 km au S. de Casablanca. Les cultures berbère, arabe et africaine s'y côtoient dans un débordement de couleurs, de bruits et d'activités. Sa place Djema'a el-Fna est très animée : charmeurs de serpents, acrobates et conteurs s'y retrouvent. Dans les « souks » (bazars), des artisans travaillent le cuir, l'argent, le cuivre, et font de la poterie et des bijoux. Les tisserands y abondent et la ville est très connue pour ses tapis. Les remparts du XIIe s. et leurs portes, le minaret de 70 m de la mosquée de la Koutoubia, également du XIIe s., les tombeaux saâdiens et le collège religieux (médersa) Ben Youssef figurent parmi les richesses architecturales de la ville.
Population 440 000
Carte Maroc Ba

Marsa el-Brega, ***Libye*** Port pétrolier sur le golfe de Syrte, premier terminal d'oléoduc construit par les Libyens (1961) et le plus important centre pétrochimique du pays (raffinerie, usines de liquéfaction de gaz). Il abrite la première université technique de Libye.
Population 7 100
Carte Libye Ba

Marsala, ***Italie*** Port de pêche célèbre pour ses vins, à la pointe O. de la Sicile. Le vin de Marsala fut tout d'abord produit par les familles anglaises qui s'installèrent dans la région au XVIIIe s. Le patriote italien Giuseppe Garibaldi et ses « Mille » y débarquèrent en 1860 pour entreprendre leur campagne d'unification de l'Italie.
Population 79 900
Carte Italie Df

Marsa-Matrouh ou **Mersa-Matrouh** ou **Marsa Matruh,** ***Égypte*** Port sur la Méditerranée, à 300 km à l'E. d'Alexandrie. Le général Rommel y établit son quartier général dans une caverne (devenue musée) lorsqu'il tenta de stopper l'avance britannique après la bataille d'El-Alamein, en octobre-novembre 1942.
Population 27 900
Carte Égypte Ab

Marsa-Susah, ***Libye*** Voir APOLLONIA

Marseille, ***France*** Préfecture du département des Bouches-du-Rhône, située sur la côte méditerranéenne, à l'E. du delta du Rhône. C'est le premier port de commerce et la deuxième ville du pays, après Paris. Le commerce y est florissant depuis que les marchands grecs de Phocée s'y installèrent au VIIe s. av. J.-C. La ville, naguère « porte de l'Orient », creuset de races et de civilisations, a intégré au cours des siècles d'innombrables immigrés du bassin méditerranéen, avec une nette majorité de Maghrébins. La cité phocéenne a envahi les collines qui dominent le Vieux-Port et se développe aujourd'hui jusqu'au S. du port moderne. L'activité portuaire (importance des hydrocarbures) s'est étendue vers le N.-O. (étang de Berre, Lavéra, Fos-sur-Mer, Port-Saint-Louis-du-Rhône), causant quelques dégâts au littoral.

Grand centre industriel (construction et réparation navale, industries mécaniques, électriques, chimiques, alimentaires, textiles, savonneries, pétrochimie, notamment), Marseille est aussi un pôle financier, économique et commercial majeur (foire internationale annuelle), en même temps qu'une métropole administrative et culturelle (universités, grandes écoles, théâtres, musées).

Surmontée de la populaire statue de la Bonne Mère, la basilique Notre-Dame-de-la-Garde, de style romano-byzantin (1864), veille sur le Vieux-Port. Le centre de la ville est un dédale de rues étroites et de passages, mais, au-delà, on trouve de larges avenues et des immeubles modernes. Bâtie en 1952 par l'architecte Le Corbusier, l'Unité d'habitation, dite aussi Cité radieuse, fut une expérience d'architecture moderne. La ville conserve d'importants vestiges grecs et romains, qu'on peut voir au Jardin des Vestiges. Parmi les monuments et édifices les plus intéressants, citons la Vieille-Charité, œuvre du sculpteur et architecte marseillais Pierre Puget (1620-1694), récemment restaurée et transformée en centre culturel, l'hôtel de ville du XVIIIe s., la Maison Diamantée (XVIe s.), qui abrite le musée du Vieux-Marseille, la Vieille et la Nouvelle Major, vaste cathédrale du XIXe s., la basilique Saint-Victor, les forts Saint-Jean et Saint-Nicolas. D'autres lieux ou monuments pittoresques sont associés à l'histoire de la ville : la fameuse Canebière, large avenue à l'activité bourdonnante, le château d'If, construit par François Ier pour protéger la rade de Marseille, et qu'Alexandre Dumas a rendu célèbre en y enfermant son héros Edmond Dantès, le « comte de Monte-Cristo », et la Corniche (avenue J.-F.-Kennedy), qui offre de magnifiques points de vue sur la ville, les îles et la côte.

Marseille a vu naître notamment Adolphe Thiers, Honoré Daumier, Edmond Rostand, André Roussin et Fernandel.

Population (ville) 801 000 ; (aggl.) 1 087 000
Carte France Fe

Marshall (îles) Voir p. 430

Martaban, ***Birmanie*** Ville sur le golfe de Martaban, bras de la mer d'Andaman, à 160 km à l'E. de Rangoon. De vastes réserves de gaz naturel ont été découvertes dans le golfe. Martaban est le terminus de la voie ferrée venant de Rangoon. Ferry pour Moulmein sur la Salouen.

Population 15 000
Carte Birmanie Cc

Martinique, ***Antilles françaises*** Une des Petites Antilles, ou îles du Vent (1 079 km^2). Son plus haut sommet, la montagne Pelée (1 397 m), est un volcan en activité qui, en 1902, ravagea la ville de Saint-Pierre, alors capitale de l'île, faisant plus de 30 000 morts (musée).

Cette île au climat doux (température moyenne : 26 °C) tropicale et humide, rafraîchie par les alizés, était habitée par les Indiens Caraïbes qui la nommaient Madinina. Elle fut découverte par Christophe Colomb en 1502, mais la résistance indienne en retarda la colonisation. Ce n'est qu'à partir de 1635 que les Français s'y installèrent. À part quelques brèves périodes d'occupation anglaise, elle est restée sous domination française. En 1946, elle devint un département français d'outre-mer doté de sa propre administration et de députés siégeant à l'Assemblée nationale, à Paris.

Bananes, canne à sucre — cultivée à l'origine par les esclaves — et ananas sont ses principales exportations. Industries : raffineries de sucre, distilleries de rhum, cimenteries et raffinerie de pétrole.

Le parc naturel de la Martinique, créé en 1979, couvre 70 000 ha. Les touristes, surtout français et américains (273 000 visiteurs en 1986), constituent une source de revenus très importante, mais l'île n'en dépend pas moins de l'aide financière française. Fort-de-France est son chef-lieu et son principal port.

Population 360 000

MONTMARTRE DANS LES CARAÏBES. L'église de Balata, réplique du Sacré-Cœur de Paris, domine Fort-de-France, chef-lieu de la Martinique.

Maryland, ***États-Unis*** État côtier de l'Est, sur la baie de Chesapeake, au N.-E. des monts Appalaches, bordé au S. par le Potomac (27 394 km^2). Capitale : Annapolis. Ville principale : Baltimore. Il inclut le district de Columbia, siège de la capitale fédérale Washington. Colonisé en 1634, il se déclara indépendant en 1776 et fut l'un des treize États fondateurs de l'Union. Ressources : maïs, poulets, conserves, produits laitiers, acier, tourisme.

Population 4 800 000
Carte États-Unis Kc

Masan, ***Corée du Sud*** Port à 60 km à l'E. de Pusan. Ancienne colonie japonaise (1905-1945), il est le centre d'une zone franche destinée à promouvoir l'exportation. Industries : minoteries, textiles, appareillage électrique.

Population 386 700
Carte Corée De

Masbate, ***Philippines*** Île la plus peuplée de l'archipel des Visayas (3 269 km^2), entre Panay et la pointe S. de Luçon. Élevage de bovins et culture du maïs.

Population 497 000
Carte Philippines Bc

Mascara, en ar. **Mouaskar,** ***Algérie*** Chef-lieu de wilaya de l'O. algérien dominant la fertile plaine des Eghris. Centre commercial et gros marché agricole. Les environs produisent des vins réputés. La ville fut au XVIIIe s. (jusqu'en 1791) le siège du beylicat turc de l'Ouest. En 1832, Abd el-Kader y établit son gouvernement.

Population 62 300
Carte Algérie Ba

Mascareignes, ***océan Indien*** Archipel comprenant les îles de la Réunion et Maurice et dépendances (Rodrigues) découvertes par le navigateur portugais Pedro Mascarenhas en 1516. D'origine volcanique, ces îles avaient été vraisemblablement visitées par les navigateurs indiens et arabes, mais étaient pratiquement inhabitées à l'arrivée des Européens recherchant la route maritime des épices. Enjeu de la rivalité commerciale, Maurice fut possession des Néerlandais et s'appela ensuite l'île de France quand elle passa aux Français en 1715, pour redevenir Maurice (Mauritius) avec les Anglais en 1814. L'archipel fut peuplé par des esclaves originaires d'Afrique ; sous l'influence anglaise, l'île reçut, en outre, une forte immigration indienne.

Carte Indien (océan) BCd

Mascate, ***Oman*** Capitale, port et siège du gouvernement du sultanat, jouxtant la ville de Matrah (centre commercial). Ce beau port naturel prospéra au Moyen Âge et fut pris en 1507 par les Portugais qui restèrent jusqu'au milieu du XVIIe s. Leurs murailles et portes sont encore intactes. Tenue par les Perses de 1650 à 1741, la ville devint capitale d'un sultanat indépendant. En 1798, le sultan signa un traité établissant des liens économiques et politiques avec la Grande-Bretagne qui s'acheva à la fin des années 1960. Mascate possède d'anciennes maisons arabes et un fort du XVIe s. Le palais royal, sur le front de mer, fut bâti dans les années 1970.

Population 85 000
Carte Oman Aa

Mas-d'Azil (Le), ***France*** Chef-lieu de canton de l'Ariège, proche de Pamiers. Site préhistorique où ont été mis au jour des peintures et des objets de l'époque magdalénienne. Les grottes ont servi de refuge aux premiers chrétiens, aux cathares et aux camisards.

Population 1 400
Carte De

Maseru, ***Lesotho*** Capitale (altitude : 1 500 m), reliée à l'Afrique du Sud par le rail. Ressources : bougies, peaux de mouton, poteries, tapis. Le district de Maseru (4 279 km^2) produit maïs, blé, sorgho, haricots et pois.

Population (ville) 109 000 ; (district) 312 000
Carte Afrique du Sud Cb

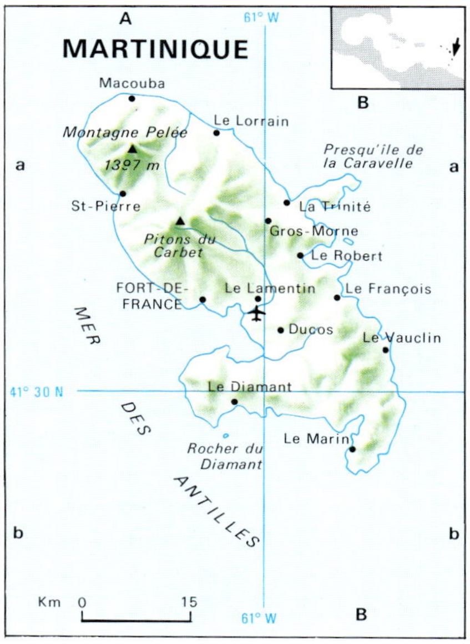

Maroc

UN SUPERBE PAYS AUX PORTES DE L'AFRIQUE DU NORD

Le royaume du Maroc surveille l'entrée de la mer Méditerranée. Pour les musulmans, c'est la terre la plus occidentale du monde arabe (Maghreb : « lieu où le soleil se couche »). Pour les Européens, il représente un Orient de rêve.

Pour les historiens, le Maroc a été, au VIIIe s. de notre ère, le point de départ des invasions arabes en Espagne — dont il est séparé par les 15 km du détroit de Gibraltar. Les musulmans y apportèrent leur religion, leur civilisation et construisirent de superbes monuments qui témoignent encore des premiers temps de l'Islam. Aux XIe et XIIe s., la dynastie berbère des Almoravides joua un rôle important dans l'Espagne musulmane.

Il y a un siècle, ce fut au tour de l'Espagne et de la France d'étendre leur domination sur le Maroc. Mais, contrairement aux autres pays d'Afrique du Nord, la colonisation affecta peu la culture nationale. Le royaume chérifien est gouverné, comme son nom l'indique, par un chérif, un descendant du Prophète ; et le roi du Maroc est considéré, dans l'ensemble du monde musulman, comme un personnage ayant aussi une fonction religieuse. C'est ainsi que le roi Hassan II préside le Comité pour le retour de Jérusalem — ville sainte pour les musulmans — au monde arabe.

Le Maroc est un État conservateur qui maintient des liens étroits avec les autres pays arabes pro-occidentaux. Depuis 1975, il occupe le Sahara occidental qu'il revendique comme le prolongement de son territoire, malgré une guerre coûteuse, mais populaire (« marche verte » de 1975).

D'une superficie de 458 000 km^2, le Maroc a 1 400 km de côtes sur l'Atlantique et 400 km sur la Méditerranée. C'est une terre de contrastes avec ses montagnes escarpées et couvertes de neige, son Sahara torride et ses côtes où s'égrènent de vertes exploitations agricoles. Le pays est traversé du N.-E. au S.-O. par la chaîne de l'Atlas qui continue, moins élevée, en Algérie. Au N.-O. de l'Atlas se trouve la côte atlantique, fertile et cultivée (Rharb, Sous), au S. le désert, où seuls survivent quelques oasis.

La chaîne du Rif, au N., au relief arrondi, verte et bien arrosée, culmine à 2 456 m. Elle est séparée du Moyen-Atlas par la faille de Taza, une région couverte de pins, de chênes et de cèdres. Plus au S. le Haut-Atlas s'élève à 4 176 m, au S. de Marrakech. Au S.-O., l'Anti-Atlas forme le bord d'un plateau qui se prolonge vers le Sahara.

Le Nord offre un agréable climat méditerranéen, avec un ciel bleu, des étés chauds et secs, et des hivers pas trop humides. La température moyenne à Tanger va de 11 ^{0}C en hiver, à 29 ^{0}C en été, avec 810 mm de précipitations annuelles ; à Marrakech, les hivers sont froids et les étés souvent très chauds. Le courant froid des Canaries modère le climat de la côte atlantique ; à Essaouira, par exemple, la température moyenne va de 14 ^{0}C à 20 ^{0}C, avec 330 mm de pluies par an. En hiver, la neige couvre les sommets de l'Atlas.

La végétation varie du maquis méditerranéen dans le Nord aux forêts d'altitude dans l'Atlas (12 % du pays sont couverts de forêts). Au printemps, les pentes des montagnes se couvrent de magnifiques fleurs alpines. Sur les flancs méridionaux plus secs de l'Atlas, une végétation éparse annonce le désert. Parmi la faune sauvage, on remarque de petits singes appelés singes de Barbarie.

Le Maroc est peuplé de 25 millions d'habitants. La population est composée de Berbères et d'Arabes, auxquels il faut ajouter des Noirs — venus, dans le passé, comme esclaves, à travers le Sahara —, des Espagnols, des Français, et une communauté juive qui fut autrefois très importante. Des outillages de type acheuléen (paléolithique supérieur) ont été découverts près de Casablanca. Les autres témoignages de la préhistoire sont nombreux, et le pays est riche en vestiges néolithiques. Les premières populations connues sont les Berbères, qui se sont installés il y a plusieurs milliers d'années. L'arabe est la langue officielle, mais le berbère est parlé dans les régions montagneuses. Le français est utilisé couramment dans les villes et sur la côte, ainsi que l'espagnol. Il y a plus de 100 000 Européens, surtout des Français.

Le Maroc doit aussi faire face à de nombreux problèmes, dont l'un des plus importants est l'essor démographique (la moitié de la population a moins de 15 ans).

La plupart des Marocains sont musulmans. La communauté juive, qui vit dans le pays depuis des temps immémoriaux, est bien intégrée, mais beaucoup de ses membres ont émigré. Si les musulmans ne boivent pas d'alcool, celui-ci est en vente libre. La tradition continue de bannir toute représentation humaine ou animale dans les œuvres artistiques.

Le Maroc est un pays agricole où plus de la moitié des habitants vivent en milieu rural. Le blé, l'orge, le maïs constituent les principales productions ; le pays est l'un des plus gros exportateurs d'agrumes du monde. Il produit également des olives, des raisins et une grande variété de légumes. De nombreux troupeaux de moutons et de chèvres courent dans la montagne. On observe de grands écarts dans le niveau de vie, et les classes défavorisées sont très pauvres. Il n'y a pas eu de réforme agraire à la fin de l'époque coloniale, et de grands propriétaires marocains ont pris la place des colons français. Le Maroc, qui, à l'indépendance, a misé sur l'agriculture, présente un taux de croissance de 10 % par an en 1994.

Les phosphates sont la richesse du pays (leurs dérivés sont employés dans la fabrication des engrais). Le Maroc en est le troisième producteur après les États-Unis et l'U.R.S.S. ; ses réserves sont devenues les plus importantes du monde après l'annexion du Sahara occidental où se trouvent les riches gisements de Bou-Craâ. D'autres minerais, comme le cobalt, le fer, le manganèse, le zinc, le plomb, ainsi que des gisements de charbon — les plus importants d'Afrique du Nord — sont relativement moins exploités.

L'économie est la plus diversifiée et l'une des plus modernes d'Afrique. Le Maroc est autosuffisant dans le domaine des textiles. Il possède des ateliers de montage automobile, des usines de savon et des cimenteries, tandis que ses pêcheries le placent au cinquième rang en Afrique. Ses aménagements hydroélectriques lui procurent 70 % de sa consommation électrique. Le tourisme lui assure d'importantes rentrées en devises.

UN VIEUX ROYAUME

Comme les autres pays d'Afrique du Nord, le Maroc a été dominé par Carthage, Rome, les Vandales et Byzance. Dès 683, les Arabes venus d'Orient arrivèrent dans le pays et introduisirent la religion musulmane. En 711, des Marocains — ou Maures — se joignirent aux troupes du conquérant arabe Tarik ibn Ziyad, qui s'élança à l'assaut de l'Espagne et imprima

LE SOUK DES TEINTURIERS. Au marché de Marrakech, des écheveaux de laine sèchent après avoir été trempés dans la teinture. La visite des souks marocains est très appréciée des 2 millions de touristes qui se rendent dans le pays chaque année.

l'influence arabe sur l'Andalousie. Le nom de Maures fait référence aux anciens habitants de la province romaine de Mauritanie, qui comprenait le Maroc et une partie de l'Algérie. Au XIe s., les Almoravides, une austère dynastie berbère née en Mauritanie, fonda Marrakech, sa capitale, et établit sa domination sur l'Espagne musulmane.

Profitant des conflits entre Berbères et Arabes, les royaumes chrétiens du nord de l'Espagne et du Portugal entreprirent la reconquête de la péninsule Ibérique, occupèrent des places stratégiques sur la côte marocaine comme Ceuta (1415) et Tanger, avant de s'emparer définitivement du dernier royaume maure de Grenade (1492). De nombreux réfugiés d'Andalousie gagnèrent le Maroc dès les débuts de l'Inquisition.

Au milieu du XVIe s., la dynastie des Saâdiens s'allia avec l'Espagne pour préserver l'indépendance du pays des visées turques. Son plus célèbre représentant, Ahmed IV el-Mansour, envoya une expédition contre Tombouctou. Dans la dernière moitié du XVIIe s., surgit du Tafilalet, aux portes du désert, la dynastie des Alaouites, dont le roi Hassan II est le dernier des descendants. À la fin du siècle dernier, le Maroc est au centre des rivalités entre la France, l'Espagne, la Grande-Bretagne et l'Allemagne. En 1911, le sultan, assiégé dans Fès, fait appel aux troupes françaises ; un an après, un traité de protectorat est signé avec la France, tandis que l'Espagne se fait attribuer une enclave à Ifni et une façade maritime dans le Rif, entre Ceuta et Melilla, « présides » qu'elle possède depuis plusieurs siècles.

Les quarante-cinq années qui suivent font du Maroc un pays prospère grâce, en particulier, à l'action du général Lyautey, nommé résident général en 1912, qui fait entreprendre de grands travaux d'infrastructure (ports, routes). Le sultan est maintenu en place, mais ses pouvoirs sont amoindris. Des révoltes ont lieu dans le Rif (soulèvement d'Abd el-Krim, 1921-1926), le Haut-Atlas (1934) et le Sud. Des troupes marocaines participent à la guerre de 1914-1918, et à la prise de pouvoir par Franco en Espagne en 1936.

Les Alliés débarquent au Maroc et en Algérie en 1942, et une rencontre, à Casablanca, un an plus tard, réunit Churchill, de Gaulle et Roosevelt. La défaite française de 1940 a porté un coup au prestige du colonisateur. Le mouvement nationaliste émerge dès la fin du conflit mondial, et le sultan Mohammed V revendique l'indépendance (discours de Tanger, 1947). Après des troubles graves, la France négocie l'indépendance ainsi que l'Espagne (1956). Tanger, qui bénéficie d'un statut international depuis 1923, retourne au Maroc. Mohammed V devient roi en 1957. À sa mort, en 1961, son fils Hassan II lui succède. Il se comporte souvent en monarque absolu, mais autorise le pluripartisme.

Pour les Marocains, au contraire des Algériens, qui ont obtenu l'indépendance totale de leur pays en une seule fois, l'indépendance du Maroc se fait par étapes. Le territoire d'Ifni a été évacué par l'Espagne, sous la pression d'une armée de libération non régulière, en 1969, ainsi que la région de Tarfaya, plus au S., quelque temps plus tard. Les enclaves de Ceuta et de Melilla font l'objet de revendications renouvelées. En 1975, la « marche verte » de 350 000 Marocains vers le Sahara occidental a pour but de forcer la main à l'Espagne, afin de lui faire accepter l'annexion, conjointement avec la Mauritanie, de son ancienne colonie. Elle vise également à briser le projet algérien de se ménager un débouché sur l'Atlantique. Pour le Maroc, le Sahara occidental a toujours été sous son influence culturelle, sinon politique. Mais les tribus guerrières du grand désert, jamais véritablement soumises, ne l'entendent pas ainsi et ont entrepris une lutte de guérilla audacieuse et meurtrière obligeant les Marocains à construire un long mur de défense englobant les territoires qu'ils occupent. Les nationalistes sahraouis ont bénéficié de l'appui majoritaire des membres de l'Organisation de l'unité africaine (O.U.A.), le Maroc a quitté cette dernière. Pour contrer la pression de l'Algérie, qui soutient les Sahraouis, il signe en 1984 un traité d'union avec la Libye. En 1986, malgré le désaveu du monde arabe, le roi du Maroc rencontre le Premier ministre israélien, Shimon Peres. Maître du terrain au Sahara occidental, le Maroc a rallié beaucoup de ses adversaires. En 1988, il a constitué l'Union du Maghreb arabe (U.M.A.) avec les autres pays du Maghreb et la Mauritanie. À la fin de 1990, de violentes manifestations ayant des causes économiques et sociales ont eu lieu. Le pays s'est engagé activement dans la guerre du Golfe l'année suivante. En 1994, les élections d'autodétermination au Sahara occidental étaient de nouveau reportées.

LE MAROC EN BREF
Superficie 458 730 km^2
Population 26 500 000
Capitale Rabat
Régime Monarchie constitutionnelle
Monnaie Dirham = 100 centimes
Langues Arabe (officiel), berbère, français, espagnol
Religions Musulmans (99 %), chrétiens, juifs
Climat Tempéré sur la côte, chaud à l'intérieur ; température moyenne à Rabat : de 8-17 ^{0}C en janvier à 18-28 ^{0}C en août
Ressources Céréales, légumes secs, agrumes, légumes, olives, raisins, moutons, chèvres, volaille, amandes, dattes, bois, poisson ; phosphates, fer, plomb, manganèse
Activités Cultures industrielles, industries alimentaires, textiles, objets en cuir, ciment, vin, engrais, forêt, pêcheries, mines
Exportations Phosphates, fruits et légumes, acide phosphorique, minerais métalliques, poisson, vêtements, produits pétroliers
P.N.B. annuel par habitant 900 dollars
Croissance démographique 24,3 ‰ par an
Espérance de vie Hommes 61 ans, femmes 65

Marshall (îles)

JADIS SITE D'ESSAIS NUCLÉAIRES, LES ÎLES ABRITENT MAINTENANT UNE BASE MILITAIRE AMÉRICAINE

Les îles Marshall, en Micronésie dans l'O. de l'océan Pacifique, comptent environ 1 250 îles et îlots ; elles n'ont pourtant que 181 km² et 37 000 habitants. Elles sont à 3 200 km au S.-O. des îles Hawaï et se composent de deux alignements, Ralik, à l'O., et Ratak, à l'E. Le plus grand atoll est Kwajalein, long de 120 km, mais les deux plus célèbres sont Bikini et Eniwetok, où les États-Unis firent exploser 64 bombes au cours d'essais nucléaires qui durèrent de 1946 à 1958.

L'archipel a une économie très dépendante de l'aide américaine, en échange de l'utilisation d'une base militaire à Kwajalein. Cette base sert surtout à récupérer les missiles lancés au-dessus du Pacifique depuis la Californie, à 6 700 km à l'E.

Les insulaires des Marshall, des Micronésiens et quelques Polynésiens, vivent dans leurs villages de pêche et de culture traditionnelle ; ils produisent des noix de coco pour l'exportation.

Les îles portent le nom de John Marshall, un marin britannique qui les visita en 1788, mais elles avaient été découvertes dès les années 1520 par une expédition espagnole. Elles devinrent un protectorat allemand en 1899 et furent occupées par les Japonais pendant la Première Guerre mondiale. Un mandat de la Société des Nations les confia au Japon jusqu'à la conquête américaine pendant la Seconde Guerre mondiale. En 1947, elles ont été intégrées au territoire sous tutelle des Îles du Pacifique, sous administration des États-Unis. République autonome en 1980, librement associées aux États-Unis, les îles Marshall sont devenues indépendantes en octobre 1986 et membre de l'O.N.U. en 1991. Leur défense reste assurée par les États-Unis.

LES ÎLES MARSHALL EN BREF

Carte Océan Pacifique Db
Superficie 181 km²
Population 52 000
Capitale Uliga (sur l'île de Majuro)
Régime République parlementaire
Monnaie Dollar américain = 100 cents
Langues Marshallais, anglais
Religion Chrétiens
Climat Tropical ; température moyenne : 27 °C
Ressources Noix de coco, manioc, patates douces, poisson
Activités Agriculture, pêche, noix de coco
Exportations Coprah, huile de noix de coco
P.N.B. annuel par habitant 1 600 dollars
Croissance démographique 39 ‰ par an

Masherbrum, ***Pakistan*** Pic de 7 821 m dans la chaîne du Karakorum, au S.-O. du mont K2 (Cachemire Azad).
Carte Pakistan Da

Mashhad, ***Iran*** Voir MECHED

Mashonaland, ***Zimbabwe*** Région du Nord formée de trois provinces (112 089 km²), autour de la capitale Harare. Foyer du peuple Shona, groupe linguistique le plus important du pays.
Population 3 008 000
Carte Zimbabwe Ca

Masjid Soleyman, ***Iran*** Centre pétrolier, à 250 km au S.-O. de Téhéran, le plus ancien du pays (exploité depuis 1908). Nombreux sites archéologiques aux environs, dont une gigantesque terrasse de pierre construite par les Parthes (200-100 av. J.-C.), à laquelle on accède par des marches larges de 25 m.
Population 105 200
Carte Iran Aa

Mason-Dixon (ligne), ***États-Unis*** Frontière méridionale de la Pennsylvanie, cadastrée vers 1760 par deux astronomes anglais, Charles Mason et Jeremiah Dixon, pour mettre fin aux contestations entre colons de Pennsylvanie et du Maryland. Avant et pendant la guerre de Sécession (1861-1865), elle tint lieu de ligne de démarcation entre le Nord anti-esclavagiste et le Sud esclavagiste.

Massa, ***Italie*** Ville de Toscane, à 40 km au N.-E. de Pise, au second rang en Italie pour la production de marbre, après Carrare.
Population 66 900
Carte Italie Cb

Massachusetts, ***États-Unis*** 1. État du Nord-Est sur la côte atlantique (21 386 km²), l'un des treize États fondateurs de l'Union. Capitale : Boston. Région de plaines bordées à l'O. par les monts Berkshire. Les activités traditionnelles (textile, chaussure) font place aux industries électrique, électronique et mécanique. Autres ressources : produits laitiers, horticulture, tourisme sur la côte et dans les Berkshire.

2. Baie de la côte atlantique, au N.-E., entre le cap Ann et le cap Cod, où les « pèlerins » du « Mayflower » débarquèrent en 1620 et établirent leur colonie de Plymouth. D'autres puritains y fondèrent Salem (1626) et Boston (1630). La baie du Massachusetts se divise en baie de Boston et baie du cap Cod.
Population 6 050 000
Carte États-Unis Lb

Massada ou **Mezada,** ***Israël*** Forteresse sur un escarpement rocheux dominant la mer Morte, à 55 km à l'E. de Beersheba. Au Ier s. apr. J.-C., lors de la rébellion juive contre l'occupant romain, la secte religieuse nationaliste des zélotes y soutint un siège de deux ans ; en 73, les 960 défenseurs se donnèrent la mort plutôt que de se rendre. Certains monuments ont été restaurés (palais d'Hérode le Grand, synagogue, entrepôts).
Carte Israël Nb

Massaoua (Massawa), ***Érythrée*** Premier port d'Érythrée sur la mer Rouge, face aux îles Dahlak. L'Éthiopie, dont c'était le débouché maritime, devrait en avoir le libre usage. Située sur une île reliée au continent par une chaussée, c'est un centre d'importation. Ancienne base italienne pendant les campagnes d'Éthiopie (1894-1896 et 1935-1936), Massaoua fut occupée de 1941 à 1952 par les Anglais.
Population 19 500
Carte Éthiopie Aa

masse (mouvement de) Déplacement, par gravitation, de masses rocheuses altérées et désagrégées, notamment par la pluie, la neige, le gel, le vent. Ce sont les éboulis, éboulements, coulées, glissements de terrain et solifluxion.

Massif central, ***France*** Région montagneuse du centre de la France (85 000 km²). Point culminant : Puy de Sancy (1 885 m). La partie centrale est le domaine des volcans récemment éteints (chaîne des Puys, Velay, Cantal) qu'entourent des hauts plateaux : les planèzes (Aubrac). Les cours d'eau (Loire, Allier) suivent les plaines des fossés d'effondrement, ou limagnes. À l'E. se succèdent, du N. au S., le Morvan, les monts du Charolais, du Beaujolais, du Lyonnais, du Vivarais et les serres cévenoles.

Au S.-E., les plateaux calcaires des causses sont entaillés de vallées profondes (gorges du Tarn) et troués de grottes, les avens.

Au S.-O., le Tarn et ses affluents (Aveyron, Agout) traversent les schistes du Rouergue et les granits de la Montagne Noire et des monts de Lacaune, face aux Pyrénées.

À l'O. enfin, le bloc cristallin du Limousin s'incline vers les plaines atlantiques. Un climat rude, des communications difficiles ont longtemps tenu le Massif central dans un relatif isolement. Les activités industrielles — exploitation minière et métallurgie — et thermales sont en déclin. L'élevage des bovins et des ovins ainsi que la polyculture occupent une place prépondérante, tandis que se développe le tourisme. Voir AUVERGNE, CENTRE, LANGUEDOC-ROUSSILLON et LIMOUSIN.
Carte France Ed

Mas-Soubeyran (le), ***France*** Hameau du Gard. Haut lieu du protestantisme français. Antoine Court y fonda son « église du Désert » après la révocation de l'édit de Nantes (1685). Les camisards s'y battirent jusqu'en 1710. Musée, pèlerinage annuel.

Matabeleland ou **Ndebeleland,** ***Zimbabwe*** Région du Sud-Ouest formée de deux provinces (132 087 km²) autour de Bulawayo. Ce fut le foyer des Matabeles (ou Ndebeles) et centre de leur guérilla contre le régime blanc durant les années 1970.
Population 1 233 000
Carte Zimbabwe Ba

Matadi, ***Zaïre*** Capitale du bas Zaïre et port de l'estuaire du Zaïre, à la limite des eaux navigables par les gros tonnages. Fondée en 1879 par l'explorateur anglais Stanley, Matadi est reliée à Kinshasa par une voie ferrée qui contourne les chutes Livingstone. Commerce, produits pharmaceutiques, imprimerie.
Population 162 000
Carte Zaïre Ab

Matale, ***Sri Lanka*** Ville fondée par les Anglais dans les montagnes centrales, à 20 km au N. de Kandy, la cité royale cinghalaise. À 3 km au N., dans le temple bouddhiste d'Aluvihara, des bonzes transcrivent sur des feuilles de palmier l'histoire des incarnations du Bouddha dont l'original, rédigé en 43 av. J.-C., a été détruit en

1848 au cours d'un affrontement entre des tribus cinghalaises et l'armée britannique.
Population 57 000
Carte Sri Lanka Bb

Matamoros, ***Mexique*** Centre commercial du N.-E. dans l'État de Tamaulipas, à la frontière des États-Unis et à l'embouchure du río Grande del Norte. Evêché. Coton.
Population 200 000
Carte Mexique Cb

Matanzas, ***Cuba*** Port et chef-lieu de la province de Matanzas, à 90 km à l'E. de La Havane et à 35 km à l'O. de la plage de Varadero. Station balnéaire. Exportation de sucre et de fibres de chanvre. Chaussures, engrais, rayonne.
Population (ville) 112 000 ; (prov.) 568 000
Carte Cuba Aa

Matera, ***Italie*** Ville du Basilicate, à 200 km à l'E. de Naples. Habitations troglodytiques ou « sassi ». Céramique.
Population 52 200
Carte Italie Fd

Mathura, ***Inde*** Ville de l'Uttar Pradesh, sur le fleuve Yamuna, à 130 km au S.-E. de Delhi. C'est l'une des sept villes saintes de l'Inde, patrie du dieu et héros légendaire Krishna. Vestiges des royaumes locaux hindous, bouddhistes, musulmans. Ses artistes y ont sculpté, du IIIe s. av. J.-C. au VIe s. apr. J.-C., quelques chefs-d'œuvre de l'art bouddhiste indien. Industries du papier et du coton. Musée archéologique, centre de pèlerinage.
Population 227 000
Carte Inde Bb

Mato Grosso, ***Brésil*** Région de plateaux en bordure de la Bolivie et du Paraguay (1 258 893 km^2). Son nom signifie brousse épaisse. Villes principales : Cuiaba, Campo Grande. Riz, soja, blé, élevage.
Population 3 799 000
Carte Brésil Cc

Matopo (monts), ***Zimbabwe*** Chaîne granitique au S. de Bulawayo (point culminant : 1 554 m), habitée depuis 40 000 ans. Dans le parc national de Matopo se trouve la tombe de Cecil Rhodes (1853-1902), homme d'État sud-africain, fondateur de la Rhodésie.
Carte Zimbabwe Bb

Mátra, ***Hongrie*** Massif volcanique proche de la frontière slovaque, au N.-E. de Budapest, qui culmine au Kékes, plus haut sommet hongrois (1 015 m), et domine la grande plaine de l'Alföld, au S. Forêts de chênes et de hêtres, vignobles, stations estivales et hivernales (dont Matrafüred, au N. de Gyongyos, centre de la région). Les monts Börzsöny (point culminant : 936 m) prolongent les monts Matra vers l'O. Nombreux châteaux en ruine et stations estivales sur le coude du Danube, dont le traditionnel village d'Holloko.
Carte Hongrie Aa

Matrah, ***Oman*** Port sur le golfe Persique et centre commercial, au N. de la capitale, Mascate. Terminus des caravanes de l'intérieur qui y apportent perles, dattes et fruits. Nombreux souks (marchés), où l'on trouve objets en or et en argent, tissus, céréales. Le bord de mer est dominé par un fort du XVIe s. Belles mosquées. Maisons anciennes arabes. Dans la baie de Matrah, au N.-O., le principal port moderne du sultanat, Mina Qaboos, achevé en 1974, peut accueillir de gros navires. L'ancien port de pêche, à proximité, est encore très animé.
Population 20 000
Carte Oman Aa

Matsu (îles), ***Taiwan*** Voir MAZU DAO

Matsue, ***Japon*** Ville proche de la côte N.-O. de l'île de Honshu, à 130 km au N. d'Hiroshima. Surnommée la cité de l'eau, elle est située sur la rivière Ohashi, qui relie le lac Shinji à la lagune de Naka. Château, temples, maisons anciennes. En juillet, durant le festival Toro Nagashi, des milliers de lanternes symbolisant les âmes des morts flottent la nuit sur le lac.
Population 140 000
Carte Japon Bc

Matsushima, ***Japon*** Baie de la côte E. d'Honshu, au N.-E. de Sendai, dont le nom signifie îles des pins. Elle compte plus de 260 îlots boisés. Culture des algues et ostréiculture.
Carte Japon Dc

Matsuyama, ***Japon*** Port de la côte N.-O. de l'île de Shikoku, sur la mer Intérieure, proche de la station thermale de Dogo, réputée pour ses bains publics. Installations pétrochimiques construites sur des polders.
Population 426 600
Carte Japon Bd

Matterhorn, ***Italie/Suisse*** Voir CERVIN (mont)

Maubeuge, ***France*** Chef-lieu de canton du Nord, sur la Sambre, fortifié au XVIIe s. par Vauban. Principales activités : fonderie, brasserie, faïence, forges.
Population 35 000

Maui, ***Hawaï*** Deuxième île de l'État. Point culminant : Kolekole (3 055 m). La principale ressource est le tourisme.
Population 36 700
Carte Hawaï Ba

Maule, ***Chili*** Province agricole du centre du Chili (30 518 km^2), dans le bassin du fleuve Maule. Paysage de montagnes et de lacs. Station estivale de Constitución, à l'embouchure du fleuve, à 90 km à l'O. du chef-lieu, Talca, où le Chili proclama son indépendance en 1818. Vin, blé, bétail.
Population 834 100
Carte Chili Ac

Mauna Kea, ***Hawaï*** Volcan éteint, plus haut sommet (4 205 m) d'Hawaï et de l'archipel.
Carte Hawaï Bb

Mauna Loa, ***Hawaï*** Volcan de l'île d'Hawaï (4 169 m) dont l'un des cinq cratères, le Kilauea, est encore actif.
Carte Hawaï Bb

Maures (massif des), ***France*** Massif montagneux de Provence en bordure de la côte méditerranéenne, recouvert de 75 000 hectares de forêts de pins, de chênes verts et de chênes-lièges. Malgré de violents incendies, l'exploitation forestière reste l'activité principale (bois de sciage, liège). La côte, très découpée, abrite d'importantes stations balnéaires : Saint-Tropez, Sainte-Maxime, Le Lavandou.
Carte France Ge

Maurice (île) Voir p. 432

Mauricie (parc national de La), ***Canada*** Parc (549 km^2), à 220 km au N.-E. de Montréal, au Québec. Il renferme des vestiges de peintures rupestres qui témoignent de l'existence de tribus nomades il y a plus de 2 000 ans. Le Saint-Maurice arrose ce territoire, le plus grand producteur de papier journal au monde, et entraîne par flottage des millions de billes de bois destinées aux papeteries installées en aval.
Carte Canada Hd

Maurienne, ***France*** Vallée de l'Arc, longue de 125 km, dans le département de la Savoie. Cette région, fortement industrialisée grâce aux installations hydroélectriques (électrométallurgie, électrochimie), est une voie de passage entre la France et l'Italie. Tourisme estival et hivernal. Villes principales : Modane, Saint-Jean-de-Maurienne.

Mauritanie Voir p. 434-435

Mauthausen, ***Autriche*** Village près de Linz où les nazis implantèrent un camp de travail et d'extermination. Plus de 120 000 déportés y périrent entre 1938 et 1945.

Mavrovo, ***Macédoine*** Parc national (686 km^2) dans le nord-ouest du pays, à la frontière albanaise. On y admire les sommets escarpés des monts Korab (2 764 m) de Sar-Planina, et des forêts peuplées de daims, lynx, ours et renards. Au S., dans les gorges de la Galicnik, on célèbre le même jour de juillet tous les mariages de la région.
Carte Macédoine Ab

Mawsil (Al-), ***Irak*** Voir MOSSOUL

Mayagüez, ***Porto Rico*** Port et centre culturel et industriel sur la côte O., à 115 km de San Juan. Université fondée en 1763. Exportations de sucre, tabac, café, ananas, agrumes. Chantiers navals, filatures.
Population (aggl.) 201 000
Carte Caraïbes Bb

Mayence, en all. **Mainz,** ***Allemagne*** Capitale du Land de Rhénanie-Palatinat, à 30 km au S.-O. de Francfort-sur-le-Main, au confluent du Rhin et du Main. La ville était déjà un poste de commerce à l'époque romaine et chaque année, en août et septembre, s'y tient le plus grand marché au vin d'Allemagne. Son université fut fondée en 1477.

En 1452, Johannes Gutenberg (né entre 1394 et 1399, mort en 1468) y imprima la première bible en utilisant des caractères mobiles. Près de la cathédrale se trouve le musée de l'Imprimerie. On y a reconstitué l'imprimerie de Gutenberg et l'une de ses bibles y est exposée. La ville fabrique du papier et des machines ; la région produit du vin.
Population 185 000
Carte Allemagne Cd

Mayenne (53), ***France*** 1. Rivière de l'ouest de la France (200 km) qui conflue avec la Sarthe pour former la Maine. Elle arrose Mayenne et Laval.

2. Département de la région Pays de la Loire (5 212 km^2), à l'O. de la France. Le relief, relevé au N.-E., s'incline au S. vers le bassin de Laval. Pays de bocages et de forêts, la Mayenne se consacre à l'élevage, aux cultures fourragères et à l'arboriculture (pommes à cidre). Ce département, où le secteur industriel est peu développé, accuse un faible taux d'urbanisation. Préfecture : Laval.

Maurice (île)

DE NOUVELLES INDUSTRIES ONT ÉTÉ INTRODUITES DANS CETTE ÎLE DES TROPIQUES OÙ LE SUCRE SE RÉVÈLE INSUFFISANT AU MAINTIEN DU NIVEAU DE VIE

Une lourde odeur de mélasse plane sur l'île Maurice. Autrefois, l'industrie de la canne à sucre, le rhum et les sous-produits de la mélasse assuraient la relative prospérité de l'île. Mais les aléas des cours mondiaux ont gravement affecté l'économie locale, et le pays a dû faire face à une dette importante.

Les plantations de canne à sucre couvrent encore 45 % des terres cultivées et donnent du travail au tiers de la population active. Mais de nouvelles industries ont été installées, et le sucre n'assure plus que 68 % des exportations au lieu de 98 % autrefois. Le secteur industriel mauricien emploie 3 000 personnes, principalement dans les produits textiles et les engrais. Les années 1980 ont vu le décollage économique de l'île avec un taux de croissance (7 % en 1988) digne du Sud-Est asiatique.

L'augmentation du niveau de vie et les moyens utilisés pour y parvenir expliquent l'importance de la dette extérieure. Les importations de nourriture et de produits pétroliers dépassent de loin les exportations, bien que le développement du tourisme contribue, d'une façon notable, à réduire cet écart. C'est, en effet, la plus importante source de revenus après le sucre et les vêtements.

Ces dernières décennies, l'île Maurice a vu sa population augmenter en raison de l'éradication du paludisme, qui a diminué le taux de mortalité. La densité est de 547 habitants au kilomètre carré ; la capitale, Port-Louis, est en passe d'absorber les villes de Beau-Bassin et de Curepipe.

Malgré tous ces problèmes, l'île Maurice est un pays superbe avec des plages de rêve, un paradis dans l'océan Indien prêt à accueillir les touristes. C'est une île volcanique, avec de nombreux cratères bordés de plissements de laves. Au nord, une plaine au relief ondoyant s'élève progressivement jusqu'au plateau central, à 823 m d'altitude, avant de descendre brusquement vers le sud et la côte occidentale. Le climat est varié, en général chaud et humide ; les vents du S.-E. prédominent, procurant 5 000 mm d'eau aux versants exposés. Les rivières aux flots tumultueux ont été domestiquées pour produire de l'énergie hydroélectrique. Le sol, de nature volcanique et couvert d'une végétation luxuriante, est réservé aux plantations de canne à sucre.

PAYSAGE TROPICAL. Le morne Brahant, piton volcanique haut de 556 m, marque l'extrémité S.-O. de l'île Maurice.

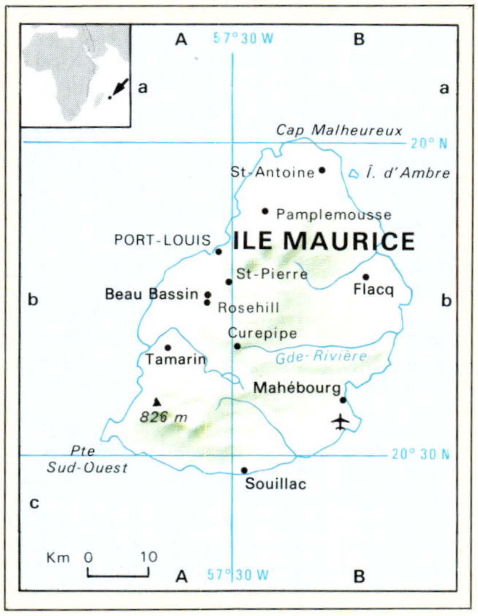

UNE SUCCESSION D'OCCUPANTS

L'île Maurice était probablement une terre vide d'habitants avant sa découverte, vers le xe s., par les navigateurs indiens et arabes, qui ne semblent pas s'y être installés. En 1516, les Portugais Domingo Fernandez et Pedro Mascarenhas signalent un archipel — Maurice, Rodrigues, la Réunion — auquel Mascarenhas donne son nom : les Mascareignes. Les Hollandais s'y établissent en 1598 et donnent à l'île le nom du prince d'Orange, Maurice de Nassau ; ils introduisent de nombreuses plantes cultivées — dont des épices —, mais échouent dans la colonisation, car les esclaves amenés d'Afrique se sauvent dans les montagnes. Les Français, qui ont fait de l'île Bourbon (la Réunion) une colonie de peuplement, s'installent en 1715 et la baptisent île de France. En 1789, Port-Louis, la capitale actuelle, devient le chef-lieu des établissements français de la région. La France y développe la culture du café, de l'indigo et du poivre, que l'intendant Poivre a volé aux Hollandais. De cette époque date la culture francophone de l'île que les occupations et les apports ultérieurs n'ont pas réussi à submerger (la littérature mauricienne est l'une des plus vivantes et des plus originales de la francophonie).

Les Anglais chassent les Français en 1810. Avec la petite île Rodrigues, l'île Maurice accède à l'indépendance en 1968 dans le cadre du Commonwealth.

Curieusement, deux habitants sur trois sont d'origine indienne ; ce sont les descendants des travailleurs venus, sous contrats, dans les plantations, après l'abolition de l'esclavage en 1835. Les autres Mauriciens sont des créoles descendant des premiers esclaves et des colons français. Il existe des tensions entre ces différentes communautés, mais les clivages ont tendance à se déplacer vers les revendications sociales, car l'impact des syndicats est important chez les travailleurs de l'industrie et des plantations.

L'ÎLE MAURICE EN BREF

Superficie 2 040 km^2, avec Rodrigues et les petites îles

Population 1 091 000

Capitale Port-Louis

Régime Démocratie parlementaire

Monnaie Roupie mauricienne = 100 cents

Langues Français, anglais, créole, hindi

Religions Chrétiens, hindouistes, musulmans

Climat Subtropical ; température moyenne de 17-24 °C en août, à 23-30 °C en janvier

Ressources Canne à sucre, thé, tabac, pommes de terre

Activités Cultures industrielles, transformation de la canne à sucre, distilleries (rhum), textiles, vêtements, engrais, équipement électronique, tourisme

Exportations Sucre de canne, mélasse, rhum, vêtements, textiles (fils et tissus)

P.N.B. annuel par habitant 2 600 dollars

Croissance démographique 14,1 ‰ par an

Espérance de vie Hommes 65 ans, femmes 73

3. Mayenne, sous-préfecture du département, est un marché local doté de petites industries (mécaniques, chimiques et alimentaires). La ville fut très touchée par les bombardements en 1944. Ses monuments ont été restaurés: basilique Notre-Dame (XIIe-XVIe s.), église Saint-Martin en partie romane, hôtel de ville du XVIIe s. Ruines d'un château fort du XVe s.
Population (ville) 13 500 ; (dép.) 278 000
Carte France Cb, Cc

Maymyo, *Birmanie* Ville de montagne, à 67 km à l'E. de Mandalay. Les Anglais, séduits par la douceur du climat, en firent à partir de 1896 la capitale d'été de la Birmanie.
Population 100 800
Carte Birmanie Cb

Mayo, *Irlande* Comté montagneux et agricole sur l'Atlantique (5 397 km^2), aux côtes découpées et bordées d'îles. Chef-lieu: Castlebar (6 400 habitants). Nombreux lacs intérieurs. Petite industrie textile.
Population 114 700
Carte Irlande Bb

Mayon, *Philippines* Volcan actif (2 421 m), sur la péninsule de Bicol, dans le sud de l'île de Luçon, au N. de Legazpi. De type conique parfait, son nom signifie « le superbe ». Nombreuses éruptions depuis 1800.
Carte Philippines Bc

Mayotte, *océan Indien* Une des quatre îles principales de l'archipel des Comores (375 km^2), possession française depuis 1843, et la seule à avoir opté pour le maintien du statut de territoire français d'outre-mer lors du référendum de 1974 qui conféra leur indépendance aux autres îles. Collectivité territoriale depuis 1976. Base navale française. Chef-lieu: Dzaoudzi. Ylang-ylang, vanille, café, riz, élevage.
Population 67 200
Carte Madagascar Aa

Mazagan, *Maroc* Voir JADIDA (El-)

Mazamet, *France* Ville du département du Tarn, à 16 km au S.-E. de Castres, au pied de la Montagne Noire. Centre lainier depuis le XVIIIe s., la ville est devenue un grand centre national et international de délainage, qui traite environ 80 000 t de peaux par an. Importation de peaux d'Australie, d'Afrique du Sud et d'Argentine ; exportation de laine et de peaux (cuirots) vers l'Europe et les États-Unis.
Population 11 500
Carte France Ee

Mazar-i Charif, *Afghanistan* Centre commercial à 304 km au N.-O. de Kaboul. Lieu de pèlerinage des musulmans chiites sur le tombeau d'Ali, gendre de Mahomet. On y pratique encore le bazkachi, sorte de polo où chaque cavalier tente de s'emparer du cadavre d'un chevreau ou d'un agneau. Minoteries, briqueteries, textiles, commerce de peaux et de tapis.
Population 110 400
Carte Afghanistan Ba

Mazatlán, *Mexique* Station balnéaire de l'État de Sinaloa, à l'entrée du golfe de Californie. Elle fut jadis le centre portuaire du commerce avec les Philippines. Ses concours de pêche en mer et son carnaval attirent chaque année des milliers de touristes.
Population 202 000
Carte Mexique Bb

Mazovie, *Pologne* Ancienne principauté semi-indépendante de l'est du pays, annexée par la couronne de Pologne en 1526. Située dans la grande plaine polonaise, au cœur du bassin hydrographique de la Vistule, elle entoure la capitale, Varsovie. C'est une région de forêts de pins, de dunes de sable, de tourbières riches en airelles, de cultures (seigle, pomme de terre, fourrage) et de vergers.
Carte Pologne Db

Mazu Dao, ou Matsu (îles), *Taiwan* Groupe d'îles au large de la province chinoise de Fujian, près de Fuzhou. De même que Jinmen (Quemoy), ces îles ont été fortifiées par le gouvernement de Taiwan.
Carte Taiwan Ba

Mazurie, *Pologne* Région de lacs à l'E. de la Vistule, formée par le retrait des glaces à la fin de l'ère glaciaire, où se trouve le plus grand lac de Pologne, le Sniardwy (106 km^2), peuplé de hérons cendrés. Avec le district du lac Suwalki, au N.-O., la Mazurie compte plus de mille lacs reliés par un réseau de rivières et canaux. Dans les nombreuses réserves naturelles vivent les bisons d'Europe et les élans. Le lac Mamry, le second de Pologne (105 km^2), sert de refuge aux cormorans ; la nuit, on y pêche l'écrevisse à la torche. Nombreuses stations de loisirs, notamment Gizycko (29 000 habitants). On y danse la mazurka, qui y est née.
Carte Pologne Db

Mbabane, *Swaziland* Capitale et principale ville du pays, à 1 150 m d'altitude, dans la vallée de l'Ezulwini (mais le Parlement se réunit dans la ville voisine de Lobamba). D'abord comptoir commercial britannique, elle devint en 1902 le siège de l'administration coloniale et la capitale du protectorat britannique du Swaziland, puis du pays indépendant.
Population 36 000
Carte Swaziland Aa

Mbala, anc. Abercorn, *Zambie* Ville-marché du N.-E. du pays, à 30 km au S.-E. des chutes de Kalambo (221 m), près de la pointe S. du lac Tanganyika. Café, fruits, maïs, tabac.
Population 5 200
Carte Zambie Ca

Mbale, *Ouganda* Grande ville d'Ouganda, à 190 km au N.-E. de la capitale, Kampala. Fondée en 1902, c'est le centre de la région E. du pays. Plantations de café sur le mont Elgon.
Population 53 700
Carte Ouganda Ba

Mbandaka, anc. **Équateurville,** puis **Coquilhatville, *Zaïre*** Chef-lieu de la région de l'Équateur, à 580 km au N.-E. de Kinshasa. Centre industriel et commercial d'une zone de culture intensive de café, riz, latex et bois. Conserveries, imprimeries.
Population 160 000
Carte Zaïre Aa

Mbanza-Congo, anc. **São Salvador do Congo, *Angola*** Ville historique, à environ 400 km au N. de Luanda. Elle fut, jusqu'à l'arrivée des Portugais (XVe s.), la capitale du royaume du Congo.
Population 12 700
Carte Angola Aa

Mbanza-Ngungu, anc. **Thysville, *Zaïre*** Ville industrielle et commerciale à 160 km au S.-O. de Kinshasa. Importants ateliers ferroviaires.
Population 84 000
Carte Zaïre Ab

Mbeya, *Tanzanie* Centre régional, à 90 km au N.-O. du lac Malawi (Nyassa). Commerce de tabac, thé, café, bovins, caprins.
Population 100 000
Carte Tanzanie Ba

Mbini, anc. **Río Muni, *Guinée-Équatoriale*** Partie continentale du pays couvrant 26 000 km^2. Elle doit son nom au fleuve côtier, appelé autrefois le río Muni, qui, né dans le N. du Gabon, se jette dans l'Atlantique, en Guinée-Équatoriale, par un large estuaire. Une plaine côtière borde le socle précambrien couvert de forêt, qui culmine au mont de la Mitra (1 200 m). Cacao, café, bois. Chef-lieu : Bata, port off-shore et deuxième ville du pays après Malabo.
Population (ville) 24 350; (région) 260 000
Carte Guinée-Équatoriale Bb

M'Bomou, *Centrafrique/Zaïre* Rivière longue de 800 km environ, prenant sa source près de la frontière soudanaise et marquant la frontière entre le Zaïre et la République centrafricaine avant de rejoindre l'Uélé à Yakoma pour former l'Oubangui. Elle fut découverte en 1877 par le Grec Potagos.
Carte Zaïre Ba

Mbuji-Mayi, anc. **Bakwanga, *Zaïre*** Chef-lieu du Kasaï-Oriental, à 615 km à l'O. du lac Tanganyika. Centre d'une région d'où sont extraits, en poids, 75 % des diamants industriels du monde.
Population 424 000
Carte Zaïre Bb

Mdina, anc. **Notabile** et **Citta Vecchia, *Malte*** Petite ville fortifiée à l'O. de l'île, dont elle fut capitale jusqu'en 1570, lorsque La Valette la supplanta. Catacombes préchrétiennes, vestiges romains, palais et monuments (XVe s.).
Population 925
Carte Malte Db

Mead (lac), *États-Unis* Lac artificiel (600 km^2) sur la frontière entre l'Arizona et le Nevada ; c'est le lac de retenue du barrage Hoover Dam, construit de 1931 à 1936 sur le Colorado.
Carte États-Unis Dc

méandre Sinuosité du lit d'un cours d'eau. La rive concave, sapée par les eaux, est abrupte ; la rive convexe, où se déposent les alluvions, est en pente légère. Les méandres creusés dans un plateau rocheux sont dits encaissés; les méandres des plaines alluviales sont dits libres ou divagants. Par recoupement, le cours d'eau peut quitter le lit d'un méandre : ce méandre est alors dit abandonné. Voir aussi FLEUVES ET RIVIÈRES, p. 249

Meath, *Irlande* Comté au N.-O. de Dublin (2 338 km^2) ; il est appelé aussi Meath Royal, la ville de Tara ayant été la capitale du na Midhe (« royaume du milieu ») jusqu'en 1172. Industrie mécanique, textiles, pâturages ; à Navan, ville principale, se trouve le plus grand complexe métallurgique du pays.
Population 105 600
Carte Irlande Cb

Meaux, *France* Sous-préfecture de Seine-et-Marne, sur la Marne, à 40 km à l'E. de Paris. Évêché depuis le IVe s. et ancienne capitale de la Brie, elle possède de nombreux monuments (du

Mauritanie

UN PAYS MUSULMAN OÙ BLANCS ET NOIRS VIVENT ENSEMBLE ET SUBISSENT, ENSEMBLE, LA SÉCHERESSE

Les sécheresses successives ont profondément changé le mode de vie des Mauritaniens. Aujourd'hui, l'économie est en ruine. Le pays ne produit pas toute la nourriture dont il a besoin, et il fait appel à l'aide internationale, en particulier arabe. La Mauritanie est deux fois grande comme la France, et compte moins de 2 millions d'habitants. C'est une terre de rencontre — mais parfois aussi d'affrontements — entre le Maghreb et l'Afrique noire. C'est aussi le seul pays saharien où le pouvoir est détenu par la même population, les nomades maures, depuis plus d'un millénaire.

Le Sahara couvre le nord du pays. Il a gagné du terrain depuis un siècle, et les dunes vives ont maintenant atteint les bords du fleuve Sénégal à la frontière S. Cette partie méridionale, qu'il est convenu d'appeller le Sahel — région où la culture du mil sous pluie est encore possible avec un minimum de 450 mm d'eau par an —, se rétrécit chaque année. Le sol, et la mince couche de terre qu'il supporte, est dégradé par l'afflux des troupeaux descendus vers le fleuve dans l'espoir d'y trouver plus d'humidité. Les abords immédiats du fleuve Sénégal permettent les cultures de décrue, mais celles-ci dépendent des pluies. La Mauritanie agricole se concentre le long de ce mince ruban humide qui fait l'objet d'un grand projet d'aménagement intéressant la Mauritanie, le Sénégal, le Mali et la Guinée, et concernant près de 10 millions de personnes.

L'Adrar, au N., et le Tagant, au centre, produisent des légumes, du mil et de l'orge sous irrigation ; les palmiers qui les protègent de leur ombrage fournissent les dattes qui ont de tout temps assuré la nourriture des habitants des oasis. De petits barrages aménagés sur le lit des oueds retiennent l'eau des rares pluies, pour lui laisser le temps de s'infiltrer et d'alimenter les nappes phréatiques.

LE COMMERCE TRANSSAHARIEN

Avant l'arrivée des Berbères, au début de notre ère, puis des Arabes au XIIe s., la Mauritanie a abrité des agriculteurs noirs dans ses régions montagneuses aujourd'hui désertiques. Des vestiges de villages néolithiques pouvant grouper jusqu'à un millier de personnes ont été découverts entre Tichit et Oualata, dans le centre, et des restes d'éléphants montrent que ces régions étaient alors plus humides.

Avec l'arrivée des Arabo-Berbères, la Mauritanie a vu naître le commerce transsaharien et les premiers voyages des chroniqueurs arabes vers ce qu'ils appelaient alors le Bilad es-Soudan (le Pays des Noirs). L'or, les esclaves et le mil des empires de la savane donnèrent naissance à des cités comme Aoudaghost et Oualata, tenues par des marchands berbères. Ils introduisirent l'islam dès son arrivée en Afrique du Nord. C'est en Mauritanie que naquit, au XIe s., le mouvement almoravide, qui allait être à l'origine de Marrakech, au Maroc. Les royaumes d'Aoudaghost et du Ghana ne survécurent pas à la guerre sainte lancée contre les animistes — les populations noires qui continuaient à pratiquer les cultes traditionnels. Depuis cette époque, la Mauritanie a gardé la tradition d'un pays austère et profondément religieux. Elle vivra sous l'influence marocaine, mais ne sera jamais une dépendance du royaume chérifien.

La pénétration française, d'abord pacifique, s'appuie sur les castes maraboutiques, mais se heurte au début du siècle aux tribus guerrières de l'Adrar. Les dernières opérations contre les grands nomades du Nord se poursuivront jusqu'en 1933.

MARABOUTS, CAPTIFS ET TRIBUTAIRES

Asservies par les nouveaux venus, les populations noires des oasis formèrent la caste des Harattins (tributaires), tenus de leur donner une partie de leur production. Razziés, ou achetés sur les marchés des savanes du Sud, les esclaves devinrent les captifs, ou Abids, des nomades arabo-berbères. À leur arrivée, les tribus arabes soumirent les Berbères qui, vaincus, n'eurent plus le droit de porter les armes et, formant la caste des marabouts,

XIIe au XVIIe s.). Salaisons, conserveries, fromage de Brie, moutarde, industrie du bois, métallurgie. Patrie de Bossuet.

Population 48 300
Carte France Eb

Meched ou **Mashhad,** ***Iran*** Cité sainte et chef-lieu de la province de Khorasan, à 750 km à l'E. de Téhéran, au centre d'une oasis. Grand sanctuaire chiite où fut enterré l'imam Ali Reza en 818. Pèlerinage. Mosquées, riche musée. Industries textiles et alimentaires.

Population 1 465 000
Carte Iran Ba

Mechelen, ***Belgique*** Voir MALINES

Mecklembourg-Poméranie occidentale, en all. **Mecklenburg-Vorpommern,** ***Allemagne*** Land du N.-E. du pays (22 900 km^2), appelé « Pays des mille lacs et châteaux », sur les bords de la mer Baltique. Capitale Schwerin. Tourisme, pêche.

Population 1 892 000
Carte Allemagne Eb

Mecque (La), en arabe **Makkah,** ***Arabie Saoudite*** Chef-lieu de la province du Hedjaz, deuxième ville du pays et capitale religieuse de l'islam, dans une vallée étroite bordée de fortins, à 64 km à l'E. de Djeddah. Tout musulman doit y faire son *hadjdj* (pèlerinage) au moins une fois dans sa vie. La Mecque reçoit chaque année de 800 000 à 1,5 million de pèlerins.

Le prophète Mahomet, fondateur de l'islam, y naquit en 570 et y vécut jusqu'en 622 (début du calendrier islamique, l'hégire) avant de fuir à Médine. Au centre de la Grande Mosquée se trouve un édifice cubique, la Kaaba, dans lequel est enchâssée la Pierre Noire que l'archange Gabriel aurait donnée au prophète Abraham. C'est vers elle que tout croyant, où qu'il soit dans le monde, se tourne pour prier. La ville, qui est aussi le siège de l'université d'Oum al-Koura, est placée, comme Médine, sous la protection de la famille royale saoudienne. Son accès est interdit aux non-musulmans, sous peine de lourdes sanctions.

Population 550 000
Carte Arabie Saoudite Ab

Medan, ***Indonésie*** Chef-lieu de la province septentrionale de Sumatra. Café, thé, huile de palme, cannelle, latex, tabac.

Population 1 686 000
Carte Indonésie Ab

Médéa, offic. **Lemdiyya,** ***Algérie*** Chef-lieu d'une wilaya vinicole et fruitière du même nom, à 24 km au S.-O. de Blida, sur un plateau (alt. : 914 m) au pied du djebel Nador, dans l'Atlas tellien. Artisanat ; matières plastiques.

Sa position de carrefour lui a valu une longue histoire : ancienne cité romaine (Lambdia), la ville actuelle fut fondée au Xe s. par un chef fatimide et eut toujours une importance stratégique ; elle fut le chef-lieu du beylik de Titteri avant d'être prise par les Français en 1830, puis de nouveau en 1840.

Population 90 000
Carte Algérie Ba

Medellín, ***Colombie*** Deuxième ville du pays, à 240 km au N.-O. de Bogotá, surnommée « cité de l'éternel printemps » pour son climat égal dû

LES MAISONS PEINTES D'OUALATA. Dans cette vieille cité caravanière du Hodh, les demeures traditionnelles recouvertes d'argile rouge sont décorées par les femmes de dessins stylisés peints en blanc.

devinrent les grands commerçants du Sahara et assumèrent les fonctions religieuses.

Les tribus hassans (guerriers) et maraboutiques appellent leur pays Bilad el-Beïdan (la Terre des Blancs). Mais, sous le nom de Beïdan, ils englobent aussi leurs captifs et leurs tributaires, eux-mêmes étant parfois, par le jeu des mélanges et des adoptions, de la même couleur que leurs compatriotes des bords du fleuve. Ceux-ci appartiennent aux grandes ethnies de l'Afrique de l'Ouest : Sarakolés, Toucouleurs, Wolofs et Peuls, hommes libres dont le poids politique est de plus en plus marquant (on estime que les Noirs et les Maures sont d'égale importance, mais la démographie joue en faveur des premiers). Bien qu'annoncée à plusieurs reprises depuis le début du siècle, l'abolition de l'esclavage est avant tout un problème économique qui évolue petit à petit avec l'urbanisation, l'alphabétisation et le développement. Ainsi les captifs travaillant dans les mines de fer ou dans l'administration sont plus riches que leurs maîtres nomades et font valoir les droits que leur offrent les lois.

La majorité de la population est d'ascendance nomade ou semi-nomade, élevant, selon les régions, des troupeaux de vaches, de chèvres ou de moutons et, pour assurer les transports par caravanes, de chameaux. La sécheresse de 1973 a réduit ce cheptel de moitié. Il s'est reconstitué depuis, mais continue de souffrir des caprices du climat. Ne pouvant plus se nourrir ou vendre leurs bêtes, de nombreux nomades ont afflué vers le fleuve et les centres où leur sont distribués des secours. Ils se sont installés en grand nombre aux portes mêmes de la capitale, Nouakchott, qui atteint près de 500 000 habitants.

Ce pays, qui semble si démuni quand on regarde la détresse de ses populations, est l'un des plus riches du Sahel. Le minerai de cuivre est extrait à Akjoujt et le fer à Zouerate, dans le Nord ; la mine venant à épuisement, on doit lancer le projet des « guelbs », comportant l'exploitation d'autres gisements dans la même région. Les droits de pêche procurent la plus grande partie des revenus du pays, car les côtes sont parmi les plus poissonneuses du monde ; Nouadhibou (ex-Port-Étienne) est le grand port du pays.

La Mauritanie a accédé à l'indépendance en 1960 sous la présidence de Moktar Ould Daddah, malgré les menaces marocaines contre son territoire. En 1975, elle a signé un accord avec le Maroc pour le partage du Sahara occidental, d'où les Espagnols venaient de se retirer. En 1978, un coup d'État a installé les militaires au pouvoir. Le pays s'est désengagé du Sahara occidental et a soutenu les nationalistes contre le Maroc. Depuis, la Mauritanie n'a cessé d'être traversée de courants contradictoires qui l'obligent à garder ses distances du Maroc et de l'Algérie. Les incidents qui ont éclaté en 1989 sur la frontière avec le Sénégal ont failli entraîner les deux pays dans la guerre et la communauté noire a été la principale victime de ces troubles.

LA MAURITANIE EN BREF

Superficie 1 030 700 km²
Population 2 175 000
Capitale Nouakchott
Régime République
Monnaie Ouguiya = 5 khoums
Langues Arabe (officielle), français, langues africaines
Religion Musulmans
Climat Chaud et sec, pluies en été sur la côte ; température moyenne à Nouakchott : de 13-18 °C en décembre à 24-34 °C en septembre
Ressources Bétail, mil, sorgho, dattes, poisson ; minerais de fer, de cuivre, phosphates, sel gemme
Activités Mines, pêche
Exportations Minerais de fer et de cuivre, conserveries de poisson
P.N.B. annuel par habitant 520 dollars
Croissance démographique 32,1 ‰ par an
Espérance de vie Hommes 44 ans, femmes 50

à son altitude (1 486 m) et à sa latitude tropicale. Elle est aussi la capitale mondiale des orchidées et des trafiquants de drogue.

Fondée en 1616 dans la vallée d'Aburra, elle fut, à la fin du XIXe s., la première ville colombienne à passer de la production artisanale à la production industrielle, notamment pour les textiles, dont elle assure encore 80 % de la production nationale. Elle emploie le quart de la main-d'œuvre ouvrière du pays. Autres industries : alimentation (café), chimie, matières plastiques, métallurgie.

Population 1 595 000
Carte Colombie Bb

Medias, ***Roumanie*** Ville industrielle de Transylvanie centrale, à 190 km au S. de la frontière soviétique. Village d'artisans dès le XIe s., elle conserve des rues anciennes, une église fortifiée (XIVe-XVe s.) et des vestiges d'autres bâtiments médiévaux. Constructions mécaniques, chaussures, verre, porcelaine, textile, cuir, vin.

Population 68 400
Carte Roumanie Aa

Medicine Hat, ***Canada*** Ville industrielle et commerciale de l'Alberta, sur la Saskatchewan Sud, à 265 km au S.-E. de Calgary. On y exploite de riches réserves de gaz naturel. Minoteries, scieries et fonderies. Selon la légende, la ville occuperait l'endroit où un sorcier cri perdit son chapeau en fuyant les guerriers pieds-noirs qui avaient massacré sa tribu.

Population 40 400
Carte Canada Dc

Médine, en arabe **Madinah (Al-),** ***Arabie Saoudite*** Deuxième cité sainte islamique dans une oasis à 350 km au N. de La Mecque. Mahomet, fondateur de l'islam, s'y réfugia après s'être enfui de La Mecque. Le 22 septembre 622, date de sa fuite ou hégire, marque le premier jour du calendrier islamique (en fait, la tradition fait remonter ce départ au 16 juillet 622). Le Prophète est inhumé dans la Grande Mosquée. Marché agricole (dattes, fruits, céréales). Université islamique.

Population 290 000
Carte Arabie Saoudite Ab

Méditerranée (mer), ***Europe/Afrique*** Mer intérieure entre l'Europe et l'Afrique ; c'est en fait un bras de l'océan Atlantique auquel la relie le détroit de Gibraltar. Elle communique au N.-E. avec la mer Noire, par les Dardanelles et le Bosphore, et au S.-E. avec la mer Rouge par le canal de Suez. La dorsale sous-marine Sicile-Tunisie la divise en deux : les mers Tyrrhénienne et Ligurienne, et le bassin des Baléares, à l'O. ; les mers Adriatique, Ionienne et Égée, à l'E. Sa profondeur moyenne est de 1 370 m, sa profondeur maximale atteint 5 017 m, entre la Sicile et la Crète.

La configuration des fonds est due à la compression entre la bordure N. de la plaque africaine et la plaque eurasiatique (voir LA TECTONIQUE DES PLAQUES, p. 658), qui est à l'origine des plissements montagneux (Alpes, Apennins) et provoque encore des secousses telluriques et des éruptions volcaniques.

L'évaporation et un courant profond vers l'Atlantique la vident trois fois plus vite que ne peuvent la remplir les fleuves et la pluie. Cette déperdition d'eau est compensée par un courant superficiel venant de l'Atlantique, qui maintient un niveau à l'étale, mais augmente sa salinité. La faible amplitude de ses marées ne nettoie pas les côtes des produits toxiques qui y sont déversés, ce qui entraîne par endroits une forte pollution, nuisible tant à la pêche qu'au tourisme. Les nations riveraines ont adopté en 1982 un plan pour y remédier.

Berceau de la civilisation gréco-latine, elle est sillonnée de navires marchands depuis cinq mille ans. La percée du canal de Suez l'a placée, à partir de 1869, sur la voie maritime de l'Europe du Nord à l'Asie.

Superficie 2 500 000 km²
Carte Afrique Da

Médoc, ***France*** L'une des plus prestigieuses régions viticoles du monde, sur la rive gauche de la Gironde, au N.-O. de Bordeaux, célèbre pour ses vins rouges. Les château-lafite, château-latour, margaux, mouton-rothschild figurent parmi ses crus les plus réputés. Sur les terres basses bordant le fleuve, ou « mattes », aménagées en polders, on pratique l'élevage laitier.
Carte France Cd

Medway (villes de la), en anglais **Medway Towns,** ***Royaume-Uni*** Ce sont trois villes riveraines de la rivière Medway (112 km) qui se jette dans l'estuaire de la Tamise: Rochester, Chatham et Gillingham, dans le comté de Kent, au S.-E. de l'Angleterre. Rochester, qui fut une forteresse romaine, a conservé une partie de ses remparts, un château normand (XIIe s.) et une cathédrale (fondée en 604 reconstruite aux XIIe-XVe s.). Chatham et Gillingham se partageaient un chantier naval, ouvert au XVIe s. sous Élisabeth Ire et fermé au XXe s. sous Élisabeth II.
Population 210 000
Carte Royaume-Uni Fe

Meerut, ***Inde*** Ville industrielle de l'Uttar Pradesh, à 60 km au N.-E. de Delhi. C'était depuis cinquante ans une base militaire britannique quand y éclata la mutinerie des cipayes (soldats indiens engagés au service des Anglais), en 1857. Principales activités : cuir, produits chimiques, sucre, textiles.
Population 752 100
Carte Inde Bb

Megève, ***France*** Commune de Haute-Savoie sur un col entre le val de l'Arly et la vallée de l'Arve (alt.: 1 114 m). Lancée au lendemain de la Première Guerre mondiale, elle reste une station de sports d'hiver réputée et une station climatique d'altitude appréciée.
Population 4 800
Carte France Gd

Meghalaya, ***Inde*** État agricole du Nord-Est comprenant les monts Garo, Khasi et Jaintia, habités par les tribus du même nom et couvrant 22 429 km². Capitale: Shillong. Le versant S. des monts est une des régions les plus humides du monde (plus de 12 m de pluie par an à Cherrapunji). Produits fermiers, forestiers, charbon, corindon (minéral très dur utilisé comme abrasif).
Population 1 775 000
Carte Inde Ec

Megiddo, ***Israël*** Site archéologique surplombant la plaine de Jezraël (Canaan), à 15 km au S.-O. de Nazareth. Ruines d'une très ancienne forteresse, bâtie par le roi Salomon, et d'écuries construites par le roi Achab aux Xe et IXe s. av. J.-C. Selon l'Apocalypse, c'est là que devrait avoir lieu, au jour du Jugement dernier, le désastre final d'Armagedon.
Carte Israël Ba

VERTES RIZIÈRES. La vallée du Mékong et la cuvette du Tonlé Sap, au Cambodge, sont couvertes d'un immense damier de rizières miroitant au soleil.

Meiktila, ***Birmanie*** Ville à 130 km au S.-O. de Mandalay. Centre d'une grande région cotonnière stimulée par l'irrigation.
Population 97 000
Carte Birmanie Bb

Meissen, ***Allemagne*** Ville sur la rive gauche de l'Elbe à 20 km au N.-O. de Dresde. Elle est dominée par sa cathédrale gothique et par le château d'Albrechtsburg (1471-1485), qui abritait une manufacture où fut fabriquée, de 1710 à 1863, la porcelaine blanc et bleu qui fit la renommée de la ville. Ce château est devenu le musée de la Porcelaine de Dresde. Métallurgie, constructions mécaniques, cuir.
Population 34 600
Carte Allemagne Ec

Mékambo, ***Gabon*** Petite ville à 170 km au N.-E. de Makokou, proche d'un des plus importants gisements mondiaux de minerai de fer (réserves d'environ 1 milliard de tonnes). Son exploitation dépend de la réalisation du tronçon N.-E. de la voie ferrée du Transgabonais.
Population 2 000
Carte Gabon Ba

Meknès, ***Maroc*** Ville fondée par les Berbères au XIe s., à 58 km au S.-O. de Fès. Nombreux bâtiments des XIIIe et XIVe s. Le sultan Moulay Ismaïl en fit sa capitale au XVIIe s. et y bâtit le palais de Dar el-Kebira, « Versailles marocain », endommagé par un tremblement de terre en 1755. Une triple rangée de remparts (25 km de long), avec tours et créneaux, enserre la médina, vieille ville résidentielle musulmane, et le palais, avec les vestiges d'écuries qui pouvaient abriter jusqu'à 12 000 chevaux. Autres sites intéressants: la porte de Bab al-Mansour, la Kouba el-Khiyatine, où étaient reçus les ambassadeurs étrangers, et le mausolée de Moulay Ismaïl. La ville est un important centre commercial. Industries traditionnelles (poteries, tapis, cuir), tourisme.
Population 320 000
Carte Maroc Ba

Mékong, ***Asie du Sud-Est*** Le plus long fleuve du Sud-Est asiatique (longueur: 4 184 km; bassin hydrographique: 310 000 km²). Il coule sur la moitié de sa longueur à travers des gorges profondes, depuis sa source dans le Tibet chinois jusqu'aux monts du Nord laotien. Sa vallée s'ouvre au S. de Luang Prabang; mais son cours y est souvent interrompu par des barrages rocheux et des cataractes, et il ne forme une grande plaine alluviale qu'au Cambodge, au S. de Kratié, pour s'étendre, accru du Tonlé Sap, près de Phnom Penh, en un delta qui couvre la pointe S. du Viêt-nam en formant deux bras principaux à son embouchure.

Alimenté par la fonte des neiges du Tibet, il connaît des crues redoutables qui rendent difficile l'exploitation des marécages du delta. Depuis les années 1950, de nombreux projets de régularisation du cours ont été conçus pour sa mise en valeur. Mais le Mékong est un fleuve international: venu de Chine, il forme la frontière de la Thaïlande et du Laos, puis traverse le Cambodge et le Viêt-nam, et aucun accord n'a pu être trouvé en raison des divisions politiques. Le Comité du Mékong des Nations unies est cependant parvenu à domestiquer certains de ses affluents en Thaïlande et au Laos.
Carte Asie If

Mékong (delta du), ***Viêt-nam*** Plaine du Sud vietnamien, appelée aujourd'hui Nam Bô, entre la côte S. et la chaîne annamitique (Truong Son). Les Français, qui la colonisèrent en 1862 sous le nom de Cochinchine, y créèrent de grandes plantations d'hévéas et des rizières. Entre 1954 et 1975, des réformes agraires ont redistribué des terres à des petits riziculteurs très productifs, mais à partir de 1975 une agriculture

de type socialiste a désorganisé la production ; elle a été modifiée depuis par une nouvelle politique économique plus libérale.
Carte Viêt-nam Bc

Melaka, ***Malaisie*** Voir MALACCA

Mélanésie, ***océan Pacifique*** C'est, avec la Micronésie et la Polynésie, l'un des trois grands ensembles d'îles du Pacifique (965 000 km²). Son nom signifie « îles noires ». Les Mélanésiens, aux cheveux crépus et à la peau sombre, sans doute originaires du Sud-Est asiatique, arrivèrent dans cette zone par vagues successives. De la Nouvelle-Guinée (Irian Jaya et Papouasie-Nouvelle-Guinée), déjà habitée par les Papous, ils rayonnèrent jusqu'aux îles Fidji à l'E. et à la Nouvelle-Calédonie au S., en passant par les Bismarck, les îles Salomon et Vanuatu.

La société mélanésienne est fondée sur des unités villageoises dont chacune a sa propre langue. Le pouvoir n'y est pas héréditaire. Les religions tribales impliquent des cérémonies initiatiques, des lieux et objets sacrés, le culte des ancêtres. L'étalage de la richesse occidentale, particulièrement durant la Seconde Guerre mondiale, a provoqué la naissance d'un mouvement religieux, le « culte du cargo », dont les adeptes attendent le retour d'avions et de navires chargés de fabuleuses cargaisons.
Population 5 265 000
Carte Pacifique (océan) Cc

Melbourne, ***Australie*** Capitale de l'État de Victoria et deuxième ville du pays, sur la Yarra, dans la baie de Port Phillip. Fondée en 1835 par des colons de Tasmanie, elle prit son essor quinze ans plus tard avec la ruée vers l'or. Nombreux monuments de cette époque, dont le Parlement et le Trésor (1853), et l'Université (1855). Deux universités modernes : Monash (1958) et La Trobe (1964). Son jardin botanique de 35 ha, fondé en 1845, contient plus de 12 000 espèces originaires de toutes les régions du monde. La ville est un des principaux centres financiers, commerciaux et industriels d'Australie. Automobile, conserves, électronique, mécanique, métallurgie, chimie. Exportations de blé, fruits, produits laitiers, viande, laine.
Population 2 700 000
Carte Australie Gf

Melilla (enclave au Maroc), ***Espagne*** Port franc à 220 km à l'E. de Ceuta, sur la côte méditerranéenne. Au pied de la vieille forteresse (XVIᵉ s.) dominant la mer s'étale le quartier moderne. L'enclave (14 km²), revendiquée par le Maroc, exporte le minerai de fer du Rif oriental. La pêche représente l'activité la plus importante.
Population 56 700
Carte Maroc Ba

Melka Kontouré, ***Éthiopie*** Site préhistorique dans la vallée de l'Aouach. Les niveaux les plus anciens contiennent des traces d'outils sur galets (choppers) datant de plus de 500 000 ans.

Melnik, ***Bulgarie*** Voir BLAGOEVGRAD

Melun, ***France*** Préfecture de Seine-et-Marne, sur la Seine, à 45 km au S.-E. de Paris. Résidence royale des premiers Capétiens. Églises des XIᵉ et XVᵉ s. Important marché agricole. Fromage de Brie. Centre industriel : carrosserie, textiles, imprimerie, verrerie, céramique, minoteries, machines agricoles.
Population 35 300
Carte France Eb

Melun-Sénart, ***France*** Ville nouvelle formée à partir de 18 communes (17 000 ha), créée au N. de Melun en 1969. Centre d'une importante zone d'activités en cours d'aménagement (industries, tourisme, gare T.G.V.).
Population 80 000
Carte France Eb

Memel, ***Lituanie*** Voir KLAIPEDA

Memphis, ***Égypte*** Ruines de la capitale de l'Ancien Empire égyptien fondée 3 000 ans av. J.-C. sur la rive gauche du Nil à 30 km au S. du Caire. Son nom est la prononciation grecque de Ménnéfrou (Pépi), nom de la « Ville de la pyramide » du pharaon Pépi Iᵉʳ. Vestiges du temple de Ptah, statue de Ramsès II en sphinx.

Memphis, ***États-Unis*** Ville sur le Mississippi, dans le S.-O. du Tennessee. Sa banlieue s'étend au-delà du fleuve jusqu'en Arkansas. Gros marché de coton au temps des bateaux à vapeur, elle est devenue un centre agricole, commercial, industriel, médical et universitaire. Le pasteur Martin Luther King, défenseur des droits civiques des Noirs et prix Nobel de la Paix, y fut assassiné en 1968.

La maison d'Elvis Presley (1935-1977), « Graceland », est devenue un musée à la gloire du King et de la musique rock. Memphis est aussi un des hauts lieux du blues.
Population (ville) 610 400 ; (aggl.) 982 000
Carte États-Unis Hc

Menai (détroit de), ***Royaume-Uni*** Détroit, long de 22,5 km et large de 180 à 1 100 m, séparant le pays de Galles de l'île d'Anglesey. Il est enjambé par un pont routier suspendu et un pont ferroviaire.
Carte Royaume-Uni Cd

Mende, ***France*** Chef-lieu du département de la Lozère, sur la rive gauche du Lot, au pied du causse de Sauveterre. Cathédrale de style ogival commencée au XIVᵉ s., terminée au début du XVIᵉ s. Hôtel de ville du XVIIIᵉ s. Textile, brasseries, tourisme (gorges du Tarn et Cévennes).
Population 11 300
Carte France Ed

Mendoza, ***Argentine*** Ville à 1 000 km à l'O. de Buenos Aires, au pied des Andes, fondée en 1561 et rebâtie en 1861 après sa destruction par un tremblement de terre. Centre de la plus grande région vinicole du pays.
Population (aggl.) 650 000
Carte Argentine Cb

Menton, ***France*** Importante station touristique et climatique de la Côte d'Azur, proche de la frontière italienne, à 30 km à l'E. de Nice. Festival annuel de musique de chambre. Fleurs. Agrumes. Oliviers.
Population 29 150
Carte France Ge

Menzel-Bourguiba, anc. **Ferryville,** ***Tunisie*** Ville industrielle du N. du pays, dans le gouvernorat de Bizerte. Aciéries, constructions mécanique et électrique, pneumatiques. Base militaire.
Population 52 000
Carte Tunisie Aa

mer Partie d'un océan, ou vaste étendue d'eau salée à l'intérieur des terres. Pour les noms géographiques, voir le nom de la mer. Voir aussi LES PLUS GRANDS LACS ET MERS INTÉRIEURES DU MONDE, p. 380

Mérapi (mont), ***Indonésie*** Pic volcanique du centre de Java, à 30 km au N. de Djokjakarta. C'est l'un des plus actifs de l'île. Altitude : 2 911 m.

Mercantour (parc national du), ***France*** Parc créé en août 1979 qui couvre, dans sa partie centrale, 68 500 ha du massif du Mercantour, à 50 km au N. de Nice, sur les hautes vallées de la Roya, de la Tinée, de l'Ubaye, du Var, du Verdon et de la Vésubie. Il s'étend sur les départements des Alpes-Maritimes (22 communes) et des Alpes-de-Haute-Provence (6 communes). Son altitude varie de 490 à 3 043 m. La faune protégée est d'une grande variété : mouflon, aigle royal, lièvre variable, bouquetin, chamois, hermine, lagopède, tétras-lyre, chouette de Tengmalm et nombreux insectes. Avec plus de 2 500 espèces méditerranéennes recensées, sa flore est exceptionnelle.
Carte France Gd

mer étale État de la mer lorsque son niveau reste stationnaire, entre la marée montante et la marée descendante (étale de haute mer) et entre la marée descendante et la marée montante (étale de basse mer).

Mergui, ***Birmanie*** Port de pêcheurs de perles, sur la rivière Tenasserim, à l'extrême S. du pays, face à l'archipel de Mergui. Autres ressources : caoutchouc et noix de coco des plantations de la région.
Population 88 600
Carte Birmanie Cd

Meriç, ***Europe du Sud-Est*** Voir MARITZA

Mérida, ***Espagne*** Ville-marché d'Estrémadure, à 265 km au S.-O. de Madrid. Ruines romaines. Les deux barrages d'irrigation construits par les Romains au IIᵉ s. fonctionnent toujours et n'ont dû être réparés qu'une seule fois, vers 1930.
Population 51 100
Carte Espagne Bc

Mérida, ***Mexique*** Capitale de l'État du Yucatán, fondée en 1542 par le conquistador espagnol Francisco de Montejo, sur les ruines d'une cité détruite après l'un des plus sanglants combats contre les Mayas. Nombreux monuments de style colonial (cathédrale, palais de Montejo, chapelle du Christ aux Ampoules). Musée archéologique. Cordages, sacs, ciment, manufacture de tabac.
Population 401 000
Carte Mexique Dn

Mérida, ***Venezuela*** Chef-lieu de l'État du même nom, dans les Andes (alt. : 1 640 m) à 500 km au S.-O. de la capitale Caracas. Fondée en 1558, la ville offre un mélange d'architectures coloniale et moderne, autour de 21 parcs. Celui des Cinq-Républiques contient de la terre des cinq pays (Venezuela, Colombie, Équateur, Pérou, Bolivie) libérés de la tutelle espagnole par Simón Bolívar (1783-1830).
Population (ville) 168 000 ; (État) 615 600
Carte Venezuela Ab

méridien Ligne imaginaire joignant le pôle N. au pôle S. en coupant perpendiculairement l'équateur et permettant de calculer la longitude d'un point.

Méroé, ***Soudan*** Ruines d'une ancienne cité de Nubie sur la rive E. du Nil, à 280 km de la capitale Khartoum. Capitale d'un royaume

éthiopien de 700 à 300 av. J.-C. et du royaume de Couch jusqu'en 350 apr. J.-C. Les fouilles ont mis au jour des rues et monuments (palais, temple, quais, bains publics) témoignant de son importance passée.
Carte Soudan Bb

Mersa-Matrouh, ***Égypte*** Voir MARSA-MATROUH

Merseburg, ***Allemagne*** Ville industrielle sur la rive gauche de la Saale, proche des complexes chimiques de Leuna et Schkopau. Ancienne forteresse carolingienne et saxonne annexée par la Prusse en 1815. La ville a conservé en partie son aspect du Moyen Âge. Château et cathédrale du XIIIe s.
Population 42 900
Carte Allemagne Dc

Mers el-Kébir, en ar. **El-Marsa al-Kabir,** ***Algérie*** Port fortifié au N.-O. d'Oran, dominé par le fort de Santa-Cruz (XVIe s.). Ancienne base navale française conquise sur les Espagnols en 1830. Après l'armistice franco-allemand de 1940, les Britanniques y coulèrent la flotte de guerre française qui risquait de passer aux mains des Allemands. C'est à présent une base navale algérienne.
Population 23 600
Carte Algérie Aa

Merseyside, ***Royaume-Uni*** Comté du nord-ouest de l'Angleterre (652 km^2) formé en 1974 d'une partie du Lancashire et du Cheshire et centré sur les ports de Liverpool et de Birkenhead. On y fabrique du verre depuis le XVIIIe s. à Sainte-Hélène.
Population 1 377 000
Carte Royaume-Uni Dd

Merseyside, ***Royaume-Uni*** Comté du nord-ouest de l'Angleterre (652 km^2) formé en 1974 d'une partie du Lancashire et du Cheshire et centré sur les ports de Liverpool et de Birkenhead. On y fabrique du verre depuis le XVIIIe s. à Sainte-Hélène.
Population 531 600
Carte Royaume-Uni Dd

Mersin, ***Turquie*** Chef-lieu de la province d'Içel, en Cilicie. Plus grand port du pays, sur la Méditerranée, à 400 km au S. de la capitale Ankara. Raffineries de pétrole, commerce de bois, céréales, fruits, coton, laine, chrome. L'hiver, la douceur de son climat attire les nomades turkmènes qui viennent y planter leurs tentes en peau de chèvre.
Population (ville) 442 400; (prov.) 1 272 000
Carte Turquie Bb

Merveilles (vallée des), ***France*** Dans la haute vallée de la Roya, au N.-E. de Nice, tout près de la frontière italienne, région isolée de lacs, vallées et cirques glaciaires, entourant le mont Bego (2 872 m), et célèbre pour les dizaines de milliers de gravures rupestres (animaux, outils, figures humaines) qui décorent ses pentes et dont certaines datent de 1800 à 1500 av. J.-C.

mesa Monticule au sommet plat (*mesa* signifie « table » en espagnol) présentant un ou plusieurs versants escarpés, fréquent dans le sud-ouest des États-Unis.

Meseta, ***Espagne*** Plateau central (350 000 km^2) couvrant les trois quarts du pays.
Carte Espagne Ca

Mésopotamie, ***Moyen-Orient*** Région pétrolifère entre le Tigre et l'Euphrate, s'étendant des monts d'Arménie au golfe Persique, qui appartient en majeure partie à l'Irak. Elle fut un des berceaux de la civilisation occidentale. On y inventa il y a trois mille ans l'écriture, les mathématiques, l'astronomie et la roue. Elle comprend deux régions distinctes : l'Iraq al-Arabi et la Djézireh. L'eau, abondante, donne à la Mésopotamie une grande valeur agricole. Au cours de la Première Guerre mondiale, elle fut l'enjeu de campagnes opposant Russes et Anglais aux Turcs alliés des Allemands.
Carte Irak Bb

mésosphère Partie solide de la Terre, entre le noyau central et l'asthénosphère. Voir ATMOSPHÈRE, p. 70, et TERRE (VOYAGE AU CENTRE DE LA), p. 661

mésozoïque (ère) ou **ère secondaire** Ère des temps géologiques qui succéda à l'ère primaire, marquée par l'apogée des reptiles et des dinosaures. Voir ÉCHELLE DES TEMPS GÉOLOGIQUES, p. 268

Messine (détroit de), ***Italie*** Détroit qui sépare la péninsule italienne de la Sicile et relie les mers Ionienne et Tyrrhénienne. Ses courants violents ont inspiré de nombreuses légendes, dont celle des monstres de Charybde, personnification d'une zone de tourbillons où s'engloutissaient les navires, et Scylla, hydre à six têtes, dévoreuse de marins.
Longueur 56 km ; **largeur** 3,48 km
Carte Italie Ee

Messine (Messina), ***Italie*** Port de la pointe N.-E. de la Sicile, séparé de la péninsule italienne par le détroit de Messine dont il contrôle le trafic. Fondé au VIIIe s. av. J.-C., il devint un centre commercial important durant les croisades, du XIIe au XIVe s., et fut par la suite ravagé par le choléra, les guerres et les tremblements de terre, de 1783 à 1908. L'église de l'Annunziata dei Catalani est le monument le plus ancien. La cathédrale est une copie de l'original normand du XIe s.
Population 256 300
Carte Italie Ec

Messolóngi, ***Grèce*** Voir MISSOLONGHI

Mestghanem, ***Algérie*** Voir MOSTAGANEM

Mestre, ***Italie*** Ville de Vénétie, dans la province de Venise, à laquelle elle est reliée administrativement et géographiquement par le pont de la Liberté, long de 3 623 m. Avec Marghera, elle forme le pôle industriel et portuaire majeur de l'Adriatique, et l'un des plus importants de l'Italie, où se développent des complexes industriels de grandes dimensions (pétrochimie, sidérurgie, industries mécaniques et textiles).

Meta, ***Colombie/Venezuela*** Rivière (1 000 km) née près de Bogotá, dans la Cordillère orientale. Elle coule vers le N.-E. puis l'E., formant une partie de la frontière vénézuélo-colombienne, et se jette dans l'Orénoque à Puerto Carreño. Elle a donné son nom à un département qui s'étend en contrebas de la cordillère (85 635 km^2, 245 200 habitants, chef-lieu: Villavicencio).
Carte Colombie Bb

Métallifères (monts), en all. **Erzgebirge,** ***République tchèque/Allemagne*** Massif ancien de collines boisées s'étendant sur 130 km le long de la frontière. Point culminant : 1 244 m. Nombreux filons métalliques : fer, argent, cuivre, plomb, pechblende et uranium. Région agricole, industrielle et touristique.
Carte Allemagne Ec

métamorphique (roche) Roche résultant de la transformation d'une roche sédimentaire ou endogène en roche cristalline. Les modifications de la composition chimique et de la texture de la roche peuvent provenir soit de l'action de la chaleur et (ou) de la pression, soit d'actions mécaniques. Exemples : le gneiss, le micaschiste, le marbre, la granulite.

Météores, ***Grèce*** Vallée érodée de Thessalie, sur le versant oriental des monts du Pinde, hérissé de pitons rocheux s'élevant jusqu'à 300 m. Au XIVe s., des moines byzantins y organisèrent 24 monastères dont la construction remontait au XIIe s. Il en subsiste cinq, dont le monastère du Météore. Certains sont ouverts au public. Ils abritent des manuscrits et des objets d'art byzantins. Jadis, on y accédait hissés par des treuils. Aujourd'hui, on emprunte des escaliers, des sentiers qui sinuent à travers des cavernes où vécurent des ermites.
Carte Grèce Bb

météorite Fragment de matière solide venue de l'espace qui s'écrase à la surface de la Terre après avoir traversé l'atmosphère sans s'y être totalement consumé.

Metz, ***France*** Chef-lieu de la région Lorraine et préfecture du département de la Moselle, sur la Moselle. Cœur de la sidérurgie lorraine à 329 km à l'E. de Paris. Capitale du peuple gaulois Mediomatrici, puis de l'Austrasie, métropole du Saint Empire devenue ville libre au XIIIe s., conquise en 1552 par Henri II, fortifiée au XVIIe s. par Vauban. Bazaine y capitula en 1870 et elle resta annexée à l'Allemagne jusqu'en 1918. Église Saint-Pierre-aux-Nonnains construite au VIIe s. sur les restes d'une basilique civile du IVe s. Cathédrale gothique Saint-Étienne. Nombreuses industries. Centre universitaire. Ville de garnison.
Population (ville) 120 000 ; (aggl.) 193 000
Carte France Gb

Meudon, ***France*** Commune résidentielle de la proche banlieue S.-O. de Paris. Près du Château-Neuf, construit pour le Grand Dauphin (fils de Louis XIV) par Mansart en 1706, se trouve l'observatoire d'astronomie physique. Rabelais, qui fut curé de la ville, le poète Ronsard, le chirurgien Ambroise Paré, Armande Béjart, femme de Molière, Jean-Jacques Rousseau, Balzac, Wagner et Rodin ont été ses hôtes les plus illustres. Aujourd'hui encore, son bois (1 150 ha) est l'un des lieux de promenade favoris des Parisiens.
Population 45 400

Meurthe-et-Moselle (54), ***France*** Département de la région Lorraine (5 325 km^2), à l'E. de la France, en bordure de la Belgique et du Luxembourg. Il est traversé par la Moselle, la Meurthe et leurs affluents. Ses plateaux calcaires s'élèvent au N. (plateau de Briey) et à l'E. (côtes de Moselle). Au S.-O., une partie des côtes de Meuse domine une zone de bois et d'étangs. L'agriculture occupe 3 % de la population active (céréales, vignes), l'industrie (dans la vallée de la Moselle) 45 %. Mais le département a été très touché par la crise de la sidérurgie. La population se concentre essentiellement

dans la zone Toul-Nancy-Dombasle-Lunéville. Préfecture : Nancy.
Population 712 000
Carte France Gb

Meuse (55), ***France*** Département de la région Lorraine (6 220 km^2), au N.-E. de la France, à la frontière belge. Région de plateaux boisés, argileux et parsemés d'étangs, traversée par la Meuse, et relevée à l'E. par les plateaux des Hauts-de-Meuse. L'élevage bovin domine. Culture de céréales. Industries : petite métallurgie, travail du bois, produits alimentaires. La baisse de la natalité et les difficultés économiques entretiennent le déclin démographique du département. Préfecture : Bar-le-Duc.
Population 197 000
Carte France Fb

Meuse, en néerl. **Maas,** ***France/Belgique/Pays-Bas*** Fleuve international (convention de 1863) de 950 km. Né au pied du plateau de Langres, en Lorraine, à 384 m d'altitude, il longe au N. les Ardennes et traverse la Belgique et les Pays-Bas où son delta se confond avec celui du Rhin. Navigable de son embouchure jusqu'à Dinant (Belgique) et Sedan (France), où il est relayé par des canaux vers le Rhin à l'E. et par ses affluents du bassin parisien à l'O., il est sillonné de péniches chargées de produits de son bassin minier (charbon, minerai de fer, matériaux de construction) ou du pétrole venu d'Anvers à Liège par le canal Albert. Il arrose de nombreuses villes (Verdun, Sedan, Namur, Liège, Maestricht) dont les noms évoquent les innombrables batailles qui opposèrent, au cours des siècles, les États européens.
Carte France Fb, Belgique Ba

Mexicali, ***Mexique*** Capitale de la Basse-Californie du Nord, à la frontière des États-Unis. Coton, blé, fruits. Industries chimiques.
Population 346 000
Carte Mexique Aa

Mexico, ***Mexique*** État situé sur le plateau d'Anahuac, à l'O. du district fédéral de Mexico. Bien qu'un grand nombre des industries de la capitale s'y soient installées, ainsi qu'un quart de ses habitants, un riche secteur agricole subsiste. Capitale : Toluca, à 56 km au S.-O. de Mexico. Site archéologique aztèque de Teotihuacán.
Population 9 816 000
Carte Mexique Cc

Mexico, ***Mexique*** Capitale du pays, chef-lieu du district fédéral, à 2 250 m d'altitude, sur le plateau de l'Anahuac, et un des principaux centres culturels d'Amérique latine. La ville fut bâtie en 1521 par Hernán Cortés sur le site de Tenochtitlán, la capitale aztèque qu'il venait de raser et dont on a exhumé des vestiges sur le Zocalo (ou place centrale), entre la cathédrale, le palais national et d'autres monuments baroques.

Mexico resta jusqu'en 1810 la résidence des vice-rois d'Espagne qui la dotèrent de nombreuses églises dont N.-D. de la Guadalupe. Iturbide en fit en 1824 la capitale d'un éphémère empire mexicain et les villages proches qu'elle a absorbés depuis (Tlalpán, San Angel et son marché artisanal, Coyoacán où fut assassiné Trotski) se couvrirent de résidences de style colonial. Les États-Unis l'occupèrent, puis, en 1863, les troupes françaises de l'empereur Maximilien, dont le château de Chapultepec est devenu musée de l'histoire nationale. Juárez y proclama la république en 1867. La révolution industrielle y amena un afflux de paysans.

Aujourd'hui, plus de la moitié de la population ouvrière mexicaine travaille dans les nombreuses usines implantées au cœur même de la ville ou dans ses faubourgs immédiats. Les maisons de torchis qui s'étendent vers le N. et l'E. en bidonvilles, quand elles ne s'élèvent pas dans les interstices de son tissu urbain, contrastent avec ses plus récentes réussites architecturales (bibliothèque de la Cité universitaire ; tour Televista ; stade olympique ; musée anthropologique, qui contient plus de 60 000 pièces, témoignages des racines indiennes du Mexique ; place des Trois-Cultures où se côtoient les ruines d'un temple aztèque, une église de style colonial et les immeubles futuristes du Mexique moderne). Cependant, la démographie galopante, la corruption, l'inflation, due notamment à l'effondrement des cours du pétrole, entretiennent la misère, la délinquance et la mendicité. L'excessive concentration industrielle provoque une pollution qui, en saison sèche, couvre la ville d'une chape de brouillard ocre. Le tremblement de terre de septembre 1985 (8,4 sur l'échelle de Richter), qui a détruit des centaines d'immeubles et fait plus de 7 000 morts, a encore accru les tensions et les contradictions de cette métropole tentaculaire qui ne cesse de s'étendre.
Population (ville) 9 816 000 ; (aggl.) 17 000 000
Carte Mexique Cc

MONASTÈRE EN PLEIN CIEL. Montant la garde au-dessus de la vallée du Pénée, les Météores (du grec *meteôre*, « élevé dans les airs ») sont des monastères perchés sur de gigantesques pitons rocheux.

Mexique Voir p. 440-443

Mexique (golfe du), ***Mexique*** Le plus grand golfe du monde (1 602 000 km^2, profondeur maximale : 4 377 m). Il communique avec l'Atlantique par le détroit de Floride et avec la mer des Antilles par celui du Yucatán. Son plateau continental recèle d'importants gisements de pétrole. Ses eaux chaudes, hantées au XVIIIe s. et au début du XIXe s. par les pirates et les aventuriers, alimentent le Gulf Stream par le courant de Floride.
Carte Amérique du Sud Ab

Mexique (Hauts plateaux du), en esp. **Mesa Central,** ***Mexique*** Région du centre, entre la sierra Madre orientale et la sierra Madre occidentale. Longueur : 1 130 km. Altitude moyenne : entre 1 220 et 2 240 m. Point culminant : le volcan Citlaltépetl (5 747 m), plus haut sommet du Mexique. Importante activité autrefois minière et aujourd'hui surtout agricole depuis l'irrigation des bassins fertiles.

Mezada, ***Israël*** Voir MASSADA

Mezzogiorno, ***Italie*** Ensemble de régions du sud du pays (sud du Latium, Abruzzes, Molise, Campanie, Pouilles, Basilicate, Calabre, Sardaigne, Sicile) couvrant 131 000 km^2 (43,7 % du

Voir suite p. 444

Mexique

L'HISTOIRE GRANDE ET TRAGIQUE DU MEXIQUE SE PROLONGE DANS LES TRANSES DE LA TERRE. ET CE PAYS, NÉ DANS LA VIOLENCE, NE CESSE DE COURIR APRÈS LES FRUITS DE SES RICHESSES

Plus de 17 millions de personnes vivent à Mexico, la capitale du Mexique, devenue la ville la plus peuplée du monde et celle qui a le développement le plus spectaculaire. Le trop-plein de cette explosion émigre clandestinement en masse aux États-Unis, où les résidents légaux dépasseraient 10 millions.

De leur côté, les Américains du Nord apprécient, comme touristes, ce pays si différent du leur par l'histoire, la langue et les coutumes. Tandis que les États-Unis renforcent leurs patrouilles frontalières, des millions de *gringos* envahissent la superbe plage d'Acapulco et autres lieux touristiques de la côte pacifique. Plus de 10 000 sites et monuments étonnants, témoins des civilisations disparues, constituent la richesse du pays, tandis que l'exubérance de l'esprit latin se manifeste, tout au long de l'année, à travers de nombreuses fêtes et de festivals réputés.

Nulle part ailleurs qu'à Mexico ces manifestations ne sont célébrées avec autant d'enthousiasme. Cette joie populaire est à l'unisson de l'exubérance artistique qui se manifeste à travers l'architecture et les trésors laissés par l'histoire. Mais, pour cette métropole tentaculaire, le revers de la médaille est moins réjouissant ; air pollué par les fumées de toutes sortes (industries, voitures) et bidonvilles surpeuplés constituent le trait le plus marquant de la capitale. À cela s'est ajouté le terrible tremblement de terre de 1985 qui a détruit des quartiers entiers d'habitations, non prévues pour ce genre de catastrophe qui se renouvelle souvent dans cette région du monde particulièrement sensible aux mouvements telluriques.

Mexico s'étale sur 2 357 km^2 ; elle s'est développée à partir de Tenochtitlán, l'ancienne capitale de Montezuma, l'empereur aztèque, et le palais d'Hernán Cortés, le conquistador espagnol. Les grandes réalisations modernes sont le stade olympique et, pour les amateurs de corridas, les plus grandes arènes du monde, d'une contenance de 60 000 places. Des églises d'époque coloniale et d'élégantes plazas voisinent avec des bâtiments ultra-modernes, à la construction desquels ont été associés des maîtres de la peinture murale comme Diego Rivera.

Le Mexique est né des mouvements du cœur de la terre, comme en témoigne la nature essentiellement volcanique de son sol. Sur la côte pacifique, dans le golfe du Mexique et sur la péninsule du Yucatán, ses chaînes de montagnes et ses hauts plateaux dominent de minces plaines côtières. Le Popocatépetl, spectaculaire volcan éteint, s'élève à 5 452 m près de Mexico ; mais le plus haut sommet du pays, couvert de neiges éternelles, est le Citlaltépetl (pic Orizaba) qui culmine à 5 747 m. Près de 70 % du pays se trouve à 500 m au-dessus du niveau de la mer. Dans le Nord-Ouest, les montagnes de la sierra Madre occidentale séparent la côte pacifique du grand plateau central constitué de déserts et de plaines entrecoupées de larges vallées, de lacs et, vers le sud, de volcans éteints. La sierra Madre orientale s'élève entre le rebord oriental du plateau et les côtes du golfe du Mexique. Au S. de Mexico, la sierra Madre del Sur, coupée par l'isthme de Tehuantepec, s'allonge jusqu'à la frontière du Guatemala.

LE LEGS DU PASSÉ

Le plus ancien peuple connu, les Olmèques, qui vivait sur la côte orientale 1 300 ans av. J.-C., a laissé de nombreuses gravures et des sculptures géantes. Les Mayas du Yucatán, constructeurs de monuments et bâtisseurs d'empires, eurent leur apogée vers l'an 300 de notre ère ; ils s'étendirent en direction des hauts plateaux du centre et vers le Guatemala, le Honduras et le Salvador, au S. Les Aztèques, qui subirent l'arrivée des Espagnols, ont fait mouvement, à partir du Nord, au début du XIIIe s. ; ils ont étendu leur domination sur la majeure partie de la région. Leurs étonnantes cités, l'essor prodigieux de leur empire ainsi que leurs curieuses et horribles cérémonies religieuses stupéfièrent les premiers Espagnols qui atteignirent le pays au XVIe s.

Le sang — nourriture des dieux — coulait à flots au sommet des pyramides à degrés, quand les prêtres ouvraient la poitrine des sacrifiés avec des poignards d'obsidienne pour

en extraire le cœur encore palpitant. Les victimes ainsi offertes se comptaient par milliers. Pour la consécration de leur grand temple de Tenochtitlán, en 1487, on dit que les Aztèques sacrifièrent leurs victimes quatre par quatre, du lever au coucher du soleil, et cela pendant quatre jours ; les canaux de la ville charrièrent du sang, et vingt mille prisonniers furent offerts, ce jour-là, en holocauste.

Une divinité de première grandeur, le serpent à plumes Quetzalcóatl, joua un rôle important dans l'effondrement de l'Empire aztèque. Ce dieu civilisateur, qui avait apporté aux hommes les règles de la vie sociale, avait été chassé de son trône et devait revenir un jour de la région où le soleil se lève sur une barque de roseaux. En 1519, en effet, un homme à l'allure étrange arriva de l'est avec d'autres hommes montés sur d'étranges animaux ; ces hommes avaient la peau blanche et portaient un casque de métal qui brillait au soleil ; l'empereur Montezuma vit en leur chef Quetzalcóatl en personne. C'était le conquistador Hernán Cortés et une poignée de cavaliers et de prêtres imprégnés des idées de l'Inquisition. Montezuma leur ouvrit les portes de son empire. Les nouveaux venus entreprirent sans tarder une œuvre forcenée de conversion à l'encontre de ceux qu'ils considéraient comme des païens à l'état pur. Les assassinats et tortures n'eurent rien à envier aux anciens sacrifices rituels et débouchèrent sur l'esclavage des populations, organisé avec un zèle auquel l'esprit de l'Inquisition donnait sa justification. Montezuma collabora avec les Espagnols ; ses fils, convertis, furent envoyés en Espagne.

Le Mexique mit trois siècles à s'arracher à la poigne de fer de l'Espagne. Un autre lui fut nécessaire pour s'affranchir de l'oppression des aventuriers et des tyrans. De nos jours, l'emprise des intérêts étrangers se remarque encore dans le domaine économique ; par ailleurs, le gouvernement a pris des mesures d'austérité pour ralentir l'inflation et rembourser la dette colossale du pays.

Il reste peu de vestiges de la superbe capitale de Montezuma que Cortés n'hésita pas, dans une lettre à Charles Quint, à comparer à Venise ; le lac de Texcoco, lui-même, sur lequel elle s'élevait, a disparu, comblé par les constructions du Mexico moderne. L'emplacement du grand temple aztèque a été fouillé, mais le seul vestige important est une cathédrale de style espagnol construite en 1573.

Les grands travaux d'irrigation et d'aménagement du lac de Mexico sont encore visibles, et la langue des Aztèques, le nahuatl, est encore parlée. Les autres peuples précolombiens — Mayas, Zapotèques, Otomis — ont également laissé des vestiges impressionnants, et leurs descendants parlent toujours la langue de leurs ancêtres. Ces langues, qui ont donné naissance à 59 dialectes différents, sont parlées par trois des 25 millions d'« Indiens » qui composent 30 % de la population. La grande majorité des Mexicains est constituée pour 55 % de *mestizos* (métis) ; les *criollos* (créoles), au nombre de 16 %, revendiquent une ascendance européenne.

UN PEUPLE JEUNE

Le Mexique est un vieux pays jeune, dit-on pour résumer le stupéfiant essor démographique des dernières décennies (50 % de la population a moins de 20 ans ; 48 % en a moins de 15) qui a fait monter le taux de natalité à 2,5 % (contre 0,9 % aux États-Unis et 0,4 % en France). Cette augmentation de la population semble être due, en partie, à la croissance économique des cinquante dernières années.

SÉVÉRITÉ DE LA NATURE. Dans la péninsule de Basse-Californie, une chaîne de montagnes granitiques sépare l'intérieur du pays de la côte pacifique. Des touffes d'herbe constituent l'unique végétation qui s'accroche à ce sol désertique, où les années sans pluie ne sont pas rares.

Plus que dans les autres pays du tiers monde, les campagnes se sont vidées vers les villes et les centres industriels (65 % de la population du Mexique est maintenant urbanisée, dont 20 % à Mexico), en particulier depuis l'exploitation des gisements de pétrole. Guadalajara atteint 2 millions d'habitants ; Monterrey et Puebla dépassent le million. Mais beaucoup de ces nouveaux venus ont simplement échangé la pauvreté des zones rurales pour la misère des bidonvilles, même si leurs maisons — souvent des baraques de bois — disposent de l'électricité, si leurs enfants bénéficient de l'école et s'ils peuvent accéder aux services sociaux.

Tampico, sur la côte orientale, est le grand centre pétrolier, ainsi que l'État de Tabasco et les gisements off-shore dans les eaux du golfe du Mexique. Le pays est devenu un des plus gros producteurs de pétrole du monde ; il est à la deuxième place, après l'Arabie Saoudite, pour les réserves d'or noir. Cette richesse a servi à financer de grands projets et à obtenir des prêts étrangers. Mais les prix ont chuté dès la fin des années 1970 et les taux d'intérêt ont augmenté. En 1982, l'inflation a atteint le taux record de 99 % — au lieu des 10 à 20 % prévus — et le montant de la dette était voisin de 82 % du produit national brut. Le gouvernement a nationalisé 54 banques. Des mesures ont été prises pour tenter de faire tomber l'inflation à 56 % en 1984. Par ailleurs, une campagne internationale a été entreprise pour renégocier le remboursement de la dette et permettre ainsi une reprise de l'activité économique du pays.

Frappé par la crise économique (baisse du prix du pétrole), le Mexique ne manque pas d'atouts pour affronter les problèmes actuels. En 1981, il a produit 7 millions de tonnes d'acier, 20 millions de tonnes de ciment et 600 000 moteurs; en 1984, la production de pétrole brut, par jour, a été de 2,76 millions de barils, et n'oublions pas que pendant des siècles il a été le plus grand producteur mondial d'argent. Le cuivre et le soufre sont extraits en grande quantité. Cependant, l'agriculture, qui constitue un secteur essentiel de l'activité économique, n'occupe plus qu'une personne active sur trois.

LES PAYSANS SANS TERRE

Le Mexique produit la plus grande partie de sa nourriture mais fait souvent appel aux États-Unis pour compléter ses besoins. Les grandes cultures vivrières sont le maïs et les haricots; l'élevage est pratiqué sur une vaste échelle; dans le Nord-Ouest, les fruits et les légumes sont cultivés pour l'exportation. Le fait que, dans ce pays, l'agriculture emploie aussi peu de personnes reflète aussi bien les difficultés naturelles que le peu de succès remporté depuis le départ des Espagnols par les tentatives de réforme agraire. En dehors des montagnes occidentales et des forêts du Sud-Est, les précipitations sont faibles et parfois inexistantes sur le grand plateau central. La plupart des terres agricoles demandent à être irriguées, et de grands projets ont permis de quadrupler les surfaces irriguées pour atteindre 3,5 millions d'hectares en 1950.

Malgré l'indépendance, la révolution, les exhortations enflammées de leaders charismatiques, les paysans mexicains attendent toujours les terres qui leur ont été promises et pour lesquelles ils se sont battus. Ainsi, en dépit de la révolution de 1910 (Zapata), 97 % des terres sont encore aux mains de 1 % de la population, tandis que 96 % des Mexicains ne possèdent que 1 % des terres; 88 % des paysans ne sont pas propriétaires de la terre qu'ils cultivent.

INDÉPENDANCE ET RÉVOLUTION

La campagne d'Espagne de Napoléon Bonaparte en 1808 fut le signal de la lutte pour l'indépendance, une guerre longue et meurtrière qui déboucha sur la fin de la domination espagnole (1821), mais coûta près de 600 000 morts. En 1836, les grands propriétaires terriens et les éleveurs du Texas, mécontents de l'abolition de l'esclavage, firent sécession et se déclarèrent indépendants. Ils reçurent le soutien des États-Unis qui entrèrent en guerre contre le Mexique (1846-1848); celui-ci, battu, dut céder le Texas, la Californie, l'Arizona, et payer des dommages de guerre s'élevant à 28 millions de dollars.

La lutte pour l'indépendance continua sous Benito Juárez, contre le corps expéditionnaire français envoyé par Napoléon III pour installer l'archiduc d'Autriche Maximilien et établir un empire latin au Mexique avec le soutien des conservateurs (1862-1867).

De 1876 à 1911, le pays fut gouverné par le dictateur Porfirio Díaz, qui fit appel aux investissements étrangers pour construire 24 000 km de voies ferrées, développer l'industrie, exploiter les ressources minières et mettre en place une administration. Mais ces changements se firent au détriment des paysans, dépossédés de leurs terres, contraints de descendre dans les mines, ou de travailler dans les plantations dans des conditions proches de l'esclavage. Ainsi, en 1883, une loi promulguée par Porfirio Díaz attribua 55 000 km^2 de terre « nationale » à de riches créoles, des étrangers ou des amis personnels, pour une bouchée de pain; une riche famille réussit même à devenir propriétaire d'une cinquantaine de ranches couvrant 30 000 km^2.

Les troubles grandirent, et débouchèrent finalement sur la révolution. La guerre civile fut générale, horrible et sans pitié, opposant paysans, petits propriétaires, hors-la-loi, Indiens, et même la classe moyenne des fermiers. Díaz s'enfuit à Paris tandis que surgirent plusieurs leaders révolutionnaires, comme Emiliano Zapata, un métis indien, et Pancho Villa. Ce dernier — archétype des révolutionnaires populistes latino-américains — sut transformer sa guérilla en une véritable guerre; il se constitua une armée en s'emparant de munitions et de mitrailleuses au cours de raids audacieux contre les trains transportant les troupes gouvernementales.

En réalité, la révolution mettait aux prises les grands propriétaires terriens et les grands intérêts étrangers à la classe moyenne qui se reconnaissait en Francisco Madero, un riche propriétaire libéral du Nord désireux d'établir une vraie démocratie. Madero fut assassiné en 1913, puis ce fut le tour de Zapata et de Villa (1923), tandis que le pouvoir conservateur de Carranza tentait de renouer avec la politique de Porfirio Díaz. Après son assassinat, en 1920, les *caudillos* Obregón et Calles se succédèrent à la tête du pays. Calles structura son pouvoir autour de la création d'un parti unique, devenu le Parti de la révolution mexicaine (1938), puis le Parti révolutionnaire institutionnel (P.R.I.), en 1946. Apparu en 1926, le mouvement paysan des *cristeros* — une guérilla catholique — ne prit fin réellement qu'en 1940.

La révolution avait occasionné des destructions épouvantables, mais elle avait aussi déclenché un réel processus de réformes sociales. La constitution de 1917 avait mis à son programme une réforme agraire de grande envergure, un système social avancé comportant, notamment, l'enseignement gratuit et obligatoire, un salaire minimum et le droit de grève. Ce programme ambitieux était loin d'être achevé à la mort de Lázaro Cárdenas, qui gouverna le pays de 1934 à 1940; seuls les très grands domaines avaient été démantelés et transformés en *ejidos* — ou communautés rurales — et l'éducation étendue à une grande partie de la population.

Les ressources pétrolières et les chemins de fer avaient été nationalisés, ainsi que les compagnies d'électricité et les compagnies aériennes. La réforme foncière s'est poursuivie et, dans le Nord-Est, l'accent a été mis, avec succès, sur le développement de l'agriculture. Mais seules les classes moyennes et les grandes sociétés, qui avaient les moyens d'investir en matériel d'irrigation, machines agricoles et engrais, en ont bénéficié.

AU CŒUR DE MEXICO. L'immense cathédrale, la plus vaste du Mexique, construite de 1573 à 1813, s'élève le long de la grande place du Zocalo, bâtie en partie sur l'emplacement d'une ancienne pyramide aztèque.

NE PAS OUBLIER LES INDIENS

Le Mexique a plus fasciné les étrangers pour ses richesses que pour son potentiel et ses possibilités de peuplement. Des tonnes d'argent arrachées à ses mines ont pris la route de l'Espagne, mais aucune immigration massive, comme aux États-Unis, n'a tenté de peupler ses côtes et ses plateaux. Les 7 à 8

millions d'Indiens qui y vivaient à l'arrivée de Cortés ont profondément marqué sa culture, et les Mexicains exaltent cette indianité pour se différencier d'avec leur voisin du Nord. Si la classe dirigeante est plutôt d'allure européenne, de grandes figures comme Juárez ou Zapata ont puisé dans leurs origines indiennes l'essentiel de leur popularité. Pourtant, c'est dans les régions les plus déshéritées que vivent les Indiens proprement dits.

Le Mexique doit sa relative stabilité politique à la toute-puissance du P.R.I., parti unique au pouvoir depuis 1929. Mais depuis la fin des années 1980, le monopole politique du P.R.I. est de plus en plus menacé.

En janvier 1994, la révolte des paysans du Chiapas se déclarant « zapatistes » a mis le pays en difficulté. Cet État, le plus pauvre du pays, à la frontière du Guatemala, avait au début du siècle « échappé » à la révolution. Aussi ses habitants demandent-ils notamment une réforme agraire.

Avec la création en 1993 de l'ALENA (Accord de libre-échange nord-américain) entre les États-Unis, le Canada et le Mexique, ce dernier abandonne son traditionnel protectionnisme économique.

Culturellement, le Mexique a produit des maîtres de la décoration murale — José Clemente Orozco, David Alfaro Siquieros —, de grands architectes — Luis Baragán, Pedro Ramirez Vásquez —, de grands écrivains, comme Octavio Paz et Carlos Fuentes ; les œuvres des uns et des autres sont fortement imprégnées de culture indienne.

LA GLOIRE DES CIVILISATIONS PASSÉES

Pour la plupart des visiteurs, les villes en ruine, les pyramides spectaculaires, ainsi que les mystérieux monuments des civilisations anciennes témoignent de la grandeur du Mexique. Le plus célèbre de ces vestiges est la grande pyramide de Teotihuacán, à 55 km de Mexico. Ici se trouvait le centre culturel d'un vaste empire basé sur le commerce, qui dura plus d'un millénaire (300 av. J.-C.-750 apr. J.-C.). Les archéologues pensent que 200 000 personnes habitaient cette capitale d'une superficie de 21 km^2 — plus que la Rome impériale — et constituée de rues se coupant à angle droit. L'impressionnante pyramide du Soleil, formée de quatre terrasses à degrés, a une hauteur de 65 m ; sa voisine, celle de la Lune, est haute de 60 m. Cette ville, que les Espagnols découvrirent dix siècles après sa destruction, semble avoir été abandonnée à la suite d'un vaste incendie.

Au cœur des jungles de la péninsule du Yucatán se trouvent les ruines mayas de Chichén Itzá et d'Uxmal ; sur la côte du Pacifique, celles de Palenque. L'apogée de la civilisation maya se situe entre 250 et 900 de notre ère ; les Mayas furent des mathématiciens et des astronomes astucieux qui avaient mis au point un calendrier couvrant 3 000 ans et qui prenait en compte les années bissextiles. Les hiéroglyphes mayas ne sont pas encore véritablement déchiffrés.

Monte Albán, dans la région d'Oaxaca, fut le centre de la civilisation zapotèque ; le site principal, une colline artificielle, mesure 600 m sur 400 ; les pyramides, les terrasses, les sculptures, les sépultures et les escaliers montrent l'importance de ce lieu au IXe s.

L'influence de ces temps anciens se manifeste encore aujourd'hui à travers les grandes fresques murales, sur lesquelles revivent les rois à la coiffure rehaussée de plumes, les prêtres et les guerriers.

LE MEXIQUE EN BREF
Superficie 1 958 201 km^2
Population 89 955 000
Capitale Mexico
Régime République fédérale
Monnaie Peso = 100 centavos
Langues Espagnol, langues indiennes
Religion Chrétiens (catholiques)
Climat Tropical et tempéré selon l'altitude. Température moyenne à Mexico : de 6-19 °C en janvier à 12-26 °C en mai
Ressources Maïs, sorgho, blé, avoine, riz, coton, sucre, café, haricots, fruits, bétail ; fer, uranium, cuivre, charbon, plomb, zinc, argent, or, pétrole, gaz, aluminium, phosphates
Activités Production et raffinage de pétrole, liquéfaction de gaz, cultures industrielles, mines, sidérurgie, affinage de l'aluminium, industrie automobile, cimenteries, machines-outils, textiles, céramiques
Exportations Pétrole et gaz, minerais non ferreux, machines et produits industriels et chimiques, café, coton, fruits et légumes
P.N.B. annuel par habitant 3 470 dollars
Croissance démographique 26,2 ‰ par an
Espérance de vie Hommes 66 ans, femmes 73

territoire). Ces régions au sous-développement chronique fournissent au Nord et au Centre industrialisés l'essentiel de leur main-d'œuvre migrante, et plus de 50 % des Italiens ayant quitté le pays en sont originaires. Près de la moitié de la population active s'y consacre à une agriculture (blé, maraîchage) de faible rendement. Le territoire, montagneux à 85 %, rend difficile l'utilisation du matériel agricole moderne. L'éloignement des régions consommatrices du Nord, obligeant à une coûteuse traversée de la péninsule, ne facilite ni l'implantation d'industries ni l'acheminement des denrées produites sur place. Depuis 1950, un vaste effort de développement a été entrepris. Les fonds débloqués par la Cassa per il Mezzogiorno (Caisse du Midi) et par la C.E.E. ont permis la mise en valeur de quelques terres et l'installation d'industries (automobile, électronique). Les ports ont été modernisés, 2 000 km d'autoroute ont été mis en service et le tourisme s'est développé, parfois au détriment des sites.
Population 21 000 000

Miami, ***États-Unis*** La plus grande ville du sud des États-Unis, au S.-E. de la Floride. La baie de Biscagne et une frange de flèches de sable et d'îlots l'isolent de l'Atlantique. Sa plage de Miami Beach, vaste ensemble de palaces et de villas (96 300 habitants), occupe un îlot à 5 km au large et se prolonge au N. sur 140 km en une chaîne ininterrompue de stations balnéaires jusqu'à Palm Beach. Miami est devenu au XXe s. un important centre industriel, commercial et financier doté d'un port et d'un aéroport internationaux très actifs, mais aussi d'un des taux de criminalité les plus élevés du pays. Sa proximité avec les Caraïbes en a fait l'asile des Cubains anti-castristes.
Population (ville) 359 000 ; (aggl.) 3 193 000
Carte États-Unis Je

mica Minéral composé de silicates d'aluminium et de potassium. Il est abondant, en feuilletage, dans les roches métamorphiques et éruptives. Exemples : la muscovite (aluminium et potassium) ; la biotite (aluminium, potassium, magnésium, fer).

Michigan, ***États-Unis*** État (150 780 km^2) composé de deux péninsules entre les grands lacs : le bas Michigan, entre les lacs Huron et Michigan, et le haut Michigan, entre les lacs Michigan, Supérieur et Huron. Le haut Michigan est plus boisé, plus accidenté et moins peuplé que le bas Michigan, qui est plus cultivé : maïs, fruits, légumes, bovins, produits laitiers. On y trouve du minerai de fer, du pétrole, du gaz. Industries automobile — notamment autour de Detroit —, mécanique, alimentaire chimique. Capitale : Lansing.
Population 9 258 000
Carte États-Unis Ia

Michigan (lac), ***États-Unis*** Le seul des grands lacs (58 140 km^2) situé tout entier aux États-Unis. Ports principaux : Chicago, Milwaukee.
Carte États-Unis Ib

Michoacán, ***Mexique*** État du Sud-Ouest couvrant une partie de la sierra Madre occidentale et bordé au sud par la côte pacifique (59 864 km^2). Région de forêts, de volcans, de lacs et de rivières au climat subtropical, foyer des Indiens Tarasques, restés fidèles à leurs coutumes et à leur artisanat (poteries, laques). Ses principales villes sont Morelia, la capitale, de style colonial, et l'ancienne capitale indienne, Tzintzuntzan, sur le lac Patzcuaro (très poissonneux), toutes deux centres touristiques. Sucre, tabac, argent, or, tungstène.
Population 3 548 500
Carte Mexique Bc

Micronésie, ***océan Pacifique*** L'un des trois grands ensembles d'îles du Pacifique avec la Mélanésie et la Polynésie, fondés sur des différences ethniques. Son nom signifie « petites îles ». Composée d'îles minuscules et d'atolls, la Micronésie comprend les îles Mariannes (dont les Mariannes du Nord et Guam), Carolines (avec Belau et les États fédérés de Micronésie), Marshall, Nauru et Kiribati (anciennes Gilbert). À l'exception de ces dernières, au S. de l'équateur, la Micronésie s'étend dans la zone tropicale de l'hémisphère N.
Population 453 700
Carte Pacifique (océan) Cb

Micronésie (États Fédérés de) Voir ci-dessous

microséisme Léger tremblement de la croûte terrestre dû à des causes naturelles, telles que le vent, les vagues, des engins lourds, etc.

Middelbourg, en néerl. **Middelburg,** ***Pays-Bas*** Chef-lieu de la province de Zélande, dans l'île de Walcheren, à 130 km au S.-O. d'Amsterdam. Le centre de la ville, traversé de canaux, a été rebâti après sa destruction durant la Seconde Guerre mondiale. Industries alimentaires, textiles, engrais, métallurgie, machines.
Population 38 100
Carte Pays-Bas Ab

Middleback (monts), ***Australie*** Monts d'Australie-Méridionale, près des monts Gawler, à 260 km au N.-O. d'Adélaïde. Région riche en minerai de fer, acheminé par le rail des mines Knob et Monarch jusqu'au port de Whyalla, sur le golfe Spencer.
Carte Australie Fe

Middlesbrough, ***Royaume-Uni*** Ville et port sur l'estuaire du fleuve Tees, à 70 km au N. de

Micronésie (États fédérés de)

UNE DES NATIONS LES PLUS RÉCENTES DU MONDE EST FAITE D'UN ÉPARPILLEMENT DE CENTAINES D'ÎLES SUR DES MILLIERS DE KILOMÈTRES

Les quelque 600 îles et atolls qui constituent l'une des nations les plus récentes du monde, les États fédérés de Micronésie (É.F.M.) se dispersent sur une vaste superficie du Pacifique occidental, au nord de la Papouasie-Nouvelle-Guinée. Après une succession de phases de colonisation, par l'Espagne, l'Allemagne, le Japon, suivies par un mandat des États-Unis, seize années de négociations ont abouti à l'approbation par le Congrès américain d'un contrat d'association global pour les É.F.M., en 1985 (il en fut de même pour les îles Marshall voisines). Après une période d'autonomie interne, les États fédérés de Micronésie devinrent indépendants et membres de l'O.N.U. en 1992, en préservant les intérêts stratégiques des États-Unis.

Il y a plus de 3 200 km d'un bout à l'autre de cette nouvelle nation, mais sa superficie émergée n'est que de 707 km^2, équivalente à trois fois celle du Val-de-Marne, mais à moins de la moitié de celle du Val-d'Oise. Une seule de ces îles, Pohnpei (ancienne Ponape), où se trouve la capitale, Palikir, représente la moitié de cette superficie. Le pays est composé de quatre États — d'E. en O. : Kosrae, Pohnpei, Chuuk (ex-Truk) et Yap. Plus à l'O., Belau a décidé en 1978 de suivre sa propre voie vers l'indépendance. Les É.F.M. et Belau constituent les îles Carolines, selon le nom qui leur a été donné par les Espagnols.

Ceux-ci revendiquèrent la possession des îles au XVIIe s., mais les ancêtres des habitants actuels arrivèrent d'Asie au moins 2 500 ans plus tôt. Et, il y a 600 ans environ, une civilisation mal connue construisit sur Pohnpei un ensemble de bâtiments de pierre sur des îles artificielles séparées par des canaux. De nos jours, les populations logent généralement dans des huttes en bois.

Les É.F.M. reçoivent une aide économique substantielle des États-Unis. Dans les plus grandes villes, le style de vie est américanisé, mais ailleurs il a été remarquablement peu affecté par des siècles de colonisation. Les gens pratiquent la pêche et l'agriculture de subsistance. Le coprah est la principale culture commerciale, et il y a dans les eaux littorales une grande abondance de thons, capturés par des flottes de pêche américaines, japonaises et coréennes. Cependant, les É.F.M. ont établi une zone économique de 370 km de rayon autour des îles, ce qui leur permet de tirer des revenus de cette pêche. L'activité industrielle est limitée (agro-alimentaire). Les principales perspectives économiques de l'archipel résident dans le développement de la pêche et du tourisme.

LES ÉTATS FÉDÉRÉS DE MICRONÉSIE EN BREF

Carte Pacifique (océan) Cb
Superficie 701 km^2
Population 114 000
Capitale Palikir (ex-Kolonia)
Régime République fédérale
Monnaie Dollar américain = 100 cents
Langues Anglais, dialectes micronésiens
Religion Chrétiens (principalement catholiques)
Climat Tropical ; température moyenne à Palikir : 26 à 27 °C toute l'année
Ressources Noix de coco, ignames, manioc, fruits tropicaux, poissons
Activités Coprah, agriculture, pêche, industries alimentaires
Exportations Coprah, poissons, produits artisanaux
P.N.B. annuel par habitant 1 595 dollars
Croissance démographique 29,9 ‰ par an
Espérance de vie Hommes 64 ans, femmes 68

York. La ville fut un centre industriel important : transbordement du charbon des gisements du S. du Durham, métallurgie dans les collines du Cleveland. Mais ces activités ont subi un sévère déclin. Le centre-ville (XIXe s.), aux rues en damier, est relié au bourg de Stockton-on-Tees par le Transporter Bridge, pont suspendu mobile unique en Grande-Bretagne.
Population 158 600
Carte Royaume-Uni Ec

Middle West, *États-Unis* Voir MIDWEST

Midi (canal du), *France* Canal reliant la Garonne à la Méditerranée, de Toulouse à l'étang de Thau (241 km), construit de 1666 à 1681 par Paul Riquet. Trafic commercial faible ; navigation de plaisance. Le canal de la Robine, qui s'en détache, mène à Narbonne et à Port-la-Nouvelle.

Midi de Bigorre (pic du), *France* Sommet des Pyrénées (2 865 m), au S. de Bagnères-de-Bigorre. Le général Nansouty (1815-1895) y édifia, en collaboration avec l'ingénieur Vaussenat, un observatoire et institut de physique du globe à proximité duquel on accède par une route atteignant 2 625 m d'altitude.

Midi d'Ossau (pic du), *France* Sommet des Pyrénées (2 885 m) composé de deux pics escarpés dominant la partie sud de la vallée d'Ossau. On attribue à un berger d'Aspe la première ascension réussie, avant 1787. La plus difficile, celle de l'éperon N.-O., n'a été effectuée par les alpinistes Mailly et Ollivier qu'en 1938.

Midi-Pyrénées, *France* La plus vaste des régions françaises (45 348 km^2). Elle s'étend du S. du Massif central aux Pyrénées et englobe l'Ariège, l'Aveyron, le Gers, la Haute-Garonne, le Lot, le Tarn, le Tarn-et-Garonne et les Hautes-Pyrénées. Zone de culture et d'élevage (20 % du troupeau national), de vignobles (armagnac). Les industries spécialisées (cuir, gants de Millau, fromage de Roquefort, délainage à Mazamet) sont encore actives. Industries modernes à Toulouse (Airbus) et à Tarbes. Un plan d'équipement tend à compenser le déséquilibre entre le pôle toulousain et un réseau diffus de villes moyennes.
Population 2 431 000
Carte France Dd

Midlands, *Royaume-Uni* Ensemble situé au centre de l'Angleterre et divisé en deux régions administratives, les Midlands de l'Est (comtés de Derbyshire, Leicestershire, Lincolnshire, Northamptonshire et Nottinghamshire) et les Middlands de l'Ouest (comtés de Hereford-et-Worcester, Shropshire ou Salop, Staffordshire et Warwickshire, ainsi que Birmingham). C'est le cœur industriel du pays (métallurgie, textiles, chimie, briqueteries). Villes principales : Birmingham, Coventry, Derby, Leicester, Nottingham et Stoke-on-Trent.
Population 8 975 000
Carte Royaume-Uni Ed

Midway (îles), *océan Pacifique* Deux atolls coralliens, à 1 850 km au N.-O. d'Honolulu, possession des États-Unis depuis 1867, actuellement bases aériennes et navales. La bataille de Midway, qui vit en 1942 la déroute de la flotte japonaise, fut la première victoire décisive des Américains dans la guerre du Pacifique.
Population 2 200 (militaires pour la plupart)
Carte Pacifique (océan) Ea

Midwest (Middle West), *États-Unis* Cœur agricole du pays, dans les bassins du haut Mississippi et de l'Ohio, englobant les États voisins des Grands Lacs (Ohio, Indiana, Michigan, Illinois, Wisconsin, Minnesota) et, à l'O., l'Iowa et le Missouri. On y inclut parfois le Kentucky, le Kansas, le Nebraska et les Dakota du Nord et du Sud. L'Est produit surtout du maïs (70 % de la production nationale), ce qui vaut à la région le nom de *Corn Belt* (de *corn*, maïs), mais aussi du blé, du fourrage, des porcs et des bovins. L'industrie, jadis à base de produits fermiers, se développe à partir de la production locale de charbon, de pétrole et de gaz.
Carte États-Unis Hb

migmatite Dans les massifs granitiques, nom donné aux roches métamorphiques dans lesquelles se sont infiltrés, par fusion partielle, des granits, ultime étape de la formation des gneiss.

Mihintale, *Sri Lanka* Montagne sacrée (310 m), à 15 km à l'E. de l'ancienne cité royale d'Anuradhapura. Mahinda, fils de l'empereur bouddhiste indien Açoka, y convertit au bouddhisme le roi cinghalais Devanampiya Tissa en 247. Mihintale est restée depuis un site monastique. De nombreux pèlerins visitent ses sanctuaires reliés par un escalier de pierre de 1 840 marches. La loi cinghalaise, qui protège depuis le Xe s. la vie sauvage de ses collines, en a fait la plus ancienne réserve naturelle du monde.
Carte Sri Lanka Ba

Mikines, *Grèce* Voir MYCÈNES

Milan, en it. **Milano, *Italie*** La plus grande ville industrielle et commerciale du pays, dans le nord-est de la plaine lombarde. Fondée par les Gaulois Insubres en 400 av. J.-C., elle tomba au Ve s. entre les mains des Lombards et fut leur capitale jusqu'au XIIe s., où elle devint indépendante. Elle éblouit l'Europe de la Renaissance du XIVe au XVIe s., sous la tutelle des Visconti puis sous celle des Sforza. Bastion de la révolte nationale contre l'Autriche et capitale musicale de l'Europe au XIXe s., elle bénéficia de la révolution industrielle et devint la plus prospère cité de la péninsule. Avec ses trois universités, ses journaux, ses théâtres, ses musées, ses foires, sa mode, ses industries, ses bureaux et sa Bourse, elle est la seule métropole italienne à figurer au rang des capitales culturelles, industrielles et financières modernes.

La ville s'est harmonieusement développée autour de la place médiévale du Dôme. La cathédrale (*Duomo*), chef-d'œuvre du gothique flamboyant, commencée en 1386 par Gian Galeazzo Visconti, terminée en 1813 sur ordre de Napoléon, est la plus grande église gothique d'Italie et la troisième cathédrale du monde. La galerie Victor-Emmanuel, aux arcades de fer et de verre, mène au célèbre opéra de la Scala (1778). Plus à l'E., le palais Sforza, legs de la Renaissance, donne sur un immense parc. Le couvent de l'église Santa Maria delle Grazie (XVe s.) abrite la *Cène* de Léonard de Vinci.
Population 1 435 000
Carte Italie Bb

Milford Haven, *Royaume-Uni* Port naturel du comté de Dyfed à la pointe S.-O. du pays de Galles, devenu depuis 1960 le premier port pétrolier britannique. Raffineries, usines pétrochimiques.
Population 14 000
Carte Royaume-Uni Ce

Milford Sound, *Nouvelle-Zélande* Crique sculptée de glaciers de la mer de Tasman, dans l'île du Sud, à 260 km au N.-O. de Dunedin, dominée par le cône du pic de Mitre (1 692 m). La pluviosité élevée (2 650 mm/an) alimente des centaines de cataractes (dont les chutes de Bowen, 158 m de haut) : elles attirent de nombreux touristes, tout comme la longue piste de Milford (55 km) qui passe pour une des plus belles promenades du monde.
Carte Nouvelle-Zélande Af

Millau, *France* Sous-préfecture de l'Aveyron, sur le Tarn. Ancienne place forte du protestantisme, démantelée par Richelieu. Monuments du XIIe s., vestiges gallo-romains. Industrie chimique, produits de teinture, gants.
Population 21 800
Carte France Ed

Mille-Îles, en angl. **Thousand Islands, *Canada/États-Unis*** Chapelet de 1 500 îles et îlots s'étirant sur 128 km le long du Saint-Laurent, de Gananoque à Brockville, en Ontario. Les îles de l'O., dont celles de Wolfe (la plus grande, 127 km^2), Howe et Grenadier, sont canadiennes ; celles de l'E., dont les îles Grindstone et Wells, appartiennent à l'État de New York. Le parc national des Îles-du-Saint-Laurent s'étend sur 405 ha et renferme 13 des îles canadiennes, 80 îlots et une partie du littoral de l'Ontario. Le pont des Mille-Îles, à six travées, qui date de 1938, franchit le fleuve entre Coelins Landing, dans l'État de New York, et Ivy Lea, en Ontario.
Carte Canada Hd

Millevaches (plateau de), *France* Région du Massif central, partie de la « montagne limousine », culminant au mont Besson (978 m) et s'étendant sur trois départements : Corrèze, Creuse et Haute-Vienne. Il est couvert de landes et essentiellement voué à l'élevage ovin, et l'on a entrepris, dans les années 1960, son reboisement en mélèzes, pins sylvestres et épicéas. Son nom vient de « mille vasques » (mille sources) : la Corrèze, la Creuse, la Vézère et la Vienne y prennent naissance.
Carte France Ed

Milo, en gr. **Milos, *Grèce*** Île aride et volcanique de la partie S.-E. des Cyclades (150 km^2). On y découvrit en 1820 dans la mer, près de l'antique Milos (700 av. J.-C.), la Vénus de Milo, actuellement exposée au Louvre. Ruines d'une cité cycladique (3000 av. J.-C.) et d'un théâtre romain. La ville principale, Plaka, possède un château vénitien et une église du XIIe s. À 4 km se trouve le port, Adamas.
Population 8 600
Carte Grèce Dc

Milwaukee, *États-Unis* Port, centre industriel et plus grande ville du Wisconsin, sur la rive O. du lac Michigan. Les immigrants allemands s'y installèrent en grand nombre et y fondèrent des brasseries. Industries électrique, mécanique, fonderies, matériel roulant. Centre commercial. Bois, élevage, blé, maïs, cuir.
Population (ville) 629 000 ; (aggl.) 1 608 000
Carte États-Unis Ib

Mina al-Ahmadi, *Koweït* Le plus grand port pétrolier du pays, relié par oléoduc aux gisements du N. et du S. La raffinerie de la Kuweit Oil Company produisait jusqu'à 300 000 barils par jour avant que la guerre du Golfe n'endommage gravement le port.
Carte Koweït Bb

Minamata, ***Japon*** Ville industrielle et port de pêche sur la côte O. de l'île de Kyushu, dans la baie de Yatsushiro. La « maladie de Minamata », provoquée par la décharge de méthyle de mercure dans la baie, a touché 20 000 Japonais de 1956 à 1967, dont 4 500 gravement, faisant 857 morts.
Population 37 000
Carte Japon Bd

Minami Arupusu, ***Japon*** Parc national appelé aussi parc national des Alpes japonaises du Sud, au centre de l'île de Honshu, à 130 km à l'O. de Tokyo. Il abrite le mont Shirane (3 192 m), second sommet japonais après le Fujiyama.
Carte Japon Cc

Minas Gerais, ***Brésil*** Voir BELO HORIZONTE

Minch, ***Royaume-Uni*** Détroit (56 km) séparant l'Écosse des îles Hébrides. Le Petit Minch (24-40 km) sépare l'île de Skye des Hébrides du Sud (Uist et Benbecula).
Carte Royaume-Uni Bb

Mindanao, ***Philippines*** Deuxième île (98 681 km^2) de l'archipel philippin, au S. des îles Visayas, traversée par le fleuve homonyme (320 km). Elle forme un triangle irrégulier s'étendant à l'O. en une péninsule arrondie, la presqu'île de Zamboanga. Montagneuse et volcanique (le mont Apo — 2 995 m —, près de Davao, est le plus haut sommet philippin), elle est très fertile dans la vallée de l'Agusan et dans la région de Cotabato arrosée par la rivière Mindanao. La pluviosité élevée permet des cultures pluriannuelles: ananas, maïs, coprah, café, cacao, chanvre, tabac, canne à sucre, riz, épices. Elle possède les gisements de minerais les plus importants de l'archipel (fer, nickel, argent, cuivre et or), et a pour capitale Davao.
Attirés par ses richesses naturelles, les habitants des îles voisines, chrétiens pour la plupart, y ont immigré massivement depuis les années 1930 et se sont heurtés à l'hostilité des musulmans formant la population locale, qu'ils ont surnommés les Maures. Mais ces affrontements n'ont pas freiné le développement de l'île, et Davao est à présent la deuxième ville du pays.
Population 14 000 000
Carte Philippines Cc

Minden, ***Allemagne*** Port fluvial de Westphalie, sur la rive gauche de la Weser, à 60 km à l'O. de Hanovre. Fondée en l'an 800 par Charlemagne, elle devint ville hanséatique au XIIIe siècle et fut annexée successivement par le Brandebourg, la Westphalie et la Prusse. Église du XIe s., cathédrale du XIIe s. Automobile, textile, verre, meubles, céramiques.
Population 78 000
Carte Allemagne Cb

Mindoro, ***Philippines*** Grande île (10 078 km^2), au S. de Luçon, divisée en Mindoro-Oriental et Mindoro-Occidental, l'une des plus pauvres de l'archipel philippin. Ses forêts protégées couvrent le centre montagneux, peu peuplé et ravagé par la malaria. Les côtes orientale et occidentale abritent quelques pêcheurs. Rizières, plantations de canne à sucre au S., près de San José.
Population (Oriental) 329 000 ; (Occidental) 145 700
Carte Philippines Bc

minerai Roche contenant un métal le plus souvent combiné à d'autres corps.

minéral Corps chimique inorganique qui se trouve à l'état naturel dans le sol. Les molécules composant les minéraux sont soit en désordre (minéral amorphe), soit régulièrement disposées en cristaux (minéral cristallisé). Ce sont les constituants des roches. On les distingue selon leur composition chimique, leur structure, leur densité, leur solubilité, leur dureté et leur couleur. Exemples: quartz, feldspath, calcite.

Minervois, ***France*** Région du bas Languedoc, située entre Mazamet et Béziers. Les monts du Minervois, dominant un causse calcaire aride, culminent à 858 m. Le minervois est un vin rouge réputé pour son bouquet. Dans un site pittoresque, dominant la vallée de la Cesse, se dresse le vieux village de Minerve.

Minho, ***Espagne/Portugal*** Voir MIÑO

Minicoy (îles), ***Inde*** Voir LAQUÉDIVES (îles)

Minneapolis-Saint Paul, ***États-Unis*** Dans l'État du Minnesota, sur le cours supérieur du Mississippi, à l'endroit où le fleuve devient navigable, dans une région qu'explorèrent dès la fin du XVIIe s. trappeurs et missionnaires français et que peuplèrent au XIXe s. de nombreux émigrants allemands et scandinaves, les villes jumelles — the Twin Cities — de Minneapolis et de Saint Paul (sur les rives O. et E. du fleuve), forment la plus vaste agglomération du centre-nord du pays. Rivales mais complémentaires, elles rassemblent près de la moitié de la population du Minnesota ; Saint Paul en est la capitale politique, et Minneapolis le centre économique ; cette dernière est l'un des principaux marchés américains du blé, et son Stock Exchange l'une des grandes Bourses mondiales du grain. Leurs activités industrielles, traditionnellement orientées vers l'agro-alimentaire (minoteries, abattoirs), le bois (scieries, papier) et la construction de matériel agricole et ferroviaire, concernent également la pétrochimie, l'automobile (Ford) et les secteurs de pointe (électronique, bureautique, etc.). Elles sont le siège de plusieurs universités et collèges. Le Minneapolis Institute of Arts présente d'intéressantes collections de peinture européenne du Moyen Âge au XXe s.
Population 2 465 000
Carte États-Unis Hb

Minnesota, ***États-Unis*** État du centre-nord (217 735 km^2) ; capitale: Saint Paul. Du N. au S., ce sont des paysages de forêts et de lacs innombrables, domaine traditionnel des Indiens Ojibwas, puis de vastes prairies que parcouraient les Sioux, terres reconnues dès la seconde moitié du XVIIe s. par les trappeurs, missionnaires et militaires de la Nouvelle-France. Le Voyageurs National Park, au N.-O. du lac Supérieur, rappelle le souvenir de ces intrépides pionniers. Dans les années 1880, un fait marquant de l'histoire du Minnesota, État de l'Union depuis 1858, fut l'important afflux d'immigrés, venus notamment d'Allemagne, de Norvège et de Suède.
Le sud de l'État, qui fait partie du Corn Belt, est un grand producteur de céréales (avoine, maïs), betteraves à sucre, plantes fourragères, soja, lin, etc. La zone médiane est une des premières régions laitières du pays (Dairy Belt). Quant au Nord, ses gisements de fer (Mesabi Range, à l'O. de Duluth) fournissaient encore dans les années 1970 près des deux tiers du minerai exporté par le port de Duluth vers les aciéries de Chicago et de Pittsburgh. Duluth et les Twin Cities (Saint Paul et Minneapolis) concentrent l'essentiel des activités industrielles de l'État.
Population 4 400 000
Carte États-Unis Ca

Miño, en port. **Minho,** ***Espagne/Portugal*** Fleuve de la péninsule ibérique long de 310 km. Né en Galice, où ses eaux forment le lac-réservoir de Belesar, il arrose Orense et se jette dans l'Atlantique au N.-O. du Portugal, marquant la frontière entre ce pays et l'Espagne.
Au Portugal, le Minho a donné son nom à l'ancienne province du même nom, qui fut le berceau de la nation portugaise.
Carte Portugal Ba ; Espagne Ba

Minorque, en esp. **Menorca,** ***Espagne*** Île de l'archipel des Baléares, la seconde par la superficie (702 km^2) ; chef-lieu: Mahón.
Population 59 000
Carte Espagne Gc

Minquiers (les), ***Manche*** Îlots et récifs du golfe de Saint-Malo appartenant au Royaume-Uni.
Carte Anglo-Normandes (îles) Bc

Minsk, en biélorusse **Mensk,** ***Biélorussie*** Capitale et centre intellectuel (université, académies, etc.), économique et industriel (constructions automobile, électrique, imprimeries, industrie textile, etc.). Entièrement reconstruite après la Seconde Guerre mondiale selon un plan régulier, la ville présente de larges avenues monumentales et de vastes espaces verts. Elle fut, dès le XIIe s., capitale d'une principauté qui passa en 1326 à la Lituanie ; elle fut, avec cette dernière, réunie à la Pologne en 1569, puis annexée par la Russie en 1793. Elle dut, en partie, son essor dès le Moyen Âge à ses colonies de marchands étrangers, russes, ukrainiens, polonais et juifs, et fut jusqu'en 1939 l'un des grands centres du judaïsme de l'Europe de l'Est. Une grande partie de sa population fut exterminée entre 1941 et 1944.
Population 1 633 600
Carte Biélorussie Bb

Mintaka (col de), ***Chine/Pakistan*** Col situé au N.-O. du massif du Karakorum (à 4 709 m d'altitude), reliant le Cachemire pakistanais et la Chine. Le col de Khunjerab, plus à l'E., à 4 934 m, est emprunté par la grande route du Karakorum entre le Pakistan et la Chine.
Carte Pakistan Da

miocène Quatrième époque de la période tertiaire (ère cénozoïque) entre l'oligocène et le pliocène. Voir ÉCHELLE DES TEMPS GÉOLOGIQUES, p. 268

mirage Phénomène optique, particulier aux déserts chauds, formant une image, souvent inversée, qui résulte de la réfraction de la lumière par des couches d'air de différentes densités. La plus courante est une image du ciel, créant l'illusion de l'eau.

Miranda, ***Venezuela*** État du nord du pays (7 950 km^2) ; capitale: Los Teques. Il se situe entre la mer des Antilles et l'État de Guárico et comprend une partie de l'agglomération de Caracas. C'est une importante région agricole (cacao, café, agrumes, bananes, élevage).
Population 2 026 500
Carte Venezuela Ba

Misiones, ***Argentine*** Province du nord-est du pays (29 801 km^2), entre le Brésil et le Para-

guay ; chef-lieu : Posadas, sur le Paraná. Son nom rappelle l'action des missions de Jésuites qui s'y établirent aux XVIIe et XVIIIe s. pour convertir les Indiens Guaranis. La région est de climat subtropical, et densément boisée. Canne à sucre, coton, tabac, maté et agrumes.
Population 787 600
Carte Argentine Da

Miskolc, ***Hongrie*** Troisième ville du pays, au N.-E. de Budapest, dans la vallée du Sajó. Centre administratif (chef-lieu du département de Borsod-Abaúj-Zemplén), universitaire, commercial (gros marché agricole) et touristique (station thermale de Tapolca). C'est aussi une ville industrielle : sidérurgie, constructions mécaniques, électriques, chimie, fabriques de papier, etc.
Population 196 500
Carte Hongrie Ba

Misratah ou **Misurata,** ***Libye*** Port et chef-lieu de province à l'E. de Tripoli ; la ville, installée dans une oasis (dattes, céréales) au bord de la Méditerranée, est aussi un centre commercial et d'activités artisanales (tapis) et industrielles. On y construit une raffinerie de pétrole.
Population 121 700
Carte Libye Ba

Mississippi, ***États-Unis*** 1. Fleuve long de 3 780 km, né dans le Minnesota. Il coule du N. au S. dans la plaine centrale entre les Appalaches et les Rocheuses et reçoit, à l'O., la Des Moines River, le Missouri (en amont de Saint Louis), la White River, l'Arkansas et la Red River, et, à l'E., l'Illinois et l'Ohio. Après le confluent de l'Ohio, le fleuve s'étale en larges méandres et, au S. de Baton Rouge, forme un vaste delta. Il fut pendant la première moitié du XIXe s. une voie de communication essentielle.

2. État du Sud (123 584 km^2) ; capitale : Jackson. Ses pays plats, couverts de forêts, de climat subtropical, limités au S. par une côte alluvionnaire et à l'O. par les rives fangeuses du Mississippi, peuplés autrefois d'Indiens Choctaw, Chickasaw et Natchez, furent reconnus par l'Espagnol de Soto en 1540-1541. Les Européens s'y installèrent au XVIIIe s., quelques Français tout d'abord (baie de Biloxi) et, après 1763, des Anglo-Américains. Y furent amenés en masse, à la fin du XVIIIe s. et au début du XIXe s., pour servir dans les plantations, des esclaves noirs dont les descendants constituaient en 1940 la majorité de la population de l'État ; les Noirs n'en forment aujourd'hui qu'un peu plus du tiers du fait d'une forte émigration vers d'autres États de l'Union après la Seconde Guerre mondiale. Traditionnellement agricole (2e producteur de coton de l'Union), le Mississippi exploite aussi ses forêts, ses gisements pétroliers et de gaz naturel. De nombreux romans de W. Faulkner, un enfant du pays né à New Albany, ont l'État du Mississipi pour cadre.
Population 2 613 000
Carte États-Unis (fleuve) Hb, Hd ; (État) Hd

Missolonghi ou **Messolóngi,** ***Grèce*** Ville à l'orée du golfe de Patras, un des foyers de la guerre de l'indépendance grecque contre les Turcs. Elle soutint trois sièges en 1822, 1823 et 1826. Le premier fut repoussé victorieusement par Mavrocordato, le deuxième par le héros national Botzaris. La famine mit un terme au troisième : ses défenseurs périrent en faisant sauter l'arsenal. Le poète anglais lord Byron, venu apporter son soutien aux Grecs, y mourut en 1824. Son cœur est enterré sous un tumulus au pied du monument aux héros de l'indépendance.
Population 10 200
Carte Grèce Bb

SUD PROFOND. Jadis fréquenté par les joueurs professionnels qui parcouraient le Mississippi, le *Creole Queen*, avec sa roue à aubes, fait aujourd'hui la joie des touristes.

Missouri, ***États-Unis*** 1. Principal affluent du Mississippi, long de 4 370 km. Formé par la réunion de trois rivières nées dans les Rocheuses (dans l'ouest du Montana), il coule vers l'E., reçoit la Yellowstone River, s'oriente alors vers le S., arrose les deux Dakota, reçoit la Platte River et la Kansas River, traverse l'État du Missouri et conflue avec le Mississippi à Saint Louis. De nombreux barrages-réservoirs régularisent son cours supérieur et permettent l'irrigation des terres traversées. Il est navigable jusqu'à Kansas City.

2. État du Centre, au contact des prairies de l'Ouest et des forêts de l'Est, des champs de coton du Sud et de céréales du Nord (180 486 km^2 ; capitale : Jefferson City). Divisé entre partisans de l'esclavage et ceux de la liberté des Noirs, le Missouri fut admis en 1821 comme État (esclavagiste), le 24e de l'Union, au terme d'un compromis dit du Missouri contrebalançant son admission par celle du Maine (anti-esclavagiste) et interdisant l'esclavage au N. de 36° 30′ de latitude. Son gouvernement resta certes fidèle à l'Union lors de la guerre de Sécession, mais nombre de ses citoyens combattirent dans les rangs des Confédérés. Les plaines du Nord sont de grandes régions agricoles (céréales, élevage) tandis que le Sud, occupé par le massif des Ozark, est surtout riche de ses gisements de plomb, cuivre, zinc, etc. (l'État est le principal producteur de plomb de l'Union) et de ses sites touristiques. Kansas City et Saint Louis regroupent ses principales activités industrielles. L'État du Missouri a vu naître notamment l'écrivain Mark Twain, le général Pershing et le président Truman.
Population 5 120 000
Carte États-Unis (rivière) Ea, Hc ; (État) Hc

Misti (El), ***Pérou*** Voir AREQUIPA

Mistra, en grec **Mistras,** ***Grèce*** Site archéologique byzantin à proximité de l'antique Sparte, dans l'un des plus beaux paysages du Péloponnèse. L'essor de la ville date des empereurs Paléologues ; capitale d'un despotat en 1348, elle fut jusqu'à la conquête ottomane (1460) un très brillant foyer intellectuel et artistique. Le philosophe Gemiste Pléthon y vécut. Subsistent de nombreux édifices civils et religieux du premier intérêt : le palais des Despotes, les églises des Saints-Théodore, du Brontochion, de la Péribleptos, de la Pantanassa, notamment.
Carte Grèce Cc

mistral Vent fort, sec et froid, soufflant dans la vallée du Rhône et le golfe du Lion, du Nord en direction d'un système de basses pressions sur la Méditerranée. Fréquent.

Mitchell (mont), ***États-Unis*** Sommet des Appalaches de Caroline du Nord (2 037 m) au N.-E. d'Asheville.
Carte États-Unis Jc

Mitidja, ***Algérie*** Plaine d'environ 1 400 km^2, allongée d'O. en E. entre le Sahel d'Alger et l'Atlas, à l'emplacement d'un ancien golfe marin comblé par les alluvions. Plaine marécageuse, elle fut transformée après bien des difficultés en plaine agricole riche, donnée en exemple de mise en valeur lors de la colonisation française ; on y produisait vigne, agrumes et céréales dans de grandes exploitations. Aujourd'hui, celles-ci ont été remplacées par les domaines autogérés où l'on a réduit la part du vignoble et tenté de diversifier les cultures et de développer l'arboriculture et l'élevage laitier ; de plus, des industries s'implantent dans les petits centres, surtout dans l'est. L'accroissement de la population est considérable. Principales localités : Blida, Boufarik, L'Arba, Rouiba, Bondouaou. L'attraction d'Alger est dominante.

Mitla, ***Mexique*** Site archéologique précolombien de l'État d'Oaxaca (au S. du pays). Ses monuments, construits à partir du Xe s., peuvent être attribués aux Zapotèques. Le groupe dit des Colonnes, en bon état de conservation, est particulièrement spectaculaire. Ses murs intérieurs et extérieurs présentent un décor de motifs géométriques fait de pierres soigneusement ajustées.
Carte Mexique Cc

Mito, ***Japon*** Ville de l'île de Honshu, proche de la côte E., à environ 100 km au N. de Tokyo. Au début du XVIIe s. Ieyazu Tokugawa, l'un des trois grands hommes de la réunification du Japon, la donna en fief à ses fils ; les Tokugawa de Mito avaient droit de succession au titre de shogoun. La ville présente l'un des plus célèbres exemples de l'art japonais des jardins : le Kairaku-en. Parmi ses industries, la manufacture traditionnelle du papier.
Population 235 000
Carte Japon Dc

Miyajima, ***Japon*** Petite île de la baie de Hiroshima ; elle abrite le célèbre sanctuaire shintoïste d'Itsukushima fondé vers le VIIe s. (les constructions actuelles sont du XVIe s.) et dont plusieurs autels, sur pilotis, s'avancent dans l'eau de la baie. Nombreux festivals, dont celui de Kangensai, sur l'eau, le plus pittoresque.
Carte Japon Bd

Miyazaki, ***Japon*** Ville de la côte E. de l'île de Kyushu. Siège d'une préfecture et d'une université, centre commercial et touristique (au N. du parc côtier de Nichinan), elle a été reconstruite après la Seconde Guerre mondiale avec de larges avenues et de nombreux espaces verts. D'origine médiévale, elle est restée un centre de la religion shintoïste.
Population 287 000
Carte Japon Bd

Mizoram, ***Inde*** Territoire du nord-est de l'Union (21 087 km^2), à la frontière birmane, formé en 1972 avec une partie de l'État de l'Assam pour satisfaire les aspirations nationales des tribus Mizo et devenu un État en 1987.
Population 690 000
Carte Inde Ec

Mjøsa (lac), ***Norvège*** Le plus grand lac du pays (360 km^2), à environ 55 km au N. d'Oslo. Site touristique.
Carte Norvège Cc

Mljet (île de), ***Croatie*** Île pittoresque montagneuse et boisée du sud de l'archipel dalmate (99 km^2). Monastère bénédictin (dont l'église est de style roman) sur un îlot du Veliko jezero, un des lacs salés qui se trouvent dans l'île. Belles plages de sable dans le sud-est.
Carte Croatie Bc

Mmabatho, ***Afrique du Sud*** Capitale de l'ancien bantoustan du Bophutatswana, à 275 km à l'O. de Johannesburg, devenue en 1994 celle de la nouvelle province du Nord-Ouest englobant l'ancien bantoustan et une partie des anciennes provinces du Cap et du Transvaal.
Population 10 000
Carte Afrique du Sud Cb

Mobile, ***États-Unis*** Port de l'Alabama à l'embouchure de la rivière Mobile, sur le golfe du Mexique. Fondée en 1702 par J.-B. Le Moyne, sieur de Bienville, sous le nom de Fort Louis de la Mobile, la ville fut cédée aux Anglais en 1763. Pendant la guerre de Sécession, elle fut l'un des principaux ports des Confédérés. C'est aujourd'hui un important centre industriel (chantiers navals, pétrochimie, papier, textiles, métallurgie de l'aluminium). La ville et ses environs présentent quelques belles demeures évoquant le charme de la vieille Louisiane d'avant la guerre de Sécession.
Population (ville) 196 500 ; (aggl.) 477 000
Carte États-Unis Id

Mobutu Sese Seko (lac), ***Zaïre***, appelé **lac Albert** ou **Albert Nyanza** ***en Ouganda*** Lac de 5 180 km^2, dans la partie occidentale de la vallée du Rift, à 619 m d'altitude. Appartenant au bassin du Nil, il est alimenté par la rivière Semliki, émissaire du lac Édouard, et par le Nil Victoria, qui amène les eaux des lacs Kyoga et Victoria. À sa sortie du lac Mobutu, le Nil prend le nom de Nil Albert puis de Bahr el-Djebel (Nil des montagnes), au Soudan.

Le lac Mobutu, découvert en 1864 par l'Anglais Samuel Baker, fait partie du complexe des grands lacs d'Afrique centrale. Faune abondante sur les rives et dans les plaines avoisinantes : hippopotames, crocodiles, éléphants, rhinocéros.
Carte Zaïre Ca

Moçambique, ***Mozambique*** Voir MOZAMBIQUE

Moçâmedes, ***Angola*** Voir NAMIBE

Moche (pyramides de), ***Pérou*** Site archéologique d'une civilisation précolombienne très brillante, celle des Mochicas (200 av. J.-C.-VIIIe ou IXe s.) à proximité de Trujillo (province de La Libertad, au N. du pays). Y subsistent deux huacas (pyramides) construites en briques crues ; la plus grande, la huaca del Sol, de base rectangulaire (228 m sur 136 m), est haute de 48 m.
Carte Pérou Ba

Modène, en it. **Modena,** ***Italie*** Chef-lieu de province, en Émilie. Son palais communal et sa cathédrale, un chef-d'œuvre de l'architecture romane italienne, sur la Piazza Grande, marquent le centre de cette superbe et très vieille cité. Les Este, qui en firent leur capitale en 1598, sont à l'origine des intéressantes collections de peintures réunies dans la Galleria Estense de son musée. Activités administratives, universitaires, commerciales (c'est un gros marché agricole), tourisme, industrie, notamment les firmes automobiles Ferrari et Maserati.
Population 178 300
Carte Italie Cb

Moéro (lac), ***Zaïre/Zambie*** Voir MWERU (lac)

Mogadishu ou **Muqdisho,** en it. **Mogadiscio,** ***Somalie*** Capitale, plus grande ville et principal port du pays. Fondée, probablement au Xe s., par des marchands arabes, la ville déclina au XVIe s. avec l'arrivée des Portugais dans l'océan Indien. Passée sous le contrôle du sultan de Zanzibar (1871), elle fut vendue en 1905 aux Italiens qui en firent la capitale de leur colonie de Somalie. Vieux quartier d'Hammar Wein à l'emplacement d'un ancien établissement arabe remontant à plus de mille ans. Industries alimentaires, textiles, raffinerie de pétrole, etc. Mais la ville est dévastée par la guerre civile.
Carte Somalie Ab

Mogador, ***Maroc*** Voir ESSAOUIRA

Mogami, ***Japon*** Rivière de 230 km, au N.-O. de l'île de Honshu. Elle se jette dans la mer du Japon, à Sakata.
Carte Japon Dc

Moghilev, ***Biélorussie*** Chef-lieu d'oblast, sur le Dniepr. Cette vieille ville marchande (Moghilev apparaît comme ville au XVIe s., avant c'était une forteresse) polonaise, puis russe à la fin du XVIIIe s., a été très éprouvée par la Seconde Guerre mondiale et presque entièrement reconstruite. C'est un important centre industriel : fibres synthétiques, moteurs, produits alimentaires, chaussures, etc.
Population 363 000
Carte Biélorussie Cb

Mogok, ***Birmanie*** Ville située à 125 km au N. de Mandalay, le plateau Shan, à 1 146 m d'altitude. Ancien centre d'extraction de pierres précieuses (rubis, saphirs). La compagnie anglaise Burma Ruby Mines, qui exploitait le site, a fermé ses mines en 1927. L'extraction continue aujourd'hui, mais de façon artisanale.
Population 79 500
Carte Birmanie Cb

Mohács, ***Hongrie*** Ville et port fluvial sur le Danube, au S. du pays. Petit centre industriel (cokeries, fonderies) et touristique (quelques monuments baroques). Le site est fameux dans l'histoire des pays danubiens : la victoire que Soliman le Magnifique y remporte sur Louis II de Hongrie en 1526 marque le début de la domination turque — elle durera plus de cent cinquante ans — sur la région. Charles V de Lorraine y vengera Louis II en 1687, en battant les Turcs à Harkany.
Population 21 200
Carte Hongrie Ab

Mohammedia, anc. **Fédala,** ***Maroc*** Port et station balnéaire à environ 25 km au N.-E. de Casablanca. Le trafic du port est essentiellement pétrolier. Raffinerie de pétrole, industrie textile, conserveries de poissons. Plage de 3 km et port de plaisance.

Ce fut en novembre 1942 l'un des principaux points de débarquement des troupes américaines pour la campagne d'Afrique du Nord.
Population 105 100
Carte Maroc Ba

Mohenjo-Daro, ***Pakistan*** Site archéologique du Sind, sur la rive gauche de l'Indus, à environ 200 km au N. d'Hyderabad. Les fouilles menées à partir de 1921 ont mis au jour une vaste agglomération édifiée en briques selon un urbanisme évolué, qui fut avec Harappa, dans le Pendjab, le principal centre de la civilisation dite de l'Indus. Cette civilisation qui se développa au cours du IIIe millénaire av. J.-C. présente quelques analogies avec celle de la Mésopotamie contemporaine.
Carte Pakistan Cb

Mohorovicic (discontinuité de), en abrégé **Moho** Voir DISCONTINUITÉ et TERRE (VOYAGE AU CENTRE DE LA), p. 661

Mohs (échelle de) Voir DURETÉ

Mo I Rana, ***Norvège*** À 30 km environ au S. du cercle polaire et au fond de Ranafjord, c'est une coquette petite cité aux rues bordées de bouleaux et de maisons de bois peintes de couleurs gaies, un centre industriel (sidérurgie, métallurgie de l'aluminium, du zinc et du plomb) et touristique actif, dans une superbe région de fjords et de glaciers (massif du Svartisen), et de pêche au saumon.
Population 20 700
Carte Norvège Db

Moissac, ***France*** Pittoresque petite cité du Tarn-et-Garonne, au N.-O. de Montauban. Le portail sculpté de l'ancienne abbatiale (beau cloître), représentant, au tympan, le Christ en majesté entre les symboles des Évangélistes et

les Vieillards de l'Apocalypse, tandis qu'au trumeau figurent saint Paul et Jérémie et aux piédroits Pierre et Isaïe, est l'un des sommets de la statuaire romane. Raisin de table renommé.
Population 12 000
Carte France Dd

Mojave ou **Mohave (désert),** ***États-Unis*** Région aride du sud de la Californie (38 850 km^2 environ) entre la sierra Nevada et les monts San Gabriel et San Bernardino. Parsemée de lacs salés, elle porte une végétation de cactus, yuccas, genévriers et de touffes d'absinthe. La base militaire d'Edwards (où atterrissent les navettes spatiales) y est installée.
Carte États-Unis Cc

Mokanji Hills, ***Sierra Leone*** Hautes terres à l'O. de la rivière Jong (à 180 km environ au S.-E. de Freetown), riches en bauxite.
Carte Sierra Leone Ab

Moldau, ***République tchèque*** Voir VLTAVA

Moldavie, ***Roumanie*** Région historique du N.-E. du pays. Capitale: Iasi. On y passe des pentes boisées et des prairies des Carpates, d'allure jurassienne, à de riants paysages de collines couvertes de vergers et de vignobles (Iasi et Focsani sont réputés) et aux plaines mollement ondulées, céréalières et à caractère déjà steppique de la vallée du Prut (frontière avec la Moldavie ex-soviétique).

La région forma, du XIVe au XIXe s., avec la Bessarabie et la Bucovine, une principauté sous suzeraineté turque, en butte au XVIIIe s. aux visées russes. La Bessarabie est annexée une première fois à la Russie en 1812. Voir ci-dessous MOLDAVIE.
Carte Roumanie Ba

Molène (île), ***France*** Île formant commune (75 ha) entre la côte bretonne et Ouessant. L'île fait partie du parc régional d'Armorique.
Carte France Ab

Molise, ***Italie*** Région au S. des Abruzzes, entre l'Apennin et l'Adriatique et les fleuves Sangro au N.-O. et Fortore au S.-E. Elle comprend les provinces d'Isernia et de Campobasso (4 438 km^2). Capitale: Campobasso. C'est un pays de caractère surtout rural, dont les collines bien cultivées portent champs de blé et vignobles.
Population 332 900
Carte Italie Ed

Molotov, ***Russie*** Voir PERM

Moluques, ***Indonésie*** Archipel de 74 504 km^2, au S. des Philippines, connu des Européens, du XVIe s. au XIXe s., sous le nom d'îles des Épices. Chef-lieu: Amboine, sur l'île du même nom, au S. de l'archipel. Il comprend Halmahera, Amboine, Seram, Buru et les îles Aru. Leurs principales exportations sont le bois, les épices (clou de girofle, macis, noix de muscade), le poisson et le coprah.
Population 1 860 000
Carte Indonésie Gc

Moluques (mer des), ***Indonésie*** Mer comprise entre l'archipel des Moluques et les Célèbes, explorée en 1521 par l'expédition de Magellan, la première à faire le tour du monde, peu après la mort de celui-ci.
Carte Indonésie Fc

Mombasa, ***Kenya*** Principal port du pays, desservant aussi l'Ouganda, État enclavé, auquel il est relié par voie ferrée. La ville est édifiée sur un îlot corallien à proximité de la côte où se développent les installations portuaires (Kilindini). C'est un important centre administratif, la seconde ville du pays après Nairobi. Ce fut à l'origine un comptoir arabe, fondé au XIe s., semble-t-il. Les Portugais, qui l'occupaient au début du XVIe s., y construisirent en 1593-1595 le fort Jésus (que l'on peut encore voir aujourd'hui) pour faire face aux menaces turques et arabes. Ils en furent chassés en 1698 par les Omanais. En 1840, la ville passait sous le contrôle du sultan de Zanzibar, puis en 1895, sous celui des Anglais.
Population 500 000
Carte Kenya Cb

Mon, ***Birmanie*** Petit État du S.-E. du pays, au N. du Tenasserim, créé en 1974 pour contenir la rébellion du peuple Mon (12 297 km^2). Sa capitale est Moulmein. La région est une grande productrice de riz et de bois de teck.
Population 1 682 000
Carte Birmanie Cc

Møn, ***Danemark*** Île de l'archipel danois, au S.-E. de l'île de Sjaelland, à laquelle elle est reliée par un pont (218 km^2) ; chef-lieu: Stege. La beauté de ses paysages et notamment ceux de sa côte E. bordée de hautes falaises crayeuses découpées parfois en formes étranges, la beauté aussi de ses villages et de ses églises médiévales (certaines sont ornées de très remarquables fresques du XVe s.) en font un des centres touristiques du pays. Randonnées pédestres.
Population 12 300
Carte Danemark Cb

Monaco, ***Monaco*** L'agglomération formant la principauté et s'étendant le long du littoral sur près de 3,5 km comprend trois centres: Monaco proprement dit, La Condamine et Monte-Carlo. Monaco, la vieille ville, sur son rocher, rassemble notamment le palais du prince, la cathédrale, l'hôtel de ville et le musée océanographique. La Condamine, au N. du rocher, est le centre commercial et se développe en amphithéâtre autour du port. Monte-Carlo, au N.-E., sur la plate-forme des Spélugues, regroupe les hôtels, le casino (construit par Ch. Garnier, 1878-1879) et le palais des Congrès.

Beaucoup trop à l'étroit sur ses 148 ha, l'agglomération a dû gagner sur la mer par la construction de terre-pleins (Larvotto, Portier et Fontvieille).
Population (vieille ville) 1 300
Carte France Ge

Moldavie

UN PAYS HÉSITANT ENTRE INDÉPENDANCE ET UNION À LA ROUMANIE VOISINE, DONT IL PARTAGE À LA FOIS L'HISTOIRE ET LA CULTURE

La Moldavie ex-soviétique ne représente en fait que la partie orientale de la principauté créée en 1359 et devenue plus tard ottomane. Le conflit russo-turc entraînera le rattachement à la Russie (1812) de la région située entre le Prut et le Dniestr, appelée dès lors Bessarabie. La guerre de Crimée, en 1859, retirera cette province à la Russie. Unie à la Valachie, elle fera partie de la nouvelle Roumanie indépendante. Dixneuf ans plus tard, en 1878, une nouvelle guerre russo-turque provoquera un échange : la Bessarabie est attribuée à la Russie, et la Dobroujda à la Roumanie.

La fin de la Première Guerre mondiale verra la réunification de la Moldavie (roumaine et russe). D'abord indépendante, elle sera très vite, sous la menace russe, rattachée à la grande Roumanie. Le pacte germano-soviétique de 1939 conduira une nouvelle fois à l'incorporation de la Bessarabie à l'Union soviétique (1940). Après l'occupation allemande, la Moldavie renaît en tant que république socialiste soviétique mais est toutefois amputée de la Bucovine du Nord (région de Cernauti/Tchernovtsy) et du Bugeac ou Bessarabie du Sud, attribués à l'Ukraine. Cela se fait en échange de territoires à l'E. du Dniestr, qui deviendront cinquante ans plus tard la Transnistrie. Colonisation et découpages territoriaux seront les ferments de conflits après la dislocation de l'U.R.S.S. Transnistrie et Gagaouzie (territoire des turcophones chrétiens au S. du pays), ainsi que le souhait de certains de s'unir à la nouvelle Roumanie, sont au cœur des problèmes de la Moldavie d'aujourd'hui, qui cherche son identité.

UNE ÉCONOMIE AFFAIBLIE

Le pays est plutôt plat et fertile, aussi l'agriculture est-elle un atout primordial. Le quart des vignobles soviétiques était planté ici, tandis que fruits, légumes, canne à sucre et tabac sont une véritable richesse, davantage mise en valeur que dans la Moldavie roumaine. L'élevage est important, tout comme l'industrie agro-alimentaire (sériciculture, vins) et la construction de machines agricoles. Les autres industries, peu développées, sont surtout situées dans la zone russo-ukrainienne de Transnistrie. Cela grâce en particulier aux aménagements hydrauliques du Dniestr (barrage de Doubossary), qui fournissent l'énergie. Textile et matériels électriques sont les principales productions. Le ciment (40 % de la production de l'ancienne U.R.S.S.) provient lui aussi pour l'essentiel de Transnistrie.

Les divers conflits qui touchent la Moldavie rendent incertaine la réunification avec la Roumanie, malgré les accords de coopération entre les deux pays. Il y a aussi la présence de troupes russes, qui ne se résoudront sans doute pas à quitter la région tant que ces conflits dureront.

LA MOLDAVIE EN BREF
Carte Ukraine Bc
Superficie 33 700 km^2
Population 4 394 000
Capitale Chisinau (Kichinev)
Régime République parlementaire
Monnaie Leu moldave
Langue Moldave (roumain)
Religion Chrétiens
Ressources Tabac, vignes, fruits, légumes
Activités Agriculture, industries textile et agro-alimentaire, constructions mécaniques
P.N.B. annuel par habitant 1 260 dollars
Croissance démographique 6 ‰ par an
Espérance de vie Hommes 65 ans, femmes 72

Monaco

LA ROUE DE LA FORTUNE TOURNE TOUJOURS POUR CETTE PRINCIPAUTÉ D'OPÉRETTE QUI PROSPÈRE GRÂCE AU TOURISME ET AUX JEUX DE HASARD

Le soleil scintillant sur les eaux bleues de la Méditerranée, les ports de plaisance où oscillent les yachts luxueux, des nageurs bronzés qui se dorent sur la plage, tels sont les ingrédients du capiteux cocktail monégasque. À quoi il faut ajouter le risque et l'imprévu du casino, l'excitation du rallye de Monte-Carlo et du grand prix de Monaco, et le mariage de conte de fées, en 1956, du prince Rainier et de la belle star américaine Grace Kelly. La tragédie peut aussi survenir dans un tel pays ; la princesse Grace mourut en septembre 1982 dans un accident d'automobile.

Il n'y a que 4 500 citoyens monégasques, mais 23 500 autres, en majorité français et italiens, vivent dans ce minuscule pays situé au coin S.-E. de la France, avec laquelle il a une union douanière. En outre, 10 000 frontaliers viennent chaque jour y travailler.

Les membres de la dynastie Grimaldi (une famille d'origine génoise) règnent sur Monaco depuis le Moyen Âge. Mais leur pays passa inaperçu jusqu'à ce qu'on construise le casino et les premiers hôtels au milieu du XIXe s.

Monaco se compose de trois districts : la vieille ville, Monaco-Ville, sur un promontoire rocheux, abrite la cathédrale et le palais princier ; Monte-Carlo a toujours son célèbre casino, mais a beaucoup changé depuis que les villas ont cédé la place aux hôtels et aux appartements de luxe ; entre les deux, la Condamine, avec ses bureaux, ses boutiques, les banques et son élégant quartier résidentiel ; Fontvieille est le quartier des industries légères et des ports de plaisance.

Les habitants de ce petit pays riche ne paient pas d'impôts sur le revenu, mais certains plaisirs leur sont interdits : ils n'ont pas le droit de jouer au casino.

MONACO EN BREF

Carte France Ge
Superficie 1,9 km^2
Population 30 300
Capitale Monaco-Ville
Régime Principauté constitutionnelle
Monnaie Franc monégasque et français = 100 centimes
Langues Français, monégasque
Religions Catholiques 90 %, protestants 5 %
Climat Méditerranéen ; températures moyennes : de 8 à 12 °C en janvier, de 22 à 26 °C en juillet
Activités Tourisme, jeux de hasard, banque, parfumerie, plastiques
P.N.B. annuel par habitant 16 000 dollars
Croissance démographique Statique
Espérance de vie Hommes 72 ans, femmes 80

Monaghan, en gaél. **Mhuineachain,** ***Irlande*** Comté du nord-est du pays (1 292 km^2), formant enclave dans le territoire de l'Irlande du Nord. Parsemée de très nombreux petits lacs et verdoyante, c'est une région surtout rurale, de champs de lin, d'orge et d'avoine, de prairies et d'élevage. Chef-lieu : Monaghan.
Carte (comté) 51 200 ; (ville) 6 170
Carte Irlande Ca

Monastir, ***Tunisie*** Chef-lieu de gouvernorat, station balnéaire (au S. du golfe de Hammamet) et pittoresque vieille ville arabe aux odeurs de jasmin, de piments et d'olives pressées, construite sur une presqu'île et entourée de remparts. Le ribat, sorte de forteresse-monastère, dont les parties les plus anciennes datent de la fin du VIIIe s., est un intéressant exemple de la première architecture arabe. Patrie de Habib Bourguiba.
Population 39 000
Carte Tunisie Ba

Monastir, ***Macédoine*** Voir BITOLA

Mönchengladbach, ***Allemagne*** Ville de Rhénanie-du-Nord-Westphalie, à l'O. de Düsseldorf. Elle s'est développée, au Moyen Âge, autour d'un monastère bénédictin (fondé en 972). C'est aujourd'hui un centre industriel important, textile notamment (laine, coton, fibres synthétiques, construction de machines textiles), siège de l'Institut allemand de recherche pour le textile. Figure aussi au nombre de ses activités industrielles la fabrication d'équipements aéronautiques et de papier. Ancienne église abbatiale romane dotée d'un chœur du début du gothique (trésor).
Population 257 000
Carte Allemagne Bc

Monclava, ***Mexique*** Ville de l'État de Coahuila (nord du pays) fondée au XVIIe s. et capitale de cet État à l'époque où il englobait le Texas. C'est aujourd'hui un important centre industriel ; l'un des plus puissants complexes sidérurgiques mexicains y est installé.
Population 174 000
Carte Mexique Bb

Moncton, ***Canada*** Située sur le Petit-Codiac, dans le sud-est du Nouveau-Brunswick, cette ville est la plaque tournante des provinces de l'Atlantique (Nouveau-Brunswick, Nouvelle-Écosse et Île-du-Prince-Édouard). Elle a pour principales industries la viande, la laine, l'acier et les produits chimiques. On y trouve la seule université francophone du Canada en dehors du Québec.
Population 55 500
Carte Canada Id

Mondego, ***Portugal*** Le plus long fleuve (225 km) inclus totalement dans le territoire national. Il prend sa source dans la serra da Estrela (province de Beira Alta) et se jette dans l'Atlantique à Figueira da Foz (à 150 km environ au N. de Lisbonne).
Carte Portugal Bb

Monemvassia, anc. en fr. **Malvoisie,** ***Grèce*** Pittoresque petite cité fortifiée médiévale (byzantine et vénitienne) de la côte S.-E. du Péloponnèse. Construite sur un îlot rocheux, elle est reliée à la côte par une jetée. Les vignobles de la région donnaient autrefois un vin blanc liquoreux fameux dans toute l'Europe, le vin de Malvoisie.
Carte Grèce Cc

Mongolie Voir p. 451

Mongolie-Intérieure (région autonome de), en chin. **Nei-menggu,** ***Chine*** À la frontière de la Chine et de la république populaire de Mongolie, région de 1 180 000 km^2 à très faible densité de population, aux vastes prairies vides et aux terres arides, incluant une partie du désert de Gobi. Aux populations hans, d'ethnie chinoise, ou mongoles (1/10 de la population), s'ajoutent des minorités mandchoues ou autres. Région riche en charbon, fer (à Bayan Obo), talc, mica, oxydes rares et amiante. Si la capitale est Huhhot, la ville principale est Baotou, important centre sidérurgique.
Population 22 000 000
Carte Chine Fc

Mongu, ***Zambie*** Chef-lieu et centre commercial de la Province-Occidentale, dans la vallée du Zambèze, à l'O. de Lusaka. Élevage (ovins). Maïs, millet.
Population 24 900
Carte Zambie Bb

Monomotapa (royaume du), ***Zimbabwe*** Ancien royaume bantou que l'on peut localiser entre Harare et le Zambèze. Il était réputé pour ses mines d'or ; les Arabes, puis les Portugais au XVIe s., commercèrent avec lui.

Monreale, ***Italie*** Petite ville de Sicile au S.-O. de Palerme. Sa cathédrale de la fin du XIIe s. présente un admirable décor de mosaïques où se combinent les influences byzantines et celles de la peinture gothique italienne. C'est le plus complet et le plus fastueux édifice construit par les rois normands de Sicile (célèbre cloître aux 228 colonnettes toutes différentes).
Population 24 000
Carte Italie De

Monrovia, ***Liberia*** Capitale et principal port du pays. La ville fut fondée en 1822 par l'American Colonization Society pour des esclaves libérés et rapatriés des États-Unis (alors que J. Monroe était président). La création d'un port franc après la Seconde Guerre mondiale a favorisé l'essor de la ville. Celle-ci s'étend en longueur sur une étroite bande de sable, de part et d'autre de Cap Mesurado, son centre commercial. Au N., Bushrod Island, le port (exportateur de latex, de minerai de fer et de bois), regroupe les principales industries (alimentaires, pharmaceutiques, raffineries de pétrole, cimenteries).
Population 425 000
Carte Liberia Aa

Mons, en néerl. **Bergen,** ***Belgique*** Chef-lieu de la province du Hainaut et capitale du Borinage, à 55 km au S.-O. de Bruxelles. La ville possède une cathédrale gothique (Sainte-Waudru), un beffroi de 1662 et un hôtel de ville du XVe s. Ses musées entourés de jardins ont beaucoup de charme. Ville drapière au Moyen Âge et sous Charles Quint, elle bénéficia plus tard de la proximité d'un bassin houiller. Aujourd'hui, son commerce tire parti de l'installation, au N.-E., du commandement suprême des Forces alliées en Europe, le SHAPE. Le 23 août 1914, Mons fut le théâtre d'une célèbre bataille : le général anglais French y arrêta, pendant 48 heures, les troupes de l'Allemand von Kluck.
Population 100 000
Carte Belgique Aa

montagne Relief d'altitude élevée caractérisé par des versants abrupts et de fortes dénivellations entre les sommets et les fonds de vallée. On distingue les montagnes jeunes (ou massifs récents) et les montagnes vieilles (ou massifs anciens). Voir LES PLUS HAUTES MONTAGNES DU MONDE, p. 452

Montagne de Reims (parc régional de la), ***France*** Voir REIMS

Montagne Noire, ***Bhoutan*** Chaîne montagneuse de l'Himalaya formant un éperon orienté N.-S. et partageant le Bhoutan en deux. La moitié orientale est principalement peuplée d'Indiens originaires de l'Assam ; la moitié occidentale est de culture plus tibétaine. Depuis peu, une route franchit la chaîne par le col de Pere-la entre Wangdu Phodrang et Tongsa. À l'extrémité N. de l'éperon, au sein de la chaîne himalayenne principale, le Kula Kangri est le point culminant du Bhoutan : 7 554 m.

Carte Bhoutan Ba

Montana, ***États-Unis*** État du Nord-Ouest (capitale : Helena), l'un des plus grands (381 086 km^2) et des moins peuplés, et aussi l'un des plus beaux et des plus touristiques de l'Union. Le tiers occidental du Montana appartient aux Rocheuses, le reste aux Grandes Plaines. Ses terres, indiennes tout d'abord (Nez-Percés, Sioux, Cheyennes), où paissaient de grands troupeaux de bisons, explorées par des trappeurs français au XVIIIe s., connurent au XIXe s. toute l'épopée de la Conquête de l'Ouest : mineurs et aventuriers de la ruée vers l'or (à Bannack et Alder Gulch, 1862-1863), cow-boys poussant bêtes et chariots sur des pistes difficiles, Sioux et Cheyennes chargeant les Tuniques bleues (ils battirent le général Custer à Little Bighorn en juin 1876), sans oublier les cheminots chinois travaillant à la voie ferrée transaméricaine. L'agriculture y est prospère (céréales, betteraves à sucre, élevage, sylviculture), le sous-sol riche : cuivre (la moitié de la production nationale), charbon, pétrole (Williston Basin dans le nord-est et Bell Creek dans le sud-est).

Population 826 000

Carte États-Unis Da

Montauban, ***France*** Chef-lieu du Tarn-et-Garonne, sur le Tarn. Vieille ville du Quercy méridional, ancienne bastide fondée par le comte de Toulouse en 1144. Richelieu fit raser les fortifications de cette place protestante en 1629. Son industrie textile (laine, soie), prospère à la fin du XVIIIe s., a disparu. C'est surtout aujourd'hui une ville d'activités tertiaires (administratives et commerciales) et un marché agricole. La ville a conservé son Pont-Vieux (XIVe s.). La place Nationale bordée d'arcades s'entoure d'un bel ensemble d'édifices de briques roses du XVIIe s. La cathédrale est d'architecture classique (1692-1739). Patrie d'Ingres ; le musée qui lui est consacré présente plusieurs de ses tableaux et la plupart de ses dessins.

Population 51 300

Carte France Dd

Montbéliard, ***France*** Dans le nord-est du Doubs, la ville forme avec Audincourt et Sochaux une des grandes agglomérations industrielles de l'est de la France (usines Peugeot). La région de Montbéliard, rattachée définitivement à la France en 1801, appartint longtemps au Wurtemberg ; c'est un des foyers du protestantisme français. Les grandes familles protestantes (Peugeot, Japy) sont à l'origine de son développement industriel, dès le XVIIIe s. En 1897, Armand Peugeot fondait la société des automobiles Peugeot et, en 1912, l'usine de Sochaux.

Population 29 000

Carte France Gc

Mont-Cenis (col du), ***France*** Col des Alpes (Savoie) reliant la Maurienne et la Doire Ripaire (2 083 m) et qu'emprunte la route de Lyon à Turin. Le tunnel ferroviaire du Mont-Cenis, plus à l'O., perce le massif du Fréjus entre Modane et Bardonnèche ; il est emprunté par la ligne Paris-Turin.

Mont-de-Marsan, ***France*** Chef-lieu des Landes. Centre administratif, commercial (marché agricole : foies gras, volailles) et industriel (bois, plastique, matériel agricole). C'est aussi le siège du Centre d'expériences aériennes militaires et d'une base de l'armée de l'air. D'importantes manifestations tauromachiques (courses de taureaux et de vaches landaises) se déroulent chaque année dans ses arènes.

Population 28 400

Carte France Ce

Mont-Dore (Le), ***France*** Station thermale et centre de sports d'hiver du Puy-de-Dôme, à 1 050 m d'altitude dans un cirque montagneux des monts Dore au pied du puy de Sancy. Les eaux, déjà connues des Gaulois et des Romains, traitent les maladies respiratoires et les rhumatismes. Vestiges romains dans l'établissement thermal richement décoré ; casino ; nombreuses promenades dans les environs : Grande Cascade, fontaine pétrifiante, etc. La face N. du Sancy et les pentes du Capucin offrent un domaine skiable.

Population 2 000

Monte Albán, ***Mexique*** Site archéologique précolombien à proximité d'Oaxaca (au S. du pays) dans un cadre grandiose à 2 000 m d'altitude. Les lieux où subsistent des vestiges spectaculaires (pyramides à degrés, palais, sanctuaires, etc.) ont tout d'abord été occupés par une population proche des Olmèques, puis au

Mongolie

LA VIE NOMADE CENTENAIRE DISPARAÎT, À MESURE QUE LES VILLES ATTIRENT LES ÉLEVEURS DES MONTAGNES

On peut encore voir des tentes rondes traditionnelles à toits en dôme (yourtes), mais on y trouve des postes de télévision et des transistors. Il y a de moins en moins de yourtes parce que de plus en plus de Mongols vivent dans des villes. La capitale, Oulan Bator, contient à elle seule 25 % de la population de cet immense pays.

La plus grande partie de la Mongolie est au-dessus de 1 500 m. Le Nord-Ouest est composé de montagnes isolées, comme les monts Hangayn et l'Altaï, qui culmine à 4 356 m au Taban Bogdo Ula. Au S.-E., les montagnes laissent la place à des steppes herbeuses et au désert de Gobi. La plus grande partie du pays est constituée de pâtures — la superficie cultivée représente moins de 1 % de la superficie. Le milieu est austère et difficile — une partie des terres est gelée en permanence, une partie est faite de déserts sableux —, et le climat est extrême. La pluviosité est faible et irrégulière.

Le pays a été inclus dans la Chine, et divisé entre Mongolie intérieure et Mongolie extérieure. La Mongolie intérieure est restée chinoise ; la Mongolie extérieure est devenue indépendante à la suite de la révolution de 1921, soutenue par les Russes. Elle a établi la république populaire de Mongolie en 1924. Ce satellite de l'ex-U.R.S.S. connaît depuis 1989 une évolution politique, avec la constitution d'une opposition au parti unique, et des manifestations qui ont imposé des changements dans le Parti communiste et dans le gouvernement.

Pendant des siècles, l'élevage de chevaux, de bovins, de moutons, de yacks et de chameaux a été la base de l'économie. Mais l'industrie minière, développée grâce à une aide russe massive dans des centres comme Erdenet et Dahran, rivalise avec l'élevage comme principale source de revenu. La vie des pasteurs nomades a laissé place à l'élevage sur des domaines coopératifs.

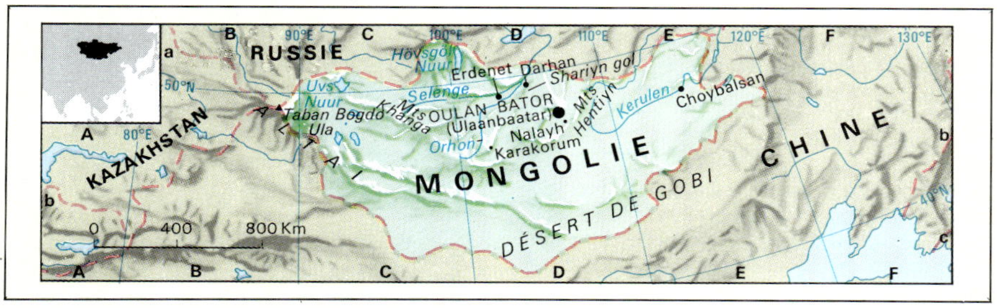

LA MONGOLIE EN BREF	
Superficie	1 565 000 km^2
Population	2 260 000
Capitale	Oulan Bator
Régime	République
Monnaie	Tugrik ou togrog = 100 mongo
Langues	Mongole (officielle), kazakh
Religions	Chamanistes (31 %), bouddhistes (2 %), musulmans (1 %)
Climat	Froid et sec ; température moyenne à Oulan Bator : entre − 32° et − 19 °C en janvier, de 11° à 22 °C en juillet
Ressources	Bétail, céréales, charbon, lignite, pétrole, cuivre, molybdène, or, fluor
Activités	Agriculture, industries alimentaires, textiles, mines, cuirs et peaux
Exportations	Minéraux, bétail, laine, cuir, viandes
P.N.B. annuel par habitant	112 dollars
Croissance démographique	25 ‰ par an
Espérance de vie	Hommes 63 ans, femmes 65

LES PLUS HAUTES MONTAGNES DU MONDE

L'Himalaya (2 400 km de long sur 200 à 400 km de large) contient les sommets les plus hauts du monde : près d'une centaine d'entre eux dépassent 7 300 m. Cette énorme chaîne a commencé à se former il y a 38 millions d'années, quand la plaque indienne de la croûte terrestre vint heurter la plaque eurasiatique, glissa en dessous et souleva la surface de la terre. Ce mouvement n'a jamais cessé.

Montagne	Pays	Altitude (en m)
Everest	Népal/Chine	8 848
K2	Pakistan/Chine	8 611
Kangchenjunga	Népal/Inde	8 585
Lhotse I	Népal/Chine	8 501
Makalu	Népal/Chine	8 481
Dhaulagiri	Népal	8 172

LES POINTS CULMINANTS DES CONTINENTS

Continent	Sommet	Altitude (en m)
Afrique	Kilimandjaro (Tanzanie)	5 895
Antarctique	Vinson (massif)	5 140
Asie	Everest (Népal/Chine)	8 848
Australie	Kosciusko (Nlle-Galles du Sud)	2 230
Europe (sans la Russie)	Mont Blanc (France)	4 807
Europe (y compris la Russie à l'O. de l'Oural et au N. du Caucase)	Elbrouz (Russie)	5 642
Amérique du Nord	McKinley (Alaska)	6 194
Amérique du Sud	Aconcagua (Argentine/Chili)	6 959

début de notre ère par les Zapotèques, qui déclinèrent vers la fin du Xᵉ s. Les Mixtèques s'y installèrent à partir du XIVᵉ s.
Carte Mexique Cc

Montebello (îles), ***Australie*** Archipel inhabité de l'océan Indien au large des côtes N.-O. de l'Australie. La première bombe atomique britannique y fut expérimentée en 1952.
Carte Australie Bc

Monte-Carlo, ***Monaco*** Voir MONACO

Montecatini Terme, ***Italie*** Une des plus célèbres stations thermales du pays, au N.-O. de Florence, dans la province de Pistoia. On y soigne les maladies de foie, de l'appareil digestif et des voies respiratoires.
Population 21 300
Carte Italie Cc

Montego Bay, ***Jamaïque*** Quatrième ville du pays et port de la côte N.-O. Centre commercial et industriel, c'est aussi une très luxueuse station balnéaire. Le site a été reconnu, en 1494, par Christophe Colomb.
Population 83 500
Carte Jamaïque Ba

Montélimar, ***France*** Marché agricole et centre de petites industries de la Drôme, à 130 km au S. de Lyon. Spécialité : le nougat.
Population 30 000
Carte France Fd

Monténégro (Crna Gora), ***Yougoslavie*** La plus petite et la moins peuplée des deux républiques yougoslaves, au S.-O. du pays. Capitale : Cetinje. C'est une région montagneuse, karstique, où culminent, au centre, les sommets de la chaîne dinarique d'allure pyrénéenne, dépassant parfois 2 500 m (Durmitor, Prokletïje). L'ensemble que forment la vallée de la Zeta et les plaines du lac de Shkodër et de Podgoritsa concentre les principales activités industrielles de la république (usine d'aluminium de Titograd, aciérie de Nikšic, etc.). Sur la côte abrupte, entaillée par les bouches de Kotor, climat très doux, favorable à la culture des agrumes et des oliviers. Elle a vu se développer tourisme et stations balnéaires (Kotor, Ulcinj). La république a connu un fort exode rural vers les grands centres du pays et l'Amérique du Nord. Sa population, de langue serbe, est traditionnellement orthodoxe. Son histoire à partir du XVᵉ s. fut celle de sa très longue et farouche résistance aux Turcs, couronnée de succès puisqu'en 1878 le Monténégro fut reconnu État indépendant (traité de San Stefano). Il fut rattaché à la Serbie en 1918, et, depuis 1992, forme avec elle la nouvelle Yougoslavie.
Population 616 000
Carte Yougoslavie Ac

Monterey, ***États-Unis*** Station balnéaire très prisée, port de plaisance et de pêche en Californie (au S. de San Francisco). La ville, capitale de la Californie espagnole, à partir de 1775, passa aux États-Unis en 1846. Ce fut au cours du XIXᵉ s. un centre de pêche à la baleine. Festival annuel de jazz. Aquarium.
Population 32 000
Carte États-Unis Bc

Monterrey, ***Mexique*** Troisième agglomération du pays par la population et capitale de l'État de Nuevo León, au pied de la sierra Madre orientale. Fondée en 1584. Son essor date de l'installation, au début du siècle, d'un vaste complexe sidérurgique. Cette cité moderne au plan régulier et aux nombreux jardins est le centre commercial et industriel (sidérurgie, construction automobile, électrotechnique, textiles artificiels, verreries) le plus important du nord du pays. Cathédrale baroque commencée au début du XVIIᵉ s. et achevée au XIXᵉ s. ; ancien palais épiscopal. Le cañon de la Huasteca, dans les environs, est spectaculaire.
Population 2 020 000
Carte Mexique Bb

Monte Sant'Angelo, ***Italie*** Ville ancienne construite sur un promontoire du Gargano (dans la Pouille), dominant la mer de ses 800 m d'altitude. Elle s'est développée autour du sanctuaire (campanile, porte de bronze) consacré à l'archange Saint-Michel, but d'un pèlerinage célèbre dans l'Occident médiéval.
Population 16 500
Carte Italie Ed

Montevideo, ***Uruguay*** Capitale du pays et port sur la rive N. du río de la Plata. Fondée en 1724 par les Espagnols, la ville s'est développée dans la seconde moitié du XIXᵉ s. avec les exportations massives de laine, puis de viande, qui

LE TOIT DU MONDE. La vue à 7 900 m sur la face S.-O. de l'Everest, la plus haute montagne du monde, montre l'Épaule O. (au premier plan à droite) et le glacier du Pumori (au centre).

furent longtemps les principales ressources de l'Uruguay, et avec l'afflux d'émigrants venus d'Europe. La ville rassemble l'essentiel des activités administratives, financières, commerciales et industrielles du pays, et près de la moitié de sa population.

Bénéficiant d'un climat de type méditerranéen, Montevideo présente de nombreux parcs et jardins très fleuris, de belles avenues bordées d'imposants édifices du XIXe s., dont les magasins, salons de thé et cafés rappellent parfois l'atmosphère des villes de l'Europe d'avant-guerre. La ville nouvelle s'est développée autour de la place de l'Indépendance. Le fort d'El Cerro jouit d'une superbe vue sur la ville et ses environs.

Population 1 304 000
Carte Uruguay Ab

Montgomery, ***États-Unis*** Capitale de l'Alabama au centre de l'État, sur la rive gauche de l'Alabama River. La ville fut la première capitale des Confédérés lors de la guerre de Sécession en 1861, et un grand marché cotonnier à la fin du XIXe s. Industrie du meuble ; fabrication d'engrais. Importantes bases de l'U.S. Air Force à proximité. En 1955, la ville vit naître le mouvement contre la discrimination raciale, conduit par Martin Luther King.

Population (ville) 185 000 ; (aggl.) 284 800
Carte États-Unis Id

Montluçon, ***France*** Capitale économique du Bourbonnais et carrefour routier et ferroviaire sur le Cher, à 90 km au N.-O. de Clermont-Ferrand. Elle connut un essor industriel important dans la deuxième moitié du XIXe s., favorisé par l'ouverture du canal du Berry reliant le charbon de Commentry et le fer du Berry. L'industrie est aujourd'hui tournée vers les pneumatiques, l'électronique et les meubles. La vieille ville s'ordonne autour du château des ducs de Bourbon (XVe-XVIe s.), qui abrite les musées, dont le musée international de la Ville. Maisons anciennes, église romane. Patrie du compositeur André Messager.

Population 44 300
Carte France Ec

Montpelier, ***États-Unis*** Capitale de l'État du Vermont, à environ 80 km de la frontière canadienne. Petit centre administratif et commercial. Pêche et ski à proximité.

Population 8 200
Carte États-Unis Lb

Montpellier, ***France*** Chef-lieu de la région Languedoc-Roussillon et du département de l'Hérault. La ville, d'origine médiévale, profita du déclin de Maguelonne et devint au XIIe s. un centre commercial florissant et le siège d'écoles célèbres réunies en 1289 pour former une université. Au XVIe s., la Réforme trouve dans cette université de nombreux adeptes ; les protestants resteront maîtres de la ville jusqu'à ce que Louis XIII l'assiège et la contraigne à reconnaître l'autorité royale (1622). Siège de la généralité du Bas-Languedoc, elle connaît au XVIIIe s. une période de prospérité du fait de l'activité de ses banquiers et de ses industries textiles (draps, mégisseries) et métallurgiques. Elle doit son développement actuel à ses fonctions tertiaires (administratives, universitaires, commerciales) et à la création d'industries nouvelles (électronique, pharmaceutique). Nombreux hôtels particuliers des XVIIe et XVIIIe s. et bel ensemble d'urbanisme classique formé par la promenade du Peyrou, le château d'eau, l'arc de triomphe (de Louis XIV), l'aqueduc Saint-Clément et le jardin des Plantes. Au musée Fabre, collection de peintures françaises des XVIIIe et XIXe s. Urbanisme moderne : centre commercial du Polygone, « Antigone ».

Population 208 000
Carte France Ee

Mont-Rainier (parc national du), ***États-Unis*** Parc de 976 km^2 dans la chaîne des Cascades à l'O. de l'Oregon. Au centre, le mont Rainier, pic volcanique d'où rayonnent de spectaculaires glaciers, culmine à 4 392 m. Les forêts y sont denses et les vastes alpages tapissés d'une foule de fleurs sauvages.

Carte États-Unis Ba

MÉTROPOLE AUX REFLETS MULTIPLES. Le gratte-ciel de la place Ville-Marie (au centre) dresse ses 48 étages au cœur de Montréal, au-dessus d'un vaste complexe souterrain de boutiques, de cinémas et de restaurants.

Montréal, ***Canada*** Deuxième ville du pays par sa population, fondée en 1642 par le sieur de Maisonneuve au confluent de la rivière des Outaouais et du Saint-Laurent, sur une île que domine le mont Royal (235 m). Grand centre industriel, métropole commerciale et financière, tête de pont des transports ferroviaires et maritimes, elle est aussi le foyer de la culture française en Amérique du Nord. Elle compte de nombreuses troupes de théâtre et un orchestre symphonique ; elle est dotée de musées, de quatre universités, de deux aéroports internationaux, d'un métro et d'un stade olympique. Son réseau souterrain de galeries marchandes, unique au monde, et le Vieux Montréal, son quartier historique, constituent des attraits supplémentaires. Sa population, majoritairement francophone, compte d'importantes minorités ethniques.

Population (ville) 1 020 000 ; (région métropolitaine) 3 127 500

Carte Canada Hd

Mont-Riding (parc national du), ***Canada*** Réserve naturelle qui s'étend sur 2 976 km^2 au Manitoba. Elle abrite des bisons, des élans, des wapitis, des loups et des ours.

Carte Canada Ec

Mont-Saint-Michel (le), ***France*** Rocher granitique de 78 m de haut et de 900 m de pourtour, situé au fond de la baie du même nom (entre Cotentin et côte bretonne). Il porte les bâtiments d'une abbaye dominée par une église dont la flèche s'élève à 157 m. Entouré de sables que des marées de forte amplitude ont vite fait de recouvrir, l'îlot est relié à la côte par une digue. C'est l'un des sites touristiques les plus fréquentés de France. Ce fut au Moyen Âge le but d'un pèlerinage célèbre en l'honneur de l'archange Michel. À la fin du Xe s., un monastère s'y établit sous le duc de Normandie Richard Ier. Au sanctuaire du Xe s. s'ajouta au XIe s. une église dont subsiste la nef (romane) ; le chœur, de style gothique flamboyant, fut refait à la fin du XVe s. Les bâtiments abbatiaux constituant la *Merveille* (aumônerie, salle des hôtes, réfectoire, cellier, salle des chevaliers, cloître), entrepris au début du XIIIe s., sont un bel exemple d'architecture gothique de l'âge d'or.

Population 72

Carte France Cb

Montserrat, ***Antilles*** Une des Petites Antilles britanniques (chef-lieu : Plymouth), au S.-O. d'Antigua et au N.-O. de la Guadeloupe. Elle fut reconnue par Christophe Colomb en 1493 et colonisée par les Anglais à partir de 1632. De petite taille (102 km^2), volcanique, elle culmine à 914 m. La population est formée de descendants des esclaves africains amenés pour exploiter les plantations aux XVIIe et XVIIIe s. Ses terres produisent des fruits (agrumes) et du coton. Le tourisme s'y est développé.

Population 13 000

Carte Antilles Cb

Montserrat, ***Espagne*** Massif du centre de la Catalogne. L'abbaye bénédictine qui s'y est établie au IXe s. fut, au XVIe s., un haut lieu de la spiritualité espagnole, le centre d'une école théologique qui influença saint Ignace de Loyola. C'est encore aujourd'hui un lieu de pèlerinage très fréquenté.

Carte Espagne Fb

Monza, ***Italie*** Vieille cité lombarde, au N.-E. de Milan. La piazza Roma, au centre, est bordée par l'Arengario (palais communal) et la cathédrale (XIIIe-XVe s.). Centre industriel actif (textile, mécanique, électrotechnique). Circuit automobile (Grand Prix annuel).

Population 122 500

Carte Italie Bb

Mooréa, ***Polynésie française*** Île volcanique appartenant au groupe des îles du Vent dans l'archipel de la Société, à 10 minutes d'avion à l'O. de Tahiti. Son nom signifie « manger en se cachant », car, autrefois, les fugitifs de Tahiti venaient s'y cacher. Aujourd'hui, Mooréa accueille ceux qui fuient les rues bruyantes de Papeete et de sa banlieue surpeuplée. Le centre de l'île est constitué par un immense cratère de 9 km de diamètre, dont les bords déchiquetés s'élèvent à 1 807 m au mont Tohiva. L'île est entourée d'un lagon percé de nombreuses passes. Le capitaine Cook a donné son nom à la baie — l'une des plus belles du monde — qui abrite le petit village de Paopao. On y cultive du café et du riz.

Population 9 000

Carte Tahiti Ab

Moose Jaw, ***Canada*** Ville du sud du Saskatchewan, à 70 km à l'O. de Regina, desservant une vaste zone agricole. Industries : viandes, produits laitiers, farine, bois.

Population 35 000

Carte Canada Ec

Mopti, ***Mali*** Chef-lieu de province, sur le Niger, dans le Macina. Marché agricole (riz, mil, bétail) et port de pêche. Le spectacle qu'offrent les berges du fleuve, où l'on sèche le poisson et calfate les pirogues, où se pressent des pêcheurs bozos, des marchands dioulas, des pasteurs peuls, évoque des temps très anciens malgré les embarcations modernes. La mosquée d'argile (banco) avec ses murs consolidés par de puissants contreforts et hérissés de morceaux de bois est caractéristique de l'architecture du Soudan islamisé.

Population 74 000

Carte Mali Bb

Moquegua, ***Pérou*** Chef-lieu du département du même nom, au S. du pays. Cette charmante petite cité coloniale, fondée au XVIe s., occupe une vallée plantée de vignobles et d'oliviers. Importantes mines de cuivre à Cuajone.

Population (ville) 22 200 ; (dép.) 132 500

Carte Pérou Bb

moraine Ensemble de matériaux arrachés, transportés et transformés par un glacier. On distingue : des *moraines de fond*, constituées de matériaux arrachés au lit glaciaire ou tombés dans les crevasses ; des *moraines latérales*, superficielles, formées des éboulis rocheux venus des versants ; des *moraines médianes*, résultant de la rencontre de deux moraines latérales après la confluence de deux glaciers ; et des *moraines frontales* qui se déposent à l'endroit où fondent les glaces. Les moraines abandonnées par les grands glaciers quaternaires constituent aujourd'hui des reliefs d'accumulation importants. Aux moraines latérales et de fond correspond souvent un paysage de collines bosselées, de 20 à 100 m de hauteur. Voir COMMENT LES GLACIERS TRANSFORMENT LE PAYSAGE, p. 276

Morat, en all. **Murten,** ***Suisse*** Ville fortifiée du canton de Fribourg sur le lac de Morat (Murtensee), à 25 km à l'O. de Berne. Murailles des XIIe-XVe s. et château du XIIIe s.

Population 5 000

Carte Suisse Aa

Morava, ***Yougoslavie*** Rivière de Serbie formée par la réunion de la Morava occidentale, Zapadna Morava (longue de 298 km et prenant sa source dans les montagnes de la Serbie de l'O.), et de la Morava méridionale, Juzna Morava (longue de 318 km et prenant sa source dans le sud-est de la Serbie). La Morava (220 km) se jette dans le Danube au N.-E. de Smederovo. La Morava occidentale a creusé de spectaculaires gorges non loin de Čačak.
Carte Yougoslavie Bbc

Moravie, en tchèque **Morava,** ***Rép. tchèque*** Région historique s'étendant entre la Bohême et la Slovaquie, drainée par la Morava et ses affluents et par le cours supérieur de l'Oder ; elle présente une série de petits bassins fertiles (blé, houblon, betterave à sucre, plantes fourragères, élevage). L'industrie s'est développée dans le bassin houiller d'Ostrava (sidérurgie, construction mécanique, automobile, chimie), à Brno (textile, construction mécanique, électrotechnique) et à Zlin (usines Bata). Les Moraves (Slaves occidentaux) s'y installèrent vers le Vᵉ s. et formèrent, à la fin du IXᵉ s., le royaume de Grande-Moravie, qui s'étendit non seulement à la Bohême et à la Slovaquie, mais aussi à la Silésie et à la Pologne méridionale. Ce royaume ne résista pas aux coups que lui portèrent les Hongrois au Xᵉ s. La Moravie fut rattachée à la Bohême au XIᵉ s. et constitue avec elle le nouvel État tchèque, créé en 1993.
Carte République tchèque Cb

Moray, ***Royaume-Uni*** Voir GRAMPIAN

Moray Firth, ***Royaume-Uni*** Golfe de la côte N.-E. de l'Écosse au fond duquel est située la ville d'Inverness.
Carte Royaume-Uni Db

Morbihan (56) ***France*** Département côtier de la région Bretagne, à l'O. de la France, dans le sud du Massif armoricain. 6 763 km^2. Chef-lieu : Vannes. Il est formé de collines et de plateaux peu élevés, entaillés par des vallées encaissées (Blavet, Scorff, Oust). La côte, plus plate que dans le nord de la Bretagne, est fendue par de profondes rias et par le golfe du Morbihan, véritable mer intérieure parsemée de nombreux îlots (Gavrinis, île d'Arz, île aux Moines). Le littoral est bordé d'îles (la presqu'île de Quiberon, ancienne île, est rattachée à la côte par un isthme) et touristique.

L'agriculture du Morbihan, longtemps pauvre et archaïque, s'est développée depuis 1960 (élevage laitier, porcs, poulets), ainsi que l'industrie agro-alimentaire. Mais l'industrialisation reste peu importante, et concentrée autour des deux principales agglomérations, Vannes et Lorient-Lanester.
Population 620 000
Carte France Bc

Mordovie (Rép. aut. de), ***Russie*** Voir SARANSK

Morelia, ***Mexique*** Capitale de l'État de Michoacàn, à 1 950 m d'altitude. Fondée en 1541 sous le nom de Valladolid, elle fut rebaptisée Morelia en 1828 en l'honneur d'un de ses fils et héros de l'indépendance nationale, José María Morelos y Pavón. C'est l'une des cités coloniales mexicaines les mieux conservées. Nombreux édifices des XVIIᵉ et XVIIIᵉ s. (églises Santa Rosa, del Carmen, San Agustin, et cathédrale) et du XVIᵉ s. (San Francisco).
Population 298 000
Carte Mexique Bc

Morelos ***Mexique*** Petit État au S, du district fédéral de Mexico (4 931 km^2). Capitale : Cuernavaca. Ses terres sont drainées par le rio Amacuzac. C'est l'un des grands États agricoles du pays : canne à sucre, riz, maïs, fruits et légumes. Sa population se compose en grande partie d'Indiens et de métis.
Population 1 200 000
Carte Mexique Cc

Morena (sierra), ***Espagne*** Région montagneuse du sud-ouest du pays, s'étendant entre la vallée du Guadiana et celle du Guadalquivir, culminant à 1 300 m au Cerro Angulosa. Elle est couverte de maquis et peu peuplée. Mines de charbon (Peñarroya, Puertollano), de mercure (Almadén), de cuivre (Ríotinto) et de plomb (La Carolina).
Carte Espagne Cc

Morioka, ***Japon*** Chef-lieu de préfecture, au N.-O. de l'île de Honshu. Fief des Nambu à l'époque médiévale, cette vieille cité conserve, en dépit de ses fonctions commerciales, universitaires et industrielles, un air traditionnel et provincial.

Elle est réputée pour ses foires de chevaux, ses théières en fonte et les plantations de cerisiers du parc Takamatsu.
Population 235 500
Carte Japon Dc

morne Mot créole désignant aux Antilles une petite montagne de forme arrondie.

Morogoro, ***Tanzanie*** Chef-lieu de la région du même nom, à l'O. de Dar es-Salaam, sur la voie ferrée reliant cette ville à Kigoma, sur le lac Tanganyika. La région (73 038 km^2) s'étend des monts Nguru au N. au bassin du Kilombero au S. Sisal, kapok, coton, café et arachides. Mines de mica près de Morogoro.
Population (ville) 90 000 ; (région) 1 223 000
Carte Tanzanie Ba

Morondava, ***Madagascar*** Chef-lieu de préfecture sur le canal de Mozambique, au S.-O. d'Antananarivo, et rade où les navires trouvent un mouillage à 1 mille de la côte. Marché agricole (maïs, arachides, pois du cap et produits de l'élevage).
Population 14 900
Carte Madagascar Ab

Moroni, ***Comores*** Capitale de l'archipel, sur la côte O. de Ngazidja (anc. Grande Comore). Mosquées. Lieu de pèlerinage.
Population 20 000
Carte Madagascar Aa

Morris Jesup (cap), ***Groenland*** Extrémité N. du Groenland, à 706 km du pôle Nord. La mer y est gelée la plupart de l'année.
Carte Arctique a

Mort (vallée de la), en angl. **Death Valley,** ***États-Unis*** Fossé d'effondrement à l'E. de la Californie, près de la frontière du Nevada. Cette zone désertique, où l'on trouve des gisements de sel

MER DE SABLE. Des dunes de sable s'enroulent autour des parois rocheuses de la vallée de la Mort. C'est l'endroit le plus chaud et le plus sec de l'Amérique du Nord. Il n'y pleut parfois pas pendant un an, et la température en été dépasse souvent 49 °C.

et des formations de borax, est le point le plus bas de l'hémisphère occidental (86 m au-dessous du niveau de la mer). Le parc national dont elle fait partie s'étend sur 8 399 km^2.

Carte États-Unis Cc

Morte (mer), ***Israël/Jordanie*** L'étendue d'eau la plus salée du monde (en ar. Bahret Lut), située sur la frontière entre Israël et la Jordanie. Aucun poisson ne peut vivre dans ses eaux, dont le taux de salinité dépasse 25 %. Sa surface se trouve au point le plus bas de la terre, à 396 m au-dessous de la Méditerranée. Profonde de 2 m seulement au S., elle atteint 400 m au N., là où se jette le Jourdain. Gisements de potasse, magnésium et brome aux alentours. La site de Qumran, où l'on retrouva les manuscrits dits de la mer Morte, se trouve à proximité, sur la rive N.-O. Longueur : 75 km ; largeur : 15 km ; superficie : 1 049 km^2.

Carte Israël Bb

morte-eau Voir MARÉE

Morvan, ***France*** Massif cristallin aplani, à cheval sur les quatre départements de la région Bourgogne (Yonne, Côte-d'Or, Nièvre, Saône-et-Loire) et constituant l'extrémité N.-E. du Massif central. Au S., il culmine à 902 m (Haut-Folin), dominant nettement l'Autunois. C'est une région au climat rude, montagnard aux yeux des habitants des plaines avoisinantes (Auxois, Terre-Plaine, Bazois, Autunois). L'habitat y est dispersé, les sols naturellement pauvres, couverts de forêts (très exploitées) de chênes, de hêtres et de sapins (Pierre-qui-Vire, Saint-Brisson, Haut-Folin). Sur les pentes du mont Beuvray croissent des arbres plusieurs fois centenaires. Le parc naturel régional du Morvan s'étend, sur 174 000 ha, de Vézelay au N. au mont Beuvray au S.

Carte France Ec, Fc

Moscou, en russe **Moskva,** ***Russie*** Capitale de la Fédération de Russie. La ville retrouva son rôle de capitale en 1918, après deux siècles d'interruption, lorsque le Conseil des commissaires du peuple présidé par Lénine quitta Petrograd, l'ancienne Saint-Pétersbourg, pour s'installer au Kremlin. Moscou était restée la ville du couronnement des tsars, le centre de la sainte Russie. C'est contre elle qu'en 1812 Napoléon se lança pour tenter de vaincre Alexandre Ier. La ville, simple bourgade autour d'un *kreml* (forteresse) au XIIe s., devint au XIIIe s. la capitale d'une petite principauté vassale des Mongols de la Horde d'or. Elle ne cessa de s'étendre et, au XVIe s., enfin indépendante, regroupant une bonne part des terres russes, elle revendiqua l'héritage de Constantinople et se posa en « troisième Rome », ville des tsars (du latin *caesar*) et capitale de l'orthodoxie (la création du patriarcat de Moscou date de 1589).

Le Kremlin, le centre de la ville, « comme un immense gâteau tartare/Croustillé d'or/Avec les grandes amandes de ses cathédrales blanches/Et l'or mielleux des cloches... » (Blaise Cendrars), illustre la grandeur et l'originalité des prétentions moscovites de l'époque. On peut noter dans ses différents monuments des influences asiatiques, byzantines et occidentales (plusieurs architectes italiens y ont travaillé dès la fin du XVe s., ainsi que le montrent les cathédrales de l'Assomption, de l'Archange-Saint-Michel, ou le palais des Facettes) ; ils témoignent néanmoins d'une architecture sans équivalent à l'Est ni à l'Ouest.

À la tête d'un État très centralisé et d'une des plus importantes régions industrielles du pays, la ville regroupe les organes directeurs essentiels et accapare les fonctions de services (plus du tiers de la population vit du secteur tertiaire), notamment dans le domaine intellectuel : l'université Lomonossov et les grandes écoles moscovites disposaient de plus du cinquième des effectifs de l'enseignement supérieur de l'ex-U.R.S.S.

Moscou, qui forme aujourd'hui avec ses satellites l'une des grandes agglomérations mondiales, s'est surtout développée après la Révolution et de façon contrôlée. Le visiteur est frappé par l'ampleur de ses places, avenues, rocades, l'espace laissé à la verdure, le soin apporté aux équipements collectifs, l'importance donnée au réseau des transports urbains et le luxe des installations du métro. L'urbanisme s'est montré à la hauteur des aspirations de l'ancien régime socialiste et du rayonnement international de la ville. Avec ses musées, ses nombreux théâtres (dont le Bolchoï), ses expositions et ses congrès, Moscou anime la vie culturelle de la Russie. Le Kremlin et la fameuse place Rouge, cadre grandiose des cérémonies de l'ancien régime, le musée des Beaux-Arts Pouchkine (où sont conservés, entre autres, des chefs-d'œuvre de Rembrandt, Monet, Van Gogh, Cézanne, Matisse et Picasso), la Maison Pouchkine, la galerie Tretiakov et ses icônes, les monastères de Novodevitchi et de Saint-Andronic (musée Andreï-Roublev) sont des hauts lieux du tourisme international.

Population 8 801 500
Carte Russie Cc

Moselle, ***France/Luxembourg/Allemagne*** Rivière longue de 550 km (dont 200 en France) prenant sa source dans les Vosges, près du col de Bussang. Après avoir traversé le nord-est de la France (Épinal, Metz, Toul), marqué la frontière entre le Luxembourg et l'Allemagne et arrosé Trèves, la rivière se fraye un passage dans le Massif schisteux rhénan en décrivant de nombreux méandres ; sa vallée encaissée offre alors de beaux paysages de coteaux couverts de vignobles et de pittoresques centres viticoles (Cochem, Bernkastel, Traban-Trabach). Elle conflue avec le Rhin à Coblence. Elle est canalisée de Coblence à Neuves-Maisons (convois poussés de 3 000 t).

Carte France Gb

Moselle (57), ***France*** Département de la région Lorraine (6 214 km^2) ; chef-lieu : Metz. C'est le plus peuplé et le plus industrialisé des quatre départements lorrains (le secteur secondaire emploie un peu plus de 50 % de sa population active). Il s'étend, à l'E., sur les Vosges (régions boisées et touristiques) et sur une part du bassin houiller sarrois (Forbach) ; le reste du département est formé par le plateau lorrain (région à la fois céréalière et d'élevage laitier) limité à l'O. par la Côte de Moselle, riche en minerai de fer.

Le fer et la houille ont fait naître une puissante sidérurgie autour de Thionville et dans les vallées de l'Orne et de la Fentsch, tandis que la carbochimie se développait autour de Forbach (Carling, Saint-Avold). L'économie du département a été durement éprouvée par la crise qui touche depuis les années 1950 les charbonnages, et depuis les années 1970 la sidérurgie. De nombreux Mosellans passent quotidiennement la frontière pour aller travailler en Sarre. La Moselle continue cependant de fournir environ 43 % de la production française de charbon, plus de la moitié du fer et environ 27 % de l'acier. Parmi les autres activités traditionnelles de la région figurent la verrerie et la cristallerie, l'industrie du bois et la brasserie dans l'est du département.

Population 1 012 000
Carte France Gb

Mossâmedes ou **Moçâmedes,** ***Angola*** Voir NAMIBE

Mosselbaai ou **Mossel Bay** ***Afrique du Sud*** Baie de la péninsule du cap de Bonne-Espérance. Plages. Des gisements de pétrole ont été découverts au large de la baie en 1982.

Population 33 200
Carte Afrique du Sud Bc

Mossoul, en ar. **Al-Mawsil,** ***Irak*** Chef-lieu de gouvernorat au N. du pays, sur la rive droite de Tigre, face au site de l'antique Ninive. Troisième ville du pays, c'est un centre administratif, universitaire, commercial (gros marché agricole), industriel (textile, produits alimentaires, raffinerie de pétrole). Universellement renommée autrefois pour ses mousselines (elle leur a donné son nom), la ville doit son essor récent à la mise en exploitation des champs pétrolifères de la région. Capitale d'un État seldjoukide au XIe s., elle connut des heures de prospérité au cours du Moyen Âge, en dépit des raids mongols du XIIIe s., et a conservé de pittoresques vieux quartiers et plusieurs monuments musulmans et chrétiens (une part de sa population est encore chrétienne) parmi lesquels il faut citer la mosquée de Noureddine au minaret penché (XIIe s.), et la Mosquée Rouge.

Population 571 000
Carte Irak Ba

Most, ***République tchèque*** Ville industrielle au cœur du bassin houiller de Bohême-Septentrionale. Extraction de lignite, aciéries, industries chimiques.

Population 71 400
Carte

Mosta, ***Malte*** Petite ville active au centre de l'île, dominée par la gigantesque coupole de son église néoclassique du XIXe s., construite grâce aux donations d'émigrés originaires de la ville. On peut voir la bombe désamorcée qui, en 1942, traversa le toit de l'église durant un office, sans exploser dans la foule.

Population 9 000
Carte Malte Db

Mostaganem, offic. **Mestghanem,** ***Algérie*** Chef-lieu de wilaya et port à l'E. d'Oran, dans une riche région agricole. Centre administratif, commercial et industriel (produits alimentaires, pâte à papier). Au XIe s., les Almoravides fondèrent, sur un site ancien (punique puis romain), la citadelle autour de laquelle la ville s'est développée. Mestghanem fut occupée par les Français à partir des années 1830.

Population 115 000
Carte Algérie Ba

Mostar, ***Bosnie-Herzégovine*** Sur la Neretva, en Bosnie-Herzégovine (au S.-O. de Sarajevo), c'est une pittoresque cité aux allures orientales. Son vieux pont, le Stari Most, malheureusement détruit au cours du conflit, était un bel exemple d'architecture ottomane du XVIe s., ses nombreuses mosquées, le bazar et les hammams rappellent que cette vieille capitale de l'Herzégovine fut occupée pendant plusieurs siècles par les Turcs. C'était un site touristique très fréquenté, un marché agricole et un petit centre industriel : usine d'aluminium traitant la bauxite

UN BON VIGNOBLE. Des vignes inondées de soleil couvrent les deux rives de la Moselle entre Trèves et Coblence. Elles produisent les fameux vins blancs de Moselle, secs et légers, qui ont le riesling pour cépage principal.

et filatures de coton. Mais le conflit entre Croates et musulmans en Herzégovine et particulièrement autour de la ville a mis un terme à leur développement.
Population 75 600
Carte Bosnie-Herzégovine Bc

Mouhoun, anc. **Volta noire,** ***Burkina Faso/Ghana*** Cours principal du fleuve Volta. Dans le Burkina occidental, il coule d'abord vers le N.-E. puis vers le S. et forme une partie de la frontière du Burkina et du Ghana, puis de la Côte-d'Ivoire et du Ghana. Il se dirige ensuite vers l'E. jusqu'au lac Volta en territoire ghanéen. Sur son affluent du N., le Sourou (ou Bagué), au Burkina, un barrage a été aménagé (par une main-d'œuvre locale) ; la retenue d'eau sert à l'irrigation.
Carte Burkina Faso Aa

Mouila, ***Gabon*** Chef-lieu de la province de N'Gounié, sur la N'Gounié et la route reliant Lambaréné à Ndendé. Centre administratif et marché agricole : café, huile de palme.
Population 20 000
Carte Gabon Bd

Moukden, ***Chine*** Voir SHENYANG

Moulay-Idriss, ***Maroc*** Ville sainte, à l'O. du pays (province de Meknès), installée dans un site très pittoresque, au flanc du djebel Zerhoun, sur deux éperons rocheux, Khiber et Tasga. C'est la ville du mausolée d'Idriss Ier, le « père du Maroc », mort en 791. Important pèlerinage annuel. À proximité, ruines de la ville romaine de Volubilis.
Carte Maroc Ba

Moulins, ***France*** Chef-lieu de l'Allier, sur la rive droite de l'Allier. La ville des ducs de Bourbon connut à la fin du XVe s. des heures de prospérité sous Pierre II et son épouse Anne de France, et devint alors capitale du Bourbonnais. Elle possède encore de vieilles et belles demeures autour de sa cathédrale, qui abrite un chef-d'œuvre de la peinture française de la fin du gothique (fin XVe s.), le triptyque dit du Maître de Moulins. La ville est aujourd'hui un petit centre administratif, commercial et industriel : travail du cuir (chaussures) et constructions mécaniques. Intéressantes collections de sculptures bourbonnaises du XVe s. et de faïences de Moulins du XVIIIe s. au musée.
Population 23 000
Carte France Ec

Moulmein, ***Birmanie*** Capitale de l'État de Mon et port sur le golfe de Martaban, au S. de l'embouchure de la Salouen. Le bois de teck dont le port est grand exportateur y est amené par flottage. Marché agricole.
Population 220 000
Carte Birmanie Cc

Moulouya (oued), ***Maroc*** Fleuve de l'est du pays, long de 450 km environ, prenant sa source près d'Arhbala, entre Haut et Moyen Atlas. Il draine une série de petits bassins steppiques (Boumia, Midelt, Missour) et se jette dans la Méditerranée, non loin de la frontière algérienne. Le barrage Mohammed-V sur son cours inférieur permet l'irrigation de la région.
Carte Maroc Ba

Mounana, ***Gabon*** Ville minière du Haut-Ogooué au S.-E. du pays où l'on extrait de l'uranium. Usine de concentration du minerai.
Carte Gabon Bb

Moundou, ***Tchad*** Chef-lieu de la préfecture du Logone-Occidental, dans le sud-ouest du pays. Au bord du Logone et dans une région cotonnière, la ville est un centre administratif, commercial et industriel actif (égrenage du coton, produits alimentaires).
Population 87 000
Carte Tchad Aa

Mount Gambier, ***Australie*** Ville d'Australie du Sud, au S.-E. d'Adélaïde, au pied d'un volcan éteint, peu élevé et dont les cratères sont occupés par des lacs. Marché agricole et industries alimentaires, cellulose.
Population 19 900
Carte Australie Gf

Mount Hagen, ***Papouasie-Nouvelle-Guinée*** Chef-lieu des Western Highlands (centre-est de l'île de la Nouvelle-Guinée), à 1 600 m d'altitude. Centre administratif et commercial (marché agricole). On y conditionne le café et le thé que produit la région. La ville est aussi du fait de son altitude une station de villégiature. S'y tient tous les deux ans, en alternance avec Goroka, la cérémonie rituelle du *Sing-sing.*
Population 28 000
Carte Papouasie-Nouvelle-Guinée Ba

Mount Isa, ***Australie*** Ville minière du centre-ouest du Queensland ; la région est la principale productrice de cuivre du pays ; mines d'argent, de plomb et de zinc.
Population 23 600
Carte Australie Fc

Mourmansk, ***Russie*** La plus grande ville du monde au N. du cercle arctique, fondée en 1916 sur l'estuaire de la Kola à 50 km de la mer de Barents, à l'extrême N.-O. de la Russie. Grand port de pêche et de marchandises, libre de glace toute l'année grâce à la dérive nord-atlantique, courant océanique chaud. Centre industriel : chantiers navals, bière, conserves de poissons et bois. À proximité, au N.-E., base de sous-marins nucléaires de Severomorsk et base navale de Poliarnyi.
Population 472 900
Carte Russie Cb

Mourne Mountains, ***Royaume-Uni*** Chaîne du comté de Down, en Irlande du Nord, culminant au Slieve Donard (852 m). Tourisme.
Carte Royaume-Uni Bc

mousson Renversement saisonnier du sens des vents, apportant des pluies d'été à des régions de latitudes tropicales (Asie méridionale et orientale surtout). L'inversion est causée par des différences de pression atmosphérique entre zones continentales et océaniques. La mousson d'été souffle de l'océan vers l'intérieur des terres, la mousson d'hiver, en sens contraire.

Moustique, ***Saint-Vincent et les Grenadines*** Île privée des Grenadines. Tourisme de luxe.
Population 200
Carte Antilles Cc

Moxico, ***Angola*** Province rurale dont la capitale, Luena, est à 810 km au S.-E. de Luanda. On y extrait du cuivre, mais la guerre civile perturbe l'économie depuis 1975. Maïs, millet, haricots et cacahuètes.
Population 334 000
Carte Angola Bb

Moyen-Orient Avant la Première Guerre mondiale, l'Occident distinguait, d'une part, le Proche-Orient, ou Levant, composé de la Turquie et des États limitrophes de la Méditerranée orientale, et, d'autre part, le Moyen-Orient, regroupant l'Afghanistan et les États limitrophes du golfe Persique. Depuis la chute de l'Empire ottoman en 1922, le Moyen-Orient englobe la Turquie, la Syrie, la Jordanie, Israël, le Liban, l'Afghanistan, l'Iran, l'Irak, l'Arabie Saoudite, le Qatar, Bahrein, le Koweït, le sultanat d'Oman, le Yémen, et, en tant qu'entités politiques, Chypre et l'Égypte.

Le Moyen-Orient recouvre donc toute la zone comprise entre la péninsule turque baignée par la Méditerranée et la mer Noire au N. et la péninsule arabe bordée par la mer Rouge, le golfe Persique et la mer d'Oman au S. La mer Caspienne, frontière N. de l'Iran, est aussi la frontière N. du Moyen-Orient.

Les massifs montagneux comptent quelques-uns des plus hauts sommets du monde. La chaîne Pontique, au N., la chaîne du Taurus, au S., traversent la Turquie et se rencontrent sur le plateau d'Arménie (où culmine à 5 165 m le mont Ararat), d'où partent les monts Elbourz et Zagros. Les monts Elbourz s'étalent à travers le nord de l'Iran jusqu'aux hautes chaînes de l'Afghanistan, dont le sommet (Tarach Mir, 7 680 m, dans l'Hindou Kouch) est à la pointe O. du complexe Himalaya-Pamir d'Asie centrale, et dont certains cols sont à 5 300 m d'altitude. Les monts Zagros, s'étirant au S.-O., forment à travers l'Iran une barrière allant de l'Irak au golfe Persique. Deux grands fleuves : le Tigre et l'Euphrate. L'Euphrate (2 780 km) prend sa source en Turquie et traverse la Syrie et l'Irak, qu'il fertilise. Le Tigre (1 899 km), né aussi en Turquie, n'arrose que l'Irak. La plupart des cours d'eau de l'Afghanistan, tel l'Helmand, n'atteignent pas la mer et sont à sec une partie de l'année. La péninsule arabique ne possède pratiquement aucun cours d'eau.

Le « Croissant fertile » du centre, autour du Tigre et de l'Euphrate, a été, il y a quelque six mille ans, le berceau de la civilisation occidentale. Son irrigation intensive et la pluviosité modérée en ont fait l'une des régions les plus fertiles du monde, où les communautés agricoles des anciens royaumes sumériens, assyriens et babyloniens purent se développer. Mais, partout ailleurs, le climat est rude. Le Rub' al-Khali, au S. de l'Arabie, le Nufud au N., le Dacht e-Kavir (désert d'Iran, où la température atteint 55 °C à l'ombre) comptent parmi les parties du monde les plus chaudes. La Turquie centrale, l'Iran, l'Afghanistan ont un climat continental aux étés torrides et aux hivers rigoureux (−37 °C). La végétation va des pins et conifères de Turquie, d'Iran du Nord et de Syrie aux arbustes de la forêt méditerranéenne et aux rares oasis d'Arabie.

L'économie de ces régions arides est longtemps restée celle que décrit l'Ancien Testament : paysans sédentaires, bergers nomades. La découverte récente des plus grands gisements pétrolifères du monde et de quelques autres minerais autour du golfe Persique a fait la fortune des émirs et entraîné la modernisation de leurs pays. Mais de nombreux conflits d'ordre politique et religieux ont dégénéré en sanglants affrontements, faisant de cette région du globe une véritable poudrière.
Superficie 7 916 058 km²
Population 176 000 000

Mozambique Voir p. 460-461

Mozambique, en port. **Moçambique,** ***Mozambique*** Chef-lieu de district et port de l'océan Indien, sur une petite île corallienne à proximité de la côte africaine. Les Portugais s'y installèrent dans la première décennie du XVIe s. Mozambique avait été auparavant un comptoir arabe. La ville, qui fut un temps la capitale de l'Afrique de l'Est portugaise (jusqu'en 1897), déclina avec le développement de Beira et de Lourenço Marques, actuelle Maputo.
Population 12 200
Carte Mozambique Bb

Mozambique (canal du), ***océan Indien*** Détroit long de 1 600 km et large de 400 à 970 km entre Madagascar et le continent africain et importante route maritime de l'Afrique orientale. Il est parcouru par le courant chaud du Mozambique. Pêche active.
Carte Mozambique Ab

Mtskheta, ***Géorgie*** Voir TBILISSI

Mtwara, ***Tanzanie*** Port sur l'océan Indien et chef-lieu de la région du même nom, à 40 km au N. de la frontière du Mozambique. Exportation de produits locaux (noix de cajou) ; importation de produits pétroliers.
Population 60 000
Carte Tanzanie Cb

Mu, ***Birmanie*** Rivière du centre du pays irriguant la zone située entre les vallées de l'Irrawaddy et du Chindwin.
Carte Birmanie Bb

Muara, ***Brunei*** Port en eaux profondes au N. de l'estuaire du Limbang. La plupart des importations de Brunei y transitent.
Carte Brunei Ba

Muda, ***Malaysia*** Fleuve de Malaisie qui se jette dans la mer d'Andaman, près de Sungei Petani. Un barrage permet aux paysans de la plaine de Kedah de récolter le riz deux fois par an.
Carte Malaysia Ba

Mudumalai, ***Inde*** Réserve de gibier dans les monts Nilgiri, à 430 km au S.-O. de Madras.
Carte Inde Be

Mufulira, ***Zambie*** Ville minière (cuivre), à la frontière du Zaïre et à 300 km au N. de Lusaka.
Population 149 800
Carte Zambie Bb

Muharraq (île), ***Bahreïn*** Deuxième par la taille des 33 îles formant l'État de Bahreïn, à 3 km au N.-E. de l'île de Bahreïn, à laquelle elle est reliée par une jetée. Le vieux quartier de la ville d'Al Muharraq abrite des maisons bâties autour de cours intérieures datant de la grande époque de la pêche à la perle (XVIIIe et XIXe s.). Chantiers navals (boutres, caboteurs et réparations de pétroliers). Musée ; mosquée en bois.
Population 61 900
Carte Bahreïn Ba

Mukalla ou **Al Mukalla,** ***Yémen*** Port de l'Hadramaont, sur une baie du golfe d'Aden, à 480 km à l'E. d'Aden. Centre de l'industrie de la pêche du Yémen (conserverie et congélation).
Population 59 000
Carte Yémen Ab

Mülheim an der Ruhr, ***Allemagne*** Port de la Ruhr, sur la Ruhr, à 10 km à l'O. d'Essen. Métallurgie ; construction mécanique.
Population 174 000
Carte Allemagne Bc

Mulhouse, ***France*** Ville industrielle d'Alsace, sur l'Ill, à 30 km au N.-O. de Bâle (Suisse). Sous-préfecture du Haut-Rhin et 8e port fluvial français. Première ville mondiale de la potasse au début du XXe s. et grand centre cotonnier dès le XIXe s., touchée par la crise du textile dans les années 1950, Mulhouse s'est tournée vers de nouvelles activités, comme l'automobile. Chimie ; textiles ; mécanique. Aéroport international Bâle-Mulhouse. Université. Hôtel de ville du XVIe s. ; musées (impression sur étoffes, automobile, chemin de fer). Occupée par les Allemands en juin 1940, elle fut délivrée par de Lattre en novembre 1944.
Population (ville) 108 400 ; (aggl.) 224 000
Carte France Gc

Mull, ***Royaume-Uni*** Île montagneuse de 925 km^2 au large de la côte O. de l'Écosse, dont elle est séparée par le Sound of Mull. Point culminant : le Ben More (966 m). Moutons ; pêche, tourisme. À l'O., sur les îles Iona et Staffa, cavernes et colonnes basaltiques, dont la célèbre grotte de Fingal qui inspira à Mendelssohn son ouverture *les Hébrides*.
Population 2 700
Carte Royaume-Uni Cb

Multan, ***Pakistan*** Ville industrielle du Pendjab, à 300 km au S.-O. de Lahore ; jadis surnommée la Manchester du Pakistan à cause de son industrie cotonnière. Connue dès le IVe s. av. J.-C. du conquérant macédonien Alexandre le Grand, elle fut un grand lieu de culte hindou jusqu'à la destruction de ses temples par les musulmans en 950.
Population 730 000
Carte Pakistan Cb

Muni (rio), ***Afrique équatoriale*** Voir MBINI

Munich, en all. **München,** ***Allemagne*** Capitale de la Bavière à 60 km de la frontière autrichienne, sur l'Isar. La ville, qui a grandi au XIXe s., est aujourd'hui l'une des plus industrialisées du pays, fabriquant voitures, bières, cigarettes, produits chimiques. Elle garde un peu du caractère de la cité des Wittelsbach, famille princière qui régna par ses ducs, puis ses rois sur la Bavière de 1180 à 1918. Leur palais du XVIIe s, de style Renaissance, a été rebâti après sa destruction pendant la Seconde Guerre mondiale. Dans son théâtre, Mozart donna la première de son opéra écrit à Munich, *Idoménée*.

Le palais baroque de Nymphenburg, au N.-E. de la ville, résidence d'été des Wittelsbach, fut bâti au XVIIe s. dans un parc à la française. Derrière lui s'élève une tour de 295 m, marquant le site des Jeux olympiques de 1972.

Munich fut le berceau du nazisme, dans les années 1920. Hitler séjournait dans son « nid d'aigle », à 120 km au S.-E. dans la station de Berchtesgaden. C'est là qu'en septembre 1938 il rencontra Daladier, Chamberlain, et Mussolini, pour discuter de la paix en Europe avant la signature des accords de Munich.

Munich, qui se nomme elle-même capitale mondiale de la bière, célèbre des fêtes annuelles de la bière en octobre (*Oktoberfest*), et de janvier à février (*Fasching*, carnaval en allemand). Son plus grand et plus vieux cellier, la Hofbräuhaus, fondé en 1589 par le duc Guillaume V, est désormais une brasserie d'État. La ville possède une cathédrale du XVe s., une université, de très nombreux musées (notamment la célèbre Pinacothèque) et des théâtres, dont l'Opéra national de Bavière.
Population 1 229 000
Carte Allemagne Dd

Munster, ***Irlande*** L'une des quatre provinces historiques d'Irlande, au S.-O. du pays, avec le Connaught, le Leinster et l'Ulster.
Population 1 009 000
Carte Irlande Bb

Münster, ***Allemagne*** Port sur le canal Dortmund-Ems, à 70 km au N.-E. d'Essen. Centre culturel et économique de la Westphalie, produisant acier, produits chimiques et instruments de musique. Son université occupe un palais baroque d'où les princes-évêques gouvernèrent la Westphalie jusqu'en 1803. L'un des traités de Westphalie mettant fin à la guerre de Trente Ans fut signé à l'hôtel de ville de Münster en 1648.
Population 260 000
Carte Allemagne Bc

Muqdisho, ***Somalie*** Voir MOGADISHU

Muraille (Grande), en chin. **Chang Cheng,** ***Chine*** La plus longue fortification du monde, qui s'étend sur 3 460 km depuis Shanhaiguan, près du golfe du Bohai, jusqu'à Yumen, à la lisière méridionale du désert de Gobi, et qui comporte 2 865 km de ramifications. Ses tronçons, édifiés du IVe au IIIe s. av. J.-C. pour protéger le Nord-Ouest contre les peuples barbares, furent réunis par le premier empereur de Chine, Shi Huangdi (dynastie des Qin). Le segment le mieux préservé se trouve au col de Nandou, à 80 km au N. de Pékin. La muraille, haute de 6 à

UNE ŒUVRE D'EMPEREUR. Le premier empereur de Chine fit construire la Grande Muraille pour se protéger contre les barbares et doter le pays d'un système de communications. Les messages étaient transmis à l'aide de signaux de fumée le jour, de feux la nuit.

Mozambique

ABANDONNÉ À LA HÂTE PAR LES EUROPÉENS, C'EST UN PAYS RAVAGÉ PAR LA GUERRE

L'indépendance du Mozambique en 1975 fut le signal du sauve-qui-peut parmi les Européens qui vivaient dans le pays. Ils laissaient derrière eux un pays sans cadres, où régnait l'analphabétisme, et une dépendance envers l'Afrique du Sud qui pèsera lourd sur l'avenir du jeune État.

Le Mozambique est un pays tropical séparé par le Zambèze en deux zones bien distinctes. Sur la rive droite, à l'extrême S., la vaste baie de Maputo (Lourenço Marques), la capitale, est adossée à l'Afrique du Sud et au Swaziland ; le reste de la côte, jusqu'au Zambèze, est sablonneux et sans relief. Plusieurs rivières prennent leur source sur les hauteurs de l'arrière-pays qui atteignent parfois 2 000 m. Le relief est plus marqué sur la rive gauche, où les contreforts de la grande fracture qui abrite le lac Malawi donnent naissance à de nombreuses rivières qui se jettent dans le canal du Mozambique. La plaine côtière s'évase vers la Tanzanie.

La côte est fréquentée dès les premiers siècles de notre ère par les navigateurs indiens et arabes qui ouvrent un comptoir à Sofala, au S. du Zambèze ; ce sera le point le plus méridional du grand commerce de l'océan Indien, et le lieu d'exportation des richesses du royaume du Zimbabwe (or, fer et cuivre). L'expédition de Vasco de Gama reconnaît les côtes en 1498 ; les premiers colons portugais s'installent dès le XVIe s. Ils ne développent le pays qu'à leur seul profit, ne formant pas

L'ÉCOLE AU SOLEIL. L'école dans la nature est facile au Mozambique, et ces jeunes écoliers sont assis à l'ombre des arbres pour étudier leurs tables de multiplication — écrites en arabe et en romain.

18 m, est surmontée d'un chemin de ronde assez large pour permettre le passage d'une colonne de soldats (8 à 10 m). On pensa longtemps qu'elle était visible de la Lune, mais l'astronaute américain Alan Bean dissipa définitivement cette croyance populaire lors de la mission sur la Lune d'Apollo XII, en 1969.
Carte Chine Gd

Murano, ***Italie*** Voir VENISE

Murchison (cataractes), ***Malawi*** Voir SHIRE

Murchison (chutes), ***Ouganda*** Voir KABALEGA (chutes)

Murcie, en esp. **Murcia,** ***Espagne*** Ville à 180 km au S. du port méditerranéen de Valence. Agrumes, céréales, amandes ; soie, textiles ; farine ; aluminium ; cuirs. Fer et zinc dans la riche région agricole du même nom.
Population (ville) 338 200 ; (région) 1 007 000
Carte Espagne Ed

Murray, ***Australie*** L'un des plus longs fleuves du pays (2 570 km), qui avec son principal tributaire, le Darling (et ses affluents), arrose une région de 910 000 km^2. Il prend sa source dans les monts Snowy et sert de frontière entre la Nouvelle-Galles du Sud et le Victoria avant d'entrer en Australie-Méridionale et de se jeter dans l'océan Indien au S. d'Adélaïde.
Carte Australie Ge

Murree (monts de), ***Pakistan*** Contreforts de l'Himalaya, au N.-E. d'Islamabad, culminant à 2 150 m. Les forêts et le climat tempéré attirent les touristes.
Carte Pakistan Da

Murshidabad, ***Inde*** Ville à 180 km au N. de Calcutta, fondée en 1704 comme capitale du royaume musulman de Murshidabad, puis centre administratif des Indes britanniques et siège du gouvernorat général de 1773 à 1834. Magnifique palais des nababs.
Population 356 000
Carte Inde Dc

Murten, ***Suisse*** Voir MORAT

Mururoa, ***Polynésie française*** Atoll de l'archipel des Tuamotu à 1 500 km au S.-E. de Tahiti, terrain d'essai nucléaire français depuis les and'élite locale susceptible d'occuper des postes techniques ou administratifs, même subalternes. Les autorités coloniales ont régulièrement recours au travail forcé et aux châtiments corporels pour obliger les paysans à livrer les quotas escomptés.

LES LENDEMAINS DE L'INDÉPENDANCE

Surpris par la révolution portugaise de 1975 et sa conséquence immédiate, l'indépendance des colonies sous la domination de Lisbonne, les 250 000 Européens quittent le pays en quelques jours. Le pouvoir est remis aux mains du Front de libération du Mozambique (FRELIMO), un mouvement nationaliste d'obédience marxiste.

Tout est à reconstruire ; les 8 millions d'habitants, maintenus dans un état d'arriération culturelle et technique par rapport au reste de l'Afrique, doivent faire l'apprentissage des nécessités de leur époque. Un programme d'alphabétisation est lancé — 99 % de la population sont illettrés. Voulant brûler les étapes, le gouvernement décide de créer de vastes fermes d'État pour pallier le grave déficit en agriculture. Ces projets ne rencontrent guère l'assentiment de la paysannerie, déjà dépossédée de sa terre par l'administration coloniale, qui espérait qu'une réforme agraire donnerait à chacun sa parcelle personnelle. De graves erreurs sont en outre commises (choix des terres, types de cultures).

Les catastrophes naturelles se mettent de la partie. La sécheresse, ici aussi, affecte l'agriculture vivrière (maïs) et industrielle (coton, canne à sucre, arachide), en 1980 et les années suivantes. Des inondations dévastent la province de Maputo en 1984, détruisant les récoltes et faisant une centaine de milliers de morts. Pourtant, les conditions sont réunies dans le pays pour favoriser l'agriculture. L'eau existe en quantité suffisante grâce aux nombreuses rivières, et la saison des pluies, de décembre à avril, apporte, en temps normal, l'humidité indispensable aux cultures ; les régions montagneuses du Nord-Est reçoivent près de 1 500 mm d'eau. Le potentiel minier est considérable ; on a repéré d'énormes dépôts de charbon, des réserves de gaz en mer, des minerais, dont du cuivre et de la bauxite.

Opposé à la propriété privée, le régime a pris en main les entreprises abandonnées par les Portugais ; il s'est efforcé de les remettre en route, sans grand succès, semble-t-il, ne possédant pas les moyens de prendre en charge ce secteur économique. Il en est de même de la distribution. Si chaque ville et village possède sa « boutique du peuple », où la population est censée acheter ce dont elle a besoin, les étals de ces échoppes sont désespérément vides.

Le FRELIMO a mieux réussi dans le domaine social. En plus de l'alphabétisation, il a introduit la participation des femmes aux décisions politiques et économiques, modifié les lois sur le divorce et lancé un vaste programme de vaccinations et de prévention.

LA GUERRE CIVILE

Né au lendemain de l'indépendance, un mouvement de guérilla contre le nouveau régime a pris toute son efficacité au début des années 1980. La Résistance nationale du Mozambique (R.N.M.) revendique le partage du pouvoir et l'abandon du parti unique. Créée à l'origine par d'anciens colons portugais, avec le soutien de l'Afrique du Sud, elle est maintenant aux mains de Mozambicains et d'anciens partisans du FRELIMO déçus par la tournure du régime (retour des cadres du parti à la « base », rétablissement de la « chicotte », punition en usage à l'époque coloniale). Son but est sa décomposition progressive, par la destruction systématique de ses réalisations et des attentats sur les voies de communication.

La principale de celles-ci, le Couloir de Beira (route et chemin de fer), sert à désenclaver le Zimbabwe et à exporter sa production. Déjà à l'époque du régime blanc dans ce pays — l'ex-Rhodésie —, le Mozambique s'était privé d'importantes taxes de transit en appliquant l'embargo décidé par l'O.N.U. Le gouvernement indépendant du Zimbabwe a retiré les troupes qu'il avait mises à la disposition du gouvernement pour assurer la sécurité et protéger le barrage de Cabora Bassa, sur le Zambèze, source importante de revenus grâce à l'électricité que le Mozambique vend à l'Afrique du Sud.

Cette dernière permet à l'économie mozambicaine de survivre en donnant du travail à des milliers de travailleurs. Les deux pays ont signé en 1984 les accords de Nkomati, l'Afrique du Sud s'interdisant d'aider les rebelles de la R.N.M. et le Mozambique les opposants sud-africains. Plus d'un million de Mozambicains sont réfugiés au Malawi.

En octobre 1986, le leader du FRELIMO Samora Machel est décédé dans un accident d'avion. Il a été remplacé par Joachim Chissano. En mai 1991, des négociations ont débouché à Rome sur des accords de paix (1992) et la tenue d'élections libres supervisées par l'O.N.U. en 1994.

Le Mozambique est aidé par la communauté internationale — l'Europe et les États-Unis pour l'aide technique et alimentaire, les pays de l'Est pour l'assistance militaire.

LE MOZAMBIQUE EN BREF
Superficie 799 380 km^2
Population 15 245 000
Capitale Maputo
Régime Marxiste, parti unique
Monnaie Metical = 100 centavos
Langues Portugais (officielle), langues bantoues
Religions Animistes (60 %), chrétiens (18 %), musulmans (16 %)
Climat Tropical humide. Saison sèche de juin à septembre. Température moyenne à Maputo : de 13-24 °C en juillet à 22-31 °C en février
Ressources Coton, noix de cajou, thé, sucre de canne, manioc, céréales, bananes, sisal, arachides, noix de coco ; charbon
Activités Cultures industrielles, textiles, produits chimiques, industries alimentaires, produits pétroliers, ciment, mines
Exportations Noix de cajou, textiles, thé, coton
P.N.B. annuel par habitant 60 dollars
Croissance démographique 27 ‰ par an
Espérance de vie Hommes 47 ans, femmes 50

nées 1960. Un essai souterrain déclencha en 1985 une controverse internationale lorsque des agents secrets français coulèrent le *Rainbow Warrior*, navire de surveillance de l'organisation Greenpeace, dans un port de Nouvelle-Zélande, alors qu'il se préparait à manifester dans les eaux de l'atoll. En avril 1992, un moratoire sur les essais nucléaires fut décidé par la France, bientôt suivie par les autres puissances (sauf la Chine). Cette décision met toutefois à mal l'économie de la Polynésie française, qui dépend malheureusement pour beaucoup de cette activité.

Carte Pacifique (océan) Gd

Musandam (presqu'île de), ***Émirats arabes unis/Oman*** Spectaculaire péninsule montagneuse du détroit d'Ormuz, entre le golfe Persique et la mer d'Oman. Partie d'Oman, elle est enclavée dans les Émirats arabes unis. Les agglomérations sont surtout des villages de pêcheurs. La ville principale, Khasab, avec son port peu profond, fut un fort portugais au XVIIe s. Les routes praticables étant autrefois rares, le trafic local se faisait surtout par mer. Depuis 1982, une route relie Khasab aux deux autres villes de la presqu'île, Bakha et Bayah, et aux Émirats.

Carte Oman Aa

Mutare, anc. **Umtali,** ***Zimbabwe*** Ville industrielle et commerciale près de la frontière du Mozambique, à 200 km au S.-E. d'Harare. C'est aussi une station touristique entourée de montagnes culminant à 2 500 m.

Population 76 000

Carte Zimbabwe Ca

Mwanza, ***Tanzanie*** Capitale régionale et seconde ville du pays après Dar es-Salaam, sur la rive S. du lac Victoria. Fabrication et exportation de textiles.

Population 170 000

Carte Tanzanie Ba

Mweru ou **Moéro (lac),** ***Zaïre/Zambie*** Lac situé à 930 m d'altitude, à la frontière du Zaïre et de la Zambie. 4 290 km^2. Il est alimenté par le Luapula au S. et s'écoule par le Luvua, affluent de la Lualaba. Des marais bordent ses rives S. et E. Le missionnaire écossais Livingstone l'explora en 1867. Pêche.

Carte Zaïre Bb

Myanaung, ***Birmanie*** Ville sur l'Irrawaddy, au S. de la Birmanie, à 180 km au N. de Rangoon.

UN RÊVE DE PEINTRE. Au-dessus du petit port de Mykonos, entre le bleu profond de la mer Égée et le ciel méditerranéen, se découpent les ailes des moulins à vent.

Elle se développa rapidement dans les années 1980 grâce à la fabrication de produits chimiques de synthèse à partir du gaz naturel. Ce gaz, découvert à la la fin des années 1960, alimente aussi des centrales électriques.

Population 183 200
Carte Birmanie Bc

Myanmar Voir p. 106-107

Mycènes, en gr. **Mikines,** ***Grèce*** Village du Péloponnèse, à 30 km au S.-O. de Corinthe, et site archéologique de l'antique Mycènes, la cité fortifiée du roi Agamemnon. Habitée dès 1580 av. J.-C., détruite en 1100 av. J.-C. par les Doriens, elle fut le siège d'un riche royaume qui donna son nom à la civilisation dite mycénienne. Des fouilles furent entreprises à partir de 1874 par l'archéologue allemand Heinrich Schliemann, qui mit au jour des tombes à l'architecture remarquable, riches en masques et offrandes mortuaires en or. Mycènes est célèbre, en particulier, pour son enceinte cyclopéenne, la porte des Lionnes et le trésor d'Atrée.

Carte Grèce Cc

Myitkyina, ***Birmanie*** Ville sur l'Irrawaddy, capitale de l'État Kachin, au N. du pays, terminus de la voie ferrée venant de Rangoon, via Mandalay. Centre commercial. La région produit du riz et de la canne à sucre.

Population 57 000
Carte Birmanie Cb

Mykonos ou **Mikonos,** ***Grèce*** Île des Cyclades, au N. de Naxos. Le village du même nom (qu'on atteint par bateau en venant d'Athènes), parcouru de vieilles ruelles bordées de maisons blanches, possède une église au dôme byzantin, de nombreuses chapelles et des moulins éoliens. Figues, vin, manganèse, tourisme.

Population 3 000
Carte Grèce Dc

My Lai, ***Viêt-nam*** Hameau du village de Song My (ex-Viêt-nam du Sud), théâtre, en mars 1968, pendant la guerre du Viêt-nam, du massacre de 450 civils, y compris femmes et enfants, par une compagnie américaine, lors d'une opération de ratissage contre la guérilla Viêt-cong. Ce massacre contribua à rendre la guerre encore plus impopulaire aux États-Unis.

Mymensingh, ***Bangladesh*** Chef-lieu du district du même nom (9 668 km²) sur l'ancien lit du Brahmapoutre. Jute, riz.

Population (ville) 192 000 ; (district) 6 658 000
Carte Bangladesh Cb

Mysore, ***Inde*** Ville industrielle du Sud, et centre de pèlerinage à 400 km au S.-O. de Madras. Ex-capitale du riche État progressiste musulman de Mysore à partir de la fin du XVIe s., elle conserve de beaux palais. Textiles, saris de soie, cuirs, produits chimiques et cigarettes.

Population 479 000
Carte Inde Be

Mytilène, ***Grèce*** Voir LESBOS

Mývatn, ***Islande*** Lac de 37 km² au N. de l'île, apprécié par les scientifiques et les touristes à cause de ses sources chaudes, des cratères volcaniques autour de ses rives, et de ses nombreux oiseaux. Les principaux gisements européens de diatomite se trouvent dans cette région.

Carte Islande Ca

M'Zab, ***Algérie*** Région aride et pierreuse du nord du Sahara sur un plateau raviné (la Chebka), au N.-E. du Grand Erg occidental. Elle fut colonisée par les mozabites, austère secte musulmane d'origine berbère, au début du XVIe s. Ils y creusèrent des puits, plantèrent des palmiers-dattiers et bâtirent cinq villes confédérées. Ces villes, dont la plus connue est Ghardaia, sont construites sur de petites collines et ressemblent à des pyramides colorées. Ce sont des marchés actifs et des creusets d'art et d'artisanat traditionnels.

Population 100 000
Carte Algérie Ba

N

Naarden, ***Pays-Bas*** Ancien port de mer au S. de l'IJsselmeer, à 19 km au S.-E. d'Amsterdam, fortifié au XVIIe s. par Vauban.

Population 16 400
Carte Pays-Bas Ba

Nabadwip, ***Inde*** Ville du Bengale-Occidental, à 95 km au N. de Calcutta, sur la rivière Bhagirathi. Centre de pèlerinage, surnommé la Bénarès du Bengale.

Population 130 000
Carte Inde Dc

Naberejnye Tchelny, ***Russie*** Ville industrielle sur la Kama, à environ 900 km à l'E. de Moscou. Elle devint l'un des plus grands centres mondiaux de construction de camions sous la présidence de Leonid Brejnev (1906-1982), dont elle porta le nom de 1984 à janvier 1988.

Population 513 000
Carte Russie Dc

Nabeul, ***Tunisie*** Chef-lieu de gouvernorat et ville touristique au S. du cap Bon, à 61 km au S.-E. de Tunis sur le golfe d'Hammamet. Belles plages, hôtels, théâtres, night-clubs, restaurants. Spécialité de poterie vernissée et décorée. À l'époque romaine, la fabrication de céramique à dessin traditionnel était déjà la principale industrie. Visite de fabriques. Broderie, dentelle, distilleries de parfum utilisant fleurs d'oranger, géranium et jasmin. Musée archéologique.

Population 39 600
Carte Tunisie Ba

Nadjaf ou **An Najaf,** ***Irak*** Capitale régionale à 160 km au S. de Bagdad. Lieu de pèlerinage des chi'ites. Dans une mosquée surmontée d'un dôme d'or se trouve le sanctuaire d'Ali Ibn Abou Talib, gendre de Mahomet, le fondateur de l'islam.

Population 243 000
Carte Irak Cc

Nadjd, ***Arabie Saoudite*** Voir NEDJD

Nador, ***Maroc*** Port de la côte méditerranéenne, à 13 km au S. de Melilla, traitant le minerai de fer des mines de Beni bou Ifrur. Commerce de bétail (moutons), céréales et fruits ; complexe sidérurgique et métallurgique.

Population 63 000
Carte Maroc Ba

Naestved, ***Danemark*** Ville au S.-O. de l'île de Sjaelland, reliée à la mer par un canal. Elle s'est développée autour d'un monastère bénédictin fondé en 1135. Centre commerçant ; autres activités : papier, verre, poterie, textiles, pêche.

Population 45 300
Carte Danemark Bb

Nafpaktos, ***Grèce*** Voir NAUPACTE

Nafplio, ***Grèce*** Voir NAUPLIE

Naga, ***Philippines*** Voir BICOL

Naga (monts), ***Birmanie/Inde*** Chaîne frontalière culminant à 3 826 m, dont une grande partie est couverte de forêts de bambous, résultat de siècles de cultures sur brûlis.

Carte Inde Eb

Nagaland, ***Inde*** État de 16 579 km², à la frontière birmane, où prédominent les Nagas, christianisés à 45 %. Les deux langues officielles sont l'anglais et le naga. Le Nagaland fut créé en 1963 pour mettre fin à la guérilla qui sévissait dans la région. Capitale: Kohima.
Population 1 210 000
Carte Inde Eb

Nagano, ***Japon*** Ville de l'île de Honshu, à 175 km au N.-O. de Tokyo, enfoncée dans les Alpes japonaises. Industries: équipements électriques, alimentation et imprimeries. Une statue de Bouddha adorée dans le temple Zenkoji est exposée au public une fois tous les sept ans (la dernière en 1994). Nagano doit accueillir en 1998 les Jeux olympiques d'hiver.
Population 347 000
Carte Japon Cc

Nagasaki, ***Japon*** Port industriel de l'ouest de l'île de Kyushu, spécialisé dans la construction navale et la mécanique lourde (société Mitsubishi). Trois jours après Hiroshima, le 9 août 1945, elle fut la cible de la deuxième bombe atomique, qui tua 40 000 personnes et détruisit 40 % de la ville.

Foyer du christianisme japonais depuis le XVIᵉ s. (sa cathédrale Oura est dédiée aux 26 chrétiens qui furent crucifiés en 1597), Nagasaki fut pratiquement le seul contact du Japon avec le monde extérieur durant des siècles. En 1637, tous les étrangers furent expulsés du Japon, sauf les Hollandais, autorisés à faire du commerce par l'île de Dejima, dans la baie de Nagasaki. Le port ne fut rouvert qu'en 1859.
Population 446 300
Carte Japon Ad

Nag'Hammadi, ***Égypte*** Ville industrielle de haute Égypte, sur le Nil, à 480 km au S. du Caire, sur la grande voie ferrée N.-S. Nag'Hammadi traite les produits des oasis de l'Ouest. Industries: textiles, sucre et aluminium.
Population 19 800
Carte Égypte Cc

Nagorny-Karabakh, ***Azerbaïdjan*** Voir KARABAKH (Haut-)

Nagoya, ***Japon*** Ville marchande et manufacturière et port de l'île de Honshu, à 270 km à l'O.-S.-O. de Tokyo. Elle produit des voitures et de la porcelaine. La ville a été reconstruite après les bombardements de la guerre. Le temple d'Atsuta y abrite une épée ancienne, qui fait partie des joyaux sacrés de la couronne impériale.
Population 2 155 000
Carte Japon Cc

Nagpur, ***Inde*** Ville commerciale et administrative du Maharashtra, fabriquant des textiles, sur le plateau N. du Deccan, au centre de l'Inde, à 700 km au N.-E. de Bombay. Les Gonds, groupe tribal très extérieur au courant hindou majoritaire, habitent ce district, connu pour ses oranges savoureuses.
Population 1 623 000
Carte Inde Cc

Nagyalföld, ***Hongrie*** Voir ALFÖLD (Grand)

Naha, ***Japon*** Voir OKINAWA

Nairobi, ***Kenya*** Capitale nationale, ex-villégiature coloniale, aujourd'hui métropole affairée dont la population croissante met les services publics à rude épreuve. Elle est située à 440 km au N.-E. de Mombasa, à la limite des hautes plaines, à 1 700 m d'altitude. Ce fut d'abord un camp de construction sur la voie ferrée d'Ouganda dans les années 1890, entre la région agricole des paysans kikuyus et des pâturages utilisés par les nomades masaïs. Nairobi grandit et remplaça la capitale coloniale de Mombasa en 1907.

La plus grande partie de sa population adulte est constituée de paysans qui cherchent du travail dans l'industrie légère et le commerce au S. de la ville et gardent des liens étroits avec leurs foyers ruraux. Le tourisme, récent, est l'une des sources principales de devises étrangères du Kenya. Nairobi est le siège de deux agences centrales de l'O.N.U. spécialisées dans l'environnement et le peuplement.
Population 1 505 000
Carte Kenya Cb

Najran, ***Arabie Saoudite*** Ville oasis à 220 km au S.-E. d'Abha, dont les édifices de glaise surprennent par le nombre de leurs étages et leurs vitraux. Ancien évêché. À proximité, au S., vestiges de la ville chrétienne d'Ukhdud.
Population 53 000
Carte Arabie Saoudite Bc

Nakambe, ***Afrique de l'Ouest*** Voir VOLTA

Nakhitchevan, ***Azerbaïdjan*** République autonome, séparée du reste du pays par l'Arménie, à la frontière iranienne. Ancien territoire de la grande Arménie, le Nakhitchevan (5 500 km²) est devenu russe en 1828, pris sur les Perses. République autonome en 1924 et rattaché à l'Azerbaïdjan, ce territoire était peuplé d'Azéris et d'Arméniens. Ces derniers l'ont quitté depuis le conflit entre les deux pays (1987).
Population 305 700
Carte Azerbaïdjan Bb

Nakhodka, ***Russie*** Port de l'Extrême-Orient russe, sur la mer du Japon, bâti dans les années 1950 pour alléger le trafic de Vladivostok, à 90 km au N.-O. Terminus du Transsibérien, où transitent les passagers et le fret en provenance ou en partance pour le Japon et Hong Kong. Activités principales: pêche, chantiers navals. On y constitue une zone franche.
Population 163 000
Carte Russie Hd

Nakhon Pathom, ***Thaïlande*** Province (2 178 km²) et ville, à 60 km à l'O. de Bangkok. Les paysans y cultivent riz, canne à sucre, fruits et légumes pour la capitale. La ville, de fondation ancienne, possède plusieurs temples et la plus haute pagode bouddhiste d'Asie du Sud-Est (127 m), la Phra Pathom Chedi.
Population (ville) 211 000
Carte Thaïlande Bc

Nakhon Phanom, ***Thaïlande*** Ville agricole sur la frontière laotienne, à 630 km au N.-E. de Bangkok, au cœur d'une province (9 749 km²) de rizières du même nom. Base aérienne américaine lors de la guerre du Viêt-nam.
Population (ville) 124 600
Carte Thaïlande Bb

Nakhon Ratchasima, ***Thaïlande*** Ville de commerce agricole et de construction mécanique, à 270 km au Nord-Est de Bangkok, porte du plateau de Khorat du N.-E. La province alentour (19 590 km²) produit maïs, coton, fruits et riz. Elle contient quelques-uns des plus importants monuments khmers du pays, notamment le temple de Phimaï (IXᵉ s.).
Population (ville) 205 000
Carte Thaïlande Bc

Nakhon Sawan, ***Thaïlande*** Province et ville fluviale, à 240 km au N.-O. de Bangkok. Bung Boraphet, le plus grand lac du pays (120 km²), abrite de nombreux crocodiles. Les fermiers de la province cultivent maïs, coton, germes de soja et sorgho.
Population (ville) 105 500
Carte Thaïlande Bb

Nakhon Si Thammarat, ***Thaïlande*** Province (10 169 km²) et ville de la côte du golfe du Siam, à 600 km au S. de Bangkok. Produits: caoutchouc, étain, riz, fruits et tungstène. Parmi les anciens temples bouddhistes, le Wat Phra Mahathat. Les artisans locaux fabriquent de traditionnelles poupées thaïes en cuir et en argent niellé — argent mâtiné d'alliage noir.
Population (ville) 72 500
Carte Thaïlande Ad

Nakuru, ***Kenya*** L'une des premières villes du pays, à 140 km au N.-O. de Nairobi. Centre des activités des hautes plaines du Kenya, que les colons européens cultivèrent, c'est encore un marché régional et un centre d'industries alimentaires. Elle se situe dans la partie la plus élevée de la vallée du Rift, au N. du lac Nakuru, aux rives habitées par des flamants roses.
Population 120 000
Carte Kenya Cb

Nalanda, ***Inde*** Vestiges d'un grand centre monastique bouddhiste dans la plaine fluviale du Gange, près de Bihar Sharif, ville à 470 km au N.-O. de Calcutta. Rayonnant du Vᵉ au XIᵉ s., il comprenait dix monastères, trois bibliothèques et de nombreux stoûpas (temples). Hsuantsang, un pèlerin chinois du VIIᵉ s., raconte qu'il abritait 10 000 moines venus de toute l'Asie, et 1 500 maîtres. Nalanda fut saccagé par les musulmans vers 1200. Un musée conserve les découvertes faites dans les ruines (sculptures en pierre et en bronze).
Carte Inde Dc

Naltchik, ***Russie*** Sur le versant N. des monts du Causase, ville thermale, touristique et universitaire. Capitale de la république autonome de Kabardino-Balkare (12 500 km²), peuplée de Tcherkesses orientaux (Kabardins), qui fut annexée en 1557. La vallée voisine de la rivière Bakan mène aux sommets volcaniques jumeaux du mont Elbrouz (5 642 m), point culminant de l'Europe.
Population (ville) 237 000; (république) 778 000
Carte Russie Cd

Nam Bo, ***Viêt-nam*** Voir COCHINCHINE

Namangan, ***Ouzbékistan*** Ville à 200 km à l'E. de Tachkent. C'est l'une des grandes cités de la vallée de Fergana, très peuplée, fertile et irriguée. Textiles de coton, soie, produits alimentaires, vin et bière.
Population 333 000
Carte Ouzbékistan Ba

Namaqualand, ***Namibie/Afrique du Sud*** Région côtière à cheval sur les deux pays, aride, mais riche en diamants et en cuivre. Après la brève saison des pluies hivernales, les déserts se couvrent de fleurs au printemps (septembre-octobre). Foyer des Namaquas, ou Namas, la

partie namibienne avait été constituée, au N. de Keetmanshoop, en homeland (37 000 km²) de ce peuple hottentot.
Carte Afrique du Sud Ab

Namib (désert du), ***Namibie*** L'un des plus anciens déserts du monde, avec des dunes de sable s'élevant à 275 m. Il s'étend le long de la côte namibienne (1 900 km), sur 50 à 140 km de largeur. Sa seule humidité lui vient de la brume maritime, et de nombreux organismes vivants ont développé de remarquables méthodes de survie, tel ce coléoptère qui se tient sur la tête afin que la condensation formée sur sa carapace coule dans sa bouche. Parmi les plantes, l'incroyable *Welwitschia mirabilis* se sert de ses feuilles effilées pour recueillir l'humidité de l'air. Cette plante, dont les deux feuilles croissent constamment, peut vivre plus de 100 ans.
Carte Namibie Ab

Namibe, anc. **Moçâmedes** ou **Mossâmedes,** ***Angola*** Port à 700 km au S. de la capitale, Luanda ; Capitale de la province du même nom, fondée dans les années 1840 par les Portugais, elle se développa comme port de pêche, et comme port de marchandises après la construction, au début du XXe s., d'une voie ferrée vers la ville de Menongue, à 620 km à l'E.

La province (58 137 km²) a une aride bande côtière au pied de la chaîne de la Cherra da Chela, qui culmine à plus de 2 100 m. Cultures : maïs, millet, sisal et haricots.
Population (ville) 100 000 ; (province) 425 000
Carte Angola Ab

Namibie Voir p. 465

Namp'o (Chinnampo), ***Corée du Nord*** Premier port du pays, sur le fleuve Taedong, à 37 km de son embouchure de la côte O. Ouvert au commerce international en 1897, c'est l'actuel port de la capitale, Pyongyang.
Population 370 000
Carte Corée Bc

Nampula, ***Mozambique*** Ville commerçante à 150 km à l'intérieur des terres sur la voie ferrée reliant les ports de Moçambique et de Nacala à l'intérieur et au Malawi, pour qui c'est le principal point de transit de son commerce extérieur. C'est la capitale de la province agricole du Nord du même nom (81 606 km²).
Population (ville) 250 000 ; (province) 2 842 000
Carte Mozambique Ab

Namur, en néerl. **Namen,** ***Belgique*** Ville située à 60 km au S.-E. de Bruxelles, chef-lieu de la province du même nom. Par sa position stratégique (citadelle), au confluent de la Meuse et de la Sambre, elle fut le théâtre de nombreux sièges et batailles du XVIIe s. jusqu'en 1914. Aujourd'hui siège du gouvernement régional wallon, sa position aux portes de l'Ardenne, son atmosphère tranquille, ses musées lui valent d'être appréciée des touristes. La province est une succession de collines et de dépressions, de forêts et de prairies. L'élevage et le tourisme sont ses principales activités.
Population (ville) 103 000 ; (province) 424 000
Carte Belgique Ba

Nan, ***Thaïlande*** Province montagneuse du Nord, à la frontière laotienne, baptisée du nom de la rivière Nan qui la traverse. La ville du même nom se trouve dans la même province à 585 km au N. de Bangkok. Ville et province sont surtout peuplées de tribus des collines — Yaos, Hmong, Khamus, Htins et Phitong Luangs — qui cultivent riz et maïs.
Population (ville) 104 650 ; (province) 414 000
Carte Thaïlande Bb

DES JOYAUX DANS LE DÉSERT. Les sables stériles du désert du Namib, où il ne pleut pas certaines années, donnent des diamants d'une grande pureté.

Nanchang, ***Chine*** Voir NAN-TCH'ANG

Nancy, ***France*** Chef-lieu de la Meurthe-et-Moselle, à 300 km à l'E. de Paris, ville universitaire aux faubourgs industriels développés (constructions mécaniques et électriques, textile, alimentation, verrerie, imprimerie...). C'est une cité élégante, embellie et agrandie au XVIIIe s. par Stanislas Leszczynski, roi déchu de Pologne, beau-père de Louis XV, qui en fit la capitale de son duché de Lorraine. On lui doit notamment la belle place qu'il fit réaliser à la gloire de son gendre, et qu'on nomme aujourd'hui place Stanislas (grilles de fer forgé rehaussé d'or, fontaines). Musée historique lorrain, musée des Beaux-Arts, musée de l'École de Nancy.
Population (ville) 99 400 ; (aggl.) 311 000
Carte France Gb

Nanda Devi, ***Inde*** Second sommet du pays après le Kanchenjunga, dans l'Himalaya, à 330 km au N.-E. de Delhi ; il culmine à 7 817 m.
Carte Inde Cb

Nanga Parbat, ***Pakistan*** L'un des plus hauts sommets du monde (8 126 m), qui marque l'extrémité O. de l'Himalaya. La première ascension fut réalisée par une expédition germano-autrichienne en 1953.
Carte Pakistan Da

Nankin, en chin. **Nanjing,** ***Chine*** Capitale de la province de Jiangsu au centre-est de la Chine, sur les rives du Chang Jiang (Yang-tseu-kiang), à 250 km de Shanghai. Nankin fut la capitale du gouvernement nationaliste de Tchang Kaï-chek entre 1928 et 1937. Sa prise par les Japonais en décembre 1937 fut marquée par des saccages et des massacres. La ville est devenue commercialement et industriellement importante.
Population (ville) 2 390 000
Carte Chine Hd

Nan Ling, ***Chine*** Chaîne montagneuse entre le bassin moyen du Yang-tseu-kiang et les basses terres tropicales de l'extrême Sud. Elle s'étire sur presque 1 000 km, des flancs orientaux du plateau du Yungui à la province septentrionale du Zhejiang, et culmine à 2 100 m.
Carte Chine Gf

Nanning, ***Chine*** Capitale de la région autonome de Guangxi-Zhuang, à 160 km au N. de la frontière vietnamienne. Raffinerie de sucre.
Population (ville) 720 000 ; (aggl.) 1 000 000
Carte Chine Gf

Nan-tch'ang, ou **Nanchang,** ***Chine*** Capitale de la province de Jiangxi, où se traitent industriellement les produits agricoles et où l'on fabrique des avions et des camions Diesel.
Population (ville) 1 090 000
Carte Chine He

Nanterre, ***France*** Préfecture des Hauts-de-Seine, à 5 km à l'O. de Paris, au-delà du quartier de La Défense. Les nouveaux quartiers, contigus à celle-ci, abritent la Préfecture, l'École d'architecture, ainsi qu'un parc de 24 ha.
Population 84 600

Nantes, ***France*** Chef-lieu de Loire-Atlantique et port sur la Loire, à 50 km de son embouchure. Ancienne capitale du duché de Bretagne (château des Ducs, des XVe et XVIe s.), Nantes vit Henri IV signer en 1598 l'édit garantissant les libertés civiles et religieuses des protestants, que Louis XIV révoqua en 1685.

Au XVIIIe s., le port de commerce devint le premier du pays traitant avec les Antilles et l'Afrique, relayé par la suite par Saint-Nazaire, plus proche de l'estuaire. Principales activités : chantiers navals, constructions mécaniques, fonderies, alimentation.
Population (ville) 244 200 ; (aggl.) 492 000
Carte France Cc

Namibie

LA PAIX REVENUE,
CE PAYS DÉSERTIQUE VA ENFIN
POUVOIR EXPLOITER
SES FABULEUSES RICHESSES

Un jour, alors qu'il jetait une pelletée de sable, un ouvrier, qui travaillait sur une voie de chemin de fer, aperçut une « jolie petite pierre », se releva, et la tendit à son contremaître. Ce dernier la frotta sur le verre de sa montre et vit qu'elle y avait laissé de profondes rayures. C'était un diamant.

L'histoire s'est réellement passée en 1908, près de Pomona, sur la côte du Sud-Ouest africain allemand, au S. de Luderitz. Le pays, c'est la Namibie, un territoire croulant sous des minerais de haute valeur marchande. Ce pays curieux et inhospitalier, fait de plaines arides et de reliefs déchiquetés, recèle les plus importants gisements d'uranium du monde ; on y trouve aussi du cuivre, du zinc, du plomb, de l'étain et du vanadium en très grande quantité.

La Namibie compte 1 350 000 habitants. Il y a 80 000 Blancs et de nombreux groupes ethniques, comme les Damaras ; ces derniers habitent le pays depuis au moins 30 000 ans et sont probablement les auteurs des magnifiques peintures rupestres trouvées dans le désert du Namib, une terre alors fertile.

Si peu de gens vivent en Namibie, beaucoup la convoitent. Dans la foulée des missionnaires et des marchands, un protectorat allemand est établi en 1885. La résistance est vive chez les Ovambos et, surtout, chez les Herreros contre lesquels une campagne d'extermination est menée par le général allemand von Trotha. En 1914, le Sud-Ouest africain allemand est envahi par les troupes du général sud-africain Botha. Six ans plus tard, en 1920, la Société des Nations confie le pays à l'Afrique du Sud, à charge pour elle de l'administrer et d'y remplir une « mission sacrée de civilisation ».

À la fin du deuxième conflit mondial, l'Afrique du Sud refuse de reconnaître le statut de ce territoire sous tutelle — décidé par les Nations unies — et commence à appliquer une politique d'*apartheid* (développement séparé). C'est le début d'une longue bataille juridique qui aboutit, en 1969, à un vote du Conseil de sécurité demandant le retrait immédiat de l'Afrique du Sud et, en 1971, à une déclaration de la Cour internationale de justice qualifiant d'« illégale » l'occupation de la Namibie. En 1973, les Nations unies désignent un commissaire pour la Namibie.

Entre-temps, la South-West African People's Organisation (SWAPO) est née ; c'est un mouvement nationaliste de tendance marxiste qui recrute chez les Ovambos, ethnie regroupant la moitié de la population noire, et qui ne tarde pas à entreprendre des actions de guérilla ; la SWAPO se pose, devant les instances internationales, en « seul et unique représentant du peuple namibien ».

Mais la guérilla s'est développée, et la guerre dévaste les rives de la rivière Cunene, au N., qui sert de frontière avec l'Angola, tandis que le sud de ce pays est ravagé par les « opérations en profondeur » sud-africaines, en représailles aux actions nationalistes. La situation s'est débloquée avec les accords de Brazzaville (1988), liant le retrait sud-africain et son acceptation de l'indépendance de la Namibie au départ des soldats cubains d'Angola. En novembre 1989, la SWAPO de Sam Nujoma recueille 57,5 % des voix au scrutin constitutionnel contrôlé par les Nations unies, soit moins que la majorité des deux tiers nécessaires qui lui auraient permis de rédiger seul le texte de la Charte nationale.

Acceptant le jeu démocratique, les anciens guérilleros se sont employés à rassurer la minorité blanche et le voisin sud-africain. Mais si la politique de « réconciliation » a porté ses fruits, ses conclusions économiques se font toujours attendre.

MONTAGNES ET DÉSERTS

En plus des Damaras (77 000), on compte environ 517 000 Ovambos, 98 000 Kavangos, 78 000 Herreros, 50 000 Namas, 40 000 Capriviens, 7 000 Tsanas, et les 29 000 Bochimans du désert du Kalahari.

Le pays, un des plus arides de la Terre, comporte trois régions principales : le désert du Namib, une large bande de 50 km à 140 km le long de la côte atlantique ; le plateau central, plus à l'E., aux montagnes atteignant 2 000 m ; le Kalahari, au N. et à l'E., un désert de sable et de dépressions salées, où la végétation est constituée d'arbustes et de petites plantes grasses.

Le désert du Namib ne reçoit que 50 mm d'eau par an, sous forme de rosées dues à la condensation des brouillards qui se déposent sur le sable au petit matin ; ce désert ne ressemble en rien à celui du Sahara ; il est situé en bordure de la côte baignée par le courant froid de Benguela qui remonte de l'Antarctique. À Windhoek, la capitale, les précipitations ne dépassent pas 200 à 250 mm par an.

Le sorgho et le maïs sont cultivés sur les plateaux du Nord, par les Ovambos qui possèdent aussi du bétail. Sur les plateaux méridionaux, la fourrure astrakan du mouton karakul est destinée à l'exportation. Parmi les autres éleveurs de la région, on ne peut manquer de citer les 25 000 Bâtards de Rehoboth, métis issus d'Européens et de Namas, qui parlent afrikaans ; les pêcheurs de Walvis Bay — enclave que s'était octroyée l'Afrique du Sud et qu'elle a rendue en 1994 — font également partie des 70 000 métis que compte le pays.

La population blanche est afrikaner ; un quart est d'origine allemande. Les Blancs vivent principalement dans les villes ; quelques-uns tiennent de vastes exploitations agricoles. Leur niveau de vie contraste étonnamment avec celui des Noirs, perturbés par la guerre, et obligés de s'agglutiner à la périphérie des villes éloignées de la frontière. Beaucoup de Noirs ont abandonné la vie tribale pour travailler dans les mines ou sur les grands domaines. Le courant de Benguela fait de la côte namibienne l'une des plus riches du monde ; ici abondent les bancs de maquereaux, de thons et de sardines qui sont pêchés pour être amenés dans les conserveries des ports de Luderitz et de Walvis Bay.

Les événements n'empêchent pas la venue des touristes, essentiellement sud-africains. Dans le Sud, ils vont admirer les surprenantes gorges de la Fish River, profondes de 900 m et longues de 60 km, riches en sources d'eau chaude. C'est un spectacle étonnant de voir des bandes de babouins, des hordes de zèbres et d'antilopes kundus, sans parler des palmiers plantés par les Allemands qui sont toujours florissants trois quarts de siècles après.

Dans le Nord se trouvent les marais d'Etosha (le « Séjour des mirages »), une vaste dépression de 4 000 km^2 remplie d'eau après les pluies, qui attirent les grands animaux sauvages — éléphants, girafes, zèbres, antilopes, et parfois des rhinocéros ; lions, léopards et guépards s'y mettent à l'affût ; des nuages de flamants roses s'élèvent des marais.

Si la faune attire les touristes, la flore fait la joie des botanistes. On y trouve toute une variété de plantes curieuses, comme le welwitschia, qui vit cent ans ; sa racine mesure plus de 1,20 m et ses feuilles près de 3 m.

Interdite, en principe, par les lois internationales tant que l'Afrique du Sud occupait le pays, l'exploitation minière est prometteuse, en particulier celle du diamant (un million de carats), ainsi que celle du minerai d'uranium.

LA NAMIBIE EN BREF

Superficie 825 118 km^2 (avec Walvis Bay)
Population 1 290 000
Capitale Windhoek
Régime République parlementaire
Monnaie Dollar namibien
Langues Anglais et afrikaans (officielles) ; allemand, langues bantoues
Religions Chrétiens (90 %), religions locales
Climat Tempéré et subtropical, très sec. Températures moyennes à Windhoek : de 6-20 °C en juillet à 17-29 °C en janvier
Ressources Bétail, moutons, maïs, mil, sorgho, poisson ; diamants, cuivre, plomb, zinc, étain, uranium, vanadium
Industries Mines, élevage, industries alimentaires, textiles, minerais bruts, pêche
Exportations Diamants, cuivre, plomb, zinc, uranium, poisson, bétail, fourrures
P.N.B. par habitant 1 630 dollars
Croissance démographique 31 ‰ par an
Espérance de vie Hommes 57 ans, femmes 60

Nan-t'ou, *Taiwan* Ville des contreforts occidentaux des montagnes centrales de l'île, dans une région produisant riz, sucre, bananes et ananas. C'est un point de départ de l'exploration des montagnes vers l'E. et vers le grand lac du Soleil et de la Lune.
Population 100 000
Carte Taiwan Bc

Napier, *Nouvelle-Zélande* Port de l'île du Nord, à 270 km au N.-E. de Wellington, sur la baie de Hawke. On y exporte fruits, laines, viande congelée, bois et produits laitiers. Il fut presque totalement détruit par un séisme en 1931, comme Hastings, à 20 km au S.-O. La ville a été reconstruite en style Art déco.
Population 48 800
Carte Nouvelle-Zélande Fc

Naples, en it. **Napoli, *Italie*** Troisième ville du pays et capitale du Sud et de la Campanie, port de mer et touristique, à 185 km au S.-O. de Rome. L'admirable baie de Naples et le Vésuve qui couve lui dressent un décor de théâtre ; ses musées sont parmi les plus beaux du monde, ses bas quartiers parmi les pires d'Europe et son taux de criminalité est élevé.

Naples fut d'abord une colonie grecque aux VIIe-VIe s. av. J.-C. et prospéra sous l'Empire romain et, par la suite, sous les règnes byzantin, normand, souabe et espagnol. Le plan des rues reflète les périodes romaine, médiévale et espagnole. Le quartier romain, entre l'église Santa Maria de Constantinople et le Château Capuano, comprend la cathédrale. Le quartier médiéval mène droit aux docks et à Castel Nuovo. Ce ne sont que ruelles étroites et placettes surpeuplées, d'ailleurs sévèrement endommagées par le séisme de 1980. La ville espagnole commence à l'O. de la via Toledo.

Parmi les édifices historiques, on peut voir: Castel Nuovo, imposant château de 1279-1282, remodelé au XVe s. ; la Floridiana, une splendide villa du début du XIXe s. ; le théâtre San Carlo, bâti en 1737, l'un des plus grands opéras du monde ; le Museo Nazionale, avec ses vestiges gréco-romains, dont nombre de statues, mosaïques et fresques de Pompéi ; et la grande Albergo dei Poveri, une ex-maison des pauvres du temps des Bourbons.

Industries, répandues dans le dédale urbain autour de Naples: acier, chimie, vêtements, cuir et aliments.

Aux environs de Naples, on visite beaucoup Capri, Ischia et Sorrente.
Population 1 203 900
Carte Italie Ed

Naplouse, en ar. **Nablus, *Israël/Territoires occupés*** Principale ville de Cisjordanie, à 48 km au N. de Jérusalem, occupée par les Israéliens depuis 1967. Au cœur d'une région agricole, en déclin depuis l'occupation, elle fabrique de l'huile et du savon. Université d'Al-Abjah.
Population 64 000
Carte Jordanie Aa

nappe de charriage Structure plissée déplacée loin de sa base d'origine ou racine par une poussée tangentielle. Ses couches, souvent presque horizontales, recouvrent les terrains en place par un contact anormal.

nappe phréatique ou **aquifère** Nappe d'eau souterraine imprégnant des terrains perméables au-dessus d'une couche imperméable. Elle est à l'origine des sources.

Une nappe superficielle ou libre, proche de la surface, reçoit l'eau d'infiltrations sur toute sa surface, mais elle ne peut emmagasiner beaucoup d'eau et est sensible à l'évaporation et à la pollution. C'est le niveau atteint par les puits.

Une nappe captive est localisée en profondeur, entre deux couches imperméables. Elle peut donner naissance à des sources artésiennes. Voir ARTÉSIENNE (nappe)

Naqsh-i-Roustem, *Iran* Voir PERSÉPOLIS

Nara, *Japon* Ville du sud de l'île de Honshu, à 34 km au S. de Kyoto. Nara fut capitale de 710 à 784. Elle ne le cède qu'à Kyoto pour la somme des trésors nationaux possédés. Parmi ses nombreux temples, le Todai-ji, fondé en 752, contient le plus grand Bouddha de bronze du monde (le Daibutsu). Haut de 16,20 m, pesant plus de 450 t, il est placé dans le plus grand édifice en bois du monde, haut de 49 m. Nara est réputée pour ses pinceaux à calligraphier et ses encres. Universités.
Population 327 700
Carte Japon Cd

Narbonne, *France* Ville de l'Aude près de la côte méditerranéenne. Fondée en 118 av. J.-C., ce serait la première colonie transalpine des Romains. Elle fut capitale de la Gaule narbonnaise, puis résidence des rois wisigoths. Sa cathédrale fortifiée fut commencée au XIIIe s., mais elle est restée inachevée. La ville possède aussi nombre de places et d'élégants édifices publics. Musées archéologique et d'art et d'histoire. C'est la patrie de Charles Trenet.

Le développement de la vigne dans la plaine au XXe s. en a fait un grand marché de vin. Raffinage de l'uranium à Malvési. Station balnéaire à Narbonne-Plage.
Population 46 000
Carte France Ee

Narew, *Pologne/Biélorussie* Rivière longue de 484 km, prenant sa source en Biélorussie, à 85 km au N.-E. de la ville frontière de Brest; elle rejoint la Bug au N. de Varsovie (Pologne).
Carte Pologne Db

Naruto, *Japon* Ville du nord-est de l'île de Shikoku à l'une des extrémités du pont d'Onawato. Ce pont, achevé en 1986, relie Shikoku par le détroit de Naruto et l'île d'Awaji, à l'île de Honshu. De grands maelströms, larges de 25 m, se forment dans le détroit à chaque marée sur le passage des eaux entre le Pacifique et la mer Intérieure.
Population 64 300
Carte Japon Bd

Narvik, *Norvège* Port sur l'Ofotfjord, à l'E. des îles Lofoten et Vesterålen, qui, libre de glaces, exporte le minerai de fer des mines suédoises de Kirunavaara et Luossavara. Une voie ferrée et une route construites avant la Première Guerre mondiale relient ce port aux mines suédoises. En 1940, cette base allemande de ravitaillement en pétrole fut le théâtre d'une importante bataille entre Allemands et Alliés, dont des Français qui avaient débarqué. Bien que vainqueurs, ceux-ci ne purent se maintenir dans la ville.
Population 19 200
Carte Norvège Ea

Nashville, *États-Unis* Capitale de l'État du Tennessee et berceau de la musique Country et Western. Fondée en 1779 sur la rivière Cumberland, à 240 km à l'E. du Mississippi. Studios d'enregistrement et industries: verre, chaussures, caoutchouc, composants aéronautiques, imprimerie et édition. C'est aussi un centre universitaire.
Population (ville) 488 000 ; (aggl.) 985 500
Carte États-Unis Ic

Nassau, *Bahamas* Port de mer, principale ville et capitale des Bahamas, au N. de l'île de la Nouvelle-Providence. Elle fut fondée par les Britanniques au XVIIe s. et conserve de vieilles demeures coloniales. Le commerce s'y développa pendant la guerre civile américaine (1861-1865) lorsque les navires s'en servaient comme base pour ravitailler le Sud. Le port fut ensuite utilisé par les bootleggers de la prohibition aux États-Unis de 1920 à 1933. Nassau est devenu un paradis fiscal pour beaucoup de sociétés et est fréquenté chaque année par plus de 1 250 000 touristes.
Population (aggl.) 172 200
Carte Bahamas Ba

Nasser (lac), *Égypte* Voir ASSOUAN (barrage d')

Natal, auj. **Kwazulu-Natal, *Afrique du Sud*** Province de l'Est (86 976 km^2), appelée *Natalis dies* par l'explorateur portugais Vasco de Gama, qui y prit pied le jour de Noël 1497.

En 1800, Natal était habité surtout par des Zoulous. Les fermiers boers (Afrikaners) s'y installèrent en 1837. Des apprentis indiens y furent introduits vers 1860 ; ils représentent aujourd'hui près d'un quart de la population. Mohandas « Mahatma » Gandhi (1869-1948), qui mena la lutte de l'Inde pour l'indépendance, vécut au Natal et y exerça le droit entre 1893 et le début de la Première Guerre mondiale. De violentes émeutes interethniques s'y déroulent depuis plusieurs années, notamment dans le Kwazulu.

Les grandes villes sont Durban et la capitale provinciale, Pietermaritzburg. Ressources : canne à sucre, bois, charbon.
Population 6 582 500
Carte Afrique du Sud Db

Natal, *Brésil* Capitale de l'État de Rio Grande do Norte, à la pointe N.-E. du pays. Son nom signifie « Noël », car elle fut fondée ce jour-là en 1597. Il y subsiste un beau fort du XVIe s. La base d'essai des fusées brésiliennes se trouve non loin, à Barreira do Inferno.

Les habitants de l'État (53 015 km^2) s'appellent Potiguares (« mangeurs de crevettes »), du nom de la très puissante tribu indienne des Tupis, qui habitaient la région avant l'invasion des colons européens. L'État produit du sel, du coton, du ciment et des meubles.
Population (ville) 510 500 ; (État) 2 414 000
Carte Brésil Eb

Natitingou, *Bénin* Chef-lieu du département de l'Atakora, à 450 km au N. de la côte atlantique et à 27 km de la frontière du Togo. Il est au cœur d'une région de cultures vivrières produisant sorgho, manioc, igname, légumes et maïs.
Population 51 000
Carte Bénin Aa

Natron (vallée du), en ar. **Wadi el-Natrûn, *Égypte*** Vallée marécageuse saline à 100 km au S.-O. d'Alexandrie. La plus grande partie de la vallée, qui contient de grands gisements de carbonate de sodium, le natron (utilisé autrefois pour la fabrication de verre et de céramique), se trouve au-dessous du niveau de la mer. Des puits profonds, alimentés par des infiltrations du Nil, avaient permis l'installation de communautés religieuses au début du christianisme, comme en témoignent encore quelques monastères coptes. Aujourd'hui, le développement de ces puits alimente l'irrigation d'une zone plus importante.

Carte Égypte Bb

Naupacte ou **Lépante,** en gr. **Nafpaktos,** ***Grèce*** Port à 170 km à l'O. d'Athènes sur la rive N. du golfe de Corinthe, dominant les passes où en 1571 la flotte chrétienne de la Sainte Ligue (Espagne, Venise, Gênes, Naples, Malte, Saint-Siège) menée par don Juan d'Autriche défit la flotte turque lors de la bataille navale de Lépante. Miguel Cervantès, auteur du *Quichotte*, y combattit et y fut fait prisonnier. Tourisme. Festival annuel des sports et des arts.

Carte Grèce Bb

Nauplie, en grec **Nafplio,** ***Grèce*** Port du golfe d'Argos, à 45 km de Corinthe dans le nord-est du Péloponnèse. La légende fait de Nauplios, fils du dieu de la mer Poséidon, son fondateur; en fait, elle fut certainement colonisée par les navigateurs marchands. Ce fut une place forte majeure des Vénitiens durant leur domination sur la Méditerranée (1387-1540 et 1686-1715) et un foyer vital de la révolte grecque contre les Turcs envahisseurs, à partir de 1821. Dès 1828, elle fut capitale de la Grèce jusqu'en 1834, lorsque le roi Otto, à peine élu, marcha sur Athènes et la libéra. En 1831, le comte Capo d'Istria (Kapodistrias), premier président de la Grèce moderne, y fut assassiné. Nauplie a un musée, la forteresse rocheuse vénitienne de Palamède, des fortifications byzantines et deux mosquées.

Population 10 600
Carte Grèce Cc

Nauru Voir ci-dessous

Navájo National Monument, ***États-Unis*** Trois falaises troglodytiques indiennes qui figurent parmi les plus grandes et les plus complexes du pays (l'une comprend 135 pièces). Situées au N. de l'Arizona, à 30 km de la frontière de l'Utah, elles remontent à plus de six siècles. Le parc national couvre 146 ha.

Carte États-Unis Dc

Navan, ***Irlande*** Voir MEATH

Navarin, ***Grèce*** Voir PILOS

Navarre ***Espagne*** Région et province (10 421 km^2) du nord-ouest, à la frontière française, produisant betterave sucrière, céréales et raisin. Conserveries. Capitale: Pampelune.

Population 519 000
Carte Espagne Da

Náxos, ***Grèce*** La plus grande des Cyclades (442 km^2), au S. de la mer Égée. L'île possède un sol fertile, un intérieur montagneux et des plages de sable. Selon la mythologie grecque, Thésée, vainqueur du Minotaure, y abandonna la princesse crétoise Ariane. Ainsi, Náxos aurait été un poste avancé de l'empire crétois de Minos. De 1207 à 1566, elle fut le siège du duché vénitien de l'Archipel. Cathédrale du XIIIe s.; couvent français; musée. On y produit vins rosés et blancs, miel, huile d'olive, fruits, figues et grenades. Le mont Zeus (1 001 m) est le point culminant de l'archipel.

Population 14 000
Carte Grèce Dc

Nayarit, ***Mexique*** L'un des plus petits États (26 979 km^2) du pays sur la côte N. du Pacifique, au N. du Jalisco. Ses montagnes riches en minéraux sont habitées par les Indiens Huicholes et Coras. Tepic, la capitale, est située dans une poche de végétation forestière.

Population 825 000
Carte Mexique Bb

Nazareth, ***Israël*** Capitale du district du Nord, à 30 km au S.-E. d'Haïfa. Berceau de Jésus, qui y passa son enfance avec ses parents Marie et Joseph. Parmi les nombreux temples et églises, la basilique de l'Annonciation, construite en 1965 à l'endroit où, selon les archéologues, l'archange Gabriel serait apparu à la Vierge Marie; l'église de Saint-Joseph, sur l'emplacement de l'échoppe de charpentier de Joseph; et une église orthodoxe grecque de l'Assomption, au-dessus du puits où Marie aurait tiré de l'eau.

La ville changea plusieurs fois de mains lors des croisades, fut prise par les Turcs en 1517, puis par les Britanniques en septembre 1918 lors de la Première Guerre mondiale. On y produit cigarettes, cuirs et textiles.

Population 53 600
Carte Israël Ba

Nazca, ***Pérou*** Petite ville coloniale de la province d'Ica, sur la route panaméricaine. À proximité, on trouve les lignes de Nazca, vastes dessins géométriques ou représentant des animaux, parfois longs de plus de 2 km, gravés dans le sol. Leur destination demeure inconnue. Il pourrait s'agir d'observations astronomiques, ou d'un calendrier, ou encore d'un procédé de tissage.

Carte Pérou Bb

Nazinon, ***Afrique de l'Ouest*** Voir VOLTA

Nazwa, ***Oman*** Voir NIZWA

Ndebeleland, ***Zimbabwe*** Voir MATABELELAND

N'Djamena, anc. **Fort-Lamy,** ***Tchad*** Capitale et port fluvial sur la rivière Chari près de sa jonction avec le Logone, à 80 km au S. du lac Tchad. Fondée par les Français en 1900, la ville offre un mélange d'élégante architecture coloniale, de maisons de glaise et de bâtiments modernes. Elle a été endommagée par la guerre civile depuis 1980. Le musée contient des témoignages des civilisations de la région. Université. De N'Djamena, nœud de communication du pays, partent des routes vers le Nigeria et le Cameroun, aussi bien que vers les parties excentrées du Tchad. La ville fut un centre de distribution de l'aide durant la récente sécheresse. Traitement des cacahuètes de la région. Réfrigération de la viande. Exportation de bétail.

Population 688 000
Carte Tchad Ab

Ndola, ***Zambie*** Ville minière à 270 km au N. de la capitale, Lusaka, chef-lieu de la province de la Copperbelt. Centre commercial et industriel. Raffineries de cuivre et de cobalt; métallurgie.

Population 282 400
Carte Zambie Bb

Ndzouani, ***Comores*** Voir ANJOUAN

Neagh (Lough), ***Royaume-Uni*** Le plus grand lac d'eau douce des îles Britanniques (381 km^2), en Irlande du Nord, à 20 km à l'O. de la capitale, Belfast. Huit rivières s'y jettent, mais il n'a qu'un émissaire, la Bann. C'est la plus grande source d'anguilles d'eau douce d'Europe.

Carte Royaume-Uni Bc

Nauru

LA PROSPÉRITÉ DE CETTE MINUSCULE RÉPUBLIQUE INSULAIRE VIENT DE SES ÉNORMES GISEMENTS DE PHOSPHATES

La plus petite république du monde (21 km^2) est à mi-chemin entre l'Australie et les îles Hawaï, à 40 km au S. de l'équateur. Les habitants ne paient ni impôts, ni droits de douane, ni frais de scolarité, ni honoraires médicaux. Les gens sont riches, en particulier les quelques familles de propriétaires fonciers.

Cette île au trésor a la forme d'un plateau corallien qui culmine à 60 m d'altitude et se termine par de hautes falaises; il contient d'abondants gisements de phosphates à haute teneur qui sont exportés comme engrais en Australie, en Nouvelle-Zélande, au Japon et en Corée. Actuellement, les phosphates représentent la totalité des exportations de Nauru et 75 % de son P.N.B. Les dépôts seront épuisés avant l'an 2000, mais l'État a investi dans d'autres gisements outre-mer.

L'île a connu plusieurs occupations étrangères depuis qu'elle a été découverte par les Britanniques en 1798. Les Allemands l'annexèrent en 1888, puis les Australiens s'en emparèrent en 1914; les Japonais l'occupèrent en 1942. Les Australiens la reprirent en 1945, et elle devint un territoire sous tutelle de l'O.N.U. Elle est indépendante depuis 1968. L'exploitation des phosphates, jusqu'alors confiée à la Commission britannique des phosphates (un organisme britanno-australo-néo-zélandais) a été nationalisée en 1970. La petite colonie chinoise s'adonne à la culture maraîchère sur l'étroite bande de terre comprise entre la côte et le plateau inhabité.

Le climat est humide et chaud, bien que la pluviosité soit parfois insuffisante. L'État subventionne les importations, aussi les vivres sont-ils bon marché. Les 5 000 indigènes sont d'origine micronésienne ou polynésienne. Les 2 000 travailleurs des carrières de phosphate viennent d'autres îles du Pacifique.

NAURU EN BREF

Carte Océan Pacifique Dc
Superficie 21 km^2
Population 10 000
Capitale Yaren
Régime République parlementaire
Monnaie Dollar australien = 100 cents
Langues Nauruan, anglais
Religion Chrétiens (protestants 66 %)
Climat Tropical; les températures moyennes varient toute l'année de 23 à 32 °C
Ressources Phosphate
Activité Extraction des phosphates
Exportations Phosphates
P.N.B. annuel par habitant 10 000 dollars
Croissance démographique 16 ‰ par an
Espérance de vie Hommes 64 ans, femmes 69

Neblina (Pico da), ***Brésil*** Sommet du Brésil, près de la frontière vénézuélienne (3 014 m). Cette montagne, dont le nom signifie « pic de Brume », ne fut découverte qu'en 1962, et son appartenance au Brésil ou au Venezuela demeura incertaine jusqu'en 1965.
Carte Brésil Ba

Nebraska, ***États-Unis*** État du Middle West (200 018 km^2) entre la rivière Missouri et les hautes plaines du Colorado et du Wyoming. Région agricole produisant bétail, maïs, porcs et graines de soja, dont les industries sont basées sur l'agro-alimentaire. Lincoln en est la capitale et Omaha la plus grande ville.
Population 1 606 000
Carte États-Unis Fb

neck Lave solidifiée dans la cheminée d'un volcan éteint et dégagée par l'érosion.

Neckar, ***Allemagne*** Rivière prenant sa source dans la Forêt-Noire, au S.-O. du pays, et s'écoulant vers le N. sur 365 km pour se jeter dans le Rhin à Mannheim. Sa vallée produit du vin.
Carte Allemagne Cd

Nedjd ou **Nadjd,** ***Arabie Saoudite*** Ancienne province du centre et de l'est de l'Arabie Saoudite. Sous domination turque avant la Première Guerre mondiale, gouvernée par Ibn Séoud à partir de 1905, elle fut réunie au Hedjaz en 1926 et forma avec lui le royaume uni d'Arabie Saoudite en 1932. Le plateau de Nedjd est fait de crêtes et de vallées peu profondes, souvent sablonneuses. Riyad et Burayda en sont les grandes villes, mais la plupart de la population vit en oasis.
Carte Arabie Saoudite Bb

Needles, ***Royaume-Uni*** Barre de souches calcaires dans la Manche anglaise au large de la pointe occidentale de l'île de Wight.
Carte Royaume-Uni Ee

Nefoud, ***Arabie Saoudite*** Grand désert de sable rouge au N.-O. du pays (56 000 km^2). De rares puits et de maigres pluies permettent aux bergers nomades de subsister.
Carte Arabie Saoudite Bb

Negeri Sembilan ou **Negri Sembilan,** ***Malaysia*** État de la péninsule Malaise (6 643 km^2) au S.-E. de Kuala Lumpur. L'industrie déclinante de l'étain a été remplacée par les rizières dans les vallées, et les arbres à caoutchouc à flanc de collines. La capitale est Seremban.
Population 691 500
Carte Malaysia Bb

Negombo, ***Sri Lanka*** Port de pêche et station de villégiature à 30 km au N. de Colombo, entre la mer et un lagon, avec de belles plages, de vieux édifices coloniaux et de modernes hôtels, et réputée pour ses coquillages. À proximité, aéroport international de Colombo (Katunayaka).
Population 76 000
Carte Sri Lanka Ab

Negro (río), ***Brésil/Uruguay*** Rivière longue de 2 200 km prenant sa source au Brésil et traversant l'Uruguay depuis le N.-E. jusqu'à la ville de Soriano, où elle se jette dans la rivière Uruguay. Le Negro forme l'un des plus grands lacs artificiels d'Amérique du Sud au barrage de la ville de Paso de los Toros. Ce lac (Embalse del Río Negro) couvre 10 360 km^2.
Carte Uruguay Ab

Negros, ***Philippines*** Quatrième île de l'archipel (12 704 km^2), dans les îles Visayas, entre Panay et Cebu. Une montagne volcanique la divise en deux provinces, Negros occidental et Negros oriental. À l'E., l'île montagneuse et peu développée, sauf autour de Dumaguete, entretient de forts liens culturels avec Cebu. L'Ouest est une vaste plaine fertile et volcanique, avec des plantations de canne à sucre qui firent sa prospérité et celle de sa capitale Bacolod, « capitale sucrière des Philippines », jusqu'à la baisse des prix mondiaux des années 1970 et 1980. Negros occidental est devenue l'une des régions les plus en crise des Philippines.
Population 1 930 300 (occidental) ; 819 400 (oriental)
Carte Philippines Bd

Néguev, ***Israël*** Région du sud d'Israël (12 173 km^2), délimitée par l'Égypte et la Jordanie, qui fut attribuée à Israël lors du partage de la Palestine en 1948. Les grandes villes sont Beersheba au N. et Eilat, port sur la mer Rouge à la pointe S. du pays. La majeure partie du Néguev est désertique, mais l'irrigation permet l'agriculture (céréales, betterave sucrière, fruits et légumes).
Carte Israël Ab

Neiges (piton des), ***Réunion*** Sommet volcanique éteint, point culminant de l'île (3 069 m), au centre de celle-ci.
Carte Réunion (la) Bb

Nei-menggu, ***Chine*** Voir MONGOLIE-INTÉRIEURE (région autonome de)

Neisse de Lusace, en polon. **Nysa Luzycka,** ***Rép. tchèque/Allemagne/Pologne*** Rivière d'Europe de l'Est prenant sa source au-dessus de la ville tchèque de Liberec en Bohême du Nord, rejoignant après 256 km l'Oder, à 155 km au S. du port polonais de Szczecin.

À partir de la frontière tchèque, elle forme la ligne Oder-Neisse, frontière entre l'Allemagne et la Pologne.
Carte Pologne Ac

Nelson, ***Nouvelle-Zélande*** Port de l'île du Sud à l'entrée de la baie de Tasmanie, à 120 km à l'O. de Wellington. Établi en 1842, il fut baptisé du nom du héros naval britannique, lord Nelson (1758-1805). Activités principales : bois, industrie alimentaire, tourisme.

Le parc national des Lacs Nelson, à 80 km au S.-O. de la ville (57 000 ha), abrite des centaines de chamois et de cerfs amenés d'Europe par les colons.
Population 33 300
Carte Nouvelle-Zélande Dd

Nelspruit, ***Afrique du Sud*** Ville à 300 km à l'E. de Pretoria, devenue en 1994 la capitale de la nouvelle province d'Est-Transvaal.
Carte Afrique du Sud Db

néolithique Période du développement des techniques correspondant à l'apparition de l'agriculture et de la céramique permettant la cuisson des céréales. Au néolithique, les outils de pierre présentent une finition inégalée ; les hommes, jusqu'alors chasseurs et cueilleurs, sélectionnent les graines sauvages et domestiquent les animaux ; ils deviennent ainsi producteurs de nourriture qu'ils stockent dans des greniers. Les agglomérations, le pouvoir centralisé et le commerce apparaissent alors pour protéger, gérer et échanger ces réserves. L'élevage et l'agriculture sont apparus au VIIe s. au Proche-Orient, et au IIIe millénaire environ en Amérique et en Afrique (Sahara).

Népal Voir p. 470-471

Neretva, ***Bosnie-Herzégovine*** Rivière longue de 218 km, prenant sa source à 60 km au S. de Sarajevo et traversant au N.-O. le lac (145 km^2) du barrage de Jablanica. Elle baigne les villes médiévales turques de Pocitelj et Mostar et se jette dans l'Adriatique. Elle est très poissonneuse, et réputée pour ses gorges, dans les monts calcaires érodés de la région de Kras.
Carte Bosnie-Herzégovine Bc

Nesebar, ***Bulgarie*** Villégiature de la mer Noire, à 30 km au N.-E. de Burgas, qui fut il y a 2 500 ans le port grec marchand de Mesemvria. Cette petite péninsule rocheuse reliée au continent par une jetée est une retraite pour les artistes, avec ses belles demeures et ses ateliers anciens penchés au-dessus de ruelles pavées. Ses églises, de styles orthodoxes divers, vont du Ve au XVIIe s.

Pomorie (l'Anhialo des Grecs anciens), à 15 km au sud, au cœur d'une région viticole et de salines, est un centre de cure doté d'un lac de boues médicinales. Sur la rive N. de Nesebar, Slancev Brjag (Côte-du-Soleil) est une station balnéaire populaire.
Population (Nesebar) 5 100 ; (Pomorie) 14 100
Carte Bulgarie Cb

Ness (loch), ***Royaume-Uni*** Lac de la dépression du Glen More, au N. de l'Écosse, entre Inverness et Fort William. Il fait communiquer le canal Calédonien avec la mer du Nord. Longueur : 37 km. Le lac est célèbre pour la légende selon laquelle ses profondeurs abriteraient un monstre, créature que certains tiennent pour un survivant de l'âge des dinosaures.
Carte Royaume-Uni Cb

Netanya, ***Israël*** Villégiature méditerranéenne, à 30 km au N. de Tel-Aviv. Centre national de taille et de polissage de diamants.
Population 132 200
Carte Israël Aa

Neuchâtel, en all. **Neuenburg,** ***Suisse*** 1. Lac, très poissonneux, le plus grand qui soit entièrement suisse (218 km^2).

2. Ville sur la rive occidentale du lac homonyme, à 40 km à l'O. de Berne. Son château, hôtel du canton, et sa collégiale sont du XIIe s., fortement restaurés.

3. Canton francophone (803 km^2) depuis 1815, dont l'électroménager, la bijouterie et l'horlogerie sont les principales activités industrielles. La Chaux-de-Fonds en est l'autre centre principal.
Population (ville) 32 600 ; (canton) 162 500
Carte Suisse Aa

Neuschwanstein, ***Allemagne*** Féerique château de Louis II, roi de Bavière de 1864 à 1886. Construit pour lui sur une crête rocheuse au pied des Alpes, à 90 km au S.-O. de Munich. Il semble être le modèle des châteaux de contes de fées dans les livres d'enfants avec des tours hautes et minces et des clochetons. Sa décoration intérieure est riche : cristaux de Bohême, sculptures, chandeliers dorés et colonnes de pierre. Il fut achevé en 1886, mais Louis II, commanditaire du musicien Richard Wagner, n'y vécut que trois mois avant de devenir fou et de se noyer.
Carte Allemagne De

NAISSANCE D'UN MYTHE. Nessie, le légendaire monstre du loch Ness, passionna l'opinion publique internationale pour la première fois en décembre 1933.

Neva, *Russie* Fleuve de 74 km qui sort du lac Ladoga au N.-O. du pays, traverse Saint-Pétersbourg et se jette dans le golfe de Finlande. La Neva est gelée de décembre à avril, mais après la débâcle de printemps son cours peut s'élever de 5 m. Elle est navigable aux cargos de haute mer et constitue une des clés du système de voies d'eau reliant la mer Baltique à la mer Blanche et à la Volga.
Carte Russie Cbc

Nevada, *États-Unis* État couvrant 286 298 km^2, surtout de désert et de montagnes, à l'E. de la Californie et généralement à plus de 1 000 m d'altitude. L'élevage de bétail, de moutons et l'exploitation laitière sont les principales activités agricoles, très concentrées dans la zone du Still Water Reservoir et les vallées des fleuves Colorado et Humboldt. Principaux minerais: cuivre, or, mercure, argent, manganèse et fer. Le tourisme est une autre source de revenus comme à Las Vegas et Reno. Capitale: Carson City. À 100 km au N.-O. de Las Vegas se situe le centre d'essais nucléaires des États-Unis. Le Nevada est entré dans l'Union en 1864.
Population 1 205 000
Carte États-Unis Cc

Nevada (sierra), *Espagne* Chaîne de montagnes aux sommets arrondis s'étendant au S.-E. de Grenade en Espagne méridionale. Le Mulhacén (3 482 m) domine la chaîne ; c'est le sommet le plus haut de l'Espagne continentale, le point culminant du pays tout entier étant le pic de Teide aux îles Canaries.
Carte Espagne Dd

Nevada (sierra), *États-Unis* Chaîne de montagnes orientée N.-O.-S.-E. à la frontière orientale de la Californie et culminant au mont Whitney (4 418 m). C'est la plus grande chaîne située à l'O. des Rocheuses. Elle est constituée d'un bloc faillé dominant la région du Grand Bassin par un abrupt de plus de 1 000 m en moyenne, sec et aride ; son versant occidental, bien arrosé, alimente de nombreux cours d'eau et des centrales hydroélectriques.
Carte États-Unis Bc

Nevada de Santa Marta (sierra), *Colombie* La plus haute chaîne de montagnes du pays se dresse au-dessus de la plaine côtière bordant la mer des Antilles au N. de la cordillère centrale des Andes. Elle culmine à 5 800 m aux pics jumeaux de Cristobal Colón (Christophe Colomb) et Simón Bolívar.
Carte Colombie Ba

nevado Mot espagnol signifiant « sommet enneigé », et employé surtout en Amérique du Sud. Pour les mots commençant par Nevado, voir au nom propre, par exemple : Colima (Nevado de).

névé accumulation de neige dans un cirque glaciaire, où les cristaux se transforment en grains de glace par tassement et alternance de gel et de dégel au-dessus de la glace proprement dite. C'est le bassin d'alimentation d'un glacier.

Nevers, *France* Chef-lieu de la Nièvre et capitale de l'ancien duché du Nivernais, sur la Loire, à 140 km au S.-E. d'Orléans. L'industrie de la faïence y fut introduite au XVIe s. par Louis de Gonzague, duc de Nevers. La faïencerie, qui atteint son apogée au XVIIe s., se maintient encore de nos jours dans quelques fabriques artisanales. La ville possède une grande cathédrale (XIe-XVIe s.), un palais ducal (XVe-XVIe s.) et une église romane. Industries diverses.
Population 42 000
Carte France Ec

Nevis (île), *Saint-Christophe et Nevis* La plus au S. des deux îles qui forment l'État dans les Petites Antilles. Elle produit de la canne à sucre. Capitale: Charlestown.
Population 9 300
Carte Antilles Cb

Newark, *États-Unis* Port du New Jersey, à 16 km à l'O. de New York et faisant partie de sa conurbation. Centre industriel spécialisé en produits chimiques, Newark accueille le troisième aéroport de New York.
Population (ville) 275 300
Carte États-Unis Lb

Newcastle, *Afrique du Sud* Ville industrielle (charbon, sidérurgie) au pied du Drakensberg dans le nord-est du Kwazulu-Natal.
Population 55 700
Carte Afrique du Sud Cb

Newcastle, *Australie* Ville industrielle et portuaire de Nouvelle-Galles du Sud, située à
Voir suite p. 472

Népal

FERMÉ AU MONDE EXTÉRIEUR JUSQU'AU DÉBUT DES ANNÉES 1950, CE ROYAUME DES MONTAGNES EST ENCORE EN TRAIN DE S'ADAPTER AU VINGTIÈME SIÈCLE

Le Népal est un bloc de terres basculé. C'est un rectangle étroit et allongé, sur le versant de l'Himalaya oriental ; sa frontière N. court le long de la ligne de crêtes. Cette région frontière est connue comme le « toit du monde » et contient le plus haut sommet du globe, l'Everest (8 848 m).

Le rectangle n'a que 160 km de large ; mais, sur cette courte distance, les altitudes s'effondrent de plus de 8 000 m à moins de 100 m le long de la frontière indienne, au S.

Dans le Teraï, la région plate du Sud, des tigres, des éléphants et quelques rhinocéros asiatiques parcourent la jungle dense, et l'on peut y cultiver le riz, la canne à sucre, le jute et les orangers. Plus au N., les collines de piémont sont colorées au printemps par les azalées et les rhododendrons, les unes et les autres originaires du Népal. Plus au N. encore, les yacks paissent sur les hauts pâturages au pied des neiges éternelles et des glaciers de l'Everest, du Dhaulagiri, du Kangchenjunga et de l'Annapurna.

Le Népal est l'un des pays les plus pauvres et les moins développés du monde. Neuf habitants sur dix tirent péniblement leurs ressources du travail de la terre. Une personne sur cinq seulement sait lire et écrire, et le revenu moyen par tête est d'environ 170 dollars américains — moins que le revenu hebdomadaire moyen des Français.

La pauvreté du pays est due autant à sa géographie qu'à sa politique. Enclavé et largement isolé des routes commerciales des plaines indiennes, le Népal a eu peu d'occasions de développer une industrie de transformation. De plus, il n'a pas de gisements minéraux importants qui lui permettraient de payer les importations en provenance de ses deux grands voisins, l'Inde et la Chine.

Du point de vue politique, le pays s'est constitué à partir d'un agglomérat de royaumes féodaux, un par vallée, séparés par les crêtes. Il groupe encore un grand nombre d'ethnies et il est divisé entre bouddhistes et hindous. Bien que les Gurkhas aient conquis les royaumes et fondé le Népal contemporain en 1769, les souverains de chacun des royaumes soumis furent plus fidèles à leurs clans respectifs qu'à la nation.

Les intrigues des familles nobles entraînèrent une longue éclipse du pouvoir royal, de 1846 à 1951. Celui-ci fut alors restauré par les rois Mahendra et Birendra, qui exercèrent un pouvoir autocratique, tout en modernisant quelque peu l'économie et la société. Des mouvements réformistes réclamant une démocratisation réelle, de sanglantes émeutes menées par les populations urbaines ont obligé le roi Birendra à accepter la transformation du Népal en une monarchie constitutionnelle et à organiser des élections en avril 1991.

Avec l'aide de l'Inde et de la Chine, des routes ont été construites des frontières N. et S. vers Katmandou, et le long de la vallée centrale, pour relier entre elles les villes principales. Des aménagements hydroélectriques sont en cours de réalisation.

Jusqu'en 1951, le pays était fermé aux étrangers, mais il est maintenant devenu un paradis pour les touristes, avec plus de 175 000 visiteurs par an.

Le Népal est aussi connu comme le pays

d'origine des célèbres guerriers gurkhas. Environ 80 000 de ces combattants audacieux — qui portent encore leur fameux poignard courbe, le kukri — servent dans l'armée britannique. Ils ont combattu au côté des Anglais depuis le début du XIXe s., quand les Britanniques de l'Inde établirent leur protectorat sur le Népal. 50 000 autres servent dans l'armée moderne de l'Inde.

LE NÉPAL EN BREF
Superficie 147 181 km^2
Population 19 795 000
Capitale Katmandou
Régime Monarchie constitutionnelle
Monnaie Roupie = 100 pices
Langues Népalais et autres langues locales
Religions Hindous (90 %), bouddhistes, musulmans
Climat Tempéré ; température moyenne à Katmandou : de 2 à 23 °C en janvier à 20 à 29 °C en juillet
Ressources Riz, blé, orge, canne à sucre, bétail, plantes médicinales, jute, poivre, tabac, fruits, bois
Activités Agriculture, toile de jute, raffinage du sucre, textiles, sylviculture, tourisme
Exportations Riz et autres produits agricoles, bois, cuir, jute, sucre, tapis
P.N.B. annuel par habitant 180 dollars
Croissance démographique 25 ‰ par an
Espérance de vie Hommes 54 ans, femmes 53

MARCHÉ DE TOUJOURS. Des rickshaws tirés par des bicyclettes amènent les clients à ce petit marché de Katmandou, où fruits et légumes sont présentés simplement à même le sol.

l'embouchure du Hunter, à 120 km au N. de Sydney. Exportation de charbon, laine, blé et laitages. Industries métallurgiques, chimiques, chantiers navals, métaux ouvrés, textiles. La cité fut fondée en 1804 comme établissement pénitentiaire.

Population 259 000
Carte Australie Ie

Newcastle-under-Lyme, ***Royaume-Uni*** Voir POTTERIES (the)

Newcastle-upon-Tyne, ***Royaume-Uni*** Ville du nord-est de l'Angleterre, dans le comté de Tyne et Wear, à 400 km de Londres.

Au IIe s. un pont romain enjambait la Tyne ; l'extrémité E. du mur d'Hadrien se trouvait à Wallsend, devenu un faubourg de Newcastle. À l'époque normande un château fut construit (donnant son nom à la ville) et au XVIe s. le port fut très florissant. Mais la croissance de la ville provint de l'expansion minière et de l'exportation du charbon au XVIIe s., et, au XIXe s., de la construction de chantiers navals, en plus des industries mécaniques. Quand survint la grande dépression de 1930, aucune région du pays ne souffrit plus que les villes navales de la Tyne, particulièrement Jarrow et Gateshead.

Depuis, la vie a toujours été un combat pour l'existence dans cette région, mais peu de villes expriment mieux le renouveau urbain. Newcastle offre un vaste centre-ville du XIXe s. avec une église médiévale devenue cathédrale. Université, industries de l'État sur les deux rives de la Tyne et quelques chantiers navals survivants. Mais le bâtiment le plus impressionnant est la gare (1850-1865), qui rappelle le souvenir de Stephenson, constructeur de la première locomotive à vapeur pour une voie ferrée destinée au public, né dans les environs en 1781.

Population (ville) 199 100 ; (aggl.) 1 300 000
Carte Royaume-Uni Ec

New Forest, ***Royaume-Uni*** Ancienne forêt royale de chasse d'Angleterre, très visitée, couvrant 364 km² au S.-O. du Hampshire, entre Southampton et Bournemouth, et protégée depuis plus de 1 000 ans. Mais, entre le XVIe et le XVIIIe s., ses grands chênes servirent à la construction de navires, dévoilant aujourd'hui des étendues de lande ou de prés.

Carte Royaume-Uni Ee

Newgrange, ***Irlande*** Voir BRUGH NA BOINNE

New Hampshire, ***États-Unis*** L'un des treize premiers États de l'Union, colonisé en 1623, situé au N.-E. du pays, entre le Massachusetts et le Maine (24 097 km²) ; à l'O., le fleuve Connecticut le sépare du Vermont. C'est une contrée très boisée possédant de nombreux lacs, dont le plus grand est le Winnipesaukee ; au N., les monts White s'élèvent à 1 917 m. Agriculture centrée sur les produits laitiers et maraîchers et les œufs. Industrie textile, machines-outils. Capitale : Concord ; le seul port, Portsmouth, est aussi une base navale.

Population 1 110 000
Carte États-Unis Lb

New Haven, ***États-Unis*** Ville portuaire du Connecticut dessinée en 1638 par des colons puritains autour de neuf squares. L'un d'eux, le Green, existe toujours. Siège de l'université de Yale, l'une des plus anciennes (1701) et des plus prestigieuses des États-Unis.

Population (ville) 130 500 ; (aggl.) 530 200
Carte États-Unis Lb

New Jersey, ***États-Unis*** État du Nord-Est couvrant 20 295 km² sur la côte atlantique, entre les fleuves Hudson et Delaware. Il fait partie de cette ceinture périphérique dont les habitants font la navette avec New York ; sa densité de population (avec 95 % vivant dans les centres urbains) est la plus élevée de tous les États. Néanmoins, la production agricole locale approvisionne en fruits, légumes et produits laitiers les cités voisines. Industries variées : chantiers navals, raffineries et usines chimiques le long de la côte et, à l'intérieur, usines d'équipement électrique et électronique. Trenton en est la capitale et Newark la plus grande ville.

Les premiers colons européens du New Jersey furent des Hollandais, mais il fut cédé à l'Angleterre en 1664. C'est l'un des treize États d'origine qui formèrent les États-Unis.

Population 7 735 000
Carte États-Unis Lc

New Plymouth, ***Nouvelle-Zélande*** Localité de l'île du Nord, à 260 km au N.-O. de Wellington, un des premiers établissements européens (1841). Base d'approvisionnement des gisements off-shore de gaz de Maui.

Population 36 100
Carte Nouvelle-Zélande Ec

Newport, ***États-Unis*** Port et base navale du Rhode Island, à l'embouchure de Narragansett Bay, dans l'État de Rhode Island. Colonisé par les Européens en 1639, il prospéra grâce au commerce jusqu'à sa destruction partielle lors de la guerre d'Indépendance américaine (1775-1783). Au XIXe s., il devint un lieu à la mode, et aujourd'hui on visite les luxueuses demeures des millionnaires. Ce fut le berceau du célèbre festival de jazz de Newport. Grand centre nautique où se déroulèrent de nombreuses coupes d'Amérique (*America's Cup*).

Population 29 900
Carte États-Unis Lb

Newport News, ***États-Unis*** Port important sur l'Atlantique, à l'embouchure du fleuve James en Virginie. Il exporte du charbon, importe des minerais et possède de vastes chantiers navals (construction et réparation).

Population (ville) 170 500 ; (aggl., y compris Norfolk) 1 400 000
Carte États-Unis Kc

Newry, ***Royaume-Uni*** Port et ville commerçante en Irlande du Nord à 55 km au S.-O. de Belfast. Il s'est développé autour d'une abbaye cistercienne du XIIe s. Le canal Newry, construit entre 1730 et 1741 pour réunir la mer d'Irlande et le Lough Neagh via le fleuve Bann, fut l'un des premiers canaux de navigation des îles Britanniques. Industries agro-alimentaires, tissus de lin et vêtements.

Population 11 500
Carte Royaume-Uni Bc

New York, ***États-Unis*** 1. Première ville du pays, familièrement nommée Big Apple (la Grosse Pomme), et centre de la conurbation qui s'étend sur les régions voisines du Connecticut et du New Jersey ; c'est l'une des plus importantes villes et l'un des plus grands ports du monde.

Située sur la côte E., elle apparut en 1609 comme poste de commerce sur l'île de Manhattan à l'embouchure de l'Hudson ; elle devint ensuite la colonie hollandaise de la Nouvelle-Amsterdam, avec un beau port naturel qui favorisa son commerce ; puis elle fut prise et rebaptisée par les Anglais en 1664. Sa croissance atteint son apogée aux XIXe et XXe s., quand elle servit de porte d'accès au Nouveau Monde pour des millions d'immigrants européens. Aujourd'hui, la ville, formée de cinq *boroughs* (Manhattan, Bronx, Brooklyn, Queens et Staten Island), s'est étendue au N. vers Yonkers, à l'E., au-delà de l'East River, sur Long Island, à l'O. jusqu'à

LE POUMON VERT DE NEW YORK. Entre l'Hudson (en haut à gauche) et l'East River (en haut à droite) s'étend l'île de Manhattan, le plus petit et le plus caractéristique des cinq *boroughs* de New York. Central Park (340 ha) en occupe le centre. Il est parcouru par 50 km de voies diverses (routes, chemins, pistes cyclables) et comprend plusieurs plans d'eau. Au N. du parc (au fond sur la photographie) commence le quartier noir de Harlem.

Jersey City, et au S. vers Staten Island. C'est une ville extrêmement cosmopolite comprenant les communautés urbaines italienne et juive les plus importantes du monde, et une population d'origines diverses: russe, ukrainienne, noire, portoricaine, germanique, irlandaise, chinoise, polonaise, scandinave, etc.

New York est le centre commercial et financier du pays, son premier port et un important centre industriel. Son cœur est toujours Manhattan, dont le remarquable plan quadrillé, avec ses avenues N.-S. et ses rues E.-O., remonte à 1807. Le secteur financier est situé à Wall Street, emplacement de l'enceinte en palissade ou mur (*wall*) construite par les colons hollandais en 1653 pour se protéger des attaques des colons anglais et Indiens. Beaucoup d'autres professions ont leur siège dans Manhattan, près de l'extrémité S. de Central Park, alors que les industries lourdes sont localisées sur les marais desséchés du fleuve. Mais certaines industries légères (vêtements) demeurent dans le centre-ville, dominé par les gratte-ciel, dont le fameux Empire State Building de 381 m, inauguré en 1931, et près de Wall Street, les tours jumelles du World Trade Center, de 411 m.

La ville, célèbre pour la statue de la Liberté à l'entrée du port et son immense Central Park (4 km sur 800 m), est aussi une métropole intellectuelle, culturelle et artistique: plusieurs universités, un très grand nombre de musées (dont le Metropolitan Museum of Art et le Museum of Modern Art), Lincoln Center (avec le Metropolitan Opera House), et une foule de théâtres à Broadway. Le siège des Nations unies se trouve près de l'East River.

2. Second État le plus peuplé (après la Californie) sur la côte atlantique (128 402 km^2). Il comprend Long Island et la vallée de l'Hudson et s'étire au N.-O. vers les lacs Érié et Ontario et la frontière canadienne. Au N.-E. les monts Adirondack dépassent 1 600 m; au S. s'étendent les monts Catskill et une partie des Appalaches. Principales productions: fruits, légumes, produits laitiers, sel, ciment, pierre, constructions mécaniques, instruments de précision, matériel électrique, livres, matériel d'imprimerie, matériel photographique, etc. La ville de New York et les chutes du Niagara en constituent les principales attractions touristiques. Capitale: Albany.

Population (ville) 7 323 000; (aggl.) 18 100 000; (État) 18 000 000

Carte États-Unis (ville) Lb, (État) Kb

Neyshabur, ***Iran*** Voir NICHAPUR

Ngaliema (mont), ***Ouganda/Zaïre*** Voir RUWENZORI

Ngami (Dépression de), ***Botswana*** Marais peuplé d'oiseaux, ancien lac décrit par l'explorateur anglais Livingstone comme une mer intérieure. Il était alimenté par le delta de l'Okavango et couvrait environ 52 000 km². Les papyrus ont depuis bouché la principale arrivée d'eau et le marais s'est rétréci. En 1965-1966 une sécheresse le vida temporairement.

Le district de Ngamiland qui entoure le marais et le delta de l'Okavango couvre 109 300 km². Principale ville: Maun.

Carte Botswana Bb

Ngan-yang, ***Chine*** Voir ANYANG

Ngaoundéré, ***Cameroun*** Ville située à 1 200 m d'altitude dans le massif de l'Adamaoua, au cœur d'une région d'élevage, à 450 km au N.-E. de Yaoundé à laquelle elle est reliée par chemin de fer. Abattoirs et grande usine de traitement des peaux. Centre religieux des nomades peuls. Palais du Lamido.

Population 61 000
Carte Cameroun Bb

Ngauruhoe (mont), ***Nouvelle-Zélande*** Volcan actif de 2 291 m situé dans le parc national de Tongari dans l'île du Nord, à 250 km au N.-E. de Wellington. Le plus souvent il se contente de fumer, mais parfois de fortes explosions répandent des coulées de lave sur les pentes. La dernière grande éruption eut lieu en 1978.

Carte Nouvelle-Zélande Ec

Ngazidja, anc. **Grande Comore,** ***Comores*** La plus grande et la plus peuplée des îles de l'archipel des Comores (1 147 km²). La capitale, Moroni, est établie sur la côte O.

Population 255 800
Carte Madagascar Aa

Ngorongoro, ***Tanzanie*** Grand cratère volcanique au N. du pays, à 230 km au S.-E. du lac Victoria. Il mesure 18 km de diamètre et héberge, outre les tribus de nomades masaïs et leurs 100 000 têtes de bétail, plus de 30 000 animaux sauvages. Le Ngorongoro est éteint depuis plusieurs millions d'années. Le cratère fait partie de la zone protégée du Ngorongoro qui comprend la gorge d'Olduvai.

Carte Tanzanie Ba

N'Gounié, ***Gabon*** Fleuve de 440 km qui naît dans le massif du Chaillu et arrose Mouila, Fougamou et Sindara avant de confluer avec l'Ogooué, 19 km au-dessus de Lambaréné. Sa vallée est la première région du pays pour la production alimentaire (taro, banane plantain, manioc, maïs). Pendant la plus grande partie de l'année, le fleuve est navigable entre Sindara et Lambaréné et entre Mouila et Fougamou.

Carte Gabon Bb

Nha Trang, ***Viêt-nam*** Port et station balnéaire à 300 km au N.-E. de Hô Chi Minh Ville. Marché agricole pour le riz, la canne à sucre, le caoutchouc et le café des collines de l'intérieur.

Population 213 500
Carte Viêt-nam Bc

Niagara (chutes du), ***Canada/États-Unis*** Chutes spectaculaires sur le Niagara, à la frontière canadienne. La rivière, qui relie le lac Érié au lac Ontario, se sépare à l'île Goat pour former les chutes canadiennes, dites du Fer à Cheval, de 54 m de haut et de 675 m de large, et les chutes américaines, de 56 m de haut et de 323 m de large. Elle subit une dénivellation de 98 m sur 48 km. Des ponts enjambent la gorge et des centrales hydroélectriques transforment l'énergie hydraulique.

Carte Canada Hd

Niagara-on-the-Lake, ***Canada*** Centre de villégiature à l'extrémité nord du Niagara, là où cette rivière se jette dans le lac Ontario, près de la frontière américaine. C'est l'ancienne capitale du Haut-Canada (1792-1796), devenu en 1867 l'Ontario. Festival de théâtre Shaw en été.

Population 12 500
Carte Canada Hd

Niamey, ***Niger*** Capitale du pays, à 100 km à l'E. de la frontière avec le Burkina-Faso. Jusqu'en 1926, date à laquelle elle remplaça la capitale, Zinder, Niamey n'était qu'un ensemble de villages. Aujourd'hui les édifices coloniaux français voisinent avec des bureaux modernes le long des avenues bordées d'arbres. Les deux marchés de la ville, Petit et Grand Marché, offrent l'un des produits alimentaires, l'autre des vêtements confectionnés au Niger ou au Mali, et des articles en cuir, fer et cuivre.

La splendide Grande Mosquée blanche, moderne mais construite dans le style traditionnel, surplombe le Niger qui arrose la ville. Tout comme le pays, le fleuve tire son nom du mot touareg *n'eghirren* signifiant « eau qui coule ». Non loin le Musée national (arts et traditions nigériennes) s'entoure d'un parc de 24 ha qui abrite un zoo et des jardins botaniques. Le pont Kennedy relie les deux rives.

Population 400 000
Carte Niger Ab

Niari, ***Congo*** Voir KOUILOU

Nicaragua Voir p. ci-contre

Nicaragua (lac de), ***Nicaragua*** Le plus grand lac d'eau douce (8 264 km²) d'Amérique centrale. De nombreux oiseaux rares nichent dans la végétation tropicale qui l'entoure et ses eaux renferment des poissons d'eau salée, espadons et poissons-scies qui ont remonté le fleuve San Juan depuis la mer des Antilles.

Carte Nicaragua Ba

Nice, ***France*** Chef-lieu des Alpes-Maritimes et station touristique de réputation mondiale sur la Côte d'Azur, à 25 km de la frontière italienne. Autour du port s'étage le vieux Nice, tout en ruelles, places pittoresques et marchés en plein air. La ville moderne s'étend le long de la baie des Anges, et la célèbre promenade des Anglais, bordée de grands hôtels et d'immeubles résidentiels, s'étire sur plus de 6 km jusqu'à l'aéroport. Le port de Nice assure le transport des passagers et des marchandises vers la Corse. L'industrie n'est pas négligeable: électronique, construction mécanique, industrie alimentaire, maroquinerie, tabac, chaussures. De nombreuses manifestations culturelles et touristiques ont lieu chaque année dans la ville (carnaval, Grande Parade du jazz). Université. Cathédrale Sainte-Réparate (XVIIe s.) ; église Saint-Jacques (XVIIe s.) ; ancien palais Lascaris. La colline de Cimiez abrite de belles villas, des musées (musée Matisse, musée Chagall) et des ruines romaines (thermes, arènes).

Nice fut prise par la France au royaume de Sardaigne en 1860. Après 1950, elle a accueilli de nombreux réfugiés d'Afrique du Nord. Patrie de Garibaldi, de Masséna.

Population (ville) 343 000 ; (aggl.) 476 000
Carte France Ge

LA REINE DE LA CÔTE D'AZUR. Longeant la baie des Anges, la célèbre promenade doit son nom aux Anglais, qui l'aménagèrent au XIXe s. Nice doit son succès à son site privilégié, à la douceur de son climat, au pittoresque de sa vieille ville et aux nombreuses distractions qu'elle offre à ses visiteurs.

Nicaragua

DES MERCENAIRES AMÉRICAINS PRIRENT JADIS LE POUVOIR DANS CE PAYS RENDU AUJOURD'HUI À LA DÉMOCRATIE PLURALISTE

Depuis son indépendance en 1838, le Nicaragua a connu toutes sortes de guerres. En fait, dès la conquête espagnole au XVIe s., il y a eu des conflits et des interventions étrangères. Aujourd'hui, les libéraux arrivés au pouvoir doivent compter avec une armée et un corps de fonctionnaires pénétrés par les idées du Front sandiniste, dans l'opposition.

Le Nicaragua s'étend entre le Pacifique et les Caraïbes, sur l'isthme de l'Amérique centrale. Il est bordé au N. par le Honduras et au S. par le Costa Rica. À l'E., la côte caribéenne est très boisée, c'est la région la plus humide du Nicaragua. À côté se trouve un triangle de monts volcaniques atteignant 2 438 m au N. À l'O., une bande de savane longe la côte pacifique, au S.-E. du golfe de Fonseca. C'est dans cette région, qui abrite les deux grands lacs Managua et Nicaragua, que se concentrent les 9/10 de la population. Entre ces basses terres et la côte du Pacifique se trouve une autre chaîne de volcans. Dans toute cette partie, il y a de dangereux tremblements de terre. En 1931 et en 1972, Managua, la capitale, fut presque totalement détruite par deux terribles séismes.

Au XVIIIe s., la côte E. fut colonisée par les Britanniques, qui y amenèrent des esclaves jamaïquains pour travailler dans les plantations. Aujourd'hui, la population de cette région est formée de descendants de ces esclaves noirs et d'Indiens, les premiers habitants du Nicaragua : Niguiranos, Chorotegas, Chontales et Caraïbes. Le reste de la population (à peu près 80 %) est *mestizo* (métis Blanc-Indien). Le Nord-Est est le domaine des Miskitos, des mulâtres descendants d'esclaves noirs et d'Indiens Caraïbes. Les Miskitos furent les plus menacés par la guerre civile, car c'est sur les collines du Nord-Est que s'affrontèrent armée et maquisards. Pour cette raison, le gouvernement les avait déplacés vers le sud dans des conditions qui provoquèrent des protestations internationales.

Le gouvernement sandiniste arriva au pouvoir en 1979 après une révolution qui renversa un régime militaire répressif dominé par une famille — les Somoza — depuis 1930. Le mot « sandiniste » vient du nom du général Augusto César Sandino, un patriote qui fut assassiné par les Somoza en 1934. Avant la révolution, les États-Unis soutenaient le régime militaire de Somoza contre les guérillas de gauche. Ils entraînaient la garde nationale — force qui permettait aux Somoza de se maintenir au pouvoir. Les États-Unis soutinrent jusqu'à la fin du régime sandiniste la *contra*, armée contre-révolutionnaire en partie formée d'anciens membres de la garde nationale.

Les *contras* étaient entraînés par des conseillers américains au Honduras, et c'est avec l'aide américaine que les ports nicaraguayens furent minés. Les États-Unis, qui furent les principaux partenaires économiques du Nicaragua, avaient décrété un embargo commercial en 1985 et refusèrent d'acheter le sucre nicaraguayen.

Ce n'est pas la première intervention des États-Unis au Nicaragua. Un aventurier américain, William Walker, envahit le pays en 1855, se déclara président et resta au pouvoir jusqu'à ce que les États-Unis le chassent en 1857. En 1912, les « marines » américains occupèrent le pays déchiré par un conflit entre les villes de Granada et León, et y restèrent jusqu'en 1933. Le général Sandino lutta précisément contre ces forces d'occupation qui placèrent Somoza à la tête de la garde nationale.

Les Nicaraguayens accueillirent la chute de Somoza avec enthousiasme en 1979, mais la guerre qui s'ensuivit leur coûta cher. Une grande partie de l'économie a été ruinée par les combats et par le blocus imposé par les États-Unis. Les principales exportations sont le café, le coton, la viande et le sucre que produisent des plaines et des vallées fertiles. Il y a beaucoup de terres cultivables, mais pas de ressources pour les cultiver. Le fait que le général Somoza ait emporté en exil d'énormes sommes qu'il s'était frauduleusement appropriées a été un autre coup dur pour l'économie. Les Somoza possédaient aussi d'immenses propriétés terriennes qui ont été redistribuées aux paysans sous forme de petites propriétés qu'ils cultivent eux-mêmes ou de fermes collectives. Les sandinistes ont fait des réformes impressionnantes dans le domaine de la santé et de l'éducation, mais l'aide médicale reste encore insuffisante.

Le Nicaragua a quelques dépôts de cuivre, d'or et d'argent, et quelques industries (alimentaires et chimiques). De sévères mesures d'austérité ont été prises par le pouvoir sandiniste comme par Violetta de Chamorro : les prix ont augmenté et les salaires ont stagné. Le marché noir se développe et les taux de change des monnaies étrangères sont exorbitants. Cependant, le retour à l'économie de marché, après une période de dirigisme, suscite de graves tensions sociales. Le pouvoir actuel doit aujourd'hui faire face à une vague de mécontentements qui apparaît aux yeux de certains observateurs comme pain béni pour l'opposition sandiniste. Le Nicaragua, en retrouvant la paix, n'a pas pour autant gagné la stabilité.

En février 1990, des élections contrôlées par des observateurs neutres venus de différents pays avaient porté au pouvoir Violetta de Chamorro (54,7 % des suffrages), candidate de l'Union de l'opposition, contre Daniel Ortega (40,8 %), du Front sandiniste, qui avait accepté le verdict des urnes.

LE NICARAGUA EN BREF	
Superficie	131 779 km^2
Population	4 270 000
Capitale	Managua
Régime	République parlementaire
Monnaie	Cordoba = 100 centavos
Langues	Espagnol, dialectes indiens et anglais
Religion	Chrétiens (95 % catholiques, 4 % protestants)
Climat	Tropical ; températures à Managua : de 20 à 34 °C toute l'année
Ressources	Café, coton, riz, maïs, sucre, bananes, bétail ; bois, or, argent, cuivre
Activités	Agriculture, produits chimiques et alimentaires, textiles, ciment, mines, sylviculture
Exportations	Coton, café, viande, sucre, produits chimiques, poisson
P.N.B. annuel par habitant	340 dollars
Croissance démographique	30 ‰ par an
Espérance de vie	Hommes 65 ans, femmes 68

Nichapur ou **Neyshabur,** ***Iran*** Ville entourée de vergers, à 700 km à l'E. de Téhéran. Ancienne capitale royale, patrie du poète persan Omar Khayyam (1050-1123), dont la tombe se trouve dans un jardin, à 3 km au S.-E. Taille de la turquoise extraite de mines au N. de la ville. Dans la région agricole environnante, poterie, céramique, fruits, céréales et coton.

Population 110 000
Carte Iran Ba

Nicobar (îles), ***Inde*** Voir ANDAMAN ET NICOBAR

Nicosie (Nicosia), ***Chypre*** Capitale et principale ville, au centre de l'île, divisée depuis 1974 et l'invasion turque au N. Industries : chaussures, textiles, cuir, cigarettes et tourisme. Le centre de la vieille ville, fondée avant le VIIe s. av. J.-C., est entouré d'une muraille de 5 km datant du XVIe s., et renferme dans le secteur N. (turc) la cathédrale Sainte-Sophie, devenue mosquée, et une église arménienne du XIVe s. La ville, nommée d'après Nikê, la déesse grecque de la victoire, abrite le Musée chypriote dans le secteur S. (grec) avec une collection d'objets remontant à l'âge du bronze, trouvés sur l'île.

Population 169 000
Carte Chypre Ab

Nidwald, ***Suisse*** Voir UNTERWALD

Nieuw Amsterdam, ***Surinam*** Voir PARAMARIBO

Nieuwe Waterweg, ***Pays-Bas*** Canal en eau profonde de 28 km de long, creusé de 1866 à 1872 entre Rotterdam et la mer du Nord. Il remplaça les étroits canaux du delta du Rhin et permit aux navires de haute mer d'atteindre Rotterdam. Hoek Van Holland, avant-port de Rotterdam pour les passagers, et le moderne Europoort sont situés à son embouchure.

Carte Pays-Bas Bb

Nièvre (58), ***France*** 1. Affluent de la Loire (53 km), qu'elle rejoint à Nevers.

2. Département de Bourgogne (6 837 km^2) entre la Loire et le Morvan. Il est dominé au centre par les collines du Nivernais dont l'élevage bovin (charolais) est, avec l'exploitation

forestière, la principale activité agricole du département. Métallurgie de transformation au S. (Decize, Imphy), caoutchouc, constructions électriques. Le tourisme, surtout dans le Morvan (sports nautiques), est en plein essor.

La population, en baisse depuis 1900, est concentrée à l'O. Seules Nevers et Cosne-Cours-sur-Loire ont plus de 10 000 habitants.

Population 233 000

Carte France Ec

Niger Voir p. 477

Niger, ***Afrique de l'Ouest*** Fleuve de 4 170 km, dont le bassin est le plus grand d'Afrique occidentale et le troisième d'Afrique après ceux du Nil et du Zaïre. Il prend naissance dans la Sierra Leone à la frontière de la Guinée, traverse la Guinée, le Mali en décrivant une large courbe, et le sud-ouest du Niger. Il forme alors une partie de la frontière Niger-Bénin, entre en Nigeria et se jette au S. dans le golfe de Guinée. Son vaste delta envahi par la mangrove et la vase couvre 20 000 km^2 et s'étend sur 300 km au N.-O. de Port Harcourt. Plusieurs fleuves le traversent (Bénin, Escravos, Forcados), de plus en plus obstrués par les bancs de sable formés par les courants côtiers. Cependant, l'exploitation des gisements pétroliers découverts en 1956 dans la ville de Oloibiri a apporté une nouvelle prospérité à la région.

Le Niger est depuis longtemps une voie de commerce. Le trafic des graines de palme (produisant l'huile de palme) était si important qu'au XVIIIe s. les Anglais surnommèrent les bras de son delta les « fleuves d'huile ». Il est navigable depuis le golfe de Guinée jusqu'à la ville de Jebba, et sur 1 610 km en amont de Yelwa. Il est très poissonneux, et son cours a permis l'aménagement de centrales hydroélectriques et de barrages servant à l'irrigation, tel celui de Kainji, dans l'O. du Nigeria.

Carte Afrique Dc

Nigeria Voir p. 478-479

Nijmegen, ***Pays-Bas*** Voir NIMÈGUE

Nijni-Novgorod, ***Russie*** Ville et port sur la Volga, à 380 km à l'E. de Moscou, où fut exilé de 1981 à 1987 le savant dissident Andreï Sakharov, prix Nobel de la Paix. Fort fondé en 1221, devenu centre de commerce fluvial, où se tenait au XIXe s. la plus grande foire commerciale de Russie, la ville s'appela Gorki de 1932 à 1990, en l'honneur de l'écrivain Maxime Gorki (1868-1936), qui décrivit la vie des pauvres, notamment dans son autobiographie (1913-1914). Grand centre industriel : automobiles (voitures Volga), bateaux fluviaux et hydroglisseurs, moteurs, machines-outils, papier et matériel agricole, raffinage du pétrole.

Population 1 445 000

Carte Russie Cc

Nijni Taguil, ***Russie*** Ville de l'Oural, à 125 km au N. d'Ekaterinbourg, fondée en 1725 près de mines d'or, de cuivre et de fer. Industries chimiques, mécanique et sidérurgie.

Population 439 200

Carte Russie Dc

Nikko, ***Japon*** Ville touristique située dans un parc national de 1 407 km^2 (lacs, cascades), au centre de l'île de Honshu, à 120 km au N. de Tokyo. Elle renferme de nombreux temples et tombeaux dont le Toshogu, splendide mausolée du shogoun (seigneur guerrier) Tokugawa Ieyasu qui fonda la dynastie Tokugawa. Le principal bâtiment du mausolée, couvert de laque rouge, est décoré de deux millions de feuilles d'or. Chaque année, en mai, s'y déroule la fête du Printemps, cérémonie dans laquelle les participants défilent revêtus du costume traditionnel des samouraïs.

Population 23 900

Carte Japon Cc

Nikolaïev, en ukrainien **Mikolayiu,** ***Ukraine*** Port sur la mer Noire à 110 km au N.-E. d'Odessa. Fondé en 1788 à l'embouchure du Boug méridional, il devint un important centre de construction navale. Industries mécaniques, chimiques, alimentaires ; confection.

Population 515 400

Carte Ukraine Cc

Nil (Al-Bahr ; Bahr el-Nîl), ***Afrique*** Le fleuve le plus long du monde coule dans la direction S.-N. sur 6 695 km. Son bassin de 2 850 000 km^2 est très complexe et son étude a été à l'origine des premières explorations de l'Afrique centrale. Le Nil qui coule en Égypte est formé du Nil Blanc, le plus long, né dans la région des grands lacs, et du Nil Bleu, qui a son origine en Éthiopie.

La source la plus longue et la plus septentrionale du Nil Blanc, la Luvironza, naît au Burundi ; la source la plus importante, la Nyawarongo, au Rwanda. Ces deux rivières se réunissent pour former la Kagera, le principal tributaire du lac Victoria, qui reçoit une autre rivière importante venue du Kenya, la Nzoia. La première grande chute, Jinja, se trouve au déversoir du lac Victoria. Le fleuve traverse ensuite le petit lac Kioga, s'abaisse d'une façon spectaculaire aux chutes Kabalga (autrefois Murchison), puis reçoit, sur sa gauche, les eaux d'un système hydrographique complexe comprenant les lacs George, Édouard et Albert (Mobutu), reliés entre eux par la rivière Semliki — autrefois, le lac Kivu en faisait partie, mais un accident géologique l'a annexé au fleuve Zaïre.

Peu après son entrée au Soudan par les rapides de Fola, ce Nil des Montagnes (Bahr el-Djebel) s'étale dans une vaste plaine marécageuse, le Sudd, paradis des oiseaux et des îles flottantes de papyrus, où, par évaporation, il perd une grande partie de ses eaux. À la sortie du Sudd, il reçoit sur sa gauche le Bahr el-Ghazal, né aux confins du Soudan et de la Centrafrique. Le Nil, devenu un fleuve aux eaux claires (Nil Blanc, Bahr el-Abiad), déchargées dans le Sudd du riche limon d'Afrique central, va rencontrer son premier affluent éthiopien, le Sobat. À Khartoum, il rencontre le Nil Bleu (Bahr el-Azrak), presque un fleuve à lui tout seul. Celui-ci prend naissance dans les montagnes qui entourent le lac Tana (1 850 m d'altitude), en Éthiopie, et traverse ce pays sous la forme d'une rivière tumultueuse, l'Abbay. Après Khartoum, une autre rivière née en Éthiopie, l'Atbara, apporte un grand volume d'eau. Désormais, le Nil va parcourir une grande distance de terres désertiques, soumis à une intense évaporation, sans recevoir de nouveaux affluents. Il se jette dans la Méditerranée par un vaste delta formé de neuf bras.

Les marécages que traverse le Nil Blanc retiennent le limon, retardent les crues et favorisent l'évaporation (la moitié du volume total). Le Nil Bleu fournit à lui seul 85 % des eaux arrivant en Égypte. De grands travaux ont été et vont être réalisés pour régulariser son cours ou favoriser l'irrigation : barrage d'Assouan, plaine de Gesireh, canal de Jonglei (Sudd).

Carte Afrique Gb

Nilgiri (monts), ***Inde*** Ensemble de plateaux culminant à 2 636 m au mont Doda Betta, pic situé à 400 km au N.-O. de la pointe sud du continent indien. Région vallonnée, boisée et bien arrosée. Plantations de café, thé, caoutchouc et herbes médicinales.

Carte Inde Be

Nimba (monts), ***Afrique occidentale*** Massif montagneux aux confins de la Guinée, du Liberia et de la Côte-d'Ivoire. Il constitue une partie du massif de Haute-Guinée et atteint 1 752 m au mont Nimba, lieu de jonction des trois frontières. Minerai de fer à haute teneur, diamant. Nombreux animaux sauvages: hippopotames, crocodiles, sangliers, chacals, félins, singes.

Carte Guinée Cb ; Liberia Ba

nimbo-stratus Formation de nuages gris sombre, bas et épais, apportant la pluie ou la neige.

nimbus Nom donné à tout nuage épais, d'un gris uniforme, qui apporte la pluie, souvent employé avec d'autres noms de nuages (cumulo-nimbus, nimbo-stratus).

Nimègue (Nijmegen), ***Pays-Bas*** Ville située sur le Waal (bas Rhin) au S.-E. d'Amsterdam et à 7 km de la frontière allemande. En septembre 1944, elle fut le théâtre de durs combats entre Alliés et Allemands, qui se disputaient ses ponts. La ville fut très abîmée mais l'hôtel de ville (XVIe s.) et l'église Saint-Étienne (XVe s.) ont survécu, sur la place du marché. Vestiges des fondations du palais de Charlemagne (742-814). Université. Produits manufacturés (machines, équipements électriques, papier).

Population (ville) 147 100 ; (aggl.) 229 400

Carte Pays-Bas Bb

Nîmes, ***France*** Chef-lieu du département du Gard, à 100 km au N.-O. de Marseille. Importante colonie romaine de 120 av. J.-C. au Ve s. de notre ère, elle conserve de beaux vestiges de cette époque: la Maison carrée (musée), les arènes (amphithéâtre de plus de 21 000 places), la tour Magne, la porte d'Auguste et, aux environs, le célèbre pont du Gard, aqueduc à trois étages sur le Gardon, qui servait à l'alimenter en eau. Centre administratif et tertiaire ; écoles militaires. Industries diverses dont le textile (confection). Berceau de la toile dont on fait les « blue-jeans » (*denim* en anglais). Le matin du 3 octobre 1988, des masses d'eau dues à des pluies torrentielles ont dévasté la ville.

Population 128 500

Carte France Fe

Nin, ***Croatie*** Voir ZADAR

Ningbo ou **Ning-po,** ***Chine*** Grand port du Zhejiang, sur la mer de Chine orientale, à 60 km à l'E. de Hangzhou et centre industriel en expansion (mécanique, textiles).

Population 570 000

Carte Chine Ie

Ningxia (République autonome de), ***Chine*** Région de 60 000 km^2 au N.-O. de la Chine, entre la Mongolie intérieure et la province de Gansu, de part et d'autre du fleuve Jaune (Huang He). Population majoritairement hui (musulmans chinois). Élevage extensif du mouton d'Asie qui donne une laine de qualité. Agriculture (riz, blé) grâce à l'irrigation, surtout le long du Huang He. Charbon. Capitale: Yinchuan.

Population 5 100 000

Carte Chine Fd

Niger

DANS CE PAYS EN PROIE À LA SÉCHERESSE, LE SAHARA NE CESSE D'AVANCER, ET LES TOUAREGS SE MANIFESTENT

Au xve s., l'État enclavé du Niger a connu l'apogée de royaumes prestigieux : l'empire songhaï, établi dans la vallée du fleuve Niger, à l'O., et qui étendait son influence jusqu'au Sénégal, et plusieurs États haoussas, au S., sur la frontière avec le Nigeria. Ces régions sont les plus peuplées du pays ; le reste, couvert par le Sahel, est faiblement peuplé et en voie de désertification.

Au S.-O., le fleuve Niger forme la frontière avec le Mali ; il reçoit de nombreux affluents fossiles, les « dallols », qui se remplissent d'eau lors des pluies, mais s'assèchent aussi vite, pour ne laisser subsister qu'une suite de mares qui disparaissent à leur tour ; le dallol Bosso fait suite à la vallée de l'Azawak qui, dans le Nord, est le domaine des Touaregs et de leurs troupeaux. Au S.-E., se trouve la grande dépression du lac Tchad, dont le Niger possède une partie.

Niamey, la capitale, se trouve sur la rive gauche du fleuve. C'est une belle ville, reliée à la rive droite par un grand pont moderne ; le centre-ville possède encore des bâtiments de l'époque coloniale, des cafés et des restaurants, un marché animé, et un musée en plein air où travaillent les artisans. De larges avenues bordées d'arbres mènent aux quartiers périphériques grossis par la venue des réfugiés de la sécheresse. L'autre centre du Niger est Zinder, l'ancienne capitale, en pays haoussa, à l'E., lié économiquement et culturellement au nord du Nigeria.

Au N., Agadès est une ancienne capitale des Touaregs dans le massif de l'Aïr qui culmine à 1 944 m. On y trouve des sources d'eau chaude et des abris sous roche recouverts de peintures montrant le Sahara fertile d'il y a cinq mille ans. À l'O. de l'Aïr se trouve la saline de Teggidan-Tessoum ; c'est une série de petits bacs aménagés dans lesquels on fait décanter l'eau saumâtre d'un marécage proche. De l'oasis de Bilma, à l'E., producteur de dattes, une grande caravane de pains de sel arrive chaque année vers le fleuve.

On a retrouvé au Niger des gisements de dinosaures, ainsi que d'abondants vestiges néolithiques. La vallée du fleuve est parsemée de « toggérés », buttes vieilles de deux millénaires, recelant d'anciens villages et des statuettes funéraires en terre cuite. Le site de Tadmekka, au N., aurait abrité, au xe s., un centre important de métallurgie du cuivre. La région, jusqu'à l'arrivée des Européens, a participé aux échanges transsahariens avec l'Algérie, la Tunisie et, par le N.-E., avec le Fezzan libyen. La grande route vers Tripoli passe par les oasis du Kaouar (Bilma), et la région, où vit une population de Toubous, est fortement influencée par la proximité de la Libye ; de nombreux travailleurs nigériens se rendent en Libye, perchés sur les camions des commerçants haoussas, dont certains ont pignon sur rue à Tripoli ; c'est la route de pénétration des idées fondamentalistes qui influencent en profondeur les grands centres religieux musulmans du Nigeria.

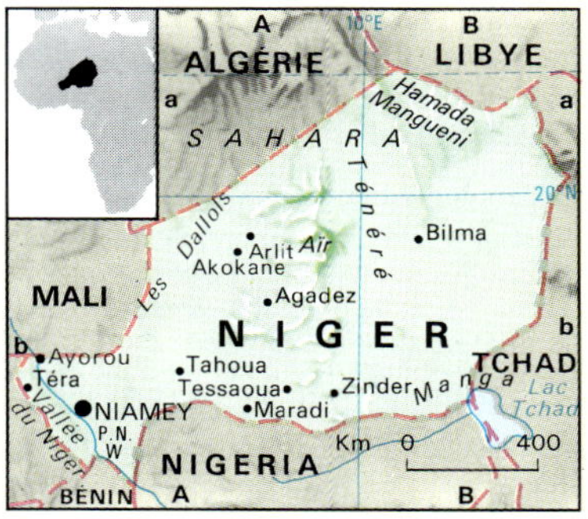

La France s'installe dans le pays en 1897 après avoir délimité sa zone d'influence avec les Britanniques. Elle se heurte à une forte opposition, et les exactions de la colonne Voulet-Chanoine (1900) sont dénoncées en France même. L'administration française introduit la culture du coton et de l'arachide. Elle essaiera de compenser le poids politique et économique du pays haoussa en développant la vallée du Niger, où vivent les Djermas, une population proche des Songhaïs ; Niamey sera érigée au rang de capitale.

LA CHANCE DE L'URANIUM

Avec l'arachide et le coton, les Djermas pratiquent les cultures vivrières (mil, sorgho) ; on trouve des cultures de décrue sur les bords du fleuve ou dans certains dallols (on cultive au fur et à mesure de la baisse du niveau des eaux). La culture du mil, possible jusqu'à 450 mm d'eau annuelle, a souffert des sécheresses successives et de la fréquence des pluies. Les paysans, en effet, plantent dès la première pluie, mais si celle-ci n'est pas suivie rapidement de plusieurs autres, les semences sont perdues. Les Sorkos vivent sur le fleuve, préparent le poisson séché et assurent les transports fluviaux traditionnels jusqu'au Mali.

Les autres victimes de la sécheresse sont les nomades. Les Peuls, d'abord, qui vivent parmi les agriculteurs, ou dans les zones non cultivées ; puis les Touaregs, qui vivent dans les régions désertiques du Nord. Partout, dans les régions pastorales, l'eau des puits s'est raréfiée ; le bétail va de plus en plus loin pour trouver des pâturages, mais doit revenir au puits, et attendre parfois une journée avant de pouvoir s'abreuver.

UNE ÉTAPE POUR LES CARAVANES. L'oasis de Bilma est un arrêt apprécié des éleveurs nomades, qui viennent y chercher des dattes et du sel, très utile pour leurs bêtes.

Les gisements de minerais d'uranium de l'Aïr, exploités dès 1970, ont fait passer le Niger au 5e rang mondial en 1979, mais la baisse des cours a été un coup dur pour l'économie. Une route goudronnée a été construite pour évacuer le minerai vers le Bénin. Les cultures industrielles (arachide et coton) ont subi une forte chute de production, les paysans (90 % de la population) préférant investir dans les cultures vivrières.

Le pays est devenu indépendant en 1960 sous la présidence d'Hamani Diori. Celui-ci a été renversé en 1974 par le colonel Seyni Kountché. Le colonel Ali Saïbou, qui lui succède en 1987, doit, sous la pression de l'opposition, organiser des élections en mars 1993. Un économiste réformiste, Mahamane Ousmane, devient le nouveau chef de l'État. Dans le Nord, la Libye fait une intense propagande auprès des Touaregs, entraînant de graves incidents.

LE NIGER EN BREF
Superficie 1 267 000 km^{2}
Population 8 520 000
Capitale Niamey
Régime République parlementaire
Monnaie Franc C.F.A.
Langues Français (officielle), haoussa, songhaï, peul, tamachek
Religions Musulmans (85 %), animistes (14 %), chrétiens (1 %)
Climat Chaud et sec ; température moyenne à Niamey : de 14-34 °C en janvier à 27-41 °C en mai
Ressources Mil, sorgho, arachides, coton, riz, bétail ; uranium, étain, phosphates
Industries Cultures industrielles, textiles, industries alimentaires, mines
Exportations Uranium, arachides, bétail (vers le Bénin et le Nigeria), cuirs et peaux
P.N.B. annuel par habitant 310 dollars
Croissance démographique 33 ‰ par an
Espérance de vie Hommes 45 ans, femmes 48

Nigeria

UN PAYS FORMÉ D'UNE MOSAÏQUE DE POPULATIONS ET DE CULTURES À LA RECHERCHE DE SON UNITÉ

Qualifié de « géant de l'Afrique de l'Ouest », le Nigeria est le plus grand pays de la région et le plus peuplé du continent africain ; il est aussi jeune que les autres États ; son indépendance date de la fin des années 1950. À lui seul, il compte presque autant d'habitants que toutes les anciennes colonies françaises d'Afrique noire. Son évolution n'a guère été harmonieuse. Les coups d'État militaires et la guerre civile ont accompagné les découvertes de pétrole et de gaz naturel qui sont le moteur de son développement économique et qui ont couvert de nombreux gratte-ciel le centre de l'ancienne capitale, Lagos ; les bidonvilles, les taudis, et les 4 millions d'habitants qui s'entassent dans ses quartiers surpeuplés sont le résultat de ce saut dans le monde moderne.

Le Nigeria est un ensemble de peuples et de cultures, assemblés par les Anglais sans le consentement des intéressés, réunis pour former une nation. Beaucoup de Nigérians ne sont pas prêts de l'admettre. Les tensions tribales reviennent à la surface et ont, dans le passé, fait surgir de terribles conflits, comme celui du Biafra en 1967.

C'est cette diversité qui a perturbé les tentatives pour donner à chaque ensemble la place qui lui revient, chaque communauté voulant grossir démesurément sa propre importance. Depuis quelques années, ce pays composé de 250 ethnies a dépassé les 88 millions d'habitants ; 65 % d'entre eux appartiennent à quatre grands groupes ethniques — les Haoussas et les Fulanis (Peuls) dans le Nord, les Yoroubas dans le Sud-Ouest et les Ibos dans le Sud-Est.

UN PAYSAGE VARIÉ

On trouve au Nigeria toute la variété des paysages d'Afrique occidentale, de la côte tropicale et des forêts humides du Sud aux montagnes et aux savanes du Nord. La côte est bordée de kilomètres de plages idylliques entrecoupées de mangroves aux embouchures des rivières. Le revers de cette côte est constellé de lagunes et de petites criques, particulièrement dans le delta du Niger. Ces étendues d'eau servaient de voies de communication avant la construction des routes. Aujourd'hui, les canaux de circulation sont ensablés ; mais les pirogues et les petits bateaux transportent encore les gens vers leurs villages et amènent les produits locaux vers les villes de Calabar et de Badagri. Plus au N., la zone forestière produit trois des principales exportations agricoles du pays (cacao, huile de palme, caoutchouc), puis apparaît la savane-parc aux riches pâturages. Après le confluent de la Bénoué et du Niger, le paysage change pour laisser la place au plateau de Jos, une zone montagneuse appréciée des touristes. À l'E. commencent les hauts plateaux du Cameroun. Au N. de Jos, s'étale la savane arborée puis arbustive, vaste étendue de pâturages soumis à une longue saison sèche, et parsemée de squelettes d'animaux morts de soif, lugubre apparition du Sahel.

Ces changements de végétation font surgir des genres de vie et des populations différents. Dans le Sud, l'abondance des pluies est favorable à la culture du manioc, de l'igname, du maïs, et de nombreux légumes. Le riz pousse en petites parcelles à proximité des rivières ou, par irrigation pendant la saison des pluies, sur de grandes étendues.

Le Nord est loin d'être autosuffisant en matière de nourriture. Il est tributaire d'une seule saison des pluies (il y en a deux dans le Sud). Les céréales, comme le mil, le sorgho et le maïs, sont les principales productions vivrières du Nord, le coton et l'arachide les cultures industrielles. Mais, contrairement aux régions méridionales humides et parsemées d'étendues d'eau, il n'est pas envahi par la mouche tsé-tsé ; c'est le domaine des troupeaux de bœufs, qui forment ainsi, avec les importations de bétail venu du Niger sur pied pour l'embouche, le complément économique du Sud.

DE NOK À IFÉ

Le Nigeria a vu naître les plus remarquables civilisations de l'Afrique. Celle de Nok, avec ses étranges statuettes funéraires de terre cuite, est née sur le plateau de Jos, au centre du pays, cinq cents ans avant notre ère. L'embryon de métallurgie du fer qu'on y pratiquait donnera plus tard naissance aux merveilles de bronze ou de laiton d'Igbo-Ukwu (xe s.), d'Ifé (XVe s.) et du Bénin (XVe-XVIIIe s.). Des royaumes se formeront au S. du confluent du Niger et de la Bénoué. Un commerce à longue distance ira chercher au Sahara le cuivre nécessaire pour fabriquer, avec l'étain local, les masques de bronze qui font l'admiration du monde. La culture organisée de l'igname mettra la population à l'abri de la disette (de nos jours, cette région est encore l'une des plus peuplées du continent). Au N., des cités-États haoussas, comme Kano, Katsina et Sokoto, surgiront à la limite du Sahel et des routes transsahariennes.

Les Européens reconnaissent la côte à la fin du XVe s. Ils ne mettront pas longtemps à nourrir de pacotille, et plus tard d'armes à feu, le commerce traditionnel de l'or, de l'ivoire et des esclaves. Des commerçants portugais et hollandais visitent le royaume du Bénin et en ramènent des descriptions éloquentes.

Après l'interdiction du commerce des esclaves en 1807 par les Britanniques, les Européens se tournent vers les produits dont la révolution industrielle a besoin : l'huile de palme, utilisée dans les savonneries, l'étain, le cacao, le caoutchouc, l'arachide, le coton. À la fin du siècle, les Britanniques signent des accords avec les rois des cités du Sud. La moindre entorse est une occasion pour les nouveaux venus de faire remonter le fleuve et les rivières à leurs canonnières. En 1897, la ville de Bénin est méthodiquement saccagée et ses trésors — les bronzes et les têtes représentant les obas (rois) — entassés par milliers. Les plus remarquables sont au British Museum ; quelques-uns ont été rendus au Nigeria indépendant. Dans le Nord, les émirs ne se rendent pas sans combats.

Comme dans leurs autres colonies, les Britanniques adoptent le système d'administration indirecte, déléguant leur autorité aux chefs traditionnels en échange de produits locaux ou de taxes. Des routes et des chemins de fer sont construits pour amener les matières premières jusqu'aux ports. Pour des questions de commodité, le Nigeria est géré par une seule administration centrale.

AGRICULTURE ET PÉTROLE

Après des années de négociation, le pays accède à l'indépendance en 1960 sous la forme d'un État fédéral qui devient une république

DES COMMUNAUTÉS SOLIDAIRES. Beaucoup de Nigérians suivent encore le mode de vie traditionnel dans des villages constitués de cases de terre séchée. Ils cohabitent au sein de familles élargies qui peuvent compter plusieurs dizaines de personnes ; la plupart d'entre eux vivent en économie fermée et produisent de la nourriture pour leurs seuls besoins.

en 1963. Mais il est constitué de trois régions bien distinctes — le Nord, le Sud-Est, et le Sud-Ouest — habitées par des groupes ethniques — Ibos, Yoroubas Haoussas, Fulanis — opposés par l'histoire et la géographie et luttant pour le pouvoir. En juin 1967, les Ibos du Sud-Est, où se trouvent des gisements pétroliers, font sécession et créent l'État indépendant du Biafra. La guerre civile dure trois ans et fait un million de morts.

Dans ce pays, légué par les Britanniques comme un modèle de démocratie parlementaire, les coups d'État militaires se succèdent pendant quinze ans, mettant en place six des huit régimes qui ont gouverné le pays en vingt-cinq ans. Le dernier gouvernement civil est celui du président Haji Shehu Shagari (1979). Mais il est évincé le 31 décembre 1983 par le général Buhari, qui veut éliminer la corruption, responsable de l'énorme déficit du pays. Buhari est à son tour renversé par le général Ibrahim Badamas Babangida qui prend le pouvoir en août 1985. Les années suivantes sont marquées par la montée de l'intégrisme dans le Nord musulman. En 1989, le pouvoir promet le retour à un régime civil. Les élections de juin 1993 voient la victoire de Moshood Abiola, figure de l'opposition, mais sont annulées. En 1994, le général Abacha, le nouveau chef de l'État, a demandé l'emprisonnement de Moshood Abiola.

À l'époque britannique, le Nigeria était un riche pays agricole et occupait le deuxième rang au monde, après le Ghana, pour le cacao (1973). Il en était de même en 1972 pour l'arachide, dont il était l'un des principaux producteurs. Aujourd'hui, l'agriculture industrielle est moribonde. Il n'y a guère que le coton et l'huile de palme qui rapportent encore des devises importantes. Dans la zone arachidière du Nord, la baisse des cours et la sécheresse sont, en partie, responsables de la désaffection pour ces cultures ; les paysans préfèrent planter des cultures vivrières qui leur permettent, au moins, de manger à leur faim. D'autre part, le pays, qui tire maintenant 90 % de ses revenus du pétrole, ne fait guère d'efforts pour encourager l'agriculture classique. Il favorise les grands projets, mais ceux-ci ne donnent pas toujours les résultats escomptés : ainsi, la nationalisation de l'industrie du sucre en 1972, qui se trouve au bord de l'effondrement ; il en est de même des projets rizicoles qui, pour des problèmes de gestion, ne peuvent même pas répondre aux simples demandes individuelles.

L'économie du Nigeria, qui ne possède plus qu'une seule source de revenus, le pétrole, est à la merci des fluctuations des cours mondiaux (de 800 dollars par habitant en 1980, le P.N.B. est tombé à 312 dollars en 1988).

Abuja a été choisie, au centre géographique du pays, pour être la nouvelle capitale fédérale. Mais les problèmes financiers ont rendu difficile sa construction et le déménagement des administrations.

LE NIGERIA EN BREF
Superficie 923 768 km^2
Population 91 549 000
Capitale Abuja (capitale fédérale)
Régime République fédérale à gouvernement militaire
Monnaie Naira = 100 kobo
Langues Anglais (officielle), haoussa, ibo, yorouba, peul
Religions Musulmans (48 %), chrétiens (34 %) animistes (18 %)
Climat Tropical ; janvier est le mois le plus humide. Températures moyennes : de 23 °C à 32 °C
Ressources Arachide, coton, cacao, caoutchouc, maïs, mil, sorgho, manioc, riz, igname, noix de palme, bétail, bois ; pétrole brut et gaz naturel, étain, minerai de fer, charbon
Activités Production et raffinage du pétrole brut et du gaz naturel, cultures industrielles, mines, pétrochimie, engrais, chaînes de montage de voitures, cimenteries, industries alimentaires
Exportations Pétrole brut et produits raffinés, gaz naturel, cacao, coton, huile de palme, étain, bois, cuirs bruts
P.N.B. annuel par habitant 320 dollars
Croissance démographique 32 ‰ par an
Espérance de vie Hommes 50 ans, femmes 54

Ninive, ***Irak*** Site archéologique sur le Tigre, en face de Mossoul, à 350 km au N.-O. de Bagdad. Souvent mentionnée dans la Bible, cette ancienne capitale assyrienne, bâtie sur un site du VIe millénaire, connut son apogée au VIIe s. av. J.-C., sous les rois Sennachérib et Assurbanipal. Au XIXe s., des fouilles ont mis au jour des palais et une bibliothèque, dite d'Assurbanipal, de 20 000 tablettes en écriture cunéiforme, dont les textes bilingues en sumérien et en akkadien permirent aux savants de progresser dans le déchiffrage de ces deux langues.
Carte Irak Ba

Niño (El) Courant marin longeant les côtes du Pérou, de l'Équateur et de la Colombie, prolongement du contre-courant équatorial du Pacifique. Son renforcement à partir de décembre (d'où son nom « courant de l'Enfant-Jésus ») peut avoir des conséquences catastrophiques. Le réchauffement anormal des eaux de surface, en déplaçant les eaux froides du courant péruvien, leur plancton et les poissons qui en vivent, nuit à la pêche péruvienne. Il entraîne aussi des pluies diluviennes et des inondations sur les côtes péruviennes et équatoriennes.

Niokolo-Koba (parc national du) ***Sénégal*** Réserve d'animaux de 9 000 km^2 dans le sud-est du pays, autour du village de Niokolo, à 55 km de la frontière guinéenne. Elle comprend surtout de la savane et des forêts le long de la Gambie et de ses affluents, et abrite 70 espèces de mammifères (éléphants, hippopotames, antilopes, etc.), 330 espèces d'oiseaux et 60 espèces de poissons et de reptiles.
Carte Sénégal Bb

Niort, ***France*** Chef-lieu du département des Deux-Sèvres, sur la Sèvre Niortaise, à 403 km au S.-O. de Paris. Important nœud routier. Industries variées mais les activités tertiaires dominent (banques, assurances mutualistes).
Population 57 000
Carte France Cc

Nios, ***Grèce*** Voir IOS

Niš, ***Yougoslavie*** Ville de Serbie sur la Nišava, près de son confluent avec la Morava du Sud, à 201 km au S.-E. de Belgrade. Ancienne ville romaine contrôlant les grandes routes commerciales reliant les plaines centrales du Danube avec la mer Égée et le Bosphore ; patrie de Constantin le Grand (280-337), premier empereur romain chrétien. Attaquée par les Goths, les Huns, les Bulgares, les Hongrois et les Byzantins, la cité devint un caravansérail prospère sous les Turcs de 1456 à 1877 (entre Constantinople et la Hongrie). C'est en 1809 que fut construite la sinistre Cele Kula (« tour des crânes »), près de la ville : les briques de la tour sont incrustées des crânes de 900 rebelles serbes, en guise d'avertissement.

Niš demeure un important nœud de communications, avec de nombreuses usines (machines, matériel électrique et de radiographie, céramique, tabac, produits alimentaires).
Population 230 700
Carte Yougoslavie Bc

Niterói (pont de), officiellement **Ponte Costa é Silva,** ***Brésil*** Pont de 14 km reliant la ville de Niterói à Rio de Janeiro. Achevé en 1974, c'est l'un des plus longs du monde et, à son point le plus haut, il s'élève à 72 m au-dessus de la baie de Guanabara.
Carte Brésil Dd

Nitra, ***Slovaquie*** Ville à 75 km au N.-E. de Bratislava, au milieu de riches terres agricoles, de vergers et de vignobles. Brasseries ; industries de transformation alimentaire, vinicoles, mécaniques et électriques. La cathédrale abrite la plus vieille église de Slovaquie, consacrée il y a onze siècles.
Population 89 800
Carte Slovaquie Db

Niue, ***océan Pacifique*** Île corallienne de 259 km^2, à 2 100 km au N.-E. de la Nouvelle-Zélande, autonome depuis 1974, mais dépendant de la Nouvelle-Zélande. Fruits de la passion, coprah, miel. Chef-lieu : Alofi.
Population 2 100
Carte Pacifique (océan) Ec

niveau de la mer Niveau de référence utilisé pour le calcul de l'altitude du niveau du sol ou la profondeur des mers. Le niveau moyen de la mer, relevé sur les marégraphes, a varié au cours des temps géologiques.

niveau hydrostatique Niveau supérieur de l'eau d'une nappe, à la limite entre la zone d'aération et la zone saturée où tous les pores de la roche sont remplis d'eau. Ce niveau varie selon la nature des pores et des fissures de la roche et selon l'importance des pluies en amont. La montée ou la baisse du niveau hydrostatique affecte le débit des sources, le niveau des puits et les sources artésiennes.

Nizwa ou **Nazwa,** ***Oman*** Chef-lieu de province situé à 140 km au S.-O. de Mascate, au centre des monts Hajar, relié à la côte par une route bâtie à travers la passe de Sumail en 1976. La ville moderne s'est développée récemment autour du vieux quartier (VIe et VIIe s.). Marché hebdomadaire. Artisanat.
Population 20 000
Carte Oman Aa

Nkongsamba, ***Cameroun*** Ville pittoresque dans une étroite vallée à 220 km au N.-O. de Yaoundé. Actif marché du café et résidence des gens les plus riches du pays. Le brouillard fréquent y est causé par l'activité des volcans voisins. Région touristique (chutes d'Ekom, mont Manengouba). Reliée à Douala par chemin de fer.
Population 123 200
Carte Cameroun Bb

Noire (mer), dans l'antiquité **Pont-Euxin** Mer intérieure entre l'Europe et l'Asie, communiquant avec la Méditerranée par les détroits du Bosphore et des Dardanelles. Les tempêtes et les brouillards y rendent la navigation dangereuse en hiver. Le taux de salinité, faible en surface (jusqu'à 90 m), s'élève en profondeur : le sel est apporté par un courant sous-marin venant de la Méditerranée. La vie marine est restreinte dans les eaux salées contenant peu d'oxygène, mais les eaux de surface abritent une faune très riche. Nombreux centres balnéaires. Rôle économique important (ports roumains, bulgares, turcs, russes, ukrainiens, géorgiens).
Superficie 461 000 km^2
Profondeur maximale 2 243 m
Carte Europe Gd

Noire (rivière), en chin. **Hei Jiang,** en vietn. **Sông Da,** ***Chine/Viêt-nam*** Rivière de 800 km de long prenant sa source dans le Yunnan (Chine) et se jetant dans le fleuve Rouge à 50 km à l'O. de Hanoi.
Carte Viêt-nam Aa

Noirmoutier, ***France*** Île basse de 48 km^2, au N.-O. de la Vendée, dans l'océan Atlantique. Une chaussée, utilisable à marée basse (le Gois), et un pont (1971) la relient au continent. Climat doux. Pêche, fleurs, primeurs, aquaculture. Tourisme.
Population 9 170
Carte France Bc

Nong Khai, ***Thaïlande*** Ville sur la rive droite du Mékong, à 25 km en aval de la capitale du Laos, Vientiane. Terminus ferroviaire. La province du même nom produit tabac et riz.
Population (ville) 138 300
Carte Thaïlande Bb

Nonthaburi, ***Thaïlande*** Ville et province au N. de Bangkok, absorbées peu à peu par la capitale. La province, autrefois réputée pour ses durians, fruits au goût délicieux mais à l'odeur nauséabonde, voit ses vergers disparaître.
Population (ville) 278 400
Carte Thaïlande Bc

Nord (59), ***France*** Département de 5 742 km^2, sur la Manche, et s'étendant le long de la frontière belge vers laquelle coulent la plupart des cours d'eau (Yser, Lys, Escaut, Sambre). C'est le département le plus peuplé et qui possède le meilleur réseau autoroutier de France. Le Nord est à la fois agricole (blé, betterave, pomme de terre, lin, houblon) et industriel (industries alimentaires, textiles, chimiques ; automobile), bien que sa forte croissance et sa prospérité nées, dès le XIXe s., du charbon et de la sidérurgie aient beaucoup souffert de la crise actuelle de la métallurgie lourde et de la fermeture des houillères devenues non compétitives. Chef-lieu : Lille, centre de la conurbation Lille-Roubaix-Tourcoing et future gare sur le T.G.V.-Nord. Le port de Dunkerque jouit d'une bonne situation sur le pas de Calais.
Population 2 532 000
Carte France Ea

Nord (canal de la mer du), en néerl. **Noordzee Kanaal,** ***Pays-Bas*** Canal de 27 km percé en 1876 entre Amsterdam et la mer du Nord (IJmuiden) pour permettre aux voiliers d'atteindre Amsterdam en évitant le lac d'IJssel. Il est construit au-dessous du niveau de la mer, et les bateaux y pénètrent par des écluses.
Carte Pays-Bas Ba

Nord (canal du), ***France*** Canal de 95 km de long reliant l'Oise à la Scarpe. Il facilite les liaisons entre Paris et le Nord industriel, et double le canal de Saint-Quentin.

Nord (cap), en norv. **Nordkapp,** ***Norvège*** L'un des caps les plus septentrionaux de l'Europe, à 500 km au N. du cercle Arctique. C'est un promontoire culminant à 300 m sur l'île de Magerøy, à 95 km au N. de Hammerfest. Le point le plus septentrional d'Europe est le Knivskjellodden, proche mais moins accessible. Tourisme estival (soleil de minuit).
Carte Norvège Ga

Nord (île du), ***Nouvelle-Zélande*** La plus petite des deux principales îles du pays (114 685 km^2). Sa population est trois fois celle de l'île du Sud. Son centre, montagneux, offre de riches pâturages à 37,5 millions de moutons, plus de la moitié du total national. Principales villes : Auckland, Hamilton et Wellington, la capitale.
Population 2 550 000
Carte Nouvelle-Zélande Eb

Nord (mer du) Mer peu profonde entre l'Angleterre et le continent européen. Grande voie maritime et zone de pêche intense, elle renferme aussi de riches gisements d'hydrocarbures dont les principales bénéficiaires sont l'Angleterre et la Norvège. Les grandes marées combinées à des vents violents peuvent faire monter ses eaux à des niveaux dangereux et causer des inondations catastrophiques, comme en janvier 1953 aux Pays-Bas et en Angleterre.
Surface 575 000 km²
Profondeur maximale 661 m
Carte Royaume-Uni Dc

Nord (terre du), en russe **Severnaïa Zemlia,** ***Russie*** Groupe d'îles recouvertes de glace dans l'océan Arctique, au N. de la presqu'île de Taïmyr et du cap Tchéliouskine, le point le plus septentrional d'Asie. Ces îles, d'une superficie de 37 000 km², abritent des stations de recherche (météorologie, radars).
Carte Russie Fa

Nordkapp, ***Norvège*** Voir NORD (cap)

Nördlingen, ***Allemagne*** Ville médiévale de Bavière, à 80 km au S.-O. de Nuremberg. Maisons et monuments anciens, remparts et portes fortifiées. Chaque été s'y tient une course de chevaux qui date du Moyen Âge.
Population 18 300
Carte Allemagne Dd

Nord-Ouest (Cap), ***Australie*** Promontoire de 506 km² sur la côte de l'Australie-Occidentale, à 1 125 km au N. de Perth. Base américaine de communications navales ; parc national de Cape Range.
Carte Australie Ac

Nord-Ouest (passage du), ***Amérique du Nord*** Route maritime reliant les océans Atlantique et Pacifique, à travers l'archipel arctique du Canada et les eaux du nord de l'Alaska. Les explorateurs anglais du XVIe siècle, dont Frobisher (1576-1578), cherchaient déjà ce raccourci vers l'Orient, mais il ne fut découvert qu'en 1850 par MacClure. Le Norvégien Amundsen y navigua le premier en 1903-1906. Le premier navire de commerce à l'emprunter fut le pétrolier américain *Manhattan*, en 1969.

Nord-Pas-de-Calais, ***France*** Région industrielle et agricole de 12 414 km². Chef-lieu : Lille. Les industries minières, sidérurgiques, mécaniques et textiles, déclinantes, ont été remplacées par de nouvelles activités : pièces détachées, matières plastiques, chimie et électronique. La conurbation Lille-Roubaix-Tourcoing en est le cœur. Autres villes : Boulogne, Calais, Dunkerque (ports) ; Arras, Cambrai, Valenciennes. La région est au centre du réseau T.G.V. entre la France, la Belgique et la Grande-Bretagne par le tunnel sous la Manche.
Le parc régional du Nord-Pas-de-Calais, créé en 1968 à partir du parc de Saint-Amand-Raismes, s'étend aussi sur le marais audomarois, les monts de Flandre et le Boulonnais.
Population 3 970 000
Carte France Da

Norfolk, ***États-Unis*** Port de Virginie, à l'entrée de la baie de Chesapeake. Base navale, docks (charbon, céréales) et centre touristique.
Population (ville) 261 500 ; (aggl.) 1 396 100
Carte États-Unis Kc

Norfolk, ***Royaume-Uni*** Comté rural de 5 355 km² à l'E. de l'Angleterre, sur la mer du Nord. Chef-lieu: Norwich. Sur la côte, nombreuses stations balnéaires dont Great Yarmouth, qui est aussi un port de pêche et une base d'approvisionnement pour les plates-formes de forage en mer du Nord.
Population 714 000
Carte Royaume-Uni Fd

Norfolk (île), ***océan Pacifique*** Île de 35 km² au N.-E. de Sydney, administrée par l'Australie. Colonisée en 1856 par les descendants des révoltés du *Bounty*. Tourisme.
Population 2 500
Carte Pacifique (océan) Dd

Norilsk, ***Russie*** Ville minière (charbon, cuivre, cobalt, nickel, or et platine) à 380 km au N. du cercle Arctique et à 80 km à l'E. de l'Ienisseï. Fondée en 1935, elle faisait partie de ce que l'on appelle aujourd'hui l'Archipel du Goulag, ensemble de camps de prisonniers décrits par l'écrivain russe dissident Alexandre Soljenitsyne. Les volontaires y sont maintenant plus nombreux que les exilés ou les détenus.
Population 173 000
Carte Russie Eb

Normandie, ***France*** 1. Province historique du N.-O. du pays, au bord de la Manche, entre la Picardie et la Bretagne, renommée pour ses produits laitiers, son cidre et son calvados (eau-de-vie de pomme). Guillaume le Conquérant (1035-1087), duc de Normandie, conquit l'Angleterre en 1066. C'est en Normandie qu'eut lieu, le 6 juin 1944, le débarquement allié qui devait aboutir à la libération de l'Europe occidentale.
2. Région administrative de 29 841 km² comprenant cinq départements et divisée en

UNE ATTRACTION UNIQUE. Chaque année, les touristes affluent du monde entier au cap Nord, ce rocher désolé de l'océan Glacial Arctique, pour admirer le soleil de minuit, de la mi-mai à la fin juillet.

deux régions : la Basse-Normandie et la Haute-Normandie.
Population 3 130 000
Carte France Cb

Normandie (Basse-), ***France*** Région de 17 583 km², formée du Calvados, de la Manche et de l'Orne. La petite industrie se concentre dans les villes, mais l'agriculture (légumes, céréales, betterave à sucre) et l'élevage bovin dominent, ce dernier soutenant l'une des plus importantes industries laitières de France (fromages réputés : camembert, pont-l'évêque, livarot). Tourisme balnéaire et nombreuses résidences secondaires sur la côte (Deauville, Cabourg) et à l'intérieur, grâce à la proximité de Paris. À signaler, le parc naturel régional de Normandie-Maine (234 000 ha), créé en 1975. Chef-lieu : Caen ; autres villes : Alençon, Cherbourg.
Population 1 390 000
Carte France Cb

Normandie (Haute-), ***France*** Région de 12 258 km² formée de la Seine-Maritime et de l'Eure. Très riche région agricole (céréales, betterave à sucre, lin, élevage de bovins), la Haute-Normandie est aussi une importante région industrielle, en particulier le long de la basse Seine, entre Rouen et Le Havre : pétrochimie (première région française pour le raffinage du pétrole), constructions navales et mécaniques, industries alimentaires ; pêche (Dieppe, Fécamp). Tourisme balnéaire (Le Tréport). Chef-lieu : Rouen.
Population 1 740 000
Carte France Db

Norrköping, ***Suède*** Port industriel sur un fjord de la Baltique, à 157 km au S.-O. de Stockholm. Fondée au XIVe s., la ville fut incendiée par les Russes en 1710, pendant la guerre du Nord (1700-1721). Industries chimiques et textiles ; papeterie ; pneumatiques.
Population 118 600
Carte Suède Cd

North Field, ***Qatar*** L'un des plus grands gisements de gaz naturel du monde (2 590 km²), situé dans le golfe Arabo-Persique, à 70 km au N.-E. de la péninsule de Qatar. Il a été découvert en 1972.
Carte Qatar Aa

North Slope, ***États-Unis*** Région du nord de l'Alaska entre la chaîne de Brooks et la mer de Beaufort. Énormes réserves de gaz naturel et de pétrole, transportées par gazoduc et oléoduc jusqu'au port de Valdez sur le Pacifique. Nombreux caribous.
Carte Alaska Bb

Northampton, ***Royaume-Uni*** Ville et comté (2 367 km²) des Midlands de l'Est. Cuir (chaussures) ; chasse au renard. La ville, à 105 km au N. de Londres, est devenue banlieue résidentielle de la capitale. Jolie place de marché du XVIIIe s. (l'une des plus grandes d'Angleterre) ; église du XIIe s.
Population (ville) 164 000 ; (comté) 573 000
Carte Royaume-Uni Ed

Northern Province, ***Zambie*** Province peu fertile de 14 780 km², à la frontière du Zaïre et de la Tanzanie. Territoire des Bembas. Chef-lieu : Kasama, à 660 km au N.-E. de Lusaka. Café, fruit, maïs, tabac autour de Mbala.
Population 868 000
Carte Zambie Cb

Northland, ***Nouvelle-Zélande*** Péninsule septentrionale de l'île du Nord s'étendant du N. d'Auckland au cap Reinga (12 649 km²). Ville principale : Whangarei. Du côté occidental s'étend la forêt domaniale de Waipou, où l'on peut encore voir des pins kauris. On y trouve le plus grand arbre du pays (52 m de haut et 14 m de circonférence) dont l'âge est estimé à plus de 1 200 ans et que les Maoris nomment Tane Mahuta (Dieu de la Forêt). La région possède des raffineries de pétrole et vit du tourisme et de l'agriculture.
Population 114 300
Carte Nouvelle-Zélande Da

Northumberland, ***Royaume-Uni*** Comté du nord-est de l'Angleterre bordant l'Écosse (5 033 km²). De nombreux châteaux du Moyen Âge, comme à Alnwick et Berwick-upon-Tweed, rappellent les siècles de conflits qui ont ensanglanté les deux pays. Les monts Cheviot, culminant à 815 m, et la forêt de Kielder offrent de beaux paysages désertiques. Lindisfarne, ou Holy Island, qui possède les ruines d'une abbaye bénédictine du XIe s., est une petite île très touristique. La région abonde en gibier à plume. Chef-lieu : Newcastle-upon-Tyne.
Population 302 000
Carte Royaume-Uni Ec

Norvège Voir p. 484-485

Norvège (mer de), ***Europe*** Mer située à l'extrémité septentrionale de l'Atlantique, au large de la Norvège ; c'est une zone de pêche à la morue et au hareng. Bien que très au N., elle est généralement libre de glaces grâce au passage du « courant norvégien », extension la plus septentrionale du Gulf Stream. Profondeur maximale : 3 667 m.
Carte Atlantique (océan) Ea

Norwich, ***Royaume-Uni*** Port fluvial de l'est de l'Angleterre (East Anglia) et chef-lieu du comté de Norfolk, à 160 km au N.-E. de Londres. Au Moyen Âge, quand le commerce de la laine était à son apogée, c'était la deuxième ville du pays et de nombreux ouvriers flamands y vivaient. Du XIVe au XVIe s., sa prospérité attira un grand nombre d'artisans européens. Grand château du XIIe s. (devenu musée) dominant la ville, enceinte du XIVe s., nombreuses églises et jolies rues pavées. La cathédrale, dont la voûte est spectaculaire, est dotée d'une flèche de 96 m, la deuxième du pays après celle de Salisbury. Université moderne d'East Anglia.
Population 170 000
Carte Royaume-Uni Fd

Notabile, ***Malte*** Voir MDINA

Nottingham, ***Royaume-Uni*** Ville et comté du nord des Midlands. La ville, à 70 km au N.-E. de Birmingham, s'étale autour d'un château du XIe s., rebâti vers 1670 (musée), perché au-dessus de la rivière Trent. Charles Ier y planta son étendard en 1642, au début de la guerre civile anglaise. La vraie croissance de la ville commença au XIXe s. : dentelles, bonneterie, bicyclettes, manufactures de tabac, industrie chimique et pharmaceutique ; université. La Fête de l'Oie (Goose Fair), dont la tradition remonte au Moyen Âge, se tient chaque année en octobre. La ville et les restes de la forêt voisine de Sherwood ont gardé en mémoire le légendaire hors-la-loi du XIIe s., Robin des Bois.
Le comté couvre 2 164 km². Ses mines de houille, centrées autour des villes de Mansfield et Worksop, sont parmi les plus productives d'Angleterre.
Population (ville) 277 000 ; (comté) 1 000 000
Carte Royaume-Uni Ed

Nouadhibou, anc. **Port-Étienne,** ***Mauritanie*** Port, sur la péninsule du même nom, à la frontière du Sahara occidental. Il exporte le minerai de fer extrait de Fdérik (à 670 km au N.-E.) et transporté par chemin de fer jusqu'à ses quais. C'est aussi un port de pêche possédant des conserveries et des usines de congélation et de séchage du poisson.
Population 59 200
Carte Mauritanie Ba

Nouadhibou (Ras), anc. **cap Blanc,** ***Mauritanie/ Sahara occidental*** Étroite péninsule de 50 km de long, au milieu de laquelle passe la frontière entre la Mauritanie et le Sahara occidental.
Carte Mauritanie Ba

Nouakchott, ***Mauritanie*** Capitale du pays sur la côte atlantique. La petite localité développée autour d'un fortin ne devint capitale, en remplacement de Saint-Louis (Sénégal), qu'en 1957 ; c'est aujourd'hui une jolie ville avec des maisons aux toits en terrasse, de larges rues sablées et des mosquées. Durant les sécheresses des années 1970, elle s'est agrandie d'un immense bidonville pour les 300 000 réfugiés des zones rurales.
Près du port, une petite zone industrielle abrite une centrale électrique et la première usine de dessalement d'eau de mer créée en Afrique. Le port, qui exporte le cuivre venant du centre minier d'Akjoujt (260 km au N.-E.), fut agrandi en 1970 et possède un bassin en eau profonde.
Population 393 500
Carte Mauritanie Bb

Nouméa, ***Nouvelle-Calédonie*** Capitale et port principal de l'île (territoire français d'outre-mer), sur une presqu'île, à l'extrémité S.-O. du pays. Fondée en 1854 sous le nom de Port-de-France, elle abrite près de la moitié de la population du territoire, dont elle est le centre commercial et administratif. C'est la plus grande ville francophone de l'océan Pacifique. À proximité de la plage de l'anse Vata se trouve l'Institut français d'Océanie. Au N., l'immense fonderie de Doniambo traite le minerai de nickel produit dans l'île. En ville : conserveries de viande, travail du bois et petites industries alimentaires. Patrie de l'écrivain Francis Carco (1886-1958).
Population 60 100
Carte Nouvelle-Calédonie Bd

Nouveau-Brunswick, ***Canada*** Province de l'Atlantique, d'une superficie de 73 436 km², située entre l'État du Maine (États-Unis) à l'O., le Québec au N.-O., et la Nouvelle-Écosse au S. Occupé d'abord par les Français en 1604, le territoire appartient tour à tour à l'Acadie, française, et à la Nouvelle-Écosse, anglaise, avant d'obtenir le statut de colonie en 1784. La province est dotée d'un long littoral et de vastes forêts. Sa population est essentiellement rurale : seules trois villes comptent plus de 25 000 habitants. Son économie repose surtout sur l'exploitation forestière et les produits alimentaires, mais aussi sur le charbon et le pétrole. Le tourisme y prend de plus en plus d'importance. Fredericton en est la capitale, et Saint-Jean le plus grand centre urbain.
Population 714 000
Carte Canada Id

LA BAIE DES TORTUES. La côte S.-O. de Nouvelle-Calédonie est souvent frangée d'agréables plages de sable blanc bordées de grands pins, comme ici, près de Bourail.

Nouveau-Mexique, en amér. **New Mexico,** ***États-Unis*** État du Sud-Ouest (314 924 km²), dans le sud des montagnes Rocheuses. La capitale, Santa Fe, fut fondée par les Espagnols en 1609. La ville la plus importante est Albuquerque. À l'O. s'élèvent les Rocheuses méridionales, qui culminent à 4 145 m dans les Sangre de Cristo Mountains, et des hauts plateaux appelés *mesas* ou *mesetas*. L'Est est formé d'un haut plateau qui s'étend jusqu'au Texas.

Ancienne patrie des Indiens Apaches, Navajos et Pueblos, cet État désertique doit à ses ressources minières (pétrole, gaz, potasse, cuivre et uranium) d'être le huitième producteur des États-Unis. L'agriculture (blé, maïs, sorgho, fourrage) a été implantée dans les dépressions (notamment à l'E. du río Grande) pour approvisionner les mines. Aujourd'hui, l'irrigation permet de pratiquer l'élevage ovin et bovin. Canyons, déserts, rochers étonnants et vestiges indiens attirent de nombreux touristes.

Population 1 516 000
Carte États-Unis Ec

Nouveaux Territoires, en angl. **New Territories,** ***Hong Kong*** Partie la plus étendue de la colonie britannique de Hong Kong. Cédés à la Grande-Bretagne par la Chine (1898) pour une durée de quatre-vingt-dix-neuf ans, ils s'étendent vers le N., de la presqu'île de Kowloon au fleuve Shum Chun qui sépare Hong Kong de la Chine populaire, et sur Lantau et 200 îles voisines. Autrefois habités par des pêcheurs et des paysans, ils ont vu leur paysage s'urbaniser et s'industrialiser rapidement. L'agglomération de Kowloon s'y étale aujourd'hui, et huit villes nouvelles sont en phase d'achèvement pour satisfaire une démographie exceptionnelle. Depuis 1972, ils sont reliés à l'île de Hong Kong par un tunnel routier. Bon nombre des plus importantes entreprises de la colonie (électronique, textile, chaussures, photographie, bijouterie, construction navale) y sont implantées.

Population 2 321 700
Carte Hong Kong Ca

Nouvelle-Amsterdam, ***océan Indien*** Voir AMSTERDAM (îles)

Nouvelle-Amsterdam (La), ***États-Unis*** Voir NEW YORK (ville)

Nouvelle-Angleterre, ***États-Unis*** Région composée des États du Nord-Est (Maine, New Hampshire, Vermont, Connecticut, Rhode Island et Massachusetts), anciennes colonies anglaises fondées au XVIIᵉ s. Les trois derniers États font partie de la ceinture industrielle très peuplée qui s'étire le long de la côte atlantique jusqu'à Boston en passant par New York. Les trois premiers, plus ruraux, sont moins industrialisés et moins peuplés. Certains habitants de ces États, descendants de colons puritains (les Amishs), ont conservé des pratiques religieuses traditionnelles et restent très attachés à leur système d'éducation et de gouvernement.

Carte États-Unis Lb

Nouvelle-Angleterre (monts de la), ***Australie*** Plateau du nord-est de la Nouvelle-Galles du Sud qui fait partie de la Cordillère australienne. Il a une altitude moyenne de 1 000 à 1 500 m et culmine à 1 616 m au mont Round. Il possède de belles étendues de pâturages, quelques jolis bois d'eucalyptus, et les chutes Wollomombi (357 m), qui sont les plus hautes du pays. Les villes principales sont Tamworth (31 700 habitants) et Armidale (21 600 habitants).

Carte Australie Ie

Nouvelle-Bretagne, ***Papouasie-Nouvelle-Guinée*** La plus grande île de l'archipel Bismarck (36 500 km²), au N.-E. du pays. Montagneuse, elle possède des volcans actifs, des sources d'eau chaude et des sommets atteignant 2 438 m. Le sol, surtout au N. et au N.-E., est très fertile et produit cacao, noix de coco, bois et huile de palme. Ville principale : Rabaul.

Population 312 000
Carte Papouasie-Nouvelle-Guinée BCa

Nouvelle-Calédonie, ***océan Pacifique*** Île de Mélanésie, territoire français d'outre-mer, à 1 400 km à l'E. de l'Australie. La Grande Terre, surnommée le Caillou (16 596 km²), s'étire sur 400 km, de sa pointe N.-O. à sa pointe S.-E., et ne dépasse pas 50 km de large. Avec ses dépendances : îles Loyauté (Ouvéa, Lifou, Maré), île des Pins, îles Huon et Chesterfield, elle couvre 19 103 km². Découverte par Cook en 1774, sa côte E. fut explorée par d'Entrecasteaux en 1792-1793, et Dumont d'Urville en 1827 ; mais ce n'est qu'en 1843 que des missionnaires français s'y établirent. Après le massacre des marins de l'*Alcmène* par les indigènes canaques (1850), le contre-amiral Febvrier-Despointes en prit possession au nom de la France en 1853. Aujourd'hui, sa population est composée de Canaques (Mélanésiens) (42,5 %), d'Européens (37,1 %), de divers peuples océaniens et de Vietnamiens. Les Européens (appelés Caldoches), les Océaniens et les Vietnamiens vivent presque exclusivement sur la côte O. (sous le vent) et dans la capitale, Nouméa. Les Canaques, refoulés par la colonisation, se partagent la côte E. (au vent) et les dépendances.

Cernée par un magnifique lagon dont la faune et la flore sont exceptionnelles, la Grande Terre est formée d'une longue arête montagneuse culminant au N. au mont Panié (1 682 m) et au S. au pic Humboldt (1 618 m). Sa côte, en pente douce, permet aux broussards européens de pratiquer un élevage extensif de bovins (race hereford) qui ne parvient pas à couvrir les besoins de la population. La côte E., très arrosée (2 000 à 3 000 mm de pluie par an), offre

Voir suite p. 486

Norvège

LA MER PRODUIT MAINTENANT DU GAZ ET DU PÉTROLE, RESSOURCES BEAUCOUP PLUS RENTABLES QUE LA PÊCHE TRADITIONNELLE

Les guerriers vikings, issus du pays qui est maintenant la Norvège, furent naguère le peuple le plus redouté du monde. Entre le IXe et le XIe s., ils se répandirent jusqu'en Amérique du Nord et à Constantinople et envahirent les îles Britanniques. Ils attaquèrent Paris en 845, pillèrent et occupèrent la future Normandie. Aujourd'hui, les Norvégiens sont restés un peuple robuste, toujours en lutte contre un environnement hostile, mais leur image est beaucoup plus amène à l'étranger.

La Norvège est un pays prospère et pittoresque, accueillant pour les touristes qui viennent admirer ses paysages spectaculaires, ses fjords et falaises, ses plateaux rocailleux, ses vallées boisées.

C'est un pays long et étroit, qui étire ses 1 752 km depuis Lindesnes, au S., jusqu'au cap Nord. Les Norvégiens remarquent volontiers que la frontière N. de l'Italie est plus proche d'Oslo et moins difficile à atteindre que ne l'est le cap Nord. Au S., la Norvège a environ 400 km de largeur, mais au N., près de Narvik, celle-ci se réduit à 6 km. Elle a une sœur siamoise, la Suède, à laquelle elle est attachée dos à dos par une frontière longue de 1 619 km. La province la plus septentrionale, le Finnmark, est limitrophe de la Finlande et de l'ex-U.R.S.S. Encore plus au N., les îles du Spitzberg, dans l'archipel du Svalbard, ne sont qu'à 1 100 km du pôle Nord.

Le pays est rude, montagneux, pour les deux tiers au-dessus de 300 m d'altitude. Les glaciers quaternaires ont creusé les fjords de la côte O., dont certains sont parmi les plus profonds du monde; le Sognefjord, par exemple, le plus long de tous (184 km), atteint une profondeur maximale de 1 220 m. À l'intérieur du pays, la glace a creusé des vallées dont le fond est occupé par des lacs étroits et profonds comme le Hornindals Vatn, le lac le plus profond d'Europe (– 500 m).

La glace a aussi sculpté la queue d'un dragon géant, l'archipel des Lofoten, long de 240 km au N. du pays; entre deux de ces îles circule un courant de marée puissant et dangereux, le Mosken Straumen, le maëlstrom de la légende, dont la littérature a exagéré le pouvoir destructeur, avec ses tourbillons qui aspirent les navires vers le fond de la mer.

Ces dangereux phénomènes naturels, ainsi que les avalanches, glissements de terrain, inondations, tempêtes en mer, expliquent peut-être le riche folklore surnaturel norvégien, avec ses nains (trolls) et ses géants qui habitent les lacs, les cavernes et les fjords et provoquent des catastrophes. La mythologie norse antérieure au Xe s. avait aussi ses dieux destructeurs tels que Thor, armé du tonnerre, et Wotan qui emportait les guerriers tués au combat vers les festins célestes du Valhalla, le Paradis des héros.

L'imagination norvégienne fut peut-être aussi stimulée par l'obscurité saisonnière: les longues nuits d'hiver suscitent des conteurs. Bien qu'un tiers du pays soit au N. du cercle arctique, le climat est adouci par la dérive Nord-atlantique au large de la côte O. Grâce à ce courant chaud, les eaux côtières sont presque toujours libres de glace en hiver et abritent une riche variété de poissons. Les vents d'O. apportent des pluies et des neiges abondantes, particulièrement sur la façade maritime du pays. Bergen, par exemple, au S.-O., reçoit près de 2 000 mm de précipitations par an; mais, à 200 km à l'intérieur, l'irrigation des cultures est nécessaire dans certaines localités.

En compensation aux longues nuits d'hiver, le nord de la Norvège est un endroit idéal pour observer l'aurore boréale; en été (pendant trois mois à Tromsø), la Norvège arctique jouit du soleil de minuit.

DES FORÊTS, DE L'EAU … ET DU PÉTROLE

Une grande partie de la Norvège est très boisée, mais, avec la détérioration du climat vers le Nord, la forêt laisse place aux étendues rocheuses où seuls poussent les mousses et les lichens, puis aux sommets couverts de neige. La Norvège a le plus grand glacier d'Europe continentale, le Jostedalsbreen (816 km^2).

La majorité des 4,2 millions de Norvégiens sont des citadins dont un quart vivent dans les agglomérations du fjord d'Oslo, de Trondheim, l'ancienne capitale, et de Bergen. La ville pétrolière de Stavanger, en plein essor, a aussi attiré les ruraux. L'exode rural a été intense au XIXe s., en raison des conditions naturelles très dures.

3 % seulement du sol est cultivé et les exploitations sont en moyenne fort petites, mais la forêt donne un revenu supplémentaire à beaucoup d'agriculteurs. Un tiers des exploitations pratiquent l'élevage laitier; on élève des bovins jusque dans l'extrême Nord. L'élevage ovin est aussi très répandu (la Norvège compte 2 300 000 ovins), ainsi que celui des porcs, de la volaille et des chèvres dans les régions de collines; il y a des troupeaux de rennes dans le Nord, au-delà de la limite de la forêt. Les régions agricoles les plus productives sont autour du fjord d'Oslo et du lac

Mjosa au S.-E. ; on y récolte le foin, la pomme de terre, les céréales, les plantes fourragères, les légumes. Le long de la côte O., on cultive les pommes, les cerises, les petits fruits.

Jusqu'au milieu du XIXe s., la Norvège était un pays très pauvre — et encore l'un des plus pauvres d'Europe au début du XXe s. Aujourd'hui, elle a un des revenus par tête les plus élevés du monde. Une grande partie de cette richesse provient des gisements d'hydrocarbures de la mer du Nord. Le pétrole et le gaz assurent 37 % des exportations du pays. La Norvège possède aussi d'abondantes ressources hydroélectriques, grâce aux fleuves descendus du haut plateau. Il y a des mines de charbon dans le Spitzberg arctique et une grande aciérie dans le Nord à Mo i Rana.

L'État a beaucoup investi dans le réseau routier (qui est coûteux en raison de la nécessité de forer de nombreux tunnels en montagne), les aérodromes et les pistes d'atterrissage ; il subventionne environ 200 services de navires traversiers, et le cabotage express le long de la côte.

La croissance industrielle de la Norvège a commencé bien avant l'actuel boom pétrolier. Le raffinage de l'aluminium à partir de l'hydroélectricité et de la bauxite importée a commencé dès les années 1920. La plus grande société industrielle norvégienne, Norsk Hydro, fut la première du monde, dès 1906, à produire des nitrates à partir de l'azote de l'air et de l'énergie hydroélectrique ; depuis, elle a beaucoup diversifié sa production.

LA TRADITION MARITIME

Depuis longtemps, les Norvégiens demandent à la mer une partie de leurs ressources. 80 % d'entre eux habitent en vue de la côte ; celle-ci, il est vrai, a 21 000 km de long, sans compter les 50 000 îles. Aussi la pêche est-elle importante ; c'est pour protéger son stock halieutique que la Norvège a étendu ses eaux territoriales qui vont désormais jusqu'à 200 milles nautiques. La pêche à la morue en hiver autour des Lofoten, celle du hareng au printemps au large de la côte O. connaissent un net déclin, qui est attribué à des prises excessives. Les revenus tirés de la mer ont aussi été touchés par l'interdiction de la chasse à la baleine dans l'Atlantique N. et l'Antarctique.

Cependant, la tradition maritime est maintenue par environ 200 compagnies de navigation et la cinquième marine marchande du monde. Les navires transportent surtout des marchandises, mais certaines compagnies s'efforcent de diversifier leurs activités par l'exploitation de paquebots de croisière qui opèrent surtout dans les eaux caraïbes.

Les plus anciens habitants connus de la Norvège vivaient de chasse et de cueillette ; leurs gravures rupestres ont près de 5 000 ans. Pourtant, l'État norvégien est jeune. À partir du XIVe s., le pays a été intégré au royaume de Danemark ; de 1814 à 1905, il a été uni à la Suède. Les Allemands l'ont occupé d'avril 1940 à la fin de la Seconde Guerre mondiale.

La jeune nation a fortement conscience de son identité nationale, bien qu'elle soit divisée sur une question linguistique. Au XIXe s., on a encouragé une nouvelle langue littéraire, le Landsmål, pour qu'elle se substitue au Riksmål, qui datait de l'époque danoise. Ces deux variantes alourdissent les programmes scolaires, compliquent les panneaux de signalisation et embarrassent les cartographes. Il y a une troisième langue dans le Nord, celle des 25 000 Lapons dont un quart vivent encore de l'élevage traditionnel du renne.

AU PAYS DES VIKINGS. Aurlandsfjord, encaissé au cœur de hautes montagnes, est un affluent méridional du Sognefjord, le plus long des fjords de Norvège ; au loin, les neiges permanentes du Storeskavlen (1 729 m). Le nom de Viking viendrait du mot *vik* qui, en norvégien ancien, désigne une anse, une crique.

La Norvège a quelques célébrités mondiales comme les explorateurs de l'Arctique Fridtjof Nansen (1861-1930) et Roald Amundsen (1872-1928) : celui-ci battit de peu l'expédition britannique du capitaine Robert Scott dans la course au pôle Sud en 1911. Plus récemment, l'explorateur et anthropologue Thor Heyerdahl traversa le Pacifique en radeau du Pérou aux îles Tuamotou en 1947.

La réputation de la littérature norvégienne repose surtout sur le dramaturge Henrik Ibsen (1828-1906), dont les pièces décrivent la vie norvégienne. Le compositeur Edvard Grieg (1843-1907), dont la musique est au répertoire de tous les concerts du monde, s'est inspiré du folklore de son pays natal.

Les Norvégiens ont de nos jours un haut niveau de vie. Il y a peu de gens très riches (quelques familles d'armateurs étant presque la seule exception) et peu de très pauvres. L'État-Providence fournit des services sociaux même aux hameaux les plus isolés. Il y a de la place pour tout le monde ; presque tous les Norvégiens possèdent leur logement ; beaucoup ont aussi une résidence secondaire au bord d'un lac ou de la mer. La pêche de loisir est très pratiquée (celle du saumon est réputée) et le pays a 250 000 bateaux de plaisance. On chasse l'élan en forêt. La Norvège rivalise avec la Suisse pour l'alpinisme et le ski, qui est une invention norvégienne.

Membre du Conseil nordique (avec le Danemark, la Suède, la Finlande et l'Islande) et de l'OTAN, dont il est un des membres fondateurs, le pays est toutefois opposé à la présence sur son sol de troupes étrangères et d'armes nucléaires. Treize ans après avoir refusé son entrée dans le Marché commun, il pourrait intégrer, au 1er janvier 1995, l'Union européenne née du traité de Maastricht.

LA NORVÈGE EN BREF

Superficie 328 878 km^2

Population 4 310 000

Capitale Oslo

Régime Monarchie parlementaire

Monnaie Couronne = 100 øre

Langues Norvégien (ancien Riksmål, nouveau Landsmål), lapon et finnois

Religions Luthériens 88 %, pentecôtistes 1 %

Climat Tempéré, froid au N. ; les températures moyennes à Oslo vont de − 7 °C à − 2 °C en janvier, de 13 °C à 22 °C en juillet

Ressources Orge, avoine, pommes de terre, bovins, bois, pommes, poisson ; pétrole et gaz naturel, charbon, minerai de fer, plomb, zinc, cuivre, nickel, titane, quartz

Activités Extraction minière, raffinage du gaz naturel et du pétrole, raffinage des métaux non ferreux, industrie chimique, chantiers navals, pêche, industries alimentaires (congélation et surgélation du poisson), forestage, traitement du bois

Exportations Pétrole brut et gaz naturel, aluminium et autres métaux non ferreux, produits chimiques, navires, machines, poisson, produits pétroliers, aciers, papier, bois d'œuvre

P.N.B. annuel par habitant 24 160 dollars

Croissance démographique 3,5 ‰ par an

Espérance de vie Hommes 74 ans, femmes 80

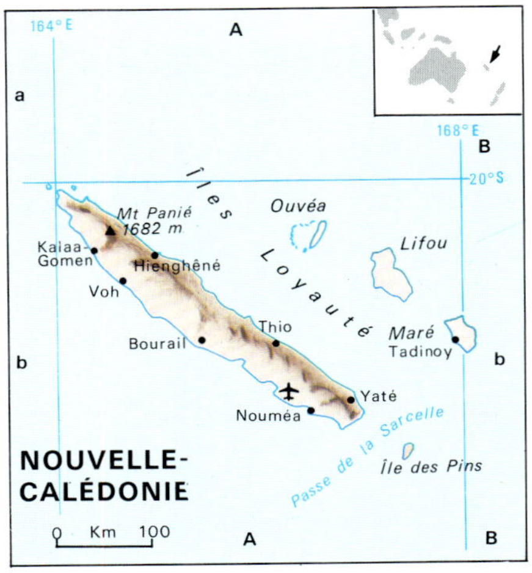

une végétation luxuriante, mais ne permet, en raison de son relief, qu'une agriculture vivrière (taro, manioc, banane, patate, igname). Les cultures de plantations (cocotiers, caféiers) sont exportatrices, mais l'économie repose surtout sur le nickel, extrait principalement à Thio et traité à Doniambo, près de Nouméa. Il représente les 4/5 des exportations (3e rang mondial). Autres ressources minières : fer, or, cobalt, chrome, cuivre, manganèse. « Vitrine » de la France dans le Pacifique, l'île s'est dotée de structures d'accueil pour les nombreux touristes australiens et japonais. Cette activité a été ralentie par le réveil indépendantiste de 1981. Les accords de Matignon (1988) prévoyant un référendum sur l'indépendance en 1998 ont, semble-t-il, calmé le jeu.

Population 182 000

Nouvelle-Écosse, ***Canada*** L'une des provinces de l'Atlantique, située au S. du Nouveau-Brunswick. Elle comprend l'île du Cap-Breton. Elle fut accordée en 1621 par Jacques Ier d'Angleterre (Jacques VI d'Écosse) à William Alexander, sous le nom latin de Nova Scotia. La province est dotée d'une côte pittoresque et possède de nombreux lacs et cours d'eau. Son économie repose sur l'agriculture, la forêt, l'exploitation du charbon et du gypse, les produits chimiques, la sidérurgie et la mécanique. Capitale : Halifax. Superficie : 55 490 km².

Population 884 000

Carte Canada Id

Nouvelle-Galles du Sud, en angl. **New South Wales,** ***Australie*** État le plus peuplé du pays, couvrant 801 430 km², en bordure du Pacifique. Il est délimité au N. par le Queensland, au S. par le Victoria et à l'O. par l'Australie-Méridionale. À l'origine colonie pénitentiaire (fondée en 1788), il couvrait la moitié orientale du pays avant d'être morcelé au XIXe s. pour créer de nouvelles colonies (aujourd'hui États). Sydney, la capitale, est établie dans la riche plaine côtière. L'extrême ouest, semi-aride, est un immense pâturage, mais, au centre et le long de la côte, on cultive du blé et l'élevage est intensif : bovins et ovins (40 % de la laine du pays). La région produit aussi du vin, des céréales, des fruits et des laitages.

La vallée du fleuve Hunter, près de Wollongong et de Newcastle, recèle des gisements de houille. Broken Hill, dans l'ouest, possède de riches réserves d'argent, de plomb et de zinc.

Population 6 100 000

Carte Australie Ge

Nouvelle-Guinée, ***océan Pacifique*** Grande île d'environ 800 000 km² au N. de l'Australie partagée entre l'Indonésie (Irian Jaya), à l'O., et la Papouasie-Nouvelle-Guinée, à l'E.

Carte Pacifique (océan) BCc

Nouvelle-Irlande, ***Papouasie-Nouvelle-Guinée*** Île montagneuse de 320 km sur 11 km, dans l'archipel Bismarck, au N.-E. de la Nouvelle-Bretagne. Elle produit du coprah et du cacao, et pratique la pêche industrielle du thon. La ville principale est le port de Kavieng.

Population (province) 87 200

Carte Papouasie-Nouvelle-Guinée Ca

Nouvelle-Orléans (La), en amér. **New Orleans,** ***États-Unis*** Port et première ville de la Louisiane, sur la rive gauche du Mississippi, au S. du lac Pontchartrain, à 110 km du golfe du Mexique. Fondée en 1718 par Bienville, elle fut nommée ainsi en hommage au régent, le duc d'Orléans. Cédée à l'Espagne en 1762, elle fut de nouveau française de 1800 à 1803, date à laquelle elle fut vendue aux États-Unis.

Berceau du jazz de style New Orleans (Louis Armstrong et Sidney Bechet y sont nés), elle est également connue pour sa parade du Mardi Gras et pour son quartier français, le Vieux Carré, dont l'architecture coloniale typique, avec ses balcons de fer forgé et ses ruelles, attire de nombreux touristes. Sa cuisine créole, réputée, associe les styles africains, français et espagnol.

L'industrie chimique (produits dérivés du pétrole), les raffineries de pétrole et le trafic portuaire dominent la vie économique de la ville, reliée au reste du pays par le chemin de fer et par le fleuve ; c'est le deuxième port du pays par le trafic. Exportation de céréales, riz, coton, pétrole, soja. Constructions navales.

Population (ville) 497 000 ; (aggl.) 1 239 000

Carte États-Unis Hd

Nouvelle Providence, ***Bahamas*** Île située au N. de l'archipel. Sa ville principale, capitale des Bahamas, est Nassau, où est concentré un important secteur tertiaire. Les autres activités de l'île sont l'agriculture, la pêche et l'industrie légère. Son aéroport international et son port ont un rôle économique important. La grande majorité (60 %) des habitants des Bahamas vivent dans l'île.

Population 150 000

Carte Bahamas Ba

Nouvelles-Hébrides, ***océan Pacifique*** Voir VANUATU

Nouvelle-Sibérie (îles de la), en russe **Novossibirskie Ostrava,** ***Russie*** Groupe d'îles couvrant 28 000 km², dans l'océan Arctique, entre les mers de Sibérie orientale et de Laptev. Couvertes de neige et de glace neuf mois par an, elles ne sont visitées que par les chasseurs de renards polaires dont le pelage bleu devient blanc en hiver. L'ex-Académie des sciences soviétique y possède des laboratoires de recherche depuis 1925.

Carte Russie HIa

Nouvelle-Zélande Voir p. 489-491

Nouvelle-Zemble, en russe **Novaïa Zemlia,** ***Russie*** Deux îles peu habitées, séparées par le détroit Matotchkine Char, dans l'océan Arctique, entre les mers de Barents et de Kara. Elles s'étendent du N. au S. sur 1 000 km et couvrent au total 81 400 km². Couvertes de

UNE VIEILLE CITÉ RUSSE. Sur la rive droite du Volkhov, le quartier du commerce de Novgorod, bâti au XVIIIe s. sur un plan quadrillé, conserve de l'époque médiévale des arcades blanches et de nombreuses églises.

toundra, elles sont visitées en été par les chasseurs et les pêcheurs. La plupart des habitants travaillent aux stations radars et météo et dans les centres de recherche géologique, ainsi que pour les essais nucléaires souterrains depuis 1990 (effectués auparavant à Sémipalatinsk). Les Samoyèdes, population mongole, élèvent des rennes et récoltent le duvet des eiders. Ils ont donné leur nom aux chiens samoyèdes, qu'ils utilisaient pour tirer leurs traîneaux.

Population 400

Carte Russie Da

Nova Iguaçu, ***Brésil*** Ville de l'État de Rio de Janeiro, proche de Rio, au N.-O. de la ville. Nombreuses industries ; raffinerie de zinc.

Population 593 000

Novare, ***Italie*** Ville du Piémont, chef-lieu de province entre le Tessin et la Sesia, et nœud de communication entre le Piémont, la Ligurie, la Lombardie et la Suisse. Cité très ancienne, elle devint commune libre et passa à la Savoie, qui en fit une place forte militaire. On doit à l'influence savoyarde l'aspect du centre historique de la ville, largement néoclassique. Avec l'unité

italienne, Novare a connu une rapide croissance démographique et urbaine, s'affirmant comme la deuxième ville industrielle du Piémont (industries mécaniques, chimiques, textiles et graphiques), en même temps qu'un des principaux marchés agricoles de la région.

Population 102 600

Carte Italie Bb

Novgorod, ***Russie*** Ville à 155 km au S.-E. de Saint-Pétersbourg. Construite sur les rives du fleuve Volkhov, Novgorod (chef-lieu de la province homonyme) fut fondée en 859 et passe pour être le berceau de la civilisation russe. À l'époque des Vikings, qui se rendaient de Scandinavie à Constantinople (Istanbul), ce fut une importante place commerciale. Au Moyen Âge, la prospérité de la ville et son rayonnement culturel en firent une rivale de Moscou. En 1478, elle fut absorbée par la principauté de Moscou et, plus tard (1570), saccagée par Ivan le Terrible.

Au nombre des édifices historiques de la ville, on trouve la cathédrale Sainte-Sophie (XIe s.) et le kremlin (citadelle) érigé en 1044 et agrandi en 1116. Nombreuses petites fabriques de meubles, de vêtements, de porcelaine et conserveries de poisson.

Population 232 000

Carte Russie Cc

Novi Pazar, ou **Novi Bazar** ***Yougoslavie*** Ville de Serbie occidentale, sur la rivière Raska, à 185 km au S. de Belgrade. Au Moyen Âge, époque où fut construite l'église Saint-Pierre (IXe s.), la ville fut le berceau de la culture serbe. Sa mosquée du XVIe s., le splendide couvent de Sopocani (1265) et les fresques du monastère en ruine de Djurdevi Stubovi en font une ville très touristique. Au XVe s., les Turcs firent de Novi Pazar (« Nouveau Bazar ») la capitale d'une des régions de l'empire ottoman (le Sandjak). Après l'indépendance, la croissance de la ville cessa, mais de petites industries (bois, alimentation, textile) se développèrent et les touristes l'utilisèrent comme point de départ pour la visite des monastères de la région.

Population 28 700

Carte Yougoslavie Bc

Novi Sad ***Yougoslavie*** Capitale de la province autonome de Voïvodine (Serbie), sur les rives du Danube, à 75 km au N.-O. de Belgrade. Le centre-ville est dominé par la flèche et le toit coloré de la cathédrale gothique. Port fluvial et centre industriel : machines agricoles, textiles, produits chimiques et alimentaires, électromécanique. Les immeubles modernes et ses usines sont cantonnés dans les faubourgs. Une université existe depuis 1960.

Population 257 700

Carte Yougoslavie Ab

Novokouznetsk, anc. **Kouznetsk,** puis **Stalinsk,** ***Russie*** Ville industrielle du Kouzbass, en Sibérie, à 300 km au S.-E. de Novonikolaïevsk. Novokouznetsk, fondée en 1617, n'avait que 4 000 habitants en 1920. Elle devint ensuite le plus grand centre sidérurgique de l'ex-U.R.S.S. De nombreuses industries y sont implantées : chimie, métallurgie de l'aluminium et machinerie lourde (locomotives). C'est la plus grande ville de la région industrielle et minière (houille) du bassin de Kouznetsk.

Population 601 900

Carte Russie Ec

Novonikolaïevsk, anc. **Novossibirsk,** ***Russie*** Ville de Sibérie occidentale, sur l'Ob, à 2 800 km à l'E. de Moscou. Fondée en 1883, elle prit rapidement de l'importance, surtout pendant la Seconde Guerre mondiale, quand des usines électriques et mécaniques y furent installées pour pallier l'occupation de l'Ukraine par l'armée allemande. C'est aujourd'hui l'un des plus grands centres industriels du pays (machines, camions, avions, bateaux, outillage, meubles et denrées alimentaires), relié au Transsibérien. Au S. se trouve la « ville de la science », Akademgorodok, édifiée à partir de 1958 au milieu de bois de sapins et de bouleaux.

Population 1 446 300

Carte Russie Ec

Novossibirskie Ostrava ***Russie*** Voir NOUVELLE-SIBÉRIE (îles de la)

Nowa Huta, ***Pologne*** La plus grande cité nouvelle d'Europe (hors Russie) aujourd'hui faubourg de Cracovie, dont elle est séparée par une ceinture de verdure. Nowa Huta (« Nouvelle Usine »), fondée en 1949 pour loger les ouvriers des aciéries Lénine, produit 9 millions de tonnes d'acier par an.

Population 219 900

Carte Pologne Dc

Nowy Sacz, ***Pologne*** Cité médiévale, à 74 km au S.-E. de Cracovie. Fondée au XIIIe s., c'était une place forte sur la rivière Dunajec, alors très fréquentée par les bateaux de commerce. Le vieux quartier, avec ses maisons des XVIe, XVIIe et XVIIIe s. aux brillantes toitures métalliques, attire touristes et artistes. Elle est au centre d'une région productrice de pommes.

Population 73 000

Carte Pologne Dd

noyau Partie centrale du globe terrestre qui serait constituée d'un mélange en fusion de fer et de nickel. Elle contiendrait un noyau central solide, appelé graine. Au centre de la Terre, la température atteindrait 5 000 °C et la pression serait de 3,5 millions de fois supérieure à celle de la surface du globe.

Nubie, ***Soudan/Égypte*** Région désertique du nord-est de l'Afrique s'étendant de Khartoum (Soudan) à Assouan (Égypte). Elle comprend une partie de la vallée du Nil et des déserts avoisinants. Elle est divisée en haute Nubie, au Soudan, et basse Nubie, en Égypte. La région ne reçoit que de rares pluies et seules les vallées du Nil et de son affluent l'Atbara sont cultivées (coton, dattes, bananes, canne à sucre), mais elles sont périodiquement ravagées par les sauterelles. Les habitants, métis de Noirs et d'Arabes, sont appelés Nubiens.

Carte Soudan Ba

nuée ardente Nuage incandescent de gaz, cendres et pierrailles qui se déplace rapidement et à faible hauteur après une violente éruption volcanique, détruisant toute vie sur son passage. La montagne Pelée (Martinique, 1902) et le mont Unzen (Japon, 1991) en sont de tragiques exemples.

Nuevo León, ***Mexique*** État industriel du nord du pays (65 103 km²). Des manufactures et des industries sidérurgiques (fer, acier, plomb) sont concentrées dans sa capitale, Monterrey. L'État produit également des agrumes (citrons), du coton, des céréales et de la canne à sucre.
Population 3 086 460
Carte Mexique Bb

Nuits-Saint-Georges, ***France*** Chef-lieu de canton du département de la Côte-d'Or, à 22 km au S. de Dijon. Vestiges de remparts du Moyen Âge, église des XIIIᵉ et XIVᵉ s. Le vignoble de la côte de Nuits, un des plus célèbres de Bourgogne, produit des vins rouges corsés et moelleux qui comptent parmi les plus grands crus du monde.
Population 5 570
Carte France Fc

Nukualofa, ***Tonga*** Capitale et port principal de l'archipel, sur la côte N. de l'île Tongatapu, entre le lagon et l'océan. Les navires s'amarrent aux pontons qui s'avancent par-delà le récif de corail. Le palais royal, bel édifice en bois, fut construit en 1867. Non loin se trouvent les tombes des derniers rois des Tonga. L'île exporte et transforme du coprah.
Population 21 000

Nuku-Hiva, ***Polynésie française*** La plus grande des îles Marquises (117 km²), située au N.-O. de l'archipel. D'origine volcanique, elle est très montagneuse et possède de magnifiques baies comme celle de Taiohae, ainsi que des vallées découpées. Le port principal est Hakapehi.
Population 1 790

Nullarbor (plaine de), ***Australie*** Région calcaire, aride et nue, très peu peuplée, le long de la côte S. de l'Australie occidentale et méridionale. Tout au long de ses 1 200 km, des falaises tombent à pic dans la grande baie Australienne. La plaine est traversée par une route et par la voie ferrée transcontinentale dont une portion file tout droit sur 500 km, formant la plus longue voie droite du monde.
Carte Australie De

nunatak Mot esquimau désignant une pointe rocheuse isolée perçant la surface de la calotte de glace continentale.

Nunavut, ***Canada*** Voir TERR. DU NORD-OUEST

Nuremberg, en all. **Nürnberg,** ***Allemagne*** Cité médiévale de Bavière, à 150 km au N. de Munich. Nunnenbeck et Sachs, interprètes des *Maîtres chanteurs* de Richard Wagner, y exercèrent leur talent au XIXᵉ s. La ville possède des vestiges de plusieurs kilomètres de remparts et de nombreux monuments ont été restaurés.

Dès 1917, le parti nazi de Hitler y tenait ses congrès et Julius Streicher y édicta (septembre 1935) les lois antisémites. Les chefs de ce mouvement, criminels de guerre, y furent jugés en 1945. Devenue un important centre industriel, la ville fabrique des équipements électriques, des machines, des produits alimentaires et des jouets (foire annuelle du jouet). L'imprimerie et l'édition y sont florissantes.
Population 468 000
Carte Allemagne Dd

LES FEUX DE L'ENFER. Le Nyiragongo est un volcan actif de l'est du Zaïre dont l'impressionnant lac de lave, en fusion permanente, a disparu en 1977 lors d'une éruption pour reparaître en juin 1982.

Nuristan, ***Afghanistan*** Région montagneuse très boisée, au N.-O. de Kaboul, en bordure du Pakistan. Habitée par des peuples caucasiens, elle fournit 80 % du bois produit par le pays et est réputée pour ses menuiseries ouvragées.
Carte Afghanistan Ba

Nuuk, ***Groenland*** Voir GODTHÅB

Nuwara Eliya, ***Sri Lanka*** Ville située à 1 884 m d'altitude dans les montagnes centrales, à 100 km à l'E. de Colombo, dans une région produisant le meilleur thé de l'île. Les Britanniques y établirent (1825) une station d'été afin de fuir la chaleur des terres basses. Ses édifices actuels sont surtout de style anglais édouardien. La ville possède lac, parc, club, champ de courses, golf et rivières à truites. C'est le point de départ de belles randonnées. Elle est dominée au N. par le Pidurutalagala (2 528 m), plus haut sommet du Sri Lanka.
Population 21 300
Carte Sri Lanka Bb

Nyassa (lac), ***Afrique orientale*** Voir MALAWI (lac)

Nyeri, ***Kenya*** Ville prospère (marché), capitale de district entre les monts Aberdare et Kenya, à 95 km au N. de Nairobi. Café et thé sont cultivés dans les environs. La plus grande part de la population est kikuyu.
Population 50 000
Carte Kenya Cb

Nyiragongo, ***Zaïre*** Volcan actif des monts Virunga, au N. du lac Kivu. 3 470 m.
Carte Zaïre Bb

Nyíregyháza, ***Hongrie*** Chef-lieu du comitat de Szaboles-Szatmar et centre de la région de Nyirseg, qui s'étend au N.-E. des frontières avec la Slovaquie, l'Ukraine et la Roumanie. La ville s'est rapidement développée depuis 1965 avec l'établissement d'industries légères et d'universités. Centre de tourisme pour la proche station thermale de Sosto (sources chaudes). La région de Nyírseg est la plus grosse productrice de pommes du pays.
Population 119 000
Carte Hongrie Bb

Nyköping, ***Suède*** Ville portuaire à 98 km au S.-O. de Stockholm. Fondée au XIIIᵉ s. sur le site d'une ancienne ville commerçante, elle fut ravagée par le feu en 1665 et reconstruite sur un plan quadrillé. Margarine ; tabac ; industries mécaniques, chimiques et électriques.
Population 64 400
Carte Suède Cd

Nysa Klodzka ou **Nysa de Klodzko,** ***Pologne*** Rivière (193 km) qui prend naissance à la frontière tchèque et coule vers le N.-E. pour rejoindre l'Oder, à 60 km au S.-E. de Wroclaw. La ville de Nysa enjambe le fleuve à 75 km au S.-E. de Wroclaw. Poste de commerce fondé au XIIIᵉ s., Nysa possède de nombreux monastères. Production de briques, bois et denrées alimentaires ; métallurgie.
Population 43 500
Carte Pologne Bc

Nysa Luzycka, ***République tchèque/Allemagne/Pologne*** Voir NEISSE DE LUSACE

Nouvelle-Zélande

DANS UN BEAU PAYS SAUVAGE, UN PEUPLE DE CITADINS EST À LA RECHERCHE DE NOUVEAUX DÉBOUCHÉS

Des liens économiques et familiaux ont si longtemps attaché la Nouvelle-Zélande à la Grande-Bretagne qu'elle fut longtemps considérée comme la Grande-Bretagne du Pacifique S. Bien qu'elle ne soit plus une colonie depuis 1907, quarante ans s'écoulèrent encore avant qu'elle crée son propre ministère des Affaires étrangères et commence à élaborer sa propre politique étrangère. De plus, la Grande-Bretagne continuait à lui offrir un marché assuré pour ses produits primaires.

En fait, il faudra attendre l'adhésion du Royaume-Uni au Marché commun en 1973 pour que se relâche la dépendance économique de la Nouvelle-Zélande envers la mère patrie et qu'elle fasse un réel effort de diversification de son commerce extérieur. Mais cet effort a réussi, faisant de la Nouvelle-Zélande un État moderne prospère, dont le commerce ne se limite pas à l'Europe, mais inclut aussi l'Asie, les Amériques, le Moyen-Orient.

Elle est devenue en même temps un leader dans sa partie du monde. En 1971, elle accueillit la première session du Forum du Pacifique S., un groupement politique de treize pays indépendants. La Nouvelle-Zélande a manifesté fortement son opposition aux essais nucléaires français dans le Pacifique Sud ; en 1985, elle a interdit l'accès de ses ports aux navires à propulsion ou à armement nucléaire, politique qui a tendu ses relations avec les États-Unis et mis en danger le traité militaire ANZUS avec les États-Unis et l'Australie ; cette même année 1985, des agents secrets français coulaient à Auckland le navire antinucléaire *Rainbow-Warrior*.

DEUX ÎLES PRINCIPALES

La Nouvelle-Zélande se compose de deux îles principales, l'île du Nord et l'île du Sud, et de plusieurs petites îles dont l'île Stewart et les îles Chatham. Près de 90 % de la population est d'origine européenne ; l'anglais est la langue la plus répandue. Le mode de vie et la structure sociale restent essentiellement britanniques.

La distance à l'équateur de la Nouvelle-Zélande est à peu près la même que celle de l'Italie, mais son climat est plus tempéré, avec une pluviosité régulière toute l'année et peu de températures extrêmes. Le paysage rappelle aussi celui de l'Italie, tant par sa nature que par la variété de ses traits distinctifs. L'île du Nord a non seulement de fertiles prairies, mais aussi des volcans actifs comme le cône du mont Egmont au bord de la côte O., le majestueux mont Ruapehu couvert de neige (un important domaine skiable) et le mont Ngauruhoe qui forme l'impressionnant arrière-plan du lac Taupo, paradis des pêcheurs à la truite. Les geysers, sources chaudes et volcans de boue, attirent les touristes à Rotorua.

L'île du Sud possède dans le Sud-Est et dans le Centre-Est, entre la côte et la montagne, de vastes plaines propices à la culture des céréales et à l'élevage d'énormes troupeaux de moutons. Les sommets enneigés des Alpes australes courent d'un bout à l'autre de l'île et se dressent d'un seul jet au-dessus des plaines. Des forêts de hêtres sempervirents drapent les pentes. Les eaux sont abondantes ; des lacs aux eaux limpides, tels que le Wakatipu et le Manapouri, occupent des cavités évidées par les glaces et forment avec les torrents montagnards impétueux un paysage grandiose.

Vingt sommets dépassent les 3 000 m, le plus élevé étant le mont Cook (3 765 m). Aux plus hautes altitudes, où la neige est permanente, se forment des névés et des glaciers. Certains sont très grands ; le glacier Franz-Joseph et le glacier Fox dégringolent vers la côte O. toute proche ; avec le Tasman qui descend vers l'E., ce sont les plus accessibles. Les Alpes australes furent très englacées il y a 2 000 000 d'années ; aussi la côte S.-O. est-elle profondément découpée par les fjords ; le plus remarquable est le Milford Sound, bordé par des falaises verticales de plusieurs centaines de mètres de haut.

La Nouvelle-Zélande est un peu plus vaste que la Grande-Bretagne, mais sa population n'est que de 3 300 000 habitants, dont les trois quarts vivent dans l'île du Nord. 80 % des habitants sont des citadins, dont la moitié vivent dans la région d'Auckland, la cité la plus dynamique de l'île du Nord. La plus grande partie de l'île du Sud, plus montagneuse, plus forestière et agricole que l'autre, est très faiblement peuplée.

L'agriculture et les industries qui lui sont liées restent la base de la richesse néo-zélandaise, bien qu'elles n'emploient que moins de 15 % des actifs. Les Néo-Zélandais, très scolarisés et urbanisés, travaillent surtout dans les services tertiaires (administration, banque, enseignement, etc.). Bien que peu nombreux, les agriculteurs entretiennent environ 70 000 000 d'ovins et près de 8 000 000 de bovins.

LE PEUPLE MAORI

Un des traits les plus marquants de la société contemporaine néo-zélandaise est l'accroissement de l'effectif des Maoris — les Polynésiens qui habitent l'île depuis plus de sept cents ans. Le Hollandais Abel Tasman et son équipage les aperçurent en 1642. Au XXe s., on put croire que les Maoris allaient disparaître. Leurs terres avaient été confisquées ; le genre de vie européen avait affaibli leur culture. Les guerres intertribales avec des armes à feu introduites par les Européens et les maladies européennes, contre lesquelles les Maoris n'étaient pas immunisés, avaient réduit leurs effectifs ; le taux de mortalité infantile était très élevé. Toutefois, de meilleurs soins médicaux et la résurgence culturelle ont entraîné un accroissement de la population.

De nos jours, près d'un Néo-Zélandais sur dix est plus qu'à demi maori, et beaucoup d'autres ont des ancêtres maoris. Il y a de nombreux mariages entre Polynésiens et Pakehas (les Néo-Zélandais d'origine européenne). Certains demandent qu'on enseigne davantage les langues maoris à l'école ; les autorités ont tenu compte des revendications foncières maoris, dont quelques-unes remontent à plus d'un siècle.

D'anciens objets maoris (outils, armes, ornements) sont maintenant exposés dans les musées, mais les traditions maoris de sculpture et de tissage sont toujours vivantes. Les Maoris, comme les autres Néo-Zélandais, s'intéressent beaucoup aux formes artistiques européennes. La cantatrice maori Kiri Te Kanawa a une renommée mondiale et a été anoblie par la reine Élisabeth. Les Maoris, convertis au christianisme depuis près de cent cinquante ans, ont créé des formes originales de piété par l'apport de leurs traditions. Mais ils sont aussi actifs dans les églises traditionnelles ; un Maori a été primat de l'Église anglicane jusqu'en 1985, date à laquelle il a été promu gouverneur général, c'est-à-dire représentant de la reine Élisabeth II, qui est aussi reine de Nouvelle-Zélande.

La résurrection politique et culturelle des Maoris a coïncidé avec une vague d'immigration en provenance des îles du Pacifique, en particulier des Samoa occidentales, des îles Fidji et des îles Cook ; la plupart se sont établis à Auckland. Les relations interraciales, bien que moins harmonieuses qu'il y a cinquante ans, sont encore excellentes, comparées à ce qu'on observe dans d'autres pays. L'urbanisation des Maoris et des insulaires du Pacifique depuis la Seconde Guerre mondiale a causé quelques problèmes sociaux ; néanmoins, la Nouvelle-Zélande a une société fondamentalement modérée où les opinions extrêmes sont exceptionnelles.

INNOVATION ET ADAPTATION

L'immigration en provenance d'Europe qui a gonflé l'effectif de la population pendant les années 1960 et 1970 est maintenant plus faible ; le taux de natalité a diminué lui aussi, et par conséquent la croissance démographique a décliné. Néanmoins, la population est encore jeune (50 % des Néo-Zélandais ont moins de 30 ans) et bien scolarisée (10 % de chaque classe d'âge fréquentent l'Université), ce qui donne une force de travail de haut niveau. Les Néo-Zélandais sont des novateurs ; ils adoptent rapidement les techniques nouvelles. L'élevage des ovins et des bovins a bénéficié précocement des moyens de transport frigorifiques, de l'aspersion des cultures, de la tonte et de la traite électriques.

Des attitudes novatrices ont aussi bouleversé la vie politique depuis une dizaine d'années. Le Parti national (conservateur) avait été presque constamment au pouvoir depuis trente-cinq ans — à l'exception de deux périodes de trois ans chacune —, quand il en fut brutalement écarté par le Parti du travail aux élections de 1984.

Le nouveau gouvernement dut faire face à des difficultés économiques créées en partie par la limitation forcée des exportations vers la Grande-Bretagne depuis 1973 et en partie par le coût croissant du pétrole importé. Ces facteurs, joints au baby boom des années 1960 (et à sa conséquence, l'arrivée de 30 000 travailleurs supplémentaires chaque année sur le marché du travail dans un pays dont la population active n'est que de 1 500 000 personnes) ont eu pour résultat une aggravation du chômage au cours de la décennie 1980. De plus, les excédents de viande et de produits laitiers aux États-Unis et dans la C.E.E. ont entraîné une offre excessive et la chute des prix. Le

Parti national a reconquis le pouvoir aux élections de 1990.

Pour compenser ces difficultés, la Nouvelle-Zélande a créé quelques industries de transformation, de faible envergure mais efficaces — telles que la production d'aluminium, de méthanol, ou la préfabrication de chalets pour l'exportation. Elle a aussi diversifié son industrie laitière, mettant au point de nouveaux types de fromages, de poudre de lait, caséine et aliments infantiles. Des méthodes commerciales plus agressives lui ont ouvert de nouveaux marchés au Moyen-Orient, en Europe de l'Est, en U.R.S.S., Chine, Japon et Australie. Un accord de relations économiques plus étroites avec l'Australie a dilaté son marché domestique de 3 à 19 millions d'habitants ; l'Australie est son premier marché pour les nouveaux produits.

UNE AGRICULTURE DOMINANTE, UNE INDUSTRIE EN PROGRÈS

En dépit de ces innovations, l'agriculture détient toujours les clés de la future prospérité du pays. La Nouvelle-Zélande a des prairies qui sont parmi les meilleures du monde grâce à son climat humide et chaud. Des exploitations d'élevage bien gérées ont des rendements extrêmement forts en laine, en viande et en lait. Mais, le marché de consommation national étant très petit, une proportion exceptionnellement élevée de la production est exportée. La Nouvelle-Zélande est le premier exportateur d'agneau et de produits laitiers du monde, et le second après l'Australie pour l'exportation de la laine.

On s'est efforcé d'élargir la base de la prospérité nationale. Par exemple, l'industrie forestière a été développée, non seulement pour la production des bois sciés (pin radiata, pin Douglas, pin d'Alep), mais aussi du bois de placage, de l'aggloméré, du contre-plaqué, de la pâte et du papier. L'extension des vignobles a consolidé l'industrie vinicole dans les régions de la baie de Hawke, des Sounds Marlborough et d'Auckland. Les exportations ont été stimulées grâce à la production croissante d'oranges, de citrons, de pamplemousses, de kiwis et de légumes de la baie de Plenty et du Northland, ainsi que des vergers de pommiers de Nelson et de la baie de Hawke.

La mer produit aussi des richesses croissantes. La Nouvelle-Zélande a élargi sa zone de pêche exclusive jusqu'à la limite des 200 milles (370 km) qui englobe la plus grande partie d'un plateau continental submergé riche en vie aquatique ; les exportations de fruits de mer de la Nouvelle-Zélande ont été multipliées par 9 en volume et par 15 en valeur depuis 1975.

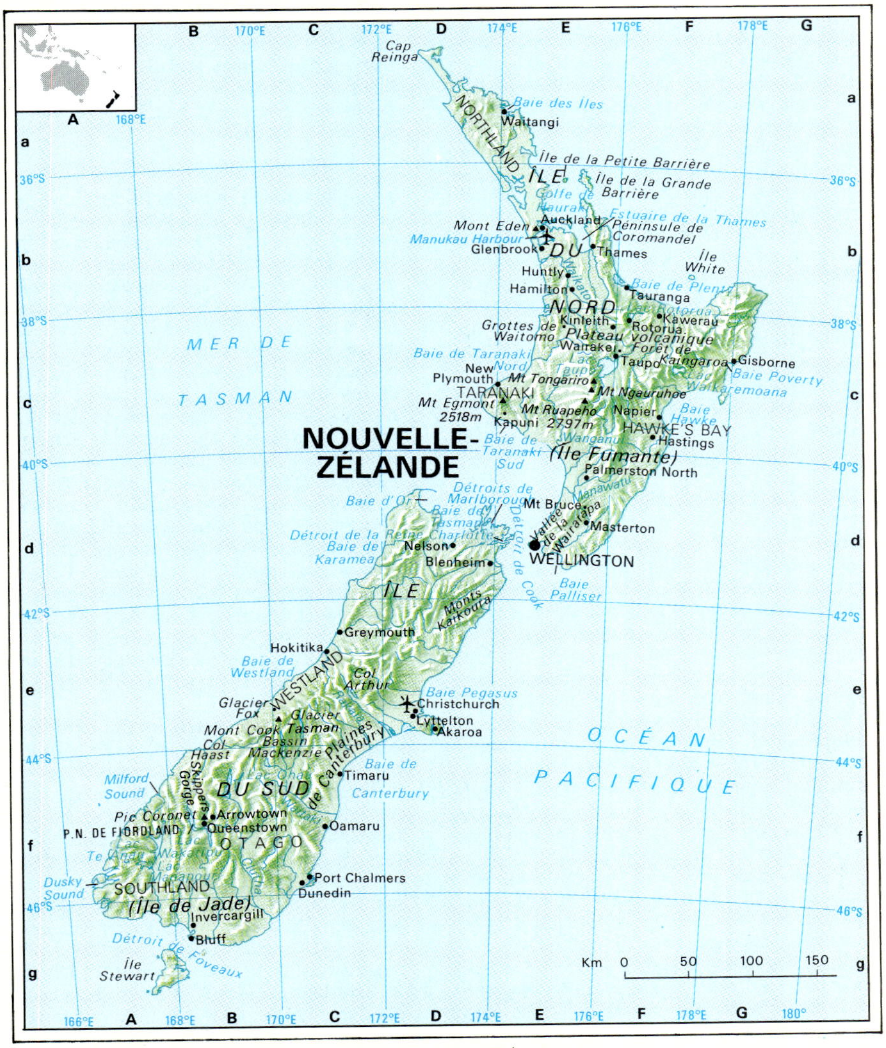

Pauvre en pétrole, le pays est bien doté d'autres sources d'énergie. Il a d'abondantes réserves de charbon ; les étendues volcaniques de l'île du Nord produisent l'énergie géothermique de leurs sources chaudes ; les torrents montagnards fournissent 86 % de l'électricité du pays. Les réserves sous-marines de gaz naturel permettent de réduire les importations d'hycrocarbures.

Parmi les créations industrielles récentes, on note la construction d'une usine sidérurgique utilisant les sables ferrifères de la côte occidentale de l'île du Nord et une raffinerie d'aluminium qui utilise l'énergie hydroélectrique et traite de la bauxite importée. Les produits industriels donnent maintenant 30 % des exportations néo-zélandaises, au lieu de 4 % seulement au milieu des années 1960.

CENTRES URBAINS, FORÊTS PRIMITIVES

Une grande partie de l'industrie est concentrée à Auckland, dont l'agglomération s'étale tout le long et au-delà de l'isthme qui sépare les baies de Waitemata et de Manukau ; le site est dominé par des douzaines de bas volcans, les plus remarquables étant le mont Eden, près du centre-ville, et Rangitoto, une île du golfe Hauraki. Les habitants d'Auckland, comme les autres Néo-Zélandais, vivent en majorité dans des maisons individuelles, souvent de style scandinave ou américain. Quatre logements néo-zélandais sur cinq sont des maisons monofamiliales ; la moitié ont des murs en bois ; près des deux tiers ont un toit en tôle galvanisée.

Les maisons de bois sont aussi de règle à Wellington, une ville venteuse et sujette aux tremblements de terre ; elle est construite sur une des principales failles de l'écorce terrestre, à l'extrémité S. de l'île du Nord. Les maisons perchées sur un versant raide ont vue sur une vaste rade et sur les hauts immeubles de bureaux qui forment le cœur administratif et financier de la nation. Bien que moitié moins peuplée qu'Auckland, Wellington est la capitale du pays et le siège de la Chambre unique du Parlement.

La principale ville de l'île du Sud est Christchurch, dans la plaine de Canterbury, au pied des coulées de lave d'un grand volcan éteint ; le port est situé dans le cratère ennoyé. Christchurch, une des premières cités-jardins du monde, avec ses saules pleureurs, ses rivières sinueuses, ses rues en damier, rappelle aux visiteurs britanniques des villes anglaises telles que Cambridge ou Stratford et aux Américains les plus anciennes villes de leur côte E. Son cadre spacieux, sa langueur, son opulence suggèrent une image idéalisée du passé.

Dunedin, elle aussi dans l'île du Sud, est toujours considérée comme le quatrième centre urbain de la Nouvelle-Zélande, bien que sa population (110 000 habitants) soit dépassée par des cités de l'île du Nord telles que Hamilton et Palmerston North. Dunedin a été fondée par des Écossais, mais les ruées vers l'or du XIXe s. ont apporté des flots d'immigrants qui bientôt l'emportèrent en nombre. La richesse aurifère passée vaut à la ville de nombreux immeubles victoriens.

L'isolement géographique de la Nouvelle-

Zélande depuis environ 70 millions d'années a préservé des animaux qui n'existent nulle part ailleurs, en particulier des oiseaux aptères tels que le kiwi au long bec, le symbole national et dont le nom sert aux Néo-Zélandais à se désigner eux-mêmes, les « kiwis ».

Les arbres les plus caractéristiques sont souvent étrangers au pays : ainsi, le pin radiata, ou pin de Monterrey, et le cyprès de Monterrey, tous deux d'origine californienne. De vastes forêts de conifères exogènes couvrent les plateaux volcaniques de l'île du Nord ; l'une d'elles est la plus grande plantation du monde. Mais les grands parcs nationaux ont de denses et sombres forêts primitives de feuillus sempervirents et de conifères indigènes ; par endroits, elles descendent jusqu'aux plages désertes léchées par les flots bleus du Pacifique ou de la mer de Tasman.

Les paysages splendides de glaciers, de montagnes, de forêts et de lacs, les plages désertes, l'air pur, les prairies drues justifient le titre de « pays de Dieu » qu'un ancien Premier ministre décernait à la Nouvelle-Zélande. Les touristes viennent en nombre croissant ; le tourisme est devenu une des principales sources de devises.

Les gens apprécient l'espace et la beauté naturelle. La natation, le surf, la voile sont des loisirs très appréciés dans ce pays avide de sport, où aucun point n'est à plus de 110 km de la mer. L'enthousiasme est encore plus grand pour les courses de chevaux et le rugby ; récemment, les passions se sont déchaînées sur la question de savoir si les All Blacks (l'équipe nationale de rugby, ainsi désignée d'après la couleur du maillot) devaient jouer ou non contre l'équipe d'Afrique du Sud.

Le pays ignore les barrières de classe et de couleur. Dès les débuts de la colonisation, les Néo-Zélandais comprirent que les divisions de classes étaient de peu d'utilité pour la mise en valeur. Leur société est équitable et peut-être la première société sans classes de l'histoire. La Nouvelle-Zélande fut le premier pays dont les femmes reçurent le droit de vote (dès 1893). Le traité de Waitangi (1840) donna aux Maoris et aux Européens des droits civiques égaux. Cette exceptionnelle équité peut servir de base à la nouvelle identité nationale que les Néo-Zélandais s'efforcent de construire.

LA NOUVELLE-ZÉLANDE EN BREF

Superficie 270 534 km^2
Population 3 525 000
Capitale Wellington
Régime Monarchie parlementaire
Monnaie Dollar néo-zélandais = 100 cents
Langues Anglais, maori, autres langues polynésiennes
Religion Chrétiens (81 %), surtout protestants
Climat Tempéré ; température moyenne à Wellington : de 6-12 °C en juillet à 13-21 °C en janvier
Ressources Ovins, bovins, fruits, légumes, bois, céréales, poisson ; gaz naturel, charbon, sables ferrifères
Activités Traitement du gaz naturel, papeteries, sidérurgie, raffinage de l'aluminium, engrais, ciment, verre, matériel de transport, machines, conditionnement de la laine, textiles, agriculture, traitement de la viande et des produits laitiers, viniculture, scieries, traitement du bois, tanneries, pêche, tourisme
Exportations Viande, produits laitiers, laine, bois, pâte à papier, papier, produits en bois, poisson, fruits, légumes, cuirs et peaux
P.N.B. annuel par habitant 12 000 dollars
Croissance démographique 9,3 ‰ par an
Espérance de vie Hommes 72 ans, femmes 78

CRÊTE ALPINE. Nourri par d'abondantes chutes de neige qu'apportent les grands vents d'ouest, le glacier Fox, près de la crête des Alpes australes dans l'île du Sud. Il a une pente très forte d'environ 200 m par kilomètre.

O

Oahu, ***Hawaï*** La plus grande (1 549 km^2), la plus occidentale et la plus développée des îles Hawaï (État américain), dans le Pacifique. Elle abrite Honolulu, capitale de l'État, et la base navale de Pearl Harbor.
Population 501 000
Carte Hawaï Ba

Oakland, ***États-Unis*** Port maritime sur la rive E. de la baie de San Francisco en Californie, l'un des premiers ports à conteneurs du pays. Il doit sa prospérité à sa situation dans une rade profonde et sûre, et au fait d'être le terminus des chemins de fer transcontinentaux. Centre industriel et financier, la ville fabrique des ordinateurs, des appareils électriques, des voitures, des bateaux et des produits chimiques.
Population (ville) 372 300 ; (aggl.) 2 083 000
Carte États-Unis Bc

oasis Dans un désert, endroit rendu habitable et cultivable (fruits, maraîchage) par la présence d'eau. Les oasis peuvent s'étendre sur plusieurs centaines de kilomètres carrés.

Oaxaca, ***Mexique*** 1. État rural et montagneux (94 200 km^2) du sud du pays. Ses villages d'altitude abritent les descendants des Zapotèques et Mixtèques, et 1/5 de la population ne parle que la langue indienne. Malgré des ressources minières (pétrole, houille, argent, cuivre) et agricoles (café) importantes, c'est un des États les plus pauvres du pays.
2. Capitale de l'État homonyme, sur le plateau, à 1 460 m d'altitude, cerné par les sommets du S. de la sierra Madre. Le dimanche, les Indiens affluent au marché de la ville coloniale pour vendre cuirs travaillés, blouses brodées et ponchos de laine.
Population (ville) 155 000 ; (État) 3 019 600
Carte Mexique Cc

Ob ou **Obi,** ***Russie*** Fleuve sibérien qui naît dans les monts Altaï, en bordure de la Mongolie, monte vers le N.-O., puis le N. et se jette dans la mer de Kara (océan Arctique). Avec la rivière Irtych, qu'il rencontre en Sibérie occidentale, il forme le plus long système fluvial de Russie (5 570 km), et le cinquième du monde. En aval de la ville de Tomsk, c'est le principal moyen de transport de Sibérie occidentale, mais des routes et pistes d'atterrissage sont construites pour répondre au formidable développement de l'industrie pétrolière de la région. Source d'énergie hydroélectrique.
Carte Russie Db, Ec

Oban, ***Royaume-Uni*** Port de pêche et station balnéaire d'Écosse occidentale, sur l'estuaire du Lorn, dans la région de Strathclyde, à 100 km au N.-O. de Glasgow. Des ferry-boats le relient aux îles Hébrides.
Population 8 000
Carte Royaume-Uni Cb

Obeïd (El-), ou **Al-Ubayyid,** ***Soudan*** Chef-lieu de la province du Nord-Kordofan, au centre du pays. Centre agricole (arachide, millet). Commerce de gomme arabique.
Population 139 500
Carte Soudan Bb

Oberammergau, ***Allemagne*** Ville des Préalpes bavaroises, à 70 km au S.-O. de Munich. Tous les dix ans, depuis 1634, les habitants interprètent en mai une scène de la Passion. Cette tradition découle d'un vœu fait lors d'une épidémie de peste. À proximité, à Linderhof, se trouve un château rococo construit par Louis II.
Population 4 800
Carte Allemagne De

DANSE DU FEU. Des Fidjiens de l'île Mbengga, en Océanie, chauffent des pierres pour la cérémonie du feu. Les danseurs paraderont sur ce puits, profond de 4 m, rempli de pierres chauffées à blanc, sans apparemment ressentir de douleur.

Obergurgl, ***Autriche*** Grand centre de tourisme et de sports d'hiver du Tyrol, à 50 km au S.-O. d'Innsbruck. Située à 1 927 m d'altitude, dans l'Ötztal, c'est la plus haute commune d'Autriche. Non loin se trouve le plus haut hameau, Rofen, à 2 104 m.
Population 360
Carte Autriche Bb

Oberhausen, ***Allemagne*** Ville industrielle de la Ruhr, en Rhénanie-Westphalie, entre Duisbourg et Essen. Production de charbon, d'acier et construction mécanique.
Population 227 000
Carte Allemagne Bc

Oberland bernois, ***Suisse*** Zone montagneuse au S.-E. du canton de Berne, entre le Rhône et les lacs de Thoune et de Brienz. La Jungfrau (4 158 m), le Finsterraarhorn (4 274 m) et l'Eiger (3 970 m) dominent le massif. Cette région est l'une des plus touristiques du monde, avec ses stations balnéaires, comme Interlaken, ou de montagne, telles Adelboden, Grindelwald, Wengen ou la Jungfraujoch.
Carte Suisse Aa

Obernai, ***France*** Chef-lieu de canton du Bas-Rhin, sur l'Ehn, au pied du mont Sainte-Odile. Entourée de remparts du Moyen Âge, cette pittoresque ville d'Alsace possède de nombreuses bâtisses anciennes dont un hôtel de ville des XVIe et XIXe s. et des halles aux blés du XVIe s. Une maison est située à l'emplacement du palais où naquit sainte Odile.
Population 9 440
Carte France Gb

Obuasi, ***Ghana*** Importante ville minière, sur un gisement aurifère, à 170 km au N.-O. de la capitale, Accra, reliée depuis 1902 au port de Sekondi, au S., par un chemin de fer. 75 % de l'or exporté par le pays (sur le total de 14,5 millions de dollars annuels) proviennent d'Obuasi.
Population 60 200
Carte Ghana Ab

Obwald, ***Suisse*** Voir UNTERWALD

occlusion Phénomène atmosphérique qui a lieu quand les masses d'air froid qui précèdent et suivent une masse d'air chaud se rencontrent, et rejettent l'air chaud en altitude. Il en résulte des perturbations.

océan Grande étendue d'eau salée recouvrant les 2/3 de la surface du globe terrestre. On en dénombre quatre (Pacifique, Atlantique, Indien et Arctique) auxquels les géographes ajoutent généralement l'Antarctique. Voir COURANTS OCÉANIQUES (ORIGINE DES), p. 185, et LES FONDS OCÉANIQUES, p. 493

Océan (île), ***Kiribati*** Voir BANABA

Océanie, ***océan Pacifique*** Il y a des milliers d'années, des hommes, surnommés par certains historiens « les Vikings du Soleil », entreprirent un des plus grands périples maritimes de l'histoire sur des radeaux improvisés. Personne ne sait vraiment d'où venaient ces premiers colonisateurs des îles du Pacifique — probablement d'Asie du Sud-Est, peut-être aussi d'Amérique du Sud. Qu'un tel voyage ait été possible a été prouvé par le Norvégien Thor Heyerdahl, qui traversa le Pacifique du Pérou aux îles Tuamotu en 1948 à bord du *Kon-Tiki* ; puis, trente ans plus tard, par le voyage effectué, entre Hawaï et

LES FONDS OCÉANIQUES

Les paysages secrets qui gisent au fond des mers ont intrigué l'humanité depuis l'Antiquité. Déjà Alexandre le Grand, toujours curieux, s'était fait descendre dans un tonneau jusqu'au plancher marin — certes peu profond. Et aujourd'hui encore, le mythe de l'Atlantide, ce continent englouti, fascine toujours autant les hommes.

Les chambres de plongée, les instruments et autres techniques qui se sont développés au cours des dernières décennies nous ont permis d'avoir une idée correcte de la structure des fonds océaniques. Ce paysage est beaucoup plus jeune et moins varié que celui des continents, car ces fonds se renouvellent perpétuellement (voir LA TECTONIQUE DES PLAQUES, p. 654). Pourtant, on y observe de nombreux phénomènes, tels que des chaînes de montagnes, des gouffres, des volcans et l'équivalent de vastes déserts de sable.

Le monde sous-marin commence avec les fonds peu profonds des plates-formes littorales, mais peut atteindre des profondeurs extrêmes, comme dans la fosse des Mariannes, à −11 034 m. Le plateau continental, partie intégrante des masses continentales, s'abaisse doucement depuis la côte, découpé çà et là par des ravins par lesquels transitent vers les profondeurs les sédiments apportés par les rivières. Vers −200 m environ, on atteint le rebord du plateau, et le plancher marin plonge brusquement selon un angle de 3 à 6° : c'est le talus continental. Au pied, le glacis continental, dont la pente passe de 1/100 à 1/700, descend jusqu'à −5 km en moyenne sous le niveau de la mer, pour déboucher dans les plaines abyssales, vastes ensembles d'allure désertique, habités par quelques poissons, vers et mollusques adaptés à la profondeur et à l'absence de lumière, qui ne trouvent leur nourriture que dans les niveaux supérieurs. À certains endroits gisent des nodules de manganèse disséminés sur le fond.

Au-dessus des plaines s'élèvent des reliefs sous-marins, des volcans, dont certains dépassent le niveau de la mer : l'île Hawaï correspond au sommet émergé d'une montagne haute de plus de 9 150 m, soit 200 m de plus que le mont Everest. On trouve aussi d'anciens volcans éteints, érodés, au sommet plat, que l'on appelle guyots, et des rides médianes communes à tous les océans. Ce sont de véritables montagnes sous-marines, très accidentées, étirées sur près de 1 000 km, dont les sommets peuvent s'élever de plusieurs kilomètres au-dessus du plancher océanique. Très localement, comme en Islande et à Tristan da Cunha, ces rides émergent pour donner des îles. Ces rides sont souvent décalées et recoupées par des failles transformantes.

Les fosses océaniques, très profondes, souvent flanquées d'îles volcaniques, s'étirent en bordure des océans et s'enfoncent dans la croûte océanique. Le long de ces fosses, les roches qui constituent les plaques océaniques pénètrent en profondeur où elles se mélangent avec le magma sous-crustal le long de ce que l'on appelle une marge active destructive, l'ensemble fosse-marge constituant une zone de Benioff. Ces mélanges de magma et de roches métamorphiques ressortent le long des rides océaniques et s'étalent de part et d'autre, perpétuant ainsi le cycle destruction/renouvellement des fonds océaniques.

LES POINTS DE REPÈRE DES FONDS OCÉANIQUES

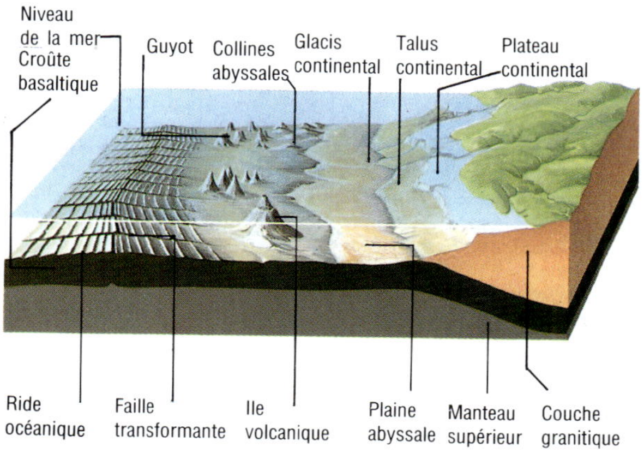

Les fonds océaniques couvrent à peu près les deux tiers de l'écorce terrestre. Les grands océans présentent tous la même topographie : plateaux, talus et glacis continentaux s'abaissent des eaux côtières aux plaines abyssales, au-dessus desquelles s'élèvent des reliefs sous-marins, volcans et chaînes de montagnes. Jusqu'à une date récente, on connaissait moins les fonds cachés sous-marins que la géographie des planètes. La topographie des grands fonds sous-marins fut révélée par sondages sismiques, de même que l'on commença à avoir une idée de leur nature et de leur constitution grâce aux premiers dragages de roches, aux forages profonds et aux comparaisons avec d'anciennes roches océaniques aujourd'hui portées en surface des continents.

1 Ride Est-Pacifique
2 Ride médio-atlantique
3 Ride Sud-Ouest de l'océan Indien
4 Ride de Walvis
5 Fosse d'Amérique centrale
6 Fosse de Porto Rico
7 Fosse du Pérou-Chili
8 Fosse des îles Sandwich du Sud
9 Ride médio-indienne
10 Ride indo-antarctique
11 Fosses des Kermadec-Tonga
12 Fosse des Philippines
13 Fosse des Mariannes
14 Fosse des Aléoutiennes
15 Fosses du Japon et des Kouriles
16 Fosses de la Sonde et de Java

Tahiti (5 000 km), par un canot dépourvu d'instruments modernes de navigation.

L'Océanie désigne l'ensemble formé par des dizaines de milliers d'îles, réparties sur une vaste superficie de l'océan Pacifique, de Belau à l'île de Pâques (12 500 km) et de Midway à la Nouvelle-Zélande (7 500 km). Seules trois mille de ces îles sont suffisamment importantes pour porter un nom. Le terme Océanie peut éventuellement englober l'Australie, la Nouvelle-Zélande et la Nouvelle-Guinée (ensemble par ailleurs appelé Australasie).

Trois grands groupes d'îles en font indiscutablement partie : la Mélanésie (les « îles noires », de la couleur de peau de ses habitants), arc d'îles au S.-E. de la Nouvelle-Guinée, où se trouvent les îles Salomon, Vanuatu et Fidji ; la Micronésie (« petites îles »), petites îles coralliennes comprenant les îles Mariannes, Marshall, Carolines, Kiribati (Gilbert), Nauru et Guam ; enfin, au centre, le grand triangle formé par les îles de Polynésie (« plusieurs îles ») avec la Nouvelle-Zélande, Hawaï et l'île de Pâques comme limites, et comprenant les îles Samoa, Tonga et Tahiti (archipel de la Société). Plusieurs de ces îles sont nées de volcans surgis du Pacifique, à l'endroit où deux plaques de la croûte terrestre se rencontrent (voir LA TECTONIQUE DES PLAQUES). Le phénomène se produit encore aujourd'hui : dans les Tonga, deux volcans émergent périodiquement à la surface, puis sont érodés par les vagues. Plusieurs des îles sont soumises à des éruptions et à des tremblements de terre. La plupart sont entourées de récifs coralliens, accumulation de squelettes de petits organismes.

De nombreux explorateurs européens y parvinrent aux XVIe et XVIIe s. : portugais, avec Fernand de Magellan (1480-1521), tué par les Philippins ; hollandais, parmi lesquels Abel Tasman (1603-1659), qui découvrit la Nouvelle-Zélande, la Nouvelle-Guinée et la Tasmanie ; navigateurs espagnols. Mais il n'y eut de véritables liens avec l'Europe qu'à partir du XVIIIe s., après les voyages des explorateurs anglais Samuel Wallis (1728-1795), qui découvrit Tahiti en 1767, et James Cook, tué par les Hawaïens en 1779. Vers 1850, plusieurs groupes d'îles devinrent des colonies françaises, anglaises, américaines et hollandaises, en même temps que de nombreux missionnaires y implantaient profondément la foi chrétienne (dont la pérennité reste étonnante). Les distances expliquent que chaque groupe d'îles a pu développer des civilisations différentes, souvent remplacées aujourd'hui par la culture européenne. Tahiti, la Nouvelle-Calédonie semblent parfaitement françaises, et Hawaï — cinquantième État des États-Unis — est indiscutablement américain. Si la Nouvelle-Zélande et le Japon ont une position commerciale grandissante en Océanie, l'Australie a eu une influence économique prédominante : la plupart des marchandises de la région sont transportées par des compagnies australiennes (Burns Philp, Carpenters, Steamship Trading Company). Beaucoup d'Australiens sont encore installés dans les îles pour le compte de ces sociétés ou pour des compagnies d'assurances ou bancaires, bien que les réglementations locales de l'emploi, édictées par les gouvernements des îles, aient grandement réduit leur nombre.

Le coprah (pulpe de noix de coco séchée) et le tourisme sont à la base de l'économie de plusieurs petits États tandis que des îles plus importantes ont d'autres ressources : les Fidji exportent du bois vers l'Australie et la Nouvelle-Zélande, et du sucre vers la Grande-Bretagne ; la Nouvelle-Calédonie exploite le nickel, et Nauru des phosphates (utilisés dans les engrais).

La production réduite et l'éloignement des principaux marchés sont un problème pour les petites nations en développement. Le tourisme leur offre une solution partielle dont le revers est une certaine destruction de la culture et de l'environnement. Un Forum du Pacifique Sud a été créé pour promouvoir la coopération économique entre les îles. Depuis peu, on assiste à de considérables modifications de la vie économique dans de nombreux États grâce à l'exploitation des ressources de la pêche ; les îles Salomon sont partenaires des Japonais ; les îles Kiribati et Tuvalu abritent les flottes de pêche de Taiwan, de la Corée du Sud et du Japon ; Kiribati a signé un accord avec les Soviétiques permettant à ces derniers d'opérer dans sa zone des 200 milles nautiques.

La majorité de la population indigène continue de vivre grâce à l'agriculture, bien que ces dernières années aient révélé une tendance à l'exode rural. La perte progressive des traditions villageoises a conduit à la disparition du système d'aide aux malades et aux vieillards, et peu d'États possèdent l'infrastructure ou les ressources suffisantes pour y suppléer. Les immigrés européens et asiatiques qui habitent les villes constituent une part importante de la population. Aux Fidji, près de la moitié des habitants est d'origine indienne ; en Polynésie française, on compte près de 25 000 Français sur une population totale de 165 000 personnes, tandis que, en Nouvelle-Calédonie, plus de la moitié de la population est non mélanésienne. L'Australie et la Nouvelle-Zélande n'échappent pas à la règle et les populations d'origine de ces deux pays (aborigènes et Maoris) ont vu leurs territoires s'amenuiser au fil des siècles.

Pendant la Seconde Guerrre mondiale, l'Océanie servit de champ de bataille aux Alliés et aux Japonais. Sur l'atoll de Mururoa, la France procède à des essais nucléaires fréquents contre lesquels protestent les États riverains, particulièrement l'Australie et la Nouvelle-Zélande. En Nouvelle-Calédonie, territoire français d'outre-mer, le mouvement indépendantiste canaque s'oppose fermement à la présence française et, dans une moindre mesure, la Polynésie connaît des montées sporadiques d'indépendantisme. Même si, dans cette partie du monde, l'idéologie compte moins que les personnalités, les conflits intérieurs peuvent être aussi durs qu'ailleurs et transformer ces îles en tout autre chose que des paradis terrestres.

Carte Pacifique (océan)

Ocho Rios, ***Jamaïque*** Port et ville balnéaire de la côte N., à 90 km à l'E. de Montego Bay. Fréquentée par de nombreux bateaux de croisière, la ville est au centre d'une région touristique. À l'O., les chutes de la rivière Dunn ressemblent à un long escalier blanc qui débouche sur la plage. Exportation de bauxite.

Population 10 500
Carte Jamaïque Ba

Odawara, ***Japon*** Voir HAKONE

Odense, ***Danemark*** Troisième ville du pays et centre administratif de l'île de Fionie. Un canal maritime de 8 km de long, creusé de 1797 à 1804, relie la ville au grand port de Lindo, sur le fjord d'Odense. La ville, évêché depuis 1020, possède l'un des plus beaux édifices gothiques du Danemark, la cathédrale Saint-Knud (XIVe s.) et de nombreuses demeures des XVIe et XVIIe s. Berceau du conteur Hans Christian Andersen (1805-1875), dont on peut visiter la maison natale et celle où il vécut. Musée du rail ; village de Fionie (musée de plein air de la vie traditionnelle du pays). Industries alimentaires, raffineries de sucre.

Population 141 000
Carte Danemark Bb

Odenwald, ***Allemagne*** Massif boisé de 80 km de long sur 32 km de large, à l'E. de Mannheim, entre le Neckar et le Main. Son versant occidental, le long de la Bergstrasse, est abrité des vents d'E. et connaît un printemps précoce. On y cultive tabac, raisins, pêches, abricots, cerises, amandes et noisettes.

Carte Allemagne Cd

Oder, en pol. **Odra,** ***République tchèque/Allemagne/Pologne*** Fleuve de 912 km de long, qui prend sa source dans les monts de l'Oder, en Moravie, à 60 km au S.-O. d'Ostrava. Navigable sur toute sa longueur, de Raciborz, en Pologne, à la mer Baltique (710 km en aval), l'Oder transporte près de 20 millions de tonnes de marchandises par an, principalement du charbon, des matériaux de construction, du bois et des produits chimiques. Avec son affluent la Neisse, il forme la « ligne Oder-Neisse », frontière entre la Pologne et l'Allemagne.

Carte Pologne Bc

Odessa, ***Ukraine*** Port de la mer Noire et ville balnéaire, à 160 km au N.-E. de la frontière roumaine. Avec ses cinq bassins, il servit de base navale à la flotte soviétique de baleiniers antarctiques (aujourd'hui russe). La ville, située sur un groupe de collines tournées vers la mer Noire, fut construite à la fin du XVIIIe s. sur un plan géométrique à l'emplacement d'un fort tartare du XIVe s. Elle se développa rapidement sous l'administration du duc de Richelieu, qui en fut le premier gouverneur (1803-1814). Sa vie culturelle active est centrée autour de son bel opéra du XIXe s. C'est aussi une ville industrielle, où l'on produit de l'acier, des bateaux, des machines, des produits chimiques, alimentaires et pétroliers. En 1905, les marins du cuirassé *Potemkine*, révoltés parce qu'on leur avait servi de la viande avariée, se mutinèrent et gagnèrent Odessa où ils trouvèrent le soutien de la population. La ville fut bombardée par les forces gouvernementales et on dénombra 6 000 morts. En 1925, le cinéaste soviétique Sergueï Eisenstein (1898-1948) fit un film de cet épisode prérévolutionnaire. L'un des plus célèbres plans du film se passe sur l'escalier aujourd'hui baptisé escalier Potemkine, qui conduit de la ville haute au port. C'est sur ses marches que les cosaques du tsar Nicolas II (1868-1918) massacrèrent les manifestants qui soutenaient les mutins du cuirassé.

Population 1 095 800
Carte Ukraine Cc

œil (d'un cyclone ou **d'un typhon)** Centre d'un cyclone, correspondant à une aire calme avec éclaircie.

Offaly, ***Irlande*** Comté de 1 998 km^2, au centre de l'Irlande, à 50 km à l'O. de Dublin. Il est couvert principalement de pâturages et dominé par les monts Slieve Bloom, au S.

Population 58 500
Carte Irlande Cb

Offenbach-sur-le-Main, ***Allemagne*** Ville de tanneries de la banlieue S. de Francfort-sur-le-

Main. Musée de la Mégisserie et foire du cuir (annuelle). Château du XVIe s. ; source minérale.
Population 115 000
Carte Allemagne Cc

Ogaden, ***Éthiopie*** Région steppique de 600 km d'E. en O. et 400 km du N. au S., annexée par Ménélik II à l'Éthiopie au début du siècle et réclamée par la Somalie en raison de sa population de bergers nomades somalis. Un conflit entre les deux pays éclata en 1977 et se solda par la défaite somalienne.
Carte Éthiopie Bb

Ogasawara (îles), ***Japon*** Voir BONIN

Ogbomosho, ***Nigeria*** Ville à 200 km au N.-E. de Lagos, et capitale traditionnelle de la tribu yoruba. Fondée au XVIIe s., c'est aujourd'hui un centre commercial (tabac) et industriel actif (produits alimentaires).
Population 660 600
Carte Nigeria Ab

Ogooué, ***Congo/Gabon*** Fleuve de 1 200 km qui prend sa source au S. de Zanaga (Congo) et traverse la forêt gabonaise jusqu'à l'Atlantique. Il arrose près de 222 700 km^2, et son cours supérieur est coupé de rapides et de chutes (chutes Poubara). Il est cependant navigable certains mois en aval de N'Djolé, toute l'année à partir de Lambaréné. Cette section est d'ailleurs la voie fluviale la plus fréquentée du Gabon, particulièrement pour le flottage du bois. Près de l'Atlantique, divisé en plusieurs bras, l'Ogooué a créé un vaste delta au S. de Port-Gentil. Il fut exploré séparément par les Français Paul du Chaillu et Pierre Savorgnan de Brazza (qui en découvrit la source) et par l'exploratrice Mary Kingsley qui affronta ses rapides dans un canoë.
Carte Gabon Bb

Ogun, ***Nigeria*** Voir ABEOKUTA

O'Higgins (Libertador General Bernardo), ***Chili*** Province du centre du pays (16 365 km^2), du nom du premier chef de l'État chilien Bernardo O'Higgins. Ses plaines alluviales sont cultivées grâce à l'irrigation (maïs, cultures maraîchères, vignobles). Élevage bovin important. Rodéos. Activité minière dans les Andes (cuivre à El Teniente). Chef-lieu : Rancagua.
Population 688 500
Carte Chili Ac

Ohio, ***États-Unis*** 1. Rivière de 1 575 km, autrefois utilisée par les colons en route vers l'Ouest. Elle est formée par la réunion de l'Allegheny et de la Monongahela à Pittsburgh (Pennsylvanie). Orientée au S.-O., elle se jette dans le Mississippi à Cairo et forme la frontière entre les États de l'Ohio, de l'Indiana et de l'Illinois au N., de la Virginie-Occidentale et du Kentucky au S. Elle sert toujours au transport des marchandises.

2. État industriel et agricole couvrant 115 998 km^2 d'une région vallonnée, du S. du lac Érié à l'Ohio. Colonisé vers 1780, il entra dans l'Union en 1803. Dans les riches fermes de l'Ohio, on cultive soja et maïs et on élève des bovins pour la viande et les produits laitiers. Outre les mines de charbon, les gisements de pétrole et de gaz, c'est un État actif qui fabrique des machines, du matériel de transport et de l'acier. Les villes principales sont Cleveland, Cincinnati et Columbus (capitale).
Population 10 900 000
Carte (riv.) États-Unis Ic, Jc ; (État) États-Unis Jb

Ohrid (lac), ***Albanie/Macédoine*** Premier lac de Macédoine (après le lac de Shkodër), avec une superficie de 348 km^2, partagé entre Macédoine et Albanie, au S.-E. de celle-ci. Profondeur maximale : 286 m. Ses eaux claires et poissonneuses (truites, anguilles), ses belles plages, ses hivers doux, ses étés chauds et ses paysages superbes en font le principal centre touristique de Macédoine. Il possède également une station de recherches hydrologiques et biologiques.

La vieille ville d'Ohrid, sur la rive orientale (Macédoine), présente d'originales maisons blanches aux cours intérieures pavées et de nombreuses églises byzantines. La population porte encore le costume traditionnel richement brodé et il s'y déroule chaque été un festival de chants et danses folkloriques.
Population (ville) 40 000
Carte Macédoine Ab

MÉTROPOLE DU MIDWEST. Étagé sur la rive droite de l'Ohio, qu'enjambe un pont suspendu datant de 1867, Cincinnati est un important centre industriel, commerçant et universitaire en même temps qu'un port fluvial actif.

Oïmiakon (Oymyakon), ***Russie*** Voir VERKHOÏANSK

Oisans, ***France*** Région des Alpes, partagée entre les départements de l'Isère et des Hautes-Alpes, correspondant à la vallée de la Romanche et aux montagnes environnantes. Elle est constituée de hautes montagnes (4 102 m aux Écrins) et de vallées encaissées, et la vie y est très difficile (seigle, élevage) et l'exode rural préoccupant. De belles stations de sports d'hiver (Les Deux-Alpes, l'Alpe-d'Huez) en font néanmoins une région très touristique. Grâce à ses barrages hydroélectriques, la vallée de la Romanche possède une industrie prospère (électrochimie, électrométallurgie).

Carte France Gd

Oise (60), ***France*** 1. Rivière du Bassin parisien, affluent de la Seine (302 km). Elle prend sa source en Belgique, au S.-E. de Chimay, reçoit le Gland, la Serre, l'Aisne et le Thérain, et rejoint la Seine en aval de Conflans-Sainte-Honorine. Navigable sur une grande partie de son cours, elle permet le transport de nombreux produits (combustibles, matériaux de construction, grains, métallurgie) et est la rivière la plus fréquentée de France.

2. Département du Bassin parisien (5 857 km^2), dont le chef-lieu est Beauvais. C'est une région agricole productrice de céréales, de betteraves sucrières, de fruits et de bovins. L'industrie y tient une place importante et emploie plus de la moitié de la population active, essentiellement dans la métallurgie, les constructions mécaniques (matériel de chemin de fer) et les produits chimiques.

Population 726 000

Carte France Eb

Oita, ***Japon*** Ville portuaire, sur la côte méridionale de la baie de Beppu, dans l'île de Kyushu. Au XVIe s., la cité féodale dominait l'île, puis elle perdit peu à peu de son influence. C'est aujourd'hui un important centre industriel (aciéries, pétrochimie, raffineries de pétrole, papier, textiles) et un gros marché agricole.

Population 409 000

Carte Japon Bd

Ojos del Salado, ***Argentine/Chili*** L'un des plus hauts sommets d'Amérique du Sud (6 900 m), dans les Andes, sur la frontière septentrionale entre le Chili et l'Argentine.

Carte Amérique du Sud Bc

Oka, ***Russie*** Principal affluent de la Volga (1 480 km), qui prend sa source dans les plateaux de Russie centrale, au N. de Koursk, et se dirige vers le N. et l'E. avant de rejoindre la Volga à Nijni-Novgorod. Il sert au transport des céréales et du bois.

Carte Russie Cc

Okanagan (vallée de l'), ***Canada*** Région de vergers, dans le sud de la Colombie britannique, qui se double d'une région touristique comprenant les villages de Penticton et Summerland, et le lac Okanagan.

Carte Canada Cd

Okavango, ***Afrique méridionale*** Voir KAVANGO

Okavango (marais de l'), ***Botswana*** Marécage de 10 360 km^2, au N.-O. du pays, alimenté par le Kavango (Cubango) qui prend sa source en Angola. De nombreux animaux — hippopotames, buffles, cigognes et pélicans — vivent dans ses multiples méandres, dont 1/5 constitue la réserve de Moremi. Les grands projets d'exploitation de ses eaux pour l'irrigation et l'élevage ont été quasiment abandonnés en raison de l'isolement de la région et du taux élevé d'évaporation. Pendant les inondations, les eaux se déversent à l'E. dans la Botletle.

Carte Botswana Ba

RITUEL SÉCULAIRE. De jeunes Botswanais pêchent avec des paniers traditionnels le long des 1 600 km du fleuve Kavango qui alimente le marais de l'Okavango.

Okayama, ***Japon*** Capitale régionale et centre commercial du sud-ouest de l'île de Honshu, à 140 km à l'O. d'Osaka. Son « château du Corbeau » fut construit en pierres noires en 1573, par opposition avec le « château blanc » d'Himeji. Les jardins de Korakuen sont parmi les plus beaux du pays, avec de vieux arbres, des prairies, des étangs, une petite rizière et une plantation de thé. Principales activités : industries chimiques, manufactures de tatamis en paille tressée, porcelaine.

Population 572 400

Carte Japon Bd

Okhotsk (mer d'), ***Russie*** Bras N.-O. de l'océan Pacifique (1 589 843 km^2), limité par la presqu'île du Kamtchatka et les îles Kouriles. Ses vastes golfes continentaux sont d'importants lieux de pêche et de forage pétrolier pour les Russes. De novembre à mai, elle est fermée au N. par les glaces. La pêche industrielle du crabe y est l'objet d'une âpre compétition entre Japonais et Russes. Magadan en est le port principal. Profondeur maximale : 3 475 m.

Carte Russie Hcd, Ic

Okinawa, ***Japon*** Île principale de l'archipel des Ryukyu (1 176 km^2), théâtre de durs combats opposant troupes américaines et japonaises entre mars et juin 1945. Bombardée, envahie et reprise par les Américains, qui y établirent des bases aériennes. La capitale, Naha (276 000 habitants), grand port de l'île, fut le fief de la dynastie des Ryukyu, qui régna sur la région dans une semi-indépendance de 1429 à 1879. Bombardée en 1944, Naha a été reconstruite après la guerre. Okinawa et les îles méridionales des Ryukyu, constituant une région, furent sous occupation américaine jusqu'en mai 1972.

Population (région) 1 222 500

Carte Japon Gf

Oklahoma, ***États-Unis*** État des Grandes Plaines du Sud-Ouest (181 185 km^2), bordé par la Red River et le Texas au S. et par le Kansas au N. Cette région vallonnée qui appartenait aux Indiens jusqu'à l'arrivée des colons en 1889 devint un État en 1907. L'agriculture fut durement touchée vers 1930 lorsqu'une sécheresse exceptionnelle créa une zone semi-aride dont le sol fut fortement érodé par le vent. Aujourd'hui région d'élevage et de culture (coton, blé), l'Oklahoma possède en outre des gisements de pétrole et de houille, et est le troisième producteur de gaz du pays. Industries pétrolières et mécaniques. Les villes principales sont Oklahoma City (capitale de l'État) et Tulsa.

Population 3 150 000

Carte États-Unis Gc

Oklahoma City, ***États-Unis*** Capitale située au cœur de l'État d'Oklahoma, centre agricole et d'élevage qui possède des industries pétrochimiques, électroniques et de transformation des produits agricoles.

Population 443 200

Carte États-Unis Gc

Ok Tedi, ***Papouasie-Nouvelle-Guinée*** Mines d'or et de cuivre des monts Star, à proximité de la frontière avec la Nouvelle-Guinée occidentale (Irian Jaya). Elles portent le nom d'une rivière locale. Leurs réserves de minerai sont estimées à 350 millions de tonnes.

Carte Papouasie-Nouvelle-Guinée Ba

Öland, ***Suède*** Longue île basse de 1 345 km^2, au large du S.-E. de la côte baltique, reliée par un pont de 6 km au port continental de Kalmar. En plus de la pêche, on y pratique l'élevage de moutons et l'exploitation des carrières de calcaire. Nombreuses attractions archéologiques, dont un village de l'âge du fer reconstitué qui attire de nombreux touristes.

Population 23 800

Carte Suède Cd

Olbia, ***Italie*** Port de la côte N.-E. de la Sardaigne, à 190 km au N. de Cagliari. C'est le point de débarquement de nombreux ferries en provenance d'Italie et le quatrième port de Sardaigne. Il exporte les produits de l'île (tabac, bétail, liège).
Population 32 600
Carte Italie Bd

Oldenbourg, ***Allemagne*** Port fluvial du Nord et ville-marché sur la Hunte, à 40 km à l'O. de Brême. Château Renaissance aujourd'hui musée régional. Des tumulus funéraires de l'âge de pierre ont été découverts près d'Ahlhorn Heath, au S. de la ville. Centre agricole, Oldenbourg possède également des industries chimiques, textiles et mécaniques.
Population 137 000
Carte Allemagne Cb

Oldham, ***Royaume-Uni*** Ville de filatures de la banlieue N.-E. du grand Manchester. Son industrie lainière, particulièrement florissante aux XVIIe et XVIIIe s., fut remplacée par l'industrie cotonnière au XIXe s. Les filatures ont aujourd'hui décliné.
Population 107 500
Carte Royaume-Uni Dd

Olduvai (gorges d'), ***Tanzanie*** Site paléontologique au N. du pays, à 30 km au N.-O. du cratère Ngorongoro. Entre 1959 et 1963, le paléontologue britannique Louis Leakey (1903-1972) découvrit des restes humains fossiles datant d'environ 1,5 à 2 millions d'années attribués à l'*Homo habilis*. Dans les strates de ces gorges profondes (plus de 150 m) s'étageant sur 2 millions d'années, on a découvert des outils de pierre et des ossements d'animaux aujourd'hui disparus.
Carte Tanzanie Ba

Oléron (île d'), ***France*** Île de 30 km de long, dans l'Atlantique, au S. de La Rochelle, face à l'embouchure de la Charente. D'une superficie de 175 km^2, c'est la deuxième plus grande île de France après la Corse. Reliée au continent par un pont et possédant un climat très doux et de belles plages, elle est très touristique. La pêche y est bonne et l'ostréiculture florissante.
Population 18 400
Carte France Cd

Olgas (les), ***Australie*** Groupe de quelque vingt-huit dômes montagneux d'Australie centrale culminant à 1 069 m au mont Olga, à 30 km à l'O. d'Ayers Rock, dans les Territoires du Nord. Ils furent découverts en octobre 1872 par l'explorateur Ernest Giles qui leur donna le nom de la reine Olga de Wurtemberg.
Carte Australie Ed

oligocène Troisième époque de la période tertiaire (ou cénozoïque), comprise entre l'éocène et le miocène. Voir ÉCHELLE DES TEMPS GÉOLOGIQUES, p. 268

Olinda, ***Brésil*** Ville historique, à 7 km au N. de Recife. Fondée en 1537 par les Portugais, elle est protégée par l'UNESCO comme appartenant à l'héritage culturel mondial. Elle doit son nom aux premiers colons qui se seraient exclamés en arrivant : « O linda ! » (ce qui signifie : « Quelle beauté ! »). Une des principales villes du pays, elle possède de belles églises coloniales — dont plusieurs ont des toits de tuiles bleues et blanches comme celles de da Sé (1537), da Misericordie (1540) et São Francisco (1577).

Son carnaval est un des plus joyeux du pays. Alors que celui de Rio est réservé aux écoles de samba, chacun ici peut se joindre aux groupes de danseurs et près de 250 000 personnes y participent chaque année. On y danse, pendant quatre jours et quatre nuits, un frénétique *frevo* (auprès duquel la samba semble lente) à travers les étroites rues de la vieille ville.
Population 317 000
Carte Brésil Eb

Oliviers (mont des), ***Israël*** Colline à l'E. de Jérusalem. David en gravit les pentes en fuyant devant Absalon, et Jésus fut arrêté dans le jardin de Gethsémani, au pied de la colline. C'est là que, selon les Actes des Apôtres, se serait produite l'Ascension du Christ.

Ollantaytambo, ***Pérou*** Site d'une forteresse et d'un relais de poste incas, sur l'Urubamba, à 70 km au N. de Cuzco. Les ruines présentent de nombreuses terrasses, un temple et un palais, le Baño de la Nusta (« bain de la princesse »), ainsi qu'un observatoire solaire (monolithes de porphyre rouge). Le dernier chef inca, Manco Capac, et ses soldats s'y réfugièrent en 1537, après le siège de Cuzco par les Espagnols.
Carte Pérou Bb

Oloibiri, ***Nigeria*** Voir NIGER

Olomouc, en all. **Olmütz,** ***Rép. tchèque*** Ville de marché, capitale de la Moravie aux XIIe et XIIIe s., à 64 km au N.-E. de Brno. Elle est au cœur d'une riche plaine céréalière et possède des industries alimentaires et mécaniques. Cathédrale et hôtel de ville gothiques dans la vieille ville, ainsi qu'une université fondée en 1566.
Population 104 300
Carte République tchèque Cb

CONFÉRENCE DANS LE DÉSERT. Le nom aborigène des monts Olgas est Katatjuta (« plusieurs têtes ») en raison de leur ressemblance avec un groupe de crânes conférant dans le désert.

Olympe, en grec **Oros Olymbos,** ***Grèce*** Massif montagneux entre Thessalie et Macédoine grecque, que borde à l'E. le golfe de Salonique. Culminant à 2 917 m au Mítikas, il présente les plus hauts sommets du pays où sont installées des stations de ski. C'était dans la mythologie grecque le séjour de Zeus et des dieux.
Carte Grèce Ca

Olympia, ***États-Unis*** Capitale de l'État de Washington (nord-ouest du pays) et port à l'extrémité S. du Puget Sound, à plus de 250 km de l'océan Pacifique. Centre touristique d'une belle région de montagnes et de forêts. Pêche, exportation de bois, industries diverses.
Population (ville) 33 900 ; (aggl.) 161 500
Carte États-Unis Ba

Olympic (parc national), ***États-Unis*** Au N.-O. de l'État de Washington, il s'étend sur 3 628 km^2 dans la péninsule Olympic que borde à l'O. le Pacifique, à l'E. le Puget Sound et au N. le détroit de Juan de Fuca. Cette péninsule montagneuse (culminant au mont Olympus à 2 428 m), très arrosée, est couverte de splendides forêts (de conifères notamment), derniers vestiges de la grande sylve des bords du Pacifique. Nombreux lacs et glaciers.
Carte États-Unis Ba

Olympie, en grec **Arhéa Olymbia,** ***Grèce*** Sanctuaire consacré à Zeus, situé au pied du mont Kronion, sur la côte O. du Péloponnèse. À l'origine simple bosquet sacré, où une flamme, abritée par un enclos de pierre et ranimée chaque printemps, brûlait en l'honneur de Zeus. A partir de 776 av. J.-C., les courses à pied qui se déroulaient dans un stade près du sanctuaire devinrent les jeux Olympiques. En 393 apr. J.-C., l'empereur romain Théodose interdit les jeux. Les fouilles entreprises par des archéologues allemands à partir de 1875 révélèrent le temple de Zeus (statue de Zeus olympien), l'Altis, ou oliveraie sacrée, le stade, l'hippodrome (où se déroulaient les courses de chars),

des gymnases et des bains. A la suite des fouilles, le baron Pierre de Coubertin fit renaître les jeux Olympiques, qui se déroulèrent la première fois à Athènes en 1896.
Carte Grèce Bc

Omaha, ***États-Unis*** La plus grande ville du Nebraska, sur la rive O. du Missouri. Fondée en 1854, elle fut une des portes de l'Ouest au moment de la ruée vers l'or et s'est développée avec le chemin de fer. Important marché du bétail et des grains, abattoirs géants, conditionnement de la viande, construction de matériel agricole. Raffinage du pétrole, métallurgie du plomb et construction de matériel ferroviaire. La ville est le siège de plusieurs compagnies d'assurances, de l'université du Nebraska et du Strategic Air Command (à Bellevue).
Population (ville) 334 000 ; (aggl.) 607 400
Carte États-Unis Gb

Oman (golfe d'), ***Iran/Oman*** Partie de la mer d'Oman s'étendant entre les côtes du sultanat d'Oman et celles de l'Iran, limitée à l'O. par le détroit d'Ormuz.
Carte Oman Aa

Oman (mer d'), Partie de l'océan Indien comprise entre la péninsule Arabique et les côtes du Pakistan et de l'Inde occidentale. Elle est parfois appelée mer d'Arabie.
Carte Indien (océan)

Ombrie, en it. **Umbria,** ***Italie*** Région centrale sans accès à la mer recouvrant 8 456 km^2 dans les Apennins au N. de Rome. Elle comprend les provinces de Pérouse et de Terni. Ses collines verdoyantes et ses vallées cultivées ont peu changé au cours des siècles. De nombreuses villes médiévales s'accrochent aux collines : Assise, Gubbio, Spolète, Orvieto, Todi et Città di Castello. L'agriculture constitue la ressource essentielle. Industrie à Pérouse (acier) et à Terni (confection).
Population 823 000
Carte Italie Dc

Omdurman, ***Soudan*** Première ville du pays sur la rive gauche du Nil, face à Khartoum. Important centre religieux et commercial. C'est la ville du Mahdi, grande figure de l'islam soudanais et de la résistance à la colonisation ; il y battit les Britanniques en 1885 et en fit sa capitale. Elle fut reprise en 1898 par Kitchener. La tombe du Mahdi fait l'objet d'un important pèlerinage. Université islamique depuis 1961.
Population 526 300
Carte Soudan Bb

Omo, ***Éthiopie*** Fleuve du sud-ouest du pays, se jetant dans le lac Turkana (Kenya). Les sites paléontologiques et archéologiques de la basse vallée ont livré, à la suite des campagnes de fouilles menées à partir de 1967, de nombreux vestiges d'australopithèques dans des couches datées de 3 750 000 ans et des galets aménagés qui remonteraient à 2 000 000 d'années.
Carte Éthiopie Ab

Omsk, ***Russie*** Chef-lieu de l'oblast du même nom, sur la rive droite de l'Irtych, à la confluence de l'Om, en Sibérie occidentale. Fondée en 1716, la ville est desservie depuis 1895 par le Transsibérien, qui est à l'origine de son développement. Au cœur d'une riche région agricole et au point de passage de plusieurs oléoducs, c'est un grand centre industriel (produits alimentaires, construction de matériel agricole, raffinerie de pétrole, matières plastiques,

Oman

EN MOINS DE VINGT ANS, LE SULTAN QABOUS A INTRODUIT CET ÉTAT ARRIÉRÉ DANS LE VINGTIÈME SIÈCLE

Gouverné par un sultan au pouvoir absolu, ce pays — le second de la péninsule arabique par la superficie — a une population à 90 % arabe. Mais il existe des minorités de Baloutches originaires d'Iran et d'Africains descendants d'anciens esclaves. Le pays compte aussi près de 200 000 travailleurs immigrés venus de l'Inde, du Pakistan, de Corée du Sud et d'Europe.

L'Oman est divisé en deux parties, séparées par les Émirats arabes unis. Une petite région montagneuse à l'extrémité de la péninsule de Musandam domine le détroit d'Ormuz, qui contrôle l'entrée du golfe Persique. La partie la plus étendue du pays est formée d'une fertile plaine côtière (la Batina), des montagnes calcaires du Hadjar (qui atteignent 3 018 m), et d'un plateau en grande partie désertique, avec de petits ports de pêche sur le littoral. La côte du Dhofar, tout au S., est fertile grâce à des pluies de mousson, entre juin et septembre. Il y a de bons pâturages dans les monts Dhofar, mais le plateau intérieur évoque déjà le « quart vide » (Rub al-Khali) de l'Arabie Saoudite.

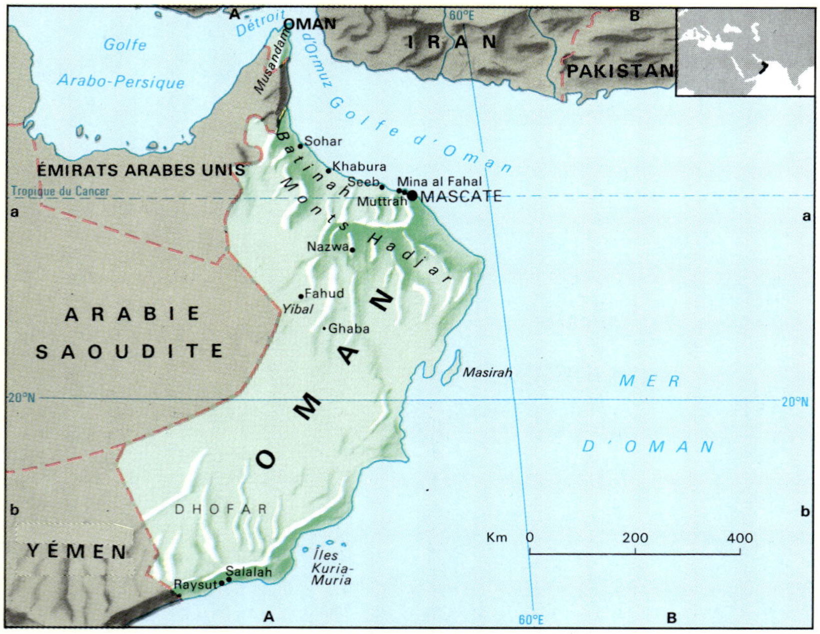

L'antique sultanat d'Oman et Mascate était un des pays arabes les plus arriérés au moment où l'on commença à y exploiter le pétrole, en 1967. Mais, en 1970, l'actuel sultan, Qabous Bin Saïd, déposa son père, et depuis il utilise les revenus du pétrole pour faire faire à son pays de grands pas vers le développement social. Aujourd'hui, l'éducation est gratuite (mais non obligatoire), il y a 560 écoles, contre 3 au temps du sultan précédent et 14 hôpitaux au lieu d'un seul.

Le pétrole, exploité surtout dans le Nord, fournit 90 % des exportations ; il y a aussi du cuivre et du gaz naturel. Mais 70 % des habitants vivent de l'agriculture et de la pêche. À cause de la pluviosité faible et irrégulière et des fortes températures, la partie cultivée représente seulement 0,1 % du pays. Elle comprend la Batina et des terres autour de villages de montagne et dans les vallées abritées, qui bénéficient d'anciens systèmes d'irrigation.

Le port de Mascate était déjà florissant au Vᵉ s. av. J.-C. Il a servi de base aux Portugais de 1508 à 1648, et de capitale à la dynastie actuelle depuis 1741. Au XIXᵉ s., le pays se lia par traité à la Grande-Bretagne. Il est indépendant depuis 1971, mais a des relations militaires étroites avec les États-Unis et le Royaume-Uni.

OMAN EN BREF

Superficie 306 000 km^2
Population 1 700 000
Capitale Mascate
Régime Monarchie absolue
Monnaie Rial d'Oman = 1 000 baiza
Langues Arabe (officiel), anglais
Religion Musulmans
Climat Étés chauds, hivers doux ; températures à Mascate : de 19 à 38 °C
Ressources Dattes, fruits, légumes, poisson ; pétrole et gaz naturel
Activités Agriculture, mines, raffineries de pétrole, fonderies de cuivre, cimenteries, pêche
Exportations Pétrole brut, poissons, fruits
P.N.B. annuel par habitant 6 327 dollars
Croissance démographique 35,6 ‰ par an
Espérance de vie Hommes 68 ans, femmes 72

caoutchouc synthétique), administratif et intellectuel (instituts d'enseignement supérieur).
Population 1 166 800
Carte Russie Ec

onde de tempête Surélévations du niveau de la mer sous l'action de vents violents, progressant comme une onde de marée.

onde séismique ou **sismique** Onde issue du choc produit par un tremblement de terre et qui traverse les enveloppes du globe à des vitesses variables.

Onega (lac), ***Russie*** Grand lac s'étendant entre la Russie et la Carélie (9 980 km^2), profond par endroits de 120 m et gelé de décembre à mai. Il est relié au lac Ladoga par la Svir et à la mer Blanche par le canal Baltique-mer Blanche. La capitale de la Carélie russe, Petrozavodsk, est installée sur sa rive occidentale. La région présente plusieurs anciennes (XVIIIe s.) et fort belles églises en bois. L'île Kiji, avec ses églises de la Dormition et de la Transfiguration, est devenue un musée de l'architecture traditionnelle en bois et un site très touristique (service de bateaux depuis Petrozavodsk).
Carte Russie Cb

Onitsha, ***Nigeria*** Ville de l'État d'Anambra au S. du pays, sur la rive E. du Niger. Elle fut la capitale d'un petit royaume ibo dès le XVIIe s. Port fluvial, relié depuis 1965 par un pont à Asaba sur l'autre rive, c'est un marché agricole (huile de palme, légumes, manioc), et un centre industriel (produits alimentaires, textiles, imprimeries, disques).
Population 298 500
Carte Nigeria Bb

Ontario, ***Canada*** Deuxième province du pays par sa superficie (1 068 582 km^2), elle appartient au Bouclier canadien. Elle est, au N., parsemée de lacs et couverte d'épaisses forêts ; son sous-sol est riche en minerais. Au S. elle offre d'agréables paysages vallonnés, sur fond d'argile et de sable. L'Ontario borde quatre des Grands Lacs sur 3 700 km. Le doux climat du S.-O. favorise la production de blé, d'orge, de betterave à sucre, de raisin et de tabac. Près de la moitié des produits manufacturés au Canada proviennent de l'Ontario, principalement de la région située entre Hamilton et Oshawa. La sidérurgie, l'automobile, les appareils électriques et les produits chimiques comptent parmi ses principales ressources. Province la plus peuplée du Canada, elle abrite Ottawa, la capitale nationale. Toronto, sa capitale provinciale, en est la ville la plus importante. Les chutes du Niagara et quelque 250 000 lacs font l'attrait touristique de la province.
Population 10 085 000
Carte Canada Fc

Ontario (lac), ***Canada/États-Unis*** Le plus petit et le plus oriental des Grands Lacs (19 550 km^2). Il est alimenté par le lac Érié et le Niagara, et se déverse dans le Saint-Laurent.
Carte États-Unis Kb

Onyx, ***Antarctique*** C'est le plus long des rares fleuves de l'Antarctique. En été, il charrie sur 50 km les eaux du glacier de Lower Wright jusqu'au lac Vanda.

Oostende, ***Belgique*** Voir OSTENDE

Ootacamund, ***Inde*** Voir UDAGAMANDALAM

Opole, ***Pologne*** Ville du sud du pays, sur l'Odra. Centre administratif et économique de la Silésie centrale, riche région agricole (céréales, betteraves à sucre) et industrielle (textiles, construction mécanique). Bien qu'à moitié détruite lors de la Seconde Guerre mondiale, la ville présente encore quelques places et rues bordées de beaux édifices baroques.
Population 115 000
Carte Pologne Bc

Oradea, ***Roumanie*** Vieille ville du Bihor, sur le Cris Repede, au N.-O. du pays. Ses demeures, églises et palais baroques évoquent l'Autriche de l'impératrice Marie-Thérèse ; elle fut, en effet, longtemps occupée par les Austro-Hongrois. C'est aujourd'hui un centre administratif (chef-lieu de département), commercial, industriel (chimie, alumine) et touristique (stations thermales à proximité).
Population 213 800
Carte Roumanie Aa

Oran, offic. **Wahran,** ***Algérie*** Seconde ville du pays, chef-lieu de wilaya et port de l'Ouest algérien. Important centre administratif, universitaire, commercial et industriel (textiles, produits alimentaires, verrerie, construction mécanique). L'essor industriel et portuaire d'Arzew, à 40 km au N.-E., grâce au gaz et au pétrole sahariens, a contribué à la reprise des activités de la ville après l'indépendance et le départ de 200 000 Européens.

La ville remonte au Xe s. et à l'installation, sur un site romain, de musulmans d'Andalousie. Les Espagnols la prirent en 1509 — c'était alors une base de corsaires — et l'occupèrent pendant près de 260 ans (de 1509 à 1708 et de 1732 à 1792). Les Français s'y installèrent en 1831 et en firent un des grands centres de leur colonisation. Fort de Santa Cruz (XVIe s.). Casbah-mosquée du XVIIIe s. Portes maures et espagnoles.
Population 670 000
Carte Algérie Aa

Orange, ***Afrique méridionale*** Fleuve de 2 250 km, prenant sa source dans le Drakensberg, au Lesotho. Il marque la frontière entre la province du Cap et l'État libre d'Orange, puis entre l'Afrique du Sud et la Namibie et se jette dans l'Atlantique à Alexander Bay. Depuis 1962, un vaste projet s'emploie à en utiliser les eaux pour l'irrigation et la production d'électricité : barrage H. Verwoerd (au S. de Bloemfontein) inauguré en 1972, barrage P. K. Le Roux (au N.-O. de ce dernier) achevé en 1977, barrage de Torquay (non loin de Douglas).
Carte Afrique du Sud Ab, Cc

Orange, ***France*** Chef-lieu de canton du Vaucluse. De l'antique Arausio celtique, devenue une importante colonie romaine au temps d'Auguste sous le nom de Colonia Julia Secondanorum, il subsiste de remarquables vestiges (l'arc de triomphe du Ier s. de notre ère et le théâtre, l'un des rares qui aient conservé un mur de scène). Marché agricole (fruits, primeurs) et petit centre industriel. Berceau de la dynastie d'Orange-Nassau.
Population 27 000
Carte France Fd

Orange (État libre d'), ***Afrique du Sud*** Province du centre-ouest du pays (127 993 km^2). Capitale : Bloemfontein. Limitée au S. par le fleuve Orange, au N. et à l'O. par le Vaal, et à l'E. par les monts du Drakensberg, elle s'étend sur des plateaux steppiques s'étageant de 1 000 à 2 000 mètres. Ces hautes terres couvertes d'herbe rase et parsemées de buissons (le veld) sont traditionnellement des régions d'élevage extensif. L'Est, plus élevé et plus arrosé, associe cultures céréalières, fourragères et élevage intensif. Le sous-sol fournit du charbon, des diamants, de l'uranium et une part importante de l'or sud-africain. Plus des 3/4 de la population est noire. La région fut colonisée à partir des années 1830 par les Boers, qui en firent l'État libre d'Orange, reconnu par les Britanniques en 1854. En 1899, l'Orange se joignit au Transvaal lors de la guerre des Boers (1899-1902). Colonie britannique après sa défaite, il retrouva son autonomie en 1907 et entra dans l'Union sud-africaine en 1910.
Population 2 080 000
Carte Afrique du Sud Cb

Oranjestad, ***Petites Antilles*** 1. Chef-lieu et port de l'île néerlandaise d'Aruba, l'une des îles Sous-le-Vent, au large des côtes vénézuéliennes. Raffineries de pétrole.

2. Chef-lieu et port de Saint-Eustache, une des îles du Vent, au N.-O. de Saint-Kitts.
Population 1. 10 100 ; 2. 1 200
Carte 1. Antilles Ac ; 2. Antilles Cb

Orapa, ***Botswana*** Site de la seconde mine de diamants du monde (après Mwadui, en Tanzanie), découvert en 1967, à l'O. de Francistown. Son exploitation a commencé en 1971.
Population 5 200
Carte Botswana Cb

Orcadas, ***océan Atlantique*** La plus vieille station scientifique habitée de l'Antarctique, sur l'île Laurie (archipel des Orcades du Sud). Elle fut établie par une expédition écossaise en 1903, et est aujourd'hui utilisée par les Argentins.
Carte Antarctique Cb

Orcades (îles), en angl. **Orkney,** ***Royaume-Uni*** Archipel de la mer du Nord, au N.-E. de l'Écosse, d'une superficie totale de 975 km^2. Chef-lieu : Kirkwall, sur l'île de Mainland. Élevage et pêche. Exploitation du pétrole de la mer du Nord.
Population 19 000
Carte Royaume-Uni Gi

Orcades du Sud (îles), en angl. **South Orkney Islands,** ***océan Atlantique*** Archipel inhabité et en grande partie recouvert de glaces de l'océan Atlantique S., à 1 360 km au N.-E. de la péninsule Antarctique. Il fait partie du Territoire antarctique britannique, dans une région réclamée par l'Argentine et autrefois fréquentée par les marins et chasseurs de baleines. Le Royaume-Uni y conserve une base scientifique (Signy, sur l'île Coronation), tout comme les Argentins (Orcadas, sur l'île Laurie).
Carte Antarctique Cb

Ord, ***Australie*** Fleuve du nord-est de l'Australie-Occidentale, long d'environ 500 km, prenant sa source dans le plateau de Kimberley et se jetant dans la mer de Timor (golfe de Cambridge). Important barrage sur son cours inférieur pour l'irrigation, formant le lac Argyle.
Carte Australie Db

Ordesa (parc national d'), ***Espagne*** Parc national des Pyrénées, au S. du cirque de Gavarnie, dans la vallée des Arazas que domine le mont Perdu (3 355 m). Ses paysages sont parmi les plus grandioses d'Europe.
Carte Espagne Ea

Ordjonikidzé, ***Russie*** Voir VLADIKAVKAZ

ordovicien Seconde période de l'ère paléozoïque (primaire), caractérisée par l'apparition d'organismes vivants primitifs, continentaux ou marins.

Orebro, ***Suède*** Chef-lieu de la province du même nom, à 196 km à l'O. de Stockholm. Château de style Renaissance. Édifice en bois du XVe s., très bien conservé (le Kungsstugan). Église Saint-Nicolas (XIIIe-XIVe s.). Industries : chaussures, papier, biscuits.
Population 118 000
Carte Suède Bd

Oregon, ***États-Unis*** État du Nord-Ouest (251 180 km^2). Capitale : Salem. Montagneux, il culmine au mont Hood à 3 424 m, dans la chaîne des Cascades (nord-ouest de l'État). Anglais et Américains y établirent des comptoirs dès le début du XIXe s. mais les colons n'afflueront que lorsque la région sera desservie par le chemin de fer, dans la seconde moitié du XIXe s. Les activités agricoles de l'État se concentrent dans les vallées de la Willamette et de la Columbia (élevage, produits laitiers, céréales, arboriculture). Principales industries : bois, électrométallurgie, électrochimie (grâce aux barrages de la Columbia), constructions navales, agro-alimentaire. Le tourisme tient une place non négligeable dans l'économie. Villes principales : Portland, Eugene, Springfield.
Population 2 850 000
Carte États-Unis Bb

Orel ou **Oriol,** ***Russie*** Vieille ville marchande, sur le cours supérieur de l'Oka (au S. de Moscou), fondée en 1564 par Ivan le Terrible. Centre administratif (chef-lieu d'oblast), agricole et industriel (agro-alimentaire, matériel agricole, textiles, chaussures). Patrie d'Ivan Tourgueniev (1818-1883).
Population 337 000
Carte Russie Cc

Orenbourg (Orenburg), anc. **Tchkalov,** ***Russie*** Chef-lieu de l'oblast du même nom, sur le fleuve Oural. Cette forteresse fondée en 1735 fut l'un des centres du commerce avec les Kazakhs. La ville se développa lorsqu'elle fut reliée par chemin de fer à Samara, à 360 km au N.-O. (1871-1873). Important centre industriel (traitement du gaz, machines-outils, produits alimentaires), dans une région agricole et riche en pétrole, gaz, cuivre, fer, nickel, cobalt et charbon. Point de départ d'un gazoduc desservant les pays de l'Europe de l'Est.
Population 556 500
Carte Russie Dc

Orénoque, en esp. **Orinoco,** ***Venezuela*** Fleuve long de 2 160 km, dont le bassin couvre 70 % du territoire vénézuélien. Il prend sa source dans le massif des Guyanes (sierra Parima), traverse les llanos, arrose Ciudad Bolívar et Ciudad Guayana et se jette dans l'Atlantique en formant un vaste delta (25 000 km^2) aux innombrables bras, dont les principaux sont la Boca Grande et le Macareo. Dans le haut Orénoque, un bras se détourne du fleuve et se dirige vers le río Negro, affluent de l'Amazone. Les navires de mer peuvent remonter jusqu'à Ciudad Guayana.
Carte Venezuela Bb

Orense, ***Espagne*** Centre administratif (chef-lieu de province) et marché agricole dans la vallée du rio Miño, en Galice, célèbre dans l'Antiquité pour ses eaux thermales. Cathédrale des XIIe et XIIIe s. La province (7 278 km^2), montagneuse et boisée, produit de l'hydroélectricité. Les industries chimiques s'y sont développées.
Population (ville) 108 400 ; (province) 435 500
Carte Espagne Ba

Øresund, ***Danemark/Suède*** Détroit faisant communiquer la mer du Nord et la Baltique, et séparant l'île danoise de Sjaelland et les côtes du S.-O. de la Suède. Il est large d'environ 4,5 km entre Elseneur (Danemark) et Hälsingborg (Suède). Un pont-tunnel est en projet.
Carte Danemark Cb

Oriente, auj. **Amazonica,** ***Équateur*** Région peu peuplée à l'E. de la cordillère des Andes (135 630 km^2), dont les frontières avec la Colombie au N. et le Pérou à l'E. furent longtemps contestées. Villes principales : Zamora et Tena.
Population 382 000
Carte Équateur Bb

Orissa, ***Inde*** État de l'Union indienne, bordé à l'E. par le golfe du Bengale (156 000 km^2). Capitale : Bhubaneswar. Ville principale : Cuttack. Traversé d'O. en E. par la Mahanadi, il s'étend en majeure partie sur les plateaux et moyennes montagnes du Deccan. Ces régions boisées, au sol médiocre, sont peu peuplées et peu mises en valeur ; les plus reculées furent longtemps le refuge de populations « tribales », préaryennes. Dans les plaines côtières et le delta de la Mahanadi, foyer traditionnel de la civilisation oriya, se concentrent la population et les principales activités agricoles (riz, jute) et industrielles. Toutefois l'intérieur de l'État se développe depuis la construction du grand barrage-réservoir de Hirakud (usines d'engrais et d'aluminium ; aciérie à Rourkela).
Population 31 660 000
Carte Inde Cc

Orizaba, ***Mexique*** Ville de l'État de Veracruz, à 1 284 m d'altitude, dans une fertile vallée de la sierra Madre orientale (café) que domine le volcan d'Orizaba, ou Citlaltépetl (5 747 m), point culminant du Mexique. Fondée au XVIe s., c'est un gros marché agricole (café, tabac) et un centre industriel (textile, brasserie).
Population 610 000
Carte Mexique Cc

Orlando, ***États-Unis*** Ville du centre de la Floride, dans une région productrice d'agrumes, à proximité de Cap Canaveral et de Disney World. Cet ancien camp militaire est devenu un centre commercial (marché des agrumes, assurances), industriel (missiles, électronique, aéronautique) et touristique très actif (nombreux parcs d'attraction aux alentours).
Population (ville) 164 700 ; (aggl.) 1 073 000
Carte États-Unis Je

Orléans, ***France*** Chef-lieu de la région Centre et du département du Loiret, sur la Loire. D'origine gallo-romaine (Genabum, puis Aurelianum), siège d'écoles dès la fin du VIIIe siècle, la ville fut à partir du Xe s. le noyau autour duquel les Capétiens étendirent leur pouvoir au S. de la Loire. Elle fut assiégée en 1429 par les Anglais et libérée par Jeanne d'Arc. Aux XVIIe et XVIIIe s., elle connut une grande prospérité commerciale et industrielle, soutenue par la navigation sur la Loire.

La ville, dévastée par les bombardements de la dernière guerre, a cependant conservé quelques vestiges de son très riche passé (cathédrale Sainte-Croix, hôtels Renaissance). Promue capitale régionale en 1960, Orléans a connu un nouvel essor du fait de l'accroissement de ses fonctions de services et de la création d'industries (matériel agricole, électronique, pneumatique, pièces automobiles, confection), qui s'ajoutent aux activités d'avant-guerre (électroménager, moteurs électriques, fonderie d'aluminium, construction automobile). Une ville nouvelle, La Source, au S.-E., regroupe un campus universitaire, des centres de recherches (C.N.R.S., B.R.G.M.), un parc floral et des zones industrielles.
Population (ville) 105 100 ; (aggl.) 243 000
Carte France Dc

Orléansville, ***Algérie*** Voir CHELIFF (Ech-)

Orly, ***France*** Aéroport international à 15 km au S. de Paris, étendu sur 1 533 ha, soit deux fois moins que Roissy, mais accueillant 25,4 millions de passagers en 1993, ce qui en fait le deuxième de France. Les deux aérogares : Orly-Sud, réaménagée en 1961, et Orly-Ouest, créée en 1971, sont reliées depuis l'automne 1991 par un métro automatique VAL à la ligne R.E.R. desservant Roissy en traversant Paris.

Ormuz (détroit d'), ***Moyen-Orient*** Détroit d'importance stratégique qui sépare le golfe Persique du golfe d'Oman, entre l'Iran au N. et le sultanat d'Oman et les Émirats arabes unis au S. Les pirates y trouvèrent refuge du VIIe s. av. J.-C. au XIXe s. Largeur 60-100 km.
Carte Émirats arabes unis Ca

Orne (61), ***France*** 1. Fleuve de Normandie, long de 152 km, prenant sa source près de Sées. Il arrose Argentan et Caen, et se jette dans la Manche près de Ouistreham.

2. Département de la région Basse-Normandie (6 100 km^2). Chef-lieu : Alençon. Le Bocage normand à l'O., sur les sols granitiques, schisteux et gréseux du Massif armoricain, les pays d'Ouche et d'Auge aux sols marneux au N., les collines argileuses du Perche à l'E., sont traditionnellement des régions d'élevage (bovins, porcs, chevaux de sang et de demi-sang). Au centre, les campagnes calcaires d'Argentan et d'Alençon associent à l'élevage des cultures céréalières. Les activités traditionnelles du département (textiles à Flers, dentelles à Argentan et Alençon, forges du pays d'Ouche) ont décliné dès le XIXe s. ; les principales industries aujourd'hui (métallurgie, constructions mécaniques, pièces automobiles, électroménager, agro-alimentaire) se concentrent surtout à Alençon et à Argentan.
Population 293 200
Carte France Db

Oro (El), ***Équateur*** Province du sud du pays. Chef-lieu : Machala, sur le golfe de Guayaquil. Principale région productrice d'or du pays ; les mines sont situées à l'E., dans la partie montagneuse de la province. Autres ressources : cacao, café, bananes, canne à sucre et riz.
Population 412 600
Carte Équateur Ab

orogenèse Ensemble des mouvements qui ont déterminé la formation des chaînes de montagnes. On retient aujourd'hui deux théories orogéniques : la dérive des continents, basée sur des mouvements horizontaux, et l'équilibre isostatique des continents, fondé sur des mouvements verticaux.

Oronte, en ar. **Nahr al-Asi,** ***Liban/Syrie/Turquie*** Fleuve du Moyen-Orient, long de 570 km, prenant sa source dans la Bekaa, au N. du seuil de Baalbek. Son cours présente une succession de gorges et de paliers en pente douce et marécageux. Ses eaux permettent l'irrigation (digue de Homs, barrage de Rastan) ; elles font tourner d'antiques et pittoresques norias dans la région de Hama, remplacées, de plus en plus, par des stations de pompage. Le fleuve se jette dans la Méditerranée au S. d'Iskenderun.

Carte Moyen-Orient Ba

Oroya (La), ***Pérou*** Important centre minier (étain, plomb, argent), situé dans la vallée de Mantaro, à 160 km à l'E. de Lima. Fonderies.

Population 36 000

Carte Pérou Bb

Oruro, ***Bolivie*** Chef-lieu du département du même nom, à 3 702 m d'altitude, au N. du lac Poopó. Fondée en 1606, la ville fut un grand centre de l'extraction de l'argent ; elle perdit de son importance au XIXe s., mais connaît aujourd'hui un nouvel essor grâce à l'exploitation des gisements d'étain de la région. Ses usines produisent la plus grande partie de l'étain du pays. Université technique. Célèbre carnaval, la Diablada.

Le département (53 588 km²) s'étend sur le plateau andin. Ses principales ressources sont minières (étain, zinc, wolfram). La population se compose essentiellement d'Indiens.

Population (ville) 183 200 ; (dép.) 339 000

Carte Bolivie Bb

Orvieto, ***Italie*** Ville médiévale d'Ombrie, située sur un tertre dominant un extraordinaire paysage de rochers volcaniques. Nombreux édifices des XIIIe, XIVe et XVe s. La cathédrale, admirable édifice du gothique italien (commencée en 1290), abrite des fresques de Signorelli. Les vins blancs de la région sont réputés.

Population 22 800

Carte Italie Dc

Osaka, ***Japon*** Troisième ville du pays par sa population, au S.-O. de l'île de Honshu. Elle forme avec ses satellites (dont Kobe) une vaste agglomération s'étendant sur le delta de la Yodo et le littoral de la mer Intérieure. La ville, influente dès le IVe s., se développa considérablement à la fin du XVIe s. (sous Toyotomi Hideyoshi) autour de son château, et devint la grande cité marchande du pays au XVIIIe s. Elle doit son essor récent, à la fin du XIXe s., au textile (filatures de coton). C'est aujourd'hui l'une des trois métropoles économiques japonaises (avec Tokyo et Nagoya) : grande place financière, port très important, gigantesque centre industriel où toutes les branches de l'industrie sont représentées, jusqu'à la métallurgie et à la chimie lourdes. La ville, parcourue de canaux, est surnommée la « Venise du Japon ». La superbe avenue Midosuji entre les quartiers d'Umeda et de Namba en marque le centre. Mais Osaka, reconstruite après la Seconde Guerre mondiale, souffre de graves problèmes d'urbanisme, ses sols deltaïques se prêtant mal aux grands travaux. L'Exposition universelle qui s'y tint en 1970 fut toutefois le point de départ d'un vaste remodelage de son centre. Le beau château de Toyotomi Hideyoshi abrite aujourd'hui le musée municipal. La ville possède plusieurs autres musées, dont le musée scientifique de l'électricité.

Population 2 636 300

Carte Japon Cd

Oshawa, ***Canada*** Ville industrielle et portuaire, sur le lac Ontario, qui fabrique des automobiles, du verre, des textiles, des produits pharmaceutiques et des meubles.

Population 124 000

Carte Canada Hd

Osijek, ***Croatie*** Principale ville de Slavonie, autrefois appelée Esseg, sur la rive droite de la Drave inférieure. Centre universitaire, commercial (important marché agricole : céréales, fruits, bétail, bois) et industriel (textile, tanneries, machines agricoles, produits alimentaires). Fort médiéval ; cathédrale néo-gothique. Osijek, située au cœur du conflit serbo-croate, est gravement touchée par la guerre civile.

Population 158 800

Carte Croatie Bb

Oslo, ***Norvège*** Capitale du pays, au fond de l'Oslofjord. Fondée au XIe s., la ville connut, à partir du XIVe s., une longue domination économique (des Hollandais) et politique (du Danemark et de la Suède). Détruite par un incendie en 1624, elle fut rebâtie et rebaptisée Christiania (puis Kristiania). Elle porta ce nom jusqu'en 1925.

C'est la métropole économique du pays, son grand port, le siège de nombreuses banques et des compagnies maritimes nationales (la flotte de commerce norvégienne figure parmi les premières du monde), son grand centre industriel (constructions navales, mécaniques, électrochimie, électromécanique, électronique, tabac, imprimeries, édition). C'est aussi son cœur intellectuel (université, centres de recherche). Construite en amphithéâtre autour du port et de la vieille forteresse de l'Akershus, la ville s'est largement développée sur les collines boisées voisines et le long des rives très découpées de son fjord. Le remarquable respect de l'environnement dont ont témoigné les urbanistes fait d'Oslo le noyau d'une vaste conurbation où la nature est toujours présente. Au N.-E., au-delà du parc Frogner, la colline d'Holmenkollen et son tremplin sont des hauts lieux du ski nordique. La ville possède plusieurs musées : musée Munch, musée des bateaux vikings (le Vikingskipenmuseet) sur la presqu'île de Bygdøy, où sont conservés trois navires du IXe s. en excellent état, le centre d'art contemporain Sonja Henie-Niels Onstad.

Population (ville) 473 300 ; (aggl.) 720 000

Carte Norvège Cd

Osnabrück, ***Allemagne*** Vieille et pittoresque cité de Basse-Saxe, sur la Hase. Elle a conservé de son riche passé médiéval (elle fut membre de la Hanse) de nombreux monuments, dont plusieurs ont été reconstruits ou restaurés après la Seconde Guerre mondiale. Reliée au Mittellandkanal et à la Ruhr, c'est un important centre industriel (sidérurgie, automobile, chimie, matériel de précision, papeterie, textile).

Population 160 000

Carte Allemagne Cb

Osorno, ***Chili*** Chef-lieu de la province du même nom, au S. de Santiago. Fondée au XVIe s., la ville doit son essor récent à l'arrivée d'émigrés allemands dans la seconde moitié du XIXe s. et au chemin de fer qui, à partir de 1895, la relia à Santiago. C'est un centre administratif, commercial, industriel (produits alimentaires) et touristique.

La province (9 236 km²) est une région agricole (céréales, betteraves à sucre, élevage laitier) et touristique, réputée pour ses paysages de montagnes et de lacs, notamment les lacs Todos los Santos et Llanquihue, que séparent les coulées de lave du volcan Osorno (2 660 m) ; stations thermales et de ski.

Population (ville) 82 000 ; (province) 186 000

Carte Chili Ad

Ossétie du Nord, ***Russie*** République autonome (8 000 km²) sur le versant N. du Caucase, peuplée d'Ossètes (50 %), musulmans en majorité et iranophones. Outre des Russes, la population

COPIE CONFORME. Il fallut plus de 600 000 hommes pour construire le château d'Osaka, détruit par les flammes en 1615, 1665 et 1867. L'édifice actuel a été reconstruit en 1931.

comprend des Ingouches, dont une partie du territoire, ainsi que la capitale, Vladikavkaz, fut adjointe à l'Ossétie par Staline. D'où le conflit qui oppose depuis 1992 les Ossètes et les Ingouches. Ressources : blé, coton, tabac, élevage.

Population 635 000
Carte Russie Cd

Ossétie du Sud, ***Géorgie*** Région du pays, sur le versant S. du Caucase, dont l'autonomie a été annulée en décembre 1991 (3 900 km^2). Peuplée à 66 % d'Ossètes iranophones mais chrétiens, cette région s'était proclamée souveraine et souhaitait être rattachée à l'Ossétie du Nord (Russie). De là est venu le conflit avec la Géorgie, pays de tutelle. La capitale, Tskhinvali, est régulièrement bombardée, le plus souvent par des opposants au régime géorgien, compliquant ainsi les problèmes du pays.

L'industrie textile (coton) est fortement perturbée par un blocus économique sévère et la fuite de la population vers le N.

Population 99 000
Carte Géorgie ABa

Ostende, en néerl. **Oostende,** ***Belgique*** Port de pêche et de plaisance, point de départ des ferries « malles » à destination de la Grande-Bretagne, à 20 km à l'O. de Bruges. C'est aussi une élégante station balnéaire et thermale.

Population 72 000
Carte Belgique Aa

Ostie, en it. **Ostia,** ***Italie*** Station balnéaire proche de l'embouchure du Tibre, à environ 24 km de Rome. La ville antique — grand port de Rome — est aujourd'hui à l'intérieur des terres. Les fouilles entreprises à partir de 1909 ont mis au jour de nombreux vestiges : édifices publics, villas, magasins, entrepôts. La population urbaine, à la fin du Ier s. de notre ère, est estimée à 80 000 habitants.

Carte Italie Dd

Ostrava, ***Rép. tchèque*** Chef-lieu de la Moravie septentrionale, en bordure du bassin houiller silésien et au centre d'une conurbation qui forme la principale région industrielle du pays : extraction du charbon, sidérurgie, chimie, construction mécanique, automobile, etc. Plusieurs personnalités de premier plan sont originaires des environs de la ville, Sigmund Freud, né en 1856 à Příbor (anciennement Freiberg), et le compositeur Leoš Janáček, en 1854 à Hukvaldy, notamment.

Population 323 700
Carte République tchèque Db

Oswiecim, ***Pologne*** Voir AUSCHWITZ

Otago, ***Nouvelle-Zélande*** District de l'île du Sud au S.-O. du port de Dunedin, région de montagnes et de lacs glaciaires où l'on découvrit de l'or vers 1860. Élevage ovin et arboriculture. Ville principale : Alexandra.

Carte Nouvelle-Zélande Bf

Otrante (canal d') Passage maritime large d'environ 70 km, reliant l'Adriatique et la mer Ionienne, entre les côtes albanaises et italiennes.

Carte Albanie Bb

Ottawa, ***Canada*** Capitale fédérale, au confluent des rivières Outaouais et Rideau, dans le S.-E. de l'Ontario. Fondée en 1809 par le colonel By, sous le nom de Bytown, elle fut rebaptisée en 1854. En 1857, la reine Victoria en fit la capitale canadienne, réglant ainsi la rivalité entre Montréal et Toronto. Elle est dominée par les édifices du Parlement, reconstruits après l'incendie de 1916. Musée national, Bibliothèque nationale, Archives publiques.

Population (ville) 301 000 ; (aggl.) 921 000
Carte Canada Hd

Ouaddaï ou **Ouadaï,** ***Tchad*** Région historique et préfecture de l'est du pays (76 240 km^2) ; chef-lieu : Abéché. Elle s'étend sur des plateaux arides parsemés de reliefs abrupts, domaine de la steppe à épineux, du baobab, du palmier doum et du gommier. Elle est principalement peuplée de Mabas. Élevage.

Population 465 000
Carte Tchad Bb

Ouagadougou, ***Burkina-Faso*** Capitale et principale ville du pays. Centre traditionnel du peuple mossi, siège du morho-naba (« grand seigneur »), elle fut conquise en 1896 par les Français qui en firent de 1919 à 1932 le chef-lieu de la Haute-Volta. Elle est desservie depuis 1954 par le chemin de fer Abidjan-Niger. Ses principales activités industrielles concernent le traitement du coton (égrenage) et l'agro-alimentaire.

Le centre de la ville (les abords du grand marché et de l'avenue de l'Indépendance) regroupe les immeubles modernes, ceux des administrations, du grand commerce et des hôtels. Il est entouré de quartiers traditionnels (Kamsaoghi, Peuloghin, Zangouethi, Paspanga, Niogsin, etc.) dont les demeures sont encore souvent construites en banco et qu'animent de vieux métiers (tisserands, tanneurs, potiers, etc.) et de petits marchés hauts en couleur.

Population 442 000
Carte Burkina-Faso Aa

Oualata, ***Mauritanie*** Voir HODH

Ouargla, offic. **Wargla,** ***Algérie*** Oasis saharienne et chef-lieu d'une wilaya s'étendant sur le Grand Erg oriental (559 234 km^2) et comprenant les champs pétrolifères d'Hassi-Messaoud. Vastes palmeraies. Musée saharien.

Population 81 800
Carte Algérie Ba

Ouarsenis, ***Algérie*** Massif montagneux de l'Atlas tellien, compris entre la plaine du Chélif au N. et le plateau du Sersou au S. Il culmine à 1 985 m. Belles forêts de chênes verts, de pins d'Alep et, dans la région de Theniet El-Had, de cèdres. Le parc national de l'Ouarsenis ou d'Aïn-Antar s'étend sur 1 030 ha.

Carte Algérie Ba

Ouarzazate, ***Maroc*** Chef-lieu de province et important centre touristique au pied du versant méridional du Haut Atlas et au seuil du Sahara. La kasba de Taourirt, à proximité, vaste forteresse de pisé, figure parmi les plus belles du pays.

Population 29 000
Carte Maroc Ba

Oubangui, ***Afrique équatoriale*** Un des plus grands affluents du Zaïre (ou Congo). Formé par la jonction de l'Uélé et du M'Bomou, il coule sur 1 160 km vers l'O. puis vers le S., pour se jeter dans le Zaïre au Congo. Navigable en permanence en aval de Bangui, il permet le transport des marchandises vers Brazzaville et Pointe-Noire et joue un rôle vital dans le désenclavement du Centrafrique.

Carte Centrafrique Bb

Oudenaarde, en fr. **Audenarde,** ***Belgique*** Ville cotonnière de Flandre-Orientale. Hôtel de ville du XVIe s. En 1708, les Britanniques du duc de Marlborough y battirent les Français lors de la guerre de Succession d'Espagne.

Population 28 000
Carte Belgique Aa

Oudmourtie, ***Russie*** République autonome créée en 1934 à l'O. de l'Oural, occupant le bassin supérieur de la Kama (42 100 km^2). La population oudmourte — majoritaire — est d'origine finno-ougrienne. Capitale : Ijevsk. Ressources : forêt, agriculture, métallurgie.

Population 1 628 300
Carte Russie Dc

Oudtshoorn, ***Afrique du Sud*** Ville de la province du Cap-Ouest, au N. de Mosselbaai. Centre d'élevage des autruches pour les plumes et la viande ; près de 90 000 de ces oiseaux produisent 2 t de plumes par an.

Population 61 500
Carte Afrique du Sud Bc

oued Cours d'eau intermittent des régions arides et semi-arides, le plus souvent desséché, mais dont les crues peuvent être très violentes.

Oued (El-), offic. **El-Wad,** ***Algérie*** Oasis du Souf au Sahara, non loin de Chott el-Djérid en Tunisie. La nappe phréatique peu profonde a permis la création de petits jardins au creux des dunes du Grand Erg oriental. Dattes renommées.

Population 70 100
Carte Algérie Ba

Ouenza, off. **El-Wanza,** ***Algérie*** Important centre minier du Constantinois, proche du djebel Ouenza (1 289 m), et produisant la plus grande part du fer algérien ; le minerai est exporté par le port d'Annaba.

Population 35 000
Carte Algérie Ba

Ouessant (île d'), ***France*** Île de 7 km sur 4 dans le Finistère, à environ 20 km de la côte, formée par un plateau de granit culminant à 60 m. Ses falaises abruptes, extrêmement découpées, rendent ses parages dangereux pour la navigation (brume, récifs, courants violents). Lieu de passage de grandes migrations : d'importantes colonies d'oiseaux marins et d'oiseaux migrateurs s'abritent dans l'île, où l'on peut étudier leur comportement. L'île est englobée dans le parc régional d'Armorique. Grand centre ornithologique. Élevage de moutons, culture de pommes de terre. La plupart des hommes sont marins.

Population 1 060
Carte France Ab

Oufa ou **Ufa,** ***Russie*** Capitale du Bachkortostan, à l'O. des monts Oural et à 360 km au S. de Perm. Ancien fort créé en 1574 pour garder les routes commerciales de l'Oural, elle devint centre industriel à la fin du XIXe s. et se développa lorsque furent exploités les gisements pétroliers de la région Volga-Oural, dans les années 1950. Industries : machines, produits chimiques, bois, équipement électrique, matériel de télécommunication et de bureau. À Tchernikovsk, ville satellite à 32 km au N.-E. : raffineries de pétrole et usines pétrochimiques.

Population 1 169 000
Carte Russie Dc

Ouganda Voir p. 504-505

CITADELLE DE TERRE. À 2 km de Ouarzazate se dresse une puissante forteresse de pisé, aux tours crénelées, la kasba de Taourirt.

Ougarit ou **Ugarit,** ***Syrie*** Site archéologique, au N. de Lattaquié (c'est l'actuel Ras Shamra), d'une cité cananéenne qui connut son apogée aux XIVe et XVe s. av. J.-C. Le site est en fait d'occupation très ancienne puisque ses plus anciens niveaux remontent au néolithique. L'alphabet ougaritique, apparenté au phénicien, est l'un des plus anciens alphabets connus (seconde moitié du Ier millénaire avant notre ère).

Carte Syrie Ab

Ouidah, ***Bénin*** Localité à proximité de la côte du golfe de Guinée (à environ 40 km à l'O. de Cotonou). Cette petite cité, caractérisée jusqu'en 1960 par l'existence d'une minuscule enclave portugaise, transformée depuis en musée de l'esclavage, fut au XVIIIe s. l'un des grands marchés d'esclaves d'Afrique de l'Ouest (les esclaves étaient expédiés vers les Antilles, le Brésil et l'Amérique du Nord).

Population 35 000

Carte Bénin Bb

Oujda, ***Maroc*** Porte orientale du Maroc et important carrefour routier et ferroviaire proche de la frontière algérienne. La ville est ancienne (fondée au Xe s.), mais n'a conservé que peu de vestiges de son passé en dehors de ses remparts et portes. Elle fut la première ville marocaine à être occupée par les Français (bataille de l'Isly en 1844). Son essor récent est lié à l'exploitation des mines de charbon, de plomb et de zinc de la région. C'est un gros marché agricole.

Population 260 000

Carte Maroc Ba

Oulan-Bator (Ulaanbaatar, Ulan Bator), ***Mongolie*** Capitale située à 1 300 m d'altitude sur le plateau de Mongolie dans la vallée de la Tola, un affluent de la Sélenga.

La ville fut construite autour du temple du Bouddha Vivant, fondé au XVIIe s., et devint une base importante pour les caravanes qui traversaient le désert de Gobi. Connue au XIXe siècle sous le nom d'Ourga, elle était l'une des rares villes importantes du pays. On la rebaptisa Oulan Bator (« Héros Rouge ») en 1924 après la révolution communiste en Mongolie. C'est une ville austère, avec des rues larges et des bâtiments modernes datant pour la plupart de la Russie stalinienne. De nombreuses tours d'habitation construites surtout depuis le début des années 1970 sont équipées pour faire face aux hivers rigoureux dans cette région. On voit toujours des yourtes (tentes en feutre des nomades) aux abords de la ville, mais elles sont équipées en électricité.

Le Musée central de l'État est riche en vestiges préhistoriques découverts dans le désert de Gobi, parmi lesquels des œufs de dinosaures, longs de 20 cm, et les restes d'un rhinocéros géant. La ville possède aussi un musée d'art, un cirque d'État, une université. Elle offre des spectacles d'opéras et de ballets.

Principales activités : traitement et conditionnement de la viande, minoteries, imprimeries, textiles, matériaux de construction et maisons préfabriquées.

Population 536 000

Carte Mongolie Db

Oulan-Oude (Ulan-Ude), ***Russie*** Capitale de la république de Bouriatie, au S.-E. du lac Baïkal. Ce fut d'abord un fort fondé en 1648 et qui acquit son importance en 1900 en devenant gare de jonction pour le Transsibérien. Un embranchement vers la capitale de la Mongolie, Oulan-Bator, à 445 km au S., fut ouvert en 1949. Industries : locomotives et matériel roulant, verre, alimentation, bois.

Population 366 000

Carte Russie Fc

Oulianovsk (Ul'yanovsk), ***Russie*** Voir SIMBIRSK

Oulu, en suéd. **Uleåborg,** ***Finlande*** Chef-lieu de la province du même nom et port au centre-ouest du pays, à l'embouchure de l'Oulujoki dans le golfe de Botnie. Ce fut au XIXe s. l'un des grands centres commerciaux finlandais, spécialisé dans l'exportation du goudron végétal. C'est aujourd'hui un centre administratif, universitaire, commercial et industriel (bois, cellulose, construction mécanique, textile).

La province (56 868 km^2) tire ses ressources de ses exploitations forestières, industries du bois, mines de fer, et de ses activités agricoles (céréales, élevage).

Population (ville) 98 950 ; (province) 445 600

Carte Finlande Cb

Oum Er-R'bia (oued), ***Maroc*** Fleuve de l'ouest du pays, le plus long (556 km) et le plus abondant du Maroc, prenant sa source dans le Moyen Atlas. Il arrose la plaine du Tadla, traverse la meseta marocaine et se jette dans l'Atlantique à Azemmour. Nombreux barrages sur son cours inférieur pour l'irrigation.

Carte Maroc Ba

Oumm al-Qaïwaïn (Umm al-Qaywayn), ***Émirats arabes unis*** L'un des sept émirats. Il s'étend sur 25 km le long du golfe Arabo-Persique et recouvre 780 km^2. Le territoire recèle de grandes réserves de gaz naturel inexploitées.

La ville principale, du même nom, possède un petit port de commerce. Industries : ciment (base principale de l'économie de l'émirat), amiante, et quelques usines d'engrais et produits chimiques. De belles constructions de style

Ouganda

APRÈS DES ANNÉES DE GUERRE CIVILE, CE PAYS DES GRANDS LACS REDEVIENDRA-T-IL LA « PERLE DE L'AFRIQUE » ?

Il y a bien longtemps, Winston Churchill avait qualifié l'Ouganda de « perle de l'Afrique ». Cette description se méritait amplement. Enclavée au cœur du continent, l'Ouganda était relativement prospère. Protectorat de la Couronne — et non colonie —, elle gérait ses propres affaires dans la plupart des domaines. Mais c'est un pays situé sur plusieurs lignes de rupture. Il se trouve traversé par la grande vallée du Rift qui sépare l'Afrique en deux parties distinctes : versant océan Indien et versant océan Atlantique ; il en retire la richesse d'un sol volcanique de haute altitude. Il est aussi au point de rencontre de deux civilisations, différentes par la langue et le mode de vie : les Bantous, au S., et les Nilotiques, au N. et à l'E. ; ce clivage se retrouve même au plan religieux, catholiques d'un côté, protestants de l'autre.

Le Nord et le Centre sont formés d'un haut plateau de 1 000 à 1 400 m d'altitude, entre le Rift oriental et le Rift occidental. Il est recouvert d'une vaste savane où vivent encore les derniers grands nomades éleveurs d'Afrique. A l'O., la chaîne du Ruwenzori — les monts de la Lune des Anciens —, dont les sommets, qui culminent à 5 110 m, sont couverts d'une calotte neigeuse, et presque toujours enveloppés d'un manteau de brume. Au-dessous, la région de Bushenyi, dont les plantations tapissent les collines. Le Sud-Est fait partie du bassin du lac Victoria ; les terres bordant le lac, autrefois couvertes de forêts, ont été défrichées pour être mises en cultures. Les eaux du lac — où se jette la Kagera, source du Nil née au Burundi et au Rwanda — alimentent le lac Kyoga, au N., par le Nil Victoria.

Avec son sol d'altitude, ses lacs et ses rivières, l'Ouganda est un pays bien drainé, au climat relativement frais. La seule exception notable est le district du Karamoja, au N.-E., région désertique où les précipitations sont incertaines. Il est parcouru par une population de nomades qui a été fortement éprouvée par la sécheresse en 1979-1981 (30 000 morts).

L'histoire de l'Ouganda est celle des royaumes interlacustres, qui commence avec la dynastie des Chwezis, puis la domination des Luos, pasteurs nilotiques venus du Soudan méridional (XVIe s.). Au milieu du XIXe s., le Bouganda, au S.-O. de Kampala, l'actuelle capitale, est le royaume le plus important. Son roi, le kabaka Mutesa Ier, accueille Speke (1862) et Stanley (1875), les explorateurs britanniques qui cherchent autant à percer le secret des sources du Nil qu'à appliquer la doctrine « du Cap au Caire », visant à faire passer toute l'Afrique orientale sous l'influence anglaise. A la fin du siècle, l'East African Company réussit à contrer la percée allemande et, en appuyant les protestants contre les catholiques, à asseoir l'influence anglaise dans le royaume.

Tout sera fait pour permettre au Bouganda de dominer le territoire qui s'est grossi de vastes régions, au N., jusqu'à la frontière soudanaise et, après la Première Guerre mondiale, de districts arrachés au Rwanda exallemand. Le pays est interdit à la colonisation blanche.

Le pays accède à l'indépendance en 1962. Tout semble lui sourire. De toutes les colonies du continent, c'est celle qui compte le plus de diplômés (l'université de Makarere est la plus célèbre d'Afrique orientale) et l'on y trouve la plus forte densité d'écoles, d'hôpitaux et de centres d'apprentissage. Mais cette infrastructure se situe surtout dans le Bouganda et ne favorise, en fin de compte, que sa population, les Gandas. Dix ans après, il ne restera plus rien de tout cela. Dans ce pays, si dissemblable par son peuplement, les tensions ethniques et la montée de nouveaux pouvoirs ne tardent pas en effet à faire éclater le fragile édifice construit par les Britanniques.

Les Gandas, les plus dynamiques, regroupent 18 % de la population, et vivent autour de Kampala. De langue bantoue, ils ont été favorisés par la colonisation ; ce sont les plus éduqués et les plus prospères du pays. Répugnant à servir dans l'armée au-dessous d'un certain grade, ils ont laissé cette tâche aux membres des ethnies périphériques. Responsables de la conduite des affaires, ils ont privilégié leur région, le Bouganda, au détriment du reste du pays, en particulier le Nord, habité par les Nilotiques — Longos, Acholis, Karamojongs. C'est chez ces derniers que s'est développée une conscience nationale ougandaise, qui s'est manifestée à travers des leaders comme l'ancien président Milton Oboté, d'origine longo.

LES ANNÉES DE TERREUR

À l'indépendance, en 1962, Oboté devient Premier ministre, le kabaka (roi) Mutesa II, président de la République ; on espérait ainsi amortir les clivages Nord-Sud. En 1966, Oboté accuse le Bouganda de vouloir faire sécession ; il abolit la Constitution et se fait nommer président. Il est aidé par le colonel Amin, d'origine kakwa, une petite ethnie musulmane du Nord. Les Bagandas sont pourchassés, et le nouveau régime tente de calquer l'expérience socialiste de la Tanzanie. Alors qu'il est accusé de détournement de fonds, le général Amin prend à son tour le pouvoir pendant qu'Oboté assiste à une conférence du Commonwealth (1971). Il s'appuie sur une armée qu'il connaît bien, puisqu'une grande partie est originaire de sa région. Ancien aide-cuisinier dans l'armée britannique à l'époque coloniale — il avait participé à la répression de la révolte des Mau-Mau du Kenya —, il rassure ses anciens maîtres, effrayés par les mesures de nationalisation d'Oboté. La population elle-même ne voit pas d'un mauvais œil ce militaire jovial qui flatte ses sentiments xénophobes — expulsion, sans indemnités, de la communauté indo-pakistanaise qui tenait le commerce de détail (1972). Les circuits de distribution sont rapidement désorganisés et la production chute de façon dramatique, les paysans préfèrent investir dans les cultures vivrières. Les protestations sont impitoyablement réprimées, l'université de Makarere fermée, l'élite du pays décimée. Ses frasques sanglantes font la une des journaux du monde entier ; ses services de renseignements sont dirigés par des mercenaires blancs, et il fait appel à des soldats libyens pour se protéger. La hausse des prix du café permet à Amin Dada de se

arabe ancien contrastent avec les tours modernes. Un vieux fort abrite le siège de la police. Au large de la côte se trouvent les îles d'Umm al-Qaywayn, avec des tours de guet du XVIIIe s. et une riche variété de faune.

Population (émirat) 27 000 ; (ville) 2 900
Carte Émirats arabes unis Ba

Our ou **Ur,** ***Irak*** Site d'une ancienne cité sumérienne à environ 300 km au S.-E. de Bagdad, autrefois à l'embouchure de l'Euphrate. La ville, fondée au VIe millénaire av. J.-C., fut longtemps prospère. Saccagée vers 2000 av. J.-C., lors de l'effondrement de l'empire d'Our, elle fut reconstruite par Nabuchodonosor II, puis tomba définitivement en ruine au IVe s. av. J.-C., lorsque la modification du cours de l'Euphrate la priva de son commerce fluvial.

Les fouilles ont permis de découvrir une ville renfermant un vaste centre religieux avec des temples (dont une ziggourat), des palais et de nombreuses tombes royales.

Selon la Genèse, elle aurait été la patrie d'Abraham, et les traces d'inondation par la mer du Ve millénaire, révélées par les fouilles, ont été interprétées comme les traces du Déluge.

Carte Irak Cc

Oural, ***Russie/Kazakhstan*** Chaîne de montagnes s'étendant du N. au S., formant la limite géo-

LES CHUTES DE MURCHISON. Une des chutes les plus extraordinaires de la région des Grands Lacs africains. Après un prodigieux plongeon de 122 m en trois cascades assourdissantes — celle de Murchison est la première —, les eaux du Nil Victoria semblent entrer en ébullition.

maintenir au pouvoir. Les caféiers donnant une faible production même s'ils ne sont pas entretenus, le café a toujours aidé les petits paysans à survivre dans les périodes d'anarchie. Mais le coton, une culture annuelle qui demande des soins constants et l'usage de pesticides, connaît une chute spectaculaire.

L'annexion d'une petite partie du territoire tanzanien provoque l'intervention des troupes de ce pays et entraîne la fuite d'Amin Dada en Libye (1979). Un régime civil est mis en place, avec Youssouf Lule comme président. Il démissionne bientôt au profit de Godfrey Binaisa. Mais l'armée tanzanienne tient le pays et impose le retour de Milton Oboté (1980). Un mouvement de guérilla, organisé par Yoweri Museveni, s'installe, entraînant une répression toujours plus violente dans la région de Kampala. Un coup d'État est organisé par Tito Okello en 1985 ; Oboté s'enfuit, mais un an plus tard, l'armée se débande devant les maquisards de Museveni, qui devient chef de l'État.

Le pays est entièrement détruit, l'économie bouleversée, la famine omniprésente. Les paysans en sont revenus à l'économie de subsistance. Le gouvernement, qui bénéficie d'une bonne image à l'étranger, s'efforce de faire revenir les commerçants asiatiques et de relancer les petites entreprises. Mais l'insécurité règne dans les régions non gandas où opèrent bandes armées, guérillas des partis interdits ou mouvements messianiques issus de l'éclatement de l'armée de la secte du Saint-Esprit d'Alice Lakwena. Malgré tout cela, les riches régions agricoles du Sud se redressent d'une façon spectaculaire.

En 1993, le gouvernement, qui a soutenu les émigrés tutsis du Rwanda dans leur reconquête du pouvoir à Kigali, a autorisé le retour de Ronald Mutebi, le fils de Mutesa II, à la tête du royaume du Bouganda.

L'OUGANDA EN BREF

Superficie 241 041 km^2
Population 18 440 000
Capitale Kampala
Régime République
Monnaie Shilling ougandais = 100 cents
Langues Anglais (officiel), kiswahili, langues bantoues et luganda
Religions Chrétiens (65 %), animistes (25 %), musulmans (10 %)
Climat Équatorial, tropical froid dans les régions montagneuses. Températures : de 15 à 26 °C
Ressources Café, coton, thé, canne à sucre, mil, maïs, bananes, plantain, sorgho, ignames, manioc, haricots secs, élevage, bois ; cuivre, phosphates
Activités Cultures industrielles, industries alimentaires, textiles, cimenteries, affinage du cuivre, montage de moteurs, métallurgie, mines
Exportations Café, coton, thé
P.N.B. annuel par habitant 250 dollars
Croissance démographique 37 ‰ par an
Espérance de vie Hommes 51 ans, femmes 55

graphique entre l'Europe et l'Asie. Elles couvrent plus de 2 000 km depuis la mer de Kara au N. de la Russie jusqu'à la mer d'Aral et les steppes du Kazakhstan au S. Les monts Oural ont une altitude moyenne de 1 000 m et comprennent trois parties très différentes.

L'Oural septentrional forme la partie la plus étroite et la plus élevée culminant au mont Narodnaya (1 894 m). L'Oural central, riche en minéraux, consiste surtout en un plateau bas, très boisé, représentant la voie d'accès historique à la Sibérie. Là se trouve la région industrielle de l'Oural, riche en industries, gisements pétroliers et exploitations minières: fer, bauxite, cuivre, amiante, chrome, platine et or. L'Oural méridional, couvert de pâturages et de forêts sur les sommets, donne naissance au fleuve Oural qui se jette dans la mer Caspienne après un parcours de plus de 2 500 km.

Carte Russie Dac

Oural, *Russie/Kazakhstan* Fleuve né dans l'Oural méridional, coulant vers le S. en traversant Magnitogorsk (2 500 km). Avant de passer la frontière russo-kazakhe, il se dirige vers l'O., puis passe au Kazakhstan à nouveau plein S. et se jette dans la mer Caspienne.

Carte Russie Dbc

Ouralsk (Ural'sk), auj. **Oral, *Kazakhstan*** Ville sur le fleuve Oural au N. de la mer Caspienne.

Elle fait surtout commerce de bétail et de grain. Principales industries: alimentation, peausseries, travail des fourrures et articles de cuir.
Population 207 000
Carte Kazakhstan Aa

Ourga, ***Mongolie*** Voir OULAN-BATOR

Ourmia ou **Urumiyeh,** anc. **Rezaiyeh,** ***Iran*** Ville de l'Azerbaïdjan, dans une fertile plaine au N.-O. du pays (tabac, fruits), non loin du lac d'Ourmia. Sa population est principalement turque, et comprend des minorités kurdes, arméniennes et nestoriennes (chrétiennes).

Le lac d'Ourmia, très salé, est le plus vaste du pays. Son étendue varie de 5 000 km^2 environ, en été, à 6 000 km^2 environ, en hiver.
Population (ville) 301 000
Carte Iran Aa

Ouro Prêto, ***Brésil*** Ville du sud de l'État de Minas Gerais, à 1 061 m d'altitude, au pied de la serra do Ouro Prêto, « la montagne de l'or noir » en portugais. Elle naquit au tout début du XVIIIe s. sous le nom de Vila Rica, à la suite d'une ruée vers l'or, et fut la capitale des Minas Gerais jusqu'en 1897, date à laquelle Belo Horizonte lui succéda. Classée monument national en 1933, elle est devenue une sorte de ville-musée de l'architecture coloniale du XVIIIe s.
Population 30 000
Carte Brésil Dd

Ourouk ou **Uruk,** ***Irak*** Site archéologique d'une des principales cités sumériennes, en basse Mésopotamie, sur la rive gauche de l'Euphrate. La civilisation d'Ourouk vit la naissance de l'écriture (semi-pictographique) à la fin du IVe millénaire avant notre ère.
Carte Irak Cc

Ouroumtsi, ***Chine*** Voir URUMQI

Ours (grand lac de l'), ***Canada*** Quatrième lac d'Amérique du Nord (31 153 km^2), il s'étend dans le district de Mackenzie, dans les Territoires du Nord-Ouest. Poissonneux, d'une profondeur maximale de 413 m, il est gelé huit mois par année.
Carte Canada Db

Ours (île aux) ou **Bjørnøya,** ***Norvège*** Île inhabitée de 179 km^2 dans l'océan Arctique, entre le Spitzberg et la Norvège. Elle fut reconnue territoire norvégien en 1925. Station météorologique et réserve ornithologique.
Carte Arctique (océan) Rb

Oussouri, en chinois **Wusuli Jiang,** ***Chine/Russie*** Rivière qui coule sur 800 km jusqu'à sa confluence avec l'Amour, formant en partie la frontière entre la Chine et la Russie ; c'est là que, dans les années 1960, se sont produits des heurts entre Chinois et Soviétiques.
Carte Chine Kb

Oussouriisk, ***Russie*** Ville au N. de Vladivostok, appelée de 1935 à 1959 Vorochilov, du nom du président de l'U.R.S.S. de 1953 à 1960. Industries chimique et alimentaire (sucreries).
Population 162 000
Carte Russie Hd

Oust-Kamenogorsk (Ust-Kamenogorsk) ***Kazakhstan*** Ville de l'est du pays sur l'Irtych. Fondée au début du XVIIIe s. par les Russes, ce fut un poste de commerce avec la Mongolie et la Chine. C'est aujourd'hui un chef-lieu d'oblast dont les activités industrielles se sont développées avec la construction d'un grand barrage hydroélectrique sur l'Irtych: constructions mécaniques, agro-alimentaire ; c'est surtout l'un des grands centres soviétiques de la métallurgie des métaux non ferreux: plomb, zinc, titane, magnésium, ainsi que de l'industrie nucléaire, et le siège de plusieurs instituts et laboratoires de recherches.
Population 333 000
Carte Kazakhstan Db

Oust-Ourt, ***Kazakhstan/Ouzbékistan*** Région de plateaux arides n'excédant guère 275 m d'altitude, entre les mers d'Aral et Caspienne.
Carte Kazakhstan Ab

Outaouais (rivière des), ***Canada*** Longue de 1 271 km, elle prend sa source dans les hautes Laurentides. Principal affluent du Saint-Laurent, elle sert en partie de frontière au Québec et à l'Ontario. Pendant plusieurs siècles, elle fut, pour les explorateurs, missionnaires et marchands de fourrures, une importante voie de pénétration vers l'O.
Carte Canada Hd

Ouvéa, ou **Uvea,** ***océan Pacifique*** Une des îles Loyauté, dépendances de la Nouvelle-Calédonie, et la plus petite (132 km^2).
Carte Nouvelle-Calédonie Ab

Ouzbékistan, Voir p. ci-contre

Ovambo, ***Namibie*** Région d'environ 51 800 km^2 au N. du pays, qui fut le premier homeland du pays sous le nom d'Ovamboland. Créé en 1967, autonome en 1973, pendant l'administration sud-africaine, il était essentiellement peuplé d'Ovambos, peuple bantou d'agriculteurs et d'éleveurs. Sa capitale était Ondangua.
Carte Namibie Aa

OverIJssel, ***Pays-Bas*** Province du centre-est du pays (3 339 km^2) ; chef-lieu: Zwolle. Elle comprend à l'O. polders et basses terres argileuses riveraines du Zuiderzee, et à l'E. la Twente aux sols sableux, région de landes et de pinèdes. L'élevage tient une place importante parmi ses activités agricoles. Les industries se concentrent à Almelo-Enschende-Hengelo (grands centres textiles, métallurgiques et chimiques) et à Zwolle, Kampen et Deventer.
Population 1 038 400
Carte Pays-Bas Ca

Oviedo, ***Espagne*** Vieille capitale des Asturies (dès le VIIIe s.), au N.-O. du pays, au pied des monts Cantabriques ; c'est aujourd'hui un centre administratif (capitale régionale), universitaire et commercial très actif. Situé à proximité d'un bassin houiller, c'est aussi un grand centre industriel (sidérurgie, métallurgie, armes et explosifs, chimie, agro-alimentaire, etc.). La ville, très abîmée lors de l'insurrection ouvrière de 1934 et, en 1936, lors de la guerre civile, est d'aspect moderne ; elle a néanmoins conservé d'intéressants monuments et notamment, à Santullano et sur le Monte Naranco, de remarquables édifices préromans (IXe s.) aux décors peints ou sculptés.
Population 204 300
Carte Espagne Ca

Owen (chutes), ***Ouganda*** Voir VICTORIA (lac)

Owen Stanley (monts), ***Papouasie-Nouvelle-Guinée*** Chaîne de montagnes, longue de 500 km environ, occupant la pointe S.-E. de l'île de Nouvelle-Guinée. Elle culmine au mont VICTORIA, à 4 704 m.
Carte Papouasie-Nouvelle-Guinée Ba

Owendo, ***Gabon*** Port en eau profonde sur l'estuaire du Gabon, au S. de Libreville, servant notamment à l'exportation du bois. C'est le point d'aboutissement du Transgabonais.
Carte Gabon Aa

Owerri, ***Nigeria*** Ville du delta du Niger, à 410 km environ au S.-E. de Lagos. Devenue capitale de l'État d'Imo (11 850 km^2) en 1976, elle se développa rapidement.
Population (ville) 150 000 ; (État) 2 486 000
Carte Nigeria Bb

Oxford, ***Royaume-Uni*** Ville à 80 km au N.-O. de Londres, célèbre pour son université, la plus vieille de Grande-Bretagne. Formée de plusieurs collèges privés réputés, elle possède l'une des plus grandes bibliothèques du monde, la Bodleian.
Population 118 000
Carte Royaume-Uni Ee

Oxfordshire, ***Royaume-Uni*** Comté du bassin supérieur de la Tamise (2 608 km^2), à l'O. de Londres, avec Oxford pour chef-lieu.

Les industries de cette région principalement agricole se concentrent autour de Banbury, Didcot et Abington.
Population 554 000
Carte Royaume-Uni Ee

Oxus, ***Asie centrale*** Voir AMOU-DARIA.

Oyem, ***Gabon*** Chef-lieu de la province du Woleu-N'Tem au nord du pays, à 40 km environ de la frontière de la Guinée-Équatoriale. La ville se trouve dans une région peuplée de Fangs, où l'on produit du cacao et où a été relancée la culture de l'hévéa. Près d'Oyem, en 1914, eut lieu un violent combat entre Français et Allemands qui inspira à Pierre Benoit *Mademoiselle de La Ferté.*
Population 40 000
Carte Gabon Ba

Oyo, ***Nigeria*** 1. Ville de l'État homonyme, siège de l'Alafin, chef traditionnel du peuple Yoruba. Gros marché agricole (tabac, coton, teck) et centre d'industries traditionnelles: filage, tissage, teinture (indigo).

2. État au S.-O. du pays dont les villes principales sont Ibadan, la capitale, et Ogbomosho.
Population (ville) 205 000; (État) 3 489 000
Carte Nigeria Ab

Ozark (monts), ***États-Unis*** Massif hercynien arasé s'étendant entre Saint Louis (Missouri) et la rivière Arkansas.

Tourisme, forêt et gisements métallifères en sont les principales ressources.
Carte États-Unis Hcd

ozone Léger gaz bleu se trouvant à l'état naturel dans la stratosphère. Variété de l'oxygène, sa molécule contient trois atomes au lieu de deux comme l'air que nous respirons. Si l'ozone est extrêmement dangereux, il joue un rôle essentiel dans le maintien de la vie sur terre, en nous protégeant des rayons ultraviolets du soleil et en créant une couverture chaude, ou couche d'inversion. D'importantes mesures de protection doivent être prises pour ralentir, voire stopper, la formation de trous dans celle-ci.

Ouzbékistan

DES STEPPES SEMI-DÉSERTIQUES, DES OASIS AUX NOMS DE RÊVES ET UNE HISTOIRE PRESTIGIEUSE, TEL EST L'OUZBÉKISTAN

Grand comme les 4/5 de la France, au cœur de la dépression touranienne, ce pays ne vit que grâce aux deux fleuves qui l'encadrent et ne le traversent qu'à peine. L'Amou-Daria, au S., forme la frontière avec l'Afghanistan, une partie de celle avec le Turkménistan, arrose la région de Khiva avant de se jeter, au travers de la république autonome de Karakalpakie, dans la mer d'Aral, à l'O. Le Syr-Daria, au N., ne fait que traverser le pays au S.-O. de Tachkent, sur une centaine de kilomètres, ainsi que dans la Fergana, sur 150 km.

La vie en Ouzbékistan, où les hivers sont très froids et les étés très chauds, n'est possible que dans les oasis ou le long des fleuves, où se sont développées Tachkent, les villes de la Fergana, celles de la Zeravchan, Khiva enfin.

PEUPLE DE CONQUÉRANTS OU DE CONQUIS, TROISIÈME NATION DE L'EX-U.R.S.S.

Au début était la Sogdiane, vieille contrée de Haute Asie, située entre l'Iaxarte et l'Oxus, anciens noms du Syr-Daria et de l'Amou-Daria. Tout d'abord partie de l'Empire perse, puis de ceux d'Alexandre, des Séleucides (Grecs), de Bactriane, des Parthes, la Sogdiane fut bientôt la proie des musulmans et des Turcs.

Sa capitale resta Maracanda (Samarcande). La conquête de Samarcande et de Boukhara, vers 710, par les Abbassides fut longtemps mise en question par les Chinois ou les Mongols. Genghis Khan, l'un des grands conquérants mongols, étendit son empire jusqu'en Europe. Puis vint Tamerlan, qui fit de Samarcande sa capitale. La région est alors peuplée de Kirghizes, et ce n'est qu'à la mort de Tamerlan que se crée l'empire Ouzbek, du nom d'un khan de la région (1312-1342). Turco-iranien, celui-ci rejette peu à peu les Kirghizes vers la Fergana, aujourd'hui partagée avec le Kirghizistan et le Tadjikistan. La division de l'empire de Tamerlan fait apparaître de nombreux khanats indépendants : Khiva, Boukhara, Samarcande, Tachkent, Kokand. Boukhara deviendra le plus important, absorbant peu à peu ses voisins.

Ce n'est qu'au XIXe s. que la puissance russe étendra son empire vers ces contrées. En 1865, le Turkestan, puis Tachkent, appartenant à l'émirat de Boukhara, sont pris. En 1868, ce sera au tour de Samarcande, obligeant Boukhara à se mettre sous protectorat russe. Khiva reconnaîtra la souveraineté russe en 1873, tandis que Kokand (avec la Fergana) sera annexée en 1876. C'est avec l'achèvement du chemin de fer Caspienne-Samarcande que la colonisation battra son plein. En 1917, le soviet de Tachkent prend le pouvoir dans la région. Les khanats, encore semi-indépendants, de Khiva et de Boukhara s'unissent en 1920, avant d'être intégrés, en 1923-1924, à l'Ouzbékistan. Les nouvelles frontières, tracées par Staline, entraînent des heurts parfois violents entre communautés, notamment dans la Fergana, où les territoires ouzbek, tadjik et kirghiz sont imbriqués les uns dans les autres.

Si 85 % des 15 millions d'Ouzbeks vivent en Ouzbékistan, ils ne constituent que 68 % de la population dans leur république, contre presque 11 % de Russes. Mais surtout, ils représentent 22 % de la population du Tadjikistan et 12 % du Kirghizistan. Ce qui entraîne parfois de graves problèmes ethniques entre les trois communautés, auxquelles s'ajoutent les Meskhètes, Turcs d'origine géorgienne mais déportés par Staline après la Seconde Guerre mondiale. Chi'ites, ils ont subi, en 1989 notamment, des pogroms de la part des Ouzbeks sunnites, mais ils ne peuvent plus rentrer en Géorgie, où les problèmes risqueraient d'être plus graves encore.

À l'O. du pays, la république autonome de Karakalpakstan, de 164 900 km², soit plus du tiers de la superficie de l'Ouzbékistan, abrite 1 311 000 habitants, dont seulement 380 000 Karakalpaks, et autant d'Ouzbeks. Cette région vit essentiellement du delta de l'Amou-Daria, où se pratique l'agriculture (coton, élevage), et de petites industries (cuir, conserves, briques), autour de la capitale, Noukous (179 000 habitants). Peuple nomade venu de la Volga, les Karakalpaks sont d'abord soumis par Khiva (1811), puis passent sous protectorat russe en 1873.

Depuis la dislocation de l'U.R.S.S., en 1991, chaque pays de la région cherche sa voie ; l'Ouzbékistan n'a, semble-t-il, guère perçu le changement. Le pouvoir est toujours aux mains des communistes, restés insensibles à la démocratisation. Le président Islam Karimov garde la haute main sur le pays et a récemment engagé une lutte impitoyable contre les opposants. Les procès contre les opposants nationalistes, dignes de l'époque soviétique, se suivent et se ressemblent. L'Ouzbékistan ne paraît pas non plus étranger aux difficultés de son voisin, le Tadjikistan, où les communistes ont pu repousser la coalition islamo-démocratique arrivée en 1992 au pouvoir. Les réfugiés tadjiks en Afghanistan menacent jusqu'à l'Ouzbékistan désormais.

UNE RICHESSE ÉCONOMIQUE AUX CONSÉQUENCES DÉSASTREUSES

Très tôt, l'Ouzbékistan devait bénéficier d'un développement économique rapide. Très éloigné du centre décisionnaire de l'empire communiste, il lui fallait disposer sur place de tout ce qui pouvait mettre en valeur ses richesses, et en premier lieu le coton. C'est ainsi que pour produire plus de 60 % du coton de l'ex-U.R.S.S., mais aussi 50 % de son riz, on a détourné les deux grands fleuves (pour l'irrigation et l'énergie) jusqu'à assécher partiellement la mer d'Aral, entraînant non seulement la disparition d'activités ancestrales, telle la pêche, mais aussi une énorme catastrophe écologique : les terres non cotonnières sont asséchées, les nappes phréatiques se vident, les sols sont pollués par l'utilisation intensive des engrais.

L'industrie est souvent liée à l'énergie (charbon, pétrole, gaz), à l'agro-alimentaire (machines agricoles, conserveries, engrais), mais se trouve aux mains de non-nationaux, Russes pour la plupart. Comme ailleurs dans l'ex-U.R.S.S., les infrastructures sont vétustes. Et le régime communiste resté en place, avec tout ce que cela implique (oppositions, conflits avec les voisins), ne garantit pas un avenir serein, bien qu'aujourd'hui l'Ouzbékistan exporte une bonne partie de son coton et reste un haut lieu touristique par ses villes prestigieuses.

L'OUZBÉKISTAN EN BREF
Superficie 447 700 km²
Population 21 363 000
Capitale Tachkent
Régime République populaire multipartiste
Monnaie Rouble
Langues Ouzbek, russe, karakalpak
Religion Musulmans
Climat Sec, semi-désertique
Ressources Coton, soie, laine, céréales, riz, oléagineux, charbon, pétrole, gaz, cuivre
Activités Industries textiles et chimiques, énergie, tourisme, conserveries
P.N.B. annuel par habitant 860 dollars
Croissance démographique 28 ‰ par an
Espérance de vie Hommes 66 ans, femmes 72

Paarl, ***Afrique du Sud*** Ville de la province du Cap-Ouest, au N.-E. du Cap. Fondée par les huguenots à la fin du XVIIe s., elle est située au centre d'une riche région agricole (vignobles).

Population 59 100

Carte Afrique du Sud Ac

Pacifique (océan) Avec une étendue supérieure à la totalité des terres émergées, le Pacifique est la plus grande masse maritime du globe ; il s'étend entre l'Amérique, à l'E., et l'Asie et l'Australie à l'O., communiquant, au N., avec l'océan Arctique par le détroit de Béring, et largement ouvert, au S., sur l'océan Antarctique. Sa superficie est de 180 millions de km^2, y compris les mers bordières : mers de Béring, d'Okhotsk, du Japon, de Chine, des Philippines, des Célèbes, et au S.-O., mers d'Arafura, de Corail et de Tasman. Il fut traversé pour la première fois en 1520-1521 par le Portugais Magellan (du cap Horn aux Philippines) qui le baptisa *el mar Pacífico*.

Encadré de marges actives, zones d'intense activité volcanique et de séismes (voir TECTONIQUE DES PLAQUES et CEINTURE DE FEU DU PACIFIQUE), il présente à l'O. des arcs insulaires et des archipels (Aléoutiennes, Kouriles, Japon, Mariannes, Philippines) dominant les fosses abyssales les plus profondes du monde (celles des Kouriles, Mariannes, Philippines, Tonga, Kermadec dépassent 10 000 m). Sa profondeur moyenne de 4 200 m en fait le plus profond des océans.

Le centre du Pacifique est occupé par des chaînes de montagnes sous-marines dont les sommets émergent parfois en archipels présentant fréquemment des formations coralliennes (Tuamotu, Société, Marquises, Hawaï). Ses eaux sont en moyenne moins chaudes et moins salées que celles des autres océans. Parmi les courants qui y circulent on peut citer les courants nord et sud-équatoriaux, le Kuroshio (chaud) qui rencontre l'Oyashio (froid) au N. du Japon, les courants de Humboldt et de Californie (froids).

Le Pacifique fournit la moitié des poissons et des fruits de mer du globe. Ses eaux les plus poissonneuses recouvrent les plateaux continentaux, au N.-O. et en bordure des côtes de l'Amérique du Sud. On extrait du pétrole au large des côtes asiatiques et nord-américaines, ainsi que des nodules de manganèse dans les fonds abyssaux.

Longtemps resté à l'écart des grands mouvements de l'histoire, le Pacifique a pris au XXe s. une importance géopolitique de premier ordre ; les nouvelles grandes puissances mondiales en sont riveraines : États-Unis, Russie, Chine, Japon. Il fut le théâtre, de 1941 à 1945, d'opérations militaires qui figurent parmi les plus importantes de la Seconde Guerre mondiale.

Paczków, ***Pologne*** Ville du S.-O. du pays, proche de la frontière tchèque (à environ 75 km au S. de Wroclaw). Cette cité médiévale, entourée d'impressionnants remparts, a souvent été comparée à Carcassonne.

Population 10 000

Carte Pologne Bc

Padang, ***Indonésie*** Chef-lieu de la province de Sumatra Ouest et principal port de la côte occidentale de Sumatra (exportation de café et de coprah ; cimenterie, caoutchouc). Université. Ce fut l'un des premiers établissements hollandais en Indonésie (début du XVIIe s.).

Population (municipalité) 657 000

Carte Indonésie Bc

Paderborn, ***Allemagne*** Vieille ville impériale et hanséatique, sur la Pader, en Rhénanie-du-Nord-Westphalie. Sa superbe cathédrale des XIe et XIIIe s. témoigne de sa prospérité à l'époque médiévale. C'est aujourd'hui un important marché agricole (bétail) et un centre industriel aux activités très diversifiées : brasseries, électrotechnique, construction mécanique, textile, papier, imprimerie.

Population 100 000

Carte Allemagne Cc

Padirac (gouffre de), ***France*** L'un des principaux sites touristiques du département du Lot, situé

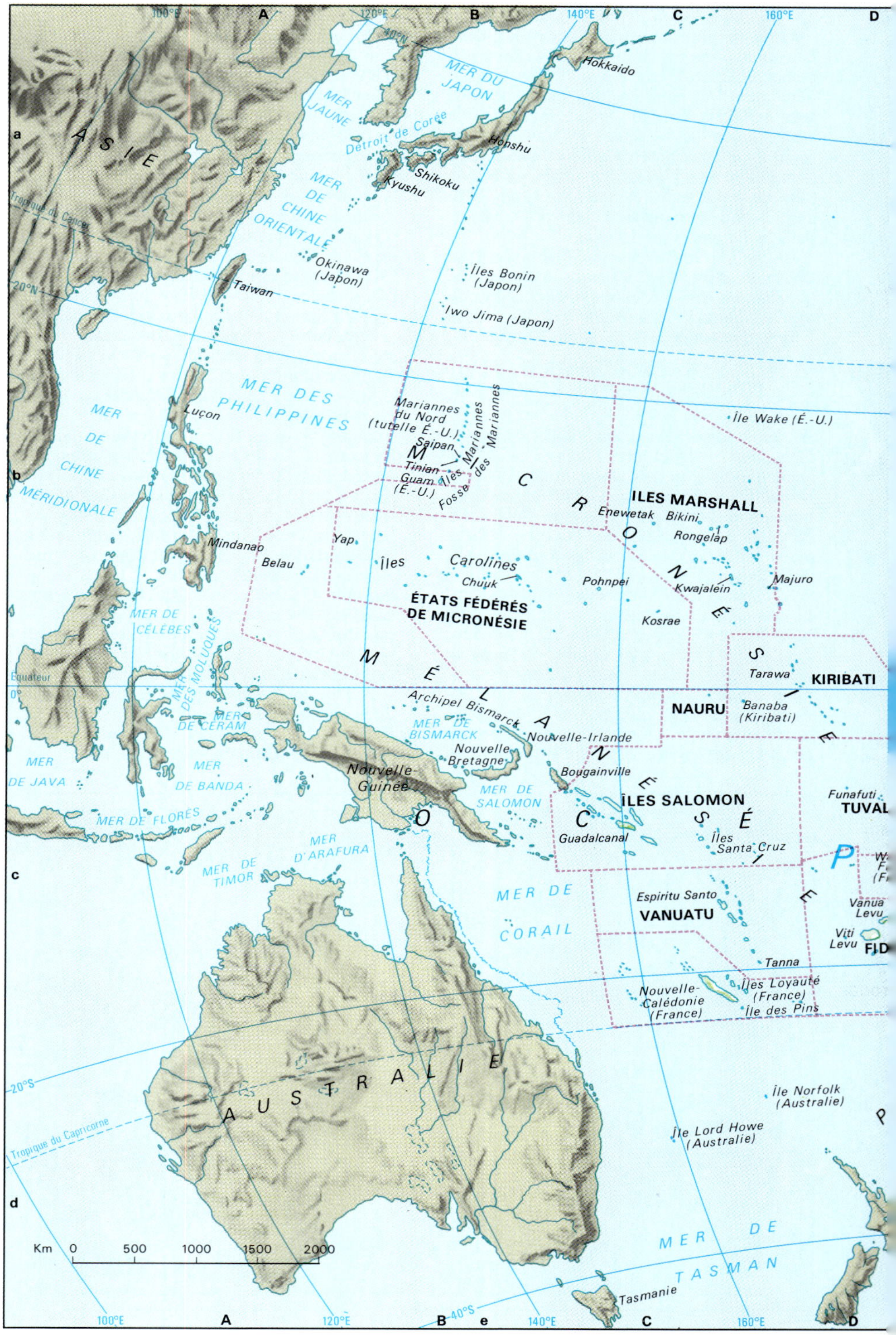

dans le causse de Gramat, à 15 km au N.-E. de Rocamadour. Les visiteurs accèdent par un puits vertigineux (ascenseurs) à des galeries et à de vastes salles ornées de concrétions calcaires où circule, à plus de 100 m au-dessous du sol, la rivière de Padirac.

Padma, ***Bangladesh*** Voir JAMUNA

Padoue, en it. **Padova,** ***Italie*** Vieille cité de la Vénétie et chef-lieu de province, à 35 km à l'O. de Venise. Centre commercial (siège d'une des plus importantes foires d'Italie) et industriel (construction mécanique, chimie, matériel agricole, textile, confection, agro-alimentaire). L'université date de 1222; Galilée y enseigna pendant dix-huit ans. Padoue est aussi un grand centre touristique, un lieu de pèlerinage à saint Antoine (1195-1231) et l'une des plus célèbres villes d'art du nord de la péninsule. Nombreux palais Renaissance et églises à coupoles dorées. Fresques de Giotto (chapelle des Scrovegni), basilique Saint-Antoine, sur la piazza del Santo où se dresse la statue équestre du Gattamelata, chef-d'œuvre de Donatello. Patrie de l'historien romain Tite-Live et de l'architecte Palladio (1508-1580). Le peintre Andrea Mantegna est né en 1431 à Isola di Carturo, à proximité.

Population 228 700
Carte Italie Cb

Paektu San, ***Corée du Nord/Chine*** Volcan éteint à la frontière sino-coréenne ; c'est le point culminant de la Corée du Nord (2 744 m). Son cratère est occupé par un lac.
Carte Corée Db

Paestum, ***Italie*** Site archéologique sur le golfe de Salerne au S. de Naples. Ce fut une colonie grecque, fondée au VIIe s. av. J.-C., sous le nom de *Poseidônia*. Le site présente trois temples doriques bien conservés qui figurent parmi les grandes réussites de l'architecture grecque. Au musée, la tombe du Plongeur illustre la peinture funéraire de la Grèce classique.
Carte Italie Ed

Pagan, ***Birmanie*** Site archéologique de la capitale de la Birmanie du XIe au XIIIe s., sur le cours moyen de l'Irrawaddy, au centre du pays. Très étendu (180 km^2), il présente un nombre considérable de monuments bouddhiques (l'inventaire officiel relève 2 217 temples et pagodes). Le temple d'Ananda, commencé à la fin du XIe s., figure parmi les plus beaux de ce formidable ensemble (quatre statues de Bouddha).
Carte Birmanie Bb

Pago Pago, ***Samoa américaines*** Capitale et port de l'archipel, au fond d'une superbe rade naturelle de l'île de Tutuila. Importante base américaine de 1872 à 1951. La nouvelle de l'écrivain britannique Somerset Maugham *Pluie* a pour cadre cette ville qui reçoit près de 5 000 mm d'eau par an. Conserverie de poisson (thon). Fagatogo, siège du gouvernement, est situé à l'E. de la ville.
Population 3 000

Pahang, ***Malaysia*** 1. Fleuve d'environ 440 km, le plus long de la péninsule malaise, qui prend sa source au N. de Jerantut et se jette dans la mer de Chine (à proximité de Pekan).

2. État occupant le bassin du Pahang (35 963 km^2). Capitale : Kuantan. C'est une région forestière (forêt dense équatoriale), peuplée de Malais, de Chinois et d'aborigènes semi-nomades. La riziculture, les plantations de palmiers à huile et surtout d'hévéas s'y sont développées. Des mines d'or sont exploitées à Raub et Sungai Lembing.
Population 800 000
Carte Malaysia Bb

Painted Desert, en fr. **« Désert Peint »,** ***États-Unis,*** Région aride d'environ 19 400 km^2 au N. de l'Arizona, à proximité du Grand Canyon. Elle tire son nom de ses formations rocheuses de couleurs vives et variées.
Carte États-Unis Dc

Paix (rivière de la), ***Canada*** Rivière qui prend sa source dans les Rocheuses et parcourt 1 923 km avant de se jeter dans le lac Athabasca. Sa vallée céréalière est la région agricole la plus septentrionale du Canada.
Carte Canada Dc

Pakistan Voir p. 512-513

Palatinat, ***Allemagne*** Voir RHÉNANIE-PALATINAT

Palau ou **Palaos,** ***océan Pacifique*** Voir BELAU

Palawan, ***Philippines*** La plus occidentale des îles de l'archipel et la cinquième par sa superficie (11 380 km^2). Capitale et port principal : Puerto Princesa, sur la mer de Sulu. L'île est étroite, montagneuse (plusieurs sommets dépassent 1 500 m) et principalement peuplée de Batah, de Palawan et de Tagbunuas. L'agriculture sur brûlis y est encore largement pratiquée. Les cultures sédentaires (riz, coprah) occupent les étroites plaines littorales. Pêche active. Gisements de manganèse et de mercure ; petits gisements de pétrole au large des côtes nord. L'île abrite une flore et une faune riches et variées.
Carte Philippines Ad

Pale, ***Bosnie-Herzégovine*** Petite ville située à 14 km de Sarajevo et « capitale » des Serbes de Bosnie.
Carte Bosnie-Herzégovine Bc

Palembang, ***Indonésie*** Port et chef-lieu de la province du Sumatra méridional. C'est la deuxième ville de l'île de Sumatra. Elle fut la capitale du royaume Śrīvijaya dès le VIIe s. puis d'un sultanat. La Compagnie hollandaise des Indes orientales y établit un comptoir en 1659. Située dans une riche région agricole (café, hévéas) qui recèle des gisements de pétrole, c'est un important centre administratif, commercial et industriel (raffinerie de pétrole, engrais, caoutchouc, fonderie). Le port exporte produits pétroliers et charbon du gisement de Bukit Assem.
Population 875 000
Carte Indonésie Bc

Palencia, ***Espagne*** Ville fortifiée de Castille et Léon, chef-lieu de province, à 190 km au N. de Madrid. Résidence des rois castillans aux XIIe et XIIIe s., siège de la première université espagnole (1185), la ville présente de nombreux édifices médiévaux et Renaissance. Industries textiles et chimiques ; matériel agricole.

La province environnante (8 029 km^2) produit des céréales (plaine de Tierra de Campos), des pommes de terre, de la betterave à sucre. Gisements de charbon et de cuivre.
Population (ville) 82 000 ; (prov.) 192 000
Carte Espagne Ca

Palenque, ***Mexique*** Site archéologique de l'une des plus grandes villes mayas, dans la forêt tropicale du N. de l'État de Chiapas (Yucatán). La pyramide dite des Inscriptions, installée sur une immense plate-forme, et les temples du Soleil et de la Croix, édifiés du VIe au Xe s., sont une splendide illustration de l'art maya de l'époque classique.
Carte Mexique Cc

paléocène Première époque de l'ère tertiaire (cénozoïque). Voir ÉCHELLE DES TEMPS GÉOLOGIQUES, p. 268

paléozoïque Ère géologique de laquelle datent les fossiles les plus anciens. Commencée il y a environ 570 millions d'années, elle fut marquée par l'apparition des poissons, des amphibiens, et des premiers reptiles et plantes terrestres. Voir ÉCHELLE DES TEMPS GÉOLOGIQUES, p. 268

Palerme, en it. **Palermo,** ***Italie*** Capitale de la Sicile, sur la mer Tyrrhénienne, au N.-O. de l'île et au bord de la Conca d'Oro, plaine fertile plantée d'orangers, de citronniers et de vignobles. Cette ville animée connut une histoire d'une exceptionnelle richesse. Phénicienne, carthaginoise puis romaine, elle appartint, au Moyen Âge, aux Byzantins, puis aux Arabes. Les Normands et l'empereur Frédéric II de Hohenstaufen (dans la première moitié du XIIIe s.) en firent le centre d'une monarchie très originale et l'un des plus grands foyers intellectuels et artistiques de l'Europe médiévale, où se mêlèrent apports grecs, arabes et occidentaux. Palerme passa ensuite à la dynastie d'Aragon, puis aux Bourbons de Naples qui en firent la ville baroque d'aujourd'hui (nombreux monuments des XVIIe et XVIIIe s.). Mais derrière cet admirable décor architectural se cache, intacte, la vie des vieux quartiers populaires, le vieux fonds sicilien dont la Mafia n'est pas la moindre expression. L'« honorable société », bien que discrète, exerce une emprise réelle sur de nombreux secteurs de la vie économique palermitaine, contrôlant l'immobilier, une part de l'import-export, la contrebande. Capitale de la Mafia sicilienne, Palerme est aussi celle de la région Sicile, autonome depuis 1948. Cette au-

RUÉE VERS LE SOLEIL. Touristes et petits bateaux envahissent la plage de Las Palmas (Grande Canarie). La ville, fondée en 1478, est aujourd'hui un port moderne et une luxueuse station balnéaire.

tonomie a permis le développement des activités tertiaires et industrielles (ces dernières restent modestes) de la ville. Toutefois la fécondité de sa population et le sous-emploi en ont fait un foyer d'émigration et des quartiers misérables subsistent. Palerme n'en est pas moins l'une des cités les plus attachantes d'Europe.

Population 718 900
Carte Italie De

Palestine, ***Moyen-Orient*** Région comprise entre le Liban au N. et la mer Morte au S., qui doit son nom aux Philistins qui s'y installèrent vers le XIIe s. av. J.-C. C'est la terre de Canaan de la Bible: les Hébreux, qui l'avaient un moment occupée, y retournent (vers le XIIe s. av. J.-C.) et s'y sédentarisent, y fondant leur monarchie (Saül, David, Salomon). Sous la domination romaine, la région voit la naissance du christianisme. Partie du monde arabo-musulman de 636 à 1516 (hormis l'intermède des croisés), elle passe à l'Empire ottoman qui la conserve jusqu'à la Première Guerre mondiale. Dès le XIXe s., des organisations sionistes tentent d'y créer un foyer national juif, tentatives soutenues par la Grande-Bretagne (déclaration Balfour, 1917) qui obtient au lendemain de la guerre le mandat sur la région (conférence de San Remo, 1920); le mandat est ratifié par la S.D.N. en 1922. L'immigration juive, dans l'entre-deux-guerres, ne se fera pas sans réactions hostiles de la population arabe. Le plan de partage de l'O.N.U. en 1947 est rejeté par le monde arabe. Après la proclamation de l'État d'Israël en 1948 et la première guerre israélo-arabe, la Palestine est annexée par Israël, rattachée à la Jordanie (Cisjordanie) ou placée sous administration égyptienne (bande de Gaza). Ces derniers territoires sont occupés par les Israéliens à la suite de la guerre des Six Jours (1967). Leur population pose de graves problèmes d'intégration, ravivant les volontés d'indépendance. Suite à de longues négociations entamées en 1991, les accords entre Israël et l'O.L.P. de Yasser Arafat sur Gaza et Jericho, conclus en 1993, pourraient faire baisser la tension et préluder à une solution pacifique du conflit.

Carte Moyen-Orient Ba

Palimé, ***Togo*** Voir KPALIMÉ

Palma (île de La), ***Espagne*** Voir CANARIES (îles)

Palma ou **Palma de Majorque,** ***Espagne*** Principale ville et port de l'île de Majorque, chef-lieu des Baléares. Industries: chaussures, textile. Commerce de luxe, artisanat. L'essor récent de la ville est surtout lié au tourisme.

Population 304 400
Carte Espagne Gc

Palmas (Las), ***Espagne*** Ville de la côte N.-E. de la Grande Canarie, principal port des îles Canaries. Exportation de sucre, tomates, amandes et bananes. Pêche, conserveries, chantiers navals. Grand centre touristique.

Population 366 500
Carte Maroc Ab

Palm Beach, ***États-Unis*** Célèbre station balnéaire et touristique de Floride, sur une île à proximité de la côte E. de la péninsule et à environ 100 km au N. de Miami Beach. West Palm Beach, sur le continent, est un centre de construction aéronautique et électronique.

Population (Palm Beach) 10 700; (West Palm Beach) 67 600
Carte États-Unis Je

GÉOMÉTRIE DANS LES CHAMPS. Vue aérienne de la Pampa argentine au moment de la récolte de la luzerne.

Palmerston North, ***Nouvelle-Zélande*** Ville de l'île du Nord, sur la côte O., à 130 km au N. de Wellington. Ville principale d'une riche région agricole, siège d'une université et d'un institut de recherche agronomique. Ses activités commerciales et industrielles sont liées à l'agriculture (conditionnement de la viande).

Population 60 100
Carte Nouvelle-Zélande Ed

Palmyre, ***Syrie*** Site archéologique d'une cité (araméenne et arabe) de l'Orient hellénistique et romain, dans le désert syrien, à 215 km au N.-E. de Damas. Enrichie par le commerce caravanier entre le golfe Persique et la Méditerranée, elle menaça la puissance romaine en Orient, au IIIe s., sous la conduite de l'« illustrissime reine » Zénobie.

La présence du désert, les ruines de la cité (temples de Bêl, théâtre, Grande Colonnade, vallée des Tombeaux), la palmeraie aux jardins bien arrosés, les antiques sources thermales sulfureuses et l'oasis voisine de Tadmor, où viennent s'approvisionner les bédouins de la région, font de Palmyre un des grands sites touristiques syriens.

Carte Syrie Bb

Palomar (mont), ***États-Unis*** Mont du sud de la Californie (1 871 m), au N.-E. de San Diego, site d'un observatoire astronomique célèbre doté d'un télescope de 5,08 m d'ouverture.

Palos de la Frontera, ***Espagne*** Petite ville de la province de Huelva en Andalousie, sur la rive gauche du río Tinto. De son port aujourd'hui comblé partirent le 3 août 1492 Christophe Colomb et les Pinzón pour leur première traversée de l'Atlantique.

Population 5 800
Carte Espagne Bd

Pamir, ***Asie centrale*** Massif montagneux dont les hauts plateaux (entre 4 000 et 5 000 m) et les chaînes s'étendent principalement au Kirghizistan et au Tadjikistan, où plusieurs sommets dépassent 7 000 m: pic du Communisme (7 495 m), pic Lénine (7 134 m).

Carte Russie Ed

Pampa (la), ***Amérique du Sud*** Vaste plaine s'étendant du río Negro (Argentine) au S. à la sierra de Cordoba au N., et à l'Uruguay et au Brésil à l'E. La pampa sèche du piémont andin s'oppose à la pampa humide de l'Est et du Nord, terre d'élevage et de cultures (céréales, plantes fourragères, oléagineux, légumes).

Pampa (province de la), ***Argentine*** Province du centre du pays, limitée au S. par le río Colorado et à l'O. par les premiers contreforts des Andes (143 440 km^2). Chef-lieu: Santa Rosa. C'est une région de grandes prairies et d'élevage.

Population 260 300
Carte Argentine Cb

Pampelune, en esp. **Pamplona,** ***Espagne*** Chef-lieu de la province de Navarre, cité aux pittoresques quartiers médiévaux dotée d'une belle cathédrale (XIVe-XVIe s.). C'est aussi une ville en pleine croissance économique (construction automobile, papier, agro-alimentaire). Ses célèbres fêtes de San Fermin (6-12 juillet), dont l'un des grands moments est l'*encierro*, le lâcher des taureaux dans la ville, ont inspiré à Ernest Hemingway *Le soleil se lève aussi*.

Population 191 200
Carte Espagne Ea

pampero Vent du S. ou du S.-O., sec et très froid, soufflant sur la pampa d'Argentine et de l'Uruguay, particulièrement en été.

Panaji (Panjim), ***Inde*** Port et capitale du territoire de Goa, sur l'estuaire de la Mandavi. La ville fut fondée en 1760 par les Portugais sous le nom de Nova Goa pour remplacer l'insalubre Velha Goa. Important centre touristique, à proximité de la très pittoresque Velha Goa (églises et monastères portugais).

Population (ville) 43 000
Carte Inde Bd

Pakistan

UN FOYER MUSULMAN, CONTRÔLÉ PAR UNE PUISSANTE ÉLITE, OÙ UNE LOI ISLAMIQUE STRICTE EST IMPOSÉE A UNE NOUVELLE GÉNÉRATION REMUANTE

Une des grandes routes caravanières de l'histoire traverse le Pakistan, depuis le « carrefour du monde » d'Afghanistan, vers l'Inde et les anciennes voies maritimes de la mer d'Oman. Les armées ont suivi le commerce, et le pays a été l'objet d'invasions et de combats. Une histoire agitée a mêlé les peuples et les cultures, et produit une riche diversité.

Le Pakistan comprend le bassin de l'Indus tout entier, mais ses frontières ont été tracées sans tenir compte des limites ethniques. Elles furent établies par les Britanniques alors qu'ils régnaient sur l'Inde, et que leur souci principal était la sécurité militaire. Aussi les tribus pathans du Nord-Ouest débordent sur la frontière entre Afghanistan et Pakistan ; au N.-E., le territoir sikh est coupé en deux par la frontière de l'Inde, et au S.-O., les Baloutches habitent des deux côtés de la frontière avec l'Iran.

Le Pakistan est composé de trois régions géographiques. La plus grande est la plaine centrale, le bassin de l'Indus et de ses affluents. Au N. et à l'O., se trouvent des montagnes avec quelques-uns des sommets les plus élevés du monde ; le K2 (Godwin Austen), au Cachemire (région qui est aussi revendiquée par l'Inde), est le second sommet du monde, avec ses 8 611 m.

Le Pakistan naquit de la division de l'empire des Indes en 1947. Lors de l'indépendance, on avait espéré pouvoir en conserver l'unité. Mais il s'avéra impossible de concilier les oppositions culturelles et religieuses entre les deux factions majeures, les hindous et les musulmans. Aussi, pour une large part à cause des campagnes menées par Mohamed Ali Jinnah, on créa le Pakistan pour les musulmans. Le nouvel État était une création étrange : deux territoires séparés par la partie septentrionale de l'Inde.

Le territoire oriental, peuplé de Bengalis, et grand producteur de jute, fournissait alors l'essentiel des exportations du Pakistan. Une faible partie des ressources ainsi obtenues fut réinvestie dans l'Est. Les Bengalis devinrent les parents pauvres du Pakistan et commencèrent à réclamer un État autonome.

En 1971, une guérilla éclata dans l'Est ; les Pakistanais de l'Ouest essayèrent de la réprimer par la force. Des millions de réfugiés partirent pour l'Inde. Celle-ci intervint dans le conflit et entra en guerre contre le Pakistan. La défaite de celui-ci conduisit à l'établissement du Bangladesh indépendant en 1971.

À partir de cette date, le Pakistan s'efforça de trouver une nouvelle identité. Les quatre principaux groupes sont les Pendjabis, les Sindhis, les Baloutches et les Pathans ; mais ils sont dominés par d'autres groupes, comme les Muhajirs, riches citadins musulmans venus de l'Inde en 1947, qui devinrent une force majeure, en particulier dans l'économie.

Les conflits d'intérêts et les luttes pour le pouvoir entre propriétaires féodaux, autorités religieuses traditionnelles, nouveaux bureaucrates et chefs militaires, s'avérèrent incompatibles avec le fonctionnement des institutions démocratiques. Depuis 1958, le pouvoir a été détenu par les militaires, sauf de 1971 à 1977, avec le gouvernement d'Ali Bhutto qui fut d'abord président, puis Premier ministre. Bhutto fut chassé par un coup d'État militaire organisé par le général Zia ul-Haq en 1977.

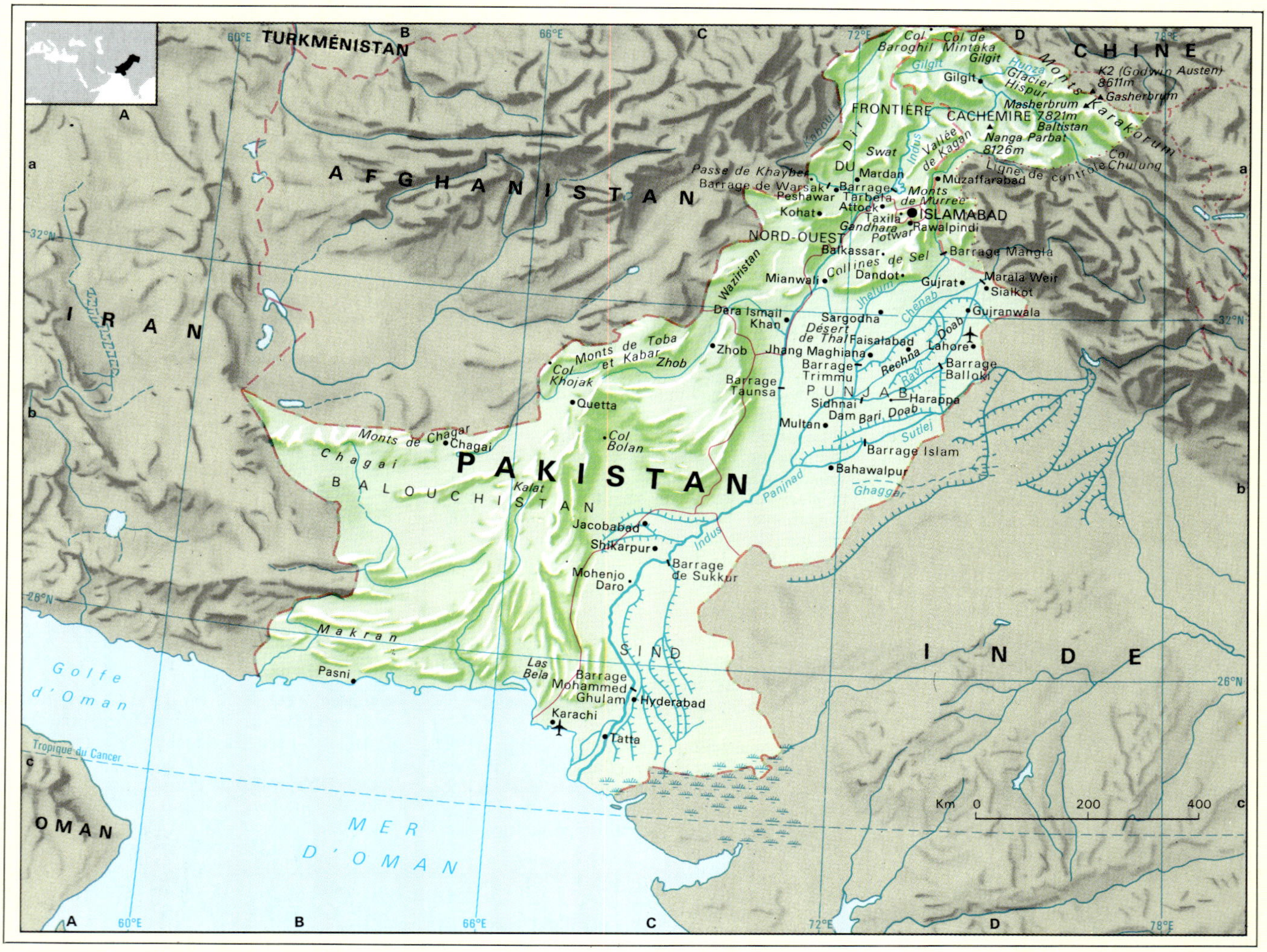

Le Pakistan commença par exporter des produits primaires et importer des produits fabriqués. Tous les gouvernements s'efforcèrent de rendre le pays plus autonome, en l'industrialisant. Une croissance spectaculaire a été obtenue dans ce domaine durant les années 1960, grâce notamment à l'aide des États-Unis et des pays arabes riches.

Cette croissance a été en grande partie obtenue aux dépens de la production agricole, bien qu'un certain rééquilibrage ait eu lieu récemment. Actuellement, une partie importante des exportations du Pakistan vient de l'industrie, souvent fondée sur des matières premières locales, par exemple pour les tissus de coton. Il y a des productions artisanales traditionnelles, comme les tapis, et dans le Nord-Ouest, des centaines de petits ateliers fabriquent des armes. Récemment, le pays s'est mis à fabriquer du matériel sportif, qu'il exporte avec succès.

La base énergétique est insuffisante ; malgré les équipements hydroélectriques et les réserves de gaz naturel, un tiers de l'énergie est importé. L'industrie ne croît que lentement, et n'emploie que 16 % des actifs.

Aussi le Pakistan demeure-t-il avant tout un pays agricole ; la culture de base est le blé. Les plaines centrales sont sèches, et les agriculteurs dépendent de l'irrigation. Pendant la saison de la mousson, de juin à septembre, il y a de fortes pluies sur les pentes des monts Souleiman et du Baloutchistan, mais les plaines ne reçoivent que 150 mm d'eau. Pendant la saison fraîche, d'octobre à février, soufflent des vents secs ; de mars à mai, la chaleur est très forte, et la sécheresse règne.

Le réaménagement des anciens périmètres irrigués et le développement de nouveaux a été réussi surtout grâce à l'aide des États-Unis et de la Banque mondiale. Les barrages de Tarbela, sur l'Indus, et de Mangla, sur la Jhelum, sont parmi les plus grands ouvrages de terre enrochée du monde. La production agricole a ainsi pu croître régulièrement ; le pays est maintenant autosuffisant pour les grains.

Parmi les multiples divisions du pays, la plus évidente oppose les montagnards et les habitants des plaines. Les premiers, robustes et indépendants, échappent pour une large part au contrôle du gouvernement. Ils font commerce à travers les frontières d'armes, de produits de consommation modernes, parfois de drogue. Ils élèvent des chèvres et des moutons.

Les gens des plaines vivent dans des villages en pisé, et dépendent des cultures irriguées de blé et de coton.

Les uns et les autres ont en commun la religion musulmane. Mais la société est divisée en castes et en tribus, très nombreuses. Il existe des *bradris* — groupes de parenté qui arrangent tous les mariages de leurs membres entre eux.

Bien que l'islam proclame l'égalité des hommes, il est fréquent que dans un même village chaque secte ait sa propre mosquée, avec son imam qui appelle aux prières quotidiennes cinq fois par jour.

Le taux d'alphabétisation est encore faible, plus faible à la campagne qu'en ville, et beaucoup plus pour les femmes que pour les hommes. Bien des gens ne reçoivent que l'enseignement de l'imam, qui leur fait apprendre par cœur le texte arabe du Coran.

CITADELLE MONTAGNEUSE. La vallée de la Chitral entaille les montagnes de l'Hindou Kouch, dans l'extrême nord du pays, tout près de la frontière afghane. Les tribus qui y vivent habitent des villages fortifiés.

Les femmes restent chez elles, à l'abri du regard des autres, bien que certaines travaillent aux champs. Les hommes se rencontrent le soir pour bavarder en fumant une pipe collective, le *houka*. Ils attachent une grande importance à la virilité et à la naissance d'héritiers mâles. Ils peuvent prendre plusieurs femmes, bien que la polygamie soit maintenant plus rare qu'elle ne l'a été. L'islam traditionnel refuse la contraception, aussi le taux de croissance démographique demeure-t-il élevé.

La plupart des Pakistanais consomment des *chapattis* (galettes de blé sans levain), du riz et des légumes. L'élevage des chèvres et des bovins n'est pas très productif, aussi la viande est-elle chère : des plats comme le mouton au curry ou en boulettes constituent des plaisirs rares. L'alcool est interdit et les rencontres sociales se font autour d'une tasse de thé.

La croissance de l'industrie a favorisé celle des villes, et l'apparition d'une génération nouvelle beaucoup moins attachée à la tradition. Pour se distraire, elle regarde des films et la télévision, mais le gouvernement tend à monopoliser celle-ci pour sa propagande, et les films importés sont souvent médiocres.

Le protectionnisme industriel a permis à une vingtaine de familles de dominer l'économie et la vie politique en coopération avec les chefs militaires, malgré l'opposition de la nouvelle classe ouvrière urbaine.

La montée de l'opposition obligea le général Zia à promettre des élections libres en 1988. Elles eurent lieu après sa mort, survenue dans l'explosion de son avion, et furent gagnées par le Parti du peuple pakistanais, dirigé par la fille d'Ali Bhutto, Benazir, première femme chef de gouvernement d'un pays musulman.

Ses réformes en faveur des pauvres et des femmes lui valurent l'opposition de l'armée et des conservateurs. Émeutes sanglantes et difficultés économiques furent prétexte à sa destitution en août 1990. Elle perdit les élections qui suivirent mais remporta celles d'octobre 1993, contre son rival de la Ligue musulmane.

LE PAKISTAN EN BREF
Superficie 879 902 km^2
Population 130 129 000
Capitale Islamabad
Régime République fédérale islamique
Monnaie Roupie pakistanaise
Langues Urdu, anglais, pendjabi, sindhi, pachtou, baloutche
Religions Musulmans (97 %), hindous (1,6 %), chrétiens (1,4 %)
Climat Subtropical ; mousson de juin à octobre. Température moyenne à Karachi : de 13 à 25 °C en janvier, et de 28 à 34 °C en juin
Ressources Coton, blé, riz, canne à sucre, maïs, dattes, tabac ; gaz naturel, gypse, minerai de fer (et aussi bauxite, cuivre, antimoine, magnésites et phosphates non encore exploités)
Activités Agriculture, industries textiles (coton), matériel sportif, raffineries de pétrole, cimenteries, raffinage de sucre, industries alimentaires
Exportations Coton et cotonnades, riz, tapis artisanaux, armes, matériel sportif, objets en cuir, produits pétroliers
P.N.B. annuel par habitant 400 dollars
Croissance démographique 29 ‰ par an
Espérance de vie Hommes 59 ans, femmes 61

Panamá

NÉ DE SON CANAL, LE PAYS DÉPEND TOUJOURS DES MILLIERS DE NAVIRES QUI LE TRAVERSENT CHAQUE ANNÉE

L'océan Pacifique et la mer des Antilles ne sont séparés l'un de l'autre que par 58 km de territoire panaméen. C'est du sommet du pic de Darien, aujourd'hui refuge des 60 000 Indiens du pays, qu'en 1513 l'Espagnol Vasco Nuñez de Balboa aperçut le vaste océan Pacifique ; ce jour-là, les conquistadors réalisèrent qu'ils ne se trouvaient pas sur la terre de leur rêve — l'Extrême-Orient d'où venaient les épices —, mais qu'ils avaient découvert un continent nouveau. Panamá leur montrait le futur passage des grands navires et loin, vers l'O., l'Asie tant désirée.

Une chaîne montagneuse traverse l'ensemble du pays couvert d'une forêt tropicale humide qui fit beaucoup de morts parmi les ouvriers qui percèrent le canal au début du siècle.

À l'origine, seule une piste permettait de traverser cette mince bande de terre ; puis la route fut doublée d'une voie ferrée pour aboutir, au début du siècle, au canal que nous connaissons. Jusqu'au début du XVIIIe s., l'argent des mines du Pérou était transporté par chariots au bord de la mer des Antilles pour être ensuite chargé sur de lourds galions à destination de l'Espagne. Cette région où se trouvaient des villes-étapes subissait les raids des pirates. Un chemin de fer fut construit au milieu du XIXe s. entre Colón, sur la mer des Antilles, et Panamá, sur le versant pacifique, pour transporter les produits et les émigrants des États de l'Est américain lors de la célèbre « ruée vers l'Ouest ». L'achèvement du canal en 1914 fit de la région un grand carrefour international de routes maritimes.

En 1821, la région qui couvrait l'actuel Panamá proclamait son indépendance vis-à-vis de l'Espagne et se rattachait à la Colombie. Mais les intérêts entre les deux pays divergèrent bien vite en raison de l'importance croissante de l'isthme ; en 1903, à l'instigation des États-Unis, le Panamá se déclara indépendant et signa un traité avec son voisin américain, lui accordant le contrôle de la zone du canal (10 km de large), contre une somme de 10 millions de dollars, et une location de 250 000 dollars par an.

Les Américains assainirent le pays et terminèrent le canal abandonné par Ferdinand de Lesseps, en 1889, à la suite d'un scandale financier retentissant — les travaux avaient traîné en longueur à cause des épidémies de malaria et de fièvre jaune, et de Lesseps s'étant obstiné à vouloir construire un canal « à niveau » sur le type de celui de Suez, au lieu d'un canal à écluse plus réalisable techniquement, ils avaient dû être interrompus, ruinant ainsi des milliers de souscripteurs. Le premier navire emprunta les 82 km du canal en 1914. En 1979, harcelés par les pressions panaméennes, les États-Unis remirent le contrôle du canal aux autorités locales qui n'auraient dû en reprendre possession que le 31 décembre 1999.

L'économie nationale est essentiellement tournée vers le canal qui procure des devises grâce aux péages et au tourisme ; cette zone abrite une petite industrie, une administration et constitue un important espace commercial.

Grâce au canal, le Panamá est l'un des plus riches pays latino-américains, mais les gouvernements successifs s'emploient à réduire cette dépendance très préjudiciable à l'essor du reste du pays. Une centaine de banques se sont installées ; une zone libre a été créée à Colón et plus de 12 000 bâtiments naviguent sous pavillon panaméen (7e rang au monde).

Le pouvoir a été le plus souvent aux mains des chefs de la garde nationale, représentants de tel ou tel clan — nationaliste ou pro-américain — de l'oligarchie. Avant sa mort, en 1981, dans un mystérieux accident d'avion, le général Torrijos, négociateur des accords sur la remise du canal au Panamá, s'était engagé à favoriser le retour progressif de la démocratie.

Six ans après, le pays était secoué par une campagne populaire de désobéissance contre le chef de l'armée, le général Noriega, l'homme fort du pays, ancien agent de la C.I.A., accusé par les Américains d'être un trafiquant de drogue. Après avoir refusé de reconnaître sa destitution (1988), Noriega s'est opposé au verdict des élections (1989). Les Américains sont intervenus militairement en décembre 1989 et ont installé au pouvoir Guillermo Endara, vainqueur des élections présidentielles. En février 1990, le général déchu, réfugié à l'ambassade du Vatican, se rendait et était extradé aux États-Unis. Son procès, actuellement en cours, se révèle extrêmement complexe.

LE PANAMÁ EN BREF
Superficie 75 517 km^2
Population 2 565 000
Capitale: Panamá
Régime République
Monnaie Balboa = 100 centesimos
Langues Espagnol (officielle), anglais
Religion Chrétiens (catholiques, 93 %, protestants, 6 %)
Climat Tropical. Température moyenne sur les montagnes : de 22 à 32 °C
Ressources Bananes, riz, canne à sucre, café, maïs, crevettes, bois
Industries Cultures industrielles, industries alimentaires, raffinage du pétrole, cimenteries, vêtements, forêt, banque
Exportations Produits pétroliers, bananes, crevettes, sucre
P.N.B. annuel par habitant 2 180 dollars
Croissance démographique 20 ‰ par an
Espérance de vie Hommes 71 ans, femmes 74

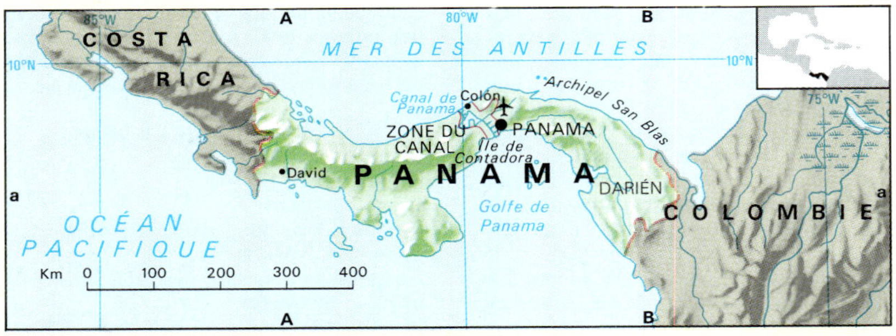

Panamá, ***Panamá*** Capitale de la république de Panamá, à l'extrémité du canal homonyme, sur le Pacifique, fondée par les Espagnols en 1519 sur le site d'un port de pêche indien. L'or et l'argent d'Amérique du Sud y étaient entreposés avant d'être expédiés en Espagne. Le pirate Henry Morgan la mit à sac en 1671 et, bien que les Espagnols l'aient reconstruite, la ville déclina fortement. Elle ne devint la capitale qu'en 1903, en même temps que le pays obtenait son indépendance de la Colombie, et prospéra à partir de l'ouverture du canal, en 1914.

Panamá est aujourd'hui une métropole moderne, imprégnée de culture américaine. Elle produit du pétrole, des matières plastiques, des vêtements, du cuir et possède des brasseries, des industries alimentaires et des cimenteries.

Population 502 000
Carte Panamá Ba

Panamá (canal de), ***Amérique centrale*** Canal traversant l'isthme de Panamá et reliant Atlantique et Pacifique, d'une longueur d'environ 80 km. Sa construction fut entreprise en 1881 par une compagnie française (fondée par Lesseps), qui ne parvint pas à la mener à bien. Elle fut l'œuvre des États-Unis et de leurs ingénieurs militaires au début du XXe s. et fut achevée en 1914. Le canal présente trois séries d'écluses longues de 305 m, larges de 33,5 m (tirant d'eau maximum autorisé: 12 m). De nombreux navires l'empruntent chaque jour. Le canal fut jusqu'en 1990 sous administration américaine et depuis panaméenne.

Carte Panamá Ba

Panamá (zone du canal de), ***Panamá*** Bande de terre large de 8 km de chaque côté, sur toute la longueur du canal de Panamá (82 km) en Amérique centrale. Superficie: 1 432 km^2. Ports de Cristobal et de Balboa. La région fut administrée par les États-Unis de 1903 à 1979.

Carte Panamá Ba

Panaméricaine (route), ***Amérique*** Système routier international qui relie l'Amérique du Nord à l'Amérique du Sud. Longue de 27 350 km, cette route part du N.-O. de l'Alaska, passe au S. de Santiago (Chili), à l'E. de Buenos Aires (Argentine), puis au N. de Brasília (Brésil), où elle aboutit. Elle fut mise en chantier en 1936. La route Interaméricaine, qui s'étend sur 5 470 km de Nuevo Laredo (Mexique) à Panamá (Panamá), en est un des tronçons.

Panay, ***Philippines*** Grande île triangulaire du groupe oriental des Visayas, d'une superficie de 11 515 km^2 au N.-O. de Negros. Les montagnes déchiquetées (le long de la côte O.) alternent avec des paysages vallonnés (au N.-O.) et des plaines côtières. La richesse de l'île est extrêmement variable selon les secteurs. La région la plus prospère (riz, sucre) se trouve autour du port de commerce de Iloilo, au S.-E., qui est aussi la ville principale. Les provinces d'Aklan et d'Antique au N. et à l'O. sont parmi les plus pauvres des Philippines.

Population 2 800 000
Carte Philippines Bc

Pangasinan, ***Philippines*** Voir LINGAYEN

Pangée Nom donné au continent unique qui aurait été constitué de toutes les masses émergées du globe avant de se séparer en continents, il y a environ 200 millions d'années. Voir LA DÉRIVE DES CONTINENTS, p. 199

Panipat, ***Inde*** Ville de marché et de filatures à 80 km au N. de Delhi. Elle fut le théâtre de trois batailles décisives : en 1526, les Mogols de Baber vainquirent le roi afghan de Delhi et établirent leur dynastie ; en 1556, Akbar, le grand empereur mogol, enraya une invasion du nouvel empire par les Pathans ; et en 1761, les Mahrattas de race hindoue, alors au sommet de leur puissance en Inde occidentale, furent vaincus par les envahisseurs afghans d'Ahmad Khan et leur empire fut détruit. Industries textiles et chimiques, verreries.

Population 191 100
Carte Inde Bb

Panjim, ***Inde*** Voir PANAJI

Panjshir, ***Afghanistan*** Région et vallée de 105 km de long, située à 100 km au N.-E. de Kaboul. Haut lieu de la résistance afghane pendant l'invasion soviétique. La plupart des civils s'étaient réfugiés à Kaboul.

Carte Afghanistan Ba

Panmunjóm, ***Corée du Sud*** Village situé à proximité de la zone démilitarisée qui sépare la Corée du Sud de la Corée du Nord, où eut lieu la rencontre de la commission militaire d'armistice créée pour contrôler le cessez-le-feu à la fin de la guerre de Corée (1950-1953).

Carte Corée du Sud Cd

Pannonhalma, ***Hongrie*** Voir GYOR

Pantanal, ***Brésil*** Réserve naturelle, à la frontière de la Bolivie et du Paraguay (230 000 km²). À la saison des pluies, entre octobre et mars, le Pantanal envahi par plus de 3 m d'eau forme des marécages couverts d'îlots où se réfugient le bétail et les animaux sauvages.

C'est l'une des régions les plus riches en poissons d'eau douce. La réserve en compte plus de 350 espèces, du piranha au *pintado*, qui peut peser jusqu'à 80 kg. On peut également y découvrir quelque 600 variétés d'oiseaux, des alligators, des singes, des boas constrictors, des cerfs, des tamanoirs, ainsi que des *capybara* aux pieds palmés, sorte de cochon d'Inde de la taille d'un porc, qui est le plus grand rongeur du monde. Une ligne de chemin de fer venant de São Paulo traverse la région jusqu'à Corumba, à la frontière bolivienne.

Carte Brésil Cc

Pantelleria, ***Italie*** Île (83 km²) située entre la Sicile (100 km au S.) et la Tunisie, et rattachée à la province sicilienne de Trapani. Bien que d'origine volcanique, elle ne possède pas d'eau douce. En mai et juin 1943, elle fut bombardée, puis occupée par les Alliés. Son économie repose sur la culture du raisin de table, la pêche des éponges et l'élevage des chèvres et des ânes.

Population 8 330
Carte Italie Df

Papa, ***Hongrie*** Ville baroque, à 130 km à l'O. de Budapest, possédant un beau château du XVIIIe s. Au XVIe s., ce fut un centre culturel et d'enseignement (collège protestant, imprimerie). Des fabriques de matériel électrique et de pièces automobiles se sont ajoutées aux activités traditionnelles de la ville (équipements agricoles, manufactures de tabac, textiles).

Population 34 500
Carte Hongrie Ab

Papeete, ***Polynésie française*** Capitale du territoire et des îles de la Société, sur la côte N.-O. de Tahiti. Cette active ville moderne possède un port en eau profonde fréquenté aussi bien par les cargos et les navires de guerre français que par les bateaux de croisière, les caboteurs traditionnels et les yachts. Ses industries principales sont le tourisme, la transformation du coprah et les brasseries. Elle exporte de l'huile de coco, de la vanille et des perles. L'aéroport international de Faaa, à 6 km au S.-O., en fait un important centre de desserte régionale.

Population (ville) 23 560 ; (aggl.) 103 900
Carte Tahiti Aa

Paphos, ***Chypre*** Ville de la côte S.-O. de l'île et important centre touristique. Son aéroport international dessert l'O. de l'île. Paphos présente de nombreux vestiges archéologiques — dont une villa romaine du Ier s., la maison de Dionysos, dieu grec du vin, au remarquable sol de mosaïque, une enceinte et un théâtre romains, une forteresse byzantine et les tombeaux des rois, taillés dans le rocher entre 1600 et 1050 av. J.-C. À 16 km à l'E., l'ancienne Paphos (Palaia-Paphos) fut célèbre pour le culte qu'on y rendait à Aphrodite.

Population 20 800
Carte Chypre Ab

Papouasie-Nouvelle-Guinée Voir p. 516

Pâques (île de), en esp. **Isla de Pascua,** ***océan Pacifique*** Petite île volcanique (162,5 km²), isolée dans le Pacifique. Chef-lieu : Hanga Roa. Découverte par le Hollandais Jacob Roggenveen le jour de Pâques 1722, elle appartient au Chili depuis 1888. Elle présente un extraordinaire ensemble de sculptures monumentales, les *moai* (cinq cents environ), monolithes sculptés en forme de visage et de buste humains. Certains dépassent 20 m de haut. Ils ont vraisemblablement été réalisés il y a plus de mille ans par des Polynésiens qui auraient émigré vers le Ve s. de notre ère. Subsistent également de cette vieille civilisation plus de 300 *ahu* (autels taillés en terrasse), ainsi que des pétroglyphes représentant des hommes et des animaux.

Population 1 300
Carte Pacifique (océan) Hd

Pâques (dorsale de l'île de), ***océan Pacifique*** Partie méridionale de la dorsale du Pacifique oriental. Elle est jalonnée par plusieurs îles, dont l'île de Pâques. Au-dessus de cette crête, les profondeurs ne dépassent pas 4 000 m.

Paracels (îles), ***mer de Chine méridionale*** Groupe d'îles coralliennes basses et de récifs, à 300 km au large des côtes du Viêt-nam. Occupées par les Japonais en 1938, elles redevinrent chinoises après la Seconde Guerre mondiale et sont revendiquées par le Viêt-nam. Elles possèdent d'importants dépôts de guano et recèleraient du pétrole. On y récolte des nids d'hirondelle.

Carte Viêt-nam Cb

Paradis bohémien, ***République tchèque*** Voir CESKY RAJ

Paraguay Voir p. 518

GÉANTS DE PIERRE. L'île de Pâques est peuplée de près de cinq cents gigantesques statues, couchées ou dressées, représentant des têtes et des torses humains stylisés et qui auraient été sculptées il y a plus de mille ans.

Papouasie-Nouvelle-Guinée

DES GUERRIERS DE LA JUNGLE
POSENT — ET COMBATTENT —
PARMI LES PAPILLONS GÉANTS
D'UNE ÎLE NAGUÈRE RICHE EN CANNIBALES

D'uniques oiseaux de paradis et des papillons géants — jusqu'à 28 cm d'envergure — vivent dans la forêt tropicale dense de la Papouasie-Nouvelle-Guinée. On y trouve des tribus de gens farouches, mobiles, dont beaucoup ont été peu influencés par le XXe s. et qui pratiquaient naguère encore le cannibalisme et la chasse aux têtes. De fait, des guerres tribales s'allument encore fréquemment dans les hautes vallées les plus isolées. Mais bien qu'on trouve ici un des derniers bastions des populations de l'âge de pierre, la plupart d'entre elles n'évoquent plus la chasse aux têtes que lorsqu'elles posent devant les objectifs des touristes (et pour leurs dollars) aux cérémonies de Goroka ou de Mont-Hagen.

La Papouasie-Nouvelle-Guinée est un pays en transition entre une culture tribale et la démocratie moderne, dont la vie rurale a été peu modifiée par l'indépendance acquise en 1975, mais où l'on est très fier de son pays et de « Missus Kwin » — la reine Élisabeth II, qui est sa souveraine. Cependant, au fur et à mesure que le pays trouve son identité, des tendances républicaines s'affirment.

La Papouasie-Nouvelle-Guinée est située dans la queue de l'île en forme d'oiseau de Nouvelle-Guinée, et comprend des centaines d'autres îles comme la Nouvelle-Bretagne, Bougainville et la Nouvelle-Irlande.

Des montagnes hautes et escarpées constituent l'épine dorsale de l'île (la deuxième du monde par la superficie) ; elle fait partie d'une des « ceintures de feu » du globe. Le mont Lamington (1 687 m) a connu une éruption en 1951 ; le sommet le plus élevé est le mont Wilhelm (4 509 m). Une bonne partie des hautes terres n'est accessible qu'à pied, ou par des voies fluviales ou aériennes. Les montagnes sont bordées de plaines larges, mais souvent marécageuses.

Les habitants sont essentiellement des Mélanésiens sur le littoral, et des Papous dans l'intérieur. En dehors de l'anglais, du pidgin (qui sert de langue de communication) et du motu, parlé par les Papous, il y a plus de 700 langues et dialectes, car les groupes ont vécu isolés les uns des autres par le relief. Environ 125 000 personnes vivent dans et autour de la capitale, Port Moresby, mais 70 % de la population est rurale.

L'économie est encore largement dominée par l'agriculture de subsistance mais le pays exporte du café, du cacao, du coprah, et surtout du cuivre et de l'or. On vient de découvrir du pétrole. Cependant, l'unité de l'État est menacée par des querelles entre tribus et les revendications indépendantistes de l'île Bougainville, où la principale mine de cuivre a été fermée pendant des mois en raison de l'insécurité qui y règne.

Malgré l'aide de l'Australie, la modernisation de la Papouasie-Nouvelle-Guinée est à peine commencée et sera difficile.

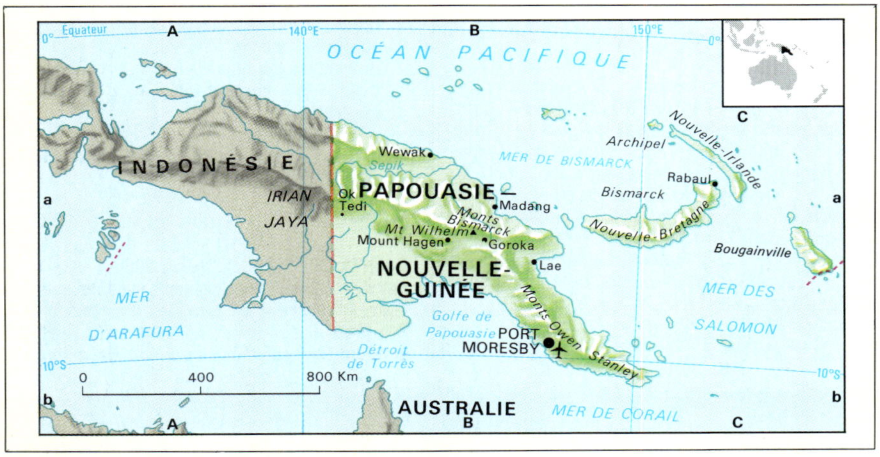

LA PAPOUASIE-NOUVELLE-GUINÉE EN BREF
Superficie 462 840 km^2
Population 3 920 000
Capitale Port Moresby
Régime Monarchie parlementaire
Monnaie Kina = 100 tosa
Langues Anglais, pidgin, motu et plus de 700 langues et dialectes indigènes
Religions Chrétiens, religions tribales
Climat Tropical ; température moyenne à Port Moresby : de 26 à 28 °C toute l'année
Ressources Bananes, patates douces, manioc, cacao, noix de coco, café, caoutchouc, sagou, thé, sucre, légumes, ignames, bois ; cuivre, or, argent
Activités Agriculture, sylviculture, scieries, mines, industries alimentaires
Exportations Or, cuivre, café, cacao, bois, huile de palme, coprah, huile de coprah, poisson
P.N.B. annuel par habitant 950 dollars
Croissance démographique 22 ‰ par an
Espérance de vie Hommes 55 ans, femmes 57

Paraguay, ***Amérique du Sud*** Rivière de 2 206 km qui prend sa source dans le plateau du Mato Grosso, au Brésil, et forme en partie les frontières entre le Brésil et le Paraguay, puis entre le Paraguay et l'Argentine, où elle se jette dans le Paraná. Ses 1 670 derniers kilomètres sont navigables.
Carte Paraguay Bb

Paraíba, ***Brésil*** État du nord-est du pays, qui doit son nom au fleuve qui le traverse en partie, et dont la capitale est Joao Pessoa. Sur sa façade atlantique, au climat chaud et humide, de belles plantations de cannes à sucre s'étalent vers l'O., jusqu'à la zone de climat semi-aride réservée au coton et à l'élevage. Dans la serra do Borborema, l'humidité du *brejo* alterne avec la sécheresse du sertão. Gisements de bismuth, de tungstène et d'étain ; plantations d'agave.
Population (État) 3 150 000 ; (ville) 398 000
Carte Brésil Eb

Parakou, ***Bénin*** Ville attrayante, à 250 km au N. de Cotonou, présentant de larges avenues bordées d'arbres. Elle doit son essor à la voie ferrée qui, depuis 1936, la relie à Cotonou, sur la côte. Commerce d'arachide et de noix de cajou, exploitations forestières, kapok.
Population 92 000
Carte Bénin Bb

parallèle Cercle imaginaire tracé à la surface de la sphère terrestre dont le plan est parallèle à celui de l'équateur. Tous les points situés sur un parallèle ont la même latitude.

Paramaribo, ***Surinam*** Capitale et port principal du pays. Dès 1540, les Français s'établirent à l'emplacement de la ville, fondée en 1630 par les Anglais. La vieille ville, près du port, marquée par les colonisateurs hollandais, possède de nombreuses maisons en bois peint, sur pilotis, et des immeubles des XVIIIe et XIXe s. de style hollandais, dont le palais présidentiel. On y trouve également des temples hindous, des mosquées, des églises et des synagogues qui attestent la diversité des ethnies qui s'installèrent dans le pays quand il était administré par la Hollande. Sur l'autre rive du fleuve Surinam, Nieuw Amsterdam est le chef-lieu du district de Commewijne, dont la majorité de la population est d'origine javanaise. C'est aujourd'hui un important centre commercial et administratif qui exporte les produits agricoles et la bauxite du pays.
Population 180 000
Carte Surinam Aa

Paraná, ***Amérique du Sud*** Deuxième grand fleuve du continent après l'Amazone (environ 4 200 km). Il naît dans les montagnes du Minas Gerais et s'oriente au S. pour se jeter dans l'Atlantique où il rejoint le río de la Plata, juste au-dessus de Buenos Aires. Il est navigable sur la plus grande partie de son cours ; les navires de mer peuvent remonter jusqu'à Rosario.
Carte Brésil Cd

Paraná, ***Argentine*** Port sur le fleuve homonyme, à 370 km au N.-O. de Buenos Aires. Son activité commerciale repose sur le bétail, les céréales et les fruits produits par la province d'Entre Ríos, dont elle est le chef-lieu.
Population 162 000
Carte Argentine Cb

Paraná, ***Brésil*** État du Sud (199 324 km^2) et deuxième producteur agricole du pays grâce à la diversité de ses climats (café, blé, soja, élevage, fruits). Capitale : Curitiba.
Population 8 416 000
Carte Brésil Cd

Pardubice, ***République tchèque*** Ville industrielle de Bohême-Orientale, au confluent de l'Elbe et de la Chrudimka, à 95 km à l'E. de Prague. Elle possède de vieux quartiers aux maisons de style Renaissance et un beau château du début du XVIe s. C'est un grand marché de produits agricoles et une ville industrielle (machines, alimentation, chimie, raffineries de pétrole).
Population 96 000
Carte République tchèque Ba

Paris (75), ***France*** Capitale du pays, en même temps que département et préfecture. Le site fut habité dès le paléolithique ; la ville s'est développée à partir d'une île de la Seine habitée par la tribu gauloise des Parisii, qui lui a donné son nom (IIe s. av. J.-C.). Les Romains, qui l'appelèrent Lutèce, développèrent la ville sur la rive gauche, construisirent ses premiers monuments (arènes, thermes) et tracèrent son premier grand axe — la voie romaine nord-sud devenue les rues Saint-Martin et Saint-Jacques. Lors des sièges mémorables qu'elle subit à l'époque des grandes invasions (Huns, Normands), elle y trouva son héroïne et sa patronne, sainte Geneviève, qui galvanisa les défenseurs.

Capitale de la France à l'avènement d'Hugues Capet, en 987, Paris n'accepta que du bout des lèvres la présence de cette dynastie qui gouverna si longtemps le pays. Pour le Béarnais Henri IV, Paris valut bien une messe, mais il y fut assassiné. Les rues de la capitale firent souvent l'histoire de la France, avec les Journées des barricades, qui semblent désormais faire partie de son passé : 1382 (révolte des Maillotins), 1588 (soulèvement de la Ligue), 1648 (la Fronde), sans parler des révolutions de 1789, 1830, 1848, ni d'autres barricades, pendant la Commune de 1870 et, plus proche de nous, lors des événements de mai 1968.

Pourtant, de Philippe Auguste à Louis XIII, les souverains modèleront sa silhouette (enceinte et développement de la rive droite, construction du Louvre). Sous le Second Empire, Napoléon III et l'urbaniste Haussmann en font une capitale à la mesure des temps modernes et de la révolution industrielle ; pour la première fois, ils agissent sur la démographie en équilibrant les quartiers populaires de l'Est par un réaménagement du centre (destruction des ruelles propices aux révoltes) et une extension vers l'O. au profit des classes aisées (Champs-Élysées, XVIe arrondissement) ; Paris se dote aussi de ses grands espaces verts, bois de Vincennes et de Boulogne.

Au milieu du siècle dernier, Paris déborde de ses fortifications et de ses boulevards extérieurs, absorbe ses villages et donne naissance à une banlieue, dont la population, à la veille de la

EN SURVOLANT LE CŒUR HISTORIQUE DE PARIS : l'extrémité ouest de l'île Saint-Louis et l'île de la Cité, où se dressent Notre-Dame et le Palais de Justice. Rive droite, on distingue l'Hôtel de Ville et le palais du Louvre ; plus au nord, un édifice bleu : le centre Georges-Pompidou, ouvert en 1977.

Paraguay

MOITIÉ BROUSSE, MOITIÉ JARDIN, LE PARAGUAY NE S'EST PAS REMIS DES GRANDES GUERRES DU PASSÉ

Le Paraguay est, avec la Bolivie, l'un des deux pays enclavés d'Amérique latine. Son histoire moderne commence en 1524 avec sa découverte par les Espagnols. Peuplé à l'origine d'Indiens Guaranis, le pays a fait, entre 1609 et 1767, une expérience unique au monde de « royaume de Dieu sur terre ». Tout était mis en commun dans ces fameuses communautés socialistes — les réductions — mises en place par les jésuites pour protéger les Indiens des appétits coloniaux. La culture guarani y était protégée, leur langue transcrite donna une base à l'unité nationale ; la milice mise en place par les jésuites devint l'une des plus fortes armées du continent. Mais, en Europe, la campagne contre les jésuites aboutira à la dissolution de la Compagnie de Jésus par le pape en 1773, situation mise à profit par les Espagnols et les Portugais qui envahirent l'État jésuite, malgré la résistance farouche des forces guaranis.

Entre 1814 et 1840, la dictature de Francia isola complètement le pays de l'extérieur et contribua à la formation du nationalisme paraguayen. Le général Lopez, qui accéda à la présidence en 1862, n'eut pas le sens politique nécessaire pour éviter la guerre avec les pays voisins — Bolivie, Argentine, Brésil — qui envahirent le Paraguay et annexèrent les trois quarts de son territoire ; à l'issue de cette guerre d'extermination (1864-1870), la population se réduisit à 28 000 hommes (85 % d'entre eux avaient disparu) et 200 000 femmes.

La reconstruction se fit dans la ferveur patriotique et la mise en place de deux forces politiques, d'inspiration libérale, dont le parti colorado. En 1932, la rumeur de découvertes pétrolières dans le Gran Chaco entraîna une guerre sanglante avec la Bolivie qui se termina par la victoire du Paraguay et un gain territorial de plus de 100 000 km^2 ; mais les militaires démobilisés prirent le goût du pouvoir, et la situation politique ne cessa d'être troublée jusqu'à l'installation autoritaire du parti colorado — soutenu par l'armée — et de ses membres, à tous les postes de responsabilité (de nos jours, encore, il faut être membre du parti pour accéder à un poste administratif). Le général Stroessner s'installa au pouvoir en 1954 et fit amender à sa guise la Constitution pour briguer, et remporter, mandat sur mandat. Le général Stroessner a été renversé en février 1989 par le général Rodriguez, élu démocratiquement trois mois plus tard. De nouvelles élections libres, en juin 1993, ont porté au pouvoir M. Juan Carlos Wasmosy.

Malgré un décollage prometteur au milieu du siècle dernier, l'économie paraguayenne a vu son élan coupé par les turbulences de l'histoire ; seuls les navires jaugeant moins de 17 000 tonnes peuvent atteindre Asunción, la capitale, sur le fleuve Paraguay, de ce pays enclavé. La partie orientale, la plus fertile, a été peu à peu mise en valeur, en particulier depuis l'accession au pouvoir de Stroessner, qui a encouragé les investissements étrangers, notamment dans l'élevage extensif. Mais la principale richesse du Paraguay est le fleuve Paraná et ses affluents — qui constitue le plus fort potentiel hydraulique de cette région d'Amérique latine.

Le pays est formé de deux régions bien distinctes séparées par le fleuve Paraguay. A l'O. se trouve le Chaco, une vaste plaine alluviale mal drainée où la prairie alterne avec la brousse. Le long du fleuve Paraguay, le bas Chaco, à la végétation presque tropicale et au sol marécageux, est favorable aux grands ranches. Le moyen Chaco, où la végétation arbustive s'étale à perte de vue, est le domaine des mennonites, une secte chrétienne dont les membres sont originaires d'Allemagne, de Russie et du Canada, et qui s'est installée là au début du siècle.

Le Gran Chaco, adossé à la frontière bolivienne, est couvert d'une forêt d'épineux impénétrables érigée en parc national.

Le Chaco abrite 5 % seulement de la population. Le reste vit à l'E. du Paraguay, sur une terre faite de collines ondulées, de plaines fertiles, de pâturages et de forêts profondes. Asunción (502 500 habitants), la seule grande ville du pays, se trouve sur le fleuve. Mais le grand pôle de développement est le barrage d'Itaipu sur le fleuve Paraná, qui sépare le Paraguay du Brésil. Depuis la construction de ce gigantesque barrage — le plus grand du monde — construit avec le Brésil, ce dernier fait une entrée en force dans cette région (installation de 400 000 colons brésiliens, ouvertures de banques, circulation de monnaie brésilienne). La situation prend sensiblement la même tournure avec l'Argentine, en ce qui concerne les autres projets hydrauliques du Paraná.

LE PARAGUAY EN BREF

Superficie 406 752 km^2
Population 4 615 000
Capitale Asunción
Régime République
Monnaie, guarani = 100 centesimos
Langues Espagnol, guarani
Religion Chrétiens
Climat Subtropical. Température moyenne à Asunción : de 12-22 °C en juin à 22-35 °C en janvier
Ressources Manioc, sucre de canne, maïs, coton, bétail, soja, riz, tabac, fruits, café, bois ; manganèse et minerais de fer (inexploité)
Activités Cultures industrielles, entreprises alimentaires, huileries, textiles, cimenteries, forêts, grumes
Exportations Coton, viande, tabac, soja, bois, huiles végétales, produits animaux, fruits et légumes
P.N.B. annuel par habitant 1 210 dollars
Croissance démographique 27 ‰ par an
Espérance de vie Hommes 65 ans, femmes 69

dernière guerre, est l'équivalent de celui de la capitale proprement dite (3 millions d'habitants). Avec la reprise industrielle dans les années 1950, l'essor du secteur tertiaire et l'attrait de la société de consommation, qui ne peut mieux s'exercer ailleurs que dans une ville comme Paris, l'ensemble que l'on appelle la région parisienne frisait les 10 millions d'habitants en 1968 ; 17 % de la population totale, soit autant que toutes les autres villes de plus de 200 000 habitants, s'y trouvait regroupé. Cette concentration excessive, unique en Europe, se manifesta, entre autres, dans l'enseignement (26 % des étudiants), l'information (journaux et télévision), l'édition, les industries de luxe. Les statistiques laissaient prévoir une future mégapole de 20 millions d'habitants en l'an 2000.

Heureusement, dès 1961, la création du District de la région parisienne regroupant les huit départements périphériques avait permis de mettre en place les premières structures de décentralisation et de lancer les études pour les grands travaux qui allaient suivre (villes nouvelles, réseau express régional, autoroutes) ; des mesures étaient prises pour inciter les industries à s'installer en province. En 1975, la région parisienne devint l'Île-de-France (ses habitants s'appellent les Franciliens). Paris retourne dans ses murs en se dotant d'un nouveau statut administratif qui, pour la première fois depuis la Révolution, lui accorde un maire au lieu d'un président du conseil municipal.

Entre-temps, la population a diminué (2 299 830 habitants en 1975) ; elle atteint 2 152 000 habitants en 1990, les arrondissements du centre étant les plus touchés. La capitale abrite une majorité (57,8 %) de célibataires, veufs ou divorcés ; on y trouve peu d'enfants, mais beaucoup de jeunes et d'adultes, employés dans le secteur tertiaire. En revanche, la proportion de la population d'origine étrangère a nettement augmenté en 15 ans (16,5 % du total au lieu de 10 %).

À côté des merveilles que nous ont léguées les siècles passés (Notre-Dame, la Sainte-Chapelle), Paris s'est couvert de monuments, témoins des époques plus récentes : la tour Eiffel, le Grand Palais, le pont Alexandre-III, et les halles de Baltard (dont la destruction souleva tant d'émotion) ; le palais du Trocadéro, avec le musée d'Art moderne ; l'un des derniers monuments en date est le Centre national d'art et de culture (musée Georges-Pompidou), à Beaubourg, en plein centre de Paris, qui reçoit des milliers de visiteurs chaque jour.

Des édifices ont été réaménagés, comme l'ancienne gare d'Orléans au bord de la Seine, qui abrite le musée d'Orsay, où sont regroupés les arts plastiques du XIXe s. et du début du XXe s. ; à la Villette, sur un vaste espace destiné à des halles modernes, s'élève maintenant une Cité des sciences et de l'industrie qui fait la joie des petits et des grands. Le palais Garnier — le célèbre Opéra de Paris — s'est vu doublé en 1989, à la Bastille, d'un opéra à la mesure de notre époque, tandis que les travaux réalisés au Louvre en font le plus grand musée du monde. La construction, au centre de celui-ci, d'une pyramide de verre due à un architecte d'origine chinoise a soulevé bien des polémiques ; elle s'élève dans l'axe de la « perspective triomphale » Louvre-Concorde-Champs-Élysées-Arc de triomphe, fermée, au sommet du nouveau quartier ultra-moderne de la Défense, par une arche gigantesque.

Avec l'extension des lignes du Train à grande vitesse (T.G.V.), vers les autres pays européens (Benelux, Allemagne, Grande-Bretagne via le tunnel sous la Manche), la capitale française, et en particulier son ancien « ventre », le nouveau quartier des Halles, se trouvera au centre de l'Europe unie.

Population (ville) 2 152 000 ; (aggl.) 9 060 000
Carte France Eb

parisien ou **de Paris (Bassin),** ***France*** Vaste dépression (120 000 km^2) en forme de cuvette, au N. du pays, la plus grande unité naturelle du territoire français. Plus du quart de la population y habite et Paris, la capitale, se trouve en son centre. Arrosé par la Seine, la Somme, la Marne et la Loire, le Bassin parisien possède les meilleures terres du pays et une agriculture riche et variée (céréales, betteraves, élevage, maraîchage, fruits). Ses trois grands centres industriels (Paris, le complexe portuaire de la basse Seine et la région métallurgique lorraine) ont, depuis toujours, drainé le plus gros de la main-d'œuvre française.

Carte France Db

Parme, en it. **Parma,** ***Italie*** Ville située à 120 km au S.-E. de Milan, en Émilie, fondée par les Étrusques en 525 av. J.-C. Elle devint une colonie romaine en 183 av. J.-C. et un important centre commercial, fut détruite par le roi ostrogoth Théodoric (455-526) et reconstruite au Moyen Âge. Traversée par la rivière Parma, la ville possède de vieux quartiers historiques et de nombreux monuments, dont le Palazzo Ducale, en partie en ruine, à l'O., et l'église San Giovanni Evangelista, à l'E., qui abrite la belle fresque de l'*Assomption de la Vierge* du Corrège (v. 1489-1534). La ville s'est spécialisée dans la fabrication de produits alimentaires, dont les plus célèbres sont le fromage (parmesan) et le jambon de Parme.

Population 176 800
Carte Italie Cb

Paros, ***Grèce*** Île bordée de falaises et de belles plages (194 km^2), située à l'O. de Naxos, dans les Cyclades, au S. de la mer Égée. Son port possède un château en ruine datant de 1266 et une cathédrale byzantine du Xe s. appelée Ekatonpyliani (« cent portes »). Le superbe marbre blanc de l'île fut largement utilisé par les sculpteurs de l'Antiquité. La Chronique de Paros, ou Marbre de Paros, fragment d'une table chronologique, y aurait été exécutée au IIIe s. av. J.-C.

Population 7 900
Carte Grèce Dc

Parramatta, ***Australie*** Ancienne cité agricole de Nouvelle-Galles du Sud, sur la rivière homonyme, aujourd'hui satellite suburbain à l'O. de Sydney. Important centre industriel (textiles, machines, automobiles, minoteries).

Fondée en 1788 et deuxième établissement du pays, la ville présente quelques-uns des plus anciens bâtiments d'Australie : ferme Elizabeth (1793) ; Maison du Gouvernement (1799-1816).

Carte Australie Ie

Pasadena, ***États-Unis*** Ville du sud-ouest de la Californie, nichée au pied des monts San Gabriel et dominée par l'observatoire du mont Palomar (1 871 m). Elle constitue la banlieue N.-O. de Los Angeles. Défilé annuel à l'occasion du Tournoi des Roses.

Population 131 600
Carte États-Unis Cd

Pasargades, ***Iran*** Ville à 100 km au N.-E. de la ville méridionale de Chiraz, ancienne capitale de Cyrus II le Grand (règne 559-530 av. J.-C.). Les ruines comprennent le palais de Cyrus et son tombeau — un grand sarcophage caché sous une pyramide de blocs de pierre.

Carte Iran Ba

Pasay, ***Philippines*** Voir MANILLE

Pasco, ***Pérou*** Département central des Andes et l'une des principales régions minières du pays. Fer et manganèse sont extraits dans la vallée du río Perené, et le cuivre, le zinc, le plomb, le bismuth et l'argent sont exploités dans la capitale du département, Cerro de Pasco.

Population 299 000
Carte Pérou Bb

pas de Calais, en angl. **Strait of Dover,** ***France/Royaume-Uni*** Détroit qui fait communiquer la Manche et la mer du Nord, entre la France et l'Angleterre. C'est l'une des voies maritimes les plus fréquentées du globe (pétroliers). Les ports de Calais et de Douvres continuent d'assurer le transit des voyageurs entre la France et l'Angleterre, parallèlement au tunnel sous la Manche.

Largeur minimale 34 km
Carte Royaume-Uni Fe

Pas-de-Calais (62), ***France*** Département du nord du pays, en bordure du détroit homonyme (6 752 km^2). Son chef-lieu est Arras. Le sud-ouest et le nord-ouest, au climat doux et humide, offrent de grandes possibilités agricoles et ont une population dense. La plus grande partie du département s'étend sur l'Artois, entre les bassins flamand et parisien. Il est bordé au N. et à l'E. par le département du Nord et au S. par celui de la Somme. L'est et l'ouest sont des zones de cultures (blé, betterave) et d'élevage. Le Boulonnais, au N.-O., est un secteur d'élevage au paysage bocager et à l'habitat dispersé, tandis que la Flandre intérieure, parsemée de petits bois, permet la culture maraîchère et céréalière.

D'Auchel, à l'O., à Gohelle s'étend une région houillère ininterrompue qui présente un paysage de cités ouvrières et de puits appelé « pays noir », à la population très dense. L'industrie houillère est aujourd'hui en désuétude. Villes principales : Boulogne-sur-Mer, Calais.

Population 1 435 000
Carte France Da

Paso (El), ***États-Unis*** Ville de l'O. du Texas, sur la rive gauche du río Grande, en face de la ville mexicaine de Ciudad Juarez. Centre commercial et financier d'une région d'élevage, de culture du coton et d'industrie minière. Ses fonderies et raffineries de cuivre sont parmi les plus grandes du monde. Raffineries de pétrole. Importantes bases militaires.

Population (ville) 463 800 ; (agglom.) 526 500
Carte États-Unis Ed

Passau, ***Allemagne*** Ville au confluent du Danube et de l'Inn, au S.-E. de l'Allemagne, près de la frontière autrichienne. Sa cathédrale baroque du XVIIe s. possède le plus grand clavier d'orgue d'Europe, achevé en 1928. Il se compose de plus de 17 000 tuyaux et de 5 claviers. En 1552, Maurice de Saxe et Ferdinand Ier de Habsbourg, qui représentait Charles Quint, conclurent à Passau un traité assurant la liberté de culte aux princes protestants.

Population 52 400
Carte Allemagne Ed

Pasto, ***Colombie*** Ville sur un haut plateau aride de montagnes du Sud-Ouest, chef-lieu du département de Narino, à 90 km de la frontière de l'Équateur. Elle est dominée par le volcan de Galeras (4 726 m), encore actif. La région est principalement peuplée de paysans indiens.

Population 258 000
Carte Colombie Bb

Patagonie, ***Argentine/Chili*** Vaste plateau désertique et froid (770 000 km^2) qui comprend les quatre provinces méridionales d'Argentine et une partie de la province des Magellanes du Chili, au S. des ríos Negro et Limay. Dans les vallées poussent la vigne et les arbres fruitiers, mais l'économie de la région repose sur la laine, expédiée vers Buenos Aires et Bahia Blanca. Les fermiers gallois qui y élèvent des moutons sont des descendants de ceux qui émigrèrent en Argentine en 1880 pour préserver leur culture et leur langue face à l'anglicisation du pays de Galles. Les principales villes de Patagonie sont le port argentin de Comodoro Rivadavia (120 000 hab.) et Punta Arenas, au Chili. Ressources naturelles : pétrole, fer, cuivre, uranium, sel et charbon.

Carte Argentine Cc

Pataliputra, ***Inde*** Voir PATNA

Patan, auj. **Lalitpur,** ***Népal*** La plus ancienne ville de la vallée de Katmandou, à 5 km au S. de la ville. Elle possède des temples bouddhiques et quelques monuments hindous et musulmans, dont beaucoup datent du XVIIe s. Lieu de pèlerinage, elle fut capitale de l'État avant d'être détrônée par Katmandou.

Population 117 300
Carte Népal Ba

Patiala, ***Inde*** Ville de l'État du Pendjab, ancienne capitale de principauté, à 200 km au N.-O. de Delhi. C'est aujourd'hui le siège de l'université de l'État et une active cité d'artisanat et de commerce de grains. On y fabrique également des appareils électriques et des chaussures.

Population 254 000
Carte Inde Bb

Patmos, ***Grèce*** Île volcanique, la plus septentrionale du Dodécanèse (Sporades du Sud), à l'E. de la mer Égée. Le monastère fortifié de Saint-Jean-le-Théologue, bâti sur un piton dominant la ville, fut fondé en 1088 et possède quelques belles icônes et des fresques du Moyen Âge. Dans le couvent de l'Apocalypse, se trouve la grotte dans laquelle saint Jean l'Évangéliste, l'apôtre exilé là de 81 à 96 par l'empereur romain Domitien, aurait écrit l'Apocalypse.

Population 2 550
Carte Grèce Ec

Patna, ***Inde*** Capitale de l'État de Bihar, sur la rive S. du Gange, à 460 km au N.-O. de Calcutta. La ville moderne se trouve un peu en aval de Pataliputra, capitale des empires hindous et bouddhistes du Vᵉ au IIIᵉ s. av. J.-C. Parmi les nombreuses institutions figurent une université et une bibliothèque qui abrite des manuscrits persans et arabes rares, ainsi qu'une collection de peintures hindoues et mogoles.

Population 918 900
Carte Inde Dc

Patos (lagoa dos), ***Brésil*** Lagune de la côte S. de l'État du Rio Grande do Sul où se situe Porto Alegre, au N. Avec 10 144 km^2, c'est la plus grande lagune d'eau salée du pays. Deux autres lagunes, celles de Mirim et de Mangueira, s'étendent jusqu'à la frontière de l'Uruguay.

Carte Brésil Ce

Patras, ***Grèce*** La plus grande ville du Péloponnèse, sur la côte N.-O. de la mer Ionienne. Principal débouché de la Grèce vers l'O., fondée en 1100 av. J.-C., elle devint un port actif sous la domination romaine, puis vénitienne. C'est aujourd'hui un centre industriel produisant des textiles, du cuir, de l'huile d'olive et des pneumatiques et exportant du vin et des raisins secs. Université. L'église Ayios Andreas abrite un reliquaire qui contiendrait le crâne de saint André, patron de Grèce et d'Écosse, qui y prêcha et y aurait été crucifié.

Population 154 000
Carte Grèce Bb

Pattani, ***Thaïlande*** Ville du golfe du Siam à 110 km de l'extrémité méridionale du pays. La ville, comme la province environnante du même nom, est peuplée en majorité de musulmans malais. Cultures principales: riz, noix de cajou et fruits. Pêche.

Population (ville) 81 000 ; (prov.) 478 700
Carte Thaïlande Bd

Pátzcuaro, ***Mexique*** Ville pittoresque, ancienne cité coloniale, sur la rive méridionale du lac homonyme, à l'intérieur des montagnes du Mexique central. Son nom indien signifie « lieu de délices ». La région abrite plus de 250 espèces d'oiseaux-mouches. Sur l'une des sept îles du lac, Janitzio, les Indiens veillent toute la nuit de la Toussaint (2 novembre) et illuminent le cimetière de chandelles.

Population 30 000
Carte Mexique Bc

Pau, ***France*** Station climatique, centre commercial et industriel des Pyrénées, à 90 km à l'E. de l'Atlantique, chef-lieu du département des Pyrénées-Atlantiques. Ville natale du roi Henri IV (1553-1610) et de Jean Bernadotte (1763-1844) qui devint en 1818 Charles XIV de Suède et fonda l'actuelle maison royale de Suède. La ville possède un château du XIIIᵉ s., dont le donjon du XIVᵉ s. fut restauré au XIXᵉ s. Il contient de superbes tapisseries des Gobelins et des Flandres, des documents sur Henri IV et est devenu musée régional du Béarn. L'industrie (métallurgie spécialisée) s'est développée grâce aux gisements de gaz naturel de Lacq découverts en 1951.

Population (ville) 82 200 ; (aggl.) 135 000
Carte France Ce

pavage Concentration à la surface du sol des cailloux de grande taille résultant de l'enlèvement des matériaux de petite taille par le vent, les eaux de ruissellement, le lessivage, et les alternances de gel et de dégel.

Pavie, en ital. **Pavia,** ***Italie*** Ville universitaire à 32 km au S. de Milan. L'ancien centre ville présente encore le tracé quadrillé originel du *castrum* romain appelé Ticinum. La cathédrale, commencée en 1488, fut achevée, en suivant les plans originaux, en 1936. L'université a été fondée en 1361. En 1525, François Iᵉʳ y fut fait prisonnier. Industries alimentaires, machines agricoles, matériel électrique, machines à coudre et textiles.

Population 83 000
Carte Italie Bb

Pavlodar, ***Kazakhstan*** Ville sur l'Irtych, à 300 km au N.-E. de Karaganda, au centre d'une fertile région agricole. Le développement de l'industrie agro-alimentaire a provoqué le triplement de la population depuis 1960. Fonderies, industries mécaniques (moissonneuses-batteuses).

Population 360 900
Carte Kazakhstan Ca

Pays-Bas Voir p. 522-523

pays Basque, ***France/Espagne*** Voir BASQUE (PAYS)

Paz (La), off. **La Paz de Ayacucho,** ***Bolivie*** Capitale de facto du pays, Sucre étant la capitale constitutionnelle, et chef-lieu du département homonyme (133 985 km^2). La ville, située au pied de l'Illimani, abritée des vents de l'Altiplano, fut fondée en 1548 par l'Espagnol Alonso de Mendoza. Elle fut florissante à l'époque coloniale grâce à sa situation sur la route qui reliait les mines d'argent du Sud-Est à Lima, capitale du Pérou. Un des centres de la résistance pendant la guerre d'Indépendance, de 1809 à 1825, elle fut baptisée La Paz de Ayacucho après la victoire d'Ayacucho (Pérou). C'est le siège du gouvernement depuis 1898. Les maisons s'étagent sur les hauteurs, au-dessus des quartiers riches et commerçants. Artisanat (laine d'alpaga, cuir). L'église et le monastère de San Francisco, consacrés en 1778, offrent un bel exemple d'architecture coloniale. Université. Industries principales: alimentaires, textiles, matériel électrique, produits chimiques, meubles, verreries. Traitement du plomb et de l'argent pour l'exportation.

Population (ville) 900 000 ; (dép.) 1 913 200
Carte Bolivie Bb

Paz (La), ***Mexique*** Ville et capitale de la Basse-Californie du Sud, sur la baie homonyme, dans le golfe de Californie. C'est un port de pêche (huîtres perlières) et une station balnéaire où l'on pratique les sports nautiques, la pêche sportive (espadon) et les bains de mer. La région produit de la canne à sucre.

Population 70 000
Carte Mexique Ab

Pazardzik, ***Bulgarie*** Capitale de la province homonyme, sur la Marica, à 100 km au S.-E. de Sofia, au centre d'une fertile région agricole et viticole. L'église souterraine de la Sainte-Vierge abrite une magnifique icône. Industrie textile, caoutchouc et cuir.

Population 79 500
Carte Bulgarie Bb

ANCIENNES ET NOUVELLES MODES. Une femme Aymara court vêtue promène son enfant dans le dos; mais on en rencontre beaucoup d'autres qui portent la jupe longue et le traditionnel chapeau rond. La moitié de la population de La Paz est indienne.

Paz de Rio, *Colombie* Voir BOYACA

Peak District, *Royaume-Uni* Région de landes, de pics (point culminant: Kinder Scout, 636 m) et de vallées, à la pointe méridionale des Pennines, dans le Derbyshire. Elle est fréquentée par des randonneurs et des spéléologues qui en explorent les nombreuses grottes. Bien que la plus grande partie de la région soit un parc naturel, on y exploite par endroits la fluorine.
Carte Grande-Bretagne Ed

Pearl Harbor, *Hawaï* Port en eau profonde et base navale, sur l'île de Oahu, dans l'État américain d'Hawaï. Sa base navale, fondée en 1907, fut attaquée par surprise par les Japonais, le 7 décembre 1941. Cet acte de guerre permit à Roosevelt, par l'indignation qu'il provoqua, de faire entrer les États-Unis dans la Seconde Guerre mondiale.
Carte Hawaï Ba

Peć, *Yougoslavie* Ancienne ville de marché du Kosovo, à 20 km de l'Albanie, sur la Bistrica, à l'O. d'un grand bassin fertile et montagneux. Son vieux quartier turc, avec ses rues étroites, ses bazars et ses mosquées, contraste avec les constructions d'après 1960. Peć fut le centre de l'Église orthodoxe serbe, du XIVe au XVIIIe s. À l'entrée des spectaculaires gorges de Rugovo, à l'O. de la ville, se dresse l'imposant Patriarchate à trois églises. Decani, le plus grand monastère médiéval de Serbie, à 16 km au S., construit au XIVe s., abrite de belles fresques. Produits alimentaires, cuir, textiles et tabac.
Population 111 000
Carte Yougoslavie Bc

Pécs, *Hongrie* Ville principale du S.-O. de la Hongrie et chef-lieu du département de Baranya, à 171 km au S.-O. de Budapest. Elle est située à proximité de la vieille ville de Villany, sur les contreforts S. plantés de vignes et très boisés des monts Mecsek (682 m). La ville, fondée par les Celtes et développée par les Romains, devint un important centre commercial au Moyen Âge. Les Catacombes chrétiennes, la magnifique cathédrale à quatre flèches, et l'université, fondée en 1367, témoignent de ce riche passé. Les belles mosquées des pachas Gazi Kassim et Yakovali Hassan datent de l'occupation turque (1543-1686), tandis que l'imposant palais épiscopal baroque est du XVIIIe s. Important centre de production de cuir, usines de porcelaines à Zsolnay et vins rouges et blancs de Villany. Pécs a deux satellites: Uranvaros, où l'on exploite l'uranium, et Komlo, producteur de lignite.
Population 181 400
Carte Hongrie Ab

pedalfer Sol riche en fer et en aluminium des régions humides.

pédiment Sous les climats semi-arides, surface en pente douce, au pied des reliefs, qui a été partiellement érodée par le ruissellement et façonnée en glacis.

Peenemünde, *Allemagne* Port sur l'estuaire de la Peene. De 1935 à 1945, on y fabriqua, sous la direction de Werner von Braun, les engins autopropulsés (V1 et V2) avec lesquels les nazis espéraient soumettre l'Angleterre. Après le bombardement de la ville par la R.A.F., en août 1943, le travail y fut poursuivi puis, en 1945, les ateliers furent évacués en Bavière.
Carte Allemage Ea

Pegasus (baie), *Nouvelle-Zélande* Baie de la côte E. de l'île du Sud (66 km du N. au S. et 24 km d'E. en O.), bordée au S. par la péninsule de Banks, du nom du botaniste anglais sir Joseph Banks qui accompagnait James Cook au cours de son tour de Nouvelle-Zélande en 1769-1770. Le port de Lyttelton, sur la rive S. de la baie, dessert Christchurch.
Carte Nouvelle-Zélande De

Pegu, en fr. **Pégou, *Birmanie*** Capitale de la division administrative homonyme, située à 70 km au N.-E. de Rangoon. La ville fut la capitale du royaume Mon de Birmanie de 1250 à 1757 et de la Birmanie de 1531 à 1635. Elle conserve plusieurs pagodes. Le bouddha couché (Shwethalyaung), de 60 m de long et 14 m de haut, a été rénové. La région (39 404 km^2) est essentiellement agricole (riz, canne à sucre).
Population (ville) 150 600; (division) 3 800 000
Carte Birmanie Cc

Pekanbaru, *Indonésie* Capitale provinciale de Riau, sur l'île de Sumatra, port pétrolier et centre de traitement du caoutchouc.
Population 186 300
Carte Indonésie Bb

Pékin (Beijing), *Chine* Capitale de la république populaire de Chine, à l'extrémité septentrionale de la grande plaine de la Chine du Nord, Pékin, dont le nom signifie « capitale du Nord », est une ancienne cité impériale soigneusement conservée et une ville industrielle et commerciale moderne.

Pékin ne devint capitale administrative qu'au Xe s., lorsque les Khitans, peuple mongol semi-nomade, y établirent leur résidence. Au XIIIe s., le premier empereur de la dynastie des Yuan, Koubilaï khan (1215-1294), petit-fils du grand conquérant Gengis khan, s'installa un peu au N. de l'enceinte de la ville actuelle.

En 1421, Pékin devint capitale impériale de la dynastie des Ming (1368-1644). Le troisième empereur Ming, Yong Le (règne: 1402-1428), fit construire une vaste cité close qui, comme beaucoup d'autres villes chinoises, oriente ses murs et ses rues vers les quatre points cardinaux. À l'intérieur de la « ville murée » fut édifiée la Cité impériale, qui enfermait elle-même la Cité interdite, domaine de l'empereur où les habitants ne pouvaient accéder sans risquer la mort. Cette partie est aujourd'hui ouverte aux touristes. Pékin resta dès lors la capitale de la Chine, sauf pendant la période de 1928 à 1949, où le gouvernement nationaliste fut transféré à Nankin.

Aujourd'hui, la municipalité de Pékin s'étend sur 16 807 km^2, à 140 km des côtes du golfe du Bohai. Dans ses larges rues rectilignes grouillent bicyclettes, autobus, camions et piétons (la voiture individuelle est pratiquement inconnue en Chine). Les principaux bâtiments administratifs se trouvent dans le parc Zhongnanhai. Pékin possède plus de cinquante établissements scolaires ou universitaires, tels que l'université de Pékin et l'université Quinghua (cette dernière est un centre de recherche scientifique). Les usines, installées dans les faubourgs, transforment et affinent le fer et l'acier. Mais la ville a surtout une grande importance historique et culturelle. En son centre, la place Tien An Men (place de la Paix céleste), qui couvre 40 ha, est l'une des plus grandes du monde; elle sert aux discours des dirigeants politiques et aux défilés militaires. Sur le côté O. de la place se trouve le palais de l'Assemblée du peuple, construit en 1959, où se réunit le Congrès national populaire. Au S. se dresse le massif mausolée de Mao Zedong, construit en 1977 pour abriter les restes du fondateur de la république populaire de Chine. Au-delà de la porte du Méridien, au N., on pénètre dans la Cité interdite qui est le plus imposant groupe de bâtiments chinois de style classique avec, notamment, le pavillon de l'Harmonie suprême (autrefois salle du trône des empereurs chinois), et le palais de la Pureté céleste, où les empereurs traitaient les affaires de l'État.

Plus au N. se trouve Jing Shan, parfois appelé parc de la Montagne du charbon, avec le pavillon des Mille Printemps, d'où l'on a une vue magnifique — si la pollution le permet — sur les toits dorés de la Cité interdite. Parmi les nombreux parcs de Pékin, certains sont d'anciens jardins privés impériaux: le plus important est le parc du Temple du Ciel. Au milieu des temples du XVe s. se trouve la salle des Prières pour les Bonnes Récoltes (Qiniandian), un édifice de 41 m de haut, au triple toit conique bleu marine.

La Grande Muraille de Chine serpente dans les montagnes à 80 km au N. de la ville. La route qui y mène traverse la vallée des Treize Tombeaux contenant les imposants mausolées des empereurs Ming. Le palais d'Été de l'impératrice Ci Xi (Tseu-hi), qui régna sur la Chine de 1861 jusqu'à sa mort en 1908, se trouve dans les faubourgs N.-O. de la ville. C'est un ensemble de pavillons, de salles et de pagodes de la fin du XIXe s. dispersés au milieu de lacs artificiels.
Population (ville) 5 770 000; (municipalité) 11 600 000
Carte Chine Hc

pélagique Caractérise un milieu océanique éloigné des côtes (plus de 300 km). Les dépôts ou sédiments pélagiques sont constitués principalement d'organismes ou d'éléments détritiques très fins (argiles).

Pelagonie, *Macédoine* Voir BITOLA

Pelée (montagne), *Martinique* Volcan actif du N. de l'île (1 397 m). Sa violente éruption du 8 mai 1902 détruisit la capitale, Saint-Pierre, sur la côte O., à 20 km au N.-O. de Fort-de-France. Plus de 30 000 personnes furent tuées en trois minutes par un nuage de cendres et de gaz brûlants (*nuée ardente*) qui s'échappa du flanc du volcan. L'éruption créa une dent de lave de 360 m de hauteur, qui finit par s'écrouler en 1903. Seul un détenu, protégé par l'épaisseur des murs de sa cellule, survécut à l'éruption. Deux autres éruptions, en 1929 et 1932, firent peu de dégâts. Aujourd'hui, Saint-Pierre est un petit village (6 000 hab.) et les ruines sont devenues une attraction touristique.
Carte Martinique Aa

Pélion (mont Pilio), *Grèce* Massif montagneux boisé de la côte est de Thessalie, entre le golfe de Volos et la mer Égée, culminant à 1 548 m. Autrefois demeure légendaire des Centaures, c'est aujourd'hui le paradis des campeurs et des marcheurs qui découvrent ses charmants petits villages aux maisons à colombage et églises anciennes: Portariá, Makrinítsa, Zagorá, Milìes, Chania et Tsangarádha. Stations de ski et balnéaires (Makryrakhi et Haghios Yoannis).
Carte Grèce Cb

Pella, *Grèce* Ville natale d'Alexandre le Grand (356-323 av. J.-C.), capitale du royaume de Macédoine à partir du règne du roi Archélaos (413-399 av. J.-C.). La conquête romaine entraîna sa décadence et elle disparut au VIe s.
Voir suite p. 524

Pays-Bas

UN PAYS RICHE QUI POSSÈDE LE PREMIER PORT DU MONDE ET UN PEUPLE PITTORESQUE QUI AIME SE DÉPLACER À BICYCLETTE

Le royaume des Pays-Bas n'existe que par un caprice de la nature et surtout par la volonté des Néerlandais. Près des deux cinquièmes du pays, dont les principaux centres de population, sont situés au-dessous du niveau de la mer. C'est à cette particularité que le pays doit son nom de Nederland (*Neder* : bas, *land* : pays).

Au cours des siècles, tantôt la mer a progressé aux dépens des terres, tantôt elle a dû battre en retraite. En 1421, la mer a envahi une grande étendue à l'embouchure du Rhin ; on l'appelle depuis lors Hollands Diep. Au XVIIe s., par le drainage et l'endiguement, le pays a gagné 1 120 km^2, mais seulement 500 km^2, au XVIIIe s., et encore 1 170 km^2 au XIXe s. La mer prend parfois sa revanche, comme lors des terribles inondations de 1953, qui firent 1865 morts, mais, grâce aux machines modernes de terrassement, la balance des gains et des pertes penche définitivement en faveur de l'homme, qui a conquis 2 500 km^2 depuis le début du XXe s.

Voilà ce qu'il en coûte d'établir les centres vitaux d'une nation dans le delta, non pas d'un fleuve, mais de deux grands fleuves, le Rhin (avec ses deux bras principaux, le Lek et le Waal) et la Meuse (Maas). Comme dans tous les deltas du monde, la formation du sol résulte de l'équilibre instable entre trois forces : l'alluvionnement du fleuve, l'action de la mer et l'intervention de l'homme, qui s'efforce de maîtriser les deux autres.

Grâce à leur longue expérience de la lutte contre la mer, les Hollandais ont pu entreprendre récemment de vastes travaux de reconquête. Le Zuiderzee a été converti en lac d'IJssel (IJsselmeer) par la construction de la digue de fermeture en 1932. On a drainé quatre grands polders, avec la possibilité d'un cinquième, ajoutant ainsi à l'espace agricole 1 650 km^2 d'un ancien fond marin, créant une nouvelle province, le Flevoland, et de nouvelles villes comme Almere, qui accueille le trop-plein d'Amsterdam.

Un autre grand projet a été provoqué par les désastreuses inondations de 1953. Le delta commun de la Meuse et du Rhin renfermait alors plusieurs îles dont les côtes étaient exposées de tous côtés aux attaques de la mer et des fleuves. Le plan Delta a rattaché les îles à la terre ferme par la construction de barrages à travers les bras de mer, ne laissant à la navigation que le Nieuwe waterveg, chenal qui mène à Rotterdam au N., et l'Escaut occidental jusqu'au port belge d'Anvers au S. Non seulement ces travaux ont rendu les îles invulnérables mais, en plus, les lacs artificiels compris entre les îles et les barrages sont devenus une attraction touristique.

Il y a aussi au S. et à l'E. du delta le pays « haut », en grande partie composé de collines de sable et de gravier. A l'E., ces matériaux, originaires de Scandinavie, ont été apportés par les glaciers quaternaires ; au S., ce sont les terrasses fluviales du Rhin et de la Meuse ; à l'extrême S., le plateau crayeux du Limbourg recouvre des couches de charbon ; il culmine à 321 m au Drielandenpunt.

LES CÉLÈBRES CHAMPS DE FLEURS

Le paysage dépend beaucoup de la nature du sol. Les sables et graviers infertiles sont en grande partie couverts de landes et de forêts, maintenant protégées comme réserves naturelles. Les sols des fonds des vallées sont des argiles froides et collantes qui portent des prairies inondables et des vergers. La tourbe du delta est presque entièrement en herbe, avec une nappe phréatique maintenue à un haut niveau pour empêcher le tassement du sol ; en fait, 57 % de l'espace agricole néerlandais est en herbe. Enfin, les vases marines, plus légères que les vases fluviales, sont en labours et portent des récoltes.

Le paysage le plus célèbre des Pays-Bas, ce sont les champs de plantes à bulbe et les jardins maraîchers sur les anciennes dunes de sable qui s'alignent à l'arrière de l'actuelle barrière dunaire, depuis Hoek van Holland jusqu'à Alkmaar. Le trait le plus notable de ce paysage, ce sont aujourd'hui les innombrables serres dans lesquelles on cultive les salades, les concombres, les tomates, les fruits et les fleurs.

Le nom de Pays-Bas (Nederland) s'appliquait jadis à l'ensemble constitué de nos jours par les Pays-Bas, la Belgique et le Luxembourg. Au XIXe s., la Belgique puis le Luxembourg devinrent indépendants, laissant un royaume des Pays-Bas à majorité protestante, avec une famille royale protestante ; mais le sud du pays est un bastion catholique.

Les Pays-Bas sont riches, même à l'échelle de l'Europe. Au XVIIe s., ils furent le pays le plus avancé du continent. La jeune république attirait des artistes et des artisans de toute l'Europe protestante. Elle disposait d'une force militaire et navale, faisait commerce des richesses du monde et fondait un grand empire outre-mer. La Compagnie des Indes orientales gagnait beaucoup d'argent ; les grands cartographes (Mercator, Ortelius, Blaeu) travaillaient pour elle. Rembrandt, Hals, Vermeer fixaient sur la toile le paysage et ses acteurs.

Les choses se sont gâtées par la suite. Les armées françaises envahirent le pays au XVIIe s. ; la perte de la Belgique en 1830 lui porta un coup sévère. En 1940, l'Allemagne envahit les Pays-Bas, détruisant le centre de Rotterdam dès le premier jour. Quatre ans d'occupation se terminèrent à l'automne 1944 pour le sud du pays ; mais la Meuse et le Rhin qui avaient si souvent protégé le pays contre l'invasion jouèrent le même rôle en faveur des Allemands repliés au N. L'occupation allemande se poursuivit donc pendant « l'hiver de la famine » en 1944-1945 ; peu de régions d'Europe ont été aussi dépourvues de tout que le fut alors le cœur des Pays-Bas. C'est de cet abîme que dut repartir la reconstruction d'après-guerre.

LA VILLE DES CANAUX. Un des principaux attraits d'Amsterdam, ce sont ses pittoresques canaux, avec leurs jolis ponts et leurs quais bordés d'arbres. Parfois, les péniches servent de logements flottants. Des bateaux-mouches circulent nuit et jour sur les canaux.

Avec 435 habitants au kilomètre carré, les Pays-Bas sont le pays le plus densément peuplé d'Europe, mais ceci n'est qu'une moyenne. Le Sud et l'Est ont peu d'habitants, tandis que la densité de la province de Hollande-Sud est de 1 080 habitants au kilomètre carré. La population est massivement concentrée dans les villes de ce qu'on appelle la Randstad Holland, une aire urbanisée en forme de fer à cheval qui, partant de Dordrecht au S., inclut Rotterdam, Delft, La Haye, Leyde, Haarlem, Amsterdam et Hilversum, pour aboutir à Utrecht. Le diamètre du fer à cheval est d'environ 50 km.

La Randstad est entièrement sous le niveau de la mer. Le drainage doit donc être planifié, contrôlé avant toute construction, surtout s'il s'agit de la tour de la cathédrale d'Utrecht, haute de 112 m, ou du chemin de fer souterrain de Rotterdam.

Les villes de la Randstad attirent des migrants de tout l'est du pays, et leur croissance se poursuit. Et pourtant, elles entourent certaines des terres agricoles et horticoles les plus productives du monde. Il faut lutter sans cesse pour préserver les terres agricoles et les espaces verts situés à l'intérieur et autour du fer à cheval.

Cela ne signifie pas que le reste du pays manque d'opportunités. Des villes prospères existent dans le Sud, notamment Eindhoven, avec ses importantes industries de matériel électrique. Il y a le Limbourg, dont les industries étaient fondées naguère sur les ressources houillères locales, et maintenant sur les produits pétroliers. Il y a les anciennes villes textiles de la province d'Overijssel et le gisement de gaz naturel de Groningue qui attirent de nouveaux investissements. Mais la Randstad domine toute l'économie néerlandaise. Ses industries littorales raffinent le pétrole, produisent l'acier (4 millions de tonnes par an à IJmuiden), les navires, transforment les produits tropicaux. C'est le cœur administratif et commercial du pays.

Un habitat dense exige un dense réseau de communications. Les Néerlandais ont le réseau d'autoroutes le plus serré du monde. Les chemins de fer électrifiés assurent des services réguliers et fréquents ; mais les marchandises se déplacent surtout par les voies d'eau, les canaux et surtout le Rhin. Tout le trafic maritime, fluvial et routier converge à Rotterdam, le plus grand port du monde. Gardiens de l'embouchure du Rhin, les Néerlandais sont les portiers de l'Europe occidentale.

LES PAYS-BAS EN BREF

Superficie 41 785 km^2 ; superficie des terres émergées : 33 930 km^2

Population 15 300 000

Capitale Amsterdam ; siège du gouvernement : La Haye

Régime Monarchie parlementaire

Monnaie Florin = 100 cents

Langues Néerlandais, frison (localement) ; anglais et allemand très répandus

Religions Catholiques 40 %, calvinistes 24 %, autres Églises réformées 9 %

Climat Tempéré maritime ; température moyenne : de − 1 à 4 °C en janvier, de 13 à 22 °C en juillet

Ressources Céréales, pommes de terre, betteraves à sucre, fruits et légumes, bétail, poisson ; pétrole et gaz naturel, sel

Activités Agriculture, élevage, industries alimentaires (produits laitiers), sidérurgiques, métallurgiques, chimiques, textiles, confection, manufactures de tabac, industries graphiques, chantiers navals, tailleries de diamants, engrais, extraction et raffinage de pétrole et de gaz naturel, pêche

Exportations Produits laitiers, viande, fruits et légumes, produits pétroliers et gaz naturel, produits chimiques, machines, textiles, fer et acier, plantes à bulbes

P.N.B. annuel par habitant 18 560 dollars

Croissance démographique 4 ‰ par an

Espérance de vie Hommes 74 ans, femmes 80

Située à 40 km à l'O. de Salonique, elle ne fut découverte qu'en 1957. On a mis au jour de nombreuses rues, dont quelques-unes sont pavées de mosaïques.
Carte Grèce Ca

Péloponnèse, *Grèce* Région la plus méridionale de Grèce continentale, à laquelle elle est reliée par l'isthme de Corinthe. Elle tient son nom du roi Pelops qui, dans la mythologie, fut offert en festin aux dieux par son père, Tantale. Pelops était considéré comme le fondateur des Jeux olympiques.

Le Péloponnèse, bordé à l'E. par la mer Égée et à l'O. par la mer Ionienne, présente un paysage de collines et de côtes déchiquetées. Des montagnes nues, comme les massifs du Taygète (2 404 m) et du Ziria (2 377 m), surplombent d'étroites plaines côtières. Creuset de la civilisation mycénienne, à l'origine de la Grèce classique, le Péloponnèse fut ravagé, de 267 apr. J.-C. au XIe s, par les Goths, les Huns, les Slaves et les pirates, puis gouverné par les Francs (après 1212) et les Turcs (après 1453), avant d'être enfin réuni à la Grèce en 1828. Ville principale: Patras. Production de vins blancs et rouges, d'olives et de fruits, industries textiles, alimentaires et papeteries.
Population 1 012 500
Carte Grèce Bc

Pelotas, *Brésil* Port et ville agricole à l'extrémité S. de la lagune de Patos, à 210 km au S. de Porto Alegre, dans l'État de Rio Grande do Sul. Cultures de fruits et de soja. Transformation du riz. Importantes conserveries de viande.
Population 261 000
Carte Brésil Ce

Pelvoux, *France* Massif cristallin des Alpes, à l'E. de l'Oisans, qui culmine à la barre des Écrins (4 102 m). Il englobe le parc national des Écrins. Lieu d'escalade privilégié des alpinistes, il offre de nombreux itinéraires difficiles dont le plus impressionnant est l'éperon N. de la pointe Puiseux (3 946 m).

Pemba, *Tanzanie* Île de l'océan Indien à 60 km au N.-E. de Zanzibar (985 km^2), protectorat britannique de 1890 à 1963. Zanzibar et Pemba forment la république de Zanzibar associée au Tanganyika en 1964 pour créer la république unie de Tanzanie. Ville principale : Wete (20 000 habitants), sur la côte O. Exportation de clous de girofle.
Population 250 000
Carte Tanzanie Ba

Pembroke, *Royaume-Uni* Voir DYFED

Penang, *Malaysia* État de 1 033 km^2 de la côte O., à 300 km au N.-O. de Kuala-Lumpur, qui comprend l'île de Penang et le port de Butterworth, sur la presqu'île de Malaisie. L'île de Penang est un célèbre centre de villégiature où les touristes ont le choix entre le calme des villages de pêcheurs et l'agitation de la capitale, George Town, ville à dominante chinoise.
Population (ville) 250 600; (État) 1 066 000
Carte Malaysia Ba

pendage Angle d'inclinaison d'une couche géologique, d'un plan de faille ou de schistosité, ou d'un filon, qui se mesure (de 0 à 90^0) entre la ligne de plus grande pente et l'horizontale.

Pendjab, *Inde* État agricole du Nord-Ouest (50 362 km^2), qui faisait partie de la province anglo-indienne du même nom partagée entre l'Inde et le Pakistan lors de l'indépendance (1947). Le Pendjab indien fut lui-même divisé en 1966 en trois États: le Pendjab, à majorité sikh, à l'O., le Haryana et l'Himachal Pradesh, à majorité hindoue. Capitale: Chandigarh. Le conflit du Temple d'Or d'Amritsar envenime gravement depuis les années 1980 les relations communautaires en Inde.

Le Pendjab (« Pays aux cinq rivières ») doit son nom à la Jhelum, la Chenab, la Ravi, la Bias et la Sutlej, qui traversent la région historique. Ses terres à blé bien irriguées lui ont valu le surnom de « grenier de l'Inde ».
Population 20 281 500
Carte Inde Bb

Pendjab, *Pakistan* Province de 205 344 km^2, formée de la partie occidentale de l'ancienne province anglo-indienne du Pendjab. C'est, économiquement et politiquement, la région la plus importante du pays. Traversée par l'Indus, la Jhelum, la Chenab, la Ravi et la Sutlej, et bien irriguée, elle produit du blé, du coton et du riz. La capitale, Lahore, était dominée par les Sikhs avant l'indépendance (1947) et nombre d'entre eux souhaitent sa réunification avec le Pendjab indien et la création d'un État sikh.
Population 50 500 000
Carte Pakistan Cb

Pendjari (parc national de la), *Bénin* Parc national de 2 750 km^2 au N.-O. du pays, bordé par la rivière qui lui a donné son nom. Végétation de savane avec forêts-galeries; grandes antilopes, éléphants, lions, panthères, buffles, singes, phacochères, nombreux oiseaux...
Carte Bénin Aa

P'eng-hu (archipel), anc. **îles Pescadores, *Taiwan*** Archipel de 127 km^2 (64 îlots) dans le détroit de Taiwan, à 45 km à l'O. de Taiwan. Seules 24 de ces îles basses coralliennes sont habitées par des pêcheurs et des paysans. Base navale japonaise pendant la Seconde Guerre mondiale, la ville principale, Ma-kung (60 000 habitants) se trouve sur l'île: P'eng-hu.
Population 95 000
Carte Taiwan Ac

Penmarch (pointe de), *France* Cap du Finistère, au S. de la baie d'Audierne, à l'extrémité duquel se trouve le phare d'Eckmühl.
Carte France Ac

Pennine (chaîne), *Royaume-Uni* Chaîne de collines formant l'épine dorsale de l'Angleterre et s'étendant sur 225 km de la vallée de la Trent aux monts Cheviot, à la frontière écossaise. Point culminant: le Cross Fell (893 m). Landes, forêts et tourbières sur les versants; bonnes terres dans les vallées orientales.
Carte Royaume-Uni Dc

Pennsylvanie, *États-Unis* État du Nord-Est (117 412 km^2), entre le lac Érié et la Delaware, dans les Appalaches. Situé dans la *Dairy Belt*, il est connu pour ses produits laitiers, ses fruits et ses légumes mais c'est surtout un État minier (anthracite et charbon bitumineux) et industriel (sidérurgie, industries chimiques, alimentaires et de haute technologie). La colonie fondée en 1681 par le quaker anglais William Penn devint plus tard l'un des 13 États fondateurs. Villes principales: Philadelphie et Pittsburgh; capitale: Harrisburg.
Population 12 000 000
Carte États-Unis Kb

Pensacola, *États-Unis* Port de Floride, au N. du golfe du Mexique, à la frontière de l'Alabama. Base navale disputée pendant la guerre de Sécession. Forts des XVIIIe et XIXe s. Musée de l'aéronautique navale militaire. Tourisme.
Population 57 600
Carte États-Unis Id

Pentland (détroit de), *Royaume-Uni* Détroit de 23 km de long et de 11 à 13 de large entre l'Écosse et les Orcades, théâtre de nombreux naufrages. La légende veut que les fantômes des naufragés appellent les marins qui l'empruntent par les nuits sans lune.
Carte Royaume-Uni Gj

Penzance, *Royaume-Uni* Le port le plus occidental du pays, sur la côte S. de la Cornouailles, à 12 km de Land's End. Desserte maritime et aérienne des îles Scilly. Tourisme. Ruines d'un monastère du XIe s. et d'un port du XVe s. sur l'île St Michael's Mount.
Population 20 000
Carte Royaume-Uni Ce

Perak, *Malaysia* État correspondant au bassin du Perak, au N.-O. de la Malaisie, à la frontière thaïlandaise. Premier producteur d'étain de la Fédération. Riz, hévéa. Capitale : Ipoh.
Population 1 880 500
Carte Malaysia Bb

Perche, *France* Région vallonnée de l'O. du Bassin parisien, à la limite du bocage normand. Mondialement connue pour ses chevaux de trait, les célèbres percherons.
Carte France Db

Pereira, *Colombie* Centre commercial, chef-lieu du département de Risaralda, à 190 km à l'O. de Bogotá. Café; bétail. Textiles, confection; papier; denrées alimentaires.
Population 265 000
Carte Colombie Bb

Pergame, en turc **Bergama, *Turquie*** Localité proche de la mer Égée, à 250 km au S.-O. d'Istanbul. Au IIe s. av. J.-C., capitale du royaume de Pergame, ou des Attalides, c'était une cité prospère et un grand centre artistique et intellectuel (bibliothèque de 200 000 volumes), qu'Attale III plaça sous la tutelle de Rome par testament en 133 av. J.-C. Elle resta encore une très grande ville pendant plusieurs siècles, mais déclina à partir du IIIe s. apr. J.-C. Nombreux vestiges : Asclepieion, théâtres, temples, sculptures et inscriptions, etc. Musées archéologique et ethnographique.
Population 42 600
Carte Turquie Ab

péridotite Roche magmatique grenue constituée de minéraux foncés, principalement de péridots (silicates naturels de fer et de magnésium) où l'olivine est dominante, et aussi de pyroxènes et d'amphiboles. C'est une roche ultrabasique; on pense qu'elle forme une partie du manteau.

Périgord, *France* Région du Sud-Ouest correspondant en majeure partie au département de la Dordogne et formée de plateaux calcaires dont les grottes étaient déjà habitées à l'époque préhistorique, comme en témoignent les peintures rupestres de Lascaux. On distingue le Périgord vert, avec la vallée de la Dordogne, le Périgord blanc au N. (fraises, bovins, tabac, maïs, chênes) et le Périgord noir au S.-E. (chênes, châtaigniers, noyers). La région est célèbre pour

AU CŒUR DE L'OMBRIE. Dominant la vallée du Tibre, la vieille cité de Pérouse étage à flanc de colline de nombreux édifices médiévaux, dont l'église Saint-Dominique, la plus vaste de la ville, flanquée d'un campanile du XIe s.

ses truffes, que l'on cherche à l'aide de porcs ou de chiens dressés spécialement, mais aussi pour ses fraises, dont le département de la Dordogne est le premier producteur de France et ses fruits cultivés dans des vergers modernes. Son climat doux et ses paysages riants y favorisent l'installation de résidences secondaires.
Carte France Dd

Périgueux, ***France*** Chef-lieu de la Dordogne, sur l'Isle, à 120 km au N.-E. de Bordeaux. Vestiges gallo-romains et nombreux édifices du XIe au XVIe s. : cathédrale romano-byzantine de Saint-Front (restaurée au XIXe s.) ; église Saint-Étienne-de-la-Cité, à nef unique, couverte d'une rangée de coupoles ; musée du Périgord. Activités tertiaires ; industries agro-alimentaires (foie gras, truffes, cèpes, eau-de-vie de prune, conserves) ; impression de timbres-poste.
Population 30 300
Carte France Dd

période Unité de temps géologique, plus longue qu'une époque et plus courte qu'une ère. Voir ÉCHELLE DES TEMPS GÉOLOGIQUES p. 268

Perister (mont), ***Macédoine*** Voir BITOLA

Perles (archipel des), ***Panama*** Voir CONTADORA (île de)

Perles (rivière des), ***Chine*** Voir ZHU JIANG

Perlis, ***Malaysia*** Le plus petit État du pays (795 km^2), sur la côte N.-O. de la Malaisie, à la frontière thaïlandaise. Riz, canne à sucre ; étain.
Population 184 500
Carte Malaysia Ba

Perm, anc. **Molotov** (de 1940 à 1957), ***Russie*** Principale ville industrielle de l'Oural, à 280 km au N.-O. d'Ekaterinbourg, sur la Kama et l'autoroute vers la Sibérie et le Transsibérien. Fondée au XVIIIe s., elle se développa rapidement après la Première Guerre mondiale quand s'y installèrent des industries chimiques, mécaniques et aéronautiques ; puis vinrent l'acier, le papier, le bois, les produits pétroliers et les textiles.
Population 1 100 400
Carte Russie Dc

permafrost ou **pergélisol** Sol gelé en permanence en profondeur dans les zones froides des hautes altitudes, généralement entre 2 000 et 3 000 km du pôle Nord. La partie superficielle peut dégeler rapidement en été.

perméable (roche) Roche qui laisse passer l'air et l'eau grâce à sa grande porosité (sable) ou à la présence de fissures (calcaires stratifiés, basaltes).

permien Sixième période de l'ère paléozoïque de l'histoire de la terre. Voir ÉCHELLE DES TEMPS GÉOLOGIQUES, p. 268.

Pernambouc, ***Brésil*** Voir RECIFE

Pérou Voir p. 526-527

Pérouges, ***France*** Pittoresque bourg fortifié de l'Ain, dans le S.-E. de la Dombes, à une quarantaine de kilomètres au N.-E. de Lyon. Ses rues étroites et ses vieilles maisons médiévales attirent de nombreux touristes.
Population 850

Pérouse, en it. **Perugia,** ***Italie*** Belle ville médiévale d'Ombrie, dans les Apennins, à 135 km au N. de Rome. Au XVe s., centre d'une école de peinture dite école ombrienne. Patrie du Pérugin (1445-1523), maître de Raphaël (1483-1520), et du Pinturicchio (1454-1513), dont les œuvres ornent des églises et édifices publics. Le Palazzo dei Priori (1243-1445), qui abrite la Galerie nationale de l'Ombrie, est l'un des plus beaux palais médiévaux d'Italie. Pérouse continue à avoir une vie culturelle très riche, avec ses deux universités, dont une pour les étrangers, et ses nombreux établissements d'enseignement, en particulier d'enseignement artistique. Tourisme ; industries textiles et alimentaires (chocolat) ; meubles.
Population 142 200
Carte Italie Dc

Perpignan, ***France*** Chef-lieu des Pyrénées-Orientales sur la Têt, près de la Méditerranée, à 25 km de la frontière espagnole. Commercialisation des fruits et légumes du Roussillon et industries agro-alimentaires. Ville universitaire et touristique. Cathédrale, citadelle et palais des rois de Majorque (XIIIe-XIVe s.). Loge de Mer et Castillet (XIVe s.)
Population 106 000
Carte France Ee

Persépolis, ***Iran*** L'un des plus grands sites archéologiques du monde, à 670 km au S.-E. de Téhéran et à 60 km au N.-E. de Chirāz. La ville, fondée pour être capitale royale par l'empereur achéménide Darios Ier, qui régna de 522 à 486 av. J.-C., et agrandie par Xerxès Ier et Artaxerxès Ier, fut saccagée et incendiée, avant même d'être achevée, par Alexandre le Grand en 330 av. J.-C. Il subsiste cependant des colonnes et les vestiges de nombreux monuments, parmi

Voir suite p. 528

Pérou

L'ANCIEN CENTRE DE L'EMPIRE INCA ET SYMBOLE DE L'ELDORADO A ENGAGÉ LA LUTTE CONTRE LA PAUVRETÉ, MAIS LA VIOLENCE ENSANGLANTE LE PAYS

Il y a un demi-millénaire, la plus brillante des civilisations indiennes d'Amérique du Sud — celle des Incas, les Fils du soleil — s'épanouissait sur le territoire actuel du Pérou ; l'empire lui-même s'étendait jusqu'aux frontières de l'Équateur et du Chili. Les spectaculaires vestiges de Cuzco et du Machu Picchu font partie des monuments les plus étonnants du continent.

Mais l'autre face du Pérou est moins glorieuse. Le pays est en proie à la violence et à la pauvreté, à cause des structures sociales inégales, du combat désespéré pour la survie dans les bidonvilles, ou d'un épuisement sans fin à travailler une terre misérable.

TROIS RÉGIONS

Si le climat et la géographie ont favorisé la conservation des trésors du passé, ils sont un obstacle à la prospérité du pays. Le Pérou se partage en trois régions bien distinctes, d'O. en E. : la côte, les hauts plateaux des Andes, la forêt tropicale.

L'étroite bande côtière à l'O. des Andes est aride et déserte à cause du courant froid du Pérou (le courant de Humbolt), venu de l'Antarctique, qui remonte le long de la côte. La basse température de l'eau ne permet pas la formation des nuages. Cet air froid et sec a empêché la dégradation des témoignages des anciennes civilisations comme l'architecture et les momies que l'on retrouve, parfois, dans des abris sous roche.

Dans les Andes, vastes étendues enveloppées d'une brume sèche, où les Incas se sont réfugiés après l'invasion de leur pays par les Espagnols, la végétation varie avec l'altitude.

A l'E., sur le versant du bassin amazonien, les contreforts des Andes — la *montaña* — préludent à la *selva*, forêt tropicale dont la mise en valeur est souvent source de conflit entre les Indiens descendus de la montagne et les propriétaires des grands domaines. On commence, depuis peu, à découvrir des vestiges d'établissements précolombiens dans les profondeurs de la forêt.

Déserts, forêts et montagnes ne favorisent guère l'extension des terres cultivables. Les Indiens des hauts plateaux ont aménagé des terrasses et utilisent l'irrigation. L'agriculture de subsistance est toujours pratiquée dans les montagnes, mais des méthodes de culture plus modernes ont été introduites dans les zones plus fertiles et l'irrigation a été développée dans les vallées du désert côtier. Le sucre et le coton sont les principales exportations.

Le courant froid du Pérou amenait autrefois de grands bancs d'anchois ; des pêcheries et une industrie de conditionnement furent construites sur la côte. Mais les anchois se sont faits moins nombreux, et un moratoire a dû être instauré par le gouvernement en 1983, en attendant la reconstitution des stocks halieutiques indispensables. La disparition des bancs d'anchois a, en effet, une conséquence directe sur l'existence des nuées d'oiseaux de mer qui se nourrissent de ces poissons et vont déposer leurs fientes — le célèbre guano — sur les côtes. Ce guano, qui a été l'objet d'une guerre avec ses voisins, dans le passé, constitue l'une des richesses du Pérou. L'autre danger qui peut mettre en péril les bancs d'anchois est El Niño, un courant plus chaud, qui contrarie le courant froid habituel, chasse les poissons et provoque tornades et inondations.

Dans les montagnes, où peu de terres sont cultivables, les paysans doivent faire face à l'érosion des sols. D'autre part, le pays se trouvant sur une zone de fracture, les tremblements de terre ne sont pas rares ; celui de 1970, qui a libéré un glacier, a provoqué la destruction de la ville de Yungay et entraîné la mort de 18 000 personnes.

La région moins connue de la *montaña* couvre 60 % de la superficie du pays et n'abrite que 5 % de la population. Les rivières y sont souvent la seule voie de communication. Le boom du caoutchouc, au début du siècle, est à l'origine de quelques petites villes comme Iquitos où Gustave Eiffel — le père de la tour Eiffel — construisit un hôtel de ville ; les matériaux furent importés de France par un roi local du caoutchouc.

Aujourd'hui, le pétrole est la grande richesse de la région, mais l'exploitation se fait au détriment des réserves indiennes.

DEUX NATIONS

Deux millions de personnes parlent uniquement l'aymara et le quetchua ; il y a 50 autres groupes ethniques d'origine indienne dans le pays. Ces populations, qui bénéficient peu de l'essor économique, vivent au-dessous du seuil de pauvreté.

Les petits paysans tirent leur subsistance de maigres parcelles. Ils viennent dans les villes vendre de la nourriture, des légumes et des vêtements traditionnels. Leur nourriture est fruste et leur santé précaire : 30 % des enfants meurent avant l'âge de un an ; 90 % de la population rurale et 60 % de celle des villes n'a ni eau courante ni tout-à-l'égout. Ainsi, la moitié de la population de Lima vit dans des bidonvilles appelés *barriadas*, élevés illégalement sur des terrains publics, les habitants construisant eux-mêmes les évacuations sanitaires et les points d'eau.

La dureté de la nature et la pauvreté ont engendré un profond mécontentement, surtout à partir du début des années 1980 avec l'accession des pauvres à l'éducation. Un mouvement, le Sentier Lumineux (*Sendero Luminoso*) né à l'université d'Ayacucho, dans l'une des régions montagneuses les plus déshéritées, s'est inspiré des thèses maoïstes. Les sendéristes ont déclenché une guérilla sans merci contre les autorités, tandis que les paysans se trouvaient pris entre deux feux et subissaient la répression des forces armées.

Cette révolte, qui s'est étendue à d'autres régions indiennes, représente un grave danger pour le pouvoir démocratiquement élu du président actuel ; celui-ci s'est engagé dans une série de réformes portant sur la liberté des prix, la réduction du déficit budgétaire, et il a lancé une vaste campagne contre les trafiquants de drogue.

Avant leur absorption par l'Empire inca, au XVe s., plusieurs civilisations, dont certaines furent brillantes — Paracas, Nazcas, Mochicas, Chimus — s'étaient épanouies. C'est autour de Cuzco que s'est développée la civilisation, très structurée, des Incas, basée sur le culte du dieu Soleil. L'empire était à son apogée depuis un siècle à l'arrivée du conquistador Francisco Pizarro (1531), en qui les Incas virent la réincarnation d'un de leurs

JOUR DE MARCHÉ INDIEN. Dans la petite ville de Chincheros, bâtie à flanc de colline dans le sud du pays, un marché indien attire non seulement la population avoisinante, mais également les touristes. On y vend aussi bien du vin en cruche que des châles indiens multicolores.

dieux, blanc et barbu, parti autrefois vers l'O., avec la promesse de revenir un jour. De leur capitale Cuzco, le « nombril du monde », il ne reste que les murs cyclopéens, la plus grande partie de la ville s'étant, par la suite, couverte de constructions et de monuments espagnols de style baroque.

L'or et l'argent ruisselaient dans l'Empire inca, mais ces métaux étaient utilisés pour les ornements, et non comme monnaies. Les produits de la terre étaient divisés entre la cour, le clergé, l'administration et la population ; l'ancien quechua était devenu la langue obligatoire des peuples conquis.

LA CONQUÊTE ÉCLAIR DU PÉROU

À l'arrivée des Espagnols, les deux fils de l'Inca Huayna Capac se disputaient le pouvoir que leur avait légué leur père. Ils crurent pouvoir utiliser les conquérants dans leur lutte fratricide. Mais les mousquets et les chevaux des 180 compagnons de Pizarro les remplirent de terreur ; en moins d'une heure, le conquérant espagnol devint le maître d'un empire fabuleusement riche en or et en argent. Perdue dans la montagne, la citadelle de Machu Picchu, au N. de Cuzco, protégea pendant longtemps les « vierges du soleil » — jeunes filles consacrées à l'Inca — de la violence des Espagnols. Le souvenir de la citadelle disparut des mémoires pour quatre siècles.

Lima, l'actuelle capitale, fut fondée par Pizzaro pour servir de base au regroupement des trésors du pays, et le port de Callao, 13 km au N.-O., accueillit les galions chargés de les transporter en Espagne.

Le *libertador* du Pérou fut l'Argentin José de San Martin, qui entra triomphalement dans Lima et proclama l'indépendance du pays (1821). Bolívar lui donna une constitution en 1825. Une union avec la Bolivie échoua en raison de l'opposition de l'Argentine et surtout du Chili (bataille de Yungay, 1839). Le milieu du XIXe s. fut marqué par un boom économique grâce à l'exploitation du guano. Puis ce furent les tensions et, en alliance avec la Bolivie, la guerre contre le Chili à cause des nitrates du désert d'Atacama ; le Pérou perdit ses provinces méridionales (le problème du port d'Arica reste une épine entre les deux pays). À la fin du siècle dernier, le Pérou est la proie des pronunciamientos (1884-1930). Avec la fondation en 1930 de l'Alliance populaire révolutionnaire américaine (APRA) par Haya de La Torre, le Pérou, et avec lui l'Amérique latine, entre dans la revendication purement paysanne et indigène contre l'oligarchie et les intérêts étrangers, particulièrement américains. En 1962, Belaunde Terry est élu avec un discret soutien de l'armée sur un programme de réforme agraire ; mais il est évincé par un coup d'État militaire en 1968. Son retour au pouvoir en 1980 est vite marqué par la reprise de la guérilla et l'apparition du mouvement du Sentier Lumineux. Après Alan Garcia Perez (1985-1990), c'est Alberto Fujimori (d'origine japonaise) qui est élu. Mais en 1992 ce dernier, pour tenter de redresser le pays, fait un « coup d'État » en suspendant les garanties constitutionnelles et le parlement.

LE PÉROU EN BREF

Superficie 1 285 215 km^2
Population 22 920 000
Capitale Lima
Régime République parlementaire
Monnaie Sol
Langues Espagnol, quechua, aymara
Religion Chrétienne
Climat Tempéré sur la côte ; froid dans les Andes ; tropical dans la selva. Température moyenne à Lima : de 13-19 °C en août à 19-28 °C en février
Ressources Coton, sucre de canne, café, riz, pommes de terre, fruits, légumes, bétail, poisson ; pétrole brut, cuivre, argent, zinc, plomb, minerais de fer, tungstène
Activités Cultures industrielles, mines, extraction du pétrole et raffinage, conserveries de poisson, textiles, cimenteries, travail du cuir, plastiques, industrie chimique, affinage du métal, pêche
Exportations Produits pétroliers, cuivre, sucre, minerais de fer, argent, coton, zinc, café, plomb
P.N.B. annuel par habitant 950 dollars
Croissance démographique 21 ‰ par an
Espérance de vie Hommes 63 ans, femmes 67

CAPITALE D'UN EMPIRE DISPARU. Courant le long des parois de l'escalier double menant à la terrasse de l'Apadana, à Persépolis, des bas-reliefs représentent le défilé des nations sujettes de l'Empire perse.

lesquels la Grande Terrasse construite par Darios, la Porte de Xerxès, le Trésor de Darios, le palais principal ou Apadana (grande salle d'audience), la salle aux Cent Colonnes et les tombes d'Artaxerxès II et III.

À Naqsh-i Roustem, à 5 km au N., se trouvent les tombes (hypogées) de Darios Ier et II et celles de Xerxès Ier et d'Artaxerxès Ier creusées dans des falaises calcaires.

Carte Iran Bb

Persique (golfe), ***Moyen-Orient*** Voir ARABO-PERSIQUE (golfe)

Perth, ***Australie*** Capitale de l'Australie-Occidentale, sur la Swan, à 20 km de la mer. Fondée en 1829, elle dut sa croissance à l'installation d'un pénitencier (1850) et avec son port, Fremantle (raffinerie de pétrole, sidérurgie, blé, laine), se développa rapidement après la découverte d'or à Kalgoorlie en 1893. Université d'Australie-Occidentale (1911), université Murdoch (1975). À 20 km de la côte, on peut visiter la réserve zoologique de l'île Rottnest, où vivent des quokkas, espèces de kangourous nains ressemblant à des rats.

Population 1 018 700

Carte Australie Be

Perth, ***Royaume-Uni*** Ville d'Écosse, sur le Tay, fleuve riche en saumons, à 55 km au N. d'Édimbourg. Capitale de l'Écosse jusqu'à l'assassinat de Jacques Ier d'Écosse (1437) et berceau de la Réforme écossaise (1559) avec le calviniste John Knox. Le pétrole de la mer du Nord est acheminé par route depuis Perth vers les ports situés plus au N.

Population 42 000

Carte Royaume-Uni Db

Perthus (col du), ***France*** Important passage routier (autoroute Perpignan-Barcelone) des Pyrénées-Orientales (271 m d'altitude), à la frontière franco-espagnole, dominé par le fort de Bellegarde. C'est par ce col qu'Hannibal pénétra en Gaule en 218 av. J.-C.

perturbation cyclonique Perturbation de l'atmosphère autour d'un centre de basses pressions. Voir CYCLONE, DÉPRESSION

Perugia, ***Italie*** Voir PÉROUSE

Pesaro, ***Italie*** Ville des Marches sur l'Adriatique et station balnéaire à 130 km à l'E. de Florence. Patrie du compositeur Gioacchino Rossini (1792-1868) dont la maison natale a été transformée en musée. Tourisme ; machines agricoles ; céramique.

Population 90 500

Carte Italie Dc

Pescadores (îles), ***Taiwan*** Voir P'ENG-HU (archipel)

Pescara, ***Italie*** Port des Abruzzes sur l'Adriatique, à 155 km au N.-E. de Rome. Tourisme balnéaire ; pêche ; constructions navales et mécaniques ; textiles ; meubles. Patrie de Gabriele D'Annunzio (1863-1938).

Population 131 700

Carte Italie Ec

Peshawar, ***Pakistan*** Ville historique au pied de la passe de Khayber, au N.-O. du pays. Temples bouddhiques (l'un d'eux abrita des reliques de Bouddha jusqu'en 1909, date de leur envoi en Birmanie), constructions mogholes, sikhs et britanniques. Dans ses bazars multimillénaires se vendent des marchandises apportées d'Asie centrale par des caravanes de chameaux.

Population 555 000

Carte Pakistan Ca

Pessac, ***France*** Localité de la banlieue S.-O. de Bordeaux. Située dans les Graves, elle possède un vignoble réputé (haut-brion). Centre universitaire. Ateliers de frappe des monnaies transférés de la Monnaie de Paris en 1973.

Population 51 100

Petchenga (Pechenga Petsamo), ***Russie*** Port de pêche de la mer de Barents. La région, finnoise à partir de 1920, fut occupée par les Allemands en 1941, et annexée par l'U.R.S.S. en 1944. Exportation du cuivre et du nickel extraits des mines locales.

Population 51 000

Carte Russie Cb

Petchora, ***Russie*** Fleuve (1 809 km) né dans l'Oural et orienté au N.-O., qui se jette dans la mer de Barents. Le sous-sol de son bassin contient du charbon, du pétrole et du gaz expédiés en Europe. Il est navigable, de mai à octobre, jusqu'à la ville de Narian-Mar.

Carte Russie Db

Petén, ***Guatemala*** Le département le plus septentrional du pays, entre le Mexique et le Belize, au S. de la péninsule du Yucatán. 36 000 km^2. Il est couvert de jungle, d'herbage et de lacs. Les paysans de la région pratiquent l'écobuage et se déplacent à intervalles réguliers d'une zone de jungle à l'autre au fur et à mesure que leurs cultures épuisent le sol.

Flores, la principale ville de la région (19 700 habitants), se trouve sur une île du lac Petén Itzá, à 260 km de la ville de Guatemala. À proximité, ruines mayas de Tikal (Xe s.).

Population 280 700

Carte Guatemala Aa

Peterborough, ***Royaume-Uni*** Ville et évêché du Cambridgeshire à 120 km au N. de Londres. Cathédrale romane (XIIe et XIIIe s.) à plafond de bois. Zone résidentielle pour les Londoniens.

Population 113 500

Carte Royaume-Uni Ed

Petit Belt, ***Danemark*** Voir BELT

Petit-Saint-Bernard (col du), ***France/Italie*** Col des Alpes (2 199 m), à 18 km au S. du mont Blanc, qui relie le Val d'Aoste (Italie) et la vallée de l'Isère et de Chambéry. C'est vraisemblablement le col qu'emprunta Hannibal, général carthaginois, pour envahir l'Italie avec ses éléphants en 218 av. J.-C.

Carte Italie Ab

Petra, ***Jordanie*** Site archéologique et principale attraction touristique du pays, à 98 km au S.-O. de Karak, découvert en 1812.

La ville fut fondée en 1000 av. J.-C. par les Édomites, descendants supposés d'Esaü, fils d'Isaac et de Rebecca. En 300 apr. J.-C., les Nabatéens firent de Petra leur capitale. Seuls subsistent des façades sculptées de monuments taillés dans des falaises de grès rose et rouge. La rue des Façades, grands rochers dans lesquels ont été creusés des temples et des tombeaux, abrite l'impressionnant Khazné : temple funéraire à deux étages et péristyle. Vestiges d'un grand théâtre romain.

Pour arriver à Petra, qu'entourent de hautes montagnes, il faut traverser le Siq, une gorge accidentée de 3 km de long dont les versants abrupts peuvent atteindre 100 m de hauteur. Sur une colline dominant la ville se trouve la tombe d'Aaron, frère de Moïse et premier grand prêtre des Hébreux.

Carte Jordanie Ab

Petrodvorets, anc. **Peterhof,** ***Russie*** Ville à l'O. de Saint-Pétersbourg, sur le golfe de Finlande. Ancienne résidence impériale de style baroque fondée par Pierre le Grand en 1714 et complétée par ses successeurs jusqu'au XIXe s. Bel ensemble de palais, au nom français pour certains (Monplaisir, Marly), parc à l'anglaise, fontaines, jets d'eau ; un canal relie la grande cascade au golfe de Finlande. Presque entièrement reconstruit après les dommages subis pendant la Seconde Guerre mondiale, le domaine est devenu musée.

Population 84 000

Carte Russie Cc

Petrograd, ***Russie*** Voir SAINT-PÉTERSBOURG

pétrole et gaz naturel Voir L'HISTOIRE DU PÉTROLE ET DU GAZ NATUREL, p. 530

Petropavlovsk, auj. **Kiziliar,** ***Kazakhstan*** Centre de production de bois sur le Transsibérien, à 265 km à l'O. d'Omsk. Industries alimentaires, conserveries ; confection.
Population 248 500
Carte Kazakhstan Ba

Petropavlovsk-Kamtchatski, ***Russie*** Port sur le Pacifique et base navale utilisée par les baleiniers russes et les bateaux de pêche sur la côte S.-E. de la presqu'île du Kamtchatka. Sa population a triplé depuis 1960 grâce au développement des navires-usines pour la pêche et de la réparation navale.
Population 271 000
Carte Russie Ic

Petrovgrad, ***Yougoslavie*** Voir ZRENJANIN

Petrozavodsk, ***Russie*** Capitale de la Carélie, sur la rive O. du lac Onega, dont l'origine est due à Pierre le Grand, qui y créa une fonderie en 1703. Métallurgie, réparation navale, industries du bois.
Population 274 000
Carte Russie Cb

Pforzheim, ***Allemagne*** Ville à 30 km au N.-O. de Stuttgart. Centre de l'horlogerie et de la bijouterie du pays. Musée de la bijouterie.
Population 105 000
Carte Allemagne Cd

Phaistos, ***Grèce*** Grand palais minoen sur une colline à 60 km au S. d'Héraklion (Crète), bâti en 1700 av. J.-C. sur le site d'un palais plus ancien. Certaines parties des deux édifices ont été exhumées. Le disque de Phaistos, en terre cuite aux deux faces couvertes de hiéroglyphes qui n'ont pas encore été déchiffrés, a été découvert dans le nouveau palais. Il est exposé au musée d'Héraklion.
Carte Grèce Dd

Phayao, ***Thaïlande*** Ville ancienne (XIIIe s.) toute de bois, à 630 km au N. de Bangkok, au bord du lac Khwan Phayao (25 km^2). La province du même nom produit du riz.
Population (ville) 141 700 ; (province) 477 900
Carte Thaïlande Bb

Phénicie, ***Moyen-Orient*** Voir LIBAN/SYRIE

Philadelphie, ***États-Unis*** Ville de Pennsylvanie sur la Delaware, à 60 km de l'Atlantique, fondée par William Penn en 1682. Son centre, à l'architecture classée (Independence National Historical Park), conserve encore le charme des vieilles villes. La Déclaration d'indépendance y fut signée en 1776. Ce fut la capitale des États-Unis de 1790 à 1800. Port actif ; constructions mécanique et navale. Ville universitaire (trois universités) et centre artistique.
Population (ville) 1 586 000 ; (aggl.) 5 900 000
Carte États-Unis Kc

Philae, ***Égypte*** Île sur le Nil en amont du barrage d'Assouan, à 700 km au S. du Caire. L'île fut, de 500 av. J.-C. à 380 de notre ère, consacrée à la déesse de la fertilité, Isis. Ses temples anciens, submergés par les eaux à la construction du vieux barrage d'Assouan en 1902, réapparurent en 1970 quand le nouveau barrage fit reculer le cours supérieur du fleuve. Le temple d'Isis a été démonté et reconstruit sur une île voisine, Agilkia, en 1980.
Carte Égypte Cd

Philippeville, ***Algérie*** Voir SKIKDA

Philippines Voir p. 532-534

Philipsburg, ***Antilles*** Voir SAINT-MARTIN

Phitsanulok, ***Thaïlande*** Ville et province agricoles à 355 km au N. de Bangkok. Riz, maïs et haricots.
Population (ville) 77 700
Carte Thaïlande Bb

Phlégréens (champs), en it. **Campi Flegrei,** ***Italie*** Région volcanique à l'O. de Naples formée de cônes et de cratères encore partiellement actifs d'où jaillissent fumerolles et vapeurs sulfureuses. Elle abrite le lac d'Averno, légendaire entrée des Enfers, et le mont Nuovo, cône de cendres de 140 m de haut, né en 1538 d'une éruption volcanique.
Carte Italie Ed

Phnom Malai, ***Cambodge*** Région de collines au N. de la chaîne des Cardamomes, à l'O. du pays. Ce fut le principal refuge des Khmers rouges chassés du pouvoir en 1978 par l'invasion vietnamienne.
Carte Cambodge Ab

Phnom Penh, ***Cambodge*** Capitale du pays depuis 1434, située sur les « Quatre Bras » (confluent du Mékong supérieur et inférieur, du Tonlé Sap et du Bassac). Phnom Penh, à l'urbanisme harmonieux, avec un gros afflux de réfugiés chassés par la guerre, comptait 3 millions d'habitants avant d'être vidée de sa population de façon sanglante par le régime khmer rouge de Pol Pot en 1975. La ville, où s'étaient installés ensuite de nombreux civils et militaires vietnamiens, se repeuple lentement. Mais la vie y est encore précaire et l'alimentation en électricité et en eau irrégulière.
Population 800 000
Carte Cambodge Ab

Phoenix, ***États-Unis*** Capitale de l'Arizona, au centre de l'État, à 200 km de la frontière mexicaine. Tourisme, aluminium et industrie aéronautique sont ses principales activités. Foyer culturel et social pour les Indiens.
Population (ville) 983 400 ; (aggl.) 2 125 000
Carte États-Unis Dd

Phoenix (îles) ***Kiribati*** Archipel de Polynésie à l'E. des îles Gilbert. Certaines îles, comme Kanton et Enderbury, furent réclamées par les États-Unis jusqu'à la signature d'un traité d'amitié avec le Kiribati, en 1979, par lequel les Américains renonçaient à leur revendication à condition que ces îlots ne soient pas utilisés à des fins militaires par un autre pays.
Carte Pacifique (océan) Ec

Phou-Bia, ***Laos*** Sommet culminant (2 820 m) du pays, au S. de la plaine des Jarres.
Carte Laos Ab

Phuket, ***Thaïlande*** La plus grande île du pays (80 km^2), dans la mer d'Andaman, à 675 km au S.-O. de Bangkok, reliée au continent par une digue et centre d'un archipel de 37 îlots. Phuket est devenue une station touristique après le tournage du film de la série des James Bond *l'Homme au pistolet d'or* (1974), dans la toute proche baie de Phangnga. La ville du même

TRADITIONS LACUSTRES. Maisons sur pilotis et longues barques se balancent paisiblement sur l'île de Phuket, en Thaïlande.

L'HISTOIRE DU PÉTROLE ET DU GAZ NATUREL

De tous les âges qu'a connus l'humanité, celui du pétrole sera sans doute le plus bref. Mis à part quelques usages limités, le pétrole et le gaz naturel n'ont pas vraiment joué de rôle dans les activités humaines jusqu'à ces dernières décennies. Ils contribuent maintenant pour plus de 70 % de l'énergie mondiale, mais les estimations laissent à penser que leurs réserves seront épuisées à la fin de ce siècle, ou dans quarante ou cinquante ans au plus tard.

Le premier puits d'exploration pétrolière ne fut foré qu'en 1859, en Pennsylvanie, par le colonel E. L. Drake pour exploiter le procédé que venait d'inventer le chimiste écossais James « Paraffin » Young. Celui-ci avait trouvé le moyen de distiller la paraffine, ou le kérosène, à partir du pétrole brut. L'objectif de Drake et Young était surtout de récupérer un sous-produit, la cire de paraffine, plus économique que ne l'étaient la cire d'abeille ou le suif pour la fabrication des bougies.

Le pétrole était pourtant connu depuis longtemps. Il y a plus de cinq mille ans, les Babyloniens et les Sumériens utilisaient déjà le bitume — forme de pétrole solidifié qui s'épanche en surface du sol — comme mortier pour la constrution des routes ou pour assurer l'étanchéité des canaux d'irrigation. On l'utilisait aussi pour faire les mosaïques, pour calfater les navires et, sous sa forme liquéfiée, comme liniment et laxatif. Les Chinois de l'Antiquité, qui foraient jusqu'à 140 m pour trouver de la saumure, eurent l'idée de brûler le gaz associé pour évaporer l'eau et concentrer le sel. Les émanations de pétrole et de gaz naturel de Bakou, en Azerbaïdjan, probablement allumées au départ par la foudre, furent sans doute à l'origine de la vénération des Perses pour le feu.

Comme le charbon, le pétrole et le gaz naturel ne sont pas des ressources renouvelables; comme le charbon, ils sont aussi les témoins d'anciennes formes de vie. Mais le charbon dérive de plantes et de forêts tropicales qui existaient il y a bien longtemps sur les continents, alors que le pétrole s'est formé dans la mer. Il provient des restes d'organismes élémentaires tel le plancton — minuscules plantes et animaux —, mais la façon dont s'opère la transformation du plancton en pétrole n'est pas encore très claire. Le plancton a toujours pullulé dans les mers chaudes depuis 570 millions d'années, et il en est toujours ainsi. Il faut du temps pour que le plancton mort tombe peu à peu au fond de la mer et forme des couches qui, à proximité des côtes, sont recouvertes par d'autres sédiments. Au cours des âges, les sédiments et les matières organiques sont progressivement compactés par le poids de nouvelles couches qui se déposent au-dessus. Des millions d'années de compression, et sans doute d'échauffement à partir des profondeurs de la terre, provoquent des changements de structure de la matière organique et sa conversion en produits liquides et gazeux. Les sédiments sus-jacents deviennent des roches sédimentaires, comme les grès ou les calcaires. Grâce à leur faible densité, les fluides huileux et gazeux remontent en envahissant les roches poreuses supérieures ou voisines. Lorsque les dépôts atteignent la surface, ils se perdent sous forme d'épanchement. En revanche, le blocage du mouvement de remontée par un niveau imperméable donne lieu à la formation de poches et de réservoirs souterrains, qui peuvent alors être exploités.

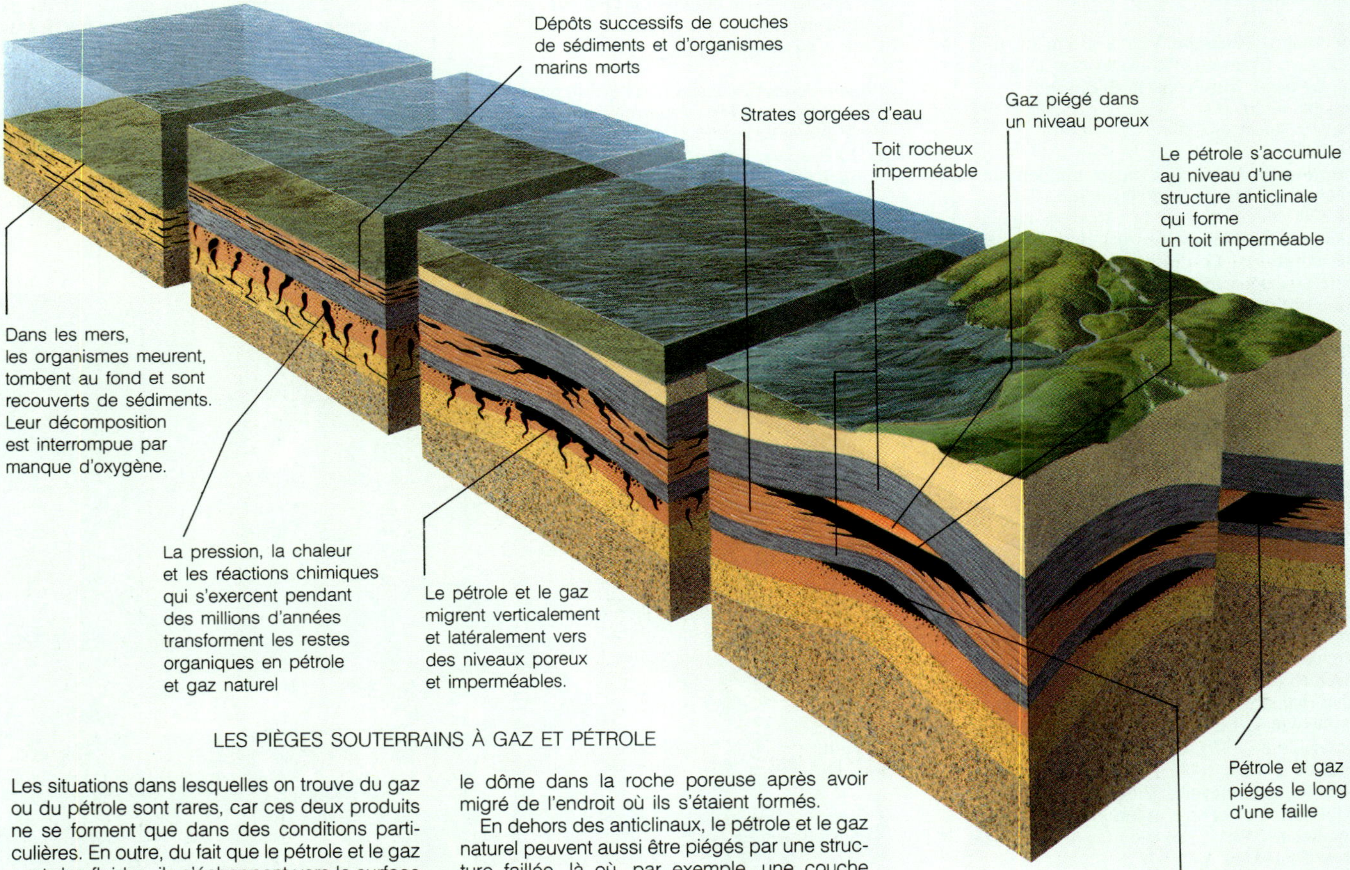

LES PIÈGES SOUTERRAINS À GAZ ET PÉTROLE

Les situations dans lesquelles on trouve du gaz ou du pétrole sont rares, car ces deux produits ne se forment que dans des conditions particulières. En outre, du fait que le pétrole et le gaz sont des fluides, ils s'échappent vers la surface de la terre et se perdent, sauf s'ils sont piégés par des structures géologiques bien spécifiques. Le piège le plus fréquent est un anticlinal, avec une couche de roche imperméable qui repose sur une couche poreuse, les deux étant ployées en dôme. Le pétrole, le gaz naturel, ou les deux, peuvent alors s'accumuler sous le dôme dans la roche poreuse après avoir migré de l'endroit où ils s'étaient formés.

En dehors des anticlinaux, le pétrole et le gaz naturel peuvent aussi être piégés par une structure faillée, là où, par exemple, une couche imperméable est décalée de telle sorte qu'elle bloque une couche sous-jacente contenant du pétrole. Par ailleurs, du pétrole et du gaz ont pu migrer dans des roches poreuses jusque sous une discordance, là où des roches anciennes imperméables viennent recouvrir une série de roches poreuses plus récentes.

nom possède des industries de l'étain et du caoutchouc ; en 1986 eurent lieu des manifestations contre le développement industriel qui risque de nuire au tourisme.
Population (île) 146 400 ; (ville) 86 800
Carte Thaïlande Ad

Piacenza, *Italie* voir PLAISANCE

Piana, *France* Village pittoresque de Corse-du-Sud, aux maisons blanches et aux placettes ombragées, au N. du golfe de Porto. Point de départ d'excursions vers les célèbres calanques de Piana, falaises escarpées et chaotiques de granit rouge dominant la mer.
Population 500

Piatra Neamt, *Roumanie* Centre touristique de Moldavie sur la Bistrița, au N.-E. du pays, à la frontière soviétique. Église et beffroi du XVe s., musée d'histoire naturelle des Carpates. Raffinerie de pétrole, papeteries, industries chimiques, alimentaires et textiles. Aux environs, monastères d'Agapia (XVIIe s.) et de Bistrița (XVIe s.), pittoresque mont Ceahlău (1 904 m), lac Izvoru Muntelui, Lacu Rosu et gorges de Bicaz.
Population 115 300
Carte Roumanie Ba

Piave, *Italie* Fleuve de Vénétie de 220 km de long qui prend sa source à la frontière autrichienne (mont Peralba) et se jette dans l'Adriatique au N. de Venise. Barrages hydroélectriques, irrigation. Après la défaite de Caporetto (octobre 1917), les Italiens y établirent un front solide qui permit l'offensive victorieuse de Vittorio Veneto (octobre 1918) contre les Autrichiens.
Carte Italie Da

Piazza Armerina, *Italie* Ville de Sicile sur le Gela. Centre agricole et touristique. Cathédrale baroque. À 6 km, villa romaine du Casale, aux remarquables pavements de mosaïque (3 000 m^2) du IIIe ou IVe s.
Population 20 300
Carte Italie Ef

Picardie, *France* Région administrative (19 399 km^2) à façade maritime du pays, entre Paris et les Flandres, formée des départements de l'Aisne, de l'Oise et de la Somme. Elle comprend en particulier des plateaux calcaires drainés par l'Oise et la Somme. La Picardie fut très touchée par la Première Guerre mondiale et beaucoup de villes et de villages durent être reconstruits. C'est une région agricole au sol limoneux fertile, avec de grandes fermes mécanisées (blé, betterave à sucre, légumes), et industrielle (textiles, agro-alimentaire, chimie, construction mécanique, matériel électrique, accessoires automobile). Chef-lieu : Amiens.
Population 1 810 700
Carte France Eb

Pichincha, *Équateur* Province du Centre-Nord, occupant le grand bassin fertile de Quito et pénétrant dans la jungle des basses terres du N.-O., près de Santo Domingo (19 543 km^2). Le mont Pichincha (4 794 m) qui domine Quito, capitale de la province et du pays, fut, en 1822, le théâtre d'une bataille décisive au cours de laquelle les Espagnols furent vaincus par les forces de libération commandées par Antonio José de Sucre.
Population 1 757 000
Carte Équateur Bb

Pichpek, *Kirghizistan* Voir BICHKEK

Pico (île de), *Portugal* La troisième des îles Açores (430 km^2), au centre de l'archipel et portant son point culminant, à 2 351 m, un volcan enneigé en hiver.

piémont ou **piedmont** Région inclinée au pied d'une chaîne montagneuse dont l'évolution est liée à celle des montagnes qui la dominent. Il existe plusieurs types de piémont : plaine d'érosion de type subpyrénéen provenant de l'arasement de matériaux plissés ; plaine d'accumulation résultant de la soudure de cônes de déjection fluvio-glaciaires.

Piémont, en it. **Piemonte, *Italie*** Région de 25 399 km^2 au N.-O. du pays. Capitale : Turin ; villes principales : Asti, Alexandrie, Cuneo, Novare et Verceil. Le Piémont est divisé en trois par le grand arc des Alpes qui l'entoure, la vallée supérieure du Pô où se trouvent la plupart des villes, et les collines du Montferrat et des Langhe. Zone de passage vers la France et la Suisse, c'est une région agricole et industrielle dynamique. Tourisme ; sports d'hiver.

Ancien État de la maison de Savoie, le Piémont fut, au XIXe s., avec Cavour (1810-1861), la force motrice de l'unité italienne et Turin devint la première capitale de la nouvelle nation, avant de céder la place à Florence puis à Rome.
Population 4 447 400
Carte Italie Ab

Pierre, *États-Unis* Capitale du Dakota du Sud, sur le Missouri, au centre de l'État. La ville est située en face du centre de commerce de la fourrure de Fort Pierre, fondé en 1817.
Population 12 400
Carte États-Unis Fb

Pierrelatte, *France* Ville de la Drôme, près du Rhône, entre Orange et Montélimar. Important centre de production nucléaire : uranium enrichi, hexafluorure d'uranium.
Population 11 770
Carte France Fd

pierre ponce Roche volcanique légère, poreuse (les cavités contenaient autrefois du gaz chaud), dont on se sert pour polir.

Pierre-Saint-Martin (gouffre de la), *France* Voir LES CAVERNES LES PLUS PROFONDES DU MONDE p. 147 et LA FORMATION DES CAVERNES p. 148

Pietermaritzburg, *Afrique du Sud* Ville commerciale et industrielle (aluminium, meubles), capitale du Kwazulu-Natal, à 70 km au N.-O. de Durban. Fondée en 1839 par des Boers venus du Cap, elle porte le nom de deux pionniers : Piet Retief et Gerrit Maritz. Musée ; université.
Population (aggl.) 230 000
Carte Afrique du Sud Ca

Pietersburg, *Afrique du Sud* Ville du Transvaal au centre d'une région agricole (fruits, élevage) et minière (chromite, diamant), sur la route du Cap au Caire, à 300 km au N.-E. de Johannesburg. Siège éphémère, en 1900, des gouvernements du Transvaal et de l'État libre d'Orange. Elle est devenue en 1994 la capitale de la nouvelle province du Nord-Transvaal. À proximité, université noire.
Population 25 500
Carte Afrique du Sud Ca

Pigg's Peak, *Swaziland* Village à 60 km au N. de Mbabane, du nom de William Pigg qui y trouva de l'or en 1884. Aujourd'hui, le village vit de l'industrie du bois et du tourisme (magnifiques chutes d'eau, dont celles de Malolotsha).
Population 3 200
Carte Swaziland Aa

Pikes (pic), *États-Unis* Sommet de 4 301 m appartenant aux montagnes Rocheuses, dans le Colorado. C'est l'une des principales stations de sports d'hiver de l'État. Autrefois, on exploitait les mines d'or de la région.
Carte États-Unis Ec

Pilat (parc régional du mont), *France* Voir SAINT-ÉTIENNE

Pilbara, *Australie* Région riche en mines de fer d'Australie-Occidentale, dans les monts Hamersley à 1 200 km au N. de Perth. Elle était uniquement peuplée d'aborigènes jusqu'à l'ouverture des premières mines dans les années 1960. Marble Bar, à 160 km au S.-E. du port principal, Port Hedland, est l'un des endroits les plus chauds du pays. Les températures y atteignent souvent 49 °C.
Carte Australie Bc

Pilio, *Grèce* Voir PÉLION (mont)

Pilos, anc **Navarin, *Grèce*** Port de Messénie, à l'entrée de la rade de Navarin, sur la côte S.-O. du Péloponnèse. En 1827, au cours de la bataille navale de Navarin, les Turcs furent vaincus par les escadres françaises, anglaises et russes (Triple Alliance). Cette victoire entérina l'indépendance de la Grèce. Par mer calme on peut voir sous l'eau les épaves des 58 vaisseaux qui coulèrent pendant la bataille. Tout près, des fouilles ont exhumé certaines parties du palais du roi homérique Nestor.
Carte Grèce Bc

Pilsen, *République tchèque* Voir PLZEN

Pinar del Rio, *Cuba* Chef-lieu de la province du même nom (10 925 km^2) et important centre commercial à 160 km au S.-O. de La Havane. Tabac, produits pharmaceutiques, meubles.
Population (ville) 136 400 ; (province) 685 000
Carte Cuba Aa

Pinatubo (mont), *Philippines* Volcan de l'île de Luçon (1 780 m), à 80 km au N.-O. de Manille, qui, en sommeil depuis six siècles, est entré en éruption en mai 1991, menaçant toute la région alentour jusqu'à la ville d'Angeles (300 000 habitants), à 30 km de distance, et la base américaine de Clark, qui dut être évacuée. L'éruption reprend à intervalles réguliers.
Carte Philippines Bb

Pinde (monts du), *Grèce* Système montagneux formant l'épine dorsale du pays, depuis l'Albanie au N. jusqu'au golfe de Corinthe. Ses principaux sommets sont : Smólikas (2 637 m), Grámmos (2 503 m), Gióna (2 510 m) et le mont du Parnasse (2 457 m) avec ses deux cimes jumelles dont l'une est consacrée à Apollon, l'autre à Bacchus. Ce massif calcaire comporte un plateau faiblement accidenté et un col au village de Metsovon, près de Katara. Ses profonds ravins sont tapissés de hêtres, de chênes, de châtaigniers et de pins. Les principaux fleuves de Grèce y prennent leur source : Akheloos, Arakhthos, Aliakmon, Pénée.
Carte Grèce Bb

Philippines

UN ARCHIPEL DE 7 000 ÎLES QUE BALAIENT LES TYPHONS ET OÙ LES VOLCANS SONT ACTIFS ; UN PAYS DE PASSION ET DE BEAUTÉ ; UN FRAGMENT D'AMÉRIQUE LATINE DANS LE PACIFIQUE

La furie des typhons qui frappent cet alignement d'îles du Pacifique occidental et la puissance destructrice de ses volcans trouvent leur équivalent dans les passions tant politiques que religieuses de ses habitants.

Les Philippines sont le seul pays chrétien de l'Asie. À Pâques, des pénitents rejouent la Crucifixion ; mais, lorsque le pape Paul VI vint en visite à Manille en 1970, on tenta de l'assassiner. Il en va de même en politique : Benigno Aquino, le principal opposant au président Marcos, fut abattu à sa descente d'avion quand il revint d'exil en 1983.

Nommées d'après Philippe II d'Espagne (1527-1598), les 7 107 îles des Philippines s'étirent sur 1 800 km entre Taiwan et Bornéo. Ensemble, elles ont des côtes plus longues que celles des États-Unis. L'Espagne les colonisa en 1565 et les gouverna jusqu'à la conquête américaine, en 1898. Quand les Américains les quittèrent, en 1946, on a pu dire cyniquement que les Philippins « avaient passé quatre cents ans dans un couvent et cinquante ans à Hollywood ». Ils sont les moins orientaux des Orientaux ; leur république a été qualifiée de « fragment d'Amérique latine dans le Pacifique ».

En 1941, les Philippines furent envahies par les Japonais, puis libérées par les Américains en 1945. La plus grande bataille navale de l'histoire eut lieu au large de l'île de Leyte en 1944, bataille au cours de laquelle les Américains mirent fin à la puissance de la flotte japonaise. En 1946, les États-Unis accordèrent l'indépendance aux Philippines.

La guérison des plaies de la guerre et le rétablissement politique et économique furent retardés par la rébellion des communistes Hukbalahap (appelés généralement Huks), dont le nom signifie « armée populaire antijaponaise » et qui s'était officiellement constituée dès 1942. Après la guerre, les Huks proclamèrent ouvertement leur affiliation au communisme et lancèrent une révolte armée contre le gouvernement pour obtenir une réforme agraire radicale (ce qui leur attira la sympathie de beaucoup de paysans) et le pouvoir politique. La répression militaire, des mesures pour une répartition plus égalitaire des terres agricoles et d'autres réformes économiques amenèrent la fin de la révolte, marquée par la reddition de son chef, Luis Taruc, en 1954. Mais la nécessité de la réforme agraire se faisait encore sentir, et les Huks reprirent le combat dans les années 1960. Ils se rendirent en 1974, mais une faction maoïste dissidente — la Nouvelle Armée populaire — continua à avoir des activités terroristes.

Les îles totalisent une superficie d'environ 300 000 km^2 (à peu près celle de l'Italie), mais elles se dispersent sur une superficie océanique triple. Elles forment quatre groupes principaux. Au N., Luçon (avec la capitale, Manille) et Mindoro ; au centre, les îles Visayas, avec Leyte, Samar, Cebu, Negros, Bohol et Panay ; au S., Mindanao et l'archipel des Sulu ; Palawan s'isole au S.-O.

LES VIOLENCES DE LA NATURE

Autour des Philippines, la mer est en général peu profonde et la navigation est facile ; l'archipel est bordé de ports et de mouillages. Ceux-ci sont en général sur les côtes O., à l'abri des vents dominants qui soufflent du Pacifique. De juillet à décembre, le danger des typhons est important — il y en a jusqu'à 20 certaines années. En 1984, l'un d'entre eux coula 11 navires et tua 1 600 personnes.

Les parties centrales et occidentales des îles sont abritées contre les pires effets des tempêtes pacifiques par les montagnes de l'Est. À Luçon, la sierra Madre forme la barrière orientale, tandis que Mindanao est protégée par la chaîne des Diuta. Mindanao a aussi le plus haut sommet des Philippines, le mont Apo (2 954 m).

Des échines montagneuses traversent plusieurs des plus petites îles, comme Cebu ou Palawan ; elles sont flanquées des plaines côtières étroites. Les plus grandes régions basses sont la plaine centrale et la vallée du Cagayan à Luçon, et les vallées de l'Agusan et de la Mindanao à Mindanao.

Les Philippines furent créées par un mouvement de l'écorce terrestre, il y a 50 ou 60 millions d'années. Les îles comptent plus de 30 volcans actifs, et certains ont connu récemment des éruptions violentes. En 1984, le Mayon, à Luçon, projeta des blocs grands comme des automobiles et un nuage de cendres haut de 10 km. Les tremblements de terre sont fréquents. Celui de Mindanao, en 1976, causa une énorme vague (tsunami), et il y eut plus de 8 000 morts ou disparus ; la région de Baguio (Luçon) a été ravagée en juillet 1990. Des éruptions se sont à nouveau produites à Luçon ainsi qu'au mont Pinatubo.

Au large des côtes orientales, les mouvements de la croûte terrestre ont produit l'une des plus profondes fosses océaniques du monde (elle plonge jusqu'à plus de 10 000 m près de Mindanao).

Les îles ont trois saisons : saison des pluies de juin à octobre ; saison fraîche de novembre à février ; période chaude de mars à mai. Dans les plaines, le climat est chaud et humide — la température moyenne est de 28 °C —, mais les montagnes sont plus fraîches.

POPULATIONS ET RESSOURCES

Plus de 40 % du pays sont couverts de forêts denses équatoriales, avec beaucoup de bois précieux, comme le teck. La forêt ombrophile de Mindanao est l'une des plus productives du monde, et l'exportation de bois procure des devises. Mais il y a eu surexploitation, et pas assez de reboisements. Plusieurs des îles Visayas souffrent en conséquence de l'érosion des sols ; une grande partie de l'île de Masbate, autrefois boisée, est couverte de savanes sans grande valeur. Les productions minérales du pays comprennent du chrome, du cuivre, de l'or et du fer.

Sur les 7 107 îles de l'archipel, 400 seulement sont habitées. Les premiers habitants connus — il y a 25 000 ans — furent les Négritos ou Pygmées, dont on pense qu'ils sont arrivés par une langue de terre émergée qui existait alors entre les îles et le continent asiatique. Ces groupes primitifs chassent encore au javelot dans les jungles montagneuses de Negros, Samar et Leyte. Il y a 2 000 ou 3 000 ans, les Ifugaos arrivèrent, probablement de Taiwan, et commencèrent à construire des rizières en terrasses, que l'on voit encore de nos jours à Luçon. Ces terrasses sculptées dans les versants dépendent d'un système complexe de canaux et d'écluses pour l'alimentation en eau des rizières.

La vague d'immigration suivante fut celle des Malais d'Indonésie, au IIIe s. av. J.-C. Ils ont été les ancêtres de la plus grande partie de la population actuelle, et les petites unités administratives s'appellent encore *barangay*, d'après le nom des bateaux qui amenèrent les Malais. Dans cet archipel montagneux, la vie se concentrait dans les plaines bordières. Chaque nouvelle vague d'envahisseurs repoussait les habitants antérieurs vers les hautes terres. C'est une des raisons qui explique l'importance des rizières en terrasses.

L'explorateur portugais Fernand Magellan, lors de son voyage autour du monde, amena les premiers Européens dans les îles en 1521. Magellan fut tué dans un conflit entre groupes indigènes, mais, en 1565, Miguel López de Legaspi, parti du Mexique, revendiqua officiellement les Philippines pour l'Espagne. Il fit de Manille la capitale de la nouvelle colonie, dont il devint gouverneur.

LES HÉRITAGES ESPAGNOL ET AMÉRICAIN

Dans les deux tiers N. des Philippines, la religion catholique est pratiquée avec ferveur. Les catholiques forment 83 % de la population, contre 9 % pour les protestants. Mais, dans le Sud, qui ne fut jamais soumis par les Espagnols, les musulmans sont nombreux. Ils constituent 5 % de la population de tout le pays. L'animisme est encore pratiqué parmi les montagnards des régions reculées.

Sous la domination espagnole, les cocotiers, dont la présence marque le paysage de presque tous les villages, furent exploités pour la production commerciale du coprah ; on peut le voir en train de sécher le long des routes dans tout l'archipel. Dans des régions comme celle d'Ilocos, à Luçon, le tabac a été introduit au XVIIIe s., et les paysans ne cultivent à peu près rien d'autre. Les galions espagnols faisaient la navette entre Manille et l'Amérique du Sud, les jonques chinoises apportaient de la soie, du jade et des épices, et une colonie de commerçants chinois prospère se développa.

Dans certaines parties de la nouvelle colonie espagnole, l'organisation villageoise traditionnelle fut maintenue. Mais, dans les régions les plus centrales, comme les plaines de Luçon et l'île de Negros, des changements massifs eurent lieu. Les autorités espagnoles concédèrent de grands domaines à des colons espagnols et à des ordres religieux. Les Philippins durent se contenter de petites tenures ; leur taille est un des problèmes sociaux contemporains majeurs, et l'origine des reven-

LA NATURE DOMESTIQUÉE. Les rizières en terrasses dont la construction a commencé il y a 2 000 ans escaladent les pentes raides du nord de Luçon. Mises bout à bout, elles feraient un demi-tour du monde.

dications en faveur d'une réforme agraire. Les plantations de canne à sucre et d'ananas sont étendues, mais la dépression sur le marché mondial du sucre a causé de grandes difficultés, surtout à Negros.

La plupart des petites villes des Philippines ressemblent à leurs équivalentes d'Espagne, avec une place centrale bordée d'un côté par l'église et de l'autre par des bâtiments administratifs. En ce qui concerne l'éducation, l'action des franciscains et des dominicains a laissé des traces ; le taux d'alphabétisation est de 90 %, et 1 Philippin sur 4 entre dans l'enseignement supérieur.

En 1898, une guerre de quatre mois éclata entre les États-Unis et l'Espagne à propos de Cuba. Une escadre américaine détruisit la flotte espagnole dans la baie de Manille, et la ville fut occupée par les Américains avec l'aide des Philippins, qui étaient déjà en révolte contre le gouvernement espagnol. Mais les espoirs d'indépendance immédiate des Philippins furent déçus : les États-Unis « achetèrent » les îles aux Espagnols pour 20 millions de dollars. L'agitation nationaliste se poursuivit et, en 1936, une fédération transitoire semi-indépendante fut constituée. Pendant la Seconde Guerre mondiale, les Philippins combattirent aux côtés des Américains contre les envahisseurs japonais, et, en 1946, ils obtinrent une indépendance totale.

Sous l'influence américaine, les Philippins acquirent une confiance en eux et un refus des contraintes d'un type assez rare en Asie du Sud-Est. Des liens étroits avec les États-Unis demeurent, particulièrement dans le domaine stratégique — il y a plusieurs bases américaines importantes aux Philippines. L'anglais est d'un usage courant. De nos jours, il y a deux langues officielles, le philippin, fondé sur le tagalog (la langue dominante dans le centre de Luçon), et l'anglais ; l'espagnol est encore couramment parlé, ainsi que presque 80 langues locales.

Les hommes portent des chemises de sport et des survêtements le jour, et un *barong tagalog* (une chemise vague, presque transparente, flottant sur le pantalon) pour s'habiller le soir de façon plus formelle. Les femmes portent des robes d'été légères et des *ternos* (robes habillées à larges manches) pour les occasions mondaines.

LES PROBLÈMES DE L'INDÉPENDANCE

Depuis l'indépendance, les Philippines ont dû faire face à des problèmes qui évoquent ceux de l'Amérique latine : inflation, endettement gouvernemental, chômage important, inégalités sociales, criminalité et corruption. Les agitations sociales et l'austérité accompagnèrent le ralentissement de l'expansion industrielle, notamment dans les textiles, les industries chimiques et alimentaires. Des projets ambitieux, pour trouver de nouvelles sources d'énergie afin de réduire les importations de pétrole, furent des sources d'endettement. Les montagnards protestent contre les aménagements hydroélectriques qui inondent leurs terres natales. Les musulmans acceptent mal la domination du Nord chrétien, et surtout les migrations de gens du Nord affamés de terres vers Mindanao.

Pendant douze ans, les musulmans du Front national de libération moro menèrent une guérilla dans le Sud, exigeant l'autonomie. Il y eut quelque 60 000 morts dans les années 1970, mais la rébellion a en partie échoué à cause de ses dissensions internes et de l'absence d'aide extérieure. Cependant, il reste une autre menace contre la sécurité intérieure : la Nouvelle Armée populaire maoïste opère maintenant dans les 3/4 des provinces du pays. Forte de 12 000 hommes, elle a attaqué des camps militaires, des convois et des villes. Beaucoup d'observateurs pensent que la force grandissante de la rébellion communiste fut alimentée par les excès de la répression sous le gouvernement Marcos.

Ferdinand Marcos, aidé par sa femme, Imelda, fut la personnalité politique dominante pendant deux décennies, depuis son élection en 1965. Il imposa la loi martiale de 1972 à 1981, et fut réélu cette année-là. Son principal rival, Benigno Aquino, fut assassiné en 1983. Mais, aux élections de 1986, sa veuve, Corazon (Cory) Aquino, remporta beaucoup de voix. Les deux adversaires se proclamèrent vainqueurs, mais, accusé de fraude électorale, soumis à des pressions étrangères, abandonné par une partie au moins de l'armée, Marcos, malade, et sa famille prirent le chemin de l'exil aux États-Unis, munis, dit-on, d'une vaste fortune.

Cory Aquino fut proclamée présidente au milieu de la liesse populaire. Le nouveau gouvernement libéra beaucoup de prisonniers politiques et entreprit une difficile tâche de réconciliation, de réforme agraire, de reconstruction de la vie politique et de l'économie. Mais Cory Aquino se heurta à des rébellions musulmane et communiste et dut faire face à plusieurs tentatives de coup d'État militaire de 1987 à 1989. Elle est remplacée en 1992 par le général Ramos, l'un de ses fidèles ; mais l'instabilité politique continue de jeter des ombres sur le charme, la couleur et la beauté des Philippines.

LES PHILIPPINES EN BREF

Superficie 300 000 km^2

Population 64 950 000

Capitale Manille

Régime République

Monnaie Peso = 100 centavos

Langues Philippin, anglais, espagnol et dialectes locaux

Religions Chrétiens 92 % (dont 85 % de catholiques romains), musulmans 5 %

Climat Tropical ; température moyenne à Manille : entre 21 et 34 °C toute l'année

Ressources Riz, maïs, noix de coco, canne à sucre, abaca (chanvre de Manille), caoutchouc, tabac, ananas, bananes, café, bois, poisson ; cuivre, chrome, or, fer, nickel, charbon

Activités Agriculture, industries alimentaires, textiles, produits chimiques, exploitation forestière, pêche, mines

Exportations Équipements et appareils électriques, vêtements, minerais métalliques, huile de coprah, sucre, fruits et légumes, bois, abaca

P.N.B. annuel par habitant 770 dollars

Croissance démographique 23 ‰ par an

Espérance de vie Hommes 63 ans, femmes 67

pingo Mot esquimau qui désigne une butte formée sous couvert végétal sous l'action du froid, de forme ovale, d'une hauteur de 10 à 50 m et d'un diamètre de plus de 100 m. Syn : tertre de toundra, hydrolaccolithe.

P'ing-Tung, ***Taiwan*** Centre agricole au S. de l'île, à 22 km à l'E. de Kao-hsiung, dans une région qui produit du riz, du sucre, des bananes, du sisal. Industries alimentaires.
Population 210 900
Carte Taiwan Bc

Pins (île des), ***Nouvelle-Calédonie*** Île touristique de 134 km², à 45 km au S.-E. de la Nouvelle-Calédonie. On y admire de splendides pins *Araucaria*, ou « pins colonnaires » de 30 à 40 m de hauteur. Santal, coprah, fruits. De 1872 à 1879, l'île servit de lieu de déportation des condamnés de la Commune. Le bagne fut supprimé à la fin du XIXe s.
Population 1 300
Carte Nouvelle-Calédonie Ba

Pins (île des), ***Cuba*** Voir JEUNESSE (île de la)

Piotrokow Trybunalski, ***Pologne*** Ville industrielle, à 45 km au S. de Lodz. Sa position centrale lui valut d'être, de 1578 à 1792, le siège de la diète et de la Cour suprême. Industries textiles, verreries, scieries, matériel agricole.
Population 80 000
Carte Pologne Cc

Pipestone National Monument, ***États-Unis*** Zone de prairies de 114 ha au S.-O. du Minnesota, à 10 km de la frontière avec le Dakota du Sud. Dans ses carrières de pierre rouge les Indiens puisent la matière première pour la fabrication de leurs traditionnels calumets de la paix.
Carte États-Unis Gb

Piran, ***Slovénie*** Port fortifié fondé par les Vénitiens à 32 km au S.-O. de la frontière italienne. Ses rues étroites et escarpées et ses maisons aux toits rouges entourent une cathédrale du XIVe s. Sur la place Tartini (du nom du compositeur qui y naquit en 1692) s'élève un palais construit par un riche marchand vénitien pour sa maîtresse et portant l'inscription *Lassa pur dir* (laissez-les dire). On raconte que le marchand voulut ainsi défier les habitants du port qui désapprouvaient sa liaison.
Population 5 500
Carte Slovénie Ab

Pirée (Le), en grec **Pireas,** ***Grèce*** Le premier port du pays et l'un des plus importants de la Méditerranée, situé sur un promontoire près d'Athènes. Principal centre industriel de la Grèce : construction mécanique et navale, cimenteries, produits chimiques, textiles, raffineries de pétrole, métallurgie, industrie alimentaire. Le Pirée fut fondé au Ve s. av. J.-C. dans un bassin naturel entouré de terre sur trois côtés. Musée naval (l'histoire de la navigation en Grèce) et musée archéologique.
Population 169 700
Carte Grèce Cc

Pisa (lac), ***Liberia*** Lac d'eau salée, peu profond et relié à l'océan par un étroit bras de mer à 70 km au N.-O. de Monrovia. 600 km². Des collines couvertes d'épaisses forêts tropicales s'abaissent jusqu'aux plages sablonneuses de ses rives. Ses eaux calmes, jalonnées de villages de pêcheurs, attirent les touristes. La réserve zoologique installée sur l'île de Massating abrite des singes, des sangliers, des porcs-épics, des chacals et de nombreuses espèces d'oiseaux.
Carte Liberia Aa

Pisac, ***Pérou*** Magnifiques ruines d'une forteresse inca dans la vallée de l'Urubamba, à 32 km au N. de Cuzco. On peut y voir d'immenses terrasses et des tours. Les temples du Soleil et de la Lune dominent un vaste cimetière.
Carte Pérou Bd

Pisco, ***Pérou*** Ville du littoral (département d'Ica) fondée en 1640, qui donna son nom à l'eau-de-vie nationale. Pisco Puebla possède des maisons de style colonial et une statue de José de San Martin qui débarqua avec ses troupes le 7 septembre 1820 dans la baie de Paracas, toute proche, pour libérer le Pérou des Espagnols. Pisco Puerto abrite le port et les principales industries (conserves de poissons, huile de coton, textiles).
Population 82 300
Carte Pérou Bb

Pise, en it. **Pisa,** ***Italie*** Ville de Toscane sur l'Arno, à 70 km à l'O. de Florence. Port au temps des Romains, Pise se trouve aujourd'hui à 10 km de la mer à cause de l'ensablement de son estuaire. Admirable ensemble (XIe-XIIIe s.) formé par la cathédrale, le baptistère, le cimetière (Camposanto) et le célèbre campanile ou « Tour penchée » (angle de 5° 30′) qui mesure 55,22 m du côté N. et 54,52 m du côté S. Il fut commencé en 1173 et terminé deux cents ans plus tard. Du haut de la tour où Galilée (1564-1642) effectua ses expériences sur la gravité, la vue embrasse la ville. Bien que la pente de l'édifice augmente peu, des travaux de consolidation ont été entrepris. Le Musée national abrite de remarquables peintures et sculptures pisanes. Nombreuses églises romanes et gothiques et palais richement décorés (palais des Chevaliers). Université fondée en 1343. Industries : verrerie, construction mécanique, confection, produits pharmaceutiques.
Population 104 000
Carte Italie Cc

Pistoia, ***Italie*** Ville de Toscane, au pied de l'Apennin, à 32 km au N.-O. de Florence. On y admire les œuvres des premiers sculpteurs de Pise et de Côme, et des grands maîtres de la Renaissance comme Verrocchio (1435-1488). La place du Dôme est l'une des plus belles places médiévales de l'Italie. La magnifique cathédrale (XIIe - XIIIe s.), à mi-chemin entre le style pisan et le roman florentin, est dominée par un clocher du XIIIe s. La ville est un marché des légumes et des fruits. Industries ferroviaires et textiles. Chaussures ; meubles.
Population 91 600
Carte Italie Cc

Pitcairn (îles), ***océan Pacifique*** Groupe de quatre îlots au S.-E. de l'archipel des Gambier, comprenant Pitcairn (4,5 km²) et les îlots inhabités d'Henderson, Ducie et Oeno. Pitcairn, qui appartient à la Grande-Bretagne, est peuplée par les descendants des mutinés du *Bounty*, et de Tahitiennes qui s'y installèrent en 1790.
Population 50
Carte Pacifique (océan) Gd

Pitch (lac), ***Trinité et Tobago*** Dépôt naturel de bitume de 46 ha au S.-O. de Trinité près de San Fernando. Sans cesse réapprovisionné par son sous-sol, c'est la plus grande source du monde d'asphalte. On y a découvert des fossiles d'animaux préhistoriques.
Carte Trinité Aa

Pitesti, ***Roumanie*** Ville industrielle sur l'Arges, à 105 km au N.-O. de Bucarest. Elle s'est beaucoup développée depuis la découverte de pétrole dans les années 1960. Industries automobile, chimique, textile. Construction de moteurs électriques, chaussures.
Population 154 300
Carte Roumanie Ab

CÔTE INHOSPITALIÈRE. Une chaloupe accoste près d'Adamstown, seul village de Pitcairn. Dans cette île les mutinés du *Bounty* et les Tahitiennes qui les accompagnaient trouvèrent refuge en 1790.

Pitons, *Sainte-Lucie* Site impressionnant formé de deux pitons volcaniques jumeaux. Gros Piton (798 m) et Petit Piton (750 m) dominant la mer, sur la côte S.-O. de l'île.
Carte Caraïbes Cc

Pittsburgh, *États-Unis* Ville industrielle de l'ouest de la Pennsylvanie, deuxième ville de cet État, à 175 km du lac Érié. Elle fut fondée au XVIIIe s. dans une région de mines de charbon. C'est aujourd'hui l'un des plus grands centres métallurgiques du monde, siège de nombreuses compagnies, et le plus important port fluvial du pays, desservi par un dense réseau ferroviaire. Universités.
Population (ville) 370 000 ; (aggl.) 2 243 000
Carte États-Unis Kb

Piura, *Pérou* Ville et département du nord du pays, près de la frontière équatorienne. On y cultive du riz et du coton dans une vaste plaine littorale irriguée. La ville fut fondée en 1532 par les Espagnols. Elle conserve de nombreuses églises et demeures coloniales. Patrie de Miguel Grau, héros de la guerre du Pacifique contre le Chili (1879-1884). Au N., champs de pétrole de Lobitos et de Negritos ; au S. sables mouvants du désert de Sechura.
Population (ville) 186 000 ; (dép.) 1 414 000
Carte Pérou Aa

placer ou **gisement alluvial** Gisement détritique, le plus souvent alluvial, déposé par un fleuve, un glacier, le vent ou les vagues, contenant des minerais précieux, lourds et résistants comme l'or, le platine, la cassitérite (minerai d'étain) et les diamants.

plage soulevée Plage ancienne située hors d'atteinte des marées et des vagues par suite de l'abaissement du niveau de la mer ou du soulèvement du continent.

plaine Étendue de terre plane et peu élevée. On distingue notamment les plaines sédimentaires, d'érosion, littorales, d'inondation ou alluviales, d'accumulation.

Plaisance, en it. **Piacenza, *Italie*** Ville sur le Pô, chef-lieu de la province du même nom, à 60 km au S.-E. de Milan. L'ancienne cité, entourée de 5 km de remparts de brique (XVIe s.), conserve encore son plan romain en damier. Nombreux beaux bâtiments civils et religieux anciens. Industries chimiques, alimentaires et textiles ; construction mécanique.
Population (ville) 106 700 ; (province) 277 200
Carte Italie Bb

plaques (tectonique des) Théorie selon laquelle l'écorce terrestre est composée d'une série de couches rigides et considérant que le mouvement de ces couches les unes par rapport aux autres est à l'origine des principales structures de la surface de la Terre. Voir LA TECTONIQUE DES PLAQUES, p. 658-659.

Plassey, *Inde* Village historique du Bengale occidental, à 150 km au N. de Calcutta. En juin 1757 il fut le théâtre d'une bataille décisive entre l'armée britannique commandée par Robert Clive et le nabab du Bengale. La victoire de Clive plaça le nord-est de l'Inde et le Bengale sous la domination britannique.
Carte Inde Dc

Plata (La), *Argentine* Port sur la rive droite du Río de la Plata, chef-lieu de la province de Buenos Aires, à 56 km au S.-E. de Buenos Aires. Université. Raffineries de pétrole, conserveries de viande. La bataille du Río de la Plata y eut lieu en décembre 1939.
Population 542 600
Carte Argentine Db

VOLCAN IMMACULÉ. Le mont Ngauruhoe (2 291 m), volcan actif du parc national de Tongariro, domine de sa masse neigeuse le Plateau volcanique de l'île du Nord.

plateau Étendue de terre haute, plane, dans laquelle les cours d'eau sont encaissés.

plateau continental ou **plate-forme continentale** Fond océanique compris entre le littoral et des profondeurs d'environ 200 m. Sa pente est en général très douce. Il est séparé des grands fonds océaniques par une dénivellation ou talus continental.

Plateau volcanique, *Nouvelle-Zélande* Zone de volcans et de sources chaudes autour du lac Taupo au centre de l'île du Nord. Le volcan le plus actif, le mont Ngauruhoe, culmine à 2 291 m. Dans les années 1920 et 1930, les 172 000 ha du plateau furent plantés de pins parasols et la forêt de Kaingaroa alimente une industrie du bois florissante. Élevage ovin.
Carte Nouvelle-Zélande Ec

Platte, *États-Unis* Rivière du Nebraska formée par la réunion de la Platte du Nord et de la Platte du Sud, issues des Rocheuses, dans le Wyoming et le Colorado respectivement. Elle parcourt 500 km vers l'E. et se jette dans le Missouri au S. d'Omaha.
Carte États-Unis Gb

Plenty (baie de), *Nouvelle-Zélande* Large golfe de la côte N.-E. de l'île du Nord, à 200 km au S.-E. d'Aukland. L'économie de la région repose sur l'agriculture (agrumes) et l'élevage laitier. Exportation de bois depuis le port de Mount Maunganui, près de Tauranga.

Cette baie fut ainsi baptisée par James Cook en 1769 en hommage à la générosité des Maoris (en angl. *plenty,* « abondance »).
Carte Nouvelle-Zélande Fb

Pleven, *Bulgarie* Ville du district de Loveč, à 137 km au N.-E. de Sofia. En 1877, Pleven tomba aux mains des Russes après un siège de 143 jours, au cours de l'invasion russo-roumaine qui força les Turcs à reconnaître l'indépendance de la Bulgarie. Un imposant mausolée est consacré à la mémoire de ceux qui périrent durant la bataille et un musée est consacré à ce siège.

C'est un important marché agricole (coton, grains, vin) et un centre industriel et de service de la plaine danubienne. Textiles, machines, ciment et céramique.
Population 138 300
Carte Bulgarie Bb

pli Déformation ancienne des terrains, que l'on distingue, selon la disposition de l'inclinaison (le pendage) des couches ; l'association d'un synclinal, à pendages convergents, et d'un anticlinal, à pendages divergents, constitue un pli. Il existe de nombreuses formes de plis. Voir PLIS ET FAILLES, p. 242

pliocène Cinquième et dernière période de l'ère tertiaire (cénozoïque). Voir ÉCHELLE DES TEMPS GÉOLOGIQUES, p. 268

Pliska, *Bulgarie* Voir VARNA

Plitvice, *Croatie* Parc national très boisé, en Krajina, à 120 km au S. de Zagreb. Seize lacs principaux sont reliés entre eux par des cascades et des chutes dont l'une mesure 76 m de haut.

Le parc est célèbre pour ses écrevisses.
Carte Croatie Ab

Plock, ***Pologne*** Ville à 95 km au N.-O. de Varsovie, sur la rive droite de la Vistule. Fondée au Xᵉ s., elle possède une cathédrale du XIIᵉ s. Le festival national du folklore et de l'art populaire et une foire (sculptures en bois, céramiques, broderies traditionnelles) s'y déroulent chaque année en juin. Industrie alimentaire, matériel agricole, raffinerie de pétrole et complexe pétrochimique alimentés par le pétrole de l'ancienne Union soviétique.
Population 118 000
Carte Pologne Cb

Ploiesti, ***Roumanie*** Principal centre pétrolier du pays, au pied des Carpates, à 60 km au N. de Bucarest. La production et le raffinage du pétrole commencèrent en 1856 et l'industrie s'y développa rapidement. Pendant la Seconde Guerre mondiale, la ville fut soumise par les Alliés à de très violentes attaques aériennes. Les troupes du général Malinovski s'emparèrent de la ville le 31 août 1944. Les raffineries ont été reconstruites.
Population 207 000
Carte Roumanie Bb

Plovdiv, ***Bulgarie*** Chef-lieu du district homonyme, à 140 km au S.-E. de Sofia, sur la Marica. Fondée au Iᵉʳ s. av. J.-C. sous le nom de Trimontium, elle devint la capitale de la Thrace en 46 apr. J.-C. et fut souvent saccagée au Moyen Age. Alternativement bulgare et byzantine, elle passa sous la domination turque au XIVᵉ s. et devint définitivement bulgare en 1885. Elle possède d'impressionnants vestiges romains, dont un théâtre, et de pittoresques maisons du XIXᵉ s. Deuxième ville du pays après Sofia, Plovdiv est un marché agricole, dans une région productrice de riz, de fruits, de vin et de tabac. Industrie textile, machines, matériel électrique, chaussures, produits alimentaires.
Population 373 000
Carte Bulgarie Bb

Plymouth, ***États-Unis*** Ville du Massachusetts, à 55 km au S.-E. de Boston. Premier établissement européen permanent en Nouvelle-Angleterre, la « Colonie de Plymouth » fut fondée en 1620 par les Pères pèlerins, venus d'Angleterre à bord du *Mayflower*. La ville est un important centre touristique. Plusieurs musées sont installés dans des édifices du XVIIᵉ s.
Population 37 100

Plymouth, ***Montserrat*** Principal port et capitale de l'île. Les maisons qui bordent la rue principale furent construites dans le style anglais du XVIIIᵉ s. avec des pierres apportées d'Angleterre et utilisées comme lest des navires.
Population 3 200
Carte Antilles Cb

Plymouth, ***Royaume-Uni*** Port à 300 km au S.-O. de Londres, dans le comté de Devon. Ce fut l'un des points d'appareillage de la flotte anglaise qui repoussa l'Invincible Armada espagnole en 1588, et le point de départ du *Mayflower* vers l'Amérique du Nord en 1620. A proximité, sur l'estuaire de la rivière Tamar, se trouve le port militaire de Devonport, fondé en 1691. Plymouth fut très endommagée par les bombardements de la Seconde Guerre mondiale, mais une partie du vieux port a été épargnée.
Population 255 000
Carte Royaume-Uni Ce

Plzen, anc. **Pilsen,** ***République tchèque*** Capitale régionale de la Bohême-Occidentale et ville industrielle à 84 km au S.-O. de Prague. La vieille ville possède une cathédrale du XIVᵉ s. et un hôtel de ville du XVIᵉ s. Plzen s'est développée après 1850 grâce à l'industrie lourde : armes des usines Skoda, locomotives, turbines et véhicules. La bière et la porcelaine sont ses plus anciennes productions.
Population 174 100
Carte République tchèque Ab

Pô, ***Italie*** Le plus long fleuve du pays, qui parcourt 652 km, des Alpes cottiennes jusqu'à son delta sur l'Adriatique, au S. de Venise. Navigable dans sa quasi-totalité, il était déjà une importante voie de commerce à l'époque romaine.

Cependant, en raison de ses crues, peu de villes importantes sont implantées sur ses rives (excepté Turin et Piacenza). Le Pô draine des plaines fertiles et très peuplées, où sont regroupées la moitié des villes italiennes de plus de 100 000 habitants. Agriculture, élevage et nombreuses industries.
Carte Italie Bb

Pobiedy (pic), ***Asie centrale*** Mont de la chaîne du Tien-Chan, à la frontière de la Chine, du Kazakhstan et du Kirghizistan (7 439 m).
Carte Russie Ed

Podgorica ou **Podgoritsa,** ***Yougoslavie*** Première ville du Monténégro, sur la Moraca, à 20 km au N. du lac de Shkodër. Ville moderne, construite en 1946 à proximité des vestiges de la grande ville turque de Podgorica, ancienne Titograd, du nom du premier président de la Yougoslavie, le maréchal Tito (1892-1980). Elle reprit son nom d'origine en 1992. Elle a perdu en 1993 son statut de capitale au profit de Cetinje. Aéroport, université, industries métallurgiques, alimentaires, manufactures de tabac.
Population 118 100
Carte Yougoslavie Ac

Podhale, ***Pologne*** Région méridionale autour de la vallée supérieure du Dunajec. Zakopane est la principale ville touristique (sports d'hiver) de cette zone de villégiature très fréquentée.
Carte Pologne Cd

Podolsk, ***Russie*** Ville à 50 km au S. de Moscou, sur la Pakhra. Industries mécaniques et métallurgiques. Transformation du cuir, production d'appareils électriques.
Population 209 000
Carte Russie Cc

Po-hai, ***Chine*** Voir BO-HAI (golfe du)

P'ohang, ***Corée du Sud*** Ville industrielle sur la côte E., à 120 km au N.-E. du port de Pusan. Construit sur des polders, c'est le plus grand centre métallurgique du pays (fer et acier).
Population 201 200
Carte Corée du Sud Db

Pohnpei, anc. **Ponapé,** ***États fédérés de Micronésie*** État constitué d'une île principale et de huit îlots (345,2 km²). La capitale, Palikir (ex-Kolonia), est située sur la côte N. de Pohnpei, qui s'étend sur 334,1 km². Au S.-O. se trouvent les ruines de Nan Madol, ensemble de monuments en pierre construits sur des îles artificielles, il y a plus de six cents ans.
Population (État) 33 100
Carte Pacifique (océan) Cb

Pointe-à-Pitre, ***Guadeloupe*** Principal centre commercial et port de l'île, près d'une grande baie abritée, au S.-O. de la Grande-Terre. Troisième commune du département après Abymes (62 850 habitants) et Saint-Martin. Sucreries, distilleries de rhum et manufactures de tabac.
Population 26 100
Carte Guadeloupe ABb

Pointe-Noire, ***Congo*** Port principal du pays, situé sur la côte atlantique, au terminus de la voie ferrée Congo-Océan qui part de Brazzaville, distante de 370 km. Après la mise en service du port en 1939, cinq ans après l'achèvement de la voie, la ville a rapidement grandi et est devenue la capitale du Moyen-Congo, territoire de l'Afrique-Équatoriale française, de 1950 à 1958. Le port exporte du coton, des arachides, du bois, des minerais, notamment le manganèse du Gabon, de l'huile de palme et du caoutchouc. L'industrie est en essor. Une raffinerie traite le pétrole provenant des puits de la côte. La ville possède un aéroport international. Le port assure les exportations maritimes du Gabon, du Tchad et de la République centrafricaine. A 20 km au N.-O. de Pointe-Noire se trouve l'ancien port de Loango, où s'établit, en 1883, la première mission catholique de la région.
Population 576 200
Carte Congo Ab

Point Lisas, ***Trinité et Tobago*** Complexe industriel sur la côte O. de Trinité, à 10 km au N. de San Fernando. Situé dans une ancienne région de mangrove et de canne à sucre, il exploite d'abondants champs de pétrole et de gaz naturel pour ses activités (pétrochimie, engrais, acier). C'est le plus grand centre d'énergie électrique des Caraïbes orientales. Port en eau profonde.
Carte Trinité Aa

Poitiers, ***France*** Préfecture du département de la Vienne, à 95 km au S. de Tours, dans une région agricole (vigne, bétail, blé). En 732, Charles Martel y stoppa l'invasion musulmane et, en 1356, pendant la guerre de Cent Ans, les troupes anglaises du Prince Noir y capturèrent Jean le Bon. Poitiers possède plusieurs églises médiévales : cathédrale Saint-Pierre (XIIᵉ-XIIIᵉ s.), église N.-D.-la-Grande (XIIᵉ s.), église Saint-Hilaire-le-Grand (XIᵉ s.), des vestiges romains et une université fondée au XVᵉ s.

À proximité, sur la Gartempe, le village de Saint-Savin possédait une célèbre abbaye bénédictine fondée par Charlemagne ; il n'en subsiste que la très belle église du XIᵉ s. Elle renferme un ensemble de fresques qui sont un des chefs-d'œuvre de la peinture romane.
Population (ville) 79 000 ; (aggl.) 105 000
Carte France Dc

Poitou, ***France*** Province de l'ouest du pays, limitée au N. par l'Anjou et la Touraine, à l'E. par le Berry et le Limousin, au S. par l'Angoumois et l'Aunis, et à l'O. par l'Atlantique. Il comprend trois départements : Deux-Sèvres, Vendée et Vienne. Sa capitale est Poitiers. Au N. se trouve le Marais breton, au S. le Marais poitevin, avec ses milliers de kilomètres de canaux drainant des pâturages. Repris aux Anglais par Du Guesclin, il fut définitivement rattaché à la couronne par Charles VII en 1422. Les vallées de la Vienne et du Clain, humides et vertes, sont vouées à l'élevage, tandis que la zone comprise entre le vignoble de Touraine, au N., et le vignoble charentais, au S., est réservée aux céréales.
Carte France Dc

Poitou-Charentes, ***France*** Région essentiellement rurale (56 % de la population), située au S. et à l'O. de Poitiers. Elle englobe quatre départements : Charente, Charente-Maritime, Deux-Sèvres et Vienne. Des coopératives de produits laitiers s'y créèrent dès 1888, faisant de la région le principal fournisseur en beurre de la capitale. Poitiers et La Rochelle sont les villes les plus importantes. Elle comprend les îles de Ré, d'Aix et d'Oléron, ainsi que la partie S. du Marais poitevin. Principales productions : fromage, beurre, céréales et cognac.

Population 1 595 000

Carte France Cc

Pokhara, ***Népal*** Ville aux maisons de bois et de plâtre au centre du pays, à 140 km au N.-O. de Katmandou. Elle est située au fond d'une vallée, à une altitude relativement basse pour le Népal : 1 000 m. La région a un climat subtropical. On y cultive du riz, des bananes et des agrumes.

La ville est dominée au N. par le sommet de l'Annapurna. Les touristes y font des excursions à pied ou à cheval dans l'Himalaya.

Population 95 350

Carte Népal Aa

polder Terrain situé au-dessous du niveau de la mer, entouré de digues empêchant l'inondation, généralement drainé et mis en valeur. En néerlandais, *polder* signifie « terre endiguée », et c'est aux Pays-Bas que cette technique a été le plus perfectionnée. Par extension, on nomme polder toute terre conquise sur la mer.

TRAVAIL DE FEMMES. Dans un village de montagne près de Pokhara (Népal), une paysanne fait sécher le mil.

pôles géographiques Points où l'axe de rotation (ligne imaginaire autour de laquelle tourne la Terre) atteint la surface de la Terre.

Pôle Nord. Point situé à l'extrémité N. de l'axe de rotation de la Terre, localisé dans la banquise de l'océan Arctique. L'Américain Robert Peary a été le premier à l'atteindre le 4 avril 1909 et le Norvégien Roald Amundsen le premier à l'avoir survolé, le 12 mai 1928. Le sous-marin américain *Nautilus* y parvint en naviguant sous la calotte glaciaire et en faisant surface à travers la banquise le 3 août 1958.

Pôle Sud. Point à l'extrémité S. de l'axe de rotation de la Terre. Il est situé à 480 km au S. de la banquise de Ross, à 2 992 m au-dessus du niveau de la mer. L'épaisseur de la calotte glaciaire y dépasse 2 500 m. Le Norvégien Roald Amundsen fut le premier à l'atteindre le 14 décembre 1911. Le Britannique Robert Scott y parvint 34 jours plus tard. La station américaine Amundsen-Scott y est installée.

Carte (pôle Nord) Arctique a ; (pôle Sud) Antarctique d

pôles géomagnétiques Points de la surface de la Terre, aux extrémités N. et S. de l'axe du champ magnétique terrestre. Cet axe forme un angle de 11° avec l'axe de rotation de la Terre. Les pôles géomagnétiques, qui se déplacent, ne coïncident donc pas avec les pôles géographiques. Le pôle géomagnétique N. est actuellement situé à 79° de latitude S. et à 110° de longitude E. Si leur latitude n'a pas varié depuis 150 ans, ils ont gagné 6° de longitude vers l'O. L'axe magnétique a connu des renversements de polarité. Les effets de ces renversements sur l'alignement des particules magnétiques des roches constituent un argument essentiel de la théorie de la tectonique des plaques.

pôle Sud (plateau du), ***Antarctique*** Région centrale de l'Antarctique, où l'épaisseur de la calotte glaciaire atteint plus de 2 000 m.

Poliarnyï, ***Russie*** voir MOURMANSK

Pologne Voir p. 540-542

Pologne (Grande), en pol. **Wielkopolska,** ***Pologne*** Région historique de l'État polonais dans laquelle, au Xᵉ s., Mieszko Iᵉʳ (vers 960-992), un petit prince, commença à unir les différentes tribus qui prirent plus tard le nom de « polonaises ». Elle se trouve à l'O. de la Vistule, entre Pomorze au N. et la Silésie au S. Cultures de céréales, de betterave à sucre et production de bois dans les vallées ; élevage de bovins, de caprins, de chevaux et de porcs réputés.

Le parc national Wielkopolski, au S.-O. de Poznan, capitale de cette région, attire les touristes avec ses 100 km² de collines boisées et ses lacs en chapelet.

Carte Pologne Bb

Pologne (Petite), en pol. **Malopolska,** ***Pologne*** Région située au S. et au S.-E. du pays, qui comprend Cracovie, Lodz, les monts de la Sainte-Croix et un ensemble de plateaux boisés. Élevage intensif, production de blé, de pommes de terre et de seigle.

Carte Pologne Dc

Polonnaruwa, ***Sri-Lanka*** Ville en ruine à l'E. du pays, à 170 km au N.-E. de Colombo. Elle fut la capitale cinghalaise de 781 à 1290. La ville et la plaine environnante étaient irriguées grâce à un lac artificiel et à un réseau de canaux. Le lac Paralerama Samudra, créé au XIᵉ s. et restauré en 1903, est encore utilisé. La ville, autrefois protégée par trois murailles concentriques, possédait des palais et des temples magnifiques couverts de sculptures et de fresques. Les murs de l'un des temples, entourant une statue de Bouddha de 14 m de haut, atteignent 22 m. C'est un lieu de pèlerinage pour les bouddhistes.

Carte Sri-Lanka Bb

Polotsk, ***Biélorussie*** Ville commerciale et industrielle et centre ferroviaire à 200 km au N. de Minsk. Elle apparaît pour la première fois dans les chroniques russes en 862, ce qui en fait l'une des plus anciennes villes de pays. La cathédrale byzantine de Sainte-Sophie (XIᵉ s.) a été restaurée dans le style baroque. Raffineries de pétrole, industries du bois, textiles (lin), cuir et bière.

Population 78 000

Carte Biélorussie Ba

Poltava, ***Ukraine*** Chef-lieu de la région homonyme, sur la Vorskla, à l'O. de Kharkov. C'est un marché agricole et un important nœud ferroviaire. Industries alimentaires, production de diamants de synthèse. Victoire de Pierre le Grand sur Charles XII de Suède (1709) qui mit fin à la suprématie suédoise dans la Baltique.

Population 323 600

Carte Ukraine Cc

polygonal (sol) Voir RÉTICULÉ (sol).

Polynésie, ***océan Pacifique*** La plus grande des trois régions principales de l'Océanie (avec la Mélanésie et la Micronésie). Les Polynésiens sont grands, ils ont la peau dorée et des cheveux bruns, raides ou ondulés. Parmi eux se trouvent les Maoris de Nouvelle-Zélande. Leurs ancêtres vinrent probablement de certaines régions de l'Indonésie, il y a environ 3 500 ans. Grands voyageurs, ils naviguaient dans d'imposantes barques, guidés par les vents, les courants et les étoiles. Ils s'établirent à Tonga en 1140 av. J.-C. et à Samoa en 1000-500 av. J.-C., puis dans les îles de la Société (IIIe s.), dans les îles Marquises et dans d'autres îles appartenant de nos jours à la Polynésie française. Au VIe s., ils étaient arrivés à l'île de Pâques et au N. d'Hawaï. Ils atteignirent les îles Cook et la Nouvelle-Zélande cinq cents ans plus tard. Parmi les autres îles polynésiennes se trouvent Tuvalu, les Tokelau et Niue: le mot « Polynésie », qui signifie « nombreuses îles », est donc bien choisi. Malgré les grandes distances qui les séparent et de longues périodes d'isolement, les Polynésiens parlent des langues proches les unes des autres. Les anciens Polynésiens obéissaient à un système de castes strict, avec des chefs au pouvoir héréditaire. Ils adoraient de nombreux dieux et construisaient de grands temples sur des plates-formes appelées *marae*. Ils y faisaient leurs offrandes et, parfois, des sacrifices humains. Beaucoup d'objets et de lieux sacrés étaient *tabu* (interdits). De là vient le mot « tabou ».

Carte Pacifique (océan) Dd, Fb

Polynésie française, ***océan Pacifique*** Territoire d'outre-mer comprenant 150 îles du Pacifique S.-E., à mi-chemin entre l'Australie et l'Amérique du Sud. Ses 4 200 km^2 de superficie terrestre s'étendent sur une zone maritime de plus de 2 millions de kilomètres carrés. Elle est formée de cinq archipels au climat tropical. Les îles Marquises, les îles de la Société (avec Tahiti et le chef-lieu Papeete), les îles Australes ou Tubuai et les îles Gambier, toutes d'origine volcanique, possèdent des montagnes à pic. Au contraire, les atolls des îles Tuamotu, d'origine corallienne, sont à fleur d'eau.

La population, surtout concentrée dans les îles de la Société, comprend 78 % de Polynésiens (généralement chrétiens, parlant tahitien et français, la langue officielle, et réputés pour leur beauté et la grâce de leur danse, le tamouré), 10 % de Français et 8 % de Chinois.

Les Marquises furent découvertes en 1595 par des conquistadors venus du Pérou, mais ils n'en soufflèrent mot pour ne pas attirer les autres Européens. L'Anglais Samuel Wallis et le Français Bougainville découvrirent Tahiti à peu près en même temps, chacun de leur côté, et Bougainville la revendiqua pour la France en 1768. Leurs descriptions de paysages idylliques et d'habitants plus qu'accueillants créèrent l'image de mers du Sud paradisiaques, perpétuée depuis par les peintres et les écrivains.

En 1842, les chefs tahitiens finirent par accepter un protectorat français sur Tahiti. Le dernier roi, Pomaré V, céda son royaume à la France en 1880 et, en 1903, les Français contrôlaient toutes les îles. La Polynésie est territoire d'outre-mer depuis 1945, avec autonomie interne depuis 1977, élargie en 1984. L'économie du territoire dépend pour une bonne part des dépenses du gouvernement français dues à la présence du site d'expérimentations nucléaires de Mururoa. Mais le moratoire sur les essais nucléaires, du fait de leur incidence économique, pourrait relancer certaines tentatives indépendantistes, rompant ainsi un équilibre fragile. Exportations de coprah, huile de coco, vanille, agrumes; perles de culture et nacre (industrie récente). Le tourisme fournit les trois quarts des revenus étrangers non militaires.

Population 215 000
Carte Pacifique (océan) Fc

Poméranie, en all. **Pommern,** en pol. **Pomorze'** ***Pologne*** Région nord-occidentale sur la côte baltique, entre l'Oder et la Vistule. C'est une région de lacs très fréquentée par les vacanciers, malgré son climat très rude. Seul l'élevage (chevaux, porcs, bovins) parvient à constituer une ressource appréciable.

Carte Pologne Ab

Pomorie, ***Bulgarie*** Voir NESEBAR

Pompéi, ***Italie*** Cité en ruine au pied du Vésuve, à 24 km au S.-E. de Naples. Pompéi fut détruite par un nuage de cendres et des coulées de lave lors de l'éruption du volcan, en l'an 79. Les cendres ont permis de conserver les attitudes et même les expressions des habitants fuyant ou cherchant un refuge au moment de leur mort.

Les fouilles ont exhumé plus de 60 % de cette immense ville romaine, quadrillée par des kilomètres de rues bordées de maisons aux murs blancs. Les objets les plus importants ont été envoyés dans des musées. Le forum, avec le Vésuve en toile de fond, est célèbre pour sa beauté. Autres merveilles: l'amphithéâtre, le petit et le grand théâtre, la basilique, la maison de Ménandre, les thermes, la maison de Loreius Tiburtinus, avec une reconstitution de son splendide jardin, la maison des Vetti ornée de riches peintures murales et, à l'extérieur de la cité, la villa des Mystères où se trouvent les plus belles peintures anciennes.

D'autres vestiges moins importants donnent à la tragédie de Pompéi toute sa dimension humaine, par exemple des graffiti, slogans ou annonces des fêtes publiques.

Population 23 400
Carte Italie Ed

Ponape, ***États fédérés de Micronésie*** Voir POHNPEI

Ponce, ***Porto Rico*** Principale ville de la côte S., à 75 km au S.-O. de San Juan. Elle est reliée à la capitale par la voie express « Las Americas », inaugurée en 1975. Le sucre produit par la région est exporté par le grand port de Playa de Ponce, au S. Cimenteries, textiles, chaussures, papier, distilleries de rhum et raffineries de pétrole. Son université date de 1948.

Population 159 100
Carte Antilles Bb

Pondichéry ou **Pondicherry,** en indien **Puduchcheri,** ***Inde*** Port sur le golfe du Bengale, à 125 km au S. de Madras, fondé en 1674 par François Martin, agent de la Compagnie des Indes orientales. Reprise par les Anglais en 1761, la ville ne redevint française qu'en 1816. En 1954, Pondichéry, avec Mahé, Yanaon et Karikal, est cédée à l'Inde, et constitue depuis un territoire de l'Union (492 km^2). Activités : exportation de cacahuètes, fabrication de textiles (coton). Au N., la cité « idéale » d'Auroville, fondée en 1968 sous la caution de l'UNESCO, mais toujours inachevée, demeure un modèle de société où les barrières sociales et ethniques sont abolies.

Population (ville) 202 600 (territoire) 807 800
Carte Inde Ce

Pont Voir TABLEAU ci-dessous

Ponta Delgada, ***Portugal*** Voir SÃO MIGUEL

Pont-d'Arc, ***France*** Voir ARDÈCHE

Pontevedra, ***Espagne*** Port de commerce (céréales et fruits), près de la frontière portugaise, chef-lieu de province et centre industriel (constructions navales et conserveries). Pont romain de douze arches sur le Lerez.

Voir suite p. 543

PONTS ROUTIERS ET FERROVIAIRES

Le premier pont du monde, dont la travée principale mesure plus de 1,7 km, est ouvert au Japon depuis 1988 : le pont suspendu d'Akashi-Kaikyo, au-dessus du détroit d'Akashi, a deux niveaux, l'un pour la voie de chemin de fer, l'autre pour l'autoroute. Les travaux ont duré une dizaine d'années. Le plus long pont à travées multiples est le pont du lac Pontchartrain en Louisiane, États-Unis (38,4 km).

LES TRAVÉES LES PLUS LONGUES DU MONDE

Nom du pont	Situation	Longueur (m)	Date d'ouverture
Akashi-Kaikyo (suspendu)	Détroit d'Akashi, Japon	1 780	1988
Humber Estuary (suspendu)	Hull, Grande-Bretagne	1 410	1981
Verrazano Narrows (suspendu)	New York, États-Unis	1 298	1964
Golden Gate (suspendu)	San Francisco, États-Unis	1 280	1937
Bosphore (suspendu)	Istanbul, Turquie	1 074	1973
Pont du 25 Avril (suspendu)	Lisbonne, Portugal	1 013	1966
Pont de Normandie (suspendu)	Normandie, France	856	1995
Tancarville (suspendu)	Normandie, France	608	1959
Quebec Railway (cantilever)	Québec, Canada	549	1917
Forth Rail (cantilever)	Firth of Forth, Grande-Bretagne	518	1889
New River Gorge (arche d'acier)	Virginie occ., États-Unis	518	1977
Bayonne (arche d'acier)	New York, États-Unis	504	1931
Sydney Harbour (arche d'acier)	Sydney, Australie	503	1932

Pologne

APRÈS DES SIÈCLES D'OPPRESSION, LECH WALESA, FONDATEUR DU PREMIER SYNDICAT LIBRE DE L'EUROPE DE L'EST, PORTÉ AU FAÎTE DU POUVOIR

Comme un récif de granit au sein d'un océan tourmenté, la Pologne a été battue et souvent submergée. Cependant, elle a toujours resurgi au cours de son histoire millénaire, fidèle à elle-même, inébranlable. Ses origines remontent au Xᵉ s., quand les Slaves qui vivaient dans les bassins de la Vistule et de l'Oder s'unirent sous l'autorité d'un roi chrétien, Mieszko Iᵉʳ. Au XIVᵉ s., la Pologne devint une grande nation européenne sous le règne de Casimir le Grand. En 1680, le roi Jean Sobieski repoussa les Turcs qui assiégeaient Vienne et sauva ainsi la chrétienté européenne du danger islamique.

Mais la faiblesse de la Pologne a toujours été la vulnérabilité de ses frontières. La grande plaine du nord de l'Europe fut sillonnée au fil des siècles par de nombreux envahisseurs : les Mongols venus de l'est, les Chevaliers teutoniques de l'ouest, suivis par les Russes et les Allemands. Les dunes de sable de la côte baltique étaient un faible rempart contre les envahisseurs suédois ; seules, les Carpates (2 500 m), au sud, furent une protection naturelle infranchissable.

Pendant la seconde moitié du XVIIIᵉ s., la Pologne fut partagée à trois reprises, en 1772, 1793 et 1795, entre la Prusse, la Russie et l'Autriche. Le dernier roi polonais, Stanislas Auguste Poniatowski, abdiqua en 1795. À partir de cette date et jusqu'en 1918, le pays disparut virtuellement de la carte du monde.

À travers les occupations successives, l'amour de la liberté continua d'animer le peuple polonais, marqué notamment par les soulèvements de 1830 et 1863 contre les Russes. Les représailles provoquèrent un vaste mouvement d'émigration qui démarra en 1831. De grandes figures s'installèrent à Paris : Frédéric Chopin, le poète Adam Mickiewicz et Marie Curie. Les plus pauvres partirent travailler dans les mines de charbon de la Ruhr et du nord de la France. Plus tard, ils furent encore plus nombreux à émigrer aux États-Unis. La diaspora rassemble aujourd'hui 10 millions de Polonais.

En 1918, à la fin de la Première Guerre mondiale, la Pologne réapparut en tant qu'État, mais son indépendance fut de courte durée. Deux décennies plus tard, les armées hitlériennes franchirent les frontières, intervention qui précipita la Seconde Guerre mondiale. Dans les années qui suivirent, la Pologne endura de grandes souffrances. De vastes superficies du pays furent dévastées. 6 millions de Polonais, dont 3 millions de juifs, périrent ; la plupart moururent dans les camps d'extermination nazis, en particulier à Auschwitz (Oświecim) près de Cracovie. 15 000 officiers polonais furent capturés et exécutés

dans la forêt de Katyn. On a acquis la certitude que les auteurs du massacre ne furent pas les Allemands mais les Russes.

Une fois encore les Polonais durent se battre pour survivre. Le soulèvement du ghetto de Varsovie et les combats de l'armée polonaise sont restés dans les mémoires. Dans d'autres régions du monde, soldats, marins et aviateurs des forces libres polonaises prirent part aux combats des Alliés: dans la bataille d'Angleterre, à Tobrouk, à El-Alamein et au mont Cassin.

Les victoires furent de courte durée. En 1944, pendant que l'armée polonaise se battait à mort dans les ruines et les égouts de Varsovie, les forces soviétiques occupèrent la rive droite de la Vistule. Tandis que les Allemands écrasaient la résistance polonaise, les Russes jetèrent les bases d'une Pologne communiste. Un gouvernement d'union nationale fut constitué. Le parti ouvrier absorba le parti socialiste et prit le nom de parti ouvrier unifié polonais en 1948, en fait le parti communiste. Bierut en fut le premier secrétaire, Gomulka lui succéda en 1956, et fut remplacé par Gierek de 1970 à 1980.

LA RÉSURRECTION DE LA POLOGNE

Les nouveaux hommes au pouvoir eurent à vaincre un grand nombre de difficultés pour restaurer un pays dévasté, nourrir et loger la population. L'UNRRA (le fonds de secours des Nations unies) accorda une aide, et les Allemands payèrent des dommages de guerre. Mais sous la pression soviétique, la Pologne dut refuser l'aide du plan Marshall proposée par les États-Unis.

De vieilles villes comme Varsovie, la capitale, et Gdansk (l'ancienne Dantzig) furent reconstruites avec le souci de respecter l'architecture du passé. Toutefois, là où se trouvait le ghetto de Varsovie, les Polonais ont édifié un monument commémoratif.

Il semblait alors que la Pologne retrouvait un sort meilleur, mais les nouveaux dirigeants prirent pour modèle l'U.R.S.S., collectivisant l'agriculture, étatisant l'industrie. Le gaspillage économique et l'augmentation du coût de la vie exacerbèrent la population contre les hommes politiques. La pression de la police secrète et l'attitude anticléricale du gouvernement, hostile à la nation profondément attachée au catholicisme, provoquèrent des émeutes. Paysans, étudiants et travailleurs se soulevèrent contre le pouvoir communiste et l'emprise soviétique en 1956 à Poznań, en 1968 à Varsovie, en 1970 dans les chantiers navals de la Baltique, à Gdansk où la police tira sur les manifestants, comme en 1976 à Ursus et à Radom. Les maigres concessions obtenues furent toujours suivies de répression.

En 1980, des grèves se propagèrent et Solidarité (Solidarność) naquit, fondé par un ouvrier des chantiers navals de Gdansk, Lech Walesa. Le premier syndicat libre de l'Europe de l'Est, qui échappait au contrôle de l'État, s'organisa dans tout le pays. Le nouveau Premier ministre et chef du Parti, le général Jaruzelski, réagit violemment. Il déclara la loi martiale, ordonna des arrestations et interdit le syndicat en 1981. En 1983, la loi martiale fut levée, la plupart des prisonniers furent relâchés et Lech Walesa, dirigeant de Solidarité, reçut le prix Nobel de la paix, hommage à l'unité des Polonais dans la résistance pour les droits syndicaux.

ARCHITECTURE SOCIALISTE. Le Palais de la culture et des sciences, édifié en 1950, domine les rues et parcs enneigés de Varsovie. Ce gratte-ciel de style soviétique, qui rappelle de sombres années, met aujourd'hui à la disposition des Polonais théâtre, musée, équipements sportifs...

UNE NOUVELLE POLOGNE

De 1939 à 1946, la population de la Pologne est passée de 35 millions à 24 millions d'habitants, diminution due aux décès pendant la guerre, mais aussi aux changements de frontières. Les Alliés réduisirent le territoire de 388 600 km^2 à 312 683. Les terres orientales furent cédées à l'U.R.S.S. tandis que la frontière occidentale était repoussée vers l'O. le long de la ligne Oder-Neisse sur les terres orientales de l'ancienne Prusse. Les colons allemands retournèrent dans leur pays et des millions de citoyens polonais qui se trouvaient en territoire soviétique furent obligés d'y rester s'ils ne pouvaient prouver qu'ils étaient d'origine polonaise. Ces bouleversements, comme les décès dus à la guerre, changèrent la structure de la population de la Pologne : composée avant la guerre de minorités ethniques de Juifs, Allemands, Lituaniens, Biélorusses et Ukrainiens, elle se retrouvait presque exclusivement polonaise.

Les Polonais qui émigrèrent des régions cédées à l'U.R.S.S. s'installèrent dans les villes ou dans les « territoires récupérés » de l'Ouest et du Nord, en même temps que s'établit un vaste mouvement migratoire vers les villes. La population rurale resta aux alentours de 15 millions, tandis que l'ensemble de la population polonaise voyait ses effectifs passer de 24 millions en 1946 à 37 millions en 1986. Le processus d'industrialisation rapide avait fait gonfler les effectifs de population urbaine de 9 à 22 millions d'habitants.

Le pays a fait bon usage de son espace. De 1919 à 1939, les 140 km de côte maritime du « corridor polonais », avec Gdynia, étaient très réduits par rapport au rivage maritime de son histoire. Les 560 km de littoral récupérés en 1945 permirent de moderniser les ports de Gdansk et de Szczecin et de développer de petits ports de pêche et de plaisance le long de la mer Baltique. Malheureusement, le tourisme balnéaire est menacé par la pollution.

Le bois des vastes forêts de l'arrière-pays a permis l'essor d'une importante industrie de pâte à papier et de meubles, dont les produits bon marché sont largement exportés.

Le nord de la Pologne a des sols pauvres et un climat froid. La production agricole y est maigre, bien que les anciens domaines allemands aient été nationalisés et transformés en fermes d'État pourvues d'équipements meilleurs et de moyens techniques plus avancés. Par contre, les régions centre-ouest et sud-ouest ont des sols très fertiles et jouissent d'un climat plus doux: céréales et betteraves à sucre fournissent des rendements élevés. Ces régions sont dotées d'un bon réseau ferroviaire hérité du passé, de réserves considérables de charbon, des plus grandes mines de cuivre et de sel d'Europe, de bonnes capacités hydroénergétiques, et elles bénéficient également d'une pléiade de villes en expansion.

Le centre et l'est du pays, les anciens territoires des années 1918-1939 inclus dans la nouvelle délimitation des frontières, sont des zones rurales traditionnelles où la population urbaine est concentrée dans les grandes cités de Varsovie, Lódz, et dans quelques villes de province — Bialystok, Kielce, Lublin, Radom, Rzeszow —, dont la croissance s'est accélérée.

Les campagnes de ces régions sont les principales sources d'approvisionnement de la nation : seigle, pommes de terre, choux et tabac dans le Sud-Est, fruits et fleurs autour de Varsovie. La propriété privée, qui a gardé ses vieilles méthodes d'exploitation de la terre, obtient de meilleurs résultats que les grands combinats agricoles de l'État. La productivité ne s'accroît que faiblement et les pénuries alimentaires, notamment de viande, sont fréquentes. De nombreux problèmes pèsent sur le développement économique : l'accroissement de 50 % de la population depuis 1946 et la pression de l'Union soviétique pour recevoir des biens alimentaires en échange de ses fournitures de pétrole ainsi que l'obligation de payer à l'Ouest l'équipement et la technologie sont autant de facteurs qui ont créé des carences et un endettement considérable vis-à-vis des pays occidentaux.

De 1960 à 1970, le gouvernement a fait de gros efforts pour créer une industrie dans les régions agricoles où sont localisées à présent des industries alimentaires, textiles, des fabriques de chaussures, des raffineries et des industries chimiques. Des industries de précision, électroniques, mécaniques, des fabriques de produits pharmaceutiques, des usines de confection ont également été établies autour de Varsovie et de Lódz.

En 1945, la Pologne a hérité de l'énorme bassin de charbon de Silésie, autrefois partagé entre l'Autriche et la Prusse. Elle exploite aussi le fer, le plomb et le zinc de la région et possède des ressources de soufre et de gaz. La production de charbon atteint 200 millions de tonnes. Tous ces produits sont exportés. Industrie automobile, construction navale, métallurgie, chimie se sont développées. Le centre du pays et les ports maritimes sont reliés grâce à la Vistule et à un bon réseau de canaux intérieurs. Katowice est à la tête de la grande conurbation de Haute-Silésie qui rassemble une dizaine de villes et deux millions d'habitants.

Bien que le progrès industriel ait été largement assuré, il faut en déplorer le prix pour ce qui concerne la pollution et la dégradation de l'environnement, qui atteignent des taux particulièrement élevés. La Communauté européenne a offert des crédits pour remédier à ces problèmes.

Comme dans les autres pays de l'Est, la crise du logement est aiguë. Malgré les travaux de construction dans les villes, les migrants n'ont pu y trouver tous un logement et les jeunes s'entassent dans de petits appartements. Des ouvriers effectuent de longues heures de trajet entre leur lieu de résidence à la campagne, où la femme s'occupe d'agriculture, et leur lieu de travail. Ils y trouvent cependant un avantage en échappant aux pénuries alimentaires. Dans les zones nouvellement urbanisées, les équipements n'ont pas suivi, en particulier la distribution des biens de consommation. Les queues devant les magasins s'allongent toujours. La Pologne a longtemps vécu pour les besoins de l'Union soviétique plutôt que pour elle-même.

Les difficultés de la vie quotidienne se sont accumulées à partir des années 1970. Progressivement se sont faits rares certains biens de consommation : équipement ménager, voitures, cigarettes, conserves, boissons importées, etc., qu'il n'était possible de se procurer qu'avec des devises de l'Ouest dans les magasins tenus par l'État. Le marché noir des devises — le plus flagrant de l'Europe de l'Est — a proliféré à tel point qu'il a dû être quasiment officialisé. Ouvriers et agriculteurs ont vu leur pouvoir d'achat s'effriter, en contraste avec le bon niveau de vie de l'élite du Parti, des hauts fonctionnaires et des classes moyennes. La question ne concernait pas seulement les salaires et les pénuries : les travailleurs voulaient avoir une prise directe sur les conditions de leur vie quotidienne et les décisions du gouvernement. Les doléances des travailleurs ne se sont pas apaisées devant les méthodes brutales de la réponse gouvernementale de 1981. En fait, les pouvoirs publics craignaient que, s'ils ne maîtrisaient pas la situation, l'Union soviétique ne s'impatiente et ne s'en charge à leur place. Mais la perestroïka de Gorbatchev a facilité les choses.

L'État a dépensé de grosses sommes pour développer et améliorer les services médicaux, l'éducation et la culture, soutenant des artistes de renommée internationale comme les compositeurs Lutoslawski, Penderecki, ou les réalisateurs Wajda et Zanussi.

LE RETOUR AUX TRADITIONS NATIONALES

Le ciment de la Pologne, c'est le catholicisme romain, aussi fortement pratiqué dans les villes que dans les villages, indépendamment des convictions politiques. Le 4 décembre, les mineurs de Silésie célèbrent la Baburka, leur sainte patronne, Barbara. Chaque année déferlent à Czestochowa 500 000 fidèles, lors du pèlerinage international au monastère de Jasna Gora pour vénérer l'icône byzantine de la Vierge noire.

Les autorités n'ont pas réussi à éliminer l'influence de l'Église. Dans les années 1950, le primat de Pologne, le cardinal Stefan Wyszynski, et des prêtres furent emprisonnés. La construction d'églises était encore récemment interdite et la messe ne pouvait être radiodiffusée. À présent, l'Église a retrouvé sa place dans la vie de la nation.

Les Polonais considèrent que la foi catholique fait corps avec le sentiment national depuis 966, date de la conversion du duc des Polanes, Mieszko Ier, au christianisme, suivie par la conversion de son peuple. Chaque Polonais est fier que le cardinal Wojtyla, archevêque de Cracovie, ait été élu pape sous le nom de Jean-Paul II en 1978, confirmation du destin exemplaire d'une nation qui a foi dans le rôle que peut jouer le christianisme. C'est l'Église qui a soutenu la conscience nationale à travers les vicissitudes de l'histoire : oppressions étrangères, emprisonnements, massacres de prêtres. Le dernier martyre en date fut celui du père Jerzy Popieluszko, membre de Solidarité, assassiné pour raison politique en 1984 près de Varsovie. 250 000 personnes suivirent ses funérailles. La sentence infligée en 1985 aux quatre policiers inculpés du meurtre n'a pas convaincu le peuple que les hauts dignitaires du régime n'étaient pas impliqués dans cette affaire.

La perestroïka a permis l'assouplissement de l'emprise soviétique. La première rencontre historique entre Solidarité et le gouvernement, en 1988, dans un climat de grève générale, a conduit à l'organisation d'une table ronde opposition-pouvoir en avril 1989, d'où sont sortis les accords qui ont instauré le pluralisme syndical et permis la législation de Solidarité. Le président Jaruzelski a été maintenu dans ses fonctions, élu par la Diète. Tadeusz Mazowiecki a été nommé Premier ministre et s'est entouré d'une équipe issue de Solidarité. En février 1989, le parti communiste polonais renonça au monopole du pouvoir. La transition fut acceptée par Moscou. Le POUP (parti ouvrier unifié polonais) subit une débâcle aux élections de juin 1989 et Solidarité remporta une victoire écrasante aux premières élections locales libres de mai 1990. Au mois de décembre, Lech Walesa fut élu président de la République. Mais Solidarité fut scindée en deux groupes : celui des partisans du nouveau président et les intellectuels avec les figures du mouvement, Frazyniuk, Kuron et Michnik. Le parti communiste polonais s'est dissous pour se transformer en parti social-démocrate.

VERS UNE ÉCONOMIE DE MARCHÉ

Désoviétisée, ayant conclu des accords de coopération et de bon voisinage avec l'Allemagne, la Pologne doit faire face à ses difficultés économiques. Le plan Balcerowicz a été voté le 1er janvier 1990. Il prévoit le passage vers l'économie de marché et a reçu l'appui du F.M.I. Cette politique a entraîné une hyperinflation, une baisse du niveau de vie et du chômage. Les Polonais savent qu'ils doivent passer par ces épreuves pour redresser leur économie. Plus de 7 000 entreprises d'État ont été privatisées. Les investissements sont en plein essor : secteur alimentaire, tourisme, hôtels, construction, chimie... La dette (40 milliards de dollars) a été rééchelonnée. L'aide de l'Union européenne et des pays industrialisés est importante.

Si la Pologne a su faire preuve d'une ténacité politique et culturelle remarquable à travers ses malheurs, saura-t-elle sauver son économie ? Elle n'entend pas faire seule le chemin des réformes.

LA POLOGNE EN BREF
Superficie 312 683 km^2
Population 38 525 000
Capitale Varsovie
Régime République, multipartisme
Monnaie Zloty = 100 groszy
Langue Polonais
Religion Chrétiens (95 % catholiques romains, 1 % orthodoxes polonais, 0,25 % luthériens)
Climat Continental ; température moyenne à Varsovie : de − 5 °C en janvier à 15-24 °C en juillet
Ressources Céréales, betterave à sucre, oléagineux, pommes de terre, bétail, poisson, bois ; charbon, lignite, soufre, cuivre, zinc, plomb, fer
Activités Mécanique, sidérurgie, industrie minière, pharmaceutique, chimique, pétrolière, alimentaire, construction navale, agriculture, pêche, bois et forêts
Exportations Machines, charbon, élevage, produits alimentaires, produits chimiques, métaux non ferreux, bateaux, voitures, confection, fer et acier
P.N.B. annuel par habitant 1 960 dollars
Croissance démographique 3,1 ‰ par an
Espérance de vie Hommes 66 ans, femmes 75

La province du même nom (4 477 km^2) vit de la pêche et de l'agriculture.

Population (ville) 75 100 ; (province) 894 000
Carte Espagne Aa

Pontiac, *États-Unis* ville de l'État du Michigan, au N.-O. de Detroit, dont elle est une importante banlieue industrielle. Elle doit son nom à un célèbre chef indien (1720-1769) qui, allié aux Français, assiégea Detroit (1763) pour reprendre la ville aux Anglais. La principale industrie y est l'automobile.

Population 71 200
Carte États-Unis Jb

Pontianak, *Indonésie* Ville de la côte occidentale de l'île de Bornéo, chef-lieu de la province de Kalimantan. Élevée sur pilotis, la ville, à l'origine centre d'une région aurifère, est un grand port exportateur de coprah, de caoutchouc, de bois et d'huile de palme.

Population 345 000
Carte Indonésie Cc

Pontins (marais) *Italie* Voir LATIUM

Pontoise, *France* Chef-lieu du département du Val-d'Oise et cœur de la ville nouvelle de Cergy-Pontoise, au N.-O. de la capitale. La ville tient son nom d'un pont qui enjambait l'Oise à l'époque celtique. En 1652, la Cour et le Parlement y furent transférés, puis, en 1720 et 1753, le Parlement y fut exilé. Malgré les violents bombardements de la Seconde Guerre mondiale, la ville a conservé intacts certains monuments, parmi lesquels l'église Saint-Maclou, dont le transept et le chœur datent du XIIe s., et l'église Notre-Dame (Renaissance), qui contient le tombeau de saint Gautier (XIIe s.). Possédant des imprimeries et des fabriques d'appareillage électrique, Pontoise est aujourd'hui un petit centre industriel et administratif.

Population 27 150
Carte France Eb

Poole, *Grande-Bretagne* Voir BOURNEMOUTH

Poona, *Inde* Voir PUNE

Popayán, *Colombie* Ville occidentale, chef-lieu du département de Cauca, à 1 536 m d'altitude et à 375 km au S. de Cali, fondée en 1536 par le conquistador espagnol Sebastián de Belalcázar, parti en quête de l'Eldorado. Des colons plantèrent de la canne à sucre dans la vallée humide et construisirent une ville paisible et fraîche. Popayán devint un centre culturel et religieux doté de splendides églises et monastères de style espagnol. En 1983, un tremblement de terre causa de graves dommages : une seule église en est sortie intacte. Des travaux de restauration ont été entrepris.

Population 134 000
Carte Colombie Bb

Popocatépetl, *Mexique* Volcan à 65 km au S.-E. de Mexico, relié à un autre volcan (éteint) l'Ixtaccihuatl, par une arête. Son cratère mesure 1 km de circonférence et 75 m de profondeur. Son nom signifie « la montagne qui fume » en nahuatl. Même s'il est endormi depuis 1802, de grands nuages de fumée s'en dégagent de temps en temps. C'est le plus haut des deux volcans (5 452 m). Il est facile à escalader grâce à trois bonnes pistes. Selon la légende, Popocatépetl était un guerrier aztèque dont on annonça par erreur la mort dans une bataille. Sa bien-aimée, Ixtaccihuatl, mourut le cœur brisé en apprenant la nouvelle. Popocatépetl la veilla jusqu'à ce qu'il meure à son tour et que le paradis les réunisse.

LA MONTAGNE QUI FUME. De Mexico, on peut apercevoir la fumée s'échappant de la calotte neigeuse du volcan Popocatépetl.

Porbandar, *Inde* Ville sur la mer d'Oman, à 440 km au N.-O. de Bombay. Patrie du mahatma Gandhi (1869-1948), qui lutta pour l'indépendance de l'Inde et prôna la non-violence active. Industries textiles et ciment.

Population 113 300
Carte Inde Ac

Pordenone, *Italie* Ville, à 65 km au N.-E. de Venise. Le centre historique abrite des trésors architecturaux gothiques, baroques et de la Renaissance, notamment le palais communal (1291-1365) et la cathédrale. C'est la patrie du peintre Giovanni de Sacchis (1484-1539), dit le Pordenone. La ville est le plus important producteur de machines à laver et de réfrigérateurs de toute l'Italie.

Population 51 800
Carte Italie Db

Pori (Björneborg), *Finlande* Port de Finlande méridionale, dans le golfe de Botnie, à 250 km au N.-O. d'Helsinki. À proximité, les ports de Mäntyluoto et de Reposaari sont ouverts toute l'année. Métallurgie, bois, produits alimentaires, outillage mécanique et pâte à papier.

Population 79 100

Carte Finlande Bc

porosité Rapport du volume des vides d'une roche à son volume apparent. Lorsque les cavités de la roche sont inaccessibles à l'eau, la porosité est dite close. La plupart du temps, les vides sont des fissures, des interstices entre les constituants, et même, dans les roches calcaires, de véritables réseaux de chenaux. Les roches qui absorbent l'eau et peuvent en restituer une partie — les roches perméables comme le grès, les graviers — sont dites aquifères. Les roches imperméables (ex. : l'argile) retiennent la totalité de l'eau qu'elles ont absorbée.

porphyre Roche ignée dans laquelle de grands cristaux appelés phénocristaux sont éparpillés parmi des cristaux plus petits d'une composition différente.

Porquerolles (île de), ***France*** Voir HYÈRES (îles d')

Portage la Prairie, ***Canada*** Ville du sud-ouest du Manitoba, près de la rivière Assiniboine. Fondée en 1738 comme comptoir, c'est un centre ferroviaire qui exporte céréales et bétail.

Population 13 100

Carte Canada Fc

Portalegre, ***Portugal*** Ville de l'Alentejo au pied de la serra de São Mamede (N.-E. de Lisbonne), chef-lieu de district et vieux centre textile, réputé dès le XVIe s. pour ses tapisseries, puis au XVIIe s. pour ses soieries. Église du couvent de São Bernardo (intérieur orné d'azulejos du XVIIIe s.) et cathédrale (XVIe-XVIIIe s.)

Population 14 800

Carte Portugal Cc

Port-Antonio, ***Jamaïque*** Port de mer et l'une des plus anciennes stations balnéaires du pays, situé à 40 km au N.-E. de Kingston. Le premier hôtel y fut construit par la United Fruit Company au début du siècle. C'est toujours le principal port d'exportation de la banane du pays.

Population 12 500

Carte Jamaïque Ba

Port Arthur, ***Australie*** Ancien bagne de Tasmanie, à 50 km au S.-E. d'Hobart. Il fut construit en 1830 et abandonné en 1877, quand la Grande-Bretagne cessa d'y envoyer des condamnés. Il en subsiste quelques bâtiments, dont une église construite par les prisonniers. C'est un centre touristique très fréquenté.

Carte Australie Hg

Port-Arthur, ***Chine*** Voir LÜ-SHUN

Port-au-Prince, ***Haïti*** Capitale du pays au fond du golfe de la Gonave. Fondée en 1749 par les Français et détruite à plusieurs reprises par le feu et par les séismes (1751, 1770), la capitale de la première république noire n'a conservé que peu de vestiges de son passé colonial. Le musée national retrace l'histoire du pays. Le port exporte des produits agricoles (café, sucre, sisal) et minier (bauxite et cuivre). Activités industrielles modestes (agro-alimentaire, confection, composants électroniques).

Population (aire métropolitaine) 1 255 100

Carte Antilles Ab

Port-aux-Français, ***océan Indien*** Voir KERGUELEN (îles)

Port-Blair, ***Inde*** Port sur la côte S.-E. de l'île d'Andaman et capitale des îles Andaman et Nicobar. Il fut fondé en 1789 par le capitaine britannique A. Blair et transformé en bagne en 1958. Les Japonais en firent une base navale au cours de la Seconde Guerre mondiale. Exportations : coprah, bois, caoutchouc, noix de coco.

Population 74 850

Carte Inde Ee

Port-Bouët, ***Côte-d'Ivoire*** Port profond près d'Abidjan, sur la lagune Ébrié, relié à la mer par le canal de Vridi. Le premier appontement fut construit après le percement d'un canal d'accès entre 1905 et 1907. Mais le canal s'ensabla et le port fut abandonné. L'appontement fut reconstruit en 1932 et l'activité portuaire se développa après 1950, quand le canal en eau profonde de Vridi fut achevé.

Carte Côte-d'Ivoire Bb

Port-Cros (île de), ***France*** Voir HYÈRES (îles d')

Port Elizabeth, ***Afrique du Sud*** Port de mer à l'E. de la province du Cap-Est, sur l'océan Indien. Fondé en 1820 par les colons britanniques, il s'est rapidement développé dès qu'il a été relié par chemin de fer à Kimberley (la ville des diamants) en 1873. Les touristes sont attirés par ses plages sablonneuses. Les principales cités des environs sont Kwazakele et Zwide. Industries d'assemblage automobile, de pneus, de produits alimentaires et du bois ; exportation de laine, pêche.

Population 273 000

Carte Afrique du Sud Cc

Port-Étienne, ***Mauritanie*** Voir NOUADHIBOU

Port-Gentil, ***Gabon*** Capitale de la province de l'Ogooué maritime, et principal port du pays, situé sur l'île entre les deux embouchures de l'Ogooué. Il fut fondé au XIXe s. pour exporter l'okoumé, un bois précieux transporté par bateau sur le fleuve depuis Ndjolé et Lambaréné. Exportation de produits pétroliers raffinés dans un complexe créé en 1957 pour traiter le pétrole de la région.

Population 164 000

Carte Gabon Ab

Port Harcourt, ***Nigeria*** Capitale de l'État des Rivières, dans l'ex-Biafra, et deuxième port du pays après Lagos, sur la rive du Bonny, une des branches du delta du Niger. On commença à construire le port en eau profonde en 1912, et en 1916 une voie ferrée le relia à la ville d'Enugu. Exportation de charbon, provenant des mines d'Enugu, d'huile de palme (margarine et huile de cuisine) et d'arachide. Port Harcourt est aussi le centre pétrolier du delta oriental ainsi qu'un pôle industriel actif produisant de l'huile minérale raffinée, de l'aluminium, des bouteilles, des pneus et de la peinture.

Population 328 000

Carte Nigeria Bc

Port Hedland, ***Australie*** Port de l'Australie-Occidentale, à 1 300 km au N. de Perth. C'est la ville la plus dynamique de cet État. Exploitation du minerai de fer extrait dans la région de Pilbara, au S. de la ville, et exporté en majeure partie vers le Japon.

Population 12 900

Carte Australie Bc

Portillo, ***Chili*** Station de sports d'hiver des Andes dans la province de San Felipe, au N.-E. à 140 km de Santiago. Site des championnats du monde de ski en 1966.

Portimão, ***Portugal*** Port de l'Algarve (au S. du pays). Pêche, chantiers navals et conserveries de poissons. Praia da Rocha, à proximité, est une station balnéaire réputée.

Population 19 600

Carte Portugal Bd

Port Jackson, ***Australie*** Bras de mer sur la côte E. du pays, appelé aussi Sydney Harbour. C'est l'un des meilleurs ancrages du monde (57 km^2 et 2,4 km de largeur à l'entrée). Il est enjambé par l'élégant Sydney Harbour Bridge. Ce bras de mer est en fait une vallée fluviale submergée, dotée de multiples baies et navigable même pour de gros vaisseaux. Le week-end, c'est le paradis des voiliers de plaisance. Sydney Cove, où le capitaine Phillip fonda le premier établissement permanent de l'Australie, le 26 janvier 1788, est aujourd'hui le centre de Sydney.

Port Kembla, ***Australie*** Port de Nouvelle-Galles du Sud, à 88 km de Sydney. Il fait partie de la zone industrielle de Wollongong. Il possède les aciéries les plus importantes du pays et fabrique du fer-blanc, du cuivre et des produits chimiques.

Population 8 000

Carte Australie Ie

Port Láirge, ***Irlande*** Voir WATERFORD

Portland, ***États-Unis*** Port de pêche et de pétroliers de l'État du Maine. Important centre commercial (chantiers navals, industrie du bois, du papier, graphique, chimique, textile). Site touristique fréquenté en été. Vieilles demeures du XVIIIe s. Musée.

Population (ville) 618 000 ; (aggl.) 210 200

Carte États-Unis Lb

Portland, ***États-Unis*** Port de l'Oregon sur la Willamette près de son confluent avec la Columbia. Située dans un site magnifique dominé par le mont Hood (3 427 m), Portland est la première ville de l'Oregon. Centre commercial, universitaire, industriel (aciéries, bois, papier, électronique, alimentation).

Population (ville) 438 000 ; (aggl.) 1 478 000

Carte États-Unis Ba

Port-Louis, ***île Maurice*** Capitale, plus importante ville du pays et principal port, située sur la côté N.-O., à l'abri des vents, à l'extrémité d'un profond bras de mer. Fondée en 1735 par le Français La Bourdonnais, qui la baptisa en l'honneur de Louis XV, la ville est dominée par une forteresse — la Citadelle — construite par les Britanniques au début du XIXe s. Principal centre commercial de l'île : exportation de produits très divers (vêtements).

Population 160 000

Carte Maurice (île) Ab

Port-Lyautey, ***Maroc*** Voir KENITRA

Port Moresby, ***Papouasie-Nouvelle-Guinée*** Port, ville universitaire et capitale du pays, au S.-E. du golfe de Papouasie. La ville, qui jouit d'un climat relativement sec, est assez isolée du reste du pays et dépend essentiellement du transport aérien et maritime. Pendant le Seconde Guerre mondiale, ce fut une base des Alliés et les bombardements japonais l'endommagèrent gra-

vement. Exportation de caoutchouc, de produits à base de coco, de café, de bois, d'or et d'argent. Fabrication de produits alimentaires et manufacturés.
Population 126 000
Carte Papouasie-Nouvelle-Guinée Ba

Porto, *Portugal* Port et deuxième ville du pays. Porto est construit en amphithéâtre au-dessus de la rive N. du Douro, près de son embouchure. Son essor date du XVIIIe s. et de l'exportation vers l'Angleterre des vins de la vallée du haut Douro, les célèbres portos. Traditionnel rival de Lisbonne et foyer du libéralisme portugais, c'est le grand centre commercial et industriel (métallurgie, textiles, pneumatiques) du nord du pays. La ville s'étend aujourd'hui jusqu'au bord de mer, où sont installés ses quartiers résidentiels (Foz) et le port moderne, Leixões, à proximité de Matosinhos (port de pêche). Face à la vieille ville, sur la rive S. du fleuve, Vila Nova de Gaia regroupe les entrepôts et chais où l'on prépare et conserve (dans des fûts de chêne) les vins de Porto. Dans la vieille ville, à l'O. et au S. de la Sé (cathédrale du XIIe s.), s'étendent de très vivants et pittoresques quartiers dont les ruelles dévalent jusqu'aux quais du fleuve. Musée Soares dos Reis ; musée ethnographique. Patrie d'Henri le Navigateur.
Population 330 200
Carte Portugal Bb

Porto (golfe de), *France* Site pittoresque de la Corse, sur la côte O. Au fond du golfe se trouve le joli village homonyme, port de pêche et station balnéaire très fréquentée.
Carte France He

Porto Alegre, *Brésil* Capitale de l'État le plus méridional du pays, le Rio Grande do Sul, sur le Guaiba et la lagune dos Potos. La ville fut fondée en 1772, et son essor date du XIXe s. et de l'arrivée d'émigrés allemands et italiens. Située dans une région de climat tempéré, au cœur d'une terre riche, domaine traditionnel des gauchos, c'est une des villes les plus modernes de l'Amérique du Sud, l'une des premières places commerciales du Brésil et un important centre industriel (métallurgie, agro-alimentaire, raffinerie de pétrole près de Canoas).
Population 1 372 000
Carte Brésil Ce

Port of Spain, *Trinité-et-Tobago* Principal port maritime et capitale du pays, sur la côte N.-O. de l'île de la Trinité. Après Kingston, en Jamaïque, c'est la plus grande ville anglophone des Antilles. Sa banlieue s'étend jusqu'à Arima, à 25 km à l'E. Port of Spain possède un musée national, une galerie d'art et un jardin botanique datant de 1820 (27 ha). À l'O., tout au bout de la ville, perché sur une colline, se trouve le fort George qui a été restauré. Production de rhum, de bière, de matières plastiques, de bois et de textiles.
Population (ville) 51 000 ; (aggl.) 370 000
Carte Trinité Aa

Porto Novo, *Bénin* Capitale du pays sur la lagune que forme le cours inférieur de l'Ouémé avant de se jeter dans le lac Nokoué et le golfe de Guinée. Lieu de rencontre des peuples yoruba, fon, adja, goun, la ville, où voisinent églises, mosquées et autels animistes, fut aux XVIIe et XVIIIe s. un centre du commerce avec les Européens (les Portugais lui ont donné son nom). Les Français qui y exercèrent un protectorat dans la seconde moitié du XIXe s. en firent la base de leur conquête du Dahomey. Nombreuses demeures de style traditionnel ou colonial. Les activités de la ville sont aujourd'hui surtout administratives et commerciales.
Population 165 000
Carte Bénin Bb

UN PORT DU VIN. Les vins de la vallée du haut Douro étaient autrefois acheminés par voie fluviale jusqu'à Porto, sur de pittoresques barques.

Porto Rico Voir p. 546

Porto Velho, *Brésil* Capitale de l'État de Rondonia sur le rio Madeira dans l'O. amazonien. Elle est reliée par la route à Manaus et depuis 1976 à Cuieba et Brasília. Centre administratif et commercial d'une région riche de ses exploitations forestières, de ses plantations (café, cacao) et de ses mines d'étain, de cassérite (première productrice nationale de ces minerais) et d'or.
Population 135 000
Carte Brésil Bb

Portoviejo, *Équateur* Chef-lieu de la province de Manabi, dans le centre-ouest du pays, non loin de la côte pacifique. Centre commercial et industriel (agro-alimentaire, traitement du coton).
Population 167 000
Carte Équateur Ab

Port Phillip Bay, *Australie* Grand bras de mer (48 km de long, 40 km de large) du détroit de Bass, sur la côté méridionale de l'État de Victoria, dépendant de Melbourne. Un jeune explorateur, John Murray, l'annexa à la Couronne britannique en 1802.
Carte Australie Gf

Port Pirie, *Australie* Port de l'Australie-Méridionale, sur le golfe de Spencer, à 200 km au N. d'Adélaïde. Fonderies de plomb où est traité le minerai provenant de Broken Hill. Exportation de plomb et de blé.
Population 14 700
Carte Australie Fe

Port Royal, *Jamaïque* Petit village de pêcheurs à l'extrémité occidentale de Palisadoes (lagune qui ferme le port de Kingston). Son port fortifié était autrefois un havre pour les pirates et pour la flotte britannique des Caraïbes. La quasi-totalité de la ville disparut dans la mer au cours d'un tremblement de terre suivi d'un raz de marée, en 1692. Une partie a été reconstruite. L'église Saint-Pierre (1725) se trouve sur le site de la première cathédrale du Nouveau Monde, construite par les Espagnols en 1523. L'ancien hôpital naval (1819) a été transformé en musée d'archéologie. Le Fort Charles, fondé en 1655, fut la plus importante forteresse des Caraïbes.
Carte Jamaïque Bb

Port-Saïd, *Égypte* Ville et grand port sur la Méditerranée, à l'entrée du canal de Suez, à 170 km au N. du Caire. Ouvert en 1868, un an avant l'ouverture du canal, il devint rapidement le plus grand port charbonnier du monde et le centre des opérations et de la maintenance du canal. En 1956, l'Égypte nationalisa le canal et Port-Saïd fut très endommagé par une action militaire des Français et des Britanniques qui ne leur permit pas d'en récupérer le contrôle. Produits chimiques, tabac et coton. Port franc.
Population 400 000
Carte Égypte Cb

Portsmouth, *Royaume-Uni* Port du comté de Hampshire, au S. de l'Angleterre, à 100 km de Londres, dans le chenal de Spithead, en face de l'île de Wight. Richard Ier Cœur de Lion lui octroya une charte en 1194, et Henri VII en fit un arsenal naval en 1540. La vieille ville, toute de rues tortueuses, abrite deux cathédrales, anglicane et catholique. La station balnéaire de Southsea possède 3 km de plages.

Le musée naval de la ville conserve le *Victory*, navire à bord duquel mourut l'amiral Nelson au cours de la bataille de Trafalgar. Patrie de Charles Dickens.
Population 192 000
Carte Royaume-Uni Ee

Port-Soudan (Port Sudan), *Soudan* Le plus grand port du pays, construit au début du XXe s., sur la mer Rouge, au N.-E. de Khartoum. Il remplaça l'ancien port arabe de Suakin, abandonné parce qu'il avait été envahi par le corail. Relié par chemin de fer à plusieurs villes du

Porto Rico

LES AFFAIRES REMPLACENT PEU À PEU L'AGRICULTURE DANS CET AVANT-POSTE AMÉRICAIN

Les habitants de Porto Rico sont des citoyens américains qui parlent l'espagnol et vivent à 1 600 km des États-Unis. L'Espagne perdit cet archipel caraïbe après la guerre hispano-américaine de 1898. Les Portoricains reçurent la citoyenneté américaine en 1917, mais ils ne peuvent participer aux élections américaines que s'ils vivent aux États-Unis. Il y a des groupes indépendantistes, mais, en 1952, par voie de référendum, l'île est devenue un État libre associé.

Ce pays des Grandes Antilles, catholique, hispanophone, dont les habitants sont d'origine espagnole ou africaine, a bien plus de points communs avec ses voisins, la république Dominicaine, Cuba et l'Amérique centrale, qu'avec la nation dont elle fait partie.

Porto Rico (en espagnol Puerto Rico, littérament « Port Riche ») est la principale île de l'archipel qui comprend aussi les îles de Vieques et Culebra, ainsi qu'une nuée d'îlots inhabités. La chaîne montagneuse de la Cordillère centrale constitue l'épine dorsale de Porto Rico. Son point culminant est le Cerro de Punta (1 338 m). L'agriculture a eu raison de presque toutes les forêts de l'île, mais les arbres du bois de Luquillo, au N.-E., sont protégés par un parc naturel. Des vents frais atténuent la chaleur tropicale.

AGRICULTURE ET INDUSTRIE

L'industrie laitière constitue la principale activité agricole de l'île. Le sucre est la culture la plus importante, suivi par le tabac, les ananas, les bananes et les noix de coco. Mais le secteur agricole a été battu en brèche par l'industrie dans ces dernières années.

Ce changement a été imposé par une croissance démographique rapide qui est encore de 1,7 % par an. L'extension des terres cultivables a accéléré le déboisement de l'île. Ceci provoqua une érosion sérieuse du sol et réduisit la production agricole, qui ne put satisfaire les exigences de l'exportation et les besoins de la population dont une grande partie a émigré aux États-Unis.

Le gouvernement américain a stimulé le développement industriel afin de procurer à Porto Rico une autre source de revenus. Suppression d'impôts et main-d'œuvre bon marché ont encouragé les hommes d'affaires américains à investir dans l'île. À présent, le pays exporte plus de produits industriels que de produits agricoles. Des filiales de grandes compagnies américaines y fabriquent des textiles, des vêtements, du matériel électrique et électronique, des plastiques et des produits chimiques.

Des paysages de montagne, des plages magnifiques et la pêche sportive attirent beaucoup de touristes à Porto Rico. Il y a de nombreux vestiges de l'époque coloniale espagnole : des maisons du XVIe et du XVIIe s. dans la vieille ville de San Juan, la capitale et le principal port du pays, ainsi que deux grands forts du XVIe s. au sommet d'une colline qui domine le port.

PORTO RICO EN BREF
Carte Antilles Bb
Superficie 9 104 km^2
Population 3 615 000
Capitale San Juan
Régime État libre associé aux États-Unis
Monnaie Dollar américain = 100 cents
Langues Espagnol, anglais
Religion Chrétiens (92 % catholiques ; 5 % protestants)
Climat Tropical maritime : températures moyennes de 17 à 36 °C
Ressources Canne à sucre, bétail (vaches laitières, porcs, chèvres, volaille), tabac, ananas, bananes, noix de coco, poisson
Activités Raffineries de pétrole, pétrochimie, vêtements, agriculture, raffinerie de sucre, équipement électrique, machines, pêche, industries alimentaires
Exportations Produits chimiques et pétroliers, vêtements, machines, poisson, tabac, sucre
P.N.B. annuel par habitant 6 626 dollars
Croissance démographique 10,8 % par an
Espérance de vie Hommes 70 ans, femmes 78

pays, Port-Soudan dispose de docks modernes et exporte du coton, du sésame, de la gomme arabique, du cuir et des peaux.

Population 205 000
Carte Soudan Bb

Port Stanley, ***Atlantique Sud*** Voir MALOUINES (îles)

Portugal Voir p. 548-549

Port-Vila (Vila), ***Vanuatu*** Capitale et principal port du pays sur l'île Vaté, doté d'une bonne rade naturelle. Il exportait le manganèse de Forari (dans l'est de l'île) vers le Japon avant que les mines ferment en 1978.

Population 17 500

Porvoo, en suéd. **Borgå,** ***Finlande*** Pittoresque petite cité à 45 km au N.-E. d'Helsinki, à l'embouchure de la Porvoonjoki. C'est l'une des plus vieilles villes du pays (vestiges de fortifications du XIIIe s., cathédrale gothique du XVe s., édifices du XVIIIe s.).

Population 19 500
Carte Finlande Cc

Posen, ***Pologne*** Voir POZNAŃ

Positano, ***Italie*** Élégante et pittoresque station balnéaire au fond d'une crique encaissée du golfe de Salerne (S. de Naples).

Population 3 600

Postojna, ***Slovénie*** Petite cité près des célèbres grottes creusées par la rivière Pivka dans le karst slovène et qui présentent des galeries et de vastes salles ornées de concrétions calcaires. Site aménagé pour les touristes.

Population 8 200
Carte Slovénie Ab

Potchefstroom, ***Afrique du Sud*** Fondée en 1837 au bord de la Mooi, à une centaine de kilomètres au S.-O. de Johannesburg, c'est la plus ancienne ville du Transvaal. Important marché agricole, dans une région fertile et irriguée, et siège d'une université.

Population 56 600
Carte Afrique du Sud Cb

Potenza, ***Italie*** Vieille ville de Basilicate, chef-lieu de la province du même nom, à 819 m d'altitude dans l'Apennin de Lucanie (S.-E. de Naples). Centre administratif et commercial (marché agricole). La province (6 545 km^2) est montagneuse et pauvre. L'État a encouragé l'installation d'industries alimentaires, d'usines et d'ateliers de confection.

Population (ville) 57 600 ; (prov.) 391 500
Carte Italie Ed

Potosí, ***Bolivie*** Célèbre ville minière des Andes, à plus de 4 000 m d'altitude (Cordillère centrale). Fondée en 1545-1546 par les Espagnols lorsqu'ils commencèrent d'exploiter la mine d'argent du Cerro Rico, elle comptait en 1572 près de 120 000 habitants et fut longtemps la première ville du continent sud-américain. L'argent de Potosí permit aux Espagnols de mener leur grande politique européenne du XVIIe s. La ville qui présente encore un admirable ensemble d'édifices baroques est aujourd'hui un centre administratif (chef-lieu de département), universitaire et industriel (raffinerie d'étain, de cuivre, produits alimentaires).

Population 120 100
Carte Bolivie Bb

Potsdam, ***Allemagne*** Chef-lieu du Land de Brandebourg, et port sur la Havel, à 20 kilomètres au S.-O. de Berlin. La ville, qui fut la résidence des Hohenzollern (depuis 1617), est l'un des plus beaux exemples d'urbanisme du XVIIIe s. européen grâce à Frédéric II, roi de Prusse, qui veilla personnellement à son embellissement et fit édifier le château de Sans-Souci, où il s'entoura d'une cour brillante. Staline, Churchill (puis Attlee) et Truman s'y réunirent en juillet-août 1945 pour décider des traités de paix en Europe (conférence de Potsdam). C'est aujourd'hui un des grands sites touristiques de l'ex-R.D.A., un centre administratif, intellectuel et industriel (construction de matériel ferroviaire, appareils électriques, textiles).

Population 142 000
Carte Allemagne Eb

Potteries, ***Royaume-Uni*** District des Midlands (comté du Staffordshire), centré sur les villes de Stoke-on-Trent, Tunstall, Burslem, Hanley et Longton. La région est réputée par sa céramique, que l'on fabriquait déjà à l'époque romaine. Manufactures de porcelaine (Wedgwood notamment). À Newcastle-under-Lyme, production de briques et de tuiles.

Carte Royaume-Uni Dd

Poubara (chutes de), ***Gabon*** Chutes sur le cours supérieur de l'Ogooué, au S. de Mazuku. Elles ont été aménagées en 1975 pour alimenter en électricité la région minière et industrielle de Franceville, aujourd'hui Mazuku.

poudingue Voir CONGLOMÉRAT

Pouilles, en it. **Puglia,** ***Italie*** Région (19 250 km^2) du talon de la botte italienne, royaume de la sécheresse et de la pierre en raison de son climat chaud, sec et du calcaire qui forme l'échine des monts des Murge, percés de grottes et de gorges. La vigne en est la principale ressource. Olives, amandes, tabac et légumes y sont aussi cultivés. Industries alimentaires et

mécaniques à Bari, pétrochimiques à Brindisi, aciéries à Tarente. Capitale: Bari.
Population 3 971 000
Carte Italie Ed

Pouzzoles, en it. **Pozzuoli,** ***Italie*** Ville sur le golfe de Naples, à l'O. de Naples. C'est l'un des grands sites touristiques de Campanie, une station balnéaire et thermale (présence de solfatares, jets de vapeurs et de gaz sulfureux chauds en terrain volcanique). Nombreux vestiges romains (amphithéâtres, marché romain dit temple de Sérapis). La ville est aussi un centre industriel: sidérurgie et bureautique (Olivetti).
Population 71 100
Carte Italie Ed

Poverty Bay, ***Nouvelle-Zélande*** Baie de la côte E. de l'île du Nord; la station balnéaire de Gisborne y est installée. C'est là que James Cook, le grand navigateur et explorateur britannique, aborda pour la première fois en Nouvelle-Zélande (octobre 1769).
Carte Nouvelle-Zélande Fc

Powys, ***Royaume-Uni*** Comté situé au centre du pays de Galles, entre l'Angleterre et Cardigan Bay (5 077 km^2), du nom d'une très vieille principauté celte d'après la période romaine. Chef-lieu: Llandrindod Wells. C'est une région de collines: les Brecon Beacons et les Black Wells Mountains culminent respectivement à 886 et 811 m, et le Plynlimon à 752 m. Le tourisme s'y est développé notamment dans les Brecon Beacons. Élevage de moutons.
Population 111 000
Carte Royaume-Uni Dd

Poyang (lac), ***Chine*** L'un des plus grands lacs du pays, relié au Chiang Jiang (Yang-tseu-kiang). Dans le passé, il a atteint une surface de 5 000 km^2, mais n'a plus qu'environ 3 600 km^2 aujourd'hui, à la suite de son envasement et de la mise en valeur des terres voisines. En fait, il est difficile de mesurer sa surface, la différence de niveau entre les crues et les basses eaux pouvant atteindre 7,5 m.
Carte Chine He

Poza Rica, ***Mexique*** Ville champignon de l'État de Vera Cruz où l'on trouva du pétrole en 1930. Elle produit 35 % du pétrole mexicain, la plus grande partie étant transportée ailleurs pour raffinage. Poza Rica n'a qu'une seule petite raffinerie.
Population 167 000

Poznań, en all. **Posen,** ***Pologne*** Cité historique à 269 km à l'O. de Varsovie. Fondée au Xe s. sur une île de la Warta, elle devint le premier évêché de Pologne et la capitale de l'État polonais. À mi-chemin entre Gdansk et Prague, Berlin et Varsovie, elle fut par la suite une grande ville commerciale internationale.

Durement touchée par la Seconde Guerre mondiale, elle s'est reconstruite et a retrouvé son rôle commercial illustré par ses foires et expositions. La Foire internationale de Poznań (qui a succédé à la première foire créée en 1921) est une vitrine pour les échanges commerciaux entre l'Est et l'Ouest. La foire de la Saint-Jean, spectacle folklorique et populaire, se rattache à des traditions commerciales médiévales.

Principales activités: textiles, produits alimentaires, équipements agricoles, électriques, papier, moteurs, machines-outils, caoutchouc.
Population 586 000
Carte Pologne Bb

Pozzuoli, ***Italie*** Voir POUZZOLES

Prague, en tchèque **Praha,** ***République tchèque*** Capitale du pays, sur la Vltava. Capitale de la Bohême dès le Moyen Âge, elle connut des heures glorieuses au XIVe s., sous Charles IV de Luxembourg, roi de Bohême, qui devint empereur du Saint Empire (1355-1378) et qui fit sa résidence du vieux château des Premyslides, le Hradčany; l'université date de cette époque (1348). La ville fut au XVe s. le foyer du mouvement hussite, puis au XVIe celui de la Réforme en Europe centrale. À la fin du XVIe s., l'empereur Rodolphe II de Habsbourg s'y installa et y attira artistes et savants (Kepler et Tycho Brahe notamment). La politique de Contre-Réforme de son successeur aboutit à la célèbre défenestration de Prague, le 23 mai 1618 (les nobles bohémiens jetèrent par les fenêtres du Hradčany les gouverneurs impériaux), point de départ de la guerre de Trente Ans. La ville renoua avec la prospérité au XVIIIe s. et fut alors l'un des grands foyers du baroque européen. Elle était la capitale de la Tchécoslovaquie depuis 1918. La place Wenceslas, au cœur de la ville basse, fut au centre tant du Printemps de Prague en 1968, qui se termina par l'occupation des troupes soviétiques, que de la Révolution de Velours en novembre 1989.

Prague est l'une des plus célèbres cités d'art d'Europe. Ses vieux quartiers, Malá Strana, Staré Město, Nové Město et Hradčany, ont conservé leur ancienne physionomie et de spectaculaires ensembles médiévaux (cathédrale Saint-Gui, N.-D.-de-Týn) et baroques (palais Sternberg, Černín, Clam-Gallas, Kinský, Lobkovic, églises Saint-Nicolas de Malá Strana, N.-D.-de-Lorette, pour ne citer que les chefs-d'œuvre).

Cet admirable décor marque le centre d'une cité très animée qui n'est pas que la capitale politique du pays, mais aussi son pôle intellectuel, commercial et industriel. Elle est la patrie de T. et J. Masaryk, R.-M. Rilke et F. Kafka.
Population 1 212 000
Carte République tchèque Ba

Praia, ***République du Cap-Vert*** Port et capitale du pays, dans l'île de São Tiago. Pêche. Exportation de canne à sucre, ricin, café et bananes.
Population 61 800

prairie Formation naturelle herbacée où dominent les graminées: prairie ou pelouse alpine, prairie tempérée à végétation herbacée haute et hygrophile, prairies d'origine anthropique (pastorale, de fauche, de pâturage). Les prairies artificielles sont semées pour un an ou plus, et constituées de très peu d'espèces, parfois d'une seule, trèfle par exemple.

La Prairie est le nom donné en Amérique du Nord aux vastes espaces peuplés d'herbes hautes à l'O. de la forêt tempérée et au S. de la forêt boréale.

Praslin, ***Seychelles*** Seconde île des Seychelles à 43 km au N.-E. de Mahé (18 km^2). Site touristique réputé pour ses plages et les cocotiers de la Vallée de Mai.
Population 8 000

Prato, ***Italie*** Ville industrielle à 16 km au N.-O. de Florence. Industrie textile (laine). Cathédrale des XIIe-XIIIe s., musée, châteaux.
Population 161 700
Carte Italie Cc

précambrien La plus ancienne et la plus longue des divisions des Temps géologiques, depuis la formation de la terre jusqu'à il y a 570 millions d'années. Voir ÉCHELLE DES TEMPS GÉOLOGIQUES, p. 268

précipitations Chute d'eau de l'atmosphère condensée sous différentes formes: pluie,
Voir suite p. 550

DU PLUS SEC AU PLUS HUMIDE

Le lieu le plus sec de la terre se situe dans les Dry Valleys, déserts froids des bords du golfe de MacMurdo, en face de l'île de Ross, dans l'Antarctique. Les scientifiques estiment qu'aucune pluie n'y est tombée depuis deux millions d'années. Un autre endroit parmi les plus secs du monde, la Vallée de la Mort, est aussi un des plus chauds, avec des températures atteignant 56°6, et un des plus bas, à 86 m au-dessous du niveau de la mer.

La plus importante chute de pluie du monde s'est produite dans le village indien de Cherrapunji, en juillet 1891, lorsqu'il tomba en un mois plus de 11,8 m d'eau ; avec une moyenne annuelle de 10,87 m, c'est l'endroit habité le plus humide du monde. Mais le lieu le plus arrosé de tous est le mont Waialeale à Hawaï, avec une moyenne de 12,34 m.

LES LIEUX LES PLUS SECS DU MONDE...

Nom	Lieu	Précipitations (mm/an)
Dry Valleys	Antarctique	0 mm depuis 2 millions d'années
Vallée de la Mort	États-Unis	3
Désert d'Arica	Chili	3
Désert de Gobi	Asie centrale	5
Sahara (certaines régions)	Afrique	25
Bassin du lac Eyre	Australie	101-152

... ET QUELQUES-UNS DES PLUS HUMIDES

Mont Waialeale	Hawaï	12 344
Cherrapunji	Inde	10 874
Mont Cameroun	Cameroun	10 160
Sprinkling Tarn	Cumbria, Royaume-Uni	6 528
N.-O. de l'État de Washington	États-Unis	2 997

Portugal

LE PLUS PAUVRE PAYS D'EUROPE OCCIDENTALE A CONNU LA GLOIRE DES DÉCOUVERTES ET DE L'EMPIRE

Le nom de Portugal évoque généralement soleil, plages sableuses, luxueux hôtels, ou le porto, produit depuis quatre cents ans dans la vallée du Douro. Pourtant, le pays, son peuple, ses paysages restent largement méconnus.

C'est aujourd'hui l'un des plus pauvres pays d'Europe de l'Ouest, mais il eut le premier grand empire d'outre-mer d'Europe. Henri le Navigateur inaugura les grandes découvertes portugaises en Afrique de l'Ouest et au-delà, au XVe s. Vasco de Gama contourna l'Afrique pour aborder en Inde en 1498 et les Portugais furent les premiers Européens à atteindre par mer la Chine et le Japon. Dès 1550, ils occupaient le Brésil. Aujourd'hui, 200 millions de personnes parlent le portugais.

Le Portugal a des cités modernes, mais l'intérieur préserve encore un mode de vie traditionnel. Le tohu-bohu de Lisbonne est bien loin du monde des chars à bœufs qui grincent en grimpant sur les pistes des collines du Minho. Au N.-E., les vallées encaissées et les montagnes du Tras-os-Montes, couvertes d'ajoncs, froides et neigeuses l'hiver, sont encore le repaire des loups et des sangliers.

Le paysage de la plaine côtière du Nord-Ouest, avec ses bois de pins et d'eucalyptus, est un patchwork de petits champs de maïs et de haricots, clos de vignes en treilles. On fait, avec le raisin, le célèbre *vinho verde*, vin blanc (et parfois rouge) pétillant.

Le Douro est l'artère du vin de Porto, le chemin sur lequel d'innombrables fûts ont été embarqués. Il court depuis les rives abruptes de la haute vallée, entre la frontière espagnole et Peso da Régua, jusqu'aux chais de Vila Nova de Gaia, face à Porto.

Plus au S., par-delà le Mondego, on trouve les sommets granitiques et les vallées glaciaires de la serra d'Estrela, où se trouve le point culminant du pays (1 991 m) et qui est devenue une région de tourisme (sports d'hiver).

Plus loin vers le S., on atteint des régions de plus en plus chaudes et sèches en été : les grands espaces de l'Alentejo, avec ses champs de blé, ses plantations d'oliviers et ses forêts de chênes-lièges. Des villes aux hautes murailles — Évora, Estremoz, Elvas et Marvao — se découpent sur l'horizon comme des gardiens veillant sur le labeur de générations d'ouvriers agricoles.

À l'O., à l'embouchure du Tage, s'élève Lisbonne, sur ses sept collines, environnée de riches faubourgs et des hauts lieux touristiques de la serra d'Arrábida et de la serra de Sintra. L'Alentejo se poursuit jusqu'à l'arrière-pays de l'Algarve, avec ses jolis bosquets d'amandiers, de figuiers, d'oliviers. Ici règne un climat chaud et égal, même en hiver. Sur la côte S. de l'Algarve, les vieux ports de pêche de Portimão, Faro et Tavira sont les centres d'une considérable région touristique, au long des plages de sable baignées par l'Atlantique. Les flottilles de pêche opèrent encore et rapportent leurs prises de sardines et de thons.

DE LA DICTATURE À L'ÉTAT DE DROIT

République depuis 1910, le pays fut gouverné de 1932 à 1968 par le même Premier ministre, Antonio de Oliveira Salazar. Dictateur de droite, Salazar, malgré sa sympathie première pour l'Allemagne, maintint un Portugal stable hors de la Seconde Guerre mondiale.

Depuis les années 1950, une division politique accrue s'affirmait entre le Nord, resté profondément religieux et conservateur, et le Sud, où une nombreuse paysannerie sans terre commençait à exprimer son mécontentement.

En 1968, quand Marcelo Caetano succéda à Salazar, victime d'une hémorragie cérébrale, le coût humain et financier des guerres coloniales contre les mouvements nationalistes, en Angola, Guinée portugaise (aujourd'hui Guinée-Bissau) et Mozambique, était devenu un fardeau insupportable pour le pays. Mais Marcelo Caetano, prisonnier de l'héritage du salazarisme, ne put résoudre la question coloniale ni amorcer une évolution démocratique du régime. En avril 1974, le Mouvement des forces armées monta un coup d'État, sans effusion de sang, et ce fut la brève présidence d'un héros national, le général à monocle Antonio de Spinola qui promettait une décolonisation dans l'honneur.

Les colonies africaines libérées, la confusion politique s'installe pendant les 18 mois de la Révolution des Œillets (25 avril 1974-25 novembre 1975). Toutefois, après cette dernière date, le pouvoir civil s'affirme et l'état de droit s'installe quand les militaires rentrent dans les casernes. L'instabilité politique apparente (il y a eu seize gouvernements depuis 1974) masque les oscillations du corps électoral vers des majorités de centre droit regroupées autour du parti social-démocrate ou de centre gauche dirigées par le parti socialiste.

UN MIEUX-ÊTRE ÉCONOMIQUE

Resté longtemps un pays agricole et commerçant, le Portugal a manqué la Révolution industrielle et ce n'est que dans les dernières années du salazarisme qu'apparaît autour de Lisbonne une industrie lourde centrée sur la réparation navale, le raffinage pétrolier et la grosse métallurgie, tandis que la région de Porto conserve ses industries de biens de consommation traditionnels.

La crise de l'économie internationale comme les convulsions internes (perte des marchés coloniaux, inflation, agitation sociale) portèrent de rudes coups à cette amorce de développement et, en 1983, le pouvoir d'achat de la population était inférieur à celui des années 1974-1975.

Il faut attendre la stabilité politique, l'entrée du Portugal dans la C.E.E. et le retour des capitaux étrangers pour enregistrer une

UN PORT ANIMÉ. Station balnéaire et touristique, Nazaré est encore un port de pêche aux barques colorées. Les poissons destinés à la consommation locale sont mis à sécher sur des claies.

notable amélioration. Profitant du coût modique de sa main-d'œuvre, le pays exporte intensément. Avec l'implantation de Renault et l'arrivée de Volkswagen-Ford, sa part dans le montage automobile n'est pas négligeable. Les régions les plus prospères se situent autour de Porto tandis que la reconversion de la ceinture industrielle de Lisbonne paraît encore problématique.

C'est en fonction de cette stratégie industrielle qu'il faut apprécier les piètres performances de l'agriculture portugaise devenue agriculture à temps partiel, avec des rendements de 15 ha pour le blé, une utilisation des engrais de moitié inférieure à la moyenne communautaire, des importations agricoles qui représentent les deux tiers de l'alimentation du pays. En fait, à l'exception de secteurs performants : la sylviculture, qui représente 20 % du produit agricole brut, le vin de haute qualité, plus timidement l'horticulture, les exploitations agricoles n'ont pas une taille suffisante pour survivre. La moyenne nationale de 6 ha masque le fait que dans le Nord, l'exploitant se contente souvent d'un seul hectare éclaté en de nombreuses parcelles. La famille en tire son toit, son alimentation, quelques surplus mais à condition de s'employer dans les industries dispersées dans le milieu rural. En fait, la généralisation du statut d'ouvrier-paysan garantit la compétitivité de l'industrie mais pas sa modernisation.

Quant aux grands domaines du Sud, ils ont retrouvé leur léthargie après l'échec politique et économique de la réforme agraire de la Révolution des Œillets. Sur les 600 unités coopératives de production qui avaient été créées alors, seules une trentaine subsistent encore.

DES CONTRASTES QUI S'ATTÉNUENT

Le pays a conservé longtemps une forte opposition entre le littoral urbanisé « moderne » et l'intérieur, voué aux rythmes séculaires. Mais ce n'est plus que dans les villages les plus reculés que l'on trouve ce Portugal immuable : femmes tout de noir vêtues regroupées autour du lavoir ; homme, le chapeau vissé sur la tête, conduisant son attelage bringuebalant. L'émigration (3,5 millions d'expatriés) et la renaissance du pouvoir local contribuent puissamment au réveil de bourgades dont l'animation est à la mesure du retard qu'elles doivent rattraper.

Quant à Lisbonne, elle connaît désormais la même fièvre que ses consœurs européennes et il est à craindre que la reconstruction du chiado, son cœur historique détruit par l'incendie de 1988, n'amorce la banalisation d'un centre-ville où les petites gens occupent encore les édifices armoriés du passé.

Le tourisme joue un grand rôle dans l'économie. Il repose en partie sur les stations côtières, mais le pays possède aussi des paysages splendides et un riche héritage culturel. Le plaisir d'une visite au Portugal tient beaucoup à la découverte de ses régions attachées à leurs traditions et au séjour dans les *pousadas*, hôtels d'État souvent installés dans des demeures historiques, comme les châteaux d'Obidos ou de Palmela.

LE PORTUGAL EN BREF
Superficie 92 082 km^2
Population 10 429 000
Capitale Lisbonne
Régime République parlementaire
Monnaie Escudo = 100 centavos
Langue Portugais
Religion Catholiques (96 %)
Climat Étés chauds et secs, hivers doux et humides ; température moyenne à Lisbonne : varie de 8-14 °C en janvier à 17-28 °C en août
Ressources Céréales, olives, bois d'œuvre, riz, raisin, agrumes, légumes, liège, poisson, cuivre, sel, fer, tungstène, étain
Activités Agriculture, textile, mécanique, industries alimentaires, produits du bois, chimie, vins, pêche, mines, tourisme
Exportations Produits forestiers, alimentaires, vin, textiles, confection, chaussures, petit matériel électrique, pièces d'automobiles
P.N.B. annuel par habitant 7 670 dollars
Croissance démographique stable
Espérance de vie Hommes 71 ans, femmes 78

bruine, neige, grêle. La pluie peut tomber régulièrement et durablement ou être violente et brève avec de grosses gouttes, c'est une averse ; une giboulée mêle pluie et grêle ou neige. Dans les montagnes, la condensation liée à l'ascendance de l'air le long du relief déclenche des précipitations orographiques. Voir tableau DU PLUS SEC AU PLUS HUMIDE, p. 547

Presbourg ou **Pressburg,** ***Slovaquie*** Voir BRATISLAVA

Prešov, ***Slovaquie*** Ville industrielle à 36 km au N. de Košice. Constructions mécaniques et électriques, produits alimentaires et textiles. La ville historique a conservé des monuments anciens: église gothique du XIVe s., maisons bourgeoises gothiques et Renaissance. C'est le centre de la communauté ukrainienne de Slovaquie.
Population 78 200
Carte Slovaquie Eb

Prespa (lac), ***Albanie/Grèce/Macédoine*** Lac de Macédoine, profond de 54 m et d'une superficie de 288 km^2 ; il est enchâssé dans la montagne et communique avec le lac d'Ohrid au N.-O. par des cours d'eau souterrains. Touristique, il est réputé pour ses carpes, ses plages (rive O.), ses colonies de cormorans et de pélicans sur l'île de Golem.

Au S., le petit lac de Prespa (43 km^2), presque entièrement en Grèce, abrite des réserves ornithologiques.
Carte Macédoine Ab

pression atmosphérique Pression exercée par le poids de l'atmosphère sur la Terre, mesurée par un baromètre et exprimée en millibars (1 000 millibars équivalant à environ 750 mm de mercure). La pression moyenne au niveau de la mer est de 1 013 millibars et correspond au poids moyen d'une colonne de mercure de 760 mm, soit une pression d'environ 1 kg/cm^2. À la surface de la Terre la pression change avec la latitude, la température et l'altitude. Les différences de pression font naître des vents qui soufflent des zones de hautes pressions vers les zones de basses pressions.

Preston, ***Royaume-Uni*** Ville du Lancashire, à 45 km au N.-O. de Manchester. Une charte de 1179 en a fait l'une des plus anciennes communes d'Angleterre. En 1648, l'armée de Cromwell y défit les 20 000 tenants écossais de Charles Ier. Ville industrielle: avions, camions, bus, textiles, produits chimiques. C'est le centre d'une ville nouvelle qui est prévue pour accueillir plus de 200 000 personnes dans les prochaines années.
Population 167 000
Carte Royaume-Uni Dd

Pretoria, ***Afrique du Sud*** Capitale administrative et diplomatique du pays, située à 1 373 m d'altitude, à 48 km au N. de Johannesburg.

Fondée en 1855, elle fut baptisée du nom du pionnier Andries Pretorius et devint capitale du Transvaal en 1860, puis capitale administrative de l'Afrique du Sud en 1910. Elle fait partie, depuis 1994, de la nouvelle province de Pretoria-Witwatersrand-Vereeniging. C'est aussi une ville industrielle: montage d'automobiles, constructions ferroviaires, industries chimiques, cimenteries, aciéries.

Pretoria est une ville imposante, avec un plan en damier et des avenues bordées de jacarandas. L'Union Buildings regroupe les bureaux gouvernementaux ; le Vortrekker Monument, inauguré en 1949, commémore la grande marche vers l'intérieur des colons afrikaners au début du XIXe s. Musées.

Le plus gros diamant du monde, le Cullinan, de 3 106 carats, fut extrait de la mine Premier, à 40 km à l'E. de la ville ; il porte le nom de sir Thomas Cullinan, découvreur du site en 1902. Les morceaux de ce diamant constituent les plus grosses pierres des joyaux de la Couronne britannique.
Population (zone urbaine) 1 026 000
Carte Afrique du Sud Cb

Prince Albert, ***Canada*** Ville sur la Saskatchewan Nord, à 145 km au N.-E. de Saskatoon. Fondée en 1866 comme mission presbytérienne auprès des Indiens cris, c'est la plaque tournante d'une région productrice de blé, de bétail et de bois.
Population 33 700
Carte Canada Ec

Prince-Albert (parc national du), ***Canada*** Il s'étend sur 3 875 km^2, à 55 km au N. de la ville du même nom, dans le Saskatchewan, et comprend des forêts de conifères, des prairies et des centaines de lacs.
Carte Canada Ec

Prince-Édouard (île du), ***Canada*** Voir ÎLE-DU-PRINCE-ÉDOUARD

Prince George, ***Canada*** Ville du centre de la Colombie britannique, située sur le Fraser ; c'est un important nœud routier et ferroviaire, ainsi qu'un centre industriel et commercial. Le bois, les mines et l'agriculture sont les principales activités de la région.
Population 67 600
Carte Canada Cc

Prince Rupert, ***Canada*** Port sur la côte N. de la Colombie britannique, c'est aussi un centre touristique et un port de pêche. On y expédie du minerai, du blé et du bois.
Population 15 755
Carte Canada Bc

Príncipe ou **île du Prince,** ***São Tomé et Príncipe*** Seconde île de la république (128 km^2), dans le golfe de Guinée, à 200 km à l'O. de la Guinée-Équatoriale. Volcanique, tropicale, très boisée, Príncipe culmine à 948 m au pico de Príncipe. Chef-lieu: São Antonio. Principales exportations: cacao, café, noix de coco cultivés dans des plantations.
Population 5 700
Carte Gabon Aa

Pripet ou **Pripiat,** ***Biélorussie-Ukraine*** Plus grand marais et plus importante tourbière d'Europe, reliant la Biélorussie à l'Ukraine et longeant le Pripet à 800 km au S.-O. de Moscou. De 1920 à 1939, l'U.R.S.S. et la Pologne se partagèrent cette région presque inhabitée, densément boisée et gelée en hiver. En 1945, elle passa entièrement aux mains des Soviétiques.
Carte Ukraine Bb

Priština, ***Yougoslavie*** Capitale de la province autonome du Kosovo, à 87 km au N. de Skopje. Capitale des souverains serbes qui furent écrasés dans la plaine du Kosovo par les Turcs en 1389, elle resta turque jusqu'en 1912 et stagna pendant toute cette période. Depuis 1950, c'est un centre administratif, d'enseignement et de communication, avec des industries (filatures de coton, industries métallurgiques et électriques). La plupart de ses habitants sont albanais, ce qui crée des tensions entre les deux peuples. À 10 km au S.-E., monastère de Gracanica (XIVe s.): coupoles, dôme byzantin, fresques.
Population 126 000
Carte Yougoslavie Bc

Privas, ***France*** Chef-lieu de l'Ardèche sur l'Ouvèze au N. des monts du Coiron. La Réforme, introduite en 1534 à Privas, plaça la ville au cœur des guerres de Religion: elle fut l'une des places fortes concédées aux protestants par l'édit de Nantes ; plus tard elle fut prise par l'armée royale après un siège, en 1629, lors de la politique d'unification de Richelieu. Fabrication de marrons glacés et de confitures, petites industries. La ville étage ses maisons d'aspect méridional dans un site en amphithéâtre. Pont Louis-XIII sur l'Ouvèze.
Population 10 100
Carte France Fd

Prizren, ***Yougoslavie*** Ville du Kosovo au débouché d'une vallée septentrionale de la Sar Planina, à 60 km au S.-O. de Priština. Belles maisons peintes, mosquée, bazar et bains turcs du XVIe s. dans la vieille cité turque, églises et monastères orthodoxes sur les pentes boisées des alentours ; la vie économique se concentre dans la ville de l'après-guerre ; dans la plaine: produits alimentaires, coton, tabac ; marché hebdomadaire avec une abondance de costumes traditionnels.

La station de ski de Brezovica est située juste au-dessus de la ville.
Population 134 000
Carte Yougoslavie Bc

Prokopievsk, ***Russie*** Ville charbonnière de Sibérie méridionale à 270 km au S.-E. de Novonikolaïevsk.Les gisements de charbon sont épais de 40 m, mais en dépit d'équipements d'extraction modernes, le gouvernement a fermé certains puits ; elle est, par conséquent, une des rares villes de Sibérie dont la population décroisse. Industries métallurgiques, chimiques, alimentaires ; confection.
Population 274 000
Carte Russie Ec

protérozoïque (ère) Ère précambrienne la plus récente, où les diverses formes de vie primitive animale et végétale se sont développées à partir d'organismes unicellulaires. Voir ÉCHELLE DES TEMPS GÉOLOGIQUES, p. 268.

Prout ou **Prut,** ***Europe orientale*** Rivière née au S.-O. de l'Ukraine, formant ensuite la frontière entre Roumanie et Moldavie. Après un cours de 900 km vers le S., elle se jette dans le Danube à 200 km au N.-E. de Bucarest.
Carte Roumanie Ba

Provence, ***France*** Ancienne province historique du sud-est du pays, entre le Rhône et le Var. Occupée, au moins en partie, successivement par les Ligures, les Grecs à partir du VIIe s. av. J.-C. puis, cinq siècles plus tard, par les Romains qui y laissèrent de nombreux vestiges, elle connut des sorts divers lors des invasions venues du N. puis du S. et devint un royaume en 855 avant de se trouver sous l'autorité des comtes de Provence et d'être rattachée à la France en 1481. Pendant la Seconde Guerre mondiale, elle fut le théâtre d'un débarquement.

C'est aujourd'hui une des principales régions touristiques de la France qui offre, outre le charme de ses sites naturels, nombre de monuments et de vestiges historiques.
Carte France Fe

Provence-Alpes-Côte d'Azur, ***France*** Région administrative du Sud-Est du pays englobant six départements: Hautes-Alpes, Alpes-de-Haute-Provence, Alpes-Maritimes, Bouches-du-Rhône, Var et Vaucluse, soit 31 436 km². Chef-lieu: Marseille.

C'est une région de topographie variée où s'opposent les plaines de la basse vallée du Rhône et le relief accidenté des Alpes du Sud et compartimenté de la Provence intérieure, où les communications entre les grandes villes et l'arrière-pays sont difficiles. Elle est bordée par une côte découpée, un des hauts lieux du tourisme, qui concentre une grande partie de la population. Le climat méditerranéen est doux sur le littoral, mais plus rude vers l'intérieur et affecté périodiquement par le mistral dans sa partie O.

L'économie varie selon les régions: dans les Alpes du Sud, élevage ovin et caprin, peu d'industries (chimie de Saint-Auban, hydroélectricité), mais un tourisme important avec les sports d'hiver et le développement des résidences secondaires ; ces dernières se multiplient également en Provence où les bassins et les vallées font l'objet d'une agriculture de qualité: viticulture, cultures florales, cultures maraîchères et fruitières, en particulier dans le Comtat, alors que les plateaux sont voués à l'élevage ovin et à la polyculture ; la Camargue est spécialisée dans la riziculture et dans l'élevage (chevaux, ovins, bovins) ; l'industrie reste l'apanage de la région de Marseille et du golfe de Fos (raffineries), mais d'autres activités industrielles sont implantées dans la région: recherche nucléaire à Cadarache, industrie de pointe à Sophia-Antipolis ; le tourisme constitue l'activité principale de la côte, qui bénéficie d'un ensoleillement exceptionnel et où se sont multipliés ports de plaisance et marinas. Mais les sites naturels ne sont pas les seuls attraits touristiques de la région, qui a développé des activités culturelles et en particulier des festivals (Aix-en-Provence, Avignon, Orange).

Population 4 258 000

Carte France FGe

Providence, ***États-Unis*** Port et capitale de l'État de Rhode Island, à l'entrée de la baie de Narragansett, à 65 km au S.-O. de Boston. L'université Brown y fut fondée en 1770. L'industrie textile traditionnelle y a été supplantée par la joaillerie, le travail des métaux et les industries mécaniques.

Population (ville) 154 100; (aggl.) 1 095 000

Carte États-Unis Lb

Providenciales, ***îles Turks et Caïques*** La plus touristique de ces îles, desservie depuis 1984 par un aéroport international.

Population 1 000

Carte Antilles Aa

Provincetown, ***États-Unis*** Station balnéaire à la pointe N. du cap Cod, Massachusetts. Première implantation des Pères fondateurs en 1620 avant leur installation à Plymouth.

Population 3 500

Prusse, ***Europe du Nord*** Ancien État de l'Allemagne organisé autour du Brandebourg, avec Berlin comme capitale. Il couvrait 295 000 km² du Rhin le long de la côte baltique jusqu'à l'actuelle Pologne et la Russie, et incluait les villes industrielles de la Ruhr.

Le duché de Prusse, créé au XVIᵉ s., dépendait de la Couronne de Pologne ; il fut entraîné dans la guerre de Trente Ans, puis devint indépendant au XVIIᵉ s. Érigée en royaume au début du XVIIIᵉ s., la Prusse devint alors une grande puissance s'appuyant sur l'administration et sur une armée forte, en particulier sous Frédéric II. Après les guerres napoléoniennes, le congrès de Vienne la mit à la tête des terres riches d'Allemagne et elle fut l'instigatrice du Zollverein (union douanière des États allemands). Pivot du militarisme allemand, elle joua un rôle directeur dans l'unification de l'Allemagne à la fin de la guerre de 1870-1871. Son roi Guillaume Iᵉʳ devint le premier kaiser et Bismarck en fut le chancelier. La suite de son histoire se confond alors avec celle de l'Allemagne. Très touchée par les amputations consécutives à la Première Guerre mondiale, elle se donna une Constitution démocratique, mais fut intégrée au Reich par les lois d'unification de 1933-1935. Elle fut démembrée et disparut après la Seconde Guerre mondiale.

Prut, ***Europe orientale*** Voir PROUT

Przemysl, ***Pologne*** Ville du sud-est du pays, à 10 km de la frontière ukrainienne. Forteresse fondée près de la rivière San, marché florissant à partir de 981 sur la route commerciale de l'Europe centrale vers la mer Noire, elle est devenue un grand nœud ferroviaire vers l'Ukraine.

Population 67 000

Carte Pologne Ed

DES VAGUES DE FLEURS MAUVES. Si la lavande est toujours aussi recherchée pour la parfumerie, on cultive surtout, sur les plateaux de haute Provence, le lavandin, un hybride moins parfumé mais plus vigoureux.

Pskov, *Russie* Ville à 250 km au S. de Saint-Pétersbourg, l'une des plus anciennes de Russie, dont il est fait état dès 903. Ce fut une puissante cité marchande, annexée par l'État moscovite en 1510 ; elle eut ensuite à subir nombres de sièges, polonais, allemands et suédois. Le dernier tsar, Nicolas II (1868-1918), y abdiqua en 1917 ; sa famille et lui-même furent fusillés par les bolcheviks l'année suivante.

Lors de la Seconde Guerre mondiale, Pskov fut occupée par les Allemands et sévèrement endommagée. Ses édifices et monuments les plus précieux furent ensuite restaurés. Parmi eux, le kremlin (citadelle), les vestiges de la vieille ville et la cathédrale au dôme d'argent de la Trinité (XIIe s.). Industries diverses. Au centre d'une région de culture du lin, la ville produit de la toile de lin.

Population 206 000
Carte Russie Bc

Puch'on, *Corée du Sud* Ville de la région industrielle comprise entre Séoul et le port d'Inch'on.

Population 221 500
Carte Corée du Sud Cd

Puduchcheri, *Inde* Voir PONDICHÉRY

Puebla, *Mexique* Capitale de l'État de Puebla, à 120 km au S.-E. de Mexico, au pied du Popocatépetl. Elle fut fondée en 1532 par les Espagnols qui ornèrent de tuiles ses maisons de brique rouge. La ville compte 360 églises, dont la cathédrale Renaissance (la plus vaste du Mexique) et l'église baroque de Santo Domingo (XVIe s.) La ville est réputée pour ses poteries, ses objets en onyx et sa vannerie. C'est l'un des plus grands centres industriels du pays. À 8 km à l'O. se trouve l'ancien site toltèque de Cholula. L'État de Puebla est montagneux et boisé. Canne à sucre, café, coton, céréales, tabac, riz, fruits, légumes et piments.

Population (ville) 835 000 ; (État) 4 118 050
Carte Mexique Cc

Pueblo, *États-Unis* Cité industrielle dans le sud du Colorado, à 140 km au N. de la frontière du Nouveau-Mexique. Aciéries. Métallurgie. Centre d'une région de cultures.

Population (ville) 100 000 ; (zone urbaine) 124 900
Carte États-Unis Fc

Puerto Ayacucho, *Venezuela* Chef-lieu du territoire de l'Amazone (175 750 km^2), au sud du pays. La ville est située sur l'Orénoque, à la frontière de la Colombie.

Population (territoire) 61 000
Carte Venezuela Bb

Puerto Cortés, *Honduras* Principal port du pays, sur le golfe du Honduras. Exportation de bananes. Raffinerie de pétrole.

Population 62 250
Carte Honduras Aa

Puerto La Cruz, *Venezuela* Port pétrolier à 280 km à l'E. de Caracas. Ancien hameau de pêcheurs doté de deux raffineries de pétrole.

Population 80 000
Carte Venezuela Ba

Puerto Montt, *Chili* Port et chef-lieu de la région de Los Lagos sur le littoral du golfe de Ancud, à 900 km au S. de Santiago. Terminus de la voie ferrée du Sud et de la Panaméricaine. Marché agricole. Pêche. Tourisme.

La ville fut fondée par les immigrants allemands en 1853 et dévastée par un séisme en 1960.

Population 110 500
Carte Chili Ad

Puerto Présidente Stroessner, *Paraguay* Voir CIUDAD DEL ESTE

Puerto Vallarta, *Mexique* Station balnéaire à la mode au fond de la baie de Banderas (océan Pacifique), dans l'État de Jalisco.

Malgré ses hôtels de luxe, elle conserve le charme d'un village de pêcheurs aux maisons blanches et aux toits de tuiles rouges, le long de la rivière Cuale.

Population 70 000
Carte Mexique Bb

Puget Sound, *États-Unis* Voir SEATTLE

Pukaskwa (parc national), *Canada* Parc qui s'étend sur 1 885 km^2 en Ontario sur la rive N. du lac Supérieur. Réserve faunique, il n'est accessible que par bateau.

Carte Canada Gd

MAJESTUEUSE RETRAITE. Les moines de Thimphu, capitale du Bhoutan, passent l'hiver dans le dzong (monastère fortifié) de Punakha.

Pula, ***Croatie*** Ville de villégiature et de tourisme, centre de contruction navale, au S.-O. de la péninsule d'Istrie. Les Romains, au IIe s. av. J.-C., l'appelaient Piestas Julia. Ruines d'un vaste amphithéâtre, bâti et agrandi entre 30 av. J.-C. et 72, pouvant recevoir 20 000 spectateurs. Au N.-O. de Pula, le petit archipel de Brioni (Brijoni) servit de résidence d'été au maréchal Tito (1892-1980).
Population 47 200
Carte Croatie Ab

puna Haut plateau sec (altitude 3 000-5 000 m) entre les Cordillères occidentale et orientale, au Pérou et en Bolivie. Il est couvert de broussailles et de buissons clairsemés. Les Indiens y pratiquent l'élevage extensif.

Punakha, ***Bhoutan*** Ancienne capitale, dans la vallée de la rivière Sankosh (altitude 200 m), à 24 km au N.-E. de la capitale actuelle, Thimphu. Son grand monastère, bâti en 1637, est l'un des plus beaux exemples de l'architecture bhoutanaise.
Carte Bhoutan Aa

Puncak Jaya, ***Indonésie*** Sommet de l'Indonésie (5 300 m), dans l'Irian Jaya, à l'O. de la Nouvelle-Guinée.
Carte Indonésie Ic

Pune ou **Poona,** ***Inde*** Ville à 120 km au S.-E. de Bombay, sur l'un des sommets des Ghats occidentaux, ancienne capitale d'été de l'État de Bombay sous l'Empire britannique. Elle possède de magnifiques palais, de nombreux temples hindous, de beaux jardins et édifices publics. Passée sous la domination anglaise en 1818, elle est devenue un centre industriel depuis l'indépendance de l'Inde en 1947. Munitions, produits pharmaceutiques, machines, papier, savon, textiles (coton) ; studios de cinéma. La ville est une importante garnison.
Population 1 560 000
Carte Inde Bb

Puno, ***Pérou*** Ville et département de l'Altiplano, à la frontière bolivienne. Dans les hautes terres, les Indiens élèvent moutons, lamas et alpagas. La ville, sur la rive N.-O. du lac Titicaca (le plus haut du monde à 3 812 m), est réputée pour ses fêtes et ses carnavals. La ville de Pucara possède des ruines pré-incas. Tours funéraires précolombiennes (*chullpas*) à Sillustani ; îles flottantes du peuple Urus sur le lac.
Population (ville) 67 600 ; (département) 1 033 000
Carte Pérou Bb

Punta Arenas, ***Chili*** Chef-lieu de la province Magallanes-Antartica et port sur la rive N. du détroit de Magellan. C'est la ville la plus méridionale du monde, au cœur d'une région d'élevage de moutons, exportatrice de laine, de viande et productrice de lignite. C'est aussi un port de pêche et un centre touristique (parc national Torres del Paine).
Population 100 000
Carte Chili Ae

Punta del Este, ***Uruguay*** Station balnéaire sur l'Atlantique à l'E. de Montevideo, dans une région de forêts de pins et d'eucalyptus, à proximité de la ville coloniale de Maldonado et de l'île Lobos, réserve où sont protégés près d'un demi-million de phoques.

Une importante conférence se tint à Punta del Este en août 1961, réunissant les États-Unis et leurs alliés sud-américains ; il y fut décidé une augmentation de l'aide financière américaine et la création de l'Alliance pour le progrès.
Population 10 000
Carte Uruguay Bb

Puntarenas, ***Costa Rica*** Chef-lieu de la province du même nom et port sur la côte du Pacifique, à environ 80 km à l'O. de la capitale San José, à laquelle elle est reliée par voie ferrée. La province (11 277 km^2) comprend une partie de la plaine côtière pacifique : plantations de bananes, cacao, palmiers à huile.
Population (ville) 95 500 ; (prov.) 346 200
Carte Costa Rica Ba

Purus (rio), ***Pérou/Brésil*** Rivière longue d'environ 3 200 km, prenant sa source au Pérou (Loreto) et coulant dans l'Amazonie brésilienne ; il se jette dans l'Amazone à environ 150 km à l'O. de Manaus.
Carte Brésil Bb

Pusan, ***Corée du Sud*** Premier port du pays, sur le détroit de Corée. Son essor date du début du XXe s. : occupée par les Japonais, elle fut alors la base principale de leur colonisation de la Corée et de la Mandchourie. C'est aujourd'hui la deuxième ville du pays et un grand centre industriel : textiles, chimie, construction navale, matériel ferroviaire, sidérurgie (à Tongkuk), pétrochimie (à Ulsan). À proximité, deux centres touristiques fameux : station balnéaire de Haeundae et station thermale de Tongnae.
Population 3 798 500
Carte Corée du Sud De

Puszta (la) Steppe pastorale presque dépourvue d'arbres des plaines de Hongrie. On l'oppose généralement à l'Alföld cultivé.

Putumayo, ***Colombie/Équateur/Pérou/Brésil*** 1. Rivière longue d'environ 1 900 km, prenant sa source dans les Andes du sud-ouest de la Colombie et marquant les frontières de la Colombie avec l'Équateur, puis avec le Pérou, avant de pénétrer au Brésil et, sous le nom de rio Içá, de se jeter dans l'Amazone.

2. Province située au sud de la Colombie (25 570 km^2 ; 230 000 habitants). Chef-lieu : Mocoa. Gisements pétrolifères.
Carte Colombie Bc

Puy-de-Dôme (63), ***France*** Département de la région Auvergne, au cœur du Massif central (7 995 km^2). Chef-lieu : Clermont-Ferrand. Le centre du département est occupé par la plaine d'effondrement des Limagnes, drainée par l'Allier ; ces bassins sont encadrés, à l'O., par les plateaux de Combrailles et d'Artense et l'ensemble volcanique des monts Dore et de la chaîne des Puys (ou monts Dôme), et à l'E. par les monts du Livradois, du Forez et les Bois-Noirs. Le puy de Sancy, dans les monts Dore, culmine à 1 885 m.

La très fertile Limagne (voir LIMAGNES) et Clermont-Ferrand regroupent la plus grande partie de la population du département et l'essentiel de ses activités agricoles, industrielles et tertiaires. Thiers, un peu à l'écart, à la limite du Forez et de la Limagne, est un vieux centre de la coutellerie française.

Le tourisme est une source non négligeable de revenus : thermalisme à Royat, Châtel-Guyon, La Bourboule, Saint-Nectaire ; sports d'hiver au Mont-Dore et à Super-Besse. Les paysages de la chaîne des Puys et des monts Dore et les admirables églises romanes de l'école auvergnate (Saint-Nectaire, Orcival, Issoire, Saint-Saturnin, pour ne citer que les plus fameuses) contribuent à l'essor touristique de la région.
Population 599 000
Carte France Ed

Puy-en-Velay (Le), ***France*** Chef-lieu de la Haute-Loire. Haut lieu du culte marial de l'Europe romane, installée dans un site exceptionnel de pitons volcaniques, l'ancienne capitale du Velay est aujourd'hui une ville aux fonctions surtout tertiaires et un centre touristique. Lieu de pèlerinage très fameux au Moyen Âge — sa Vierge noire attira des foules cosmopolites dès le XIe s. —, siège d'un important évêché, située de surcroît sur l'une des routes conduisant à Saint-Jacques-de-Compostelle, la ville présente quelques monuments remarquables dont sa cathédrale Notre-Dame ; commencée au XIe s., c'est l'une des réalisations les plus étonnantes, par son exotisme, de l'architecture romane. La ville fut réputée pour son industrie de la dentelle ; celle-ci s'y développa à partir du XVIe s. et fut prospère aux XVIIe et XVIIIe s. ; le musée Crozatier en présente l'histoire.
Population 22 000
Carte France Ed

Puymorens (col de), ***France*** Col des Pyrénées-Orientales reliant la vallée de l'Ariège à la Cerdagne (1 915 m), le plus haut sommet, à l'E. d'Andorre.

Puys (chaîne des) ou **monts Dôme,** ***France*** Ensemble de volcans éteints du début du quaternaire qui s'allongent en bordure de la plaine de la Limagne, en Auvergne. Le puy de Dôme est le plus élevé (1 464 m). La chaîne prolonge le massif volcanique des monts Dore situé plus au S. et dont le puy de Sancy (1 885 m) est le point culminant du Massif central.
Carte France Ed

Pyinmana, ***Birmanie*** Ville du centre du pays, dans la vallée du Sittang, à mi-chemin entre Mandalay et Rangoon. Centre commercial d'une région de vastes forêts de bambous (papeterie) et de culture de la canne à sucre. Siège d'une université agricole.
Population 172 700
Carte Birmanie Cc

Pyongyang, ***Corée du Nord*** Capitale du pays sur la Taedong, à 45 km environ de la mer Jaune. C'est l'une des plus anciennes cités coréennes ; fondée dès les IIe-Ier siècles av. J.-C. par les Chinois, elle fut de 427 à 668 la capitale du Koguryo, puis de 918 à 1392 l'une des résidences des Koryo. Son essor récent date de l'occupation japonaise (1910-1945), au cours de laquelle la ville s'industrialisa. Presque entièrement détruite lors de la guerre de Corée, entre 1950 et 1953, elle fut très rapidement reconstruite grâce à l'aide soviétique et présente un très intéressant exemple d'urbanisme moderne, remarquable notamment pour l'ampleur et le caractère social de ses réalisations. La ville est aussi un grand centre industriel (aciéries, chimie, textiles, construction mécanique, électrique, produits alimentaires, cimenteries). À Chinnampo, son port, sont installés des chantiers navals et des fonderies d'or, d'argent et de cuivre.
Population 2 360 000
Carte Corée du Nord Bc

Pyrénées, ***Espagne/France*** Chaîne de montagnes séparant la France et l'Espagne, qui s'étend entre la Méditerranée et l'Atlantique, sur 500 km de long environ et de 60 à 140 km de large.

Sa partie centrale, entre le col du Somport à l'O. et celui de la Perche à l'E., possède les plus hauts sommets: plusieurs dépassent 3 000 m (Vignemale, mont Perdu, pic Posets) ; le pic d'Aneto dans le massif de la Maladeta culmine à 3 404 m (en Espagne). Stations thermales (Balneario de Panticosa en Espagne, Luchon, Ax-les-Thermes, Bagnères-de-Bigorre en France), stations de ski (El Formigal, Candanchú, La Molina, Baqueira Beret en Espagne, Font-Romeu, La Mongie en France), parcs nationaux (d'Ordesa en Espagne et des Pyrénées-Occidentales en France) et sites montagnards (Gavarnie, Vallespir, Val d'Aran, Cerdagne, Andorre) attirent de très nombreux touristes.

Carte France Ce

Pyrénées (Hautes-) (65), ***France*** Département de la région Midi-Pyrénées (4 534 km^2). Chef-lieu : Tarbes. Il correspond à l'ancienne province de la Bigorre et comprend, au S., une part des Pyrénées centrales dont plusieurs sommets dépassent 3 000 m (le Vignemale culmine à 3 298 m), au N. le plateau de Lannemezan et les plaines de Tarbes (vallée de l'Adour) et de Tournay. La montagne tire une large part de ses revenus du tourisme: thermalisme (Argelès-Gazost, Bagnères-de-Bigorre, Barèges, Luz-Saint-Sauveur), stations de ski (La Mongie, Saint-Lary, Luz-Ardiden, Cauterets), sites montagnards (Gavarnie) et parc national des Pyrénées occidentales. Lourdes est pour les catholiques du monde entier un des hauts lieux du culte marial ; c'est aussi la troisième ville hôtelière de France.

Le plateau de Lannemezan, pittoresque et traditionnelle région de landes et d'élevage du cheval, s'est reconverti dans les cultures fourragères et l'élevage bovin. Les plaines et vallées du N.-O. se consacrent aux céréales (blé et maïs) et à l'élevage ; les vignobles de Madiran sont réputés. Industries à Tarbes (constructions mécanique, électrique, aéronautique notamment), Lannemezan, Soulom, Sarrancolin (métallurgie de l'aluminium et chimie).

Population 227 000

Carte France Ce

Pyrénées-Atlantiques (64), ***France*** Département de la région Aquitaine (7 629 km^2). Chef-lieu: Pau. Adossé aux Pyrénées occidentales, il comprend à l'O. le Pays basque français et à l'E. le Béarn. Les Pyrénées béarnaises, entaillées par les vallées d'Aspe et d'Ossau, sont plus élevées que leurs voisines basques et culminent au pic du Midi d'Ossau (2 884 m). Elles ont connu un important exode de leur population. Au N., les coteaux et les terrasses alluviales des gaves, du pays béarnais, sont d'aspect bocager ; on y cultive le maïs et pratique l'élevage bovin. Les vignobles de Jurançon et de Salies-de-Béarn, sur les coteaux de l'Entre-Deux-Gaves, sont réputés. La région fournit du gaz naturel et du soufre (Lacq) et les centrales pyrénéennes produisent de l'électricité.

Le littoral du Pays basque est très urbanisé entre Bayonne et Hendaye et l'arrière-pays montagneux et verdoyant est le domaine des forêts, des landes et des prairies (élevage ovin). Bayonne et les villes de la côte basque d'une part, Pau et la vallée du gave de Pau de l'autre constituent les deux pôles économiques et démographiques du département, grâce à leurs activités tertiaires et industrielles. Biarritz et la côte basque forment, de plus, l'un des grands centres touristiques de la France.

Population 579 000

Carte France Ce

Pyrénées-Orientales (66), ***France*** Département de la région Languedoc-Roussillon (4 086 km^2). Chef-lieu: Perpignan. Les trois quarts du département s'étendent sur les Pyrénées (mont Carlitte: 2 921 m ; mont Canigou: 2 785 m). À l'E., la plaine côtière du Roussillon est comprise entre les Corbières au N. et les monts Albères au S. Une bonne partie de la population parle encore le catalan. Le Roussillon est une riche région agricole: cultures maraîchères, vergers, vignobles (vins doux naturels, banyuls et grand roussillon ; muscats de Rivesaltes). La montagne pyrénéenne qu'ouvrent les vallées et bassins du Tech, de la Têt, de l'Aude et du Sègre se tourne de plus en plus vers le tourisme, exploitant à la fois le thermalisme (Amélie-les-Bains, Molitg-les-Bains), les champs de neige (stations de Font-Romeu, des Angles, de Porté-Puymorens, de Pyrénées 2000), les paysages du Vallespir, du Conflent, de Cerdagne et les sites romans, nombreux dans la région. Plusieurs stations balnéaires sont installées sur la côte, rocheuse au S. (côte Vermeille: Collioure, Banyuls, Cerbère) et sablonneuse au N. (Port-Barcarès, Canet-Plage, Saint-Cyprien).

Population 364 000

Carte France Ee

pyrite Sulfure naturel de fer utilisé pour la fabrication de l'acide sulfurique et comme minerai de fer.

pyroclastique (roche) ou **pyroclastite** Roche formée de fragments de matériaux volcaniques projetés en l'air par une explosion volcanique. Au contact du sol, ces fragments se consolident sur une vaste surface autour du volcan.

pyroxène Minéral formé de silicates de magnésium, de calcium et de fer, présent dans les roches éruptives basiques et ultrabasiques et dans certaines roches métamorphiques. L'augite et la jadéite sont des pyroxènes.

Qahirah (Al-), ***Égypte*** Voir CAIRE (LE)

Qalat el-Bahreïn, ***Bahreïn*** Site archéologique à 5 km à l'O. d'Al-Manamah. Vestiges de cités du Dilmoun, ancien pays de la côte arabe du Golfe qui fut en relation avec les cités sumériennes dès le milieu du IIIe millénaire avant notre ère.

Carte Bahreïn Ba

Qam'do, ***Chine*** Région de 270 000 km^2 à cheval sur le Tibet (ancien Tchamdo: Tibet oriental), le Yunnan et le Sichuan. Isolée et peu peuplée, elle présente des chaînes de hautes montagnes orientées N.-S., séparées par les vallées abruptes du Nu Jiang (Salouen), Lancang Jiang (Mékong) et du Chang Jiang (Yang-tseu-kiang). Maïs, riz, blé d'hiver.

Carte Chine Ee

Qânâq, ***Groenland*** Voir THULÉ

Qatar Voir p. 555

Qatif (Al-), ***Arabie Saoudite*** Oasis côtière sur le golfe Arabo-Persique (à 15 km environ au N. de Damman) et vieille ville marchande — elle existait déjà à l'époque des Qarmates, au IXe s. Gisements de pétrole à proximité. Al-Qatif s'est modernisée, mais reste un entrelacs de ruelles et de vieilles demeures reliées entre elles par des passerelles aériennes.

Population 95 000

Carte Arabie Saoudite Bb

Qattara ou **Kattara (dépression de),** ***Égypte*** Dans le Sahara égyptien, au S.-O. d'Alexandrie, c'est une cuvette tectonique longue d'environ 320 km, large de 120, et dont les fonds, qui peuvent atteindre par endroits 134 m au-dessous du niveau de la mer, sont marécageux en hiver (étangs saumâtres) ou couverts de formations salines.

Carte Égypte Ab

Qazvin ou **Kazvin,** ***Iran*** Ville du nord-ouest du pays (à environ 150 km au N.-O. de Téhéran), au pied de l'Elbourz. C'est une vieille cité marchande, fondée aux III-IVe s., un temps capitale de la Perse (au XVIe s.), qui est aujourd'hui un important marché agricole, un centre d'artisanat (tapis) et d'industries (construction mécanique, électrique). La forteresse d'Alamut, non loin de là, dans les monts Elbourz, fut dès la fin du XIe s. le centre des activités guerrières de la secte des Assassins (branche iranienne des Ismaéliens d'Égypte). Les Mongols la prirent en 1256 et la démantelèrent.

Population 249 000

Carte Iran Aa

Qena, ***Égypte*** Chef-lieu de province, en haute Égypte, sur la rive droite du Nil (au N. de Louqsor). Dendérah, sur la rive gauche, est l'un des grands sites archéologiques de l'Égypte ptolémaïque (temple de la déesse Hathor).

Population 120 000

Carte Égypte Cc

Qilian Shan, ***Chine*** Chaîne de montagnes bordant le N.-E. du plateau tibétain, au N. de la province du Qinghai. Plusieurs de ses sommets dépassent 4 000 m ; elle culmine à 6 346 m.

Carte Chine Ec

Qingdao (Tsintao), ***Chine*** Principale ville et port du Shandong (Chan-Tong) sur la mer Jaune, qui fut une concession portuaire germanique de 1898 à 1914. Place commerciale, ville universitaire, c'est aussi un grand centre industriel: aciéries, pétrochimie, construction de matériel ferroviaire, industries alimentaires (brasseries notamment : influence allemande), textiles, pneumatiques. Le port compte parmi les plus importants de la Chine du Nord.

Population 1 300 000

Carte Chine Id

Qinghai (Ts'ing Hai), ***Chine*** Province de l'ouest du pays (720 000 km^2), comprenant au N. le Qilian Shan et les dépressions de Qinghai et de Qaidam (Tsaidam) ; sa moitié S. s'étend sur une partie du plateau tibétain. Capitale: Xining. C'est une région au climat rude, aux pluies rares et inconstantes, aux forts écarts de température. Ses hautes terres steppiques sont le domaine des troupeaux de moutons, de yacks et de chevaux des pasteurs mongols et tibétains. L'agriculture n'y est pratiquée que dans les vallées, celle du Huang He notamment. Le sous-sol est riche: importants gisements de pétrole et de charbon ; soude, borax, potasse et brome.

Population 5 200 000

Carte Chine Dd

Qinghai Hu ou **Kuhu Nor,** ***Chine*** Lac salé du nord-est de la province du Qinghai et située à

Qatar

LES IMMIGRÉS SONT PLUS NOMBREUX QUE LES AUTOCHTONES DANS CE MINUSCULE ROYAUME ARABE QUI INVESTIT LES PROFITS DU PÉTROLE POUR PROTÉGER SON AVENIR

Le petit émirat de Qatar, à mi-chemin de la côte O. du golfe Arabo-Persique, est passé de la pauvreté à la richesse. Avant 1949, date de la mise en exploitation du pétrole, c'était une société tribale qui vivait de la pêche aux perles, de l'élevage des chameaux et de la pêche. En 1982, il avait, dans le monde, le deuxième produit national brut par habitant après les Émirats arabes unis.

Les Arabes de ce désert caillouteux ont un proverbe : « Commence par monter sur ton chameau, et puis espère en Dieu. » Ils ont fait de leur pays l'un des plus modernes du monde arabe, bien que les valeurs musulmanes traditionnelles aient été respectées. L'argent du pétrole a été utilisé pour mettre en place des services sociaux, l'éducation et les soins gratuits, et pour développer l'industrie, afin d'éviter que la prospérité ne s'évanouisse dès que le pétrole sera épuisé.

Le Qatar est formé d'une péninsule et de quelques petites îles et ne compte que 11 437 km². Les étés sont longs, chauds et rendus inconfortables par l'humidité, avec des températures qui atteignent 49 °C. Un vent de N.-O., le shamal, rafraîchit un peu l'atmosphère. Les hivers sont doux, avec un peu de pluie dans le Nord. Par ailleurs, c'est une région aride ; l'eau douce vient, de plus en plus, de la désalinisation de l'eau de mer. On élève des moutons, des chèvres et quelques bovins ; le pays est connu pour la qualité de ses chameaux dont l'élevage est une activité lucrative pour les bédouins.

Les auteurs arabes mentionnèrent pour la première fois le Qatar au Xᵉ s. Les habitants actuels descendent de tribus qui arrivèrent vers 1730. Le pays fut envahi par les Perses en 1783 et devint ensuite une dépendance de Bahreïn. En 1868, il passa sous l'influence des Britanniques, qui installèrent la famille régnante actuelle. Les Turcs y établirent une souveraineté théorique à la fin du XIXᵉ s. et, en 1916, le Qatar devint un protectorat britannique. Il obtint son indépendance en 1971.

LES RÉSERVES DE GAZ ET DE PÉTROLE

La découverte et l'exploitation de pétrole et de gaz naturel ont transformé le Qatar contemporain. Les champs pétrolifères de Dukhan ont des réserves correspondant à quarante ans d'exploitation, et les champs sous-marins du Nord ont des réserves de gaz qui les placent au premier rang après ceux des pays communistes. La nouvelle gamme d'industries lourdes comprend la fabrication de fer et d'acier, de ciment, d'engrais et de produits pétroliers. La pêche a été modernisée, et les crevettes congelées constituent des exportations notables ; on exporte aussi des dattes.

Ces activités modernes ont attiré des immigrants, dont le nombre dépasse maintenant celui de la population autochtone. Environ 100 000 habitants sur 400 000 sont des Qatariens. Les autres viennent des pays arabes voisins, ainsi que de l'Inde et du Pakistan ; les cols-blancs sont égyptiens, palestiniens, libanais et syriens. La société est maintenant fortement urbanisée : 180 000 personnes vivent à Doha, la capitale.

En 1947, il n'y avait qu'un seul hôpital, et un médecin. Maintenant, il y a une vaste gamme de services médicaux. Un plan de logement offre à tous les citoyens des lots gratuits et des prêts sans intérêt pour construire.

L'émir Khalifa al-Thani cheikh est chef d'État et Premier ministre. Il gouverne avec l'aide d'un conseil consultatif de 30 membres, qui est nommé, car il n'y a pas d'élections. Malgré les changements économiques, la société garde des caractères islamiques traditionnels.

On porte les costumes arabes classiques, les femmes sont enjointes de rester modestes, et la flagellation est pratiquée pour le châtiment de certains délits.

La grande préoccupation du gouvernement demeure la division entre nationaux et immigrés.

LE QATAR EN BREF
Superficie 11 437 km²
Population 520 000
Capitale Doha
Régime Monarchie islamique
Monnaie Riyal = 100 dirhams
Langues Arabe (officiel), anglais
Religion Musulmans
Climat Chaud et sec ; hivers doux. Températures atteignant 49 °C en été
Ressources Bétail, fourrage, légumes, fruits, poisson ; pétrole et gaz naturel
Activités Production et raffinage de pétrole et de gaz, ciment, fer et acier, produits chimiques, agriculture, pêche
Exportations Pétrole et gaz naturel, crevettes surgelées, dattes, acier, produits chimiques
P.N.B. annuel par habitant 15 870 dollars
Croissance démographique 17,6 ‰ par an
Espérance de vie Hommes 65 ans, femmes 67

plus de 3 000 m d'altitude. Sa superficie peut varier de 4 000 à 6 000 km².
Carte Chine Ed

Qing Ling, ***Chine*** Chaîne de montagnes s'étendant principalement dans la province du Shaanxi (ou Chen-Si), entre la vallée de la Wei au N. et celle de la Hanshui au S., culminant à 3 767 m (au Taibei Shan). Les versants N. ont un climat rude tandis que ceux du S., très arrosés, connaissent des hivers assez doux et présentent une végétation déjà méridionale.
Carte Chine Fd

Qiqihar (Tsitsihar), ***Chine*** Ville de la province du Heilongjiang au N.-O. de Harbin. Dans une riche région agricole et non loin de gisements pétrolifères, c'est le grand centre commercial et industriel de l'Ouest mandchou. Sidérurgie, construction de matériel ferroviaire et minier, papeterie, produits alimentaires figurent parmi ses activités industrielles.
Population 1 209 000
Carte Chine Ib

Qom ou **Qum,** ***Iran*** Ville sainte à 145 km au S.-O. de Téhéran. Fatima, la sœur d'un chef religieux chi'ite, l'imam Reza, y mourut en 816 ; le sanctuaire du XVIIIᵉ s. abritant son tombeau est un lieu de pèlerinage pour les chi'ites. Siège d'une école de théologie. Gros marché agricole et centre textile.
Population 543 500
Carte Iran Ba

Qornet es-Saouda, ***Liban*** Point culminant du pays (3 083 m), au N. du djebel Liban ; les neiges y persistent toute l'année.
Carte Liban Ba

Quang Yen, ***Viêt-nam*** Port de la mer de Chine (golfe du Tonkin) au N.-E. d'Haiphong exportant l'anthracite de la région. Les gisements, exploités par les Français dès la fin du XIXᵉ s., produisaient, au milieu des années 1970, jusqu'à six millions de tonnes d'anthracite par an. Le départ des mineurs chinois qui y travaillaient, en 1979, lors de l'intervention des troupes chinoises au Viêt-nam, a marqué un temps d'arrêt dans la production.
Carte Viêt-nam Ba

Quan Phu Quoc, ***Viêt-nam*** Île du golfe de Siam, à 40 km au large de la côte S.-O. du pays, vitale pour les prétentions vietnamiennes à la pêche et à la prospection du golfe.
Carte Viêt-nam Ac

Quarantièmes Rugissants Surnom marin de la région comprise entre 40° et 60° de latitude S. où les vents d'O. dominants soufflent sur les océans sans rencontrer d'obstacle. Les dépressions provoquent un redoux parfois pluvieux dans cette zone d'orages et de bourrasques particulièrement agitée au large du cap Horn.

quartz Silice cristallisé reconnaissable à sa dureté qui se présente souvent sous forme de cristaux incolores, transparents ou colorés. Parmi ses variétés figurent le quartz hyalin ou cristal de roche (incolore et limpide), la citrine (jaune-orangé), l'améthyste (violette), le quartz chloriteux (vert), le quartz hématoïde (rouge sang). Les cristaux de quartz sont utilisés en électronique et comme gemmes.

quartzite Roche très dure formée de cristaux de quartz soudés par un ciment siliceux.

quaternaire La dernière des grandes périodes (ère cénozoïque), commencée il y a près de

2 millions d'années, caractérisée par de nombreuses glaciations et l'apparition de l'homme. Les glaciations se sont succédé jusqu'au Xe millénaire avant notre ère (pléistocène) avant que le climat prenne son aspect actuel (holocène). Pendant le pléistocène, l'homme a peu à peu élaboré son outillage de pierre (pierre taillée : galets aménagés, bifaces ou « coups de poing »), avant de l'affiner (pierre polie) et de peindre ou de graver les parois des grottes (paléolithique supérieur) ; le néolithique a vu le passage à l'holocène (apparition de la poterie et de l'agriculture) ; l'âge des métaux (cuivre, bronze, fer) caractérise les débuts de l'histoire. Voir ÉCHELLE DES TEMPS GÉOLOGIQUES, p. 268

Quatre-Cantons (lac des), en all. **Vierwaldstättersee,** ***Suisse*** Lac des Alpes de la Suisse centrale. Longueur : 37 km. 113 km^2. C'est l'un des sites touristiques les plus visités du pays. Sur ses rives, le 1er août 1291, eut lieu le célèbre serment du Rütli, acte fondateur de la Suisse.

Carte Suisse Ba

Québec, ***Canada*** 1. La plus grande des provinces, qui s'étend dans l'est du pays sur 1 540 681 km^2. On la divise en trois grandes régions géographiques : le Bouclier canadien, les basses terres du Saint-Laurent et les Appalaches. Le bouclier, au N., renferme de vastes forêts et d'innombrables lacs et cours d'eau qui favorisent l'exploitation de l'énergie hydroélectrique ; il est riche en minerai de fer, d'argent, d'or, de cuivre et de zinc. Les basses terres, dans la vallée du Saint-Laurent, sont la région la plus peuplée, la plus développée et la plus fertile ; c'est une région industrielle, mais aussi d'élevage et de culture (tabac, betterave à sucre, produits maraîchers). Les Appalaches, au S., sont une importante région productrice d'amiante et de bois. Parmi ses principales industries, le Québec compte les pâtes et papiers, les produits laitiers, l'aéronautique, la viande, la fonte et l'affinage des métaux.

Seule province à majorité francophone du Canada, le Québec éprouve d'importantes difficultés d'intégration. Sa volonté de maintenir son particularisme culturel et l'intransigeance des provinces anglophones met en péril régulièrement l'unité du Canada.

2. Capitale du Québec, sur la rive N. du Saint-Laurent, et première ville du Canada, fondée en 1608 par Samuel de Champlain. Québec est la seule ville fortifiée du pays et conserve un caractère nettement français. Elle comprend deux ensembles : la haute ville, bâtie sur un promontoire, parcourue par des rues pittoresques jalonnées de maisons anciennes, et abritant les édifices du gouvernement ; la basse ville, que borde le fleuve et où se sont installés le quartier des affaires et l'industrie. Centre commercial du Québec oriental, la ville dispose d'un port actif et compte parmi ses industries la construction navale, le bois, le cuir, les textiles et l'alimentation. Elle abrite l'université Laval, première université française fondée en Amérique du Nord (1852).

Population (prov.) 7 000 000 ; (ville) 645 600

Carte Canada Hd

Quedlinburg, ***Allemagne*** VOIR MAGDEBOURG

Queensland, ***Australie*** État du nord-est de l'Australie (1 272 200 km^2). Les montagnes de la Cordillère australienne le séparent en deux : la plaine côtière humide, chaude, et sujette à mousson au N. ; les terres arides de l'intérieur. Les récifs de la Grande Barrière ourlent la côte E. De vastes gisements donnent charbon, cuivre, plomb, bauxite, argent et zinc. L'agriculture de base produit canne à sucre, ananas, bananes et céréales. L'élevage y est prospère. Plus de 40 % de la population vit dans la capitale, Brisbane. Le Queensland devint colonie à statut séparé en 1859.

Population 3 150 000

Carte Australie Gc

Queenstown, ***Nouvelle-Zélande*** Station touristique sur le lac Wakatipu, à 160 km au N.-O. de Dunedin, dans l'île du Sud. Elle fait face à la chaîne des monts Remarkables (2 286 m). Au N. se trouve l'une des meilleures stations de sports d'hiver du pays, Coronet Peak.

Population 3 370

Carte Nouvelle-Zélande Bf

Quelimane, ***Mozambique*** Port maritime, à 300 km au N.-E. de Beira. Sa plantation de noix de coco, l'une des plus grandes au monde, s'étend sur 202 km^2. Ce fut un notoire port d'esclaves aux XVIIIe et XIXe s. Aujourd'hui Quelimane exporte coprah, coton, maïs, sisal, thé, sucre et tabac. C'est la capitale et le seul grand port de la province de Zambézia (105 008 km^2).

Population (ville) 78 600 ; (prov.) 2 620 000

Carte Mozambique Ab

Quemoy, ***Taiwan*** Voir JINMEN

CAPITALE HISTORIQUE. La ville de Québec occupe un site privilégié à la tête de l'estuaire du Saint-Laurent, sur une colline que domine la masse imposante du château Frontenac, élevé en 1892 à l'emplacement de l'ancien château Saint-Louis (1647). Avec ses rues étroites bordées de maisons du XVIIe et du XVIIIe s., le Vieux-Québec évoque une ville française. Il a été classé par l'UNESCO parmi les sites constituant le patrimoine mondial.

Quercy, ***France*** Ancienne province (5 215 km^2) au S.-O. du Massif central. Ses plateaux calcaires sont entrecoupés de vallées encaissées. On y cultive les terres arables des vallées les plus larges, la vigne sur les pentes ensoleillées. Les plateaux sont le domaine des pâturages et de l'exploitation forestière. Chef-lieu : Cahors.

Carte France Dd

Querétaro, ***Mexique*** 1. Petit État du plateau central du Mexique. Au N., les pentes montagneuses servent à la pâture des troupeaux. Maïs, coton, café et haricots sont cultivés dans les vallées fertiles. Au S., où l'altitude est moins élevée, un plan gouvernemental encourage les industries à s'établir hors du district fédéral de la capitale, Mexico. On y extrait des pierres précieuses (agates, topazes, améthystes, opales).

2. Capitale de l'État de Querétaro, à 175 km au N.-O. de Mexico. Fondée par les Indiens Otomis et Chichimèques en 1445, prise par les Espagnols en 1532, elle produit textiles de coton et poterie, et traite les récoltes de la zone alentour. Ses fabriques de coton sont parmi les plus importantes du Mexique, et les nouvelles industries encouragées par l'État ont multiplié la population par cinq en vingt ans. L'empereur Maximilien y fut jugé et fusillé en 1867. La cité possède un magnifique aqueduc du XVIIIe s., une cathédrale du XVIe s. et 55 églises.

Population (État) 1 044 220 ; (ville) 167 000

Carte Mexique Bb

Quetta, ***Pakistan*** Capitale du Baloutchistan, à 80 km de la frontière afghane. Le nom signifie « fort », et la ville, sise dans des monts arides, entre les cols de Bolan et de Khojak, fut fondée pour contrôler la route reliant la vallée de l'Indus et la ville afghane de Kandahar. Les Anglais y bâtirent une académie militaire encore utilisée par l'armée pakistanaise. La ville, détruite par un séisme en 1935, a été reconstruite depuis.

Population 285 000

Carte Pakistan Cb

Quetzaltenango, ***Guatemala*** Deuxième ville du pays après Ciudad de Guatemala, à 110 km à l'O. de celle-ci, au cœur d'une riche région agricole. Elle est située à 2 235 m au-dessus du niveau de la mer sur les pentes du volcan Santa Maria (3 768 m), qui la détruisit en 1902. Le nom de la ville signifie « l'endroit du Quetzal », oiseau rare de la jungle, adoré par les Mayas. Quetzal est aussi le nom de la monnaie nationale. La ville possède deux universités, des industries textiles et des brasseries.
Population 96 100
Carte Guatemala Ab

Queyras, ***France*** Région isolée des Alpes, entre la vallée de la haute Durance et la frontière italienne, traversée par le Guil et ses affluents. Ses vallées élevées sont couvertes de forêts et de pâturages. Le village de Saint-Véran (2 040 m) est le plus haut d'Europe. Artisanat du bois. Ski. Le parc naturel régional du Queyras, qui couvre environ 60 000 ha, a été créé en 1977.
Carte France Gd

Quezón, ***Philippines*** Province s'étendant sur l'isthme étroit qui relie la péninsule de Bicol à Luçon ; elle inclue la péninsule sauvage du Bondoc. On projette de développer Infanta, sur la côte pacifique au N.-E., d'en faire un port et une ville soulageant Manille, mais la plus grande partie du Quezón demeure isolée en raison de son relief montagneux et boisé, en partie parc national. Principal produit agricole: noix de coco.
Population 1 116 000

Quezón City, ***Philippines*** Capitale administrative du pays de 1948 à 1976, aujourd'hui grande banlieue de Manille. Nombreuses ambassades. Université des Philippines.
Population 1 587 500
Carte Philippines Bc

Quiberon, ***France*** Petite ville de Bretagne (Morbihan), à l'extrémité S. de la presqu'île de Quiberon, rattachée à la terre par un isthme de 6 km. Tourisme balnéaire actif. Pêche. Conserveries (sardines). Institut de thalassothérapie.
Population 4 800
Carte France Bc

Quimper, ***France*** Préfecture du Finistère, sur l'Odet. Centre touristique et artisanal: faïences célèbres (faïences de Quimper), grès, broderies. Industries alimentaires et textiles. Constructions mécaniques. Le festival du folklore breton s'y déroule en juillet. Cathédrale Saint-Corentin (XIIIe-XVIe s.). Musées.
Population 59 500
Carte France Ab

Quintana Roo, ***Mexique*** Le plus récent État du Mexique, créé en 1974 sur la côte N.-E. de la péninsule du Yucatán, zone de basses terres tropicales marécageuses et de plages blanches. La capitale, Chetumal, port franc, est située à l'extrême S. près de la frontière de Belize. Mais le centre véritable de Quintana Roo est la station balnéaire et île de Cancún, au N.
Population 493 600
Carte Mexique Dc

Quito, ***Équateur*** Capitale du pays et chef-lieu de la province de Pitincha, presque sur l'équateur, à 2 820 m d'altitude dans une étroite vallée encerclée de montagnes. Elle fut fondée en 1534 par le conquistador espagnol Sebastián de Belalcázar sur le site d'une ville indienne du même nom. En 1822, le libérateur sud-américain Antonio José de Sucre défit les Espagnols au volcan Pichincha, juste au N.-O., et obtint l'indépendance de l'Équateur. La cathédrale de la place centrale renferme le tombeau de Sucre.

L'un des deux principaux centres industriels du pays (l'autre étant Guayaquil), Quito fabrique textiles, vêtements, chaussures et produits pharmaceutiques, ainsi que des objets artisanaux en cuir, bois, or et argent. Ses églises et vieilles demeures recèlent certains des plus beaux trésors d'art d'Amérique du Sud. Parmi eux, l'église et le monastère de San Francisco et l'église jésuite de la Companía. Universités. Aéroport international.
Population 1 110 000
Carte Équateur Bb

Qurnah (Al-), ***Irak*** Ville proche du site où la légende place le jardin d'Éden, à 400 km au S.-E. de Bagdad. Dans les marécages, au N., les Arabes ont construit des centaines d'îles artificielles en terre et en roseaux de papyrus portant chacune une hutte de tiges et de nattes de roseaux. On ne se déplace qu'en canot dans cette région qui abrite de nombreux oiseaux.
Carte Irak Cc

Qwaqwa, ***Afrique du Sud*** Ancien bantoustan autrefois appelé Witsieshoek, au N.-E. du Lesotho (482 km^2). Habité par les Sothos, il a réintégré l'État libre d'Orange.
Population 314 000
Carte Afrique du Sud Cb

R

Rab, ***Croatie*** Petite île de l'Adriatique (94 km^2), à proximité de la côte d'almate. La douceur de son climat et le pittoresque de ses côtes découpées en ont fait un centre touristique important. La ville de Rab est aujourd'hui une station balnéaire. Longtemps occupée par les Vénitiens, elle conserve une belle cathédrale romane et gothique et plusieurs demeures patriciennes de style gothique et Renaissance.
Carte Croatie Ab

Rabat, ***Malte*** Ville à 10 km à l'O. de la capitale, La Valette. Aux temps romains, Rabat et sa jumelle, la petite Mdina, formaient la capitale de l'île sous le nom de Melita ; saint Paul y prit pied après son naufrage (Actes, XXVIII, 1) ; on suppose qu'il y vécut dans une grotte à proximité de l'actuelle église Saint-Paul, édifice construit au temps des Chevaliers de Saint-Jean de Jérusalem, qui firent de l'île leur quartier général à partir de 1537.
Population 12 000
Carte Malte Db

Rabat, ***Maroc*** Capitale du pays à l'embouchure de l'oued Bou Regreg dans l'Atlantique. Fondée au XIIe s. par les Almohades sur le site d'un *ribat* (couvent fortifié) du Xe s., elle a conservé quelques vestiges de son passé (mosquée Hassan, porte de la casbah des Oudaïa du XIIe, notamment). La ville doit son essor récent à la décision prise en 1912 d'en faire la capitale du protectorat français. Aérée, dotée de larges avenues et de jardins, résidence habituelle des rois du Maroc, Rabat est le centre politique et administratif du pays ; elle est aussi le siège de l'université Mohammed-V, la principale du Maroc. Industries agro-alimentaires et textiles.
Population 520 000
Carte Maroc Ba

Rabaul, ***Papouasie-Nouvelle-Guinée*** Capitale et port de l'île de Nouvelle-Bretagne. Fondée en 1910 au temps de la colonisation allemande, elle fut occupée par les troupes japonaises lors de la Seconde Guerre mondiale et détruite par les bombardements alliés. Centre administratif, commercial et industriel (industries du bois, matériaux de construction). Exportation de cacao et noix de coco. Deux volcans actifs dominent la ville. La superbe rade où est installé le port est un ancien cratère envahi par la mer.
Population 16 900
Carte Pacifique (océan) Ca

Racibórz, en all. **Ratibor,** ***Pologne*** Ville sur l'Odra, voisine de la frontière tchèque, à environ 65 km au S.-O. de Katowice. Ancienne capitale d'un duché silésien (de 1172 à 1336). C'est aujourd'hui un nœud ferroviaire et un centre industriel: équipements métalliques et électriques, produits alimentaires.
Population 62 000
Carte Pologne Cc

Radom, ***Pologne*** Chef-lieu de voïévodie, à une centaine de kilomètres au S. de Varsovie. C'était aux XIVe et XVe s. un centre textile prospère, au croisement de grandes routes commerciales reliant la Silésie à la Grande Pologne et la Lituanie à l'Ukraine. Radom est aujourd'hui un important nœud ferroviaire et un centre industriel (constructions mécanique, électromécanique, industries alimentaire, chimique, textile, verrerie, travail du cuir).
Population 222 000
Carte Pologne Dc

Ragang (mont), ***Philippines*** Voir LANAO

Raguse, ***Italie*** Chef-lieu de province en Sicile, au S.-E. de l'île. Son économie est traditionnellement agricole ; mais la ville s'est récemment industrialisée (pétrochimie).
Population 67 300
Carte Italie Ef

Raguse, ***Croatie*** Voir DUBROVNIK

Raïatéa, ***Polynésie française*** Île volcanique appartenant aux îles Sous-le-Vent dans l'archipel de la Société, enserrée dans le même lagon que sa voisine, Tahaa. Raïatéa est le centre de la Polynésie traditionnelle. Avant l'arrivée des Européens, le grand maraé d'Opoa (temple polynésien) était le plus important de la région ; les chefs religieux polynésiens s'y réunissaient pour débattre des questions touchant l'ensemble des îles de la Société. Raïatéa s'est toujours posée en rivale de Tahiti, avant et après l'arrivée des Européens. On y récolte le coprah, on y cultive la vanille. Utureo, la ville principale, est la deuxième de la Polynésie française.
Carte Tahiti Ba

Rajang, ***Malaysia*** Fleuve de Sarawak (île de Bornéo), long de 564 km (c'est le plus long de Malaysia). Il prend sa source sur le plateau Usun Apau et se jette dans la mer de Chine méridionale.
Carte Malaysia Db

Rajasthan, ***Inde*** État du Nord-Ouest (342 239 km^2). Capitale: Jaipur. Le Rajasthan s'étend des monts Aravalli jusqu'au désert du Thar à

l'O. et à la frontière pakistanaise. Il tient son nom des tribus Rajputs qui s'y installèrent dès le IXe s. Les Rajputs y fondèrent de nombreux États princiers qui existaient encore à l'époque de la colonisation britannique. L'État est réputé pour son art et son artisanat (miniatures peintes notamment). De climat aride, il produit du blé en hiver et des millets en été. Le canal du Rajasthan est l'un des plus long canaux d'irrigation du monde : 837 km, 5 474 km avec ses ramifications. Les principales ressources minières sont le plomb, le zinc, l'amiante et le gypse. Industries textiles. Le tourisme joue un rôle non négligeable dans l'économie de l'État (Jaipur, Ajmez, Udaipur).
Population 44 006 000
Carte Inde Bb

rajeunissement Modification du relief à la suite d'une reprise d'érosion due à un soulèvement.

Rajshahi, *Bangladesh* Chef-lieu du district de Rajshahi (9 456 km^2), dans l'ouest du Bangladesh, près du Gange. Université moderne. Industrie de la soie.
Population (district) 5 270 000 ; (ville) 254 000
Carte Bangladesh Bb

Raleigh, *États-Unis* Capitale de l'État de Caroline du Nord, au centre de l'État, à 185 km de l'Atlantique. La ville fut fondée en 1792 et baptisée en l'honneur de l'aventurier anglais sir Walter Raleigh, qui avait aidé à l'ouverture du Nouveau Monde deux siècles plus tôt. Elle est le cœur d'une région de culture du tabac.
Population (ville) 208 000 ; (aggl.) 736 000
Carte États-Unis Kc

Ramat Gan, *Israël* Ville industrielle fondée en 1921 à l'E. de Tel Aviv, dont elle est une banlieue. Université. Activités : industries textiles et alimentaires.
Population 116 500
Carte Israël Aa

Rambouillet, *France* Ville résidentielle des Yvelines, au S.-O. de Versailles, dans la forêt de Rambouillet. Petites industries (parfums, électronique, constructions mécaniques). À proximité, le château de Rambouillet, édifié en 1375 sur des fondations féodales, fut remanié au cours des siècles. Propriété de l'État depuis 1870, il est la résidence d'été des présidents de la République. La très belle forêt domaniale de Rambouillet, reste de la grande forêt médiévale de l'Yveline, s'étend sur 13 100 ha. Elle possède de nombreux étangs.
Population 24 400

Rancagua, *Chili* Capitale de la région de Libertador, dans une fertile zone agricole de la Vallée centrale, à 80 km au S. de Santiago. Ce fut le théâtre en 1810 d'une importante bataille entre les Espagnols et les troupes menées par le libérateur du pays, Bernardo O'Higgins.
Population 143 000
Carte Chili Ac

Rance, *France* Rivière (100 km) du nord de la Bretagne, qui arrose Dinan et se jette dans la baie de Saint-Malo via un estuaire long de 19 km. La première usine marémotrice du monde y fut installée en 1968. Un barrage long de 750 m y a été aménagé pour tirer parti de l'inhabituelle amplitude des marées de l'estuaire. Des turbines spéciales domestiquent l'énergie du flux et du reflux.
Carte France Bb

UNE VIE BIEN TRANQUILLE. Ce passeur qui traverse un bras de mer, à Rangoon, semble oublier que sa ville, autrefois village de pêcheurs, est devenue une capitale animée comptant plus de 2 millions d'habitants.

Ranchi, *Inde* Ville industrielle et ancienne capitale d'été de l'État de Bihar, sur le plateau de Chota Nagpur, à 320 km environ au N.-O. de Calcutta. Production de machines-outils. Centre commercial. Université.
Population 600 000
Carte Inde Dc

Rand (le), *Afrique du Sud* Voir WITWATERSRAND

Randfontein, *Afrique du Sud* La ville la plus à l'O. du Witwartersrand. Cité aurifère fondée en 1890, autrefois partie de la ville de Krugersdorp, elle acquit un statut municipal séparé en 1929.
Population 49 000
Carte Afrique du Sud Cb

Randstad, *Pays-Bas* Voir HOLLANDE

Rangiroa, *Polynésie française* Atoll corallien de l'archipel des Tuamotu, à 300 km à l'est de Tahiti, le deuxième du monde par ses dimensions (68 km sur 25 km). Il est percé de nombreuses passes et chaque portion de récif forme de petits îlots appelés *motus*. Paradis pour la pêche sous-marine, Rangiroa est dotée d'un aérodrome et de quelques hôtels ; l'atoll abrite la majeure partie des Paumotus, les habitants de l'archipel.
Carte Tahiti Ba

Rangoon, *en birman* Yangon, *Birmanie* Port et capitale, près de la rivière Rangoon, à l'E. du delta de l'Irrawaddy. Centre d'une division du même nom (10 171 km^2).

La ville se développa pour remplacer le port de Syriam, sous la houlette du roi birman du XVIIIe s. Alaungpaya, et devint le centre administratif de la Basse-Birmanie en 1852, puis capitale en 1886. Son nom vient du nom birman *yangun*, « fin du combat ». Certains érudits pensent toutefois que le nom se réfère à Dagon, le dieu dont la grande pagode (haute d'une centaine de mètres), le Shwe Dagon, domine la ville. Cette pagode — une tour en entonnoir bâtie en brique au VIe s., épicentre désormais d'un temple bouddhiste dallé de marbre — est revêtue de 8 868 minces feuilles d'or. Aux prix actuels, chaque feuille peut être estimée à environ 6 500 $.

La ville se redéploya après la colonisation britannique de la Birmanie en 1824, devenant, vers 1850, une capitale coloniale aérée construite sur un plan rectangulaire, siège du gouvernement et grand débouché des exportations de riz du delta de l'Irrawaddy. Depuis l'indépendance (1948), la Birmanie a décliné, et avec elle les sommes disponibles pour la modernisation du port et l'entretien des bâtiments de la ville. Quelques mosquées et temples hindous subsistent dans le quartier N., legs des Indiens qui tenaient une grande part de l'administration sous la loi britannique mais dont la plupart ont quitté la ville après 1948.

Le noyau commercial de la cité est aujourd'hui le marché de Bogyoke Aung San (du nom d'Aung San, Premier ministre sous les Britanniques, assassiné juste avant l'indépendance). On y vend nourriture, vêtements, objets en laque aux peintures complexes, or, argent, rubis et jades des mines birmanes. Non loin de la pagode Shwe Dagon, se trouvent les Lacs Royaux, dont les rives abritent les villas de l'élite militaire et politique du pays.
Population (ville) 2 513 000 ; (division) 3 974 000
Carte Birmanie Cc

Ranong, *Thaïlande* Province et ville de la mer d'Andaman, à la pointe S. de la Birmanie, à 475 km au S.-O. de Bangkok. L'exploitation des mines d'étain constitue la principale activité de la province. De nombreux mineurs sont des immigrants birmans.
Population (ville) 50 100
Carte Thaïlande Ad

Rapallo, ***Italie*** Port maritime et station balnéaire de Ligurie, sur la Riviera di Levante, à 30 km au S.-E. de Gênes. Ce village de pêcheurs devint station balnéaire au XIXe s. On y produit huile d'olive et vin.
Population 29 300
Carte Italie Bb

rapides Portion à cours rapide d'une rivière, généralement agitée de tourbillons, résultant de l'accroissement de la pente de son lit.

Raqqa, ***Syrie*** Ville sur l'Euphrate, à 175 km à l'E. d'Alep. Elle a pris un nouvel essor depuis l'achèvement en 1978 du barrage d'Al-Thaura, sur l'Euphrate, à 60 km en amont. Reqqa renferme les vestiges d'un palais du IXe s. bâti par les Abbassides — dynastie arabe fondée par Abu al-Abbas (566-652), descendant d'Abbas, oncle du prophète Mahomet.
Population 114 000
Carte Syrie Bb

Rarotonga, ***îles Cook*** La plus grande île (67 km^2) de l'archipel, à 2 750 km au N.-E. de la Nouvelle-Zélande. Elle est montagneuse (le Te Manga culmine à 652 m), sauf sur une étroite bande côtière où l'on cultive les légumes et les fruits mis en conserve dans une usine qui en extrait aussi le jus. Sa ville principale, Avarua, capitale de l'archipel, a conservé l'aspect d'un comptoir colonial du XIXe s. Son Parlement, proche de l'aéroport, n'a qu'un étage, comme toutes les maisons de l'île, car la loi interdit de construire des bâtiments d'une hauteur supérieure à celle d'un cocotier.
Population 9 500
Carte Pacifique (océan) Fd

Ras al-Khaïmah, ***Émirats arabes unis*** Émirat le plus au N.-E. de la côte O. de la péninsule de Musandam, près du détroit d'Ormuz. Il produit la moitié des aliments consommés dans les Émirats. La ville homonyme est coupée en deux par une lagune. Agriculture et pêche sont ses principales ressources.
Population (ville) 43 000 ; (émirat) 130 000
Carte Émirats arabes unis Ba

Ras Dachan, ***Éthiopie*** Plus haut sommet du pays (4 620 m), dans les monts Semien, au N.
Carte Éthiopie Aa

Rashid, ou **Rosette,** ***Égypte*** Port sur la rive gauche du Rashid (principal bras O. du delta du Nil), à 55 km au N.-E. d'Alexandrie. En 1799, Bouchard, officier des armées napoléoniennes, y découvrit une stèle en basalte noir d'un mètre carré. Un décret de Ptolémée V (196 av. J.-C.) y était gravé dans trois caractères: grecs, démotiques et hiéroglyphiques. Cette stèle, ou « pierre de Rosette », passa aux mains des Anglais en 1801. Vingt et un ans plus tard, l'égyptologue français Jean-François Champollion, comparant les trois écritures, parvint à déchiffrer les hiéroglyphes. Cette pierre est exposée au British Museum de Londres.
Population 52 100
Carte Égypte Bb

Rasht, ou **Resht,** ***Iran*** Ville industrielle (textiles, tapis, osier), proche de la mer Caspienne, à 250 km au N.-O. de la capitale Téhéran, dans la province du Gilan. Les habitants du Gilan, pour la plupart arméniens, produisent du riz, du thé et de la soie.
Population (ville) 291 000; (province) 2 082 000
Carte Iran Aa

Ras Lanuf, ***Libye*** Un des nouveaux terminaux pétroliers bâtis durant les années 1960 sur la côte méditerranéenne. Il est relié par pipe-line aux gisements du Sud et de l'Est. Un centre industriel et une ville sont en cours de construction sur le golfe de Syrte.
Carte Libye Ba

Ras Tannurah, ***Arabie Saoudite*** Port et principal terminal pétrolier du Golfe, à 40 km au N. de Dammam, construit peu avant la Seconde Guerre mondiale. La première raffinerie de pétrole du pays y fut inaugurée en 1946. Il reçoit le pétrole venu de Qatif, Abqayq et Dhahran, et possède une usine de traitement de gaz.
Population 6 300
Carte Arabie Saoudite Cb

Rastenburg, ***Pologne*** Voir KETRZYN

Ratibor, ***Pologne*** Voir RACIBORZ

Ratisbonne, en all. **Regensburg,** ***Allemagne*** Port fluvial de Bavière et centre touristique sur le Danube, à 110 km au N.-E. de Munich. Tous les styles architecturaux germaniques s'y confrontent. La ville compte plus de vingt églises romanes et gothiques et une cathédrale des XIIIe et XVIe s. Celte puis romaine, elle devint capitale des ducs de Bavière en 530, ville libre impériale réputée pour ses foires en 1245, et siège permanent du Saint Empire germanique) de 1663 à 1806, date à laquelle cette assemblée fut dissoute par Napoléon. Celui-ci y reçut trois ans plus tard sa seconde blessure de guerre: un pied fracturé par une balle perdue. Ratisbonne redevint bavaroise en 1810. C'est une ville active possédant des industries variées (chimiques, alimentaires, électriques).
Population 129 000
Carte Allemagne Ed

Ratnapura, ***Sri Lanka*** Ville au centre d'un gisement de pierres précieuses, sur le versant S.-E. des montagnes centrales, à 65 km au S.-E. de Colombo. On extrait aux environs des saphirs, des rubis et des béryls. Elle est dominée par une statue de Bouddha et abrite un musée consacré aux pierres précieuses.
Population 37 400
Carte Sri Lanka Bb

Rauma, ***Finlande*** Ville industrielle et port sur le golfe de Botnie, à 215 km au N.-O. de la capitale Helsinki. Elle a été fondée en 1422 et les rues de la vieille ville sont encore bordées de maisons de bois. Les chantiers navals de la ville moderne fabriquent des péniches vendues à l'U.R.S.S. Ses autres activités sont la métallurgie, le bois, le papier, le cuir et les matières plastiques, et la fabrication de munitions.
Population 30 800
Carte Finlande Bc

Ravenne, en it. **Ravenna,** ***Italie*** Cité historique et centre industriel d'Émilie, à 115 km au S. de Venise. Elle fut la base de la flotte romaine de l'Adriatique et devint capitale de l'empire romain d'Occident en 402, du royaume ostrogoth en 493 et de l'exarchat byzantin en 568. Elle a été soumise tour à tour aux Francs de Pépin le Bref, à la papauté, et à la France de 1797 à 1815, avant de rallier le royaume d'Italie en 1860. Elle renferme des monuments romains (amphithéâtre, aqueduc de Trajan), ostrogoths (tombeau dodécagone de Théodoric, couvert d'un bloc de pierre de 250 t), paléochrétiens (églises du Ve s.) et byzantins (église et baptistère de San Vitale aux mosaïques commandées au VIe s. par le banquier Julianus Argentinus). Une chapelle du XVIIIe s. abrite le tombeau du poète Dante, qui mourut dans la ville en 1321.

La ville s'est industrialisée durant les années 1950, après la découverte d'un gisement de gaz naturel à proximité. L'embouchure du canal de 10 km qui la relie à l'Adriatique est dotée d'un nouveau port qui est le poumon d'un important complexe pétrochimique.
Population 136 500
Carte Italie Db

Ravensbrück, ***Allemagne*** Petit village du Brandebourg où, en 1934, les nazis créèrent sur une propriété personnelle de Himmler un camp de concentration réservé aux femmes. Il servit de lieu d'expériences médicales sur les Polonaises. Sur 10 000 déportées françaises, 3 000 seulement furent rapatriées. On estime à 115 000 le nombre de femmes qui y furent internées.
Carte Allemagne Eb

ravinement Creusement de profondes rigoles de ruissellement sur un versant meuble, dénudé et à forte pente.

Rawalpindi, ***Pakistan*** Ville du nord du Pendjab, à 250 km au N.-O. de Lahore, sur l'ancienne route transindienne appelée Grand Trunk Road au temps du protectorat britannique, qui y avait établi le quartier général de l'armée contrôlant la frontière N.-O. Devenue quartier général de l'armée pakistanaise, la ville a vu se développer des industries: mécanique, sidérurgique, électrique et textile. Une raffinerie de pétrole, alimentée par pipe-line, a permis l'essor d'une industrie chimique.
Population 928 000
Carte Pakistan Da

Rayong, ***Thaïlande*** Province et port de pêche sur le golfe du Siam, à 145 km au S.-E. de Bangkok. Depuis 1980, la ville est devenue un grand centre de traitement du pétrole extrait au large. La province est restée très agricole (manioc).
Population (ville) 129 000
Carte Thaïlande Bc

Raz (pointe du), ***France*** Promontoire granitique haut de 72 m, continuellement battu par la mer et le vent, à l'extrémité O. du Finistère. Il forme un long éperon de roches déchiquetées prolongé par une série de récifs. Sur l'un d'eux se trouve le phare de la Vieille.
Carte France Ab

raz de marée Voir TSUNAMI

Ré (île de), ***France*** Île de 28 km de long et de 5 km de large, à l'O. de La Rochelle, reliée par un pont au continent depuis le printemps 1988. Viticulture, ostréiculture, marais salants, maraîchage (primeurs, asperges), culture céréalière et tourisme.
Population 14 000
Carte France Cc

Reading, ***Royaume-Uni*** Chef-lieu du Berkshire (Angleterre), sur la Tamise, à 60 km à l'O. de Londres. Université. Industries diverses (mécanique, électronique). L'écrivain irlandais Oscar Wilde, qui fut incarcéré deux ans dans sa prison pour délit d'homosexualité, l'a immortalisé dans sa *Ballade de la geôle de Reading.*
Population 195 000
Carte Royaume-Uni Ee

reboisement Action consistant à remettre en état boisé une zone d'où la végétation forestière avait disparu. Permet de réhabiliter des terrains inutilisés par l'agriculture et/ou de modifier le régime des eaux d'une région en améliorant son climat. Synonyme de « reforestation ».

Rechna Doab, *Pakistan* Région du Pendjab comprise entre la Ravi et la Chenab. Sa population s'est beaucoup accrue depuis le percement de canaux d'irrigation au XIXe s. C'est le cœur agricole du pays (blé, riz, coton).
Carte Pakistan Db

Recht, *Iran* Voir RASHT

récif 1. Rocher à fleur d'eau près des côtes (syn: écueil).
2. Relief sous-marin construit par les madrépores. Voir CORALLIEN (récif)

récif-barrière Récif corallien, long et étroit, à proximité d'une côte, mais séparé d'elle par une étendue d'eau dont la profondeur trop importante ou la limpidité insuffisante ne permet pas au corail de s'y fixer.

Recife, *Brésil* Capitale de l'État de Pernambouc, à la pointe N.-E. du pays, fondée en 1548 par les Portugais. C'est la métropole d'Amérique du Sud la plus proche géographiquement de l'Afrique et de l'Europe et la plus peuplée des cités de civilisation occidentale des régions équatoriales. Les canaux et chenaux de la rivière Capibaribe la traversent. La ville possède des universités et un aéroport. Son port exporte sucre, tabac, ananas, coton et cacao produits par la région.
L'État de Pernambouc (en port. Pernambuco), de 98 281 km^2, fut l'une des premières colonies portugaises. La côte abonde en arbres contenant un colorant rappelant la braise, appelés arbres du Brésil, qui ont donné leur nom au pays. La culture principale est la canne à sucre.
Population (ville) 1 288 000; (État) 7 110 000
Carte Brésil Eb

Red River, *Canada/États-Unis* Fleuve de 877 km, issu du lac Traverse, à la frontière entre le Minnesota et le Dakota du Sud, aux États-Unis. Il coule vers le N. jusqu'au lac Winnipeg. Sa vallée, habitée depuis 1812, est une des zones agricoles les plus riches du Canada.
Carte Canada Fd

Red River, en franç. **Rivière Rouge, *États-Unis*** Fleuve côtier du sud du pays (2 000 km), naissant au Texas dans le Llano Estacado. Serpentant dans les marais, il arrose la ville de Shreveport, en Louisiane. Il est divisé en deux branches vers la fin de son cours: l'une rejoint la rive droite du Mississippi, l'autre se jette dans le golfe du Mexique.
Carte États-Unis Gd

Redwood (parc national de), *États-Unis* Forêt de 424 km^2 sur la côte du Pacifique, dans l'extrême nord californien, entre Eureka et Crescent City. Le parc a été créé en 1968 pour protéger une des dernières forêts de séquoias géants du monde.
Carte États-Unis Bb

reg Vaste étendue désertique où les parties fines du sol ont été déblayées par l'action du vent (la déflation) et où il ne subsiste en surface que du gravier et des cailloux. Il se rencontre aussi bien dans les régions chaudes (Sahara, Asie centrale) que dans les zones froides (Groenland).

Regensburg, *Allemagne* Voir RATISBONNE

Reggio de Calabre, en it. **Reggio di Calabria, *Italie*** Port et station touristique du détroit de Messine, à la pointe de la botte italienne. Fondée par les Grecs au VIIIe s. av. J.-C., centre de la civilisation byzantine en Italie, passée des Arabes aux Normands, elle fut détruite lors d'un tremblement de terre en 1908, puis reconstruite. On y produit de l'huile d'olive, des pâtes alimentaires et des conserves de fruits.
Population 177 700
Carte Italie Ee

Reggio d'Émilie, en it. **Reggio nell'Emilia, *Italie*** Ville à 60 km au N.-O. de Bologne, sur le Crostolo, affluent du Pô. Ancienne cité romaine traversée par la voie Émilienne (via Emilia, 187 av. J.-C.) qui joignait Rimini à Plaisance. C'est à Reggio que flotta pour la première fois, en 1797, le drapeau vert, blanc, rouge italien. Le maréchal Oudinot fut fait duc de Reggio par Napoléon. La ville obtint son rattachement au Piémont en 1860. Industries: équipements électriques, cimenteries, conserveries de viande, constructions ferroviaires et confection. Important marché agricole.
Population 130 300
Carte Italie Cb

Regina, *Canada* Capitale de la Saskatchewan, située au centre de l'une des plus grandes régions productrices de blé au monde. Fondée en 1882 sur le trajet du Canadien Pacifique, elle fut, de 1892 à 1920, le siège administratif de la police montée du Nord-Ouest appelée depuis Gendarmerie royale du Canada. Son territoire a été soigneusement aménagé: les édifices du gouvernement sont répartis sur 920 ha de bois et de lacs. Ses industries sont le raffinage du gaz et du pétrole, l'acier, les produits chimiques, le matériel électrique et les produits laitiers.
Population 175 000
Carte Canada Ec

région Territoire formant une unité administrative, économique, de relief, de climat ou de végétation. Ou bien territoire dont l'origine du ou des peuples qui l'habitent est identique. La France possède 22 régions métropolitaines (décret du 30 juin 1955) et 4 régions outre-mer qui sont des circonscriptions d'action régionale.

régolite Formation superficielle n'ayant subi aucun transport et résultant de la fragmentation d'une roche massive.

Rehovot, *Israël* Ville de la plaine de Judée, à 21 km au S.-E. de Tel Aviv. Centre d'une zone productrice d'agrumes qui sont transformés en jus. Chaïm Weizmann, premier président de l'État d'Israël (1949-1952), y a sa sépulture. Siège de l'institut des sciences Weizmann et de la faculté agronomique de l'université hébraïque. Ressources: produits fermiers, pharmaceutiques, métaux et verre.
Population 70 000
Carte Israël Ab

Reims, *France* Sous-préfecture de la Marne, sur la Vesle, en Champagne. Clovis, premier roi des Francs, y fut sacré en 496. Jusqu'en 1830, de nombreux rois de France furent sacrés dans sa cathédrale gothique commencée en 1211, plus haute et plus vaste que Notre-Dame de Paris. En 1429, Jeanne d'Arc, qui avait alors dix-sept ans, leva une armée de 12 000 hommes pour y faire sacrer Charles VII.
La ville fut en partie détruite durant la Première Guerre mondiale. A la fin de la Seconde Guerre mondiale, elle abrita le quartier général du chef des armées alliées, Dwight Eisenhower, et les Allemands y signèrent leur reddition le 7 mai 1945. Archevêché, université, musée, bibliothèque Carnegie en font un centre culturel important. Constructions mécaniques, aéronautiques, ferroviaires et électroniques, du bois, du liège et du verre (liés à l'industrie traditionnelle du champagne), des biscuits et des fromages. À proximité se trouve le parc régional de la Montagne-de-Reims (50 000 ha), inauguré le 28 septembre 1976.
Population (ville) 181 000 ; (aggl.) 206 000
Carte France Fb

Reine-Charlotte, *Canada* 1. Archipel situé à 160 km de la côte de la Colombie britannique. Les deux principales îles en sont l'île Graham (6 452 km^2) et l'île Moresby (2 567 km^2). La plupart sont couvertes de forêts et peuplées par les Indiens Haïdas. On y extrait du charbon, du cuivre et de l'or, mais la pêche et l'exploitation du bois sont les principales activités.
2. Détroit séparant le N.-E. de l'île de Vancouver du Canada continental. Il mesure 97 km de long sur 26 km de large.
Carte Canada (archipel) Bc; (détroit) Cc

Reinga (cap), *Nouvelle-Zélande* Pointe N. de l'île du Nord où, selon les traditions maories, les âmes des morts se retrouvent pour le grand retour à Hawaiki, leur terre natale du Pacifique.
Carte Nouvelle-Zélande Da

rejet Mesure du déplacement entre deux compartiments séparés par une faille. Le rejet peut être vertical (entre deux mêmes plans stratigraphiques) ou horizontal. Le rejet vertical peut atteindre plusieurs kilomètres, le rejet horizontal plusieurs centaines de kilomètres.

relief Tout accident de terrain, en creux ou en saillie. On en distingue trois grands types: les socles continentaux, ou boucliers, les bassins sédimentaires et les chaînes de montagnes.

rendzine Sol gris, généralement riche en humus, formé à partir d'une roche mère calcaire.

Rennes, *France* Préfecture du département d'Ille-et-Vilaine, à 361 km à l'O. de Paris. Elle fut la capitale des Celtes avant de devenir, au IXe s., celle des ducs de Bretagne et, sept cents ans plus tard, le siège du Parlement breton. Elle fut détruite par un incendie en 1720 et reconstruite sur les plans de l'architecte Gabriel. Son centre (palais de justice, palais des Musées, parlement de Bretagne, hôtel de ville) est un modèle d'architecture classique. La ville s'est considérablement agrandie et transformée dans les années 1960 (maison de la Radio, maison de la Culture, quartiers neufs). Centre universitaire, commercial et ferroviaire, Rennes possède de nombreuses industries, dont certaines venues de la Région parisienne (alimentation, automobile, confection, travaux publics). C'est aussi le siège de *Ouest-France,* l'un des plus importants journaux régionaux du pays.
Population (ville) 197 600 ; (aggl.) 245 000
Carte France Cb

Reno, *États-Unis* Ville de l'ouest du Nevada, à 16 km de la frontière californienne. La rapidité des formalités de mariage et de divorce y attire autant de visiteurs que les monts et les lacs voisins. Elle tire l'essentiel de ses ressources

des établissements de jeux et du tourisme.
Population 134 000
Carte États-Unis Cc

réplique Séisme ou ensemble de séismes suivant un important tremblement de terre. Leur fréquence diminue avec le temps. Les répliques provoquent souvent l'écroulement des édifices endommagés par le tremblement de terre.

Resistencia, ***Argentine*** Ville pionnière, capitale de la province du Chaco, sur le Paraná. Elle est surtout peuplée de descendants d'immigrés italiens. Centre ferroviaire et industriel, industries alimentaires et commerce du bois et du bétail.
Population 221 000
Carte Argentine Da

Resita, ***Roumanie*** Un des centres industriels les plus importants du pays, fondé en 1768. Gisements de houille et de fer, complexe sidérurgique (locomotives et matériel agricole).
Population 111 000
Carte Roumanie Aa

ressac Écroulement de la crête d'une vague déferlante, accompagné du reflux des eaux vers le large.

résurgence Réapparition sous forme de source des eaux infiltrées ou d'une rivière souterraine.

Réthimnon, ***Grèce*** Ville sur la côte N. de la Crète, à 60 km à l'O. d'Héraklion et à 23 km au N. du monastère d'Arcadie. Ancienne capitale vénitienne (église San Francesco). En 1886, des centaines de patriotes crétois, fuyant l'invasion turque, s'y tuèrent plutôt que de se rendre.
Population 17 700
Carte Grèce Dd

Rethondes, ***France*** Commune de l'Oise, proche de Compiègne, où fut signé, dans un wagon-salon, l'armistice du 11 novembre 1918 entre les Alliés et les Allemands, et, dans le même wagon, l'armistice du 22 juin 1940 entre l'Allemagne de Hitler et la France de Pétain.
Population 590

réticulé ou **polygonal (sol)** Sol des régions froides constitué par des fragments rocheux disposés en bourrelets de forme plus ou moins géométrique sous l'action successive du gel et du dégel lorsque l'écoulement est faible.

Réunion (la), anc. **île Bourbon,** ***océan Indien*** Île de 2 512 km², à l'E. de Madagascar. Découverte en 1513 par les Portugais, elle fut occupée par la France (1638) qui la concéda à la Compagnie des Indes en 1664. Elle est département français d'outre-mer depuis 1946. Comme sa voisine l'île Maurice, elle est d'origine volcanique et possède plusieurs cratères en activité. Son plus haut sommet est le piton des Neiges (3 069 m). Elle possède de larges cirques ravinés, des hautes plaines et des plaines alluviales près de la côte. Celle-ci, tantôt basse tantôt escarpée, ne possède pas de rade.

Son climat tropical, ses paysages superbes, ses récifs coralliens et son littoral attirent les touristes malgré son éloignement de la métropole. Sa principale culture, la canne à sucre (70 % des terres arables), ne parvient pas à offrir suffisamment d'emplois. À cause d'une démographie exceptionnelle, nombre de jeunes sont contraints de s'exiler vers la France pour travailler. La population, diversifiée, est composée pour un quart de Français de souche (créoles ou

VOLCAN SOUS LES TROPIQUES. Le piton des Neiges, au centre de l'île de la Réunion, domine de sa masse formidable les cirques de Mafate et de Salazie, vastes cuvettes d'un vert luxuriant, parsemées de cocotiers.

métropolitains) et pour les trois quarts de descendants d'esclaves africains, d'Indiens, d'Indochinois et de métis.

Saint-Denis, sur la côte N., est le chef-lieu et la ville la plus importante. Le Port, plus à l'O., port principal de l'île, exporte du sucre, du rhum, de la mélasse et quelques produits secondaires (vanille, thé, maïs, patates, plantes à parfum). Autres villes importantes : Saint-Paul et Saint-Pierre. Le bétail, en nombre insuffisant, est élevé sur les hauts pâturages.

Population 598 000

Reutlingen, ***Allemagne*** Ville textile du Bade-Wurtemberg, dans les vignobles de la vallée du Neckar, à 30 km au S. de Stuttgart. Remparts médiévaux et cathédrale du XIIIe s.

Population 96 300

Carte Allemagne Cd

Reval ou **Revel,** ***Estonie*** Voir TALLIN

Reykjanes, ***Islande*** Péninsule du Sud-Ouest, où se trouve l'aéroport de Keflavik. Les sources chaudes de la région sont utilisées pour le chauffage domestique.

Carte Islande Bb

Reykjavik, ***Islande*** Capitale et port principal au S.-O. de l'île, sur la baie de Faxafløi. Elle aurait été fondée en 874 par le Viking Ingolfr Arnarsson. Sa cathédrale date du XVIIIe s., son université de 1911. Elle est devenue le siège du gouvernement en 1843. La plupart de ses immeubles et même une piscine en plein air, ouverte toute l'année, sont chauffés par l'eau chaude des sources volcaniques voisines. Cette vapeur a donné à la ville son nom de « baie des fumées ». Pêche, conserveries de poisson, industries mécanique et textile, fabrication d'engrais et de ciment. Le port assure 70 % des échanges commerciaux du pays.

Population 87 300

Carte Islande Bb

Reynosa, ***Mexique*** Ville de l'État septentrional de Tamaulipas, sur le río Bravo (rio Grande del Norte), à la frontière du Texas. Fondée en 1749 par les Espagnols, elle s'est développée au XXe s., après la découverte des gisements de pétrole et de gaz des environs. La plaine du golfe qui l'entoure produit à présent une grande partie du gaz mexicain et la ville est devenue un centre commercial, agricole et textile.

Population 195 000

Carte Mexique Cb

Rezaiyeh, ***Iran*** Voir OURMIA

Rhadamès, ***Libye*** Voir GHADAMÈS

Rharb, ou **Gharb,** ***Maroc*** Plaine fertile au N. de Rabat, traversée par l'oued Sebou et longeant sur 80 km la côte atlantique en pénétrant de 100 km à l'intérieur des terres. Les colons français l'ont irriguée, ont asséché ses marais et y ont introduit des méthodes agricoles modernes. Elle est depuis une grande région productrice de blé et d'agrumes. Son sous-sol contient des phosphates, du sel et du pétrole.

Carte Maroc Ba

Rhénanie-du-Nord-Westphalie, ***Allemagne*** État le plus occidental du pays, formé en 1946 par la réunion de deux anciennes provinces limitrophes de la Belgique et des Pays-Bas (34 039 km^{2}). La principale conséquence de cette réunion fut de placer les énormes bassins houillers et sidérurgiques de la Ruhr (60 % de l'acier du pays) et d'Aix-la-Chapelle sous une administration unique. Parfaitement équipée en moyens de transport (chemins de fer, canaux, sans oublier le Rhin), c'est le fer de lance économique du pays et l'un des plus grands sites industriels d'Europe occidentale. Son agriculture est elle aussi prospère (blé, pomme de terre, betterave sucrière). La capitale de ce Land est Düsseldorf.

Population 17 510 000

Carte Allemagne Bc

Rhénanie-Palatinat, ***Allemagne*** État de la rive gauche du Rhin (19 380 km^{2}), au S. de la capitale fédérale provisoire Bonn, formé essentiellement de territoires prussiens. Capitale : Mayence. C'est une région agricole au sol souvent pauvre, mais les versants bien exposés des vallées de la Moselle et du Rhin produisent les vins blancs les plus réputés du pays (Oppenheim). L'État produit des textiles, des chaussures, du ciment, des pièces d'horlogerie.

Population 3 822 000

Carte Allemagne Bc

Rhin, en all. **Rhein,** en néerl. **Rijn,** ***Europe occidentale*** Le plus grand fleuve d'Europe occidentale (1 320 km). Il naît dans les Alpes suisses, y coule en torrent jusqu'au lac de Constance, qu'il traverse, forme des chutes (Rheinfall) à l'E. de Bâle, puis fait cap au N. et

VIEILLE VILLE ET JEUNE VIN. Dans la vallée du Rhin, les vignobles que surplombe le château de Stahleck enserrent la petite ville de Bacharach, fondée il y a dix siècles. Le vin qu'ils produisent, mordant et plein de corps, doit être bu jeune.

entre dans le fossé d'effondrement de sa large vallée entre les Vosges à l'O., en France, et la Forêt-Noire, en Allemagne, à l'E. Après 300 km, il vire à l'O. dans la Hesse, puis au N.-O., pour traverser le plateau rhénan dans des gorges encaissées, la « trouée héroïque ». Il en émerge dans la plaine du Nord à Bonn, traverse Cologne et la Ruhr et, aux Pays-Bas, se divise en trois bras qui se jettent dans la mer: le Waal, au S., à Nimègue, le Lek, au N., à Arnhem, et l'IJssel qui alimente l'IJsselmer (Zuyderzee). Il est navigable à partir de Bâle. Grâce à de grands travaux, de 1817 à 1876, ses méandres ont été rectifiés, divers obstacles et rapides ont été supprimés, son débit a été régularisé et des terres ont été rendues cultivables. Après la Seconde Guerre mondiale, la France a percé le grand canal d'Alsace, entre Bâle et Strasbourg. Le transport des marchandises (minerai de fer, charbon, pétrole, voitures, matériaux de construction), qui dépasse 185 millions de tonnes par an, fait du Rhin la plus importante voie fluviale d'Europe. Le trafic maximal est atteint entre la région industrielle de la Ruhr et le port néerlandais de Rotterdam. Autres ports fluviaux: Duisbourg, Ludwigshafen-Mannheim. Sur son cours supérieur, entre le lac de Constance et Bâle, de nombreuses centrales électriques ont été construites.

Le Rhin est évocateur de vins et de légendes. Les vignobles s'épanouissent dans sa vallée et sur les versants de ses gorges. Parmi les légendes, la plus célèbre est celle de la sirène qui, perchée sur le rocher de la Lorelei, dans les gorges du Rhin (près de Bacharach), menait les navigateurs à leur perte.

Carte Allemagne Cd

Rhin (Bas-) (67), ***France*** Département de l'est du pays (4 786 km^2), en Alsace. Son chef-lieu, Strasbourg, siège du Parlement européen, regroupe près de la moitié de la population totale. Localement producteur de vin d'Alsace, il possède une agriculture variée (céréales, tabac, houblon, bois) due à la diversité de ses sols. L'industrie (sidérurgie, alimentation, textile) est surtout concentrée à Strasbourg dont la position sur le Rhin facilite les exportations et l'approvisionnement de la région.

Population 953 000
Carte France Gb

Rhin (Haut-) (68), ***France*** Département dont le chef-lieu est Colmar, en Alsace (3 523 km^2). Les forêts et les pâturages des Vosges, au N.-E., sont séparés des cultures céréalières du S. de la plaine d'Alsace par un vignoble réputé établi sur les collines sous-vosgiennes. Le sud du département, le Sundgau, est lui aussi producteur de céréales. L'industrie (produits alimentaires, textiles, constructions mécaniques) est concentrée à Colmar, au N., et Mulhouse, au centre.

Population 671 000
Carte France Gb

rhodanien (Sillon ou **Couloir),** ***France*** Région drainée par le Rhône, entre les Préalpes à l'E., le Massif central à l'O., la Méditerranée au S. et Lyon au N.

Rhode Island, ***États-Unis*** Le plus petit État du pays (3 144 km^2), en Nouvelle-Angleterre, sur la côte E., entre le Connecticut et le Massachusetts. Un des treize premiers États d'Amérique du Nord, fondé en 1636 par des colons non conformistes venus du Massachusetts, il fut la première colonie à se déclarer indépendante en 1776. Capitale: Providence. Newport, sur l'île de Rhode, est un centre de navigation de plaisance. Cultures de pommes de terre, maïs, œufs, produits laitiers. Industries mécanique, textile, métallurgique. Pêche. Tourisme.

Population 968 000
Carte États-Unis Lb

Rhodes, en gr. **Ródos,** ***Grèce*** 1. Plus grande île du Dodécanèse (1 399 km^2), dans l'est de la mer Égée, et la plus touristique du pays. Colonie crétoise conquise par les Doriens vers 1100 av. J.-C., elle devint une grande cité qui créa la première réglementation maritime, les « lois rhodiennes », en 900 av. J.-C. En 305 av. J.-C., après avoir repoussé une attaque des Macédoniens, les habitants érigèrent à Hélios, dieu du soleil, une statue de 32 m, le Colosse de Rhodes, septième merveille du monde, détruite en 224 av. J.-C. lors d'un tremblement de terre. L'île fut gérée de 1309 à 1522 par l'ordre militaire religieux des Hospitaliers de Saint-Jean-de-Jérusalem. Occupée par les Turcs (1522-1912), puis par les Italiens, elle fut rendue à la Grèce en 1947. Elle produit du vin et organise un festival annuel de juin à septembre.

2. Ville de l'extrémité N. de l'île, chef-lieu du nome du Dodécanèse. La vieille ville, murée, possède quelques vestiges de la présence de l'ordre de Saint-Jean (cathédrale, palais du grand maître, ruines d'églises du Moyen Âge, hôpital des Chevaliers). Son port exporte les produits de l'île.

Population (île) 88 500; (ville) 40 000
Carte Grèce Ec

Rhodope (monts), ***Bulgarie*** Massif boisé s'étirant sur 290 km entre la Maritsa et la frontière grecque. Il culmine à 2 925 m au pic Musala. Sous l'Empire romain, il marquait la frontière entre la Macédoine et la Thrace.

Carte Bulgarie Ac

Rhône (69), ***France*** Département de l'est du Massif central, au S.-E. du pays (3 215 km^2), dont le chef-lieu est Lyon. S'étendant sur le Lyonnais et le Beaujolais, territoires viticoles réputés, c'est une région d'élevage et d'industries textiles (soieries, textiles synthétiques) et mécaniques. L'essentiel de la population active est drainé par l'agglomération lyonnaise où sont concentrées la plupart des industries.

Population 1 510 000
Carte France Fd

Rhône, ***Suisse/France*** Fleuve de 812 km, dont 522 en France. Il naît au glacier du Rhône, dans les Alpes suisses, traverse le lac Léman, entre en France à travers le Jura, puis coule au S.-O. vers Lyon, où il reçoit la Saône, et ensuite vers le S., où il arrose Avignon, pour se diviser en deux bras à Arles: le Grand Rhône se jette dans la Méditerranée à Port-Saint-Louis, au S.-E., et le Petit Rhône aux Saintes-Maries-de-la-Mer, au S.-O. Entre eux s'étend le delta: la Camargue. Des canaux le relient à Marseille et à Port-de-Bouc, d'autres irriguent la plaine du Languedoc. Douze barrages construits sur son cours à partir de Lyon depuis les années 1930 produisent de l'énergie hydroélectrique et rendent son cours entièrement navigable. Du S. de Lyon au Gard et au Vaucluse, les coteaux qui dominent sa vallée produisent des vins réputés regroupés sous l'appellation Côtes du Rhône.

Carte France Fd

Rhône-Alpes, ***France*** Vaste région administrative de l'est-sud-est de la France (43 698 km^2) comprenant les départements de l'Ain, de l'Ardèche, de la Drôme, de l'Isère, de la Loire, du Rhône, de la Savoie et de la Haute-Savoie. Elle a pour centre industriel et économique Lyon. Le secteur industriel (aciéries de la Loire, électrométallurgie, aluminium, mécanique, chimie, textiles synthétiques, maroquinerie, matières plastiques) occupe près de la moitié de la population active de la région. Forte production d'ovins et de bovins.

Avec ses nombreux vignobles (Beaujolais, Côtes-du-Rhône), ses villes d'eaux (Aix-les-Bains), ses parcs national (Vanoise) et régionaux (Vercors, Pilat), ses stations de sports d'hiver (elles constituent l'un des réseaux de pistes les plus développés au monde, particulièrement en Savoie, et accueillirent à trois reprises les Jeux olympiques à Chamonix, Grenoble et Abertville), ses deux villes universitaires (Lyon, Grenoble), l'aménagement prévu d'une métropole tricéphale (Lyon, Saint-Étienne, Grenoble) et ses villes nouvelles (Échirolles, L'Isle-d'Abeau), la région est la plus développée du pays après l'Ile-de-France.

Population 5 351 000
Carte France Fd

Rhône au Rhin (canal du), ***France*** Canal de 320 km de long, dans l'est du pays. Commencé en 1784, terminé en 1833, il relie le Rhône et le Rhin en passant par les vallées du Doubs et de l'Ill. Concurrencé par le canal d'Alsace et mal entretenu, il a un trafic très réduit.

rhyolite Roche de la famille des granites, composée de quartz et de feldspaths essentiellement, de type microlithique et vitreux. Les variétés les plus connues en sont les porphyres rouges de l'Esterel, les obsidiennes et les ponces.

Riau, ***Indonésie*** Province de l'est de Sumatra (94 561 km^2) et centre de l'industrie pétrolière du pays; bauxite, étain. L'archipel homonyme, au large de Singapour, connaît un développement considérable, notamment sur les îles Bintan et Batam.

Population 3 305 000
Carte Indonésie Bb

Riazan (Ryazan'), ***Russie*** Ville et centre culturel sur l'Oka, à l'E. de Nijni-Novgorod, au S.-E. de Moscou. Ancienne Pereiaslava, détruite par les Tatars en 1237, c'est le cœur de la région industrielle homonyme (39 600 km^2).

Population (ville) 515 000; (région) 1 500 000
Carte Russie Cc

Ribatejo, ***Portugal*** Ancienne province agricole du Centre, sur le Tage. Chef-lieu: Santarem. Cultures du blé, du maïs, d'oliviers au N., vignobles et élevage de taureaux de combat au S.

Population 481 000
Carte Portugal Bc

Ribe, ***Danemark*** Ville-marché dans le sud-ouest du Jutland. La première église danoise y fut consacrée en 854. Sa cathédrale romane (1130) est l'une des plus anciennes constructions en brique du pays. Un monticule herbeux, proche du port médiéval, marque l'emplacement de l'ancien château royal de Riberhus.

Population 8 000
Carte Danemark Bb

Riccione, ***Italie*** Voir RIMINI

Richard-Toll, ***Sénégal*** Ville-marché du Nord-Ouest, dans le delta du Sénégal. Elle porte le nom d'un horticulteur français qui y fonda un jardin (*toll* en langue wolof) expérimental en 1830. Vestiges d'un manoir construit par le baron Roger, gouverneur de 1822 à 1827.

À l'E., un complexe sucrier (12 000 t annuelles) a donné un coup de fouet à l'économie locale, tout comme le plan d'irrigation du delta (1947) qui a accru la production de riz et diminué les importations.

Population 1 000
Carte Sénégal Aa

Richard's Bay, ***Afrique du Sud*** Ville industrielle et touristique, sur une lagune de la côte du Kwazulu-Natal, à 160 km à l'E. de Durban. Son port ouvert en 1976 est relié au Witwatersrand par rail et pipe-line et exporte du charbon et d'autres minerais.

Population 11 000
Carte Afrique du Sud Db

Rîchat (guelb er-), ***Mauritanie*** L'un des plus spectaculaires accidents géologiques du Sahara. Il se trouve à l'extrémité orientale de l'Adrar mauritanien, près de l'ancienne cité de Ouadane : c'est un immense cirque formé de cercles concentriques, dont le plus large atteint près de 40 km de diamètre. Les géologues s'interrogent sur la nature exacte du phénomène volcanique qui a pu le provoquer.

Carte Mauritanie Ba

Richmond, ***Australie*** 1. Ville de Tasmanie à 18 km au N.-E. de Hobart, fondée en 1824 et abritant la plus ancienne église catholique du pays, St John (1836).

2. Ville de Nouvelle-Galles du Sud, jumelée avec Windsor.

Population 1. 600 ; 2. 18 800
Carte Australie Hg

Richmond, ***États-Unis*** Capitale de la Virginie, sur la James River, à 100 km à l'O. de la baie de Chesapeake. Fondée en 1733-1737, elle fut la capitale des confédérés durant la guerre de Sécession (1861-1865). Production de tabac, de papier ; industrie mécanique, édition.

Population (ville) 203 100 ; (aggl.) 865 650
Carte États-Unis Kc

Richter (échelle de) Échelle inventée en 1935 par le sismologue américain Charles Richter et destinée à mesurer la magnitude d'un tremblement de terre ; son calcul est fondé sur le logarithme du déplacement du sol, en tenant compte de la distance entre le sismographe et le séisme. L'échelle de Richter est graduée de 1 à 9.

Rideau (canal), ***Canada*** Long de 203 km, il relie Ottawa, la capitale, à Kingston. Aménagé de 1826 à 1832, il devait servir de route militaire en cas d'attaque américaine. Il est utilisé par les plaisanciers.

Carte Canada Hd

Riding (parc national du Mont-), ***Canada*** Parc national, dans l'O. du Manitoba. Constitué de 2 976 km^2 de collines boisées et de lacs, c'est une réserve de bisons, d'élans, d'orignaux, de daims, de loups et d'ours bruns.

Carte Canada Ec

Rieti, ***Italie*** 1. Province du Latium (2 749 km^2) qui s'étend sur les Abruzzes et sur les monts Sabins (collines pré-apennines). L'agriculture y est pauvre, faisant place à l'élevage et aux forêts, seules les vallées sont cultivées. Possède des industries textiles et chimiques.

NUIT SUR LA BAIE DE RIO. Le panorama qu'offre la grande métropole brésilienne est l'un des plus beaux du monde, avec le Pain de Sucre, qui semble veiller sur les baies, les îles et les vastes plages de sable que soulignent des guirlandes de lumières.

2. Chef-lieu de la province homonyme et centre commercial de celle-ci, doté d'industries textiles et alimentaires. C'est la patrie de l'empereur Vespasien. Sa cathédrale et ses murs d'enceinte datent des XIIe et XIIIe s.

Population (ville) 43 000 ; (prov.) 142 000
Carte Italie Dc

Rif (chaîne du), ***Maroc*** Arc montagneux côtier du Nord-Est (320 km) allant de Ceuta à Melilla, séparé des monts Atlas par le couloir de Taza. Zone érodée aux vallées profondes et aux pics escarpés d'une hauteur moyenne de 1 800 m. Son point culminant est le djebel Tidighine (2 456 m). Difficilement accessible, elle est le refuge des tribus berbères qui ne cessèrent de s'opposer aux envahisseurs du VIIe au XXe s. ; mais le chef Abd el-Krim dut se rendre aux Français en 1926 après la guerre du Rif, qui marqua la mainmise française sur le Maroc.

Carte Maroc Ba

Rift est-africain, en angl. **Rift Valley,** ***Afrique orientale/Moyen-Orient*** Grande dépression d'environ 5 000 km, formée par un fossé d'effondrement dans lequel s'est accumulée depuis plusieurs millions d'années une masse importante de sédiments et où se sont installés de nombreux lacs. On parle plutôt aujourd'hui de rifts africains : rifts occidental, oriental et méridional (de l'Éthiopie à la vallée du Zambèze) se prolongeant par la fosse de la mer Rouge, jusqu'au Jourdain, et par celle d'Aden. Cet ensemble est lié à des mouvements de traction E.-O. qui affectent la plaque africaine.

La profondeur du fossé peut atteindre jusqu'à 1 400 m et, si l'érosion a parfois effacé ou atténué la trace des failles qui le bordent, on trouve à certains endroits des falaises imposantes et des sommets dus à un volcanisme actif (Nyiragongo). On y a découvert les premiers hominidés (Olduvai, vallée de l'Omo, vallée de l'Afar).

Carte Afrique Gde

Riga, ***Lettonie*** Port de la Baltique, sur le golfe homonyme. Capitale du pays et le plus grand centre culturel de la région, à une centaine de kilomètres de la frontière lituanienne. Habitée dès 1158, ville hanséatique et centre commercial au XIIIe s., elle fut de 1919 à 1941 capitale de la Lettonie indépendante avant de devenir allemande, puis, en 1944, soviétique. La vieille ville médiévale abrite sur les rives de son canal une cathédrale du XIIIe s. et le château de Pils (1328-1515). Chantiers navals, industries mécaniques, chimiques, électroniques, textiles, conserveries de poisson, appareillage électrique, verre, ciment.

Population 910 200
Carte Lettonie Ab

Rijeka, anc. **Fiume,** ***Croatie*** Port de dalmate, à 129 km au S.-O. de Zagreb, sur l'embouchure de la Rijeka. Fondée au XVIIIe s., revendiquée au lendemain de la Première Guerre mondiale par l'Italie dont les ressortissants constituaient l'essentiel de sa population (certains ont conservé la langue italienne), elle fut ville libre de 1920 à 1939 et devint yougoslave en 1947. Plus grand port et chantier naval du pays, ses industries (alimentation, papier, pétrole, mécanique, textile) se sont développées grâce à sa position sur le golfe de Kvarner, à son réseau rail-route et à l'énergie hydroélectrique fournie par les eaux descendant du Gorski Kotar, à l'E. Elle est aussi un centre touristique et un point de départ vers la côte dalmate (Opatija) et les îles d'Adriatique (Krk).

Population 193 000
Carte Croatie Ab

Rijn, ***Europe occidentale*** Voir RHIN

Rikuchu Kaigan, ***Japon*** Parc national sur la côte pacifique de l'île septentrionale d'Honshu, à 460 km au N.-E. de Tokyo. Il couvre 124 km^2 de rochers, de plages et de falaises souvent dévastés par des tsunamis (raz de marée). Le grand tsunami Sariku y tua 23 000 personnes en 1896.

Carte Japon Dc

rimaye Crevasse qui s'ouvre en amont d'un glacier entre le névé ou une langue glaciaire et la paroi rocheuse ; elle peut atteindre plusieurs dizaines de mètres de profondeur.

Rimini, ***Italie*** Station balnéaire de l'Adriatique, à 155 km au S. de Venise, en Émilie, et à 10 km au N.-E. de Riccione (31 300 hab.), où se tient chaque année un festival de cinéma et d'art. Colonie romaine au IIIe s. av. J.-C., elle abrite le plus ancien arc de triomphe d'Italie encore intact (27 av. J.-C.). Elle appartint aux papes durant le Moyen Âge (vestiges dans la vieille ville) et aux Malatesta du XIVe au XVIe s. (temple-mausolée de Malatesta).

Population (ville) 114 600 ; (aggl.) 130 700
Carte Italie Db

Rimnicu Vilcea, ***Roumanie*** Ville sur l'Olt, à 150 km au N.-O. de Bucarest, à l'orée d'une vallée forestière. Station de sports d'hiver. Production de bois, de cuir, de fourrures.

Population 103 300
Carte Roumanie Aa

Riobamba, ***Équateur*** Chef-lieu de la province de Chimborazo, à 2 700 m d'altitude, entre les volcans Chimborazo et Sangay. Nombreux bâtiments de style colonial, dont le couvent de la Conception, musée d'art sacré. La ville a été reconstruite à 25 km au N.-E. de son site d'origine, Cajabamba, cité fondée en 1534 et détruite en 1797 par un glissement de terrain qui fit 9 000 morts. Textiles, tapis, chaussures.

Population 92 700
Carte Équateur Bb

Rio Bravo, ***États-Unis/Mexique*** Voir RIO GRANDE

Rio de Janeiro, ***Brésil*** Métropole, deuxième port du pays après Santos et capitale de 1763 à 1960, où elle fut supplantée par Brasília. L'État côtier homonyme (43 305 km^2, 12 727 600 hab.) produit du café, du sucre, des fruits tropicaux. La ville se trouve dans un des paysages les plus vantés du monde. Le Portugais Gonçalves qui le découvrit le 1er janvier 1502 le nomma « rivière de janvier », prenant pour l'embouchure d'un fleuve la baie de Guanabara où Rio s'élève à présent. Cette baie, parsemée d'îles rocheuses couvertes de palmiers, est cernée de montagnes, dont le Pain de Sucre (395 m) et le Corcovado (le « Bossu », 704 m) surmonté d'une statue géante du Christ aux bras ouverts.

Rio s'insère dans une étroite lisière de terre autour de la baie. Le contraste entre richesse et pauvreté y est particulièrement agressif. Les luxueux fronts de mer d'Ipanema ou de Copacabana, célébrés par tant de chansons populaires, dissimulent un arrière-plan de bidonvilles habités par des Noirs, ou « favelas ». Ses bâtiments, modèles d'architecture moderne (faculté d'architecture de Niemeyer, immeubles de Le Corbusier), ses musées, ses jardins botaniques et zoologiques, son stade de football de Maracanã, le plus grand du monde (205 000 places) et son célèbre carnaval en font un centre touristique apprécié. C'est aussi le deuxième centre industriel et commercial du pays après São Paulo : conserves, confections, meubles, verre, tabac, construction navale, produits chimiques.

Population (ville) 5 337 000 ; (aggl.) 9 600 600
Carte Brésil Dd

Rio Grande ou **Rio Bravo,** ***États-Unis/Mexique*** Fleuve de 3 060 km, né aux États-Unis dans les monts San Juan, au S.-O. du Colorado. Il coule vers le S.-E., puis le S. à travers le centre du Nouveau-Mexique et, s'incurvant en direction du S.-E., marque la frontière entre le Texas (canyons du parc national de Big Bend) et le Mexique avant de se jeter dans le golfe du Mexique entre Brownsville (États-Unis), le port principal, et Matamoros (Mexique). Il est coupé de nombreux barrages d'irrigation ou de régulation du débit. Son cours n'est navigable qu'à son embouchure. Au Mexique on l'appelle Rio Bravo. De nombreux immigrants clandestins venant de ce pays le franchissent à la nage. On les surnomme « wetbacks » (« dos mouillés »).

Carte Mexique Bb

Rio Grande de Santiago, ***Mexique*** Voir LERMA

Rio Grande do Norte, ***Brésil*** Voir NATAL

Rio Grande do Sul, ***Brésil*** Voir PORTO ALEGRE

Rioja (la), ***Espagne*** Région autonome du S. du Pays basque, dont la capitale est Logroño. Elle produit le meilleur vin de table du pays. Culture de céréales, mines de plomb, de cuivre et de charbon, industries textiles.

Population 259 000
Carte Espagne Da

Rioja (la), ***Argentine*** Province agricole (92 300 km^2) au pied de la cordillère des Andes. La ville du même nom, située dans une oasis, fabrique divers textiles.

Population (ville) 67 100 ; (prov.) 221 000
Carte Argentine Ca

Riom, ***France*** Sous-préfecture du Puy-de-Dôme et ancienne capitale de l'Auvergne, à 15 km au N. de Clermont-Ferrand. Ville historique (palais de justice, Sainte-Chapelle du XIVe s., Vierge à l'oiseau du XVe s.). En 1942, on y jugea les hommes politiques (Daladier, Blum) que le régime de Vichy rendait responsables de la défaite française de 1940. Les débats tournèrent à la confusion du régime vichyste et furent suspendus au bout de deux mois.

Population 18 800

Río Muni, ***Guinée-Équatoriale*** Voir MBINI

Ripon, ***Royaume-Uni*** Ville épiscopale du comté anglais du Yorkshire du Nord, à 35 km au N.-O. de York. Sa cathédrale, bâtie du XIIIe au XVe s., abrite une crypte saxonne. Chaque soir depuis mille ans, sur la place du marché, un « veilleur de nuit » sonne de la trompe à 21 heures pour annoncer le début de la garde de nuit. Au S.-O. de la ville s'élèvent les ruines de l'abbaye cistercienne de Fountains, fondée en 1132. Ses moines, bergers avisés, la rendirent célèbre et prospère jusqu'au jour de 1539 où leur communauté fut dissoute par Henri VIII.

Population 12 000
Carte Royaume-Uni Ec

rivière Cours d'eau plus ou moins important se jetant dans un autre cours d'eau, à l'inverse d'un fleuve qui se jette dans la mer.

Rivière Salée, ***Guadeloupe*** Bras de mer (4 km de long sur 30 à 120 m de large) séparant la Grande-Terre de la Basse-Terre. Ses rives, envahies de mangrove, ne sont pas habitées. Draguée en 1976, la Rivière Salée est ouverte aux plaisanciers et aux barques de pêche qui, venant du N., évitent ainsi de contourner la Grande-Terre pour se rendre à Pointe-à-Pitre.

Carte Guadeloupe Ab

Riyad ou **Riyād,** ***Arabie Saoudite*** Capitale du pays et ville commerciale, située dans une oasis à 680 km à l'E. de Médine. Elle resta longtemps une palmeraie perdue, malgré son climat sain et

plaisant. Au XIXe s., elle devint le centre du mouvement intégriste wahhabite, fondé un siècle plus tôt par Abd el-Wahhab pour imposer la stricte observance de la lettre du Coran. Le sultan Ibn Séoud en fit sa résidence. Dans les années 1950, on abattit les remparts de la vieille ville pour édifier de grands bâtiments neufs où s'installa la population aisée, tandis que les pauvres continuaient de vivre au centre de Riyad et de ses souks traditionnels qui proposent poteries, bijoux d'argent et d'or.

La tour d'un gigantesque château d'eau, qui sert aujourd'hui de point de repère, écrase de sa masse les anciens forts d'argile. Près de son palais royal, de ses nombreuses mosquées, de son musée d'archéologie et d'ethnologie (le plus grand du pays), Riyad possède aujourd'hui un aéroport international et une voie ferrée qui la relie à Damman, sur le golfe Arabo-Persique.

Population 1 310 000
Carte Arabie Saoudite Bb

Rizal, ***Philippines*** Province du centre de l'île de Luçon, autour de la lagune de Bay. Sa partie la plus construite et industrialisée, dont les villes de Caloocan, Makati et Queçon, constitua en 1976 la métropole de Manille. Le reste demeura zone de pêche et d'agriculture.

Population 3 754 000

Rjukan, ***Norvège*** Ville du Sud, à 120 km à l'O. d'Oslo, près de la cataracte de Rjukanfoss (104 m). Une usine chimique de la compagnie Norsk Hydro y fabrique des engrais depuis 1906. Une autre, qui fabriquait de l'eau lourde sous l'occupation allemande, fut détruite par un commando norvégien en 1943. Depuis la fin de la guerre, l'industrie chimique a émigré à Notodden, 60 km au S.-E., et à Herøya.

Population 5 000
Carte Norvège Cd

Road Town, ***îles Vierges britanniques*** Capitale et port principal de cette colonie des Caraïbes, sur l'île de Tortola. C'est aussi un port de plaisance très fréquenté.

Population 3 000
Carte Antilles Cb

Roanne, ***France*** Sous-préfecture de la Loire. Fondée au Ier s. sur la Loire par les Romains, duché-pairie en 1566, rattachée au royaume en 1725, elle est un des plus importants centres textiles du pays.

Population 60 000
Carte France Fc

Roanoke, ***États-Unis*** Ville industrielle et commerçante des Appalaches, dans le sud de la Virginie, à 80 km au N. de la frontière de la Caroline du Nord, près de la Blue Ridge Parkway (route de montagne de 750 km). Production de textiles, d'équipements électriques, de vêtements et constructions mécaniques.

Population (ville) 100 700 ; (aggl.) 222 700
Carte États-Unis Kc

Roca (Cabo da), ***Portugal*** Cap le plus à l'O. du continent européen, s'achevant par une falaise de 150 m de haut, à 35 km à l'O. de la capitale Lisbonne.

Carte Portugal Bc

Rocamadour, ***France*** Commune du Lot, proche de Gourdon, dans le haut Quercy. Ancienne étape pour les pèlerins se rendant à Saint-Jacques-de-Compostelle, il est encore célèbre aujourd'hui pour son pèlerinage annuel à la Vierge noire (XIe s.). Construit en terrasses dans un site pittoresque dominant l'Alzon, c'est un village très touristique.

Population 630
Carte France Dd

LE ROYAUME DES FRIMAS. Quelques pics glacés hauts de plus de 3 000 m émergent des brumes, au-dessus des fleuves et des lacs gelés du Parc national glaciaire, dans les montagnes Rocheuses du Montana.

Rochdale, ***Royaume-Uni*** Ancien centre de l'industrie cotonnière du Lancashire, à 16 km au N. de Manchester (Angleterre), rattaché à présent au Grand Manchester. Le mouvement coopératif anglais y naquit en 1844, fondé par les Équitables Pionniers de Rochdale, qui étaient un groupe de 28 tisserands.

Population 93 000
Carte Royaume-Uni Dd

roche Masse de matières minérales entrant dans la composition des continents. Les roches endogènes se sont formées à l'intérieur du globe. Elles comprennent les roches éruptives (magmatiques, volcaniques) dont le basalte, l'andésite, l'obsidienne, et les roches métamorphiques, parmi lesquelles figurent le marbre et le mica-schiste. Les roches exogènes, formées à la surface du globe, constituent les roches sédimentaires (calcaire, grès, sable). Voir COMMENT LES ROCHES SE FONT ET SE DÉFONT, p. 568

roche (cristal de) Quartz transparent incolore.

Rochefort, ***France*** Sous-préfecture de la Charente-Maritime, port de commerce, situé au S. de La Rochelle, à 15 km de l'embouchure de la Charente. Station thermale et centre école de l'aéronautique navale. Construction mécanique. Matériel aéronautique. Produits chimiques. Industrie du bois. La ville s'est développée autour du port construit au XVIIe s. par Colbert. Son arsenal était au XIXe s. l'un des plus importants de France, avec ceux de Toulon et de Brest. Hôpital de la Marine (XVIIIe s.) Hôtels des XVIIe

et XVIIIe s. Musée des Beaux-Arts et Musée naval. Patrie de Pierre Loti (musée).
Population 25 600
Carte France Cd

Rochelle (La), ***France*** Port et préfecture du département de la Charente-Maritime, à 120 km au S. de Nantes, sur l'Atlantique. Ce fut l'un des plus grands ports français, du XIVe au XVIIe s., et le bastion des huguenots au XVIIe s., à partir de la promulgation de l'édit de Nantes (1598). Il fut pris par Richelieu après un siège de quatorze mois (1627-1628). La ville possède des restes de l'enceinte médiévale rasée par Richelieu, de nombreux monuments et églises, des hôtels et des maisons anciennes. Le nouveau port de La Pallice est à 5 km à l'O. Pêche active. Industries chimiques (engrais), métallurgiques, textiles, construction navale, conserveries de poisson. Centre touristique.
Population 71 100
Carte France Cc

roche mère Matériau à partir duquel s'est constitué le sol.

Rochester, ***États-Unis*** Ville du nord-ouest de l'État de New-York, à 10 km au S. du lac Ontario, au cœur de la ceinture maraîchère des États-Unis. C'est le siège de la plus grande entreprise photographique du monde, Eastman Kodak. Centre culturel et universitaire.
Population (ville) 240 600 ; (aggl.) 989 000
Carte États-Unis Kb

Rochester, ***Royaume-Uni*** Voir MEDWAY TOWNS

Roche-sur-Yon (La), ***France*** Chef-lieu du département de la Vendée et centre ferroviaire, bastion de la chouannerie sous la Révolution, rebâtie en 1804 par Napoléon, qui en fit une ville de garnison, tour à tour Napoléon-Vendée, Bourbon-Vendée et, en 1871, à nouveau La Roche-sur-Yon.
Population 45 300
Carte France Cc

Rocheuses (montagnes), en angl. **Rocky Mountains,** ***Amérique du Nord*** Plus grande chaîne de montagnes du continent, elle commence à la frontière du Mexique et s'étire vers le N. en arc de cercle, sur 4 800 km, à travers les États-Unis et le Canada pour finir en Alaska. Elle s'étend partout à plus de 1 000 km à l'intérieur du continent, sauf au N., où elle longe le Pacifique. Elle dépasse 4 000 m d'altitude au Wyoming, au Colorado (mont Elbert, 4 399 m) et au Nouveau-Mexique.

Outre leurs extraordinaires paysages, les montagnes Rocheuses renferment d'immenses forêts ainsi que d'abondantes ressources minérales (or, argent, plomb, zinc et cuivre). On y a découpé de nombreux parcs nationaux.
Carte Canada Cc ; États-Unis Da

Rockall, ***Atlantique N.*** Îlot rocheux peuplé d'oiseaux marins, à 400 km au N.-O. de l'Irlande, revendiqué par la Grande-Bretagne.
Carte Europe Bc

Rockhampton, ***Australie*** Ville du Queensland, sur le tropique du Capricorne, à 520 km au N.-O. de Brisbane. Bâtie sur le fleuve Fitzroy, au cœur d'une région agricole et minière, elle est la capitale nationale du bœuf et possède deux des plus grandes conserveries de viande du pays.
Population 50 100
Carte Australie Ic

Rocky Mountains (parc national), ***États-Unis*** Vallées alpines, toundras et vestiges de l'ère glaciaire hérissés d'une centaine de pics de plus de 3 000 m, dans le Colorado, au N.-O. de Denver. Il couvre 1 049 km^2.
Carte États-Unis Eb

Rodez, ***France*** Chef-lieu du département de l'Aveyron et ancienne capitale du Rouergue sous les Romains. Monuments du XIIIe au XVIe s. (dont la belle cathédrale Notre-Dame) et ruines romaines. Musées (Denys-Puech, consacré aux beaux-arts, et Fenaille, réservé aux céramiques et à l'outillage). Important centre commercial et industriel (porcelaines, gants).
Population 26 300
Carte France Ed

Rodna (monts), ***Roumanie*** Région du Nord aux pics déchiquetés s'élevant jusqu'à 2 305 m au Pietrosul, au-dessus de forêts touffues. Grottes d'Izvorul Tausoarelor. Les villages y ont conservé leurs traditions. La petite ville de Rodna, au S., est un centre minier.
Carte Roumanie Aa

Rodolphe (lac), ***Kenya*** Voir TURKANA (lac)

Ródos, ***Grèce*** Voir RHODES

Rodriguez ou **Rodrigues (île),** ***océan Indien*** Île volcanique des Mascareignes, entourée de récifs coralliens, à 600 km à l'E. de l'île Maurice dont elle dépend, (104 km^2). Située dans la zone de cyclones de l'océan Indien, elle est souvent balayée d'ouragans, en été et en automne. Sa population est en majorité créole et vit de la pêche et du tourisme. Chef-lieu : Port Mathurin.
Population 37 800
Carte Indien (océan) Cc

Roissy-Charles-de-Gaulle, ***France*** Deuxième aéroport du pays (26 200 000 passagers en 1993), créé en 1974 sur 3 110 ha à 25 km au N. de Paris. Son développement à moyen terme — troisième aérogare en 1996, centre d'un réseau national et européen des trains à grande vitesse (T.G.V.) depuis 1994 — en fait le premier aéroport de France (supplantant Orly) et bientôt d'Europe. Il est également au cœur d'un important réseau autoroutier.

Rome, en it. **Roma,** ***Italie*** Capitale et plus grande ville du pays, sur le Tibre, à 25 km de la côte tyrrhénienne. Elle fut, selon la légende, bâtie sur sept collines (753 av. J.-C.) par Romulus, fils du dieu de la guerre Mars, élevé par une louve avec son jumeau Remus. Cette ville-musée doit sa splendeur architecturale aux trois premiers siècles de l'Empire romain (27 av. J.-C.-300) et aux trois siècles de la Renaissance et du baroque (XVIe - XVIIIe s.).

Quand Octave devint Auguste et dieu en 27 av. J.-C., de nombreux monuments (temples de Jupiter et de Vesta sur le Forum) exaltaient déjà la gloire des dieux protecteurs de Rome ; de grandes routes (via Appia Antica, IIIe s. av. J.-C.) permettaient de contrôler les colonies du Sud. Mais Auguste, le premier, puis ses successeurs redessinèrent leur capitale pour en faire l'incarnation et le modèle de l'ordre romain. Jamais on ne vit tant d'édifices publics et d'une telle taille accumulés en un même lieu. Temples, thermes, amphithéâtres, aqueducs, tout devait frapper l'imagination des sujets de l'Empire : le Colisée, les thermes de Caracalla, le Panthéon d'Hadrien et son mausolée devenu château Saint-Ange (IIe s.), la muraille d'Aurélien (270), qui devait dissuader les envahisseurs barbares, les arcs de triomphe des empereurs victorieux, Titus (81), Constantin (315)...

À la chute de l'Empire romain succédèrent mille ans de dévastation. Les premiers chrétiens bâtirent quelques églises et aménagèrent les catacombes où ils se réfugièrent plus tard pour fuir les persécutions.

Au XVe s. la Renaissance restaura la splendeur de Rome. Des papes (Sixte IV, Alexandre VI, Jules II) firent venir les plus célèbres architectes et sculpteurs pour exprimer la grandeur de l'Église universelle : places du Capitole et del Popolo ; chapelle Sixtine et palais Farnèse (siège de l'ambassade de France), où s'épanouirent les génies de Bramante, Raphaël et Michel-Ange (1475-1564). Pour frapper l'imagination des fidèles, ébranlés par la Réforme, la papauté fit

LA VILLE ÉTERNELLE. La colonnade baroque du Bernin (1598-1680) qui entoure la place Saint-Pierre illustre la pérennité de la Rome antique, magnifiée par le souffle créateur de la Contre-Réforme pontificale.

COMMENT LES ROCHES SE FONT ET SE DÉFONT

La surface de la Terre se transforme constamment, discrètement mais inexorablement, selon un cycle qui demande des dizaines de millions d'années pour s'accomplir et se renouveler. L'ensemble des forces les plus puissantes de la planète sont impliquées dans ce cycle qui débute, ou du moins recommence, avec le magma, ce matériel qui se trouve sous la croûte terrestre à l'état presque fondu, et qui fond totalement lorsque la pression se relâche. Ensuite le magma est expulsé le long de fissures et de volcans, et se solidifie en roches ignées. Si dures soient-elles, ces roches, lorsqu'elles sont exposées au vent, à la pluie et au gel, se fragmentent en débris minuscules qui sont transportés par les rivières et les fleuves comme sédiments jusqu'à la mer. Au cours des 150 derniers millions d'années par exemple, le Mississippi a déposé au fond du golfe du Mexique une couche de sédiments épaisse de 12 km. Sous le poids des sédiments sus-jacents, les couches plus profondes se compactent en roches sédimentaires. Certaines sont si enfouies que les pressions du dessus et l'énergie thermique qui vient d'en dessous les transforment en roches métamorphiques.

Là où les plaques lithosphériques de la Terre entrent en collision (voir La tectonique des plaques, p. 654), les roches surgissant en surface avec les montagnes plissées sont immédiatement soumises à l'altération. Au plus profond de la montagne, pression et chaleur peuvent changer les roches en magma, qui remonte à travers les roches sous-jacentes jusqu'en surface. Le long des fosses océaniques, les roches ignées formées au niveau des rides médio-océaniques retournent vers l'intérieur de la Terre. Elles réalimentent le réservoir de magma, et le cycle peut à nouveau recommencer.

L'altération des roches peut être chimique, mécanique ou biologique. Lors de l'altération chimique, l'oxygène et le gaz carbonique contenus dans les eaux de pluie et les acides humiques du sol attaquent les roches, particulièrement sous climat chaud, en dissolvant leurs composants. Lors de l'altération mécanique, les roches sont débitées par le gel ou par les dilatations, contractions différentielles de leurs composants sous l'effet des variations de température. Lors de l'altération biologique, parfois considérée comme une forme d'altération mécanique, les roches sont fragmentées par les racines des plantes ou par les activités des animaux.

Les fragments libérés, transportés par la glace, le vent et l'eau, s'amenuisent encore par frottement mutuel. La glace, le vent et l'eau, armés de ces débris de roches, vont à leur tour éroder la surface terrestre en produisant davantage de débris. Tous ceux-ci sont charriés vers les bas pays et la mer. La combinaison des processus d'altération et de transport des débris s'appelle l'érosion.

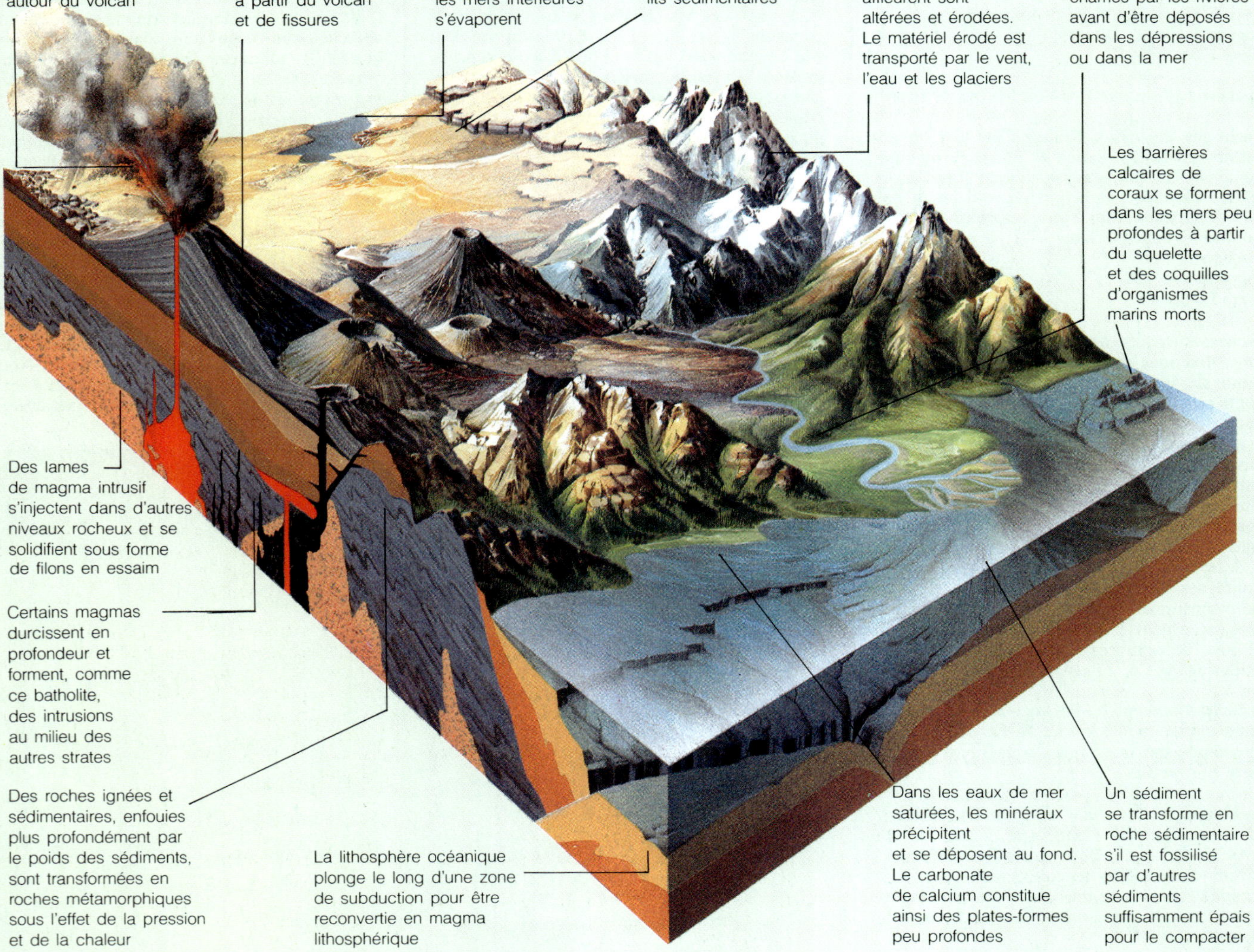

construire des centaines d'églises. Ce fut l'apogée du style baroque : église du Gesù ; achèvement de l'église de la Trinità dei Monti, au-dessus de la place d'Espagne (1725) ; cathédrale Saint-Jean-de-Latran (1649) dont les pèlerins gravissent les degrés à genoux ; place Navona ; place Saint-Pierre ; fontaines du Triton et de Trevi (où il convient de jeter une pièce de monnaie si l'on veut être certain de revenir à Rome). Les amateurs d'art y édifièrent leurs villas (villa Médicis, villa Borghèse).

Les mouvements nationalistes du XIXe s., en lutte contre l'autorité pontificale, entraînèrent à nouveau son déclin. En 1870, les troupes du Risorgimento y entrèrent et en firent la capitale du pays. Elle connut alors une époque de construction anarchique. Après la Première Guerre mondiale, qui l'épargna, Mussolini (1889-1945) voulut renouer avec la tradition hégémonique de la Rome impériale en rasant les vieux quartiers de la ville pour ouvrir des perspectives triomphales (via della Conciliazione, du Tibre à Saint-Pierre ; via dei Fori, de la place Venezia au Colisée ; via Veneto, le long des jardins du Pincio). Un plan d'aménagement (1962) l'a dotée de quartiers neufs sur sa périphérie. Avec ses vingt-deux *rioni* du centre de la ville, ses trente-cinq *quartieri* modernes, ses six banlieues en voie d'urbanisation et ses marais Pontins assainis, elle mesure à présent 10 km de long et 1 500 km^2, soit plus de douze fois la superficie de 1870.

Malgré la présence de quelques industries, dont les studios de Cinecittà, les plus grands d'Europe, Rome n'a jamais été une ville industrielle. C'est une ville d'art, universitaire (plus de 100 000 étudiants, avec deux des plus grandes bibliothèques d'Europe, la Vaticane et la Nationale), intellectuelle (nombreux journaux, maisons d'édition, librairies) et administrative (250 000 fonctionnaires), dont le rôle international continue de s'affirmer depuis qu'y fut signé en 1957 le traité instituant le Marché commun européen. Enfin, englobant l'État pontifical du Vatican, elle demeure la plus grande métropole religieuse du monde.

Population 2 831 300
Carte Italie Dd

Roncevaux, en esp. **Roncesvalles,** ***Espagne*** Village pyrénéen, à 35 km au N.-E. de Pampelune. L'arrière-garde de l'armée de Charlemagne y fut massacrée par des Basques en 778 et son neveu Roland y mourut en sonnant du cor, comme le rapporte la plus ancienne chanson de geste française, la *Chanson de Roland*, dans laquelle les Basques sont devenus des Sarrasins.
Population 90
Carte Espagne Ea

Ronda, ***Espagne*** Une des plus anciennes villes du pays, en Andalousie, à 65 km à l'O. de Málaga, juchée sur un plateau escarpé et coupée par les gorges du Tage. La vieille ville est mauresque, la « nouvelle » date du XVe s. Pont du XVIIe s.
Population 31 400
Carte Espagne Cd

Rondane, ***Norvège*** Zone montagneuse de 575 km^2, au S.-E. du pays, devenue en 1962 son premier parc national. Berceau des légendes de Peer Gynt qui inspirèrent le *Peer Gynt* du dramaturge norvégien Ibsen, en 1867. On y a trouvé des vestiges de pièges primitifs et des sites où, durant l'âge du fer, on fondait le minerai extrait des marécages.
Carte Norvège Cc

Rondonia, ***Brésil*** Voir PORTO VELHO

Rongelap, ***îles Marshall*** Atoll du nord des îles, à 160 km à l'E. de Bikini, contaminé par les retombées d'explosion de bombes à hydrogène, lors d'essais nucléaires américains en 1954. La population, évacuée deux jours plus tard, présenta des symptômes d'irradiation. Les survivants, autorisés à y revenir en 1957, alors que l'île était encore polluée, n'y retournèrent pas.
Carte Pacifique (océan) Db

Rønne, ***Danemark*** Port médiéval et ville principale de l'île de Bornholm, reliée par ferries à Copenhague et au port suédois d'Ystad.
Population 15 200
Carte Danemark Cb

Roquefort-sur-Soulzon, ***France*** Commune de l'Aveyron, proche de Millau. On affine dans ses grottes le fromage de Roquefort.
Population 790

Roraima (mont), ***Amérique du Sud*** Voir GUYANES (MASSIF DES)

Rorke's Drift, ***Afrique du Sud*** Mission du nord du Kwazulu-Natal, sur la rivière Buffalo, à 170 km au N. de Durban ; le 22 janvier 1879 y eut lieu un important épisode de la guerre anglo-zouloue.
Carte Afrique du Sud Db

Røros, ***Norvège*** Ville du Sud, à 110 km au S.-E. de Trondheim, qui fut la principale source de cuivre du pays, jusqu'en 1950 où le filon se tarit. Elle est devenue la ville-musée de l'industrie du cuivre et une station de sports d'hiver.
Population 5 460
Carte Norvège Cc

Rosario, ***Argentine*** Port fluvial sur le Paraná et deuxième ville du pays, à 280 km au N.-O. de Buenos Aires. Fondée en 1752, c'est le principal débouché pour les céréales, la viande et le bois de la Pampa. Industries agricoles. Aciéries.
Population 939 000
Carte Argentine Cb

Roscoff, ***France*** Port de pêche et d'exportation de primeurs du Finistère, sur la côte du Léon (Manche). Institut biologique et marin. Le port moderne en eau profonde permet d'assurer d'importantes liaisons par ferries avec Plymouth (Royaume-Uni) et Cork (Irlande).
Population 3 710
Carte France Ab

Roscommon, ***Irlande*** Ville marché à 145 km au N.-O. de Dublin et chef-lieu du comté homonyme (2 462 km^2). Château normand du XIIIe s.
Population (ville) 1 730 ; (comté) 51 880
Carte Irlande Bb

Rose (mont), en it. **Monte Rosa,** ***Italie/Suisse*** Montagne dans le massif du même nom, sur la frontière italo-suisse, à l'E. du mont Matterhorn (Cervin) et au S.-E. de la station helvétique de Zermatt.
Carte Italie Ab

Roseau, ***Dominique*** Capitale sur la côte S.-O. de l'île, près de l'embouchure du Roseau. Ancienne Charlotte Town, elle fut incendiée par les Français en 1805. Elle exporte à présent des produits tropicaux.
Population 9 350
Carte Antilles Cb

rosée Gouttelettes d'eau sur le sol ou les plantes, qui se forment à partir de la vapeur d'eau contenue dans l'air, généralement pendant une nuit claire, quand les surfaces du sol ou des plantes se sont rafraîchies d'un degré au-dessous du point de rosée de l'air ambiant.

rosée (point de) Température à laquelle l'air doit être rafraîchi pour être saturé, c'est-à-dire contenir autant de vapeur d'eau qu'il est possible à cette température. Tout refroidissement supplémentaire provoque normalement la condensation.

Rosette, ***Égypte*** Voir RASHID

Roskilde, ***Danemark*** Ville de l'île de Sjaelland, à l'O. de Copenhague. Elle fut au Xe s. et durant tout le Moyen Âge une des plus grandes cités du pays, dont elle fut la capitale jusqu'en 1445. Le Danemark et la Suède y signèrent la paix en 1658. Sa cathédrale gothique (1170) abrite depuis six siècles les tombeaux des rois danois. Son université date de 1972 et son musée conserve les restes de six drakkars vikings retrouvés dans un fjord voisin.
Population 48 300
Carte Danemark Cb

Ross (banquise de), ***Antarctique*** La plus grande banquise du monde, limitée par la barrière de Ross dans la mer du même nom, sur la côte pacifique de l'Antarctique (environ 550 000 km^2). L'épaisseur de la glace y varie de 400 m au N. à plus de 750 m au S. Elle se déplace d'environ 1 km par an et se fractionne parfois en icebergs atteignant jusqu'à 70 m de hauteur.
Carte Antarctique IJd

Ross (île de), ***Antarctique*** Île de la mer de Ross, longue de 75 km, proche du détroit de McMurdo. Ses points culminants sont les monts Erebus, volcan actif (4 023 m), et Terror, volcan éteint. L'un et l'autre portent le nom des navires de James Ross, qui les découvrit. Elle abrite les bases de recherches américaine de McMurdo et néo-zélandaise de Scott.
Carte Antarctique Ic

Ross (mer de), ***Antarctique*** Bras de l'océan Antarctique, découvert par l'explorateur britannique James Ross en 1841. Point de départ de la route la plus courte de la mer au pôle Sud à travers le continent antarctique.
Carte Antarctique Hc

Rossing, ***Namibie*** Mine d'uranium, à 200 km à l'O. de Windhoek. Fondée en 1971, elle emploie 3 000 ouvriers.
Carte Namibie Ab

Rosslare, ***Irlande*** Station balnéaire de la côte E., à 120 km environ au S. de Dublin. Le port, à 8 km au S.-E., est un terminus de ferry et le principal point de débarquement des touristes venant de Fishguard, au S.-E. du pays de Galles, et du Havre.
Population 590
Carte Irlande Cb

Rostock, ***Allemagne*** Un des grands complexes portuaires de la Baltique, dans le Land de Mecklembourg-Poméranie occidentale, à 200 km au N.-O. de Berlin. Centre de pêche. Production d'équipement électrique, de machines. Industrie textile, chantiers navals.
Population 248 100
Carte Allemagne Ea

Rostov ou **Rostov Iaroslavski,** ***Russie*** Une des plus anciennes villes du pays, fondée en 862, à 195 km au N.-E. de Moscou, jadis nommée Rostov Velikiy. Elle est, depuis le Moyen Âge, productrice de lin et d'émaux. Kremlin (citadelle) du XVIIe s. au bord d'un lac, cathédrale du XIIIe s. et églises du XVIIe s.
Population 31 000
Carte Russie Cc

Rostov-sur-le-Don, ***Russie*** Ville industrielle et port sur l'embouchure du Don, près de la pointe N.-E. de la mer d'Azov. Fondée comme poste douanier en 1761, au temps où les Turcs contrôlaient la côte à 50 km en aval du fleuve, elle prit réellement son essor en 1952, après la percée du canal Volga-Don qui relie la mer d'Azov à la Caspienne. Université. Productions de roulements à billes, de machines agricoles, de verre, de bétonnières, de vin, de tabac. Construction de péniches. Industries chimiques.
Population 1 127 000
Carte Russie Cd

Rothenburg ob der Tauber, ***Allemagne*** Ville fortifiée médiévale sur la rivière Tauber, à 65 km à l'O. de Nuremberg (Bavière). Elle a conservé son enceinte, avec ses portes et ses tours de guet qui enserrent des maisons de bois, des églises gothiques ou de la Renaissance et des rues dallées.
Population 11 500
Carte Allemagne Dd

Rotherham, ***Royaume-Uni*** Ville industrielle sur la rivière Don, à 10 km au N.-E. de Sheffield, dans le comté du Sud-Yorkshire (Angleterre). Ville marché depuis le temps des Saxons, elle a pris de l'importance au XIXe s., quand on commença à exploiter ses mines de houille et l'acier de Sheffield.
Population 122 350
Carte Royaume-Uni Ed

Rotorua, ***Nouvelle-Zélande*** Station touristique et thermale, à 160 km au S.-E. d'Auckland, dans l'île du Nord, près du lac Rotorua, au milieu d'une région de sources chaudes, de mares de boue et de geysers.
Population 48 800
Carte Nouvelle-Zélande Fc

Rotterdam, ***Pays-Bas*** Plus grande ville du pays et plus grand port du monde, sur la Nieuwe Maas, dans le delta Meuse-Rhin, à 60 km au S.-O. d'Amsterdam. Village de pêche en 1340, seconde ville commerçante de Hollande en 1600, elle peut accueillir aujourd'hui plus de 300 cargos et traite chaque année près de 250 millions de tonnes de marchandises.

Sa croissance commença avec la percée du canal Nieuwe Waterweg (30 km), qui, reliant le delta à la mer du Nord, permit dès 1872 aux grands cargos maritimes et aux péniches descendant le Rhin, première voie fluviale européenne, de s'y rencontrer. Le port s'est prolongé vers la mer. Docks et raffineries de pétrole bordent ses quais jusqu'à Europoort, sur la côte ; un prodige quand on pense que cette région du delta est située en grande partie au-dessous du niveau de la mer.

La ville, presque entièrement détruite par les bombardements allemands en mai 1940, fut reconstruite suivant un plan moderne. Les quartiers résidentiels voisinent avec les centres commerciaux, les salles de concert, de conférences, les musées, dont le musée maritime et le Boymans. Les docks, entrepôts, chantiers navals, fabriques de chocolat, brûleries de café, fabriques de margarine et manufactures de tabac fournissent des emplois à toute la région. Une sculpture de Zadkine veille sur le port.
Population (ville) 589 700 ; (aggl.) 1 120 000
Carte Pays-Bas Bb

Roubaix, ***France*** Voir LILLE-ROUBAIX-TOURCOING

Rouen, ***France*** Préfecture de la Seine-Maritime et quatrième port de France sur la Seine, à 123 km au N.-O. de Paris. Fondée au IIe s., elle fut au Moyen Âge la capitale de la Normandie, âprement disputée entre Anglais et Français. C'est en voulant la reprendre que Jeanne d'Arc y fut faite prisonnière, jugée comme sorcière et relapse et brûlée vive le 30 mai 1431. Nombreux monuments historiques : cathédrale (XIIe, XIIIe, XVIe s.), églises Saint-Maclou (XVe-XVIe s.) et Saint-Ouen (XIVe s.), tour où Jeanne fut emprisonnée, palais de justice (XVIe s.), Gros-Horloge (XVe s.), monté sur un pavillon Renaissance. Musée des arts, université. La ville, en partie détruite pendant la Seconde Guerre mondiale, a été largement modernisée. Industries variées (textiles, cuir...). Importation de houille, de pétrole, de primeurs. Exportation de produits manufacturés.
Population (ville) 103 000 ; (aggl.) 380 000
Carte France Db

Rouergue, ***France*** Ancienne province agricole du Midi (8 770 km^{2}) intégrée à la région Midi-Pyrénées, au S. du Massif central, entre l'Aubrac volcanique, les causses calcaires et l'Aveyron. Elle fit partie de l'Aquitaine romaine puis, au XIe s., du comté de Toulouse. Sa ville principale est Rodez.

Rouge (fleuve), en vietn. **Song Koï,** en chin. **Yuan Jiang,** ***Chine/Viêt-nam*** Fleuve de 1 200 km, né dans le Yunnan chinois. Il coule entre de hautes berges à 12 m au-dessus des plaines qu'il irrigue mais inonde parfois lors de ses crues. Il se jette au Viêt-nam, près de la capitale Hanoi, dans le golfe du Tonkin par un delta large de 80 km. Il y apporte le limon rouge qui lui vaut son nom et qui fertilise la région.
Carte Viêt-nam Aa

Rouge (mer), ***Afrique-Asie*** Bras de l'océan Indien, entre le nord-est de l'Afrique et la péninsule d'Arabie (438 000 km^{2} ; profondeur maximale 2 246 m). Elle fait partie de la vallée du Grand Rift. L'expansion des fonds océaniques en son centre pousse vers le N.-E. la plaque continentale arabique. Si cette poussée continue au même rythme, la mer Rouge sera dans 200 millions d'années aussi vaste que l'Atlantique. Sa région est chaude et humide. La température de ses eaux atteint 29 °C en été. Ses fonds recèlent au N. et au centre des gisements de zinc, cuivre et autres minerais en instance d'exploitation. Elle était appelée mer Érythrée (rouge) dans l'Antiquité, car on y trouvait un coquillage, le murex, dont la glande fournissait la couleur pourpre recherchée pour teindre le manteau impérial et, plus tard, le vêtement cardinalice. Le trafic y déclina après la découverte d'une route maritime des Indes contournant le sud de l'Afrique et y reprit après la percée du canal de Suez en 1869.
Carte Arabie Saoudite Ab

rouge (sol) Sol généralement pauvre en humus dont la couleur rouge est due à l'accumulation de l'hydroxyde de fer.

rouges (boues) Boues résultant de l'érosion en surface des sols et que l'on retrouve sur le talus continental, notamment à l'embouchure des cours d'eau. Leur couleur est due à la présence d'hydroxyde de fer. En matière de pollution : rejets en mer des résidus industriels, d'oxyde de titane notamment.

Roumanie Voir p. 572-573

Roussillon, ***France*** Ancienne province du Sud-Est (2 000 km^{2}) intégrée à la région Languedoc-Roussillon, entre la Méditerranée et la frontière espagnole. Elle fit partie de la Narbonnaise romaine, devint sous Charlemagne une marche, puis fut aragonaise de 1172 à 1659 où le traité des Pyrénées la donna à la France. Production de céréales, de vins, de fruits et de légumes dans ses plaines. Sa ville principale est Perpignan.
Carte France Ee

Rouyn-Noranda, ***Canada*** Capitale administrative du nord-ouest du Québec, elle comprend deux villes jumelles fondées en 1926 lors de la découverte de riches gisements d'or et de cuivre.
Population 36 500
Carte Canada Hd

Rovaniemi, ***Finlande*** Capitale de la Laponie finnoise, à 160 km au N. du port d'Oilu, sur le golfe de Bothnie, au confluent du Kemijoki et de l'Ounasjoki. Détruite durant la Seconde Guerre mondiale, elle fut reconstruite par l'architecte finlandais Alvar Aalto. Centre administratif, commercial (fourrures, bois) et touristique (sports d'hiver).
Population 28 650
Carte Finlande Cb

Rovigo, ***Italie*** 1. Province du nord du pays, entre l'Adige et le Pô. Elle produit de la betterave à sucre et possède d'immenses propriétés.
2. Ville-marché agricole, sur l'Adige, en Vénétie, entre Venise et Bologne. Le général Savary y fut fait duc par Napoléon Ier.
Population (ville) 51 000 ; (province) 252 600
Carte Italie Cb

Rovinj, ***Croatie*** Station balnéaire internationale sur la côte d'Istrie, à 55 km de la frontière italienne. La vieille ville, de style vénitien (rues tortueuses, places colorées), se dresse sur un promontoire entouré d'îles de pins.
Population 9 000
Carte Croatie Ab

Rovno, ***Ukraine*** Ville industrielle au N.-E. de Lvov, chef-lieu de la région homonyme (20 000 km^{2}). Industries textiles (lin) et alimentaires. Centrale nucléaire.
Population 233 000
Carte Ukraine Bb

Royaume-Uni Voir p. 574-579

Roznava, ***Slovaquie*** Ville minière médiévale dans l'est du pays, à 13 km de la frontière hongroise. Ses rues principales s'étendent au-dessus des anciennes mines d'or. Point de départ pour la visite des monts Métallifères, au N., et des grottes et gorges du Karst slovaque qui se prolonge en Hongrie. Minerai de fer dans les environs.
Population 19 500
Carte Slovaquie Eb

R.S.F.S.R. Sigle de l'ancienne République socialiste fédérative soviétique de Russie.

Ruapehu, ***Nouvelle-Zélande*** Volcan actif du parc national de Tongariro, à 230 km au N.-E. de la capitale Wellington. Point culminant de l'île du Nord (2 797 m), fréquenté par les randonneurs et les skieurs. Son lac (Crater Lake) a des eaux fortements acides, chauffées par la vapeur du volcan.
Carte Nouvelle-Zélande Ec

Rub' al-Khāli, ***Arabie Saoudite/Yémen*** L'un des déserts les plus hostiles du monde (650 000 km^2) dans la péninsule arabe, entre Nedj, le Yémen et Oman, appelé le « Quart désertique » pour sa ressemblance avec un quartier de lune. Son exploration n'est pas achevée. L'écrivain britannique Bertram Thomas fut le premier Européen à le traverser en 1934, de la côte O. à Qatar, par la piste des caravanes bédouines. Champ de pétrole de Shaybah, au N.-E., à 200 km au S. d'Abu Dhabi.
Carte Arabie Saoudite Bc

Rueil-Malmaison, ***France*** Chef-lieu de canton des Hauts-de-Seine, à 16 km à l'O. de Paris. Siège de l'Institut français du pétrole. Château de la Malmaison (XVIIᵉ s.) donné par Napoléon à Joséphine en 1799. Devenu musée en 1906. Non loin, le château de Bois-Préau est un musée sur le séjour de Napoléon à Sainte-Hélène.
Population 66 400

Rufisque, ***Sénégal*** Port de l'Atlantique, à l'E. de Dakar. Plus grand exportateur d'arachide du pays. Tanneries. Cimenteries.
Population 52 000

Rugby, ***Royaume-Uni*** Ville du Warwickshire, dans les Midlands (Angleterre), à 45 km au S.-E. de Birmingham. C'est dans son collège fondé en 1567 que deux siècles et demi plus tard, en 1823, un footballeur inventa le rugby en s'emparant d'un ballon qu'il porta à la main entre les buts adverses. Industries mécaniques, matières plastiques.
Population 60 000
Carte Royaume-Uni Ed

Rügen, ***Allemagne*** Plus grande île du pays dans la mer Baltique (927 km^2), reliée par une digue à la côte poméranienne. Station balnéaire aux falaises de craie. Villages de pêcheurs. Vestiges préhistoriques.
Population 85 000
Carte Allemagne Ea

Ruhr, ***Allemagne*** Affluent du Rhin (235 km) ayant donné son nom au bassin de son cours inférieur qui est le plus grand centre industriel et houiller d'Europe occidentale (6 000 km^2). Ses mines et ses aciéries s'étendent de Dortmund à Duisbourg, de Düsseldorf et Wuppertal à Essen. On l'a surnommé « la forge de l'Allemagne ». L'extraction du charbon à coke y a débuté en 1850. On en a extrait jusqu'à 100 millions de tonnes par an. Mais la récession mondiale de la houille, amorcée en 1950, et la fermeture de 120 puits sur 145 ont entraîné en 1966 un plan de diversification des industries en développant le secteur électronique et pétrochimique dans l'Ouest, grâce aux ports et pipelines du Rhin. La région emploie plus de deux millions d'ouvriers. Occupée en 1923 par la France, pour contraindre les Allemands à respecter les accords de Versailles mettant fin à la Première Guerre mondiale, elle dut être évacuée progressivement en 1925. À la fin de la Seconde Guerre mondiale, elle fut l'enjeu de violentes batailles entre Alliés et Allemands.
Carte Allemagne Bc

Ruhuna (Yala), ***Sri Lanka*** Second parc national du pays après Wilpattu, proche de la côte S.-E., à 180 km de Colombo. Ses 980 km^2 de jungle et de brousse abritent des éléphants, des léopards, des ours, des buffles, daims et sangliers, tandis que les ibis, pélicans, perroquets, cigognes et paons trouvent refuge dans la réserve de Kumana toute proche.

Ruiz (Nevado del), ***Colombie*** Voir ARMERO

UNE ATMOSPHÈRE MÉDIÉVALE. Sur un éperon rocheux dominant la rivière Tauber, Rothenburg s'est épanouie du XIIIᵉ au XVIᵉ s. Le Moyen Âge et la Renaissance lui ont légué ses belles maisons à hauts pignons, ses églises et ses fontaines.

Roumanie

LA CHUTE D'UNE DICTATURE SANGLANTE ET L'AMBIGUÏTÉ ROUMAINE

Les Roumains, peuple latin entouré par les Hongrois et les Slaves (Bulgares, Yougoslaves et Ukrainiens), ont dû combattre les Turcs et lutter contre la domination des Habsbourg pour survivre. À travers les vicissitudes de l'histoire, ils ont pu conserver avec ténacité leur langue et leurs coutumes. Pendant cinq siècles, les chefs héroïques de la résistance ont affronté les assauts des Ottomans. L'un d'eux, Vlad Tepes l'Empaleur (voïvode de 1456 à 1476), fut immortalisé plus tard dans le personnage du comte Dracula, le vampire des Carpates, illustré dans la littérature fantastique et le cinéma.

La Roumanie est devenue un État indépendant en 1878, et a combattu contre l'Allemagne lors de la Première Guerre mondiale, à la suite de laquelle sa superficie fut doublée grâce à l'acquisition de la Transylvanie, du Banat, de la Bucovine et de la Bessarabie. Pendant la Seconde Guerre mondiale, en revanche, la Roumanie fut aux côtés de l'Allemagne. Son destin se joua en 1944 quand, après avoir rejoint les Alliés, l'avancée soviétique en Europe centrale eut pour résultat de lui imposer un gouvernement communiste. En 1947, elle dut renoncer à la Bessarabie et à la Bucovine au profit de l'U.R.S.S. par le traité de Paris.

De 1965 à 1989, la Roumanie a été dirigée par Nicolae Ceausescu ; d'abord secrétaire général du parti communiste, il est devenu en 1974 président de la République et a placé toute sa famille à des postes clés tout en entretenant une atmosphère de terreur dans le pays.

Le mouvement d'insurrection qui démarra à Timisoara en 1989 gagna Bucarest et conduisit à l'arrestation des époux Ceausescu, qui furent exécutés le 25 décembre après un simulacre de procès. Un véritable combat s'engagea entre les membres de la *Securitate*, les fidèles du régime, et la population et les soldats ralliés à la révolution.

Ion Iliescu, ancien secrétaire du comité central du parti communiste roumain, limogé en 1971, forma un gouvernement provisoire avec Petre Roman : le Conseil du front de salut national. Les élections de mai 1990 ont confirmé ces dirigeants, de même que celles qui ont eu lieu en 1992.

Les Roumains ont peu d'expérience de la démocratie. Il existe environ 80 partis. Des violences s'exercent en permanence contre l'opposition. En juin 1990, les « gueules noires » de la vallée de Jiu sont venues attaquer la foule sur la grande place de Bucarest. Les manifestations anticommunistes n'ont cependant pas cessé. L'ambiguïté de la révolution roumaine, qui a fait de nombreuses victimes, demeure.

Des difficultés se posent à la minorité hongroise de Transylvanie qui représente environ 2 millions de personnes. Un rapprochement est en cours avec la Moldavie.

UN DÉVELOPPEMENT INCERTAIN

Sur la carte, la Roumanie a la forme d'un pentagone qui s'ouvre au S.-E. sur la mer Noire par le delta du Danube aux multiples bras bordés d'une jungle de roseaux, paradis de la faune, et par les terres agricoles ondulées de la Dobroudja. L'intérieur est formé d'un anneau de plaines fertiles au relief plat au S. (Valachie) et à l'O. (Banat), parsemé de collines à l'E. (Moldavie).

Les plaines encerclent le vaste arc des monts boisés des Carpates, qui atteignent 2 548 m. Au S.-O., le long de la frontière yougoslave, le Danube perce les montagnes sur 160 km dans la magnifique gorge des Portes de Fer. Le cœur de la Roumanie est constitué par la Transylvanie, qu'enserrent les Carpates.

La culture roumaine ancienne s'est maintenue avec une grande vitalité dans la région du

UN MUSÉE D'ART POPULAIRE EN PLEIN AIR. L'abondance des forêts dans la région du Maramures a fourni aux paysans roumains un matériau de choix pour bâtir leurs églises comme leurs fermes, couvertes de bardeaux et entourées d'auvents ouvragés.

Maramures, en Moldavie et en Valachie.

Après une période de croissance spectaculaire, le pays doit faire face à des problèmes grandissants : épuisement des champs de pétrole de Ploiesti, appel à l'importation.

Les barrages de Bicaz et de Curtea de Arges sont impressionnants, mais ils sont modestes comparés à l'énorme centrale hydroélectrique des Portes de Fer, construite par la Roumanie et la Yougoslavie. Une planification aux perspectives immodérées a plongé le pays dans une crise énergétique très grave. Pourtant la Roumanie possède du fer et du charbon (aciéries de Resita et de Hunedoara), des gisements de cuivre, de plomb, de zinc, d'or, d'argent et de bauxite dans les monts Apuseni et le Maramures, du gaz naturel en Transylvanie. Scieries, papeteries, fabriques de meubles sont réparties dans les Carpates. Dans la capitale, Bucarest, ainsi que dans les grandes villes sont localisées des industries agro-alimentaires, textiles, mécaniques et électriques. Brasov fabrique des camions, des tracteurs et du matériel de forage pétrolier. Craiova produit des wagons et des locomotives et Pitesti des voitures.

La transition vers une économie de marché reste très difficile. Les problèmes sont nombreux : agriculture peu productive, nécessité d'importer du pétrole, déficit commercial. La misère est grande. La libéralisation totale de l'économie ne pourra véritablement avoir lieu que si le régime lui-même se libéralise.

La Roumanie est proche de la France par sa latinité et ses traditions culturelles. Elle recèle des merveilles de la nature et des arts qui ont été aussi touchées par la folie dictatoriale de Ceausescu (destruction de villages et du centre de Bucarest). Mais la vitalité des Roumains saura vaincre les difficultés ; il leur faudra aussi, au sortir du totalitarisme, apprendre à dialoguer.

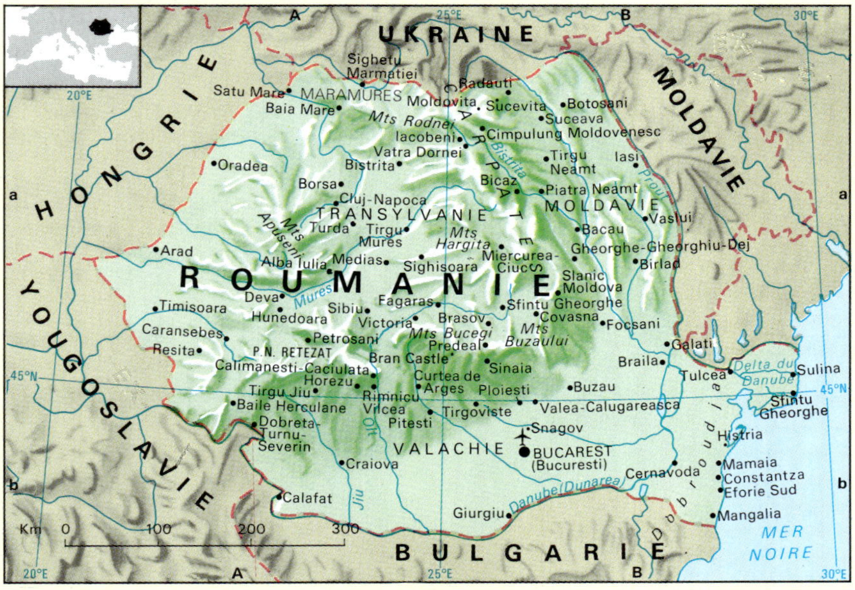

LA ROUMANIE EN BREF

Superficie 237 500 km^2
Population 23 332 000
Capitale Bucarest
Régime République parlementaire
Monnaie Leu (lei) = 100 bani
Langue Roumain
Religion Chrétienne (80 % orthodoxes roumains, 5 % catholiques roumains, 4 % protestants, 3 % catholiques grecs)
Climat Continental ; température moyenne à Bucarest : de 2 °C en hiver à 21 °C en été
Ressources Céréales, pommes de terre, sucre, fruits et légumes, raisin, bétail, bois, poisson ; pétrole, gaz naturel, charbon, lignite, fer, sel, cuivre, plomb, or, argent, uranium
Activités Industries agro-alimentaires, chimie, sidérurgie, mines, mécanique, chantiers navals, automobiles, textiles, engrais, coke
Exportations Mécanique, matériel de transport, produits pétroliers, produits chimiques, produits alimentaires, textiles
P.N.B. annuel par habitant 1 620 dollars
Croissance démographique 1 ‰ par an
Espérance de vie Hommes 67 ans, femmes 72

ROYAUME-UNI
ÉCOSSE
ANGLETERRE
PAYS DE GALLES
IRLANDE DU NORD
RÉPUBLIQUE D'IRLANDE
FRANCE
BELGIQUE
OCÉAN ATLANTIQUE
MER DU NORD
MER D'IRLANDE
MER CELTIQUE
MANCHE
ÎLES HÉBRIDES
Outer Hebrides
Îles Shetland
SHETLAND
Îles Orcades
ORCADES
ÎLE DE MAN
ÎLE DE WIGHT
Îles Scilly
Dogger Bank
Détroit de Pentland
Détroit de Moray
Canal du Nord
Canal St George
Canal de Bristol
Pas de Calais
Baie de Cardigan
Baie de Liverpool
Solway Firth
HIGHLAND
GRAMPIAN
TAYSIDE
FIFE
CENTRAL
LOTHIAN
STRATHCLYDE
BORDERS
DUMFRIES AND GALLOWAY
NORTHUMBERLAND
TYNE AND WEAR
DURHAM
CLEVELAND
CUMBRIA
NORTH YORKSHIRE
HUMBERSIDE
LINCOLN
NORFOLK
SUFFOLK
CAMBRIDGE
ESSEX
KENT
SURREY
W. SUSSEX
E. SUSSEX
HAMPSHIRE
DORSET
DEVON
CORNOUAILLES
SOMERSET
AVON
WILTSHIRE
BERKS
OXFORDSHIRE
GLOS
GWENT
DYFED
POWYS
GWYNEDD
CLWYD
CHESHIRE
DERBYS
NOTTS
LEICS
NORTHANTS
WARKS
BUCKS
HERTS
BEDS
SHROPS
STAFFORD
HEREFS AND WORCS
W. MIDS
S. YORKS
W. YORKS
GTR MANCH
MERS
LANCS
LONDON-DERRY
ANTRIM
TYRONE
FERMANAGH
ARMAGH
DOWN
ULSTER
Londres
Édimbourg
Belfast
Cardiff
Glasgow
Aberdeen
Dundee
Inverness
Newcastle upon Tyne
Manchester
Liverpool
Birmingham
Leeds
Sheffield
Bristol
Plymouth
Southampton
Dublin
Ben Nevis 1344 m
Snowdonia
Pic Scafell 978 m
Km 0 50 100

Royaume-Uni

LA PERTE DE SON EMPIRE LAISSE LA GRANDE-BRETAGNE EN QUÊTE D'UN AUTRE RÔLE DANS LE MONDE — ET D'UNE AUTRE SOURCE DE RICHESSE LORSQUE LES GISEMENTS PÉTROLIERS DE LA MER DU NORD SERONT ÉPUISÉS

Deux guerres mondiales et l'évolution des rapports entre puissances au XXe s. ont entraîné des changements dramatiques dans cette petite île-État, qui dominait naguère le plus grand empire de l'histoire et déployait son étendard aux quatre coins du monde. En l'espace d'une seule génération, l'expression « Empire britannique » a presque disparu, bien qu'il hante encore les écrans de télévision avec ses images de la cour des Indes et des glorieux régiments en uniforme rouge sonnant la charge.

La perte de l'Empire laisse le Royaume-Uni de Grande-Bretagne et d'Irlande du Nord en quête d'un nouveau rôle, quête longue et pénible pour une nation qui a tant donné au monde entier.

Le plus beau legs de la Grande-Bretagne aux nations qu'elle dirigea naguère et à beaucoup d'autres, ce sont d'abord l'expressive et poétique langue de Shakespeare et les principes de la démocratie parlementaire, durement conquis au cours des siècles et préservés au prix de sacrifices immenses pendant deux longs conflits qui la laissèrent exsangue.

La Première Guerre mondiale a sérieusement affaibli la Grande-Bretagne, la seconde l'a gravement ébranlée. Dominions et colonies demandaient, parfois par la force, la liberté et l'indépendance pour lesquelles eux aussi avaient combattu. Ses ressources économiques et financières dévastées, la Grande-Bretagne n'avait pas d'autre choix que de démanteler un empire qui était devenu pour elle un insupportable fardeau.

De plus, la métropole s'était elle-même lancée dans une coûteuse révolution sociale. L'individu serait pris en charge du berceau jusqu'à la tombe. C'était trop pour les moyens dont elle disposait ; pourtant, à force de privations, elle parvint à construire cet État-Providence qui, comme tant d'autres créations britanniques, servit d'exemple souvent imité et adopté.

Montrer l'exemple, « faire ce qu'il faut », voilà des qualités qui comptent pour beaucoup de Britanniques. En général, ils sont fiers de leurs pays et de ses réalisations ; son régime politique, ses institutions n'ont-ils pas souvent servi de modèles à ceux des nations jadis soumises ? Les idéaux de respect des règles du sport, de fair-play, de responsabilité sociale qu'on leur inculque dès l'enfance peuvent fort bien se mêler à l'opiniâtre détermination de faire son chemin et à la confiance absolue de chacun en ses capacités. Peuple inventif et pratique, les Britanniques réussissent souvent par l'ingéniosité ou la débrouillardise.

Lents à la colère, courageux et rusés, quand ils le veulent, ils ont disposé de nombreux adversaires qui avaient pris leur modestie, leur penchant pour la litote *(understatement)* et leur goût de la négociation pour de la faiblesse. Récemment, en 1982, au cours d'une guerre brève mais sanglante à 14 000 km de chez eux, ils ont vaincu une armée à l'équipement moderne qui avait occupé l'une de leurs dernières colonies, les îles Malouines.

En dehors des qualités guerrières des combattants, un des facteurs notables de la victoire britannique fut la possession du chasseur à réaction à décollage vertical Harrier, un appareil très maniable et efficace, typique de l'ingéniosité nationale et dont l'armée américaine admirative a acheté plusieurs centaines d'exemplaires. Mais toutes les inventions britanniques n'ont pas été exploitées avec un tel succès. De l'électronique aux industries pharmaceutiques, des constructions aéronautiques à la technologie médicale, trop de savants britanniques ont dû s'expatrier pour trouver les capitaux nécessaires au développement de leurs découvertes, ou assister impuissants à l'exploitation de leurs idées par d'autres pays.

En effet, trop de dirigeants de grandes firmes britanniques manquent de compétence technique. D'autres considèrent avec dédain la commercialisation, l'art de la vente, persuadés que tout ce qui se fait en Grande-Bretagne est le meilleur et que toute personne sensée devrait le savoir.

Le découragement s'installa quand, aux pénuries d'après-guerre, s'ajoutèrent les pratiques restrictives d'antan, réduisant la capacité nationale de produire à des prix compétitifs, et que des produits de haute, voire de très haute qualité commencèrent à affluer d'outre-mer. Deux pays se distinguèrent particulièrement dans l'adoption d'équipements et de méthodes de travail modernes et la conquête des marchés britanniques intérieurs et étrangers, deux anciens adversaires, l'Allemagne et le Japon. La Grande-Bretagne réagit, mais avec près de 3 000 000 de chômeurs en 1983 (1 600 000 en 1990) et des industries jadis prospères en complet déclin, elle aura besoin de toutes ses ressources intellectuelles, de toute son énergie, sa ténacité, sa volonté de vaincre pour retrouver un rôle vraiment efficace dans les affaires mondiales.

UNE NATION DIVISÉE

Il y a des signes encourageants de redressement. La prospérité règne à nouveau sur une vaste partie de la Grande-Bretagne, un grand triangle du sud de l'Angleterre dont les sommets seraient Cambridge, Bristol et Brighton ; là grandissent des villes nouvelles comme Milton Keynes, Harlow, Stevenage et Crawley ; d'autres plus anciennes, comme Swindon, ressuscitent. Du Hampshire aux vallées des Chiltern, la population de certains villages a doublé. L'électronique, en particulier à usage militaire, est l'un des secteurs privilégiés de la nouvelle révolution industrielle des technologies de pointe. Mais le déclin des vieilles industries « à cheminées d'usines » (le charbon, la sidérurgie, les textiles, la métallurgie lourde, etc.) a profondément affecté l'Ecosse, le pays de Galles, les Midlands et le nord de l'Angleterre, créant des zones à taux de chômage élevé et à forte émigration vers le Sud-Est plus favorisé.

Ce contraste Nord-Sud fut l'un des facteurs déterminants de l'essor du régionalisme pendant les années 1970 ; les partis nationalistes écossais et gallois gagnèrent suffisamment d'influence pour peser sur les élections législatives de 1974. La dévolution des pouvoirs du Parlement de Westminster à d'éventuelles assemblées élues en Écosse et au pays de Galles devint un thème politique de premier plan. La question fut posée directement aux électeurs écossais et gallois lors du référendum de 1979 ; le résultat négatif amena l'abandon du projet de parlements régionaux.

Le réalignement de l'industrie et des travailleurs au profit du Sud n'est en fait qu'un modeste renversement des énormes mouvements de population engendrés par les puissantes forces économiques et sociales de la révolution industrielle. Celle-ci fit de la nation un empire et transforma le monde lui-même. L'ingéniosité britannique fournit l'étincelle initiale, et le charbon l'énergie nécessaire, le charbon extrait par milliards de tonnes des mines d'Angleterre, d'Écosse et de Galles.

La révolution industrielle valut au pays une richesse et un prestige immenses. Elle finança la politique expansionniste de la Grande-Bretagne outre-mer et la force militaire qui la protégeait ; et, fermant le cycle, la richesse de l'Empire se déversait dans la mère patrie. Elle créa aussi la pauvreté, la saleté, la misère, tandis que les hommes, les femmes, les enfants s'engouffraient dans le ventre insatiable des mines et des usines. Les salaires étaient souvent des salaires misérables, les heures de travail trop longues, les logements fréquemment surpeuplés — d'interminables corons de brique noircis par la fumée qui enveloppait les villes industrielles tentaculaires. A quelques rares exceptions, les propriétaires d'usines, les entrepreneurs se souciaient peu du coût humain des produits « made in Britain ».

Le progrès social vint lentement, en dépit des efforts de quelques industriels philanthropes soucieux d'améliorer les conditions de vie de leurs employés. Des patrons comme sir Richard Arkwright au tout début de la révolution industrielle ou sir Titus Salt au cœur de l'ère victorienne étaient très en avance sur leur temps : ils édifièrent autour de leurs usines des églises, des écoles et des logements pour leurs ouvriers.

Le paternalisme de Salt et d'Arkwright, deux hommes profondément croyants comme beaucoup de leurs contemporains, reposait sur la conviction que la possession de la richesse impose le devoir moral d'améliorer le sort des travailleurs qui ont contribué à la créer. C'était une attitude de plus en plus facile à observer, car la Grande-Bretagne devenait la plus riche nation du monde. Tout en poursuivant agressivement l'expansion et la consolidation de leur empire, les Britanniques nourrissaient la conviction sincère qu'ils apportaient l'ordre et la civilisation aux territoires qu'ils venaient de conquérir.

Au sommet de son pouvoir impérial, à la fin du XIXe s. et pendant les premières décennies du XXe, c'était réellement, selon l'expression courante à l'époque, « un empire sur lequel le soleil ne se couche jamais ». De vastes surfaces de l'atlas mondial étaient coloriées du rose des possessions britanniques. Un quart de la population mondiale devait allégeance à la Couronne. La Grande-Bretagne se considérait comme le président d'une fraternité de nations, attitude qui devait trouver sa parfaite expression après la Première Guerre mondiale quand les dominions furent reçus comme des égaux au sein de la Société des Nations.

Le premier craquement de l'édifice apparut trois ans plus tard, au seuil même de la

Grande-Bretagne. Pendant tout le XIXe s. et jusqu'en 1922, le Royaume-Uni comprenait les territoires historiques de quatre peuples, anglais, écossais, gallois et irlandais. Désormais, après des siècles d'amers et souvent violents conflits (révoltes, massacres, persécutions, guérilla), 26 des 32 comtés de l'Irlande firent sécession et formèrent l'État libre d'Irlande. En 1931, le statut de Westminster reconnaissait l'autodétermination de l'Australie, du Canada, de la Nouvelle-Zélande et de l'Afrique du Sud, qui devenaient des « membres librement associés » au Commonwealth. Néanmoins, les territoires britanniques incluaient encore l'Inde, de larges portions de l'Afrique occidentale et orientale, du Moyen-Orient, de l'Amérique centrale et de la Méditerranée.

NOUVELLES ADHÉSIONS

La Seconde Guerre mondiale, pendant laquelle la Grande-Bretagne assiégée combattit seule l'Allemagne nazie en 1940-1941, fit passer les États-Unis et l'U.R.S.S. au rang de superpuissances. L'échiquier politique international était bouleversé ; après la proclamation de l'indépendance de l'Inde et du Pakistan en 1947, l'influence britannique sur le cours des événements mondiaux déclina fortement. Dès 1949, on supprima l'adjectif « britannique » devant le mot « Commonwealth » ; mais le monarque restait à sa tête. Des nations qui s'étaient proclamées républiques lors de leur indépendance pouvaient encore en faire partie ou y adhérer si elles reconnaissaient la Couronne comme chef du Commonwealth. La Birmanie et l'Irlande s'y refusèrent — mais les six comtés de l'Irlande du Nord restèrent fermement britanniques et sont toujours en violent conflit contre ceux qui, tant au nord qu'au sud, veulent les rattacher à la République.

L'Afrique du Sud fut contrainte de se retirer du Commonwealth en 1961 à cause de sa politique raciale ; le Pakistan le quitta en 1972 quand sa province orientale fut reconnue sous le nom de Bangladesh. Mais il reste 49 membres, et leurs leaders trouvent de nombreux sujets d'intérêt commun lors de leurs réunions bisannuelles.

Le Commonwealth peut bien survivre, la Grande-Bretagne a abandonné la direction politique de toutes ses anciennes dépendances sauf 17 petites: Anguilla, les Bermudes, les Terres britanniques de l'Antarctique, celles de l'océan Indien, les îles Vierges britanniques, les îles Caïmans, les Malouines (Falklands) ; les dépendances des Malouines, Gibraltar, Hong Kong, Montserrat ; Pitcairn, Ducie, Henderson et Oeno ; les dépendances de Ste-Hélène (Ascension, Tristan da Cunha) ; l'île de Man ; les îles Turks et Caïques. Hong Kong doit revenir à la Chine en 1997 à l'expiration du bail de quatre-vingt-dix-neuf ans.

Un nouveau rôle militaire et naval plus en rapport avec les moyens diminués de la Grande-Bretagne fut mis au point en 1949, avec la formulation de l'alliance militaire de l'OTAN dont elle fut l'un des fondateurs ; elle a autorisé l'établissement sur son territoire d'aérodromes, de bases de lancement de missiles, de bases sous-marines et de stations radar sous contrôle américain. Néanmoins, les forces armées britanniques, bien que petites numériquement (325 000 hommes, dont 55 000 en Allemagne), gardent un formidable pouvoir d'attaque et de défense (sous-marins nucléaires, aviation moderne, chars de haute technologie, missiles, canons, matériel de communications).

L'intégration à l'Europe dut attendre 1972, quand la Grande-Bretagne adhéra enfin au Marché commun. Fondé une vingtaine d'années auparavant par la France, l'Allemagne de l'Ouest, les Pays-Bas, la Belgique, le Luxembourg et l'Italie, il fut conçu comme un nouveau bloc, un vecteur de coopération à différents niveaux. En fait, il se composait de trois organisations : la C.E.E. (Marché commun), la Communauté charbon-acier et la Communauté européenne de l'énergie atomique (Euratom). Il est devenu le plus grand bloc commercial du monde, faisant à lui seul un tiers du commerce international. Pour y adhérer, la Grande-Bretagne dut surmonter de fortes oppositions extérieures, notamment celle de la France et aussi d'âpres querelles politiciennes. En fait, la polémique continua après l'adhésion, jusqu'au référendum de 1975 (le seul de son histoire pour l'ensemble du pays) qui donna une substantielle victoire aux partisans de l'adhésion.

LUMIÈRES DU NORD. Édimbourg, surnommée l'« Athènes du Nord », est la capitale de l'Écosse. Celle-ci a le même monarque que l'Angleterre et le pays de Galles depuis qu'en 1603 Jacques VI d'Écosse devint Jacques Ier d'Angleterre.

La répugnance à reconnaître une autorité extérieure est assez compréhensible dans un pays qui s'enorgueillit d'être dirigé par un monarque constitutionnel et gouverné par « le plus ancien des Parlements » — un modèle de démocratie libérale. La Grande-Bretagne n'a pas de Constitution écrite et le Parlement est le corps législatif suprême du pays. Il se compose de trois éléments: la reine, la Chambre des pairs, la Chambre des communes. La Chambre des lords se compose de pairs du royaume, héréditaires ou à vie, des deux archevêques et des 24 principaux évêques de l'Église d'Angleterre, des « Lords de la Loi », juges des plus hautes cours. Les 650 membres des Communes (députés) sont élus au suffrage universel ; sont éligibles au scrutin secret tous les citoyens de Grande-Bretagne et du Commonwealth âgés de plus de dix-huit ans et résidant dans le pays, et aussi les citoyens irlandais vivant dans le pays. Toutefois, le vote n'est pas obligatoire ; 73 % des 42 000 000 inscrits votèrent aux élections de 1983.

La Grande-Bretagne est gouvernée au nom de la Couronne, mais la reine ne rencontre les lords et les députés qu'en de rares occasions symboliques telles que l'ouverture du Parlement. En pratique, le véritable pouvoir appartient à la Chambre des communes, bien qu'en principe toute mesure législative doive être approuvée par les deux Chambres. La reine suit l'avis du Premier ministre qui dirige le parti politique majoritaire aux Communes et qui a formé le gouvernement. En qualité de membre de la C.E.E., la Grande-Bretagne envoie aussi 81 représentants élus au Parlement européen de Strasbourg ; elle reconnaît certains des règlements qui y sont votés.

Il se trouve qu'environ 70 % du budget de la C.E.E. sert à subventionner les prix agro-alimentaires ; un pourcentage à peu près égal de l'espace britannique est cultivé. Sur les 243 000 exploitations et tenures, la moitié seulement fournissent au moins un emploi à temps complet tandis que 31 000 grandes exploitations donnent la moitié de la production totale ; celle-ci dépasse 6 milliards de livres en 1989, environ 1,5 % du produit national brut. Moins de 500 000 personnes travaillent dans l'agriculture, soit 2,2 % de la force de travail nationale.

Une partie de cette production sert à grossir les gigantesques excédents de beurre, de viande, de céréales, de poudre de lait de la C.E.E. Le soutien des prix agricoles a encouragé la grande culture ; pour livrer passage aux machines agricoles de plus en plus grandes, on a passé au bulldozer, labouré et effacé des milliers de kilomètres de haies, de fossés et de limites agraires. Quelques fermes modernes mécanisées au maximum afin de se passer d'ouvriers agricoles commencent à ressembler à des usines avec leurs bâtiments d'acier et de béton, leurs silos-tours et leurs hangars.

Heureusement, peut-être, une partie relativement faible du paysage britannique se prête à des opérations de cette envergure ; et l'opinion publique, de plus en plus inquiète de leurs conséquences écologiques et esthétiques, commence à exercer une certaine pression politique. En fait, une bonne partie de l'agriculture nationale reste fidèle aux pratiques traditionnelles. Dans l'O. et le N. pluvieux et montagneux et leurs marges de plaines et de vallées verdoyantes, les activités pastorales l'emportent ; les ovins broutent les pacages d'altitude, les bovins paissent les plantureuses prairies, comme ils le font depuis mille ans et plus. Les plaines de l'Est et du Sud, protégées des pluies atlantiques par l'écran des hautes terres de l'Ouest, ont toujours préféré les cultures arables ; on cultive le blé, l'orge, les pommes de terre, les légumes sur des sols plus riches et plus profonds que ceux des hautes terres.

Deux mille ans d'agriculture ont imprimé leurs traces sur les hauts escarpements et les vals argileux de l'Angleterre méridionale. Les versants crayeux portent encore la marque atténuée de terrasses (rideaux) cultivées par les hommes du premier âge du fer, par exemple sur la plaine de Salisbury. Dans l'Oxfordshire, près de Northleigh, un village britanno-romain est entouré des vestiges de cultures en billon médiévales.

PÉRIODES CRUCIALES

Beaucoup de sites anciens tels que ceux-ci ont été affectés par de profonds changements géographiques entre 1350 et 1600. A partir de 1348, la peste bubonique fit périr un tiers de la population en quelques années. Les propriétaires fonciers commencèrent à enclore les terres et à expulser les manants pour faire place à l'élevage en grand des ovins, satisfaire la demande croissante de laine des tisserands britanniques et étrangers et profiter des hauts prix de la viande. En à peine plus de cent ans, au moins 3 000 villages et hameaux furent abandonnés, tandis que d'innombrables parcelles de l'openfield médiéval devenaient des pâturages à moutons. Certaines ne revirent jamais la charrue et gardèrent jusqu'à nos jours l'empreinte des anciens labours.

Autre legs de la richesse lainière, les magnifiques églises édifiées dans les villes et les villages par de pieux négociants, fabricants et éleveurs — ainsi dans les Cotswolds où les tons chauds et patinés de la pierre de taille éclairent des villes comme Chipping Campden et des villages tels que Bibury.

Plus tard, aux XVIIIe et XIXe s., des propriétaires fonciers et des chefs de clan expulsèrent leurs fermiers et petits tenanciers de vastes secteurs des Highlands écossais, toujours pour faire place aux ovins et aux daims. Ces évictions massives, souvent accompagnées de destructions des masures et cottages, et connues sous le nom maudit de *Clearances*, se prolongèrent par un fort courant d'émigration vers l'Amérique du Nord, en particulier le Canada. Une grande partie des Highlands écossais est restée presque vide jusqu'à nos jours.

L'écrasante victoire du parti travailliste sur les conservateurs aux élections législatives de 1945 donna le signal d'une autre vague de changements sociaux en Grande-Bretagne : l'établissement de l'État-Providence, la nationalisation de la Banque d'Angleterre et des industries de base (charbonnages, gaz, électricité, transports routiers, ferroviaires et aériens, et finalement sidérurgie). Entre 1942 et 1945, à mesure que se rapprochait la victoire finale, toute une série de commissions de planification s'étaient réunies afin de formuler des propositions de plans pour la reconstruction d'après-guerre.

Le plan le plus ambitieux, celui que rédigea sir William Beveridge, proposait l'unification des services sociaux et leur extension à tous, du berceau jusqu'à la tombe. De là sont issus le Service national de santé (soins médicaux gratuits pour tous), les assurances sociales financées par les employeurs, les travailleurs et l'État, l'Assistance nationale (protection des personnes non couvertes par les assurances et des personnes sans ressources). Les Allocations familiales existaient déjà avant l'arrivée au pouvoir des travaillistes.

Cette législation révolutionnaire fut votée à la hâte à une époque où la Grande-Bretagne s'était lourdement endettée outre-mer. Des usines, des logements et d'autres bâtiments d'une valeur de 6,8 milliards de dollars avaient été détruits, un tiers de la marine marchande était coulé, les exportations avaient diminué de 60 %. Une période d'austérité et de privations commençait. Le rationnement alimentaire dura jusqu'en 1954, celui des textiles jusqu'en 1949. Ces difficultés étaient encore exacerbées par de sinistres événements extérieurs tels que la guerre froide entre les puissances occidentales et le bloc soviétique, et la guerre de Corée où les troupes britanniques intervinrent dans les rangs des Nations unies.

Le parti travailliste se maintint péniblement au pouvoir aux élections législatives de 1950, avec une majorité de six voix. Le gouvernement Attlee organisa des élections anticipées en octobre 1951 : elles furent remportées par les conservateurs. Le parti travailliste restera alors dans l'opposition pendant treize ans (1951-1964).

En dépit de difficultés persistantes, la Grande-Bretagne commençait à prospérer. En 1957, le bouillant Premier ministre Harold Macmillan (plus tard lord Stockton) alla jusqu'à dire : « La plus grande partie d'entre nous n'a jamais été aussi riche » — une phrase qui revint le hanter en des temps plus difficiles. Pendant les années 1960, une Grande-Bretagne débordante de vie donna le ton dans la mode, la musique pop, les arts du spectacle. Une attitude d'indulgence croissante face aux nouveaux comportements sociaux annonçait la société permissive.

UN CENTRE D'INNOVATION. La filature de coton de R. Arkwright à Cromford (Derbyshire) est l'une de ces nombreuses usines du XVIIIe et du XIXe s. qui abritèrent les nouvelles technologies de la Révolution industrielle et sécrétèrent les richesses qui permirent de construire un empire.

Pourtant, les industries textiles du Lancashire et du Yorkshire connaissaient un irrémédiable déclin, de même que les chantiers navals de la Tyne, de la Clyde et du Merseyside, ou les industries de la chaussure du Northamptonshire et du Leicestershire. La crise de l'énergie des années 1970 et la récession persistante des années 1980 n'ont fait qu'accentuer la tendance. On ferma des aciéries. Même les constructions automobiles, rassemblées surtout dans les Midlands de l'Ouest, l'Essex, la vallée de la Clyde et le Merseyside, qui avaient remporté maints succès dans les années 1950 et 1960, connaissaient de sérieuses difficultés.

En 1973, l'État-Providence avait à sa charge un nombre déjà intolérable (un demi-million) de chômeurs. Une décennie plus tard, le total dépassait 3 000 000.

Pourtant, ces difficultés n'étaient pas dues seulement à la récession et à la concurrence d'économies étrangères plus jeunes et plus efficaces. La structure même de l'industrie britannique a subi de profondes transformations. En 1909, la moitié de la production

SAUVEUR NOIR. Une plate-forme pompe l'or noir du gisement de Brent, en mer du Nord, l'un des plus grands gisements offshore du monde. Grâce au pétrole, le niveau de vie des Anglais a pu être préservé, en dépit d'une économie stagnante.

industrielle était l'œuvre de plus de 2 000 entreprises. En 1970, 140 suffisaient à produire le même pourcentage, pour une quantité beaucoup plus grande de marchandises. La décadence de la petite entreprise, la montée du grand conglomérat (souvent une multinationale à racines étrangères) étaient presque accomplies.

En outre, le déclin de l'industrie met les services au premier plan. En 1989, ils fournissaient 15 100 000 emplois salariés sur le total de 21 950 000, dont 5 060 000 dans l'administration publique, la santé et l'éducation. Le Service national de santé, avec 1 400 000 travailleurs à lui seul, était l'un des plus grands employeurs d'Europe occidentale et même du monde. L'industrie n'employait plus que 5 550 000 personnes, 2 200 000 de moins qu'en 1973.

En plus de ce déséquilibre de l'emploi, la population, vieillissante, est pratiquement statique (57 230 000 habitants). La famille moyenne n'a pas les 2,1 enfants nécessaires pour assurer le renouvellement des générations; en fait, la population a légèrement diminué de 1974 à 1982. En dépit de savants calculs qui prédisent 58 000 000 d'habitants pour l'an 2001, la perspective la plus vraisemblable est la « croissance nulle ». La tradition d'une émigration supérieure à l'immigration persiste ; de 1973 à 1982, 2 270 000 personnes ont émigré tandis que 1 800 000 arrivaient. De meilleures conditions sanitaires et les progrès médicaux ont allongé l'existence des Britanniques, ce qui pose d'ailleurs de nouveaux problèmes de financement des pensions de retraite.

UNE RACE INSULAIRE

Si les perspectives économiques et sociales actuelles donnent à beaucoup de Britanniques le sentiment d'être assiégés, c'est une situation que ce peuple insulaire a souvent connue. C'est vers 5500 av. J.-C. que la Grande-Bretagne a été définitivement séparée du continent par le pas de Calais, lorsque la fusion des nappes de glace du dernier âge glaciaire entraîna la remontée concomitante du niveau des océans ; la mer du Nord submergea les basses terres forestières et marécageuses qui unissaient encore la Grande-Bretagne au continent. Mais cela n'arrêta pas les migrations.

Les colons du néolithique arrivèrent il y a environ six mille ans et nous sont connus grâce à leurs tumuli funéraires ; ils s'installèrent par exemple à Avebury, à Stonehenge, où plus tard les peuples de l'âge du bronze dressèrent les cercles mégalithiques. À la fin de l'âge du bronze (2200-650 av. J.-C.) et au début de l'âge du fer (650 av. J.-C.-43 apr. J.-C.) arrivèrent les Celtes et d'autres tribus ; ils construisirent les grandes fortifications de terre qui couronnent encore maintes collines. Leurs langues survivent dans le gallois et le gaélique qu'on parle encore dans tout l'ouest du pays.

Puis, après les brèves incursions de Jules César en 55 et 54 av. J.-C., vint l'invasion romaine en 43 apr. J.-C., et une occupation qui dura plus de trois siècles. Les Romains établirent l'ordre, un réseau routier, et les premières véritables villes, telles que Chester et Chichester. Après le retrait des Romains et l'écroulement de leur empire, arrivèrent les Saxons, les Danois et les Vikings entre le Ve et le XIe s. Le saxon donna naissance à la langue anglaise, à laquelle Danois et Vikings apportèrent quelques éléments ; beaucoup de leurs toponymes subsistent, tels que Derby, l'ancienne Northworthy des Saxons. Finalement, en 1066 (victoire de Hastings), arrivèrent les Normands de Guillaume le Conquérant qui se mêlèrent à la population, apportant de nouvelles facettes à la langue nationale et de nouveaux toponymes.

Les Normands furent les derniers conquérants de l'Angleterre, et pourtant il fallut encore plus de sept cents ans pour que se fasse le Royaume-Uni. La conquête des Galles par les Anglo-Normands commença dès le XIIe s., la dernière principauté galloise (Gwynedd) tomba en 1282 ; les Galles passèrent sous la loi anglaise par les Actes d'union de 1536 et 1542. Le royaume d'Écosse formé au IXe s. par l'union des Pictes et des Scots résista avec succès à l'Angleterre. Mais le roi Jacques VI d'Écosse, arrière-arrière-petit-fils d'Henri VII d'Angleterre, monta sur le trône d'Angleterre en 1603 sous le nom de Jacques Ier et gouverna les deux royaumes. Le Parlement écossais vota l'union avec l'Angleterre-Galles en 1707. Les premiers Anglo-Normands arrivèrent en Irlande vers 1170 ; la domination anglaise s'étendit progressivement sur l'île entière et l'Acte d'union de 1801 créa le Royaume-Uni.

Le beau, fertile et verdoyant pays dont héritèrent les Normands contenait d'abondantes richesses minérales qui restèrent presque intactes jusqu'à la Révolution industrielle. Le minerai de fer était très répandu ; on extrayait du plomb, de l'étain, du cuivre, de l'argent et un peu d'or en Cornouailles, dans le pays de Galles et dans le nord de l'Angleterre. Mais c'est surtout le charbon qui fournit l'énergie nécessaire à l'« atelier du monde ».

Le XXe s. amena la découverte d'autres sources d'énergie, pétrole, gaz naturel et nucléaire. Pendant les années 1950, le charbon fournissait encore 95 % des besoins énergétiques du pays ; en 1979, cette proportion était retombée à 36 %, tandis que les hydrocarbures en fournissaient 59 %. On découvrit du gaz en mer du Nord en 1965 et du pétrole quatre ans plus tard ; en 1990, 45 gisements pétroliers étaient en exploitation. Les revenus fiscaux qu'on en tire compensent la chute de l'industrie mais on s'attend à ce que la production d'hydrocarbures décroisse à partir des années 1990.

Le déclin de l'industrie de transformation a été particulièrement sévère en Grande-Bretagne, un des pays les plus urbanisés d'Europe, puisque plus des trois quarts de la population vit dans les villes grandes et petites. Des qualifications durement acquises au prix de longs apprentissages sont devenues sans valeur du fait des modifications de la demande et du contrôle informatique de la production. Comme dans l'agriculture, mais sur une échelle beaucoup plus grande, de nombreuses industries de transformation ont licencié des travailleurs qualifiés, en particulier les industries textiles, mécaniques et les chantiers navals. Le seul grand constructeur automobile national ne survit que grâce aux subventions d'État et à des liens étroits avec une société japonaise. Un autre constructeur japonais produit ses propres voitures dans le pays.

L'ANCIEN ET LE NOUVEAU

Les loisirs tiennent une place de plus en plus grande dans le pays où en plus des chômeurs — aux loisirs forcés —, de nombreuses personnes acceptent une indemnité de licenciement avec cessation d'activité ou une pension de préretraite. Les pensionnés ont de plus longues retraites ; le nombre des centenaires est passé de 271 en 1951 à 2 410 en 1981.

Néanmoins, il y a eu depuis quelques années des changements significatifs dans de nombreux centres-villes d'Angleterre. Ici, en dépit d'une nette dépopulation, il y a un nombre croissant d'adolescents et de jeunes adultes ; c'est l'un des facteurs des émeutes urbaines de 1981-1985, et qui pourrait bien persister au cours des années 1990. Beaucoup de ces jeunes sont nés de parents originaires du Pakistan ou du Nouveau Commonwealth (c'est-à-dire de pays autres que le Canada, l'Australie et la Nouvelle-Zélande), alors que 40 % seulement de ceux-ci étaient eux-mêmes nés en Grande-Bretagne.

Dans le centre même de Londres, le nombre des enfants de moins de quatre ans a augmenté de 21 % entre 1981 et 1984, en raison sans doute d'un fort taux de natalité chez les communautés asiatiques qui forment la plus grande part de la population immigrée. En 1984, plus de la moitié des enfants nés dans quatre arrondissements londoniens avaient une mère née outre-mer ; la proportion atteignait 64 % dans l'arrondissement de Brent ; en province, elle était de 41 % à Slough, 36 % à Leicester, 30 % à Birmingham. Même dans des districts en déclin économique comme Accrington, Burnley ou Nelson (Lancashire), qui ont de fortes communautés asiatiques, les taux de natalité étaient élevés.

En général, les Asiatiques ont prospéré grâce à leur esprit d'initiative, ce qui n'est pas toujours le cas des immigrés d'origine africaine et antillaise, en cette période de faibles perspectives d'emploi. Pendant les années 1980, leurs frustrations ont explosé en émeutes, en particulier à Londres, Liverpool, Birmingham et Bristol.

Toutefois, l'émeute est presque devenue un mode de vie chez une minorité violente en majorité blanche. Les voyous des terrains de football ont fait fuir des millions de spectateurs qui appréciaient ce jeu d'hiver traditionnel. Et pourtant, la Grande-Bretagne a pour ainsi dire inventé les sports modernes pour le grand public. L'Association du football a été fondée en Angleterre en 1853 ; on a joué au tennis sur gazon pour la première fois en 1873-1874 ; les championnats de Wimbledon datent de 1877. Le golf est probablement originaire d'Écosse, et le rugby de l'école secondaire de Rugby, Warwickshire, au XIXe siècle. Le squash trouve son origine à l'école secondaire de Harrow en 1850 et la première réunion d'athlétisme des temps modernes eut lieu à Londres en 1850. Les origines du cricket, un jeu typiquement anglais, grand sport national estival, sont obscures, mais remontent à environ quatre cents ans.

Le cricket continue à attirer des foules nombreuses, mais le rugby perd ses spectateurs. Le tennis, le golf, l'équitation, les courses automobiles, l'athlétisme restent prisés ; grâce aux reportages télévisés, les fléchettes et le billard intéressent un vaste public.

Des sports tels que le jogging et la course de fond, le surf, la voile, le deltaplane, l'alpinisme sont aussi de plus en plus populaires. D'autres loisirs moins athlétiques sont influencés par la télévision à laquelle le Britannique consacre vingt et une heures en moyenne par semaine. Sont également populaires l'écoute de la radio, de disques et de cassettes, de même que le bricolage, le jardinage, le tourisme, la visite de musées, les randonnées sur les nombreux sentiers piétonniers publics.

Ces sentiers (quelques-uns ont des droits de passage pour les troupeaux depuis les temps préhistoriques) sont jalousement défendus par de nombreuses sociétés de conservation de la nature et des organisations telles que le National Trust qui a acquis un vaste patrimoine et des dizaines de belles demeures et bâtiments historiques pour l'agrément du public. Les efforts du Trust ont eu un retentissement plus grand grâce à l'essor du tourisme, un fournisseur d'emplois de premier ordre (1 300 000 personnes en 1985) ; cette année-là, 15 000 000 d'étrangers ont visité la Grande-Bretagne.

Pour les touristes, les changements décisifs qui ont eu lieu récemment dans le pays sont occultés par une histoire si longue et si riche en événements et en personnages qu'elle a imposé sa marque sur presque tous les aspects des paysages ruraux et urbains. De grandes cathédrales comme celles de Canterbury, Durham, Ely et Lincoln, construites il y a près de mille ans, détournent le regard du temps présent. Les cantiques qu'on y chante sont l'une des composantes fondamentales de la culture anglaise ; on la célèbre lors du festival des Trois Chorales qui se tient alternativement dans les cathédrales de Gloucester, Worcester et Hereford. D'autres festivals artistiques se sont créés depuis la Seconde Guerre mondiale — en particulier le Grand Festival international qui se tient chaque automne à Édimbourg, sans oublier ceux de York, Harrogate, Bath et Cheltenham. Certains lieux ont une forte connotation littéraire : la région des Lacs (Lake District) des sonnets de Wordsworth, la campagne du Ayrshire de Robert Burns, le Yorkshire des sœurs Brontë, le Dorset de Thomas Hardy, les magiques Galles occidentales de Dylan Thomas.

Mais, pour la plupart des touristes, la plus grande attraction de la Grande-Bretagne c'est la capitale elle-même, Londres, avec ses monuments, dont le palais de Buckingham, ses parcs et ses nombreux musées. De la capitale, beaucoup vont visiter les anciennes universités d'Oxford et de Cambridge, les villes historiques comme York ou Chester, les bourgades aux maisons à colombage comme Ledbury, les stations balnéaires comme Brighton et Blackpool. Un grand nombre sans doute se rend à Stratford-upon-Avon, où naquit et repose William Shakespeare dont les tragédies et les poèmes inégalables ont peut-être gravé dans les cœurs et les esprits des images de la Grande-Bretagne plus profondes que celles que diffuse la télévision.

LE ROYAUME-UNI EN BREF
Superficie 244 119 km²
Population 58 100 000
Capitale Londres
Régime Monarchie parlementaire
Monnaie Livre sterling = 100 pence
Langues Anglais, gaélique, gallois
Religions Protestants 55 %, catholiques 10 %, musulmans 2 % ; minorités juive, hindoue, sikh
Climat Tempéré ; température moyenne à Londres : de 2-6 °C en janvier à 13-22 °C en juillet
Ressources Blé, orge, pommes de terre, betteraves à sucre, fruits et légumes, poisson ; pétrole et gaz naturel, charbon
Activités Agriculture, extraction et raffinage des hydrocarbures, charbonnages, machines, matériel de transport, sidérurgie et transformation des métaux, industries alimentaires, papiers et cartons, textiles, chimie, confection, industries légères, services financiers, services aux entreprises
Exportations Machines agricoles et industrielles, pétrole brut, produits pétroliers raffinés, produits chimiques, véhicules et matériel de transport, avions, appareils électriques, produits sidérurgiques, métaux non ferreux, textiles, produits alimentaires
P.N.B. annuel par habitant 17 770 dollars
Croissance démographique 2,6 ‰ par an
Espérance de vie Hommes 73 ans, femmes 78

Russie

LA RUSSIE PEUT-ELLE SURVIVRE À L'U.R.S.S. ? LES RUSSES SONT LES PREMIERS SURPRIS DE LA SOUDAINETÉ AVEC LAQUELLE ILS ONT PERDU UNE GRANDE PARTIE DE CE QU'ILS CONSIDÉRAIENT COMME LEUR TERRITOIRE, DE L'UKRAINE À L'ASIE CENTRALE

La Russie, ou, selon son nouveau nom officiel, la fédération de Russie (en russe Rossiiskaïa Federatsia), demeure, après l'éclatement de l'U.R.S.S., le plus grand État du monde. Sans doute la perte des marges qu'elle s'était constituées au fil des siècles — États baltes, Biélorussie, Ukraine et Moldavie à l'O., Transcaucasie au S. et Asie centrale au S.-E. — l'obligera-t-elle à s'adapter à un nouvel espace, mais son territoire ainsi amputé demeure un atout formidable. Elle conserve une position géopolitique clé, avec des accès directs sur trois systèmes maritimes majeurs : mers Blanche et Baltique au N., mers Noire et Caspienne au S. et océan Pacifique à l'E. Aussi, malgré la crise qu'elle connaît aujourd'hui, la Russie entend bien confirmer son rôle de grande puissance eurasiatique et profiter de sa position de pont entre deux des grands blocs économiques du monde : l'Europe, d'une part, et l'Asie du Sud-Est, dominée par le Japon, d'autre part. Il lui faut cependant surmonter plusieurs obstacles majeurs.

RETROUVER UNE IDENTITÉ

Le premier handicap concerne les mentalités autant que la question des territoires. Il s'agit quant au fond du phénomène classique de l'adaptation à la perte d'un empire, fût-il, dans le cas de la Russie, d'un genre singulier puisqu'il ne comprenait pas de territoires outremer mais englobait un seul espace continental. Ce n'est pas chose facile. Les limites actuelles de la fédération de Russie ne correspondent que partiellement à des frontières physiques ou à une étape historique de son développement. Fixées sous Staline avec une certaine dose d'arbitraire, elles n'étaient que des limites régionales et certainement pas de véritables frontières. Elles furent d'ailleurs modifiées souvent sans réelle justification. En 1954, Khrouchtchev céda ainsi la Crimée à l'Ukraine, pour célébrer, dit-on, l'anniversaire de sa fusion avec la Russie... Plus grave, aujourd'hui, elles ne coïncident pas non plus avec les limites du peuplement russe. Des régions entières de Russie sont peuplées de fortes minorités non russes : peuples caucasiens dans le sud de la partie européenne, ou peuples turcophones en moyenne Volga (Tatars, Bachkirs...), par exemple. De plus, poussés par la volonté de dominer et d'industrialiser les régions annexées à l'empire, les régimes successifs ont, depuis le XIXe s., favorisé maintes migrations dans toutes les régions et ce sont plus de 25 millions de Russes qui vivent aujourd'hui hors de la fédération. Or, quelle que soit l'ancienneté de leur implantation, ils font désormais figure d'étrangers (on parle à leur propos de « pieds-rouges »), souvent poussés à regagner la Russie, où leur intégration s'annonce difficile. Pour problématique qu'elle soit, la perte des républiques d'Asie centrale ou du Caucase n'est pas perçue comme un vrai déchirement. Après tout, ces terres n'ont été réellement dominées, au prix de longs conflits armés, que dans la seconde moitié du XIXe s. En outre, les images des conflits interethniques sanglants qui s'y déroulent ont fait grandir l'idée qu'il vaut mieux se séparer de ces régions incontrôlables plutôt que de s'engluer dans des guerres comme celle d'Afghanistan. Il en va largement de même pour les États baltes, qui ne furent que tardivement annexés par l'U.R.S.S., après la Seconde Guerre mondiale, et jamais vraiment intégrés. La séparation de la Biélorussie et surtout de l'Ukraine pose en revanche aux Russes des problèmes identitaires bien plus fondamentaux. Pour beaucoup, il s'agit d'un seul et même peuple : Kiev n'est-elle pas la mère de toutes les Russies ? Les conflits à propos de la Crimée et de la flotte de la mer Noire montrent que certaines forces en Russie n'ont pas abandonné l'idée de cette grande nation unique, quitte à lui donner un nouveau visage. Manifestement, certains à Moscou conçoivent la Communauté des États indépendants (qui fut lancée à Minsk, le 8 décembre 1991, par les présidents des trois républiques slaves) comme une façon de perpétuer les vieilles visées impériales. Or, à l'époque de la résurgence des nationalismes, de tels projets peuvent non seulement ruiner les efforts de redéfinition des rapports entre la Russie et ses voisins, mais aussi mettre en péril l'unité même de la Russie.

DES ÉQUILIBRES INTERNES À REDÉFINIR

La Russie reproduit, en plus petit, la structure administrative de l'ex-U.R.S.S., ce qui représente un singulier héritage : la nouvelle fédération comprend 25 républiques autonomes (situées essentiellement au nord du Caucase et le long de la Volga), et 7 arrondissements autonomes (habités par les « petits peuples » du Grand Nord), auxquels s'ajoutent 6 territoires (kraï) et 49 régions (oblast), qui sont les subdivisions administratives de base, peuplées majoritairement de Russes.

Ce découpage complexe en forme de poupée gigogne, largement hérité des choix soviétiques, n'est pas sans poser de problème. Deux des républiques, le Tatarstan et la Tchétchénie, récusent toute tutelle de Moscou et clament obstinément leur indépendance. Et les autres observent avec attention les hésitations du gouvernement fédéral à ce sujet, escomptant bien récolter au passage plus d'autonomie pour leur propre territoire... Or, les régions russes admettent de moins en moins facilement l'idée que les républiques aient, à l'intérieur de la Russie, des droits particuliers dont elles se verraient priver, que ce soit sur le plan politique — élection d'un président et d'un gouvernement, possibilité de nouer des relations diplomatiques sans passer par Moscou... — ou sur le plan économique — droit de commercer directement avec l'étranger, aménagement des compétences budgétaires et fiscales. Il s'ensuit une véritable fronde de la décentralisation, menée par les régions russes de Sibérie : leurs dirigeants, s'estimant victimes depuis des décennies d'une véritable politique d'exploitation coloniale de la part du gouvernement central, réclament avec vigueur une large autonomie de décision. Plusieurs d'entre eux ont créé des sortes de parlements régionaux (« Entente sibérienne », « Grand Oural », « Terres noires », « Grande Volga ») et font ainsi pression sur le gouvernement central. La nouvelle Constitution devrait définir un nouvel équilibre entre les régions et républiques qui ont signé la Charte fédérale, le 31 mars 1992, et le pouvoir fédéral russe.

Il n'est pas simple d'instaurer des pratiques politiques démocratiques dans un pays où elles n'ont, de fait, jamais existé. Depuis la dissolution du Parti communiste en août 1991 à l'issue du putsch raté, les conflits, souvent dus à quelques personnalités dominantes, se sont multipliés. Le président Eltsine, élu au suffrage universel en juin 1991, tente de mettre en place un système présidentiel. Mais les tenants de l'ancien régime qui se trouvent encore au Parlement tentent un coup de force en octobre 1993. Les putschistes sont battus, mais les élections législatives de décembre marquent la victoire d'une formation ultranationaliste (parti libéral-démocrate) qui devient la seconde formation du Parlement, juste derrière celle du président Eltsine.

Les réformes continuent cependant, mais le pouvoir n'est plus aussi sûr de son fait, avec une population montrant un mécontentement grandissant, lassée de voir son pouvoir d'achat rogné par une inflation galopante, et une armée désorientée.

DU SOCIALISME AU CAPITALISME

En proposant, bien timidement au départ, de s'engager dans la voie de vraies réformes économiques et d'accepter les « lois du marché », les dirigeants soviétiques de l'entourage de M. Gorbatchev ne soupçonnaient sans doute ni l'ampleur de la tâche à accomplir ni le poids des résistances à surmonter. Surtout, ils n'imaginaient pas que ces premières réformes entraîneraient finalement l'abandon du système socialiste lui-même. Aujourd'hui, les nouveaux dirigeants, autour du président Eltsine, ont décidé d'accélérer la transition vers un modèle de type libéral, et on ne cache plus que la Russie est engagée dans une longue période de transformations. Elle s'accompagnera sans doute de turbulences dont on espère seulement qu'elles ne seront pas sanglantes. Un premier volet des réformes concerne la désétatisation, tant de l'économie que des autres activités (éducation, culture, services) où, dans le système soviétique, le monopole de l'État était total. Les administrations garderont un rôle dominant dans des secteurs entiers (énergie, armement, transports stratégiques...) et continueront de définir les choix politiques prioritaires. Mais l'accent est désormais mis sur la liberté de choix entre public et privé, y compris dans l'éducation, la santé ou les services. Cette remise en cause du monopole de l'État est une véritable révolution dans un pays comme la Russie, où le poids de l'administration est bien antérieur à 1917. Dans le domaine économique, la désétatisation se heurte à l'énorme poids du complexe militaro-industriel. Avec toutes ses ramifications, si l'on en croit certains spécialistes, celui-ci comptait pour plus de la moitié de la production globale, utilisant les meilleures techniques, les meilleurs spécialistes. Si l'on détruit trop vite ce noyau dur de l'économie soviétique, débordant largement des industries d'armement proprement dites, le risque est grand qu'on affaiblisse durablement toute l'économie, mettant en péril l'idée même des réformes. On se heurte à un problème analogue dans l'agriculture. La collectivisation totale des activités agricoles sous Staline fut certainement une erreur qui compta pour beaucoup dans les pénuries alimentaires chroniques dont furent victimes les consommateurs russes. Mais nombre de kolkhozes (fermes coopératives) et de sovkhozes (fermes d'État) se sont modernisés depuis Khrouchtchev et ont acquis aujourd'hui un niveau honorable de productivité, à la satisfaction de leurs travailleurs. Une décollectivisation brutale des terres serait catastrophique et déstabiliserait pour longtemps les exploitations qui fonctionnent.

C'est en tenant compte de ces données que les autorités russes ont lancé un programme de privatisation à la fois ambitieux et prudent. Les premiers secteurs concernés — commerce et services pour la population — furent attribués par des ventes aux enchères ou des ventes à crédit au personnel des entreprises. Cette privatisation a rapidement gagné d'autres domaines : banques, assurances, santé, éducation. Elle touchera aussi les entreprises industrielles, en commençant par les plus petites. C'est une tâche de longue haleine, car il s'agit aussi de former de nouveaux types de cadres, de changer les mentalités et les pratiques économiques. Le gouvernement a distribué des bons de privatisation échangeables contre des actions ou des parts sociales et cherche à éviter que cette opération ne profite qu'aux mafias ou à l'ancienne nomenklatura (les dirigeants déjà en place). Le passage au privé de la terre et des logements est la question la plus discutée car elle soulève bien des craintes : quel sera le montant des charges, des impôts ? Comment éviter que certains n'accaparent les meilleurs lots ? Les vieux réflexes égalitaristes, profondément ancrés dans les esprits par soixante-dix ans de socialisme, se mêlent à une tradition collectiviste plus ancienne encore, issue du mir, la communauté rurale de l'époque du régime tsariste, pour renforcer méfiance et hostilité envers des mesures présentées trop hâtivement. La Russie demeure un monde aux réactions spécifiques, et il faudra du temps pour venir à bout de son inertie.

L'économie russe offre aujourd'hui de constants paradoxes : certains secteurs, de la métallurgie à l'aéronautique en passant par les industries d'armement, occupent les premiers rangs mondiaux, alors que d'autres domaines sont véritablement sous-développés. En même temps, la crise actuelle (la production a chuté de 20 à 30 % en deux ans) ne doit pas faire illusion. La Russie, avec ses faiblesses, demeure une grande puissance et dispose d'énormes atouts pour conserver ce statut qu'elle n'est pas disposée à abandonner.

Un premier atout est la quasi-autosuffisance en matières premières assurée par son immense territoire. On peut dire de la Russie ce que l'on affirmait de l'U.R.S.S. : de par la diversité de ses reliefs et milieux naturels, elle dispose d'à peu près tout ce qui lui est nécessaire, y compris pour l'exportation. Ne fournissait-elle pas déjà 89 % du pétrole, 79 % du gaz, 56 % du charbon, 45 % du minerai de fer, 66 % de l'or, 91 % du bois et presque tous les diamants, le platine, le nickel de l'ex-U.R.S.S. ? Dans tous ces domaines, la Russie conserve une position dominante — dont elle se sert déjà pour faire pression sur ses anciens partenaires —, qui ne demande qu'à être renforcée par la mise en valeur de nouveaux gisements sibériens. Il faudra cependant tenir compte des contraintes imposées par la géographie. La plupart de ces ressources, à l'exception notable du fer, sont situées dans des régions (Sibérie et Extrême-Orient) aux climats rigoureux, éloignées des centres industriels, mal desservies et peu peuplées. C'est dire si la mise en œuvre de ces gisements sera longue et coûteuse. La Russie ne dispose actuellement ni des capacités d'investissement ni des techniques nécessaires. Dans certains cas, des firmes occidentales ou japonaises sont prêtes à lui venir en aide. Mais cette aide n'est pas sans contrepartie et peut créer des dépendances durables.

L'interdépendance entre républiques est un des héritages les plus complexes laissés par le système soviétique. La gestion centralisée par grandes branches industrielles ne se préoccupait guère des cohésions régionales. Les entreprises d'un même ministère échangeaient matières premières et sous-produits d'une région ou d'une république à l'autre, créant un réseau d'échanges croisés qui constituent aujourd'hui un redoutable handicap. La Russie est sur ce plan doublement favorisée : étant la plus grande des anciennes républiques soviétiques, elle dispose sur son sol de presque tous les types de productions et peut donc assez vite pallier l'absence de livraisons de ses ex-partenaires ; de plus, sur son sol étaient concentrées la plupart des activités réellement de pointe, depuis les laboratoires de recherche jusqu'aux entreprises, ce qui représente en effet un sérieux atout. Pourtant, les nouveaux dirigeants ont dû se rendre à l'évidence, l'enchevêtrement des échanges était si grand que même la Russie ne peut s'en dégager aisément. Pour que la période de transition ne se solde pas par un véritable chaos économique, la fédération devra composer avec ses principaux voisins (Ukraine, Biélorussie, Kazakhstan...) et établir avec eux des relations mutuellement avantageuses. Malgré les réticences de ceux qui y voient un instrument de maintien de la domination russe, la Communauté des États indépendants peut jouer un rôle fondamental dans l'établissement de ces nouvelles relations.

SCÈNE DE RUE. Comme à son habitude, la population moscovite vaque à ses occupations dans les rues sans voitures, paraissant insensible à ce qui se déroule derrière les tours du Kremlin (au fond).

Dernier atout d'importance, c'est la Russie qui avait le plus de pratique dans le commerce international, et c'est elle qui a hérité de la plupart des structures de direction des relations extérieures, depuis le siège de l'U.R.S.S. au Conseil de sécurité de l'ONU et sa place dans divers organismes internationaux, jusqu'à la Banque centrale et aux centres d'émission du rouble. Le rôle de celui-ci s'affaiblit au fur et à mesure que chaque État crée sa propre monnaie, mais cette prééminence russe sur les échanges comptera. On peut déjà la mesurer en voyant comment Moscou devient le centre des réseaux de télématique et de transmission modernes, non seulement pour la Russie mais aussi pour plusieurs des autres États issus de l'U.R.S.S.

DES VIEILLES RÉGIONS EUROPÉENNES AUX FRONTS PIONNIERS SIBÉRIENS

La Russie est d'une surprenante diversité. De la mer Baltique (Saint-Pétersbourg) à la mer Noire (la « riviera » autour de Sotchi), du Donbass (un tiers de ce bassin charbonnier est en Russie) aux ports du Pacifique (Vladivostok et Nakhodka), en passant par les plaines de la Volga, les monts métallifères de l'Oural

	republiques		
1	des ADYGHÉENS	7	de MORDOVIE
2	du DAGHESTAN	8	d'OSSÉTIE DU NORD
3	de KABARDINO-BALKHARIE	9	d'OUDMOURTIE
4	des KARATCHAÏS-TCHERKESSES	10	du TATARSTAN
5	des KHAKASSES	11	de TCHETCHENIE et d'INGOUCHETIE
6	des MARIS	12	de TCHOUVACHIE

région du Caucase

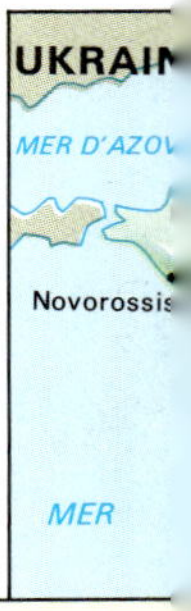

républiques

1 des ADYGHÉENS
3 de KABARDINO-BALKHARIE
4 des KARATCHAÏS-TCHERKESSES
8 d'OSSÉTIE DU NORD
11 de TCHETCHENIE et d'INGOUCHETIE

et les immensités sibériennes, les conditions physiques et humaines varient considérablement. La partie européenne se partage entre deux régions de vieille tradition rurale. Au N., la région des « terres non noires », aux sols acides (podzols) couverts par la forêt, est par excellence le foyer de la vieille Russie, avec ses cultures de clairière, ses petits villages d'isbas, ses villes anciennes longtemps négligées. Au S., c'est le prolongement des célèbres terres noires que l'on suit depuis l'Ukraine jusqu'en Sibérie méridionale, pays de steppes ouvertes vouées à la grande culture céréalière. À l'extrême N., la fédération englobe l'ensemble du littoral arctique de l'ex-U.R.S.S., avec ses mers bordières gelées une partie de l'année. La navigation, qui emprunte la célèbre route maritime du Nord, y est de plus en plus active pour desservir les fronts pionniers sibériens, en particulier la ville minière de Norilsk et les champs d'hydrocarbures de la plaine de l'Ob. C'est le domaine de la toundra, dont les maigres lichens servent de pâture aux troupeaux de rennes. Plus au S. s'étend la taïga (forêt boréale de conifères) ; son exploitation est compliquée par les caractéristiques du sol (le permafrost), gelé en permanence sur des profondeurs de 20 à 50 m, ce qui le rend instable pour toute construction.

Pendant longtemps, la population et les activités se sont en gros cantonnées dans les secteurs les plus accueillants, plaines et plateaux de la partie européenne ainsi que la partie méridionale de la Sibérie et de l'Extrême-Orient, le long du Transsibérien. C'est

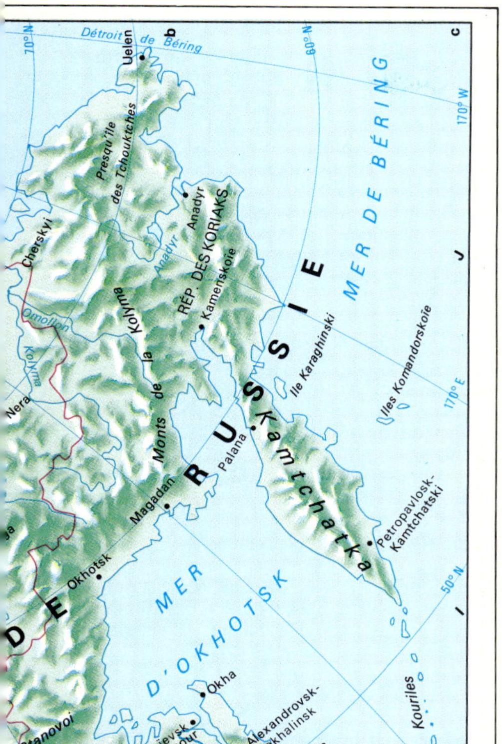

dans cette sorte de triangle s'effilochant vers l'E. que, outre de vieux foyers ruraux, se développèrent les centres administratifs (Moscou, Saint-Pétersbourg, Novonikolaïevsk, Irkoutsk), les villes-marchés et les centres d'artisanat comme Nijni-Novgorod ou Saratov, sur la Volga. Là apparurent les premiers centres industriels, les grandes exploitations minières et métallurgiques de l'Oural, le bassin de Moscou (connu dès le Moyen Âge pour son fer et sa lignite). Puis, dans la première moitié du siècle, le développement du bassin charbonnier du Kouzbass, en Sibérie, et des gisements de pétrole et de gaz de la Volga prit le relais.

Mais, à partir des années 1950, une étape décisive est franchie : à l'exception du fer — on commence alors à exploiter « l'anomalie magnétique » de Koursk —, les gisements occidentaux s'épuisent et il apparaît clairement qu'il faudra recourir à la partie orientale pour approvisionner l'industrie en matières premières et en combustibles. Mais l'ouverture de fronts pionniers dans ces contrées au climat hypercontinental, marécageuses, comme la plaine de l'Ob, ou montagneuses et de forte sismicité, comme la Transbaïkalie, est coûteuse. De plus, le prix du transport double souvent le coût global d'opérations difficiles.

C'est pourtant la voie qui est choisie avec l'aménagement, à partir du milieu des années 1960, de la plaine de l'Ob, qui fournit aujourd'hui 70 % du pétrole et 90 % du gaz russes. La construction du B.-A.M. (Baïkal-Amour Magistral), nouvelle voie ferrée qui double, plus au N., le Transsibérien, ouvre l'accès à de nouveaux gisements : charbon de Yakoutie, cuivre d'Oudokan, phosphates de Bouriatie. En outre, elle déleste d'une partie de sa charge — en particulier du trafic de conteneurs du Pacifique vers la C.E.E. — la vieille ligne saturée.

L'ouverture de ces fronts pionniers ne s'est pas faite sans mal. La mobilité de la main-d'œuvre — la plupart des travailleurs partent pour des contrats courts afin d'amasser un pécule en profitant des hauts salaires — témoigne du manque d'infrastructures et de logements qui caractérise nombre de villes nouvelles sibériennes comme Bratsk, Ourengoï ou Tynda. C'est d'ailleurs pour surmonter ces handicaps que les nouvelles autorités régionales veulent conserver une part plus grande des bénéfices de l'exploitation minière pour alimenter leurs budgets.

MÉTROPOLES CONGESTIONNÉES ET EXODE RURAL

L'essor rapide de l'industrialisation, la transformation de nombreuses régions et l'urbanisation accélérée qui accompagne ces mutations posent de nombreux problèmes. Le bassin de la Volga est devenu une cascade de centrales hydroélectriques et un vaste couloir industriel. D'anciennes bourgades sommeillantes comme Tioumen ou Togliatti (anciennement Stavropol), des villes nouvelles comme Magnitogorsk ou Naberejnye Tchelny (qui s'est appelée Brejnev de 1984 à 1988) ont vu leur population approcher ou dépasser en quelques décennies le demi-million d'habitants. Il a suffi parfois de la création d'une seule entreprise — les automobiles Lada à Togliatti, par exemple.

Attirés par les meilleures conditions de vie ou d'emploi, les Russes se dirigent de plus en plus vers les grandes agglomérations, au point que celles-ci sont aujourd'hui complètement saturées. Des mesures de limitation administrative (le système de la *propiska*) ont été prises pour les plus grandes : interdiction de recevoir un logement si l'on n'a pas d'emploi sur place et limites à la création de nouvelles entreprises ; mais elles se sont révélées peu efficaces. Les employeurs obtenaient des dérogations et les travailleurs, s'ils ne pouvaient s'installer en ville, gonflaient les banlieues.

Celles-ci, conglomérats uniformes de grands ensembles de type H.L.M., aux logements séparés mais exigus (quelque 20 % des familles vivent encore en appartements communautaires), sont souvent mal desservies par les transports et impliquent des déplacements quotidiens longs et pénibles. Les autorités songent cependant à abandonner le système de la *propiska*, considéré aujourd'hui comme une entrave à la liberté de circulation. Pour le remplacer, ils comptent sur la libéralisation du marché des logements et sur la pression foncière. Le prix du terrain a connu un bond fantastique dans les centres-villes et c'est, pense-t-on, le meilleur moyen pour inciter les entreprises à se « délocaliser ». Par ailleurs, bien des Russes qui profitaient des loyers bas dans les appartements d'État se demandent s'ils pourront payer les charges en rapide augmentation.

Ce changement de conjoncture sera peut-être favorable aux campagnes et aux petites villes, qui souffrent cruellement du manque d'équipements et de services. Les insuffisances du réseau routier secondaire accroissent les problèmes de stockage des récoltes et incitaient jusqu'à présent les jeunes à quitter définitivement des régions entières. Déjà, la libéralisation du système des lopins produit des effets : on voit se multiplier, autour des villes, les constructions de datchas (résidences secondaires) entourées d'un jardin, et l'on assiste à une revitalisation de certaines zones rurales.

Parmi les grandes métropoles, Saint-Pétersbourg, dont l'industrie s'est spécialisée dans les activités de pointe liées au complexe militaro-industriel, restaure son superbe centre historique et cherche à retrouver sa place de grand port ouvert sur l'Europe occidentale. Quant à Moscou, la capitale, elle a souffert, dans un premier temps, de la perte de son rôle de centre tout-puissant de l'U.R.S.S. Mais la modernisation de ses équipements (aéroports, autoroutes, projet de T.G.V. vers Saint-Pétersbourg), l'atout que représente son énorme potentiel culturel et scientifique et le poids du facteur politique devraient rapidement confirmer son rayonnement tant national qu'international.

LA RUSSIE EN BREF	
Superficie	17 075 400 km^2
Population	148 700 000
Capitale	Moscou
Monnaie	Rouble = 100 kopeks
Langue	Russe
Religions	Orthodoxes, musulmans, juifs, bouddhistes
Climat	Continental froid avec des marges arctiques au N., subarides au S., plus tempérées à l'O. et dans l'Extrême-Orient méridional. Températures moyennes à Moscou : − 11 °C en janvier, 18 °C en juillet
Ressources	Céréales, bétail, bois, pétrole, gaz, charbon, fer, diamants, or, cuivre, plomb, nickel
Activités	Pétrochimie, énergie électrique, sidérurgie, constructions mécaniques, aéronautiques, armements, bois et papier, industries agro-alimentaires
Exportations	Combustibles et énergie, machines et matériels de transport, automobiles, armements, minerais et métaux, produits chimiques, bois et cellulose
P.N.B. annuel par habitant	3 220 dollars
Croissance démographique	0,7 ‰ par an
Espérance de vie	Hommes 63 ans, femmes 74

PRÉSIDENTS GÉANTS. Les visages de quatre présidents américains ont été sculptés au flanc du mont Rushmore, entre 1927 et 1941. De g. à dr. : George Washington, Thomas Jefferson, Theodore Roosevelt et Abraham Lincoln.

Rumaila, ***Irak*** Un des premiers champs pétrolifères du monde, à 50 km au S.-O. du port de Basra, sur le Golfe, exploité depuis 1972. Il a entraîné la création des villes industrielles d'Az Zubayr, de Shu'aiba et de Umm Kasr.

Il s'étend aussi au-delà de la frontière koweïtienne, ce qui fut un des prétextes au conflit entre les deux pays, l'Irak accusant le Koweït de piller ses réserves.

Carte Irak Cc

Rungis, ***France*** Commune du Val-de-Marne, à 16 km au S. de Paris. Longtemps plus petite commune rurale du pays, elle est le siège depuis 1969 du marché d'intérêt national (M.I.N.) qui assure l'approvisionnement de 12 millions de consommateurs, dont 80 à 90 % en Île-de-France avec 2 100 000 t de marchandises. Établi sur 620 ha de marchés et d'entrepôts annexes, « Rungis » a remplacé le quartier des Halles à Paris.

Population 3 000

Runnymede, ***Royaume-Uni*** Prairie de la rive S. de la Tamise, à 8 km au S. de Windsor. Le roi d'Angleterre Jean y scella le 12 juin 1215 la Magna Carta, ou Grande Charte, définissant les droits des citoyens à la sécurité et à la justice.

Carte Royaume-Uni Ee

Ruse, ***Bulgarie*** Chef-lieu de la province homonyme et premier port fluvial du pays sur le Danube, à 244 km au N.-E. de Sofia, proche de l'unique pont entre la Bulgarie et la Roumanie, dit « pont de l'Amitié ». Forteresse romaine au IIe s., elle est devenue depuis le XIXe s. un centre industriel important (tanneries, chantiers navals, caoutchouc, matériel agricole et électrique, matières plastiques) relié par bateau au port de Vidin, 280 km en amont.

Population 181 200

Carte Bulgarie Bb

Rushmore (mont), ***États-Unis*** Sommet de 1 707 m dans les Black Hills (Dakota du Sud), siège du mémorial national du mont Rushmore (13 km^2). Un versant porte les visages géants (18 m) de quatre présidents des États-Unis, Washington, Jefferson, Lincoln et Theodore Roosevelt, sculptés entre 1927 et 1941.

Carte États-Unis Fb

Russie Blanche Voir BIÉLORUSSIE

Rustenburg, ***Afrique du Sud*** Ville minière (chrome, nickel) à 100 km au N.-O. de Pretoria, proche du plus grand gisement de platine du monde.

Population 30 400

Carte Afrique du Sud Cb

Ruthénie ou **Ruthénie subcarpatique,** ***Ukraine*** Territoire aux frontières slovaque et hongroise, aussi appelé Ukraine subcarpatique, hongrois jusqu'en 1919. D'abord attribuée à la Tchécoslovaquie, la Ruthénie est proclamée indépendante en 1939, avant d'être aussitôt occupée par la Hongrie. Elle sera définitivement cédée à l'Ukraine en 1945, où elle constitue la région d'Oujgorod.

Carte Ukraine Ac

Rütli, ***Suisse*** Prairie sur les rives du lac des Quatre-Cantons (lac d'Uri) où, le 1er août 1291, trois cantons (Unterwald, Uri et Schwyz) jurèrent de s'unir contre la domination autrichienne, fondant ainsi la Confédération helvétique. La légende porte à quatre le nombre des signataires en y ajoutant Guillaume Tell.

Ruwenzori, ***Ouganda/Zaïre*** Chaîne de montagnes entre les lacs Édouard et Albert, censée être les « monts de la Lune » des anciens Grecs qui en faisaient la source du Nil et découverte par Stanley en 1889. Point culminant: le pic Marguerite (5 119 m), au mont Stanley (ou Ngaliema). Au-dessus de 1 650 m, ses forêts denses font place à des pâturages, bosquets de bambous, halliers de bruyère, et toundras, couronnés par des glaciers et des névés.

Carte Zaïre Ba

Rybatche, ***Kirghizistan*** Voir ISSYK-KOUL

Rybinsk, ***Russie*** 1. Grand barrage hydroélectrique sur la Volga, à 270 km au N. de Moscou, achevé en 1941. La création de son réservoir de 4 550 km^2 inonda la région voisine, dont les habitants durent être relogés à Rybinsk, au S. du barrage.

2. Ville sur la Volga, au S. du barrage homonyme. Baptisée Tcherbakov de 1946 à 1957, du nom d'un dignitaire communiste, la ville fut débaptisée en 1984 et appelée Andropov, en hommage au président de l'U.R.S.S. Youri An-

Rwanda

UN DES PLUS ANCIENS ÉTATS D'AFRIQUE DÉVASTÉ PAR UNE GUERRE CIVILE MEURTRIÈRE

Au cœur du continent noir, la petite république du Rwanda se range parmi les pays d'Afrique – et du monde – dont la densité de population (246 habitants au kilomètre carré) est la plus forte. C'est un pays de collines verdoyantes, aménagées à l'époque coloniale en terrasses épousant les courbes de niveau pour freiner l'érosion et favoriser le développement agricole.

Le Rwanda se trouve sur la ligne de partage des eaux des bassins du Nil et du Zaïre. Au N.-O., à la frontière zaïroise, des volcans, dont certains sont encore actifs, culminent à plus de 4 500 m. À l'E., le pays s'abaisse vers les savanes de la Kagera, une des rivières formées par les sources du Nil. Les collines sont bien découpées à l'O., en bordure du lac Kivu, qui forme la plus grande partie de la frontière avec le Zaïre. De nature volcanique, les sols sont fertiles. Mais le surpâturage a dégradé la mince couche de terre arable. Abondantes sur les sommets, les précipitations diminuent sur le reste du pays (750 - 1 750 mm par an).

De tous les États africains situés au S. du Sahara, le Rwanda est l'un de ceux dont les frontières sont les plus anciennes. Des vestiges associant la métallurgie du fer à la poterie témoignent de la présence de populations, probablement bantoues, dès le IIIe s. Des agriculteurs bantous, les Hutus, arrivent en effet dans le pays vers cette époque : ils aménagent des clairières dans la forêt primaire où vivaient les ancêtres des actuels pygmées Twas. Viennent ensuite, entre les Xe et XVe s., des pasteurs d'origine nilotique, les Tutsis. Ils arrivent avec leurs petites vaches à longues cornes et instaurent une aristocratie fondée sur la possession des bovins et l'utilisation de leurs sous-produits. Ainsi, petit à petit, établissent-ils leur suprématie sur les autres communautés : aux Hutus le travail de la terre, aux Tutsis la connaissance des troupeaux et les jeux du pouvoir, aux Twas, enfin, le travail de la poterie, le divertissement des chefs et l'exécution de leurs basses œuvres. Les uns et les autres parlent le kinyarwanda, une langue bantoue.

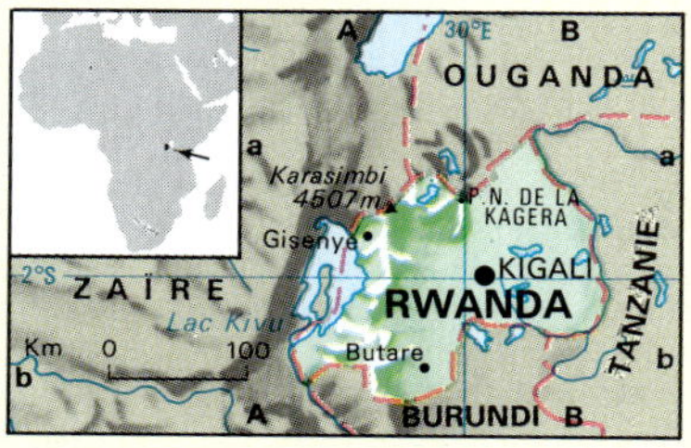

Le pays est partagé en petits royaumes gouvernés par des mwamis, qui luttent autant pour leur survie que pour étendre leur domaine. Le personnage le plus influent est la reine mère : c'est elle qui fait et défait les ministres. Dans cet État-nation, le plus durable d'Afrique avec l'Éthiopie, les mariages entre ethnies et l'évolution sociale ont favorisé l'intégration des différentes populations mais n'ont pas résolu le problème du pouvoir, demeuré aux mains d'une aristocratie.

En 1890, malgré les réticences du mwami Musinga, les Allemands incluent le Rwanda dans leurs possessions d'Afrique orientale. La Belgique y pénètre en 1916. Les Britanniques, installés en Ouganda et au Tanganyika, se font octroyer des districts dans le Nord et l'Est, peuplés de Rwandais. Entre les deux guerres, sous le nom de Ruanda-Urundi, le territoire et le Burundi sont placés sous mandat confié à la Belgique.

La Belgique va alors gouverner par l'intermédiaire des pouvoirs locaux représentés par le mwami et les Tutsis. Le pays est christianisé et les missions prennent en main l'essentiel de l'éducation. C'est à travers elles que se fait l'évolution politique de la majorité hutu qui, jusque-là, avait été tenue à l'écart de la gestion du pays. Lorsque survient, en 1959, la mort du mwami Mutara et qu'arrive au pouvoir une fraction tutsi plus intransigeante et inquiète des revendications hutus, des troubles graves éclatent dans le pays. Ils dégénèrent en une révolution violente et une prise de pouvoir par la majorité. Les responsables tutsis et le mwami se réfugient dans les pays voisins. En même temps que le Burundi, le pays accède à l'indépendance, en 1962, sous la présidence de Grégoire Kaybanda, ancien secrétaire de l'archevêque. Il est chassé, quelques années plus tard, par le général Juvénal Habyarimana, qui est réélu régulièrement depuis 1973. En 1988, le Rwanda a dû accueillir plus de 60 000 réfugiés hutus du Burundi. Deux ans plus tard, les réfugiés tutsis en Ouganda, réunis avec des Hutus modérés en un Front patriotique du Rwanda (F.P.R.), tentent un retour en force dans le nord et l'est du pays. Un accord sur le partage du pouvoir est signé à Arusha (Tanzanie) en 1993 mais non appliqué. En 1994, la mort, dans un attentat, des deux présidents (hutus) du Rwanda et du Burundi déclenche au Rwanda le massacre systématique des Tutsis et des Hutus modérés, causant près d'un million de morts. La même année, le F.P.R. prend le pouvoir à Kigali et deux millions et demi de Hutus s'enfuient au Zaïre.

On appelle le Rwanda le pays des mille collines. Chacune d'elles regroupe un ensemble de villages, les Rwandais vivant dispersés à travers la campagne. Depuis la révolution, les bovins ne sont plus la possession exclusive des Tutsis (les Hutus en avaient la garde sans en avoir la jouissance) et leur élevage a périclité.

Le café (meilleur rendement mondial) est la principale culture industrielle et la plus importante source de devises avec le thé. On cultive aussi le cotonnier, le tabac et le pyrèthre, une plante dont les capitules séchés fournissent une poudre insecticide. Ces productions sont exportées vers les ports de l'océan Indien par le Kenya et l'Ouganda. On imagine sans peine à quel point le Rwanda a pu souffrir des troubles dans ce dernier pays.

Le Rwanda est un pays de tourisme. Le parc national de la Kagera abrite des troupeaux de zèbres et d'antilopes. Au N.-O., sur les pentes des volcans Virunga, vivent en liberté les derniers groupes de gorilles, objet de la sollicitude des zoologistes.

LE RWANDA EN BREF

Superficie	26 338 km^2
Population	6 760 000
Capitale	Kigali
Régime	Militaire
Monnaie	Franc rwandais = 100 centimes
Langues	Kinyarwanda, français (officielles), kiswahili
Religions	Chrétiens (65 %), animistes (25 %), musulmans (10 %)
Climat	Équatorial évoluant selon l'altitude. Température moyenne annuelle à Kigali : 19 °C
Ressources	Patates douces, manioc, pommes de terre, haricots et pois, sorgho, bananes ; arachide, café, thé, pyrèthre, bétail, chèvres, porcs, bois ; tungstène, étain
Activités	Cultures industrielles, mines, forêt, cuirs et peaux, industries alimentaires
Exportations	Café, minerais brut, thé, cuirs et peaux, pyrèthre
P.N.B. annuel par habitant	250 dollars
Croissance démographique	33,9 ‰ par an
Espérance de vie	Hommes 45 ans, femmes 47

dropov (1914-1984), qui avait succédé à Leonid Brejnev. Elle retrouva son nom d'origine en 1989. Industries mécaniques, navales, alimentaires et du cuir ; machines à bois, électricité hydraulique.

Population 252 000

Carte Russie Bb

Rysy, ***Pologne*** Voir TATRAS (monts)

Ryukyu (îles), en japonais **Nansei,** ***Japon*** Archipel volcanique (2 196 km^2) du sud du pays, s'étendant sur 1 200 km entre Kyushu et Taiwan. Il sépare la mer de Chine orientale de l'océan Pacifique. Ces îles ne sont japonaises que depuis 1874 et possèdent une langue et une culture spécifiques. D'importants combats s'y déroulèrent en 1945, principalement à Okinawa, au cours du débarquement américain préfigurant la défaite du Japon.

Le nord de l'archipel fait aujourd'hui partie de la préfecture de Kagoshima ; ce sont les îles Amani, Tokara et Osumi. Okinawa et les îles du sud forment une préfecture particulière. Occupées par les États-Unis après la Seconde Guerre mondiale, les îles Ryukyu furent rendues au Japon en 1953 (partie N.) et 1972 (partie S.).

L'île principale, Okinawa, a pour chef-lieu Naha, centre économique des îles. L'île Ishigaki, au S.-O. de l'archipel, abrite le célèbre parc national d'Iriomote (290 km^2) où l'on trouve le félin des montagnes, espèce unique au monde de chat sauvage.

Population (préf. d'Okinawa) 1 123 000

Carte Japon Gf

Rzeszow, ***Pologne*** Moderne cité industrielle à 153 km à l'E. de Cracovie. La ville médiévale, en son cœur, fut souvent pillée, par les Tatars, les Suédois, les Autrichiens ; elle conserve une belle église cistercienne du XVIIe s. Depuis 1945, de nouvelles usines y fabriquent équipement ferroviaire, machines, produits chimiques, vêtements, et la population de la ville a plus que quadruplé.

Population 153 000

Carte Pologne Dc

S

Saale, ***Allemagne*** Rivière longue de 426 km née à 40 km au N.-E. de Bayreuth et se jetant dans l'Elbe au S. de Magdebourg après avoir arrosé Iéna et Halle. Elle alimente plusieurs réservoirs et usines hydroélectriques.
Carte Allemagne Dc

Saarbrücken, ***Allemagne*** Voir SARREBRUCK

Šabac, ***Yougoslavie*** Centre commercial et industriel sur la rive droite de la Save, à 65 km à l'O. de Belgrade. Vestiges de la forteresse élevée à la fin du XVe s. par le sultan Mehmet II, base de la conquête turque de la Croatie.
Population 119 700
Carte Yougoslavie Ab

Sabah, ***Malaysia*** État le plus oriental du pays, au N. de Bornéo (73 700 km^2). Montagneux (mont Kinabalu, 4 175 m), il tire une grande part de ses revenus de la forêt et des plantations d'hévéas et de palmiers à huile. Importants gisements de cuivre et de pétrole off-shore. Gouverné par des chrétiens, le Sabah est régulièrement en conflit avec la Fédération malaise, où l'islam est religion d'État. Capitale : Kota Kinabalu.
Population 1 737 000
Carte Malaysia Ea

sable Roche sédimentaire constituée de grains dont la grosseur varie de 0,02 mm à 2 mm. Un *banc de sable* est un amas de sable dans la mer ou dans une rivière.

sables bitumineux Gisements de sable contenant des hydrocarbures bitumineux, dont on tire du pétrole à l'aide de procédés thermiques. Leur exploitation est coûteuse mais devient de plus en plus rentable à mesure de l'augmentation du prix du pétrole et de l'épuisement des gisements classiques. On trouve des sables bitumineux au Canada, au Venezuela et à Madagascar.

sables mouvants Sable humide, peu consistant, où l'on risque de s'enfoncer jusqu'à l'enlisement.

Sabratah, ***Libye*** Site archéologique d'une cité antique, punique, puis romaine, à 67 km à l'O. de Tripoli, et à proximité de la côte. La ville romaine connut son apogée sous les Sévères (193-235). Son théâtre est l'un des mieux conservés de l'Antiquité romaine.
Carte Libye Ba

Sacramento, ***États-Unis*** 1. Fleuve de Californie long de 620 km, prenant sa source au mont Shasta (nord de l'État). Sa vallée qui forme le nord de la Grande Vallée californienne (entre la sierra Nevada et la Chaîne côtière) est une très riche région agricole (fruits, agrumes). Le fleuve rejoint le San Joaquin dans la baie de San Francisco.

2. Capitale de l'État de Californie à 125 km au N.-E. de San Francisco, au confluent du Sacramento et de l'American River. La ville s'est développée dans les années 1840, au cours de la première ruée vers l'or. C'est un centre commercial et industriel (agro-alimentaire, aéronautique, informatique). Importantes bases militaires aériennes à proximité.
Population (ville) 369 500 ; (aggl.) 1 482 000
Carte (fleuve) États-Unis Bb ; (ville) États-Unis Bc

Sacsayhuamán, ***Pérou*** Site archéologique d'une forteresse inca près de Cuzco ; son nom signifie Faucons de couleur. La muraille extérieure de la forteresse est constituée d'énormes blocs de pierre, dont certains atteignent 9 m de haut. Les Espagnols rasèrent la forteresse après leur victoire sur l'Inca Manco Capac. Ils utilisèrent les pierres pour leurs constructions à Cuzco.
Carte Pérou Bb

Sa'dah ou **Saadah,** ***Yémen*** Chef-lieu de province et carrefour routier, à 190 km au N.-O. de Sanaa. La ville est reliée depuis 1977 à la capitale par une route construite avec l'aide chinoise. Une route récemment ouverte la relie également à Zahran, en Arabie Saoudite.
Population 4 500
Carte Yémen Aa

Safed (Zefat), ***Israël*** Ville de haute Galilée, à 834 m d'altitude, au N.-O. du lac de Tibériade. Ce fut un centre de la résistance des Juifs aux Romains, et, au XVIe s., un foyer de la mystique juive. C'est aujourd'hui une station climatique et un centre d'excursions à proximité du mont Hermon.
Population 17 200
Carte Israël Ba

Saffaniyah, ***Arabie Saoudite*** Le plus grand gisement de pétrole off-shore du monde, dans le golfe Persique, à 230 km au N.-O. de Dammam. Il produit jusqu'à 1 million de barils par jour.
Carte Arabie Saoudite Bb

Safi, ***Maroc*** Chef-lieu de province et port sur l'Atlantique, à environ 220 km au S.-O. de Casablanca. Il exporte les phosphates de Youssoufia et un complexe chimique s'est installé au S. de la ville traitant phosphates et pyrites (acide sulfurique et engrais) ; c'est aussi un port de pêche et un grand centre de conserverie de poisson (sardines). Vestiges d'une forteresse portugaise, quartiers pittoresques, celui dit des Potiers et celui de la Médina notamment.
Population 198 000
Carte Maroc Ba

Safid Rud, ***Iran*** Nom du cours inférieur de la rivière Qezel Owzan. Longue au total de 800 km, elle se jette dans la mer Caspienne. Son delta, à l'E. de la ville de Rasht, est une zone de rizières.
Carte Iran Aa

Sagaing, ***Birmanie*** Chef-lieu de la province du même nom, à environ 20 km au S.-O. de Mandalay. Cette vieille ville birmane est installée dans un beau site de collines parsemées de pagodes blanches, dont les pentes couvertes de tamariniers, de banyans et de frangipaniers dominent la vallée de l'Irrawaddy. Industries textiles. La province, qui s'étend entre l'Irrawaddy et le Chindwin (94 624 km^2), est surtout agricole (blé, coton).
Population (ville) 47 000
Carte Birmanie Bb

Sagres, ***Portugal*** Petit port de pêche à la pointe S. du pays. Non loin, sur le promontoire que forme la pointe de Sagres, s'élevait la forteresse où vécut et mourut (en 1460) Henri le Navigateur. C'est là que s'élaborèrent les premières grandes expéditions maritimes portugaises.
Carte Portugal Bd

Sahara, ***Afrique*** Le plus grand désert du monde, s'étendant sur près d'un tiers du continent africain, de l'Atlantique à la mer Rouge et de l'Afrique du Nord méditerranéenne à la zone sahélienne de l'Afrique noire. Cette vaste région tient son unité de l'aridité extrême de son climat (moins de 100 mm de pluies en moyenne par an). La sécheresse de l'air explique les contrastes de températures entre le jour et la nuit, très accusés en hiver. La désertification est un phénomène relativement récent : le Sahara était encore vert il y a quelque 7 000 ans, ainsi que l'indiquent les très nombreux sites néolithiques qui le parsèment, notamment sur le pourtour des anciens lacs.

Les paysages sahariens présentent de formidables alternances de plateaux rocheux (hamadas), d'étendues caillouteuses (regs), de dunes de sables (ergs) ; de hauts massifs cristallins et parfois volcaniques y culminent (Hoggar, Aïr, Tibesti) ; l'Emi Koussi, dans le Tibesti, atteint 3 451 m. Ces terres étaient traditionnellement peuplées de pasteurs berbères (Touaregs, Maures) et noirs (Tédas) ; mais le nomadisme pastoral n'a pas résisté aux transformations politiques et économiques de ces quarantes dernières années. Les Touaregs ont particulièrement souffert de l'installation d'États et de frontières divisant leurs terrains de parcours, et ils sont nombreux aujourd'hui à vivre parqués dans des campements. L'exploitation des ressources minières (phosphates au Maroc ; fer en Mauritanie ; uranium à Arlit, au Niger) et des gisements de pétrole des Saharas tunisien, algérien et libyen a bouleversé les paysages désertiques. Le temps des caravanes chamelières est révolu et ce qui frappe désormais entre Ghardaïa et Arlit, c'est le nombre des voitures et surtout des camions ; la traversée N.-S. du Sahara n'est plus une épreuve, excepté pour les concurrents du Paris-Dakar.
Carte Afrique Cb

Sahara occidental Voir p. 588

Sahel, ***Afrique*** Mot arabe signifiant « rivage, ceinture ». Il désigne la bordure méridionale du Sahara, qui s'étend de l'Atlantique à la mer Rouge sur plus de 6 000 km. Ces régions semi-arides sont définies par un climat de transition entre le climat désertique et le climat soudanais des régions situées plus au S., avec des précipitations concentrées sur trois mois de l'année. Elles sont caractérisées par une steppe buissonnante parsemée d'épineux. Selon l'O.N.U., les pays du Sahel sont : la Mauritanie, le Sénégal, le Mali, le Burkina-Faso, le Niger et le Tchad. On peut ajouter le Soudan et le cap Vert. Ces pays sont soumis à une succession irrégulière de saisons sèches et humides, et sous la menace permanente de la sécheresse. Celle des années 1972-1973 fut particulièrement dramatique.
Carte Afrique Cc

Sahul (seuil), ***mer du Timor*** Extension du plateau continental australien, au large de la côte N.-O. de l'Australie, en mer de Timor. Ses fonds recelant probablement des gisements pétrolifères, l'Australie et l'Indonésie se disputent sa possession.
Carte Australie Ca

Saïda, ***Algérie*** Chef-lieu de wilaya sur la rive droite de l'oued Saïda, à la limite du Tell et des hautes plaines steppiques. Important marché agricole. Sources de Hammam Boukhors, fournissant une eau minérale commercialisée dans toute l'Algérie.
Population 80 900
Carte Algérie Ba

LES VAGUES DU DÉSERT. Les dunes du Sahara, sans cesse remodelées par le vent, déferlent vers l'Atlas au sud de l'Algérie.

Saïda, anc. **Sidon** ***Liban*** Port et troisième ville du pays à 40 km au S.-O. de Beyrouth. Terminal pétrolier méditerranéen de l'oléoduc d'Arabie Saoudite. Raffinerie de pétrole. Culture et exportation d'agrumes. Les zones résidentielles se sont étendues au-delà des orangeraies et bananeraies qui formaient autrefois ses limites, mais les troubles civils et la guerre ont perturbé la vie sociale et économique.

Située sur un promontoire face à une île, Saïda fut au début du Ier millénaire av. J.-C. l'une des principales villes phéniciennes. Elle était célèbre pour la fabrication du verre et de la pourpre. Elle connut son apogée aux XVIe et XVIIe s. grâce au commerce de la soie, mais déclina avec l'expulsion des commerçants français par les Turcs en 1791 et le tremblement de terre de 1837. On peut y voir le château des Croisés (XIIIe s.) sur le promontoire ; le port et ses vestiges romains ; la Grande Mosquée (murs du XIIIe s.) ; le château de Saint Louis construit par les croisés sur l'acropole ; la citadelle et la Colline de murex, formée par des coquilles écrasées de l'escargot marin *Murex trunculus* qui fournissaient la teinture pourpre.

Population 105 000
Carte Liban Ab

Saigon, ***Viêt-nam*** Voir HÔ CHI MINH-VILLE

Saimaa, ***Finlande*** Le plus grand lac du pays (4 400 km²), au S.-E. Un canal le relie depuis 1856 à Vyborg (aujourd'hui en Russie) et au golfe de Finlande.

Carte Finlande Dc

Saint Albans, ***Royaume-Uni*** Ville du Hertfordshire, à 32 km au N. de Londres. Fondée voici quelque deux mille ans, sous le nom de Verulamium, ce fut l'une des plus importantes cités de la Grande-Bretagne romaine. Subsistent de cette époque des vestiges des thermes, du théâtre et de l'enceinte. La cathédrale (XIe-XIIe s., avec ses adjonctions des XIIIe et XIVe s.) est située sur la colline où fut martyrisé saint Alban, premier saint de la Grande-Bretagne.

Population 76 700
Carte Royaume-Uni Ee

Saint-Barthélemy, ***Antilles*** Petite île communément appelée Saint-Barth, à environ 210 km au N.-O. de la Guadeloupe dont elle dépend. Ses habitants, peu nombreux, sont des descendants des premiers colons normands, poitevins et bretons du XVIIe s. L'économie de l'île repose sur la pêche et le tourisme. Le port de Gustavia, chef-lieu de l'île, est un mouillage apprécié des plaisanciers.

Population 5 040
Carte Antilles Cb

Saint-Benoît-sur-Loire, ***France*** Commune du Loiret à environ 35 km au S.-E. d'Orléans ; née autour d'une basilique romane des XIe-XIIIe s., elle est restaurée aujourd'hui et occupée par des moines bénédictins. Elle fait partie des plus célèbres édifices romans de France.

À une dizaine de kilomètres au N.-O., l'église de Germigny-des-Prés, restaurée au XIXe s. à peu près dans son état du XVe s., abrite une mosaïque byzantine unique en France, qui remonte à l'époque de Charlemagne.

Population 1 925

Saint-Bernard (col du), ***France*** Voir GRAND-SAINT-BERNARD et PETIT-SAINT-BERNARD

Saint-Bertrand-de-Comminges, ***France*** Petite localité de la Haute-Garonne sur une colline à 105 km au S.-O. de Toulouse. Vestiges gallo-romains dans la ville basse ; cathédrale construite par saint Bertrand au XIIe s. dans la ville haute fortifiée (remarquables boiseries Renaissance ; mausolée de saint Bertrand ; cloître offrant une vue panoramique).

À 2 km au N.-E., basilique de Valcabrère (XIe-XIIIe s.).

Saint-Brieuc, ***France*** Préfecture des Côtes-d'Armor, près de la baie de Saint-Brieuc. Centre administratif, commercial et industriel (industries métallurgiques, constructions mécaniques, agro-alimentaire, confection), Saint-Brieuc est la quatrième zone d'emploi en Bretagne. Cathédrale Saint-Étienne (XIVe-XVe s.). Maisons anciennes. Plages à proximité.

Population 44 800
Carte France Bb

Saint Catharines, ***Canada*** Centre industriel d'une région agricole (fruits), au débouché du canal Welland, dans le sud de l'Ontario. Ses industries comptent les chantiers navals, les produits alimentaires, les pièces d'automobiles et le matériel électrique.

Population 124 000
Carte Canada Hd

Saint-Christophe et Nevis Voir p. 589

Saint-Denis, ***France*** Sous-préfecture de Seine-Saint-Denis, au N. de Paris. Haut lieu de la France médiévale et capétienne, place commerciale dès le haut Moyen Âge, elle fut le siège d'une illustre abbaye (VIIe s.) qui abrite les tombeaux de presque tous les rois de France depuis Hugues Capet. Suger, son abbé de 1122 à 1151, l'une des grandes figures de son siècle, fut très lié à la reconstruction de l'église abbatiale vers 1130 ; le déambulatoire et les chapelles rayonnantes, la façade occidentale et les deux premières travées de la nef témoignent de la première architecture gothique (le chœur et une partie de la nef datent du milieu du XIIIe s.).

Ville industrielle (métallurgie, construction mécanique, électronique, produits chimiques, alimentaires), Saint-Denis doit accueillir, en 1998, le Grand Stade, dont la construction est rendue nécessaire par l'organisation en France de la coupe du monde de football.

Population 90 000
Carte France Eb

Saint-Denis, ***Réunion*** Chef-lieu de l'île, sur la côte N. et adossé aux pics volcaniques de l'intérieur. Édifices créoles du XVIIIe s. La ville s'étend aujourd'hui à l'O., vers son port de marchandises, Le Port, et à l'E. vers l'aéroport.

Population 122 000
Carte Réunion (la) Ba

Saint-Domingue, en esp. **Santo Domingo,** ***république Dominicaine*** Port principal et capitale, sur la côte S., fondée en 1496 par Bartholomé Colomb, frère de Christophe, plus ancienne colonie de peuplement européen (ininterrompu depuis lors) des Amériques. Centre culturel et marchand du pays, elle possède deux universités et une cathédrale (début du XVIe s.) renfermant la première sépulture de Colomb, dont les restes ont été rapportés dans la cathédrale de Séville, en Espagne. Appelée Ciudad Trujillo à partir de 1936, elle fut rebaptisée en 1961, après l'assassinat du président Rafael Trujillo. Exportation de sucre. Tourisme.

Population 2 200 000
Carte Caraïbes Bb

Sainte-Croix, ***îles Vierges américaines*** La plus grande des îles Vierges (218 km²) dans les Petites Antilles ; chef-lieu : Christiansted. Importante raffinerie de pétrole ; usine de traitement de l'alumine ; distilleries de rhum.

Population 50 000
Carte Antilles Eb

Sainte-Hélène, ***océan Atlantique*** Île volcanique (122 km²) de l'Atlantique S., à 1 930 km à l'O. de l'Afrique. Napoléon Ier y fut exilé par les Anglais pendant six ans, jusqu'à sa mort en 1821. La capitale et port, Jamestown, compte 1 500 habitants. Cultures tropicales, élevage. Sainte-Hélène, colonie britannique, a pour dépendances les îles de l'Ascension et de Tristan da Cunha.

Population 5 500
Carte Atlantique (océan) Ee

Sainte-Lucie Voir p. 590

Sahara occidental

UN DÉSERT RICHE EN PHOSPHATES, ENJEU DE TOUTES LES RIVALITÉS

Le conflit qui ensanglante le Sahara occidental a mis en cause la cohésion même de l'Organisation de l'unité africaine (O.U.A.). Les phosphates, qui font la richesse de ce désert de cailloux, n'expliquent pas, eux seuls, la situation politique qui prévaut dans ce qui fut une terre d'échanges. Le passé et les lointaines alliances entre les peuples de la région sont aussi à prendre en compte. Ces étendues désolées, bordées par une côte hostile, ont vu les exploits des premiers héros de l'Aéropostale, pris comme otages par les « hommes bleus », et échangés contre de fortes rançons ; c'est dans ce désert du Sahara que Saint-Exupéry a rencontré son « petit prince ».

Le pays couvre 266 770 km^2 de la côte N.-O. de l'Afrique, une des plus poissonneuses du monde. Au S., au Rio de Oro, la frontière orientale en bordure de la Mauritanie est montagneuse. La Séguia el-Hamra, dans le Nord, qui s'étale de la côte à l'Algérie, est mieux pourvue en oasis ; on y trouve la ville sainte de Smara et les gisements de phosphates de Bou Craa.

La côte est riche en nécropoles néolithiques, témoignages d'un passé plus humide et d'un peuplement de sédentaires qui font la joie des préhistoriens. L'histoire de la région commence au tournant de notre ère avec l'arrivée des Berbères venus du Nord avec le chameau qu'ils viennent de domestiquer. L'introduction de l'islam au Maroc, au VIIe s., marque l'établissement, à travers le Sahara, du commerce à longue distance entre le Maghreb et les royaumes noirs du Sud. Les caravanes qui remontent de Mauritanie avec l'or et les esclaves traversent le territoire où les points d'eau prennent une importance accrue.

Au XIe s., un mouvement intégriste musulman, les Almoravides, né en Mauritanie, rassemble les populations depuis le fleuve Sénégal ; il proclame la guerre sainte contre les animistes et les musulmans qui ont abandonné la vie austère du désert pour la douceur des villes ; il détruit l'empire noir de Ghana, fonde Marrakech, et porte le glaive jusqu'en Espagne musulmane. De cette époque date l'unité culturelle et religieuse des nomades « maures » habitant entre l'oued Draa, dans le sud marocain, et le Sénégal. C'est en s'appuyant sur cette unité que le royaume chérifien du Maroc, en particulier la dynastie actuelle des Alaouites née au Tafilalet, aux portes du désert, revendique cette partie du Sahara occidental.

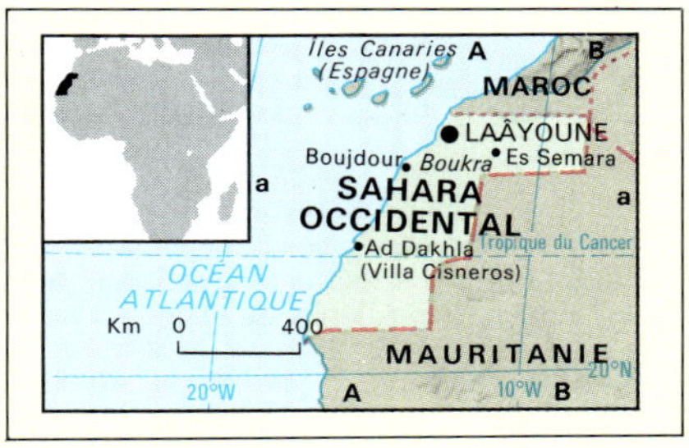

LA GUERRE DU SAHARA

Les Européens fréquentent les côtes depuis leur découverte au XVe s. Les Portugais s'aventurent dans les villes caravanières de l'intérieur. Le troc semble d'un bon rapport puisque les commerçants européens appellent la région Rio de Oro (la Rivière de l'or), nom que prend, officiellement, le territoire à la venue des Espagnols en 1884. Ils fondent Villa-Cisneros (Ad Dakhla) — la capitale de leur futur protectorat —, un comptoir situé sur une presqu'île. Mais ils ne peuvent pacifier l'intérieur et font même des opérations militaires conjointes avec la France pour pacifier les tribus.

Après l'indépendance du Maroc en 1956, une Armée de libération marocaine est créée dans ce pays sous l'impulsion de l'Istiqlal, le parti nationaliste marocain. Cette armée non régulière regroupe d'anciens maquisards marocains, auxquels se sont joints des Mauritaniens et des Sahraouis qui veulent que leurs pays respectifs, encore dépendants, fassent partie du Maroc. Une de leurs actions permettra au Maroc de récupérer l'enclave espagnole d'Ifni. Mais, prudent vis-à-vis d'un mouvement populaire qu'il contrôle mal, le sultan, sous la pression de la France et de l'Espagne, dissout l'Armée de libération marocaine. Déçus, certains nationalistes sahraouis se tournent alors vers le F.L.N. algérien, dont le pays accède à l'indépendance (1962). Ils constituent les futurs cadres du Front de libération de la Séguia el-Hamra et du Rio de Oro (Polisario), qui revendique l'indépendance du Sahara occidental.

En 1975, sous la pression des nationalistes et de la communauté internationale, l'Espagne envisage de se retirer. Le sultan du Maroc Hassan II lance la Marche verte jusqu'aux frontières du Sahara occidental — une gigantesque manifestation pacifique de 350 000 Marocains. Après les accords de Madrid, signés la même année entre l'Espagne, le Maroc et la Mauritanie, ces deux derniers pays se partagent le territoire. Le Polisario soutenu par l'Algérie lance des opérations militaires meurtrières en Mauritanie, dont le gouvernement civil est renversé, deux ans après, par les militaires. La Mauritanie se retire du territoire contesté mais garde la petite localité de La Guera, près de Nouadhibou. Le Maroc occupe aussitôt la zone abandonnée.

Le Polisario porte tous ses efforts sur le Maroc tandis que la tension monte entre ce pays et l'Algérie. L'armée marocaine construit une série de murs de défense (longues tranchées bourrées d'électronique destinées à empêcher le passage des véhicules) pour briser les offensives des nationalistes. Le Polisario s'attaque, sans succès, aux gisements de phosphate et, avec plus de chance, aux petits chalutiers qui naviguent près des côtes. Le Maroc lance un plan de développement de la région (infrastructure, installation de colons, construction d'un long tapis roulant amenant le phosphate de Bou Craa jusqu'au port de Laayoune, etc.).

La victoire qu'il ne peut remporter sur le terrain, le Polisario semble la gagner par la diplomatie en faisant reconnaître sa position par l'O.U.A. Le Maroc quitte l'O.U.A., tandis que d'autres pays modérés menacent d'en faire autant, souvent pour d'autres raisons. En 1988, la création de l'Union du Maghreb arabe marque le rapprochement du Maroc et de l'Algérie, ainsi que la volonté des pays de la région de régler les problèmes dans un cadre maghrébin. En 1989, le roi du Maroc reçoit une délégation du Polisario.

Les protagonistes sont d'accord pour organiser des élections. Mais un problème se pose concernant les populations à consulter (Ouled Delim sur la côte, Regueibats dans l'intérieur). Les uns englobent les nomades qui vivent de part et d'autre des différentes frontières, les autres, les Sahraouis inscrits sur les registres de l'époque coloniale. En juin 1991, le Maroc et le Front Polisario décrètent un cessez-le-feu en prévision d'un référendum d'autodétermination, organisé et contrôlé par l'O.N.U. Prévue pour le début de 1992, la consultation n'a pas encore pu avoir lieu. Le Maroc compte sur l'affaiblissement du Polisario, qui n'est plus soutenu par l'Algérie — en proie à des problèmes intérieurs.

LE SAHARA OCCIDENTAL EN BREF
Superficie 252 120 km^2
Population De 100 000 à 400 000, selon le mode de comptage
Capitale Laayoune
Régime Territoire contesté
Monnaie Dirham marocain
Langues Arabe, berbère, espagnol
Religion Islam
Climat Chaud et sec
Ressources Phosphates, minerai de fer, poisson
Activités Phosphates, pêcheries
Exportations Phosphates, droits de pêche
P.N.B. annuel par habitant 800 dollars
Croissance démographique 18 ‰ par an

Saint-Émilion, ***France*** Village de Gironde, centre d'un vignoble célèbre dans le Bordelais. Vestiges de monuments romains ; nombreux édifices médiévaux.

Population 2 800
Carte France Cd

Saintes, ***France*** Ville pittoresque sur la Charente, à 60 km au S.-E. de La Rochelle. On y produit objets en fer, poteries, tuiles et cognac. Ancienne Mediolanum Santonum, elle conserve un amphithéâtre romain et l'arc de Germanicus. Église Saint-Europe (XIIIe s.) ; ancienne cathédrale Saint-Pierre commencée au début du XIIe s., reconstruite au XVIe s. Nombreux hôtels et bâtiments anciens.

Population 25 900
Carte France Cd

Saintes (îles des), ***Guadeloupe*** Groupe de huit îles et îlots volcaniques, à 10 km au S. de Basse-Terre. Les seules à être habitées sont Terre-de-Haut et Terre-de-Bas. Très peu métissés, leurs habitants, descendants de Bretons arrivés au XVIIe s., sont réputés habiles pêcheurs. Très fréquentées par les Guadeloupéens le week-end, leur calme et leur beauté attirent de nombreux touristes. Les iguanes, qui peuvent atteindre 1 m de long, y sont en voie de disparition car recherchés comme « souvenirs » une fois empaillés.

Population 3 100
Carte Guadeloupe Ac

Saintes-Maries-de-la-Mer, ***France*** Petite ville de Camargue, à une trentaine de kilomètres au S. d'Arles. Station balnéaire et port de pêche. Église romane fortifiée. En mai et en octobre, deux grands pèlerinages annuels y attirent les touristes et de nombreux gitans.
Population 2 240

Saint-Étienne, ***France*** Chef-lieu du département de la Loire. Vieille ville du Forez et centre manufacturier de longue tradition (industrie du ruban et fabrication d'armes dès le XVIe s.) au centre d'un riche bassin houiller. La ville fut l'un des premiers centres de la Révolution industrielle en France, à la fois métallurgique, charbonnier et textile. Elle a été touchée par la crise qui frappe ces secteurs depuis les années 1960 (cessation de l'exploitation des mines depuis 1983, faillite de la Manufacture d'armes et cycles dans les années 1975-1980), mais elle conserve d'importantes fonctions industrielles (armes, machines-outils, électronique, optique, chimie) ; ses activités tertiaires, universitaires et commerciales (Saint-Étienne est le centre de la chaîne de magasins Casino) se sont développées. Le Parc naturel régional du mont Pilat (65 000 ha) est situé à proximité. Musée d'art et d'industrie : armes et cycles ; intéressante collection de peinture moderne.
Population (ville) 200 000 ; (aggl.) 313 000
Carte France Fd

Saint Eustache, en néerl. **Sint Eustatius** ou **Statia,** ***Antilles*** Petite île (21 km^2) des îles du Vent, au N.-O. de Saint Kitts. Elle est formée de deux volcans réunis par une zone de basses terres. Petites cultures et tourisme en sont les principales ressources. Capitale : Oranjestad.
Population 1 500
Carte Antilles Cb

Saint-Gall, en all. **Sankt Gallen,** ***Suisse*** Chef-lieu de canton à 65 km à l'E. de Zurich. Spécialisée dans l'industrie du coton, de la broderie et de la dentelle, la ville compte aussi aujourd'hui d'autres activités : chimie, verrerie, arts graphiques. Cathédrale et bibliothèque (plus de 1 000 livres et 2 000 manuscrits anciens) du XVIIIe s. ; musées, ancienne abbaye.

Le canton du même nom (2 014 km^2), qui comprend des collines et, au S.-O., une partie des Préalpes, est traversé par le Rhin et la Thur. Il vit principalement de l'agriculture : élevage laitier, culture de la vigne et des arbres fruitiers. L'industrie textile traditionnelle, fixée de longue date dans les vallées, a dû se reconvertir et se diversifier : textiles, synthétiques, industries mécaniques et agro-alimentaires. Le tourisme s'y est également développé. La plupart des habitants sont germanophones.
Population (ville) 76 000 ; (canton) 404 000
Carte Suisse Ba

Saint Georges, ***Grenade*** Port et capitale sur la côte S.-O. Ses maisons peintes se dressent sur les coteaux boisés autour d'une baie en fer à cheval. Aéroport de Point Salines à 6 km au S. Exportation de cacao, noix de muscade, bananes. Traitement du sucre. Tourisme.
Carte Antilles Eb

Saint-Germain-en-Laye, ***France*** Ville des Yvelines à 18 km à l'O. de Paris sur la rive gauche de la Seine. Château Renaissance avec donjon gothique restauré au XIXe s. et célèbre terrasse de Le Nôtre bordant les parterres et le Jardin anglais. Le 10 septembre 1919 y fut signé le traité entre les Alliés et l'Autriche. Le château abrite le musée des Antiquités nationales, complètement rénové aujourd'hui, qui possède de riches collections allant de la préhistoire à la période gallo-romaine. La ville possède aussi une église paroissiale du XVIIIe s. (mausolée de Jacques II), un musée municipal et le musée du Prieuré (musée Maurice-Denis).

Au N. s'étend la forêt du même nom (3 500 ha), qui correspond à une partie de l'ancienne chasse royale de l'Yvelines. Ses futaies sont sillonnées d'itinéraires de promenades, de pistes cavalières et de routes.
Population 40 800

Saint-Gothard, en all. **Sankt Gotthard,** ***Suisse*** Col des Alpes centrales à 55 km au S.-E. de Lucerne, près de la frontière italienne. Un tunnel long de 15 km, bâti en 1872-1880, livre passage à une voie ferrée sous le col. En 1980, un tunnel routier de 16 km de long a remplacé la vieille route sinueuse du sommet, normalement ouverte de juin à la mi-octobre.
Carte Suisse Ba

Saint-Helens (mont), ***États-Unis*** Volcan (2 549 m) de la chaîne des Cascades dans l'O. de l'État de Washington. Il entra en éruption en 1980, détruisant la forêt jusqu'à 20 km alentour, tuant 65 personnes et perdant 400 m d'altitude. Il est situé dans les 445 km^2 du St Helens National Monument créé en 1982.
Carte États-Unis Ba

Saint-Jacques-de-Compostelle, en esp. **Santiago de Compostela,** ***Espagne*** Ville universitaire et centre de pèlerinage du N.-O. du pays à 66 km au S. de La Corogne. Ce fut au Moyen Âge le lieu de pèlerinage le plus fréquenté après Jérusalem, qui suscita une ferveur mystique attirant toute l'Europe occidentale. Sa cathédrale, bâtie du XIe au XIIIe s. (façade baroque richement sculptée, intérieur roman, cloître), renferme les restes de l'apôtre saint Jacques découverts

Saint Christophe et Nevis

LA « MATRICE DES ANTILLES » QUE SE DISPUTÈRENT FRANÇAIS ET BRITANNIQUES IL Y A DEUX SIÈCLES

Les îles Saint Christophe (ou Saint Kitts) et Nevis font partie du groupe des îles sous le Vent des Caraïbes orientales. Christophe Colomb les découvrit en 1493, mais elles restèrent vides jusqu'à l'arrivée des Britanniques à Saint Kitts en 1623 et à Nevis en 1628. La première servit de base pour la colonisation des îles voisines et est fière de son titre de « matrice des Antilles ».

Pendant quelque temps, Saint Kitts fut colonisée simultanément par les Français et les Britanniques, qui se la disputèrent sur terre comme sur mer, mais elle devint uniquement britannique en 1783. Longtemps associée à Anguilla, Saint Christophe et Nevis devint un pays indépendant du Commonwealth en 1983, avec Élisabeth II comme chef d'État. Les habitants des deux îles descendent des esclaves africains et sont anglophones.

Saint Kitts se compose de trois volcans jeunes mais éteints qui sont reliés par un isthme étroit aux basses collines volcaniques du Sud. L'île culmine au mont Liamuiga (jadis le mont Misère). Les pentes douces qui s'élèvent de la côte vers l'intérieur ont des sols fertiles où on cultive la canne ; la production du sucre a été nationalisée en 1975 ; le sucre est la principale exportation. Sur les pentes plus fortes au-dessus des champs de canne, le maraîchage et l'élevage des bovins sont en progrès.

Il y a quelques industries légères qui, à partir de produits importés, fabriquent matériel électrique, chaussures, batik (tissu teint). Les industries anciennes subsistent : raffinage du sucre, brasserie, distillation, embouteillage. Le sable blanc et le climat relativement sec du sud de Saint Kitts ont encouragé l'essor du tourisme à la baie de la Frégate ; le gouvernement souhaite développer cette source de revenus. Plusieurs immeubles anciens de Basseterre, la capitale et port en eau profonde, ont été soigneusement restaurés. Le fort inachevé de Brimstone Hill, construit au sommet d'une falaise aux XVIIe et XVIIIe s., a été le théâtre de combats entre Français et Britanniques ; il est maintenant restauré et abrite un musée.

Nevis est situé 3 km au S.-E. de Saint Kitts, auquel il est relié quotidiennement par des embarcations légères et de petits avions. L'île est un volcan éteint qui culmine à 985 m au pic Nevis. La couronne de nuages qui enveloppe le pic rappelle un peu un sommet de montagne enneigé ; de là, le nom de Nevis que lui donna Christophe Colomb, à partir de l'espagnol « nieves », la neige.

L'agriculture est en déclin ; l'État s'efforce d'encourager la production alimentaire. De petites usines traitent les produits locaux, le coprah et la graine de coton Sea Island, dont on tire de l'huile. Il y a de petits chantiers navals. Grâce aux belles plages, le tourisme est la principale source de revenus ; les visiteurs séjournent dans des cottages dispersés sur les parcs des anciennes plantations. Charleston est la capitale de l'île.

SAINT CHRISTOPHE ET NEVIS EN BREF
Carte Antilles Cb
Superficie 266 km^2
Population 43 100
Capitale Basseterre
Régime Monarchie parlementaire
Monnaie Dollar des Caraïbes orientales = 100 cents
Langue Anglais
Religion Chrétiens (protestants, 75 %)
Climat Tropical ; pas de saison sèche ; les températures moyennes vont toute l'année de 24° à 27 °C
Ressources Sucre, coton, noix de coco, légumes, bétail
Activités Agriculture, textile, matériel électronique, raffinage du sucre, tourisme
Exportations Sucre, vêtements, matériel électronique, chaussures
P.N.B. annuel par habitant 4 670 dollars
Croissance démographique Négative
Espérance de vie Hommes 64 ans, femmes 72

Sainte-Lucie

CETTE ÎLE CARAÏBE A ÉTÉ ÉCHANGÉE UNE DOUZAINE DE FOIS ENTRE LA FRANCE ET L'ANGLETERRE. ELLE EST MAINTENANT FRÉQUENTÉE PAR LES PÉTROLIERS ET LES PAQUEBOTS DE CROISIÈRE

Sainte-Lucie, l'une des îles du Vent des Caraïbes orientales, a été occupée brièvement par les Britanniques en 1605. Aux XVIIe et XVIIIe s., elle a été échangée une douzaine de fois entre Français et Britanniques, avant d'être finalement conquise par ceux-ci en 1803. L'anglais est la langue officielle mais beaucoup de gens (la plupart descendants d'esclaves africains) parlent un patois français.

Sainte-Lucie est devenue un membre indépendant du Commonwealth en 1979, avec la reine d'Angleterre comme chef d'État.

L'île est formée de volcans éteints ; le point culminant est le mont Gimie (950 m). Au S., se trouve le volcan Qualibou en forme de fer à cheval, avec ses 18 dômes de lave et ses 7 cratères. À l'O., les Pitons (Gros Piton et Petit Piton) se dressent d'un seul jet au-dessus des flots jusqu'à plus de 750 m d'altitude.

La principale culture, celle du bananier, est souvent affectée par les cyclones, les sécheresses et les maladies ; ensuite vient celle du cocotier. Les bananes sont la principale exportation de l'île.

Le port franc de Vieux Fort, au S., a attiré quelques industries comme celle du matériel électrique pour l'exportation.

La Grande Baie du Cul de sac, au S. de la capitale Castries, a l'un des ports les plus profonds et les plus modernes des Amériques. Les pétroliers y effectuent des transbordements. Le beau port de Castries est très fréquenté par les paquebots de croisière.

SAINTE-LUCIE EN BREF

Carte Antilles Cc
Superficie 619 km^2
Population 135 000
Capitale Castries
Régime Monarchie parlementaire
Monnaie Dollar des Caraïbes orientales = 100 cents
Langues Anglais, patois français
Religions Catholiques (90 %), protestants (10 %)
Climat Tropical ; saison sèche de janvier à avril ; les températures moyennes varient toute l'année de 25 à 28 °C
Ressources Bananes, cacao, noix de coco, fruits, légumes, épices
Activités Industries alimentaires, distillation du rhum, confection, équipement électrique, pêche, tourisme.
Exportations Bananes, boîtes de carton, vêtements, cacao, noix de coco
P.N.B. annuel par habitant 2 910 dollars
Croissance démographique 20,1 ‰ par an
Espérance de vie Hommes 68 ans, femmes 74

non loin de là en 813. La ville a gardé aussi des quartiers anciens et des édifices comme le palais archiépiscopal, en partie du XIIe s., et l'Hôpital royal (début du XVIe s.).
Population 105 900
Carte Espagne Aa

Saint-Jean, *Canada* Port maritime de la baie de Fundy, à l'embouchure du Saint-Jean, dans le sud du Nouveau-Brunswick. En 1630, les Français y élevèrent un fort, mais ce furent les Loyalistes qui, en 1783, donnèrent à la colonie un essor important. En 1785, Saint-Jean devint la première municipalité du Canada.

Elle dispose d'une excellente rade libre de glace et de vastes cales sèches. Elle a pour industries les chantiers navals, le papier et le raffinage de pétrole. Son palais de justice du XVIIIe s., son cimetière loyaliste et ses chutes réversibles attirent le tourisme.
Population 121 300
Carte Canada Id

Saint-Jean, *Canada/États-Unis* Fleuve qui prend sa source dans le Maine (États-Unis) et forme une partie de la frontière canado-américaine. Il parcourt 673 km et traverse le Nouveau-Brunswick avant de se jeter dans la baie du Fundy, à Saint-Jean. Les petits navires peuvent en remonter le cours jusqu'à Fredericton. À Grand Falls, sur la frontière américaine, il tombe de 23 m et forme une grande cataracte ; près de son embouchure, son cours est inversé par les hautes marées venant de la baie du Fundy pour former des chutes réversibles.
Carte Canada Id

Saint-Jean (lac), *Canada* Grand lac presque circulaire qui draine le territoire de près de 80 000 km^2, à quelque 500 km au N.-E. de Montréal. D'origine glaciaire, il constitue une véritable mer intérieure dont la profondeur atteint 80 m et qui abrite la ouananiche, un saumon d'eau douce. Tous les étés, s'y tient, de Roberval à Péribonka, la Traversée internationale du lac Saint-Jean (32 km à la nage). Ses eaux alimentent de nombreuses rivières, y compris le Saguenay qui occupe un superbe fjord et dont le débit a favorisé l'aménagement de centrales hydroélectriques. La région est reconnue pour ses bleuets, une espèce de myrtille.
Carte Canada Hd

Saint-Jean-de-Luz, *France* Station balnéaire au fond de la baie du même nom sur la côte basque à l'embouchure de la Nivelle. Église basque où fut célébré le mariage de Louis XIV et de Marie-Thérèse d'Autriche en 1660. Grande plage. Port de pêche : sardines, thons.
Population 13 000
Carte France Ce

Saint John, *îles Vierges américaines* La plus petite des trois îles du territoire (52 km^2). Station balnéaire. Parc national incluant le seul parc national sous-marin des États-Unis.
Population 2 400
Carte Antilles Eb

Saint John's, en franç. **Saint-Jean, *Antigua et Barbuda*** Capitale du pays et principal port d'Antigua. Plan quadrillé et beaux édifices des XVIIIe et XIXe s., qui ont survécu au séisme de 1843.
Population 30 000
Carte Antilles Cb

Saint John's, *Canada* Capitale de Terre-Neuve et la plus orientale des villes du pays, c'est aussi un centre industriel et un grand port de pêche. L'une des plus vieilles colonies d'Amérique du Nord, elle fut peuplée par les Anglais de sir Humphrey Gilbert en 1583. Au XIXe s., des incendies détruisirent la plus grande partie de la vieille ville. Alcock et Brown partirent de Saint John's pour effectuer le premier vol transatlantique sans escale en 1919, et Marconi reçut le premier message transatlantique sans fil à la tour Cabot, sur Signal Hill, en 1901.
Population 96 200
Carte Canada Jd

Saint Kitts et Nevis Voir SAINT CHRISTOPHE ET NEVIS

Saint-Laurent, *Canada/États-Unis* Fleuve qui prend sa source dans les Grands Lacs et se jette dans l'Atlantique après avoir traversé tout le Québec. Long de 1 197 km, c'est la principale artère commerciale du Canada et une importante source d'énergie hydroélectrique. Il forme une partie de la frontière canado-américaine, et son cours, entrecoupé de rapides et de hauts-fonds, est par endroits encombré d'îles (Mille-Îles). Découvert en 1535 par Jacques Cartier, il a été pendant plusieurs siècles la principale voie de communication en Nouvelle-France et l'unique voie de pénétration à l'intérieur du continent.
Carte Canada Id

Saint-Laurent (golfe du), *Canada* Grande voie navigable et territoire de pêche du Canada oriental qu'empruntent, au sortir de la Voie maritime, les navires traversant l'Atlantique. Brouillards et glaces menacent la navigation de la mi-décembre à la mi-avril.
Superficie 259 000 km^2
Carte Canada Id

Saint-Laurent (voie maritime du), *Canada/États-Unis* Réseau de canaux, de barrages et d'écluses reliant, par le Saint-Laurent, les Grands Lacs à l'océan Atlantique. Longue de 3 800 km, si l'on inclut la voie navigable des Grands Lacs, elle fut ouverte en 1959 et accueille des navires de fort tonnage qui partent de Montréal pour se rendre à l'extrémité du lac Supérieur. Elle a rendu possible l'exploitation du minerai de fer du Québec et du Labrador.
Carte Canada Hd

Saint-Laurent-du-Maroni, *Guyane* Port à 30 km à l'intérieur de l'estuaire du Maroni, relié à Cayenne par la route côtière. Ancien lieu de déportation. Industries du bois. Camp militaire. De là on peut remonter le fleuve en pirogue jusqu'à Maripasoula.
Population 13 700
Carte Guyane Ba

Saint-Lô, *France* Chef-lieu de la Manche sur la Vire à 63 km à l'O. de Caen. Église des XIIIe-XVIIe s. gravement endommagée pendant la bataille de Saint-Lô pour la libération de la ville en juillet 1944. Musée des Beaux-Arts (tapisseries du XVIe s., peintures). Haras.
Population 21 600
Carte France Cb

Saint Louis, *États-Unis* Port fluvial de l'est du Missouri sur le Mississippi près de la confluence du Missouri. Comptoir de fourrures fondé au XVIIIe s. par le Français Pierre Laclède, puis cédé à l'Angleterre avant d'être vendu en 1803 aux États-Unis, la ville fut au XIXe s. une plaque tournante du commerce des produits agricoles et la porte de l'Ouest pour les pionniers. C'est toujours une ville commerciale active (foire internationale de la fourrure) et une cité industrielle : minoteries, conserveries de viande, brasseries, constructions automobiles et aéronautiques, textiles et chimie. Sa banlieue s'étend au-delà de la rivière dans l'Illinois.

Patrie de l'écrivain T. S. Eliot et de Joséphine Baker.

Population (ville) 397 000 ; (aggl.) 2 445 000
Carte États-Unis Hc

Saint-Louis, ***Sénégal*** Port maritime et fluvial sur l'île de N'Dar à l'embouchure du Sénégal. Ce fut le premier comptoir, en Afrique de l'Ouest, des Français qui s'y implantèrent en 1659. C'était alors un haut lieu du commerce de la gomme, de l'or, des esclaves, de l'ivoire, des cuirs, etc.

Après être passée sous contrôle britannique à plusieurs reprises, elle redevint française en 1817 et prit une importance décisive avec l'arrivée de Faidherbe. Elle fut alors la capitale du Sénégal et de l'A.-O.F., reliée à Dakar en 1883 par le chemin de fer. Mais cette dernière, qui avait aussi un meilleur port, la remplaça comme siège du gouvernement général, et la ville déclina, bien qu'elle soit restée capitale du Sénégal et de la Mauritanie jusqu'en 1957.

C'est aujourd'hui une ville de résidence de fonctionnaires et de passage entre Sénégal et Mauritanie. Elle a gardé son caractère original avec ses demeures anciennes aux balcons de bois. Centre de recherche et de documentation sur le Sénégal. Musée.

Population 161 000
Carte Sénégal Aa

Saint-Malo, ***France*** Port breton situé sur la rive droite de l'estuaire de la Rance, à 69 km au N.-O. de Rennes. Fondée au VIe s. autour d'une abbaye, la ville fut fortifiée ultérieurement. Seuls les remparts et quelques maisons de granit survécurent aux bombardements de 1944, mais Saint-Malo fut reconstruit dans le style ancien. Remparts (belle promenade), château, musées, cathédrale, aquarium ; tombeau de Chateaubriand dans l'île du Grand Bé, à laquelle on accède à pied à marée basse. Tour Solidor, à Saint-Servan (musée international du Long-Cours cap-hornier. Industries alimentaires, du bois, de la chaussure ; activités portuaires : importations d'engrais, de granit, bois, pâte à papier, aliments pour bétail ; exportations de céréales. Pêche à la morue. Navigation de plaisance. Dans les environs, stations balnéaires : Dinard, Saint-Servan, Paramé et Rothéneuf.

Saint-Malo est la patrie de Jacques Cartier, Duguay-Trouin, Surcouf, Chateaubriand, Lamennais.

Population 48 100
Carte France Cb

Saint-Marin, en it. **San Marino,** ***Saint-Marin*** Cette pittoresque capitale de la plus petite des républiques européennes est perchée à plus de 610 m sur les pentes occidentales et accidentées du monte Titano. Elle est dominée par trois châteaux crénelés. Une seule route y pénètre, et ses ruelles sinueuses sont pour la plupart interdites aux voitures. La cité se tient sur le site d'un ermitage bâti en 300 par un tailleur de pierre du nom de Marino : ses ossements reposent dans la basilique du XVIe s. La forteresse de la Rocca, avec ses trois tours reliées sur les trois pics du monte Titano, offre une vue superbe de la plaine en contrebas jusqu'à Rimini, à 23 km au N.-E., sur la côte adriatique.

Plusieurs musées d'art, six églises, un édifice gothique où siège le gouvernement et d'autres bâtiments publics attirent les touristes vers cette petite ville prospère. Industrie de la soie, céramiques. Vente importante de timbres-poste, appréciés des collectionneurs.

Population 2 800
Carte Italie Dc

Saint-Martin, en néerl. **Sint Maarten,** ***Guadeloupe/Antilles néerlandaises*** Île du groupe des Petites Antilles à l'E. de Porto-Rico, partagée entre la France et les Pays-Bas depuis 1648. Sa partie N. constitue avec Saint-Barthélemy un arrondissement de la Guadeloupe, avec pour chef-lieu Marigot ; sa partie S. appartient aux Antilles néerlandaises ; chef-lieu : Philipsburg. L'île est une zone franche pour le commerce où le tourisme s'est considérablement développé grâce à ses plages bien aménagées pour les plaisanciers et à son hôtellerie de qualité.

Population 24 000
Carte Antilles Cb

Saint-Moritz, ***Suisse*** Une des plus célèbres stations de sports d'hiver et ville d'eau du sud-est du pays, à 15 km au N. de la frontière italienne ; on y pratique également des randonnées d'été. Son site remarquable et les distractions sportives et mondaines qu'elle offre attirent chaque année une clientèle internationale.

École de ski la plus ancienne du monde à Saint-Moritz-Dorf, créée en 1927. La descente de Cresta pour bobsleigh (1 212 m et 157 m de dénivellation) vit, en 1986, le record du Suisse Nico Barachi, établi en 51"31, avec une vitesse moyenne de 85 km/h. Saint-Moritz organisa les Jeux olympiques de 1928 et 1948.

Population 5 400
Carte Suisse Ba

Saint-Nazaire, ***France*** Port de la Loire-Atlantique à l'embouchure de la Loire. Petit port de pêche au XVe s., la ville s'est développée comme avant-port de Nantes au XIXe s. Lors de la Seconde Guerre mondiale, ce fut une grande base sous-marine allemande attaquant les convois alliés sur la route de l'Atlantique, qui fut bombardée à plusieurs reprises. Les combats de la « poche de Saint-Nazaire » à la Libération ajoutèrent aux destructions et la ville dut être presque entièrement reconstruite par la suite.

Activités principales : constructions navales, industries chimiques, alimentaires et textiles. À l'E. de la ville, le pont routier Saint-Nazaire—Saint-Brévin, qui mesure 2,6 km, relie la Vendée et la Charente au pays de Retz.

Population (ville) 64 800 ; (aggl.) 132 000
Carte France Bc

Saintonge, ***France*** Ancienne province du sud-ouest du pays, principalement constituée du département de la Charente-Maritime, au N. de l'estuaire de la Gironde. Ayant pour capitale Saintes, cet ancien duché d'Aquitaine fut anglais de 1152 à 1371 et définitivement rattaché à la couronne de France en 1375 par Charles V.

Carte France Cd

Saint Paul, ***États-Unis*** Voir MINNEAPOLIS

Saint-Paul (île), ***océan Indien*** Île volcanique (14 km^2) faisant partie des Terres australes et antarctiques françaises (T.A.A.F.), à 100 km au S.-O. de l'île de la Nouvelle-Amsterdam. Culminant à 270 m, le cratère de son volcan, envahi par la mer, forme une baie de 1 000 m de diamètre. D'un climat océanique tempéré, l'île est couverte de prairies et de tourbières et uniquement peuplée de manchots et d'otaries.

Carte Indien (océan) Cd

Saint-Marin

LA PLUS PETITE RÉPUBLIQUE D'EUROPE, ENTOURÉE PAR L'ITALIE MAIS INDÉPENDANTE DEPUIS DES SIÈCLES, A GARDÉ UN PARFUM MÉDIÉVAL

La plus petite république indépendante d'Europe est nichée au pied des montagnes de l'Apennin oriental ; ses montagnes boisées, ses prairies, citadelles et villages moyenâgeux se regroupent autour des sommets du mont Titano qui culmine à 743 m.

Saint Marin, le tailleur de pierre qui a donné son nom à la république, s'installe au mont Titano vers l'an 300. Le pays devient une commune indépendante au XIIIe s. ; elle l'est toujours restée. Elle est gouvernée par un Grand Conseil général de 60 membres élus ; après douze ans de majorité communiste, c'est depuis 1957 un gouvernement de coalition. En cas d'urgence, la plupart des citoyens âgés de seize à cinquante-cinq ans peuvent être appelés dans la milice ; mais la police est empruntée à l'Italie voisine. Saint-Marin a signé une union douanière avec l'Italie en 1862.

La république attire 3 500 000 touristes par an, soit 150 touristes pour un habitant ; le plus beau site est celui de la capitale, la petite ville fortifiée de San Marino.

L'essentiel des revenus du pays provient de la vente des timbres-poste, cartes postales, souvenirs et alcools détaxés. Mais l'industrie légère apporte aussi sa contribution, à côté d'une longue tradition de poterie et de tissage de la soie. Néanmoins, la majorité des San-Mariniens travaille dans l'agriculture et le forestage. Malgré l'influence de l'Italie, Saint-Marin cultive son identité et apprécie toujours son administration séparée.

SAINT-MARIN EN BREF

Carte Italie Dc
Superficie 61 km^2
Population 24 100
Capitale San Marino
Régime République parlementaire (la plus ancienne et la plus petite du monde)
Monnaie Lire italienne
Langue Italien
Religion Catholiques (95 %)
Climat Méditerranéen
Ressources Blé, olives, vignobles, bovins, pierre de taille
Activités Agriculture, tourisme, industrie alimentaire, textiles, confection, cuir, céramique, forestage, extraction de la pierre de taille, ciment
Exportations Timbres-poste, vin, textiles, meubles, pierre de taille, céramique
P.N.B. annuel par habitant 8 590 dollars
Croissance démographique 3,2 ‰ par an
Espérance de vie Hommes 71 ans, femmes 76

Saint-Paul-de-Vence, ***France*** Village pittoresque et très visité des Alpes-Maritimes, près de Grasse. Église du XIIIe s., enceinte du XVIe s. Fondation Maeght (art contemporain).
Population 3 000

Saint-Pétersbourg, ***Russie*** Capitale de la Russie de 1712 à 1917, deuxième ville du pays après Moscou et principal port maritime et fluvial au fond du golfe de Finlande.

Fondée en 1703 par Pierre le Grand et construite sur des plans du Français Alexandre Leblond, elle fut appelée Petrograd en 1914, puis Leningrad de 1924 à 1991. Ses grandes avenues (dont la célèbre perspective Nevski, la principale artère commerçante), ses parcs et ses jardins se parent de palais et de monuments baroques ou néoclassiques, peints de couleurs pastel ou surmontés de coupoles ou de bulbes dorés. Parmi les édifices les plus remarquables figurent l'Amirauté, les palais d'Hiver (résidence des tsars), Anitchkov, Vorontsov, le palais de Marbre, les cathédrales Saint-Alexandre-Nevski et Notre-Dame-de-Kazan. La forteresse Pierre-et-Paul, érigée en 1703 pour se protéger des Suédois, abrite à la fois la collégiale où se firent inhumer les tsars Romanov et une prison dont Dostoïevski, Bakounine et Gorki connurent les cachots.

Ville des tsars pendant deux siècles, Saint-Pétersbourg fut aussi celle des révolutions (1905, le Dimanche rouge ; février et octobre 1917) et connut ses heures les plus sombres durant les 900 jours de son siège par les troupes allemandes et finnoises au cours de la Seconde Guerre mondiale. De septembre 1941 à janvier 1944, près de 650 000 de ses habitants périrent de froid et de faim.

Saint-Pétersbourg est aujourd'hui un grand centre industriel et un nœud ferroviaire important, relié par canaux à la Volga et à la mer Blanche. C'est aussi un foyer intellectuel et artistique, siège d'académies et d'instituts (université Jdanov), et du théâtre Kirov, célèbre pour ses ballets et ses opéras. Le musée de l'Ermitage est un des plus importants musées du monde ; il renferme des œuvres de Léonard de Vinci, du Greco, de Rubens, Poussin, Chardin, Rembrandt, Picasso. Souvent surnommé la Venise du Nord, c'est aussi un des plus riches centres touristiques du pays.

Aux alentours de la ville, nombreux palais du XVIIIe s. : Petrodvorets, Gatchina, Pouchkine (l'ancienne Tsarskoïé-Sélo), Pavlovsk, Petrokrepost.
Population (ville) 4 466 800 ; (aggl.) 5 035 000
Carte Russie Bb

Saint-Pierre, ***Martinique*** Voir PELÉE (MONTAGNE)

Saint-Pierre-et-Miquelon, ***océan Atlantique*** Archipel de l'Atlantique N. (242 km^2), à 25 km au S. de Terre-Neuve. Son chef-lieu est Saint-Pierre, dans l'île homonyme. Seul territoire français d'Amérique du Nord, il est composé de deux groupes d'îles: Saint-Pierre (et ses dépendances) et Miquelon et Langlade, reliées par un isthme, la Dune.

Connu des marins français (dont Jacques Cartier) dès le début du XVIe s., il ne fut habité qu'au XVIIe s. Tantôt anglais, tantôt français, il est devenu Territoire français d'outre-mer en 1946, département en 1976, puis collectivité territoriale en 1985. Couverts d'étangs, de tourbières et de marécages, les espaces boisés y sont rares et le climat y est peu clément (5,5 °C de moyenne annuelle). Pêche à la morue, usines de salage et de conservation du poisson, élevage de renards argentés. Programme de recherche d'aquaculture en cours.
Population 6 300

Saint-Quentin, ***France*** Sous-préfecture de l'Aisne, sur la Somme. Collégiale gothique, hôtel de ville (façade de 1509), musée (pastels de La Tour). Industries : textiles, chimie, constructions mécaniques et électriques.
Population 60 700
Carte France Eb

Saint-Quentin-en-Yvelines, ***France*** Ville nouvelle créée officiellement en 1972 à une trentaine de kilomètres au S.-O. de Paris, non loin de Versailles, et regroupant onze communes des Yvelines. Industries spécialisées et centres de montage ; activité tertiaire (banques, assurances). Aux environs: étang de Saint-Quentin, commanderie de Villedieu.
Population 123 000

Saint-Raphaël, ***France*** Importante station balnéaire de la Côte d'Azur, voisine de Fréjus et située dans le département du Var. Port de plaisance. Thalassothérapie. Musée d'archéologie. Église romane provençale des Templiers. Ce fut l'une des bases du débarquement allié en Provence déclenché le 15 août 1944.
Population 26 700

Saint-Savin, ***France*** Village du haut Poitou sur la Gartempe. Son abbatiale (XIe-XIIe s.) possède un superbe ensemble de fresques du XIe au XIIIe s., chefs-d'œuvre de la peinture romane. Pont gothique du XIIIe s.
Population 1 100

Saint-Sébastien, en esp. **San Sebastián,** ***Espagne*** Port maritime et ville industrielle de la baie de Biscaye, près de la frontière française, et capitale de la province de Guipúzcoa. Pêche. Industries chimiques, cimenteries, production d'objets métalliques et de verre. Tourisme.
Population 175 600
Carte Espagne Ea

Saint Thomas, ***îles Vierges américaines*** Île des Petites Antilles, la plus touristique (83 km^2) de l'archipel, appartenant aux États-Unis. Longtemps repaire de pirates, sa belle rade, à proximité de la capitale Charlotte-Amalie, est devenue un mouillage pour les paquebots de croisière et les yachts de luxe.
Population 44 000
Carte Antilles Eb

Saint-Tropez, ***France*** Station balnéaire très fréquentée sur la Méditerranée, à 100 km à l'E. de Marseille, avec de belles plages et un port de plaisance. Appréciée des artistes depuis 1890, surtout à cause de sa lumière limpide, c'est un pittoresque port de pêche. Citadelle des XVIe et XVIIe s. Beau musée de l'Annonciade (Signac, Vuillard, Bonnard, etc.).
Population 5 800
Carte France Ge

Saint-Vincent (cap), en port. **São Vicente,** ***Portugal*** Cap situé à la pointe S.-O. du Portugal. Ses falaises atteignent 75 m de haut.
Carte Portugal Bd

Saint-Vincent et les Grenadines Voir p. 589

Saipan, ***Mariannes du Nord*** La plus grande et la plus peuplée des îles du territoire (122 km^2), à 200 km au N.-E. de Guam. Les falaises y sont élevées, sauf du côté O., où se trouve la capitale, Garapan (2 070 habitants). La prise de Saipan par les forces américaines en juin 1944, après une sanglante bataille, fut un pas décisif vers la reprise des Philippines et la défaite du Japon.
Population 17 000
Carte Pacifique (océan) Cb

Sakai, ***Japon*** Port et ville industrielle au S. de l'île de Honshu, sur la baie d'Osaka. Ce fut une ville influente, du XIVe s. au début du XVIIe s. Indépendante, ayant sa propre milice, elle commerça jusqu'aux Philippines. Son économie chuta — jusqu'à son nouvel essor dû au pétrole et à l'acier — lorsque le Japon prohiba la plupart des relations avec l'étranger au XVIIe s.
Population 818 400
Carte Japon Cd

Sakha, ***Russie*** Voir IAKOUTIE-SAKHA

Sakhaline (île), ***Russie*** Île de l'Extrême-Orient russe, séparée de l'île japonaise de Hokkaido, au S., par le détroit de La Pérouse, large de 40 km. Longue, étroite, montagneuse, avec au N. d'épaisses forêts, Sakhaline (87 100 km^2) fut d'abord colonisée par des pêcheurs russes en 1857, puis devint une colonie pénitentiaire. Sa partie S., occupée par le Japon en 1905, fut récupérée par l'U.R.S.S. en 1945. Activités: pêche, chasse, conserves, papier, exploitation de la houille et du pétrole. Capitale: Ioujno-Sakhalinsk (ex-Toyohara).
Population 713 000
Carte Russie Ic

Sakkarah, ***Égypte*** Voir SAQQARAH

Salalah, ***Oman*** Port et capitale de la province du Dhofar, à 100 km à l'E. de la frontière avec le Yémen. Ville moderne au milieu des cocoteraies et des bananeraies, elle conserve de son passé l'ancienne résidence du sultan, quelques maisons arabes traditionnelles et une vieille mosquée. En plus de son port, Salalah est desservie par le port récent de Raysut, à 20 km à l'E. Son aéroport date de 1977.
Population 50 000
Carte Oman Ab

Salamanque, en esp. **Salamanca,** ***Espagne*** Ville universitaire, à 170 km au N.-O. de Madrid, classée monument historique en raison de ses magnifiques monuments et bâtiments (du Moyen Âge jusqu'au XVIIIe s.). La province homonyme, dont elle est le chef-lieu, est une zone de plaines à l'agriculture importante. Tanneries, brasseries et minoteries.
Population (ville) 186 300 ; (province) 370 000
Carte Espagne Cb

Salamine (Salamina), ***Grèce*** Île du golfe d'Égine, à 13 km à l'O. du Pirée. Dans l'étroite passe entre l'île et la côte attique, les Athéniens défirent une flotte perse en 480 av. J.-C. C'est la plus grande base navale grecque.
Population 28 600
Carte Grèce Cc

Salamine, en grec. **Salamis,** ***Chypre*** Cité grecque en ruine, fondée en 1180 av. J.-C. sur la côte E. Elle fut le théâtre d'une bataille navale où les Grecs, menés par Demetrios Poliorcète, défirent Ptolémée Ier d'Égypte en 306 av. J.-C. Amphithéâtre, temple de Zeus et un forum.
Carte Chypre Ab

Saint-Vincent et les Grenadines

WILLIAM BLIGH, LE CAPITAINE DU BOUNTY, *APPORTA L'ARBRE À PAIN À SAINT-VINCENT POUR NOURRIR LES ESCLAVES DES PLANTATIONS DE CANNE À SUCRE*

Dans le beau jardin botanique de Kingstown, capitale de Saint-Vincent dans les îles du Vent, pousse un arbre à pain qui a pour ancêtre celui que le capitaine William Bligh apporta de Tahiti en 1792. C'était sa seconde tentative, la première en 1789 ayant échoué du fait de la célèbre mutinerie à bord du navire de guerre britannique, le *Bounty*. Bligh souhaitait apporter un complément de nourriture aux esclaves africains qui travaillaient sur les plantations sucrières antillaises. Son plan échoua ; les esclaves préférèrent d'autres aliments tels que la banane et le plantain ; mais on appelle parfois Saint-Vincent « le Tahiti des Caraïbes », en partie à cause de la fertilité du sol et de sa végétation luxuriante.

Christophe Colomb a peut-être aperçu l'île en 1498 (la question est controversée), mais il ne fut certes pas le premier. On pense que les Indiens Ciboneys y vécurent depuis environ 4300 av. J.-C., suivis par les Arawaks, puis au XVIe s. par les Caraïbes. Ce n'est qu'au XVIIe s. que les Européens (Anglais et Français) ont vraiment entrepris de la coloniser.

Les Caraïbes s'y opposèrent ; mais après la dernière guerre caraïbe (1795-1797), la plupart des Indiens furent déportés aux îles de la Baie, au large du Honduras. L'île changea plusieurs fois de mains entre la France et la Grande-Bretagne, mais celle-ci l'emporta finalement en 1783.

Avec les îles Grenadines de Bequia, Moustique, Canouan, Mayreau et Union situées plus au S., Saint-Vincent devint un pays indépendant en 1979, avec la reine d'Angleterre comme chef d'État. Les deux tiers de la population sont d'origine africaine, et la plupart des autres sont métis. Quelques rares descendants des Indiens Caraïbes vivent sur les pentes de la Soufrière au N. de Saint-Vincent. L'anglais est la langue principale.

L'épine dorsale de Saint-Vincent est formée d'une chaîne de volcans. La Soufrière (1 234 m) est l'un des deux volcans actifs des Caraïbes orientales, l'autre étant la montagne Pelée à la Martinique ; sa dernière éruption violente date de 1979. En 1812, une éruption tua 56 personnes ; en 1902, une autre s'accompagna d'une nuée ardente qui détruisit Saint-Pierre.

Saint-Vincent est l'une des îles les plus pauvres des Caraïbes orientales ; le taux de chômage y est très élevé. L'agriculture est la première activité ; et l'exportation principale, celle des bananes vers le Royaume-Uni. L'île est le premier producteur mondial de fécule d'arrow-root, utilisée dans la fabrication de médicaments, d'entremets, de nourriture pour bébés et de papier pour imprimante d'ordinateur. On exporte aussi un peu de coprah et d'huile de coco ; la canne n'est cultivée aujourd'hui que pour la consommation locale de sucre. Une grande partie de l'île est boisée.

Il y a peu d'industries. Les rares usines traitent les produits agricoles, fabriquent des meubles et du ciment. Une nouvelle minoterie dessert toutes les îles du Vent.

Le gouvernement s'efforce de développer le tourisme pour fournir des emplois ; les navires de croisière font escale au port en eau profonde de Kingstown.

Les eaux autour des minuscules îles Grenadines et certaines baies sont parmi les meilleures du monde pour la navigation de plaisance. Grâce au tourisme de luxe et à la plaisance, les habitants de Bequia et de Moustique sont nettement plus favorisés que ceux de l'île principale de Saint-Vincent.

SAINT-VINCENT EN BREF
Carte Antilles Cc
Superficie 389 km²
Population 109 000
Capitale Kingstown
Régime Monarchie parlementaire
Monnaie Dollar des Caraïbes orientales = 100 cents
Religions Protestants (75 %), catholiques (13 %)
Climat Tropical ; la température moyenne varie toute l'année de 26 à 28 °C
Ressources Bananes, arrow-root, taro, noix de coco, épices
Activités Agriculture, conditionnement des denrées alimentaires, distillation du rhum, minoterie, fabrication du ciment, forestage
Exportations Bananes, fécule d'arrow-root, taro, coprah, huile de noix de coco
P.N.B. annuel par habitant 1 730 dollars
Croissance démographique 18,2 ‰ par an
Espérance de vie Hommes 68 ans, femmes 72

Salang (tunnel de), ***Afghanistan*** Tunnel, situé à 3 360 m d'altitude, à 100 km au N. de Kaboul. Ouvert en 1964, il écourte de 200 km la distance entre Kaboul et les plaines du N. Il est long de 2 676 m et large de 8 m. En hiver, il est fermé la nuit en raison des températures pouvant atteindre − 20 °C.
Carte Afghanistan Ba

Salaverry, ***Pérou*** Port moderne, à 8 km au S. de Trujillo. On y exporte le cuivre de Quiruvilca, à 120 km à l'intérieur, et le sucre des vallées et des plaines de La Libertad.
Population 5 250
Carte Pérou Ba

Saldanha, ***Afrique du Sud*** Ville de la baie de Saldanha, à 110 km au N.-O. du Cap. Base navale durant la Seconde Guerre mondiale, elle est depuis 1970 un port exportateur du minerai de fer de Sishen, au N. de la province du Cap. Une usine moderne extrait sel, potasse et brome de l'eau de mer.
Population 27 500 (avec la ville voisine de Vredenburg)
Carte Afrique du Sud Ac

Salé, ***Maroc*** Port atlantique et banlieue de Rabat à laquelle elle est reliée par un pont et des bacs traversant l'oued Bou Regreg. Fondée sur le site d'un ancien port romain, ce fut un grand port de commerce dès le Moyen Âge. On y trouve une mosquée du XIIe s., un collège coranique de 1341, un portail monumental (Bab Mrisa) et de nombreux spécimens de l'architecture marocaine des XIIIe et XIVe s. Ses marchés offrent des articles en vannerie, des bijoux et des broderies, des rues d'ébénistes, de tailleurs de pierreries, de forgerons et d'artisans du cuivre. Au XVIIe s., c'était le repaire des pirates barbaresques, les corsaires de Salé.
Population 290 000
Carte Maroc Ba

Salem, ***États-Unis*** 1. Ville du Massachusetts, à 20 km au N.-E. de Boston. Fondée en 1692, c'est l'une des plus anciennes colonies de peuplement du pays. Elle est devenue célèbre à la suite d'une série de procès en sorcellerie qui aboutit à l'exécution de vingt de ses citoyens, surtout des femmes. Port prospère, c'est aussi un centre industriel et touristique (édifices du XVIIe s., dont la maison des Sept Pignons).

2. Capitale de l'État d'Oregon, sur la rivière Willamette, à 70 km au S.-O. de Portland. C'est le centre d'une riche région fermière, avec de nombreuses usines d'alimentation et de pâte à papier. Elle fut fondée en 1840 par des missionnaires méthodistes et son université ouvrit deux ans plus tard.
Population 1. (ville) 38 600 ; (aggl.) 259 100
2. (ville) 107 800 ; (aggl.) 278 100
Carte États-Unis 1. Lb ; 2. Bb

Salem, ***Inde*** Ville de l'État du Tamil-Nadu, au S. de Madras. Ses grandes usines textiles et ses papeteries sont alimentées par la centrale hydroélectrique de Mettûr. La région recèle du chrome, du magnésium, du fer et du corindon qui sont extraits et exploités.
Population 364 000
Carte Inde Ce

Salentine (péninsule), ***Italie*** Le talon de la botte, au S.-E. du pays (5 800 km²). Ses villes, principalement Lecce, sont réputées pour leur architecture baroque. Vigne et tabac.
Carte Italie Fd

Salerne, en it. **Salerno,** ***Italie*** 1. Port maritime et chef-lieu de la province homonyme, à 45 km au S.-E. de Naples. Renommé au Moyen Âge pour son école de médecine, il est doté d'une belle cathédrale du XIe s. Activités principales : industries mécaniques, textiles, cimenteries.

2. La province de Salerne, très étendue (4 922 km²), couvre une partie de l'Apennin, du golfe de Naples au golfe de Policastro. Production de céréales, de vin, de fruits et d'huile. Industries alimentaires.
Population (ville) 157 000 ; (prov.) 1 055 700
Carte Italie Ed

Salford, ***Royaume-Uni*** Voir MANCHESTER

Salinas (vallée de), ***États-Unis*** Région agricole fertile productrice de laitues, de vin et de fruits, entre deux crêtes parallèles des chaînes côtières de Californie. Le fleuve Salinas s'écoule sur 240 km vers le N.-O. dans la baie de Monterey, au S. de San Francisco.
Carte États-Unis Bc

Salisbury, *Royaume-Uni* Cité épiscopale anglaise du Wiltshire, à 32 km au N.-O. de Southampton, réputée pour sa cathédrale commencée en 1220, dont la flèche effilée (123 m, la plus haute du pays) fut achevée en 1334.
Population 40 000
Carte Royaume-Uni Ee

Salisbury, *Zimbabwe* Voir HARARE

Salomon (mer des) Bras de l'océan Pacifique entre la Nouvelle-Guinée à l'O., la Nouvelle-Bretagne au N. et les îles Salomon à l'E. Il comporte deux bassins: le bassin des Salomon au S., et celui de Nouvelle-Bretagne au N., qui contient la profonde fosse de Nouvelle-Bretagne (9 104 m) où le plateau indo-australien descend sous la plaque du Pacifique (voir TECTONIQUE DES PLAQUES, p. 654). La mer des Salomon fut le théâtre de nombreux affrontements navals entre les États-Unis et le Japon durant la Seconde Guerre mondiale.
Surface 720 000 km^2
Profondeur maximale 9 104 m
Carte Pacifique (océan) Cc

Salonique, en gr. **Thessaloniki, *Grèce*** Deuxième ville du pays après Athènes et premier port de Macédoine, sur le golfe Thermaïque, fondée en 316 av. J.-C. Il subsiste des ruines romaines — l'arche et le palais de l'empereur du IVe s. Galère — et des remparts byzantins. Le musée conserve des trésors de l'ancienne Macédoine, dont la plupart des découvertes faites au tombeau du roi Philippe II (383-336 av. J.-C.) à Vergine. La ville accueille une foire commerciale internationale chaque année en septembre. Ville universitaire, base navale de l'OTAN et centre industriel important (raffineries de pétrole, usines textiles et mécaniques).
Population 706 200
Carte Grèce Ca

Salouen (Nu Jiang, Mae Nam Kong), *Chine/Birmanie/Thaïlande* Fleuve de 2 900 km prenant sa source dans l'est du Tibet chinois. Il s'écoule vers l'E. dans une vallée profonde, puis au S. en Birmanie orientale, à travers les États montagneux de Shan et de Karen. Il forme la frontière birmano-thaïlandaise sur 125 km et traverse ensuite les basses terres du golfe de Martaban, près de la ville birmane de Moulmein. Rapides, hauts-fonds et autres dangers en limitent la navigation au tronçon situé en aval de l'État de Karen.
Carte Birmanie Cb ; Chine Ee

Salpausselkä, *Finlande* Chaîne de collines modelées par la fonte des glaces à la fin de la dernière période glaciaire. Elle s'étend au S. de la Finlande, de la province de Carélie au S.-E. à la péninsule de Hanko au S.-O.
Carte Finlande Cc

Salt, *Jordanie* Bourgade administrative, chef-lieu de la province de Balqa, à 29 km au N.-O. d'Amman, au cœur d'une région de collines fertiles. Salt est habitée depuis 3000 av. J.-C. Vestiges de tombes romaines et mosaïque d'une église byzantine.
Population 47 600
Carte Jordanie Aa

Salta, *Argentine* Ville à 1 280 km au N.-O. de Buenos Aires, à 1 190 m d'altitude, juste à l'E. des Andes. Fondée en 1582, elle a été victime de nombreux séismes, auxquels certains de ses édifices coloniaux, parmi les plus beaux du pays, ont survécu. La région environnante est riche en sites archéologiques incas et précolombiens. Élevage, culture de la canne à sucre, du tabac, du coton et de la vigne. Mines de fer, de zinc, de plomb, d'étain et d'argent; forages pétroliers. Tourisme.
Population 260 300
Carte Argentine Ca

Saltillo, *Mexique* Capitale de l'État septentrional de Coahuila, ville industrielle et commerciale active produisant des machines agricoles, de l'argenterie, des poteries et des textiles. Elle est réputée pour ses « sarapes » (vêtements de laine aux couleurs vives). À la sortie de la ville se trouve le champ de bataille d'Angostura, théâtre en 1847 de l'une des plus sanglantes batailles de la guerre américano-mexicaine.
Population 321 800
Carte Mexique Bb

Salt Lake City, *États-Unis* Capitale de l'Utah, centre industriel, culturel, commercial, touristique et siège central de l'Église mormone. Le site, à 22 km du Grand Lac Salé, fut choisi en 1847 par Brigham Young, qui avait conduit les Mormons sur plus de 1 800 km, de l'Illinois et du Missouri à travers les Rocheuses jusqu'à leur nouveau foyer. La ville fut composée autour du temple mormon et du Tabernacle. Les rues y sont larges, bordées d'arbres rectilignes, et les parcs nombreux.
Population (ville) 164 800 ; (aggl.) 1 073 000
Carte États-Unis Db

Salto, *Uruguay* Seconde ville du pays et port fluvial sur le río Uruguay, à la frontière avec l'Argentine, à 430 km au N.-O. de Montevideo, au cœur d'une région productrice de citrons et de vins. Conditionnement de la viande et chantiers navals.
Population 108 480
Carte Uruguay Ab

Salut (îles du), *Guyane* Groupe d'îles à 16 km au large de Kourou, dans l'océan Atlantique. Quand la Guyane était colonie pénitentiaire (1852-1946), elles furent utilisées comme siège de l'administration du bagne et comme dépôt pour les détenus de droit commun (île Royale) et pour les « incorrigibles » (île Saint-Joseph). La plus célèbre, l'île du Diable (14 ha), était réservée aux détenus politiques. Le capitaine Alfred Dreyfus, condamné (à tort) en 1894 comme espion allemand, y fut incarcéré de 1895 à 1899. L'écrivain contemporain Henri Charrière, ex-bagnard, a décrit dans *Papillon* la dureté des conditions de détention. Les trois îles sont aujourd'hui envahies par la végétation, et seule l'île Royale est visitée. Une auberge y a été aménagée dans l'ancien réfectoire des gardiens.
Carte Guyane Ba

Salvador Voir p. 595

Salvador, *Brésil* Port et capitale de l'État de Bahia, à 1 200 km au N.-E. de Rio de Janeiro. C'est à cet endroit que débarqua, en 1500, l'amiral portugais Pedro Álvares Cabral. Ce fut la première capitale du pays (1549-1763). Une grande partie de l'Alta, la ville haute, sur une falaise dominant la baie, est monument national; elle compte plus d'une centaine d'églises et de bâtiments publics des XVIIe et XVIIIe s.

voir suite p. 596

Salomon (îles)

ENNEMIS ACHARNÉS PENDANT LA SECONDE GUERRE MONDIALE, LES JAPONAIS SONT DEVENUS DES PARTENAIRES COMMERCIAUX DE CES INSULAIRES DU PACIFIQUE OUEST

C'est le conquistador espagnol Alvaro de Mendaña de Neira, au retour d'un voyage au Pérou en 1568, qui découvrit les îles Salomon et leur donna le nom de ce roi biblique. Mais il n'y trouva point d'or, et encore moins les fabuleuses mines d'or du roi Salomon.

Ce pays, protectorat britannique en 1893, puis membre indépendant du Commonwealth depuis 1978, se compose de six grandes îles et d'une myriade de petites, dans le Pacifique O., à environ 1 600 km de la côte du Queensland australien.

Le climat est chaud et humide, avec de fréquents typhons ; l'un d'eux fit 100 victimes et 90 000 sans-abri en 1986. Le pays est montagneux et forestier ; les arbres ont recouvert les cicatrices des combats qui opposèrent Américains et Japonais, en particulier dans l'île principale, Guadalcanal, où près de 24 000 Japonais furent tués au cours d'une bataille qui dura sept mois, en 1942-1943. De nos jours, les Japonais sont devenus des associés dans le développement des pêcheries. La luxuriante végétation a été défrichée pour laisser place à des plantations de cocotiers, de palmiers à huile et à l'élevage des bovins.

Néanmoins, pour beaucoup d'insulaires des îles Salomon (des Mélanésiens), le style de vie n'a pas changé depuis des siècles. Ils pêchent, cultivent des fruits et des légumes, mais ils ont renoncé au cannibalisme.

LES ÎLES SALOMON EN BREF
Carte Pacifique (océan) Dc
Superficie 28 370 km^2
Population 350 000
Capitale Honiara
Régime Monarchie parlementaire
Monnaie Dollar des îles Salomon = 100 cents
Langues Anglais (langue officielle), pidgin, 87 langues tribales
Religions Anglicans (34 %), évangéliques des mers du Sud (17 %), catholiques (19 %), religions tribales
Climat Équatorial ; les températures moyennes à Honiara sont toute l'année proches de 27 °C
Ressources Patates douces, riz, taro, ignames, noix de coco, noix de palme, bovins, bois, poisson ; or, bauxite
Activités Agriculture, pêche, forestage
Exportations Poisson (thon essentiellement), bois, coprah
P.N.B. annuel par habitant 710 dollars
Croissance démographique 33 ‰ par an
Espérance de vie Hommes 69 ans, femmes 73

Salvador

LONGTEMPS DÉCHIRÉ PAR LA GUERRE CIVILE, LE SALVADOR, SOUTENU PAR LES ÉTATS-UNIS, TENTE D'ÉVITER LA BANQUEROUTE

La lutte pour le pouvoir dans cette petite nation d'Amérique centrale a fait des milliers de victimes depuis 1979 et a chassé 500 000 personnes hors de chez elles vers des camps de réfugiés. Les différents régimes au pouvoir des années 1980 furent accusés d'atteinte aux droits de l'homme : torture, « disparition » de militants politiques et exécutions sommaires.

Les assassinats et les massacres ont fait autant de morts que les actions militaires directes. Parmi toutes ces victimes, il y eut le principal défenseur des droits de l'homme du pays, l'archevêque Oscar Romero, criblé de balles par des terroristes de droite alors qu'il disait la messe dans la cathédrale de la capitale, San Salvador, en mars 1980.

Le gouvernement se sentit menacé par les guérillas menées par des mouvements de gauche, appuyés par le régime de gauche du Nicaragua. Par peur d'une avance communiste près de leurs frontières, les États-Unis assurèrent à la junte une aide économique et militaire considérable. Entre 1982 et 1984, Roberto d'Aubuisson, leader d'extrême droite, prit le pouvoir et sa brutalité scandalisa les Américains, qui s'opposèrent à ce que leur gouvernement soutienne un tel régime.

En 1984, le Salvador connut sa première élection présidentielle démocratique et le leader démocrate-chrétien le plus modéré, José Napoleón Duarte, fut élu. Il souhaitait mettre fin à l'affrontement avec les guérilleros en les invitant à négocier et à participer aux élections, puis mettre en route un processus démocratique légitime. La guérilla du Front Farabundo Marti (F.M.L.N.) n'y voit qu'une tactique, tandis que l'Arena de d'Aubuisson accuse Duarte de communisme pour mieux s'opposer aux réformes. En 1989, l'Arena accède de nouveau au pouvoir avec un président plus pragmatique, Alfredo Cristiani, qui engage la négociation avec l'opposition armée. Peu de temps après, la guérilla lance, mais en vain, une offensive meurtrière contre la capitale.

UNE HISTOIRE FAITE DE CONFLITS

Conflits et répression n'avaient rien de bien nouveau pour les Salvadoriens lorsque commença cette dernière guerre civile. Après l'indépendance du pays en 1838, luttes internes et dictature militaire furent monnaie courante. Il y eut aussi des conflits extérieurs — en 1969, l'armée salvadorienne envahit le Honduras, son voisin, après un match de la coupe du monde de football entre les deux nations. Il s'agissait de matchs aller et retour se jouant dans les deux capitales. À chaque rencontre, les supporters furent victimes de violences. Cela dégénéra en guerre, mais le véritable problème était celui des 300 000 Salvadoriens qui avaient émigré au Honduras depuis vingt ans. L'invasion salvadorienne dura seulement cinq jours, mais la paix fragile qui s'ensuivit fut de nouveau rompue en 1976 lorsque des heurts se produisirent entre les deux armées.

Le gouvernement hondurien soupçonne le Salvador de vouloir augmenter son espace vital à ses dépens. Le Salvador est le pays le plus densément peuplé de l'Amérique centrale avec ses 248 habitants par kilomètre carré, et la main-d'œuvre est l'une de ses principales exportations. Il y a trop peu de travail et de nourriture pour faire vivre 5,2 millions d'habitants. La guerre civile a partiellement détruit les cultures, l'industrie et les services. Mis à part l'aide des États-Unis et de l'Allemagne occidentale, il n'y a plus d'investissements étrangers dans ce pays.

La terre est aux mains d'une élite de Blancs alors que 87 % des Salvadoriens sont *mestizos* (métis espagnols-indiens). Le reste de la population est indien. Il y a d'énormes problèmes sociaux : la majorité des Salvadoriens est illettrée. Il n'y a pas de trêve pour que les fermes et les usines endommagées par les combats puissent reprendre leurs activités. Chômage et inflation augmentent. Ces dernières années, les revenus ont progressivement diminué en termes réels.

Il y a quelques usines dans les principales villes : produits alimentaires et chimiques, textiles, ciment. L'activité minière est nulle. Les routes sont mauvaises et souvent non goudronnées. Tout comme les voies ferrées, elles sont souvent coupées à cause des combats.

La moitié de la population travaille dans l'agriculture qui représente le quart du revenu national. Le café, quant à lui, représente 40 % des exportations du pays ; il est suivi par le coton (en baisse), le sucre (en hausse) et les textiles. Les paysans cultivent du riz pour leur propre consommation et font de l'élevage (exportation de bœuf). Le bois n'est qu'une exportation mineure et le Salvador est le premier exportateur du monde de baume du Pérou (résine utilisée en médecine, surtout en dermatologie). La fertilité du sol a diminué à cause d'une érosion grave provoquée par le déboisement important des versants des montagnes volcaniques.

Deux chaînes volcaniques traversent le Salvador d'E. en O. ; elles sont séparées par la vallée du Lempa. Ce fleuve coule vers le S., longe la chaîne méridionale, puis traverse la montagne et divise le pays en deux. Au-delà de la chaîne méridionale, le grand delta sablonneux du Lempa s'ouvre sur le Pacifique. Durant la saison humide, entre mai et octobre, il est sujet à des crues. Les chaînes se trouvant près de la mer forment un chapelet de volcans dont plusieurs sont actifs. La plupart des agglomérations se trouvent dans les hautes terres fraîches et tempérées et non sur la côte chaude et humide.

AU PIED DU VOLCAN. Les cendres volcaniques qui recouvrent une partie du pays donnent des sols fertiles, propices à la culture du café et à l'élevage des bovins.

Avant l'arrivée des Espagnols au XVIe s., la civilisation des Indiens Pipil était florissante. Ils étaient en contact avec les Aztèques. Leur territoire s'appelait Cuscatlan (terre des bijoux). Il y a des vestiges de cette civilisation, notamment les ruines de El Tazumal à Chalchuapa. Aujourd'hui l'idée que le Salvador devienne une terre de richesses semble saugrenue ; pourtant, en octobre 1991, un nouvel espoir naît : réunis à New York, les représentants du gouvernement et de la guérilla signent enfin un accord de paix.

LE SALVADOR EN BREF
Superficie 21 041 km^2
Population 5 520 000
Capitale San Salvador
Régime République parlementaire
Monnaie Colon = 100 centavos
Langues Espagnol, dialectes indiens
Climat Tropical ; frais dans les hautes terres. Température moyenne à San Salvador : 22 à 24 °C toute l'année
Ressources Café, coton, maïs, millet, riz, sorgho, canne à sucre, haricots, bétail, bois, crevettes
Activités Agriculture, produits alimentaires et chimiques, textiles et vêtements, sylviculture, pêche, électricité
Exportations Café, coton, sucre, textiles, vêtements et produits chimiques
P.N.B. annuel par habitant 1 000 dollars
Croissance démographique 27 ‰ par an
Espérance de vie Hommes 63 ans, femmes 68

LA ROME DES ALPES. Les tours de la forteresse de Hohensalzburg, sur le Mönchsberg, dominent le vieux Salzbourg, hérissé de dômes. Les princes-archevêques gouvernèrent la ville pendant plus de mille ans, à partir de 798.

Bahia, ancien nom de la ville et appellation actuelle de l'État, signifie « baie », en référence à la vaste rade naturelle où est implantée la ville. Le port exporte tabacs et cigares, dérivés du pétrole, café, peaux et huiles végétales. L'État (561 026 km²) produit surtout du cacao.

Population (ville) 2 050 000 ; (État) 11 802 000
Carte Brésil Ec

Salzbourg (Salzburg), ***Autriche*** 1. État montagneux central (7 154 km²) réputé pour ses stations thermales et touristiques alpines, qui accueillent de nombreux visiteurs chaque année. Autrefois État indépendant gouverné par un prince-archevêque, Salzbourg devint partie de l'Autriche en 1816, après les guerres napoléoniennes. On y trouve des gisements de sel et des mines d'or, de cuivre et de fer.

2. Capitale du land homonyme, sur la rivière Salzach, à 225 km à l'O. de Vienne. Mozart y naquit en 1756, et un festival s'y déroule annuellement en son honneur. On peut visiter sa maison natale dans la vieille ville. La ville, ancrée entre deux hautes collines rocheuses accidentées, fut l'œuvre des évêques successifs du VIIIᵉ au XVIIIᵉ s. Parmi ses rues étroites, la Getreidegasse est bordée de bâtiments à six étages, chacun d'eux portant une enseigne de fer ouvragé symbolisant un métier. La ville fut sévèrement bombardée lors de la Seconde Guerre mondiale, et reconstruite presque pour moitié. Parmi ses plus vieux édifices figurent la cathédrale du XVIIᵉ s. et le château de Hohensalzburg (XIᵉ s.).

Population (ville) 144 000 ; (land) 482 500
Carte Autriche Cb

Salzkammergut, ***Autriche*** Région de lacs et de montagnes des Préalpes autrichiennes, traversées par la rivière Traun. Autrefois importante pour sa production de sel, c'est une région touristique, dotée de stations thermales, dont la plus connue est Bad Ischl. La région compte 27 lacs, dont le plus grand est l'Attersee (46,7 km²). Point culminant : le Dachstein (2 998 m).

Carte Autriche Cb

Samar, ***Philippines*** Troisième île de l'archipel philippin (13 130 km²) et la plus orientale des Visayas, exposée aux typhons du Pacifique. C'est pour l'essentiel un plateau écorché et accidenté, avec des forêts épaisses et peu de routes, sauf le long de la côte O. Ressources minérales faibles (cuivre de Bagacay) ; riz.

Deux de ses grandes villes, Calbayog, avec son aéroport, et Catbalogan, port maritime, se trouvent sur la côte O. Tacloban, sur l'île de Leyte (reliée à Samar par un pont), lui sert de port marchand.

Population 1 100 000
Carte Philippines Cc

Samara, ***Russie*** Ville industrielle et port sur la Volga, à 860 km à l'E. de Moscou, appelée Kouïbychev de 1935 à 1991 du nom du révolutionnaire Valerian Kouïbychev. Elle fut capitale d'octobre 1941 à août 1943 pendant l'invasion allemande. Instruments de précision, matériel de transport, pétrochimie, bois, produits alimentaires. Le lac de barrage à proximité (6 450 km²) est le plus vaste du monde après le lac Volta au Ghana.

Population 1 257 300
Carte Russie Bb

Samarcande (Samarkand), ***Ouzbékistan*** Ville à 250 km au N. de la frontière afghane. En 329 av. J.-C., lorsque Alexandre le Grand s'en empara, elle était déjà connue sous le nom de Maracanda. Au VIIᵉ s., elle devint une étape sur la route de la soie qui reliait la Chine à l'Europe. Marco Polo s'y rendit au XIIIᵉ s. Au XIVᵉ s., le chef de guerre tatar Timur Lang (dit Tamerlan) (1336-1405) en fit sa capitale. Le dôme qui surmonte son tombeau, le Gur Amir, a été copié sur celui d'une mosquée syrienne de Damas qu'il fit brûler en 1402. Ce type de dôme à bulbe s'est largement répandu. Samarcande devint russe en 1868.

Production de textiles (coton et soie), tapis, cuir, chaussures. Industries alimentaires (thé, tabac, fruits en conserve, vin).

Population 394 600
Carte Ouzbékistan Bb

Samarie, ***Israël/Jordanie*** Région de l'ancienne Palestine allant de la Méditerranée au fleuve Jourdain, au S. de la Galilée et au N. de la Judée, circonscription de la province de Judée, sous l'empereur Auguste, en l'an 6. Sa grande cité, dont les ruines se trouvent en Cisjordanie, occupée par Israël depuis 1967, s'appelait aussi Samarie. Fondée en 887 av. J.-C., elle était la cité des Samaritains.

Carte Jordanie Aa

Samarra, ***Irak*** Ville sainte sur le Tigre, à 100 km au N.-O. de Bagdad. Bâtie vers 836, elle devint la capitale des califes abbassides qui gouvernaient la région. Sa mosquée du XVIIᵉ s., couronnée d'un dôme de cuivre, est fréquentée par les musulmans chi'ites. La Grande Mosquée, aujourd'hui en ruine, bâtie vers 850, a été la plus grande du monde.

Population 20 000
Carte Irak Bb

Samoa américaines, ***océan Pacifique*** Groupe de cinq îles et deux atolls (197 km²), à l'E. des Samoa occidentales et à 2 600 km au N.-E. de la Nouvelle-Zélande. Elles sont territoire américain depuis 1899, mais les dirigeants des Samoa occidentales, îles au niveau de vie beaucoup plus bas, sont partisans d'une unification des deux groupes d'îles en un seul État. Les Samoa américaines ont une assemblée et un gouverneur élus. Elles reçoivent d'importantes subventions du gouvernement américain, malgré la fermeture, en 1951, de la base de l'U.S. Navy de Pago Pago, la capitale. La quasi-totalité des exportations (thon en conserve) se fait vers les États-Unis. Taro, noix de coco et bananes sont consommés sur place. La plupart des îles (y compris Tutuila, la plus grande) sont montagneuses et boisées.

Population 50 000
Carte Pacifique (océan) Ec

Samoa occidentales ou **Samoa** Voir p. 597

Samos, ***Grèce*** Île boisée de la mer Égée orientale (502 km²), à 2 km de la côte asiatique de Turquie. Le mathématicien et philosophe Pythagore (env. 582-507 av. J.-C.) y est né. L'Héra de Samos, célèbre sculpture ionienne, a été trouvée à Samos dans les ruines du temple d'Héra. La grande ville de l'île est le port de Bathy, construit au XIXᵉ s.

Population 31 600
Carte Grèce Ec

Samothrace, en gr. **Samothraki,** ***Grèce*** L'une des îles égéennes du Nord, à 40 km de la côte thrace (180 km²). La légende homérique veut que le dieu de la Mer, Poséidon, y eût surveillé la bataille de Troie du mont Fengari (1 600 m), plus haut sommet de l'île. Une sculpture de marbre, la Victoire de Samothrace, fut trouvée en 1863 lors de fouilles au sanctuaire des Grands Dieux, près du port de l'île, Kamariotissa. Elle est exposée au Louvre, à Paris.

Population 2 900
Carte Grèce Da

Samsoun (Samsun), ***Turquie*** Port sur la mer Noire, à 420 km au N.-E. d'Ankara et capitale de la province homonyme. En mai 1919, Kemal Ataturk, fondateur de la Turquie moderne, y déclencha la révolution des Jeunes Turcs, afin d'écarter tout contrôle étranger sur son pays.

Exportation du tabac cultivé dans la province, fertile et peuplée (9 579 km^2).

Population (ville) 304 000; (province) 1 169 500
Carte Turquie Ba

Samut Prakan, ***Thaïlande*** Province industrielle et ville, faubourg S. de la capitale, Bangkok. Production de verre, d'équipements électriques, aciéries, textiles, produits pharmaceutiques.

Population (ville) 73 500
Carte Thaïlande Bc

Sanaa, en ar. **San'a,** ***Yémen*** Capitale et ville active au milieu du plateau central, à 2 286 m d'altitude. Environnée de hautes et épaisses murailles de pierre comptant huit portes, Sanaa serait, d'après les Arabes, la plus vieille ville du monde et le berceau de la nation arabe. Son fondateur aurait été Cham, fils aîné de Noé. Principal centre d'enseignement coranique du pays, elle rivalisa longtemps avec La Mecque. Médina (vieille ville et quartier arabe avec les plus importantes mosquées); citadelle (al Qasr); fort en ruine d'Al-Bisrah; Mutawakil (ancien palais des imams, aujourd'hui musée de Dar el-Saada). Sanaa est reliée par de bonnes routes à Hodeidah sur la côte, à Saada au N., à Taiz au S. Son université est ouverte depuis 1970. Industries artisanales (joaillerie et tissage). Ces dernières années ont vu s'y installer des industries plus lourdes: textiles, fonderies de fer, outils et pompes à eau. Projets d'irrigation et d'hydroélectricité.

Population 427 500
Carte Yémen Aa

San Agustín, ***Colombie*** Ville à 300 km au S.-O. de Bogotá, située dans le parc national de San Agustín, près de laquelle se trouvent de remarquables rochers sculptés précolombiens. Des centaines de sculptures à visage humain et de représentations d'animaux bordent les sentiers forestiers et les petits cours d'eau de la vallée des Statues. Les plus récentes datent de 600 environ. Selon les archéologues, les habitants de cette région construisaient des huttes de bambou et vivaient essentiellement de la cueillette. Nombre de ces animaux de pierre sont les gardiens de tombeaux sophistiqués. Les poteries, pierreries et colliers découverts dans certains d'entre eux sont exposés au musée local.

Population 16 850
Carte Colombie Bb

San Andreas (faille de), ***États-Unis*** Voir CALIFORNIE, FAILLE, SAN FRANCISCO

San Antonio, ***Chili*** Station balnéaire et port, à 113 km à l'O. de la capitale, Santiago. On y traite le cuivre extrait à El Teniente, l'une des plus grandes mines souterraines au monde.

Population 60 800
Carte Chili Ac

San Antonio, ***États-Unis*** Ville industrielle et commerciale du sud du Texas, à mi-chemin entre Houston et la frontière mexicaine. Une grande partie de sa population est d'origine mexicaine. À proximité se trouvent plusieurs bases militaires. Le parc national des Missions de San Antonio abrite quatre missions espagnoles du XVIIIe s.; une autre mission des environs, Alamo, fut transformée en fort en 1793, et 187 Texans, dont le héros populaire Davy Crockett, y résistèrent à l'armée mexicaine du 23 février au 6 mars 1836, lors de la révolution texane; ils furent massacrés jusqu'au dernier. Raffineries de pétrole, industries alimentaires, chimiques et métallurgiques.

Population (ville) 936 000; (aggl.) 1 303 000
Carte États-Unis Ge

San Bernardino, ***États-Unis*** Ville industrielle de Californie, à 90 km à l'E. de Los Angeles, partie de la zone urbaine de San Bernardino-Riverside-Ontario. Fondée par les Mormons en 1851, entre les monts San Bernardino et San Gabriel, elle est située au centre d'une zone productrice de citrons.

Population (ville) 164 200; (aggl.) 2 600 000
Carte États-Unis Cd

San Carlos de Bariloche, ***Argentine*** Centre de villégiature au bord du lac Nahuel Huapi (531 km^2), à 1 350 km au S.-O. de Buenos Aires. Station de ski en hiver, elle sert l'été de point de départ aux randonneurs qui visitent le parc national voisin (785 000 ha de pentes boisées peuplées d'une faune variée).

Population 60 000
Carte Argentine Bc

Sanchi, ***Inde*** Village du Nord, à 590 km au S. de Delhi. C'est le site du plus grand ensemble indien de temples bouddhiques, caché par la jungle jusqu'à sa découverte au début du XIXe s. Il se développa sous le grand empereur Açoka (273-232 av. J.-C.), lors de la construction du grand stoupa (plus de 30 m) destiné à abriter les saintes reliques. Son essor continua durant plus de mille ans. Comme Sarnath, le site a été abandonné, mais il en subsiste les quartiers des moines et de nombreux stoupas.

Carte Inde Bc

San Cristobal, ***Venezuela*** Capitale de l'État de Táchira, perchée dans les Andes, à 650 km au S.-O. de Caracas. Fondée par les Espagnols en 1561, elle conserve largement son aspect colonial. Important marché agricole.

Population (ville) 220 690 ; (aggl.) 336 100
Carte Venezuela Ab

Sancy (Puy de), et **Puys (Chaîne des)** Voir MASSIF CENTRAL

Sandakan, ***Malaisie*** Porte de l'est de la province de Sabah, sur la côte N.-E. de l'île de Bornéo. Exportation du bois scié produit par l'État.

Population 70 500
Carte Malaisie Ea

San Diego, ***États-Unis*** Port le plus méridional de la Californie, à 20 km au N. de la frontière mexicaine, sur la baie homonyme. La ville, fondée par les Espagnols en 1769, fut d'abord une mission. C'est aujourd'hui une base navale, un centre de pêche au thon et une ville industrielle spécialisée dans les équipements d'aviation et de défense. La douceur de ses hivers attire de nombreux vacanciers.

Population (ville) 1 111 000; (aggl.) 2 950 000
Carte États-Unis Cd

Sandjak, ***Yougoslavie*** Voir NOVI PAZAR

Sandwich (îles), ***océan Pacifique*** Voir HAWAÏ

Samoa occidentales (îles)

DANS CETTE NATION DEUX FOIS COLONISÉE, PAR L'ALLEMAGNE PUIS LA NOUVELLE-ZÉLANDE, LA VIE TRADITIONNELLE REFLEURIT SOUS LE RÈGNE D'UN ROI INDIGÈNE

Quand les îles pacifiques des Samoa occidentales devinrent indépendantes en 1962, ce fut pour la seconde fois en soixante-treize ans. Depuis leur découverte par les navigateurs européens au XVIIIe s., Hollandais, Britanniques, Allemands et Américains se disputaient ces îles tropicales montagneuses.

En 1889, on reconnut leur indépendance sous l'autorité du roi Malietoa Laupepa ; mais, à la mort du roi, en 1898, les îles passèrent sous la tutelle allemande, avec l'assentiment de la Grande-Bretagne et des États-Unis.

L'influence anglaise était déjà bien établie quand les premiers missionnaires arrivèrent en 1830; la population se convertit très vite au christianisme. La Nouvelle-Zélande annexa ces îles allemandes en 1919 et les administra jusqu'en 1962.

Les îles sont dans le secteur polynésien du Pacifique à environ 720 km au N.-E. des îles Fidji. Les deux îles principales sont Savaii et Upolu. La première est formée surtout de pics volcaniques et de plateaux de lave. Upolu a les deux tiers de la population et la capitale, Apia.

D'après la légende, Samoa fut le point de départ de la colonisation polynésienne des autres îles du Pacifique; la vie traditionnelle est toujours florissante. En général, les gens vivent dans des *fale*, de grandes maisons couvertes de chaume et largement ouvertes d'un côté. Beaucoup de touristes visitent le tombeau de Robert Louis Stevenson et sa maison, Vailimà, qui est devenue la résidence officielle du roi Malietoa Tanumafili II.

LES SAMOA OCCIDENTALES EN BREF

Carte Pacifique (océan) Ec
Superficie 2 831 km^2
Population 163 000
Capitale Apia
Régime Monarchie parlementaire
Monnaie Tala = 100 sene
Langues Samoan, anglais
Religion Chrétiens
Climat Tropical; les températures moyennes à Apia varient toute l'année entre 28 et 29 °C
Ressources Bananes, noix de coco, cacao, taro, bois, poisson
Activités Agriculture, industries alimentaires, forestage, pêche, tourisme
Exportations Coprah, huile de noix de coco, taro, cacao, bois, bananes
P.N.B. annuel par habitant 940 dollars
Croissance démographique 28 ‰ par an
Espérance de vie Hommes 64 ans, femmes 69

Sandwich du Sud (îles), ***océan Atlantique*** Groupes d'îles volcaniques et désertes dans l'océan Atlantique S., au N. de la mer de Weddell. Elles sont sous la dépendance des Malouines, à 1 100 km au N.
Superficie 340 km^2
Carte Antarctique Ba

Sandwip, ***Bangladesh*** Île de la côte S.-E. du delta du Gange, au N-O. de Chittagong. Plusieurs milliers de personnes y périssent à chaque cyclone, fréquents dans ces régions côtières (1970, 1985, 1991...).
Carte Bangladesh Cc

San Fernando, ***Trinité et Tobago*** Port et seconde ville de l'île de Trinité, sur la côte O., à 40 km au S. de Port of Spain, la capitale. Importante administrativement et commercialement, elle dessert les districts sucriers du Sud.
Population (aggl.) 75 000
Carte Trinité Aa

San Francisco, ***États-Unis*** Ville de Californie sur une langue de terre montagneuse entre la baie homonyme et l'océan Pacifique, centre de l'une des principales conurbations du pays, incluant Oakland et San Jose.

Elle s'agrandit à partir d'une mission espagnole fondée en 1776 et prit un grand essor lors de la ruée vers l'or de 1848-1849, puis avec le percement du canal de Panamá en 1914. Détruite en grande partie par un séisme suivi d'un incendie en 1906 (elle est placée sur la faille de San Andreas), elle a été reconstruite et étendue sur des terres conquises sur la baie. Un nouveau séisme a eu lieu en 1989. Les célèbres tramways *(cable-cars)* gravissent toujours ses rues pentues en paliers.

San Francisco est l'un des plus grands ports du pays et un pôle financier et culturel important possédant plusieurs universités (celles de San Francisco, de Berkeley et de Stanford). Malgré des brouillards fréquents, cette ville aux splendides panoramas, comme suspendue entre deux grands ponts (Oakland Bay Bridge et Golden Gate), attire de nombreux touristes. Son quartier chinois *(Chinatown)* est célèbre. Nombreux musées. Zoo.
Population (ville) 724 000 ; (conurb.) 6 253 500
Carte États-Unis Bc

San Francisco (baie de), ***États-Unis*** La plus grande baie de la côte californienne, longue de 95 km et large de 20. Elle reçoit le fleuve San Joaquin et le Sacramento, et s'ouvre à l'océan Pacifique par la Golden Gate (« Barrière d'Or ») qu'enjambe le pont suspendu Golden Gate (1 280 m), achevé en 1937.
Carte États-Unis Bc

San Gimignano, ***Italie*** Ville médiévale remarquablement préservée, à 40 km au S.-O. de Florence, parmi les vignobles et les douces collines du sud de la Toscane. Dominée par treize tours imposantes, elle a conservé des ruelles tortueuses et de nombreux monuments (cathédrale du XIIe s., palais du XIIIe s.).
Population 7 400
Carte Italie Cc

San Joaquin, ***États-Unis*** Fleuve de Californie très utilisé pour l'irrigation. Né dans la sierra Nevada, à 300 km à l'E. de San Francisco, il traverse sur 560 km une riche région de vignes et d'agrumes avant de confluer avec le Sacramento près de la baie de San Francisco.
Carte États-Unis Bc

San José, ***Costa Rica*** Capitale du pays, à 1 170 m d'altitude, fondée par les colons espagnols de la ville voisine de Cartago en 1738. Elle supplanta cette dernière en 1823 grâce à son climat agréable toute l'année (de 14 à 27 °C). Elle possède un beau mélange d'édifices hispaniques et modernes, de larges avenues et de nombreux parcs. Industries alimentaires, textiles, produits pharmaceutiques, vêtements.

La province homonyme produit l'essentiel du café et de la canne à sucre du pays sur un sol volcanique riche. Nombreuses fermes laitières.
Population (ville) 302 600 ; (province) 1 130 000
Carte Costa Rica Bb

San Jose, ***États-Unis*** Ville à 20 km au S.-E. de la baie de San Francisco, en Californie. Autrefois réputée pour ses vignes et ses fruits, c'est aujourd'hui la grande ville de la Silicon Valley, pôle de l'industrie de l'informatique. La population de la ville a triplé depuis 1960.
Population (ville) 782 500 ; (aggl.) 1 498 000
Carte États-Unis Bc

San Juan, ***Argentine*** Ville à 1 000 km au N.-O. de Buenos Aires, capitale de la province homonyme, au cœur d'une région viticole. Fondée en 1562, la ville fut détruite par un séisme en 1944, mais elle a été rebâtie. La province s'étend à l'intérieur des Andes, jusqu'à la frontière chilienne.
Population (ville) 290 500 ; (aggl.) 466 000
Carte Argentine Cb

San Juan, ***Porto Rico*** Port maritime et capitale de l'île, près de la pointe E. de la côte N. Le quartier le plus ancien de la ville, fondée par les Espagnols en 1521, est bâti sur une petite île reliée à la grande par une digue et des ponts. La ville est le siège de l'école de médecine tropicale, partie de l'université de Porto Rico, l'autre moitié se trouvant à Rio Piedras, à 11 km. Exportations de sucre, tabac, ananas, bananes, oranges et cacao. Production de vêtements, de cigares et cigarettes et raffineries de sucre.
Population 435 000
Carte Caraïbes Bb

SILICON VALLEY. Le grand centre de l'électronique et de l'informatique de San Jose, en Californie, s'étend tel un gigantesque circuit imprimé.

Sankt Gallen, ***Suisse*** Voir SAINT-GALL

Sankt Pölten, ***Autriche*** Ville industrielle à 56 km à l'O. de Vienne. Au Moyen Âge, on y travaillait cuirs et textiles, et elle devint l'une des premières villes industrielles du pays dans les années 1850 (turbines, papier, matériel roulant, industrie mécanique, ameublement).
Population 51 200
Carte Autriche Da

San Luis Potosí, ***Mexique*** 1. État industriel et agricole au centre-nord du pays, riche en argent et en or. Avant la conquête espagnole, il était habité par les Indiens semi-nomades Chichimèques, qui furent déportés par les spéculateurs espagnols à la recherche d'or et d'argent.

2. Capitale de l'État homonyme. Le site de l'actuelle cité minière, qui a conservé son élégance coloniale et ses bâtiments de grès rose, était habité par les Indiens Chichimèques, mais la ville elle-même fut fondée en 1592 par les Espagnols. Elle tient son nom d'une mission franciscaine, San Luis, fondée en 1590, et de la ville minière bolivienne de Potosí. Plomb, argent, zinc et fer y sont extraits. Brasseries, minoteries, tanneries.
Population (État) 2 003 200 ; (ville) 407 000
Carte Mexique Bb

San Miguel, ***Salvador*** Ville manufacturière à 110 km à l'E. de la capitale, San Salvador, produisant des textiles, des produits pharmaceutiques et des matières plastiques. Fondée en 1530, elle possède une cathédrale du XVIIIe s. Le département homonyme produit du café, du sisal et du coton ; on y extrait de l'or et de l'argent. Le volcan San Miguel, qui surplombe la ville (2 130 m), a connu sa plus récente éruption en 1976.
Population (ville) 182 900 ; (département) 380 000
Carte Salvador Ba

San Miguel de Allende, ***Mexique*** Ville coloniale aux étroites rues pavées, aux maisons à portes de bois sculpté, dans l'État de Guanajuato, au centre du pays. Autrefois importante pour ses mines d'argent, elle est devenue le rendez-vous des artistes, des acteurs, des écrivains et des intellectuels.
Population 50 000
Carte Mexique Bb

San Miguel de Tucumán, ***Argentine*** Capitale de la province de Tucumán (22 524 km^2), à 1 090 km au N.-O. de Buenos Aires, fondée en 1565 par les Espagnols, centre de l'industrie de la canne à sucre. Son passé colonial attire les touristes.
Population (ville) 497 000 ; (province) 1 142 500
Carte Argentine Ca

San Pedro Sula, ***Honduras*** Deuxième ville du pays, au N.-O., près de la frontière guatémaltèque. De bonnes routes mènent à la capitale, Tegucigalpa, et vers les ports caraïbes. Des liaisons aériennes directes vers Tegucigalpa, Miami et La Nouvelle-Orléans, des industries en développement (acier, textiles, vêtements, plastique, zinc, ciment, ameublement, produits alimentaires) en font l'une des villes les plus dynamiques d'Amérique centrale.
Population 300 500
Carte Honduras Aa

San Remo ou **Sanremo,** ***Italie*** Port et station balnéaire de la Riviera di Ponente, à 115 km au S.-O. de Gênes et à 20 km de la frontière française. La ville devint un lieu de villégiature de l'aristocratie anglaise au XIXe s. La cité médiévale domine villas et hôtels entourés d'une végétation tropicale. Les jardins en terrasses qui entourent San Remo produisent la plupart des fleurs de la région.
Population 62 100
Carte Italie Ac

San Salvador, ***Bahamas*** Petite île au centre-est de l'archipel. Première terre du Nouveau Monde rencontrée par Christophe Colomb, le 12 octobre 1492, lors de son premier voyage. Trois monuments marquent l'événement, car le lieu du débarquement est incertain. Le 12 octobre est fête nationale des Bahamas.
Population 850
Carte Bahamas Cb

San Salvador, ***Salvador*** Capitale et première ville industrielle du pays (un tiers de la production). Fondée en 1528 par l'Espagnol Diego de Alvarado, elle fut reconstruite plusieurs fois à la suite de séismes. La ville moderne observe la forme d'une croix, avec des bâtiments peu élevés susceptibles de mieux résister aux secousses éventuelles. Sa principale richesse est le café, cultivé sur les terres volcaniques des montagnes voisines. Industries textiles, agro-alimentaires, plastiques, pharmaceutiques et laitières.

Le volcan San Salvador (1 960 m) surplombe la ville. Son cratère, d'un diamètre de 15 km, atteint 1 000 m de profondeur. Ses pentes internes, boisées, s'inclinent vers un cône noir, étroit, vestige de sa dernière éruption en 1917.
Population (ville) 422 600 ; (aggl.) 1 522 500
Carte Salvador Ba

San Salvador de Jujuy, ***Argentine*** Capitale de la province de Jujuy, à 1 255 km au N.-O. de Buenos Aires, fondée en 1593. Elle est située à 1 260 m d'altitude sur l'Altiplano. Avant la conquête espagnole, la région faisait partie de l'Empire inca. Ses réserves de fer, de zinc, de plomb, d'étain et d'argent sont exploitées. À proximité, ville indienne de Humahuaca et parc national de Valle Grande.
Population (ville) 124 500 ; (province) 513 500
Carte Argentine Ca

San Sebastian ***Espagne*** Voir SAINT-SÉBASTIEN

Santa Ana, ***Salvador*** Seconde ville du pays après la capitale, San Salvador. Elle conserve une part de son architecture coloniale, dont une cathédrale néogothique. Culture du café dans le département homonyme, industries alimentaire et textile. Le volcan Santa Ana, point culminant du pays (2 386 m), se dresse près de la ville, au-dessus du lac Coatepeque, qu'il alimente de ses sources chaudes.
Population (ville) 202 500 ; (département) 451 600
Carte Salvador Ba

Santa Barbara, ***États-Unis*** Ville industrielle et balnéaire de la côte californienne, à 135 km au N.-O. de Los Angeles, ancienne mission espagnole fondée en 1786. Au large se trouvent des puits de pétrole dont l'un provoqua en 1969 la pollution du port et du littoral. Industries électronique et aérospatiale.
Population (ville) 86 000 ; (aggl.) 370 000
Carte États-Unis Cd

Santa Catarina, ***Brésil*** Voir FLORIANOPOLIS

Santa Clara, ***Cuba*** Capitale de la province de Villa Clara, sur un plateau à 225 km au S.-E. de La Havane. Fondée par les Espagnols en 1689, elle est devenue un grand nœud routier et ferroviaire et un centre commercial important dans une région agricole productrice de sucre, de café, de tabac. Université, fondée en 1949.
Population (ville) 204 000 ; (province) 802 000
Carte Cuba Ba

Santa Cruz, ***Bolivie*** Plus grand département du pays, et potentiellement le plus riche, couvrant les zones centrales et méridionales des basses terres de l'E. d'Oriente. C'est le pivot de la colonisation des régions andines. La région centrale possède une agriculture très diversifiée : canne à sucre, riz, café et coton. Les forages pétroliers (à Caranda et à Colpa) et de gaz naturel (à Rio Grande) sont en pleine expansion. De vastes gisements de minerai de fer et de manganèse ont été découverts dans le Sud-Est.

La cité ancienne de Santa Cruz, fondée en 1557 par l'Espagnol Nuflo de Chavez, était située à 322 km à l'E. de la ville actuelle ; cette dernière est la plus dynamique du pays (raffinerie de pétrole, sucre, tabac, cuir).
Population (ville) 694 700 ; (départ.) 1 351 500
Carte Bolivie Bb

Santa Cruz de La Palma, ***Espagne*** Chef-lieu de l'île homonyme, dans les îles Canaries. Raffineries de pétrole.
Population 16 700
Carte Maroc Ab

Santa Cruz de Tenerife, ***Espagne*** Port de l'île de Tenerife, dans les îles Canaries, et province regroupant plusieurs de ces îles. Exportations de bananes, tomates et pommes de terre ; importante raffinerie de pétrole.
Population (ville) 215 500 ; (province) 695 500
Carte Maroc Ab

Santa Fe, ***Argentine*** 1. Chef-lieu de la province homonyme, sur le Salado del Norte, à 300 km au N.-O. de Buenos Aires. Fondée en 1573, elle a conservé quelques jolies églises et des théâtres. Centre industriel et commercial actif. Université.

2. Province de 133 000 km^2, une des plus peuplées du pays avec les provinces de Córdoba et de Buenos Aires. Production de vin, de céréales, de pommes de terre, de fruits et de légumes. Élevage de bovins.
Population (ville) 292 500 ; (province) 2 783 000
Carte Argentine Cb

Santa Fe, ***États-Unis*** Capitale du Nouveau-Mexique, au N. de l'État, à 145 km au S. de la frontière du Colorado, fondée par les Indiens Pueblos il y a sept cents ans. Après l'arrivée des Espagnols, elle devint un centre commerçant, sur la route entre l'Ouest et le Sud. Le centre de recherches nucléaires militaires de Los Alamos, où fut fabriquée la première bombe atomique, se trouve à 40 km au N.-O.
Population (ville) 55 900 ; (aggl.) 117 100
Carte États-Unis Ec

Santa Fe de Bogotá, ***Colombie*** Voir BOGOTÁ

Santa Isabel, ***Guinée équatoriale*** Voir MALABO

Santa Marta, ***Colombie*** Port, station balnéaire et chef-lieu du département de Magdalena, sur la côte caraïbe, à 100 km à l'E. de Barranquilla. Ses plages de sable et son climat doux favorisent le tourisme. À 35 km à l'E., le parc naturel de Tairona est une bande de terre intacte et boisée, le long de la côte. Le port de Santa Marta exporte des bananes et du charbon extrait des gisements découverts dans la péninsule voisine de Guajira. Le libérateur de la Colombie, Simón Bolívar, né au Venezuela, mourut ruiné près de Santa Marta, en 1830, à l'âge de quarante-sept ans.
Population 178 000
Carte Colombie Ba

Santander, ***Colombie*** Département du nord-est des Andes, à 310 km au N. de Bogotá, dont la capitale est Bucaramanga. La plupart des réserves pétrolières du pays se trouvent dans ce département. La plus grande raffinerie du pays est située à Barrancabermeja, sur les rives du fleuve Magdalena.
Population 1 665 100
Carte Colombie Bb

Santander, ***Espagne*** Port et ville industrielle et balnéaire du golfe de Gascogne. Capitale de la province de Cantabrie (5 289 km^2). À Altamira, à 27 km au S.-O., des grottes contiennent des peintures de l'âge de la pierre (13 000 à 20 000 ans). Exportations de minéraux, de vin et de blé. Chantiers navals, industrie chimique, production de machines, de câbles, tanneries, raffineries de pétrole.
Population 196 000
Carte Espagne Da

Santiago, ***Chili*** Capitale et grand centre industriel de la vallée centrale, à 90 km de la côte, fondée en 1541 par le conquistador Pedro de Valdivia sur la colline de Santa Lucia. Sur la grande Avenida O'Higgins (l'Alameda), large de 100 m et longue de plus de 3 km, se trouvent les statues du libérateur du Chili, Bernardo O'Higgins, et de José de San Martín, et le monument commémorant la bataille de Concepción en 1879. Près de la grand-place, la Plaza de Armas, un musée s'est ouvert dans l'ancienne Casa Colorado, bâtie en 1769 par le gouverneur espagnol. Non loin se trouve la cathédrale, bâtie en 1558. Un funiculaire escalade les 228 m du plus haut point de la ville, la colline San Cristobal, que surmonte une énorme statue de la Vierge. Industries alimentaire, textile, pharmaceutique et chimique, vêtements et cuir.

Population (grand Santiago) 5 181 000
Carte Chili Ac

Santiago, ou **Santiago de los Caballeros,** ***République Dominicaine*** Chef-lieu de la province homonyme, au pied de la cordillère Christi, dans la vallée du río Yaque del Norte. Située à 100 km au N.-O. de la capitale, Santo Domingo, dans une région productrice de tabac, elle possède quelques-unes des plus importantes manufactures de tabac du pays.

Population 467 000
Carte Antilles Ab

Santiago (Région métropolitaine de), ***Chili*** Région centrale incluant la capitale Santiago. À Maipú, au S.-O. de Santiago, José de San Martín, libérateur du Chili, vainquit les Espagnols en 1818. Les ressources de la province (blé, bétail, fruits) sont traitées par les industries de Santiago et exportées à Valparaiso. Station de ski de Farellones, dans les Andes.

Population 4 170 500
Carte Chili Ac

Santiago de Compostela, ***Espagne*** Voir SAINT-JACQUES-DE-COMPOSTELLE

Santiago de Cuba, ***Cuba*** Port et capitale de la province homonyne, sur la côte S., à 145 km de la pointe S.-O. de l'île. Fondée en 1514, capitale de l'île jusqu'en 1598, c'est la deuxième ville du pays après La Havane. Elle fut le théâtre, en juillet 1953, du premier assaut de Fidel Castro contre la dictature de Batista, un raid contre la caserne Moncada, au cours duquel il fut capturé. Amnistié en 1954, il quitta Cuba pour y revenir, en décembre 1956, y déclencher un nouveau soulèvement et s'emparer du pouvoir. Exportation de fer, de manganèse et de cuivre, de sucre, rhum et tabac. Filatures, distilleries et raffinerie de pétrole.

Population (ville) 397 000 ; (province) 980 000
Carte Cuba Ba

Santo Domingo, ***République Dominicaine*** Voir SAINT-DOMINGUE

Santorin, en gr. **Thira,** ***Grèce*** Principale île de l'archipel de Santorin, formé des îles de Santorin, Thirasía et Kameni, dans les Cyclades. Selon certains archéologues, ce serait l'emplacement de la légendaire Atlantide. En effet, l'archipel est composé des débris d'une île unique morcelée vers 1500 av. J.-C. par une éruption volcanique qui ouvrit un cratère de 84 km^2 (bassin actuel). L'île de Santorin a la forme d'un grand arc, et ses falaises s'élèvent à 300 m au-dessus de la mer. Les fouilles entreprises depuis 1967 à Akrotiri ont révélé l'existence d'une civilisation florissante, la civilisation cycladique de l'âge de bronze, détruite par l'éruption. Aujourd'hui, la ville principale, Thira, occupe un site spectaculaire au sommet d'une falaise. Tourisme. Exportation de pierre ponce.

Population 7 100
Carte Grèce Dc

Santos, ***Brésil*** Premier port du pays, à 60 km au S.-E. de São Paulo, dans l'île de São Vicente et l'un des plus grands exportateurs de café du monde. Plus de 40 % des importations brésiliennes, et la moitié des exportations du pays, transitent par Santos. Raffineries de pétrole, industrie chimique.

Population 484 000
Carte Brésil Dd

São Francisco, ***Brésil*** Fleuve prenant sa source dans la serra da Canastra, à l'O. de Belo Horizonte, et se jetant après 3 161 km dans l'Atlantique, à mi-chemin entre les villes de Salvador et de Recife. Des barrages hydroélectriques y fournissent l'électricité de toute la région et procurent des eaux d'irrigation permettant, entre autres, de récolter du raisin dans une zone d'ensoleillement constant et de faible pluviosité.

Carte Brésil Dc

São Miguel, ***Portugal*** Plus grande île (747 km^2) des Açores, à 1 290 km à l'O. de la côte portugaise. Couverte de cônes volcaniques et de lacs de cratère, elle a subi plusieurs éruptions volcaniques depuis le XVe s. Le sol est très fertile : maïs, ananas, raisin, oranges, figues, thé. Sa capitale, Ponta Delgada, principal port et capitale des Açores, sur la côte S. de l'île, est aussi une escale transatlantique et une base navale (21 200 habitants).

Population 131 900

Saône, ***France*** Plus long affluent du Rhône (480 km), qui prend sa source dans les Vosges, traverse vers le S. les vignobles de Bourgogne et de Beaujolais, avant d'atteindre Lyon.

Carte France Fc

Saône (Haute-) (70), ***France*** Département de Franche-Comté (5 343 km^2) occupant les plateaux du bassin supérieur de la Saône, bordés au N.-E. par le massif des Vosges, où la forêt domine largement. L'agriculture, centrée sur l'élevage bovin (lait et viande), voit se développer peu à peu la céréaliculture.

Les constructions mécaniques, aux abords de Belfort et Montbéliard, au S.-E., devancent aujourd'hui le textile, la métallurgie traditionnelle et le travail du bois. Vesoul (17 700 habitants), chef-lieu du département, en est la principale ville, devant Lure (8 900), et Luxeuil (8 800), station thermale.

Population 230 000
Carte France Gc

Saône-et-Loire (71), ***France*** Département de Bourgogne (8 565 km^2), traversé par la Saône, et occupant à l'O. les hautes terres de l'Autunois (forêt), du Charolais (élevage bovin) et du Mâconnais (vignobles) ; l'Est est occupé par les basses terres de la Bresse (élevage, maïs). Outre la métallurgie, dont le grand centre est l'agglomération du Creusot-Montceau-les-Mines, l'industrie est orientée vers le textile et la chimie.

Le tourisme joue un rôle mineur, malgré l'histoire religieuse (Cluny, Paray-le-Monial) ou le thermalisme (Bourbon-Lancy). Mâcon, le chef-lieu, et Chalon-sur-Saône, la sous-préfecture, forment, avec Le Creusot, les principales agglomérations de ce département en pleine expansion démographique.

Population 560 000
Carte France Fc

São Paulo, ***Brésil*** Ville industrielle et capitale de l'État homonyme, située à 360 km au S.-O. de Rio de Janeiro, presque exactement sur le tropique du Capricorne. Fondée en 1554 par les Jésuites le jour de la Saint-Paul, dont elle tire son nom, elle rivalise avec Mexico pour la place de première conurbation en expansion au monde. C'est aussi le foyer industriel du pays,

BLANCHEUR DES CYCLADES. Thira, la capitale de l'île de Santorin, a été construite sur le bord d'une impressionnante falaise, entre ciel et terre, entre mer et vignobles.

São Tomé et Principe

DES ÎLES PERDUES DANS L'ATLANTIQUE, AVEC LE CACAO POUR SEULE RICHESSE

Les îles de São Tomé et de Principe, au large des côtes de l'Angola, constituent le plus petit État indépendant d'Afrique après les Seychelles. Les Portugais les découvrent en 1471, s'y installent en 1740. Ils y cultivent la canne à sucre, puis le café, introduit en 1800, et surtout le cacao, dont l'archipel aura pendant longtemps le monopole de la production. São Tomé et Principe accèdent à l'indépendance le 12 juillet 1975, un an après la révolution portugaise. Les cultures coloniales dominent encore la vie économique du pays ; une grande partie de la nourriture doit être importée. Amorcée en 1985 dans le domaine économique, la politique de démocratisation du parti unique s'est concrétisée par l'annonce d'une révision de la Constitution. Les deux îles sont d'origine volcanique. La plus grande, São Tomé, couvre 845 km^2 et culmine à 2 024 m. Des montagnes aux flancs couverts d'arbres, des torrents descendent jusqu'à la plaine côtière, chaude et humide. Principe est aussi escarpée ; son point le plus élevé atteint 948 m.

En mars 1991, Miguel Trovoada, le chef de l'opposition, accède à la présidence avec 80 % des suffrages.

Les habitants, connus sous le nom de *Filhos da terra* (« fils de la terre », en portugais), sont issus, pour la plupart, d'esclaves amenés d'Afrique, de paysans portugais sous contrats et de colons européens. Les petites industries, le commerce et les services emploient 11 % de la population ; 70 % travaillent la terre, dont une grande partie dans les plantations.

SÃO TOMÉ ET PRINCIPE EN BREF

Carte Gabon Aa
Superficie 1 001 km^2
Population 124 000
Capitale São Tomé
Régime République
Monnaie Dobra = 100 centavos
Langues Portugais, créole, langues africaines
Religions Chrétiens, animistes
Climat Chaud et humide ; température moyenne à São Tomé : de 21 à 31 °C
Ressources Cacao, noix de coco, noix de palme, bananes, café, bois
Activités Cultures industrielles, industries alimentaires, travail du bois
Exportations Cacao, coprah, noix de palme
P.N.B. annuel par habitant 350 dollars
Croissance démographique 30 ‰ par an
Espérance de vie Hommes 64 ans, femmes 68

avec 60 % de l'industrie nationale concentrée sur le territoire de l'État. L'État (247 900 km^2) s'est transformé à partir de la ruée sur le café à la fin du XIXe s., qui y amena une immigration massive : 1 million d'émigrants d'Italie, 500 000 du Portugal et d'Espagne, 250 000 du Japon. Ce phénomène se perpétue avec de considérables migrations internes, surtout depuis le Nordeste, région très pauvre. L'État de São Paulo tient la tête de la production agricole brésilienne (café, bétail, sucre, soja, blé) et représente un tiers du produit intérieur brut du pays.
Population (ville) 9 481 000 ; (aggl.) 15 200 000 ; (État) 31 193 000
Carte Brésil Dd

São Tomé, ***São Tomé et Principe*** Capitale et port sur la côte N.-E. de l'île de São Tomé. Fondée au XVe s. par des colons portugais, la ville conserve des édifices de cette époque mais manque encore de facilités touristiques. Exportation de cacao et de café.
Population 43 450
Carte Gabon Aa

Sapporo, ***Japon*** Capitale de Hokkaido, au S.-O. de l'île, fondée en 1871. Les pentes skiables et les sources d'eau chaude situées à proximité en font une ville de sports d'hiver très prisée (Jeux olympiques d'hiver en 1972).
Population 1 716 600
Carte Japon Db

Saqqarah ou **Sakkarah,** ***Égypte*** Village situé le long d'une ancienne nécropole, site de la pyramide à degrés de Zoser à 33 km au S.-O. du Caire. En 1986, la tombe de Maya, trésorier du roi-enfant Toutankhamon, y fut découverte par deux archéologues anglais et hollandais.
Carte Égypte Bb

Saragosse, en esp. **Zaragoza,** ***Espagne*** Ville universitaire d'Aragon, sur l'Èbre, à 275 km au N. de Madrid. Colonie phénicienne conquise au Ier s. av. J.-C. par les Romains, qui la baptisèrent Cesar Augusta. Elle devint au VIIIe s. Sarakusta, capitale d'un royaume maure et, six siècles plus tard, capitale de l'Aragon et siège d'un archevêché. Elle soutint deux longs sièges durant les guerres napoléoniennes (1808-1809), et fut le premier bastion des armées de Franco en 1936. Cathédrale du XIIe s. ; nombreuses églises de style mudéjar (arabo-hispanique) ; basilique Nuestra Señora del Pilar (XVIe s., remaniée au XVIIIe s.). Industries alimentaires et constructions mécaniques.

La province homonyme (17 252 km^2) est, malgré ses températures excessives et sa faible pluviosité, principalement agricole (canne à sucre, vignes, oliviers, céréales).
Population (ville) 590 800 ; (province) 842 000

Sarajevo, ***Bosnie-Herzégovine*** Capitale au S.-E. du pays, sur la Miljacka. Près du pont Princip, des empreintes de pas marquent l'endroit où Gavrilo Princip, un jeune nationaliste, assassina le 28 juin 1914 l'archiduc François-Ferdinand, héritier du trône impérial austro-hongrois, qui passait en voiture découverte. Cet attentat déclencha la Première Guerre mondiale.

La ville possède 80 mosquées ; le vieux quartier turc renferme de très beaux vestiges d'architecture ottomane du XVIe s. Université. Musées. Centre d'artisanat (cuir, tapis, travail du cuivre). Nombreuses industries (lourdes, mécaniques, alimentaires). Les monts Bjelasnica offrent un beau domaine skiable. Les Jeux olympiques d'hiver s'y déroulèrent en 1984. Mais tout cela n'est plus que souvenir et désolation depuis 1992 et la guerre fratricide qui divise les Bosniaques. En février 1994, après un ultimatum de l'OTAN contre les Serbes de Bosnie, ceux-ci ont accepté un cessez-le-feu, mais sans lever le siège. Un retour progressif à une « vie normale » a tout de même lieu dans la ville.
Carte Bosnie-Herzégovine Bc

Saransk, ***Russie*** Ville industrielle à 240 km au S. de Nijni-Novgorod, et capitale de la Mordovie, république autonome (26 200 km^2).
Population (ville) 347 000 ; (république) 964 100
Carte Russie Bb

Saratov, ***Russie*** Cité industrielle et port fluvial du Sud-Ouest, s'étalant sur 50 km le long de la rive O. de la Volga, à 320 km au N. de Volgograd. Fondée en 1590, Saratov grandit après la construction du chemin de fer qui la relie à Moscou.

Située dans une riche zone agricole, elle produit des tracteurs, des engrais, de la farine et des denrées alimentaires.
Population 911 100
Carte Russie Bb

Sarawak, ***Malaysia*** Le plus grand des États de la fédération (125 205 km^2), dans le nord de Bornéo. Protectorat britannique depuis 1888, il choisit en 1963 de rejoindre la fédération de Malaysia, provoquant un conflit de trois ans avec l'Indonésie. L'intérieur du pays est couvert par une forêt très dense, et la population (Malais musulmans, Chinois) se concentre dans les plaines littorales. Dans les clairières, les Dayaks et les Ibans, primitifs et animistes, pratiquent la culture sur brûlis. Hévéa ; riz ; palmiers à huile. Exploitations minières (bauxite, pétrole). Capitale : Kuching.
Population 1 649 000
Carte Malaysia Db

Sardaigne, en it. **Sardegna,** ***Italie*** Deuxième île de la Méditerranée par sa taille (24 089 km^2) après la Sicile, et région autonome d'Italie. Elle est peu habitée à cause de son relief accidenté et de son isolement, et compte peu de villes excepté Cagliari, la capitale, et les chefs-lieux (Nuoro, Oristano et Sassari). La plus grande partie de l'île est occupée par des montagnes granitiques qui culminent à 1 834 m dans le massif Gennargentu. La principale plaine, le Campidano, s'étend entre Cagliari et Oristano.

L'économie de la Sardaigne est essentiellement pastorale (moutons, chèvres). Exploitation du chêne-liège au N.-O. ; blé et vignes à l'E. Industries pétrochimiques à Porto Torres et Cagliari. Les mines de charbon, plomb, zinc et fer, exploitées depuis longtemps dans le Sud-Ouest, voient leur activité décroître du fait de la diminution des réserves. Le tourisme est florissant à Alghero et le long de la Costa Smeralda. Les Sardes demeurent fidèles à leur traditionnelle hospitalité, mais aussi à leurs vendettas et enlèvements contre rançon.

À l'âge du bronze (2500-1000 av. J.-C.), les habitants construisirent des villages mégalithiques fortifiés aux tours trapues et coniques. Les vestiges de 6 000 de ces *nuraghi* parsèment la campagne.
Population 1 633 400
Carte Italie Bd

Sargasses (mer des), ***océan Atlantique*** Bras occidental de l'océan Atlantique N. compris entre le Gulf Stream et le courant des Canaries, où flottent des bancs d'algues brunes nommées sargasses. À cause du faible déplacement de ses eaux, cette mer est pauvre en plancton et abrite peu de gros animaux marins. Sa faune est très caractéristique (mollusques, crustacés).

Surface 5 200 000 km^2

Carte Atlantique (océan) Bc

Sarh, anc. **Fort-Archambault,** ***Tchad*** Ville industrielle et commerçante sur le Chari, à 500 km au S.-E. de N'Djamena, près de la frontière avec la république Centrafricaine. Grand marché agricole (exportation de bétail vers Bangui). La région environnante est l'une des plus riches et des plus peuplées du Tchad (culture du coton). Industries textiles.

Population 129 600

Carte Tchad Ac

Sarnath, ***Inde*** Site archéologique au nord de la ville de Bénarès où le Bouddha fit son premier sermon. Nombreuses ruines de monastères dont les plus anciens datent du grand empereur indien Asoka (273-232 av. J.-C.). L'activité du site déclina à partir du VIIe s., du fait de la renaissance de l'hindouisme populaire et de l'invasion musulmane. Le musée local abrite quelques sculptures. Un temple moderne renferme des peintures bouddhiques japonaises.

Carte Inde Cc

Sarnia, ***Canada*** Port lacustre sur la rive ontarienne de la rivière St. Clair, au sud du lac Huron. Centre de pétrochimie et de raffinage du pétrole, la ville est reliée à Port Huron, aux États-Unis, par un tunnel et un pont.

Population 85 700

Carte Canada Gd

Sarospatak, ***Hongrie*** Voir BORSOD

Sar Planina, ***Yougoslavie*** Massif montagneux séparant le Kosovo de la Macédoine. Il atteint 2 702 m à Titov Vrh. Cette région d'épaisses forêts, de lacs et de pâturages possède aussi des champs de neige (sports d'hiver) non loin des villes de Tetovo et de Prizren.

Carte Yougoslavie Bc

Sarre, en all. **Saarland,** ***Allemagne*** Land s'étendant entre la Lorraine française et le Palatinat, du nom de la rivière homonyme ; c'est le plus petit Land d'Allemagne (2 570 km^2), hormis Brême, Hambourg et Berlin. Capitale: Sarrebruck. Objet d'une vieille rivalité entre la France et l'Allemagne depuis le XVIIe s., la Sarre, qui possède un riche bassin houiller, fut intégrée économiquement à la France après la Seconde Guerre mondiale. Sa population ayant été consultée par référendum en octobre 1955, la Sarre retourna à la R.F.A. (1957 et 1959). Très industrialisé, traditionnellement tourné vers la métallurgie lourde (sidérurgie), le bassin sarrois a su diversifier ses activités : pétrochimie (Klärenthal), industrie automobile (Ford à Sarrelouis), pneumatique, électrotechnique (Bosch à Dillingen), agro-alimentaire, graphique.

Population 1 100 000

Carte Allemagne Bd

Sarrebruck, en all. **Saarbrücken,** ***Allemagne*** Capitale de la Sarre, place commerciale et bancaire, et ville universitaire. Installée sur le bassin houiller sarrois, c'est un centre charbonnier et métallurgique (sidérurgie) dont les activités s'étendent à la chimie, l'électrotechnique, l'agro-alimentaire. Faïenceries. Patrie du cinéaste Max Ophüls.

Population 191 000

Carte Allemagne Bd

Sarthe (72), ***France*** 1. Rivière (285 km) née dans le Perche, qui reçoit le Loir, s'unit à la Mayenne au N. d'Angers pour former le Maine (10 km) et se jette dans la Loire.

2. Département de la région Pays de la Loire (6 210 km^2), en bordure du Bassin parisien, où l'agriculture reste importante (céréales, fruits, élevage diversifié), à côté d'une industrie bien assise (constructions mécaniques, électriques, agro-alimentaire — rillettes du Mans —, textile). La population du département, en progression depuis 1945, est concentrée à 40 % dans l'agglomération du Mans (chef-lieu), les seules autres villes de plus de 10 000 habitants étant La Flèche (15 000) et Sablé-sur-Sarthe (12 200).

Population 513 700

Carte France Db

Saskatchewan, ***Canada*** 1. Province de la Prairie, d'une superficie de 652 330 km^2, première région productrice de blé du pays. Son tiers nord fait partie du Bouclier canadien ; le reste est tout en plaines. Province rurale, elle est relativement peu peuplée ; les fermes y ont souvent plus de 850 ha. Son développement, au début du siècle, est lié à la construction du chemin de fer. Charbon, pétrole, gaz naturel, zinc, cuivre et uranium. Sa capitale est Regina.

2. Rivière qui parcourt 1 930 km, depuis les montagnes Rocheuses jusqu'au lac Winnipeg. Son cours supérieur se subdivise en deux bras, N. et S., qui se rejoignent près de Prince Albert. Elle sert à la production d'énergie hydroélectrique et à l'irrigation.

Population (province) 1 010 000

Carte Canada Ec

Saskatoon, ***Canada*** Ville sur la Saskatchewan Sud, deuxième ville de la province de Saskatchewan, à 250 km au N.-E. de Regina. Centre de services pour la région agricole voisine, elle possède des minoteries, des raffineries de pétrole, des laiteries et des usines d'empaquetage de la viande. Elle abrite des galeries d'art, des musées et une université. En 1882, des colons de l'Ontario s'installèrent sur la rive orientale de la rivière ; l'année suivante, le chemin de fer érigea sa gare sur la rive opposée. En 1906, les deux collectivités fusionnèrent.

Population 210 000

Carte Canada Ec

ARCHITECTURE SARDE. Près de Sassari, l'église romane de Santa Trinità di Saccargia, rehaussée d'un parement blanc et noir, est l'une des plus belles de Sardaigne.

Sasolburg, ***Afrique du Sud*** Ville de l'État libre d'Orange, à 80 km au S. de Johannesburg, et site de la première usine (1950) de transformation du charbon en pétrole du pays. Les deuxième et troisième usines de ce type sont installées à Secunda, à l'E. du Transvaal.

Population 26 000

Carte Afrique du Sud Cb

Sassandra, ***Côte-d'Ivoire*** Fleuve (563 km) qui naît dans la dorsale Guinéenne et se jette dans l'océan Atlantique à Sassandra, à 65 km à l'E. du port de San Pedro. Un barrage hydroélectrique a été achevé en 1980, à Buyo.

Carte Côte-d'Ivoire Ab

Sassari, ***Italie*** Deuxième ville de Sardaigne après la capitale, Cagliari, à 170 km au N.-O. Son université fut fondée par les Jésuites au XVIe s. Industries alimentaires (pâtes, huile d'olive, vin, fromages).

Population 119 800

Carte Italie Bd

Satpura (monts), ***Inde*** Massif de collines culminant à 1 325 m et s'étendant entre les vallées des fleuves Narbada et Tapti, au N.-O. du plateau du Deccan. Sur la rive N. de la Narbada, les monts Vindhya marquent l'extrémité septentrionale du plateau.

Carte Inde Bc

Sattahip, ***Thaïlande*** Port en eau profonde de la côte E. du golfe de Thaïlande. Il s'est développé

depuis 1980 pour doubler Bangkok situé à 130 km au N.-O.
Carte Thaïlande Bc

Satu Mare, ***Roumanie*** Chef-lieu de département au N.-O. du pays, dans la riche plaine de la Tisza ; la ville, qui est ancienne (fondée il y a près d'un millénaire), est aussi un centre commercial et industriel (construction mécanique, agro-alimentaire, textile).
Population 132 600
Carte Roumanie Aa

saturation État de l'air qui contient le maximum de vapeur d'eau pour une température et une pression données.

Sault-Sainte-Marie, ***Canada*** Ville de l'Ontario, située sur la rive N. de la rivière St. Mary, entre les lacs Supérieur et Huron. Centre régional de services et de tourisme. Ses industries comprennent les produits chimiques, le bois, les pâtes et papiers, et l'acier. En face, sur la rive S., se trouve Sault-Sainte-Marie, Michigan. Cinq canaux, quatre aux États-Unis et un au Canada, relient les lacs.
Population 84 600
Carte Canada Gd

Saumur, ***France*** Ville de l'Anjou (Maine-et-Loire) sur la Loire. Centre commercial d'une célèbre région de vignobles, et ville d'art aux très nombreux monuments médiévaux, Renaissance et classiques (château, églises). Siège de l'École d'application de l'arme blindée et de la cavalerie ; le Cadre noir y maintient la tradition de l'équitation française.
Population 30 200
Carte France Cc

Savaii, ***Samoa occidentales*** La plus grande île des Samoa occidentales (1 707 km^2), à l'E. d'Upolu. Les éruptions du volcan Silisili (1 858 m), au début du siècle, ont en partie couvert l'île de lave noire.
Population 49 000
Carte Pacifique (océan) Ec

savane Étendue herbacée de la zone tropicale parsemée de buissons et d'arbres couvrant de grandes surfaces en Afrique, Amérique du Sud et Australie du Nord.

Savannah, ***États-Unis*** Principal port de Géorgie près de l'embouchure de la Savannah. Cette jolie cité, fondée en 1733 et construite selon un plan régulier et aéré (conçu par James E. Oglethorpe et W. Bull), conserve plusieurs édifices des XVIIIe et XIXe s. Centre touristique réputé et foyer industriel (raffineries de pétrole, industrie du bois, papier).
Population (ville) 137 600 ; (aggl.) 243 000
Carte États-Unis Jd

Savannakhet, ***Laos*** Chef-lieu de province sur le Mékong, à proximité de la frontière thaïlandaise, à 210 km au N.-O. de Pakse. La province (21 700 km^2), qui inclut la plaine alluviale du Se Bang Hieng, est une riche région rizicole.
Population (ville) 53 000 ; (prov.) 640 000
Carte Laos Ab

Save, en slave **Sava,** ***Slovénie/Croatie/Bosnie/Yougoslavie*** Formée par la réunion de deux branches dont l'une prend sa source dans les monts Karawanken et l'autre dans le lac de Bohinj (Alpes juliennes), la Save traverse la Slovénie et la Croatie, puis marque la frontière entre cette dernière et la Bosnie, et arrose la Serbie avant de se jeter dans le Danube à Belgrade, après 945 km de cours.
Carte Yougoslavie Ab

Saverne, ***France*** Sous-préfecture du Bas-Rhin, à 40 km au N.-O. de Strasbourg, où les princes-évêques élirent résidence (palais du XVIIIe s.). À 5 km au N.-O., le col de Saverne assure la liaison entre Lorraine et Alsace (410 m).
Population 10 300
Carte France Gb

Savoie, ***France*** Région historique s'étendant dans les Alpes entre le lac Léman au N. et le Dauphiné au S. et correspondant aux départements de la Haute-Savoie et de la Savoie. Elle est française depuis que Victor-Emmanuel II, roi de Piémont-Sardaigne, la céda à Napoléon III pour sa contribution à l'unité italienne en 1860. Il ne cédait pas de gaieté de cœur ce berceau de sa famille, la maison de Savoie, antique lignée princière dont la fortune s'était faite sur le versant savoyard des Alpes, dès le XIe s. Maîtres des cols entre la France et l'Italie, les comtes de Savoie construisirent un État qui aux XIVe-XVe s. figurait parmi les principales puissances européennes, englobant, sous Amédée VIII, premier duc de Savoie (en 1416), une part de la Bresse, le pays de Vaud, le Valais, Genève, une part du Bernois, Aoste, le Piémont et Nice. Au XVIe s. le pôle de la puissance savoyarde se fixa en Italie, Chambéry perdit son rang de capitale au profit de Turin sous Emmanuel-Philibert, et la prééminence piémontaise s'accentua au cours des siècles suivants.

Savoie (73), ***France*** Département de la région Rhône-Alpes, dans les Alpes (6 028 km^2) ; chef-lieu : Chambéry. Il comprend à l'O. des massifs préalpins, Grande-Chartreuse et Bauges, au centre la combe de Savoie (vallée de l'Isère), et à l'E. de hauts massifs, Beaufort, Belledonne, Vanoise (ce dernier culmine à 3 852 m), Grandes-Rousses, entaillés par de profondes vallées : Tarentaise (Isère), Maurienne (Arc), vallée de l'Arly. La population se concentre dans ces vallées où se sont développées, grâce à l'hydroélectricité, les industries : électrochimie, électrométallurgie, aciéries. Le tourisme est une source importante de revenus du département grâce à Aix-les-Bains, au parc national de la Vanoise et aux stations de ski. Les Jeux olympiques d'hiver d'Albertville s'y sont déroulés en 1992.
Population 348 300
Carte France Gd

Savoie (Haute-) (74), ***France*** Département de la région Rhône-Alpes, dans les Alpes (4 388 km^2). Chef-lieu : Annecy. Il comprend au N. et à l'O. des massifs préalpins : Bornes ou Genevois, Chablais, et, au S. et à l'E., de hauts massifs : Mont-Blanc, Aiguilles-Rouges. Plusieurs vallées pénètrent profondément la montagne, celles de la Dranse, de l'Arve, du Fier et la cluse d'Annecy. Élevage bovin, sylviculture et vignobles en sont les principales ressources agricoles. Les industries se concentrent autour d'Annemasse (textile, horlogerie notamment) et d'Annecy. Le tourisme joue un rôle essentiel dans l'économie du département : Évian-les-Bains, Thonon sont des lieux de villégiature réputés au bord du lac Léman ; importantes stations de ski. Chamonix est l'un des grands centres de l'alpinisme mondial.
Population 569 000
Carte France Gc

Savonlinna, ***Finlande*** Ville du sud-est du pays, entre les lacs Haapavesi et Pihlajavesi ; elle s'est développée autour du château d'Olavinlinna bâti sur l'île de Kyrönsalmi au XVe s. Station thermale, siège d'un festival d'opéra, c'est l'un des grands centres de villégiature finlandais ; c'est également une ville universitaire et un centre industriel (sidérurgie, construction mécanique, industrie du bois).
Population 28 600
Carte Finlande Dc

Saxe, ***Allemagne*** Région historique, électorat puis royaume (1806), qui joua un rôle de premier plan en Europe centrale du XVIe au XIXe s. Intégrée à l'Empire allemand en 1871, la Saxe resta un royaume jusqu'en 1918. C'est aujourd'hui un Land de l'ex-R.D.A., avec Dresde (capitale), Leipzig, et Chemnitz pour villes principales. Superficie : 18 341 km^2.
Population 4 679 000
Carte Allemagne EFc

Saxe (Basse-), en all. **Niedersachsen,** ***Allemagne*** Land s'étendant de la mer du Nord à la Hesse et la Rhénanie du Nord-Westphalie, au S. Excepté au S.-E., elle fait partie de la grande plaine du Nord, mosaïque de terres fertiles, de landes sablonneuses, de marécages et de tourbières. Entre les villes de Brunswick et de Minden se trouve l'une des meilleures terres agricoles de l'Allemagne de l'Ouest (froment, seigle, pommes de terre, fourrage). La Basse-Saxe est aussi l'une des grandes régions industrielles du pays. Capitale : Hanovre.
Population 7 476 000
Carte Allemagne Cb

Saxe-Anhalt, ***Allemagne*** Land de l'ex-R.D.A., constitué des plaines de la Saale et de l'Elbe, autour des villes de Magdebourg (la capitale), Halle et Dessau (20 607 km^2). Centre de l'industrie chimique de l'ex-R.D.A. dont les nombreuses installations polluantes sans précédent.
Population 2 824 000
Carte Allemagne Db

Sayaboury, ***Laos*** Chef-lieu de province au N.-O. du pays ; la province, qui s'étend entre le Mékong et la Thaïlande, dont elle faisait autrefois partie, a été rattachée au Laos par les Français en 1909 ; elle a récemment été le théâtre de querelles frontalières entre Laos et Thaïlande.
Population (ville) 14 000 ; (prov.) 182 000
Carte Laos Ab

Sbeitla, ***Tunisie*** Chef-lieu de district, à proximité du site archéologique de l'antique Sufetula. Dans un paysage intact de la montagne tunisienne, le site est célèbre pour ses trois temples consacrés à Jupiter, Junon et Minerve, en remarquable état de conservation.
Population 12 100
Carte Tunisie Aa

Scafell Pike, ***Royaume-Uni*** Voir LAKE DISTRICT

Scandinavie, ***Europe*** Région de l'Europe du Nord comprenant les pays de la péninsule scandinave : Norvège et Suède, auxquels on peut ajouter le Danemark, et même la Finlande.

Scanie, en suéd. **Skåne,** ***Suède*** Province la plus méridionale du pays, couvrant 11 280 km^2. Ses roches crayeuses alimentent une florissante industrie du ciment, et ses plaines fertiles sont riches en céréales et en betterave à sucre. Ports

de Malmö, Helsingborg et Trelleborg, et ville universitaire de Lund.
Population 1 028 800
Carte Suède Be

Scapa Flow, ***Royaume-Uni*** Rade naturelle des îles Orcades ; elle servit de base navale durant les deux guerres mondiales ; en juin 1919, la flotte de guerre allemande s'y saborda.
Carte Royaume-Uni Gj

Scarborough, ***Royaume-Uni*** Station balnéaire très fréquentée du North Yorkshire, à 58 km au N.-E. de York. Elle s'est développée dès le XVIIe s. comme station thermale. Vestiges romains et normands.
Population 36 700
Carte Royaume-Uni Ec

Scarborough, ***Trinité et Tobago*** Port principal et capitale de Tobago, sur la côte S.-O. Les vestiges d'un fort français dominent la ville.
Population 3 000
Carte Trinité et Tobago Aa

Schaffhouse, en all. **Schaffhausen,** ***Suisse*** Chef-lieu de canton, au N. du pays. Vieille cité rhénane, ville impériale dès la fin du XIIe s., partie de la Confédération helvétique en 1501, elle a conservé dans ses quartiers centraux son aspect médiéval et Renaissance (Vodergasse et ses environs). C'est un centre industriel actif, métallurgique, textile, chimique, horloger. Les chutes du Rhin (Rheinfall), à proximité, sont une grande attraction touristique : à la hauteur de Neuhausen et de Laufen, le fleuve, large de 150 m, fait une chute de 21 m.

Le canton qui forme enclave dans le territoire allemand (298 km^2) est une importante région industrielle : métallurgie de l'aluminium, textile, agro-alimentaire.
Population (ville) 34 400 ; (canton) 70 000
Carte Suisse Ba

Schelde, ***France/Belgique*** Voir ESCAUT

schiste Roche sédimentaire à grain fin composée principalement de minéraux argileux, à structure foliacée. L'ardoise fait partie du groupe des schistes.

schiste bitumineux Roche à grains fins, noirs ou gris sombre, riche en matière organique (kérogène). Une fois chauffée, cette roche produit un hydrocarbure qui, raffiné, donne du pétrole.

Schleswig-Holstein, ***Allemagne*** Land le plus septentrional du pays, occupant le sud de la péninsule danoise. Capitale : Kiel. Objets de longues querelles entre Danois et Allemands, les duchés de Schleswig et de Holstein furent annexés en 1866-1867 par la Prusse. En 1920, l'Allemagne dut rendre le nord du Schleswig au Danemark ; la frontière de 1920, remise en cause lors de la Seconde Guerre mondiale, fut rétablie en 1945. La population du Land comprend une part importante d'Allemands réfugiés (des Sudètes, de l'ex-R.D.A.). C'est une région d'agriculture intensive et de grandes exploitations. L'industrie se concentre autour des principales villes, Lübeck, Kiel, Flensburg. Les îles Frisonnes sont de grands centres touristiques, Föhr et Sylt notamment.
Population 2 614 000
Carte Allemagne Da

Schönbrunn, ***Autriche*** Banlieue S.-O. de Vienne, site de la résidence d'été des Habsbourg ; le palais, commencé à la fin du XVIIe s. sous le règne de Léopold Ier par l'architecte Fischer von Erlach, fut achevé sous Marie-Thérèse. Napoléon Ier, en 1805 puis en 1809, y établit son quartier général.

FACE AU LARGE. Les températures descendent rarement au-dessous de 7 °C dans les îles Scilly — point le plus occidental de l'Angleterre — réchauffées par la dérive nord-atlantique.

Schwarzwald, ***Allemagne*** Voir FORÊT-NOIRE

Schwerin, ***Allemagne*** Deuxième ville du Land de Mecklembourg-Poméranie occidentale, dans l'ex-R.D.A., à 190 km au N.-O. de Berlin. Industries chimiques et pharmaceutiques.
Population 130 000
Carte Allemagne Db

Schwyz, ***Suisse*** Ville à 30 km à l'E. de Lucerne, qui donna son nom et son drapeau au pays. Siège des Archives fédérales, la ville est capitale du canton homonyme (908 km^2), qui fut avec ceux d'Uri et d'Unterwald, le 1er août 1291, à l'origine de la fondation du pays. À 27 km au N.-E., Einsiedeln, avec son abbaye du XVIIIe s., est le lieu de pèlerinage le plus célèbre et le plus fréquenté de Suisse.
Population (ville) 12 900 ; (canton) 113 000
Carte Suisse Ba

Scilly (îles) ou **Sorlingues (îles),** ***Royaume-Uni*** Groupe d'îles à 40 km au S.-O. de Land's End en Angleterre. La plus grande, St Mary's, est accessible par bateau ou hélicoptère depuis Penzance en Cornouailles. Climat doux, idéal pour fleurs et légumes de printemps exportés sur le continent. Palmiers et plantes exotiques poussent dans les jardins de l'abbaye de l'île Tresco. Tourisme.
Population 2 000
Carte Royaume-Uni Bf

scories Lave fragmentée, rapidement refroidie, contenant des alvéoles causées par l'explosion des gaz.

Scott Base, ***Antarctique*** Base de recherches antarctiques de Nouvelle-Zélande, sur l'île de Ross, fondée en 1957.
Carte Antarctique Jc

scrub Mot anglais désignant une végétation d'arbres rabougris et de broussailles, propre aux régions de sol pauvre et de pluies trop faibles pour entretenir une forêt.

Scutari, ***Albanie*** Voir SHKODËR

Scutari, ***Turquie*** Voir ÜSKÜDAR

Seattle, ***États-Unis*** Principale ville et port de l'État de Washington sur le Puget Sound, communiquant avec le Pacifique par le détroit de Juan de Fuca. C'est une grande place financière et un centre industriel, siège de la firme de construction aéronautique Boeing. Importants chantiers de construction navale. Le trafic du port se fait surtout avec l'Alaska et le Japon.
Population (ville) 516 500 ; (aggl.) 2 560 000
Carte États-Unis Ba

Sébastopol (Sevastopol), ***Ukraine*** Port de la mer Noire sur la côte S.-O. de la Crimée. Base principale de la flotte russe de la mer Noire depuis le début du XIXe s. (docks, arsenaux), aujourd'hui objet d'un conflit entre l'Ukraine et la Russie principalement. Constructions mécaniques, industries alimentaires, confection. Station thermale et balnéaire.

Sébastopol a soutenu deux sièges : en 1855 durant la guerre de Crimée entre la Russie et les forces alliées (Français, Anglais et Turcs), qui y entrèrent au bout d'un an de résistance, et en 1942, pendant la Seconde Guerre mondiale, où elle tomba aux mains des Allemands. Les Russes reprirent Sébastopol en 1944. Quelque quatre cents monuments commémorent son passé.
Population 371 400
Carte Ukraine Cd

sebkha Dépression argileuse à fond plat des régions endoréiques, recouverte d'une mince pellicule d'eau en saison humide.

Sechín, ***Pérou*** Site archéologique précolombien sur la côte, à proximité de Casma (365 km au N. de Lima). Nombreux édifices en adobe et en pierre ; certains présentent une décoration sculptée figurant des guerriers.
Carte Pérou Ba

secondaire ou **mésozoïque** Troisième ère géologique, caractérisée par la présence des dinosaures et des reptiles.

Secunda, ***Afrique du Sud*** Voir SASOLBURG

Sedan, ***France*** Ville des Ardennes, sur la Meuse, à 20 km au S.-E. de Charleville. La capitulation de Sedan, le 2 septembre 1870, mit fin au second Empire. Industries: construction mécanique, textile, agro-alimentaire.
Population 22 400
Carte France Fb

Sedhiou, ***Sénégal*** Gros marché agricole sur la rive droite du fleuve Casamance, à 45 km de la frontière de la Guinée-Bissau, au cœur d'une région produisant arachides, bananes, riz et légumes tropicaux.
Population 150 000
Carte Sénégal Ab

sédiment Matériau formé de particules rocheuses, chimiques ou organiques désagrégées et déposées par le vent, l'eau ou les glaciers. Le sédiment est le matériau brut des roches sédimentaires.

sédimentaires (roches) Roches formées par le dépôt et la consolidation de matériaux provenant de roches plus anciennes altérées, ou de particules d'origine chimique ou organique. Selon ces origines, les roches sédimentaires sont détritiques (sable, grès, conglomérat), chimiques (calcaire, gypse, silex) ou organiques (charbon, pétrole, certains calcaires).

Sedom, ***Israël*** Ville à 6 km à l'extrémité S. de la mer Morte. Établie en 1934 par la Compagnie palestinienne de potasse de Kaliya, elle est devenue le centre des industries chimiques et d'engrais: potasse, phosphates, brome.

La cité biblique de Sodome (d'où Sedom tire son nom), qui fut détruite avec Gomorrhe, est peut-être enfouie sous les eaux de la mer Morte au S. de la péninsule d'El-Lisan.
Carte Israël Bb

Segeste, ***Italie*** Site archéologique de l'ouest de la Sicile, au S. de Castellammare. Il présente l'un des plus beaux temples doriques de l'Antiquité grecque.
Carte Italie Df

Ségou, ***Mali*** Ville sur le Niger, à 230 km en aval de Bamako, ancienne capitale du royaume bambara de Ségou de 1660 à 1861. Étape sur la route de Mopti et de Gao, elle s'étire sur 8 km le long du Niger, avec ses maisons cubiques, ses jardins et ses larges boulevards ; c'est aussi un marché de poisson, bétail, cuir, sel et coton.

Le siège de l'Office du Niger y est installé et c'est l'un des principaux employeurs de la ville. Il est chargé de développer et d'étendre l'agriculture dans le delta du Niger par l'irrigation en utilisant les bras fossiles du fleuve. C'est grâce à cet organisme qu'ont été réalisés le barrage de Markala, à 40 km au N. de la ville, et les canaux de Massina et du Sahel.
Population 89 000
Carte Mali Bb

Ségovie, ***Espagne*** Ancienne ville fortifiée située sur un promontoire escarpé au N.-O. de Madrid. La ville a gardé de son passé prestigieux, outre l'aqueduc romain toujours en service, l'Alcazar, figure de proue qui domine la ville, la cathédrale et de nombreuses églises dans la vieille ville, où affluent les touristes. Minoteries, tanneries et poteries. La province du même nom (6 949 km^2) est une région d'agriculture (céréales) et d'élevage de moutons.
Population (ville) 53 400 ; (prov.) 149 300
Carte Espagne Cb

seiche Oscillation périodique du niveau de l'eau dans les lacs, les mers intérieures, baies et détroits, semblable à la marée, causée par des ondes sismiques ou des turbulences atmosphériques, changements de pression ou vent. La hausse ou la baisse varie de quelques centimètres à plusieurs mètres.

Sein (île de), ***France*** Île du Finistère (0,6 km^2), à 8 km à l'O. de la pointe du Raz, connue pour l'héroïsme de ses habitants ; le 19 juin 1940, tous les hommes rejoignirent à Londres le général de Gaulle. L'île fait partie du parc naturel régional d'Armorique.
Population 350
Carte France Ab

Seine, ***France*** Fleuve du nord du pays, mesurant 776 km de long. Il naît sur le plateau de Langres, à 471 m d'altitude, traverse le sud de la Champagne, arrose Troyes, Paris, la région parisienne, puis Rouen et la Normandie avant d'aller se jeter dans la Manche au Havre. Il reçoit plusieurs affluents, dont l'Aube, la Marne et l'Oise à droite, l'Yonne et l'Eure à gauche ; son bassin couvre 78 650 km^2. À Paris, son débit, de 300 m^3/sec. en moyenne, varie de 20 m^3/sec. en période d'étiage à 2 500 m^3/sec. pendant les crues.

Pour régulariser son cours, donc éviter les inondations, et alimenter en eau la région parisienne, des barrages ont été installés sur le fleuve et ses affluents: les réservoirs Seine (lac de la forêt d'Orient ; 205 millions de m^3), Aube (175 millions de m^3) près de Troyes et Marne (lac du Der ; 350 millions de m^3) près de Saint-Dizier. Ils s'ajoutent aux ouvrages antérieurs: lacs des Settons, du Crescent, de Chaumeçon et de Pannesière-Chaumard.

Navigable de Paris à son embouchure, la Seine assure un tiers du trafic fluvial français. La navigation est particulièrement intense en aval de Rouen (ville où remontent les navires de mer de 10 000 t), dans la partie du fleuve appelée basse Seine, à cause de la forte densité de peuplement et surtout de l'importante industrialisation de cette région. Le fleuve est relié au réseau navigable de l'Europe du Nord par plusieurs canaux.
Carte France Db

Seine-et-Marne (77), ***France*** Département de la région Île-de-France couvrant 5 917 km^2. Chef-lieu: Melun. Il est constitué, au N., de plateaux calcaires entaillés par la Seine, la Marne et l'Yerres et couverts de limons, voués à la grande culture, et au S. de sables et de grès offrant un paysage plus vert et plus boisé: forêt de Fontainebleau et Gâtinais. C'est un département principalement agricole: céréales (blé, orge, maïs), betterave sucrière, où toutefois l'élevage et les cultures fourragères sont en diminution. Le secteur industriel est en développement : industries agro-alimentaires (moulins, sucreries, conserveries de légumes), industries du verre et du papier-carton, travail des métaux, constructions mécaniques et électroniques, raffinerie de pétrole (Grandpuits, près de Nangis). L'urbanisation, qui s'était développée sur les grands axes de circulation (Melun, Provins, Meaux), est maintenant étroitement liée à la décentralisation de la région parisienne, en particulier en ce qui concerne les villes nouvelles de Melun-Sénart et Marne-la-Vallée.
Population 1 078 000
Carte France Eb

Seine-Maritime (76), ***France*** Département de la région Haute-Normandie, entre la Seine, la Manche et la Bresle (6 295 km^2). Chef-lieu: Rouen. Il englobe le plateau crayeux couvert de limons fertiles du pays de Caux et le pays de Bray, bordés par une côte assez rectiligne formée en grande partie de falaises entaillées par des valleuses. Ce sont de riches terroirs agricoles où l'on pratique une polyculture intensive (blé, betterave à sucre, lin) et l'élevage bovin.

L'industrie se concentre essentiellement dans la vallée de la basse Seine, en tête pour la pétrochimie et les raffineries de pétrole en France, dans les agglomérations portuaires de Rouen et du Havre (deuxième port français) et, à un moindre degré, à Fécamp et Dieppe, qui est surtout un grand port de pêche. À cela s'ajoutent les deux centrales nucléaires de Paluel et Penly sur le littoral.

Des stations balnéaires comme Dieppe et Étretat, des monuments historiques comme l'abbaye de Jumièges, le château d'Arques-la-Bataille ou celui d'Eu, et des sites naturels (falaises d'Étretat, parc naturel régional de Brotonne, créé en 1974) attirent chaque année de nombreux touristes.
Population 1 223 500
Carte France Db

Seine-Saint-Denis (93), ***France*** Département de la région Île-de-France créé en 1964, englobant le nord-est de l'ancien département de la Seine et quelques communes de la Seine-et-Oise (236 km^2). Chef-lieu: Bobigny. L'activité agricole de cette ancienne région céréalière s'est réduite au maraîchage et aux pépinières, supplantée par une industrialisation et une urbanisation grandissantes, et l'installation de l'aéroport de Roissy dans le Nord-Est. À la métallurgie lourde, aux industries chimiques et de biens d'équipement s'ajoutent les industries automobile, électrique, électronique, des machines-outils, etc. L'abondance des voies de communication: autoroutes A1 (avec la gare routière de Garonor), A3, A86, les lignes S.N.C.F. est et nord, les canaux de l'Ourcq et Saint-Denis, ont encouragé l'installation d'entrepôts et de bureaux d'entreprises de transport. Cette abondance a aussi favorisé la vocation résidentielle du département: communes-dortoirs, habitat pavillonnaire, et grands ensembles. À l'O. du département, cathédrale et nécropole royale de la ville de Saint-Denis, animée en été par un festival de musique.
Population 1 382 000
Carte France Eb

séisme ou **tremblement de terre** Série d'ondes de choc se propageant dans la terre et à sa surface par suite d'une soudaine décharge d'énergie dans le manteau. Certains séismes sont si faibles qu'ils ne sont détectés que par des instruments très sensibles ; d'autres, comme celui de l'Assam en 1897 qui ravagea 338 000 km^2 au N.-E. de l'Inde et fut ressenti sur plus de 11 millions de kilomètres carrés, peuvent libérer une énergie

Sénégal

ENTRE DAKAR ET SES GRATTE-CIEL, LA SAVANE ET SES BAOBABS, LE SÉNÉGAL TENTE UNE SYNTHÈSE ENTRE DEUX CIVILISATIONS

Il y a des affinités particulières entre le Sénégal et la France : la citoyenneté française était donnée à des Sénégalais dès 1916 (les « quatre communes » de Rufisque, Gorée, Dakar et Saint-Louis). Dakar a été la capitale de l'Afrique-Occidentale française. Le premier président du pays, le poète Léopold Senghor, est devenu membre de l'Académie française, haut lieu du maintien des traditions culturelles françaises. Si le pays est habité par plusieurs ethnies, les Wolofs forment le groupe majoritaire. Ces cultivateurs musulmans de la savane dominent la vie politique et le wolof devient la langue véhiculaire du pays.

Le centre politique et économique du pays est Dakar, la capitale, dans la presqu'île volcanique du cap Vert où se trouvent les deux petits pics volcaniques des Mamelles (104 m) ;

la pointe des Almadies est le cap le plus occidental du continent africain. L'ensemble du pays est désespérément plat, sauf dans l'est où le relief atteint 494 m près de Kédougou. La côte est ourlée de dunes de Dakar à Saint-Louis, au nord ; au S., elle est échancrée à l'embouchure des fleuves encombrés de mangrove (Saloum, Casamance). La savane couvre l'ensemble du pays, mais dans certaines régions comme le Ferlo, au N., les récentes sécheresses font de plus en plus penser au Sahel. La forêt-galerie souligne le lit des cours d'eau au centre et au S. Le fleuve Sénégal, au N., à la frontière de la Mauritanie, se subdivise en plusieurs bras en saison des pluies et se jette dans l'océan, juste après Saint-Louis, l'ancienne capitale administrative de la colonie du Sénégal et de la Mauritanie.

Le Sénégal est riche en vestiges préhistoriques de toutes sortes, et l'ancien Institut français d'Afrique noire (I.F.A.N.), devenu l'Institut fondamental d'Afrique noire, est à l'origine de toutes les recherches sur l'histoire de l'Afrique occidentale. La région était autrefois formée d'un ensemble de petits royaumes dont certains ont opposé une résistance farouche aux colonisateurs. La conquête a été menée par Faidherbe, au XIXe s., à partir de la vallée du fleuve. Son action a su prendre en compte les aspirations et la dignité des populations. Devenue le centre de la vie politique de l'A.-O.F., Dakar tint un rôle important pendant la dernière guerre. Juste après l'indépendance en 1960, le Sénégal tenta de garder un rôle de premier plan en favorisant la création d'une fédération avec les ex-colonies françaises voisines, mais il échoua. Le pays est devenu une puissance régionale respectée qui s'entremet dans de nombreuses médiations internationales. Le président Senghor s'est retiré en 1981 après avoir préparé sa succession en faveur de son Premier ministre Abdou Diouf, et laissé au pays des institutions démocratiques. À cette époque, plusieurs accords avec la Gambie voisine ont été signés pour promouvoir une Confédération de Sénégambie. En avril 1991, Habib Thiam est devenu Premier ministre et plusieurs membres de l'opposition, dont Abdoulaye Wade, sont entrés au gouvernement. Le pays, qui avait été à deux doigts d'un conflit ouvert avec la Mauritanie en raison de problèmes ethniques, a manifesté une politique conciliatrice. Les élections de 1993 ont confirmé Abdou Diouf à la tête de l'État.

Près de 90 % des Sénégalais sont musulmans, notamment les Wolofs et les Peuls ; beaucoup de Wolofs appartiennent à la confrérie des Mourides, qui a établi sa richesse sur la commercialisation de l'arachide et possède un grand pouvoir politique ; les Mourides ont adapté l'islam à la spécificité africaine (ils disent la prière en se tournant vers la tombe de leur grand marabout Amadou Bamba, et non vers La Mecque). L'islam sénégalais est cependant traversé par des courants religieux fondamentalistes. La proximité de la Mauritanie, dont certains nomades ont traversé le fleuve pour trouver des pâturages, n'est pas sans influence sur les mentalités. On trouve une minorité chrétienne chez les Sérères ; les petites tribus des zones forestières du sud et les montagnards du sud-est pratiquent encore les religions traditionnelles.

Avec son port, Dakar est bien pourvu en petites industries ; mais le Sénégal est avant tout un pays où l'agriculture est pratiquée par 80 % de la population. Celle-ci vit dans des cases — carrées en pays wolof, rondes chez les Peuls, ou formant de véritables maisons à étage en Casamance — qui abritent une famille élargie de plusieurs dizaines de personnes dont l'ensemble forme une « concession ». La culture traditionnelle est le mil, mais sa consommation diminue au profit du riz, plus valorisant socialement, car il est l'apanage des classes favorisées ou des agriculteurs qui sont entrés dans le système monétaire en pratiquant des cultures industrielles ; on cultive le riz dans les régions plus humides du Sud, et dans le delta du Sénégal. La culture industrielle de l'arachide fait du Sénégal l'un des plus gros producteurs mondiaux. Cette culture, dommageable pour les sols, gagne les régions plus humides de Casamance, et avec elle l'influence des Wolofs ; en réaction, on assiste à un réveil du séparatisme en 1989.

Sauf sur la presqu'île du cap Vert, plus humide, et le Sud, plus arrosé, le Sénégal est soumis à une seule saison des pluies dont les

égale à celle de plusieurs bombes nucléaires.

Les tremblements de terre les plus superficiels sont souvent causés par les mouvements des failles dans la croûte terrestre. Les plus violents sont liés aux zones de subduction situées très profondément sous la surface terrestre, mais on ignore ce qui les provoque. Les zones de tremblements de terre coïncident souvent avec les marges des plaques tectoniques et dépendent donc des mouvements de celles-ci. L'une des zones est la Ceinture de feu du Pacifique. Une autre traverse la Chine le long de l'Himalaya, l'Iran et la Méditerranée.

Il y a deux manières de mesurer un tremblement de terre : selon son intensité et selon sa magnitude. L'intensité se mesure en fonction des dégâts causés, sur une échelle qualitative comprenant 12 degrés, l'échelle de Mercalli. La magnitude, mesurée par l'échelle de Richter, est un nombre qui traduit l'énergie dissipée par un séisme (échelle de 1 à 9).

Le centre d'un tremblement de terre est le foyer, d'où partent les ondes sismiques. Aucun foyer n'a été localisé au-delà de 720 km de profondeur. L'épicentre est le point de la surface terrestre situé directement au-dessus du foyer. L'intensité décroît lorsqu'on s'en éloigne. Elle peut être différente en deux points situés à égale distance de l'épicentre, les édifices étant plus ou moins éprouvés selon leur technique de construction et selon le sol sur lequel ils sont bâtis. La magnitude, elle, est une mesure unique.

Sekondi, ***Ghana*** Ville côtière et centre commercial et résidentiel à 170 km à l'E. d'Accra. Premier terminus de chemin de fer du Ghana, elle desservait l'arrière-pays riche en or, traitant la plupart de l'import-export jusqu'en 1923, lorsqu'elle fut supplantée par la ville contiguë de Takoradi. Les deux villes fusionnèrent en 1963 ; Sekondi-Takoradi est la capitale du Ghana-Occidental.

Population (Sekondi-Takoradi) 175 500

Carte Ghana Ac

sel (routes du) Dans toutes les régions du globe, le commerce du sel existe depuis la préhistoire : sel extrait de la mer, sel des dépôts terrestres souterrains ou des salines des dépressions. Des routes sont nées, donnant vie à de fructueux échanges entre des régions à la géographie et à l'économie différentes.

En Afrique, les échanges sel-mil ont été la principale source de revenu des nomades et le plus important volume de marchandises transportées. Le sel, débité en barres dans les salines du Sahara central, était troqué contre le mil des pays de la savane. Il y a peu de temps, la grande caravane annuelle qui amenait à Tombouctou le sel de Taoudenni ne comptait pas moins de 10 000 chameaux.

Selangor, ***Malaysia*** État le plus développé du pays, sur la côte O. de la péninsule Malaise, entourant la capitale, Kuala Lumpur (7 962 km^2). Il produit la plupart du caoutchouc national et assure 40 % de la production industrielle du pays. Sa capitale est Shah Alam.

Population 2 289 500

Carte Malaysia Bb

Selenga ou **Selenge,** ***Mongolie/Russie*** Rivière naissant dans le nord-ouest de la Mongolie et parcourant 1 020 km pour se jeter dans le lac

VILLE SAINTE DE L'ISLAM AFRICAIN. Un haut minaret signale de loin la mosquée de Touba, ville de pèlerinage et berceau du mouridisme, confrérie islamique fondée vers 1886 par le marabout Amadou Bamba.

prémices, en juin-juillet, déclenchent le début des semailles. Les travaux des champs font l'objet d'une rigoureuse séparation du travail entre les hommes et les femmes (préparation du sol, semailles, récolte, etc.). Comme dans les autres régions islamiques au S. du Sahara, les femmes ont gardé le rôle qu'elles avaient dans les sociétés animistes traditionnelles.

Le Sénégal est partie prenante dans le grand projet qui vise à aménager le fleuve Sénégal au moyen de barrages, pour développer la circulation et l'irrigation, et promouvoir le développement d'une zone comprenant près de 10 millions d'habitants des pays riverains. Il active aussi l'exploitation de ses ressources minières (or et fer). Sa grande richesse en ce domaine, les phosphates de Taïba, près de Thiès, continue de lui rapporter de substantiels revenus, ainsi que la pêche industrielle.

LE SÉNÉGAL EN BREF

Superficie 196 192 km^2

Population 7 330 000

Capitale Dakar

Régime République parlementaire

Monnaie Franc CFA

Langues Français (officielle), wolof, autres langues africaines

Religions Musulmans (90 %), chrétiens (6 %), animistes (3 %)

Climat Tropical ; température moyenne à Dakar : de 18-26 °C en janvier à 24-32 °C en septembre

Ressources Riz, mil, sorgho, maïs, arachide, poisson, bois ; phosphates

Activités Cultures industrielles, produits pétroliers, engrais phosphatés, textiles, brasseries, pêcheries, industries forestières, cimenterie, produits alimentaires

Exportations Produits pétroliers, poisson, engrais, filatures, huile d'arachide

P.N.B. annuel par habitant 780 dollars

Croissance démographique 31 ‰ par an

Espérance de vie Hommes 54 ans, femmes 56

Baïkal, en Russie. La plupart des terres arables de Mongolie sont situées dans la basse vallée du Selenga.
Carte Mongolie Cb

Selous (réserve de), ***Tanzanie*** La plus grande réserve d'animaux d'Afrique, abritant un million de gros animaux sur 50 000 km^2. Elle s'étend le long du Rufiji, au S.-O. de Dar es-Salaam.
Carte Tanzanie Ba

selva Dénomination brésilienne de la forêt tropicale humide.

Semarang, ***Indonésie*** Ville textile et port de la côte N. de Java, qui abrite une grande communauté chinoise.
Population 1 006 000
Carte Indonésie Dd

semi-aride (région) Zone entre le désert et la savane ou la prairie, caractérisée par des plantes épineuses, rabougries, une herbe drue et des plaques de sable ou de pierres.

Semipalatinsk, auj. **Semei,** ***Kazakhstan*** Cité industrielle et port sur le fleuve Irtych, à 68 km au S.-E. d'Omsk. Elle possède l'une des plus grandes usines de conditionnement de viande de l'ex-U.R.S.S. et des industries textiles, du cuir et agro-alimentaires.
Population 345 200
Carte Kazakhstan Da

Semmering (col du), ***Autriche*** Col routier et ferroviaire, à 135 km au S.-O. de Vienne (985 m) ; il relie les vallées de la Mur et de la Leitha. Le village de Semmering, situé près du col, est une station de sports d'hiver très fréquentée.
Carte Autriche Db

Sénanque (abbaye de), ***France*** Ancienne abbaye cistercienne à environ 35 km à l'E. d'Avignon, dont les bâtiments monastiques ont été restaurés. Musée saharien.

Sendai, ***Japon*** Ville située près de la côte E. de l'île de Honshu, à 300 km au N.-E. de Tokyo. Elle est le siège de nombreux bureaux du gouvernement, d'une douzaine d'universités et de collèges. Raffineries de pétrole et industries alimentaires. La vieille ville fut très endommagée durant la Seconde Guerre mondiale mais elle a été reconstruite et ses boulevards bordés d'arbres confirment son surnom de « capitale des forêts ».
Population 918 500
Carte Japon Dc

Sénégal Voir ci-dessus

Sénégal, ***Afrique de l'Ouest*** Fleuve de 1 700 km, formé par la jonction, à Bafoulabé au Mali, du Bafing et du Bakoy, nés l'un dans le Fouta-Djalon et l'autre au N.-E. de la Guinée. Il coule vers le N.-O. dans une vallée encaissée coupée de rapides (chutes de Gouina et du Félou), arrose Kayes, reçoit la Falémé sur sa gauche et pénètre au Sénégal dont il constitue ensuite la frontière avec la Mauritanie. Après avoir traversé Bakel et Matam, il prend la direction de l'ouest ; c'est un fleuve de plaine qui s'étale en un delta allongé arrosant Kaédi, Podor et Rosso et se jette dans l'Atlantique à Saint-Louis, où une barre dangereuse obstrue son embouchure.

Le Sénégal fut une grande voie de pénétration pour les Français en Afrique occidentale. Il reste très utilisé pour le transport local malgré ses bancs de sable mobiles et son cours irrégulier: sa profondeur est faible en saison sèche (octobre-mai), il est sujet à des inondations à la saison des pluies (mai-octobre) ; des chalands le remontent jusqu'à Podor pendant la première et jusqu'à Matam et même Kayes pendant la seconde. Des travaux d'aménagement ont régularisé son débit.

Carte Sénégal Ba

Senlis, ***France*** Ville ancienne, à une cinquantaine de kilomètres au N. de Paris, où Hugues Capet fut désigné comme roi des Francs, en 987, et où Charles VIII signa un traité selon lequel il cédait l'Artois, la Franche-Comté et le Charolais à l'Autriche (1493). Elle a conservé de nombreux témoignages de son histoire: enceinte gallo-romaine, vieilles rues bordées de maisons médiévales, remparts en partie transformés en boulevards, ancienne cathédrale gothique (flèche, grand portail). Musée d'archéologie, d'art et d'histoire.

Population 15 300

Sensuntepeque, ***Salvador*** Voir CABANAS

Séoul, ***Corée du Sud*** Capitale et métropole fourmillante sur le fleuve Han, à 60 km de son embouchure sur la mer Jaune.

Séoul devint la capitale de la Corée unifiée sous la dynastie Yi en 1394 ; il reste des vestiges d'enceinte des palais construits au N. de la ville, au pied du mont Pukak. En 1948, après l'occupation japonaise, elle devint la capitale du pays. Durant la guerre de Corée (1950-1953), elle fut occupée par les troupes communistes venues du nord, et bombardée. Sa population tomba à 50 000 habitants.

Sa reconstruction débuta en 1953 et, depuis 1960, la ville en pleine expansion reflète l'essor économique du pays. Sa population a été augmentée par une énorme migration rurale. Des tours d'habitation de 20 à 30 étages dominent le centre des affaires et dans les faubourgs les maisons s'entassent; la circulation très dense bloque les ponts chaque jour. La ville concentre presque la moitié de la production industrielle du pays. À des industries légères se sont ajoutées la fabrication de ciment, d'engrais, de matériel de transport et la pétrochimie. Il reste peu de témoignages de l'ancienne cité, mais quelques trésors artistiques se trouvent au Musée national, et le palais Toksugung donne un aperçu de l'architecture Yi. Site des Jeux olympiques de 1988.

Population 10 613 000

Carte Corée du Sud Cd

Sepik, ***Papouasie-Nouvelle-Guinée*** Fleuve de 1 200 km de long qui prend sa source dans les monts Victor-Emmanuel, traverse une plaine marécageuse et se jette dans la mer de Bismarck. La région est réputée pour le décor peint de ses cases, de ses objets rituels et de son mobilier domestique.

Carte Papouasie-Nouvelle-Guinée Ba

Sept Pagodes, ***Inde*** Voir MAHABALIPURAM

Sept-Îles, ***Canada*** Ville du Québec sur le Saint-Laurent, plaque tournante des activités minières de la côte N., et l'un des plus importants ports de mer du pays. Le père Jean de Quen y fonda une mission en 1651, et Louis Jolliet y établit un poste de traite en 1679. Le vieux poste, reconstitué, abrite un musée.

Population 28 100

Carte Canada Ic

Sequoia (Parc national), ***États-Unis*** Parc national créé en 1890 dans la sierra Nevada (Californie). Ses forêts présentent plusieurs groupes de séquoias géants dont certains spécimens, tel le General Sherman Tree, atteignent 83 m de haut et 11 m de diamètre. Le parc, qui s'étend sur une superficie de 1 631 km², inclut le mont Whitney (4 418 m).

Carte États-Unis Cc

Seraing, ***Belgique*** Ville industrielle à 5 km au S.-O. de Liège. Centre sidérurgique ; siège de la firme Cockerill.

Population 63 000

Carte Belgique Ba

Seram, anc. **Céram,** ***Indonésie*** Île montagneuse de l'archipel des Moluques (17 148 km²). Exploitations forestières et gisements pétroliers en sont les principales richesses. Plantations de sagoutiers et de cocotiers.

Carte Indonésie Gc

Seram, anc. **Céram (mer de),** Bras de mer, autrefois nommé Pitt Passage, entre l'île de Seram au S. et les îles Obi et Misoöl au N., en Indonésie.

Carte Indonésie Gc

Serbie, en serbo-croate **Srbija,** ***Yougoslavie*** La plus grande et la plus peuplée des républiques yougoslaves (55 968 km²). Capitale: Belgrade. Elle comprend en plus de la Serbie proprement dite deux régions autonomes: la Voïvodine au N., dont la population comporte d'importantes minorités hongroise, croate, slovaque, roumaine, et le Kosovo au S., peuplé en majorité d'Albanais. Elle présente, du N. au S., de vastes plaines (Voïvodine), des paysages vallonnés (au S. de Belgrade), enfin des massifs montagneux appartenant au Balkan et au Rhodope et dont l'altitude varie de 2 000 à 2 500 m. C'est la première région industrielle du pays, et l'une de ses plus riches régions agricoles (grâce à la Voïvodine). Les Serbes — des Slaves du Sud — y sont installés depuis le VIIe s. Christianisée dès le IXe s., la Serbie s'émancipera progressivement des tutelles byzantine et bulgare pour former au XIVe s. la principale puissance balkanique (avec Byzance). Les Turcs la défont cependant en 1389 à Kosovo et l'occuperont jusqu'au XIXe s. Pendant ce long assujettissement, l'Église orthodoxe contribue largement au maintien de l'identité nationale. Au début du XIXe s., la Serbie se soulève avec Karageorges, qui prend Belgrade en 1807, puis devient principauté autonome avec Miloch Obrenovitch en 1829. Mais il faut attendre 1878 et le congrès de Berlin pour que l'indépendance complète lui soit reconnue. Le 28 juin 1914, l'assassinat de l'archiduc héritier d'Autriche à Sarajevo par un jeune nationaliste serbe déclencha la Première Guerre mondiale. En 1918, profitant du démembrement de l'Autriche-Hongrie, la Serbie réunit les Slaves du Sud, Pierre Ier roi des Serbes se faisant reconnaître également roi des Croates et des Slovènes, et son fils Alexandre Ier roi de Yougoslavie en 1929. Cette prééminence de la Serbie a mené, en 1991, à la constitution d'une « nouvelle Yougoslavie » ne comprenant que la Serbie et le Monténégro (ainsi que la Voïvodine et le Kosovo). La volonté des populations serbes en Croatie (Krajina et Slavonie) et en Bosnie de créer une « grande Serbie » a entraîné les graves conflits armés qui s'y déroulent depuis 1992. Non étrangère à ces combats — l'armée « fédérale » soutient les combattants serbes — la Serbie s'est mise au ban de la communauté internationale, entraînant avec elle le Monténégro.

En Serbie même, fin 1992, au cours d'élections présidentielles libres au déroulement parfois douteux, l'opposition n'a pu renverser les anciens communistes, qui sont toujours en place.

Population (république) 9 791 000 ; (Serbie proprement dite) 5 825 000

Carte Yougoslavie Bc

Sercq Voir ANGLO-NORMANDES (îles)

Seremban, ***Malaysia*** Capitale de l'État du Negri Sembilan, à 65 km environ au S.-E. de Kuala Lumpur. Centre administratif et commercial d'une région minière (étain) en déclin.

Population 136 300

Carte Malaysia Bb

Serena (La), ***Chili*** Capitale de la région de Coquimbo, à 400 km au N. de Santiago. La ville, fondée par les Espagnols en 1543, porte le nom de la ville natale du conquistador Pedro de Valdivia. Elle fut souvent en butte aux attaques des Indiens et des pirates au XVIe s. Elle s'étend à l'embouchure du río Elqui, dans une région célèbre pour ses pêches et ses oranges. Marché du cuivre.

Population 91 800

Carte Chili Ab

Serengeti (plaine du), ***Tanzanie*** Région de savane s'étendant au N. du lac Eyasi jusqu'à la frontière du Kenya. Le parc national du Serengeti (15 000 km²), où sont protégés de nombreux buffles, lions, éléphants, girafes, gazelles, gnous et zèbres, est l'une des plus belles réserves zoologiques d'Afrique.

Carte Tanzanie Ba

Seria, ***Brunei*** Port pétrolier à 70 km au S.-O. de Bandar Seri Begawan. Au N.-O. de la ville, en mer de Chine, les gisements offshore de Champion, Ampa et Fairley produisent la quasi-totalité du pétrole du sultanat.

Population 30 000

Carte Brunei Ab

Serowe, ***Botswana*** Principal village des Bamangwatos, à 140 km au S.-O. de Francistown. Fondé en 1902 dans une région fertile entourant une colline boisée, qui devint le lieu de sépulture de la famille royale Bamangwato.

Population 29 000

Carte Botswana Cb

Sergueiv Possad, ***Russie*** Ville industrielle et lieu de pèlerinage, à 60 km au N.-E. de Moscou. Son célèbre monastère fortifié du XIVe s., la Trinité-Saint-Serge, où ont travaillé les plus grands peintres d'icônes, comme Andrei Roublev, abrite la cathédrale de la Trinité (XVe s.) et la cathédrale de la Dormition (XVIe s.), tombeau de Boris Godounov. Son séminaire, fondé en 1742, est le plus grand du pays. Au musée, icônes et collection de jouets anciens faits par les moines au cours des siècles. Entre 1930 et 1991, la ville s'est appelée Zagorsk, du nom d'un dignitaire soviétique. Activités : équipement électrique, produits chimiques, optique.

Population 115 000

Carte Russie Bb

AU PAYS DES ÉLÉPHANTS. Les neiges du Kilimandjaro dominent les savanes de Tanzanie, sanctuaire de la grande faune africaine.

serpentine, Silicate hydraté de magnésium résultant de l'altération de péridotites. Décorative, elle est souvent utilisée dans la construction.

Serpoukhov ou **Serpukhov,** ***Russie*** Ville située à une centaine de kilomètres au S. de Moscou, près du confluent de la Nara et de l'Oka. Observatoire astronomique. Centre de recherches nucléaires où fonctionne depuis 1967 un synchrotron à protons de 76 GeV (1 giga-électronvolt = 1 milliard d'électronvolts). Forteresse construite sous Ivan le Terrible (XVIe s.).
Population 144 000
Carte Russie Bb

Serre-Ponçon (barrage de), ***France*** Barrage sur la Durance (achevé en 1961), à la limite des Alpes-de-Haute-Provence et des Hautes-Alpes. La retenue (le lac de Serre-Ponçon) de 3 000 ha, étirée sur 20 km et d'une capacité d'un milliard de mètres cubes, est une des plus grandes d'Europe et l'une des pièces maîtresses de l'aménagement de la Durance. Usine hydroélectrique souterraine.
Carte France Gd

Sète, ***France*** Ville du Languedoc entre l'étang de Thau et la Méditerranée, au pied du mont Saint-Clair (175 m). Elle est traversée par de nombreux canaux. Le port, construit sous Louis XIV (1666-1677) par Vauban et Riquet, est le premier port de pêche français sur la Méditerranée, un port de passagers vers l'Afrique du Nord et un port de commerce (importation de pétrole pour la raffinerie de Frontignan ; exportation de vins et de céréales). Industries chimiques ; conserverie ; réparations navales. Tourisme. Patrie de Paul Valéry (1871-1945), qui l'a célébrée dans *le Cimetière marin*, de Jean Vilar (1912-1971) et de Georges Brassens (1921-1981). Musée Paul-Valéry.
Population 41 500
Carte France Ee

Sétif ou **Stif,** ***Algérie*** Ville et marché agricole à 112 km à l'O. de Constantine sur la route et la ligne de chemin de fer qui conduisent à Alger. Elle fut fondée par les Romains au Ier s. apr. J.-C. (des traces de cette période sont encore visibles de nos jours). De graves émeutes sévèrement réprimées y eurent lieu pendant la période coloniale, en 1945. Elle est située à 1 067 m au-dessus du niveau de la mer, sur les hauts plateaux de Kabylie, et dessert une région agricole importante faisant principalement commerce de céréales et de bétail. Importante industrie de minoterie.
Population 195 000
Carte Algérie Ba

Seto, ***Japon*** Ville au N.-E. de Nagoya, dans l'île de Honshu. Centre d'une célèbre industrie de la porcelaine depuis le XIIIe s.
Population 120 800
Carte Japon Cc

Settons (lac des), ***France*** Grand lac-réservoir (360 ha, 23 millions de mètres cubes, 18 m de profondeur) du Morvan à environ 90 km à l'E. de Nevers ; il fut créé de 1848 à 1861, lors de la construction du barrage de la vallée de la Cure, pour régulariser le débit de l'Yonne et le régime de la Seine. Site touristique (pêche, chasse, camping).

Setúbal, ***Portugal*** Ville industrielle et port de pêche (sardine), sur l'estuaire du Sado, à 30 km au S.-E. de Lisbonne. Industries chimiques et alimentaires ; chantier naval. Dans le district du même nom : sel, oranges, vin.
Population (ville) 83 500 ; (district) 714 000
Carte Portugal Bc

Severn, ***Royaume-Uni*** Le plus long fleuve (350 km) du pays. Il prend sa source dans le centre du pays de Galles et se jette dans le canal de Bristol, au S. de Gloucester. Son long estuaire en entonnoir freine la marée montante et produit un effet de barre. Saumon.
Carte Royaume-Uni Dd

Severnaïa Zemlia, ***Russie*** Voir NORD (Terre du)

Severodvinsk, ***Russie*** Port sur la mer Blanche, près d'Arkhangelsk. Les chantiers navals pour sous-marins nucléaires de l'ère soviétique ne laissent pas d'inquiéter les écologistes et les pays occidentaux.
Population 251 500

Severomorsk, ***Russie*** Voir MOURMANSK

Séville, en esp. **Sevilla,** ***Espagne*** Capitale de la province du même nom et de l'Andalousie, 4e ville d'Espagne, sur le Guadalquivir, au S.-O. du pays. On y a enregistré certaines des températures les plus chaudes d'Europe : jusqu'à 48 °C. Ville touristique, commerciale et industrielle (agro-alimentaire, textile, aéronautique, faïence) au cœur d'une riche province (agrumes, vigne, céréales, coton, betterave à sucre ; cuivre, zinc, plomb), Séville, sous domination arabe de 712 à 1248, connut son apogée du XVIe au XVIIIe s. grâce à son monopole commercial avec le Nouveau Monde, qui y déversait ses fabuleuses richesses. Patrie des peintres Vélasquez (1599-1660) et Murillo (1617-1682).

La vieille ville renferme le plus grand monument d'art gothique du monde : la cathédrale (commencée en 1402), avec la tour-minaret de la Giralda. Elle abrite aussi le célèbre palais-forteresse de l'Alcázar, où se juxtaposent plusieurs styles, et le fascinant quartier juif de Santa Cruz, où vécut Murillo. Célèbre procession de la Semaine sainte ; *feria*.

Séville accueillit en 1992 la dernière Exposition universelle du siècle.
Population (ville) 705 000 ; (prov.) 1 555 000
Carte Espagne Bd

Sèvres, ***France*** Ville des Hauts-de-Seine, au S.-O. de Paris, qui abrite la célèbre manufacture nationale de porcelaine. Créée à Vincennes en 1738, transférée à Sèvres par Louis XV (1756), elle devint manufacture royale en 1760. Sa production fut très prisée à travers toute l'Europe.
Population 22 000
Carte France Eb

Sèvres (Deux-) (79), ***France*** Département rural de 5 999 km^2 de la région Poitou-Charentes, dans l'ouest du pays, drainé au N. par la Sèvre nantaise et au sud par la Sèvre niortaise. Le relief, accidenté au N. par les hauteurs de la Gâtine, est plat vers le S. Principales productions : céréales, bovins, chèvres (fromages renommés). Tourisme au S.-O., dans le Marais poitevin, près du chef-lieu : Niort. Autres villes : Bressuire et Parthenay.
Population 345 000
Carte France Cc

Sewa, ***Sierra Leone*** Fleuve diamantifère (320 km de long) du centre du pays se jetant dans l'Atlantique.
Carte Sierra Leone Ab

Seychelles Voir p. 610

Sfax, ***Tunisie*** Port et deuxième ville du pays, chef-lieu de gouvernorat, sur la côte N. du golfe

Seychelles

UN ARCHIPEL PARADISIAQUE SAISI PAR LA POLITIQUE

Pour les habitants des Seychelles, leur archipel est le jardin d'Éden. Quoi qu'on en pense, c'est un pays paradisiaque, avec un climat sans égal, et des plages de rêve bordées de cocotiers. À 1 200 km des côtes africaines, les Seychelles abritent une flore et une faune exceptionnelles ; en plus des plantes rares, on y trouve des oiseaux et, sur Aldabra, des tortues géantes.

Les deux îles principales, Mahé et Praslin, granitiques, culminent à 900 m ; trente et quelques îlots qui composent l'archipel ont une assise de granit ; les autres sont des îles basses de corail, peu habitées.

Mahé, où se trouve la capitale, Victoria, abrite 90 % de la population. Celle-ci est composée de descendants de colons français, venus en 1770, et d'esclaves africains amenés de l'île Maurice. La nourriture des insulaires est la noix de coco, le poisson et le riz (importé). L'industrie de la pêche est en expansion, mais le tourisme est l'activité principale.

Politiquement et socialement, les Seychelles sont loin d'être un paradis. L'archipel est devenu une république en 1976 après 162 ans de présence britannique. Son premier président, le play-boy James Mancham, a été remplacé par Albert René, en 1977, à la suite d'un coup d'État. À l'extérieur, Mancham a regroupé l'opposition et tenté à plusieurs reprises de reprendre le pouvoir. Les plantations sont, pour la plupart, entre les mains des Blancs ; les créoles constituent la classe la plus pauvre. L'adoption du multipartisme (1992), incluant le retour des exilés, doit déboucher sur une élection présidentielle.

L'économie présente un taux de développement remarquable (7 % en 1988). L'archipel tire la plus grande partie de ses ressources du tourisme.

LES SEYCHELLES EN BREF

Carte Indien (océan) Bc
Superficie 453 km²
Population 71 000
Capitale Victoria (île de Mahé)
Régime République, multipartisme
Monnaie Roupie des Seychelles = 100 cents
Langues Créole, français, anglais
Religion Chrétiens (90 % de catholiques, 8 % d'anglicans)
Climat Tropical ; température moyenne : 26 °C ; pluies torrentielles
Ressources Pêche, fruits, légumes, cocotiers
Activités Tourisme, pêche, brasserie, cigarettes
Exportations Poisson, coprah, cannelle, engrais (guano)
P.N.B. annuel par habitant 5 450 dollars
Croissance démographique 15,2 ‰ par an
Espérance de vie Hommes 65 ans, femmes 75

de Gabès. Née de deux colonies phéniciennes, Sfax devint rapidement un centre de négoce, mais ne prit d'importance qu'à l'époque où les Siciliens s'en emparèrent (XIIe s.).

Métropole du Sud, Sfax possède une vaste médina avec de nombreux souks (objets en métal, en bois ; broderies) et une Grande Mosquée (849) au minaret à trois étages finement décoré. Principales industries : engrais, cuir, huile d'olive, savon. Pêche (poisson ; éponges et pieuvres). Principal port d'exportation (avec Gabès) des phosphates de Gafsa.

Population 232 000
Carte Tunisie Ba

's-Gravenhage, ***Pays-Bas*** Voir HAYE (La)

Shaanxi ou **Chensi,** ***Chine*** Province septentrionale de 195 800 km², bordée à l'E. par le Huang He et au S. par les crêtes du Qin Ling. Berceau de la civilisation chinoise (vallée de la Wei), le Shaanxi est situé dans la Chine du lœss, prédisposée à la sécheresse, mais ses plateaux produisent du blé et du millet. Les paysans vivaient jadis dans des grottes creusées dans le lœss et munies de cheminées qui émergeaient dans les champs au-dessus. Réserves de charbon ; précieux gisements de molybdène et de mercure. Capitale : Xi'an (Si-ngan).

Population 34 000 000
Carte Chine Fd

Shaba, anc. **Katanga,** ***Zaïre*** Région administrative de 496 965 km² dans le sud-est du pays. Situé sur un plateau de 900 à 1 900 m d'altitude couvert de savane arborée, bordé à l'E. par des montagnes dominant les lacs Moéro et Tanganyika, le Shaba est drainé par le cours supérieur du Zaïre et ses affluents. Élevage de bétail dans le Sud et l'Ouest ; agrumes. Riches gisements de cuivre, manganèse, étain, zinc, cobalt, plomb, uranium (l'industrie minière, contrôlée par des compagnies européennes avant l'indépendance, est en grande partie nationalisée). Parcs nationaux de Kundelungu et de l'Upemba. Capitale : Lubumbashi.

Après l'indépendance du Congo (1960), sous l'impulsion de Moïse Tshombé, le Katanga fit une tentative de sécession qui fut réprimée par les Casques bleus de l'O.N.U. (janvier 1963).

Population 5 207 000
Carte Zaïre Bb

Shebelle, ***Éthiopie/Somalie*** Voir CHÉBÉLI

Shahhat, anc. **Cyrène,** ***Libye*** Ruines d'une cité antique à 224 km de Benghazi, au N.-E. du pays. Fondée par les Grecs en 630 av. J.-C., et capitale de la Cyrénaïque dans l'Antiquité, elle fut le centre de l'école philosophique des Cyrénaïques (penseurs hédonistes). La ville, desservie par le port d'Apollonia, comptait 100 000 habitants à son apogée. Un tremblement de terre la détruisit en 364 apr. J.-C. Ruines importantes : bains romains, sanctuaire d'Apollon, théâtre grec, temple de Zeus, maison du juif Jason Magnus (IIe s., l'un des auteurs du livre des Macchabées dans l'Ancien Testament), tombes taillées dans le roc, mosaïques d'une église ancienne.

Carte Libye Ca

Shan, ***Birmanie*** État de 155 801 km² à l'E. du pays, aux confins de la Chine, du Laos et de la Thaïlande. Il est en grande partie constitué par un plateau montagneux de 600 à 1 000 m d'altitude couvert de forêts et tire son nom de la minorité ethnique la plus importante de Birmanie, les Shans, qui sont apparentés au peuple thaï. Capitale : Taunggyi.

Riz, pommes de terre et oignons sont les principales cultures des Shans tandis que les Was et les Palaungs (jadis chasseurs de têtes) des collines de l'Est (région qui échappe à tout contrôle officiel) cultivent le pavot pour en extraire l'opium. La récolte est vendue aux seigneurs de la guerre qui opèrent dans la zone connue sous le nom de Triangle d'or.

Population 3 719 000
Carte Birmanie Cb

Shandong ou **Chan-tong,** ***Chine*** Province du Nord-Est, d'une superficie de 153 300 km², au S. du golfe de Bohai ; drainée par le cours inférieur du fleuve Jaune (Huang He), elle occupe une grande partie de la plaine de Chine du Nord et c'est la province la plus peuplée du pays. Point culminant : le Tai Shan (1 545 m), la plus célèbre montagne sacrée de Chine. Le climat du Shandong est plus humide et plus tempéré que celui des autres provinces septentrionales, mais des dépôts de sel dans le sol, provenant de l'évaporation de l'humidité durant l'été, gênent l'agriculture (blé, maïs, coton, arachides, soja, tabac).

Le Shandong est célèbre depuis longtemps pour la qualité de ses tissus de soie (chantoung). Le gisement de pétrole de Shengli, près des bouches du Huang He, est le plus grand de Chine, après celui de Daqing. Capitale : Jinan. Berceau de Confucius.

Population 86 000 000
Carte Chine Hd

Shanghai ou **Chang-hai,** ***Chine*** La ville la plus peuplée et la plus industrialisée du pays, dans une municipalité de 6 185 km², sur le delta fertile et surpeuplé du Yang-tseu-kiang. Elle connut une croissance rapide après l'ouverture de la Chine aux puissances coloniales occidentales (traité de Nankin, 1842) : marchands et diplomates étrangers s'y virent octroyer des droits de résidence (concessions), et Shanghai devint célèbre pour le contraste qu'elle offrait entre la prospérité européenne et la pauvreté chinoise. Vers 1930, avec ses banques et ses grands immeubles de bureaux sur le Bund (aujourd'hui Zongshan lu), le long du Huangpu, elle était devenue l'un des plus grands ports d'Asie. De nos jours, sa richesse repose davantage sur l'industrie (constructions aéronautiques et navales, métallurgie, sidérurgie ; chimie ; textiles) que sur le commerce d'outre-mer.

Population (ville) 7 500 000 ; (municipalité) 14 000 000
Carte Chine Ie

Shannon, ***Irlande*** Le plus long fleuve des îles Britanniques (386 km, dont 90 pour son seul estuaire, qui commence à Limerick). Né dans le comté de Cavan, à la frontière de l'Irlande du Nord, il coule vers le S.-O., traverse les *loughs* (lacs) Allen, Ree et Derg et se jette dans l'Atlantique. Des centrales hydroélectriques sont installées sur son cours. Saumon.

Carte Irlande Bb

Shantiniketan, ***Inde*** Centre de retraite et université pluriculturelle du Bengale-Occidental, à 130 km au N.-O. de Calcutta, fondée au début du siècle par le grand poète indien Rabindranath Tagore (1861-1941), pour contribuer à la compréhension entre les peuples.

Carte Inde Dc

Shantou ou **Chan-t'eou,** ***Chine*** Ville et port sur la côte du Guangdong et l'une des « zones

économiques spéciales » où l'on encourage les investissements étrangers.
Population 790 000
Carte Chine Hf

Shanxi (Chan-si), ***Chine*** Province fertile de 157 100 km^2 délimitée à l'O. et au S. par le fleuve Jaune, à l'E. et au S.-E. par la chaîne des Taihangshan. Les chutes de pluie peu abondantes et variables la rendent vulnérable à la sécheresse. Cultures principales : maïs, blé, coton. Le Shanxi est la première province productrice de charbon de la Chine, et malgré une exploitation qui dure depuis des siècles, les réserves restent énormes. La métallurgie se développe. Capitale : Taiyuan.

Le Shanxi est par excellence la région du lœss, qui s'étend sur les plateaux du nord de la Chine, à travers les provinces du Shanxi, Shaanxi, Ningxia et Gansu (environ 600 000 km^2). Le lœss, limon calcaire très fin et friable qui peut atteindre plusieurs dizaines de mètres d'épaisseur, donne lieu à de spectaculaires formes d'érosion. Les pluies d'été y développent d'extraordinaires lacis de ravines et arrachent chaque année des millions de tonnes de terre jaune que transporte le fleuve Jaune. Ce dernier détient le record du monde de turbidité, sa charge solide moyenne étant de 30 kg/m^3.
Population 29 600 000
Carte Chine Gd, Fd

Sha Tin, ***Hong Kong*** L'une des huit villes nouvelles des Nouveaux Territoires, construites pour décongestionner les zones surpeuplées de Hong Kong. Campus de l'université chinoise de Hong Kong.
Population 356 000
Carte Hong Kong Ca

Sharjah, ***Émirats arabes unis*** Voir CHARDJAH

Shark (baie), ***Australie*** Baie de l'océan Indien (Australie-Occidentale), à 670 km au N. de Perth. Longueur : 240 km ; largeur : 100 km.
Carte Australie Ad

Sharon, ***Israël*** Plaine du littoral d'environ 100 km, du mont Carmel à la frontière égyptienne. Immense verger d'agrumes et d'arbres fruitiers, coupé de jardins et de vignobles.
Carte Israël Aa

Sha Tin, ***Hong Kong*** L'une des huit villes nouvelles des Nouveaux Territoires, construites pour décongestionner les zones surpeuplées de Hong Kong. Campus de l'université chinoise de Hong Kong.
Population 300 000
Carte Hong Kong Ca

Shayeb el-Banat, ***Égypte*** Point culminant (2 187 m) de la chaîne Arabique qui borde la mer Rouge du golfe de Suez, au N., à la frontière soudanaise, au S.
Carte Égypte Cc

Sheffield, ***Royaume-Uni*** Ville du South Yorkshire, à 55 km à l'E. de Manchester, célèbre pour sa coutellerie et ses aciers spéciaux. Cathédrale (XVe s.) ; université.
Population 545 000
Carte Royaume-Uni Ed

Shenandoah, ***États-Unis*** Rivière de 90 km au N. de la Virginie. Elle traverse le parc national du même nom et se jette dans le Potomac à Harpers Ferry, dont l'arsenal fédéral fut pris en 1859 par le héros antiesclavagiste John Brown, deux ans avant le début de la guerre de Sécession.
Carte États-Unis Kc

Shenyang ou **Chen-yang,** anc. **Moukden,** ***Chine*** Capitale du Liaoning et quatrième ville du pays, au centre du réseau ferroviaire du Dongbei (Mandchourie). Toutes les industries y sont représentées : métallurgie, chimie, aéronautique, textile.
Population 3 605 000
Carte Chine Ic

Shenzhen, ***Chine*** Ville du Guangdong, à la frontière de Hong Kong. C'est la plus grande des « zones économiques spéciales » du pays, créées pour attirer les investissements étrangers.
Population 350 000
Carte Chine Hf

's-Hertogenbosch, ***Pays-Bas*** Voir BOIS-LE-DUC

Shetland (îles), ***Royaume-Uni*** Archipel d'une centaine d'îles (1 425 km^2) à 160 km au N. de l'Écosse. Colonisées par les Norvégiens au IXe s., les îles ne devinrent écossaises qu'en 1469. En janvier, la fête de Up-Helly-Aa, où l'on brûle une chaloupe, rappelle le temps des Vikings. Avant la découverte du pétrole en mer du Nord, pêche et élevage (mouton) étaient les seules ressources des îles. L'industrie du pétrole et l'énorme terminal pétrolier de Sullom Voe sont désormais les principales sources d'emplois. Depuis Lerwick, la capitale, les îles sont reliées à Aberdeen et à la Norvège.
Population 28 000
Carte Royaume-Uni Gg

Shetland du Sud (îles), ***Antarctique*** Îles volcaniques et désertes au large de la péninsule Antarctique. Jadis fréquentées par les chasseurs de baleines, elles sont aujourd'hui un centre de recherche scientifique. De nombreuses stations y sont installées, notamment sur l'île King-George, la plus fréquentée, devenue un but de voyages touristiques. Elles font partie du Territoire de l'Antarctique britannique, dans une région revendiquée par le Chili et l'Argentine.
Carte Antarctique Dd

Shigatsé, ***Chine*** Voir XIGAZÊ

Shijiazhuang ou **Che-kia-tchouang,** ***Chine*** Voir HEBEI

Shikoku, ***Japon*** La plus petite (18 778 km^2) des quatre principales îles du pays, au centre montagneux bordé de petites plaines alluviales. Reliée à Kobe par deux ponts suspendus. Le nord, sec et chaud, industrialisé (métallurgie et pétrochimie), abrite plusieurs grandes villes, tandis que le sud, plus rural et artisanal, a conservé le charme de ses traditions. Il est exposé à des vents d'été humides et c'est la seule région du Japon à connaître deux récoltes de riz annuelles.
Population 4 250 000
Carte Japon Bd

Shillong, ***Inde*** Capitale du Meghalaya, station d'altitude (1 500 m) sur le plateau du même nom, à 500 km au N. de Calcutta. Centre de recherche médicale.
Population 174 700
Carte Inde Ec

Shimabara (péninsule de), ***Japon*** Presqu'île de l'île de Kyushu où furent massacrés, le 14 avril

UN REFUGE MENAÇANT. L'expédition polaire anglaise de Shackleton passa 105 jours sur l'île Éléphant, dans les Shetland du Sud, après le naufrage de l'*Endurance*, en 1916.

1638, 30 000 insurgés sous la conduite de samuraïs chrétiens. Ce fut la fin du christianisme japonais comme religion organisée. Les habitants de la région (et de la ville homonyme, 45 000 habitants) durent être en partie évacués lors du réveil du volcan Unzen en 1991.

Shimonoseki, ***Japon*** Port de pêche en eau profonde et centre industriel à l'extrémité S.-O. de l'île de Honshu ; il est relié par un tunnel à l'île de Kyushu depuis 1942. En avril, une fête commémore la bataille navale de Dannoura (1185) où fut détruite la flotte du clan Taira et où le jeune empereur Antoku, âgé de sept ans, périt noyé.
Population 261 700
Carte Japon Bd

Shinano, ***Japon*** L'un des principaux fleuves du pays (370 km), sur Honshu. Né dans le plateau de Shinano, il se jette dans la mer du Japon.
Carte Japon Cc

Shipka (col de), ***Bulgarie*** Voir ŠIPKA (col de)

Shiraz ou **Chiraz,** ***Iran*** Chef-lieu de la province du Fars, à 1 500 m d'altitude et à 700 km au S.-E. de Téhéran. Shiraz fut au XIIe s. la capitale littéraire de la Perse. Patrie des poètes Saadi (1184-1292) et Hafez (1300-1388). Capitale de la Perse de 1750 à 1786. Longtemps célèbre pour son vin et ses tapis de soie, au cœur d'une région bien irriguée (jardins de roses, vignobles, céréales, betterave à sucre), Shiraz produit textiles, tapis, sucre, engrais et ciment. Aéroport ; université.
Population 850 000
Carte Iran Bb

Shire, ***Malawi/Mozambique*** Rivière de 400 km, émissaire sud du lac Malawi. Elle traverse le lac Malombe et, en aval de Matope, descend de 383 m sur 80 km, s'engouffrant dans des gorges spectaculaires en une succession de cataractes (cataractes Murchison). Elle se jette dans le Zambèze. Aménagements hydroélectriques (chutes de Nkula et de Tedzana).
Carte Malawi Ac

Shizuoka, ***Japon*** Ville de l'île de Honshu, chef-lieu de la préfecture du même nom, à 145 km au S.-O. de Tokyo. Avec la ville voisine de Shimizu (242 200 hab.) sur la baie de Suruga, elle forme une zone industrielle étendue qui produit du thé, des conserves de fruits, des dérivés du pétrole et des bateaux. Célèbres sanctuaires de Sengen. Université.
Population (ville) 472 000 ; (préfecture) 3 700 000
Carte Japon Cc

Shkodër, en it. **Scutari,** ***Albanie*** Ville sur le lac du même nom, au pied des Alpes albanaises. Elle fut longtemps la plus grande ville d'Albanie, mais elle offre maintenant l'aspect d'une agglomération endormie, qu'aucun chemin de fer ne dessert depuis l'envasement de la rivière. La proximité de la Yougoslavie a découragé un plus grand développement industriel (à part quelques industries légères), surtout depuis que la fermeture de la frontière a privé la ville de son arrière-pays naturel.
Population 82 000
Carte Albanie Ba

Shkodër ou **Scutari,** ***Albanie/Yougoslavie*** Le plus grand lac balkanique (391 km^2), à cheval sur la frontière albano-monténégrine. Des montagnes calcaires, dénudées et abruptes, dégringolent dans ses eaux, où l'été, les mirages sont monnaie courante. Châtaignes d'eau, nombreux poissons (carpe). Virpazar en Yougoslavie et Shkodër en Albanie sont les villes principales. À Crnojevica, vestiges du monastère d'Obod.
Carte Albanie Ba ; Yougoslavie Ac

Shoa ou **Choa,** ***Éthiopie*** Région centrale autour de la capitale, Addis-Abeba, centre économique et politique du pays depuis plus d'un siècle. C'est la région la plus urbanisée, la plus peuplée et la plus industrialisée (petites industries à Addis-Abeba et dans d'autres villes) d'Éthiopie. Orge, maïs, sorgho ; cuirs et peaux.
Population 12 425 000
Carte Éthiopie Ab

Shreveport, ***États-Unis*** Ville industrielle et centre commercial à la tête de la navigation sur la Red River, au N.-O. de la Louisiane. Raffinage du pétrole, industrie textile (coton).
Population (ville) 220 000 ; (aggl.) 360 900
Carte États-Unis Hd

Shrewsbury, ***Royaume-Uni*** Chef-lieu du Shropshire sur la Severn, à 65 km au N.-O. de Birmingham. Nombreuses maisons à colombage ; église ronde (rare en Grande-Bretagne) ; école où fut élevé le naturaliste Charles Darwin (1809-1882), célèbre pour sa théorie de l'évolution par la sélection naturelle.
Population 60 000
Carte Royaume-Uni Dd

SUR LES BORDS DU LAC BAÏKAL. Le grand lac de Sibérie méridionale (31 500 km^2) est le plus profond du monde (1 940 m).

Shropshire, ***Royaume-Uni*** Comté vallonné des Midlands de l'Ouest (3 490 km²) près du pays de Galles. Chef-lieu : Shrawbury. Riches terres agricoles dans la fertile vallée de la Severn. Ce fut l'un des berceaux de la révolution industrielle en Grande-Bretagne : le premier pont métallique du monde fut construit à Iron-Bridge, maintenant ville-musée, en 1778. Industries de haute technologie dans la ville nouvelle de Telford.
Population 402 000
Carte Royaume-Uni Dd

Shush, ***Iran*** Voir SUSE

Shuwaikh, ***Koweït*** Le plus grand port du pays, dans la banlieue O. de la ville de Koweït. Environ 40 % des marchandises qui y transitent sont des réexportations, résultat d'un secteur de fabrication en pleine expansion. Shuwaikh abrite l'un des campus de l'université du Koweit, qui accueille plus de 18 000 étudiants. 60 % d'entre eux viennent des États du golfe Persique et d'autres États arabes.
Population 9 100
Carte Koweït Ab

Shwebo, ***Birmanie*** Ancienne capitale sous le règne du roi guerrier Alaungpaya (1752-1763), à 75 km au N.-O. de Mandalay. Marché agricole : coton et haricots, le long de la rivière Mu.
Population 167 000
Carte Birmanie Bb

sial Nom autrefois donné à la couche de roches de l'écorce terrestre, composée essentiellement de silice et d'alumine (d'où leur nom) et qui forme la lithosphère sous les continents.

Sialkot, ***Pakistan*** Ville de garnison dans le Pendjab, à 100 km au N. de Lahore. Théâtre d'une insurrection réprimée dans le sang pendant la révolte des cipayes (1857) contre le gouvernement britannique. Centre commercial et industriel (articles de sport).
Population 296 000
Carte Pakistan Da

Siam Voir THAÏLANDE

Sibenik, en it. **Sebenico,** ***Croatie*** Port et base navale de Dalmatie, à l'embouchure de la rivière Krka, à 50 km au N.-O. de Split. La vieille ville, avec ses remparts massifs, sa cathédrale (l'une des plus belles de Dalmatie, construite de 1431 à 1536), ses petites criques et ses baies, attirait de nombreux touristes avant le conflit yougoslave. Pêcheurs de coraux et d'éponges près des îles voisines de Zlarin et Krapanj.
Population 35 000
Carte Croatie Ac

Sibérie, ***Russie*** Vaste région géographique (13 800 000 km²) du N. de l'Asie, entre l'Oural et le Pacifique, couvrant les quatre cinquièmes du pays, limitée par l'océan Arctique au N., par la Mongolie et la Chine au S.

Riche en bois d'œuvre, métaux et animaux sauvages. Irriguées, les steppes de la Sibérie occidentale sont fertiles, mais le climat y est rude. Les terres inhospitalières du Nord et de l'Est, où toundra, marais et forêts marécageuses sont gelés, couverts de neige ou inondés une grande partie de l'année, ont une faible population.

Peuplée à l'origine de Tatars, la majeure partie de la Sibérie a été conquise par les cosaques russes de 1582 à 1623. Elle fut colonisée par des pionniers en quête de fourrures, de bois de charpente, d'or et d'argent. Des prisonniers politiques et des repris de justice, condamnés aux travaux forcés, y furent exilés dans des camps de travail et des mines : un million au XIXe s., et bien davantage après la Révolution russe, et notamment sous Joseph Staline (1879-1953). Construit de 1891 à 1905, le chemin de fer transsibérien, complété depuis par le B.A.M. (Baïkal-Amour-Maguistral), plus au N., relie Moscou à la Sibérie. Dès le milieu des années 1920, l'expansion vers l'E. s'accéléra avec le développement de grands complexes industriels qui utilisaient les ressources locales (charbon, zinc, plomb, cuivre, fer, énergie hydraulique) et certaines des principales villes actuelles, Irkoutsk, Krasnoïarsk, Novonikolaïevsk, Omsk, prirent leur essor. Depuis 1945, la découverte d'énormes réserves de gaz et de pétrole ont encore accéléré le développement de la Sibérie mais son peuplement est freiné par les conditions climatiques.
Carte Russie DEbc

Sibérie orientale (mer de) Partie de l'océan Arctique entre la côte N.-E. de la Sibérie, l'île Wrangel et l'archipel de la Nouvelle-Sibérie. Elle n'est navigable qu'en août et septembre à la fonte des glaces.
Carte Russie IJa

Sibiu, ***Roumanie*** Ville industrielle et touristique du sud de la Transylvanie, à 210 km au N.-O. de Bucarest. Fondée par les Romains, Sibiu devint colonie saxonne au XIIe s., fut annexée par les Habsbourg au XVIIe s. et devint roumaine en 1918. Une partie de sa population actuelle est d'origine germanique et l'influence allemande est visible dans l'architecture. Des murs et fortifications du XIVe s. entourent des rues étroites, de petites places et des maisons à toits rouges et fenêtres mansardées.

La vieille ville a pour centre la place de la République, près de laquelle se trouve le musée Brukenthal (XVIIIe s.), qui abrite une belle collection de peintures roumaines, ainsi que des toiles d'artistes flamands comme Pierre Rubens (1577-1640) et Antoine Van Dyck (1599-1641). Principales industries : chaussures, textiles, matériaux de construction, constructions mécaniques et produits chimiques.
Population 161 000
Carte Roumanie Aa

Sichuan ou **Sseu-tch'ouan,** ***Chine*** Province de l'Ouest (570 000 km²), la plus peuplée du pays. Son centre est formé de plaines et de collines de grès rouge (d'où son nom de Bassin rouge) entourées de hautes montagnes. Le climat est humide et tempéré, et les sols, bien irrigués, extrêmement fertiles. Le Sichuan est réputé pour sa cuisine épicée. La réserve naturelle de Wolong, à l'O. du Bassin rouge, est le dernier refuge du grand panda. À l'E., le Yang-tseu-kiang creuse des gorges impressionnantes dans les montagnes. Capitale : Chengdu.
Population 108 000 000
Carte Chine Ee

Sicile, ***Italie*** La plus grande (25 708 km²) et la plus peuplée des îles de la Méditerranée. Capitale : Palerme. Villes principales : Agrigente, Catane, Enna, Messine, Raguse, Syracuse, Trapani. Une chaîne de montagnes traverse le nord de l'île entre Palerme et Messine. À l'E. se dresse l'Etna (3 323 m), le plus grand volcan actif d'Europe. Le Centre et le Sud sont un enchevêtrement de collines avec de larges affleurements de soufre, et l'agriculture y est pauvre et archaïque. Elle est au contraire riche et prospère au S.-E., sur la côte N. et tout autour de l'Etna, où poussent les fameux citronniers de Sicile.

L'extraction de pétrole (Gela, Raguse : 90 % de la production italienne) a permis l'installation d'usines de pétrochimie. Le tourisme, très développé, se concentre sur les grands sites archéologiques et les stations balnéaires (Taormine, Cefalù).

L'île tire son nom de l'ancienne tribu des Sicules, d'origine asiatique. Elle fut colonisée aux VIIIe et VIIe s. av. J.-C. par les Grecs, qui laissèrent de superbes vestiges de plusieurs cités, notamment Agrigente, Gela et Syracuse. Puis vinrent les Romains, qui exploitèrent la Sicile pour son vin, son huile d'olive, son blé et son soufre. Elle devint plus tard le centre d'un empire islamique en Méditerranée centrale dont Palerme fut la grande capitale. Influences arabe et byzantine se retrouvent dans l'architecture normande caractéristique des XIe et XIIe s., dont les cathédrales de Palerme, Cefalù et Monreale sont les plus beaux exemples. L'influence gothique catalane fut introduite par l'Espagne au XVe s., quand l'île était une colonie appauvrie gouvernée par un vice-roi.

Le rattachement à l'Italie en 1860 ne profita guère à l'île, et c'est de cette époque que date la plaisanterie amère de la botte italienne donnant un coup de pied à la Sicile. La société sicilienne demeure très hiérarchisée et l'organisation criminelle de la Mafia, que les autorités italiennes tentent toujours d'éradiquer, s'est étendue en particulier aux États-Unis où ont émigré de nombreux Siciliens.
Population 5 065 000
Carte Italie Df

Sidi Barrani, ***Égypte*** Port de pêche situé à 400 km à l'O. d'Alexandrie, près de la frontière libyenne. Centre commercial pour les Bédouins et carrefour de caravanes.
Carte Égypte Ab

Sidi-bel-Abbès, ***Algérie*** Ville fortifiée, chef-lieu de la wilaya du même nom, à 80 km au S. d'Oran. Développée autour d'un camp français construit en 1843, ce fut le quartier général de la Légion étrangère française jusqu'en 1962. C'est aujourd'hui un centre administratif, commercial (céréales, vin, olives, tabac, alfa, bétail en provenance de la région agricole environnante) et industriel (farine, ciment, meubles). Nœud routier et ferroviaire.
Population (ville) 158 000 ; (wilaya) 447 000
Carte Algérie Aa

Sidi-Bou-Saïd, ***Tunisie*** Village pittoresque au N.-E. de Carthage, sur le golfe de Tunis. Centre artisanal et balnéaire surnommé le Saint-Paul-de-Vence tunisien, à cause des artistes et écrivains qui y séjournent.

Siedlce, ***Pologne*** Ville industrielle à 85 km à l'E. de Varsovie. Nœud ferroviaire. Ancien palais des Oginski. Hôtel de ville du XVIIIe s.
Population 68 000
Carte Pologne Eb

Siegen, ***Allemagne*** Ville sidérurgique sur la Sieg, à 75 km au S.-E. de Cologne. Le peintre flamand Pierre Paul Rubens (1577-1640) y naquit lors de l'exil de ses parents qui avaient été contraints de fuir les persécutions contre les protestants d'Anvers.
Population 112 000
Carte Allemagne Cc

Siegerland, ***Allemagne*** Région touristique, montagneuse et boisée à l'E. de Bonn, où naît la Sieg. Jadis l'une des principales productrices de fer du pays, quand on utilisait le charbon de bois provenant des forêts voisines pour la fonderie. Les industries déclinèrent dans les années 1850 avec la découverte de la cokéfaction du charbon dans la Ruhr.
Carte Allemagne Bc

Siem Reap, ***Cambodge*** Province occidentale au N. du Tonle Sap, abritant le site d'Angkor. Riziculture ; pêche. La ville du même nom, à proximité des temples, possède un aéroport construit dans les années 1960 pour faciliter le tourisme. Artisanat (vannerie).
Population (ville) 77 000 ; (prov.) 555 000
Carte Cambodge Ab

Sienne, en it. **Siena,** ***Italie*** Superbe ville médiévale de Toscane, dans les collines d'argile rouge de Chianti, à 50 km au S. de Florence. Elle a donné son nom à la terre de Sienne, colorant ocre brun utilisé en peinture.

République indépendante du XIIe au XVIe s., cette cité de marchands et de banquiers s'illustra par une civilisation brillante qui fit d'elle l'une des capitales de l'art gothique en Europe. Les XIIIe et XIVe s. virent s'y développer une école artistique (école siennoise). L'héritage médiéval de la ville (université fondée en 1247) se manifeste lors de fêtes populaires comme celle du Palio, course de chevaux qui se déroule en pleine ville, sur la Piazza del Campo, entre des équipes en costumes du XVe s. représentant les *contrade* (paroisses) de la ville.

La Piazza del Campo, en forme de coquille Saint-Jacques, est l'une des plus belles places médiévales d'Europe. Elle est bordée de maisons anciennes dont le Palazzo pubblico (1297-1340) que surmonte la Torre del Mangia, gracieuse tour de 102 m. Le palais, hôtel de ville et musée municipal, possède une belle collection d'art local. Cathédrale gothique du XIIIe s.
Population (ville) 60 500 ; (prov.) 254 200
Carte Italie Cc

sierra Terme désignant une chaîne de montagnes accidentées, au profil très irrégulier ou très découpé, utilisé surtout dans les pays de langue espagnole : Espagne et Amérique latine. Voir au nom propre des lieux commençant par « sierra ». Par exemple, pour sierra Madre, voir MADRE (sierra).

Sierra Leone (cap), ***Sierra Leone*** Péninsule très boisée, de 40 km de long sur 16 à 20 km de large, aux pentes abruptes, culminant à 888 m (Picket Hill). La capitale du pays, Freetown, se trouve à la pointe N.
Carte Sierra Leone Ab

sif, pl. **siouf** Crête asymétrique et incurvée, façonnée par le vent au sommet des grands alignements de dunes dans le désert ; les siouf ont souvent plusieurs kilomètres de long.

Sighetu Marmației, ***Roumanie*** Ville au N.-O. du pays, sur la Tisza, à la frontière ukrainienne. Elle est située dans une région d'agriculture traditionnelle, avec de vieux villages (dont les habitants portent encore les costumes nationaux), de belles églises en bois et des ateliers de sculpture sur bois et de broderie.
Population 43 700
Carte Roumanie Aa

Sighișoara, ***Roumanie*** Ville au centre du pays, à 230 km au N.-O. de Bucarest. Patrie du sanguinaire comte Vlad Tepes (Vlad l'Empaleur), né vers 1430, qui servit de modèle au célèbre personnage de fiction Dracula. Fondée par les

Sierra Leone

ANCIEN REFUGE POUR LES ESCLAVES, LA SIERRA LEONE TENTE D'ÉCHAPPER À LA PAUVRETÉ ET À LA GUERRE

La fondation de Freetown, la capitale de la Sierra Leone, en 1792, pour accueillir des esclaves affranchis venus d'Amérique marque le début de l'abolition de la traite dans l'océan Atlantique. Jusqu'au milieu du XIXe s., c'est dans ce port de la côte ouest-africaine que les navires britanniques qui faisaient la chasse aux bateaux négriers déposèrent leur cargaison humaine.

Ici, les esclaves libérés se faisaient une nouvelle existence empreinte des idéaux et du mode de vie britanniques ; ils ne tardèrent pas, dans ce vaste golfe de Guinée parsemé de comptoirs commerciaux, à former une élite. Mais, comme au Liberia, les conflits avec les groupes ethniques originaires du territoire prirent le tour d'une revendication plus politique, parallèlement à la montée des nationalismes dans les autres colonies. En Sierra Leone, la contestation du pouvoir détenu par les « Freemen » et les créoles, tous descendants des esclaves, aboutit, dans les années 1960, à la mise en place d'un gouvernement représentant les populations originelles du pays, notamment les Mendés du Sud, sur la côte, et les Temnés, soit 55 % des habitants.

Le nom de Sierra Leone (la Montagne du Lion) a été donné au pays par les navigateurs portugais en 1462, à cause de la silhouette de la montagne, couverte de forêts, qui domine Freetown, et qui rappelle vaguement celle d'un lion ; on dit aussi que le tonnerre, accompagnant les pluies torrentielles qui s'abattent sur la région, n'est pas sans évoquer les rugissements du lion.

Le riz, principal aliment des habitants, est cultivé dans les zones inondables qui ont été aménagées à cet effet ; mais la culture est rendue difficile par la présence de sangsues.

La baie de Freetown est l'une des plus belles d'Afrique et constitue un excellent port naturel ; elle est bordée d'une plage de sable ombrée de cocotiers qui attire de nombreux touristes. La Sierra Leone est très pauvre, et ses habitants ont de grandes difficultés à s'assurer un niveau de vie décent. Dans la capitale et les autres petites villes, le chômage est élevé malgré les industries du bois. L'éducation et les soins médicaux sont très chers, car les malades doivent tout payer (médicaments et essence pour les générateurs, etc.) ; ceux qui ne peuvent pas payer ont recours à la médecine traditionnelle. L'analphabétisme est généralisé (80 % des habitants). L'électricité et l'eau courante sont peu répandues, ainsi que les moyens de transport.

Autour de Bo, Kenema et Moyemba, les marécages de la côte font place à la forêt tropicale où des plantations de cacao, de café et de palmiers à huile ont été aménagées. Sous ces arbres, dans de petits jardins, poussent des légumes, du manioc, des ignames, et aussi du gingembre : avec le riz, c'est l'alimentation quotidienne des habitants. La nourriture est, pour tout le monde, un problème essentiel ; si elle est monotone pour le paysan, qui trouve cependant toujours de quoi manger, pour l'habitant des villes, la moindre augmentation du prix du riz, aliment de base, offre une occasion de descendre dans la rue.

Dans l'Est, les forêts côtières font place progressivement à un plateau montagneux, contrefort du massif guinéen. Ici, la forêt a été défrichée au hasard, selon la méthode traditionnelle. Plus loin, dans les régions plus sèches du Nord, la savane apparaît ; on cultive le mil, le sorgho et l'arachide.

Bien que la grande majorité de la population vive de l'agriculture, les revenus du pays sont fournis par l'exploitation minière. Les diamants industriels (7e rang mondial) sont extraits des rivières Moa et Sewa ; on trouve d'importants dépôts de minerai de fer, de la bauxite, de l'or, du rutile (minerai de titane).

Mais l'industrie minière décline, et les cultures d'exportation sont en baisse.

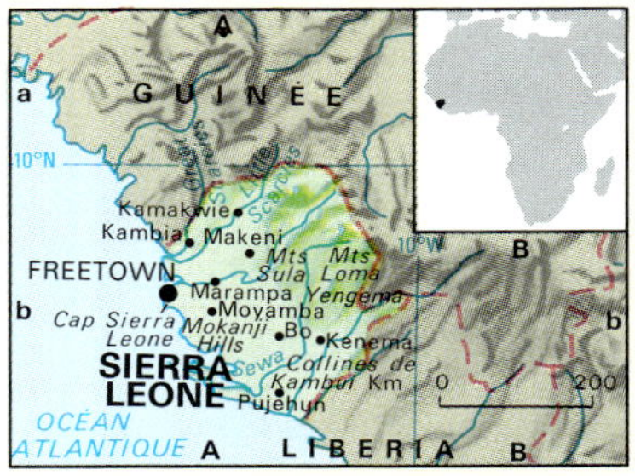

Tentée par une union avec la Guinée à l'époque de Sékou Touré, la Sierra Leone cherche une solution à ses problèmes ; la pression des syndicats détermine la vie politique. Siaka Stevens, l'homme fort du pays est mort en 1985. Son successeur Joseph Momoh a été renversé en 1992 par le capitaine Valentine Strasser, dont le pouvoir a du mal à s'affirmer, en particulier face à une guérilla dans le sud-est liée à la guerre civile au Liberia.

LA SIERRA LEONE EN BREF

Superficie 71 740 km^2
Population 4 490 000
Capitale Freetown
Régime République parlementaire
Monnaie Leone = 100 cents
Langues Anglais (officielle), krio (créole), mendé, temné, etc.
Religions Animistes, musulmans, chrétiens
Climat Tropical ; température moyenne à Freetown : de 23 à 31 °C
Ressources Riz, manioc, arachide, café, cacao, bois, noix de palme, poisson ; diamants, bauxite, minerai de fer
Activités Cultures industrielles, mines, pêcheries, industrie forestière
Exportations Diamants, bauxite, café, cacao, minerai de fer, noix de palme
P.N.B. annuel par habitant 170 dollars
Croissance démographique 26 ‰ par an
Espérance de vie Hommes 41 ans, femmes 45

colons allemands à la fin du XIIIe s., Sighişoara fut construite autour d'un château dressé au sommet d'une colline. La citadelle est la mieux conservée de Transylvanie, avec plusieurs tours le long des remparts, dont la tour de l'Horloge (XIVe s.). Une église (XIII-^{e}XVe s.) domine la vieille ville.

Population 33 100
Carte Roumanie Aa

Sigiriya, *Sri Lanka* Spectaculaire palais-forteresse dressé sur un piton granitique de 180 m de haut au centre de Sri Lanka, à 150 km au N.-E. de Colombo. Il fut construit par le roi Kassapa Ier (477-495). On atteint son sommet par un escalier qui traverse les pattes et la gorge d'un gigantesque lion sculpté. Dans une grotte à flanc de rocher, des fresques du Ve s. représentent une vingtaine de jeunes filles dénudées.

Carte Sri Lanka Bb

Sigmaringen, *Allemagne* Ville de Bade-Wurtemberg sur le Danube, au S. de Stuttgart. Sur un rocher abrupt, château des Hohenzollern, refuge du « gouvernement » présidé par Fernand de Brinon (1944-1945) et résidence de Pétain après son départ de Vichy.

Population 16 000
Carte Allemagne Cd

Siguiri, *Guinée* Chef-lieu de la région administrative du même nom au bord du Niger, à 135 km au N. de Kankan. Culture irriguée du riz et cimenterie ; gisements aurifères.

Population 13 500
Carte Guinée Ca

Sihanoukville, *Cambodge* Port important du golfe de Siam, relié par route et voie ferrée à Phnom Penh et au centre du pays. Exportations de riz et de caoutchouc. Cimenterie et raffinerie de pétrole à proximité. De 1970 à 1992, la ville s'est appelée Kompong Som.

Population 67 500
Carte Cambodge Ab

Sikasso, *Mali* Chef-lieu de la région du même nom, à 280 km au S.-E. de Bamako, aux confins de la Côte-d'Ivoire et du Burkina-Faso, dans la partie du pays qui a échappé à la sécheresse. Centre de la zone cotonnière du S.-E. du Mali (usine d'égrenage) et plaque tournante du commerce (légal et illégal) avec les pays voisins.

Ce fut la capitale du royaume de Sikasso qui s'étendit au Kénédougou et dont l'un des rois fit bâtir une forteresse, le tata de Sikasso, dotée de neuf enceintes. Les troupes de l'almamy Samori, qui voulait en faire la conquête dans les années 1880, n'en vinrent pas à bout et il fallut quinze jours aux troupes françaises pour prendre la ville, le 1er mai 1898, après le fameux siège de Sikasso.

Population 74 000
Carte Mali Bb

Sikhote-Aline, *Russie* Chaîne de montagnes de 1 000 km de long sur 250 km de large, parallèle au Pacifique, à l'extrême E. du pays, de la baie de Pierre-le-Grand à l'embouchure de l'Amour. Couverte de forêt dense jusqu'à 1 500 m, elle atteint de 1 500 à 1 800 m et culmine à 2 078 m aux sources du Khor. Exploitation forestière ; plomb, zinc.

Carte Russie Hd

Sikkim, *Inde* État de 7 096 km^2 à la frontière chinoise, entre le Népal et le Bhoutan, sur l'une des principales routes commerciales tibéto-indiennes. Appelé *Denjong* (« Vallée du riz ») par ses habitants, il est drainé par la Tista et ses affluents, nés dans l'Himalaya, et produit surtout du riz et du maïs. Protectorat anglais (1890-1950), le royaume de Sikkim, après l'abolition de la royauté, devint le 22e État de l'Union indienne en 1975. Capitale : Gangtok.

Population 407 000
Carte Inde Db

Silésie, *Allemagne/Pologne/Rép. tchèque* Région d'Europe centrale dont la plus grande partie est située au S.-O. de la Pologne, drainée par le cours supérieur de l'Oder.

La haute Silésie abrite le cœur industriel de la Pologne : une conurbation surpeuplée rassemblant 12 villes (2,8 millions d'habitants) regroupées autour de Katowice. La Russie non comprise, c'est, avec 215 millions de tonnes par an, le premier producteur de charbon d'Europe. Principales productions : énergie, hydroélectrique, acier, plomb, zinc, métallurgie lourde et produits chimiques.

La basse Silésie, au N.-O. de la haute Silésie, au climat plus doux, est une riche région agricole (blé, betterave à sucre, oléagineux) mais possède aussi des ressources minières (coke du bassin de Walbrzych ; lignite de Legnica, cuivre de Luban). Ville principale : Wroclaw.

Carte Pologne Ac

silex Roche siliceuse très dure constituant un accident en milieu calcaire. Les silex, de forme irrégulière, sont faits de calcédoine, brune ou noire, entourée d'une enveloppe blanche de même nature, mais microporeuse.

Silicon Valley, *États-Unis* Voir SAN JOSE

Silistra, *Bulgarie* Port fluvial sur le Danube, chef-lieu du district du même nom, à 112 km au N.-E. de Ruse. Transport de céréales ; briqueteries ; meubles, textiles. À 20 km à l'ouest de la ville, réserve naturelle du lac Sreburna.

Population 56 200
Carte Bulgarie Ca

Siljan (lac), *Suède* Lac de 355 km^2 en Dalécarlie, à 250 km au N.-O. de Stockholm. Ses rives sont bordées de stations touristiques : Leksand, Mora, Rättvik. Chaque hiver se déroule au N. du lac une course de ski de fond à laquelle participent environ 10 000 concurrents.

Carte Suède Bc

Silkeborg, *Danemark* Station climatique située dans le centre du Jutland. Son musée abrite la tête momifiée, remarquablement bien conservée, d'un homme de 2 200 ans, l'homme de Tollund, découvert dans une tourbière du Jutland en 1950.

Population 26 100
Carte Danemark Ba

sill Roche intrusive s'étalant en nappe entre deux couches de terrain sans déplacer les plans de stratification ; on parle aussi de filon-couche.

silurien Troisième des six périodes de l'ère paléozoïque dans l'échelle géologique de la Terre. Voir ÉCHELLE DES TEMPS GÉOLOGIQUES, p. 268

Silvacane (abbaye de), *France* Abbaye cistercienne de Provence sur la rive gauche de la Durance, à une trentaine de kilomètres au N.-O. d'Aix-en-Provence. Désertée par les moines au XVe s., elle est propriété de l'État depuis 1846.

sima Nom donné autrefois aux roches de l'écorce terrestre sous les océans, composées essentiellement de silicates de fer et de magnésium, d'où leur nom. Il correspond à peu près à la partie supérieure de ce qu'on appelle aujourd'hui le manteau.

Simbirsk, *Russie* Ville sur la Volga, à 170 km au S. de Kazan, au sommet d'une colline. Importante escale sur la voie fluviale de la Volga, elle fut baptisée de 1924 à 1992 Oulianovsk, en hommage à Lénine (1870-1924), dont le nom était Vladimir Ilitch Oulianov, et qui y naquit. Sa maison natale a été transformée en musée. Ressources : industries mécaniques, électroniques, textiles, alimentation, vodka et bière.

Population 667 700
Carte Russie Cc

Simferopol, *Ukraine* Capitale de Crimée, au centre d'une région de vignobles et de vergers, à 55 km au N.-E. de Sébastopol. Fondée en 1784 sur l'emplacement d'une ville tatare (Ak-Metchet ou « Mosquée blanche »), elle fut détruite lors de combats qui opposèrent les Russes et les Tatars de Crimée. Au S.-E., fouilles de Neapolis, capitale des Scythes de Crimée du IIIe s. av. J.-C. au IIIe s. apr. J.-C. Principales industries : mécanique, outillage ; parfums ; textiles ; cigarettes ; conserveries.

Population 357 000
Carte Ukraine Cd

Simla, *Inde* Station d'altitude, capitale de l'Himachal Pradesh, à 265 km au N. de Delhi, sur un éperon boisé de l'Himalaya central à 2 200 m d'altitude. La température y dépassant rarement 25 °C, c'était la capitale d'été de l'Inde britannique. On y rencontre une profusion hétéroclite de bâtiments de style victorien.

Population 80 200
Carte Inde Bb

Simonstown, en afrikaans **Simonstad, *Afrique du Sud*** Base navale et station balnéaire sur False Bay, à 32 km au S. du Cap. Base navale hollandaise dès 1741, elle devint anglaise par la suite et fut appelée « la Gibraltar du Sud » à cause de sa position stratégique. Elle fut transférée à la marine sud-africaine en 1957.

Population 6 300
Carte Afrique du Sud Ac

Simplon (col du), *Suisse* Passage alpin, à 2 009 m d'altitude, entre Brigue (Suisse) et Domodossola (Italie). La route, construite par Napoléon Ier de 1800 à 1807 et praticable toute l'année, est moins utilisée depuis l'ouverture du tunnel du Simplon (20 km de long) en 1905.

Carte Suisse Ba

Simpson (désert de), *Australie* Région aride et inhabitée de 130 000 km^2 qui s'étend sur une grande partie du Territoire du Nord, sur le Queensland et l'Australie-Méridionale. Le désert fut traversé pour la première fois en 1939 par Cecil Madigan.

Carte Australie Fc

Sinaï, *Égypte* Péninsule montagneuse en grande partie désertique, entre la Méditerranée, au N., et la mer Rouge, au S. ; le canal de Suez, à l'O., et la frontière israélienne, à l'E. Point culminant d'Égypte, le djebel Katherina (2 637 m) se dresse, au S., au milieu de montagnes escarpées qui abritent dans un site grandiose, le monastère de Sainte-Catherine. À la jonction de l'Afrique et de l'Asie, le Sinaï a été traversé, dès la plus

haute antiquité, par des commerçants et des soldats. Depuis la création de l'État d'Israël en 1948, il est devenu un foyer de conflits entre Arabes et Israéliens. Occupé par Israël en 1967, il fut restitué à l'Égypte en 1982, à la suite d'un traité signé entre les deux pays en 1979. On a découvert du pétrole dans le Nord et dans le djebel El-Tih (centre-sud), qui recèle aussi du fer et du manganèse.
Carte Égypte Cb

Sinaloa, ***Mexique*** État du N.-O., le long du Pacifique, traversé au sud par le tropique du Cancer. Sa capitale, Culiacán, a été fondée en 1599 par Nuño de Guzmán. C'est une région minière (argent) et agricole: bétail, céréales, betterave sucrière, riz, tomate, coton et arachide. La pêche à la crevette et le tourisme autour de Mazatlan représentent aussi une grande part des ressources économiques.
Population 2 205 000
Carte Mexique Bb

Sind, ***Pakistan*** Province de 140 914 km^2 sur le cours inférieur de l'Indus. C'est en grande partie une plaine désertique que l'on irrigue principalement pour le coton. L'approvisionnement en eau dépend de ce que le Pendjab a déjà prélevé dans la partie supérieure de l'Indus et de la quantité qui a pu être stockée par les barrages de Mangla et Tarbela, à la lisière de l'Himalaya. Capitale: Karachi.
Population 20 315 000
Carte Pakistan Cb

Si-ngan, ***Chine*** Voir XI'AN

Singapour Voir p. 617

Singapour, ***Singapour*** 1. Île au S. de la péninsule de Malaisie, formant l'essentiel de la république de Singapour et fortement urbanisée. 581 km^2. Elle est séparée du continent par le détroit de Johore (moins de 1 km de large) mais est reliée par une digue portant une voie ferrée et une route. La ville de Singapour se trouve sur la côte S. de l'île.

2. Capitale du pays et grand port international sur le détroit de Singapour où réside plus de 90 % de la population du pays. Elle est divisée en plusieurs quartiers dont: Orchard Road, centre commercial et touristique de la ville, avec d'énormes hôtels et des ensembles de boutiques hors taxes; Kalang, l'un des plus vieux quartiers près du port (XIXe s.), où le fleuve Kalang, élargi en bassin à flot, est devenu marina; Queenstown (banlieue O.) et People's Park dans la vieille ville, deux des premières zones d'habitation construites pour reloger les habitants du centre chinois surpeuplé. Ang Mo Kio et Jurong sont des villes plus récentes.
Carte Singapour Ab

Singapour (détroit de) Importante voie de navigation entre la côte S. de l'île de Singapour et l'archipel Riau (Indonésie). Il relie le détroit de Malacca à la mer de Chine méridionale.
Dimensions 105 km de long sur 16 km de large
Carte Singapour Ab

Singora, ***Thaïlande*** Voir SONGKHLA

Si-ning, ***Chine*** Voir XINING

Sinj, ***Croatie*** Voir SPLIT

Sin-kiang, ***Chine*** Voir XINJIANG (région autonome du)

Sinoia, ***Zimbabwe*** Voir CHINHOYI

Sinope, en turc **Sinop,** ***Turquie*** Ville et port de la mer Noire, à 300 km au N.-E. d'Ankara. Ancienne capitale de la Paphlagonie colonisée à la fin du VIIe s. av. J.-C. par les Grecs venus de la ville ionienne de Milet. Elle vit naître le philosophe grec Diogène (environ 413-327 av. J.-C.), qui enseignait les vertus de la vie simple. Exportations : tabac, fruits et bois.
Population 25 500
Carte Turquie Ba

Sintra, ***Portugal*** Ville touristique au N.-O. de Lisbonne, au pied de la serra de Sintra. Résidence d'été favorite des anciens rois de Portugal, elle en a conservé le palais. Ruines d'un château mauresque dont le décor fut loué par le poète anglais Byron (1788-1824) dans son *Chevalier Harold* (*Childe Harold*). Le 30 août 1808 y fut signée par Junot la convention de Sintra, qui permettait l'évacuation des troupes françaises par les Anglo-Portugais.
Population 20 200
Carte Portugal Bc

Sinuiju, ***Corée du Nord*** Ville située sur le fleuve Yalu à la frontière chinoise, qui fut (en 1950 et 1951) la capitale de la Corée du Nord pendant la guerre de Corée. C'est un centre industriel (bois, textiles, chimie, métallurgie) bien desservi par la ligne de chemin de fer allant de Pyongyang en Chine.
Population 305 000
Carte Corée du Nord Bb

Siófok, ***Hongrie*** La plus grande station balnéaire de la rive S. du lac Balaton, à 100 km au S.-O. de Budapest. C'est le centre touristique le plus moderne du lac, comportant des hôtels, sanatoriums, maisons de vacances et terrains de camping près d'une jolie plage de sable. Sagvar, à 9 km au S.-E., conserve les ruines du fort romain de Tricciani (IIIe s.). Le long du lac, vers le S.-O., plusieurs stations enchanteront les visiteurs: Zamardi, village pittoresque aux maisons traditionnelles et aux caves de vins vieux; Szantod-Rev, d'où l'on peut prendre un ferry pour Tihany; et Fonyód, station plus ancienne, autrefois à la mode.
Population 24 000
Carte Hongrie Ab

Sion, en all. **Sitten,** ***Suisse*** Ville touristique à 80 km au S. de Berne, chef-lieu du canton du Valais. Église fortifiée romane et gothique, cathédrale gothique avec tour de l'horloge romane (IXe s.); hôtel de ville du XVIIe s. et deux châteaux du Moyen Âge construits pour défendre les voies commerciales de la vallée du Rhône, dont l'un abrite le musée historique.
Population 25 000
Carte Suisse Aa

Sion (colline de), ***Israël*** Voir JÉRUSALEM

Siouah, en ar. **Siwa** ***Égypte*** Oasis du nord de l'Égypte, entre la frontière libyenne et la dépression de Qattara, à 470 km au S.-O. d'Alexandrie. Située sur une ancienne piste caravanière d'Afrique du Nord, elle cultive dattes, olives et raisins. La ville principale, Siouah, jouxte le vieux village caravanier abandonné, dressé sur un affleurement rocheux. Ancienne oasis du dieu égyptien Amon; on dit qu'Hercule l'aurait visitée.
Population 6 000
Carte Égypte Ab

Sioux City, ***Etats-Unis*** Centre régional sur le Missouri au N.-O. de l'Iowa, près des frontières des États du Dakota du Sud et du Nebraska. Production de bétail et de grains, conditionnement de la viande.
Population (ville) 81 800; (aggl.) 118 200
Carte États-Unis Gb

Sioux Falls, ***États-Unis*** Ville industrielle du Dakota du Sud, près des frontières du Minnesota et de l'Iowa. C'est un marché agricole et un centre d'industries alimentaires.
Population (ville) 87 600; (aggl.) 118 100
Carte États-Unis Gb

Šipka ou **Shipka (col de),** ***Bulgarie*** Col de 1 330 m d'altitude dans la Stara Planina (mont Balkan), entre Gabrovo, au N., et Kazanluk, au S. Il fut l'enjeu de violents combats en 1877 pendant la guerre russo-turque pour l'indépendance bulgare.
Carte Bulgarie Bb

sirocco Vent très chaud et sec soufflant du désert sur les côtes d'Afrique du Nord et sur les îles méditerranéennes; il est dû à la présence d'une dépression sur la Méditerranée. Il peut atteindre les rives N. de celle-ci et, chargé d'humidité et de particules fines, apporter des pluies de boue sur le sud de la France et même jusqu'au nord de l'Europe (pluies dites de sang quand il s'agit de limons rouges).

Siros, ***Grèce*** Voir SYROS

sismiques (ondes) Vibrations émises par un tremblement de terre ou par des explosions provoquées par l'homme.

Sitra, ***Bahreïn*** Îlot proche de la côte N.-E. de l'île de Bahreïn à laquelle il est relié par une chaussée. Raffinerie de pétrole, principale centrale électrique du pays et usine de dessalement pouvant transformer chaque jour 90 millions de litres d'eau salée en eau douce.
Population 23 000
Carte Bahreïn Ba

sismographe Instrument de détection et de mesure enregistrant les ondes sismiques.

Sitten, ***Suisse*** Voir SION

Sittwe, anc. **Akyab,** ***Birmanie*** Port et chef-lieu de la province d'Arakan sur le golfe du Bengale. La ville eut une très grande importance pendant la période coloniale anglaise (1824-1948). Commerce du riz.
Population 143 200
Carte Birmanie Bb

Sivas, ***Turquie*** Ville industrielle située à 360 km à l'E. d'Ankara. Ancienne cité romaine, elle est située au carrefour des pistes caravanières de Perse et de Mésopotamie en direction de l'Occident. Au XIVe s., la cité fut pillée par le chef tatar Tamerlan. Celui-ci, ayant assuré aux habitants qu'aucune goutte de sang ne coulerait s'ils se rendaient, appliqua strictement sa promesse: 4 000 soldats arméniens de la ville furent enterrés vivants; les civils chrétiens furent étranglés ou noyés; les enfants moururent piétinés par la cavalerie mongole. Sivas est aujourd'hui un important centre agricole, industriel et commercial (textiles, cimenterie), et le chef-lieu de la province homonyme (28 568 km^2).
Population 197 300
Carte Turquie Bb

Singapour

L'ÉTAT DE SINGAPOUR, MINUSCULE ET BIEN ORGANISÉ, A CRÉÉ LA PROSPÉRITÉ ET L'HARMONIE, MAIS EN PARTIE AUX DÉPENS DE LA LIBERTÉ SOCIALE

Singapour, avec sa très forte densité de population (plus de 4 500 habitants au kilomètre carré), est l'un des plus petits États du monde, mais l'un de ceux qui ont connu le plus de réussites. Il comporte 60 îles à l'extrémité de la Malaisie mais la plupart de ses habitants vivent dans l'île de Singapour.

Naguère grande base maritime britannique, c'est maintenant un centre d'affaires international efficace et l'un des ports les plus actifs du monde : il y a couramment plus de 600 navires au mouillage et, toutes les 10 minutes, un navire entre ou sort. Les habitants sont les plus riches de l'Asie du Sud-Est, après ceux de Brunei. Le chômage, les taudis et l'analphabétisme ont été à peu près éliminés.

L'auteur du « miracle de Singapour » est l'austère Lee Kuan Yew, Premier ministre depuis 1959, dont le parti dispose d'une majorité écrasante au Parlement. Au prix d'une régulation sociale très stricte, Singapour est l'État le plus propre, le plus efficace et le moins corrompu de l'Asie du Sud-Est.

Traverser hors des clous, jeter des ordures n'importe où, fumer dans les lieux publics sont des délits sanctionnés par de lourdes amendes. On fait pression sur les gens pour qu'ils ne mâchent pas de chewing-gum (pour économiser sur le nettoyage), qu'ils ne gaspillent pas l'eau en se lavant les dents, et pour qu'ils n'aient pas plus de deux enfants.

Pour réduire les embouteillages, il y a une taxe de 17 % sur les voitures importées et les voitures occupées par moins de quatre personnes ne peuvent accéder au centre-ville pendant les heures de pointe sans autorisation.

LA CONCESSION DU SULTAN

Singapour (le nom signifie la Ville Lion) faisait partie d'un empire commercial sumatrien au XIIIe s. Elle fut détruite par les Javanais en 1376, et était envahie par la jungle à l'arrivée de sir Stamford Raffles, agent de la Compagnie britannique des Indes orientales en 1819. Raffles se fit concéder l'île par le sultan de Johore, et sept ans plus tard, elle devint une partie de la « colonie des détroits ».

Singapour a peu de ressources propres — elle produit une faible part de son alimentation et doit même faire venir son eau de Malaysia, à laquelle elle est reliée par une chaussée. Son succès est dû à sa position et à sa population. Elle contrôle l'étroite voie maritime qui relie l'océan Indien au Pacifique, et dispose d'un havre naturel en eau profonde, celui de Keppel. Sous la domination britannique, elle attira des marchands malais et chinois ; lors du développement de la Malaisie, au début du XXe s., elle devint un des premiers ports du monde pour l'exportation de caoutchouc et d'étain.

De nombreux Chinois s'y installèrent pour travailler sur le port, qui établirent des liens entre les entreprises européennes et les communautés orientales. Aujourd'hui, 77 % des habitants sont chinois, bien que la vieille cité chinoise ait presque entièrement disparu du fait de la rénovation. Il y a 15 % de Malais et 6 % d'Indiens. On parle quatre langues, le chinois (surtout mandarin), le malais, le tamoul et l'anglais.

De 1924 à 1938, les Britanniques édifièrent la grande base navale de Sembawang, et Singapour devint un grand centre de service à la navigation. La base était considérée comme une forteresse imprenable, mais ses canons étaient pointés dans la mauvaise direction : la base était fortifiée pour faire face à des attaques par mer, mais les Japonais s'en emparèrent en passant à travers la Malaisie. Après la guerre, Singapour fit l'expérience du terrorisme communiste en provenance de la Malaisie avant que celle-ci obtienne son autonomie en 1959. Singapour fit brièvement partie de la Fédération malaise en 1963, mais devint une république indépendante en 1965.

UN ÉTAT MODERNE

Pendant les vingt dernières années, la ville est devenue une métropole de verre et de béton, attirant les bureaux, les banques, les établissements financiers et les sièges de sociétés industrielles. Orchard Road est un centre commercial fébrile, avec ses hôtels et ses magasins hors douane. Les télécommunications sont excellentes, et l'aéroport de Changi est le meilleur de l'Asie du Sud-Est.

Bien des aspects et des bruits de la vieille cité ont disparu, comme les vieilles boutiques chinoises d'orfèvrerie et d'argenterie. Les vendeurs ambulants de beignets, de *satay* (brochettes) et de riz ont été installés dans des boutiques modernes et hygiéniques.

Des logements et des zones industrielles poussent comme des champignons sur toute l'île, et l'on conquiert des terrains sur la mer pour se procurer davantage de place.

Les anciens chantiers navals britanniques ont été transformés en centre de service pour le commerce maritime international et les plates-formes de recherche pétrolière. Beaucoup de navires utilisent des équipements comme les quais pour conteneurs de Tanjong Pagar et de Pasir Panjang, et les terminaux pétroliers installés sur de petites îles.

La plupart des gens travaillent dans des industries situées sur les franges externes de l'île principale. Par exemple, la zone industrielle de Jurong compte 1 900 établissements de construction navale ou fournissant une vaste gamme de produits variés. Pour loger les ouvriers, de grandes villes nouvelles ont été construites, avec des immeubles élevés et des complexes commerciaux et de loisir. Les 4/5 de la population vivent dans ces logements publics, qu'on a comparés à des « classeurs dressés vers le ciel ».

Le gouvernement se considère comme le gardien de l'intérêt public, à la façon du pouvoir impérial de la Chine ancienne. Il y a une grande abondance de règles et de lois. Un effort — discuté — a été fait pour produire des « bébés plus intelligents » : les mères de moins de trente ans avec un faible niveau de formation se virent offrir une prime et un logement pour se faire stériliser, tandis que les diplômées d'université recevaient des aides pour les inciter à se marier et à avoir des enfants.

Pendant un quart de siècle, Lee Kuan Yew a présidé à une croissance constante de la richesse matérielle, dans le cadre d'une démocratie autoritaire avec un contrôle social très strict. Malgré la retraite de Lee, la continuité politique est assurée : il a été remplacé par un de ses fidèles, Goh Chok Tong, et son fils est devenu vice-premier ministre. L'économie reste très dépendante de la conjoncture mondiale, mais Singapour se renforce en investissant dans les régions proches de Malaysia et d'Indonésie qui sont en passe d'entrer dans l'orbite de la grande cité-État.

SINGAPOUR EN BREF

Superficie 620 km^2

Population 2 880 000

Capitale Singapour

Régime République parlementaire

Monnaie Dollar de Singapour = 100 cents

Langues Malais, chinois, tamoul, anglais

Religions Bouddhistes, musulmans, hindous, chrétiens, taoïstes, confucianistes

Climat Équatorial ; pluies abondantes toute l'année. Température moyenne dans la journée : entre 24 et 32 °C toute l'année

Ressources Caoutchouc, noix de coco, fruits, légumes, bétail, poisson

Activités Raffinage du pétrole, matériel de forage, industries chimiques, textiles, alimentaires, imprimeries, construction et réparation navales, commerce international

Exportations Produits pétroliers, machines, caoutchouc, équipement électrique et électronique, produits chimiques

P.N.B. annuel par habitant 12 890 dollars

Croissance démographique 12 ‰ par an

Espérance de vie Hommes 72 ans, femmes 77

Sjaelland, ***Danemark*** Première île du pays (plus de 7 000 km^2), avec Copenhague, la capitale, à l'E., et le plus grand lac du pays, l'Arresø (41 km^2). Des liens fixes ferroviaires et routiers, actuellement en construction, doivent la relier au Jutland par la Fionie et à la Suède au travers du Grand Belt et de l'Øresund. Son relief, doucement ondulé, est à peine accidenté par quelques crêtes, vestiges du retrait des glaciers lors de la dernière glaciation.

On y pratique l'agriculture intensive ; mais l'île possède aussi des forêts bien aménagées (10 % du territoire) et rassemble 40 % des industries nationales, dont la plupart se concentrent autour de Copenhague.

C'est une région très urbanisée avec en particulier Kalundborg, dominée par les cinq tours de son église fortifiée au N.-O., le vieux port de Køge et ses maisons de bois au S.-O. de la capitale, Elseneur et ses maisons des XVIIe-XVIIIe s. et son château rendu célèbre par le *Hamlet* de Shakespeare, Korsør et sa base navale à l'O.

Les baronnies de Løvenborg et de Borreby, et le château de Frederiksborg à Hillerød, évoquent son passé, et ses plages attirent de nombreux touristes.

Population 2 050 000
Carte Danemark Bb

Skagen, ***Danemark*** Ville la plus septentrionale du Jutland et l'un des deux grands ports de pêche du pays (le second est Esbjerg). C'est aussi un centre touristique. Elle fut mentionnée pour la première fois en 1299. De nombreux artistes et écrivains la fréquentèrent à la fin du XIXe s. Au nord, à l'extrémité du Danemark, se trouve le Skaw, dangereuse flèche sableuse à la rencontre des eaux du Skagerrak et du Kattegat.

Population 11 700
Carte Danemark Ba

Skagerrak Détroit entre la Norvège et le Danemark, reliant la mer du Nord au Kattegat, et navigable toute l'année ; l'eau est plus profonde près de la côte norvégienne que près de celle du Jutland bordée de bancs de sable. Un service de ferries relie les ports des deux pays.

Dimensions 240 km de long, 130 à 145 km de large
Carte Suède Ad

Skeleton Coast, en fr. **Côte des Squelettes,** ***Namibie*** Côte aride du Nord-Ouest, envahie de brouillards et de sables mouvants et jonchée d'épaves. Elle tire son nom des ossements d'humains ou de baleines qui surgissent périodiquement des sables. Le parc national de Skeleton Coast s'étend sur 16 000 km^2.

Carte Namibie Aa

Skellefteå, ***Suède*** Port du golfe de Botnie à 800 km au N.-E. de Stockholm, situé à l'embouchure du fleuve Skellefte. Les bois en grumes descendent le fleuve depuis les forêts de l'intérieur jusqu'à Skellefteå. La ville exporte aussi des minerais comme le cuivre provenant de la proche zone minière de Boliden.

Population 74 200
Carte Suède Db

Skhira (La) ou **Cekhira,** ***Tunisie*** Port pétrolier du golfe de Gabès, à 100 km au S.-O. de Sfax.

Carte Tunisie Ba

Skiathos, ***Grèce*** La plus occidentale des Sporades septentrionales, dans la mer Égée ; île boisée de pins et d'oliviers, avec de jolies plages, dont celle de Koukounariès. La localité principale, Skiathos, abrite deux ports de pêche et de plaisance, ainsi que la maison de l'écrivain grec Alexandros Papadiamandis (1851-1911).

Population 4 200
Carte Grèce Cb

Skien, ***Norvège*** Ville centrale d'une région industrielle à 100 km au S.-O. d'Oslo. La conurbation englobe les villes moins importantes de Porsgrunn et Brevik et abrite 100 000 habitants. Skien, qui possédait des fonderies depuis le XVIe s., fut la première ville dotée de la lumière électrique en 1885. Maison Ibsen.

Population 47 000
Carte Norvège Cd

Skikda, anc. **Philippeville,** ***Algérie*** Port sur la Méditerranée, à 120 km à l'O. d'Annaba. Ancien comptoir phénicien, puis colonie romaine (Rusicade), la ville moderne fut fondée par les Français en 1838. Le 20 août 1955, pendant la guerre d'Algérie, y eurent lieu les « massacres de Philippeville ». C'est aujourd'hui le chef-lieu de la wilaya du même nom (4 748 km^2), qui est devenu un important terminal pétrolier doté de grandes installations industrielles : pétrochimie, plastiques, liquéfaction de gaz naturel. Exportation de bois, produits agricoles, alfa, minerai de fer, marbre.

Population 146 000
Carte Algérie Ba

Skopje ou **Skoplje,** en turc **Üsküb,** ***Macédoine*** Capitale de la république de Macédoine sur le fleuve Vardar. Elle fut l'une des plus importantes bases turques des Balkans. Important combinat sidérurgique, industries textiles, chimiques, tabac, céramiques, objets métalliques.

L'été 1963, un séisme détruisit presque toute la ville. L'aide internationale favorisa la renaissance de Skopje et ses édifices sont maintenant conçus pour résister à des tremblements de terre de magnitude 9 sur l'échelle de Richter. La vieille ville turque (dont les parties les plus anciennes datent de la fin du XIVe s.) survécut au séisme dans sa quasi-totalité. On peut y voir des mosquées, dont celle de Mustapha Pacha, des bazars, des hans (caravansérails), des ruelles d'artisans, et la petite église orthodoxe du Saint-Sauveur (Sveti Spas) datant du XVIIe s. ; elle abrite un superbe jubé de bois sculpté.

Population (ville) 45 800 ; (aire métrop.) 563 500
Carte Macédoine Aa

Skye, ***Royaume-Uni*** Île des Hébrides, à l'O. de l'Écosse (1 417 km^2). Elle mesure 80 km du N. au S., grâce à ses nombreuses baies, mais aucun point n'y est à plus de 10 km de la mer. Couverte de rochers, de landes et de marécages, elle est surtout propice à l'élevage du mouton. Les monts Cuillins (point culminant : 1 009 m) offrent parmi les meilleures possibilités d'escalade des îles Britanniques. L'unique grande ville est le port de pêche de Portree sur la côte E.

Population 8 000
Carte Royaume-Uni Bb

Slavkov, anc. **Austerlitz,** ***République tchèque*** Ville du S. de la Moravie, à 19 km de Brno. Le 2 décembre 1805 y eut lieu la bataille d'Austerlitz, appelée aussi la bataille des trois empereurs (autrichien, français, russe) : les 74 000 soldats

Slovaquie

UN PAYS NOUVEAU, ISSU DE LA PARTITION PACIFIQUE DE LA TCHÉCOSLOVAQUIE, QUI RESTE À DÉVELOPPER

La Slovaquie couvrait un peu plus du tiers de l'ancienne Tchécoslovaquie, dissoute le 1er janvier 1993. Les nombreux massifs montagneux (Tatras, monts Métallifères, Carpates blanches, Petites Carpates) sont peu élevés (ils culminent à 2 655 m) mais fortement boisés.

Au S.-O., la frontière avec la Hongrie est constituée par le Danube, objet de controverses, surtout après la construction du barrage de Gabcikovo. La présence d'une minorité hongroise dans la région est un autre motif de conflit.

Dès le Xe s., les Hongrois assujettirent les tribus slovaques. Le pays devint alors, pour un millénaire, la Haute-Hongrie. Il sera même, pendant l'occupation turque de la Hongrie, un refuge pour le gouvernement, qui fera de Bratislava sa capitale.

La Tchécoslovaquie naît en 1918 de l'union de la Slovaquie hongroise et de la Bohême-Moravie autrichienne. La première deviendra, en 1939, un État indépendant, allié du IIIe Reich, alors que la seconde sera transformée en protectorat allemand. L'épisode fasciste que connaît alors la Slovaquie restera dans les mémoires et marquera toujours les relations entre les deux parties du pays. Celui-ci est reconstitué en 1945, puis devient une fédération en 1969. Cependant le développement plus lent de la Slovaquie fragilisera l'union, et celle-ci ne résistera pas longtemps à la révolution de Velours de 1989.

Aujourd'hui, la Slovaquie est un pays agricole. L'industrie se limite à l'armement ou à des entreprises gigantesques et très polluantes. Privatisation et mise aux normes européennes pour tenir en économie de marché seront très difficiles. Les monnaies tchèque et slovaque ont dû être séparées. Les relations avec la Hongrie sont aussi difficiles du fait de la forte minorité magyare (plus de 500 000 personnes) et du conflit à propos du Danube et de la frontière (barrage de Gabcikovo). Les négociations qui se sont poursuivies en 1994 doivent permettre de meilleurs rapports.

LA SLOVAQUIE EN BREF

Carte République tchèque
Superficie 49 032 km^2
Population 5 013 000
Capitale Bratislava
Régime République parlementaire
Monnaie Couronne slovaque
Langues Slovaque, tchèque, hongrois
Religion Chrétiens
Climat Continental, étés chauds, hivers froids
Ressources Céréales, pomme de terre, vins, sel, betterave à sucre, bois, minerai de fer.
Activités Agriculture, élevage, sylviculture, industries chimiques, alimentaires, hydroélectricité, tourisme
P.N.B. annuel par habitant 1 930 dollars
Croissance démographique 4,2 ‰ par an
Espérance de vie Hommes 67 ans, femmes 75

UN SERPENT D'EAU. Après avoir creusé de profonds canyons à la frontière de l'Oregon et de l'Idaho, la Snake River s'étire entre les vastes étendues cultivées de l'État de Washington.

de Napoléon battirent l'armée austro-russe de 90 000 hommes, placée sous les ordres du général Koutouzov.
Population 6 320
Carte République tchèque Cb

Slavonie, ***Croatie*** Région orientale du pays, aux frontières de la Yougoslavie (Serbie) et de la Bosnie, à population majoritairement serbe. Au cœur du conflit serbo-croate, la Slavonie est depuis 1992 sous le contrôle des Casques bleus de l'O.N.U., mais la tension reste forte, les Serbes revendiquant toujours leur rattachement à la nouvelle Yougoslavie. Autour des villes d'Osijek, Vukovar et Slavonski-Brod, le paysage fait alterner plaines vallonnées, agricoles ou boisées, et collines (mont Papuk culminant à 953 m).
Carte Croatie Bb

Sliema, ***Malte*** Principal centre touristique de l'île, au N.-O. de La Valette dont elle est séparée par Marsamxett Harbour. Très différente de la capitale, à l'harmonie baroque, ce sont ses hôtels, ses bâtiments modernes et sa vie nocturne qui font l'attrait de Sliema.
Population 13 500
Carte Malte Eb

Sligo, ***Irlande*** Ville marché à 217 km au N.-O. de Dublin, entre le lough Gill et la mer, chef-lieu du comté homonyme (1 796 km^2), dont le port est surtout tourné vers le tourisme. Le poète William Butler Yeats (1865-1939) y passa une partie de son enfance. Il est enterré à Drumcliff.
Population (ville) 17 200 ; (comté) 54 750
Carte Irlande Ba

Sliven, ***Bulgarie*** Ville de la région de Burgas, à 95 km à l'O. de Burgas, près de la route principale et de la voie ferrée qui y conduisent. Travail de la soie, de la laine et du bois. La première usine de Bulgarie, une fabrique textile, y fut installée en 1834.
Population 112 200
Carte Bulgarie Cb

Slovénie Voir p. 620

Slupsk, en all. **Stolp,** ***Pologne*** Cité industrielle de Poméranie centrale, à 100 km à l'O. du port de Gdansk, située sur la Slupia qui la relie à la Baltique. Autrefois bourgade marchande fortifiée, elle fut membre de la Ligue hanséatique qui regroupait la plupart des villes allemandes du Nord. Industries alimentaires, travail du bois et industries métallurgiques.
Population 101 200
Carte Pologne Ba

Småland, ***Suède*** Région méridionale située au S. du lac Vättern, autour des comtés de Jönkopping et de Kronoberg. Zone rurale parmi les plus pauvres du pays au XIXe s., ce qui entraîna l'émigration de beaucoup de ses habitants en Amérique du Nord. Par la suite, la région fut réputée pour le dynamisme de ses industries et la prospérité de ses petites villes manufacturières.
Carte Suède Bd

Smederevo, ***Yougoslavie*** Ville serbe surplombant le Danube à 40 km au S.-E. de Belgrade. Vestiges d'une vaste forteresse construite en 1429-1430, entourée de fossés avec vingt tours, une citadelle intérieure et un palais encore en place. La ville devint à cette date la capitale de la Serbie jusqu'en 1459 ; le fort tomba alors aux mains des Turcs qui occupèrent la ville jusqu'en 1806 et de 1813 à 1867. Située au centre d'une région agricole, elle produit des vins rosés et rouges. Acier et industrie lourde.
Population 107 400
Carte Yougoslavie Bb

smog Épais brouillard jaune, enfumé, au-dessus d'une zone urbaine où les particules de fumée favorisent la condensation et auquel le bioxyde de soufre donne son âcreté. Depuis l'existence des lois antipollution dans certains pays industrialisés, on a noté une forte baisse de ce poison atmosphérique responsable de nombreuses morts par bronchites et pneumonies. Ce mot anglais provient de *smoke*, « fumée », et *fog*, « brouillard ».

Smolensk, ***Russie*** Ville industrielle sur le Dniepr, à 370 km à l'O. de Moscou. Mentionnée dans la *Chronique de Nestor* sous l'année 865, c'était un important centre commercial à mi-chemin entre les débouchés de la mer Noire (Byzance, l'actuelle Istanbul) et ceux de la région baltique. Presque toute la vieille ville fut ravagée lors de l'invasion de la Russie par Napoléon en 1812, et par les Allemands durant la Seconde Guerre mondiale. Pourtant, il reste des vestiges de son enceinte, de jolies églises du XIIe s. et une impressionnante cathédrale des XVIIe et XVIIIe s. Constructions mécaniques, bois, verre, industries alimentaires et textiles.
Population 346 000
Carte Russie Cc

Smyrne, ***Turquie*** Voir IZMIR

Snaeffelsjökull, ***Islande*** Sommet volcanique sur la péninsule du même nom à l'O. du pays. Il culmine à 1 446 m et doit sa célébrité à Jules Verne (1828-1905), qui en a fait le décor de son livre *Voyage au centre de la Terre*.
Carte Islande Cb

Snake River, ***États-Unis*** Fleuve naissant dans le parc national de Yellowstone, au N.-O. du Wyoming. Il coule vers l'O. à travers l'Idaho, puis vers le N. et conflue avec le fleuve Columbia au S.-E. de l'État de Washington. Longueur : 1 670 km. Son cours a été aménagé pour l'irrigation et la production d'énergie hydroélectrique.
Carte États-Unis Cb

Sniardwy (lac), ***Pologne*** Voir MAZURIE

Snowdonia, ***Royaume-Uni*** Région montagneuse dans le N.-O. du pays de Galles. Le mont Snowdon (1 085 m), son point culminant, est aussi le plus haut sommet britannique si l'on excepte l'Écosse. Région d'escalade et de randonnées (parc national). Depuis le village de Llanberis, un chemin de fer à crémaillère conduit au sommet du Snowdon.
Carte Royaume-Uni Cd

Snowy Mountains, litt. **« montagnes neigeuses »,** ***Australie*** Montagnes situées de part et d'autre de la frontière des États de Nouvelle-Galles du Sud et de Victoria, et formant l'extrémité S. de la Cordillère australienne. Elles comprennent le mont Kosciusko (2 230 m), point culminant de la Cordillère et du pays.
Carte Australie Hf

Snowy River, ***Australie*** Fleuve originaire des Snowy Mountains, près du mont Kosciusko dans le sud-est de l'État de Nouvelle-Galles du Sud, qui coule vers le S. dans l'État de Victoria et débouche dans l'océan Pacifique à la hauteur de Marlo.

Il est inclus dans le projet d'aménagement hydroélectrique des Alpes australiennes et sert aussi à l'irrigation de la région, beaucoup plus sèche au N.-O. des montagnes.
Carte Australie Hf

Slovénie

SA SITUATION GÉOGRAPHIQUE, SON PASSÉ HISTORIQUE, SON HOMOGÉNÉITÉ EN ONT FAIT LA PLUS DÉVELOPPÉE DES RÉPUBLIQUES DE L'EX-YOUGOSLAVIE

La Slovénie est au carrefour de l'Europe, entre Italie, Autriche, Hongrie et Croatie, sur le versant S.-E. du massif alpin. Elle compte d'ailleurs les plus hauts sommets de l'ex-Yougoslavie, et notamment, le Triglav, qui culmine à 2 864 m. En dehors de sa puissance économique, relative, la Slovénie doit à son homogénéité d'avoir été épargnée (hormis quelques jours de conflit) par les guerres de l'ex-Yougoslavie.

En effet, 97 % des Slovènes de l'ancienne fédération habitent en Slovénie. On trouve cependant des minorités slovènes en Italie (Istrie en particulier) et en Autriche (Carinthie). C'est la seule république ex-yougoslave à n'avoir jamais subi la domination turque. Longtemps autrichienne, la Slovénie englobait aussi la Carinthie et la Styrie (aujourd'hui encore autrichiennes), la Carniole et la région de Trieste. En 1809, Ljubljana devint la capitale des provinces illyriennes, créées par Napoléon, qui comprenaient aussi la Croatie du Sud et la Dalmatie. C'est pendant cette période (jusqu'en 1813), que l'économie fut développée, la langue slovène admise et le sentiment national rétabli.

Retournée à l'Autriche, la Slovénie s'unit en 1918 avec la Serbie et la Croatie pour former la Yougoslavie. Partagée entre Allemagne et Hongrie pendant la Seconde Guerre mondiale, elle n'obtient ses frontières actuelles qu'en 1947, avec le rattachement de l'Istrie du Nord. Une courte guerre durant l'été 1991 mènera la république de Slovénie à l'indépendance le 8 octobre 1991.

Traversée par la Save et la Drava, deux affluents du Danube, la Slovénie était la plus riche des républiques yougoslaves. Ces deux bassins fertiles, où l'agriculture est florissante, sont en outre occupés par les grands centres industriels du pays, Ljubljana, Maribor, Celja et Brezice. L'énergie est fournie à 25 % par l'hydroélectricité, et à 40 % par le nucléaire. De nombreuses petites bourgades utilisent les ressources locales pour développer les industries du textile et du bois.

LA SLOVÉNIE EN BREF	
Superficie	20 251 km^2
Population	2 000 000
Capitale	Ljubljana
Régime	Démocratie parlementaire
Monnaie	Tolar = 100 centimes
Langue	Slovène
Religion	Catholiques
Climat	Continental
Ressources	Céréales, betterave à sucre, pomme de terre, charbon, lignite, plomb, zinc
Activités	Agriculture, élevage, industries du bois, hydroélectricité, textile, tourisme
P.N.B. annuel par habitant	7 150 dollars
Croissance démographique	1,1 ‰ par an
Espérance de vie	Hommes 69 ans, femmes 77

Sobat, ***Éthiopie/Soudan*** Important affluent du Nil, long de 750 km, qui prend sa source en Éthiopie et rejoint le Nil Blanc près de la ville de Malakal, au Soudan. De nombreuses sources l'alimentent. Quand il déborde (novembre-décembre), le Sobat dépose des sédiments blanchâtres qui donnent son nom au Nil Blanc.

Carte Soudan Bc

Société (îles de la), ***Polynésie française*** Archipel d'îles montagneuses et partie des territoires français d'outre-mer. Il comprend deux groupes : les îles du Vent, avec Tahiti et Moorea, et les îles Sous-le-Vent, à 200 km au N.-O., avec Raïatea et Bora-Bora. Production de coprah. Pêche et tourisme.

Population 163 000
Carte Pacifique (océan) Fc

Socotra, ***Yémen*** Île de l'océan Indien à 240 km au N. des côtes de Somalie, formée d'un plateau dénudé s'élevant à 1 503 m. Les petites plaines côtières et les vallées propices au bétail et aux chèvres produisent dattes, myrrhe, encens et aloès. Principale ville : Tamrida.

Population 12 000
Carte Yémen Bb

Södermanland, ***Suède*** Province occupant 6 060 km^2 à l'O. de Stockholm. Territoire contrôlé aux premiers siècles de notre ère par les Svears et les Goths et où s'est installé progressivement un pouvoir central autour duquel s'est constituée la nation suédoise. Chef-lieu : Nyköping.

Population 258 000
Carte Suède Cd

Södertälje, ***Suède*** Ville industrielle à 30 km au S.-O. de Stockholm ; ancien comptoir viking situé sur le canal Södertälje, long de 3 km, qui relie le lac Mälaren à la Baltique. Elle possède aujourd'hui des industries pharmaceutiques, mécaniques et automobiles.

Population 81 800
Carte Suède Cd

Sodome, ***Israël*** Voir SEDOM

Sofala, ***Mozambique*** Province côtière, au centre du pays (68 018 km^2), vaste plaine arrosée par le Zambèze et le Save. Canne à sucre, coton, élevage (tribu Shona-Karanga). À 160 km au N. de Beira, le chef-lieu, se trouve le parc national Gorongosa, la plus grande réserve zoologique du Mozambique, dans un paysage de prairies, forêts, savanes et marais.

Population 1 427 500
Carte Mozambique Ab

Sofia, ***Bulgarie*** Capitale de la Bulgarie à l'O. du pays et à 65 km de la frontière yougoslave. C'est un important nœud de communication, routier et ferré, pour le pays, qui est ainsi relié aux autres grandes villes des Balkans : Bucarest, Belgrade, Istanbul. Industries métallurgiques, mécaniques, chimiques, textiles et alimentaires. La ville possède un opéra, une galerie nationale de peinture installée dans l'ancien palais royal, plusieurs musées, une cathédrale du XIXe s. et une université. Elle est également réputée pour ses sources minérales chaudes.

Fondée par les Romains au IIe s. sous le nom de Sardica, elle fut la résidence préférée de l'empereur romain Constantin le Grand au IVe s. Parmi les vestiges de la période romaine on note des sections du mur d'enceinte, une rue pavée, des sculptures et des restes d'ouvrages en pierre. Parmi les quelques édifices datant de l'occupation turque dans le pays se trouve la mosquée Banya Bashi du XVIe s., à l'intérieur très joliment décoré. Cathédrale néobyzantine (XXe s.) La ville moderne fut très abîmée par les bombardements durant la Seconde Guerre mondiale, et reconstruite après 1945.

Population 1 093 800
Carte Bulgarie Ab

Soie (Route de la), ***Chine*** Ancienne piste qui relie le nord de la Chine à l'Europe et à l'Inde en traversant l'Asie centrale. Elle doit son nom à la principale marchandise transportée vers l'Occident par caravanes dès l'époque romaine.

Soissons, ***France*** Deuxième ville de l'Aisne, après Saint-Quentin, à 100 km au N.-E. de Paris. Ancienne capitale franque, elle conserve d'importants monuments : ancienne abbaye Saint-Jean-des-Vignes (XIIIe-XIVe s.), cathédrale (XIVe s.).

Population 33 000
Carte France Eb

Sokodé, ***Togo*** Deuxième grande ville du Togo après Lomé, la capitale. Située à 340 km au N. de celle-ci sur la route Lomé-Ouagadougou, c'est un marché agricole pour le caoutchouc, le tabac, les arachides et le kapok ; les fibres de kapok sont employées dans la tapisserie. Sokodé est aussi un grand centre de chasse.

Population 48 000
Carte Togo Bb

Sokoto, ***Nigeria*** Capitale du deuxième grand État du pays, à 760 km au N.-E. de la capitale Lagos. Elle prospéra au XIIe s. comme dernière étape d'une piste caravanière venant du Sahara. Elle fut conquise ensuite par les Peuls, qui y établirent la capitale du puissant royaume de Sokoto. La ville est encore le siège spirituel des Peuls musulmans.

L'État de Sokoto est le second après celui de Bornou. C'est une région aride, mais le barrage de Bakoloro sur le fleuve Sokoto irriguera 30 000 ha de canne à sucre et de céréales (dont le riz).

Population (ville) 164 000 ; (État) 4 392 500
Carte Nigeria Ba

Soleil et de la Lune (lac du), ***Taiwan*** Le plus grand lac de Taiwan (8 km^2), dans les grandes chaînes montagneuses centrales, à 45 km au S.-E. de T'ai-tchong. Un temple situé sur une de ses rives abrite les restes de Hsuan Chuang, un moine de la dynastie Tang qui contribua largement à l'introduction du bouddhisme en Chine.

Le lac alimente une centrale hydroélectrique qui fut construite par les Japonais dans les années 1930.

Carte Taiwan Bc

Somalie

UN PEUPLE DE NOMADES DIVISÉ PAR L'HISTOIRE, EN PROIE À SES CONTRADICTIONS

La république démocratique de Somalie couvre la majeure partie des côtes de la corne de l'Afrique (le cap Guardafui marque le point le plus oriental du continent africain). Elle résulte de l'unification des Somalies italienne et britannique, dont les populations sont de langue somalie. L'accession de ces territoires à l'indépendance a fait naître, chez les nomades des pays voisins (Éthiopie, Kenya et, en partie, Djibouti), l'espoir en la formation d'un grand ensemble.

Le pays est aride et constitué d'un plateau de faible altitude — couvert d'une maigre végétation arbustive —, qui s'abaisse vers la mer. Les seuls reliefs se trouvent au N. et culminent à 2 660 m. Deux fleuves importants, descendus des montagnes d'Éthiopie, le Djouba et le Chébéli, se jettent dans l'océan Indien ; ils permettent l'irrigation des terres pour les cultures vivrières et d'exportation. La population sédentaire est installée dans les régions montagneuses, les vallées et les rares villes de la côte.

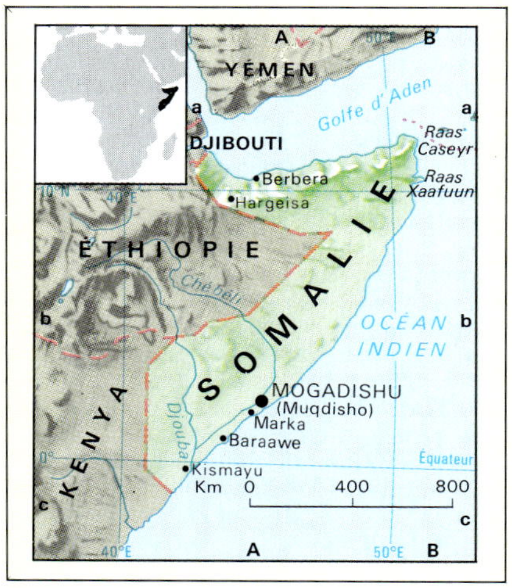

Les nomades habitent le reste du pays ; ils élèvent des bovins et des chameaux qui sont exportés vivants dans la péninsule Arabique. La Somalie possède le plus important troupeau mondial de chameaux. La deuxième source de revenus du pays est la culture de la banane dans les vallées. Pour réduire le déficit en céréales (mil, sorgho) et l'appel à l'aide internationale, la priorité a été donnée au développement des cultures sous irrigation.

Le peuple somali habite le pays depuis des temps immémoriaux et se donne une ascendance arabe ; l'islam dont il se réclame est fortement teinté de croyances négro-africaines. Il se compose de six clans unis par la même base linguistique et le même genre de vie. La côte N. — l'ancien pays des aromates et du cinnamome (cannelle locale), chers à Hérodote — a été fréquentée depuis l'époque pharaonique. La côte orientale a accueilli depuis deux millénaires les premiers commerçants de l'océan Indien — Perses et Arabes — qui créèrent des comptoirs comme Kismayu et Mogadishu. Au cours des cinq derniers siècles, les nomades somalis ont fait mouvement vers le sud — jusqu'à la rivière Tana, au Kenya — et vers l'ouest, en Ogaden, absorbant ou réduisant en esclavage les Noirs, Galla et Bantous. L'ouverture du canal de Suez, en 1869, amena les puissances européennes à en contrôler les voies d'accès : l'Italie établit la colonie de Somalia (1905) sur la côte orientale, l'Angleterre le protectorat du Somaliland (1884) en bordure du golfe d'Aden. À la même époque, Ménélik, l'empereur d'Éthiopie, annexa l'Ogaden, peuplé de nomades somalis.

Les deux colonies accédèrent à l'indépendance en 1960. En 1969, un coup d'État militaire supprima les institutions démocratiques et mit en place un Conseil révolutionnaire dominé par les militaires et présidé par le général Siyad Barre ; la Somalie se tourna vers l'Union soviétique pour développer son armée et tenter d'unir les provinces étrangères peuplées de Somalis. Il s'ensuivit une guerre avec l'Éthiopie (1975), l'ouverture d'un front de guérilla dans le nord-est du Kenya, et des troubles lors de l'indépendance de Djibouti.

La Somalie, qui avait, à l'époque, une des plus fortes armées d'Afrique, est un des plus pauvres pays du monde. Elle a, néanmoins, accompli de grands progrès dans l'enseignement en faisant du somali une langue écrite, diffusée grâce à de vastes campagnes d'alphabétisation. Les nomades abandonnent leur vie traditionnelle pour aller vivre dans les villes, ou s'expatrient dans les pays arabes du Golfe ; par ailleurs, le gouvernement a tenté, non sans succès, de créer un certain nombre de villages de pêcheurs pour tirer parti des 2 800 km de côtes du pays.

Au début de 1990, le régime Barre s'effondre, les rivalités entre clans se font jour ; en particulier, Hassan Farah Aïdid refuse la nomination d'Ali Mahdi comme président intérimaire, décidée à la conférence de Djibouti en 1991. La guerre civile qui s'ensuit provoque morts, famine, exode de populations. Les Issaks proclament l'indépendance du Somaliland (au N.). Au S., sous l'égide de l'O.N.U., une intervention occidentale humanitaire sans précédent se heurte en 1994 à la volonté des factions d'imposer leur politique et de contrôler la distribution de l'aide alimentaire.

LA SOMALIE EN BREF
Superficie 637 657 km^2
Population 7 560 000
Capitale Mogadishu
Régime Intérimaire
Monnaie Shilling somalien
Langues Somali (officielle), anglais, italien, arabe, kiswahili
Religion Musulmans
Climat Chaud et sec ; température moyenne à Mogadishu : de 23 °C à 32 °C
Ressources Moutons, chèvres, chameaux, mil, bananes, sucre de canne, coton, sorgho, maïs
Activités Centres d'embouche pour le bétail, petites industries textiles, raffinage du sucre, minoteries
Exportations Viande, cuirs et peaux, bétail, bananes
P.N.B. annuel par habitant 170 dollars
Croissance démographique 30 ‰ par an
Espérance de vie Hommes 45 ans, femmes 48

Solent (le), ***Royaume-Uni*** Chenal de la Manche, au S. de l'Angleterre, entre la côte du Hampshire et l'île de Wight. Il débouche à l'E. sur la rade du Spithead et forme avec celle-ci le Southampton Water. À l'O., les Needles, blanches colonnes crayeuses au S.-O. de l'île de Wight, présentent un repère précieux pour les bateaux qui approchent de Southampton et de Portsmouth en provenance de l'O.
Carte Royaume-Uni Ee

Soleure, en all. **Solothurn,** ***Suisse*** Ville appréciée des touristes, à 30 km au N. de Berne, et capitale du canton du même nom. Cet ancien établissement romain devint une cité commerçante et développa la mécanique de précision et l'horlogerie. Nombreux édifices datant des XVIe, XVIIe et XVIIIe s., cathédrale baroque (XVIIIe s.).

Le canton du même nom s'étend de la plaine de l'Aar jusqu'à Bâle et englobe une partie du Jura plissé, couvert de forêts et de prairies. Grande culture dans la plaine de l'Aar, fruits et légumes dans la vallée de la Birse ; industrie : bois, laine, horlogerie, constructions mécaniques, chaussures, papier.
Population (ville) 17 900 ; (canton) 218 900
Carte Suisse Aa

solfatare De l'italien *solfatara* (soufrière). Émission volcanique de vapeurs de soufre, qui se produit généralement quand un volcan s'éteint.

solifluxion Écoulement le long d'une pente du sol superficiel, lorsqu'il est riche en éléments colloïdaux, rendu boueux par un excès d'eau. On parle aussi de coulée de boue.

Solingen, ***Allemagne*** Ville renommée pour sa coutellerie, à 20 km à l'E. de Düsseldorf.
Population 162 000
Carte Allemagne Bc

Sologne, ***France*** Région du sud du Bassin parisien, comprise entre le Val de Loire au N., la vallée du Cher au S. et les collines du Sancerrois à l'E. Elle couvre les parties du Loiret et du Loir-et-Cher situées au S. de la Loire et une petite partie du Cher. Sa configuration particulière, une plaine imperméable mal drainée que recouvrent étangs, landes et forêts, en fait le lieu de prédilection des amateurs de chasse et de pêche. Ils y disposent d'immenses réserves, closes ou interdites aux promeneurs. Assainie en partie dans la deuxième moitié du XIXe s., la région produit aussi du maïs, des fruits et des légumes sur la moitié de sa superficie. Élevage traditionnel et de gibier. Localités principales : La Ferté-Saint-Aubin, Romorantin-Lanthenay, Lamotte-Beuvron.
Carte France Dc

Solothurn, ***Suisse*** Voir SOLEURE

Solutré-Pouilly, ***France*** Village de Saône-et-Loire à 9 km à l'O. de Mâcon. Il s'étend au pied d'un escarpement de 495 m, la Roche de Solutré, au pied de laquelle a été trouvé, en 1866, au-dessus d'un amas d'ossements de chevaux, un outillage lithique dont le fossile directeur est le silex taillé en fines lames appelé feuille de laurier ou feuille de saule. Le terme de solutréen désigne cette civilisation du paléolithique supé-

rieur, que l'on date entre 18000 et 15000 av. J.-C. Production de vins blancs (pouilly-fuissé) sur le territoire de la commune.
Population 360

Solway Firth ou **golfe de Solway,** ***Royaume-Uni*** Golfe de la mer d'Irlande en forme d'entonnoir, aux confins de l'Écosse et de l'Angleterre. Ses marées sont connues pour avancer « aussi vite qu'un cheval au galop », selon les habitants de la région. On a pensé les utiliser pour produire de l'électricité. La pêche, au saumon en particulier, est importante.
Dimensions 64 km de long ; 3 à 32 km de large
Carte Royaume-Uni Dc

Somaliland, ***Somalie*** Région N. du pays, sur le golfe d'Aden, ancienne colonie britannique qui, en 1960, s'unit avec la Somalia italienne pour former la Somalie. En 1991, les guérilleros Issaks, qui luttaient depuis 1981 contre le régime somalien, ont proclamé l'indépendance du Somaliland. Mais celle-ci n'est pas reconnue par la communauté internationale, qui tente actuellement de secourir les populations du sud du pays. Le Somaliland ne souffre en effet ni de la guérilla ni de la famine.

Le Somaliland est une région montagneuse, culminant à 2 660 m, dont les villes principales sont Hargeisa, la capitale, et Berbera, grand port dont les activités ont repris après la guérilla interclanique de 1992.
Carte Somalie Aab

Somerset, ***Royaume-Uni*** Comté du sud-ouest de l'Angleterre bordé par les collines de Mendip creusées de grottes au N.-E. et celles de l'Exmoor à l'O. C'est une riche zone agricole réputée pour son cidre et son fromage, le cheddar, du nom d'une gorge calcaire des collines de Mendip. La ville de Wells a gardé de son passé médiéval une belle cathédrale des XIIe-XIIIe s.
Population 440 000
Carte Royaume-Uni De

Somme (80), ***France*** 1. Fleuve long de 245 km, qui prend sa source près de Saint-Quentin et arrose Péronne, Amiens et Abbeville avant de se jeter dans la Manche par un large estuaire, la baie de Somme, au N.-O. de laquelle a été installée une réserve ornithologique pour les oiseaux migrateurs.

2. Département du nord de la France (6 277 km²) faisant partie de la région Picardie. Chef-lieu : Amiens. Il a un relief assez plat de plateaux généralement crayeux et couverts de limons et d'argiles formant la plaine picarde, et est limité par une côte basse bordée de galets, de plages et de dunes. Une agriculture prospère s'y est développée où dominent le blé, la betterave à sucre et la pomme de terre ; l'élevage se concentre sur les terres humides comme celles des Bas-Champs et du Marquenterre (moutons de prés salés), et les fonds plats des vallées sont traditionnellement consacrés aux cultures maraîchères (hortillonnages d'Amiens). L'industrie textile, ancienne, est toujours solide ; s'y ajoutent les constructions mécaniques, la chimie et les industries agro-alimentaires.

Son appartenance au nord de la France dépourvu de frontières naturelles a fait du département une région chargée d'histoire. Dès le XVe s. les places fortes des « villes de la Somme » défendaient le cours du fleuve. Pendant la Première Guerre mondiale, la bataille de la Somme (1er juillet-18 novembre 1916) fut l'une des plus sanglantes de l'histoire avec 600 000 morts chez les Alliés et 450 000 du côté allemand. Ce fut la première fois qu'on utilisa des tanks. En 1918 eut lieu la bataille de Picardie pour la défense d'Amiens. Une nouvelle bataille de la Somme se produisit pendant la Seconde Guerre mondiale, lors de la campagne de France, au cours de laquelle les Allemands franchirent les lignes de défense de la Somme pour atteindre la Seine en mai-juin 1940.
Population 549 000
Carte France Db

Sonde (détroit de la), ***Indonésie*** Détroit qui sépare les îles de Java et de Sumatra (largeur : 26-110 km ; profondeur : 100 à 1 500 m ; longueur : 170 km). Il comprend de nombreuses petites îles volcaniques, dont l'une, Krakatoa, fit éruption en 1883 avec tant de force que les explosions purent être ressenties à 4 700 km de distance. Le 27 février 1942, la flotte américaine y subit de lourdes pertes, pendant la bataille de la mer de Java.
Carte Indonésie Bd

Sonde (fosse de la) ou **fosse de Java** Fosse profonde (jusqu'à 7 450 m) de l'océan Indien, au sud de l'Indonésie. La plaque continentale indo-australienne y glisse sous la plaque eurasiatique (voir TECTONIQUE DES PLAQUES) provoquant des tremblements de terre. Sous l'effet de la friction, la plaque inférieure produit un magma en fusion qui alimente les volcans indonésiens. L'éruption du Krakatoa (entre Java et Sumatra), en 1883, fut la plus grande catastrophe volcanique des temps modernes.
Carte Indonésie Bd

Sonde (îles de la), ***Indonésie*** Nom donné aux îles entre le détroit de Malacca et les Moluques (1 333 677 km²). Les grandes îles de la Sonde sont Java, Sumatra, Bornéo, les Célèbes (Sulawesi) et les îles avoisinantes. Les petites îles de la Sonde (Nusa Tenggara), montagneuses et volcaniques, couvrent 76 249 km² et comprennent Bali et les îles se trouvant à l'E. : Lombok, Sumbawa, Alor, Timor.
Population (grandes îles de la Sonde) 156 285 000 ; (petites îles de la Sonde) 9 665 000
Carte Indonésie Cc

Sonde (plate-forme de la), ***mer de Chine méridionale*** Prolongement immergé du continent du Sud-Est asiatique délimitant la mer de Chine méridionale, l'une des plus vastes plates-formes continentales du globe. Ses eaux peu profondes en font une zone propice à la prospection pétrolière et à la pêche.
Carte Asie Ih

Søndre Strømfjord (Kangerlussuaq), ***Groenland*** Fjord de 160 km de long qui entaille la côte O. du Groenland. Les liaisons aériennes avec le Danemark se font avec l'aéroport du même nom situé au fond du fjord. Une base militaire américaine y a été installée en 1944.
Carte Arctique Cc

Song Da, ***Chine/Viêt-nam*** Voir NOIRE (rivière)

Songhua Jiang, ***Chine*** Voir SOUNGARI

Songjin, ***Corée du Nord*** Voir KIMCH'AEK

Songkhla (Singora), ***Thaïlande*** Ville et province du Sud-Est près de la frontière de la Malaysia. La ville se trouve à l'entrée d'un grand lac. Elle s'est développée grâce à l'atout de son port en eau profonde, mais est aussi une station balnéaire. Riz et caoutchouc sont les principales ressources de la province.
Population (ville) 84 500
Carte Thaïlande Bd

Song Koi, ***Chine/Viêt-nam*** Voir ROUGE (fleuve)

Sonora, ***Mexique*** État du nord-ouest du pays (182 553 km²). Il comprend à l'E. et au N. des massifs montagneux de la sierra Madre occidentale, et à l'O. des plaines côtières du golfe de Californie. Son climat est semi-aride. Cultures de coton, lin, canne à sucre, céréales et plantes fourragères dans les vallées irriguées et plaines côtières. Élevage bovin. Hermosillo, la capitale, présente un pittoresque mélange d'architectures coloniale et moderne. Guaymas, sur le golfe de Californie, est le principal port de l'État.
Population 1 822 240
Carte Mexique Ab

Sonsonate, ***Salvador*** Chef-lieu du département du même nom, à environ 60 km à l'O. de la capitale San Salvador. Le département (superficie : 1 226 km²) est une importante région agricole (élevage, canne à sucre, coton, riz, tabac, fruits exotiques). La ville a conservé une jolie cathédrale de style colonial aux dômes recouverts de porcelaine blanche. Lors de la Semaine sainte, des processions parcourent les rues jonchées de fleurs.
Population (ville) 53 000 ; (dép.) 240 000
Carte Salvador Ba

Sopoćani, ***Yougoslavie*** Voir NOVI PAZAR

Sopot, ***Pologne*** La plus célèbre station balnéaire polonaise, sur la Baltique, près de Gdansk.
Population 52 000
Carte Pologne Ca

Sopron, ***Hongrie*** Vieille ville du nord-ouest du pays, centre touristique et climatique situé entre le lac Ferto (Neusiedler, en allemand) et la frontière autrichienne. On y admire de nombreux édifices baroques et gothiques. Musée Franz-Liszt. La ville produit du vin, des textiles et des fruits en conserve. À 13 km au S.-E., le village de Nagycenk abrite le manoir baroque du comte Istvan Széchenyi (homme d'État hongrois du XIXe s.), aujourd'hui musée.
Population 55 000
Carte Hongrie Ab

Soria, ***Espagne*** Chef-lieu de la province homonyme (10 287 km²) de Castille et Léon, au N.-E. de Madrid. Nombreux édifices romans. Élevage de moutons dans la province.
Population (ville) 32 000 ; (province) 102 200
Carte Espagne Db

Sorrente, en it. **Sorrento,** ***Italie*** Vieille ville des bords méridionaux de la baie de Naples. Dans un site très pittoresque, installée sur une terrasse de tuf dominant la mer, au milieu de jardins d'orangers et de citronniers, c'est aujourd'hui une station balnéaire réputée. Églises médiévales. Patrie du poète le Tasse. Sorrente produit de la dentelle, des ouvrages de marqueterie, des noix, du vin et des agrumes.
Population 17 600
Carte Italie Ed

Sosnowiec, ***Pologne*** Ville industrielle de Haute-Silésie, faisant partie de la conurbation de Katowice. Centre charbonnier, métallurgique et textile. Verrerie.
Population 260 000
Carte Pologne Cc

Sotchi, ***Russie*** Port de la mer Noire, station thermale et touristique à la frontière géorgienne. Les sources médicinales de Matsesta, 5 km à l'intérieur, devinrent très populaires à partir de 1960, et la population de Sotchi a triplé depuis. Plus de 50 centres de cure accueillent les visiteurs.
Population 341 500
Carte Russie Cd

Souabe, en all. **Schwaben,** ***Allemagne*** Région historique de l'Allemagne du Sud, à cheval sur les actuels Bade-Wurtemberg et Bavière. Terre des Suèves, puis Rhétie à l'époque romaine, la Souabe fut le berceau, au Moyen Âge, de la dynastie des Hohenstaufen, qui accéda à la dignité impériale avec Frédéric Ier Barberousse en 1152. Elle est la patrie de quelques-uns des grands noms de la culture allemande, des poètes Schiller et Hölderlin, des philosophes Hegel et Schelling, du peintre Holbein.
Carte Allemagne Dd

Souabe-franconien (bassin), ***Allemagne*** Grande région naturelle du sud du pays, s'étendant d'O. en E. de la Forêt-Noire au massif de Bohême, et du N. au S. de la vallée du Main à celle du Danube. Elle est partagée entre la Bavière, le Bade-Wurtemberg et la Hesse. C'est un bassin sédimentaire aux plateaux faiblement ondulés, où alternent des couches tendres et des couches dures. Il est traversé par des reliefs de côtes (Jura souabe et Jura franconien), bien drainé par le Main, le Neckar, le Danube et leurs affluents. L'agriculture, prédominante, y est variée: vignobles, céréales, exploitation forestière. Villes principales: Stuttgart, Nuremberg.

Soudan Voir p. 624

Souf (le), ***Algérie*** Ensemble d'oasis du Sahara algérien au S.-E. du chott Melrhir et au S.-O. du chott el-Djérid (Tunisie). Il présente des chapelets d'entonnoirs profonds de 6 à 12 m dont le fond est occupé par des jardins; les palmiers produisent d'excellentes dattes (*deglet en-nour*). Tissage artisanal et fabrication de tapis.
Carte Algérie Ba

Soufrière (la) Voir GUADELOUPE

Soufrière (la) ***Saint Vincent*** Volcan actif de 1 234 m, au N. de l'île. Lors de l'éruption de 1979, le lac qui occupait le cratère disparut et un dôme de lave surgit à sa place. 150 000 tonnes de cendres atteignirent la Barbade, située à 160 km à l'E.; les cendres détruisirent le tiers des bananeraies de Saint Vincent.
Carte Antilles Cc

Soukhoumi, ***Géorgie*** Port et station balnéaire sur la mer Noire, au pied du Caucase. Une mer chaude et sans marée, des plages de sable et un climat subtropical en font un lieu de villégiature très fréquenté. Fondée par les Grecs sous le nom de Dioscurias, puis occupée par les Romains, elle est la capitale de l'Abkhazie.

Le conflit abkhaze, depuis août 1992, a particulièrement touché Soukhoumi. Malgré les cessez-le-feu, la population fuit.
Population 120 000 (avant le conflit)
Carte Géorgie Aa

Soungari (Songhua Jiang), ***Chine*** Rivière de Mandchourie (longueur: 1 840 km), affluent principal du fleuve Amour. Elle est navigable vers l'amont jusqu'à la ville de Jilin.
Carte Chine Ib

Sounion (cap), ***Grèce*** Situé à l'extrémité S. de l'Attique (60 km environ au S.-E. d'Athènes), le promontoire que forme ce cap porte les superbes vestiges d'un temple construit sous Périclès et consacré à Poséidon, le dieu de la Mer dans la mythologie grecque.
Carte Grèce Dc

Sour, ***Liban*** Voir TYR

source Apparition des eaux souterraines à la surface du sol. Une source *artésienne* jaillit lorsqu'un conduit naturel, comme une faille, met en contact une nappe d'eau souterraine captive avec la surface du sol. C'est le principe utilisé pour le forage d'un puits souterrain. Une source *vauclusienne*, abondante et intermittente, correspond en régions calcaires à l'exutoire d'un réseau souterrain en forme de siphon. Les sources *thermominérales* proviennent de l'infiltration des eaux de pluie en profondeur et de leur remontée, par des plans de faille, une fois réchauffées à proximité des masses magmatiques. Elles se chargent souvent, au cours de ce circuit, en sels minéraux qui leur confèrent des propriétés thérapeutiques.

Sourou, ***Burkina/Mali*** Voir MOUHOUN

Sous-le-Vent (îles), ***Antilles*** 1. Groupe d'îles bordant la côte N.-E. de l'Amérique du Sud et comprenant les Antilles néerlandaises (Aruba, Bonaire, Curaçao) et vénézuéliennes (Nueva Esparta).

2. Pour les anglophones, les Leeward Islands (îles Sous-le-Vent) désignent le groupe N. des îles du Vent (selon la dénomination française), Antigua et Barbuda, Montserrat, Saint-Christophe et Nevis.
Carte Antilles Bc

Sous-le-Vent (îles), ***Polynésie française*** Voir SOCIÉTÉ (îles de la)

Sousse, ***Tunisie*** Chef-lieu de gouvernorat et port sur le golfe d'Hammamet. Centre commercial et industriel (industries alimentaires, textiles, mécaniques, assemblage automobile), c'est la troisième ville du pays, dans une région d'oliveraies. C'est aussi un grand centre touristique (station balnéaire).

Établie sur le site de l'antique Hadrumète, punique puis romaine, la ville, sous le nom de Sousse, connaît un nouvel essor avec les Aghlabides, à partir du IXe s. Elle a conservé de nombreux vestiges de son passé médiéval: enceinte, Grande Mosquée, ribat (monastère fortifié). Le musée, à proximité de la casbah, présente de très intéressantes collections de sculptures et de mosaïques antiques: le Triomphe de Bacchus figure au nombre des chefs-d'œuvre de la mosaïque romaine.
Population 101 100
Carte Tunisie Ba

Sou-tchéou, ***Chine*** Voir SUZHOU

Southampton, ***Royaume-Uni*** Port de la Manche, sur la rade de Southampton Water, dans le Hampshire, à 110 km environ au S.-O. de Londres. La ville, qui s'établit sur un site romain, conserve des vestiges de son passé médiéval (King John's Palace, églises, portes de l'enceinte). Son essor récent date du XIXe s.; elle fut, à l'époque des transatlantiques, le principal port britannique de passagers vers les États-Unis et l'Afrique du Sud. Les marchandises en conteneur constituent une partie importante de son trafic. Raffineries de pétrole.
Population 211 500
Carte Royaume-Uni Ee

Southend-on-Sea, ***Royaume-Uni*** Voir ESSEX

Southland, ***Nouvelle-Zélande*** Région la plus méridionale de l'île du Sud; chef-lieu: Invercargill. C'est une région d'élevage du mouton. Métallurgie (fonderie) à Bluff.
Population 102 300
Carte Nouvelle-Zélande Af

Southport, ***Royaume-Uni*** Station balnéaire et centre de villégiature élégant du Merseyside, à environ 28 km au N. de Liverpool.
Population 90 000
Carte Royaume-Uni Dd

soutirage karstique Organisation d'un écoulement souterrain dans une région de karst, différent de l'écoulement de surface, aboutissant au détournement des eaux d'une rivière vers une autre.

Souzdal, ***Russie*** Grande principauté de la Russie médiévale, aujourd'hui petite ville touristique, à 190 km au N.-O. de Moscou. Fondée au XIe s., elle possède des trésors architecturaux parmi lesquels un kremlin (citadelle) des XIIe et XIIIe s. et plusieurs églises.
Population 10 000
Carte Russie Cc

Sovietskaïa Gavan, ***Russie*** Port et base navale sur une rade naturelle du détroit de Tartarie, face à Sakhaline, dans l'Extrême-Orient russe. L'achèvement en 1984 de la voie ferrée Baïkal-Amour (B.A.M.), reliée au Transsibérien, a beaucoup stimulé son trafic.
Population 80 000
Carte Russie Hc

Soweto, ***Afrique du Sud*** Abréviation de South West Townships, désignant la banlieue et cité-dortoir peuplée de Noirs, à une quinzaine de kilomètres au S. de Johannesburg. En juin 1976, de violentes émeutes y éclatèrent lors du vote d'une loi (abandonnée peu après) instituant l'enseignement de l'afrikaans dans les écoles. Soweto fut le centre de la résistance noire à l'apartheid.
Population 522 000
Carte Afrique du Sud Cb

Spa, ***Belgique*** Station thermale réputée, à 32 km au S.-E. de Liège. Au cœur de l'Ardenne, Spa est un lieu de villégiature apprécié. À proximité, circuit automobile de Francorchamps.
Population 10 000
Carte Belgique Ba

Spalato, ***Croatie*** Voir SPLIT

Spanish Town, ***Jamaïque*** Ville du S.-E. de l'île, à 20 km de Kingston. Fondée par Diego Colomb, le fils de Christophe Colomb, en 1520-1526, elle fut la capitale du pays avant d'être remplacée par Kingston en 1872. Nombreux édifices historiques dont la cathédrale Sainte-Catherine (1714), le palais de justice, Eagle House (XVIIe s.) et les ruines de Old King's House (1762), résidence des gouverneurs de la Jamaïque jusqu'en 1870. Industries agro-alimentaires (sucre, café, cacao et fruits).
Population 92 400
Carte Jamaïque Bb

Soudan

UN POTENTIEL AGRICOLE QUI PEUT FAIRE DU SOUDAN LE GRENIER DE SES VOISINS. MAIS LA TOLÉRANCE ET LA PAIX SONT, PLUS QUE JAMAIS, NÉCESSAIRES

La république démocratique du Soudan est le plus vaste pays d'Afrique ; on y trouve aussi tous les problèmes qui assaillent le continent : sécheresse, famine, crise économique, instabilité politique, intolérance religieuse et ethnique, guerre civile. La famine et la guerre ont fait affluer, d'Éthiopie et du Tchad, plus d'un million de réfugiés.

Le président Gaafar Nimeiri, qui se maintenait au pouvoir depuis 1969 malgré une douzaine de tentatives de coups d'État, a été écarté par l'armée en avril 1985. La volonté des musulmans d'appliquer les lois de l'islam aux chrétiens et aux animistes noirs du Sud a fait resurgir la guerre civile.

Le Soudan est une juxtaposition de communautés et de religions. Les gens du Nord sont musulmans et revendiquent une origine arabe ; ils ont des affinités très étroites avec les autres peuples du Moyen-Orient. Le Sud est peuplé de Noirs, chrétiens ou animistes, d'origine nilotique ; chaque communauté a sa langue propre, son artisanat, sa musique et ses danses ; les principaux groupes sont les Dinkas, les Nuers (un grand nombre d'entre eux dépassent les 2 m), les Shillucks, les Baris, les Azandés.

L'arabe est parlé dans le Nord et les grands centres, les langues nubiennes (nombreuses) dans le Sud. Un habitant sur quatre vit dans les villes. La mortalité infantile est un fléau, et l'analphabétisme est voisin de 70 % (un enfant sur deux fréquente l'école primaire ; un sur six l'école secondaire).

Le Soudan s'étale sur la plus grande partie du bassin du haut Nil. Le Nil coule sur 3 475 km, de la frontière ougandaise jusqu'à Ouadi-Halfa, aux portes de l'Égypte. Le Nil Blanc apporte les eaux des grands lacs africains. Mais le fleuve fertilisateur de l'Égypte est le Nil Bleu descendu d'Éthiopie qui connaît sa crue en été. Il rencontre le Nil Blanc à Khartoum.

La vallée du Nil, mince ruban vert de berges cultivées, ombrées de palmiers-dattiers, est balayée par les vents des déserts de Libye et de Nubie. Le relief s'élève entre la vallée du Nil et la mer Rouge, région semi-désertique parcourue par les nomades Béjas et leurs troupeaux de moutons et de chameaux. Le centre du pays, où les précipitations sont comprises entre 250 et 750 mm, fournit la plus grande partie de la production agricole. Entre les deux Nil, de gigantesques travaux d'irrigation ont été entrepris pour favoriser les cultures vivrières (maïs) et industrielles (coton). À l'ouest, près de la frontière du Tchad, le plateau du Darfour culmine à 3 071 m au Djebel Gimala et sert de refuge à des populations noires, comme les Noubas, autrefois pourchassées par les marchands d'esclaves.

Au S. du pays, se trouve le Sudd, une vaste plaine marécageuse inondée par le Nil Blanc. Des îles de papyrus y rendent la navigation difficile et dangereuse en perturbant les chenaux de communication. Les eaux du Nil s'y évaporent et se déchargent du limon arraché aux montagnes d'Afrique centrale.

L'économie est essentiellement agricole : l'agriculture de subsistance assure 80 % de la production. Au N., la population est surtout nomade et n'a guère changé son mode de vie. Elle a été très éprouvée par les dernières sécheresses ; en temps normal, le pays compte près de 20 millions de bovins, 15 millions de moutons et 13 millions de chèvres.

Le Soudan est le pays des grands projets. Le coton est surtout produit dans la plaine de Gezireh ; il entre pour les deux tiers dans les revenus à l'exportation. L'autre grand projet de Kenana a pour objectif de faire du Soudan un pays exportateur de sucre. Des entreprises françaises participent au percement du canal de Jonglei (320 km) pour drainer le Sudd et rendre le Nil navigable ; les populations nilotiques y sont opposées (modification de leur mode de vie et plus grande dépendance envers les autorités centrales de Khartoum).

Ces grands travaux, qui permettraient d'utiliser au mieux les eaux du Nil, bouleverseraient l'économie de la région ; mais leur réalisation complète ne peut se faire sans investissements ; dans les années 1970, les pays arabes avaient envisagé de faire du Soudan le grenier du Moyen-Orient en utilisant l'argent du pétrole.

Le Soudan est le plus grand producteur au monde de gomme arabique (utilisée en pharmacie et pour faire de l'encre) ; il produit aussi des arachides et du sésame. Du pétrole et du gaz naturel ont été découverts dans le Sudd près de Bentiu ; leur exploitation rendrait le pays autosuffisant en matière énergétique. Mais les populations de la région, en guerre contre le gouvernement central, sont opposées à l'exploitation des gisements.

Il y a peu d'entreprises industrielles : elles produisent des matériaux de construction, des cigarettes, des produits pétroliers, du sucre et des textiles. De nombreux Soudanais ont émigré dans les pays du Golfe et envoient de l'argent à leur famille ; mais ces ouvriers qualifiés font défaut à l'économie locale.

UNE BIRMINGHAM AFRICAINE

Cinq siècles av. J.-C., le Soudan a connu une brillante civilisation ; plusieurs pharaons égyptiens étaient d'origine soudanaise. En Nubie — le « pays de Coush » des Égyptiens — le royaume de Napata a étendu son influence vers l'Égypte en proie à la pression des Libyens du désert (950 av. J.-C.), puis des Assyriens (671 av. J.-C.). Mais Napata ne tarda pas à séparer son destin de l'Égypte ; le royaume nubien est alors gouverné par des reines — les *candaces* — ; puis sa capitale est transférée plus au S., à Méroé, dans la vallée du Nil. Des pyramides témoignent de cette brillante période qui durera jusqu'aux premiers siècles de notre ère, tandis que des amas gigantesques de scories de fer — vestiges d'une intense activité métallurgique — ont fait qualifier Méroé de « Birmingham africaine ». Le christianisme monophysite (copte) s'est installé dans la région (250 de notre ère) et plusieurs petits royaumes se sont développés ; ils seront submergés par l'islam au XIVe. En 1821, le Soudan est envahi par les troupes égyptiennes de Méhémet-Ali. C'est la grande époque du commerce de l'ivoire et des esclaves, trafics qui existaient depuis fort longtemps. Ismaïl Pacha, aidé des Britanniques, élargit son influence vers le sud (1874-1879). Une réaction politico-religieuse nationaliste apparaît en la personne de Mohamed Ahmed, chef de la secte des Ansars, qui se proclame Mahdi (guide envoyé par Dieu) ; son dessein : chasser les étrangers et réformer la religion. Le général britannique Gordon, commandant

UNE FÊTE HEBDOMADAIRE. Près de la ville de Juba, dans le Sud, des Dinkas se retrouvent chaque vendredi pour une danse traditionnelle. Pendant la saison sèche, ils arrivent des villages de la savane, avec leurs troupeaux, pour trouver des pâturages.

l'armée anglo-égyptienne, est assiégé dix mois dans Khartoum avant de succomber (1885). Treize ans après, les mahdistes sont battus à Omdurman par le général Kitchener. L'Angleterre et l'Égypte établissent un condominium sur le pays (1899) ; mais, en réalité, c'est la Grande-Bretagne qui gouverne.

L'approche de l'indépendance marque le début de la guerre civile entre le Nord et le Sud ; les Noirs, animistes et chrétiens, des provinces méridionales refusent de se fondre dans un ensemble dominé par les Arabes qu'ils considèrent comme descendants des anciens chasseurs d'esclaves. L'indépendance est proclamée en 1956, avec un parlement où sont représentés plusieurs partis ; un coup d'État installe un régime militaire de 1958 à 1964. Mais la guerre civile au Sud marque l'évolution de la vie politique. Le général Nimeiri prend le pouvoir en 1969 et met fin à ce sanglant conflit, qui a fait plus d'un demi-million de victimes, en donnant une large autonomie aux provinces méridionales (accords d'Addis-Abeba).

Le général Nimeiri engage son pays dans une politique pro-soviétique ; il nationalise les banques et les industries, et instaure un parti unique ; en même temps, il élimine toute opposition, tant à gauche (le puissant parti communiste soudanais) qu'à droite (l'influente secte des Ansars). En 1977, à l'exemple d'Anouar el-Sadate en Égypte, il expulse les conseillers soviétiques et se tourne vers les États-Unis, qui lui versent une aide financière importante.

Le pays est au bord de la banqueroute ; la baisse du prix du pétrole ne permet pas d'acheter le matériel de base (pompes, machines agricoles) ni le carburant pour l'agriculture. La sécheresse s'abat sur le Sahel, et des centaines de milliers de réfugiés fuyant la catastrophe affluent dans les camps.

Depuis l'Égypte, le fondamentalisme musulman a gagné le pays. Sous la pression des milieux religieux, et sentant son pouvoir vaciller, Nimeiri introduit la *charia*, la loi musulmane ; non seulement l'alcool est banni, mais les délits d'adultère et de vol sont punis par la lapidation, la pendaison, le sectionnement des mains. Mahmoud Mohamed Tara, un leader modéré, est pendu publiquement.

Dans le Sud, un mouvement de rébellion, dirigé par le colonel Garang, surgit. Il s'oppose à la charia et à une nouvelle tentative du gouvernement central de fractionner les provinces du Sud. En 1986, la rébellion contrôle la majeure partie du territoire méridional, sauf les grands centres ; l'armée soudanaise délègue une partie de ses pouvoirs à des milices, levées parmi les tribus arabisées, qui se livrent à des massacres et reprennent la traditionnelle traite des esclaves. Comme la rébellion des années 1950-1960, qui revendiquait l'indépendance, l'armée du colonel Garang, tentée un moment par un simple partage du pouvoir avec le gouvernement central, opte pour l'autonomie du Sud-Soudan. Mais ses méthodes autoritaires ont entraîné une scission et un affaiblissement de la guérilla, qui garde néanmoins tous ses atouts. Nimeiri est éliminé de la vie politique et remplacé en 1986 par une coalition de leaders du Nord dirigés par Sadek el-Mahdi. En 1989, ce dernier est renversé par le général Osman Hassan Béchir, qui interdit les partis politiques et se rapproche des intégristes dont le chef, Hassan el-Tourabi, imprime son idéologie au pays dont il veut faire un pôle du monde islamique (en 1994, tenue d'une conférence regroupant les mouvements extrémistes).

LE SOUDAN EN BREF
Superficie 2 505 813 km^2
Population 25 560 000
Capitale Khartoum
Régime République
Monnaie Livre soudanaise = 100 piastres = 1 000 millimes
Langues Arabe, anglais, langues nubiennes
Religions Musulmans (73 %), animistes (18 %), chrétiens (9 %)
Climat Tropical ; température moyenne à Khartoum : de 15-32 °C en janvier, à 26-41 °C en juin
Ressources Coton, dattes, arachides, sésame, gomme arabique, sorgho, blé, haricots, troupeaux ; pétrole brut, gaz naturel, chrome
Activités Cultures industrielles, extraction et raffinage du pétrole, industries alimentaires, ciment
Exportations Coton, sésame, arachides, céréales, gomme arabique, bétail, produits pétroliers
P.N.B. annuel par habitant 320 dollars
Croissance démographique 31 ‰ par an
Espérance de vie Hommes 52 ans, femmes 54

Sparte, ***Grèce*** Site de l'une des plus célèbres cités de la Grèce antique, au bord de l'Eurotas, au S.-E. du Péloponnèse. Celle qui fut le modèle de la cité aristocratique et militaire, la grande rivale d'Athènes, n'a laissé que peu de vestiges de sa grandeur : elle s'était toujours défendue des politiques de prestige et des grands travaux de construction. Le site, que domine le mont Taygète, est admirable. La ville moderne fut fondée en 1834 près des ruines. Olives et oranges. Non loin, cité byzantine de Mistra.
Population 14 400
Carte Grèce Cc

Speightstown, ***Barbade*** Petit port de pêche sur la côte N.-O. et deuxième ville de l'île après Bridgetown. Ce fut un grand centre exportateur de sucre au XVIIIe s., et il subsiste quelques édifices de l'époque coloniale. Non loin se trouve le luxueux ensemble touristique de Heywoods Beach.
Population 3 000
Carte Trinité et Tobago Ba

Spencer (golfe de), ***Australie*** Golfe pittoresque du sud du pays (320 km de long sur 130 km de large), compris entre les péninsules d'Eyre et d'Yorke. Il fut découvert en 1802 par le navigateur anglais Flinders.
Carte Australie Fe

Speyer, ***Allemagne*** Voir SPIRE

Spezia (La), ***Italie*** Port situé au fond du golfe de La Spezia, à 75 km au S.-E. de Gênes. Premier port militaire italien. Arsenal. Musée de la Marine. Chantiers navals, raffineries de pétrole.
Population (aggl.) 185 000
Carte Italie Bb

Sphinx (le), ***Égypte*** Voir GUIZEH

Spire, en all. **Speyer,** ***Allemagne*** Ville sur le Rhin, à 20 km au S. de Mannheim. Cité historique, elle possède l'une des plus grandes cathédrales d'Europe, dont la construction débuta au XIe s. Huit empereurs y ont leur sépulture. En 1529, les princes réformés y protestèrent contre les restrictions imposées par Charles Quint à la liberté de culte, ce qui donna naissance au mot « protestantisme ».
Population 44 000
Carte Allemagne Cd

Spithead, ***Royaume-Uni*** Profond canal servant d'annexe au port de Portsmouth, entre l'île de Wight et l'Angleterre. C'est une voie très fréquentée par la marine de guerre, les superpétroliers, les cargos et les ferries.
Carte Royaume-Uni Ee

Spitzberg, ***océan Arctique*** Groupe d'îles de l'archipel Svalbard, à 580 km des côtes norvégiennes. C'est aussi le nom de l'île principale de l'archipel, autrefois Spitsbergen occidentale, qui couvre 39 000 km² de parcs naturels et de sites miniers partagés entre Norvégiens et Russes. Les mines sont un héritage des droits de prospection accordés aux quarante signataires du traité de Paris qui, en 1920, reconnaissait la souveraineté de la Norvège sur les îles. Le principal établissement norvégien se trouve à Longyearbyen, du nom de l'Américain Longyear qui fut le premier mineur en 1905. La production norvégienne de houille atteint dans cette région 500 000 t par an.
Population (Norvégiens) 1 200 ; (Russes) 2 300
Carte Arctique (océan) Rb

PALAIS SUR L'ADRIATIQUE. Le grand palais de Dioclétien (à droite) borde le port de Split. Au VIIe s., des réfugiés de la ville voisine de Salone, détruite par les Avars, s'installèrent dans le palais abandonné.

Split, en it. **Spalato,** ***Croatie*** Plus grande ville de la côte dalmate, en Croatie, à 230 km au N. de Dubrovnik. Principal port sur l'Adriatique, centre culturel et ville industrielle. La vieille ville est un trésor d'architecture, sur un promontoire dominé par une crête de 1 330 m. La cité grandit à l'intérieur du palais construit par l'empereur romain Dioclétien, qui y fut enterré en 313. Ce luxueux ensemble d'appartements, de couloirs, de temples, de quartiers militaires et de sépultures, de 185 m sur 220 m, devint ensuite une fabrique d'uniformes romains et le cœur de la ville. Au VIIe s., les réfugiés de la proche ville de Salone, pillée par les Avars venus d'Asie centrale, transformèrent le palais en place forte avec un dédale de ruelles, et le mausolée de Dioclétien fut transformé en cathédrale. La cité prospéra sous les Byzantins (812-1089) et les Vénitiens (1420-1797), et s'étendit au-delà des enceintes. Églises Saint-Nicolas et Gospa od Zvonika, musées et galerie dédiée au sculpteur yougoslave Mestrovic (1883-1962). Production de bateaux, de ciment, de matières plastiques, de bois, de vin et de denrées alimentaires.

Dans l'intérieur du pays, au sommet d'une colline, Klis possède les ruines d'une forteresse du Ve s. À 30 km de Split, l'ancienne ville textile de Sinj est réputée pour son tournoi médiéval, le Sinjska Alka, au cours duquel est commémorée chaque 15 août la bataille qui, en 1715, assura la victoire des habitants sur les Turcs.
Population 189 500
Carte Croatie Bc

Spokane, ***États-Unis*** Ville à l'E. de l'État de Washington et à 25 km de la frontière avec l'Idaho. Centre commercial, nœud ferroviaire et base touristique. Industries du bois, métallurgie.
Population (ville) 173 300 ; (aggl.) 352 900
Carte États-Unis Ca

Spolète, en it. **Spoleto,** ***Italie*** Ville à 90 km au N. de Rome, réputée pour son amphithéâtre romain, son arc de Drusus, son grand aqueduc construit par les ducs lombards et pour sa cathédrale consacrée en 1198 par le pape Innocent III. Chaque été s'y tient un festival international de musique et de théâtre. Industries : cuir, textiles.
Population 38 000
Carte Italie Dc

Spratly (îles), ***mer de Chine méridionale*** Groupe de récifs disséminés entre le Viêt-nam et le nord de Bornéo. Durant la Seconde Guerre mondiale, le Japon en fit une base de sous-marins. Ils sont revendiqués notamment par la Chine, la Malaysia, les Philippines et le Viêt-nam.
Carte Viêt-nam Cd

Springbok, ***Afrique du Sud*** Ville du Namaqualand, fondée en 1862, dans la nouvelle province du Cap-Nord, à 485 km au N. de la ville du Cap. Centre d'une région de mines de cuivre et d'élevage ovin. Le premier puits fut creusé en 1685, mais l'exploitation ne débuta qu'au XIXe s.
Population 8 200
Carte Afrique du Sud Ab

Springfield, ***États-Unis*** 1. Capitale de l'État d'Illinois, à 280 km au S.-O. de Chicago, au milieu d'une riche contrée agricole (maïs, blé, soja) et minière. Le président Lincoln (1809-1865) y habita longtemps, avant d'y être enterré.

2. Ville du Massachusetts, sur la rivière Connecticut, à 130 km à l'O. de Boston, fondée en 1636. Son musée des Beaux-Arts possède de nombreuses peintures françaises, hollandaises et italiennes, ainsi qu'un grand nombre d'estampes japonaises. Centre industriel (manufactures d'armes à feu, équipement électrique, matières plastiques et produits chimiques). Le basket-ball y fut inventé en 1891.
Population 1. (ville) 105 600 ; (aggl.) 190 100
2. (ville) 157 000 ; (aggl.) 529 600
Carte États-Unis 1. Ic ; 2. Lb

Springs, ***Afrique du Sud*** Ville minière du Witwatersrand, fondée en 1885 pour alimenter en charbon Johannesburg, située à 40 km à l'O. On y découvrit de l'or en 1908 et, plus tard, de l'uranium.
Population 68 500
Carte Afrique du Sud Cb

Sri Jayawardhanapura, ***Sri Lanka*** Voir KOTTE

Sri Lanka Voir p. 628

Srinagar, ***Inde*** Cité du Nord-Ouest, dans la vallée du Cachemire, à 645 km au N.-O. de Delhi. Située à proximité du lac Dal, qui possède des jardins flottants et des maisons lacustres traditionnelles, c'est la capitale de l'État de Jammu-et-Cachemire. Ses palais, ses mosquées, ses musées et son université en font un grand centre de l'Himalaya touristique. Le bazar offre tapis, fourrures, bijoux, pierres semi-précieuses et meubles en bois sculpté.
La mosquée d'Hazratbal, premier sanctuaire musulman du Cachemire, est au cœur du conflit qui s'envenime dans cette région.
Population 606 000
Carte Inde Ba

Srirangapatnam, anc. **Seringapatnam,** ***Inde*** Ancienne capitale du Mysore sur le Kaveri, à 400 km à l'O. de Madras. Vestiges d'une forteresse et d'un palais d'été. Temples visnuiques.
Carte Inde Be

Stafford, ***Royaume-Uni*** 1. Comté des Midlands d'Angleterre comprenant les Potteries et les landes qui bordent le parc naturel de Peak District (2 716 km^2). Il s'étend au N. et au N.-O. des West Midlands industriels, autour de la vallée de la Trent et de la ville de Lichfield dont la cathédrale date du XIIIe s. Burton-upon-Trent, à l'E., est la capitale anglaise de la brasserie.
2. Chef-lieu du comté à 32 km au N.-O. de Birmingham, fondée à l'époque anglo-saxonne. L'activité industrielle est spécialisée dans l'équipement électrique.
Au S.-E. se trouve la lande de Cannock Chase (120 km^2), forêt réservée aux chasses royales au Moyen Âge.
Population (comté) 1 020 300 ; (ville) 61 000
Carte Royaume-Uni Dd

stalactite Concrétion calcaire (carbonate de calcium) qui se forme en colonne à partir de la voûte d'une grotte.

stalagmite Concrétion calcaire (carbonate de calcium) qui se forme en colonne à partir du sol d'une grotte.

Stalinabad, ***Tadjikistan*** Voir DOUCHANBÉ

Staline (pic), ***Tadjikistan*** Voir COMMUNISME (pic du)

Stalingrad, ***Russie*** Voir VOLGOGRAD

Stanley, ***Hong Kong*** Village de pêcheurs sur une péninsule de la côte S. de l'île de Hong Kong. Malgré la présence de nombreuses boutiques pour touristes, il est moins affecté par la modernisation que les autres établissements de la colonie. Bonne base d'exploration vers les cavernes et plages du littoral S.-E. de l'île.
Population 15 000
Carte Hong Kong Cb

Stanley (chutes), ***Zaïre*** Voir TSHUNGU (chutes)

Stanley (mont), ***Ouganda/Zaïre*** Voir RUWENZORI

Stanley Pool ou **Malebo Pool,** ***Zaïre/Congo*** Voir ZAÏRE

Stanleyville, ***Zaïre*** Voir KISANGANI

Stara Planina, ***Bulgarie*** Voir BALKAN (mont)

Stara Zagora, ***Bulgarie*** Première ville de la région de Khaskovo, sur le versant S. du massif du Balkan, à 80 km au N.-O. de Plovdiv. En 1877, les Turcs y vainquirent les Russes lors de l'invasion russo-roumaine qui aboutit à la création de la principauté de Bulgarie en 1878. Marché agricole : blé, vin et essence de rose. Brasseries, distilleries, tanneries, industries textiles, engrais et minoteries.
Population 145 000
Carte Bulgarie Bb

Stargard Szczecinski, ***Pologne*** Cité médiévale fortifiée de Poméranie, à 32 km au S.-E. du port de Szczecin. Elle a conservé l'essentiel de ses remparts du XIIIe s. et un bel hôtel de ville Renaissance. Métallurgie, industrie alimentaire, savons et détergents.
Population 71 000
Carte Pologne Ab

Starnberg (lac de), en all. **Starnberg See,** ***Allemagne*** Lac de Bavière (57 km^2), à 15 km au S. de Munich. La cité de Starnberg s'étend à son extrémité nord. En 1886, le roi fou Louis II de Bavière fut interné dans un château sur ses rives. Profitant d'une promenade, il s'y noya après avoir noyé son médecin.
Carte Allemagne De

Staropolska, en fr. **Vieille Pologne,** ***Pologne*** Plus ancienne zone d'industrie lourde du pays, à 130 km au S. de la capitale, Varsovie. Le premier fourneau, chauffé au bois, entra en activité en 1598. Aujourd'hui, les fonderies produisant les camions Star poursuivent la tradition à Ostrowiec Swietokrzyski, ville principale.
Carte Pologne Dc

Statia, ***Antilles néerlandaises*** Voir SAINT-EUSTACHE

Stava, ***Italie*** Voir TRENTIN-HAUT-ADIGE

Stavanger, ***Norvège*** Ville du Sud-Ouest, sur le Boknafjord. Fondée en 1125, en même temps que sa cathédrale, elle possède un théâtre et plusieurs musées. C'est l'un des plus grands ports du pays, où l'on construit des derricks et des bateaux-citernes pour gaz liquide. Siège social de la Norwegian Oil Board et de nombreuses firmes de ravitaillement.
Population 92 000
Carte Norvège Bd

Stavropol, ***Russie*** Ville au N. du Caucase, à 235 km à l'E. de Krasnodar. Fondée en 1777, elle devint un centre commercial sur la route Russie-Géorgie. Exploitation du gaz naturel et du pétrole. Conserveries, jus de fruits, vin.
Population 324 000
Carte Russie Cd

Stavropol, ***Russie*** Voir TOGLIATTIGRAD

Stein am Rhein, ***Suisse*** Située à l'extrémité occidentale du lac de Constance, près de la frontière allemande, elle est l'une des villes médiévales les mieux conservées du pays, avec son château, ses églises, sa place du marché et ses portes fortifiées parfaitement intactes. On y trouve aussi quelques maisons à colombage, aux façades peintes.
Population 2 800
Carte Suisse Ba

Stellenbosch, ***Afrique du Sud*** Établissement européen le plus ancien du pays après Le Cap, fondé en 1679, au centre d'une région productrice de fruits et de vin. Centre universitaire.
Population 37 700
Carte Afrique du Sud Ac

Stelvio (col du), ***Italie*** Col alpin à la frontière entre l'Italie et la Suisse, à 150 km au N.-E. de Milan, aménagé en 1825 pour permettre aux souverains autrichiens de disposer d'une route d'accès plus facile vers Milan. Situé à 2 758 m d'altitude, il offre une vue spectaculaire sur le parc national du Stelvio.
Carte Italie Ca

Stelvio (parc national du), ***Italie*** Parc alpin de 1 316 km^2, situé dans la région isolée proche de la frontière suisse, à 150 km au N.-E. de Milan. Certains sommets dépassent 3 500 m d'altitude (Ortles : 3 905 m). On y trouve aussi le glacier dei Forni, le plus long d'Italie (5 km).
Le parc, fondé en 1935, est le refuge des daims, des chamois, des lynx et des ours. Sa végétation est variée : forêt subalpine, toundra à lichens, prairie de montagne.
Carte Italie Ca

Stendal, ***Allemagne*** Ancien centre de tissage et important nœud ferroviaire de Saxe-Anhalt, à 100 km à l'O. de Berlin. On y admire de nombreuses églises gothiques.
Population 46 300
Carte Allemagne Db

steppe Vaste zone des régions sèches, à la végétation basse et clairsemée, chaque végétal ayant besoin d'une surface de terrain assez importante pour trouver la quantité d'eau nécessaire à sa croissance. La steppe est caractéristique des plaines d'Ukraine, de la pampa argentine et de certains plateaux d'Afrique, d'Amérique du Nord et de Turquie.

Sterea Ellas, ***Grèce*** Voir GRÈCE CENTRALE

Stettin, ***Pologne*** Voir SZCZECIN

Stewart (île), ***Nouvelle-Zélande*** La plus grande des îles se trouvant au large de la pointe méridionale de l'île du Sud (1 746 km^2). C'est le refuge des oiseaux les plus rares du pays, comme le kakapo, perroquet nocturne à l'aspect de hibou vivant au sol.
Population 600
Carte Nouvelle-Zélande Ay

Sri Lanka

RENOMMÉE POUR SON THÉ, SES PAYSAGES ET SES MONUMENTS BOUDDHIQUES, CETTE ÎLE MAGNIFIQUE EST AUJOURD'HUI DÉCHIRÉE PAR LA GUERRE CIVILE

Sa forme évoque celle d'une larme qui serait tombée de la joue de l'Inde : l'île tropicale luxuriante de Sri Lanka connaît de nos jours un conflit qui pourrait faire pleurer l'Inde. Au cours des siècles, bien des peuples ont commercé avec Sri Lanka (le « pays resplendissant »), l'ont colonisée ou s'y sont installés. Les Romains la nommèrent Taprobane, les Arabes Serendip, les Portugais Ceilas et les Anglais Ceylan.

Les conflits actuels résultent de l'opposition entre deux des plus anciens groupes de l'île, les Tamouls et les Cinghalais.

Les premiers habitants, les Védas, s'installèrent vers 3000 av. J.-C. Ils furent soumis en 600 av. J.-C. par les Cinghalais, venus du nord de l'Inde. Ils étaient probablement des Aryens, d'après l'origine de leur langue. Ils s'établirent surtout dans les régions sèches de l'est et du centre, où ils créèrent une grande civilisation fondée sur l'irrigation, et construisirent de nombreux barrages et réservoirs. La capitale était Anuradhapura, et leur religion, le bouddhisme.

L'EMPREINTE D'UN PIED SUR UNE MONTAGNE

Les bouddhistes prétendent que Bouddha laissa l'empreinte de son pied sur une montagne dans les hautes terres du Sud (Pic d'Adam, 2 243 m), mais les hindous proclament que l'« empreinte », longue de 1,6 m, est la marque de Shiva, et les musulmans l'attribuent à Adam. La montagne est un lieu de pèlerinage pour ces trois religions.

Sur toute l'île, s'élèvent des temples bouddhiques dont les prêtres, à la robe couleur safran, célèbrent les mariages et les obsèques en faisant résonner des tambours de deuil.

Des Védas, il ne reste que quelques petits groupes dans les parties reculées de l'île ; mais une autre communauté s'est opposée aux Cinghalais. Au XIe s., des Tamouls hindouistes envahirent l'île, à partir du sud de l'Inde à travers le détroit de Palk, large de 30 km seulement. Ils refoulèrent les Cinghalais vers le Sud, les forçant à créer le royaume de Kandy dans l'intérieur montagneux. La ville de Kandy possède encore des temples du XIe s. Les Tamouls sont en majorité hindous, bien qu'il y ait aussi des chrétiens parmi eux.

À la recherche d'épices, les marchands arabes et les colonisateurs portugais et hollandais arrivèrent à Sri Lanka. Puis, en 1796, les Britanniques s'emparèrent de l'île, mais le royaume de Kandy resta indépendant jusqu'en 1815. Les Britanniques développèrent d'abord des plantations de café, mais elles furent remplacées par le thé à la suite d'une maladie dans les années 1870. Le thé représente encore plus de la moitié des exportations de Sri Lanka. Des plantations d'hévéas et de cocotiers ont été installées sur la côte. Au XIXe s., on amena de nombreux tamouls

indiens pour travailler dans ces plantations. Cette immigration changea la répartition de la population : le poids du Sud-Ouest fut augmenté, et Colombo devint la capitale. Le Nord-Est, sec, retourna à l'état de jungle.

Les descendants des immigrants tamouls forment maintenant environ 21 % de la population ; ils vivent surtout dans la péninsule de Jaffna, au N., et le long de la côte orientale. Dans les montagnes du Sud, on trouve encore des cueilleuses de thé tamoules, et la coexistence des deux communautés est plutôt pacifique (il est vrai que beaucoup de Tamouls, venus jadis travailler sur les plantations, ont dû repartir pour l'Inde). C'est dans le Nord que le conflit entre Tamouls et Cinghalais a conduit à une guerre civile larvée.

Les problèmes à l'origine du conflit sont apparus après l'indépendance, en décembre 1947. Sous la domination britannique, les Tamouls, bien que minoritaires, occupaient la majorité des emplois à responsabilités dans le secteur tertiaire. Ceylan devint la république de Sri Lanka en 1972, et depuis, les Cinghalais ont accédé aux positions dominantes. Comme les Tamouls, les Cinghalais reçoivent une éducation supérieure — Sri Lanka détient le plus fort taux d'alphabétisation de l'Asie après le Japon (plus de 80 %) — et il ne s'agit pour eux que de corriger un déséquilibre. Mais les Tamouls affirment qu'ils sont l'objet de discriminations pour l'accès à l'enseignement supérieur et aux emplois de haut niveau.

Peu à peu, le mouvement contre la discrimination s'est transformé en une guérilla sanglante, pour une région tamoule indépendante qui s'appellerait l'Eelam, menée par des extrémistes, les « tigres pour la libération de l'Eelam ».

De 1987 à 1990, l'armée indienne intervint pour tenter de rétablir la paix et d'imposer une solution de compromis, mais ne put vaincre l'opposition violente des Tamouls les plus extrémistes. Le gouvernement indien retira ses troupes au début de 1990 sans avoir résolu le problème et les assassinats de policiers et même de simples paysans reprirent.

Il est probable que ce sont les « tigres » qui ont assassiné Rajiv Gandhi en 1991.

Sri Lanka a un régime présidentiel, où les élections ont fait alterner au pouvoir la droite et la gauche. Celle-ci domina la vie politique

FAUVE ROYAL. Un lion géant sculpté dans le granit garde le magnifique palais fortifié de Sigiriya, dans la province centrale de Sri Lanka. Au Ve s., c'était la citadelle du roi Kasyapa.

avec les gouvernements de Sirimavo Bandaranaike (la première femme du monde à devenir Premier ministre), de 1960 à 1965 et de 1970 à 1977. La droite, avec les présidents Jayawar-

dene et Premadasa (assassiné en mai 1993), a dû affronter une violente guérilla d'extrême gauche. 1994 verra le retour au pouvoir de la gauche avec à nouveau la famille Bandaranaike.

À l'indépendance, fin 1947, la population avait un des niveaux de vie les plus élevés de l'Asie : le revenu par tête était le double de celui de l'Inde. Cependant, le pays se trouvait confronté à un grave problème économique, qui n'est pas complètement résolu : en dehors des plantations, les exploitations sont très petites, et la production insuffisante pour nourrir la population. Il a donc fallu importer des quantités considérables de riz et financer ces importations et les subventions grâce aux exportations de thé, de noix de coco, de caoutchouc et de pierres précieuses.

ÉDUCATION ET SANTÉ

Depuis 1947, les gouvernements successifs ont poursuivi une politique d'éducation gratuite pour tous, ce qui explique l'excellent taux d'alphabétisation du pays. Ils ont aussi versé des subventions pour l'alimentation des pauvres, et le niveau sanitaire est bon. Tout cela a permis une croissance démographique importante, de 2 % par an, ramenée à 1,8 % par des campagnes de planification des naissances. La croissance de la population, combinée à la chute des prix des produits d'exportation, fait que le niveau de vie par habitant est à peine supérieur à celui de l'Inde.

Le gouvernement s'efforce d'encourager le développement du pays. Un projet de barrage sur la rivière Mahaweli/Ganga fournira de l'eau pour l'irrigation et de l'énergie ; il est partiellement financé par l'aide étrangère. Les coûts ont beaucoup augmenté depuis la conception du projet, qui a drainé des ressources importantes. Mais on espère que 10 % de la population pourra vivre sur les nouvelles terres irriguées.

Sri Lanka a aussi connu un développement important d'industries exportatrices, fondées essentiellement sur les bas salaires, comme la confection, suivant le modèle de nombreux pays d'Asie du Sud.

L'exportation des produits des plantations et des mines de pierres précieuses est l'activité principale du port et de la capitale Colombo, ville de 615 000 habitants. La population de Sri Lanka est très jeune (60 % a moins de vingt-cinq ans), et les gamins pauvres, vendeurs à la sauvette, cireurs de souliers, garçons de course, grouillent à Colombo.

On essaie de développer le tourisme. L'île est belle et riche en animaux sauvages, éléphants, léopards, ours, buffles et sangliers. Il y a deux parcs nationaux et un refuge pour les éléphants orphelins. Il existe également trois jardins botaniques, dont celui de Peradeniya est le plus renommé.

L'économie reste largement dépendante du marché mondial du thé, et elle est obérée par les guérillas et les troubles sociaux qui sévissent dans le pays.

SRI LANKA EN BREF
Superficie 65 610 km^2
Population 17 620 000
Capitale Colombo Sri Jayawardhanapura
Régime République parlementaire
Monnaie Roupie sri lankaise = 100 cents
Langues Cinghalais (officielle), tamoul, anglais
Religions Bouddhistes (69 %), hindous (15,5 %), musulmans (7,6 %), chrétiens (7,5 %)
Climat Tropical ; températures comprises entre 23 et 31 °C à Colombo, et entre 14 et 24 °C dans les montagnes
Ressources Riz, noix de coco, thé, caoutchouc, manioc, fruits, épices, bois, poisson ; pierres précieuses et semi-précieuses (saphir, rubis, béryl, topaze, spinelle, grenat, pierre de lune), minerai de fer, graphite
Activités Agriculture, textiles, mines, sylviculture, pêche, raffinage du pétrole
Exportations Thé, caoutchouc, produits des cocotiers (coprah et fibres), textiles, pierres précieuses, produits pétroliers
P.N.B. annuel par habitant 540 dollars
Croissance démographique 15 ‰ par an
Espérance de vie Hommes 70 ans, femmes 74

Steyr, ***Autriche*** Ville industrielle très agréable, sur l'Enns, à 28 km au S. de Linz. La vieille ville date du XIIIe s. et possède de belles maisons, surtout autour de la place principale. Sidérurgie, constructions automobiles.
Population 39 000
Carte Autriche Da

Stif, ***Algérie*** Voir SÉTIF

Stirling, ***Royaume-Uni*** Ville du centre de l'Écosse, à 35 km au N.-E. de Glasgow. Le rocher qui domine la ville et la vallée du Forth est fortifié depuis l'époque romaine. Le château (XIe s.) est une version réduite de celui d'Edimbourg. Au S. de la ville, un monument commémore la victoire des Écossais sur les Anglais à Bannockburn (1314). Au N. de la ville se trouve l'université, fondée en 1967.
Population 39 000
Carte Royaume-Uni Db

Stockholm, ***Suède*** La capitale suédoise s'étend sur une vingtaine d'îles et de péninsules, sur la Baltique. Elle s'est développée au milieu du XIIIe s. autour d'une île aux fortifications de bois. Son nom vient des mots suédois *stock*, signifiant « pieux », et *holm*, « île ». Le centre historique de la ville, relié aux îles proches, et surnommé la Cité entre les ponts, abrite le Parlement, le palais royal et l'église des Chevaliers, lieu de sépulture des rois de Suède. La plupart des rues médiévales sont piétonnes, et les maisons de notables du XVIIe s. sont devenues des bureaux ou des habitations.

À l'E. de la vieille ville se trouve un groupe d'îles dont les immeubles dominent les quais où sont amarrés des bateaux, des yachts et parfois des goélettes. Au musée de l'île Djuvgåden est exposé le *Wasa*, un navire de guerre de 60 m qui coula dans le port de Stockholm lors de son premier voyage en août 1628 et que l'on a renfloué en 1961.

Au N., la plupart des quartiers commerçants et résidentiels du XIXe s. ont fait place aux gratte-ciel du Högtorget. Le métro relie Stockholm aux banlieues agrémentées de jardins et aux quartiers les plus récents. Le musée de plein air — consacré au passé rural de la Suède —, premier musée de ce type, contraste avec le palais royal d'été de Drottningholm.

La ville moderne est le plus grand centre commercial et industriel du pays: produits chimiques, textiles, caoutchouc, bière, industrie électrique, construction mécanique et imprimeries. Un service de ferries relie Stockholm à la Finlande ; l'aéroport international se trouve à Arlanda, à 40 km au N. Chaque année, en décembre, les prix Nobel — fondés par Alfred Nobel (1833-1896), chimiste et pacifiste suédois, qui inventa la dynamite — sont décernés à Stockholm, sauf celui de la Paix, qui est remis à Oslo, en Norvège.
Population (ville) 684 600; (aggl.) 1 500 000
Carte Suède Cd

Stockport, ***Royaume-Uni*** Ville au S.-E. de Manchester, devenue centre de filature du coton au XIXe s. Sa principale industrie est la construction mécanique. Un pont de chemin de fer de 30 m de haut et de 22 arches enjambe la vallée du fleuve du Mersey qui traverse la ville.
Population 139 000
Carte Royaume-Uni Dd

Stockton, ***États-Unis*** Ville industrielle et port de Californie, sur le fleuve San Joaquin, à 100 km au N.-E. de San Francisco. Elle se développa lors de la ruée vers l'or (1848-1849). Activités : machines agricoles, produits alimentaires et bois de construction.
Population (ville) 211 000; (aggl.) 480 700
Carte États-Unis Bc

Stockton-on-Tees, ***Royaume-Uni*** Ville sur la rive N. du Tees, dans le comté de Cleveland, à 50 km au S. de Newcastle-upon-Tyne. Stockton est devenu un grand centre industriel après l'ouverture en 1825 du premier chemin de fer public du monde: le Stockton and Darlington. Celui-ci transportait le charbon venant des mines de l'intérieur jusqu'aux entrepôts situés sur le Tees. À Billingham, dans la banlieue N., se trouve un gigantesque complexe chimique.
Population 173 000
Carte Royaume-Uni Ec

Stoke-on-Trent, ***Royaume-Uni*** Principale ville des Potteries, dans le Staffordshire, à 65 km au N. de Birmingham. Siège de quelques-unes des plus grandes firmes de porcelaine du monde, comme Wedgwood et Spode.
Population 250 000
Carte Royaume-Uni Dd

Stolp, ***Pologne*** Voir SLUPSK

Stonehenge, ***Royaume-Uni*** Le plus grand ensemble mégalithique du pays, près d'Amesbury, dans le comté du Wiltshire, à 120 km au S.-O. de Londres, érigé entre 2750 et 1300 av. J.-C. De ce qui fut probablement un centre religieux et cérémoniel, il subsiste quelque 150 menhirs, dont le plus haut mesure 6 à 7 m et pèse 45 t. À proximité se trouvent des traces d'autres cercles de terre et de pierres.

Stonehenge a longtemps été considéré comme un temple consacré au Soleil par les druides celtes, mais on sait maintenant que les druides ne sont arrivés en Grande-Bretagne qu'au IIIe s. av. J.-C., au moins mille ans après la construction de Stonehenge. De nombreux menhirs proviennent de carrières du pays de Galles situées à 320 km du site.
Carte Royaume-Uni Ee

MYSTÉRIEUSES PIERRES. L'orage menace sur Stonehenge, dont les sentinelles solitaires veillent sur la plaine de Salisbury. Afin de préserver ce site, l'accès en a été réglementé.

Stralsund, ***Allemagne*** Port sur la Baltique, à 185 km au N. de Berlin, aux nombreux édifices médiévaux. C'est une ville touristique et un centre industriel en pleine expansion (pêche, construction navale, produits manufacturés).
Population 75 400
Carte Allemagne Ea

Strasbourg, ***France*** Ville proche de la frontière allemande, sur la rivière Ill (affluent du Rhin), au débouché des canaux de la Marne au Rhin et du Rhône au Rhin. Chef-lieu du département du Bas-Rhin, capitale historique de l'Alsace et siège du Conseil de l'Europe et du Parlement européen. Née sur l'emplacement d'un camp romain, au carrefour des routes reliant l'Italie à la Flandre et la France à l'Europe de l'Est, Strasbourg devint allemande en 925. Annexée par Louis XIV en 1681, elle resta française jusqu'en 1871, puis redevint allemande jusqu'en 1918, et lors de la Seconde Guerre mondiale, de 1940 à 1944. Malgré les ravages causés par les deux guerres, la vieille ville conserve de très beaux édifices : une magnifique cathédrale gothique en grès rose des Vosges, dont la flèche (142 m) est devenue le symbole de la présence française sur le Rhin, le vieux quartier pittoresque de la Petite-France, la place Kléber, le palais Rohan (XVIIIe s.), la maison de l'Œuvre Notre-Dame et bien d'autres monuments remarquables.

Ville universitaire et intellectuelle, Strasbourg compte de nombreux musées (des beaux-arts et archéologique notamment). Ville carrefour, elle est le deuxième port fluvial français après Paris et constitue un pôle industriel important, vital pour toute l'Alsace. Métallurgie, industries alimentaires, raffineries de pétrole, transit fluvial des matières premières.

Population 378 500
Carte France Gb

strate Voir COUCHE

Stratford, ***Canada*** Ville à 160 km à l'O. de Toronto. Chaque été, depuis 1953, s'y déroule un célèbre festival Shakespeare. Important centre de construction ferroviaire.

Population 26 400
Carte Canada Gd

Stratford-upon-Avon, ***Royaume-Uni*** Ville du Warwickshire, à 40 km au S.E. de Birmingham. C'est la patrie du poète et dramaturge William Shakespeare (1564-1616). Sa maison natale à colombage, l'école qu'il a probablement fréquentée et la maison où est née sa femme Anne Hathaway, tout près, à Shottery, sont bien conservées. Le Shakespeare Memorial Theatre, sur les bords de l'Avon, offre un programme de 38 pièces. De nombreuses villes du monde anglophone ont adopté le nom de Stratford en hommage au grand homme de théâtre.

Population 22 000
Carte Royaume-Uni Ed

Strathclyde, ***Royaume-Uni*** Région administrative de l'O. de l'Écosse (13 773 km²). Centrée autour de Glasgow, elle doit son nom à la vallée de la Clyde. Elle s'étend pratiquement depuis la frontière anglaise jusqu'aux Highlands. Montagnes et landes de bruyère couvrent la partie Nord, le Sud est très industrialisé (construction mécanique à Kilmarnock). Le port de Hunterston importe du minerai de fer pour l'aciérie de Ravenscraig. À Hamilton et Coatbridge, qui se sont développés au XIXe s. grâce à la métallurgie, on fabriqua jusqu'en 1960 des machines, des bateaux et des locomotives exportés dans le monde entier.

Population 2 373 000
Carte Royaume-Uni Cc

strato-cumulus Couche nuageuse blanche ou grise de basse altitude présentant des parties sombres et se produisant généralement quand le temps est sec et lourd.

stratopause Limite supérieure de la stratosphère.

stratosphère Partie de l'atmosphère comprise entre environ 15 et 50 km d'altitude. Dans l'une de ses couches, riche en ozone, la température, réchauffée par le rayonnement ultra-violet du soleil, dépasse O °C. Voir LES DIFFÉRENTES COUCHES DE L'ATMOSPHÈRE, p. 70

strié (sol) Sol figuré des régions froides où des pierres sont alignées en bandes sur une pente. Les sols striés ont la même origine que les sols réticulés ou polygonaux, mais la pente du terrain empêche les polygones de se former.

Stromboli, ***Italie*** Île volcanique du N. des îles Éoliennes, au N. de la Sicile, culminant à 926 m. La nuit, l'activité volcanique est spectaculaire. Les éruptions (la dernière date de 1966) ne sont guère dangereuses.

Population 400
Carte Italie Ee

Struthof, ***France*** Lieu-dit proche de la commune de Natzwiller (Bas-Rhin), à 50 km à l'O. de Strasbourg, où les nazis créèrent un camp de concentration en 1941, sous le nom de Natzweiler. De nombreux résistants y furent exterminés. Les 7 000 détenus que comptait le camp en septembre 1944 furent transférés à Dachau devant l'avance des Alliés. Le site est classé monument historique depuis 1950.

Stuttgart, ***Allemagne*** Capitale du Bade-Wurtemberg, à 150 km au S. de Francfort-sur-le-Main. Au Xe s. un duc de Wurtemberg, Liutolf, installa un haras dans ce bassin naturel au pied du Jura souabe ; la ville a emprunté son nom au haras de Liutolf (*Stutengarten* : « jardin des juments ») et conserve un cheval dans ses armoiries. Elle mérite aussi son nom de *Garten* (jardin), car son centre est couvert d'étendues boisées et de parcs.

Le port de Stuttgart, situé sur le Neckar, est bordé de zones industrielles : matériel électronique, constructions mécaniques, instruments de précision, textiles. Stuttgart est aussi un centre culturel, universitaire et d'édition actif. Au siège de Daimler-Benz, la plus vieille usine automobile du monde, créée en 1890, on peut visiter un musée et l'atelier de Gottlieb Daimler (1834-1900). Musée Porsche.

Population 600 000
Carte Allemagne Cd

Styrie, en all. **Steiermark,** ***Autriche*** État boisé et montagneux du S.-E. (16 384 km²), traversé par les rivières Mur, Mürz et Enns. Industrie minière (lignite, graphite) et métallurgie. Ville principale et capitale : Graz.

Population 1 187 500
Carte Autriche Db

subduction (zone de) Zone d'enfoncement d'une plaque lithosphérique océanique qui disparaît en se fondant dans le manteau. On l'appelle aussi *plan de Bénioff*. Les foyers des séismes se disposent le long de cette zone. Voir TECTONIQUE DES PLAQUES, p. 654

Subotica, ***Yougoslavie*** Deuxième ville de la province autonome serbe de Voïvodine, après Novi Sad, à 160 km au N.-O. de Belgrade. La ville, au centre de la plaine fertile de Backa qui s'étend jusqu'au Danube, est située à moins de 30 km de la frontière hongroise. Ses habitants forment une minorité ethnique hongroise et de nombreux édifices sont décorés dans le style hongrois. Machines, matériel agricole, produits alimentaires et chimiques, ameublement. À 8 km à l'E., sur la rive du lac Palic, se trouve le centre de villégiature de Palic, entouré d'acacias, de vignes et d'orchidées.

Population 100 250
Carte Yougoslavie Aa

subsidence Phénomène géologique caractérisé par l'affaiblissement progressif de certaines parties de l'écorce terrestre, sous l'action de l'accumulation des sédiments et de déformations lentes des terrains.

Sucre, ***Bolivie*** Chef-lieu du département de Chuquisaca, et capitale constitutionnelle du pays, siège du pouvoir judiciaire (la capitale *de facto* est La Paz). Fondée en 1538 sous le nom de Charcas par l'Espagnol Pedro de Anzures, elle fut rebaptisée en 1826 en l'honneur d'Antonio José de Sucre, compagnon vénézuélien de Bolívar, qui libéra une partie du Pérou et de la Bolivie de la domination espagnole. Sucre conserve quelques édifices coloniaux, notamment le palais législatif où fut déclarée l'indépendance de la Bolivie en août 1825. Centre industriel et universitaire.

Population 101 400
Carte Bolivie Bb

Sud (île du), ***Nouvelle-Zélande*** La plus grande des deux îles principales, couvrant 151 484 km². Les Alpes néo-zélandaises s'étirent sur presque toute sa longueur. Les lacs, d'origine volcanique en glaciaire, y abondent. Grâce à ses pâturages l'île élève 32,5 millions de moutons, la moitié du cheptel du pays. Villes principales : Christchurch, Dunedin, Invercargill et Nelson.

Population 878 000
Carte Nouvelle-Zélande Cd

Sudbury, ***Canada*** Ville minière de l'Ontario, à 370 km au N.-O. de Toronto, au cœur d'une des régions les plus riches du monde en nickel. On y exploite aussi le cuivre et le platine.

Population 149 000
Carte Canada Gd

Sudd, ***Soudan*** Zone de marécages couvrant 129 500 km² (le quart de la France), où les eaux du Nil Blanc s'étalent et s'évaporent. La mise en service du canal de Jonglei a pour but de drainer les eaux d'une partie de cette région pour développer l'irrigation. Les pasteurs dinkas qui l'habitent y voient la volonté du gouvernement islamiste de Khartoum de mieux contrôler cette région chrétienne et animiste où la guerre civile fait rage depuis près de quarante ans.

Carte Soudan Ac

Sudètes, ***République tchèque/Pologne*** Chaînons montagneux qui s'étendent le long de la frontière polono-tchèque. À l'O. se dressent les Riesengebirge (en tchèque Krkonose, en pol. Karkonosze ou monts des Géants), qui culminent au mont Sniezka (1 602 m). L'Elbe y prend sa source. C'est une région de sports d'hiver très fréquentée. Le sous-sol est riche en ressources minérales. La majorité des habitants des Sudètes tchèques, région faisant partie de l'Empire austro-hongrois jusqu'en 1919, était germanophone. En septembre 1938, en vertu des accords de Munich, le « Sudetenland » fut cédé au IIIe Reich allemand. En 1945, la région a été récupérée par l'État tchécoslovaque et une grande partie de la population allemande a été expulsée.

Carte République tchèque Ba

Suède Voir p. 633-635

Suez, en ar. **Al-Suways,** ***Égypte*** Ville située à l'extrémité S. du canal de Suez dont elle assure le contrôle. C'est un point de ravitaillement en carburant pour les navires. Suez possède deux raffineries de pétrole et fabrique des engrais. Belles plages au S.

Population 327 000
Carte Égypte Cb

Suez (canal de), ***Égypte*** Canal de 173 km de longueur construit par l'ingénieur français Ferdinand de Lesseps pour relier la Méditerranée et la mer Rouge, inauguré en 1869. Il part de Port-Saïd, sur la côte méditerranéenne, traverse le lac Timsah et les lacs Amer et aboutit au port de Suez. D'abord exploité par une compagnie française, le canal passa aux mains des Britanniques en 1875. En 1956, la nationalisation du canal par Nasser entraîna l'intervention militaire du Royaume-Uni, de la France et d'Israël

ARTÈRE INTERNATIONALE. Des pétroliers empruntant le canal de Suez. Rouvert après de longues années, le canal est désormais navigable par les bâtiments de très fort tonnage.

contre l'Égypte, et le blocus du canal. De nouveau fermé après la guerre des Six Jours (1967) entre l'Égypte et Israël, il a été rouvert en juin 1975, puis élargi pour permettre la navigation des superpétroliers. 20 000 navires — y compris israéliens — l'empruntent chaque année.
Carte Égypte Cb

Suez (golfe de) Bras de la mer Rouge, branche du Grand Rift africain bordé par le désert oriental égyptien à l'O. et par le Sinaï à l'E. (320 km de long, 32 km de large). Il est devenu une route maritime importante grâce au canal de Suez qui le relie à la Méditerranée. Des exploitations pétrolières offshore y sont installées.
Carte Égypte Cd

Suffolk, *Royaume-Uni* Comté à l'est de l'Angleterre s'étendant sur 3 800 km². Au S.-E. se trouvent les estuaires de la Stour, de l'Orwell et du Deben, Ipswich, le chef-lieu, et les ports de Harwich et de Felixstowe ; à l'O., les landes de Breckland, avec au N. Bury Saint Edmunds, ainsi que les prairies de Newmarket, ville de concours hippiques ; au centre, une paisible région agricole, immortalisée par les tableaux de John Constable (1776-1837) et de Thomas Gainsborough (1727-1788).
Population 619 650
Carte Royaume-Uni Fd

Suisse Voir p. 636-637

Suisse saxonne, *Allemagne/République tchèque* Voir ÚSTÍ NAD LABEM

Sukhothai, *Thaïlande* Province agricole et ville de marché située à 385 km au N. de Bangkok. La vieille ville, première capitale du pays, florissante aux XIIIe et XIVe s., a été restaurée et classée site historique. Elle est, avec Sawankalok, le plus important site archéologique du pays. Principales cultures : riz, mangues, haricots, soja, coton.
Population (ville) 11 500
Carte Thaïlande Ab

Sulawesi ou **Célèbes, *Indonésie*** Île de 189 000 km², entre Bornéo et la Nouvelle-Guinée ; ses chefs-lieux sont Macassar et Menado. Très montagneuse, elle possède cependant de bonnes terres qui produisent du riz, des haricots en grains, du maïs et du manioc. Sulawesi est entrée dans la république d'Indonésie en 1950.
Population 12 522 000
Carte Indonésie Ec

Sulu (îles), *Philippines* Archipel regroupant 400 îles portant un nom (et bien d'autres anonymes) qui s'étend sur 982 km² entre Mindanao et Bornéo et forme la limite méridionale de la mer de Sulu. Il comprend deux groupes : celui du Pangutaran du Nord, composé surtout de récifs coralliens, et celui du Sud, le plus important, composé d'îles volcaniques plus grandes comme Basilan et Jolo, où se trouve la capitale. C'est une région isolée dont les habitants — les Moros — vivent de la pêche et de la culture du riz, du manioc et des noix de coco. L'archipel, qui ne fait partie de l'État philippin que depuis 1940, a pendant longtemps été repaire de pirates. Les îles gouvernées par les sultans de Jolo jusqu'au XIXe s. passèrent ensuite sous le contrôle des Espagnols, puis sous celui des Américains. Leurs habitants, musulmans, sont hostiles au gouvernement de Manille.
Population 360 600
Carte Philippines Bd

Sulu (mer de) ou **mer de Mindoro, *Philippines*** Située entre les Philippines sud-occidentales et Bornéo, cette mer (260 000 km²) fut autrefois dominée par les pirates moros (musulmans philippins). Les bateaux moros, aux voiles de couleurs vives, y naviguent toujours... mais la pêche a remplacé la piraterie.
Carte Philippines Ad

Sumatra, *Indonésie* Île au large de la côte O. de la péninsule Malaise, la plus grande (473 607 km²) des îles de la Sonde et le centre de l'industrie pétrolière du pays. Production de caoutchouc, riz, cacao, café, thé, huile de palme et tabac pour l'exportation.
Population 35 000 000
Carte Indonésie Ab

Sumba, *Indonésie* Île (11 153 km²) des petites îles de la Sonde, au S. de Flores. Production de maïs, tabac, riz, coco et fruits.
Population 251 100
Carte Indonésie Ed

Sumbawa, *Indonésie* Île volcanique (11 448 km²) des petites îles de la Sonde, à l'O. de Flores. Son plus haut volcan, le Tambora (2 851 m), est le vestige d'un volcan beaucoup plus important qui dévasta l'île en 1815, faisant 50 000 victimes et forçant 35 000 personnes à émigrer. Culture de produits tropicaux : riz, patate douce, soja.
Population 350 000
Carte Indonésie Ed

Šumen, anc. **Kolarovgrad, *Bulgarie*** Ville de la région de Varna, à 80 km à l'O. de celle-ci. Commerce des céréales et du vin. Machines agricoles, brasseries, meubles, fer émaillé. Forteresse occupant une position stratégique importante, elle fut prise par les Russes pendant la guerre russo-turque (1878-1879).

À environ 10 km à l'E., ruines de Madara (Ve s.), célèbre pour sa statue rupestre, dite le Cavalier de Madara, bas-relief sculpté à 25 m de hauteur.
Population 110 800
Carte Bulgarie Cb

Sumer, *Moyen-Orient* Ancien royaume situé en basse Mésopotamie, fondé au IVe millénaire av. J.-C. On attribue aux Sumériens l'invention des plus anciennes formes d'écriture, vers 3500 av. J.-C. Il s'agissait de symboles cunéiformes et de dessins inscrits sur des tablettes d'argile humide que l'on faisait ensuite sécher. Quelques milliers de tablettes décrivant la vie des Sumériens ont été découvertes à Nippour, la plus grande ville de Sumer, à 100 km au S. de Babylone. Les Babyloniens s'emparèrent de Sumer en 1950 av. J.-C. La région appartient aujourd'hui à l'Irak.

Sumidero (El), *Mexique* Spectaculaire canyon (42 km de long, 1 800 m de profondeur) creusé par le río Grijalva, dans l'État de Chiapas. Au XVIe s., plus de 1 000 Indiens préférèrent s'y donner la mort plutôt que de vivre sous le joug espagnol. Touchés, les conquistadores se retirèrent du territoire.
Carte Mexique Cc

Sunch'on, *Corée du Sud* Carrefour ferroviaire vers les plages et les îles touristiques de la côte S.-O. du pays et ville commerçante située dans une région agricole.
Population 167 500
Carte Corée du Sud Ce

Sun City, *Afrique du Sud* Centre de loisirs moderne créé en 1977 dans l'ex-Bophutatswana, à 150 km au N.-O. de Johannesburg. Il possède un casino — qui n'était pas toléré alors en Afrique du Sud —, une réserve zoologique, des infrastructures sportives et un grand centre de loisirs, ainsi que des hôtels de luxe.
Carte Afrique du Sud Cb

Suède

UN PAYS OÙ UNE TECHNOLOGIE SOPHISTIQUÉE ET UNE INDUSTRIE EFFICACE CÔTOIENT LA BEAUTÉ SAUVAGE DE GRANDES FORÊTS ET D'INNOMBRABLES LACS

Avec maintenant presque deux siècles de paix derrière elle, un niveau de vie supérieur à celui des États-Unis et une des couvertures sociales les plus étendues du monde, la Suède est à plusieurs égards un pays envié par les autres nations européennes. Mais le paradis sur terre est loin d'être gratuit : les Suédois supportent les impôts les plus lourds du monde et leurs services sociaux représentent plus de 70 % du budget national. Certains Suédois pensent qu'à force de protection ils souffrent d'un excès d'intervention gouvernementale et ils se sentent enfermés dans un véritable carcan économique et social. La nouvelle réforme fiscale, entrée en vigueur en 1991, était destinée à rendre compatible le système avec celui des pays de la C.E.E. (aujourd'hui Union européenne), en vue d'une adhésion qui pourrait intervenir au début de 1995. Elle a consisté en un allègement des impôts directs, compensé par une augmentation des impôts indirects, donc des produits de consommation courante.

La Suède est un grand et beau pays nordique dont la pointe S. se situe à peu près à la même latitude que la frontière entre l'Angleterre et l'Écosse. Sa pointe N., à quelque 1 500 km au-dessus, se trouve bien au-delà du cercle polaire. Le Sud est en majeure partie plat, le Nord principalement montagneux et le littoral bordé d'un chapelet de plus de 20 000 îles et îlots. La plus grande partie de la Suède est une plaine ondoyante, dont les principaux éléments sont les forêts de conifères et l'eau, avec des lacs sombres qui furent creusés dans le granit durant la glaciation. On trouve des forêts de hêtres et de chênes dans le sud alors que l'extrême nord est dépourvu d'arbres. Dans le nord, les forêts de conifères sont graduellement remplacées par des paysages de toundra avec des immensités sauvages de marécages, lichens et mousses, illuminées par une multitude de fleurs et de baies.

Le climat est contrasté. Les étés sont brefs avec parfois des vagues de chaleur. Les hivers durent sept mois dans le nord, trois dans le sud ; ils amènent neige profonde et glace.

FORÊTS ET LACS

La moitié du pays environ est recouverte de forêts ; le pin et l'épicéa sont les espèces dominantes avec le bouleau, l'arbre national. Dans le passé, la forêt a été menacée par une surexploitation pour le charbon de bois, le bois de construction et de chauffe. Mais aujourd'hui elle est parmi les mieux entretenues du monde, avec davantage de nouvelles plantations que de coupes, politique accentuée par l'assèchement et la plantation de certains grands marécages. D'immenses territoires complètement sauvages subsistent cependant, parcourus au rythme des saisons par des vols d'oiseaux migrateurs et fréquentés par les élans, les chevreuils et les rennes. De plus, environ 250 000 rennes domestiques migrent des montagnes en été vers les forêts en hiver. Cette utilisation intense du territoire entraîne des risques de surpâturage et de dégradation des forêts et oblige à surveiller et à limiter la taille des troupeaux.

En Suède, terre et eau sont partout mêlées. On trouve des archipels au large des côtes. Le plus vaste est dans la région de Stockholm ; sa verdure contraste avec le dénuement de l'archipel de la côte O., nu et fouetté par les tempêtes. Le littoral du golfe de Botnie, encore en élévation après la fonte des glaces de la période des glaciations, produit quant à lui de nouvelles îles et des hauts-fonds toutes les deux ou trois générations. Il y a également des îles dans les lacs de l'intérieur dont certains, notamment Vänern et Vättern, sont parmi les plus grands d'Europe. Les cours d'eau qui les drainent comportent des chutes et des torrents impétueux. Les rivières les plus spectaculaires se trouvent en Norrland, qui couvre les deux tiers nord du pays. Elles proviennent des lacs de haute altitude de la bordure norvégienne et dévalent jusqu'au golfe de Botnie ; les chutes sont nombreuses et impressionnantes. Les lacs et les mers sont remplis de poissons et de crustacés.

L'AGRICULTURE ET LES MINES

Moins de 8,5 millions d'habitants vivent dans ce grand pays. Le tiers sud a toujours été le plus densément peuplé alors

que de vastes territoires sont très peu occupés. La plupart des agriculteurs suédois sont propriétaires de leur exploitation qu'ils mettent en valeur avec une main-d'œuvre essentiellement familiale et dont les productions sont vendues par l'intermédiaire de coopératives. La production laitière prédomine, même si tout le bétail doit être gardé à l'étable durant l'hiver. Environ 7 % du territoire suédois est cultivé, avec principalement des cultures fourragères, des céréales et de la betterave à sucre. Les exploitations sont de taille plus importante dans le sud du pays, mais les forêts du Nord, dont le bois est intensément exploité, couvrent des étendues beaucoup plus importantes que le domaine forestier du Sud. Malgré toutes ces activités, seulement 5 % de la population travaille dans les secteurs de l'agriculture, l'exploitation forestière et la pêche.

L'exploitation forestière est maintenant une activité à part entière alors que traditionnellement elle occupait les agriculteurs durant l'hiver. Il en était de même des activités minières, surtout autour de Bergslagen dans le sud de la Suède. On y extrayait le minerai de fer, fondu au moyen de charbon de bois et forgé à l'aide de l'énergie hydraulique. Avec l'introduction de nouveaux procédés au milieu du XIXe s., beaucoup de petites fonderies devinrent inadaptées et les productions de fer et d'acier furent concentrées dans un petit nombre de villes. La Suède est maintenant un des premiers producteurs mondiaux de minerai de fer, la majeure partie provenant des mines de Laponie (Küranavaara, Luossavaara et Suappavaara). Les minerais de Laponie sont traités à Luleå dans le Nord, alors que la principale aciérie du Sud se trouve à Sandviken. Les mines de la région de Boliden sur la côte du golfe de Botnie produisent du zinc, de l'argent, de l'or et du cuivre, la plus ancienne mine de cuivre d'Europe à Falun étant épuisée depuis le siècle dernier.

La révolution industrielle du XIXe s. qui transforme l'industrie de l'acier entraîne également le passage d'usines à bois minuscules, alimentées par des chutes d'eau, vers des grandes unités situées sur les voies d'eau navigables. Ces complexes industriels produisent une grande variété de papiers, panneaux, contre-plaqués, éléments préfabriqués, produits chimiques et bien sûr des allumettes. L'histoire de l'industrie des allumettes est décrite dans le musée de Jönköping.

La Suède a très peu de gisements de charbon et de pétrole, aussi son développement industriel dépend-il largement des techniques hydroélectriques. La demande en énergie a augmenté de manière phénoménale, entre autres à cause du système de chemin de fer entièrement électrifié. Mais les principales sources d'énergie hydroélectrique se trouvent dans le nord du pays alors que les demandes les plus importantes sont dans le sud. Face à ce problème, les ingénieurs suédois furent les premiers à développer des méthodes de transport de l'électricité. Plus tard, l'implantation de centrales nucléaires et l'importation de pétrole bon marché furent les bases de la phase finale de l'expansion énergétique ; l'opinion publique s'est ensuite retournée contre les centrales nucléaires juste à l'époque de la crise du pétrole, au milieu des années 1970. La Suède a ainsi dû trouver d'autres formes d'énergie, du charbon importé d'Allemagne et de Pologne et du gaz naturel du Danemark.

COMPÉTENCES INDUSTRIELLES

Le développement des activités industrielles fut assez tardif en Suède. Mais, après avoir adopté les méthodes britanniques et germaniques de production de l'acier à la fin du XIXe s. ainsi que les processus mécaniques et chimiques d'élaboration du papier et de la pâte à papier, les dons d'invention des Suédois commencèrent à s'affirmer. Il est curieux de constater que, pour un pays aussi attaché à la paix, ces compétences se sont développées dans le domaine de l'armement. Alfred Nobel a ainsi inventé la dynamite et établi un empire industriel avant de créer ses fameux prix, alors que Bofors, usine d'armement de Suède centrale, est connue dans le monde entier pour ses canons automatiques légers. Plus digne de louanges, peut-être, a été l'influence de la Suède en matière de conception de meubles, de vaisselle et d'ustensiles ménagers, aux lignes claires et simples, en bois, verre, porcelaine ou fonte.

L'industrie lourde a également bénéficié du développement du programme énergétique avec des usines électriques et mécaniques et des produits d'envergure mondiale. D'importants chantiers navals se sont développés à Göteborg, Malmö et Uddevalla, que la crise mondiale actuelle a toutefois durement affectés. La société Husqvarna fut pionnière en matière de machines à coudre et de motocyclettes au début du XXe s., et la construction automobile a acquis une renommée internationale en une génération. Le succès de cette industrie se manifeste dans les immenses usines de montage de Volvo, Saab et Scania-Vabis. L'industrie aéronautique suédoise s'est également fait un nom, en particulier pour ses avions de chasse monoplaces. Beaucoup d'industries spécialisées sont associées à des lieux précis : Eskiltuna est surtout connue pour la coutellerie, Orrefors pour le verre, Västerås pour les composants électriques, et Borås pour le textile. Les travailleurs très qualifiés ont acquis une bonne réputation d'habileté professionnelle mais celle-ci est menacée par les nouvelles compétences suédoises en matière de robotique.

Le marché national suédois étant limité, le développement industriel à grande échelle n'a pu se faire qu'en se tournant vers l'extérieur. Plusieurs groupes suédois importants y ont établi des filiales qui emploient quelquefois une main-d'œuvre plus importante que la maison mère. Le pays vend également sa compétence à l'étranger : banques, assurances, services de conseil statistique et ingénierie. Les ingénieurs suédois sont particulièrement actifs dans le tiers monde, avec la construction de barrages, de centrales hydroélectriques, de lignes à haute tension, d'usines de transformation du bois, de silos à grains, mais aussi de terrains d'aviation, d'hôpitaux et de bâtiments publics. Il n'est pas rare que les bénéfices de ce type d'opérations dépassent ceux produits sur le territoire national.

Ce développement industriel tardif s'est traduit par certains avantages : les villes ont pu éviter les taudis et les usines des villes européennes industrielles de la première génération. Beaucoup de villes suédoises sont d'origine ancienne mais il reste peu de bâtiments historiques. Les constructions, traditionnellement en bois, ont connu de nombreux incendies au cours de l'histoire. Lors des reconstructions, l'amour de l'ordre des Suédois transparaît dans les plans très organisés des rues. La largeur des rues, la taille des lots résidentiels et des espaces verts étaient et sont d'une stricte régularité. Dans les grandes villes, les immeubles et les tours prédominent ; sauf dans les banlieues, les maisons individuelles séparées sont peu répandues. Un nombre considérable de villes n'a que quelques milliers d'habitants et beaucoup sont centrées autour d'une entreprise unique — une mine, une usine de transformation du bois, une usine spécialisée. Dans le Nord où la vie rurale est plus rude, l'exode vers les villes continue ainsi que la migration des villes du Nord vers celles du Sud. Le chômage est continuellement plus élevé dans le Nord et beaucoup d'habitants de ces régions considèrent qu'ils vivent dans des zones défavorisées. D'importants investissements dans les communications, des subventions dans l'industrie, l'établissement des pôles de croissance et une politique d'ajustement des salaires améliorent certainement la situation mais ne peuvent résoudre les problèmes d'une façon définitive.

UN MODE DE VIE SAISONNIER

Dans une certaine mesure, le problème de la Suède est celui d'une petite population dans un très grand pays. D'un autre côté, c'est cette abondance qui permet à la plupart des Suédois de profiter de leur style de vie particulier et de créer, par exemple, un aussi grand parc national que les 1 940 km^{2} de Sarek, le plus grand parc de ce type en Europe. Presque chaque famille a une voiture et beaucoup possèdent également un bateau à moteur ou à voile ; partout la campagne est d'un accès facile. Beaucoup de familles ont une résidence secondaire : une belle villa ou une maison préfabriquée. Équipée pour affronter l'hiver, c'est-à-dire canalisations enfouies hors de portée du gel, elle pourra également être utilisée pour la chasse en automne et le ski en hiver.

La vie est réglée par les saisons. Les Suédois profitent au maximum du court été, avec des vacances scolaires s'étalant de début juin à la mi-août ; durant cette période, les horaires de travail commencent et finissent plus tôt dans la journée. La fête nationale, le 6 juin, est un des événements de l'été ; mais son point culminant est la fête de la Saint-Jean, quand dans chaque commune, chaque hameau, on dresse une grande croix décorée de feuillages, de fleurs et rubans et que l'on festoie toute la nuit. Alors que les nuits s'allongent, les fêtes d'écrevisses du mois d'août annoncent la fin de l'été. L'obscurité, prononcée en novembre, s'accentue jusqu'au solstice d'hiver où le sud de la Suède a environ six heures de jour et le nord pas beaucoup plus de trois. Au-delà du cercle polaire, les lampadaires ne sont jamais éteints durant les mois d'hiver et les chasse-neige et autres engins spécialisés sont toujours prêts à intervenir.

Chaque année, un courageux défi est jeté à l'obscurité par la célébration des fêtes de la lumière au milieu de l'hiver. Le quatrième dimanche avant Noël, les bougies illuminent chaque fenêtre et les arbres de Noël brillent déjà dans les jardins publics. Le 13 décembre, des jeunes filles mettent des couronnes de bougies pour représenter sainte Lucie, sainte patronne de la lumière, tandis que les garçons portent des chapeaux décorés d'étoiles. On

LE GRAND PAYS. Le soleil brille sur une chute d'eau en Jämtland, dans la Suède centrale. C'est une région pleine de lacs, de rivières, de montagnes et de forêts, avec très peu d'habitants.

boit du « glögg », vin chaud épicé au brandy, on prépare des biscuits au gingembre et les tables sont décorées de lutins à coiffe rouge, les trolls, et de chèvres de paille.

Fin février, les températures descendent à leur niveau le plus bas, mais mars peut rayonner de soleil. Les écoliers ont des vacances de neige, et les compétitions de ski, locales ou nationales, se multiplient à mesure que les jours s'allongent. Les étudiants attendent avec impatience la nuit de Walpurgis, à la veille du 1er mai, quand ils mettent leurs casquettes blanches, et tout le monde célèbre l'arrivée du printemps avec des feux de joie, des danses et des chansons.

Bien que la Suède soit renommée pour sa neutralité, elle a connu sa part d'aventures militaires. Le roi Gustave II Adolphe ne fut-il pas le plus grand chef militaire de la guerre de Trente Ans (1618-1648) ? Toutefois le pays n'a pas participé à un conflit depuis 1814.

Techniquement avancée, organisée, riche, égalitaire, politiquement neutre, la Suède se rapproche assez d'un État modèle. Après de nombreux débats, elle vient de demander son adhésion à la Communauté européenne, poussée surtout par des motifs économiques.

Certains craignent que le haut niveau de vie ne puisse être maintenu et pensent que les généreuses donations que le pays consacre à l'aide internationale et qui représentent 1 % de son P.N.B. devraient être réduites. Il y a également ceux qui sont perturbés par d'éventuelles tensions raciales. L'afflux après la Seconde Guerre mondiale de travailleurs immigrés et de réfugiés de Finlande, des pays baltes, d'Italie, de Grèce et de Yougoslavie a eu pour conséquence qu'aujourd'hui un Suédois sur dix est né à l'étranger ou de parents immigrés. Une majorité de la population soutient la position de neutralité de la Suède, bien qu'il s'agisse d'une neutralité armée, avec un important budget de défense, un service militaire obligatoire et une industrie de guerre rémunératrice. En matière religieuse, les Suédois ont beaucoup évolué, seule une petite minorité est encore pratiquante. Néanmoins, la sévère éthique luthérienne est solidement ancrée. C'est d'elle que proviennent les vertus nationales de discipline et de dur labeur, et la valeur accordée à la réussite.

Depuis l'assassinat du Premier ministre Olof Palme dans une rue de Stockholm en février 1986, les socio-démocrates ont continué de gouverner mais se sont régulièrement affaiblis. Ils ont perdu les élections de septembre 1991 et les partis bourgeois vainqueurs ont formé un gouvernement de coalition associant modérés, libéraux, centristes et chrétiens-démocrates. Celui-ci n'est cependant pas majoritaire et doit s'appuyer sur Nouvelle Démocratie, un tout nouveau parti politique considéré à droite des partis bourgeois traditionnels.

LA SUÈDE EN BREF
Superficie 449 793 km²
Population 8 730 000
Capitale Stockholm
Régime Monarchie parlementaire
Monnaie Krona (Couronne) = 100 öre
Langue Suédois
Religion Chrétiens (94 % luthériens)
Climat Tempéré froid ; étés courts et chauds, hivers longs et froids. Température moyenne à Stockholm : de – 5 à – 1 °C en février, et de 14 à 22 °C en juillet
Ressources Produits laitiers, céréales, pommes de terre, betterave à sucre, colza, bois ; minerai de fer, cuivre, plomb et zinc
Activités Industries mécaniques, électriques et automobiles, exploitation minière, production de bois, pâte de bois, papier et meubles
Exportations Productions mécaniques et électriques, bois, pâte de bois et papier, automobiles, produits chimiques, fer et acier, produits pétroliers
P.N.B. annuel par habitant 26 800 dollars
Croissance démographique 3,2 ‰ par an
Espérance de vie Hommes 75 ans, femmes 80

Suisse

INDÉPENDANCE ET NEUTRALITÉ SONT LES PIERRES ANGULAIRES DE LA POLITIQUE NATIONALE SUISSE, SOURCE DE PAIX ET DE PROSPÉRITÉ

Les Suisses ont l'impression que tout le monde rêve d'être suisse pour profiter des avantages offerts par ce pays. Les étrangers sont nombreux à y disposer d'un compte bancaire. Les Anglais y envoient leurs filles apprendre le français. Les Américains sont les fondateurs de nombreuses organisations internationales qui ont leur siège à Genève. Pendant ce temps, les Suisses s'appliquent à travailler avec ardeur pour s'assurer un des plus hauts niveaux de vie du monde. Le revenu national par tête est supérieur à 14 000 dollars et le P.N.B. augmente chaque année de 2,3 %. L'économie s'est d'abord développée à partir des industries mécaniques, chimiques, textiles et de la fabrication de montres et d'instruments de précision qui fournissent une bonne partie des exportations, mais le tourisme et l'activité bancaire internationale garantissent des profits encore plus grands. La stabilité économique attire la confiance des clients étrangers des banques suisses qui ont le choix entre environ 1 750 banques et organismes financiers.

La citoyenneté suisse est différente de celle du Français ou de l'Italien. En effet, la Suisse est une confédération de 23 cantons qui sont des États souverains (trois sont divisés en demi-cantons) et les habitants appartiennent d'abord à leur canton. Le mot *Kantönligeist* définit bien cet esprit, celui qui correspond un peu à notre esprit de terroir. C'est le canton qui délivre les permis de séjour et a les universités sous sa tutelle, tandis que le terme « suisse » se réfère à l'équipe nationale de ski ou au service des chemins de fer, mais aussi et surtout à l'armée (c'est sûrement le plus grand facteur d'unification nationale), qui est une des armées les plus entraînées du monde, où chaque homme sert activement comme réserviste jusqu'à l'âge de cinquante ans (cinquante-cinq ans pour les officiers). Dans cette perspective, les soldats gardent leurs uniformes, armes et munitions en permanence à la maison.

Les Suisses sont prêts à affronter une guerre nucléaire. Des abris souterrains seront fournis à toute la population d'ici à l'an 2000.

QUATRE LANGUES POUR UN PAYS

Il n'existe pas une langue suisse proprement dite. Trois langues sont en usage : la plus répandue est l'allemand (73,5 % de la population), suivie par le français dans l'Ouest (20 %) et l'italien dans le Sud (4,5 %). Il y a même une quatrième langue officielle : le romanche, qui est parlé surtout dans l'Engadine (1 %). La plupart des Suisses répondent normalement si on leur adresse la parole dans une de ces trois langues principales, mais ils s'expriment entre eux dans un autre parler très différent : le suisse allemand.

20 % des habitants sont des étrangers. Parmi les 947 000 étrangers, soit plus du quart de la population active, figurent 183 000 frontaliers, domiciliés pour la plupart en Italie. Enfin, 100 000 travailleurs saisonniers sont autorisés à exercer un emploi durant quelques mois dans les hôtels et les cafés. Cependant, pour avoir leur famille auprès d'eux, ils doivent posséder un permis de travail annuel. Seuls les détenteurs de ce document peuvent, après une longue période de stage, acquérir la nationalité suisse.

L'immigration est contingentée. En tête des nouveaux réfugiés viennent les Yougoslaves puis les Turcs. La Suisse a besoin de main-d'œuvre qualifiée mais souhaite sauvegarder un équilibre ; le taux de chômage est depuis des années inférieur à 1 %.

La Confédération suisse commence véritablement en 1291, avec la conclusion d'un pacte d'assistance mutuelle entre les trois cantons d'Uri, d'Unterwald et de Schwyz (qui a donné son nom au pays). Dix-neuf autres cantons ont rejoint la ligue au cours des siècles pour former en 1848 une république fédérale dotée d'une Constitution. Les cantons de Genève, du Valais et de Neuchâtel n'ont été rattachés qu'en 1815. Un nouveau canton, le Jura, fut créé en 1978.

Le système gouvernemental fonctionne sur la base d'une fédération. La capitale, Berne, abrite l'Assemblée, le Conseil des États et un Conseil fédéral de sept membres, dont chacun exerce à tour de rôle les fonctions de président de la Confédération suisse (nom officiel de la nation). Mais les cantons sont soucieux de conserver leur individualité et les tâches qui incombent au gouvernement fédéral se limitent au rôle de direction centrale de l'armée, des chemins de fer, des postes et autres services publics.

La nation suisse est née des efforts de résistance menés contre l'Autriche et la domination des Habsbourg. Elle a vaincu les visées expansionnistes de la Savoie (1559) et de la France pendant les guerres napoléoniennes, et est sortie indemne de la Seconde Guerre mondiale, tenant tête à Hitler qui s'était vanté que, dès que les armées du Reich auraient conquis l'Europe, il lui suffirait de la seule brigade de sapeurs-pompiers de Berlin pour s'emparer de la Suisse.

L'indépendance et la neutralité — garanties à perpétuité par le congrès de Vienne en 1815 — sont les guides absolus de la politique nationale. Pour les défendre, les Suisses entretiennent une armée extraordinaire. Cette politique sert l'équilibre mondial à tel point qu'aucun pays, même le plus agressif, n'a osé violer la neutralité de la Suisse. Celle-ci a été mise à profit pour servir d'intermédiaire en vue d'obtenir l'échange de prisonniers, la libération d'otages, la protection des victimes civiles et militaires en temps de guerre.

Le territoire suisse abrite un grand nombre d'institutions à vocation pacifique. Depuis la création de la Croix-Rouge internationale par le philanthrope suisse Henri Dunant en 1864, le pays accueille tout naturellement les sièges de plus de 150 organisations internationales. Parmi celles-ci, l'éphémère Société des Nations (S.D.N.), créée en 1920, et qui avait son siège à Genève : son palais, bâti en 1936, abrite aujourd'hui le siège européen de l'Organisation des Nations unies (ONU), qui a succédé à la S.D.N. en 1946. D'autres organisations ou institutions internationales, comme le Conseil œcuménique des Églises, l'Organisation mondiale de la santé (O.M.S.), le Bureau international du travail (B.I.T.), l'Union internationale des télécommunications (U.I.T.), le Fonds mondial pour la nature (W.W.F.) ou le Centre européen de la recherche nucléaire (CERN), ont également leur siège à Genève.

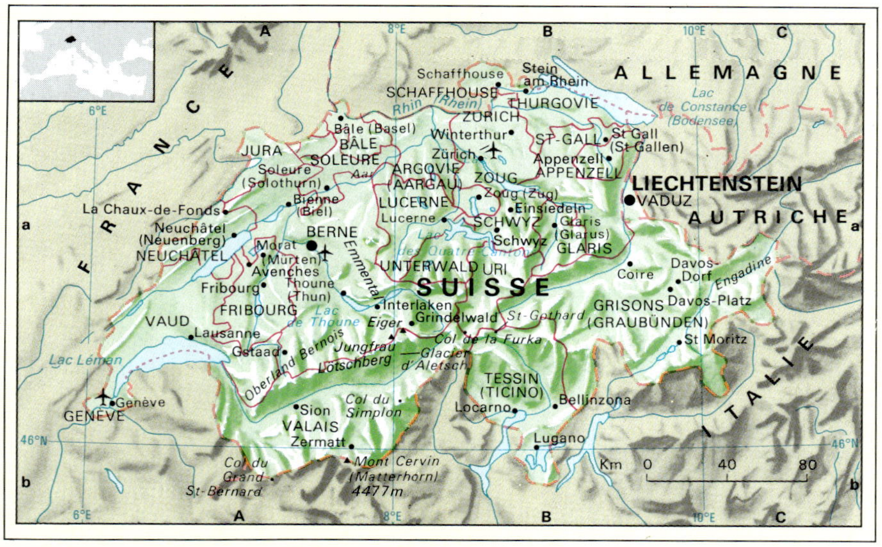

LE CADRE NATUREL

La Suisse semble le pays des Alpes par excellence, mais la montagne ne couvre pas l'entière superficie du territoire national. Le Nord est une région de collines et de forêts, mais aussi de villes et d'industries. Bâle est mondialement connue pour ses industries pharmaceutiques, Zurich pour l'industrie mécanique et électronique. La zone non alpine produit le fromage et le chocolat si prisés à l'étranger ; c'est aussi le centre de l'industrie horlogère célèbre dans le monde entier.

Les Alpes occupent la moitié S. du pays, formant deux grands chaînons Est-Ouest divisés par les vallées du Rhône et du Rhin. La chaîne N., tout entière en Suisse, est dominée par les pics de l'Eiger (3 970 m) et de la Jungfrau (4 158 m). La chaîne S. possède les plus hauts sommets : le mont Blanc (4 807 m), partagé avec la France, le Matterhorn — ou Cervin — (4 478 m) et la pointe Dufour (4 634 m), sommet du mont Rose à la frontière italienne.

Dans la Suisse alpine, neige et glaciers (le plus vaste est le glacier d'Aletsch, long de 23,6 km, qui couvre 125 km^2) attirent les sportifs du monde entier qui, nombreux, fréquentent l'hiver les stations renommées que sont Saint-Moritz, Zermatt, Davos, Gstaad ou Crans-sur-Sierre. Les hauts cols des Alpes (Furka, Grand-Saint-Bernard, Saint-Gothard et Simplon) jouent un rôle majeur dans la vie de la région.

Les Alpes constituent une frontière climatique entre le monde méditerranéen et l'Europe centrale. À la sortie du tunnel du Simplon ou du Saint-Gothard, vers le Sud, on découvre un nouvel environnement : la Suisse italienne, pays de lacs à la végétation subtropicale, diffère par son architecture et son langage. Le Nord est moins ensoleillé, avec un vent sec et chaud soufflant du S., le fœhn, qui perd son humidité en franchissant les Alpes et réchauffe la température.

Il existe de multiples microclimats régionaux. Mais l'air des Alpes, pur et sain, attire les étrangers qui viennent se soigner dans de nombreuses cliniques ou des hôpitaux, ou se reposer dans les stations climatiques comme Locarno, Montreux ou Lugano.

Au N. de la chaîne des Alpes s'étend le plateau suisse, région de collines riche en lacs et très peuplée. L'agriculture et l'élevage y tiennent une place importante : c'est le lieu de production de fromages comme le gruyère ou l'emmental. Le triangle Bâle-Zurich-Winterthur est très industrialisé.

La troisième partie du pays — et la moins étendue — est le Jura suisse, qui prolonge le Jura français au N.-O. du lac Léman et du lac de Neuchâtel. Il est formé d'une succession de petits chaînons de 1 400 à 1 600 m d'altitude, séparés par des vallées qui communiquent entre elles par des cluses. La Chaux-de-Fonds, située au cœur d'une vallée jurassienne, est le principal centre de l'horlogerie suisse.

Le pays a su surmonter les obstacles naturels en utilisant toutes les techniques possibles pour mettre au point un excellent réseau de transport : tunnels, cols, chemins de fer à crémaillère, vapeurs sur les lacs, autocars et sentiers de randonnées servent à merveille les communications et le tourisme. 180 000 travailleurs sont employés dans les hôtels et les restaurants pour assurer le bien-être des millions de touristes qui viennent chaque année visiter la Suisse.

LA SUISSE EN BREF
Superficie 41 293 km^2
Population 7 000 000
Capitale Berne
Régime République parlementaire, Etat fédéral
Monnaie Franc suisse = 100 centimes ou rappes
Langues Allemand, français, italien, romanche
Religion Chrétiens (48 % catholiques, 44 % protestants)
Climat Etés chauds, hivers froids ; température moyenne à Zurich : de − 3 à 2 °C en janvier, de 13 à 24 °C en juillet
Ressources Blé, orge, pommes de terre, raisin, pommes, bétail, bois ; sel, pierres de construction
Activités Tourisme, mécanique, chimie, pharmacie, banque et assurances, industrie horlogère, instruments de précision, fils et tissus, bois, pâte à papier, ciment, fer, acier
Exportations Machines, produits chimiques et pharmaceutiques, métaux précieux et bijoux, horlogerie, instruments de précision, textiles, produits alimentaires
P.N.B. annuel par habitant 33 510 dollars
Croissance démographique 3,5 ‰ par an
Espérance de vie Hommes 74 ans, femmes 81

VALLÉE HEUREUSE. Un soleil éclatant, à l'image de la prospérité de la Suisse, brille sur le petit bourg de Lauterbrunnen, niché au S. d'Interlaken dans une vallée verdoyante de l'Oberland bernois. Le Breithorn (3 782 m), à l'arrière-plan, n'est qu'à 11 km des hauts massifs de la Jungfrau, du Mönch et de l'Eiger.

Sundarbans, ***Bangladesh*** Jungle et mangrove du delta du Gange (30 000 km^2). La région, peuplée de nombreux animaux (serpents, buffles, crocodiles), est infestée de moustiques et de sangsues. La jungle est l'un des derniers refuges des tigres du Bengale.
Carte Bangladesh Bd

Sunderland, ***Royaume-Uni*** Ville industrielle à l'embouchure de la rivière Wear, à 16 km au S.-E. de Newcastle-upon-Tyne, dans le comté de Tyne et Wear. Elle a connu son apogée à partir du XIXe s., grâce aux mines de charbon et à la construction navale — elle fut le plus grand centre de construction navale du monde. L'église Saint Peter (VIIe s.) a été en partie reconstruite en 1870.
Population 220 000
Carte Royaume-Uni Ec

Sundsvall, ***Suède*** Port sur le golfe de Botnie, à 406 km au N. de Stockholm. Exportation de bois et de papier.
Population 93 200
Carte Suède Cc

Sungei Kolok, ***Malaysia/Thaïlande*** Fleuve naissant près de la frontière thaïlandaise, au N. de l'État malais de Kelantan. Sur la quasi-totalité de sa longueur, il marque la frontière entre la Malaysia et la Thaïlande, puis il bifurque vers le N.-O., pénètre en Thaïlande et se jette dans la mer de Chine méridionale.
Carte Malaysia Ba

Sunset Crater National Monument, ***États-Unis*** Au N. de l'Arizona, à 180 km au S. de la frontière avec l'Utah, cône volcanique formé lors d'une éruption, vers 1065. Il doit son nom à la couleur de son sommet qui évoque celle du coucher de soleil (en anglais « sunset »).
Carte États-Unis Dc

Sunyani, ***Ghana*** Ville principale et capitale de la région de Brong-Ahafo, à 320 km au N.-O. d'Accra. C'est un important marché du cacao et de la noix de cola, produits en culture intensive dans toute la région.
Carte Ghana Ab

Supérieur (lac), ***Canada/États-Unis*** Le plus vaste et le plus élevé (183 m d'altitude) des Grands Lacs américains. C'est aussi la plus importante étendue d'eau douce du monde (82 400 km^2). Les canaux de Soo (ou Sault-Sainte-Marie) permettent aux bateaux de franchir un dénivelé de 6 m le reliant au lac Huron.
Carte États-Unis Ia

Suphan Buri, ***Thaïlande*** Ville marché de la province agricole homonyme, à 80 km au N.-O. de Bangkok. La région produit du riz et de la canne à sucre.
Population (ville) 134 500
Carte Thaïlande Bc

Süphan Dag, ***Turquie*** Volcan à l'E. du pays (4 434 m), dans une région correspondant à l'ancienne Arménie, au N. du lac de Van.
Carte Turquie Cb

Surabaya, ***Indonésie*** Deuxième ville du pays après Djakarta et capitale de la province de Java-Est. Port industriel (construction navale, textile, pêche) exportant sucre, caoutchouc, tabac et produits agricoles.
Population 2 470 000
Carte Indonésie Dd

CANAL IMPÉRIAL. Le Grand Canal (Da Yunhe), commencé à la fin du VIe s., traverse la pittoresque ville de Suzhou.

Surakarta, anc. **Solo,** ***Indonésie*** Ville du centre de l'île de Java, autrefois capitale du royaume de Mataram et, après 1755, résidence des sultans Susuhunan. Nœud ferroviaire et marché agricole dans une région produisant riz, manioc, cuir et sucre. Industrie mécanique. La ville est célèbre pour ses étoffes de batik et ses spectacles de wayang.
Population 491 000

Surat, ***Inde*** Port sur la côte occidentale, à l'embouchure de la Tapti, à 260 km au N. de Bombay. Principal port du pays sous les premiers empereurs moghols (1550-1650), il fut le plus grand port occidental des Indes britanniques et supplanta Bombay. On y tisse toujours des cotonnades et des étoffes traditionnelles ornées de fils d'or et d'argent.
Population (aggl.) 1 517 000
Carte Inde Bc

Surat Thani, ***Thaïlande*** Province côtière et ville à 560 km au S. de Bangkok, dans une zone agricole en plein essor. L'île voisine de Ko Samui est une station balnéaire fréquentée. Principale production : l'huile de palme.
Population (ville) 35 200
Carte Thaïlande Ad

Surin, ***Thaïlande*** Province et ville à 355 km au N.-E. de Bangkok. Chaque année, en novembre, la région, limitrophe du Cambodge, est le théâtre d'un spectaculaire rassemblement d'éléphants sauvages: ceux-ci participent à des parades et à des courses et sont ensuite dressés et affectés au transport du bois dans les forêts de teck. La plupart des paysans de la région sont d'origine cambodgienne et cultivent essentiellement le riz.
Population (ville) 33 000
Carte Thaïlande Bc

Surinam Voir p. 639

surrection Soulèvement d'une portion de la lithosphère conduisant à la formation de montagnes.

Surrey, ***Royaume-Uni*** Comté anglais (1 679 km^2), au S. de Londres, en partie banlieue résidentielle de la capitale. Des lois de protection rurale ont toutefois permis de préserver les North Downs, un ensemble de collines crayeuses qui le traverse. Guildford, à 45 km au S.-O. de Londres, est le siège de l'université du Surrey. Chef-lieu : Kingston-upon-Thames.
Population 1 012 000
Carte Royaume-Uni Ee

Surtsey, ***Islande*** Île volcanique surgie de la mer en novembre 1963, à 20 km au S. des îles Westman. En quelques mois, l'île — qui doit son nom à Surtr, dieu du Feu de la mythologie scandinave — atteignait 150 m d'altitude et couvrait 2,5 km^2. Plus tard, lorsque cessèrent les éruptions, elle se couvrit de végétation grâce aux graines apportées par le vent et les oiseaux.
Carte Islande Bb

Suse (Shush), ***Iran*** Site archéologique de la plaine susiane, à 100 km de la frontière irakienne. Des tablettes d'argile et des poteries antérieures à 3500 av. J.-C. y ont été découvertes. Pendant des siècles, Suse fut la capitale de l'Empire élamite. Elle fut détruite au VIIe s. av. J.-C. par le roi assyrien Assurbanipal. Cyrus le Grand — qui gouverna de 559 à 530 av. J.-C. — la reconstruisit et en fit sa première capitale avant de conquérir toute la Perse. Elle fut de nouveau détruite par le conquérant macédonien Alexandre le Grand (331 av. J.-C.), puis au IVe s. de notre ère. Elle fut abandonnée vers la fin du XIVe s. après avoir été occupée par les Mongols et dévastée par Tamerlan. Quatre collines font l'objet de fouilles depuis la seconde moitié du XIXe s.: elles recouvrent encore des citadelles, des palais et des appartements.
Carte Iran Aa

Susquehanna, ***États-Unis*** Fleuve naissant dans le nord des Appalaches, au centre de l'État de

New York. Son cours se dirige ensuite vers le S., traverse la Pennsylvanie et parcourt 715 km avant de se jeter dans la baie de Chesapeake, à 50 km au N.-E. de Baltimore.
Carte États-Unis Kb

Sussex, *Royaume-Uni* Région du sud de l'Angleterre (3 784 km^2), sur la Manche, formé du Sussex oriental (chef-lieu: Lewes) et du Sussex occidental (chef-lieu: Chichester). Dans les collines des South Downs, les exploitations forestières ont fait place aux pâturages. La côte est jalonnée de stations balnéaires dont la plus importante est Brighton. Autres villes: Horsham, Crawley (à proximité de l'aéroport de Gatwick), Hastings. Le château de Herstmonceux était, depuis 1950, le siège de l'observatoire royal de Greenwich qui a été transféré à l'université de Cambridge en 1990.
Population 3 780 000
Carte Royaume-Uni Ee

Sutjeska, *Bosnie-Herzégovine* Parc national à l'O. de la haute vallée de la Drina. On y admire de très belles forêts (sapins surtout) et les gorges de la Sutjeska. À Tjentiste, un musée commémore la bataille de la Sutjeska (1943), au cours de laquelle des partisans conduits par le maréchal Tito (qui y fut blessé) résistèrent un mois aux soldats nazis.
Carte Bosnie-Herzégovine Bb

Sutlej, *Chine/Inde/Pakistan* Rivière prenant sa source dans l'Himalaya, au S.-O. du Tibet. Elle traverse le Pendjab, en Inde, sur 1 370 km, et, après avoir reçu les eaux du Chenab, au Pakistan, conflue avec l'Indus à proximité de Sukkur. Le barrage de Bhakra, sur son cours supérieur, permet d'irriguer le désert de Thar. À la suite d'un accord indo-pakistanais en 1960, le cours supérieur de la Sutlej fut attribué à l'Inde, ce qui a obligé le Pakistan à réaménager la basse vallée de la rivière.
Carte Inde Bb ; Pakistan Dd

Suva, *Fidji* Capitale et principal port de l'archipel, sur la côte S.-E. de l'île de Viti Levu. Siège de l'Université du Pacifique S. fondée en 1968. Dans son musée sont conservées des pirogues de guerre et des armes ayant appartenu aux anciens Fidjiens. Principales industries: tourisme, coprah et produits alimentaires.
Population (ville) 74 000 ; (aggl.) 133 000

Suwon, *Corée du Sud* Ville fondée au XVIIIe s., à 24 km au S. de Séoul. Textiles, produits chimiques.
Population 645 000
Carte Corée du Sud Cd

Suzhou ou **Sou-tchéou, *Chine*** Ville de la province du Jiangsu, au S. du delta du Yang-tseu-kiang, sur le Grand Canal. Fondée au VIe s., c'est une ville agréable sillonnée par des canaux, ce qui lui vaut d'être surnommée la « Venise chinoise ». Elle est réputée pour ses broderies sur soie. Nombreux jardins. C'est également une ville industrielle (métallurgie, textile).
Population 740 000
Carte Chine Ie

Svalbard, *Norvège* Archipel de l'océan Arctique (62 049 km^2), au N. de la Norvège, comprenant l'archipel du Spitzberg et, plus au sud, la petite île aux Ours (178 km^2), inhabitée. Son nom signifie « la côte froide ». Découvert par les Vikings en 1194, puis par le navigateur hollandais Williams Barents en 1596, Svalbard fut un centre international de pêche à la baleine au XVIIe s.

La souveraineté norvégienne, reconnue internationalement en 1920, entra en vigueur en 1925. Les îles sont maintenant démilitarisées et, en vertu de concessions minières accordées par le traité de Paris (1920), les Soviétiques exploitent les gisements de houille de l'île principale, celle du Spitzberg occidental.
Population 3 500
Carte Arctique (océan) Rb

Sverdlovsk, *Russie* Voir EKATERINBOURG

Sverdrup (îles), *Canada* Ensemble d'îles de l'archipel arctique, au N. du pays, dont les principales sont Axel Heiberg, Ellef Ringnes et Amund Ringnes.
Carte Canada Fa

Svobodnyï, *Russie* Ville de la région de l'Amour, au N. de Blagovechtchensk, sur le Transsibérien. Appelée Alekseïevsk avant la Révolution. Ses principales activités sont les industries métallurgique et agro-alimentaire.
Population 75 000
Carte Russie Gc

Swakopmund, *Namibie* Centre de villégiature à l'embouchure du Swakop, à 260 km à l'O. de Windhoek, la capitale. Autrefois principal port du pays, il est aujourd'hui envasé et supplanté par Walvis Bay, à 32 km au S. De nombreux mineurs de Rossing (uranium) y habitent.
Population 13 500
Carte Namibie Ab

Surinam

UNE NATION SUD-AMÉRICAINE AUX DIVERSES CULTURES RASSEMBLÉES PAR LES COLONISATEURS NÉERLANDAIS

En 1667, les Hollandais cédèrent aux Britanniques un de leurs établissements en Amérique du Nord — Nieuw Amsterdam, destiné à devenir New York — et reçurent en échange un territoire sur la côte N. de l'Amérique du Sud. Ce territoire sud-américain devint la Guyane hollandaise, aujourd'hui Surinam.

Les Hollandais occupaient en fait le territoire depuis le XVIe, mais ils se le voyaient tour à tour enlever et restituer par les traités mettant fin aux guerres européennes. Le Surinam devint officiellement une colonie néerlandaise en 1814, puis un État indépendant en 1975. Les Hollandais y amenèrent des esclaves africains au XVIIe s., puis, après l'abolition de l'esclavage en 1863, des travailleurs sous contrat d'Inde, de Java et de Chine pour travailler dans les plantations de canne à sucre.

La population est un mélange de créoles descendants d'esclaves africains qui forment la presque totalité des 180 000 habitants de la capitale, Paramaribo ; d'Indiens, de Chinois et d'Indonésiens, dont beaucoup cultivent le riz et la canne à sucre sur les plaines côtières ; d'Européens, qui, eux aussi, ne s'éloignent guère de la côte ; et d'un petit nombre d'indigènes amérindiens dont la plupart habitent les jungles denses et les savanes de l'intérieur qui s'élèvent vers les hautes terres du Sud.

Les tribus amérindiennes ont été refoulées au fin fond de la jungle par les établissements des « Noirs de la brousse » (Bushnegroes), descendants des esclaves marrons qui s'étaient révoltés et enfuis ; toutes les races ont longtemps vécu en harmonie. Mais, depuis 1986, un mouvement de guérilla regroupant essentiellement des Bushnegroes s'oppose au gouvernement militaire dans l'est du pays, près de la Guyane française. Environ 35 à 45 % de la population totale a émigré pendant les années 1970, en majorité vers les Pays-Bas.

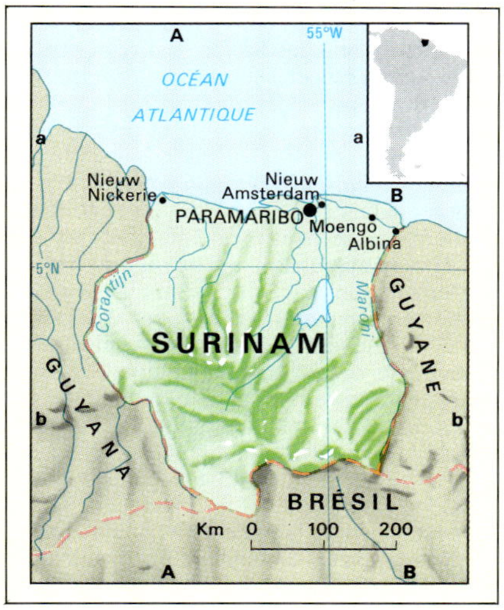

L'économie dépend largement de l'extraction de la bauxite, qui représente 80 % des exportations. Le Surinam possède des ressources pétrolières et forestières sous-exploitées et un grand potentiel agricole et touristique. Pourtant, il est incapable de se passer de l'aide extérieure ; celles des États-Unis et des Pays-Bas, supprimées après le coup d'État militaire de 1980 et les assassinats politiques de 1982, pourraient être rétablies avec le retour à la démocratie.

LE SURINAM EN BREF

Superficie 163 265 km^2
Population 400 000
Capitale Paramaribo
Régime République multipartiste
Monnaie Florin de Surinam = 100 cents
Langues Néerlandais (langue officielle), anglais, sranang tongo (ou taki-taki ou surinamien), hindi, javanais, chinois, espagnol
Religions Catholiques 22 %, moraviens 15 %, hindouistes 26 %, musulmans 19 %
Climat Tropical ; température moyenne à Paramaribo: de 26 à 27 °C toute l'année
Ressources Riz, sucre, bois, bananes, agrumes, noix de coco, café, cacao, élevage ; bauxite
Activités Agriculture, extraction de la bauxite, raffinage de l'aluminium, forestage, traitement du bois
Exportations Bauxite, alumine et aluminium, riz, bois brut, bois ouvrés
P.N.B. annuel par habitant 3 350 dollars
Croissance démographique 18 ‰ par an
Espérance de vie Hommes 67 ans, femmes 71

Swansea, ***Royaume-Uni*** Port à l'embouchure de la Tawe et deuxième ville du pays de Galles après Cardiff, située à 55 km à l'E. Elle se développa au XIXe s. grâce à l'exportation du charbon. Elle fut très largement reconstruite après les bombardements de la Seconde Guerre mondiale. Patrie du poète Dylan Thomas (1914-1953).
Population 172 500
Carte Royaume-Uni De

Swat, ***Pakistan*** Ancien État tribal de 7 511 km^2 gouverné par les Walis de Swat, dans les montagnes au N.-E. de Peshawar. Autonome jusqu'en 1960. La famille des Walis s'est opposée à de nombreux gouvernements pakistanais. Fruits, miel ; tapis.
Carte Pakistan Da

Sydney, ***Australie*** Le premier port et la plus ancienne et plus grande ville (1 735 km^2) du pays, capitale de la Nouvelle-Galles du Sud, sur la côte E. La ville s'est développée autour du magnifique site de Port Jackson, choisi en 1788 pour l'installation de 1 487 colons, dont 759 bagnards, venus d'Angleterre. Bâtiments historiques : l'église St. James et les casernes de Hyde Park (début du XIXe s.) ; et de remarquables constructions modernes : Tour Centrepoint (305 m de haut) et son restaurant giratoire, l'opéra et ses toits en forme de voiles, inauguré en 1973, et le Harbour Bridge (1932), pont de 504 m de long, qui relie le nord et le sud de la ville et où passent deux voies ferrées, huit voies routières, une piste cyclable et une piste piétonnière. C'est le pont suspendu le plus large du monde.

Ville dynamique, avec son port très actif (que complète celui de Botany Bay, au S.) et ses trois universités, Sydney reçoit aussi des milliers de touristes attirés par ses célèbres plages, comme celle de Bondi. Depuis la Seconde Guerre mondiale, elle est devenue très cosmopolite avec l'arrivée de nombreux immigrants venus du Royaume-Uni, d'Italie, de Grèce, du Liban, du Sud-Est asiatique et d'ailleurs. Les Jeux olympiques de l'an 2000 doivent s'y dérouler.
Population 3 539 000
Carte Australie Ie

Sydney, ***Canada*** Port dans l'île du Cap-Breton, en Nouvelle-Écosse, où l'on exploite le charbon. Ses industries comprennent la sidérurgie, l'électronique, l'équipement minier et le matériel de forage. Industries alimentaires.
Population 119 500
Carte Canada Id

Sylhet, ***Bangladesh*** Ville et district de 12 718 km^2 dans le Bangladesh oriental, au S. de Shillong, près de la frontière indienne. Centre de l'industrie du thé du pays.
Population (ville) 166 800 ; (district) 5 656 000
Carte Bangladesh Cb

Sylt, ***Allemagne*** Voir FRISONNES (îles)

Syracuse, ***États-Unis*** Ville de l'État de New York, à 230 km à l'E. du lac Érié auquel il est relié par un canal. Près de sources salines, elle fut autrefois l'un des principaux producteurs de sel du pays. Électronique, équipement électrique, porcelaine, produits pharmaceutiques.
Population (ville) 164 200 ; (aggl.) 650 500
Carte États-Unis Kb

Syracuse, en it. **Siracusa,** ***Italie*** Port et chef-lieu de la province du même nom, sur la côte E. de la

Swaziland

ENCLAVÉ EN GRANDE PARTIE EN AFRIQUE DU SUD, LE SWAZILAND DÉPEND PRESQUE ENTIÈREMENT DE SON VOISIN

Le Swaziland, une des dernières monarchies d'Afrique, est aux prises avec de nombreux problèmes économiques et politiques, et tente d'équilibrer tradition et modernité.

Bordé au N.-E. par le Mozambique, et sur les trois autres côtés par l'Afrique du Sud, ce pays enclavé et montagneux bénéficie d'un climat tempéré et offre des paysages magnifiques aux touristes. Il est formé de trois plateaux qui s'abaissent en direction de l'océan Indien. À l'O., le haut veld (au-dessus de 900 m) est composé de reliefs escarpés, couverts de plantations forestières, et profondément entaillés de torrents et de chutes d'eau. Le moyen veld (400-850 m), domaine des plantations d'orangers et des champs d'ananas, s'incline en douces ondulations occupées par des pâturages. Le bas veld, de faible altitude (150-300 m), est propice à l'irrigation et aux nombreuses plantations de canne à sucre qui est l'activité principale de cette région. À l'E., les monts Lebombo, qui s'élèvent à 825 m, sont coupés de profonds ravins et séparent le pays du Mozambique.

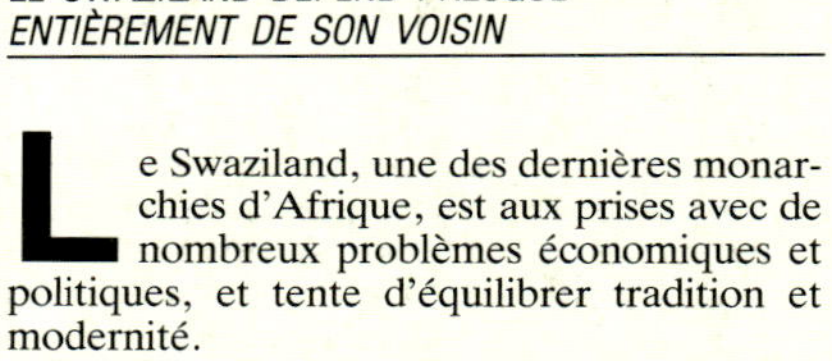

UNE DIFFICILE SUCCESSION

Le caractère montagneux du Swaziland a permis aux Swazis d'y trouver refuge pendant l'expansion des Boers d'Afrique du Sud. Protectorat de la Grande-Bretagne en 1902, le Swaziland est devenu indépendant en 1968. Jusqu'en 1973, le pays était régi par un souverain au pouvoir absolu, le ngwenyama (le Lion) Sobhuza II. La mort de celui-ci, en 1982, après soixante et un ans de règne, a ouvert la course à la succession et fait apparaître les clivages entre les anciens et les modernes. Conformément à la tradition, le pouvoir est revenu à la reine mère, dans l'attente de la nomination d'un nouveau souverain. Mais la reine mère étant décédée un an après, une des cent femmes du roi défunt a été choisie comme ndlovukazi (Grand-mère Éléphant), c'est-à-dire régente. Après une période d'incertitude au cours de laquelle plusieurs régentes furent pressenties, la mère du futur roi monta sur le trône (1983) et son fils, le prince Makomsimvelo, âgé alors de seize ans, reçut le titre de dauphin ; il fut intronisé en 1986. La complexité de ces problèmes de succession tient dans le mode d'élection des souverains ; ceux-ci, en effet, s'appuient sur le Conseil national des Swazis, qui regroupe les chefs coutumiers et, en principe, tout homme adulte ; ce conseil délègue auprès du roi une représentation plus restreinte et permanente, le Liqoqo.

Le nouveau souverain, qui a pris le nom de Mswazi III, s'est lancé dans une politique moderniste qui heurte les conservateurs.

Cette petite nation de moins de 700 000 habitants, gouvernée de manière absolue, est composée de petits paysans qui élèvent du bétail et cultivent le maïs ; ils font également pousser du coton et du tabac pour vendre à l'extérieur. Mais ce sont des compagnies qui assurent la plus grande partie des cultures d'exportations — sucre de canne, agrumes, bois — ; elles exploitent également l'amiante dans le Nord-Ouest et le minerai de fer (la richesse du pays jusqu'en 1980). On trouve des manufactures de textiles, des peausseries, des fabriques d'engrais. Le tourisme se développe ; les visiteurs sont surtout des Sud-Africains, attirés par une morale moins contraignante, les casinos et le thermalisme.

Le Swaziland est dominé économiquement par l'Afrique du Sud, qui soutient ses dirigeants (le Premier ministre Botha a assisté au couronnement du jeune roi), et qui a signé avec lui une union douanière. Il a également conclu, avec son voisin, un pacte de non-agression et a permis l'ouverture, en 1984, d'une mission commerciale.

Le Swaziland est un petit pays enclavé entre le Mozambique et l'Afrique du Sud et très dépendant de celle-ci. Au cours des années d'apartheid, il a nourri l'espoir de s'agrandir en intégrant les Bantoustans mis en place par le gouvernement de Pretoria et possédant une majorité de Swazis, comme le Kangwane, au N., ou une minorité comme le Kwazulu, au S. Mais ce dernier, qui lui donnerait un accès à la mer, est également peuplé de Zoulous. Son annexion aurait créé un nouveau problème dans la région et mis le Swaziland, qui a toujours été modéré dans la lutte anti-apartheid, au ban de la communauté internationale et des pays d'Afrique australe.

LE SWAZILAND EN BREF
Superficie 17 440 km^2
Population 826 000
Capitale Mbabane
Régime Monarchie parlementaire
Monnaie Lilangueni = 100 cents
Langues Anglais, siswati (swazi)
Religions Chrétiens (70 %), religions traditionnelles (30 %)
Climat Subtropical, modéré en altitude. Température moyenne à Mbabane : 6 à 17 °C en juin, 15 à 25 °C en janvier-février
Ressources Maïs, coton, riz, sucre de canne, agrumes, tabac, bois ; amiante, charbon
Activités Cultures industrielles, forêt, mines, industries du bois, produits chimiques, tourisme
Exportations Sucre, pâte à papier, produits chimiques, amiante, agrumes
P.N.B. annuel par habitant 900 dollars
Croissance démographique 30 ‰ par an
Espérance de vie Hommes 56 ans, femmes 60

Sicile. Fondée par les Corinthiens en 734 av. J.-C., elle se développa jusqu'à devenir, à son apogée (Ve-IVe s. av. J.-C.), la ville la plus importante de la Grande-Grèce, et probablement la plus peuplée (près de 300 000 habitants) du monde. Patrie du mathématicien Archimède (287-212 av. J.-C.).

La Syracuse grecque s'étendait non seulement sur l'île d'Ortygie, mais aussi sur la terre ferme, où se trouve la zone archéologique : le théâtre grec (l'un des plus grands et des mieux conservés du monde antique), les latomies, carrières-prisons transformées en jardins, l'amphithéâtre romain et les catacombes de Saint-Jean (Ve-VIe s. apr. J.-C.). Très riche musée archéologique dans le parc de la villa Landolina.

L'île d'Ortygie, site de l'actuelle vieille ville, abrite la légendaire fontaine Aréthuse ; la cathédrale (VIIe-XVIIIe s., à l'imposante façade baroque) intégrant les colonnes de l'ancien temple de Minerve ; le château Maniace (XIIIe s.) et le palais Bellomo (XIIIe-XVe s.). À 9 km au N.-O., l'une des plus grandes forteresses de l'époque grecque : le château Euryale, construit par Denys le Tyran (405-367 av. J.-C.) contre les Carthaginois. Haut lieu du tourisme, Syracuse vit aussi de la pétrochimie et de l'exportation des vins locaux, d'huile d'olive et d'agrumes.

Population (ville) 119 200 ; (prov.) 392 000
Carte Italie Ef

Syr-Daria, ***Asie centrale*** Fleuve (l'Iaxarte des Grecs) de 3 019 km de long, appelé Naryn sur 740 km (de sa source dans les Tien-Chan, au Kirghizistan, près de la frontière chinoise, à sa confluence avec le Kara-Daria). Il coule vers l'O., traverse le bassin de Fergana, se dirige vers le N.-O. à partir du centre sidérurgique de Begovat (Ouzbékistan) et se jette par un delta au N.-E. de la mer d'Aral ; son aménagement (barrages, retenues, canaux) fournit de l'électricité et permet l'irrigation de la Steppe de la faim, au S. du Kazakhstan, mais assèche la mer d'Aral.

Carte Ouzbékistan Ba

Syriam, ***Birmanie*** Port sur la rive S. de la rivière de Rangoon, en face de la capitale. Ancien comptoir portugais, hollandais, anglais et français. Principale raffinerie de pétrole du pays.

Population 102 000
Carte Birmanie Cc

Syrie Voir p. 642-643

Syros ou **Siros,** ***Grèce*** Île de 86 km^2 dans l'archipel des Cyclades. Vergers, vignobles ; textiles, cuir. Tourisme.

Carte Grèce Dc

Szantod-Rev, ***Hongrie*** Voir SIÓFOK

Szczecin, en all. **Stettin,** ***Pologne*** Deuxième port polonais, après Gdansk, et ville historique de Poméranie occidentale, sur l'Oder, à 55 km au S. de la Baltique. Pêche et chantiers navals. Principal port desservant Berlin de 1720 à 1945, Szczecin sert toujours de port de transit vers l'Allemagne, dont la frontière est à 10 km à l'O., et la République tchèque.

Population 413 500
Carte Pologne Ab

Szeged, ***Hongrie*** Port fluvial sur la Tisza, à 10 km de la frontière yougoslave, et centre économique et culturel du Grand Alfold méridional. La vieille ville, très endommagée par une inondation en 1879, fut reconstruite avec des boulevards concentriques reliés entre eux par des avenues partant du centre. Le cœur de la ville est dominé par une vaste cathédrale néoromane (1912-1929). Un festival de théâtre a lieu sur son parvis chaque année en juillet-août depuis 1913. Universités ; instituts scientifiques ; collège de théologie.

Célèbre depuis longtemps pour son paprika, ses restaurants et ses produits alimentaires, Szeged fabrique aussi des produits chimiques à partir du gaz naturel hongrois et roumain, du matériel électrique et mécanique. Sur l'autre rive, la station balnéaire d'Ujszeged (nouveau Szeged) est réputée pour ses sports aquatiques.

Population 187 000
Carte Hongrie Bb

PORT ALANGUI. Au nord de l'île d'Ortygie, à Syracuse, le Porto Piccolo (« petit port ») dort contre les eaux tièdes de la mer Ionienne.

Székesfehérvár, ***Hongrie*** Chef-lieu du comitat de Fejér, à 65 km au S.-O. de Budapest, sur la route du lac Balaton. Belle ville, où les rois de Hongrie se firent couronner de 1000 à 1527 et où sont enterrés plusieurs d'entre eux. Remarquable cathédrale baroque (1758-1778), églises, palais et maisons entourées de parcs et de jardins. Longtemps centre de commercialisation du vin et des fruits de la région des monts Bakony, la ville s'est développée rapidement dans les années 1960, grâce à l'implantation d'usines d'aluminium, d'autobus (Ikarus), de matériel électrique et de télécommunications. À 8 km à l'E., près du lac Velence, stations balnéaires et réserve zoologique.

Population (ville) 113 400 ; (comitat) 426 000
Carte Hongrie Ab

Szekszárd, ***Hongrie*** Chef-lieu du comitat de Tolna, à 137 km au S. de Budapest, sur la route de Pecs. Sur les ruines d'une abbaye du XIe s. se dresse un bel hôtel de ville de la fin du XIXe s. La ville se trouve dans une région vinicole (vin rouge kadarka) et près de la réserve zoologique de Gemenc.

Population (ville) 38 800 ; (comitat) 262 000
Carte Hongrie Ab

Szolnok, ***Hongrie*** Chef-lieu du comitat du même nom, sur la Tisza, au cœur du Grand Alfold, à 89 km au S.-E. de Budapest. Cette station thermale où l'on traite les rhumatismes est aussi connue pour ses sports aquatiques et ses régates. La ville conserve une belle église baroque. Centre commercial et nœud de communications dans une zone agricole prospère. Produits alimentaires et engrais.

Population (ville) 81 400 ; (comitat) 427 000
Carte Hongrie Bb

Szombathely, ***Hongrie*** Chef-lieu du riche comitat vinicole de Vas, à 18 km de la frontière autrichienne. Sous le nom de Savaria, elle fut la capitale de la province romaine de Pannonie qui occupait les plaines du Danube central. Chaque été, le festival de musique de Savaria a lieu dans les ruines du temple d'Isis (IIe s.). Superbes maisons, cathédrale et palais épiscopal baroques. Industrie chimique utilisant le pétrole et le gaz naturel de la région. À Jak (11 km au S.), remarquable basilique romane (XIIIe s.) à trois nefs, restaurée en 1896.

Population (ville) 87 400 ; (comitat) 276 000
Carte Hongrie Ab

Sztalinvaros, ***Hongrie*** Voir DUNAUJVAROS

Syrie

APRÈS AVOIR LONGTEMPS ÉTÉ CONSIDÉRÉE COMME UN ÉTAT TERRORISTE, LA SYRIE A EFFECTUÉ UN RAPPROCHEMENT SPECTACULAIRE AVEC L'OCCIDENT

En dépit de ses handicaps économiques, la Syrie a réussi à s'imposer comme une puissance régionale au Proche-Orient. Elle domine la vie politique libanaise et a les moyens de bloquer un règlement du conflit israélo-arabe qui ne lui conviendrait pas. Le président Hafez el-Assad, qui gouverne le pays d'une main de fer, a obtenu ce résultat grâce à son sens tactique et à son habileté.

La capitale, Damas, a été habitée sans interruption depuis 2500 av. J.-C. : c'est la ville du monde qui a connu la plus longue occupation continue. Les Phéniciens (du IXe au IVe s. av. J.-C.) fondèrent leur puissance commerciale à partir de ses côtes, avec leurs navires construits dans le bois des cèdres du Liban. Saint Paul fut converti au christianisme sur le chemin de Damas, et son refuge, la maison de Hanania, est toujours sur la Via Recta, la rue Droite.

L'agriculture est encore florissante dans la partie syrienne du Croissant fertile formé par les vallées de l'Oronte et le pays de l'Euphrate, mais maintenant on peut aussi exporter du pétrole bien qu'en quantités assez faibles.

LE PAYS ET SES POPULATIONS

Une grande partie de la Syrie est montagneuse. Longeant la fertile plaine côtière, la chaîne du djebel el-Ansarieh, aux vallées profondément incisées, s'abaisse vers l'E. jusqu'à la grande vallée du Rift, qui se prolonge jusqu'à la mer Rouge et l'est de l'Afrique. Plus au S., l'Anti-Liban atteint 2 814 m au mont Hermon. La plus grande partie de l'est du pays, aux terres semi-désertiques ou désertiques, forme une région caillouteuse et inhospitalière.

La côte connaît des étés chauds et secs et des hivers doux et pluvieux ; à l'intérieur, le climat devient plus chaud et les pluies sont rares. Sur la côte, les températures sont comprises entre 8 °C en janvier et 32 °C en été, mais à l'E. elles peuvent atteindre 46 °C. Le contraste est marqué avec les montagnes qui se couvrent de neige en hiver.

À l'O., on passe des fourrés méditerranéens — tamaris et acacias — aux forêts de conifères des montagnes. L'Est, au-delà de la barrière montagneuse, est couvert de steppes qui peuvent verdir en quelques heures après une pluie. Parmi les animaux sauvages, on trouve des gazelles, des loups et des chats sauvages ; des aigles, des vautours et des faucons se rencontrent dans les montagnes.

90 % de la population syrienne est arabe, mais le pays présente une très grande variété de communautés ethniques, de langues, de religions et de coutumes. L'histoire de certaines minorités remonte bien au-delà de l'arrivée des Arabes au VIIe s.

Les Kurdes du Nord constituent 6 % de la population ; ils ont leur langue, leur culture et leur costume national propres. Il y a des Arméniens à Alep, des Circassiens (montagnards proches des Kurdes) dans le Sud-Ouest, des Assyriens d'origine irakienne, des Turcomans venus d'Asie centrale, et les nomades bédouins du désert. Beaucoup de Palestiniens arabes vivent dans des camps autour de Damas, et il existe une petite communauté juive dans la capitale.

Presque tous les Syriens sont musulmans. Les sunnites orthodoxes sont plus nombreux que les chi'ites, mais c'est la petite secte alaouite, branche du chi'isme, qui contrôle le gouvernement. Bien que le président Assad soit allié de l'Iran, il ne tolère pas l'intégrisme musulman ; l'alcool est en vente libre, et les femmes comme les hommes portent couramment, dans les villes, des habits occidentaux.

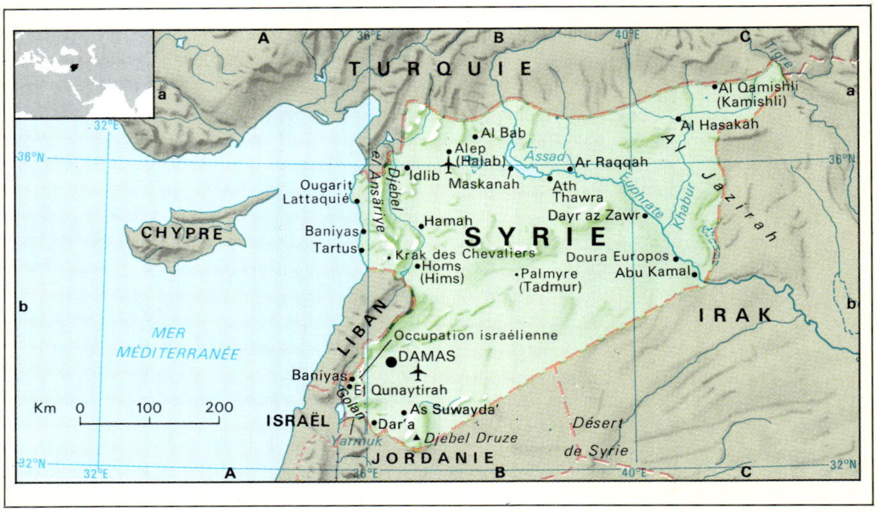

Dans le Sud, la secte des Druzes pratique une religion associant des éléments chrétiens et islamiques. Il y a une douzaine de communautés chrétiennes, la plus nombreuse étant celle des orthodoxes de rite grec.

La moitié de la population active vit de l'agriculture ; 30 % de la superficie est cultivable, et 45 % peut fournir des pâtures, bien qu'elles soient très médiocres en bordure du désert, au sud-est. L'agriculture fournit 1/5 du revenu national : on cultive du coton, de l'orge, du blé, des fruits et des légumes ; on élève des moutons, des chèvres, du bétail. Mules et chameaux sont les animaux de bât.

Le barrage sur l'Euphrate à Al-Thaura, construit avec l'aide technique des Soviétiques, a permis de créer un vaste réservoir, le lac Assad, qui alimente une irrigation importante et fournit 70 % de l'électricité du pays.

LES RICHESSES MINÉRALES

Pour un pays du Moyen-Orient, la Syrie possède des réserves de pétrole assez faibles — environ 1 520 millions de barils. La production ne représente que 1/16 de celle de l'Irak, mais elle est suffisante pour couvrir les besoins du pays et pour constituer les 3/4 de ses exportations. L'essentiel du pétrole vient des gisements autour de Qaratchok au N.-E., tandis que la région d'El-Djézireh, dans le Nord, produit du gaz naturel — les réserves atteignent presque 20 milliards de mètres cubes. Les autres ressources minérales comprennent du calcaire, des phosphates (autour d'Al-Shargiya et de Khneifis), du sel, du manganèse, du fer, du gypse et de l'asphalte.

Au cours des vingt dernières années, la Syrie a diversifié et développé des industries comme le textile, la cimenterie, le cuir et la chimie, grâce aux revenus du pétrole. La plus grande partie de ces industries est installée dans les villes principales, comme Damas, Homs, Hama et Alep. Elles ont attiré des populations de tout le pays. En fait, la moitié de la population est maintenant urbaine, et les bidonvilles se sont beaucoup développés, notamment autour de Damas et d'Alep.

Presque la moitié de la population est âgée de moins de quinze ans, aussi le système scolaire est-il soumis à une forte pression. Le taux de croissance démographique, 3,8 % par an, est l'un des plus forts du monde. L'enseignement est gratuit, et un tiers des étudiants des universités est composé de femmes. Le taux d'alphabétisation est de 50 %. Les équipements de santé ont beaucoup progressé ces dernières années : il y a maintenant un médecin pour 2 300 habitants, taux équivalant à celui de beaucoup de pays du Moyen-Orient, mais inférieur à celui des pays occidentaux développés. L'espérance de vie est de 65 ans environ, mais 6 % des enfants meurent encore au cours de leur première année.

LE CHAMP DE BATAILLE DES CROISADES

La Syrie est un carrefour commercial depuis l'Antiquité. Les Phéniciens étaient de grands navigateurs au long cours, et les routes commerciales terrestres atteignaient l'Arabie, l'Inde et la Chine. De nos jours encore, oléoducs et gazoducs suivent les anciennes routes commerciales. On rencontre des commerçants syriens dans tout le Moyen-Orient et dans certaines parties de l'Afrique où le mot de Syrien est synonyme de « commerçant ».

Après la période phénicienne, la Syrie fut dominée tour à tour par les Grecs, les Romains et les Byzantins. Puis, quatre ans après la mort du prophète Mahomet en 632, deux armées arabes prirent Damas. La ville devint la base politique et militaire majeure d'un empire islamique gouverné par les descendants d'Omeyya, le grand-oncle du Prophète. De 661 à 750, quatorze califes de la dynastie des Omeyyades régnèrent à Damas.

En 1095 commencèrent les croisades. Les chevaliers, ayant fait le serment de reconquérir les lieux saints de la chrétienté, débarquèrent en Asie et prirent Jérusalem en 1099. Pendant deux siècles de guerres intermittentes, les croisés construisirent le long de la côte une ligne de superbes châteaux forts dont beaucoup sont encore debout.

Les Syriens contre-attaquèrent : en 1114, Damas repoussa un assaut, et le sultan Nur ad-Din (1146-1174) prit plusieurs points d'appui chrétiens du Nord. En 1169, il s'empara du Caire. Son fils, Salah ad-Din, le fameux Saladin, reprit Jérusalem en 1187. Cinq ans plus tard, la paix faite, il revint triomphant à Damas. Mais il n'avait prélevé aucune part dans le butin des pillages, et il mourut dans la pauvreté — ses amis durent emprunter pour payer ses funérailles.

Pendant deux siècles, la Syrie fut réunie à l'Égypte sous la souveraineté des Mamelouks turcs, puis, en 1516, incorporée à l'Empire ottoman. À cette époque, la Syrie comprenait l'actuel Liban. Comme la Turquie s'allia aux Allemands pendant la Première Guerre mondiale, les Alliés l'envahirent, et après la guerre, le Levant (Syrie et Liban) devint un territoire sous mandat français. En 1926, le Liban devint un État distinct, avec les ports importants de Beyrouth et Tripoli. Vingt ans plus tard, la Syrie accéda à l'indépendance.

LA DIRECTION DE LA RENAISSANCE ARABE

Depuis, la Syrie a joué un rôle de direction dans la renaissance arabe, phénomène qui constitue une caractéristique importante de la vie politique du Moyen-Orient. En 1958, elle se joignit à l'Égypte pour former la République arabe unie, mais elle s'en sépara après un coup d'État en 1961. D'autres suivirent, jusqu'à ce que Hafez el-Assad prenne le pouvoir en 1970.

La Syrie est théoriquement gouvernée par une coalition de sept partis regroupés autour du parti Baath. En réalité, le pouvoir est entre les mains du président Assad et de son entourage qui compte un grand nombre d'Alaouites. Le régime ne tolère aucune opposition. Les Frères musulmans ont été notamment écrasés en 1982 après avoir déclenché une insurrection dans la ville de Hama.

Au cours de la guerre des Six Jours, en 1967, elle a perdu les hauteurs du Golan. Elle entend les récupérer à la faveur d'une négociation générale entre l'État hébreu et les pays arabes. C'est l'une des raisons pour lesquelles elle a rejeté les accords séparés de Camp Davis entre l'Égypte et Israël.

La Syrie a fait entrer ses troupes au Liban en juin 1976. Depuis cette date, elle a manipulé tour à tour toutes les factions libanaises pour s'imposer. Au cours de la guerre entre l'Iran et l'Irak, elle s'est alliée à Téhéran et a utilisé les partis chi'ites islamistes.

Après l'invasion du Koweït par l'Irak en août 1990, elle s'est résolument rangée du côté des Américains, envoyant même des troupes en Arabie Saoudite, ce qui lui laissa le champ libre au Liban. La Syrie accepta alors de participer à des négociations régionales sur le conflit israélo-arabe. Après le succès des précédents israélo-palestinien et israélo-jordanien, le président Assad pourra-t-il longtemps encore refuser le contact direct, avec pour objectif de récupérer le Golan ?

La Syrie a encouragé le tourisme, et dispose d'équipements hôteliers qui peuvent convenir aux visiteurs. Dans les bonnes années, jusqu'à 2 millions de touristes sont attirés par le climat, les paysages, et les sites historiques.

POUR LES TOURISTES

Damas est mentionné dans les antiques chroniques égyptiennes, et la légende raconte que c'était la ville de Cham, fils de Noé. La cité fortifiée est située dans une oasis créée le long du Barada, rivière qui descend de l'Anti-Liban. Sa population est aujourd'hui de 2 millions d'habitants ; elle associe l'ancien et le moderne, avec la Grande Mosquée, la citadelle et la tombe de Saladin. Le site de la mosquée omeyyade a été un lieu de culte depuis 3 000 ans au moins, successivement pour les Araméens, les Romains, les Byzantins et les Arabes. L'édifice actuel fut érigé comme église chrétienne sous l'empereur Théodose en 379, mais fut réaménagée pour devenir une mosquée en 705.

Alep (750 000 habitants), plaque tournante de routes commerciales depuis des milliers d'années, compte une citadelle, près de deux cents minarets, un palais royal du XIIIe s. et le plus grand souk de Syrie.

Des villages touristiques sont implantés sur la côte, près de Lattaquié. Le long de la Méditerranée, on trouve quelques-uns des plus grands châteaux forts des croisés : le krak des Chevaliers, sur une colline près de Homs, en est un exemple classique. Il y a des stations d'altitude à Zabdani et Bloudan, près de Damas. Dans le désert se dressent les ruines de la ville de Palmyre.

La cuisine syrienne comporte de nombreux *mezza* (hors-d'œuvre). Le *bourgoul* (blé concassé précuit) est un aliment de base utilisé soit pour accompagner un ragoût (d'artichauts ou de gombos, par exemple), soit pour faire des boulettes farcies de viande, d'oignon et de noix cuites au four, frites ou grillées. On trouve aussi beaucoup de légumes farcis au riz et à la viande hachée (aubergines, courgettes, pommes de terre). Le *chich taouk* est un poulet en brochettes avec des champignons et le *chawarma* un plat de mouton rôti.

ORGUEILLEUX VESTIGES. La Grande Arche se dresse fièrement au milieu des ruines de l'antique Palmyre, commandant une perspective monumentale. La cité s'est développée sous la domination romaine, grâce au commerce entre l'Inde et la Méditerranée. Cependant, son importance grandissante sous le règne de l'ambitieuse Zénobie était un défi trop grand pour les Romains, qui la détruisirent en 272.

LA SYRIE EN BREF
Superficie 185 180 km², (avec le Golan)
Population 13 500 000
Capitale Damas
Régime République socialiste
Monnaie Livre syrienne
Langue Arabe
Religions Musulmans (90 %), chrétiens (8 %)
Climat Méditerranéen sur la côte, sec et chaud à l'intérieur ; hivers froids dans les montagnes. Température moyenne à Damas : de 0 à 12 °C en janvier, de 18 à 37 °C en août
Ressources Mouton, chèvres, bétail, coton, fruits, pommes de terre, blé, orge, légumes ; pétrole brut, gaz naturel, asphalte brut, phosphate, sel, manganèse
Activités Agriculture, production et raffinage de pétrole et de gaz naturel, industries textiles (laine et coton), cimenteries, minoteries, savonneries, cuirs, verre, métallurgie
Exportations Produits pétroliers, coton, fruits, légumes, orge, blé, laine
P.N.B. annuel par habitant 1 020 dollars
Croissance démographique 36,8 ‰ par an
Espérance de vie Hommes 65 ans, femmes 69

T

Taal, ***Philippines*** Voir BATANGAS

Tabarka, ***Tunisie*** Port et station balnéaire et touristique de la côte nord, au fond d'un golfe protégé par une île, près de la frontière algérienne. Pêche. Festival estival.
Population 5 000

Tabasco, ***Mexique*** État de 25 267 km^2 couvert de marécages et de forêts au S.-E. du pays, sur le golfe de Campeche. Les pluies y sont particulièrement abondantes et des zones immenses sont souvent inondées par les crues des fleuves. Outre le bois, les teintures, le café, le sucre et les bananes, depuis la fin des années 1960, le Tabasco produit du gaz naturel et du pétrole, raffiné dans sa capitale Villahermosa.
Lorsqu'on défricha la jungle pour y installer les infrastructures pétrolières, on découvrit d'énormes têtes sculptées en pierre. Elles sont l'œuvre des Olmèques, qui s'installèrent dans la région vers 1200 av. J.-C. et pour qui la tête représentait un symbole de puissance.
Population 1 501 180
Carte Mexique Cc

Tabgha, ***Israël*** Site traditionnel, sur la rive occidentale du lac de Tibériade, à 10 km au N. de Tibériade, où Jésus accomplit le miracle de la multiplication des pains. Dans l'église de la Multiplication, mosaïque byzantine représentant un panier avec des pains et deux poissons.
Carte Israël Ba

Table (baie de la), ***Afrique du Sud*** Bras de mer de 5 km de long sur 10 km de large, au S.-O. du pays, découvert à la fin du XVe s. par des navigateurs portugais qui cherchaient la route des Indes. En 1652, les Hollandais y fondèrent un établissement: Kaapstad (Le Cap), berceau de l'Afrique du Sud.
Carte Afrique du Sud Ac

Table (montagne de la), ***Afrique du Sud*** Montagne de 1 086 m au sommet plat, dominant Le Cap et visible de la mer à 150 km. Elle est souvent recouverte d'une « nappe », couche de nuages qui l'entoure par vent de S.-E.
Carte Afrique du Sud Ac

Tábor, ***République tchèque*** Ville de Bohême du Sud, à 76 km au S. de Prague, fondée en 1420 par des adeptes de Jan Hus (v. 1370-1415), le réformateur religieux tchèque qui vécut dans les environs, au château de Kozi Hrádek. La ville fut leur capitale pendant les guerres hussites. L'hôtel de ville (XVe s.) est maintenant un musée hussite.
Population 33 800
Carte République tchèque Bb

Tabor (mont), ***Israël*** Voir THABOR

Tabora, ***Tanzanie*** Chef-lieu de la province du même nom, à 340 km à l'E. du lac Tanganyika, fondée par les Arabes en 1820. Millet, cacahuètes; coton. Nœud ferroviaire.
Population (ville) 100 000; (prov.) 1 036 300
Carte Tanzanie Ba

Tabriz, ***Iran*** Chef-lieu de l'Azerbaïdjan, à 550 km au N.-O. de Téhéran. Située à 1 350 m d'altitude, au milieu de hautes montagnes, la ville, qui existait déjà à l'époque d'Alexandre le Grand (356-323 av. J.-C.), remonte probablement aux Assyriens. Elle a été détruite plusieurs fois par des séismes. Vestiges de la mosquée Bleue (1465) dont les mosaïques demeurent un chef-d'œuvre de décoration architecturale. Centre commercial et industriel (tapis, textiles, cuir et savon) dans une région qui produit des amandes et des fruits secs.
Population 972 000
Carte Iran Aa

Ta-chia, ***Taiwan*** Fleuve prenant sa source au N. des montagnes centrales et parcourant 140 km vers l'O. pour se jeter dans le détroit de Taiwan. Centrales électriques (cours supérieur).
Carte Taiwan Bb

Tachkent, ***Ouzbékistan*** Capitale, à 725 km au S.-E. de la mer d'Aral. Grande ville industrielle (constructions mécaniques, industries textile et alimentaire, produits chimiques, équipement électrique), Tachkent est située au cœur d'une riche région agricole (coton, riz, fruits, tabac, céréales).
Reconstruite après le tremblement de terre de 1966, qui fit 300 000 sans-abri, elle possède un intéressant centre-ville moderne.
Population 2 119 900
Carte Ouzbékistan Ba

Tacna, ***Pérou*** Ville et département à la frontière chilienne. Dans la ville, qui fut chilienne de 1883 à 1929, on peut admirer une fontaine et une cathédrale dessinées par l'ingénieur français Gustave Eiffel (1832-1923). Cultures irriguées: vigne, tabac, coton, canne à sucre.
Population (ville) 97 200; (département) 209 500
Carte Pérou Bb

Tacoma, ***États-Unis*** Port de l'État de Washington, sur le Puget Sound, à 40 km au S. de Seattle. Industrie du bois, traitement de minerais non ferreux électrochimie.
Population (ville) 176 700; (aggl.) 586 500
Carte États-Unis Ba

Tadj Mahall, ***Inde*** Voir AGRA

Tadjikistan

UN PAYS MONTAGNEUX, AUX CONFINS DE LA CHINE ET DE L'AFGHANISTAN, EN PROIE À UN DIFFICILE CONFLIT ENTRE COMMUNISTES ET ISLAMISTES

Dominé à l'E. par le massif du Pamir, aux sommets enneigés, le territoire tadjik est à 80 % au-dessus de 1 000 m d'altitude, et pour plus de la moitié au-dessus de 3 000 m. Au S.-E., la région autonome du Haut-Badakhchan est séparée du reste du pays par des cols situés à plus de 4 000 m d'altitude. Cette région, peuplée de Tadjiks, mais aussi de Kirghizes (11 %), est au cœur de conflits tragiques car elle constitue le lieu de passage de nombreux peuples montagnards (réfugiés afghans, opposants au régime de Douchanbé, etc.). Les Tadjiks sont présents dans d'autres États d'Asie centrale, en Ouzbékistan notamment, mais également en Afghanistan, ce qui n'est pas sans poser de graves problèmes. C'est le seul peuple iranophone de l'ex-U.R.S.S.

Héritiers de peuples néolithiques partis des hauts plateaux iraniens, les Tadjiks se sont dispersés de la mer Caspienne à la Chine, avant de se sédentariser dans le S.-E. de l'Asie centrale. Carrefour des grandes routes caravanières entre Perse, Inde et Chine, le pays fut tour à tour envahi par les Perses (VIIe-VIe s. av. J.-C.), les Grecs d'Alexandre le Grand, les Arabes, les Tartares et les Mongols.

Au XVIe s., la région est gouvernée par le khan de Boukhara, et c'est à la fin du XIXe s. qu'elle est conquise par la Russie. Créée en 1924, la république socialiste soviétique du Tadjikistan devient membre à part entière de l'U.R.S.S. en décembre 1929.

Le Tadjikistan présente aujourd'hui un certain nombre de traits caractéristiques des pays en voie de développement : démographie galopante, agriculture nécessitant une main-d'œuvre abondante et faible industrialisation. 33 % de la population active est occupée dans l'agriculture, 16 % seulement dans les mines et l'industrie. Celle-ci est surtout concentrée autour de la production hydroélectrique, d'un important combinat d'aluminium et du textile (tissus de soie, coton). L'équipement hydroélectrique de l'important réseau des affluents de l'Amou-Daria dans le Pamir et la Fergana alimente le pays en électricité, et notamment le barrage de Nourek, près de Douchanbé.

Le relief hostile et les conflits internes, ethniques et politiques, ne faciliteront pas l'insertion du pays dans le monde moderne.

Des conflits entre communautés tadjiks et ouzbeks se sont déroulés dans le passé autour de la Fergana, partagée entre trois républiques par la volonté de Staline. Aujourd'hui, les rivalités entre les anciens — et toujours — communistes et la coalition islamo-démocrates, qui, depuis l'indépendance proclamée en septembre 1991, se disputent le pouvoir, font rage. Après avoir accédé au pouvoir au printemps 1992, les islamo-démocrates, harcelés par les forces communistes, ont dû le céder en décembre. Les troupes ouzbeks et russes, envoyées pour assurer un retour au calme, ne sont pas étrangères à ce retournement. L'exode de populations tadjiks vers l'Afghanistan voisin, lui-même instable, ne rend la situation que plus inquiétante.

LE TADJIKISTAN EN BREF

Carte Kirghizistan Ab, Bb
Superficie 143 100 km^2
Population 5 700 000
Capitale Douchanbé
Régime République
Monnaie Rouble
Langues Tadjik, ouzbek, russe
Religion Musulmans sunnites
Climat Continental, montagnard
Ressources Coton, céréales, mûriers, fruits, légumes ; électricité, charbon, zinc, plomb, molybdène, pétrole, gaz naturel
Activités Agriculture, élevage ; filatures, mines, fonderies, industries alimentaires, hydroélectricité, métallurgie de l'aluminium
P.N.B. annuel par habitant 480 dollars
Croissance démographique 32 ‰ par an
Espérance de vie Hommes 67 ans, femmes 72

Tadjoura (golfe de), ***Djibouti*** Golfe s'ouvrant dans le golfe d'Aden. C'est un paradis pour les amateurs de pêche sous-marine : nombreuses espèces des mers chaudes et poissons de coraux (poissons-clowns, poissons-perroquets, etc.). Au fond du golfe, le Goubbet al-Kharab (« gouffre des démons »), site impressionnant qui communique avec la mer par une étroite passe. La rive S. abrite le port de Djibouti, la rive N., en pays afar, celui de Tadjourah, centre de traite d'où l'on embarquait les esclaves pour la péninsule arabique ; maison d'Arthur Rimbaud. Plus à l'E., la petite cité d'Obock, où vécut le navigateur Henri de Monfreid, possède un émouvant cimetière marin où sont enterrés des marins français victimes d'une épidémie.

Tadla (plaine du), ***Maroc*** Plaine située au N.-E. de Marrakech, traversée par le cours moyen de l'Oum er-Rbia et bordée au S.-E. par le Moyen Atlas. Ancienne cuvette lacustre mise en valeur par les barrages de l'Oum er-Rbia et ses affluents (Bin el-Ouidane) : cultures irriguées de coton, blé, luzerne ; pâturages (moutons). Villes principales : Beni-Mellal, Kasba-Tadla.

Taegu, ***Corée du Sud*** La troisième ville du pays après Séoul et Pusan, à 95 km au N.-O. de celle-ci. Principal centre textile du pays : soie, coton, laine et textiles synthétiques. En 1950, pendant la guerre de Corée, l'avance des forces armées nord-coréennes fut arrêtée juste au N. de la ville.

Population 2 229 500
Carte Corée De

Taejon, ***Corée du Sud*** Ville moderne à 150 km au S. de Séoul. Détruite pendant la guerre de Corée (1950-1953), elle a été totalement reconstruite et transformée en un centre industriel (textiles, céramiques, meubles).

Population 1 062 500
Carte Corée Cd

Tafilalet ou **Tafilalt,** ***Maroc*** La plus grande région d'oasis sahariennes (1 375 km²) du pays, au S. du Haut Atlas. Irriguée par des oueds, des puits et le barrage d'Hasan al-Dakhil, qui a permis l'extension des zones cultivables (céréales, luzerne, tabac, légumes, coton). Les dattes du Tafilalet (plantations de palmiers-dattiers de 50 km de long dans la vallée du Ziz, près d'Erfoud) sont exportées dans le monde entier. Autres oasis : Rissani, Alnif.

En 757, les Berbères fondèrent au Tafilalet un royaume indépendant. Près des ruines de la capitale, Sidjilmasa (située sur la route des caravanes remontant du Niger jusqu'à la Méditerranée et florissante jusqu'à sa première destruction par les Arabes en 1363), se trouve le tombeau de Moulay Ali-Chérif, fondateur, au XVIIe s., de la dynastie alaouite, dont descend l'actuelle famille régnante du Maroc.

Population 70 000
Carte Maroc Ba

Taganrog, ***Russie*** Port sur la mer d'Azov, à l'E. de la Crimée. Exportation de céréales ; aciéries, chantiers navals, pêcheries. Forteresse et base navale fondée en 1698 par le tsar Pierre le Grand, la ville fut occupée par les Turcs de 1730 à 1769. Patrie du dramaturge russe Anton Tchekhov (1860-1904), dont la maison a été transformée en musée.

Population 293 000
Carte Russie Cd

Tagaytay, ***Philippines*** Voir CAVITE

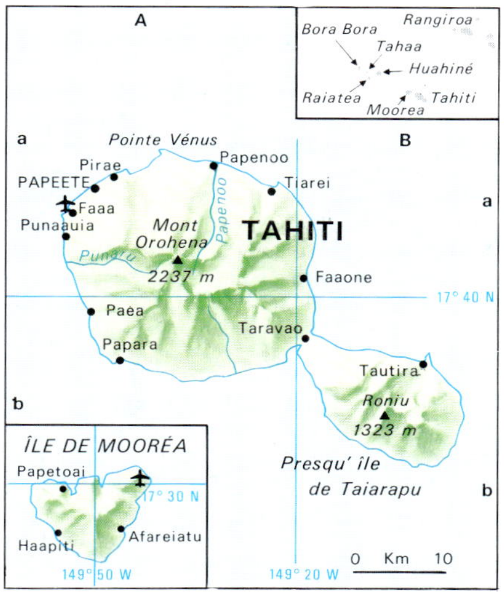

Tage, en esp. **Tajo,** en port. **Tejo,** ***Espagne/Portugal*** Le plus long fleuve de la péninsule Ibérique (1 120 km, dont 275 au Portugal). Né dans l'est de l'Espagne, il coule vers le S.-O., traverse Lisbonne et se jette dans l'Atlantique.

Carte Portugal Bc

Tahiti, ***Polynésie française*** Principale île du territoire (1 042 km²) et de l'archipel de la Société. Montagneuse (elle culmine à 2 237 m à l'Orohena), couverte de végétation tropicale, jouissant d'un climat agréable, et bordée de récifs coralliens, Tahiti est un véritable « paradis des mers du Sud ». Elle a été immortalisée notamment par le peintre français Paul Gauguin, qui y vécut de 1895 à 1901, et par les écrivains Pierre Loti et Herman Melville. Très touristique, elle produit noix de coco, vanille et fruits tropicaux. Tahiti a pour ville principale Papeete, où se concentrent les deux tiers de la population et dont le rôle économique et stratégique a été accru par la construction d'un port moderne, de l'aéroport de Faaa (1961) et l'implantation du Centre d'expérimentation du Pacifique (1964).

A 16 km à l'O. : la petite mais tout aussi belle île de Moorea.

Population 105 000

Tahoe (lac), ***États-Unis*** Lac de 500 km², à 1 900 m d'altitude, aux confins du Nevada et de la Californie, à 250 km au N.-E. de San Francisco. Site touristique près des casinos de Reno.

Carte États-Unis Bc

Tahoua, ***Niger*** Chef-lieu du département du même nom, au N.-E. de Niamey. Centre du programme de développement du plateau de l'Adar Doutchi.

Population (ville) 51 650 ; (départ.) 1 307 000
Carte Niger Ab

Ta'if, ***Arabie Saoudite*** Station climatique à 1 630 m d'altitude et à 60 km au S.-E. de La Mecque. Belles maisons arabes anciennes près du souk (costumes traditionnels faits dans la région), rues bordées de poivriers. Les routes d'accès offrent de pittoresques panoramas de rochers bruns sculptés par le vent et dominant de vertes vallées plantées de vignobles et de vergers. Ta'if est célèbre pour ses roses.

La signature de l'accord de règlement du conflit du Liban eut lieu dans cette ville en 1989.

Population 300 000
Carte Arabie Saoudite Bb

taïga, forêt de conifères des hautes latitudes, voir FORÊT, p. 250-251

T'ailuko (gorge de), ***Taiwan*** Voir HUA-LIEN

T'ai-nan, ***Taiwan*** Port et ville historique et industrielle du Sud-Ouest, à 50 km au N. de Kaohsiung. C'est la plus vieille ville du pays, développée au début du XVIIe s. par les Hollandais (vestiges de fortifications). Capitale de Taiwan jusqu'en 1885. Elle conserve de nombreux monuments anciens dont le temple de Confucius (XVIIe s.), l'un des plus beaux exemples de l'architecture chinoise traditionnelle de l'île. Le temple aux murs rouges de Koxinga fut érigé en hommage au général qui chassa les Hollandais en 1662.

Population 696 800
Carte Taiwan Bc

T'ai-pei, ***Taiwan*** Capitale (depuis 1885) et plus grande ville du pays, au N. de l'île. T'ai-pei s'est développée rapidement pendant la colonisation japonaise (1895-1945) et plus encore après la Seconde Guerre mondiale : sa population est passée de 335 000 à 2,5 millions d'habitants en quarante ans. Elle forme aujourd'hui une immense agglomération.

Ville animée, à larges avenues et à hauts buildings imposants, T'ai-pei est le siège du gouvernement, du Parlement et de nombreuses compagnies industrielles et commerciales. Principales activités : construction mécanique, industries textiles, produits chimiques et alimentaires ; imprimerie.

Il reste peu de traces de la vieille ville, sauf le marché de nuit en plein air, le temple de Lungshan (XVIIIe s.), très orné et très coloré, mais en grande partie reconstruit après la dernière guerre, et les remparts du XIXe s. Le musée national du Palais, à 8 km du centre, dans les collines de Wai-shuang-hsi, abrite une extraordinaire collection (250 000 pièces) de trésors de l'art chinois, sortis de Chine par les partisans de Tchang Kaï-chek avant la révolution de 1949 : jades sculptés, objets émaillés et laqués, porcelaines, bronzes, peintures, tapisseries et livres. T'ai-pei possède plusieurs parcs, un zoo et un jardin botanique contenant plus de 700 espèces d'arbres, d'arbustes et de palmiers.

Population (ville) 2 679 600 ; (aggl.) 6 130 000
Carte Taiwan Bb

Taishan, ***Chine*** Massif de la péninsule du Shandong, à 85 km au S. de Jinan, culminant à 1 545 m. C'est l'une des cinq montagnes sacrées du taoïsme, vénérée dans tout le pays. Nombreux temples.

Carte Chine Hd

T'ai-Tchong ou **Taizhung,** ***Taiwan*** Ville à 125 km au S.-O. de T'ai-pei. Colonie japonaise au développement planifié de 1895 à 1945, elle est en pleine expansion depuis les années 1960. Dans sa zone franche industrielle : électronique, optique, plastiques. Son port, à 20 km à l'O., est déjà très actif.

Population 761 800
Carte Taiwan Bb

Taiwan Voir p. 646

Taiwan, anc. **Formose (détroit de)** Détroit qui sépare Taiwan de la Chine. Il se trouve sur la trajectoire des typhons de l'océan Pacifique qui, en septembre, remontent vers le Japon. Largeur minimale : 160 km ; profondeur : 70 m.

Carte Taiwan Ab

Taiwan

ÎLE-REFUGE DES NATIONALISTES DU GÉNÉRAL TCHANG KAÏ-CHEK EN 1949, TAIWAN EST DEVENUE UN DES PREMIERS ÉTATS COMMERÇANTS DE L'ASIE

Taiwan est une anomalie politique : un pays de premier plan du point de vue économique, qui n'est reconnu officiellement que par très peu de gouvernements. A peu près aucun ne soutient aujourd'hui sa prétention à être la seule République de Chine : la plupart préfèrent reconnaître la République populaire de Chine, dont la capitale est Beijing (Pékin) depuis 1949. Cependant on ne peut négliger Taiwan (ou Formose, selon son ancien nom) : depuis vingt ans, elle fait partie des pays industriels les plus dynamiques.

Les navigateurs portugais du XVIe s. nommèrent Taiwan « ilha formosa » — l'île de beauté — et, malgré les villes nouvelles, les usines et les autoroutes, elle offre encore de magnifiques paysages.

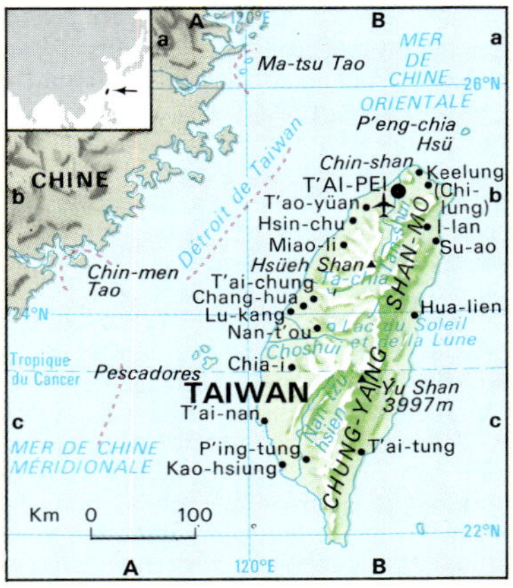

Située à 160 km au large des côtes orientales de la Chine, l'île, très montagneuse, possède bien des sommets majestueux ; le plus élevé est le Yu Shan. L'agriculture est essentiellement concentrée dans les plaines côtières de l'Ouest et du Nord, où se rassemble aussi la plus grande partie de la population et de l'industrie. En plus de l'île principale, longue de 375 km et large de 145, le pays comprend les archipels des Pescadores, de Chin-Men tao et de Ma-tsu tao.

Taiwan est traversée par le tropique du Cancer, et le climat est chaud et humide. Les hivers sont doux (les températures descendent rarement au-dessous de 10 °C dans les plaines), mais les étés peuvent être lourds, les températures de juillet dépassant souvent 30 °C à T'ai-pei, la capitale. Une vaste gamme de cultures est possible grâce aux fortes températures, aux pluies abondantes et aux sols fertiles : thé, canne à sucre, bananes et surtout riz. Les ressources minérales sont maigres ; le charbon et l'hydroélectricité produits sur place sont insuffisants pour faire face aux besoins de l'industrie, si bien qu'il faut importer le pétrole et les matières premières nécessaires. 40 % de l'électricité provient maintenant des centrales nucléaires.

Le Japon annexa l'île en 1895 après la guerre sino-japonaise ; en 1945, elle revint à la Chine, alors gouvernée par un parti nationaliste de droite. Chassés par Mao Tsé-toung et son Armée rouge, quelque 2 millions de nationalistes, sous la direction de Tchang Kaï-chek, se réfugièrent dans l'île en 1949, et établirent leur capitale à T'ai-pei.

Avec l'aide des Américains, le gouvernement entreprit de développer l'économie de l'île, d'abord grâce à une réforme agraire réussie, puis en favorisant l'expansion industrielle. Le premier objectif fut de substituer des productions nationales aux importations, puis, à partir de 1960, d'encourager les exportations. En encourageant l'installation d'entreprises étrangères dans des zones franches, puis en développant un capitalisme national, Taiwan est devenu une vraie puissance industrielle. On développe maintenant des fabrications de haut niveau technologique, et les industries les moins spécialisées sont transférées vers des pays voisins moins évolués.

Taiwan a longtemps eu un régime politique stable mais peu démocratique, dominé par les politiciens du Kuo Ming Tang, et dirigé par Tchang Ching-kuo, le fils de Tchang Kaï-chek ; les dirigeants étaient pour la plupart originaires de Chine continentale. Une démocratisation commença à partir de 1988, après la mort de Tchang Ching-kuo. Plusieurs partis d'opposition sont venus contester le monopole du Kuo Ming Tang, et ont remporté de nets succès à des élections libres. Le nouveau président Lee Tang-hui a été élu malgré l'opposition de la « vieille garde » du Kuo Ming Tang, dont l'influence se réduit rapidement, et les dirigeants proclament qu'il n'y a plus de prisonniers politiques. Ils continuent à considérer qu'il n'y a qu'une seule Chine, mais tendent de plus en plus à nouer des relations de fait avec les maîtres de Beijing.

TAIWAN EN BREF

Superficie	36 174 km^2
Population	20 930 000
Capitale	T'ai-pei
Régime	République
Monnaie	Nouveau dollar de Taiwan = 100 cents
Langues	Chinois mandarin (officiel) ; hokkien, hakka
Religions	Bouddhistes, confucéens, taoïstes, chrétiens
Climat	Subtropical maritime.
Ressources	Riz, patates douces, canne à sucre, bananes, agrumes, ananas, porcs, volailles, poissons, bois, charbon, soufre
Activités	produits électriques et électroniques, textiles, produits chimiques, engrais, papier, ciment, verre, plastiques, fer et acier, mines, agriculture, exploitation forestière, pêche
Exportations	Équipements électriques et électroniques, vêtements, textiles, produits alimentaires, chaussures, jouets
P.N.B. annuel par habitant	10 196 dollars
Croissance démographique	10,2 ‰ par an
Espérance de vie	Hommes 72 ans, femmes 77

Taiyuan, ***Chine*** Capitale du Shanxi, à 400 km au S.-O. de Pékin. Sidérurgie, produits chimiques.
Population 1 534 000
Carte Chine Gd

Ta'izz ou **Taïz,** ***Yémen*** La troisième ville du pays, dans un cadre de collines à 80 km au N.-E. de Moka ; c'est aussi un lieu de séjour au pied du djebel Sabir, qui possède plusieurs mosquées. Centre administratif, commercial et industriel (textiles, tanneries, bijoux, plastiques) au cœur d'une région agricole : café principalement, millet, arbres fruitiers. Aéroport international. Projets hydroélectriques.
Population 178 500
Carte Yémen Ab

Tajín (El), ***Mexique*** Site précolombien de l'État de Veracruz, à 20 km de Poza Rica. Au centre de cette vaste cité se dresse son monument le plus célèbre : la pyramide à degrés dite des Niches, dont les 365 niches, sur 7 étages, correspondent au nombre de jours du calendrier. Le dimanche, des groupes d'« hommes volants » attachés à des cordes se jettent du haut d'un mât de 30 m derrière la pyramide, descendent en tournoyant et s'arrêtent au ras du sol. Les différents vestiges du site appartiennent à l'une des civilisations dites classiques. On peut y voir des influences de Teotihuacán, des Totonaques et des Toltèques (du VIe au Xe s.).
Carte Mexique Cb

Takamatsu, ***Japon*** Port et ville industrielle au N.-E. de l'île de Shikoku, très endommagée par les bombardements de la Seconde Guerre mondiale. Centre touristique populaire : le parc de Ritsurin en particulier, avec ses beaux arbres et ses lacs artificiels, est fort apprécié.
Population 327 000
Carte Japon Bd

Takasaki, ***Japon*** Ville de l'île de Honshu, à 100 km au N.-O. de Tokyo, à l'entrée des Alpes japonaises. Célèbre pour ses *daruma*, gâteaux porte-bonheur en forme de poupées.
Population 231 800
Carte Japon Cc

Taklamakan (désert du), ***Chine*** Le plus vaste désert du pays (327 000 km^2), à l'O. de la Chine. En langue ouigoure, parlée par le plus important groupe ethnique du désert, Taklamakan signifie « pas d'issue pour qui entre ici », expression appropriée à ces étendues dépourvues de pistes. Quelque 85 % du désert consiste en dunes mouvantes de sable qui se déplacent, parfois hautes de 300 m.
Carte Chine Bc

Takoradi, ***Ghana*** Ville située à 170 km à l'O. d'Accra. Son essor remonte à 1923, date de la construction de la première rade en eau profonde ; le port a été modernisé en 1953, puis automatisé, et il traite, pour l'exportation, 2 millions de tonnes de fret par an : bois, cacao et minéraux. Takoradi jouxte la ville de Sekondi et, depuis 1963, ces deux villes n'en forment plus qu'une seule, Sekondi-Takoradi, principal centre urbain du Ghana occidental. Le village voisin de Nkroful vit la naissance du premier président de la République du Ghana, Kwame Nkrumah, qui y est enterré.

Outre le cacao et les minéraux, la région de Takoradi produit des bois de placage et des contre-plaqués, du ciment et des cigarettes.
Population (Sekondi-Takoradi) 254 500
Carte Ghana Ac

talc Silicate hydraté de magnésium à structure lamellaire ; c'est un minéral fin, blanc, gris ou vert pâle, d'une texture douce, onctueuse au toucher. Sa dureté est de 1 sur l'échelle de Mohs. Il est utilisé comme isolant électrique et en pharmacie. La plus grande carrière d'Europe se trouve à Luzenac (Pyrénées).

Talca, *Chili* Ville du sud du Chili central, chef-lieu de la province de Talca et située à 240 km au S. de Santiago. Elle a été fondée en 1692, mais fut deux fois détruite par des séismes. Région de blé, de vin et d'élevage. Industries: papier, cuir, minoteries.
Population (ville) 138 000
Carte Chili Ac

Tallahassee, *États-Unis* Capitale de la Floride au N. de cet État, entre le golfe du Mexique et la frontière avec la Géorgie, dans une région de lacs. Principales ressources: tourisme, papier, bois, chimie.
Population (ville) 125 000; (aggl.) 233 600
Carte États-Unis Jd

Tallinn, anc. **Reval** ou **Revel**, ***Estonie*** Port de la Baltique et capitale de l'Estonie, sur le golfe de Finlande en face d'Helsinki. Industries: chantiers navals, mécanique, équipements électriques, textiles, papier, chimie. Comptoir fortifié au xe s., la ville fut occupée par les Danois en 1219, puis par les Allemands, les Suédois et, de 1710 à 1918, par les Russes. Elle fut sévèrement bombardée lors de la Seconde Guerre mondiale par les Allemands, et largement reconstruite depuis. Ses remparts sont médiévaux, sa cathédrale date du XIIIe s., et les vestiges de la citadelle des XIIIe et XVIe s.
Population 499 800
Carte Estonie Ab

talus continental Versant marin entre le rebord de la plate-forme continentale et les régions abyssales ; sa pente est plus forte que celle de la plate-forme: la dénivellation va de 200 à 1 000 m.

talweg Ligne idéale joignant les points les plus bas d'une vallée. En météorologie, c'est un creux barométrique entre deux zones de haute pression.

Tamale, *Ghana* La plus grande ville du bassin de la Volta, à 440 km au N. d'Accra. C'est la capitale de la région N. du Ghana et elle dispose d'un port. Marché au riz, aux cacahuètes et au coton. Toutefois, les sols sont de plus en plus menacés par l'érosion de la région.
Population (ville) 155 000
Carte Ghana Ab

Tamanrasset, off. **Tamenghest**, ***Algérie*** Chef-lieu de wilaya dans le Sahara algérien, à 1 395 m d'altitude dans le sud-ouest du massif du Hoggar. C'est le point de départ de la traversée du désert vers Agadez (Niger) et Gao (Mali), et la capitale et le lieu de rassemblement des Touaregs qui sillonnent le Hoggar. Récemment Tamanrasset est devenue une destination touristique — les maisons en terre rouge des premiers occupants en sont un des attraits — desservie par un aéroport et reliée à Alger par une route de 1 370 km. Le père Charles de Foucault s'y fixa dans un ermitage en 1905 et étudia le cadre de vie et la langue de la région ; il fut assassiné en 1916 dans le bordj qu'il avait construit. Musée d'art traditionnel du Hoggar.
Population 30 000
Carte Algérie Ab

Tamatave, *Madagascar* Voir TOAMASINA

Tambov, *Russie* Ville de la plaine du Don et de l'Oka, à 420 km au S.-E. de Moscou. Industries mécaniques, chimiques et alimentaires. Fort fondé en 1636, Tambov défendait Moscou contre les Tatars.
Population 307 000
Carte Russie Cd

Tamenghest, *Algérie* Voir TAMANRASSET

Tamil Nadu, *Inde* État rural du Sud-Est, l'ancien État de Madras, formé de 130 058 km^2 de territoires de langue tamoule. La grande culture commerciale de la plaine côtière, le riz, est irriguée grâce aux réservoirs que constituent de nombreux petits lacs artificiels. Les terres de l'intérieur, qui appartiennent au plateau du

LA ROUTE DE LA SOIE. À la lisière du désert du Taklamakan, les nomades du XXe s. cheminent toujours le long de l'ancienne et renommée voie de commerce qu'emprunta jadis Marco Polo.

Deccan, produisent du coton, du tabac et du millet ; les monts de Nilgiri du thé et du caoutchouc. Capitale d'État : Madras.
Population 55 860 000
Carte Inde Be

Tamise, en angl. **Thames,** ***Royaume-Uni*** Fleuve long de 335 km prenant sa source dans les Cotswold Hills (Gloucestershire). Il passe à Oxford, franchit les Chiltern Hills, traverse Londres où il s'élargit aux dimensions d'un estuaire, et se jette dans la mer du Nord. Importante voie de communication depuis les temps préhistoriques, la Tamise est jalonnée par quelques-uns des hauts lieux de l'histoire anglaise et plusieurs résidences royales : Windsor, Hampton Court, Richmond, Kew, Westminster, Greenwich... Autrefois, les navires de mer faisaient voile jusqu'au cœur de Londres ou jusqu'aux docks, un peu en aval. Les cargos, aujourd'hui, jettent l'ancre beaucoup plus en aval, à Tilbury, par exemple. Sujette à de très fortes crues, la Tamise a vu son cours se régulariser depuis l'aménagement de la digue de Woolwich, achevée en 1984. En amont de Londres, la navigation de plaisance s'est développée de façon spectaculaire et nombre de villes sur ses rives tiennent des régates en été.
Carte Royaume-Uni Fe

Tammerfors, ***Finlande*** Voir TAMPERE

Tampa, ***États-Unis*** Port de la côte O. de la Floride à l'entrée de la baie de Tampa. On y produit des cigares et, alentour, des primeurs ; exportation de phosphates utilisés dans la fabrication des engrais.
Population (ville) 280 100 ; (aggl.) 2 068 000
Carte États-Unis Je

Tampere (Tammerfors), ***Finlande*** Troisième ville de la Finlande ; elle est située au S.-O. du pays à 165 km au N.-O. de la capitale. Tampere a été fondée en 1779 à proximité de chutes d'eau entre les deux lacs Näsi et Pyhä ; les chutes ont alimenté une filature de coton ouverte vers 1820 par l'Écossais James Finlayson et la ville devint le premier centre textile de Finlande. Aujourd'hui, elles fournissent en énergie de nombreuses autres industries : constructions mécaniques, matériel ferroviaire, industrie du bois, du cuir, du caoutchouc, imprimerie. La ville, renommée pour ses espaces verts, possède un théâtre à ciel ouvert doté d'une salle tournante, plusieurs musées et des galeries d'art.
Population 175 200
Carte Finlande Bc

Tampico, ***Mexique*** Ville de l'État de Tamaulipas, près de l'embouchure du Pánuco dans le golfe du Mexique. Les étés y sont humides et chauds, les pluies diluviennes de la fin septembre y provoquent de fréquentes inondations. Ville pétrolière, ses enfilades de raffineries et de réservoirs de stockage le long de la rivière n'empêchent pas Tampico d'être une populaire station balnéaire.
Population (aggl.) 435 000
Carte Mexique Cb

Tana, ***Kenya*** La plus longue rivière du Kenya (800 km) prenant sa source dans les monts Aberdare et coulant vers le S.-E., jusqu'à l'océan Indien, à 90 km au N.-E. de Malindi. Son cours supérieur est utilisé pour la production d'électricité grâce à une série de barrages élevés dans les années 1960 et 1970. Dans la région que traverse son cours inférieur, près de la côte, l'irrigation permet la culture de la banane, du manioc, du maïs et du riz.
Carte Kenya Cb

Tana (lac), ***Éthiopie*** Le plus grand lac du pays (près de 3 000 km^2), à 1 860 m d'altitude dans les hautes terres au S. de Gondar. C'est la source de l'Abbaï ou Nil Bleu. Plus de 60 rivières s'y jettent, mais sa profondeur n'est jamais supérieure à 15 m.
Carte Éthiopie Aa

Tana ou **Tanna,** ***Vanuatu*** Île située au S. de l'archipel de Vanuatu, et dont le volcan actif, le Yasur, est accessible au tourisme ; son cratère émet constamment de la fumée, de la vapeur et des fragments de lave. Tana est un lieu important du « culte du cargo ». Voir MÉLANÉSIE.
Population 15 600
Carte Pacifique (océan) Dc

Tananarive, ***Madagascar*** Voir ANTANANARIVO

Tanga, ***Tanzanie*** Capitale régionale et port de l'océan Indien, à 50 km au S. de la frontière avec le Kenya. Exportation de sisal, de café et de coprah ; fabrication d'engrais industriels.
Population 150 000
Carte Tanzanie Ba

Tanganyika (lac), ***Afrique orientale*** Second lac d'Afrique après le lac Victoria (32 900 km^2), situé au S.-E. de celui-ci et au S. du lac Kivu. Il sert de frontière entre le Zaïre, le Burundi, la Tanzanie et la Zambie. Avec des fonds atteignant 1 470 m, c'est le plus profond des lacs d'eau douce après le lac Baïkal (Russie).

Les premiers Européens à l'atteindre furent les explorateurs anglais Richard Burton et John Hanning Speke, en 1858. En 1871, à Ujiji sur la rive E., Henry Morton Stanley retrouva l'explorateur David Livingstone. Ils conclurent que le lac Tanganyika n'était pas une source du Nil. En fait, le lac n'a qu'un émissaire, la rivière Lukuga ; il est principalement alimenté par les rivières Ruzizi et Malagarasi.

Il est navigable et possède de belles plages ; poissons et animaux sauvages y abondent. Grands ports : Bujumbura (Burundi), Kalémié (Zaïre) et Kigoma (Tanzanie).
Carte Zaïre Bb ; Tanzanie Ba

Tanger, ***Maroc*** Port maritime à l'extrémité S.-O. du détroit de Gibraltar. Situé sur la partie de l'Afrique la plus proche de l'Europe, il fut une porte ouverte entre les deux continents pendant des siècles.

Phéniciens, Carthaginois et Romains ont bâti leurs villes sur ce site. La ville romaine, Tingis, tomba successivement aux mains des Vandales (Ve s.), des Byzantins (VIe s.), puis des Arabes (VIIIe s.). En 711, elle devint le tremplin de l'invasion arabe de l'Espagne. Les derniers occupants de Tanger furent les Portugais (1471-1580 et 1656-1662), les Espagnols (1580-1656), les Anglais (1662-1684), avant que la cité ne retourne au Maroc. De 1923 à 1956, elle eut un statut international.

Le centre de Tanger, le Souk (marché couvert) est bordé par la vieille ville et la Casbah (citadelle) renfermant le Dar el-Makhzen (le palais du sultan), dont les appartements ont été transformés en musée des Arts marocains, présentés par région ; le musée des Antiquités marocaines se trouve au palais de Dar Shorfa ; dans la vieille ville encore : Grande Mosquée bâtie par Moulay Ismaïl (1672-1727), le souverain qui pacifia les tribus guerrières du pays et chassa les Européens. Tanger est devenue une ville d'allure cosmopolite où les banques du monde entier ont leurs agences, le casino ses joueurs, la nuit ses noctambules. Entre le cap Malabata à l'E. et le cap Spartel à l'O., signalés par leurs phares, s'étendent 22 km de belles plages et d'anses rocheuses avec vue sur l'Espagne.
Population 267 000
Carte Maroc Ba

Tangshan, ***Chine*** Ville charbonnière de la province du Hebei, à 150 km à l'E. de Pékin. Elle fut dévastée en 1976 par un séisme de 7,8 d'amplitude sur l'échelle de Richter ; 500 000 personnes périrent. Les mines de Tangshan ont été remises en état, ainsi que la ville, avec plus de 200 nouvelles usines.
Population 1 400 000
Carte Chine Hc

Tanjore, ***Inde*** Voir THANJAVUR

Tanna, ***Vanuatu*** Voir TANA

Tannenberg, ***Pologne*** Voir GRUNWALD

Tanta, ***Égypte*** Ville au centre du delta du Nil, à 83 km au N. du Caire et à mi-chemin entre les villes de Dumyat (Damiette) et Rashid (Rosette), sur les bras E. et O. du fleuve. Tanta traite le coton et la laine produits dans le delta.
Population 334 600
Carte Égypte Bb

Tanzanie, Voir p. 650

Taolagnaro, anc. **Fort-Dauphin,** ***Madagascar*** Port de l'océan Indien, à l'extrême S.-E., baptisé Fort-Dauphin, puis Faradofay. On y exporte fèves, bétail, bois et riz. La première colonie française du lieu fut fondée en 1643, avec, pour gouverneur, Étienne de Flacourt, dont *l'Histoire de la grande isle de Madagascar* (1653) reste une source majeure d'informations sur l'île.
Population 13 000
Carte Madagascar Ab

Taormina, ***Italie*** Ville ancienne et station balnéaire de la côte E. de la Sicile, à 60 km de la pointe N.-E de l'île. La situation de la vieille ville, construite à 250 m de hauteur, l'a protégée des promoteurs et du développement touristique, le lotissement hôtelier se limitant aux plages en contrebas. Les plus rares de ses édifices datent du bas Moyen Âge, et sont ornés de lave et de pierres de couleur. La vue sur l'Etna depuis le théâtre gréco-romain est admirable.
Population 10 300
Carte Italie Ef

Taoudenni (bassin de), ***Sahara*** Vaste dépression du Sahara central s'étendant sur 1 million de kilomètres carrés, à cheval sur le Mali, la Mauritanie et le Sud algérien, traversée par le tropique du Cancer ; les pluies y sont rares (5 mm par an en moyenne) et les vents très violents. Au VIe s. avant notre ère, la cuvette proprement dite était occupée par un lac de 2 300 km^2. Depuis des siècles, les nomades de la région — des Maures — y exploitent des dépôts de sel ; un des centres d'exploitation est la localité de Taoudenni, située dans le Nord du Mali. Chaque année, une grande caravane de plusieurs milliers de chameaux, chargés chacun de quatre longues plaques de sel, se dirige vers Tombouctou où le sel est commercialisé, puis distribué dans les pays du Sahel par la vallée du Niger.
Carte Mali Ba

UN BALCON MARIN. Les Grecs choisirent un merveilleux décor pour construire le théâtre de Taormina. Du sommet des gradins, la vue embrasse des cascades de villas et de fleurs.

Taoyuan, ***Taiwan*** Ville de la plaine N. de Taiwan, à 20 km de T'ai-pei. Elle est au cœur d'une riche région agricole produisant riz et thé. L'aéroport international Tchang Kaï-chek, le principal de l'île, s'est ouvert en 1979, à peu de distance de la ville.
Population 241 300
Carte Taiwan Bb

Tapiola, ***Finlande*** Voir ESPOO

Tapti (Tapi), ***Inde*** Rivière prenant sa source au N. du Deccan au centre de l'Inde, s'écoulant vers l'O. sur 724 km jusqu'au golfe de Cambay, à hauteur de la ville de Surat. Son cours varie largement avec les saisons ; un vaste programme d'irrigation de sa vallée est à l'étude.
Carte Inde Bc

Tara, ***Yougoslavie*** Rivière de la république du Montenegro qui s'unit à la Piva pour former la Drina. La Tara prend sa source près de la frontière albanaise, s'écoule vers le N.-O., creusant une spectaculaire gorge en amont de Mojkovac. A l'E. de la ville de Zabljac, un pont de 365 m de long enjambe à 150 m de hauteur ses flots écumants.
Carte Yougoslavie Ac

Tarabulus, ***Libye*** Voir TRIPOLI

Taranaki, ***Nouvelle-Zélande*** Comté (9 720 km^2) de l'île du Nord, à 160 km au N.-O. de la capitale Wellington. Il comprend de riches pâturages laitiers autour du cône volcanique du mont Egmont (nommé Taranaki par les Maoris), et de nombreuses usines laitières produisant beurre et fromage. L'arrière-pays, montagneux, est principalement voué à l'élevage des moutons. Production de gaz.
Population 105 200
Carte Nouvelle-Zélande Dc

Tara Planina, ***Bosnie-Herzégovine*** Voir VISEGRAD

Tarawa, ***Kiribati*** Le plus important atoll du pays (40 % de la population) et centre administratif (Baïriki), situé vers l'extrémité N.-O. des îles appelées autrefois Gilbert. Une féroce bataille s'y déroula en novembre 1943, lors de la Seconde Guerre mondiale : le premier débarquement amphibie américain prit les positions japonaises de l'île en quatre jours de combat ; 17 Japonais survécurent sur 4 700 soldats ; 3 300 Américains périrent.
Population 25 200
Carte Pacifique (océan) Db

Tarbela (barrage), ***Pakistan*** Le plus grand barrage du pays, construit dans les années 1970 sur l'Indus à 50 km au N.-O. d'Islamabad afin d'apporter électricité et irrigation aux vastes rives de la vallée de l'Indus. Hauteur : 148 m ; 121 000 000 m^3 de pierres et de terre. Il doit durer quatre-vingts ans, après quoi, il sera irrémédiablement obstrué par la vase.
Carte Pakistan Da

Tarbes, ***France*** Préfecture des Hautes-Pyrénées, sur l'Adour, à 154 km au S.-O. de Toulouse. Développée par les Romains, la ville fut vite anéantie par les invasions des IIIe et IVe s. Elle retrouva une prospérité après le passage des Sarrasins puis des Normands, autour du château du comte de Bigorre. Devenue capitale de la Bigorre, elle fut possession anglaise à la fin du XIVe s., puis du comté de Foix, et ne fut véritablement rattachée au royaume de France qu'au début du XVIIe s.

Quelques vestiges de son passé : cathédrale Notre-Dame-de-la-Sède, romane et fortifiée au XIVe s., cloître gothique de Saint-Sever de Rustan dans le jardin Massey. Aujourd'hui c'est le grand marché agricole du haut bassin de l'Adour, où croissent blé, maïs et herbe grasse en abondance ; celle-ci fait les délices des chevaux du haras national, réputé depuis le début du XIXe s. À une fonction commerciale et administrative, Tarbes ajoute une fonction industrielle : l'énergie hydraulique de haute montagne alimente plusieurs usines (cuir et papeterie, constructions électromécaniques et aéronautiques, produits chimiques). Patrie de Théophile Gautier et de Ferdinand Foch.
Population (ville) 48 000 ; (aggl.) 75 000
Carte France De

Tarente, ***Italie*** Port maritime et base navale dans le talon de la botte, à 250 km au S.-E. de Naples. De la cité fondée par les Spartiates en 706 av. J.-C., peu de vestiges subsistent. Le noyau médiéval demeure, sur une île rectangulaire reliée au continent par deux ponts qui séparent les rades intérieure et extérieure. Cette partie ancienne, très dense, abrite un château bâti par l'Espagnol Ferdinand d'Aragon en 1480, une cathédrale des XIe-XIIe s. pour son origine, mais avec une façade baroque de 1713, et l'église gothique de San Domenico (XIVe s.). Musée national. Le port abrita la plus grande partie de la flotte italienne durant la Seconde Guerre mondiale. Les appareils de l'aéronavale britannique lui infligèrent de grands dommages les 11 et 12 novembre 1940. C'est devenu une base de l'OTAN.

Le golfe du même nom, qui baigne la ville, fait partie de la mer Ionienne et mesure 140 km de long et de large. On y pêche de nombreux crustacés.
Population 244 600
Carte Italie Fd

Tarija, ***Bolivie*** Ville et département du sud du pays aux frontières de l'Argentine et du Paraguay. Fondée en 1574 par l'Espagnol Luis de Fuentes, la ville est connue pour ses processions

Tanzanie

STABILITÉ POLITIQUE,
PAIX SOCIALE
MAIS STAGNATION ÉCONOMIQUE

Avec 800 km de côtes bordées de cocotiers, des îles qui sentent le parfum et les épices, des lacs magnifiques et des montagnes superbes, la Tanzanie est un des plus beaux pays d'Afrique. Baignée par l'océan Indien, elle est au cœur de la grande histoire de l'homme. Elle a accueilli les premiers navigateurs perses, arabes et indiens, tandis que la grande vallée du Rift, qui la traverse, abrite les premiers témoignages sur les balbutiements de l'humanité. Elle nous offre aussi quelques-unes des merveilles du continent : le Kilimandjaro le sommet le plus haut ; le lac Tanganyika, le lac le plus profond ; le lac Victoria, le plus grand du monde ; le cratère de Ngorongoro, le deuxième de la planète par sa superficie, et quelques-unes des sources des plus grands fleuves du monde, le Nil et le Zaïre (Congo).

En 1950, le Tanganyika était la moins riche des colonies britanniques d'Afrique orientale après le Kenya et l'Ouganda. Mais vingt-cinq ans après, la Tanzanie est devenue l'un des pays africains les plus connus, en raison, notamment, de la personnalité de Julius Nyerere et de son approche originale des problèmes socio-économiques et politiques du pays. Si l'économie est dans un état critique, en revanche, les réalisations sociales sont remarquables et, plus qu'ailleurs, le sentiment national s'est développé.

Occupé par l'Allemagne à partir de 1880, le territoire continental passa sous administration britannique après la guerre de 1914-1918 ; l'indépendance fut proclamée en 1961. En 1964, l'union avec les îles de Zanzibar et de Pemba donna naissance à la République unie de Tanzanie.

La partie continentale est composée d'un immense plateau traversé par la grande vallée du Rift où se trouvent la plupart des régions montagneuses. Une savane sèche couvre le Sud-Est, région qui s'élève derrière une plaine côtière au rivage formé de récifs coralliens. Cette zone de pâturages est séparée du Kilimandjaro, au N.-E., par le plateau masaï couvert d'une steppe à épineux. Le Kilimandjaro lui-même s'élève à 5 895 m ; il est situé à 3 degrés seulement au-dessous de l'équateur, et son sommet est recouvert d'une calotte de neige. Le grand plateau intérieur (1 200 m d'altitude) s'étend entre les bras orientaux et occidentaux de la vallée du Rift. Il est sec et aride. Dans le Nord-Ouest, il s'abaisse vers le bassin du lac Victoria.

La température diminuant avec l'altitude, le territoire est relativement épargné par les grosses chaleurs équatoriales ; le climat du centre est continental, chaud et sec, et il n'y a qu'une courte saison des pluies. La région ne ressemble pas au Sahel pour autant, mais le moindre décalage climatique est durement ressenti par les agriculteurs. Seule la côte est réellement touchée par les pluies de mousson ; les îles sont chaudes et humides.

C'est dans les gorges d'Olduvaï, près du cratère de Ngorongoro, que le professeur Leakey a découvert, en 1959, les restes du Zinjanthrope. Cet hominidé, qui présente des caractères humains prononcés, aurait vécu il y a 1 750 000 ans et utilisait des galets grossièrement cassés comme outils. Cette découverte, ainsi que les autres qui ont suivi en Afrique orientale, a fait du continent africain le « berceau de l'humanité ».

De nos jours, la Tanzanie est un pays de 22,4 millions d'habitants. Les 120 ethnies qui l'habitent sont de langue bantoue ou parlent le swahili. Les Sukumas, les plus nombreux (1 million de personnes), vivent au bord du lac Victoria et cultivent le coton. Les Chaggas sont des planteurs de café installés sur les pentes du Kilimandjaro. Les pasteurs masaïs parcourent la steppe qui porte leur nom et voient leur vie perturbée autant par la sécheresse que par le développement.

Les Nyamwezis occupent l'intérieur des terres. Ils ont établi les grands circuits commerciaux entre les grands lacs et l'océan Indien. Les Makondes, sur la côte, sont réputés pour leurs sculptures réalistes, et marchent sur des échasses lors des cérémonies traditionnelles. La tribu guerrière des Wahehes a farouchement résisté à la pénétration allemande en 1880.

LE MONDE SWAHILI

La Tanzanie est aussi le creuset d'une civilisation originale fondée sur le métissage. Depuis près de deux millénaires, Arabes, Perses et Indiens ont fréquenté les côtes pour y créer des comptoirs commerciaux. Les mariages avec les populations bantoues du continent, les échanges permanents ont donné naissance à un grand ensemble culturel, qui s'appuie sur le *kiswahili*, une langue née à Zanzibar. C'est une langue de structure bantoue comportant des mots et des termes de tous les peuples commerçants de l'océan Indien qui vinrent s'établir dans la région, y compris les Portugais et les Anglais. Les populations urbanisées ont tendance à adopter le kiswahili, symbole de promotion sociale. C'est la grande langue véhiculaire de l'Afrique orientale, parlée de Djibouti au Mozambique, de la côte N. de Madagascar aux régions orientales du Zaïre. C'est à travers elle que la Tanzanie — qui en a fait sa langue officielle — étend son influence. Les échanges entre la Tanzanie, l'Inde et les pays du Golfe n'ont jamais cessé. Les Indiens, arrivés il y a trois cents ans, sont au nombre de 50 000 et tiennent le commerce.

Zanzibar a une histoire étonnante. Dans cette île, les habitants — pour la plupart descendants des esclaves des plantations — se disent *Chirazis*, en référence à l'établissement

d'enfants en septembre et sa fête des fleurs en octobre.

Dans le département (37 623 km^2), culture de la vigne et des orchidées et extraction de pétrole autour de Sanandita et de Bermejo.

Population (ville) 74 600 ; (département) 291 000
Carte Bolivie Bc

Tarim (bassin du), ***Chine*** Bassin du fleuve Tarim (longueur : 2 179 km) dans le Xinjiang, à l'O. de la Chine. Superficie : 530 000 km^2. Il est délimité par les systèmes montagneux d'Altyn Tagh, du Karakorum et du Tien-Chan. Le désert de Taklamakan occupe son centre. On cultive maïs, riz, millet, blé, coton et fruits dans les oasis de son pourtour. Ses importants gisements de pétrole sont encore inexploités en raison de leur inaccessibilité.

Carte Chine Bc

Tarn (81), ***France*** 1. Rivière du Sud-Ouest, longue de 375 km, prenant sa source au mont Lozère à 70 km au N.-O. de Nîmes. Le Tarn descend les Cévennes, traverse les Causses en y creusant un canyon (400 à 600 m de profondeur). Il se dirige ensuite vers l'O. et arrose Albi, Gaillac, Montauban, pour se jeter dans la Garonne en aval de Montauban. Les gorges du Tarn désignent la partie de son cours où il coule entre le causse de Sauveterre et le causse Méjean, entre Sainte-Énimie et Peyreleau. Ces gorges pittoresques sont un haut lieu touristique. L'exploration du canyon fut effectuée à de Persans de Chiraz venus s'installer vers l'an mille pour fuir des persécutions religieuses. À la même époque, des Arabes du sultanat de Mascate s'installent à Kilwa, sur la côte, puis à Zanzibar. Ils développent l'île et y transfèrent le siège du sultanat. Au XIVe s., la côte tanzanienne commerce jusqu'en Chine, comme en témoignent les vestiges de poteries chinoises. La route des esclaves capturés en Afrique centrale aboutit à Bagamoyo (« Ici meurt mon cœur »), sur la côte, en face de Zanzibar. De là partent au milieu du siècle dernier les explorateurs Speke, Burton, Stanley et Livingstone à la recherche des sources du Nil.

LA FAILLITE DE L'ARACHIDE

La Tanzanie est un pays agricole (80 % de la population). La principale culture vivrière est le maïs ; mais la productivité est faible, même pour les cultures industrielles classiques (coton et café), et les paysans ne dégagent pas assez de surplus pour se procurer les liquidités nécessaires. De plus, les campagnes ne nourrissant pas les villes, les importations de produits alimentaires grèvent le budget de l'État. Les grands projets ont souvent donné lieu à des échecs retentissants — arachide (pluies insuffisantes, machines inadaptées) et sisal (apparition de substituts synthétiques).

Zanzibar et Pemba bénéficient d'un sol fertile et de conditions climatiques privilégiées. Dans ces « îles-jardins », le cocotier abrite des citronniers et des girofliers, sous lesquels poussent ignames et manioc, tandis que le riz et le maïs poussent dans des champs irrigués ou drainés ; l'archipel est le plus gros producteur du monde de clous de girofle.

La Tanzanie est un des plus pauvres pays du monde. Pourtant, peu de temps après l'indépendance, le président Julius Nyerere, dans la Déclaration d'Arusha (1967), avait jeté les bases économiques, sociales et politiques du développement. L'essor agricole et industriel devait permettre l'accès de toute la population à l'éducation et à la santé dans un système « communautaire » tenant à égale distance l'Est et l'Ouest. Ce principe de l'*ujamaa* toucha plus de 13 millions de personnes et réunit en des communautés villageoises des paysans vivant jusque-là en habitats dispersés. L'ujamaa permettait de leur faire bénéficier des écoles, des dispensaires, des services de l'agriculture. Mais ces regroupements plus ou moins forcés ne remportèrent pas l'adhésion générale ; les paysans préférant cultiver leurs propres jardins, les alentours des villages devinrent rapidement incultes, et une caste de petits fonctionnaires se mit à fleurir. Néanmoins, l'éducation et la santé furent les grands bénéficiaires de l'ujamaa, et le taux d'alphabétisés passa en vingt ans de 28 % à 79 %.

L'intervention en Ouganda en 1979 contre Amin Dada, qui avait annexé une partie du territoire, fut approuvée par la communauté africaine mais greva les finances de l'État. En 1985, Julius Nyerere a laissé la présidence à son dauphin, originaire de Zanzibar, Ali Hassan Mwinyi qui remportait un second mandat en novembre 1990 avec 95,5 % des suffrages. Malgré une reprise économique, la Tanzanie reste dépendante des cours mondiaux du café et du coton qui lui assurent 80 % de ses recettes à l'exportation.

À L'OMBRE DU KILIMANDJARO. Une couche de neige coiffe le mont Kilimandjaro, dont la masse se détache sur le ciel africain. À son pied s'étendent de vastes savanes.

La Tanzanie est un pays de grand tourisme. Ses magnifiques paysages sont habités par une faune abondante et variée : éléphants, rhinocéros, lions, léopards, buffles, hippopotames, zèbres, girafes, panthères, et de nombreuses antilopes (impalas). On ne compte pas moins de 17 parcs nationaux et réserves couvrant 100 000 km^2.

Le plus célèbre est le Serengeti, dans le Nord, une vaste plaine parsemée d'acacias. Le cratère de Ngorongoro abrite une faune innombrable, et le parc de Manyara la plus grande concentration d'éléphants du monde. Avec 50 000 km^2, la réserve de Selous, dans le Sud, est la plus grande réserve de ce type de la planète. Sur la côte et à Zanzibar, on peut voir des vestiges arabo-persans remontant au XIIe s. et à l'époque de la traite des esclaves.

LA TANZANIE EN BREF

Superficie 945 050 km^2
Population 25 090 000
Capitale Dodoma ; Dar es-Salaam est encore en partie le siège du gouvernement
Régime République socialiste, parti unique
Monnaie Shilling tanzanien = 100 cents
Langues Kiswahili (officielle), anglais
Religions Chrétiens (40 %), musulmans (23 %), animistes (23 %), hindouistes (4 %)
Climat Chaud et humide sur la côte ; sec à l'intérieur, et chaud selon l'altitude. Température moyenne à Dar es-Salaam : de 19 °C à 31 °C
Ressources Maïs, coton, café, sisal, clous de girofle, noix de coco, tabac, manioc, haricots ; diamants
Activités Cultures industrielles, industries alimentaires, textiles, cimenteries, raffinerie de pétrole
Exportations Coton, café, sisal, clous de girofle, coprah et fibres de coco ; diamants
P.N.B. annuel par habitant 110 dollars
Croissance démographique 34 ‰ par an
Espérance de vie Hommes 50 ans, femmes 55

partir de 1883 par Martel, qui popularisa ainsi la spéléologie. Dans ses grottes et ses avens creusés par les cours d'eau souterrains qui alimentent la rivière, des prêtres réfractaires se cachèrent pendant la Révolution.

2. Le département du Tarn (5 758 km^2), dans la région Midi-Pyrénées, s'étend entre le Massif central à l'E. et le bassin d'Aquitaine à l'O. C'est un pays d'élevage, de pâturages et de forêts à l'E. ; on y pratique la polyculture à l'O. (blé, vigne autour de Gaillac). Les industries traditionnelles (houilles, textile, cuir) sont en crise, et l'exode rural touche gravement ce département situé à l'écart des grands axes de circulation. Chef-lieu : Albi. Autres villes : Castres, Mazamet.
Population 339 345
Carte France Ee

Tarn-et-Garonne (82), ***France*** Département du bassin d'Aquitaine (3 718 km^2), région Midi-Pyrénées. Il englobe les causses du bas Quercy, la Lomagne au S., et au centre une plaine alluviale fertile où confluent l'Aveyron, le Tarn et la Garonne. C'est une région fortement rurale (l'agriculture emploie 25 % de la population active) : blé, cultures fruitières, vigne. L'industrie est très peu développée, en dehors de l'agro-alimentaire, et le peuplement relativement faible. Chef-lieu : Montauban. Autres villes : Moissac, Castelsarrasin.
Population 200 200
Carte France Dd

Tarnow, ***Pologne*** Ville industrielle à 72 km à l'E. de Cracovie. Industrie chimique, mécanique, textile et travail du bois.

Population 118 000

Carte Pologne Dc

Tarnowskie Gory, ***Pologne*** Berceau de l'industrie de la Haute-Silésie, à 26 km au N.-O. de Katowice. Ses mines produisaient du plomb et du zinc au XIIIe s. La première fonderie y fut installée 300 ans plus tard, et la plus ancienne école des Mines ouverte en 1803. Au cœur de la vieille ville se trouve une place entourée de bâtiments des XVIe et XVIIIe s. Constructions mécaniques, industries alimentaire (viande) et chimique, confection.

Population 74 000

Carte Pologne Cc

Taroudannt, ***Maroc*** Vieille ville, fortifiée au XVIIe s., située à 80 km à l'E. d'Agadir dans la fertile vallée du Sous, au pied des Haut Atlas et Anti-Atlas. Fondée au XIe s., la ville fut promue capitale du pays sous la dynastie sa'adienne, à la fin du XVIe s. Mais elle n'est plus aujourd'hui qu'une ville endormie, baignée de soleil.

Population 17 100

Carte Maroc Ba

Tarragone, ***Espagne*** Vieille cité méditerranéenne à 95 km au S.-O. de Barcelone. Elle fut la capitale de l'importante province romaine de Tarraconaise, et de nombreux vestiges romains mais aussi médiévaux y subsistent. Centre universitaire et touristique aux activités industrielles importantes.

La province de Tarragone produit vins et fruits. Son sous-sol recèle des gisements de plomb, de cuivre, d'argent et de marbre. Industrie chimique et équipements électriques.

Population (ville) 111 700 ; (province) 516 100

Carte Espagne Fb

Tarsus, ***Turquie*** Ville marchande et agricole à 380 km au S.-E. de la capitale, Ankara. C'est la ville natale de saint Paul, apôtre chrétien du Ier s. Constructions mécaniques.

Population 160 200

Carte Turquie Bd

Tartous ou **Tartus,** ***Syrie*** Port de pêche maritime et centre agricole à 64 km au S. de Lattaquié. On récolte céréales, fruits, olives et coton aux alentours. Au Moyen Âge, Tartous fut l'une des terres d'accueil des pèlerins en route vers la Terre sainte. Elle devint un port d'approvisionnement essentiel aux croisés, et sa défense fut confiée aux Templiers, ordre fondé en 1119 afin de protéger les pèlerins chrétiens. Tartous tomba aux mains des musulmans en 1291. La cathédrale médiévale Notre-Dame-de-Tortose est devenue un musée.

Le port est le terminal des pipe-lines de Karatchok (Syrie) et d'Irak. L'activité industrielle y est en plein développement.

Population 348 000

Carte Syrie Ab

Tartu, ***Estonie*** Ville universitaire à 170 km au S.-E. de Tallin. Son université, première du pays par l'ancienneté, a été fondée par le roi suédois Gustave-Adolphe II en 1632, tandis que l'Estonie était sous tutelle suédoise, Tartu s'appelant alors Dorpat. Industries mécanique, textile, alimentaire ; travail du bois et fabrication de chaussures.

Population 115 400

Carte Estonie Bb

Tasman (baie de) ***Nouvelle-Zélande*** Anse de la côte N. de l'île du Sud. La ville de Nelson se trouve sur sa rive S.-E.

Dimensions (est-ouest) 72 km ; (nord-sud) 48 km

Carte Nouvelle-Zélande Dd

Tasman (mer de), ***océan Pacifique*** Bras de l'océan Pacifique S., dans les Quarantièmes rugissants, entre le sud-est de l'Australie, la Tasmanie et la Nouvelle-Zélande. Elle fut découverte en 1642 par le navigateur hollandais Abel Tasman, dont elle prit le nom en 1890. Les tempêtes y sont fréquentes.

Superficie 2 300 000 km^2

Largeur 1 600 km entre l'Australie et la Nouvelle-Zélande

Profondeur maximale Plus de 5 200 m

Carte Pacifique (océan) Cd

Tasmanie, ***Australie*** État insulaire au large des côtes S.-E. du continent australien (67 800 km^2). Capitale : Hobart. La Tasmanie fut découverte en 1642 par le navigateur hollandais Abel Tasman. Elle fut d'abord baptisée Terre de Van Diemen, du nom du gouverneur général des Indes néerlandaises. Les Britanniques prirent l'île en 1803, et en firent une colonie pénitentiaire. Elle devint indépendante en 1825 et fut rebaptisée Tasmanie en 1853. La Tasmanie appartient à une zone humide et tempérée et produit pommes, légumes divers, pommes de terre, moutons et bovins. L'industrie forestière et l'industrie du papier sont dominantes ; on y exploite des mines de tungstène, de cuivre, d'étain, de plomb, d'argent et de zinc. Les fortes chutes de pluie et le relief montagneux permettent aux usines hydroélectriques de fournir 88 % des besoins de la Tasmanie en électricité.

Population 434 700

Carte Australie Hg

SAUVAGES CONTRÉES. Le mont Ruby (711 m) domine Port Davey et les hauteurs boisées du Southwest National Park, en Tasmanie.

Tassili N'Ajjer, ***Algérie*** Plateau de grès à 2 000 km au S.-E. d'Alger dont on a souvent qualifié le relief de lunaire, avec ses canyons et ses gorges profondes, ses forêts pétrifiées et ses formes de grès façonnées par l'érosion. Il culmine à 2 254 m. La région est l'une des plus riches au monde en vestiges d'art préhistorique. Des milliers de peintures sur pierre remontant à 6000 av. J.-C. apportent un témoignage de la vie d'une région autrefois verdoyante et peuplée d'animaux dont éléphants et girafes. Au pied du Tassili, à l'E., se trouve l'oasis de Djanet.

Carte Algérie Bb

Tatarstan, ***Russie*** République autour de la moyenne Volga, centrée sur Kazan, sa capitale (68 000 km^2). Elle est surtout peuplée de musulmans tatars, descendants des hordes mongoles qui s'établirent dans la région au XIIIe s. et tinrent cette terre en servage durant 250 ans. Ils forment le deuxième groupe ethnique de Russie. Les principales activités sont l'agriculture et la production laitière. Gisements de gaz et de pétrole ; industries mécaniques, chimiques, tannage et travail du bois. Hormis Kazan, les grandes villes sont Naberejnye-Tchelny, Bugulma et Zelenodolsk. Le Tatarstan s'était déclaré indépendant en 1992, mais a obtenu depuis un statut de large autonomie.

Population 3 679 400

Carte Russie Dd

Tatras (monts), ***Slovaquie/Pologne*** Chaînes du centre des Carpates, comprenant les Tatras occidentales (Zapadné Tatry, Tatry Zachodnie) le long de la frontière, les Hautes Tatras (Vysoké Tatry, Tatra Wysoke) à l'E., et les Basses Tatras (Nizké Tatry) au S., en Slovaquie. Les Tatras occidentales atteignent 2 250 m au mont Bystra en Slovaquie. Les Hautes Tatras culminent à 2 663 m au mont Gerlach (Gerlachovsky Stit) en Slovaquie (point culminant des Carpates) et à 2 499 m à Rysy sur la frontière avec la Pologne (point le plus haut de Pologne). Stations touristiques : Zakopane et Podhale (en Pologne),

Strbske Pleso et Tatranska Polianka (en Slovaquie). Dans les Basses Tatras, qui s'élèvent à 2 043 m au mont Dumbier, la jolie vallée de Demanova fait la joie des touristes.

Carte République tchèque

Tatung, ***Chine*** Voir DATONG

Tauern, ***Autriche*** Voir HOHE TAUERN

Taunggyi, ***Birmanie*** Station balnéaire et capitale de l'État Shan, près du lac Inle, à 175 km au S.-E. de Mandalay. C'est le centre de l'industrie artisanale du Shan.

Population 149 000

Carte Birmanie Cb

Taunus, ***Allemagne*** Chaîne de collines couvertes de forêts au N.-O. de Francfort-sur-le-Main, aux sommets aplanis et aux vallées profondes. Hauteur moyenne : 800 m.

Carte Allemagne Cc

Taupo (lac), ***Nouvelle-Zélande*** Plus grand lac du pays (606 km^2) sur l'île du Nord, à mi-chemin entre Auckland et la capitale Wellington. La ville de Taupo, au bord du lac (15 400 habitants), est le point de départ en été des excursions sur le plateau volcanique. Toute l'année, la pêche à la truite est fructueuse dans le lac.

Carte Nouvelle-Zélande Ec

Tauranga, ***Nouvelle-Zélande*** Ville marchande de l'île du Nord, à 160 km au S.-E. d'Auckland dans la baie de Plenty. C'est le cœur d'une zone agricole et fruitière prospère. Le port voisin de Mount Maunganui exporte produits laitiers, viande et bois.

Population 53 000

Carte Nouvelle-Zélande Fb

Taurus (monts), ***Turquie*** Chaîne montagneuse orientée d'E. en O., séparant le plateau d'Anatolie de la mer Méditerranée. Dans sa partie O., ou Taurus occidental, de hauts massifs boisés occupent la péninsule lycienne (jusqu'à 3 000 m). L'arc du Taurus central domine les plaines de Pamphilie et de Cilicie et est particulièrement élevé à ses extrémités (Degegoldag 2 980 m, Ala Dag 3 910 m). Les Portes de Cilicie le séparent du Taurus oriental qui se prolonge vers le N.-O. ; elles ont été empruntées pendant des siècles par les marchands et les armées venant d'Europe en direction de la Syrie et de la Perse.

Carte Turquie Bb

Tavastehus, ***Finlande*** Voir HÄMEENLINNA

Taveuni, ***Fidji*** Voir VANUA LEVU

Taxco, ***Mexique*** Charmante ville à flanc de coteau dans l'État de Guerrero. Les mines d'argent, dès 1521, firent sa prospérité et les ruelles sinueuses de la ville sont encore envahies par les échoppes de joaillerie et d'argenterie. Taxco a été déclarée site protégé pour préserver l'homogénéité architecturale de la ville, de style colonial. De l'époque espagnole datent l'église baroque Santa Prisca et plusieurs places ornées de fontaines (XVIIIe s.)

Population 60 000

Carte Mexique Cc

Taxila, ***Pakistan*** Ville où l'on a exhumé les vestiges de trois anciennes cités sur 25 km^2, à 36 km au N.-O. de Rawalpindi. La première, Bhir Mound, remonte au VIIe s. av. J.-C. et fut la capitale du Gandhara oriental, plus tard province de l'Empire perse du VIe au IVe s. av. J.-C. Elle fut envahie par Alexandre Ier en 326 av. J.-C. La seconde ville, Sirkap, se développa sous des règnes successifs, dont le dernier fut celui des Parthes. Au Ier s., elle tomba aux mains des Kouchans, fondateurs de la troisième ville, Sirsukh. Elle devint un centre d'enseignement bouddhiste fameux dans le monde et comptait de nombreux monuments bouddhistes. Les édifices d'habitation s'élevaient sur plusieurs étages. Au Ve s., elle fut pillée par les Huns, puis tomba en ruine. Un musée expose les objets trouvés sur le site.

Population 38 000

Carte Pakistan Da

Tayside, ***Royaume-Uni*** Région administrative du centre-est de l'Écosse, tenant son nom de la rivière Tay. Ses 7 668 km^2 englobent les anciens comtés d'Angus, de Kinross et la plupart du comté de Perth. Sa population est concentrée dans les villes de Dundee et Perth. Le Sud possède l'une des meilleures terres cultivables d'Écosse, produisant fruits rouges, pommes de terre et bétail. Le Nord appartient aux Highlands, dont les montagnes attirent touristes et skieurs.

Population 395 000

Carte Royaume-Uni Db

Taza, ***Maroc*** Ville arabe du VIIIe s., établie sur un site plus ancien, à 88 km à l'E. de Fez dans la « trouée » de Taza, col séparant les montagnes du Rif des monts du Moyen Atlas. Au XIIe s., sa position stratégique, à 550 m d'altitude, poussa les conquérants almohades à y élever des fortifications. Une mosquée almohade avec une lanterne de bronze hispano-mauresque subsiste encore, ainsi qu'une medersa (collège religieux). On y fabrique matériaux de construction, chaussures et tapis renommés.

Population 56 000

Carte Maroc Ba

Tbilissi (Tbilisi, anc. **Tiflis),** ***Géorgie*** Capitale de la république de Géorgie dans les monts du Caucase, près de la frontière turque. On y fabrique machines-outils, équipements électriques, locomotives, produits chimiques et pétroliers. Fondée vers 455 pour être la nouvelle capitale du royaume géorgien (après Mtskheta), ce fut durant des siècles une étape importante sur les routes commerciales entre l'Europe et l'Asie. Prise par les Perses, les Byzantins, les Arabes, les Mongols et les Turcs, elle passa sous tutelle russe en 1800.

Tbilissi était l'une des plus vieilles cités de l'ex-U.R.S.S. Ses vieux quartiers s'étalent sur les pentes du mont Mtatsminda. On y trouve demeures et cours médiévales, une cathédrale du VIe s. (reconstruite au XVIe s.), une basilique des VIe et VIIe s. et un château du XIIIe s. Patrie d'A. Khatchatourian et de G. et L. Pitoëff.

Gori, à 65 km au N.-O. de la ville, est le village natal de Staline (1879-1953). Mtskheta, capitale géorgienne du IIe au Ve s., est située à 20 km au N. de Tbilissi. Cette petite ville possède plusieurs vieilles églises, dont une cathédrale du XIe s. qui englobe une église du VIe s. et abrite les tombes des rois de Géorgie.

Population 1 283 000

Carte Géorgie Aa

Tchad Voir p. 654

Tchad (lac), ***Afrique équatoriale*** Lac peu profond de l'Afrique centrale, partagé entre le Cameroun, le Tchad, le Niger et le Nigeria. Au quaternaire, c'était une mer intérieure de 300 000 km^2 (presque la taille de la mer Caspienne), et, aux temps historiques, il s'étendait jusqu'à la dépression de Bodélé. Aujourd'hui, en saison humide, il déborde sur 26 000 km^2 et devient le 9e lac d'eau douce du monde ; mais en avril, l'évaporation le réduit de moitié, jusqu'à 10 000 km^2. Sa profondeur maximale est d'environ 7 m et sa surface est couverte de végétation flottante.

La région autour du lac, aux sols arides et souvent no man's land entre des États rivaux, a toujours été peu peuplée ; cependant, la rive orientale est occupée par des paysans qui cultivent du mil dans les zones sèches, du blé et du maïs dans les bas-fonds, associés à l'élevage de bovins ; ailleurs, on cultive aussi sorgho, riz et arachide. Le lac est une source importante de poisson et de natron.

Carte Tchad Ab

Tchan-kiang, ***Chine*** Voir ZHANJIANG

Tchécoslovaquie État de l'Europe centrale formé en 1918 et réunissant Bohême-Moravie et Slovaquie, dissous le 1er janvier 1993. Voir RÉPUBLIQUE TCHÈQUE, p. 656, et SLOVAQUIE, p. 618

Tcheliabinsk (Chelyabinsk), ***Russie*** Ville à l'E. de l'Oural, à 200 km au S. d'Ekaterinbourg. Industrie lourde ; chimie.

Population 1 148 300

Carte Russie Dd

Tcheng-tchéou, ***Chine*** Voir ZHENGZHOU

Tchèque (République) Voir p. 656-657

Tchernigov (Chernigov), ***Ukraine*** Ville et port sur la Desna, à 130 km au N.-E. de Kiev. Centre agricole et industriel. Nombreux beaux monuments, parmi lesquels la cathédrale byzantine du XIIe s.

Population 310 500

Carte Ukraine Cb

Tchernikovsk (Chernikovsk), ***Russie*** Voir OUFA

Tchernobyl (Chernobyl), ***Ukraine*** Voir KIEV

Tchernovtsy (Chernovtsy), ***Ukraine*** Ville industrielle près de la frontière roumaine, à 225 km au S.-E. de Lvov. Autrichienne, puis roumaine, elle fut cédée à l'ex-U.R.S.S. en 1947.

Population 261 200

Carte Ukraine Bc

Tchétchénie, ***Russie*** République du nord du Caucase qui est en rébellion contre le pouvoir russe depuis 1992. L'Ingouchie (ou Ingouchétie), qui lui était jusque-là « associée », formant ainsi la Tchétchéno-Ingouchie (19 300 km^2 au total), s'en est unilatéralement séparée. Les conflits dans la région se sont alors multipliés et les forces russes sont intervenues. Sous l'impulsion d'un président nationaliste, les Tchétchènes sont devenus le fer de lance de l'« Union des peuples du Caucase », intervenant jusqu'en Abkhazie. Grozny, la capitale, est un important centre pétrolier et industriel.

Population (Tchétchéno-Ingouchie) 1 306 800

Carte Russie Dd

Tch'ong-Q'ing (Chongqing), ***Chine*** La plus grande ville du Sichuan. Gros centre sidérurgique et industriel, sur le Yang-tseu-kiang.

Tchad

L'UNITÉ NATIONALE EST AU CENTRE DES PROBLÈMES DU TCHAD, PAYS ENCLAVÉ D'UNE GRANDE IMPORTANCE STRATÉGIQUE

A première vue, le Tchad n'a rien pour susciter les appétits économiques et politiques. C'est un pays enclavé, sans grandes ressources exploitables, situé en zone désertique et semi-désertique, une mince région étant couverte par la savane. Les peuples qui l'habitent s'affrontent, depuis des siècles, autant pour des questions politiques que pour des options religieuses. Le Tchad est la voie historique de pénétration vers l'Afrique centrale et le bassin du Niger : moins de 1 000 km séparent sa frontière N. des rivages méditerranéens, et tout juste 500 km sa frontière S. du fleuve Zaïre. Son territoire touche à la Libye, au Soudan, à la Centrafrique, au Cameroun, au Nigeria et au Niger, pays riches en hommes autant qu'en matières premières.

Si la sécheresse a frappé, ici aussi, le fléau n'est pas nouveau et fait partie du cycle des bonnes et des mauvaises années que les populations ont appris à affronter, en élevant, par exemple, des troupeaux pléthoriques.

Le Tchad est au point de convergence du monde noir et du monde arabe, de l'islam et de l'animisme — vaste ensemble à convertir —, de l'Afrique occidentale et de la vallée du Nil. En accédant à l'indépendance, en 1960, le pays allait être au cœur de toutes ces influences et devenir un enjeu.

Le Tchad est grand comme deux fois la France. Il tient son nom du lac Tchad ; la plus grande partie de son territoire fait partie du bassin de ce lac, vaste mer intérieure en voie d'assèchement dont la profondeur n'est que de quelques mètres. Le Nord est occupé par les massifs du Tibesti, qui culmine à 3 415 m à l'Emi Koussi, un volcan éteint, et de l'Ennedi, moins élevé, qui borde la bande d'Aozou, territoire contesté entre le Tchad et la Libye. Le massif du Ouaddaï, à l'E., forme la frontière avec le Soudan ; dans la partie agricole, on trouve, au centre, le massif du Guéra, et au S., le plateau de l'Oubangui.

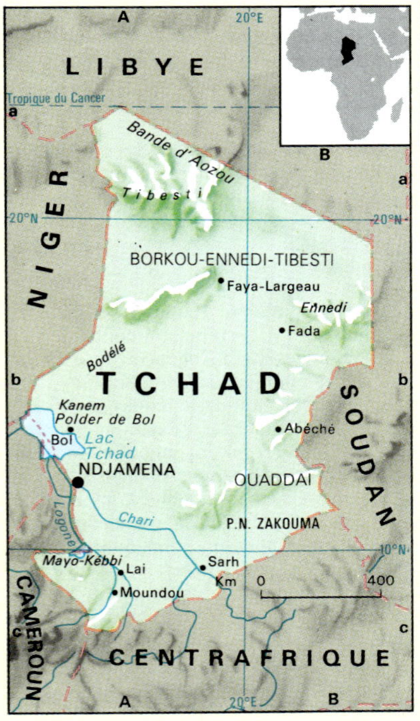

La majeure partie de la population vit dans le Centre, à la hauteur de Ndjamena, et dans le Sud. La région centrale est propice à l'élevage ; la zone méridionale, bien arrosée, est couverte d'une savane arborée où se trouve la majeure partie des terres cultivables. On y récolte surtout le coton (le principal revenu du pays), l'arachide, le mil, le sorgho, et, dans les zones suffisamment humides ou inondables, le riz. Ici, la population est principalement composée de Saras, dont les scarifications faciales se remarquent encore chez les personnes âgées. Les Kirdis pratiquent la pêche et l'agriculture. Les Hadjaraïs, l'une des plus anciennes populations du pays, se sont réfugiés dans le massif montagneux du Guéra et constituaient, autant sinon plus que les Saras ou les Kirdis, la proie des chasseurs d'esclaves.

LE MONDE DES TOUBOUS

Les Haoussas, commerçants de cette région d'Afrique centrale, assurent les échanges avec les pays du Niger et de la Libye. Les Peuls et les tribus arabes pratiquent l'élevage dans le Centre. Les zones désertiques du Nord et de l'Est sont le domaine des Toubous, nomades à la peau noire divisés en deux grands groupes, les Tedas, au N., et les Goranes ou Dazas, au S., ainsi nommés d'après leur dialecte, de langue teda. Les uns, éleveurs de chameaux, nomadisent volontiers en Libye, où vivent d'autres Tedas, et fréquentent les marchés du Fezzan et de Koufra, les autres vivent à proximité des sédentaires dans des zones moins arides où l'élevage des bovins est possible ; ils ont aussi des rapports économiques avec le Soudan.

Le Sahara tchadien a connu, il y a plus de trois millénaires, un climat plus humide. A l'époque, il est vrai, le lac Tchad occupait une grande partie de son bassin. Les restes d'une faune des savanes et des lacs, comportant aussi bien des hippopotames que des rhinocéros et des éléphants, ont été trouvés çà et là ; des gravures rupestres témoignent de l'existence de populations pratiquant la chasse, la pêche et, peut-être, une agriculture rudimentaire. A l'aube de notre ère, des populations noires, les Saos, s'établissent au S. du lac Tchad et développent une civilisation originale caractérisée par des statuettes funéraires de terre cuite. Peut-être forment-ils l'ancienne population noire de la région, réfugiée dans les zones montagneuses. Les Saos sont supplantés, au XIe s., par le royaume du Kanem dont le souverain, converti à l'islam, intègre le royaume du Bornou voisin et pousse jusqu'en Libye. A partir du XVIe s., le Kanem-Bornou est obligé de s'effacer devant d'autres royaumes, comme le Baguirmi, au S., ou des sultanats comme le Ouaddaï et le Darfour.

Pour les populations noires du Sud, l'intervention de la France marque la fin des razzias (la bataille de Kousseri, en 1900, voit la mort du chef esclavagiste Rabah et de l'officier français Lamy). Mais la colonisation du Tchad se heurte aux visées de la Grande-Bretagne, présente au Soudan et au Nigeria, et de l'Italie, établie en Libye (accords sur Aozou, 1935). Le pays toubou restera longtemps une zone de dissidence et le Borkou-Ennedi-Tibesti (BET) sera administré par l'armée, au contraire du sud du pays et de sa capitale Fort-Lamy. En 1940, sous l'impulsion du gouverneur Éboué, le Tchad se rallie à la France libre et sert de base aux forces du général Leclerc pour s'élancer à l'assaut du Fezzan et faire la jonction avec les troupes britanniques de Cyrénaïque.

L'indépendance est accordée en 1960 avec une majorité de Noirs du Sud — les seuls à avoir pu et voulu profiter de l'enseignement — aux postes de responsabilité, situation que n'admettent pas les nomades du Nord. Le BET reste sous administration militaire française jusqu'en 1965 ; sa population s'oppose aux administrateurs envoyés par les autorités du Tchad indépendant (le président Tombalbaye avait rebaptisé Fort-Lamy de son nom local, Ndjamena, et rétabli l'initiation traditionnelle des Saras, rituel animiste qui souleva l'opposition des musulmans). En 1975, le conflit mit plus particulièrement aux prises Goukouni Oueddei, fils du chef spirituel des Toubous du Tibesti, à Hissène Habré, un Gorane moderniste faisant campagne pour l'unité du Tchad face à la Libye et la récupération de la bande d'Aozou occupée par les Libyens.

De son côté, la France intervint pour soutenir l'un et l'autre, installés tour à tour dans la capitale comme gouvernement légal. 1987 marque la reprise par les forces d'Hissène Habré de toutes les localités du BET, et pour un temps, celle d'Aozou. Déçu par les Libyens, Goukouni Oueddei se réfugiait à Alger. Indisposés par les promotions offertes aux opposants ralliés, des compagnons d'armes d'Hissène Habré, sous la direction du commandant en chef Idriss Deby, prenaient le maquis. Fin 1990, ils chassaient Hissène Habré du pouvoir. Idriss Deby devenait chef de l'État.

En 1994, la Libye a accepté la décision de la Cour internationale de Justice accordant au Tchad la bande d'Aozou.

LE TCHAD EN BREF

Superficie 1 284 000 km^2
Population 6 120 000
Capitale Ndjamena
Régime République à parti unique
Monnaie Franc C.F.A.
Langues Français, arabe, haoussa, langues locales
Religions Musulmans (50 %), animistes (44 %), chrétiens (6 %)
Climat Tropical ; Nord aride, Centre semi-aride, saison des pluies plus longue dans le Sud, de mai à octobre. Températures moyennes à Ndjamena : de 14-33 °C en décembre à 23-42 °C en avril
Ressources Coton, bétail, mil, sorgho, riz, manioc, poisson ; natron (carbonate de sodium pour les animaux)
Activités Cultures industrielles, textiles, industries alimentaires, mines, pêche
Exportations Coton, bétail, viande, poisson séché
P.N.B. annuel par habitant 190 dollars
Croissance démographique 25 ‰ par an
Espérance de vie Hommes 46 ans, femmes 49

Capitale de la Chine nationaliste de 1937 à 1946. Siège de la conférence d'octobre 1945 entre Mao Tsé-toung et Tchang Kaï-chek.
Population 2 267 000
Carte Chine Fe

Tchouvaches (Rép. des), ***Russie*** République sur les bords de la moyenne Volga, d'une superficie de 18 300 km². La capitale de cette région essentiellement agricole (céréales) et forestière, Tcheboksary (436 000 habitants), est un port fluvial sur la Volga, un centre industriel (construction mécanique, papier) et une ville universitaire.

Les Tchouvaches se disent les descendants des populations bulgares du Caucase et des bords de la mer d'Azov refoulées au IVe s. par les invasions mongoles. Leur langue appartient au groupe des langues turques.
Population 1 346 200
Carte Russie Cd

Tczew, ***Pologne*** Port sur la Vistule à 32 km au S.-E. de Gdansk. Son pont, long de 890 m, bâti sur la rivière en 1857, fut à sa construction le plus long pont métallique d'Europe.
Population 59 500
Carte Pologne Ca

Tébessa, ***Algérie*** Nœud ferroviaire et routier voisin de la frontière tunisienne, dans la wilaya de Annaba. On y fabrique les plus beaux tapis d'Algérie. Gisements de phosphates aux environs. Fondée par les Romains en 71, la ville possède de très beaux vestiges romains (basilique, arc de triomphe, amphithéâtre). Ce fut l'une des premières cités d'Afrique à adopter le christianisme. Elle fut pillée par les Vandales au Ve s., restaurée par les Byzantins au VIe s., et la cité actuelle s'est édifiée à l'intérieur de l'enceinte byzantine.
Population 108 000
Carte Algérie Ba

tectonique Déformation des roches et mouvements donnant naissance aux structures de l'écorce terrestre. Partie de la géologie qui étudie ces mouvements. Voir LA TECTONIQUE DES PLAQUES, p. 658.

Tegdaoust, ***Mauritanie*** Site archéologique dans le Rkiz (au S.-E. de Tidjikja) ; on l'identifie à celui de la vieille Aoudaghost, cité caravanière et marchande dont l'essor date du développement des relations commerciales entre l'Afrique du Nord et l'Afrique noire. Ses fouilles ont fourni d'intéressants renseignements sur des périodes longtemps méconnues de l'histoire de l'Afrique de l'Ouest (du VIIe au XIIIe s.).

Tegucigalpa, ***Honduras*** Capitale depuis 1880, première ville du pays, située à 975 m d'altitude sur les hauts plateaux du Sud-Est. Au milieu du XVIe s., ce fut un camp de chercheurs d'or. De l'occupation espagnole, la ville a gardé une belle architecture coloniale, dont l'église Saint-François, achevée en 1592 et restaurée. Industries textile, chimique et alimentaire.
Population 608 100
Carte Honduras Ab

Téhéran, en pers. **Tehran,** ***Iran*** Capitale à 100 km au S. de la mer Caspienne au pied des monts Elbourz. Agha Muhammad Shah, fondateur de la dynastie Qadjar (1794-1925) en fit la capitale de la Perse en 1794. Elle se développa tout au long du XIXe s. sous ses descendants. Toutefois, bien que sa partie S. conserve sa facture du XIXe s., le centre de Téhéran a été reconstruit par Rezah shah (régnant de 1925 à 1941), qui en modifia l'allure en démolissant les fortifications et en adoptant un plan d'ensemble géométrique avec de larges avenues et des places ouvertes.

En 1943, la conférence de Téhéran, première rencontre entre les Alliés (Churchill, Roosevelt, Staline), eut lieu dans la ville. Téhéran est devenue l'une des plus grandes villes du Moyen-Orient. Industries : chimie, textiles, assemblage automobile, tannage et verre.

Monuments : l'ancien palais Pahlavi ; le Majlis (Parlement) ; la mosquée du Roi (XIXe s.) ; le Musée archéologique, qui expose les vestiges de l'ancienne Perse et de la cité détruite de Persépolis ; le Grand Bazar et la mosquée Sepahsalar, aux huit minarets.
Population 6 043 000
Carte Iran Ba

Tehuacán, ***Mexique*** Ville thermale de l'État de Puebla (Sud-Est) jouissant d'un climat doux et tempéré et bénéficiant de sources d'eau minérale ouvertes à la baignade. Cette eau, par ailleurs buvable, est embouteillée et vendue dans tout le Mexique.
Population 112 000

Teide (pic de), ***Espagne*** Mont volcanique (3 718 m) au centre de l'île de Ténérife (archipel des Canaries). Point le plus haut du territoire espagnol et des îles de l'Atlantique.
Carte Maroc Ab

Tejo, ***Portugal*** Voir TAGE

Tel-Aviv-Jaffa (Tel Aviv-Yafo), ***Israël*** Chef-lieu du district de Tel-Aviv, sur la côte méditerranéenne à 70 km à l'O. de Jérusalem. Fondée en 1909, Tel-Aviv fut la capitale nationale jusqu'en 1950 et reste le siège des ambassades étrangères, en raison de la non-reconnaissance de Jérusalem comme capitale par de nombreux pays. C'est la seconde ville du pays après celle-ci et son grand centre industriel. On y produit chimie, textiles, objets métalliques et alimentation. En 1948, elle a fusionné avec la ville arabe de Jaffa, à laquelle elle était contiguë. Dans la vieille ville, reconstruite, avec sa marina, ses cafés, ses restaurants et ses boutiques, vivent aujourd'hui de nombreux artistes.

Parmi les musées de la ville figurent le musée de la Diaspora, qui raconte l'histoire du peuple juif, le Musée municipal et le pavillon Helena Rubinstein (tous deux musées d'art), ainsi que le musée Haaretz, qui représente, outre ses collections de verreries, monnaies, objets folkloriques et archéologiques, des expositions scientifiques et technologiques.

L'aéroport de la ville, à Lod (Lydda), est à 15 km au S.-E.
Population 323 400
Carte Israël Aa

Telemark, ***Norvège*** Région de lacs et de montagnes du sud de la Norvège, à l'O. d'Oslo. Son sommet, le Gausta, s'élève à 1 883 m. Le virage exécuté en ski de fond, le « télémark », en est originaire.
Carte Norvège Bd

Tell, ***Algérie*** Voir ATLAS TELLIEN

Tema, ***Ghana*** Premier port du pays depuis 1961, à 30 km à l'E. de la capitale, Accra. Dans la ville moderne construite avec rigueur, on a prévu des quartiers résidentiels et de bons hôtels. Tema est le principal centre industriel du pays : traitement de l'aluminium, raffinerie de pétrole, industrie textile. Le port est spécialisé dans le fret du cacao. Le barrage d'Akosombo sur la Volta fournit l'électricité aux usines.
Population 110 000
Carte Ghana Ab

température Ensemble des conditions atmosphériques traduites en sensations subjectives de chaud et de froid, et dont la mesure est donnée par le thermomètre. Voir encadré ci-dessus.

tempête Violente tourmente atmosphérique sur terre ou sur mer.

temps État de l'atmosphère en un lieu et à un moment donné tel qu'il est ressenti par l'homme et les êtres vivants. Chaque type de temps (perturbé d'ouest, pluvieux, brumeux, d'hiver, etc.) résulte d'une combinaison de facteurs observés isolément : température, pression, vent, précipitations, nébulosité, etc.

Temuco, ***Chili*** Chef-lieu de l'Araucanie, à 610 km au S. de Santiago. Fondée en 1881, la ville est le cœur d'une riche région agricole productrice de céréales, fruits et bois et un centre touristique (aéroport). Un traité de paix y fut signé en 1881 avec la tribu des Indiens Mapuches, du peuple des Araucans.
Population 186 000
Carte Chili Ac

Tenasserim, ***Birmanie*** Province montagneuse (43 344 km²) de l'extrême sud du pays, dans l'isthme étroit qui forme la partie N. de la péninsule malaise. La mousson, qui apporte 4 000 mm de pluie par an, survient entre mai et octobre. La population dispersée dans la région travaille surtout dans les plantations de caoutchouc et de fruits ou bien vit de la pêche le long des côtes. Chef-lieu : Tavoy. Autres villes : Mergui (face à l'archipel homonyme).
Population 918 000
Carte Birmanie Cd

Tenerife ou **Ténériffe**, ***Espagne*** La plus grande des îles Canaries (2 059 km²).
Population 500 000
Carte Maroc Ab

LES RECORDS DE TEMPÉRATURE

La plus haute température du globe (58 °C) a été enregistrée en Libye, dans le village de Al Aziziyah (à 40 km au S. de Tripoli), un jour de 1922. Mais c'est la vallée de la Mort, en Californie, qui détient le record de chaleur pendant la plus longue durée : en 1971, on y a observé des températures maximales de plus de 48 °C durant 43 jours consécutifs.

Le « prix du froid » a été remporté trois fois de suite par la base scientifique de Vostok, dans l'Antarctique. Entre août 1958 et juillet 1983, les températures les plus basses y ont atteint −87,4 °C, −88,3 °C et −89,6 °C.

République tchèque

L'UN DES DEUX ÉTATS D'EUROPE CENTRALE ISSUS DE LA TCHÉCOSLOVAQUIE, QUI FUT ELLE-MÊME CRÉÉE EN 1918

L'histoire de la République tchèque doit évidemment tenir compte de la période durant laquelle un État, appelé Tchécoslovaquie, regroupait les anciens territoires tchèque et slovaque. Un coup d'œil sur la carte de l'Europe permet de se rendre compte que ce pays, né en 1918 du dépeçage de l'Empire austro-hongrois, occupait une position stratégique au cœur de l'Europe centrale. Enserrée par les deux Allemagnes, l'Autriche, la Pologne, l'U.R.S.S. et la Hongrie, la Tchécoslovaquie était un État-tampon entre les forces du Pacte de Varsovie, aujourd'hui dissous, et celles de l'OTAN. Cette situation géopolitique explique sans doute que les efforts de libéralisation entrepris en 1968 par Alexander Dubček aient été rapidement réprimés par les Soviétiques.

Celui-ci aura cependant pu participer à la rénovation de son pays en devenant, en décembre 1989, après la révolution de Velours, président du Parlement tchécoslovaque. En revanche, il n'aura pas vu la séparation de la République tchèque et de la Slovaquie, son pays.

La République tchèque est constituée de deux grandes régions. La Bohême, à l'O., est un massif ancien aux crêtes boisées et au sous-sol houiller, dont le climat continental apporte des étés orageux. La Moravie, à l'E., connaît des précipitations plus faibles et bénéficie d'un climat plus chaud qui permet notamment la culture de la vigne et des arbres fruitiers. La ville principale de Bohême est Prague, celle de Moravie, Brno.

Des liens politiques, économiques, religieux et culturels ont été tissés de longue date entre le pays tchèque et l'Occident. La population est en majorité catholique. La capitale, Prague, devint au XIVe s. l'une des plus belles villes d'Europe, et la Bohême fut un fief du Saint Empire romain germanique. Tchèques et Slovaques firent partie de l'Empire austro-hongrois, mais les premiers étaient rattachés à l'Autriche, les seconds à la Hongrie.

DES RACINES HISTORIQUES PROFONDES

L'histoire des Tchèques remonte au Xe s., à l'époque où Wenceslas devint le saint patron de la Bohême parce qu'il avait défendu les valeurs chrétiennes et montré ses grandes qualités d'homme d'État. Entre les XIe et XVe s., les Tchèques connurent l'indépendance, une renaissance culturelle et un grand essor économique. Le règne de Charles IV (Karel), empereur germanique de 1346 à 1378, est connu comme celui de l'Âge d'or.

C'est à l'université Charles de Prague, la première d'Europe centrale, fondée en 1348, que Jan Hus, né en Bohême en 1370, prêcha ses thèses réformatrices, avant d'être brûlé comme hérétique en 1415.

Pendant près de quatre siècles, de 1526 à 1918, les Tchèques connurent la domination des Habsbourg, et l'esprit de résistance fut sévèrement réprimé, notamment pendant la guerre de Trente Ans (1618-1648) et en 1848.

La Première Guerre mondiale mit fin à l'Empire austro-hongrois et permit la création de la Tchécoslovaquie.

UN ÉQUILIBRE FRAGILE

Tchèques de Bohême-Moravie et Slovaques présentaient des caractères nationaux différents, avaient une langue distincte, et ne partageaient pas le même passé. Dès la naissance du nouvel État, l'entente fut difficile entre Tchèques et Slovaques. Dans les années 1920 et 1930, le gouvernement fut dominé par les Tchèques, plus avancés que les Slovaques sur les plans économique et culturel. Des cadres tchèques furent envoyés en Slovaquie.

Le premier président de la République tchécoslovaque, Tomāš Masaryk, adopta une politique résolument tournée vers l'Ouest. Mais la crise économique mondiale et la puissance grandissante de l'Allemagne nazie s'opposèrent à cette orientation. Les accords de Munich, en 1938, signés entre Hitler et les gouvernements français et britannique, entraînèrent le démantèlement du pays au profit de l'Allemagne. La Bohême-Moravie devint peu après un protectorat allemand, tandis que la Slovaquie formait un État indépendant fasciste sous la protection du Reich. Cet épisode marquera longtemps douloureusement les relations entre les deux républiques.

La Tchécoslovaquie renaît en 1945, mais son avenir est plus qu'incertain. L'expulsion de 3 millions d'Allemands des Sudètes, région du N.-E. de la Bohême, dont les ancêtres avaient été appelés par Wenceslas (Vaclav Ier) au XIIe s., avaient apporté la prospérité au pays et favorisé l'essor urbain, provoqua un vide démographique difficilement comblé par les migrations des paysans et des ouvriers tchèques, mais aussi slovaques, qui repeuplèrent les villes et les villages abandonnés, mais en nombre insuffisant. Les Allemands des Sudètes avaient été à l'origine des démêlés de la Tchécoslovaquie avec l'Allemagne hitlérienne.

À partir de 1945, un gouvernement de coalition dirigea la Tchécoslovaquie jusqu'à ce que, en 1948, un coup de force mette en place un gouvernement communiste fidèle à Moscou, chargé de tenir la garde aux frontières des pays socialistes. Le Rideau de fer était né, interrompant la tradition historique tchèque d'ouverture vers l'Europe de l'Ouest.

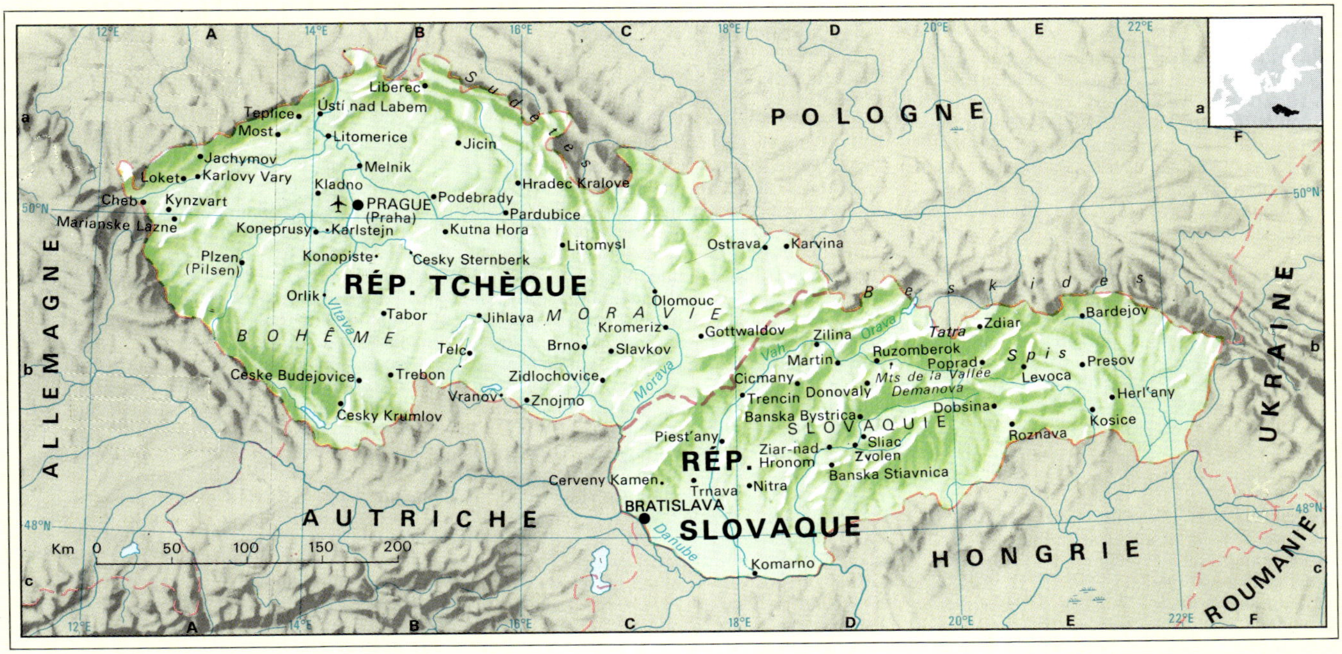

LE DÉVELOPPEMENT

La Bohême et la Moravie disposent de ressources minières qui furent exploitées de bonne heure. Leur potentiel industriel, hérité de l'Empire austro-hongrois, est important et bénéficie d'une bonne infrastructure de transports. L'agriculture, collectivisée en 1949, fonctionne bien ; une loi prévoit aujourd'hui le retour des terres à leurs anciens propriétaires. Le drainage des vallées a permis la culture de la betterave à sucre, du maïs, de la vigne et du tabac. L'élevage de la volaille, des porcs et des ovins est florissant.

L'État a beaucoup investi dans l'aménagement de barrages (Elbe, Oder) pour la production d'électricité. Les secteurs industriels sont variés : charbon, métallurgie, verrerie, papeterie, chaussure, chimie, nucléaire, aluminium, armement, électronique, automobile (Skoda). Le dynamisme industriel est cependant assombri par une forte pollution.

Pour pallier le manque de main-d'œuvre, l'automatisation a été introduite en Bohême et en Moravie dans les industries nationalisées, les mines de charbon, la métallurgie, les verreries Jablonec, dans le N. de la Bohême, les papeteries, les fabriques de chaussures de Zlín et les fabriques d'armement et d'automobiles Skoda. L'énergie hydroélectrique fournie par l'Elbe et l'Oder est utilisée au maximum.

L'État a investi également dans l'électronique et développé les secteurs de la recherche à Prague et dans sa région, qui attire et concentre une main-d'œuvre de haut niveau formée dans les universités du pays.

Aujourd'hui, avec la séparation des États tchèque et slovaque, un problème crucial affecte la République tchèque. Sa croissance démographique faible, compensée jusque-là par celle, plus forte, de la Slovaquie, crée un manque de main-d'œuvre. La forte présence de Slovaques en Bohême-Moravie pourrait ne pas durer, malgré les traités de bon voisinage conclus en même temps que la séparation par les deux pays.

Le pays attire un tourisme de montagne et d'art. L'architecture des cités de Bohême, véritables musées des époques romane, gothique, Renaissance, baroque, Art nouveau et Art déco, a été quelque peu négligée, et un programme de restauration vient d'être entrepris. Karlovy Vary (Carlsbad) et Marianske Lazne (Marienbad), stations thermales de renommée ancienne, ont été rénovées. La plupart des villes possèdent aujourd'hui des équipements modernes.

LA DÉMOGRAPHIE

La Tchécoslovaquie a vécu une période dramatique de son histoire avec l'échec de la tentative d'Alexander Dubček, élu chef du Parti communiste en janvier 1968, qui avait voulu créer un « socialisme à visage humain » en libéralisant le pays. Son expérience, qui avait fait se lever dans tout le pays un espoir de retour à la démocratie, n'a duré qu'un printemps. Dès le mois d'août, les troupes du Pacte de Varsovie entraient avec leurs chars en Tchécoslovaquie pour réprimer par la force les manifestations antisoviétiques. Dubček fut remplacé par Husák ; purges, arrestations, persécutions religieuses, exils forcés s'ensuivirent. La résistance a continué dans la clandestinité.

JOYAU DE L'EUROPE CENTRALE. Prague a été une capitale culturelle de première importance, où s'allient toujours avec bonheur l'art gothique et l'art baroque. On voit ici la place de la vieille ville, avec, au second plan, l'église Notre-Dame-de-Týn.

Le mouvement de démocratisation a remporté un succès rapide grâce aux efforts des membres de la Charte 77, créée pour protester contre la violation des droits de l'homme. Le souvenir de Jan Palach, l'étudiant qui se suicida par le feu le 16 janvier 1969, est commémoré avec ferveur. En 1989 se constitue un parti d'opposition baptisé Forum civique, soutenu par les étudiants et l'ensemble de la population. Il obtient le départ de Husak en décembre 1989. Le même mois est démantelé le Rideau de fer. Le dramaturge Vaclav Havel, chef du Forum civique, qui fut à plusieurs reprises emprisonné, est élu président de la République. Son groupe remporte 46 % des suffrages aux législatives de juin 1990, le Parti communiste, 13 %.

Les troupes soviétiques se retirent, et, à Prague, en juin 1991, est entérinée, la dissolution du Pacte de Varsovie. Mais la crise du fédéralisme tchécoslovaque, créé en 1969, conduira les deux républiques à se séparer à l'amiable le 1er janvier 1993.

Aujourd'hui, la tâche est de mener à bien les réformes économiques : privatisation des entreprises, du commerce, échanges extérieurs tournés non plus vers l'ex-U.R.S.S., mais vers l'Ouest, problèmes des livraisons de gaz et de pétrole auparavant importés d'Union soviétique, appel aux partenaires étrangers sociaux. La République tchèque bénéficie d'aides financières de l'Union européenne.

Vaclav Havel est devenu le premier président de la République tchèque. Malgré toutes les précautions, il n'a pas été possible de maintenir une monnaie unique entre les deux pays issus de la Tchécoslovaquie, et chacun a adopté, en janvier 1993, sa monnaie propre, la couronne tchèque et la couronne slovaque, aux parités distinctes étant donné la disparité économique entre les deux pays.

D'autres difficultés sont apparues, notamment sur la nationalité, que Tchèques et Slovaques se sont efforcés de résoudre.

Les idéaux nationaux trouvèrent toujours des voies pour s'exprimer. Franz Kafka et Rainer Maria Rilke, auteurs de langue allemande, choisirent la littérature, comme Karel Capek et Jaroslav Seifert, prix Nobel en 1984. Dvořák, Smetana et Janaček composèrent des œuvres musicales inspirées de la musique traditionnelle. Les films de Miloš Forman, Ivan Passer et Vera Chytilová sont mondialement connus. La culture tchèque peut participer au fonds commun culturel de la nouvelle Europe.

LA RÉPUBLIQUE TCHÈQUE EN BREF
Superficie 78 874 km²
Population 10 336 000
Régime République parlementaire
Monnaie Couronne tchèque (Koruna) = 100 halers
Langues Tchèque, slovaque
Religion Catholiques, protestants
Climat Continental. Température moyenne à Prague : — 4 à — 1 °C en janvier ; 14 à 23 °C en juillet
Ressources Pommes de terre, betteraves à sucre, céréales, bétail ; charbon, lignite, fer, uranium, mercure, antimoine, magnésium
Activités Sidérurgie, matériel de transport, mécanique, ciment, produits chimiques, engrais, textiles
Exportations Machines, véhicules à moteur, produits chimiques, sidérurgie, chaussures, textiles, fils, vêtements, produits alimentaires, charbon, matériel ferroviaire
P.N.B. annuel par habitant 3 140 dollars
Croissance démographique statique
Espérance de vie Homme 68 ans, femmes 75

LA TECTONIQUE DES PLAQUES

De nos jours, la plupart des géophysiciens considèrent que la croûte externe de la Terre — ou lithosphère — est formée d'au moins quinze plaques autonomes mais juxtaposées qui se déplacent constamment les unes par rapport aux autres. Aux endroits où les plaques sont bord à bord, d'importantes forces sont libérées et peuvent se manifester de trois façons différentes, comme l'attestent les rides océaniques, les fosses océaniques et les failles transformantes. L'étude de ces mouvements s'appelle la tectonique des plaques.

Les rides océaniques apparaissent au niveau des marges constructives, là où deux plaques s'écartent l'une de l'autre et où des roches en fusion remontées de l'intérieur de la Terre s'épanchent et se refroidissent pour former de la croûte nouvelle. Les fosses océaniques jalonnent les marges destructives ou zones de subduction, là où deux plaques s'affrontent et où le bord de l'une plonge sous l'autre dans les profondeurs plus chaudes de la Terre. Le long des failles transformantes, les plaques glissent horizontalement l'une par rapport à l'autre : il n'y a ni création ni destruction de croûte, comme on l'observe le long de la faille de San Andreas en Californie. Cependant, la plupart des failles transformantes affectent les rides océaniques et les recoupent à angle droit par rapport à la bordure des plaques.

Quel que soit leur type, les marges des plaques se caractérisent toutes par la présence de zones d'activité volcanique intense ou de tremblements de terre, ou par une combinaison des deux phénomènes. Si bien que toutes les plaques changent constamment de taille et de forme, s'accroissent le long des marges constructives et rétrécissent le long des marges destructives.

QUAND LES CONTINENTS ENTRENT EN COLLISION

Lorsque deux blocs continentaux se rapprochent, la plaque océanique située entre les deux est détruite au fur et à mesure qu'elle s'enfonce sous l'autre plaque continentale. Une fosse se forme dans l'océan ; sur le continent, des séismes se produisent, des volcans et des montagnes naissent.

Les sédiments du plancher océanique, raclés par la plaque continentale, sont redressés en lames épaisses. Les sédiments de la marge continentale sont également comprimés et soulevés. La plaque océanique disparaît peu à peu.

Lorsque les fonds océaniques ont complètement disparu, les masses continentales entrent en collision. Les sédiments accumulés entre les deux sont comprimés, plissés et soulevés pour former des chaînes de montagnes. D'anciens chaînons volcaniques peuvent aussi être comprimés et soulevés.

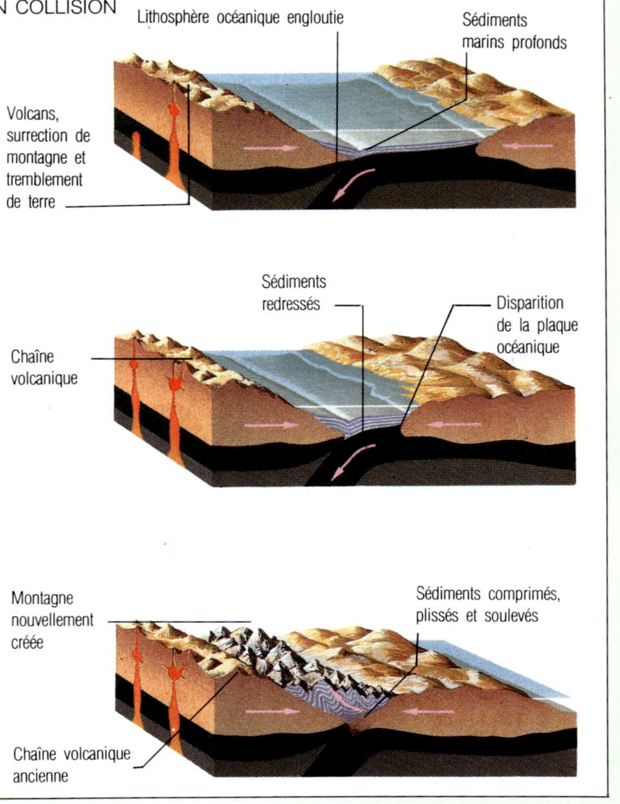

Teniente (El), ***Chili*** Petite ville de la province de O'Higgins (Chili central), au N.-E. de Rancagua. Site de la plus grande mine de cuivre souterraine du monde ; on y trouve également du molybdène. Importantes fonderies de cuivre.
Population 11 000
Carte Chili Ac

Tennant Creek, ***Australie*** Centre d'extraction minière (or, argent, cuivre) du Territoire du Nord, à 450 km au N. d'Alice Springs.
Population 3 000
Carte Australie Eb

Tennessee, ***États-Unis*** 1. Rivière (1 600 km) qui prend sa source dans les Appalaches, en Caroline du Nord, arrose l'Alabama, le Tennessee et le Kentucky, et se jette dans l'Ohio. En 1933 fut créée l'agence fédérale de la Tennessee Valley Authority (T.V.A.), chargée de régulariser la rivière et d'y améliorer la navigation ainsi que sur le cours inférieur du Mississippi. Il s'agissait aussi d'élever le niveau de vie des États du Sud, de bonifier les pratiques agricoles et forestières en jugulant l'érosion du sol, et de fournir l'électricité domestique et industrielle.

2. État du Sud-Est (109 412 km^2) situé entre le Mississippi et les Appalaches. Les rivières Tennessee et Cumberland y ont été largement aménagées pour contrôler les inondations et favoriser la navigation. Principales activités agricoles : élevage, produits laitiers, culture du soja, du maïs et du tabac. Industries chimiques, alimentaires, équipement électrique. Capitale : Nashville. Première ville : Memphis.
Population 4 880 000
Carte États-Unis (État) Ic ; (rivière) Id

Teotihuacán, ***Mexique*** A 40 km au N.-E. de Mexico, centre disparu de la civilisation de Teotihuacán, qui étendit son influence sur le centre du Mexique entre les IIe et VIIe s. « Cité des Dieux », le site consiste en 18 km^2 de palais, de temples et de cours, dominés par la pyramide du Soleil (64 m) et la pyramide de la Lune (30 m). Ces pyramides sont reliées par la « Voie des Morts ». Le bâtiment le plus réputé du site, le temple de Quetzalcóatl, est orné de sculptures sur pierres raffinées représentant le serpent à plumes et le dieu de la pluie, Tláloc.

Teplice, ***République tchèque*** La plus vieille station thermale de Bohême, au N.-O. de Prague, à 11 km de la frontière allemande. Elle se développa autour du monastère construit près de la source en 1158.

Le bourg de Duchcov, au S.-O., fut célèbre pour ses porcelaines. L'aventurier italien Casanova (1725-1798) se retira dans son château, où il mourut à l'âge de soixante-treize ans.
Population 53 500
Carte République tchèque Aa

Tequendama (chutes de), ***Colombie*** Voir BOGOTÁ

Terai, ***Inde/Népal*** Basses terres marécageuses de l'État d'Uttar Pradesh et du sud du Népal où habite le tiers de la population du Népal (plus de 5 millions de personnes). La région est humide et couverte de jungle, mais des zones défrichées permettent la culture du riz, du jute et du tabac. Le grand pôle industriel du Népal, Biratnagar, est situé dans le sud du Terai.
Carte Népal Ba

Terengganu (Trengganu), ***Malaysia*** État de la côte E. (12 955 km^2) de la péninsule malaise comprenant une partie montagneuse couverte de jungle et une bande côtière très peuplée. Capitale : Kuala Terengganu. La plupart des habitants, en majorité des Malais, cultivent le riz, mais l'exploitation du pétrole off-shore et le tourisme côtier se développent. Sur les plages du N. de la ville de Kuantan, de mai à septembre, des tortues géantes à carapace épaisse, parfois longues de plus de 2 m et pesant plus de 1 t, viennent de nuit déposer leurs œufs.
Population 771 000
Carte Malaysia Bb

Teresina, ***Brésil*** Ville marchande et capitale de l'État de Piauí, sur le rio Parnaíba, au N.-E. du pays. Elle est réputée pour être la capitale

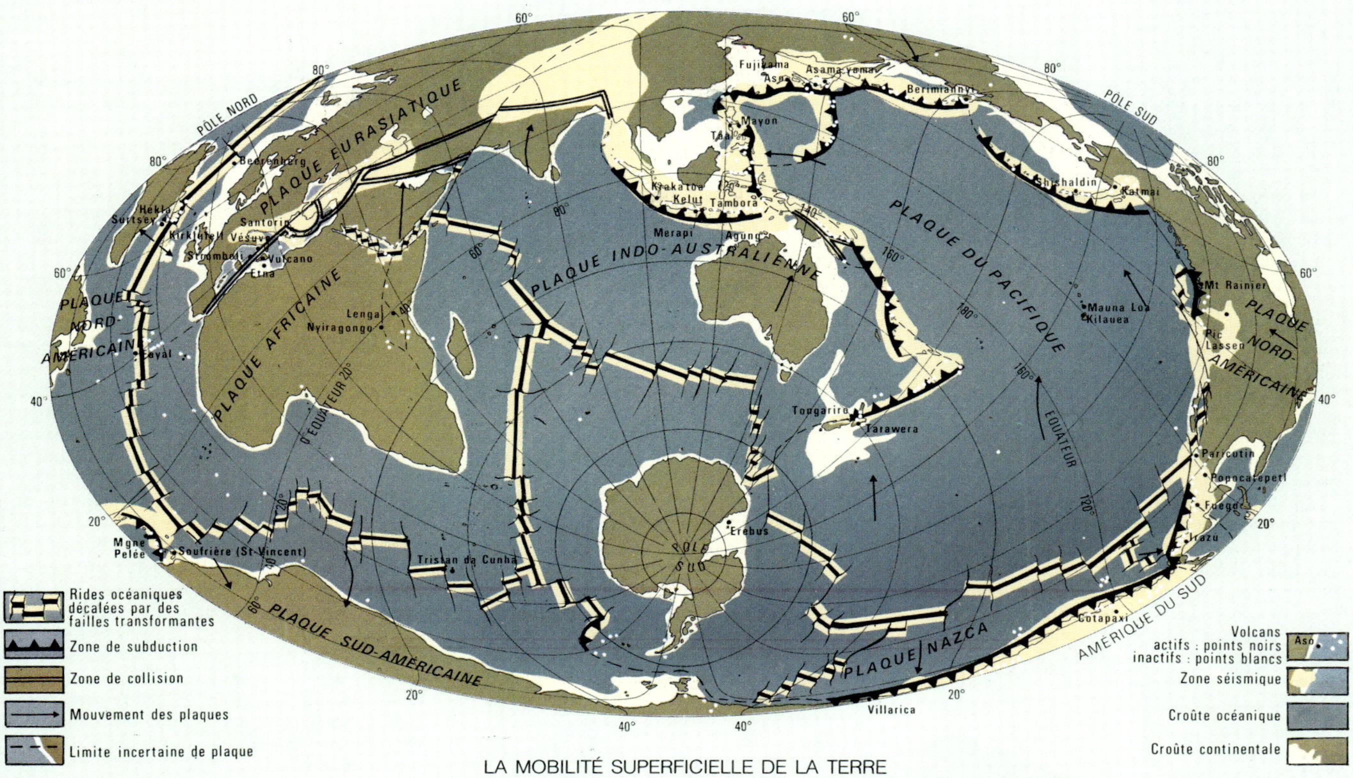

LA MOBILITÉ SUPERFICIELLE DE LA TERRE

Les plaques lithosphériques qui constituent la mosaïque de la croûte terrestre flottent sur des roches à moitié fondues — l'asthénosphère. Chaque plaque se déplace d'environ 12,5 mm par an, mais on ne sait toujours pas quelle est la cause du mouvement. Certains scientifiques pensent que les courants de convection de l'asthénosphère en sont responsables : ils s'organisent en cellules aplaties, dont la branche montante s'élève en panache sous les rides océaniques, diverge de part et d'autre, ce qui induit un courant de compensation quelques centaines de kilomètres en dessous du courant supérieur. Selon une autre théorie, c'est la gravité qui serait le moteur de ces mouvements et qui attirerait les plaques lithosphériques plus denses vers l'asthénosphère moins dense, au niveau des zones de subduction. À moins que ce ne soit plutôt le matériel nouvellement injecté au niveau des rides océaniques qui force les plaques à s'écarter.

brésilienne la plus chaude, avec une température moyenne de 30 °C.

L'État de Piauí (251 273 km^2) est le plus pauvre du pays. Principales productions : huiles végétales, fruits tropicaux et élevage (bovins).

Population (ville) 425 500 ; (État) 2 581 500

Carte Brésil Db

Terni, ***Italie*** Chef-lieu de province, à 75 km au N. de Rome, et l'un des grands centres industriels d'Italie. Aciéries, industries chimiques et mécaniques, production d'hydroélectricité.

Population 111 400

Carte Italie Dc

Ternopol', ***Ukraine*** Ville industrielle de l'ouest, ex-Tarnopol, à 120 km au S.-E. de Lvov. Industrie alimentaire ; industrie du cuir et de la chaussure. Production de béton.

Population 224 900

Carte Ukraine Bc

terrasse alluviale ou **fluviale** Gradin dû à l'érosion de la plaine alluviale par suite de l'enfoncement du lit d'un cours d'eau.

Terre Voir TERRE (formation de la), p. 660 et TERRE (voyage au centre de la), p. 661

Terre de Feu, en esp. **Tierra del Fuego,** ***Chili/Argentine*** Archipel formant l'extrémité méridionale de l'Amérique du Sud, séparé du reste du continent par le détroit de Magellan. Il fut découvert en 1520 par le navigateur portugais Magellan qui remarqua des feux allumés par les indigènes, d'où son nom. Il couvre 73 700 km^2 de terres dont les deux tiers sont constitués par l'île principale, l'île de la Terre de Feu (Isla Grande de Tierra del Fuego), partagée entre le Chili à l'O. et l'Argentine à l'E. La majorité des autres îles de l'archipel appartient au Chili. La principale ville chilienne est Porvenir, la principale ville argentine Ushuaia, localité la plus méridionale du globe. L'économie de cette région désertique, montagneuse et froide, repose sur le pétrole et l'élevage de moutons.

Carte Argentine Cd

Terre-Neuve, ***Canada*** Province la plus orientale du pays (405 720 km^2), incluant l'île homonyme et le territoire du Labrador, séparé par le détroit de Belle-Isle. Découverte en 1497 par Jean Cabot, l'île fut occupée au XVIIe s. par des colons arrivés du S.-E. de l'Angleterre. L'île est essentiellement un plateau dont l'altitude atteint 842 m dans les monts Long Range ; son littoral est accidenté. Au large, les bancs sont riches en morue. L'économie de la province repose sur la pêche, la forêt et les ressources minérales (cuivre et gypse). La population est groupée dans des villages de pêcheurs. L'exploitation des mines et la fabrication de pâte et de papier ont fait naître les villes de Corner Brook et de Grand Falls. St John's, la capitale, est située dans la péninsule d'Avalon.

Population 568 400

Carte Canada Ic

Territoire britannique de l'océan Indien Voir CHAGOS

Territoire de Belfort, ***France*** Voir BELFORT (territoire de)

Territoire du Nord, ***Australie*** Vaste territoire (1 346 200 km^2 dont un tiers est territoire aborigène) semi-autonome, de climat tropical, au centre-nord du pays. Capitale : Darwin, où se concentre près de la moitié de la population. Le territoire est consacré à l'élevage extensif et à l'exploitation minière (manganèse, bauxite, cuivre, uranium). Pétrole en mer de Timor, dans une zone revendiquée par l'Indonésie.

Population 168 600

Carte Australie Eb

Territoires du Nord-Ouest, ***Canada*** Territoires septentrionaux qui s'étendent au N. du 60e parallèle, excluant le Yukon et l'extrémité N. du Nouveau-Québec et du Labrador. Ils occupent 3 426 320 km^2, soit près du tiers de la superficie du pays. Les montagnes atteignent 2 700 m d'altitude dans l'Ouest et 2 600 m dans l'Est,

LA FORMATION DE LA TERRE

Il y a quelque 4 600 millions d'années, une partie de la vaste nébuleuse de poussière et de gaz qui entourait le Soleil a commencé à se condenser en une boule de matière — la planète Terre.

Différentes théories expliquent ce phénomène. Mais on pense généralement que les particules sont entrées en collision, ou furent attirées électrostatiquement les unes vers les autres, pour former un noyau qui devint progressivement de plus en plus dense. Au fur et à mesure de sa croissance, ce noyau gazeux commença à exercer une attraction gravitationnelle, ce qui en retour attira d'autres matières. L'augmentation de la gravité entraîna les matières denses au centre, alors que les matières plus légères restaient à la périphérie. Enfin, la masse entière se condensa sous une forme d'abord liquide, puis solide.

Les discussions continuent pour savoir si cette masse était chaude ou froide. Certains soutiennent que la matière, froide au départ, s'échauffa pour atteindre, grâce à une compression croissante au centre, un état de fusion qui engendra une désintégration radioactive ; d'autres pensent au contraire que la masse primitive s'est rassemblée en une boule en fusion qui, depuis, ne cesse de se refroidir.

On ne peut pourtant douter du fait que la Terre était autrefois extrêmement chaude et qu'elle s'est ensuite refroidie. Ce faisant, des minéraux commencèrent à cristalliser : des nodules de fer et de nickel se regroupèrent au centre, où se constitua un noyau de densité très élevée. À la périphérie de ce noyau se forma une enveloppe de silicates et de sulfures, qui fut ensuite comprimée pour former le manteau de roches denses qui entoure maintenant le noyau ; enfin, les matériaux les plus légers — en majorité les silicates — remontèrent en surface de la boule et, en refroidissant, durcirent pour donner la croûte terrestre.

À ce stade, les gaz plus légers s'étaient à nouveau dégagés vers l'espace tandis que d'autres avaient été absorbés par la Terre, si bien qu'il n'existait pratiquement pas d'atmosphère. Cette quasi-absence d'atmosphère, donc de friction qui aurait pu les consumer, permit aux énormes météorites d'arriver sans encombre jusqu'à la Terre et de s'amalgamer au matériau nouvellement créé de la croûte terrestre. Pendant toute cette phase, la croûte s'est donc épaissie tout en devenant de plus en plus solide. Des gaz, parmi lesquels monoxyde et dioxyde de carbone, s'échappèrent des foyers internes pour constituer en quelque sorte l'atmosphère primitive. Puis la croûte se différencia en deux niveaux, l'un supérieur, formé de roches plus légères, surmontant un niveau inférieur plus dense.

On pense que c'est à ce stade que fut lâché dans l'atmosphère un élément vital, la vapeur d'eau. Le refroidissement progressif de la Terre et de son atmosphère provoqua la condensation de la vapeur d'eau et des chutes de pluie.

Par ailleurs, l'écorce terrestre se fissurait, subissait fusion après fusion tandis que le magma intérieur en ébullition s'épanchait en spasmes volcaniques. Peu à peu, au cours de millions d'années, se constituèrent des radeaux vastes et stables de matériel granitique flottant au-dessus de la matière en fusion sous-jacente. Certains entrèrent en collision pour donner, par accolement, les premiers continents. Les pluies qui tombaient sur ces terres formèrent des lacs et des rivières, et s'écoulèrent vers les secteurs les plus bas des continents pour former les premiers océans.

Les matières solides et dissoutes qui débouchaient dans les océans formèrent une mixture salée où prédominaient, entre autres éléments, bore, bromures, chlorures, iode et soufre. C'est dans ces mers et dans les soupes épaisses et chaudes des lacs volcaniques que se développèrent les premières cellules vivantes. Puis, il y a à peu près 200 millions d'années, les cellules végétales furent capables d'effectuer la photosynthèse. Elles accrurent le taux d'oxygène dans l'atmosphère et, en favorisant le développement d'une couche d'ozone protectrice contre certaines radiations, permirent l'expansion rapide de la vie animale.

Gaz et poussière de la nébuleuse solaire se condensent en une boule en fusion. Les gaz sont absorbés ou s'échappent vers l'espace. Il n'y a pas encore d'atmosphère.

Une croûte se forme lors du refroidissement de la Terre, mais l'activité volcanique intense qui anime les couches inférieures surchauffées libère à travers la croûte de grandes quantités de gaz, qui constituent une atmosphère primitive dépourvue d'oxygène.

Le refroidissement prolongé finit par libérer dans l'atmosphère de la vapeur d'eau qui, lorsque la température devient suffisamment basse (100 °C), condense dans d'épais nuages et précipite en pluie. D'énormes éclairs orageux chargent l'atmosphère en électricité, et les pluies entraînent de nouveaux éléments chimiques en arrivant au sol. Des composés organiques se forment à partir des éclairs et des radiations.

Les orages s'atténuent et les composés organiques se concentrent par évaporation de l'eau. Les cellules autotrophes se développent. Puis apparaissent des cellules végétales capables de photosynthèse, ce qui augmente la teneur en oxygène de l'air. Très haut dans l'atmosphère se forme une couche d'ozone, bouclier protégeant la Terre des radiations solaires nocives, qui permet la multiplication de nouvelles formes de vie.

VOYAGE AU CENTRE DE LA TERRE

L'enveloppe externe de la Terre, ou croûte, est un ensemble complexe faisant partie de la lithosphère. La croûte continentale est à 92 % formée de roches ignées ou métamorphiques, où le granit prédomine, et à 8 % de roches sédimentaires. Sous les vastes surfaces planes continentales, telles les grandes prairies nord-américaines, par exemple, la croûte est épaisse d'environ 30-35 km. Mais sous les chaînes montagneuses, cette épaisseur peut atteindre jusqu'à 80 km. La croûte des océans est essentiellement basaltique. Elle est recouverte d'une mince couche de sédiments et son épaisseur n'est que de 5 km environ.

La croûte est séparée de l'enveloppe suivante, ou manteau, par une zone appelée discontinuité de Mohorovicic, au niveau de laquelle les ondes sismiques premières, émises par les séismes, s'accélèrent brutalement.

Le manteau s'étend jusqu'à une profondeur de 2 900 km. Entre 75 et 250 km de profondeur apparaît une zone de transition de consistance semi-fluide, l'asthénosphère. Le manteau inférieur est à nouveau solide, on l'appelle mésosphère.

Après le manteau, on atteint le noyau. Sa couche externe, épaisse d'environ 2 100 km, est en fusion et se compose vraisemblablement de fer et de nickel. C'est une zone en mouvement permanent : les courants électriques qui s'y forment et qui l'agitent sont à l'origine du champ magnétique terrestre. On pense que le noyau interne de la Terre, de 2 470 km de diamètre environ, est une sorte de boule solide de fer et nickel comprimée à des densités inimaginables par une pression de 3 800 tonnes par centimètre carré, pour une température d'environ 4 000 °C.

LES ENVELOPPES DE LA TERRE

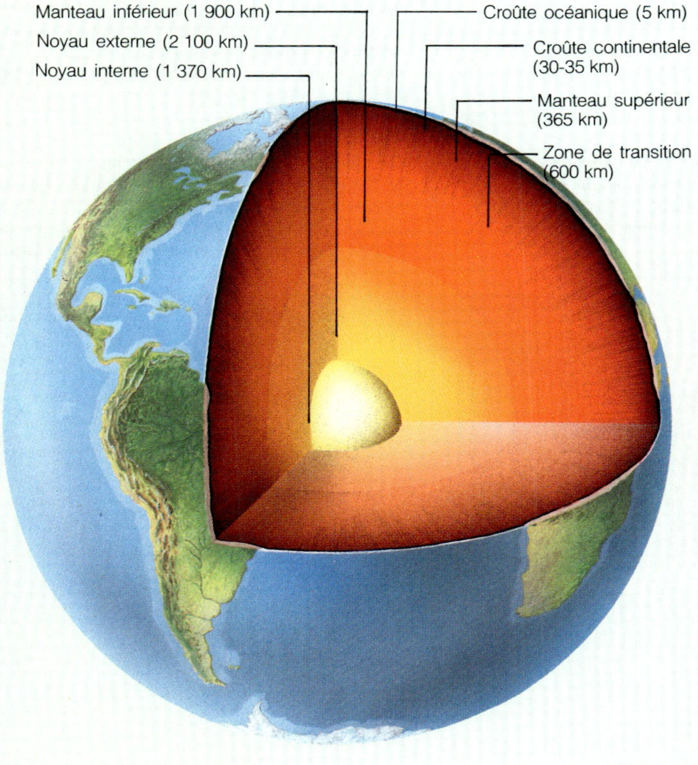

ENVELOPPES SOLIDES ET SEMI-FLUIDES

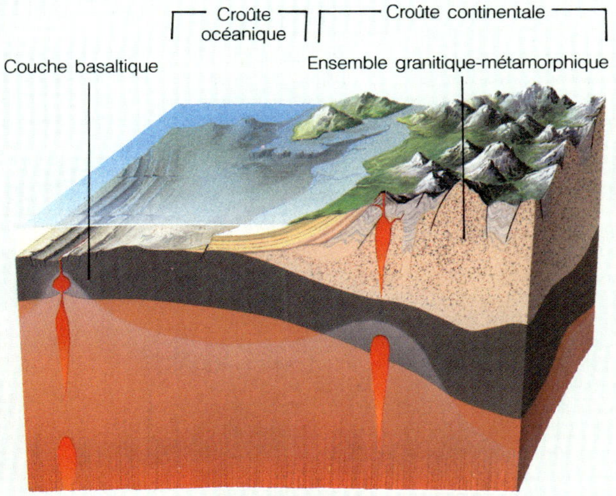

Il existe une autre subdivision qui repose davantage sur les propriétés physiques que chimiques des constituants terrestres. Dans ce cas, la lithosphère solide, qui comprend la croûte et une partie du manteau supérieur, recouvre l'asthénosphère semi-fluide. Celle-ci entoure elle-même la mésosphère solide, qui s'étend jusqu'au noyau. L'asthénosphère se situe entre 75 km et environ 250 km de profondeur. On l'appelle aussi couche des moindres vitesses, car la vitesse de propagation des ondes sismiques — qui s'accroît en général avec la profondeur — s'y trouve ralentie. En revanche, les ondes sismiques s'accélèrent au passage de la discontinuité de Mohorovicic, entre la croûte et le manteau, et lorsqu'elles pénètrent dans la zone de transition.

dans les îles de Baffin et d'Ellesmere. La toundra couvre le Nord et l'Est. La population se compose à 60 % d'Inuits (Esquimaux), d'Amérindiens et de métis (sang-mêlé français et amérindiens). La trappe et la pêche étaient autrefois les activités principales ; l'exploitation des mines (plomb, or, zinc, cadmium et argent) est aujourd'hui la principale source de revenus. La capitale est YellowKnife.

Un récent accord avec le gouvernement canadien prévoit la création du Nunavut, territoire qui serait administré par les Inuits avec certains droits exclusifs (chasse, pêche...).

Population 52 200
Carte Canada Db

Terschelling, ***Pays-Bas*** Voir FRISONNES (îles)

Teruel, ***Espagne*** Centre administratif et commercial d'Aragon, chef-lieu de la province homonyme au pied des montes Universales, à 124 km au S. de Saragosse. La ville, définitivement reconquise sur l'islam en 1365 seulement, témoigne de l'apport de la civilisation musulmane à l'art espagnol. Cathédrale de l'Assomption (XVIe s.) ; églises et tours mudéjares (XIIe-XIIIe s.). Elle fut durement éprouvée par les combats entre les républicains et les nationalistes pendant la guerre civile (1936-1939).

Population 25 900
Carte Espagne Eb

Teschen, ***Pologne*** Voir CIESZYN

Tessin, en it. **Ticino,** ***Suisse*** Le seul canton de langue italienne, au S. des Alpes, près de la frontière italienne (2 811 km^2). Il inclut le lac de Lugano et la pointe N. du lac Majeur.

Population 290 000
Carte Suisse Ba

Tete, ***Mozambique*** Capitale de la province de Tete (100 724 km^2), sur la rivière Zambèze. C'est le centre marchand de l'ouest du Mozambique : bétail, coton, peaux et cuirs y sont rassemblés pour l'exportation. Les possibilités de développement industriel y sont importants grâce à l'électricité fournie par le barrage de Cabora Bassa, au charbon de Moatizé et aux autres minéraux de la région.

Population (ville) 56 000 ; (province) 735 000
Carte Mozambique Ab

Tethys Mer située entre les anciens continents de Laurasia et du Gondwana. Voir LA DÉRIVE DES CONTINENTS, p. 199

Tétouan, ***Maroc*** Chef-lieu de la province du même nom, à 64 km au S.-E. de Tanger, et à 10 km de la Méditerranée. Fondée au XIVe s., elle fut de 1915 à 1956 la capitale du Maroc

espagnol. Médina (vieux quartier résidentiel musulman) ; musée archéologique où sont conservés les vestiges provenant du site historique de Lixus (voir Larache). Textiles, tuiles, cuirs et savon.
Population 200 000
Carte Maroc Ba

Tetovo, ***Macédoine*** Ville située à 40 km à l'O. de Skopje, non loin de la frontière du Kosovo. De belles maisons et des mosquées peintes témoignent de sa longue appartenance au monde turc. On y fabrique toujours tapis et textiles typiques. De Tetovo, on accède aux stations de ski des monts Sar Planina.
Population (ville) 26 800 ; (aire métrop.) 180 700
Carte Macédoine Aa

Teutoburger, Wald ***Allemagne*** Rangée de collines crayeuses et boisées d'Allemagne occidentale, située sur un arc allant d'Osnabrück à Paderborn, où elle culmine à 468 m.

En l'an 9, Arminius (Hermann en allemand moderne), chef d'une tribu locale, y tendit une embuscade aux Romains détruisant pratiquement trois légions. Le général romain Varus, destitué, se suicida, et par la suite les Romains ne tentèrent plus de soumettre les territoires germains à l'E. du Rhin.
Carte Allemagne Cb

Tevere, ***Italie*** Voir TIBRE

Texas, ***États-Unis*** État du Sud, le deuxième de l'Union par sa superficie (629 408 km^2) après l'Alaska, et plus grand que la France. Capitale : Austin. Ancienne possession espagnole, il passa au Mexique en 1822. Des colons originaires des États-Unis en firent en 1835 une république indépendante que les États-Unis annexèrent en 1845. L'État s'étend à l'E. sur les plaines alluviales bordant le golfe du Mexique, et à l'O. sur les plateaux constituant l'extrémité S. des Grandes Plaines (plateaux Edwards, Stockton, Llano Estacado). Son climat varie du subtropical (sur la côte) à l'aride (région d'El Paso). C'est traditionnellement le pays des grands troupeaux de bovins. L'irrigation a permis le développement d'une riche agriculture : céréales (sorgho, blé, maïs), riz et soja. L'État est surtout un grand producteur de pétrole, de gaz, de cuivre, zinc, mercure, manganèse et soufre. Ses richesses minérales et son industrialisation (pétrochimie, métallurgie de l'aluminium et du cuivre, sidérurgie, construction aéronautique) ont favorisé l'essor des technologies de pointe : Houston est par exempe le siège du Centre de calcul spatial de la NASA.
Population 17 000 000
Carte États-Unis Fd

Texel, ***Pays-Bas*** Voir FRISONNES (îles)

Thaba Bosiu, ***Lesotho*** Forteresse naturelle à 20 km environ à l'E. de la capitale Maseru. Elle fut occupée par le roi basotho Moshoeshoe Ier, et fut, un temps, le refuge de son peuple. Moshoeshoe, mort en 1870, y a sa tombe.
Carte Afrique du Sud Cb

Thabor ou **Tabor (mont),** ***Israël*** Montagne de 588 m à 10 km à l'E. de Nazareth. Une tradition chrétienne y situe le miracle de la Transfiguration du Christ. Au sommet s'élève une église et un hospice franciscains et une église orthodoxe grecque. Nombreux vestiges de fortifications élevées par les croisés.
Carte Israël Ba

Thai Binh, ***Viêt-nam*** Chef-lieu de la province du même nom, au S.-E. de la capitale, Hanoi. La province, qui s'étend sur le delta du fleuve Rouge, est l'une des régions les plus peuplées du Sud-Est asiatique (près de 1 280 habitants au kilomètre carré), et une grande productrice de riz (que l'on récolte deux fois par an).
Population 1 726 400
Carte Viêt-nam Ba

Thaïlande Voir p. 664

Thaïlande (golfe de), anc. **Siam (golfe du)** Bras de la mer de Chine méridionale entre la péninsule Malaise, la Thaïlande, le Cambodge et la pointe S.-O. du Viêt-nam. Ses eaux côtières peu profondes sont poissonneuses et les côtes N. et O., en Malaisie et Thaïlande, sont bordées de belles villégiatures. On y produit du pétrole offshore.
Dimensions 720 km de long, 480 à 560 km de large
Carte Thaïlande Bc

Thai Nguyen, ***Viêt-nam*** Chef-lieu de province à 50 km environ au N. d'Hanoi. A proximité des gisements houillers de Quang Yen, c'est un centre industriel important (dont l'essor date de l'époque coloniale) : sidérurgie (les aciéries ont été modernisées grâce aux aides russe et chinoise), industries chimiques, alimentaires.
Population 158 200
Carte Viêt-nam Ba

Thames, ***Royaume-Uni*** Voir TAMISE

Thames (golfe de), ***Nouvelle-Zélande*** Anse de l'île du Nord au S.-E. d'Auckland, formant l'extrémité S.-E. du golfe d'Hauraki. Le capitaine James Cook baptisa en 1769 la rivière qui s'y jette du nom de Thames (en fr. Tamise, aujourd'hui, en maori, Waihou). La petite cité de Thames au bord du golfe est un centre industriel : métallurgie lourde, assemblage automobile, maisons préfabriquées.
Carte Nouvelle-Zélande Eb

Thane ou **Thana,** ***Inde*** Ville de l'État de Maharashtra, banlieue N.-E. de Bombay. S'y concentrent la plupart des industries modernes de l'Inde de l'Ouest, dont la chimie et l'automobile, en croissance rapide depuis 1960. On y raffine le pétrole offshore du *Bombay high field*.
Population (ville) 797 000
Carte Inde Bd

Thanjavur ou **Tanjore,** ***Inde*** Vieille cité de l'État de Tamil Nadu, dans le delta de la Kaveri, grenier à riz de l'Inde du Sud. Elle fut la capitale des Cola (ou Chola) au XIe et XIIe s. et conserve de beaux monuments dont le temple de Briha-

LA COULEUR DE L'ARGENT. Le centre de Dallas, hérissé d'étincelants gratte-ciel comme le Texas de derricks, évoque les colossales et récentes fortunes des magnats du pétrole.

dishvara (XIe s.). Important centre touristique.
Population 184 000
Carte Inde Ce

Thar (désert de), ***Inde/Pakistan*** Zone aride à cheval sur l'Inde (Rajasthan) et le Pakistan, s'étendant sur près de 295 000 km^2, et présentant une végétation de touffes herbeuses éparses et d'épineux. Il y tombe jusqu'à 510 mm de pluie par an, mais de façon irrégulière ; les températures atteignent 50 °C en mai et juin. Des travaux d'irrigation y ont été entrepris : barrage de Chambal (près de Kota) et canal du Rajasthan, en Inde, barrage de Sukkur au Pakistan. Les cités de Jaisalmer, Bikaner et Jodhpur (au Rajasthan) s'y sont développées, tout d'abord comme ports caravaniers.
Carte Inde Ab

Thásos, ***Grèce*** Île du nord de la mer Égée, à proximité de la côte de la Macédoine grecque et au S.-E. de la ville de Kavala (440 km^2) ; chef-lieu : Thásos. Montagneuse (culminant à 1 127 m) et verdoyante, l'île fut fameuse dans l'Antiquité pour son or, ses marbres, ses vins et ses huiles, et aussi pour ses marchés d'esclaves. De nombreux vestiges témoignent de cette ancienne prospérité.
Population 13 000
Carte Grèce Da

Thèbes, ***Égypte*** Site archéologique de la capitale de l'Égypte aux temps du Nouvel Empire, sur le Nil, en haute Égypte et à proximité de l'actuelle Louxor. Il présente quelques-uns des plus impressionnants témoignages de l'art pharaonique : temples de Louxor et de Karnak sur la rive orientale du Nil ; nécropole et monuments funéraires de la rive occidentale : temples de Ramsès II (le Ramesseum) et de Ramsès III, hypogées de la Vallée des Rois (célèbres pour leur décor peint et le mobilier funéraire du tombeau de Toutankhamon), temples de Deir el-Bahari, tombeaux de Deir el-Mdineh et de Cheikh Abd el-Gournah.
Carte Égypte Cc

Thèbes, en grec **Thívai,** ***Grèce*** Ville située à une cinquantaine de kilomètres au N.-O. d'Athènes. Elle fut dans l'Antiquité l'une des plus célèbres cités de la Grèce, principale ville des Béotiens, rivale d'Athènes, victorieuse de Sparte (sous Épaminondas). Elle est aussi, selon la légende, la patrie d'Œdipe, fils de Laïos et de Jocaste, qui tua son père et, après avoir répondu à l'énigme du Sphinx qui terrorisait la région, épousa sa mère, avant de se crever les yeux. Musée archéologique.
Population 18 700
Carte Grèce Bb

thermoclastisme Fragmentation des roches sous l'effet des variations de température sans l'intervention du gel.

thermocline Couche de transition thermique rapide entre les eaux superficielles et les eaux sous-jacentes de température différente.

Thessalie, ***Grèce*** Région s'étendant sur près de 13 904 km^2 entre les monts du Pinde à l'O., l'Olympe au N. et la mer Égée à l'E. Chef-lieu : Larissa. Son centre est occupé par une vaste plaine drainée par le Pénée ; c'est une région de cultures céréalières, d'arboriculture et de vignobles.
Population 731 500
Carte Grèce Bb

Thessaloniki, ***Grèce*** Voir SALONIQUE

Thetford-Mines, ***Canada*** Ville minière située dans les Appalaches, à 100 km au S. de Québec. Elle est le centre de production d'amiante le plus important du monde occidental.
Population 32 000
Carte Canada Hd

Thiers, ***France*** Sous-préfecture du Puy-de-Dôme, bâtie dans un site pittoresque sur les flancs du ravin de la Durolle, dominant la Limagne. Vieux centre de la papeterie et de la coutellerie françaises (depuis la fin du Moyen Âge). La coutellerie, modernisée, inclut aujourd'hui les instruments de chirurgie. Belles maisons des XVe, XVIe et XVIIe s.
Population 14 800
Carte France Ed

Thiès, ***Sénégal*** Chef-lieu de région à l'E. de Dakar, sur la voie ferrée Dakar-Niger. Centre commercial et industriel (métallurgie, construction automobile, textile). Traitement des phosphates d'alumine de Pallo.
Population 201 350
Carte Sénégal Ab

Thimphu ou **Thimbu,** ***Bhoutan*** Capitale du pays et résidence de son roi, le « roi dragon », située dans une large vallée à 2 770 m d'altitude. Le dzong (forteresse-monastère) de Tashi Chho qui la domine date du XVIIe s. et a été récemment restauré. L'édifice, qui abrite la salle du trône, fait face au palais royal bâti de l'autre côté de la vallée. La ville est reliée à l'Inde par une des rarissimes routes du pays. Le plus vieux dzong du Bhoutan, Simtokha (1627), se trouve à proximité de la capitale.
Population 12 000
Carte Bhoutan Aa

Thionville, ***France*** Ville du département de la Moselle, sur la Moselle. Elle fut au Moyen Âge l'une des résidences favorites des Carolingiens. C'est aujourd'hui l'un des grands centres de la sidérurgie lorraine. La ville a souffert de la crise qui touche la métallurgie lourde française depuis les années 1970.
Population (ville) 39 700 ; (aggl.) 132 000
Carte France Gb

Thíra, ***Grèce*** Voir SANTORIN

Thívai, ***Grèce*** Voir THÈBES

Thon Buri, ***Thaïlande*** Ville jumelle de Bangkok, sur la rivière Chao-Phraya. Elle fut la capitale du pays, après le pillage d'Ayuthia par les Birmans en 1767. La plupart de sa population, en majorité chinoise, vit sur des bateaux amarrés le long de ses canaux. La ville présente de nombreux temples bouddhiques dont le très fameux Wat Arun, au remarquable décor de bois sculpté et de porcelaine.
Carte Thaïlande Bc

Thorn, ***Pologne*** Voir TORUN

Thoronet (Le), ***France*** Commune du Var, à 21 km au S.-O. de Draguignan. Son abbaye du XIIe s. est, avec Silvacane et Sénanque, l'une des trois abbayes cisterciennes de Provence. L'église, le cloître et les bâtiments conventuels forment un ensemble architectural remarquable par sa sobriété.

Thorshavn, ***Danemark*** Capitale et port principal des îles Feroe, situé sur l'île de Stromo. Une Académie d'enseignement supérieur y fut établie en 1965. Musée. Aéroport sur l'île de Vagar, à 30 km de Thorshavn.
Population 14 200

Thrace, ***Europe du Sud*** Région historique à cheval sur la Bulgarie, la Grèce et la Turquie. Elle doit son nom au peuple, les Thraces, qui l'occupa dès le IIe millénaire avant notre ère et qui fut réputé dès la haute Antiquité pour son orfèvrerie. Son littoral égéen fut colonisé par les Grecs à partir du VIIe s. Elle connut les dominations successives des Perses, des Romains, des Byzantins et des Ottomans. Au XIXe s. et au début du XXe s., Turcs, Bulgares et Grecs se la disputèrent âprement. La partie bulgare est centrée sur Plovdiv et sur la plaine de la Maritza ; c'est l'ancienne Roumélie orientale, annexée à la Bulgarie en 1885. La Thrace turque constitue la partie européenne de la Turquie (23 764 km^2) ; Edirne en est la ville principale, après Istanbul. La Thrace grecque (8 578 km^2) s'étend sur les versants S.-E. des monts du Rhodope ; elle est limitée à l'E. par la Maritza, l'Evros en grec. Ses villes principales sont Xanthi, Komotini, et Alexandroupoli. La vallée de la Maritza, en Bulgarie, est une pittoresque et riche région de vignobles et de vergers, de champs de tabac et de coton, de rizières et de cultures maraîchères.
Carte Bulgarie Bc ; Grèce Da ; Turquie Aa

Thaïlande

L'ANCIEN SIAM A ÉTÉ PRÉSERVÉ DE LA COLONISATION EUROPÉENNE PAR LA SUBTILE DIPLOMATIE DE SES ROIS. AUJOURD'HUI, LES TOURISTES SE PRESSENT EN MASSE VERS CETTE PERLE DE L'ORIENT

Comme un joyau scintillant de mille feux, la Thaïlande possède un charme magique qui n'est égalé par aucun autre pays d'Extrême-Orient. Peut-être est-ce parce que le pays, qui n'a jamais connu la colonisation, n'a pas vu ses traditions détruites par les influences occidentales. Le mot *thaï* lui-même signifie « libre ». Peut-être est-ce aussi que la culture de la Thaïlande — les temples dorés du bouddhisme, les maisons sur pilotis, les souples danses classiques, le culte de la famille royale — va de pair avec une attitude accueillante envers l'Occident.

Mais il y a un autre aspect plus contestable de la Thaïlande. Bangkok, sa capitale, a la réputation d'être une capitale du sexe, où les filles de bar de Patpong Road — souvent à peine sorties de l'enfance et vendues comme prostituées par leurs familles — attirent les touristes vers des établissements louches, un temps fréquentés par les permissionnaires américains de la guerre du Viêt-nam.

L'industrie a d'abord été fondée sur l'installation d'usines-bagnes, où travaillaient de nombreux enfants et habitants des taudis où s'entassaient les familles. Mais les salaires se sont élevés avec l'apparition d'industries plus modernes et les conditions de vie se sont améliorées.

Pour des raisons économiques, des milliers de paysans du Triangle d'or (la région isolée en bordure de la frontière de la Birmanie et du Laos) cultivent l'opium.

Malgré les efforts du gouvernement, la Thaïlande reste un des premiers pourvoyeurs d'héroïne.

Cependant, le pays possède bien des beautés authentiques. C'est un pays tropical de jungles et de montagnes, de forêts vierges et de plaines vert émeraude, de *klong* (canaux) et de rizières, d'immenses statues du Bouddha et de plages intactes. Bordée par la Birmanie, le Laos, la Malaysia et le Cambodge, la Thaïlande est à peu près aussi grande que la France. Elle compte 55 millions d'habitants ; le principal groupe, celui des Thaïs, descend de tribus venues de Chine il y a environ mille ans. Aux Thaïs s'ajoutent des minorités chinoise, malaise, indienne, et les montagnes sont habitées par les Méos, les Yaos et les Karens. On considère que la moitié de la population de Bangkok a du sang chinois ; des milliers de réfugiés du Cambodge communiste vivent dans des camps proches de la frontière du S.-E.

La plupart des Thaïs sont bouddhistes, mais d'un bouddhisme qui a fait de larges emprunts à l'hindouisme et à d'autres religions (il arrive ainsi que les décorations murales de temples bouddhiques représentent des scènes de la grande épopée hindoue du Ramayana). On dénombre 27 000 *wat* (temples), et un quart de million de moines, car presque tous les jeunes gens effectuent dans un monastère l'équivalent d'un service militaire.

LE CŒUR DU PAYS

Bangkok, que les Thaïs appellent non sans lyrisme Krung Thep, « la Cité des anges », est une métropole en pleine expansion de 5,5 millions d'habitants. Bloquée par les embouteillages et retentissant de la musique pop occidentale des centres commerciaux modernes, elle garde cependant le charme de la Thaïlande traditionnelle ; dans ses trois cents temples, le visiteur peut ressentir la sérénité de la religion bouddhiste.

Le Grand Palais symbolise le respect que le peuple ressent envers le roi Bhumibol et la reine Sirikit. Les klong, canaux qui traversent la ville et le fleuve Chao Phraya, ont valu à Bangkok le surnom de Venise de l'Orient. Bien des canaux ont été comblés et remplacés par des routes, mais, sur ceux qui restent, des maisons sur pilotis, drapées de filets de pêche, sont desservies par des barques où s'empilent fruits et légumes.

Le cœur du pays est la plaine alluviale centrale formée par les alluvions de la Chao Phraya. On y distingue trois saisons : une saison relativement fraîche avec des maxima de 26 °C de novembre à février, une saison chaude de février à mai (jusqu'à 36 °C), et la saison des pluies de mousson — on peut enregistrer plus de 1 500 mm de précipitations entre mai et octobre. La plaine centrale est couverte de vastes étendues de rizières : la Thaïlande est le premier exportateur mondial de riz. Elle est striée de canaux d'irrigation et de navigation qui desservent les riziculteurs vivant sur leurs rives.

Dans ce « bol de riz », à 80 km de Bangkok, se trouve Ayuthaya, l'ancienne capitale du Siam. Jadis le centre d'un grand empire, elle fut saccagée en 1767 par les Birmans, qui laissèrent en ruine ses édifices majestueux. C'est aujourd'hui une tranquille ville de province, mais on peut encore y admirer les traces de sa grandeur passée.

Dans le nord du pays, des montagnes couvertes de forêts épaisses forment une série d'alignements N.-S., séparés par de larges vallées et atteignant 2 595 m au Doi Inthathon. Le climat est ici bien plus frais que dans le Sud. Les bois de teck sont acheminés vers les rivières par des éléphants et flottés jusqu'aux scieries situées en aval. Le riz est cultivé dans les vallées, de même que des plantes tempérées comme l'oignon et l'ail.

Pour les fêtes et les cérémonies, beaucoup d'habitants des montagnes se pressent en foule dans la capitale régionale de Chieng Mai, la seconde ville du pays. Mais la plupart du temps, ces montagnards restent dans leurs villages perchés sur les crêtes boisées, jusqu'à plus de 1 000 m d'altitude.

Les tribus des montagnes se distinguent par leurs costumes traditionnels, alliant le rouge et le bleu ou le noir et le blanc. Elles pratiquent la culture itinérante fondée sur le défrichement de la forêt pour créer des champs qu'elles abandonnent au bout de deux ou trois ans. Certaines tribus, comme les Méos, se sont adonnées à la production illégale d'opium. Mais celle-ci est tombée de 145 t en 1967 à moins de 40 t, car le gouvernement contrôle mieux le nord du pays.

Le Nord-Est est un plateau gréseux bas et ondulé, séparé du reste du pays par des escarpements bien marqués. Pendant la saison sèche, de novembre à avril, le vent soulève une poussière rouge qui envahit l'atmosphère et se dépose sur les arbres. Pour se protéger, les habitants se ceignent la tête de tissu, à la façon des cow-boys avec leurs bandanas. Cette coiffure caractérise les Isans ou Thaï-Laos, dont la langue et la culture évoquent celles des Laos de l'autre côté de la frontière.

Si le Nord-Est représente la Thaïlande sèche, l'étroite péninsule du Sud constitue la Thaïlande humide. Les alignements de hautes terres et de plaines côtières qui mènent vers la frontière malaise offrent un paysage luxuriant. C'est le pays de l'hévéa — la Thaïlande est le troisième producteur mondial de caoutchouc. La forêt équatoriale humide naturelle se mêle à des forêts artificielles d'hévéas vert sombre, pour la plupart exploitées sous forme de petites plantations paysannes.

Le paysage rappelle la Malaysia, et il est habité par des Thaïlandais de langue malaise. Les rizières s'alignent au pied des rangs d'hévéas, et la région produit des fruits variés : les ramboutans, rouges et ovales, les oranges, les citrons et les pamplemousses. On trouve des mosquées, et les maisons sur pilotis sont plus rares que dans le reste de la Thaïlande. La prononciation de la langue est plus chantante, le sarong remplace le *phakama* plus court des régions du Nord, et, comme en Malaysia, le théâtre d'ombres est un des traits caractéristiques de la culture locale.

La Thaïlande ne résista pas à la pression politique du Japon pendant la Seconde Guerre mondiale, et elle alla même jusqu'à déclarer la guerre aux États-Unis.

Après 1945, la Thaïlande choisit le camp occidental et soutint les États-Unis pendant la guerre du Viêt-nam en fournissant des bases et des aérodromes. Les conséquences de la guerre se font encore sentir : le pays a accueilli des réfugiés du Viêt-nam, dont de nombreux « boat people », et plus de 100 000 Cambodgiens sont installés dans des camps le long de la frontière.

La Thaïlande a eu une vie politique agitée. Elle a connu une longue alternance de régimes de dictature militaire et de gouvernement civil parlementaire. En 1991 encore, un coup d'État a une nouvelle fois porté au pouvoir des militaires. Mais après une violente répression en mai 1992, à la fois sous la pression des Thaïlandais eux-mêmes et sous l'influence déterminante du roi Bhumibol, les militaires ont dû remettre le pouvoir aux civils. Le Parlement a ainsi pu reprendre ses droits et la vie politique un cours normal.

L'ÉCLAT DE LA DÉVOTION. Une foule de bouddhas et d'autels colorés remplit la cour du Grand Palais de la vieille ville fortifiée de Bangkok. Ce palais, bâti à la fin du XVIIIe s., abritait les fastes de la cour quand le pays s'appelait le Siam.

LA THAÏLANDE CONTEMPORAINE

Depuis 1960, la croissance économique a été rapide. Traditionnellement, l'économie était dominée par quatre activités principales : la culture du riz, l'exploitation du caoutchouc, de l'étain de la péninsule et le teck des montagnes du Nord. Pendant les années 1960, de nouvelles routes ont été construites dans tout le pays, désenclavant de vastes espaces. Les paysans des régions hautes ont commencé à cultiver le maïs, le manioc, le jute et la canne à sucre. Des canaux et des réservoirs d'irrigation ont permis d'allonger la saison agricole et d'augmenter la production, et les tracteurs ont peu à peu remplacé les buffles.

Mais le moteur essentiel de la croissance a été l'industrie, tournée vers l'exportation et qui s'est développée grâce à des investissements en provenance du Japon, de Taiwan et de Hong Kong.

Ce développement pose des problèmes écologiques : la surface boisée diminue rapidement et l'érosion des sols s'est aggravée dans certaines régions ; Bangkok elle-même est menacée par les inondations. La ville s'enfonce un peu plus chaque année, à mesure que les nappes d'eau souterraines sont asséchées.

De plus en plus de ruraux à la recherche d'un emploi viennent tenter leur chance dans les villes, souvent pour découvrir que les chances offertes par l'industrie sont limitées. Cependant, à mesure que Taiwan et Hong-Kong se tournent vers des fabrications industrielles complexes, les marchés s'ouvrent de plus en plus aux firmes de Thaïlande, où les salaires sont plus bas, pour l'exportation de produits industriels simples, dans le domaine du textile et de l'électronique. L'exploitation de gaz naturel dans le golfe de Thaïlande, et de petits champs pétrolifères sur le continent engendrent une modeste industrie pétrochimique. Cependant, pour beaucoup de jeunes diplômés, les seules possibilités de travail résident dans le secteur des services, avant tout dans le tourisme : plus de 2 millions d'étrangers visitent la Thaïlande chaque année, certains pour goûter ses plaisirs les plus douteux, mais la plupart pour admirer ses paysages et ses monuments.

LA THAÏLANDE EN BREF

Superficie 513 115 km^2

Population 54 830 000

Capitale Bangkok

Régime Monarchie constitutionnelle

Monnaie Baht = 100 satang

Langue Thaï

Religions Bouddhistes (95 %), musulmans

Climat Tropical ; mousson de mai à octobre. Température moyenne à Bangkok : 20 °C en décembre, 35 °C en avril

Ressources Riz, caoutchouc, maïs, canne à sucre, manioc, ananas, bananes, bois, poisson ; étain, tungstène, fer, manganèse

Activités Agriculture, industries alimentaires, cimenteries, papeteries, textile et confection, mines, exploitation forestière ; tourisme

Exportations Riz, tapioca, caoutchouc, sucre, étain, tissus, maïs

P.N.B. annuel par habitant 1 750 dollars

Croissance démographique 14 ‰ par an

Espérance de vie Hommes 66 ans, femmes 71

Thulé, ***Groenland*** La plus septentrionale des colonies de peuplement du pays, sur la côte N.-O., à 1 530 km du pôle Nord. Elle dispose d'un aéroport, d'une station climatique (Dundas) et d'une grande base militaire américaine. Lors de la Seconde Guerre mondiale, tous ses habitants furent déplacés à la Nouvelle Thulé (Qânâq) dans la baie d'Inglefield.
Carte Arctique Db

Thunder Bay, ***Canada*** Port de l'extrémité occidentale du lac Supérieur, créé en 1970 par la fusion de Fort William et Port Arthur, en Ontario. C'est aussi un centre de pêche, de chasse et d'activités sportives diverses.
Population (aggl.) 122 200
Carte Canada Gd

Thurgovie, en all. **Thurgau,** ***Suisse*** Canton situé sur la rive S.-O. du lac de Constance et couvrant 991 km^2. Son relief vallonné est constitué par l'extrémité orientale du plateau suisse traversé par de larges vallées (Thur, Murg) et, au S., par les premières collines des Préalpes. La région a toujours eu une vocation agricole : céréales, betteraves à sucre, arbres fruitiers, légumes ; élevage de bovins et de porcins. Mais l'industrie s'y est récemment implantée : agro-alimentaire, construction automobile, textiles, chaussures. Chef-lieu : Frauenfeld (20 200 habitants).
Population 210 200

Thuringe, ***Allemagne*** Land d'Allemagne centrale (ex-R.D.A.) comprenant le bassin de Thuringe et, au S., le Thüringer Wald (16 251 km^2).
Le bassin, dépression entre le Harz et le Thüringer Wald, est une riche région agricole et industrielle (gisements de potasse). Ses villes principales, Iéna et Erfurt, la capitale, furent, avec Weimar et Gotha, leurs voisines, des foyers de la culture allemande au XVIIIe s. Leurs monuments et musées en font des villes d'art très fameuses. Le Thüringer Wald, au S., est un massif hercynien couvert de forêts culminant au Beerberg (983 m). Ses activités traditionnelles sont le bois, les armes, la verrerie et la porcelaine. C'est aussi une région très touristique (centres de villégiature estivale et de sports d'hiver). Le château de la Wartburg, à proximité d'Eisenach, construit par les margraves de Thuringe, est un haut lieu de l'Allemagne médiévale et du luthéranisme.
Population 2 572 500
Carte Allemagne Dc

Thysville, ***Zaïre*** Voir MBANZA-NGUNGU

Tiahuanaco, ***Bolivie*** Site archéologique situé près de l'extrémité S.-E. du lac Titicaca, estimé dater de 200 à 1000 après J.-C. Ces ruines pré-incas sont les vestiges de l'une des plus vieilles civilisations d'Amérique du Sud. Les principaux éléments préservés sont le site de la Porte du Soleil, la pyramide d'Acapana et le temple de Kalasasaya, couvert d'hiéroglyphes qui restent encore à déchiffrer. Les grandes statues sont conservées au Musée national, le Museo de Tiahuanaco, à La Paz.
Carte Bolivie Bb

Tianjin (Tien-tsin), ***Chine*** Troisième ville de Chine après Shanghai et Pékin (Beijing). Ville de garnison fondée à la jonction du Grand Canal et du fleuve Hai, elle se développa au XIXe s. comme port de la capitale, située à 100 km au N.-O. De 1858 aux années 1940, les étrangers purent s'y installer ; aussi de nombreux bâtiments sont-ils de style occidental. Tianjin est un important centre de communications de la Chine septentrionale et déploie un large éventail d'industries : textiles, chimie, acierie, etc. La plus grande partie du trafic par la mer est assurée désormais par Xingang, à l'E.
Population (ville) 4 575 000 ; (municipalité) 8 786 000
Carte Chine Hc

Tiaret, offic. **Tihert,** ***Algérie*** Chef-lieu de wilaya dans l'Ouarsenis, à 1 050 m d'altitude, sur les pentes du djebel Guezzoul. Important marché agricole (céréales, laine et chevaux).
Population 96 000

Tibériade, ***Israël*** Station balnéaire et climatique à 50 km à l'E. de Haïfa et à 207 m au-dessous du niveau de la mer. Elle est située sur la rive gauche de la mer de Galilée (également appelée lac de Tibériade), où Jésus marcha sur les eaux. La ville fut fondée au Ier s. par Hérode Antipas et baptisée du nom de l'empereur Tibère. Elle devint par la suite une des villes saintes du judaïsme. Du XIe au XVIe s., elle fut prise successivement par les croisés, les Arabes et les Turcs. Tibériade possède de nombreuses synagogues et tombes d'érudits juifs, et c'est un lieu de pèlerinage pour toute la Galilée.
Au S. de la ville, à Hammat : synagogue du IVe s. avec une mosaïque illustrant l'Arche d'alliance et représentant les signes du zodiaque ; sources chaudes utilisées dans deux établissements thermaux accueillant des rhumatisants ; antiquités romaines.
Population 29 500
Carte Israël Ba

Tibesti, ***Tchad*** Chaîne de montagnes du Sahara au N.-O. du Tchad, dans la préfecture de Borkou-Ennedi-Tibesti, près des frontières de la Libye et du Niger. Elle est constituée de volcans éteints culminant à l'Émi Koussi (3 415 m), qui dominent des plateaux étagés et entaillés par des oueds (les enneis) où l'érosion a sculpté des falaises, des ravins profonds et des rochers aux formes curieuses. Du volcanisme témoignent les sources chaudes et les fumerolles. Le climat, très aride, ne laisse place qu'à une maigre végétation dans les lits des oueds et à une faune adaptée de mouflons, gazelles, oryx et surtout de chameaux. Quelques oasis produisent des dattes. Localités principales : Bardai, Zouar, Wour, Aozou.
De nombreuses peintures rupestres et des fossiles, dont un crâne humain, attestent une présence humaine remontant au néolithique et montrent que le climat était autrefois plus humide qu'aujourd'hui.
Carte Tchad Aa

Tibet, ***Chine*** 1. Le plus vaste (1 760 000 km^2) et le plus haut (altitude moyenne : 4 000 m) plateau du monde, cerné par l'Himalaya au S., le Kunlun Shan au N., le Pamir et le Karakorum à l'O. Le climat y est extrêmement rude, même en plein été où la température n'excède pas 10 °C.
2. La région autonome du Tibet (1 221 600 km^2), en chinois Xizang ou Si-tsang, s'étend sur la majorité du plateau tibétain. La densité de la population est la plus faible de toutes les régions chinoises. Les trois quarts des habitants se concentrent dans le Tibet méridional, dans la vallée du haut Brahmapoutre, appelé ici Zangbo, où poussent l'orge, le seigle et le blé. Les hautes vallées du Tibet oriental (Tchamdo) produisent du thé. Près de la moitié de la population élève des yaks et des moutons. Les richesses en minerais, bien qu'importantes, ne sont pas encore exploitées en raison de l'isolement naturel de la région.
Le Tibet est un ancien royaume bouddhiste autrefois gouverné depuis Lhassa par le dalaï-lama, chef d'un régime de caractère féodal et théocratique. Il resta indépendant jusqu'en 1951, date à laquelle la Chine populaire l'occupa et lui accorda l'autonomie dans le cadre de la république. Après le soulèvement populaire, durement réprimé, de 1959, le dalaï-lama et son gouvernement durent s'enfuir en Inde. Pendant la Révolution culturelle (1966-1976), de nombreux monastères et sanctuaires tibétains furent détruits, et les bouddhistes pratiquants persécutés. Depuis 1976, la Chine a adopté une politique plus souple à l'égard du Tibet, la province la plus pauvre du pays. Mais les tensions entre les 120 000 résidents chinois et les 1 710 000 Tibétains conduisirent aux émeutes de 1987 à Lhassa, durement réprimées. La région a été de nouveau fermée aux étrangers. Plus de 85 000 Tibétains vivent en exil.
Population 2 196 000
Carte Chine Dc

Tibre, en it. **Tevere,** ***Italie*** Troisième fleuve du pays après le Pô et l'Adige (395 km) prenant sa source au mont Fumaiolo, à l'E. de Florence. Il traverse l'Ombrie, la Toscane, le Latium, arrose Rome et se jette dans la mer Tyrrhénienne à Ostie.
Carte Italie Dc

Tichit, ***Mauritanie*** Voir HODH

Tien-Chan ou **Tian Shan,** ***Asie centrale*** Chaîne montagneuse à la frontière de la Chine, du Tadjikistan et du Kirghizistan, s'étirant à l'E. sur la partie N. de la région chinoise autonome du Xinjiang.
Les sommets de plus de 5 000 m y sont nombreux. Le pic Pobiedy y culmine à 7 439 m, à la frontière sino-kirghize.
Carte Chine Ac ; Russie Ee

Tien-Tsin, ***Chine*** Voir TIANJIN

Tiflis, ***Géorgie*** Voir TBILISSI

Tignes (barrage de), ***France*** Barrage achevé en 1952, sur la haute Isère. Il est haut de 180 m, et large de 295 m. Le volume du lac de retenue (lac du Chevril) est de 230 000 000 de mètres cubes. Le barrage alimente 8 centrales électriques, dont celle de Malgovert. À proximité, station de sports d'hiver de Tignes (2 100 m).
Carte France Gd

Tigre, ***Moyen-Orient*** Fleuve long de 1 950 km environ, prenant sa source dans le Taurus (Turquie du Sud-Est). La majeure partie de son cours coule en Irak, où il délimite avec l'Euphrate la Mésopotamie. Il arrose Mossoul et Bagdad avant de former, à partir de Kut, de vastes marécages. Il conflue avec l'Euphrate à al-Qurna en amont de Bassorah, dans le Chatt al-Arab, embouchure commune des deux fleuves dans le golfe Persique. De régime irrégulier (il connaît de violentes crues de printemps et traverse des zones arides), le fleuve a fait l'objet de travaux d'aménagement dès la haute Antiquité : Ninive, Assour, Ctésiphon, sur ses rives, s'employèrent à déjouer ses crues et à utiliser ses eaux pour l'irrigation. À l'époque moderne des barrages, notamment ceux de Kut, de Samarra et de Dukan, ont été construits pour retenir ses crues et celles de ses affluents.
Carte Moyen-Orient Ba

L'ŒUVRE DE LA NATURE. Dans les plateaux de grès du Tibesti, massif volcanique du Sahara central, l'érosion a façonné de spectaculaires formes.

Tigré, *Éthiopie* Province du N.-E. (53 498 km²) dévastée par la guerre civile et la sécheresse. Depuis 1986, le Front populaire de libération du Tigré, s'opposant au pouvoir central et à l'amharique (langue nationale) obligatoire, contrôlait une grande part du territoire. Sa victoire en 1991 a conduit à la chute de la dictature en Éthiopie, puis à l'indépendance de l'Érythrée. Capitale : Makalé.
Population 3 000 000
Carte Éthiopie Aa

Tihamah, *Arabie Saoudite/Yémen* Plaine côtière de la mer Rouge, de 15 à 80 km de large et de climat aride. Région très pauvre en Arabie Saoudite, dont la mise en valeur agricole est due essentiellement aux Noirs, descendants d'esclaves africains. Au Yémen, les champs irrigués produisent du coton et des légumes.
Carte Arabie Saoudite Bc ; Yémen Aa

Tijuana, *Mexique* Ville de Basse-Californie du Nord, à la frontière des États-Unis, à proximité de San Diego (Californie). Les touristes américains y affluent, ainsi que les travailleurs mexicains attirés par le niveau de vie plus élevé de la ville ou à la recherche d'un passage vers les États-Unis. De nombreuses sociétés et usines américaines s'y sont implantées (vêtements, électronique, montage de téléviseurs).
Population 932 000
Carte Mexique Aa

Tikal, *Guatemala* Site archéologique de la plus grande cité maya, dans la forêt du Petén, au N. du pays (300 km environ de la capitale). La ville connut son apogée entre les Vᵉ et IXᵉ s. Au cœur d'une jungle épaisse, le site présente quelques-uns des monuments les mieux conservés et les plus caractéristiques de l'architecture maya, notamment l'Acropole (les environs de la « Plaza Mayor ») où se pressent temples-pyramides, jeux de balle, stèles et autels, plates-formes d'habitation et palais.
Carte Guatemala Ba

Tilburg, *Pays-Bas* Ville industrielle du Brabant-Septentrional, à 90 km au S.-E. d'Amsterdam (laine, constructions mécaniques, pneus, papier). Elle a été reconstruite après la Seconde Guerre mondiale. À proximité, parc d'attractions d'Efteling.
Population (ville) 153 000 ; (aggl.) 220 900
Carte Pays-Bas Bb

Tilemsi (vallée du), *Mali* Ancien lit du Niger supérieur, fréquenté par des nomades. Ses paysages grandioses et désolés abritent de nombreux sites archéologiques néolithiques.
Carte Mali Cb

Tilimsen (Tlemcen), *Algérie* Carrefour routier et ferroviaire au N. de l'Atlas tellien, à proximité de la frontière marocaine, et chef-lieu de la wilaya homonyme. Fondée par les Romains, elle fut la capitale berbère de la région jusqu'à sa prise par les Turcs en 1553, où elle commença à décliner, puis fut occupée par les Français en 1842. Elle a conservé le caractère mauresque de son architecture, et présente quelques-uns des monuments les mieux conservés de l'époque des premiers conquérants arabes (XIIᵉ s.), dont la Grande Mosquée de Sidi Bel Hassen (également musée), des tours, des murs d'enceinte et des minarets.
Population 160 000
Carte Algérie Aa

tillite Moraine très ancienne consolidée et interstratifiée dans des sédiments d'une autre nature.

Tilsit, aujourd'hui **Sovietsk, *Russie*** Ville de l'ancienne Prusse-Orientale (région de Kaliningrad), où furent signés en 1807 par Napoléon, la Prusse et la Russie des traités mettant fin à la quatrième coalition, consacrant la défaite de la Prusse, et scellant l'alliance secrète de la France et de la Russie contre l'Angleterre.

Timaru, *Nouvelle-Zélande* Port et station balnéaire de l'île du Sud, à 150 km au S.-O. de Christchurch. On y exporte farine, laine et viande congelée sur place.
Population 28 500
Carte Nouvelle-Zélande Cf

Timgad, *Algérie* Site archéologique de l'antique Thamugadi, poste militaire romain, puis colonie sous Trajan (vers 100 après J.-C.), au S.-E. de Batna. Vestiges de nombreux édifices publics et maisons d'habitation ; belles mosaïques.
Carte Algérie Ba

Timisoara, *Roumanie* Chef-lieu du Banat, au S.-O. du pays, centre administratif, métropole orthodoxe et siège universitaire. Importante cité industrielle : machines-outils, textiles, chimie, alimentaire. D'origine médiévale, la ville connut le joug ottoman et fut libérée par Eugène de Savoie en 1716. Édifices civils et religieux baroques. Les émeutes de décembre 1989, notamment de la minorité hongroise du pays, firent de Timisoara la ville-symbole de la révolution.
Population 287 500
Carte Roumanie Aa

Timor, *Indonésie* Île de l'ouest de l'archipel des petites îles de la Sonde (30 775 km²). Chef-lieu : Kupang. Montagneuse et de climat tropical, elle est peuplée de tribus qui traditionnellement vivaient de cultures sur brûlis. Les Portugais y établirent des comptoirs dès le XVIᵉ s., puis les Hollandais ; les premiers s'y maintinrent jusqu'en 1975, dans sa partie orientale qui fut annexée à cette date par les Indonésiens. Ceux-ci s'y sont heurtés à la résistance indépendantiste du Fretilin (Front révolutionnaire pour l'indépendance de Timor oriental), résistance qui se poursuit aujourd'hui encore.
Population 3 085 000
Carte Indonésie Fd

Timor (mer de), *Australie/Indonésie* Mer qui s'étend sur 450 000 km² environ, entre l'île de Timor et la côte N.-O. de l'Australie. Elle fut explorée par le navigateur hollandais Abel Tasman en 1644, puis par William Dampier.
Carte Pacifique (océan) Bc

Tindouf, *Algérie* Ville du Sahara algérien, proche des frontières mauritanienne et marocaine (wilaya de Bechar), centre urbain d'une oasis traditionnellement fréquentée par les nomades Reguibats. Son importance stratégique depuis le conflit opposant Marocains et Sahraouis en interdit l'accès au tourisme.
Population 7 000
Carte Algérie Ab

Tinian, ***Mariannes du Nord*** Île (101 km²) séparée de celle de Saipan, au N., par un détroit de 6 km. Les Américains, après l'avoir prise aux Japonais en juin 1944, y construisirent un aérodrome, base de départ pour les bombardements sur le Japon. C'est de Tinian que décolla l'avion qui lança les premières bombes atomiques sur Hiroshima et Nagasaki (août 1945).
Population 800
Carte Pacifique (océan) Cb

Tinos, ***Grèce*** Île (195 km²) des Cyclades, au S. d'Andros, célèbre pour ses carrières de marbre. Elle fut occupée par les Vénitiens de 1207 à 1712. Ruines d'un sanctuaire de Poséidon et d'Amphitrite. Icône réputée miraculeuse dans l'église Panayia Evangelistria.
Population 7 800
Carte Grèce Dc

Tioumen (Tyumen), ***Russie*** Ville de Sibérie occidentale sur la Toura, à 300 km environ à l'E. d'Ekaterinbourg. Sur le Transsibérien et près de gisements de pétrole et de gaz naturel, c'est un important centre industriel: raffineries de pétrole, pétrochimie, industries du bois et du cuir, constructions navales.
Population 494 200
Carte Russie Dd

Tipperary, ***Irlande*** Ville commerçante, à 160 km au S.-O. de Dublin. Au N. de la ville s'étend le Golden Vale, région verdoyante aux nombreuses laiteries. Le comté homonyme (4 254 km²) a son chef-lieu à Clonmel.
Population (ville) 4 980; (comté) 135 200
Carte Irlande Cb

Tirana, ou **Tiranë,** ***Albanie*** Capitale du pays. Fondée par les Turcs au XVIIᵉ s. dans la plaine littorale, alors boisée, elle devint capitale en 1920. Elle ne comptait que 10 000 habitants; quelques années plus tard, le roi Zog — premier et unique monarque d'Albanie — fit venir des architectes italiens pour créer un nouveau centre-ville et bâtir les immeubles gouvernementaux autour de la place Skanderbeg, du nom du héros national qui se battit en vain contre les envahisseurs turcs au XVᵉ s. En 1939, la population atteignait 35 000 habitants. Après son occupation par les Italiens pendant la Seconde Guerre mondiale, la ville se développa, avec l'aide économique et industrielle (industries de transformation, textiles, de construction, hydroélectricité, eau potable) de l'Union soviétique. Une voie ferrée relie Tirana à Durrës, le port principal du pays, et à Elbasan, le centre sidérurgique.
Population 230 000
Carte Albanie Bb

Tiraspol, ***Moldavie*** Ville principale de la Transnistrie, à l'E. du Dniepr, région à population majoritairement russe et ukrainienne. Les autres villes principales de cette région sont Doubossary et Tighina (ex-Bendery). C'est en outre la région la plus industrialisée de Moldavie. Le conflit actuel est né du souhait exprimé par les Moldaves à une certaine époque de s'unir à la Roumanie, alors que la Transnistrie est à l'origine ukrainienne.
Carte Ukraine Bc

Tirgoviste, ***Roumanie*** Ancienne capitale de la Valachie, à 71 km au N.-O. de Bucarest. De cette ville marchande du Moyen Âge, il subsiste de beaux monuments médiévaux — dont la tour Chindia (XVᵉ s.) qui abrite un musée dédié à Vlad Tepes, prince du XVᵉ s. qui aurait inspiré le célèbre personnage du comte Dracula. À proximité, le monastère Dealului (XVᵉ-XVIᵉ s.) abrite les tombes de plusieurs princes valaques; dans la crypte est conservé le crâne de Michel le Brave (1558-1601), héros national roumain qui, en 1600, réunit les provinces de Valachie, de Transylvanie et de Moldavie.
Population 74 400
Carte Roumanie Bb

Tirgu Mures, ***Roumanie*** Centre industriel et culturel du nord de la Transylvanie, sur la rivière Mures, à 145 km au S. de la frontière ukrainienne et à 250 km à l'E. de la frontière hongroise. Sa population est en majorité de langue magyare. La grande place centrale est bordée d'immeubles de style hongrois. Les monuments historiques sont nombreux: forteresse et église du XVᵉ s., demeures baroques, monastère jésuite et deux églises orthodoxes du XVIIIᵉ s., dont l'une en bois. Industries métalliques, mécaniques, alimentaires, chimiques, confection.
Population 138 800
Carte Roumanie Aa

Tiruchchirappalli, anc. **Trichinopoly,** ***Inde*** Ville sur le delta de la Kaveri, au S.-E. de l'Inde et à 305 km au S.-O. de Madras. Le mont Rock (885 m) domine la ville et la plaine environnante de sa forteresse du XVIIIᵉ s. (aujourd'hui en ruine), où les Français furent battus par les Britanniques en 1754. Évêché catholique, églises et écoles protestantes.
Population (aggl.) 712 000
Carte Inde Ce

Tista, ***Inde/Bangladesh*** Rivière (400 km), née dans le Sikkim, qui se jette dans le Brahmapoutre, connu pour ses crues de printemps soudaines et violentes. Son lit s'étant modifié plusieurs fois au cours des siècles, la Tista a formé une vaste zone d'alluvions dans les districts de Dinajpur et de Rangpur. De nombreux projets de liaison entre le Brahmapoutre et le Gange, à travers la Tista, ont été élaborés, mais leur réalisation pose de nombreux problèmes, techniques et politiques.
Carte Bangladesh Bb

Tisza, ***Europe centrale*** Rivière d'Europe centrale (966 km), née dans les Carpates ukrainiennes et qui s'oriente vers l'O., puis vers le S.-O. en traversant la Hongrie et la Yougoslavie avant de se jeter dans le Danube, à 45 km au N. de Belgrade. Entre Cop, à la frontière ukrainienne, et Szeged, près de la frontière yougoslave, la Tisza coule en méandres dans la Grande Plaine (Alföld) hongroise, avec une pente de 104 m pour 440 km. La plus grande partie de son cours hongrois est bordée de digues, construites à la suite de désastreuses inondations, en 1879. Les villes, sur des terrasses naturelles, dominent la plaine inondable, procurant des appuis solides aux ponts: Tokaj, Szolnok, Csongrad et Szeged.
Carte Hongrie Bb

Titicaca (lac), ***Bolivie/Pérou*** Plus grand lac (8 786 km²) d'Amérique du Sud et plus haut point navigable du monde (3 812 m). Le premier bateau à vapeur pour le transport des passagers entre le Pérou et la Bolivie fut construit en Angleterre en 1862, démonté sur les côtes péruviennes pour franchir les Andes, puis réassemblé sur le lac. Les Indiens Urus vivent sur des plates-formes flottantes faites avec des roseaux du lac, qui servent également à la construction des habitations et des bateaux. On peut voir des vestiges des civilisations inca et pré-inca de Tiahuanaco sur l'île de la Lune et du Soleil, au N. de la péninsule de Copacabana, et dans la ville en ruine de Tiahuanaco.
Carte Bolivie Bb

Titograd, ***Yougoslavie*** Voir PODGORITSA

Tivoli, ***Italie*** Ville située sur une colline à 25 km à l'E. de Rome. De somptueuses villas Renaissance (villa d'Este et villa Gregoriana) sont bâties au milieu de magnifiques jardins aux cascades spectaculaires. Lieu de villégiature de l'empereur Hadrien (76-138); nombre de ses vestiges (statues et mosaïques) sont intacts.
Population 52 200
Carte Italie Dd

Tiwi, ***Philippines*** Voir BICOL

Tizi Ouzou, ***Algérie*** Ville touristique à 88 km à l'E. d'Alger, dans une région vallonnée de Grande Kabylie, chef-lieu de wilaya. C'est un centre commercial producteur de figues et d'huile d'olive. A 10 km au N.-E., à Draa Ben Khedda, se trouve la plus grande et la plus importante usine de textiles du pays.
Population 103 000
Carte Algérie Ba

Tlemcen, ***Algérie*** Voir TILIMSEN

Toamasina, anc. **Tamatave,** ***Madagascar*** Principal port du pays, sur l'océan Indien, à 200 km au N.-E. d'Antananarivo (anc. Tananarive). La ville fut détruite par un ouragan en 1927. Exportation de clous de girofle, vanille, café, bois exotique, viande. Industries textiles, conserveries, distilleries, cuir, tabac.
Population 230 000
Carte Madagascar Aa

Toba (lac), ***Indonésie*** Lac de cratère (1 160 km²) du nord de Sumatra, dont la profondeur atteint jusqu'à 500 m, formé lors d'une éruption volcanique, il y a 60 000 ans. Il est fréquenté par les touristes pour son agréable climat tropical. Ses rives sont occupées par les Bataks.
Carte Indonésie Ab

Tobago, ***Trinité et Tobago*** La plus petite (300 km²) et la plus septentrionale des deux îles qui forment l'État de Trinité et Tobago, dans les Caraïbes. Située à 32 km au large de la pointe septentrionale de Trinité, Tobago aurait été l'île du Robinson Crusoé de Daniel Defoe. Production de cacao, noix de coco et bananes. Exploitation forestière. L'agriculture est en déclin, en raison de l'émigration de nombreux habitants vers Trinité, où ils trouvent des emplois mieux rémunérés. Le tourisme est l'activité principale.
Population 50 500
Carte Trinité Aa

Tobrouk (Tubruq), ***Libye*** Ville et port de la côte N.-E. du pays, à 120 km de la frontière égyptienne. Occupée par les Italiens en 1912, elle fut l'objet de nombreux et violents combats pendant la Seconde Guerre mondiale.
Population 76 000
Carte Libye Ca

Tocorpuri (terre de), ***Bolivie*** Montagne aux neiges éternelles de la cordillère occidentale des Andes (5 833 m) située à la frontière du Chili.
Carte Bolivie Bc

Togo

LE PHOSPHATE ASSURE LA RELATIVE PROSPÉRITÉ DU PAYS MAIS LA DÉMOCRATISATION SE FAIT ATTENDRE

Allongé du N. au S. sur plus de 500 km, le petit État du Togo plonge dans les eaux du golfe de Guinée, mais sa tête se trouve dans les savanes de l'Afrique occidentale. Les cultivateurs de mil dans le Nord cohabitent au sein d'une même nation avec les hommes des zones forestières et de la culture du manioc, au S. Comme dans de nombreux pays d'Afrique, montagnards et côtiers se complètent, mais ils s'opposent, aussi, dans les domaines culturels et politiques.

Les hauts plateaux du Togo (1 000 m en moyenne) séparent le pays en son milieu selon un axe qui va du S.-O. au N.-E. Ils sont bien marqués au S.-O. dans le massif de l'Avatimé et le mont Agou, couverts d'une épaisse forêt naturelle (acajous, bambous, etc.) ou aménagée (plantations de tecks).

La colonie allemande du Togo est une création de la conférence de Berlin en 1884, qui divisa l'Afrique entre les puissances européennes. Ce protectorat est occupé en 1914 par les troupes franco-britanniques et divisé entre les vainqueurs, la plus grande part revenant à la France (le Togo actuel), une région, à l'O., étant incluse dans la Côte-de-l'Or britannique. Ces deux territoires sous mandats de la Société des Nations (1922) accèdent à l'indépendance en 1957, pour la partie annexée au Ghana, et en 1960, pour le Togo.

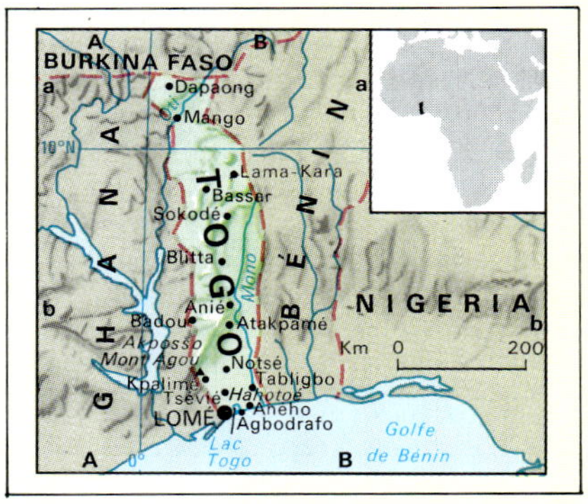

Le Togo a connu les migrations de nombreux peuples au cours de son histoire. Le XVe s. est marqué par l'extension des Éwés à partir de Notsé dans le Sud ; la division du peuple éwé lors du partage franco-britannique de 1914 fait l'objet de revendications pressantes de la part des membres de ce peuple (tensions épisodiques avec le Ghana). Dans le Nord, les montagnards kabyés font depuis peu mouvement vers le Sud pour mettre en culture les terres inoccupées du centre.

Les Européens explorent les côtes dès la fin du XVe s. ; celle du Togo est alors connue sous le nom de Côte des esclaves. Le comptoir portugais d'Ancho est un centre de traite qui commercialise l'huile de palme après l'abolition de l'esclavage ; des esclaves revenus du Brésil après cette époque s'établissent dans le pays : leurs descendants portent leurs noms, d'origine portugaise.

Le Togo est, traditionnellement, un pays agricole (80 % de la population). Dans la savane on cultive le mil, le sorgho, les haricots ; l'arachide, culture de « rente », est la principale production industrielle avec le coton. Sur les hauts plateaux forestiers, on continue de cultiver le café et le cacao, introduits par les Allemands ; dans le Sud, on trouve des plantations de palmiers à huile et des champs de coton. Dans les régions humides, les paysans font pousser du manioc, des ignames, des patates douces, du maïs, du riz.

L'agriculture de plantation, qui avait fait la renommée du pays, décline de plus en plus — par absence de modernisation et à cause de la sécheresse — au profit des phosphates. Le gisement de Hahotoé procure, depuis 1974, la majeure partie des exportations (80 % en 1980) et permet de financer d'autres projets de développement. Mais ces revenus ont baissé en 1978 avec l'effondrement du marché et remis en cause des projets comme l'extension du port de Lomé, où transitent des marchandises en provenance des pays enclavés du Sahel (Burkina, Mali, Niger), ou qui leur sont destinées. Il en est de même de la raffinerie qui traite le pétrole brut du Nigeria.

Avec ses parcs du Nord, ses paysages superbes du Centre et ses lagunes du Sud, le Togo s'est tourné vers le tourisme ; mais celui-ci demande des investissements assez lourds, et sa rentabilité, pour un pays aussi pauvre, est discutable.

Les lendemains de l'indépendance ont été troublés par les revendications territoriales des Éwés du Ghana, l'opposition des gens du Nord, insuffisamment représenté, selon eux, dans un gouvernement dominé par les ethnies méridionales, et l'assassinat du président Sylvanius Olympio (1963). En 1967, un coup d'État militaire a mis en place le lieutenant-colonel Eyadéma, un Kabyé originaire du Nord. Un parti unique a été constitué et une campagne pour le retour à l'« authenticité » lancée ; elle invitait tous les Togolais à abandonner leurs noms issus de la colonisation et à adopter des noms traditionnels. Au fil des ans, le pouvoir est sorti de son isolement et a réussi à jouer un rôle international de premier plan, s'entremettant comme médiateur. En 1975 ont été signés à Lomé des accords, sans cesse élargis, établissant des relations économiques privilégiées entre la Communauté européenne et de nombreux pays en voie de développement d'Afrique et d'Asie.

En avril 1991, de violentes manifestations populaires demandant l'instauration du multipartisme ont obligé le président Eyadéma à promettre la tenue d'une conférence nationale. Venant après des incidents meurtriers à Lomé, les élections législatives de 1994, qui donnaient la victoire à l'opposition, ont été contestées par le pouvoir.

LE TOGO EN BREF

Superficie 56 785 km²
Population 3 400 000
Capitale Lomé
Régime République
Monnaie Franc C.F.A.
Langues Français (officielle), éwé, kabyé, etc.
Religions Animistes-fétichistes (50 %), chrétiens (27 %), musulmans (12 %)
Climat Tropical ; température moyenne à Lomé : 27 °C
Ressources Manioc, maïs, mil, noix de palme, arachide, coton, cacao, café, bétail ; phosphates
Activités Cultures industrielles, mines, cimenteries, agriculture, textiles, industries alimentaires
Exportations Phosphates, cacao, café
P.N.B. annuel par habitant 410 dollars
Croissance démographique 31 ‰ par an
Espérance de vie Hommes 46 ans, femmes 50

Togliattigrad, ou **Togliatti,** ***Russie*** Ville sur la Volga, à 65 km au N.-O. de Samara, créée à proximité de l'ancienne ville de Stavropol' (submergée en 1960 à la suite de la création du réservoir de Samara), baptisée du nom de Palmiro Togliatti (1893-1964), chef du Parti communiste italien, mort au cours d'un séjour en U.R.S.S. C'est un centre industriel très actif et diversifié : réparation navale, ingénierie, construction automobile, fabrication de produits chimiques (caoutchouc synthétique), industries alimentaires.
Population 654 700
Carte Russie Dd

Togo (lac), ***Togo*** Ancien estuaire du fleuve Sio, formant le plus grand lac de la région (78 km²), entre Lomé et Aného. Très poissonneux, il recèle du phosphate, dont les réserves sont estimées à 100 millions de tonnes, constituant l'exportation principale du Togo qui en est le troisième producteur d'Afrique avec l'Afrique du Sud, après le Maroc et la Tunisie.
Carte Togo Bb

Tokaj, ***Hongrie*** Village du nord-est du pays, à 48 km à l'E. de Miskolc, sur des coteaux volcaniques ensoleillés, arrosé par la Tisza. Depuis sept cents ans, la région environnante homonyme est célèbre pour son vin, le tokay, liquoreux et doré, qui se vend dans les nombreuses caves à vin des ruelles de la vieille ville.
Population 5 100
Carte Hongrie Ba

Tokelau, ***océan Pacifique*** Dépendance de la Nouvelle-Zélande constituée par trois atolls — Atafu, Nukunono et Fakaofo —, à 480 km au N. des îles Samoa occidentales (superficie totale : 12 km²). Exportation de coprah.
Population 1 600
Carte Pacifique (océan) Ec

Tokushima, ***Japon*** Détruite par les bombardements américains lors de la Seconde Guerre mondiale, puis reconstruite, cette ville de la côte E. de l'île de Shikoku est un centre industriel et commercial spécialisé dans les produits chimiques.
Population 257 900
Carte Japon Bd

Tokyo, ***Japon*** Capitale du Japon qui aurait été fondée dès la fin du XIIe s. sous le nom d'Edo, puis fortifiée en 1457 pour devenir la capitale du shogun Tokugawa Ieyasu en 1603. Celui-ci obligea les belliqueux daïmios (les seigneurs de la guerre provinciaux) à s'y faire construire une résidence, souvent somptueuse, et à y habiter une partie de l'année, afin de mieux les surveiller et de contenir leurs ambitions. La ville fut rebaptisée Tokyo (capitale de l'Est) en 1868, après que le dernier des Tokugawa eut été déposé par l'empereur Meiji. Elle dut être reconstruite par deux fois : en 1923, après avoir été dévastée par un tremblement de terre qui fit 150 000 victimes, et après les violents bombardements américains de 1945.

Vaste, prospère, surpeuplée, animée, mélange de civilisations japonaise et occidentale, Tokyo est l'une des plus grandes agglomérations du monde, où se trouvent regroupés ministères, sièges d'entreprises, syndicats, universités de haut niveau, théâtres et musées nationaux, ainsi qu'un millier de sanctuaires. La ville, où sont concentrés plus du quart des 122 millions de Japonais dans un rayon de 50 km autour de l'enceinte du palais impérial, possède plus de téléphones que la totalité de l'Afrique. Les terres récupérées sur la baie de Tokyo supportent un gigantesque complexe industriel dont les activités vont des appareils électriques à la mécanique lourde. Selon des statistiques portant sur les zones urbanisées en continu, Tokyo est la première agglomération du monde, avec 24 millions d'habitants. Et on envisage même de créer sur des îles artificielles des villes nouvelles !

La ville moderne, avec ses 26 villes satellites, est divisée en quartiers d'activité distincts : Marunouchi, le cœur de la finance et des affaires du Japon ; Kasumigaseki, le quartier gouvernemental, où se dresse le bâtiment de marbre de la Diète (Parlement japonais) ; Ginza, centre du commerce de luxe et des grands magasins, à la vie nocturne intense. C'est une des villes les plus chères du monde pour les visiteurs. Les transports publics, rapides et fréquents, sont souvent saturés aux heures d'affluence. Éloignées du centre de la métropole, les gares ferroviaires possèdent leurs propres ensembles commerciaux et de loisirs, à Shibuya, Ikebukuro et Shinjuku. Parmi les principaux temples bouddhistes de la ville, Sensoji abrite une petite statue en or de Kwannon, déesse bouddhique de la pitié, qui aurait été découverte en 628 par des pêcheurs dans la rivière Sumida, qui arrosait alors la ville. Tokyo présente également l'un des festivals les plus spectaculaires du Japon, le Demoze Shiki ou Parade des pompiers, dont les participants, juchés sur des grandes échelles de bambou, accomplissent d'extraordinaires acrobaties.

Population (ville) 8 154 000 ; (Grand Tokyo) 11 855 000
Carte Japon Cc

Tolbukhin, ***Bulgarie*** Voir DOBRIČ

Tolède, en esp. **Toledo,** ***Espagne*** Ville historique, à 65 km au S.-O. de Madrid, perchée sur une colline granitique cernée par le Tage, dotée d'une riche architecture mauresque et médiévale chrétienne et de quelques vestiges romains ; elle est le siège du primat d'Espagne. Le peintre crétois le Greco (1501-1614) y passa une grande partie de sa vie et y peignit ses principaux chefs-d'œuvre.

Lors de la guerre civile espagnole en 1936, des cadets et des gardes civils franquistes, réfugiés dans la citadelle, l'alcazar, y résistèrent victorieusement au siège des troupes républicaines pendant deux mois. Réputée pour la qualité de ses épées, Tolède est aujourd'hui un centre de fabrication d'armes. Dans la province homonyme , on cultive le blé et on élève chèvres et moutons.

Population (ville) 60 100 ; (province) 471 800
Carte Espagne Cc

Toledo, ***États-Unis*** Ville de l'Ohio, à la pointe S.-O. du lac Érié, l'un des grands ports charbonniers de l'intérieur du pays, où transitent également les céréales et le bois. Raffinage du pétrole, fabrication de verre, produits alimentaires, construction automobile (en particulier la Jeep).

Population (ville) 343 900 ; (aggl.) 610 800
Carte États-Unis Jb

Toliary ou **Tuléar,** ***Madagascar*** Ville au S.-O. de l'île, sur le tropique du Capricorne, chef-lieu de la plus grande province (161 405 km^2) du pays, portant le même nom.

Population (province) 1 740 000
Carte Madagascar Ab

Toluca, ***Mexique*** Capitale de l'État de Mexico, à 56 km au S.-O. de Mexico, ville commerciale et industrielle florissante (construction automobile et mécanique). C'est également le centre d'une région agricole : produits laitiers, charcuterie, conserverie, artisanat.

Population 357 000
Carte Mexique Cc

Toluca (Nevado de), ***Mexique*** Volcan éteint, à calotte neigeuse, s'élevant à 4 565 m au-dessus de Toluca, la capitale de l'État de Mexico. Deux lacs — celui du Soleil et celui de la Lune — sont dus à la fonte des neiges dans deux cratères.

tombolo Voir CORDON LITTORAL

Tombouctou, ***Mali*** Chef-lieu de région, au N. de la boucle du Niger, et non loin du fleuve. C'est une vieille cité soudanaise, un ancien port caravanier en bordure du Sahara ; elle fut l'un des grands centres commerciaux, intellectuels et religieux de l'Afrique de l'Ouest à l'époque médiévale. René Caillié, qui y séjourna en 1828, ne fut pas le premier à la visiter, il avait été précédé, en 1826, par l'Écossais Laing, et bien avant par le Toulousain Anselme Ysalguier, par Léon l'Africain au début du XVIe s., par l'Italien Benedetto Dei en 1470, par Ibn Battuta, le Tangérois, au XIVe s. La ville a conservé ses maisons basses en pisé et à toit en terrasse.

Population 32 000
Carte Mali Bb

Tomsk, ***Russie*** Ville de Sibérie occidentale, sur le Tom', près de sa confluence avec l'Ob', à 200 km au N.-E. de Novonikolaïevsk. Fondée en 1604, elle doit son essor comme capitale régionale à la découverte de gisements aurifères à proximité, en 1824.

C'est une ville industrielle : équipements électriques, machines, bois, peinture, teinture, dérivés du caoutchouc. Centre universitaire et de recherches nucléaires.

Population 506 600
Carte Russie Ed

Tonga (fosse des), Voir KERMADEC ET TONGA (fosse des)

Tongarino (mont), ***Nouvelle-Zélande*** Volcan (1 968 m) situé dans le parc national de Tongarino, dans l'île du Nord, à 230 km au N.-E. de Wellington : nombreux lacs et sources chaudes. Le parc national (767 km^2) a été fondé en 1894, date à laquelle la région a été offerte au pays par le chef maori Te Heuheu.

Carte Nouvelle-Zélande Ec

Tongatapu, ***Tonga*** Île principale du royaume, au S., dont le nom signifie « Tonga sacré » ou « jardin sacré ». Cette île corallienne (256 km^2), presque totalement plantée de cocotiers, abrite les deux tiers de la population des

Tonga (îles)

LES « ÎLES DES AMIS » DU PACIFIQUE — AMIS EN NOM ET EN FAIT — ONT LE ROI LE PLUS LOURD DU MONDE

Pendant le couronnement de la reine Élisabeth II d'Angleterre en 1953, dont la télévision diffusa les images dans le monde entier, un des hôtes les plus remarqués fut la reine Salote des îles Tonga ; dans un carrosse ouvert, sous une pluie battante, elle souriait largement, rappelant ainsi le nom d'« îles des Amis » que le capitaine Cook avait donné à son royaume en 1773. Elle mourut en 1965 ; son fils Taufa'ahau Tupou IV lui a succédé ; il a pris pour Premier ministre son frère Tu'ipelehake. Protectorat britannique en 1900, les îles Tonga sont devenues autonomes en 1958, et ont accédé à l'indépendance en 1970.

Les Tongans sont amicaux, mais aussi corpulents. Le roi pesait 194 kg en 1980, record mondial pour un monarque. Sur l'une des îles, les femmes ont une taille moyenne de 1,60 m et un poids moyen de 74 kg.

La monarchie héréditaire dure aux Tonga depuis mille ans. Le palais royal est installé dans la capitale Nukualofa, sur la plus grande île, Tongatapu, qui abrite plus de la moitié de la population (polynésienne) ; le reste en outre est réparti dans 35 autres îles habitées ; il y a 120 îles et îlots inhabités.

La terre est nationalisée. Tout homme de plus de seize ans peut louer une parcelle urbaine et un jardin maraîcher de 3 ha ; mais du fait de l'accroissement de la population (dont la moitié a moins de vingt ans), la terre est devenue rare. La plupart des Tongans vivent en autosubsistance, de pêche en mer et d'agriculture. On cultive la banane et la noix de coco pour l'exportation. Il est question de construire un centre régional de distribution de produits pétroliers.

LES ÎLES TONGA EN BREF

Carte Pacifique (océan) Ed
Superficie 779,5 km^2
Population 99 000
Capitale Nukualofa
Régime Monarchie constitutionnelle
Monnaie Pa'anga = 100 seniti
Langues Tongan (langue officielle), anglais
Religions Protestants 75 %, catholiques 19 %
Climat Subtropical ; températures moyennes à Nukualofa : de 18 à 25 °C en juillet et de 23 à 29 °C en février
Ressources Noix de coco, bananes, patate douce, taro, cassave, agrumes, vanille, poisson
Activité Conditionnement de la noix de coco
Exportations Coprah, huile de noix de coco, vanille, pastèques, taro, bananes
P.N.B. annuel par habitant 1 350 dollars
Croissance démographique 24 ‰ par an
Espérance de vie Hommes 61 ans, femmes 65

Tonga. Sur la côte N. est installée la capitale Nuku'alofa.
Population 63 650
Carte Pacifique (océan) Ed

Tonkin, auj. **Bac Bo,** ***Viêt-nam*** Région du nord du Viêt-nam comprenant Hanoi et la plaine du fleuve Rouge, et s'étirant depuis le versant N. de la chaîne annamite jusqu'à la frontière chinoise. Le haut Tonkin, montagneux, est peu peuplé ; la population se concentre dans la plaine (bas Tonkin) où les densités peuvent dépasser 600 hab/km^2 ; deux tiers des terres sont couvertes de rizières qui donnent une double récolte de riz. La vie industrielle et urbaine se concentre autour de Hanoi et Haiphong.

Intégré en 1887 dans l'Union indochinoise, le Tonkin vit la fondation par Hô Chi Minh du parti communiste indochinois, qui se transforma en 1941 en Viet-minh (Front de l'indépendance du Viêt-nam). Il fut le point de départ successivement de la résistance à l'occupation japonaise, à la présence française et de la lutte contre les États-Unis. La totalité du Tonkin constitua la région principale du Viêt-nam du Nord jusqu'à la réunification du Viêt-nam (1976).
Carte Viêt-nam Aa

Tonkin (golfe du), ***Chine/Viêt-nam*** Golfe de la mer de Chine méridionale (480 km de long ; 240 km de large) situé entre le nord-est du Viêt-nam, la Chine et l'île de Hainan. En août 1964, deux destroyers américains ayant pénétré dans les eaux territoriales du Nord-Viêt-nam furent attaqués par des torpilleurs vietnamiens. Le président Johnson en prit prétexte pour faire voter par le Congrès américain la résolution dite du golfe du Tonkin, autorisant l'aviation à bombarder le Nord-Viêt-nam.
Carte Viêt-nam Ba

Tonlé Sap, ***Cambodge*** Lac d'eau douce au centre de la plaine du Cambodge. Ancien bras de mer, le Tonlé Sap (Grand Lac) résulte de l'envasement du Mékong, dont il est le régulateur naturel. La plus grande partie de l'année, ses eaux se déversent dans le Mékong ; en octobre, période des crues du fleuve, le flux se renverse et remplit le lac, qui passe de 2 600 km^2 à 10 400 km^2. Cet apport périodique de limons fertiles fait de la région l'une des zones rizicoles les plus riches du Cambodge. Le lac est également très poissonneux et la pêche active.
Carte Cambodge Ab

Tonsberg, ***Norvège*** Ville la plus ancienne du pays, fondée vers 870 sous le règne du roi Harald Ier, près de l'embouchure du fjord d'Oslo, à 70 km au S.-O. d'Oslo. Elle fut un port baleinier jusqu'à la réduction des quotas de la Norvège après la Seconde Guerre mondiale. Elle s'est ensuite tournée vers les industries du bois (papier) et de l'alimentation.
Population 36 800
Carte Norvège Cd

Toowoomba, ***Australie*** Ville du Queensland, à 110 km à l'O. de Brisbane, au pied de la Cordillère australienne et de la dépression du Darling. Centre commercial régional (agriculture, élevage) et touristique.
Population 64 000
Carte Australie Id

Topeka, ***États-Unis*** Capitale de l'État du Kansas, sur la rivière Kansas, à 90 km à l'O. de Kansas City. Siège d'une base aérienne et d'une importante fondation psychiatrique, la Menninger Foundation. La ville est réputée pour son urbanisme et ses jardins. Centre de réparation ferroviaire, métallurgie, imprimerie, produits agricoles.
Population (ville) 118 900 ; (aggl.) 159 000
Carte États-Unis Gc

TOURBILLON INFERNAL. Au large de Key West (Floride), la trompe nuageuse d'une tornade se prolonge par une colonne liquide qui monte de la mer.

Torbay, ***Royaume-Uni*** Région balnéaire et touristique de la baie de Tor, sur la côte S. du comté de Devon, à 45 km à l'E. de Plymouth, réputée pour son climat tempéré, sa végétation subtropicale et ses plages. Villes principales : Torquay, Paignton et Brixham.
Carte Royaume-Uni De

Torino, ***Italie*** Voir TURIN

tornade Perturbation dépressionnaire violente et courte ; en Afrique occidentale, orage isolé ou ligne de grains ; dans l'océan Indien, nom donné à un cyclone tropical ; aux États-Unis, particulièrement dans les Grandes Plaines (Mississippi) et le sud-est du pays, colonne d'air qui tourbillonne très rapidement (jusqu'à 500 km/h) formant un entonnoir au-dessus de gros cumulonimbus.

Ce phénomène se produit lorsque, au contact d'un front froid, une masse d'air chaud et humide perd brusquement une grande quantité d'eau. L'énergie libérée provoque le déplacement de la tornade (30 à 60 km/h) avec une puissance dévastatrice capable de soulever des voitures ou de souffler des bâtiments. Les tornades ne durent qu'une à deux heures et leur zone de destruction ne dépasse généralement pas 200 m de diamètre. En mer, une tornade produit une colonne d'eau ; dans les régions désertiques, elle déclenche un tourbillon de poussière ou de neige.

Torne, en finnois **Tornionjoki,** ***Suède/Finlande*** Fleuve de Laponie (510 km), tributaire du golfe de Botnie, qui marque une partie de la frontière entre la Suède et la Finlande. Nombreuses pêcheries de saumons.
Carte Suède Db

Toronto, ***Canada*** Métropole du pays et capitale de l'Ontario, sur la rive N. du lac Ontario. Elle occupe le site d'un ancien fort français, le fort Rouillé, établi en 1749. Les Anglais achetèrent l'endroit aux Indiens en 1787. Alors nommée York, la ville devint capitale du Haut-Canada. Toronto est le centre industriel et commercial le plus important du pays et un port où transitent céréales, viande et bétail. Principales industries : matériel électrique, sidérurgie, machines agricoles et aéronautique. Le quartier des affaires, près du lac, est dominé par des gratte-ciel et la tour du CN (553 m). L'Exposition nationale du Canada se tient chaque année au parc des expositions. Le Royal Ontario Museum présente une importante collection d'art chinois. L'université est la plus grande du pays. La ville est très cosmopolite.
Population (ville) 618 300 ; (aggl.) 3 893 500
Carte Canada Hd

Torquay, ***Royaume-Uni*** Voir TORBAY

Torremolinos, ***Espagne*** Voir MALAGA

Torrens (lac), ***Australie*** Lac (5 775 km^2) à l'O. des Flinders Range, en Australie-Méridionale, à 400 km au N.-O. d'Adélaïde. C'est un immense marécage d'eau salée qui ne devient un véritable lac qu'après de fortes pluies.
Carte Australie Fe

Torreón, ***Mexique*** Ville de l'État de Coahuila, sur le rio Nazas, à 800 km au N.-O. de Mexico. C'est l'un des principaux centres textiles du district cotonnier de la Laguna. Industries : brasseries, minoteries, usines de produits chimiques,

métallurgie, exploitations minières et gisements de pétrole aux environs.
Population (aggl.) 575 000
Carte Mexique Bb

Torres (détroit de), ***Australie*** Passage maritime peu profond, séparant la mer d'Arafoura (océan Indien) de la mer de Corail (océan Pacifique). Sa découverte en 1606 par le navigateur espagnol Luiz Vaez de Torres prouva que la Nouvelle-Guinée était une île et non une partie du continent australien. Peu fréquenté, en raison de ses hauts-fonds et de ses récifs, le détroit de Torres compte 70 îles environ, au large de la pointe N. du Queensland, dont une trentaine seulement sont habitées. Le centre principal se trouve sur l'île Thursday (100 km^2), à 16 km au large de l'Australie. La population des îles (6 600 hab.) est composée en majorité de Mélanésiens, plus proches des habitants de Papouasie-Nouvelle-Guinée, au N., que des aborigènes australiens.
Carte Australie Ga ; Papouasie-Nouvelle-Guinée Ba

Tortola (île), ***îles Vierges*** Île principale de la colonie britannique des Antilles (54 km^2). Montagneuse, elle culmine à 521 m au mont Sage. Région agricole fertile : canne à sucre, patates douces, avocats, bananes. Siège de la capitale des îles Vierges, Road Town.
Population 9 300
Carte Antilles Eb

Torun, en all. **Thorn,** ***Pologne*** Ville sur la Vistule inférieure, à 177 km au N.-O. de Varsovie, où naquit l'astronome polonais Nicolas Copernic (1473-1543). Fondée en 1231 par les Chevaliers teutoniques, Torun conserve la plus grande partie de son enceinte médiévale, dont la Tour penchée (35 m). Industries chimiques, mécaniques, alimentaires, imprimeries, bois.
Population 197 000
Carte Pologne Cb

Toscane, ***Italie*** Région du Centre-Ouest (22 992 km^2) sur la Méditerranée, au cœur de l'histoire et de la culture médiévales du pays, avec ses villes historiques : Florence (capitale), Lucques, Pise, Sienne. Le toscan est d'ailleurs à l'origine de l'italien moderne. La Toscane, drainée par l'Arno et ses affluents, est limitée au N. et à l'E. par l'Apennin toscan et au S.-O. par les monts Métallifères et les collines de Sienne. Les coteaux en terrasses de cette région agricole produisent de l'olivier et de la vigne (vin de Chianti). Production d'acier à Piombino ; confection dans la province d'Arezzo ; scooters à Pontedera ; marbre à Carrare ; laine à Prato. Le tourisme reste une activité essentielle.
Population 3 578 000
Carte Italie Cc

Touamotou, ***Polynésie française*** Voir TUAMOTU

Toubouaï, ***Polynésie française*** Voir TUBUAÏ

Touggourt, ***Algérie*** Oasis du Sahara, à 220 km au S. de Biskra, terminus d'une ligne de chemin de fer. Située dans le Souf, c'est un important centre de communication pour les gisements de pétrole du Sud. Centre administratif, commercial et touristique. Production de dattes.
Population 71 000
Carte Algérie Ba

Toula, ***Russie*** Ville située à 190 km au S. de Moscou, fondée en 1146. Site de la fabrique d'armes de Pierre le Grand au XVIIIe s., c'est aujourd'hui une ville industrielle (métallurgie, industrie chimique, armes, machines à coudre, instruments de musique, samovars). Musée d'Histoire des armes (1724) et vaste kremlin (forteresse) datant de 1530.
Population 643 600
Carte Russie Bd

Toulon, ***France*** Ville et port militaire (l'un des plus importants de France avec Brest), sur la Méditerranée, chef-lieu du département du Var, à 50 km au S.-E. de Marseille. Toute l'activité de l'agglomération est vouée à la marine de guerre et à la construction et la réparation navales (chantiers navals civils à La Seyne-sur-Mer). La majeure partie de la flotte française s'y saborda en 1942 pour éviter de tomber entre les mains des Allemands après l'invasion de la zone libre. La ville a été reconstruite après la guerre.
Population (ville) 168 000 ; (aggl.) 438 000
Carte France Fe

Toulouse, ***France*** Chef-lieu du département de Haute-Garonne et capitale de la région Midi-Pyrénées, arrosé par la Garonne, à 90 km de la frontière espagnole. La ville fut au Moyen Âge un foyer intellectuel et religieux. Les comtes de Toulouse y soutinrent l'hérésie cathare contre l'Inquisition. La vieille ville, aux bâtiments de brique rose, est dominée par la basilique romane Saint-Sernin, la plus grande église romane de France. Autres édifices : cathédrale Saint-Étienne (XIIIe - XIVe s.), église gothique des Jacobins, Capitole (XVIIIe s.) et nombreux hôtels et demeures anciennes. Toulouse est un grand centre de l'industrie aéronautique (Concorde, Airbus) et chimique, et une ville universitaire très active.
Population (ville) 560 000 ; (aggl.) 608 000
Carte France De

toundra Végétation des régions subpolaires, entre les neiges et les glaces arctiques et la taïga, où le sol est gelé en permanence. La toundra, basse et pauvre, est composée surtout de lichens, mousses, arbustes et bouleaux nains.

Toungouska, ***Russie*** Affluents de droite de l'Ienisseï, en Sibérie centrale. La Toungouska pierreuse (Sredniaia Tunguska) coule sur 1 865 km, la Toungouska inférieure (Nijniaia Tunguska) parcourt 2 989 km. En juin 1908, l'explosion d'une météorite sur le plateau, entre les deux rivières, creusa un énorme cratère de 1,5 km de large et de 190 m environ de profondeur. Tous les arbres furent détruits dans un rayon de 32 km.
Carte Russie Fd

Touquet-Paris-Plage (Le), ***France*** Station balnéaire sur la côte de la Manche (Pas-de-Calais). Belles plages, casino, hippodrome, institut de thalassothérapie et port nautique.
Population 5 600
Carte France Da

Touraine, ***France*** Région de la vallée de la Loire, ancienne province centrée sur la ville de Tours. Baptisée Jardin de la France, elle est connue pour ses vallées fertiles (blé, légumes, fruits, produits d'élevage) et ses vins.
Carte France Dc

LUMIÈRE TOSCANE. Au cœur des collines, des cités médiévales témoignent d'une brillante civilisation. Telle Sienne et sa remarquable piazza del Campo en forme de coquillage.

Tourane, ***Viêt-nam*** Voir DA NANG

tourbe Matière végétale spongieuse, partiellement décomposée en charbon par les bactéries, que l'on trouve dans les marécages et les marais (tourbières) et qui est utilisée comme combustible et comme engrais.

tourbière Zone marécageuse où poussent des végétaux, mousses (en milieu acide) et sphaignes (en milieu alcalin) qui se décomposent pour former de la tourbe.

Tourcoing, ***France*** Voir LILLE-ROUBAIX-TOURCOING

Tourfan (dépression ou bassin de), en chin. **Turpan Hami,** ***Chine*** Bassin de Xinjiang (50 000 km^2), à l'extrémité orientale du massif du Tien-Chan. En été la température peut dépasser 47 °C. Le centre du bassin, à 154 m au-dessous du niveau de la mer, est la région la plus basse du pays. Les précipitations y sont très faibles, mais l'irrigation permet de cultiver des fruits, du blé et du coton. La ville de Turpan (Tourfan), située dans une oasis sur la branche N. de la route de la Soie, fut longtemps une importante étape caravanière. Mosquée de briques de la fin du XVIIIe s.
Carte Chine Cc

Tourmalet (col du), ***France*** Col des Hautes-Pyrénées reliant Bagnères-de-Bigorre à Luz-Saint-Sauveur (2 114 m).

Tournai, en néerl. **Doornik,** ***Belgique*** Ville du Hainaut, sur l'Escaut, à 50 km au S. de Gand. Elle partage avec Tongres le titre de plus vieille cité de Belgique. Déjà importante à l'époque romaine, elle fut le berceau de la dynastie mérovingienne ; Clovis y naquit en 465. Elle fut aussi un haut lieu artistique grâce à ses orfèvreries, ses peintres (Roger de la Pasture y naquit en 1399), ses sculpteurs, ses tapisseries et sa porcelaine. Le centre de la ville fut presque entièrement détruit en mai 1940. Avec ses cinq clochers, la cathédrale Notre-Dame (XIIe-XIIIe s.) passe pour le monument religieux le plus prestigieux du pays ; le beffroi (XIIe-XIIIe s.) est le plus ancien de Belgique. Cimenteries, industries textiles, tanneries, brasseries.
Population 70 000
Carte Belgique Aa

Tournus, ***France*** Ville sur la Saône, à 85 km au N. de Lyon, au riche passé dont témoignent l'ancienne abbatiale Saint-Philibert, chef-d'œuvre de l'art roman bourguignon (XIe s.) et le cloître attenant, l'église Sainte-Madeleine (XIIe s.) et de vieilles maisons médiévales.
Population 6 600
Carte France Fc

Tours, ***France*** Chef-lieu du département d'Indre-et-Loire, bâti dans un triangle entre la Loire et le Cher, à 210 km au S.-O. de Paris. Ancienne capitale de la province de Touraine, elle a conservé d'intéressants édifices : églises, notamment Saint-Julien (XIIIe s.), cathédrale Saint-Gatien (XIIIe-XVIe s.) avec de beaux vitraux, vestiges de la basilique Saint-Martin ; nombreux hôtels médiévaux. Les sites de la région environnante (abbaye de Marmoutier et châteaux de la Loire) font de Tours l'un des pôles touristiques de France. Industries mécanique et électronique ; viniculture.
Population (ville) 129 500 ; (aggl.) 272 000
Carte France Dc

Touva (Rép. de), ***Russie*** République autonome à la frontière de la Mongolie du N.-O. Superficie : 170 500 km^2. La population, autrefois formée de pasteurs nomades, s'est aujourd'hui sédentarisée. La capitale, Kyzyl (71 000 habitants), possède quelques industries (cuir, bois, alimentation). Les riches gisements d'or, cobalt, amiante, fer, sel et charbon sont encore en grande partie inexploités en raison de l'isolement de la région. Élevage, agriculture.
Population 314 000
Carte Russie Fd

Townsville, ***Australie*** Port du Queensland, sur la baie d'Halifax, à 1 125 km au N.-O. de Brisbane, capitale administrative, commerciale et industrielle du Queensland septentrional et siège de l'université James Cook. Exportation de viande, laine, peaux, minerais, sucre et bois ; conserveries de viande, scieries, traitement de cuivre. C'est également une base d'exploration des récifs de la Grande Barrière et de l'île Magnétique.
Population 101 400
Carte Australie Hb

Toyama, ***Japon*** Ville industrielle de la côte N. de l'île de Honshu, à 225 km au N.-O. de Tokyo. Autrefois réputée pour ses produits médicinaux et ses filatures de soie, elle s'est spécialisée en pharmacie et en robotique.
Population 321 000
Carte Japon Cc

Tozeur, ***Tunisie*** Principale ville des oasis du Djerid ; centre administratif, marché agricole au centre d'une palmeraie. Site touristique.
Population 26 000
Carte Tunisie Aa

Trabzon, ***Turquie*** Voir TRÉBIZONDE

Trafalgar (cap), ***Espagne*** Pointe située à l'extrême S.-O. du pays, à 60 km au N.-O. de Gibraltar, entre Cadix et Tarifa. C'est au large de ce cap que se déroula la bataille de Trafalgar, victoire décisive des Anglais sur les Espagnols et les Français en 1805.
Carte Espagne

Tralle, ***Irlande*** Chef-lieu du comté de Kerry, à 91 km au N.-O. de Cork, centre touristique et industriel relié à la mer par des canaux.
Population 16 500
Carte Irlande Bb

tramontane En Italie et dans les régions méridionales de l'Europe, vent du N., froid, descendant des montagnes.

Tran Ninh (plateau du), ***Laos*** Haut plateau du centre du pays (2 000 km^2 ; altitude moyenne : 1 250 m), constitué de collines de calcaire et de grès, autrefois couvertes de forêts tropicales. En raison du mode de culture pratiqué par les paysans laotiens, les forêts ont fait place à des arbres (chênes et pins) subsistant sur les rives des cours d'eau. Le sous-sol recèle des réserves, non exploitées, d'or, d'antimoine, de cuivre, de plomb, de zinc et d'argent. Le cœur du plateau est connu sous le nom de plaine des Jarres.
Carte Laos Ab

Transamazonienne (route), ***Brésil*** Réseau routier (environ 5 000 km) traversant le centre-nord du Brésil. La route commence à Cruzeiro do Sul, près de la frontière péruvienne, et aboutit à Recife, sur l'Atlantique. Sa construction a ouvert le bassin de l'Amazone à de nouvelles colonies et a permis l'exploitation de ses vastes ressources en minerai (fer, cuivre, étain et pétrole), mais au détriment de l'équilibre écologique et social des régions.

Transantarctiques (monts), ***Antarctique*** Vaste chaîne de montagnes divisant l'Antarctique en Antarctique oriental et Antarctique occidental. Elle s'étend de la terre Victoria à la mer de Weddell (3 200 km) et culmine à plus de 4 500 m dans la chaîne de la Reine-Maud ; elle est entaillée par de nombreux glaciers, dont celui de Beardmore.
Carte Antarctique d

Transcanadienne (route), ***Canada*** Route la plus longue du monde, achevée en 1962. Sur 8 000 km, elle relie Victoria (Colombie britannique), sur la côte du Pacifique, à North Sydney en Nouvelle-Écosse, et traverse l'île de Terre-Neuve.

Transjordanie, ***Moyen-Orient*** Ancien État du Moyen-Orient situé à l'E. du Jourdain, sous protectorat britannique jusqu'en 1946, date à laquelle il devint le royaume de Jordanie. Il s'agrandit en 1949 avec les territoires de la rive O. du Jourdain (Cisjordanie), occupés par Israël depuis 1967.

Transkei, ***Afrique du Sud*** Ancien bantoustan « indépendant » de 43 798 km^2, créé en 1976 pour le peuple Xhosa, qui cultive le maïs, élève des chèvres, des moutons (pour la laine mohair) et des bovins. La ville principale est Umtata. Les coups d'État successifs et la fin de l'apartheid ont remis en question son statut au sein de l'Afrique du Sud.
Carte Afrique du Sud Cc

Transnistrie, ***Moldavie*** Voir TIRASPOL

Transsibérien, ***Russie*** La plus longue ligne de chemin de fer du monde (9 300 km), qui s'étire de Moscou aux ports de Vladivostok et de Nakhodka, sur le Pacifique. La construction du tronçon principal, en Sibérie, fut effectuée entre 1891 et 1905, en partant simultanément vers l'E., depuis Tcheliabinsk (Oural), et vers l'O., depuis Vladivostok. Elle marqua un tournant dans le développement de la Sibérie, qu'elle ouvrit à l'exploitation, la colonisation et l'industrialisation. Des trains relient quatre à sept fois par semaine les villes d'Ekaterinbourg, Novonikolaïevsk, Irkoutsk et Khabarovsk, où l'on change pour rejoindre Nakhodka (Vladivostok, ville militaire, fut longtemps interdite aux étrangers). Le voyage dure huit jours, avec 92 stations. Des trains relient également Moscou à Pékin, via Oulan-Bator (Mongolie). Un nouveau tronçon (3 200 km), la ligne Baïkal-Amour-Magistral, achevée en 1984, passe au N. du lac Baïkal, traverse Komsomolsk-sur-Amour et aboutit au port de Sovietskaïa Gavan.

Transvaal, ***Afrique du Sud*** Ancienne province du Sud, de 262 499 km^2, où est située la principale région industrielle du pays, le triangle Pretoria-Witwatersrand-Vaal. Des fermiers boers (d'origine hollandaise) colonisèrent la région à partir des années 1830 et, en 1852, les Britanniques leur reconnurent le droit de gouverner au-delà de la rivière Vaal. Devenu République sud-africaine en 1857, le Transvaal tomba sous la domination anglaise en 1877. Un gouvernement autonome fut mis en place en 1881 mais, à la suite de la guerre des Boers (1899-1902), le Transvaal devint colonie britannique. En 1910 enfin, il s'intégra dans la fédération des colonies anglaises d'Afrique du Sud, avec pour capitale Pretoria.

Les nouvelles institutions sud-africaines (1994) ont partagé le Transvaal en quatre provinces : le Nord-Transvaal (capitale : Pietersburg), l'Est-Transvaal (capitale : Nelspruit), le Pretoria-Witwatersrand-Vereeniging (capitales : Pretoria et Johannesburg), et la province du Nord-Ouest, avec une partie de l'ancienne province du Cap (capitale Mmabatho).

Population 14 175 000
Carte Afrique du Sud Ca

Transylvanie, ***Roumanie*** Région du centre et du nord du pays (55 166 km^2), constituée principalement d'un plateau de 400 à 650 m d'altitude. Cerné au N., au S. et à l'E. par les Carpates, il est traversé par la rivière Mures. La Transylvanie fit autrefois partie de la Dacie romaine. Conquise au Moyen Âge par les Hongrois, puis par les Turcs, incorporée à l'empire des Habsbourg (1799), elle devint hongroise en 1867. Elle fut à la Roumanie en 1918. La présence d'une forte minorité hongroise au sein de ce pays provoqua, et provoque encore, de nombreux troubles. Capitale : Cluj. Ville symbole : Timisoara (révolution de 1989).
Carte Roumanie Aa

Trápani, ***Italie*** Port à l'extrême O. de la Sicile et chef-lieu de la province homonyme. Sa proximité de l'Afrique, dont il est distant de 230 km, en fit un port et une colonie maritime importante sous les Carthaginois, les Romains, les Arabes et les Espagnols. Production de macaronis, exportation de vins, pêche au thon.
Population 73 300
Carte Italie De

Trasimène (lac), ***Italie*** Lac (128 km^2) à 16 km à l'O. de Pérouse ayant une profondeur maximale de 6 m. Le général carthaginois Hannibal remporta aux abords du lac une éclatante victoire sur les Romains, en 217 av. J.-C. Sur ses rives, Castiglione et Passignano sont des stations balnéaires fréquentées.
Carte Italie Dc

Travancore, ***Inde*** Ancien État du sud-ouest du pays qui était gouverné par des princes musulmans. Après l'indépendance de l'Inde (1947), il s'unit avec son voisin, le Cochin, pour former un nouvel État baptisé Kerala, en 1956.
Carte Inde Be

Trébizonde, en turc **Trabzon,** ***Turquie*** Port du N.-E. de la mer Noire, capitale de la province homonyme. L'église Sainte-Sophie (XIIIe s.), abrite certaines des plus belles fresques byzantines de Turquie. La province (4 498 km^2) produit des haricots, des noisettes, des fruits et du tabac.
Population (ville) 143 900 ; (province) 810 000
Carte Turquie Ba

Treblinka, ***Pologne*** Camp de concentration nazi proche de Malkinia, à 100 km au N.-E. de Varsovie. Musée et mémorial dédié aux 800 000 déportés, juifs et partisans polonais principalement, qui y moururent de 1942 à 1943.
Carte Pologne Eb

Tréguier, ***France*** Localité des Côtes-d'Armor au fond de l'estuaire du Jaudy, appelé aussi rivière de Tréguier. Ancien évêché. Cathédrale Saint-Tugdual (XIIIe-XVe s.), du nom du patron de la ville qui l'évangélisa au VIe s. : stalles Renaissance, Grande Verrière, trésor, cloître. Maison Renan à colombage (XVIe s.) qui abrite des souvenirs de l'écrivain. Anciennes portes de la ville. Chaque année se déroule le Pardon de la Saint-Yves, dont la procession se déroule de la cathédrale à Minihy-Tréguier, ville natale du saint. Port de plaisance.
Population 3 400
Carte France Bb

Trelleborg, ***Suède*** Port de la côte S.-O., sur la mer Baltique, à 30 km au S. de Malmö, fondé au XIIIe s. Principal port de ferries pour l'Allemagne et la Pologne.
Population 34 100
Carte Suède Be

tremblement de terre Voir SÉISME

Trent, ***Royaume-Uni*** Rivière du centre de l'Angleterre (270 km), qui naît dans les collines du Staffordshire et arrose les villes de Stoke-on-Trent et de Nottingham, avant de s'achever dans l'estuaire de la rivière Humber.
Carte Royaume-Uni Ed

Trente, en it. **Trento,** ***Italie*** Capitale de la région du Trentin-Haut-Adige, à 120 km au N.-O. de Venise, arrosée par l'Adige et sur la route du col du Brenner vers l'Autriche. Au XVIe s., elle fut le siège du concile de Trente. Le centre historique se trouve entre la cathédrale (XIIIe s.) et l'imposant Castello del Buon Consiglio (château de Bon-Conseil, XIIIe s.). Les activités de la ville sont surtout tournées vers le tourisme. Principales industries : électromécanique, chimique ; poteries, soieries.
Population 100 000
Carte Italie Ca

Trentin-Haut-Adige, en it. **Trentino-Alto-Adige,** ***Italie*** Région montagneuse des Alpes au N. de Vérone (13 613 km^2), ancien territoire autrichien incorporé à l'Italie en 1919. De nombreux habitants du N. de la région, le Haut-Adige, (ancien Sud-Tyrol), parlent allemand.

En 1992, enfin, Italie et Autriche ont mis fin à leur différend sur cette région. Les germanophones bénéficieront d'une autonomie plus grande sous la protection autrichienne.

Le plus haut sommet, l'Ortles, à proximité de la frontière helvétique, culmine à 3 905 m. Le centre du Trentin-Haut-Adige est traversé par

LES GRANDS TREMBLEMENTS DE TERRE DU XXe SIÈCLE

On compte environ un million de tremblements de terre chaque année. Leur magnitude est mesurée sur l'échelle de Richter, inventée en 1935 par le sismologue californien Charles Richter. L'échelle est logarithmique, aussi l'augmentation d'un point signifie que la force du tremblement de terre est dix fois supérieure au nombre précédent. Un tremblement de terre de magnitude 8 est donc 10 fois plus puissant que celui de puissance 7, et 100 fois plus que celui de puissance 6.

Lieu	Magnitude	Nombre de morts	Date
CHINE	8.6	180 000	1920
JAPON	8.6	48	1968
ALASKA	8.5	178	1964
CHILI	8.5	4 000-5 000	1962
CHINE	8.3	200 000	1927
JAPON	8.3	99 000	1923
ÉTATS-UNIS (SAN FRANCISCO)	8.3	700	1906
MEXIQUE	8.1	12 000	1985
CHINE	8.0	655 000	1976
IRAN	8.0	189	1977
ÉQUATEUR	7.9	600	1979
NOUVELLE-ZÉLANDE	7.9	255	1931
CHINE	7.8	240 000	1976
ALGÉRIE	7.7	3 500	1980
IRAN	7.7	15 000	1978
PÉROU	7.7	50 000-70 000	1970
ÉTATS-UNIS (CALIFORNIE)	7.7	11	1952
ITALIE	7.5	83 000	1908
PAKISTAN	7.5	20 000-60 000	1935
IRAN	7.4	12 000	1968
ITALIE	7.2	3 000	1980
ÉTATS-UNIS (CALIFORNIE)	7.1	64	1989
YOUGOSLAVIE	6.0	1 000	1963
IRAN	7.4	40 000	1990

les rivières Adige et Isarco, qui arrosent les villes de Trente, la capitale, et de Bolzano, ainsi que par la voie ferrée et l'autoroute qui mènent en Autriche par le col du Brenner.

L'hydroélectricité est la ressource principale de la région qui est aussi le premier producteur de bois et de pommes. En 1985, la rupture d'un barrage proche d'une mine de fluorine, à Stava, à côté de Tesero, provoqua un torrent d'eau et de boue qui fit plus de 200 victimes.

Population 935 000

Carte Italie Ca

Trenton, ***États-Unis*** Capitale de l'État du New Jersey, fondée à la fin du XVIIe s. Elle est située à la limite de navigabilité de la rivière Delaware, à 40 km au N.-E. de Philadelphie. Industries : acier, textiles, automobile, caoutchouc, produits pharmaceutiques, porcelaine.

Population (ville) 88 700 ; (aggl.) 325 900

Carte États-Unis Lb

Trèves, en all. **Trier,** ***Allemagne*** Ville sur la Moselle, à 10 km de la frontière luxembourgeoise. C'est l'une des plus anciennes villes d'Allemagne. Conquise par Jules César, elle fut cité romaine vers 15 av. J.-C., puis servit de résidence d'été aux empereurs. Il en reste des thermes, une basilique et l'amphithéâtre de Trajan, et surtout la célèbre Porta Nigra, vestige de l'enceinte romaine. Du Moyen Âge, elle a conservé en particulier la cathédrale et plusieurs églises autour de la place du marché (*Hauptmarkt*). Patrie de Karl Marx (1818-1883).

Population 97 800

Carte Allemagne Bd

Trévise, en it. **Treviso,** ***Italie*** Vieille cité fortifiée sur la rivière Sile, à 25 km au N. de Venise : cathédrale (XIe s.) et palais (XIIIe s.). Activités : textiles, céramique et fabrication de lampes.

Population 85 800

Carte Italie Db

Triangle d'Or, ***Asie du Sud-Est*** Nom donné à la région montagneuse à la jonction de la Thaïlande, du Laos et de la Birmanie. Peuplée surtout de montagnards qui y cultivent le pavot, c'est l'une des sources mondiales de l'opium et de la morphine raffinée, dont le commerce est contrôlé par les seigneurs de la guerre chinois et de la tribu des Chans qui entretiennent des armées privées afin de protéger leurs intérêts.

Carte Birmanie Cb

trias La plus ancienne des trois périodes de l'ère secondaire, ou mésozoïque. Voir ÉCHELLE DES TEMPS GÉOLOGIQUES, p. 268.

Trichinopoly, ***Inde*** Voir TIRUCHCHIRAPPALLI

Trier, ***Allemagne*** Voir TRÈVES

Trieste, ***Italie*** Ville et port, au fond de l'Adriatique, à la frontière slovène. De la cité romaine Tergeste, il subsiste un théâtre et un arc de triomphe. La cathédrale de San Giusto et le château adjacent datent du Moyen Âge. Occupé par les Yougoslaves en 1945, le territoire de Trieste fut placé sous la protection de l'O.N.U. et divisé en deux zones, l'une sous administration militaire anglo-américaine, et l'autre sous contrôle yougoslave. En 1954, les Anglo-Américains restituèrent leur zone (Trieste-ville) aux Italiens. La ville sert de centre commercial aux Slovènes et l'activité du port est tournée principalement vers l'Autriche et l'Europe de l'Est. Principales industries : sidérurgie, métallurgie, raffinerie de pétrole et tourisme.

Population 251 400

Carte Italie Db

Triglav, ***Slovénie*** Voir ALPES JULIENNES

Trim, ***Irlande*** Village sur la rivière Boyne à 40 km au N.-O. de Dublin, où se trouve le plus grand château anglo-normand d'Irlande, une forteresse du XIIIe s. qui s'étend sur 1,2 ha, bâtie à l'emplacement d'un ancien château habité par le roi Jean sans Terre. Le Parlement y avait son siège au XVe s.

Population 2 340

Carte Irlande Cb

Trincomalee, ***Sri Lanka*** Port du N.-O. de l'île, à 230 km de Colombo, dont le fort, bâti sur une péninsule par les Portugais au XVIIe s., garde la baie du même nom. Base navale britannique jusqu'en 1957. Plus au N. se trouve l'une des plus belles plages de l'île (30 km de long), et la station balnéaire de Nilaveli. Depuis 1988, la ville a beaucoup souffert du conflit opposant Tamouls et Cinghalais.

Population 44 900

Carte Sri Lanka Ba

Trinité et Tobago, Voir p. 676

Tripoli, ***Liban*** Port et seconde ville du pays, à 72 km au N.-E. de Beyrouth. Fondée par les Phéniciens, vers 700 av. J.-C., elle était une fédération de trois cités, Sidon, Tyr et Arvad (*tripolis*, en grec, signifie « trois cités »). Conquise en 1109 par les croisés, elle devint le siège d'un éphémère comté latin. Malgré de nombreuses destructions, elle conserve quelques monuments anciens : château des Croisés (XIIe s.), Grande Mosquée (XIIIe s.), mosquée Teinal et celle de l'émir Wartawi (XIVe s.). Tripoli est le terminal pétrolier de l'Irak. Principales industries : textiles, cimenteries, savonneries. Exportation d'agrumes et de tabac ; traitement de la soie.

Population 175 000

Carte Liban Aa

PERDUS DANS L'ATLANTIQUE SUD. **Ces fermiers de Tristan da Cunha, devant leur modeste ferme, sont les lointains descendants des colons anglais venus de l'île de Sainte-Hélène au XIXe s.**

Tripoli (Tarabulus), ***Libye*** Capitale et principale ville du pays, sur la côte N.-O., à 200 km de la frontière tunisienne. Fondée par les Phéniciens, elle devint, sous le nom d'Oea, l'une des trois villes importantes, avec Leptis Magna et Sabratha, de la province romaine de Tripolitaine. Il subsiste quelques vestiges de son passé : arc de Marc-Aurèle dans la vieille ville de style mauresque aux ruelles animées (souks, artisanat), château espagnol (XVIe s.) près du port (abritant un musée archéologique et ethnographique), nombreuses mosquées richement décorées, jardins du XVIIIe s.

La ville moderne, où se fait sentir l'influence italienne, présente un beau front de mer et de larges avenues bordées d'eucalyptus. Bombardée pendant la Seconde Guerre mondiale, Tripoli s'est largement étendue depuis la révolution de 1969. Port important, aéroport international. Activités : pêcheries et industries de transformation du poisson, tabac, textiles, briqueteries, sel et tanneries.

Population 591 500

Carte Libye Ba

Tripolitaine, ***Libye*** La plus petite des trois régions historiques formant le pays, mais aussi la plus productive et la plus peuplée (75 % de la population totale). Au IIe s., elle fournissait déjà un tiers des importations céréalières de Rome. L'agriculture y est fortement développée (arachides, ricin, tabac, fruits et légumes). La plaine côtière, de 10 km de large, est la plus fertile de la région.

Carte Libye Ba

Tristan da Cunha, ***océan Atlantique Sud*** Groupe de quatre îles à mi-chemin entre l'Afrique du Sud et l'Amérique du Sud. La seule île habitée (98 km^{2}), qui donne son nom au groupe, est constituée par un volcan (2 060 m) dont la dernière éruption date de 1961. La population

Trinité et Tobago

FASCINANTE ET COLORÉE, LA TRINITÉ EST LE PAYS DU CARNAVAL, DE LA DANSE ET DU CRICKET

Pays du calypso, du carnaval, des orchestres traditionnels, l'île tropicale de la Trinité et sa voisine Tobago sont situées au large du delta de l'Orénoque, au N.-E. du Venezuela. Les deux îles, distantes de 31 km, possèdent des plages désertes bordées de palmiers, des baies protégées par des récifs de corail ; elles formaient par leur superficie le troisième pays du Commonwealth dans le monde antillais, après les Bahamas et la Jamaïque.

Christophe Colomb les découvrit en 1498 et en prit possession pour l'Espagne. Des Espagnols les colonisèrent à partir de 1532. La Trinité resta espagnole jusqu'à ce que les Britanniques s'en emparent en 1797. Tobago changea plusieurs fois de mains et fut cédée finalement par la France à la Grande-Bretagne en 1814. Les deux îles furent regroupées en une seule unité administrative en 1889. Elles obtinrent leur indépendance en 1962 et devinrent une république en 1976.

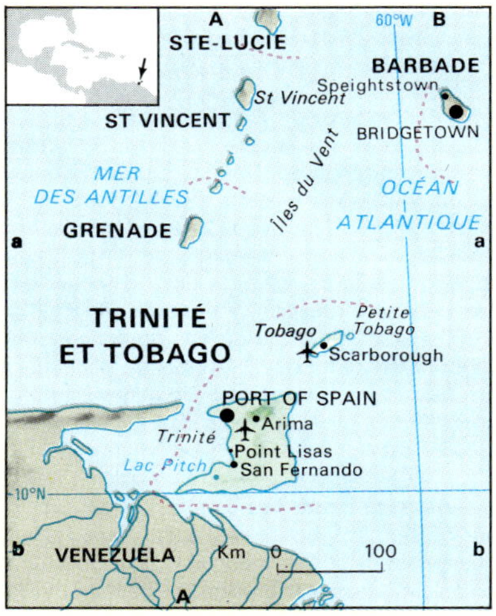

La population, largement anglophone et passionnée par le cricket, offre un mélange racial et religieux complexe. 43 % des habitants descendent des esclaves noirs ; 40 % sont d'origine asiatique, le reste est d'origine européenne ou métis. Les Asiatiques, hindous ou musulmans, vinrent de l'Inde pour travailler sous contrat dans les plantations de canne après l'abolition de l'esclavage.

Ces deux îles sont les plus méridionales des Petites Antilles. La Trinité est traversée d'O. en E. par trois chaînes de montagnes. Celle du Nord, qui prolonge la chaîne côtière du Venezuela, culmine à 940 m au mont Aripo ; les deux autres, au Centre et au Sud, sont beaucoup moins élevées et séparées par des plaines et des collines.

Les îles ont un climat tropical. La température varie peu ; la saison humide s'étend de juin à décembre. La Trinité possède de vastes forêts dont quelques-unes sont devenues des réserves naturelles ou des parcs nationaux.

Grâce au pétrole, les habitants jouissent d'un niveau de vie sans égal dans les autres pays antillais du Commonwealth. La Trinité est un des plus anciens producteurs de pétrole du monde. Le premier puits y a été foré en 1867, huit ans seulement après le plus ancien puits des États-Unis, en Pennsylvanie. La production des gisements du Sud-Est et du Sud-Ouest commença véritablement en 1909 ; un gisement au large de la côte sud-ouest a été mis en exploitation à partir de 1950 et un autre, de gaz et de pétrole, au large de la côte sud-est, vers 1970.

La production n'est pas très élevée à l'échelle mondiale, mais le pétrole fournit 90 % des exportations et la plus grande partie du produit national.

Il y a deux grandes raffineries ; l'État encourage le développement des industries qui utilisent les hydrocarbures nationaux ou importés. Dans la nouvelle zone industrielle de Point Lisas s'élèvent des usines d'engrais, de produits chimiques, de sidérurgie et une centrale thermique au gaz.

Près de La Brea, au S. de la Trinité, se trouve l'étonnant lac de Poix, le principal gisement mondial d'asphalte naturel. Le pétrole brut issu d'un réservoir souterrain, suintant à travers les roches poreuses sous-jacentes, a formé le lac dont la profondeur atteint 87 m au centre et environ 1 500 m à la circonférence.

L'agriculture a perdu l'importance qu'elle occupait jadis dans l'économie des îles. 10 % des importations de la Trinité sont désormais constituées de denrées alimentaires. La canne à sucre reste la principale plante cultivée ; on la produit surtout dans les grands domaines situés à l'ouest de l'île. La deuxième culture est celle du cacaoyer, pratiquée dans de petites exploitations.

Tobago vit presque uniquement du tourisme. Les visiteurs sont attirés par son atmosphère amicale, décontractée, le paysage accidenté, les belles plages de sable. La ville principale est Scarborough, qui se compose surtout d'hôtels et de pensions de famille. Les terres agricoles de Tobago ont été en grande partie abandonnées, car les paysans sont attirés par les emplois du tourisme et du pétrole ; aussi la production de cacao et de noix de coco a-t-elle beaucoup décliné.

LA TRINITÉ ET TOBAGO EN BREF
Superficie 5 128 km²
Population 1 261 000
Capitale Port of Spain
Régime République parlementaire
Monnaie Dollar de la Trinité et Tobago = 100 cents
Langues Anglais, hindi, français, espagnol
Religions Catholiques 35 %, anglicans 15 %, hindous 25 %, musulmans 6 %
Climat Tropical ; les températures moyennes au bord de la côte varient toute l'année de 24 à 26 °C
Ressources Sucre, cacao, café, riz, agrumes, bananes ; pétrole et gaz naturel
Activités Production et raffinage des hydrocarbures, engrais, sidérurgie, agriculture, industries alimentaires, ciment, peintures, plastiques ; tourisme
Exportations Pétrole brut, produits pétroliers raffinés, produits chimiques, sucre, cacao, café, fruits
P.N.B. annuel par habitant 3 620 dollars
Croissance démographique 11,5 ‰ par an
Espérance de vie Hommes 70 ans, femmes 74

(évacuée vers l'Angleterre en 1961, puis réinstallée en 1963) pratique la culture des pommes de terre, l'élevage (ovins et porcins) et la pêche. Elle est rattachée administrativement à Sainte-Hélène, possession britannique.

Population 300

Carte Atlantique (océan) Ef

Trivandrum, ***Inde*** Port et capitale de l'État de Kerala, sur la côte occidentale, à 90 km au N.-O. de la pointe S. du pays. Son fort date du XVIIIe s. La ville, dotée de plusieurs musées et d'une université, est installée à proximité de belles plages. Centre artisanal très ancien (sculpture sur bois et ivoire). Industries : sucre, caoutchouc, produits chimiques.

Population 520 100

Carte Inde Be

Trnava, ***Slovaquie*** Ville industrielle et commerciale de Slovaquie-Occidentale, sur la rivière homonyme, à 44 km au N.-E. de Bratislava : églises gothiques et baroques, université fondée en 1635. Non loin, à Jaslovske Bohunice, a été construite la première centrale nucléaire du pays (1972). Principales industries : appareils ménagers, matériel informatique, produits alimentaires.

Population 67 700

Carte Slovaquie Cb

Trogir, ***Croatie*** Charmante bourgade de Dalmatie, sur une petite île, à 20 km à l'O. de Split, reliée au continent par un pont. A l'une des extrémités de l'île se dressent un campanile vénitien et une cathédrale romano-gothique, au beau portail sculpté. Maisons peintes à la chaux, églises, monastères et palais s'alignent jusqu'au Kastel-Kamerlengo, forteresse en ruine du XVe s., bâtie à l'autre bout de l'île. L'itinéraire entre Trogir et Split, jalonné par les ruines de sept châteaux médiévaux, est appelé Riviera des Sept Châteaux ou Riviera Kastela.

Population 6 200

Carte Croatie Ac

Troie, en gr. **Ilion,** ***Turquie*** Site archéologique au S. des Dardanelles, sur la colline d'Hissarlik à 270 km au S.-O. d'Istanbul, découvert à la fin du XIXe s. par l'Allemand Schliemann, qui a cru y retrouver la cité homérique. Les fouilles ont mis au jour neuf niveaux de fondations, les plus anciennes remontant à l'âge de bronze (3000 av. J.-C.) Les vestiges les plus importants sont la maison des Piliers, les tours et les remparts. L'histoire de la légendaire guerre de Troie, peut-être fondée sur une guerre réelle du XIIe s. av. J.-C., est racontée dans l'*Iliade*, le célèbre poème épique d'Homère.

Carte Turquie Ab

Trois-Pagodes (col des), ***Birmanie/Thaïlande*** Col reliant le S. de l'État karen (Birmanie) et la

Thaïlande, de sinistre mémoire pour les prisonniers alliés qui, lors de la Seconde Guerre mondiale, y aménagèrent pour le compte des Japonais une voie de chemin de fer qu'ils appelèrent « la voie ferrée de la mort' ».
Carte Birmanie Cc

Trois-Rivières, ***Canada*** Ville industrielle du Québec, sur la rive N. du Saint-Laurent. Fondée en 1634, elle est le siège d'un évêché et d'une université et devint, en 1730, celui des premières forges du Canada. Ses abondantes ressources hydroélectriques ont entraîné l'essor de l'industrie du papier, des textiles et de la métallurgie.
Population 129 000
Carte Canada Hd

Trójmiasto, ***Pologne*** Voir GDANSK

Tromelin (île), ***océan Indien*** Ancienne île aux Sables, où débarqua, en 1776, le chevalier français Tromelin. Cette île française de 1 km^2, à l'E. de Madagascar, est revendiquée par l'île Maurice. Station météorologique, phare. Exportation de tortues vers la Réunion dont elle dépend.
Carte Indien (océan) Bc

Tromsø, ***Norvège*** Ville principale du nord du pays, sur une petite île du fjord homonyme, située à 340 km au N. du cercle arctique. Elle possède la cathédrale et l'université (1968) les plus septentrionales du monde. Son musée abrite un centre de recherches sur les Lapons. C'est le principal centre de pêcheries du pays, spécialisé dans le hareng, et le port du ravitaillement des expéditions et des stations arctiques.
Population 47 300
Carte Norvège Ea

Trondheim, ***Norvège*** Ancienne capitale du pays au Moyen Âge, Trondheim est un port du centre de la Norvège, situé sur la rive S. du fjord homonyme. La ville, fondée en 997, fut baptisée Nidaros. La cathédrale (XIIe s.), construite sur la tombe du roi Olav II, est aujourd'hui un sanctuaire. Olav II gouverna le pays de 1015 à 1028 et mourut à la bataille de Stiklestad en 1030, en combattant pour regagner son trône. Canonisé pour avoir lutté pour convertir son peuple à la religion chrétienne, il est le saint patron de la Norvège. Jusqu'en 1906, les rois de Norvège étaient sacrés dans la cathédrale, considérablement restaurée aux XIXe et XXe s. Les fortifications de la ville datent du XVIIe s. Trondheim abrite également le Stiftsgarden, le plus grand bâtiment en bois du pays (1 150 m^2), édifié en 1774 et utilisé comme résidence royale. Centre commercial et naval, industries de transformation du bois, usines d'équipement électrique et de confection.
Population 134 700
Carte Norvège Cc

Troödos, ***Chypre*** Massif de 60 km de long au S. de l'île, culminant au mont Troödos, aussi appelé mont Olympe (1 951 m), du nom de la légendaire montagne grecque. Site d'un radar de préalerte. Mines de cuivre, de chrome et d'asbeste. Nombreux monastères byzantins. Stations touristiques (ski).
Carte Chypre Ab

tropiques Chacun des deux parallèles situés à 23° 27' de latitude, marquant la limite de la zone dans laquelle il arrive que le Soleil passe au zénith au cours de l'année. Le tropique du Cancer (hémisphère Nord) est atteint le 21 juin ; le tropique du Capricorne (hémisphère Sud), le 21 décembre. Ce sont les solstices.

tropopause Limite entre la troposphère et la stratosphère de l'atmosphère terrestre. La tropopause est visible d'avion en haute altitude. Particulièrement au-dessus de l'océan, où elle apparaît comme une couche brumeuse parsemée de cirrus.

troposphère Voir LES DIFFÉRENTES COUCHES DE L'ATMOSPHÈRE, p. 70

trou souffleur Cheminée verticale qui part du plafond d'une grotte marine et débouche au sommet de la falaise. Les marées, en pénétrant dans la grotte, compriment l'air alors expulsé par la cheminée et parfois accompagné de jets d'eau.

Troyes, ***France*** Chef-lieu du département de l'Aube, sur la Seine, à 158 km au S.-E. de Paris. Siège de deux des six foires de Champagne (XIIe-XIVe s.). Troyes a conservé une très belle cathédrale gothique Saint-Pierre-et-Saint-Paul (XII-XVe s.), des églises des XIIe, XIVe, XVe et XVIe s., et des rues médiévales. Industrie textile (bonneterie). À l'E. de la ville, le parc régional de la Forêt-d'Orient (60 000 ha), créé en 1970, comprend, outre la forêt (15 000 ha), le lac de la Forêt-d'Orient, ou réservoir Seine (2 300 ha, pour une retenue de 200 millions de mètres cubes), qui est destiné à régulariser les crues de la Seine.
Population (ville) 60 600 ; (aggl.) 123 000
Carte France Fb

Trujillo, ***Pérou*** Chef-lieu du département de la Libertad. Centre touristique (à proximité des ruines de Chuchán) et universitaire, fondé en 1534 par les Espagnols. Trujillo fut élevée au rang de cité en 1535 par Francisco Pizarro qui lui donna le nom de sa ville natale. Cathédrale du XVIIe s., reconstruite deux fois après des tremblements de terre ; églises baroques.
Population (aggl.) 354 500
Carte Pérou Ba

Truk (îles), auj. **Chuuk,** ***États fédérés de Micronésie*** État le plus peuplé de la fédération (plus de 50 % de la population totale sur 127,2 km^2). Importante base navale japonaise pendant la Seconde Guerre mondiale, cet atoll fut lourdement bombardé en 1944, et son lagon recèle de nombreuses épaves de navires japonais. La capitale de l'État, Moen, est aussi la première ville de la fédération avec 10 500 habitants.
Population 53 700
Carte Pacifique (océan) Cb

Trung Bo, ***Viêt-nam*** Voir ANNAM

Trust Territory of the Pacific Islands, ***océan Pacifique*** Ensemble de territoires (en français « sous tutelle ») de Micronésie comprenant les îles Marshall, Carolines et Mariannes (sans Guam). Colonie allemande jusqu'en 1918, ils furent confiés au Japon sous mandat de la Société des Nations en 1922 et administrés, après la Seconde Guerre mondiale (à partir de 1947), par les États-Unis sous contrôle de l'O.N.U. Toute modification de statut devait obtenir l'aval de l'O.N.U.

Au milieu des années 1980, les États-Unis signèrent avec ces différents territoires des accords d'autonomie et de libre association, approuvés ensuite par les Nations Unies, et leur permettant de maintenir sur place un dispositif de défense exclusif. C'est ainsi que les Mariannes du Nord sont aujourd'hui un État associé autonome, que les îles Marshall sont devenues indépendantes en 1986 de même que les États fédérés de Micronésie (issus des îles Carolines), et que Belau (ex-Palau ou Palaos des Carolines) l'est enfin devenu en octobre 1994 après avoir connu une semi-autonomie depuis 1986. Avec lui disparaissait le dernier territoire sous tutelle.

Tsaratanana (massif du), ***Madagascar*** Haut plateau du Nord portant le point culminant de l'île, le Maromokotro (2 876 m).
Carte Madagascar Aa

Tsavo (Parc national), ***Kenya*** Réserve naturelle de 21 000 km^2 de savane épineuse traversée par la route et la voie ferrée Mombasa-Nairobi. Les luxueux hôtels (*lodges*) implantés près de points d'eau, comme à Mzima Springs, permettent d'observer de près les lions et autres animaux de la réserve (éléphants, rhinocéros, hippopotames, antilopes, girafes, zèbres, panthères, crocodiles et 500 espèces d'oiseaux).
Carte Kenya Cb

Tselinograd, ***Kazakhstan*** Voir AKMOLA

Tseu-po, ***Chine*** Voir ZIBO

Tshikapa, ***Zaïre*** Ville sur le Kasaï, à 580 km au S.-E. de Kinshasa. Grand centre d'exploitation du diamant (découvert en 1907).
Population 106 000
Carte Zaïre Bb

Tshopo (chutes de la), ***Zaïre*** Deux chutes spectaculaires sur la Tshopo, affluent du Zaïre, au N.-E. de Kisangani, à proximité de la ville. Lieu touristique.

Tshungu, anc. **Stanley (chutes),** ***Zaïre*** Rapides en amont du port fluvial du Kisangani, à l'endroit où le Lualaba prend le nom de Zaïre (anc. Congo). L'une des chutes descend de 61 m, sur une distance de 90 km. Découvertes en 1877 par l'explorateur britannique Henry Morton Stanley. Un chemin de fer relie aujourd'hui Kisangani à Ubundu, en amont des chutes.
Carte Zaïre Ba

Tsien Tang Kiang, ***Chine*** Voir FUCHUN JIANG

Tsinan, ***Chine*** Voir JINAN

Tsitsihar, ***Chine*** Voir QIQIHAR

Tsuen Wan, ***Hong Kong*** La plus peuplée des huit villes nouvelles des Nouveaux Territoires, au N.-O. de Kowloon. Fondée en 1963, elle est reliée à Kowloon et Victoria par métro souterrain. Son terminal pour containers de Kwai Chung est l'un des plus grands du monde.
Population 515 000
Carte Hong Kong Ca

Tsukuba, ***Japon*** « Cité des sciences » à 60 km au N.-E. de Tokyo, fondée en 1963 et conçue pour abriter les instituts de recherche et d'enseignement venus de Tokyo. Site de l'Expo 85. Sanctuaire shintoïste.
Population 143 000
Carte Japon Dc

tsunami Gigantesque vague océanique, appelée aussi raz de marée, produite par une éruption

Tunisie

PAYS MODERNISTE, LA TUNISIE DOIT FAIRE FACE AUX PARTISANS D'UN RETOUR À L'ISLAM TRADITIONNEL

La Tunisie est indépendante depuis 1956. Pourtant, il y a deux millénaires que ce pays existe. Placée au centre de la côte méridionale de la Méditerranée, au point de passage obligatoire des conquérants et des navigateurs, elle concentre toutes les influences, tous les intérêts, toutes les envies. Depuis quatre décennies, la Tunisie a ouvert ses portes aux idées modernes ; mais elle doit faire face à l'essor démographique et à l'impatience d'une population tentée par un retour aux valeurs fondamentales de l'islam.

UNE GRANDE DIVERSITÉ DE PAYSAGES

Le nord de la Tunisie est formé d'un ensemble de plaines, de collines et de vallées ; il est traversé dans le sens N.-E.-S.-O. par les contreforts de la partie orientale de l'Atlas. Les montagnes sont couvertes de forêts de chênes verts et de chênes-lièges. La péninsule du cap Bon, à l'E. de Tunis, est une riche région agricole ; l'atmosphère y est parfumée par les orangers, les citronniers, les mimosas, et le jasmin, vendu aux passants dans les rues.

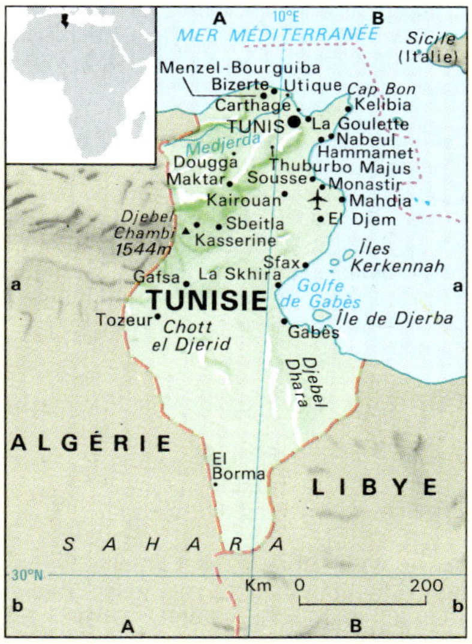

À l'époque romaine, et jusqu'aux dévastations des Beni Hillal, au Moyen Âge, on disait qu'il était possible de faire le voyage de Tunis à Tripoli à l'ombre des vergers ; cette heureuse époque n'est plus qu'un souvenir, mais les champs d'oliviers sont encore nombreux de part et d'autre de la route qui longe la côte en direction du Sud, surtout aux environs de Sfax (l'huile d'olive entre pour 15 % dans les exportations, soit la moitié des revenus pétroliers). Près des côtes, où s'est développée l'infrastructure touristique, se trouve l'archipel des Kerkennah, en face de Sfax, et l'île de Djerba dans le golfe de Gabès, au S.

À partir de Sfax, on pressent déjà le Sahara, et de petits massifs montagneux séparent la plaine côtière de l'intérieur. C'est alors qu'apparaissent les *chotts*, des dépressions salées parfois proches du niveau de la mer ; ces vastes surfaces à la planéité parfaite étincellent de blancheur en plein été, mais se transforment rapidement en un lac de boue à la moindre pluie. À l'E. du chott el-Djérid, les oasis de Tozeur et de Nefta attirent de nombreux touristes. L'oasis la plus importante est celle de Gabès, où les nombreux palmiers abritent de petits jardins cultivés par une population à la peau sombre, descendant des anciens esclaves razziés au S. du Sahara.

Dans l'extrême Sud, près de la frontière algérienne, se trouvent les gisements pétroliers ; il y a aussi du pétrole et du gaz dans le golfe de Gabès, mais la délimitation du plateau continental fait l'objet de frictions avec la Libye. Gafsa est riche en phosphates.

LA RÉSISTANCE BERBÈRE

La préhistoire de la Tunisie est caractérisée par le capsien — une industrie de la pierre taillée découverte près de Gafsa —, comprenant de petites pièces finement retouchées, mélangées le plus souvent à des amas de cendres (IXe millénaire av. J.-C.). Les premiers habitants connus sont les Berbères, qui ont toujours combattu les envahisseurs.

Les marchands phéniciens, venus de Tyr et de Sidon, sur les côtes libanaises, fréquentaient les rivages tunisiens depuis longtemps quand ils fondèrent Carthage, la rivale de Rome, vers 814 av. J.-C. Après les guerres puniques, qui virent le général carthaginois Hannibal traverser les Alpes avec ses éléphants pour menacer la puissance romaine, Rome s'installa à son tour, et fit de la Tunisie un joyau de son empire. Au IIIe s., la christianisation toucha aussi cette région (saint Augustin en fut la figure la plus marquante). Les Vandales dévastèrent le pays, mais furent battus au VIe s. par les Byzantins, qui ne purent s'implanter.

Le pays tomba comme un fruit mûr à l'arrivée des troupes arabes d'Okba ibn Nafi (670)

qui fonda Kairouan, noyau de la future province arabe d'Ifriqiya (d'Afrique). La conquête arabe mettra de longues années à venir à bout de la résistance berbère dont l'une des reines, la Kahina, est considérée comme une héroïne nationale ; une autre forme de résistance se manifestera à travers le kharidjisme (ibadisme, en Afrique du Nord), mouvement politico-religieux puritain se situant entre les chi'ites et les sunnites et revendiquant pour tout homme intègre, « même un esclave noir », la possibilité de devenir chef des croyants (les habitants de l'île de Djerba sont ibadites).

Éloignée des grands centres politiques de l'Islam (Damas, Bagdad, Le Caire), la Tunisie mena souvent une politique indépendante.

volcanique, un séisme sous-marin ou un glissement ; le mot « tsunami » signifie en japonais « vague débordante ». La vague augmente de taille en approchant des côtes et peut dépasser 20 m ; elle peut pénétrer dans les terres en causant de grands dommages. Le plus grand tsunami, enregistré en 1971 au large de l'île Ishigaki dans les Ryu-Kyu, au S. du Japon, atteignait 85 m de haut.

Le raz de marée dont la vague de 37 m de haut toucha les côtes de Java et de Sumatra, après l'éruption du Krakatoa en 1883, fit 36 000 victimes.

Tsuruoka, ***Japon*** Vieille ville de l'île de Honshu à 340 km au N.-O. de Tokyo. Le Chidokan, ancienne école pour les enfants des samouraïs, est aujourd'hui monument historique national. Industries textile et alimentaire.

Population 100 200

Carte Japon Cc

Tsushima, ***Japon*** Archipel de 709 km^2 composé de cinq îles et situé dans le détroit du même nom, entre l'île de Kyushu et la Corée du Sud. Ville principale : Izuhara. La bataille navale de Tsushima (1905), où l'amiral japonais Togo détruisit la flotte russe, éleva le Japon au rang de puissance mondiale.

Population 48 900

Carte Japon Ad

Tuamotu ou **Touamotou (îles),** ***Polynésie française*** Archipel de 76 îles et atolls bas alignés sur 1 500 km à l'E. et au N.-E. de Tahiti. Pêche, huîtres perlières, nacre (à Hao et Hikueru), noix de coco, coprah. Mururoa et Fangataufa étaient utilisés pour les essais nucléaires français jusqu'au moratoire de 1992. Rangiroa et Fakareva sont les plus grands atolls. L'archipel fut placé

UNE ROME AFRICAINE. La tranquille bourgade d'El-Djem a succédé à l'une des plus riches cités romaines d'Afrique du Nord. Son amphithéâtre, le troisième par sa taille après ceux de Rome et de Capoue, domine une plaine désertique.

C'est pour la punir que les califes fatimides du Caire détournèrent sur le pays les tribus arabes nomades des Beni Hillal qui dévastèrent la région et imposèrent définitivement l'islam (XIe s.). Sous la dynastie indépendante des Hafsides (XIIIe-XVIe s.), l'Ifriqiya prit le nom de Tunisie ; c'est sous leur règne que le célèbre philosophe tunisien Ibn Khaldoun écrivit l'*Histoire des Berbères* (XIVe s.).

LA TURQUIE PUIS LA FRANCE

Après un court intermède au cours duquel le sultan de Tunis fit appel à Charles Quint, pour lutter contre le corsaire Barberousse, la Tunisie tomba sous l'influence des Turcs ottomans (1574), mais les beys bénéficièrent toujours d'une relative autonomie ; Tunis devint, comme Alger et Tripoli, un centre de la guerre de course contre les bateaux chrétiens. Au milieu du siècle dernier, Ahmed Bey s'appuya sur les puissances européennes pour s'éloigner de la Turquie, et prit des mesures modernistes (émancipation des juifs, autorisation des écoles chrétiennes, abolition de l'esclavage). La Tunisie devint bientôt un enjeu entre la France, la Grande-Bretagne et l'Italie. La France imposa le traité du Bardo au bey de Tunis (1881), puis intervint de plus en plus dans l'administration du pays. Dès le début, la réaction fut très vive (soulèvement des tribus du Sud) et devint plus politique avec la création du Destour en 1920.

En 1942, le leader nationaliste Habib Bourguiba, emprisonné par les Français, est libéré par les Allemands qui occupent le pays, mais il refuse de cautionner la politique allemande ; par contre, le bey sera plus tard accusé de collaboration et déposé. Les revendications se manifestèrent dans le domaine syndical, tandis qu'au début des années 1950, des opérations de guérilla ensanglantèrent les villes et les campagnes. Après le discours de Carthage (1954), prononcé par Pierre Mendès France, chef du gouvernement français, la Tunisie accéda à l'autonomie interne, prélude à l'indépendance ; emprisonné à plusieurs reprises, Habib Bourguiba (le Combattant suprême) entra triomphalement à Tunis. Il devint président de la République en 1957. Il entreprit de moderniser la société (abolition de la polygamie et du droit coranique, droit de vote des femmes) ; ses orientations furent nettement socialisantes ; mais il se sépara de son ministre de l'économie Ben Salah en 1969, et sa politique prit un tournant plus libéral.

Depuis 1974, la Tunisie est soumise à une forte pression de la Libye pour former une république unitaire, et une tentative de coup de force a eu lieu contre la ville de Gafsa. En 1987, Habib Bourguiba est destitué pour « incapacité » par son Premier ministre, le général Ben Ali, qui lui succède à la présidence. Des islamistes qui, influencés par la révolution iranienne, militent pour un retour à l'islam traditionnel (voile, droit coranique) sont lourdement condamnés ou réduits à la clandestinité comme le mouvement « Ennahda ». Favorisé par une indéniable réussite économique, le président Ben Ali est réélu en 1994.

La variété des ressources ferait de la Tunisie un pays relativement prospère s'il n'y avait une forte démographie, un chômage atteignant 20 % et un trop grand écart de revenus entre les riches et les pauvres. La couverture sanitaire est bonne et le système d'éducation, qui mène un grand nombre d'étudiants et d'étudiantes sur les bancs de l'université, est l'un des plus développés d'Afrique.

L'industrie est en expansion et dispose de matières premières importantes : minerais de fer, de plomb, de zinc, gisements de phosphates ; réserves de gaz naturel dans le golfe de Gabès, extraction de pétrole brut. Des bas salaires et une législation favorable encouragent les investissements étrangers. Les produits de l'agriculture (olives, blé, orge, amandes, agrumes, dattes, légumes, vignes) fournissent la matière première nécessaire aux industries alimentaires.

Le tourisme favorise le maintien de la tradition artisanale (tapis et couvertures, objets en céramique) dont la production est vendue dans les souks, marchés traditionnels des médinas aux étroites ruelles.

Les conquérants ont laissé des vestiges historiques imposants et remarquables : les Carthaginois à Carthage ; les Romains à Dougga, Sbeitla, El-Djem ; les musulmans ont construit des ribats (places fortes) à Monastir, Sousse, des mosquées à Kairouan, Tunis (la Zitouna), Mahdia, Sfax ; l'île de Djerba est connue pour ses petites mosquées blanches, et sa synagogue — la Griba — est la plus ancienne d'Afrique du Nord ; à Médenine, on peut voir d'anciens greniers berbères fortifiés contre les raids des nomades et, dans les environs, les habitations troglodytiques des Matmatas, creusées dans la terre rouge ; à Gabès, Tozeur et Nefta, le voyageur aura un aperçu du mode de vie dans les oasis.

LA TUNISIE EN BREF

Superficie 154 530 km^2
Population 8 530 000
Capitale Tunis
Régime République parlementaire
Monnaie Dinar = 1 000 millimes
Langues Arabe (officielle), français, italien
Religions Musulmans (99 %), juifs, chrétiens
Climat Tempéré sur la côte, très sec et chaud à l'intérieur. Température moyenne à Tunis : de 6-14 °C en janvier à 21-33 °C en août
Ressources Blé, orge, olives, tomates, dattes, bois, agrumes, bétail, poisson, vin ; pétrole brut et gaz naturel, phosphates, sel, fer, cuir
Activités Mines, tourisme, industries alimentaires, pétrole raffiné, industries textiles, affinage des phosphates, cimenteries, aciérie
Exportations Pétrole brut et raffiné, phosphates, engrais, textiles, produits chimiques, produits alimentaires
P.N.B. annuel par habitant 1 450 dollars
Croissance démographique 18,7 ‰ par an
Espérance de vie Hommes 66 ans, femmes 69

sous protectorat français en 1843 à la suite de la demande de la reine Pomaré IV en 1842 ; il fut rattaché à la France par un traité en 1880. En 1947, le *Kon Tiki*, radeau construit par le Norvégien Thor Heyerdahl pour démontrer que les Polynésiens seraient venus d'Amérique du Sud, accosta à Raroia.

Population 12 500
Carte Pacifique (océan) Fc

Tübingen, ***Allemagne*** Ville universitaire médiévale sur le Neckar, à 35 km au S. de Stuttgart. Parmi les étudiants de l'université fondée en 1477 figurent l'astronome Johannes Kepler (1571-1630) ainsi que le philosophe Georg Hegel (1770-1831).

Population 75 000
Carte Allemagne Cd

Tubruq, ***Libye*** Voir TOBROUK

Tubuai ou **Toubouaï (archipel des)** ou **Australes (îles),** ***Polynésie française*** Chapelet d'îles volcaniques, d'atolls et de récifs de 1 300 km de long, à 600 km au S. de Tahiti.

Principales îles : Tubuai, Rurutu, Raivavae, Rimatara. Rapa, île isolée au S.-E., leur est rattachée administrativement.

Population 6 550
Carte Pacifique (océan) Fd

Tucson, ***États-Unis*** Ville de l'Arizona, à 100 km au N. de la frontière mexicaine, fondée en 1776 dans une vallée désertique cernée de montagnes. Siège de l'université de l'État. Industries de haute technologie ; centre de services pour la région minière et agricole environnante.

Population (ville) 405 500 ; (aggl.) 667 000
Carte États-Unis Dd

tuf 1. Roche calcaire formée par l'accumulation de dépôts dans les sources minérales.
2. Roche formée de petits débris volcaniques cimentés.

Tugela, *Afrique du Sud* Fleuve né dans le Drakensberg et se jetant dans l'océan Indien, à 75 km au N.-E. de Durban. Gorges et nombreuses chutes dont celles de Tugela, série de cinq chutes au dénivelé de 948 m, avec une seule chute ininterrompue de 411 m, la plus haute d'Afrique.
Carte Afrique du Sud Db

Tula, *Mexique* Site archéologique de l'État d'Hidalgo, à l'emplacement de Tollán, l'ancienne capitale du royaume toltèque, florissant du Xe au XIIIe s. Le site comprend en particulier le temple de Tlahuizcalpantecuhtli, dominé par les atlantes, gigantesques guerriers toltèques de basalte noir de 5 m de haut, dressés sur la pyramide centrale et qui supportaient le toit du temple des prêtres ; belle frise représentant des jaguars, des aigles et des coyotes ; deux statues de Chac-Mool, divinité sculptée sous l'aspect d'un personnage couché. Musée (statues et objets de céramique provenant des ruines).
Carte Mexique Cb

Tulcea, *Roumanie* Principal port du delta du Danube, à 70 km à l'O. de la mer Noire. Construite sur des coteaux boisés dominant un méandre du fleuve, à mi-chemin de la mer et du port fluvial de Braila, Tulcea était déjà un grand port à l'époque du roi perse Darios Ier (522-486 av. J.-C.). Produits alimentaires, bois, matériaux de construction. Au Musée du delta du Danube, nombreux spécimens de plantes et d'animaux provenant de la réserve naturelle de la région.
Population 91 200
Carte Roumanie Ba

Tulle, *France* Chef-lieu de la Corrèze, au confluent de la Corrèze et de la Solane, à 463 km au S. de Paris. Cathédrale, cloître (XIIIe s.), maison de Loyac (XVIe s.). Manufacture d'armes, fabrique de meubles.
Le 9 juin 1944, lendemain de la libération de la ville par les troupes du maquis de Corrèze, 99 otages, pris parmi la population, furent pendus par les Allemands.
Population 17 200
Carte France Dd

Tulsa, *États-Unis* Ville du N.-E. de l'Oklahoma, sur l'Arkansas, à 160 km au N.-E. de la ville d'Oklahoma. C'est un centre de raffinage, situé au cœur d'un bassin pétrolier. Constructions aéronautiques.
Population (ville) 367 500 ; (aggl.) 709 000
Carte États-Unis Gc

Tumbes, *Pérou* Ville et département producteur de pétrole, à la frontière équatorienne. L'Espagnol Pizarro débarqua en 1532 près de la ville actuelle qui est entourée d'une oasis fertile (coton, riz, bananes, maïs).
Population (ville) 48 000 ; (département) 144 000
Carte Pérou Aa

Tungabhadra, *Inde* Rivière de l'Inde du Sud sur laquelle se trouve l'un des plus grands barrages en pierre du monde.
Carte Inde Bd

Tunis, *Tunisie* Capitale, centre politique, administratif, commercial, culturel et industriel du pays, situé sur la rive occidentale du peu profond lac de Tunis. Son port artificiel est relié par un chenal au golfe de Tunis, où le port moderne de La Goulette dessert la ville et traite les marchandises qui seront ensuite distribuées dans tout le pays.
Tunis, à proximité de l'antique Carthage, est restée un village jusqu'à la conquête musulmane (VIIe s.) et n'est devenue la capitale administrative et religieuse de la Tunisie, à la place de Kairouan, qu'au IXe s. Elle est formée de deux villes très différentes : la médina (vieille ville musulmane) et la ville moderne. Dans la médina, entourée de remparts, dont l'entrée principale est la porte Babel-Bahar, on rencontre plus de 700 édifices islamiques anciens : mosquées, mausolées, *madrassas* (écoles coraniques) et palais transformés en logements collectifs. Dans un labyrinthe de ruelles tortueuses, les souks, installés dans des cours voûtées (*zaouïas*), ont leurs rues spécialisées : tapis, chaudronnerie, bijoux d'or et d'argent, cuirs, parfums, épices.
Principaux édifices : Grande Mosquée ou Jamâez Zitouna (IXe s.) ; mosquées Sidi Youssef, Hammoûda Pacha, Sidi Mahrez ; Musée lapidaire Sidi Bou Khrissan (belle collection de stèles et monuments funéraires) ; Institut national d'archéologie et d'art ; Musée d'art moderne et musée du Patrimoine traditionnel de la ville de Tunis. A 5 km au N. de la ville, le musée du Bardo abrite une des plus belles collections mondiales d'art antique (superbes mosaïques).
Population (ville) 620 100 ; (Grand Tunis) 1 225 000
Carte Tunisie Ba

Tunisie Voir p. 678

Tunja, *Colombie* Chef-lieu du département de Boyacá, dans la cordillère orientale, à 135 km au N.-E. de Bogotá. Elle fut fondée par les Espagnols en 1539, sur le site d'une capitale des Indiens Chibchas. En 1819, les troupes révolutionnaires de Simón Bolívar livrèrent au pont de Boyacá (à 16 km au S. de la ville) une bataille décisive pour l'indépendance de la Colombie. À la sortie de la ville : trône du Zipa (chef chibcha) sculpté dans un rocher.
Population 94 000
Carte Colombie Bb

tunnel Voir tableau ci-dessous

Turin, en it. **Torino, *Italie*** Capitale du Piémont, et deuxième ville de l'Italie du Nord, sur le Pô, à 125 km au S.-O. de Milan. Capitale de l'Italie de 1861 à 1865.
Le centre historique, au plan en damier hérité de la ville romaine, présente de belles places et des avenues bordées d'arbres. En dehors de la porte Palatine (romaine), de vestiges de la citadelle médiévale et de la cathédrale (XVe-XVIe s.), les monuments les plus importants datent presque tous des XVIIe et XVIIIe s. De son appartenance au duché de Savoie, elle a conservé une architecture plus française qu'italienne.
La chapelle de la Santa Sindone, dans la cathédrale, abrite le saint suaire, morceau d'étoffe de 4,10 m sur 1,10 m portant en négatif la silhouette floue d'un homme. Il est prouvé depuis 1989 qu'il ne s'agit pas du suaire dont fut enveloppé le Christ après la descente de croix.
Ville universitaire, Turin est l'un des principaux centres d'édition d'art, d'imprimerie et de mode d'Italie, mais c'est à la société Fiat, dont l'empire fut fondé par Giovanni Agnelli en 1899, qu'elle doit son développement au XXe s. Principales industries, en dehors de l'automobile : produits chimiques (matières plastiques, textiles, engrais), pharmaceutiques, et alimentaires (pâtes, vermouth), électroménager.
Population (ville) 991 900 ; (aggl.) 1 550 000
Carte Italie Ab

Turkana, anc. **Rodolphe (lac), *Kenya/Éthiopie*** Lac de 240 km de long sur 55 km de large, dans la vallée du Rift. Il est orienté N.-S. et situé presque entièrement au Kenya. Surnommé la

LES PLUS LONGS TUNNELS DU MONDE

Le premier tunnel sous l'eau, celui de la Tamise, à Londres (1825-1843), relie toujours (par fer) Rotherhithe à Wapping, sur 1 253 m. Si le tunnel ferroviaire le plus long du monde est le Seikan, qui relie les îles de Hokkaido et de Honshu, et a demandé vingt-quatre ans de travaux, il ne peut être utilisé par le Shinkansen, un des trains les plus rapides du monde, étant à voie étroite. En revanche, le tunnel sous la Manche peut être emprunté par le T.G.V. à 160 km/h.

Tunnel	Pays	Longueur	Ouverture
Seikan (rail)	Japon	54 km	1988
Tunnel sous la Manche	France/Royaume-Uni	50 km	1994
Métro de Moscou (Medvedkovo-Belayevo)	Russie	31 km	1979
Métro de Londres (East Finchley-Morden)	Royaume-Uni	28 km	1939
Daishimizu (rail, sous-marin)	Japon	22,2 km	1982
Simplon II (rail)	Italie/Suisse	19,8 km	1922
Shin-Kanmon (rail, sous-marin)	Japon	18,7 km	1975
Apennins (rail)	Italie	18,2 km	1934
Saint-Gothard (route)	Suisse	16,9 km	1980
Rokko (rail)	Japon	16 km	1972
Henderson (rail)	États-Unis	15,8 km	1975

Turkménistan

UN RICHE DÉSERT, DES VILLES-OASIS, UN PEUPLE TURC ET UN PRÉSIDENT NOSTALGIQUE DE LA GRANDE ÉPOQUE DU CULTE DE LA PERSONNALITÉ

Situé aux confins de l'Iran et de l'Afghanistan, au S., de l'Ouzbékistan et du Kazakhstan, au N., le Turkménistan est constitué, pour les trois quarts de sa superficie, du seul vrai désert de l'ex-U.R.S.S., le désert du Kara Koum (« sables noirs »). Celui-ci est bordé, à l'O., par la mer Caspienne et, à l'E., par un plateau surplombant le bassin de l'Amou-Daria, seul fleuve du pays, source de vie... et aussi de catastrophe écologique : son utilisation intensive pour l'irrigation et pour l'énergie a terriblement appauvri les terres et desséché la mer d'Aral.

Les oasis, naturelles ou artificielles, sont irriguées par les fleuves ou par des canaux tels que celui du Kara Koum. Celui-ci, qui date de 1962, prend sa « source » dans l'Amou-Daria, à l'extrême E. du pays, et alimente notamment la capitale, Achkhabad. Celle-ci est installée au pied du massif de Kopet-Dag, qui forme la frontière avec l'Iran. Cette région aux vallées vertes bénéficie d'un climat tropical. Mais c'est aussi une zone sismique. Achkhabad a été reconstruite sur les ruines laissées par le tremblement de terre de 1948. Le reste du pays est couvert dans sa quasi-totalité d'immenses étendues de sables, parfois mouvants. Les vallées abritent des forêts humides.

À l'origine, les Turkmènes sont des pasteurs nomades, comme la plupart des peuples turcs. Ils furent au Moyen Âge sous domination perse. La ville de Mary, ancienne Merv, était au centre de la province de Margiane. En 1500, les Turkmènes devinrent vassaux des Ouzbeks de la Transoxiane.

Les Russes vont conquérir ces régions à partir de 1860. La Turkménie actuelle est rattachée à l'empire russe en 1884, et son développement commence avec la construction du chemin de fer transcaspien, en 1885.

République autonome de l'U.R.S.S. depuis 1925, le Turkménistan devient une république socialiste soviétique en 1936. Avec la dissolution de l'U.R.S.S. en décembre 1991, le Turkménistan, membre de la C.E.I., devient indépendant, mais son président, Separmourad Nyazov, un ancien apparatchik, est vraisemblablement resté insensible à la perestroïka de l'ère Gorbatchev. C'est ainsi qu'aujourd'hui encore rien n'est trop flatteur pour ce nostalgique du culte de la personnalité.

UN SOUS-SOL RICHE MAIS UNE INDUSTRIE FAIBLE

Les richesses naturelles du Turkménistan sont importantes. C'est le cinquième producteur mondial de gaz naturel. Il dispose de charbon, de pétrole, de sel. Ce dernier est extrait de la mer Caspienne grâce à l'énergie fournie par une usine nucléaire installée sur le golfe de Kara Bougaz, au N. de Turkmenbachi. Ces richesses permettent au pays de disposer d'une industrie chimique, bien que celle-ci ait besoin d'être modernisée.

Malgré le désert, l'agriculture turkmène est la plus extensive de la C.E.I. 25 % de la population active s'y consacre et produit coton, fruits et légumes. L'élevage concerne surtout les chevaux et les moutons caraculs.

LE TURKMÉNISTAN EN BREF

Carte Ouzbékistan Aab, Bab
Superficie 488 100 km²
Population 4 300 000
Capitale Achkhabad (ou Achgabat)
Régime République
Monnaie Rouble
Langues Turkmène, russe, ouzbek
Religions Musulmans sunnites, orthodoxes
Climat Semi-désertique
Ressources Fruits, légumes, coton, laine et peau caraculs, sel, gaz naturel, pétrole, charbon
Activités Élevage, industrie chimique, construction mécanique, tourisme
P.N.B. annuel par habitant 1 270 dollars
Croissance démographique 26,3 ‰ par an
Espérance de vie Hommes 63 ans, femmes 70

Mer de Jade à cause de sa couleur vert sombre, il reçoit l'Omo au N. et d'autres tributaires, mais n'a aucun émissaire. Ses eaux sont très salées, car son niveau se maintient par évaporation pendant les fortes chaleurs. Le poisson pêché industriellement est dirigé sur Nairobi (450 km au S.). On a découvert sur ses rives des outils et des ossements d'hominidés remontant à 2,5 millions d'années. Turkana désigne également une grande région à l'O. du lac et la tribu de pasteurs nomades qui l'habite.

A l'O., le barrage de Turkwell doit fournir 20 % de l'électricité du pays et l'irrigation de la région.
Carte Kenya Ca

Turks et Caïques (îles), ***Antilles*** Colonie britannique (430 km²) formée de 30 petites îles, située au S.-E. des Bahamas. Capitale : Cockburn Town.
Population 12 200
Carte Antilles Aa

Turku, en suéd. **Åbo,** ***Finlande*** Quatrième ville du pays, après Helsinki, Tampere et Espoo, et grand port sur le golfe de Botnie, à 155 km au N.-O. d'Helsinki. Fondée en 1229, elle fut la capitale de la Finlande jusqu'en 1812 et abrita la première université finlandaise, créée en 1640 et transférée à Helsinki après la destruction de Turku par un incendie en 1827. Aujourd'hui, elle possède deux universités : Turun Yliopisto (finnoise) et Åbo Akademi (suédoise). Cathédrale de style gothique allemand et château du XIIIe s. (restauré). Principales activités : construction navale, textiles, produits alimentaires, tabac.
Population 161 400
Carte Finlande Bc

Turkwell, ***Kenya*** Voir TURKANA

Turpan Hami, ***Chine*** Voir TOURFAN

Turquie Voir p. 682

Tuscaloosa, ***États-Unis*** Ville du centre-ouest de l'Alabama, à 75 km au S.-E. de Birmingham. Siège de l'université d'Alabama depuis 1831. Industries : charbon, fer, coton, bois.
Population (ville) 73 200 ; (aggl.) 138 900
Carte États-Unis Id

Tutuila, ***Samoa américaines*** Île principale du territoire (135 km²), montagneuse (653 m au mont Matafao), que le beau port de Pago-Pago divise presque en deux. Une base navale américaine y était installée jusqu'en 1951.
Population 30 000
Carte Pacifique (océan) Ec

Tuvalu Voir p. 684

Tuxtla Gutiérrez, ***Mexique*** Capitale du Chiapas depuis 1892. C'est un important marché agricole (café, tabac) et un centre d'industries alimentaires. Musée (art olmèque, maya) ; spectaculaire canyon du Sumidero à proximité.
Population 131 500
Carte Mexique Cc

Tuzla, ***Bosnie-Herzégovine*** Ville du N.-E. dans la vallée de la Spreca. Ancien centre d'exploitation de mines de sel à l'origine de ses industries chimiques. Université. Protégée par l'O.N.U., mais assiégée, Tuzla est une position stratégique importante en raison de son aéroport.
Population 84 200
Carte Bosnie-Herzégovine Bb

Tver, ***Russie*** Port sur la Volga, à 160 km au N.-O. de Moscou. À l'origine, fort bâti en 1181 et reconstruit en 1763 après un incendie. Principauté jusqu'en 1485. Tver fut appelée Kalinine de 1931 à 1990 en l'honneur de Mikhaïl Kalinine qui y naquit (1875-1946), président du Soviet suprême de 1938 à 1946. Industries textiles, mécaniques, électriques, caoutchouc.
Population 455 300
Carte Russie Cc

Twante, ***Birmanie*** Canal reliant la capitale, Rangoon, aux rizières du delta de l'Irrawaddy. C'est le plus important des canaux de navigation du delta. Il est bordé de cultures maraîchères.
Carte Birmanie Cc

Tychy, ***Pologne*** Ville de haute Silésie, l'une des villes satellites de Katowice, à 16 km au S. Produits alimentaires, cellulose, papier, construction automobile (Polski Fiat).
Population 178 100
Carte Pologne Cc

Tyne and Wear, ***Royaume-Uni*** Comté urbain du N.-E. de l'Angleterre (540 km²). Dans les années 1930 et au début des années 1980, ce fut l'une des régions d'Angleterre les plus touchées par le chômage.
Population 1 088 000
Carte Royaume-Uni Ec

typhon Voir CYCLONE

Tyr (Sour), ***Liban*** Petit port de pêche à 65 km environ au S. de Beyrouth. Ce fut la capitale de l'antique Phénicie, à partir du IXe s. av. J.-C. Fondée sur un îlot rocheux à proximité de la côte, elle apparaît dans l'histoire vers le milieu du IIe millénaire avant notre ère ; au début du Ier, l'activité de ses marchands s'étendait jusqu'au bassin occidental de la Méditerranée (elle fonde Carthage vers la fin du IXe s. av. J.-C.). Grand port et grande place commerciale, elle était aussi réputée pour ses industries du verre et de la teinture et ses chantiers navals. Objet des visées assyriennes au cours des VIIIe et VIIe s., concurrencée par les cités grecques dès cette

Voir suite p. 684

Turquie

APRÈS AVOIR ÉTÉ AU CŒUR DE L'EMPIRE OTTOMAN, LA TURQUIE S'EST TOURNÉE VERS L'OCCIDENT. AUJOURD'HUI, ELLE SOLLICITE SON ENTRÉE DANS L'UNION EUROPÉENNE

La Turquie forme un pont entre l'Europe et l'Asie ; son territoire est partagé entre les deux continents. Elle contrôle le passage de la mer Noire à la Méditerranée, par le détroit du Bosphore, la mer de Marmara et les Dardanelles, rendues célèbres par une des plus sanglantes batailles de la guerre de 1914-1918. Pendant mille ans, elle fut au cœur de l'Empire byzantin, et pendant près de cinq cents ans au centre de l'Empire ottoman. Aujourd'hui, elle garde le flanc S. de l'OTAN.

Les Turcs, qui contrôlèrent un temps un quart de l'Europe, ont la réputation d'être un peuple de guerriers ; de fait la violence est toujours près d'affleurer dans la politique intérieure. Trois fois depuis 1960, les militaires se sont emparés du pouvoir. La dernière fois, en 1980, il y eut entre 20 et 30 tués par jour au cours d'affrontements opposant la gauche et la droite avant l'entrée en scène de l'armée. En 1983, trois partis politiques furent autorisés à participer aux élections, et le Parti de la Mère Patrie prit le pouvoir, avec l'intention de réduire le contrôle de l'État.

LA PHYSIONOMIE DU PAYS

La Turquie actuelle s'étend sur 780 000 km^2, avec une population de plus de 56,7 millions d'habitants — c'est le plus peuplé des États du Moyen-Orient. Elle comprend la Thrace, sur la rive européenne, et l'Anatolie, beaucoup plus grande, dans la partie asiatique. La Turquie d'Europe est une région agricole fertile, au climat méditerranéen. L'Anatolie a la forme d'une assiette, avec des bordures montagneuses et un vaste plateau central qui s'élève à une altitude moyenne de 750 m. Les montagnes Pontiques, au N., et celles du Taurus, au S., se réunissent à l'E., atteignant 5 165 m au mont Ararat. C'est là que l'arche de Noé est censée s'être échouée, mais aucune expédition archéologique n'a pu trouver de confirmation du récit de la Bible.

Les climats couvrent une large gamme, depuis les douceurs méditerranéennes des côtes jusqu'aux étés brûlants et aux hivers froids de l'intérieur et aux neiges des montagnes. Les températures moyennes de la capitale, Ankara, varient de −4 °C en janvier à un maximum de 31 °C en été. Il y a parfois des séismes dévastateurs.

Un quart environ du pays est couvert de forêts, toutes propriétés de l'État. Elles sont surtout composées de conifères, avec aussi des peupliers, des bouleaux, des noyers et des chênes. Le Nord est la partie la plus boisée, et il y a des forêts subtropicales le long de la mer Noire. Dans le Sud et l'Ouest, les fourrés méditerranéens couvrent de vastes étendues.

La faune inclut des sangliers, des ours, des lynx et des léopards. Les loups peuvent être un danger dans les montagnes et causer des ravages parmi les troupeaux de moutons quand la neige les chasse vers les plaines. Chaque village est nanti de « chiens à loups » pour protéger ses moutons ; ils sont plus petits mais plus forts que les chiens de berger, et dressés à l'attaque contre les loups. Les voyageurs peuvent aussi être menacés en hiver — des loups affamés attaquent parfois le solitaire assez imprudent pour s'aventurer en dehors des villages, dans les régions isolées. Les oiseaux migrateurs abondent autour du Bosphore en automne.

UN RICHE MÉLANGE DE POPULATIONS

Les Turcs arrivèrent des steppes de l'Asie centrale, mais avant eux les siècles avaient produit un riche mélange de peuples et de cultures. On trouve des Méditerranéens dans l'Ouest, des Arméniens originaires des rives de la Caspienne à l'E., tandis qu'au S.-E., plusieurs millions de Kurdes sont ethniquement proches des Iraniens. 90 % des habitants parlent le turc, langue aux nombreux dialectes, dont l'écriture est passée des caractères arabes aux caractères latins en 1928. La plupart des Turcs sont musulmans.

Le pays possède un secteur industriel solide, de bonnes terres agricoles et des ressources minérales, parmi lesquelles de riches gisements de chrome. L'industrie est localisée surtout autour d'Istanbul et d'Ankara, et au S.-E. autour d'Adana et d'Iskanderun. Le pays produit du fer, de l'acier, des automobiles, des produits pétrochimiques et des conserves alimentaires, ainsi que les célèbres tapis, des cigarettes, des pipes d'écume et des poteries. Les deux grands fleuves du Moyen-Orient, le Tigre et l'Euphrate, prennent tous deux leur source en Turquie ; les centrales hydroélectriques fournissent la moitié des besoins en énergie du pays.

Encouragés par le gouvernement, les paysans ont réussi à atteindre les meilleurs rendements agricoles du Moyen-Orient après ceux d'Israël. Malgré sa sécheresse, le plateau anatolien est le grenier de la Turquie. Les principales cultures sont le blé, le riz, le coton, les fruits et le tabac. On y élève la plus grande partie des moutons, des chèvres et du bétail du pays.

La mécanisation de l'agriculture et l'accroissement de la population ont forcé beaucoup de paysans à chercher du travail dans les villes surpeuplées. D'autres ont émigré au loin : ainsi 1,5 million de Turcs travaillent en Allemagne fédérale, et 175 000 dans les États pétroliers du Moyen-Orient. Leurs envois d'argent aident le pays dans sa lutte constante pour payer ses importations.

GRANDEUR ET DÉCADENCE DES EMPIRES

Les premiers habitants de l'Anatolie s'y installèrent vers 7000 av. J.-C. et les Hittites, guerriers de l'Asie centrale, fondèrent un empire vers 1800 av. J.-C. Tour à tour vinrent les Perses, les Macédoniens et les Romains. Constantin le Grand déplaça la capitale de l'Empire romain de Rome à Byzance (maintenant Istanbul) en 330. Il nomma la ville Constantinople. Quand l'empire se divisa, la partie orientale constitua l'Empire byzantin. Les Ottomans, tribu turque, prirent Constantinople en 1453, et, au XVIe s., leur empire musulman s'étendait du Danube au golfe Arabo-Persique, et de la Crimée au Maroc. Mais une lente décadence commença alors.

Pendant la Première Guerre mondiale, la Turquie prit le parti de l'Allemagne, et battit un corps expéditionnaire allié à Gallipoli, dans le détroit des Dardanelles. Mais ses armées furent chassées du Moyen-Orient. L'Empire ottoman fut rayé de la carte, mais les nationalistes, sous la direction de Mustapha Kemal, rejetèrent des conditions de paix qui favorisaient le vieux rival de la Turquie, la Grèce. Ils

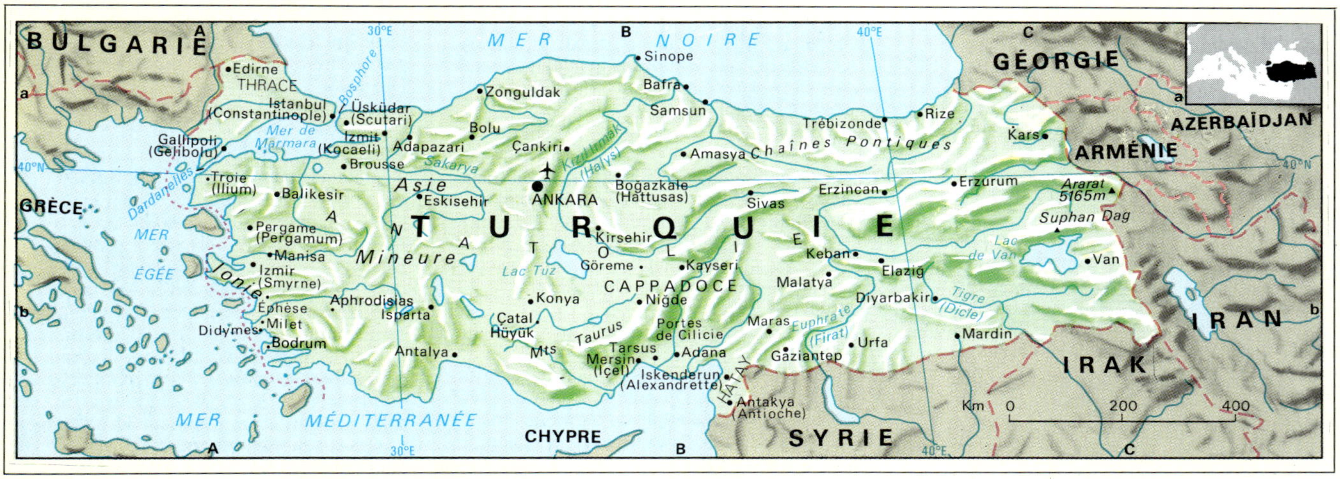

mirent en place une assemblée nationale, déposèrent le sultan et chassèrent les Grecs.

Kemal, qui prit plus tard le nom d'Atatürk, devint président de la République en 1923 et exerça une dictature de fait jusqu'en 1938. Il fut le père de la Turquie moderne. Pour occidentaliser le pays, il sépara la religion et l'État, abolit la polygamie, interdit le port du fez par les hommes et découragea le port du voile par les femmes. Il envoya tous les moins de quarante ans en classe pour apprendre le nouvel alphabet latin, et imposa à tous le choix d'un nom de famille.

Pendant la Seconde Guerre mondiale, la Turquie resta neutre jusqu'en 1945, puis déclara la guerre à l'Allemagne. Des soldats turcs combattirent aux côtés des Américains en Corée, et les États-Unis ont encore des bases en Turquie. En 1974, après un coup d'État fomenté par les Grecs à Chypre, les Turcs envahirent celle-ci sous prétexte de protéger la minorité turque. Ils contrôlent la moitié N. de l'île, où ils ont 20 000 soldats.

La vie politique se démocratise progressivement : Suleyman Demirel, plusieurs fois Premier ministre dans les années 1960-1970, le redevient en 1991, puis devient chef de l'État en 1993 avec, pour Premier ministre, Mme Tansu Ciller. Le pays poursuit une politique économique libérale. En 1991, le gouvernement avait accordé à la population kurde le droit d'utiliser sa langue. Mais l'armée et les guerilleros du P.K.K. (Parti des travailleurs kurdes) continuent de s'affronter dans une guerre qui fait de nombreuses victimes civiles. La Turquie souhaite entrer dans l'Union européenne. Pendant la crise du Golfe, elle s'est alignée sur la position américaine et a notamment coupé l'oléoduc qui traverse son territoire et permet à l'Irak d'exporter son pétrole. La Turquie, où les mouvements islamistes jouent un rôle non négligeable, est attentive aux développements politiques dans les Républiques musulmanes ex-soviétiques.

LA VIE QUOTIDIENNE

La vie en Turquie reste simple. Le café du village est le lieu où se rencontrent les hommes, pour boire et bavarder, lire le journal ou jouer au *tavla* (jaquet). Le café est le reflet d'une société à dominante masculine. Cependant, il y a eu des femmes ministres, et les habitantes des villes ont fait leur entrée dans les professions libérales et deviennent plus influentes dans la vie publique. Mais d'une manière générale, peu d'emplois leur sont accessibles ; même les serveuses sont rares. À la campagne, les femmes sont subordonnées aux hommes ; elles sont tolérées dans les mosquées, mais on préfère qu'elles prient chez elles. Les mariages arrangés et le versement d'une dot sont des coutumes toujours bien vivantes.

L'alimentation turque combine les habitudes culinaires des pasteurs de l'Asie centrale et des peuples méditerranéens. Le fait que le pays produit toute sa nourriture se reflète dans la fraîcheur des fruits et légumes, des poissons et de la viande. Le café turc a une réputation mondiale, mais il devient de plus en plus cher. Le vin est souvent excellent.

Les sports nationaux sont le football, la lutte, l'équitation et le tir à l'arc. Une des formes de lutte est le *yagli gures*, où les corps des lutteurs sont enduits d'huile d'olive pour rendre plus difficiles les prises de l'adversaire.

DÔMES DE GLOIRE. Entre le Bosphore et la mer de Marmara s'étend Istanbul, hérissé des minarets de ses très nombreuses mosquées avec, au premier plan, les coupoles de la Beyazit Camiit, mosquée bâtie par le sultan Bajazet II au début du XVIe s. et, dans le fond, la célèbre Mosquée bleue. Dans l'enceinte de la cité, certaines ruelles portent encore des noms évocateurs comme le chemin de l'Éléphant ou la rue du Poulet-qui-ne-pouvait-voler.

POUR LE TOURISTE

Aux touristes aventureux la Turquie offre de hautes montagnes et des paysages escarpés sur les bordures du plateau anatolien, ainsi que les vues spectaculaires du plateau lui-même. Pour ceux qu'intéresse l'histoire, le plateau conserve des vestiges néolithiques, hittites (Bogazkale), grecs (Troie) et romains (Antakyia et Kayseri), ainsi que de beaux exemples d'art byzantin, des mosquées et des musées dans bien des villes. En outre, la Turquie comble les vacanciers grâce aux très belles côtes de la Méditerranée et de la mer Égée.

La vieille ville d'Istanbul, jadis terminus du fameux Orient-Express, est construite sur sept collines entourant la Corne d'Or, une baie du Bosphore. Avec sa partie asiatique, elle a une population de 3 millions d'habitants. Au pied des minarets et des dômes étincelants des mosquées, l'activité est incessante : des badauds et des marchands colporteurs grouillent dans les rues, et des véhicules en tout genre roulent à grand bruit sur les pavés.

Topkapi l'ancien palais des sultans ottomans, est aujourd'hui un musée, comme la basilique Sainte-Sophie. Celle-ci fut construite par l'empereur Constantin le Grand, rénovée par l'empereur Justinien et son dôme est haut de 50 m. Le grand bazar couvert attribue une rue à chaque commerce. Un pont suspendu, construit en 1970, enjambe le Bosphore, unissant l'Asie à l'Europe.

La seconde ville de Turquie, Ankara, n'avait que 75 000 habitants quand Atatürk en fit sa capitale en 1920 ; elle en compte maintenant plus de 2 millions. C'est essentiellement sa création, et elle contient beaucoup de bâtiments modernes, d'arbres, le musée Atatürk et celui des Civilisations anatoliennes.

Izmir (l'ancienne Smyrne), sans doute le lieu de naissance d'Homère, est un port important et sert de point de départ à des excursions vers les antiques villes grecques de Pergame et d'Éphèse.

Tarse, près de la Méditerranée, a vu naître saint Paul. La côte de la mer Égée est riche de vestiges grecs dont le site de Troie, près de Canakkale. Le littoral de la mer Noire offre des villes comme Trabzon (Trébizonde) avec ses ruines grecques et byzantines, ou Sinope, qui conserve des vestiges antiques.

LA TURQUIE EN BREF
Superficie 779 452 km^2
Population 59 870 000
Capitale Ankara
Régime République parlementaire
Monnaie : Livre ou lira = 100 piastres ou kurus
Langue Turc (officiel), arabe, grec, circassien, arménien, yiddish, kurde
Religion Musulmans (98 %)
Climat Méditerranéen sur la côte ; température moyenne à Ankara : de – 4 à 4 °C en janvier, de 15 à 31 °C en juillet
Ressources Blé, orge, maïs, coton, betterave à sucre, légumes secs, bétail, moutons, chèvres, tabac, fruits (olives, noix et noisettes, figues), légumes, poisson ; charbon, lignite, fer, pétrole, chrome, bore, cuivre
Activités Agriculture, sidérurgie, industries textiles, conserveries, raffinage de pétrole, industries chimiques, papeteries, pêche, mines
Exportations Textiles, coton, noix, fruits, tabac, céréales, légumes secs
P.N.B. annuel par habitant 1 820 dollars
Croissance démographique 22 ‰ par an
Espérance de vie Hommes 68 ans, femmes 72

Tuvalu (îles)

UN GROUPE D'ÎLES MINUSCULES DU PACIFIQUE QUI EXPORTE SURTOUT DES TIMBRES-POSTE

Les neuf atolls coralliens de Tuvalu, dans le Pacifique S., ont une superficie totale de seulement 26 km^2 ; huit des atolls sont habités ; aucun point ne dépasse l'altitude de 5 m. L'île principale, Funafuti, qui porte la capitale, Fongafale, s'étend sur moins de 3 km^2 et compte 2 800 habitants. L'archipel, situé à 960 km au N. des îles Fidji, mesure 600 km de long.

En 1974, les habitants polynésiens des îles Tuvalu (qui étaient alors les îles Ellice) décidèrent de se séparer des îles Gilbert (aujourd'hui Kiribati), peuplées de Micronésiens ; les îles Gilbert et Ellice étaient en effet unies en une seule colonie britannique depuis 1916. Les Tuvalu sont indépendantes au sein du Commonwealth depuis 1978, avec pour chef d'État la reine Élisabeth II.

La végétation naturelle des atolls consiste en cocotiers, arbres à pain et pandanus, des arbres qui ont une large base de racines apparentes et une frondaison de feuilles étroites. Le cocotier fournit la principale exportation, le coprah ; les droits de pêche procurent aussi des devises ; mais la source principale de revenus est la vente de timbres-poste aux philatélistes.

On compte environ 8 250 insulaires, dont la plupart habitent des huttes à toit de chaume au bord des lagons. Ils vivent de la pêche et du produit de leurs jardins. La population était jadis beaucoup plus nombreuse, mais elle fut en partie capturée par des négriers européens entre 1850 et 1875 ; ils la transportèrent de gré ou de force dans les plantations des autres îles du Pacifique, la réduisant ainsi de 20 000 à 3 000 habitants. La deuxième invasion européenne eut lieu pendant la Seconde Guerre mondiale lorsque les Américains utilisèrent les îles comme bases navales et aériennes.

LES ÎLES TUVALU EN BREF

Carte Pacifique (océan) Dc
Superficie 26 km^2
Population 8 250
Capitale Fongafale
Régime Monarchie parlementaire
Monnaie Dollar tuvaluan et australien = 100 cents
Langues Tuvaluan, anglais
Climat Tropical ; les températures moyennes varient toute l'année de 25 à 32 °C
Ressources Noix de coco, fruits, légumes, poisson
Activité Pêche
Exportations Timbres-poste, coprah
P.N.B. annuel par habitant 2 000 dollars
Croissance démographique 20 ‰ par an
Espérance de vie Hommes 60 ans, femmes 63

époque, longuement assiégée et prise vers 573 par Nabuchodonosor, roi de Babylone, prise à nouveau par les Perses en 539, Tyr perdit de son importance ; mais elle resta jusqu'à la fin des temps antiques un des grands ports de la Méditerranée, ainsi que l'attestent ses nombreux vestiges datant de l'époque romaine.
Population 14 000
Carte Liban Ab

Tyrol, en all. **Tirol,** ***Autriche*** 1. Région historique de l'ouest du pays, au cœur des Alpes, entre la Bavière et l'Italie ; sa partie méridionale a été cédée à l'Italie en 1919 (province de Bolzano).

2. Le Tyrol autrichien forme un Land de 12 648 km^2 et a pour capitale Innsbruck. Centré sur la vallée de l'Inn (qui regroupe l'essentiel de ses activités agricoles et industrielles), il comprend au N. des massifs calcaires des Préalpes (Karwendel, Lechtal, Kaisergebirge), et, au S., de hauts massifs des Alpes cristallines (dont de nombreux sommets dépassent 3 500 m ; le Grossglockner [3 796 m] est le point culminant du pays). Le Tyrol est traditionnellement une région de passage entre l'Allemagne et l'Italie (col du Brenner) et l'une des plus fameuses régions touristiques de l'Europe, du fait de ses paysages montagnards, de ses sites et villes d'art, de ses stations climatiques et de ski (Kitzbühel, Sankt Anton am Arlberg, Mayrhofen, Seefeld, Sölden).
Population (Land) 631 500
Carte Autriche Bb

Tyrone, ***Royaume-Uni*** Le plus grand des six comtés de l'Irlande du Nord (3 136 km^2) ; chef-lieu : Omagh. Il s'étend à l'O. du Lough Neagh et culmine à 683 m dans les monts Sperrin. Il produit de l'avoine et des pommes de terre.
Population 159 300
Carte Royaume Uni Bc

Tyrrhénienne (mer), ***Europe*** Comprise entre la péninsule italienne au N. et à l'E., la Sicile au S., la Sardaigne et la Corse à l'O., la mer Tyrrhénienne s'étend sur environ 155 400 km^2 ; c'est la partie la plus profonde de la Méditerranée occidentale (profondeur maximale : 3 660 m). Elle doit son nom à Tyrrhenus, fondateur légendaire du royaume étrusque.
Carte Italie Cd

U

Úbeda, ***Espagne*** Vieille ville d'Andalousie au N.-E. de Jaén, place forte au temps des Maures, reconquise en 1234. Elle connut des heures de prospérité au XVIe s. et présente un remarquable ensemble de monuments Renaissance (palais et maisons seigneuriales, églises et couvents).
Population 30 200
Carte Espagne Dd

Ubud, ***Indonésie*** Village de Bali réputé pour ses traditions artistiques ; il abrite des ateliers et des galeries de peintres européens et balinais qui se sont inspirés de la vie du pays, et une école de danse et musique traditionnelles.

Ucayali, ***Pérou*** 1. Rivière née de la réunion de l'Apurimac et de l'Urubamba, coulant au pied du versant oriental des Andes. Longue de 1 928 km, elle est navigable sur 1 600 km. Elle arrose Pucallpa puis Contamana, avant de rejoindre le Marañon, au S.-O. d'Iquitos, et de former l'Amazone.

2. Le département d'Ucayali s'étend à l'O. du pays sur 102 411 km^2. Son chef-lieu, Pucallpa, au milieu de la jungle, est un port fluvial et un centre commercial et industriel (raffineries de gaz et de pétrole, industrie du bois).
Population 237 000
Carte Pérou Ba

Udagamandalam (Ootacamund), ***Inde*** Centre touristique et station climatique (à 2 268 m d'altitude) des monts Nilgiri, au S. de l'Inde. Elle fut, au temps de la colonisation britannique, la capitale d'été de l'État de Madras.
Population 63 000
Carte Inde Be

Udaipur, ***Inde*** Vieille ville du Rajasthan, capitale à partir du XVIe s. de la principauté rajpoute du Mewar. Elle présente de remarquables ensembles d'édifices et de palais des XVIe, XVIIe et XVIIIe s., notamment ceux construits pour les maharanas (princes) du Mewar. Centre touristique réputé.
Population 308 000
Carte Inde Bc

Udi (plateau d'), ***Nigeria*** Plateau gréseux s'étendant dans le S.-E. du pays, présentant un rebord N.-E. escarpé, culminant à plus de 450 m au-dessus des plaines de la Cross River. Extraction de charbon à proximité de Enugu, principal centre urbain.
Carte Nigeria Bb

Udine, ***Italie*** Vieille ville du Frioul, au N.-E. du pays, chef-lieu de la province homonyme (4 893 km^2), centre commercial et industriel (métallurgie, textiles, brasserie). La Piazza della Libertà, dominée par la masse du Castello (XVIe s.), présente un bel ensemble architectural : arc dessiné par Palladio, palais communal (XVe s.) et cathédrale (XIVe s.).
Population (ville) 101 200 ; (prov.) 525 000
Carte Italie Da

Uélé ou **Ouellé,** ***Zaïre*** Rivière longue de 1 200 km, prenant sa source au N.-O. du lac Mobutu Sese Seko (anciennement Albert) ; elle coule vers l'O. pour rejoindre le M'Bomou, avec lequel elle forme l'Oubangui. Son cours fut en partie exploré par le botaniste allemand Schweinfurth en 1870.
Carte Zaïre Ba

Ufa, ***Russie*** Voir OUFA

Ugarit, ***Syrie*** Voir OUGARIT

Uhuru (pic), ***Tanzanie*** Voir KILIMANDJARO (mont)

Uji, ***Japon*** Ville de l'île de Honshu à proximité et au S. de Kyoto, dans une région où l'on cultive un thé de haute qualité. La ville est célèbre pour ses monuments historiques et notamment pour le Byodo-in, sanctuaire d'Amida (XIe s.), très bel exemple d'architecture de l'époque de Heian, et pour le Hojo-in qui figure parmi les plus anciens monuments du pays.
Population 155 000
Carte Japon Cd

Ujiji, ***Tanzanie*** Voir KIGOMA

Ujjain, ***Inde*** Très vieille ville du Madhya Pradesh, à l'O. de l'État, sur les bords de la Sipra. Fondée en un lieu où Shiva aurait, selon la légende, tué le démon Tripura, c'est l'une des

sept villes sacrées de l'hindouisme, le centre d'un célèbre pèlerinage. Tous les douze ans, cet événement prend une formidable ampleur à l'occasion du Kumbha Mela (fête religieuse et foire à la fois). Observatoire astronomique construit par Jai Singh II (XVIIIe s.).
Population 282 200
Carte Inde Bc

Ujszeged, ***Hongrie*** Voir SZEGED

Ujungpandang, ***Indonésie*** Port et plus grande ville de Sulawesi (Célèbes), appelé autrefois Macassar ; c'est un important centre administratif, commercial et industriel, relié par ferries au reste du pays.
Population 841 000
Carte Indonésie Ed

Ukraine subcarpatique, ***Ukraine*** Voir RUTHÉNIE

Ulaanbaatar, ***Mongolie*** Voir OULAN BATOR

Ulan Bator, ***Mongolie*** Voir OULAN BATOR

Ulan-Ude, ***Russie*** Voir OULAN-OUDE

Ulcinj, ***Yougoslavie*** Voir BAR

Uleåborg, ***Finlande*** Voir OULU

Uliga, ***îles Marshall*** Centre administratif du pays, sur l'île homonyme, qui fait partie de l'atoll Majuro. Avec les îles Delap et Darrit, les deux autres îles de l'atoll, Uliga forme une commune appelée familièrement D.-U.-D.

Ullswater, ***Royaume-Uni*** Deuxième lac, après celui de Windermere, du Lake District (région des Lacs), au N.-O. de l'Angleterre. Centre touristique.
Carte Royaume-Uni Dc

Ulm, ***Allemagne*** Vieille ville du Bade-Wurtemberg, sur le Danube (à 70 km environ au S.-E. de Stuttgart). Elle fut l'une des grandes places commerciales du Saint Empire dès la fin du Moyen Âge. La ville a conservé son aspect médiéval et sa cathédrale, le Münster, qui figure parmi les chefs-d'œuvre du gothique flamboyant allemand (sa flèche, qui culmine à 161 m, date du XIXe s.). Industries : construction mécanique, électrique, automobile ; textile. Patrie du physicien Albert Einstein (1879-1955).
Population 98 700
Carte Allemagne Cd

Ulsan, ***Corée du Sud*** Ville du sud-est du pays à proximité de la côte de la mer du Japon (à 50 km environ au N.-E. de Pusan). C'est traditionnellement un marché agricole et, depuis les années 1970, le centre d'une importante région industrielle (raffineries de pétrole, engrais, construction automobile, métallurgie de l'aluminium, fibres synthétiques).
Population 683 000
Carte Corée du Sud De

Ulster, ***Irlande/Royaume-Uni*** La plus septentrionale des quatres anciennes provinces d'Irlande. Elle fut colonisée par les Anglais aux XVIe et XVIIe s. En 1922, six des neufs comtés de l'Ulster (Antrim, Armagh, Fermanagh, Down, Londonderry et Tyrone) restèrent rattachés au Royaume-Uni pour former l'Irlande du Nord britannique ; les comtés de Donegal, Monaghan et Cavan revinrent à la République d'Irlande, où ils constituent aujourd'hui la province d'Ulster. Ulster s'emploie souvent au sens étroit pour désigner l'Irlande du Nord.
Population (République) 232 100
Carte Royaume-Uni Bc

Ulundi, ***Afrique du Sud*** Ville principale du Kwazulu, ancien bantoustan de population zouloue, dans la province de Kwazulu-Natal ; c'est la capitale historique du peuple zoulou. En 1879, Zoulous et Britanniques s'y livrèrent leur dernière grande bataille. Les Zoulous furent vaincus.
Carte Afrique du Sud Db

Ul'yanovsk, ***Russie*** Voir SAMARA

Umeå, ***Suède*** Chef-lieu du Vasterbotten, au N.-E. du pays, non loin de la côte du golfe de Botnie. La ville est d'origine médiévale, mais son essor récent date de la fin du XIXe s. et est lié à l'industrie du bois. Siège de la principale université du N. du pays, ville de garnison et centre industriel (constructions mécaniques, aciéries, matières plastiques). Bien construite et aérée, Umeå présente d'intéressantes réalisations d'architecture moderne.
Population 85 110
Carte Suède Dc

Umfolozi (réserve d'), ***Afrique du Sud*** Réserve de 480 km^2 créée en 1897 dans le Natal, à 270 km au N. de Durban. On y trouve l'espèce rare du rhinocéros blanc, mais aussi des zèbres, des girafes et des antilopes.
Carte Afrique du Sud Db

Umm al-Qaywayn, ***Émirats arabes unis*** Voir OUMM AL-QAÏWAÏN

Umm Said ou **Musay'id,** ***Qatar*** Port de la côte E. de la péninsule de Qatar. Créé comme terminal pétrolier en 1949, ce fut pendant vingt ans le seul port en eau profonde du pays. Petit centre industriel (métallurgie, engrais, alimentaire).
Population 7 000
Carte Qatar Ab

Umtali, ***Zimbabwe*** Voir MUTARE

Umtata, ***Afrique du Sud*** Ville principale du Transkei, à 285 km au S.-O. de Durban. Bourg fondé par les Européens en 1860, il fut rattaché au Transkei en 1976. La construction d'immeubles gouvernementaux durant l'époque du bantoustan (1976-1994) a favorisé l'essor économique de la ville. Siège de l'université du Transkei, créée en 1977.
Population 45 000
Carte Afrique du Sud Cc

Union (îles de l'), ***océan Pacifique*** Voir TOKELAU

Unión (La), ***Salvador*** Département de la côte S.-E., où l'on cultive le coton et la canne à sucre. Le chef-lieu, La Unión (32 000 hab.), est un port en eau profonde du golfe de Fonseca, près des frontières du Honduras et du Nicaragua.
Population 224 100

Union des républiques socialistes soviétiques (U.R.S.S.) Entre le 30 décembre 1922, date de sa création officielle, et le 8 décembre 1991, date de sa dissolution par les présidents ukrainien, russe et biélorusse, l'U.R.S.S., le plus grand État du monde, fut le terrain d'une expérience socialiste aussi singulière que dramatique.

Son immense territoire (22 400 000 km^2) résultait de siècles de colonisation intérieure dans le cadre de l'Empire tsariste et des suites du dernier conflit mondial, qui lui permit d'annexer les États baltes et la région de Königsberg, d'étendre ses frontières occidentales en Ukraine, Biélorussie et Moldavie et ses frontières orientales au dépens du Japon (Kouriles).

Cette immensité (plus de 10 000 km d'O. en E. sur onze fuseaux horaires) ains que la diversité de ses climats et de son sous-sol lui permettaient d'être le seul grand pays industriel quasi autosuffisant pour ses matières premières, ce qui fut un atout décisif lors du second conflit mondial.

Mais, source de puissance, cette immensité était aussi, sur le plan géopolitique, un facteur de fragilité qui vint à bout de toutes les tentatives de pérenniser ce dernier grand Empire. Pour répondre à la complexité de sa population (plus de 100 nationalités), Staline mit en place une fédération en forme de poupée gigogne, les 15 républiques fédérées (trois slaves — Biélorussie, Russie, Ukraine —, trois baltes — Estonie, Lettonie, Lituanie —, une latine — la Moldavie —, trois caucasiennes — Arménie, Azerbaïdjan et Géorgie —, et cinq républiques musulmanes d'Asie centrale, dont quatre turcophones — Kazakhstan, Kirghizie, Ouzbékistan et Turkménie — et une iranophone, le Tadjikistan) incluant 20 républiques, 8 régions et 10 territoires autonomes correspondant à des ethnies moins nombreuses. Mais les tentatives volontaristes de rendre homogènes ces régions par les plans de « rattrapage économique » et de fusionner ces ethnies au sein du « peuple soviétique » échouèrent.

Formée au temps du communisme de guerre après la révolution d'octobre 1917, l'économie soviétique, entièrement étatisée, planifiée centralement par une bureaucratie foisonnante, privilégiait trop les secteurs de l'industrie lourde autour du complexe militaire.

Privées de toute initiative, les entreprises industrielles ou les exploitations agricoles (coopératives, kolkhozes ou fermes d'État, sovkhozes) ne furent jamais incitées à améliorer leur productivité.

Si ce système permit à l'U.R.S.S. de reconstruire rapidement sa base industrielle après les drames de la guerre et du stalinisme, il fut incapable de s'adapter à la compétition technologique des années 1960-1980. Pour maintenir leurs positions dans le domaine des armements, les dirigeants sacrifièrent les industries de biens de consommation, la modernisation des transports, de l'agriculture.

L'U.R.S.S. était devenue une superpuissance militaire et spatiale, elle était parmi les premiers producteurs de pétrole, d'acier, de tracteurs et de coton, mais elle devait importer de plus en plus de céréales et ne pouvait satisfaire les besoins de sa population, victime de pénuries chroniques.

Après 1985, une nouvelle équipe dirigeante, autour de Mikhaïl Gorbatchev, tenta d'orienter le pays vers de profondes mutations (la perestroïka) en cherchant à combiner la gestion planifiée et les règles du marché.

Mais ces tentatives, butant sur l'inertie des administrations en place (la nomenklatura), accélérèrent la crise économique et libérèrent les antagonismes nationaux. À partir de 1990, les républiques baltes puis caucasiennes revendiquèrent leur indépendance. Après l'échec du putsch d'août 1991, mené par de hauts dirigeants du parti communiste et de l'État, la

Voir suite p. 688

Ukraine

L'INDÉPENDANCE DE L'UKRAINE, DÉCLARÉE APRÈS LE PUTSCH MANQUÉ ET CONFIRMÉE PAR RÉFÉRENDUM, A SONNÉ POUR LES RUSSES COMME UN COUP DE TONNERRE

Depuis la « Russie kievienne », entre le IXe s. et les invasions tataro-mongoles du XIIIe s., l'Ukraine est considérée comme le véritable foyer fondateur de la Russie, terre russe à part entière, Petite Russie par opposition à la Grande Russie, autour de Moscou, et la Russie Blanche, la Biélorussie actuelle. Depuis que les tsars moscovites ont entrepris la reconquête de ces « confins » (*Oukraina* en russe) — profitant de la révolte des cosaques Zaporogues menés par l'hetman Bogdan Khmelnitski contre les Polonais, en 1646, ils ont obtenu leur soumission en 1654 —, les Russes n'ont cessé d'affirmer leur domination sur ces riches terres du Sud. Il faudra cependant encore près de cent cinquante ans avant que les Russes ne chassent définitivement les Suédois et les Polonais, au N.-O., et surtout les Turcs Ottomans qui dominent les régions littorales. Sous le règne de Catherine II, les Russes, commandés par Potemkine, défont les Turcs, annexent les territoires contrôlés par les Tatars (conquête de la Crimée, 1783) et ouvrent une nouvelle façade maritime avec la création des ports de Kkerson (1778), de Sébastopol (1784) et enfin d'Odessa (1793).

L'Ukraine a toujours été considérée comme un territoire richement doté par la nature. Cela tient d'abord à sa situation au bord de la mer Noire, qui permit à ses ports de prospérer. Créé à deux pas d'une cité grecque, Odessa devint dès le XIXe s. l'une des principales voies d'exportation des grains et des produits manufacturés de toute la Russie. Traversée par plusieurs grandes voies commerciales reliant la mer Noire à la Moscovie et au-delà à la Baltique, l'Ukraine était en outre située sur des voies E.-O. allant de l'Asie centrale à l'Europe par les cols des Carpates ou, plus au N., rejoignant la grande plaine nord-européenne. Ces voies allaient faire — après la libération du joug tataro-mongol — la fortune de la capitale, Kiev, sur le Dniepr, aux limites de la forêt et de la steppe. Staline, ayant bien perçu l'importance stratégique de cette république, profita de la fin de la Seconde Guerre mondiale pour la renforcer en y incorporant définitivement la Volhynie et la Galicie orientale, retirées à la Pologne, la Ruthénie et le seuil d'Oujgorod, pris à la Tchécoslovaquie et offrant un accès direct à la plaine danubienne, et même une partie du N. de la Bucovine, prise à la Roumanie...

Au siècle dernier, la richesse de l'Ukraine s'établit sur deux piliers : d'une part, la production agricole, et surtout celle des céréales sur les célèbres tchernozioms, terres noires fertiles de la steppe, en fait le grenier à blé de la Russie ; d'autre part, la sidérurgie, fondée vers 1870, met à profit le charbon du Donbass (bassin du Donetz) et le fer de Krivoï-Rog (dans la boucle du Dniepr). Les capitaux sont russes mais aussi anglais, belges et français. Le réseau ferroviaire, quant à lui, se constitue grâce aux fameux emprunts russes... Dès lors, l'Ukraine, intégrée dans la stratégie russe, fait partie des grandes régions qui constituent l'ossature de l'économie de l'empire. Pendant la dramatique période de la bolchevisation, l'Ukraine est ravagée par la guerre civile puis par la dékoulakisation, qui se traduit par la dramatique famine de 1933 (au moins 4 millions de victimes). Les dirigeants soviétiques consacrent la place de la république aux premiers rangs des régions économiques de l'U.R.S.S. Après les ravages de la Seconde Guerre mondiale, les infrastructures industrielles et de transport sont vite reconstruites. Ainsi, l'Ukraine produisait environ 25 % des céréales, des fruits, des légumes et de la viande, 55 % des betteraves et 45 % du tournesol, 25 % du charbon, 50 % du minerai de fer, 35 % de l'acier, ainsi que près de 25 % des machines agricoles et des instruments d'automatisation de l'U.R.S.S.

L'Ukraine dispose d'un excellent terroir agricole. L'essentiel de son territoire, marqué par un climat continental tempéré, est constitué par de vastes plaines faiblement ondulées. La présence dans ces steppes des terres noires, sols riches en humus, permet la grande culture des céréales (blé d'hiver, maïs, céréales fourragères), du tournesol et des betteraves. Les régions occidentales (rive droite du Dniepr), plus humides, sont légèrement favorisées, et leur peuplement est plus dense que celui de la partie orientale. Cette dernière connaît de fortes sécheresses d'été, accompagnées de tempêtes de poussières qui brûlent souvent les récoltes. Les régions qui fournissent l'essentiel de la production sont heureusement complétées sur leurs marges par des zones aux conditions agroclimatiques différentes. Au N.-O., la Polésie, pays de dépressions humides, marécageuses et boisées, ainsi que les régions montagneuses des Carpates et leurs piémonts ont vu se maintenir une agriculture plus traditionnelle, associant l'élevage bovin, la culture des plantes fourragères et des pommes de terre, l'exploitation forestière et le travail du bois. Les Carpates ukrainiennes, seules véritables montagnes de la république, demeurent modestes. Au S., les plaines littorales de la mer Noire, au climat plus méridional, ont permis le développement d'une agriculture diversifiée, avec l'extension des vergers, des vignes et du tabac. L'essentiel de la presqu'île de Crimée est constitué de steppes sèches vouées aux cultures céréalières et fourragères ; elles sont irriguées par un réseau de canaux amenant l'eau du Dniepr. Seul un mince liseré, au S., protégé par la chaîne de montagnes littorale connaît un climat subméditerranéen qui a favorisé, outre le développement de vignobles de qualité, la création de stations balnéaires et d'une véritable « riviera », entre Sébastopol et Féodossia.

Grâce à cette diversité de terroirs et de climats, l'Ukraine est assurée de rétablir son autosuffisance alimentaire et devrait rapidement redevenir un exportateur important de produits agricoles. Il lui faut cependant transformer ses structures de production : associant cultures et élevages, elles sont organisées en exploitations collectives géantes qu'il n'est pas facile aujourd'hui de privatiser. Une fois

admis le principe de la propriété privée des terres, l'agriculture ukrainienne devrait être marquée, pour une longue période, par un système mixte, mêlant de grandes entreprises de type coopératif et des fermes familiales ou privées. Ces dernières domineront sans doute plus vite en Ukraine occidentale, où le souvenir des exploitations privées, sous la domination polonaise, reste encore vivace et a constitué, depuis 1945, un des fondements du mouvement nationaliste ukrainien, très actif dans ces régions tardivement intégrées. Il reste aussi à développer des industries agro-alimentaires dignes de ce nom, puisqu'une des principales causes des pénuries alimentaires soviétiques était l'absence de conserveries modernes et d'une chaîne du froid permettant d'améliorer le stockage et la distribution des productions.

L'industrie de base ukrainienne s'est organisée depuis la fin du siècle dernier autour de trois pôles reliés dès 1884 par une ligne ferroviaire. À l'E., le bassin charbonnier du Donbass, dont l'Ukraine possède les deux tiers (le dernier tiers appartient à la région de Rostov, en Russie), produit environ 140 millions de tonnes de houille, dont une part importante est cokéfiable. C'est aujourd'hui un grand pays noir en crise, surtout dans sa partie centrale, vaste triangle urbain et industriel entre Kramatorsk, Donetsk et Longansk (ex-Vorochilovgrad), où les mines et la métallurgie ferreuse constituent pratiquement des mono-industries. Le bassin charbonnier, exploité depuis le XIXe s., s'épuise, et les conditions d'exploitation sont dangereuses et de plus en plus coûteuses. En réalité, depuis des années, les entreprises sidérurgiques et les centrales thermiques du Donbass utilisent pour partie du charbon ou du gaz russes. Fer et manganèse ne manquent pas. Un petit gisement, au bout de la presqu'île de Kertch, en Crimée, a permis la création de deux villes industrielles reliées par ferry, Kertch et Marioupol (ex-Jdanov), sur la mer d'Azov, elle-même reliée au Donbass. Les gisements les plus importants sont de l'autre côté de la boucle du Dniepr (Krivoï-Rog pour le fer et Nikopol pour le manganèse) et constituent le deuxième pôle de localisation des industries lourdes (sidérurgie et chimie). Mais l'ouverture sur les marchés mondiaux frappe de plein fouet ces entreprises dont les équipements sont souvent vieillis. Les Ukrainiens voudraient achever leur modernisation (laminage à froid, fours à oxygène et fours électriques), entamée lentement dans le cadre de l'U.R.S.S., en recourant à des techniques et à des investissements occidentaux. Mais ce projet demeure hypothétique dans un secteur en pleine dépression au niveau international, très soumis au coût des importations de combustibles (charbon et hydrocarbures), que l'Ukraine recevait jusqu'ici à bas prix de Russie et qu'il lui faut désormais payer aux cours mondiaux. Le troisième pôle d'industries lourdes, situé entre le Donbass et les gisements de fer, sur le Dniepr, est un peu plus favorisé. Outre les centrales hydroélectriques (le Dnieprogues) qui fournissent de l'électricité bon marché, les équipements des usines de Zaporoje et de Dniepropetrovsk sont plus modernes et leurs industries plus diversifiées : aluminium, automobiles, moteurs électriques... Mais de gros efforts d'investissement sont nécessaires dans toutes ces villes pour doter les usines d'installations d'épuration et de traitement des déchets si l'on veut que cesse la pollution du Dniepr, qui a atteint des proportions inquiétantes.

À l'écart de ces vieilles régions industrielles, les deux principales villes du Nord, Kharkov et Kiev, la capitale, semblent plus favorisées. Situées toutes deux à des carrefours de communication, elles ont développé des activités plus diversifiées : universités, centres de recherche, industries de transformation (machines agricoles, aviation, armement, biens de consommation). Vieux centre culturel prestigieux, Kiev bénéficie aujourd'hui de son rôle de capitale et devrait devenir rapidement une grande métropole commerçante.

Les grands ports de la mer Noire devraient aussi largement profiter de l'ouverture en cours. Il leur faudra cependant surmonter une difficile phase d'adaptation. Outre la délicate question du partage de la flotte militaire de la mer Noire entre Russes et Ukrainiens, qui soulève le problème du statut de Sébastopol, il faut renégocier toute la question des flux de transit avec la Russie. Depuis les années 1960, en effet, de nombreuses installations portuaires à Ilitchevsk, Odessa et Kherson avaient été modernisées par l'adjonction de terminaux pétroliers et chimiques qui traitaient et exportaient des produits russes. Il faut renégocier tous ces contrats pour éviter que les industriels russes ne choisissent d'autres voies, ce qui ferait perdre aux ports ukrainiens une partie importante de leur trafic. C'est dire si les relations russo-ukrainiennes sont délicates, entre la flotte de la mer Noire et le problème de la Crimée, d'autant qu'ils interfèrent avec la question tatare. Expulsés en 1944 et déportés en Asie centrale, les Tatars furent réhabilités sous Gorbatchev, mais leur réinstallation est difficile : la région est déjà très peuplée et les terres disponibles sont rares. Le don par Khrouchtchev de la Crimée à l'Ukraine en 1954 n'est plus du goût des Russes, qui y sont majoritaires. Le Parlement russe soutient la majorité locale, qui a élu un président et un Parlement russophiles, augmentant les tensions avec le gouvernement de Kiev. Celui-ci, qui a accordé un statut de république autonome à la région, l'a dotée d'une large autonomie.

De fait, c'est l'ensemble des relations avec la Russie qu'il faut renégocier tant l'imbrication entre les deux économies est étroite. Pour l'Ukraine, une des questions les plus douloureuses est celle de l'énergie. Dans le cadre soviétique, la quasi-absence de ressources locales (épuisement du Donbass et faiblesse des gisements de gaz de Dachava et Chebelinka) avait été surmontée de deux façons : on importait à bas prix du gaz et du pétrole de Sibérie et l'on avait même construit des raffineries qui alimentaient les pays du Comecon en produits dérivés; on avait entamé la construction de toute une série de centrales nucléaires destinées à satisfaire les besoins de l'industrie ukrainienne, tout en exportant les surplus vers les pays voisins (Hongrie, Tchécoslovaquie...). La crise est aujourd'hui aiguë, car la catastrophe de Tchernobyl a remis en question tout le programme nucléaire, en particulier les unités en construction à Kertch et à Odessa. Tchernobyl reste une menace, mais l'Ukraine, pour qui cet apport énergétique est important, ne peut compter que sur les Occidentaux pour lui assurer très rapidement la construction de réacteurs aux normes de sécurité satisfaisantes. Car, dans le même temps, les Russes, irrités par la volonté d'indépendance des Ukrainiens, veulent appliquer les prix mondiaux pour leurs ventes de combustibles, ce qui plongerait l'économie ukrainienne dans une crise profonde. Sans doute l'Ukraine produit-elle quantité d'éléments indispensables à de nombreuses entreprises russes. Mais les moyens de pression de la Russie sont infiniment plus puissants. Les Occidentaux, qui ont vu naguère favorablement les velléités d'indépendance de l'Ukraine, doivent ménager les uns et les autres. Il faudra aux autorités ukrainiennes beaucoup de pragmatisme pour parvenir réellement à l'indépendance.

Sur le plan politique, l'Ukraine souhaite rejoindre au plus vite les pays d'Europe occidentale. Une première étape pourrait être le resserrement des liens avec ses proches voisins, Hongrie, République tchèque, Slovaquie et Pologne. Mais ces pays ont eux-mêmes beaucoup de problèmes à résoudre. Sur le plan économique, si l'autonomisation croissante vis-à-vis de la Russie est indispensable — l'introduction d'une monnaie nationale en est un élément —, il faut reconstruire avec elle de nouveaux rapports privilégiés. Sinon, l'industrie et les activités fondamentales de transit de la république risquent vite d'être asphyxiées, mettant en péril toute l'économie. N'a-t-on pas déjà évoqué à Moscou, devant les menaces de Kiev de bloquer les gazoducs qui, sur son territoire, acheminent le gaz russe vers l'Europe, la possibilité de construire une installation plus moderne mais passant par la Biélorussie ? Les rapports entre Russes et Ukrainiens sont complexes, et la montée des mouvements extrémistes, nationalistes ukrainiens d'un côté, autonomistes russes de l'autre (les Russes constituent de fortes minorités dans toutes les régions orientales), n'est pas bon signe. Il faudra de la patience de part et d'autre pour que cette séparation longtemps jugée totalement irréaliste s'accomplisse sans drame.

L'UKRAINE EN BREF
Superficie 603 700 km²
Population 52 135 000
Capitale Kiev
Régime Démocratie présidentielle
Monnaie Karbovanets (provisoire)
Langues Ukrainien, russe
Religions Orthodoxes catholiques uniates en Ukraine occidentale
Climat Subméditerranéen sur la bordure méridionale, continental ailleurs; température moyenne à Kiev : de − 6 °C en janvier à + 19 °C en juillet
Ressources Blé, maïs, tournesol, betteraves, vigne, bovins; charbon, fer, manganèse, un peu de gaz, sel
Activités Métallurgies ferreuse et non ferreuse, énergie thermique et hydroélectricité, chimie et pétrochimie; constructions mécaniques (automobile, aéronautique, machines agricoles, armement), électronique; agro-alimentaire, textile, travail du bois
Exportations Charbon, fer, manganèse, céréales, viande; produits chimiques, machines agricoles, armes
PNB annuel par habitant 1 670 dollars
Croissance démographique Stable
Espérance de vie Hommes 66 ans; Femmes 75

sécession de l'Ukraine précipita la dissolution de l'U.R.S.S., annoncée le 8 décembre 1991. Douze des quinze ex-républiques fédérées (sans les trois États baltes) ont créé la C.E.I. (Communauté des États indépendants), sorte d'union économique eurasiatique dont le fonctionnement demeure incertain.

Unterwald, en all. **Unterwalden,** ***Suisse*** Canton au S. du lac des Quatre-Cantons (768 km^2) ; il est divisé en deux demi-cantons, tous les deux souverains (les six demi-cantons de la Confédération helvétique sont souverains au même titre que les cantons) : le Nidwald (chef-lieu : Stans) et l'Obwald (chef-lieu : Sarnen). L'Unterwald s'étend sur une partie des Préalpes calcaires suisses (le mont Titlis culmine à 3 239 m), au cœur du pays. Il est de langue allemande et de religion catholique. L'Unterwald signa en 1291 avec Uri et Schwyz l'alliance perpétuelle qui est à l'origine de la Confédération helvétique. Tourisme, élevage laitier, travail du bois en sont les principales ressources.
Population (Nidwald) 30 200 ; (Obwald) 27 100
Carte Suisse Ba

Unzen (mont), ***Japon*** Massif volcanique à l'E. de Nagasaki, dans la presqu'île de Shimabara. Le volcan Unzen (1 360 m), endormi depuis son éruption de 1792 qui fit 15 000 morts, s'est réveillé en novembre 1990. Son activité violente en juin 1991 (une trentaine de victimes) menaça en particulier la ville de Shimabara (45 000 habitants) et l'ensemble de sa péninsule. Nouvelle activité en juin 1993. Parc national de Unzen-Amakusa (257 km^2).
Carte Japon Bd

Upemba (parc national de l'), ***Zaïre*** Réserve recouvrant 11 730 km^2 dans la région centrale du Shaba à l'O. du lac Moëro. Dans sa partie O., s'étend une zone marécageuse peuplée de crocodiles et d'hippopotames. Au S. et à l'E., les savanes abritent antilopes, buffles et zèbres. Le parc fut créé en 1939.
Carte Zaïre Bb

Upington, ***Afrique du Sud*** Petite ville située sur le fleuve Orange dans le nord-ouest de la province du Cap, à 475 km de la côte atlantique. Ville de mission fondée en 1875, elle est aujourd'hui un carrefour routier et ferroviaire (notamment liaison vers la Namibie), dans une région agricole riche et bien irriguée.
Population 25 900
Carte Afrique du Sud Bb

Upolu, ***Samoa occidentales*** Deuxième île pour la superficie (1 100 km^2), mais la plus peuplée. Montagneuse, elle culmine à 1 100 m au mont Fito ; certaines parties sont couvertes de forêts denses d'où surgissent d'immenses cascades. Principale ressource : la noix de coco. La capitale, Apia, se trouve sur la côte N.
Population 133 000
Carte Pacifique (océan) Ec

Uppland, ***Suède*** Ancienne province de l'est du pays recouvrant 12 673 km^2 au N. de Stockholm. La région de Dannemora, riche en minerai de fer, occupe la partie nord de la province. Capitale : Uppsala.
Population 1 128 400
Carte Suède Cd

Uppsala, ***Suède*** Ville historique, à 68 km au N. de Stockholm. Centre culturel important ; son université, fondée en 1477, est la plus vieille du pays et abrite des manuscrits dont les plus anciens datent du VIe s. Château du XVIe s. et cathédrale (fin du XIIIe s.) où les rois de Suède étaient autrefois couronnés.

À 3 km au N., se trouve le Vieil Uppsala, avec l'impressionnant tumulus préhistorique des rois légendaires. Principales activités d'Uppsala : mécanique, matériaux de construction, produits pharmaceutiques et industrie alimentaire.
Population 175 000
Carte Suède Cd

AUTRES TEMPS... Face à la Moscova, derrière les murailles du Kremlin, le grand palais. Pendant 74 ans, il abrita le Soviet suprême de l'U.R.S.S., parlement sans grand pouvoir réel. C'est pourtant ici qu'aujourd'hui se réunit le Congrès des députés du peuple russe, véritable contre-pouvoir face au président Eltsine.

Ur, *Irak* Voir OUR

Ural'sk, *Russie* Voir OURALSK

Urbino, *Italie* Centre touristique à 110 km à l'E. de Florence. Avec ses rues étroites, ses bâtiments serrés, Urbino est restée la ville d'aspect médiéval qu'elle était sous les ducs de Montefeltre (1213 à 1508). Au XVe s., elle atteignit son apogée et devint un des foyers de science et d'art de l'Italie de la Renaissance. Raphaël, un des plus grands peintres de la Renaissance, y naquit en 1483.

L'orgueil de la ville est le vaste palais ducal du XVe s. qui abrite la Galerie nationale des Marches; ses collections de peinture sont représentatives des nombreuses écoles de peinture italiennes. Université fondée en 1506.

Population 15 900
Carte Italie Dc

Urfa ou **Sanliurfa, *Turquie*** Ville au S. du pays, ancienne Édesse de l'Antiquité. Ville de Mésopotamie du Nord, elle devint, après la chute de Jérusalem, une principauté chrétienne. Édesse a été conquise par les Turcs en 1144.

La province d'Urfa (18 584 km^2) est bordée, au N. et à l'O., par l'Euphrate et le récent barrage hydroélectrique Atatürk, au S. par la Syrie.

Population (ville) 276 500 ; (prov.) 1 009 500
Carte Turquie Bb

Urgel, off. **Seo de Urgel, *Espagne*** Ville de la province de Lerida, à 20 km au S. d'Andorre-la-Vieille. L'évêque d'Urgel est coprince d'Andorre. Cathédrale du XIIe s. Commerce, agriculture, élevage, produits laitiers.

Population 11 200

Uri, *Suisse* Canton de langue allemande, dans la Suisse centrale. Uri fut l'un des trois cantons à l'origine de la Confédération helvétique. Ses habitants, ainsi que ceux de Schwyz et d'Unterwald, s'opposèrent à la domination autrichienne. Le 1er août 1291, dans une prairie proche du lac d'Uri, ils prêtèrent serment sous la conduite du légendaire Guillaume Tell, originaire du canton. Le serment de Rütli est considéré comme l'acte de fondation de la Confédération et la date du 1er août a été adoptée comme fête nationale suisse. Dans le chef-lieu du canton, Altdorf (8 000 hab.), une statue de Guillaume Tell a été érigée à l'endroit où celui-ci aurait refusé de saluer l'emblème des Habsbourg; le bailli d'Uri l'aurait alors obligé à percer d'une flèche une pomme posée sur la tête de son propre fils.

Montagnes, forêts et glaciers recouvrent les 1 076 km^2 de l'Uri. Sur les armoiries du canton, une tête de taureau fait allusion à l'« auroch » dont proviendrait l'appellation Uri.

Ressources: forêt, textiles, constructions mécaniques et tourisme (Andermatt, col du Saint-Gothard).

Population 34 000
Carte Suisse Ba

Uruguay Voir p. 690

Uruguay, *Amérique du Sud* Fleuve qui donne son nom à la république d'Uruguay. Il prend sa source dans les montagnes du Sud brésilien près de l'Atlantique, forme une partie de la frontière entre le Brésil et l'Argentine et entre l'Uruguay et l'Argentine. Après 1 600 km, il conflue avec le Paraná, à 75 km au N. de Buenos Aires, pour former le Río de la Plata. L'Uruguay est navigable sur 350 km en aval de la ville de Salto. En amont, ses eaux alimentent des centrales hydroélectriques.

Carte Uruguay Ab

Uruk, *Irak* Voir OUROUK

Urumiyeh, *Iran* Voir OURMIA

Urumqi (Ouroumtsi), *Chine* Capitale de la région autonome du Sin-kiang Ouigour dans l'extrême ouest du pays. C'est le plus gros centre administratif de la Chine occidentale. Industries: sidérurgie, mécanique, textile.

Population 1 200 000
Carte Chine Cc

Usedom (île), en polonais **Uznam** Île de la mer Baltique, aux confins de la Pologne et de l'Allemagne, à l'embouchure de l'Oder. Allemande dans sa plus grande partie, seule l'extrémité E. étant polonaise, elle abrite le site de Peenemünde, où furent assemblées pendant la Seconde Guerre mondiale les fusées V 1 et V 2. La partie polonaise, avec le port de Świnoujście, contrôle le canal assurant le débouché maritime du port de Szczecin.

Carte Pologne Ab

Ushuaia, *Argentine* Chef-lieu du territoire de la Terre de Feu, Ushuaia est l'agglomération la plus australe du globe. Autrefois terre de missions puis bagne, notamment pour les Indiens Patagons, disparus vers 1950, la ville vit surtout du pétrole et de l'élevage de moutons.

Carte Argentine Cd

Üsküb, *Macédoine* Voir SKOPJE

Üsküdar (Scutari), *Turquie* Faubourg asiatique d'Istanbul, sur la côte E. du Bosphore. Avec son Grand Cimetière et ses maisons de bois construites en encorbellement, c'est un quartier turc des plus typiques, essentiellement habité par des musulmans.

Carte Turquie Aa

Ustica, *Italie* Île volcanique à 65 km au N. de Palerme (Sicile), aux côtes découpées et dont la lave noire affleure l'eau. Port de plaisance au chef-lieu, Ustica. Tourisme (ancienne forteresse, grotte d'Azur).

Population 1 200
Carte Italie De

Ústí nad Labem, *Rép. tchèque* Chef-lieu de la Bohême septentrionale et ville industrielle au N. de Prague et à 16 km de la frontière avec l'Allemagne. Industries chimique, textile, alimentaire, verrerie. C'est aussi un des centres touristiques de la Suisse saxonne, région de collines recouvertes de forêts s'étendant de part et d'autre de l'Elbe, à cheval sur l'Allemagne et la République tchèque.

Population 90 200
Carte République tchèque Ba

Ustinov, *Russie* Voir IJEVSK

Ust-Kamenogorsk, *Kazakhstan* Voir OUST-KAMENOGORSK

Usumacinta, *Guatemala/Mexique* Un des principaux fleuves du Mexique, long de 1 000 km, navigable sur 500 km. Appelé Chixoy à sa naissance dans le nord-ouest du Guatemala, il forme la frontière entre le Mexique et le Guatemala, traverse les forêts tropicales du Tabasco et se jette au N.-O. dans le Grijalva, à peu de distance du golfe de Campeche. Il est prévu de développer l'agriculture dans la partie fertile de son bassin.

Carte Mexique Cc

Usutu, *Afrique méridionale* Rivière longue de 216 km, née dans le Transvaal, en Afrique du Sud. Elle traverse à l'E. le Swaziland (Mozambique) par des gorges pittoresques dans les monts Lebombo, conflue avec le Maputo, qui débouche peu après dans la baie de Maputo (autrefois baie de Delagoa).

C'est la rivière la plus importante du Swaziland; on l'utilise pour l'irrigation et la production d'énergie hydroélectrique. Son nom, qui signifie « brun foncé », rappelle son apparence boueuse.

Carte Swaziland Aa

Utah, *États-Unis* État de l'ouest des États-Unis qui fut cédé par le Mexique en 1848 à la fin de la guerre mexico-américaine. Depuis 1847, les Mormons s'y étaient établis, mais les différends entre l'Église mormone et le gouvernement américain, notamment au sujet de la polygamie (autorisée par les mormons), retardèrent l'admission de l'Utah dans l'Union jusqu'en 1896.

L'Utah fait partie des montagnes Rocheuses et culmine dans le Nord-Est au Kings Peak (4 123 m). L'État comporte aussi de vastes étendues désertiques et de nombreux lacs dont le Grand Lac Salé, le plus étendu. Ressources agricoles: bétail, produits laitiers, fourrage et blé. Industries: métallurgie, mécanique, équipement de transport. Salt Lake City est la capitale de l'État et le siège des mormons.

Population 1 724 000
Carte États-Unis Dc

Utica, *États-Unis* Ville située au centre de l'État de New York, à 300 km à l'E. du lac Érié, auquel elle est reliée par un canal. Principales ressources: produits laitiers, industrie mécanique (pièces détachées pour l'automobile et l'aéronautique).

Voie d'accès privilégiée aux monts Adirondack et aux Mille-Îles (quelque 1 500 îlots sur le Saint-Laurent, à l'endroit où il quitte le lac Ontario).

Population (ville) 69 000 ; (aggl.) 317 000
Carte États-Unis Kb

Utique, *Tunisie* Ancienne ville et port phénicien située près de l'embouchure de la Medjerda, à 40 km au N.-O. de Tunis. Utique serait la plus ancienne colonie phénicienne de la côte nord-africaine, fondée en 1100 av. J.-C. Après la destruction de Carthage par les Romains, elle devint la capitale de la province romaine d'Afrique. Elle fut pendant un temps soumise à l'autorité de Caton le Jeune, homme d'État et général, farouche opposant à Jules César. Le suicide de Caton à Utique après la bataille de Thapsus en 46 av. J.-C. rendit la ville célèbre. Utique se trouve maintenant à 10 km à l'intérieur des terres à cause de l'envasement du fleuve. Parmi les vestiges figurent une nécropole phénicienne du VIe s. av. J.-C. et des bains romains. Une intéressante collection de mosaïques de pavement est présentée dans un musée.

Carte Tunisie Ba

Utrecht, *Pays-Bas* Ville à 42 km au S.-E. d'Amsterdam. Un camp romain situé à cet emplacement gardait un gué sur un ancien cours du

Voir suite p. 691

Uruguay

APRÈS LA TEMPÊTE, LA « SUISSE DE L'AMÉRIQUE LATINE » EST À LA RECHERCHE DE SA PROSPÉRITÉ PERDUE

Pendant un demi-siècle, l'Uruguay a été admiré pour sa prospérité. La plus petite république du continent, que l'on aimait citer pour le niveau de vie de ses habitants et sa législation sociale, y avait même acquis le titre, envié, de « Suisse d'Amérique latine ». Mais, en quelques décennies, la faillite économique a fait resurgir les vieux démons de l'autoritarisme : conflits sociaux, guérillas urbaines, pouvoirs militaires et atteintes aux droits de l'homme.

La prospérité résultait d'une intelligente mise en valeur d'un sol riche, des progrès techniques de conservation (réfrigération), puis d'un contexte international favorable (la Première Guerre mondiale en Europe). Plus de 90 % des terres sont cultivables, mais 10 % seulement sont cultivées ; les vastes espaces restants sont réservés aux troupeaux de bovins et de moutons.

Situé sur la rive gauche du río de la Plata, l'Uruguay a été dès l'origine disputé entre l'Argentine espagnole et le Brésil portugais, puis par ces deux pays devenus indépendants, après l'éviction de leurs colonisateurs au début du XIXe s. L'Uruguay fut envahi par l'Argentine, puis le Brésil (1824). Un premier gouvernement indépendant s'installa à Florida, en 1825, au N. de Montevideo ; pour éviter un conflit entre les deux nouvelles puissances de la région, la Grande-Bretagne poussa à la création de l'Uruguay comme État-tampon. La Constitution de 1830 fut bientôt suivie de l'émergence des deux grandes formations politiques — *blancos* et *colorados* — qui domineraient désormais la vie publique. À l'issue d'un conflit avec l'Argentine, le traité de la Triple Alliance (1851) accorda au Brésil des avantages économiques et la possibilité d'intervention. Le pays se vit entraîné, aux côtés de ses deux voisins, dans la guerre contre le Paraguay (1865-1870). Au début du siècle, après un long conflit qui tourna souvent à la guerre civile, le leader colorado José Batlle y Ordónez, appuyé par la petite bourgeoisie et le prolétariat, promulgua une série de réformes sociales et nationalisa les grands secteurs de l'économie (transports, banques, énergie, etc.). Une importante classe moyenne vit le jour (fonctionnaires, petits commerçants, cadres). Le parti blanco, représentant les éleveurs, parvint à imposer sa participation au pouvoir par le biais de la collégialité. Durant cette période de boom économique, la population se grossit de nombreux immigrants venus d'Italie et d'Espagne.

MARCHÉ AU BÉTAIL. La vie rurale de l'Uruguay reste dominée par la grande propriété d'élevage. Les *gauchos* à cheval sillonnent les vastes espaces de prairie où paissent d'immenses troupeaux.

Mais la crise de 1929 fit chuter les exportations ; les responsables s'engagèrent dans une politique d'industrialisation pour pallier le manque de produits étrangers. À la fin des années 1950, la reprise de la production mondiale, surtout européenne, sonna le glas de la prospérité de l'Uruguay, épargné par le conflit, comme l'ensemble de l'Amérique latine. C'était aussi la fin du règne presque ininterrompu du parti colorado, au profit de son adversaire, plus conservateur, qui prit des mesures en faveur des éleveurs et diminua le rôle de l'État. En 1968, alors que le pays s'enfonçait dans l'inflation et le chômage, le président blanco, Pacheco Areco, bloqua les salaires, provoquant une réaction syndicale.

C'est alors qu'apparut le mouvement de guérilla urbaine des *tupamaros* (de Tupac Amaru, un leader indien qui avait combattu les Espagnols), qui recrutait surtout dans la petite bourgeoisie et les milieux universitaires ; enlèvements contre rançons et attentats se multiplièrent. Le président Bordaberry, élu en 1971, et ses successeurs ne parviendront pas à résoudre les problèmes économiques et stopper la chute du niveau de vie des classes moyennes ; ils laisseront toute latitude à l'armée pour mener contre les tupamaros une répression qui ne s'embarrassera pas de scrupules, et placera l'ancienne « Suisse » latino-américaine au rang des dictatures les plus détestables. Des centaines de milliers de personnes quittèrent le pays. L'incapacité des militaires à résoudre les difficultés du pays, ainsi que le retour à la démocratie au Brésil et en Argentine et la pression internationale, amenèrent leur repli progressif.

Julio Sanguinetti (colorado) fut élu président en 1984 et faillit être victime d'un coup d'État peu après son investiture. Il parvint à s'imposer grâce à l'appui populaire et international. Son successeur, Luis Alberto Lacalle (blanco), élu le 26 novembre 1989, est un fervent partisan de l'économie néo-libérale.

L'Uruguay a été comparé à une cité-État, comme l'Athènes historique, car le pays, un vaste ensemble agricole, n'est que l'arrière-cour d'une cité, Montevideo, l'élégante capitale où vit la moitié de la population et où se manifeste le goût français.

Un million et demi de citadins sont ainsi ravitaillés par 175 000 exploitants agricoles qui s'adonnent à l'entretien des vignobles, des vergers, des rizières, des oliveraies et des plantations d'agrumes. Les grandes *estancias*, où l'on élève des milliers de têtes de bétail et des troupeaux de moutons qui fournissent une laine appréciée, sont le domaine des *gauchos*, version sud-américaine des cow-boys.

L'Uruguay, dépourvu de minerais précieux, reste un pays essentiellement agricole malgré une forte industrialisation ; celle-ci bénéficie de l'énergie produite dans les usines hydro-électriques de Palmar et de Salto Grande.

L'URUGUAY EN BREF	
Superficie	176 215 km^2
Population	3 130 000
Capitale	Montevideo
Régime	République parlementaire
Monnaie	Peso = 100 centésimos
Langue	Espagnol
Religion	Chrétiens (66 % de catholiques)
Climat	Tempéré. Températures moyennes à Montevideo : de 6-14 °C en juillet à 17-28 °C en janvier
Ressources	Bétail, moutons, blé, riz, maïs ; améthystes, topaze, marbre
Industries	Cultures industrielles, conserveries de viandes, cuirs et tannage des peaux, laines et textiles, cimenteries, pêche, tourisme, raffinage du pétrole
Exportations	Conserves de viande, viande, laine, cuirs et peaux, poisson, riz
P.N.B. annuel par habitant	2 860 dollars
Croissance démographique	8,4 ‰ par an
Espérance de vie	Hommes 69 ans, femmes 76

Rhin. Son premier évêque fut Willibrord (658-739), évangélisateur de la Frise, né en Northumbrie. La ville, devenue un évêché important, affirma sa prédominance dans le textile. En 1579 y fut conclue l'union des sept provinces du Nord, qui constitua l'acte de naissance des Provinces-Unies. La vieille ville conserve la cathédrale Saint-Martin, dont la tour est la plus haute tour d'église du pays (113 m), l'église Saint-Pierre en partie romane (XIe s.), la maison construite en 1523 pour l'unique pape hollandais Adrien VI (pape de 1522 à 1523), né à Utrecht, et l'université fondée en 1636. La ville abrite aussi l'hôtel de la Monnaie des Pays-Bas, le musée national des religions, le Musée central. Elle est le centre du réseau ferroviaire du pays (musée des Chemins de fer). Utrecht est aussi le chef-lieu et la plus grande ville de la plus petite province du pays, Utrecht (1 324 km^2). Cette province, où l'on peut admirer les belles maisons de campagne édifiées par de riches commerçants d'Amsterdam entre 1650 et 1720, fournit produits laitiers, volailles, fruits et légumes. Elle est située au carrefour des voies de communication des Pays-Bas, fortement urbanisée, et dotée d'industries légères (métallurgiques et alimentaires).

Population (ville) 231 800 ; (aggl.) 527 000 ; (province) 1 037 500

Carte Pays-Bas Ba

Utsunomiya, *Japon* Ville située à l'E. de l'île de Honshu, à 95 km au N. de Tokyo. Sa zone industrielle, moderne, a attiré de nombreuses entreprises de l'agglomération de Tokyo. Principales productions : voitures, équipement de bureau et microprocesseurs.

Population 427 000

Carte Japon Cc

Uttar Pradesh, *Inde* État le plus peuplé du N. du pays, recouvrant 294 411 km^2. Il comprend une fraction de l'Himalaya, avec le Nanda Devi (7 817 m) et une grande partie des plaines du Gange, du Yamuna et du Ghaghara. Les plaines occidentales, irriguées, côtoient la zone industrielle qui entoure New Delhi, capitale de l'Inde. Elles constrastent avec l'E., plus humide, beaucoup plus peuplé et misérable. L'État produit riz, blé, sucre, tissus de coton et articles de cuir. Il fut formé en 1950 avec les anciens États d'Agra et Oudh et les Provinces-Unies. Il était autrefois le cœur de la civilisation primitive hindoue. On y trouve la plupart des villes saintes telles que Bénarès et Allahabad, ou encore Ayodhya, où perdure un grave conflit interreligieux. C'est aussi le centre de la région de langue hindie. Capitale : Laknau (Lucknow).

Population 139 150 000

Carte Inde Cb

Uvéa, *océan Pacifique* Île principale (159 km^2) des îles Wallis, sur laquelle se situe Mata-Utu, chef-lieu du territoire d'outre-mer français de Wallis-et-Futuna. 60 % de la population du territoire habite sur cette île.

Population 9 000

Carte Pacifique (océan) Ec

Uyo, *Nigeria* Capitale du nouvel État d'Akwa Ibom, créé en 1987, auparavant inclus dans celui de Cross River. Situé à l'E. de Port-Harcourt, il faisait partie du Biafra (pays ibo) durant la guerre civile de 1967. Cet État vit aujourd'hui de l'agriculture, de la pêche et des activités pétrolières.

Population (ville) 60 500 ; (État) 2 360 000

Carte Nigeria Bc

V

Vaal, *Afrique du Sud* Rivière née au S.-E. de l'ancienne province du Transvaal, près de la frontière du Swaziland. Longue de 1 200 km, elle forme la plus grande partie de la frontière entre l'État libre d'Orange et ses voisins et se jette dans le fleuve Orange à 200 km au S.-O. de Kimberley. Avec ses affluents, le Vaal est la principale source d'alimentation en eau du Witwatersrand, de Pretoria et du sud du Transvaal. Ses eaux sont prélevées pour la consommation au barrage du Vaal, à 29 km en amont de la ville de Vereeniging, et pour le programme d'irrigation du Vaal Hartz au barrage de Bloemhof, au N. de Kimberley.

Carte Afrique du Sud Cb

Vaasa (Vasa), *Finlande* Port de mer fondé en 1606, à 370 km au N.-O. d'Helsinki. Détruite par un incendie en 1852, la ville fut reconstruite à son emplacement actuel, sur le golfe de Botnie, en 1860. Principales industries : chantier naval, minoterie, scierie, sucrerie, textile, savon et outillage. Exportation de bois et d'objets en bois. Un service de ferry assure la liaison avec Umeå, en Suède.

Population 54 400

Carte Finlande Bc

Vadodara (Baroda), *Inde* Ville industrielle à 300 km au N. de Bombay. Principales productions : bijoux, textiles, produits chimiques, tabac, coton, laine, ferronnerie. Le palais de Markapura est célèbre pour ses grands coffres sculptés.

Population 1 021 500

Carte Inde Bc

Vaduz, *Liechtenstein* Capitale de la minuscule principauté située entre la Suisse et l'Autriche, à 80 km à l'E. de Zurich (Suisse). Ancien petit bourg, c'est aujourd'hui un centre international des finances, grâce à ses particularités fiscales. Principales curiosités : château du XIIe s., résidence de la famille princière, galerie d'art moderne et musée.

Population 5 000

Carte Suisse Ba

Váh, *Slovaquie* La plus longue rivière de Slovaquie (433 km). Née dans les monts Tatras, elle se jette dans le Danube à la hauteur de Komarno, près de la frontière hongroise. En plusieurs endroits, construction de barrages alimentant des centrales hydroélectriques.

Carte Slovaquie Db

Valachie, *Roumanie* Ancienne principauté (76 586 km^2) entre les Carpates méridionales, au N., et le Danube, à l'E. C'est une région de plaines, de vallées fluviales et de terres cultivées. Bucarest, capitale du pays, se trouve au centre de la plaine. Sous domination turque puis russe, la Valachie forma en 1859, avec la Moldavie, le nouvel État de Roumanie. Elle conserve cependant ses traditions, notamment dans l'architecture rurale, avec ses maisons à galeries couvertes en bois.

Carte Roumanie Ab

Valais, *Suisse* Canton du sud de la Suisse dans la haute vallée du Rhône, bordé par l'Italie au S., la France et le lac Léman à l'O. (5 226 km^2). Sa population est en majorité de langue française. Il est constitué d'une plaine drainée par le Rhône et encadrée par de hautes montagnes, l'Oberland bernois au N. (Finsteraarhorn 4 274 m, Jungfrau 4 158 m) et les Alpes pennines au S. (Cervin 4 478 m, mont Rose 4 638 m). De part et d'autre du Rhône les vaux d'Entremont, d'Hérens, d'Anniviers, et la vallée de Saas Fee creusent des sillons parallèles drainés par la Dixence, la Drance, la Borgne et la Viège.

Occupé par les Celtes, puis par les Romains, ce fut un foyer du christianisme au Moyen Âge, qui resta sous la domination des évêques de Sion jusqu'au XVIIIe s. Occupé par les Français de 1798 à 1813, il forma en 1815 le vingtième canton de la Confédération suisse.

Polyculture intensive (vignoble, vergers, légumes, céréales dans la plaine) et élevage. Équipement hydroélectrique important, fournissant le quart de l'électricité suisse, industrie chimique et aluminium. Le Valais est aussi un haut lieu touristique. Chef-lieu : Sion.

Population 253 900

Carte Suisse Aa

Valdaï (Hauteurs du), *Russie* Ensemble de collines et plateaux à mi-distance entre Moscou et Saint-Pétersbourg. D'une hauteur de 180-300 m, il culmine au Kamenik (321 m), point le plus élevé de la plaine russe européenne. Région très boisée, aux nombreux lacs et tourbières, où prennent leur source le Dniepr, la Dvina occidentale, la Volga et le Volkhov.

Carte Russie Cc

Val d'Aoste, *Italie* Région autonome (3 262 km^2) de la république italienne au N.-O. du pays, autour de la vallée du même nom et du chef-lieu, Aoste ; région peu peuplée, de langue italienne et française (elle fit partie de la France de 1800 à 1816). Agriculture (céréales, vergers) ; élevage bovin (fromages) ; importante production hydroélectrique, tourisme.

Population 113 500

Carte Italie Ab

Val-de-Marne (94), *France* Département (245 km^2) de la région Île-de-France situé au S.-E. de Paris et jouxtant le plateau de la Brie. Créé en 1964, il recouvre une partie des anciens départements de la Seine et de la Seine-et-Oise. Traversé par les vallées de la Seine et de la Marne, c'est un département fortement urbanisé sur les deux tiers de son territoire ; dans la vallée de la Marne, l'habitat est plus résidentiel. L'industrialisation, ancienne dans la vallée de la Seine, se maintient : construction automobile, chimie, textile, tannerie, industrie alimentaire ; de nouvelles zones d'activité se sont développées autour de Fontenay-sous-Bois, Créteil, Orly. L'accroissement du secteur tertiaire est analogue à celui des autres départements de la région parisienne. Le commerce en gros est bien implanté avec le marché d'intérêt national à Rungis, ainsi que le secteur des transports avec la zone aéroportuaire d'Orly et la présence de deux des principales voies ferrées françaises. Chef-lieu : Créteil.

Population 1 215 600

Carte France Eb

Val-d'Isère, *France* Importante station de ski de Savoie dans la haute vallée de l'Isère, dont le domaine skiable, très étendu et s'échelonnant entre 1 800 et 3 750 m, est l'un des plus grands de France. Les Jeux olympiques de 1992 doivent en partie s'y dérouler.

Population 1 700

Valdivia, ***Chili*** Ville et port du Chili central, chef-lieu de la province du même nom, à 800 km au S. de Santiago. Elle fut fondée en 1552 par le conquistador espagnol Pedro de Valdivia. En 1960, elle fut sévèrement endommagée par un tremblement de terre et un raz de marée. De fertiles terres agricoles entourent la ville. Industries alimentaires, cuir, papier, bois.

La province de Valdivia, très boisée, est située au cœur de la région des lacs et des volcans (lacs de Panguipulli, Calafquen, Rinihue, riches en poisson). Bois et cultures fruitières dans le nord, élevage dans le sud.

Population (ville) 116 000 ; (prov.) 329 800
Carte Chili Ac

Val-d'Oise (95), ***France*** Département de la région Île-de-France, situé au N. de Paris (1 248 km^2). Limité à l'E. par la Seine-et-Marne, il s'étend à l'O. jusqu'à la vallée de l'Epte ; la vallée de la Seine forme sa limite S. Il couvre à peu près trois vieux pays de l'Île-de-France, le Vexin français au N.-O., la plaine de France au N. et à l'E., le Parisis au S.-S.-E. Créé depuis 1964, ce département de la région parisienne s'est développé autour des trois grands pôles urbains de la vallée de la Seine, de l'aéroport de Roissy, de la ville nouvelle de Cergy-Pontoise. En dehors de ces zones, se maintiennent une grande céréaliculture dans le Vexin et des cultures spécialisées aux abords de Paris, mais qui sont soumises à une concentration des exploitations et reculent. Industries métallurgique et mécanique, électronique et agro-alimentaire ; développement du secteur tertiaire. Chef-lieu : Pontoise.

Population 974 000
Carte France Eb

Valence, ***France*** Préfecture du département de la Drôme, sur le Rhône, à 90 km au S. de Lyon. Ancienne capitale du territoire gaulois des Segalauni puis colonie romaine, elle fut appelée Valencia (la Vigoureuse) en souvenir d'un combat. Au Moyen Âge, la ville fut le siège d'un important évêché qui s'opposa au pouvoir des comtes de Valentinois. Louis XI y fonda une université en 1452. Son rattachement à la France date de 1485. Elle a conservé de son passé la cathédrale Saint-Apollinaire, romane, restaurée au XVIIe s. à l'identique, quelques maisons anciennes et son évêché, où un musée abrite aujourd'hui une remarquable série de sanguines et de dessins de Hubert Robert, réalisés en Italie de 1755 à 1775. Grand marché régional de fruits et légumes. Industries textiles et alimentaires ; mécanique de précision et horlogerie.

Population (ville) 63 500 ; (aggl.) 108 000
Carte France Fd

Valence, en esp. **Valencia,** ***Espagne*** Port de mer sur la côte méditerranéenne qui possède de nombreux monuments du Moyen Âge et de la Renaissance, et la plus grande arène d'Espagne (18 000 places). Industries ferroviaire, navale, chimique. Centre commercial actif exportant vin et fruits produits par la riche province du même nom, dont les huertas — terres irriguées — donnent plus d'une récolte par an. Capitale au XIe s. d'un royaume maure, la ville fut conquise pour l'Espagne par le héros chrétien le Cid, en 1094 ; reprise par les Maures en 1099, elle retomba aux mains des Espagnols en 1238. Pendant la guerre civile, elle fut la dernière ville républicaine à céder aux nationalistes du général Franco, en mars 1939.

Population (ville) 751 700 ; (prov.) 2 066 400
Carte Espagne Ec

Valencia, ***Venezuela*** Capitale de l'État de Carabobo, à 100 km à l'O. de Caracas. Fondée en 1555, c'est l'une des plus grandes villes du pays. Industrie automobile, alimentaire, production de fourrage, fabrication de bière, verrerie. Comme la Valence espagnole, Valencia est réputée pour ses oranges. La région produit aussi de la canne à sucre et du coton.

Population (ville) 955 000
Carte Venezuela Ba

Valenciennes, ***France*** Ville industrielle au S.-E. de Lille, à 10 km de la frontière belge, très bien reliée à Lille, Paris, Bruxelles et Dunkerque. L'industrie née du charbon, et qui en a fait la capitale de la sidérurgie du Nord, est en déclin ; malgré une reconversion partielle dans la construction automobile et une industrie diversifiée, le nombre d'emplois qu'elle offre est en diminution.

Sa position septentrionale lui a valu une histoire chargée : capitale du comté du même nom au XIe s., elle fut enlevée par les Espagnols au XVIe s., puis reprise par Louis XIV en 1677, et finalement cédée à la France par les traités de 1678 et 1714 ; elle fut ensuite l'objet de combats sous la Révolution, occupée par les Anglais et démantelée au XIXe s. Elle souffrit des deux guerres mondiales.

Valenciennes fut célèbre aux XVIIe et XVIIIe s. pour ses nombreux artistes et pour la qualité et la finesse de sa dentelle, dont on enseigne de nouveau la fabrication aujourd'hui. Patrie du chroniqueur Froissart et du peintre Watteau.

Population (ville) 38 500 ; (aggl.) 336 000
Carte France Ea

Valette (La), en angl. **Valletta,** ***Malte*** Capitale et port principal du pays occupant un site remarquable sur un promontoire de la côte orientale encadré par deux baies profondes : Grand Harbour, au S., et Marsamxett Harbour, au N. Elle fut baptisée du nom de Jean Parisot de La Valette, grand maître de l'ordre des Chevaliers de Saint-Jean-de-Jérusalem, qui la fonda en 1565. L'île lui devait la victoire lors du grand siège de 1565 par les Turcs.

Malgré quelques quartiers délabrés, La Valette demeure une belle ville baroque. D'importantes fortifications de pierre l'entourent et se rejoignent au château de Saint-Elme (musée national de la Guerre). La ville est sillonnée de rues escarpées dont bon nombre finissent par des escaliers abrupts descendant sur les quais. Elle possède de beaux palais (palais des Grands Maîtres), des églises (cathédrale Saint-Jean, XVIe s.), des auberges où s'arrêtaient les chevaliers. L'auberge de Castille, somptueusement transformée au XVIIIe s., abrite aujourd'hui les bureaux du Premier ministre. Grand Harbour possède plusieurs cales sèches et peut recevoir des navires de 300 000 t.

Population 9 200
Carte Malte Eb

Valladolid, ***Espagne*** Ville industrielle à 160 km au N.-O. de Madrid. Industrie ferroviaire, automobile, chimique et textile ; brasserie, minoterie, tannage. Elle fut la résidence favorite des rois de Castille au XVIe s. La cour de Philippe II s'y installa de 1560 à 1601. Christophe Colomb y mourut en 1506. On peut y voir d'importants monuments historiques : des palais royaux ; l'imposant monastère San Pablo (XVe s.) ; le collège San Gregorio, aujourd'hui Musée national de sculpture ; la cathédrale (vers 1580), monument remarquable de l'art de la Contre-Réforme ; de nombreuses et belles églises.

Dans la province du même nom, on produit céréales, fruits et vin.

Population (ville) 345 900 ; (prov.) 489 600
Carte Espagne Cb

Valle del Cauca, ***Colombie*** Département traversé par la rivière Cauca, qui a donné son nom au département et à toute la région. Il fournit la plus grande partie de la production de canne à sucre du pays. Chef-lieu : Cali.

Population 3 388 000
Carte Colombie Bb

vallée Dépression allongée bordée par deux versants de chaque côté du talweg, et généralement parcourue par un cours d'eau. Une vallée jeune a des versants abrupts, une vallée vieille est très évasée et peu profonde, avec un large lit majeur ; lorsque le fond est plat, on parle de vallée alluviale où le cours d'eau divague sur la plaine alluviale. La basse vallée peut être ennoyée par la mer à la suite d'un affaissement du terrain ou de l'élévation du niveau de la mer.

VALLÉE EN U. Large vallée dont le profil, dit « en U » ou « en auge », a été sculpté par un glacier.

VALLÉE EN V. Vallée étroite, jeune, creusée par un torrent. Le V devient plus ouvert lorsque la vallée vieillit.

VALLÉE SÈCHE. Vallée qui n'est plus drainée par un cours d'eau ; on rencontre ce type de vallée dans les sols perméables comme les calcaires, en particulier dans les régions karstiques.

VALLÉE SUSPENDUE. Vallée glaciaire affluente de la vallée glaciaire principale et qui débouche à une certaine hauteur au-dessus du talweg principal. Les eaux se déversent généralement par des chutes ou une cascade.

Vallée des Mille Collines, ***Afrique du Sud*** Large vallée parsemée de collines, entre Durban et Pietermaritzburg. Nombreux villages zoulous. Importante zone touristique.

Carte Afrique du Sud Db

Vallée des Rois, ***Égypte*** Voir THÈBES

Valletta, ***Malte*** Voir VALETTE (La)

Valona, ***Albanie*** Voir VLORË

Valparaíso, ***Chili*** Chef-lieu de la province du même nom à 100 km à l'O. de Santiago ; c'est aussi le port principal du pays, contrôlant la majeure partie des importations du Chili, et le débouché de la riche vallée de l'Aconcagua. Principales industries : fonderies, chantiers navals, produits chimiques, textiles, cuir. Le quartier des affaires est bâti sur une bande de terre conquise sur la mer. Les secteurs résidentiels s'étendent sur les collines autour de la baie. Fondée en 1544, la ville a souvent subi des séismes, comme celui de 1906 qui la ravagea.

Population 267 000
Carte Chili Ac

Valsbaai, ***Afrique du Sud*** Voir FALSE BAY

Valteline, en it. **Valtellina,** ***Italie*** Vallée de Lombardie drainée par l'Adda et débouchant sur le lac de Côme. Ce fut une région historique de passage entre la Lombardie, le Trentin, les Grisons et le Tyrol. Agriculture de type alpin avec des cultures spécialisées sur les versants N. : vigne, arbres fruitiers ; industries extractives et manufacturières, centrales électriques, production d'eau minérale. Tourisme (Bormio) ; station thermale (Sondalo). Les versants ont beaucoup souffert de l'intense exploitation humaine qui a entraîné un déséquilibre hydrogéologique ; le phénomène le plus désastreux a été une coulée de boue qui, en juillet 1987, a coupé toutes les routes, modifié le paysage et fait plusieurs victimes.

Carte Italie Ba

Van, *Turquie* Ville située sur la rive E. du lac de Van, à 1 000 km à l'E. d'Ankara. C'est un marché de céréales, fruits et peaux. Le lac de Van, qui couvre une superficie de 3 675 km^2, est le plus grand lac de Turquie. Dans la province environnante, qui porte le même nom (19 069 km^2), on produit principalement du charbon, du seigle et des pommes.

Population (ville) 153 100 ; (prov.) 642 500

Carte Turquie Cb

Van Allen (ceintures de) Voir LES DIFFÉRENTES COUCHES DE L'ATMOSPHÈRE, p. 70

Vancouver, *Canada* 1. La plus grande île de la côte du Pacifique (31 285 km^2), l'île de Vancouver est séparée de la Colombie-Britannique continentale par le détroit de Géorgie. Sa côte déchiquetée abrite de beaux ports ; son centre est boisé et montagneux (2 200 m au mont Golden Hinde). Sa population se concentre dans le sud-est. Colonie de la Couronne britannique en 1849, elle fut intégrée à la Colombie-Britannique en 1866. Ses principales ressources sont le charbon, le minerai de fer, le cuivre, le bois, la pêche et le tourisme. Victoria en est la ville la plus importante.

2. Troisième ville du pays par sa population, Vancouver est dotée du plus grand port sur le Pacifique. Située dans une baie du détroit de Géorgie, face à l'île de Vancouver, elle est le centre industriel et commercial de la Colombie-Britannique. Ses industries comprennent l'alimentation, l'électronique et le raffinage du pétrole. Elle s'est étendue vers le N., de l'autre côté de la baie de Burrard, vers le S. et Roberts Bank (nouvelles installations portuaires), et vers l'E. jusqu'à Burnaby et Port Moody. C'est le terminal occidental des réseaux aérien, routier et ferré du Canada. Célèbre pour ses parcs, dont le parc Stanley (364 ha) qui renferme des spécimens d'arbres indigènes et un zoo, elle est aussi prisée par les touristes pour son climat et ses paysages.

Population (ville) 431 150 ; (aggl.) 1 603 000

Carte (île) Canada Cd ; (ville) Canada Dd

LA PERLE DU PACIFIQUE. Vancouver se déploie autour de sa magnifique baie. D'abord village de bûcherons, elle s'est développée après l'arrivée, en 1887, du premier train transcontinental venant de Montréal.

Vanderbijlpark, *Afrique du Sud* Ville industrielle sur le Vaal, à 65 km au S. de Johannesburg, qui s'est développée autour d'une aciérie construite dans les années 1940.

Population 61 200

Carte Afrique du Sud Cb

Vänern, *Suède* Le plus grand lac du pays (5 586 km^2 pour une longueur de 145 km), situé dans le S.-O. de la Suède. Il est relié au détroit de Kattegat, entre la Suède et le Danemark, par le Göta.

Carte Suède Bd

Vannes, *France* Préfecture du Morbihan, dans la Bretagne méridionale, au fond du golfe du Morbihan. Marché agricole, centre commercial et industriel (agro-alimentaire, constructions mécaniques, textile) et ville touristique renfermant de nombreux monuments : cathédrale Saint-Pierre (XIIe-XVe-XVIe-XVIIIe s.) ; église Saint-Paterne rebâtie au XVIIIe s. ; chapelle du Présidial (XIIIe s.) ; ancien hôtel du parlement de Bretagne abritant un musée archéologique. Dans la vieille ville, entourée d'une partie de ses remparts (XIIIe-XVIIe s.), les rues étroites sont bordées de nombreuses maisons anciennes.

Population 45 300

Carte France Bc

Vanoise (parc national de la), *France* Parc national alpin de 193 000 ha, créé en 1963 dans le massif du même nom, entre la Tarentaise (vallée de l'Isère) et la Maurienne (vallée de l'Arc). Il comprend une zone interne d'environ 53 000 ha, où flore et faune (bouquetins et chamois) sont strictement protégées, et une zone externe ouverte à certaines activités (agriculture, exploitation forestière, tourisme).

Carte France Gd

Vanua Levu, *Fidji* Deuxième île de l'archipel (5 556 km^2), à 65 km au N.-E. de Viti Levu, l'île principale. Comme celle-ci, elle est plus sèche à l'O. qu'à l'E., occupé par de grandes plantations de cocotiers. Canne à sucre au N., près de la ville principale, Labasa (12 000 hab.), qui possède une importante sucrerie. L'île est entourée d'un récif de corail. Au S.-E. se trouve l'île volcanique de Taveuni, troisième île des Fidji, couverte de cocotiers.

Population 108 000

Carte Pacifique (océan) Dc

Vanuatu Voir p. 694

Var (83), *France* Département de 5 973 km^2 de la région Provence-Alpes-Côte d'Azur, sur la Méditerranée. Le chef-lieu, Toulon, concentre l'industrie (construction navale, arsenal). Sous-préfectures : Brignoles, Draguignan.

Le relief y est accidenté, avec le massif cristallin de la Sainte-Baume à l'O., des plateaux calcaires préalpins au N. et, au S.-E., les massifs cristallins des Maures et de l'Esterel qui se prolongent dans la mer par les îles d'Hyères. La vigne domine à l'intérieur (rosé de Provence) ; Production de bauxite et de liège ; cultures maraîchères et florales sur le littoral. Le secteur tertiaire progresse, mais la principale ressource reste le tourisme (stations balnéaires d'Hyères, du Lavandou, de Cavalaire, Saint-Tropez, Fréjus-Saint-Raphaël, marina de Port-Grimaud et ports de plaisance).

Population 815 500

Carte France Ge

Varanasi, *Inde* Voir BÉNARÈS

Varangerfjord, *Norvège* Fjord de 68 km de long au nord du pays, à proximité de la frontière soviétique, Kirkenes, sur la rive S., est un port terminal pour la pêche côtière. Mines de fer à Sydvaranger, près de la frontière finlandaise. La péninsule du Varanger, sur la rive N., abrite le port de Vads.

Carte Norvège Ha

Varaždin, *Croatie* Ville historique slave sur la Drave, à 61 km au N.-E. de Zagreb. Important centre commercial et textile. Beaux palais, églises et maisons baroques entourant un château-forteresse gothique. À Krapina, au S.-O., sources d'eaux médicinales.

Population 34 600

Carte Croatie Ba

Vardar, en grec **Axios, *Yougoslavie/Macédoine/Grèce*** Fleuve des Balkans qui naît en Yougoslavie, traverse la Macédoine et se jette dans le golfe de Salonique, près de Salonique. Longueur : 388 km. Sa vallée fut pendant longtemps une voie de commerce et d'invasion. On a dévié son cours pour irriguer la grande plaine de Macédoine.

Carte Yougoslavie Bc ; Grèce Ca

Varèse, en it. **Varese, *Italie*** Ville des contreforts alpins, près du lac de Varèse, à 50 km au N.-O.

Vanuatu (îles)

DES ÎLES VOLCANIQUES AUX FORÊTS LUXURIANTES BRUISSANTES D'OISEAUX TROPICAUX ET OÙ PROSPÈRENT DES RANCHS D'ÉLEVAGE BOVIN

Les Nouvelles-Hébrides sont devenues la République indépendante de Vanuatu en 1980 ; ainsi se terminait presque un siècle de condominium franco-britannique sur cet alignement d'îles de l'océan Pacifique occidental, situées au S.-E. des Salomon et 1 750 km à l'E. de l'Australie. Les premiers Européens à les apercevoir furent les Portugais en 1606 ; elles furent cartographiées par le grand explorateur britannique, James Cook, en 1774. Pendant la Seconde Guerre mondiale, elles ont fourni aux Alliés une base militaire très appréciée.

L'archipel comprend environ 80 îles et îlots. Deux îles, Espiritu Santo et Tanna, tentèrent de faire sécession lors de la proclamation de l'indépendance. Les Franco-Britanniques n'ayant pas réussi à réprimer la rébellion, les troupes de la Papouasie-Nouvelle-Guinée voisine, elle aussi nouvellement indépendante, s'en chargèrent.

Les îles principales sont entourées d'un anneau de récifs coralliens. Cinq d'entre elles, dont Tanna, Ambrym et Lopevi, sont dotées de volcans actifs et connaissent de fréquents tremblements de terre. Les forêts luxuriantes sont pleines d'oiseaux.

Les indigènes sont des Mélanésiens. Il y a quelques immigrants européens, chinois, viêtnamiens et venus d'autres îles pacifiques.

L'extraction du manganèse à Éfaté (l'île qui abrite la capitale, Port-Vila) ayant cessé en 1978, les principales exportations sont désormais le coprah, l'huile de noix de coco et le poisson. L'élevage des bovins se développe, grâce à l'aide technique d'outre-mer.

LES ÎLES VANUATU EN BREF

Carte Pacifique (océan) Dc
Superficie 12 190 km²
Population 161 000
Capitale Port-Vila
Régime République parlementaire
Monnaie Vatu
Langues Bislama (un pidgin), anglais, français, 40 langues tribales
Religions Protestants 53 %, catholiques 12 %, religions tribales
Climat Tropical très pluvieux ; températures moyennes à Port-Vila : de 19 à 26 °C en août et de 24 à 31 °C en février
Ressources Noix de coco, cacao, café, igname, taro, cassave, bananes, bovins, bois, poisson
Activités Traitement du coprah, pêche, industrie alimentaire, forestage
Exportations Coprah, poisson, bœuf
P.N.B. annuel par habitant 1 210 dollars
Croissance démographique 31 ‰ par an
Espérance de vie Hommes 61 ans, femmes 59

de Milan. Mécanique, textiles, meubles, chaussures et objets en cuir. Aux environs, le Sacro Monte, célèbre chemin de croix (XVIIe s.).
Population 89 200
Carte Italie Bb

Varna, de 1949 à 1956 **Stalin,** ***Bulgarie*** Premier port, principal centre de tourisme balnéaire du pays et chef-lieu de la région du même nom, sur la mer Noire, à 90 km au N. de Burgas. Commerce de céréales, bétail, conserves de poisson. Chantiers navals, mécanique, textiles, meubles, industrie alimentaire. Terminus ferroviaire, la ville est reliée par hydrofoil aux stations balnéaires d'Albena, Balčik et Druzba. Festival international annuel de musique. Musées. Fondée au VIe s. av. J.-C. par les Grecs de Milet, sous le nom d'Odessos, romaine puis byzantine, Varna passa sous domination ottomane en 1391 et devint bulgare en 1878. À 40 km à l'O. de Varna, dans des champs de blé, ruines de Pliska (ville du VIIe s.), première capitale bulgare, en cours de restauration.
Population (ville) 315 000 ; (district) 914 700
Carte Bulgarie Cb

Varsovie, en pol. **Warszawa,** ***Pologne*** Capitale et plus grande ville du pays, sur la Vistule. Malgré un passé qui remonte au Moyen Âge, c'est aussi l'une des villes polonaises les plus modernes. Lors de sa libération par les Russes en janvier 1945, il y restait à peine un bâtiment sur dix, et 800 000 Varsoviens (environ deux sur trois) étaient morts ou déportés. La reconstruction commença dès la fin de la guerre. Stare Miasto, la vieille ville médiévale et Renaissance dans sa ceinture de remparts, fut reconstituée avec le plus grand soin. Ses rues étroites, réservées aux piétons, avec leurs nombreux bars et cafés, ont retrouvé l'animation commerciale et artisanale qu'elles connaissaient en 1596 quand Varsovie devint capitale à la place de Cracovie. Le long de la « rue du Faubourg-de-Cracovie » (route Royale) se succèdent les symboles du nouveau statut de la Varsovie des XVIIe et XVIIIe s. : Palais royal (rouvert dans les années 1980) ; palais de la noblesse, notamment des Radziwill et des Potocki ; centres d'art et d'enseignement qui de nos jours forment l'université ; églises et couvents ; zones de loisirs comme le parc de Lazienki ; et, à 10 km au S., le palais de Wilanów, résidence d'été baroque du roi Jean Sobieski. L'ouverture, en 1845, de la ligne de chemin de fer Vienne-Varsovie fut à l'origine du développement industriel de Muranów, à l'O., où s'installèrent des immigrants juifs, et de Praga, à l'E., sur la rive droite de la Vistule.

En 1939, sur 1 290 000 habitants, Varsovie comptait 35 % de juifs, dont 30 % de langue yiddish. En 1940, les Allemands enfermèrent 450 000 juifs derrière les murs du ghetto, avec des rations alimentaires de 184 calories par jour, en attendant leur transfert vers les camps de la mort. Les survivants furent exterminés, et le ghetto rasé après son insurrection désespérée d'avril-mai 1943. Ce qu'il restait de Varsovie, bombardée dès l'invasion allemande (1939), fut détruit à la suite du soulèvement manqué de la Résistance polonaise (août-octobre 1944). Parmi les monuments commémoratifs, la statue de Nikê (face au Grand Théâtre) est dédiée aux héros de Varsovie.

Autour de la vieille ville s'est développée une nouvelle ville très étendue, où de grandes artères et une autoroute ont remplacé l'ancien labyrinthe de petites rues. Des routes nationales mènent à la périphérie, à ses grands immeubles collectifs et ses quartiers industriels décentralisés : aciéries, cimenteries, usines de construction d'automobiles et de tracteurs ; électronique ; produits chimiques.
Population 1 671 000
Carte Pologne Db

varve Boue dans les lacs glaciaires, notamment en Scandinavie. Le dépôt des varves apportées par les torrents sous-glaciaires est épais et grossier en été, faible en hiver. Il en résulte une structure feuilletée qui permet de dater les couches périglaciaires.

Vasa, ***Finlande*** Voir VAASA

vasière Étendue côtière ou sous-marine couverte de vase.

Västerås, ***Suède*** Ville industrielle et port fluvial sur la rive N. du lac Mälaren, à 110 km à l'O. de Stockholm. Fondée au XIIe s., elle possède un château médiéval, une cathédrale gothique (XIIIe s.) et la plus vieille école secondaire du pays (1623). C'est à Västerås que le Parlement, réuni en 1544, proclama la monarchie héréditaire. Importantes usines de construction électrique et mécanique (matériel ferroviaire).
Population 117 700
Carte Suède Cd

Vaté, anc. **Éfaté,** ***Vanuatu*** Voir PORT-VILA

Vatican Voir p. 695

Vatnajökull, ***Islande*** La plus grande calotte glaciaire (8 538 km²) de l'hémisphère N. en dehors du Groenland, au S.-E. de l'Islande. Par endroits, elle s'élève à plus de 2 000 m au-dessus du niveau de la mer et la couche de glace mesure 1 000 m d'épaisseur. La chaleur des volcans situés sous la calotte glaciaire crée d'importants lacs et rivières souterrains donnant à la région son nom, qui signifie « glacier d'eau ». Tous les dix ans environ, un volcan entre en éruption, éjectant ce que les Islandais appellent *jökullaup* : coulée torrentielle d'eau, blocs de glace, pierres et autres débris, pouvant atteindre une vitesse de 100 km/h, et dévastant tout sur son passage.
Carte Islande Cb

Vättern (lac), ***Suède*** Le deuxième lac du pays (1 912 km²) après le lac Vänern, à 220 km au S.-O. de Stockholm. Il est relié à la mer Baltique par le Göta.
Carte Suède Bd

Vaucluse (84), ***France*** Département de 3 567 km² de la région Provence-Alpes-Côte d'Azur, entre la vallée du Rhône, à l'O., et des massifs montagneux (mont Ventoux, monts du Vaucluse, Lubéron), à l'E. dont les ressources sont le miel, la lavande, le mouton et le tourisme. Chef-lieu : Avignon ; sous-préfectures : Apt, Carpentras. Les plaines de l'ouest, bien irriguées, le long du grand axe routier et ferroviaire de la vallée du Rhône, concentrent la population et les activités, principalement agricoles : vergers, cultures maraîchères, vigne (châteauneuf-du-pape, tavel). Le tourisme est lié à la richesse du patrimoine archéologique et aux festivals estivals d'Avignon et d'Orange, qui ont lieu chaque année.

Population 467 100

Carte France Fd

Vaucluse (fontaine de), ***France*** Célèbre résurgence de la Sorgue, près du village de Fontaine-de-Vaucluse (Provence), qui a donné son nom aux sources vauclusiennes. Elle est l'extrémité d'un sillon profond d'une centaine de mètres dont les deux conduits s'étendent dans les calcaires du plateau de Vaucluse et du mont Ventoux. La branche remontante n'a jamais pu être sondée par les spéléologues. En période de crues (hiver et printemps), le débit de la fontaine peut passer de 8 m^3 à 150 m^3 par seconde. Les eaux bouillonnantes qui alimentent la Sorgue vert émeraude offrent alors un spectacle impressionnant.

Vaud, ***Suisse*** Canton du sud-ouest de la Suisse, limité par le lac Léman au S., la France à l'O. 3 219 km^2. Il s'étend sur les contreforts du Jura à l'O., le plateau suisse au centre et l'extrémité O. des Alpes bernoises à l'E. (les Diablerets, 3 209 km). Le canton de Vaud est essentiellement agricole (premier producteur de vin de Suisse, céréales, betterave à sucre, tabac). Horlogerie ancienne en Jura, mécanique de précision, agro-alimentaire (laboratoire de Nestlé à Vevey). Le tourisme constitue l'activité la plus importante (stations climatiques, thermales et de sports d'hiver). Le chef-lieu, Lausanne, est un carrefour ferroviaire et routier qui attire banques, commerce et tourisme. Les habitants (Vaudois) sont pour la plupart protestants et de langue française.

Population 593 000

Carte Suisse Aa

Vaux-le-Vicomte, ***France*** Château situé à proximité de Melun (Seine-et-Marne), édifié de 1656 à 1661 par Le Vau pour le surintendant des finances Fouquet. La riche décoration de cet ensemble coiffé de hauts toits à la française fut confiée à Le Brun; les jardins sont l'œuvre splendide de Le Nôtre. Ces artistes contribuèrent plus tard à la construction de Versailles. Fouquet y donna des fêtes éblouissantes avant d'être emprisonné par Louis XIV. Le château, aujourd'hui ouvert au public, abrite un musée des Équipages.

Vejle, ***Danemark*** Petite ville commerciale et industrielle à l'extrémité du Vejle Fjord, dans le sud-est du Jutland. Au Moyen Âge, c'était une étape importante pour les convois de bétail exporté vers l'Allemagne du Nord. Aux environs se trouve le village de Billund (4 000 hab.), où un charpentier, Ole Kirk Christiansen, inventa en 1954 le jeu de construction Lego. On peut y voir Legoland, parc de 10 ha contenant des maquettes de villages, voitures, bateaux et avions, construites en Lego (30 millions de pièces au total).

Population 48 600

Carte Danemark Bb

vêlage Rupture du front d'une langue glaciaire émissaire d'une calotte et aboutissant à la mer, donnant naissance à un iceberg.

Plus généralement, dissociation de la banquise à sa périphérie.

veld Espace découvert de steppe herbeuse plus ou moins continue en Afrique du Sud.

Velence (lac), ***Hongrie*** Voir SZEKESFEHERVAR

Veliki Beckerek, ***Yougoslavie*** Voir ZRENJANIN

Veliko Tărnovo, ***Bulgarie*** Chef-lieu du district du même nom sur la Jantra, à 88 km au S.-E. de Pleven. Électronique, conserves de viande, bière, meubles, textiles. La ville fut la capitale de l'Empire bulgare de 1186 à 1393, au début de la domination turque. L'indépendance de la Bulgarie y fut proclamée en 1908. Grandes richesses touristiques.

Population 65 100

Carte Bulgarie Bb

Vellore, ***Inde*** Ville fortifiée à 115 km à l'O. de Madras. Temple de Siva. Collège médical.

Population (aggl.) 304 800

Carte Inde Ce

Vence, ***France*** Ville touristique des Alpes-Maritimes, à 25 km au N.-O. de Nice. Ancienne ville romaine; siège d'un évêché au Moyen Âge (vestiges d'enceintes: portes du XIIIe s., cathédrale du XIe s.); centre artisanal. La chapelle du Rosaire (1950), à proximité, a été conçue et décorée par Henri Matisse.

Population 15 300

Venda, ***Afrique du Sud*** Ancien bantoustan en deux parties (6 500 km^2) dans le Nord-Transvaal, dont l'avenir est lié à la libéralisation en Afrique du Sud. Exploitation agricole et forestière. Ville principale : Thohoyandou (anc. Sibasa).

Population 435 000

Carte Afrique du Sud Da

Vendée (85), ***France*** Département de 6 720 km^2 dans l'ouest du pays, entre Nantes et La Rochelle. Chef-lieu: La Roche-sur-Yon; sous-préfectures: Fontenay-le-Comte, Les Sables-d'Olonne. À l'O. le long de l'Atlantique, entre le Marais breton au N. et le Marais poitevin (Venise verte) au S., les activités sont l'agriculture (céréales, vigne, primeurs, fleurs), le tourisme balnéaire (îles de Noirmoutier et d'Yeu, Saint-Jean-de-Monts, Les Sables-d'Olonne), la pêche et l'ostréiculture. À l'E., au pied de la Gâtine vendéenne, l'élevage bovin domine. Industries: bateaux, électroménager, confection, meubles.

Parc naturel régional du Marais poitevin-Val de Sèvre-Vendée (200 000 ha) créé en 1979.

De 1793 à 1796, la guerre de Vendée, insurrection contre-révolutionnaire, fit près de 500 000 victimes.

Population 509 400

Carte France Cc

Vénétie, en it. **Veneto,** ***Italie*** Région de 18 377 km^2 traversée par le Pô, l'Adige, la Brenta et la Piave. Capitale: Venise. Elle comprend une partie de la plaine du Pô et des Alpes italiennes occidentales, parmi lesquelles le massif des Dolomites, ainsi que les villes d'art de Padoue, Trévise, Vérone et Vicence.

Jusque vers 1960, c'était une région rurale pauvre et surpeuplée. Aujourd'hui, l'agriculture y est prospère (fruits, raisin pour les vins de Valpolicella, Bardolino et Soave, betterave à sucre, légumes), l'élevage florissant. Les principales industries, y compris le raffinage du pétrole et la pétrochimie, sont situées sur la lagune de Venise, dans les stations balnéaires de l'Adriatique (Lido di Iesolo), les Alpes et les Dolomites.

Population 4 452 700

Carte Italie Cb

Venezuela Voir p. 696

Vatican (Cité du)

LE SIÈGE DU GOUVERNEMENT DE L'ÉGLISE CATHOLIQUE, LE PLUS PETIT ÉTAT INDÉPENDANT DU MONDE, SE TROUVE AU CŒUR DE ROME

A Rome, sur une petite colline de la rive gauche du Tibre, se trouve le plus petit État indépendant du monde, le siège de la papauté. La cité du Vatican est une ville close à l'intérieur de Rome; elle se compose du palais du Vatican, des jardins pontificaux, de la place Saint-Pierre et de la basilique Saint-Pierre, l'église mère pour 800 millions de catholiques. En outre, l'État du Vatican possède douze autres bâtiments à l'intérieur et à l'extérieur de Rome.

Les papes vivent à Rome depuis le Ve s. (sauf pendant la période 1309-1378, où ils siégèrent à Avignon). Ils détiennent un grand pouvoir politique depuis la fondation du Saint Empire romain en l'an 800. À leur apogée, les États pontificaux couvraient 44 000 km^2 dans le centre et le N.-E. de l'Italie et comptaient 3 700 000 habitants. Mais quand l'Italie eut réalisé son unité en 1860-1870, ils furent incorporés dans le nouveau royaume et soumis à l'autorité de Victor-Emmanuel, le premier roi d'Italie. Les papes refusèrent de reconnaître l'annexion de leurs États et se considérèrent comme prisonniers au Vatican. En 1929 (accords du Latran), Mussolini reconnaissait l'indépendance de la cité du Vatican; en échange, la papauté reconnaissait le royaume d'Italie sous le règne de la maison de Savoie.

De nos jours, l'État a sa police, son journal, sa monnaie, ses timbres-poste, sa gare ferroviaire, sa station de radio. Parmi ses principales richesses artistiques, on note les fresques de la chapelle Sixtine peintes par Michelangelo Buonarroti (1475-1564), qui fut aussi l'architecte de la basilique Saint-Pierre, la plus grande église du monde. C'est lui encore qui dessina les uniformes colorés de la garde suisse, la garde personnelle du pape recrutée dans les cantons catholiques de Suisse.

LE VATICAN EN BREF

Carte Italie Dd

Superficie 44 hectares

Population 1 000

Capitale Cité du Vatican

Régime Commission pontificale

Monnaie Lire de la cité du Vatican = 100 centimes; on utilise aussi la monnaie italienne

Langues Latin (langue officielle), italien

Religion Catholiques

Climat Méditerranéen

Venezuela

AU PAYS DE L'OR NOIR, DES DÉPENSES SANS LIMITES ET UN ENDETTEMENT FANTASTIQUE ONT FAIT SURGIR D'INSOLUBLES PROBLÈMES ÉCONOMIQUES

Quand le Venezuela commença à produire du pétrole, en 1922, ce qui n'était alors qu'une région sans grande importance devint bientôt le plus riche des pays latino-américains. Des villes surgirent, des routes s'ouvrirent à la circulation, et le Venezuela fit un bond dans le XXe s. Mais tout le monde ne profita pas également de cette manne. Les gouvernements qui se succédèrent oublièrent les perdants de la prospérité économique ; plus de soixante ans après, la pauvreté ne cesse de côtoyer la richesse, et souvent de la façon la plus flagrante.

Le pays, qui constitue le bord N.-E. de l'Amérique du Sud, est aussi grand que la France et l'Allemagne réunies. La côte, qui borde la mer des Antilles, est la région la plus peuplée et la plus développée, tandis que certaines parties de l'intérieur sont encore inexplorées. Au N.-E., un éperon montagneux, parfois couvert de neige, de la cordillère des Andes, la cordillère de Merida, s'allonge du S.-O. au N.-E. Ces montagnes s'abaissent progressivement vers l'est pour former les hauts plateaux du centre, couverts de forêts tropicales, et qui constituent l'immense arrière-pays de Caracas. Dans le centre, au N. du grand fleuve Orénoque qui coupe le Venezuela en deux, les grandes plaines, où ondulent de douces collines à la végétation de savane, les *llanos*, sont parcourues par des élevages de zébus. Plus au S. et à l'E., on trouve les hauts plateaux de Guyane, où affleurent les montagnes les plus anciennes du continent. Cette région peu connue s'étale sur près de la moitié du pays. L'extrême Sud, qui touche à la frange du bassin de l'Amazone, est couvert par la forêt tropicale, et parsemé de petites agglomérations, de missions protestantes et de communautés indiennes.

LES INDIENS ET LE PÉTROLE

Les champs pétrolifères, dont la production atteint 2,4 millions de barils par jour, se trouvent au N.-O., autour du lac de Maracaïbo, devenu une immense forêt de dix mille derricks. Ce vaste lac est en réalité un estuaire, dont une passe donne accès à la mer libre ; au bord de ses eaux paresseuses qui s'écoulent dans la mer des Antilles s'élève Maracaïbo, la capitale du pétrole. Cette métropole au climat humide a l'aspect des villes-champignons nées d'une brusque avalanche de richesses ; la population y est un étonnant mélange de cadres du pétrole, de marchands de bétail, de négociants de toutes sortes et d'hommes d'affaires, auxquels se mêlent les Guajiros, les derniers Indiens nomades de la péninsule occidentale.

La péninsule de Guajira est une région à moitié déserte, faite de lagunes et de broussailles, peuplées de nuées de flamants roses. La frontière entre la Colombie et le Venezuela la traverse en son milieu ; mais les Indiens, qui habitent là depuis des temps immémoriaux, n'en tiennent aucun compte. Ils élèvent du bétail et des chèvres et, sous un catholicisme de façade, perpétuent leurs traditions précolombiennes. Les jours de fête, les hommes portent autour de la tête un bandeau garni de plumes ; les femmes sont toujours vêtues de longues et amples capes, noires ou colorées.

Au S.-O. de Maracaïbo vivent les Motilones, une tribu indienne qui s'est opposée violemment à la colonisation, organisant des raids de représailles après la destruction de leurs villages, et recevant avec des volées de flèches les géologues des compagnies pétrolières venus prospecter le sol. Ils ont été pacifiés depuis peu de temps et font maintenant partie des circuits touristiques.

D'autres Indiens, les Paraujanos, vivent au N. de Maracaïbo, en bordure du golfe du Venezuela, dans des huttes sur pilotis. Quand le navigateur et géographe italien Amerigo Vespucci vit pour la première fois ce pays en 1499 (un an après que Christophe Colomb l'eut revendiqué au nom de l'Espagne), avec ses canaux serpentant entre les habitations, il surnomma l'endroit la Petite Venise (Venezuela en espagnol).

La cordillère de Merida culmine à 5 007 m au pic Bolívar et sépare les champs de pétrole de Maracaïbo du reste du pays. Avec le téléphérique le plus long (12 km) et le plus haut (4 765 m) du monde, on peut aller de Merida, la vieille cité de type colonial qui doit sa richesse à la culture du café, au pic Espejo.

A l'E. de Maracaïbo commence une côte qui s'étend sur 1 700 km jusqu'à l'embouchure de l'Orénoque : le long de cette côte se succèdent vastes plages et criques abritées, séparées du large par des récifs de corail, et d'extraordinaires fonds sous-marins qui font la joie des touristes ; on y trouve aussi, près de Caracas, des stations balnéaires animées et, dans le labyrinthe insulaire du delta de l'Orénoque, d'autres Indiens, les Guaraunos, une tribu de chasseurs qui vivent eux aussi dans des huttes sur pilotis. Un lieu de villégiature très recherché est l'île de Margarita, à quatre heures de ferry de Cumana, dans la mer des Antilles ; elle doit son nom aux perles (en espagnol, *margarita* signifie « perle ») qu'on pêche dans ses eaux.

Caracas, le centre administratif, culturel et commercial du pays, s'étale sur une étroite bande de terre entre la mer et la montagne. Les bâtiments ultra-modernes et les avenues du quartier des affaires contrastent avec les bidonvilles — les *barrios* — accrochés aux collines qui dominent la ville.

Pays natal de Simón Bolívar, le « libérateur » auquel l'Amérique latine doit son indépendance, le Venezuela est doté d'une Constitution démocratique ; mais les coups d'État militaires se sont succédé presque sans interruption de 1821 à 1958. Au XIXe s., le Venezuela a fait partie de la Grande-Colombie, avec la Colombie et l'Équateur, dont il s'est séparé en 1830. Découvert dès 1840, le pétrole a été exploité à partir de 1918 sous la dictature sanguinaire de Juan Vicente Gomez ; celui-ci gouverna le pays par intermittence de 1908 à sa mort, en 1935 ; les Vénézuéliens l'appelle ironiquement *El Benemerito* (celui qui a bien mérité).

Les militaires restèrent au pouvoir jusqu'en 1945 ; puis, après un bref retour à la démocratie qui permit l'adoption d'une nouvelle constitution, l'essor des partis de gauche entraîna de nouveau l'intervention de l'armée en 1948. Le dernier homme fort, le colonel Marcos Perez Jimenez, fut chassé en 1958 par une insurrection populaire, après une vaine tentative de plébiscite. Les gouvernements qui suivirent, en particulier l'Action démocratique de Romulo Betancourt, prirent nettement position contre les thèses cubaines et entreprirent de favoriser l'industrialisation du pays grâce aux revenus pétroliers. Dans les années 1960, ils durent faire face à une guérilla gauchiste qui prit fin à l'issue d'une négociation politique.

La plupart des problèmes qui assaillent le pays ont le pétrole pour origine. Au début, l'exploitation des gisements était entre les mains des grandes compagnies américaines et britanniques qui employaient du personnel d'origine étrangère. Une grande partie des profits quittaient le Venezuela pour les compagnies mères. En 1976, alors que les prix étaient au plus haut, le Venezuela, déterminé à regagner le contrôle de ses propres ressources, nationalisa l'industrie pétrolière.

Le boom économique qui s'ensuivit se manifesta par de très importants investissements, pris en charge par le gouvernement, dans les

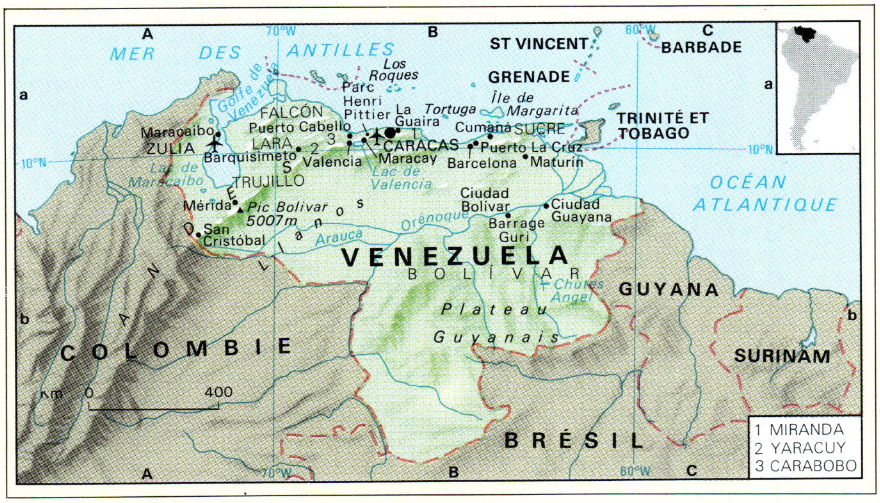

HAUTS-PLATEAUX SOUS LES TROPIQUES. La cordillère de Merida, un rameau de la cordillère des Andes, traverse, en diagonale, le nord-ouest du Venezuela. De petites communautés indiennes sont blotties sur les versants des collines ou dans des vallées fertiles parsemées de broussailles.

domaines de l'agriculture, des voies de communication et de la construction. Pour mener à bien ces grands projets, l'État emprunta des sommes considérables, garanties par les importantes réserves pétrolières.

Cependant, le manque d'efficience de l'administration et les dépenses incontrôlées du gouvernement entraînèrent une crise financière, encore aggravée par la crise économique (diminution de la demande mondiale et abaissement du prix du pétrole).

Pourtant, malgré la récession, le pays continua à importer des biens de consommation et des produits d'équipement, accumulant ainsi une dette considérable (plus de 34 milliards de dollars au milieu des années 1980). De nos jours encore, bien que le pays puisse amplement produire le nécessaire en ce domaine, les importations de nourriture sont supérieures aux besoins. Le pétrole assure à l'État 75 % de ses revenus, mais ne procure du travail qu'à 3 % de la population. Pendant des décennies, le Venezuela s'est reposé sur cette richesse sans chercher à diversifier ses productions (le minerai de fer, la bauxite et le charbon ne sont exploités que depuis peu).

Depuis le départ des militaires, les gouvernements ont mis en place un système constitutionnel visant à protéger la démocratie de l'autoritarisme.

La politique d'austérité recommandée par le F.M.I. a provoqué en 1989 de sanglantes émeutes. Le social-démocrate Carlos Andrés Pérez, destitué en 1993, a été remplacé par le démocrate-chrétien Rafael Caldera.

Avec le Mexique, la Colombie et Panamá, le Venezuela fait partie du groupe de Contadora qui a tenté de trouver, en dehors de l'Organisation des États américains (O.E.A.), une solution pacifique aux conflits qui déchirent l'Amérique centrale.

L'AVENIR DES LLANOS

L'avenir du Venezuela réside dans les *llanos*, les grandes plaines du Centre, entre la côte, où vit l'essentiel de la population, et les forêts tropicales du Sud ; dans ces vastes savanes, le Venezuela peut trouver ce qui lui manque le plus aujourd'hui — l'autosuffisance alimentaire. Les *llaneros* — les cowboys de cet Ouest sauvage plein de promesses — gardent d'immenses troupeaux dans des étendues que ne traverse aucune route. Le romantisme du pays s'exprime dans cette région où la danse nationale, le *joropo*, s'exécute avec un curieux pas accompagné de la musique d'une petite harpe. Lors des rodéos, qui sont l'occasion de barbecues géants (*asados*), les cavaliers paradent en costume de lin blanc, stetsons et bottes. Balancés sur leurs selles le jour, dans leur hamac la nuit, les llaneros mettent leur fierté dans leur adresse et leur endurance. Ils ont du sang indien dans les veines. Au contraire des autres pays hispano-américains, il semble que le Venezuela n'a pas vu s'épanouir la civilisation précolombienne ; pourtant, l'influence indienne s'exprime à travers la culture, le folklore et la religion. Un mélange de catholicisme et de paganisme est observé dans les montagnes entre Maracaïbo et Caracas, et même la capitale possède une statue de Maria Lionza, une divinité païenne de la fertilité.

Mais les Vénézuéliens ne sont pas seulement un mélange d'Européens et d'Indiens. Durant la période coloniale, des trafiquants amenèrent d'Afrique des esclaves noirs qu'ils échangèrent contre du café et du tabac. Des habitants actuels ont des ancêtres africains.

Dans la forêt du haut Orénoque, on trouve encore des groupes d'Indiens qui n'ont pas été touchés par les brassages de population et dont le genre de vie n'a guère varié depuis l'âge de la pierre. Le territoire de certains groupes ethniques se trouve englobé dans de grands projets de développement visant à mettre en exploitation cette région de l'Orénoque, en particulier dans le domaine de l'hydroélectricité. L'un de ces complexes hydroélectriques a été construit au confluent de l'Orénoque et du Caroni, où la production d'acier et d'aluminium a entraîné la création de Ciudad Guayana, une ville nouvelle spécialement conçue pour les besoins de l'industrie. Pourtant, malgré de bonnes intentions au départ, cela n'a pas empêché l'apparition des inévitables *barrios* (bidonvilles) où viennent s'accrocher ceux qui espèrent grappiller les retombées du développement.

Ces déshérités ne sont pas les seuls à espérer s'enrichir dans le pays. Le XVIe s. a vu l'arrivée de colons européens à la recherche de l'or ; plus tard, ce sont les géologues qui prospectèrent le terrain pour trouver du pétrole. Sir Walter Raleigh explora deux fois l'Orénoque sans découvrir l'eldorado tant convoité. En 1935, dans sa quête de l'or, Jimmy Angel, un pilote américain, survola les hauts plateaux de Guyane dans son petit avion ; il ne dénicha pas le métal qu'il cherchait, mais l'une des merveilles du monde qui fit de lui un homme célèbre : tombant du plateau de Auyan Tepui — la Montagne du Diable —, une chute d'eau, à laquelle il laissa son nom, vingt fois plus haute que celles du Niagara. Aujourd'hui, un petit avion amène les touristes admirer la chute d'Angel (Salto de Angel) qui plonge dans la jungle tropicale en un à-pic vertigineux de 980 m.

Avec ses vastes forêts inhabitées et ses plaines sans fin, le Venezuela a l'une des populations les plus clairsemées d'Amérique du Sud. Ses 18 millions d'habitants sont concentrés dans des zones très spécifiques. Mais, que ce soit dans les régions industrielles ou les petits coins perdus, les Vénézuéliens manifestent un goût marqué pour les fêtes : commémorations religieuses, courses de taureaux, combats de coqs, danses et buvettes dans les rues, jeux et courses en tous genres. Ces réjouissances révèlent la diversité culturelle d'un peuple qui a, cependant, toujours montré sa vocation à l'unité.

LE VENEZUELA EN BREF

Superficie 912 050 km^2
Population 20 665 000
Capitale Caracas
Régime République parlementaire
Monnaie Bolivar = 100 centimos
Langue Espagnol
Religion Chrétienne
Climat Tropical ; humide au niveau de la mer, plus froid avec l'altitude. Température moyenne annuelle à Caracas : de 24 à 27 °C ; à Los Nevados (village des Andes) : 14 °C. Saison des pluies de mai à septembre
Ressources Bétail, café, cacao, maïs, riz, sucre, coton, tabac, fruits, légumes ; pétrole, minerai de fer, diamants, manganèse, bauxite, or, charbon
Activités Agriculture, élevage, aciéries, équipement pour les transports et les communications, navires, produits pétroliers, chimie, alimentation, textiles, cimenteries, usines d'aluminium
Exportations Pétrole brut et produits pétroliers
P.N.B. par habitant 2 610 dollars
Croissance démographique 26 ‰ par an
Espérance de vie Hommes 67 ans, femmes 73

Venise, en it. **Venezia,** ***Italie*** Capitale de la Vénétie, second centre touristique et cinquième port du pays, bâtie sur une lagune du N. de l'Adriatique séparée de la mer par le cordon littoral du Lido. Elle est fragmentée en 118 îlots séparés par 200 canaux qu'enjambent 400 ponts. Chaque îlot est doté d'un saint patron, d'une église, d'un palais, d'une grande place. Une chaussée achevée en 1846 et un service de gondoles et de vaporetti relient Venise à son complexe industriel continental de Mestre-Porto Marghera (pétrochimie).

Fondée au ve s. par des Romains fuyant l'invasion des Huns, elle élut son premier doge en 697, se proclama république Sérénissime au XIe s. et devint, dès le XIIe s., le premier empire maritime et commercial européen à la faveur des croisades. Elle le resta jusqu'au XVIe s. Ses riches marchands, ses doges l'embellirent alors des bâtiments qui bordent ses places et ses canaux : la cathédrale Saint-Marc et le palais des Doges, qui fait face à la mer (XIVe s.) ; la Cà d'Oro (1420) sur le Grand Canal ; le palais Vendramin Calergi ; le pont du Rialto (1563). Ses peintres (Carpaccio, Bellini, Giorgione, au XVe s., Titien, Véronèse et le Tintoret au XVIe s.) décorèrent ses églises, ses palais et ses *scuole* qui abritaient les confréries vénitiennes. Avant-poste de l'Europe face aux Turcs, elle se vit couper aux XVIIe s. et XVIIIe s. certaines de ses routes maritimes mais demeura un foyer artistique actif. Elle éleva la Cà Grande, le palais Rezzonico, Santa Maria della Salute où s'épanouit le talent des frères Tiepolo. Elle applaudit le théâtre de Goldoni, les concerts de Vivaldi ; Canaletto (1697-1768) et Guardi (1712-1793) célèbrent ses fêtes dans leurs toiles. Mais, en 1797, Bonaparte la livre à l'Autriche. Elle deviendra italienne en 1868 sans jamais retrouver son poids politique. Ses industries traditionnelles (dentelle, orfèvrerie, cristallerie) ont décliné et si, au XXe s., ses usines et raffineries implantées sur le continent fournissent des emplois aux habitants, la Venise insulaire n'a plus qu'un rôle touristique et culturel (carnaval, festival de cinéma, Biennale). Son existence même est menacée. Elle est en effet bâtie à quelques centimètres seulement au-dessus du niveau de la mer, sur des piliers de bois enfoncés dans la boue de sa lagune. Depuis le XIVe s., elle lutte contre l'envasement en pompant l'eau de son sous-sol. Mais ce pompage a entraîné un affaissement des fondations, aggravé par la grande inondation de 1966 et les vibrations causées par les innombrables vaporetti qui parcourent ses canaux. Les usines, les touristes et les pigeons achèvent de polluer Venise et les îles de sa lagune, le Lido et sa plage, Murano et ses verreries d'art, Burano et ses maisons de pêcheur multicolores, Torcello et sa basilique du VIIe s. Un plan international de sauvegarde est aujourd'hui à l'étude.

Population (ville) 88 700 ; (aggl.) 420 000
Carte Italie Db

vent Déplacement d'air d'une zone de hautes pressions vers une zone de basses pressions. Voir LA CIRCULATION ATMOSPHÉRIQUE, p. 699

Vent (îles du), ***Antilles*** 1. Groupe d'îles exposées à l'alizé du N.-E. s'étendant entre Porto-Rico au N. et la Trinité au S. et comprenant les îles Vierges, Antigua et Barbuda, Montserrat, Saint-Christophe et Nevis, Guadeloupe, Dominique, Martinique, Sainte-Lucie, Barbade et Grenade.

2. Pour les anglophones, les Windward Islands (îles du Vent) correspondent au groupe S. des îles du Vent (selon la dénomination française) : Grenade, Saint-Vincent, Sainte-Lucie, Dominique.

Carte Antilles Cb, Cc

Vent (îles du), ***Polynésie française*** Voir SOCIÉTÉ (îles de la)

Ventoux (mont), ***France*** Massif de haute Provence au N.-E. d'Avignon (1 912 m). Circuit touristique ; observatoire météorologique.

Carte France Fd

Veracruz, ***Mexique*** Premier port de commerce du pays, fondé en 1519 par Hernán Cortés sur le golfe du Mexique, où furent amenés au XVIe s. plus de 250 000 esclaves africains. Marché agricole, centre industriel (pétrochimie) et station touristique de style hispano-afro-caraïbe, égayée au printemps par son carnaval.

L'État agricole et industriel de Veracruz (72 815 km²), adossé à la sierra Madre orientale, borde le golfe du Mexique sur 1 600 km. Outre le maïs, base de la nourriture et des revenus des habitants, l'État produit des bananes et du riz dans les plaines marécageuses du Sud, du café et des agrumes sur les versants des montagnes ; bétail dans le Nord, plus aride. Le sous-sol est riche en pétrole. Nombreuses usines et raffineries. Vestiges précolombiens. Capitale : Jalapa ; villes principales : Córdoba, Orizaba, Tampico.

Population (aggl.) 385 000 ; (État) 6 229 000
Carte (ville) Mexique Cc ; (État) Mexique Cb

Verapaz, ***Guatemala*** Plaine agricole formée de deux départements, l'Alta et le Baja Verapaz, entre les forêts tropicales du Petén et le versant N. du haut plateau central, à 130 km au N. de la ville de Guatemala. D'abord surnommée « terre de guerre » par les conquistadores espagnols, à cause de la résistance des Indiens Quichés, elle fut baptisée *Vera Paz* (vraie paix) en 1524 par Bartolomé de Las Casas. Elle abrite la fleur nationale, la rarissime orchidée « nonne blanche », et le tout aussi rare quetzal, l'oiseau sacré des Mayas. Elle produit huile, café, sucre, maïs, fruits.

À 80 km au N. de Guatemala, les grottes de Languin, dont certaines ont plus de 50 m de haut, s'étendent sur 400 km.

Population (Alta Verapaz) 630 100 ; (Baja Verapaz) 197 700
Carte Guatemala Aa

Verceil, en it. **Vercelli,** ***Italie*** Ville du Piémont, chef-lieu de province dans la plaine du Pô, sur la rive droite de la Sesia. Fondée à l'époque préromaine, elle conserve un centre médiéval (basilique de Sant'Andrea, XIIIe s.) à l'intérieur d'une enceinte circulaire. Important carrefour de communications et principal marché d'une région rizicole. Le musée Borgogna abrite un bel ensemble de peintures.

Population 51 400
Carte Italie Bb

Vercors, ***France*** Le plus vaste massif des Préalpes françaises du Nord, entre la Drôme et l'Isère, culminant au Grand Veymont (2 431 m). Limité par de hautes falaises, il est d'accès difficile. Bovins, produits laitiers ; moutons au sud. Tourisme d'été et d'hiver (Villars-de-Lans, Autrans). En 1970, création du parc régional du Vercors (236 000 ha).

Haut lieu de la Résistance française (1943-1944), le Vercors fut le théâtre d'une bataille sanglante où le maquis fut décimé par les Allemands (19-23 juillet 1944), qui firent aussi subir des représailles à la population civile.

Carte France Fd

Verdon, ***France*** Rivière de 175 km, dans les Alpes du Sud, affluent de la Durance. Célèbre pour ses gorges profondes (canyons) que longe, sur la rive S., la route touristique de la Corniche sublime (20 km) aux superbes panoramas. Plusieurs retenues et centrales pour l'électricité et l'irrigation de la région.

Carte France Ge

Verdun, ***France*** Ville industrielle lorraine sur la Meuse, à 65 km à l'O. de Metz. Produits chimiques, matériel électrique. Ancien oppidum gaulois, elle fut conquise par Clovis en 502 et le traité qui partageait en trois l'Empire carolingien y fut signé en 843. Évêché et ville libre au XIIIe s., elle fut annexée à la France en 1648 et fortifiée par Vauban. Verdun fut le théâtre de l'une des batailles les plus longues (février-décembre 1916) et les plus sanglantes de la Première Guerre mondiale : 360 000 Français et 335 000 Allemands, ensevelis dans ses immenses cimetières militaires, périrent dans la boue de ses tranchées.

Population 20 800
Carte France Fb

Vereeniging, ***Afrique du Sud*** Ville industrielle située sur le Vaal, à 55 km au S. de Johannesburg, où fut négocié le traité mettant fin à la guerre des Boers (1899-1902).

Population (ville) 60 700 ; (aggl.) 525 000
Carte Afrique du Sud Cb

verglas Couche de glace mince qui se forme sur le sol gelé lorsque les gouttes de pluie en surfusion (température inférieure à 0°) se congèlent brusquement en s'étalant.

Verkhoïansk, ***Russie*** Centre minier (or et étain) sur l'Iana, au N.-E. de la Sibérie, à 120 km au N. du cercle Arctique. La région de Verkhoïansk est l'un des pôles du froid du globe, avec des températures de − 67,5 °C. Oimiakon, dans les montagnes à 630 km au S.-E., détient le record du froid de l'hémisphère Nord (− 72 °C).

Population 1 600
Carte Russie Hb

Vermont, ***États-Unis*** État du Nord-Est de 24 887 km² en Nouvelle-Angleterre, entre la frontière canadienne et le Massachusetts, l'État de New York et le New Hampshire. Il est traversé du N. au S. par de petites montagnes boisées, les Green Mountains (Montagnes Vertes), qui culminent à 1 339 m. Colonisé en 1724, il devint en 1791 le 14e État du pays. Principales ressources : bétail, sirop d'érable, pommes ; marbre, granit, ardoise ; tourisme (sports d'hiver). Capitale : Montpelier.

Population 535 000
Carte États-Unis Lb

Vérone en it. **Verona,** ***Italie*** La plus belle ville d'art de Vénétie après Venise, sur une boucle de l'Adige, à 100 km à l'O. de Venise. Fondée au Ier s. av. J.-C., elle contient de beaux vestiges romains : les arènes (22 000 places : le plus grand amphithéâtre après le Colisée), le théâtre à flanc de coteau et la porte des Borseri. Nombreuses églises romanes (XIe-XIIIe s.), notamment la cathédrale San Zeno aux précieuses portes de bronze, flanquée d'une tour massive et d'un élégant campanile. Très belle place aux Herbes

LA CIRCULATION ATMOSPHÉRIQUE

La cause fondamentale de tous les mouvements de l'air est la différence de température entre les pôles et l'équateur. L'équateur reçoit plus de chaleur du Soleil qu'il n'en cède à l'espace ; les pôles cèdent plus de chaleur à l'espace qu'ils n'en reçoivent du Soleil. Les échanges thermiques entre les pôles et l'équateur sont la cause fondamentale de tous les mouvements de l'air, mais leur effet est modifié par la rotation terrestre. Celle-ci tend à produire un « épaississement » de l'atmosphère le long de l'équateur et, si toutes choses étaient égales par ailleurs, cela produirait une zone de hautes pressions à l'équateur. Mais toutes choses ne sont pas égales par ailleurs.

En effet, l'échauffement intense à l'équateur provoque la montée de l'air chaud humide, ce qui crée une zone de basses pressions — la zone de convergence intertropicale (Z.C.I.T.) : la zone de hautes pressions qui devrait s'y trouver est divisée en deux et déplacée vers les tropiques, où apparaissent les anticyclones subtropicaux. À partir de ces hautes pressions, des vents tendent à se diriger vers les basses pressions équatoriales (alizés) et vers des bandes de basses pressions des latitudes moyennes, de 23 à 60° de latitude — dans les deux hémisphères. Des vents tendent aussi à souffler vers les latitudes moyennes à partir des hautes pressions polaires.

La rotation de la Terre dévie les vents. Par exemple, les alizés des régions tropicales sont « attirés » vers l'O. — au lieu de souffler directement vers l'équateur. Aux latitudes moyennes, cette rotation donne naissance aux vents d'O. dominants qui ont des effets très importants sur le climat de l'Europe ou de l'Amérique.

Telle est la situation en surface. En altitude, il peut apparaître des courants en sens contraire. Il se forme ainsi des cellules, comme les cellules de Hadley : déplacement de l'air vers l'équateur dans les basses couches, vers les pôles en altitude.

Si le globe était homogène et sans relief, la circulation atmosphérique serait simple et constante. Mais les courants aériens sont affectés par les reliefs, les calottes glaciaires, les déserts, et même par les îlots de chaleur produits par les villes. Cependant, l'effet essentiel est celui des contrastes entre les terres et les mers. La Terre s'échauffe et se refroidit plus vite que l'eau, aussi est-elle plus chaude que les océans en été, et plus froide en hiver. Cela a un effet fondamental sur les vents et sur les variations saisonnières du temps. Un mécanisme analogue provoque une oscillation journalière des vents le long des côtes : le jour, la brise de mer fraîche remplace l'air chaud qui s'élève au-dessus du continent. La nuit, comme la mer conserve sa chaleur tandis que la Terre se refroidit, le système fonctionne en sens inverse.

Aux latitudes moyennes, le temps est gouverné par des cyclones (dépressions). Ce sont des tourbillons d'air, mis en mouvement par la rotation terrestre, et qui apparaissent au contact de l'air frais émis par les hautes pressions polaires et de l'air plus chaud des latitudes moyennes.

ANATOMIE D'UN TYPHON

Les typhons se forment sur les mers tropicales, où la température des eaux de surface dépasse 27 °C. Une aire de basses pressions se forme et prend un mouvement tourbillonnaire à cause de la rotation de la Terre. Des vents chargés de vapeur d'eau sont entraînés dans le tourbillon et forment des nuages à fort développement vertical. L'énergie libérée donne naissance à des vents atteignant 300 km à l'heure et à des pluies torrentielles.

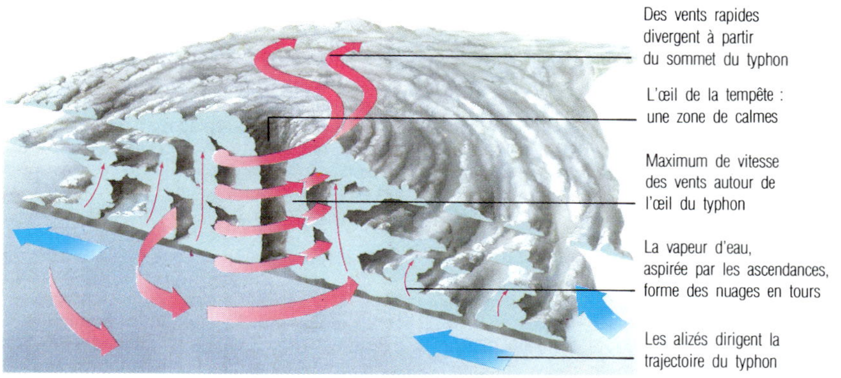

DÉVELOPPEMENT D'UNE DÉPRESSION

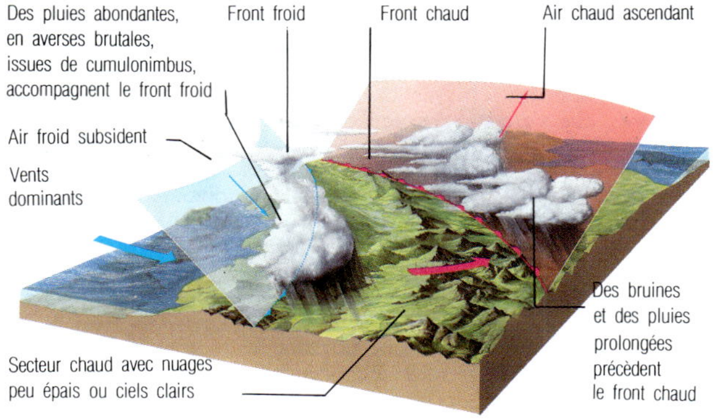

Une dépression est une région de basses pressions où se forment des spirales d'air tourbillonnant. De l'air polaire froid et de l'air tropical chaud convergent dans la dépression et, comme elle se déplace, les masses d'air froides et chaudes sont amenées en contact et forment des fronts. Le passage du front chaud est marqué par des bruines et des pluies tombant de nuages bas, lourds, continus ; celui du front froid par des averses brutales tombant de cumulonimbus, nuages à fort développement vertical.

COMMENT SOUFFLENT LES VENTS

Deux systèmes majeurs d'air ascendant et subsident, les cellules de Hadley, se situent de part et d'autre de l'équateur. Dans ces cellules, les vents sont déviés par la rotation du globe. Aux hautes latitudes, cette rotation limite l'extension des cellules de Hadley qui, sans elle, s'étendraient jusqu'aux pôles en formant deux grandes boucles.

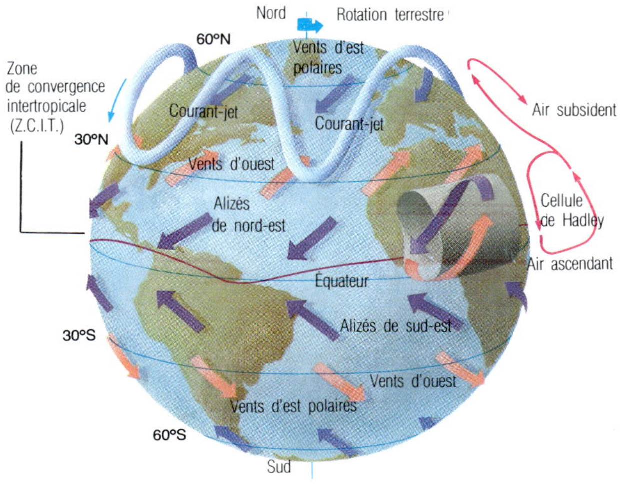

(Piazza delle Erbe), ancien forum romain et Piazza dei Signori, bordées de monuments et de palais. Témoin, au XIIIe s., du conflit entre les guelfes (Capulet) et les gibelins (Montaigu), immortalisée par Shakespeare dans *Roméo et Juliette*, elle atteignit son apogée à partir de 1260 sous le gouvernement de la famille Della Scala, qui la dota de ses plus beaux édifices : le Castelvecchio, aujourd'hui musée, dominant le pont fortifié des Scaliger ; les tombeaux des Scaliger (Arche Scaligere), de style gothique flamboyant. Donnée à l'Autriche en 1814, elle fut rattachée à l'Italie en 1866. Nœud de communication N.-S., centre commercial et industriel (cuir, papier, édition, vin), grand centre touristique. Festival estival de théâtre.

Population 260 200

Carte Italie Cb

verre Matière minérale solide et brillante, non cristallisée, produite par le refroidissement brutal du magma.

Versailles, *France* Chef-lieu des Yvelines à 15 km au S.-O. de Paris et l'une des plus grandes villes de la région parisienne tout à fait indépendante de la capitale. Mondialement connue pour son château, transformé en musée, qui reçoit chaque année 2 millions de visiteurs. À l'emplacement de l'ancien relais de chasse de Henri IV et du château construit par Louis XIII en 1634, Louis XIV décida, en 1661, de construire un palais qui serait le symbole du pouvoir monarchique absolu et de s'y installer avec sa cour. Le Vau fut chargé d'édifier le château et ses dépendances, Lebrun puis Mansart de les décorer et Le Nôtre d'aménager les 100 ha de jardins et les pièces d'eau pour y exalter là aussi la gloire du Roi-Soleil. Une ville nouvelle s'articula autour de trois avenues rayonnant de la place d'armes, devant la cour de marbre du château. Versailles devint dès 1682 la vraie capitale du royaume et le resta jusqu'à la Révolution de 1789. Les Prussiens l'occupèrent pendant la guerre de 1870-1871 et proclamèrent l'Empire allemand en 1871 dans la galerie des Glaces. La même année, le gouvernement Thiers s'y établit pour combattre la Commune, et la constitution de la IIIe République y fut votée en 1875. Enfin, le traité mettant fin à la Première Guerre mondiale y fut signé le 28 juin 1919 dans la galerie des Glaces.

Population 87 800

Carte France Eb

Vert (cap), *Sénégal* Presqu'île sur l'Atlantique, formée d'une île volcanique reliée au continent par des sédiments. La ville de Dakar en occupe la moitié S. Son extrémité O., la pointe des Almadies, est le point le plus occidental de l'Afrique. La route côtière de la Corniche longe les plages de la côte S., le marché Soumbédioune, l'université, le musée, les deux volcans des Mamelles et l'aéroport de Yoff.

Carte Sénégal Ab

Vesoul, *France* Préfecture de la Haute-Saône sur le Durgeon, à 360 km au S.-E. de Paris. Dominé par la haute colline de la Motte, ce centre administratif et commercial conserve des maisons du XVIe s. et une église du XVIIIe s. Constructions mécaniques, industrie textile (confection). Broderies ; carrelages.

Population 17 700

Carte France Gc

Vesterålen, *Norvège* Archipel de 2 400 km² au N. du pays, au N.-E. des îles Lofoten. Capitale et port principal : Harstad. Pêche (hareng).

Population 34 000

Carte Norvège Da

Vestmannaeyjar, *Islande* Petit archipel (15 îles) d'une superficie totale de 16 km² à une dizaine de kilomètres de la côte méridionale de l'Islande. En 1973, le port principal, sur l'île de Heimaey, fut en partie détruit par une éruption volcanique. La ville a été entièrement reconstruite et son port modernisé.

Population 5 500

Carte Islande Bb

Vésuve, en it. **Vesuvio, *Italie*** Volcan actif de Campanie, à 15 km au S.-E. de Naples. Son éruption la plus violente détruisit Herculanum, Pompéi et Stabies en 79 apr. J.-C. Depuis 1564, début d'un nouveau cycle d'activité, les quatre éruptions les plus fortes eurent lieu en 1631, 1794, 1906 et 1944. Une route qui serpente à travers des vergers, des vignobles (lacryma-Christi) et un champ de lave, puis un téléférique conduisent à son sommet (1 277 m).

Carte Italie Ed

Veszprém, *Hongrie* Ville touristique et industrielle, chef-lieu du comitat du même nom, sur la rive N. du lac Balaton, au S. des monts Bakony, à 105 km au S.-E. de Budapest. Château médiéval perché sur un rocher de 30 m de haut, cathédrale (XIe s.), chapelle du XIIIe s. (fresques), palais épiscopal baroque. Électronique, mécanique. À Herend, à 10 km à l'O., manufacture de porcelaine avec son musée.

Population 65 900

Carte Hongrie Ab

Vézelay, *France* Village à 40 km au S. d'Auxerre. Sa basilique Sainte-Madeleine (XIIe s.), restaurée par Viollet-le-Duc, est un chef-d'œuvre de l'art roman bourguignon. Saint Bernard y prêcha la IIe croisade en 1146 et Philippe Auguste et Richard Cœur de Lion en partirent ensemble pour la IIIe croisade en 1190.

Population 570

Viareggio, *Italie* Port et station balnéaire sur la mer Tyrrhénienne, à l'O. de Florence. Le poète anglais Shelley s'y noya en 1822.

Population 58 100

Carte Italie Cc

Viatka, *Russie* Ville industrielle, à 790 km au N.-E. de Moscou, fondée en 1174 sur la Viatka par des marchands. De 1932 à 1992, elle s'est appelée Kirov, du nom du dirigeant communiste né dans la région (1886-1934). Usines d'équipement agricole, industries chimiques et métallurgiques. Constructions de matériels ferroviaires.

Population 491 000

Carte Russie Cc

Viborg, *Danemark* Ville du centre-nord du Jutland, dont elle fut jadis la capitale. Les rois du Danemark y furent élus jusqu'en 1340. Évêché, cathédrale romane.

Population 25 500

Carte Danemark Ba

Vicence, en it. **Vicenza, *Italie*** Ville de Vénétie, à 60 km au N.-O. de Venise. Patrie de l'architecte Andrea Palladio (1508-1580), qui y bâtit ou remodela de nombreux édifices publics et privés dans un style néoclassique : « basilique » (édifice communal), Théâtre olympique, palais Chiericati (transformé en musée), loggia del Capitano. Le style palladien fut copié partout en Europe aux XVIIe et XVIIIe s. Industries textiles, chimiques, pharmaceutiques ; meubles, verre.

Population 113 000

Carte Italie Cb

Vichy, *France* Ville thermale du département de l'Allier, sur l'Allier, à 120 km au N.-O. de Lyon. Ses neuf sources d'eau minérale, déjà connues des Romains, sont exploitées depuis 1853 par la Compagnie fermière de Vichy. Mme de Sévigné y prit les eaux au XVIIe s. et la station fut très en vogue sous Napoléon III.

Population (ville) 27 800 ; (aggl.) 62 000

Carte France Ec

Vicksburg, *États-Unis* Port du Mississippi au confluent du Yazoo et du Mississippi. Son parc militaire national abrite les fortifications prises d'assaut en 1863 par le général Grant durant la guerre de Sécession. Cette victoire assura aux Nordistes le contrôle du Mississippi.

Population 26 200

Carte États-Unis Hd

Victoria, *Australie* État de 227 600 km² au S.-E. du pays, détaché de la Nouvelle-Galles du Sud en 1851. Sa capitale, Melbourne, dans la plaine côtière adossée à la Cordillère australienne, abrite près des deux tiers de la population. Principales ressources agricoles : moutons, bovins, blé. Deuxième État industriel d'Australie après la Nouvelle-Galles du Sud, le Victoria recèle de la lignite, du gaz naturel et du pétrole. Les gisements d'or de Ballarat et de Bendigo, qui provoquèrent une ruée vers l'or en 1851, sont en voie d'épuisement.

Population 4 461 500

Carte Australie Gf

Victoria, *Canada* Port et capitale de la Colombie-Britannique, à l'extrémité méridionale de l'île de Vancouver. Centre touristique et d'affaires, elle est aussi le siège du quartier général de la marine canadienne sur le Pacifique et une base de pêche hauturière. Elle abrite une université, des chantiers navals, des scieries et des papeteries. Ses jardins et ses parcs, son architecture victorienne et son climat en ont fait un centre touristique.

Population (ville) 66 300 ; (aggl.) 260 000

Carte Canada Cd

Victoria, *Hong Kong* Port et capitale de la colonie britannique, sur la côte N.-O. de l'île de Hong Kong. Simple établissement récupéré sur la mer en 1842, Victoria est devenue l'une des villes les plus prospères d'Extrême-Orient. Son port, Victoria Harbour, l'un des plus grands ports naturels du monde, reçoit chaque année plus de 10 000 navires de fort tonnage ainsi qu'une multitude de bateaux assurant le commerce local. Victoria est reliée à Kowloon par des ferries, un métro et un tunnel sous-marin. Le long de la côte, une série de rues parallèles marquent les étapes de récupération des terres sur la mer.

Population 1 251 000

Carte Hong Kong Cb

Victoria, anc. **Rabat, *Malte*** Capitale de la charmante île de Gozo. Sur la colline de la citadelle, centre de la ville normande : palais de justice, cathédrale, palais épiscopal et musée de Gozo. Nombreux orfèvres dans les ruelles de la vieille ville.

Population 5 400

Carte Malte Ca

Victoria, ***Seychelles*** Capitale du pays, port, centre commercial et touristique sur la côte N.-E. de l'île montagneuse de Mahé.
Population 25 000

Victoria (chutes), ***Zambie/Zimbabwe*** Chutes qui figurent parmi les plus grandes du monde (108 m de haut), sur le Zambèze, au N.-O. du Zimbabwe ; elles furent découvertes par Livingstone en 1855. Le fleuve, large de 1 700 m, plonge à cet endroit dans une gorge de 50 m de large et projette des embruns jusqu'à une hauteur de 500 m, ce qui lui a valu son nom local de *Mosi-oa-Toenja*, « la fumée qui tonne ».
Carte Zimbabwe Ba

Victoria (grand désert de), ***Australie*** Désert constitué de dunes parallèles, à cheval sur la frontière entre l'Australie-Méridionale et l'Australie-Occidentale. Il fait partie du Grand Désert australien.
Carte Australie Dd

Victoria, ou **Victoria Nyanza (lac),** ***Kenya/Tanzanie/Ouganda*** Le plus grand lac d'Afrique (69 500 km^2) et le deuxième du monde, après le lac Supérieur en Amérique du Nord, découvert en 1858 par l'explorateur anglais John Speke.

D'une profondeur maximale de 80 m, il reçoit la plus longue source du Nil, la Kagéra, formée de rivières qui ont leurs sources au Rwanda et au Burundi. Le barrage des chutes Owen (achevé en 1954), sur le Nil, qui a absorbé des chutes hautes de 20 m, fournit de l'énergie hydroélectrique (50 % des besoins du pays) ; c'est une des plus grandes sources d'énergie d'Afrique orientale. Pêche. Service de bateaux entre les rives.
Carte Ouganda Bb

Vidin, ***Bulgarie*** Port fluvial et chef-lieu de la province du même nom, sur le Danube, près de la frontière roumaine, à 280 km à l'O. de Ruse, qui lui est reliée par vedette. Commerce de grains, d'olives et de vin. Festival Shakespeare en juillet, dans la forteresse médiévale de Baba Vida, bâtie sur les ruines de la ville romaine de Bononia.
Population 61 200
Carte Bulgarie Ab

Viedma-Carmen de Patagones, ***Argentine*** Centre commercial et chef-lieu de la province du Rio Negro, sur le cours inférieur du rio Negro. Il est question d'en faire la capitale de l'Argentine, en remplacement de Buenos Aires.
Population 12 900
Carte Argentine Cc

Vieng Chan, ***Laos*** Voir VIENTIANE

Vienne, en all. **Wien,** ***Autriche*** Capitale du pays, province et chef-lieu de la Basse-Autriche, sur le Danube, au N.-E. de l'Autriche. Elle est divisée en 23 arrondissements.

Important carrefour N.-S. et E.-O., celte puis romaine, elle devint au XIIe s. une étape des croisés sur la route de Byzance (vestiges d'églises romanes) et, au XIIIe s., la capitale des États des Habsbourg et le resta jusqu'en 1918. Rodolphe IV y fonda en 1365 la première université de langue allemande. Sa haute cathédrale gothique Saint-Étienne fut achevée en 1433. Elle s'orna de palais Renaissance (dont le Porcia) avant de devenir le bastion de la chrétienté face aux Turcs, qui occupèrent la Hongrie au XVIe s. et détruisirent en partie la ville en 1683. Elle se couvrit alors de monuments baroques (palais des Aristocrates, Hofburg, église Saint-Charles-Borromée) et, au siècle suivant, de monuments classiques ou rococo (château de Schönbrunn ; Belvédère abritant aujourd'hui des musées) en même temps qu'elle devenait le foyer de la vie artistique et musicale européenne. On y bâtit l'Albertina, la Bibliothèque nationale. Glück, Haydn, Mozart, Beethoven y furent joués.

CAPITALE IMPÉRIALE. Le superbe dôme et les tours de la Karlskirche dominent le magnifique centre baroque de Vienne, construit après le siège dévastateur de 1683.

Au XIXe s., la Sainte Alliance en fait le centre de la lutte contre Napoléon, que le Congrès de 1815 déclara hors la loi. Elle est, en 1848, la capitale politique incontestée de l'Europe quand François-Joseph accède au trône et remplace ses remparts par un boulevard circulaire de 4 km, le Ring, bordé de monuments neufs imités de l'antique (Parlement, Théâtre municipal, Opéra) et de nombreux jardins dont le gigantesque parc d'attractions du Prater. Elle est le carrefour des cultures germanique, slave et latine et toute l'Europe danse au son des valses viennoises, pendant qu'elle inaugure une révolution architecturale (Loos), picturale (Klimt), et musicale (Mahler, Schönberg). Mais l'Autriche-Hongrie perd la Première Guerre mondiale, et Vienne se retrouve en 1919 capitale d'une toute petite Autriche, mais toujours ferment littéraire (Zweig, Musil), musical (Berg, Webern) et scientifique (Freud ; le cercle de Vienne). Cependant l'Allemagne nazie l'occupe et l'annexe en 1938. Ravagée par les bombes durant la Seconde Guerre mondiale, divisée de 1945 à 1955 en quatre zones, chacune occupée par une armée alliée, ainsi que l'évoque Graham Greene dans *le Troisième Homme*, elle se redresse dès qu'elle redevient indépendante. Aux manufactures de porcelaine d'antan succèdent diverses industries.

Elle est à présent le siège de nombreux congrès et organisations internationales (OPEP, Agence atomique des Nations unies) et accueille chaque année un nombre croissant de touristes dont beaucoup vont se recueillir au Cimetière central sur les tombes de Beethoven, Brahms et Schubert.
Population 1 531 000
Carte Autriche Ea

Vienne, ***France*** Sous-préfecture de l'Isère sur le Rhône. Ancienne colonie romaine, elle fut l'un des premiers foyers chrétiens de la Gaule. Nombreux vestiges romains (théâtre, forum) ; église Saint-Pierre devenue musée lapidaire. Textiles, chaussures.
Population (ville) 29 500 ; (aggl.) 43 500
Carte France Fd

Vienne (86), ***France*** Département de 6 990 km^2 dans l'ouest du pays (région Poitou-Charente), drainé par la Vienne et le Clain. Chef-lieu : Poitiers ; sous-préfectures : Châtellerault, Montmorillon. Du N. au S., les principales ressources agricoles sont le blé, le maïs et les prairies pour l'élevage laitier (ovins et bovins). L'industrie se concentre surtout à Châtellerault et Poitiers, sur l'axe Paris-Bordeaux, desservies par l'autoroute Aquitaine, la RN 10 et le chemin de fer. Les activités tertiaires sont en progression.
Population 378 000
Carte France Dc

Vienne (Haute-) (87), ***France*** Département de 5 520 km^2 dans le nord-ouest du Massif central (région Limousin), drainé par la Vienne et la Gartempe. Chef-lieu : Limoges ; sous-préfectures : Bellac, Rochechouart. Il présente un relief de plateaux étagés, plus accidentés au S. (monts du Limousin et de Chalus) et au centre (monts de Blond et d'Ambazac) qu'au N., où les vallées s'élargissent. L'élevage bovin pour la boucherie prédomine (race limousine). Petite

industrie concentrée autour de Limoges. Uranium à Bessines.
Population 357 000
Carte France Dd

Vientiane, en laot. **Vieng Chan (« Citadelle de santal »),** ***Laos*** Capitale du pays, sur la rive gauche du Mékong, face à la Thaïlande. Avant l'occupation communiste (1975), elle avait gardé de la colonisation française (1899-1955) son aspect de petite ville de province. Vat Pra Keo (temple du Bouddha d'or) et pagode de That Luang, qui abriterait un cheveu du Bouddha. Riz, soie, tabac. La province de Vientiane (chef-lieu : Phonhong), qui entoure la municipalité, est irriguée par le Nam Ngum.
Population (municip.) 442 000 ; (prov.) 312 000
Carte Laos Ab

Vierges américaines (îles), ***Antilles*** Dépendance américaine des Petites Antilles, formée d'une soixantaine d'îlots et de trois îles volcaniques: Sainte-Croix, qui possède l'une des plus grandes raffineries de pétrole du monde, St-Thomas, port franc, et St-John, achetés au Danemark en 1917 en raison de leur position stratégique. L'archipel commande en effet le détroit d'Anegada qui donne accès au canal de Panamá. Tourisme, montres, textiles, produits pharmaceutiques, rhum.
Population 100 000
Carte Antilles Cb

Vierges britanniques (îles), ***Antilles*** Colonie britannique des Petites Antilles formée d'une quarantaine d'îles volcaniques dont les principales sont: Tortola, où se trouve la capitale, Road Town, Virgin Gorda, Anegada et Jost Van Dyke. Découvertes par Christophe Colomb en 1493, elles sont sous contrôle britannique depuis 1666. Tourisme (pêche, voile, yachting).
Population 18 000
Carte Antilles Cb

Vierwaldstättersee, ***Suisse*** Voir QUATRE-CANTONS (lac des)

Viêt-nam Voir p. 704

Vigo, ***Espagne*** Port et station balnéaire de Galice, sur l'Atlantique, dans un site en amphithéâtre au fond d'une ria à 15 km au N. de la frontière portugaise. Conserveries, raffinerie de pétrole, produits chimiques, chantiers navals, savon, ciment.
Population 258 700
Carte Espagne Aa

Viipuri, ***Russie*** Voir VYBORG

Vijayanagar, ***Inde*** Capitale, aujourd'hui en ruine, d'un grand empire hindou du même nom, sur le territoire de l'actuel village de Hampi, à 540 km au S.-E. de Bombay. L'empire, fondé en 1366, repoussa les musulmans du Nord pendant deux cents ans avant d'être vaincu. Ruines de temples, palais, forteresse remarquables par la profusion des sculptures, dont le style a fait école en Inde.
Carte Inde Bd

Vijayawada ou **Bezwada,** ***Inde*** Ville du sud-est du pays, à la naissance du delta de Krishna, à 385 km au N.-E. de Madras. Elle est au centre d'un très ancien système de canaux d'irrigation toujours en usage.
Population 701 500
Carte Inde Cd

Vijosë ou **Vjosë,** en gr. **Aoös Potamos,** ***Albanie/Grèce*** Le plus grand fleuve de l'Albanie méridionale (238 km). Né en Grèce dans les monts du Pinde, il coule vers le N.-O. et se jette dans l'Adriatique au N. de Vlorë. La nouvelle route internationale qui va de Ioannina, en Grèce, à Korçë, Vlorë et Durrës, en Albanie, emprunte en partie sa vallée.
Carte Albanie Cb

Vila, ***Vanuatu*** Voir PORT-VILA

Vila Viçosa, ***Portugal*** Ancien siège des ducs de Bragance à 150 km à l'E. de Lisbonne. Château du XIIIe s. ; vaste palais (XVIe s.) transformé en musée, contenant des effets royaux.
Population 4 400
Carte Portugal Cc

Villa Cisneros, ***Sahara occidental*** Voir AD DAKHLA

Villahermosa, anc. **San Juan Bautista,** ***Mexique*** Capitale de l'État de Tabasco, sur le Grijalda. Malgré son nom qui signifie « belle ville », en se transformant en un important centre pétrolier vers la fin des années 1960, ce paisible centre agricole est devenu disgracieux et bruyant. Musée archéologique du Tabasco (antiquités précolombiennes). Aux environs, site archéologique de La Venta.
Population 250 900
Carte Mexique Cc

Villany, ***Hongrie*** Voir PECS

Villeurbanne, ***France*** Important centre industriel de la banlieue est de Lyon. Constructions mécaniques et électriques, textile, chimie, agroalimentaire. Musée d'art contemporain; Théâtre national populaire.
Population 117 000

Vilnius, en russe **Vilna,** en polonais **Wilno,** ***Lituanie*** Capitale située au S.E. du pays. Fondée au Xe s., elle fut la capitale de la principauté de Lituanie de 1323 à 1579. Diversement occupée par les pays limitrophes, elle devint russe de 1795 à 1915. Disputée entre Russes, Allemands et Polonais de 1915 à 1920, elle resta polonaise jusqu'à 1939. Prise par les troupes soviétiques puis par la Wehrmacht, elle redevint « lituanienne » en 1944. Autour des ruines d'un château du XIVe s., la vieille ville rassemble une mosquée, une synagogue et près de quarante églises. L'université, fondée en 1579, la plus ancienne de l'ex-U.R.S.S., fut fermée en 1832 pour activités anti-tsaristes et rouverte par les Polonais après 1919. Machines-outils et machines agricoles, industries alimentaires, chimiques, textiles.
Population 592 500
Carte Lituanie ABc

Viña del Mar, ***Chili*** Célèbre station balnéaire sur le Pacifique, à 9 km au N. de Valparaíso. En février, un festival international de la chanson se tient dans la Quinta Vergara qui, avec le Palais d'été présidentiel, est l'un des superbes édifices bordant les places et les avenues plantées de palmiers.
Population 300 000
Carte Chili Ac

Vincennes, ***France*** Agglomération résidentielle de la proche banlieue est de Paris, dotée de quelques industries (électronique, mécanique, électrique).

Le bois de Vincennes, qui appartient à la ville de Paris, couvre plus de 1 000 ha à la lisière S. de la ville. Il abrite un musée des Arts africains et océaniens, et le plus grand parc zoologique de France. Parc floral. Hippodrome. Institut national du sport et de l'éducation physique.

Le château de Vincennes, situé entre la ville et le bois, date de Philippe Auguste. Saint Louis y rendit la justice. L'édifice s'agrandit au cours de l'histoire (donjon du XIVe s., sainte chapelle de style gothique, pavillons du Roi et de la Reine du XVIIe s.). Au XVIIIe s., on y installa une fabrique de porcelaine. Les Allemands l'occupèrent pendant la Seconde Guerre mondiale et y fusillèrent des otages le 20 août 1944.
Population 42 300

Vinnitsa, ***Ukraine*** Ville sur le Boug méridional, au milieu d'une zone agricole prospère, à 190 km au S.-O. de Kiev. La région environnante est célèbre pour ses poteries, ses broderies, ses tissages à la main et ses tapis. Vinnitsa, qui possède les plus grandes raffineries de sucre de l'ex-U.R.S.S., fabrique aussi des engrais, du matériel agricole, des vêtements et des chaussures.
Population 384 400
Carte Ukraine Bc

Vinson (mont), ***Antarctique*** Point culminant de l'Antarctique (5 140 m), dans les monts d'Ellsworth (Antarctique occidental).
Carte Antarctique Ec

Vintimille, en it. **Ventimiglia,** ***Italie*** Ville et station balnéaire de Ligurie, dans la province d'Imperia, sur la rivieria du Ponant, à la frontière française. Elle présente deux noyaux distincts: l'un d'origine médiévale, situé en hauteur (cathédrale, église de San Michele), et l'autre, plus récent, le long du littoral. Floriculture.
Population 23 600
Carte Italie Ac

Virginie, en angl. **Virginia,** ***États-Unis*** État (105 716 km^2) situé pour l'essentiel à l'O. de la baie de Chesapeake, sur la côte atlantique. Il touche aux Appalaches et englobe une partie de la chaîne des Blue Ridge et des Alleghany, qui culminent à 1 746 m. La Virginie fut la première colonie américaine, créée en 1607 par la Virginia Company de Londres qui avait reçu une charte d'établissement de Jacques Ier en 1606, et devint l'un des treize États fondateurs. En 1789, elle céda une partie de son territoire pour la création de la capitale fédérale, Washington. Lors de la guerre de Sécession (1861-1865), sa partie occidentale, fidèle à l'Union, contrairement au reste du pays, constitua l'État distinct de Virginie-Occidentale (1863).

Ses sites historiques et son littoral font de la Virginie une région touristique recherchée. Capitale: Richmond. Principales productions: tabac, produits laitiers, volailles; industries: mines de charbon, industries agro-alimentaires et chimiques; manufactures de tabac.
Population 6 200 000
Carte États-Unis Kc

Virginie-Occidentale, ***États-Unis*** État très montagneux de 62 629 km^2, situé entre les monts Alleghany et l'Ohio (fleuve). Sa production agricole est limitée: bétail, volaille et pommes. C'est le premier État producteur de charbon bitumineux des États-Unis. Il produit aussi du pétrole et du gaz qui alimentent ses industries chimiques et métallurgiques et ses usines de verre.

UNE SCÈNE FAMILIALE. Les pêcheurs du village de Vitshumbi, au bord du lac Édouard, dans le parc national des Virunga, cohabitent avec des milliers d'oiseaux.

En 1863, les comtés occidentaux de l'État de Virginie, favorables à la suppression de l'esclavage, se séparèrent de celui-ci pour former la Virginie-Occidentale, 35e État de l'Union. Le parc historique national d'Harpers Ferry, au confluent de la Shenandoah et du Potomac au N.-E. de l'État, commémore le soulèvement de John Brown contre l'esclavage en 1859. Capitale : Charleston.
Population 1 796 000
Carte États-Unis Jc

Virunga (parc national des), ***Zaïre*** Réserve naturelle (7 600 km^2) aux frontières de l'Ouganda et du Rwanda, englobant l'ex-parc national Albert, le massif du Ruwenzori, le lac Édouard et le parc des Volcans, où se trouvent les monts Virunga culminant à 4 660 m au mont Karisimbi, dont deux volcans sont actifs (le Nyiragongo et le Nyamuragira). Le parc, habité par les Pygmées, est le refuge des éléphants, girafes, hippopotames, léopards, lions, okapis.
Carte Zaïre Bb

Visakhapatnam ou **Vishakhapatnam,** anc. **Vizagapatam,** ***Inde*** Port sur le golfe du Bengale, à 610 km au N.-E. de Madras, où est situé l'un des plus importants chantiers navals de l'Inde. Base navale, raffinerie de pétrole. Exportation de manganèse.
Population 751 000
Carte Inde Cd

Visayas (îles), ***Philippines*** Groupe d'îles (65 880 km^2) formant le centre de l'archipel philippin. Principales îles : Bohol, Cebu, Leyte, Masbate, Negros, Panay et Samar. En 1521, après avoir traversé l'océan Pacifique, Magellan débarqua sur l'îlot d'Homonhon, dans le golfe de Leyte au S. de Samar.
Carte Philippines Bc

Visby, ***Suède*** Port et station balnéaire de l'île de Gotland, dans la mer Baltique. Au Moyen Âge, Visby fut l'un des plus riches comptoirs d'Europe septentrionale, contrôlant une grande partie de la Baltique et frappant sa propre monnaie. Ses 3 km de murailles sont flanquées de 40 tours massives. Dans l'enceinte, la vieille ville possède de nombreuses églises et une cathédrale des XIIe-XIIIe s. Musée d'antiquités vikings.
Population 19 300
Carte Suède Cd

Visegrád, ***Hongrie*** Village historique surplombant la grande boucle du Danube à 43 km au N. de Budapest. Cité médiévale florissante, résidence royale, elle est devenue un centre touristique. En contrebas de sa citadelle en ruine (XIVe s.), une partie des 350 pièces d'un magnifique palais bâti par le roi hongrois Matthias Ier a été restaurée au XVe s.
Population 1 600
Carte Hongrie Ab

Visegrad, ***Bosnie-Herzégovine*** Ville, au débouché des gorges de la rivière Drina, en Bosnie orientale, à 72 km à l'E. de Sarajevo. Son élégant pont blanc de 180 m de long, reposant sur dix arches, a été construit par les Turcs en 1577. C'était le point de départ touristique pour le lac du barrage hydroélectrique situé en aval, et pour Tara Planina, site de villégiature montagnarde au N.-E.
Carte Bosnie-Herzégovine Bc

Viseu, ***Portugal*** Ville à 75 km au S.-O. de Porto, au centre de la région viticole de Dão. Dans la vieille ville médiévale aux ruelles pittoresques se trouve une cathédrale du XIIe s. remaniée du XVIe au XVIIIe s. Musée Grão Vasco.
Population 21 000
Carte Portugal Cb

Viso (mont), ***Italie*** Sommet des Alpes piémontaises (3 841 m), à la frontière franco-italienne, à 65 km au S.-O. de Turin. Le Pô prend sa source sur son versant oriental.
Carte Italie Ab

Vistule, en polon. **Wisla,** ***Pologne*** Le plus long fleuve du pays (1 090 km), qui naît dans les Carpates occidentales, près de la frontière tchécoslovaque, au S.-O. de Cracovie. Elle arrose cette ville et Varsovie, et se jette dans la mer Baltique par un vaste delta au fond du golfe de Gdansk. Sur la fin de son parcours, un canal de dérivation (le Nogat), qui débouche directement sur la baie de Gdansk, permet aux bateaux d'éviter les eaux du delta.
Carte Pologne Cb, Dc

Vitebsk, ***Biélorussie*** Ville sur les rives de la Dvina occidentale, à 230 km à l'E. de Minsk. Cité marchande dès le Moyen Âge, elle fut successivement lituanienne, polonaise et devint russe en 1772. Constructions mécaniques, traitement du bois, industrie alimentaire, bonneterie. Patrie de Chagall.
Population 369 200
Carte Biélorussie Ca

Viterbe, en it. **Viterbo,** ***Italie*** Cité médiévale bien conservée, à 65 km au N.-O. de Rome. Cathédrale gothique (XIIe s.), palais des Papes (XIIIe s.) et palais Farnèse (XVe s.), nombreuses églises (IXe-XVIe s.). Industries alimentaires, textiles, ameublement, poterie.
Population 57 800
Carte Italie Dc

Viti Levu, ***Fidji*** Grande île de l'archipel (10 429 km^2). Montagneuse, elle culmine à 1 324 m au Tomaniivi (mont Victoria). Du côté E., face aux alizés dominants, apportant de très fortes pluies, la forêt vierge est dense ; sur le côté O., plus sec, les pluies sont plus rares : c'est la grande région sucrière, autour de Lautoka. La capitale du pays, Suva, se trouve sur la côte S.-E. Nombreuses stations balnéaires. Aéroport international de Nadi. Canne à sucre, fruits tropicaux, or.
Population 500 000
Carte Pacifique (océan) Dc

Vitoria, anc. **Victoria,** ***Brésil*** Ville située sur la côte atlantique, à 400 km au N.-E. de Rio de Janeiro. Le port, dans l'île homonyme, exporte café, bois et minerai de fer en provenance du Minas Gerais.

Espirito Santo, État agricole (45 597 km^2) dont Vitoria est la capitale, produit café et bois tropicaux.
Population (ville) 208 000 ; (État) 2 599 000
Carte Brésil Dd

Vitoria, ***Espagne*** Ville basque, capitale de la province d'Alava, à 60 km au S.-E. de Bilbao. Fondée en 1181, elle possède une cathédrale fortifiée (XIIe-XVIe s.) et plusieurs musées. Fabrication de bicyclettes et de matériel agricole, tanneries, distilleries, raffineries de sucre.
Population 192 800
Carte Espagne Da

Vlaanderen, ***Belgique*** Voir FLANDRES

Vladikavkaz, ***Russie*** Capitale de l'Ossétie du Nord, qui fut à l'origine une forteresse installée en 1784 et commandant le défilé de Darial, l'un des accès de la Géorgie. Important centre

Voir suite p. 706

Viêt-nam

VAINQUEURS, MAIS ACCABLÉS PAR LA PAUVRETÉ, LES COMMUNISTES DU VIÊT-NAM ONT ENCORE DES BATAILLES À MENER

Dans ce pays de l'Asie du Sud-Est, les États-Unis ont pour la première fois perdu une guerre. Leurs forces armées ont combattu pendant huit ans contre le Viêt-cong, un mouvement de guérilla communiste soutenu par le gouvernement du Viêt-nam du Nord. Les Américains déversèrent 7 millions de tonnes de bombes, répandirent des défoliants chimiques sur 16 000 km^2 pour y tuer la végétation, et perdirent 57 000 hommes. Mais la plus moderne machine de guerre ne put l'emporter sur les maquisards viêtnamiens.

Environ 2 800 000 soldats américains combattirent au Viêt-nam entre 1965 et 1973. Ils y furent envoyés pour défendre l'indépendance du Sud Viêt-nam pro-occidental contre le Nord, communiste. La théorie dite « des dominos » prévoyait que, si le Sud Viêt-nam passait au communisme, d'autres États d'Asie suivraient, comme s'abat une ligne de dominos. Pendant l'hécatombe qui suivit, 2 millions de Vietnamiens, communistes ou non, trouvèrent la mort, et, le temps passant, les Américains perdirent la volonté de vaincre. Après une trêve provisoire de deux ans suivant le retrait américain, le Viêt-nam du Sud capitula finalement le 30 avril 1975, et le Viêt-nam réunifié passa sous le contrôle des communistes en 1976.

Pour des raisons tant économiques que politiques, des centaines de milliers de Vietnamiens fuirent le pays sur de frêles navires, surtout en 1978 et 1979. Beaucoup de ces *boat people* périrent dans les tempêtes ou dans les attaques des pirates, mais les survivants posèrent de sérieux problèmes aux pays voisins, avant que ces réfugiés aient pu être progressivement réinstallés dans des régions parfois fort éloignées, telles que l'Australie, le Canada, la France et les États-Unis.

UNE GUERRE SANS FIN

Le Viêt-nam a connu la guerre pendant presque un demi-siècle. En 1940, alors qu'il était une colonie française, il fut envahi par les Japonais. Après leur défaite, en 1945, les nationalistes dirigés par Hô Chi Minh prirent les armes pour empêcher le rétablissement de l'autorité française. Les Français se retirèrent en 1954 après la bataille de Diên Biên Phu, mais un accord international sanctionna la division du pays de part et d'autre du 17e parallèle, et le Nord communiste entama une lutte de vingt ans contre le Sud, pour réunifier le pays. La guerre reprit pour de bon en 1965.

Depuis 1975, les armées du Viêt-nam ont encore été impliquées dans des combats au Cambodge voisin, d'où elles chassèrent le régime des Khmers rouges de Pol Pot pour installer un gouvernement de leur choix. La Chine, qui soutenait Pol Pot, lança des attaques de diversion sur la frontière nord du Viêt-nam pour aider ses alliés au Cambodge.

Cette histoire remplie de combats souligne deux caractères du Viêt-nam moderne : d'abord, l'omniprésence des militaires dans le pays, car depuis 1975 le Viêt-nam maintient sur le pied de guerre une armée de 1 200 000 hommes qui intervient dans tous les domaines ; ensuite l'extraordinaire patience et l'endurance de toute une génération de Viêtnamiens, qui n'a connu que la guerre, devant les terribles problèmes du pays.

Le Viêt-nam est l'un des plus pauvres pays d'Asie. Pour la plupart de ses 62 millions d'habitants, la vie est une lutte perpétuelle, même si maintenant les conflits armés se déroulent au-delà des frontières. L'intervention au Cambodge draine encore les ressources du pays. En 1980, au moment où l'attention du monde était attirée sur le sort des Cambodgiens affamés, le Viêt-nam lui-même souffrait d'une grave pénurie alimentaire. Des rapports témoignent de l'importance de la malnutrition chez les jeunes.

Beaucoup de produits de base manquent, du pétrole aux médicaments, du papier au ciment. Une grande partie de l'industrie du pays, surtout installée au Nord, a été détruite par les bombardements américains et par les incursions chinoises de 1979.

Ce n'est que dans les villes du Sud que les produits de consommation courante sont plus faciles à trouver, en particulier à Saigon, maintenant rebaptisée Hô Chi Minh-Ville. Certains de ces produits ont été abandonnés par les Américains, mais la plus grande partie provient des envois des réfugiés à leurs parents restés sur place.

Deux villes symbolisent assez bien le Viêtnam actuel. Hô Chi Minh-Ville garde encore quelques souvenirs de l'atmosphère d'avant 1975. À l'époque Saigon, encombrée de réfugiés des campagnes, était une ville bruyante et remuante, pleine des pièges de la civilisation occidentale, et un terrain de récréation pour les permissionnaires américains. La cité vivait de l'économie artificielle créée par la guerre. Aujourd'hui, quelques journalistes occidentaux et des visiteurs venus des pays de l'Est sont les seuls étrangers. Mais on peut encore voir les jeunes écouter de la musique populaire occidentale dans les cafés ; le cyclomoteur, introduit par les Américains, reste le moyen de transport typique, et les étalages vendent au long des rues une gamme de produits qui va des cigarettes thaïlandaises aux magnétophones à cassettes japonais.

Par contraste, Hanoi, au nord, paraît morne et guindée, bien moins vivante que son homologue du Sud. Il y a peu de produits du marché noir, et les bicyclettes sont le grand moyen de transport, plutôt que le cyclomoteur. Le Lao Dong, le parti des travailleurs (parti communiste) est omniprésent.

Le Viêt-nam est aussi symbolisé par deux fleuves. Le pays, situé sur la côte orientale de la péninsule indochinoise, a la forme d'un haltère, avec une partie centrale étroite réunissant les plaines plus larges du Nord et du

Sud. Les plaines ont été construites par le fleuve Rouge et le Mékong. Le premier (le Song Hong) coule essentiellement au Viêt-nam, mais le Mékong prend sa source en Chine et traverse la Birmanie et le Laos, longe la frontière de la Thaïlande, et arrose le Cambodge, avant de se jeter dans la mer de Chine méridionale, au sud de Hô Chi Minh-Ville. Les deux plaines fluviales sont séparées par une zone centrale montagneuse étroite, qui a toujours rendu difficiles les communications entre le Nord et le Sud — un fait significatif de l'histoire du Viêt-nam.

L'étroite « poignée » de l'haltère, ancien Annam, traversée par le 17e parallèle, divise le Viêt-nam non seulement du point de vue géographique mais aussi du point de vue culturel. Les Viêtnamiens proprement dits sont originaires de la province chinoise du Guangdong. Ils s'installèrent dans la vallée du fleuve Rouge (plus tard connue sous le nom de Tonkin) il y a plus de deux mille ans, alors que le Sud était dominé par les peuples cham et khmer. Ce n'est qu'au XVIIe s. que les Viêtnamiens commencèrent à migrer vers le Sud, absorbant les Chams et refoulant les Khmers vers le bassin du Tonlé Sap. Cette migration resta cependant limitée jusqu'à l'arrivée des Français au milieu du XIXe s. Le Sud devint la colonie de Cochinchine en 1867, et des protectorats sur l'Annam et le Tonkin furent établis en 1884.

DES PAYS DE RIZICULTURE CONTRASTÉS

La vallée du fleuve Rouge est le vrai cœur du Viêt-nam. Peut-être l'endurance dont les Viêtnamiens ont fait preuve ces quarante dernières années est-elle en partie le résultat de leurs longues luttes contre ce fleuve sauvage et dangereux, qui doit son nom aux alluvions rouges qu'il charrie. Arrachées aux montagnes du Nord, celles-ci se déposent quand la pente du fleuve diminue à son arrivée dans la plaine. Année après année, il a surélevé son lit et celui de ses effluents, jusqu'à couler 12 m au-dessus du niveau de la plaine. Les Viêtnamiens ont donc toujours dû faire face aux dangers d'inondations. On a tenté de renforcer les levées alluviales et de les surélever, mais des ruptures se produisent régulièrement, et ont des conséquences désastreuses pour les terres cultivées.

Cependant, les eaux fluviales peuvent être utilisées pour l'irrigation, ce qui permet en de nombreux endroits deux récoltes de riz par an. Les terres les plus hautes sont cultivées lors de la saison des pluies, de mai à novembre, tandis que les terres basses portent des cultures en saison sèche, après le retrait des eaux. Le Tonkin a une très forte densité de population, elle atteint plus de 1 100 habitants au kilomètre carré dans la province de Thai Binh. Les paysans utilisent des techniques de riziculture intensive imitées de celles de la Chine. On trouve aussi des cultures intensives dans les plaines côtières du Viêt-nam central, grâce à l'irrigation utilisant les fleuves qui descendent des montagnes de la cordillère annamitique. En certains points, on peut effectuer cinq récoltes de riz en deux ans...

Après l'indépendance de 1954, les agriculteurs furent organisés en coopératives. Des communautés réunissant plusieurs villages possédaient et travaillaient la terre en commun, pour atteindre les objectifs de production fixés par le gouvernement central.

COMMÉMORATION COMMUNISTE. À Hanoi, le jour de l'anniversaire de Lénine, des ouvriers passent devant les portraits du dirigeant soviétique. On porte des costumes occidentaux, à la mode d'il y a quelques années — plus rares dans le Nord austère qu'à Saigon, plus frivole, en dépit de son nouveau nom: Hô Chi Minh-Ville.

Ce système parut efficace durant les années de guerre, au cours desquelles la production agricole du Nord augmenta rapidement. Mais ensuite, les paysans se montrèrent réticents, et peu disposés à produire davantage sans stimulants matériels. Depuis 1979, on a augmenté les prix payés aux agriculteurs, et la terre a été remise aux familles paysannes par les coopératives, sur la base de contrats. Une partie de la production est obligatoirement livrée à l'État, mais le reste peut être vendu sur le marché.

Le delta méridional du Mékong a quelques caractères communs avec le Nord, notamment l'importance du transport fluvial, mais le paysage est très différent. Quand le Mékong atteint le Viêt-nam, il a déjà commencé à se diviser en de nombreux effluents. Les terres qu'ils traversent sont pour une large part marécageuses, et l'eau de mer y pénètre à l'aval quand les eaux de la rivière sont à leur niveau le plus bas. Les parties les plus hautes furent drainées pendant la colonisation française, et une part importante des terres ainsi conquises furent divisées en grandes exploitations, pour fournir du riz au Nord. La tradition de la culture commerciale persista ensuite et il a été difficile d'imposer la collectivisation dans cette région, dont plus de la moitié des terres demeure entre les mains d'exploitants privés.

Malgré la qualité de ces régions rizicoles, le Viêt-nam a du mal à faire face à une croissance démographique rapide et le niveau de vie reste bas. Cette stagnation est de plus en plus attribuée au système politique. Depuis 1986, les difficultés économiques et l'effondrement du communisme en Europe ont provoqué une nette évolution. Elle est restée très prudente en matière politique puisqu'on a décidé le maintien du système du parti unique. Mais son fonctionnement a été démocratisé. Beaucoup de cadres ont été remplacés pour incompétence et corruption, l'assemblée nationale a un rôle plus important et a été élue sur des listes comportant davantage de candidats que de sièges à pourvoir. Le Viêt-nam a retiré ses troupes du Cambodge en 1989. Les changements économiques ont été nets : plus d'autonomie pour les petites entreprises et les paysans, privatisation du commerce, investissements étrangers. Les progrès sont réels, surtout dans l'agriculture, et l'aide soviétique défaillante devrait être de plus en plus compensée par celle des Occidentaux.

LE VIÊT-NAM EN BREF	
Superficie	331 032 km^2
Population	70 905 000
Capitale	Hanoi
Régime	République socialiste
Monnaie	Dong = 10 Hao = 100 xu
Langues	Vietnamien, chinois, français, anglais
Religions	Bouddhistes (55 %), chrétiens (8 %)
Climat	Tropical ; températures très variées au Nord selon les saisons. Température moyenne à Hanoi : de 17 °C en janvier à 29 °C en juin
Ressources	Riz, manioc, patates douces, bananes, maïs, ananas, café, thé, caoutchouc, tabac, porcs, bétail, poisson ; bois, charbon, lignite, fer, chrome, manganèse, titane, or, calcaire, sel
Activités	Agriculture, mines, industries alimentaires, textiles, coton et soie, ciment, exploitation forestière, papier
Exportations	Charbon, caoutchouc, thé, café
P.N.B. annuel par habitant	230 dollars
Croissance démographique	21 ‰ par an
Espérance de vie	Hommes 62 ans, femmes 67

administratif et industriel (métallurgie des métaux non ferreux, constructions mécaniques et électriques, produits alimentaires) relié par voie ferrée à Bakou et à Rostov. La ville s'est appelée Ordjonikidzé jusqu'en 1990, du nom d'un disciple de Lénine.
Population 303 000
Carte Russie Cd

Vladimir, ***Russie*** Ville touristique sur la rivière Klizma, à 160 km à l'E. de Moscou. Les visiteurs y affluent pour admirer le kremlin (citadelle), sa monumentale Porte d'or, bâtie entre 1158 et 1164, accès fortifié à la route en provenance de Moscou. Ses deux cathédrales du XIIe s., Saint-Dimitri et celle de la Dormition (*Ouspenski Sobor*), ont été restaurées au XIXe s. Dans le monastère de la Nativité de Notre-Dame fut enterré Alexandre Nevski en 1263. Industries chimique, mécanique, alimentaire, textile, électrique.
Population 376 000
Carte Russie Cb

Vladivostok, ***Russie*** Port principal de la côte russe du Pacifique, base militaire et chantier naval, à 50 km à l'E. de la frontière chinoise et à 135 km de la Corée du Nord. Fondé en 1860 sur une rade abritée de la mer du Japon, il devint la base de la flotte russe du Pacifique en 1872, et le terminus du Transsibérien en 1903. C'est aussi un port de pêche, notamment baleinière. Zone militaire, la ville était interdite aux voyageurs étrangers, qui devaient passer par la ville voisine de Nakhodka. Industries mécaniques, conserveries, brasseries, minoteries, traitement du bois, raffineries de pétrole.
Population 648 000
Carte Russie Hd

Vlissingen, ***Pays-Bas*** Voir FLESSINGUE

Vlorë, en it. **Valona,** ***Albanie*** Port du S. du pays, sur l'Adriatique. Vlorë a subi l'influence d'occupants successifs, notamment Vénitiens et Turcs. La ville, qui s'est développée à partir d'un petit village de pêcheurs à 3 km à l'intérieur des terres, au milieu d'oliveraies, a contribué à l'essor industriel du pays. Exportations de bitume, pétrole, riz et coton vers l'Union soviétique, puis vers la Chine.
Population 73 800
Carte Albanie Bb

Vltava, en all. **Moldau,** ***République tchèque*** Rivière de Bohême (433 km) prenant sa source près de la frontière allemande, au S.-O. de Prague, qu'elle traverse avant de rejoindre l'Elbe. Son cours est équipé de nombreuses centrales hydroélectriques.
Carte République tchèque Bb

Voïvodine, en serbo-croate **Vojvodina,** ***Yougoslavie*** Province de Serbie (21 506 km^2) au N. de la Save, irriguée par le Danube et la Tisza. Hormis les collines de Fruska Gora, les hauteurs volcaniques de Vrsac Planina et les collines sablonneuses de Deliblitska Pescara entre Vrsac et Belgrade, elle est plate et très fertile. Grenier à blé du pays, elle produit également légumes, tournesol, soja et viande.

La moitié environ (54 %) de la population est serbe. La province ayant fait partie de la Hongrie, la minorité hongroise représente 19 % des habitants ; le reste (environ 27 %) est croate, slovaque et roumain.

Les principales villes sont Novi Sad, la capitale, Subotica, Senta, Zrenjanin et Vrsac, réputée pour sa fête des vendanges. La province est traversée par le Grand Canal (Veliki Kanal) qui constitue un raccourci entre le Danube près de la frontière hongroise et la Tisza au S. de Becej et vers le S.-E., la partie aval du Danube juste avant les Portes de Fer.
Population 2 035 000
Carte Yougoslavie ABb

volcan (de Vulcain, dieu romain du Feu) Lieu où le magma en fusion atteint la surface de l'écorce terrestre, que ce soit à l'air libre ou sous l'eau. Le terme englobe le cratère, ainsi que les laves, cendres et autres débris qui se répandent autour de lui. Voir LA FORMATION DES VOLCANS, p. 708

Volcano (îles), ***Japon*** Voir IO-JIMA

Volcans (parc national des), ***Hawaï*** Parc (990 km^2) sur l'île d'Hawaï, autour du volcan Mauna Loa (4 169 m), et des volcans actifs du Kilauea et du Mokuaweoweo. Végétation tropicale, nombreux oiseaux et impressionnantes formations de lave.
Carte Hawaï Bb

Volcans d'Auvergne (parc naturel régional des), ***France*** Voir AUVERGNE

Volga, ***Russie*** Le plus long fleuve d'Europe (3 700 km), voie commerciale entre l'Europe et l'Asie depuis le Moyen Âge. La Volga prend sa source dans les monts Valdaï à 400 km au N.-O. de Moscou et s'écoule vers le S.-E. en arrosant Tver, Yaroslav', Nijni-Novgorod, Kazan, Simbirsk, Samara, Saratov, Volgograd et Astrakan, puis se jette dans la mer Caspienne. Elle est navigable sur la quasi-totalité de son cours : Ivan le Terrible l'utilisa en 1552-1556 pour acheminer approvisionnements et renforts lors de sa lutte pour l'extension de l'empire contre les Tatars.

Des barrages, construits à partir de 1930, y produisent de l'électricité en plusieurs points, irriguent les steppes alentour et permettent le franchissement du fleuve par route et par rail. Des canaux creusés dans les années 1950 et 1960 relient la Volga au Don, à la Baltique et à la mer Blanche, permettant aux navires de haute mer l'accès au cœur industriel de la Russie, le bassin du Donetz.
Carte Russie Cd, Dd

Volgograd, ***Russie*** Grand port de la Volga à l'extrémité E. du canal Don-Volga, à 440 km de la mer Caspienne. Fondé en 1589 sous le nom de Tsaritsyne, c'était un fort destiné à protéger le commerce le long du fleuve contre les attaques des Cosaques.

En 1925, la ville fut rebaptisée Stalingrad en l'honneur de Joseph Staline (1879-1953) qui, lors de la guerre civile, y avait organisé la défense contre les armées blanches. Lors de la Seconde Guerre mondiale — d'août 1942 à février 1943 — Stalingrad fut le théâtre de combats féroces, les Soviétiques reprenant progressivement la ville aux Allemands qui l'avaient en partie occupée après un siège de plus de deux mois. Durant cette bataille, 350 000 soldats allemands furent mis hors de combat, la plupart tués. La ville, quasiment rasée, fut reconstruite après la guerre : un grand parc, près de la Volga, abrite des monuments commémoratifs dédiés aux morts soviétiques. Elle a été rebaptisée Volgograd en 1961, cinq ans après la dénonciation des excès de Staline.

Volgograd est un très important centre industriel : raffineries de pétrole, aciéries, construction navale, métallurgie, construction mécanique agricole, matériaux de construction, industries textile, alimentaire.
Population 1 007 300
Carte Russie Cd

Volhynie, ***Ukraine*** Région boisée (20 200 km^2), fertile, au N.-O. du pays. Principauté puis royaume slave jusqu'au XIIIe s., partagée entre la Lituanie et la Pologne, réunifiée au XIVe s. sous l'autorité des Polonais. La Russie l'annexa lors des partages de la Pologne, en 1793 et 1795. Après la guerre civile russe, elle fut partagée entre la Pologne et la Russie (1921). La partie polonaise a été récupérée par Ukraine en 1945. Ville principale : Lvov.
Carte Ukraine Ac

Volos, ***Grèce*** Ville fondée au XIVe s., port et centre industriel de Thessalie orientale, dominée par le mont Pilion. À proximité se trouvent les sites d'Iolkos, port légendaire d'où Jason et les Argonautes firent voile, et de Demetriade qui fut, dans l'Antiquité, le port le plus important du pays. Cimenteries, aciéries, manufactures de tabac et industries textiles.
Population 107 400
Carte Grèce Cb

Volta, ***Afrique de l'Ouest*** Fleuve (1 600 km) issu de trois cours d'eau qui prennent source au Burkina-Faso et s'écoulent au S. vers le Ghana, dans le lac Volta (7 500 km^2). Il se jette dans le golfe de Guinée, à 110 km à l'E. de la capitale, Accra. La Volta noire (Mouhoun), qui trace une partie des frontières entre le Burkina-Faso, le Ghana et la Côte-d'Ivoire, est le bras principal (1 520 km, de sa source à la mer). La Volta blanche (Nakambe), qui a la Volta rouge (Nazinon) pour affluent, se jette dans le lac Volta

après 885 km de cours. En fait, seul le bref tronçon entre le lac et la mer est appelé Volta. C'est la grande voie d'eau du Ghana : son bassin couvre près des trois quarts du pays.
Carte Ghana Ab

Volta (lac), ***Ghana*** L'un des plus grands lacs artificiels du monde (8 480 km^2, 3,5 % de la surface totale du Ghana), en deçà du barrage Akosombo, sur le fleuve Volta. Le barrage, le lac, un gisement de bauxite (minerai d'aluminium), une usine de traitement et de transformation de l'aluminium sont les éléments du plus important programme de développement d'Afrique occidentale. Quelque 76 000 personnes ont dû être évacuées avant la mise en eau du barrage, en 1966. Le lac, dont les eaux contribuent à l'irrigation des cultures, a ouvert aux transports une région très pauvre en voies de communication et constitue un vaste réservoir à poissons.
Carte Ghana Bb

Volta noire, ***Burkina-Faso/Ghana*** Voir MOUHOUN

Volterra, ***Italie*** Ville touristique de Toscane, dans la province de Pise, assise sur une hauteur au centre d'une région argileuse caractérisée par des gouffres profonds (les *balze*). Ce fut l'un des principaux centres étrusques, puis une cité romaine et une commune libre, avant de passer à Florence en 1361. À l'intérieur de ses murs, cette ville médiévale (Piazza et Palazzo dei Priori, Duomo, baptistère, maisons-tours des XIIe et XIIIe s.) conserve de nombreux témoignages archéologiques et artistiques (Musée étrusque, Pinacothèque, musée d'Art sacré). Elle est renommée pour le travail de l'albâtre.
Population 14 100
Carte Italie Cc

LE MASSIF DU BALLON D'ALSACE. En haute altitude, les Vosges connaissent un hiver dont la longueur (6 mois), plus encore que la rudesse, est caractéristique.

Volubilis, ***Maroc*** Site archéologique, à 30 km au N. de Meknès. Volubilis fut sans doute la capitale de la province romaine de Mauritanie tingitane. Les vestiges, situés à 3 km de la ville de Moulay Idriss, datent surtout des IIe et IIIe s. et constituent un magnifique témoignage sur la romanisation de l'Afrique du Nord : capitole, forum, basilique, thermes, arc de Caracalla, boutiques, pressoirs à huile, demeures patriciennes avec de nombreuses mosaïques et sculptures intactes. Le mur d'enceinte, de 2,350 km, comportait 34 tours et 8 portes.
Carte Maroc Ba

Vorarlberg, ***Autriche*** Petit État (2 601 km^2), le plus occidental du pays, réputé pour ses sites alpins, autour du col de l'Arlberg. Le tourisme (sports d'hiver) est la principale ressource, avec l'élevage et l'industrie textile. La capitale est Bregenz, sur le lac de Constance.
Population 314 700
Carte Autriche Ab

Vorochilovgrad, ***Ukraine*** Voir LOUGANSK

Voronej, ***Russie*** Ville sur la rivière homonyme, à 450 km au S. de Moscou. Ancienne forteresse édifiée en 1586, c'est une ville industrielle : constructions mécaniques, électriques, produits chimiques et alimentaires, cigarettes.
Population 900 000
Carte Russie Cd

Vosges (88), ***France*** 1. Massif montagneux à l'est du pays, limité à l'O. par le plateau lorrain, à l'E. par la vallée du Rhin, au S. par la trouée de Belfort et au N. par le seuil de Saverne. La partie N., les basses Vosges, formée de dalles gréseuses, est de faible altitude (300 à 600 m). Une partie importante de ce secteur est occupée par le parc naturel régional des Vosges du Nord (111 000 ha), qui étend sur les départements de la Moselle et du Bas-Rhin ses forêts de résineux, ses prairies et ses tourbières. Il abrite perdrix et lièvres, chevreuils et sangliers ; la réserve animalière du Schwartzbach est consacrée au cerf et à son mode de vie.

Dans la partie S. du massif, les Vosges cristallines, se trouvent les principaux sommets : Grand Ballon ou ballon de Guebwiller (1 424 m), Hohneck (1 361 m), ballon d'Alsace (1 250 m), réunis dans le parc naturel régional des Ballons des Vosges (2 340 km^2), créé en 1989. Les anciens glaciers ont façonné des cuvettes occupées par des lacs (Gérardmer, Longemer, Retournemer). Au-dessus de 1 000 m, la forêt cède la place à des landes herbeuses, les hautes chaumes. Du côté occidental, les Vosges s'inclinent en pente douce vers la Lorraine ; à l'E., elles tombent par une série de gradins sur la plaine d'Alsace.

Le peuplement des zones montagneuses est faible et dispersé. Les activités y sont la polyculture, l'élevage des bovins et des porcins, l'exploitation forestière. Les villages commerçants se sont réfugiés dans les vallées (Meurthe, Moselle et leurs affluents), vouées à la culture des céréales et des plantes fourragères. L'industrialisation s'est notablement développée grâce au repli des Alsaciens après 1871 : verrerie, petite métallurgie, industrie textile, papeterie. Tourisme et thermalisme complètent les atouts économiques des Vosges. Villes principales : Épinal, Saint-Dié, Remiremont, Thann.

2. Département de l'est de la France (5 903 km^2), englobant le centre de la frange occidentale des Vosges et la région de collines formant la transition avec le plateau lorrain. Il est arrosé par la Meurthe et la Moselle. Ses ressources agricoles sont médiocres : polyculture, élevage, arbres fruitiers. Les industries traditionnelles — bien qu'en déclin — représentent toujours une part importante des ressources économiques du département : filature et tissage du coton, industrie du bois et du papier, verrerie. Thermalisme (Vittel, Contrexéville), tourisme. Chef-lieu : Épinal. Villes principales : Saint-Dié, Neufchâteau.
Population (département) 396 000
Carte France Gb

Voss, ***Norvège*** Station de villégiature au bord d'un lac, sur la ligne de chemin de fer Oslo-Bergen, à 70 km au N.-E. de Bergen. Belle église médiévale.
Population 14 000
Carte Norvège Fa

Vostok, ***Antarctique*** Station de recherche russe installée sur le plateau Sovietskoye, à 1 200 km du pôle Sud. Elle détient le record de la température la plus basse du globe : – 89,6 °C, en juillet 1983.
Carte Antarctique Mc

Vratsa, ***Bulgarie*** ville de la région de Mikhaylovgrad, à 56 km au N. de Sofia. À 16 km au S.-O. se trouve la grotte Ledenika, dont la plus grande salle atteint 15 m de haut. Des stalactites de glace s'y forment en hiver. Industries textile, chimique, cimenteries, céramiques.
Population (ville) 85 300
Carte Bulgarie Ab

Vridi (canal de), ***Côte-d'Ivoire*** Voie d'eau profonde de 14 m, large de 350 m et longue de 3 km, percée à travers un banc de sable et reliant le port d'Abidjan, Port-Bouet, à la mer. Son ouverture date de 1950.
Carte Côte-d'Ivoire Bb

Vryheid, ***Afrique du Sud*** Ville commerçante au N. du Kwazulu-Natal, à 235 km au N.-O. de Durban, dont le nom afrikaans signifie « liberté ». Fondée par les Afrikaners en 1884, elle fut la capitale d'un petit État, la Nouvelle République, avant d'être intégrée au Transvaal puis au Natal.
Population 11 300
Carte Afrique du Sud Db

Vulcano, ***Italie*** Île volcanique (21 km^2) dans les îles Éoliennes, au N. de la Sicile. Elle possède trois volcans : Vulcano Vecchio (499 m), éteint ; Gran Cratere (391 m), au-dessus de la rade (dernière éruption en 1888) ; Vulcanello (123 m), au N. Établissements thermaux.
Population 430
Carte Italie Ee

Vyborg, en finnois **Viipuri,** ***Russie*** Port de pêche à 120 km au N.-O. de Saint-Pétersbourg et à 30 km de la frontière finlandaise, sur le golfe de Finlande. Fondée en 1293, elle fut cédée par les Suédois à la Russie en 1721. Devenue finlandaise en 1918, elle fut définitivement annexée à la Russie en 1947.
Population 80 000
Carte Russie Bb

LA FORMATION DES VOLCANS

Selon la théorie de la tectonique des plaques, la croûte terrestre ou enveloppe externe est constituée d'un certain nombre de plaques rigides qui flottent sur le magma — les roches en fusion de l'intérieur de la planète. Là où deux plaques entrent en collision ou glissent l'une sous l'autre, la croûte peut être suffisamment fragile pour permettre au magma, comprimé par des pressions intenses, de remonter jusqu'en surface. Un volcan se forme alors.

Dans beaucoup de cas, il s'agit d'une montagne symétrique et conique, comme le mont Fuji au Japon, ou le Kilimandjaro au Kenya. Ces volcans sont formés d'un conduit central unique par lequel se déverse un mélange de lave (car le magma devient fluide avec la baisse de pression) et de cendres chaudes, de poussières et de fragments de roches appelés pyroclastes. Après son éjection de la cheminée, ce matériel retombe dans toutes les directions sur les flancs du cône, qui s'élève alors tout en gardant sa forme symétrique.

Si l'activité volcanique cesse quelque temps, la lave durcit et forme un culot. La reprise de la pression interne peut faire sauter ce culot lors d'une explosion catastrophique. Dans d'autres cas, la lave sous pression ouvre de nouveaux conduits ou s'injecte en extrusions latérales entre les strates du flanc de la montagne. Une éruption violente peut vider la vaste chambre souterraine où se logeait auparavant le magma ; l'effondrement du sommet volcanique qui en résulte peut créer un grand cratère — ou caldeira —, souvent occupé par un lac, ou par une baie dans le cas d'un littoral.

Le comportement d'un volcan donné dépend de facteurs tels que la nature et la structure de la croûte environnante, du degré de fluidité de la lave. La fluidité varie selon la composition chimique : en général, plus la proportion d'oxygène et de silice est élevée, plus la consistance est pâteuse, moins la lave est fluide et plus l'éruption risque d'être violente. Toutes les éruptions sont imprévisibles, mais on les classe en plusieurs grandes catégories qui doivent leur nom à des événements typiques.

Le type plinien, par exemple, correspond à une explosion de gaz qui se produit en profondeur dans la chambre magmatique du volcan. Cela entraîne la création d'une cheminée par laquelle remontent des cendres rougeoyantes qui, s'échappant comme du canon d'un fusil, s'élèvent dans l'air en une colonne de plusieurs kilomètres avant de retomber et de saupoudrer la région entière située sous le panache. Ce fut le sort réservé à Pompéi et Herculanum lorsque le Vésuve entra en éruption en 79 av. J.-C. : le célèbre naturaliste romain Pline l'Ancien trouva la mort, et c'est en souvenir de lui que ce type d'éruption fut ainsi nommé.

Le type le plus violent est le type péléen, nommé d'après la montagne Pelée, sur l'île de la Martinique. En 1902, un culot volcanique qui s'élevait jusqu'alors lentement déclencha une série d'explosions violentes, projetant une colonne de cendre plinienne jusque dans la stratosphère, accompagnée de fontaines de laves et de débris rocheux résultant de la désintégration du culot. En même temps, un nuage de vapeur et de cendres surchauffées s'écoula le long de la montagne et tua pratiquement toute la population de la ville voisine de Saint-Pierre. L'explosion qui fragmenta l'île du Krakatoa en 1883 était également péléenne mais, dans ce cas, les dégâts furent surtout causés par les neuf énormes vagues engendrées par l'effondrement de l'île volcanique dans sa propre chambre magmatique.

Les éruptions ne sont pas toutes violentes. Le type strombolien, par exemple, nommé d'après le volcan Stromboli, en Sicile, est en général bruyant et spectaculaire mais peu destructeur : les bombes volcaniques sont éjectées dans tous les sens mais retombent rapidement. Le type hawaïen correspond toujours à un épanchement lent de lave très fluide à partir d'un cratère immense et plat. Les volcans apportent d'ailleurs autant de bienfaits que de dévastations — en particulier au niveau de la fertilité des sols.

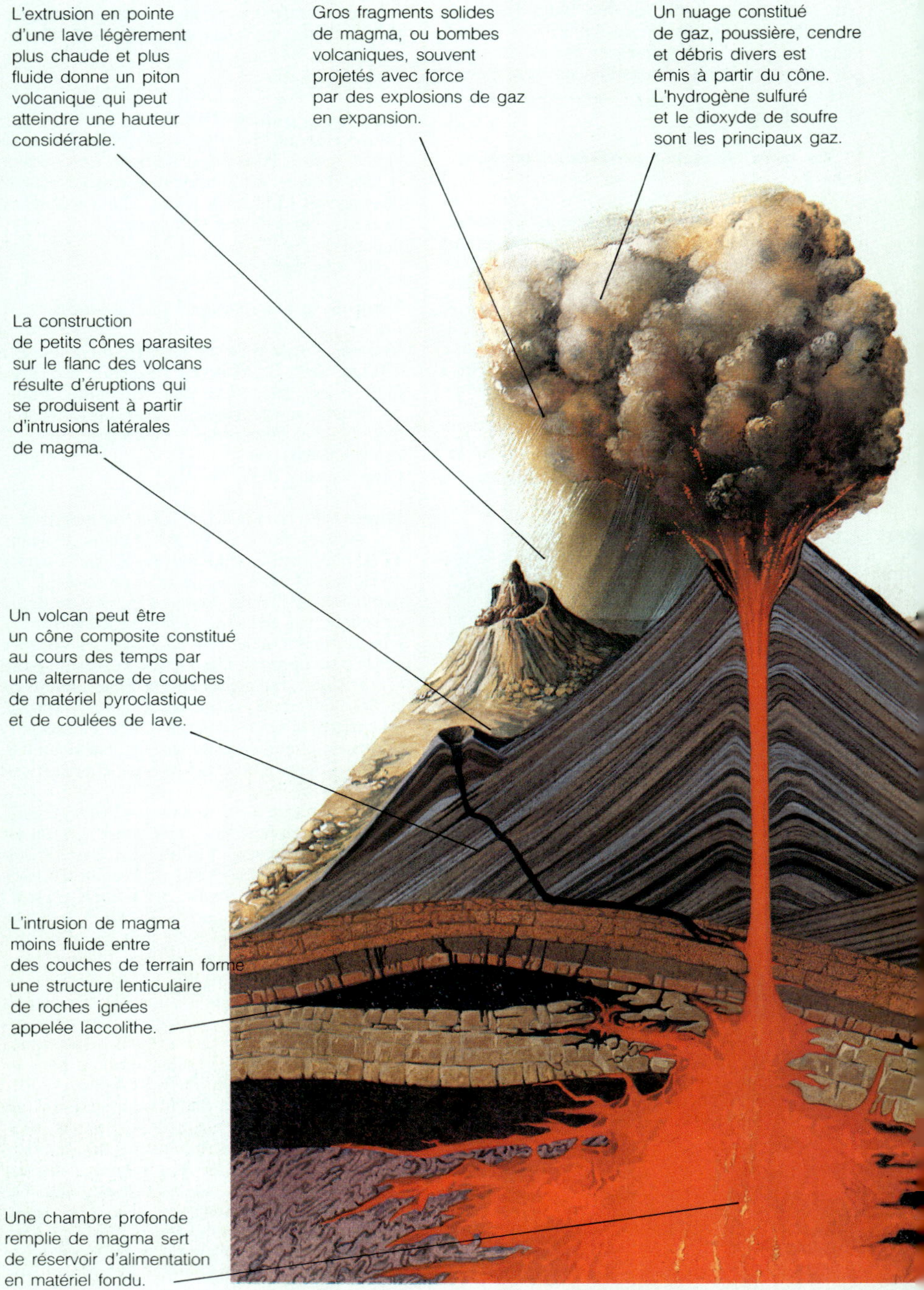

Plinien. Les éruptions violentes et explosives doivent leur nom à l'écrivain romain Pline, qui mourut lors de l'éruption du Vésuve, en 79 av. J.-C.

Péléen. Nuée mortelle de gaz ardents et de cendres caractérisant l'éruption de la montagne Pelée en 1902, qui tua 30 000 personnes.

Strombolien. Caractérise toute explosion de force limitée s'accompagnant en général d'écoulements de lave incandescente.

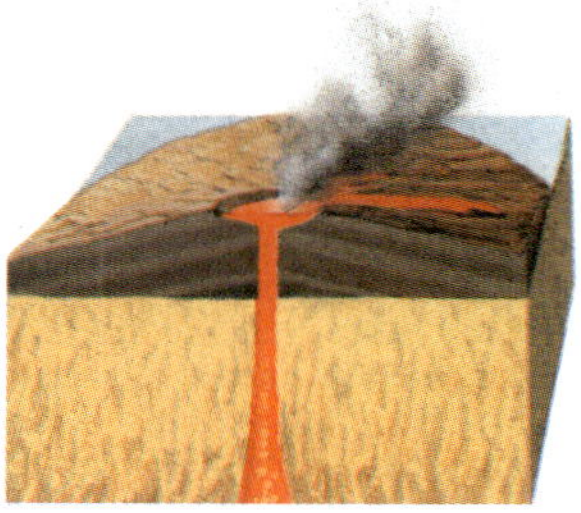

Hawaïen. Rarement explosif, ce volcanisme est un lent épanchement de lave à partir d'un vaste cratère, qui aboutit à la création de cônes plats.

Chambre magmatique éteinte remplie de roches ignées solidifiées, qui alimentait autrefois un cône aujourd'hui enterré sous de nouvelles déjections.

Une caldeira, occupée parfois par un lac, se forme par effondrement du sommet d'un volcan après que la vidange de la chambre magmatique a laissé le volcan sans support.

D'énormes masses de lave projetées par le volcan arrivent au sol et forment de petits reliefs hauts de 3 à 6 m appelés cônes de jaillissement.

À certains endroits du globe, le magma s'est épanché à partir de profondes fissures, créant de vastes plaines de basalte, comme celle du Deccan, en Inde.

Les laves s'écoulent en « fleuves » de plusieurs kilomètres de long. Leur surface se refroidit rapidement : la croûte qui se forme se craquelle avec la poursuite de l'écoulement.

Des cônes secondaires peuvent apparaître lorsqu'il y a reprise de l'activité volcanique dans d'anciens cratères.

L'eau souterraine chauffée par les roches remonte en surface au niveau de sources chaudes. Les geysers sont des jets de vapeur et d'eau chaude qui se produisent par intermittence.

Un volcan qui émerge au-dessus d'eaux peu profondes devient une île. C'est ainsi que se créa en 1963 Surtsey, au large des côtes S. d'Islande.

Les coulées de laves sous-marines sont rapidement refroidies par l'eau, se fragmentent et s'empilent comme des sacs, pour donner des laves en coussin.

Un filon est une lame verticale de roches intrusives formée par la remontée de magma le long de failles ou fissures au travers de roches préexistantes.

W (parc national du), ***Afrique occidentale*** Vaste réserve naturelle (10 230 km^2) couverte de savanes aux frontières du Bénin, du Burkina-Faso et du Niger. Son nom lui vient du fleuve Niger qui dessine à cet endroit un immense W. Le parc abrite une grande variété d'animaux, notamment d'oiseaux, bien qu'il soit moins riche que le parc national du Pendjari voisin, au Bénin. Les pistes ne sont ouvertes que de janvier à juin, à la saison sèche.
Carte Bénin Ba ; Niger Ab

Wad (Al-) ***Algérie*** Voir OUED (El-)

Waddenzee, ***Pays-Bas*** Partie peu profonde de la mer du Nord (10 000 km^2), entre les îles Frisonnes et les Pays-Bas continentaux, servant de réserve naturelle, de base de loisirs et de zone de pisciculture. Elle faisait partie du Zuiderzee, ancien lac devenu golfe d'eau salée après avoir été envahi par la mer au XIIIe s. Une digue (30 km) achevée en 1932 divise le Zuiderzee en deux parties : le Waddenzee, au N., laissé à la mer, et l'IJsselmeer, au S., transformé en lac d'eau douce.
Carte Pays-Bas Ba

Wadi el-Natrûn, ***Égypte*** Voir NATRON (vallée du)

Wad Medani, ***Soudan*** Ville marchande à 160 km au S.-E. de la capitale, Khartoum. C'est le centre de la région cotonnière de la Gezireh. Son importance s'est accrue depuis la mise en œuvre du programme d'irrigation. Elle est le siège du département de la recherche du ministère de l'Agriculture.
Population 153 000
Carte Soudan Bb

Wagga Wagga, ***Australie*** Ville de Nouvelle-Galles du Sud, à 380 km au S.-O. de Sydney, sur la rivière Murrumbigee. Centre agricole et commercial prospère.
Population 36 800
Carte Australie Hf

Waikato, ***Nouvelle-Zélande*** Plus long fleuve du pays, prenant sa source sur les pentes orientales du mont Ruapehu (volcan actif, point culminant de l'île du Nord, 2 797 m) et s'écoulant sur 425 km en rapides et gorges jusqu'à la mer de Tasmanie, à 40 km au S. d'Auckland. Sur son cours supérieur sont implantés huit barrages hydroélectriques. Dans les chutes du Huka, à 4 km du lac Taupo, les eaux s'engouffrent dans un siphon et rejaillissent en un jet de 12 m.
Carte Nouvelle-Zélande Eb

Waipou (forêt de), ***Nouvelle-Zélande*** Voir NORTHLAND

Wairarapa, ***Nouvelle-Zélande*** Région agricole et d'élevage ovin de l'île du Nord (9 800 km^2). Masterton, principale ville, est à 80 km au N.-E. de la capitale, Wellington. C'est dans ces plaines fertiles que s'établirent les colons européens dans les années 1840.
Population 39 600
Carte Nouvelle-Zélande Ed

Waitaki, ***Nouvelle-Zélande*** Rivière de l'île du Sud (153 km) prenant sa source dans les Alpes du Sud et se jetant dans le Pacifique, à 130 km au N. du port de Dunedin, sur la côte E. Le barrage, le lac et la centrale de Benmore, achevée en 1965, forment le plus important des complexes hydroélectriques qui jalonnent son cours. La plus grande partie de l'énergie électrique produite est transportée vers l'île du Nord par un câble sous-marin qui traverse le détroit de Cook.
Carte Nouvelle-Zélande Cf

Waitangi, ***Nouvelle-Zélande*** Site historique de l'île du Nord, dans la baie des Îles, à 200 km au N.-E. d'Auckland. Les chefs indigènes maoris y signèrent en 1840 le traité de Waitangi, par lequel ils acceptaient la suzeraineté britannique. Musée, maison communautaire et canoë de guerre maoris.
Carte Nouvelle-Zélande Ea

Waitemata Harbour, ***Nouvelle-Zélande*** Voir MANUKAU HARBOUR

Waitomo (grottes), ***Nouvelle-Zélande*** Réseau de grottes découvert dans l'île du Nord en 1887, à 200 km d'Auckland. Les grottes sont visitées chaque année par plus de 250 000 touristes. La plus spectaculaire des salles, la grotte du Ver luisant, est éclairée par la lumière bleue de millions de vers luisants.
Carte Nouvelle-Zélande Ec

Wakatipu (lac), ***Nouvelle-Zélande*** Lac (293 km^2) en forme de S, au creux d'une vallée creusée par un glacier dans l'île du Sud, à 160 km au N.-O. du port de Dunedin.
Carte Nouvelle-Zélande Bf

Wakayama, ***Japon*** Ville de la côte S. de l'île de Honshu, à 60 km au S.-O. d'Osaka. Son château du XVIe s. commande le détroit de Kii, entre Honshu et l'île de Shikoku. Centre industriel, aciéries.
Population 401 400
Carte Japon Cd

Wake (île), ***océan Pacifique*** Atoll à mi-distance des îles Hawaï et Mariannes, possession des États-Unis depuis 1899. Relais de la liaison télégraphique transpacifique (aux mains des Japonais de 1941 à 1945), l'île abrite une importante base de l'armée de l'air américaine.
Carte Pacifique (océan) Db

Wakefield, ***Royaume-Uni*** Ville du West Yorkshire, à 12 km au S. de Leeds. Principale cité de la région au Moyen Âge, évêché (cathédrale du XIVe s.), elle a été supplantée par Leeds et Bradford à la fin du XVIIIe s., avec l'industrialisation de la filature et du tissage de la laine. Industries chimique, textile, mécanique et alimentaire. Musées.
Population 74 800
Carte Royaume-Uni Ed

Walbrzych, en all. **Waldenburg,** ***Pologne*** Ville industrielle (charbon, fer, acier) à 68 km au S.-O. de Wroclaw en basse Silésie. À proximité, le château de Hochsberg (XIVe-XVIe s.) servit de retraite à Hitler.
Carte Pologne Bc

Walcheren, ***Pays-Bas*** Île principale de Zélande (212 km^2), située pour l'essentiel sous le niveau de la mer, au N. de l'estuaire de l'Escaut, rattachée par un polder à l'île de Beveland du Sud. Au N. et à l'E., le plan Delta (système d'endiguement et de canaux, décidé en 1956) permet de prévenir des inondations catastrophiques comme celles de 1945 (provoquées par les Allemands) ou de 1953 (sous l'action de la mer). Au N., sur la digue qui ferme l'Escaut oriental, un pavillon d'exposition (Delta expo) présente ces gigantesques travaux. Avec les villes de Middlebourg et Flessingue, Walcheren est une région prospère.
Carte Pays-Bas Ab

Wallis-et-Futuna, ***océan Pacifique*** Territoire français d'outre-mer, entre les archipels des Samoa et des Fidji, composé de trois grandes îles et de nombreux îlots. Le groupe de Horn, à 240 km des Fidji, comprend Futuna (64 km^2) et Alofi (51 km^2, inhabitée), toutes deux montagneuses et d'origine volcanique, Futuna culminant à 850 m. À 160 km plus au N.-E., le groupe des îles Wallis, protégé par une barrière de corail, comprend l'île d'Uvéa (150 km^2) avec le chef-lieu du territoire et une vingtaine d'îlots. Une partie importante de la population a émigré en Nouvelle-Calédonie et au Vanuatu.

Les habitants, Polynésiens, récoltent noix de coco, bananes, ignames, taros, et ils élèvent des porcs.
Population 14 000
Carte Pacifique (océan) Ec

Wallonie, ***Belgique*** Une des trois régions du pays, avec la Flandre et Bruxelles, couvrant toute sa partie sud. Elle comprend les provinces de Hainaut, Liège, Luxembourg, Namur et une partie du Brabant. Sa « capitale » est fixée à Namur.

Walvis Bay ***Namibie*** Premier port sur les côtes de Namibie, à 260 km au S.-O. de Windhoek. Son nom, qui signifie « baie de la baleine », lui a été donné au XIXe s. Walvis Bay a été annexé par la Grande-Bretagne en 1878, rattaché administrativement à la colonie du Cap en 1884, et devint partie de l'Afrique du Sud en 1910, puis totalement incorporé depuis 1949. Administrée conjointement depuis l'indépendance de la Namibie (1990), l'enclave (1 124km^2 avec les îlots environnants) a été restituée à cette dernière le 1er mars 1994. Le port dessert les zones d'élevage et les mines de l'intérieur du pays. Pêche (sardines), exportation de minerai.
Population 23 500
Carte Namibie Ab

Wanganui, ***Nouvelle-Zélande*** Rivière de l'île du Nord, prenant sa source au mont Ruapehu et se jetant après 288 km dans la mer de Tasmanie, au port de Wanganui (39 600 hab.), à 160 km au N. de Wellington.
Carte Nouvelle-Zélande Ec

Wankie (parc national), ***Zimbabwe*** Voir HWANGE

Wanza (El-), anc. **Ouenza,** ***Algérie*** Centre minier (fer) près de la frontière tunisienne, à 120 km au S. d'Annaba, ville à laquelle il est relié par chemin de fer. Avec l'exploitation voisine de Bou Khadra, c'est la plus ancienne mine de fer d'Algérie ; ces deux mines produisent les trois quarts du minerai de fer national. L'exportation s'effectue par le port d'Annaba.
Carte Algérie Ba

Warri, ***Nigeria*** Port à l'O. du delta du Niger, à environ 270 km au S.-E. de Lagos. Fondé au XVe s. par des missionnaires portugais, il servit de base aux négriers portugais et hollandais. Warri importe du matériel de forage pétrolier et

LE PENTAGONE. Le célèbre bâtiment, à Washington, avec ses 5 cercles concentriques de 5 étages et ses 28 km de couloirs abrite plus de 30 000 employés.

exporte de l'arachide et du coton, acheminés par la Bénoué depuis le nord du pays, le Cameroun et le Tchad, ainsi que du cacao, de l'huile de palme, du caoutchouc et du bois provenant du sud du pays.
Population 88 900
Carte Nigeria Bb

Warrington, ***Royaume-Uni*** Ville industrielle du Cheshire, sur la rivière Mersey et le canal de Manchester, à mi-chemin entre Manchester et Liverpool. Métallurgie ; industries chimiques et textiles.
Population 136 000
Carte Royaume-Uni Dd

Warszawa, ***Pologne*** Voir VARSOVIE

Wartburg (château de la), ***Allemagne*** Château historique du XIe s., sur une colline de 172 m dominant la ville d'Eisenach. C'est un magnifique palais entouré de maisons à colombage. Le réformateur Luther s'y réfugia en 1521 et y traduisit la Bible en allemand. Richard Wagner (1813-1883) y situa l'action de son opéra *Tannhäuser*.
Carte Allemagne Bc

Warwick, ***Royaume-Uni*** Ville au S. de l'Angleterre, à 30 km de Birmingham, sur la rivière Avon, possédant un imposant château médiéval. Dans le comté homonyme (1 981 km^2) se trouve Stratford-upon-Avon où naquit et vécut le poète et dramaturge William Shakespeare (1564-1616).
Population (ville) 22 000 ; (comté) 478 000
Carte Royaume-Uni Ed

Wash (le), ***Royaume-Uni*** Golfe peu profond (longueur : 35 km ; largeur : 25 km) de la mer du Nord, entre les comtés du Lincolnshire et du Norfolk, sur la côte E. de l'Angleterre. Il sert d'estuaire aux rivières Ouse, Nene, Welland et Witham. De nombreuses terres ont été conquises sur le Wash grâce à des travaux de drainage : les premières digues remontent à l'époque romaine.
Carte Royaume-Uni Fd

Washington, ***États-Unis*** État bordant le Pacifique (176 617 km^2), au S. de la frontière canadienne. Il est traversé du N. au S. par la chaîne côtière et la chaîne des Cascades, couronnée de volcans actifs, dont le point culminant est le mont Rainier (4 392 m). Blé, bétail et pommes sont les principaux produits agricoles de la région, qui est aussi riche en poissons, spécialement en saumons. Construction aéronautique, bois et produits alimentaires. Capitale : Olympia ; ville principale : Seattle.
Population 4 870 000
Carte États-Unis Ba

Washington, officiellement **Washington, D.C.,** ***États-Unis*** Capitale du pays constituant le district fédéral de Columbia (179 km^2), sur le fleuve Potomac, entre le Maryland et la Virginie, à 200 km de la côte Atlantique. Le territoire du district fut cédé par le Maryland et la Virginie, en 1791, pour permettre la construction d'une nouvelle capitale. Première ville au monde spécialement conçue pour devenir le siège d'un gouvernement, Washington fut construite sur la rive gauche du fleuve par l'ingénieur français Pierre Charles L'Enfant. Le Congrès (parlement fédéral) quitta Philadelphie en 1800 pour s'y installer. La ville a absorbé Georgetown, et s'étend bien au-delà de ses anciennes limites, jusqu'aux États avoisinants. Elle est dotée d'un centre spacieux : à une extrémité du Mall (« Avenue ») le Capitole est le siège du Congrès ; à l'autre, se dressent deux monuments dédiés l'un à Washington et l'autre à Lincoln. Le Mall est bordé d'édifices publics : Smithsonian Institution (centre culturel), National Gallery, ministères et bureaux fédéraux. Au N., la Maison-Blanche est la résidence officielle du président, contrastant avec les bidonvilles surpeuplés situés à proximité. Sur la rive droite du Potomac se trouvent le Pentagone et les quartiers généraux des forces armées américaines.

L'administration et les services publics sont les principaux pourvoyeurs d'emploi de Washington, qui est aussi un centre d'affaires et de finances important et le siège de nombreuses institutions étrangères et des ambassades. Desservie par deux aéroports internationaux, agrémentée de plus de 700 parcs, dotée de nombreux centres culturels, dont le centre John-F.-Kennedy d'art dramatique, la ville attire chaque année 16 millions de touristes.
Population (ville) 607 000 ; (aggl.) 3 925 000
Carte États-Unis Kc

Waterford, en irl. **Port Lairge,** ***Irlande*** Ville et port à 135 km au S.-O. de Dublin sur l'estuaire de la Suir. La région fut colonisée par les Danois, qui en furent chassés en 1170 par les Anglo-Normands. La ville possède deux cathédrales (XVIIIe s.), deux monastères (XIIIe s.) et une tour construite par les Danois en 1003, transformée en musée. Chaque année en septembre se déroule un festival d'opéra réputé. Industries : métallurgie, produits alimentaires et chimiques, construction mécanique, ameublement, cristallerie. Le comté homonyme s'étend sur 1 837 km^2 et son chef-lieu est Dubgarvan.
Population 38 500
Carte Irlande Cb

Waterloo, ***Belgique*** Ville située à 16 km au S. de Bruxelles et devenue une banlieue de la capitale. Le 18 juin 1815, Napoléon Ier y fut vaincu par les Anglais commandés par le duc de Wellington, alliés aux Prussiens de Blücher. Le site, où a été érigée une colline artificielle surmontée d'un lion menaçant tourné vers la France, attire de nombreux visiteurs. Des musées ont été aménagés dans la maison où Wellington avait installé son quartier général et dans la ferme du Caillou, quartier général de Napoléon.
Population 18 000
Carte Belgique Ba

Wau, ***Soudan*** Capitale de la province de Bahr el-Ghazal, au S.-O. de Khartoum, la capitale, à laquelle elle est reliée par une voie ferrée. Important marché aux bestiaux.
Population 58 100
Carte Soudan Ac

Wave Rock, ***Australie*** Formation rocheuse naturelle, attraction touristique de l'Australie-Occidentale, près d'Hyden, à 300 km au S.-E. de Perth. Ce rocher de granit, sculpté par le vent et la pluie, mesurant 15 m de haut, fait partie d'une chaîne rocheuse de 2 km, Hyden Rock, et ressemble à une énorme vague venant se briser sur la grande plaine aride qui l'environne.
Carte Australie Be

Waza (parc national de), ***Cameroun*** Réserve naturelle (170 000 ha), au N., près de la frontière avec le Nigeria, considérée comme le plus beau parc d'Afrique occidentale. Sa forêt et sa savane abritent une faune très variée.
Carte Cameroun Ba

Weald, ***Royaume-Uni*** Voir DOWNS

Weddell (mer de), ***Antarctique*** Située dans l'océan Atlantique entre les Orcades du Sud et la péninsule Antarctique, cette mer fut découverte par le marin et explorateur britannique

James Weddell en 1823. En 1915, l'explorateur anglais Shackleton y resta prisonnier des glaces dans son navire pendant dix mois.

Carte Antarctique Cb

Wei He ou **Wei Ho,** ***Chine*** Fleuve (800 km) qui naît dans la province du Gansu, traverse le Shaanxi et se jette dans le Houang-Ho (fleuve Jaune). Sa vallée fertile, dans les plateaux de lœss, est le berceau de la civilisation chinoise et abrite d'importants sites archéologiques. Parmi eux : Lantian, où fut découvert l'homme de Lantian, un squelette de 500 000 ans ; Banpo, où se trouve un village néolithique (6000 av. J.-C.) de la culture Yangshao ; Xianyang, capitale de la Chine sous la dynastie Qin (221-206 av. J.-C.) et Chang'an, capitale sous la dynastie Han (206 av. J.-C.-220 apr. J.-C.) et sous celle des Tang (618-907).

Carte Chine Fd

Weimar, ***Allemagne*** Ville située à 80 km au S. de Leipzig. De 1572 à 1918, elle fut la capitale du duché puis du grand-duché de Saxe-Weimar. Le compositeur Jean-Sébastien Bach exerça à la cour les fonctions d'organiste, puis de premier violon solo, de 1708 à 1717. Avec le grand-duc Charles Auguste, elle fut le plus brillant foyer intellectuel de l'Allemagne préromantique du XVIIIe s. ; Goethe et Schiller en furent les illustres représentants. En 1919, l'Assemblée nationale allemande s'y réunit pour élaborer une constitution et la ville donna alors son nom à la république de Weimar, qui survécut jusqu'en 1933, arrivée d'Adolf Hitler au pouvoir.

Aujourd'hui, c'est une ville merveilleusement bien restaurée, avec des maisons à colombage, des édifices en pierre peinte ornés de volets de bois, comme la demeure natale de Schiller, des châteaux et des palais baroques.

Population 64 000
Carte Allemagne Dc

Weipa, ***Australie*** Centre minier à l'extrême N. de la province du Queensland, sur la côte occidentale de la péninsule du cap York. Le dépôt de bauxite est l'un des plus importants du monde.

Population 2 400
Carte Australie Ga

Welland (canal), ***Canada*** Voie d'eau qui relie le lac Érié au lac Ontario. Le premier canal, doté de vingt-cinq écluses, fut construit entre 1824 et 1829 pour permettre aux bateaux de contourner une dénivellation de 98 m sur le Niagara. Le dernier canal, doté d'écluses, fut construit entre 1913 et 1932 et modernisé en 1973. Il est ouvert aux bateaux ayant au maximum 221 m de long et 7,9 m de tirant d'eau. Il fait partie de la Voie maritime du Saint-Laurent.

Carte Canada Hd

Wellington, ***Nouvelle-Zélande*** Capitale et port au S. de l'île du Nord. La ville est construite sur des collines balayées par les vents, autour d'un port abrité en eau profonde. Elle exporte des produits laitiers, de la laine, de la viande et des peaux. Industries mécanique, métallurgique, chimique et textile. Confection ; chaussures. Ses industries sont concentrées dans la vallée de la Hutt et à Porirua.

Wellington fut fondée en 1840 par la Compagnie de Nouvelle-Zélande, organisation britannique chargée de la colonisation du pays. Elle doit son nom au duc de Wellington (1769-1852), général et Premier ministre britannique. Wellington devint capitale à la place d'Auckland en 1865. La plupart de ses monuments datent de l'époque victorienne.

Population (ville) 150 500 ; (aggl.) 350 000
Carte Nouvelle-Zélande Ed

Weser, ***Allemagne*** Fleuve formé par la réunion de la Fulda et de la Werra, à 25 km au N.-E. de Kassel. Il parcourt 320 km avant de se jeter dans la mer du Nord à Bremerhaven.

Carte Allemagne Cb

West Bromwich, ***Royaume-Uni*** Centre industriel de la banlieue O. de Birmingham, dans le comté des West Midlands. Les mines de charbon y sont exploitées depuis le XVIIIe s. et l'industrie y fit très tôt son apparition. Raffinage du pétrole et pétrochimie.

Population 155 000
Carte Royaume-Uni Ed

Western Province (Barotseland), ***Zambie*** Région de 126 386 km^2 située près de la frontière avec l'Angola. Son chef-lieu, Mongu, est à 550 km de Lusaka. Dans la plaine alluviale du Zambèze, zone naturellement recouverte par la savane, les Lozis tirent leur subsistance des produits de la pêche et de l'élevage, et de cultures vivrières (maïs, millet, légumes secs).

Population 608 000
Carte Zambie Bb

Westland, ***Nouvelle-Zélande*** Province côtière située à l'O. de l'île du Sud, le long du rebord occidental des Alpes néo-zélandaises (15 415 km^2). C'était une région aurifère au XIXe s. Aujourd'hui, ses activités sont l'agriculture, l'exploitation de la forêt et des mines de charbon. Ses montagnes, lacs, glaciers et son littoral en font une région très touristique. Principales villes : Greymouth, Hokitika.

Population 34 200
Carte Nouvelle-Zélande Bc

Westman (îles) ou **Vestmannaeyjar,** ***Islande*** Groupe de 15 îles (16 km^2) à 10 km de la côte S. de l'Islande. Le principal port de l'archipel, situé sur l'île d'Heimaey, seule île habitée, partiellement détruit par une éruption volcanique en 1973, a été reconstruit et modernisé.

Population 5 500
Carte Islande Bb

Westmeath, ***Irlande*** Comté constitué de basses terres et de lacs au centre de l'Irlande, à 50 km au N.-O. de Dublin (1 763 km^2). Chef-lieu : Mullingar.

Population 61 500
Carte Irlande Cb

West Midlands, ***Royaume-Uni*** Région fortement urbanisée du centre de l'Angleterre (899 km^2). Son intense industrialisation à partir du XIXe s. la fit surnommer « le pays noir ». Centre de l'industrie mécanique et automobile de la Grande-Bretagne. Villes : Birmingham, Coventry, Wolverhampton.

Population 2 658 000
Carte Royaume-Uni Db

Westminster, ***Royaume-Uni*** Voir LONDRES

Westmorland, ***Royaume-Uni*** Voir CUMBRIE

Westphalie, ***Allemagne*** Voir RHÉNANIE DU NORD-WESTPHALIE

West Point, ***États-Unis*** Siège d'une académie militaire située au bord de l'Hudson à 72 km de New York. Fondée en 1802 sur l'emplacement d'un ancien poste de défense datant de la guerre d'indépendance, l'école militaire forme des élèves officiers des armées de terre et de l'air.

Carte États-Unis Lb

West Rand, ***Afrique du Sud*** Partie du Witwatersrand, à l'O. de Johannesburg. Roodepoort, Krugersdorp et Randfontein sont des villes minières (or).

Wewak, ***Papouasie-Nouvelle-Guinée*** Chef-lieu de la province orientale de Sepik, sur la côte N. de la Nouvelle-Guinée, à l'embouchure du Sepik. Son port exporte du café, du cacao et du caoutchouc. Le tourisme s'y développe. C'est au cap Wom, à l'O. de la ville, que les forces japonaises de Nouvelle-Guinée se rendirent le 13 septembre 1945.

Population 20 000
Carte Papouasie-Nouvelle-Guinée Ba

Wexford, ***Irlande*** Centre commercial, port et chef-lieu de comté situé à 16 km au S. de Dublin, fondé aux IXe-Xe s. par les Vikings. Construction automobile. Le comté homonyme (2 351 km^2) est un grand producteur de céréales ; élevage laitier.

Population (ville) 11 900 ; (comté) 99 000
Carte Irlande Cb

Whangarei, ***Nouvelle-Zélande*** Importante ville de l'île du Nord, située sur un joli port naturel à 135 km au N. d'Auckland. C'est le centre industriel et commercial de la région.

Population 40 200

Whitehorse, ***Canada*** Capitale du territoire du Yukon, construite sur les rives du fleuve Yukon, à 100 km au N. de la frontière de la Colombie-Britannique. Terminus de la ligne de chemin de fer menant à Skagway, à 90 km au S., en Alaska, elle se trouve aussi près de la route de l'Alaska. Elle joua un rôle important au moment de la ruée vers l'or du Klondike en 1890.

Population 15 200
Carte Canada Bb

White Sands National Monument, ***États-Unis*** Étendue de dunes de gypse blanc atteignant 15 m de haut, dans le Nouveau-Mexique, à 100 km au N. d'El Paso (Texas). Ce parc national s'étend sur 586 km^2.

Carte États-Unis Ed

Whitney (mont), ***États-Unis*** Point culminant des États-Unis en dehors de l'Alaska, avec 4 418 m ; il est situé dans le parc national Sequoïa (Sequoia National Park), à 280 km au N. de Los Angeles en Californie.

Carte États-Unis Cc

Whyalla, ***Australie*** Ville et port principal de l'État d'Australie-Méridionale à 225 km au N.-O. d'Adélaïde. Exportation de minerai de fer ; importante industrie sidérurgique.

Population 25 500
Carte Australie Fe

Wichita, ***États-Unis*** Ville arrosée par l'Arkansas, au S. du Kansas. Centre de construction aéronautique, d'équipement pétrolier et d'industrie mécanique et grand marché de grains.

Population (ville) 304 000 ; (aggl.) 485 500
Carte États-Unis Gc

Wicklow, ***Irlande*** Ville touristique, port et chef-lieu de comté sur la mer d'Irlande, à 45 km au S.

de Dublin. Le comté du même nom couvre 2 025 km^2 et comprend les monts Wicklow (926 m), le reste étant occupé par des plaines céréalières : agriculture, élevage, minerai de cuivre, hydroélectricité.
Population (ville) 5 000 ; (comté) 97 300
Carte Irlande Cb

Wiener Neustadt, *Autriche* Ville industrielle située à 40 km au S. de Vienne, largement reconstruite après la Seconde Guerre mondiale. Cette ancienne ville de résidence impériale sous l'empereur germanique Frédéric III (1439-1493) — son fils Maximilien Ier, qui y naquit, est enterré dans l'église du château — a cependant conservé quelques monuments du Moyen Âge, dont son château (XIIIe-XVe s., transformé au XVIIIe s.) et son hôtel de ville (1488, remanié à l'époque baroque). Industries mécanique (automobile et aéronautique) et textile.
Population 35 000
Carte Autriche Eb

Wienerwald, *Autriche* Ensemble de collines boisées, ou Forêt viennoise, bordant Vienne à l'O., et situé à l'extrémité orientale des Alpes autrichiennes. Zone de vignobles, mais dont les agglomérations forment la banlieue de la capitale. Nombreuses dégustations de vin dans les *Heurigen* (débits de boisson avec musique souvent aménagés dans des fermes).
Carte Autriche Da

Wiesbaden, *Allemagne* Ville thermale et capitale du land de Hesse, près du Rhin, à 32 km à l'O. de Francfort-sur-le-Main. Les rhumatisants fréquentent ses sources chaudes sodiques depuis l'époque romaine. Wiesbaden est l'un des centres de l'industrie cinématographique et de l'édition allemande. Une grande base américaine y est installée.
Population 260 300
Carte Allemagne Cc

Wigan, *Royaume-Uni* Ville du comté de Greater Manchester située à 25 km au N.-E. de Liverpool. Ville d'origine ancienne — fort romain puis ville médiévale —, son développement au XIXe s. fut fortement lié aux ressources charbonnières et à l'industrie cotonnière. Aujourd'hui en déclin, celles-ci sont remplacées par des industries métallurgiques, mécaniques, alimentaires et plastiques et la distribution de détail.
Population 80 000
Carte Royaume-Uni Dd

Wight (île de), *Royaume-Uni* Comté du sud de l'Angleterre, sur la côte de la Manche, séparé du continent par les détroits de Solent et du Spithead. D'environ 36 km de long, et d'une superficie de 381 km^2, c'est un célèbre centre de tourisme et de yachting où se déroulent, chaque année en août, les régates de Cowes. La reine Victoria, qui avait une résidence sur l'île, y mourut en 1901. Chef-lieu : Newport.
Population 120 000
Carte Royaume-Uni Ee

Wigtown, *Royaume-Uni* Voir DUMFRIES ET GALLOWAY

Wilhelm (mont), *Papouasie-Nouvelle-Guinée* Point culminant du pays (4 509 m) dans les monts de Bismarck.
Carte Papouasie-Nouvelle-Guinée Ba

Wilhelmshaven, *Allemagne* Port de la mer du Nord, au N.-O. de l'Allemagne, à 65 km au N.-O. de Brême. Fondé au XIXe s. comme base navale militaire, il est devenu, depuis la Seconde Guerre mondiale, un port pétrolier, relié par oléoduc aux ports de la Ruhr. Instruments de précision et pétrochimie.
Population 98 200
Carte Allemagne Cb

Willemstad, *Antilles néerlandaises* Port et ville de l'île de Curaçao, chef-lieu des Antilles néerlandaises, située sur le Schottegat, sur la côte S.-O. de l'île. C'est l'un des plus grands ports du monde, qui peut traiter près de 100 millions de tonnes de fret à la fois. C'est également un important centre pétrochimique, où l'on raffine le pétrole brut des gisements du lac de Maracaibo (Venezuela).
Population 32 000
Carte Antilles Bc

UN PASSÉ ORAGEUX. À Willemstad, la paisible église de Fort Amsterdam, construite par les Hollandais en 1634. On y voit, fiché dans un mur, le boulet de canon qu'elle a reçu au cours d'une attaque des Anglais, en 1804.

Williamsburg, *États-Unis* Ville de Virginie, située entre les rivières York et James, à 180 km au S. de Washington. Elle fut la capitale de l'État de 1699 à 1779. Depuis 1926, une grande opération de rénovation du Williamsburg colonial a été entreprise avec restauration de bâtiments anciens et reconstruction de maisons telles qu'elles étaient au XVIIIe s. Certains de ses habitants ont même endossé le costume d'époque. La ville est très prisée par les touristes. Avec Jamestown et Yorktown, elle fait partie du Colonial National historical Park (38 km^2). Le collège Guillaume-et-Marie, fondé en 1693, est la plus ancienne institution du pays après l'université Harvard.
Population 11 000
Carte États-Unis Kc

Wilmington, *États-Unis* Port et cité industrielle sur la rive O. de la Delaware, dans l'État du Delaware, à 40 km au S.-O. de Philadelphie. C'est l'un des plus grands centres de l'industrie chimique et le siège de la multinationale Du Pont de Nemours.
Population (ville) 71 600
Carte États-Unis Kc

Wilno, *Lituanie* Voir VILNIUS

Wiltshire, *Royaume-Uni* Comté situé en Angleterre méridionale et à l'O. de Londres (3 481 km^2). Céréaliculture, nombreuses petites industries, informatique en particulier, installée à Swindon. C'est aussi un centre touristique avec les deux plus grands ensembles mégalithiques du pays, les cercles de pierre de Stonehenge et d'Avebury. Salisbury, chef-lieu du comté, est célèbre pour sa cathédrale érigée de 1220 à 1258 en gothique primitif (flèche de 123 m, la plus haute du pays).
Population 553 500
Carte Royaume-Uni De

Winburg, *Afrique du Sud* La plus ancienne ville de la province de l'État libre d'Orange, à 105 km au N.-E. de Bloemfontein, fondée par les Voortrekkers (colons afrikaners) en 1836.
Population 7 000
Carte Afrique du Sud Cb

Winchester, *Royaume-Uni* Ville du comté de Hampshire, située à 80 km au S.-O. de Londres. Cité romaine de Venta Belgarum — on en voit encore quelques ruines —, puis capitale du royaume saxon de Wessex (V^e-IXe s.), dont le règne d'Alfred le Grand constitua l'apogée (849-899). Elle fut le siège d'un puissant évêché au Moyen Âge où se faisaient sacrer les rois normands. Sa cathédrale, la plus longue d'Europe (171 m) après Saint-Pierre-de-Rome, fut commencée en 1079 pour n'être achevée que trois siècles plus tard, avec des additions ultérieures jusqu'en 1525. À proximité de celle-ci se trouvent les vestiges de l'ancien palais épiscopal et de l'hôpital (XIIe s.), et de plusieurs maisons antérieures à 1500. Le collège de Winchester, l'un des plus fameux d'Angleterre, fut fondé en 1382 par W. de Wykeman,

évêque de Winchester. Le hall du château normand (seul élément conservé) abrite une table ronde que l'on dit avoir appartenu au roi Arthur bien qu'elle ne date que de 1150, près de six siècles après sa mort.
Population 31 000
Carte Royaume-Uni Ee

Windermere, ***Royaume-Uni*** Le plus grand lac du pays, dans la région des Lacs (Lake District), à 110 km au N. de Liverpool. C'est un lac étroit, de 16 km de long, parsemé de nombreuses îles ; centre nautique et touristique très fréquenté. Sur ses rives se trouve la petite ville du même nom, lieu de villégiature renommé.
Carte Royaume-Uni Dc

Windhoek, ***Namibie*** Capitale et ville industrielle, au centre du pays. Ancien quartier général militaire du Sud-Ouest africain allemand fondé en 1890. Il reste de nombreux immeubles de la colonisation allemande, dont le Alte Feste (Vieux Fort) et l'église luthérienne. On y célèbre encore les fêtes allemandes et les femmes hereros sont vêtues de robes identiques à celles que portaient les femmes des missionnaires au XIXe s. Conserveries de viande, brasseries, usines d'engrais, fourrures d'astrakan.
Population 115 000
Carte Namibie Ab

Windsor, ***Australie*** Une des plus anciennes colonies d'Australie avec la ville jumelle de Richmond, à 50 km au N.-O. de Sydney. Elle fut fondée en 1810 près de la rivière Hawkesbury. Beaux édifices coloniaux.
Population (Richmond-Windsor) 18 800

Windsor, ***Canada*** Ville la plus méridionale du pays, située dans le sud-ouest de l'Ontario, reliée par un pont et un tunnel à Detroit, aux États-Unis. Centre d'une région agricole, elle fabrique des automobiles, des machines-outils et des produits chimiques. On y exploite aussi des mines de sel et des distilleries.
Population 254 000
Carte Canada Gd

Windsor, ***Royaume-Uni*** Ville de l'Angleterre centrale, arrosée par la Tamise, dans le comté de Berkshire, à 35 km à l'O. de Londres. Le château de Windsor fut construit au XIIIe s. sur l'ordre d'Henri III, autour d'un donjon élevé par Guillaume le Conquérant au XIe s. Il fut continuellement remanié jusqu'au XIXe s. La chapelle Saint-Georges date du XVIe s. (style gothique perpendiculaire). La majeure partie du château — qui couvre plus de 5 ha — est du XIXe s. C'est l'une des résidences de la famille royale d'Angleterre et le tombeau de nombreux rois et reines. Un incendie l'a fortement endommagé en 1992. Le château et son grand parc (1 940 ha) cernent la ville de Windsor à l'E. et au S. Sur l'autre rive de la Tamise se trouve Eton, dont le collège fut fondé en 1440 par Henri VI.
Population 31 000
Carte Royaume-Uni Ee

Windward Islands, ***Antilles*** Voir VENT (îles du)

Winnipeg, ***Canada*** 1. Capitale du Manitoba, l'une des plus grandes villes de la Prairie et l'un des plus importants marchés de blé du monde. Poste de traite en 1738, elle acquit le statut de ville en 1873 avec une population de moins de 4 000 habitants. Elle abrite deux universités, le Royal Winnipeg Ballet et un orchestre symphonique. Outre des élévateurs à grains et des minoteries, la ville possède des usines de produits alimentaires, de confection et de mise en conserve de la viande, ainsi que des ateliers ferroviaires.
2. Lac de 24 400 km^{2}, dans le sud du Manitoba, qui alimente le fleuve Nelson, tributaire de la baie d'Hudson. Avec le lac Manitoba, à l'O., il fut une voie de transport importante avant la construction du chemin de fer.
Population (aggl.) 625 300
Carte Canada Fc

Winterthur, ***Suisse*** Ville industrielle (canton de Zurich) située à 20 km au N.-E. de Zurich, dans la vallée de la Toss, de langue allemande et de religion protestante. Elle fut fondée vers 1175 par les comtes de Kyburg sur le site de l'ancienne Vitudurum romaine, puis fut possession des Habsbourg avant d'être celle de Zurich en 1467. Industries mécaniques et textiles. Elle possède aussi un intéressant musée des Beaux-Arts et la fondation Oscar-Reinhart.
Population 90 000
Carte Suisse Ba

Wirral, ***Royaume-Uni*** Péninsule sur la mer d'Irlande au N.-O. de l'Angleterre entre les estuaires de la Mersey et de la Dee. La conurbation industrielle et portuaire de Birkenhead et de Wallasey en occupe la pointe et la ville de Chester est au S.
Carte Royaume-Uni Dd

Wisconsin, ***États-Unis*** État du Midwest (145 439 km^{2}) entre les Grands Lacs et le Mississippi. Le Nord, une partie du Bouclier canadien, est voué à la forêt, tandis que le Sud, qui s'étend sur les plaines centrales, est favorable à l'agriculture. Produits laitiers, maïs, fruits, bovins et porcins, élevage de visons, bois ; industries mécaniques et agro-alimentaires, équipement de transport, fabrication de pâte à papier (1er producteur). Le tourisme s'y développe. Madison en est la capitale et Milwaukee la plus grande ville.
Population 4 893 000
Carte États-Unis Hb

Wisla, ***Pologne*** Voir VISTULE

Wittenberg, ***Allemagne*** Ville industrielle, située dans l'est de l'Allemagne, sur l'Elbe, entre Leipzig et Berlin. Elle fut à l'origine de la Réforme. Des plaques sur les portes de la Schlosskirche (église du château) marquent l'endroit où, en 1517, Martin Luther afficha ses 95 propositions contre l'Église catholique romaine. Luther y vécut et y est enterré.
Population 49 700
Carte Allemagne Ec

Witwatersrand ou **Rand,** ***Afrique du Sud*** Région aurifère et industrielle autour de Pretoria, dont le nom signifie « crête des eaux blanches ». Cette ligne de crête, qui s'étend entre le bassin du Vaal et celui du Limpopo, culmine entre 1 500 et 1 800 m d'altitude. Elle s'allonge sur 80 km, de Randfontein à l'O. jusqu'à Springs à l'E., en passant par Johannesburg.
L'exploitation des mines commença en 1886 à la suite des premières découvertes de George Harrison. Depuis les années 1920, les parties orientales et occidentales du Rand ont pris de l'importance à mesure que le centre s'épuisait. L'unité monétaire d'Afrique du Sud, le rand, tire son nom de la région.
Carte Afrique du Sud Cb

Wloclawek, ***Pologne*** Port sur la Vistule, à 140 km au N.-O. de Varsovie, fondé au XIe s. comme forteresse. Cathédrale du XIVe s. Industries : papeteries, engrais, alimentaire, métallurgie. Centrale hydroélectrique.
Population 122 100
Carte Pologne Cb

Wolds (The), ***Royaume-Uni*** Collines calcaires de l'est de l'Angleterre, sur les deux rives de l'estuaire de la Humber, dans le Lincolnshire, le Yorkshire et l'Humberside. Altitude maximale : 180 m. Cultures et pâturages.
Carte Royaume-Uni Ed

Wolf Creek, ***Australie*** Cratère de météorite (840 m de diamètre, 90 m de profondeur), à proximité de la ville de Halls Creek, dans le Kimberley d'Australie-Occidentale, cette dépression circulaire parfaitement conservée, aux flancs couverts de boules de pierre vitrifiée par l'impact, serait vieille de 6 000 ans.
Carte Australie Db

Wollo, ***Éthiopie*** Province de 79 000 km^{2}, à 160 km au N. d'Addis Abeba. Elle fut dévastée par la famine en 1984-1985, après cinq années consécutives de sécheresse.
Population 3 000 000
Carte Éthiopie Aa

Wollomonbi (chutes), ***Australie*** Chutes situées près d'Armidale, dans les monts de Nouvelle-Angleterre (Nouvelle-Galles du Sud), à 370 km au N. de Sydney. Elles sont considérées comme les plus hautes du pays (357 m).
Carte Australie Ie

Wollongong, ***Australie*** Port et importante ville industrielle de Nouvelle-Galles du Sud, à 80 km au S. de Sydney. Centre charbonnier. La zone urbaine intègre Port Kembla où sont installées quelques-unes des plus grandes usines sidérurgiques d'Australie.
Population 211 400
Carte Australie Ie

Wolverhampton, ***Royaume-Uni*** Ville des West Midlands, à 22 km au N.-O. de Birmingham. Installée autour d'un monastère du Xe s., elle s'est développée, au XIXe s., grâce aux mines de charbon des environs et aux manufactures (serrures et verrous).
Population 255 000
Carte Royaume-Uni Dd

Wonga Wongué (parc national de), ***Gabon*** Réserve naturelle de 3 800 km^{2}, située au N. de l'Ogooué, à l'O. du Gabon. On y trouve antilopes (dont les rares sitatungas), buffles, crocodiles, éléphants, hippopotames et léopards. Les amphithéâtres Bam Bam du parc sont de remarquables bassins semi-circulaires creusés par les pluies torrentielles dans les flancs de collines qui s'élèvent à 100 m au-dessus de la plaine. Ces paysages désolés rappellent les Badlands des États-Unis.
Carte Gabon Ab

Wonsan, ***Corée du Nord*** Ville industrielle et portuaire de la côte E., à 140 km à l'E. de Pyongyang. Elle fut fortement bombardée pendant la guerre de Corée (1950-1953) mais a été reconstruite depuis. Produits chimiques, raffineries de pétrole, chantiers navals et matériel ferroviaire.
Population 398 000
Carte Corée Cc

Woodlands-Kranji, ***Singapour*** La plus grande ville nouvelle de Singapour, commencée en 1971 sur la côte N., à proximité de la digue qui supporte la route, la voie ferrée et l'aqueduc reliant l'île à la Malaisie. Elle pourra accueillir 300 000 habitants. Les Japonais débarquèrent sur le site en décembre 1941.
Population 68 600
Carte Singapour Aa

Woomera, ***Australie*** Localité d'Australie-Méridionale, dans une région semi-aride à 160 km au N.-O. de Port Augusta, d'où l'eau est acheminée. Elle fut fondée en 1947 pour abriter les ouvriers du site de lancement de missiles, ouvert pendant les années 1950 et 1960. À 17 km au S. est installée la Joint Defence Space Communications Station, où les départements de la Défense américain et australien collaborent à un programme de défense spatiale.
Population 4 100
Carte Australie Fe

Worcester, ***État-Unis*** Ville du Massachusetts, à 60 km à l'O. de Boston. Siège de l'université Clark. Cet ancien centre textile fabrique aujourd'hui des produits chimiques et des instruments de précision.
Population (ville) 170 000 ; (aggl.) 437 000
Carte États-Unis Lb

Worcester, ***Royaume-Uni*** Ville de l'ouest de l'Angleterre (comté de Hereford et Worcester), arrosée par la Severn, à 45 km au S.-O. de Birmingham. Sa cathédrale fut construite entre le XIe et le XIVe s. Worcester organise, avec Hereford et Gloucester, le festival annuel des Trois Chœurs. Ses porcelaines sont réputées.
Population 76 000
Carte Royaume-Uni Dd

Worms, ***Allemagne*** Ville sur le Rhin, à 20 km au N.-O. de Mannheim. C'est là qu'en 1521 Martin Luther (1483-1546), déjà excommunié par le pape, fut mis au ban de l'empire par la Diète impériale de Charles Quint. Très belle cathédrale romane. Églises médiévales. Située au cœur d'une riche région de vignobles, Worms est aussi un centre commercial industriel (chimie, constructions mécaniques, travail du bois, agro-alimentaire).
Population 72 900
Carte Allemagne Cd

Wou-han, ***Chine*** Voir WUHAN

Wou-Si, ***Chine*** Voir WUXI

Wrath (cap), ***Royaume-Uni*** Extrémité N.-O. de l'Écosse, dans les Highlands. Les falaises, hautes de 260 m, sont les plus élevées de Grande-Bretagne.
Carte Royaume-Uni Ca

Wrexham, ***Royaume-Uni*** Principal centre industriel et commercial du nord du pays de Galles (comté de Clwyd), à 40 km au S. de Liverpool. Avec le déclin de la sidérurgie, de nouvelles industries (chimie, textile) apparurent. Elihu Yale (1648-1721), dont les donations permirent la fondation de l'université de Yale (États-Unis), y est enterré.
Population 40 000
Carte Royaume-Uni Dd

Wroclaw (Breslau), ***Pologne*** Ville à 306 km au S.-O. de Varsovie, établie au Xe siècle sur plusieurs affluents de l'Oder, prospère grâce à son commerce. Sous la domination autrichienne (1526-1741), l'artisanat s'y développe et la plupart des maisons, des églises Renaissance et baroque, ainsi que le collège jésuite (aujourd'hui université) datent de cette époque. Une centaine de ponts franchissent ses 90 km de canaux et bras de rivières.

Wroclaw est devenue industrielle sous l'occupation prussienne puis allemande : matériel ferroviaire, constructions mécaniques, électriques, chimie, alimentaire, papier, bois et soie artificielle.
Population 631 300
Carte Pologne Bc

VILLE ÉPISCOPALE. La citadelle médiévale de Marienberg, demeure des princes-évêques de 1253 à 1720, domine la cité baroque de Würzburg et ses vignobles qui produisent un vin blanc renommé.

Wuhan (Wou-han), ***Chine*** Capitale de la province du Hubei, à la confluence du Han Shui et du Yang-tseu-Kiang, formée par la réunion de Han-kou, Wuchang et Hanyang. La ville est aujourd'hui l'une des plus importantes concentrations industrielles de Chine centrale : fer et acier, ciment, papeterie, coton.

Wuhan vit en 1911 le soulèvement nationaliste qui renversa le dernier empereur (mandchou) de Chine. La dynastie Qing, établie en 1644 au nord de la Chine par les envahisseurs mandchous, étendit progressivement son pouvoir sur tout le pays. Corrompu et incapable de résister aux pressions occidentales, le gouvernement mandchou dut en 1900 payer une lourde indemnité aux grandes puissances, après la guerre des Boxers. Un fort sentiment xénophobe dans la population provoqua en 1911 la révolte de Wuhan, contre la tentative du gouvernement de s'approprier les chemins de fer (au profit des Occidentaux). La Ire république fut proclamée le 1er janvier 1912.
Population 3 832 500
Carte Chine He

Wuppertal, ***Allemagne*** Ville de filatures du bassin de la Ruhr, à 25 km à l'E. de Düsseldorf. Un tramway aérien (1900) relie les principaux sites de cette vaste conurbation créée en 1930, et fortement industrialisée : textile, chimie, métallurgie, brasseries, édition, caoutchouc. Son université est récente.
Population 386 000
Carte Allemagne Bc

Würzburg, ***Allemagne*** Ville universitaire sur le Main, à 100 km au S.-E. de Francfort-sur-le-Main, dont les ducs-évêques firent, à partir de 1650, une ville baroque avec cathédrale, palais, ponts et jardins. Industries mécaniques et alimentaires. Riche région agricole, vins.
Population 127 000
Carte Allemagne Cd

Wusuli Jiang, ***Chine/Russie*** Voir OUSSOURI

Wuxi (Wou-Si), ***Chine*** Ville du Jiangsu sur la rive N. du lac Taï, à 120 km à l'O. de Shanghai et traversée par le Grand Canal. Ses industries principales sont le coton, la soie dont le trancanage, qui consiste à dérouler les fils de soie des cocons de bombyx pour en faire des bobines, et l'électronique.
Population 880 000
Carte Chine Ie

Wyoming, ***États-Unis*** État de l'Ouest (253 597 km^2), le neuvième par la superficie et l'avant-dernier, avant l'Alaska, pour la densité de population (2 hab. au km^2). Il est occupé à l'O. et au S. par les montagnes Rocheuses, qui culminent à 4 208 m au pic Gannett, et au N.-E. par des plaines de plus de 1 000 m d'altitude qui rejoignent les Black Hills à la frontière du Dakota du Sud. L'irrigation est rendue nécessaire par un climat semi-aride. L'élevage bovin, le blé et la betterave à sucre dans les secteurs irrigués sont les activités agricoles principales. Le Wyoming possède d'importants gisements de charbon, de pétrole, de gaz naturel et d'uranium et ses paysages spectaculaires, dont le parc national de Yellowstone, attirent de plus en plus de touristes. Capitale : Cheyenne.
Population 454 000
Carte États-Unis Eb

X

Xai-Xai (anc. **Vila de João Belo**), ***Mozambique*** Port du sud du pays, à l'embouchure du Limpopo, et à 230 km de l'Afrique du Sud, au centre d'une région agricole dont il exporte coton, maïs, riz et sucre. Capitale de la province de Gaza (75 709 km^2).
Population (ville) 64 000 ; (province) 1 401 500
Carte Mozambique Ac

Xérès, ***Espagne*** Voir JEREZ DE LA FRONTERA

Xiamen (Hsia-men, Amoy), ***Chine*** Port de la province du Fukien, situé en face de Taiwan. Ce fut le premier port chinois utilisé par les commerçants portugais, hollandais et anglais à partir du XVIe s. et l'un des ports ouverts aux étrangers par le traité de Nankin, en 1842. C'est aujourd'hui l'une des « zones économiques spéciales » de Chine — région créée pour attirer les investissements étrangers.
Carte Chine Hf

Xi'an (Si-ngan), ***Chine*** Capitale du Shaanxi. Cette ville ancienne de la vallée du Wei He, appelée alors Chang-an, fut la capitale de la Chine impériale sous la dynastie Tang (618-906). Parmi les nombreux sites archéologiques environnants se trouve, à Linton, le colossal tombeau de Qin Shi Huangdi (règne de 221 à 210 av. J.-C.), premier empereur et fondateur de la dynastie Qin. Ce tumulus, découvert en 1974, abrite en trois puits une armée complète de 7 000 personnages en terre cuite. Un quatrième puits est en cours de fouilles. Aujourd'hui, Xi'an est un important centre de filatures et de matériel électrique.
Population 2 580 000
Carte Chine Gd

Xiang Jiang, ***Chine*** Fleuve du centre-sud de la Chine, de 1 150 km de cours. Il arrose la province de Hunan et se jette au N. dans le lac de Dongting et le Chang Jiang.
Carte Chine Ge

Xigazê (Shigatsé), ***Chine*** Ville de la Région autonome du Xizang (Tibet), dans la vallée du Brahmapoutre, à 230 km au S.-O. de Lhassa. C'est le site du monastère bouddhiste de Tashi-Lhunpo, qui comptait 3 000 moines avant que les Chinois envahissent le Tibet en 1950. Ce monastère subsiste toujours, malgré le faible nombre de ses moines et l'absence du panchen lama, second chef spirituel du Tibet après le dalaï lama.
Population 40 000
Carte Chine Ce

Xi Jiang, ***Chine*** Le plus long fleuve du sud (2 197 km), prenant sa source dans les montagnes du Yunnan. Il coule vers l'E., arrose le Guizhou, le Guangxi et le Guang dong, et se jette dans le delta du Zhu Jiang puis dans la mer de Chine méridionale. Importante voie de communication, il sert aussi à l'irrigation.
Carte Chine Gf

Xingang, ***Chine*** Port du nord du pays à l'embouchure du Hsi He, à 45 km à l'E. de Tianjin, dont il est devenu, depuis les années 1950, le port principal. C'est aujourd'hui l'un des plus grands ports de Chine.
Carte Chine Hc

Xining (Si-ning), ***Chine*** Capitale de la province de Qinghai, à 200 km au N.-O. de Lanzhou et centre sidérurgique (fer, acier), de machines agricoles et d'engrais.
Population 620 000
Carte Chine Ed

Xinjiang (région autonome du) ou **Sin-Kiang Ouigour,** ***Chine*** Région de 1 600 000 km^2, à l'O. de la Chine, autrefois baptisée Turkestan chinois ou Dzoungarie. Pendant des siècles, l'élevage en fut l'activité principale, et les bergers nomades ouigours, kazakhs, kirghiz et tadjiks font toujours paître leurs troupeaux dans ses vastes espaces.

Depuis la seconde moitié des années 1950, et grâce à l'aide soviétique, les importantes ressources en minerai du désert ont commencé d'être exploitées (pétrole dans les bassins de Dzoungarie et du Tarim, charbon et fer). Si une voie ferrée relie déjà la région au Gansu et à la Chine du Nord, l'exploitation des richesses minérales du Xinjiang dépend encore de l'amélioration des voies de circulation.
Population 15 900 000
Carte Chine Bc

Xishuangbanna, ***Chine*** Région de la province du Yunnan qui produit caoutchouc, shellac (gomme-laque purifiée), quinine (écorce de quinquina) et plantes rares.
Carte Chine Ef

Xizang (région autonome du), ***Chine*** Voir TIBET

Xuzhou (Siu-tchéou), ***Chine*** Ville stratégique du nord-ouest du Jiangsu, à 625 km au S.-E. de Pékin, carrefour de communication et centre d'une riche région de mines de charbon. Usines de mécaniques et de textiles.
Population 860 000

Y

Yala, ***Sri Lanka*** Voir RUHUNA

Yalta, ***Ukraine*** Station thermale et balnéaire de Crimée, à 50 km à l'E. de Sébastopol. Installée le long d'une baie abritée, couverte d'arbustes et de fleurs, Yalta attire les estivants et les malades depuis le début du XIXe s. et possède de nombreux sanatoriums.

En février 1945, la petite ville de Livadia, à 3 km au S., abrita la conférence de Yalta, qui préparait le règlement de la Seconde Guerre mondiale et la division de l'Europe entre les grandes puissances. La conférence eut lieu au Grand Palais, construit en marbre en 1911 par le dernier tsar, Nicolas II (1868-1918), et réunit Churchill, Roosevelt et Staline.
Population 90 000
Carte Ukraine Cd

Yalu, ***Chine/Corée du Nord*** Fleuve frontière (795 km), importante source d'hydroélectricité. Flottage du bois.
Carte Chine Ic

Yamagata, ***Japon*** Ville du nord de Honshu, à 320 km au N.-E. de Tokyo, spécialisée dans les produits alimentaires et le matériel électrique.
Population 245 200
Carte Japon Dc

Yambol, ***Bulgarie*** Port fluvial et chef-lieu de la province homonyme, sur la Tundza, à 72 km à l'E. de Stara Zagora. Industries métalliques, textiles (laine), tanneries.
Population 88 700
Carte Bulgarie Cb

Yambu ou **Yenbo,** ***Arabie Saoudite*** Port de la mer Rouge, à 160 km à l'O. de Medine, principal point d'entrée des pèlerins de La Mecque. Modernisé, c'est aujourd'hui un centre industriel, à l'extrémité d'un oléoduc relié à des raffineries et des usines pétrochimiques. Il exportait autrefois principalement des dattes. Pêcheries, chantiers navals, salines.
Population 45 000
Carte Arabie Saoudite Ab

Yamoussoukro, ***Côte-d'Ivoire*** Ville natale du président Houphouët-Boigny, située au centre du pays, à 220 km au N.-O. d'Abidjan. En 1983, le gouvernement a décidé d'en faire la nouvelle capitale du pays et entamé la construction de bâtiments administratifs ainsi que le transfert des ministères. La basilique Notre-Dame-de-la-Paix, réplique de Saint-Pierre de Rome, a été achevée en 1990.
Population 300 000
Carte Côte-d'Ivoire Ab

Yamuna ou **Jumna,** ***Inde*** Rivière de 1 376 km de long, qui naît dans l'Himalaya au N.-O. de l'Uttar Pradesh. Elle arrose Delhi, et conflue avec le Gange à Allahabad. C'est l'une des rivières sacrées de l'hindouisme.
Carte Inde Cb

Yan'an, ***Chine*** Ville du Shaanxi dont les communistes firent leur quartier général en 1937, après leur Longue Marche vers le N. à travers les montagnes. Le musée des révolutionnaires de Yan'an commémore cet exploit.
Carte Chine Gd

Yangshuo, ***Chine*** Ville de la région autonome du Guangxi, célèbre pour ses spectaculaires paysages de montagne. C'est le terminus des bateaux touristiques qui descendent le Gui Jiang en venant de Guilin.
Carte Chine Gf

Yang-tseu-kiang ou **Chiang Jiang** ***Chine*** Troisième fleuve du monde après l'Amazone et le Nil. Il naît dans le plateau tibétain et, après 5 800 km, durant desquels il traverse des gorges profondes (cours supérieur et région de Yitchang), il atteint la mer de Chine à Shanghai. Il arrose le centre de la Chine et constitue une importante source d'irrigation et d'énergie hydroélectrique. Les cargos remontent jusqu'à Wuhan (1 100 km) et les bateaux de faible tonnage jusqu'à Tch'ong-s'ing (2 253 km) ; 60 à 70 % du commerce fluvial passent par le fleuve. Les inondations sont fréquentes, mais non désastreuses, grâce aux lacs qui le bordent et aux travaux effectués sur les affluents dans la région de Wuhan, qui régularisent son cours.
Carte Chine Ed He

Yanina, ***Grèce*** Voir IOANNINA

Yankari (réserve de), ***Nigeria*** Parc naturel sur le fleuve Geji, à 860 km au N.-E. de Lagos, qui couvre 2 224 km^2 de savane boisée.
Carte Nigeria Cb

Yaoundé, ***Cameroun*** Capitale bâtie au milieu des collines dominées par le mont Fébé, en

lisière de la jungle à 200 km à l'E. de Douala. L'influence occidentale se manifeste dans ses hôtels luxueux, ses restaurants, ses night-clubs et ses terrains de sports. Mais les quartiers populaires de la périphérie sont vastes et denses. Yaoundé possède une université et, bientôt, un aéroport international.
Population 650 000
Carte Cameroun Bb

Yap, ***États fédérés de Micronésie*** Le plus occidental des quatre États de la Fédération, constitué par l'île de Yap, ses trois îles annexes et quelque 130 îlots (121,7 km^2). Yap conserve ses traditions, dont une monnaie de pierre comportant des « pièces » de près de 4 m de diamètre. Capitale : Colonia.
Population 13 900
Carte Pacifique (océan) Bb

Yaracuy, ***Venezuela*** État du Nord-Ouest (7 096 km^2) où l'on exploite la bauxite (minerai d'aluminium) et le cuivre, mais dont l'économie est essentiellement agricole (bovins, sucre et agrumes). Chef-lieu : San Felipe.
Population 412 000
Carte Venezuela Ba

yardangs Ensemble de crêtes et de sillons parallèles d'argile ou de limon résultant de l'érosion éolienne.

Yaren, ***Nauru*** Ville du sud de l'île qui abrite le parlement et les bâtiments gouvernementaux, ainsi que l'aéroport.
Population 660

Yarmuk, ***Moyen-Orient*** Rivière de 80 km de long qui sert de frontière entre la Syrie et la Jordanie, puis entre la Jordanie et Israël, et se jette dans le Jourdain au S. du lac de Tibériade. C'est une importante source d'irrigation.
Carte Jordanie Aa ; Syrie Ab

LA RIVIÉRA UKRAINIENNE. Yalta, en Crimée, est aussi ensoleillée que Nice. L'écrivain Anton Tchekhov séjourna dans ce centre de villégiature fréquenté par l'aristocratie au XIXe s.

Yazd, ***Iran*** Voir YEZD

Yellowknife, ***Canada*** Capitale des Territoires du Nord-Ouest, sur la baie de Yellowknife, à la pointe N.-O. du Grand Lac des Esclaves ; elle doit son développement à la découverte d'or dans la région en 1934. Musée et centre des recherches archéologiques et ethnographiques des Territoires du Nord-Ouest. Aéroport.
Population 11 800
Carte Canada Db

Yellowstone (parc national de), ***États-Unis*** Le plus ancien parc national du monde (1872) et le plus grand du pays (8 991 km^2) dans les montagnes Rocheuses, à une altitude moyenne proche de 2 500 m. Il s'étend sur trois États : le nord-ouest du Wyoming, le sud du Montana et l'est de l'Idaho. On y trouve 200 geysers, près de 10 000 sources d'eau chaude et de boue, de spectaculaires paysages de montagne avec des gorges et des cascades (de 33 m et 94 m) sur la Yellowstone. Le geyser Old Faithful (le Vieux Fidèle) jaillit toutes les 67 minutes.
Carte États-Unis Db

Yémen, anciennement **Yémen** et **Yémen du Sud** Voir p. 718-719

Yenangyaung, ***Birmanie*** Ville du centre du pays à 200 km au S.-O. de Mandalay. De 1886 à 1970, ce fut la plus importante ville pétrolière de Birmanie — son nom signifie « crique d'eau malodorante », mais le pétrole s'est épuisé. La ville est aujourd'hui le centre commercial de la région agricole environnante.
Population 128 000
Carte Birmanie Bb

Yendi, ***Ghana*** Ville située à 440 km au N. d'Accra. Centre de commerce depuis le XVIIe s. des produits de la savane au N. et de la forêt au S., Yendi est aujourd'hui supplantée par Tamale.
Population 25 000
Carte Ghana Ab

Yengema, ***Sierra Leone*** Principale région diamantifère du pays, au N.-E. à proximité de la frontière guinéenne. Ses diamants, de qualité industrielle, sont exploités dans les graviers des rivières.
Carte Sierra Leone Ab

Yerushalayim, ***Israël/Jordanie*** Voir JÉRUSALEM

Yeu (île d'), ***France*** Île de l'Atlantique (23 km^2) au large de la Vendée. La pêche au thon et le tourisme estival sont ses principales activités. Le maréchal Pétain, chef de l'État français (1940-1944), fut détenu à Port-Joinville, le chef-lieu, où il est enterré.
Population 4 900
Carte France Bc

Yezd, ou **Yazd,** ***Iran*** Ville de textiles (laine, soie, tapis) à 520 km au S.-E. de Téhéran, à la limite du désert de Dasht-e-Kavir. Le zoroastrisme, fondé en Perse au VIe s. av. J.-C., est encore pratiqué dans la région.
Population 231 000
Carte Iran Ba

Yin Chan (Yin Shan), ***Chine*** Chaîne de 1 200 km de long, orientée E.-O., en Mongolie intérieure. Les pics, culminant entre 2 000 m et 5 000 m, marquent l'extrémité méridionale du plateau de Mongolie.
Carte Chine Gc

Yinchuan (Yin-tch'ouan), ***Chine*** Capitale de la république autonome de Ninxia. Cette ville du Houang-ho (fleuve Jaune), proche de la Grande Muraille, est aujourd'hui un centre de traitement de peaux, de la laine et du tabac.
Population (municipalité) 397 000
Carte Chine Fc

Yixing, ***Chine*** Ville de la province du Jiangsu, à 55 km au S.-O. de Wuxi (Wou-si) sur la rive occidentale du lac Taï, célèbre pour ses poteries et ses sculptures et pour la remarquable grotte de Chan Juan (5 000 m^2) à 15 km au S.-O., dont les spectaculaires concrétions de stalagmites et de stalactites sont une attraction touristique renommée.
Population 30 000
Carte Chine He

Yoho (parc national), ***Canada*** Il couvre 1 313 km^2, dans l'est de la Colombie-Britannique, et renferme des glaciers, des montagnes et des prés alpins. La flore et la faune y sont abondantes. La ville de Field en est le siège administratif.
Carte Canada Dc

Yokkaichi, ***Japon*** Port industriel du sud de Honshu, sur la baie d'Ise, à 105 km à l'E. d'Osaka. Dans les années 1960, ses installations pétrochimiques furent responsables de la « maladie de Yokkaichi », forme d'asthme due à des taux élevés de dioxyde de soufre dans l'air.
Population 263 000
Carte Japon Cd

Yokohama, ***Japon*** Port principal et deuxième ville du pays (après sa voisine Tokyo). Port de pêche jusqu'à la seconde moitié du XIXe s., installé sur la baie de Tokyo, au S.-E. d'Honshu, Yokohama est devenu aujourd'hui le port de la capitale.

Reconstruit après un tremblement de terre en 1923, puis à nouveau après les bombardements alliés dévastateurs de la Seconde Guerre mondiale, ses usines (du raffinage du pétrole à

Yémen

L'UNION POLITIQUE ENFIN RÉALISÉE ENTRE LES DEUX YÉMEN, L'UNION DES MENTALITÉS SERA PLUS DIFFICILE À RÉSOUDRE

Le 22 mai 1990 a été proclamée l'union du Yémen du Nord et du Yémen du Sud. Le nouvel État constitue désormais la république du Yémen, avec Sanaa comme capitale. Jusqu'à présent, les deux pays n'avaient jamais vraiment constitué un État — si ce n'est dans un très lointain passé —, mais les nombreux clans et tribus, toujours très jaloux de leur indépendance, se reconnaissaient dans une culture et une histoire communes. L'ouverture du canal de Suez en 1869 et la transformation du petit port d'Aden en escale à la sortie de la mer Rouge sur la route des Indes ont provoqué la formation, dans le Sud, d'une classe urbaine ouverte sur les techniques et les idées du monde moderne — syndicalisme, libération des femmes, éducation pour tous, etc. Le Nord, régi par un système tribal imposant sa volonté à l'État, et abritant des populations vivant, comme au temps du Prophète, avec la charia — la loi islamique — pour unique loi, se replia sur lui-même jusque dans les années 1960. Conséquence du retrait soviétique d'Afrique et de la faillite économique et politique du Sud, cette union marque surtout le triomphe du Nord et de l'économie libérale. Mais l'austère et religieuse Arabie Saoudite peut craindre la contamination des idées nouvelles dans ce qu'elle considérait jusqu'alors comme sa chasse gardée : La Mecque, lieu saint dont elle est la gardienne, se trouve à peu de distance du Yémen du Nord.

LE NORD

L'histoire de ce pays de montagnes escarpées, de collines verdoyantes et de déserts sans pistes, qu'on appelle parfois aussi Yémen du Nord, remonte aux temps bibliques. La légende veut que Sanaa, la capitale, ait été fondée par Cham, fils aîné de Noé, et que Noé lui-même soit enterré dans les montagnes proches. Plus à l'E., Marib fut la capitale de la reine de Saba, d'où celle-ci partit, riche des profits du commerce avec l'Inde, pour rendre visite au roi Salomon, il y a près de trois mille ans. L'antique Sanaa, située à 2 210 m d'altitude, évoque encore l'atmosphère des *Mille et Une Nuits*. Malgré les changements récents, le visiteur trouvera dans la cité fortifiée des bazars, des palais aux murs de pisé et des mosquées aux dômes blancs.

VILLAGE-FORTERESSE. Les maisons hautes de ce vieux village proche de Manakha, dans les montagnes au S.-O. de Sanaa, au-dessus de la route qui joint la capitale au port d'Hodeïda, dominent des terrasses très anciennement cultivées.

Le pays est resté très arriéré jusqu'à ces dernières années et demeure pauvre par rapport au reste du monde arabe. Son économie dépendait essentiellement de l'agriculture jusqu'à la découverte de pétrole par une compagnie texane en 1984. Les réserves sont modestes (300 millions de barils), mais la production suffira aux besoins du pays et laissera un surplus exportable.

Le Yémen est la partie la plus montagneuse, la plus arrosée et la plus fertile de la péninsule Arabique. Il a aussi une grande importance stratégique : avec son voisin marxiste du Sud, il garde l'entrée de la route du canal de Suez par la mer Rouge.

Dans les plaines côtières, l'air est très chaud et humide, les températures estivales pouvant atteindre 40 °C à Hodeïda, le port principal. Dans l'intérieur, les altitudes augmentent brutalement et le point culminant, le djebel Hadur Shuayb, atteint 3 760 m. Bien qu'il y ait des oasis sur les pentes inférieures semi-désertiques, la végétation continue commence au-dessus de 1 000 m dans les montagnes où la mousson d'été apporte jusqu'à 900 mm de pluies par an. Juste au-dessus de 1 000 m, des fourrés d'acacias, d'euphorbes et de tamaris font leur apparition. Au-dessus de 2 300 m, il y a de grandes forêts de genévriers et les zones boisées s'étendent sur 8 % environ du pays. Les hivers sont frais en montagne, et les sommets se couvrent de neige. Le nord-est du pays fait partie du grand désert d'Arabie.

Le climat permet aux trois quarts de la population de vivre de l'agriculture, mais plus d'un tiers du pays est le domaine des pâtures extensives pour des troupeaux de moutons, de chèvres et de bovins qui sont parmi les plus grands de la péninsule Arabique.

Les cultures, étagées surtout entre 1 400 et 2 300 m, comprennent des céréales, des

la fabrication de machines électriques et d'automates), dont plusieurs sont construites sur des terres récupérées sur la baie, contrastent avec la vie nocturne de la ville, animée par la plus pittoresque Chinatown du pays.

Population 3 220 000

Carte Japon Cc

Yonne (89), ***France*** 1. Affluent de la Seine (293 km), qui naît dans le Morvan à 730 m d'altitude au S.-E. de Château-Chinon. Elle traverse d'abord des gorges profondes puis coule vers le nord en arrosant Clamecy, Joigny, Sens, avant de se jeter dans la Seine à Montereau-Fault-Yonne. Elle reçoit à gauche le Beuvron, et à droite la Cure, le Serein et l'Armançon. Son régime irrégulier et ses crues d'hiver (le débit peut dépasser 1 000 m^3/s) ont longtemps été une des causes des inondations de la région parisienne, mais aujourd'hui l'aménagement de son bassin supérieur a régularisé son cours (barrages de Pannesière et de Chaumeçon). Elle est navigable en aval d'Auxerre.

2. Département de la région Bourgogne couvrant 7 427 km^2. Formé de plateaux calcaires dont l'altitude diminue vers le N.-O. et de terrains argileux, il est arrosé par l'Yonne et ses affluents. Ses paysages variés se partagent entre les terres à céréales et à betterave à sucre de la Champagne sénonaise, les forêts du pays d'Othe et les bois et étangs de la Puisaye, l'agriculture (céréales, colza, tournesol) et l'élevage de l'Auxerrois et du Tonnerrois et, au S.-E., l'Avallonnais humide voué à l'élevage. Entre Auxerre et Tonnerre, la région de Chablis reste le fief du vignoble et des vergers de cerisiers.

agrumes, des vignes et des légumes, ainsi que du coton et du café pour l'exportation. Le qāt, aux feuilles que l'on mâche, est un narcotique dont l'exportation est hautement profitable.

La vie des paysans et des nomades est simple et austère. Bien des villages n'ont pas d'eau contrôlée, les taux d'analphabétisme (80 %) et de mortalité infantile (19 %) sont élevés.

Aux temps anciens, le Yémen était un grand pays commerçant. L'antique royaume de Saba y prospéra de 750 à 115 av. J.-C. Le pays passa en 1517 sous l'autorité des Turcs, qui ne fut jamais très fermement établie. Le Yémen devint un royaume indépendant en 1920. La montée en puissance de l'Arabie Saoudite sous l'autorité d'Ibn Seoud se manifesta par l'annexion au royaume saoudien des hauts plateaux de l'Asir et du Najran (1934), provinces que les Yéménites ont toujours considérées comme leur appartenant. En 1962, à l'image de la révolution égyptienne, des officiers prirent le pouvoir à Sanaa et chassèrent l'imam Badr. Celui-ci, qui venait de succéder à son père, se réfugia dans les tribus. Ce fut le début d'une violente guerre civile qui fit près de 200 000 morts. L'Égypte du colonel Nasser envoya un corps expéditionnaire pour soutenir les modernistes tandis que l'Arabie Saoudite apportait son soutien aux partisans de l'ancien régime. La guerre israélo-arabe de 1967 et l'échec de la pacification obligèrent les Égyptiens à se retirer. La décennie suivante fut marquée par un interminable conflit frontalier entre les deux Yémen, tandis que des putschs répétés ensanglantaient Sanaa. Une trêve plus durable intervint en 1979.

Le gouvernement a pris soin d'entretenir de bons rapports avec le bloc occidental et le bloc oriental. L'Arabie Saoudite soutient généreusement l'économie, et les Américains comme les Soviétiques fournissent des armes ; les Chinois, mais aussi les Sud-Coréens construisent des routes. Le pays manque très nettement de main-d'œuvre qualifiée, ce qui est paradoxal puisque 1,5 million de Yéménites environ ont émigré vers le reste du monde arabe — mais leurs envois d'argent pèsent considérablement dans l'économie.

LE SUD

Le Yémen du Sud est un désert montagneux. L'agriculture est l'activité principale, bien que 1 % seulement de la superficie soit fertile — essentiellement la vallée de l'Hadhramaout. Seule grande usine, une raffinerie traite à Aden du pétrole importé.

La plaine côtière le long du golfe d'Aden est étroite et aride ; l'été, les températures s'élèvent jusqu'à 38 °C, avec une forte humidité de l'air, et la végétation y est rare. Les montagnes de l'intérieur, où les oueds entrent en crue lors des averses estivales, atteignent 2 500 m d'altitude. Le Nord-Est fait partie du « quart vide » de l'Arabie Saoudite et connaît des années sans pluie.

Les Britanniques reconnurent vite l'intérêt stratégique d'Aden à l'entrée de la mer Rouge et l'annexèrent en 1839. Son importance s'accrut après l'ouverture du canal de Suez en 1869, tandis que les quelque vingt sultanats de l'intérieur demeuraient dans l'isolement. Les Britanniques les placèrent sous le protectorat du gouverneur d'Aden, par une série de traités signés entre 1882 et 1914. En 1963, malgré l'opposition locale, Aden fut incorporée à la Fédération d'Arabie du Sud, à laquelle l'indépendance fut promise pour 1968. Mais les pourparlers échouèrent, et une campagne de guérilla contre les Britanniques et les souverains autochtones commença.

Les deux mouvements dominants étaient le Front national de libération (F.N.L.) et son rival, le Front pour la libération du Sud-Yémen (FLOSY). Quand les Britanniques durent se retirer en 1967, le F.N.L. proclama l'indépendance, et son aile marxiste prit le pouvoir. Les sheiks s'enfuirent ou furent déposés. On limita la propriété privée à 8 ha de terre irriguée ou 16 ha de terre non irriguée, et le reste fut partagé. Les banques, les assurances, les compagnies commerciales et la raffinerie de pétrole furent nationalisées.

Le parti socialiste du Yémen, qui incluait le F.N.L., devint seul légal. Le pays fut gouverné par un Premier ministre qui était aussi chef de l'État, et par un Conseil suprême du peuple dont les 111 membres étaient élus par des comités de villages.

Le 13 janvier 1986, un coup d'État sanglant renversait le président Ali Nasser Mohammed et entraînait l'évacuation de près de 7 000 étrangers ; les affrontements qui suivirent firent plus de 4 000 morts.

Réunifié en mai 1990, le Yémen a été confronté à la crise du Golfe. Alors membre du Conseil de Sécurité, il a refusé de voter les sanctions contre l'Irak en raison de son propre contentieux territorial avec l'Arabie Saoudite et de ses options laïques. Par mesure de rétorsion, un million de Yéménites ont été expulsés du royaume saoudien, tandis que les pays arabes et les États-Unis gelaient leur aide.

Les conflits internes se sont multipliés depuis la réunification, pouvant aller jusqu'à la remise en cause de celle-ci.

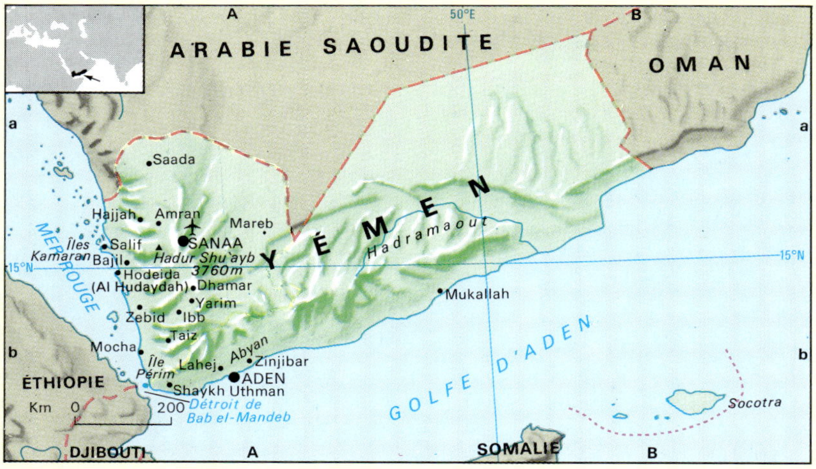

LE YÉMEN EN BREF
Superficie 472 100 km^2 (avec Socotra)
Population 12 460 000
Capitale Sanaa
Régime République
Monnaie Rial et dinar yéménites
Langues Arabe (officiel), anglais
Religion Musulmans
Climat Chaud et humide sur la côte, plus frais en montagne. Températures moyennes à Sanaa : de 14 °C en janvier à 22 °C en juillet ; à Aden : de 14 °C en janvier à 29-37 °C en juillet
Ressources Millet, sorgho, café, qāt, coton, fruits, légumes, sésame, poisson ; pétrole brut
Activités Agriculture, artisanat, textiles, cuir, pêche, conserveries de poisson, raffinage du pétrole
Exportations Qāt, café, coton, fruits et légumes, pétrole raffiné, poissons en conserve
P.N.B. annuel par habitant 540 dollars
Croissance démographique 35 ‰ par an
Espérance de vie Hommes 49 ans, femmes 51

Malgré sa vocation agricole, le département a vu se développer une petite industrie grâce à la décentralisation et à sa situation sur l'axe routier Paris-Lyon : construction mécanique, métallurgie, construction électrique, chimie, particulièrement dans la vallée de l'Yonne. C'est aussi une région de tourisme (basilique de Vézelay, châteaux, églises, sites naturels) et de résidences secondaires où la pêche attire de nombreux amateurs.

Population 323 100

Carte France Ec

York, ***Royaume-Uni*** Ville historique sur la Ouse, dans le Yorkshire du Nord. Fondée par les Romains en 71 sous le nom d'Eboracum, Constantin le Grand y fut proclamé empereur en 306. Les Angles en firent leur capitale avant qu'elle devienne un archevêché en 634, puis les Vikings la brûlèrent et ils en firent la capitale de Jorvik en 867.

La ville doit cependant sa célébrité à sa magnifique cathédrale, achevée en 1470, la plus grande église médiévale d'Europe du Nord. Son superbe vitrail, du XVe s., est l'un des plus grands du monde, et un autre, d'environ 1150, est probablement le plus ancien de Grande-Bretagne. Sa tour-lanterne, de 60 m, est la plus grande d'Angleterre.

L'enceinte de la cité médiévale, édifiée sur des fondations romaines, mesure 5 km. York abrite une université moderne et de nombreux musées, dont le musée du Chemin de fer et le Musée viking. Les spécialités d'York sont les chocolats et autres confiseries.

Population 123 500

Carte Royaume-Uni Ed

York (cap), ***Australie*** Point le plus septentrional de l'Australie, dans le Queensland, sur le détroit de Torrès. La péninsule du même nom s'allonge sur 750 km entre la mer de Corail et le golfe de Carpentarie. Des forêts recouvrent sa partie occidentale. Mine de bauxite et port de Weipa sur la côte O.

Carte Australie Ga

Yorkshire, ***Royaume-Uni*** Ancien comté du nord de l'Angleterre (15 859 km^2) et le plus grand de Grande-Bretagne, centré autour d'York. Il est aujourd'hui divisé principalement en 5 comtés (Yorkshire du Nord, du Sud et de l'Ouest, Humberside et Cleveland).

Le Yorkshire du Nord (8 317 km^2, chef-lieu: Northallerton) est aujourd'hui le plus grand comté d'Angleterre, presque entièrement couvert de landes, les North York Moors, parmi les plus beaux paysages du pays, et les Pennines, séparées par la plaine fertile d'York. Le tourisme est concentré sur la station balnéaire de Scarborough et la ville thermale de Harrogate, ainsi que dans les Pennines.

Le Yorkshire du Sud (1 560 km^2) est un centre charbonnier ; chef-lieu: Barnsley, au N. de Sheffield. Cette dernière, la ville principale, est traversée par la Don, passant aussi à Rotherham, ancienne colonie saxonne devenue industrielle au XIXᵉ s., et Doncaster, cité ferroviaire.

Le Yorkshire de l'Ouest (2 039 km^2; chef-lieu : Wakefield) est centré sur les villes de Leeds, Bradford et Halifax, devenues cités lainières au XIXᵉ s., dont les vastes hôtels de ville témoignent de la fierté civique. Nombre de filatures sont malheureusement aujourd'hui fermées.

Population (Yorkshire du Nord) 699 000; (Yorkshire du Sud) 1 249 000; (Yorkshire de l'Ouest) 1 985 000

Carte Royaume-Uni Ec

Yorktown, ***États-Unis*** Ville historique sur la York, au S.-E. de la Virginie, à 190 km au S.-E. de Washington. Fondée en 1631, elle devint un important port d'exportation du tabac dès 1750. Occupée par les Anglais, elle fut assiégée et prise par George Washington (qui devint ensuite le premier président du pays), aidé par les Français, le 19 octobre 1781, ce qui mit fin à la guerre d'Indépendance. De nouveau assiégée par les forces de l'Union pendant la guerre de Sécession, les troupes confédérées la reprirent le 4 mai 1862. La ville fait partie du Colonial National Historical Park.

Carte États-Unis Kc

Yoruba (pays), en anglais **Yorubaland,** ***Nigeria*** Territoire du peuple yoruba (ou yorouba), qui couvre près de 90 700 km^2 sur la côte, à l'O. du bas Niger. Fertile et densément peuplé, il produit du cacao, de l'igname, du manioc et de la noix de cola. Il comprend les anciennes ville d'Ifé et d'Oy, Lagos, ex-capitale, et Ibadan.

Carte Nigeria Ab

Yosemite (parc national), ***États-Unis*** Région montagneuse de 3 083 km^2, à 225 km à l'E. de San Francisco, dans la sierra Nevada (Californie). Le parc, créé en 1890, présente de profondes gorges, des ravins, des falaises de granit et des pics — certains de plus de 4 000 m —, des cascades et des forêts de séquoias géants. Les chutes du Yosemite atteignent 739 m.

Carte États-Unis Cc

Youghal, ***Irlande*** Port et ville balnéaire, à 42 km à l'E. de Cork. D'après la légende, sir Walter Raleigh, l'explorateur britannique, maire de Youghal en 1588-1589, introduisit les premiers plants de pommes de terre dans la résidence de Myrtle Grove.

Population 5 870

Carte Irlande Cc

Yougoslavie Voir p. 722-723

Ypres, en néerl. **Ieper,** ***Belgique*** Ville de Flandre-Occidentale, à 65 km au S.-O. de Gand. Aux XIIIᵉ et XIVᵉ s., ce fut avec Bruges et Gand la plus grande ville lainière d'Europe. Elle fut complètement anéantie lors de la Première Guerre mondiale, et de nombreux cimetières entourent la ville, qui fut le centre de durs combats pendant quatre ans (300 000 Alliés y trouvèrent la mort). C'est au N. d'Ypres que furent utilisés par les Allemands, pour la première fois, des gaz asphyxiants connus sous le nom d'ypérite.

Population 220 000

Carte Belgique Aa

Yuan Jiang, ***Chine/Viêt-nam*** Voir ROUGE (fleuve)

Yucatán, ***Mexique*** État de 39 340 km^2 sur la péninsule du même nom, au S.-E. du pays. Région basse, couverte de forêt et de brousse épineuse, le Yucatán, centre jusqu'au Xᵉ s. d'une culture maya très avancée, est célèbre pour ses sites archéologiques: Chichen Itzá, Kabah, Uxmal. Merida, la capitale de l'État, est une ville touristique, mais l'économie de la région repose surtout sur le sisal (*henequén*), cultivé pour ses fibres avec lesquelles on fabrique cordes et filets.

Population 1 363 540

Carte Mexique Db

Yucatán (canal du) Bras de mer de 217 km de large entre la péninsule du Yucatán et Cuba, reliant la mer des Antilles au golfe du Mexique. Il est traversé par le Courant nord-équatorial qui devient le Gulf Stream en passant dans le détroit de Floride.

Carte Mexique Db

Yukon (territoire du), ***Canada*** Vaste région de montagnes, de forêts et de plateaux qui s'étend sur 531 844 km^2 dans l'extrême nord-ouest du pays. Ses magnifiques vallées, parcourues de grands fleuves, sont dominées par le mont Logan (5 951 m), le plus haut sommet du Canada. Les étés y sont chauds, les hivers froids. La découverte d'or en 1896 dans un affluent du Klondike fit la prospérité de Dawson. On y exploite aujourd'hui des mines d'or, d'argent et de plomb, les ressources hydroélectriques et la forêt (sapins, épicéas). Les déplacements se font surtout par avion.

Population 25 000

Carte Canada Bb

Yumen, ***Chine*** Ville du Gansu, ancien terminus oriental de la Route de la Soie. Grand centre pétrolier sur le plus grand gisement du pays.

Carte Chine Ec

Yungas, ***Bolivie*** Région de collines couvertes de forêts. Située au-dessous de 2 500 m d'altitude, elle sépare les plateaux andins dénudés de la jungle amazonienne à l'E. La partie la plus riche, fertilisée par les alluvions des fleuves andins, se trouve au N.-E. de La Paz, la capitale, et autour de Coroico et Cochachamba: canne à sucre, cacao, café, maïs, bananes, agrumes, noix de cola.

Carte Bolivie Bb

Yungui (plateaux du), ***Chine*** Plateaux recouvrant l'ouest du Guizhou et l'est du Yunnan

UNE ROUTE SOLITAIRE. La route Dempster relie Dawson à Inuvik à travers les monts Richardson, dans le nord du Yukon, un territoire hostile et désert l'hiver.

(300 000 km^2), en Chine méridionale. Situés entre 1 000 et 2 000 m d'altitude, ils ont toute l'année un climat frais et printanier.
Carte Chine Fe

Yunnan, ***Chine*** Province montagneuse de 436 200 km^2 au S.-O. du pays, aux confins de la Birmanie, du Laos et du Viêt-nam. L'Ouest, avec des sommets de plus de 6 000 m, est traversé par les vallées de la Salouen, du Mékong et du Yang-tseu-kiang. Le Centre et l'Est sont formés de plateaux situés entre 1 000 et 3 000 m. Tempéré sur le plateau, tropical au S., le climat autorise une agriculture étagée variée : canne à sucre, coton, orangers, riz, blé, maïs, tabac, thé (célèbre thé noir de Pu'er au S.).

D'accès difficile, abritant de nombreuses minorités ethniques apparentées aux populations du Sud-Est asiatique (28 nationalités pour un quart de la population), le Yunnan n'a commencé à se désenclaver qu'à partir des années 1950, avec la construction de routes et de chemins de fer vers le reste de la Chine. Jusque-là, son seul débouché moderne vers l'extérieur était le chemin de fer « français » du Yunnan, reliant la capitale, Kunming, à Hanoi.

Paradis des botanistes avec plus de 10 000 espèces de plantes, le Yunnan offre, au S.-E. de Kunming, les extraordinaires paysages karstiques de la « forêt de pierre » de Lunan, dont les rochers déchiquetés aux formes fantastiques dépassent parfois 100 m de hauteur.
Population 38 000 000
Carte Chine Ef

Yu-Shan, ***Taiwan*** Le plus haut sommet de l'île (3 997 m), dans les montagnes centrales, sur le tropique du Cancer, à 180 km au S. de T'ai-pei. À la végétation subtropicale des basses pentes (camphriers) succèdent, près du sommet, des plantes subalpines.
Carte Taiwan Bc

Yvelines (78), ***France*** Département de l'Île-de-France à l'O. de Paris, correspondant à la partie occidentale de l'ancienne Seine-et-Oise (2 284 km^2). Il englobe des massifs forestiers : forêts de Saint-Germain, de Marly, de Rambouillet (dont l'ancienne appellation forêt d'Yvelines lui a donné son nom), et est traversé par les vallées de la Seine et de l'Yvette ; une partie de cette dernière est comprise dans le parc naturel régional de la Haute-Vallée de Chevreuse créé en 1984 (25 600 ha).

Le sud et l'ouest du département, qui se rattachent à la Beauce et au Hurepoix, sont agricoles (céréales, prairies, élevage) ; les vallées concentrent les cultures légumières et florales, surtout aux abords de Paris. Mais la proximité de la capitale et les liaisons aisées avec elle par le rail et la route ont favorisé le développement de l'industrie : construction automobile, centrale thermique, raffinerie de pétrole, chimie, aérospatiale, engins balistiques, informatique.

L'urbanisation s'est également développée le long des axes de communications, principalement autour de Versailles et Saint-Germain-en-Laye, mais l'habitat résidentiel et pavillonnaire tient une grande place dans le département. Celui-ci offre beaucoup de possibilités aux promeneurs et aux touristes avec ses forêts, ses châteaux (Versailles, Rambouillet...), le musée des Antiquités nationales de Saint-Germain, l'abbaye de Port-Royal, le parc de Thoiry, le parc animalier des Yvelines, etc.
Population 1 307 000
Carte France Db

Z

Zaanstad, ***Pays-Bas*** Commune de la banlieue nord d'Amsterdam, constituée de plusieurs petites localités dont Zaandam, où le tsar Pierre le Grand résida incognito en 1697 et apprit les rudiments de la menuiserie navale.

Un village typique des XVIIe et XVIIIe s. y a été reconstitué, retraçant la vie locale, avec en particulier de nombreux moulins dont certains fonctionnent encore.
Population 127 000
Carte Pays-Bas Ba

Žabljak, ***Yougoslavie*** Voir DURMITOR

Zabrze, ***Pologne*** Grand centre minier et industriel à 24 km à l'O. de Katowice, relié à l'Oder par le canal Klodnicka. Sidérurgie, cokeries, produits chimiques.
Population 199 000
Carte Pologne Cc

Zacatecas, ***Mexique*** 1. Capitale de l'État du même nom, à 600 km au N.-O. de Mexico, fondée en 1546. Bien que son nom signifie « terre des pâtures » en nahualt, c'est une ville minière près de la plus grande mine d'argent du monde, Real de Angeles, qui produit 10 000 t de minerai par jour. Maisons roses de style colonial hispanique, cathédrale, palais et églises baroques.

2. État qui s'étend sur le plateau central et une partie de la sierra Madre occidentale, région d'élevage et d'agriculture tropicale au sous-sol riche en ressources minérales.
Population (ville) 71 000 ; (État) 1 278 270
Carte Mexique Bb

Zadar, ***Croatie*** Port de pêche et de commerce sur l'Adriatique, à 116 km au N.-O. de Split. Ancienne capitale d'un royaume de Dalmatie, Zadar abrite de très beaux monuments : l'église circulaire Saint-Donat (IXe s.), édifiée sur les ruines d'un forum romain ; l'église Saint-François (XIIIe s.), la cathédrale Sainte-Anastasie, la plus importante église romane de Croatie. Dans l'église baroque Saint-Simon, l'extraordinaire reliquaire du saint ciselé en 1380 pour la reine Élisabeth de Hongrie dans 250 kg d'argent est soutenu par des anges coulés dans le bronze de canons turcs.

Zadar est aujourd'hui une base navale et une ville industrielle (constructions navales, industries alimentaires) avec un potentiel touristique important, mais très perturbé depuis le début du conflit yougoslave.

À 18 km au N., Nin fut la première capitale de la Croatie (IXe-XIVe s.). Son église de la Sainte-Croix (VIIe-IXe s.) est la plus vieille église intacte de Croatie.
Population (ville) 76 400
Carte Croatie Ab

Zagazig, ***Égypte*** Carrefour ferroviaire et centre commercial (coton) dans le delta du Nil, sur un grand canal à 65 km au N.-E. du Caire, près des ruines de Bubastis.
Population 203 000
Carte Égypte Bb

Zagorje, ***Croatie*** Région du nord-ouest du pays, entre Zagreb et la Drave. Plus de cent châteaux, dont celui de Trakošćan, et de nombreuses églises baroques surmontent ses collines boisées. Population dense autour de ses petites villes (centres textiles).
Carte Croatie Bb

Zagorsk, ***Russie*** Voir SERGUIEV-POSSAD

Zagreb, anc. en all. **Agram,** ***Croatie*** Capitale et première ville du pays, à 118 km au S.-E. de Ljubljana. Elle groupe deux villes jumelles, anciennes, juchées sur une colline dominant la vallée de la Save. L'une, Gradec (ou Gornji Grad, « ville haute »), jadis cité royale hongroise, fut fortifiée au XIIIe s. contre les attaques des Tatars. Ses remparts, en partie conservés, enserrent des églises et palais gothiques et romans. L'autre, Kaptol, cité religieuse, est dominée par la flèche ajourée de sa cathédrale et le palais de l'archevêché entouré de fortifications. Les façades peintes des bâtiments de Gradec et Kaptol contrastent avec les façades grises du Donji Grad, ou « ville basse », qui fut au XIXe s. le centre intellectuel et commercial de la cité et s'est étendu depuis 1960, abritant à présent, sur l'autre rive de la Save, l'université, des immeubles résidentiels, des boutiques et des hôtels. Indirectement touchée par le conflit yougoslave, la ville accueille de nombreux réfugiés.

Zagreb possède plusieurs musées, dont le palais de l'Académie des sciences et des arts et le Musée archéologique, le musée d'Art naïf, le Musée ethnographique, etc. Une foire commerciale s'y tient chaque année au printemps et à l'automne, un festival folklorique en juillet. Son réseau ferroviaire et routier en avait fait un centre touristique desservant les monts Zagorje, les lacs de Plitvice et les stations de ski du Sljeme (1 035 m). Industries : matériel électrique, produits pharmaceutiques et chimiques, ciment, métallurgie, cuir, vêtements, agro-alimentaire, studios de cinéma.
Population (ville) 707 000
Carte Croatie Ab

Zagros (monts), ***Turquie/Iran*** Chaîne de montagnes parallèles entaillées par des rivières et des gorges profondes et en partie couvertes de forêts ; elle s'étire sur 1 600 km depuis le S.-E. de la Turquie orientale jusqu'au détroit d'Ormuz en longeant la côte du golfe Arabo-Persique. Point culminant : le Zard Kuh (4 548 m).
Carte Iran Aa

Zaïre Voir p. 724-725

Zaïre ou **Congo,** ***Zaïre/Congo*** Deuxième fleuve d'Afrique par sa longueur (4 640 km), et du monde après l'Amazone par son débit et son bassin (3 626 000 km^2).

Son embouchure fut découverte dès 1484 par le navigateur portugais Diogo Cão ; mais, pour en connaître le cours, il fallut attendre l'exploration de son cours supérieur, le Lualaba, par l'Anglais sir Henry Stanley en 1876-1877. Cette partie de son cours forme des rapides et des cataractes et traverse des lacs. Son cours moyen commence à Kisangani ; son lit s'élargit et reçoit les eaux de grands affluents comme l'Oubangui et le Kasaï. À 560 km de la mer, il s'élargit davantage pour former le Pool Malebo (anc. Stanley Pool), qui baigne Brazzaville et Kinshasa, puis il franchit une série de chutes et de rapides réputés non navigables (anc. chutes Livingstone) avant d'atteindre son estuaire à Matadi. Ses affluents et lui-même sont navigables sur plus de 12 000 km et représentent un sixième du potentiel hydroélectrique mondial.

Le fleuve s'appelle Zaïre (qui veut dire

Voir suite p. 726

Yougoslavie

UN MÉLANGE DE PEUPLES ET DE CULTURES, UN ÉTAT FÉDÉRAL DISLOQUÉ, UN NOUVEAU PAYS REJETÉ PAR LA COMMUNAUTÉ INTERNATIONALE

Il serait vain de parler de la nouvelle Yougoslavie sans évoquer celle qui réunit, pendant plus de soixante-dix ans, des peuples qui aujourd'hui s'affrontent. La Yougoslavie était avant la Seconde Guerre mondiale un pays pauvre, essentiellement agricole. Grâce à un développement rapide, elle est devenue un État industrialisé.

Ce développement s'est réalisé sous un régime communiste qui, dès la Libération, nationalisa l'industrie, le commerce, les transports et les banques, entreprit de collectiviser l'agriculture et fut en 1947 le premier des pays de l'Est à lancer un plan quinquennal sur le modèle soviétique.

Avec le développement de l'industrie et des services, des millions de ruraux s'installèrent dans les villes. Ils y trouvèrent des conditions de logement et des équipements scolaires, médicaux et récréatifs inimaginables avant la Seconde Guerre mondiale.

Les touristes étrangers affluèrent, surtout d'Europe occidentale, attirés par la côte et les îles de Dalmatie (aujourd'hui croates), leur climat méditerranéen, leurs plages immaculées et leurs anses rocheuses. Les devises qu'ils apportaient compensaient en partie le déficit commercial.

Mais l'inflation était forte et le chômage important, bien que des centaines de milliers de travailleurs se soient expatriés, surtout en Allemagne. La dette extérieure atteignait un montant très élevé, et depuis 1980 — année de la mort du président Tito — la croissance s'était arrêtée et le niveau de vie avait baissé.

La Yougoslavie présentait une mosaïque de nationalités caractéristique des Balkans. Le pays se partageait entre Serbes, Croates, Musulmans, Slovènes, Macédoniens, Monténégrins, Albanais ou Hongrois.

Les uns sont catholiques (Croates et Slovènes), les autres orthodoxes (Serbes, Macédoniens et Monténégrins), les autres encore musulmans (Bosniaques et Albanais).

Les Slaves se sont installés au VIe et au VIIe s. sur le territoire de l'ancienne Yougoslavie. Les Serbes établirent leur royaume plus à l'E., dans les bassins de la Morava et de l'Ibar. Au XIVe s., ils avaient constitué un véritable empire. Tombés sous la domination ottomane après le désastre de Kosovo (1389), ils reconquirent leur autonomie en 1815 et constituèrent le noyau de la Yougoslavie contemporaine. Seuls les Monténégrins, établis dans les montagnes dénudées du Karst, autour du mont Lovćen, ne furent jamais soumis.

Les peuples de Yougoslavie étaient parvenus à conserver leur propre langue sous les différentes dominations étrangères, en dépit de pressions parfois sévères. Leur renaissance littéraire et nationale date essentiellement du XIXe s. Le serbo-croate est la principale langue du pays. Les Serbes, orthodoxes, l'écrivent en caractères cyrilliques ; les Croates, catholiques, en caractères latins.

La ville la plus célèbre de l'ensemble yougoslave était sans doute Sarajevo, qui l'est encore malheureusement et tragiquement aujourd'hui, où la balle d'un assassin déclencha en 1914 la Première Guerre mondiale. Elle était alors la capitale de la Bosnie-Herzégovine, annexée à l'Empire austro-hongrois. Le meurtrier était un nationaliste serbe de Bosnie, sa victime l'archiduc François-Ferdinand, héritier du trône d'Autriche-Hongrie. Celle-ci déclara la guerre à la Serbie un mois plus tard, et les autres États européens entrèrent dans le conflit.

Créé en 1918 par la réunion de la Serbie, du Monténégro et de territoires pris à l'Autriche-Hongrie (Slovénie, Croatie et Bosnie), le royaume de Yougoslavie était dominé par une dynastie et un personnel politique serbes. Ayant laissé s'envenimer les querelles entre nationalités, il succomba en 1941 à l'agression militaire de l'Allemagne hitlérienne et de ses alliés italiens, hongrois et bulgares, et fut démembré.

Le régime communiste du maréchal Tito tire son origine du Mouvement des partisans, qui libéra le pays des occupants mais dut aussi combattre le mouvement de résistance rival des Tchetniks, dirigé par le colonel serbe Draža Mihajlović, à qui il s'opposait tant par ses objectifs que par sa tactique. À la libération, Tito était devenu un héros national.

SIX RÉPUBLIQUES POUR UN PAYS

La Yougoslavie devint alors une république fédérative composée de six républiques : Bosnie-Herzégovine, Croatie, Macédoine, Monténégro, Slovénie et Serbie, celle-ci comprenant en outre deux provinces autonomes, le Kosovo et la Voïvodine. Cette solution fédérale garantissait l'égalité des droits aux diverses nationalités, dont les langues étaient enseignées et utilisées officiellement. Grâce à l'autorité personnelle de Tito, ce système fortifia la Yougoslavie.

Tito lança une ambitieuse politique de développement économique et rechercha l'union de la Yougoslavie avec l'Albanie et la Bulgarie. Staline, craignant pour son autorité en Europe de l'Est, condamna en 1948 le régime titiste et rompit toute relation avec la Yougoslavie, imité par les gouvernements des autres États socialistes. Il s'agissait d'abattre Tito par le blocus économique.

Mais ce blocus renforça l'unité des Yougoslaves et les incita à inventer leur propre version du socialisme. L'autogestion ouvrière fut introduite dans les entreprises, qui devinrent entièrement autonomes.

La planification détaillée obligatoire fut donc supprimée, le plan ne conservant qu'un rôle de coordination et de prospective. D'autre part, de larges compétences politiques furent décentralisées au niveau des républiques et des communes.

Enfin, la Yougoslavie participa à la fondation du Mouvement des États non alignés et développa ses échanges avec l'Ouest. Cette orientation demeura, même si, en 1955, les relations avec l'Est avaient été rétablies. La Yougoslavie achetait de la technologie à l'Ouest et importait des matières premières d'Union soviétique, à laquelle elle vendait des produits de son industrie.

Depuis 1945, la Yougoslavie avait développé sa production charbonnière et hydroélectrique, mais elle devait importer l'essentiel de son pétrole. Elle extrayait des minerais de fer, cuivre, plomb, zinc, de la bauxite, et possédait des centres de sidérurgie et de métallurgie non ferreuse.

L'industrie animait la capitale, Belgrade, les grandes villes de Zagreb, Skopje, Sarajevo, Ljubljana et de nombreux centres secondaires. Les ports de Rijeka, Split (Croatie) et Pula (Slovénie) se chargeaient de la construction navale.

On renonça en 1952 à poursuivre la collectivisation de l'agriculture, et 85 % des terres cultivées demeurèrent aux mains d'agriculteurs individuels, dont la propriété était plafonnée à 10 ha, les 15 % restants formant de grands combinats agro-industriels. La modernisation du secteur privé fut longtemps entravée par la défiance des autorités ; elle l'est encore par la petitesse des exploitations et par le manque de capitaux.

Après trente-cinq ans de croissance économique rapide, la Yougoslavie entra en 1980 dans une grave crise : poids de la dette extérieure, manque de compétitivité, chômage, disparités régionales. Dans ce contexte, les conflits de nationalités resurgirent après le décès du président Tito, ciment de la nation yougoslave.

En 1981, les Albanais du Kosovo ont réclamé la transformation de cette région en une septième république. La Serbie a répondu par la répression, et les relations entre les deux peuples se sont envenimées. Cette crise, en s'éternisant, a déstabilisé la Yougoslavie tout entière.

UNE CAPITALE DANUBIENNE. Sur la rive sud du Danube, au confluent de la Save, Belgrade reste le centre industriel, commercial et administratif de la Serbie. On voit ici la place de la République, avec le Musée national et le Théâtre (Opéra).

En 1990 ont eu lieu les premières élections libres organisées depuis l'entre-deux-guerres. La Slovénie et la Croatie, où les communistes ont été battus, voulaient que la Yougoslavie devienne une confédération d'États souverains. La Serbie et le Monténégro, où les communistes ont gagné, tenaient à conserver la fédération existante. En 1991, faute d'obtenir satisfaction, Croatie et Slovénie proclament leur indépendance et font sécession. Refusant cette issue, et encouragée par Belgrade, la minorité serbe de Croatie se révolte, l'armée fédérale la soutient, la guerre civile s'installe.

Malgré la médiation de la C.E.E., le conflit se déporte peu à peu vers la Bosnie-Herzégovine, qui, comme la Macédoine, proclame à son tour son indépendance. La guerre civile frappe de plein fouet cette république. Les Serbes y sont nombreux et tiennent à rester attachés à la mère patrie. La Serbie et l'armée fédérale leur apportent un vif soutien. La communauté internationale ne peut qu'assurer tant bien que mal une assistance humanitaire.

Que reste-t-il maintenant de la Yougoslavie ? Un nouvel État fédéral comprenant la Serbie, le petit Monténégro, fidèle allié, et les provinces de Voïvodine et du Kosovo. Ces dernières ne sont guère rassurées par les événements qui se déroulent autour d'elles et sentent poindre la menace.

Les négociations de paix concernant l'ensemble de l'ancienne Yougoslavie se poursuivent tant bien que mal. Pour l'instant, la nouvelle fédération yougoslave, réduite à la Serbie et au Monténégro, attend sa reconnaissance internationale et n'est plus représentée à l'O.N.U. Le régime yougoslave, dominé par la Serbie et le président serbe Milosevic, n'en est que plus intransigeant et menaçant.

LA YOUGOSLAVIE EN BREF
Superficie 102 173 km^2
Population 10 560 000
Capitale Belgrade
Régime République fédérale
Monnaie Dinar = 100 paras
Langues Serbo-croate, albanais, hongrois
Religions Orthodoxes, catholiques, musulmans
Climat Continental tempéré. Températures moyennes annuelles à Belgrade : − 2 °C en janvier, 22,7 °C en juillet
Ressources Blé, maïs, betterave à sucre, pomme de terre, tabac, vigne, fruits et légumes, bétail, bois ; lignite, charbon, pétrole et gaz naturel, cuivre, zinc, plomb, bauxite
Activités Acier, ciment, chimie, industrie agro-alimentaire, textile, exploitation forestière et industrie du bois, mines
P.N.B. annuel par habitant 3 093 dollars
Croissance démographique 4,9 ‰ par an
Espérance de vie Hommes 68 ans, femmes 74

Zaïre

AU CŒUR DE L'AFRIQUE,
UN IMMENSE PAYS DE SAVANES
ET DE FORÊTS, FABULEUSEMENT RICHE,
MAIS VICTIME DE LA CORRUPTION

Le Zaïre a hanté l'imagination des premiers voyageurs. Tout y est démesuré. Sa superficie, par exemple, vaut 77 fois celle de la Belgique, le pays qui l'a administré de 1908 à 1960. Mais la population de l'ancien Congo belge ne dépasse pas trois fois celle de son ancien colonisateur: d'immenses régions, couvertes de forêts équatoriales, demeurent inhabitées.

LES TROIS RÉGIONS DU ZAÏRE

C'est à la fin du XVe s. que les navigateurs portugais découvrirent l'embouchure du fleuve Zaïre. Ils l'appelèrent Congo, du nom du royaume qui florissait dans cette région, et remontèrent le grand fleuve, espérant ainsi atteindre... l'océan Indien!

Sans cet estuaire (au fond duquel se trouve Matadi, le seul port de mer du pays) et une étroite bande de terre, 40 km au total, le Zaïre serait un pays enclavé. Le fleuve est donc, avec ses affluents, le poumon de cet immense territoire: de nos jours encore, il assure une grande partie des échanges entre les principales régions du pays.

Paradoxalement, il s'étale dans la vaste cuvette d'Afrique centrale, haute en moyenne de 300 m, qui ne permet aucune communication avec l'océan. Entre Kinshasa (ex-Léopoldville) et Matadi, le rail, en effet, est nécessaire pour transporter les marchandises et éviter les rapides (34 chutes, dont celles de Livingstone) qui font descendre le fleuve de 277 m en 350 km. Pour quitter le pays, les produits à exporter doivent suivre un itinéraire long et onéreux. C'est ainsi que les minerais en provenance de la riche province cuprifère du Shaba (ex-Katanga) doivent emprunter le chemin de fer jusqu'à Ilebo, puis descendre en barges la rivière Kasaï et le Zaïre, pour reprendre, de nouveau, la voie ferrée qui relie Kinshasa à Matadi. On le voit, le Zaïre subit les mêmes contraintes qu'un pays enclavé. Lui aussi doit évacuer ses ressources par les pays voisins: sur l'océan Atlantique par l'Angola, grâce au chemin de fer reliant le Shaba à Lobito; sur l'océan Indien par la Tanzanie, ou encore par la Zambie et, au-delà, par le Zimbabwe, le Mozambique ou l'Afrique du Sud. Mais la guerre et l'insécurité règnent en Afrique australe et pèsent lourdement sur l'indépendance économique du pays.

Traversée par l'équateur, la cuvette zaïroise est soumise, tout au long de l'année, à des pluies abondantes et à de hautes températures. Au N. et au S., la forêt équatoriale, qui couvre 50 % du pays, fait place à des terres de savane où la saison sèche est plus marquée. A l'E., avec l'altitude, la température s'abaisse le long de la ligne de partage des eaux du Nil et du Zaïre (Ruwenzori et volcans du massif des Virunga).

En 1980, l'agriculture, l'exploitation forestière (ébène et acajou) et la pêche fluviale occupaient 75 % de la population; 13 % travaillaient dans les petites entreprises, 12 % dans l'industrie, minière surtout. Les cultures représentaient 3 % de la surface du pays, les pâturages 10 % (en zone de savane, épargnée par les mouches tsé-tsé).

L'alimentation repose essentiellement sur le manioc. Les bananes, l'igname, le riz, diverses formes de haricots et, dans les zones moins humides, le maïs entrent également dans la composition des repas. En forêt, les produits de la cueillette apportent un léger complément. De nombreux paysans pratiquent encore la culture itinérante sur brûlis: ils abandonnent leur champ dès que le sol s'épuise et ils brûlent une autre partie de la savane (ou de la forêt) avant de la cultiver.

Le Zaïre peut être divisé en trois grandes régions économiques, complémentaires, mais malheureusement éloignées et dépourvues de voies de communications importantes pour les relier. Ce sont le Nord et l'Est (Haut-Zaïre et Kivu), domaine de l'agriculture, le Sud-Est (Shaba), région minière, l'Ouest (région de Kinshasa) où se concentrent les services et les petites entreprises. De ce fait, les produits quittent directement le territoire par les pays limitrophes.

Depuis la campagne d'africanisation, beaucoup de grandes exploitations agricoles sont aux mains de Zaïrois. Les petits agriculteurs, cependant, alimentent le marché des cultures industrielles en café, huile de palme, caoutchouc, cacao, coton, thé. Ces produits quittent souvent le Zaïre par des voies détournées, au détriment des recettes de l'État.

Mais ce sont les ressources du sous-sol qui constituent la grande richesse du Zaïre et contribuent à nourrir la légende qui fait du pays un nouvel Eldorado. Ici, ce n'est pas l'or qui enflamme les imaginations mais le diamant (industriel, en grande partie) et l'argent, les minerais stratégiques — cadmium, cobalt, germanium — et d'autres métaux moins rares comme le cuivre et le zinc, abondants et exploitables grâce à une main-d'œuvre bon marché. La province du Kasaï est le nouveau centre du diamant. Le Shaba, avec Kolwezi, Likasi, Kipushi et Lubumbashi (ex-Élisabethville), est placé sur la ceinture de cuivre qui se prolonge jusqu'en Zambie.

La source d'énergie la plus importante est localisée à l'O. (chutes d'Inga), sur le fleuve, à quelques kilomètres en amont de Matadi. Un barrage y a été construit mais, trop éloigné des centres industriels, il ne tourne qu'à 20 % de sa capacité. Au S. de l'enclave angolaise de Cabinda, la petite façade atlantique du Zaïre possède, au large, des gisements pétroliers.

LES 300 TRIBUS DU ZAÏRE

Près de 100 000 Pygmées, les Mbutis, descendants des premiers habitants, peuplent les forêts de l'Ituri, au N.-E. Ces « fils de la forêt » — ainsi se désignent-ils eux-mêmes — vivent en petits groupes de 20 à 30 individus, chassant, cueillant les baies sauvages, ramassant les insectes. Les chasses sont collectives, comme d'ailleurs la plupart de leurs activités: c'est en effet le seul moyen de survivre dans cet environnement hostile. Autrefois, les Mbutis chassaient l'éléphant, se glissant jusque sous le ventre du pachyderme pour y enfoncer des pieux et l'empaler lorsqu'il prenait son élan pour charger. Ils vivent près des villages, échangeant avec leurs habitants les produits de leur cueillette.

Ils ne forment cependant qu'un des 300 groupes ethniques du Zaïre. Si chacun possède sa propre langue, la langue officielle est le français. Pour les échanges traditionnels, on utilise des langues véhiculaires comme le lingala (tout au long de la partie N. du fleuve), le

VIE ET MORT. Au cours d'un rituel de funérailles dans la région du Bandundu, dans l'ouest du Zaïre, un couteau semble traverser la tête de ce danseur.

kikongo (dans l'Ouest), le tshiluba (dans le Centre et le Sud) ou le kiswahili (dans l'Est). La majeure partie de la population est composée d'agriculteurs de langues bantoues qui ont constitué autrefois de puissants royaumes.

C'est ainsi que les Kongos, dans le bas Zaïre et en Angola, formaient déjà, à l'arrivée des Portugais (fin du XVe s.), un État très structuré et entretenaient avec le roi du Portugal des relations diplomatiques d'égal à égal. Mais le royaume de Kongo ne put résister à la pression des gouverneurs portugais locaux, ni au développement de la traite des esclaves entreprise pour peupler les plantations brésiliennes.

Au Shaba, les Lundas avaient bâti leur puissance économique sur le commerce entre la région des grands lacs et la côte. Le cuivre, sous la forme de « croisettes » de différentes grandeurs, facilitait les échanges. Du royaume des Kubas, au Kasaï, il nous reste un art de cour éblouissant qui utilisait surtout les perles colorées. Les Lubas, dans la même région, constituent l'un des autres grands groupes ethniques du pays.

Tous ces peuples puisent leur lointaine origine dans des ancêtres mythiques, des rois forgerons qui inventèrent la métallurgie du fer pour donner aux hommes les outils de l'agriculture. Les représentations d'ancêtres, sous forme de masques de bois et de statuettes de pierre ou de terre cuite, ont hissé le Zaïre au premier rang des pays représentatifs de l'art africain.

Enfin, il faut citer aussi, dans le Nord-Est, des groupes de langues soudanaises, par exemple les Azandés et les Mangbetu ; des Nilotiques, comme les Alurs et les Lugbaras, dans la même région ; des Tutsis, pasteurs de haute taille et vivant dans le Kivu, près des frontières du Rwanda et du Burundi.

LA RUÉE VERS LE CONGO

Si l'embouchure du Zaïre a connu très tôt l'influence européenne, l'intérieur du pays, en revanche, n'a été exploré qu'au milieu du siècle dernier. À la suite de ses premières expéditions, entreprises dans la région des grands lacs, Stanley effectue, entre 1874 et 1877, un quatrième voyage au cours duquel il descend le cours du fleuve jusqu'à son embouchure. Ce voyage a été financé par le roi des Belges, Léopold II, et les territoires reconnus constituent bientôt l'État indépendant du Congo, propriété personnelle du souverain. Mais la gestion de Léopold II est dénoncée à la suite des abus qui s'y commettent. La Belgique prend en main, en 1908, l'administration du territoire. Les compagnies privées sont encouragées à exploiter les ressources du pays. Les abus les plus criants cessent, même si, dans un premier temps, la population fera les frais du développement du pays, le portage à dos d'homme, par exemple, palliant l'absence de voies de communication.

Il n'empêche qu'en 1960, à la veille de l'indépendance, le Congo belge était le pays le plus prometteur d'Afrique centrale. La population locale, cependant, a été insuffisamment préparée à prendre son destin en main. Aussi l'indépendance marque-t-elle le début d'une guerre civile causée par l'absence de sentiment national, le manque de cadres politiques et administratifs et le travail de sape des grandes compagnies qui exaspèrent les antagonismes entre ethnies. Des provinces font sécession — dont l'ancien Katanga qui fait appel à des mercenaires européens — jusqu'à l'intervention, en 1963, des troupes de l'O.N.U.

Joseph Kasavubu, président de la République, Patrice Lumumba (assassiné en 1961), Premier ministre, Moïse Tschombé, chef de l'État du Katanga, puis Premier ministre, et Cyrille Adoula, Premier ministre, sont les grandes figures de cette période d'anarchie.

Celle-ci cesse en 1965 avec l'arrivée au pouvoir du chef de l'armée, Joseph Désiré Mobutu. Il fait de Lumumba, son ancien adversaire, le héros de l'indépendance nationale et lance une politique d'« authenticité ». Tout citoyen — ainsi s'interpellent désormais les Zaïrois — est invité à abandonner ses prénoms européens et à en choisir d'autres, à consonance africaine. Le chef de l'État montre d'ailleurs l'exemple et prend celui de Mobutu Sese Seko Kuku Ngbendu Waza Banga, « le guerrier qui va de victoire en victoire sans que personne puisse l'arrêter ». Léopoldville retrouve son ancien nom de Kinshasa, tandis que le pays devient le Zaïre, nom local du grand fleuve.

Si les opposants reprochent au pouvoir ses méthodes autoritaires, beaucoup finissent par collaborer avec le gouvernement, estimant, comme la majeure partie de la population, que c'est peut-être le prix à payer pour éviter le retour aux horreurs de la guerre civile. Mais la corruption et la fraude vont faire régresser le pays d'une façon spectaculaire (95 % de la population au chômage ; 4 300 % d'inflation par an ; effondrement des communications et télécommunications et du système de santé). Les fonctionnaires sont payés tous les six mois et les soldats, en attente de leur solde, rançonnent la population ou mettent des villes à sac. En 1992, une conférence nationale, réunie sous la pression occidentale, a nommé l'opposant Étienne Tshisekedi Premier ministre. Le président Mobutu n'en a pas tenu compte et l'a remplacé, en 1993, par un proche, Faustin Birindwa, puis par Joseph Kengo Wa Dongo.

Les possibilités touristiques du Zaïre sont énormes, mais les touristes encore peu nombreux. Il est vrai que le gigantisme peut effrayer ceux qui souhaiteraient visiter le pays en un seul voyage. La région du Bas-Zaïre, entre Kinshasa et la mer, offre une multitude de chutes d'eau dans des paysages grandioses. L'estuaire du Zaïre permet de belles promenades en bateau le long des berges et des îles bordées de mangrove. À l'E., au pied des volcans — certains, comme le Nyiragongo, sont encore en activité —, on peut assister aux ébats des derniers gorilles. Plus de 150 000 éléphants vivent dans quinze parcs nationaux.

LE ZAÏRE EN BREF

Superficie 2 345 095 km^2
Population 38 550 000
Capitale Kinshasa
Régime République, parti unique
Monnaie Zaïre = 100 makuta
Langues Français (officielle), lingala, kiswahili, kikongo, tshiluba
Religions Animistes-fétichistes (50 %), chrétiens (45 %), musulmans (1 %)
Climat Tropical, équatorial au centre ; température moyenne mensuelle à Kinshasa : de 18 à 32 °C
Ressources Manioc, bananes, maïs, sucre de canne, arachide, huile et noix de palme, café, caoutchouc, coton, cacao, thé, bois ; cuivre, pétrole et gaz naturel, cobalt, zinc, étain, diamants industriels, or
Activités Cultures industrielles, produits alimentaires, pétrole raffiné, textiles, habillement, mines, industries forestières
Exportations Cuivre, cobalt, café, diamants
P.N.B. annuel par habitant 260 dollars
Croissance démographique 32 ‰ par an
Espérance de vie Hommes 52 ans, femmes 56

Zambie

LA ZAMBIE NE PEUT PAS COMPTER QUE SUR LE CUIVRE, IL LUI FAUT AUSSI DÉVELOPPER SON POTENTIEL AGRICOLE

Une unique ressource, le cuivre, dicte sa loi à l'économie de la Zambie (l'ancienne Rhodésie du Nord), impose son lieu de résidence à la population et détermine l'implantation des voies de communication. Ce minerai métallique — une matière première utilisée par les industries du monde entier — constitue 95 % des exportations du pays et couvre la moitié des recettes de l'État. La Zambie est l'un des plus gros producteurs de cuivre du monde et possède les plus importantes réserves de la planète après celles des États-Unis. Mais la baisse des cours du cuivre pendant les deux dernières décennies a plongé le pays dans le désenchantement et l'a contraint à prendre en compte l'agriculture, un secteur jusque-là négligé.

VILLES ET CAMPAGNES

La majeure partie du pays est un haut plateau de 900 à 1 500 m marqué au S. par le Zambèze, au S.-O. par les sables du désert de Kalahari, à l'O. et au N. par les hauts plateaux de l'Angola et du Zaïre, à l'E. par les reliefs de la vallée du Rift.

Le pays est traversé par de grandes rivières, comme la Luangwa, et quelques lacs, comme le lac Bangwelu, qui donne naissance à la source du Zaïre la plus longue ; ses frontières partagent en deux le lac Mweru et découpent une partie du lac Tanganyika.

La Zambie se trouve sous les tropiques mais la chaleur est tempérée par l'altitude. Il y a une saison sèche et froide (9-23 °C) de mai à août, suivie d'une petite saison sèche et chaude (18-31 °C) de septembre à novembre ; une saison humide et un peu moins chaude se fait sentir de décembre à avril. C'est un pays de savanes, arbustives dans le Sud, arborées dans le Nord. Les parcs nationaux, nombreux, abritent une grande variété d'animaux — antilopes, buffles du Cap, éléphants, léopards, lions, girafes, rhinocéros, et zèbres — surtout près des rivières Luangwa et Kafue. Les chutes Victoria sur le Zambèze attirent les touristes du monde entier.

La population (7 millions d'habitants) ne compte pas moins de 72 groupes ethniques, parlant des langues et des dialectes différents. La majorité vit de l'agriculture et habite dans des maisons dispersées. Il y a de grandes exploitations agricoles le long de la route qui relie la zone cuprifère et le Zimbabwe ; un grand nombre de ces domaines sont entre les mains d'Européens ou de compagnies internationales, comme à Lonrho. Mais l'essentiel de la production agricole est fournie par le monde paysan — le maïs est la principale culture et la nourriture de base. Les méthodes de culture restent traditionnelles : la houe classique est encore largement employée ainsi que la simple jachère (les terres abandonnées retournent à l'état de friches). Comme partout en Afrique, ce sont les femmes qui assurent la majeure partie des travaux agricoles. La terre est riche et il n'y a pas de problèmes de sécheresse comme au Sahel ; pourtant, la malnutrition et la mortalité infantile sont importantes.

L'agriculture a été négligée à cause du cuivre, et le gouvernement a pallié les insuffisances agricoles par des importations de céréales ; mais celles-ci, payées en devises, ont été fortement réduites depuis la chute des cours du cuivre. Rien n'a été prévu, en effet, au cours des dix dernières années, pour une valorisation de l'agriculture, ni projets d'irrigation, ni voies de communication, ni commercialisation des produits, ni politique d'encouragement. Les paysans continent de cultiver leurs lopins de terre pour leurs besoins propres, et ne sont pas incités à dégager de surplus pour la commercialisation. Ils préfèrent quitter leurs fermes pour se rapprocher des villes et des centres industriels dans l'espoir de trouver un emploi mieux rémunéré. Les tentatives pour stopper l'exode rural arrivent bien tard et essaient d'appliquer les grands principes de la « villagisation » (regrouper les paysans en gros villages pour les faire bénéficier des services communs).

La Zambie a l'une des populations les plus urbanisées d'Afrique (40 %). Celle-ci se concentre plus particulièrement dans la ceinture du cuivre, où se trouvent les villes de Ndola, Chingola, Kitwe-Nkana, Chililabombwe, Luanshya, et le long du « Line of Rail », zone s'étendant le long de la voie ferrée qui relie les villes minières du Nord à Maramba, au Sud. Lusaka, la capitale, au S. de la région minière, est la plus grande ville du pays avec 1,5 million d'habitants. Ces cités sont loin de posséder les infrastructures indispensables (maisons, adductions d'eau et d'électricité, écoles, etc.), et chacune d'elles s'entoure de bidonvilles où le chômage atteint des taux très élevés. Les liens restent étroits avec le village natal, mais les enfants qui sont nés dans ces villes perdent peu à peu le contact avec la région de leurs parents. Devenus adultes, ils se considèrent comme des « Copperbelters », des habitants de la région du cuivre, où la langue véhiculaire, le bemba, est leur langue d'origine, même s'ils font partie d'une ethnie vivant à l'autre extrémité du pays. D'autre part, l'africanisation de l'industrie, et le remplacement des cadres européens,

« fleuve » dans les langues locales). Les Européens qui le découvrirent l'appelèrent Congo en référence au royaume de Kongo, qui s'étendait au S. de son embouchure. Le gouvernement zaïrois le rebaptisa Zaïre en 1971.

Carte Zaïre Ab

Zaïre (Bas-), ***Zaïre*** La plus petite (hors la région de Kinshasa) et la plus occidentale des huit régions du Zaïre (53 920 km²). Villes principales : Matadi, le chef-lieu, Boma, Mbanga-Ngungu et Banana. Derrière l'étroite bande côtière, le pays s'élève vers un plateau boisé. Grand barrage d'Inga, sur le Zaïre.

Population 1 922 000

Carte Zaïre Ab

Zaïre (Haut-), ***Zaïre*** La plus grande région administrative du pays (503 239 km²), au N.-E., traversée par le Zaïre. À l'E., les montagnes dominent la vallée du Grand Rift. Le centre et le sud sont couverts de forêts ; le nord, de savane. L'économie repose sur les cultures tropicales, dont le coton. La population est constituée essentiellement de Bantous et de Soudanais. Tribus pygmées disséminées. Capitale : Kisangani.

Population 4 542 000

Carte Zaïre Ba

Zakynthos, ***Grèce*** Voir ZANTE

Zakopane, ***Pologne*** Ville du sud de la Pologne, au pied des Tatras, à 84 km au S. de Cracovie. Altitude : 800 m. Grand centre touristique, station climatique et principale station de sports d'hiver du pays, qui attire environ 2,5 millions de visiteurs par an. Randonnée, alpinisme. La ville a préservé son architecture, ses traditions montagnardes et son folklore.

Population 29 700

Carte Pologne Cd

Zamardi, ***Hongrie*** Voir SIOFOK

Zambèze, ***Afrique méridionale*** Quatrième fleuve d'Afrique (2 700 km), qui prend sa source en Angola, traverse la Zambie puis en trace la frontière avec le Zimbabwe, passe au Mozambique et se jette dans l'océan Indien par un puissant delta. Son cours est endigué par des barrages, dont les plus importants sont celui de Kariba, à 450 km en aval des chutes Victoria, et celui de Cabora Bassa, au Mozambique.

Carte Zambie Cb ; Zimbabwe Ba

Zambézia, ***Mozambique*** Voir QUELIMANE

a entraîné l'apparition d'une classe moyenne qui a adopté le mode de vie européen.

LES DÉBOIRES DU CUIVRE ZAMBIEN

Les mines ont été nationalisées en 1964 après l'indépendance de la Zambie. Et, depuis cette époque, la fluctuation des cours mondiaux a directement affecté l'économie du pays. Par ailleurs, les événements d'Afrique australe (affaire rhodésienne et guerre du Mozambique) ont mis en évidence la dépendance de la Zambie envers ses voisins pour l'approvisionnement de ses mines en énergie et l'évacuation de ses minerais.

A l'époque de la fédération des Rhodésies-Nyassaland (1953-1963), avant l'indépendance, qui groupait la Zambie, le Zimbabwe et le Malawi actuels, les revenus du cuivre zambien avaient permis de construire le grand barrage de Kariba sur le Zambèze, pour fournir de l'énergie aux industries des deux pays. La frontière entre les deux Rhodésies passait par le milieu du lac ainsi créé, mais l'usine électrique se trouvait au S. Après la déclaration unilatérale d'indépendance par les Blancs de Rhodésie du Sud, la Zambie se trouva contrainte de construire de nouvelles installations à Kafue, sur la rive lui appartenant.

Pour l'évacuation de son minerai, la Zambie se tourna vers la Tanzanie et raccorda son système ferroviaire au Tanzam, un chemin de fer construit par la Chine populaire en 1975, aboutissant au port de Dar es-Salaam, sur l'océan Indien. Un oléoduc construit quelques années auparavant doublait la voie ferrée. Mais le port de Dar es-Salaam et le Tanzam ne purent répondre aux besoins de la Zambie, et celle-ci se trouva obligée d'utiliser l'infrastructure rhodésienne, et d'infléchir son opposition au régime blanc illégal.

SPLENDEUR DE L'AFRIQUE. Les méandres de la Luangwa se fraient un chemin dans les paysages verts et bruns de la Zambie orientale. Longue de 806 km, la Luangwa joint la frontière du Mozambique au Zambèze. Elle traverse deux grands parcs nationaux où s'ébat, dans un cadre de toute beauté, une faune abondante et libre.

Peu de temps après l'indépendance du Zimbabwe et la venue des nationalistes noirs au pouvoir, la Zambie croyait ses ennuis terminés. Mais une rébellion éclata contre le régime marxiste du Mozambique, pays où se trouve Beira, le port d'évacuation du minerai zambien.

Ces difficultés — baisse des cours du cuivre, fourniture d'énergie, commercialisation — n'ont fait qu'amplifier la dette du pays et le plonger dans les problèmes financiers.

Le président Kenneth Kaunda a dirigé le pays de l'indépendance à 1991 ; il était l'une des figures les plus respectées d'Afrique par sa modération, les ressources de sa diplomatie et sa façon d'aborder les grands problèmes d'Afrique australe ; mais les déficiences dans la gestion des coopératives et de la distribution ont fait de la Zambie un pays assisté. En 1991, les premières élections pluralistes ont porté au pouvoir le syndicaliste Frederick Chiluba (80 % des voix), qui s'est entouré des meilleurs éléments de son prédécesseur.

Avec huit autres États africains de la région, la Zambie fait partie de la Conférence de coordination pour le développement de l'Afrique australe (S.A.D.C.C.), qui vise à coordonner les économies des pays voisins de l'Afrique du Sud. La Zambie a adhéré à la Convention de Lomé et bénéficie de l'aide de ses organismes spécialisés dans le domaine minier pour la modernisation de son industrie.

LA ZAMBIE EN BREF
Superficie 752 620 km^2
Population 8 500 000
Capitale Lusaka
Régime République à parti unique
Monnaie Kwacha = 100 ngwee
Langues Anglais (officielle), bemba, nyanja, lozi, tonga, etc.
Religions Chrétiens (65 %), animistes (30 %)
Climat Tropical, froid en altitude. Températures moyennes à Lusaka : de 9-23 °C en juillet à 18-31 °C en octobre
Ressources Maïs, manioc, sucre, tabac, coton, arachide, bovins ; cuivre, cobalt, zinc, plomb, charbon
Activités Cultures industrielles, mines, brasseries, produits chimiques, cimenteries
Exportations Cuivre, cobalt, zinc, plomb
P.N.B. annuel par habitant 390 dollars
Croissance démographique 38 ‰ par an
Espérance de vie Hommes 54 ans, femmes 56

Zamboanga, ***Philippines*** Principal port de commerce du sud des Philippines, à la pointe de la péninsule homonyme, dans l'O. de l'île de Mindanao. Il fut rebâti au début du siècle sur les ruines d'un ancien fort espagnol. Cette ville fleurie, dotée d'un marché pittoresque, exporte du bois, du coprah, de l'huile de coco, du caoutchouc et du chanvre, et commerce avec les îles Sulu et Bornéo.

Population (municipalité) 444 000
Carte Philippines Bd

Zamora, ***Espagne*** Ville du León, sur le Douro, à 210 km au N.-O. de Madrid. Le Cid la défendit contre les Maures au XIe s. La ville conserve sa maison et de nombreuses églises romanes. Principales activités : minoteries, filatures, savon, ciment, commerce de céréales et de vin.

La province homonyme (10 559 km^2), élève des ovins et produit des amandes et des oranges.

Population (ville) 68 200 ; (prov.) 231 500
Carte Espagne Cb

Zante, en grec **Zakynthos,** ***Grèce*** La plus méridionale des îles Ioniennes (404 km^2) au large des côtes du Péloponnèse. Elle fut colonisée par les Achéens au Ve s. av. J.-C., occupée par les Normands au XIe s., rachetée par les Vénitiens au XVe s. (château vénitien sur le site de l'ancienne acropole). Protectorat britannique en 1815, elle devint un des foyers littéraires et musicaux de la Grèce avant de lui revenir en 1864. C'est aujourd'hui une station touristique appréciée pour ses côtes accidentées, ses jardins, son festival d'art dramatique médiéval. Vignes ; vergers ; oliviers.

Population 30 000
Carte Grèce Bb

Zanzibar, ***Tanzanie*** Île de l'océan Indien à 50 km au N. de Dar-es-Salaam, sur le continent, et séparée de celui-ci par le détroit de Zanzibar (31 km). Comptoir portugais au XVIe s., elle devint au XVIIIe s. le centre est-africain du marché de l'ivoire et des esclaves. Elle fut en 1890 un protectorat britannique, ainsi que l'île de Pemba, à 60 km au N.-E. Toutes deux acquirent leur indépendance en 1963 et s'unirent au Tanganyika en 1964 pour constituer la république de Tanzanie. L'île (1 660 km^2) produit du coprah, du poivre et des clous de girofle. Riziculture dans les plaines côtières ; culture des cocotiers ailleurs ; pêche. Le port et la ville de Zanzibar, sur la côte O., fut au XIXe s. le point de départ des principales explorations et missions en Afrique centrale.

Population (ville) 133 000 ; (île) 640 000
Carte Tanzanie Ba

Zaozan, ***Japon*** Volcan du nord de l'île de Honshu à 260 km au N. de Tokyo (1 841 m). Ses pistes de ski y attirent de nombreux touristes.
Carte Japon Dc

Zaporojié (Zaporozh'yé), ***Ukraine*** Ville industrielle, carrefour ferroviaire, et port fluvial sur le Dniepr, à 250 km au S. de Kharkov. Elle fut fondée, en 1770 sous l'appellation de Alexandrovsk. La centrale hydraulique de Dnieproghe et la centrale nucléaire alimentent en énergie un important complexe industriel : sidérurgie, mécanique, chimie.
Population 897 600
Carte Ukraine Dc

Zaragoza, ***Espagne*** Voir SARAGOSSE

Zaria, ***Nigeria*** Citadelle historique à 690 km au N.-E. de la capitale, Lagos. Capitale du royaume Haoussa de Zazzan au XVe s., elle fut au XVIIIe s. le centre du commerce des esclaves. Elle conserve de ce temps sa mosquée du Vendredi et son palais de l'Émir. La ville est aujourd'hui productrice de cigarettes, d'huile d'arachide, de coton, de cosmétiques, de bicyclettes, et foyer d'un artisanat local traditionnel (tissage, teinture, paniers).
Population 303 000
Carte Nigeria Ba

Zarqa, ***Jordanie*** Centre industriel à 20 km au N.-E. d'Amman, sur le fleuve Zarqa, deuxième ville du pays. Son importance est due à l'afflux de réfugiés palestiniens ainsi qu'à une industrialisation récente (phosphates, tanneries, centrale thermique et raffinerie). Le barrage du Roi Talal, situé à proximité sur le Zarqa, fournit de l'énergie hydraulique et l'eau du fleuve est utilisée dans toute la vallée du Jourdain.
Population 319 000
Carte Jordanie Ba

Zeebrugge, ***Belgique*** Port sur la mer du Nord, relié à Bruges par un canal de 11 km, ouvert en 1907 à la navigation en eaux profondes. Second port de pêche du pays, importateur de pétrole et point de départ de ferries pour l'Angleterre. De gigantesques travaux ont été réalisés, qui permettent à Zeebrugge d'accueillir désormais les importations belges de gaz naturel.
Population 2 500
Carte Belgique Aa

Zefat, ***Israël*** Voir SAFED

Zélande, ***Pays-Bas*** Province du Sud-Ouest (2 745 km^2) formée d'une partie continentale, la Flandre zélandaise, et de plusieurs îles (dont Walcheren), reliées entre elles par les 400 km de digues (Westkapelle) du plan Delta, décidé en 1956. Celles-ci protègent ses polders situés au-dessous du niveau de la mer. Elle a ainsi récupéré 170 000 ha de terre nouvelle, où elle cultive des céréales, des pommes de terre, du lin et des fruits. Bourguignonne aux XVe et XVIe s., puis rattachée aux Provinces-Unies, elle fut française entre 1810 et 1815 avant d'être annexée au royaume des Pays-Bas. Elle eut autant à souffrir des guerres que des cataclysmes maritimes dont le plus récent est le raz de marée de 1953.
Population 354 900
Carte Pays-Bas Ab

Zelazowa Wola, ***Pologne*** Village à la lisière de la forêt des Kampinos, à 53 km à l'O. de Varsovie. Frédéric Chopin (1810-1849) en est originaire, et sa maison natale est devenue un musée où les plus grands pianistes mondiaux se produisent chaque été.

Zenica, ***Bosnie-Herzégovine*** Ville industrielle à 65 km au N.-O. de Sarajevo et à l'E. de la ville ancienne de Travnik. C'était, avant le conflit, le plus grand centre producteur d'acier, de charbon et de papier du pays.
Population 96 200
Carte Bosnie-Herzégovine Bb

Zermatt, ***Suisse*** Station de sports d'hiver située à 10 km au N. de la frontière italienne, dans le canton du Valais (altitude : 1 616 m). Elle est entourée de sommets de plus de 4 000 m dont le Cervin (Matterhorn). Centre de ski, d'alpinisme et de randonnées, accessible seulement par voie ferrée.
Population 3 200
Carte Suisse Aa

Zhangjiakou (Kalgan), ***Chine*** Ville de la province du Hebei. Jadis carrefour des pistes de caravanes, c'est le débouché du gisement de fer de Xuanhua et un centre d'échanges entre Pékin et la Mongolie-Intérieure.
Population 640 000
Carte Chine Gf

Zhanjiang (Tchan-Kiang), ***Chine*** Ville industrielle de la province de Guandong, située sur la rive E. de la presqu'île de Leizhou, à 400 km à l'E. de Guangzhou (Canton). En 1898, elle fit partie de la concession de la baie de Guangzhou faite à la France. Productrice d'engrais et base des recherches pétrolières dans la mer de Chine méridionale.
Population 921 000
Carte Chine Gf

Zhejiang (Tchö-Kiang), ***Chine*** Province du Sud-Est (100 000 km^2) sur la mer de Chine orientale. 70 % du territoire est montagneux. On y exploite les pins, sapins et bambous qui couvrent les versants et alimentent une industrie prospère de papier et de bois. Dans les vallées et les plaines côtières subtropicales, on cultive du riz, du blé, du maïs, de la canne à sucre et des tangerines. La province est aussi une des plus grandes productrices de soie du pays.
Population 42 300 000
Carte Chine He

Zhengzhou (Tcheng-tchéou), ***Chine*** Capitale de la province du Henan, dans la plaine de la Chine du Nord, au S. du Huang Ho (fleuve Jaune). Principal carrefour ferroviaire de la Chine du Nord. Industries alimentaire et textile.
Population 1 580 000
Carte Chine Gd

Zhenjiang, ***Chine*** Ville ancienne de la province du Jiangsu, sur la rive gauche du Yang-tseu-kiang. On y fabrique des machines, des produits chimiques et du papier. Les collines boisées de sa banlieue S. sont parsemées de temples bouddhiques dont certains datent du VIe s.
Population 412 500
Carte Chine Hd

Zhob, ***Pakistan*** Ville et région du nord-est du Balouchistan, traversée par le fleuve du même nom, qui coule vers le N.-E. Extraction et exportation de chrome. Dans la vallée, production de fleurs et de fruits.
Population (ville) 33 000 ; (région) 120 000
Carte Pakistan Cb

Zhu Jiang ou **Rivière des Perles,** ***Chine*** Fleuve formé par la confluence du Xi Jiang, du Bei Jiang et du Dong Jiang près de Guangzhou (Canton). Il coule sur 176 km à travers un large delta qui est à la fois la plaine la plus riche de la Chine du Sud et la partie de la province du Guangdong où la population est la plus dense. Les enclaves de Hong-Kong et de Macao occupent les rives de son principal estuaire.
Carte Chine Gf

Zibo (Tseu-Po), ***Chine*** Ville de la province du Shandong située à 370 km au S.-E. de Pékin. Pétrochimie, aluminium, verre.
Population 2 370 000
Carte Chine Hd

Zielona Gora, ***Pologne*** Chef-lieu industriel de la voïévodie du même nom, à 145 km au N.-O. de Wroclaw. Métallurgie. Industries alimentaire et textile, imprimerie. Chaque année après les vendanges a lieu un festival viticole qui remonte au Moyen Âge.
Population 113 000
Carte Pologne Ac

Ziguinchor, ***Sénégal*** Chef-lieu de la Casamance et port sur la rivière du même nom à 70 km de l'Atlantique, au N. de la frontière avec la Guinée-Bissau. La ville fut fondée au XVIe s. par des explorateurs portugais, mais c'est du temps de la colonisation française (1850-1960) qu'elle a gardé ses larges avenues bordées de palmiers et les élégantes villas des administrateurs européens. Elle est le point de départ d'excursions vers les plages du cap Skirring, les forêts subtropicales voisines, les villages aux huttes coniques et les marais fleuris de palétuviers où s'égare la basse Casamance. Activités :

pêche, conserveries et industries alimentaires.
Population 125 000
Carte Sénégal Ab

Zihuatanejo, ***Mexique*** Port de pêche de l'État du Guerrero, sur la côte pacifique, et station balnéaire en vogue desservie par un aéroport international. Elle a conservé son aspect traditionnel, contrairement à sa voisine moderne, Ixtapa.
Population 50 000
Carte Mexique Bc

Zikhron Ya'aqov, ***Israël*** Village viticole fondé par des Roumains en 1882 dans la vallée de Sharon, à 25 km au S. d'Haïfa. Les premiers plants y furent importés de France. Visite de caves et fête de la vigne.
Population 5 000
Carte Israël Aa

Zilina, ***Slovaquie*** Ville industrielle à 180 km au N.-E. de Bratislava. Industries alimentaire, chimique, textile, bois. Musée, église romane du XIIIe s., place du Marché médiéval dans la vieille ville.
Population 83 800
Carte Slovaquie Db

Zimbabwe Voir p. 730-731

Zimbabwe (Grand), ***Zimbabwe*** Site historique situé à 300 km au S. de la capitale, Harare, et à 28 km au S.-E. de la ville de Masvingo. C'est une des capitales du royaume Shona-Bantou qui domina tout le nord du pays du XIIe au XVe s. Parmi les ruines de terre crue figure une zone circulaire considérée comme le siège d'une temple et d'une résidence royale datant de la fin du XIVe s.
Carte Zimbabwe Cb

ZURICH SOUS LA NEIGE. Depuis le Lindenhof, terrasse qui domine la vieille ville de 431 m, on découvre la *Predigerkirche* (église du XIIIe s.) et l'université, sur la rive droite de la rivière.

Zinder, ***Niger*** Ville-marché fortifiée, à 750 km à l'E. de la capitale, Niamey. Terminus méridional de la transsaharienne au départ d'Alger, en Algérie. Elle fut jusqu'en 1926 la capitale du pays. Sa population musulmane est étroitement liée avec celle de Kano, au N. du Nigeria. Son lacis de ruelles enserre l'ancien palais du sultan (1860), une mosquée et un fort datant de la colonisation française (1901-1960). Commerce d'arachides, cuirs et peaux, couvertures.
Population 121 000
Carte Niger Ab

Zion (parc national), ***États-Unis*** Zone protégée couvrant 593 km^2 dans le sud-est de l'Utah. On y admire les canyons de la Virgin River, des mesas et des formations rocheuses aux splendides couleurs.
Carte États-Unis Dc

Zipaquirá, ***Colombie*** Ville située à 50 km au N. de Bogotá. L'exploitation du sel contenu dans son sous-sol pourrait suffire un siècle durant à la consommation mondiale de sel. Une partie des mines déjà exploitées est ouverte au public. En 1954, on y a creusé une gigantesque cathédrale souterraine dont l'autel est un bloc de sel.
Population 34 500
Carte Colombie Bb

Zittau, ***Allemagne*** Ville industrielle sur la Neisse, proche de la frontière avec la Tchécoslovaquie. Église du XIIIe s. Industries automobile et textile. Mines de lignite.
Population 49 000
Carte Allemagne Fc

Ziz, ***Maroc*** Voir ERFOUD

Zlatibor, ***Yougoslavie*** Montagnes boisées de Serbie orientale à 140 km au S.-O. de Belgrade (point culminant : 1 496 m). Grâce à un ensoleillement exceptionnel (2 000 heures par an), elles attirent été comme hiver de nombreux visiteurs. C'est dans la vallée de la Djetinia, à Titovo Uzice, qu'en automne 1941 le maréchal Tito, alors chef des partisans en lutte contre l'occupant allemand, proclama le premier gouvernement révolutionnaire yougoslave.
Carte Yougoslavie Ac

Zlatoust (Zlatooust), ***Russie*** Ville de la région de Tcheliabinsk, dans l'Oural, située sur l'Ay à 200 km au S. d'Ekaterinbourg. Fondée en 1754 près de mines de cuivre et de fer, elle s'est spécialisée dans la coutellerie et la fabrication d'épées, puis dans l'acier inoxydable. Production de machines-outils et horlogerie.
Population 208 000
Carte Russie Dc

Zomba, ***Malawi*** Ancienne capitale du Malawi en 1964, supplantée en 1975 par Lilongwe, à 240 km au N.-O. On y mit fin au XIXe s. à la traite des esclaves. Elle est à présent le centre d'une région agricole qui produit du café, du coton, du tabac et de l'huile de toung, utilisée dans la fabrication des vernis.
Population (région) 442 000
Carte Malawi Bc

Zonguldak, ***Turquie*** Chef-lieu de la province homonyme et troisième port du pays, sur la mer Noire. Il exporte le charbon du bassin houiller voisin de Kozlu.
Population 116 700
Carte Turquie Ba

Zouerate, ***Mauritanie*** Ville minière située au N.-O. du pays, près de la frontière avec le Sahara occidental, reliée par rail au port de Nouadhibou. Sa production de minerai de fer représente 60 % des exportations nationales.
Population 22 000
Carte Mauritanie Ba

Zoug (Zug), ***Suisse*** Chef-lieu du canton homonyme et station balnéaire, située sur la rive N.-E. du lac de Zoug (38 km^2) à 20 km au S. de Zurich. Ville ancienne, fondée au XIIe s. et rattachée à la Confédération helvétique depuis le XIVe s. De langue allemande, elle est restée en majorité catholique. Elle a gardé une tour de l'Horloge du XIVe s., une église gothique du XVe s. et un hôtel de ville du XVIe s. Centre commercial (marché aux bestiaux) et touristique. Industrie textile et matériel électrique.
Le canton de Zoug, dont les habitants sont en majorité de langue allemande et de religion catholique, s'étend sur 240 km^2. L'agriculture (polyculture, vergers, vignobles) et l'élevage prédominent ; toutefois, le développement industriel des villes est favorisé par les voies de communication.
Population (ville) 23 000 ; (canton) 79 000
Carte Suisse Ba

Zoulouland, ***Afrique du Sud*** Voir KWAZULU

Zrenjanin (Petrovgrad, Veliki), ***Yougoslavie*** Une des plus grandes villes de la province serbe de Vojvodine, sur le Becej (affluent de la Tisza) à 48 km au N.-E. de Novi Sad, capitale de la province. Centre commercial et industriel : matériel agricole, métallurgie, raffinerie de pétrole, alcool, sucre, bière, conserves.
Population 139 000
Carte Yougoslavie Bb

Zug, ***Suisse*** Voir ZOUG

Zugspitze, ***Allemagne*** Point culminant du pays (2 963 m) dans les Alpes bavaroises, à la frontière de l'Autriche et de l'Allemagne.
Carte Allemagne De

Zuiderzee, ***Pays-Bas*** Voir IJSSELMEER

Zulawy, ***Pologne*** Région agricole du delta de la Vistule (2 515 km^2) à l'E. de Gdansk, partiellement sous le niveau marin. Culture de blé, betterave sucrière, colza, élevage de bovins. Moulins à vent, églises et maisons de bois. Les chevaliers Teutoniques asséchèrent la région au XIVe s. et pour la mettre en valeur y installèrent des colons allemands et hollandais.
Carte Pologne Ca

Zulia, ***Venezuela*** État du Nord-Ouest (63 000 km^2) bordant le lac de Maracaibo. Il assure 80 % de la production pétrolière du pays. Culture de la canne à sucre et du coton. Chef-lieu : Maracaibo.
Population 2 387 500
Carte Venezuela Aa

Zurich, ***Suisse*** 1. Chef-lieu du canton du même nom et première ville de la Confédération helvétique, sur le lac homonyme (89 km^2) à 20 km

Zimbabwe

UN PAYS MAGNIFIQUE,
UNE HISTOIRE MOUVEMENTÉE,
UN RICHE SOUS-SOL
ET UNE FAUNE ABONDANTE

Au Zimbabwe, tout est demesuré, ses paysages extraordinaires, la virulence de sa vie politique, la diversité de sa faune, comme la grandeur de son histoire. Au N., le Zambèze fait un saut spectaculaire dans les chutes Victoria, larges de plus de 1 km et taillées dans le basalte, et traverse un lac créé par l'homme de 300 km de long ; au S., le verdoyant Limpopo sert de frontière avec l'Afrique du Sud. A l'E., les montagnes s'élèvent jusqu'à 2 592 m au mont Inyangani. L'Ouest est le pays des safaris sauvages, où savanes et forêts abritent en abondance lions, éléphants, buffles et girafes.

L'or a attiré l'homme d'affaires britannique Cecil Rhodes, qui a donné son nom au territoire pendant l'époque coloniale (Rhodésie), mais il n'en prit possession qu'après un sanglant conflit avec les tribus locales. Il n'y trouva pas l'or convoité, mais le pays se révéla être fabuleusement riche en minerais et propice à l'exploitation agricole. Un siècle plus tard, une guerre, tout aussi violente, redonna le pays à ses premiers occupants qui l'appelèrent Zimbabwe.

Rhodes fut un de ces hommes hors du commun dont les noms ponctuent l'histoire du Zimbabwe, du prudent Mzilikazi, roi des Matabélés, et son fils Lobengula, à l'intellectuel Robert Mugabe, sans oublier Ian Smith, chef de file des Blancs qui défièrent le gouvernement britannique en déclarant une indépendance unilatérale (UDI) en 1965. Mais le plus grand d'entre eux ne fut-il pas le missionnaire explorateur David Livingtsone, qui, le premier, atteignit le Zambèze en 1851, et découvrit les chutes Victoria, quatre ans après ?

LA LUTTE DES NOIRS POUR L'INDÉPENDANCE

Un grand nombre des 225 000 Blancs quittèrent le pays à l'indépendance, en 1980, mais Mugabe fit tout pour les retenir et empêcher la fuite de ceux dont les connaissances et le savoir-faire étaient indispensables. Près de 150 000 restèrent, surtout des agriculteurs (notamment Ian Smith), et obtinrent une représentation au Parlement. Pour eux, l'indépendance n'a pas modifié le niveau de vie, pas plus que pour les Noirs...

La population du Zimbabwe est relativement homogène. Les Shonas (ou Mashonas), connus pour être les fondateurs du royaume de Zimbabwe aux XIe-XIIe s., sont le groupe le plus important, et vivent dans le Nord et autour de Harare, la capitale. Les Ndébélés (ou Matabélés) occupent toute la partie frontalière avec le Botswana, au S., et, au S.-O., autour de Bulawayo ; ce sont les descendants des guerriers de Mzilikazi qui se détachèrent du peuple zoulou vers 1830.

L'opposition entre les deux ethnies se transpose au plan politique. En effet, Mugabe, leader de l'African National Union (ZANU), représente la majorité shona ; Joshua Nkomo, leader de l'African People's Union (ZAPU) est d'origine ndébélé ; les deux partis sont nés dans la clandestinité, le premier sous l'impulsion de Mugabe, un intellectuel prochinois, le second sous celle de Nkomo, un syndicaliste prosoviétique. Entre-temps, le pragmatisme a fait de Mugabe le président du pays ; Nkomo s'est vu intégré au sein d'un parti unique, tandis que sa province natale est en état de dissidence et soumise à une terrible répression des forces gouvernementales.

Les Bochimans furent certainement les premiers habitants de la région, et l'on peut voir leurs nombreuses peintures rupestres ; ils vivent maintenant dans le désert du Kalahari. Le pays tient son nom du site de Zimbabwe, l'ancienne capitale d'un royaume dont les ruines aiguisent la perplexité des chercheurs. Au Xe s., les Shonas dominaient déjà la région ; ils avaient établi leur puissance en exploitant les mines d'or et de fer de la région. Ils exportaient même des objets de fer dans l'océan Indien par le port de Sofala au Mozambique, fréquenté par les marchands indiens puis arabes. Le site de Zimbabwe est composé de nombreuses enceintes circulaires, dont certaines atteignent plusieurs mètres de hauteur. De nos jours, les Shonas vivent de l'agriculture.

Issus d'une scission avec le peuple zoulou en 1830, les Ndébélés s'établirent dans la région autour de Bulawayo.

La plus grande partie du pays s'élève à plus de 300 m au-dessus du niveau de la mer. Un grand plateau central de 52 000 km^{2}, le haut veld (*highveld*), se situe entre 1 200 et 1 500 m. Des escarpements granitiques, les *kopjes*, agrémentent le paysage ; c'est une savane fertile bénéficiant d'un climat tempéré (20 °C en moyenne) et de précipitations suffisantes (700-900 mm) ; il y a de forts orages en été. La capitale, Harare (anciennement Salisbury), se trouve sur la partie la plus élevée du plateau.

Le haut veld s'allonge du S.-O. au N.-E. ; ses rebords s'abaissant jusqu'au moyen veld (*middleveld*), une mince région de 600 à 1 200 m d'altitude. Au-dessous de 600 m, le bas veld (*lowveld*) est formé de l'étroite vallée du Zambèze et de la région qui s'étend entre le Limpopo et le Sabi.

Le tabac est la plus importante des cultures industrielles (20 % des exportations), suivi du café, du thé, du sucre et du coton ; la grande culture vivrière est le maïs.

Le haut veld est traversé du N.-O. au S.-E. par une particularité géologique, le Grand Dyke, qui s'allonge sur 515 km et comprend les collines où se trouve Harare ; c'est une région riche en gisements de toutes sortes : or, chrome, nickel et autres minéraux.

L'histoire moderne du Zimbabwe commence en 1860 quand les envoyés de Cecil Rhodes persuadent le roi Lobengula de leur

au S. de la frontière allemande. Elle fut cité lacustre à l'âge du bronze (1 800 ans av. J.-C.), ville celte, poste militaire romain en 58 av. J.-C. et huit siècles plus tard dépendance d'une abbaye de femmes. Ville libre au XIIIe s., elle devint au XVIe s. le berceau de la Réforme prêchée par Ulrich Zwingli (1484-1531), et au XVIIe s. le refuge des huguenots chassés de France par la révocation de l'édit de Nantes (1685). La révolution industrielle en fit au XIXe s. un grand marché commercial européen et, avec l'expansion de ses banques et compagnies d'assurances, c'est aujourd'hui une métropole financière internationale. Elle s'étage sur les collines qui bordent le lac, autour de sa vieille ville abritant une cathédrale romane du XIIe s., une abbaye de femmes du XIIIe s., une église du XIVe s. et un hôtel de ville du XVIIIe s.

2. Le canton de Zurich, premier canton de la Confédération helvétique par la population, couvre 1 729 km^{2}. Ses habitants sont en majorité de langue allemande et de religion protestante. L'activité agricole y est très secondaire à côté de l'industrie (agro-alimentaire, chimie, mécanique, textile, imprimerie).

Population (ville) 341 500 ; (canton) 1 159 500
Carte Suisse Ba

Zutphen, ***Pays-Bas*** Ville industrielle sur l'IJssel, à 95 km au S.-E. d'Amsterdam. On y fabrique du papier, du cuir, du savon et de la colle.

Population 31 100
Carte Pays-Bas Ca

accorder le droit d'exploiter des mines. Rhodes étendit, de façon unilatérale, cette concession au reste du pays ; il créa la British South Africa Company, et ses « pionniers » se déversèrent sur le territoire.

En réaction à la rupture de l'accord par les Britanniques et à l'invasion de leur pays, les Ndébélés déclarèrent la guerre à la compagnie (1893) ; le conflit fut sanglant et se termina par la mort de Lobendula et la victoire des Européens. La guerre reprit de nouveau trois ans plus tard, contre une coalition ndébélé-shona qui fut battue par l'intervention des troupes régulières.

Le territoire prit le nom de Rhodésie du Sud et, à l'exemple de ce qui se passait déjà en Afrique du Sud, des lois sur la terre aboutirent à la création de réserves pour les Noirs, les Blancs se réservant les meilleures terres.

De 1953 à 1963, le pays fit partie d'une fédération avec la Rhodésie du Nord (l'actuelle Zambie) et le Nyassaland (aujourd'hui Malawi), ces deux pays accédant, à cette date, à l'indépendance. En 1965, la minorité blanche de Rhodésie du Sud, dirigée par Ian Smith, déclara unilatéralement l'indépendance contre la volonté de la Grande-Bretagne. La communauté internationale vota un embargo, et la Grande-Bretagne rompit ses échanges économiques avec les sécessionnistes.

Au début, la Rhodésie bénéficia de l'appui sud-africain et de la bienveillance de l'administration portugaise du Mozambique. Mais l'indépendance de ce dernier pays en 1975 marqua le début de la guérilla de l'opposition noire, qui pouvait disposer d'une base arrière efficace et dévouée. En 1979, dans le cadre de la Conférence du Commonwealth réunie à Londres, le pays est doté d'une nouvelle constitution. C'est en fait le prélude à l'indépendance (1980). Le pays rejoint le Commonwealth.

Mugabe rassure les milieux d'affaires et fait entrer des Blancs au gouvernement, à des « postes techniques ». Après l'élimination de la vie politique des leaders noirs modérés, l'opposition entre Mugabe, devenu Premier ministre, et Nkomo, son ministre de l'Intérieur, devient plus aiguë.

À l'époque, un des grands problèmes du Zimbabwe est la réinsertion des anciens maquisards. Ceux de la ZAPU (partisans de Nkomo) estiment la représentation des Ndbélés insuffisante ; des troubles éclatent dans le pays matabélé, qui devient une zone d'opérations militaires pour l'armée nationale. Progressivement, Mugabe grignote le multipartisme, avant de mettre en place un parti unique de fait en 1987 et de neutraliser Nkomo en l'intégrant.

En 1992, il a tenté de calmer l'inquiétude de son électorat devant la dégradation économique en expropriant les grands domaines des Blancs afin de les redistribuer par petites parcelles.

Le tourisme est un atout économique majeur pour le Zimbabwe : en effet, la beauté du pays attire des centaines de milliers de visiteurs par an. Sous un climat agréable, ils peuvent découvrir les grands sites géographiques et historiques — les chutes Victoria, les ruines de Zimbabwe, la chaîne orientale, repaire des aigles et des léopards. Le lac Kariba (5 000 km²), dans le Nord, est un paradis pour les pêcheurs et les amoureux de la voile, et ses bords pullulent de gibier. Dans les collines de Matopo, près de Bulawayo, on trouve près de 2 000 km² de curieuses formations rocheuses granitiques sculptées par le vent, et l'on peut y voir des grottes abritant des peintures rupestres des premiers habitants. L'ensemble des réserves de faune couvre 44 700 km² (11 % du territoire).

TEMPLE DU MYSTÈRE. Cet enclos, qui fait partie des ruines de l'ancien Zimbabwe, près de Masvingo, est appelé le Temple. En réalité, c'est une résidence royale construite au XIVe s. par les Shonas, un peuple de langue bantoue qui s'installa ici vers 300 apr. J.-C.

LE ZIMBABWE EN BREF
Superficie 390 757 km²
Population 8 505 000
Capitale Harare (anciennement Salisbury)
Régime République parlementaire
Monnaie Dollar de Zimbabwe = 100 cents
Langues Anglais (officielle), shona, ndébélé
Religions Chrétiens (55 %), animistes (40 %), musulmans (1 %)
Climat Subtropical. Températures moyennes à Harare : de 7-21 °C en juin-juillet à 16-27 °C en novembre
Ressources Maïs, tabac, blé, sucre, mil, coton ; or, fer, chrome, nickel, cuivre, étain, amiante, charbon
Activités Cultures industrielles, engrais, cimenteries, acier, textiles, tourisme
Exportations Tabac, produits alimentaires, ferro-chrome, or, amiante, coton
P.N.B. annuel par habitant 650 dollars
Croissance démographique 31 ‰ par an
Espérance de vie Hommes 58 ans, femmes 61

Zwelistha, ***Afrique du Sud*** Ville de l'ancien État noir du Ciskei, à l'E. de la province du Cap et à 50 km au N.-O. du port d'East London. Elle fut en 1981 la capitale du bantoustan pendant la construction de sa nouvelle capitale, Bisho. Son nom signifie : « l'ère nouvelle ».

Population 47 000
Carte Afrique du Sud Cc

Zwickau, ***Allemagne*** Ville industrielle de Saxe, à 65 km au S. de Leipzig. Robert Schumann (1810-1856) y passa sa jeunesse. Industries textile, pharmaceutique et automobile.

Population 120 100
Carte Allemagne Ec

Zwolle, ***Pays-Bas*** Chef-lieu de la province d'OverIJssel à 75 km au N.-E. d'Amsterdam. Elle fut au XIIIe s. une importante ville hanséatique, puis une ville française sous le premier Empire. Son centre médiéval, ceinturé d'un canal, a gardé une place du marché, un hôtel de ville et une église du XVe s. Industrie chimique, production de fer et construction navale.

Population 95 600
Carte Pays-Bas Ca

Zyrardow, ***Pologne*** Ville textile au S.-O. de Varsovie où l'inventeur français Philippe de Girard, qui lui donna son nom, implanta en 1833 ses métiers à filer.

Population 42 700
Carte Pologne Db

LES DRAPEAUX DU MONDE

Afghanistan
Afrique du Sud
Albanie
Algérie
Allemagne
Andorre
Angola
Antigua et Barbuda
Arabie Saoudite
Argentine
Arménie
Australie
Autriche
Azerbaïdjan
Bahamas
Bahreïn
Bangladesh
Barbade
Belau
Belgique
Belize
Bénin
Bhoutan
Biélorussie
Birmanie (Myanmar)
Bolivie
Bosnie-Herzégovine
Botswana
Brésil
Brunei
Bulgarie
Burkina-Faso
Burundi
Cambodge
Cameroun
Canada
Cap-Vert
Centrafrique
Chili
Chine
Chypre
Colombie
Comores
Congo
Cook
Corée du Nord
Corée du Sud
Costa Rica
Côte-d'Ivoire
Croatie
Cuba
Danemark
Djibouti
Dominicaine (république)
Dominique
Égypte
Émirats arabes unis
Équateur
Érythrée
Espagne

LES DRAPEAUX DU MONDE

LES DRAPEAUX DU MONDE

LES DRAPEAUX DU MONDE

Togo

Tonga (îles)

Trinité et Tobago

Tunisie

Turkménistan

Turquie

Tuvalu

Ukraine

Uruguay

Vanuatu

Vatican

Venezuela

Viêt-nam

Yémen

Yougoslavie

Zaïre

Zambie

Zimbabwe

SÉLECTION DU READER'S DIGEST
remercie tous ceux qui ont participé
à la réalisation de
Guide to Places of the World

Alan B. Mountjoy, avec la collaboration de : Guy Arnold, Kathleen Baker, Robert P. Beckinsale, Ian Black, David Burtenshaw, John Carter, Sylvia Chant, Graham P. Chapman, Hugh Clout, John Davis, Harvey Demaine, D.J. Dwyer, F.C. Evans, Valérie Fifer, T.W. Freeman, Alan Gilbert, F.E. Ian Hamilton, Adrian Jansen, Ivan Jolliffe, Hamish Keith, Russell King, B.J. Knapp, Richard Lawless, David Livingstone, Keith Lye, David McDowall, W.R. Mead, Roy Millward, Anthony O'Connor, John H. Patterson, Robert B. Potter, Deborah Potts, Craig J. Reynolds, Stephen A. Royle, John Sargent, A.G. Terry, Carl Thayer, P.T.H. Unwin, Lawrie Wright, E.M.Yates pour les textes ; Gary Hincks pour les illustrations et Bob Hook pour la maquette.

SOURCES DES PHOTOGRAPHIES.

Pages de garde : M. et K. Krafft ; P. 4-5 : Vloo/Zarember ; 10 : Rapho/Halary ; 15 : Borrel, Campion/Gamma/Frank Spooner Pictures ; 16-17 : R. et S. Michaud/John Hillelson Agency ; 19 : Terence McNally ; 22 : J.Gardey/Robert Harding Picture Library ; 24-25 : S. Kraserman/Bruce Coleman ; 26 : O. Daniel ; 28 : Robert Estall Photographs ; 29 : Vloo/Index-Stock ; 31 : G.Tortoli/Zefa ; 32 : Sygma/G. Langevin ; 33 : I. Berry/Magnum/John Hillelson Agency ; 35 : Diaf-Pratt-Pries ; 37 : H. Verhufen/Focus ; 39 : Diaf/Pratt-Pries ; 40-41 : Vloo/J.P. Tesson ; 42 : Michael Freeman ; 45 : Explorer/Cambazard ; 47 : Diaf/J.P. Garcin ; 50-51 : B. Gerard/Hutchison Picture Library ; 55 : Jerrican ; 56-57 : A. Hander/Daily Telegraph Colour Library ; 63 : P. Frey/The Image Bank ; 66-67 : Rapho/R. Michaud ; 68 : N. Westwater/Robert Harding Picture Library ; 73 : U.Seer/The Image Bank ; 79 : H. Munzig/Susan Griggs Agency ; 83 : B. Barbey/Magnum/John Hillelson Agency ; 85 : Top/A. Petit ; 87 : R. Perry/Impact Photos ; 89 : Patrick Eagar ; 91 : H. Sykes/Impact Photos ; 92 : Top/J. Guillard ; 95 : Scope/J.D. Sudres ; 97 : K. Benser/Zefa ; 100 : W. Filser/The Image Bank ; 107 : M. Freeman/Bruce Coleman ; 108 : J. Cleare/Mountain Camera ; 111 : T. Ives/Susan Griggs Agency ; 112 : B. Barbey/Magnum/John Hillelson Agency ; 118 : W. Rawlings/Robert Harding Picture Library ; 121 : M. Vautier/VDN Picture Library ; 125 : P. Vauthey/Sygma/John Hillelson Agency ; 131 : Tom Hanley ; 132 : F. Damm/Zefa ; 134 : Cedri/C. Sappa ; 135 : Rapho/Boireau ; 137 : T. Fincher/Colorific ; 140-141 : A. Farquar/Daily Telegraph Colour Library ; 144 : Explorer/A. Thomas ; 150 : Rapho/Koch ; 153 : A. Woolfitt/Susan Griggs Agency ; 155 : A. Le Garsmeur/Impact Photos ; 157 : Paul von Baich : 159, 160-161 : B. Barbey/Magnum/John Hillelson Agency ; 164 : E. Arnold/Magnum/John Hillelson Agency ; 165 : B. Seed/John Hillelson Agency : 166 : Office tchécoslovaque de tourisme ; 169 : A. Évrard/Susan Griggs Agency ; 170-171 : N. Tomalin/Bruce Coleman ; 174 : D. Beatty/Susan Griggs Agency ; 177 : R. Woldendorp/Susan Griggs Agency ; 188-189 : S. Meiselas/Magnum/John Hillelson Agency ; 191 : Photri/Zefa ; 192 : J. Davis/Robert Harding Picture Library ; 195 : Explorer/J.P. Nacivet ; 196 : Malcolm Aird ; 198 : The Image Bank ; 203 : Explorer/Ch. Errath ; 207 : A. Le Garsmeur/Impact Photos ; 209 : P. Carmichael/Aspect Picture Library ; 211 : Cedri/C. Sappa ; 214-215 : K. Langley/Aspect Picture Library ; 217 : Top/R. Mazin ; 219 : A. Deane/Bruce Coleman ; 220 : M. Beebe/The Image Bank. 221 : B. Campbell/John Hillelson Agency ; 222 : G. Gerster/John Hillelson Agency ; 225, 226-227 : A. Woolfitt/Susan Griggs Agency ; 229 : Cosmos/B. Eppridge ; 232-233 : Michael Freeman ; 234 : Cosmos/N. Benn ; 237 : D. Burnett/Contact Press Images/Colorific ; 240 : G. Davis/Colorific ; 246-247 : G. Mangold/The Image Bank ; 251 : F. Breig/Zefa ; 253, 257 : Scope/J.D. Sudres ; 258 : Magnum/P. Zachmann ; 259 : Robert Estall Photographs ; 260 : T. Okuda/Aspect Picture Library ; 262 : Patrick Thurston ; 265 : Explorer/A. Thomas ; 266 : Michel Gascon/Réflexion ; 267 : H. Uthoff/The Image Bank ; 271 : Explorer/M. Bichet ; 273 : Robert Estall Photographs ; 277 : Magnum/Griffitchs ; 278 : H. Hanser/The Image Bank ; 281 : Top/J. Ducange ; 284 : S. et D. Cavannagh/Robert Harding Picture Library ; 286 : W. Ferchland/Zefa ; 288 : Explorer/Fiore ; 289 : Michael Freeman ; 291 : Hoa-Qui/E. Valentin ; 296 : Cedri/Sioen ; 299 : C. Joyce/Impact Photos ; 300-301 : Explorer/W. Rozbroj ; 303 : C. Pillitz/Impact Photos ; 307 : G. Gerster/John Hillelson Agency ; 309 : Uwf/Zefa ; 311 : Rapho/Funk ; 316 : J. Poncar/Bruce Coleman ; 318-319 : R. et S. Michaud/John Hillelson Agency ; 323 : M. Vautier/Vdn Picture Library ; 325 : Top/J. Ducange ; 327 : Explorer, Délu ; 329 : D. Burnett/Contact Press Images/Colorific ; 330-331 : C. Molyneux/Bruce Coleman ; 333 : Rapho/Michaud ; 334 : Cedri/Muller ; 335 : K. de Francke/Bilderberg ; 337 : A. Havlicek/Zefa ; 340-341 : Rainbird/Robert Harding Picture Library ; 342 : P. Carmichael/Aspect Picture Library ; 346 : E. Bleicher/Zefa ; 349 : K. Kurita/Gamma/Frank Spooner Pictures ; 351 : R. Magruder/The Image Bank ; 352 : A. Woolfitt/Susan Griggs Agency ; 354 : S. Sassoon/Robert Harding Picture Library ; 355 : C. Jopp/Robert Harding Picture Library ; 357 : Explorer/Dorval ; 361 : Rapho/Jef ; 363 : P. Baker/Photobank ; 364-365 : R. Gilmor/Bruce Coleman ; 367 : Rapho/G. Gerster ; 373, 376 : Sally et Richard Greenhill ; 377 : J. Gascoigne/Robert Harding Picture Library ; 379 : Rapho/Silvester ; 383 : H. Wiesner/Zefa ; 384 : Michael Freeman ; 389 : Cedri/G. Sioen ; 391 : Explorer/F. Jalain ; 393 : M. Cator/Impact Photos ; 395 : Diaf/M. Schoenahl ; 399 : Pix/D. Lérault ; 401 : Sygma/J. Pavlovsky ; 402 : Cedri/G. Sioen ; 405 : J. Langley/Aspect Picture Library ; 409 : Scope/M. Guillard ; 411 : G. Cubitt/Bruce Coleman ; 412 : R. Harding/Robert Harding Picture Library ; 413 : Explorer/J. Cochin ; 416 : M. Vautier/Vdn Picture Library ; 418 : D. Houston/Bruce Coleman ; 419 : I. Griffiths/Robert Harding Picture Library ; 420 : A. Woolfitt/Susan Griggs Agency ; 421 ; James Davis Photography ; 423 : Ifa-Bilderteam/Everts ; 427 : M. Andrews/Susan Griggs Agency ; 429 ; J. Jackson/Robert Harding Picture Library ; 432 : Top/R. Mazin ; 435 : A.A.A. Photo/J. Bouby ; 436 : R.-N. Giudicelli/Hutchison Picture Library ; 439 : Cedri/G. Sioen ; 441 : B. Glinn/Magnum/John Hillelson Agency ; 442-443 : Top/J. Ducange ; 447 : G. Lincoln/Aspect Picture Library ; 452-453 : C. Bonnington/Bruce Coleman ; 454 : G. Zimbel/Colorific ; 455 : E. Young/Robert Harding Picture Library ; 457 : M. Jacot/Susan Griggs Agency ; 459 : J. Stage/The Image Bank ; 460 : S. Meiselas/Magnum/John Hillelson Agency ; 462 : B. Davis/Aspect Picture Library ; 464 : M. Reardon/Tony Stone Worldwide ; 469 : D. Bayes/Aspect Picture Library ; 470-471 : M. Cator/Impact Photos ; 472-473 : Magnum/R. Burri ; 474 : Diaf/Pratt-Pries ; 477 : Scope/J. Guillard ; 479 : G. Gerster/John Hillelson Agency ; 481 : Rapho/M. Serraillier ; 483 : Marina-Cedri/Cl. Rives ; 485 : R. Lomas/Zefa ; 486-487 : Explorer/G. Cros ; 488 : Explorer/Krafft ; 491 : G. Hunter/Bruce Coleman ; 492 : Tony Stone Worldwide ; 495 : Pix ; 496 : T. Nebbia/Aspect Picture Library ; 497 : R. Smith/Zefa ; 501 : J. Langley/Aspect Picture Library ; 503 : Top/B. Trutmann ; 505 : I. Berry/Magnum/John Hillelson Agency ; 510 : D. Simpson/Hutchison Picture Library ; 511 : G. Gerster/John Hillelson Agency ; 513 : J.G. Jules/John Hillelson Agency ; 515 : G. Gerster/John Hillelson Agency ; 517 : Altitude/Y. Arthus Bertrand ; 520 : C. Jones/Impact Photos ; 523 : A. Le Garsmeur/Impact Photos ; 525 : Pix/F. Peuriot ; 527 : M. Koene/Colorific ; 528 : Maroon/Zefa ; 529 : Cameraman/Zefa ; 533 : B. Coates/Bruce Coleman ; 535 : M. Berge/Bruce Coleman ; 536 : W. Ruth/Bruce Coleman ; 538 : J. Cleare/Mountain Camera ; 541 : A. Le Garsmeur/Impact Photos ; 543 : J. Margesson/Robert Harding Picture Library ; 545 : R. Ellis/Robert Harding Picture Library ; 549 : Cedri/Sappa ; 551 : Top/R. Mazin ; 552 : A. Le Garsmeur/Impact Photos ; 556 : Four by Five Inc./Steve Vidler ; 558 : C. Jones/Impact Photos ; 561 : Top/R. Mazin ; 562 : G. Mather/Robert Harding Picture Library ; 564-565 : Diaf/J.P. Langeland ; 566 : N. Devore/Bruce Coleman ; 567 : Starfoto/Zefa ; 571 : Diaf/Pratt-Pries ; 573 : Explorer/P. et C. Weisbecker ; 576 : Patrick Thurston ; 577 : Clive Coote ; 578 : M. St. Maur Sheil/Susan Griggs Agency ; 581 : Parallèle/agence Ernoult Features ; 584 : Vloo/Dallas-Heaton ; 587 : Tony Stone Worldwide ; 595 : Cedri/G. Sioen ; 596 : T. Okuda/Aspect Picture Library ; 598 : J. Belog/Black Star/Colorific ; 600 : Diaf/J. Gabanou ; 602 : G. Tortoli/Colorific ; 604 : P. Toler/Impact Photos ; 607 : Rapho/G. Gerster ; 609 : J. Silvestris/Frank Lane Agency ; 611 : L. Myers/Bruce Coleman ; 612 : Magnum/F. Mayer ; 619 : Rapho/G. Gerster ; 625 : S. Errigton/Hutchison Picture Library ; 626 : C. Weckler/The Image Bank ; 628-629 : R. Singh/John Hillelson Agency ; 630 : J. Glover/Tony Stone Worldwide ; 632 : J. Langley/Aspect Picture Library ; 635 : W. Ferchland/Zefa ; 637 : M. St. Maur Sheil/Susan Griggs Agency ; 638 : M. Yamashita/Colorific ; 641 : Top/R. Mazin ; 643 : M. Hackforth-Jones/Robert Harding Picture Library ; 647 : P. Carmichael/Aspect Picture Library ; 649 : Cedri/B. Morandi ; 651 : J. Rowan/Aspect Picture Library ; 652 : J.P. Ferrero/Ardea, London ; 657 : Diaf/Y. Travert ; 662-663 : Ana/J. Viesti ; 665 : D. Hiser/The Image Bank ; 667 : Rapho/Boireau ; 671 : R. Chesher/Planet Earth Pictures ; 672 : Explorer/D. Dorval ; 675 : P. Steyn/Ardea, London ; 678-679 : Ana/M. Durazzo ; 683 : R. et S. Michaud/John Hillelson Agency ; 688 : Explorer/George Holton ; 690 : Explorer/B. Gerard ; 693 : J. Korman/Bruce Coleman ; 697 : P. Dickerson/Susan Griggs Agency ; 701 : J. Bulmer/Susan Griggs Agency ; 703 : Hoa-Qui/D. Huot ; 705 : Sygma/B. Bisson ; 706-707 : Pix/Klein ; 711 : Rapho/Cheryl Pick ; 713 : M. Freeman/Bruce Coleman ; 715 : C. Folgmann/Zefa ; 717 : I. Bradshaw/Colorific ; 718 : Pix/Trigalou ; 720 : S. Kraserman/Bruce Coleman ; 723 : Wostok Press/J.F. Castell ; 725, 727 : R. Campbell/Bruce Coleman ; 728-729 : Office National Suisse du Tourisme ; 731 : G. Gerster/John Hillelson Agency.

Légendes des pages de garde
En tête : Cratère du mont Vulcanello dans les îles Lipari (Italie). *En fin* : Terrasses de culture en Judée (Israël).

LE GRAND LIVRE DU MONDE
publié par Sélection du Reader's Digest

Photocomposition : EUROCOMPOSITION, PARIS.
Photogravure : COLOURSCAN Co Pte Limited, Singapour et OFFSET 94, Créteil
Impression : MAURY, Malesherbes
Reliure : BRUN, Malesherbes

SIXIÈME ÉDITION
Troisième tirage
Achevé d'imprimer : octobre 1994.
Dépôt légal en France : novembre 1994.
Dépôt légal en Belgique : D-1993-0621-62.

IMPRIMÉ EN FRANCE
Printed in France